Kommentar zur Zürcher Kantonsverfassung

Kommentar zur
Zürcher Kantonsverfassung

Herausgegeben von

Isabelle Häner
Markus Rüssli
Evi Schwarzenbach

Schulthess § 2007

Zitiervorschlag: TÖNDURY, Kommentar zur Zürcher Kantonsverfassung, Art. 1 N. 1

Bibliografische Information ‹Der Deutschen Bibliothek›
Die Deutsche Bibliothek verzeichnet diese Publikation in der Deutschen Nationalbibliografie; detaillierte bibliografische Daten sind im Internet über ‹http://dnb.ddb.de› abrufbar.

Alle Rechte, auch die des Nachdrucks von Auszügen, vorbehalten. Jede Verwertung ist ohne Zustimmung des Verlages unzulässig. Dies gilt insbesondere für Vervielfältigungen, Übersetzungen, Mikroverfilmungen und die Einspeicherung und Verarbeitung in elektronische Systeme.

© Schulthess Juristische Medien AG, Zürich · Basel · Genf 2007
ISBN 978-3-7255-5363-1

www.schulthess.com

Vorwort

Am 27. Februar 2005 hat das Zürcher Stimmvolk die vom Verfassungsrat ausgearbeitete Kantonsverfassung bei einer Stimmbeteiligung von knapp 37% mit 185 728 Ja gegen 103 368 Nein deutlich angenommen. Gestützt auf Art. 135 trat die neue Verfassung am 1. Januar 2006 in Kraft; die bisherige Verfassung des eidgenössischen Standes Zürich vom 18. April 1869 wurde gleichzeitig aufgehoben.

Die neue Verfassung ist in zwölf Kapitel gegliedert und weist 145 Artikel auf, vorangestellt ist eine Präambel. Der vorliegende Kommentar will die Bedeutung der neuen Verfassungsnormen, ihre Entstehung und ihr Verhältnis zur Bundesverfassung beleuchten. Der Verfassungstext soll den mit der Rechtsetzung und Rechtsanwendung betrauten Personen, aber auch den interessierten Bürgerinnen und Bürgern nähergebracht und auf leicht verständliche Weise erläutert werden. Die Herausgeber hoffen, dass der Kommentar neben den Gerichten, Behörden und Verwaltungen auch vielen weiteren Kreisen von Nutzen sein wird.

Für die Kommentierung der Bestimmungen konnten die Herausgeber 18 weitere Autorinnen und Autoren aus Lehre und Praxis gewinnen. Ein grosser Teil von ihnen gehörte dem Verfassungsrat an oder war in einer anderen Funktion unmittelbar an der Ausarbeitung der neuen Verfassung beteiligt.

Die Herausgeber danken den Autorinnen und den Autoren herzlich für ihre Bereitschaft, an diesem Gemeinschaftswerk mitzuwirken, und für ihre eingehenden Kommentierungen. Ein besonderer Dank gebührt auch dem Verlag Schulthess Juristische Medien AG, der dem Projekt von Anfang an grosses Interesse entgegengebracht hat, und der Direktion der Justiz und des Innern des Kantons Zürich für einen Beitrag an die Druckkosten und die Herausgabe. Von den Herausgebern betreute Dr. Evi Schwarzenbach die Schriftleitung, während Dr. Markus Rüssli vorab für eine formelle Abstimmung der einzelnen Beiträge besorgt war.

Die Beiträge wurden im Januar 2007 abgeschlossen; Gesetzgebung, Literatur und Judikatur wurden bis 1. Januar 2007 berücksichtigt.

Zürich, September 2007   Die Herausgeber

Inhaltsverzeichnis

Verzeichnis der Autorinnen und Autoren	XV
Literaturverzeichnis	XVII
Materialien zur Verfassungsreform	XXI
Verzeichnis der Kantonsverfassungen	XXIII
Abkürzungsverzeichnis	XXV

Einleitung: Der Verfassungsrat	*Isabelle Häner*	1
Schematische Darstellung der Arbeiten des Verfassungsrates	*Evi Schwarzenbach*	15
Präambel	*Markus Arnold*	17

1. Kapitel: Grundlagen

Vorbemerkungen zu Art. 1–8		*Andrea Töndury*	31
Art. 1	Kanton Zürich	*Andrea Töndury*	37
Art. 2	Rechtsstaatliche Grundsätze	*Giovanni Biaggini*	47
Art. 3	Gewaltenteilung	*Giovanni Biaggini*	57
Art. 4	Zusammenarbeit	*Andrea Töndury*	65
Art. 5	Subsidiarität	*Andreas Müller*	71
Art. 6	Nachhaltigkeit	*Viviane Sobotich*	81
Art. 7	Dialog	*Madeleine Camprubi*	89
Art. 8	Innovation	*Stefan Vogel*	99

2. Kapitel: Grundrechte

Vorbemerkungen zu Art. 9–18		*Giovanni Biaggini*	105
Art. 9	Schutz der Menschenwürde	*Giovanni Biaggini*	117
Art. 10	Gewährleistung der Grundrechte	*Giovanni Biaggini*	125
Art. 11	Rechtsgleichheit	*Giovanni Biaggini*	137
Art. 12	Gebärdensprache	*Giovanni Biaggini*	157
Art. 13	Formen des Zusammenlebens	*Giovanni Biaggini*	165
Art. 14	Recht auf Bildung	*Giovanni Biaggini*	171
Art. 15	Schulfreiheit	*Giovanni Biaggini*	185
Art. 16	Petitionsrecht	*Giovanni Biaggini*	191
Art. 17	Zugang zu amtlichen Dokumenten	*Giovanni Biaggini*	199
Art. 18	Verfahrensgarantien	*Giovanni Biaggini*	209

3. Kapitel: Sozialziele

| Art. 19 | Sozialziele | *Thomas Gächter* | 219 |

4. Kapitel: Bürgerrecht

Vorbemerkungen zu Art. 20–21		*Peter Kottusch*	233
Art. 20	Voraussetzungen	*Peter Kottusch*	237
Art. 21	Zuständigkeit	*Peter Kottusch*	243

5. Kapitel: Volksrechte

A. Stimm- und Wahlrecht

| Art. 22 | Stimm- und Wahlrecht | *Peter Kottusch* | 251 |

B. Initiativrecht

Art. 23	Gegenstand der Initiative	*Christian Schuhmacher*	269
Art. 24	Urheber der Initiative	*Christian Schuhmacher*	283
Art. 25	Form der Initiative	*Christian Schuhmacher*	291
Art. 26	Vorprüfung der Volksinitiative	*Christian Schuhmacher*	303
Art. 27	Zustandekommen der Volksinitiative	*Christian Schuhmacher*	309
Art. 28	Gültigkeit	*Christian Schuhmacher*	315
Art. 29	Verfahren bei Volksinitiativen	*Christian Schuhmacher*	327
Art. 30	Gegenvorschlag bei Volksinitiativen	*Christian Schuhmacher*	335
Art. 31	Verfahren bei Behörden- und Einzelinitiativen	*Christian Schuhmacher*	345

C. Volksabstimmungen

Art. 32	Obligatorisches Referendum	*Christian Schuhmacher*	353
Art. 33	Fakultatives Referendum	*Christian Schuhmacher*	365
Art. 34	Teil- und Variantenabstimmung	*Christian Schuhmacher*	379
Art. 35	Referendum mit Gegenvorschlag von Stimmberechtigten	*Christian Schuhmacher*	391
Art. 36	Konkurrierende Vorlagen	*Christian Schuhmacher*	403
Art. 37	Dringlichkeitsrecht	*Christian Schuhmacher*	415

D. Rechtsetzung

| Art. 38 | Rechtsetzung | *Matthias Hauser* | 423 |

E. Demokratisches Engagement

Art. 39	Demokratisches Engagement	*Madeleine Camprubi*	441

6. Kapitel: Behörden

A. Allgemeine Bestimmungen

Art. 40	Wählbarkeit	*Walter Haller*	451
Art. 41	Amtsdauer	*Walter Haller*	457
Art. 42	Unvereinbarkeit	*Walter Haller*	461
Art. 43	Ausstand	*Walter Haller*	465
Art. 44	Immunität	*Walter Haller*	471
Art. 45	Nebenamtliche Behördentätigkeit	*Evi Schwarzenbach*	477
Art. 46	Staatshaftung	*Evi Schwarzenbach*	487
Art. 47	Arbeitsverhältnisse und Verantwortlichkeit	*Evi Schwarzenbach*	499
Art. 48	Amtssprache	*Evi Schwarzenbach*	507
Art. 49	Transparenz	*Stefan Vogel*	513

B. Kantonsrat

Art. 50	Funktion und Zusammensetzung	*Matthias Hauser*	523
Art. 51	Wahl	*Matthias Hauser*	535
Art. 52	Unabhängigkeit der Mitglieder	*Matthias Hauser*	551
Art. 53	Öffentlichkeit der Verhandlungen	*Matthias Hauser*	555
Art. 54	Zuständigkeit zur Rechtsetzung	*Matthias Hauser*	559
Art. 55	Planung	*Matthias Hauser*	567
Art. 56	Finanzbefugnisse	*Matthias Hauser*	571
Art. 57	Parlamentarische Kontrolle	*Matthias Hauser*	585
Art. 58	Wahlbefugnisse	*Matthias Hauser*	595
Art. 59	Weitere Aufgaben und Befugnisse	*Matthias Hauser*	597

C. Regierungsrat

Art. 60	Funktion	*Isabelle Häner*	603
Art. 61	Zusammensetzung	*Isabelle Häner*	609
Art. 62	Wahl	*Isabelle Häner*	613
Art. 63	Nebentätigkeit	*Isabelle Häner*	619
Art. 64	Stellung gegenüber dem Kantonsrat	*Isabelle Häner*	627

Art. 65	Organisation	*Isabelle Häner*	629
Art. 66	Planung	*Isabelle Häner*	635
Art. 67	Aufgaben bei der Rechtsetzung	*Isabelle Häner*	641
Art. 68	Finanzbefugnisse	*Isabelle Häner*	647
Art. 69	Interkantonale und internationale Zusammenarbeit	*Isabelle Häner*	655
Art. 70	Leitung der Verwaltung	*Isabelle Häner*	663
Art. 71	Weitere Aufgaben	*Isabelle Häner*	669
Art. 72	Notstand	*Isabelle Häner*	673

D. Rechtspflege

Vorbemerkungen zu Art. 73–79		*Niklaus Schmid/Isabelle Häner*	677
Art. 73	Aufgaben und Stellung der Gerichte	*Niklaus Schmid*	685
Art. 74	Grundsätze der Gerichtsorganisation	*Niklaus Schmid*	691
Art. 75	Wahl	*Niklaus Schmid*	697
Art. 76	Zivil- und Strafrechtspflege	*Niklaus Schmid*	703
Art. 77	Verwaltungsrechtspflege	*Isabelle Häner*	711
Art. 78	Öffentlichkeit der Entscheide	*Stefan Vogel*	723
Art. 79	Normenkontrolle	*Isabelle Häner*	737

E. Weitere Behörden

Art. 80	Bezirksbehörden	*Evi Schwarzenbach*	747
Art. 81	Ombudsstelle	*Walter Haller*	755
Art. 82	Ständerat	*Walter Haller*	767

7. Kapitel: Gemeinden

Vorbemerkungen zu Art. 83–94		*Evi Schwarzenbach*	771

A. Allgemeine Bestimmungen

Art. 83	Arten und Aufgaben	*Tobias Jaag*	785
Art. 84	Änderung im Bestand	*Tobias Jaag*	793
Art. 85	Gemeindeautonomie	*Tobias Jaag*	799
Art. 86	Volksrechte in der Gemeinde	*Tobias Jaag*	809
Art. 87	Gemeindeorganisation	*Tobias Jaag*	821
Art. 88	Quartiere und Ortsteile	*Tobias Jaag*	831
Art. 89	Gemeindeordnung	*Tobias Jaag*	835

B. Zusammenarbeit der Gemeinden

Art. 90	Grundsätze	*Vittorio Jenni*	841
Art. 91	Vertragliche Zusammenarbeit	*Vittorio Jenni*	851
Art. 92	Zweckverbände	*Vittorio Jenni*	859
Art. 93	Demokratie in Zweckverbänden	*Vittorio Jenni*	869

C. Aufsicht

Art. 94	Aufsicht	*Tobias Jaag*	879

8. Kapitel: Öffentliche Aufgaben

Vorbemerkungen zu Art. 95–121	*Viviane Sobotich*	887

A. Allgemeine Bestimmungen

Art. 95	Grundsätze	*Andreas Müller*	899
Art. 96	Dezentrale Aufgabenerfüllung	*Evi Schwarzenbach*	909
Art. 97	Aufgabenteilung zwischen Kanton und Gemeinden	*Andreas Müller*	915

B. Übertragung öffentlicher Aufgaben

Art. 98	Rechtsgrundlagen	*Andreas Müller*	923
Art. 99	Kontrolle	*Andreas Müller*	937

C. Die Aufgaben

Art. 100	Öffentliche Ordnung und Sicherheit	*Markus Rüssli*	949
Art. 101	Raumplanung	*Viviane Sobotich*	957
Art. 102	Umweltschutz	*Viviane Sobotich*	965
Art. 103	Natur- und Heimatschutz	*Viviane Sobotich*	975
Art. 104	Verkehr	*Markus Rüssli*	983
Art. 105	Wasser	*Markus Rüssli*	991
Art. 106	Energie	*Markus Rüssli*	1001
Art. 107	Wirtschaft und Arbeit	*Stefan Vogel*	1009
Art. 108	Land- und Forstwirtschaft	*Viviane Sobotich*	1017
Art. 109	Kantonalbank	*Markus Rüssli*	1025
Art. 110	Wohnen	*Viviane Sobotich*	1031
Art. 111	Sozialhilfe	*Thomas Gächter*	1037
Art. 112	Familie, Jugend und Alter	*Thomas Gächter*	1047
Art. 113	Gesundheit	*Thomas Gächter*	1057
Art. 114	Integration	*Madeleine Camprubi*	1067
Art. 115	Bildungswesen	*Markus Rüssli*	1079
Art. 116	Öffentliche Schulen	*Markus Rüssli*	1083

Art. 117	Privatschulen	*Markus Rüssli*	1093
Art. 118	Hochschulen	*Markus Rüssli*	1099
Art. 119	Berufs- und Weiterbildung	*Markus Rüssli*	1105
Art. 120	Kultur	*Stefan Vogel*	1111
Art. 121	Sport	*Stefan Vogel*	1119

9. Kapitel: Finanzen

Art. 122	Grundsätze	*Ulrich Hubler/Michael Beusch*	1125
Art. 123	Haushaltsgleichgewicht	*Ulrich Hubler*	1139
Art. 124	Aufgaben- und Finanzplanung	*Ulrich Hubler/Michael Beusch*	1153
Art. 125	Steuern	*Michael Beusch*	1167
Art. 126	Weitere Abgaben	*Michael Beusch*	1185
Art. 127	Finanzausgleich	*Ulrich Hubler*	1193
Art. 128	Lastenausgleich	*Ulrich Hubler*	1207
Art. 129	Prüfung der Finanzhaushalte	*Ulrich Hubler*	1217

10. Kapitel: Kirchen und weitere Religionsgemeinschaften

| Art. 130 | Kirchliche Körperschaften | *Martin Röhl* | 1231 |
| Art. 131 | Weitere Religionsgemeinschaften | *Martin Röhl* | 1249 |

11. Kapitel: Änderung der Kantonsverfassung

Art. 132	Grundsätze	*Andrea Töndury*	1255
Art. 133	Teilrevision	*Andrea Töndury*	1265
Art. 134	Totalrevision	*Andrea Töndury*	1269

12. Kapitel: Übergangsbestimmungen

Vorbemerkungen zu Art. 135–145		*Madeleine Camprubi*	1275
Art. 135	Inkrafttreten	*Madeleine Camprubi*	1283
Art. 136	Umsetzung der Verfassung	*Madeleine Camprubi*	1291
Art. 137	Weitergeltung bisheriger Rechtsakte	*Madeleine Camprubi*	1299
Art. 138	Grundrechte und Rechtspflegeverfahren	*Madeleine Camprubi*	1307
Art. 139	Initiativrecht	*Christian Schuhmacher*	1313
Art. 140	Volksabstimmungen	*Christian Schuhmacher*	1317
Art. 141	Kausalhaftung von Privaten	*Evi Schwarzenbach*	1321

Art. 142	Behörden	*Evi Schwarzenbach*	1323
Art. 143	Gemeinden	*Tobias Jaag*	1325
Art. 144	Zweckverbände	*Vittorio Jenni*	1329
Art. 145	Kirchen	*Martin Röhl*	1333

Verfassung des eidgenössischen Standes Zürich vom 18. April 1869 (Stand 31. Dezember 2005)	1337
Vernehmlassungsentwurf vom 26. Juni 2003	1351
Konkordanztabelle 1: KV 2005 – KV 1869 – BV 1999	1377
Konkordanztabelle 2: KV 1869 – KV 2005 – BV 1999	1381
Stichwortverzeichnis	1383

Verzeichnis der Autorinnen und Autoren

ARNOLD MARKUS
Dr. theol., Studienleiter des Religionspädagogischen Instituts an der Universität Luzern; Mitglied des Verfassungsrates (Kommission 1)

BEUSCH MICHAEL
Dr. iur., Rechtsanwalt, Richter am Bundesverwaltungsgericht

BIAGGINI GIOVANNI
Dr. iur., Professor für Staats-, Verwaltungs- und Europarecht an der Universität Zürich; Experte des Verfassungsrates (Kommissionen 1 bis 3)

CAMPRUBI MADELEINE
Dr. iur., Rechtsanwältin

GÄCHTER THOMAS
Dr. iur., Professor für Staats-, Verwaltungs- und Sozialversicherungsrecht an der Universität Zürich

HALLER WALTER
Dr. iur., emeritierter Professor für Staats-, Verwaltungsrecht und Verfassungsvergleichung an der Universität Zürich

HÄNER ISABELLE
Dr. iur., Titularprofessorin für Staats- und Verwaltungsrecht an der Universität Zürich, Rechtsanwältin; Mitglied des Verfassungsrates (Präsidentin 2002/03)

HAUSER MATTHIAS
lic. iur., Rechtsanwalt; Mitglied des Verfassungsrates (Vizepräsident der Kommission 3)

HUBLER ULRICH
lic. iur., Rechtsanwalt, jur. Sekretär der Amtsleitung im Gemeindeamt des Kantons Zürich

JAAG TOBIAS
Dr. iur., Professor für Staats-, Verwaltungs- und Europarecht an der Universität Zürich; Experte des Verfassungsrates (Kommissionen 4 bis 6)

JENNI VITTORIO
lic. iur., Rechtsanwalt, stv. Amtsleiter des Gemeindeamts des Kantons Zürich

KOTTUSCH PETER
Dr. iur., ehemaliger Rechtskonsulent der ETH Zürich; Mitglied des Verfassungsrates (Präsident Kommission 2)

MÜLLER ANDREAS
Dr. iur., Rechtsanwalt, jur. Sekretär im Generalsekretariat der Direktion der Justiz und des Innern des Kantons Zürich

RÖHL MARTIN
Dr. iur., Rechtsanwalt, jur. Sekretär des Kirchenrats des Kantons Zürich

RÜSSLI MARKUS
Dr. iur., LL.M., Rechtsanwalt

SCHMID NIKLAUS
Dr. iur., LL.M., emeritierter Professor für Strafrecht, Strafprozessrecht und Kriminologie an der Universität Zürich

SCHUHMACHER CHRISTIAN
lic. iur., Rechtsanwalt, Leiter Gesetzgebungsdienst der Direktion der Justiz und des Innern des Kantons Zürich; Sachverständiger der Redaktionskommission des Verfassungsrates

SCHWARZENBACH EVI
Dr. iur., Departementssekretärin im Departement Schule und Sport, Winterthur; Mitglied des Verfassungsrates (Präsidentin Kommission 3)

SOBOTICH VIVIANE
Dr. iur., Leiterin Koordinationsstelle Verfassungsumsetzung im Generalsekretariat der Direktion der Justiz und des Innern des Kantons Zürich; Mitglied des Verfassungsrates (Kommission 4)

TÖNDURY ANDREA
Dr. iur., Rechtsanwalt

VOGEL STEFAN
Dr. iur., Rechtsanwalt, Oberassistent für Öffentliches Recht an der Universität Zürich

Literaturverzeichnis

Die Zitierweise ist jeweils in Klammern angegeben. Weitere Literatur findet sich bei den einzelnen Artikeln.

ARN DANIEL/FRIEDERICH UELI/FRIEDLI PETER/MÜLLER MARKUS/MÜLLER STEFAN/WICHTERMANN JÜRG, Kommentar zum Gemeindegesetz des Kantons Bern, Bern 1999

AUBERT JEAN-FRANÇOIS, Bundesstaatsrecht der Schweiz, 2 Bde., Basel/Frankfurt a.M. 1991/1995 (Bundesstaatsrecht)

AUBERT JEAN-FRANÇOIS, Traité de droit constitutionnel suisse (franz. Originalausgabe), 2 Bde. und Nachtragsband, Neuenburg 1967/1982 (Traité)

AUBERT JEAN-FRANÇOIS/EICHENBERGER KURT/MÜLLER JÖRG PAUL/RHINOW RENÉ A./SCHINDLER DIETRICH (Hrsg.), Kommentar zur Bundesverfassung der Schweizerischen Eidgenossenschaft vom 29. Mai 1874, Basel/Zürich/Bern 1987 ff. (Kommentar BV)

AUBERT JEAN-FRANÇOIS/MAHON PASCAL, Petit commentaire de la Constitution fédérale de la Confédération suisse du 18 avril 1999, Zürich/Basel/Genf 2003

AUER ANDREAS/KÄLIN WALTER (Hrsg.), Das Gesetz im Staatsrecht der Kantone, Chur/Zürich 1991

AUER ANDREAS/MALINVERNI GIORGIO/HOTTELIER MICHEL, Droit constitutionnel suisse, 2 Bde., 2. Aufl., Bern 2006

Baselstädtische Kantonsverfassung, hrsg. vom Justizdepartement Basel-Stadt, 3. (unveränderte) Aufl., Basel 2001

BUSER DENISE, Kantonales Staatsrecht, Basel/Genf/München 2004

DUBACH RETO/MARTI ARNOLD/SPAHN PATRICK, Verfassung des Kantons Schaffhausen, Kommentar, Schaffhausen 2004

EHRENZELLER BERNHARD/MASTRONARDI PHILIPPE/SCHWEIZER RAINER J./VALLENDER KLAUS A. (Hrsg.), Die schweizerische Bundesverfassung. Kommentar, Zürich/Basel/Genf/Lachen 2002 (St. Galler Kommentar)

EICHENBERGER KURT, Verfassung des Kantons Aargau, Textausgabe mit Kommentar, Aarau/Frankfurt a.M./Salzburg 1986

EICHENBERGER KURT/JENNY KURT/RHINOW RENÉ A./RUCH ALEXANDER/SCHMID GERHARD/WILDHABER LUZIUS (Hrsg.), Handbuch des Staats- und Verwaltungsrechts des Kantons Basel-Stadt, Basel/Frankfurt a.M. 1984

FLEINER-GERSTER THOMAS, Grundzüge des allgemeinen und schweizerischen Verwaltungsrechts, 2. Aufl., Zürich 1980

GIACOMETTI Z., Das Staatsrecht der schweizerischen Kantone, Zürich 1941, (unveränderter) Nachdruck 1979

GRISEL ETIENNE, Initiative et référendum populaires – Traité de la démocratie semi-directe en droit suisse, 3. Aufl., Bern 2004

GYGI FRITZ, Verwaltungsrecht. Eine Einführung, Bern 1986

HÄFELIN ULRICH/HALLER WALTER, Schweizerisches Bundesstaatsrecht, 6. Aufl., Zürich/Basel/Genf 2005; Supplement HÄFELIN/HALLER/KELLER, Zürich/Basel/Genf 2006

HÄFELIN ULRICH/HALLER WALTER/KELLER HELEN, Bundesgericht und Verfassungsgerichtsbarkeit nach der Justizreform, Supplement zur 6. Auflage des «Schweizerischen Bundesstaatsrechts», Zürich/Basel/Genf 2006

HÄFELIN ULRICH/MÜLLER GEORG/UHLMANN FELIX, Allgemeines Verwaltungsrecht, 5. Aufl., Zürich/Basel/Genf 2006

HALLER WALTER/KÖLZ ALFRED, Allgemeines Staatsrecht, 3. Aufl., Basel/Genf/München 2004

HANGARTNER YVO, Grundzüge des schweizerischen Staatsrechts, 2 Bde., Zürich 1980/1982

HANGARTNER YVO/KLEY ANDREAS, Die demokratischen Rechte in Bund und Kantonen der Schweizerischen Eidgenossenschaft, Zürich 2000

HAUSER ROBERT/SCHWERI ERHARD, Kommentar zum zürcherischen Gerichtsverfassungsgesetz, Zürich 2002

IMBODEN MAX/RHINOW RENÉ A., Schweizerische Verwaltungsrechtsprechung, 2 Bde., 6. Aufl., Basel/Frankfurt a.M. 1986; Ergänzungsband RHINOW/KRÄHENMANN, Basel/Frankfurt a.M. 1990

JAAG TOBIAS, Staats- und Verwaltungsrecht des Kantons Zürich, 3. Aufl., Zürich/Basel/Genf 2005

JAAG TOBIAS, Die Zürcher Kantonsverfassung heute, ZBl 95/1994, S. 151 ff. (Kantonsverfassung heute)

JAAG TOBIAS/MÜLLER GEORG/TSCHANNEN PIERRE, Ausgewählte Gebiete des Bundesverwaltungsrechts, 6. Aufl., Basel/Genf/München 2006

JENNY KURT/ACHERMANN ALEX/MATHIS STEPHAN/OTT LUKAS (Hrsg.), Staats- und Verwaltungsrecht des Kantons Basel-Landschaft, Liestal 1998

KÄLIN WALTER/BOLZ URS (Hrsg.), Handbuch des bernischen Verfassungsrechts, Bern/Stuttgart/Wien 1995

KOLLER HEINRICH/MÜLLER GEORG/RHINOW RENÉ/ZIMMERLI ULRICH (Hrsg.), Schweizerisches Bundesverwaltungsrecht, Basel/Frankfurt a.M. 1996 ff. (Schweizerisches Bundesverwaltungsrecht)

KÖLZ ALFRED, Zur Bedeutung der Zürcher Kantonsverfassung vom 18. April 1869, ZBl 95/1994, S. 145 ff.

KÖLZ ALFRED/BOSSHART JÜRG/RÖHL MARTIN, Kommentar zum Verwaltungsrechtspflegegesetz des Kantons Zürich, 2. Aufl., Zürich 1999

Kommentar BV, siehe AUBERT/EICHENBERGER/MÜLLER/RHINOW/SCHINDLER

Kommentar zur Verfassung des Kantons Graubünden, hrsg. von Bänziger, Mengiardi, Toller & Partner Rechtsanwälte und Notare, Chur/Glarus/Zürich 2006

Materialien zur Zürcher Verfassungsreform, 9 Bde., Zürich 2000 ff.

MOOR PIERRE, Droit administratif, Vol. I–III, 1./2. Aufl., Bern 1992–2002

MOOR PIERRE (Hrsg.), La Constitution vaudoise du 14 avril 2003, Bern 2004 (Constitution vaudoise)

MORITZ JEAN, Commentaire de la Constitution jurassienne, Courrendlin 1997

MÜLLER GEORG, Elemente einer Rechtssetzungslehre, 2. Aufl., Zürich/Basel/Genf 2006

MÜLLER JÖRG PAUL, Grundrechte in der Schweiz, 3. Aufl., Bern 1999; Ergänzungsband SCHEFER, Bern 2005

Neue freiburgische Verfassung / La nouvelle Constitution fribourgeoise, FZR Sondernummer, Fribourg 2005

NUSPLIGER KURT, Bernisches Staatsrecht und Grundzüge des Verfassungsrechts der Kantone, 2. Aufl., Bern 2006

RHINOW RENÉ, Grundzüge des Schweizerischen Verfassungsrechts, Basel/Genf/München 2003

RHINOW RENÉ A./KRÄHENMANN BEAT, Schweizerische Verwaltungsrechtsprechung, Ergänzungsband, Basel/Frankfurt a.M. 1990

RHINOW RENÉ/SCHMID GERHARD/BIAGGINI GIOVANNI, Öffentliches Wirtschaftsrecht, Basel 1998

RÜEGG HANS, Hundert Jahre Zürcher Kantonsverfassung, ZBl 70/1969, S. 137 ff.

RÜEGG PETER, Über den Verfassungsrat in der heutigen Schweiz. Eine Untersuchung anhand der Verfassungsräte der Kantone Aargau, Solothurn, Basel-Landschaft und Uri, Diss., Zürich 1989

SALADIN PETER, Grundrechte im Wandel, 3. (unveränderte) Aufl., Bern 1982

SCHEFER MARKUS, Grundrechte in der Schweiz, Ergänzungsband zur dritten Auflage des gleichnamigen Werks von Jörg Paul Müller, Bern 2005

SCHOCH JÖRG, Leitfaden durch die Ausserrhodische Kantonsverfassung, Herisau 1996

SCHWEIZER RAINER J., Verfassung des Kantons Glarus, Kommentar zum Entwurf, 2 Bde., Glarus 1981

Schweizerisches Bundesverwaltungsrecht, siehe KOLLER/MÜLLER/RHINOW/ZIMMERLI

SEILER HANSJÖRG, Gewaltenteilung – Allgemeine Grundlagen und schweizerische Ausgestaltung, Bern 1994

SOMMER EDUARD, Die Rechtsprechung zur zürcherischen Kantonsverfassung, ZBl 70/1969, S. 169 ff.

STÄHELIN PHILIPP, Wegweiser durch die Thurgauer Verfassung, Weinfelden 1991

St. Galler Kommentar, siehe EHRENZELLER/MASTRONARDI/SCHWEIZER/VALLENDER

STRÄULI HANS, Verfassung des eidgenössischen Standes Zürich vom 18. April 1869, Winterthur 1902

THALMANN H.R., Kommentar zum Zürcher Gemeindegesetz, 3. Aufl., Wädenswil 2000

THÜRER DANIEL/AUBERT JEAN-FRANÇOIS/MÜLLER JÖRG PAUL (Hrsg.), Verfassungsrecht der Schweiz/Droit constitutionnel suisse, Zürich 2001

TÖNDURY ANDREA MARCEL, Bundesstaatliche Einheit und kantonale Demokratie. Die Gewährleistung der Kantonsverfassungen nach Art. 51 BV, Diss., Zürich 2004

TSCHANNEN PIERRE, Staatsrecht der Schweizerischen Eidgenossenschaft, Bern 2004

TSCHANNEN PIERRE/ZIMMERLI ULRICH, Allgemeines Verwaltungsrecht, 2. Aufl., Bern 2005

Verfassungsrecht der Schweiz, siehe THÜRER/AUBERT/MÜLLER

WEBER-MANDRIN MONIQUE, Öffentliche Aufgaben der Kantonsverfassungen, Diss., Zürich 2001

Materialien zur Verfassungsreform

Protokolle der Sachkommissionen 1 (Allgemeine Grundsätze und Grundrechte), 2 (Politische Rechte und Bürgerrecht), 3 (Behördenorganisation), 4 (Öffentliche Aufgaben), 5 (Finanzordnung) und 6 (Gliederung des Kantons/Kirche und Staat) (zit. Prot. K1; Prot. K2 usw. vom …)

Protokoll der Redaktionskommission (zit. Prot. RedK vom …)

Vorlagen der Kommissionen für die Kleine Vernehmlassung (zit. K1, Vorlage zur Kleinen Vernehmlassung vom …)

Anträge der Kommissionen an das Plenum (zit. K1, Antrag an das Plenum vom …)

Protokoll des Verfassungsrates 2000–2004 (zit. Prot. Plenum) (Das Protokoll der 41. Sitzung des Verfassungsrates endet mit der Seite 2338. Das Protokoll der 42. Sitzung beginnt mit der Seite 2239, so dass die Seiten 2239 bis 2338 doppelt vorhanden sind. Aus diesem Grund wird bei den Verweisen auf eine der doppelt vorhandenen Seitenzahlen zusätzlich die Sitzungsnummer angegeben.)

Verfassungsentwurf zuhanden der öffentlichen Vernehmlassung vom Juni 2003 (zit. VE)

Beleuchtender Bericht zur neuen Verfassung des Kantons Zürich. Offizielle Informationen des Verfassungsrates zur Volksabstimmung vom 27. Februar 2005, ABl 2005, S. 64 ff.

Projektbericht der Ratsdienste, federas Beratung AG, Zürich, August 2005

Verzeichnis der Kantonsverfassungen

ZH	Verfassung des Kantons Zürich vom 27. Februar 2005, in Kraft seit 1. Januar 2006 (SR 131.211)
BE	Verfassung des Kantons Bern vom 6. Juni 1993, in Kraft seit 1. Januar 1995 (SR 131.212)
LU	Staatsverfassung des Kantons Luzern vom 29. Januar 1875, in Kraft seit 6. März 1875 (SR 131.213); neu: Verfassung des Kantons Luzern vom 17. Juni 2007, in Kraft ab 1. Januar 2008
UR	Verfassung des Kantons Uri vom 28. Oktober 1984, in Kraft seit 1. Januar 1985 (SR 131.214)
SZ	Verfassung des eidgenössischen Standes Schwyz vom 23. Oktober 1898, in Kraft seit 23. Oktober 1898 (SR 131.215)
OW	Verfassung des Kantons Unterwalden ob dem Wald vom 19. Mai 1968, in Kraft seit 27. April 1969 (SR 131.216.1)
NW	Verfassung des Kantons Unterwalden nid dem Wald vom 10. Oktober 1965, in Kraft seit 10. Oktober 1965 (SR 131.216.2)
GL	Verfassung des Kantons Glarus vom 1. Mai 1988, in Kraft seit 1. Mai 1988 (SR 131.217)
ZG	Verfassung des Kantons Zug vom 31. Januar 1894, in Kraft seit 28. Juli 1894 (SR 131.218)
FR	Verfassung des Kantons Freiburg vom 16. Mai 2004, in Kraft seit 1. Januar 2005 (SR 131.219)
SO	Verfassung des Kantons Solothurn vom 8. Juni 1986, in Kraft seit 1. Januar 1988 (SR 131.221)
BS	Verfassung des Kantons Basel-Stadt vom 23. März 2005, in Kraft seit 13. Juli 2006 (SR 131.222.1)
BL	Verfassung des Kantons Basel-Landschaft vom 17. Mai 1984, in Kraft seit 1. Januar 1987 (SR 131.222.2)
SH	Verfassung des Kantons Schaffhausen vom 17. Juni 2002, in Kraft seit 1. Januar 2003 (SR 131.223)
AR	Verfassung des Kantons Appenzell A.Rh. vom 30. April 1995, in Kraft seit 1. Mai 1996 (SR 131.224.1)
AI	Verfassung für den Eidgenössischen Stand Appenzell I.Rh. vom 24. November 1872, in Kraft seit 27. April 1873 (SR 131.224.2)
SG	Verfassung des Kantons St. Gallen vom 10. Juni 2001, in Kraft seit 1. Januar 2003 (SR 131.225)

GR	Verfassung des Kantons Graubünden vom 18. Mai/14. September 2003, in Kraft seit 1. Januar 2004 (SR 131.226)
AG	Verfassung des Kantons Aargau vom 25. Juni 1980, in Kraft seit 1. Januar 1982 (SR 131.227)
TG	Verfassung des Kantons Thurgau vom 16. März 1987, in Kraft seit 1. Januar 1990 (SR 131.228)
TI	Verfassung von Republik und Kanton Tessin vom 14. Dezember 1997, in Kraft seit 1. Januar 1998 (SR 131.229)
VD	Verfassung des Kantons Waadt vom 14. April 2003, in Kraft seit 14. April 2003 (SR 131.231)
VS	Verfassung des Kantons Wallis vom 8. März 1907, in Kraft seit 2. Juni 1907 (SR 131.232)
NE	Verfassung von Republik und Kanton Neuenburg vom 24. September 2000, in Kraft seit 1. Januar 2002 (SR 131.233)
GE	Verfassung der Republik und des Kantons Genf vom 24. Mai 1847, in Kraft seit 25. Mai 1847 (SR 131.234)
JU	Verfassung der Republik und des Kantons Jura vom 20. März 1977, in Kraft seit 20. März 1977 (SR 131.235)

Abkürzungsverzeichnis

a	alt
AB (NR/StR)	Amtliches Bulletin der Bundesversammlung (Nationalrat/Ständerat)
ABl	Amtsblatt des Kantons Zürich
Abs.	Absatz
aBV	Bundesverfassung der Schweizerischen Eidgenossenschaft vom 29. Mai 1874
a.E.	am Ende
AGVE	Aargauische Gerichts- und Verwaltungsentscheide
AJP	Aktuelle Juristische Praxis
aKV	Verfassung des eidgenössischen Standes Zürich vom 18. April 1869
a.M.	anderer Meinung
Anm.	Anmerkung
ArbR	Mitteilungen des Instituts für schweizerisches Arbeitsrecht
Art.	Artikel
AS	Amtliche Sammlung des Bundesrechts
ASA	Archiv für Schweizerisches Abgaberecht
Aufl.	Auflage
BB	Bundesbeschluss
BBl	Bundesblatt
Bd., Bde.	Band, Bände
bes.	besonders
betr.	betreffend
BEZ	Baurechtsentscheide Kanton Zürich
bez.	bezüglich
BG	Bundesgesetz
BGE	Entscheidungen des Schweizerischen Bundesgerichts, Amtliche Sammlung; Bundesgerichtsentscheid
BGer	Bundesgericht
BGG	Bundesgesetz über das Bundesgericht vom 17. Juni 2005 (Bundesgerichtsgesetz; SR 173.110)
BJM	Basler Juristische Mitteilungen
BR	Bundesrat
BS	Bereinigte Sammlung der Bundesgesetze und Verordnungen 1848–1947

BV	Bundesverfassung der Schweizerischen Eidgenossenschaft vom 18. April 1999 (Bundesverfassung; SR 101)
BVerfGE	Entscheide des deutschen Bundesverfassungsgerichts
BVR	Bernische Verwaltungsrechtsprechung
bzw.	beziehungsweise
CVP	Christlichdemokratische Volkspartei
d.h.	das heisst
DIGMA	Zeitschrift für Datenrecht und Informationssicherheit
DISP	Dokumente und Informationen zur Schweizerischen Orts-, Regional- und Landesplanung
Diss.	Dissertation
E.	Erwägung
EDU	Eidgenössische Demokratische Union
EGMR	Europäischer Gerichtshof für Menschenrechte
EJPD	Eidgenössisches Justiz- und Polizeidepartement
EKZ	Elektrizitätswerke des Kantons Zürich
EMRK	Europäische Menschenrechtskonvention vom 4. November 1950 (SR 0.101)
Entw.	Entwurf
ETH	Eidgenössische Technische Hochschule(n)
EU	Europäische Union
EUGH	Europäischer Gerichtshof
EuGRZ	Europäische Grundrechte-Zeitschrift
EVP	Evangelische Volkspartei
f., ff.	und folgende
FDP	Freisinnig-Demokratische Partei
FZR	Freiburger Zeitschrift für Rechtsprechung
G	Gesetz
GemeindeO	Gemeindeordnung
gl.M.	gleicher Meinung
GS	Zürcher Gesetzessammlung 1981
Habil.	Habilitationsschrift
HAVE	Haftung und Versicherung (bis 2000: SVZ)
Hlbs.	Halbsatz
h.M.	herrschende Meinung
Hrsg., hrsg.	Herausgeber, herausgegeben
i.d.F.	in der Fassung
i.e.S.	im engeren Sinne

i.S.v.	im Sinne von
insb.	insbesondere
i.V.m.	in Verbindung mit
i.w.S.	im weiteren Sinne
K1	Kommission 1 des Verfassungsrates (Allgemeine Grundsätze und Grundrechte)
K2	Kommission 2 des Verfassungsrates (Politische Rechte und Bürgerrecht)
K3	Kommission 3 des Verfassungsrates (Behördenorganisation)
K4	Kommission 4 des Verfassungsrates (Öffentliche Aufgaben)
K5	Kommission 5 des Verfassungsrates (Finanzordnung)
K6	Kommission 6 des Verfassungsrates (Gliederung des Kantons/Staat und Kirche)
KR	Kantonsrat
KRB	Kantonsratsbeschluss
Kt., Kte.	Kanton, Kantone
KV	Verfassung des Kantons Zürich vom 27. Februar 2005 (LS 101)
LeGes	LeGes – Gesetzgebung & Evaluation (bis 1999: Gesetzgebung heute)
lit.	litera = Buchstabe
LS	Zürcher Loseblattsammlung
m.E.	meines Erachtens
m.w.H.	mit weiteren Hinweisen
N.	Note
NF	Neue Folge
NFA	Neugestaltung des Finanzausgleichs und der Aufgabenteilung zwischen Bund und Kantonen, Änderung der Bundesverfassung vom 28. November 2004 (BBl 2003, S. 6591 ff.; in Kraft ab 1. Januar 2008)
NPM	New Public Management
NR	Nationalrat
Nr., Nrn.	Nummer, Nummern
NZZ	Neue Zürcher Zeitung
OECD	Organisation für wirtschaftliche Zusammenarbeit und Entwicklung
OGer	Obergericht
OR	Obligationenrecht vom 30. März 1911 (SR 220)
OS	Offizielle Sammlung der Gesetze, Beschlüsse und Verordnungen des Eidgenössischen Standes Zürich

publ.	publiziert
Pra	Die Praxis (bis 1990: Die Praxis des Bundesgerichts)
Prot.	Protokoll
Prot. K	Protokoll der verfassungsrätlichen Kommissionen (vgl. auch K1, K2 usw.)
Prot. RedK	Protokoll der Redaktionskommission
RB	Rechenschaftsbericht des Verwaltungsgerichts des Kantons Zürich
RDAF	Revue de droit administratif et de droit fiscal
recht	recht. Zeitschrift für juristische Ausbildung und Praxis
RedK	Redaktionskommission des Verfassungsrates
RR	Regierungsrat
RRB	Regierungsratsbeschluss
RTDH	Revue trimestrielle des droits de l'homme
Rz.	Randziffer
S.	Seite
SJ	La Semaine Judiciaire
SJKR	Schweizerisches Jahrbuch für Kirchenrecht
SJZ	Schweizerische Juristen-Zeitung
sog.	sogenannt
SP	Sozialdemokratische Partei
SR	Systematische Sammlung des Bundesrechts
StE	Der Steuerentscheid
StGB	Schweizerisches Strafgesetzbuch vom 21. Dezember 1937 (SR 311.0)
StR	Ständerat
SubK	Subkommission
SVP	Schweizerische Volkspartei
SVZ	Schweizerische Versicherungs-Zeitschrift (seit 2001: HAVE)
SWX	Swiss Exchange (Schweizer Börse), Zürich
SZW	Schweizerische Zeitschrift für Wirtschaftsrecht
TB	Tätigkeitsbericht der Ombudsperson an den Kantonsrat
u.a.	und andere(s); unter anderem (anderen)
ÜbBest.	Übergangsbestimmung(en)
UNO-Pakt I	Internationaler Pakt vom 16. Dezember 1966 über wirtschaftliche, soziale und kulturelle Rechte (UNO-Sozialpakt; SR 0.103.1)
UNO-Pakt II	Internationaler Pakt vom 16. Dezember 1966 über bürgerliche und politische Rechte (UNO-Zivilpakt; SR 0.103.2)

usw.	und so weiter
URP	Umweltrecht in der Praxis
u.U.	unter Umständen
VE	Verfassungsentwurf vom Juni 2003
VEB	Verwaltungsentscheide der Bundesbehörden (seit 1964: VPB)
VGE	Verwaltungsgerichtsentscheid
VGer	Verwaltungsgericht
vgl.	vergleiche
VO	Verordnung
Vol.	volume = Band
Vorb., Vorbem.	Vorbemerkungen
VPB	Verwaltungspraxis der Bundesbehörden (bis 1963: VEB)
VVDStRL	Veröffentlichungen der Vereinigung der Deutschen Staatsrechtslehrer
VwVG	Bundesgesetz über das Verwaltungsverfahren vom 20. Dezember 1968 (Verwaltungsverfahrensgesetz; SR 172.021)
WuR	Zeitschrift für Wirtschaft und Recht
z.B.	zum Beispiel
ZBJV	Zeitschrift des Bernischen Juristenvereins
ZBl	Schweizerisches Zentralblatt für Staats- und Verwaltungsrecht (bis 1988: Schweizerisches Zentralblatt für Staats- und Gemeindeverwaltung)
ZG	Zürcher Gesetzessammlung 1961
ZGB	Schweizerisches Zivilgesetzbuch vom 10. Dezember 1907 (SR 210)
Ziff.	Ziffer(n)
zit.	zitiert
ZKB	Zürcher Kantonalbank
ZR	Blätter für Zürcherische Rechtsprechung
ZSR	Zeitschrift für Schweizerisches Recht
ZStR	Schweizerische Zeitschrift für Strafrecht

Einleitung: Der Verfassungsrat

Materialien

Prot. Plenum, S. 13 ff., 22, 280, 474 ff., 585 ff., 596 ff., 1180 ff., 1342 ff., 1852 ff., 1936 ff., 2014, 2168 f., 2174 ff., 2549 ff.

Vgl. ferner Antrag des Regierungsrates vom 3. Dezember 1997 zum Erlass eines Verfassungsgesetzes über die Totalrevision der Kantonsverfassung vom 18. April 1869, ABl 1997, S. 1511 ff.; Gewährleistungsbeschluss der Bundesversammlung vom 14. Juni 2000, BBl 2000, S. 3643 f.

Literatur

BETSCHART HEDY, Der Einfluss des Regierungsrates auf die Arbeit des Verfassungsrates, in: Materialien zur Zürcher Verfassungsreform, Bd. 8, S. 89 ff.; BUSER DENISE, Die neuen Kantonsverfassungen als Brücken in die Moderne, NZZ Nr. 188 vom 16. August 2006, S. 17 (Neue Kantonsverfassungen); EICHENBERGER, § 90; FOSCO LEO LORENZO, Die Zürcher Verfassungsrevision: Beispiel einer gelungenen Integrationsleistung, in: Materialien zur Zürcher Verfassungsreform, Bd. 8, S. 9 ff.; HÄNER ISABELLE, Rechtsschutz und Rechtspflegebehörden, in: Materialien zur Zürcher Verfassungsreform, Bd. 9, S. 139 ff.; HAUSER MATTHIAS, Der Einfluss der Verfassungsentwürfe auf den Verfassungsrat und die neue Kantonsverfassung, in: Materialien zur Zürcher Verfassungsreform, Bd. 9, S. 67 ff.; HERMANN MICHAEL/LEUTHOLD HEIRI, Die Zürcher Verfassungsrevision im Spiegel der demokratischen Meinungsäusserung, in: Materialien zur Zürcher Verfassungsreform, Bd. 8, S. 127 ff.; KLÖTI ULRICH/MILIC THOMAS/SIDLER ANDREAS, Der Abstimmungskampf zur neuen Kantonsverfassung, in: Materialien zur Zürcher Verfassungsreform, Bd. 8, S. 107 ff.; KÖLZ ALFRED, Neuere schweizerische Verfassungsgeschichte. Ihre Grundlinien vom Ende der Alten Eidgenossenschaft bis 1848, Bern 1992 (Verfassungsgeschichte); KÖLZ ALFRED, Der demokratische Aufbruch des Zürchervolkes. Eine Quellenstudie zur Entstehung der Zürcher Verfassung von 1869, in: Materialien zur Zürcher Verfassungsreform, Bd. 1 (Aufbruch); LAUFFER URS, Mehrheitsbildung im Verfassungsrat, in: Materialien zur Zürcher Verfassungsreform, Bd. 8, S. 55 ff.; NAEF MARTIN, Das geduldige Bohren dicker Bretter. Politische Analyse des Verfassungsrates, in: Materialien zur Zürcher Verfassungsreform, Bd. 8, S. 37 ff.; NOTTER MARKUS, Die neue Zürcher Kantonsverfassung vom 27. Februar 2005, SJZ 102/2006, S. 421 ff.; RÜEGG PETER, S. 52 f., 80, 119 ff.; SCHÜPBACH-GUGGENBÜHL BARBARA, Kann ein Verfassungsparlament neues Verfassungsrecht schaffen?, SJZ 100/2004, S. 453 ff.; SUTER MAINRAD, Einleitung zur Totalrevision der Zürcher Verfassung, in: Kleine Verfassungsgeschichte 1218–2000, Staatsarchiv des Kantons Zürich (Hrsg.), Zürich 2000, S. 150 ff.; WEIBEL THOMAS, Das Volk will eine neue Verfassung, in: Kleine Verfassungsgeschichte 1218–2000, Staatsarchiv des Kantons Zürich (Hrsg.), Zürich 2000, S. 65 ff.; WIDMER PASCAL, Der Verfassungsrat und seine Arbeit, in: Materialien zur Zürcher Verfassungsreform, Bd. 8, S. 13 ff.

Rechtsquellen

– Verfassung des eidgenössischen Standes Zürich vom 18. April 1869
– Verfassungsgesetz über die Totalrevision der Kantonsverfassung vom 18. April 1869 vom 13. Juni 1999 (OS 55, S. 420 ff.)
– Geschäftsreglement des Verfassungsrates des Kantons Zürich vom 16. Februar 2001 (OS 56, S. 445 ff.)

Übersicht Note

1. Das Verfassungsgesetz über die Totalrevision der Kantonsverfassung
   vom 18. April 1869 1
2. Zur Grundidee des Verfassungsrates 5
3. Die Ratsarbeit zwischen Anspruch und Wirklichkeit 10
   3.1. Die Phasen der Ratsarbeit 10
   3.2. Das Verhältnis des Verfassungsrates zu den anderen Staatsgewalten ... 11
   3.3. Einbezug der Öffentlichkeit 16
   3.4. Distanz zur Tagespolitik 21
   3.5. Formulierung des Verfassungswortlautes 24
4. Würdigung 28

1. Das Verfassungsgesetz über die Totalrevision der Kantonsverfassung vom 18. April 1869

1   Die Verfassung vom 18. April 1869 sah die Institution des Verfassungsrates nicht vor. Vielmehr enthielt die Kantonsverfassung noch die Bestimmung, dass die Revision der Verfassung auf dem Weg der Gesetzgebung zu erfolgen habe[1]. Dies mag zu erstaunen, wurde doch die Kantonsverfassung im Jahr 1869 durch einen Verfassungsrat ausgearbeitet[2]. Aufgrund der Bestimmung der alten Kantonsverfassung hätte somit der Kantonsrat den Entwurf für eine neue Kantonsverfassung erarbeiten müssen.

2   Dem Regierungsrat wurde bereits am 18. Mai 1992 der erste parlamentarische Vorstoss, welcher die Totalrevision der Zürcher Kantonsverfassung verlangte, überwiesen[3]. Der Regierungsrat vertrat zwar bereits zu diesem Zeitpunkt die Auffassung, dass eine Totalrevision nur durch die Einsetzung eines Verfassungsrates sinnvoll vorgenommen werden könnte, sah aber zunächst keine Notwendigkeit für die Totalrevision[4]. Im Kantonsrat gingen in der Folge weitere Vorstösse ein. Im Jahr 1994 verlangte eine Motion die Änderung der Kantonsverfassung sowie die Einsetzung eines Verfassungsrates[5]. Im Jahr 1995 wurde eine parlamentarische Initiative betreffend Verfassungs- und Gesetzesänderung für die Einsetzung eines Verfassungsrates erarbeitet. Am 1. April 1996 fällte der Kantonsrat dann die wesentlichen Entscheide, nachdem der Regierungsrat erklärt hatte, die Motion aus dem Jahr 1994 entgegenzunehmen. Der Kantons-

---

[1] Art. 65 Abs. 1 aKV lautet: «Die Revision der Verfassung in ihrer Gesamtheit oder in einzelnen Teilen kann jederzeit auf dem Wege der Gesetzgebung vorgenommen werden.»
[2] KÖLZ, Aufbruch, S. 27 ff.
[3] Motion KR-Nr. 196/1991, Leo Lorenzo Fosco und Mitunterzeichnende, Prot. KR 1991–1995, S. 3647 ff.
[4] Bericht und Antrag des Regierungsrates zur Motion KR-Nr. 196/1991, ABl 1995, S. 1117 ff.
[5] Motion KR-Nr. 242/1994, Urs-Christoph Dieterle und Mitunterzeichnende, Prot. KR 1991–1995, S. 13656 ff.

rat unterstützte die parlamentarische Initiative betreffend Verfassungs- und Gesetzesänderung für die Einsetzung eines Verfassungsrates vorläufig und erklärte die 1992 überwiesene Motion für erheblich[6]. Die Motion aus dem Jahr 1994 konnte damit zurückgezogen werden.

Der Regierungsrat stellte dem Kantonsrat am 3. Dezember 1997 den Antrag zum Erlass eines Verfassungsgesetzes über die Totalrevision der Kantonsverfassung vom 18. April 1869[7]. Bei diesem Gesetz handelte es sich um einen Verfassungszusatz, welcher auch formell neben der eigentlichen Verfassungsurkunde stand und von der Bundesversammlung ebenso gewährleistet werden musste[8]. Der Kantonsrat hiess diese Vorlage mit 89 zu 49 Stimmen gut[9]. Das Volk genehmigte das Verfassungsgesetz in der Abstimmung vom 13. Juni 1999 mit einer komfortablen Mehrheit von 65,8%. In keinem der 12 Bezirke wurde das Verfassungsgesetz abgelehnt. Mit der Annahme des Verfassungsgesetzes hatte sich das Volk einerseits für die Totalrevision der Kantonsverfassung entschieden und andererseits für die Einsetzung eines 100-köpfigen Verfassungsrates.

Die wichtigsten Eckpunkte des Verfassungsgesetzes waren die folgenden:
– Für die Wahl des Verfassungsrates wurde der Kanton in drei Wahlkreise eingeteilt[10].
– Für die Mitglieder des Verfassungsrates bestanden keine Unvereinbarkeiten[11], ausser für die Mitglieder des Regierungsrates[12].
– Der Verfassungsrat musste die Öffentlichkeit regelmässig über den Stand und die Ergebnisse seiner Arbeiten informieren[13].
– Er hatte die Pflicht, spätestens 5 Jahre nach seiner Wahl einen ersten Entwurf der neuen Kantonsverfassung dem Volk vorzulegen. Bei einer allfälligen Ablehnung hätte er innert eines Jahres einen zweiten Entwurf vorlegen müssen. Wäre auch dieser abgelehnt worden, wäre die Totalrevision gescheitert[14].
– Der Verfassungsrat hätte über Grundsatzfragen mit oder ohne Varianten Volksabstimmungen veranlassen können, an deren Ergebnis er gebunden gewesen wäre[15].

---

[6] Parlamentarische Initiative KR-Nr. 339/1995, Thomas Dähler und Mitunterzeichnende, Prot. KR 1995–1999, S. 3221 ff.
[7] ABl 1997, S. 1511 ff.
[8] Zum Gewährleistungsbeschluss vgl. BBl 2000, S. 3643 f.
[9] In der FDP wie auch in der SVP stiess nicht nur das Ansinnen der Totalrevision als solches auf kritische Stimmen, sondern insbesondere auch die beabsichtigte Einsetzung eines Verfassungsrates; vgl. zur Debatte im Kantonsrat sowie zum Abstimmungskampf, SUTER, S. 152; zur Abstimmung HERMANN/LEUTHOLD, S. 128.
[10] Art. 4 lit. b Verfassungsgesetz.
[11] Art. 4 lit. d Verfassungsgesetz.
[12] Art. 8 Verfassungsgesetz.
[13] Art. 7 Abs. 4 Verfassungsgesetz.
[14] Art. 3 Abs. 1 Verfassungsgesetz.
[15] Art. 3 Abs. 2 Verfassungsgesetz.

– Dem Regierungsrat kam das Recht zu, im Verfassungsrat und seinen Organen mit beratender Stimme teilzunehmen. Er konnte darüber hinaus Anträge stellen und Bericht erstatten[16].

2. Zur Grundidee des Verfassungsrates

5 Der Verfassungsgeber hatte bei der Einsetzung des Verfassungsrates vor allem die Entlastung des Kantonsrates von der Ausarbeitung des Verfassungsentwurfs im Auge. In seinem Antrag an den Kantonsrat hielt der Regierungsrat fest, dass ein Verfassungsrat aufgrund seiner Grösse und Zusammensetzung besonders für die Erarbeitung einer Verfassung geeignet sei. Dieser sei nicht noch mit Gesetzgebungs- und Verwaltungsaufgaben betraut, weshalb der Ratsbetrieb zielgerichteter ablaufen könne. Auch würde diesem in der Öffentlichkeit eine höhere Autorität attestiert, da im Verfassungsrat vermehrt Fachkreise mit entsprechender Sachkompetenz mitarbeiten würden. Die Distanz zum aktuellen politischen Tagesgeschäft – die durch den Verzicht einer Wiederwahl unterstützt werde – sei von Vorteil. Die Wegbedingung der Unvereinbarkeitsbestimmung wurde damit begründet, dass der Verfassungsrat grundsätzlich über den anderen Organen stehe[17].

6 Die ursprüngliche Idee des Verfassungsrates knüpft denn auch an die Unterscheidung zwischen der verfassungsgebenden Gewalt (pouvoir constituant) und den von der Verfassung eingesetzten Gewalten (pouvoir constitué) an. Danach kann es nicht angehen, dass die mit dem Verfassungsakt eingesetzten Gewalten die Verfassung selbst erlassen. Das konstituierte Organ darf somit nicht gleichzeitig das konstituierende Organ sein. Zudem wird mit der Einsetzung eines Verfassungsrates auch der Idee der Volkssouveränität besser Rechnung getragen, als wenn die Ausarbeitung der Verfassung durch das Parlament oder die Exekutive erfolgen würde[18].

7 Allerdings bildet die Verfassungsgebung aktuell keinen revolutionären Akt mehr. Vielmehr finden die Totalrevisionen der Verfassungen in einem bereits funktionierenden, auf dem Prinzip der Gewaltenteilung beruhenden und mit demokratischen Mitwirkungsrechten ausgestatteten Staatswesen statt, in welchem dementsprechend über die Art und Weise der Machtausübung ein grundlegender

---

[16] Art. 8 Verfassungsgesetz.
[17] Antrag des Regierungsrates vom 3. Dezember 1997, ABl 1997, S. 1511 ff. Zu den verschiedenen Argumenten, die für und gegen einen Verfassungsrat in der heutigen Zeit sprechen, vgl. P. Rüegg, S. 120 ff.
[18] P. Rüegg, S. 52 f., 119. Die Idee des Verfassungsrates stammt aus Nordamerika (Pennsylvania und Massachusetts) und wurde dann – ganz im Sinne des atlantischen Kreislaufes moderner Staatsideen – in der Französischen Revolution aufgegriffen, Kölz, Verfassungsgeschichte, S. 55, 85, 96, 103. Im Rahmen der helvetischen Verfassung wurde jedoch die Idee, dass ein Verfassungsrat einzusetzen sei, nicht aufgenommen.

Konsens besteht[19]. Demgemäss kann die Verfassungsgebung auch nicht vollständig losgelöst von den anderen Staatsgewalten, der Legislative, der Exekutive und der Judikative, erfolgen.

Betrachtet man das Verfassungsgesetz, so war dieses zwar der ursprünglichen Idee des Verfassungsrates sehr wohl verpflichtet, indem der Kanton in drei gleich grosse Wahlkreise eingeteilt wurde und damit die proportionale Vertretung der politischen Strömungen im Verfassungsrat optimal gewährleistet wurde[20].

Zudem entsprach auch die Aufhebung der Unvereinbarkeitsbestimmung der Idee, dass das Volk im Verfassungsrat umfassend repräsentiert sein muss. Der ursprünglichen Grundidee des Verfassungsrates stand einzig das sehr weitreichende Mitwirkungsrecht des Regierungsrates gemäss Art. 8 Verfassungsgesetz entgegen. Der Regierungsrat begründete dies unter Bezugnahme auf die Rechtswirklichkeit damit, dass Verfassungsfragen einen engen Bezug zur Verwaltung und zum Gesetzesvollzug aufweisen würden und deshalb die Stellungnahmen von Regierungsrat und Verwaltung zu einer fundierten Meinungsbildung im Verfassungsrat beitragen würden[21]. Der Verfassungsrat, der sich stark der Grundidee der *pouvoir constituant* verpflichtet fühlte, begegnete dieser Bestimmung mit Zurückhaltung[22]. Das Mitwirkungsrecht des Regierungsrates gemäss Art. 8 Verfassungsgesetz reichte denn auch sehr weit. Über dessen Notwendigkeit für eine sinnvolle Einbettung der verfassungsrätlichen Arbeit in die Verfassungs- und Rechtswirklichkeit kann man durchaus geteilter Meinung sein.

3. Die Ratsarbeit zwischen Anspruch und Wirklichkeit

3.1. Die Phasen der Ratsarbeit

Die verschiedenen Phasen der Arbeit des Verfassungsrates sind bereits an anderer Stelle eingehend dargestellt worden[23]. Nachfolgend soll darauf vor allem unter dem Aspekt der Grundidee des Verfassungsrates sowie der verfassungsgeberischen Ziele beim Erlass des Verfassungsgesetzes eingegangen werden.

---

[19] Vgl. P. Rüegg, S. 80, 131 f.
[20] Die Sitzverteilung zeigte folgendes Bild: SVP: 31 Sitze; SP: 27 Sitze; FDP: 22 Sitze; CVP: 7 Sitze; Grüne: 6 Sitze; EVP: 5 Sitze; EDU: 2 Sitze; sie unterschied sich jedoch nicht signifikant von den Parteivertretungen im Kantons- und Nationalrat, vgl. dazu eingehend Hermann/Leuthold, S. 133 ff. Vgl. ferner die Ausführungen des Regierungsrates in seinem Antrag vom 3. Dezember 1997 zum Verfassungsgesetz, Ziff. 6, ABl 1997, S. 1517 ff.
[21] Antrag des Regierungsrates vom 3. Dezember 1997 zum Verfassungsgesetz, Ziff. 6, ABl 1997, S. 1517 ff.
[22] Umgekehrt verhielt sich auch der Regierungsrat zunächst nicht besonders entgegenkommend, was die Ausführungen von Betschart, S. 90 ff., bestätigen.
[23] Insbesondere die Beiträge von Fosco, Widmer, Naef, Lauffer, Hauser, Betschart im Bd. 8 zu den Materialien zur Zürcher Verfassungsreform.

Die Arbeit des Verfassungsrates kann in die folgenden Phasen eingeteilt werden (vgl. dazu auch die nachfolgende schematische Darstellung auf S. 15):
- Konstituierung des Rates – Bildung der Sachkommissionen[24];
- Ausarbeitung der Vorlagen durch die Sachkommissionen;
- Verabschiedung der Anträge an das Plenum durch die Geschäftsleitung;
- Vorberatungen und Abnahme der Texte im Plenum;
- Erstellen des Gesamtentwurfes durch die Geschäftsleitung und Antrag derselben an das Plenum;
- 1. Gesamtlesung (in Winterthur) und Beschluss über den Vernehmlassungsentwurf vom 26. Juni 2003 im Plenum[25];
- öffentliche Vernehmlassung;
- Auswertung der Vernehmlassung und Überarbeitung des Entwurfes in den Sachkommissionen;
- Verabschiedung durch die Geschäftsleitung und Antrag derselben an das Plenum;
- 2. Gesamtlesung im Plenum;
- Verabschiedung des Gesamtentwurfes durch die Geschäftsleitung und Antrag derselben an das Plenum;
- Redaktionslesung und Schlussabstimmung im Plenum;
- Volksabstimmung.

3.2. Das Verhältnis des Verfassungsrates zu den anderen Staatsgewalten

11 Dass der Verfassungsrat in hohem Masse von der ursprünglichen Idee dieser Institution als *pouvoir constituant* getragen war[26], zeigte sich vor allem in den Anfangsphasen. Nach der konstituierenden Sitzung vom 13. September 2000, anlässlich welcher das Präsidium und die Geschäftsleitung bestellt wurden[27], musste vorerst einmal der Betrieb als solcher von Grund auf neu institutionali-

---

[24] Die Sachkommissionen waren gemäss § 18 Geschäftsreglement: Allgemeine Grundsätze und Grundrechte (K1), Politische Rechte und Bürgerrechte (K2), Behördenorganisation (K3), Öffentliche Aufgaben (K4), Finanzordnung (K5), Gliederung des Kantons Zürich/Kirche und Staat (K6). Am 13. Juni 2002 setzte der Verfassungsrat zudem eine fünfköpfige Redaktionskommission ein (RedK) (Prot. Plenum, S. 474 ff.), die vom Experten Dr. Werner Hauck, Leiter des Sprachdienstes der Bundeskanzlei, unterstützt wurde. Die Redaktionskommission hatte die Aufgabe, die Verfassung insbesondere in sprachlicher Hinsicht zu verbessern, Vorschläge zu unterbreiten, wenn eine vorgeschlagene Bestimmung unnötig war, wie dies z.B. bei den Kann-Vorschriften der Fall ist, sowie Widersprüche und Wiederholungen aufzudecken. Aufgrund von § 18 Abs. 2 Geschäftsreglement konnte der Verfassungsrat weitere Kommissionen einsetzen.

[25] In Anknüpfung daran, dass die Stadt Winterthur ein Zentrum der demokratischen Bewegung bildete und demgemäss Exponenten aus Winterthur bei der Erarbeitung der Verfassung von 1869 eine tragende Rolle spielten, nahm der Verfassungsrat die Einladung der Stadt Winterthur, die erste Gesamtlesung dort durchzuführen, gerne an; Prot. Plenum, S. 1936; WEIBEL, S. 67 ff.; KÖLZ, Aufbruch, S. 28.

[26] Ebenso der Verfassungsrat des Kantons Aargau, welcher in den Jahren 1973 bis 1980 im Amt war; EICHENBERGER, Kommentar, Einleitung, N. 93.

[27] Prot. Plenum, S. 13 ff., 22.

siert werden. Es stand für die Geschäftsleitung des Verfassungsrates von Beginn weg fest und wurde nie ernsthaft in Frage gestellt, dass das Sekretariat des Verfassungsrates nicht in der Verwaltung anzusiedeln war und eine Ausgliederung dieser Arbeit notwendig war[28].

Weiter musste die Zusammenarbeit mit dem *Regierungsrat* festgelegt werden, wie dies im Verfassungsgesetz vorgesehen war[29]. Gerade hier wurde das Spannungsverhältnis zwischen der Grundidee des Verfassungsrates und der Verfassungs- und Rechtswirklichkeit offenbar. Namentlich wollte es Verfassungsrat vermeiden, dass der Regierungsrat zu früh in das Geschehen eingreift und gestützt auf Art. 8 Verfassungsgesetz einen zu grossen Einfluss auf die Arbeit des Verfassungsrates ausübt. Gleichzeitig fühlte sich der Verfassungsrat jedoch durch den Regierungsrat in seiner Arbeit nicht genügend ernst genommen, wenn dieser dem Verfassungsrat erst am Tag der Plenumssitzung seine Beschlüsse und Anträge vorlegte[30]. Mit der Einführung der «Kleinen Vernehmlassung» konnte die Zusammenarbeit jedoch auf eine sehr sinnvolle Art und Weise geregelt werden. Im Rahmen der Kleinen Vernehmlassung wurden die Stellungnahmen der Fraktionen, des Regierungsrates, der anderen Sachkommissionen sowie der Experten zu Kommissionsvorlagen eingeholt[31], bevor die Vorlage im Plenum ein erstes Mal vorberaten wurde. Ebenso musste klargestellt werden, dass es sich bei den regierungsrätlichen Anträgen gemäss Art. 8 Verfassungsgesetz jeweils um Anträge des Regierungsratskollegiums handelte und nicht um Anträge einzelner Mitglieder des Regierungsrates[32]. Damit war der Weg frei, dass der Regierungsrat seine Meinungen in die Arbeit des Verfassungsrates einfliessen lassen konnte.

12

Da das Verfassungsgesetz – richtigerweise – keine Bestimmung über die Zusammenarbeit mit dem *Kantonsrat* vorsah, trat auch hier das Spannungsfeld zwischen der vom Verfassungsrat geforderte Unabhängigkeit und der aus praktischen Gründen unausweichlichen Notwendigkeit einer minimalen Koordination der Arbeit der beiden Räte offen zutage. Zum Verhältnis zwischen Legislative und Verfassungsrat äusserte sich Art. 10 des Verfassungsgesetzes bloss dahingehend, dass die Bestimmungen der Kantonsverfassung bezüglich der Revision der Verfassung in ihrer Gesamtheit bis zur Auflösung des Verfassungsrates keine Anwendung finden. Teilrevisionen der Kantonsverfassung blieben somit möglich[33]. Zu heftigen Diskussionen Anlass gab deshalb vor allem die

13

---

[28] WIDMER, S. 25.
[29] Art. 8 Verfassungsgesetz.
[30] Dazu im Einzelnen BETSCHART, S. 90 ff. Offensichtlich hegte der Regierungsrat erhebliche Zweifel an der Fähigkeit des Verfassungsrates, was er diesem auch zu merken gab, vgl. vorne Anm. 22.
[31] WIDMER, S. 29.
[32] RRB 140 vom 31. Januar 2001; BETSCHART, S. 93.
[33] In einer sehr frühen Phase, im März 2001, händigte die Geschäftsleitung des Kantonsrates der Geschäftsleitung des Verfassungsrates eine Liste der für die Kantonsverfassung relevanten Geschäfte aus, Prot. Ge-

Abgrenzung der Zuständigkeit zur Regelung des Verhältnisses von Kirche und Staat. Die entsprechende Teilrevision der Kantonsverfassung hatte der Kantonsrat längst in Angriff genommen. Nach eingehenden Beratungen entschied sich der Verfassungsrat dafür, der Arbeit des Kantonsrates nicht vorzugreifen[34]. Die kantonsrätliche Vorlage wurde vom Souverän jedoch abgelehnt, so dass in der Folge der Verfassungsrat eine Regelung treffen musste[35]. Ähnliches geschah bei der Bestimmung über die Wahlkreiseinteilung; deren Regelung überliess der Verfassungsrat schliesslich wieder dem Kantonsrat. Mit dem Gesetz über die politischen Rechte vom 1. September 2003[36] wurde das gesamte Wahlverfahren neu geregelt[37]. Andererseits wurden aber im Kantonsrat auch Vorstösse eingereicht und sogar Volksinitiativen zur Änderung der Verfassung lanciert, um auf diese Weise Einfluss auf die Verfassungsgebung zu nehmen[38]. Zu Recht hat sich der Kantonsrat nicht an der öffentlichen Vernehmlassung beteiligt; eine Kantonsratsdebatte über den Verfassungsentwurf wäre – gerade im Hinblick auf die staatsrechtliche Funktion des Verfassungsrates – keinesfalls wünschbar gewesen.

14 Als distanziert kann das Verhältnis zur Dritten Gewalt, der *Judikative*, bezeichnet werden[39]. Einzig das Verwaltungsgericht des Kantons Zürich entschloss sich zu einer intensiven Lobbyarbeit, als der Verfassungsrat sich anschickte, die verwaltungsinterne Verwaltungsrechtspflege abzuschaffen; der Verfassungsrat nahm den Vorschlag des Verwaltungsgerichts schliesslich im Wesentlichen auf[40]. Bezüglich der anderen Gerichte ist allerdings festzuhalten, dass insbesondere das

---

schäftsleitung, S. 110; diese wurde an die Sachkommissionen weitergeleitet. In der Folge fand der Kontakt vor allem zwischen den Sachkommissionen und den betreffenden kantonsrätlichen Kommissionen statt; die Zusammenarbeit war somit informell. Die Beteiligung von kantonsrätlichen Kommissionen an der Kleinen Vernehmlassung lehnte die Geschäftsleitung des Verfassungsrates ab, Prot. Geschäftsleitung, S. 211. Dies hätte wohl auch dem Geschäftsreglement widersprochen, wonach der Kantonsrat allfällige Vorschläge, wie alle anderen Behörden und Personen, als Anregung hätte eingeben müssen; § 40 Geschäftsreglement; die Kommission 3 hatte jedoch Vertreter des Kantonsrates in die Kommission eingeladen, vgl. etwa Prot. K3 vom 10. Mai 2001, S. 73 ff.

[34] Prot. Plenum, S. 1852 ff., 1854. Zur Vorlage des Regierungsrates über die Neuregelung des Verhältnisses von Kirche und Staat, vgl. ABl 2002, S. 441 ff.
[35] Prot. Plenum, S. 2549 ff.
[36] LS 161.
[37] Prot. Plenum, S. 2174 ff. Aufgrund der bundesgerichtlichen Praxis mussten die Wahlkreise für die Wahl der Gemeindeparlamente wie auch für die Wahl des Kantonsrates neu bestimmt werden; BGE 129 I 185, 200 ff. Aus zeitlichen Gründen bestand diesbezüglich sofortiger Handlungsbedarf und konnte mit der Neuordnung des Wahlrechts nicht bis zur Volksabstimmung über die neue Kantonsverfassung zugewartet werden; ABl 2003, S. 517 ff., 1174 ff.
[38] So geht Art. 38 Abs. 2 lit. g auf eine vom kantonalen Gemeindepräsidentenverband lancierte Volksinitiative zurück, vgl. ABl 2004, S. 582 ff. Die Initiative wurde in der Folge zurückgezogen, weil der Gemeindepräsidentenverband sein Anliegen als verwirklicht ansah. Eine ebenfalls die Gemeinden betreffende parlamentarische Initiative reichte Kantonsrat Willy Haderer und Mitunterzeichnende ein, ABl 2003, S. 82 ff.
[39] Immerhin lud die Kommission 3 Vertreter der obersten Gerichte des Kantons Zürich als Referenten ein, Prot. K3 vom 30. August 2001, S. 168 ff.
[40] Art. 77.

Obergericht mit zunächst fünf und schliesslich drei Vertretern seine Anliegen stets direkt in den Rat einbringen konnte[41].

Betrachtet man das Verhältnis zu den Staatsgewalten, so zeigt sich, dass der Verfassungsrat das Gleichgewicht zwischen der Unabhängigkeit von den anderen Staatsorganen und der Zusammenarbeit mit diesen zunächst finden musste. Dies gelang denn auch, namentlich auch mit dem Regierungsrat, der sich mit Art. 8 Verfassungsgesetz doch eine sehr starke Einflussnahme sichern konnte.

3.3. Einbezug der Öffentlichkeit

Die regelmässige Berichterstattung über die verfassungsrätliche Arbeit gehörte gemäss Art. 7 Abs. 4 des Verfassungsgesetzes zur Aufgabe des Verfassungsrates. Der öffentlichen Diskussion über die Entstehung der neuen Kantonsverfassung wie auch der Mitwirkung der Öffentlichkeit räumte der Verfassungsrat eine hohe Priorität ein. Dies entsprach denn auch dem Selbstverständnis des Verfassungsrates, seine Aufgabe als Vertreter des Souveräns zu erfüllen.

Der Verfassungsrat achtete sehr darauf, dass über seine Arbeit in der *Tagespresse* regelmässig Bericht erstattet wurde. Mit einer gut gestalteten Internetseite, mit Pressekonferenzen und der Öffentlichkeit der Debatten konnte dieses Ziel durchaus erreicht werden[42]. Allerdings war das Verhältnis zu den Medien nicht immer ungetrübt. Die Medien versuchten streckenweise Spannung in die Berichterstattung über die zum Teil für das aktuelle Tagesgeschehen wenig spektakuläre Arbeit des Verfassungsrates zu bringen, indem sie Gründe für eine öffentliche Entrüstung suchten. So wurde anlässlich der Unterbreitung der Vernehmlassungsvorlage in der Tagespresse vorab über die Kosten der Ratsarbeit diskutiert, statt über den Inhalt der Verfassung zu berichten[43]. Auf eine eingehende inhaltliche Diskussion und eine breite Zustimmung zur neuen Kantonsverfassung in der Tagespresse konnte der Verfassungsrat jedoch im Rahmen des Abstimmungskampfes zählen[44].

§ 40 des Geschäftsreglements sah vor, dass sämtliche Interessierten, seien dies Behörden, Verbände oder einzelne Personen, dem Rat Anregungen im Sinne von *Petitionen* einreichen konnten. Diese mussten zwar nicht behandelt werden, die Entscheide der verfassungsrätlichen Organe darüber aber waren den Betreffenden mitzuteilen. Von diesem Instrument wurde ziemlich rege Gebrauch ge-

---

[41] Sämtliche dieser Richter waren Mitglieder der SVP.
[42] Die Geschäftsleitung gründete einen Ausschuss für Öffentlichkeitsarbeit und zog zudem eine externe Beratung bei.
[43] Vgl. etwa NZZ Nr. 157 vom 10. Juli 2003.
[44] So wurde im Abstimmungskampf in der NZZ wie auch im Tages-Anzeiger bis zur Volksabstimmung vom 27. Februar 2005 regelmässig über die Verfassung berichtet; vgl. die Auswertung bei KLÖTI/MILIC/SIDLER, S. 117.

macht. Die Überweisung dieser Anregungen an die zuständige Sachkommission bildete – sobald das Instrument bekannt wurde – ein ständiges Traktandum in der Geschäftsleitung[45].

19 Wiederum dem Selbstverständnis des Verfassungsrates entsprechend wurde auch der Kreis der direkt zur *öffentlichen Vernehmlassung* Einzuladenden sehr weit gezogen und wurde den übrigen Personen die Teilnahme an der Vernehmlassung stark erleichtert[46]. Die Ergebnisse der Vernehmlassung wurden in der Folge in den Sachkommissionen eingehend geprüft und führten zu einigen Änderungen im Verfassungstext. In diesem Stadium ist dem Verfassungsrat der Dialog mit der Öffentlichkeit sicher sehr gut gelungen[47].

20 Gemäss Art. 3 Abs. 2 des Verfassungsgesetzes hätte der Verfassungsrat *Grundsatzabstimmungen* durchführen können. Aus zeitlichen wie auch aus finanziellen Gründen hat er indessen davon abgesehen. Immerhin wurden über eine mögliche Gebietseinteilung des Kantons zwei Varianten, die Zweckgemeinden und die Regionalisierung, in die Vernehmlassung gegeben, von welchen jedoch bei den Vernehmlassungsteilnehmenden keine eine überwiegende Zustimmung fand[48].

3.4. Distanz zur Tagespolitik

21 Mit der Einsetzung eines Verfassungsrates verband sich auch die Hoffnung, ein Organ zu schaffen, das eine erhebliche Distanz von der Tagespolitik aufweisen würde und umgekehrt, wegen seiner besonderen Zusammensetzung, in der Bevölkerung eine hohe Autorität geniessen würde.

22 Dass der Verfassungsrat eine grössere Distanz zur Tagespolitik aufwies, traf wohl eher in den ersten Phasen zu[49], wobei die Arbeit des Verfassungsrates von Beginn weg durch die Parteilinien geprägt war[50]. Insoweit war der Verfassungsrat auch nicht bereit, sehr grundsätzliche Fragen des Kantons, wie die Gebietseinteilung, anzugehen[51]. Die Distanz zur Tagespolitik verminderte sich zudem zunehmend, je konkreter die Verfassungstexte wurden. Besonders augenfällig wurde dies bezüglich des Verhaltens der SVP, die vor der Einsetzung des

---

[45] Erstmals Prot. Geschäftsleitung, S. 111.
[46] Prot. Geschäftsleitung, S. 362 f.
[47] An der Vernehmlassung haben sich 372 Organisationen und 2593 Privatpersonen beteiligt; vgl. WIDMER, S. 30 f.
[48] Vernehmlassungsergebnis, Varianten.
[49] Dies führte in der ersten Phase auch häufig zu eher zufälligen Mehrheiten; vgl. LAUFFER, S. 59.
[50] Anders der Verfassungsrat des Kantons Basel-Stadt. Dort beschlossen die Fraktionen zum Teil Stimmfreigabe, was die Diskussion über die Parteigrenzen hinweg erleichterte, SCHÜPPACH-GUGGENBÜHL, S. 455.
[51] Bei diesem Thema standen sich die linke und die rechte Ratsseite in harter Frontalstellung gegenüber; Prot. Plenum, S. 585 ff., 596 ff.

Verfassungsrates rasant Wähleranteile gewonnen hatte und in dieser Zeit noch immer dazugewann[52]. Ihre – zugegebenermassen für die Parlamentswahlen – erfolgreiche Politik, dass sie nur diejenigen Anliegen und Vorstösse unterstützt, die exakt auf der Parteilinie liegen, ansonsten aber eine ablehnende Haltung einnimmt und keine Kompromisse eingeht, verfolgte sie ebenso konsequent im Verfassungsrat[53].

Dem Verfassungsrat gelang es dennoch, Plenumsdebatten auf sehr hohem Niveau mit einer stets sehr hohen Präsenz der Mitglieder zu führen. Im Unterschied zu den Parlamenten wurde im Plenum weniger für die Medien als zur Sache votiert. Mitunter fand im Plenum ebenso eine Meinungsbildung statt[54].

3.5. Formulierung des Verfassungswortlautes

Das Grundverständnis des Verfassungsrates, in Vertretung des Volkes einen Verfassungstext auszuarbeiten, manifestierte sich schliesslich auch darin, dass der Verfassungsrat die Verfassungstexte selbst formulierte. So wurde in der Diskussion um die Einsetzung der juristischen Experten[55] vor allem von Seiten der SVP betont, dass im Kanton Zürich eigens ein Gremium geschaffen worden sei, welches die neue Verfassung erarbeiten soll, weshalb beim Einsatz von Experten Zurückhaltung geboten sei. Es gelte der Grundsatz, dass die Kommissionen und die Mitglieder des Rates die Verfassung zu erarbeiten hätten[56].

In den eingesetzten sechs Sachkommissionen wurde deshalb zunächst eine breite Auslegeordnung erstellt, bevor konkrete Vorlagen erarbeitet werden konnten[57]. Auch erwiesen sich die ersten Debatten im Plenum als eher schwierig, zumal das Plenum nicht vorerst Grundsatzfragen entscheiden wollte[58]. Sodann

---

[52] Hermann/Leuthold, S. 134.
[53] Naef, S. 51 f.
[54] Lauffer, S. 63; dieselbe Erfahrung machte der Verfassungsrat im Kanton Basel-Stadt, Schüppach-Guggenbühl, S. 455.
[55] Prot. Geschäftsleitung, S. 95. Gewonnen werden konnten dafür schliesslich Prof. Tobias Jaag und Prof. Alfred Kölz, der nach seinem Tod von Prof. Giovanni Biaggini abgelöst worden ist; vgl. auch Widmer, S. 27.
[56] Zwar lagen von verschiedenen politischen Seiten Verfassungsentwürfe vor, die jedoch bloss als Beispiele dienten, genauso wie die in Kraft stehenden anderen Kantonsverfassungen, dazu eingehend Hauser, S. 67 ff.; Notter, S. 423.
[57] Die ersten Texte konnte der Verfassungsrat Ende Januar 2002 beraten; Prot. Plenum, S. 309; Widmer, S. 28 f., wobei der Text der Kommission 2 früher vorlag, aber nicht beraten werden konnte; vgl. auch Lauffer, S. 56 f.
[58] Die Debatte über das Modell der Gerichtsorganisation wurde zwar zu Ende geführt, jedoch blieben wesentliche Punkte offen; vgl. Prot. Plenum, S. 280. Sodann wurden von Seiten der SVP bei den Grundrechten immer wieder Systemanträge eingebracht, was mitunter zu schwierigen Debatten führte; Prot. Plenum, S. 1180 ff. In der ersten Gesamtlesung in Winterthur drang die SVP mit diesem Systemantrag allerdings durch; Prot. Plenum, S. 2014. Ebenso reichte die SVP bezüglich der öffentlichen Aufgaben einen Systemantrag ein, der vom Rat jedoch abgelehnt wurde; Prot. Plenum, S. 1342 ff.

26 kam es zu inhaltlichen Abgrenzungsproblemen zwischen den Kommissionen, die zunächst von der Geschäftsleitung und schliesslich der Redaktionskommission gelöst werden mussten[59].

26 Inwiefern eine Debatte über Grundsatzfragen notwendig gewesen wäre, kann nicht eindeutig gesagt werden. In Bezug auf die Gerichtsbarkeit hat der Verfassungsrat versucht, im Rahmen einer Grundsatzdebatte die wichtigsten Eckpunkte der Justizverfassung festzulegen. Zum Schluss hat er die damals gefassten Beschlüsse zum Teil jedoch wieder umgestossen[60]. Bezüglich der Grundrechte hingegen erwies es sich als grosser Mangel, dass der Rat auf eine Grundsatzdebatte verzichtete. Nachdem die zuständige Sachkommission einen vollständig ausformulierten Grundrechtskatalog erarbeitet hatte, fasste der Rat am 8. Mai 2003 – nach zweijähriger intensiver Arbeit der zuständigen Sachkommission sowie einer ersten Vorberatung des gesamten Kataloges im Plenum – den Beschluss, nur einen reduzierten Grundrechtskatalog, wenn möglich ohne Wiederholung der in der Bundesverfassung festgehaltenen Grundrechte, in die Verfassung aufzunehmen[61]. Die Arbeit des Verfassungsrates verlief insoweit nicht immer derart zielgerichtet, wie man sich dies von ihm erhoffte.

27 Dennoch, dies wurde dem Verfassungsrat zu Recht attestiert, gelang es zum Schluss, eine kohärente und konsensfähige Verfassung zu erarbeiten. Die grossmehrheitliche Zustimmung des Volkes (64,24% Ja Stimmen) zur neuen Zürcher Kantonsverfassung bestätigt diese Einschätzung[62]. Gerade in der ersten Gesamtlesung in Winterthur sowie in der zweiten Gesamtlesung nach der Vernehmlassung, kam der Rat in dieser Hinsicht einen grossen Schritt weiter.

4. Würdigung

28 Es hat im Verfassungsrat von Beginn weg die Meinung vorgeherrscht, den bewährten Aufbau der rechtsstaatlichen Institutionen, die Dreiteilung der staatlichen Machtausübung in die Legislative, die Exekutive und die Judikative wie auch die demokratischen Rechte, nicht von Grund auf zu erneuern, sondern höchstens gewisse Akzente zu setzen oder zu verschieben. Allerdings sind die Inhalte dessen, womit sich der Staat befassen soll, ganz anderer Natur als im Jahr 1869.

---

[59] Die Geschäftsleitung richtete den Ausschuss für operative Tätigkeit ein, welchem die Koordination zwischen den einzelnen Kommissionen oblag; Prot. Geschäftsleitung, S. 109.
[60] HÄNER, S. 142 f.
[61] Prot. Plenum, S. 2014 f.
[62] Wie bereits das Verfassungsgesetz wurde die Verfassung in allen 12 Bezirken angenommen, dazu N. 3.

Der Verfassungsrat vermochte diese Ausgangslage – nach der hier vertretenen Auffassung – in gelungener Art und Weise zu erfassen, was zweifellos darauf zurückzuführen ist, dass die Verfassung von einem demokratisch gewählten Verfassungsrat erarbeitet worden ist, der Verfassungsrat seinen Blickwinkel weit geöffnet und die Texte selber erarbeitet hat. Die Kantonsverfassung nimmt auf die aktuellen Probleme des gesellschaftlichen Lebens Bezug, ist aber ebenso vom Bewusstsein getragen, dass die Interventionsmöglichkeiten durch den Staat begrenzt sind[63].

Im Ergebnis ist der Zürcher Verfassungsrat seiner staatsrechtlichen Funktion gerecht geworden. Wenn er sich auch zunächst zu stark den ursprünglichen Idealen – namentlich der Unabhängigkeit von den anderen Staatsorganen – verpflichtet gefühlt hat, so fand er nach Anfangsschwierigkeiten Wege einer sinnvollen Zusammenarbeit, die der gelebten Verfassungswirklichkeit gerecht wurden. Dass ihm schliesslich eine hohe Autorität zugeschrieben wurde, zeigt das deutliche Abstimmungsergebnis.

---

[63] Zu diesen Themen gehören die Integration (Art. 7 und Art. 114), das Recht auf Bildung (Art. 14) und die Schulfreiheit (Art. 15) wie auch die Nachhaltigkeit (Art. 6) und der moderate Ausbau der demokratischen Rechte im Vergleich zur alten Verfassung (Senkung der Unterschriftenzahlen auf 6 000 bei der Initiative, Art. 24, und auf 3 000 beim Referendum, Art. 33 Abs. 1 lit. a, konstruktives Referendum, Art. 30). Die Beschränkung der Staatstätigkeit wiederum kommt im Subsidiaritätsprinzip (Art. 5) wie auch im Kapitel Finanzen zum Ausdruck (Art. 122 ff.); vgl. auch BUSER, Neue Kantonsverfassungen, S. 17.

Schematische Darstellung der Arbeiten des Verfassungsrates[1]

Datum	Verfassungsrat*			Öffentlichkeit
	Sachkommissionen	Geschäftsleitung	Plenum	
13. Juni 1999				Volksabstimmung/ Verfassungsrevision
18. Juni 2000				Wahlen der Mitglieder des VR
13. September 2000			Konstituierung	
Januar 2001 bis Februar 2003**	Ausarbeitung Vorlagen**			
		Verabschiedung Anträge an Plenum**		
			Vorberatungen** (Abnahme der Texte im Plenum)	
16. April 2003		Erstellung Gesamtentwurf, Antrag an Plenum		
8. Mai 2003 bis 26. Juni 2003 (Kurzsessionen in Winterthur)			1. Gesamtlesung. Annahme des Vernehmlassungsentwurfes vom 26. Juni 2003	
1. Juli 2003 bis 15. November 2003				Öffentliche Vernehmlassung
Januar bis April 2004	Auswertung Vernehmlassung, Überarbeitung			
13. Mai 2004		Verabschiedung Antrag an Plenum		
10. Juni 2004 bis 8. Juli 2004			2. Gesamtlesung	
30. September 2004		Verabschiedung Antrag an Plenum		
28. Oktober 2004			Redaktionslesung, Schlussabstimmung	
27. Februar 2005				Volksabstimmung

* Nicht dargestellt: Redaktionskommission. Diese arbeitete die Vorlagen zuhanden der GL jeweils mit den Sachkommissionen in rollender Zusammenarbeit aus.

** Bevor die Vorlagen dem Plenum vorgelegt wurden, wurden die Vorschläge bei den anderen Sachkommissionen, den Fraktionen und dem Regierungsrat in eine sogenannte Kleine Vernehmlassung gegeben. Die Kommissionen arbeiteten in der Regel paketweise, indem abgeschlossene Kapitel in die Kleine Vernehmlassung gesandt wurden, sobald sie bereit waren. Auch die Abnahme im Plenum fand kapitelweise statt.

---

[1] Diese Darstellung beschränkt sich auf die groben Eckwerte; bei einzelnen Themen musste ein anderes Verfahren gewählt werden (Hauptbeispiel: Vorlage Kirche und Staat).

Präambel

Wir, das Volk des Kantons Zürich,

**in Verantwortung gegenüber der Schöpfung
und im Wissen um die Grenzen menschlicher Macht,**

**im gemeinsamen Willen,
Freiheit, Recht und Menschenwürde zu schützen
und den Kanton Zürich als weltoffenen, wirtschaftlich, kulturell und sozial starken Gliedstaat der Schweizerischen Eidgenossenschaft weiter zu entwickeln,**

geben uns die folgende Verfassung:

Materialien

VE Präambel; Prot. Plenum S. 99, 106 f., 117, 918 f., 927, 929, 953 ff., 1230, 1233, 1951 ff., 2825 ff., 3315, 3348, 3350.

Literatur

ARNOLD MARKUS, Menschenbild, Werteordnung und Staatsverständnis, in: Materialien zur Zürcher Verfassungsreform, Bd. 9, S. 9 ff.; BELLAH ROBERT N., Zivilreligion in Amerika, in: Heinz Kleger/Alois Müller, Religion des Bürgers. Zivilreligion in Amerika und Europa, München 1986, S. 19 ff.; BIAGGINI GIOVANNI, Die neue Zürcher Kantonsverfassung: Gesamtbetrachtung im Lichte der Verfassungsfunktionen, in: Materialien zur Zürcher Verfassungsreform, Bd. 9, S. 175 ff.; BIRNBACHER DIETER, Mehrdeutigkeiten im Begriff der Menschenwürde, http://www.gkpn.de/singer2.htm; BÖCKENFÖRDE ERNST-WOLFGANG, Die Entstehung des Staates als Vorgang zur Säkularisation, in: Festschrift Ernst Forsthoff, Stuttgart/Berlin/Köln/Mainz 1967, S. 75 ff.; EHRENZELLER BERNHARD, St. Galler Kommentar, Präambel; HÄBERLE PETER, Die Verfassung «im Kontext», in: Verfassungsrecht der Schweiz, § 2; LÜBBE HERMANN, Staat und Zivilreligion. Ein Aspekt politischer Legitimität, in: Heinz Kleger/Alois Müller, Religion des Bürgers. Zivilreligion in Amerika und Europa, München 1986, S. 195 ff.; MASTRONARDI PHILIPPE, Menschenwürde als materielle Grundnorm des Rechtsstaates?, in: Verfassungsrecht der Schweiz, § 14; MEYER-BLASER ULRICH/GÄCHTER THOMAS, Der Sozialstaatsgedanke, in: Verfassungsrecht der Schweiz, § 34; MOLTMANN JÜRGEN, Gott im Projekt der modernen Welt. Beiträge zur öffentlichen Relevanz der Theologie, Gütersloh 1997; PETITPIERRE SAUVAIN ANNE, Fondements écologiques de l'ordre constitutionnel suisse, in: Verfassungsrecht der Schweiz, § 36; PREUL REINER, So wahr mir Gott helfe! Religion in der modernen Gesellschaft, Darmstadt 2003; RHINOW RENÉ, Rz. 161 ff.; SCHMID HANS HEINRICH, Die Schweiz der Zukunft – «Im Namen Gottes des Allmächtigen»?, ZBl 92/1991, S. 525 ff.; SCHOPENHAUER ARTHUR, Die Welt als Wille und Vorstellung I, sämtliche Werke, Bd. 2, 4. Aufl., Mannheim 1988; SCHWEIZER RAINER J., Homogenität und Vielfalt im schweizerischen Staatsrecht, in: Verfassungsrecht der Schweiz, § 10; WETZ FRANZ JOSEPH, Illusion Menschenwürde. Aufstieg und Fall eines Grundwerts, Stuttgart 2005.

Übersicht Note

1. Funktion der Präambel 1
2. Entstehungsgeschichte 4
   2.1. Die vorbereitende Kommissionsarbeit 5
   2.2. Vorberatung 6
   2.3. Gesamtlesung 8
   2.4. Die Kommissionsarbeit nach der Vernehmlassung 9
   2.5. 2. Gesamtlesung 10
3. Kommentar 11
   3.1. Das Problem der «invocatio dei» 11
   3.2. Die Zürcher Alternative zur «invocatio dei» 15
   3.3. Notwendige Konkretisierungen: Freiheit, Recht und Menschenwürde 21
   3.4. Ein weltoffener Gliedstaat der Schweizerischen Eidgenossenschaft 22
   3.5. ... wirtschaftlich, kulturell und sozial stark 24
4. Würdigung 25

1. Funktion der Präambel

1   Die rechtlich-normative Funktion von Präambeln ist umstritten. Zur Präambel der neuen Bundesverfassung hält PETITPIERRE SAUVAIN lakonisch fest: «En principe, le préambule n'a pas de valeur normative.»[1] Sie verweist vielmehr auf Intentionen und Motivationen der Verfassungsgeber und dient zudem als Interpretationsinstrument für die Verfassung[2]. Demgegenüber bejaht EHRENZELLER eine rechtlich-normative Funktion der Präambel der neuen BV[3]. Diese hängt allerdings von ihrer Gestaltung ab. Es können keine verfassungsmässigen Ansprüche und Kompetenzen aus der Präambel abgeleitet werden, wenn sie indes ethisch-politische Ziele und Leitprinzipien enthält, wird sie zur Auslegungshilfe. Verpflichtende Handlungsaufträge an Behörden enthält die Präambel mindestens dort, wo ein Bezugspunkt zum materiellen Teil der Verfassung besteht. Auch das Völkerrecht anerkennt, «dass Präambeln als verbindliche Auslegungsrichtlinien heranzuziehen sind»[4]. Dies ist vor allem dann der Fall, wenn die Präambel eng mit der Gesamtverfassung verwoben ist. HÄBERLE verstärkt diesen Gedanken aus der Sicht eines kontextuellen Verfassungsverständnisses. Es geht darum, «die Bezüge zu anderen getexteten Normenensembles in derselben Verfassung herzustellen». Eine Präambel enthält «Normativitätsreserven» und hat «Ausstrahlungswirkung» auf die späteren Artikel[5].

---

[1] PETITPIERRE SAUVAIN, § 36 Rz. 3.
[2] PETITPIERRE SAUVAIN, § 36 Rz. 3.
[3] EHRENZELLER, St. Galler Kommentar, Präambel Rz. 9 ff.
[4] EHRENZELLER, St. Galler Kommentar, Präambel Rz. 13.
[5] HÄBERLE, § 2 Rz. 32.

Dies trifft für die neue Zürcher Verfassung bei einer teleologischen Auslegung zu. Ausgehend von einer historischen Auslegung ist die Ausstrahlungswirkung der Präambel weniger festzustellen. Die Präambel wurde in einer von sechs Kommissionen erarbeitet. Den anderen fünf Kommissionen lag für ihre Arbeit der Text der Präambel nicht vor, und es wurde bei deren Behandlung im Plenum nur marginal auf sie Bezug genommen[6]. Kontexte sind festzustellen zwischen der Präambel, den Grundlagen, den Grundrechten und den Sozialzielen. Diese Texte wurden in derselben Kommission synchron erarbeitet. Offensichtlich wird dies z.B. durch den Konnex zwischen Menschenwürde, Menschenrechten und Grundrechten. Hier besteht tatsächlich eine Ausstrahlungswirkung ausgehend von der Präambel. Damit weist die Präambel auch darauf hin, dass Ethik ein wesentlicher Verfassungskontext ist: «Der Verfassungsstaat auf der heutigen Entwicklungsstufe bedarf eines ethischen Grundkonsenses ...»[7].

Für den Zürcher Verfassungsrat und die entsprechende Sachkommission waren zwei Funktionen der Präambel bedeutsam. Erstens ihre identitätsstiftende Funktion. Die Präambel sollte Wesentliches über die Gesinnung des Verfassungsgebers, des Volkes des Kantons Zürich, aussagen. In einer «multikulturellen Gesellschaft» erhält diese identitätsstiftende Funktion der Präambel, die pars pro toto für die ganze Verfassung steht, eine zusätzliche aktuelle Bedeutung. Zweitens sollten mit der Präambel die wesentlichen Werte, der geistige und philosophische Boden, auf dem die Verfassung steht, genannt werden[8]. Zusammenfassend steht die Zürcher Präambel für ein Menschenbild und vermittelt «Orientierung und trägt zu einer Stärkung der Integrationsfunktion der Verfassung bei»[9].

2. Entstehungsgeschichte

Im Gegensatz zu den Kantonsverfassungen des 19. Jh. werden seit 1965 alle Kantonsverfassungen mit Ausnahme derjenigen des Kantons Thurgau durch eine Präambel eingeleitet[10]. Sehr früh sprach sich auch der Zürcher Verfassungsrat für eine Präambel aus. Schon in der ersten Darlegung der Schwerpunkte

---

[6] Im Zusammenhang mit der Grundwerteverpflichtung der öffentlichen Schulen (Prot. Plenum, S. 1557) und dem Verhältnis von Staat und Kirchen (Prot. Plenum, S. 2560).
[7] HÄBERLE, § 2 Rz. 22.
[8] Prot. Plenum, S. 919 f., 953 f., 960 f.
[9] BIAGGINI, S. 179.
[10] Das gilt auch für die Verfassung des Kantons Basel Stadt vom 23. März 2005. Der Verfassungsrat wollte eine Präambel, konnte sich aber nicht einigen und beliess es darum bei einer impliziten invocatio dei nach Zürcher Vorbild, welche einleitend der Verfassung vorangestellt wurde; Prot. Plenum des Basler Verfassungsrates vom 26. Januar 2005, S. 26 ff.

der Fraktionen im Plenum votierten Vertreter der CVP und der EVP für eine Präambel[11].

2.1. Die vorbereitende Kommissionsarbeit

In der zuständigen Sachkommission 1 wurde im Rahmen einer ersten Aussprache die Frage gestellt, ob es für die neue Verfassung eine Art geistigen oder philosophischen Überbau geben solle. Dabei wünschte die Kommission mehrheitlich eine Präambel[12]. Argumente waren der Verweis auf das der Verfassung zugrunde liegende Menschenbild. Gefordert wurde die Erwähnung ethischer Grundsätze wie Freiheit, Selbstverantwortung, Menschenwürde, Gemeinwohl, die Verantwortung gegenüber den kommenden Generationen, Respektierung von Umwelt und Schöpfung. Auch sollte in der Präambel das typisch «Zürcherische» zum Ausdruck kommen[13]. Zudem sollte die Präambel ästhetischen Kriterien genügen. Eine ausführliche Diskussion ergab sich von allem Anfang zur Frage der invocatio dei (Gottesanrufung). Eine explizite Nennung Gottes wurde indessen abgelehnt. Das Anliegen sollte implizit aufgenommen werden durch den Verweis auf Kräfte, die über dem Menschen stehen oder von Prinzipien, die die menschliche Tatkraft überschreiten[14]. Die Erarbeitung eines Präambelvorschlags wurde einer Subkommission übertragen[15]. Diese erarbeitete drei Vorschläge. Gemeinsam ist ihnen, dass sie in der Subkommission selbst entstanden sind und keine Anleihen bei anderen Verfassungen gemacht wurden. Der Vorschlag «Ouvertüre»[16] wurde als ästhetisch, gerade zu barock, feierlich und darum unzürcherisch empfunden, der Vorschlag «Lead»[17] wiederum war

---

[11] Prot. Plenum, S. 99, 106 f., 117.
[12] Prot. K1 vom 7. März 2001, S. 3 ff.; Prot. K1 vom 23. März 2001, S. 3 ff.
[13] Die Tatsache, dass der Basler Verfassungsrat die Zürcher Präambel als mögliche Vorlage diskutierte, weist auf die Schwierigkeit der Umsetzung dieses Anliegens hin.
[14] Prot. K1 vom 7. März 2001, S. 6 ff.; Prot. K1 vom 23. März 2001, S. 6 f.
[15] Prot. K1 vom 29. Mai 2001, S. 77.
[16] «Wir, die Stimmberechtigten des Kantons Zürich,
   im Bewusstsein um die Grenzen menschlicher Macht und menschlichen Strebens,
   im Bewusstsein unserer partnerschaftlichen Eingebundenheit in den Bund der Kantone der Schweizerischen Eidgenossenschaft,
   im Respekt vor der Würde jedes Menschen und der sie schützenden Menschenrechte,
   im Respekt vor der Schöpfung als Grundlage allen Lebens,
   im Willen, in unserem Kanton eine freiheitlich demokratische Rechtsordnung zu bewahren,
   im Willen, die persönliche Entfaltung und die aktive Teilnahme der Menschen in Gemeinde und Kanton zu fördern
   geben uns folgende Verfassung:»
[17] «Wir, die Stimmberechtigten des Kantons Zürich,
   im gemeinsamen Willen und in gemeinsamer Verantwortung
   – die wirtschaftliche Leistungsfähigkeit und die soziale Wohlfahrt des Kantons zu fördern,
   – die Kultur in Wissenschaft, Bildung und Kunst zu pflegen,
   – zum Wohl der Eidgenossenschaft und der Völkergemeinschaft beizutragen
   und zusammen mit dem Bund und den Kantonen

zwar sprachlich unbefriedigend, brachte aber wichtige zürcherische Anliegen ein, während der Vorschlag «Portal»[18] durch seine Nüchternheit und Kürze bestach, was wiederum nach Ergänzung rief. Die Subkommission erarbeitete in der Folge zwei neue Vorschläge, die den Fraktionen zur Vernehmlassung vorgelegt wurden[19]. Am 20. Februar 2002 wurde von der Kommission 1 ein Vorschlag zuhanden des Ratsplenums mit 12 Ja-Stimmen bei 3 Enthaltungen verabschiedet[20]. Dieser basierte vor allem auf «Portal»[21]. Eingeleitet wurde die Präambel nunmehr traditionell mit den Worten «Wir, das Volk des Kantons Zürich ...»[22]. Zudem hatte sich gezeigt, dass die Formulierung «Im Wissen um die Grenzen menschlicher Macht» in der Vernehmlassung bei den Fraktionen mehrheitlich auf Zustimmung stiess[23].

2.2. Vorberatung

Anlässlich der Vorberatung der Kommissionsvorlagen wurden am 3. Oktober 2002 im Ratsplenum zwei Anträge gestellt[24]. Die SVP forderte eine kurze Präambel im Sinne der Verfassung von 1869: «Das Volk des Kantons Zürich gibt sich kraft seines Selbstbestimmungsrechts folgende Verfassung.» Begründet wurde dies damit, dass in dieser Formel das typisch Zürcherische, nämlich Nüchternheit und Zurückhaltung zum Ausdruck kämen. Die Befürworter des Kommissionsvorschlags verwiesen auf den identitätsstiftenden Charakter der Präambel und ihre grundlegende philosophische Bedeutung als Basis nachfolgender Rechtssetzung. Der Antrag der SVP wurde mit 49 zu 26 Stimmen abge-

---

[18] – die Würde des Menschen zu schützen,
– den freiheitlichen, demokratischen und sozialen Rechtsstaat zu stärken,
– auch kommenden Generationen ihre Freiheit in einer lebenswerten Umwelt zu erhalten,
geben uns kraft unseres Selbstbestimmungsrechts die folgende Verfassung:»
«Im Wissen um die Grenzen menschlicher Macht,
im gemeinsamen Willen,
Freiheit, Recht und Menschenwürde zu schützen
und den Kanton Zürich als weltoffenen, wirtschaftlich, kulturell und sozial starken und verantwortungsbewussten Gliedstaat der Schweizerischen Eidgenossenschaft weiter zu entwickeln,
geben sich die Stimmberechtigten des Kantons Zürich die folgende Verfassung:»

[19] Die Vorschläge finden sich in Prot. K1 vom 6. September 2001, S. 121 ff.
[20] Prot K1 vom 10. Juli 2001, S. 97 ff.
[21] «Wir, das Volk des Kantons Zürich
Im Wissen um die Grenzen menschlicher Macht,
im gemeinsamen Willen,
Freiheit, Recht und Menschenwürde zu schützen
und den Kanton Zürich als wirtschaftlich, kulturell und sozial starken, weltoffenen und verantwortungsbewussten Gliedstaat der Schweizerischen Eidgenossenschaft weiter zu entwickeln,
geben uns die folgende Verfassung:»; Prot. K1 vom 20. Februar 2002, S. 246.
[22] Zur Diskussion zum Begriff «Volk» vgl. Prot. K1 vom 10. Juli 2001, S. 106.
[23] Prot. K1 vom 21. September 2001, S. 130.
[24] Prot. Plenum, S. 953 ff. Der Antrag de Mestral (SP), in der fünften Zeile dem Wort «sozial» den Vorrang vor «wirtschaftlich» zu geben, wurde noch vor der Sitzung zurückgezogen, was leider im Protokoll nicht vermerkt wurde.

lehnt. Damit hatte sich der Rat grundsätzlich festgelegt, was Umfang und Form der Präambel anbelangte.

7   Ausführlicher diskutiert wurde der Antrag der EVP, die invocatio dei «im Vertrauen auf Gott» einzufügen. Dies wurde damit begründet, dass zu den geistigen Grundlagen unseres Kantons auch die Bibel gehöre, welche Rechts- und Wertordnung geprägt habe. Ein Grossteil der Bevölkerung wünsche einen Gottesbezug. Zudem bestehe auch die Freiheit, sich «Gott» anders vorzustellen, als dies die Bibel tue. Gegen die explizite Erwähnung des Gottesnamens wurde auf dessen Missbrauch in der Geschichte verwiesen. Auch werde Gott zu einer Leerformel im Sinne einer Zivilreligion, wenn sich jede und jeder darunter vorstellen könne, was sie oder er wollten, der Gottesbezug müsse vor allem im Handeln der Zürcherinnen und Zürcher zum Ausdruck kommen. Die Formel «im Wissen um die Grenzen menschlicher Macht» wurde favorisiert, weil sie sowohl religiös als auch säkular verstanden werden könne. Auch Atheisten, die sich ihrer Grenzen bewusst seien, könnten sich mit diesem Satz identifizieren. Das Ziel sei, dass sich grundsätzlich alle mit der Präambel identifizieren könnten. Der Antrag der EVP wurde mit 48 zu 27 Stimmen abgelehnt[25].

2.3. Gesamtlesung

8   Bis zur Gesamtlesung war die Präambel kein Thema mehr in der Kommission 1. Auch die Redaktionskommission beliess sie unverändert und zollte ihr sogar Respekt[26]. EVP und SVP wiederholten ihre Anträge der Vorberatung. Fast ausschliesslich fokussierte sich die Diskussion im Plenum auf die «Gottesfrage»[27]. Einmal mehr wurden die bekannten Argumente dafür und dawider ausgetauscht[27]. Aber der Ton war schärfer geworden. Zum ersten Mal findet sich das Stichwort «gottlose Verfassung»[28]. Zudem wurde auf die öffentliche Vernehmlassung hingewiesen mit dem Argument, dass breite Bevölkerungskreise einen Antrag auf die Erwähnung des Gottesnamens unterstützen würden[29]. Beide Anträge wurden mit 51 zu 38 resp. 55 zu 29 abgelehnt.

---

[25] Erstaunlich ist, wie wenig das Thema der «invocatio dei» die Experten beschäftigte. Lediglich GIOVANNI BIAGGINI kommentierte in der Kleinen Vernehmlassung zum Kommissionsentwurf: «Eine zentrale Funktion von Verfassungen ist seit jeher die Begrenzung menschlicher Macht. Insofern schlägt die Präambel mit dem einleitenden Hinweis auf die ‹Grenzen menschlicher Macht› einen etwas ungewöhnlichen Grundton an.»
[26] Prot. Plenum, S. 1951.
[27] Prot. Plenum, S. 1951 ff.
[28] Prot. Plenum, S. 1952.
[29] Prot. Plenum, S. 1955.

2.4. Die Kommissionsarbeit nach der Vernehmlassung

Die Vernehmlassungsantworten wurden dominiert durch die Frage nach der invocatio dei³⁰. Dies hatte Konsequenzen für die weitere Arbeit in der Kommission 1³¹. Die Situation war insofern schwierig, da sich abzeichnete, dass eine explizite Anrufung Gottes im Rat nach wie vor keine Mehrheit finden würde. Als Kompromisslösung begann sich «in Verantwortung gegenüber der Schöpfung» abzuzeichnen – die Erwähnung eines «Schöpfers» fand wegen mangelnder Geschlechtsneutralität keine Gnade. Die Mehrheit der Kommission entschied sich mit 14 zu 1 für die neue Formulierung «in Verantwortung gegenüber der Schöpfung und im Wissen um die Grenzen menschlicher Macht». Diese hatte den Vorteil, dass sie einen konkreteren Gottesbezug beinhaltete, als dies mit einem unbestimmten, in der Aufklärung entstandenen Gottesbegriff der Fall gewesen wäre, war doch mit «Schöpfung» die Tradition der drei abrahamitischen Buchreligionen Judentum, Christentum und Islam angesprochen. Zudem beinhaltete der Bezug zur Schöpfung auch den Gedanken der Nachhaltigkeit, womit ein weiteres Anliegen der Vernehmlassungsantworten abgedeckt werden konnte. Auch konnte damit zwecks Vermeidung einer Verdoppelung das Wort «verantwortungsbewusst» vor Gliedstaat gestrichen werden. Damit hatte die Präambel ihre endgültige Form gefunden.

2.5. 2. Gesamtlesung

In der 2. Gesamtlesung fand noch einmal eine hitzige Debatte zur Präambel statt³². Drei Anträge hatten die invocatio dei zum Gegenstand, welche einmal mehr zum Schwerpunktthema der Debatte wurde. Der Antrag Häring versuchte noch einmal «im Vertrauen auf Gott» in die Präambel zu verankern. Unterstützt wurde er durch die SVP, die in einem Eventualantrag forderte, falls dies nicht geschehe, sei die ganze Präambel durch die Kurzpräambel der Verfassung von 1869 zu ersetzen. Begründet wurde dies vor allem mit dem Willen vieler Stimmberechtigter und der beiden grossen Kirchen, wie er in der Vernehmlassung zum Ausdruck gekommen sei. Zudem stelle der Bezug zur Schöpfung eine Verkür-

---

30 Dabei ergibt sich ein unterschiedliches Bild, was die Stellungnahmen von Einzelpersonen und Organisationen anbelangt. Bei den Einzelpersonen betrafen 1275 von 1311 ablehnenden Kommentaren den fehlenden Gottesbezug: 762 forderten die Formulierung der BV, 269 schlugen «Die Stimmberechtigten des Kantons Zürich geben sich im Wissen um Gottes Allmacht ...» vor, 78 wünschten «im Vertrauen auf den Allmächtigen». Nur 51 verlangten das in neueren Kantonsverfassungen übliche «im Vertrauen auf Gott». Die Auswertung der Organisationen ergab ein differenziertes Bild. Von 43 Bemerkungen stimmten 12 zu, 6 forderten Kürzungen, 10 bemängelten den fehlenden Gottesbezug – darunter die beiden grossen Kirchen –, 7 vermissten den Gedanken der Nachhaltigkeit, 3 wollten «sozial» vor «kulturell» und «wirtschaftlich» gestellt sehen und 3 forderten die Kurzformel «Wir das Volk des Kantons Zürich geben uns die folgende Verfassung:».
31 Prot. K1 vom 12. Januar 2004, S. 475 ff.; Prot. K1 vom 5. Februar 2004, S. 529 f.
32 Prot. Plenum, S. 2824 ff.

zung des christlichen Gottesbegriffs dar: Gott habe nicht nur Schöpfer-, sondern auch Erlöserqualität[33]. Dem wurde in mehreren Voten entgegnet, es gehe mit der Nennung Gottes nicht um den christlichen Gott. Im weltanschaulichen Pluralismus sei es unklar geworden, was «Gott» heisse. Der Begriff Schöpfung verweise demgegenüber auf die Buchreligionen Judentum, Christentum und Islam. Wenn tatsächlich der christliche Gott als Schöpfer und Erlöser in der Verfassung genannt werden solle, müsse dies «im Vertrauen auf den dreifaltigen Gott» geschehen. EVP und CVP forderten in einem weiteren Antrag, neben der Schöpfung auch deren Schöpfer zu erwähnen – «im Verantwortung gegenüber der Schöpfung und dem Schöpfer». Damit werde dem Wunsch christlicher Kreise nach einer christlichen invocatio dei am besten entsprochen. Dem wurde entgegnet, dass dies ein männliches Gottesbild impliziere. Von der Präambel müssten sich aber auch Frauen angesprochen fühlen. Die Anträge wurden abgelehnt, womit die «Gottesfrage» geregelt war[34]. Keine Chance hatte auch ein Antrag der Grünen Partei, das Eigenschaftswort «ökologisch» zur Charakterisierung des Kantons Zürich aufzunehmen[35]. Ein Antrag der SVP, auf eine Präambel zu verzichten, wurde zu guter Letzt ebenfalls mit 51 zu 28 Stimmen verworfen. Damit standen sowohl die Verwendung einer Präambel also auch ihre konkrete Formulierung definitiv fest.

3. Kommentar

3.1. Das Problem der «invocatio dei»

11 Der Blick in die Plenumsprotokolle belegt, dass am meisten Redezeit der Frage gewidmet wurde, ob eine invocatio dei in die Präambel gehöre oder nicht. Diese Frage gab nicht nur im Zürcher Verfassungsrat viel zu reden. Ähnliche Diskussionen fanden in jüngster Zeit auch in Freiburg, Basel-Stadt und Luzern statt. In den Texten finden sich explizite und implizite Formen der invocatio dei.

12 Die explizite invocatio dei nimmt wörtlichen Bezug auf den Gottesnamen. Am häufigsten findet sich «... in Verantwortung vor Gott ...»[36]. Andere formulieren analog zur BV «Im Namen Gottes des Allmächtigen ...»[37], Einzelne verwenden

---

[33] Prot. Plenum, S. 2830.
[34] Der Antrag EVP/CVP mit 65 zu 11 Stimmen, der Antrag Häring mit 55 zu 33 Stimmen, der Eventualantrag der SVP mit 53 zu 28 Stimmen.
[35] Die Erweiterung «und den Kanton Zürich als weltoffenen, wirtschaftlich, kulturell, *ökologisch* und sozial starken Gliedsstaat ...» wurde mit 48 zu 33 Stimmen abgelehnt.
[36] KV JU 1977, KV AG 1980, KV BL 1984, KV SO 1986, KV GL 1986, KV SG 2001, KV SH 2002, KV GR 2003, Verfassungsentwurf KV LU 2004.
[37] KV NW 1965 und KV OW 1968.

«Im Vertrauen auf Gott ...»[38] oder beschränken sich auf «Im Namen Gottes ...»[39]. Einen eigenen Weg geht die Verfassung des Kantons Freiburg von 2004 mit «... die wir an Gott glauben oder unsere Werte aus anderen Quellen schöpfen ...». Dieser Widerspruch kann als relative invocatio dei bezeichnet werden, denn im Allgemeinen gehört zur invocatio dei deren absolute Formulierung.

Die implizite invocatio dei verwendet den theologischen Begriff «Schöpfung» und nicht «Natur» oder «Umwelt», wie es in einer säkularen Verfassung zu erwarten wäre. Der Schöpfungsbegriff setzt indes einen Schöpfer voraus, womit unausgesprochen ein Gottesbezug gegeben ist. Es finden sich Formulierungen wie «... in dem alle in Verantwortung gegenüber der Schöpfung zusammenstehen ...»[40], «...dans une société harmonieuse qui respecte la Création comme berceau des générations à venir ...»[41] und «In Verantwortung gegenüber der Schöpfung und im Wissen um die Grenzen menschlicher Macht»[42].

Die älteren Verfassungen kennen weder Präambel noch Gottesbezug[43]. Keine invocatio dei findet sich nur in zwei der neueren Präambeln[44].

3.2. Die Zürcher Alternative zur «invocatio dei»

Die Diskussion im Zürcher Verfassungsrat zeigte, dass die Mehrheit zwar bereit war, auf eine höhere Instanz zu verweisen und auf die Grenzen menschlichen Wirkens hinzuweisen, aber der Meinung war, dass aber auf eine explizite invocatio dei zu verzichten sei.

Grundsätzlich ging es dabei um die Frage, ob es eine Instanz gibt, vor welchem sich auch das Volk als Verfassungsgeber zu verantworten hat. Auch nach der Aufklärung war dies traditionellerweise «Gott». Allerdings nicht der Gott einer Religionsgemeinschaft, sondern Gott als Postulat der praktischen Vernunft im Sinne Kants, welches Moralität garantiert. Ähnliches vertrat auch Rousseau, dessen «religion civile» Garant eines geordneten Gemeinwesens war[45]. In diesem Sinne ist auch die Einleitung der Präambel der Bundesverfassung «Im Namen Gottes des Allmächtigen» zu verstehen. «Civil Religion» wurde zu einem Schlüsselbegriff für das religiöse Selbstverständnis in den USA, wie es BELLAH analysiert hat: «Diese Religion – es scheint kein anderes Wort dafür zu ge-

---

[38] KV AR 1995.
[39] KV UR 1984.
[40] KV BE 1993.
[41] KV VD 2003.
[42] KV ZH 2005 und KV BS 2005.
[43] KV GE 1847, KV AI 1872, KV LU 1875, KV ZG 1894, KV SZ 1898. Ausnahme bildet das Wallis, welches 1907 seine Verfassung analog zur BV «Im Namen Gottes des Allmächtigen ...» einleitete.
[44] KV TI 1997 und KV NE 2000.
[45] SCHMID, S. 528.

ben – stand zwar nicht in einem Gegensatz zum Christentum, mit dem sie sogar viel Gemeinsames hatte, sie war aber weder sektiererisch noch in irgendeinem spezifischen Sinne christlich.»[46] Zivilreligion hat eine andere Funktion als die Konfessionen der Bekenntnisgemeinschaften, die dem Privatleben zugeordnet sind. Zivilreligion ist die öffentliche Religion, welche die Amtsträger verpflichtet. Aus diesem Grunde müssen die bekenntnisförmig ausformulierten Gehalte minimalisiert werden[47].

17 Die Diskussionen im Zürcher Verfassungsrat und insbesondere die Resultate der Vernehmlassung belegen allerdings, dass die Befürworter einer expliziten invocatio dei diese nicht als zivilreligiös verstanden wissen wollten. Für sie stellte eine Anrufung Gottes nicht einen zivilreligiösen Minimalkonsens dar. Diese hatte vielmehr Symbolcharakter, welcher stellvertretend für ein umfassendes christliches Glaubensbekenntnis stand, das den Kanton Zürich als in christlicher Tradition stehend charakterisieren sollte. Genau dies wollten die Gegner verhindern. Auch sie unterschieden nicht zwischen Bekenntnis und Zivilreligion.

18 Ernst nehmen muss man auch die grundsätzliche theologische Kritik an einer invocatio dei[48]. An KARL BARTH anknüpfend stellte sich die politische Theologie in Deutschland die Frage, wie man nach Auschwitz noch von Gott reden könne. Insbesondere die Berufung auf den Allmächtigen Gott, der auch von Hitler angerufen wurde, wurde obsolet. Die klassische Lehre von der Theodizee[49] wurde durch den Begriff von der Ohnmacht Gottes ergänzt, was sich paradigmatisch im Kreuzestod Jesu offenbarte. Das verunmöglicht einen fraglosen Bezug zu einer göttlichen Macht. Auch einem zivilreligiösen Gottesbegriff setzte die politische Theologie herrschaftskritisch ein explizit biblisch fundiertes Gottesverständnis gegenüber[50]. Eine unreflektierte Verwendung des Gottesnamens bei staatlichen Handlungen ist in dieser theologischen Perspektive fragwürdig.

19 Befürworter einer expliziten invocatio dei verweisen gerne auf das Diktum von BÖCKENFÖRDE: «Der freiheitliche, säkularisierte Staat lebt von Voraussetzungen, die er selbst nicht garantieren kann.»[51] Die Bezugnahme auf Gott wird damit zum Liberalitätsgaranten[52]. Ähnlich argumentiert EHRENZELLER, welcher in der

---

[46] BELLAH, S. 26.
[47] LÜBBE, S. 197.
[48] Diese theologische Kritik ist für die Zürcher Verfassung von Bedeutung: In der die Präambel erarbeitenden Subkommission wirkten zwei Theologen massgeblich mit.
[49] Darunter versteht man seit LEIBNIZ die Rechtfertigung eines guten und allmächtigen Gottes angesichts der Leiden und Übel dieser Welt.
[50] «Wir haben uns kritisch mit der ‹politischen Religion›, mit der ‹civil religion›, mit den Ideologien des Patriotismus, des ‹christlichen Abendlandes› und des ‹Antikommunismus› auseinandergesetzt. Wir haben versucht, die politischen und ökonomischen Mächte zu ‹entmythologisieren›» (MOLTMANN, S. 60). Weitere bekannte Vertreter der politischen Theologie sind Helmut Gollwitzer, Dorothee Sölle und auf katholischer Seite Johann Baptist Metz bis hin zur lateinamerikanischen Befreiungstheologie.
[51] BÖCKENFÖRDE, S. 93.
[52] PREUL, S. 147.

grundsätzlichen Anerkennung der moralischen Basis die zentrale staatspolitische Bedeutung des Gottesanrufs sieht. Er ortet sogar eine «Normativität der Gottesanrufung»[53], indem es bei aller Toleranz in der multikulturellen Gesellschaft diese Wertebasis zu schützen gilt. Doch kann dies ein bewusst rein formaler Gottesbegriff – theologisch gesehen eine Worthülse – tatsächlich erbringen? Auch aus diesem Grund hat der Zürcher Verfassungsrat bewusst auf eine zivilreligiöse Anrufung Gottes verzichtet.

Die zentrale Frage an eine Präambel ist, ob sie die Basis der Verfassung benennen kann, welche jenseits aller Partikulärinteressen den Blick aufs Ganze zu gewährleisten vermag[54]. «Im Wissen um die Grenzen menschlicher Macht» wird diesem Anspruch gerecht[55]. EHRENZELLER unterstellt der invocatio dei, dass sie den staatlichen Machtanspruch relativiere. Jedes Staatswesen sei letztlich unvollkommenes Menschenwerk und darum sei die invocatio dei in einem herrschaftskritischen Sinn zu verstehen[56]. Dieses Anliegen wird indes mit der Zürcher Formel adäquater zum Ausdruck gebracht als mit einer Anrufung Gottes. Das einleitende «in Verantwortung gegenüber der Schöpfung» hat zudem ergänzend mehr Ausstrahlungswirkung auf die Verfassung als die Nennung eines Gottesnamens.

3.3. Notwendige Konkretisierungen: Freiheit, Recht und Menschenwürde

Allerdings ist auch diese Formel begrenzt. Sie bedarf der positiven Ergänzung. Gottesanrufungen haben die Verletzungserfahrungen des 20. Jahrhunderts nicht verhindert. Insofern ist es sinnvoll, dass zusätzlich die Verantwortung gegenüber der Schöpfung genannt wird. Wenn dies auch primär darum geschah, um wenigstens eine implizite invocatio dei einzufügen und so der Vernehmlassung gerecht zu werden, wird hier auf die Verantwortung, die dem Zerstörungspotenzial menschlichen Wirkens entgegengesetzt werden muss, hingewiesen. Folgerichtig wird anschliessend auch der Schutz der Menschenwürde genannt. Dies entspricht dem moralischen Imperativ des «Nie wieder!» angesichts der durch totalitäre Systeme verursachten Leiden im 20. Jahrhundert[57]. Diese Erfahrungen haben den Menschwürdebegriff zur Autorität und populär in einem gemacht. Der Verweis auf die Menschenwürde ist aber nicht unproblematisch. Schon SCHOPENHAUER hat ihn als «ungenügend, wenig sagend und dazu noch

---

[53] EHRENZELLER, St. Galler Kommentar, Präambel Rz. 19.
[54] SCHMID, S. 529.
[55] Die Formulierung erinnert an die Präambel des Verfassungsentwurfs der Expertenkommission für die Vorbereitung einer Totalrevision der Bundesverfassung von 1977: «eingedenk der Grenzen aller staatlichen Macht».
[56] EHRENZELLER, St. Galler Kommentar, Präambel Rz. 17.
[57] Vgl. MASTRONARDI, § 14 Rz. 22.

problematisch» bezeichnet[58]. Es macht den Anschein, dass auch gegenwärtig das Gedächtnis an die Leiden des 20. Jahrhunderts an moralischer und normativer Kraft einbüsst. Zumindest wird der von KANT entwickelte Begriff in der philosophischen Ethik heute wieder kritischer betrachtet[59]. Wie der Gottesanrufung wird heute dem Argument Menschenwürde unterstellt, eine Worthülse zu sein. Sie sei nur noch «Präambellyrik und Fassadenornamentik»[60]. Aus diesem Grunde kann der in der philosophischen Ethik strittige Gedanke der Menschenwürde nicht isoliert in der Präambel stehen. Er bedarf der konkreten Entfaltung auf der Ebene der Menschenrechte resp. der Grundrechte[61]. Eine weitere, noch konkretere Basis, welche auch für das Volk als Verfassungsgeber verbindlich ist, besteht darin, dass neben der Menschenwürde auch Freiheit und Recht zu schützen sind. Damit wird ein Menschen- und Gesellschaftsbild verankert, das in der Tradition der Aufklärung und der bürgerlichen Revolutionen (liberté, égalité, fraternité) wurzelt. Mit Freiheit und Recht sind indes implizit auch die Menschenrechte angesprochen, welche so ihrerseits bereits in der Präambel die Menschenwürde konkretisieren.

3.4. Ein weltoffener Gliedstaat der Schweizerischen Eidgenossenschaft

22 Die beiden letzten Zeilen versuchen, «Visionen» für den Kanton Zürich zu entwerfen[62]. Dieser soll erstens weltoffen sein, zweitens wirtschaftlich, sozial und kulturell stark, soll aber drittens diese Stärke nicht als Ausdruck einer schweizerischen Wirtschaftsmacht Zürich verstehen, sondern diese verantwortungsbewusst[63] in den Dienst der Eidgenossenschaft stellen[64]. Dieser Wille zur Kooperation kommt auch in Art. 4 zum Ausdruck.

23 Nach wie vor zeigt es sich, dass eigenständige Kantone in der praktischen Politik handlungsfähiger sein können als der Bund. Zu Recht muss dies aber ergänzt werden durch intensive Zusammenarbeit mit dem Bund und den anderen Kantonen[65]. Die Zusammenarbeit der Kantone untereinander entspricht auch dem Willen von Art. 48 BV, welcher es erlaubt, dass Kantone miteinander Verträge schliessen und gemeinsame Organisationen und Einrichtungen schaffen.

---

[58] SCHOPENHAUER, S. 412.
[59] Vgl. BIRNBACHER.
[60] WETZ, S. 11.
[61] Was in der Zürcher Verfassung in Art. 9 f. der Fall ist. Dort steht die Menschenwürde als «Auffanggrundrecht und Konstitutionsprinzip» (RHINOW, Rz. 174 ff.), als «materielle Grundnorm einer Normenhierarchie» (MASTRONARDI, § 14 Rz. 11) resp. als «Kern von Rechtsstaat und Verfassung» (MASTRONARDI, § 14 Rz. 47). Zur Problematik der Menschenwürde in der Zürcher Verfassung vgl. auch ARNOLD.
[62] Prot. K1 vom 10. Juli 2001, S. 99.
[63] Das Stichwort «verantwortungsbewusst» wurde als Selbstverständlichkeit nach der öffentlichen Vernehmlassung gestrichen.
[64] Prot. K1 vom 10. Juli 2001, S. 99.
[65] SCHWEIZER, § 10 Rz. 31.

3.5. ... wirtschaftlich, kulturell und sozial stark

Dass kulturelle und soziale Stärke eine prosperierende Wirtschaft voraussetzt, diese aber nicht Selbstzweck ist, sondern Kultur und soziale Wohlfahrt ermöglichen soll, war nach kurzer Diskussion in der zuständigen Sachkommission unbestritten[66]. Dass die wirtschaftliche Stärke an erster Stelle steht, weist darauf hin, dass eine wichtige gegenseitige Beziehung zwischen Sozialpolitik, Kulturpolitik und Wirtschaftspolitik besteht. Dies spiegelt auch den Geist und die Symbolkraft der Bundesverfassung, gemäss welcher sich die Stärke des Volkes am Wohl der Schwachen zu messen hat, mag auch der normative Wert «äusserst gering»[67] sein. Insbesondere die Sozialpolitik ist nur auf der Grundlage einer leistungsfähigen Wirtschaft möglich[68]. Das entspricht schweizerischen liberalen und christlichen Traditionen, welche «der Subsidiarität staatlicher Hilfe und der Eigenverantwortung der Einzelnen»[69] den Vorrang geben.

4. Würdigung

Die Originalität der Zürcher Präambel liegt vor allem in ihrer Entstehungsgeschichte: Die sie erarbeitende Subkommission orientierte sich nicht an bereits bestehenden Vorgaben. Dabei wurde vor allem auch auf die sprachliche Ästhetik grossen Wert gelegt. Zwischen dem Pathos einer Präambel, welches wesentlich zu ihrem deklamatorischen Charakter gehört, und der Forderung nach «zürcherischer Nüchternheit» wurde ein Kompromiss gefunden, der nicht nur die Lesenden, sondern auch die Hörenden anspricht. Wesentlich ist auch die Berücksichtigung von philosophischen, ethischen und theologischen Gehalten, die vor den neueren Entwicklungen in diesen Wissenschaften bestehen können. Insbesondere die Alternative zur invocatio dei «im Wissen um die Grenzen menschlicher Macht» hat paradigmatischen Charakter. Damit wird eine grundsätzliche Aussage nicht über Gott, sondern über den Menschen gemacht, welche von Glaubenden indes religiös interpretiert werden kann. Weil der Mensch Grenzen hat, muss er aber auch in seiner Menschenwürde, in seinem Recht und in seiner Freiheit geschützt werden. Diese Sicht vom Menschen wird im Grundrechtskatalog weiter entfaltet. In dieser Konsistenz erweist sich die Zürcher Präambel als kontextuell mit dem materiellen Teil der Verfassung vernetzt. Das ist ihre Stärke.

---

[66] Prot. K1 vom 10. Juli 2001, S. 98; Prot. K1 vom 6. September 2001, S. 123 f.
[67] MEYER-BLASER/GÄCHTER, § 34 Rz. 17.
[68] MEYER-BLASER/GÄCHTER, § 34 Rz. 20.
[69] MEYER-BLASER/GÄCHTER, § 34 vor Rz. 1.

1. Kapitel: Grundlagen

Vorbemerkungen zu Art. 1–8

Materialien

Art. 1–8 VE; Prot. Plenum, S. 917, 962, 1958, 2842; Beleuchtender Bericht zur neuen Verfassung des Kantons Zürich, ABl 2005, S. 69.

Literatur

ARNOLD MARKUS, Menschenbild, Werteordnung und Staatsverständnis, in: Materialien zur Zürcher Verfassungsreform Bd. 9, S. 9 ff.; BIAGGINI GIOVANNI, Die neue Zürcher Kantonsverfassung: Gesamtbetrachtung im Lichte der Verfassungsfunktionen, in: Materialien zur Zürcher Verfassungsreform Bd. 9, S. 175 ff. (Gesamtbetrachtung); EHRENZELLER BERNHARD, St. Galler Kommentar, Vorbemerkungen Art. 1–6; EICHENBERGER, Vorbemerkungen zum Ersten Abschnitt; EICHENBERGER KURT, Von der Bedeutung und den Hauptfunktionen der Kantonsverfassung, in: Festschrift Hans Huber, Bern 1981, S. 155 ff. (Kantonsverfassung); JAAG TOBIAS, Wozu eine neue Kantonsverfassung? Funktionen und Inhalte der Kantonsverfassung aus verfassungstheoretischer und verfassungsvergleichender Sicht, in: Materialien zur Zürcher Verfassungsreform, Bd. 2, S. 9 ff. (Funktionen); KELLER HELEN, Nachhaltigkeit als Verfassungsprinzip, in: Materialien zur Zürcher Verfassungsreform, Bd. 9, S. 49 ff.; MÜLLER GEORG, Rechtskenntnis und Gesetzessprache, in: Festschrift Kurt Eichenberger, Basel/Frankfurt a.M. 1982, S. 549 ff. (Rechtskenntnis).

Übersicht	Note
1. Einleitung	1
2. Entstehungsgeschichte und Einordnung	2
3. Rechtliche Bedeutung	6
4. Strukturprinzipien der Verfassung	8

1. Einleitung

Mit dem Grundlagenkapitel hat der Verfassungsrat eine eigentliche «Verfassung der Verfassung» in das Grundgesetz aufgenommen oder im Sinne der Voten im Verfassungsrat das «Fundament»[1] bzw. den «Kern der Verfassung»[2] niedergelegt. Er hat jene Leitsätze beschrieben, welche den Kanton Zürich in seinem Handeln und Wirken bestimmen sollen. Es handelt sich um die «staatsgestaltenden Grundentscheidungen»[3], mithin um den roten Faden, der sich durch das Grundgesetz zieht, oder – mit anderen Worten – um die Streben, welche das Verfassungsgebäude des Kantons Zürich zusammenhalten sollen.

1

---

[1] Prot. Plenum, S. 918, 926.
[2] Prot. Plenum, S. 924.
[3] EICHENBERGER, Vorbem. zum Ersten Abschnitt, N. 1.

2. Entstehungsgeschichte und Einordnung

2 Die Aufnahme eines Grundlagenkapitels war in den Beratungen des Zürcher Verfassungsrates unbestritten. Allerdings bestanden Bestrebungen, die Bestimmungen auf ein Minimum zu beschränken, das den «Allgemeinen Bestimmungen» der BV entsprechen sollte. Einer Mehrheit der Mitglieder des Verfassungsrates war es jedoch wichtig, zu benennen, was den Kanton Zürich aus heutiger Sicht ausmacht[4].

3 Der Zürcher Verfassungsrat hat sich im Grundlagenkapitel – im Gegensatz zum Kapitel über die Grundrechte – für ein Vorgehen entschieden, das dem Bedürfnis nach einer gewissen Vollständigkeit der Verfassung gerecht wird. Nicht nur der Kanton Zürich, sondern auch die anderen Kantone versuchen, sich in diesem Sinne mehr oder minder vollständige Verfassungen zu geben[5]. Auf diese Weise soll die Kantonsverfassung wirkliche Lenkungskraft entfalten und ihrer Ordnungs-, Orientierungs- und Integrationsfunktion besser gerecht werden können. Die im Verfassungsrat von einer Minderheit angestrebte Minimalverfassung mit einem reduzierten Grundlagenkapitel hätte eine Rumpfverfassung entstehen lassen, bei der die Gefahr bestanden hätte, dass die anzustrebende Übersichtlichkeit zu einer «Magersucht»[6] ausgeartet wäre[7].

4 Der Verfassungsrat brachte namentlich in den Grundlagenbestimmungen ebenfalls zum Ausdruck, dass sich der Kanton Zürich nicht als eine reine Verwaltungseinheit des Bundes, sondern als einen eigenständigen Gliedstaat des Schweizerischen Bundesstaates versteht, der über ein eigenes, vom Bund und den anderen Kantonen unterscheidbares Wertesystem verfügt. Dementsprechend wurden im Sinne von Richtlinien ganz bestimmte Vorgaben in das Verfassungswerk aufgenommen.

5 Das Vorgehen des Verfassungsrates bezüglich des Grundlagenkapitels verdient Zustimmung: Eine demokratische Verfassung wird ihrem Anspruch nur gerecht, wenn sie für die rechtsunterworfenen Einwohnerinnen und Einwohner möglichst leicht fassbar und gut lesbar ist. Für ein aus sich selbst heraus verständliches Grundgesetz ist folglich in Kauf zu nehmen, dass auch Wiederholungen oder Erklärungen ohne normativen Gehalt in die Verfassung aufgenommen werden[8]. Demgemäss wurden im Grundlagenkapitel jene Prinzipien allgemein niedergelegt, die in den weiteren Verfassungsbestimmungen wiederholt bzw. näher ausgeführt werden sollen. Auf diese Weise ist deren Bedeutung für den Kanton

---

[4] Prot. Plenum, S. 917 ff., 2842 ff.
[5] Vgl. EICHENBERGER, Kantonsverfassung, S. 164.
[6] JAAG, Funktionen, S. 17.
[7] Art. 132 N. 6 f.
[8] G. MÜLLER, Rechtskenntnis, S. 551.

hervorgehoben und die Orientierungsfunktion der Verfassung verbessert worden.[9] Besonders gut erkennbar ist dieses Vorgehen bei der in Art. 1 Abs. 4 festgehaltenen Anerkennung der Selbstständigkeit der Gemeinden – ein Grundsatz, der in den Art. 83 ff. wiederholt und näher konkretisiert wird.

3. Rechtliche Bedeutung

Während die Präambel im Sinne einer deklamatorischen Einleitung auf das Menschenbild und das Staatsverständnis des Kantons Zürich lediglich hinweist, ist den Grundlagenbestimmungen eine auch rechtlich bedeutende Komponente eigen. Sie sind als allgemeine Staatsmaximen mit wegweisendem Charakter verbindliche Rechtssätze, selbst wenn sie – im Unterschiede zu den Grundrechten – nicht direkt einklagt werden können[10].

Die Bedeutung der Grundlagenbestimmungen bleibt zwar beschränkt. Dennoch kommt ihnen eine gewisse Bedeutung zu: Als Strukturprinzipien sind sie einerseits in den nachfolgenden Verfassungsbestimmungen konkretisiert worden und demgemäss im Zweifelsfalle von Behörden und Gerichten als Auslegungshilfe beizuziehen. Andererseits sind sie auch für den Gesetzgeber in späteren Phasen der politischen Tätigkeit massgebend. Ganz allgemein müssen die Grundlagenbestimmungen von allen Behörden und Gemeinwesen in allen ihren Tätigkeiten mitberücksichtigt werden. Die einzelnen Regelungen sind indes so allgemein gehalten, dass sie zwar über Werte und Ziele orientieren, diese aber zumeist einer weiteren Ausgestaltung bedürfen[11].

4. Strukturprinzipien der Verfassung

Die Kantone stellen das Fundament ihrer Verfassungen in aller Regel auf verwandte Strukturprinzipien ab, vor allem ländliche Kantone haben ihre Grundlagenbestimmungen indes knapp gehalten[12] oder gar gänzlich darauf verzichtet[13]. Im Vordergrund stehen die Einordnung und Verankerung als Gliedstaat des schweizerischen Bundesstaats sowie die Betonung der Demokratie, der Volkssouveränität und der Zusammenarbeit[14]. Es finden zudem kantonsspezifische Eigenheiten ihre Verankerung, wie etwa die Zwei- oder Mehrsprachigkeit eines

---

[9] Vgl. BIAGGINI, Gesamtbetrachtung, S. 180.
[10] Prot. Plenum, S. 2842.
[11] Vgl. auch BIAGGINI, Gesamtbetrachtung, S. 180 f.
[12] Vgl. z.B. KV GL, KV OW, KV SG, KV TG.
[13] Vgl. z.B. KV NW, KV AI.
[14] Etwa KV AG, KV BE, KV BS, KV FR, KV GR, KV SH, KV SO.

Kantons[15], die Betonung von Individualverantwortung und -pflichten[16] oder das Prinzip der Nachhaltigkeit[17]. In neuerer Zeit ist ferner eine allgemeine Tendenz feststellbar, die Gemeindeautonomie zu stärken, was namentlich die Kantone Aargau und Solothurn ebenfalls bereits in ihren Grundlagenbestimmungen zum Ausdruck gebracht haben[18].

9 Die neue Zürcher Verfassung greift in den ersten vier Grundlagenartikeln eher traditionelle Prinzipien auf, so die Grundsätze der kantonalen Eigenständigkeit, der Volkssouveränität und der Gemeindeautonomie (Art. 1), die rechtsstaatlichen Grundsätze (Art. 2), den Grundsatz der Gewaltenteilung (Art. 3) sowie den Grundsatz der partnerschaftlichen Zusammenarbeit des Kantons mit Gemeinden, anderen Kantonen und dem Ausland (Art. 4). Es handelt sich dabei um die wesentlichen Organisations- und Handlungsprinzipien, welche den Aufbau des Kantons als demokratisch, rechtsstaatlich und gewaltenteilig organisierten Gliedstaat prägen. Darüber hinaus wurden im ersten Kapitel weitere Grundwerte verankert, welche wichtige neuere Anliegen bzw. aktuelle Leitideen widerspiegeln.

10 Hervorzuheben ist insbesondere das breit verstandene *Subsidiaritätsprinzip*, welches die Selbstverantwortung der Personen und ihre Mitverantwortung in der Gesellschaft in den Vordergrund stellt (Art. 5). Die Selbst- und Mitverantwortung wird ausserdem als Grundlage des demokratischen Staatsgebildes zusätzlich akzentuiert (Art. 1 Abs. 2). Gemäss dem Art. 2 Abs. 4 BV entnommenen Grundsatz der *Nachhaltigkeit* sorgen der Kanton und die Gemeinden für die Erhaltung der Lebensgrundlagen (Art. 6 Abs. 1). Dabei richtet sich der Blick auf die kommenden Generationen, zu deren Gunsten die Verpflichtung zu einer ökologisch, wirtschaftlich und sozial nachhaltigen Entwicklung verankert wurde (Art. 6 Abs. 2).

11 Neuland betrat der Verfassungsrat hinsichtlich des *Dialoggrundsatzes* (Art. 7): Danach sollen Kanton und Gemeinden günstige Voraussetzung für den Dialog zwischen Kulturen, Weltanschauungen und Religionen schaffen. Im Sinne dieser Maxime soll das Gemeinwesen keine Partei ergreifen, sondern die neutrale Rolle eines Vermittlers wahrnehmen. Schliesslich sollen der Kanton und die Gemeinden günstige Rahmenbedingungen für wirtschaftliche, kulturelle, soziale und ökologische Innovation schaffen (Art. 8). Die Bestimmung zeichnet den Kanton als offenes, modernes und zukunftgerichtetes Staatswesen aus[19]. Aus dieser umfassenden *Innovationsmaxime* ergibt sich zweierlei: Erstens wird In-

---

[15] Art. 4 ff. KV BE, Art. 6 KV FR, Art. 3 KV GR.
[16] Vgl. Art. 8 Abs. 2 KV BE, § 6 KV BS, Art. 7 KV FR, Art. 6 KV GR, Art. 6 f. KV SG, Art. 6 KV SH, Art. 8 KV VD.
[17] Art. 9 KV SH.
[18] § 5 Abs. 2 KV AG, Art. 3 Abs. 1 KV SO.
[19] Vgl. auch RRB 1566 vom 20. Oktober 2004, S. 4.

novation im Sinne des Forschrittgedankens als ein erstrebenswertes Ziel angesehen und zweitens ist – zumindest primär – der private Sektor angesprochen, Innovationen zu schaffen.

Für den Kanton Zürich wird es ein anspruchsvolles Ziel sein, diese sich teils ergänzenden, teils widersprechenden Staatsmaximen umzusetzen und ein überzeugendes Gleichgewicht der Strukturprinzipien zu erreichen. 12

Art. 1

Der Kanton Zürich ist ein souveräner Stand der Schweizerischen Eidgenossenschaft.

Er gründet auf der Eigen- und Mitverantwortung seiner Einwohnerinnen und Einwohner.

Die Staatsgewalt beruht auf dem Volk. Sie wird von den Stimmberechtigten und den Behörden ausgeübt.

Der Kanton anerkennt die Selbstständigkeit der Gemeinden.

Kanton Zürich

Materialien

Art. 1 VE; Prot. Plenum, S. 918, 977, 1456, 1936, 2842; Beleuchtender Bericht zur neuen Verfassung des Kantons Zürich, ABl 2005, S. 69.

Literatur

BIAGGINI GIOVANNI, Die neue Zürcher Kantonsverfassung: Gesamtbetrachtung im Lichte der Verfassungsfunktionen, in: Materialien zur Zürcher Verfassungsreform, Bd. 9, S. 175 ff. (Gesamtbetrachtung); BOLZ URS, Art. 1, in: Kälin/Bolz; BUSER DENISE, Streiflichter auf die basel-städtische Kantonsverfassung und neuere Totalrevisionen, BJM 4/2006, S. 173 ff. (Streiflichter); DUBS JAKOB, Das Öffentliche Recht der Schweizerischen Eidgenossenschaft – Dargestellt für das Volk, Erster Theil, 2. Aufl., Zürich 1878; EICHENBERGER, Einleitung sowie §§ 1 und 106; FLEINER FRITZ, Bundesstaatsrecht, Tübingen 1923; GIACOMETTI, §§ 7 und 32; HANGARTNER/KLEY, §§ 7, 11, 22 und 23; HÄFELIN/HALLER, § 33; HÄFELIN/MÜLLER/UHLMANN, § 21; JAAG TOBIAS, § 22; JAAG TOBIAS, Die Rechtsstellung der Kantone in der Bundesverfassung, in: Verfassungsrecht der Schweiz, § 30; KÄGI-DIENER REGULA, St. Galler Kommentar, Art. 50; KÖLZ ALFRED, Neuere schweizerische Verfassungsgeschichte. Ihre Grundlinien vom Ende der Alten Eidgenossenschaft bis 1848, Bern 1992 (Verfassungsgeschichte I); KÖLZ ALFRED, Neuere schweizerische Verfassungsgeschichte. Ihre Grundlinien in Bund und Kantonen seit 1848, Bern 2004 (Verfassungsgeschichte II); MARTENET VINCENT, L'autonomie constitutionnelle des cantons, Diss. (Genf), Basel 1999; RATHGEB CHRISTIAN, Kommentar zur Verfassung des Kantons Graubünden, Art. 2; SCHWEIZER RAINER J., St. Galler Kommentar, Art. 3; SEILER HANSJÖRG, Gemeinden im schweizerischen Staatsrecht, in: Verfassungsrecht der Schweiz, § 31; SPAHN PATRICK, Art. 1, in: Dubach/Marti/Spahn, S. 27 ff.; STRÄULI, Art. 1; TÖNDURY, § 4; TSCHANNEN, § 16.

Übersicht	Note
1. Einleitung	1
2. Kantonale Eigenständigkeit (Abs. 1)	3
2.1. Entstehungsgeschichte	3
2.2. Rechtliche Bedeutung	5
3. Eigen- und Mitverantwortung (Abs. 2)	8
4. Volkssouveränität (Abs. 3)	11
4.1. Entstehungsgeschichte	11
4.2. Rechtliche Bedeutung	13
5. Selbstständigkeit der Gemeinden (Abs. 4)	17

1. Einleitung

1 Art. 1 beginnt mit einer Hervorhebung des Selbstverständnisses des Kantons Zürich als möglichst eigenständiges Glied des schweizerischen Bundesstaates (Abs. 1). Als demokratisch organisiertes Gemeinwesen ist der Kanton auf Einwohnerinnen und Einwohner angewiesen, die ihre Rechte wie auch ihre Pflichten aktiv und rücksichtsvoll ausüben (Abs. 2). Dies gilt insbesondere für die Ausübung der demokratischen Rechte, die Ausdruck des Grundsatzes der Volkssouveränität sind. Staatliches Handeln soll demokratisch legitimiert sein, indem es sich direkt oder indirekt auf den Willen des Volkes zurückführen lässt (Abs. 3). Darüber hinaus wird in Art. 1 Abs. 4 die Selbstständigkeit der Gemeinden gewährleistet und damit die Bedeutung der Gemeindeautonomie für den Kanton Zürich hervorgehoben.

2 In Art. 1 werden folglich die wichtigsten Organisationsprinzipien des Kantons festgeschrieben. Es verwundert daher nicht, dass Teile dieser Bestimmungen Anlass zu regen Grundsatzdiskussionen gaben und in den Verhandlungen des Verfassungsrates einige Änderungen erfuhren.

2. Kantonale Eigenständigkeit (Abs. 1)

2.1. Entstehungsgeschichte

3 In der Verfassung des eidgenössischen Standes Zürich von 1869 war auf die Erwähnung einer «Souveränität» des Kantons Zürich verzichtet worden. Im Vordergrund stand für die demokratische Bewegung das Selbstbestimmungsrecht des Volkes, mithin die Volkssouveränität im Sinne der demokratischen Mitwirkungsrechte[1].

4 Als Ausgangslage für die neue Verfassung wurde zunächst die Formulierung gewählt, es sei der Kanton Zürich ein freiheitlicher, sozialer und demokratischer Rechtsstaat[2]. Diese an sich zutreffende Charakterisierung wurde in einem ersten Schritt dadurch ergänzt, dass der Kanton zusätzlich als «souveräner Stand der Schweizerischen Eidgenossenschaft» bezeichnet werden sollte (Art. 1 VE). Der Regierungsrat wiederum wollte mit guten Gründen die *Gliedstaatlichkeit* des Kantons Zürich in dieser Bestimmung verankert wissen, namentlich um nicht die falsche Vorstellung einer wirklichen Souveränität zu erwecken. Für die konservativen Kräfte im Verfassungsrat war es indes elementar, den Kanton Zürich in Übereinstimmung mit der Terminologie von Art. 3 BV als souveränen Stand

---

[1] KÖLZ, Verfassungsgeschichte II, S. 43 ff.; STRÄULI, S. 34 ff.
[2] Prot. Plenum, S. 1958.

zu bezeichnen³. In einem zweiten Schritt fielen schliesslich sämtliche beschreibenden Elemente weg und die heutige, etwas altertümlich klingende Formulierung fand die Zustimmung einer Mehrheit der Verfassungsräte⁴.

2.2. Rechtliche Bedeutung

Der Begriff der Souveränität wird von verschiedenen Kantonen in ihrer Verfassung zur Kennzeichnung ihrer Stellung im schweizerischen Bundesstaat verwendet⁵, andere Kantone haben hingegen den Begriff der Eigenständigkeit verankert⁶. Eine dritte Gruppe verzichtet auf eine solche Charakterisierung ihrer Gliedstaatlichkeit⁷. Der Kanton Zürich hat sich für die ersterwähnte Variante entschieden und bezeichnet sich als «souveränen Stand». Es ist diesbezüglich allerdings klarzustellen, dass dem Kanton keine Souveränität im *staatsrechtlichen Sinn* zukommt⁸. Dem Kanton fehlt die souveräne Staaten kennzeichnende umfassende staatsinterne Entscheidungsmacht und der Kanton kann überdies lediglich in beschränktem Mass aussenpolitische Tätigkeiten entfalten. Als im rechtlichen Sinne «souverän» wäre der Kanton Zürich lediglich dann zu bezeichnen, wenn er aus eigener Initiative und ohne Zustimmung des Bundes aus dem Schweizerischen Bundesstaat austreten könnte⁹. In Art. 3 BV werden die Kantone zwar ebenfalls als souverän bezeichnet, soweit ihre Souveränität nicht durch die Bundesverfassung beschränkt ist. Es handelt sich aber lediglich um einen «Traditionsanschluss», der die lückenlose Kompetenzaufteilung zwischen Bund und Kantonen betont¹⁰.

Die kantonale Verfassungsautonomie wird ferner durch die Bundesverfassung eingeschränkt, da kantonale Regelungen dem übergeordneten Bundesrecht in keiner Weise widersprechen dürfen (Art. 49 Abs. 1 BV und 51 Abs. 2 BV)¹¹. Auch wenn der Kanton Zürich aber nicht als souverän im staatsrechtlichen Sinn bezeichnet werden kann, so behält er innerhalb der bundesrechtlichen Schranken dennoch seine Selbstorganisationsfähigkeit¹². Mithin kommt ihm zumindest eine beschränkte Staatsqualität zu¹³. Diese «autonomiegeprägte Gliedstaatlich-

---

3   Prot. Plenum, S. 1959 ff., 1960, 1962.
4   Prot. Plenum, S. 2842 ff., 2846.
5   LU, UR, SZ, OW, ZG, TI, VS, GE, JU, jeweils Art. 1 bzw. § 1 KV. Häufig wird in den Bestimmungen im Sinne von Art. 3 BV auf die Schranken der Bundesverfassung hingewiesen.
6   BE, SO, BL, AR, TG, jeweils Art. 1 bzw. § 1 KV; Art. 2 Abs. 1 KV GR.
7   NW, GL, FR, BS, AI, SG, AG. In Art. 1 KV SH sind beide Begriffe verankert. Die welschen Kantone VD, NE, GE und JU bezeichnen sich ferner als Republiken.
8   So schon STRÄULI, S. 35.
9   Vgl. HÄFELIN/HALLER, N. 944; TSCHANNEN, § 16 Rz. 1 f.
10 AB 1998 NR 136 (Separatdruck).
11 Art. 132 N. 9; TÖNDURY, S. 191 ff.
12 Vgl. dazu SCHWEIZER, St. Galler Kommentar, Art. 3 N. 6 ff.
13 HÄFELIN/HALLER, N. 941; vgl. auch MARTENET, S. 29 ff.

keit»[14] wird durch den Begriff der «Eigenständigkeit» des Kantons treffend ausgedrückt[15].

7 Mit der Übernahme des Traditionsanschlusses aus der Bundesverfassung hat der Verfassungsrat den kantonalen Gestaltungs- und Selbstbehauptungswillen in *staatspolitischer* Hinsicht verstärkt zum Ausdruck bringen wollen[16]. Wichtigste Ausformung dieser kantonalen Autonomie ist indes die kantonale Verfassung[17]. Es ist daher eine gewisse Widersprüchlichkeit nicht von der Hand zu weisen, dass sich der Kanton zwar in Abgrenzung zum Bundesstaat ausdrücklich als «souverän» bezeichnet wissen will, die Möglichkeiten autonomer kantonaler Verfassungsgebung, insbesondere im Bereich der Grundrechte, mit Hinweis auf die übergeordnete Bundesverfassung aber nicht ausgeschöpft hat.

3. Eigen- und Mitverantwortung (Abs. 2)

8 Im Zürcher Verfassungsrat wurde zu Beginn der Beratungen zu Abs. 2 festgehalten, dass der Kanton auf der Eigenverantwortung der Bürgerinnen und Bürger gründe[18]. Der Verfassungsrat entschied einerseits, neben der Eigen- auch die Mitverantwortung zu erwähnen, um auch die soziale Verantwortung des Individuums gegenüber der Gesellschaft und den Mitmenschen zu kennzeichnen und zwischen den beiden Elementen eine Balance herzustellen. Andererseits wollte der Verfassungsrat darauf hinweisen, dass nicht nur die Bürgerinnen und Bürger, sondern alle Einwohnerinnen und Einwohner gleich welcher Herkunft aufgerufen sind, individuelle und gesellschaftliche Verantwortung zu übernehmen[19].

9 Die Betonung des selbst- und mitverantwortlichen Menschen in der neuen Verfassung sticht ins Auge[20]. Es wird auf diese Weise das aufklärerische Ideal gebildeter und rationaler Bürgerinnen und Bürger in der Verfassung explizit verankert und gleichzeitig zum Ausdruck gebracht, dass der Staat nicht für alles und jedes zuständig sein kann und will. Vielmehr ist er auf Einwohnerinnen und Einwohner angewiesen, die ihre demokratischen Rechte sowie ihre gesellschaftliche und soziale Verantwortung selbstständig und eigenverantwortlich wahrnehmen.

---

[14] EICHENBERGER, Einleitung N. 17.
[15] Vgl. Art. 47 BV; JAAG, § 30 Rz. 15. Vgl. auch den Antrag Jagmetti, Prot. Plenum, S. 1962.
[16] Am Rande sei vermerkt, dass in Art. 2 KV GR der Begriff des eigenständigen Kantons gewählt wurde, obschon in Art. 1 der alten Kantonsverfassung Graubündens als «souveräner Stand» bezeichnet worden war. Mithin hätte sich letztere Formulierung eher für den Kanton Graubünden aufgedrängt, als für den Kanton Zürich, der auf diese missverständliche Bezeichnung in der KV 1869 verzichtet hatte (Kritik bei RATHGEB, Kommentar KV GR, Art. 2 Rz. 2 ff.).
[17] SPAHN, Art. 1, S. 28.
[18] Art. 1 VE.
[19] Prot. Plenum, S. 2843, 2846.
[20] Vgl. auch BIAGGINI, Gesamtbetrachtung, S. 180.

Dieser «Appell an die Individualverantwortung»²¹ kennzeichnet die neueren kantonalen Verfassungen²². Die entsprechenden Bestimmungen sind Ausfluss einer gesellschaftlichen Grundhaltung, welche die Anspruchshaltung gegenüber dem Staat vermehrt in Frage stellt und dazu aufruft, die Eigen- und Mitverantwortung der Einwohnerinnen und Einwohner in den Vordergrund zu stellen²³.

Eigen- und mitverantwortliche Menschen sind darüber hinaus die Grundvoraussetzung für ein nach den Grundsätzen der Volkssouveränität funktionierendes Gemeinwesen im Sinne von Abs. 3. In diesem Sinne wies bereits STRÄULI in seinem Kommentar zur alten Kantonsverfassung von 1869 darauf hin, dass begrifflich «Volk» und «Aktivbürgschaft» zu unterscheiden sind und das Volk die gesamte Menschheit des Kantons umfasst²⁴. Diesem Grundgedanken hat der Verfassungsrat mit der gewählten Formulierung der «Einwohnerinnen und Einwohner» entsprechenden Ausdruck verliehen.

4. Volkssouveränität (Abs. 3)

4.1. Entstehungsgeschichte

Die Ansätze direkter Demokratie in den Kantonen beruhen in wesentlichen Teilen auf der Rezeption von französischen – und mittelbar nordamerikanischen – Quellen²⁵. In der Zürcher Verfassung von 1831 war in Art. 1 noch festgelegt worden, dass die Staatsgewalt zwar auf der Gesamtheit des Volkes beruhe, diese aber nach Massgabe der Verfassung durch den Grossen Rat als Stellvertreter des Volkes «ausgeübt» werde. In der Verfassung von 1869 entwickelte der damalige Verfassungsrat den einprägsamen Artikel, dass die Staatsgewalt auf der Gesamtheit des Volkes beruhe und unmittelbar durch die Aktivbürger sowie mittelbar durch die Behörden und Beamten ausgeübt werde. Nach demokratischer Auffassung sollte die «umfassende Volksherrschaft» eingeführt und das Repräsentativprinzip aufgegeben werden²⁶.

Der Verfassungsrat formulierte Abs. 3 in Anlehnung an Art. 1 aKV und wollte damit das Staatsverständnis des Kantons Zürich als direkte Demokratie zum Ausdruck bringen. Die Bestimmung ist nur leicht modifiziert und modernisiert worden²⁷. Sie war in den Verhandlungen unbestritten.

---

[21] BUSER, Streiflichter, S. 178.
[22] Vgl. Art. 8 Abs. 2 KV BE, § 6 Abs. 2 KV BS, Art. 3 Abs. 2 KV FR; Art. 6 Abs. 1–3 KV SH, Art. 6 KV GR, Art. 8 Abs. 2 KV VD, Art. 34 Abs. 1 KV NE.
[23] Vgl. BUSER, Streiflichter, S. 180.
[24] STRÄULI, S. 37 (mit Verweis auf F. L. Keller); vgl. auch HANGARTNER/KLEY, N. 326.
[25] KÖLZ, Verfassungsgeschichte I, S. 309 ff., 469 ff., 627 ff.
[26] KÖLZ, Verfassungsgeschichte II, S. 59 f.
[27] Prot. Plenum, S. 1959.

4.2. Rechtliche Bedeutung

13 Sämtliche Kantone bekennen sich ausdrücklich oder sinngemäss zum Grundsatz der Volkssouveränität[28]. Der Grundsatz der Volkssouveränität hat zum Inhalt, dass sich alle Staatsgewalt auf eine demokratisch verfasste Grundlage abstützen können muss. Das Volk ist mittelbarer oder unmittelbarer Ausgangspunkt aller staatlichen Macht oder, in den Worten von Dubs, die «Quelle aller Staatsgewalt». Es ist demgemäss «die Lehre von dem Rechte des Souveräns im demokratischen Staate vorauszuschicken, und dann [sind] die verschiedenen Gewalten als Ausstrahlungen (Emanationen) dieser Souveränität folgen zu lassen»[29]. Diese umfassende Forderung nach demokratischer Legitimation aller Staatstätigkeit wird allerdings in rechtsstaatliche Bahnen gelenkt: Das Volk kann die Staatsgewalt nur auf der Grundlage der Verfassung ausüben. Es existiert in diesem Sinne kein «Putschrecht»[30] des Volkes ausserhalb seiner Verfassung, sondern es wird die Ausübung der Staatsgewalt den Stimmberechtigten und den Behörden gleichermassen übertragen. Demgemäss wird einer Willkürherrschaft des Volkes ebenfalls eine Absage erteilt.

14 Das Volk im Sinne von Abs. 3 umfasst zwar die Gesamtheit der Bevölkerung des Kantons Zürich. Es ist jedoch nicht die Gesamtbevölkerung zur Ausübung der Staatsgewalt berechtigt, sondern diese den Stimmberechtigten und den Behörden vorbehalten[31]. Die gewählte Formulierung ist weitgehend identisch mit entsprechenden Bestimmungen in anderen Kantonsverfassungen[32]. Sie entspricht im Wesentlichen der alten Norm und ist eng an Art. 5 aBV angelehnt, wonach der Bund die Rechte des Volkes schütze, allerdings nur «gleich den Rechten und Befugnissen, welche das Volk den Behörden übertragen» hat. Abs. 3 ist in diesem Sinne zudem mit dem Grundsatz der Gewaltenteilung gemäss Art. 3 verwandt[33], indem beide Normen – gemeinsam gelesen – einen gewaltenteilig aufgebauten Staat voraussetzen, dessen Dreh- und Angelpunkt die demokratische Legitimation des gesamten staatlichen Handelns ist[34]. Erforderlich ist mithin die direkte oder indirekte Rückbindung aller Behörden an das Volk und die Konstituierung der kantonalen Organisationsstruktur gemäss den Grundsätzen der Volkssouveränität.

15 Diese demokratische Ordnung wird dem Kanton im Übrigen durch Art. 51 Abs. 1 BV zwingend vorgeschrieben, wonach der Kanton zumindest über ein demokratisch gewähltes Parlament verfügen und den Grundsatz der Gewalten-

---

[28] Vgl. Hangartner/Kley, N. 314 ff., insbesondere 320.
[29] Dubs, S. 55; vgl. auch Sträuli, S. 37 f.
[30] Dubs, S. 49.
[31] Vgl. auch N. 12; Eichenberger, § 1 N. 1 f.
[32] Vgl. Art. 2 Abs. 2 KV BE; Art. 4 KV SO, § 1 KV AG, § 2 KV BL, Art. 2 KV SH.
[33] Biaggini, Art. 3.
[34] Giacometti, S. 279; Dubs, S. 112 f.

teilung im Sinne eines Strukturprinzips beachten muss[35]. Im Rahmen des Bundesrechts, insbesondere der politischen Rechtsgleichheit nach Art. 8 BV und Art. 34 Abs. 2 BV, verfügt der Kanton bei der konkreten Ausgestaltung über Autonomie[36]. Der Bund sichert des Weiteren eine auf dem Grundsatz der Volkssouveränität beruhende Verfassung, indem er vorschreibt, dass jede Kantonsverfassung durch das Volk zu sanktionieren ist bzw. das Volk im Sinne seines Selbstkonstituierungsrechts bestimmend auf die Fortentwicklung der Verfassung Einfluss nehmen können muss (Art. 51 Abs. 1 BV)[37].

Der Kanton Zürich versteht sich darüber hinaus als Demokratie, welche nicht nur das bundesrechtliche Minimum, sondern eine Vielzahl weiterer demokratischer Mitwirkungsinstrumente kennt[38]. Abs. 3 bringt das Staatsverständnis einer Direkten Demokratie zum Ausdruck[39]. 16

5. Selbstständigkeit der Gemeinden (Abs. 4)

Die Verankerung der Selbstständigkeit der Gemeinden in Abs. 4 soll die rechtliche Stellung der Gemeinden als Selbstverwaltungskörper hervorheben[40]. Inhaltlich unterscheidet sich der Begriff der Selbstständigkeit nicht vom Begriff der Autonomie[41]. Zunächst fand die Selbständigkeit der Gemeinden in etwas ausführlicherer Fassung unter der Marginalie «Zusammenarbeit» Erwähnung[42]. Mit der Anerkennung und Einordnung bereits im Grundlagenkapitel bzw. im Artikel den Kanton Zürich betreffend wollte der Verfassungsrat die Selbstständigkeit der Gemeinden als Grundsatz materiell aufwerten und zum Ausdruck bringen, dass die Gemeindeautonomie eines der höchsten Prinzipien des Kantons Zürich sein soll[43]. Der Verfassungsrat bezeichnete die Anerkennung und Respektierung der Gemeindeautonomie dementsprechend als «eine der tragenden Säulen» der Verfassung[44]. 17

---

[35] HÄFELIN/HALLER, N. 1015.
[36] Art. 51 Abs. 2 BV und Art. 49 Abs. 1 BV i.V.m. Art. 39 Abs. 1 BV.
[37] Diese Vorgaben werden einerseits durch das obligatorische Referendum gemäss Art. 132 Abs. 3 sowie Art. 32 lit. a und lit. b erfüllt, andererseits durch die Verfassungsinitiative im Sinne von Art. 132 Abs. 1 und Art. 23 lit. a i.V.m. Art. 24 lit. a. (Art. 132 N. 8 ff. und 15 ff.).
[38] Art. 22 ff.
[39] Erläuterungen zu Art. 1 VE.
[40] Vgl. GIACOMETTI, S. 70. Eine Verankerung der Selbstständigkeit der Gemeinden bereits in den Grundlagenbestimmungen kennen auch die Kantone Aargau und Solothurn (§ 5 Abs. 2 KV AG sowie Art. 3 KV SO).
[41] Vgl. EICHENBERGER, § 106 N. 1.
[42] Prot. Plenum, S. 979.
[43] Prot. Plenum, S. 1959, vgl. auch 982.
[44] Erläuterungen zu Art. 1 VE.

18 In der Bestimmung wird zwar nicht der Bestand einer einzelnen Gemeinde geschützt, jedoch die Gemeinde als Institution des kantonalen Rechts. Die Gemeinden sollen bestimmte staatliche Funktionen anstelle des Kantons selbstständig wahrnehmen und sich als öffentlichrechtliche Körperschaften[45] auf territorialer Grundlage weitgehend selbstständig organisieren und autonom handeln können[46]. Abs. 4 hält in diesem Sinne fest, dass sich der Kanton Zürich nicht nur über seine Einwohnerinnen und Einwohner und über den Grundsatz der Volkssouveränität definiert, sondern ebenso über seine dezentralisierten Gebietseinheiten. Demgemäss soll der der Kanton mit den Gemeinden partnerschaftlich zusammenarbeiten (Art. 4). Ferner wurde die politische Mitwirkung der Gemeinden bei der Willensbildung des Kantons verstärkt, indem z.B. eine Anhörungspflicht eingeführt wurde (Art. 85 Abs. 3) oder zwölf Gemeinden, die Stadt Zürich oder die Stadt Winterthur ein Gemeindereferendum gegen kantonale Vorlagen ergreifen können (Art. 33 Abs. 2 lit. b). Darüber hinaus ist der Zusammenschluss von Gemeinden von der Zustimmung der Mehrheit der Stimmenden jeder beteiligten Gemeinde abhängig gemacht worden (Art. 84 Abs. 1).

19 Die Bundesverfassung schreibt keinen bestimmten Autonomiebereich der Gemeinden vor. Art. 50 Abs. 1 BV garantiert die Gemeindeautonomie nur, aber immerhin im Rahmen des kantonalen Rechts[47]. Einer Dezentralisierung setzt die Bundesverfassung zudem Grenzen, weil sich die Kantone auf *politischer Ebene* als Einheitsstaaten zu konstituieren haben[48]. So darf der Kanton etwa die Annahme einer Verfassungsänderung in einer Volksabstimmung nicht von der Zustimmung einer Mehrheit der Gemeinden abhängig machen und ebenso wären der Einführung einer zweiten föderativen Parlamentskammer enge Grenzen gesetzt[49]. Den Gemeinden wird demgemäss keine politisch-föderative Selbstständigkeit zuerkannt, sondern nur, aber immerhin eine grosse Autonomie im Sinne eines möglichst weiten Handlungsspielraums (Art. 85)[50]. Der konkrete materielle Umfang der Gemeindeautonomie ergibt sich hingegen nicht aus dem Grundlagenartikel, sondern aus den ausführenden kantonalen Verfassungsbestimmungen[51].

---

[45] Art. 83 Abs. 3.
[46] GIACOMETTI, S. 74 f.; HÄFELIN/MÜLLER/UHLMANN, Rz. 1357 ff. Nebst den politischen Gemeinden sind im Kanton Zürich die Schulgemeinden von Bedeutung, welche Aufgaben im Bereich von Schule und Bildung wahrnehmen (Art. 83 Abs. 2). Zudem sind auch die Kirchgemeinden im Sinne von Art. 130 Abs. 1 zu erwähnen.
[47] KÄGI-DIENER, St. Galler Kommentar, Art. 50 N. 4.
[48] KÖLZ, Verfassungsgeschichte II, S. 41 f., 473 f., 800.
[49] Vgl. HANGARTNER/KLEY, N. 1357, 1381; TÖNDURY, S. 292 f., 257.
[50] JAAG, Art. 85.
[51] JAAG, Art. 83 ff.; vgl. auch §§ 104 ff. KV AG, Art. 45 ff. KV SO.

Die Erwähnung der Selbstständigkeit der Gemeinden in Art. 1 lässt sich damit begründen, dass die Gemeinde jener Ort ist, an dem die angestrebte Eigen- und Mitverantwortung der Einwohnerinnen und Einwohner ihre direkteste Auswirkung findet. Die Gemeinde steht in deren Lebensmittelpunkt; bezüglich der Stimmbürgerinnen und Stimmbürger gilt dies insbesondere für die Ausübung der Stimm- und Wahlrechte. In den Gemeinden sind ganz allgemein die Verhältnisse besser zu überblicken, was die Meinungsbildung und die Ausübung der demokratischen Mit- und Einwirkungsmöglichkeiten erleichtert und verbessert. Es bedeutet in diesem Sinne eine wesentliche Sicherung der Freiheit und Selbstbestimmung der Bürgerinnen und Bürger, wenn die Staatsgewalt räumlich dezentralisiert ist[52]. Mit anderen Worten: Sinn und Rechtfertigung der *Gemeindeautonomie* sind aus staatsrechtlicher Sicht hauptsächlich in deren Zusammenhang mit der *Gemeindedemokratie* zu erblicken[53]. Die «Selbstverwaltung» der Gemeinde ist gemäss FRITZ FLEINER daher nichts anderes als eine «Spielart der politischen Selbstregierung des Volkes»[54].

---

[52] HANGARTNER/KLEY, N. 568; HÄFELIN/MÜLLER/UHLMANN, Rz. 1363.
[53] SEILER, § 31 Rz. 39.
[54] FLEINER, S. 19; vgl. auch JAAG, Rz. 2213; HÄFELIN/MÜLLER/UHLMANN, Rz. 1364 f.

Art. 2

Grundlage und Schranke staatlichen Handelns ist das Recht.

Staatliches Handeln muss im öffentlichen Interesse liegen und verhältnismässig sein.

Behörden und Private handeln nach Treu und Glauben.

Rechtsstaatliche Grundsätze

Materialien

Art. 2 VE; Prot. Plenum, S. 972 ff., 2847.

Literatur

BIAGGINI GIOVANNI, Verfassung und Richterrecht, Basel 1991 (Verfassung und Richterrecht); BIAGGINI GIOVANNI, Abstrakte und konkrete Normenkontrolle, ius.full 2006, S. 164 ff. (Normenkontrolle); COTTIER THOMAS, Die Verfassung und das Erfordernis der gesetzlichen Grundlage, 2. Aufl., Chur 1991; GÄCHTER THOMAS, Rechtsmissbrauch im öffentlichen Recht – unter besonderer Berücksichtigung des Bundessozialversicherungsrechts. Ein Beitrag zu Treu und Glauben, Methodik und Gesetzeskorrektur im öffentlichen Recht, Zürich 2005; GRISEL ANDRÉ, A propos de la hiérarchie des normes juridiques, ZBl 88/1987, S. 377 ff.; HÄFELIN/MÜLLER/UHLMANN, Rz. 329 ff., 631 ff.; HANGARTNER, St. Galler Kommentar, Art. 5; MAHON PASCAL, Art. 5, in: Aubert/Mahon; MOOR, Vol. I, S. 416 ff.; RÜTSCHE BERNHARD, Rechtsfolgen von Normenkontrollen, ZBl 106/2005, S. 273 ff.; TSCHANNEN/ZIMMERLI, S. 196 ff.; WEBER-DÜRLER BEATRICE, Vertrauensschutz im öffentlichen Recht, Basel/Frankfurt a.M. 1983; WEBER-DÜRLER BEATRICE, Neuere Entwicklungen des Vertrauensschutzes, ZBl 103/2002, S. 281 ff.; WEBER-DÜRLER BEATRICE, Zur neusten Entwicklung des Verhältnismässigkeitsprinzips, in: Mélanges Pierre Moor, Bern 2005, S. 593 ff.; WIEDERKEHR RENÉ, Fairness als Verfassungsgrundsatz, Bern 2006; WYSS MARTIN PHILIPP, Öffentliche Interessen – Interessen der Öffentlichkeit, Bern 2001; ZIMMERLI ULRICH, Der Grundsatz der Verhältnismässigkeit im öffentlichen Recht, ZSR 97/1978 II, S. 1 ff.; ZIMMERLI ULRICH, Das Gesetzmässigkeitsprinzip im Verwaltungsrecht, recht 1984, S. 73 ff.

Rechtsquellen

– Art. 5 BV; vgl. auch Art. 9 BV
– Vgl. auch Art. 3, Art. 10, Art. 38, Art. 130 und Art. 131 KV

Übersicht

	Note
1. Einleitung	1
2. Entstehungsgeschichte	3
3. Die rechtsstaatlichen Grundsätze gemäss Art. 5 BV	5
3.1. Allgemeines	5
3.2. Grundsatz der Gesetzmässigkeit (Legalitätsprinzip) (Abs. 1)	8
3.3. Erfordernis des öffentlichen Interesses (Abs. 2)	14
3.4. Grundsatz der Verhältnismässigkeit (Abs. 2)	17
3.5. Grundsatz von Treu und Glauben (Abs. 3)	19
4. Zur Tragweite der Grundsätze gemäss Art. 2	22

1. Einleitung

1 Die in Art. 2 versammelten rechtsstaatlichen Grundsätze stimmen wörtlich mit den Grundsätzen überein, welche die neue Bundesverfassung in Art. 5 Abs. 1–3 BV normiert. Die einzige (rein redaktionelle) Ausnahme bildet Art. 2 Abs. 3, wo von «Behörden» statt von «staatlichen Organen» (Art. 5 Abs. 3 BV) die Rede ist (N. 3). Nicht übernommen wurde die in Art. 5 BV enthaltene Klausel betreffend das Völkerrecht (Abs. 4: «Bund und Kantone beachten das Völkerrecht»). Gleichwohl ist das für die Schweiz massgebende Völkerrecht selbstredend auch im Kanton Zürich zu beachten (Art. 5 Abs. 4 BV, Art. 49 BV).

2 Wie die Bundesverfassung[1] äussert sich auch die neue Zürcher Kantonsverfassung nicht dazu, was genau unter Rechtsstaat (*Etat régi par le droit*) oder Rechtsstaatlichkeit zu verstehen ist[2]. Dies ist nicht weiter störend, denn viel wichtiger als eine (abstrakte) Definition des Begriffs ist die wirksame Absicherung rechtsstaatlicher Grundanliegen. Diesem Thema widmet die neue Kantonsverfassung (wie die Bundesverfassung) viel Aufmerksamkeit[3].

2. Entstehungsgeschichte

3 Die drei aus der Bundesverfassung übernommenen Absätze 1 bis 3 waren sowohl in der Kommission als auch im Plenum unbestritten und wurden vom Verfassungsrat in allen Lesungen ohne Gegenantrag und nähere Diskussion zum Beschluss erhoben[4]. Die einzige Abweichung im Verhältnis zum Wortlaut der neuen Bundesverfassung (Art. 5 BV) betrifft den heutigen Art. 2 Abs. 3, wo auf Anregung der Redaktionskommission der Begriff «Staatliche Organe» durch «Behörden» ersetzt wurde[5], ohne dass damit eine inhaltliche Veränderung angestrebt worden wäre[6].

4 Zu eingehenden Diskussionen Anlass gab die Frage, ob der Artikel über die rechtsstaatlichen Grundsätze auch einen Absatz betreffend das (grundsätzliche) *Verbot der Rückwirkung von Erlassen* umfassen soll. Da man nicht ein absolutes Rückwirkungsverbot statuieren, sondern sich an der Rechtsprechung des

---

[1] Das Wort «Rechtsstaat/rechtsstaatlich» kommt in der Bundesverfassung nur einmal vor (Art. 5 BV), in der Bundesgesetzgebung vereinzelt (vgl. z.B. Art. 1 Bundesgesetz über Massnahmen zur Wahrung der inneren Sicherheit vom 21. März 1997 [SR 120], Art. 260^{quinquies} StGB). In der höchstrichterlichen Rechtsprechung wird das «Rechtsstaatsprinzip» nur beiläufig erwähnt (vgl. BGE 128 I 113 ff., 126; BGE 130 I 388 ff., 392: «Grundsatz der Rechtsstaatlichkeit»).
[2] Das Wort «rechtsstaatlich» kommt daneben noch in Art. 130 und Art. 131 vor.
[3] Vgl. neben Art. 2 auch Art. 3 (Gewaltenteilung), Art. 9 ff. (Grundrechte), Art. 73 ff. (Rechtspflege).
[4] Prot. Plenum, S. 972 ff. und S. 2847.
[5] Prot. RedK vom 24. März 2003, S. 329.
[6] Vgl. Prot. RedK vom 20. Februar 2003, S. 206.

Bundesgerichts orientieren wollte, stiess man bei der Suche nach einer zugleich prägnanten und präzisen Formulierung rasch auf grosse (wenn auch nicht unerwartete) Schwierigkeiten. Die Kommission 1 beschloss daher zunächst, auf die Aufnahme einer Klausel betreffend das Rückwirkungsverbot zu verzichten[7], dies im Wissen darum, dass bereits von Bundes(verfassungs)rechts wegen ein grundsätzliches Rückwirkungsverbot besteht[8]. Später kam man auf diesen Beschluss zurück[9]. In der Kommission 1 wurde, mit Expertenunterstützung, viel Energie darauf verwendet, die «bundesgerichtlich[e] Rechtsprechung auf zweieinhalb Zeilen» zu verkürzen[10]. Die wörtliche Übernahme der Formulierung im Entwurf Kölz/Jaag (Art. 24) kam nicht in Betracht. Denn das Rückwirkungsverbot war dort in einer Bestimmung mit dem Titel «Gesetzmässigkeit» enthalten, wo das – aus Bürgersicht wenig aussagekräftige, aus juristischer Sicht leerformelhafte – Satzende («wenn sie mit den rechtsstaatlichen Grundsätzen vereinbar ist») nicht weiter störend wirkte. In der jetzt angestrebten Bestimmung mit dem Titel «Rechtsstaatliche Grundsätze» hätte ein entsprechender Passus aber offenkundig zirkelhaften Charakter angenommen. In Anlehnung an Formulierungen in anderen Kantonsverfassungen[11] gelangte man schliesslich zu einer Fassung, welche die komplexe Rückwirkungsproblematik und die differenzierte Rechtsprechung des Bundesgerichts zwar einzufangen vermochte, aber sprachlich wenig elegant war[12]. In der Plenumssitzung vom 3. Oktober 2002 wurde ein Antrag des Regierungsrates und der SVP-Fraktion auf Streichung dieser Rückwirkungs-Klausel knapp abgelehnt[13]. Der Vernehmlassungsentwurf enthielt demgemäss den folgenden Art. 2 Abs. 2:

> «Die Rückwirkung von Erlassen ist nur ausnahmsweise zulässig. Sie ist namentlich dann nicht zulässig, wenn sie zeitlich übermässig zurückgreift oder zu einer unverhältnismässigen Belastung führt.»

Nach Abschluss der Vernehmlassung beschloss die Kommission 1 nach kurzer Diskussion, auf den Passus betreffend das Rückwirkungsverbot zu verzichten[14]. Daran änderte sich im weiteren Verlauf der Beratungen nichts mehr[15].

---

[7] Prot. K1 vom 17. April 2002, S. 305 (mit 6 zu 5 Stimmen bei 3 Enthaltungen).
[8] Vgl. HÄFELIN/MÜLLER/UHLMANN, Rz. 329 ff.
[9] Prot. K1 vom 8. und 9. Juli 2002, S. 338 (einstimmiger Grundsatzbeschluss).
[10] So die Charakterisierung in Prot. Plenum, S. 974 (Votum Frei).
[11] Vgl. insb. § 11 KV BL: «Die Rückwirkung von Erlassen ist unzulässig, wenn sie zeitlich übermässig zurückgreift oder zu einer unverhältnismässigen Belastung führt.» Vgl. auch z.B. § 24 KV AG; Art. 9 Abs. 2 KV NE.
[12] Vgl. Prot. K1 vom 2. September 2002, S. 374 ff. Vgl. auch Prot. Plenum, S. 973; Prot. RedK vom 24. März 2003, S. 329.
[13] Vgl. Prot. Plenum, S. 973 und S. 976.
[14] Prot. K1 vom 12. Januar 2004, S. 482 f.; Prot. K1 vom 19. Januar 2004, S. 493.
[15] Prot. Plenum, S. 2847.

3. Die rechtsstaatlichen Grundsätze gemäss Art. 5 BV

3.1. Allgemeines

5   Bei den in Art. 5 BV vereinten rechtsstaatlichen Grundsätzen handelt es sich, mit einzelnen Ausnahmen, um blosse *Verfassungsgrundsätze*, nicht um verfassungsmässige (Individual-)*Rechte*. Dies kann bei der Rechtsdurchsetzung (wegen begrenzter Rügemöglichkeiten im Rahmen der Verfassungsgerichtsbarkeit) von Belang sein[16], spielt jedoch im Rahmen der ordentlichen (Verwaltungs-)Gerichtsbarkeit gewöhnlich keine entscheidende Rolle[17]. Als verfassungsmässige Rechte anerkannt sind das früher aus Art. 4 aBV abgeleitete, heute in Art. 5 Abs. 1 BV enthaltene *strafrechtliche* Legalitätsprinzip («keine Strafe ohne Gesetz»; *nulla poena sine lege*) und das abgabenrechtliche Legalitätsprinzip[18].

6   Die Aufzählung ist *nicht abschliessend*. Weitere rechtsstaatlich motivierte Grundsätze werden in der Bundesverfassung an anderer Stelle genannt (z.B. Art. 35 BV: Grundrechtsverwirklichung; Art. 146 BV: Staatshaftung; Art. 191c BV: richterliche Unabhängigkeit), andere, wie namentlich das Verbot der Rückwirkung von Erlassen, gehören auch unter der neuen Bundesverfassung im Wesentlichen zum ungeschriebenen Verfassungsrecht. Das teils rechtsstaatlich, teils demokratisch motivierte Prinzip der Gewaltenteilung ist gemäss Bundesgericht «durch sämtliche Kantonsverfassungen explizit oder implizit» garantiert (für den Kanton Zürich vgl. Art. 3 KV) sowie als verfassungsmässiges Recht anerkannt[19] und geschützt (Art. 189 BV), wenn auch nicht als Teil der Verfassungsordnung des *Bundes*.

7   *Adressaten* (Verpflichtete) sind sowohl der Bund als auch die Kantone (unter Einschluss der Gemeinden). Erfasst werden – unabhängig davon, ob es um Fragen der eingreifenden oder der leistenden Verwaltung geht – *alle Staatsorgane* (inkl. Gesetzgeber, Volk), auch der in Privatrechtsform auftretende Staat sowie Private, die mit der Erfüllung öffentlicher Aufgaben betraut sind[20].

---

[16] Vgl. Art. 116 BGG; vgl. auch BGE 130 I 1 ff., 5; BGE 131 I 91 ff., 99.
[17] Vgl. z.B. BGE 131 II 13 ff., 44: Gutheissung einer Beschwerde wegen Verletzung des Legalitätsprinzips.
[18] Vgl. BGE 129 I 161 ff., 162 f. (Einordnung bei Art. 127 BV); BGE 132 I 117 ff., 120.
[19] Vgl. BGE 130 I 1 ff., 5.
[20] Vgl. Mahon, Art. 5 N. 5; Hangartner, St. Galler Kommentar, Art. 5 Rz. 3.

3.2. Grundsatz der Gesetzmässigkeit (Legalitätsprinzip) (Abs. 1)

Das Legalitätsprinzip weist zwei Komponenten auf: 8
- das Erfordernis der gesetzlichen (rechtssatzmässigen) Grundlage; auch: *Vorbehalt des Gesetzes* (Rechtssatzvorbehalt);
- die Bindung aller staatlichen Instanzen an das vorgegebene (geltende und gültige) Recht; auch: *Vorrang des Gesetzes* (N. 12).

Der (zum Teil auch demokratisch motivierte) *Gesetzesvorbehalt* «besagt, dass ein staatlicher Akt sich auf eine materiellgesetzliche Grundlage stützen muss, die hinreichend bestimmt und vom staatsrechtlich hierfür zuständigen Organ erlassen worden ist»[21]. Bei diesem Teilgehalt geht es um die Absicherung der grundlegenden rechtsstaatlichen Anliegen der *Rechtssicherheit* (Voraussehbarkeit) und der *Rechtsgleichheit*. Die Regelung muss ordnungsgemäss kundgemacht worden sein, eine generell-abstrakte Struktur aufweisen (Rechtssatz) und so formuliert sein, dass Private ihr Verhalten danach ausrichten können.

Art. 5 Abs. 1 BV verlangt nicht, dass sich die rechtliche Grundlage in einem Gesetz im formellen Sinn (erlassen vom Gesetzgeber, d.h. vom Parlament, allenfalls in Verbindung mit dem Volk) findet. Es genügt grundsätzlich eine – kompetenzgemäss – von einer Exekutivbehörde erlassene *Verordnung*. Das (mehr demokratisch als rechtsstaatlich motivierte) Erfordernis der Gesetzesform (*Gesetzesvorbehalt* i.e.S.) kann jedoch aufgrund anderer Verfassungsnormen massgeblich sein[22]. 9

Ein wichtiges Element des Legalitätsprinzips ist das sog. *Bestimmtheitsgebot*. Eine Vorschrift muss so präzise formuliert sein, «dass der Bürger sein Verhalten danach richten und die Folgen eines bestimmten Verhaltens mit einem den Umständen entsprechenden Grad an Gewissheit erkennen kann»[23]. Allerdings kann der Gesetzgeber «nicht darauf verzichten, allgemeine und mehr oder minder vage Begriffe zu verwenden, deren Auslegung und Anwendung der Praxis überlassen werden muss»[24]. Die Anforderungen an die Normbestimmtheit (Klarheit, Präzision) variieren. Sie sind im Bereich der eingreifenden Verwaltung gewöhnlich strenger als im Bereich der leistenden Verwaltung oder im Bereich des Organisationsrechts[25]. 10

In Fällen ernster, unmittelbarer und nicht anders abwendbarer Gefahr kann ausnahmsweise ohne besondere rechtssatzmässige Grundlage direkt gestützt auf 11

---

[21] BGE 130 I 1 ff., 5.
[22] Art. 36 Abs. 1 BV (Gesetzesform für schwerwiegende Einschränkungen von Grundrechten); Art. 127 Abs. 1 BV (Gesetzesform im Steuerrecht des Bundes); Art. 164 BV (Gesetzesform für wichtige rechtsetzende Bestimmungen des Bundes). – Vgl. auch Art. 38 KV.
[23] BGE 117 Ia 472 ff., 480.
[24] BGE 132 I 49 ff., 58.
[25] Vgl. BGE 132 I 49 ff., 58 ff.; BGE 132 II 13 ff., 29; BGE 128 I 327 ff., 339.

die sog. *polizeiliche Generalklausel* gehandelt werden (vgl. aus grundrechtlicher Sicht Art. 36 Abs. 1 BV). Die übrigen rechtsstaatlichen Bindungen (insb. Verhältnismässigkeit, Grundrechte) bestehen weiterhin. Die früher mitunter zugelassene Abstützung staatlichen Handelns auf blosse Sachherrschaft (insb. über öffentlichen Grund und Boden[26]) dürfte unter der neuen Bundesverfassung wohl nicht mehr zulässig sein, jedenfalls dann nicht, wenn Grundrechte tangiert sind.

12   Der Vorrang des Gesetzes (Art. 5 Abs. 1 BV) verlangt[27]:
   – von den *rechtsanwendenden* Behörden, dass sie sich an das gesetzte Recht halten (*Rechts- bzw. Gesetzesbindung*);
   – von den *rechtsetzenden* Behörden, dass sie die durch das übergeordnete Recht gesetzten Schranken nicht überschreiten (Respektierung der *Normenhierarchie*); eine Verordnung muss sich im Rahmen des Gesetzes, ein Gesetz im Rahmen der Verfassung bewegen; eine gesetzliche Regelung darf nur im Verfahren der Gesetzgebung geändert werden, nicht durch blosses Verordnungsrecht (*Grundsatz der Parallelität* der Formen).

13   Die Bindung an das gesetzte Recht bezieht sich prinzipiell nur auf *gültige*, mit dem übergeordneten Recht in Einklang stehende Normen. Die rechtsanwendenden Behörden sind – jedenfalls dem Grundsatz nach – verpflichtet, die anzuwendende Vorschrift vorfrageweise auf ihre Vereinbarkeit mit dem übergeordneten Recht zu überprüfen. Dabei können schwierige Auslegungs- und Vorgehensfragen auftreten, auf die hier nicht näher eingegangen werden kann[28] (dazu HÄNER, Art. 79).

3.3. Erfordernis des öffentlichen Interesses (Abs. 2)

14   Staatliches Handeln muss stets am *Allgemeinwohl* ausgerichtet sein. Dies ist an sich selbstverständlich. Die Gefahr, dass Mandatsträger oder Staatsangestellte das staatliche Handlungsinstrumentarium zur Verwirklichung rein privater Interessen (oder von Sonderinteressen bestimmter Gruppen) zu nutzen versuchen, ist aber auch heute noch durchaus real.

15   Die Bundesverfassung definiert den *Begriff* des öffentlichen Interesses nicht näher, ebenso wenig die Kantonsverfassung. Verfassungen spielen gleichwohl eine wichtige Rolle bei der Ermittlung des öffentlichen Interesses, denn die zahlreichen Zielbestimmungen und Aufgabennormen (vgl. Art. 54 ff. BV; Art. 100 ff. KV) verweisen jeweils auf anerkannte öffentliche Interessen. Ein

---

[26] Vgl. BGE 121 I 279 ff., 283 (Statuierung einer Bewilligungspflicht).
[27] Eingehend BIAGGINI, Verfassung und Richterrecht, S. 289 ff.
[28] Vgl. HANGARTNER, St. Galler Kommentar, Art. 5 Rz. 18 ff.; BIAGGINI, Normenkontrolle, S. 164 ff.; RÜTSCHE, S. 273 ff.

Verfassungsvorbehalt für öffentliche Interessen besteht indes nicht; diese können, müssen jedoch nicht in der Verfassung erwähnt sein. Ebenso wenig besteht ein *numerus clausus* der legitimen öffentlichen Interessen. Entgegen einer früher verbreiteten Auffassung gehören auch *fiskalische Interessen* zu den öffentlichen Interessen[29].

Die Vielfalt und Gegenläufigkeit der legitimen öffentlichen Interessen hat fast zwangsläufig Ziel- bzw. Interessenkollisionen zur Folge. Art. 5 Abs. 1 BV äussert sich nicht zum Umgang mit Interessenkollisionen. Praxis und Lehre wenden die Methode der *Interessenabwägung* an[30]. Bei der Interessenermittlung und -abwägung steht dem Gesetzgeber ein beträchtlicher Bewertungs-, Prognose- und Gestaltungsspielraum zu. Bei Grundrechtseinschränkungen sind die tendenziell strengeren Anforderungen gemäss Art. 36 Abs. 2 BV zu beachten.

3.4. Grundsatz der Verhältnismässigkeit (Abs. 2)

Der Grundsatz der Verhältnismässigkeit gehört zu den traditionsreichen allgemeinen Rechtsgrundsätzen des Verwaltungsrechts[31]. Die neue Bundesverfassung erhebt das Verhältnismässigkeitsprinzip in den Rang eines *geschriebenen Verfassungsgrundsatzes*. Von grosser praktischer Bedeutung war und ist das Verhältnismässigkeitsprinzip als Voraussetzung für Grundrechtseinschränkungen (Art. 36 Abs. 3 BV).

Als allgemeiner *Verfassungs*grundsatz (jenseits grundrechtlicher Fragen) hat das Verhältnismässigkeitsprinzip noch keine sehr klaren Konturen erlangt. Man darf aber davon ausgehen, dass staatliches Handeln auch hier prinzipiell den drei aus den allgemeinen Grundrechtslehren bekannten Teilanforderungen zu genügen hat[32]. Staatliches Handeln muss demnach:
- *geeignet* sein, den angestrebten Zweck zu erfüllen (wobei die Praxis selbst in Grundrechtsfragen keinen allzu strengen Massstab anlegt);
- *erforderlich* sein, d.h., das Handeln darf in sachlicher, örtlicher, zeitlicher, persönlicher usw. Hinsicht nicht weiter gehen als nötig, um das verfolgte legitime öffentliche Interesse zu verwirklichen;
- *angemessen* sein, d.h., der verfolgte Zweck und die getroffene Massnahme dürfen nicht in einem Missverhältnis zueinander stehen.

---

[29] Ebenso HANGARTNER, St. Galler Kommentar, Art. 5 Rz. 29.
[30] Vgl. TSCHANNEN/ZIMMERLI, S. 196 ff.; BGE 128 II 1 ff., 10.
[31] Näher MOOR, Vol. I, S. 416 ff.
[32] Vgl. auch HANGARTNER, St. Galler Kommentar, Art. 5 Rz. 33 ff.

3.5. Grundsatz von Treu und Glauben (Abs. 3)

19 Im Rahmen der Totalrevision der Bundesverfassung wurde der in Rechtsprechung und Lehre allgemeine anerkannte, auch im Zivilrecht bedeutsame Grundsatz von Treu und Glauben[33] gleich doppelt verfassungstextlich verankert, nämlich:
- als allgemeiner *Verfassungsgrundsatz* (Art. 5 Abs. 3 BV) und
- als *verfassungsmässiges Individualrecht*, das dem Einzelnen Anspruch darauf gibt «von den staatlichen Organen (...) nach Treu und Glauben behandelt zu werden» (Art. 9 BV).

Gefordert ist loyales Verhalten im Rechtsverkehr. Verletzt wird der Grundsatz etwa durch widersprüchliches oder missbräuchliches Verhalten oder durch Täuschung. Praktische Bedeutung hat vor allem der (auch grundrechtlich geschützte) Anspruch auf Schutz des berechtigten Vertrauens in behördliche Zusicherungen und Auskünfte[34].

20 Das Gebot des Handelns nach Treu und Glauben richtet sich nicht nur an *alle staatlichen Organe* (unter Einschluss von Gesetzgeber, Parlament und Regierung), sondern ausdrücklich *auch an Private*[35]. Der Verfassungswortlaut lässt offen, ob generell (d.h. auch im Privatrechtsverkehr) oder nur im Verhältnis zu den Behörden. Da für beide Bereiche auf Gesetzesstufe Regeln bestehen, die dem Schutz von Treu und Glauben dienen (für den Privatrechtsverkehr vgl. insb. Art. 2 ZGB), ist die Frage von eher theoretischem Interesse. Im Übrigen ist der grundsatzartig formulierte Art. 5 Abs. 3 BV für sich allein nicht geeignet, zu Lasten Privater direkt sanktionierbare Handlungspflichten zu begründen. Praktisch bedeutsam ist, dass widersprüchliches Verhalten eines Beschwerdeführers keinen Rechtsschutz findet[36].

21 Ein Handeln nach Treu und Glauben ist auch im Verkehr *zwischen* verschiedenen Gemeinwesen – vertikal (z.B. Bund–Kanton; Kanton–Gemeinde) wie horizontal (z.B. Kanton–Kanton; Gemeinde–Gemeinde) – und zwischen verschiedenen Staatsorganen (z.B. Regierung–Parlament) geboten.

---

[33] Art. 2 Abs. 1 ZGB: «Jedermann hat in der Ausübung seiner Rechte und in der Erfüllung seiner Pflichten nach Treu und Glauben zu handeln.»

[34] Vgl. BGE 129 I 161 ff., 170; BGE 129 II 361 ff., 381; HANGARTNER, St. Galler Kommentar, Art. 5 Rz. 39; MAHON, Art. 5 N. 15; HÄFELIN/MÜLLER/UHLMANN, Rz. 631 ff.

[35] Vgl. BGE 131 I 166 ff., 177.

[36] Vgl. z.B. Entscheid der Eidgenössischen Zollrekurskommission, VPB 69/2005 Nr. 16. Zum Zusammenhang mit der Frage des *Rechtsmissbrauchs* (verstanden als zweckwidrige Verwendung eines Rechtsinstituts) vgl. BGE 131 I 166 ff., 177.

4. Zur Tragweite der Grundsätze gemäss Art. 2

Zentrales Anliegen des kantonalen Verfassungsgebers war es, die aus dem Verfassungsrecht des Bundes bekannten rechtsstaatlichen Grundsätze (Art. 5 Abs. 1–3 BV) auch in der Kantonsverfassung zu verankern und sichtbar zu machen, und zwar mit dem in der bisherigen höchstrichterlichen Rechtsprechung und in der Lehre herausgearbeiteten Inhalt. Immerhin erscheint es nicht von vornherein ausgeschlossen, dass die *kantonale* Praxis bei der Anwendung und Konkretisierung von Art. 2 über das hinausgeht, was die Bundesverfassung in Art. 5 garantiert. Das prinzipielle *Verbot der Rückwirkung* von Erlassen gilt ungeachtet der Streichung von Art. 2 Abs. 2 VE auch im Kanton Zürich; massgeblich bleiben die vom Bundesgericht entwickelten rechtsstaatlichen Vorgaben[37].

22

---

[37] Vgl. BGE 125 I 182 ff., 186; BGE 119 Ia 254 ff., 257 f.; HÄFELIN/MÜLLER/UHLMANN, Rz. 329 ff.

Art. 3

Der Aufbau des Staates und die Ausübung staatlicher Macht beruhen auf dem Grundsatz der Gewaltenteilung.

Niemand darf staatliche Macht unkontrolliert oder unbegrenzt ausüben.

Gewaltenteilung

Materialien

Art. 3 VE; Prot. Plenum, S. 123, 149, 791, 978 f., 1965, 2848.

Literatur

HÄFELIN/HALLER, N. 1420 ff.; HALLER/KÖLZ, S. 190 ff.; MAHON PASCAL, Le principe de la séparation des pouvoirs, in: Verfassungsrecht der Schweiz, § 65; MARTENET VINCENT, L'autonomie constitutionnelle des cantons, Diss. (Genf), Basel usw. 1999; MASTRONARDI PHILIPPE, St. Galler Kommentar, Vorbem. zu Art. 143–191; SALADIN PETER, Kommentar aBV, Art. 6; SEILER, Gewaltenteilung; SPAHN PATRICK, Art. 8, in: Dubach/Marti/Spahn, S. 40 f.; TSCHANNEN, S. 255.

Rechtsquellen

– Art. 51 BV
– Art. 2, Art. 38, Art. 42, Art. 73 Abs. 2 KV

Übersicht   Note

1. Einleitung   1
2. Entstehungsgeschichte   2
3. Inhalt und Tragweite   5
   3.1. Grundidee der Gewaltenteilung   5
   3.2. Bundesrechtlicher Rahmen   9
   3.3. Inhalt und Tragweite (Art. 3)   12

1. Einleitung

Die Bundesverfassung verlangt von den Kantonen, dass sie sich eine demokratische Verfassung geben, die dem Grundsatz der Gewaltenteilung verpflichtet ist (N. 9). In Art. 3 bekennt sich die neue Zürcher Kantonsverfassung ausdrücklich zu diesem fundamentalen Ordnungsprinzip. Wichtiger als dieses allgemeine Bekenntnis ist, praktisch gesehen, die konkrete Umsetzung im Behörden-Kapitel der Verfassung (Art. 40 ff.).

1

2. Entstehungsgeschichte

2　Im Verfassungsrat war man sich von Anfang an darin einig, dass die neue Kantonsverfassung auch eine allgemeine Bestimmung über die Gewaltenteilung beinhalten soll. Die Kommission 1 stützte sich in ihren Beratungen auf einen Textentwurf ihrer Subkommission 1, dessen Wortlaut sich an Gewaltenteilungsklauseln neuerer Kantonsverfassungen[1] orientierte[2]:

> B. Rechtsstaatliche Grundsätze
>
> Art. 5　*Gewaltenteilung und Gewaltenhemmung*
>
> [1] Gewaltenteilung und Gewaltenhemmung bestimmen den Aufbau und die Ausübung staatlicher Macht.
>
> [2] Keine Behörde darf staatliche Macht unkontrolliert und unbegrenzt ausüben.

Im weiteren Verlauf der Beratungen wurde der Begriff «Keine Behörde» ersetzt durch «Niemand». Als Hauptgrund wurde angeführt, dass die ursprüngliche Fassung wie ein generelles «Misstrauensvotum» gegenüber den Behörden klinge, das in einer Demokratie nicht angebracht sei[3]. Weiter wurde die Wortfolge in Abs. 1 geändert. Der Begriff «Gewaltenhemmung» wurde auf Expertenanregung hin aus Titel und Text der Bestimmung gestrichen[4]. Andernfalls wäre ein in seinen Konturen wenig klarer Teilgehalt des Gewaltenteilungsgrundsatzes einseitig hervorgehoben worden, dies zu Lasten des in einer modernen Demokratie nicht minder wichtigen Anliegens der Gewaltenkooperation.

3　Mit dem Grundsatz der Gewaltenteilung befasste sich naturgemäss auch die für das Behörden-Kapitel zuständige Kommission 3[5]. Gegen eine Verankerung des Gewaltenteilungsgrundsatzes in den Allgemeinen Bestimmungen der neuen Kantonsverfassung hatte man keine Einwände. Die Kommission 3 erachtete es jedoch als wichtig, verschiedene spezielle Aspekte der Gewaltenteilung (wie die richterliche Unabhängigkeit, vgl. Art. 73, oder die Unvereinbarkeiten, vgl. Art. 42) im Behörden-Teil zu regeln[6].

---

[1]　Vgl. insb. § 10 KV TG («Der Aufbau des Staates und die Ausübung staatlicher Macht beruhen auf dem Grundsatz der Gewaltenteilung») und Art. 66 Abs. 1 KV BE («Die Organisation der Behörden richtet sich nach dem Grundsatz der Gewaltenteilung. Keine Behörde darf staatliche Macht unkontrolliert und unbegrenzt ausüben»). – Ähnlich auch Art. 8 KV SH (dazu Spahn, S. 40 f.) und Art. 4 Abs. 1 KV GR.

[2]　Vgl. Prot. K1 vom 8. November 2001, S. 141. Der Entwurf umfasste einen dritten Absatz («Behörden und Private, die öffentliche Aufgaben wahrnehmen, sind in ihrer Tätigkeit an Verfassung und Gesetz gebunden»), der in der Folge ausgeklammert wurde (vgl. Prot. K1 vom 19. November 2001, S. 158). – Vgl. heute Art. 2 Abs. 1.

[3]　Vgl. Prot. K1 vom 20. Februar 2002, S. 255.

[4]　Vgl. Prot. K1 vom 8. und 9. Juli 2002, S. 338. – Anders Art. 4 Abs. 1 KV GR («Der Aufbau des Staates und die Ausübung staatlicher Macht beruhen auf den Grundsätzen der Gewaltenteilung und Gewaltenhemmung»).

[5]　Vgl. z.B. Prot. K3 vom 1. November 2001, S. 257, 260.

[6]　Vgl. Prot. K3 vom 20. Juni 2002, S. 660.

Die aus der Bereinigung des ursprünglichen Entwurfs resultierende Fassung[7] erfuhr im weiteren Verlauf der Verhandlungen nur noch eine einzige kleine Änderung. Auf Anregung der Redaktionskommission wurde in Abs. 2 das «und» durch ein «oder» ersetzt[8]. Grund dafür war, dass die Begriffe «unkontrolliert» und «unbegrenzt» nicht kumulativ, sondern alternativ gemeint sind (d.h.: *weder* unkontrolliert *noch* unbegrenzt). Diese Fassung fand Eingang in Art. 3 des Vernehmlassungsentwurfs[9]. Sie wurde später nicht mehr verändert. Im Plenum löste die Bestimmung zur Gewaltenteilung auch in der Phase nach der Vernehmlassung keine Diskussionen aus[10]. Hingegen wurde, wie nicht anders zu erwarten, bei der Erörterung anderer Bestimmungen (insb. aus dem Behörden-Teil) immer wieder auf «die Gewaltenteilung» rekurriert, um der vorgetragenen Position mehr Nachdruck zu verschaffen[11]. Aus diesen Äusserungen lassen sich indes keine schlüssigen Hinweise für die Auslegung von Art. 3 gewinnen.

3. Inhalt und Tragweite

3.1. Grundidee der Gewaltenteilung

Hinter dem teils rechtsstaatlich, teils demokratisch motivierten Grundsatz der Gewaltenteilung steht die Grundidee der *Verhinderung von Machtmissbrauch* durch *Machtbegrenzung und -kontrolle*. Zu diesem Zweck soll die staatliche Macht auf eine Mehrzahl von Machtträgern aufgeteilt werden, die einander wechselseitig kontrollieren und im Zaume halten sollen. Diesen Grundgedanken hat Montesquieu treffend auf die Formel gebracht: «Il faut ... que le pouvoir arrête le pouvoir.»[12] Die (Auf-)Teilung der Staatsgewalt kann so zu einem Garanten individueller und politischer Freiheit werden. In der hergebrachten Gewaltenteilungslehre wird diese Grundidee mit der Lehre von den Staatsfunktionen verknüpft. Die drei hauptsächlichen *Staatsfunktionen* – Rechtsetzung, Vollzug (administrative Rechtsanwendung) und Rechtsprechung (richterliche Rechtsanwendung) – sollen auf voneinander unabhängige *Staatsorgane* – Parlament («Legislative»), Regierung und Verwaltung («Exekutive»), Gerichte («Judikative») – aufgeteilt werden. Diese *organisatorisch-funktionelle* Gewaltenteilung wird sodann mit der Idee der personellen oder *subjektiven Gewaltentrennung* verknüpft, wonach eine Person nicht mehreren Gewalten angehören soll. In die

---

[7] Vgl. Prot. Plenum, S. 978 f.
[8] Vgl. Prot. RedK vom 24. März 2003, S. 330; vgl. auch Prot. Plenum, S. 1965.
[9] Vgl. Prot. Plenum, S. 1965.
[10] Vgl. Prot. Plenum, S. 2848. Vgl. davor schon Prot. Plenum, S. 978 f., 1965.
[11] Vgl. z.B. Prot. Plenum, S. 1318, 1920, 2173, 2235, 2967, 3027, 3053.
[12] De l'esprit des lois (Vom Geist der Gesetze, 1748), XI 4.

Idee der Gewaltenteilung eingewoben ist schliesslich auch die Idee der Gewaltenhemmung durch wechselseitige Kontroll- und Interventionsmöglichkeiten[13].

6 In der Staatspraxis wird dieses (theoretische) «Gewaltenteilungsschema» – das zu Unrecht häufig Montesquieu zugeschrieben wird[14] – mit guten Gründen nicht mit letzter Konsequenz verwirklicht. Dies wäre einerseits wenig ratsam, denn eine Verfassungsordnung, die das «Gewaltenteilungsschema» stringent umsetzt, ist der Gefahr der Blockierung ausgesetzt. Die Handlungsfähigkeit droht verloren zu gehen. Bei genauerer Betrachtung wird überdies deutlich, dass der theoretische Ansatz aus mehreren Gründen nicht vollumfänglich in die Praxis umgesetzt werden kann. Die verschiedenen Funktionen greifen vielfältig ineinander. Rechtsetzung und Rechtsanwendung lassen sich nicht so kategorisch scheiden, wie es das klassische «Idealschema» will. Es gibt zahlreiche staatliche Tätigkeiten, die sich einer klaren Einordnung entziehen (z.B. Wahlen, Planung, Kontrolle). Aus praktischer Notwendigkeit kann man nicht umhin, die Exekutive an der Ausübung der Rechtsetzungsfunktion zu beteiligen, einerseits bei der Vorbereitung der Gesetze, andererseits bei der konkretisierenden Umsetzung und näheren Ausführung der Gesetze durch Vorschriften in Verordnungsform. Ohne die rechtsschöpfende richterliche Rechtsfortbildung würde die Rechtsordnung unweigerlich erstarren. Überaus wichtige Politikfelder wie die Budgetgewalt oder die auswärtigen Angelegenheiten (Aushandlung und Abschluss von Verträgen) liegen quer zu den klassischen Staatsfunktionen und verlangen ein arbeitsteiliges Zusammenwirken der Gewalten (Gewaltenkooperation). Keine der drei «Staatsgewalten» kann sich auf ihre «Stammfunktion» beschränken, wenn die Verfassungsordnung funktionstüchtig bleiben soll. Eine deutliche Sprache sprechen die Zuständigkeitskataloge der beiden «politischen» Behörden (Parlament, Regierung): Die Zuständigkeiten verlaufen typischerweise über weite Strecken parallel[15]. Derartige Verschränkungen und Relativierungen werden gelegentlich als «Durchbrechungen» des Gewaltenteilungsgrundsatzes bezeichnet[16]. Dieser Wortwahl liegt ein theoretisches «Idealschema» zugrunde, das sich bei näherem Hinsehen als wenig hilfreich erweist.

7 Die «hohe Schule» der Verfassungsgebung und Staatskunst besteht darin, das grundlegende rechtsstaatlich-demokratische Anliegen der Machtbegrenzung mit dem ebenfalls fundamentalen Anliegen der staatlichen Handlungsfähigkeit zu verbinden. Es gilt, Lösungen zu finden, in denen Macht wirksam begrenzt wird, ohne dass die Handlungsfähigkeit des Staates und seiner Organe verloren geht. In der halbdirekten Demokratie schweizerischer Prägung kommt hinzu, dass die Idee der Gewaltenteilung mit dem Prinzip der Volkssouveränität ver-

---

[13] Zur Gewaltenteilung als «umfassende Ordnungsidee» vgl. HALLER/KÖLZ, S. 192.
[14] Vgl. Prot. Plenum, S. 123.
[15] Vgl. im Bund Art. 163 ff. und Art. 180 ff. BV, im Kanton Zürich Art. 54 ff. und Art. 65 ff.
[16] Vgl. z.B. HÄFELIN/HALLER, N. 1420 ff.

knüpft werden muss und mit der Rolle des Volkes (bzw. der Stimmberechtigten) als Entscheidungsträger abzustimmen ist. Neben die rechtsstaatliche tritt die (direkt)demokratische Kontrolle. In der Demokratie ist die Gewaltenteilung notwendig mit einer Prise «Rousseau» gewürzt.

In der neueren Gewaltenteilungslehre wird nicht zufällig ein «kooperatives Gewaltenteilungsverständnis»[17] favorisiert und der Gedanke des *arbeitsteiligen Zusammenwirkens* in den Vordergrund gerückt. Etwas genauer besehen, haben entsprechende Überlegungen regelmässig das Verhältnis von Legislative und Exekutive (bzw. Parlament und Regierung) zum Gegenstand. Im Wesentlichen ausgeklammert bleibt dabei gewöhnlich die Judikative; dies mit gutem Grund, denn aus rechtsstaatlicher Sicht ist die Sicherung richterlicher Unabhängigkeit unabdingbar (vgl. Art. 30 und Art. 191c BV). Allerdings droht dabei etwas aus dem Blick zu geraten, dass auch Legislative und Judikative arbeitsteilig zusammenwirken – bei der Weiterentwicklung des Rechts. Umgekehrt wird von den Verfechtern eines kooperativen Gewaltenteilungsverständnisses tendenziell unterschätzt, dass die Kooperation auch zu einer Vermischung und Verwischung von Verantwortlichkeiten führen kann, was der Grundidee, die hinter dem Gewaltenteilungsprinzip steht – begrenzte, kontrollierte Machtausübung (und dies setzt Zurechenbarkeit voraus) –, letztlich entgegengesetzt ist.

8

3.2. Bundesrechtlicher Rahmen

Die Bundesverfassung verlangt von den Kantonen, dass sie sich «eine demokratische Verfassung» geben (Art. 51 BV). Darin eingeschlossen ist nach herrschender Praxis und Lehre[18] die Verpflichtung, dass die Kantonsverfassung den *Grundsatz der Gewaltenteilung* beachtet. Diese bundes(verfassungs)rechtliche Vorgabe ist nicht im Sinne einer strikten Verpflichtung auf ein starres Grundschema zu verstehen. «Gewaltenteilung» ist vielmehr im Sinne eines *Grundsatzes* gemeint, der (wie das Demokratieprinzip) verschiedenste Ausprägungen zulässt[19] und vielfältige Relativierungen duldet. Den Kantonen verbleibt somit im Rahmen von Art. 51 BV ein sehr weiter Spielraum. Entsprechend hält sich das Bundesgericht (richtigerweise) zurück: «Welche Behörde wofür zuständig ist, ergibt sich in erster Linie aus dem kantonalen Staatsrecht.»[20]

9

Vor dem Hintergrund des Art. 51 BV wird klar, weshalb das Bundesgericht in ständiger Rechtsprechung sagt, dass das Prinzip der Gewaltenteilung «durch sämtliche Kantonsverfassungen explizit oder implizit» garantiert ist. Darüber

10

---

[17] Vgl. MASTRONARDI, St. Galler Kommentar, Vorb. zu Art. 143–191 Rz. 28.
[18] Vgl. Botschaft zur neuen Bundesverfassung, BBl 1997 I, S. 218; TSCHANNEN, S. 255; SALADIN, Kommentar aBV, Art. 6 Rz. 62.
[19] Für einen Überblick vgl. HALLER/KÖLZ, S. 194 ff.
[20] So BGE 130 I 1 ff., 5.

hinaus anerkennt das Bundesgericht den Grundsatz der Gewaltenteilung als *verfassungsmässiges Recht*. Freilich handelt es sich nicht um ein verfassungsmässiges Recht des Bundes, sondern um ein in allen Kantonsverfassungen (explizit oder implizit) enthaltenes verfassungsmässiges Recht der *kantonalen Ebene*, «das in Art. 51 Abs. 1 BV (vormals Art. 6 aBV) vorausgesetzt wird» und «die Einhaltung der verfassungsmässigen Zuständigkeitsordnung» schützt[21]. Als kantonales verfassungsmässiges Recht kann der Grundsatz der Gewaltenteilung dank Art. 189 BV (bzw. Art. 95 und Art. 116 BGG) nicht nur vor kantonalen Instanzen, sondern auch vor Bundesgericht angerufen bzw. als verletzt gerügt werden. Sein Inhalt ergibt sich aus dem kantonalen Recht[22].

11 Bei der Ordnung der politischen Behörden und ihres gegenseitigen Verhältnisses belässt die Bundesverfassung den Kantonen einen weiten Spielraum. Das Spektrum der Möglichkeiten reicht von der im Wesentlichen repräsentativen Demokratie[23] (die heute kein Kanton kennt) über die vielfältigen Formen der Referendumsdemokratie bis hin zur sog. Landsgemeindedemokratie. Ausgeschlossen ist die Staatsform der Monarchie[24]. Hingegen könnte ein Schweizer Kanton grundsätzlich eine Art Präsidialsystem einführen oder sich am parlamentarischen Konkurrenzsystem britischen oder deutschen Zuschnitts orientieren. Die Bundesverfassung verpflichtet die Kantone nicht dazu, die Unvereinbarkeit von Parlaments- und Regierungsmandat vorzusehen[25]. Gleichwohl wird in der Schweiz die personelle (oder subjektive) Gewaltentrennung nicht nur im Verhältnis zur Justiz[26], sondern auch im Verhältnis zwischen Regierung und Parlament typischerweise streng durchgeführt (vgl. für den Kanton Zürich Art. 42; für den Bund Art. 144 BV).

3.3. Inhalt und Tragweite (Art. 3)

12 Art. 3 Abs. 1 bekräftigt, dass die Verfassungsordnung des Kantons Zürich auf dem Grundsatz der Gewaltenteilung beruht. Dies wäre, bundesrechtlich gesehen, nicht erforderlich gewesen, weil die Bundesverfassung kein ausdrückliches Bekenntnis verlangt (N. 9) und weil aus dem Kapitel über die Behörden (Art. 40 ff.) und aus weiteren Bestimmungen (z.B. Art. 38, Art. 87) deutlich

---

[21] BGE 130 I 1 ff., 5. Vgl. auch BGE 128 I 113 ff., 121.
[22] Vgl. BGE 127 I 145 ff., 148; BGE 130 I 1 ff., 5.
[23] Vorbehältlich des zwingend vorgeschriebenen (minimalen) direktdemokratischen Instrumentariums gemäss Art. 51 Abs. 1 BV: Verlangt sind (einzig) das obligatorische Verfassungsreferendum und eine rudimentäre Form der Verfassungsinitiative.
[24] Deutlicher als Art. 51 BV noch Art. 6 aBV (wo von «republikanischen» Formen die Rede ist).
[25] Vgl. MARTENET, S. 297 f. – A.M. wohl TSCHANNEN, S. 255.
[26] Hier ist eine strenge Trennung bundes- und völkerrechtlich vorgegeben (vgl. Art. 30 und Art. 191c BV; Art. 6 EMRK).

genug hervorgeht, dass der Aufbau des Kantons und die Ausübung staatlicher Macht dem Grundsatz der Gewaltenteilung folgen.

Die Gewaltenteilung als fundamentales Organisationsprinzip des liberalen Verfassungsstaates diente dem Verfassungsgeber (wie schon 1869) als allgemeine Leitlinie[27], an welcher man sich freilich nicht sklavisch ausrichtete. Der Kantonsrat ist nicht nur für die Gesetzgebung zuständig (Art. 54), sondern auch für bestimmte Wahlen, Planungen und wichtige Einzelakte (vgl. Art. 55; Art. 58; Art. 59 i.V.m. Art. 33). Umgekehrt verfügt der Kantonsrat nicht über ein «Rechtsetzungsmonopol». Dem Regierungsrat obliegt nicht nur der Gesetzesvollzug, er hat auch wichtige Aufgaben in der Rechtsetzung (Art. 38; Art. 67; Art. 72). Auch die Justiz nimmt gewisse Verwaltungs- und Rechtsetzungsaufgaben wahr (vgl. Art. 73)[28] und wirkt über die Normenkontrolle (Art. 79) auf die Gesetzgebung ein. Wie aus den Materialien hervorgeht, ging man im Verfassungsrat bewusst von einem realitätsbezogenen Gewaltenteilungsverständnis aus, das nicht nur auf Trennung und Kontrolle, sondern auch auf das Zusammenwirken der Gewalten Wert legt[29]. Auf eine Umbenennung des Grundsatzes in «Gewaltentrennung» wurde mit gutem Grund verzichtet[30].

13

Der Begriff «Macht» ist in der schweizerischen Verfassungssprache eher ungebräuchlich[31]. Die Verwendung des Begriffs in Abs. 1 steht in einem gewissen Gegensatz zum allgemeinen «Grundton» der neuen Kantonsverfassung, der wesentlich durch den Begriff der «Verantwortung» bestimmt ist[32]. Etwas besser passt der Begriff in den Kontext des Abs. 2, der einen klassischen Gedanken der Gewaltenteilungslehre in eine prägnante Formel fasst: «Niemand darf staatliche Macht unkontrolliert oder unbegrenzt ausüben.» Der Verfassungstext gibt nicht direkt zu erkennen, wer dieser «Niemand» ist. Aus den Materialien geht hervor (N. 2), dass damit alle Behörden bzw. alle Personen gemeint sind, welche für den Staat (Kanton und Gemeinden) handeln. Der kräftige Begriff «Niemand» «spricht dem Einzelnen ins Gewissen»[33]. Allerdings handelt es sich bei Art. 3 Abs. 2, entgegen dem ersten Anschein, nicht um ein (unmittelbar geltendes bzw. anwendbares) verfassungsrechtliches Verhaltensgebot, sondern (lediglich) um eine objektive Vorgabe. Normadressat ist nicht der in Abs. 2 genannte «Niemand» (dem man schlecht vorschreiben kann, Kontrollen einzurichten und sich selber Fesseln anzulegen). Angesprochen sind vielmehr die für Aufbau und Ausgestaltung der staatlichen Organe zuständigen Behörden, allen voran der Gesetzgeber. Der Verfassungsgeber selbst, obwohl wichtigster Entscheidungsträ-

14

---

27 Vgl. z.B. Prot. Plenum, S. 978 f. (Votum Fricker, Kommissionspräsident).
28 Vgl. z.B. die Verordnung des Obergerichts über die Gerichtsgebühren vom 30. Juni 1993 (LS 211.11).
29 Vgl. z.B. Prot. Plenum, S. 149, 791 (Votum Schwarzenbach, Kommissionspräsidentin).
30 Vgl. Prot. RedK vom 15. Januar 2004, S. 504.
31 Zu den Ausnahmen gehören die in Anm. 1 erwähnten Kantonsverfassungen.
32 Vgl. insb. die Präambel sowie Art. 1, Art. 6, Art. 39.
33 Prot. RedK vom 15. Januar 2004, S. 504 (Votum Hauck).

ger im fraglichen Bereich, gehört, genau besehen, nicht zu den Verpflichteten, da Art. 3 Abs. 2 als Verfassungsnorm den Verfassungsgeber nicht binden kann. Für den Verfassungsgeber hat die Bestimmung den Charakter einer staatspolitischen Maxime. Der aktuelle Verfassungsgeber hat dieser Maxime Rechnung getragen, wie sich namentlich aus den Bestimmungen des Behörden-Kapitels ergibt (und aus der Tatsache, dass die Bundesversammlung der neuen Kantonsverfassung ohne weiteres die Gewährleistung erteilt hat[34]).

---

[34] Gewährleistungsbeschluss vom 15. Dezember 2005 (BBl 2006, S. 141; BBl 2005, S. 5239).

Art. 4

Der Kanton arbeitet mit den Gemeinden, den anderen Kantonen, dem Bund und, in seinem Zuständigkeitsbereich, mit dem Ausland zusammen.

Zusammenarbeit

Materialien

Art. 4 VE; Prot. Plenum, S. 977, 2207, 2848.

Literatur

ABDERHALDEN URSULA, Möglichkeiten und Grenzen der interkantonalen Zusammenarbeit – unter besonderer Berücksichtigung der internationalen Integration der Schweiz, Diss., Freiburg 1999; BOLZ URS, Art. 2, in: Kälin/Bolz, S. 237 ff.; BRUNNER STEPHAN C. Möglichkeiten und Grenzen der regionalen interkantonalen Zusammenarbeit – untersucht am Beispiel der Ostschweiz, Diss., Zürich 2000; BUNDI CALDELARI CHRISTINA, Kommentar zur Verfassung des Kantons Graubünden, Vorbem. zu Art. 57–59; BUSER DENISE, Streiflichter auf die basel-städtische Kantonsverfassung und neuere Totalrevisionen, BJM 2006, S. 173 ff. (Streiflichter); EICHENBERGER, § 4; KNAPP BLAISE, St. Galler Kommentar, Art. 44, 45 und 48; KÖLZ ALFRED, Bundestreue als Verfassungsprinzip?, in: Der Weg der Schweiz zum modernen Bundesstaat – Historische Abhandlungen, Chur/Zürich 1998, S. 119 ff. (Verfassungsprinzip); MEYER MARKUS, Die interkantonale Konferenz – ein Mittel der Kantone zur Zusammenarbeit auf Regierungsebene, Bern 2006; RATHGEB CHRISTIAN, Kommentar zur Verfassung des Kantons Graubünden, Art. 2; PFISTERER THOMAS, Auslandbeziehungen der Kantone, in: Verfassungsrecht der Schweiz, § 33; PFISTERER THOMAS, St. Galler Kommentar, Art. 56; SALADIN PETER, Kommentar BV, Art. 3 aBV; SALADIN PETER, Lebendiger Föderalismus, in: Die Kunst der Verfassungserneuerung, Schriften zur Verfassungsreform 1968–1996, Basel 1998, S. 167 ff. (Föderalismus).

Rechtsquellen

– Bundesgesetz über den Finanz- und Lastenausgleich vom 3. Oktober 2003 (FiLaG; SR 613.2)

Übersicht Note

1. Einleitung 1
2. Entstehungsgeschichte 2
3. Rechtliche Bedeutung 4
   3.1. Allgemeines 4
   3.2. Zusammenarbeit mit den Gemeinden 6
   3.3. Zusammenarbeit mit den Kantonen und dem Bund 7
   3.4. Zusammenarbeit mit dem Ausland 12

1. Einleitung

Mit der Grundlagenbestimmung von Art. 4 drückt die Zürcher Verfassung das Bewusstsein aus, dass der Kanton kein isoliertes Gebilde darstellt, sondern in ein vielfältiges Geflecht von Beziehungen zum Schweizerischen Bundesstaat, zu den anderen Kantonen und zum Ausland sowie innerkantonal zu den Ge-

1

meinden eingebunden ist. Der gewählte Begriff der Zusammenarbeit drückt den umfassenden Kooperationsgedanken aus, dem der Kanton Zürich folgen will.

2. Entstehungsgeschichte

2 Zunächst umfasste Art. 4 VE drei Absätze. In einem ersten Absatz hätte festgehalten werden sollen, dass der Kanton seine Aufgaben selbstständig erfüllt. Diese Formulierung wurde letztlich als überflüssig empfunden, da damit eine blosse Selbstverständlichkeit ausgedrückt werde, die überdies nicht zur Marginalie «Zusammenarbeit» passe[1]. Keine Gnade einer Mehrheit der Verfassungsräte fand ferner ein dritter Absatz, wonach der Kanton die Zusammenarbeit auch mit anderen Verantwortungsträgern der Gesellschaft pflege[2]. Damit hätte zum Ausdruck gebracht werden sollen, dass der Kanton Teil eines grösseren Ganzen ist, in der es private Verantwortungsträger gibt, mit denen ebenfalls zusammengearbeitet werden soll[3]. Am Ende fiel dieser Absatz namentlich der Bemühung um Kürzungen der Verfassung zum Opfer[4].

3 Im auf einen Absatz reduzierten Artikel fand indessen zusätzlich die Zusammenarbeit des Kantons mit den Gemeinden Erwähnung. Im Verfassungsrat wurde dazu ausgeführt, dass der Kanton sein Handeln und Wirken zunächst auf die Gemeinden, dann auf die anderen Kantone, den Bund und, wo zuständig, auf das Ausland auszurichten habe[5].

3. Rechtliche Bedeutung

3.1. Allgemeines

4 Zusammenarbeitsbestimmungen finden sich in den meisten neueren Kantonsverfassungen[6]. In den Verfassungen schlägt sich damit die Entwicklung der letzten Jahrzehnte nieder, dass die Kantonsgrenzen an Bedeutung verloren haben und immer weiter verlieren dürften. Die gesellschaftlichen und wirtschaftlichen Verflechtungen sind in der gleichen Zeitspanne wichtiger geworden. Nebst den klassischen Beziehungen zum Bund und den anderen Kantonen ist in den letzten

---

[1] RRB 575 vom 30. April 2003, S. 2; Prot. Plenum, S. 979, 2848.
[2] Prot. Plenum, S. 979.
[3] Prot. Plenum, S. 983 f.
[4] Prot. Plenum, S. 2848 f.
[5] Prot. Plenum, S. 2849.
[6] Art. 2 Abs. 2 KV BE; Art. 1 Abs. 2 KV UR; Art. 5 KV FR; Art. 1 Abs. 2 und Art. 2 Abs. 1 KV SO; §§ 2 Abs. 2 und 3 KV BS; §§ 1 Abs. 2 und 3 KV BL; Art. 3 KV SH; Art. 1 Abs. 2 KV AR; Art. 1 Abs. 3 KV SG; Art. 2 Abs. 2–4 KV GR; §§ 3 und 4 KV AG; § 1 Abs. 2 und 3 KV TG; Art. 5 KV VD; Art. 5 Abs. 1 lit. q KV NE; Art. 4 KV JU.

Jahren zudem die Kooperation mit dem – angrenzenden – Ausland in den Vordergrund gerückt. Der Zürcher Zusammenarbeitsartikel ist im Vergleich zu den anderen kantonalen Bestimmungen knapp gehalten und offen ausgestaltet worden. Die konkrete Ausgestaltung der Zusammenarbeit in ihrer Tiefe und Breite wird sinnvollerweise der Praxis überlassen[7].

Der Verkehr mit Gemeinden, Bund, anderen Kantonen und dem Ausland ist primär eine Aufgabe der Regierung (vgl. etwa Art. 69, Art. 71 Abs. 1 lit. c und lit. g sowie Art. 94). Indes stehen auch dem Kantonsrat bedeutende Mitwirkungsrechte zu, etwa der Beschluss über interkantonale und internationale Verträge (Art. 54 Abs. 1 lit. c), die Ergreifung des fakultativen Referendums auf Bundesebene oder die Möglichkeit der Einreichung einer Standesinitiative (Art. 59 Abs. 1 lit. a und lit. b). Darüber hinaus können die Stimmberechtigten über ihre demokratischen Mitwirkungsrechte ebenfalls direkt Einfluss auf die Zusammenarbeit nehmen. So ist für interkantonale und internationale Verträge ein obligatorisches bzw. fakultatives Referendum vorgesehen, wenn der Vertragsinhalt Verfassungs- bzw. Gesetzesrang hat (Art. 32 lit. b, Art. 33 Abs. 1 lit. b). Zudem unterstehen bestimmte Vernehmlassungen des Kantons zu Vorlagen des Bundes dem fakultativen Referendum (Art. 33 Abs. 1 lit. f). Schliesslich verfügen die Stimmberechtigen über das Initiativrecht in Bezug auf das Einreichen einer Standesinitiative und im Hinblick auf die Aufnahme von Verhandlungen über den Abschluss oder die Änderung eines interkantonalen oder internationalen Vertrages, der dem Referendum untersteht, oder die Kündigung eines solchen Vertrages (Art. 23 lit. d und lit. e i.V.m. Art. 24 lit. a).

3.2. Zusammenarbeit mit den Gemeinden

Die explizit verankerte Zusammenarbeit mit den Gemeinden ist eine Innovation der Zürcher Verfassung. Der Kooperationsgedanke im vertikalen Beziehungsgeflecht zwischen Kanton und Gemeinden, wie er in die ausführenden Verfassungsbestimmungen ausstrahlen soll, wird dadurch zusätzlich verstärkt. Demgemäss anerkennt der Kanton die Selbstständigkeit der Gemeinden (Art. 1 Abs. 4)[8], berücksichtigt die möglichen Auswirkungen seines Handelns und hört die Gemeinden rechtzeitig an (Art. 85 Abs. 2 und 3). Ferner unterstützt der Kanton die Gemeinden bei deren Zusammenarbeit mit Gemeinden ausserhalb des Kantons (Art. 90 Abs. 2), insbesondere auch im Rahmen der Zusammenarbeit mit ausländischen Kommunen[9]. Die Gemeinden sollen nach Sinn und Zweck der Bestimmung bis zu einem gewissen Grad dem Kanton gleichberechtigt gegenübertreten können.

---

[7] BUSER, Streiflichter, S. 182.
[8] Art. 1 N. 17 ff.
[9] Vgl. PFISTERER, St. Galler Kommentar, Art. 56 Rz. 16.

3.3. Zusammenarbeit mit den Kantonen und dem Bund

7 Die Pflicht zur Zusammenarbeit mit den Kantonen und dem Bund ergibt sich bereits aus Art. 44 BV[10]. In dieser Bestimmung wurde der Grundsatz der bundesstaatlichen Treuepflicht (auch Bundestreue) verankert. Demzufolge unterstützen sich Bund und Kantone wechselseitig – sie sind weder beziehungslos tätig noch arbeiten sie gegeneinander. Die bundesstaatliche Treuepflicht ergänzt die Regeln der Kompetenzausscheidung und sorgt für die Ausübung der Kompetenzen in gegenseitiger Rücksichtnahme. Es ist dabei zwischen der bundesstaatlichen Treuepflicht als rechtlichem und als politischem Prinzip zu unterscheiden[11]. Der Grundsatz stellt rechtlich nichts anderes dar als «eine Anwendung des allgemeinen Grundsatzes von Treu und Glauben auf das Staatsrecht» und wird nur bei offensichtlichem Rechtsmissbrauch verletzt[12]. Die bundesstaatliche Treuepflicht verbietet somit Bund und Kantonen nur, dass sie ihre Zuständigkeiten «mit dem Ziel ausüben, die Erfüllung von Aufgaben der Partner zu vereiteln»[13]. Für den Kanton Zürich soll gemäss Art. 4 im Verhältnis zu den anderen Kantonen und zum Bund jedoch die konstruktive Zusammenarbeit im Vordergrund stehen und folglich ein partnerschaftliches Verhältnis angestrebt werden[14].

8 Die Zusammenarbeit mit den anderen Kantonen umfasst das kooperative und koordinative Zusammenwirken gleichberechtigter Gliedstaaten[15]. Der Kanton kann in diesem Rahmen interkantonale Verträge schliessen sowie mit anderen Kantonen gemeinsame Organisationen oder Einrichtungen schaffen (Art. 48 BV). Die Form der Zusammenarbeit ist in der Verfassung offengelassen worden, so dass im Rahmen des Bundesrechts sämtliche Möglichkeiten der Kooperation offenstehen. Unzulässig sind jedoch interkantonale Verträge oder andere Formen der Zusammenarbeit, mit welchen die innerkantonale Kompetenzordnung umgangen wird[16]. Interkantonale Verträge dürfen zudem dem Recht und den Interessen des Bundes sowie den Rechten der anderen Kantone nicht zuwiderlaufen (Art. 48 Abs. 3 BV)[17]. Die interkantonale Zusammenarbeit widerspricht darüber hinaus dann der Idee des Zusammenwirkens im Bundesstaat, wenn sie um jeden Preis «unter dem Bund hindurch» verwirklicht werden soll[18].

---

[10] KNAPP, St. Galler Kommentar, Art. 44 Rz. 5.
[11] KÖLZ, Verfassungsprinzip, S. 152 ff.
[12] KÖLZ, Verfassungsprinzip, S. 157.
[13] SALADIN, Kommentar BV, Art. 3 aBV Rz. 35.
[14] BOLZ, S. 238.
[15] EICHENBERGER, § 4 N. 1 ff. Vgl. zur Zusammenarbeit auch ABDERHALDEN, S. 196 ff.
[16] RATHGEB, Kommentar KV GR, Art. 2 Rz. 10.
[17] Interkantonale Verträge müssen dem Bund indessen gemäss Art. 48 Abs. 3 BV nur zur Kenntnis gebracht werden. Immerhin kann der Bundesrat Einsprache erheben (Art. 186 Abs. 3), worauf sie der Bundesversammlung zur Genehmigung vorgelegt werden (Art. 172 Abs. 3 BV).
[18] SALADIN, Föderalismus, S. 174.

In Art. 48 Abs. 4 BV wurde im Rahmen des Neuen Finanzausgleichs (NFA) die Möglichkeit geschaffen, dass Kantone interkantonale Organe zum Erlass rechtsetzender Bestimmungen ermächtigen, wenn diese einen interkantonalen Vertrag umsetzen. Dafür ist allerdings eine innerkantonale Genehmigung des Konkordats im ordentlichen Verfahren notwendig, und es müssen im Sinne der allgemeinen Delegationsregeln die inhaltlichen Grundzüge der Bestimmung festgelegt sein (Art. 48 Abs. 4 lit. a und lit. b BV). Im Kanton Zürich ist diesbezüglich insbesondere Art. 38 zu beachten, der die Gesetzesform für alle wichtigen Rechtssätze des kantonalen Rechts vorsieht[19]. Der neue Art. 48 Abs. 5 BV statuiert schliesslich die Pflicht, dass die Kantone interkantonales Recht beachten müssen. Es handelt sich um eine Vorgabe, die bisher aus dem Grundsatz der bundesstaatlichen Treuepflicht abgeleitet wurde[20].

9

Eine weitere Besonderheit der interkantonalen Zusammenarbeit ergibt sich aus Art. 48a BV, wonach die Bundesversammlung auf Antrag interessierter Kantone in in der BV abschliessend aufgezählten Aufgabenbereichen interkantonale Verträge allgemein verbindlich erklären oder Kantone zur Beteiligung an interkantonalen Verträgen verpflichten kann[21]. Die vom Kanton Zürich angestrebte freiwillige Zusammenarbeit mit den anderen Kantonen kann folglich vom Bund in den bundesverfassungsrechtlich vorgesehenen Bereichen auch erzwungen werden. In einem solchen Fall hätte der Kanton Zürich keinerlei Mitwirkungsrechte, weder eine Genehmigung durch den Kantonsrat noch ein kantonales Referendum könnten vorbehalten werden. Die Eigenständigkeit des Kantons sowie der Grundsatz der Volkssouveränität im Sinne von Art. 1 Abs. 1 und 2 würden in einem solchen Fall ausgehebelt.

10

Auf die Verankerung einer ausdrücklichen Loyalitäts- oder Unterstützungsbekundung gegenüber dem Bund hat der Kanton Zürich verzichtet[22]. Die Zusammenarbeit mit dem Bund umfasst insbesondere die konstruktive Mitwirkung an dessen Willensbildung (Art. 45 BV)[23]. Die Kantone verfügen zudem über Mitwirkungsrechte, wenn aussenpolitische Entscheide des Bundes ihre Zuständigkeiten oder wesentliche Interessen betreffen (Art. 55 Abs. 1 BV). Darüber hinaus steht dem Kanton eine Vielzahl informeller Mitwirkungsrechte offen[24]. So haben etwa die Konferenz der Kantonsregierungen oder die Fachdirektorenkonferenzen grossen Einfluss auf die Gesetzgebung des Bundes entfalten kön-

11

---

[19] HAUSER, Art. 38.
[20] KÖLZ, Verfassungsprinzip, S. 152, 157. Der Ständerat stellte bei der Beratung des Neuen Finanzausgleichs klar, nicht jedes interkantonale Recht könne kantonalen Verfassungen und Gesetzen vorgehen, deshalb wurde die Formulierung gewählt, dass die Kantone das interkantonale Recht lediglich «beachten» müssen (AB 2002 StR 863).
[21] Vgl. dazu die ausführenden Bestimmungen von Art. 10 FiLaG i.V.m. Art. 14 FiLaG und Art. 15 FiLaG.
[22] Vgl. insbesondere § 3 KV AG; Art. 2 Abs. 2 KV GR.
[23] KNAPP, St. Galler Kommentar, Art. 45 Rz. 6 ff.
[24] Vgl. BUNDI CALDELARI, Kommentar KV GR, Vorbem. zu Art. 57–59 Rz. 3.

nen. Der Bund kann sich schliesslich an interkantonalen Verträgen im Rahmen seiner Zuständigkeiten beteiligen (Art. 48 Abs. 2 BV).

3.4. Zusammenarbeit mit dem Ausland

12 Die Zusammenarbeit des Kantons mit dem Ausland ist zwar bundesverfassungsrechtlich beschränkt. Die Aussenpolitik ist Sache des Bundes (Art. 54 Abs. 1 BV). Die Kantone können jedoch in ihren Kompetenzbereichen Staatsverträge mit dem Ausland abschliessen, wenn der Bund in diesen Bereichen keine Staatsverträge abgeschlossen hat (Art. 56 Abs. 1 BV). Grundsätzlich erfolgt der Verkehr mit dem Ausland zwar über die Vermittlung des Bundes, mit untergeordneten ausländischen Behörden können die Kantone direkt verkehren (Art. 56 Abs. 3 BV). Für die internationale Zusammenarbeit stehen die Gliedstaaten ausländischer Bundesstaaten, somit die Länder Deutschlands und Österreichs im Vordergrund[25].

13 In diesem Rahmen besteht für den Kanton ein weites Feld, um – insbesondere die informelle – Zusammenarbeit mit dem Ausland anzugehen und zu pflegen[26]. Die Umsetzung der Zusammenarbeit mit dem Ausland obliegt dabei den innerkantonal zuständigen Organen[27].

---

[25] PFISTERER, St. Galler Kommentar, Art. 56 Rz. 19, 37.
[26] Vgl. dazu PFISTERER, § 33 Rz. 56 ff.
[27] N. 5; HÄNER, Art. 69 N. 5 ff., N. 12 ff.

Art. 5[*]

Subsidiarität

Jede Person nimmt Verantwortung für sich selber wahr und trägt nach ihren Kräften zur Bewältigung der Aufgaben in Staat und Gesellschaft bei.

Der Kanton und die Gemeinden anerkennen die Initiative von Einzelnen und von Organisationen zur Förderung des Gemeinwohls. Sie fördern die Hilfe zur Selbsthilfe.

Sie nehmen Aufgaben von öffentlichem Interesse wahr, soweit Private sie nicht angemessen erfüllen.

Materialien

Art. 5 VE; Prot. Plenum, S. 986 ff., 1965 ff.

Literatur

EICHENBERGER KURT, Zur Problematik der Aufgabenverteilung zwischen Staat und Privaten, in: Georg Müller/René Rhinow/Gerhard Schmid (Hrsg.), Vom schweizerischen Weg zum modernen Staat, Ausgewählte Schriften von Kurt Eichenberger, Basel 2002, S. 380 ff.; HÄBERLE PETER, St. Galler Kommentar, Art. 5; HERZOG ROMAN, Ziele, Vorbehalte und Grenzen der Staatstätigkeit, in: Handbuch des Staatsrechts der Bundesrepublik Deutschland, Bd. III, Heidelberg 1988 (Handbuch), S. 83 ff.; ISENSEE JOSEF, Gemeinwohl und Staatsaufgaben im Verfassungsstaat, in: Handbuch, S. 3 ff.; JAAG TOBIAS, Privatisierung von Verwaltungsaufgaben, VVDStRL 54/1995, S. 287 ff.; JAKOB ERIC, Europa und der sozialphilosophische Hintergrund des Subsidiaritätsprinzips, Bern 2000; LIENHARD ANDREAS, Deregulierung – Leitmotiv im Wirtschaftsverwaltungsrecht?, Bern 1995; RHINOW, Rz. 223 ff., 554 ff.; RHINOW/SCHMID/BIAGGINI, S. 62 ff., 318, 373; RICHLI PAUL, Zweck und Aufgaben der Eidgenossenschaft im Lichte des Subsidiaritätsprinzips, ZSR 117/1998 II, S. 139 ff.; ZIPPELIUS REINHOLD, Allgemeine Staatsrechtslehre, 12. Aufl., München 1994.

Übersicht	Note
1. Entstehungsgeschichte	1
2. Subsidiarität und Subsidiaritätsprinzip	2
2.1. Schwierigkeiten der verfassungsrechtlichen Normierung	2
2.2. Regelung in der Bundesverfassung	7
3. Systematische Stellung	10
4. Das Staatsbegrenzungstheorem	11
4.1. Persönliche und gesellschaftliche Verantwortung des Einzelnen (Abs. 1)	12
4.1.1. Vorrang der Individualverantwortung	13
4.1.2. Mitverantwortung durch Partizipation	14
4.2. Hilfsgebot (Abs. 2)	16
4.3. Staat und Wirtschaft (Abs. 3)	19
5. Ausblick	23

---

[*] Ich danke Dr. iur. Philipp Mäder für seine wertvollen Hinweise zum Text.

1. Entstehungsgeschichte

1 Bei der Erarbeitung von Art. 5 war zunächst unklar, ob nur das Verhältnis zwischen Individuum, Gesellschaft und Staat oder auch jenes zwischen Kanton und Gemeinden erfasst werden soll. Schliesslich einigte man sich darauf, in Art. 5 das Subsidiaritätsprinzip auf das Verhältnis Individuum, Gesellschaft und Staat und in Art. 97 auf jenes zwischen Kanton und Gemeinden zu konzentrieren[1].

2. Subsidiarität und Subsidiaritätsprinzip

2.1. Schwierigkeiten der verfassungsrechtlichen Normierung

2 In seiner Monographie zum Schweizerischen Verfassungsrecht betont RHINOW, dass in der Bundesverfassung bisher aus guten Gründen auf eine Umschreibung des Prinzips oder auf eine Nennung des Begriffs der Subsidiarität selbst verzichtet worden sei[2]. Wie alle anderen verfassungsgestaltenden Prinzipien eigne sich auch das Subsidiaritätsprinzip wegen seiner hochgradigen Unschärfe nicht zur textlichen Verankerung in der Verfassung[3].

3 In der Kantonsverfassung erfüllen denn auch eine Vielzahl eigenständiger Prinzipien und Leitsätze vergleichbare Funktionen wie das Subsidiaritätsprinzip[4]. Insofern mag die Äusserung, das Subsidiaritätsprinzip sei ein Grundprinzip der föderalistischen Demokratie und wirke in der Kantonsverfassung an verschiedenen Stellen, zwar zutreffen. Problematisch erscheint hingegen der daraus gezogene Schluss, das Prinzip werde daher bereits in den allgemeinen Bestimmungen explizit genannt[5]. Das impliziert, dass Art. 5 die allgemeine begriffliche Fassung eines multifunktionalen Prinzips sei, die dann an spezifischer Stelle konkretisiert werde.

4 Die Einordnung im Kapitel Grundlagen sowie die Marginalie «Subsidiarität» erwecken zwar diesen Eindruck. Art. 5 bezieht sich aber nur auf das Verhältnis zwischen Individuum, Gesellschaft und Staat. Der zweite wichtige Grundgehalt des Prinzips, das Verhältnis zwischen Kanton und Gemeinden, ist dagegen ge-

---

[1] Vgl. Prot. Plenum, S. 1971 f.
[2] Vgl. RHINOW, Rz. 556.
[3] Vgl. RHINOW, Rz. 226 f. Bereits EICHENBERGER, S. 396, betonte, dass das Subsidiaritätsprinzip weitaus komplizierter und offener sei, als die Praxis annehme, und es in der Schweiz zur «abgegriffenen Münze bequemer Politikargumentation» geworden sei.
[4] Gemeinsam ist ihnen allen, dass sie der Begrenzung staatlicher Macht dienen, so etwa Art. 10 (Gewährleistung der Grundrechte), Art. 95 Abs. 2–4 (Public Management), Art. 98–99 (Übertragung öffentlicher Aufgaben). RICHLI, S. 149 f., 164 ff. und 205 ff., spricht in diesem Zusammenhang von funktionalen Teiladäquanzen und nennt etwa Ansätze wie Deregulierung, Privatisierung, New Public Management, Grundrechtsgarantien oder das Verhältnismässigkeitsprinzip.
[5] Vgl. Prot. K1 vom 23. Mai 2002, S. 6.

rade nicht Bestandteil des Subsidiaritätsbegriffs nach Art. 5. Er wird vielmehr in Art. 97 unter der Marginalie «Aufgabenteilung zwischen Kanton und Gemeinden» ohne expliziten Bezug zum Subsidiaritätsprinzip niedergelegt. Damit bleibt unklar, wie weit das Subsidiaritätsprinzip ein umfassendes, gestaltendes Prinzip der neuen Kantonsverfassung sein soll.

Mit der Konzentration auf das Verhältnis zwischen Individuum, Gesellschaft und Staat orientiert sich Art. 5 am ursprünglichen Inhalt des Subsidiaritätsprinzips. Erstmals begrifflich gefasst wurde es in der päpstlichen Sozialenzyklika «Quadragesimo anno» von 1931. Im Kontext der katholischen Soziallehre des 19. und 20. Jahrhunderts stellte es die Alternative zu den Gesellschaftsentwürfen des Individualismus und des Liberalismus einerseits und des totalitären Kollektivismus andererseits dar. Als Staatsbegrenzungstheorem postulierte es den Vorrang insbesondere der Familie vor staatlichen Aktivitäten[6]. Der Mensch wurde dabei nicht nur als gemeinschaftsbildendes Wesen, sondern gleichzeitig auch als Ursprung aller Vergesellschaftung betrachtet. Da immer an das Individuum gebunden und diesem dienend, konnte Vergesellschaftung immer nur subsidiär sein[7].

Mit der Einführung des Subsidiaritätsprinzips in der EU ging dieser sozialphilosophische Inhalt verloren[8]. Subsidiarität wurde zu einem föderalistischen Strukturprinzip bzw. einem staatspolitischen Begriff[9].

2.2. Regelung in der Bundesverfassung

In der Bundesverfassung findet sich das Subsidiaritätsprinzip vor allem im Zusammenhang mit dem Föderalismus schweizerischer Prägung wieder[10]. Im Gegensatz zum EU-Vertrag enthält die BV aber mit Art. 6 auch eine Regelung, die den sozialphilosophischen Gehalt des Subsidiaritätsprinzips aufnimmt[11]. Die Bestimmung entspricht exakt dem Wortlaut von Art. 5 Abs. 1 KV. Nach Art. 12 BV hat sodann nur ein Recht auf Hilfe in einer Notlage, wer nicht in der Lage ist, für sich selber zu sorgen. Das setzt voraus, dass vor dem Anspruch auf Nothilfe die Verpflichtung zur Selbsthilfe steht, und entspricht Art. 5 Abs. 2 letzter

---

[6] Vgl. BBl 2002, S. 2457.
[7] Vgl. Jakob, S. 1; Rhinow, Rz. 224.
[8] Als allgemeingültiges Prinzip verankert wurde die Subsidiarität erstmals im Vertrag über die Europäische Union in der Fassung von Maastricht vom 7. Februar 1992; vgl. dazu Art. 97 N. 2. Jakob S. 49 f., weist allerdings darauf hin, dass der Subsidiaritätsgedanke bereits 1975 erstmalig Eingang in die europapolitische Debatte fand.
[9] Vgl. Jakob, S. 1; Eichenberger, S. 396; BBl 2002, S. 2457.
[10] Art. 97 N. 5 ff.
[11] Unter dem 1. Titel «Allgemeine Bestimmungen» hält der sog. Verantwortlichkeitsartikel unter der Marginalie «Individuelle und gesellschaftliche Verantwortung» fest: «Jede Person nimmt Verantwortung für sich selber wahr und trägt nach ihren Kräften zur Bewältigung der Aufgaben in Staat und Gesellschaft bei.»

Satz. Die Auslegung von Art. 5 kann sich damit im Wesentlichen eng an die Bundesverfassung anlehnen.

8 Die Bedenken der Lehre gegen eine verfassungsrechtliche Positivierung des Subsidiaritätsprinzips fanden keinen Eingang in die Vorlage zur Änderung der BV, der die Bevölkerung im Zusammenhang mit der Neugestaltung des Finanzausgleichs und der Aufgabenteilung zwischen Bund und Kantonen (NFA) am 28. November 2004 zustimmte und mit der das Subsidiaritätsprinzip nunmehr explizit im Verfassungstext verankert wird[12].

9 Nach Auffassung des Bundesrats soll der Bestimmung zwar als staatspolitische Maxime eine generelle Beachtung bei der bundesstaatlichen Aufgabenzuteilung zukommen. Primärer Adressat soll aber der Bundesgesetzgeber sein, dem die Aufgabe zukommen soll, das Subsidiaritätsprinzip von Fall zu Fall zu konkretisieren. Der Bundesrat betont denn auch, dass das Subsidiaritätsprinzip in der vorgeschlagenen Form nicht justiziabel sei[13]. Trotz der offenen Formulierung soll sich das Subsidiaritätsprinzip zudem auf das Verhältnis zwischen den Staatsebenen beschränken[14].

3. Systematische Stellung

10 Der Subsidiaritätsartikel ist die fünfte von acht Bestimmungen im Kapitel Grundlagen der Kantonsverfassung, die den restlichen Bestimmungen als eine Art «Bemerkung vor der Klammer» vorangehen. Ihm kommt damit eine ähnliche «präambelähnliche» Stellung zu wie Art. 6 BV[15]. Mit der Anknüpfung an den in der Präambel zur Kantonsverfassung verankerten Begriff der Menschwürde

---

[12] Art. 5a (Subsidiarität): «Bei der Zuweisung und Erfüllung staatlicher Aufgaben ist der Grundsatz der Subsidiarität zu beachten»; BBl 2003, S. 6591 ff. Die mit der NFA beschlossene Verfassungsänderung soll am 1. Januar 2008 in Kraft treten.

[13] Vgl. BBl 2002, S. 2339 und 2458 f. Der Bundesrat führt aus, die Subsidiarität im Bundesstaat sei ein grundsätzlich staatspolitisches Prinzip, das zeitgebunden seine jeweilige Konkretisierung durch Verfassungs- und Gesetzgeber finden müsse. Er hält dazu in der 1. Botschaft zur NFA vom 14. November 2001 zu Art. 3a BV (heute Art. 5a BV) fest, in Art. 3a BV würden in Verbindung mit dem Subsidiaritätsprinzip neu auch die Kriterien für die Zuweisung und Erfüllung staatlicher Aufgaben geregelt. Namentlich das Prinzip der fiskalischen Äquivalenz (Übereinstimmung von Nutzniessern sowie Kosten- und Entscheidungsträgern) und die Gebote der Wirtschaftlichkeit und Zweckmässigkeit sollen als nicht einklagbare Grundsätze in Verbindung mit dem Subsidiaritätsprinzip für die künftige Zuweisung staatlicher Aufgaben und damit für eine sinnvolle Aufgabenteilung im Bundesstaat wegweisend sein.

[14] Vgl. BBl 2002, S. 2457. Der Bundesrat führt dazu weiter aus, dass eine Ausdehnung auf das Verhältnis zwischen Staat und Privaten eine Vielzahl von grundsätzlichen gesellschaftspolitischen Fragen aufwerfen und damit den Rahmen einer Finanzreform sprengen würde.

[15] Vgl. HÄBERLE, St. Galler Kommentar, Art. 6 Rz. 4. HÄBERLE spricht in diesem Zusammenhang davon, dass Art. 6 BV auf die ganze nachstehende Verfassung ausstrahle, Normativität habe, aber auch Schichten des Programmatischen, Ethischen und also konkretisierungsbedürftig und zugleich nicht durchwegs positivierbar sei.

kann das Subsidiaritätsprinzip denn auch zur Konkretisierung dafür herangezogen werden, was der Kanton im Hinblick auf die Verwirklichung der Menschenwürde an Aufgaben übernehmen soll und was nicht[16]. Allerdings beantwortet das die Frage nicht, wie weit das Subsidiaritätsprinzip damit zu einer verbindlichen Norm für die Aufgabenzuteilung zwischen Kanton, Gemeinden und Privaten wird[17].

4. Das Staatsbegrenzungstheorem

Schwierigkeiten bereitet in der Trias Individuum, Gesellschaft und Staat die Definition des Gesellschaftsbegriffs. Dabei ist insbesondere zu berücksichtigen, dass die Wirtschaft zwar Teil der Gesellschaft ist, mit dieser aber nicht gleichgesetzt werden kann[18]. Die Unterscheidung zwischen Abs. 1 und Abs. 3 ergibt denn auch nur richtig Sinn, wenn Abs. 1 das Verhältnis zwischen Staat und Individuum bzw. gesellschaftlichen Gruppen, Abs. 3 hingegen das Verhältnis zwischen Staat und Privatwirtschaft regeln soll[19].

4.1. Persönliche und gesellschaftliche Verantwortung des Einzelnen (Abs. 1)

Art. 5 Abs. 1 setzt sich aus einem Subsidiaritäts- und einem Partizipationsteil zusammen, die je in einem Halbsatz geregelt werden.

4.1.1. Vorrang der Individualverantwortung

Der erste Halbsatz appelliert an das selbstverantwortliche individuelle Handeln, das stets vor einer staatlichen Intervention kommen soll. In der herrschenden Lehre wird die Tragweite einer solchen Bestimmung freilich als begrenzt betrachtet. Es handelt sich nicht um eine eigentliche Verpflichtung, sondern um

---

[16] Vgl. RICHLI, S. 203.
[17] RICHLI, S. 146, führt aus, dass das Subsidiaritätsprinzip ein Beurteilungskriterium für Staatsaufgaben sei, das zu einem wesentlichen Teil ausserhalb des Rechtssystems entwickelt wurde. Es sei daher kein Rechtsprinzip, sondern zunächst eine «Klugheitsregel», die das Rechtssystem prinzipiell mit Gewinn einerseits für die Abgrenzung von staatlichen und privaten Aufgaben sowie andererseits für die Abgrenzung von Aufgaben verschiedener staatlicher Ebenen in adäquater Weise nutzbar mache. ZIPPELIUS, S. 119 und 188 ff., versteht den Grundsatz als allgemeines Strukturprinzip, das nicht nur im Verhältnis zwischen staatlichen Ebenen gilt (Föderalismus), sondern auch im Verhältnis zwischen Staat und Individuum.
[18] Vgl. dazu die interessante Diskussion zwischen PHILIPPE MASTRONARDI und PAUL RICHLI, in: Protokoll der 132. Jahresversammlung des Schweizerischen Juristenvereins, Sitzung vom 26. September 1998, S. 733 ff., die auch in der NZZ vom 13./14. März 1999 publiziert wurde.
[19] N. 19 ff. Der als Experte beigezogene Prof. GIOVANNI BIAGGINI schlug als Marginalie zu Art. 5 die Formulierung «Individuelle, gesellschaftliche und staatliche Verantwortung» vor; vgl. Prot. RedK vom 13. Februar 2003, S. 151.

einen Appell des Verfassungsgebers an die einzelnen Mitglieder der Gesellschaft, bei aller Berufung auf die Zuständigkeit des Staats die Eigenverantwortlichkeit des Subjekts nicht zu vergessen. Normative Bedeutung kommt der Bestimmung nach dem überwiegenden Teil der Lehre keine zu[20].

4.1.2. Mitverantwortung durch Partizipation

14   Mit dem zweiten Halbsatz appelliert Art. 5 an die Mitverantwortung für öffentliche Anliegen. Wiederum fehlt es aber an der normativen Tragweite, kann doch der Staat das Mass der individuell verfügbaren Kräfte nicht vorgeben. Problematisch ist in diesem Zusammenhang auch das Verhältnis zwischen Individual- und Mitverantwortung. Der Rekurs auf Letztere untergräbt bis zu einem gewissen Grad den Aufruf zur Selbstverantwortung im ersten Halbsatz[21].

15   Sichtbar wird in diesem Zusammenhang der Bezug zum sozialphilosophischen Gehalt des liberalen Verständnisses von Subsidiarität[22]. Die individuelle sowie die gesellschaftliche Freiheit sind durch Beschränkung der Staatstätigkeit zu schützen. Diese kann im Bereich der konkurrierenden Staatsaufgaben erst dort einsetzen, wo Individuen und gesellschaftliche Verbände nicht mehr in der Lage sind, die einschlägigen öffentlichen Interessen wahrzunehmen. Die Erfüllung öffentlicher Aufgaben durch Private gehört in diesem Sinn zur grundrechtlichen Freiheit, welche legitimatorisch stärker ist als die Legitimation des Staats[23]. Angesichts dieser grundrechtlichen Absicherung erreicht das Subsidiaritätsprinzip den praktischen Ausgleich zwischen dem liberalen und dem sozialen Ziel dadurch, dass sozialstaatliche Aktivitäten erst dann Platz greifen, wenn die gesellschaftliche Selbstregulierung die Anliegen sozialer Gerechtigkeit nicht in hinreichendem Mass erfüllen kann und die Ergebnisse der Marktprozesse der staatlichen Korrektur bedürfen[24]. Neben ihrer Begrenzungs- hat die Bestim-

---

[20] Vgl. z.B. RHINOW, Rz. 2411, der betont, dass die Auferlegung von Pflichten immer einer rechtsstaatlich-demokratischen Verankerung bedürfe (Grundrechtskonformität, Legalitätsprinzip). RHINOW, Rz. 2407 ff., ist der Auffassung, dass bei (dem mit Art. 5 Abs. 1 identischen) Art. 6 BV nicht an die Verankerung einer eigentlichen Rechtsbefolgungspflicht gedacht worden sei, sondern als Reaktion auf den neuen und umfangreichen Grundrechtskatalog der Bundesverfassung an die Statuierung einer individuellen Verantwortung als Pendant zum Bild der Rechte einfordernden, gegenüber dem Staat anspruchsberechtigten Menschen.

[21] Vgl. RHINOW, Rz. 2413 ff. Als Konkretisierungsregel für staatliches Handeln im Licht der Menschenwürde wäre immerhin ein Hilfsgebot etwa im Dienste eines kollektivistischen Menschenbilds nicht zulässig. Das Hilfsgebot darf gegenüber dem Entzugsverbot nicht überwuchern und einem uniformen Menschenbild dienstbar gemacht werden; vgl. RICHLI, S. 203.

[22] Nach RICHLI, S. 169, findet das liberale Verständnis des Subsidiaritätsprinzips v.a. von GEORG JELLINEK in der ersten Hälfte des zwanzigsten Jahrhunderts eine Entsprechung in der katholischen Soziallehre.

[23] Vgl. RICHLI, S. 169. Nach dem Beleuchtenden Bericht zur neuen Verfassung (ABl 2005, S. 69) geht die Verfassung vom Bild des Menschen als freiem und daher selbständigen und eigenverantwortlichem Wesen aus. Art. 1 Abs. 2 deklariert, dass der Kanton auf der Eigenverantwortung seiner Bürgerinnen und Bürger gründet. Die Grundrechte verschaffen dem Individuum jenen Freiraum, den es zur verantwortungsbewussten Willensbetätigung braucht und ohne den Art. 5 Abs. 1 ins Leere stossen würde.

[24] Vgl. ISENSEE, N. 168.

mung somit auch eine allgemeine Orientierungsfunktion[25]. Vorrang vor einem staatlichen Einsatz haben auch im sozialen Bereich Träger sozialer Dienste wie etwa die Kirchen mit ihren karitativen Einrichtungen[26]. Während sich aber der Grundsatz der Subsidiarität im Wirtschaftsverfassungsrecht und im Verhältnis zwischen Gemeinwesen unterschiedlicher föderaler Stufen etabliert hat[27], gibt es im Verhältnis zwischen Staat und Individuum lediglich erste Vorstösse, die ihm auch hier ein Anwendungsfeld eröffnen wollen[28].

4.2. Hilfsgebot (Abs. 2)

Die Auslegung des Partizipationsteils von Abs. 1 zeigt, dass dieser den Regelungsinhalt von Abs. 2 im Wesentlichen abdeckt. Während der Erarbeitung der Verfassung war denn auch stets umstritten, ob Abs. 2 überhaupt eigenständige Bedeutung zukomme. Bestritten wurde dies insbesondere und wiederholt auch vom Regierungsrat[29]. 16

Es ist in der Tat nicht auszumachen, welchen Gehalt Abs. 2 erster Satz haben könnte, der über jenen von Abs. 1 hinausginge. Dies zeigt auch ein Blick auf jene Bestimmung der alten Verfassung, an die Abs. 2 erster Satz nach Aufbau und Inhalt erinnert und mit der die auf der Basis der Selbsthilfe aufbauenden Genossenschaften gefördert werden sollten[30]. 17

Aber auch der zweite Satz von Abs. 2 vermag die Bestimmung nicht mit eigenem Inhalt zu füllen. Die Entstehungsgeschichte zeigt, dass die Förderung der Hilfe zur Selbsthilfe ursprünglich in einem Satz mit der persönlichen Verantwortung und der Vorsorge des Einzelnen und damit in jenem Kontext genannt wurde, der bereits durch Abs. 1 geregelt wird. Mit der Übernahme der «Hilfe zur Selbsthilfe» in Abs. 2 wurde lediglich ein Restbestand der ursprünglichen Bestimmung übernommen, ohne damit eine Erweiterung des ursprünglichen Bedeutungsgehalts zu erreichen[31]. 18

---

[25] Vgl. HÄBERLE, St. Galler Kommentar, Art. 6 Rz. 8.
[26] Vgl. RICHLI, S. 170. HÄBERLE, St. Galler Kommentar, Art. 5 Rz. 6, verweist in diesem Zusammenhang auf Art. 41 Abs. 2 BV, wo der Begriff der Verantwortung im Rahmen der Sozialziele der Bundesverfassung aufgenommen wird: «Bund und Kantone setzen sich in Ergänzung zu persönlicher Verantwortung und privater Initiative dafür ein, dass ...». Vgl. auch RHINOW, Rz. 225.
[27] N. 19 ff. und Art. 97.
[28] Vgl. RICHLI, S. 263 f.
[29] Vgl. RRB 1028 vom 26. Juni 2002, S. 3. In der Vernehmlassung forderten mit der nämlichen Argumentation weitere Kreise die Streichung von Abs. 2.
[30] Art. 23 aKV: «Der Staat fördert und erleichtert die Entwicklung des auf Selbsthilfe beruhenden Genossenschaftswesens. Er erlässt auf dem Wege der Gesetzgebung die zum Schutz der Arbeiter nötigen Bestimmungen.»
[31] Im Verfassungsrat wurde demgegenüber die Auffassung vertreten, Abs. 1 besage, dass jede Person ihre Verantwortung selber wahrnehmen und dazu beitragen solle, dass die Gemeinschaft das tun könne, was sie sich vornehme. Abs. 2 bestimme, dass der Kanton und die Gemeinden den Einzelnen helfen sollen, das zu tun; vgl. Prot. Plenum, S. 1969. Da indes nicht gesagt wird, wie Kanton und Gemeinden die Ein-

4.3. Staat und Wirtschaft (Abs. 3)

19 Der eigentliche Regelungszweck von Abs. 3 wird offensichtlich, wenn der Terminus «Private» im Sinn von Privatwirtschaft gelesen wird. Es handelt sich um eine Bestimmung im Bereich Wirtschaftspolitik und Wirtschaftsrecht[32]. In diesem Zusammenhang ist die Frage nach der Rechtsnatur und damit nach der Justiziabilität von Art. 5 von zentraler Bedeutung.

20 Nach ISENSEE wird das Subsidiaritätsprinzip durch die verfassungsstaatliche Teleologie in eine Kompetenzregel umgesetzt[33]. Bezogen auf wirtschaftliche Tätigkeiten bedeutet dies, dass solche grundsätzlich den Privaten vorbehalten bleiben. Die wirtschaftliche Tätigkeit des Staats ist die Ausnahme. Die Wirtschaftsverfassung basiert auf dem Grundsatz der privaten Wirtschaftstätigkeit[34]. Demgegenüber bezweifelt HERZOG, dass das Subsidiaritätsprinzip als Versuch einer allgemeingültigen Aufgabenbegrenzung des Staats geeignet ist, eine prinzipielle Abkehr vom Grundsatz der staatlichen Allzuständigkeit zu bewirken. Immerhin erachtet auch er es als sinnvoll, die Grundideen des Subsidiaritätsprinzips bei der faktischen Aufgabenwahl des Staats zu beachten[35]. Als Kompetenzregel für die Aufgabenzuteilung an Staat und Private würde das Subsidiaritätsprinzip entsprechende Entscheidungen etwa bei Privatisierungen legitimieren. Als Strukturprinzip für die Aufgabenwahrnehmung wäre es hingegen nur ein Kriterium unter diversen anderen.

21 Nicht gefolgt wurde im Verfassungsrat einem Formulierungsantrag der SVP, wonach der Staat nur Aufgaben erfüllen sollte, «…welche von Gemeinden oder von Privaten nicht erfüllt werden können»[36]. Es wurde befürchtet, dass mit dem Terminus «können» eine Verbindlichkeit geschaffen wird, die Abs. 3 zu einer Kompetenzregel und damit das Subsidiaritätsprinzip zu einem justiziablen Anspruch macht[37]. Dennoch geht der in Abs. 3 geregelte Teilgehalt des Subsidiaritätsprinzips nicht von der Allzuständigkeit des Staats aus. Zuständig ist in erster Linie die Gesellschaft. Gerade deswegen bedarf die Aufgabenwahrnehmung

---

zelnen unterstützen sollen, und der Staat bereits nach Abs. 1 verpflichtet ist, die erforderlichen Freiräume zu gewährleisten, vermag auch diese Auslegung Abs. 2 nicht mit einem eigenen Gehalt zu versehen.

[32] Passende Schlagworte dazu sind hier etwa Privatisierung, Deregulierung, Neoliberalismus, Service public, Gewährleistungsstaat, Versorgungsstaat usw.

[33] Vgl. ISENSEE, N. 167. Private sollen gegenüber dem Staat in der Wahrnehmung öffentlicher Aufgaben den Vorrang haben, wenn sie bereit und fähig sind, den öffentlichen Interessen, die auf dem Spiel stehen, zu genügen. Die Erfüllung öffentlicher Aufgaben durch Private gehört nach dieser Auffassung zur grundrechtlichen Freiheit.

[34] Vgl. JAAG, S. 289 f. Ebenso LIENHARD, S. 135 ff. Für LIENHARD wäre es sogar gerechtfertigt, dies in der gesamten Rechtsordnung als verfassungsrechtlichen Grundsatz anzuerkennen.

[35] Vgl. HERZOG, N. 36, 41.

[36] Vgl. Prot. Plenum, S. 986. Die SVP hatte dabei zwar vor allem das Verhältnis zwischen dem Kanton und den Gemeinden im Auge. Die Formulierung lautete aber sowohl für die Gemeinden als auch für Private gleich.

[37] Vgl. Prot. Plenum, S. 987 ff.

durch den Staat einer besonderen Legitimation. Diese wird nach dem Kriterium der Angemessenheit beurteilt. Die Aufgabenverteilung zwischen Staat und Privatwirtschaft hängt damit von einem unbestimmten Rechtsbegriff ab. Adressat der Bestimmung ist der Gesetzgeber[38]. Ihm obliegt es, im jeweils konkreten Regelungszusammenhang die Elemente und Kriterien zu finden und zu bestimmen, mit deren Hilfe die Angemessenheit der Aufgabenwahrnehmung durch die Privatwirtschaft beurteilt werden kann[39].

Damit ist der in Abs. 3 geregelte Teilgehalt des Subsidiaritätsprinzips ebenso wenig eine Kompetenzregel zur Aufgabenverteilung zwischen Staat und Privaten wie jener nach Abs. 1. Angesprochen wird nicht in erster Linie die Gerichtsbarkeit, sondern der Gesetzgeber[40]. Auf diesen programmatischen Gehalt des Subsidiaritätsprinzips wurde auch im Verfassungsrat hingewiesen[41]. Aus der hier vertretenen ökonomischen Optik formuliert Abs. 3 demnach etwas pointiert gesagt die Subsidiarität als Organisationsprinzip für den Wettbewerb[42]. 22

5. Ausblick

Die Normierung des Subsidiaritätsprinzips in Art. 5 ändert grundsätzlich nichts daran, dass dessen Leistungsfähigkeit im politisch-administrativen System sowie im Rechtssystem beschränkt ist.[43] Allerdings könnte sich dort, wo die Subsidiarität nicht nur kodifiziert, sondern in der KV auch als verfassungsmässiges 23

---

[38] Vgl. Prot. Plenum, S. 996.
[39] Erkennbar werden hier die Überschneidungen von Subsidiaritätsprinzip, Verhältnismässigkeitsprinzip und Erfordernis des öffentlichen Interesses. RICHLI, S. 211, weist darauf hin, dass das Verhältnismässigkeitsprinzip und das Erfordernis des öffentlichen Interesses eine ähnliche Funktion erfüllen wie das Subsidiaritätsprinzip, weil sie dazu dienen, staatliche Aktivitäten, insbesondere Grundrechtsbeschränkungen, einem besonderen Legitimationszwang zu unterwerfen.
[40] Vgl. RICHLI, S. 267.
[41] Es wurde betont, dass das Subsidiaritätsprinzip in der Zürcher Verfassung an verschiedenen Stellen als Gestaltungsprinzip wirkt; vgl. Prot. K1 vom 2. September 2002, S. 8. Vgl. dazu auch RICHLI, S. 267.
[42] Wettbewerbsfreiheit ist notwendige Bedingung von Subsidiarität. Zentralistisch gelenkte Wirtschaftssysteme sind mit dem Subsidiaritätsprinzip unvereinbar; vgl. RICHLI S. 195 ff. Auf der Basis der grundlegenden Zuständigkeit der Gesellschaft verpflichtet das Subsidiaritätsprinzip damit den Staat nicht nur dazu, die Legitimation zur Übernahme einer Aufgabe besonders zu begründen. Führt der Wettbewerb nicht zu einer angemessen Aufgabenerfüllung durch die Privatwirtschaft, hat der Staat vor einer Aufgabenübernahme zudem zunächst zu fragen, ob nicht eine Verbesserung der Rahmenbedingungen für den Wettbewerb eine angemessene Aufgabenerfüllung durch Private ermöglichen könnte. Ähnlich auch RHINOW/SCHMID/BIAGGINI, S. 373, Rz. 59.
[43] RICHLI, S. 267, weist darauf hin, dass die Praxis zur Verankerung des Subsidiaritätsprinzips im EU-Vertrag vermuten lasse, dass die juristische Leistungsfähigkeit selbst dann nicht fundamental anders sei, wenn das Subsidiaritätsprinzip nicht nur als ungeschriebener allgemeiner Verfassungsgrundsatz anerkannt, sondern in die Verfassung hineingeschrieben sei.

Recht qualifiziert wird, die Möglichkeit eröffnen, ihre Verletzung beim Bundesgericht zu rügen[44].

24 Das Subsidiaritätsprinzip hat vor allem seit der Einführung in der EU zunehmend an Bedeutung und an Kontur gewonnen. Kontextbezogen und im Zusammenspiel mit anderen Grundsätzen wirkt es sowohl kontra- als auch prostaatlich. In diesem Sinn ist es zwar ein allgemeines Strukturprinzip, das zumindest partiell sogar den Rang eines Verfassungsgrundsatzes haben kann[45]. Aber auch dann besteht keine eigenständige, unmittelbare Subsidiaritätsprüfung[46]. Ein justiziabler Anspruch ist daher wohl insbesondere mit Blick auf die Materialien nach wie vor nicht gegeben[47]. Von Art. 5 darf daher keine Feinsteuerung des Prozesses der Rechtsverwirklichung erwartet werden[48]. Als Verfassungsprinzip kann die Verletzung des Subsidiaritätsprinzips aber immerhin im Rahmen der Verletzung eines verfassungsmässigen Rechts wie etwa der Wirtschaftsfreiheit nach Art. 27 BV gerügt werden. Indes bleiben viele Fragen offen[49]: Was ist etwa im Hinblick auf eine verbindliche Kompetenzausscheidung zwischen Staat und Privaten unter einer angemessenen Aufgabenerfüllung zu verstehen? Was bedeutet die Formulierung «… trägt nach ihren Kräften zur Bewältigung der Aufgaben … bei»? Wer setzt den jeweils anzuwendenden Massstab? Die Verwendung unbestimmter Rechtsbegriffe verhindert daher wohl auch künftig eine eigenständige Subsidiaritätsprüfung.

---

[44] Vgl. Richli, S. 272 f. Dies ist nach Richli im Kanton Appenzell Ausserrhoden der Fall, dessen Verfassung das Subsidiaritätsprinzip in Art. 27 Abs. 2 regelt: «Der Kanton erfüllt nur Aufgaben, die nicht ebenso gut von den Gemeinden oder von Privaten wahrgenommen werden können. Er fördert private Initiative und persönliche Verantwortung und strebt regionale Zusammenarbeit an.»

[45] So sieht der überwiegende Teil der Lehre das Subsidiaritätsprinzip im Wirtschaftsverfassungsrecht bereits verankert, vgl. statt vieler Rhinow/Schmid/Biaggini, S. 62 ff., Rz. 13, sowie Richli, S. 271.

[46] Immerhin ist bei der Prüfung einer Verletzung der Wirtschaftsfreiheit die Einhaltung des Subsidiaritätsprinzips als einer von vielen anderen Grundsätzen zu prüfen. Mit dem Verhältnismässigkeitsprinzip und dem Erfordernis des öffentlichen Interesses werden dabei zudem auch weitere Teilgehalte des Subsidiaritätsprinzips berücksichtigt. Vgl. dazu auch Rhinow/Schmid/Biaggini, S. 318, Rz. 67.

[47] Die Protokolle des Verfassungsrats zeigen, dass hinter Art. 5 diverse, zum Teil divergierende politische Auffassungen stehen. Justiziabilität würde aber gerade voraussetzen, dass «hinter der anzuwendenden Norm ein hinreichend auskristallisierter politischer Konsens über die Tragweite der Norm besteht»; vgl. Richli, S. 274.

[48] Vgl. dazu Richli, S. 274.

[49] Vgl. Rhinow, Rz. 571 ff.

Art. 6

Kanton und Gemeinden sorgen für die Erhaltung der Lebensgrundlagen.

In Verantwortung für die kommenden Generationen sind sie einer ökologisch, wirtschaftlich und sozial nachhaltigen Entwicklung verpflichtet.

Nachhaltigkeit

Materialien

Art. 6 VE; Prot. Plenum, S. 1006 ff., 1974 ff., 2248 ff. (40. Sitzung), 2856 ff.

Literatur

BERTSCHI MARTIN/GÄCHTER THOMAS, Schöne Worte? Zur Eignung der Präambel, des Zweckartikels und des Appells an die Verantwortung als Leitlinien staatlichen Handelns, in: Martin Bertschi/ Thomas Gächter (Hrsg.), Neue Akzente in der «nachgeführten» Bundesverfassung, Zürich 2000, S. 3 ff.; Erklärung der Vereinten Nationen über die Umwelt des Menschen vom 16. Juni 1972, in: Vereinte Nationen, 20. Jahrgang (197), S. 109 ff.; EHRENZELLER BERNHARD, «Im Bestreben, den Bund zu erneuern»: Einige Gedanken über «Gott» und die «Welt» in der Präambel des «Bundesbeschlusses über eine neue Bundesverfassung», in: Festschrift für Yvo Hangartner, St. Gallen/ Lachen 1998, S. 981 ff.; EHRENZELLER BERNHARD, St. Galler Kommentar, Art. 2; EPINEY ASTRID/ SCHEYLI MARTIN, Umweltvölkerrecht, Bern 2000; FLÜCKIGER Alexandre, Le développement durable en droit constitutionnel suisse, URP 2006, S. 471 ff.; GRIFFEL ALAIN, Die Grundprinzipien des schweizerischen Umweltrechts, Zürich 2001; JOSITSCH DANIEL, Das Konzept der nachhaltigen Entwicklung (Sustainable Development) im Völkerrecht und seine innerstaatliche Umsetzung, URP 1997, S. 93 ff.; KELLER HELEN, Umwelt und Verfassung: Eine Darstellung des kantonalen Umweltverfassungsrechts, Zürich 1993; KELLER HELEN, Nachhaltige Entwicklung im Völkerrecht: Begriff – Ursprung – Qualifikation, URP 2006, S. 439 ff. (Nachhaltige Entwicklung); KELLER HELEN, Nachhaltigkeit als Verfassungsprinzip, in: Materialien zur Verfassungsreform, Bd. 9, S. 49 ff. (Verfassungsprinzip); MARQUART BERND, Die Verankerung des Nachhaltigkeitsprinzips im Recht Deutschlands und der Schweiz, URP 2003, S. 201 ff.; RAUSCH HERIBERT/MARTI ARNOLD/ GRIFFEL ALAIN, in: Walter Haller (Hrsg.), Umweltrecht, Zürich 2004; VALLENDER KLAUS A./MORELL RETO, St. Galler Kommentar, Art. 73; WORLD COMMISSION ON ENVIROMENT AND DEVELOPMENT, (THE BRUNDTLAND COMMISSION), Our Common Future, Oxford 1987, auch abgedruckt unter: www.are.admin.ch/are/de/nachhaltig/international_uno/index.html (Brundtland Bericht).

Übersicht	Note
1. Begriffe	1
2. Nachhaltigkeit in der Bundesverfassung	4
3. Nachhaltigkeit in der Kantonsverfassung	5
3.1. Ausprägung in den verschiedenen Bestimmungen	5
3.2. Verhältnis von Abs. 1 und 2	7
3.3. Bedeutung	11

1. Begriffe

1 Der Inhalt des Nachhaltigkeitsprinzips wird unterschiedlich umschrieben[1]. Bei der Diskussion in der Deutschschweiz wird meist zwischen *Nachhaltigkeit* und *nachhaltiger Entwicklung* unterschieden, was zur Klärung des Inhalts beiträgt[2]. Als *nachhaltig*[3] wird eine Nutzung natürlicher Ressourcen bezeichnet, die nur so weit geht, als diese sich wieder erneuern. Ziel ist die Erhaltung des Grundbestands, indem nur die Erträge aus dem Grundbestand verbraucht werden. «Man lebt von den Zinsen und lässt das Kapital bestehen; zehren, aber nicht verzehren»[4]. *Die Erneuerungsfähigkeit* bildet das zentrale Kriterium. Damit wird gesagt, dass erneuerbare Ressourcen verbraucht werden dürfen, nicht erneuerbare grundsätzlich jedoch nicht verbraucht werden dürften. Diese Forderung wird aber relativiert, und es wird verlangt, dass mit nicht erneuerbaren Ressourcen möglichst sparsam umzugehen ist[5]. Beispielsweise sollten Schadstoffe nur soweit ausgestossen bzw. Abfälle abgelagert werden, als sie wieder abgebaut oder wenigstens ohne schädliche Folgen gespeichert werden können[6]. Diese Idee wurde schon im 18. Jahrhundert in der Forstwirtschaft[7] vertreten. Verstärkt wurde dieser Gedanke, nachdem man gemerkt hatte, dass die Schutzfunktion der Wälder durch die uneingeschränkte wirtschaftliche Nutzung verloren ging und zahlreiche Überschwemmungen die Folge waren[8].

2 Der Begriff der *nachhaltigen Entwicklung* bildete sich erst in der zweiten Hälfte des 20. Jahrhunderts heraus. Sein Inhalt ist bis heute umstritten[9]. Erstmals wurde in der sog. Stockholm-Deklaration[10] angesprochen, dass die natürliche Umwelt bei der Entwicklung ein wesentliches Kriterium sei und dass sich eine wirtschaftliche und soziale Entwicklung und der Umweltschutz nicht widersprechen würden[11]. Es wurde als Ziel formuliert, dass den gegenwärtigen und künftigen Generationen eine lebenswerte Umwelt und das Recht auf angemessene Lebensbedingungen einzuräumen sei[12]. 1987 legte die UNO-Kommission einen

---

[1] RAUSCH/MARTI/GRIFFEL, Rz. 15.
[2] KELLER, Nachhaltige Entwicklung, S. 443 ff.
[3] Umgangssprachlich wird darunter «dauerhaft» oder «anhaltend» verstanden. Vgl. GRIFFEL, S. 12.
[4] Interdepartementaler Ausschuss Rio (IDARio), Elemente für ein Konzept der nachhaltigen Entwicklung. Diskussionsgrundlage für die Operationalisierung, Bern 1995, S. 21 und 64; JOSITSCH, S. 96.
[5] JOSITSCH, S. 96 f.
[6] KELLER, Nachhaltige Entwicklung, S. 444.
[7] Gleichlautende Ansätze gab es auch bei der Fischerei. Vgl. die vor dem Zürcher Ratssaal hängende, in Öl gemalte Fischereiverordnung von 1709, welche festhielt, in welchen Monaten welche Fische gefangen werden dürfen.
[8] KELLER, Verfassungsprinzip, S. 50.
[9] KELLER, Nachhaltige Entwicklung, S. 444 ff.
[10] Erklärung der Vereinten Nationen über die Umwelt des Menschen vom 16. Juni 1972, S. 109 ff.
[11] JOSITSCH, S. 101 ff.; VALLENDER/MORELL, St. Galler Kommentar, Art. 73 Rz. 2.
[12] VALLENDER/MORELL, St. Galler Kommentar, Art. 73 Rz. 2.

Bericht[13] vor, worin eine nachhaltige Entwicklung umschrieben wird. Demnach wird eine Entwicklung angestrebt, welche «die heutigen Bedürfnisse befriedigt, ohne zu riskieren, dass künftige Generationen ihre eigenen Bedürfnisse nicht befriedigen können»[14]. Daraus entwickelte sich das Konzept des «magischen Dreiecks»[15], welches die *ökologische*, *wirtschaftliche* und *soziale* Verträglichkeit fordert. Der sogenannte Brundtland-Bericht setzt jedoch nicht die Gleichgewichtigkeit der drei Elemente voraus[16]. Diese Forderung entstand erst in der Folge[17] und kann als Kompromiss zwischen den Interessen der Entwicklungsländer und denen der industrialisierten Länder verstanden werden[18]. Dieser Dreiklang wird kritisiert, insbesondere weil er häufig zur Vernachlässigung des Umweltschutzes führt[19].

Relativ unbestrittenen sind folgende vier Teilgehalte der nachhaltigen Entwicklung[20]:
– Grundsatz der nachhaltigen Nutzung (Regenerationsprinzip);
– Gerechtigkeit zwischen den Generationen;
– Grundsatz der gerechten Nutzung (schonende Nutzung);
– Integrationsprinzip[21].

Umstritten ist hingegen die gleichwertige Gewichtung der Bereiche (natürliche) Umwelt, Wirtschaft und Soziales[22].

---

[13] Der Bericht wurde von der Weltkommission für Umwelt und Entwicklung unter dem Vorsitz der norwegischen Präsidentin, Gro Harlem Brundtland, unter dem Titel «Our Common Future», vorgelegt.

[14] <http://www.are.admin.ch/are/de/nachhaltig/international_uno/unterseite02330/index.html> (21.12.2006) und im Original-Brundtland-Bericht, S. 51, Rz. 49 («development that meets the needs of the present without compromising the ability of future generations to meet their own needs»).

[15] RAUSCH/MARTI/GRIFFEL, Rz. 19 ff.

[16] KELLER, Nachhaltige Entwicklung, S. 447.

[17] Insbesondere im Umsetzungskonzept der Rio-Deklaration (1992) und der «Agenda 21». Zur Entwicklung vgl. JOSITSCH, S. 101 ff.; KELLER, Nachhaltige Entwicklung, S. 445 ff.; RAUSCH/MARTI/GRIFFEL, Rz. 21.

[18] GRIFFEL, S. 12; KELLER, Nachhaltige Entwicklung, S. 447; RAUSCH/MARTI/GRIFFEL, Rz. 19 f. Zur Entwicklung vgl. JOSITSCH, S. 101 ff.; KELLER, Nachhaltige Entwicklung, S. 445 ff.

[19] EPINEY/SCHEYLI, S. 78; KELLER, Nachhaltige Entwicklung, S. 450 f. und 455 ff.; MARQUART, S. 212 ff.; RAUSCH/MARTI/GRIFFEL, Rz. 22. Diese Tendenz war auch in einem Streichungsantrag zu Abs. 1 zu erkennen; vgl. Prot. Plenum, S. 1007 f.

[20] Vgl. zum Ganzen KELLER, Nachhaltige Entwicklung, S. 452 ff., mit Hinweisen.

[21] Im Sinne des verfahrensmässigen Einbezugs der drei Kriterien ökologisch, wirtschaftlich und sozial, jedoch ohne deren Gewichtung. Ursprünglich lag das Gewicht auf dem Einbezug der Umweltschutzüberlegungen in die Planung und Durchführung wirtschaftlicher Massnahmen (vgl. eingehend KELLER, Nachhaltige Entwicklung, S. 453 f.). Vgl. auch MARQUART, S. 218.

[22] KELLER, Nachhaltige Entwicklung, S. 455 ff.

2. Nachhaltigkeit in der Bundesverfassung

4   Das Gebot der Nachhaltigkeit wird in der Bundesverfassung[23] verschiedentlich benannt. Eine Anlehnung ist in der Präambel auszumachen[24]. Explizit wird der Grundsatz der nachhaltigen Entwicklung als Staatszweck genannt (Art. 2 Abs. 2 BV) und zudem wird der dauerhafte Erhalt der natürlichen Lebensgrundlagen als weitere Aufgabe umschrieben (Art. 2 Abs. 4 BV). In Art. 73 BV wird die Nachhaltigkeit der Raumplanung und dem Umweltschutz vorangestellt und findet auch in den folgenden Artikeln über Wasser, Wald, Natur- und Heimatschutz, Fischerei und Jagd, Energie, Landwirtschaft und die Haushaltführung ihren Ausdruck. Art. 73 BV betont das Argument der Erneuerungsfähigkeit. Damit werden der Regenerationsgrundsatz und das Prinzip der schonenden Nutzung natürlicher Ressourcen unterstrichen. Der Grundsatz, welcher als Auftrag umschrieben wird, *verpflichtet Bund und Kantone*[25]. Sie haben im Rahmen ihrer Zuständigkeit den Nachhaltigkeitsgrundsatz zu verwirklichen und umzusetzen, denn er ist als Handlungsauftrag zu verstehen und damit verpflichtend[26]. Grundsätzlich gilt dies für alle Gewalten, da das Nachhaltigkeitsprinzip – wie jedes Verfassungsprinzip – aber der Konkretisierung bedarf, wird insbesondere die Legislative angesprochen.

3. Nachhaltigkeit in der Kantonsverfassung

3.1. Ausprägung in den verschiedenen Bestimmungen

5   Die Fundstellen in den Protokollen des Verfassungsrats sind zahlreich. Mit Ausnahme der Kommission 6, welche sich mit der Gliederung des Kantons und dem Thema Kirche und Staat auseinandersetzte, war die Nachhaltigkeit in jeder Kommission ein Thema. Auch die Kommission 2, welche sich mit den politischen Rechten und den Bürgerrechten befasste, diskutierte einen Vorstoss, der ein «Nachhaltigkeitsreferendum» einführen wollte[27]. Weitgehend unbestritten war eine Aufnahme des Prinzips in die Grundlagen[28] und die öffentlichen

---

[23] Zur Entstehungsgeschichte vgl. KELLER, Verfassungsprinzip, S. 53 f.; VALLENDER/MORELL, St. Galler Kommentar, Art. 73 Rz. 11 ff.

[24] «Verantwortung gegenüber der Schöpfung» und «Verantwortung gegenüber künftigen Generationen»; vgl. VALLENDER/MORELL, St. Galler Kommentar, Art. 73 Rz. 14.

[25] VALLENDER/MORELL, St. Galler Kommentar, Art. 73 Rz. 23 f.

[26] EHRENZELLER, S. 991 f., legt die Verpflichtung zu entsprechendem Handeln schon für die Nachhaltigkeitselemente aus der Präambel dar. VALLENDER/MORELL, St. Galler Kommentar, Art. 73 Rz. 26.

[27] Man wollte Beschlüsse der Behörden, welche langfristig Einwirkungen auf die Lebensgrundlagen haben, dem Volk zum Beschluss vorlegen. Der Vorschlag wurde jedoch bereits von der Kommission nicht aufgenommen. Vgl. Prot. K2 vom 12. Juli 2001, S. 47 f.

[28] Prot. K1 vom 14. Dezember 2001, S. 196. Als Ausdruck des Nachhaltigkeitsprinzips erachtete die Kommission 1 auch das Festschreiben der Verantwortung gegenüber der Schöpfung in der Präambel. Vgl. Prot. K1 vom 7. März 2001, S. 8, Prot. K1 vom 8. Juli 2002, S. 321, und 12. Januar 2004, S. 477.

Aufgaben[29]. Die Kommission 5, welche sich um die Finanzordnung kümmerte, stellte der Kommission 1 einen Antrag, dass diese das Prinzip in die Grundlagen aufnehmen solle[30]. Die Kommission 3, welche sich mit Fragen der Behördenorganisation auseinandersetzte, diskutierte intensiv, ob eine Behörde geschaffen werden solle, welche sich mit Fragen der Zukunft und den langfristigen Auswirkungen heutiger Handlungen beschäftigt[31]. Die Schaffung einer neuen Behörde wurde jedoch sowohl von der Kommission als vom Plenum abgelehnt[32]. Dagegen wurde eine Bestimmung bei der Rechtsetzungskompetenz des Regierungsrates aufgenommen, welche ihn verpflichtet, die langfristigen ökologischen, wirtschaftlichen und sozialen Auswirkungen von Gesetzesvorlagen aufzuzeigen (Art. 67 Abs. 1)[33]. Als Ergebnis aller Diskussionen findet der Gedanke der Nachhaltigkeit in seinen unterschiedlichen Facetten in den folgenden Bestimmungen Ausdruck[34]:

— Präambel durch «in Verantwortung gegenüber der Schöpfung»;
— Art. 6 Nachhaltigkeit als Staatszweck;
— Art. 8 wirtschaftliche, soziale und ökologische Innovationen;
— Art. 67 Abs. 1 Aufzeigen langfristiger ökologischer, wirtschaftlicher und sozialer Auswirkungen von Gesetzesvorlagen;
— Art. 95 Abs. 2 als Leitgedanke bei der Aufgabenerfüllung für Kanton und Gemeinden;
— Art. 101 haushälterische Nutzung des Bodens und Erhalt des Lebensraumes als Ziel der Raumplanung;
— Art. 102 Abs. 2 Vermeidung von schädlichen Umwelteinwirkungen (Vorsorgeprinzip);
— Art. 102 Abs. 3 Anwendung nachhaltiger Technologien;
— Art. 103 Schutz der Tier- und Pflanzenwelt sowie der Landschaften;
— Art. 104 wirtschaftliche und umweltgerechte Verkehrsordnung;
— Art. 105 Abs. 3 Renaturierung der Gewässer;

---

[29] Die Mitglieder Kommission 4 einigten sich darauf, das Prinzip in die allgemeinen Bestimmungen über die Aufgabenerfüllung aufzunehmen und nicht in jeder einzelnen Bestimmung erneut zu erwähnen. Jedoch solle der Gedanke in einzelnen Bestimmungen konkreter formuliert seinen Ausdruck finden (Prot. K4 vom 30. August 2001, S. 95 und 103). Zur Frage, inwiefern dies geschehen ist, ist auf die Kommentierung in den entsprechenden Artikeln zu verweisen.

[30] Prot. K5 vom 12. Juli 2001, S. 71 f., und Prot. K1 vom 21. August 2001, S. 115. In der zweitletzten Plenumssitzung wurde zusätzlich ein Rückkommen beantragt, und es wurde die Bestimmung betreffend einen «gesunden Finanzhaushalt» – welche zwischenzeitlich in Art. 6 verankert wurde – in den Art. 122 Abs. 1 verschoben (vgl. Prot. Plenum, S. 2870 und 3318).

[31] Zuerst war ein Zukunftsrat geplant und anschliessend ein Nachhaltigkeitsrat (Prot. K3 vom 28. Juni 2001, S. 143 ff., und Prot. K3 vom 18. April 2002, S. 570 ff.).

[32] Prot. K3 vom 18. April 2002, S. 574, Prot. K3 vom 17. Juli 2002, S. 775, und Prot. Plenum, S. 2256 und 3088.

[33] Prot. K3 vom 18. April 2002, S. 574.

[34] Zudem steht der Gedanke des sozial nachhaltigen Verhaltens wohl auch hinter Art. 111 Abs. 2 und 3 (Umschulung und Wiedereingliederung von erwerbslosen Personen sowie Bekämpfung von sozialer Not und Armut) und dem Gedanken der Integration in die Gesellschaft (Art. 112 lit. b und Art. 114).

- Art. 106 Abs. 1 umweltschonende und wirtschaftliche Energieversorgung;
- Art. 106 Abs. 2 Nutzung erneuerbarer Energien und rationeller Energieverbrauch;
- Art. 108 nachhaltig betriebene Land- und Forstwirtschaft;
- Art. 122 Abs. 4 Beachtung der Förderung von umweltgerechtem Verhalten bei der Bemessung von Abgaben und Staatsbeiträgen.

6   In der Auflistung wird eine deutliche Gewichtung des ökologischen Aspektes bei den öffentlichen Aufgaben ersichtlich. Dies entspricht der in der Bundesverfassung gewählten Ausprägung, welche jedoch mit Art. 73 BV und der ausdrücklichen Erwähnung des Kriteriums der Erneuerungsfähigkeit einen anderen Weg wählte. Dahinter steht aber derselbe Gedanke, dass ohne natürliche Lebensgrundlagen keine weitere Entwicklung mehr möglich ist. An dieser Stelle ist die Bedeutung des Grundsatzes in Art. 6 zu prüfen. Die unterschiedlichen Facetten in den einzelnen Artikeln und eine allfällige Gewichtung einzelner Adjektive sind in den entsprechenden Beiträgen kommentiert.

3.2. Verhältnis von Abs. 1 und 2

7   Die Kommission 1 wollte in Abs. 1 das *bewahrende Element* der Erhaltung von Lebensgrundlagen dem dynamischen Aspekt der Entwicklung voranstellen[35]. Sie wählte den ursprünglich verwendeten Begriff der «Erhaltung einer lebenswerten Umwelt»[36], um einen philosophischen Bezug auszudrücken[37]. Umgangssprachlich wird der Begriff der Umwelt meist mit der Natur gleichgesetzt. Die Kommission betonte jedoch, dass sie nicht nur einen rein ökologischen Bezug herstellen wolle[38,39]. Wobei sie festhielt, dass zuerst die natürlichen Lebensgrundlagen gegeben sein müssen, bevor gewirtschaftet werden könne[40]. Mit Art. 6 Abs. 1 wird die Erhaltung der Lebensgrundlagen zum Staatszweck erklärt[41]. Gewollt ist, den kommenden Generationen Handlungsspielräume und Wahlmöglichkeiten offenzulassen und sie nicht in Sachzwängen zu ersticken[42]. Damit wird die Generationengerechtigkeit angesprochen, welche per Definition an sich Ausdruck in der nachhaltigen Entwicklung findet[43]. Dieser Teilgehalt wurde denn auch auf Anregung der Redaktionskommission in den Abs. 2 über-

---

[35] Prot. Plenum, S. 1007, 1975 und 2857 f.
[36] Die Formulierung wurde erst spät – ohne grosse Diskussion – und auf Anregung der Redaktionskommission hin in «Lebensgrundlagen» geändert. Vgl. Prot. K1 vom 19. Januar 2004, S. 498.
[37] Prot. Plenum, S. 1007.
[38] Prot. K1 vom 31. März 2003, S. 410; Prot. Plenum, S. 1975. So auch MARQUART, S. 215 f.
[39] Damit unterscheidet sich Abs. 1 von Art. 2 Abs. 4 BV.
[40] Prot. Plenum, S. 2857.
[41] KELLER, Verfassungsprinzip, S. 54 f.
[42] Prot. Plenum, S. 1007.
[43] Dazu N. 3.

führt⁴⁴. Im Vernehmlassungsentwurf wurde dieser noch als Teil von Abs. 1 ausdrücklich erwähnt.

Es fehlt an einem Hinweis, was – neben den natürlichen Ressourcen – unter die Lebensgrundlagen zu subsumieren ist. In Frage kommen soziale, wirtschaftliche und gesellschaftliche Errungenschaften⁴⁵. Hierzu gehören Freiheit, Wohlfahrt, Sicherheit, aber auch Rechts- und Chancengleichheit. Eine solche Deutung unterstreicht den Staatszweckcharakter der Bestimmung und bringt sie in die Nähe von Art. 2 BV.

Mit Abs. 2 wollte die Kommission den *dynamischen Aspekt* betonen und die (künftige) Entwicklung thematisieren⁴⁶. Probleme sollen unter Beachtung der ökologischen, wirtschaftlichen und sozialen Verträglichkeit angegangen werden. Es wurde betont, dass keinem der Teilgehalte Vorrang zukomme und ihre Reihenfolge nicht wertend zu verstehen sei. Es sei gerade Inhalt des Nachhaltigkeitskonzeptes, dass kein Element die beiden anderen dominiere⁴⁷. Der Begriff der Nachhaltigkeit in der Marginalie muss in einem weiten Sinne verstanden und die nachhaltige Entwicklung als einer seiner Teilgehalte betrachtet werden. Die Trennung der nachhaltigen Entwicklung (Abs. 2) vom Erhalt der Lebensgrundlagen (Abs. 1) kann als Versuch der Trennung von Nachhaltigkeit und nachhaltiger Entwicklung verstanden werden – auch wenn die Nachhaltigkeit ebenso ein dynamisches Element enthält wie die nachhaltige Entwicklung ein bewahrendes. Deutlich wird, dass der Verfassungsgeber in Abs. 2 alle drei Dimensionen – die ökologische, die soziale und die wirtschaftliche – gleichberechtigt nebeneinander stellte und damit allfällige Widersprüche nicht aufgelöst hat. Somit sind die Interessen im Einzelfall gegeneinander abzuwägen. Als Leitsatz hierfür wird allen Behörden jedoch mitgegeben, dass ihr Handeln im Bewusstsein der Verantwortung gegenüber kommenden Generationen zu erfolgen hat⁴⁸.

Ausser der Unterscheidung zwischen dem bewahrenden und dem dynamischen Aspekt ist den Beratungen nichts Weiteres zum Verhältnis der beiden Absätze zu entnehmen. Aufgrund des Gesagten ist zu folgern, dass beide Absätze in engem Verhältnis zueinander stehen und zusammen das Nachhaltigkeitsprinzip in der Zürcher Verfassung bilden⁴⁹.

---

⁴⁴ Prot. RedK vom 23. März 2004, S. 566 f. Der Vorschlag wurde vom beigezogenen Experten der Bundeskanzlei bereits früher gemacht. Vgl. Prot. RedK vom 24. März 2003, S. 332.
⁴⁵ Gemeint ist die Gewährung von menschenwürdigen Lebensbedingungen im Sinne der Menschenrechte durch Schaffung und Aufrechterhaltung möglichst vieler Optionen zur freien Gestaltung der Lebensentwürfe.
⁴⁶ Prot. Plenum, S. 1007, 1975 und 2857 f.
⁴⁷ Prot. Plenum, S. 1007; Prot. K1 vom 24. September 2002, S. 400.
⁴⁸ Vgl. auch KELLER, Verfassungsprinzip, S. 55.
⁴⁹ KELLER, Verfassungsprinzip, S. 55.

3.3. Bedeutung

11 Als Staatszweck erlangt die Nachhaltigkeit eine gewisse Verbindlichkeit und wird zur Richtlinie für Behörden aller Stufen[50,51]. Die Behörden werden – wie bereits durch die Bundesverfassung[52] – zur Konkretisierung der umschriebenen Ziele angehalten[53]. Durch den Staatszweckcharakter wird die Nachhaltigkeit zudem zur Auslegungshilfe für offene Verfassungsnormen[54]. Individuelle Ansprüche können jedoch keine abgeleitet werden[55].

12 Der Verfassungsgeber erachtete die Nachhaltigkeit offensichtlich als einen wichtigen Wert der Kantonsverfassung[56] und wollte die Voraussetzungen für eine nachhaltige Politik schaffen[57]. Die Verpflichtung der Behörden zu entsprechendem Verhalten hat somit vermehrt Eingang in die Gesetzgebung zu finden und dem Kriterium der Erneuerungsfähigkeit ist grössere Beachtung zu schenken[58]. Weil die Verfassung aber das Verhältnis der sich – mindestens teilweise – widersprechenden Aspekte offenlässt, sollte eine Gewichtung der Interessen in erster Linie durch den Gesetzgeber vorgenommen werden. Art. 6 muss dabei als Leitgedanke gelten und verpflichtet den Gesetzgeber, keines der Elemente auf Kosten der anderen zu vernachlässigen[59] und die Folgen seiner gegenwärtigen Entscheide für die Zukunft zu beachten. Durch Art. 67 Abs. 1 wird das Parlament künftig in dieser Aufgabe unterstützt werden. Aber auch die bereits vorgenommenen Konkretisierungen in den einzelnen Bestimmungen der öffentlichen Aufgaben geben ihm eine entscheidende Richtschnur in die Hand.

---

[50] FLÜCKIGER, S. 509.
[51] Der Gedanke der Nachhaltigkeit wird zudem weiter unterstrichen durch die Verpflichtung der Behörden bei der Aufgabenwahrnehmung (Art. 95 Abs. 2).
[52] Dazu N. 4.
[53] BERTSCHI/GÄCHTER, S. 22.
[54] EHRENZELLER, St. Galler Kommentar, Art. 2 Rz. 9.
[55] Zum Ganzen TÖNDURY, Vorb. zu Art. 1–8 N. 6.
[56] Prot. Plenum, S. 2857.
[57] Prot. Plenum, S. 2264 (42. Sitzung).
[58] Handlungsbedarf besteht beispielsweise in Bezug auf Kulturlandverlust, das Aussterben von Tierarten, fehlende Massnahmen zur rationellen Energieverwendung oder die fehlende Priorisierung erneuerbarer Energien. Die dringend notwendige Unterstützung bekommt das Anliegen aktuell durch den «Stern-Report» zuhanden der britischen Regierung (vgl. NZZ Nr. 253 vom 31. Oktober 2006). Mit Spannung wird hier auch der erste Nachhaltigkeitsbericht des Regierungsrates erwartet. Vgl. RRB Nr. 590/2006.
[59] Dies gilt namentlich auch für den gerne vergessenen Blickwinkel des Erhalts der natürlichen Lebensgrundlagen und damit den ökologischen Aspekt.

Art. 7

Dialog

Kanton und Gemeinden schaffen günstige Voraussetzungen für den Dialog zwischen den Kulturen, Weltanschauungen und Religionen.

Materialien

Art. 7 VE; Prot. Plenum, S. 1016 ff., 2702 ff., 2871 ff.

Literatur

ALDEEB ABU-SAHLIEH SAMI A., Faux débat sur l'abattage rituel en Occident – Ignorance des normes juives et musulmanes: le cas de la Suisse, ZSR 122/2003 I, S. 247 ff.; AMOR ABDELFATTAH, Le droit international de la liberté de religion ou de conviction à l'épreuve des faits, in: Mélanges Pierre Pactet, Paris 2003, S. 19 ff.; ARNOLD MARKUS, Menschenbild, Werteordnung und Staatsverständnis, in: Materialien zur neuen Kantonsverfassung, Bd. 9, S. 9 ff.; AUBERT JEAN-FRANÇOIS, L'Islam à l'école publique, in: Festschrift für Yvo Hangartner, St. Gallen/Lachen 1998, S. 479 ff.; BIAGGINI GIOVANNI, Die neue Zürcher Kantonsverfassung: Gesamtbetrachtung im Lichte der Verfassungsfunktionen, in: Materialien zur neuen Kantonsverfassung, Bd. 9, S. 175 ff.; BRANDENBERG MANUEL, Sekteninformation durch Behörden, Diss., Zürich 2003; DE SALVIA MICHELE, Liberté de religion, esprit de tolérance et laïcité dans la jurisprudence de la Cour européenne des droits de l'homme, in: Mélanges Gérard Cohen-Jonathan, Brüssel 2004, S. 591 ff.; DIGGELMANN OLIVER, Der liberale Verfassungsstaat und die Internationalisierung der Politik: Veränderungen von Staat und Demokratie in der Schweiz, Bern 2005; FAMOS CLA RETO, Die öffentliche Anerkennung von Religionsgemeinschaften im Lichte des Rechtsgleichheitsprinzips, Diss., St. Gallen 1998; FLAUSS JEAN-FRANÇOIS (Hrsg.), La protection internationale de la liberté religieuse, Brüssel 2002; FRIEDRICH UELI/CAMPICHE ROLAND J./PAHUD DE MORTANGES RENÉ/WINZELER CHRISTOPH, Etat fédéral et communautés religieuses, Réflexions et propositions pour un droit en matière de religion adapté à notre temps dans la Constitution fédérale suisse, Bern 2003; FRIEDERICH UELI, Kirchen und Religionsgemeinschaften im pluralistischen Staat: Zur Bedeutung der Religionsfreiheit im schweizerischen Staatskirchenrecht, Diss., Bern 1993; GUT WALTER, Kreuz und Kruzifix in öffentlichen Räumen: Eine Auseinandersetzung mit Gerichtsentscheiden über Kreuze und Kruzifixe in kommunalen Schulzimmern, Zürich 1997; GUT WALTER, Kreuz und Kruzifix in öffentlichen Räumen im säkularen Staat, ZSR 116/1997 I, S. 63 ff. (Säkularer Staat); HAFNER FELIX, Glaubens- und Gewissensfreiheit, in: Verfassungsrecht der Schweiz, § 44; HAUCK WERNER/NUSSBAUMER MARKUS, Die Sprache in der neuen Zürcher Verfassung, in: Materialien zur neuen Kantonsverfassung, Bd. 9, S. 157 ff.; HORANYI SIBYLLE, Das Schächtverbot zwischen Tierschutz und Religionsfreiheit, Diss., Basel 2004; HUNGERBÜHLER ADRIAN/FERAUD MICHEL, Die Rechtsprechung des Schweizerischen Bundesgerichts im Bereich der Bekenntnisfreiheit, EuGRZ 1999, S. 536 ff.; KARLEN PETER, Umstrittene Religionsfreiheit, ZSR 116/1997 I, S. 193 ff.; KARLEN PETER, Das Grundrecht der Religionsfreiheit in der Schweiz, Diss., Zürich 1988 (Religionsfreiheit); KIENER REGINE/KUHN MATHIAS, Die bau- und planungsrechtliche Behandlung von Kultusbauten im Lichte der Glaubens- und Gewissensfreiheit, ZBl 104/2003, S. 617 ff.; KRAUS DIETER, Schweizerisches Staatskirchenrecht, Tübingen 1993; KRAUTHAMMER PASCAL, Das Schächtverbot in der Schweiz, 1854–2000, Diss., Zürich 2000; MEYER-BISCH PATRICE/MARIE JEAN-BERNARD (Hrsg.), La liberté de conscience dans le champ de la religion, Freiburg 2002; MÜLLER JÖRG PAUL, Ist die Gewissensfreiheit noch aktuell?, in: Essais en l'honneur du Professeur Charles-Albert Morand, Basel 2001, S. 293 ff.; PABEL KATHARINA, Der Grundrechtsschutz für das Schächten – in rechtsvergleichender Perspektive, EuGRZ 2002, S. 220 ff.; PAHUD DE MORTANGES RENÉ (Hrsg.), Das Religionsrecht der neuen Bundesverfassung, Freiburg 2001; RASELLI NICCOLÒ, Schickliche Beerdigung für «Andersgläubige», AJP 1996, S. 1103 ff.; ROUILLER CLAUDE, Le principe de la neutralité confessionnelle relative, Réflexions sur la liberté de religion conçue comme un moyen d'intégration, faites à partir du droit d'accomplir les rites funéraires, AJP 2003, S. 944 ff.; SAHLFELD KONRAD, Aspekte der Religionsfreiheit im Lichte der Rechtsprechung der EMRK-Organe, des UNO-Menschenrechtsausschusses und nationaler Gerichte, Diss., Zürich 2004; SCHOUPPE JEAN-PIERRE, La dimension collective et institutionnelle de la liberté religieuse à la lumière de quelques arrêts récents de la Cour européenne des droits de l'homme, RTDH 2005, S. 611 ff.; SCHWEIZER RAINER J., St. Galler Kommentar, Vorbem. zu Art. 69–72 und Art. 69; SOBOTICH VIVIANE, Chancengleichheit als tragendes Prinzip, in: Materialien zur neuen Kantonsverfassung, Bd. 9, S. 31 ff.; WEBER-MANDRIN MONIQUE, Die öffentlichen Aufgaben in der neuen Zürcher Kantonsverfassung, in: Materialien zur neuen Kantonsverfassung, Bd. 9, S. 107 ff.; WEISSBORM THOMAS, Religionsfreiheit: Christliche und menschliche Würde im Konflikt?, Diss., Marburg an der Lahn 2003; WINZELER CHRISTOPH, Fremde Religionen in der Schweiz unter Gesichtspunkten der Religionsfreiheit und des Religionsverfassungsrechts, ZSR 117/1998 I, S. 237 ff.; WYSS MARTIN PHILIPP, Vom Umgang mit dem Transzendenten: Überlegungen und Anmerkungen zur Religionsfreiheit im Spiegel der neuen bundesgerichtlichen Judikatur, recht 1998, S. 173 ff.; WYSS MARTIN PHILIPP, Glaubens- und Religionsfreiheit zwischen Integration und Isolation, ZBl 95/1994, S. 385 ff. (Integration).

Rechtsquellen

– Art. 15, 16 und 17 BV
– Art. 9 und 10 EMRK
– Art. 18, 19 und 27 UNO-Pakt II
– Art. 261, 261bis, 262 StGB

Übersicht

	Note
1. Sinn und Zweck	1
2. Begriffliches	4
3. Rechtsnatur von Art. 7	9
4. Dialog im Kontext der Grundlagen des Staates	12
4.1. Im Allgemeinen	12
4.2. Rechtsstaatliche Grundsätze	16

1. Sinn und Zweck

1   Im Gegensatz zur Kantonsverfassung vom 18. April 1869, welche die Glaubens- und Kultusfreiheit nach Massgabe des Bundesrechts sowie die «freie Meinungsäusserung durch Wort und Schrift» gewährleistete[1], erwähnt die neue Verfassung weder die Religionsfreiheit noch die Meinungsfreiheit. Freilich ist die Rechtsposition der Individuen nicht dadurch geschmälert, da diese Freiheitsrechte indirekt durch Art. 10 und direkt durch die BV und die EMRK garantiert sind[2]. In Art. 7 betritt der Verfassungsgeber jedoch einen neuen Weg. In Art. 7 wird nicht

---

[1]   Art. 64 bzw. 3 aKV.
[2]   Art. 15 bzw. 16 BV und Art. 9 bzw. 10 EMRK (vgl. Art. 10 KV).

die Freiheit des Individuums gegenüber Eingriffen des Staates festgehalten, und das Gemeinwesen wird nicht dazu angehalten, sich im Sinne des heute noch herrschenden negatorischen Grundrechtsverständnisses der Eingriffe in die individuelle Freiheitssphäre zu enthalten[3]. Vielmehr wird dem Staat eine aktive Rolle zugedacht: Er soll «günstige Voraussetzungen für den Dialog zwischen den Kulturen, Weltanschauungen und Religionen» schaffen. Dieses Konzept der Rolle des Staates in Bereichen von hoher Grundrechtssensitivität lässt sich der neueren Lehren zum konstitutiv-institutionellen Charakter der Freiheitsrechte zuordnen, wonach die gesamte Rechtsordnung auf deren Verwirklichung angelegt werden soll[4]. Es stellt eine Neuerung nicht nur für den Kanton, sondern insoweit auch für die Schweiz dar, als weder die Bundesverfassung noch andere Kantonsverfassungen eine Zielsetzung in dieser Form kennen[5].

Art. 7 hat einen innovativen und idealistischen Gehalt. Sein Sinn und Zweck besteht darin, das Verständnis der verschiedenen Gruppen der Gesellschaft füreinander zu fördern, damit irrationale Ängste und Abwehrreflexe abgebaut werden, um Platz für Vertrautheit und Toleranz zu verschaffen[6]. Der Verfassungsgeber greift damit ein Thema wieder auf, das er bereits in der Präambel anspricht (den Willen des Kantons, sich als «weltoffenes Glied» der Schweiz weiterzuentwickeln). Das sollte zum einen der Entstehung von gesellschaftlichen und religiösen Spannungen entgegenwirken (präventive Wirkung)[7] und zum anderen als Richtlinie zur Lösung von bestehenden gesellschaftlichen Konflikten (repressive Wirkung) fungieren: Interkulturelle und -religiöse Friktionen sollen möglichst im Zeichen der Kommunikation angegangen werden, wobei dem Gemeinwesen die Funktion eines Vermittlers, eines Mediators zukommen soll. Art. 7 setzt einen Akzent zugunsten von kommunikativ orientierten, vermittelnden Lösungen in interkulturellen oder interreligiösen Angelegenheiten. Als Endziel geht es um die Herstellung und Aufrechterhaltung des multikulturellen und interreligiösen Friedens *via* zwischenmenschlichen Austausch. Diese visio-

2

---

[3] Dazu HÄFELIN/HALLER, N. 257 ff.
[4] Dazu HÄFELIN/HALLER, N. 261 ff.; AUER/MALINVERNI/HOTTELIER, Bd. II N. 9.
[5] So auch BIAGGINI, S. 180. Am nächsten kommen Art. 91 lit. d KV SH (Kanton und Gemeinden *fördern die kulturellen Beziehungen zwischen verschiedenen Volksgruppen*, unter den Kantonen und mit dem Ausland) sowie Art. 79 Abs. 2 KV FR (Staat und Gemeinden *fördern* die Zusammenarbeit und *den kulturellen Austausch zwischen den Regionen des Kantons und darüber hinaus*). Vgl. namentlich auch die Zielsetzungen gemäss Art. 90 KV GR (Kanton und Gemeinden fördern das künstlerische, kulturelle und wissenschaftliche Schaffen *sowie den kulturellen Austausch*), § 36 Abs. 1 KV AG (Der Kanton *fördert das kulturelle Schaffen und das Gemeinschaftsleben*), Art. 48 KV BE (Abs. 1: Kanton und Gemeinden erleichtern den Zugang zur Kultur. Sie *fördern* das kulturelle Schaffen sowie *den kulturellen Austausch*; Abs. 2: Sie berücksichtigen dabei die *Bedürfnisse aller Teile der Bevölkerung* und die kulturelle Vielfalt des Kantons), § 15 Abs. 3 (Der Staat sorgt für Chancengleichheit und *fördert die kulturelle Vielfalt*, die Integration und die Gleichberechtigung in der Bevölkerung sowie die wirtschaftliche Entfaltung), § 18 Abs. 3 (die Schulen *vermitteln zwischen den Kulturen*) und § 35 Abs. 1 KV BS (Der Staat *fördert* das kulturelle Schaffen, die kulturelle Vermittlung und *den kulturellen Austausch*).
[6] Prot. Plenum, S. 1016, 2871 f.; ARNOLD, S. 18.
[7] Vgl. Voten in Prot. Plenum, S. 1019 und 1523.

näre Dimension von Art. 7 kam erst wirklich zur Geltung, nachdem er im Laufe des Verfassungsgebungsverfahrens von der pragmatischeren Ebene der sozialen Integration, vor allem derjenigen der Ausländerinnen und Ausländer, die heute in Art. 114 behandelt wird, getrennt wurde[8].

3   Es ist zu beachten, dass Art. 7 nicht auf die Unterstützung der kulturellen oder religiösen *Vielfalt* zielt. Er ermächtigt das Gemeinwesen namentlich nicht, über die Förderung des Dialogs auf die kulturelle, weltanschauliche oder religiöse Zusammensetzung der Bevölkerung bewusst Einfluss nehmen zu wollen. Diese soll sich weiterhin nach Massgabe von soziologischen, historischen und politischen Faktoren weiterentwickeln. Der Staat hat an der Zusammensetzung der Bevölkerung an und für sich nichts aktiv zu ändern, sondern nur für den Austausch zwischen den verschiedenen gesellschaftlichen Gruppen zu sorgen[9]; ein allfälliger staatlicher Einfluss in dieser Hinsicht darf nur eine Begleiterscheinung, kein Ziel darstellen. Art. 7 ist in diesem Sinn weder als «Heimat-»[10] noch als «Ausländer-»[11] noch als «Minderheiten-Artikel» konzipiert, er bietet namentlich keine Grundlage für Massnahmen zur Eindämmung von kulturellen Globalisierungstendenzen.

2. Begriffliches

4   Die Dialog-Bestimmung[12] ist dadurch gekennzeichnet, dass sie verschiedene Aspekte des menschlichen Daseins behandelt, die in der Regel unter verschiedenen Titeln normiert werden: die Kultur der Individuen einerseits und ihre Weltanschauungen und Religion andererseits[13]. Im Kontext des Sinn und Zwecks

---

[8]   Die Vorschrift enthielt ursprünglich einen 2. Absatz (Kanton und Gemeinden fördern das Zusammenleben zwischen den verschiedenen Bevölkerungsgruppen und deren Beteiligung am öffentlichen Leben). Dieser Abschnitt wurde vom 1. Kapitel entfernt und unter die staatlichen Aufgaben versetzt (vgl. namentlich Prot. Plenum, S. 2871, 2703 ff.); ARNOLD, S. 19; SOBOTICH, S. 46.

[9]   Prot. Plenum, S. 1016, 2873 f.

[10] Vgl. hingegen namentlich Art. 23 KV NW (Der Kanton fördert das wissenschaftliche und künstlerische Schaffen *sowie die Bestrebungen der Volkskultur*), Art. 90 KV GR (Kanton und Gemeinden nehmen bei der Förderung des künstlerischen, kulturellen und wissenschaftlichen Schaffens auf die sprachliche Vielfalt *und die regionalen Besonderheiten* Rücksicht), Art. 2 (Der Staat versteht sich als *Mittler zwischen den Kulturgemeinschaften der Schweiz* [aufgrund der Marginalien sind darunter die Kulturen der anderen Kantone zu verstehen]) und 103 KV SO (Der Kanton kann ein Gesetz erlassen, das der *Förderung der kulturellen Eigenart des Kantons* dient), Art. 42 KV JU (L'Etat veille à la conservation, à l'enrichissement et à la mise en valeur du patrimoine jurassien, notamment du patois). Auch ist Art. 69 Abs. 3 BV, der die «kulturelle Vielfalt» betont, im Wesentlichen auf diejenige der viersprachigen Schweiz gerichtet, auch wenn er ein weiteres Verständnis nicht ausschliesst (SCHWEIZER, St. Galler Kommentar, Art. 69 Rz. 5).

[11] Prot. Plenum, S. 1017, 1019 f.

[12] HAUCK/NUSSBAUMER (S. 161) heben das hohe sprachliche Niveau u.a. von Art. 7 hervor.

[13] So ist Art. 15 BV der Glaubens- und Gewissensfreiheit gewidmet, während die Kultur der Individuen in der BV nicht direkt geschützt wird; desgleichen findet sich auch in der EMRK keine ausdrückliche Verbindung des religiösen Bereichs des Menschen mit seinen kulturellen Belangen. Das bedeutet nicht,

von Art. 7 drängt sich ein weites Verständnis dieser Begriffe auf[14]. Ihr gemeinsamer Nenner liegt darin, dass sie für die Individuen identitätsbildend sind. Die Verbindung der drei Begriffe miteinander sollte Abgrenzungsprobleme vermeiden, damit die visionäre Aufgabe des Gemeinwesens gemäss Art. 7 nicht an begrifflichen Streitigkeiten scheitert.

Was die Beschaffenheit der geforderten staatlichen Handlungen anbelangt, bleibt Art. 7 vage: Kanton und Gemeinden haben nur «günstige Voraussetzungen» zu «schaffen». Diese Angabe ist derart generell, dass sie im Rahmen des höheren Rechts und der anderen Verfassungsbestimmungen theoretisch alles – von der Organisation von Podiumsdiskussionen, Mediationsverfahren, Ausstellungen, Konzerten, Sportanlässen über die Zurverfügungsstellung von öffentlichen Räumlichkeiten[15], die Herausgabe einer Zeitschrift bis hin zur Einführung von neuen Schulfächern – zulässt, was der Förderung des Dialogs gemäss Art. 7 dienen kann. Obwohl sich der Verfassungsrat gegen den seiner Meinung nach stärkeren Ausdruck «unterstützen» entschied[16], kann dabei aus dem Wortlaut von Art. 7 nicht abgeleitet werden, dass der Staat nicht zu handeln befugt wäre bzw. keine Massnahmen gestützt auf Art. 7 treffen dürfte[17]. Art. 7 gesteht dem Staat allerdings keine materielle Einmischung in den Dialog zu. Im Rahmen dieser Bestimmung hat sich der Staat in kultureller und religiöser Hinsicht möglichst neutral zu verhalten.

«Dialog» ist ferner extensiv, im Sinne des Austausches in egal welcher Form und Sprache, zu erfassen, soweit damit das Verständnis für das Anderssein von anderen Gesellschaftsgruppen unterstützt werden kann[18].

Die Worte Kultur, Weltanschauungen und Religion, die *per se* der Objektivierung schwer zugänglich sind[19], sind auch extensiv zu verstehen. Für «Weltanschauungen» und «Religion» dürfte vielfach auf die Definitionen, die im Rahmen der Glaubens- und Gewissensfreiheit entwickelt wurden, zurückgegriffen werden. Demnach kann unter Religion jede Vorstellung über die Beziehung des Menschen zum Göttlichen oder zum Transzendenten subsumiert werden, während Deutungen der Welt für das menschliche Lebensverständnis ohne

---

dass die Individuen in ihrer Kultur nicht geschützt seien. Ein derartiger besonderer individualrechtlicher Schutz wird jedoch nicht garantiert, so dass allfällige staatliche Eingriffe in diesem Bereich im Licht der persönlichen Freiheit, der Menschenwürde, des Verbots der Diskriminierung oder der Meinungsfreiheit beurteilt werden müssen.

[14] Vgl. Prot. Plenum, S. 1018.
[15] Prot. Plenum, S. 2872.
[16] Prot. Plenum, S. 2871 ff., 2875. Einen Ausdruck dieser Vorsicht stellt auch die Ablehnung einer Grundlage für die staatliche Anerkennung weiterer Religionsgemeinschaften dar (vgl. dazu RÖHL, Art. 130).
[17] Gerade dies war Anlass zu Widerstand im Verfassungsrat gegen Art. 7; Prot. Plenum, S. 2874.
[18] Vgl. Prot. Plenum, S. 2874 f.
[19] Vgl. J.P. MÜLLER, S. 82 und 83.

Anspruch auf Absolutheit als Weltanschauungen zu betrachten sind[20]. Der Begriff Kultur, wie er im Kontext von Art. 7 zu verstehen ist, kann hingegen nicht ohne weiteres an eine bestehende Rechtsprechung angeknüpft werden[21]. Er ist jedenfalls vom Wort Kunst zu unterscheiden, mit dem er rechtlich häufig vermengt oder verbunden wird[22]. Die Kultur beinhaltet einerseits einen Bezug zu den von den Vorfahren übertragenen Traditionen; sie ist nicht als Produkt der individuellen Fantasie, Suche oder Ästhetik zu begreifen, sondern muss einen Identifikationsfaktor für eine Gesellschaftsgruppe darstellen können. Denn die Dialog-Bestimmung hat in erster Linie eine soziale, keine nur individuelle Zielsetzung. Die Kultur im Sinne von Art. 7 kann einerseits definiert werden als das soziale Erbe, womit eine Mehrzahl von Individuen auf der Welt aufwachsen und das für ihre Integration oder Isolation in einer bestimmten Gesellschaft mitentscheidend sein wird oder ist; dieses soziale Erbe kann durch die Erziehung oder durch freie Wahl erworben werden. Mit Blick auf den umfassenden Zweck von Art. 7 sollten zu den Kulturen im Sinne von Art. 7 andererseits die sozialen Bewegungen noch hinzugezählt werden, die nicht von früheren Generationen übernommen werden, sondern als Reaktion auf das historische und gesellschaftliche Umfeld entstanden sind und eine bestimmten sozialen Ideologie verkörpern[23]; zu denken ist z.B. an die Hippie-, die Punk-, die Reggae- oder die Hip-Hop-Bewegungen. Damit kann mit Art. 7 an der Integration möglichst aller Teile und Gesellschaftsschichten der Bevölkerung gearbeitet werden[24].

8 Die Ausdrücke der Kultur eines Individuums sind vielfältig. Sie umfassen namentlich Kleidung, soziale oder familiäre Gepflogenheiten, Essgewohnheiten, Musik, nonverbale Ausdrucksweisen, usw. Es sollen Identitätsmerkmale, wie z.B. das Essen mit den Händen, abgedeckt werden, die nicht oder nicht ohne weiteres unter die Weltanschauungen oder die Religion subsumiert werden können, die aber für andere Bevölkerungsgruppen durch ihre Fremdheit anstössig sein können und insofern für die soziale Integration relevant sind. Denn es geht darum, durch den Dialog einen höheren Toleranzgrad in der Gesellschaft zu erzeugen.

---

[20] HÄFELIN/HALLER, N. 406; J.P. MÜLLER, S. 82.; AUER/MALINVERNI/HOTTELIER, Bd. II N. 468 ff.
[21] Vgl. allerdings Art. 69 BV («Kultur»); die Lehre geht von einem weiten Kulturbegriff aus; vgl. namentlich SCHWEIZER, St. Galler Kommentar, Vorbem. zu Art. 69–72 Rz. 7 ff., und Art. 69 Rz. 5.
[22] Vgl. namentlich Art. 69 BV (vgl. dazu namentlich SCHEFER, S. 203 ff.) oder Art. 120 KV.
[23] Vgl. Prot. Plenum, S. 1020 (mit Hinweis auf die «Szenen» und «Subkulturen»); ARNOLD, S. 19.
[24] Vgl. Prot. Plenum, S. 2871 («Arm und Reich, Stadt und Land, Jung und Alt, Links und Rechts, Ausländer und Inländer»).

3. Rechtsnatur von Art. 7

Trotz der inhaltlichen Verwandtschaft von Art. 7 mit verschiedenen Grundrechten (Glaubens- und Gewissensfreiheit, Meinungsfreiheit, persönliche Freiheit, Menschenwürde, Diskriminierungsverbot) begründet dieser Artikel kein Individualrecht und insbesondere keinen individuellen Anspruch auf positive Leistungen des Staates[25]. Zum einen gehört diese Bestimmung systematisch zu den «Grundlagen des Staates», nicht zu den «Grundrechten»[26]. Zum anderen bietet Art. 7 in seiner Formulierung zu wenig Anhaltspunkte, um justiziabel zu sein[27]. 9

Diese Bestimmung kann und soll allerdings bei der Auslegung von kantonalen und kommunalen Rechtsnormen im Sinne der verfassungskonformen Auslegung herangezogen werden und insoweit indirekt individualrechtliche Bedeutung haben. Die in Art. 7 verankerten Werte sollen allgemein wie ein leuchtendes Vorbild auf die ganze Verfassungsordnung strahlen[28]. Das dürfte sich in der Praxis namentlich auf die Behandlung von Bewilligungsgesuchen zum gesteigerten Gebrauch von öffentlichem Grund (für Demonstrationen oder Umzüge)[29] oder zum Gebrauch von Gebäuden des Verwaltungsvermögens (Benützung des Gemeindesaals für eine religiöse Zeremonie oder für den feierlichen Anlass einer ausländischen Gemeinschaft) niederschlagen. 10

Umgekehrt können aus Art. 7 keine Pflichten der Privaten abgeleitet werden: Niemand kann über Art. 7 zum Austausch mit Andersdenkenden rechtlich gezwungen werden. Die Privaten sind keine direkten Adressaten der Dialog-Bestimmung, die in diesem Sinn keine Drittwirkung[30] erzeugt. 11

---

[25] Prot. Plenum, S. 1016; BIAGGINI, S. 180; vgl. WEBER-MANDRIN, S. 117, 121; vgl. auch SOBOTICH, Vorb. zu Art. 95–121 N. 16 f.

[26] 1. Kapitel bzw. 2. Kapitel.

[27] Das Gebot der Gewaltentrennung (Art. 3) stünde demnach der unmittelbaren Durchsetzung von Art. 7 durch die Gerichte entgegen.

[28] Vgl. Prot. Plenum, S. 2825 f., 3346; zur verfassungskonformen Auslegung namentlich HÄFELIN/HALLER, N. 148 ff.; RHINOW, S. 91 ff.

[29] Gemäss der bundesgerichtlichen Praxis besteht ein freiheitsrechtlich begründeter «bedingter Anspruch» auf die Erteilung von Bewilligungen zum gesteigerten Gebrauch von öffentlichem Grund für Demonstrationen und religiöse Umzüge; HÄFELIN/MÜLLER/UHLMANN, Rz. 2412 ff.

[30] Zum Begriff der Drittwirkung von Freiheitsrechten vgl. SALADIN, S. 307 ff.; HÄFELIN/HALLER, N. 278 ff.; AUER/MALINVERNI/HOTTELIER, Bd. II N. 7.

4. Dialog im Kontext der Grundlagen des Staates

4.1. Im Allgemeinen

12 Im Vergleich zu den anderen Bestimmungen des 1. Verfassungskapitels wird in Art. 7 das Fundament für das Verhältnis der Individuen zueinander und des Staates ihnen gegenüber gelegt. Es geht um das vom Verfassungsrat angestrebte soziale Biotop der Bevölkerung: Er malt das ideale Bild einer friedlichen und toleranten multikulturellen Gesellschaft.

13 Art. 7 ist vor allem im Lichte der liberalstaatlich orientierten Subsidiaritätsbestimmung gemäss Art. 5 zu verstehen, die in Verwirklichung des Grundsatzes der Eigen- und Mitverantwortung der Zürcher Bevölkerung (Art. 1 Abs. 2) dem Individuum den Vorrang in der Staatsordnung einräumt. Ihm wird die primäre Verantwortung für ein friedliches Nebeneinander der verschiedenen Kulturen, Weltanschauungen und Religionen im Kanton übertragen[31]. Dem Gemeinwesen obliegt es aber, dafür zu sorgen, dass die verschiedenen gesellschaftlichen Gruppen nicht nur nebeneinander leben, sondern sich darüber hinaus auch austauschen, was wiederum dem Religions- und Gesellschaftsfrieden zugutekommen sollte.

14 Von Bedeutung für das Verständnis von Art. 7 ist auch Art. 8, der die Realisierung von günstigen Rahmenbedingungen fordert, damit die Privaten in wirtschaftlichen und ökologischen, aber auch in kulturellen und sozialen Belangen innovative Wege antreten. Innovation ist im Zusammenhang mit dem multikulturellen und interreligiösen Frieden auch erforderlich. Denn dieser ist heute nicht mehr so sehr durch den Staat, der sich um Gleichbehandlung bzw. um politische Korrektheit bemüht und weitgehend säkularisiert ist, sondern durch die Individuen selber gefährdet. Die Herausforderungen der multikulturellen und multireligiösen Gesellschaft können nicht mehr durch die rein negatorische Gewährleistung der Freiheitsrechte kombiniert mit der Privatinitiative allein bewältigt werden[32].

15 Gestützt auf Art. 6, der sich auch auf die Sozialpolitik bezieht, sollen ferner die Bestrebungen gemäss Art. 7 auf Nachhaltigkeit angelegt sein. Das bedeutet namentlich, dass Massnahmen im Rahmen von Art. 7 aufgrund eines Gesamtkonzepts getroffen werden und keinen kurzlebigen Zielsetzungen dienen sollen.

---

[31] Vgl. die Betonung der freiheitlichen gegenüber der «interventionistischen» Auffassung in Prot. Plenum, S. 2873 f.
[32] So auch ARNOLD, S. 17 f.

4.2. Rechtsstaatliche Grundsätze

Trotz des idealistischen Charakters von Art. 7 sind die Grundsätze des Staatshandelns nach wie vor einzuhalten[33]. Förderungsmassnahmen im Sinne von Art. 7 dürften in der Regel die Privaten zwar kaum belasten, bedürfen aber dennoch einer Stütze im Gesetz[34]. Obwohl Art. 7 nicht unter die öffentlichen Aufgaben aufgeführt wird, ist er genügend bestimmt, um als Grundlage für staatliche Massnahmen zu fungieren[35]. Zuständig für solche Massnahmen sind der Kanton und die Gemeinden parallel, was bei einer Förderungsaufgabe nichts Besonders darstellt. Im Übrigen stehen die Bereiche, die in der Praxis für die Förderung des interkulturellen und -religiösen Dialogs eher in Frage kommen sollten – so die Kultur, die Kunst, der Sport oder die Erhaltung von Kulturgütern[36] – dem Kanton und den Gemeinden auch gemeinsam zu.

Art. 7 ist an und für sich – auch in Verbindung mit Art. 114 – etwas vage[37], so dass genauere Grundlagen auf Gesetzes- oder auf Verordnungsstufe allgemein von Vorteil wären, auch wenn sich die zuständigen Behörden wohl auch direkt auf diese Bestimmung stützen dürften. Zieht eine Förderungsmassnahme jedoch staatliche Ausgaben nach sich[38], bedarf sie aufgrund von Art. 38 lit. e jedenfalls der Verankerung auf Gesetzesebene, weil Art. 7 über die Art und den Umfang der staatlichen Leistung nichts zu entnehmen ist. Das Gleiche gilt, wenn zur Förderung des Dialogs ausnahmsweise der individuellen Freiheit der Privaten Schranken gesetzt werden sollen; schwere Eingriffe bedürfen einer genauen Grundlage in einem Gesetz im formellen Sinne[39].

Durch Art. 7 wird ausserdem das Interesse am Austausch zwischen den kulturellen, religiösen und ideologischen Gruppen der Gesellschaft offiziell zum öffentlichen Interesse deklariert[40], was politische Grundsatzdiskussionen für und gegen solche Massnahmen ausschliessen sollte. Politisch auszuhandeln wird hingegen jeweils das Wie sein: Ob eine Massnahme geeignet sei, den Dialog im Sinne von Art. 7 zu fördern, ob sie in dieser Hinsicht genug weit bzw. zu weit gehe und ob sie den auf dem Spiel stehenden privaten Interessen

---

[33] Art. 2.
[34] Art. 2 Abs. 2. Vgl. zum Legalitätsprinzip in der Leistungsverwaltung HÄFELIN/MÜLLER/UHLMANN, Rz. 414; AUER/MALINVERNI/HOTTELIER, Bd. I N. 1780.
[35] Vgl. dazu N. 3 und 5. Daran ändert nichts, dass Art. 7 in Art. 114 wieder aufgenommen und konkretisiert wird. Vgl. für den Bund HÄFELIN/HALLER, N. 1076 ff.
[36] Art. 120, 121 und 103 Abs. 2.
[37] Zu den Anforderungen des Legalitätsprinzips HÄFELIN/MÜLLER/UHLMANN, Rz. 386 ff.; AUER/MALINVERNI/HOTTELIER, Bd. I N. 1783 ff.
[38] Das muss nicht ohne weiteres der Fall sein (vgl. Prot. Plenum, S. 2871).
[39] Vgl. HÄFELIN/MÜLLER/UHLMANN, Rz. 386 ff.
[40] Art. 2 Abs. 2.

gebührend Rechnung trage⁴¹. Indem Art. 7 die Einmischung des Staates in die zwischenmenschlichen Beziehungen der Privaten bedingt (der Staat soll ja positiv-fördernd auf diese einwirken), werden nicht die typischen Probleme von staatlichen Eingriffen gegenüber den Privaten und deren Begrenzung aufgeworfen. Vielmehr geht es darum, dass diese Einmischung auch vor dem Gebot der Gleichbehandlung und des Diskriminierungsverbots standhalten muss⁴². Der Kanton und die Gemeinden sollten im Rahmen von Art. 7 deshalb Massnahmen treffen, die in kultureller und religiöser Hinsicht möglichst neutral sind⁴³. Es sollen in erster Linie Institutionen gefördert werden, die eine Plattform für den Austausch zwischen den gesellschaftlichen Gruppen anbieten. Andernfalls sollte das Spektrum der in ein bestimmtes Austausch-Projekt einbezogenen kulturellen, religiösen oder weltanschaulichen Gruppen möglichst breit sein. Nur ausnahmsweise, nach Massgabe der ungleichen Ausgangsposition von gewissen Gruppen, dürften sie im Ergebnis stärker gefördert werden als andere⁴⁴.

---

[41] Art. 2 Abs. 2. Zu den Voraussetzungen der Verhältnismässigkeit vgl. HÄFELIN/MÜLLER/UHLMANN, Rz. 586 ff.

[42] Die Freiheitsrechte sind insoweit nicht relevant, als sie (unter Vorbehalt der Wirtschaftsfreiheit nach Art. 27 BV) im Prinzip keinen Gleichbehandlungsanspruch im betreffenden Schutzbereich gewährleisten.

[43] Vgl. dazu auch N. 5.

[44] Ob die Rechtsgleichheit eingehalten ist, hängt alsdann davon ab, ob sich die Ungleichbehandlung nach Massgabe des angestrebten Zwecks rechtfertigen lässt (J.P. MÜLLER, S. 397 ff.; AUER/MALINVERNI/HOTTELIER, Bd. II N. 1046 ff.; HÄFELIN/HALLER, N. 751 ff.). Auf legislatorischer Ebene räumt das Gleichbehandlungsgebot dem Staat allerdings einen grossen Gestaltungsspielraum ein (J.P. MÜLLER, S. 401 ff.; AUER/MALINVERNI/HOTTELIER, Bd. II N. 1048 ff.; HÄFELIN/HALLER, N. 762 ff.).

Art. 8

Innovation

Kanton und Gemeinden schaffen günstige Rahmenbedingungen für wirtschaftliche, kulturelle, soziale und ökologische Innovation.

Materialien

Prot. Plenum, S. 2843, 2876 ff.

Literatur

BENZ ARTHUR, Governance – Modebegriff oder nützliches sozialwissenschaftliches Konzept?, in: Arthur Benz (Hrsg.), Governance – Regieren in komplexen Regelsystemen. Eine Einführung, Wiesbaden 2004, S. 11 ff.; GRIMM DIETER, Der Wandel der Staatsaufgaben und die Zukunft der Verfassung, in: Dieter Grimm, Staatsaufgaben, Baden-Baden 1994, S. 613 ff.; JESSOP BOB, Veränderte Staatlichkeit, in: Dieter Grimm, Staatsaufgaben, Baden-Baden 1994, S. 43 ff.; RICHLI PAUL, Zweck und Aufgaben der Eidgenossenschaft im Lichte des Subsidiaritätsprinzips, ZSR 117/1998 II, S. 139 ff.; SALADIN PETER, Wozu noch Staaten? Zu den Funktionen eines modernen demokratischen Rechtsstaats in einer zunehmend überstaatlichen Welt, Bern/München/Wien 1995; WILLKE HELMUT, Supervision des Staates, Frankfurt a.M. 1997 (Supervision); WILLKE HELMUT, Funktionen und Kompetenzen des postnationalen Staates, in: Eidg. Personalamt (Hrsg.), Staatsfunktionen neu denken (EPA-Kolloquium), Bern 2000, S. 41 ff. (Funktionen).

Rechtsquellen

– Internationaler Pakt über wirtschaftliche, soziale und kulturelle Rechte vom 16. Dezember 1966 (UNO-Pakt I; SR 0.103.1)

Übersicht	Note
1. Einleitung	1
2. Entstehungsgeschichte	3
2.1. Späte Einbringung	3
2.2. Ambivalente Zielvorstellungen	4
3. Tragweite	5
3.1. Handlungsauftrag oder -schranke?	5
3.2. Thematisierung des Verhältnisses Staat–Gesellschaft	6
3.3. Bezüge zu den Grundrechten	8

1. Einleitung

Innovation bezeichnet das *Ergebnis* einer Veränderung in einem System. Mit diesem Ergebnis wird zugleich eine positive Assoziation verbunden, es ist also eine *erfolgreiche* Veränderung. Art. 8 zielt auf Innovationen in Bezug auf wirt- 1 schaftliche, kulturelle, soziale und ökologische Problemstellungen[1]. Der *Staat* wird in diesem Zusammenhang allerdings *nicht direkt in die Verantwortung* genommen. Er kommt vielmehr ins Spiel in seiner Rolle als «Schiedsrichter»[2] gegenüber den Gesellschaftssystemen. Er soll für Rahmenbedingungen sorgen, welche die *gesellschaftlichen* Innovationsprozesse begünstigen, allenfalls auch initiieren, aber jedenfalls ermöglichen. Die *Abstimmung von staatlich-politischen und gesellschaftlichen Entwicklungen* erweist sich damit als zentrales Thema dieser Bestimmung.

2 Mit seiner Zielsetzung erscheint Art. 8 eher als verfassungsrechtliches Exotikum. Bezugspunkte bestehen immerhin zu gewissen Bestimmungen des UNO-Paktes über wirtschaftliche, soziale und kulturelle Rechte[3]. Einen Auftrag zur staatlichen Förderung der wirtschaftlichen und technologischen Innovation enthalten ferner Art. 58 Abs. 2 KV VD und Art. 57 Abs. 2 KV FR.

2. Entstehungsgeschichte

2.1. Späte Einbringung

3 Art. 8 geht zurück auf eine Idee, welche erst im Rahmen des Vernehmlassungsverfahrens zu dem aus der ersten Gesamtlesung hervorgegangenen Entwurf eingebracht wurde[4].

2.2. Ambivalente Zielvorstellungen

4 Anlässlich der zweiten Gesamtlesung wurde ein Streichungsantrag gestellt. Man warf der Norm einerseits vor, sie unterliege einem rückwärtsgewandten Glauben an die staatliche Machbarkeit[5]. Daneben wurde von anderer Seite aber auch ausgeführt, beim Begriff der Innovation handle es sich um ein Modewort, welches nicht in eine Verfassung gehöre[6]. Diesen ablehnenden Stimmen trat eine parteipolitisch bunt zusammengesetzte Front von Befürwortern entgegen, zu denen sich auch der Regierungsrat gesellte. Deren Vorstellungen bewegten sich in einem überaus breiten Spektrum. An der mangelnden Prägnanz ja Wider-

---

[1] Die Aufzählung scheint abschliessend, allerdings bietet der weite Ausdruck des Sozialen breite Interpretationsmöglichkeiten.
[2] Prot. Plenum, S. 2880.
[3] Vgl. namentlich Art. 1 Ziff. 1 sowie Art. 6 Ziff. 2 UNO-Pakt I, welche die Bedeutung der wirtschaftlichen, sozialen und kulturellen Entwicklung betonen.
[4] Prot. Plenum, S. 2876, 2883.
[5] Prot. Plenum, S. 2877.
[6] Prot. Plenum, S. 2878.

sprüchlichkeit der Voten scheint sich dabei niemand gestört zu haben. Schliesslich setzte sich die Bestimmung ohne weitere Änderungen durch.

3. Tragweite

3.1. Handlungsauftrag oder -schranke?

In der verfassungsrätlichen Diskussion blieb die Rolle, welche Art. 8 dem Staat und der staatlichen Regulierung aufgibt, unklar, ja zweideutig. Einerseits wurde darauf hingewiesen, der Staat dürfe die Selbsterneuerung von Gesellschaft und Wirtschaft nicht verhindern[7]. Man betonte, dass das normative Korsett für neue Vorhaben heute vielfach zu eng sei. Hier müsse der Staat mehr Freiräume ermöglichen. Ein Mitglied des Verfassungsrates erläuterte die Bestimmung anschaulich mit einem Zitat von Le Corbusier: «Permettre le futur»[8]. Derselbe Votant wies aber ebenso auf die Notwendigkeit von «Starthilfen» hin[9]. Ein anderer Redner meinte, die Forderung nach günstigen Rahmenbedingungen könne auch «Subvention» bedeuten[10]. Die terminologische Nähe zu den Förderungsbestimmungen im Aufgaben-Kapitel verleitet ohnehin, Bezüge zu diesen zu knüpfen. Ein als Förderungsauftrag verstandener Art. 8 vermag indessen kaum eigenständige Akzente zu setzen. Nimmt man den Wunsch nach gesellschaftlichen Freiräumen ernst, kann die Intention von Art. 8 einzig darin bestehen, dass der Staat gegenüber entwicklungsträchtigen Gesellschaftsfragen seinen *Steuerungsanspruch zu mässigen* hat. Die Bestimmung ist also in erster Linie als Handlungs*schranke* und weniger als Aktivierungsnorm zu verstehen. Zieht man eine positive Formulierung vor, so kann von einem *Deregulierungs*gebot[11] gesprochen werden. Gewisse Äusserungen im Verfassungsrat legen die Vermutung nahe, dass man das Potenzial für Freiräume eher auf der Ebene der Mittel und weniger der Ziele ortete, was sich mit einer *final* ausgerichteten Rechtssetzung erreichen liesse[12]. Damit würde der gesellschaftliche Beitrag zur Zukunftsgestaltung aber in zu enge Grenzen gewiesen. Wirkliche Innovation wäre auf dieser Grundlage kaum möglich. Die anvisierte Handlungsschranke muss die *Zielebene* mit erfassen. Versucht der Staat Entwicklungen zu initiieren, darf er die Ergebnisse nicht vollends vorwegnehmen. In jedem Fall – dies wurde im

---

[7] Prot. Plenum, S. 2876 f.
[8] Prot. Plenum, S. 2879.
[9] Prot. Plenum, S. 2879.
[10] Prot. Plenum, S. 2881.
[11] Dazu ANDREAS LIENHARD, Deregulierung – Leitmotiv im Wirtschaftsverwaltungsrecht? Mit aktuellen Tendenzen und Potentialen im Bund und im Kanton Bern, Diss., Bern 1995.
[12] Prot. Plenum, S. 2880. – Zu Finalprogrammen im Allgemeinen vgl. GEORG MÜLLER, Elemente einer Rechtssetzungslehre, 2. Aufl., Zürich/Basel/Genf 2006, Rz. 107 f., 110 ff.

Verfassungsrat mehrfach betont – soll Innovation nicht zu einer staatlich verordneten und überwachten gesellschaftlichen Pflicht werden[13].

3.2. Thematisierung des Verhältnisses Staat – Gesellschaft

6   Art. 8 thematisiert das Verhältnis von Staat und Gesellschaft und betont die Eigenrationalität der Letzteren. Insofern lässt sich eine Parallele zum Subsidiaritätsprinzip (Art. 5) ausmachen. Im Gegensatz zu diesem wohnt der Bestimmung eine *dynamische* Komponente inne. Sie geht davon aus, dass die Gesellschaft sich verändert, der Staat diese Entwicklung (über die von ihm gesetzten Rahmenbedingungen) ganz wesentlich beeinflusst, letztlich von dieser aber auch selber wieder beeinflusst wird[14]. Kanton und Gemeinden sind aufgefordert, der Gesellschaft genügend Raum zur Entfaltung zu ermöglichen, um so selbst erneuernde und befruchtende Impulse von Seiten der Gesellschaft zu erfahren. Damit wird die (zunehmende) *Vernetzung* von Staat und Gesellschaft betont, was den aktuellen, aber noch wenig ergründeten Themenkreis der *Governance* beschlägt[15]. Als im Grundlagen-Kapitel angesiedeltes Staatsziel steht Art. 8 zudem im Dienste der *Rollenfindung* des neuzeitlichen Staates[16].

7   Völlig wertneutral steht freilich auch Art. 8 der Zukunft nicht gegenüber, wenn er Veränderung und Entwicklung als positive oder zumindest notwendige Staats- und Gesellschaftsziele assoziiert. Man kann in dieser Vorgabe einen schlichten Erfahrungssatz erkennen. Gesellschaft und Staat – als solcher ohnehin eine Erfindung der Neuzeit – haben sich stetig verändert, und es wäre vermessen, die Notwendigkeit und die Chancen weiterer Entwicklung zu verneinen[17]. Der Ruf nach Innovation ist aber auch ein zentraler Glaubenssatz einer zunehmend ökonomischen Werten verpflichteten Welt. Nimmt man das Bekenntnis des Verfassungsgebers ernst, nicht Bestehendes zementieren zu wollen, sondern unvoreingenommen Raum für Neues zu bieten, so versteht sich, dass Innovation nicht auf diese fortschrittsorientierte Dimension reduziert werden darf. Der Staat sollte sich deshalb davor hüten, der Gesellschaft das Tempo vorzugeben, sie gleichsam anzutreiben, um im Wettlauf der Nationen in einer globalisierten Welt einen Spitzenplatz zu belegen (vgl. bereits N. 5). Innovation muss in wesentlichen Teilen von der Gesellschaft selbst ausgehen, soll vom Staat also

---

[13] Prot. Plenum, S. 2876, 2778, 2885.
[14] Prot. Plenum, S. 2883.
[15] Vgl. dazu namentlich BENZ, S. 11 ff.
[16] Das traditionelle Bild des souverän agierenden Staates gerät zusehends unter Druck. Dies verlangt nach neuen Modellen hinsichtlich des staatlichen Selbstverständnisses. Vgl. dazu RICHLI, S. 153 f.; SALADIN, S. 88 ff.; WILLKE, Supervision, S. 9 ff., 271 ff.
[17] Vgl. GRIMM, S. 613 ff. sowie JESSOP, S. 43 ff.

lediglich ermöglicht, allenfalls moderat «angestossen» werden (Ausdruck von
HELMUT WILLKE[18]).

3.3. Bezüge zu den Grundrechten

Art. 8 verpflichtet Kanton und Gemeinden, den Blick nach vorne zu öffnen und
hinsichtlich der möglichen gesellschaftlichen Zukunftsszenarien eine tolerante
Grundhaltung einzunehmen. Angesichts einer sich zunehmend pluralisierenden
Gesellschaft soll der Staat eine verfrühte Parteinahme im Wettbewerb der Ideen
vermeiden. Raum verdienen nicht nur die grossen, konsensfähigen Bewegungen, sondern ebenso die «kleinen» Einfälle[19]. Auf diese Weise wird dem
Umstand Rechnung getragen, dass eine Gesellschaft ihre Lebens- und Erneue-
rungskraft zu einem wesentlichen Teil aus der Peripherie bezieht, wo Einzelne
oder kleine Gruppen von Menschen Neues wagen, das sich vom Hergebrachten
unterscheidet. Die einer Gesellschaft innewohnende Vielfalt macht einerseits
deren Reichtum aus und bildet zugleich die Saat für die gesellschaftlichen
Kristallisationspunkte von Morgen. Auf objektiv-institutioneller Ebene ergibt
sich damit eine – jedenfalls teilweise – Zielidentität mit einer grossen Zahl an
Grundrechten, namentlich der persönlichen Freiheit, der Kunst- und Wissenschaftsfreiheit, der Wirtschaftsfreiheit und dem Diskriminierungsverbot.

---

[18] WILLKE, Funktionen, S. 47. Vgl. auch Prot. Plenum, S. 2885.
[19] Prot. Plenum, S. 2879.

2. Kapitel: Grundrechte

Vorbemerkungen zu Art. 9–18*

Materialien

Art. 11, 12–24 VE; Prot. Plenum, S. 917 ff., 938 ff., 1025 ff., 1941 ff., 1990 ff., 2015, 2085 ff., 2095 ff., 2448 ff., 2470 ff., 2824 ff., 2889 ff., 2940 ff., 3282 ff.

Literatur

ACKERT RUDOLF, Stellung und Bedeutung der Grundrechte in der Kantonsverfassung, in: Materialien zur Zürcher Verfassungsreform, Bd. 5, S. 61 ff.; AUER/MALINVERNI/HOTTELIER, Bd. II, N. 6 ff.; BIAGGINI GIOVANNI, Bundesverfassung der Schweizerischen Eidgenossenschaft, Kurzkommentar, Zürich 2007; BIAGGINI GIOVANNI, Verfassungsvergleichung im Dienst der Verfassungserneuerung – Ein Blick auf Tendenzen und Besonderheiten im Verfassungsrecht anderer Kantone, in: Materialien zur Zürcher Verfassungsreform, Bd. 2, S. 105 ff.; BIAGGINI GIOVANNI, Die neue Zürcher Kantonsverfassung: Gesamtbetrachtung im Lichte der Verfassungsfunktionen, in: Materialien zur Zürcher Verfassungsreform, Bd. 9, S. 175 ff.; BIAGGINI GIOVANNI/GUTMANNSBAUER HEIDRUN, Die Bedeutung der Grundrechtsgarantien der basel-landschaftlichen Kantonsverfassung in der Verfassungsrechtsprechung, in: Giovanni Biaggini u.a. (Hrsg.), Staats- und Verwaltungsrecht des Kantons Basel-Landschaft, Bd. II, Liestal 2005, S. 11 ff.; BUSER, S. 155 ff.; EICHENBERGER, S. 55 ff.; HÄFELIN ULRICH, Die Grundrechte der schweizerischen Kantonsverfassungen, in: Richard Novak u.a. (Hrsg.), Föderalismus und die Zukunft der Grundrechte, Wien/Köln/Graz 1982, S. 43 ff.; HÄFELIN/HALLER, N. 209 ff.; HAUCK WERNER/NUSSBAUMER MARKUS, Die Sprache in der neuen Zürcher Verfassung, in: Materialien zur Zürcher Verfassungsreform, Bd. 9, S. 157 ff.; GIACOMETTI, S. 151 ff.; KÄGI-DIENER REGULA, Grundrechtsschutz durch die Kantone, in: Verfassungsrecht der Schweiz, § 53; KÄLIN WALTER, Das Verfahren der staatsrechtlichen Beschwerde, 2. Aufl., Bern 1994; KIENER REGINA/KÄLIN WALTER, Grundrechte, Bern 2007; KLEY ANDREAS, Der Grundrechtskatalog der nachgeführten Bundesverfassung – ausgewählte Neuerungen, ZBJV 135/1999, S. 301 ff.; KOLLER HEINRICH, Der Einleitungstitel und die Grundrechte in der neuen Bundesverfassung, AJP 1999, S. 656 ff.; KURER MARTIN, Die kantonalen Grundrechtsgarantien und ihr Verhältnis zum Bundesrecht, Diss., Zürich 1987; LUISIER BRODARD CHRISTELLE, Les droits fondamentaux, in: Moor (Hrsg.), Constitution vaudoise, S. 91 ff.; MAHON PASCAL, La Constitution vaudoise dans le contexte du mouvement constitutionnel suisse du dernier quart de siècle, in: Moor (Hrsg.) Constitution vaudoise, S. 1 ff.; MISIC ALEXANDER, Der Grundrechtskatalog, in: Thomas Fleiner u.a. (Hrsg.), Die neue schweizerische Bundesverfassung: Föderalismus, Grundrechte, Wirtschaftsrecht und Staatsstruktur, Basel 2000, S. 71 ff.; MÜLLER GEORG, Zur Problematik der Drittwirkung von kantonalen Grundrechtsgarantien, ZBJV 129/1993, S. 153 ff. (Drittwirkung); MÜLLER JÖRG PAUL, Grundrechte, in: Kälin/Bolz, S. 29 ff. (Handbuch); MÜLLER JÖRG PAUL, Grundrechte in der Schweiz; MÜLLER JÖRG PAUL, Allgemeine Bemerkungen zu den Grundrechten, in: Verfassungsrecht der Schweiz, § 39 (Allgemeine Bemerkungen); NUSPLIGER, S. 26 f.; PETERS ANNE, Einfüh-

---

* Der Verfasser dankt folgenden Mitarbeiterinnen und Mitarbeitern, die in unterschiedlichen Funktionen und Phasen an der Entstehung der Kommentierung des Kapitels «Grundrechte» beteiligt waren: lic.iur. Anja Tschirky, cand.iur. Claude Sutter, lic.iur. Sandra Zipperlen, lic.iur. Nicole Oberholzer. Ein besonderer Dank geht an Herrn Sutter, der die Materialien akribisch aufgearbeitet hat, sowie an Frau Oberholzer für Textentwürfe zu Art. 17 und Art. 18.

rung in die Europäische Menschrechtskonvention, München 2003; SCHEFER MARKUS, Die Kerngehalte von Grundrechten: Geltung, Dogmatik, inhaltliche Ausgestaltung, Bern 2001 (Kerngehalte); SCHEFER MARKUS, Gefährdung von Grundrechten – Eine grundrechtsdogmatische Skizze, Basler Festgabe zum Schweizerischen Juristentag 2004, Basel/Bern 2004, S. 441 ff.; SCHEFER MARKUS, Grundrechte in der Schweiz; SCHINDLER BENJAMIN, Zu Begriff und Verständnis der «Grundrechte» in der neuen Bundesverfassung, in: Thomas Gächter/Martin Bertschi (Hrsg.), Neue Akzente in der «nachgeführten» Bundesverfassung, Zürich 2000, S. 51 ff.

Rechtsquellen

– Art. 7–36 BV
– Art. 9–18 KV

Übersicht Note
1. Bedeutung und Funktion 1
  1.1. Begriffliches 2
  1.2. Funktionen und Dimensionen der Grundrechte 7
2. Grundrechte in der bundesstaatlichen Ordnung 8
  2.1. Bundesverfassungs- und völkerrechtlicher Rahmen 8
  2.2. Kantonale Spielräume und Optionen 10
3. Zum Grundrechtskatalog der Zürcher Verfassung 16
  3.1. Werdegang 16
  3.2. Zur Systematik 20
  3.3. Besonderheiten und praktische Bedeutung 23

1. Bedeutung und Funktion

1 Grundrechte sind elementare Bestandteile jeder rechtsstaatlich-demokratischen Ordnung. Nach neuerem Verfassungsverständnis gehört ein (mehr oder weniger ausführlicher) Grundrechtskatalog zum wesentlichen Inhalt einer Verfassung. Der Grundrechtskatalog wird meist prominent platziert und vielfach als eine Art «Herzstück»[1] verstanden.

1.1. Begriffliches

2 Als *Grundrechte* (droits fondamentaux, diritti fondamentali) bezeichnet man die – gewöhnlich in einer Verfassung verurkundeten – einklagbaren Rechte des Individuums, die wegen ihres Inhalts als *grundlegend* eingestuft werden und einen *erhöhten* (Rechts-)*Schutz* geniessen[2]. Die Grundrechte verpflichten in erster Linie den *Staat*. Dieser stellt nicht nur die traditionelle Hauptgefahrenquelle für die Grundrechte dar, sondern steht unter den Bedingungen moderner Verfas-

---
[1] Vgl. Prot. Plenum, S. 1025.
[2] Vgl. Art. 36 BV (Anforderungen an die Einschränkung); Art. 189 BV (Rechtsschutz).

sungsstaatlichkeit zunehmend auch in der Rolle des aktiven (Be-)Schützers der Grundrechte (N. 11 ff. zu Art. 10).

Der Begriff «Grundrecht» ist nicht ganz deckungsgleich mit dem Begriff des *«verfassungsmässigen (Individual-)Rechts»*. Verfassungsmässige Rechte sind Rechtspositionen mit Individualbezug, die im Rahmen der Verfassungsgerichtsbarkeit geltend gemacht werden können (Art. 189 BV, Art. 95 und Art. 116 BGG). Die Konkretisierung des weder in der BV noch in der Gesetzgebung näher definierten traditionsreichen Begriffs obliegt dem Bundesgericht. Gemäss Rechtsprechung zählen dazu nicht nur die hergebrachten Grundrechte (der Bundesverfassung und der kantonalen Verfassungen), sondern auch weitere Verfassungsnormen mit individualschützender Funktion, so der Vorrang des Bundesrechts vor dem kantonalen Recht (Art. 49 BV), das Verbot der interkantonalen Doppelbesteuerung (Art. 127 BV), das abgabenrechtliche und das strafrechtliche Legalitätsprinzip[3] sowie – als ein gemäss Bundesgericht durch alle Kantonsverfassungen (explizit oder implizit) gewährleistetes verfassungsmässiges Recht der *kantonalen Ebene* – der Grundsatz der Gewaltenteilung (N. 12 f. zu Art. 3). 3

Von *Menschenrechten* (Art. 10) ist gewöhnlich im Zusammenhang mit den durch das internationale Recht gewährleisteten fundamentalen Rechten die Rede (wie sie insb. in der «Konvention zum Schutze der Menschenrechte und Grundfreiheiten» vom 4. November 1950, EMRK, enthalten sind). Gelegentlich wird der Begriff auch verwendet, um deutlich zu machen, dass ein Grundrecht unabhängig von der Staatsangehörigkeit allen Menschen zusteht («Jedermannsrechte»)[4], oder um zu unterstreichen, dass ein Recht nur natürlichen Personen, nicht jedoch juristischen Personen zusteht. 4

Von den unmittelbar anwendbaren und gerichtlich einklagbaren Grundrechten zu unterscheiden sind die – mitunter als «Sozialrechte» («Recht» auf Arbeit, Wohnung usw.)[5] bezeichneten – *Sozialziele*. Dabei handelt es sich um sozialpolitisch motivierte Anliegen grundlegenden Charakters. Sie begründen Handlungsverpflichtungen des Staates, lassen aber keine unmittelbaren Ansprüche auf staatliche Leistungen entstehen (vgl. Art. 19 Abs. 4 KV; Art. 41 Abs. 4 BV). 5

---

[3] Vgl. z.B. BGE 130 I 1 ff., 5; BGE 130 I 82 ff., 86; BGE 130 I 205 ff., 210; BGE 128 I 317 ff., 321; BGE 118 Ia 137 ff., 139. – Zu den Kriterien der Anerkennung vgl. BGE 131 I 366 ff., 368 («justiziable Rechtsansprüche, die nicht ausschliesslich öffentliche Interessen, sondern auch Interessen und Schutzbedürfnisse des Einzelnen betreffen und deren Gewicht so gross ist, dass sie nach dem Willen des demokratischen Verfassungsgebers verfassungsrechtlichen Schutzes bedürfen», unter Berufung auf KÄLIN, S. 67).

[4] Der weniger gebräuchliche Begriff «Bürgerrechte» signalisiert demgegenüber, dass ein Grundrecht nur den Staatsangehörigen zusteht (vgl. z.B. Art. 24 BV).

[5] Vgl. z.B. § 17 KV BL.

6   In der Rechtslehre werden die Grundrechte häufig weiter unterteilt in[6]:
    – *Freiheitsrechte*, die eine (natürliche oder rechtlich geschaffene) Freiheitssphäre gegen übermässige Eingriffe des Staates schützen und von diesem typischerweise ein Unterlassen oder Dulden verlangen (vgl. z.B. Art. 15);
    – *rechtsstaatliche Garantien*, welche elementare Aspekte der Gerechtigkeit bzw. der (Verfahrens-)Fairness verbürgen (vgl. z.B. Art. 18);
    – *soziale Grundrechte*, welche – anders als die Sozialziele (N. 5) – dem Einzelnen einen direkt einklagbaren Anspruch auf bestimmte staatliche Leistungen verschaffen (vgl. z.B. Art. 11 Abs. 4, Art. 14);
    – *politische Rechte*, welche bestimmte Formen der Partizipation am politischen Entscheidungsprozess (Wahlen, Sachentscheidungen) sowie die freie Willensbildung und die unverfälschte Stimmabgabe verbürgen (vgl. Art. 34 BV).

    Solche Unterteilungen sind nützliche Orientierungshilfen, widerspiegeln jedoch die komplexe verfassungsrechtliche Situation nur bedingt. So leiten sich aus Freiheitsrechten u.U. gewisse Leistungsansprüche oder Gleichbehandlungsgebote ab[7].

1.2. Funktionen und Dimensionen der Grundrechte

7   Grundrechte begründen nach heute vorherrschendem Grundrechtsverständnis nicht nur einklagbare Rechte des Individuums, sondern haben darüber hinaus auch die Bedeutung von *fundamentalen Ordnungsprinzipien* bzw. objektiven Grundsatznormen, welche die gesamte Rechtsordnung durchdringen (vgl. Art. 35 BV) und staatliche Handlungsverpflichtungen auslösen können[8]. In der neueren Rechtslehre[9] wird unterschieden zwischen einer:
    – *justiziablen Schicht:* Grundrechte als einklagbare subjektive Rechte des Individuums auf Unterlassung, allenfalls Duldung oder Leistung;
    – *programmatischen Schicht*: Grundrechte als Gesetzgebungsaufträge;
    – *flankierenden* (indirekt justiziablen) *Schicht*: Grundrechte als Ausgangspunkt grundrechtskonformer Auslegung und Konkretisierung des einfachen (Zivil-, Straf-, Verwaltungs-)Rechts.

    Das eingängige, aber etwas statische Bild der «Schichten» wird der Grundrechtswirklichkeit insofern nicht ganz gerecht, als die verschiedenen Gehalte einander durchdringen und häufig fliessende Übergänge aufweisen. Objektive

---

[6] Vgl. z.B. AUER/MALINVERNI/HOTTELIER, Bd. II, N. 6 ff.; HÄFELIN/HALLER, N. 209 ff.
[7] Vgl. z.B. BGE 123 I 221 ff., 235 (Anspruch des Gefangenen auf ärztliche Betreuung als Ausfluss der persönlichen Freiheit).
[8] Zur Figur der grundrechtlichen Schutzpflichten vgl. BGE 126 II 300 ff., 314; BGE 119 Ia 28 ff., 31; SCHEFER, Kerngehalte, S. 235 ff.; J.P. MÜLLER, Allgemeine Bemerkungen, § 39 Rz. 36 ff.
[9] Zur «Schichtenlehre» zusammenfassend J.P. MÜLLER, Allgemeine Bemerkungen, § 39 Rz. 29 ff.

Grundrechtsgehalte können sich mit der Zeit zu einklagbaren Rechten verdichten, die wiederum das Verständnis des konkreten Grundrechts als Grundsatznorm mitprägen. Angesichts solcher Wechselwirkungen dürfte es angemessener sein, von verschiedenen *Grundrechtsdimensionen* zu sprechen.

2. Grundrechte in der bundesstaatlichen Ordnung

2.1. Bundesverfassungs- und völkerrechtlicher Rahmen

Eines der Kennzeichen der neuen Bundesverfassung ist ihr umfangreicher, im internationalen Vergleich durchaus innovativer Grundrechtskatalog, der nicht nur für den Bund, sondern auch für die Kantone und ihre Behörden bindend ist (Art. 35 BV).

Wie sich aus der Entstehungsgeschichte ergibt, ist der Grundrechtskatalog der Bundesverfassung entwicklungsoffen: Das Bundesgericht soll auch künftig die Möglichkeit haben, den Katalog gemäss den Grundsätzen bisheriger Praxis weiterzuentwickeln, sei es durch *Fortbildung* bestehender Garantien (z.B. Anerkennung neuer Teilgehalte), sei es durch *Anerkennung ungeschriebener Grundrechte*[10]. Allerdings wird man in unmittelbarer zeitlicher Nähe zur aktualisierenden Kodifikation (1999) nicht gleich mit grösseren richterlichen Innovationen zu rechnen haben.

2.2. Kantonale Spielräume und Optionen

Die Kantone sind nicht von Bundesrechts wegen verpflichtet, in ihrer Kantonsverfassung einen Grundrechtskatalog vorzusehen oder eigene (kantonale) Grundrechte zu garantieren[11].

Kantonales Recht muss sich im Rahmen des Bundes- und des Völkerrechts bewegen (Art. 5 Abs. 4 BV und Art. 49 BV). Entsprechend sind die Kantone zur Beachtung der Grundrechte der Bundesverfassung und der für die Schweiz verbindlichen Garantien des internationalen Rechts verpflichtet; dies gilt unabhängig davon, ob die Kantonsverfassung dies ausdrücklich bekräftigt (so Art. 10) oder nicht. Im Falle eines Konfliktes geht Bundesrecht entgegenstehendem kantonalem Recht vor. Dies gilt auch für die kantonalen Grundrechte. Diese haben

---

[10] Zu den Kriterien BGE 121 I 367 ff., 370 f.; BGE 100 Ia 392 ff., 400 f.
[11] Spezialfälle bilden die gemäss Art. 51 BV minimal vorzusehenden politischen Rechte sowie der Grundsatz der Gewaltenteilung (vgl. N. 9 zu Art. 3). – Die Frage, ob auf kantonaler Ebene eine Anerkennung ungeschriebener (kantonaler) Grundrechte zulässig ist, wird in der Bundesverfassung nicht direkt angesprochen. Die Anerkennung erscheint nicht ausgeschlossen, auch wenn man die speziell gelagerte Gewährleistungsproblematik (Art. 51 BV) im Auge behalten muss.

dem Gesetzesrecht des Bundes zu weichen. Die kantonalen Grundrechte treten allerdings in der Praxis selten in direkten Konflikt mit dem Bundesrecht[12]. Meist stellt sich hier eine andere Frage: jene nach der *eigenständigen Bedeutung*. Gemäss Rechtsprechung des Bundesgerichts kommt einer kantonalen Grundrechtsgarantie nur dann eine eigene Bedeutung zu, wenn sie «einen ausgedehnteren Schutzbereich aufweist als die entsprechende Norm im Bundesverfassungsrecht» oder wenn es sich um ein dort nicht gewährleistetes Recht handelt[13]. «Parallele» kantonale Grundrechte weisen in der Praxis oft kaum noch eigenständigen Gehalt auf.

12 Im Rahmen der kantonalen Verfassungstotalrevisionen der letzten Jahre wurde den Grundrechten regelmässig grosse Aufmerksamkeit zuteil. Für jene Kantone, die ihre Verfassung erst *nach* Inkrafttreten der neuen Bundesverfassung (1. Januar 2000) einer Totalrevision unterzogen[14], ergab sich eine neuartige Ausgangslage. Es gibt zwar auch nach Inkrafttreten der neuen Bundesverfassung Spielraum (und einige Beispiele) für kantonale Spezialitäten. Dazu gehören z.B. der Anspruch auf Zugang zu amtlichen Dokumenten (unter dem Vorbehalt entgegenstehender privater oder öffentlicher Interessen)[15]; der Anspruch auf Beihilfen für die Aus- und Weiterbildung über den Grundschulunterricht hinaus[16]; der Anspruch von Schulpflichtigen auf Unterstützung bei Benachteiligung wegen der Lage des Wohnortes, wegen Behinderung oder aus sozialen Gründen[17]; der Anspruch der Eltern auf familienergänzende Tagesbetreuungsmöglichkeiten[18]; das Petitionsrecht mit Antwortpflicht[19]. Dabei zeigen sich nicht zufällig gewisse Schwerpunkte in den Bereichen Bildung, Soziales und Persönlichkeitsentfaltung. Der Spielraum für wirklich Eigenständiges ist aber seit Abschluss der Totalrevision der Bundesverfassung klein geworden.

13 Die Frage, wie unter diesen Rahmenbedingungen der Grundrechtskatalog auszugestalten sei, wurde in den Kantonsverfassungen der jüngsten Generation unterschiedlich beantwortet[20]. In manchen Kantonen entschied man sich – dem Vorbild vieler Totalrevisionen der 1980er und 1990er Jahre folgend – gleichwohl für einen ausführlichen eigenen Grundrechtskatalog (dessen rechtliche und praktische Tragweite allerdings zwangsläufig über weite Strecken beschei-

---

[12] Vgl. immerhin G. MÜLLER, Drittwirkung, S. 153 ff.
[13] BGE 121 I 200 ff.; Vgl. auch BUSER, S. 158; NUSPLIGER, S. 26.
[14] Neuenburg (2000), St. Gallen (2001), Schaffhausen (2002), Waadt (2002), Graubünden (2003), Freiburg (2004), Basel (2005) und Luzern (2007). Hinzustossen will Schwyz.
[15] Vgl. z.B. Art. 17 KV ZH und Art. 17 Abs. 3 KV BE.
[16] Vgl. z.B. Art. 3 lit. c KV SG; Art. 37 KV VD.
[17] Vgl. Art. 3 lit. b KV SG.
[18] Vgl. § 11 Abs. 2 lit. a KV BS.
[19] Vgl. z.B. Art. 26 KV SO; Art. 20 KV BE; Art. 8 Abs. 2 lit. l KV TI; Art. 31 Abs. 2 Satz 2 KV VD; Art. 3 lit. d KV SG; Art. 16 KV ZH; § 10 Abs. 1 KV BL. Einzelne Verfassungen verlangen, dass die Behörden «möglichst rasch» antworten (so Art. 16 KV AR).
[20] Vgl. MAHON, S. 1 ff.; BUSER, S. 156 f.

den ist)²¹. Die neue Bündner Verfassung verzichtet demgegenüber ganz auf eine Aufzählung von Grundrechten; stattdessen wird pauschal auf die Gewährleistungen in der Bundesverfassung und in den für die Schweiz verbindlichen internationalen Abkommen verwiesen²². Eine mittlere Lösung findet sich in der neuen St. Galler Verfassung, wo zunächst (gewissermassen *pro memoria*) die Bundesgrundrechte stichwortartig aufgelistet werden und dann durch einige mehr oder weniger selbstständige kantonale Garantien ergänzt werden.²³

Auch die neue Zürcher Verfassung wählt einen Mittelweg: Nach einem Bekenntnis zum Grundsatz der Menschenwürde (Art. 9) wird (pauschal) auf die Garantien des eidgenössischen und des massgeblichen internationalen Rechts verwiesen (Art. 10). Danach folgen acht Verfassungsartikel mit *kantonalen Grundrechten*, die den Bürgerinnen und Bürgern Ansprüche verschaffen wollen, die über das Bundesrecht hinausgehen (Art. 11–18). 14

Eine Arbeitsteilung im Bereich der Grundrechte ist übrigens nichts Neues. Sie bestand, wenn auch unter anderem Vorzeichen, bereits unter den Bundesverfassungen von 1848 und 1874. Beide begnügten sich mit der Gewährleistung einiger weniger – aus Bundessicht: neuralgischer – Grundrechte, während man die Gewährleistung weiterer Grundrechte (z.B. bis in die 1960er Jahre hinein die Eigentumsgarantie) den Kantonen überliess. 15

3. Zum Grundrechtskatalog der Zürcher Verfassung

3.1. Werdegang

Der Grundrechtskatalog der neuen Zürcher Kantonsverfassung ist das Ergebnis einer bewegten Geschichte, die hier nicht im Einzelnen nachgezeichnet werden kann²⁴. Die erste Phase der Arbeiten war vom Anliegen geprägt, einen umfangreichen Katalog zu schaffen, welcher auch die bereits durch das Bundesrecht (oder das Völkerrecht) gewährleisteten Rechte aufnimmt, um den Bürgerinnen und Bürgern einen möglichst vollständigen Überblick über die ihnen zustehenden grundlegenden Rechte vermitteln zu können. 16

---

[21] Vgl. Art. 9–37 KV VD (dazu LUISIER BRODARD, S. 91 ff.); Art. 8–32 KV FR; Art. 7–31 KV NE. Ähnlich einige unter der Bundesverfassung von 1874 entstandene Verfassungen: Vgl. §§ 7–24 KV AG; Art. 6–21 KV SO; Art. 9–29 KV BE; Art. 4–23 KV AR.
[22] Vgl. Art. 7 und 8 KV GR.
[23] Vgl. Art. 2 ff. KV SG. Ähnlich jetzt auch § 11 KV BS.
[24] Vgl. Prot. Plenum, S. 1025 ff., 1941 ff., 1991 ff., 2095 ff., 2449 ff., 2824 ff., 2889 ff., 3282 ff.

17 Von diesem Ansatz rückte der Verfassungsrat im Mai 2003 ab. Nachdem ein von der SVP und der EVP gestellter Systemantrag, der einen anders gegliederten[25] und vor allem schlankeren Grundrechtskatalog verlangte, in der Sitzung vom 3. Oktober 2002 noch abgelehnt worden war[26], setzte sich in der Winterthurer Sitzung vom 8. Mai 2003 nach eingehender Debatte ein von der FDP eingebrachter Systemantrag durch[27]. Der Antrag verlangte im Wesentlichen, dass die der Bundesverfassung entsprechenden Grundrechte lediglich aufgelistet und nur die über die Bundesverfassung hinausgehenden Bestimmungen im Detail wiedergegeben werden[28]. Es oblag nun der Kommission 1 und der Redaktionskommission (sowie ihren Experten), auf der Grundlage der vom Verfassungsrat bereinigten einzelnen Grundrechtsnormen[29] den Systemantrag umzusetzen. In der Sitzung vom 26. Juni 2003 wurde die neue Vorlage beraten und mit einigen Änderungen verabschiedet[30]. Zu den Änderungen gehörte die Streichung der Bestimmungen betreffend die Gewährleistung der «Chancengleichheit beim Zugang zu Tätigkeiten im öffentlichen Dienst»[31], betreffend die Gewährleistung der elterlichen Erziehungsverantwortung[32] und betreffend Datenschutz[33].

18 Das Grundrechts-Kapitel des *Vernehmlassungsentwurfs* enthielt einen kurzen ersten Abschnitt mit einer Bestimmung über die Menschenwürde (Art. 9 VE) und einer Bestimmung über die «Gewährleistung der Grundrechte» (Art. 10 VE), welche in redaktionell leicht veränderter Form zum heutigen Art. 10 wurde. In einem zweiten Abschnitt folgten die «Grundrechte nach Bundesverfassung» (Titel vor Art. 11 VE). Art. 11 VE bestimmte zunächst, dass die Grundrechte der Bundesverfassung «auch als kantonale Grundrechte gewährleistet» sind. Darauf folgte eine mit «namentlich» eingeleitete Aufzählung der Sachüberschriften von Art. 8–34 BV (Art. 11 lit. a–z)[34]. Die Liste der «Grundrechte des kantonalen Rechts» (Titel vor Art. 12 VE) umfasste neben den heute in Art. 11–18 gewährleisteten Grundrechten noch eine Reihe von weiteren Garantien, die im späteren Verlauf der Beratungen fallen gelassen wurden[35]:

---

[25] Grundrechte nach Bundesverfassung, Grundrechte nach Kantonsverfassung, Verfahrensgarantien, Verwirklichung der Grundrechte, Einschränkung von Grundrechten, Verweis auf die Geltung der Sozialziele nach der Bundesverfassung.
[26] Vgl. Prot. Plenum, S. 938 ff., 952 (mit 48 zu 35 Stimmen).
[27] Vgl. Prot. Plenum, S. 2015 (mit 52 zu 41 Stimmen).
[28] Vgl. Prot. Plenum, S. 1991.
[29] Vgl. Prot. Plenum, S. 2095 ff.
[30] Vgl. Prot. Plenum, S. 2448 ff.
[31] Art. 14 der Vorlage; vgl. Prot. Plenum, S. 2470 (mit 42 zu 42 Stimmen und Stichentscheid der Ratspräsidentin).
[32] Art. 17 der Vorlage; vgl. Prot. Plenum, S. 2474 (mit 40 zu 37 Stimmen).
[33] Art. 24 der Vorlage; vgl. Prot. Plenum, S. 2483 (mit 48 zu 36 Stimmen).
[34] Das Problem, dass für 27 bundesrechtliche Garantien nur 26 Buchstaben zur Verfügung standen, wurde dahingehend gelöst, dass man die Garantien in gerichtlichen Verfahren (Art. 30) und im Strafverfahren (Art. 32) zu einer Rubrik zusammenfasste (Art. 11 lit. w VE).
[35] Dies in den meisten Fällen mit der Begründung, dass die fraglichen Garantien durch die Bundesverfassung zwar nicht ausdrücklich gewährleistet werden, aber der Sache nach heute im Wesentlichen in der

- Recht auf Unversehrtheit (Art. 12 VE);
- Unterrichtsfreiheit (Art. 17 VE);
- Niederlassungsfreiheit (Art. 19 VE);
- Demonstrationsfreiheit (Art. 21 VE);
- Rechtsweggarantie (Art. 23 VE).

Nach Abschluss der Vernehmlassung setzte sich die Auffassung durch, dass auf eine stichwortartige Aufzählung der Bundesgrundrechte (Art. 11 VE) verzichtet werden kann[36]. Bei den einzelnen Garantien des kantonalen Rechts kam es zu einigen Streichungen (N. 18) sowie zu verschiedenen – teils redaktionellen, teils inhaltlichen – Änderungen bei den verbleibenden Garantien[37].

3.2. Zur Systematik

Der Grundrechtskatalog verzichtet, im Unterschied zur Vernehmlassungsvorlage und zu früheren Entwürfen, auf eine Untergliederung. Dies mag auf den ersten Blick unbefriedigend erscheinen, doch entgeht die Zürcher Verfassung damit – wie die neue Bundesverfassung – der zwar beliebten, aber doch etwas künstlichen «Gruppenbildung» bei den Grundrechten (N. 6)[38]. Durch die Platzierung der allgemeinen Bestimmung über die «Gewährleistung der Grundrechte» (Art. 10) an zweiter Stelle im Grundrechtskatalog wird die Bestimmung zur Menschenwürde (Art. 9) von den übrigen Grundrechten (Art. 11 ff.) etwas abgehoben. Dadurch wird die überragende (und überdachende) Rolle der Menschenwürde noch stärker betont. Der «Allgemeine Teil» der Grundrechtslehren (Verwirklichung und Einschränkung der Grundrechte) wird durch Verweis auf die Bundesverfassung gewissermassen ausgelagert (zur Tragweite N. 10 ff. zu Art. 10).

Wie in der Bundesverfassung fehlt auch in der neuen Kantonsverfassung eine allgemeine Regelung zur Frage der *Grundrechtsträger*. Diese gilt es von Grundrecht zu Grundrecht gesondert zu ermitteln. Im Allgemeinen handelt es sich um Rechte, die allen natürlichen Personen (unabhängig von ihrer Staatszugehörigkeit) zustehen, manche schützen auch die juristischen Personen des Privatrechts (Art. 14–18). Auf einzelne können sich wohl auch juristische Personen des öffentlichen Rechts berufen (z.B. auf gewisse Teilgehalte des Art. 18). Der Normwortlaut allein ist kein durchweg verlässlicher Indikator.

Bundesverfassung enthalten sind (bzw. im Fall der Rechtsweggarantie bald enthalten sein werden; vgl. Prot. Plenum, S. 2940; siehe jetzt Art. 29a BV, in Kraft seit dem 1. Januar 2007).

[36] Vgl. Prot. Plenum, S. 2889 ff.
[37] Vgl. dazu die Erläuterungen zu den einzelnen Bestimmungen des Grundrechtskapitels (Art. 9–18).
[38] Die «Gruppenbildung» wird der Mehrdimensionalität, die bei den meisten Einzelgrundrechten zu beobachten ist, nicht gerecht.

22 Aus der Reihenfolge der einzelnen kantonalen Grundrechte lässt sich keine Rangordnung ableiten. Sie sind mehr oder weniger thematisch geordnet, dies in einer Abfolge, die sich an den Grundrechtskatalog der Bundesverfassung anlehnt.

3.3. Besonderheiten und praktische Bedeutung

23 Der kantonalzürcherische Grundrechtskatalog umfasst Grundrechte, die man auch in einigen anderen Kantonsverfassungen antrifft (N. 12), wie
   – das Recht aller Menschen, die ihnen gemässe Form des Zusammenlebens zu wählen (Art. 13);
   – das Recht auf Gründung, Organisation und Besuch privater Bildungsstätten (Schulfreiheit, Art. 15);
   – den Anspruch darauf, dass Petitionen geprüft und innert einer bestimmten Frist beantwortet werden (Art. 16);
   – das Recht auf Zugang zu amtlichen Dokumenten (Art. 17).

Im Vergleich mit anderen neueren Grundrechtskatalogen (N. 12) umfasst die neue Zürcher Verfassung aber auch einige Spezialitäten, welche die bereits vielfältige schweizerische «Verfassungslandschaft» durch neuartige Elemente bereichert haben. Zu diesen *Besonderheiten* (die zum Teil bereits Schule gemacht haben) gehören:
   – die ausdrückliche Nennung der sexuellen Orientierung und der genetischen Merkmale im Katalog der Diskriminierungskriterien (Art. 11 Abs. 2)[39];
   – der Anspruch von Menschen mit Behinderungen auf Zugang zu öffentlichen Bauten, Anlagen, Einrichtungen und Leistungen (Art. 11 Abs. 4)[40];
   – die ausdrückliche Nennung der Gebärdensprache als Teilgehalt der Sprachenfreiheit (Art. 12) und
   – das allgemeine Recht auf Bildung (Art. 14)[41], dessen Tragweite allerdings noch nicht restlos geklärt ist.

Verzichtet hat der Verfassungsrat auf eine besondere Nennung der Demonstrationsfreiheit und des Anspruchs jedes Menschen auf *psychische* Unversehrtheit, weil man davon ausging, dass diese Rechte – die in der Bundesverfassung nicht ausdrücklich genannt, jedoch mitgarantiert werden – dank der Rechtsprechung des Bundesgerichts ausreichend geschützt sind.

24 Die Zürcher Lösung scheint auf den ersten Blick den Nachteil zu haben, dass die Bürgerinnen und Bürger, wenn sie sich ein vollständiges Bild über die ih-

---

[39] So inzwischen auch § 8 Abs. 2 KV BS.
[40] So inzwischen auch § 8 Abs. 3 KV BS.
[41] Vgl. immerhin die spezifischer formulierten § 28 Abs. 1 KV AG; Art. 15 KV SH; Art. 36 Ziff. 2 KV VD. Nicht ganz klar ist die Tragweite von § 11 Abs. 1 lit. n KV BS.

nen zustehenden Grundrechte verschaffen wollen, weitere Rechtsdokumente zu Rate ziehen müssen. Bei näherer Betrachtung zeigt sich indes, dass der Zürcher Grundrechtskatalog die Orientierungsfunktion eher stärkt, da für die Bürgerinnen und Bürger rascher und klarer ersichtlich wird, in welchen Bereichen ihnen die kantonale Verfassung *weiter gehende* Rechte einräumen will. Ob die Zürcher «Spezialitäten» allerdings wirklich durchweg zusätzliche Garantien beinhalten (oder aber nur vordergründig einen «Mehrwert» schaffen), muss im Einzelfall sorgfältig geprüft werden[42]. In einigen Fällen handelt es sich wohl eher um eine «Vertextlichung» bereits bestehender Bundesgarantien, so z.B. beim grundrechtlichen Schutz der Gebärdensprache (Art. 12).

Eine andere Frage ist, wie stark die kantonalen (Zusatz-)Grundrechtsgarantien in der kantonalen *Rechtsprechungspraxis* präsent sein werden. Dies lässt sich schwer vorhersagen. Erfahrungen in anderen Kantonen zeigen, dass kantonale Grundrechte im Alltag der Rechtsanwendung eher ein Mauerblümchen-Dasein fristen[43]. Die Gründe dafür sind vielfältig – und nicht neu. Bereits Anfang der 1980er Jahre – d.h. zu einer Zeit, als die Rahmenbedingungen für kantonale Grundrechte noch günstiger waren – gelangte ULRICH HÄFELIN zum Schluss, dass es den Kantonen nicht gelungen sei, eine eigenständige kantonale Grundrechtspraxis zu entwickeln[44]. In der Rechtsprechung der kantonalen Gerichte (und des Bundesgerichts[45]) finden kantonale Grundrechtsgarantien nur wenig Nachhall. Es scheint, dass die in kantonalen Verfassungen garantierten Grundrechte (wie die Kantonsverfassungen insgesamt) es nicht leicht haben, sich im Bewusstsein der Rechtsgemeinschaft (unter Einschluss der Beschwerdeführer bzw. ihrer Rechtsvertreter) nachhaltig festzusetzen. 25

Wie sich die Dinge im Kanton Zürich entwickeln werden, ist schwer vorherzusagen. Im ersten Jahr seit Inkrafttreten der neuen Kantonsverfassung scheinen die kantonalen Grundrechte in der Rechtsprechung des Verwaltungsgerichts kaum eine Rolle gespielt zu haben[46]. Dies mag damit zusammenhängen, dass substanzielle neue Garantien – nämlich die Grundrechte gemäss Art. 11 Abs. 4, Art. 14 und Art. 17 – erst fünf Jahre nach dem Inkrafttreten der neuen Verfassung (d.h. ab dem 1. Januar 2011) unmittelbar geltend gemacht werden können (Art. 138). Es ist zu hoffen, dass die Zürcher Rechtspraxis den Grundrechtskatalog für sich entdeckt und fruchtbar macht. 26

---

[42] Vgl. dazu die Erläuterungen zu den einzelnen Grundrechten.
[43] Vgl. BIAGGINI/GUTMANNSBAUER, S. 11 ff. (mit weiteren Hinweisen); BOLZ, S. 574.
[44] Vgl. HÄFELIN, S. 43 f.
[45] Vgl. immerhin BGE 132 I 92 ff., 96 (zu Art. 18 Abs. 2 KV ZH).
[46] Vgl. immerhin Urteil des Verwaltungsgerichts vom 14. September 2006, VB 2006.250, E. 3.2 (beiläufige Bezugnahme auf Art. 11 KV); Urteil des Verwaltungsgerichts vom 21. Dezember 2006, VB 2006.357 (Minderheitsmeinung mit mehrfacher Bezugnahme auf Art. 11).

27 Selbst wenn sich diese Hoffnung nicht (oder nur teilweise) erfüllen sollte, wäre die im Verfassungsrat geleistete Arbeit aber nicht umsonst gewesen. Die Bedeutung der kantonalen Grundrechtsgarantien bemisst sich nicht allein nach ihrer unmittelbaren Präsenz in der täglichen Rechtspraxis. Wenn Gesetzgeber und Verwaltung sich im Alltag redlich um die Respektierung der Grundrechte bemühen, so besteht wenig Anlass, die Gerichte zu bemühen. Eine eher marginale Rolle der kantonalen Grundrechte in der Rechtsprechung muss mithin kein Zeichen mangelnder Grundrechtseffektivität sein. Kantonale Grundrechtsgarantien können zudem, selbst wenn sie in der Rechtsprechung wenig präsent sind, eine Signalwirkung entfalten: für andere Kantone, vielleicht sogar für den Bund, denn kantonale Garantien können bei der Anerkennung von ungeschriebenen Grundrechten des Bundes als Schrittmacher wirken[47] oder mithelfen, den Schutzgehalt von bestehenden Bundesgrundrechten auszuweiten. Es wäre erfreulich, wenn die Zürcher Verfassung bzw. Verfassungspraxis in dieser Weise auf die Bundesebene ausstrahlen könnte[48].

---

[47] Das Bundesgericht stellt nicht zuletzt darauf ab, ob die in Frage stehende (grundsätzlich schützenswerte) Position «bereits einer weitverbreiteten Verfassungswirklichkeit in den Kantonen» entspricht und von einem allgemeinen Konsens getragen wird (BGE 121 I 367 ff., 370 f.).

[48] So etwa im Bildungsbereich oder bei dem etwas schmalbrüstig geratenen Petitionsrecht gemäss Art. 33 BV.

Art. 9

Die Würde des Menschen ist unantastbar.

Schutz der Menschenwürde

Materialien

Art. 9 VE; Prot. Plenum, S. 107, 931 ff., 1024 ff., 2099 ff., 2332, 2448 ff., 2888 ff.

Literatur

HÄBERLE PETER, Die Menschenwürde als Grundlage der staatlichen Gemeinschaft, in: Josef Isensee/Paul Kirchhof (Hrsg.), Handbuch des Staatsrechts der Bundesrepublik Deutschland, Bd. II, 3. Aufl., Heidelberg 2004, S. 317 ff.; HERDEGEN MATTHIAS, Art. 1, in: Theodor Maunz u.a. (Hrsg.), Kommentar zum Grundgesetz (GG), München 1958 usw.; KLEY ANDREAS, Sakralisierung von Staatsrecht und Politik, in: Mélanges Pierre Moor, Bern 2005, S. 95 ff.; MAHON PASCAL, Art. 7, in: Aubert/Mahon; MASTRONARDI PHILIPPE, Der Verfassungsgrundsatz der Menschenwürde in der Schweiz, Berlin 1978; MASTRONARDI PHILIPPE, Menschenwürde als materielle «Grundnorm» des Rechtsstaates?, in: Verfassungsrecht der Schweiz, § 14 (Grundnorm); MASTRONARDI PHILIPPE, St. Galler Kommentar, Art. 7; MÜLLER JÖRG PAUL, S. 1 ff.; MÜLLER PETER, Die neue Strafbestimmung gegen Rassendiskriminierung – Zensur im Namen der Menschenwürde?, ZBJV 130/1994, S. 241 ff.; RHINOW RENÉ A., Die Bundesverfassung 2000, Basel/Genf/München 2000, S. 33, 98; SCHLAURI REGULA, Ist die Menschenwürde Grundrecht oder Verfassungsprinzip?, in: Thomas Gächter/Martin Bertschi (Hrsg.), Neue Akzente in der «nachgeführten» Bundesverfassung, Zürich 2000, S. 73 ff.; TANNER JAKOB, Historische Anthropologie, Hamburg 2004.

Rechtsquellen

– Art. 7 BV
– Vgl. auch Präambel KV

Übersicht	Note
1. Einleitung	1
2. Entstehungsgeschichte	3
3. Der bundes- und völkerrechtliche Rahmen	7
3.1. Rechtliche Grundlagen	7
3.2. Funktion der Menschenwürdegarantie gemäss Art. 7 BV	9
3.3. Rechtsnatur der Menschenwürdegarantie gemäss Art. 7 BV	11
4. Zur Tragweite der kantonalen Garantie	13

1. Einleitung

Die neue Zürcher Kantonsverfassung stellt – wie die Bundesverfassung und zahlreiche neuere Kantonsverfassungen[1] – dem Grundrechtskatalog ein ausdrückliches Bekenntnis zum besonderen Schutz der Würde des Menschen

---

[1] Vgl. z.B. § 9 KV AG; § 5 KV BL; Art. 10 KV UR; Art. 9 KV BE.

voran. Die apodiktische Formulierung («ist unantastbar») unterstreicht – noch etwas deutlicher als Art. 7 BV – die kardinale Bedeutung der Menschenwürde für ein freiheitlich-demokratisches Staatswesen.

2 Da die Menschenwürde bereits durch die Bundesverfassung (Art. 7 BV) und, in zentralen Aspekten, auch durch internationale Garantien (wie Art. 3 EMRK) geschützt wird, darf die normative Tragweite von Art. 9 nicht überschätzt werden. Immerhin ist nicht ausgeschlossen, dass die kantonale Garantie für das Individuum Bedeutung erlangen kann, wenn und soweit die Möglichkeit einer direkten Berufung auf die Bundesgarantie (Art. 7 BV) vom Bundesgericht verneint werden sollte; dies kann heute nicht abschliessend beurteilt werden, da die höchstrichterliche Rechtsprechung zu Art. 7 BV noch zu wenig gefestigt ist (N. 11).

2. Entstehungsgeschichte

3 Dass die neue Zürcher Kantonsverfassung auch eine Bestimmung über die Menschenwürde umfassen soll, war im Verfassungsrat unbestritten[2]. Einig war man sich auch darin, dass die Bestimmung an prominenter Stelle platziert werden soll[3], um den besonderen Charakter und Rang der Menschenwürde und die Wichtigkeit ihres Schutzes zu unterstreichen. Umstritten war, ob der Menschenwürde-Artikel in einem eigenen Abschnitt figurieren soll (so die Vernehmlassungsvorlage)[4] oder – ähnlich wie in der Bundesverfassung – «sozusagen als Leitstern»[5] den übrigen Bestimmungen zu den Grundrechten vorangestellt werden soll[6] (so die jetzt gültige Kantonsverfassung). Es wurden Befürchtungen geäussert, dass die Menschenwürde mit der zweitgenannten Lösung relativiert werde[7]. Solche Befürchtungen dürften indes unbegründet sein, zumal die herausragende Bedeutung der Menschenwürde im Verfassungsrat unbestritten blieb und Art. 9 zudem optisch – durch das «Dazwischenschieben» einer weiteren Bestimmung allgemeiner Natur (Art. 10) – von den Einzelgrundrechten abgehoben ist.

---

[2] Prot. Kl vom 3. Mai 2001, S. 5.
[3] Vgl. z.B. Prot. Kl vom 27. Juni 2001, S. 88 ff.; vom 8. November 2001, S. 141; vom 19. November 2001, S. 160; vom 20. Februar 2002, S. 249; vom 8. Juli 2002, S. 320.
[4] Vgl. Vernehmlassungsvorlage: Art. 9 VE als Teil des (zwei Artikel umfassenden) Abschnitts «Grundsätze» innerhalb des Grundrechtskapitels. Vgl. auch Prot. Kl vom 19. Mai 2003, S. 449. – Zur ursprünglich vorgesehenen zusätzlichen Nennung im Rahmen der Staatsziele vgl. N. 4.
[5] Prot. Plenum, S. 2891 (Votum Fricker, Kommissionspräsident).
[6] Zur Streichung der Abschnittstitel innerhalb des Grundrechtskatalogs vgl. Prot. RedK vom 23. März 2004, S. 569.
[7] Vgl. Prot. Kl vom 4. Juni 2003, S. 455 f.

Die Kommission 1 orientierte sich in ihren Beratungen einerseits am Wortlaut 4
der bundesverfassungsrechtlichen Garantie der Menschenwürde (Art. 7 BV)[8],
andererseits an der Formulierung gemäss Art. 1 des deutschen Grundgesetzes[9].
Am 7. März 2002 entschied sich die Kommission 1 für eine Art Synthese: «Die
Menschenwürde ist unantastbar. Sie ist zu achten und zu schützen.»[10] Die Aufnahme eines zusätzlichen Passus, wonach die «Entfaltung» der Menschenwürde
zu «fördern» bzw. zu «ermöglichen» sei, fand keine Mehrheit[11]. In der Plenumssitzung vom 24. Oktober 2002 wurde ein Antrag auf Ergänzung des Menschenwürde-Artikels um einen präzisierenden Zusatz abgelehnt[12]. Vorerst behielt man
die zusätzliche Erwähnung der Menschenwürde im Katalog der Staatsziele bei;
der später fallen gelassene Schutzauftrag lautete: «Kanton und Gemeinden schützen Freiheit und Menschenwürde.»[13] Auf Anregung der Redaktionskommission
beschloss die Kommission 1 am 13. März 2003, den zweiten Satz zu streichen.
Die Bestimmung lautete nun: «Die Würde des Menschen ist unantastbar.»[14] Als
Begründung wurde angeführt, dass das Wort «unantastbar» der Menschenwürde
«genug Gewicht» gebe und der Zusatz («Sie ist zu achten und zu schützen.»)
nicht erforderlich sei. Das Plenum folgte in der Sitzung vom 9. Mai 2003 der
Kommission[15]. Ein Antrag auf Übernahme der Formulierung gemäss Art. 7 BV
wurde abgelehnt[16]. Diese Lösung wurde vom Plenum am 26. Juni 2003 (ohne
Gegenantrag) bestätigt und als Art. 9 VE verabschiedet[17]. Dass der Staat eine
Schutzverpflichtung hat, kommt bereits in der Artikel-Überschrift «Schutz der
Menschenwürde» zum Ausdruck[18] – und ergibt sich im Übrigen auch aus dem
allgemeinen Grundrechtsverwirklichungsauftrag (Art. 9 i.V.m. Art. 10).

Nach Abschluss der Vernehmlassung fand in der Kommission 1 zwischenzeit- 5
lich die sog. «Schaffhauser Variante» eine Mehrheit: «Die Würde des Menschen
ist unantastbar. Sie bildet die Grundlage der gesamten Rechtsordnung.»[19] Mit

---

[8] Art. 7 BV lautet: «Die Würde des Menschen ist zu achten und zu schützen.»
[9] Der aus dem Jahr 1949 stammende Art. 1 Abs. 1 GG lautet: «Die Würde des Menschen ist unantastbar. Sie zu achten und zu schützen, ist Verpflichtung aller staatlichen Gewalt.» – Vgl. etwa den Vorschlag SubK 2: «Die Würde des Menschen ist unantastbar. Sie zu achten, zu schützen und ihre Entfaltung zu ermöglichen, ist Pflicht jeglicher staatlichen Gewalt» (Prot. K1 vom 19. November 2001, S. 159).
[10] Prot. K1 vom 7. März 2002, S. 269.
[11] Prot. K1 vom 13. April 2002, S. 286; vgl. auch Prot. K1 vom 18. Juli 2002, S. 363.
[12] Prot. Plenum, S. 1024 und S. 1036 (Antrag Wäffler: «Sie schützt auch Wehrlose wie Ungeborene, physisch und psychisch Kranke, Behinderte, Alte und Sterbende»).
[13] Prot. K1 vom 17. April 2002, S. 304. – Eine frühere Fassung nannte nur den «Kanton» (vgl. Prot. K1 vom 8. November 2001, S. 141 und 149, Textvorlage SubK 1).
[14] Prot. K1 vom 13. März 2003, S. 411.
[15] Prot. Plenum. S. 2099 (Art. 1.3.1 Abs. 1: «Die Würde des Menschen ist unantastbar»).
[16] Prot. Plenum, S. 2105 f.
[17] Prot. Plenum, S. 2448.
[18] Der ursprünglich vorgesehene Titel «Menschenwürde» (Prot. RedK vom 24. März 2003, S. 335; Prot. Plenum, S. 2099) wurde später erweitert zu «Schutz der Menschenwürde» (vgl. Prot. RedK vom 2. Juni 2003, S. 457). Vgl. auch die Präambel.
[19] Prot. K1 vom 5. Februar 2004, S. 526.

Beschluss vom 4. März 2004 kehrte die Kommission 1 zur «Doppelformel» (Satz 2: «Sie ist zu achten und zu schützen.») zurück[20]. In der Folge sprach sich die Redaktionskommission für die Streichung von Satz 2 aus, im Wesentlichen mit der Begründung, dass der zweite Satz «dem ersten die lapidare Wucht» nehme[21]. Der Verfassungsrat stellte sich schliesslich hinter die Formulierung gemäss Vernehmlassungsvorlage (Art. 9 VE).

6 Ein immer wieder erörtertes Anliegen war es, im Zusammenhang mit der Menschenwürde in allgemeiner Weise auf die *Menschenrechte* zu verweisen, welche der Konkretisierung der Menschenwürde dienen[22]. Dieses Anliegen fand (in unterschiedlichen Formulierungen) Niederschlag in einer Ergänzung des Menschenwürde-Artikels um einen zweiten Absatz, so zunächst in dem allgemeinen Bekenntnis zu den «unverletzlichen und unveräusserlichen Menschenrechten als Grundlage für die Entwicklung jeder menschlichen Gemeinschaft, des Friedens und der Gerechtigkeit in der Welt»[23]. In späteren Fassungen enthielt der Menschenwürde-Artikel in Abs. 2 einen Verweis auf die «Menschenrechte, die in den für die Schweiz verbindlichen Abkommen enthalten sind»[24], bzw. einen Verweis auf die «Menschenrechte, zu deren Schutz sich die Schweiz völkerrechtlich verpflichtet hat»[25]. Anträge auf Streichung eines solchen Zusatzes unterlagen im Plenum[26]. Das Anliegen fand schliesslich, in etwas anderer Form, Eingang in den heutigen Art. 10 Abs. 1. Die Idee, die Menschenwürde auch bei den Sozialzielen zu nennen, wurde nicht weiterverfolgt[27]. Abgelehnt wurde im Mai 2003 auch eine besondere Erwähnung der Menschenwürde in der Bestimmung über öffentliche Schulen[28].

3. Der bundes- und völkerrechtliche Rahmen

3.1. Rechtliche Grundlagen

7 Die neue Bundesverfassung widmet der Menschenwürde eine eigene Bestimmung an der Spitze des Grundrechtskatalogs mit folgendem Wortlaut: «Die Würde des Menschen ist zu achten und zu schützen» (Art. 7 BV). Die Bestimmung ist für die Verfassungsordnung des Bundes neuartig, nicht jedoch der Begriff «Menschenwürde». Dieser fand 1992 Eingang in die Bundesverfassung

---

[20] Prot. K1 vom 4. März 2004, S. 551.
[21] So der Sprachexperte der Bundeskanzlei (Werner Hauck); vgl. Prot. RedK vom 23. März 2004, S. 569.
[22] Vgl. Prot. Plenum, S. 107.
[23] So ein Vorschlag der SubK 2; vgl. Prot. K1 vom 19. November 2001, S. 159.
[24] Vgl. Prot. K1 vom 2. September 2002, S. 379; Prot. K1 vom 14. April 2003, S. 424.
[25] So die Fassung gemäss Plenums-Beschluss vom 9. Mai 2003 (Prot. Plenum, S. 2099).
[26] Prot. Plenum, S. 1024 und S. 1036, sowie Prot. Plenum, S. 2099 und S. 2105.
[27] Prot. K1 vom 29. Mai 2001, S. 73.
[28] Prot. Plenum, S. 2332.

von 1874 (Art. 24[novies] Abs. 2 aBV, heute Art. 119 BV)[29]. Das Bundesgericht hatte die Menschenwürde schon zuvor als «allgemeines Schutzobjekt und generelles Verfassungsprinzip» eingestuft[30] und einen Bezug zum (ungeschriebenen) Grundrecht der persönlichen Freiheit hergestellt[31].

Art. 7 BV lehnt sich – ungeachtet einiger bewusster Formulierungsunterschiede[32] – an die Menschenwürdeklausel des deutschen Grundgesetzes an[33]. Dies bedeutet nicht, dass die in Deutschland entwickelten Deutungen[34] (mitsamt den neuerdings ausgebrochenen Kontroversen[35]) unbesehen auf die schweizerische Rechtsordnung übertragen werden könnten. Die Menschenwürde und ihr Schutz sind seit längerer Zeit auch ein fundamentales Anliegen des Völkerrechts[36].

3.2. Funktion der Menschenwürdegarantie gemäss Art. 7 BV

Der grundsatzartig formulierte Art. 7 BV verurkundet ein *fundamentales Prinzip*, das die *gesamte Verfassungsordnung durchdringt*. Man kann Art. 7 BV als «materielle Grundnorm» des Rechtsstaates und der Demokratie begreifen[37]. Damit ist die Frage nach Stellung und Rechtsnatur des Menschenwürde-Artikels freilich erst teilweise beantwortet. Deutungsschwierigkeiten und -unsicherheiten resultieren daraus, dass es heute keine allgemein geteilte, insoweit «gültige» Auffassung darüber gibt, was den *Menschen* und was seine *Würde* ausmacht[38]. Verbreitet ist die Bezugnahme auf die Philosophie Immanuel Kants (1724–1804), welcher verlangt, dass der Mensch niemals bloss als Mittel (Objekt), sondern stets auch als Zweck (Subjekt) behandelt wird. Mit der Menschenwürdeklausel wird allerdings nicht eine bestimmte philosophische Fundierung der Verfassungsordnung verbindlich festgeschrieben. Das Bundesgericht hebt zu Recht den offenen Normgehalt hervor, der «nicht abschliessend positiv festgelegt werden» kann, weil es um das «letztlich nicht fassbare Eigentliche des Menschen und der Menschen» geht; ein zentrales Anliegen ist die «Anerken-

---

[29] Vgl. auch Art. 24[decies] aBV (heute Art. 119a).
[30] BGE 127 I 6 ff., 13 mit Verweis auf BGE 115 Ia 234 ff., 269; BGE 121 I 367 ff., 372.
[31] Vgl. z.B. BGE 124 I 40 ff., 42; vgl. auch BGE 126 I 112 ff., 114.
[32] Vgl. AB 1998 StR 32 ff.; AB 1998 NR 146 ff. (Sonderdruck).
[33] Vgl. Anm. 9.
[34] Vgl. BVerfGE 102, 370 (388 f.); BVerfGE 96, 375 (398 ff.); BVerfGE 50, 166 (175); BVerfGE 45, 187 (227); Überblick bei HÄBERLE, S. 338 ff.
[35] Vgl. insb. jene betreffend die Neudeutung durch HERDEGEN, Art. 1 GG.
[36] Vgl. insb. Art. 3 und 7 EMRK; Art. 10 UNO-Pakt II (SR 0.103.2); Art. 23, 37 und 40 des Übereinkommens vom 20. November 1989 über die Rechte des Kindes (SR 0.107).
[37] Vgl. MASTRONARDI, Grundnorm, S. 233 ff.
[38] Zum Bild des Menschen im geschichtlichen Wandel vgl. TANNER.

nung des Einzelnen in seiner eigenen Werthaftigkeit und individuellen Einzig- und allfälligen Andersartigkeit»[39].

10 Auch wenn die Menschenwürdeklausel eine philosophische Perspektive eröffnet[40], bleibt die Ermittlung von Gehalt und Tragweite von Art. 7 BV eine *juristische* Aufgabe, die – für die juristische Methode nicht ungewöhnlich – mit interdisziplinärer Unterstützung anzugehen ist. Dabei geht es nicht darum, den Begriff der Menschenwürde positiv festzulegen oder gar abschliessend zu definieren, was höchst problematisch wäre[41]. Im Vordergrund steht vielmehr ein Herantasten, das von konkreten Problemstellungen ausgeht und primär «negativ» fragt, was mit der Würde des Menschen *un*vereinbar ist[42]. Hilfreich ist die Überlegung, dass der Schutz der Menschenwürde nicht Aufgabe einer einzelnen Verfassungsnorm ist, sondern der Verfassungsordnung insgesamt, speziell der Grundrechte[43].

3.3. Rechtsnatur der Menschenwürdegarantie gemäss Art. 7 BV

11 Die Rechtsnatur der Garantie gemäss Art. 7 BV liegt nicht auf der Hand: Die Platzierung im Grundrechtskapitel der Bundesverfassung (und nicht etwa im ersten Titel) lässt an ein (subjektives) *Grundrecht* denken, die Formulierung eher an einen (objektiven) *Verfassungsgrundsatz*. Die Entstehungsgeschichte zeigt, dass aus Art. 7 BV jedenfalls ein einklagbarer (Individual-)Anspruch auf ein schickliches Begräbnis abgeleitet werden kann[44]. Auch sonst lassen die Materialien eher auf einen *grundrechtlichen* Charakter der Menschenwürdeklausel schliessen[45]. Die in der Lehre kontrovers diskutierte Frage der Rechtsnatur[46] wurde vom Bundesgericht – zu Recht – mit einem «Sowohl-als-auch» beantwortet[47]:
 – Art. 7 BV hat vorab die Bedeutung eines «Leitgrundsatzes»[48] für jegliche Staatstätigkeit. Der Grundsatz der Menschenwürde «bildet als innerster Kern zugleich die Grundlage der Freiheitsrechte und dient daher zu deren Auslegung und Konkretisierung»[49].

---

[39] BGE 132 I 49 ff., 55.
[40] Vgl. J.P. Müller, S. 4.
[41] Vgl. Mastronardi, St. Galler Kommentar, Art. 7 Rz. 38.
[42] Vgl. auch J.P. Müller, S. 5.
[43] Vgl. insb. Art. 8 Abs. 2 BV (dazu BGE 130 I 140 ff., 147), Art. 10 Abs. 2 BV (dazu BGE 131 I 16 ff., 18), Art. 10 Abs. 3 BV, Art. 12 BV (dazu BGE 131 I 166 ff., 179), Art. 25 Abs. 3 BV, Art. 29 Abs. 2 BV (dazu BGE 127 I 6 ff., 13), Art. 36 Abs. 4 BV. Vgl. auch Art. 41 BV, Art. 119 BV, Art. 119a BV.
[44] Früher Art. 53 Abs. 2 aBV (in der neuen BV nicht eigens nachgeführt). Vgl. BGE 125 I 300 ff., 306.
[45] Vgl. etwa Botschaft des Bundesrates, BBl 1997 I, S. 141.
[46] Überblick bei Mahon, Art. 7 N. 4.
[47] Vgl. BGE 127 I 6 ff., 14; BGE 132 I 49 ff., 55.
[48] BGE 132 I 49 ff., 55.
[49] BGE 127 I 6 ff., 14.

– Darüber hinaus kann der Menschenwürde für «besonders gelagerte Konstellationen [...] ein eigenständiger Gehalt zukommen»[50]; Art. 7 BV kann (auch) *einklagbare* Grundrechtsgehalte begründen und erweist sich insoweit als zumindest teilweise justiziabel[51].

Der Gehalt des Art. 7 BV widerspiegelt sich in zahlreichen speziellen Grundrechten, Verfassungsprinzipien und -geboten. Erst wenn diese «spezialisierten» Garantien nicht greifen, stellt sich die Frage, ob Art. 7 BV zusätzlichen Schutz bietet. Dies ist nicht leichthin anzunehmen[52].

Eine nicht zu unterschätzende Rolle kann Art. 7 BV, aus der Sicht der Rechtspraxis, bei der Konkretisierung und Handhabung anderer Grundrechte zufallen[53], sei es bei der Ermittlung des *Schutzbereichs,* sei es bei der Bestimmung von *Kerngehalten,* sei es bei der Beurteilung der *Schwere eines Grundrechtseingriffs,* sei es bei der Prüfung der Verhältnismässigkeit (Zumutbarkeit). Der Schutzauftrag aus Art. 7 BV kann auch von Bedeutung sein, wenn es um die *Rechtfertigung* grundrechtsbeeinträchtigender Massnahmen geht (Art. 36 Abs. 2 BV: öffentliches Interesse), beispielsweise einer Zwangsmedikation oder im Zusammenhang mit der Wissenschafts- oder Kunstfreiheit[54]. Schliesslich kann die Menschenwürdeklausel bei der Auslegung *einfachen Rechts* Bedeutung erlangen[55]. Der Straftatbestand der Rassendiskriminierung (Art. 261bis StGB) verschafft dem Grundsatz der Menschenwürde eine gewisse indirekte Drittwirkung[56].

12

4. Zur Tragweite der kantonalen Garantie

Ob die kantonale Garantie – über die bundes(verfassungs)rechtlichen Gehalte hinaus – eine eigenständige Bedeutung hat bzw. erlangen wird, ist zurzeit unsicher. Ungeachtet der Unterschiede im Normwortlaut spricht einiges dafür, dass der Zürcher Verfassungsgeber inhaltlich die bundesrechtliche Garantie übernehmen wollte. Theoretisch bleibt es möglich, dass die künftige Rechtspraxis zu Art. 9 der Menschenwürdeklausel eine über Art. 7 BV hinausgehende nor-

13

---

[50] So BGE 132 I 49 ff., 55; vgl. auch BGE 131 I 16 ff., 18, BGE 127 I 6 ff., 14; J.P. MÜLLER, S. 1 f.; RHINOW, S. 33, 98.
[51] Vgl. auch BGE 130 I 169 ff., 171 (Verbot des Schuldverhafts als Ausfluss der Menschenwürde und des Rechts auf persönliche Freiheit).
[52] Vgl. BGE 132 I 49 ff., 55, betreffend den Berner Wegweisungsartikel (wonach das Verbot, sich an einem bestimmten Ort in Alkohol konsumierenden Personenansammlungen aufzuhalten, nicht in eigenständiger Weise die Menschenwürde betrifft).
[53] Vgl. BGE 132 I 49 ff., 55; BGE 130 I 16 ff., 18; J.P. MÜLLER, S. 1.
[54] Vgl. BGE 130 I 16 ff., 18; MAHON, Art. 7 N. 7.
[55] Vgl. z.B. BGE 128 III 12 ff., 14 (betreffend den Einweisungsgrund der schweren Verwahrlosung gemäss Art. 397a Abs. 1 ZGB); BGE 128 IV 201 ff., 205 (betreffend den Straftatbestand der Pornografie gemäss Art. 197 StGB).
[56] Vgl. P. MÜLLER, S. 241 ff.

mative Tragweite beimisst. Erstrebenswert erscheint dies nicht, zumal es etwas merkwürdig anmuten würde, wenn man künftig unterscheiden müsste zwischen einer Menschenwürde gemäss Bundesverfassung und einer (inhaltlich damit nicht deckungsgleichen) Menschenwürde gemäss Zürcher Verfassungsrecht. Vorzuziehen ist eine harmonisierende Auslegung von Art. 7 BV und Art. 9 KV. In Betracht zu ziehen ist immerhin, dass man im Kanton Zürich dem Einzelnen die Möglichkeit zugesteht, sich *direkt* auf die Menschenwürdegarantie (Art. 9) zu berufen, selbst wenn das Bundesgericht die Justiziabilität des bundesverfassungsrechtlichen Pendants (Art. 7 BV) in einer entsprechenden Konstellation verneinen sollte. Im Übrigen sollte man allenfalls auftretenden Schutzdefiziten angesichts der Schwierigkeiten, den Gehalt der Menschenwürde genauer zu bestimmen (N. 9), besser durch Anerkennung neuer Teilgehalte von bestehenden Grundrechten (z.B. der persönlichen Freiheit) oder durch Anerkennung neuer ungeschriebener Grundrechte von geringerer Abstraktionshöhe begegnen[57].

---

[57] Anders MASTRONARDI, St. Galler Kommentar, Art. 7 Rz. 9, 18, 50 (der es vorzuziehen scheint, die Funktion eines «Auffanggrundrechts» weg von der persönlichen Freiheit hin zur Menschenwürde-Klausel zu verlagern).

Art. 10

Die Menschenrechte und Grundrechte sind gemäss der Bundesverfassung, den für die Schweiz verbindlichen internationalen Abkommen und der Kantonsverfassung gewährleistet.

Die Bestimmungen der Bundesverfassung über die Verwirklichung und die Einschränkung der Grundrechte gelten auch für die Grundrechte des kantonalen Rechts.

Gewährleistung der Grundrechte

Materialien

Art. 10 VE; Prot. Plenum, S. 107, 1024 ff., 1165 ff., 2099 ff., 2140 ff., 2448, 2889 ff.

Literatur

EGLI PATRICIA, Drittwirkung von Grundrechten, Diss., Zürich 2002; GRABENWARTER CHRISTOPH, Europäische Menschrechtskonvention, 2. Aufl., München/Wien 2005; HÄFELIN/MÜLLER/UHLMANN, Rz. 329 ff.; HÄNER EGGENBERGER ISABELLE, Grundrechtsgeltung bei der Wahrnehmung staatlicher Aufgaben durch Private, AJP 2002, S. 1144 ff.; KÄLIN WALTER, Grundrechte im Kulturkonflikt, Zürich 2000; KÄLIN WALTER/MALINVERNI GIORGIO/NOWAK MANFRED, Die Schweiz und die UNO-Menschenrechtspakte, 2. Aufl., Basel usw. 1997; KÄLIN WALTER/KÜNZLI JÖRG, Universeller Menschenrechtsschutz, Basel usw. 2005; MAHON PASCAL, Art. 35 und 36, in: Aubert/Mahon; MÜLLER GEORG, Legalitätsprinzip und kantonale Verfassungsautonomie, in: Festschrift Dietrich Schindler, Basel/Frankfurt a.M. 1989, S. 747 ff. (Legalitätsprinzip); MÜLLER GEORG, Zur Problematik der Drittwirkung von kantonalen Grundrechtsgarantien, ZBJV 129/1993, S. 153 ff. (Drittwirkung); MÜLLER JÖRG PAUL, Grundrechte, in: Kälin/Bolz, S. 49 ff. (Handbuch); MÜLLER JÖRG PAUL, Grundrechte in der Schweiz; MÜLLER JÖRG PAUL, Allgemeine Bemerkungen zu den Grundrechten, in: Verfassungsrecht der Schweiz, § 39 (Allgemeine Bemerkungen); PETERS ANNE, Einführung in die Europäische Menschenrechtskonvention, München 2003; SCHEFER MARKUS, Die Kerngehalte von Grundrechten: Geltung, Dogmatik, inhaltliche Ausgestaltung, Bern 2001 (Kerngehalte); SCHEFER MARKUS, Gefährdung von Grundrechten – Eine grundrechtsdogmatische Skizze, in: Basler Festgabe zum Schweizerischen Juristentag 2004, Basel/Bern 2004, S. 441 ff.; SCHEFER MARKUS, Die Beeinträchtigung von Grundrechten, Bern 2006 (Beeinträchtigung); SCHILLING THEODOR, Internationaler Menschenrechtsschutz, Tübingen 2004; SCHWEIZER RAINER J., St. Galler Kommentar, Art. 35 und 36; WEBER-DÜRLER BEATRICE, Grundrechtseingriffe, in: Berner Tage für die juristische Praxis 1999, S. 131 ff.; WIEDERKEHR RENÉ, Die Kerngehaltsgarantie am Beispiel kantonaler Grundrechte, Bern 2000; WYSS MARTIN PHILIPP, «Wer Grundrechte ausübt, muss die Grundrechte anderer beachten», in: Solothurner Festgabe zum Juristentag, Solothurn 1998, S. 59 ff.

Rechtsquellen

– Art. 7–34 BV, Art. 35 und 36 BV
– Art. 9–18 KV

Übersicht

	Note
1. Einleitung	1
2. Entstehungsgeschichte	2

3. Inhalt und Tragweite 6
   3.1. Gewährleistung der Grundrechte (Abs. 1) 6
   3.2. Verwirklichung und Einschränkung der Grundrechte (Abs. 2) 11
       3.2.1. Funktion und Rechtsnatur von Abs. 2 11
       3.2.2. Verwirklichung der Grundrechte (Verweis auf Art. 35 BV) 15
       3.2.3. Einschränkung der Grundrechte (Verweis auf Art. 36 BV) 17

1. Einleitung

1 Die Bestimmung stellt klar, dass im Kanton Zürich nicht nur die Grundrechte gemäss Kantonsverfassung gewährleistet sind, sondern darüber hinaus auch – was an sich selbstverständlich ist – die Grundrechte gemäss Bundesverfassung sowie die in den massgeblichen internationalen Abkommen enthaltenen Garantien. Der normative Gehalt der Bestimmung ist eher bescheiden. Abs. 1 beschränkt sich darauf, auf andere Normen innerhalb und ausserhalb der Kantonsverfassung zu verweisen. Eine gewisse eigenständige Bedeutung hat, entgegen dem ersten Anschein, Art. 10 Abs. 2, denn die Vorgaben und Massstäbe des Bundesrechts (Art. 35 und 36 BV), auf die hier verwiesen wird, unterliegen bei der «Hereinnahme» in die kantonale Verfassungsordnung gewissen Veränderungen (N. 14).

2. Entstehungsgeschichte

2 Den Beratungen der zuständigen Kommission 1 lag ein Textentwurf ihrer Subkommission 2 zugrunde, der wie folgt lautete[1]:

> III   *Menschenwürde*
>
> ¹ Die Würde des Menschen ist unantastbar. Sie zu achten, zu schützen und ihre Entfaltung zu ermöglichen, ist Pflicht jeglicher staatlichen Gewalt.
>
> ² Die Bevölkerung des Kantons Zürich bekennt sich darum zu den unverletzlichen und unveräusserlichen Menschenrechten als Grundlage für die Entwicklung jeder menschlichen Gemeinschaft, des Friedens und der Gerechtigkeit in der Welt.
>
> Garantie und Verwirklichung der Grundrechte
>
> IVa. 1   *Garantie der Grundrechte*
>
> ¹ Die Grundrechte beinhalten klagbare individuelle Ansprüche des Einzelnen und wegleitende Ordnungsprinzipien für die Gestaltung einer freiheitlichen, demokratischen und sozialen Gesellschaft.
>
> ² Die Grundrechte der Bundesverfassung und der für die Schweiz verbindlichen internationalen Abkommen sind im Kanton Zürich (ev.: uneingeschränkt) gewährleistet.

---

[1] Prot. K1 vom 19. November 2001, S. 159 f.

³ Der kantonale Grundrechtskatalog sichert und erweitert deren Bestand.

IVb.1   *Verwirklichung der Grundrechte*

¹ Die Grundrechte müssen in der ganzen Rechtsordnung zur Geltung kommen.

² Wer öffentliche/staatliche Aufgaben wahrnimmt, ist an die Grundrechte gebunden und verpflichtet, zu ihrer Verwirklichung beizutragen. Wer Grundrechte ausübt, hat die Grundrechte anderer zu respektieren.

³ Die Behörden sorgen dafür, dass die Grundrechte, soweit sie sich dazu eignen, auch unter Privaten wirksam werden.

Diese Regelungsentwürfe wurden in mehreren Schritten redaktionell überarbeitet und wesentlich gestrafft[2]. Die Aufteilung der Gewährleistung und der Verwirklichung der Grundrechte auf zwei Bestimmungen wurde vorerst beibehalten.

Im Juni 2002 beschloss die Kommission 1, die Art. 35 und 36 der Bundesverfassung vollständig zu übernehmen[3]. Zwischenzeitlich wurde ein verdeutlichender Passus beigefügt, wonach auch Private, welche öffentliche Aufgaben übernehmen, zur Beachtung und Verwirklichung der Grundrechte verpflichtet sind[4]. Die Bezugnahme auf die für die Schweiz verbindlichen internationalen Menschenrechtsabkommen wurde wiederholt in Frage gestellt[5]. Streichungsanträge wurden durchweg abgelehnt[6].

Im Zuge des Systemwechsels beim Grundrechtskatalog (vgl. Vorb. zu Art. 9–18 N. 17) wurden alle Regelungen betreffend die Gewährleistung, Verwirklichung und Einschränkung der Grundrechte in einem einzigen Artikel zusammengefasst[7], der unmittelbar hinter der Bestimmung über die Menschenwürde eingereiht wurde:

Art. 10   *Gewährleistung der Grundrechte*

¹ Die Menschenrechte und Grundrechte sind gemäss der Bundesverfassung, der für die Schweiz verbindlichen internationalen Abkommen und nach Massgabe der Kantonsverfassung gewährleistet.

² Die Bestimmungen der Bundesverfassung über die Verwirklichung und die Einschränkung der Grundrechte gelten auch für die Grundrechte des kantonalen Rechts.

---

2   Vgl. z.B. Prot. K1 vom 23. Mai 2002, S. 309; Prot. K1 vom 18. Juli 2002, S. 348 ff. (Streichung der Bestimmung betreffend «Garantie der Grundrechte», Art. 1.4.1 der Vorlage); Prot. K1 vom 13. März 2003, S. 411.
3   Prot. K1 vom 18. Juli 2002, S. 349 f.
4   Auch im Plenum wurden diverse Anträge, die auf eine Erweiterung der bundesverfassungsrechtlichen Vorgaben zielten, abgelehnt. Vgl. Prot. Plenum, S. 1165 ff.
5   Prot. K1 vom 14. April 2003, S. 424. – Vgl. Prot. K1 vom 2. September 2002, S. 379.
6   Vgl. Prot. Plenum, S. 1024 ff., 1036 (mit 44 zu 41 Stimmen); Prot. Plenum, S. 2099 ff., 2105 (mit 56 zu 27 Stimmen).
7   Vgl. Prot. Plenum, S. 2448. Vgl. auch Prot. RedK vom 2. Juni 2003, S. 471; Prot. RedK vom 6. Juni 2003, S. 481; Prot. K1 vom 4. Juni 2003, S. 455.

Diese Fassung wurde vom Verfassungsrat ohne Diskussion gutgeheissen und fand als Art. 10 Eingang in die Vernehmlassungsvorlage.

5 Nach Abschluss der Vernehmlassung erfolgten noch einige wenige Anpassungen redaktioneller Natur[8]. Ein Systemantrag der EVP, der auch Folgen für Art. 10 gehabt hätte, wurde abgelehnt[9].

3. Inhalt und Tragweite

3.1. Gewährleistung der Grundrechte (Abs. 1)

6 Art. 10 Abs. 1 ruft in Erinnerung, dass im Kanton Zürich nicht nur die Grundrechte gemäss Kantonsverfassung gewährleistet und einzuhalten sind, sondern darüber hinaus auch die in der Bundesverfassung und in den für die Schweiz verbindlichen internationalen Abkommen enthaltenen Garantien Geltung besitzen. Rein rechtlich gesehen hätte diese Selbstverständlichkeit keiner gesonderten Erwähnung bedurft (vgl. Art. 49 BV, Art. 5 Abs. 4 BV). Die wiederholt beantragte Streichung der Bezugnahme auf die internationalen Abkommen (N. 3) hätte keinerlei rechtliche Folgen gehabt. Die Bedeutung des Passus liegt, wie auch die Entstehungsgeschichte zeigt, mehr auf einer symbolischen Ebene. Dank Art. 10 Abs. 1 liess sich die Idee einer «Vollverfassung», die sich nicht mit einigen wenigen (vielleicht etwas zufällig wirkenden) Grundrechtsgarantien begnügt, sondern ein umfassendes Grundrechtsprogramm bietet, der Form nach wahren.

7 Mit den Grundrechten «gemäss der Bundesverfassung» sind in erster Linie die im 1. Kapitel des 2. Titels – dem sog. Grundrechtskatalog (Art. 7 ff. BV) – aufgeführten Garantien gemeint. Spätere Änderungen werden vom (dynamischen) Verweis in Art. 10 Abs. 1 miterfasst, so beispielsweise die am 1. Januar 2007 (endlich) in Kraft getretene Rechtsweggarantie (Art. 29a BV). Man darf davon ausgehen, dass darüber hinaus auch ungeschriebene Grundrechte des Bundes miterfasst sind, für die es allerdings in unmittelbarer zeitlicher Nähe zur Kodifikation von 1998/1999 (noch) kaum Beispiele gibt[10].

---

[8] Vgl. Prot. RedK vom 23. März 2004, S. 569 («*den* für die Schweiz verbindlichen internationalen Abkommen»); Prot. RedK vom 10. August 2004, S. 746 (Streichung von «nach Massgabe» in Abs. 1). – In der Ratsdebatte wurde darauf hingewiesen, dass die Streichung des Satzes «Die Grundrechte der Bundesverfassung sind auch als kantonale Grundrechte gewährleistet» ohne direkte Folge sei, da dies in Art. 10 Abs. 1 «mit gemeint» sei (Prot. Plenum, S. 2897, Votum Fricker, Kommissionspräsident).

[9] Prot. Plenum, S. 2889.

[10] Dazu gehört wohl das vom Bundesgericht früher aus dem Rechtsgleichheitsgebot abgeleitete Rückwirkungsverbot, das heute als *ungeschriebenes* Verfassungsgebot weiterhin direkt eingeklagt werden kann; vgl. HÄFELIN/MÜLLER/UHLMANN, Rz. 329 ff.

Unter den in Art. 10 Abs. 1 angesprochenen internationalen Abkommen sind 8
besonders bedeutsam:
- die Konvention zum Schutze der Menschenrechte und Grundfreiheiten (EMRK; SR 0.101), abgeschlossen in Rom am 4. November 1950, für die Schweiz in Kraft getreten am 28. November 1974, mit den von der Schweiz ratifizierten Zusatzprotokollen Nr. 6 vom 28. April 1983 über die Abschaffung der Todesstrafe (SR 0.101.06), Nr. 7 vom 22. November 1984 (0.101.07), Nr. 11 vom 11. Mai 1994 über die Umgestaltung des durch die Konvention eingeführten Kontrollmechanismus (SR 0.101.09) und Nr. 13 vom 3. Mai 2002 über die vollständige Abschaffung der Todesstrafe (SR 0.101.093)[11];
- der Internationale Pakt vom 16. Dezember 1966 über wirtschaftliche, soziale und kulturelle Rechte (SR 0.103.1; für die Schweiz in Kraft getreten am 18. September 1992)[12];
- der Internationale Pakt über bürgerliche und politische Rechte (SR 0.103.2; für die Schweiz in Kraft getreten am 18. September 1992);
- das (UNO-)Übereinkommen vom 20. November 1989 über die Rechte des Kindes (SR 0.107; für die Schweiz in Kraft getreten am 26. März 1997).

Von Bedeutung sind ausserdem: 9
- das Internationale Übereinkommen vom 21. Dezember 1965 zur Beseitigung jeder Form von Rassendiskriminierung (SR 0.104; für die Schweiz in Kraft getreten am 29. Dezember 1994);
- das (UNO-)Übereinkommen vom 10. Dezember 1984 gegen Folter und andere grausame, unmenschliche oder erniedrigende Behandlung oder Strafe (SR 0.105; für die Schweiz in Kraft getreten am 26. Juni 1987);
- das Europäische Übereinkommen vom 26. November 1987 zur Verhütung von Folter und unmenschlicher oder erniedrigender Behandlung oder Strafe (SR 0.106; für die Schweiz in Kraft getreten am 1. Februar 1989);
- das (UNO-)Übereinkommen vom 18. Dezember 1979 zur Beseitigung jeder Form von Diskriminierung der Frau (SR 0.108; für die Schweiz in Kraft getreten am 26. April 1997);
- das (Europäische) Rahmenübereinkommen vom 1. Februar 1995 zum Schutz nationaler Minderheiten (SR 0.441.1; für die Schweiz in Kraft getreten am 13. Juli 1962).

Die Doppelwendung «Menschenrechte und Grundrechte», die nicht ganz frei 10
von Redundanz ist, erklärt sich vor allem entstehungsgeschichtlich. Die Bezug-

---

[11] Die weiteren Zusatzprotokolle inhaltlicher Natur (1. ZP, 4. ZP, 12. ZP, 14. ZP; abgedruckt in GIOVANNI BIAGGINI/BERNHARD EHRENZELLER, Öffentliches Recht, 3. Aufl., Zürich 2007, Nr. 9, 10, 11, 11a) wurden von der Schweiz bisher nicht ratifiziert.

[12] In der Schweiz wird die unmittelbare Anwendbarkeit völkerrechtlicher Normen im Allgemeinen recht grosszügig bejaht. Das Bundesgericht hat indes bei verschiedenen Gelegenheiten die direkte Anwendbarkeit von Garantien des UNO-Pakts I verneint (vgl. z.B. BGE 120 Ia 1 ff., 13 betreffend Studiengebühren der Universität Zürich).

nahme auf die Menschenrechte hatte ihren Platz anfänglich im Artikel über die Menschenwürde und sollte dort vor allem zum Ausdruck bringen, dass es die Menschenrechte sind, in denen sich die Menschenwürde konkretisiert[13]. Wie aus den Materialien hervorgeht, ging man dabei nicht von einem naturrechtlichen Begriff der Menschenrechte aus. Gemeint waren vielmehr «jene Menschenrechte, welche in verbindlichen Konventionen und Protokollen von der Schweiz ratifiziert worden sind»[14]. Es ging mit anderen Worten darum, mit dem Begriff der Menschenrechte eine Brücke in das übergeordnete Recht zu schlagen. Gegen eine Streichung wurde vorgebracht, dass es auch um den «Geist» der Verfassung gehe und in eine Verfassung das Stichwort «Menschenrechte» auf alle Fälle hineingehöre und eine gewisse Verdoppelung nicht schade[15].

3.2. Verwirklichung und Einschränkung der Grundrechte (Abs. 2)
3.2.1. Funktion und Rechtsnatur von Abs. 2

11 Grundrechte geniessen einen qualifizierten Schutz gegen staatliche Beeinträchtigungen. Sie gelten aber im Allgemeinen nicht absolut, sondern können unter bestimmten Voraussetzungen beschränkt werden. Nach neuerem Grundrechtsverständnis erfüllen die Grundrechte nicht nur die Funktion, den Einzelnen gegen Beeinträchtigungen seitens des Staates zu schützen (Grundrechte als Individualrechte mit primär negatorischer oder Abwehrfunktion). Die Grundrechte haben darüber hinaus die Bedeutung von fundamentalen Ordnungsprinzipien; sie durchdringen als objektive Grundsatznormen die gesamte Rechtsordnung und verlangen vom Staat gegebenenfalls auch schützende und fördernde Massnahmen «positiver» Art[16] (vgl. Vorb. zu Art. 9–18 N. 7).

12 Der Verfassungsrat ging davon aus, dass dies auch für die in der Kantonsverfassung neu gewährleisteten Grundrechte gilt. Es stellte sich die Frage, ob bzw. wie dieser Gedanke in der neuen Kantonsverfassung zum Ausdruck gebracht werden soll. In verschiedenen jüngeren Kantonsverfassungen finden sich Bestimmungen über die Verwirklichung und über die allgemeinen Voraussetzungen für die Einschränkung von Grundrechten[17]. Diese zeigen oft eine gewisse Verwandtschaft zu den heutigen Art. 35 und 36 BV. Eine Besonderheit bietet die Berner Kantonsverfassung. Sie begnügt sich nicht damit, den Kerngehalt der

---

[13] Vgl. Prot. Plenum, S. 107 (Votum Arnold); Prot. Plenum, S. 1026 (Votum Arnold).
[14] Vgl. Prot. K1 vom 2. September 2002, S. 377 (Votum Arnold). Vgl. immerhin Prot. RedK vom 2. Juni 2003, S. 471 (Votum Fricker, Präsident Kommission 1), wonach auch philosophisch-programmatische Ziele eine Rolle spielten.
[15] Vgl. Prot. K1 vom 2. September 2002, S. 378; Prot. RedK vom 2. Juni 2003, S. 471. – Zur Begrifflichkeit vgl. auch Vorb. zu Art. 9–18 N. 2 ff.
[16] Vgl. statt vieler J.P. MÜLLER, Allgemeine Bemerkungen, § 39 Rz. 29 ff.; sowie BGE 126 II 300 ff., 314.
[17] Vgl. z.B. Art. 23 KV AR; Art. 28 KV BE; Art. 8 Abs. 3 KV TI; Art. 14 KV UR.

Grundrechte in allgemeiner Weise für unantastbar zu erklären, sondern definiert darüber hinaus bei diversen Einzelgrundrechten selber Kerngehalte[18].

In frühen Phasen der Beratungen favorisierte man im Zürcher Verfassungsrat die Aufnahme von Bestimmungen, die den entsprechenden Regelungen in der Bundesverfassung (Art. 35 und 36 BV) mehr oder weniger wörtlich nachgebildet waren[19]. In der Sitzung vom 9. Mai 2003 beschloss dann aber der Verfassungsrat – im Zusammenhang mit dem Systemwechsel bei den Grundrechten (vgl. Vorb. zu Art. 9–18 N. 17) – auf Antrag der FDP-Fraktion, auf eine wörtliche Wiedergabe zu verzichten. Da man mit Blick auf die kantonalen Grundrechtsgarantien[20] eine Regelung allgemeiner Grundrechtsfragen (Verwirklichung, Einschränkung) für weiterhin notwendig erachtete, wurden die entsprechenden Regelungen nicht ersatzlos gestrichen, sondern zusammengefasst und stark verkürzt (Verweis auf Art. 35 und 36 BV)[21].

13

Der Verweis auf die «Bestimmungen der Bundesverfassung über die Verwirklichung und die Einschränkung der Grundrechte» hat, entgegen dem ersten Anschein, nicht die Bedeutung, dass Art. 35 und 36 BV nun direkt (als Bundesrecht) Anwendung finden. Vielmehr bewirkt Art. 10 Abs. 2, dass die rechtlichen Gehalte der beiden Bestimmungen (so wie sie in Praxis und Lehre verstanden wurden und werden) in die kantonale Rechtsordnung «hereingeholt» und gewissermassen «als kantonales Ersatzrecht» angewendet werden[22]. Die Verletzung der einschlägigen Regeln ist demgemäss keine Verletzung von Bundesrecht (im Sinne von Art. 95 lit. a BGG), kann jedoch allenfalls unter dem Titel der Verletzung kantonaler verfassungsmässiger Recht vor Bundesgericht gerügt werden (Art. 95 lit. c BGG). Die Übernahme darf im Übrigen nicht schematisch im Massstab 1:1 geschehen. In bestimmten Fällen erscheint eine Adaptation unausweichlich[23]. Hinzu kommt, dass die Anforderungen gemäss Art. 36 BV nicht bei allen Grundrechten gleichermassen zur Anwendung kommen (N. 18). Schliesslich ist zu beachten, dass bei einigen Grundrechtsnormen spezielle Anforderungen oder Begrenzungen vorgesehen sind (vgl. z.B. Art. 11 Abs. 4: Kri-

14

---

[18] Vgl. z.B. Art. 12 Abs. 2, Art. 17 Abs. 2, Art. 23 Abs. 2, Art. 24 Abs. 1 KV BE. Näher J.P. MÜLLER, Handbuch, S. 49 ff.; vgl. auch WIEDERKEHR, passim.

[19] Vgl. Prot. Plenum, S. 1165 ff.

[20] Vgl. Prot. K1 vom 7. Mai 2003, S. 435.

[21] Prot. Plenum, S. 2140 ff., 2144 (mit 42 zu 39 Stimmen). Die Bestimmung lautete zunächst: «Die in der Bundesverfassung enthaltenen Bestimmungen über die Verwirklichung und die Einschränkung der Grundrechte gelten auch mit Bezug auf die kantonalen Grundrechte.» – In früheren Beratungsphasen wurden diverse Anträge, die auf eine Erweiterung der Vorgaben abzielten, abgelehnt. Vgl. Prot. Plenum, S. 1165 ff.

[22] Für den ähnlich gelagerten Fall, dass das kantonale (öffentliche) Recht, um Lücken zu schliessen, auf Regelungen des Bundesprivatrechts (OR, ZGB) verweist, vgl. BGE 108 II 490 ff., 495 (mit Hinweisen): Die so übernommenen Privatrechtsnormen sind als «ergänzendes öffentliches Recht» der kantonalen Ebene einzustufen (vgl. auch BGE 126 III 370 ff., 372).

[23] Vgl. N. 19 und N. 16.

terium der wirtschaftlichen Zumutbarkeit; Art. 17: spezielle Umschreibung der Interessenabwägung).

3.2.2. Verwirklichung der Grundrechte (Verweis auf Art. 35 BV)

15 Die Bestimmung der Bundesverfassung über die Verwirklichung der Grundrechte, auf die Art. 10 Abs. 2 verweist, lautet:

> Art. 35   *Verwirklichung der Grundrechte*
>
> [1] Die Grundrechte müssen in der ganzen Rechtsordnung zur Geltung kommen.
>
> [2] Wer staatliche Aufgaben wahrnimmt, ist an die Grundrechte gebunden und verpflichtet, zu ihrer Verwirklichung beizutragen.
>
> [3] Die Behörden sorgen dafür, dass die Grundrechte, soweit sie sich dazu eignen, auch unter Privaten wirksam werden.

16 Auf eine eingehende Erläuterung der Gehalte dieser Bestimmung muss hier verzichtet werden[24]. Festgehalten zu werden verdient, dass *auch Private,* welche staatliche Aufgaben übernehmen, an die Grundrechte gebunden sind und zu deren Verwirklichung beizutragen haben[25]. Die ausgelagerte Aufgabe bleibt eine staatliche Aufgabe, für deren richtige und grundrechtskonforme Erfüllung der Staat weiterhin Verantwortung trägt. Der Begriff der «staatlichen Aufgabe» ist im Kontext des Art. 35 Abs. 2 BV, auf welchen Art. 10 KV verweist, weit zu verstehen. Der Bindung unterliegt (wie noch deutlicher aus Art. 5 Abs. 2 BV hervorgeht) das gesamte staatliche Handeln, nicht etwa nur die Erfüllung von verpflichtend vorgegebenen Aufgaben[26]. Wichtig ist weiter, dass die Kantone ihren Grundrechten nicht ohne weiteres eine Wirkung im Verhältnis zwischen Privaten verleihen können[27], da die Kantone – anders als der Bund – an das Bundesprivatrecht prinzipiell gebunden sind (Art. 49 BV[28]). Den Bekenntnissen in kantonalen Verfassungen zur (mittelbaren) Horizontal- oder Drittwirkung der Grundrechte[29] ist daher allgemein mit Vorsicht zu begegnen. Dies gilt es etwa bei der Auslegung von Art. 11 (insb. Abs. 2 und 3) zu berücksichtigen.

---

[24] Vgl. MAHON, Art. 35; SCHWEIZER, St. Galler Kommentar, Art. 35; J.P. MÜLLER, Allgemeine Bemerkungen, § 39 Rz. 29 ff. Zur Bedeutung der Grundrechte als fundamentale Ordnungsprinzipien und objektive Grundsatznormen vgl. Vorb. zu Art. 9–18 N. 7.
[25] Vgl. BGE 127 I 84 ff., 90.
[26] Anders BGE 129 III 35 ff. betreffend die sog. Wettbewerbsdienste der Post.
[27] Zum Problem eingehend G. MÜLLER, Drittwirkung, S. 153 ff.
[28] Vgl. immerhin den (begrenzten) Vorbehalt zu Gunsten des kantonalen öffentlichen Rechts in Art. 6 ZGB.
[29] Vgl. z.B. § 7 KV AG; Art. 27 KV BE; Art. 20 KV SO; § 9 KV TG.

3.2.3. Einschränkung der Grundrechte (Verweis auf Art. 36 BV)

Die Bestimmung der Bundesverfassung über die Einschränkung der Grundrechte, auf die Art. 10 Abs. 2 verweist, lautet: 17

> Art. 36 *Einschränkungen von Grundrechten*
>
> [1] Einschränkungen von Grundrechten bedürfen einer gesetzlichen Grundlage. Schwerwiegende Einschränkungen müssen im Gesetz selbst vorgesehen sein. Ausgenommen sind Fälle ernster, unmittelbarer und nicht anders abwendbarer Gefahr.
>
> [2] Einschränkungen von Grundrechten müssen durch ein öffentliches Interesse oder durch den Schutz von Grundrechten Dritter gerechtfertigt sein.
>
> [3] Einschränkungen von Grundrechten müssen verhältnismässig sein.
>
> [4] Der Kerngehalt der Grundrechte ist unantastbar.

Auf eine eingehende Erläuterung der Gehalte dieser Bestimmung muss hier verzichtet werden[30]. Festzuhalten ist, dass Art. 36 BV nicht den Anspruch erhebt, eine auf alle Grundrechte gleichermassen anwendbare Ordnung zu normieren[31]. Dies betrifft namentlich jene Grundrechte, die nicht zu den traditionellen Freiheitsrechten (vgl. Vorb. zu Art. 9–18 N. 6) gehören. Je nach Grundrecht kommen die Voraussetzungen gemäss Art. 36 BV nur zum Teil oder nur sinngemäss[32] zur Anwendung, allenfalls gar nicht (so z.B. beim Willkürverbot, Art. 9 BV). 18

Das *Erfordernis der gesetzlichen Grundlage*[33] umfasst mehrere (in Art. 36 Abs. 1 BV teils nur stillschweigend normierte) Komponenten:
– Erfordernis der *generell-abstrakten*, rechtssatzmässigen Regelung[34];
– Erfordernis einer gesetzlichen Grundlage *im formellen Sinn* bei *qualifizierten* («schwerwiegenden») Grundrechtsbeschränkungen (Vorbehalt des *Gesetzes*)[35];
– Erfordernis der *hinreichend bestimmten* Regelung (*Bestimmtheitsgebot*)[36].

Die Bundesverfassung verlangt nicht, dass die Kantone ihre Gesetze dem Referendum unterstellen. Daher genügt als gesetzliche Grundlage im formellen Sinn (im Sinne von Art. 36 BV) im Prinzip ein vom Parlament verabschiedeter Er- 19

---

[30] Vgl. Mahon, Art. 36; Schweizer, St. Galler Kommentar, Art. 36; J.P. Müller, Allgemeine Bemerkungen, § 39 Rz. 40 ff.; Schefer, Beeinträchtigung, passim.
[31] Vgl. z.B. Schweizer, St. Galler Kommentar, Art. 36 Rz. 7.
[32] Vgl. z.B. die «sinngemässe (Teil-)Anwendung» bei Art. 12 BV (Recht auf Nothilfe) bzw. bei Art. 19 BV (Grundschulunterricht) in BGE 131 I 166 ff., 176, bzw. BGE 129 I 12 ff., 19. Selbst im Bereich des Rechtsgleichheitsgebotes können die in Art. 36 BV verkörperten Leitgedanken als wertvolle Richtschnur dienen. Vgl. z.B. BGE 131 II 361 ff., 376, 385 ff. (betreffend gesetzliche Grundlage und Verhältnismässigkeit). Vgl. auch Schefer, Beeinträchtigung, passim; ferner Art. 14 N. 16.
[33] Vgl. auch Art. 2 N. 8 ff. Zum Gesetzesbegriff gemäss Zürcher Verfassung vgl. Hauser, Art. 38.
[34] Art. 36 Abs. 1 BV steht einer Übertragung von Rechtsetzungszuständigkeiten vom Gesetzgeber an den Verordnungsgeber (sog. Delegation) nicht entgegen. Zu den Anforderungen im Einzelnen vgl. BGE 128 I 327 ff., 337 (mit Hinweisen). Ausgeschlossen ist die Delegation aber bei schwerwiegenden Grundrechtseingriffen.
[35] Verlangt wird eine «klare und eindeutige» Grundlage (BGE 130 I 360 ff., 362).
[36] Vgl. z.B. BGE 132 I 49 ff., 58; BGE 128 I 327 ff., 339. Vgl. auch Art. 2 N. 10.

lass³⁷. Da die Zürcher Kantonsverfassung Gesetze durchweg dem Referendum unterstellt³⁸, sollte Art. 10 Abs. 2 nicht dahingehend ausgelegt werden, dass mit dem Verweis auf Art. 36 BV die etwas weniger strengen Anforderungen gemäss Bundesrecht («blosses Parlamentsgesetz» als Gesetz im formellen Sinn) in die Zürcher Verfassungsordnung übernommen werden. Der Verweis auf Art. 36 BV umfasst auch die sog. polizeiliche Generalklausel (Abs. 1 Satz 3), die es den zuständigen Behörden bei qualifizierten Gefahrenlagen erlaubt, u.U. ohne Grundlage im Sinne von Satz 1 bzw. Satz 2 zu handeln und Grundrechte zu beschränken³⁹. Art. 10 Abs. 2 darf nicht dahingehend interpretiert werden, dass die Anforderungen und Sicherungen gemäss Art. 72 (Handeln ohne gesetzliche Grundlage im Notstand) gemindert werden.

20 Traditionsreiche – und meist gewichtige, aber nicht immer durchschlagende – *öffentliche Interessen*⁴⁰ verkörpern die sogenannten *Polizeigüter* (öffentliche Sicherheit, Gesundheit und Sittlichkeit, öffentliche Ruhe und Ordnung, Treu und Glauben im Geschäftsverkehr⁴¹). In Betracht kommen auch, je nach Grundrecht und Umständen, soziale, kulturelle, ökologische oder wissenschaftliche Interessen. Eine abschliessende Liste der möglichen Interessen gibt es nicht. Die Nennung eines Anliegens in der Bundes- oder Kantonsverfassung ist ein starkes Indiz, aber keine zwingende Voraussetzung. Dass das öffentliche Interesse in der Abwägung mit den betroffenen Grundrechtsinteressen *überwiegen* muss, ergibt sich aus dem in Art. 36 Abs. 2 verwendeten Verb («gerechtfertigt»). Die Grundrechte Dritter können sich aus der Bundesverfassung, aus dem internationalen Recht oder aus der Kantonsverfassung ergeben (vgl. Art. 10 Abs. 1).

21 Das Gebot der *Verhältnismässigkeit*⁴² verlangt, wie das Bundesgericht fast lehrbuchmässig ausführt, «dass eine behördliche Massnahme für das Erreichen des im öffentlichen (oder privaten) Interesse liegenden Zieles geeignet und erforderlich ist und sich für die Betroffenen in Anbetracht der Schwere der Grundrechtseinschränkung zumutbar und verhältnismässig erweist. Erforderlich ist eine vernünftige Zweck-Mittel-Relation. Eine Massnahme ist unverhältnismässig, wenn das Ziel mit einem weniger schweren Grundrechtseingriff erreicht werden kann»⁴³. Ein Grundrechtseingriff darf «in sachlicher, räumlicher, zeitlicher und

---

[37] Vgl. BGE 128 I 327 ff., 338; BGE 124 I 216 ff., 218; vgl. auch BGE 132 I 157 ff., 159; G. MÜLLER, Legalitätsprinzip, S. 756 f.; a.M. SCHEFER, Beeinträchtigung, S. 58 f.

[38] Art. 33 Abs. 1 lit. a (fakultatives Referendum) bzw. Art. 32 lit. f (obligatorisches Referendum für bestimmte «Steuergesetze»).

[39] Die Regel ist auf «echte und unvorhersehbare sowie gravierende Notfälle ausgerichtet» und kann «nicht angerufen werden, wenn typische und erkennbare Gefährdungslagen trotz Kenntnis der Problematik nicht normiert werden» (BGE 130 I 369 ff., 381).

[40] Vgl. auch Art. 2 N. 15 f.

[41] Vgl. BGE 125 I 369 ff., 383; BGE 128 I 327 ff., 342.

[42] Vgl. auch Art. 2 N. 17 f.

[43] So BGE 132 I 49 ff., 62; ähnlich BGE 126 I 112 ff., 119. Vgl. auch Art. 2 N. 18.

personeller Hinsicht nicht einschneidender sein als notwendig»[44]. Die Verhältnismässigkeitsprüfung ist naturgemäss stark situationsgeprägt. Auch im Bereich des Rechts gilt: «Fragen der Verhältnismässigkeit sind schwierig zu entscheiden» (HABERMAS)[45]. Das Bundesgericht begnügt sich – teils aus demokratisch-gewaltenteilig, teils aus föderalistisch motivierter Zurückhaltung – häufig damit zu prüfen, ob die fragliche Massnahme nicht (geradezu) ungeeignet ist[46]. Da für Zürcher Instanzen das föderalistische Motiv entfällt, wird die Verhältnismässigkeitsprüfung tendenziell strenger ausfallen als beim Bundesgericht.

Kerngehalte von Grundrechten sind unantastbar, d.h. gegen Eingriffe absolut geschützt, selbst wenn prima vista die Voraussetzungen nach Art. 36 Abs. 1–3 erfüllt wären[47]. Der Begriff «Kerngehalt» wird in Art. 36 BV nicht näher definiert, sondern vorausgesetzt. Der unantastbare Inhalt ist von Grundrecht zu Grundrecht gesondert zu ermitteln. Insofern hat Art. 10 Abs. 2 den Charakter eines Verweises auf eine Weiterverweisung (Art. 36 Abs. 4 BV). Eine Definition von Kerngehalten in der Kantonsverfassung (wie man sie im Kanton Bern kennt[48]) wurde im Verfassungsrat geprüft, aber verworfen[49]. Die Ermittlung der Kerngehalte der Grundrechte gemäss Zürcher Verfassung ist somit der (Rechtsanwendungs-)Praxis überlassen. Von zentraler Bedeutung ist dabei die Garantie der Menschenwürde[50]. 22

---

[44] BGE 126 I 112 ff., 120.
[45] JÜRGEN HABERMAS, in: Die Zeit Nr. 18/1999, S. 6.
[46] Vgl. BGE 109 Ia 33 ff., 38: Es genüge, dass der «Sirup»-Artikel des Berner Gastgewerbegesetzes ein «tendenziell taugliches Mittel» zur Alkoholismus-Bekämpfung sei.
[47] Vgl. BGE 131 I 166 ff., 177. – Eingehend SCHEFER, Kerngehalte.
[48] Vgl. vorne Anm. 18.
[49] Vgl. Prot. Plenum, S. 1025.
[50] Vgl. Art. 7 BV und Art. 9 KV; näher SCHEFER, Kerngehalte, S. 5 ff.

Art. 11

Alle Menschen sind vor dem Gesetz gleich.

Rechtsgleichheit

Niemand darf diskriminiert werden, namentlich nicht wegen der Herkunft, der Rasse, des Geschlechts, des Alters, genetischer Merkmale, der Sprache, der sexuellen Orientierung, der sozialen Stellung, der Lebensform, der religiösen, weltanschaulichen oder politischen Überzeugung oder wegen einer körperlichen, geistigen oder psychischen Behinderung.

Mann und Frau sind gleichberechtigt. Sie haben Anspruch auf gleichen Zugang zu Bildungseinrichtungen und Ämtern, auf gleiche Ausbildung sowie auf gleichen Lohn für gleichwertige Arbeit. Kanton und Gemeinden fördern die tatsächliche Gleichstellung von Frau und Mann in allen Lebensbereichen.

Menschen mit Behinderungen haben Anspruch auf Zugang zu öffentlichen Bauten, Anlagen, Einrichtungen und Leistungen. Entsprechende Massnahmen müssen wirtschaftlich zumutbar sein.

Um die tatsächliche Gleichstellung zu erreichen, sind Fördermassnahmen zu Gunsten von Benachteiligten zulässig.

Materialien

Art. 13 VE; Prot. Plenum, S. 1106 ff., 2121 ff., 2896 ff.

Literatur

ARIOLI KATHRIN (Hrsg.), Frauenförderung durch Quoten, Basel/Frankfurt a.M. 1997; BIGLER-EGGENBERGER MARGRITH, St. Galler Kommentar, Art. 8; BIGLER-EGGENBERGER MARGRITH, Justitias Waage – wagemutige Justitia? Basel usw. 2003; BIGLER-EGGENBERGER MARGRITH, Art. 4 Abs. 2/8 Abs. 3 BV – eine Erfolgsgeschichte?, ZBl 106/2005, S. 57 ff.; GRISEL ETIENNE, Egalité – Les garanties de la Constitution fédérale du 18 avril 1999, Bern 2000; HAEFLIGER ARTHUR, Alle Schweizer sind vor dem Gesetze gleich, Bern 1985; HANGARTNER YVO, Diskriminierung – ein neuer verfassungsrechtlicher Begriff, ZSR 122/2003 I, S. 97 ff.; KÄLIN WALTER (Hrsg.), Das Verbot ethnisch-kultureller Diskriminierung: verfassungs- und menschenrechtliche Aspekte (Bibliothek zur ZSR, Band 29), Basel usw. 1999; KÄLIN WALTER/KÜNZLI JÖRG, Universeller Menschenrechtsschutz, Basel usw. 2005, S. 344 ff.; KLEIN CAROLINE, La discrimination des personnes handicapées, Bern 2002; LUGINBÜHL BEATRICE, Zur Gleichstellung der Behinderten in der Schweiz, in: Thomas Gächter/Martin Bertschi (Hrsg.), Neue Akzente in der «nachgeführten» Bundesverfassung, Zürich 2000, S. 99 ff.; MANFREDI OLGA, Gleiche Chancen für Menschen mit Behinderungen, in: Martin Eckner/Tina Kempin (Hrsg.), Recht des Stärkeren – Recht des Schwächeren, Zürich 2005, S. 173 ff.; MARTENET VINCENT, Géométrie de l'égalité, Zürich 2003 (Géométrie); MARTENET VINCENT, La protection contre les discriminations émanant de particuliers, ZSR 125/2006 I, S. 419 ff.; MÜLLER GEORG, Der Gleichheitssatz, VVDStRL 47/1989, S. 37 ff.; MÜLLER GEORG, Quotenregelungen – Rechtsetzung im Spannungsfeld von Gleichheit und Verhältnismässigkeit, ZBl 91/1990, S. 306 ff. (Quotenregelungen); MÜLLER GEORG, Kommentar BV, Art. 4 aBV; MÜLLER JÖRG PAUL, S. 397 ff.; MÜLLER JÖRG PAUL, Die Diskriminierungsverbote nach Art. 8 Abs. 2 der neuen Bundesverfassung, in: Die neue Bundesverfassung, Berner Tage für die juristische Praxis 1999, Bern 2000, S. 103 ff. (Diskriminierungsverbote); PREVITALI ADRIANO, Handicap e diritto, Freiburg 1998;

PULVER BERNHARD, L'interdiction de la discrimination, Basel 2003; RIEDER ANDREAS, Form oder Effekt?, Bern 2003; RHINOW RENÉ A., Die Bundesverfassung 2000, Basel 2000, S. 143 ff. (BV 2000); SCHEFER MARKUS, S. 243 ff.; SCHEFER MARKUS, Die Beeinträchtigung von Grundrechten, Bern 2006, S. 106 ff. (Beeinträchtigung); SCHWANDER CLAUS MARIANNE, Verfassungsmässigkeit von Frauenquoten, Bern 1995; SEILER HANSJÖRG, Gleicher Lohn für gleichwertige Arbeit, ZBl 104/2003, S. 113 ff.; SPRECHER FRANZISKA/SUTTER PATRICK, Das behinderte Kind im schweizerischen Recht, Zürich 2006; WALDMANN BERNHARD, Das Diskriminierungsverbot von Art. 8 Abs. 2 BV als besonderer Gleichheitssatz, Bern 2003; WEBER-DÜRLER BEATRICE, Die Rechtsgleichheit in ihrer Bedeutung für die Rechtsetzung, Diss., Bern 1973; WEBER-DÜRLER BEATRICE, Rechtsgleichheit, in: Verfassungsrecht der Schweiz, § 41; WEBER-DÜRLER BEATRICE, Zum Anspruch auf Gleichbehandlung in der Rechtsanwendung, ZBl 105/2004, S. 1 ff.

Rechtsquellen
- Art. 8 BV
- Vgl. auch Art. 14, Art. 19, Art. 40 Abs. 2, Art. 51 Abs. 3, Art. 125 KV

Übersicht	Note
1. Überblick	1
2. Entstehungsgeschichte	3
2.1. Bundesrechtlicher Hintergrund	3
2.2. Arbeiten des Verfassungsrates	5
3. Zur Tragweite der einzelnen Garantien	12
3.1. Allgemeine Bemerkungen	12
3.2. Allgemeines Rechtsgleichheitsgebot (Abs. 1)	15
3.3. Allgemeines Diskriminierungsverbot (Abs. 2)	20
3.3.1. Bundesrechtliche Garantie (Art. 8 Abs. 2 BV)	20
3.3.2. Zürcher Besonderheiten (Art. 11 Abs. 2)	26
3.4. Gleichberechtigung von Mann und Frau (Abs. 3)	30
3.4.1. Bundesrechtliche Garantie (Art. 8 Abs. 3 BV)	30
3.4.2. Zürcher Besonderheiten (Art. 11 Abs. 3)	34
3.5. Ansprüche von Menschen mit Behinderungen (Abs. 4)	40
3.6. Fördermassnahmen (Abs. 5)	45

1. Überblick

1 Die Garantie der Rechtsgleichheit gehört zu den zentralen rechtsstaatlichen Errungenschaften moderner Verfassungsstaatlichkeit. Die neue Kantonsverfassung knüpft inhaltlich und formal an Art. 8 BV an, erweitert aber die bundesrechtlichen Garantien nach verschiedenen Richtungen hin:
  - Abs. 1: Der allgemeine Rechtsgleichheitssatz stimmt wörtlich mit Art. 8 Abs. 1 BV überein.
  - Abs. 2: Das bundesverfassungsrechtliche Diskriminierungsverbot (Art. 8 Abs. 2 BV) wird um zwei Kriterien ergänzt (genetische Merkmale, sexuelle Orientierung).

- Abs. 3: Die kantonale Bestimmung zur Rechtsgleichheit sichert Mann und Frau neben dem Anspruch auf gleichen Lohn (Art. 8 Abs. 3 Satz 3 BV) ausdrücklich auch einen Anspruch auf gleichen Zugang zu Bildungseinrichtungen und Ämtern sowie auf gleiche Ausbildung zu.
- Abs. 4: Die kantonale Bestimmung begnügt sich nicht damit, dem Gesetzgeber einen Auftrag zur Beseitigung von Benachteiligungen der Behinderten zu statuieren, sondern verleiht den Betroffenen einklagbare Ansprüche (Zugang zu öffentlichen Bauten usw.).
- Abs. 5: Der Passus, wonach Fördermassnahmen, welche auf tatsächliche Gleichstellung abzielen, (grundsätzlich) zulässig sind, hat keine direkte Entsprechung in der Bundesverfassung.

Der heutige Art. 11 gilt zu Recht als Beispiel für eine gezielte Ergänzung des Grundrechtskatalogs der Bundesverfassung aus kantonaler Sicht[1].

Es bestehen zahlreiche Berührungspunkte und Überschneidungen mit anderen Bestimmungen der Kantonsverfassung, so insbesondere mit Art. 14 (gleichberechtigter Zugang zu den Bildungseinrichtungen), Art. 19 (Sozialziele), Art. 40 Abs. 2 (angemessene Vertretung beider Geschlechter in Behörden und Kommissionen), Art. 51 Abs. 3 (Wahlkreiseinteilung), Art. 125 (Besteuerungsgrundsätze).

2. Entstehungsgeschichte

2.1. Bundesrechtlicher Hintergrund

Die Geschichte der Rechtsgleichheit ist eine Geschichte intensiver Auseinandersetzungen mit grundlegenden Fragen des Verhältnisses von Individuum, Gesellschaft und Staat. Wichtige Meilensteine sind (aus eidgenössischer Sicht):
- die (schrittweise) Herstellung der Gleichheit im Bereich der politischen Rechte, die anfänglich nur den Männern zustanden[2], erst ab 1971 auch den Frauen (Bundesebene)[3];
- die 1981 beschlossene ausdrückliche verfassungsrechtliche Verankerung der Gleichberechtigung von Mann und Frau (Art. 4 Abs. 2 aBV);
- die im Rahmen der Totalrevision der Bundesverfassung (1999) beschlossenen Vorkehren gegen Diskriminierungen (Art. 8 Abs. 2 BV) bzw. Benachteiligungen von Menschen mit Behinderungen (Art. 8 Abs. 4 BV).

---

[1] Vgl. Prot. Plenum, S. 3284 (Votum Heuberger).
[2] Zunächst mit weiten Ausnahmen (z.B. Ausschluss von Armengenössigen, Strafgefangenen).
[3] Einige Kantone folgten erst später, zuletzt – nicht ganz freiwillig (BGE 116 Ia 359 ff., *Rohner*) – der Kanton Appenzell I.Rh. (1990).

4   Die Verhandlungen des Zürcher Verfassungsrates bilden eine Art Fortsetzung und Vertiefung der jüngeren Diskussion (vgl. N. 3) um die verfassungsrechtliche Gewährleistung der Gleichheit auf Bundesebene.

2.2. Arbeiten des Verfassungsrates

5   Bereits in den ersten Überlegungen und Entwürfen für eine Bestimmung zur Rechtsgleichheit wird das Bestreben spürbar, durch textliche Anpassung oder Ergänzung der Garantien des Art. 8 BV neue Akzente zu setzen[4].

6   Im Rahmen der 1. Lesung kam es am 31. Oktober 2002 im Plenum zu einer eingehenden Debatte über die Bestimmung zur Rechtsgleichheit[5]. Den Beratungen lag der folgende Kommissionsantrag zugrunde:

> Art. 1.3.3.1 *Rechtsgleichheit*
>
> [1] Alle Menschen sind vor dem Gesetz gleich.
>
> [2] Gleiches ist gleich, Ungleiches ungleich zu behandeln. Um die rechtliche und die tatsächliche Gleichstellung zu erreichen, sind Fördermassnahmen zugunsten Benachteiligter zulässig.
>
> [3] Niemand darf diskriminiert werden, namentlich nicht wegen der Herkunft, der Rasse, des Geschlechts, des Alters, genetischer Merkmale, der Sprache, der sexuellen Orientierung, der sozialen Stellung, der Lebensform, der religiösen, weltanschaulichen oder politischen Überzeugung oder wegen einer körperlichen, geistigen oder psychischen Behinderung.
>
> [4] Mann und Frau sind gleichberechtigt. Das Gesetz sorgt für ihre rechtliche und tatsächliche Gleichstellung, vor allem in Familie, Ausbildung und Arbeit. Mann und Frau haben Anspruch auf gleichen Lohn für gleichwertige Arbeit.
>
> [5] Für Menschen mit Behinderungen ist der Zugang zu Bauten und Anlagen sowie die Inanspruchnahme von Einrichtungen und Leistungen, die für die Öffentlichkeit bestimmt sind, soweit wirtschaftlich zumutbar gewährleistet.

7   Die wörtliche Übernahme des allgemeinen Rechtsgleichheitsgebotes (Art. 8 Abs. 1 BV) und des «Gleichberechtigungsartikels» (Art. 8 Abs. 3 BV) aus der Bundesverfassung blieb zunächst unbestritten. Die von der zuständigen Kommission vorgeschlagene Ergänzung um den – aus der höchstrichterlichen Rechtsprechung bekannten[6] – wohlklingenden (aber letztlich nichtssagenden) Passus «Gleiches ist gleich, Ungleiches ungleich zu behandeln»[7] wurde gestrichen. Knapp abgelehnt wurde im Plenum hingegen ein Antrag auf Streichung der Klausel betreffend Zulässigkeit von Fördermassnahmen (heute Abs. 5). Mit

---

[4] Vgl. z.B. K1, Kleine Vernehmlassung vom 23. Mai 2002, S. 13 f.; Prot. K1 vom 3. Dezember 2001, S. 166 ff. – Ein Antrag, im jetzigen Abs. 4 den Zusatz «soweit wirtschaftlich zumutbar» zu streichen, wurde in den Kommissionsberatungen abgelehnt. Vgl. Prot. K1 vom 13. April 2002, S. 288.
[5] Prot. Plenum, S. 1106 ff.
[6] Vgl. z.B. BGE 131 I 1 ff., 7 f.
[7] Vgl. Prot. K1 vom 18. März 2002, S. 277 f., vom 8. und 9. Juli 2002, S. 326 ff.

Stichentscheid der Ratspräsidentin wurde jedoch aus dem Kommissionsantrag der Passus «... und die tatsächliche ...» eliminiert. Absatz 2 (heute Abs. 5) erhielt damit die folgende Fassung: «Um die rechtliche Gleichstellung zu erreichen, sind Fördermassnahmen zugunsten Benachteiligter zulässig.»[8] Ein Antrag, die von der Kommission angestrebte Ergänzung des bundesverfassungsrechtlichen Diskriminierungsverbotes (Art. 8 Abs. 2 BV) um die Elemente «genetische Merkmale» und «sexuelle Orientierung» zu streichen, wurde abgelehnt[9]. Beim «Behindertengleichstellungsartikel» standen dem Kommissionsantrag insgesamt fünf Anträge bzw. Eventualanträge gegenüber, die von der inhaltlichen Erweiterung über die inhaltliche Beschränkung bis hin zur gänzlichen Streichung des Absatzes reichten[10]. Nach eingehender Debatte obsiegte der Antrag der Kommission[11].

Die Vorlage für die Gesamtlesung (9. Mai 2003) enthielt zwei auf die Arbeiten der Redaktionskommission zurückgehende Korrekturen[12]. In Abs. 2 (Fördermassnahmen) war nun nicht mehr – sinnwidrig – von der rechtlichen, sondern von der *tatsächlichen* Gleichstellung die Rede. Abs. 5 (Behindertengleichstellung) wurde aus redaktionellen Gründen in zwei Sätze aufgeteilt[13]. Ein Antrag auf Streichung der Absätze 2, 3 und 5 wurde abgelehnt[14]. Der Grundsatzentscheid zu Gunsten eines «schlankeren» Grundrechtskatalogs (vgl. Vorb. zu Art. 9–18 N. 16 ff.) hatte zur Folge, dass die Bestimmung zur Rechtsgleichheit auf die (gemessen am Wortlaut von Art. 8 BV) neuartigen Elemente reduziert und wesentlich gekürzt wurde. Ein erneuter Antrag auf Streichung (der ganzen Bestimmung) scheiterte.

8

Die zuhanden der öffentlichen Vernehmlassung verabschiedete Bestimmung (Art. 13 VE) lautete schliesslich[15]:

9

> Art. 13   *Rechtsgleichheit*
>
> [1] Niemand darf wegen genetischer Merkmale oder der sexuellen Orientierung diskriminiert werden.
>
> [2] Menschen mit Behinderungen haben Anspruch auf Zugang zu Bauten, Anlagen und Einrichtungen sowie zu Leistungen, die für die Öffentlichkeit bestimmt sind. Entsprechende Massnahmen müssen wirtschaftlich zumutbar sein.
>
> [3] Um die tatsächliche Gleichstellung zu erreichen, sind Fördermassnahmen zu Gunsten von Benachteiligten zulässig.

---

[8] Prot. Plenum, S. 1111 f.
[9] Prot. Plenum, S. 1114.
[10] Prot. Plenum, S. 1115.
[11] Prot. Plenum, S. 1128.
[12] Vgl. Prot. Plenum, S. 2121 f.
[13] Vgl. N. 9 (Art. 13 Abs. 2).
[14] Vgl. Prot. Plenum, S. 2124.
[15] Prot. Plenum, S. 2467. Vgl. auch Prot. K1 vom 4. Juni 2003, S. 458.

10 Nach Abschluss der Vernehmlassung beschloss die zuständige Kommission[16], bei der Bestimmung zur Rechtsgleichheit eine Ausnahme vom «Systemwechsel» beim Grundrechtskatalog zu machen und in die kantonale Verfassungsbestimmung «gewisse Zitate aus der Bundesverfassung» aufzunehmen[17], um die Bedeutung der Bestimmung zu unterstreichen und die Konsistenz und Kohärenz der Regelung zu verbessern. Beim «Gleichberechtigungsartikel» wurde eine inhaltliche Ausweitung vorgenommen, die dann in der Redaktionskommission in die heutige sprachliche Form gebracht wurde[18]. Entsprechend dem Beschluss der Kommission[19] bezieht sich der Anspruch der Menschen mit Behinderung fortan auf die «öffentlichen Bauten, Anlagen, Einrichtungen und Leistungen», nicht (mehr) auf «Bauten, Anlagen und Einrichtungen sowie [...] Leistungen, die für die Öffentlichkeit bestimmt sind» (dazu auch N. 41).

11 In der 2. Lesung (25. Juni 2004) lehnte der Verfassungsrat mehrere Änderungs- und Streichungsanträge betreffend einzelne Absätze bzw. die ganze Bestimmung ab[20].

3. Zur Tragweite der einzelnen Garantien

3.1. Allgemeine Bemerkungen

12 Die nachstehenden Erläuterungen gehen einerseits auf die Grundzüge der bereits aus dem Bundesgrundrecht resultierenden Garantien, andererseits auf die Besonderheiten des Art. 11 ein[21].

13 Art. 11 beinhaltet – mit einzelnen Ausnahmen (Abs. 3 Satz 3, Abs. 5) – einklagbare verfassungsmässige Individualrechte. Auf die Garantien des Art. 11 können sich grundsätzlich alle *natürlichen Personen* berufen (unabhängig von der Staatszugehörigkeit); auf Abs. 1 – entgegen dem Wortlaut – auch *juristische* Personen. Die Garantien des Art. 11 verpflichten grundsätzlich den Staat und die übrigen Träger staatlicher Aufgaben (Art. 10 Abs. 2 KV i.V.m. Art. 35 Abs. 2 BV). Der Lohngleichheitssatz kann, schon von Bundesrechts wegen, auch gegenüber Privaten geltend gemacht werden[22].

---

[16] Vgl. z.B. Prot. K1 vom 5. Februar 2004, S. 522, vom 24. Februar 2004, S. 540.
[17] Prot. Plenum, S. 2897.
[18] Prot. RedK vom 23. März 2004, S. 571.
[19] Prot. K1 vom 5. Februar 2004, S. 519.
[20] Prot. Plenum, S. 2896 ff.
[21] Für weiterführende Hinweise sei auf die Literatur zu Art. 8 BV verwiesen. Vgl. statt vieler die einschlägige Kommentarliteratur zur alten und zur neuen Bundesverfassung sowie J.P. MÜLLER, S. 397 ff.; SCHEFER, S. 243 ff., und die Monographien von BIGLER-EGGENBERGER; GRISEL; HAEFLIGER; MARTENET; WALDMANN und WEBER-DÜRLER.
[22] Zum Kreis der Verpflichteten aus Abs. 4 vgl. N. 41.

Die primär auf Freiheitsrechte zugeschnittenen Voraussetzungen für «Einschränkungen von Grundrechten»[23] finden nach herrschender Auffassung keine Anwendung auf das Rechtsgleichheitsgebot[24]. Diese Sichtweise erscheint etwas eng. Trotz der besonderen Regelungsstruktur der verschiedenen Gleichbehandlungsgebote ist es im Interesse einer rationalen und transparenten Verfassungsmässigkeitsprüfung durchaus sinnvoll, die in Art. 36 BV verkörperten Leitgedanken als Richtlinie heranzuziehen, wenn die Zulässigkeit von Ungleichbehandlungen zu beurteilen ist[25].

14

– Im demokratischen Verfassungsstaat liegt es nahe zu fordern, dass über *bedeutsame* Ungleichbehandlungen der Gesetzgeber – nicht erst der Verordnungsgeber oder eine rechtsanwendende Behörde – beschliesst (vgl. Art. 36 Abs. 1 BV)[26].
– Die Frage, ob eine Ungleichbehandlung sich sachlich rechtfertigen lässt (vgl. N. 17), hängt eng mit dem verfolgten Regelungsziel zusammen (vgl. Art. 36 Abs. 2 BV: öffentliches Interesse)[27].
– Eine Unterscheidung kann in grundsätzlicher Hinsicht gerechtfertigt sein (Regelungsziel), sich aber im Einzelnen als mangelhaft erweisen, weil sie in sachlicher, persönlicher, zeitlicher, örtlicher Hinsicht mehr Sachverhalte erfasst als nötig oder weil sie weniger Sachverhalte erfasst als angezeigt; die konkrete Massnahme ist dann zur Erreichung des an sich legitimen Ziels *nicht geeignet* bzw. *nicht erforderlich* (vgl. Art. 36 Abs. 3 BV: Verhältnismässigkeitsprüfung).
– Das Diskriminierungsverbot bewirkt eine Art Kerngehaltsschutz (Art. 36 Abs. 4 BV) im Bereich der Rechtsgleichheit.

3.2. Allgemeines Rechtsgleichheitsgebot (Abs. 1)

Das (wörtlich aus Art. 8 Abs. 1 BV übernommene) allgemeine Rechtsgleichheitsgebot gilt, ungeachtet des Wortlauts («vor dem Gesetz»), nicht nur in der *Rechtsanwendung*, sondern auch in der *Rechtsetzung* (Gleichheit *im* Gesetz).

15

Nach ständiger Rechtsprechung verstösst ein *Erlass* gegen das allgemeine Rechtsgleichheitsgebot:

16

> «wenn er rechtliche Unterscheidungen trifft, für die ein vernünftiger Grund in den zu regelnden Verhältnissen nicht ersichtlich ist, oder Unterscheidungen unterlässt, die sich aufgrund der Verhältnisse aufdrängen, wenn also Gleiches nicht nach Massgabe seiner Gleichheit gleich und Ungleiches nicht nach Massgabe seiner Ungleichheit

---

[23] Sachüberschrift zu Art. 36 BV (auf welchen Art. 10 KV verweist).
[24] Vgl. dazu (kritisch) Schefer, Beeinträchtigung, S. 106 ff.
[25] Vgl. in diesem Sinne z.B. BGE 131 I 205 ff., 215 und BGE 131 II 361 ff., 376, 385 (mit Bezug auf Art. 8 Abs. 3 BV); ähnlich im Grunde bereits BGE 123 I 152 ff., 169 (betreffend die Wahlrechtsgleichheit).
[26] So z.B. das in BGE 130 I 1 ff., 7 zitierte Urteil des Kantonsgerichts Basel-Landschaft.
[27] Vgl. BGE 132 I 157 ff., 165 (Eigentumsförderung; Differenzierungen beim Eigenmietwert).

ungleich behandelt wird. Vorausgesetzt ist, dass sich die ungerechtfertigte Gleich- bzw. Ungleichbehandlung auf eine wesentliche Tatsache bezieht. Die Frage, ob für eine rechtliche Unterscheidung ein vernünftiger Grund in den zu regelnden Verhältnissen ersichtlich ist, kann zu verschiedenen Zeiten unterschiedlich beantwortet werden. Dem Gesetzgeber bleibt im Rahmen dieser Grundsätze ein weiter Spielraum der Gestaltung»[28].

Im Steuerrecht wird das Rechtsgleichheitsgebot «konkretisiert durch die Grundsätze der Allgemeinheit und Gleichmässigkeit der Besteuerung sowie durch das Prinzip der Besteuerung nach der wirtschaftlichen Leistungsfähigkeit»[29].

17 Das Rechtsgleichheitsgebot gilt nicht absolut. Eine Ungleichbehandlung kann:
– *gerechtfertigt* und daher *zulässig* sein, ja sogar – je nach Sachlage –
– *geboten* sein (Rechtsgleichheitsgebot als Differenzierungsgebot).
Das Bundesgericht gesteht dem Gesetzgeber gewisse Typisierungen und Schematismen zu, wenn sie «tendenziell vernünftig und sachgerecht erscheinen»[30]. Ob ein «vernünftiger Grund» besteht, ist von den «herrschenden Anschauungen und Zeitverhältnissen» abhängig[31]. Prominentes Beispiel für einen relevanten Wandel der Anschauungen ist die Frage der Zulassung von Frauen zur anwaltlichen Tätigkeit: 1887 erachtete das Bundesgericht – in einem den Kanton Zürich betreffenden Fall – den Ausschluss der Frauen für rechtsgleichheitskonform (BGE 13, 1, *Kempin-Spyri*); 36 Jahre später stufte es ihn als verfassungswidrig ein (BGE 49 I 14, *Roeder*).

18 Die in der zitierten Formel des Bundesgerichts (N. 16) zum Ausdruck kommende *Zurückhaltung* gegenüber dem Gesetzgeber ist einerseits *demokratisch*, andererseits *föderalistisch* motiviert. In Rechtsstreitigkeiten, die vor Instanzen der *kantonalen* Justiz ausgetragen werden, entfällt der zweite Grund. Gegenüber den «eigenen» (kantonalen) rechtsetzenden Behörden einen strengeren Massstab anzulegen, ist nicht von vornherein unzulässig, ja kann unter Umständen angezeigt sein (vgl. auch Art. 10, N. 21).

19 Nach ständiger Rechtsprechung verlangt das Rechtsgleichheitsgebot, dass die zuständige Behörde das Gesetz in allen gleich gelagerten Fällen in gleicher Weise anwendet (*Rechtsgleichheit in der Rechtsanwendung*)[32]. Erhöhte praktische Bedeutung erlangt das Gleichbehandlungsgebot, wenn das Gesetz der Behörde Ermessen einräumt oder (durch unbestimmte Begriffe) Beurteilungsspielräume eröffnet. Die Behörde ist gehalten, «nach einheitlichen, über den Einzelfall hinaus gültigen Kriterien vorzugehen, mit anderen Worten eine Praxis zu bilden»[33].

---

[28] BGE 131 I 1 ff., 7 f. – Vgl. auch BGE 132 I 68 ff., 74; BGE 131 V 107 ff., 114; BGE 129 I 265 ff., 268 f.; BGE 127 V 448 ff., 454, je mit Hinweisen.
[29] BGE 132 I 157 ff., 163. – Vgl. dazu auch BEUSCH, Art. 125 N. 14 ff.
[30] BGE 131 I 205 ff., 215.
[31] BGE 131 V 107 ff., 114; vgl. auch BGE 127 I 185 ff., 192.
[32] Vgl. BGE 129 I 113 ff., 125; BGE 125 I 161 ff., 163; BGE 112 Ia 193 ff., 196.
[33] BGE 125 II 152 ff., 162.

Da «jede Änderung der bisherigen Rechtsanwendung zwangsläufig mit einer Ungleichbehandlung der früheren und der neuen Fälle verbunden ist», muss sich eine *Praxisänderung* «auf ernsthafte, sachliche Gründe stützen können, die umso gewichtiger sein müssen, je länger die als falsch oder nicht mehr zeitgemäss erkannte Rechtsanwendung praktiziert worden ist»[34]. Der Umstand, dass das Gesetz in anderen Fällen nicht oder nicht richtig angewendet worden ist, gibt «dem Bürger grundsätzlich keinen Anspruch darauf, ebenfalls abweichend vom Gesetz behandelt zu werden»[35]. Ein Anspruch auf sog. *Gleichbehandlung im Unrecht* wird ausnahmsweise anerkannt, «wenn eine ständige gesetzwidrige Praxis einer rechtsanwendenden Behörde vorliegt und die Behörde zu erkennen gibt, dass sie auch in Zukunft nicht von dieser Praxis abzuweichen gedenke»[36]. Dem können wiederum «gewichtige öffentliche Interessen oder das berechtigte Interesse eines privaten Dritten an gesetzmässiger Rechtsanwendung entgegenstehen», worüber im Rahmen einer Abwägung zu befinden ist[37].

3.3. Allgemeines Diskriminierungsverbot (Abs. 2)

3.3.1. Bundesrechtliche Garantie (Art. 8 Abs. 2 BV)

Eine Diskriminierung im Sinne von Art. 8 Abs. 2 BV liegt gemäss Bundesgericht nicht bei jeder Ungleichbehandlung vor, sondern nur dann

> «wenn eine Person allein aufgrund ihrer Zugehörigkeit zu einer bestimmten Gruppe, welche historisch und in der gegenwärtigen sozialen Wirklichkeit tendenziell *ausgegrenzt* oder als *minderwertig* behandelt wurde, *rechtsungleich behandelt* wird. Die Diskriminierung stellt eine *qualifizierte* Art der *Ungleichbehandlung* von Personen in *vergleichbaren* Situationen dar, indem sie eine Benachteiligung von Menschen bewirkt, die als *Herabwürdigung oder Ausgrenzung* einzustufen ist, weil sie an ein Unterscheidungsmerkmal anknüpft, das einen wesentlichen und nicht oder nur schwer aufgebbaren Bestandteil der *Identität* der betreffenden Person ausmacht. Insoweit beschlägt die Diskriminierung auch Aspekte der Menschenwürde»[38].

20

In Rechtsprechung und Lehre ist man sich, trotz mancher Differenz im Einzelnen, im Wesentlichen darin einig[39]:
– dass das Diskriminierungsverbot ein besonderes Gleichheitsgebot ist, mithin eine rechtsungleiche Behandlung voraussetzt; Anwendungsvoraussetzung ist

21

---

[34] BGE 125 II 152 ff., 163 (mit Hinweisen); vgl. auch BGE 131 V 107 ff., 110.
[35] BGE 123 II 248 ff., 254.
[36] BGE 127 I 1 ff., 3; vgl. auch BGE 122 II 446 ff., 451; BGE 125 II 152 ff., 166.
[37] BGE 123 II 248 ff., 254.
[38] BGE 132 I 49 ff., 65 f. (Hervorhebungen hinzugefügt). Die Formel geht zurück auf BGE 126 II 377 ff., 392 f. Vgl. auch BGE 132 I 167 ff., 169; BGE 129 I 217 ff., 223; BGE 130 I 352 ff., 357 («Gefahr der Stigmatisierung und des gesellschaftlichen Ausschlusses», in casu: wegen körperlicher oder geistiger Anormalität).
[39] Überblick und weitere Hinweise bei J.P. MÜLLER, Diskriminierungsverbote, S. 103 ff.; MARTENET, Géométrie, S. 388 ff.; SCHEFER, S. 245 ff.; WALDMANN, passim.

(wie beim allgemeinen Rechtsgleichheitsgebot) die *Vergleichbarkeit* der geregelten Verhältnisse bzw. Ausgangstatsachen;
- dass nur Personen geschützt werden, die einer benachteiligten Gruppe angehören;
- dass eine Diskriminierungs*absicht* nicht vorausgesetzt wird;
- dass auch sog. *indirekte* Diskriminierungen untersagt sind (N. 22);
- dass das Diskriminierungsverbot sich an den Staat richtet und *keine direkte* Drittwirkung unter Privaten entfaltet;
- dass das Diskriminierungsverbot kein Egalisierungsgebot beinhaltet und dass es Fördermassnahmen zur Beseitigung bisheriger Diskriminierungen nicht entgegensteht (vgl. N. 45).

22 Eine *indirekte* (oder mittelbare) *Diskriminierung* ist gegeben, wenn eine Regelung, die nicht an ein verpöntes Merkmal anknüpft (d.h. neutral formuliert ist), «in ihren tatsächlichen Auswirkungen Angehörige einer solchen [spezifisch gegen Diskriminierung geschützten] Gruppe besonders stark benachteiligt, ohne dass dies sachlich begründet wäre»[40].

23 Das Diskriminierungsverbot des Art. 8 Abs. 2 BV ist als *absolutes,* d.h. ausnahmslos geltendes Verbot formuliert: «Niemand darf diskriminiert werden (...)»! Eine Rechtfertigungsmöglichkeit ist nicht vorgesehen. Dies heisst jedoch nicht, dass jede Anknüpfung an ein verpöntes Merkmal automatisch unzulässig wäre. Wie die Entstehungsgeschichte zeigt[41], statuiert Art. 8 Abs. 2 BV *kein Anknüpfungsverbot.* Das Anknüpfen an ein verpöntes Merkmal begründet nur – aber immerhin – den «Verdacht einer unzulässigen Differenzierung». Die an ein verpöntes Merkmal anknüpfende Ungleichbehandlung bedarf einer *qualifizierten* Rechtfertigung[42].

24 Die Liste der verdachtsbegründenden Merkmale ist – wie der Wortlaut deutlich macht («namentlich ...») – nicht abschliessend[43]. Welche weiteren Kriterien ebenfalls als verdachtsbegründend einzustufen sind, wird letztlich das zur Konkretisierung von Art. 8 Abs. 2 BV berufene Bundesgericht zu entscheiden haben. Als Richtschnur dienen dabei der Grundsatz der Menschenwürde (Art. 7 BV) sowie die in Abs. 2 genannten Kriterien (auf die hier nicht näher eingegangen werden kann[44]). Die Gemeinsamkeit besteht im Wesentlichen darin, dass es um nicht (oder nur schwer) aufgebbare Bestandteile der *Identität*

---

[40] BGE 129 I 217 ff., 224 (mit Hinweisen). Vgl. auch BGE 132 I 167 ff., 169; BGE 132 I 49 ff., 66; BGE 131 V 9 ff., 16; J.P. MÜLLER, S. 441 ff.
[41] Vgl. AB 1998 StR 37; AB 1998 NR 171 ff. (Separatdruck).
[42] BGE 126 II 377 ff., 393; bestätigt in BGE 130 I 352 ff., 357. Zu den Anforderungen an den Nachweis einer Diskriminierung vgl. BGE 129 I 217 ff., 226.
[43] Vgl. BGE 130 V 9 ff., 16.
[44] Näher etwa J.P. MÜLLER, S. 412 ff.

der betreffenden Person geht[45]. Der recht unterschiedliche Gehalt der Merkmale lässt es angezeigt erscheinen, je nach Merkmal unterschiedlich strenge Anforderungen an die Rechtfertigung zu stellen. Bei gewissen besonders verpönten Unterscheidungskriterien (insb. Rasse) besteht grundsätzlich kein Spielraum für Relativierungen. Das gängige Unterscheidungskriterien «Alter» hingegen wird auch weiterhin in der Gesetzgebungs- und Verwaltungspraxis eine bedeutsame Rolle spielen können.

Anknüpfend an die Praxis zu Diskriminierungsverboten des internationalen Rechts[46] und an erste Überlegungen in der schweizerischen Rechtsprechung und Lehre empfiehlt es sich, bis auf weiteres das folgende Prüfverfahren anzuwenden[47]:

1. Liegt eine benachteiligende *rechtsungleiche* Behandlung vor? Allenfalls: Benachteiligt eine unterschiedslos geltende Regelung in ihren tatsächlichen Auswirkungen bestimmte Personen besonders stark?
2. a. Beruht die Unterscheidung auf einem (gemäss Art. 8 Abs. 2 BV) verpönten *Merkmal?* b. Steht sie sonst wie *im Verdacht, herabwürdigend oder ausgrenzend* zu sein? Wenn ja:
3. Liegt eine *qualifizierte* Rechtfertigung vor? Dies setzt jedenfalls voraus, dass das verfolgte Ziel legitim und die Ungleichbehandlung in Bezug auf dieses Ziel verhältnismässig ist. Je nach Merkmal sind an die Rechtfertigung erhöhte Anforderungen zu stellen.

3.3.2. Zürcher Besonderheiten (Art. 11 Abs. 2)

Vor diesem Hintergrund zeichnet sich die – bescheidene – rechtliche Tragweite der beiden Zürcher Besonderheiten (N. 1) deutlicher ab.

Genetische Merkmale: Mit der Aufnahme dieses Kriteriums[48], das einen grundsätzlich unaufgebbaren Bestandteil personaler Identität anspricht (vgl. N. 24), wollte der Verfassungsrat vor allem auf neu sich stellende Probleme in den Bereichen Arbeit bzw. Versicherungen reagieren (Diskriminierung im Zusammenhang mit dem Abschluss von Arbeits- bzw. Versicherungsverträgen)[49]. Das Kriterium weist gewisse Überschneidungen mit dem (bereits in Art. 8 Abs. 2 BV ausdrücklich genannten) Kriterium der körperlichen Behinderung auf, ist aber damit nicht deckungsgleich, da ein genetisches Merkmal nicht zwingend mit

---

[45] Vgl. BGE 132 I 49 ff., 66.
[46] Vgl. Kälin/Künzli, S. 344 ff., 352.
[47] Vgl. BGE 126 I 377 ff., 393; Kälin/Caroni, Das verfassungsrechtliche Verbot der Diskriminierung wegen der ethnisch-kulturellen Herkunft, in: Kälin (Hrsg.), S. 80.
[48] Der Beschluss der K1 vom 18. März 2002 (Prot. K1, S. 279) wurde im weiteren Verlauf der Kommissions- und Plenarberatungen immer wieder bestätigt.
[49] Vgl. z.B. Prot. K1 vom 8. und 9. Juli 2002, S. 328. Vgl. auch Prot. Plenum, S. 1112 f.

einer Behinderung einhergehen muss[50]. Die rechtliche Tragweite der ausdrücklichen Nennung des Kriteriums «genetische Merkmale» ist aus zwei Gründen bescheiden:
- zum einen deshalb, weil der Kriterienkatalog des Art. 8 Abs. 2 BV nicht abschliessend ist, so dass bei Bedarf, d.h. bei gegebener Diskriminierungsgefahr, die Liste der «verdachtsbegründenden» Merkmale durch rechtsfortbildende Auslegung erweitert werden darf (N. 24);
- zum andern deshalb, weil es in den vom Verfassungsrat hauptsächlich ins Auge gefassten Bereichen (Arbeit, Versicherungen) in erster Linie um die Rechtsbeziehungen zwischen *Privaten* geht, die zudem weitestgehend durch *Bundesrecht* geregelt sind. Hier bleibt für kantonale Grundrechtsgarantien praktisch kein Raum (vgl. Vorb. zu Art. 9–18 N. 11 sowie Art. 10, N. 16).

Die ausdrückliche Nennung der «genetischen Merkmale» ist gleichwohl rechtlich nicht bedeutungslos, denn damit erhalten die Rechtsanwender eine weitere Richtschnur für die künftige Konkretisierung des verfassungsrechtlichen Diskriminierungsverbots und eine Orientierungshilfe für die Anerkennung neuer ungeschriebener Kriterien als «verdachtsbegründend».

28 *Sexuelle Orientierung:* Wie aus der Entstehungsgeschichte von Art. 8 Abs. 2 BV hervorgeht, fällt unter das Merkmal der «Lebensform» auch die Homosexualität bzw. das Zusammenleben gleichgeschlechtlicher Paare[51]. Dessen war man sich im Verfassungsrat bewusst. Der Ratsmehrheit war es indes ein Anliegen, «eine Minderheit, die lange im Dunkeln des Tabus lag, hier zu nennen und auch gesellschaftsfähig zu machen»[52]. Trotz möglicher Missverständnisse wurde auch mit Bedacht der Begriff «sexuelle Orientierung» gewählt, unter Hinweis darauf, dass die Betroffenen dies selbst als den «klassischen Begriff» ansehen[53] und es ihnen wichtig sei, die Sache beim Namen zu nennen. Wie mehrfach betont wurde, schliesst der Schutz der (gleichgeschlechtlichen) sexuellen Orientierung selbstverständlich strafbares sexuelles Verhalten (wie zum Beispiel Pädophilie) nicht ein[54]. Anträge auf Streichung des Passus bzw. des ganzen Absatzes blieben ohne Erfolg[55].

29 Nicht erörtert wurden die Auswirkungen der Aufnahme des Kriteriums der «sexuellen Orientierung» auf die Auslegung des Begriffs «Lebensform» in Art. 11 Abs. 2. Die Entstehungsgeschichte legt es nahe, «Lebensform» hier en-

---

[50] Vgl. Prot. K1 vom 3. Dezember 2001, S. 168.
[51] Vgl. AB 1998 NR 153, 171, 172 (Separatdruck); RHINOW, BV 2000, S. 143, 145; BGE 126 II 425 ff., 433. – A.M. GRISEL, S. 80.
[52] Prot. Plenum, S. 1112 f. (Votum Kommissionspräsident Fricker). Vgl. auch Prot. K1 vom 17. April 2001, S. 12.
[53] Prot. K1 vom 3. Dezember 2001, S. 167.
[54] Vgl. Prot. Plenum, S. 2898.
[55] Vgl. zuletzt Prot. Plenum, S. 2903.

ger zu verstehen als im Kontext des Art. 8 Abs. 2 BV. Ob die Unterscheidung zwischen einem (weiten) bundesrechtlichen und einem (etwas engeren) kantonalrechtlichen Begriff der «Lebensform» praktikabel ist und sich durchsetzen wird, erscheint allerdings fraglich. Die Alternative besteht darin, den Begriff der «Lebensform», entgegen der Entstehungsgeschichte, gleich auszulegen wie im Bundesrecht. Das Problem ist zum Glück vorab theoretischer Natur, da sich am Schutzstandard nichts ändert.

3.4 Gleichberechtigung von Mann und Frau (Abs. 3)
3.4.1. Bundesrechtliche Garantie (Art. 8 Abs. 3 BV)

Gemäss Art. 8 Abs. 3 Satz 1 sind Mann und Frau gleichberechtigt[56]. Die Bestimmung begründet ein einklagbares Individualrecht auf Gleichbehandlung unabhängig vom Geschlecht; dies in allen Bereichen und «ohne Rücksicht auf gesellschaftliche Verhältnisse und Vorstellungen (...). Die Verfassung schliesst die Geschlechtszugehörigkeit als taugliches Kriterium für rechtliche Differenzierungen grundsätzlich aus»[57]. Neben diesem strengen Gleichbehandlungsgebot dürfte das Verbot der Diskriminierung «wegen (...) des Geschlechts» (Art. 8 Abs. 2 BV bzw. Art. 11 Abs. 2 KV) kaum eigenständige Bedeutung entfalten. Auch geschlechtsneutral gefasste Vorschriften können gegen Art. 8 Abs. 3 Satz 1 BV verstossen, wenn sie in ihren tatsächlichen Auswirkungen typischerweise die Angehörigen des einen Geschlechts benachteiligen. Ausnahmen sind nur in eng begrenztem Rahmen möglich. Vorbehalten sind einmal gegenteilige Regelungen in der Verfassung selbst (vgl. Art. 59 BV, Art. 61 BV). Eine unterschiedliche Behandlung ist sonst «nur noch zulässig, wenn auf dem Geschlecht beruhende biologische oder funktionale Unterschiede eine Gleichbehandlung absolut ausschliessen»[58]. Angesprochen sind damit vor allem der Schutz von Schwanger- bzw. Mutterschaft. Was genau mit «funktionalen» Unterschieden gemeint ist, lässt sich der bisherigen Rechtsprechung nicht schlüssig entnehmen[59]. Als zulässig gelten Massnahmen, die der Umsetzung des *Gleichstellungsauftrags* (Abs. 3 Satz 2) dienen, sofern es sich um angemessene Massnahmen handelt (vgl. N. 32).

Gemäss Art. 8 Abs. 3 Satz 2 BV sorgt das Gesetz «für die rechtliche und tatsächliche Gleichstellung» von Mann und Frau, «vor allem in Familie, Ausbildung und Arbeit». Dieser Gesetzgebungsauftrag begründet *keine* einklagbaren Rech-

---

[56] Der Satz ist wörtlich aus Art. 4 Abs. 2 aBV (i.d.F. von 1981) übernommen.
[57] BGE 129 I 265 ff., 269; vgl. auch BGE 127 III 207 ff., 214.
[58] BGE 129 I 265 ff., 269 mit Hinweisen; so schon BGE 108 Ia 22 ff., 29.
[59] Nicht zulässig sind Unterscheidungen, die auf der traditionellen Rollenverteilung im Familienleben oder sonst wie auf Tradition und Herkommen beruhen, wie etwa die Beschränkung der Feuerwehrdienstpflicht (bzw. -abgabepflicht) auf Männer oder ein ungleiches gesetzliches Rentenalter.

te. Verpflichtet sind die Gesetzgeber aller Ebenen. Verlangt wird nicht nur die rechtliche, sondern auch die *tatsächliche* Gleichstellung «in der sozialen Wirklichkeit»; Art. 8 Abs. 3 BV umfasst insofern ein «Egalisierungsgebot als Auftrag, materielle Chancengleichheit zu schaffen»[60]. Dass die tatsächliche Gleichstellung in vielen Lebensbereichen noch nicht erreicht wurde, ist notorisch. Die drei in Art. 8 Abs. 3 BV ausdrücklich – im Sinne von Beispielen – genannten Gesetzgebungsbereiche (Familie, Ausbildung, Arbeit) gelten als besonders sensibel. Der Auftrag erstreckt sich aber grundsätzlich auf alle Lebensbereiche, in denen noch nicht von einer tatsächlichen Gleichstellung gesprochen werden kann.

32 Der Gesetzgebungsauftrag in Art. 8 Abs. 3 Satz 2 BV gibt ein *Ziel* vor, ohne sich zur Frage der Instrumente zu äussern. Bei der – schon aufgrund von Abs. 3 Satz 1 geschuldeten – *(formal)rechtlichen* Gleichstellung sind die Organe und die verschiedenen Formen der Rechtsetzung gefordert (geschlechtsneutrale Gesetzgebung). Der *tatsächlichen* Gleichstellung können *Schutz-* und (positive) *Förderungsmassnahmen* unterschiedlicher Ausgestaltung dienen[61]. Umstritten ist, unter welchen Voraussetzungen sog. Quotenregelungen zulässig sind. Die Antwort kann je nach Lebensbereich und Ausgangssituation anders ausfallen. Aus Art. 8 Abs. 3 BV folgt weder eine allgemeine Pflicht noch ein genereller «Freipass», Quotenregelungen einzusetzen. Bei Quotenregelungen zeigt sich typischerweise ein Spannungsverhältnis zwischen dem Egalisierungsgebot (Satz 2) und dem Gebot der formalrechtlichen Gleichstellung (Differenzierungsverbot, Satz 1). Nach richtiger Auffassung kann weder das eine noch das andere Anliegen generell Vorrang beanspruchen. Es gilt, einen Ausgleich zwischen den gegensätzlichen (und grundsätzlich gleichrangigen) Verfassungsgeboten zu suchen. Bei der Beurteilung der Verfassungsmässigkeit spielen Überlegungen zur Verhältnismässigkeit eine zentrale Rolle[62], bei Quotenregelungen namentlich auch, ob es sich um eine starre oder um eine flexible Quote handelt[63].

33 Gemäss Art. 8 Abs. 3 Satz 3 BV haben Mann und Frau «Anspruch auf gleichen Lohn für gleichwertige Arbeit». Das Lohngleichheitsgebot begründet «ein unmittelbar anwendbares, justiziables subjektives Individualrecht»[64]. Verpflich-

---

[60] So schon BGE 116 Ib 270 ff., 283 (zu Art. 4 Abs. 2 aBV).
[61] Siehe insb. das auf das Erwerbsleben gemünzte Gleichstellungsgesetz vom 24. März 1995 (GlG; SR 151.1). Vgl. auch BGE 131 II 361 ff., 373 sowie den Bericht des Bundesrates über das Rechtsetzungsprogramm «Gleiche Rechte für Mann und Frau» (BBl 1986 I, S. 1144 ff.).
[62] Vgl. G. MÜLLER, Quotenregelungen, S. 308 ff.; G. MÜLLER, Kommentar BV, Art. 4 aBV Rz. 137c; BGE 131 II 361 ff., 375; BGE 125 I 21 ff., 25; BGE 123 I 152 ff., 158.
[63] Näher BGE 131 II 361 ff., 376 (mit Hinweisen) betreffend die im früheren Förderungsprogramm für den akademischen Nachwuchs des Bundes vorgesehene (starre) Frauenquote. Vgl. auch BGE 125 I 21 ff. (Urner Volksinitiative «für gleiche Wahlchancen»); BGE 123 I 152 ff. (Solothurner Volksinitiative «Für eine gleichberechtigte Vertretung der Frauen und Männer in den kantonalen Behörden – Initiative 2001»).
[64] BGE 131 I 105 ff., 108.

tet sind nicht nur alle öffentlichen Arbeitgeber[65], sondern auch Private. Der Lohngleichheitssatz gilt gemeinhin als *das* Paradebeispiel für die unmittelbare (direkte) Drittwirkung eines Grundrechts. Eine Deutung als (verfassungs- und zivilrechtliche) «Doppelnorm» erscheint indes nicht ausgeschlossen[66]. Unter Lohn ist «nicht nur der Geldlohn im engeren Sinne zu verstehen, sondern jedes Entgelt, das für geleistete Arbeit entrichtet wird»; dazu gehören «auch soziale Lohnkomponenten wie ein Anspruch auf Besoldung während des Mutterschaftsurlaubs, Familien-, Kinder- und Alterszulagen»[67] oder Naturalleistungen und Gratifikationen. Unterschiede in der Entlöhnung verstossen laut Bundesgericht dann nicht gegen Satz 3, wenn sie auf *objektiven Gründen* wie Alter, Dienstalter, familiären Belastungen, Erfahrung, Qualifikationsgrad, Risiken usw. beruhen[68]. Als Referenzgrösse verwendet die Verfassung bewusst nicht die *«gleiche»*, sondern *«gleichwertige»* Arbeit, dies nicht zuletzt, um dem Problem der «typischen Frauenberufe» gerecht zu werden[69].

3.4.2. Zürcher Besonderheiten (Art. 11 Abs. 3)

Das *Gebot der Gleichbehandlung* von Mann und Frau (Satz 1) ist nach einhelliger Auffassung inhaltsgleich mit dem bundesrechtlichen Pendant (Art. 8 Abs. 3 Satz 1 BV). Es umfasst auch ein Verbot der indirekten Diskriminierung[70]. 34

Mann und Frau haben gemäss Art. 11 Abs. 3 Satz 2 nicht nur Anspruch «auf gleichen Lohn für gleichwertige Arbeit» (so wortgleich Art. 8 Abs. 3 Satz 3 BV; vgl. N. 33), sondern auch *Anspruch* auf *gleichen Zugang* zu *Bildungseinrichtungen* und *Ämtern* und auf gleiche Ausbildung. Bei der Ermittlung der rechtlichen Tragweite dieser Zusätze muss man sich zunächst bewusst machen, dass die Möglichkeiten des kantonalen Verfassungsgebers begrenzt sind. So bleibt es ihm insbesondere verwehrt, derartigen Ansprüchen eine direkte Wirkung in den Rechtsbeziehungen zwischen Privaten zu verleihen (z.B. im Verhältnis zu einer privaten Bildungseinrichtung oder zu einem privaten Lehrbetrieb), da das kantonale Recht sonst mit dem Bundes(zivil)recht in Konflikt gerät (vgl. Vorb. zu Art. 9–18 N. 11 sowie Art. 10, N. 16). 35

Die in Art. 11 Abs. 3 Satz 2 genannten Ansprüche sind mithin *staatsgerichtet*. Ein Anspruch auf *rechtliche* Gleichbehandlung beim Zugang zu (kantonalen 36

---

[65] Was sich bereits aus Art. 8 Abs. 1 ergibt. Vgl. BGE 103 Ia 517 ff. (zu Art. 4 aBV).
[66] Vgl. BGE 113 Ia 107 ff., 110 f.; BIGLER-EGGENBERGER, St. Galler Kommentar, Art. 8 Rz. 92.
[67] BGE 126 II 217 ff., 223 mit Hinweisen.
[68] BGE 118 Ia 35 ff., 37. Zur geschlechtsspezifischen Benachteiligung bei Beförderungen in einem Unternehmen vgl. BGE 127 III 207 ff., 217.
[69] Vgl. aus der neueren Rechtsprechung z.B. BGE 131 II 393 ff. (Solothurner Krankenpflegende); BGE 125 II 530 ff. und 541 ff. (Zürcher Kindergartenlehrkräfte); BGE 124 II 409 ff. (Zürcher Handarbeitslehrerinnen); vgl. auch BGE 130 III 145 ff., 159.
[70] Zum Verhältnis von Art. 11 Abs. 3 und Art. 8 Abs. 3 BV vgl. auch Urteil des Verwaltungsgerichts vom 21. Dezember 2006, VB 2006.357 (Minderheitsmeinung).

und kommunalen) Bildungseinrichtungen und zu (politischen und anderen) Ämtern aller Ebenen besteht schon aufgrund von Art. 8 Abs. 3 Satz 1 BV. Entsprechendes gilt für den (nur teilweise kantonal geregelten) Bereich der Ausbildung. Einen Anspruch auf *tatsächliche* Gleichstellung – im Sinne eines einklagbaren Anspruchs gegenüber dem Staat auf Ausgleich von Benachteiligungen – kann das kantonale Verfassungsrecht zwar grundsätzlich einräumen, doch sind dabei bundes(verfassungs)rechtliche Schranken zu beachten, wie sie etwa in der Rechtsprechung des Bundesgerichts betreffend Zulässigkeit von Quotenregelungen herausgearbeitet wurden (vgl. N. 32). Stellt man allein auf den Wortlaut ab, so wäre es nicht von vornherein ausgeschlossen, aus Art. 11 Abs. 3 Satz 2 einen «quotenmässig» definierten einklagbaren Anspruch auf gleichen Zugang zu politischen Ämtern abzuleiten (z.B. Anspruch auf Zugang für Frauen, bis beide Geschlechter in der fraglichen Behörde gleich vertreten sind). Einer solchen Lesart steht indes das vom kantonalen Verfassungsgeber zu beachtende Bundes(verfassungs)recht entgegen.

37 Im Ergebnis dürfte die rechtliche Tragweite von Art. 11 Abs. 3 Satz 2 geringer sein als die Signalwirkung, die von der Bestimmung unzweifelhaft ausgeht (und um die es bei der Aufnahme dieses Satzes in die Kantonsverfassung wohl in erster Linie gegangen sein dürfte).

38 Anders als die beiden vorangehenden Sätze will Art. 11 Abs. 3 Satz 3 keine einklagbaren Ansprüche, sondern (lediglich) einen Handlungsauftrag begründen. Beim Vergleich mit dem bundesrechtlichen Gegenstück (Art. 8 Abs. 3 Satz 2 BV) zeigen sich mehrere Unterschiede:
– Art. 11 spricht ausdrücklich den Kanton und die Gemeinden an (die allerdings beide in Art. 8 Abs. 3 BV mitgemeint sind; vgl. N. 31).
– Der Auftrag gemäss Art. 11 erstreckt sich ausdrücklich auf «all(e) Lebensbereich(e)». Dies gilt freilich, ungeachtet der Formulierung, auch für den Auftrag gemäss Art. 8 Abs. 3 BV (vgl. N. 31).
– Kanton und Gemeinden sind gehalten, die tatsächliche Gleichstellung von Frau und Mann zu «fördern». Die Bundesverfassung (die in Art. 8 Abs. 3 BV auch die Kantone in die Pflicht nimmt) verwendet den stärkeren Ausdruck «sorgen für».
– Die Bundesverfassung nennt als Instrument das «Gesetz» (welches allerdings Massnahmen verschiedenster Art aufnehmen kann). Art. 11 Abs. 3 lässt dagegen die Handlungsform offen. Aufgrund allgemeiner Erwägungen bedarf die Förderung indessen gesetzlicher Abstützung (vgl. Art. 2, Art. 38, Art. 122).

Bei näherer Betrachtung wird somit deutlich, dass die Unterschiede zwischen dem Gleichstellungsauftrag gemäss Art. 8 BV und jenem gemäss Art. 11 eher vordergründig sind und nicht überschätzt werden dürfen. Viel bedeutsamer ist die Gemeinsamkeit: In beiden Verfassungen geht es nicht nur um (formal)rechtliche

Gleichstellung (Gleichberechtigung im engeren Sinn), sondern auch um Gleichstellung in *tatsächlicher* Hinsicht. In diesem Sinne doppelt Art. 40 Abs. 2 nach: «Kanton und Gemeinden streben eine angemessene Vertretung beider Geschlechter in Behörden und Kommissionen an.»

Zusammenfassend kann man festhalten, dass der kantonale «Gleichberechtigungsartikel» (Art. 11 Abs. 3) zwar einige neuartige Formulierungen enthält und, gemessen am bisher geltenden kantonalen Verfassungsrecht, neue Akzente setzt. Alles in allem dürften diese neuen Elemente aber, gemessen am bundesrechtlichen Standard, doch wohl in erster Linie klarstellende Funktion haben. 39

3.5. Ansprüche von Menschen mit Behinderungen (Abs. 4)

Anders als die Bundesverfassung (Art. 8 Abs. 4 BV) begnügt sich Art. 11 Abs. 4 nicht damit, einen Gesetzgebungsauftrag zu statuieren. Menschen mit Behinderungen kommen vielmehr in den Genuss *verfassungsmässiger Individualansprüche*, die in letzter Instanz vor Bundesgericht eingeklagt werden können (Art. 189 BV, Art. 95 und Art. 116 BGG). Wie sich aus den Übergangsbestimmungen ergibt, besteht die Möglichkeit, die in Art. 11 Abs. 4 enthaltenen Rechte unmittelbar geltend zu machen, allerdings erst fünf Jahre nach Inkrafttreten der Verfassung, d.h. ab dem 1. Januar 2011 (vgl. Art. 138). Bis zum Ablauf dieser Frist hat Art. 11 Abs. 4 die Bedeutung eines die Behörden aller Ebenen zum Handeln verpflichtenden verfassungsrechtlichen Auftrags (vgl. Art. 138 Abs. 1)[71]. 40

Erst im Verlauf der Beratungen des Verfassungsrates klärten sich die bundesrechtlichen Rahmenbedingungen. Am 1. Januar 2004 trat das eidgenössische Behindertengleichstellungsgesetz[72] in Kraft, das der Umsetzung des Gesetzgebungsauftrags von Art. 8 Abs. 4 BV dient. Kurz davor hatten Volk und Stände die – weiter gehende – eidgenössische Volksinitiative «Gleiche Rechte für Behinderte»[73] abgelehnt. Der Ausgang der eidgenössischen Volksabstimmung vom 18. Mai 2003 beeinflusste direkt die Beratungen zu Art. 11 Abs. 4. Da die Volksinitiative auch im Kanton Zürich abgelehnt worden war, gelangte die zuständige Kommission mit einer geänderten Fassung ins Plenum (2. Lesung, Sitzung vom 25. Juni 2004). Die neue Fassung beschränkt den Grundrechtsanspruch «auf die öffentlichen, d.h. staatlichen Bauten, die Bauten von Kanton 41

---

[71] In Prüfung ist eine Anpassung des Gesetzes über die Raumplanung und das öffentliche Baurecht (Planungs- und Baugesetz; LS 700.1) und von § 14 des Gesetzes über den Bau und den Unterhalt der öffentlichen Strassen (Strassengesetz; LS 722.1). Vgl. Regierungsrat, Umsetzung der neuen Kantonsverfassung: Statusbericht per 31. Dezember 2006 (RRB 159 vom 7. Februar 2007).
[72] Bundesgesetz über die Beseitigung von Benachteiligungen von Menschen mit Behinderungen vom 13. Dezember 2002 (Behindertengleichstellungsgesetz, BehiG; SR 151.3).
[73] Vgl. BBl 2001, S. 1715 ff.

und Gemeinden» und allenfalls des Bundes. Der Grundrechtsanspruch richtet sich aber «nicht mehr an Private», auch wenn es um Einrichtungen oder Bauten geht, «die für die Öffentlichkeit bestimmt sind»[74]. «Kinos, Restaurants usw. von Privaten sind also nicht mehr gemeint, sondern öffentliche im Sinne von staatlichen Bauten.»[75] Der regierungsrätliche Antrag auf Streichung von Abs. 4 wurde daraufhin zurückgezogen, unter Hinweis darauf, dass die neue Fassung somit im Wesentlichen das gewähren wolle, was gemäss § 239 des kantonalen Planungs- und Baugesetzes ohnehin schon gelte[76]. Demnach besteht die Bedeutung von Art. 11 Abs. 4 in erster Linie darin, aus dem Inhalt einer Gesetzesbestimmung ein Grundrecht zu formen und es damit gegen allfällige gesetzgeberische «Rückschritte» abzusichern.

42 Der Kreis der Anspruchsberechtigten wird mit dem unbestimmten Begriff «Menschen mit Behinderungen» umschrieben. Auch wenn vieles dafür spricht, den Begriff nicht engherzig auszulegen, wird man doch voraussetzen müssen, dass es um Menschen mit Beeinträchtigungen geht, die von einer gewissen Dauerhaftigkeit und Schwere sind[77]. Im Vordergrund stehen körperliche Behinderungen, doch können auch Menschen mit geistigen oder psychischen Beeinträchtigungen beim Zugang zu öffentlichen Bauten, Anlagen usw. handicapiert sein.

43 Die den Anwendungsbereich des Art. 11 Abs. 4 bestimmenden Begriffe «Bauten», «Anlagen», «Einrichtungen» und «Leistungen» stehen *pars pro toto* für Bereiche, deren Zugänglichkeit bei Menschen mit Behinderungen typischerweise Schwierigkeiten hervorruft. Eine exakte Abgrenzung der einzelnen Kategorien erscheint aus verfassungsrechtlicher Sicht entbehrlich.

44 Der grundrechtliche Anspruch und die damit einhergehenden Pflichten dürfen nicht uferlos werden. Dies wird dadurch erreicht, dass Art. 11 Abs. 4 den Anspruch mit der Frage des *Zugangs* verknüpft und eine immanente *Begrenzung* statuiert: Die Gewährleistung des Zugangs muss *wirtschaftlich zumutbar* sein. Die wirtschaftliche Zumutbarkeit ist ein unbestimmter, stark konkretisierungsbedürftiger Rechtsbegriff[78]. Aus der Sicht der Rechtsanwendung stellt sich die Frage der wirtschaftlichen Zumutbarkeit als eine stark einzelfallbezogene Abwägungsaufgabe dar. Der Gesetzgeber und die nachgeordneten rechtsetzenden Behörden können gewisse Klärungen herbeiführen und im Interesse der Rechtssicherheit gewisse Richtpunkte setzen (vgl. auch Art. 138). Vorgaben und Ori-

---

[74] So noch der einschlägige Passus in Art. 13 Abs. 2 VE.
[75] Prot. Plenum, S. 2898 (Votum Kommissionspräsident Fricker). Vgl. auch Prot. K1 vom 4. März 2004, S. 551. – Anders noch (zur früheren Fassung) Prot. Plenum, S. 1115 f. (Votum Kommissionspräsident Fricker).
[76] Prot. Plenum, S. 2901 (Votum Regierungsrat Notter).
[77] Ähnlich (zu Art. 8 Abs. 2 BV) SCHEFER, S. 258 f. (mit Hinweisen).
[78] Vgl. etwa Art. 11 Abs. 2 des Umweltschutzgesetzes vom 7. Oktober 1983 (USG; SR 814.01).

entierungshilfen können sich auch aus dem Bundesrecht ergeben. Letztlich obliegt es aber der zur Konkretisierung verfassungsmässiger Rechte berufenen Justiz, Inhalt und Grenzen des Art. 11 Abs. 4 zu bestimmen. Dabei wird zu berücksichtigen sein, dass es bei den Verpflichteten nicht (mehr) um Private geht (vgl. N. 41), sondern (nur noch) um die öffentliche Hand, die zwar unter Budgetrestriktionen steht, sich aber hier, anders als Private, nicht auf Grundrechte (wie die Wirtschaftsfreiheit oder die Eigentumsgarantie[79]) berufen kann.

3.6. Fördermassnahmen (Abs. 5)

Massnahmen, welche die *tatsächliche* Gleichstellung von benachteiligten Personengruppen fördern sollen, stehen zwangsläufig in einem gewissen Spannungsverhältnis zum allgemeinen Rechtsgleichheitsgebot (Art. 8 Abs. 1 BV). Art. 11 Abs. 5 erklärt solche Fördermassnahmen zu Gunsten von Benachteiligten für zulässig. Diese Aussage ist insoweit zu allgemein und apodiktisch ausgefallen, als es dem kantonalen Verfassungsgeber gar nicht zusteht, abschliessend über die Zulässigkeit von Fördermassnahmen zu befinden. Wie aus der Rechtsprechung des Bundesgerichts betreffend Frauenförderungsmassnahmen hervorgeht (vgl. N. 32), sind Massnahmen, die auf den Ausgleich von Benachteiligungen zielen, zwar grundsätzlich zulässig. Zu beachten sind indes bundes(verfassungs-)rechtliche Schranken: Frauenförderungsmassnahmen dürfen das allgemeine Gleichheitsgebot nicht übermässig beeinträchtigen und müssen den Grundsatz der Verhältnismässigkeit wahren[80]. Diese Rechtsprechung lässt sich sinngemäss auch auf Massnahmen zu Gunsten anderer Personengruppen übertragen. Fördermassnahmen sind *grundsätzlich* zulässig, ja mitunter sogar geboten[81]. Art. 11 Abs. 5 kann aber die Behörden im Kanton Zürich (inkl. Gesetzgeber) nicht davon entbinden, die Zulässigkeit einer Fördermassnahme jeweils auch am Massstab des Bundesrechts zu prüfen. Abs. 5 ist einer bundesrechtskonformen Auslegung bedürftig (und durchaus zugänglich[82]). Im Zürcher Verfassungsrat war man sich dessen bewusst[83], man stufte aber die mit Abs. 5 verbundene Signalwirkung als wichtiger ein.

45

---

[79] Zwar können grundsätzlich auch das Gemeinwesen bzw. juristische Personen des öffentlichen Rechts die Eigentumsgarantie anrufen, dies allerdings nur, sofern sie «sich auf dem Boden des Privatrechts bewegen» und «in gleicher Weise wie ein Privater betroffen sind» (BGE 112 Ia 356 ff., 363 f.), was hier gewöhnlich nicht der Fall sein wird.

[80] Vgl. etwa BGE 125 I 21 ff., 25, 32.

[81] So Art. 8 Abs. 3 BV und Art. 11 Abs. 3 KV betreffend Frauen (vgl. N. 31); Art. 8 Abs. 4 BV betreffend Menschen mit Behinderungen (vgl. N. 40).

[82] Im Gewährleistungsverfahren auf Bundesebene (Art. 51 BV) gab Art. 11 Abs. 5 offenbar nicht zu Bedenken Anlass.

[83] Vgl. Prot. Plenum, S. 1107.

Art. 12

Die Sprachenfreiheit umfasst auch die Gebärdensprache.

Gebärdensprache

Materialien

Art. 14 VE; Prot. Plenum, S. 113, 1070 ff., 2471, 2890, 2911 ff., 3172 ff., 3283.

Literatur

AUER ANDREAS, D'une liberté non écrite qui n'aurait pas dû l'être: la «liberté de la langue», AJP 1992, S. 955 ff.; BIAGGINI GIOVANNI, Sprachenfreiheit und Territorialitätsprinzip, recht 1997, S. 112 ff. (Territorialitätsprinzip); BIAGGINI GIOVANNI, Sprache als Kultur- und Rechtsgut, Deutsches Verwaltungsblatt (DVBl) 2005, S. 1090 ff. (Sprache); BORGHI MARCO, La liberté de la langue et ses limites, in: Verfassungsrecht der Schweiz, § 38; GUCKELBERGER ANNETTE, Das Sprachenrecht der Schweiz, ZBl 106/2005, S. 609 ff.; KÄGI-DIENER REGULA, St. Galler Kommentar, Art. 18; MAHON PASCAL, Art. 18 und Art. 70, in: Auer/Mahon; MÜLLER JÖRG PAUL, S. 141 ff.; RHINOW, Rz. 1392 ff.; RICHTER DAGMAR, Sprachenordnung und Minderheitenschutz im schweizerischen Bundesstaat, Berlin usw. 2005; SCHEFER, S. 100 ff.; SCHWEIZER RAINER J., Sprache als Kultur- und Rechtsgut, VVDStRL 65/2006, S. 346 ff.

Rechtsquellen

– Art. 18 BV
– Vgl. auch Art. 11, Art. 20, Art. 48 KV

Übersicht

	Note
1. Überblick	1
2. Entstehungsgeschichte	3
3. Schutz der Sprache durch die Bundesverfassung	6
3.1. Schutzbereich (Art. 18 BV)	6
3.2. Einschränkungen der Sprachenfreiheit	10
4. Schutz der Gebärdensprache (Art. 12)	13
4.1. Gebärdensprache	13
4.2. Grundrechtlicher Schutz und Beschränkungsmöglichkeiten	14
4.3. Tragweite	15

1. Überblick

Die Sprachenfreiheit wurde vom Bundesgericht im Jahr 1965 – in einem den Kanton Zürich betreffenden Fall – als ungeschriebenes Grundrecht des Bundes anerkannt[1]. Im Rahmen der Totalrevision der Bundesverfassung fand die inzwischen etablierte Sprachenfreiheit als Art. 18 BV Aufnahme in den Grundrechts-

1

---

[1] BGE 91 I 480 ff., 486 (*Association de l'Ecole française*). Das Urteil war zwar innovativ, aber im konkreten Ergebnis wenig sprachminderheitenfreundlich.

katalog. Art. 12 baut auf der bundesrechtlichen Garantie auf und stellt klar, dass der Schutz des Grundrechts auch die Gebärdensprache umfasst. Mit der ausdrücklichen Nennung der Gebärdensprache betritt der Kanton Zürich in der Schweiz verfassungsrechtliches Neuland[2]. Die rechtliche Tragweite der Neuerung darf allerdings nicht überschätzt werden, da die Sprachenfreiheit gemäss neuerer Lehre neben der Blindenschrift (Brailleschrift) und anderen besonderen Formen der Kommunikation auch die Gebärdensprache schützt[3]. Das Bundesgericht hatte noch nicht Gelegenheit, sich zu dieser Frage zu äussern.

2   Mit dem Thema Sprache befassen sich auch Art. 11 (Diskriminierungsverbot), Art. 20 (Einbürgerungsvoraussetzungen) und Art. 48 (Amtssprache).

2. Entstehungsgeschichte

3   Die ausdrückliche Nennung der Gebärdensprache in der Bestimmung betreffend die Sprachenfreiheit fand von Anfang an breite Zustimmung. Im Dezember 2001 hiess die Kommission 1 ohne Gegenstimme einen entsprechenden Vorschlag ihrer Subkommission 2 gut. In der kurzen Diskussion wurde darauf hingewiesen, dass die Anerkennung der Gebärdensprache einem Wunsch der Gehörlosen entspreche; diese seien über lange Jahre gezwungen gewesen, die Lautsprache zu lernen, während man es ihnen umgekehrt untersagt habe, die Gebärdensprache zu verwenden[4]. Zu Missverständnissen führte gelegentlich die Aussage, mit der verfassungsrechtlichen Anerkennung solle die Gebärdensprache «gefördert» werden. Aus den Materialien zu Art. 12 geht deutlich hervor, dass damit vor allem die Bewusstseinsbildung gemeint ist. Bei Art. 12 geht es weder um die Schaffung eines leistungsbegründenden Sozialrechts noch um die Verankerung konkreter Ausbildungsmassnahmen oder institutioneller Vorkehren, sondern um Förderung durch Setzen eines «Zeichens»: Die Gebärdensprache wird «als richtige Sprache, als Muttersprache einer bestimmten Menschengruppe» anerkannt[5]. Die Frage allfälliger Ansprüche auf staatliche *Leistungen* (z.B. Dolmetschen) wird somit *nicht präjudiziert* (N. 15). Ein Antrag, die Gebärdensprache aus dem Verfassungstext zu streichen, wurde nach entsprechenden Klarstellungen vom Ratsplenum abgelehnt[6].

---

[2]   Im Juli 2005 wurde Art. 8 des Österreichischen Bundes-Verfassungsgesetzes durch folgenden Absatz 3 ergänzt: «Die Österreichische Gebärdensprache ist als eigenständige Sprache anerkannt. Das Nähere bestimmen die Gesetze.» – Im April 2006 wurde in Neuseeland die dortige Gebärdensprache (New Zealand Sign Language, NZSL) neben Englisch und Maori als dritte Amtssprache anerkannt.
[3]   Vgl. SCHEFER, S. 100 (mit weiteren Nachweisen). Vgl. auch Prot. Plenum, S. 2913 f.
[4]   Vgl. Prot. K1 vom 20. Dezember 2001, S. 204 f.; vgl. auch Prot. Plenum, S. 1071.
[5]   Prot. Plenum, S. 1073 (Votum Fricker, Kommissionsberichterstatter).
[6]   Prot. Plenum, S. 1073. Vgl. auch Prot. Plenum, S. 3283.

Im Verlauf der Beratungen wurde die Bestimmung über die Sprachenfreiheit 4
zwischenzeitlich durch einen zweiten Absatz betreffend die Amtssprache im
Kanton Zürich (Deutsch) ergänzt[7]. Dieser Zusatz wurde später verselbstständigt und im Behördenteil platziert (Art. 48). Der ursprünglich vorgesehene Titel
«Sprachenfreiheit» wurde durch «Gebärdensprache» ersetzt[8]. In der Gesamtlesung vor Eröffnung der Vernehmlassung (Juni 2003) wurde die Bestimmung
über die Gebärdensprache (mit dem heute geltenden Wortlaut) diskussionslos
genehmigt (vgl. Art. 14 VE)[9].

Nach Abschluss der Vernehmlassung beschloss die zuständige Sachkommis- 5
sion, die Bestimmung über die Gebärdensprache neu zu fassen, um zu verdeutlichen, dass es um deren Anerkennung gehe und nicht um die Begründung
neuer grundrechtlicher (Leistungs-)Ansprüche[10]. Auf eine Nennung der Blindenschrift wurde verzichtet, da diese – anders als die Gebärdensprache – keine
eigenständige Sprache mit eigener Systematik sei[11]. Die neue Fassung fand in
der Redaktionskommission keine Zustimmung[12]. Grundlage für die zweite Lesung bildete die Formulierung gemäss Vernehmlassungsentwurf. Die FDP-Fraktion und der Regierungsrat beantragten im Plenum die ersatzlose Streichung der
Bestimmung (Art. 13 nach damaliger Zählung). Zur Begründung wurde im Wesentlichen angeführt, die Zulässigkeit der Verwendung der Gebärdensprache ergebe sich bereits aus der Bundesverfassung (Art. 18 BV). Ungeachtet der Appelle an «Herz» und «Grossmut einer doch sehr bedrängten Minderheit gegenüber»
wurde der Antrag am 25. Juni 2004 mit 47 zu 46 Stimmen gutgeheissen[13]. Eine
Woche später wurde auf Antrag der EVP-Fraktion Rückkommen beschlossen.
Die Bestimmung über die Gebärdensprache wurde nun mit 63 zu 22 Stimmen
gutgeheissen[14].

3. Schutz der Sprache durch die Bundesverfassung

3.1. Schutzbereich (Art. 18 BV)

Sprache ist das Kommunikations- und Ausdrucksmittel des Individuums *par* 6
excellence. Sie erfüllt zugleich vielfältige grundlegende Funktionen in Gesellschaft und Staat: ohne Sprache keine mündigen Bürgerinnen und Bürger, kein

---

[7] Prot. K1 vom 8. und 9. Juli 2002, S. 340 (Art. 1.5.14 Sprachenfreiheit).
[8] Vgl. Prot. RedK vom 2. Juni 2003, S. 463; Prot. K1 vom 4. Juni 2003, S. 458.
[9] Prot. Plenum, S. 2471.
[10] Prot. K1 vom 5. Februar 2004, S. 522 (Art. 14, Gebärdensprache: «Die Gebärdensprache ist Teil der Sprachenfreiheit und wird als eigenständige Sprache anerkannt»).
[11] Prot. K1 vom 27. Januar 2004, S. 509.
[12] Prot. RedK vom 23. März 2004, S. 572.
[13] Prot. Plenum, S. 2919.
[14] Prot. Plenum, S. 3172 ff.

öffentlicher Diskurs, keine freie Meinungs- und Willensbildung, keine Demokratie. Das Bundesgericht erblickt in der Sprachenfreiheit «eine wesentliche, ja bis zu einem gewissen Grade notwendige Voraussetzung für die Ausübung anderer Freiheitsrechte» (wie die Meinungsäusserungs- und die Pressefreiheit, die politischen Rechte, die Vereinigungs- und die Versammlungsfreiheit oder die wirtschaftlichen Freiheiten)[15].

7 Die neue Bundesverfassung gewährleistet das Grundrecht der Sprachenfreiheit ausdrücklich (Art. 18 BV). Das Bundesgericht bezeichnete die Sprachenfreiheit zunächst als «Befugnis zum Gebrauche der Muttersprache»[16]. Gute Gründe sprechen dafür, den grundrechtlichen Schutz darüber hinaus auf *weitere* Sprachen auszudehnen, zumindest auf die «nahestehenden anderen»[17], besser noch auf jede Sprache, «deren sich jemand bedienen will»[18]. Wegen des engen menschenrechtlichen Bezugs liegt ein grosszügiges Verständnis des Schutzgegenstands «Sprache» nahe: gesprochene und geschriebene Sprache, Standardsprache und Dialekte, Mehrheits- und Minderheitensprachen, natürlich gewachsene und «künstliche» Sprachen. Nach neuerer Lehre schützt die bundesverfassungsrechtlich garantierte Sprachenfreiheit (Art. 18 BV) auch den Gebrauch der Gebärdensprache (N. 1).

8 Auf die Sprachenfreiheit berufen können sich alle natürlichen Personen, unabhängig von der Staatsangehörigkeit (Menschenrecht), und grundsätzlich auch juristische Personen[19].

9 Dem Schutz der Sprache dienen neben Art. 18 BV auch Art. 4 BV (Landessprachen), Art. 8 Abs. 2 BV (Verbot der Diskriminierung wegen der Sprache), Art. 31 Abs. 2 BV (Anspruch auf Unterrichtung über die Gründe des Freiheitsentzugs in einer verständlichen Sprache)[20]. Eine Art «Gegengewicht» zum Individualrecht der Sprachenfreiheit bildet der Sprachenartikel (Art. 70 BV), der – entgegen verbreiteter Auffassung – nicht «das» Territorialitätsprinzip festschreibt, sondern *zwei Gebote* statuiert, die vor allem für die zwei- bzw. mehrsprachigen Kantone (BE, FR, VS, GR), weniger aber für den einsprachigen Kanton Zürich von Bedeutung sind, nämlich das Gebot, «auf die herkömmliche sprachliche Zu-

---

[15] BGE 91 I 480 ff., 486.
[16] BGE 91 I 480 ff., 486.
[17] In diesem Sinn BGE 122 I 236 ff., 238. Vgl. auch BGE vom 7. Mai 1982, ZBl 84/1983, S. 361 (Schutz von Zweit- und Drittsprachen).
[18] Offen gelassen in BGE 122 I 236 ff., 238.
[19] Vgl. J.P. MÜLLER, S. 148. In diese Richtung bereits BGE 91 I 480 ff.
[20] Aus dem internationalen Recht vgl. insb. Art. 5, 14 EMRK; Art. 2, 4, 24, 26 und 27 UNO-Pakt II (SR 0.103.2). – Vgl. auch Art. 69 BV (Pflicht zur Rücksichtnahme auf die sprachliche Vielfalt des Landes); Art. 175 Abs. 4 BV («angemessene» Vertretung der Sprachregionen im Bundesrat). Zum Sprachenrecht des Bundes vgl. auch den Bericht der Kommission für Wissenschaft, Bildung und Kultur des Nationalrates (vom 15. September 2006) zur Parlamentarischen Initiative «Bundesgesetz über die Landessprachen und die Verständigung zwischen den Sprachgemeinschaften (Sprachengesetz, SpG)», BBl 2006, S. 8977 ff.

sammensetzung der Gebiete» zu «achten», und das Gebot, auf die angestammten (landes)sprachlichen Minderheiten[21] Rücksicht zu nehmen[22].

3.2. Einschränkungen der Sprachenfreiheit

Die Sprachenfreiheit ist nicht schrankenlos gewährleistet. Einschränkungen müssen den Anforderungen von Art. 36 BV genügen, d.h. auf einer genügenden gesetzlichen Grundlage beruhen, durch ein öffentliches Interesse (oder den Schutz von Grundrechten Dritter) gerechtfertigt und verhältnismässig sein sowie den Kerngehalt des Grundrechts wahren[23]. Die Sprachenfreiheit war über lange Zeit eine stumpfe Waffe[24]: Im Jahr 1996 hiess das Bundesgericht, soweit ersichtlich, erstmals eine Beschwerde wegen Verletzung der Sprachenfreiheit gut[25]. 10

Entgegen verbreiteter Auffassung bedeutet die Festlegung einer Amtssprache – und die damit verbundene «Kanalisierung» der Kommunikation zwischen den Grundrechtsberechtigten einerseits und den Behörden andererseits – eine Grundrechtsbeschränkung[26]. Amtssprachenregelungen (wie z.B. in Art. 48 KV) sind daher an den Kriterien gemäss Art. 36 BV zu messen; sie dürften allerdings in aller Regel näherer Prüfung standhalten. 11

Die *Motive* für staatliche Eingriffe in die Freiheit des Sprachgebrauchs sind vielfältig. Nicht immer geht es dabei um hochrangige *staatspolitische* Ziele und Interessen (wie die Wahrung des sog. «Sprachfriedens»[27] oder die Integrationspolitik[28]). Die Festlegung bestimmter Amts- oder Unterrichtssprachen dient nicht selten vorab dem legitimen Anliegen einer *kostengünstigen* Wahrnehmung öffentlicher Aufgaben[29]. Eine Rolle spielen kann auch die Gefahrenabwehr[30]. 12

---

[21] Vgl. MAHON, Art. 70 N. 10.
[22] Zu den Interessenkonflikten hinter dem «Territorialitätsprinzip» näher BIAGGINI, Territorialitätsprinzip, S. 120 ff. – Vgl. auch BGE 122 I 236 ff., 239, wonach das Territorialitätsprinzip «kein Selbstzweck» sei.
[23] Aus der jüngeren höchstrichterlichen Rechtsprechung vgl. insb. BGE 122 I 236 ff., *Althaus* (1996) betreffend die Unterrichtssprache; BGE 121 I 196 ff., *Noth* (1995); Urteil vom 7. Mai 1982, ZBl 84/1983, S. 356 ff., 361, *Albula;* BGE 106 Ia 299 ff., *Brunner* (1980), alle drei betreffend die Verfahrenssprache; BGE 100 Ia 462 ff., *Derungs* (1974) betreffend die Unterrichtssprache. Vgl. auch BGE 116 Ia 345 ff., *Bar Amici* (wo die Wirtschaftsfreiheit den Prüfungsmassstab bildete).
[24] Vgl. AUER, S. 955 ff.
[25] Vgl. BGE 122 I 236 ff.
[26] In diesem Sinne schon BGE 121 I 196 ff., 204.
[27] Vgl. z.B. BGE 121 I 196 ff., 206. Der unnötig dramatisierende Begriff fand glücklicherweise nicht Eingang in den Text der Bundesverfassung.
[28] Vgl. BGE 91 I 480 ff., 487; grosszügiger (mit Blick auf schweizerische «Binnenwandererfamilien») BGE 122 I 236 ff., 245 (wonach die Entwicklung einer «zweisprachigen Identität» erwünscht sei).
[29] Vgl. BGE 122 I 236 ff., 239.
[30] So etwa im technischen Sicherheitsrecht. Vgl. BIAGGINI, Sprache, S. 1097 f.

4. Schutz der Gebärdensprache (Art. 12)

4.1. Gebärdensprache

13 Als *Gebärdensprache* bezeichnet man eine aus kombinierten Zeichen (Gebärden) bestehende Sprache, die insbesondere von gehörlosen und stark schwerhörigen Menschen genutzt wird (Hände in Verbindung mit Mimik, Mundbild, Körperhaltung). Gebärdensprachen unterscheiden sich von Land zu Land. Innerhalb der Deutschschweizer Gebärdensprache bestehen mehrere Dialekte. Gebärdensprachen werden heute als eigenständige und vollwertige Sprachen angesehen, die eigene – von der Lautsprache des jeweiligen Landes sich unterscheidende – grammatische Strukturen aufweisen (weshalb sich die Gebärdensprache nicht Wort für Wort in die Lautsprache umsetzen lässt). In der Gesetzgebung findet die Gebärdensprache heute punktuell Erwähnung[31]. Eine Legaldefinition existiert jedoch nicht.

4.2. Grundrechtlicher Schutz und Beschränkungsmöglichkeiten

14 Mit dem ausdrücklichen Einbezug der Gebärdensprache in den Schutzbereich der Sprachenfreiheit stellt die Zürcher Kantonsverfassung klar, dass die Verwendung dieser Sprache im Verhältnis zu allen staatlichen Ebenen (Kanton, Bezirke, Gemeinden) *grundrechtlich geschützt* ist. Gehörlose und schwerhörige Menschen können sich gegenüber den Behörden und allen weiteren Instanzen, welche staatliche Aufgaben wahrnehmen (Art. 10 Abs. 2 KV i.V.m. Art. 35 Abs. 2 BV), direkt auf Art. 12 berufen. Sie können ihren individuellen Anspruch auf Verwendung der Gebärdensprache gegebenenfalls vor Gericht – in letzter Instanz vor Bundesgericht (Art. 189 Abs. 1 Bst. d BV[32]) – geltend machen. Allerdings bleiben kantonale und kommunale *Beschränkungen* des grundrechtlichen Anspruchs *grundsätzlich möglich* (N. 10 ff.). Zu beachten sind die allgemeinen Anforderungen (Art. 10 Abs. 2 KV i.V.m. Art. 36 BV). Dass die Kantonsverfassung Deutsch als Amtssprache festlegt (Art. 48), bedeutet eine Einschränkung der Sprachenfreiheit (N. 11). Diese Beschränkung ist nicht nur gesetzlich, sondern sogar verfassungsrechtlich vorgesehen – und somit demokratisch zweifelsfrei abgestützt – und erscheint grundsätzlich legitim. Die Amtssprachenregelung bedeutet auch eine Einschränkung der Freiheit, die eigenständige (N. 5, 13), d h. nicht mit Deutsch gleichzusetzende Gebärdensprache zu verwenden. Die Frage, ob bzw. unter welchen Umständen Beschränkungen

---

[31] Vgl. Art. 14 des Behindertengleichstellungsgesetzes vom 13. Dezember 2002 (SR 151.3) und Art. 16 Abs. 1 der Behindertengleichstellungsverordnung vom 19. November 2003 (SR 151.31): Unterstützung kantonaler Massnahmen zur Förderung der schulischen und beruflichen Ausbildung Sprach- oder Hörbehinderter in der Gebärden- und Lautsprache.

[32] Streitigkeiten betreffend kantonale verfassungsmässige Rechte (vgl. Art. 95 und 116 BGG).

betreffend Verwendung der Gebärdensprache im Verkehr mit Behörden als *verhältnismässig* anzusehen sind, kann nicht allgemein beantwortet werden, zumal je nach Kontext weitere rechtlich relevante Gesichtspunkte zu berücksichtigen sind. Wo die Verfassungsrechtsprechung im Streitfall die Grenze zwischen Freiheitsrecht (Art. 12) und Verwaltungsökonomie (N. 12) ziehen wird, lässt sich heute schwer vorhersagen. Die Behörden sind jedoch gewöhnlich nicht gehindert, grosszügiger zu sein, als es die grundrechtliche Mindestgarantie von ihnen verlangt.

4.3. Tragweite

Die Entstehungsgeschichte von Art. 12 zeigt, dass man mit der ausdrücklichen Nennung der Gebärdensprache *keinen Anspruch* auf staatliche *Leistungen* begründen wollte (N. 3). Nicht ausgeschlossen ist indes die Ableitung von Leistungsansprüchen zu Gunsten von gehörlosen oder schwerhörigen Menschen aus anderen Grundrechten, etwa aus dem (bundesrechtlichen) Anspruch auf ausreichenden, unentgeltlichen Grundschulunterricht (Art. 19 BV)[33], aus dem allgemeinen Diskriminierungsverbot (Art. 8 Abs. 2 BV bzw. Art. 11 Abs. 2 KV), aus dem kantonalen verfassungsmässigen Anspruch der Menschen mit Behinderungen auf Zugang zu öffentlichen Einrichtungen und Leistungen (Art. 11 Abs. 4)[34] oder aus dem kantonalen verfassungsmässigen Recht auf Bildung (Art. 14).

15

Angesichts der begrenzten individualrechtlichen Tragweite und Schutzwirkung des Art. 12 könnte der Eindruck entstehen, dass die ausdrückliche Nennung der Gebärdensprache nicht viel mehr sei als ein wohlmeinendes «Signal» zu Gunsten einer benachteiligten Personengruppe. Aus verfassungsrechtlicher Sicht wäre ein solcher Schluss übereilt. Man sollte nicht vergessen (und nicht unterschätzen), dass die Funktion der Grundrechte sich nicht darin erschöpft, einklagbare Rechte zu begründen. Die Grundrechte haben darüber hinaus die Bedeutung von *fundamentalen Ordnungsprinzipien* (bzw. objektiven Grundsatznormen). Ihr Gehalt soll die gesamte Rechtsordnung durchdringen (Art. 10 Abs. 2 KV i.V.m. Art. 35 Abs. 1 BV), gegebenenfalls auch die Rechtsbeziehungen zwischen Privaten (vgl. Art. 35 Abs. 3 BV). Wer staatliche Aufgaben wahrnimmt, ist von Verfassungsrechts wegen dazu verpflichtet, zur Verwirklichung der Grundrechte beizutragen (Art. 35 Abs. 2 BV). In diesem Sinne kann eine Bestimmung wie

16

---

[33] Kinder mit Behinderungen haben einen verfassungsmässigen Anspruch auf eine den individuellen Fähigkeiten und der Persönlichkeitsentwicklung angepasste unentgeltliche Grundschulausbildung, jedoch nicht ohne weiteres einen Anspruch auf Aufnahme in die Regelschule. Allgemein BGE 130 I 352 ff., 358, wonach die Nichtaufnahme in die Regelschule mit Art. 8 Abs. 2 BV vereinbar sein kann.

[34] Das Grundrecht gemäss Art. 11 Abs. 4 kann erst fünf Jahre nach Inkrafttreten der Verfassung (d.h. ab 1. Januar 2011) unmittelbar geltend gemacht werden (vgl. Art. 138).

Art. 12 eine wichtige Rolle bei der *Auslegung* anderer Normen der Verfassungs- oder der Gesetzesstufe spielen. Zu den Adressaten des verfassungsrechtlichen Grundrechtsverwirklichungsauftrags gehören auch der Gesetzgeber bzw. das Parlament als Träger der Budgethoheit (Art. 56). Welche Konsequenzen sich aus Art. 12 im Einzelnen ergeben, lässt sich naturgemäss nicht exakt bestimmen. Wo es primär um die objektive Dimension der Grundrechte geht, verfügen die Behörden gewöhnlich über einen beträchtlichen Beurteilungs-, Bewertungs- und Handlungsspielraum. Immerhin: Sollte es sich beispielsweise herausstellen, dass es zu wenig Gebärdensprachdolmetscher gibt, so dürfen die Behörden im Kanton angesichts von Art. 12 die Hände nicht einfach in den Schoss legen. Die ausdrückliche Nennung der Gebärdensprache in der Verfassungsurkunde ist somit durchaus mehr als ein blosser Akt symbolischer Verfassungsgebung.

Art. 13

Jeder Mensch hat das Recht, die Form des partnerschaftlichen Zusammenlebens frei zu wählen. Der Staat kann neben der Ehe auch andere Formen des Zusammenlebens anerkennen.

Formen des Zusammenlebens

Materialien

Art. 14 VE; Prot. Plenum, S. 1056 ff., 2106 ff., 2471, 2919 f.

Literatur

BREITENMOSER STEPHAN, Der Schutz der Privatsphäre gemäss Art. 8 EMRK, Basel/Frankfurt a.M. 1986; BREITENMOSER STEPHAN, St. Galler Kommentar, Art. 13; BÜCHLER ANDREA (Hrsg.), Familienrechtskommentar Partnerschaftsgesetz, Bern 2006; CARONI MARTINA, Privat- und Familienleben zwischen Menschenrecht und Migration, Berlin 1999; MÜLLER JÖRG PAUL, S. 7 ff.; HANGARTNER YVO, Verfassungsrechtliche Grundlagen einer registrierten Partnerschaft für gleichgeschlechtliche Paare, AJP 2001, S. 252 ff.; MAHON PASCAL, Art. 13 und 14, in: Aubert/Mahon; REUSSER RUTH, St. Galler Kommentar, Art. 14; SCHEFER, S. 70; ZIEGLER ANDREAS R./BERTSCHI MARTIN/CURCHOD ALEXANDRE/HERZ NADJA/MONTINI MICHEL, Rechte der Lesben und Schwulen in der Schweiz. Eingetragene Partnerschaft, faktische Lebensgemeinschaft, Rechtsfragen zur Homosexualität, Zürich 2006.

Rechtsquellen

– Art. 8 EMRK
– Art. 8 Abs. 2 und Art. 13 BV
– Bundesgesetz über die eingetragene Partnerschaft für gleichgeschlechtliche Paare vom 18. Juni 2004 (PartG; SR 211.231)
– Gesetz über die Registrierung gleichgeschlechtlicher Paare vom 21. Januar 2002 (LS 231.2)
– Verordnung über die Registrierung gleichgeschlechtlicher Paare vom 21. Mai 2003 (LS 231.21)

Übersicht	Note
1. Einleitung	1
2. Entstehungsgeschichte	3
3. Inhalt und Tragweite	5
3.1. Bundesrechtlicher Rahmen	5
3.2. Freie Wahl der Form des Zusammenlebens (Art. 13 Satz 1)	8
3.3. Staatliche Anerkennung (Art. 13 Satz 2)	12

1. Einleitung

Das Recht der freien Wahl der Form des partnerschaftlichen Zusammenlebens (Art. 13 Satz 1) dient der Konkretisierung und Präzisierung von Garantien, die dem Grundsatz nach bereits in Art. 13 BV bzw. Art. 8 EMRK enthalten sind. Aus der Entstehungsgeschichte wird deutlich, dass es dem Zürcher Verfassungs-

1

geber vor allem darum ging, dem bundesrechtlich gewährleisteten Recht auf Ehe und Familie (Art. 14 BV) eine – inhaltlich weniger weit gehende – grundrechtliche Absicherung von gleichgeschlechtlichen Partnerschaften zur Seite zu stellen (N. 9, 12 f.).

2   Die kantonale Anerkennung von anderen, d.h. nichtehelichen Formen des Zusammenlebens (Art. 13 Satz 2) hat mit Inkrafttreten des eidgenössischen Partnerschaftsgesetzes per 1. Januar 2007 erheblich an praktischer Bedeutung eingebüsst (N. 7).

2. Entstehungsgeschichte

3   Das Recht auf freie Wahl des partnerschaftlichen Zusammenlebens findet sich bereits in den ersten Textentwürfen, ebenso die Möglichkeit einer staatlichen Anerkennung anderer, d.h. nichtehelicher Formen partnerschaftlichen Zusammenlebens[1]. Das kantonale Grundrecht wurde durchweg als Ergänzung zum Recht auf Ehe (Art. 14 BV, Art. 12 EMRK) verstanden, aber ohne die im bundesverfassungsrechtlichen Recht auf Ehe mitenthaltene Institutsgarantie (N. 6). In Bezug auf die Anerkennung wurde von Anfang an eine «kann»-Formulierung gewählt, die nicht zuletzt sicherstellt, dass der Staat differenzierend vorgehen kann, d.h. nicht gezwungen ist, alle erdenklichen Formen anzuerkennen[2]. Ein Antrag auf Ersetzung der «kann»-Formulierung durch eine verpflichtende Formulierung («anerkennt») wurde abgelehnt[3]. Im Wissen darum, dass eine Anerkennung auch ohne ausdrückliche Nennung in der Verfassung möglich ist, entschied sich die Kommission 1 gleichwohl knapp für Beibehaltung dieses Passus[4]. Mehrere Anträge auf Streichung des heutigen Art. 13 wurden abgelehnt[5]. Dabei war (auch) von Bedeutung, dass die Zürcher Stimmberechtigten in der Volksabstimmung vom 22. September 2002 dem kantonalen Gesetz vom 21. Januar 2002 über die Registrierung gleichgeschlechtlicher Paare deutlich zugestimmt hatten[6].

---

[1] Vgl. Prot. K1 vom 6. Dezember 2001, S. 183 f. Der folgende Formulierungsvorschlag der SubK 2 wurde mit 14 Stimmen (bei einer Enthaltung) gutgeheissen: «V.6. Recht auf Ehe, Familie und andere Formen des Zusammenlebens: ¹ Das Recht auf Ehe und Familie ist gewährleistet. ² Die Freiheit, andere Formen partnerschaftlichen Zusammenlebens zu wählen, ist gewährleistet. Der Staat kann andere Formen partnerschaftlichen Zusammenlebens anerkennen. ³ (...)».

[2] Vgl. Prot. K1 vom 13. April 2002, S. 290.

[3] Vgl. Prot. K1 vom 27. Januar 2004, S. 510. Vgl. auch Prot. Plenum, S. 1056 ff.

[4] Prot. K1 vom 13. März 2003, S. 413 (mit 7 gegen 6 Stimmen). Vgl. auch Prot. RedK vom 20. Februar 2003, S. 213 f.

[5] Prot. Plenum, S. 1056, 1059, 2106, 2109, 2471.

[6] Vgl. Prot. Plenum, S. 2920.

Aufgelöst wurde im Verlauf der Beratungen die anfängliche Verbindung mit 4
dem Recht auf Ehe⁷. Auch nach dem Systemwechsel bei den Grundrechten
(vgl. Vorb. zu Art. 9–18, N. 17) blieb aber der Begriff «Ehe» aus redaktionellen
Gründen in Satz 2 erhalten⁸. Die auf die Arbeiten der Redaktionskommission
zurückgehende Formulierung gemäss Vernehmlassungsentwurf (Art. 14 VE)⁹
ging unverändert in den definitiven Verfassungstext ein.

3. Inhalt und Tragweite

3.1. Bundesrechtlicher Rahmen

Der verfassungsrechtliche Persönlichkeitsschutz gemäss Art. 13 BV (und Art. 8   5
EMRK) schützt (unter anderem) das Recht auf Achtung des Privat- und Familien-
lebens¹⁰. Der Schutz des Familienlebens erfasst nicht nur das Zusammenleben in
Form der traditionellen Zwei-Eltern-Familie mit minderjährigen Kindern, son-
dern auch das Zusammenleben in *anderen Beziehungsformen* (wie Ein-Eltern-
Familie, Grossfamilie, Patchwork-Familie, Grosseltern und Enkel, erwachsene
Geschwister), sofern die Beziehung tatsächlich gelebt wird und eine gewisse
Intensität und Stabilität besitzt¹¹. Unter dem Aspekt des Privatlebens (sowie im
Rahmen von Art. 8 Abs. 2 BV) geschützt sind sodann nach einhelliger Auffas-
sung auch *Konkubinate* und *gleichgeschlechtliche Partnerschaften*¹².

Im Unterschied zum Recht auf Achtung des Privat- und Familienlebens umfasst 6
das Recht auf Ehe gemäss Art. 14 BV auch eine sog. *Institutsgarantie* (deren
Tragweite im Einzelnen umstritten ist). Gewährleistet ist mithin nicht nur das
Recht, ohne Beeinträchtigung seitens des Staates eine Ehe einzugehen (bzw.
auf Eingehung einer Ehe zu verzichten), sondern auch der «Bestand der Ehe
als Institut»¹³. Art. 14 BV geht dabei von einem Verständnis der Ehe als einer
umfassenden, auf Dauer angelegten Lebensgemeinschaft zwischen *zwei* Menschen *unterschiedlichen* Geschlechts aus (die häufig, aber nicht notwendigerweise zwecks Zeugung von Kindern und Gründung einer Familie eingegangen

---

[7] Vgl. Prot. K1 vom 17. April 2001, S. 5.
[8] Vgl. Prot. K1 vom 4. Juni 2003, S. 460.
[9] Vgl. Prot. RedK vom 2. Juni 2003, S. 472.
[10] Eingehend J.P. MÜLLER, S. 7 ff.; BREITENMOSER, St. Galler Kommentar, Art. 13; CARONI, passim.
[11] Vgl. J.P. MÜLLER, S. 110 ff.; SCHEFER, S. 75 ff.; CARONI, S. 32 ff.
[12] Aus der Ablehnung der *ausdrücklichen* Verankerung eines Rechts auf «freie Wahl einer anderen Form des gemeinschaftlichen Zusammenlebens» lässt sich nichts Gegenteiliges ableiten. Vgl. AB 1998 NR 188 ff.; AB 1998 StR 41 (Separatdruck Totalrevision BV). – Für die gleichgeschlechtlichen Partnerschaften eingehend BGE 126 II 425 ff.; ferner Art. 11 N. 28.
[13] So die bundesrätliche Botschaft zur neuen Bundesverfassung, BBl 1997 I, S. 1 ff., 154. Vgl. auch AB 1998 StR 54 (Separatdruck Totalrevision BV).

wird). Der Ehebegriff umfasst gemäss Bundesgericht «nicht auch die gleichgeschlechtliche Partnerschaft»[14].

7 Dem Staat erwächst aus Art. 14 BV i.V.m. Art. 35 Abs. 1 BV die Pflicht, die für die Verwirklichung des Grundrechts der Ehe erforderlichen gesetzlichen Vorschriften zu erlassen. Aus den Materialien zur Totalrevision der Bundesverfassung geht hervor, dass Art. 14 BV auch die *besondere Schutzwürdigkeit* der Ehe im Vergleich zu anderen Formen des Zusammenlebens zum Ausdruck bringen soll[15]. Dieser Umstand ist beispielsweise beim Erlass steuerlicher Vorschriften[16] und bei der Gesetzgebung über gleichgeschlechtliche Partnerschaften (die unter dem Schutz von Art. 8 Abs. 2 und Art. 13 BV stehen) zu berücksichtigen. Angesichts der Entstehungsgeschichte von Art. 14 BV ist der Gesetzgeber heute nicht befugt, die Ehe für gleichgeschlechtliche Paare zu öffnen[17]. Der Bundesgesetzgeber ist indes nicht gehindert, ein mehr oder weniger *eheähnliches* Rechtsinstitut zu schaffen, wie dies mit dem Bundesgesetz vom 18. Juni 2004 über die eingetragene Partnerschaft für gleichgeschlechtliche Paare geschehen ist.

3.2. Freie Wahl der Form des Zusammenlebens (Art. 13 Satz 1)

8 Der für den *Schutzbereich* des Grundrechts zentrale Begriff des «partnerschaftlichen Zusammenlebens» ist weit zu verstehen. Er erfasst nicht nur die in den Beratungen des Verfassungsrates im Zentrum stehenden gleichgeschlechtlichen Partnerschaften, sondern auch Konkubinate, Patchwork-Familien, das Zusammenleben von erwachsenen Geschwistern und anderes mehr. In den Verhandlungen des Verfassungsrates wurde darauf hingewiesen, dass heute nur noch rund 40% der Bevölkerung nach dem klassischen Familienmodell leben und dass sich die Formen der Partnerschaften und der Gemeinschaften zu vervielfältigen beginnen[18].

9 Inhaltlich gewährleistet das kantonale Grundrecht (Art. 13 Satz 1) ausdrücklich, was sich bereits aus den bundesverfassungsrechtlichen und völkerrechtlichen Garantien (Art. 13 BV und Art. 8 EMRK) ergibt (N. 5). Geschützt ist die «freie Wahl» der Form des Zusammenlebens. Die «freie Wahl» kann nicht nur durch Regelungen beeinträchtigt werden, welche die Aufnahme des Zusammenlebens beeinträchtigen, sondern auch durch Vorschriften, welche das Zusammenleben

---

[14] BGE 126 II 425 ff., 431 f. Vgl. auch BBl 2003, S. 1303 (Ehe als «monogame Verbindung von Mann und Frau»).
[15] Vgl. BBl 1997 I, S. 1 ff., 154; AB 1998 StR 41, 157 und 209 (Separatdruck Totalrevision BV). Vgl. auch HANGARTNER, S. 256.
[16] Vgl. BGE 110 Ia 7 ff., 25.
[17] Wie hier REUSSER, St. Galler Kommentar, Art. 14 Rz. 17. Anders SCHEFER, S. 70. – Ob eine allfällige Öffnung der Ehe dereinst auf der Grundlage eines sog. stillen Verfassungswandels (ohne Textänderung) geschehen kann (in diese Richtung HANGARTNER, S. 255 f.), ist sehr fraglich.
[18] Prot. Plenum, S. 1056 (Votum Fricker, Kommissionspräsident).

selbst behindern (und die freie Wahl mittelbar beeinträchtigen). Art. 13 begründet in erster Linie ein Abwehrrecht. Ein über Art. 13 BV bzw. Art. 8 EMRK hinausgehender Anspruch auf Erteilung einer ausländerrechtlichen Bewilligung kann aus Art. 13 nicht abgeleitet werden. Eine gewisse Bevorzugung der Ehe ist, in Anbetracht von Art. 14 BV (dazu N. 7), grundsätzlich zulässig.

Wie aus dem Wortlaut deutlich hervorgeht, gewährleistet Art. 13 ein Menschenrecht, das unabhängig von der Staatsangehörigkeit besteht. Auch wenn die Grundrechtsträgerschaft mit der Wendung «Jeder Mensch» umschrieben wird, können Minderjährige sich nicht ohne weiteres selbstständig auf das Grundrecht berufen (vgl. Art. 11 Abs. 2 BV bzw. Art. 18 ZGB). 10

Einschränkungen des Grundrechts sind unter den allgemeinen Voraussetzungen möglich (vgl. Art. 10 Abs. 2 KV i.V.m. Art. 36 BV). 11

3.3. Staatliche Anerkennung (Art. 13 Satz 2)

Art. 13 Satz 2 bestimmt, dass der Staat neben der Ehe auch andere Formen des Zusammenlebens anerkennen kann. Dies wäre auch ohne ausdrückliche Verfassungsvorschrift möglich. Art. 13 Satz 2 hat mehr symbolische als rechtliche Bedeutung. Wie aus den Materialien hervorgeht, war man sich im Verfassungsrat durchaus bewusst, dass Satz 2 (in Gestalt einer «kann»-Formulierung) rechtlich gesehen entbehrlich ist. Entsprechend wurde betont, dass Art. 13 Satz 2 vor allem eine Signalwirkung haben soll[19]. 12

Rechtliche Vorgaben betreffend den Umgang des Staates mit nichtehelichen Formen des Zusammenlebens können aus anderen Verfassungsnormen resultieren, so namentlich aus dem allgemeinen Rechtsgleichheitssatz[20], aus dem Diskriminierungsverbot[21], aus dem Recht auf Achtung des Privat- und Familienlebens[22], allenfalls aus Art. 13 Satz 1 in Verbindung mit dem allgemeinen Grundrechtsverwirklichungsauftrag (Art. 10 Abs. 2 KV i.V.m. Art. 35 BV). 13

Eine förmliche Anerkennung gleichgeschlechtlicher Partnerschaften ermöglicht das in der Volksabstimmung vom 22. September 2002 gutgeheissene kantonale Gesetz (vom 21. Januar 2002) über die Registrierung gleichgeschlechtlicher Paare, das am 1. Juli 2003 in Kraft trat. Es sieht unter bestimmten Voraussetzungen (§ 2) die Eintragung in einem von den Zivilstandsämtern geführten amtlichen Register vor. Die Eintragung hat zur Folge, dass die für Ehepaare gültigen Bestimmungen des Steuergesetzes[23] und des Gesetzes über die Erbschafts- und 14

---

[19] Vgl. Prot. RedK vom 20. Februar 2003, S. 213 f.
[20] Art. 8 Abs. 1 BV, Art. 11 Abs. 1 KV.
[21] Art. 8 Abs. 2 BV, Art. 11 Abs. 2 KV.
[22] Art. 13 BV, Art. 8 EMRK.
[23] LS 631.1.

Schenkungssteuer[24] sowie des Sozialhilfegesetzes[25] sinngemäss zur Anwendung kommen (§ 4 Abs. 1). Überdies verpflichtet das Gesetz die Zürcher Behörden, im Rahmen des Bundesrechtsvollzugs die registrierten Paare so weit als möglich den verheirateten Paaren gleichzustellen (§ 4 Abs. 3). Das neue *bundesrechtliche* Institut der eingetragenen Partnerschaft verschafft den eingetragenen Partnerinnen und Partnern in zahlreichen Lebensbereichen eine Stellung, die jener von Ehegatten entspricht, so unter anderem auch bei den direkten Steuern der Kantone und Gemeinden[26].

---

[24] LS 632.1.
[25] LS 851.1.
[26] Vgl. Art. 3 Abs. 4 des Bundesgesetzes über die Harmonisierung der direkten Steuern der Kantone und Gemeinden vom 14. Dezember 1990 (StHG; SR 642.14) i.d.F. vom 18. Juni 2004 (in Kraft seit 1. Januar 2007). – Über das weitere Schicksal des kantonalen Gesetzes und über Anpassungen der kantonalen Gesetzgebung im Zusammenhang mit dem eidgenössischen Partnerschaftsgesetz soll der Kantonsrat im Verlauf des Jahres 2007 entscheiden.

Art. 14

Das Recht auf Bildung ist gewährleistet.

Es umfasst auch den gleichberechtigten Zugang zu den Bildungseinrichtungen.

Recht auf Bildung

Materialien

Art. 16 VE; Prot. Plenum, S. 1133 ff., 2125 ff., 2474 f., 2922 ff., 3267.

Literatur

BIAGGINI GIOVANNI, Verfassung und Richterrecht, Basel 1991 (Verfassung und Richterrecht); BIAGGINI GIOVANNI, Die neue Zürcher Kantonsverfassung: Gesamtbetrachtung im Lichte der Verfassungsfunktionen, in: Materialien zur Zürcher Verfassungsreform, Bd. 9, S. 175 ff. (Gesamtbetrachtung); BORGHI MARCO, Kommentar BV, Art. 27 aBV; GEBERT PIUS, Das Recht auf Bildung nach Art. 13 des UNO-Paktes über wirtschaftliche, soziale und kulturelle Rechte, Diss., St. Gallen 1996; HÄFELIN/HALLER, N. 920 ff.; HÖRDEGEN STEPHAN, Chancengleichheit und Schulverfassung, Diss. (Luzern), Zürich usw. 2005; JAAG, Rz. 4001 ff.; KÄGI-DIENER REGULA, St. Galler Kommentar, Art. 19; KIENER REGINA, Bildung, Forschung und Kultur, in: Verfassungsrecht der Schweiz, § 57; LUISIER BRODARD CHRISTELLE, Education et enseignement, in: Moor (Hrsg.), Constitution vaudoise, S. 117 ff.; MAHON PASCAL, Art. 19, 62, in: Aubert/Mahon; MEYER-BLASER ULRICH/GÄCHTER THOMAS, Der Sozialstaatsgedanke, in: Verfassungsrecht der Schweiz, § 34; MÜLLER JÖRG PAUL, S. 651 f.; MÜLLER JÖRG PAUL, Allgemeine Bemerkungen zu den Grundrechten, in: Verfassungsrecht der Schweiz, § 39 (Allgemeine Bemerkungen); PLOTKE HERBERT, Bildung und Schule in den kantonalen Verfassungen, in: Strukturen des schweizerischen Bildungswesens, Beiheft zur ZSR, Heft 17, Basel 1994, S. 5 ff.; PLOTKE HERBERT, Schweizerisches Schulrecht, 2. Aufl., Bern/Stuttgart/Wien 2003 (Schulrecht); PLOTKE HERBERT, Die Bedeutung des Begriffes Grundschulunterricht in Art. 19 und Art. 62 Abs. 2 der Bundesverfassung, ZBl 106/2005, S. 553 ff. (Grundschulunterricht); RICHLI PAUL, Chancengleichheit im Schul- und Ausbildungssystem als Problem des Staats- und Verwaltungsrechts, ZBl 96/1995, S. 197 ff.; SCHMID GERHARD/SCHOTT MARKUS, St. Galler Kommentar, Art. 62; SPAHN PATRICK, Art. 15, in: Dubach/Marti/Spahn, S. 61 ff.; TSCHANNEN, S. 140; WAGNER PFEIFER BEATRICE, Staatlicher Bildungsauftrag und staatliches Bildungsmonopol, ZBl 99/1998, S. 249 ff.

Vgl. ferner Hinweise zu Art. 116.

Rechtsquellen

– Art. 13 UNO-Pakt I
– Art. 2 des 1. ZP zur EMRK (von der Schweiz nicht ratifiziert)
– Art. 19, Art. 61a ff. BV
– Art. 11 Abs. 3, Art. 15, Art. 115–119 KV
– Bildungsgesetz vom 1. Juli 2002 (BiG; LS 410.1)
– Volksschulgesetz vom 7. Februar 2005 (VSG; LS 412.100)
– Mittelschulgesetz vom 13. Juni 1999 (MSG; LS 413.21)

Übersicht

	Note
1. Einleitung	1
2. Entstehungsgeschichte	3

3. Bundes- und völkerrechtlicher Rahmen 8
   3.1. Überblick 8
   3.2. Inhalt und Umfang des Anspruchs aus Art. 19 BV 11
4. Inhalt und Umfang des Rechts auf Bildung (Art. 14) 17
   4.1. Zur Tragweite von Art. 14 Abs. 2 (gleichberechtigter Zugang) 22
   4.2. Zum Verhältnis Justiz und Gesetzgeber bei Art. 14 23

1. Einleitung

1   Die neue Kantonsverfassung gewährleistet, anders als die Kantonsverfassung von 1869 und die Bundesverfassungen von 1874 und von 1999[1], in allgemeiner Weise ein «Recht auf Bildung»[2]. Die Bildung ist daneben, wie in anderen Verfassungsordnungen[3], Gegenstand von Ziel- und Aufgabennormen (Art. 19 Abs. 1 KV i.V.m. Art. 41 BV; Art. 116 ff. KV).

2   Die Aufnahme eines Rechts auf Bildung in den Grundrechtskatalog der neuen Zürcher Kantonsverfassung war im Grundsatz unbestritten[4]. Umstritten waren die Formulierung der Grundrechtsnorm und die ihr zuzumessende Tragweite. Der normative Gehalt des Art. 14 liegt nicht ohne weiteres auf der Hand. Dies hängt nicht zuletzt damit zusammen, dass es sich um ein *sozialstaatlich* motiviertes *leistungsbegründendes* Grundrecht handelt (und nicht um ein klassisches Abwehrrecht). Somit stellt sich in verstärktem Mass die Frage der Justiziabilität bzw. die Frage nach den Grenzen richterlicher Grundrechtskonkretisierung (N. 25). Die Handhabung und Entfaltung von Art. 14 wird die rechtsanwendenden Verwaltungsbehörden und Gerichte – in letzter Instanz das Bundesgericht (Art. 189 BV, Art. 95 und 116 BGG) – vor eine schwierige Aufgabe stellen. Bis zum Ablauf der in Art. 138 vorgesehenen Übergangsfrist kann das Grundrecht aus Art. 14 nicht unmittelbar geltend gemacht werden. Der Gesetzgeber hat bis Ende des Jahres 2010 Zeit, das Recht auf Bildung gesetzlich zu konkretisieren. Diese Konkretisierungen werden, schon aus praktischen Gründen, eine wichtige Orientierungshilfe für die Rechtsprechung zu Art. 14 bilden, ohne jedoch die Verfassungsgerichtsbarkeit binden zu können.

---

[1] Vgl. immerhin Art. 19 BV bzw. Art. 27 aBV (Anspruch auf Grundschulunterricht). – Vgl. auch schon Art. 62 Abs. 3 aKV, wonach der obligatorische Volksschulunterricht unentgeltlich ist.

[2] Ähnlich Art. 15 KV SH («Recht auf Schulbildung»); § 28 Abs. 1 KV AG («Jedes Kind hat Anspruch auf eine seinen Fähigkeiten angemessene Bildung»); Art. 36 Ziff. 2 KV VD («Il a droit à une éducation et à un enseignement favorisant l'épanouissement de ses potentialités et son intégration sociale»).

[3] Vgl. z.B. Art. 41 BV; § 17 KV BL; Art. 65 KV FR; Art. 10 KV SG.

[4] Vgl. Prot. Plenum, S. 2922 (Votum Fricker, Kommissionpräsident).

2. Entstehungsgeschichte

Die Kommission 1 begann die Erörterung des Grundrechts auf Bildung auf der Grundlage des folgenden Textentwurfs der Subkommission 2[5]:

> V.12. *Recht auf Bildung*
>
> [1] Der Anspruch auf ausreichenden und unentgeltlichen Grundschulunterricht ist gewährleistet. Er umfasst auch das Recht von Schulpflichtigen auf Unterstützung, wenn sie beim Schulbesuch wegen der Lage ihres Wohnortes, wegen Behinderung oder aus sozialen Gründen benachteiligt sind.
>
> [2] Der Anspruch auf Beihilfen für die spätere schulische und berufliche Aus- und Weiterbildung ist nach Massgabe der wirtschaftlichen Leistungsfähigkeit der betroffenen Person und ihrer Eltern gewährleistet.
>
> [3] Kanton und Gemeinden unterstützen lebenslanges Lernen, insbesondere durch die steuerliche Abzugsfähigkeit der entsprechenden Weiterbildungskosten.

Die Kommission beschloss, bei Abs. 3 nur den 1. Satzteil aufzunehmen[6]. Dieser wurde später ganz ausgeklammert. Im weiteren Verlauf der Beratungen wurden bei Abs. 1 redaktionelle Anpassungen vorgenommen. Verschiedentlich wurden Zweifel geäussert, ob es sich um Vorgaben mit Grundrechtscharakter handle[7]. In der Sitzung vom 31. Oktober 2002 lehnte der Verfassungsrat nach eingehender Diskussion diverse Streichungsanträge ab[8]. Die Bestimmung lautete nunmehr wie folgt:

> Art. 1.3.4.2 *Recht auf Bildung*
>
> [1] Der Anspruch auf ausreichenden Volksschulunterricht ist gewährleistet. Der Unterricht an öffentlichen Volks-, Mittel- und Berufsschulen ist unentgeltlich. Schulpflichtige haben Anrecht auf Unterstützung, wenn sie beim Schulbesuch wegen der Lage ihres Wohnortes, wegen Behinderung oder aus sozialen Gründen benachteiligt sind.
>
> [2] Der Anspruch auf Beihilfen für die spätere schulische und berufliche Aus- und Weiterbildung ist nach Massgabe der wirtschaftlichen Leistungsfähigkeit der betroffenen Person gewährleistet.

Wie aus den Äusserungen im Verfassungsrat hervorgeht, wurde mit Abs. 1 bewusst eine *Ausweitung* des bundesverfassungsrechtlich gewährleisteten Rechts auf Grundschulunterricht (Art. 19 BV) angestrebt, wobei auf Stufe Maturitäts- und Berufsschule die Unentgeltlichkeit des Unterrichts selber, nicht die Finanzierung der Schulmittel (Bücher usw.) gemeint war[9]. Verschiedentlich wurde

---

[5] Vgl. Prot. K1 vom 20. Dezember 2001, S. 205.
[6] Prot. K1 vom 13. April 2002, S. 294. – Die Ergänzung um zwei Absätze betreffend Privatschulen (Abs. 4) und den Übertritt in staatliche Schulen (Abs. 5) ist hier nicht weiter zu erörtern. Zur Ausklammerung aus dem Bildungsartikel vgl. Prot. K1 vom 18. Juli 2002, S. 363. Zur Schulfreiheit Art. 15.
[7] Vgl. z.B. Prot. K1 vom 24. September 2002, S. 403.
[8] Prot. Plenum, S. 1133 ff.
[9] Prot. Plenum, S. 1133 (Votum Fricker, Kommissionspräsident).

darauf hingewiesen, dass die offene Formulierung der verfassungsmässigen Unterstützungsansprüche in der Praxis zu Unsicherheiten führen könne[10].

4 Nach einer redaktionellen Bereinigung[11] stand in der Sitzung des Verfassungsrates vom 9. Mai 2003 die folgende Fassung zur Debatte:

> D. Soziale Grundrechte
>
> Art. 1.3.4.2 *Recht auf Bildung*
>
> [1] Jeder Mensch hat Anspruch auf ausreichenden Volksschulunterricht.
>
> [2] Der Unterricht an öffentlichen Volks-, Mittel- und Berufsschulen ist unentgeltlich. Schulpflichtige, für die der Schulbesuch wegen der Lage ihres Wohnorts, wegen einer Behinderung oder aus sozialen Gründen erschwert ist, haben Anspruch auf Unterstützung.
>
> [3] Jeder Mensch, dem die spätere schulische und berufliche Aus- und Weiterbildung auf Grund seiner wirtschaftlichen Leistungsfähigkeit nicht möglich oder erschwert ist, hat Anspruch auf entsprechende Beihilfen.

Nach eingehender Beratung wurde ein Antrag, Abs. 1 im Sinne der Bundesverfassung (Art. 62 Abs. 2 BV) zu formulieren, knapp gutgeheissen[12]. Ein Antrag auf Streichung von Abs. 2 und 3 wurde abgelehnt.

5 Nach einer erneuten redaktionellen Bereinigung[13] und nach Ablehnung eines Streichungsantrags[14] fand das «Recht auf Bildung» schliesslich mit folgendem Wortlaut Eingang in den Vernehmlassungsentwurf:

> Art. 16   *Recht auf Bildung*
>
> [1] Der Unterricht an öffentlichen Grund-, Berufs- und Mittelschulen ist unentgeltlich. Schulpflichtige, für die der Schulbesuch wegen der Lage ihres Wohnorts, wegen einer Behinderung oder aus sozialen Gründen erschwert ist, haben Anspruch auf Unterstützung.
>
> [2] Jeder Mensch, welchem die spätere schulische und berufliche Aus- und Weiterbildung auf Grund seiner wirtschaftlichen Leistungsfähigkeit nicht möglich oder erschwert ist, hat Anspruch auf entsprechende Beihilfen.

Die in der Vernehmlassung geäusserten Befürchtungen (nicht zuletzt seitens des Regierungsrates) führten in der Kommission 1 zu einer tief greifenden Umarbeitung der Bestimmung[15].

---

[10] Vgl. z.B. Prot. RedK vom 21. Februar 2003, S. 229.
[11] Vgl. Prot. K1 vom 14. April 2003, S. 428.
[12] Prot. Plenum, S. 2133 (mit 47 zu 44 Stimmen).
[13] Vgl. Prot. K1 vom 19. Mai 2003, S. 450; Prot. RedK vom 2. Juni 2003, S. 472; Prot. RedK vom 6. Juni 2003, S. 482.
[14] Vgl. Prot. Plenum, S. 2474 f. (mit 55 zu 24 Stimmen).
[15] Prot. K1 vom 27. Januar 2004, S. 511 f., und vom 5. Februar 2004, S. 523 f. Art. 16 lautete nunmehr: «[1] Das Recht auf Bildung ist gewährleistet. [2] Es umfasst auch den gleichberechtigten Zugang zu den Bildungseinrichtungen im obligatorischen und nachobligatorischen Bereich.»

In der Sitzung vom 25. Juni 2004 beschloss der Verfassungsrat, das Grundrecht auf Bildung mit dem auch heute gültigen Wortlaut zu gewährleisten[16]. Ein Antrag auf ausdrückliche Nennung eines Anspruchs auf Beihilfen («und bei Bedarf den Anspruch auf Beihilfen») wurde knapp abgelehnt, ebenfalls ein Antrag auf ausdrückliche Gewährleistung der Unentgeltlichkeit des Unterrichts «an öffentlichen Grund-, Berufs- und Mittelschulen»[17]. Aus den Materialien geht hervor, dass die Gewährleistung des gleichberechtigten Zugangs «nicht etwa nur finanziell gemeint» ist, sondern auch «frei von Diskriminierung» meint und dass die «konkrete Ausgestaltung und die Festlegung von Kriterien» betreffend den «finanziellen» Zugang «auf Gesetzes- und Verordnungsstufe erfolgen muss»[18]. Gegen die ausdrückliche Gewährleistung der Unentgeltlichkeit wurde im Wesentlichen angeführt, man könne sonst den Passus so verstehen, dass auch die Lehrmittel unentgeltlich zur Verfügung gestellt werden müssten und dass die Arbeitgeberbeiträge bei den Berufsschulen wegfallen könnten, «dass durch diese Formulierung also das Tor zu weit aufgemacht würde»[19].

6

Abgelehnt wurde auch ein vom Regierungsrat beantragter Abs. 3 («Das Gesetz bestimmt die Ausgestaltung»). Der Antrag wurde im Wesentlichen damit begründet, dass (auch) die neue Formulierung des Grundrechts «relativ allgemein» sei und dass man etwas beruhigter wäre, wenn darin auch stehen würde, dass die «Ausgestaltung nicht auf dem Rechtsweg, sondern auf dem Weg der Gesetzgebung konkretisiert wird»[20]. Die deutliche Ablehnung des Antrags dürfte weniger auf grundsätzliche inhaltliche Differenzen zurückzuführen sein als auf den Umstand, dass man allgemein auf «Gesetzesverweise» verzichten wollte[21] und dass die unmittelbare Anrufung der Grundrechtsnorm erst nach Ablauf der dem Gesetzgeber zugestandenen Übergangsfrist von fünf Jahren möglich sein wird (vgl. Art. 138; dazu N. 17)[22].

7

3. Bundes- und völkerrechtlicher Rahmen

3.1. Überblick

Die Bundesverfassung von 1874 gewährleistete kein allgemeines Recht auf Bildung. Volk und Stände hatten die Verankerung eines Rechts auf Bildung in der Volksabstimmung vom 4. März 1973 knapp verworfen. Das Bundesgericht

8

---

[16] Prot. Plenum, S. 2922, 2927 (als Art. 15).
[17] Prot. Plenum, S. 2927 (Abs. 2: abgelehnt mit 48 zu 40 Stimmen; Abs. 3: abgelehnt mit 52 zu 39 Stimmen).
[18] Prot. Plenum, S. 2922 f. (Votum Fricker, Kommissionpräsident).
[19] Prot. Plenum, S. 2922 f. (Votum Fricker, Kommissionpräsident).
[20] Prot. Plenum, S. 2925 f. (Votum Regierungsrat Notter).
[21] Vgl. Prot. Plenum, S. 2923 (Votum Fricker, Kommissionpräsident).
[22] Vgl. Prot. Plenum, S. 3267.

lehnte es in der Folge ab, ein ungeschriebenes verfassungsmässiges Recht auf Bildung zu anerkennen[23]. Im Rahmen der Totalrevision fand die Bildung Aufnahme in den neuen Sozialzielkatalog (Art. 41 BV). Ein allgemeines Grundrecht auf Bildung wurde indes nicht gewährleistet. Daran änderte sich auch im Rahmen der jüngst beschlossenen grundlegenden Neuordnung der Verfassungsbestimmungen zur Bildung (Art. 61a ff. BV)[24] nichts[25].

9   Auf Bundesebene gewährleistet ist jedoch ein verfassungsmässiger *Anspruch auf ausreichenden und unentgeltlichen Grundschulunterricht* (Art. 19 BV; näher N. 11 ff.). Darüber hinaus haben die zuständigen Behörden des Bundes und der Kantone im Bildungsbereich eine Reihe von Verfassungsvorgaben zu beachten. Dazu gehören das allgemeine Rechtsgleichheitsgebot (Art. 8 Abs. 1 BV), das allgemeine Diskriminierungsverbot (Art. 8 Abs. 2 BV), das Willkürverbot (Art. 9 BV), gemäss Rechtslehre auch das Grundrecht der Berufswahlfreiheit als Teilgehalt der Wirtschaftsfreiheit (Art. 27 BV)[26]. Zu den (von Bund und Kantonen im Rahmen ihrer Zuständigkeiten und Mittel anzustrebenden) bundesverfassungsrechtlichen *Sozialzielen* zählt, dass «Kinder und Jugendliche sowie Personen im erwerbsfähigen Alter sich nach ihren Fähigkeiten bilden, aus- und weiterbilden können» (Art. 41 Abs. 1 lit. f. BV). Im Zweckartikel der Bundesverfassung wird die Schweizerische Eidgenossenschaft (d.h. nicht nur der Bund, sondern auch die Kantone) dazu verpflichtet, die gemeinsame Wohlfahrt zu fördern und für eine möglichst grosse *Chancengleichheit* unter den Bürgerinnen und Bürgern zu sorgen (Art. 2 Abs. 2 und 3 BV). Ausserhalb des Grundschulunterrichts versucht man, die Chancengleichheit unter anderem durch Ausbildungsbeihilfen – welche im Wesentlichen Sache der Kantone sind – zu verwirklichen (Art. 66 Abs. 1 BV)[27]. Die Gesetzgeber aller Stufen sind (auch) im Bereich der Bildung verpflichtet, für die tatsächliche Gleichstellung von Mann und Frau zu sorgen und Massnahmen zur Beseitigung von Benachteiligungen der Behinderten zu treffen (Art. 8 Abs. 3 und 4 BV).

10 Gemäss Art. 13 des *Internationalen Pakts* über wirtschaftliche, soziale und kulturelle Rechte (UNO-Pakt I) erkennen die Vertragsstaaten «das Recht eines jeden auf Bildung an». Im Hinblick auf die volle Verwirklichung dieses Rechts anerkennen die Vertragsstaaten (unter anderem), dass die verschiedenen Formen des höheren Schulwesens einschliesslich des höheren Fach- und Berufsschulwesens auf jede geeignete Weise, insbesondere durch allmähliche Einführung der Un-

---

[23] Vgl. BGE 103 Ia 369 ff., 378; BGE 121 I 22 ff., 24.
[24] Bundesbeschluss vom 16. Dezember 2005 (BBl 2005, S. 7273), angenommen in der Volksabstimmung vom 21. Mai 2006 (mit 85,58% Ja-Stimmen und 23 Ständestimmen, bei einer Stimmbeteiligung von 27,2%).
[25] Art. 63a BV spricht die Frage des Hochschulzugangs (bzw. der Zulässigkeit von Zugangsbeschränkungen) nur mittelbar an (Abs. 5: «Übergänge»).
[26] Vgl. z.B. J.P. MÜLLER, S. 651. – Vgl. aber BGE 125 I 173 ff., 176.
[27] Vgl. KIENER, § 57 Rz. 1 f.

entgeltlichkeit, allgemein verfügbar und jedermann zugänglich gemacht werden müssen (Abs. 2 lit. b). Entsprechendes gilt für den Hochschulunterricht: Der Zugang muss «jedermann gleichermassen entsprechend seinen Fähigkeiten» offenstehen (Abs. 2 lit. c). Weiter anerkennen die Vertragsstaaten, dass im Hinblick auf die volle Verwirklichung dieses Rechts «eine grundlegende Bildung für Personen, die eine Grundschule nicht besucht oder nicht beendet haben, so weit wie möglich zu fördern oder zu vertiefen ist» und dass «ein angemessenes Stipendiensystem einzurichten und die wirtschaftliche Lage der Lehrerschaft fortlaufend zu verbessern ist» (Abs. 2 lit. d und e). Das Bundesgericht hat die unmittelbare Anwendbarkeit von Art. 13 UNO-Pakt I mit Blick auf lit. b und c verneint[28]. Ungeachtet dessen kann Art. 13 UNO-Pakt I bei der Anwendung anderer Rechtsnormen (z.B. 14 KV) als Auslegungshilfe dienen[29].

3.2. Inhalt und Umfang des Anspruchs aus Art. 19 BV

Das Bundesgrundrecht auf ausreichenden und unentgeltlichen Grundschulunterricht (Art. 19 BV) gehört zu den wenigen sozialen Grundrechten der Bundesverfassung. Der Anspruch bezieht sich nur auf die *öffentliche* Grundschule während der *obligatorischen Schulzeit;* der Unterricht ist grundsätzlich am Wohnort der Schüler zu erteilen[30]. Grundrechtsträger ist das «Kind»[31], unabhängig von der Staatsangehörigkeit oder vom Aufenthaltsstatus[32]. Nicht auf Art. 19 BV berufen können sich hingegen Erwachsene, selbst wenn sie keinen Grundschulunterricht geniessen konnten oder Erworbenes (z.B. Lesefähigkeit) verloren haben[33]. 11

Art. 19 BV begründet einen einklagbaren *verfassungsmässigen Anspruch* auf – ausreichende und unentgeltliche[34] – *staatliche Leistungen*[35]. Der Grundschulunterricht «muss angemessen und geeignet sein und genügen, um die Schüler auf ein selbstverantwortliches Leben im Alltag vorzubereiten»[36]. Das Bundesgericht stuft die Mindestschuldauer von neun Jahren (zu mindestens 38 Schulwochen), 12

---

[28] Vgl. BGE 130 I 121 ff. (Zulässigkeit der Erhöhung der Studiengebühren an der Universität Basel); BGE 126 I 242 ff. (Zulässigkeit der Wiedereinführung von Studiengebühren); BGE 120 Ia 10 ff. (keine unmittelbare Anwendbarkeit).
[29] Vgl. auch BGE 130 I 113 ff., 123 f. (zu Art. 13 Abs. 2 lit. b UNO-Pakt I).
[30] Vgl. BGE 129 I 12 ff., 16.
[31] BGE 129 I 35 ff., 39. – Dass es gegebenenfalls die Eltern sind, die sich (im Namen des Kindes) auf Art. 19 BV berufen, macht sie nicht zu Grundrechtsträgern (a.M. HÄFELIN/HALLER, N. 923).
[32] Dies gilt auch für nicht legal anwesende Kinder (sog. *sans-papiers*). Vgl. MAHON, Art. 19 N. 4 (mit Hinweis auf die Entstehungsgeschichte).
[33] So auch KÄGI-DIENER, St. Galler Kommentar, Art. 19 Rz. 9.
[34] Das zusätzliche Gebot der konfessionellen Neutralität (früher Art. 27 Abs. 3 aBV) ergibt sich heute implizit aus Art. 15 BV.
[35] Vgl. BGE 129 I 12 ff., 17; BGE 129 I 35 ff., 38.
[36] BGE 130 I 352 ff., 354.

auf die sich die Kantone geeinigt haben[37], als genügend ein[38]. Der Unterricht ist dann nicht ausreichend (und Art. 19 BV mithin verletzt), «wenn die Ausbildung des Kindes in einem Masse eingeschränkt wird, dass die Chancengleichheit nicht mehr gewahrt ist, bzw. wenn es Lehrinhalte nicht vermittelt erhält, die in der hiesigen Wertordnung als unverzichtbar gelten»[39]. Die Unentgeltlichkeit des Unterrichts dient nicht zuletzt der Verwirklichung der Chancengleichheit. Nach neuerer Lehre darf nicht nur kein Schulgeld erhoben werden, vielmehr sollen auch die Lehrmittel unentgeltlich zur Verfügung gestellt werden[40].

13 Was genau zur «Grundschule» gehört, ist strittig: Das Bundesgericht und Teile der Lehre nehmen an, dass Mittelschulen (z.B. Untergymnasien) nicht erfasst sind[41]. Für einige Autoren gehört dagegen grundsätzlich jede Ausbildung während der obligatorischen Schulzeit zum unentgeltlich zu erteilenden Unterricht (i.S.v. Art. 19 BV), mit Konsequenzen für die Kostentragung (Lehrmittel, Schülertransporte)[42]. Aus entstehungsgeschichtlicher und aus föderalistischer Sicht verdient die erste Position den Vorzug. Eine künftige höchstrichterliche Fortbildung von Art. 19 BV in Richtung der zweiten Position erscheint immerhin nicht von vornherein ausgeschlossen[43]. Demgegenüber würde die Weiterentwicklung von Art. 19 BV zu einem allgemeinen verfassungsmässigen Recht auf berufliche Aus- und Weiterbildung oder auf Bildung schlechthin aus heutiger Sicht die Grenzen richterlicher Rechtsfortbildung übersteigen[44]. Dies hindert die Kantone nicht, weiter gehende Ansprüche zu begründen[45].

14 Der Unterricht ist grundsätzlich am Wohnort der Schüler zu erteilen. Die räumliche Distanz zwischen Wohn- und Schulort darf den Zweck der ausreichenden Grundschulausbildung nicht gefährden. Ob das staatliche Schulangebot genügend ist, beurteilt sich auch danach, ob der Schulweg wegen seiner Länge, Beschwerlichkeit oder Gefährlichkeit allenfalls unzumutbar ist[46]. Bei übermässiger

---

[37] Vgl. Art. 2 des Konkordates über die Schulkoordination vom 29. Oktober 1970 (LS 410.3).
[38] Vgl. BGE 129 I 12 ff., 16.
[39] BGE 129 I 35 ff., 38 (disziplinarischer Schulausschluss). Vgl. auch BGE 130 I 352 ff., 354; BGE 119 Ia 178 ff., 194 f.
[40] Vgl. z.B. MEYER-BLASER/GÄCHTER, § 34 Rz. 36; BORGHI, Kommentar BV, Art. 27 aBV Rz. 60; vgl. auch MAHON, Art. 19 N. 9. Anders beiläufig das – damals für Beschwerden wegen Verletzung von Art. 27 aBV (noch) nicht zuständige – Bundesgericht in ZBl 95/1994, S. 300 ff., 305 E. bb (mit Hinweisen).
[41] Vgl. BGE 129 I 35 ff., 39; weitere Hinweise bei PLOTKE, Grundschulunterricht, S. 558.
[42] Vgl. z.B. MAHON, Art. 19 N. 6; PLOTKE, Grundschulunterricht, S. 558.
[43] Vgl. Urteil des Bundesgerichts vom 7. Mai 2007, 2P.276/2005 und 2P.314/2006 (Frage offengelassen, ob Art. 19 BV der Erhebung von Schulgeld an einem staatlichen Untergymnasium entgegensteht). Eine andere (hier nicht zu vertiefende) Frage ist, welche Ansprüche Mittelschulabsolventen aus anderen Verfassungsbestimmungen (insb. Art. 8 BV) ableiten können.
[44] Vgl. BGE 125 I 173 ff., 176; BGE 103 Ia 369 ff., 377 (Numerus clausus).
[45] Vgl. neben Art. 14 KV, z.B. Art. 29 Abs. 2 KV BE (dazu BGE 129 I 12 ff., 18); § 28 Abs. 1 KV AG; Art. 15 KV SH; Art. 36 Abs. 2 KV VD.
[46] Vgl. BGE 117 Ia 27 ff., 31; Entscheide des Bundesrates, VPB 63/1999 Nr. 59; VPB 48/1984 Nr. 38; VPB 44/1980 Nr. 19. – Ein Schulweg von 1,7 km und von 30 Minuten Dauer mit einer nur geringfügigen

Länge oder grosser Gefährlichkeit dürfen die erforderlichen Massnahmen (z.B. Schulbus-Service) für die Eltern keine Kostenfolge haben[47].

Behinderte Kinder haben Anspruch auf eine den individuellen Fähigkeiten und der Persönlichkeitsentwicklung angepasste unentgeltliche Grundschulausbildung. Art. 19 BV ist nicht verletzt, wenn ein schwer behindertes Kind nicht in eine Einführungsklasse aufgenommen wird, die auf normal begabte Kinder mit verzögerter Entwicklung ausgerichtet ist. «Ein Mehr an individueller Betreuung, das theoretisch immer möglich wäre, kann mit Rücksicht auf das staatliche Leistungsvermögen nicht gefordert werden»; ein «grundsätzlicher Anspruch auf Sonderschulung am Wohnort» besteht nicht[48].

Obwohl Art. 36 BV «im Wesentlichen auf Freiheitsrechte zugeschnitten» ist, prüft das Bundesgericht bei «einschränkenden Konkretisierungen» des Anspruchs auf Grundschulunterricht «in sinngemässer (Teil-)Anwendung» von Art. 36 BV, ob die Voraussetzungen der gesetzlichen Grundlage, des überwiegenden öffentlichen oder privaten Interesses sowie der Verhältnismässigkeit erfüllt sind[49]. Dieser in der Lehre (etwas vorschnell) überwiegend abgelehnte[50] Ansatz mag dogmatisch (noch) nicht ganz ausgereift sein, hat jedoch den grossen Vorzug, die Grundrechtskonkretisierung in einem schwierigen Umfeld zu systematisieren und zu rationalisieren.

4. Inhalt und Umfang des Rechts auf Bildung (Art. 14)

Die Tragweite der kantonsverfassungsrechtlichen Gewährleistung eines Rechts auf Bildung lässt sich nicht eindeutig beantworten. Fest steht, dass das Grundrecht auf Bildung (Art. 14) erst nach Ablauf der in Art. 138 Abs. 1 vorgesehenen fünfjährigen *Übergangsfrist* – d.h. ab 1. Januar 2011 – unmittelbar geltend gemacht bzw. gerichtlich eingeklagt werden kann (Art. 138 Abs. 2). Innerhalb dieser Frist haben die zuständigen (Rechtsetzungs- und Verwaltungs-)Behörden die erforderlichen Vorkehrungen zur Gewährleistung des Rechts auf Bildung zu treffen. Klar ist sodann, dass der weit gefasste Wortlaut von Art. 14 auch den Grundschulunterricht abdeckt. Klar ist schliesslich, dass der Verfassungsrat über die bundesverfassungsrechtliche Garantie gemäss Art. 19 BV (Anspruch auf ausreichenden, unentgeltlichen Grundschulunterricht) hinausgehen wollte[51].

Steigung ist in Bezug auf die Länge annehmbar. Bei langem Schulweg und Fahrplanproblemen ist es zumutbar, an einem von der Schule organisierten Mittagstisch teilzunehmen.

[47] Vgl. Entscheid des Bundesrates, VPB 64/2000 Nr. 1.
[48] BGE 130 I 352 ff., 355 und 359. Vgl. auch Entscheid des Bundesrates, VPB 56/1992 Nr. 38.
[49] Vgl. BGE 129 I 12 ff., 19 f. – Vgl. auch BGE 129 I 35 ff., 45 ff.
[50] Hinweise in BGE 129 I 12 ff., 19. Differenzierend TSCHANNEN, S. 140.
[51] Vgl. N. 3; vgl. auch BIAGGINI, Gesamtbetrachtung, S. 182 f.

18   Unklar ist, in welchem Ausmass das Grundrecht aus Art. 14 über die Garantien gemäss Bundesverfassung hinausgeht. Die Frage stellt sich nach drei Richtungen hin, nämlich für den obligatorischen Bereich (N. 19), für den nachobligatorischen Bereich (N. 21) und für den «überobligatorischen» Bereich, d.h. für jene Schülerinnen und Schüler, die während ihrer obligatorischen Schulzeit nicht die Grundschule (Volksschule), sondern eine weiterführende Schule (Gymnasium) besuchen (N. 20). Die Bedeutung von Art. 14 liegt angesichts der Entstehungsgeschichte (N. 3 ff.) vorab im nachobligatorischen Bereich. Es ist indes nicht ausgeschlossen, dass das kantonale Recht auf Bildung auch im obligatorischen (N. 19) und im «überobligatorischen» (N. 20) Bereich eigenständige Bedeutung erlangen kann.

19   Die durch Art. 19 BV im Grundschulbereich begründeten (recht umfangreichen) Ansprüche (N. 12) haben den Charakter von *Mindestgarantien*. Es ist nicht ausgeschlossen, dass das kantonale Recht im *obligatorischen* Bereich (Grundschule) weiter gehende grundrechtliche Ansprüche schafft (z.B. betreffend Schulweg bzw. Bustransport, betreffend Mittagsbetreuung, betreffend behinderte Kinder, betreffend Hochbegabtenförderung usw.). Inwieweit dies auf Art. 14 zutrifft, lässt sich aufgrund der Materialien nicht schlüssig beurteilen. Unter Berücksichtigung allgemeiner Überlegungen erscheint die Anerkennung entsprechender zusätzlicher kantonaler Grundrechtsansprüche nicht von vornherein ausgeschlossen. Eine entscheidende Rolle wird die Justiziabilität spielen, d.h. die Frage, ob Art. 14 in einem konkreten Fall für das angerufene Gericht eine geeignete Grundlage bildet, um eine eingeklagte Leistung zusprechen zu können[52], oder ob die Zuerkennung eines Leistungsanspruchs einer vorgängigen gesetzgeberischen Konkretisierung bedarf, d.h. primär Sache des Gesetzgebers ist.

20   Ähnliches gilt für den *«überobligatorischen»* Bereich. Hier allerdings geht aus den Materialien hervor, dass der Verfassungsgeber mit Art. 14 *keinen* Anspruch auf unentgeltliches *Schulmaterial* auf Gymnasialstufe (während der obligatorischen Schulzeit) schaffen wollte (N. 3), sondern allenfalls auf Unentgeltlichkeit des Unterrichts[53].

21   Etwas mehr Anhaltspunkte bestehen für die Auslegung und Konkretisierung von Art. 14 in Bezug auf den *nachobligatorischen* Bereich. Solche ergeben sich aus der Entstehungsgeschichte, sodann auch aus Abs. 2 (N. 22). Zu berücksichtigen ist auch hier die Frage der Justiziabilität bzw. der Arbeitsteilung von Gesetzgeber und Justiz bei der Verwirklichung des kantonalen Grundrechts auf Bildung

---

[52] Zum Problem der Justiziabilität vgl. J.P. Müller, Allgemeine Bemerkungen, § 39 Rz. 29 ff.; BGE 129 I 12 ff., 32. Vgl. auch BGE 124 III 90 ff., 91; Urteile des Verwaltungsgerichts vom 7. Februar 2007 (VB 2006.450, E. 3.2) und vom 20. Dezember 2006 (VB 2006.50, E. 2.1).
[53] Die Ablehnung eines Passus betreffend Unentgeltlichkeit des Mittelschulunterrichts (N. 6) schliesst angesichts der vorgebrachten Gründe die Ableitung eines solchen Anspruchs aus Art. 14 nicht aus.

(N. 23 ff.). Angesichts der Ablehnung eines entsprechenden Antrags in der für das Recht auf Bildung zentralen Sitzung des Verfassungsrates vom 25. Juni 2004 (N. 6) ist davon auszugehen, dass Art. 14 keinen verfassungsmässigen Anspruch auf Beihilfen begründet (auch nicht «bei Bedarf»). Aus dem nämlichen Grund lässt sich aus Art. 14 auch kein Anspruch auf unentgeltliche Lehrmittel im nachobligatorischen Bereich ableiten. Hingegen erscheint die Ableitung eines verfassungsmässigen Anspruchs auf Unentgeltlichkeit des Mittelschulunterrichts (ohne Lehrmittel) im Lichte der Entstehungsgeschichte nicht von vornherein ausgeschlossen. Im Bereich der Berufsfachschulen ist zu beachten, dass man hier «das Tor» nicht «zu weit» aufmachen wollte, weil man befürchtete, dass die Arbeitgeberbeiträge wegfallen könnten[54]. Die grundsätzliche Zulässigkeit eines Numerus clausus (vgl § 14 Universitätsgesetz; LS 415.11) wird duch Art. 14 nicht in Frage gestellt.

4.1. Zur Tragweite von Art. 14 Abs. 2 (gleichberechtigter Zugang)

Aus den Materialien geht hervor, dass die Gewährleistung des «gleichberechtigten» Zugangs[55] nicht nur eine finanzielle Seite aufweist, sondern ganz generell gegen Diskriminierungen (etwa aufgrund von Religion, Hautfarbe, Geschlecht[56], Behinderung[57]) gerichtet ist[58]. Weiter bestätigen die Materialien, dass die «konkrete Ausgestaltung und die Festlegung von Kriterien» betreffend den «finanziellen» Zugang vorweg «auf Gesetzes- und Verordnungsstufe» zu erfolgen hat. Unter dem Aspekt der Einklagbarkeit von finanziellen Leistungen ist mithin auch Art. 14 Abs. 2 von begrenzter Tragweite.

22

4.2. Zum Verhältnis Justiz und Gesetzgeber bei Art. 14

Die Beratungen des Verfassungsrates zum Recht auf Bildung waren stark geprägt von der – für sozialpolitisch motivierte Grundrechte mit Leistungscharakter (sog. soziale Grundrechte) typischen – *Spannung* zwischen dem Wunsch nach *verfassungsrechtlicher Absicherung grundlegender menschlicher Bedürf-*

23

---

[54] Vgl. Prot. Plenum, S. 2922 f. (Votum Fricker, Kommissionspräsident). – Auf Gesetzesstufe werden der Mittelschulunterricht und der obligatorische Unterricht an den Berufsfachschulen für unentgeltlich erklärt. Dazu Rüssli, Art. 116 N. 19.

[55] Der «Zugang» ist kein Rechtssubjekt, weshalb das Adjektiv «gleichberechtigt» nicht passt. Die von der RedK geäusserte Kritik an dieser Wendung (vgl. Prot. RedK vom 10. August 2004, S. 746, vom 12. August 2004, S. 762) blieb unberücksichtigt.

[56] Vgl. auch Art. 11 Abs. 3, wonach Mann und Frau «Anspruch auf gleichen Zugang zu Bildungseinrichtungen» haben.

[57] Vgl. auch Art. 11 Abs. 4, wonach Menschen mit Behinderungen im Rahmen des wirtschaftlich Zumutbaren «Anspruch auf Zugang zu öffentlichen Bauten, Anlagen, Einrichtungen und Leistungen» haben.

[58] Vgl. Prot. Plenum, S. 2922 f. (Votum Fricker, Kommissionspräsident). Vgl. auch Prot. Plenum, S. 1133 f.

nisse (hier: im Bildungsbereich)⁵⁹ einerseits und der *Sorge um die Finanzierbarkeit* bzw. die (finanzielle) Überforderung des Gemeinwesens andererseits⁶⁰ (beispielsweise im Fall einer nicht näher begrenzten Einräumung eines Anspruchs auf Gewährung von Ausbildungsbeihilfen).

24 Ausdruck dieser Spannungslage ist die von der Kommission 1 ins Auge gefasste, dann jedoch fallen gelassene, später vom Regierungsrat wieder aufgenommene Idee eines «Vorbehalts», wonach «das Gesetz» die «Ausgestaltung» des Grundrechts bestimmen soll (N. 7). Dieser Ansatz lebt in etwas anderer Form in der Übergangsbestimmung betreffend Art. 14 fort (Art. 138; dazu N. 17). Die Figur des Gesetzgebungsauftrags (allenfalls ergänzt durch eine Sozialzielbestimmung) verbunden mit der Schaffung *einklagbarer gesetzlicher Ansprüche* erscheint in einer derartigen Spannungslage unter verschiedenen Aspekten – Rechtssicherheit, Rechtsgleichheit, nachhaltige Finanzierbarkeit – als eine adäquate Lösung. Der Zürcher Verfassungsgeber wollte mehr, ohne genau sagen zu können, wie viel.

25 Mit der direkten Anwendung von Art. 14 werden sich die Gerichte (nach Ablauf der Übergangsfrist) voraussichtlich schwer tun. Der richterlichen Tätigkeit sind – gerade in Spannungsfeldern der geschilderten Art (N. 23) – verfahrens- und gewaltenteilungsbedingt Grenzen gesetzt⁶¹. Die Justiz ist darauf angewiesen, dass der Gesetzgeber (bzw. das Parlament als Träger der Budgethoheit) Sachgegebenheiten, Bedürfnisse und Prioritäten klärt und gewisse Eckwerte in Gestalt demokratisch legitimierter Entscheidungen setzt. An dieser Erkenntnis kommt auch der kantonale Verfassungsgeber nicht vorbei. Die praktische Bedeutung des Art. 14 als unmittelbar anwendbare Norm wird daher wohl entscheidend davon abhängen, wie weit der Gesetzgeber im Bildungsbereich «vorspurt». Insoweit bleibt Art. 14, auch wenn es sich um ein einklagbares Grundrecht handelt und auch wenn dies etwas paradox klingen mag, im Ergebnis ein Stück weit «gesetzesabhängig» (nicht anders freilich, als dies auch bei Grundrechtsgarantien im Bereich der übrigen sog. «grossen Sozialrechte» – Recht auf Arbeit, Wohnung, Gesundheit⁶² – mehr oder weniger unausweichlich der Fall wäre). Auch die höchstrichterliche Anerkennung eines «Rechts auf Existenzsicherung» im Jahr 1995⁶³ (und dessen Kodifizierung im Rahmen der Totalrevision der Bundesverfassung⁶⁴) wäre nicht möglich gewesen ohne einen relativ weit entwickelten gesetzlichen «Unterbau» in Gestalt der (kantonalen) Fürsorgegesetz-

---

⁵⁹ Vgl. z.B. Prot. Plenum, S. 1136 (Votum Siegrist).
⁶⁰ Vgl. Prot. Plenum, S. 2922 f. (Votum Fricker, Kommissionspräsident).
⁶¹ Vgl. auch BIAGGINI, Verfassung und Richterrecht, S. 382 ff., 452 ff.
⁶² Vgl. etwa die Aufzählung der «Sozialrechte» in Art. 26 des Verfassungsentwurfs 1977 (Expertenkommission Furgler). Vgl. auch Art. 19 und 22 KV JU; § 17 KV BL («Recht auf Bildung, Arbeit, Wohnung», verstanden als Sozialziele).
⁶³ Vgl. BGE 121 I 367 ff., 371.
⁶⁴ Vgl. Art. 12 BV (unter dem neuen, passenderen Titel «Recht auf Hilfe in Notlagen»).

gebungen. Man wird es der Justiz nicht verübeln können, wenn sie (nach Ablauf der Übergangsfrist) zum Recht auf Bildung keine «aktivistische» Grundrechtspraxis entwickelt. Zur Aufgabe der Gerichte wird es in erster Linie gehören, die gerichtliche Durchsetzung der vom Gesetzgeber geschaffenen Ansprüche zu gewährleisten, Schutz gegen «einschränkende Konkretisierungen» (N. 16) zu bieten, Wertungswidersprüche und Lücken aufzudecken und zu füllen, bei Ungleichbehandlung und Diskriminierung zu intervenieren und beim Auftauchen neuer Probleme und Bedürfnisse das System der gesetzlichen Ansprüche allenfalls unter Berufung auf Art. 14 etwas zu arrondieren.

Eine entscheidende Rolle bei der Verwirklichung des neuen allgemeinen Grundrechts auf Bildung fällt somit – nicht nur wegen Art. 138, sondern auch funktionellrechtlich-gewaltenteilungsbedingt – dem kantonalen Gesetzgeber zu (vgl. auch Art. 10 Abs. 2 KV i.V.m. Art. 35 BV). Umso erstaunlicher ist, dass sich im Beschluss des Regierungsrates vom 21. Dezember 2005 betreffend die Umsetzung der neuen Kantonsverfassung[65] keine direkte Bezugnahme auf Art. 14 findet (anders als noch das Konzept zur Umsetzung der neuen Kantonsverfassung vom 22. Juni 2005)[66]. 26

---

[65] RRB 1870 vom 21. Dezember 2005. Entsprechend finden sich auch keine Hinweise im ersten und im zweiten Statusbericht per 30. Juni 2006 (RRB 1396 vom 27. September 2006) bzw. per 31. Dezember 2006 (RRB 159 vom 7. Februar 2007).
[66] RRB 897 vom 22. Juni 2005 (vgl. dort Ziff. 2 und Ziff. 3).

Art. 15

Das Recht auf Gründung, Organisation und Besuch privater Bildungsstätten ist gewährleistet.

Schulfreiheit

Materialien

Art. 18 VE; Prot. Plenum, S. 1084 f.; 2475; 2927 ff., 3174.

Literatur

MASCELLO BRUNO, Elternrecht und Privatschulfreiheit, Diss., St. Gallen 1995; PLOTKE HERBERT, Bildung und Schule in den kantonalen Verfassungen, in: Strukturen des schweizerischen Bildungswesens, Beiheft zur ZSR, Heft 17, Basel 1994, S. 5 ff.; PLOTKE HERBERT, Schweizerisches Schulrecht, 2. Aufl., Bern/Stuttgart/Wien 2003; RICHLI PAUL/MASCELLO BRUNO, Zur Privatschulfreiheit in der Schweiz – unter besonderer Berücksichtigung völkerrechtlicher Verträge, in: Strukturen des schweizerischen Bildungswesens, Beiheft zur ZSR, Heft 17, Basel 1994, S. 119 ff.; SCHMID GERHARD/SCHOTT MARKUS, St. Galler Kommentar, Art. 62; WAGNER PFEIFER BEATRICE, Staatlicher Bildungsauftrag und staatliches Bildungsmonopol, ZBl 99/1998, S. 249 ff.

Rechtsquellen

- Art. 19 und Art. 27 BV
- Art. 117 KV (Privatschulen)
- Bildungsgesetz vom 1. Juli 2002 (BiG; LS 410.1)
- Volksschulgesetz vom 7. Februar 2005 (VSG; LS 412.100)

Übersicht

	Note
1. Einleitung	1
2. Entstehungsgeschichte	2
3. Inhalt und Tragweite	4
3.1. Bundesrechtlicher Rahmen	4
3.2. Zur Tragweite der kantonalen Schulfreiheit (Art. 15)	6

1. Einleitung

Art. 15 gewährleistet ausdrücklich das (auch bundesverfassungsrechtlich geschützte) Recht auf Gründung, Organisation und Besuch privater Bildungsstätten[1]. Das Grundrecht ist, wie die Kantonsverfassung an anderer Stelle verdeutlicht (Art. 117; vgl. auch Art. 62 BV), nicht schrankenlos garantiert. So unterstehen namentlich Privatschulen, welche die gleichen Aufgaben wie die öffentliche Volksschule erfüllen, staatlicher Aufsicht (Art. 117 Abs. 1).

1

---

[1] Ähnlich Art. 3 KV SG (Bst. a: «Recht, Privatschulen zu gründen und zu führen sowie zu besuchen»); vgl. auch bereits § 4 Abs. 2 KV ZG (1894); Art. 38 KV UR (1984).

2. Entstehungsgeschichte

2 Die ausdrückliche Gewährleistung der (Privat-)Schulfreiheit war anfänglich Bestandteil eines umfassenden Artikels zum Recht auf Bildung (Art. 1.5.15). Bei der Formulierung orientierte man sich unter anderem an Art. 13 Abs. 3 des UNO-Sozialpaktes[2]. Die Bestimmung lautete zunächst: «Das Recht auf Gründung, Gestaltung und Besuch von Schulen und Ausbildungsstätten in privater Trägerschaft ist gewährleistet. Die Aufsicht des Staates bleibt vorbehalten.»[3] Die Formulierung wurde später redaktionell modifiziert und gestrafft und in einem eigenen Artikel platziert[4]. Die Kommission liess sich in der Folge davon überzeugen, dass der Passus betreffend staatliche Aufsicht, nicht zuletzt mit Blick auf Art. 62 Abs. 2 BV[5], entbehrlich ist. Eine Zusammenlegung mit dem Recht auf Bildung (Art. 16 VE, Art. 14) und der – später fallen gelassenen – Unterrichtsfreiheit (Art. 17 VE) wurde geprüft, jedoch verworfen. In den Vernehmlassungsentwurf fand schliesslich unter dem Titel «Schulfreiheit» die folgende Fassung Eingang: «Das Recht auf Gründung, Organisation und Besuch privater Bildungsstätten ist gewährleistet» (Art. 18 VE)[6].

3 Nach Abschluss der Vernehmlassung ersetzte die Kommission 1, auf Anregung aus dem Kreis der Privatschulen, das Adjektiv «privat» durch «nicht staatlich»[7]. Die Redaktionskommission schlug eine Rückkehr zum Begriff «privat» vor[8]. Die Kommission 1 wollte sich diesem Vorschlag jedoch vorerst nicht anschliessen[9]. Im Antrag der Geschäftsleitung für die Beratung im Plenum figurierte dann wieder das Adjektiv «privat»[10]. In der Sitzung vom 25. Juni 2004 hiess das Plenum einen Antrag des Regierungsrates auf Streichung der Bestimmung über die Schulfreiheit nach kurzer Diskussion knapp gut[11]. Der Antrag war im Wesentlichen damit begründet worden, dass die Schulfreiheit bereits bundesrechtlich gewährleistet sei. Eine Woche später kam der Verfassungsrat auf sei-

---

[2] Internationaler Pakt vom 16. Dezember 1966 über wirtschaftliche, soziale und kulturelle Rechte (SR 0.103.1); vgl. auch Art. 29 Abs. 3 des (UNO-)Übereinkommens vom 20. November 1989 über die Rechte des Kindes (SR 0.107); Art. 2 des (von der Schweiz nicht ratifizierten) 1. Zusatzprotokolls zur EMRK.

[3] Prot. K1 vom 13. April 2002, S. 294; Prot. K1 vom 23. Mai 2002, S. 313. – Zu ersten Vorschlägen vgl. Prot. K1 vom 20. Dezember 2001, S. 207.

[4] Vgl. Prot. K1 vom 18. Juli 2002, S. 364: «Das Recht auf Gründung, Organisation und Besuch privater Bildungsstätten ist gewährleistet. Die staatliche Aufsicht bleibt vorbehalten.» So auch der vom Plenum am 31. Oktober 2002 (diskussionslos) gutgeheissene Art. 1.3.2.13 (Schulfreiheit), Prot. Plenum, S. 1084 f.

[5] Art. 62 Abs. 2 BV lautet: «[Die Kantone] sorgen für einen ausreichenden Grundschulunterricht, der allen Kindern offen steht. Der Grundschulunterricht ist obligatorisch und untersteht staatlicher Leitung oder Aufsicht. [...]»

[6] Vgl. Prot. Plenum, S. 2475.

[7] Vgl. Prot. K1 vom 27. Januar 2004, S. 512.

[8] Vgl. Prot. RedK vom 23. März 2004, S. 574.

[9] Vgl. Prot. K1 vom 7. April 2004, S. 557.

[10] Vgl. Prot. Plenum, S. 2927.

[11] Vgl. Prot. Plenum, S. 2931 (mit 45 zu 40 Stimmen).

nen Entscheid zurück und beschloss, ohne nähere Diskussion, mit deutlicher Mehrheit die Wiederaufnahme des damaligen Art. 16[12].

3. Inhalt und Tragweite

3.1. Bundesrechtlicher Rahmen

Obgleich die Bundesverfassung keine ausdrückliche Bestimmung über die Schulfreiheit enthält, sind das Gründen, Organisieren und Betreiben sowie der Besuch privater Bildungsstätten unbestrittenermassen grundrechtlich geschützt. Angerufen werden können Grundrechte wie die Persönliche Freiheit (Art. 10 Abs. 2 BV) – im Sinne des Schutzes einer elementaren Erscheinung der Persönlichkeitsentfaltung[13] –, das Recht auf Achtung des Privatlebens (Art. 13 BV), die Glaubens- und Gewissensfreiheit (Art. 15 BV), die Meinungsäusserungsfreiheit (Art. 16 BV), die Vereinigungsfreiheit (Art. 23 BV) oder die Wirtschaftsfreiheit (Art. 27 BV)[14], welche nicht etwa nur gewinnstrebigen Unternehmen Schutz bietet, sondern auch schon greift, wenn bei einer privaten Tätigkeit lediglich die Deckung von Betriebs- und Verwaltungskosten angestrebt wird[15].

Das Bundesrecht setzt der Freiheit hinsichtlich Gründung, Organisation und Besuch von privaten Schulen auch Schranken. Zu beachten ist namentlich Art. 62 BV. Danach müssen die für das Schulwesen zuständigen Kantone dafür sorgen, dass alle Kinder in den Genuss ausreichenden Grundschulunterrichts kommen. Art. 62 Abs. 2 BV geht (implizit) davon aus, dass der obligatorische Grundschulunterricht auch an einer Schule absolviert werden kann, die nicht unter staatlicher Leitung steht (mithin privat ist). Der Grundschulunterricht muss diesfalls (von Bundesrechts wegen) einer *staatlichen Aufsicht* unterstellt sein (in diesem Sinne auch Art. 117 Abs. 1)[16].

3.2. Zur Tragweite der kantonalen Schulfreiheit (Art. 15)

Vor diesem bundesrechtlichen Hintergrund (und angesichts der einschlägigen Materialien, N. 2 f.) wird deutlich, dass Art. 15 vor allem eine klarstellende Funktion hat. Dies schliesst nicht aus, dass das kantonale Grundrecht der Schulfreiheit von der Rechtsprechung mit weiterführenden Inhalten gefüllt wird.

---

[12] Vgl. Prot. Plenum, S. 3174 (mit 62 zu 23 Stimmen).
[13] Zu dieser Formel und ihrer Tragweite vgl. etwa BGE 130 I 369 ff., 373; BGE 127 I 6 ff., 12; BGE 118 Ia 427 ff., 434.
[14] Vgl. BGE 97 I 116 ff., 121 ff.
[15] Vgl. BGE 128 I 19 ff., 29. – Auf eine gesonderte Verankerung der Unterrichtsfreiheit wurde im Bund verzichtet; vgl. BBl 1997 I, S. 165; AB 1998 StR 43 (Separatdruck Totalrevision BV).
[16] RÜSSLI, Art. 117 N. 3.

7 Das Grundrecht der Schulfreiheit ist seiner Struktur nach ein *Freiheitsrecht* (vgl. Vorb. zu Art. 9–18, N. 6). Art. 15 begründet in erster Linie Abwehransprüche gegenüber dem Staat. Ansprüche auf finanzielle Unterstützung durch den Staat in Form von Subventionen lassen sich aus der Schulfreiheit nicht ableiten (wie ein Blick auf Art. 117 Abs. 2 bestätigt)[17]. Die Befugnis des Staates, selber Schulen zu führen, wird durch Art. 15 nicht in Frage gestellt[18]. Wie in der Ratsdebatte ausgeführt wurde, sollen private Schulen prinzipiell selber entscheiden können, wie sie sich organisieren, ob sie «eine kollegiale oder eine direktoriale Führung vorziehen», ob sie einen «Leistungslohn oder solidarischere Lohnfindungsformen praktizieren» und mit «welchen Methoden sie die Qualität ihrer Strukturen, Prozesse und Leistungen sichern und weiterentwickeln wollen»[19].

8 Der umfassendere Begriff «Bildungsstätten» wurde dem Begriff «Privatschulen» vorgezogen[20]. Erfasst werden Bildungseinrichtungen aller Stufen, unter Einschluss der Hochschulstufe (tertiäre Stufe)[21] und von Einrichtungen der Erwachsenenbildung bzw. allgemein der Weiterbildung (Quartärbereich)[22]. Das Adjektiv «privat» wurde dem aus der Gesetzgebung bekannten Begriff «nichtstaatlich»[23] vorgezogen (N. 3); dies nicht zuletzt, weil im Kontext der Kantonsverfassung «staatlich» in erster Linie den Kanton meint und weil im Aufgabenkatalog von den «Privatschulen» die Rede ist (Art. 117)[24]. Das Adjektiv «privat» verweist auf die Organisationsform (privatrechtlich, nicht öffentlichrechtlich), nicht auf Gewinnstrebigkeit. Dass nicht nur staatliche Schulen, sondern auch Privatschulen (z.B. in gemeinnütziger Trägerschaft) einen öffentlichen Bildungsauftrag erfüllen können, wird in Art. 117 Abs. 2 anerkannt.

9 Auf Art. 15 berufen können sich neben *natürlichen* Personen[25] auch juristische Personen des Privatrechts (private Schulträger).

10 *Einschränkungen* der Schulfreiheit sind, unter Beachtung der allgemeinen Voraussetzungen (Art. 10 Abs. 2 KV i.V.m. Art. 36 BV), grundsätzlich möglich. Dass der in früheren Fassungen enthaltene ausdrückliche Vorbehalt zu Gunsten

---

[17] Vgl. auch Prot. Plenum, S. 1601 f., 1604; Rüssli, Art. 117 N. 7.
[18] Vgl. Prot. Plenum. S. 2930. Vgl. auch Art. 116 KV und Art. 62 Abs. 2 BV.
[19] Prot. Plenum, S. 2930 (Votum Zuegg).
[20] Vgl. Prot. RedK vom 21. Februar 2003, S. 222. – Zum Begriff Privatschulen vgl. Rüssli, Art. 117 N. 1. Das Grundrecht aus Art. 15 dürfte, ungeachtet des Wortlauts, wohl auch den sog. Privatunterricht gewährleisten. Vgl. Prot. Plenum, S. 2929.
[21] Zu den verschiedenen Stufen § 8 BiG; ferner Rüssli, Art. 117 N. 4, 8.
[22] Auf Bundesebene hat – im Rahmen der Revision der «Bildungsartikel» (Art. 61a ff. BV) – der Begriff «Weiterbildung» (vgl. Art. 64a BV) den Begriff «Erwachsenenbildung» (Art. 67 Abs. 2 BV i.d.F. vom 18. April 1999) verdrängt (vgl. BBl 2005, S. 5532). Erfasst werden sowohl die berufsorientierte als auch die allgemein bildende Weiterbildung (inkl. Erwachsenenbildung im hergebrachten Sinn; vgl. BBl 2005, S. 5533, 5554).
[23] Vgl. z.B. § 5 BiG.
[24] Vgl. Prot. RedK vom 13. April 2004, S. 651.
[25] Insb. Schülerinnen und Schüler (gegebenenfalls vertreten durch die Inhaber der elterlichen Gewalt).

staatlicher Aufsicht (N. 2) im endgültigen Text nicht mehr enthalten ist, hindert den Gesetzgeber nicht, bei gegebenem öffentlichem Interesse verhältnismässig ausgestaltete Aufsichtsmassnahmen und andere Beschränkungen vorzusehen. Als rechtfertigendes öffentliches Interesse steht der Schutz von Grundrechten Dritter (Art. 36 Abs. 2 BV), insbesondere von Kindern (Kindeswohl; vgl. Art. 11 BV), sowie von Polizeigütern im Vordergrund (insb. Treu und Glauben im Geschäftsverkehr). Für Privatschulen, welche die gleichen Aufgaben wie die öffentliche Volksschule erfüllen, kommt die Sicherstellung eines ausreichenden Grundschulunterrichts (Art. 62 Abs. 2 BV) hinzu. Für diese Schulkategorie sind Beschränkungen bereits auf Verfassungsstufe vorgesehen (Bewilligungspflicht verbunden mit staatlicher Aufsicht, vgl. Art. 117 Abs. 1; vgl. auch Art. 62 Abs. 2 BV). Ob eine staatliche Massnahme verhältnismässig ist, kann nicht abstrakt entschieden werden, sondern muss im Einzelfall beurteilt werden.

Art. 16

Die Behörden sind verpflichtet, Petitionen zu prüfen und innert sechs Monaten dazu Stellung zu nehmen.

Petitionsrecht

Materialien

Art. 20 VE; Prot. Plenum, S. 1150 f., 2931 ff.

Literatur

BUSER D., § 23; BUSER WALTER, Betrachtungen zum schweizerischen Petitionsrecht, in: Festschrift Hans Peter Tschudi, Bern 1973, S. 37 ff.; HÄFELIN/HALLER, N. 886 ff.; HANGARTNER/KLEY, N. 1303; HOTZ REINHOLD, Petitionsfreiheit, in: Verfassungsrecht der Schweiz, § 52; JAAG, Rz. 717; LUISIER BRODARD CHRISTELLE, Le droit de pétition, in: Moor (Hrsg.), Constitution vaudoise, S. 108 f.; MUHEIM FRANZ-XAVER, Das Petitionsrecht ist gewährleistet, Bern 1981; MÜLLER JÖRG PAUL, S. 384 ff.; RAISSIG JÜRGEN, Das Petitionsrecht in der Schweiz, Zürich 1977; SCHEFER, S. 240 ff.; SPAHN PATRICK, Art. 19, in: Dubach/Marti/Spahn, S. 71 f.; STEINMANN GEROLD, St. Galler Kommentar, Art. 33.

Rechtsquellen

– Art. 33 BV (Art. 57 aBV)
– Art. 21 und 194 des Vertrags zur Gründung der Europäischen Gemeinschaft (EGV)
– Art. 44 der Europäischen Grundrechtscharta

Übersicht

	Note
1. Überblick	1
2. Entstehungsgeschichte	2
2.1. Entwicklung des Petitionsrechts	2
2.2. Arbeiten des Verfassungsrates	4
3. Inhalt des Petitionsrechts	6
3.1. Grundsätzliches zum Petitionsrecht	6
3.1.1. Gegenstand des Petitionsrechts	6
3.1.2. Adressaten der Petition	8
3.1.3. Funktion und Charakter des Petitionsrechts	9
3.1.4. Grundrechtsträger	10
3.1.5. Form	11
3.2. Rechtliche Wirkungen	12
3.2.1. Allgemeines	12
3.2.2. Besonderheiten im Kanton Zürich	14
3.3. Einschränkungen des Petitionsrechts	16
3.4. Ausführungsgesetzgebung	18

1. Überblick

1 Das traditionsreiche Petitionsrecht umfasst das Recht, «ungehindert Bitten, Vorschläge, Kritiken oder Beschwerden an die Behörden zu richten, ohne deswegen Belästigungen oder Rechtsnachteile irgendwelcher Art befürchten zu müssen»[1]. Das Grundrecht ist seit der Bundesstaatsgründung bundes(verfassungs)rechtlich gewährleistet (Art. 47 BV 1848; Art. 57 BV 1874)[2]. Die neue Bundesverfassung begnügt sich, wie ihre Vorgängerinnen, damit, die eidgenössischen, kantonalen und kommunalen Behörden dazu zu verpflichten, von Petitionen Kenntnis zu nehmen. Eine Prüfungs- oder Antwortpflicht wird nicht statuiert. Die neue Zürcher Kantonsverfassung baut grundsätzlich auf der bundesrechtlichen Garantie auf, geht aber, wie zahlreiche andere neuere Kantonsverfassungen, bewusst über den bescheidenen bundesrechtlichen Mindeststandard hinaus. Sie gewährleistet in Art. 16 ein einklagbares verfassungsmässiges Individualrecht auf behördliche *Prüfung* und *Stellungnahme* innert einer – verfassungsvergleichend relativ kurzen[3] – Frist von höchstens *sechs Monaten*.

2. Entstehungsgeschichte

2.1. Entwicklung des Petitionsrechts

2 Die Aufnahme des Petitionsrechts[4] in den anfänglich noch kleinen Kreis der durch den Bund gewährleisteten Grundrechte (Art. 47 BV 1848; Art. 57 BV 1874) stellte nicht nur eine wichtige rechtsstaatliche Errungenschaft dar. Denn das Petitionsrecht erfüllte (und erfüllt) auch eine wichtige Funktion im demokratischen Entscheidungs- und Kontrollprozess. Unter föderalistischem Blickwinkel ist bedeutsam, dass die Kantone an den Bund gerichtete Petitionen fortan nicht als Verletzung ihrer Souveränität betrachten konnten. Obwohl das Petitionsrecht heute zur Grundausstattung einer modernen demokratischen Verfassung gehört, hat es weder in der EMRK noch im UNO-Pakt II Ausdruck gefunden[5]. Im Rahmen der EU ist das Petitionsrecht als Unionsbürgerrecht ausgestaltet[6].

---

[1] BGE 119 Ia 53 ff., 55.
[2] Vgl. J.P. Müller, S. 384 ff.; Hotz, § 52.
[3] Dazu N. 14 f.
[4] Zur Anerkennung vor der Bundesstaatsgründung vgl. Hangartner/Kley, N. 1303.
[5] Vgl. immerhin die Verbürgungen der Meinungsäusserungsfreiheit in Art. 10 EMRK und Art. 19 UNO-Pakt II, ferner Art. 78 des Genfer Abkommens vom 12. August 1949 über die Behandlung von Kriegsgefangenen (SR 0.518.42). Vgl. Steinmann, St. Galler Kommentar, Art. 33 Rz. 13.
[6] Vgl. J.P. Müller, S. 385; Art. 21 und 194 EGV.

Die alte Bundesverfassung gewährleistete das Petitionsrecht ohne weitere Präzisierungen (Art. 57 aBV). Das zur Konkretisierung berufene Bundesgericht umschrieb (und umschreibt) den sachlichen und persönlichen Schutzbereich im Allgemeinen weit. In Bezug auf die *rechtlichen* Wirkungen einer Petition blieb der Grundrechtsschutz unter der Bundesverfassung von 1874 allerdings bescheiden. Es bestand lediglich eine Pflicht zur Kenntnisnahme der Petition[7]. Die Behördenpraxis in Bund und Kantonen entwickelte erfreulicherweise eine grosszügige Grundhaltung. Die Prüfung und Beantwortung von Petitionen wurde weithin als Selbstverständlichkeit angesehen. Der Bundesverfassungsgeber nahm dies allerdings nicht zum Anlass, das Petitionsrecht im Rahmen der Totalrevision der Bundesverfassung zu stärken. Es blieb bei der blossen Pflicht zur Kenntnisnahme (vgl. Art. 33 Abs. 2 BV). Mitgespielt haben mag dabei die Befürchtung, dass sonst auch «jede Eingabe von Querulanten»[8] materiell hätte behandelt werden müssen; eine Annahme, die angesichts der Beschränkbarkeit des Petitionsrechts (vgl. dazu N. 16 f.) keineswegs zwingend erscheint. Immerhin steht Art. 33 Abs. 2 BV, im Lichte seiner Entstehungsgeschichte betrachtet, einer künftigen Erweiterung der Behördenpflichten durch höchstrichterliche Grundrechtsfortbildung nicht prinzipiell entgegen[9]. Solange das Bundesgericht dem Bundesgrundrecht (Art. 33 BV) keine weiter gehenden Wirkungen zuschreibt, bleibt Raum für grosszügigere kantonale Garantien. Die neue Zürcher Kantonsverfassung nutzt diesen Spielraum.

2.2. Arbeiten des Verfassungsrates

Art. 16 hat keinen direkten Vorläufer in der Kantonsverfassung vom 18. April 1869[10]. In der Kommission 1 war man sich rasch darin einig, dass das Petitionsrecht ausdrücklich verankert und mit einer Prüfungs- und Beantwortungspflicht sowie einer Beantwortungsfrist verstärkt werden soll. Die von der Kommission 1 im Frühjahr 2002 durchgeführte Kleine Vernehmlassung umfasste eine mit «Petitionsfreiheit» überschriebene Bestimmung (Art. 1.5.25). Ihr Abs. 1 war Art. 33 Abs. 1 BV nachgebildet. Abs. 2 enthielt die darüber hinausgehenden Teilgehalte[11]. Auf Anregung des Regierungsrates wurde die Garantie in «Petitionsrecht» umbenannt. In seiner 21. Sitzung vom 31. Oktober 2002 beschloss der Verfassungsrat, an der Beantwortungsfrist von sechs Monaten festzuhalten,

---

[7] Vgl. BGE 119 Ia 53 ff., 55; BGE 98 Ia 484 ff.; J.P. MÜLLER, S. 385.
[8] AB 1998 NR 235 (Separatdruck Totalrevision BV).
[9] Ebenso SCHEFER, S. 241.
[10] Dies im Unterschied zu fast allen älteren Kantonsverfassungen. Vgl. GIACOMETTI, S. 51, 156.
[11] Kommission 1, Kleine Vernehmlassung, Art. 1.5.25 (Frist: sechs Monate). Vgl. Prot. K1 vom 8. und 9. Juli 2002, S. 331.

obwohl sich der Regierungsrat für die Streichung der Frist ausgesprochen hatte[12].

5 Die im Sommer 2003 in die öffentliche Vernehmlassung gegebene Fassung (Art. 20 VE) erfuhr in der Folge noch verschiedene Anpassungen redaktioneller Natur[13]. Die Festlegung einer Beantwortungsfrist war im Rahmen der 2. Lesung nicht mehr umstritten[14].

3. Inhalt des Petitionsrechts

3.1. Grundsätzliches zum Petitionsrecht

3.1.1. Gegenstand des Petitionsrechts

6 Das Petitionsrecht beinhaltet das Recht, sich – sei es individuell, sei es kollektiv[15] – mit Bitten, Vorschlägen, Kritiken oder Beschwerden an eine Behörde zu wenden und von ihr gehört zu werden, ohne deswegen Nachteile befürchten zu müssen. Das Grundrecht bietet Schutz gegen Nachteile *aller Art,* d.h. nicht nur gegen Strafen und andere direkte Sanktionen, sondern auch gegen subtilere Formen wie Verfahrensverzögerungen, Erschwerung von Haftbedingungen, unautorisierte Namensbekanntgabe, Auferlegung von Kosten usw.[16]. Geschützt sind auch Vorbereitungshandlungen wie das Sammeln von Unterschriften[17].

7 Eine Petition kann sich grundsätzlich auf jede staatliche Tätigkeit beziehen. Verfassungsrechtlich geschützt sind Bittschriften jeglichen Inhalts. Mit einer Petition kann beispielsweise auch die Verschiebung einer Wahl beantragt werden[18].

3.1.2. Adressaten der Petition

8 Adressat einer Petition kann grundsätzlich *jede Behörde* sein (Parlament, Regierung, Verwaltungs- oder Justizbehörde). Die Garantie gemäss Art. 16 erfasst sowohl die kantonale als auch die kommunale Ebene. Bei *Gerichten* ist die Garantie der richterlichen Unabhängigkeit (vgl. Art. 191c BV; Art. 73 Abs. 2 KV) zu berücksichtigen. Ein Gericht darf nicht auf Petitionen eingehen, die ein bestimmtes Gerichtsverfahren betreffen, weil sonst der Anspruch auf einen unabhängigen und unparteiischen Richter im Sinne von Art. 30 Abs. 1 BV und Art. 6

---

[12] Der Antrag des Regierungsrates unterlag mit 14 zu 56 Stimmen (Prot. Plenum, S. 1151).
[13] Vgl. Prot. K1 vom 13. März 2003, S. 416; Prot. RedK vom 24. März 2003, S. 347 und vom 23. März 2004, S. 574.
[14] Prot. Plenum, S. 2931 ff.
[15] Zur Zulässigkeit einer «Massenpetition» vgl. BGE 104 Ia 434 ff.
[16] Vgl. STEINMANN, St. Galler Kommentar, Art. 33 Rz. 8.
[17] BGE 104 Ia 434 ff.
[18] BGE 98 Ia 484 ff., 489.

Ziff. 1 EMRK verletzt würde[19]. Die «ungelesene» Rücksendung solcher Eingaben verletzt das Petitionsrecht nicht[20]. Den Verfahrensbeteiligten stehen besondere prozessuale Mittel zur Verfügung, um ihre Standpunkte im Prozess geltend zu machen. Geschützt sind dagegen Eingaben, die sich nicht auf ein bestimmtes Verfahren beziehen (z.B. betreffend Fragen der Gerichtsverwaltung).

3.1.3. Funktion und Charakter des Petitionsrechts

Das Petitionsrecht gewährleistet eine sanktionsfreie Art der Kommunikation mit den Behörden und kann für die Bürgerinnen und Bürger eine Art Ventil bilden. Aus der Sicht des demokratischen Entscheidungsprozesses ist die Petition ein Instrument unterhalb der Schwelle der förmlichen politischen Rechte (vgl. Art. 22 ff.). Das Petitionsrecht ermöglicht es losen Gruppierungen oder Personen ohne Stimmrecht (Jugendliche, Ausländerinnen und Ausländer), den Behörden Anliegen zu unterbreiten. Als Kommunikationsmittel «zweiter Stufe» spielt es für den Austausch zwischen Bürgerinnen und Bürgern einerseits und Behörden andererseits eine wichtige Rolle. Es bestehen Berührungspunkte und Überschneidungen mit dem Grundrecht der Meinungsäusserungsfreiheit und mit der Möglichkeit, eine Ombudsstelle anzurufen[21].

9

3.1.4. Grundrechtsträger

Das Petitionsrecht steht sowohl *natürlichen* als auch *juristischen* Personen zu[22]. Urteilsfähige Unmündige können das Grundrecht selbstständig geltend machen (vgl. auch Art. 11 Abs. 2 BV). Geschützt sind auch Ausländerinnen und Ausländer, dies auch in politischen Materien. Auf das Petitionsrecht berufen können sich insbesondere auch Personen in besonderen Rechtsverhältnissen (Schüler, Armeeangehörige, Gefangene usw.), doch sind hier unter Umständen weitergehende Beschränkungen zu gewärtigen (vgl. dazu N. 16 f.).

10

3.1.5. Form

Eine bestimmte Form ist nicht vorgeschrieben. Dies macht Petitionen auch in einer ausgebauten halbdirekten Demokratie attraktiv. Aus Praktikabilitätsgründen steht Schriftlichkeit im Vordergrund. Die Bezeichnung einer Eingabe (als «Petition», Bittschrift usw.) ist nicht entscheidend. Massgeblich ist, dass ein konkretes Anliegen an eine Behörde gerichtet wird und diese rechtlich oder fak-

11

---

[19] BGE 119 Ia 53 ff., 56 f. «Ginge der Richter auf Petitionen von Verfahrensbeteiligten ein, so würde er sich dem Vorwurf der Voreingenommenheit und Parteilichkeit aussetzen.»
[20] Vgl. BGE 119 Ia 53 ff., 56 (wo offenblieb, ob dies auch bei Eingaben Dritter gilt).
[21] Zur Scharnierfunktion der Ombudsperson vgl. JAAG, Rz. 905 ff.
[22] HÄFELIN/HALLER, N. 900 ff. Zur Frage, ob sich auch Körperschaften des öffentlichen Rechts (z.B. Gemeinden) auf das Grundrecht berufen können, vgl. BGE 98 Ia 484 ff., 487 f. (Frage offengelassen). § 7 KV LU gesteht den Gemeinden das Petitionsrecht ausdrücklich zu.

tisch im Sinne der Petition tätig werden kann. Eine allgemeine Meinungsäusserung ist nicht dem Petitionsrecht, sondern der Meinungsfreiheit zuzuordnen[23]. In der mehrsprachigen Schweiz sprechen gute Gründe für eine Lockerung des Amtssprachenprinzips[24]. Vorbildlich ist in dieser Hinsicht § 57 KV BL, welcher die Behörden ausdrücklich anhält, auch Eingaben in einer anderen Amtssprache des Bundes entgegenzunehmen. Art. 48 KV dürfte einer grosszügigen Praxis im Kanton Zürich nicht entgegenstehen.

3.2. Rechtliche Wirkungen

3.2.1. Allgemeines

12 Eine Petition kann unter Umständen ein erhebliches politisches Gewicht entfalten. Die *rechtlichen* Wirkungen sind indes bescheiden. Von Bundesrechts wegen besteht kraft Art. 33 Abs. 2 BV eine (blosse) Pflicht zur Kenntnisnahme. Immerhin statuieren viele neuere Kantonsverfassungen, darunter auch jene des Kantons Zürich, ausdrücklich eine Pflicht der Behörden, Petitionen zu *prüfen* und zu *beantworten*[25]. Gelegentlich beinhalten kantonale Verfassungsgarantien auch Vorgaben in zeitlicher Hinsicht[26]. Dem Zweck der freien Kommunikation entspricht das Verbot von Nachteilen (dazu N. 6 f.) und das Gebot der Kostenlosigkeit der Behandlung von Petitionen[27].

13 Aus dem Petitionsrecht ergeben sich gewisse *Nebenpflichten*. So lässt sich aus dem Grundrecht eine Verpflichtung der *un*zuständigen Behörde ableiten[28], die Petition an die zuständige Stelle weiterzuleiten[29]. Die zuständige Behörde hat den Eingang zu bestätigen[30]. Gemäss Bundegericht muss der Einzelne «aufgrund des Petitionsrechts die Möglichkeit haben, von der Behörde gehört zu werden [...]. Sonst hätte die Petition kaum einen Sinn.» (BGE 98 Ia 484, 488). Petenten haben aber keine Parteistellung, ihnen kommen somit die in Art. 29 BV gewährleisteten Garantien nicht zu.

---

[23] J.P. Müller, S. 388.
[24] Vgl. auch Mahon, Art. 70 N. 4.
[25] Art. 20 KV BE; Art. 21 KV OW; Art. 60 KV GL; Art. 26 KV SO; § 10 KV BL; § 19 KV AG; § 12 KV TG; Art. 80 KV JU; Art. 16 KV AR; Art. 19 KV SH; Art. 2 lit. w und Art. 3 lit. d KV SG; Art. 8 Abs. 2 lit. l KV TI; Art. 31 KV VD; Art. 21 KV NE und Art. 25 KV FR.
[26] Vgl. z.B. § 10 KV BL, Art. 19 KV SH und Art. 3 KV SG («innert angemessener Frist»); Art. 26 KV SO («innert angemessener Frist, jedoch vor Ablauf eines Jahres»); Art. 20 KV BE (ein Jahr); Art. 16 KV AR («möglichst rasch»); Art. 21 KV NE («le plus tôt possible»). Vgl. auch D. Buser, S. 160; Spahn, Art. 19, S. 71 f.
[27] Steinmann, St. Galler Kommentar, Art. 33 Rz. 2 f.
[28] So ausdrücklich Art. 60 KV GL.
[29] So schon BGE 1, 11 ff. Vgl. BGE 119 Ia 53 ff., 55.
[30] So auch Hotz, § 52 Rz. 20.

3.2.2. Besonderheiten im Kanton Zürich

Gemäss Art. 16 sind die Behörden aller Stufen verpflichtet, Petitionen zu prüfen und innert sechs Monaten dazu Stellung zu nehmen. Mit der Prüfungs- und Antwortpflicht geht der Kanton Zürich über das bundesrechtliche Minimum hinaus. Art. 16 äussert sich nicht näher zur Frage, welchen *Anforderungen* die behördliche Prüfung bzw. Antwort genügen muss. Dies kann ohnehin nicht abstrakt gesagt werden. Erwartet werden darf eine begründete[31] (schriftliche) Stellungnahme auf der Grundlage einer angemessenen Prüfung. Eine Abstufung des Aufwands nach Massgabe der Tragweite des Anliegens (z.B. grosse bzw. geringe politische Bedeutung; grosse bzw. geringe persönliche Bedeutung für den Petenten) ist grundsätzlich als zulässig anzusehen. Angesichts der Fristvorgabe von sechs Monaten (für Prüfung und Beantwortung) besteht für aufwändige Untersuchungen ohnehin wenig Raum.

Die Beantwortungs-Frist von sechs Monaten beginnt mit der Einreichung der Petition. Art. 16 sieht bei Überschreitung der Frist keine besondere Sanktion vor. Dies heisst nicht, dass es sich um eine blosse «Ordnungsfrist» handeln würde. Die Fristüberschreitung ist als rechtswidriges Verhalten einzustufen und kann grundsätzlich Sanktionen allgemeiner Art nach sich ziehen (z.B. disziplinarische Verantwortlichkeit).

3.3. Einschränkungen des Petitionsrechts

Das Petitionsrecht gilt nicht absolut. Beschränkungen sind prinzipiell möglich. Zu beachten sind die allgemeinen Voraussetzungen für Grundrechtsbeschränkungen (Art. 10 Abs. 2 KV i.V.m. Art. 36 BV)[32]. Während eine vorgängige Inhaltskontrolle unzulässig ist, sind – wie bei der Meinungsäusserungsfreiheit (Art. 16 BV) – repressive Massnahmen (z.B. Strafverfolgung wegen des Inhalts) nicht von vornherein ausgeschlossen[33].

Beschränkungen fallen etwa in Betracht im Zusammenhang mit der Nutzung von öffentlichem Grund und Boden[34] sowie in besonderen Rechtsverhältnissen[35]. Als zulässig erscheint eine Rückweisung von unleserlichen Eingaben. Unzulässig sind Einschränkungen wegen missliebigen Inhaltes. Das Grundrecht ist verletzt, wenn eine Petition nicht eingereicht werden kann, nicht zur Kennt-

---

[31] So ausdrücklich Art. 26 KV SO; Art. 25 KV FR.
[32] Vgl. Hotz, § 52 Rz. 30; für bloss analoge Anwendung Häfelin/Haller, N. 904.
[33] Vgl. BGE 129 IV 95 ff. (Vorwurf der Leugnung von Völkermord).
[34] Vgl. BGE 102 Ia 50 ff. und BGE 109 Ia 208 ff. (Zulässigkeit der Bewilligungspflicht). Vgl. auch BGE 124 I 267 ff.; Steinmann, St. Galler Kommentar, Rz. 10 f.
[35] Vgl. BGE 100 Ia 77 ff. (Zulässigkeit disziplinarischer Bestrafung wegen heimlicher Kontaktnahme unter Strafgefangenen).

nis genommen wird, nicht geprüft wird, nicht rechtzeitig beantwortet wird oder wenn sich mit der Einreichung Nachteile verbinden.

3.4. Ausführungsgesetzgebung

18 Art. 16 begründet (wie Art. 33 BV) ein einklagbares verfassungsmässiges Individualrecht (vgl. Art. 189 BV). Eine besondere Ausführungsgesetzgebung ist nicht erforderlich. Dies hindert die zuständigen Behörden nicht, Regelungen über die Behandlung von Petitionen aufzustellen (z.B. in Geschäftsordnungen)[36].

---

[36] Vgl. z.B. § 44 des Gesetzes über die Organisation und die Geschäftsordnung des Kantonsrates vom 5. April 1981 (Kantonsratsgesetz; LS 171.1); § 72 der Geschäftsordnung der Evangelisch-reformierten Kirchensynode des Kantons Zürich vom 29. November 2005 (LS 181.21).

Art. 17*

Jede Person hat das Recht auf Zugang zu amtlichen Dokumenten, soweit nicht überwiegende öffentliche oder private Interessen entgegenstehen.

Zugang zu amtlichen Dokumenten

Materialien

Art. 22 VE; Prot. Plenum, S. 186, 1022 f., 1050, 1064 ff., 1990, 2484, 2935 ff.

Literatur

BAERISWIL BRUNO, Informationsprozess im Mittelpunkt – Entwurf eines Informations- und Datenschutzgesetzes im Kanton Zürich, DIGMA 4/2004, S. 166 ff.; BOLZ URS, Art. 17, in: Kälin/Bolz; BRUNNER STEPHAN C., Interessenabwägung im Vordergrund, DIGMA 4/2004, S. 160 ff.; EHRENZELLER BERNHARD (Hrsg.), Das Öffentlichkeitsgesetz des Bundes, St. Gallen 2006; HÄNER ISABELLE, Öffentlichkeit und Verwaltung, Diss., Zürich 1990; HÄNER ISABELLE, Das Öffentlichkeitsprinzip in der Verwaltung im Bund und in den Kantonen – neuere Entwicklungen, ZBl 104/2003, S. 281 ff. (Entwicklungen); HÄNER ISABELLE, Die Funktion des Öffentlichkeitsprinzips, DIGMA 4/2004, S. 146 ff.; HÄNER ISABELLE, Rechtsschutz und Rechtspflegebehörden in der neuen Zürcher Kantonsverfassung, in: Materialien zur Zürcher Verfassungsreform, Bd. 9, S. 139 ff., 151 f.; JAAG, Rz. 1427 f.; MÜLLER JÖRG PAUL, S. 532 ff.; NUSPLIGER, S. 68 ff.; SEILER HANSJÖRG, Die (Nicht-)Öffentlichkeit der Verwaltung, ZSR 111/1992 I, S. 415 ff.; SCHEFER, S. 297 f.; SUTTER PATRICK, Vertrauen durch Informationszugang, DIGMA 4/2004, S. 150 ff.

Rechtsquellen

– Art. 13, Art. 16, Art. 29 BV
– Bundesgesetz über das Öffentlichkeitsprinzip der Verwaltung vom 17. Dezember 2004 (Öffentlichkeitsgesetz, BGÖ; SR 152.3)
– Art. 10, Art. 49, Art. 53, Art. 78, Art. 138 KV
– Gesetz über die Information und den Datenschutz (IDG) vom 12. Februar 2007 (Amtsblatt Nr. 8 vom 23. Februar 2007; vgl. auch Antrag der Kommission für Staat und Gemeinden vom 15. September 2006 sowie Antrag und dazugehörige Weisung des Regierungsrates vom 9. November 2005)

Übersicht

	Note
1. Einleitung	1
2. Entstehungsgeschichte	5
3. Anwendungsbereich und Einschränkungen	9
3.1. Anwendungsbereich	10
3.1.1. Amtliche Dokumente	10
3.1.2. Berechtigte und Verpflichtete	13
3.1.3. Modalitäten des Zugangs	14
3.1.4. Verhältnis zu anderen Normen	18
3.2. Einschränkungen aufgrund überwiegender öffentlicher oder privater Interessen	22

---

* Der Verfasser dankt Frau lic.iur. Nicole Oberholzer für die Bereitstellung von Textentwürfen, Literatur und Materialien.

1. Einleitung

1 Art. 17 verankert (mit Art. 49) das sog. *Öffentlichkeitsprinzip* für staatliche Organe. Zentraler Zweck des Öffentlichkeitsprinzips ist die Gewährleistung der Transparenz des staatlichen Handelns[1]. Durch die allgemeine Zugänglichkeit von Informationen wird die demokratische Willensbildung gefördert und das Vertrauen der Bürger in den Rechtsstaat gestärkt. In rechtsstaatlich-demokratischen Verfassungsordnungen sind Sitzungen des *Parlaments* (vgl. Art. 53; Art. 34 aKV[2]; Art. 158 BV) sowie *Gerichtsverhandlungen* (vgl. Art. 30 BV; Art. 6 EMRK; vgl. auch Art. 78) traditionell öffentlich[3]. Die *Exekutive* (Regierung und Verwaltung) hingegen arbeitet nach althergebrachtem Verständnis gemäss dem Prinzip der *Geheimhaltung* (mit Öffentlichkeitsvorbehalt)[4]. Immerhin wurde diese Maxime in der Vergangenheit nicht strikt umgesetzt. So kann das Recht, in bestimmte amtlich geführte Register Einsicht zu nehmen, in der Schweiz auf eine lange Tradition zurückblicken[5]. Das (früher aus Art. 4 aBV abgeleitete, heute in Art. 29 Abs. 2 BV verankerte) prozessuale Akteneinsichtsrecht gilt auch im Verwaltungsverfahren. Der verfassungsmässige Anspruch auf Datenschutz (vgl. Art. 13 Abs. 2 BV) umfasst auch ein Einsichtsrecht.

2 In den 1990er Jahren leitete der Kanton Bern in der Schweiz einen Paradigmenwechsel ein[6]. In Anlehnung an ausländische Vorbilder wurde anlässlich der 1993 abgeschlossenen Totalrevision der Kantonsverfassung ein «Recht auf Einsicht in amtliche Akten» (Art. 17 Abs. 3 KV BE) geschaffen[7] und somit der Wechsel zum Öffentlichkeitsprinzip vollzogen – ohne dass dies zu einer Überbelastung der Verwaltung geführt hätte. Vorbehalten bleiben überwiegende öffentliche oder private (Geheimhaltungs-)Interessen. Andere Kantone[8] folgten, im Jahre 2006 auch der Bund mit dem Öffentlichkeitsgesetz (BGÖ)[9]. Der Kanton Zürich reiht sich mit seiner neuen Kantonsverfassung in diese Entwicklung ein[10].

---

[1] Prot. K1 vom 13. April 2002, S. 283. Vgl. auch VOGEL, Art. 49 N. 9 ff.
[2] Art. 34 aKV: «Die Sitzungen des Kantonsrates (...) sind in der Regel öffentlich. (...).»
[3] Prot. K3 vom 22. März 2001, S. 11.
[4] Vgl. JAAG, Rz. 1427; Prot. K1 vom 13. April 2002, S. 283.
[5] Aus der neueren Rechtsprechung vgl. BGE 124 I 176 ff., 182; BGE 107 Ia 234 ff., 236. Vgl. auch § 122 des Steuergesetzes vom 8. Juni 1997 (LS 631.1).
[6] Vgl. zuvor bereits Art. 47 KV OW und § 72 KV AG (für Akten, die im Zusammenhang mit Volksabstimmungen stehen) sowie § 55 KV BL (für Akten, die sich auf die Zuständigkeit des Parlaments beziehen). Vgl. auch Art. 63 KV SO.
[7] Vgl. BOLZ, Art. 17 N. 3 ff.; NUSPLIGER, S. 68.
[8] Vgl. z.B. Art. 18 KV NE; Art. 11 KV SO (in der Fassung vom 2. Dezember 2001); Art. 17 KV VD; Art. 19 KV FR; Art. 75 KV BS; vgl. auch Art. 47 KV SH.
[9] Bundesgesetz über das Öffentlichkeitsprinzip der Verwaltung vom 17. Dezember 2004 (Öffentlichkeitsgesetz, BGÖ; SR 152.2).
[10] Vgl. Prot. Plenum, S. 1022, 1050.

Die Umsetzung des Öffentlichkeitsprinzips kann rechtlich auf unterschiedlichen 3
Wegen erfolgen. Man kann auf der Verfassungs- oder der Gesetzesebene ansetzen. Der Bund hat sich damit begnügt, eine Regelung auf Gesetzesstufe zu beschliessen (BGÖ), die durch Verordnungsrecht ergänzt wird[11]. Dieses Vorgehen hat den Vorzug, dass für den Zugang und dessen allfällige Beschränkung detaillierte Regelungen getroffen werden können; ein Nachteil besteht darin, dass der Gesetzgeber grundsätzlich frei ist, das Öffentlichkeitsprinzip wieder aufzugeben. In den Kantonen wurde der Wechsel zum Öffentlichkeitsprinzip gewöhnlich verfassungsrechtlich verankert und somit der freien Disposition des Gesetzgebers entzogen. Auf Verfassungsebene bestehen verschiedene Möglichkeiten: So kann der Wechsel zum Öffentlichkeitsprinzip als allgemeiner Grundsatz oder als Auftrag an den Gesetzgeber und die übrigen Behörden formuliert oder in die Form eines einklagbaren verfassungsmässigen Rechts gekleidet werden.

Der Zürcher Verfassungsrat hat sich für eine doppelte verfassungsrechtliche 4
Verankerung des Öffentlichkeitsprinzips entschieden: Einerseits werden die Behörden in allgemeiner Weise auf Transparenz verpflichtet (Art. 49; vgl. auch Art. 138); andererseits wird im Grundrechtskapitel ein verfassungsmässiges Individualrecht auf Zugang zu amtlichen Dokumenten begründet (Art. 17), das im Kanton und auch vor Bundesgericht (Art. 189 BV; Art. 95 und 116 BGG) eingeklagt werden kann. Wie sich aus den Übergangsbestimmungen ergibt, kann das Grundrecht aus Art. 17 allerdings erst fünf Jahre nach Inkrafttreten der Verfassung geltend gemacht werden (Art. 138). Die Behörden aller Stufen haben bis Ende 2010 Zeit, die zur Verwirklichung des Grundrechts nötigen Vorkehrungen zu treffen. Der kantonale Gesetzgeber hat sich bereits ans Werk gemacht. Auf der Grundlage eines regierungsrätlichen Entwurfs vom 9. November 2005 verabschiedete der Kantonsrat am 12. Februar 2007 das Gesetz über die Information und den Datenschutz (IDG)[12]. Die Praxis wird sich auch nach dem 1. Januar 2011 in erster Linie am Gesetz orientieren, das die Frage des Zugangs naturgemäss wesentlich detaillierter regeln kann als Art. 17. Dem grundrechtlichen Anspruch wird vor allem eine Auffangfunktion zukommen.

---

[11] Verordnung über das Öffentlichkeitsprinzip der Verwaltung vom 24. Mai 2006 (Öffentlichkeitsverordnung, VBGÖ; SR 152.31).
[12] Vgl. Amtsblatt Nr. 8 vom 23. Februar 2007. Die Referendumsfrist lief am 24. April 2007 ab.

2. Entstehungsgeschichte

5   Schon zu Beginn der Beratungen wurde deutlich, dass die Totalrevision der Kantonsverfassung zur Einführung des Öffentlichkeitsprinzips genutzt werden soll[13]. Unklar waren Form und Ort der Regelung. So wurde das Öffentlichkeitsprinzip phasenweise dreifach geführt: im Kapitel über die Grundlagen, im Grundrechtsteil und im Kapitel über die Behörden. Im Verlauf der Beratungen entschied man sich für die heutige Lösung mit einer doppelten Verankerung in Art. 17 (Anspruch auf «Zugang zu amtlichen Dokumenten») als Grundrecht und in Art. 49 («Transparenz») als Auftragsnorm im Behördenteil (dazu Vogel, Art. 49, N. 6 ff.).

6   Der Anspruch auf Zugang zu amtlichen Dokumenten war anfänglich in Artikel 1.5.12 (Meinungs- und Informationsfreiheit) als Absatz 4 enthalten[14]. Ziel war es, die demokratische Kontrolle zu verstärken und die vielfach beklagte Ohnmacht der Bevölkerung gegenüber der Verwaltung auszugleichen[15]. In der internen Vernehmlassung wurde die grundrechtliche Absicherung des Öffentlichkeitsprinzips im Allgemeinen begrüsst.

7   Im Rahmen der 1. Lesung wurde im Plenum die Streichung von Abs. 4 beantragt, im Wesentlichen mit der Begründung, dass ein Missbrauch der Einsichtsmöglichkeit durch Querulanten zu befürchten sei. Der Verfassungsrat gewichtete das Anliegen der Transparenz der staatlichen Tätigkeit stärker als die Missbrauchsgefahr und lehnte den Antrag ab[16]. Im weiteren Verlauf der Beratungen ersetzte man den Begriff «Akten» auf Anregung der Redaktionskommission durch «amtliche Dokumente» (N. 10)[17]. Im Zusammenhang mit dem Systemwechsel bei den Grundrechten[18] wurden die mit Art. 16 Abs. 1–3 BV identischen Absätze der kantonalen Grundrechtsnorm fallen gelassen.

8   Die Version des Vorentwurfs (Art. 22 VE) wurde mit einer geringfügigen redaktionellen Anpassung[19] in die neue Verfassung übernommen, nachdem ein erneuter Antrag auf Streichung abgelehnt worden war[20].

---

[13]   Vgl. Prot. Plenum, S. 186; Prot. K1 vom 8. November 2001, S. 142; Prot. K1 vom 19. November 2001, S. 157 ff.; Prot. K1 vom 14. Dezember 2001, S. 201.
[14]   Vgl. Prot. K1 vom 13. April 2002, S. 286.
[15]   Vgl. K1, Vorlage zur internen Vernehmlassung vom 23. Mai 2002, S. 19.
[16]   Vgl. Prot. Plenum, S. 1064 ff., 1067 (abgelehnt mit 44 zu 36 Stimmen).
[17]   Vgl. Prot. RedK vom 24. März 2003, S. 339; Prot. K3 vom 10. April 2003, S. 1038 f. Auch die Nennung beider Begriffe wurde erwogen; vgl. Prot. K1 vom 18. Juli 2002, S. 364.
[18]   Dazu Vorb. zu Art. 9–18, N. 17.
[19]   Vgl. Prot. RedK vom 23. März 2004, S. 575. In Art. 22 VE hatte es noch geheissen: «[...] soweit keine überwiegenden öffentlichen Interessen [...]».
[20]   Vgl. Prot. Plenum, S. 2935 ff., 2939 (abgelehnt mit 64 zu 24 Stimmen).

3. Anwendungsbereich und Einschränkungen

Das Grundrecht auf Zugang zu amtlichen Dokumenten ist kein klassisches Freiheitsrecht[21]. Art. 17 verlangt von den Behörden nicht einfach nur ein Dulden oder Unterlassen, sondern ein gewisses Tätigwerden. Das Zugangsrecht gemäss Art. 17 zeigt Verwandtschaft zum verfahrensrechtlichen Akteneinsichtsrecht gemäss Art. 29 Abs. 2 BV (N. 21), zum Anspruch auf Einsicht in personenbezogene Daten gemäss Art. 13 Abs. 2 BV (N. 20) und zur Informationsfreiheit gemäss Art. 16 Abs. 3 BV (N. 19).

9

3.1. Anwendungsbereich

3.1.1. Amtliche Dokumente

Zur Umschreibung des Gegenstands des Zugangsrechts wählte der Zürcher Verfassungsgeber, anders als die meisten anderen kantonalen Verfassungsgeber, den Begriff «*amtliche Dokumente*»[22]. Der Ausdruck wurde gewählt, weil er als «breiter und offener»[23] empfunden wurde als der ursprünglich erwogene Begriff «Akten». In der Sache dürften die beiden Begriffe dasselbe meinen[24]. Erfassen wollte man Akten, die im Zusammenhang mit der Erfüllung öffentlicher Aufgaben stehen[25], nicht jedoch persönliche Aufzeichnungen[26]. Auch war man sich darin einig, dass Beratungen der Exekutive (Regierung, Verwaltung) nicht öffentlich sein sollten, sondern nur ihr Ergebnis[27]. Nicht relevant ist der Datenträger. Das Dokument muss auch nicht zwingend von der um Zugang ersuchten Institution erstellt worden sein. Vielmehr kommt es darauf an, ob das Dokument in ihrem Besitz ist und es in Erfüllung öffentlicher Aufgaben erstellt wurde[28]. Der Zeitpunkt der Erstellung des Dokuments spielt im Rahmen des Art. 17 keine Rolle[29]. Das Alter kann jedoch bei der Interessenabwägung (N. 22) von Bedeutung sein. Erfasst werden auch Dokumente, die sich bereits in einem Archiv befinden[30].

10

Das Gesetz über die Information und den Datenschutz (IDG), das der Verwirklichung von Art. 17 dienen soll (N. 4), knüpft nicht am Begriff des «amtlichen

11

---

[21] Dazu Vorb. zu Art. 9–18, N. 6.
[22] Wie Zürich: Art. 19 KV FR sowie Art. 18 KV NE; Art. 17 KV VD («documents officiels»). Ebenso die Terminologie im Öffentlichkeitsgesetz des Bundes (Art. 5 BGÖ).
[23] Vgl. Prot. K3 vom 10. April 2003, S. 1039; Prot. RedK vom 24. März 2003, S. 334, 339 f.
[24] Vgl. Prot. K1 vom 18. Juli 2002, S. 364.
[25] Vgl. Prot. K1 vom 20. Februar 2002, S. 258 («öffentlich-amtliche Akten»).
[26] Vgl. Prot. Plenum, S. 1990.
[27] Vgl. Prot. K1 vom 20. Februar 2002, S. 258; Prot. K1 vom 13. April 2002, S. 285.
[28] Vgl. auch HÄNER, Entwicklungen, S. 293.
[29] Anders Art. 23 BGÖ, der den Zugang nur zu amtlichen Dokumenten gewährt, die nach Inkrafttreten des Gesetzes (d.h. nach dem 1. Juli 2006) erstellt wurden.
[30] Vgl. § 10 des Archivgesetzes vom 24. September 1995 (LS 432.11) in der Fassung gemäss § 44 IDG.

Dokuments», sondern am Begriff der «Information» an: «Jede Person hat Anspruch auf Zugang zu den bei einem öffentlichen Organ vorhandenen Informationen» (§ 20 IDG). Unter «Information» versteht das Gesetz alle «Aufzeichnungen, welche die Erfüllung einer öffentlichen Aufgabe betreffen, unabhängig von ihrer Darstellungsform und ihrem Informationsträger. Ausgenommen sind Aufzeichnungen, die nicht fertig gestellt oder die ausschliesslich zum persönlichen Gebrauch bestimmt sind» (§ 3 IDG)[31]. Diese Regelung steht in Einklang mit den Anforderungen gemäss Art. 17 KV. Aufzeichnungen, die nicht fertig gestellt sind, haben (noch) nicht den Charakter eines amtlichen Dokuments. Entsprechendes gilt auch für Aufzeichnungen, die ausschliesslich zum persönlichen Gebrauch bestimmt sind.

12 Das IDG soll nicht zur Anwendung kommen – und das Informationszugangsrecht gemäss § 20 IDG somit nicht greifen –, soweit «öffentliche Organe am wirtschaftlichen Wettbewerb teilnehmen und dabei nicht hoheitlich handeln» (§ 2 Abs. 2 IDG). Dies ist mit dem Grundrechtsanspruch aus Art. 17 grundsätzlich vereinbar. Den Unterlagen, die in diesem Bereich Verwendung finden, dürfte gewöhnlich der «amtliche» Charakter (im Sinne von Art. 17) fehlen. Falls der «amtliche» Charakter im Einzelfall doch zu bejahen sein sollte, dürfte sich die Verweigerung des Zugangs im Allgemeinen durch überwiegende öffentliche Interessen (N. 23) rechtfertigen lassen.

3.1.2. Berechtigte und Verpflichtete

13 Der grundrechtliche Anspruch auf Zugang zu amtlichen Dokumenten steht *natürlichen Personen* sowie *juristischen Personen* des Privatrechts zu[32], dies unabhängig von (Wohn-)Sitz oder Staatsangehörigkeit, welche aber bei der Interessenabwägung (N. 22) eine Rolle spielen können. Der Anspruch kann gegenüber allen drei Staatsgewalten (Legislative, Exekutive, Justiz) geltend gemacht werden. Erfasst werden auch Organisationen des öffentlichen oder des privaten Rechts, die in Erfüllung öffentlicher Aufgaben handeln[33]. Obwohl sich in der Vernehmlassung Widerstand dagegen regte, schliesst Art. 17 auch die kommunale Ebene ein[34]. Die Verfassung fordert bewusst nicht, dass die Zugang beanspruchende Person ein schutzwürdiges Interesse nachweist. Einen solchen Nachweis zu verlangen[35], bedeutet eine Grundrechtsbeschränkung, die nur zulässig ist, wenn die verfassungsmässigen Anforderungen erfüllt sind (Art. 17 i.V.m. Art. 10 Abs. 2).

---

[31] Vgl. auch BRUNNER, S. 160.
[32] Inwieweit sich auch juristische Personen des öffentlichen Rechts auf Art. 17 berufen können (z.B. Gemeinden gegenüber dem Kanton), wird die Rechtsprechung zu klären haben.
[33] Vgl. dazu Art. 10 N. 16. In diesem Sinne auch § 3 IDG. Vgl. auch HÄNER, Entwicklungen, S. 289 f.
[34] Prot. K1 vom 13. April 2002, S. 285; Vernehmlassungsbericht, Auswertung: Organisationen, S. 182 ff.
[35] So z.B. § 25 Abs. 2 IDG bei Gesuchen, die einen unverhältnismässigen Aufwand verursachen.

3.1.3. Modalitäten des Zugangs

Art. 17 knüpft die Geltendmachung des Zugangsanspruchs nicht an Formerfordernisse. Dies schliesst nicht aus, dass der Gesetzgeber Anforderungen an ein Gesuch stellt. Doch müssen solche Anforderungen, soweit sie den Grundrechtsanspruch beeinträchtigen, die Voraussetzungen erfüllen, die für Grundrechtsbeschränkungen gelten (Art. 10 Abs. 2)[36]. Das IDG sieht als Grundsatz die Einreichung eines schriftlichen Gesuchs vor (§ 24 Abs. 1 IDG) und hält weiter fest, dass das zuständige öffentliche Organ auf mündliche Anfragen hin mündlich Auskunft erteilen kann. Diese Regelung ist aus der Sicht von Art. 17 nicht zu beanstanden. Ebenfalls nicht zu beanstanden ist, dass gemäss § 25 Abs. 1 IDG ein Gesuch abgelehnt werden kann, wenn es sich auf Informationen bezieht, die bereits öffentlich sind und auf angemessene Weise zur Verfügung stehen.

14

Die Art und Weise, wie der Zugang zu gewähren ist, wird in Art. 17 nicht thematisiert. Aus den Materialien geht hervor, dass man im Verfassungsrat grundsätzlich von einem grosszügigen Verständnis ausging (und beispielsweise auch die Aushändigung von Akten in Betracht zog), dass man es aber dem Gesetzgeber und den Behörden nicht verwehren wollte, Einschränkungen vorzusehen[37]. Das IDG enthält keine spezifischen dahingehenden Präzisierungen. Bis zur Herausbildung einer kantonalen Praxis können die Regelungen des BGÖ[38] sowie Praxis und Lehre zum prozessualen Akteneinsichtsrecht (Art. 29 Abs. 2 BV)[39] als Auslegungshilfen dienen.

15

Art. 17 äussert sich nicht zur Frage, innert welcher Frist Zugang zu gewähren ist. Aus verfassungsrechtlicher Sicht ist zu verlangen, dass Gesuche beförderlich behandelt werden (vgl. Art. 29 Abs. 1 BV). § 28 IDG sieht vor, dass das zuständige Organ den Zugang innert 30 Tagen seit Eingang des Gesuchs gewährt oder aber eine Verfügung über die Beschränkung des Zugangsrechts erlässt. Art. 17 KV steht einer längeren Behandlungsfrist in begründeten Fällen – beispielsweise wenn vor der Einsichtgewährung Stellungnahmen Dritter oder anderer Amtsstellen eingeholt werden müssen – nicht prinzipiell entgegen.

16

Gemäss § 29 Abs. 1 IDG erhebt das zuständige öffentliche Organ für die Bearbeitung von Zugangsgesuchen Privater eine Gebühr. Es mag auf den ersten Blick etwas befremdlich erscheinen, wenn für die Ausübung eines Grundrechts ein Entgelt bezahlt werden muss. Dies ist freilich kein ganz und gar singulärer Fall – man denke etwa an die Rechtsweggarantie, Art. 29a BV – und erscheint prinzipiell zulässig, sofern die Anforderungen an eine Grundrechtsbeschrän-

17

---

[36] Zu den Anforderungen gemäss neuer Kantonsverfassung Art. 10 N. 17 ff.
[37] Vgl. Prot. K1 vom 18. Juli 2002, S. 364.
[38] Gemäss Art. 6 Abs. 2 BGÖ können die Dokumente vor Ort eingesehen werden, oder es können Kopien davon angefordert werden.
[39] Vgl. J.P. Müller, S. 532 ff.; Schefer, S. 297 f. – Vgl. auch N. 21.

kung (insb. Wahrung der Verhältnismässigkeit) erfüllt sind. Bei hinreichend grosszügiger Auslegung der gesetzlichen Ausnahmen (§ 29 Abs. 2 IDG[40]) hält die im Gesetz enthaltene Lösung vor Art. 17 stand.

3.1.4. Verhältnis zu anderen Normen

18 Art. 49 verpflichtet die Behörden, auf Anfrage hin über ihre Tätigkeit zu informieren, soweit nicht überwiegende öffentliche oder private Interessen entgegenstehen[41]. Im Unterschied zu Art. 17 begründet Art. 49 keinen einklagbaren verfassungsmässigen Individualanspruch.

19 Auf Bundesebene gewährleistet Art. 16 Abs. 3 BV das Recht, Informationen frei zu empfangen, aus allgemein zugänglichen Quellen zu beschaffen und zu verbreiten (vgl. auch Art. 10 EMRK)[42]. Die Einführung des Öffentlichkeitsprinzips erweitert den Kreis der im Kanton Zürich «allgemein zugänglichen Quellen» und dehnt damit zugleich den Wirkungskreis von Art. 16 Abs. 3 BV erheblich aus.

20 Der Schutz von und der Zugang zu *personenbezogenen* Daten ist Gegenstand einer speziellen Grundrechtsnorm auf Bundesebene (Art. 13 Abs. 2 BV[43]). Diese kommt, gewissermassen als *lex specialis*, vorrangig zur Anwendung, schliesst aber die Berufung auf Art. 17 nicht aus.

21 In Verfahren vor Gerichts- und Verwaltungsinstanzen haben die Parteien *Anspruch auf rechtliches Gehör* und somit auch ein *Recht auf Akteneinsicht* (Art. 29 Abs. 2 BV)[44]. Der Anwendungsbereich des Art. 17 umfasst alle Staatsgewalten (somit auch die Gerichte) und grundsätzlich alle staatlichen Tätigkeiten (somit auch Verwaltungsverfahren und gerichtliche Verfahren)[45]. Im Ergebnis verschafft Art. 17 jedoch keine über Art. 29 Abs. 2 BV hinaus gehenden Ansprüche. «Aussenstehende» könnten sich zwar wohl theoretisch auf Art. 17 berufen, doch wird man ihnen regelmässig berechtigte öffentliche oder private Geheimhaltungsinteressen (der Prozessbeteiligten) entgegenhalten können.

---

[40] § 29 Abs. 2 IDG sieht verschiedene Ausnahmen vor, nämlich «a. wenn der Zugang zu Informationen einen geringen Aufwand erfordert, b. für die Bearbeitung von Gesuchen, welche die eigenen Personendaten betreffen, c. wenn das Gesuch wissenschaftlichen Zwecken dient und die Resultate der Bearbeitung für die Öffentlichkeit einen Nutzen erwarten lassen».
[41] Zur Tragweite im Einzelnen vgl. VOGEL, Art. 49 N. 21 ff.
[42] Vgl. BGE 130 I 369 ff., 374; BGE 113 Ia 309 ff., 317; BGE 107 Ia 305 ff.
[43] Zum Grundrecht auf «informationelle Selbstbestimmung» vgl. z.B. BGE 129 I 232 ff., 245 f.; BGE 128 II 259 ff., 270. Vgl. auch § 20 Abs. 2 und § 21 IDG.
[44] Zur Akteneinsicht ausserhalb eines hängigen Verfahrens vgl. BGE 122 I 153 ff., 161.
[45] Enger ist der Anwendungsbereich des Gesetzes: § 2 Abs. 2 IDG nimmt gerichtliche Verfahren generell vom Gesetz aus; § 20 Abs. 3 IDG bestimmt, dass der Informationszugang in nicht rechtskräftig abgeschlossenen Verwaltungs- und Verwaltungsjustizverfahren sich nach dem massgeblichen Verfahrensrecht richtet.

3.2. Einschränkungen aufgrund überwiegender öffentlicher oder privater Interessen

Der Anspruch auf Zugang zu amtlichen Dokumenten gilt nicht uneingeschränkt. Der Zugang kann vielmehr – wie die grundrechtsgewährleistende Norm selbst klarstellt – beschränkt oder verweigert werden, soweit überwiegende öffentliche oder private Interessen entgegenstehen.

22

Der Verfassungsgeber hat darauf verzichtet, die in Frage kommenden öffentlichen oder privaten Interessen näher zu bestimmen. Im Vordergrund stehen begründete staatliche Geheimhaltungsinteressen[46] wie der Schutz der internen Meinungsbildung[47], die Geheimhaltung in Vertragsverhandlungen, die Gefährdung der Wirkung von Untersuchungs-, Sicherheits- oder Aufsichtsmassnahmen, die Beeinträchtigung der Beziehungen zwischen Gemeinwesen (inkl. anderer Kantone, Bund, Ausland), die Beeinträchtigung der zielkonformen Durchführung behördlicher Massnahmen[48]. Bei den privaten Interessen stehen der Persönlichkeits- bzw. Datenschutz[49] und der Schutz von Berufs-, Geschäfts- oder Fabrikationsgeheimnissen im Vordergrund[50].

23

Gemäss Art. 10 Abs. 2 gelten die Bestimmungen der Bundesverfassung über die Einschränkung der Grundrechte (Art. 36 BV) auch für die Grundrechte des kantonalen Rechts. Einschränkungen von Grundrechten müssen gemäss Art. 36 BV auf einer genügenden gesetzlichen Grundlage beruhen, durch ein öffentliches Interesse oder durch den Schutz von Grundrechten Dritter gerechtfertigt sowie verhältnismässig sein und den Kerngehalt des fraglichen Grundrechts wahren. Art. 17 normiert hinsichtlich der *Interessen Dritter* eine Spezialregel: Nicht nur Grundrechtsinteressen (Art. 36 Abs. 2 BV), sondern auch andere hinreichend gewichtige private Interessen können eine Einschränkung des Anspruchs aus Art. 17 rechtfertigen. Im praktischen Ergebnis dürfte sich dieser unterschiedliche Regelungsansatz kaum bemerkbar machen, sind doch die bei Art. 17 im Vordergrund stehenden privaten Interessen (N. 23) auch grundrechtlich geschützt. Als gesetzliche Grundlage für die Zugangsverweigerung wird man im Allgemeinen die Ermächtigung in Art. 17 genügen lassen können. Die Prüfung der *Verhältnismässigkeit* behält auch bei Art. 17 ihre Bedeutung: Die

24

---

[46] Ein pauschaler Verweis auf «das Amtsgeheimnis» genügt nicht mehr, da mit dem Wechsel zum Öffentlichkeitsprinzip jede Verweigerung des Zugangs zu amtlichen Dokumenten qualifiziert rechtfertigungsbedürftig wird (Art. 10 Abs. 2).

[47] Vgl. Prot. K1 vom 20. Februar 2002, S. 258; Prot. K1 vom 13. April 2002, S. 285; vgl. auch HÄNER, Entwicklungen, S. 297.

[48] Vgl. (in diesem Sinne) die Aufzählung öffentlicher Interessen in § 23 Abs. 2 IDG. Der kantonale Interessenskatalog ist, anders als das bundesrechtliche Pendant (Art. 7 BGÖ), nicht abschliessend, belässt somit der zuständigen Stelle einen gewissen Spielraum für die Berücksichtigung weiterer Interessen. Dieser Lösungsansatz ist mit Art. 17 grundsätzlich vereinbar.

[49] Vgl. § 23 Abs. 3 IDG (Privatsphäre Dritter).

[50] Vgl. Art. 7 Abs. 1 lit. g und Abs. 2 sowie Art. 9 BGÖ.

Zugangsbeschränkung darf nicht weiter gehen als sachlich, zeitlich und persönlich erforderlich. Im Sinne des Verhältnismässigkeitsprinzips ist zu prüfen, ob anstelle der Einsichtsverweigerung die Einsichtgabe in Teile des fraglichen Dokuments in Betracht fällt[51]. Zur Wahrung privater Interessen kann es gegebenenfalls genügen, die im fraglichen Dokument enthaltenen Personendaten zu anonymisieren[52].

---

[51] Vgl. auch HÄNER, Entwicklungen, S. 298.
[52] Vgl. Art. 9 BGÖ.

Art. 18*

Verfahrensgarantien

Jede Person hat vor Gerichts- und Verwaltungsinstanzen Anspruch auf rasche und wohlfeile Erledigung des Verfahrens.

Die Parteien haben Anspruch auf einen begründeten Entscheid mit Rechtsmittelbelehrung.

Materialien

Art. 24 VE; Prot. Plenum, S. 1152 ff., 1234, 2134 ff., 2484, 2940.

Literatur

AUER/MALINVERNI/HOTTELIER, Bd. II, N. 1267 ff.; FROWEIN JOCHEN A./PEUKERT WOLFGANG, Europäische Menschenrechtskonvention, EMRK-Kommentar, 2. Aufl., Kehl/Strassburg/Arlington 1996, Art. 6 N. 143 ff.; HÄNER ISABELLE, Rechtsschutz und Rechtspflegebehörden in der neuen Zürcher Kantonsverfassung, in: Materialien zur Zürcher Verfassungsreform, Bd. 9, S. 139 ff.; HAUSER/SCHWERI, § 188, Vorbem. zu § 201, § 206; JAAG TOBIAS, Die Verfahrensgarantien der neuen Bundesverfassung, in: Peter Gauch/Daniel Thürer (Hrsg.), Die neue Bundesverfassung, Zürich/Basel/Genf 2002, S. 25 ff. (Verfahrensgarantien); KÄLIN WALTER/MALINVERNI GIORGIO/NOWAK MANFRED, Die Schweiz und die UNO-Menschenrechtspakte, 2. Aufl., Basel usw. 1997; KÖLZ/BOSSHART/RÖHL, § 4a, § 10, § 13; MÜLLER GEORG, Kommentar BV, Art. 4 aBV Rz. 85, 116; SCHMID NIKLAUS, Strafprozessrecht, 4. Aufl., Zürich 2004; SPÜHLER KARL, Gesteigertes Rechtsschutzbedürfnis – effiziente Justiz, in: Materialien zur Zürcher Verfassungsreform, Bd. 5, S. 7 ff.; VILLIGER MARK E., Handbuch der Europäischen Menschenrechtskonvention (EMRK), 2. Aufl., Zürich 1999, N. 380 ff., 452 ff. (Handbuch); VILLIGER MARK E., EMRK und UNO-Menschenrechtspakte, in: Verfassungsrecht der Schweiz, § 40 (EMRK und UNO-Menschenrechtspakte); WALDER-RICHLI HANS ULRICH, Zivilprozessrecht, 4. Aufl., Zürich 1996, § 39.

Rechtsquellen

– Art. 6 EMRK; Art. 14 UNO-Pakt II
– Art. 29 BV (Art. 4 aBV)
– Art. 74 ff. KV (Art. 59 aKV)

Übersicht

	Note
1. Überblick	1
2. Entstehungsgeschichte	3
3. Bundes- und völkerrechtlicher Rahmen	6
3.1. Verfahrensgarantien des übergeordneten Rechts im Überblick	6
3.2. Anwendungsbereich und Funktion	10
4. Kantonale Verfahrensgarantien (Art. 18)	13
4.1. Funktion und Anwendungsbereich	13
4.2. Rasche Erledigung des Verfahrens (Abs. 1)	15
4.3. Wohlfeile Erledigung des Verfahrens (Abs. 1)	19
4.4. Rechtsmittelbelehrung (Abs. 2)	22
4.5. Zur praktischen Bedeutung von Art. 18	25

---

* Der Verfasser dankt Frau lic.iur. Nicole Oberholzer für die Bereitstellung von Textentwürfen, Literatur und Materialien.

1. Überblick

1 Verfahrensgarantien haben für die Bürgerinnen und Bürger im Rechtsstaat (vgl. Art. 2) eine wichtige Schutzfunktion. Sie sollen in der Rechtsanwendung ein faires Verfahren gewährleisten und gute Rahmenbedingungen für eine sachgerechte Entscheidung schaffen. Die neue Bundesverfassung widmet den Verfahrensgarantien eine allgemeine sowie mehrere spezielle Bestimmungen (Art. 29 ff. BV). Von grosser praktischer Bedeutung waren und sind auch die Verfahrensgarantien der EMRK (insb. Art. 5 und 6 EMRK)[1].

Die neue Kantonsverfassung knüpft in Art. 18 an die bundes- und völkerrechtlich gewährleisteten Garantien an und erweitert den Schutz nach drei Richtungen hin:
– Anspruch auf rasche Erledigung des Verfahrens (N. 15 ff.);
– Anspruch auf wohlfeile Erledigung des Verfahrens (N. 19 ff.);
– Anspruch auf Rechtsmittelbelehrung (N. 22 ff.).

2 Bereits die Kantonsverfassung von 1869 hatte es dem Gesetzgeber aufgetragen, das «Prozessverfahren [...] im Sinne möglichster Rechtssicherheit so wie rascher und wohlfeiler Erledigung» zu ordnen (Art. 59 aKV). Art. 18 wandelt diese an den Gesetzgeber gerichteten Vorgaben[2] in einklagbare grundrechtliche Ansprüche um.

2. Entstehungsgeschichte

3 Der Artikel «Allgemeine Verfahrensgarantien» (Art. 1.5.27) enthielt anfangs einen mit Art. 29 Abs. 1 BV identischen Passus und einen auf die Verstärkung der Positionen der Parteien gerichteten Zusatz[3]. Es wurde damit argumentiert, dass die neue Verfassung für die Rechtssuchenden nicht ungünstiger sein solle als die alte Verfassung (Art. 59 aKV), welche ein «rasches» und «wohlfeiles» Verfahren vorsehe, und dass den Parteien ein «Anspruch auf einen Entscheid, auf dessen Begründung und auf Rechtsmittelbelehrung» zustehen solle, damit diese sich besser orientieren könnten[4]. Die Garantie der «angemessenen» Frist (Art. 29 Abs. 1 BV, Art. 6 Ziffer 1 EMRK) stufte man allgemein als zu wenig

---

[1] Vgl. auch Art. 13 EMRK und Art. 14 UNO-Pakt II.
[2] Zur Bedeutung bei Gebührentarifen vgl. HÄNER, Rechtsschutz, S. 154.
[3] Vgl. Prot. K1 vom 18. Juli 2002, S. 352 f.; Prot. Plenum, S. 1152 ff.
[4] Vgl. Prot. K1 vom 18. Juli 2002, S. 352; K1, Vorlage zur Kleinen Vernehmlassung vom 23. Mai 2002, S. 25.

weit gehend ein[5]. Nicht weiterverfolgt wurde die Ergänzung der Verfahrensgarantien durch einen Absatz nach dem Vorbild von Art. 7 EMRK.

Gegenstand eingehender Diskussionen war der Begriff «wohlfeil»[6]. Im Verfassungsrat war man sich von Anfang an bewusst, dass der in Art. 59 aKV verwendete Begriff nicht mehr ganz zeitgemäss ist[7]. In wiederkehrenden Diskussionen wurden Alternativen erörtert[8], geprüft[9], zwischenzeitlich gutgeheissen[10] und wieder verworfen. Am Ende setzte sich der Begriff «wohlfeil» als erfolgreicher Wiedergänger durch[11].

Die Fassung gemäss Vernehmlassungsentwurf (Art. 24 VE) fand ohne weitere Änderungen und ohne erneute Diskussion Eingang in den definitiven Verfassungstext[12].

3. Bundes- und völkerrechtlicher Rahmen

3.1. Verfahrensgarantien des übergeordneten Rechts im Überblick

Die «Garantie eines fairen Prozesses»[13] gehört zu den elementaren Forderungen der Rechtsstaatlichkeit. Die Bundesverfassung begründet in Art. 29 Abs. 1 BV einen allgemeinen «Anspruch auf gleiche und gerechte Behandlung» im Verfahren. Bereits unter der Bundesverfassung von 1874 haben Rechtsprechung und Lehre (insb. zu Art. 4 aBV) eine Reihe von Einzeltatbeständen herausgearbeitet, welche diesen Grundgedanken konkretisieren. Dazu gehören namentlich das Verbot der formellen Rechtsverweigerung[14], das Verbot der Rechtsverzögerung[15], das Verbot des überspitzten Formalismus[16], das Gebot der Gleichbehand-

---

[5] Die Vorschläge der Kommission 1 wurden durch die für den Behördenteil zuständige Kommission 3 unterstützt. Vgl. z.B. Prot. K3 vom 20. Juni 2002, S. 663.
[6] Vgl. insb. Prot. Plenum, S. 2134 ff.; vgl. auch Prot. K1 vom 4. Juni 2003, S. 462.
[7] Vgl. z.B. Prot. K1 vom 8./9. Juli 2002, S. 323; Prot. K1 vom 18. Juli 2002, S. 352.
[8] Prot. Plenum, S. 1152 ff., 1234 ff.; Prot. K3 vom 20. Juni 2002, S. 663.
[9] Vgl. etwa die im Schoss der RedK entwickelten Formulierungsalternativen: Anspruch auf «kostengünstige Erledigung des Verfahrens» (Prot. RedK vom 21. Februar 2003, S. 232) bzw. Anspruch «auf ein rasches und sorgfältiges Verfahren zu angemessenen Kosten» (vgl. Prot. K1 vom 14. April 2003, S. 429).
[10] Vgl. den Antrag der Geschäftsleitung, der dem Verfassungsrat in der Sitzung vom 9. Mai 2003 zur Beschlussfassung vorlag (Prot. Plenum, S. 2134). Die gewählte Formulierung (Anspruch auf ein «sorgfältiges Verfahren zu angemessenen Kosten») war im Sinne einer rein redaktionellen Modernisierung gedacht, wurde aber mitunter als inhaltliche Neuerung aufgefasst (vgl. Prot. Plenum, S. 2135 f.).
[11] Vgl. Prot. Plenum, S. 2134 ff.; Prot. Plenum, S. 2484 (ohne erneute Diskussion).
[12] Vgl. Prot. K1 vom 27. Januar 2004, S. 515; Prot. Plenum, S. 2940.
[13] So BGE 131 II 169 ff., 173 f.
[14] Vgl. BGE 116 Ia 106 ff., 112; BGE 127 I 133 ff., 137.
[15] Vgl. BGE 130 I 174 ff., 178; BGE 130 I 269 ff., 272.
[16] Vgl. BGE 119 Ia 4 ff., 6; BGE 127 I 31 ff., 34.

lung im Verfahren[17] und der Anspruch auf eine ordnungsgemäss zusammengesetzte Entscheidbehörde[18].

7   Art. 29 BV begründet neben dem allgemeinen Anspruch auf ein faires Verfahren (Abs. 1) ausdrücklich auch einen Anspruch auf rechtliches Gehör (Abs. 2) sowie auf unentgeltliche Rechtspflege (Abs. 3). Das rechtliche Gehör als elementarer Teilaspekt der Verfahrensfairness erfüllt eine doppelte Funktion: Es «dient einerseits der Sachaufklärung, anderseits stellt es ein persönlichkeitsbezogenes Mitwirkungsrecht beim Erlass eines Entscheids dar, welcher in die Rechtsstellung des Einzelnen eingreift»[19]. Aus dem rechtlichen Gehör wird zudem ein Anspruch auf einen *begründeten Entscheid* abgeleitet. Es besteht jedoch kein bundesverfassungsrechtlicher Anspruch auf eine Rechtsmittelbelehrung. Seit dem 1. Januar 2007 enthält die Bundesverfassung auch eine allgemeine Rechtsweggarantie (Art. 29a BV). Spezielle Garantien betreffend gerichtliche Verfahren (Art. 30 BV), betreffend Freiheitsentzug (Art. 31 BV) und betreffend das Strafverfahren (Art. 32 BV) konkretisieren und ergänzen die allgemeinen Garantien des Art. 29 BV.

8   Hinzu kommen verschiedene völkerrechtlich gewährleistete Verfahrensgrundrechte. Praktisch besonders bedeutsam sind Art. 5 und Art. 6 EMRK. Art. 6 Abs. 1 EMRK garantiert den Parteien im Verfahren über zivilrechtliche Ansprüche und Verpflichtungen bzw. dem Angeklagten in strafrechtlichen Verfahren eine Entscheidung durch ein unabhängiges, unbefangenes und durch das Gesetz eingerichtetes Gericht, welches einen begründeten Entscheid innert angemessener Frist fällt. Das Verfahren und die Urteilsverkündung sollen grundsätzlich öffentlich sein, ausser wenn zwingende Interessen den Ausschluss der Öffentlichkeit rechtfertigen. Die Garantien in Art. 14 Abs. 1 UNO-Pakt II sind im Wortlaut nicht identisch mit Art. 6 Abs. 1 EMRK, haben jedoch das gleiche Schutzobjekt[20] und verleihen dem Rechtsuchenden keine weiter gehenden Ansprüche. Dank der unmittelbaren Anwendbarkeit spielen die Garantien der EMRK eine wichtige Rolle in der schweizerischen Rechtspraxis, sowohl auf Bundes- als auch auf kantonaler Ebene. Die Praxis des Europäischen Gerichtshofs für Menschenrechte hat grossen Einfluss auf die Auslegung der Verfahrensgarantien des nationalen Rechts[21].

9   Auf die Garantien gemäss Art. 29 Abs. 1 und 2 BV können sich alle natürlichen und juristischen Personen des Privatrechts berufen, im Allgemeinen auch juristische Personen des öffentlichen Rechts. Den Anspruch auf unentgeltliche Rechtspflege (Abs. 3) können dagegen grundsätzlich nur natürliche Personen

---

[17] Vgl. BGE 126 V 244 ff., 250.
[18] Vgl. BGE 129 V 335 ff., 338; vgl. auch BGE 127 I 196 ff., 198 (betreffend Ausstand).
[19] BGE 127 I 54 ff., 56.
[20] Vgl. Kälin/Malinverni/Nowak, S. 15 f.
[21] Vgl. Villiger, EMRK und UNO-Menschenrechtspakte, § 40 Rz. 19 ff.

geltend machen[22]. Dritte ohne Parteistellung können sich nicht auf die Garantien des Art. 29 BV berufen[23].

3.2. Anwendungsbereich und Funktion

Die allgemeinen Verfahrensgarantien des Art. 29 sind in *allen* (zivil-, straf- oder verwaltungsrechtlichen) staatlichen Verfahren zu beachten, in denen über *individuelle Rechte und Pflichten* entschieden wird[24], d.h. nicht nur «vor Gerichts- und Verwaltungsinstanzen», wie der Verfassungswortlaut etwas ungenau sagt, sondern auch vor anderen Instanzen (z.B. Regierungen, Parlamente), soweit das Entscheidungsverfahren die Rechtsstellung eines Einzelnen unmittelbar berührt. Der Anwendungsbereich der Garantien gemäss Art. 6 EMRK ist enger (zivilrechtliche Ansprüche bzw. strafrechtliche Anklagen)[25].

10

Gemäss Bundesgericht dürfen an parlamentarische Verfahren unter dem Gesichtswinkel des rechtlichen Gehörs «keine allzu hohen Anforderungen gestellt werden»[26]. Da bei einer Urnenabstimmung «eine den verfassungsrechtlichen Anforderungen genügende Begründung nicht möglich» ist, wurde die Ungültigerklärung der Stadtzürcher Volksinitiative «Einbürgerungen vors Volk!» vom Bundesgericht (zu Recht) geschützt[27]. *Rechtsetzungsverfahren* liegen dagegen ausserhalb des Anwendungsbereichs von Art. 29 BV[28]. Das Bundesgericht verneint auch ein Recht auf Anhörung (Einzelne bzw. Initiativkomitee), wenn ein kantonales Parlament über die Gültigkeit einer Volksinitiative entscheidet[29]. Bei *Allgemeinverfügungen*, welche sich an einen mehr oder weniger grossen Adressatenkreis richten, besteht in der Regel kein Anspruch auf individuelle Anhörung[30]. Bei *Nutzungsplänen* besteht ein Gehörsanspruch der Grundeigentümer; die Äusserungsmöglichkeit muss allerdings nicht notwendigerweise schon vor der Beschlussfassung über den Plan bestehen[31].

11

Bei den bundesverfassungsrechtlichen und völkerrechtlichen Verfahrensgarantien handelt es sich typischerweise um *Minimalgarantien*. Die Rechtsanwendungspraxis hat sich zunächst an der einschlägigen *Verfahrensgesetzgebung* zu orientieren, deren Vorschriften gewöhnlich präziser gefasst sind und vielfach weiter gehen als die grundrechtlichen Garantien (z.B. in Bezug auf die Rechts-

12

---

[22] Vgl. BGE 131 II 306 ff., 326.
[23] Vgl. BGE 130 II 521 ff., 529, betreffend das Kartellverfahren.
[24] Vgl. BGE 129 I 232 ff., 236; BGE 119 Ia 141 ff., 149.
[25] Vgl. BGE 130 I 269 ff., 272, VILLIGER, Handbuch, N. 380 ff., 392 ff.
[26] BGE 119 Ia 141 ff., 151.
[27] Vgl. BGE 129 I 232 ff., 237 ff. Vgl. auch Bundesamt für Justiz, VPB 68/2004 Nr. 81.
[28] Vgl. BGE 131 I 91 ff., 95; BGE 129 I 232 ff., 237.
[29] BGE 123 I 63, 66 ff.
[30] Vgl. BGE 119 Ia 141 ff., 150.
[31] Vgl. BGE 114 Ia 233 ff., 238 ff.

mittelbelehrung). Die Berufung auf die grundrechtlichen Verfahrensgarantien wird dann aktuell, wenn die einschlägige Gesetzgebung oder deren Anwendung im konkreten Fall hinter den verfassungsrechtlichen oder völkerrechtlichen Minimalanforderungen zurückbleibt.

4. Kantonale Verfahrensgarantien (Art. 18)

4.1. Funktion und Anwendungsbereich

13 Die in Art. 18 aufgeführten Verfahrensgarantien sollen die bundesverfassungs- bzw. völkerrechtlich gewährleisteten Verfahrensgrundrechte erweitern. Zusätzlich gewährleistet werden der Anspruch auf eine *rasche* (N. 15 ff.) und *wohlfeile* (N. 19 ff.) Erledigung des Verfahrens sowie der Anspruch auf eine Rechtsmittelbelehrung (N. 22 ff.). Der Anspruch auf Begründung ist bereits in Art. 29 BV mitenthalten (vgl. N. 7). Es soll nach wie vor möglich sein, Entscheide nur im Dispositiv zu eröffnen unter Hinweis auf den Begründungsanspruch[32].

14 Wie Art. 29 Abs. 1 BV (N. 10) spricht auch Art. 18 Abs. 1 von Verfahren vor «Gerichts- und Verwaltungsinstanzen». Es stellt sich die Frage, ob Art. 18 in Anlehnung an die bundesgerichtliche Rechtsprechung zu Art. 29 BV ausgelegt werden soll. Die bundesverfassungsrechtlichen Prozessgarantien sind immer dann zu beachten, wenn in einem Verfahren über *individuelle Rechte und Pflichten* entschieden wird. Vieles spricht dafür, den Anwendungsbereich der kantonalen Garantien im gleichen Sinne weit zu fassen[33] und die Berufung auf Art. 18 auch dann zuzulassen, wenn es sich bei der zur Entscheidung berufenen Instanz um ein Parlament oder um eine Gemeindeversammlung handelt.

4.2. Rasche Erledigung des Verfahrens (Abs. 1)

15 Das Wort «rasch» wurde vom Verfassungsrat bewusst gewählt, um zu verdeutlichen, dass Prozesse auf kantonaler Ebene zügig zu Ende geführt werden sollen. Auf bundes- und völkerrechtlicher Ebene besteht im Allgemeinen ein Anspruch auf Beurteilung innert «angemessener Frist» (bzw. «délai raisonnable»)[34]. Im Verfassungsrat war man sich darin einig, dass die Kantonsverfassung *weiter gehen* soll als Art. 29 Abs. 1 BV bzw. Art. 6 Abs. 1 EMRK[35]. Um wie viel strenger das kantonale Beschleunigungsgebot gemäss Art. 18 sein soll, lässt sich auf-

---

[32] Vgl. Prot. Plenum, S. 1155 (Votum Suter, Kommissionsberichterstatter).
[33] Vgl. Prot. K1 vom 2. September 2002, S. 385, wonach es darum gehe, «eine Erweiterung auf das Verwaltungsrecht» vorzunehmen.
[34] Vgl. Art. 29 Abs. 1 BV; Art. 6 Ziff. 1 EMRK.
[35] Vgl. Prot. Plenum, S. 1153; Prot. K1 vom 2. September 2002, S. 385 f.

grund der Materialien nicht schlüssig beantworten. In den Beratungen wurde auf Art. 31 Abs. 4 und 32 Abs. 2 BV – in denen das Wort «rasch» ebenfalls benutzt wird[36] – Bezug genommen und die Formulierung in Art. 18 Abs. 1 als «analog» zu Art. 31 Abs. 4 bezeichnet[37].

Der Ausdruck «rasch» ist ein *unbestimmter Rechtsbegriff*. Die Konkretisierung obliegt in erster Linie der kantonalen Justiz, gegebenenfalls dem Bundesgericht (Art. 189 BV; Art. 95 und 116 BGG), das sich allerdings bei der Auslegung und Konkretisierung kantonaler Verfassungsnormen eine gewisse Zurückhaltung auferlegt und gewöhnlich der Rechtsauffassung der obersten kantonalen Instanzen folgt. Eine Orientierungshilfe bietet die höchstrichterliche Rechtsprechung zu den (allgemeinen) Verfahrensgarantien auf bundes- und völkerrechtlicher Ebene. Bei der analogen (wenn auch nicht ganz gleichgelagerten) Aufgabe der Konkretisierung des Begriffs «angemessen» (vgl. N. 15) wird jeweils abgestellt auf den Umfang und die Schwierigkeit des fraglichen Einzelfalls, auf das Verhalten der beschwerdeführenden Partei (selbst zu verantwortende Verzögerungen), auf die Bedeutung des Verfahrensausgangs für den Betroffenen und auf die Zügigkeit der Fallbehandlung durch die Behörden[38]. 16

Eine Grenze findet das Beschleunigungsgebot an den Mitwirkungsrechten der Parteien bzw. Behörden[39]. 17

In Art. 74 wird die Forderung nach einem schnellen Abschluss der Verfahren nochmals bekräftigt[40]. Organisatorisch will der Kanton Zürich dies u.a. mit der konsequenten Durchsetzung eines zweistufigen Instanzenzugs erreichen (Art. 76 und 77). 18

4.3. Wohlfeile Erledigung des Verfahrens (Abs. 1)

Das Verfahren soll nicht nur rasch, sondern auch «wohlfeil»[41] erledigt werden. Der Gebrauch des Wortes «wohlfeil» gab im Verfassungsrat Anlass zu längeren Diskussionen (N. 4). Aus den Materialien geht hervor, dass man mit dem Begriff «wohlfeil» in erster Linie das Anliegen der Kostengünstigkeit des Verfahrens sowie eine gewisse soziale Komponente zum Ausdruck bringen wollte: 19

---

[36] Vgl. Art. 31 Abs. 4 BV betreffend Entscheidung des Haftprüfungsrichters («so rasch wie möglich»); Art. 32 Abs. 2 BV betreffend Anspruch des Angeklagten auf Unterrichtung über die erhobenen Beschuldigungen («möglichst rasch»).
[37] Vgl. Prot. RedK vom 21. Februar 2003, S. 232, 234.
[38] Vgl. AUER/MALINVERNI/HOTTELIER, Bd. II, N. 1267 ff.; FROWEIN/PEUKERT, Art. 6 N. 143 ff.; VILLIGER, Handbuch, N. 452 ff. Vgl. auch KÖLZ/BOSSHART/RÖHL, § 4a N. 3.
[39] Vgl. JAAG, Verfahrensgarantien, S. 50.
[40] Vgl. SCHMID, Art. 74 N. 6.
[41] Vgl. Duden, Das Synonymwörterbuch, 3. Aufl., Mannheim 2004: «billig, erschwinglich, [preis]günstig, preiswert; (ugs.): fast/halb geschenkt, für ein Butterbrot, für einen Apfel und ein Ei, für/um einen Pappenstiel, geschenkt; (veraltet): preiswürdig».

«‹Wohlfeil› bedeutet, dass jede Person ohne allzu grosses finanzielles Risiko Zugang zu den Gerichten und Verwaltungsinstanzen haben soll. Diese Überlegung visiert also die so genannten kleinen Sachen, also die kleinen Streitwerte und die geringfügigen Streitinteressen an. Die Idee dahinter ist, dass ein Bürger, der eine Forderung von 1 000 Franken zur gerichtlichen Austragung bringen will, oder ein Bürger, der in einer Steuerangelegenheit einen Einspracheentscheid, bei dem es letztlich um eine Steuerersparnis von 1 000 Franken geht, vor die Steuerrekurskommission oder die weiteren Rechtsmittelinstanzen ziehen will, nicht von allem Anfang an Angst haben muss, dass die Gebühren oder die Barauslagen zum Streitwert in einem Verhältnis stehen, das nicht mehr als vernünftig oder proportional gelten kann.»[42]

«Wohlfeil» meint, dass ein Verfahren für die Rechtsuchenden grundsätzlich bezahlbar sein soll[43], d.h. für die Rechtsuchenden (kosten)günstig ist[44]. Der Staat soll nicht die ganzen Gerichtskosten auf die Rechtsuchenden überwälzen können. Insoweit bedeutet der Anspruch auf ein «wohlfeiles» Verfahren eine Relativierung des Verursacherprinzips. Umgekehrt schliesst Art. 18 nicht aus, dass der Gesetzgeber auch künftig Tarife vorsieht, die sich nach dem Streitwert richten. In den Beratungen findet sich kein Anhaltspunkt dafür, dass man die heute bestehenden Tarife[45] durch Art. 18 in Frage stellen wollte. Im Vordergrund stand und steht somit wohl das Anliegen, den Rechtsuchenden ein Instrument zur Verfügung zu stellen, das es im Einzelfall ermöglicht, gegen eine nicht angemessen erscheinende Auferlegung von Kosten vorzugehen.

20 Die Verfahrenskosten im Sinne von Art. 18 umfassen sowohl die Gebühren (Gegenleistung für eine veranlasste Amtshandlung) als auch den Ersatz von Aufwendungen, die bei der Vornahme einer Amtshandlung angefallen sind[46]. Die Kosten müssen insgesamt in einem angemessenen Verhältnis zum Streitwert bzw. -interesse stehen und dürfen die rechtsuchende Person nicht von der Beschreitung des prozessualen Weges abhalten[47]. Dies ist auch bereits beim Einfordern eines Kostenvorschusses zu beachten.

21 Jeder Prozessbeteiligte hat unabhängig von den Kriterien für eine unentgeltliche Rechtspflege und einen unentgeltlichen Rechtsbeistand[48] Anspruch darauf, dass das Verfahren wohlfeil erledigt wird. Eine Verletzung des Grundrechts aus Art. 18 muss mit einem Rechtsmittel geltend gemacht werden können[49]. Gege-

---

[42] Vgl. Prot. Plenum, S. 1153 (Votum Suter, Kommissionsberichterstatter).
[43] Vgl. Prot. K3 vom 23. August 2001, S. 159, und vom 20. Juni 2002, S. 663. – Zu berücksichtigen ist der Anspruch auf unentgeltliche Rechtspflege (N. 21).
[44] Vgl. Prot. K3 vom 23. August 2001, S. 159.
[45] Z.B. Gebührenverordnung des Verwaltungsgerichts vom 26. Juni 1997 (GebV VGer; LS 175.252); Verordnung über die Gerichtsgebühren vom 30. Juni 1993 (LS 211.11); Gebührenordnung für die Verwaltungsbehörden vom 30. Juni 1966 (LS 682).
[46] Vgl. auch § 201 GVG; § 13 VRG; näher z.B. HAUSER/SCHWERI, Vorbem. zu § 201 N. 4, KÖLZ/BOSSHARD/RÖHL, § 13 N. 6.
[47] Vgl. Prot. Plenum, S. 1153, 2134; HAUSER/SCHWERI, Vorbem. zu § 201 N. 1.
[48] Vgl. Art. 29 Abs. 3 BV bzw. § 16 VRG; § 84 ff. ZPO; § 10 StPO.
[49] Für den Zivil- und Strafprozess vgl. die Kostenbeschwerde gemäss § 206 i.V.m. § 108 ff. GVG. Vgl. HAUSER/SCHWERI, § 206 N. 2.

benenfalls muss (im Sinne der akzessorischen Normenkontrolle, vgl. Art. 79) die Überprüfung der Verfassungskonformität der einschlägigen Rechtsgrundlage verlangt werden können.

4.4. Rechtsmittelbelehrung (Abs. 2)

Art. 18 Abs. 2 ergänzt die Verfahrensgarantien der Bundesverfassung mit einem kantonalen Anspruch auf eine Rechtsmittelbelehrung. Die Zürcher Kantonsverfassung will damit dem Transparenzgebot Rechnung tragen und die Stellung der Parteien stärken[50]. Eine Rechtsmittelbelehrung muss (mindestens) die folgenden Angaben beinhalten: Benennung des zur Verfügung stehenden Rechtsmittels, Rechtsmittelinstanz, Rechtsmittelfrist[51]. Wie aus den Materialien hervorgeht, verlangt Art. 18 von den betreffenden Instanzen gegebenenfalls auch den Hinweis, dass *kein* Rechtsmittel bestehe[52] (sog. negative Rechtsmittelbelehrung) – was heute angesichts der allgemeinen Rechtsweggarantie (Art. 29a BV) nur noch ganz selten der Fall ist, wenn man von der Kategorie der prozessleitenden Verfügungen absieht. Wenn Art. 18 den Anspruch auf eine negative Rechtsmittelbelehrung umfasst, ist es nur konsequent, aus Art. 18 auch den Anspruch auf Nennung von ausserordentlichen Rechtsmitteln abzuleiten[53]. 22

Umgekehrt garantiert Art. 18 nicht auch den effektiven Bestand eines Rechtsmittels, auf welches in der Rechtsmittelbelehrung hingewiesen wird[54]. Eine *unrichtige* Rechtsmittelbelehrung kann indes unter dem Aspekt des Anspruchs auf Vertrauensschutz (Art. 9 BV; vgl. auch Art. 2 KV) von Bedeutung sein. Aus einer unrichtigen wie aus einer unterlassenen Rechtsmittelbelehrung dürfen dem Betroffenen *keine Nachteile* erwachsen[55]. 23

Die kantonale Gesetzgebung[56] und das neue Bundesgerichtsgesetz (BGG)[57] schreiben grundsätzlich eine Rechtsmittelbelehrung vor. Ausnahmen gibt es im Zivil- und Strafprozess bei bestimmten prozessleitenden Entscheiden[58]. Ge- 24

---

[50] Vgl. K1, Kleine Vernehmlassung, vom 23. Mai 2002, S. 25.
[51] Vgl. auch § 188 GVG; § 10 VRG. – Zur Kontroverse um die Auslegung von § 188 GVG (Angabe der Möglichkeit einer kantonalen Nichtigkeitsbeschwerde auch bei einem prozessleitenden Zwischenentscheid?) vgl. BGE 132 I 92 ff., 96.
[52] Vgl. Prot. Plenum, S. 1155 (Votum Suter, Kommissionsberichterstatter). – In diesem Sinne auch schon (unter dem früheren Regime) HAUSER/SCHWERI, § 188 N. 9; a.M. KÖLZ/BOSSHARD/RÖHL, § 10 N. 47.
[53] Die Frage wurde im Verfassungsrat nur am Rande gestreift. Vgl. Prot. K1 vom 18. Juli 2002, S. 353. – Vgl. auch die Forderung von SPÜHLER, S. 10.
[54] Vgl. Prot. Plenum, S. 1155 (Votum Suter, Kommissionsberichterstatter).
[55] Vgl. BGE 132 I 92 ff., 96. Zu dieser Rechtsfigur vgl. auch G. MÜLLER, Kommentar BV, Art. 4 aBV Rz. 116.
[56] Vgl. § 157 lit. c Ziff. 12, § 160 lit. c Ziff. 14 und § 188 GVG; § 10 Abs. 2 VRG.
[57] Vgl. Art. 112 Abs. 1 BGG (für alle Entscheide, die an das Bundesgericht weitergezogen werden können).
[58] Vgl. HAUSER/SCHWERI, § 188 N. 2; SCHMID, N. 215.

mäss § 10 des Verwaltungsrechtspflegegesetzes umfasst die Rechtsmittelbelehrung nur den Hinweis auf ordentliche Rechtsmittel[59]. Die Bestimmung steht mit Art. 18 nicht in Einklang (N. 22) und bedarf (auch wenn Art. 18 durchaus direkt anwendbar ist) aus Gründen der Rechtssicherheit der Anpassung.

4.5. Zur praktischen Bedeutung von Art. 18

25 Die praktische Bedeutung eigenständiger kantonaler Verfahrensgarantien hängt stark von der Ausgestaltung der relevanten Prozessgesetzgebung ab. Im Allgemeinen dürfte die Zürcher Gesetzgebung den Anforderungen gemäss Art. 18 genügen. Die neue Grundrechtsnorm kann gleichwohl bei der Überprüfung von Einzelfällen eine gewisse praktische Bedeutung erlangen. Ein *Bedeutungsverlust* wird zwangsläufig eintreten, wenn die Vereinheitlichung des Zivil- und des Strafprozessrechts abgeschlossen ist[60]. Denn künftig wird es Sache des Bundesgerichts sein, für die richtige, einheitliche und (bundes)grundrechts- bzw. völkerrechtskonforme Auslegung des Bundesprozessrechts (eidgenössische ZPO bzw. eidgenössische StPO) zu sorgen. Für die Anwendung von kantonalen Grundrechtsgarantien bleibt in diesen Bereichen, falls überhaupt, nur noch sehr wenig Raum. Im Bereich des öffentlichen Prozessrechts hingegen wird Art. 18 weiterhin Bedeutung entfalten (solange es nicht auch dort zur Rechtsvereinheitlichung kommt).

---

[59] Vgl. § 10 Abs. 2 VRG; dazu Kölz/Bosshart/Röhl, § 10 N. 47.
[60] Vgl. Botschaft und Entwurf für eine eidgenössische Strafprozessordnung vom 21. Dezember 2005 (BBl 2006, S. 1085 ff.) und für eine eidgenössische Zivilprozessordnung vom 28. Juni 2006 (BBl 2006, S. 7221 ff.).

3. Kapitel: Sozialziele

Art. 19[*]

Sozialziele

Die Sozialziele der Bundesverfassung sind auch Sozialziele des Kantons und der Gemeinden.

Kanton und Gemeinden setzen sich im Weiteren dafür ein, dass:
a) Eltern vor und nach der Geburt eines Kindes nicht in eine Notlage geraten;
b) Voraussetzungen für die Betreuung von Kindern innerhalb und ausserhalb der Familie geschaffen werden;
c) ältere Menschen ihr Leben nach ihren Kräften selbstbestimmt gestalten und an der gesellschaftlichen Entwicklung teilhaben können.

Kanton und Gemeinden streben die Verwirklichung der Sozialziele im Rahmen ihrer Zuständigkeiten und ihrer verfügbaren Mittel an.

Aus den Sozialzielen können keine unmittelbaren Ansprüche auf staatliche Leistungen abgeleitet werden.

Materialien

Art. 25 VE; Prot. Plenum, S. 144, 917 ff., 1173 ff., 1186 ff., 1990 ff., 2144 ff., 2484 ff., 2941 ff., 2951 ff.

Literatur

ACKERET RUDOLF, Stellung und Bedeutung der Grundrechte in der Kantonsverfassung, in: Materialien zur Zürcher Verfassungsreform, Bd. 5, S. 61 ff.; ARNOLD MARKUS, Menschenbild, Werteordnung und Staatsverständnis, in: Materialien zur Zürcher Verfassungsreform, Bd. 9, S. 9 ff.; BIAGGINI GIOVANNI, Die neue Zürcher Kantonsverfassung: Gesamtbetrachtung im Lichte der Verfassungsfunktionen, in: Materialien zur Zürcher Verfassungsreform, Bd. 9, S. 175 ff.; BIGLER-EGGENBERGER MARGRITH, St. Galler Kommentar, Art. 41; BOLZ URS, Art. 30, in: Kälin/Bolz; BUSER, Rz. 448 f.; CAVEGN REMO, Kommentar zur Verfassung des Kantons Graubünden, Art. 7; HÄFELIN/HALLER, N. 185 f., 907 ff.; HALLER/KÖLZ, S. 134 ff.; JAAG, Rz. 725 ff.; MADER LUZIUS, Die Sozial- und Umweltverfassung, AJP 1999, S. 698 ff.; MAHON PASCAL, Art. 41, in: Aubert/Mahon; MEYER-BLASER ULRICH/GÄCHTER THOMAS, Der Sozialstaatsgedanke, in: Verfassungsrecht der Schweiz, § 34; NUSPLIGER, S. 71 ff.; PFIFFNER RAUBER BRIGITTE, Soziale Sicherheit im Kanton Zürich, in: Materialien zur Zürcher Verfassungsreform, Bd. 6, S. 49 ff.; RHINOW, Rz. 3034 ff.; RHINOW RENÉ, Wirtschafts-, Sozial- und Arbeitsverfassung, in: Ulrich Zimmerli (Hrsg.), Die neue Bundesverfassung, Bern 2000, S. 157 ff. (Sozialverfassung); RHINOW/SCHMID/BIAGGINI, § 11; SALADIN PETER/AUBERT MARTIN, Sozialverfassung, in: Kälin/Bolz, S. 95 ff.; SCHWAB DIETER, Selbstbestimmung im Alter, ZBJV 142/2006, S. 561 ff.; SOBOTICH VIVIANE, Chancengleichheit als tragendes Prinzip, in: Materialien zur Zürcher Verfassungsreform, Bd. 9, S. 31 ff.; SPAHN PATRICK, Art. 22, in: Dubach/Marti/Spahn, S. 75 ff.; WEBER-MANDRIN, S. 117 ff.

---

[*] Ich danke Frau lic. iur. Petra Gössi für die Zusammenstellung des verarbeiteten Materials.

Rechtsquellen

– Art. 41 BV
– Art. 66, 67, 111, 112, 113 KV

Übersicht	**Note**
1. Einleitung	1
2. Entstehungsgeschichte	4
2.1. Wandel der Norm	4
2.2. Vergleich mit anderen Kantonsverfassungen	7
3. Sozialziele des Bundes als Sozialziele von Kanton und Gemeinden (Abs. 1)	8
3.1. Bedeutung der Verweisung	9
3.2. Problematik der Verweisung	11
3.3. Selbstverantwortung und Subsidiarität	12
4. Ergänzende kantonale Sozialziele (Abs. 2)	13
4.1. Vermeidung der Notlage von Eltern (lit. a)	14
4.2. Kinderbetreuung innerhalb und ausserhalb der Familie (lit. b)	17
4.3. Selbstbestimmtes Leben älterer Menschen (lit. c)	19
5. Verwirklichung der Sozialziele (Abs. 3)	22
5.1. Finaler Normcharakter und Umsetzungsmechanismen	23
5.2. Vorbehalt der verfügbaren Mittel	26
6. Ausschluss unmittelbarer Ansprüche auf staatliche Leistungen (Abs. 4)	27
7. Würdigung	28

1. Einleitung

1 In der Bundesverfassung sowie in einigen neueren Kantonsverfassungen finden sich Sozialzielbestimmungen. Aufgrund ihrer grossen – vor allem symbolischen und politischen – Bedeutung sind diese in der Regel heftig umstritten[1].

2 Die Aufnahme von Sozialzielen in den Verfassungstext ist unterschiedlich motiviert. Einerseits sollen die Sozialziele auf Verfassungsebene ein klares *Bekenntnis zur Sozialstaatlichkeit* des Gemeinwesens zum Ausdruck bringen und die in Art. 1 Abs. 2 und Art. 5 Abs. 1 genannte Mitverantwortung konkretisieren[2], anderseits können sie – je nach Grad der Konkretisierung – als *Auslöser* und *Leitlinien der Rechtsetzung* sowie als *Richtschnur der Rechtsanwendung* dienen[3].

3 Es wäre jedoch verfehlt, die Sozialverfassung eines Gemeinwesens auf den Inhalt der Sozialziele zu reduzieren[4]. Die in der Sozialverfassung konkretisierte

---

[1] Vgl. dazu N. 4 ff.
[2] SOBOTICH, S. 44 f.
[3] Zu den entsprechenden Funktionen der Sozialziele auf Bundesebene MAHON, Art. 41 N. 2; BIGLER-EGGENBERGER, St. Galler Kommentar Art. 41 Rz. 10 ff.; MEYER-BLASER/GÄCHTER, § 34 Rz. 22 ff.; vgl. auch WEBER-MANDRIN, S. 119 f.
[4] Vgl. SALADIN/AUBERT, S. 95.

Sozialstaatlichkeit ist vielmehr von ihren Zielen her zu begreifen: Diese bestehen in der Gewährleistung sozialer Sicherheit und sozialer Gerechtigkeit (d.h. in Chancengleichheit[5] und einem gewissen sozialen Ausgleich). Diese Ziele wiederum dienen dem Schutz der Menschenwürde des Einzelnen[6]. Sie sollen ihm die Entfaltung seiner Persönlichkeit und die faktische Verwirklichung seiner Grundrechte ermöglichen[7]. Weiter ist die Sozialzielbestimmung im Zusammenhang mit den kantonalen Aufgabennormen (z.B. Art. 110–116 KV) zu sehen, welche ebenfalls sozialstaatliche Postulate aufgreifen.

2. Entstehungsgeschichte

2.1. Wandel der Norm

Die für allgemeine Grundsätze und Grundrechte zuständige Kommission 1 des Verfassungsrats befürwortete von Anfang an die Aufnahme einer Sozialzielbestimmung[8]. Ihr Normtextentwurf war im Vergleich zur endgültigen Fassung bedeutend ausführlicher. Wie bei ihrem Entwurf zum Grundrechtskatalog wurde der Text der Bundesverfassung wörtlich übernommen, teilweise an die kantonalen Verhältnisse angepasst und materiell um einige Aspekte angereichert. Über die Sozialziele des Bundes hinaus sah der Kommissionsentwurf die folgenden Ergänzungen und Konkretisierungen vor: Eltern sollten vor und nach der Geburt eines Kindes materiell gesichert sein (lit. d), es sollten geeignete Voraussetzungen für die Betreuung von Kindern innerhalb und ausserhalb der Familien geschaffen werden (lit. e), die Vereinbarkeit von Familie und Beruf sollte erleichtert (lit. f) und das Zusammenleben zwischen den verschiedenen Bevölkerungsgruppen sowie deren Beteiligung am öffentlichen Leben sollten gefördert werden (lit. k). Zudem war als Ergänzung des Textes von Art. 41 Abs. 1 lit. f BV in lit. i das «lebenslange Lernen» enthalten[9]. In einem separaten Artikel, der mit «Umsetzung» überschrieben war, wurde konkretisiert, wer die Sozialziele verwirklichen sollte: Kanton und Gemeinden wären nach dem Wortlaut dieser Umsetzungsnorm für die Verwirklichung der Sozialziele auf dem Wege der Gesetzgebung zuständig gewesen (Abs. 1). Sie hätten weiter günstige Voraussetzungen für die Realisierung der Sozialziele durch Dritte schaffen (Abs. 2) und die Umsetzung der Sozialziele periodisch überprüfen sollen (Abs. 3). Abgerundet wurde der Entwurf zu den Sozialzielen mit einer weiteren separaten

4

---

[5] SOBOTICH, S. 31 f.
[6] Zum Beispiel ARNOLD, S. 15 f.
[7] Bspsw. HALLER/KÖLZ, S. 137; MEYER-BLASER/GÄCHTER, § 34 Rz. 3; RHINOW/SCHMID/BIAGGINI, § 11 Rz. 5 ff.
[8] Vorlage K1 vom 2. September 2002, S. 3, 32.
[9] Vorlage K1 vom 2. September 2002, S. 3, 32 ff.

Bestimmung, die mit «Weiterentwicklung» überschrieben war: «Kanton und Gemeinden und die private Wirtschaft tragen gemeinsam Sorge zu den sozialen Errungenschaften und setzen sich für deren zeitgemässe Weiterentwicklung im Sinne der Sozialziele ein.»

5 Im Lauf der Beratungen wurden die drei separaten Artikel zu einem einzigen vereinigt. Zudem war bereits Art. 25 VE materiell gestrafft. Systematisch wurden in Art. 25 VE die kantonalen Ergänzungen der Sozialziele (Abs. 2) von der Aufzählung der bereits in Art. 41 Abs. 1 BV genannten Ziele getrennt (Abs. 1). Erst verhältnismässig spät wurde die Systematik der Bestimmung nochmals geändert, indem – entsprechend der sinngemässen Anpassung bei den Grundrechten[10] – auf die Wiederholung des Wortlauts der Bundesverfassung verzichtet und in Abs. 1 der Sozialzielbestimmung auf die Sozialziele des Bundes verwiesen wurde[11].

6 Die verfassungsrätlichen Debatten zu den Sozialzielen verliefen regelmässig kontrovers und emotional. Die politische Polarisierung des Verfassungsrats wurde bei wenigen Bestimmungen derart deutlich wie bei den Sozialzielen. Während es die konservativen Kräfte im Grundsatz bei einer Verweisung auf die – ohnehin aufgrund der Bundesverfassung auch für die Kantone verbindlichen[12] – Sozialziele der Bundesverfassung belassen wollten, war es das Anliegen der Kommission 1 sowie der übrigen Kräfte im Verfassungsrat, mit den Sozialzielbestimmungen einen wichtigen Beitrag zur Gestaltung der künftigen sozialen Realität im Kanton zu leisten. Vom ambitionierten Entwurf der Kommission 1 sind insgesamt nur zwei Ziele erhalten geblieben (Abs. 2 lit. a und b), das dritte eigenständige kantonale Ziel (Abs. 2 lit. c) wurde im Lauf der Plenardebatte ergänzt[13].

2.2. Vergleich mit anderen Kantonsverfassungen

7 Im Vergleich zu anderen neueren Kantonsverfassungen nimmt die Zürcher Regelung der Sozialziele eine Mittelstellung ein[14]. Während es die neue Bündner Verfassung bei einem blossen Hinweis auf die Sozialziele des Bundes bewenden lässt (Art. 7 KV GR)[15] und die Schaffhauser Verfassung die Sozialziele des Bundes mit einer geringfügigen Textanpassung wörtlich übernimmt (Art. 22

---

[10] Vgl. Art. 10 KV.
[11] Prot. Plenum, S. 2941 ff.; siehe auch zu den vorangehenden systematischen Straffungen der Bestimmung: Prot. Plenum, S. 1191 ff., 2015, 2487 ff.
[12] Vgl. dazu N. 8.
[13] Prot. Plenum, S. 2942; vgl. dazu auch N. 19.
[14] BIAGGINI, S. 183 f.
[15] CAVEGN, Kommentar KV GR, Art. 7 Rz. 94 ff.; vgl. aber immerhin Art. 75 Abs. 1 KV GR (CAVEGN, Kommentar KV GR, Art. 7 Rz. 95).

KV SH)[16], sehen etwa die Verfassungen der Kantone St. Gallen[17] und Neuenburg[18] weiter reichende Sozialziele vor. Ein deutlicher Gestaltungswille wurde auch bei der Formulierung der Sozialziele in den Verfassungen der Kantone Bern (Art. 30 KV BE), Appenzell Ausserrhoden (Art. 25 KV AR) und Tessin (Art. 14 KV TI) erkennbar, wobei diese Verfassungen noch vor der Schaffung von Sozialzielen in der Bundesverfassung formuliert wurden. Gänzlich auf Sozialziele verzichtet dagegen etwa der Verfassungsentwurf des Kantons Luzern, wobei sich auch in diesem Entwurf im Rahmen der «Grundsätze der Aufgabenerfüllung» (§ 12 VE KV LU) Postulate mit sozialstaatlicher Zielsetzung finden.

3. Sozialziele des Bundes als Sozialziele von Kanton und Gemeinden (Abs. 1)

Die Bindung der Kantone an die Sozialziele ergibt sich bereits aus dem Wortlaut von Art. 41 Abs. 1 BV[19]. Mit den sieben Zielbereichen in Art. 41 Abs. 1 BV[20] und dem Ziel der wirtschaftlichen Absicherung der in Art. 41 Abs. 2 BV genannten sozialen Risiken[21] gibt die Sozialzielbestimmung nicht nur den Status quo wieder, sie weist auch in die Zukunft und strebt eine immer bessere und den neuen Anforderungen angepasste Verwirklichung der Ziele an. Damit bildet sie die Grundnorm der schweizerischen Sozialpolitik in Bund und Kantonen[22].

3.1. Bedeutung der Verweisung

Da die Kantone ohnehin an die Sozialziele des Bundes gebunden sind, hätte auf den ausdrücklichen Hinweis in Abs. 1 verzichtet werden können. Über die Parteigrenzen hinweg bestand indes Einigkeit, dass die Kantonsverfassung eine «Vollverfassung» sein soll, die mehr als nur die organisatorischen Grundstruk-

---

[16] Dazu Spahn, Art. 22, S. 75 ff.
[17] Art. 9 ff. KV SG (Staatsziele).
[18] Art. 34 ff. KV NE (Buts et mandats sociaux).
[19] Vgl. etwa Mahon, Art. 41 N. 3; Bigler-Eggenberger, St. Galler Kommentar, Art. 41 Rz. 23.
[20] Teilhabe an der sozialen Sicherheit (lit. a), Gewährleistung der für die Gesundheit notwendigen Pflege (lit. b), Schutz und Förderung von Familien als Gemeinschaften von Erwachsenen und Kindern (lit. c), Möglichkeit für Erwerbsfähige, ihren Lebensunterhalt zu angemessenen Bedingungen bestreiten zu können (lit. d), angemessene Wohnungen zu tragbaren Bedingungen für Wohnungssuchende und ihre Familien (lit. e), Ermöglichung der Bildung, Ausbildung und Weiterbildung für Kinder und Jugendliche sowie Personen im erwerbsfähigen Alter (lit. f) sowie Förderung der Entwicklung von Kindern und Jugendlichen (lit. g).
[21] Schutz gegen die wirtschaftlichen Folgen von Alter, Invalidität, Krankheit, Unfall, Arbeitslosigkeit, Mutterschaft, Verwaisung und Verwitwung.
[22] Meyer-Blaser/Gächter, § 34 Rz. 24.

turen des Gemeinwesens enthält[23]. Auf die Nennung von Sozialzielen, die in irgendeiner Form meist Bestandteile moderner Verfassungen bilden, sollte deshalb nicht verzichtet werden[24].

10 Selbst wenn der Hinweis auf die Sozialziele des Bundes juristisch verzichtbar gewesen wäre, ist er für die Auslegung der Verfassung nicht ohne Bedeutung: Durch die Formulierung von Abs. 1 wird deutlich, dass sich der Verfassungsrat nicht einfach nur den Sozialzielen des Bundes unterziehen[25], sondern sich die Sozialziele des Bundes zu eigen machen wollte («sind auch die Sozialziele des Kantons und der Gemeinden»).

3.2. Problematik der Verweisung

11 Im Verfassungsrat wurde mehrfach auf die Problematik eingegangen, wie eine Verweisung auf die Bundessozialziele zu deuten wäre, wenn sich diese durch eine veränderte Auslegung oder durch eine Revision der Bundesverfassung verändern würden[26]. Da die Kantone – mindestens aufgrund der geltenden Systematik – ohnehin an die Bundessozialziele gebunden sind[27], spielt die Art der kantonalen Verweisung auf diese keine Rolle. Hingegen würde sich bei einer Einschränkung der Bundessozialziele fragen, ob diese auch auf das kantonale Verfassungsrecht zurückwirkt. Hätte die Verweisung einen dynamischen Charakter, so wäre die Einschränkung auch für den Kanton verbindlich. Ist sie dagegen als starre Verweisung – d.h. als Verweisung auf die Bundessozialziele, wie sie zum Zeitpunkt der Annahme der Zürcher Verfassung galten – zu verstehen, kann auf kantonaler Ebene nicht hinter diesen Schutzstandard zurückgegangen werden. Der Wortlaut von Abs. 1 spricht dafür, dass eine starre Verweisung beabsichtigt war[28].

3.3. Selbstverantwortung und Subsidiarität

12 Art. 41 Abs. 1 BV enthält für die in diesem Absatz genannten Sozialziele – nicht aber für die in Art. 41 Abs. 2 BV genannten Bereiche – einen Subsidiaritätsvorbehalt[29], d.h., Bund und Kantone sollen sich nur in Ergänzung zu persönlicher

---

[23] Prot. Plenum, S. 920; so selbst die im Verfassungsrat stets skeptische SVP-Fraktion, Prot. Plenum, S. 934; vgl. auch Soboтich, Vorb. zu Art. 95–121 N. 1 f.
[24] Vgl. Biaggini, S. 181. Gleichwohl wurde beantragt, die Sozialziele teilweise (z.B. Prot. Plenum, S. 2943 ff.) oder gänzlich (z.B. Prot. Plenum, S. 2884 ff., vgl. auch Prot. Plenum, S. 917 ff.) zu streichen.
[25] Was man mit einer viel zurückhaltenderen Formulierung wie etwa in § 7 KV GR hätte zum Ausdruck bringen können.
[26] Prot. Plenum, S. 2000, 2002, 2008 f.
[27] Dazu N. 8.
[28] Vgl. N. 10.
[29] Meyer-Blaser/Gächter, § 34 Rz. 12.

Verantwortung und privater Initiative für die Verwirklichung der Sozialziele einsetzen. Art. 19 enthält keinen entsprechenden Vorbehalt. Angesichts der Entstehungsgeschichte der Bestimmung kann indes nicht davon ausgegangen werden, dass der Kanton die Ziele in weiter gehender Weise als der Bund gewährleisten sollte[30]. Vielmehr ergibt sich der entsprechende Vorbehalt bereits aus den in Art. 1 Abs. 2 und Art. 5[31] enthaltenen Grundsätzen.

4. Ergänzende kantonale Sozialziele (Abs. 2)

Die in Abs. 2 genannten Ziele, die den Katalog der Bundessozialziele ergänzen, widerspiegeln die von einer Mehrheit im Verfassungsrat als vordringlich betrachteten sozialen Anliegen. Mit ihnen soll ein sozialpolitischer Akzent für die konkrete Ausgestaltung der kantonalen Sozialgesetzgebung der nächsten Jahre gesetzt werden[32].

4.1. Vermeidung der Notlage von Eltern (lit. a)

Laut dem Entwurf der Kommission 1, welcher in der 1. Gesamtlesung unverändert blieb, hätte die Formulierung dieses kantonalen Sozialziels einen etwas weiter gehenden Wortlaut aufgewiesen. Eltern sollten «vor und nach der Geburt eines Kindes materiell gesichert»[33] sein. Der definitive Wortlaut ist auf einen Antrag der FDP-Fraktion zurückzuführen[34]. Dieser wurde damit begründet, dass es nicht die Aufgabe des Staates sein könne, generell allen Eltern vor und nach der Geburt eines Kindes materielle Sicherheit zur gewährleisten. Es gehe nur darum, in Situationen, in denen die Eltern aufgrund der Geburt eines Kindes tatsächlich von einer Notlage bedroht seien, geeignete Massnahmen vorzusehen[35].

An sich ergäbe sich die Pflicht der Kantone und Gemeinden, für die Vermeidung der Notlage von Eltern zu sorgen, bereits aus den Sozialzielen des Bundes (v.a. Art. 41 Abs. 1 lit. a und c BV). Auch in Art. 112 lit. a und b kommen ähnliche Wertungen zum Ausdruck, doch wird in all diesen Bestimmungen die spezifische Gefährdung der wirtschaftlichen Existenz, welche die Geburt von Kindern bedeuten kann, nicht offenbar[36]. Aus dem einschränkenden Wortlaut «vor

---

[30] Frühere Textvarianten enthielten denn auch noch denselben Vorbehalt; siehe Vorlage K1 vom 2. September 2002, S. 22, sowie Art. 25 Abs. 1 VE.
[31] Vgl. A. MÜLLER, Art. 5 N. 13.
[32] Prot. Plenum, S. 1173 f.
[33] Vorlage K1 vom 2. September 2002, S. 22.
[34] Prot. Plenum, S. 2943.
[35] Prot. Plenum, S. 2945.
[36] Vgl. Prot. Plenum, S. 1191 f., 1201.

und nach der Geburt» wird ersichtlich, dass sich der spezifische Schutz zeitlich auf die Dauer der Schwangerschaft und die erste Phase nach der Geburt erstrecken soll. Zudem wird das Vorliegen einer Notlage verlangt. Aus den Materialien ergibt sich dabei nicht direkt, ob nur wirtschaftliche Notlagen – d.h. die Mehrbelastung durch Kosten oder Einkommensausfälle im Zusammenhang mit der Geburt – oder auch andere Notlagen, wie etwa die psychische oder physische Überforderung der Eltern, aufgefangen werden sollten. Im Hinblick auf den ursprünglichen Text, der die materielle Sicherung anstrebte, dürfte die erste Auslegungshypothese zutreffen[37], was jedoch im Interesse des Kindeswohls nicht gegen Massnahmen im Sinn der zweiten Auslegungshypothese spricht.

16 Im Vordergrund stehen für die Umsetzung dieses Ziels damit wirtschaftliche Beihilfen[38]. Die konservativen Kräfte lehnten dieses Sozialziel – neben grundsätzlichen Bedenken – auch deshalb ab, weil sie die Einführung einer kantonalen Mutterschaftsversicherung befürchteten[39]. Aufgrund der bundesgesetzlichen Regelung der Mutterschaftsversicherung, die seit dem 1. Juli 2005 in Kraft steht[40], dürften indes andere Massnahmen im Vordergrund stehen[41]. Denkbar sind immerhin eigenständige kantonale Leistungen für Personen, die keine Mutterschaftstaggelder erhalten, weil sie die entsprechenden Anspruchsvoraussetzungen nicht erfüllen[42], deren Taggeldansprüche sehr gering sind[43] oder deren Einkommen ohnehin kaum über dem sozialen Existenzminimum liegt.

4.2. Kinderbetreuung innerhalb und ausserhalb der Familie (lit. b)

17 Die Debatten zu dieser Zielbestimmung verliefen ausserordentlich kontrovers, da neben der Grundsatzfrage, ob mit ihr ein bestimmtes Familienbild in der Verfassung fixiert werde[44], auch die Kostenfolgen dieses «Krippenartikels»[45] diskutiert wurden. Die Mehrheit der Mitglieder des Verfassungsrats wollte mit der Bestimmung jedoch ein deutliches Signal im Interesse des Kindeswohls setzen.

---

[37] Hingegen lassen sich Massnahmen zur Entlastung von Eltern und Kindern, gerade auch im Interesse der Kinder, mit anderen Zielbestimmungen motivieren, z.B. Art. 11 Abs. 1 und 41 Abs. 1 lit. c und g BV, Art. 112 lit. a und b KV.
[38] Vgl. etwa im geltenden Recht die Beiträge für die Betreuung von Kleinkindern gemäss §§ 26a ff. des Jugendhilfegesetzes vom 14. Juni 1981 (LS 852.1).
[39] Prot. Plenum, S. 1195, 2946.
[40] Vgl. Art. 16b ff. des Bundesgesetzes über den Erwerbsersatz für Dienstleistende und bei Mutterschaft vom 25. September 1952 (Erwerbsersatzgesetz, EOG; SR 834.1).
[41] Im Rat wurde bereits betont, dass eine über die allfällige Mutterschaftsversicherung auf Bundesebene hinausgehende Regelung den Wirtschaftsstandort Zürich schwächen könnte, weshalb die Bestimmung zu streichen sei (Prot. Plenum, S. 1204). Trotz dieser explizit geäusserten Bedenken gewichtete das Plenum das soziale Anliegen stärker.
[42] Vgl. Art. 16b EOG.
[43] Vgl. Art. 16e EOG.
[44] Prot. Plenum, S. 1196, 1199 ff.
[45] Prot. Plenum, S. 2946.

Da fast die Hälfte der Kinder im schulpflichtigen Alter ausserhalb der Schulzeit von ihren erwerbstätigen Eltern nicht direkt betreut werde, sei die Gewährleistung der ausserschulischen Kinderbetreuung unverzichtbar. Es werde damit auf einen gesellschaftlichen Wandel reagiert, der aufgrund der statistischen Zahlen nicht einfach vernachlässigt werden dürfe[46]. Zudem werde die traditionelle Familienform[47] keineswegs abgewertet, wenn auch den neueren Familienentwicklungen Rechnung getragen werde[48]. Schliesslich wurde auch auf die Auswirkungen ausreichender ausserschulischer Betreuungsstrukturen hinsichtlich der Entscheidungsfreiheit der Frauen, auch berufstätig sein zu können, hingewiesen[49].

Inhaltlich besteht ein enger Zusammenhang dieses Sozialziels mit Art. 107 Abs. 2, wo es zur Aufgabe von Kanton und Gemeinden erklärt wird, in Zusammenarbeit mit Privaten die Vereinbarkeit von Erwerbsarbeit und Betreuungsaufgaben zu fördern. Das Sozialziel bildet das Korrelat dieser Aufgabennorm aus der Sicht der Kinder[50]. Obwohl auf Bundesebene erhebliche Anstrengungen unternommen werden, um die familienergänzende Kinderbetreuung zu fördern[51], verbleibt für ergänzende kantonale Massnahmen genügend Raum[52]. Aus der Entstehungsgeschichte wird jedoch deutlich, dass Staat und Gemeinden sich nur für die Schaffung der Voraussetzungen der Kinderbetreuung einsetzen sollen, nicht auch, dass sie die Kinderbetreuung zu gewährleisten hätten[53]. Trotz der klaren Zielrichtung besteht damit aufgrund dieser Bestimmung kein Anspruch auf einen Betreuungsplatz für Kinder (vgl. Abs. 4). 18

4.3. Selbstbestimmtes Leben älterer Menschen (lit. c)

Das in lit. c genannte Ziel wurde erst anlässlich der zweiten Gesamtlesung in die Verfassung eingefügt[54]. Immer mehr ältere Menschen, auf deren Bedürfnisse hinreichend Rücksicht zu nehmen ist, leben im Kanton. Dieser aktuelle demografische Wandel bildete die Motivation für diese Zielsetzung[55]. Sie zielt darauf ab, die Selbstbestimmung und Partizipation älterer Menschen zu unterstrei- 19

---

[46] Prot. Plenum, S. 1192, 1201 f.
[47] Relativierend zur Traditionalität: Prot. Plenum, S. 1207.
[48] Prot. Plenum, S. 1202.
[49] Prot. Plenum, S. 1203 f.
[50] Prot. Plenum, S. 2948.
[51] Vgl. etwa das Bundesgesetz über Finanzhilfen für familienergänzende Kinderbetreuung vom 4. Oktober 2002 (SR 861) sowie den Bundesbeschluss vom 2. Oktober 2006, mit dem ein weiterer Verpflichtungskredit in der Höhe von 120 Millionen Franken für die Dauer von vier Jahren gewährt wurde (BBl 2006, S. 8661).
[52] Vgl. PFIFFNER RAUBER, S. 52, 54 ff.
[53] Prot. Plenum, S. 2498 f.
[54] Prot. Plenum, S. 2942 ff.
[55] Vgl. Prot. Plenum, S. 2947.

chen. Dem Antrag, die Bestimmung wegen der sachlichen Überschneidung mit Art. 112 lit. c nicht in die Verfassung aufzunehmen, ist der Rat nicht gefolgt[56].

20 Im Hinblick auf die Zielsetzung der Bestimmung dürfte mit der Umschreibung «ältere Menschen» nicht eine präzis zu definierende Altersgruppe gemeint sein, sondern die Gruppe von Menschen, die aufgrund von Altersgebrechen oder anderen Alterserscheinungen in ihrer Entfaltung und Teilnahme am gesellschaftlichen Leben eingeschränkt sind. Die noch vorhandenen Kräfte sollen nach Möglichkeit unterstützt werden, um den Betroffenen so lange wie möglich einen individuellen Gestaltungsspielraum zu bewahren[57]. Zu diesem Gestaltungsspielraum gehört es auch, an den gesellschaftlichen Entwicklungen etwa in der Kultur teilhaben zu können. Gleichzeitig wird mit dem Hinweis auf die noch vorhandenen Kräfte unterstrichen, dass ältere Menschen nicht auf sich allein gestellt sein sollen, wenn die selbständige Lebensgestaltung ihre Kräfte übersteigt.

21 Wirkungen dürfte lit. c vor allem bei der Ausgestaltung der Betreuung älterer Menschen in ihrem gewohnten Umfeld (Hauspflege, Mahlzeitendienst, ambulante medizinische Leistungen usw.) haben. Die Betonung der Selbstbestimmung im Alter bringt zum Ausdruck, dass der Schutz der Privatsphäre und die Erhaltung der Entscheidungsfreiheit älterer Menschen wesentliche gesellschaftliche Werte darstellen, die allenfalls auch zu höheren Betreuungs- und Pflegekosten führen können[58].

5. Verwirklichung der Sozialziele (Abs. 3)

22 Mit der – verhältnismässig spät vorgenommenen – Anpassung der Systematik der Sozialziele an die Regelung bei den Grundrechten[59] wurden die weitgehend unbestrittenen Abs. 3 und 4 nicht mehr wesentlich verändert. Anders als bei den Grundrechten (Art. 10 Abs. 2) wird für die Grundsätze der Verwirklichung nicht auf die entsprechenden Grundsätze der Bundesverfassung verwiesen. Während Abs. 4 wörtlich Art. 41 Abs. 4 BV entspricht, enthält Abs. 3 im Vergleich zu Art. 41 Abs. 3 BV geringfügige Anpassungen: Einerseits werden Kanton und Gemeinden ausdrücklich genannt, andererseits ist nur von deren Zuständigkeiten (d.h. nicht von deren «verfassungsmässigen» Zuständigkeiten) die Rede. Letzteres ist insofern folgerichtig, als innerkantonal die Aufgaben auch durch unterverfassungsrechtliche Erlasse zugewiesen werden können. Ein Antrag, Abs. 3

---

[56] Prot. Plenum, S. 2946 ff.
[57] Vgl. ARNOLD, S. 16; vgl. auch SCHWAB, S. 561 f., 578 f.
[58] Vgl. auch Art. 112 N. 15 f.
[59] Dazu N. 5.

zu streichen, da die Verwirklichung der Sozialziele bereits durch den kantonalen Aufgabenkatalog gewährleistet würde, blieb erfolglos[60].

5.1. Finaler Normcharakter und Umsetzungsmechanismen

Bereits aus dem Verfassungstext (Abs. 4) ergibt sich, dass aus den Sozialzielen keine unmittelbaren Ansprüche abgeleitet werden können. Die Sozialziele sind Normen mit einem finalen Charakter, d.h., sie sollen Anlass und Richtschnur für die künftige Gestaltung der sozialen Verhältnisse im Kanton Zürich sein. Als Bestandteil der Verfassung sind die Ziele rechtlich verbindlich. Die konkrete Abwägung gegen andere staatliche Ziele und Aufgaben bleibt aber – in der Regel – dem Gesetzgeber überlassen[61]. 23

Der Wortlaut des Entwurfs der Kommission 1 verpflichtete die Kantone und die Gemeinden, auf dem Weg der Gesetzgebung für die Verwirklichung der Sozialziele zu sorgen. Im Vergleich zu Art. 41 Abs. 3 BV hätte dies eine Einschränkung bedeutet, da die Verwirklichung der Sozialziele allen Behörden in sämtlichen Funktionen in Bund und Kantonen übertragen ist. Selbstverständlich sind es in erster Linie die Parlamente, die für eine adäquate Umsetzung der Sozialziele sorgen müssen, doch sind auch Verwaltung und Gerichte an die Sozialziele gebunden. Im Rahmen ihrer Ermessensausübung sowie bei der Konkretisierung unbestimmter Rechtsbegriffe sind die Sozialziele ebenfalls zu berücksichtigen[62]. 24

Es würde den Kantonen indes freistehen, wirkungsvollere Umsetzungsmechanismen für die Sozialziele zu schaffen, als dies die Bundesverfassung tut. Der Vorschlag der Kommission 1 des Verfassungsrats sah denn auch ausdrücklich vor, dass die Umsetzung der Sozialziele regelmässig überprüft werden sollte[63]. Auch im Rahmen der Verfassungsratsdebatten wurde ein entsprechender Antrag nochmals aufgegriffen, fand jedoch keinen Eingang in den definitiven Verfassungstext[64]. Faktisch wird dadurch die Wirkung der Sozialziele abgeschwächt. Es wird deshalb – wie bei den Sozialzielen des Bundes – wesentlich darauf ankommen, dass bei der Ausarbeitung von Rechtsetzungsprojekten regelmässig die Vereinbarkeit mit den Sozialzielen überprüft wird[65]. Immerhin werden die inhaltlichen Anliegen der Sozialziele in den Staatsaufgabenbestimmungen wie- 25

---

[60] Prot. Plenum, S. 2953 ff.
[61] Vgl. BIGLER-EGGENBERGER, St. Galler Kommentar, Art. 41 Rz. 16 ff.; RHINOW, Rz. 3053.
[62] BIGLER-EGGENBERGER, St. Galler Kommentar, Art. 41 Rz. 21 f.; BOLZ, Art. 30, S. 321; JAAG, Rz. 728; MEYER-BLASER/GÄCHTER, § 34 Rz. 23; SALADIN/AUBERT, S. 100.
[63] Dazu N. 4; Prot. Plenum, S. 1176 ff.; dies hätte die «progressive Umsetzungspflicht» der Sozialziele nicht unwesentlich unterstrichen, Prot. Plenum, S. 2955.
[64] Vgl. Prot. Plenum, S. 2953 ff.
[65] Vgl. Art. 67 Abs. 1.

der aufgegriffen, insbesondere in den Artikeln 111–116. Bei allen öffentlichen Aufgaben wiederum ist Art. 94 Abs. 2 zu beachten, nach welchem Kanton und Gemeinden auch sicherstellen müssen, dass die öffentlichen Aufgaben wirkungsvoll erfüllt werden[66]. Dieser Grundsatz kann – weit ausgelegt – auch als Überprüfungspflicht gedeutet werden, ob die in den Staatsaufgaben enthaltenen Ziele erreicht werden; er steht aber, wie sein Kontext ergibt, vor allem im Zusammenhang mit einer Einschränkung der Staatsaufgaben.

5.2. Vorbehalt der verfügbaren Mittel

26 Wie in Art. 41 Abs. 3 BV wird die Umsetzung der Sozialziele auch in Abs. 3 unter den Vorbehalt der verfügbaren Mittel gestellt. Damit wird eine juristische Selbstverständlichkeit zum Ausdruck gebracht: Der Staat kann nicht mehr leisten, als sich mit den verfügbaren Mitteln bewerkstelligen lässt. Bei der Formulierung handelt es sich um eine «polit-psychologische Mahnung»[67] geringen rechtlichen Gehalts. Sie bedeutet namentlich nicht, dass die Mittel für die Verwirklichung der Sozialziele erst dann zur Verfügung stehen sollen, wenn andere Ziele bereits erfüllt sind[68].

6. Ausschluss unmittelbarer Ansprüche auf staatliche Leistungen (Abs. 4)

27 Die Einzelnen können sich nicht direkt auf die Sozialziele berufen, um staatliche Leistungen einzufordern. Die Zielvorgaben richten sich in erster Linie an die Gesetzgebung und – im beschriebenen Rahmen[69] – an die Rechtsanwendung. Das bedeutet selbstverständlich nicht, dass in konkreten Rechtsanwendungssituationen, in denen ein juristischer Handlungsspielraum verbleibt, die Sozialziele nicht zur Bestätigung eines allfälligen Anspruchs beigezogen werden können, doch begründen sie – für sich allein genommen – keine einklagbaren Ansprüche. Durch die fehlende unmittelbare Durchsetzbarkeit unterscheiden sie sich von sozialen Grundrechten[70].

---

[66] Vgl. Prot. Plenum, S. 2954.
[67] RHINOW, Sozialverfassung, S. 175, zur entsprechenden Formulierung in der Bundesverfassung.
[68] MEYER-BLASER/GÄCHTER, § 34 Rz. 25; MADER, S. 699.
[69] Dazu N. 24.
[70] Zum Beispiel ACKERET, S. 71; HÄFELIN/HALLER, N. 911; JAAG, Rz. 728; NUSPLIGER, S. 72 f.

7. Würdigung

Die Zürcher Kantonsverfassung unterscheidet – wie die Bundesverfassung und eine grössere Zahl neuerer Kantonsverfassungen[71] – zwischen Grundrechten und Sozialzielen. Beide Normtypen bringen grundlegende Wertaussagen zum Ausdruck, wobei der Unterschied zwischen den beiden Normtypen darin liegt, dass Sozialziele nur an die Behörden gerichtete Zielvorgaben definieren und keine individuellen Ansprüche einräumen.

Die Zürcher Sozialzielbestimmung ist bedeutend schlanker ausgefallen, als dies von der zuständigen Kommission 1 des Verfassungsrats vorgesehen war. Materiell geht sie nur in den drei in Art. 19 Abs. 2 KV genannten Bereichen über die bundesrechtlichen Vorgaben hinaus[72]. Auch wenn der sozialstaatliche Gestaltungswille des Verfassungsrats im Ergebnis hinter den Erwartungen verschiedener Verfassungsratsfraktionen zurückgeblieben ist, wird die (auch) sozialstaatliche Ausrichtung der Zürcher Kantonsverfassung insgesamt viel deutlicher als bisher sichtbar.

---

[71] BUSER, Rz. 448 f.
[72] Hingegen finden sich in den sozialstaatlich ausgerichteten Aufgabennormen der Verfassung weitere Zielvorgaben für den kantonalen Gesetzgeber.

4. Kapitel: Bürgerrecht

Vorbemerkungen zu Art. 20–21

Materialien

Art. 26 VE; Prot. Plenum, S. 1626 ff., 1759 ff., 2017 ff., 2791 ff.

Vgl. ferner Bericht des Regierungsrates betreffend Ausarbeitung einer umfassenden Ausländerpolitik für den Kanton Zürich vom 19. Juni 2002 (KR-Nr. 279/1998; Separatum); Botschaft zum Bürgerrecht für junge Ausländerinnen und Ausländer und zur Revision des Bürgerrechtsgesetzes vom 21. November 2001, BBl 2002, S. 1911 ff.; Botschaft zum Bundesgesetz über die Ausländerinnen und Ausländer vom 8. März 2002, BBl 2002, S. 3709 ff.; Abstimmungsvorlage zur Volksabstimmung vom 26. September 2004 betreffend Bürgerrecht der zweiten und dritten Ausländergeneration (Bundesbüchlein, Verfassungstext in: BBl 2002, S. 1911 ff.); Bericht der Staatspolitischen Kommission des Ständerats vom 27. Oktober 2005 zur Parlamentarischen Initiative Thomas Pfisterer betreffend Änderung des Bürgerrechtsgesetzes, BBl 2005, S. 6941 ff.; Eidgenössische Volksinitiative «für demokratische Einbürgerungen» vom 18. November 2005, BBl 2004, S. 2425 ff., BBl 2006, S. 843; Abstimmungsvorlage zum Bundesgesetz über die Ausländerinnen und Ausländer vom 24. September 2006 (Bundesbüchlein); Die Einbürgerungen in der Schweiz. Unterschiede zwischen Nationalitäten, Kantonen und Gemeinden, 1981–1998, Bundesamt für Statistik, Neuenburg 2000; Bericht des Bundesamtes für Migration über hängige Fragen des Bürgerrechts vom 20. Dezember 2005 («Bericht BfM»); «Einbürgerung und Sprachnachweis», Empfehlungen der Eidg. Kommission für Ausländerfragen (EKA), Bern 2006.

Literatur

BIANCHI DORIS, Paradigmenwechsel im Einbürgerungsrecht, ZBl 105/2004, S. 401 ff.; HANGARTNER YVO, Grundsätzliche Fragen des Einbürgerungsrechts, AJP 2001, S. 949 ff. (Fragen); HANGARTNER YVO, Neupositionierung des Einbürgerungsrechts, AJP 2004, S. 3 ff. (Neupositionierung); JAAG TOBIAS, Aktuelle Entwicklungen im Einbürgerungsrecht, ZBl 106/2005, S. 113 ff. (Einbürgerungsrecht); KARLEN PETER, Das neue Bundesgerichtsgesetz, Basel/Genf/München 2006; KIENER REGINA, Rechtsstaatliche Anforderungen an Einbürgerungsverfahren, recht 2000, S. 213 ff.; KOTTUSCH PETER, Bürgerrecht und Volksrechte, in: Materialien zur Zürcher Verfassungsreform, Bd. 9, S. 65 ff. (Bürgerrecht und Volksrechte); MAUERHOFER KATHARINA, Mehrfache Staatsangehörigkeit – Bedeutung und Auswirkungen aus Sicht des schweizerischen Rechts, Basel 2004; SCHAFFHAUSER RENÉ, Bürgerrechte, in: Verfassungsrecht der Schweiz, § 19; SPESCHA MARC, Absolute Demokratie – Gefährdeter Rechtsstaat. Demokratiepraktische und staatsethische Überlegungen aus Anlass aktueller Gesetzesrevisionen im Bürger-, Asyl- und Ausländerrecht, AJP 2006, S. 181 ff.; THÜRER DANIEL/FREI MICHAEL, Einbürgerung im Spannungsfeld zwischen direkter Demokratie und Rechtsstaatlichkeit, ZSR 145/2004 I, S. 205 ff.; TOPHINKE ESTHER, Bedeutung der Rechtsweggarantie für die Anpassung der kantonalen Gesetzgebung, ZBl 107/2006, S. 88 ff.; WENGER DANIEL, Einbürgerung einrichten. Probleme und Kritik eines hybriden Verfahrens, ZBJV 141/2005, S. 153 ff.

Rechtsquellen

– Art. 37 Abs. 1, 38 BV
– Bundesgesetz über Erwerb und Verlust des Schweizer Bürgerrechts vom 29. September 1952 (Bürgerrechtsgesetz, BüG; SR 141.0)
– Bundesgesetz über die Ausländerinnen und Ausländer vom 16. Dezember 2005 (AuG; BBl 2005, S. 7365 ff.; noch nicht in Kraft)
– Verordnung über die Integration von Ausländerinnen und Ausländern vom 13. September 2000 (VIntA; SR 142.205)
– §§ 20–31 Gesetz über das Gemeindewesen vom 6. Juni 1926 (Gemeindegesetz, GemG; LS 131.1)
– Verordnung über das Gemeinde- und das Kantonsbürgerrecht vom 25. Oktober 1978 (Kantonale Bürgerrechtsverordnung; LS 141.11)

1   Die alte Kantonsverfassung, die meisten Verfassungsentwürfe[1], aber auch die neuen Kantonsverfassungen[2] äussern sich zum Bürgerrecht erstaunlicherweise nicht oder nur rudimentär. Diese wichtigen staatspolitischen Fragen werden der Regelung durch den einfachen Gesetzgeber überlassen oder erfolgen – was rechtsstaatlich nicht unbedenklich ist – weitgehend auf dem Verordnungsweg. Deshalb sollte eine knappe, aber die wesentlichen materiellen und formellen Probleme aufgreifende Regelung in die neue Verfassung aufgenommen werden[3]. Die intensiven Diskussionen im Verfassungsrat haben ihren Niederschlag in einem selbständigen Kapitel gefunden, das lediglich die zwei nachfolgenden Artikel umfasst.

2   Der Verfassungsrat stellte bald einmal den engen Zusammenhang zwischen erfolgreicher Integration der Ausländer, Verleihung des Bürgerrechts und Ausübung der politischen Rechte fest, und zwar in *dieser* Reihenfolge. Es trat klar zutage, dass die Einbürgerung zwingende Voraussetzung für die Ausübung der politischen Rechte darstellt. Anderseits darf nur eingebürgert werden und in der Folge politisch mitbestimmen, wer sich erfolgreich integriert hat. Die Ausübung der politischen Rechte ist mit anderen Worten nicht ein Mittel zur, sondern das Ergebnis einer erfolgreich abgeschlossenen Integration[4]. Die Integration wur-

---

[1] Einzig der Entwurf für eine neue Verfassung des Kantons Zürich von PETER KARLEN/PETER KOTTUSCH enthielt in Art. 29 eine knappe materielle Regelung, vgl. Materialien zur Verfassungsreform, Bd. 7, S. 201 ff., 207, und MATTHIAS HAUSER, Der Einfluss der Verfassungsentwürfe auf den Verfassungsrat und die neue Kantonsverfassung, Materialien zur Verfassungsreform, Bd. 8, S. 68 ff., 79.
[2] Eine Ausnahme bildet die neue Kantonsverfassung des Kantons St. Gallen, welche der «Einbürgerung» ein eigenes Kapitel widmet (Art. 101–108 KV SG).
[3] Vgl. das Arbeitsprogramm der Kommission «Bürgerrecht und politische Rechte», Prot. Plenum, S. 147.
[4] Das zeigt sich auch plastisch in der Verfassungssystematik: das vierte Kapitel «Bürgerrecht» steht vor dem fünften Kapitel «Volksrechte». Nicht gelungen ist hingegen der Versuch, die Pflicht zur vorgängigen Integration systematisch zu Beginn des vierten Kapitels «Bürgerrecht» einzufügen: Prot. Plenum, S. 1640 ff. (Minderheitsantrag der CVP-Fraktion). Materiell war das Postulat weitgehend unbestritten; Prot. Plenum, S. 1522 ff., 1792, 2020, 2041, 2318 (44. Sitzung), 2702, und KOTTUSCH, Bürgerrecht und Volksrechte, S. 66.

de denn auch zur Staatsaufgabe erklärt (Art. 114 Abs. 2)[5]. Wenn aber nur der eingebürgerte, gut integrierte Ausländer in unserer Demokratie politisch mitbestimmen darf, ist es staatspolitisch wie rechtsstaatlich geboten, dass er bei der Integration vom Gemeinwesen angemessen unterstützt wird und zudem im Einbürgerungsverfahren faire Bedingungen gelten[6]. Selbstverständlich ist, dass dies nicht nur Integrationswille und Integrationsfähigkeit voraussetzt, sondern vom Ausländer eine aktive Beteiligung an diesem anspruchsvollen Prozess verlangt wird[7].

Das 4. Kapitel bezieht sich nur auf ordentliche Einbürgerungen von Ausländern. Darunter fallen auch die erleichterten Einbürgerungen gemäss kantonalem Recht. Die erleichterte Einbürgerung und die Wiedereinbürgerung nach Bundesrecht regelt hingegen das eidgenössische Bürgerrechtsgesetz in den Art. 18–32 abschliessend. Die Verleihung des Gemeinde- und Kantonsbürgerrechts an Schweizer wird weiterhin das einfache Recht regeln. 3

Das Bürgerrecht ist bislang in verschiedenen Bestimmungen des Gemeindegesetzes und in einer umfangreichen regierungsrätlichen Verordnung geregelt. Die folgenden Ausführungen werden sich mit diesen Regelungen und ihrer Verfassungskonformität auseinandersetzen müssen. Das wird auch zu Hinweisen de lege ferenda führen. 4

Was die Rechtstatsachen anbetrifft, ist das statistische Material über Einbürgerungen im Kanton Zürich, namentlich auf Gemeindeebene, leider recht dürftig. Das muss verbessert werden, um eine seriöse Normsetzung auf Gesetzesstufe zu ermöglichen. 5

Die Zahl der Ausländer und Ausländerinnen, die auf dem Weg der ordentlichen Einbürgerung das Kantonsbürgerrecht erhalten haben, entwickelte sich seit dem Jahr 2000 wie folgt[8]: 6

2000: 5771 2004: 7299
2001: 6030 2005: 8171
2002: 6012 2006: 9589
2003: 7082

---

[5] Vgl. jetzt auch das neue Bundesgesetz über die Ausländerinnen und Ausländer (Art. 4 und Art. 53 ff. AuG). Zu beachten ist noch, dass das Ausländergesetz ausdrücklich erwähnt, dass das Zusammenleben von einheimischer und ausländischer Wohnbevölkerung «auf der Grundlage der Werte der Bundesverfassung» erfolgt (Art. 4 Abs. 1 AuG). Ein solcher Bezug fand sich anfänglich auch in einem Entwurf für einen Integrationsartikel der KV (Prot. Plenum, S. 1522), doch wurde er später leider fallen gelassen. Aufgrund der Vorrangs des Bundesrechts (Art. 49 BV) ist der Integrationsartikel der KV ohnehin bloss noch deklaratorischer Natur, wenn seine politische Bedeutung auch nicht gering geschätzt werden soll.

[6] KOTTUSCH, Bürgerrecht und Volksrechte, S. 65 f., und Prot. Plenum, S. 1642 f. (Votum Siegrist).

[7] In diesem Sinne jetzt auch Art. 3a VintA (in Kraft seit dem 1. Februar 2006).

[8] Quelle: Gemeindeamt des Kantons Zürich, Abteilung Einbürgerungen.

Art. 20

Das Kantonsbürgerrecht beruht auf dem Gemeindebürgerrecht.

Das Gesetz bestimmt im Rahmen des Bundesrechts abschliessend die Voraussetzungen für den Erwerb und den Verlust des Kantons- und des Gemeindebürgerrechts.

Personen, die im ordentlichen Verfahren eingebürgert werden wollen, müssen:
a) über angemessene Kenntnisse der deutschen Sprache verfügen;
b) in der Lage sein, für sich und ihre Familien aufzukommen;
c) mit den hiesigen Verhältnissen vertraut sein;
d) die schweizerische Rechtsordnung beachten.

Voraussetzungen

Materialien

Vgl. Hinweise bei Vorb. zu Art. 20–21.

Literatur

Vgl. Hinweise bei Vorb. zu Art. 20–21.

Rechtsquellen

Vgl. Hinweise bei Vorb. zu Art. 20–21.

Übersicht Note

1. Gemeindebürgerrecht als Basis 1
2. Kantonales Bürgerrechtsgesetz als Erfordernis 2
   2.1. Verhältnis Bundesrecht/kantonales Recht 2
   2.2. Regelungsumfang 3
3. Leitplanken für das Bürgerrechtsgesetz 4
   3.1. Allgemeines 4
   3.2. Geltungsbereich 5
   3.3. Mindestvorschriften 6

1. Gemeindebürgerrecht als Basis

Gemäss Art. 37 Abs. 1 BV ist Schweizer Bürgerin oder Bürger, wer das Bürgerrecht einer Gemeinde und das Bürgerrecht eines Kantons besitzt. Die Dreistufigkeit unseres Bundesstaates zeigt sich auch in der Regelung des Bürgerrechts exemplarisch[1]. Die Bundesverfassung erwähnt die Gemeinden nur an wenigen

---

[1] HÄFELIN/HALLER, N. 1308; RHINOW, Rz. 293; SCHAFFHAUSER, § 19 Rz. 3; THÜRER/FREI, S. 205; TSCHANNEN, § 13 Rz. 26 f.

Stellen[2]. Dass sie es im Zusammenhang mit dem Bürgerrecht ausdrücklich tut, kommt nicht von ungefähr. Damit wird der Stellenwert betont, den das Gemeindebürgerrecht immer noch einnimmt[3]. Absatz 1 bestimmt, dass das Kantonsbürgerrecht auf dem Gemeindebürgerrecht beruht. Dieser wichtige Grundsatz, bisher in § 20 des Gemeindegesetzes verankert, wird seiner Bedeutung halber auf Verfassungsstufe gehoben und an die Spitze des Bürgerrechtskapitels gestellt. Entgegen der Auffassung des Regierungsrates[4] hat er durchaus normativen Gehalt und seine Bedeutung ist klar. Ohne Gemeindebürgerrecht wird auch kein Kantonsbürgerrecht verliehen[5]. Eine Anregung, das «Genfer Modell» einzuführen, wonach der Ausländer zwar das Bürgerrecht einer Gemeinde erhält, dieses aber in einem kantonalen Verfahren erteilt wird (in dem bloss eine Anhörung durch die Gemeinde erfolgt), wurde in der Kommission diskutiert, aber nicht weiterverfolgt[6].

2. Kantonales Bürgerrechtsgesetz als Erfordernis

2.1. Verhältnis Bundesrecht/kantonales Recht

2   Gemäss Art. 38 Abs. 2 BV erlässt der Bund (nur) Mindestvorschriften über die Einbürgerung durch die Kantone. Mit anderen Worten stellt er die Normen auf, bei deren Einhaltung der Kanton einen Ausländer einbürgern darf. Sie sind abschliessend im eidgenössischen Bürgerrechtsgesetz festgehalten. Der Kanton muss aber nicht einbürgern, sondern kann noch weitere Voraussetzungen verlangen[7].

---

[2] Vgl. noch Art. 50 und Art. 189 BV.
[3] Zu den historischen Wurzeln illustrativ: THÜRER/FREI, S. 206 f. TSCHANNEN (§ 13 Rz. 48) hält – rechtspolitisch – die «Schlüsselposition» der Gemeinde im Einbürgerungsverfahren für verfehlt.
[4] RRB 1081 vom 10. Juli 2002.
[5] Prot. Plenum, S. 1635 f. Der Regierungsrat hatte in RRB 1081 vom 10. Juli 2002 folgende Formulierung angeregt (aber nicht formell beantragt!): «Erwerb und Verlust des Gemeinde- und des Kantonsbürgerrechts bedingen sich gegenseitig.»
[6] Prot. K2 vom 18. April 2002, S. 263 ff. (Abstimmungsergebnis 10 Nein, 4 Ja, eine Enthaltung). Zu diesem Modell: BARBARA BONER, Die kantonalen Verfahren zur ordentlichen Einbürgerung von Ausländerinnen und Ausländern, Bern 1999, S. 53.
[7] RHINOW, Rz. 295. Demgegenüber hätte die Verfassungsvorlage vom 3. Oktober 2003 für die Neuordnung des Bürgerrechts der zweiten und dritten Ausländergeneration folgende Fassung dieser Norm vorgesehen: «[Der Bund] legt die Grundsätze für die Einbürgerung von Ausländerinnen und Ausländern fest.» Diese Vorlage wurde bekanntlich in der Volksabstimmung vom 24. September 2004 verworfen. Sie hätte eine eigentliche «Systemumkehr» bedeutet und die Autonomie der Kantone massiv eingeschränkt; Prot. Plenum, S. 2793 f.

2.2. Regelungsumfang

Gemäss Art. 20 Abs. 2 bestimmt das Gesetz im Rahmen des Bundesrechts abschliessend die Voraussetzungen für den Erwerb und den Verlust des Kantons- und des Gemeindebürgerrechts. Diese Norm bezweckt zweierlei: Sie verlangt zum Ersten eine materielle kantonale Regelung; kommunale Rechtsetzung auf diesem Gebiet ist künftig nicht mehr zulässig, es sei denn, der Gesetzgeber räume den Gemeinden eine solche Kompetenz in einem eng definierten Bereich ein. Zweitens untersagt diese Bestimmung rechtsetzendes kantonales Verordnungsrecht. Der Verfassungsrat will anders gesagt klar eine Regelung der Materie durch ein besonderes Bürgerrechtsgesetz. Dies ist übrigens auch in Ansehung von Art. 38 Abs. 1 geboten. Der Regierungsrat darf bloss noch Vollzugsrecht erlassen (Art. 67 Abs. 2)[8]. Leider wurde in der Verfassung keine Frist für den Erlass des Bürgerrechtsgesetzes festgelegt.

3. Leitplanken für das Bürgerrechtsgesetz

3.1. Allgemeines

Abs. 3 war im Verfassungsrat sehr umstritten. In dieser Bestimmung manifestiert sich denn auch ein Misstrauen dem Gesetzgeber gegenüber[9]. Im Vorentwurf war sie noch nicht enthalten, da ein entsprechender Antrag der SVP-Fraktion in der ersten Lesung abgelehnt worden war[10]. Der Regierungsrat stellte sich stets gegen diese Regelung[11]. Der Verfassungsrat stimmte ihr dann aber in der zweiten Lesung mit 51 zu 36 Stimmen deutlich zu[12].

3.2. Geltungsbereich

Wie bereits erwähnt, gilt Abs. 3 nur für ordentliche Einbürgerungen im Sinne von Art. 12 ff. BüG. Darunter fallen aber auch jene Fälle, bei denen das kanto-

---

[8] Prot. Plenum, S. 1629, 1637, 1639, 2795 f. Der Regierungsrat begrüsste sowohl die Kantonalisierung der materiellen Regelungen als auch deren Verankerung auf Gesetzesstufe. Durch Letzteres dürfe aber eine Konkretisierung der Gesetzesbestimmungen auf Verordnungsstufe nicht ausgeschlossen werden. Dazu führte er die §§ 4–6 der kantonalen Bürgerrechtsverordnung als Beispiele an, die den «Wohnsitz» definieren, umschreiben, was unter «wirtschaftlichen Verhältnissen» zu verstehen und mit welchen Mitteln der «unbescholtene Ruf» zu beurteilen ist (RRB 1081 vom 10. Juli 2002). Dies gehört aber eher auf Gesetzesstufe geregelt.
[9] KOTTUSCH, Bürgerrecht und Volksrechte, S. 67.
[10] Prot. Plenum, S. 2018. Auf Ablehnung stiess dabei weniger der Inhalt als die Regelungsstufe. Man hielt dies für Gesetzesmaterie.
[11] RRB 807 vom 3. Juni 2004; Prot. Plenum, S. 2795, 2797 f.; desgleichen die Grüne Fraktion, Prot. Plenum, S. 2707 und 2985.
[12] Prot. Plenum, S. 2803.

nale Recht bestimmten Ausländerkategorien einen Anspruch auf Einbürgerung einräumt. Es geht dabei zum Ersten um die in der Schweiz geborenen Ausländer (§ 21 Abs. 2 Gemeindegesetz) und zum Zweiten um die nicht in der Schweiz geborenen Ausländer zwischen 16 und 25 Jahren, sofern sie nachweisen können, dass sie in der Schweiz während mindestens fünf Jahren den Unterricht auf Volks- oder Mittelschulstufe in einer der Landessprachen besucht haben (§ 21 Abs. 3 Gemeindegesetz)[13]. Auf diese Fälle ist Art. 20 Abs. 3 als höheres und jüngeres Recht nun direkt und sofort anwendbar (Art. 136). Nach bisheriger Praxis wurde bei diesen beiden Kategorien aufgrund weitgehend formaler Gesichtspunkte eine Integration vermutet (was angesichts der notorisch schwachen Schulleistungen grosser Teile der heutigen zweiten Ausländergeneration allerdings problematisch ist) und in der Folge ein Rechtsanspruch auf Einbürgerung stipuliert. Gemäss der neuen Verfassungsbestimmung wird die Integration auch dieser Ausländerkategorien materiell überprüft werden müssen. § 21 Gemeindegesetz erweist sich ohnehin als revisionsbedürftig, hat er doch in der Praxis zu erheblichen Schwierigkeiten geführt[14]. Dabei wird der Bürgerrechtsgesetzgeber nach Auffassung des Kommentators nochmals grundsätzlich prüfen müssen, für welche Fälle kantonalrechtliche Ansprüche auf erleichterte Einbürgerung vorzusehen sind. Nach geltendem Recht besteht gemäss § 21 Abs. 2 und 3 des Gemeindegesetzes in bestimmten Fällen wohl ein Rechtsanspruch auf Erteilung des Gemeindebürgerrechts, aber kein solcher auf das Kantonsbürgerrecht. Das befriedigt nicht. Wenn man grundsätzlich einen Rechtsanspruch bejaht, sollte dieser für beide Bürgerrechte stipuliert werden. Wichtig ist jedoch, dass der Gesetzgeber die Regelung des Anspruchs und seiner Voraussetzungen klar formuliert. Welche Probleme aus mangelhaften Formulierungen entstehen können, erläutert HANGARTNER eindrücklich in einer Urteilsbesprechung von BGE 129 II 401 ff. betreffend Art. 27 BüG (erleichterte Einbürgerung des ausländischen Ehegatten eines Schweizers oder einer Schweizerin)[15].

3.3. Mindestvorschriften

6   Bei Abs. 3 handelt es sich um Mindestvorschriften. Auf Gesetzesstufe können weitere Bedingungen stipuliert werden[16]. Im kantonalen Bürgerrechtsgesetz werden dann insbesondere noch die Mindestwohnsitzfristen in Kanton und Gemeinde festzulegen sein.

---

[13] Prot. Plenum, S. 2796 f.
[14] Siehe insbesondere den fragwürdigen Entscheid des Verwaltungsgerichts vom 15. Dezember 2004 (VB 2003.00450; Regeste in RB 2004 Nr. 23). Siehe auch Art. 21 N. 9.
[15] HANGARTNER, AJP 2004, S. 188 ff.
[16] KOTTUSCH, Bürgerrecht und Volksrechte, S. 67.

Gemäss lit. a muss der Einbürgerungskandidat über «angemessene Kenntnisse der deutschen Sprache» verfügen, die im Kanton Zürich Amtssprache ist (Art. 48). Es handelt sich hier wohl um die wichtigste Bedingung für eine erfolgreiche Integration, weshalb sie der Verfassungsrat in die Verfassung aufgenommen hat. Bei der Einbürgerung darf diese Bedingung umso mehr verlangt werden, als bereits das Ausländergesetz erklärt, es sei (zwecks Integration) erforderlich, dass die Ausländer eine Landessprache erlernen (Art. 4 Abs. 4 AuG). Dabei soll aber auch auf den Bildungsstand der einbürgerungswilligen Personen Rücksicht genommen werden[17]. Sie müssen jedoch nach Auffassung des Kommentators in der Lage sein, ein einfaches Gespräch zu führen, sei es in der Mundart oder auf Hochdeutsch. Sie müssen auch einen einfacheren Text, z.B. einen kurzen Zeitungsartikel, lesen, verstehen und erläutern können. Im Hinblick darauf, dass sie mit der Einbürgerung die politischen Rechte integral erlangen, darf erwartet werden, dass sie die Abstimmungsvorlagen – so etwa im «Bundesbüchlein» die Zusammenfassungen – verstehen können. Die Einbürgerungsorgane haben hier eine subtile Aufgabe wahrzunehmen. Lit. a derogiert im Übrigen § 21 Abs. 3 Gemeindegesetz, welcher lediglich einen Schulbesuch «in einer der Landessprachen» verlangt.

Die Ratio von lit. b kann man lapidar so formulieren: Es sollen keine Fürsorgefälle und keine Personen, die ein erhebliches Fürsorgerisiko darstellen, eingebürgert werden. Die finanziellen Verhältnisse haben geordnet zu sein, was aufgrund der Betreibungs- und Steuerregister zu überprüfen ist. Bei Bezügern von Sozialversicherungsleistungen wird der Einzelfall genau überprüft werden müssen. Bei Empfängern von Arbeitslosenunterstützung ist das Einbürgerungsverfahren zu sistieren. Wer Sozialhilfe bezieht, darf nicht eingebürgert werden[18]. Hat er einmal Sozialhilfe bezogen, so muss es nach Auffassung des Kommentators auch zulässig sein, dass erst nach einer bestimmten Karenzzeit auf sein Einbürgerungsgesuch (wieder) eingetreten wird.

Ein Einbürgerungskandidat ist dann gemäss lit. c mit den hiesigen Verhältnissen vertraut, wenn er die schweizerischen Lebensgewohnheiten und Sitten kennt und respektiert, er sich mit anderen Worten in die schweizerischen Verhältnisse eingegliedert hat (Art. 14 lit. a und b BüG). Das setzt voraus, dass er mit den Grundzügen der schweizerischen Staats- und Gesellschaftsordnung vertraut ist. Es wäre auch durchaus prüfenswert, vom Einbürgerungskandidaten eine schriftliche Loyalitätserklärung zu verlangen, worin er verspricht, Verfassung und Ge-

---

[17] Prot. Plenum, S. 2796. Zur Sicht des Regierungsrates vgl. seinen Bericht zum Postulat KR-Nr. 36/2001 «Minimale Deutschkenntnisse bei der Einbürgerung» vom 14. Mai 2003 (RRB 4075/2003), namentlich auch zur Frage, ob das Eintreten auf ein Einbürgerungsgesuch von der vorgängigen Absolvierung eines Deutschkurses abhängig zu machen ist

[18] Prot. Plenum, S. 2796; aufschlussreich in diesem Zusammenhang auch ein neuer Entscheid des Verwaltungsgerichts vom 11. Januar 2006 (VB 2005.00360). Siehe zudem Art. 34 Abs. 2 lit. b und Art. 62 lit. b AuG.

setze von Bund und Kanton Zürich zu halten. Die Pflicht, eine solche Erklärung abzugeben, wäre im kantonalen Bürgerrechtsgesetz verankern.

10 Schliesslich hat der Kandidat die schweizerische Rechtsordnung zu beachten (lit. d). Er darf keine ungelöschten Vorstrafen haben; während einer Strafuntersuchung ist das Einbürgerungsverfahren zu sistieren. Auch eine Häufung von Bagatelldelikten indiziert eine mangelhafte Integration. Angesicht gesellschaftlicher Entwicklungen der jüngsten Zeit ist es auch zwingend geboten, den automobilistischen Leumund in die Beurteilung mit einzubeziehen. Hier ist nach Meinung des Kommentators ein strenger Massstab anzulegen, zumal das Bundesrecht keine *vollziehbare* Regelung für den Entzug des Bürgerrechts bei einer Verurteilung wegen schwerwiegender Delikte enthält. Der heutige Art. 48 BüG sieht zwar – als Kann-Vorschrift – einen Entzugstatbestand vor, der aber so allgemein gehalten ist, dass diese Norm seit über 50 Jahren toter Buchstabe geblieben ist.

11 Ein Antrag, als weiteres Erforderung den Besitz der ausländerrechtlichen Niederlassungsbewilligung vorzuschreiben, wurde vom Verfassungsrat mit 60 zu 29 Stimmen abgelehnt[19].

---

[19] Prot. Plenum, S. 2795 und 2803. Bemerkenswert ist, dass die 2004 gescheiterte «liberale» Vorlage zur Revision des Bürgerrechts als Bedingung für den Erwerb des Bürgerrechts ebenfalls neu den Besitz einer Aufenthalts- oder Niederlassungsbewilligung vorgesehen hatte (BBl 2001, S. 2012)! Diese Frage dürfte beim Erlass des neuen kantonalen Bürgerrechtsgesetzes zweifellos nochmals diskutiert werden. Das neue Ausländergesetz sieht übrigens vor, dass die Frist für die Erlangung der Niederlassungsbewilligung bei erfolgreicher Integration von zehn auf fünf Jahre verkürzt werden kann (Art. 34 Abs. 4 AuG). Das Thema «Niederlassungsbewilligung als Voraussetzung für die Einbürgerung» hat die Zürcher Behörden übrigens schon früher beschäftigt, vgl. dazu den Bericht des Regierungsrats zur Einzelinitiative Peter Marti vom 20. Mai 1997 (ABl 1997, S. 709 ff., KR–Nr. 210/1996 und Prot. KR 1995–1999, S. 5397 ff., 10457 ff.). Es scheint ein Dauerbrenner auch auf Bundesebene zu sein. Siehe die neuste Parlamentarische Initiative der SVP-Fraktion des Nationalrates vom 18. Dezember 2006 (Nr. 06/485) mit dem Titel «Keine Einbürgerung ohne vorher erteilte Niederlassungsbewilligung.»

Art. 21

Die Gemeindeordnung legt fest, ob ein von den Stimmberechtigten gewähltes Organ oder die Gemeindeversammlung das Gemeindebürgerrecht erteilt. Urnenabstimmungen sind ausgeschlossen.

Das Gesetz regelt die Zuständigkeit für die Erteilung des Kantonsbürgerrechts.

Zuständigkeit

Materialien

Vgl. Hinweise bei Vorb. zu Art. 20–21.

Literatur

Vgl. Hinweise bei Vorb. zu Art. 20–21.

Rechtsquellen

Vgl. Hinweise bei Vorb. zu Art. 20–21.

Übersicht   *Note*

1. Die Rechtsnatur des Einbürgerungsentscheids   1
2. Die Zuständigkeitsregelung auf Gemeindeebene   2
    2.1. Allgemeines   2
    2.2. Die Einbürgerungskommission   3
    2.3. Statistische Übersicht   4
3. Politische Gemeinde anstelle der «Bürgerlichen Abteilung»   7
4. Kantonsbürgerrecht   8
5. Wer prüft welche Kriterien für die Erteilung des Bürgerrechts?   9
6. Spezialfragen   10
    6.1. Begründung ablehnender Einbürgerungsentscheide der Gemeindeversammlung   10
    6.2. Zur Frage des gerichtlichen Rechtsschutzes   11

1. Die Rechtsnatur des Einbürgerungsentscheids

Ist der Einbürgerungsentscheid ein – reiner – Verwaltungsakt wie etwa eine Polizeibewilligung, oder ist er ein politischer Entscheid, weil durch ihn der Ausländer in die politische Gemeinschaft eintritt, also Teil des Souveräns wird? Oder ist er ein Akt mit einem Doppelcharakter, der einerseits rechtsstaatlichen Anforderungen genügen muss, bei dessen Erlass aber dem entscheidenden Organ ein breiter politischer Beurteilungsspielraum zukommt? Diese Fragen haben die Gerichte, die Staatsrechtslehre, aber insbesondere auch die Politik in den letzten Jahren stark beschäftigt. Es verwundert deshalb kaum, dass sie auch im Verfassungsrat intensiv diskutiert worden sind. Aus der Beantwortung der eingangs aufgeworfenen Fragen ergibt sich auch, welche Organe einen – verfassungskonformen – Einbürgerungsentscheid treffen dürfen. Der Verfassungsrat war von Anfang an entschlossen, diese Organe in der Verfassung selbst zu bestimmen und den Entscheid nicht dem einfachen Gesetzgeber zu überlassen. Das Bundesgericht hat bekanntlich in den beiden «causes célèbres» im Jahr 2003 entschieden, ablehnende Einbürgerungsentscheide seien Verwaltungsakte, die folglich allen massgeblichen Grundrechtsbindungen unterliegen würden und insbesondere auch zu begründen seien[1]. Davon hatte der Verfassungsrat auszugehen. Die getroffene Regelung entspricht den bundesgerichtlichen Anforderungen. Dass *politisch* das letzte Wort in dieser Angelegenheit noch nicht gesprochen ist, liegt angesichts der inzwischen eingereichten Volksinitiative «Für demokratische Einbürgerungen» auf der Hand[2].

2. Die Zuständigkeitsregelung auf Gemeindeebene

2.1. Allgemeines

2   Gemäss Art. 21 Abs. 1 wird in der Gemeindeordnung (die der obligatorischen Urnenabstimmung unterliegt, Art. 89 Abs. 2) bestimmt, welches von den Stimmberechtigten gewählte Organ das Gemeindebürgerrecht erteilt oder ob diese Kompetenz der Gemeindeversammlung zukommt. Mit dieser Wahlfreiheit wird der Gemeindeautonomie (Art. 85) Rechnung getragen. Allerdings schliesst die Verfassung Urnenabstimmungen in Einbürgerungsfragen ausdrücklich und zu Recht aus[3]. Dieser Regelung stimmte der Verfassungsrat mit 50 zu 30 Stimmen

---

[1] Prot. Plenum, S. 2792 ff.; Leitentscheide: BGE 129 I 217 ff. (Emmen, staatsrechtliche Beschwerde), 129 I 232 ff. (Stadt Zürich, Stimmrechtsbeschwerde). Gute Übersicht über die gesamte Problematik: JAAG, Einbürgerungsrecht, und BIANCHI, S. 401 ff. Kritische Auseinandersetzung mit diesen «Jahrhundertentscheiden» bei HANGARTNER, Neupositionierung, THÜRER/FREI und WENGER. Aufschlussreich auch die Sicht des Ständerats: Bericht seiner staatspolitischen Kommission zur parlamentarischen Initiative Pfisterer und AB 2005 StR 1134 ff.

[2] BBl 2004, S. 2425 ff.; BBl 2006, S. 843. Die Initiative sieht eine Ergänzung von Art. 38 BV durch folgenden neuen Absatz 4 vor: «Die Stimmberechtigten jeder Gemeinde legen in der Gemeindeordnung fest, welches Organ das Gemeindebürgerrecht erteilt. Der Entscheid dieses Organs ist endgültig.» Der Bundesrat lehnt die Initiative ab, namentlich auch aufgrund völkerrechtlicher Bedenken: BBl 2006, S. 895 ff. Kritisch zu dieser Sicht HELEN KELLER/MARKUS LANTER, «Strapaziertes Völkerrecht», welche durch die Initiative eher verfassungsrechtliche Standards gefährdet sehen (NZZ Nr. 36 vom 13. Februar 2007). Die Staatspolitische Kommission des Nationalrates empfiehlt dem Plenum knapp die Annahme der Initiative. Der Nationalrat empfiehlt dem Stimmvolk, die Initiative abzulehnen (Abstimmung vom 7. Juni 2007, 117 zu 63 Stimmen).

[3] Art. 26 Abs. 3 VE hatte noch folgenden Wortlaut: «Die Gemeinde legt in der Gemeindeordnung fest, welche von den Stimmberechtigten gewählte Behörde das Gemeindebürgerrecht erteilt.» In der Vernehmlassung war die Bestimmung stark umstritten. Die Kommission suchte dann nach einer Kompromisslösung. Diese bestand darin, die Gemeindeversammlung ebenfalls als Entscheidungsorgan vorzusehen, aber Urnenabstimmungen ausdrücklich auszuschliessen. Die Kommission stimmte mit acht zu sechs Stimmen bei einer Enthaltung der jetzt vorliegenden Fassung zu; Prot. K2 vom 8. Januar 2004, S. 504 ff., 509.

klar zu⁴. Die Organe müssen der direkten Wahl unterliegen. In Frage kommen deshalb der Gemeinderat (Art. 87 Abs. 1 lit. b) oder das Gemeindeparlament (Art. 87 Abs. 2)⁵. Diese Organe dürfen die Entscheidkompetenz nicht einem Ausschluss aus ihrer Mitte übertragen. Anderseits ist es natürlich zulässig, dass die Entscheidvorbereitung einem solchen Ausschuss obliegt. Bei Gemeindeparlamenten wird das sogar die Regel sein.

2.2. Die Einbürgerungskommission

Gibt es das «ideale» Organ für die Einbürgerung in der Gemeinde? Ideale Staatsorgane gibt es kaum. Man muss sich aber stets fragen, wie ein Staatsorgan zu konstituieren sei, damit es die ihm anvertraute Aufgabe rechtskonform und sachgerecht zu erfüllen vermag. Auf Gemeindeebene würde die hier zu Debatte stehende Aufgabe wohl am zweckmässigsten durch eine besondere Einbürgerungskommission wahrgenommen⁶, die von den Stimmberechtigten an der Urne gewählt wird, also im gleichen Verfahren wir der Gemeinderat⁷. Sie darf nicht zu gross sein (fünf bis neun Mitglieder). Ein solches Organ würde nicht nur den rechtsstaatlichen Anforderungen an ein faires Verfahren gerecht werden, sondern wäre auf diese Aufgaben spezialisiert und zugleich direktdemokratisch legitimiert. Deshalb ist es dem Gemeinderat vorzuziehen. Um die Verbindung mit dem Gemeinderat institutionell zu gewährleisten, wäre aber denkbar, dass eines seiner Mitglieder der Einbürgerungskommission von Amtes wegen angehört. Ein solches Organ könnte durchaus auch in Gemeinden mit Gemeindeparlament sinnvoll sein. Mit einer Einbürgerungskommission würde

3

---

⁴ Prot. Plenum, S. 2815. Bei Absatz 2 gab es zwei Minderheitsanträge, die erwähnt werden sollen, weil sie eindrücklich diametral verschiedene Auffassungen in der Zuständigkeitsfrage zeigen: Die SVP-Fraktion wollte den Gemeinden völlig freie Hand bei der Bestimmung des zuständigen Organs lassen, was im Klartext heisst, dass auch die Urnenabstimmung hätte vorgesehen werden können. Ausserdem wäre der Entscheid des Organs endgültig gewesen. Der Antrag ist deckungsgleich mit dem Verfassungstext der Volksinitiative «für demokratische Einbürgerungen» (vgl. Anm. 2). Die SP-Fraktion wollte die Kompetenz lediglich einer von den Stimmberechtigten gewählten Behörde zubilligen. Damit wären die Gemeindeversammlungen als Entscheidungsinstanz ausgeschlossen worden (Prot. Plenum, S. 2804). Beide Anträge wurden abgelehnt. Was die Kompetenz der Gemeindeversammlung anbetrifft, ist noch zu erwähnen, dass das Bundesgericht sie inzwischen als zulässig erklärt hat; BGE 130 I 140 ff. Kritisch hingegen JAAG, Einbürgerungsrecht, S. 129 f.

⁵ Für JAAG (Einbürgerungsrecht, S. 131) sind Gemeindeparlamente auch nicht das «ideale» Organ für Einbürgerungsentscheide. In diesem Zusammenhang erstaunt allerdings, dass die Verleihung des Kantonsbürgerrechts durch das Kantonsparlament – soweit ersichtlich – nie kritisiert wird. Dies geschieht immerhin in zwölf Kantonen; Bericht BfM, Anhang 10.

⁶ Die Idee, mit den Einbürgerungen in den Gemeinden eine besondere Bürgerrechtskommission zu betrauen, war in der Kommission schon früh entstanden. Im Rahmen der sog. Kleinen Vernehmlassung vom 11. Juni 2002 machte sie dazu folgenden Vorschlag: «Das Gemeindebürgerrecht wird durch eine Bürgerrechtskommission erteilt, welche von den Stimmberechtigten oder den Gemeindeparlamenten gewählt wird.» Der Regierungsrat begrüsste die Regelung (RRB 1081 vom 10. Juli 2002), während das Echo der politischen Parteien kontrovers ausfiel.

⁷ Vgl. § 40 lit. a des Gesetzes über die politischen Rechte vom 1. September 2002 (LS 161).

das Spannungsfeld Rechtsstaat–Demokratie wohl am besten ausgeglichen. Sie wäre gestützt auf Art. 87 Abs. 1 lit. c im kantonalen Bürgerrechtsgesetz oder im Gemeindegesetz vorzusehen. Die Realität sieht allerdings anders aus (siehe den nachfolgenden Abschnitt).

2.3. Statistische Übersicht

4 Gesuche von Personen mit kantonalrechtlichem Anspruch auf Erteilung des Gemeindebürgerrechts werden in allen Zürcher Gemeinden seit längerem von den Exekutivbehörden (Gemeinderat bzw. Stadtrat) entschieden. Einen Anspruch auf Einbürgerung haben nach bisherigem Recht Ausländer und Ausländerinnen, die in der Schweiz geboren sind, sowie nicht in der Schweiz geborene Ausländer und Ausländerinnen, wenn sie zwischen 16 und 25 Jahren alt sind und während mindestens fünf Jahren in der Schweiz den Volks- oder Mittelschulunterricht in einer der Landessprachen besucht haben (§ 21 Abs. 2 und 3 Gemeindegesetz).

5 Die Zuständigkeit zur Erteilung des Gemeindebürgerrechts an Personen ohne Anspruch auf Einbürgerung lag im Kanton Zürich bis vor kurzem regelmässig bei den Gemeindeversammlungen bzw. den Gemeindeparlamenten. In den vergangenen drei Jahren ist eine Entwicklung festzustellen, wonach die Gemeinden im Rahmen der Revision ihrer Gemeindeordnungen diese Zuständigkeit vermehrt an die Gemeinde- bzw. Stadträte übertragen. Bis Ende Dezember 2006 haben 57 Gemeinden von dieser Möglichkeit Gebrauch gemacht. Weitere sieben Gemeinden haben eine spezielle Einbürgerungskommission geschaffen.

6 *Regelung der Einbürgerungszuständigkeit für Gesuchstellende ohne Anspruch auf Einbürgerung* (Veränderungen im Zeitraum 2003–2006)[8]:

Einbürgerungsorgan in den Gemeinden	2003	2006	Veränderung 2003/2006
Gemeindeversammlung	151	91	–60
Gemeinderat	8	61	+53
Einbürgerungskommission	0	7	+7
Gemeindeparlament	12	8	–4
Stadtrat	0	4	+4

---

[8] Quelle: Gemeindeamt des Kantons Zürich.

3. Politische Gemeinde anstelle der «Bürgerlichen Abteilung»

Nach Art. 50 der alten Kantonsverfassung war die Einbürgerung eine so genannte bürgerliche Angelegenheit, bei der nur die Gemeindebürger politische Rechte ausüben durften. Nach der neuen Verfassung obliegen diese Geschäfte alle der politischen Gemeinde und ihren Stimmberechtigten (Art. 83)[9]. 7

4. Kantonsbürgerrecht

Die Regelung des Gemeindegesetzes (§ 20 Abs. 3), wonach das Kantonsbürgerrecht – früher Landrecht geheissen – durch den Regierungsrat oder die von ihm bezeichnete Direktion erteilt oder verweigert werde, wurde ohne Diskussion in den Vorentwurf (Art. 26 Abs. 4) aufgenommen. In der Praxis wird das Kantonsbürgerrecht schon lange durch die Direktion des Innern und der Justiz erteilt oder verweigert (§ 32 Kantonale Bürgerrechtsverordnung). Im Hinblick auf die zweite Lesung wurde folgende Fassung vorgeschlagen: «Das Gesetz legt fest, welches kantonale Organ das Kantonsbürgerrecht erteilt.» Der Regierungsrat beantragte dann mehr aus verfahrenstechnischen Gründen die jetzt vorliegende Formulierung, welcher der Verfassungsrat oppositionslos zustimmte[10]. 8

5. Wer prüft welche Kriterien für die Erteilung des Bürgerrechts?

Art. 21 legt fest, welche Organe das Gemeindebürgerrecht und das Kantonsbürgerrecht erteilen oder verweigern. Das kantonale Bürgerrechtsgesetz muss aber noch genau festlegen, welches Organ welche Einbürgerungsvoraussetzungen zu prüfen hat. Die jetzige Regelung im Gemeindegesetz und in der kantonalen Bürgerrechtsverordnung ist kompliziert[11]. Das hat seine Ursache insbesondere darin, dass die Voraussetzungen für ausserkantonale Schweizer Bürger und für Ausländer teilweise dieselben sind. Namentlich gilt es klarzustellen, dass die 9

---

[9] Dazu JAAG, Rz. 2218 f.; Bericht und Antrag des Regierungsrates an den Kantonsrat zur Einzelinitiative KR-Nr 54/2001 betreffend Stimmrecht in bürgerlichen Angelegenheiten (RRB 402 vom 6. November 2002).

[10] Näheres im Prot. Plenum, S. 2815 f.

[11] Das bisherige Verfahren, in das Gemeinde-, Kantons- und Bundesinstanzen involviert sind, wir dargestellt in der Antwort des Regierungsrates auf die Interpellation Claudius Schmid/Christian Mettler betreffend Vereinbarkeit der schweizerischen mit der muslimischen Rechtsauffassung; RRB 60/2005 (KR-Nr. 401/2004), S. 5 ff.

Gemeinde die Integration des Ausländers, d.h. speziell die Voraussetzungen von Art. 20 Abs. 3 lit. a und lit. c zu prüfen hat, und zwar auch in den Fällen, wo ein (kantonal)rechtlicher Anspruch auf Einbürgerung vorgesehen werden soll. Die Gemeindeorgane sind für diese Aufgabe zweifellos am besten geeignet. In dem bereits erwähnten Entscheid hat nämlich das Verwaltungsgericht mit einer sehr gesuchten Auslegung, entgegen der in den Materialien festgehaltenen Auffassung von Regierungsrat und Kantonsrat, festgestellt, die Integration spiele bei den Anspruchsfällen gemäss § 21 keine Rolle[12]. Das ist unhaltbar und hat auch berechtigterweise zu politischen Reaktionen geführt[13]. Hier muss der kantonale Bürgerrechtsgesetzgeber Klarheit schaffen. Dabei ist auch zu beachten, dass dem Gemeindeorgan ein verfassungsmässig geschützter Entscheidungsspielraum zukommen muss (Art. 85 Abs. 1), wobei eine allenfalls restriktive Praxis nicht Willkür bedeutet[14].

6. Spezialfragen

6.1. Begründung ablehnender Einbürgerungsentscheide der Gemeindeversammlung

10   Ablehnende Entscheide der Gemeindeversammlung bedürfen angesichts von Art. 29 Abs. 2 BV einer Begründung. *Das* ist die Schwierigkeit bei der Beschlussfassung durch die Gemeindeversammlung[15]. Nach der bundesgerichtlichen Rechtsprechung setzt eine Ablehnung einen begründeten Antrag voraus[16]. Diesen Antrag wird im Regelfall wohl der Gemeinderat stellen, nachdem er vorgängig den Einbürgerungskandidaten das rechtliche Gehör gewährt (und diese gleichzeitig auch zum Gesuchsrückzug eingeladen hat). Stimmt die Gemeindeversammlung dem Antrag des Gemeinderates zu, dient dessen Begründung auch zur Begründung des Entscheids der Gemeindeversammlung[17].

---

[12] Vgl. Art. 20 Anm. 14. Dass anderseits eine Prüfung der Integration durch die Direktion des Innern und der Justiz, also die «Zentralbehörde», zulässig, ja geboten sei, zeigt die Widersprüchlichkeit der Argumentation vollends (vgl. schon Verwaltungsgerichtsentscheid vom 28. Februar 2001, VB 2000.00389).

[13] Ausführliche Darstellung des Problems in der Antwort des Regierungsrats vom 10. Mai 2006 auf die Dringliche Anfrage Bruno Grossmann et al. betreffend Einbürgerungsverfahren Ausländer mit Rechtsanspruch auf Einbürgerung, Eignung/Kompetenz der Gemeinden; RRB 705 vom 10. Mai 2006 (KR-Nr. 102/2006). Siehe auch Parlamentarische Initiative Hans Heinrich Raths et al. betreffend Verzicht auf erleichterte Einbürgerung für nicht in der Schweiz geborene Ausländer zwischen 16 und 25 Jahren (Aufhebung von § 21 Abs. 3 Gemeindegesetz) vom 18. Dezember 2006 (KR-Nr. 403/2006).

[14] HANGARTNER, Fragen, S. 957.

[15] Vgl. zur ganzen Problematik JAAG, Einbürgerungsrecht, S. 129 f.

[16] BGE 130 I 140 ff. Dabei haben Ehegatten, die je ein Einbürgerungsgesuch stellen, Anspruch auf eine selbständige Beurteilung ihres Gesuches und bei Ablehnung auf eine individuelle Begründung: BGE 131 I 18. Illustrativ zu dieser Fall-Konstellation auch BGE 1P.787, 2006 vom 22. März 2007 (Bürgergemeinde Engelberg).

[17] BGE 131 I 18.

Es muss aber auch zulässig sein, dass an der Gemeindeversammlung von einem Teilnehmer ein begründeter Ablehnungsantrag gestellt wird, wobei es Aufgabe des Verhandlungsleiters ist, durch gezieltes Nachfragen die Begründung so zu verdeutlichen, dass für die Abstimmung im Plenum die Ablehnungsgründe klar ersichtlich sind. Billigt das Plenum durch Mehrheitsentscheid die Ablehnungsgründe, muss das Verfahren an den Gemeinderat zurückgehen, damit der Einbürgerungskandidat zu diesen Gründen angehört werden kann ausser er ist an der Versammlung anwesend und kann sich sogleich äussern. Das Gesuch kann dann zwangsläufig erst an einer nächsten Gemeindeversammlung mit der Stellungnahme des Gemeinderates zum definitiven materiellen Entscheid unterbreitet werden. Mit dem Ständerat ist der Kommentator aber der Ansicht, dass die Stimmberechtigten ein Einbürgerungsgesuch nur ablehnen können, wenn ein entsprechender Antrag gestellt und begründet worden ist[18]. Das kantonale Bürgerrechtsgesetz wird eine solche Regelung vorsehen müssen.

6.2. Zur Frage des gerichtlichen Rechtsschutzes

Ein Minderheitsantrag verlangte, dass im Einbürgerungsverfahren auch bei ordentlichen Einbürgerungen ein kantonaler letztinstanzlicher gerichtlicher Rechtsschutz vorgesehen werde[19]. Dieser Antrag wurde mit 50 zu 36 Stimmen abgelehnt, im Wesentlichen mit der Begründung, dass einerseits im Kanton ein verwaltungsinternes Beschwerdeverfahren (Bezirksrat, Regierungsrat) bestehe und anderseits die staatsrechtliche Beschwerde ans Bundesgericht möglich sei. Über die Tragweite dieses negativen Entscheids des Verfassungsrates im Lichte von Art. 29a BV (Rechtsweggarantie) gingen die Auffassungen des Kommissionssprechers und zweier Votanten stark auseinander[20]. Heute ist die Frage im Lichte des neuen Bundesgerichtsgesetzes (BGG) vom 17. Juni 2005[21] zu beurteilen, das auch dort, wo neu nur die subsidiäre Verfassungsbeschwerde zulässig ist (Art. 117 BGG)[22], eine kantonale richterliche Vorinstanz verlangt[23]. Eine Ausnahme ist aber u.a. zulässig bei Entscheiden in öffentlichrechtlichen Angelegenheiten mit vorwiegend politischem Charakter (Art. 86 Abs. 3 BGG). Ist nun der Entscheid über die ordentliche Einbürgerung ein solcher? Soweit ersichtlich, wurde die Frage in der Doktrin erst einmal ausführlich behandelt: TOPHINKE

11

---

[18] Art. 15b Abs. 2 BüG in der Fassung des Ständerates, BBl 2005, S. 6957, und AB 2005 StR 1140. An die Regierung dürfen aber keine zu hohen Anforderungen gestellt werden: BGE 1P.787 vom 22. März 2007 (Bürgergemeinde Engelberg).
[19] Der Antrag ist im Plenumsprotokoll «untergegangen». Er hatte folgenden Wortlaut: «Der Einbürgerungsentscheid muss durch ein kantonales Gericht überprüft werden können.»
[20] Prot. Plenum, S. 2817 ff.; vgl. jetzt auch Art. 77 Abs. 1.
[21] SR 173.110.
[22] Diese tritt in kantonalen Bürgerrechtsangelegenheiten an die Stelle der bisherigen staatsrechtlichen Beschwerde.
[23] KARLEN, S. 69.

stellt fest, dass im Einbürgerungsverfahren über den rechtlichen Status einer Einzelperson entschieden werde. Die oftmals politischen Behörden würden dabei nach Ermessen entscheiden. Die Erteilung des Bürgerrechts stelle nach der bundesgerichtlichen Rechtsprechung aber eine individuell-konkrete Anordnung dar, die alle Merkmale einer Verfügung aufweise. Sie würde deshalb klarerweise von der Rechtsweggarantie erfasst. Die individual-rechtliche Bedeutung der Einbürgerung überwiege die politische Bedeutung, welche dieser Akt für das Gemeinwesen zweifelsohne auch habe[24]. Diese Argumentation ruft aber nach der Gegenfrage, weshalb denn der Bundesgesetzgeber die ordentliche Einbürgerung ausdrücklich von der Einheitsbeschwerde ausgenommen hat (Art. 83 lit. b BGG). Weshalb ordentliche Einbürgerungen auf Bundes- und auf kantonaler Ebene unterschiedlich behandelt werden sollen, ist nicht ersichtlich. Zulässig bleibt ja weiterhin die subsidiäre Verfassungsbeschwerde[25]. Und wie die im Rahmen des staatsrechtlichen Beschwerdeverfahrens ergangenen Leitentscheide aus dem Jahr 2003 zeigen, wird auf diesem Weg ein durchaus wirksamer gerichtlicher Rechtsschutz geschaffen. MARKUS MÜLLER ist aber beizupflichten, dass dem Umstand, dass ein Entscheid überwiegend politischen Charakter aufweist, weniger mit einem Ausschluss der gerichtlichen Kontrolle «als vielmehr mit einem adäquaten Kontrollumfang und sachgerechter Kontrolldichte Rechnung zu tragen (ist)»[26]. Diese Fragen wird der kantonale Gesetzgeber bei der Umsetzung von Art. 86 Abs. 3 BGG bzw. Art. 77 Abs. 1 KV entscheiden müssen. Die von ihm getroffene Regelung kann dann mittels der Beschwerde in öffentlich-rechtlichen Angelegenheiten auf ihre Übereinstimmung mit dem Bundesrecht überprüft werden (Art. 82 lit. b BGG)[27].

---

[24] TOPHINKE, S. 101 f. Auch ihr Bezug auf die parlamentarische Initiative Pfisterer, die auf Gesetzesstufe die Kantone verpflichten will, als letzte kantonale Instanz ein Gericht vorzusehen (Art. 50a BüG, BBl 2005, S. 6958 und AB 2005 StR 1141 f.), überzeugt nicht. Der Entscheid des Nationalrates ist noch offen und das dortige Verfahren derzeit sistiert. Zudem bestehen auch Zweifel, ob eine solche Regelung überhaupt verfassungskonform ist, mit anderen Worten ob eine solche Regelung noch als Mindestvorschrift im Sinne von Art. 38 Abs. 2 BV gelten kann. Es ist auffällig, dass der Bericht die Frage der Verfassungsmässigkeit der Vorlage einfach ohne nähere Begründung bejaht. Aus diesen Gründen teile ich auch die neuestens von HÄFELIN/HALLER/KELLER im Supplement zur 6. Aufl. (N. 1358/58a) vertretene Meinung nicht.

[25] KARLEN, S. 57.

[26] MARKUS MÜLLER, Die Rechtsweggarantie – Chancen und Risiken, ZBJV 140/2004, S. 161 ff., 171.

[27] KARLEN, S. 55. Hätte der Verfassungsgesetzgeber den gerichtlichen Rechtsschutz im Kanton ausgeschlossen, wäre die Beschwerde ans Bundesgericht hingegen nicht mehr möglich gewesen, da von der Bundesversammlung gewährleistete Kantonsverfassungen als nicht anfechtbar gelten, vgl. KARLEN, a.a.O., unter Hinweis auf die Botschaft des Bundesrates zum BGG.

5. Kapitel: Volksrechte

A. Stimm- und Wahlrecht

Art. 22

Das Stimm- und Wahlrecht und die weiteren politischen Rechte in Kantons- und Gemeindeangelegenheiten stehen allen Schweizerinnen und Schweizern zu, die im Kanton wohnen, das 18. Lebensjahr zurückgelegt haben und in eidgenössischen Angelegenheiten stimmberechtigt sind.

Stimm- und Wahlrecht

Materialien

Art. 27 VE; Prot. Plenum, S. 1790 ff., 2035 ff., 3092 ff.

Vgl. ferner Antrag des Regierungsrates zum Gesetz über die politischen Rechte vom 28. August 2002, ABl 2002, S. 1507 ff. (Antrag GPR).

Literatur

BESSON MICHEL, Behördliche Informationen vor Volksabstimmungen, Diss., Bern 2002; BIANCHI DORIS, Die Integration der ausländischen Bevölkerung. Der Integrationsprozess im Lichte des schweizerischen Verfassungsrechts, Diss., Zürich 2003, §§ 4, 8; HANGARTNER YVO, Das Stimmrecht der Auslandschweizer, in: Festschrift für François Aubert, Basel/Frankfurt a.M. 1996, S. 241 ff.; HANGARTNER/KLEY; HÄFELIN/HALLER, N. 1363 ff.; HEUSSER PIERRE, Stimm- und Wahlrecht für Ausländerinnen und Ausländer, Diss., Zürich 2001; HILLER CHRISTOPH, Die Stimmrechtsbeschwerde, Diss., Zürich 1990; KOTTUSCH PETER, Bürgerrecht und Volksrechte, in: Materialien zur Verfassungsreform, Bd. 9, S. 65 ff. (Bürgerrecht); LINDER WOLF, Schweizerische Demokratie. Institutionen, Prozesse, Perspektiven, 2. Aufl., Bern 2005 Kapitel 10, 12; POLEDNA TOMAS, Wahlgrundsätze und Parlamentswahlen, Diss., Zürich 1988; RHINOW, § 21; STEINMANN GEROLD, Die Gewährleistung der politischen Rechte durch die neue Bundesverfassung (Artikel 34 BV), ZBJV 139/2003, S. 481 ff.; TRECHSEL ALEXANDER/SERDÜLT UWE, Kaleidoskop Volksrechte. Die Institutionen der direkten Demokratie in den schweizerischen Kantonen 1970–1996, Basel usw. 1999; TSCHANNEN, §§ 48 ff.; WENGER DAVID R., Das Ausländerstimmrecht in der Schweiz und im europäischen Ausland – ein kommentierter Rechtsvergleich, AJP 2004, S. 1186 ff.

Rechtsquellen

– Art. 34, 39, 51 Abs. 1, 136 BV
– Bundesgesetz über die politischen Rechte vom 17. Dezember 1976 (BPR; SR 161.1)
– Gesetz über die politischen Rechte vom 1. September 2003 (GPR; LS 161)
– Verordnung über die politischen Rechte vom 27. Oktober 2004 (VPR; LS 161.1)

Übersicht

	Note
1. Dualistische Rechtsnatur des Stimm- und Wahlrechts	1
2. Bundesrechtlicher Rahmen	3
2.1. Allgemeines	3
2.2. Garantie der politischen Rechte (Art. 34 BV)	4

2.3. Rechtsschutz	8
3. Entstehungsgeschichte	16
3.1. Entwicklung des Normtextes	16
3.2. Zum Ausländerstimmrecht	24
3.3. Zur Frage des Stimmrechtsalters	31
3.4. Zum Auslandschweizer-Stimmrecht	33
4. Auslegung der Norm	35
4.1. Gegenstand des Stimm- und Wahlrechts	35
4.2. Stimmfähigkeit	37
4.3. Politischer Wohnsitz	38
4.4. Verhältnis zu anderen Normen der Verfassung	40

1. Dualistische Rechtsnatur des Stimm- und Wahlrechts

1 Das Stimm- und Wahlrecht hat eine doppelte Funktion[1]:
   – Es ist einmal ein verfassungsmässiges *Recht*. Sein Inhaber ist berechtigt, an Abstimmungen und Wahlen teilzunehmen und sich in öffentliche Ämter wählen zu lassen. Dieses Recht geniesst auch einen besonderen verfassungsgerichtlichen Schutz (dazu N. 8 ff.).
   – Das Stimm- und Wahlrecht hat aber auch eine *Organfunktion*: «Durch das politische Stimm- und Wahlrecht nehmen die Bürger nicht nur ein Recht, sondern zugleich eine Organkompetenz und damit eine öffentliche Funktion wahr.»[2]

2 Die Gesamtheit der Stimmberechtigten, das Volk, ist eben auch Staatsorgan[3]. Auf dem Volk beruht die Staatsgewalt (Art. 1 Abs. 3). Deshalb gebraucht die Verfassung für das fünfte Kapitel sinnvollerweise den Oberbegriff der «Volksrechte»[4]. Eine materiellrechtliche Folge der Organfunktion kann darin bestehen, dass die Teilnahme an Abstimmungen und Wahlen zur *Bürgerpflicht* erklärt wird. Wer dieser Pflicht nicht nachkommt, kann sanktioniert werden. Von einer solchen Regelung hat der Zürcher Verfassungsgeber aber abgesehen[5]. Eine weitere, recht häufige Konsequenz aus der Organfunktion ist der *Amtszwang* für bestimmte Ämter. Das zürcherische Recht sieht den Amtszwang für verschiedene Ämter unter gewissen Prämissen vor (§ 31 GPR). Aus der Organfunktion ergibt sich schliesslich die wichtige Folge, dass das Stimm- und Wahlrecht ein

---

[1] TSCHANNEN, § 48 Rz. 11 ff.; HÄFELIN/HALLER, N. 1381 f.; HANGARTNER/KLEY, N. 7 ff.
[2] BGE 119 Ia 167 ff., 172.
[3] HANGARTNER/KLEY, N. 327.
[4] Die Kritik von RHINOW (Rz. 1863), mit dem Begriff «Volksrechte» werde die Organfunktion gegenüber dem Individualrecht zu stark betont, ist deshalb unberechtigt.
[5] Im Entwurf KARLEN/KOTTUSCH für eine neue Verfassung des Kantons Zürich war eine solche Bürgerpflicht in Art. 30 Abs. 2 und 3 vorgesehen (Materialien zur Zürcher Verfassungsreform, Bd. 7, S. 208). Bei der Ausübung der politischen Rechte in Bundessachen normiert Art. 136 Abs. 1 Satz 2 BV, dass alle Stimmberechtigten gleiche Rechte und *Pflichten* haben.

Staatsbürgerrecht darstellt. Das ist auch im Zusammenhang mit der Frage der Ausländerstimmrechts von zentraler Bedeutung (dazu N. 24 ff.).

2. Bundesrechtlicher Rahmen

2.1. Allgemeines

Die Bundesverfassung verwendet für das Stimm- und Wahlrecht (und die weiteren auf ihm beruhenden Rechte) stets den Begriff der «politischen Rechte»[6]. Artikel 39 BV handelt von der Ausübung der politischen Rechte. Gemäss Art. 39 Abs. 1 BV regeln die Kantone die Ausübung grundsätzlich autonom. Eine bundesrechtliche Schranke besteht darin, dass die politischen Rechte nur am (politischen) Wohnsitz ausgeübt werden dürfen, dort, wo der Stimmberechtigte im Stimmregister eingetragen ist[7]. In mehr als einem Kanton darf niemand politische Rechte ausüben (Art. 39 Abs. 3 BV). Die Kantone können ausserdem vorsehen, dass Neuzugezogene erst nach einer bestimmten Karenzfrist, die nicht länger als drei Monate sein darf, die politischen Rechte ausüben dürfen (Art. 39 Abs. 4 BV). Der Kanton Zürich kennt keine solche Karenzfrist. Von Bedeutung ist ferner Art. 136 BV. Er definiert die Voraussetzungen der Stimmfähigkeit (keine Entmündigung wegen Geisteskrankheit oder Geistesschwäche, vgl. auch Art. 369 ZGB), an welche Art. 22 KV im Sinne einer dynamischen Verweisung anknüpft. Schliesslich gilt es, der Vollständigkeit halber noch Art. 51 Abs. 1 BV zu erwähnen. Gemäss dieser Bestimmung hat sich jeder Kanton eine demokratische Verfassung zu geben. Diese bedarf der Zustimmung des Volkes und muss revidiert werden können, wenn die Mehrheit der Stimmberechtigten (nicht der Stimmenden!) es verlangt. Diese denkbar geringen Anforderungen lassen sich nur historisch verstehen. Die Bundesverfassung verlangt lediglich für die Verfassungsgebung eine direkt-demokratische Willensbildung, für die einfache Gesetzgebung könnten die Kantone sich als repräsentative Demokratien konstituieren und auf Gesetzesinitiative und -referendum völlig verzichten. Das ist heute selbstverständlich in keinem Kanton mehr der Fall[8].

2.2. Garantie der politischen Rechte (Art. 34 BV)

Das Bundesgericht hat in langjähriger Rechtssprechung entschieden, das Stimm- und Wahlrecht räume «allgemein den Anspruch darauf ein, dass kein

3

4

---

[6] Zu den Hintergründen STEINMANN, S. 484 f. bei Anm. 11. Siehe aber den «Sündenfall» in Art. 39 Abs. 4 BV!

[7] Art. 39 Abs. 2 BV; §§ 3 und 9 GPR in Verbindung mit Art. 3 und 4 BPR; Antrag GPR, S. 1563, 1566; HÄFELIN/HALLER, N. 1368 ff.; TSCHANNEN, § 48 Rz. 26 ff.

[8] HÄFELIN/HALLER, N. 1016 ff.

Abstimmungs- und Wahlergebnis anerkannt wird, das nicht den freien Willen der Stimmbürger zuverlässig und unverfälscht zum Ausdruck bringt»[9]. In der neuen Bundesverfassung wurde dieser verfassungsrechtliche Anspruch in Art. 34 positiviert und damit gleichzeitig eine – institutionelle – Garantie der politischen Rechte verbunden:

> «[1] Die politischen Rechte sind gewährleistet.
>
> [2] Die Garantie der politischen Rechte schützt die freie Willensbildung und die unverfälschte Stimmabgabe.»

5   Die Norm findet sich im *Grundrechtskatalog* der Bundesverfassung. Damit wollte der Verfassungsgeber den fundamentalen Charakter der Gewährleistung über das rein Institutionelle und Organisatorische hinaus betonen[10]. Zweifellos ist diese Verfassungsbestimmung von grosser Bedeutung. Gleichwohl ist die Frage legitim, ob die Norm als *Staatsbürgerrecht* angesichts des Bezugs zum Bürgerrecht und der dualistischen Rechtsnatur des Stimm- und Wahlrechts nicht systematisch ins zweite Kapitel «Bürgerrecht und politische Rechte» der Bundesverfassung gehört hätte[11]. Nicht nur die politischen Rechte des Bundes, sondern auch diejenigen auf «Kantons- oder Gemeindebene werden durch Abs. 1 von Art. 34 BV in ihrer jeweiligen Ausgestaltung mit den dazugehörenden Ausführungsnormen abstrakt garantiert, also in dem Ausmasse, wie sie vom Verfassungs- und Gesetzgeber des betreffenden Gemeinwesens im Einzelnen tatsächlich gewährt und ausgestaltet sind. Unter Verweis auf das Organisationsrecht von Bund und Kantonen übernimmt die Bundesverfassung eine abstrakte Schutzfunktion über die Gesamtheit der politischen Rechte. Die Frage aber, welche konkreten politischen Rechte gewährleistet sind und ob diese im Einzelfall missachtet werden, richtet sich im Einzelnen nach den einschlägigen Bestimmungen über die politischen Rechte.»[12] Es kann also gestützt auf Art. 34 Abs. 1 BV *keine bestimmte Ausgestaltung* eines politischen Rechts verlangt werden. STEINMANN charakterisiert die Verfassungsnorm als eine Art Kerngehaltsgarantie[13]. Er hebt drei inhaltliche Elemente hervor[14]. Zum ersten ein *institutionelles*: Die demokratische Grundordnung mit einer minimalen politischen Partizipation in Form von Wahlen und Abstimmungen ist zu gewährleisten und ein offener demokratische Diskurs sicherzustellen. Dann führt – in Verbindung

---

[9] BGE 119 Ia 271 ff., 272.
[10] STEINMANN, S. 482.
[11] Vgl. auch HÄFELIN/HALLER, N. 205, und BIANCHI (S. 152 bei Anm. 800 mit Nachweisen): «Im Bereich der politischen Rechte entspricht das Abstellen auf die Staatsbürgerschaft heute der herrschenden Anschauung.» Es hätten sich dadurch auch die dogmatischen Schwierigkeiten vermeiden lassen, in die man gerät, wenn es um die Schrankenproblematik bei den Grundrechten gemäss Art. 36 BV geht (dazu STEINMANN, S. 483).
[12] STEINMANN, S. 487.
[13] STEINMANN, S. 488.
[14] STEINMANN, S. 487 ff.

mit Art. 8 Abs. 1 BV – ein auf das Politische ausgerichtetes *Gleichheitsgebot*[15] zu den von der Doktrin und der Judikatur ausgebildeten Rechtsfiguren der *Zählwert- und Erfolgswertgleichheit* bei Wahlen. Als drittes Element nennt er einen qualifizierten *Rechtsschutz* durch *Gerichte*.

Art 34 Abs. 2 BV enthält die Regelung, die vom Bundesgericht und der Doktrin seit langem als «Wahl- und Abstimmungsfreiheit» bezeichnet wurde und noch wird[16]. Daraus wurden im Lauf der Zeit eine Reihe von Grundsätzen entwickelt, die hier nur stichwortartig aufgezählt werden sollen, da sie in der Doktrin eine breite Darstellung erfahren haben[17]. Zu erwähnen sind etwa der Grundsatz der Einheit der Materie, das Gebot der korrekten Information der Stimmberechtigten[18], der Anspruch auf korrekte Durchführung von Wahlen und Abstimmungen (namentlich einwandfreie Formulierung der Abstimmungsfrage und korrekte Ermittlung des Wahl- oder Abstimmungsergebnisses). Ob man die zur früheren Wahl- und Abstimmungsfreiheit entwickelte Praxis Abs. 1 oder Abs. 2 von Art. 34 BV zuordnet, ist letztlich wohl zweitrangig. Die Doktrin wirkt hier nicht einheitlich, ja unsicher. Vielleicht wäre es sogar klüger gewesen, Art. 39 BV, welcher von der Ausübung der politischen Rechte handelt, schlicht mit einem Absatz 5 zu versehen:

> «Der Bund gewährleistet (bei der Ausübung der politischen Rechte) den Schutz der freien Willensbildung und die unverfälschte Stimmabgabe.»

Wichtig ist aber, dass der enge Konnex der Garantie der politischen Rechte mit der *Rechtsgleichheit* (Art. 8 Abs. 1 BV) und den *Kommunikationsgrundrechten* (Art. 16 und 17 BV) gesehen wird[19].

2.3. Rechtsschutz

Ein Kenner der Materie schrieb im Jahr 2003, hinsichtlich *kantonaler* Streitigkeiten aus dem Bereich der politischen Rechte sei ein optimaler Rechtsschutz gewährleistet[20]. Wie ist die Rechtslage ab dem 1. Januar 2007 – nach Inkrafttre-

---

[15] Vgl. für die Bundesebene auch Art. 136 Abs. 1 Satz 2 BV. Auch das Gebot, dass Wahlen allgemein, unmittelbar, frei, gleich und geheim durchzuführen sind (vgl. prägnant die Wahlrechtsgrundsätze in Art. 38 des deutschen Grundgesetzes), kann zur Kerngehaltsgarantie gezählt werden, relativiert durch Ausnahmen bei den geheimen Wahlen aufgrund der spezifisch schweizerischen Situation (Landsgemeinden, Gemeindeversammlungen). Zu dieser Einschränkung HÄFELIN/HALLER, N. 1397 f.

[16] Vgl. z.B. HÄFELIN/HALLER, N. 1387 ff.; STEINMANN, S. 490 ff. Die Terminologie wird zu Recht von TSCHANNEN (§ 48 Rz. 10) kritisiert, weil sie «dazu verleitet, die Teilnahme an Wahlen und Abstimmungen einzig als Grundrechtsbetätigung zu sehen und die Bedeutung dieser Handlungen für die staatliche Entscheidfindung auszublenden. Spricht man dagegen von ‹Stimmrecht› oder ‹politischen Rechten›, kommt die Natur der Bürgerpartizipation als Individualrecht *und* Organfunktion angemessener zum Ausdruck.»

[17] Siehe z.B. bei HÄFELIN/HALLER, N. 1388 ff., und HANGARTNER/KLEY, §§ 41 ff.

[18] Dazu umfassend die Monografie von BESSON.

[19] HANGARTNER/KLEY, N. 2468.

[20] STEINMANN, S. 502.

ten von Art. 29a und Art. 189 rev. BV sowie des neuen Bundesgerichtsgesetzes zu beurteilen?

9 Nach bisherigem Recht (§ 149 GPR) verläuft der *Rechtsmittelzug* im Kanton folgendermassen:
   – Bei Wahlen und Abstimmungen in Gemeinden ist der Bezirksrat erste, der Regierungsrat zweite Rekursinstanz.
   – Bei Wahlen und Abstimmungen im Bezirk und im Kanton entscheidet
     – der Kantonsrat gestützt auf einen Antrag des Regierungsrates, wenn es um die Wahl des Kantonsrats geht;
     – die entsprechende Synode, wenn es um kirchliche Wahlen geht;
     – der Regierungsrat in allen übrigen Fällen.

Über die Ungültigkeitserklärung von kantonalen Volksinitiativen entscheidet der Kantonsrat (Art. 28 KV).

10 Mit dem Stimmrechtsrekurs kann die Verletzung der politischen Rechte oder von Vorschriften über ihre Anwendung gerügt werden. Anfechtbar sind alle Handlungen und Unterlassungen staatlicher Organe (§ 147 GPR)[21]. Die Rekurslegitimation ist weit gefasst (§ 148 GPR).

11 Es zeigt sich, dass beim Rechtsschutz im Bereich der politischen Rechte der Regierungsrat bisher die zentrale Rolle wahrnimmt, sei es, dass er als erste und einzige, sei es, dass er als letzte kantonale Rekursinstanz handelt. Das ist vom Gesetzgeber klar gewollt[22]. Auf einen kantonalen gerichtlichen Rechtsschutz wurde bisher bewusst verzichtet.

12 Gegen letztinstanzliche kantonale Entscheide konnte bisher staatsrechtliche Beschwerde gemäss Art. 85 lit. a OG erhoben werden, die in der Praxis als *Stimmrechtsbeschwerde* bekannt ist. Nach dem neuen Bundesgerichtsgesetz steht jetzt dafür die Beschwerde in öffentlich-rechtlichen Angelegenheiten zur Verfügung (Art. 83 ff. BGG), die für Stimmrechtsangelegenheiten verschiedene Sonderbestimmungen enthält[23]. Was die kantonalen Vorinstanzen anbetrifft, so bestimmt nun Art. 88 Abs. 2 BGG Folgendes:

> «Die Kantone sehen gegen behördliche Akte, welche die politischen Rechte der Stimmberechtigten in kantonalen Angelegenheiten verletzen können, ein Rechtsmittel vor. Diese Pflicht erstreckt sich nicht auf Akte des Parlaments und der Regierung.»

13 Aus dieser Norm ergeben sich zwei wichtige Schlüsse. Die Kantone müssen zwar zwingend eine Rechtsmittelinstanz vorsehen, diese muss aber *kein Gericht* sein. Insofern handelt es sich hier um eine Ausnahme gemäss Art. 29a

---

[21] Eine Zusammenstellung der in Frage kommenden Vorschriften findet sich im Antrag GPR, S. 1634.
[22] Antrag GPR, S. 1636.
[23] PETER KARLEN, Das neue Bundesgerichtsgesetz, Zürich 2006, S. 53 f.

Satz 2 BV[24]. Als Weiteres ergibt sich, dass keine Rechtsmittelinstanz erforderlich ist, wenn der Kantonsrat oder der Regierungsrat entschieden haben. Der von § 149 GPR vorgesehene Rechtsmittelzug ist also mit dem neuen Bundesrecht konform. Gegen Entscheide des Regierungs- und des Kantonsrates kann weiterhin Stimmrechtsbeschwerde direkt beim Bundesgericht erhoben werden. Einen Mangel weist das bisherige System allerdings auf: Der Regierungsrat urteilt über Verletzungen der politischen Rechte, die *er* begangen hat, selbst, gewissermassen als Richter in eigener Sache[25]. Zum Beispiel wäre an einen mit Mängeln behafteten Beleuchtenden Bericht an die Stimmberechtigten zu denken, den er verfasst hat[26], oder an eine unzulässige Einmischung in den Abstimmungskampf.

Wie sähe eine Alternative mit einem Gericht als kantonaler Rechtsmittelbehörde aus? Dafür käme wohl nur das *Verwaltungsgericht* in Frage. Als erste Instanz würden weiterhin der Bezirksrat und – anstelle des Regierungsrats – die Direktion des Innern und der Justiz amten. Das führt allerdings in den Sachbereichen, wo bisher der Regierungsrat als einzige Instanz gehandelt hat, zu einer Verlängerung des Instanzenzuges, und dies gerade auf einem Gebiet, wo rasches Handeln geboten ist und deshalb extrem kurze Rekursfristen gelten (§ 150 GPR). Entscheide des Kantonsrats (§ 149 Abs. 2 lit. a GPR; Art. 28 KV) der Kontrolle des Verwaltungsgerichts zu unterstellen, ist politisch ohnehin nicht angängig, wird dieses doch vom Kantonsrat gewählt (Art. 75 Abs. 1 KV), womit eine faktische Abhängigkeit besteht. 14

Das bisherige, gut eingeführte System ist deshalb zu belassen, zumal mit der Stimmrechtsbeschwerde an das Bundesgericht ein bewährtes Rechtsmittel zu Verfügung steht. 15

3. Entstehungsgeschichte

3.1. Entwicklung des Normtextes

Am 23. Januar 2003 behandelte das Plenum unter dem Titel «Stimm- und Wahlrecht» folgenden Antrag der Kommission 2 vom 19. September 2002[27]: 16

> Das Stimm- und Wahlrecht in kantonalen und kommunalen Angelegenheiten steht allen Schweizerinnen und Schweizern zu, die im Kanton wohnen, das 18. Lebensjahr zurückgelegt haben und nicht wegen Geisteskrankheit oder Geistesschwäche entmündigt sind.

---

[24] Anderer Auffassung: Esther Tophinke, Bedeutung der Rechtsweggarantie für die Anpassung der kantonalen Gesetzgebung, ZBl 107/2006, S. 88 ff., 104 ff.
[25] Vgl. Antrag GPR, S. 1636.
[26] § 39 Abs. 3 des Kantonsratsgesetzes vom 5. April 1981 (LS 171.1).
[27] Prot. Plenum, S. 1790 f.

17 Ferner lagen folgende Anträge betreffend die *Auslandschweizerinnen und Auslandschweizer* vor[28]:

> *Minderheitsantrag 1:*
>
> Das Stimm- und Wahlrecht in kantonalen und kommunalen Angelegenheiten steht allen Schweizerinnen und Schweizern zu, die das 18. Lebensjahr zurückgelegt haben, nicht wegen Geisteskrankheit oder Geistesschwäche entmündigt sind und im Kanton wohnen *oder als Auslandschweizer im Stimmregister einer Zürcher Gemeinde erfasst sind.*
>
> *Antrag des Regierungsrates:* Ergänzung des den Ständerat betreffenden Art. 3.52 Abs. 1 mit einem zweiten Satz wie folgt:
>
> Die beiden Mitglieder des Ständerates werden gleichzeitig mit den Mitgliedern des Nationalrates für eine Amtsdauer von vier Jahren durch das Volk gewählt. *Auslandschweizerinnen und Auslandschweizer können ebenfalls wählen.*

18 Folgende Minderheitsanträge betrafen das *Stimm- und Wahlrecht für Ausländerinnen und Ausländer*[29]:

> *Minderheitsantrag 2:*
>
> Das Stimm- und Wahlrecht in kantonalen und kommunalen Angelegenheiten steht allen *im Kanton Zürich wohnhaften* Schweizerinnen und Schweizern *sowie den seit mindestens fünf Jahren im Kanton wohnhaften Ausländerinnen und Ausländern* zu. *Voraussetzung ist, dass sie* das 18. Lebensjahr zurückgelegt haben und nicht wegen Geisteskrankheit oder Geistesschwäche entmündigt sind.
>
> *Minderheitsantrag 3:* Ergänzung des Mehrheitsantrages mit folgendem Abs. 2:
>
> ² Die Gemeinden können das Stimmrecht ausserdem Ausländerinnen und Ausländern erteilen, die seit zehn Jahren in der Schweiz und davon seit fünf Jahren im Kanton wohnen.

19 Schliesslich wurden folgende Anträge zu den *Voraussetzungen des Stimm- und Wahlrechts bei Schweizerinnen und Schweizern* gestellt[30]:

> *Antrag Mauchle (SP):*
>
> Das Stimm- und Wahlrecht in kantonalen und kommunalen Angelegenheiten steht allen Schweizerinnen und Schweizern zu, die im Kanton wohnen [und] das 18. Lebensjahr zurückgelegt haben.
>
> *Antrag CVP-Fraktion:*
>
> Das Stimm- und Wahlrecht in kantonalen und kommunalen Angelegenheiten steht allen *mündigen* Schweizerinnen und Schweizern zu, die im Kanton Zürich wohnen.
>
> *Antrag Köpfli (SP):*
>
> Das Stimm- und Wahlrecht in kantonalen und kommunalen Angelegenheiten steht allen Schweizerinnen und Schweizern zu, die im Kanton wohnen [und] das 18. Lebensjahr zurückgelegt haben. *Bei umfassender Urteilsunfähigkeit kann das Stimm- und Wahlrecht entzogen werden.*

---

[28] Prot. Plenum, S. 1809.
[29] Prot. Plenum, S. 1790 f.
[30] Prot. Plenum, S. 1820, 1827, 1832.

Antrag Regierungspräsident Notter:

Das Stimm- und Wahlrecht in kantonalen und kommunalen Angelegenheiten steht allen Schweizerinnen und Schweizern zu, die im Kanton wohnen, das 18. Lebensjahr zurückgelegt haben *und nicht von den politischen Rechten in eidgenössischen Angelegenheiten ausgeschlossen sind.*

In der langen Debatte vom 23. Januar 2003 wurden die Anträge Mauchle, Köpfli und derjenige der CVP-Fraktion zurückgezogen. Die Minderheitsanträge 1–3 unterlagen. Der Antrag des Regierungsrates und jener von Regierungspräsident Notter wurden angenommen[31]. Ein *vierter Minderheitsantrag*, welcher in der gemäss Antrag Notter verabschiedeten Fassung durch einen Annex ermöglichen wollte, dass sich Schweizer und Schweizerinnen nach zurückgelegtem 16. Altersjahr ins Stimmregister eintragen lassen *können*, wurde verworfen[32]. 20

In der 1. Gesamtlesung vom 9. Mai 2003 beschloss das Plenum die heute geltende Fassung, wobei auf Antrag des Regierungsrates die Ergänzung betreffend die weiteren politischen Rechte aufgenommen wurde[33]: Die Anträge von CVP und SP sowie der Grünen, wonach die Gemeinden das Stimm- und Wahlrecht in *kommunalen* Angelegenheiten auch den Ausländerinnen und Ausländern erteilen können, wurden verworfen[34]. 21

In der öffentlichen Vernehmlassung wurden sowohl die Einführung des Ausländerstimmrechts als auch die Herabsetzung des Stimmrechtsalters kontrovers beurteilt. 22

In der 2. Gesamtlesung vom 2. Juli 2004 wurden erneut Minderheitsanträge auf Einführung des Ausländerstimmrechts in kommunalen Angelegenheiten und auf Herbsetzung des Stimmrechtsalters gestellt und erneut verworfen. Einem Antrag der SP-Fraktion auf Einführung des *integralen* Stimm- und Wahlrechts für Ausländer, die seit fünf Jahren im Kanton Zürich wohnen, war desgleichen kein Erfolg beschieden[35]. 23

3.2. Zum Ausländerstimmrecht

Bei der Behandlung des Stimm- und Wahlrechts war die Frage der Einführung des Ausländerstimmrechts im Verfassungsrat *der* neuralgische Punkt. Es ist sinnvoll, vorerst die politischen Entscheidungen über diese Frage im Kanton Zürich während der letzten 15 Jahre Revue passieren zu lassen und daran anschliessend einige rechtsvergleichende Hinweise zu machen. 24

---

[31] Prot. Plenum, S. 1808 f., 1817 f., 1833 ff.
[32] Prot. Plenum, S. 1835 ff., 1843.
[33] Prot. Plenum, S. 2035, 2037.
[34] Prot. Plenum, S. 2035 f., 2043.
[35] Prot. Plenum, S. 3092, 3100 f.

25 In der Volksabstimmung vom 26. September 1993 wurde die Volksinitiative vom 7. März 1991 (KR-Nr. 59/1991) für ein fakultatives kommunales Ausländerstimmrecht abgelehnt, und zwar mit 66% Neinstimmen bei einer Stimmbeteiligung von 47%. In der Folge kam es zu neuen Vorstössen im Kantonsrat, denen aber kein Erfolg beschieden war: Auf die parlamentarische Initiative Cahannes/Huonker vom 10. Januar 1994 betreffend Verfassungsänderung zur Einführung des Stimm- und Wahlrechts für Ausländer und Ausländerinnen in Angelegenheiten, welche Schulfragen betreffen (KR-Nr. 22/1994), trat der Kantonsrat am 18. September 1995 – nach zunächst vorläufiger Unterstützung – nicht ein. Am 10. Juli 2000 erreichten zwei Behördeninitiativen des Gemeinderates der Stadt Zürich vom 29. März 2000 (KR-Nr. 173 und 174/2000) das notwendige Quorum von 60 Stimmen nicht. Die eine Behördeninitiative hatte zum Ziel, die Gemeinden zu ermächtigen, das Stimm- und Wahlrecht in Schulangelegenheiten für Ausländer, die im Besitz der Niederlassungsbewilligung sind, einzuführen. Die zweite verlangte, die kantonalen Bestimmungen dahingehend zu ändern, dass niedergelassene Ausländer als Beisitzer an der Schlichtungsbehörde für Mietsachen sowie an den Miet- und Arbeitsgerichten wählbar sind. Noch während der Verfassungsrat an der Arbeit war, überwies der Kantonsrat am 15. November 2004 eine Einzelinitiative Sarisavas (KR-Nr. 264/2004), welche in der Form der allgemeinen Anregung Ausländern, die seit mindestens zehn Jahren in der Schweiz leben und die Niederlassungsbewilligung haben, das Stimm- und Wahlrecht auf Gemeindeebene gewähren wollte. Weder der Kantons- noch der Regierungsrat haben den Verfassungsrat je offiziell über dieses Geschäft informiert. Mit Beschluss vom 10. Mai 2006 beantragte der Regierungsrat dem Kantonsrat, die Einzelinitiative definitiv zu unterstützen. Er nahm eine Regelung in Aussicht, welche das fakultative Ausländerstimmrecht auf Gemeindeebene vorsehen würde. Die vorberatende Kommission des Kantonsrats beantragte aber am 22. September 2006 dem Plenum, die Einzelinitiative *nicht* definitiv zu unterstützen. Der Kantonsrat lehnte dann die Initiative am 12. Februar 2007 mit 94 : 56 Stimmen ab. Angesichts der Tatsache, dass der Verfassungsrat die Einführung des Ausländerstimmrechts abgelehnt und das Volk dies mit der Annahme der neuen Verfassung am 27. Februar 2005 sanktioniert hat, erstaunt das Vorgehen des Regierungsrats.

26 Die Rechtsvergleichung zeigt[36], dass mittlerweile das Ausländerstimmrecht in acht Kantonen, nämlich in Neuenburg (seit dem 19. Jahrhundert), Jura (1977), Appenzell Ausserrhoden (1995), Waadt (2003), Graubünden (2003), Freiburg

---

[36] Vgl. dazu Antrag des Regierungsrats zur Einzelinitiative Sarisavas betreffend Stimm- und Wahlrecht auf Gemeindeebene für langjährig niedergelassene Ausländerinnen und Ausländer (RRB 4316 vom 10. Mai 2006), S. 6 f.; vgl. auch HÄFELIN/HALLER N. 1380b. Zur Rechtslage in europäischen Staaten sowie in der EU: Antrag RR zur Einzelinitiative Sarisavas, S. 7 f., sowie den Aufsatz von WENGER.

(2004), Genf (2005) und Basel-Stadt (2005)[37] besteht. Dabei sind die Voraussetzungen recht unterschiedlich ausgestaltet, z.B. bezüglich Wohnsitzdauer, Erfordernis der Niederlassungsbewilligung, Einschränkungen beim passiven Wahlrecht. Nur in den Kantonen Jura und Neuenburg gibt es das Stimm- und das *aktive* Wahlrecht auf *kantonaler* Ebene; das passive Wahlrecht besteht lediglich – zum Teil sogar in beschränktem Umfang – auf Gemeindeebene. Die übrigen Kantone sehen das kommunale Stimm- und Wahlrecht vor. Zum Teil gilt es kraft Verfassung in allen Gemeinden, zum Teil sind die Gemeinden bloss ermächtigt, es einzuführen. Positiv stehen dem Ausländerstimmrecht somit vorab westschweizerische Kantone und Basel-Stadt gegenüber[38]. Bemerkenswert ist aber, dass auch zwei Ostschweizer Kantone, Appenzell Ausserrhoden (Art. 105 Abs. 2 KV) und Graubünden (Art. 9 Abs. 4 KV) das fakultative Ausländerstimmrecht auf Gemeindeebene in ihren neuen Verfassungen vorsehen. In Appenzell Ausserrhoden haben allerdings erst drei von zwanzig, in Graubünden acht von 208 Gemeinden von dieser Kompetenz Gebrauch gemacht (Stand April 2006)[39]. Bei Rechtsvergleichen ist aber stets eine gewisse Zurückhaltung geboten[40].

Bei der Behandlung des Ausländerstimmrechts im Verfassungsrat[41] blieben die Fronten in Kommission und Plenum von Beginn an weitgehend unverändert. Es wurde bald klar, dass der Entscheid über das Ausländerstimmrecht für die neue Kantonsverfassung zur Schicksalsfrage werden könnte. Man sprach sogar von einem «Killerparagrafen» für die neue Verfassung, weshalb es klug sein würde, über ihn separat abzustimmen, um nicht die Verfassung als Ganzes zu gefährden. Welche Argumente wurden im Verfassungsrat für und gegen das Ausländerstimmrecht vorgebracht?

Als wichtigste *Pro-Argumente* wurden genannt:
– Das Ausländerstimmrecht ist ein *Menschenrecht*.
– Es ist ein probates *Mittel zur Integration*.
– Wer bei uns arbeitet, Steuern zahlt («no taxation without representation!») und am sozialen Leben teilnimmt, soll auch politisch mitbestimmen können.
– Wer von staatlichen Regelungen betroffen ist, soll auch bei der entsprechenden politischen Willensbildung mitwirken können (Modell der «Territorialdemokratie»).

---

[37] Zur Regelung in Basel-Stadt: DENISE BUSER, Streiflichter auf die basel-städtische Kantonsverfassung und neuere Totalrevisionen, BJM 2006, S. 173 ff., 187 ff. Erwähnt werden muss, dass die Regelung für die Stadt Basel gerade nicht gilt, sondern nur für zwei Agglomerationsgemeinden (S. 188 Anm. 49)! Bei BUSER finden sich auch Hinweise zur Rechtslage in anderen Kantonen.

[38] Im Kanton Bern hat der Grosse Rat im Januar 2007 die Einführung des fakultativen Ausländerstimmrechts auf Gemeindeebene erneut knapp abgelehnt: NZZ vom 25. Januar 2007, S. 16.

[39] In der Stadt Chur lehnte das Parlament bei der Totalrevision der Stadtverfassung die Einführung des Ausländerstimmrechts im November 2004 deutlich ab; Schriftliche Mitteilung der Stadtkanzlei vom 22. Januar 2007.

[40] Prot. Plenum, S. 1806 ff.

[41] KOTTUSCH, Bürgerrecht, S. 69 ff., mit Nachweisen.

- Es ist unfair, einen beträchtlichen Teil der Bevölkerung, im Kanton Zürich über 20 %, von der politischen Partizipation auszuschliessen.
- Andere Kantone kennen das Ausländerstimmrecht auch, namentlich auf kommunaler Ebene; als Beispiele wurden die beiden ostschweizerischen Kantone Appenzell Ausserrhoden und Graubünden angeführt.
- Die *Gemeindeautonomie* ruft auch nach der Kompetenz der Gemeinden, über die Einführung des Ausländerstimmrechts selbst entscheiden zu können.
- Die Anforderungen an das Bürgerrecht sind prohibitiv hoch, so dass auf diesem Weg das Ausländerstimmrecht nur schwer zu erlangen ist.

29 Als wichtigste *Kontra-Argumente* wurden ins Feld geführt:
- Das Stimm- und Wahlrecht ist ein *Staatsbürgerrecht* (Modell der «Bürgerdemokratie»).
- Es ist von einer «Trias von Integration, Einbürgerungen und politischen Rechten» auszugehen[42]. Das Stimmrecht ist nicht Mittel zur Integration, sondern diese ist Voraussetzung zur Einbürgerung, welche dann zum Stimm- und Wahlrecht führt. «Wer stimmen will, soll sich einbürgern lassen.» Die Integration ist aber zu fördern, was sich in Art. 114 Abs. 2 niederschlug.
- Das Stimm- und Wahlrecht ist nicht bloss ein Individualrecht, sondern in der direkten Demokratie eben auch eine *Organkompetenz*. Jeder Bürger ist Teil eines Staatsorgans, des «Souveräns»[43].
- Es ist von einer *einheitlichen* Regelung auf allen Stufen (Bund, Kanton, Gemeinde) auszugehen, da alle Entscheide von gleicher Qualität sind. Gerade auf kommunaler Ebene sind Abstimmungsfragen nicht zwangsläufig «einfacher», sie können im Gegenteil sogar komplexer sein.

30 Der politische Diskurs sowohl in der Kommission 2 als auch im Plenum war engagiert und bewegte sich auf anspruchsvollem Niveau. Die Einführung des integralen Ausländerstimmrechts (d.h. auf Kantons- und Gemeindeebene) war chancenlos (Ergebnis der zweiten Gesamtlesung 61 Nein- gegen 32 Jastimmen)[44]. Die (fakultative) Einführung des Ausländerstimmrechts auf kommunaler Ebene wurde in der ersten Gesamtlesung mit 37 gegen 54 Stimmen[45], in der zweiten mit 38 gegen 49 Stimmen[46] abgelehnt. Das Ergebnis fiel somit eindeutig aus.

---

[42] KOTTUSCH, Bürgerrecht, S. 65 f.; vgl. ferner Vorb. zu Art. 20–21 N. 2.
[43] Vgl. dazu N. 1.
[44] Prot. Plenum, S. 3100; bei der ersten Gesamtlesung wurde kein entsprechender Antrag gestellt.
[45] Prot. Plenum, S. 2043.
[46] Prot. Plenum, S. 3100.

3.3. Zur Frage des Stimmrechtsalters

Neben dem Ausländerstimmrecht war bei der Beratung von Art. 22 auch die Altersgrenze für das Stimm- und Wahlrecht ein strittiges Thema. Schon bei den Vorberatungen wurde ein Antrag gestellt, dass Schweizer und Schweizerinnen auf Antrag das Stimm- und Wahlrecht in Kantons- und Gemeindeangelegenheiten ab dem 16. Altersjahr zu gewähren sei[47].

– *Für diese Herabsetzung* wurde ins Feld geführt, es gelte, an politischen und gesellschaftlichen Fragen interessierte schweizerische Jugendliche frühzeitig auch in die politische Verantwortung einzubeziehen. Hingewiesen wurde auf die Aktivitäten in den Jugendsektionen der Parteien und in den Jugendparlamenten. Ein solcher Schritt würde eine «politische Innovation» bewirken. Erwähnung fand zudem, dass die religiöse Mündigkeit ebenfalls mit 16 Jahren eintrete (Art. 303 Abs. 3 ZGB) und dass die Berufslehren auch meistens mit 16 Jahre beginnen würden.
– *Gegen die Herabsetzung* wurde namentlich auf das Korrelat von Rechten und Pflichten hingewiesen. Politische und zivilrechtliche Mündigkeit (Art. 14 ZGB) sollten übereinstimmen. Auch die Strafmündigkeit sollte dem Stimmrechtsalter entsprechen. Zudem wurde die Befürchtung geäussert, eine solche Regelung sei mit erheblichen administrativen Umtrieben verbunden.

Bei den Vorberatungen im Januar 2003 wurde dann aber ein entsprechender Antrag mit 40 zu 44 Stimmen abgelehnt[48].

In der zweiten Gesamtlesung[49] stellte eine Kommissionsminderheit folgenden Antrag:

> «Im Kanton wohnenden Jugendlichen zwischen 16 und 18 Jahren wird das aktive Stimm- und Wahlrecht auf Antrag gewährt.»

Der Unterschied zum ersten Antrag bestand somit im Ausschluss des passiven Wahlrechts für diese Alterskategorie. Der Antrag wurde gleichwohl mit 41 zu 46 Stimmen abgelehnt[50]. Man darf aber durchaus von einem Achtungserfolg der Minderheit sprechen, wenn auch die Zahl der Nichtstimmenden in beiden Abstimmungen recht hoch ausfiel.

---

[47] Prot. Plenum, S. 1835 ff.
[48] Prot. Plenum, S. 1843.
[49] In der ersten Gesamtlesung wurde zu dieser Frage kein Antrag gestellt.
[50] Prot. Plenum, S. 3101.

3.4. Zum Auslandschweizer-Stimmrecht

33 Bei den Vorberatungen im Januar 2003 wurde ein Minderheitsantrag gestellt, auch den Auslandschweizern das Stimm- und Wahlrecht zu gewähren, sofern sie sich ins Stimmregister einer zürcherischen Gemeinde eintragen liessen.
 – *Für eine solche Lösung* wurde geltend gemacht, es solle Kongruenz mit der Regelung auf Bundesebene hergestellt werden, wo das Stimm- und Wahlrecht seit 1975 auch den Auslandschweizern zusteht[51]. Ausserdem würden sieben weitere Kantone das Auslandschweizer-Stimmrecht bereits kennen (BE, BL, GE, JU, SO, SZ, TI).
 – *Gegen das Auslandschweizer-Stimmrecht* wurde angeführt, der Vergleich mit dem Bund hinke, setze doch das Stimmrecht in Kanton und Gemeinden eine ständige Vertrautheit mit den örtlichen Gegebenheiten voraus, was politischen Wohnsitz im Kanton bedinge. Ausserdem sei es stossend, dass Schweizer, die ins Ausland zögen, weiterhin im Kanton politische Rechte ausüben könnten, während solchen, die in einen anderen Kanton ziehen würden, dies nicht möglich sei (Art. 39 Abs. 3 BV!).

34 Für Einzelheiten wird auf die ausführliche Plenumsdebatte verwiesen[52]. Ergänzend ist noch zu erwähnen, dass es auch widersprüchlich wäre, Auslandschweizern das Stimmrecht zu gewähren, hingegen Ausländer, die hier wohnen und von den politischen Beschlüssen auf Kantons- und Gemeindeebene direkt betroffen sind, davon auszuschliessen[53]. Für das Auslandschweizer-Stimmrecht sprachen sich dann nur zwölf Ratsmitglieder aus[54]. Hingegen wurde vorgesehen, dass die Ständeräte auch von den Auslandschweizern gewählt werden können (Art. 82 Abs. 3)[55].

4. Auslegung der Norm

4.1. Gegenstand des Stimm- und Wahlrechts

35 Das Stimm- und Wahlrecht ist als Statusrecht gewissermassen die «Grundnorm», welche die Voraussetzung für die Ausübung aller weiteren politischen Rechte auf kantonaler und kommunaler Ebene darstellt. Das Stimm- und Wahlrecht und die weiteren politischen Rechte werden in der Kantonsverfassung unter dem Oberbegriff der Volksrechte zusammengefasst (siehe den Titel des 5. Kapitels).

---

[51] Vgl. Bundesgesetz über die politischen Rechte der Auslandschweizer vom 19. Dezember 1975 (SR 161.11). Eine Einführung im Kanton hätte auf *Verfassungsstufe* zu erfolgen; HANGARTNER, S. 242.
[52] Prot. Plenum, S. 1809 ff.
[53] HEUSSER, S. 252.
[54] Prot. Plenum, S. 1817.
[55] Vgl. dazu HALLER, Art. 82 N. 12; KOTTUSCH, Bürgerrecht, S. 71.

Legal definiert werden diese Rechte in der Verfassung selbst (Art. 23–37, 40, 80 und 82) sowie in § 2 GPR, der folgenden Wortlaut hat:

> «Die Politischen Rechte und Pflichten sind:
>
> Das Recht, an Wahlen und Abstimmungen des Kantons, des Bezirks und der Gemeinde teilzunehmen.
>
> Das Recht und die Pflicht, sich in Organe des Kantons, des Bezirks und der Gemeinde sowie in den Ständerat wählen zu lassen.
>
> Das Recht, Wahlvorschläge, Initiativen und Referenden zu unterzeichnen und einzureichen.
>
> Das Recht, an Gemeindeversammlungen teilzunehmen.»

Nicht zu den politischen Rechten zählt das *Petitionsrecht* (Art. 16 KV)[56].

Das Gesetz über die politischen Rechte konkretisiert die politischen Rechte dann in den Einzelheiten. Damit ist zugleich gesagt, dass das Stimm- und Wahlrecht als verfassungsmässiges Recht gerade dadurch gekennzeichnet ist, dass es *Ausführungsrecht* notwendig macht. Diesem hat das Bundesgericht bereits 1920 den Charakter von kantonalem Verfassungsrecht zuerkannt[57]. Das hat auch in Art. 189 Abs. 1 lit. f BV in der Fassung gemäss Justizreform 2000 seinen Niederschlag gefunden. Gemäss dieser Bestimmung beurteilt das Bundesgericht Streitigkeiten wegen der Verletzung von (eidgenössischen und) kantonalen Bestimmungen über die politischen Rechte. Ferner ist zu beachten, dass die wesentlichen Bestimmungen auf diesem Rechtsgebiet stets der Gesetzesform bedürfen (Art. 38 Abs. 1 lit. a KV).

4.2. Stimmfähigkeit

Stimmfähig ist, wer das 18. Altersjahr zurückgelegt hat. Die Formulierung, stimmfähig sei, wer (zivilrechtlich) «mündig» ist (Antrag der CVP-Fraktion), hat die Kommission 2 mit der Begründung abgelehnt, die Altersgrenze solle aus dem Verfassungstext selbst ersichtlich sein (Informationsfunktion der Verfassung)[58]. Was die ebenfalls erforderliche Urteilsfähigkeit betrifft, hat sich der Verfassungsrat für eine dynamische Verweisung auf das Bundesrecht entschieden, um die stete Übereinstimmung mit diesem sicherzustellen[59]. Gemäss Art. 136 Abs. 1 BV ist stimmfähig, wer nicht wegen Geisteskrankheit oder Geistesschwäche entmündigt ist. Hier knüpft die Bundesverfassung an Art. 369 Abs. 1 ZGB an.

---

[56] Antrag GPR, S. 1562; Tschannen, § 48 Rz. 2.
[57] Tschannen, § 48 Rz. 16 f.
[58] Prot. Plenum, S. 1820 f. Der Antrag der CVP-Fraktion wurde im Plenum dann zurückgezogen.
[59] Prot. Plenum, S. 1820 ff.

4.3. Politischer Wohnsitz

38 Art. 22 verlangt im Weiteren «Wohnsitz» im Kanton Zürich. Im Gegensatz zum zivilrechtlichen Wohnsicht gemäss Art. 23 ZGB, der formlos entsteht, bedarf der politische Wohnsitz der förmlichen Begründung durch Hinterlegung des Heimatscheines, was dann zur Eintragung ins *Stimmregister* der Gemeinde führt. Das Stimmregister steht den Stimmberechtigten zur Einsichtnahme offen. Diese Massnahme soll dazu dienen, Missbräuche zu verhindern[60]. «Niemand darf an *mehreren Orten zugleich* politische Rechte ausüben. Die Einheit des politischen Wohnsitzes ist zwar ausdrücklich nur für das interkantonale Verhältnis ausgesprochen (Art. 39 Abs. 2 BV); sie gilt aber als zwingende Konsequenz des Gleichheitssatzes auch im Verhältnis zwischen zwei Gemeinden ein und desselben Kantons.»[61]

39 Die Wohnsitzpflicht als Voraussetzung der Wählbarkeit regelt § 43 GPR. Als Mitglied eines Organs des Kantons oder des Bezirks ist nur wählbar, wer im Kanton politischen Wohnsitz hat. Wohnsitz in der Gemeinde ist Wählbarkeitsvoraussetzung für Mitglieder des Gemeindeparlaments und des Gemeindevorstandes. Für die Wahl in andere Organe der Gemeinde kann die Gemeindeordnung den politischen Wohnsitz in der Gemeinde oder im Kanton vorschreiben (§ 23 GPR). Die Regelung ist angesichts der heutigen Mobilität eher restriktiv[62]. Es wäre auch eine Lösung denkbar, dass Wohnsitznahme lediglich Voraussetzung für den Amtsantritt ist, wenn die übrigen Wählbarkeitsbedingungen erfüllt sind[63].

4.4. Verhältnis zu anderen Normen der Verfassung

40 Mit Art. 22 stehen verschiedene andere Verfassungsbestimmungen in einem Zusammenhang.
- Art. 40 bestimmt, wer in die Behörden wählbar ist (passives Wahlrecht);
- Art. 82 Abs. 3 regelt die Wahl der Zürcher Mitglieder des Ständerats;
- Art. 86 und Art. 93 befassen sich mit den Volksrechten in Gemeinden und Zweckverbänden;
- Art. 130 sieht in Abs. 2 lit. a vor, dass die Kirchen das Stimm- und Wahlrecht in ihren eigenen Angelegenheiten autonom regeln dürfen, sofern dies nach rechtsstaatlichen und demokratischen Grundsätzen durch einen Erlass geschieht, der dem obligatorischen Referendum der Kirchenmitglieder untersteht. Daraus folgt, dass die Kirchen an Art. 22 nicht gebunden sind. Sie kön-

---

[60] Art. 3 f. BPR; § 9 GPR; Antrag GPR, S. 1566; TSCHANNEN, § 48 Rz. 29.
[61] TSCHANNEN, § 48 Rz. 30.
[62] Vgl. zu § 23 Antrag GPR, S. 1572 f.
[63] HANGARTNER/KLEY, N. 243.

nen folglich die Altersgrenze für das Stimm- und Wahlrecht anders ziehen[64] und auch ausländischen Staatsangehörigen dieses Recht verleihen.

---

[64] Dabei wird aber in Anbetracht von Art. 303 Abs. 3 ZGB das 16. Altersjahr (Eintritt der religiösen Mündigkeit) nicht unterschritten werden dürfen.

B. Initiativrecht

Art. 23*

Mit einer Initiative kann jederzeit verlangt werden:
a) die Total- oder die Teilrevision der Verfassung (Verfassungsinitiative);
b) der Erlass, die Änderung oder die Aufhebung eines Gesetzes (Gesetzesinitiative);
c) der Erlass, die Änderung oder die Aufhebung eines dem Referendum unterstehenden Kantonsratsbeschlusses;
d) die Einreichung einer Standesinitiative;
e) die Aufnahme von Verhandlungen über Abschluss oder Änderung eines interkantonalen oder internationalen Vertrages, der dem Referendum untersteht, oder die Kündigung eines solchen Vertrages.

Gegenstand der Initiative

Materialien

Art. 28 VE; Prot. Plenum, S. 319 ff., 2044 ff., 3102 ff.

Allgemeine Literatur zum Initiativrecht

ALBRECHT CHRISTOPH, Gegenvorschläge zu Volksinitiativen – Zulässigkeit, Inhalt, Verfahren, Diss., St. Gallen 2003; BOLZ URS, Die Volksrechte im Berner Verfassungsentwurf vom 31. Januar 1992, ZBl 93/1992, S. 433 ff. (Verfassungsentwurf); BOLZ URS, Volksrechte, in: Kälin/Bolz, S. 105 ff. (Volksrechte); BUSER WALTER, Verfügungen der Bundeskanzlei nach dem Bundesgesetz über die politischen Rechte, in: Mélanges André Grisel, Neuenburg 1983, S. 363 ff.; BÜTIKOFER-JOHANNI KURT, Die Initiative im Kanton Zürich 1869–1969: Entstehung, Funktion und Wirkung, Bern/Frankfurt a.M. 1982; CAVIEZEL IVO, Die Volksinitiative im allgemeinen und unter besonderer Berücksichtigung des Kantons Graubünden, Diss., Freiburg 1990; DELLEY JEAN-DANIEL, L'initiative populaire en Suisse, Diss., Lausanne 1978; GANZ GEORGE, Die Behandlung des Volksbegehrens im Kanton Zürich, Diss., Zürich 1976; GASSER HANS-PETER, Die Volksrechte in der Zürcher Verfassung, Diss., Zürich 1966; GEILINGER ROBERT, Die Institutionen der direkten Demokratie im Kanton Zürich, Diss., Zürich 1947; GRISEL ETIENNE, N. 388 ff.; GRISEL ETIENNE, Les droits populaires au niveau cantonal, in: Verfassungsrecht der Schweiz, § 25 (Droits populaires); GROSS ANDREAS/KLAGES ANDREAS, Die Volksinitiative in den Kantonen am Beispiel des Kantons Zürich, in: Andreas Auer (Hrsg.), Les origines de la démocratie directe en Suisse, Basel/Frankfurt a.M. 1996, S. 267 ff.; HANGARTNER/KLEY, §§ 32–34; HUGENSCHMIDT CRISPIN F. M., Einheit der Materie – überholtes Kriterium zum Schutze des Stimmrechts? Ein Vergleich zwischen der Schweiz und Kalifornien/USA unter Berücksichtigung wahrnehmungspsychologischer und kommunikationswissenschaftlicher Aspekte, Diss., Basel/Genf/München 2001; KÖLZ ALFRED, «So wie die Initiative lautet», Welches ist das massgebende Verfassungsrecht, das durch eine Volksinitiative geändert werden soll?, ZBl 98/1997, S. 241 ff. (Massgebendes Verfassungsrecht); KÖLZ ALFRED, Die kantonale Volksinitiative in der Rechtsprechung des Bundesgerichts, ZBl 83/1982, S. 1 ff. (Volksinitiative); KOTTUSCH PETER, Die Einzel- und Behördeninitiative nach zürcherischem Staatsrecht und ihre praktische Be-

---

* Der Verfasser dankt Dr. iur. Philipp Mäder für die kritische Durchsicht der Kommentierung und die zahlreichen Hinweise.

deutung, ZBl 89/1988, S. 1 ff. (Einzel- und Behördeninitiative); KUTTLER ALFRED, Probleme des zürcherischen Initiativrechts und Finanzreferendums (zur Initiative «für Demokratie im Strassenbau»), ZBl 78/1977, S. 197 ff.; LUTZ GEORG/STROHMANN DIRK, Wahl- und Abstimmungsrecht in den Kantonen, Bern/Stuttgart/Wien 1998; MATTERN ALEXANDER, Die Gesetzesinitiative im Bund und in den Kantonen, Diss., Basel 1991; ODERMATT LUZIAN, Ungültigerklärung von Volksinitiativen, AJP 1996, S. 710 ff.; STEINMANN GEROLD, St. Galler Kommentar, Art. 34; STRÄULI, S. 136 ff.; TRECHSEL ALEXANDER/SERDÜLT UWE, Kaleidoskop Volksrechte: Die Institutionen der direkten Demokratie in den schweizerischen Kantonen (1970–1996), Basel/Genf/München 1999; TSCHANNEN PIERRE, Stimmrecht und politische Verständigung, Basel/Frankfurt a.M. 1995 (Stimmrecht); WILDHABER LUZIUS, Kommentar BV, Art. 118 aBV sowie Art. 121/122 aBV.

Literatur zu Art. 23

BAUMGARTNER SERGE, Die Standesinitiative – Eine Untersuchung der rechtlichen und politischen Funktion dieses föderalistischen Mitwirkungsrechts, Diss., Basel/Stuttgart 1980; COTTIER THOMAS, Die Verfassung und das Erfordernis der gesetzlichen Grundlage, Diss., Diessenhofen 1983; EHRENZELLER BERNHARD, Die neue Regelung der Erlassformen der Bundesversammlung, LeGes 2000/3, S. 13 ff.; GRAF MARTIN, St. Galler Kommentar, Art. 160; HÄFELIN/HALLER, N. 1805 ff.; HANGARTNER/KLEY, §§ 32–34, 39; HOFFMANN-NOWOTNY URS HENRYK, Einzelinitiative und Volksmotion – Reformgedanken vor dem Hintergrund kantonaler Verfassungsrevisionen, ZBl 102/2001, S. 449 ff.; JAAG, § 8; JAAG TOBIAS, Der Gesetzesbegriff im zürcherischen Recht, in: Auer/Kälin, S. 359 ff. (Gesetzesbegriff); JAAG TOBIAS, Wozu eine neue Kantonsverfassung? Funktionen und Inhalte der Kantonsverfassung aus verfassungstheoretischer und verfassungsvergleichender Sicht, in: Materialien zur Zürcher Verfassungsreform, Bd. 2, S. 9 ff. (Kantonsverfassung); JAAG TOBIAS/SCHULER FRANK, Kommentar zur Verfassung des Kantons Graubünden, Art. 31; KÖLZ ALFRED, Die Zulässigkeit von Sperrfristen für kantonale Volksinitiativen. Ein Beitrag zur Auslegung von Art. 51 BV, ZBl 102/2001, S. 169 ff. (Sperrfristen); LOMBARDI ALDO, St. Galler Kommentar, Vorbem. zu Art. 138–142; MÜLLER GEORG, Rz. 190 ff.; MÜLLER GEORG, Möglichkeiten und Grenzen der Verteilung der Rechtsetzungsbefugnisse im demokratischen Rechtsstaat, ZBl 99/1998, S. 1 ff. (Rechtssetzungsbefugnisse); RUCH ALEXANDER, St. Galler Kommentar, Art. 51; SCHWEIZER RAINER J., Kantonale Kompetenzordnung und interkantonale Vereinbarungen, in: Festgabe zum Schweizerischen Juristentag 1973, Basel/Stuttgart 1973, S. 131 ff.; SUTTER-SOMM KARIN, St. Galler Kommentar, Art. 163.

Rechtsquellen

– Bundesgesetz über die politischen Rechte vom 17. Dezember 1976 (BPR; SR 161.1)
– Verordnung über die politischen Rechte vom 24. Mai 1978 (VPR; SR 161.11; zit. VPR CH)
– Gesetz über das Gemeindewesen vom 6. Juni 1926 (Gemeindegesetz, GemG; LS 131.1)
– Gesetz über die politischen Rechte vom 1. September 2003 (GPR; LS 161)
– Verordnung über die politischen Rechte vom 27. Oktober 2004 (VPR; LS 161.1)
– Gesetz über die Gesetzessammlungen und das Amtsblatt vom 27. September 1998 (Publikationsgesetz, PublG; LS 170.5)
– Gesetz über die Organisation und die Geschäftsordnung des Kantonsrates vom 5. April 1981 (Kantonsratsgesetz, KRG; LS 171.1)
– [aufgehobenes] Gesetz über die Wahlen und Abstimmungen vom 4. September 1983 (Wahlgesetz, WAG; OS 48, S. 785 ff.; früher LS 161)
– [aufgehobenes] Gesetz über das Vorschlagsrecht des Volkes vom 1. Juni 1969 (Initiativgesetz, GVV; OS 43, S. 290 ff. = GS, Bd. I, S. 229 ff.; früher LS 162)

Übersicht   **Note**

1. Einleitung   1
   1.1. Überblick über das Initiativrecht   1
      1.1.1. Begriff, Bedeutung und Funktionen der Initiative   1
      1.1.2. Nicht verwirklicht: die Volksmotion   7
   1.2. Normzweck   12
   1.3. Entstehungsgeschichte   14
   1.4. Früheres Recht   16
   1.5. Praxis   17
2. Einleitungssatz   19
3. Gegenstand der Initiative (lit. a–e)   23
   3.1. Eine Initiative – ein Gegenstand   23
   3.2. Verfassungsinitiative (lit. a)   25
   3.3. Gesetzesinitiative (lit. b)   28
   3.4. Initiative betreffend Kantonsratsbeschluss (lit. c)   34
   3.5. Initiative auf Einreichung einer Standesinitiative (lit. d)   36
   3.6. Staatsvertragsinitiative (lit. e)   38

1. Einleitung

1.1. Überblick über das Initiativrecht

1.1.1. Begriff, Bedeutung und Funktionen der Initiative

Die Art. 23–31 befassen sich mit dem Initiativrecht – dem Recht von Stimmberechtigten oder Behörden, eine Verfassungs- oder Gesetzesänderung, einen Ausgabenbeschluss oder einen andern der in Art. 23 genannten staatlichen Akte zu verlangen[1].

Mit diesem Recht sind *Verfahrensansprüche* verbunden, die sich je nach Urheberschaft der Initiative unterscheiden: Wird die Initiative von 6 000 Stimmberechtigten unterstützt (Volksinitiative; Art. 24 lit. a), muss sie dem Stimmvolk vorgelegt werden, falls sie der Kantonsrat ablehnt[2]. Wird die Initiative hingegen von einer Behörde (Behördeninitiative; Art. 24 lit. b) oder einer einzelnen stimmberechtigten Person (Einzelinitiative; Art. 24 lit. c) eingereicht, so bedarf

---

[1] Zum Begriff der Initiative vgl. CAVIEZEL, S. 26; GEILINGER, S. 90 f.; HANGARTNER/KLEY, N. 361 ff.

[2] Hingegen findet *über die Initiative* dann keine Volksabstimmung statt, wenn ihr der Kantonsrat *ohne Gegenvorschlag* zustimmt (Art. 32 lit. c–e e contrario). Da in solchen Fällen das Initiativbegehren als *Beschluss des Kantonsrates* gilt (§ 132 Abs. 1 GPR), kommt es gleichwohl zwingend zur Volksabstimmung, wenn die Vorlage dem obligatorischen Referendum untersteht (Art. 32 lit. lit. a, b oder f). Untersteht sie dem fakultativen Referendum (Art. 33 Abs. 1), findet eine Volksabstimmung dann statt, wenn das Referendum ergriffen wird (Art. 33 Abs. 2). Auch bei einem *Rückzug* der Volksinitiative (vgl. § 137 GPR) entfällt die Volksabstimmung. Der Rückzug von Initiativen ist zulässig (HANGARTNER/KLEY, N. 202; TSCHANNEN, Stimmrecht, S. 73).

sie in jedem Fall der Zustimmung durch den Kantonsrat, um verwirklicht zu werden[3].

3 Die Volks-, Behörden- und Einzelinitiativen sind zu unterscheiden vom Recht
 – des *Regierungsrates,* dem Kantonsrat Verfassungs- und Gesetzesvorlagen sowie Entwürfe für Kantonsratsbeschlüsse zu unterbreiten[4],
 – der Mitglieder des Kantonsrates, mittels *Motion* zu verlangen, dass der Regierungsrat eine Verfassungs- oder Gesetzesvorlage oder den Entwurf für einen Kantonsratsbeschluss ausarbeitet[5],
 – der Mitglieder des Kantonsrates, mittels *parlamentarischer Initiative* eine ausformulierte Verfassungs- oder Gesetzesvorlage, einen Kantonsratsbeschluss oder eine Standesinitiative einzureichen[6].

4 Während die Volksinitiative in allen Kantonen anzutreffen und für die Änderung der Kantonsverfassungen auch bundesrechtlich vorgeschrieben ist[7], finden sich die Behörden- und die Einzelinitiative sowie ihr ähnliche Institute[8] nur in wenigen Kantonen. Im Kanton Zürich wurde die Einzel- und Behördeninitiative mit der früheren Kantonsverfassung von 1869 geschaffen[9]. Die Einzelinitiative war der vielleicht radikalste Ausdruck der damaligen demokratischen Bewegung, denn jedem einzelnen Stimmberechtigten wurde ermöglicht, auf das Staatsgeschehen direkt Einfluss zu nehmen[10].

5 Doch darf die Bedeutung der Behörden- und der Einzelinitiative nicht überschätzt werden. Erstens befassen sich die staatlichen Organe nur dann in einer gewissen Intensität[11] mit einer solchen Initiative, wenn diese von 60 Mitgliedern des Kantonsrates vorläufig unterstützt wird (Art. 31 Abs. 1), und zweitens kommt es – im Gegensatz zur Volksinitiative – zu keiner Volksabstimmung, wenn der Kantonsrat eine Behörden- oder Einzelinitiative ablehnt (Art. 32 Abs. 2).

---

[3] Vgl. Art. 31.
[4] Vgl. Art. 64 und 67 sowie § 12 lit. b KRG. Ausdrücklich Art. 40 Ziff. 1 aKV.
[5] Vgl. § 14 KRG.
[6] Vgl. § 25 Abs. 1 KRG.
[7] Art. 51 Abs. 1 BV.
[8] Zur Rechtslage in andern Kantonen vgl. E. GRISEL, N. 437 f., und HANGARTNER/KLEY, N. 2001 f., 2014, 2062 f.
[9] Art. 29 Abs. 2 aKV i.d.F. vom 18. April 1869 (OS 14, S. 556). Zur geschichtlichen Entwicklung der Einzel- und der Behördeninitiative vgl. BÜTIKOFER-JOHANNI, S. 103 ff., und KOTTUSCH, Einzel- und Behördeninitiative, S. 4 ff.
[10] Der damalige Verfassungsrat und Regierungsrat Studer drückte dies prägnant wie folgt aus: «Jeder gute Gedanke ist zunächst das Erzeugnis eines Einzelnen, und dieser soll unmittelbar berechtigt sein, seine Anregung an die Behörden zu bringen, ohne nötig zu haben, erst 5 000 Unterschriften zu sammeln» (zitiert nach BÜTIKOFER-JOHANNI, S. 77).
[11] Vgl. Art. 31 N. 10 f. und 14.

Initiativen erfüllen insbesondere folgende *Funktionen*[12]: Aus Sicht ihrer Urheber ermöglichen sie es, direkten *Einfluss auf den Staat,* seine Aufgaben und deren Träger zu nehmen. Aus Sicht des Staates können Initiativen wertvolle *Informationen* über gesellschaftliche Anliegen und über mögliche Lösungswege für aktuelle Probleme liefern. Auch wenn Initiativen relativ selten direkt verwirklicht werden[13], sind sie doch geeignet, eine *politische Diskussion* über ein Thema in Gang zu bringen, das die Bevölkerung bewegt (agenda setting). Gelingt auch dies nicht, lassen sich mit einer Initiative immerhin persönliche Enttäuschungen abbauen (*Ventilfunktion*). Die Stimmberechtigten fühlen sich dadurch ernst genommen. Das fördert ihre *Identifikation* mit dem Staat und dem Recht wie auch ihre Bereitschaft, in den von der Rechtsordnung vorgesehenen Bahnen zu bleiben. Gleichzeitig nehmen die Stimmberechtigten und die Behörden die Tätigkeit des Parlaments als beeinflussbar wahr, was dessen Legitimation unterstützt.

1.1.2. Nicht verwirklicht: die Volksmotion

Der Verfassungsrat beabsichtigte lange, den Katalog der politischen Rechte mit einer der parlamentarischen Motion nachgebildeten *Volksmotion* zu ergänzen[14]. Dieses bisher nur in wenigen Kantonen anzutreffende Instrument[15] wäre zwischen der Volksinitiative und der Behörden- bzw. Einzelinitiative einzuordnen gewesen.

Eine Volksmotion hätte von 300 Stimmberechtigten unterstützt und beim Kantonsrat eingereicht werden müssen (Art. 37 Abs. 1 VE). In der Folge hätte der Regierungsrat dazu (vorläufig) Stellung genommen[16]. In diesem Punkt hätte die Volksmotion der *Volksinitiative* entsprochen und sich von der Behörden- und der Einzelinitiative unterschieden[17]; Letztere werden nur bei vorläufiger Unterstützung dem Regierungsrat zu Bericht und Antrag überwiesen[18].

Darauf hätte der Kantonsrat, gestützt auf die (vorläufige) Stellungnahme des Regierungsrates, entschieden, ob diesem die Volksmotion zur materiellen Weiterbehandlung zu überweisen sei (Art. 37 Abs. 2 VE). Hätte der Kantonsrat nach Vorliegen der (definitiven) Stellungnahme des Regierungsrates diese abgelehnt,

---

12 Vgl. CAVIEZEL, S. 27 ff.; GASSER, S. 148 ff.; HANGARTNER/KLEY, N. 372 ff.; HOFFMANN-NOWOTNY, S. 449 f., 458 f., 467 f.; HUGENSCHMIDT, S. 24 ff.; KOTTUSCH, Einzel- und Behördeninitiative, S. 5, 12, 26. Vgl. auch Prot. Plenum, S. 337 ff.; RRB 1744 vom 14. November 2001, S. 8.
13 Vgl. Art. 24 N. 11; Art. 31 N. 7 f.
14 Vgl. K2, Antrag vom 10. Januar 2002, Art. 8; Prot. Plenum, S. 341 ff.; Antrag der Geschäftsleitung vom 16. April 2003, S. 29; Prot. Plenum, S. 2061 ff.; Art. 37 VE.
15 Vgl. z.B. Art. 34 KV SO. Näheres zur Volksmotion bei HANGARTNER/KLEY, N. 2396 ff., HOFFMANN-NOWOTNY, S. 449, und KOTTUSCH, S. 32 ff.
16 Vgl. Prot. Plenum, S. 341.
17 Vgl. Prot. Plenum, S. 318.
18 Art. 31 Abs. 1.

wäre das Verfahren abgeschlossen gewesen[19]. In diesem Punkt hätte die Volksmotion der *Behörden- und der Einzelinitiative* entsprochen und sich dabei von der Volksinitiative unterschieden. Denn Letztere führt zur Volksabstimmung, wenn der Kantonrat sie ablehnt.

10 Von der Volksmotion erhoffte sich der Verfassungsrat, dass sich die Verwaltung und der Regierungsrat in einer gewissen Intensität mit dem Anliegen hätten *auseinandersetzen* müssen. Daraus hätte sich dann eine *Diskussion* im Kantonsrat und in der Öffentlichkeit entwickeln sollen[20]. *Gegen* die Volksmotion wurde eingewendet, die Stimmberechtigten würden mit der Volks- und der Einzelinitiative über ein ausreichendes politisches Instrumentarium verfügen, die Volksmotion trete in unerwünschte Konkurrenz zu den parlamentarischen Instrumenten und es sei einfacher, ein Mitglied des Kantonsrates zur Einreichung einer parlamentarischen Motion zu bewegen, als 300 Unterschriften zu sammeln[21].

11 Offenbar gewichtete der Verfassungsrat die Nachteile der Volksmotion stärker als ihre Vorteile. Jedenfalls sah die Verhandlungsgrundlage für die zweite Gesamtlesung das Instrument nicht mehr vor[22].

1.2. Normzweck

12 Nicht jeder staatliche Akt kann zum Gegenstand einer Initiative gemacht werden. So folgt aus dem Grundsatz der *Gewaltenteilung*[23], dass mit einer Initiative nicht in hängige Verfahren der Exekutive oder Judikative eingegriffen werden darf. Aber auch mit Blick auf den Kantonsrat wäre es nicht sinnvoll, wenn sämtliche seiner Beschlüsse einer Initiative zugänglich wären. Je nach Gegenstand eignet sich ein Kantonsratsbeschluss nämlich schlecht für eine Volksabstimmung[24]; mit einer solchen muss bei Volksinitiativen aber stets gerechnet werden[25]. Andere Parlamentsbeschlüsse dagegen haben zu geringe Bedeutung, als dass sich ein Urnengang rechtfertigen würde[26].

13 Art. 23 zählt die möglichen Gegenstände einer Initiative auf und konkretisiert so die dargestellte *funktionale Aufgabenteilung* zwischen den drei Staatsgewalten, aber auch zwischen Kantonsrat und Stimmberechtigten.

---

[19] Art. 38 lit. c–e VE e contrario
[20] Prot. Plenum, S. 315, 318, 342.
[21] Vgl. Prot. Plenum, S. 342 f., 345 f. und 2061 f.
[22] Vgl. Antrag der Geschäftsleitung vom 13. Mai 2004, S. 15 ff. Vgl. auch Prot. Plenum, S. 3093 ff.
[23] Art. 3 Abs. 1. Vgl. Art. 60 und Art. 73 Abs. 2 Satz 1.
[24] Kaum «urnentauglich» wären z.B. Akte der parlamentarischen Kontrolle (Art. 57), Wahlen durch den Kantonsrat (Art. 58) oder Begnadigungsakte (Art. 59 Abs. 2 lit. b).
[25] Vgl. Art. 32 lit. c–e.
[26] So z.B. *Ausgabenbeschlüsse von geringer Höhe* (vgl. die Grenzwerte gemäss Art. 56 Abs. 2 lit. a und b bzw. Art. 33 Abs. 1 lit. d) oder die *Genehmigung einer Verordnung*.

1.3. Entstehungsgeschichte

Mit Datum vom 10. Januar 2002 beantragte die Kommission 2 dem Plenum eine Formulierung[27], die sich – abgesehen von redaktionellen Abweichungen – vom geltenden Art. 23 nur in folgenden Punkten unterschied: Im Einleitungssatz waren die möglichen Urheber einer Initiative noch aufgeführt[28], in lit. c war von «referendumsfähigen» (statt «dem Referendum unterstehenden») Kantonsratsbeschlüssen die Rede und in lit. e wurden das *obligatorische* und das *fakultative* Referendum ausdrücklich erwähnt.

14

Die Norm passierte die Vorberatung des Plenums unverändert[29]. Für die Gesamtlesung wurde eine Formulierung beantragt, die – abgesehen der erwähnten Abweichung in lit. c – jener des geltenden Art. 31 entsprach. Auch dieser Regelung stimmte der Rat zu[30]. In der öffentlichen Vernehmlassung wurde gegen lit. e eingewendet, die Aussenpolitik sei Sache des Bundes. Ferner wurde eine zusätzliche Bestimmung angeregt, wonach mittels Initiative auch die Abwahl von Kantons- und Regierungsräten hätte verlangt werden können[31]. In der zweiten Gesamtlesung blieben beide Anregungen unberücksichtigt und die Norm gegenüber dem Ergebnis der ersten Gesamtlesung unverändert[32]. Die Anpassung von lit. c an den nun geltenden Wortlaut erfolgte auf Anregung der Redaktionskommission[33] und wurde vom Plenum diskussionslos genehmigt[34].

15

1.4. Früheres Recht

In der früheren Kantonsverfassung waren die möglichen Gegenstände einer Initiative in Art. 29 Abs. 1 aKV aufgezählt[35]. Der Kreis dieser Gegenstände war fast identisch mit jenem des geltenden Art. 23[36].

16

---

[27] Vorgängig K2, Antrag an das Plenum vom 11. Oktober 2001, sowie Stellungnahme des Regierungsrates, RRB 1744 vom 14. November 2001, S. 1.

[28] «Stimmberechtigte und Behörden ...». Später wurden die möglichen Urheber einer Initiative in eine separate Norm gefasst (vgl. Art. 24 N. 4 f.).

[29] Prot. Plenum, S. 319 f.

[30] Antrag der Geschäftsleitung vom 16. April 2003, S. 25; Prot. Plenum, S. 2044.

[31] Vgl. die Stellungnahmen der FDP Bezirk Winterthur sowie von Einzelpersonen.

[32] Antrag der Geschäftsleitung vom 13. Mai 2004, S. 15; Prot. Plenum, S. 3102 f.

[33] Prot. RedK vom 10. August 2004, S. 749.

[34] Prot. Plenum, S. 3315 ff.

[35] Art. 29 Abs. 1 aKV i.d.F. vom 18. April 1869 (OS 14, S. 556). Zur Entstehungsgeschichte dieser Norm vgl. BÜTIKOFER-JOHANNI, S. 65 ff.

[36] *Gesetze* waren in Art. 29 Abs. 1 aKV als möglicher Gegenstand einer Initiative ausdrücklich erwähnt. *Verfassungsänderungen* erfolgten auf dem Weg der Gesetzgebung (Art. 65 Abs. 1 aKV), weshalb sie vom Begriff der Gesetze gemäss Art. 29 Abs. 1 aKV erfasst waren. Mit dem Verfassungsgesetz vom 1. Juni 1969 (OS 43, S. 289) wurden die Verfassungsänderungen dann ausdrücklich in Art. 29 Abs. 1 aKV aufgeführt. Dem Referendum unterstehende, d.h. nicht in die ausschliessliche Befugnis des Parlaments fallende *Beschlüsse des Kantonsrates* wurden in Art. 29 Abs. 1 aKV ebenfalls ausdrücklich genannt. Die Initiative auf Einreichung einer *Standesinitiative* war in Art. 35 Satz 2 aKV verankert. Schliesslich waren auch

1.5. Praxis

17 Die in den Jahren 1995–2004 eingereichten 38 Volksinitiativen[37] und die 56 vorläufig unterstützten Behörden- und Einzelinitiativen dieser Dekade betrafen folgende Gegenstände[38]:

Gegenstand der Initiativen 1995–2004	Volks-initiativen	Behörden-initiativen	Einzel-initiativen	Total
Verfassungsänderung	5	–	4	9 (10%)
Gesetze (Erlass u. Änderung)	29	8	32	69 (73%)
Ausgabenbeschlüsse	3	4	–	7 (7%)
Standesinitiativen	1	–	5	6 (6%)
Mischformen/Weiteres	–	–	3	3 (3%)
Total	38	12	44	94 (100%)

18 Die *Staatsvertragsinitiative* spielte in der Praxis keine Rolle. In der Untersuchungsperiode liegt kein einziger Fall vor[39].

2. Einleitungssatz

19 Im Einleitungssatz von Art. 23 ist von «*Initiative*» die Rede. Aus der Entstehungsgeschichte der Norm[40] ergibt sich, dass damit die Volks-, die Behörden- und die Einzelinitiative gemeint sind.

20 Wenn gemäss Einleitungssatz gewisse staatliche Akte «*verlangt*» werden können, bedeutet das nicht, dass dem Begehren auch zwingend entsprochen werden muss[41]. Denn das Initiativrecht ist lediglich ein Vorschlagsrecht. Immerhin

---

die *Staatsvertrags-* bzw. *Konkordatsinitiativen* unter der früheren Kantonsverfassung zulässig; dies ergab sich aus Art. 29 Abs. 1 i.V.m. Art. 30 Abs. 2 Ziff. 1 aKV bzw. seit der Verfassungsrevision vom 27. September 1998 (OS 54, S. 746 f.) aus Art. 29 Abs. 1 i.V.m. Art. 30 Ziff. 1 und Art. 30bis Abs. 1 Ziff. 1 nKV (vgl. GEILINGER, S. 97 f.; TRECHSEL/SERDÜLT, S. 412).

[37] Für die Jahre 1869–1995 wird auf die umfassende statistische Untersuchung von GROSS/KLAGES, S. 283 ff., verwiesen. Es finden sich dort Angaben über die Zahl der Initiativen pro Jahr, die Träger, die politischen Tendenzen, die Themen, die verfahrensrechtliche Erledigung usw.

[38] Für statische Angaben über den weiteren Verlauf dieser Initiativen vgl. Art. 24 N. 11 und Art. 31 N. 7 f.

[39] Offenbar wurde auch zwischen 1869 und 1947 keine einzige Vertragsinitiative eingereicht (GEILINGER, S. 98).

[40] N. 14.

[41] Auch Art. 51 Abs. 1 BV verwendet das Verb «verlangen» in diesem Sinn (vgl. RUCH, St. Galler Kommentar, Art. 51 Rz. 12). So muss eine Kantonsverfassung revidiert werden können, «wenn die Mehrheit der Stimmberechtigten es *verlangt*».

haben die Initiantinnen und Initianten Anspruch auf eine verfassungs- und gesetzeskonforme Behandlung ihres Begehrens.

Ein Initiativbegehren kann *jederzeit* eingereicht werden. Das formelle Gesetz darf deshalb keine Sperrfrist vorsehen, welche durch die Verabschiedung oder Änderung eines Erlasses ausgelöst würde und während der keine Initiative zum betreffenden Thema eingereicht werden könnte[42]. Die jederzeitige Abänderbarkeit der Verfassung ergibt sich bereits aus Art. 51 Abs. 1 BV[43]. 21

Kündigungsfristen von interkantonalen oder internationalen Verträgen führen faktisch zur Einschränkung des Rechts, jederzeit mittels Initiative die Änderung oder Kündigung eines solchen Vertrages verlangen zu können. Solange eine Kündigungsfrist sachlich begründet und zeitlich mässig ist, ist das nicht zu beanstanden. Denn es liegt im Interesse aller Vertragspartner, dass auch Vertragsaustritte geordnet und mit hinreichender Reaktionszeit für die verbleibenden Vertragspartner abgewickelt werden. Bei einer sehr langen vertraglichen Kündigungsfrist kann es allerdings geboten sein, dem Vertrag Verfassungsrang zuzuerkennen, um ihn so dem obligatorischen Referendum zu unterstellen. 22

3. Gegenstand der Initiative (lit. a–e)

3.1. Eine Initiative – ein Gegenstand

Eine Initiative darf nur einen der in Art. 23 genannten Gegenstände betreffen, also eine Verfassungsänderung *oder* ein Gesetz *oder* einen dem Referendum unterstehende Kantonsratsbeschluss usw. (Grundsatz der *Einheit der Initiativart* bzw. Grundsatz der *normativen Einheit* einer Initiative)[44]. Unter Umständen kann aber in ein formelles Gesetz auch ein Einzelakt, ein Planungsbeschluss oder ein Ausgabenbeschluss integriert werden[45]. 23

Enthält eine Initiative unzulässigerweise mehrere Gegenstände i.S.v. Art. 23, so ist sie *aufzuteilen,* wenn die allgemeinen Voraussetzungen für eine Aufteilung 24

---

[42] Das frühere Recht kannte übrigens eine Sperrfrist für die Änderung von *Gemeindeordnungen.* Sie war vom Bezirksrat zu bewilligen und betrug ein Jahr (vgl. § 50 Abs. 4 und § 96 Abs. 2 GemG vor der Revision durch das Gesetz über die politischen Rechte, vgl. GS, Bd. I, S. 52 und 62).

[43] Vgl. HANGARTNER/KLEY, N. 1990; KÖLZ, Sperrfristen, S. 178; RUCH, St. Galler Kommentar, Art. 51 Rz. 13.

[44] BGE 130 I 185 ff., 192; BGE vom 12. Dezember 1989, ZBl 92/1991, S. 164 ff., 169; HANGARTNER/KLEY, N. 2105; CAVIEZEL, S. 97; KÖLZ, Volksinitiative, S. 17 f. Die Einheit der Art oder des Ranges wird oft als Teil der Einheit der Form verstanden.

[45] Vgl. HAUSER, Art. 38 N. 11. Als Beispiele können erwähnt werden das Gesetz für ein Polizei- und Justizzentrum Zürich vom 7. Juli 2003 (LS 551.4), das Gesetz über die Teilverlegung der Universität vom 14. März 1971 (LS 415.19) oder das Universitätsgesetz vom 15. März 1998 (LS 415.11), insbesondere dessen § 50. Entsprechende Initiativen scheint das Bundesgericht zu akzeptieren (vgl. BGE 114 Ia 413 ff., 419 f.).

erfüllt sind⁴⁶. Dies ergibt sich aus dem Verhältnismässigkeitsprinzip sowie mit Blick auf Art. 28 Abs. 2 Satz 2.

3.2. Verfassungsinitiative (lit. a)

25   Mit einer Initiative kann die Total- oder die Teilrevision⁴⁷ der Kantonsverfassung verlangt werden⁴⁸. Dabei sind die Verfahrensvorschriften von Art. 132–134 zu beachten.

26   Wird eine *Totalrevision* angestrebt, kann mit einer Initiative nur eine Volksabstimmung über die Frage erwirkt werden, ob eine solche Revision an die Hand genommen werden soll⁴⁹; inhaltliche Vorgaben sind unzulässig. Wird hingegen eine *Teilrevision* angestrebt, kann die Initiative auch die Stossrichtung der Änderung oder sogar den Wortlaut der neu zu fassenden Normen vorgeben⁵⁰.

27   Die Verfassung schreibt nicht vor, was mittels Revision zu ihrem Inhalt gemacht werden kann (fehlender *materieller Verfassungsbegriff*)⁵¹. Immerhin dürfen die neuen Verfassungsbestimmungen und damit auch eine Verfassungsinitiative nicht gegen die demokratische Grundordnung oder gegen übergeordnetes Recht verstossen⁵². Sinnvollerweise werden in die Verfassung nur *grundlegende Rechtssätze* aufgenommen⁵³. Es ist aber nicht unzulässig, auch weniger wichtige Normen⁵⁴ oder staatliche Einzelakte⁵⁵ in der Verfassung zu verankern.

---

⁴⁶ HANGARTNER/KLEY, N. 2107. Zu den allgemeinen Voraussetzungen einer Aufteilung Art. 28 N. 33.
⁴⁷ Zu den Begriffen *Totalrevision* und *Teilrevision* TÖNDURY, Art. 132 N. 11 f.
⁴⁸ Aus Gründen der Rechtssicherheit ist auf Verfassungsstufe nur *ein* Erlass zulässig (vgl. JAAG, Gesetzesbegriff, S. 360). Das ergibt sich auch aus der Verwendung des Singulars in lit. a («*der* Verfassung»). Vgl. demgegenüber die Rechtslage bis 1999: Das Verfassungsgesetz vom 15. April 1877 betreffend Ausführung von Art. 89 der [früheren] Bundesverfassung (OS 19, S. 519 f.; GS, Bd. I, S. 21) war Bestandteil der früheren Kantonsverfassung (STRÄULI, S. 167). Das Gesetz wurde erst per 1. Januar 1999 aufgehoben (OS 54, S. 748 und 903).
⁴⁹ Vgl. Art. 134 Abs. 1; TÖNDURY, Art. 134 N. 7; Art. 25 Abs. 1 Satz 2; Art. 25 N. 21.
⁵⁰ Art. 25 Abs. 1 Satz 2 e contrario.
⁵¹ Zum Mindestinhalt einer Kantonsverfassung TÖNDURY, Art. 132 N. 6; HANGARTNER/KLEY, N. 2009.
⁵² Art. 51 BV; Art. 28 Abs. 1 lit. b; Art. 28 N. 19 ff.; TÖNDURY, Art. 132 N. 18.
⁵³ HANGARTNER/KLEY, N. 2009; JAAG, Gesetzesbegriff, S. 362; JAAG, Kantonsverfassung, S. 16; TÖNDURY, Art. 132 N. 7.
⁵⁴ BGE 130 I 185 ff., 194; E. GRISEL, N. 498; HANGARTNER/KLEY, N. 472 f., 2009; ODERMATT, S. 710. Immerhin würde das Initiativkomitee im Rahmen der Vorprüfung (Art. 26) informell auf die fehlende Stufenadäquanz hingewiesen (Art. 26 Anm. 22).
⁵⁵ BGE 114 Ia 413 ff., 419; HANGARTNER/KLEY, N. 2009. Die Bundesverfassung steht dem nicht entgegen (HANGARTNER/KLEY, N. 472; differenzierend E. GRISEL, N. 499). Auch auf Bundesebene können grundlegende staatliche Einzelakte mittels Verfassungsinitiative verlangt werden (HANGARTNER/KLEY, N. 818; LOMBARDI, St. Galler Kommentar, Vorbem. zu art. 138–142 Rz. 6).

3.3. Gesetzesinitiative (lit. b)

28 Ein Initiativbegehren kann auf Erlass, Änderung[56] oder Aufhebung eines Gesetzes gerichtet sein. *Gesetze* sind staatliche Akte, die typischerweise vom Regierungsrat vorbereitet und vom Kantonsrat beschlossen werden[57], die dem fakultativen[58] Referendum unterstehen und die in der Regel wichtige Rechtssätze i.S.v. Art. 38 Abs. 1, selten auch wichtige Einzelakte enthalten[59].

29 Auch *grundlegende Bestimmungen*, die wegen ihrer Bedeutung eigentlich in die Verfassung aufgenommen werden sollten, können Inhalt eines Gesetzes und damit auch einer Gesetzesinitiative sein.

30 Keine Gesetze und deshalb vom Initiativrecht i.S.v. Art. 23 lit. b ausgeschlossen sind hingegen *Verordnungen im formellen Sinn*[60], also generell-abstrakte Rechtsnormen, die weder im Gesetzgebungs- noch im Verfassungsgebungsverfahren erlassen worden sind[61].

31 Gleiches gilt für das «materielle Verordnungsrecht», d.h. die *weniger wichtigen Rechtssätze*. Diese dürfen ausschliesslich in der Form von *Verordnungen* erlassen werden[62]. Das ergibt sich aus dem klaren Wortlaut von Art. 38, wonach alle wichtigen Rechtssätze in der Form des Gesetzes (Abs. 1) und weniger wichtige Rechtssätze in der Form der Verordnung erlassen werden (Abs. 2)[63]. Damit werden bei der Frage der Verteilung der Rechtsetzungsbefugnisse unter den staatlichen Organen die Kriterien der Eignung des Rechtsetzungsorgans sowie der Flexibilität der Rechtsordnung in den Vordergrund gestellt[64]. Beides spricht dafür, weniger wichtige Bestimmungen einzig auf Verordnungsstufe zu erlassen. Denn der Verordnungsgeber – das ist in der Regel der Regierungsrat – verfügt zusammen mit der ihm unterstellten Verwaltung über grosse Sach- und Detail-

---

[56] Dazu gehört auch die *Ergänzung* eines Gesetzes (vgl. HANGARTNER/KLEY, N. 2032).
[57] Art. 67 Abs. 1, Art. 54 Abs. 1 lit. b. – Im Fall der Gesetzesinitiative wird der Gesetzesentwurf vom Initiativkomitee ausgearbeitet.
[58] Art. 33 Abs. 1 lit. a. Ausnahmsweise untersteht ein Gesetz dem obligatorischen Referendum (Art. 32 lit. f).
[59] Zum verfassungsrechtlichen Gesetzesbegriff HAUSER, Art. 38 N. 7 ff. und 10 ff.
[60] Zum formellen Verordnungsbegriff HAUSER, Art. 38 N. 33 ff. Nach Art. 38 Abs. 2 und 3 und Art. 67 Abs. 2 können der Regierungsrat sowie andere, von Verfassung oder Gesetz bezeichnete Behörden (einschliesslich des Kantonsrates [HAUSER, Art. 38 N. 46 f.]) Verordnungen erlassen.
[61] Das gilt auch für die vom Kantonsrat erlassenen Verordnungen, so z.B. die Verordnung des Kantonsrates über die Notariats- und Grundbuchgebühren (Notariatsgebührenverordnung) vom 7. November 1988 (LS 243). Der Kantonsrat ist durch § 36 Abs. 1 des Notariatsgesetzes vom 9. Juni 1985 (LS 242) zum Erlass dieser Verordnung ermächtigt.
[62] G. MÜLLER, Rechtsetzungsbefugnisse, S. 18. A.M. HAUSER, Art. 38 N. 18, der sich im Wesentlichen auf den Willen des Verfassungsrates und die Entstehungsgeschichte der Norm beruft.
[63] Nach HANGARTNER/KLEY, N. 2038, muss der Ausschluss des Gesetzgebers vom Erlass weniger wichtiger Normen in der Verfassung «klar ausgewiesen» sei. M.E. erfüllt Art. 38 diese Voraussetzung.
[64] Zu diesen und weiteren Kriterien für die Verteilung der Rechtsetzungsbefugnisse vgl. COTTIER, S. 171 ff., sowie G. MÜLLER, Rz. 207 ff., insb. 219 ff, mit einer Übersicht über die Literatur und Praxis zu diesem Fragenkreis.

kenntnisse, welche für den Erlass von weniger wichtigem, oft technischem Ausführungsrecht unerlässlich ist. Sodann ist es vorwiegend das Ausführungsrecht, welches jeweils rasch den geänderten Verhältnissen angepasst werden muss. Auch hier sind Verordnungen zweckmässiger, denn sie können rascher geändert werden als Gesetze.

32 Weitere Argumente sprechen dafür, weniger wichtige Rechtssätze ausschliesslich auf Verordnungsstufe zu fassen: Erstens soll der aufwendige Gesetzgebungsapparat nur für *wichtige* Rechtsnormen beansprucht werden[65], zweitens soll die Verantwortung für den Erlass und die Pflege weniger wichtiger Rechtssätze ungeteilt bei *einem* staatlichen Organ – dem Verordnungsgeber – liegen und drittens ist die Exekutive beim Vollzug von Gesetzen auch im Bereich des Erlasses von Ausführungsrecht auf einen autonomen Gestaltungsspielraum angewiesen.

33 Enthält eine Volksinitiative weniger wichtige Bestimmungen i.S.v. Art. 38 Abs. 2, ist sie ganz oder teilweise ungültig zu erklären[66], denn das Begehren kann nicht Gegenstand einer Volksinitiative sein. Allerdings verfügen hier der Gesetzgeber und damit auch die Initianten einer Volksinitiative über einen beträchtlichen Ermessensspielraum, denn es ist schwierig, wichtige von weniger wichtigen Rechtssätzen abzugrenzen[67].

3.4. Initiative betreffend Kantonsratsbeschluss (lit. c)

34 Mit einer Initiative kann der Erlass, die Änderung oder die Aufhebung eines dem Referendum unterstehenden Kantonsratsbeschlusses verlangt werden. In Frage kommen[68]:
– Kantonsratsbeschluss, der durch eine entsprechende Bestimmung in einem formellen Gesetz dem fakultativen Referendum unterstellt ist[69];

---

[65] Bei den *Ausgabenbeschlüssen* ist diese hier postulierte untere Relevanzgrenze für Initiativen seit jeher verwirklicht. Nach Art. 31 Ziff. 5 aKV i.d.F. vom 18. April 1869 (OS 14, S. 559) war der Kantonsrat abschliessend für den Entscheid über neue einmalige Ausgaben bis zu 250 000 Franken und über neue jährlich wiederkehrende Ausgaben bis zu 20 000 Franken zuständig. Unterhalb dieser Grenzen war das Referendum und damit auch die Initiative ausgeschlossen (vgl. Art. 29 Abs. 1 aKV in der genannten Fassung).

[66] Art. 28 N. 30 ff.

[67] Vgl. HAUSER, Art. 38 N. 12 ff.

[68] Auf einen Kantonsratsbeschluss gemäss Art. 33 Abs. 1 lit. f gerichtete Initiativen sind zwar ebenfalls zulässig, werden in der Praxis aber wohl kaum auftreten. Denn bei Vorlagen des Bundes, die von grundlegender Bedeutung sind und langfristige Auswirkungen auf die allgemeinen Lebensgrundlagen haben, ist anzunehmen, dass der Regierungsrat bzw. der Kantonsrat von sich aus aktiv werden und eine Stellungnahme abgeben.

[69] Art. 33 Abs. 1 lit. c; dazu Art. 33 N. 15 ff.

– Beschluss einer neuen einmaligen *Ausgabe* über 6 Mio. Franken oder einer neuen wiederkehrenden Ausgabe von jährlich mehr als 600 000 Franken[70];
– Kantonsratsbeschluss von *grundlegender Bedeutung*, der langfristige Auswirkungen auf die allgemeinen Lebensgrundlagen hat[71].

Der Beschluss einer Verfassungsänderung oder eines Gesetzes durch den Kantonsrat fällt unter die spezielleren Bestimmungen von lit. a bzw. lit. b. Auch die dem Referendum unterstehende Genehmigung eines interkantonalen oder internationalen Vertrages durch den Kantonsrat[72] kann nicht Gegenstand einer Initiative sein, denn ein entsprechender Vertrag liegt im Zeitpunkt der Lancierung der Initiative noch nicht vor. Hier greift lit. e. 35

3.5. Initiative auf Einreichung einer Standesinitiative (lit. d)

Mit einer Initiative kann die Einreichung einer Standesinitiative[73] verlangt werden. Mit diesem Instrument kann ein Kanton vom Bund verlangen, dass die Bundesversammlung einen Erlass i.S.v. Art. 163 BV beschliesst (Art. 160 Abs. 1 BV)[74]. Erlasse i.S.v. Art. 163 BV sind die Bundesgesetze, die Verordnungen der Bundesversammlung und die (nicht rechtsetzenden[75]) Bundesbeschlüsse. 36

Die Standesinitiative kann den Wortlaut des gewünschten Bundeserlasses enthalten (ausformulierter Entwurf) oder auch nur seinen Gegenstand und die Stossrichtung nennen (allgemeine Anregung)[76]. Die Form der Standesinitiative darf aber nicht mit der Form der kantonalen Initiative verwechselt werden[77]. 37

3.6. Staatsvertragsinitiative (lit. e)

Mit einer Initiative kann auch die Aufnahme von Verhandlungen über den Abschluss oder die Änderung eines *interkantonalen Vertrages* (Konkordat) oder eines *internationalen Vertrages*[78] verlangt werden, ferner die Kündigung eines solchen Vertrages. Miterfasst ist der Beitritt zu einem bestehenden Vertrag[79]. 38

---

[70] Art. 33 Abs. 1 lit. d; dazu Art. 33 N. 19 ff.
[71] Art. 33 Abs. 1 lit. e; dazu Art. 33 N. 29 ff.
[72] Art. 32 lit. b; Art. 33 Abs. 1 lit. b. Zur Genehmigung Art. 32 N. 24.
[73] Zu den bundesrechtlichen Gültigkeitsvoraussetzungen einer Standesinitiative, insb. der Bundesrechtskonformität, vgl. BAUMGARTNER, S. 31 ff.
[74] GRAF, St. Galler Kommentar, Art. 160 Rz. 2.
[75] SUTTER-SOMM, St. Galler Kommentar, Art. 163 Rz. 17 ff.
[76] Art. 115 des Bundesgesetzes vom 13. Dezember 2002 über die Bundesversammlung (Parlamentsgesetz, ParlG; SR 171.10). Genaueres bei GRAF, St. Galler Kommentar, Art. 160 Rz. 2.
[77] Art. 25 N. 23 f.
[78] Zu den Begriffen des interkantonalen und des internationalen Vertrages: Art. 32 N. 20 f.
[79] Art. 32 N. 21.

39 Die Initiative ist nur zulässig, wenn der angestrebte Vertrag dem *Referendum* untersteht. Das ist der Fall, wenn der Vertragsinhalt Verfassungs- oder Gesetzesrang aufweist[80]. Verträge, für deren Abschluss der Regierungsrat im Rahmen seiner Verordnungskompetenz allein zuständig ist[81], sind von der Initiative ausgeschlossen.

40 Mit einer Initiative kann nicht ein interkantonaler oder internationaler Vertrag als solcher verlangt werden, sondern nur die *Aufnahme von Verhandlungen*, die auf den Abschluss oder die Änderung eines solchen Vertrages hinzielen. Denn ein Vertrag beruht auf dem freien Willen der Vertragspartner, weshalb er nicht einseitig angeordnet werden kann.

41 Die Initiative hat wenigstens den *Gegenstand* und die *Stossrichtung* des Vertrages oder der Vertragsänderung zu bezeichnen, kann aber noch weitere Vorgaben enthalten, sogar den gewünschten Wortlaut des Vertrages[82]. Doch je präziser die Initiative den Vertragsinhalt vorzeichnen möchte, desto kleiner sind der Verhandlungsspielraum des Regierungsrates[83] und damit auch die Chancen auf einen Abschluss des gewünschten Vertrages.

42 Stimmt der Kantonsrat oder das Stimmvolk der Volksinitiative zu, hat der Regierungsrat Vertragsverhandlungen aufzunehmen. Scheitern diese, ist das Verfahren erledigt[84]. Kommt es zum Vertragsabschluss, untersteht der Genehmigungsbeschluss des Kantonsrates[85] dem *obligatorischen oder fakultativen Referendum*[86]. Einzig bei einer Initiative auf Beitritt zu einem bestehenden Vertrag gilt die Zustimmung des Kantonsrates bzw. des Stimmvolks zur Initiative gleichzeitig auch als Genehmigung des Beitritts[87].

43 Mittels Initiative kann auch die *Kündigung* eines dem Referendum unterstehenden interkantonalen oder internationalen Vertrages verlangt werden. Stimmt der Kantonrat oder die Stimmberechtigten einer solchen Initiative zu, hat der Regierungsrat unter Beachtung der entsprechenden vertraglichen Modalitäten, z.B. einer Kündigungsfrist, die Kündigung auszusprechen.

---

[80] Art. 32 lit. b und 33 Abs. 1 lit. b; dazu Art. 32 N. 22 und Art. 33 N. 14.
[81] Art. 69 Abs. 1 Satz 2.
[82] A.M. GEILINGER, S. 98; KÖLZ, Volksinitiative, S. 14 und TRECHSEL/SERDÜLT, S. 92, die eine ausformulierte Staatsvertragsinitiative für ungültig halten, zumindest wenn es um den Abschluss eines neuen Vertrages geht. Doch für die Ungültigerklärung besteht weder Bedarf noch eine genügende Rechtsgrundlage. Denn auch eine solche Initiative ist nichts mehr als ein – allerdings äusserst genaues – Verhandlungsmandat an die Adresse des Regierungsrates.
[83] Für die Aushandlung der Verträge ist stets der Regierungsrat zuständig (Art. 69 Abs. 1 Satz 1).
[84] GEILINGER, S. 98.
[85] Vgl. Art. 54 Abs. 1 lit. c. Zur Rechtsnatur des Beschlusses des Kantonsrates bzw. des Stimmvolks: Art. 32 N. 24.
[86] Art. 32 lit. b und 33 Abs. 1 lit. b. Die Rechtslage ist ähnlich wie bei einer Verfassungs- oder Gesetzesinitiative in der Form der allgemeinen Anregung: Wird die Initiative umgesetzt, untersteht die Vorlage ebenfalls dem obligatorischen bzw. fakultativen Referendum.
[87] Vgl. HANGARTNER/KLEY, N. 2209.

Art. 24*

Eine Initiative können einreichen:
a) 6 000 Stimmberechtigte (Volksinitiative);
b) eine oder mehrere Behörden (Behördeninitiative);
c) eine einzelne stimmberechtigte Person (Einzelinitiative).

Urheber der Initiative

Materialien

Art. 29 VE; Prot. Plenum, S. 325 ff., 335 ff., 2045 ff., 3102 ff.

Literatur

HANGARTNER/KLEY, § 33.

Vgl. ferner Hinweise zu Art. 23.

Rechtsquellen

Vgl. Hinweise zu Art. 23.

Übersicht   Note

1. Einleitung   1
   1.1. Normzweck   1
   1.2. Entstehungsgeschichte   4
   1.3. Früheres Recht   7
   1.4. Praxis   10
2. Die Urheber im Einzelnen   14
   2.1. Volksinitiative (lit. a)   14
   2.2. Behördeninitiativen (lit. b)   15
   2.3. Einzelinitiative (lit. c)   17
3. Anwendbares Recht   18

1. Einleitung

1.1. Normzweck

Mittels Initiative[1] kann eine Verfassungsänderung, ein Gesetz oder ein anderer der in Art. 23 aufgeführten staatlichen Akte verlangt werden. Art. 24 regelt nun die Frage, wem das Recht zusteht, eine Initiative einzureichen. Einerseits sind dies die *Stimmberechtigten*, womit ihnen ermöglicht wird, direkt und unmittelbar auf die Verhältnisse im Kanton Einfluss zu nehmen[2]. In diesem Sinne ist das

1

---

* Der Verfasser dankt Dr.iur. Philipp Mäder für die kritische Durchsicht der Kommentierung und die zahlreichen Hinweise.
[1] Zum Begriff der *Initiative* Art. 23 N. 1 f.
[2] Zu den weiteren Funktionen einer Initiative Art. 23 N. 6.

Initiativrecht Ausdruck des Selbstbestimmungsrechts des Stimmvolkes. Anderseits steht das Initiativrecht den *Behörden* zu (lit. b). Dies ermöglicht, dass die mit dem Vollzug des kantonalen Rechts befassten Organe auf dircktem Weg normative Verbesserungsvorschläge einbringen können.

2   Beim Initiativrecht der Stimmberechtigten differenziert Art. 24 zwischen der *Volksinitiative,* für welche die Unterschriften von 6 000 Stimmberechtigten erforderlich sind (lit. a), und der *Einzelinitiative,* die jede stimmberechtigte Person alleine einreichen kann (lit. c). Nur die Volksinitiative, nicht auch die Einzelinitiative führt zu einer Volksabstimmung, wenn der Kantonsrat sie ablehnt[3]. Denn die aufwendige Behandlung einer Initiative durch die Behörden, die Durchführung einer Volksabstimmung und die Befassung des gesamten Stimmvolks mit einem Geschäft rechtfertigen sich nur, wenn das Initiativbegehren einen gewissen Rückhalt in der Bevölkerung geniesst.

3   Ausländerinnen und Ausländer sowie juristischen Personen des Privat- wie auch des öffentlichen Rechts (Anstalten, Gemeinden, andere Körperschaften) können hingegen keine Initiativen einreichen, denn sie haben kein Stimm- und Wahlrecht gemäss Art. 22[4].

1.2. Entstehungsgeschichte

4   Im Antrag der Kommission 2 vom 10. Januar 2002[5] war der Regelungsinhalt des nun geltenden Art. 24 auf mehrere Bestimmungen verteilt. Folgende Passagen sind von Bedeutung:

Art. 1   *Gegenstand der Initiative*

Stimmberechtigte und Behörden können jederzeit ein Begehren stellen auf:

(…)

Art. 3   *Unterschriftenzahl und Sammelfrist bei Volksinitiativen*

Eine Volksinitiative kommt zustande, wenn sie von 10 000 Stimmberechtigten unterzeichnet (…) eingereicht wird.

Art. 7   *Einzel- und Behördeninitiativen*

[1] Eine stimmberechtigte Person kann eine Einzelinitiative, eine Behörde eine Behördeninitiative einreichen.

(…)

---

[3] Vgl. Art. 32 lit. c und d.
[4] Immerhin steht ihnen wie auch den nicht stimmberechtigten natürlichen Personen das Petitionsrecht nach Art. 16 zu (BIAGGINI, Art. 16 N. 10; HANGARTNER/KLEY, N. 311).
[5] Vorgängig K2, Antrag an das Plenum vom 11. Oktober 2001, sowie Stellungnahme des Regierungsrates, RRB 1744 vom 14. November 2001, S. 1, 3 und 8.

In der Vorberatung stimmte der Rat diesen Formulierungen zu[6]. Der Antrag für die Gesamtlesung entsprach dem nun geltenden Art. 24; einzig bei der Volksinitiative waren 10 000 statt der heute geltenden 6 000 Unterschriften vorgesehen. Auch diesem Antrag stimmte der Rat zu[7]. In der öffentlichen Vernehmlassung wurde von verschiedenen Seiten die Senkung der Unterschriftenzahl gefordert[8]. Für die 2. Gesamtlesung beantragte die Geschäftsleitung dem Rat, die für eine Volksinitiative erforderlichen Unterschriften bei 6 000 festzusetzen. Der Rat stimmte dem zu[9].

Unter den Regelungsinhalten des nun geltenden Art. 24 waren im Rat nur die *Unterschriftenzahl für Volksinitiativen* und die *Existenzberechtigung der Einzelinitiative* umstritten. Diese Punkte wurden im Zusammenhang mit der Fristlänge für die Unterschriftensammlung[10], der steten Zunahme der Zahl der Stimmberechtigten[11] und mit der (schliesslich verworfenen) Volksmotion[12] diskutiert. Die Senkung der Unterschriftenzahl von 10 000 (Art. 29 Abs. 3 Ziff. 1 aKV) auf 6 000 (lit. a) wurde im Wesentlichen damit begründet, dass das Unterschriftensammeln in den letzten Jahren schwieriger geworden sei, weil immer mehr Stimmberechtigte brieflich abstimmen würden, so dass sich vor den Stimmlokalen nicht mehr so einfach Unterschriften beibringen liessen[13].

1.3. Früheres Recht

Die *Volks-*, die *Behörden-* und die *Einzelinitiative* waren bereits in der ursprünglichen Fassung der früheren Kantonsverfassung verankert[14]. Bis zur Verfassungsänderung vom 4. Dezember 1955[15] war auch jede Gemeinde initiativberechtigt (*Gemeindeinitiative*)[16].

Bei der *Volksinitiative* änderte sich im Laufe der Jahrzehnte die Zahl der dafür erforderlichen Unterschriften: Bis ins Jahr 1978 genügten die Unterschriften

---

[6] Prot. Plenum, S. 319 f., 325 ff. und 335 ff.
[7] Antrag der Geschäftsleitung vom 16. April 2003, S. 25; Prot. Plenum, S. 2049.
[8] So z.B. EVP des Kantons Zürich, Grüne des Kantons Zürich und pro natura.
[9] Antrag der Geschäftsleitung vom 13. Mai 2004, S. 16; Prot. Plenum, S. 3105.
[10] Vgl. nun Art. 27.
[11] Vgl. N. 8
[12] Art. 23 N. 7 ff.
[13] Prot. Plenum, S. 313, 326, 2046 f., 3102 ff.
[14] Art. 29 Abs. 1–3 aKV in der Fassung vom 18. April 1869 (OS 14, S. 556 f.). Zur Entstehungsgeschichte des Initiativrechts BÜTIKOFER-JOHANNI, S. 104 ff., und KOTTUSCH, Einzel- und Behördeninitiative, S. 4 ff.
[15] OS 40, S. 55 f.
[16] Nach Art. 29 Abs. 3 aKV stand das Initiativrecht einer «Anzahl von Gemeindeversammlungen [zu], an denen wenigstens 5 000 Stimmberechtigte dafür gestimmt haben». Jede Gemeinde konnte also mit Mehrheitsbeschluss die Einreichung einer Initiative beschliessen, wobei mindestens 5 000 Stimmberechtigte dafür gestimmt haben mussten (BÜTIKOFER-JOHANNI, S. 128 ff.; GEILINGER, S. 112; KOTTUSCH, Einzel- und Behördeninitiative, S. 8).

von 5 000 Stimmberechtigten, danach waren 10 000 erforderlich[17]. Wegen der steten Zunahme der Stimmberechtigten[18] sank der für eine Volksinitiative erforderliche Anteil am Gesamt aller Stimmberechtigten trotzdem kontinuierlich von 7% (1878) über 2,4% (1940) und 1,4% (1980) auf 1,2% (2005)[19]. Mit der Senkung der Unterschriftenzahl auf 6 000 gemäss geltender Verfassung fiel die Quote weiter auf 0,74%[20]. Auf der Basis von Daten, die für das Jahr 1998 erhoben wurden, weist der Kanton Zürich im Vergleich mit dem Bund wie auch mit den andern Kantonen damit die tiefste Quote aus[21].

9   Für die Rechtsentwicklung bei der Behörden- und Einzelinitiative wird auf die Kommentierung zu Art. 31 verwiesen[22].

1.4.   Praxis

10 In den Jahren 1995–2004 wurden im Kanton Zürich 38 Volksinitiativen (12%), 20 Behördeninitiativen (6%) und 263 Einzelinitiativen[23] (82%) eingereicht.

11 Die 38 Volksinitiativen nahmen folgenden weiteren Verlauf[24]:

Eingereichte Volksinitiativen (1995–2004)	38	
davon am 1.1.2007 pendent	5	
Erledigte Volksinitiativen	33	(100%)
davon: – nicht zustande gekommen[25]	2	(6%)
– vollständig ungültig erklärt[26]	2	(6%)

---

[17] Verfassungsänderung vom 28. Mai 1978 (OS 46, S. 882).
[18] Neben der Zunahme der Bevölkerung wirkte sich hier auch die Einführung des Frauenstimmrechts im Jahr 1970 aus.
[19] Die Anzahl Stimmberechtigte ergeben sich aus Veröffentlichungen in OS 19, S. 548, ABl 1940, S. 444, ABl 1980, S. 248, und ABl 2005, S. 344.
[20] Bei der Volksabstimmung vom 21. Mai 2006 waren 812 486 Personen stimmberechtigt (ABl 2006, S. 554).
[21] Die Werte lagen bei Initiativen auf Totalrevision der Verfassung zwischen 0,8% und 9,6% der Stimmberechtigten und bei solchen auf Teilrevision der Verfassung sowie bei Gesetzesinitiativen zwischen 0,8% und 5,7%. Die Minimalwerte fanden sich im Kanton Appenzell A.R., die Maximalwerte im Kanton Neuenburg. Im Durchschnitt aller Kantone betrug der für eine Volksinitiative erforderliche Anteil am Gesamt der Stimmberechtigten 2,2% (vgl. LUTZ/STROHMANN, S. 120).
[22] Art. 31 N. 5
[23] Nicht erfasst sind die Einzelinitiativen, welche die Geschäftsleitung des Kantonsrates wegen formeller Mängel von der Hand wies.
[24] Zum weiteren Verlauf der Behörden- und Einzelinitiativen: Art. 31 N. 7 f.
[25] Art. 27 N. 7.
[26] Art. 28 N. 8.

– zurückgezogen (7 nach Gegenvorschlag des KR[27]; 2 nach anderweitiger Rechtsänderung i.S. der Initiative; 5 aus andern Gründen)	14	(42%)
– in der Volksabstimmung *abgelehnt* (9 ohne, 3 mit Gegenvorschlag des KR; alle Gegenvorschläge angenommen)	12	(36%)
– in der Volksabstimmung *angenommen* (alle ohne Gegenvorschlag des KR)	3	(9%)

Die 20 *Behördeninitiativen* der Dekade 1995–2004 stammten von folgenden Urhebern: Eine Initiative wurde von 27 Gemeinde- und Stadträten, eine andere von 25 Gemeinderäten unterstützt. Die restlichen 18 Initiativen verteilen sich auf die Parlamente der Stadt Zürich (10 Initiativen) und der Stadt Winterthur (4 Initiativen), die Exekutive von drei politischen Gemeinden bzw. Städten (je 1 Initiative) und eine Schulpflege (1 Initiative). 12

Bei den *Einzelinitiativen* haben eine Person 37 und eine andere Person 32 Initiativen eingereicht. Weitere 94 Einzelinitiativen stammen von 26 Personen, die je 2 bis 8 Initiativen eingereicht haben. Die restlichen 100 Initiativen gehen auf je eine Person zurück. 13

2. Die Urheber im Einzelnen

2.1. Volksinitiative (lit. a)

Wird eine Initiative von 6000 stimmberechtigten Personen eingereicht[28], liegt eine Volksinitiative vor (lit. a). *Stimmberechtigt* ist eine Person dann, wenn sie nach Art. 22 über das Stimm- und Wahlrecht in Kantonsangelegenheiten verfügt. Liegen weniger als 6000 gültige Unterschriften vor, wird das Begehren dem Kantonsrat als Einzelinitiative überwiesen[29]. 14

2.2. Behördeninitiativen (lit. b)

Eine Initiative kann auch von einer oder mehreren Behörden eingereicht werden (lit. b). Die Verfassung definiert den Begriff der Behörden nicht. Stellt man 15

---

[27] Näheres zu diesen Volksinitiativen: Art. 30 N. 8.
[28] Zur Einreichung einer Volksinitiative: Art. 27 N. 11.
[29] § 128 Abs. 2 Satz 2 GPR.

die Funktionen von Initiativen[30] den kaum ins Gewicht fallenden Nachteilen von Behördeninitiativen[31] gegenüber, so sollte der Kreis der initiativberechtigten Organe weit gezogen werden[32]. In diesem Sinne sind zur Einreichung einer Behördeninitiative diejenigen *Organe der Körperschaften und Anstalten des öffentlichen Rechts* berechtigt, die in ihrem Aufgabenbereich über eine gewisse *funktionale und organisatorische Selbständigkeit* verfügen[33]. In Betracht kommen Organe des Kantons[34], der Bezirke[35], der Gemeinde[36] oder von andern Körperschaften und Anstalten des öffentlichen Rechts[37]. Diese Organe können der Exekutive, der Legislative[38] oder der Judikative[39] angehören. Dabei kann es sich um Einzel-[40] oder Kollegialorgane handeln. Nicht entscheidend ist ferner, ob die Organe über Hoheitsbefugnisse verfügen oder nicht.

16 Die Legitimation zur Behördeninitiative wird durch das hierarchische Prinzip begrenzt. Die Behördeninitiative steht nicht zur Verfügung, wenn das betreffende Anliegen «auf dem Dienstweg» weiterbefördert werden kann[41].

2.3. Einzelinitiative (lit. c)

17 Eine Initiative kann ferner von einer einzelnen stimmberechtigten Person eingereicht werden (lit. c), also von einer Person, die gemäss Art. 22 über das Stimm- und Wahlrecht in Kantonsangelegenheiten verfügt. Dieses Recht können auch mehrere Stimmberechtigte gemeinsam wahrnehmen. Massgebend für den Be-

---

[30] Art. 23 N. 6.
[31] Der Aufwand für die Behandlung einer Einzel- oder Behördeninitiative bis zum Entscheid über ihre vorläufige Unterstützung (Art. 31 Abs. 1) ist gering.
[32] In diesem Sinne auch K2, Prot. vom 20. September 2001, S. 120, wonach es hier um die Sammlung von Ideen gehe, weshalb der Kreis der Ideenträger möglichst wenig einzuschränken sei.
[33] Vgl. GEILINGER, S. 123; KOTTUSCH, Einzel- und Behördeninitiative, S. 11 f.
[34] So z.B. der Bildungsrat, der Verkehrsrat, ein Notariat oder eine Baurekurskommission.
[35] So z.B. ein Statthalter oder ein Bezirksrat.
[36] So z.B. ein Gemeindevorstand, eine Kommission mit selbständigen Verwaltungsbefugnissen, die Rechnungsprüfungskommission, das Wahlbüro, der Betreibungsbeamte und Gemeindeammann oder die verantwortlichen Aufsichts- und Exekutivorgane eines Zweckverbandes, nicht aber eine Gemeindeversammlung (GEILINGER, S. 124).
[37] So z.B. der Bankrat und das Bankpräsidium der Zürcher Kantonalbank oder der Universitätsrat, der Senat, die Universitätsleitung und die erweiterte Universitätsleitung der Universität Zürich.
[38] So z.B. ein Gemeindeparlament.
[39] So z.B. ein oberes kantonales Gericht oder ein Bezirksgericht (nur die Gesamtgerichte, nicht einzelne Kammern; GEILINGER, S. 123; KOTTUSCH, Einzel- und Behördeninitiative, S. 12 Anm. 58).
[40] KOTTUSCH, Einzel- und Behördeninitiative, S. 12. A.M. GEILINGER, S. 124. So z.B. die Ombudsperson (Art. 81 Abs. 1).
[41] In diesem Sinne sind z.B. folgende Stellen *nicht* zur Behördeninitiative legitimiert: Amts- oder Abteilungsleitung einer Direktion des Regierungsrates; Oberstaatsanwaltschaft und Staatsanwaltschaften (selbst wenn die Staatsanwältinnen und Staatsanwälte vom Stimmvolk gewählt sind); Angestellte einer kommunalen Verwaltung (selbst wenn sie mit selbstständigen Verwaltungsbefugnissen ausgestattet sind).

stand der Stimmberechtigung der Initiantinnen und Initianten ist der Zeitpunkt der Einreichung des Begehrens.

3. Anwendbares Recht

Für *Volksinitiativen* gelten sämtliche Bestimmungen des Abschnitts über die Initiativen (Art. 23 ff.), ausgenommen Art. 31 (Verfahren bei Behörden- und Einzelinitiativen). 18

Für *Behörden- und Einzelinitiativen* gelten die Art. 23 (Gegenstand der Initiative)[42], Art. 25 (Form der Initiative), Art. 28 Abs. 1 und 2 (Gültigkeitsvoraussetzungen; teilweise Gültigkeit und Aufteilung) und Art. 31 (Verfahren bei Behörden- und Einzelinitiativen). 19

---

[42] Mittels Behörden- oder Einzelinitiative kann auch die *Totalrevision der Kantonsverfassung* angeregt werden, obwohl das Volk gemäss Art. 134 Abs. 1 ausschliesslich «auf Grund einer *Volksinitiative* oder eines *Beschlusses des Kantonsrates*» entscheidet, ob eine solche an die Hand genommen werden soll. Denn wenn der Kantonrat die Behörden- bzw. Einzelinitiative definitiv unterstützt, liegt ein Kantonsratsbeschluss i.S.v. Art. 134 Abs. 1 vor (vgl. Art. 31 N. 17; so auch TÖNDURY, Art. 134 N. 6).

Art. 25*

Form der Initiative

Eine Initiative kann als allgemeine Anregung oder als ausgearbeiteter Entwurf eingereicht werden. Die Initiative auf Totalrevision der Kantonsverfassung kann nur als allgemeine Anregung eingereicht werden.

Die Initiative muss einen Titel tragen. Dieser darf nicht irreführend sein.

Ist die Initiative in der Form nicht einheitlich, so wird sie als allgemeine Anregung behandelt.

Hat sie die Form der allgemeinen Anregung, so bestimmt der Kantonsrat, in welcher Rechtsform sie umgesetzt wird.

Materialien

Art. 30 VE; Prot. Plenum, S. 320 ff., 2049 ff., 3105 ff.

Literatur

GRISEL ETIENNE, N. 585 ff.; HANGARTNER/KLEY, §§ 32–34; TSCHANNEN PIERRE, Die Formen der Volksinitiative und die Einheit der Form, ZBl 103/2002, S. 2 ff. (Formen); WILDHABER LUZIUS, Kommentar BV, Art. 121/122 aBV.

Vgl. ferner Hinweise zu Art. 23.

Rechtsquellen

Vgl. Hinweise zu Art. 23.

Übersicht

	Note
1. Einleitung	1
1.1. Normzweck	1
1.2. Entstehungsgeschichte	5
1.3. Früheres Recht	8
1.4. Praxis	9
2. Form der Initiative (Abs. 1 und 3)	10
2.1. Formtypen	10
2.1.1. Vorbemerkung	10
2.1.2. Form des ausgearbeiteten Entwurfs (Abs. 1 Satz 1)	11
2.1.3. Form der allgemeinen Anregung (Abs. 1 Satz 1)	14
2.1.4. Mischform (Abs. 3)	18
2.2. Qualifizierung	19
2.3. Besonderheiten bei einzelnen Gegenständen von Initiativen	21
2.3.1. Initiative auf Totalrevision der Verfassung (Abs. 1 Satz 2)	21
2.3.2. Standesinitiative	23
2.4. Bindung an das Initiativbegehren	25
3. Titel der Initiative (Abs. 2)	28
4. Rechtsform der Umsetzung (Abs. 4)	29

---

* Der Verfasser dankt Dr.iur. Philipp Mäder für die kritische Durchsicht der Kommentierung und die zahlreichen Hinweise.

1. Einleitung

1.1. Normzweck

1 Eine Initiative kann als *ausgearbeiteter Entwurf* eingereicht werden (Abs. 1). Diesfalls enthält sie den genauen Wortlaut des geforderten Verfassungs- oder Gesetzestextes, des verlangten Kantonsratsbeschlusses usw. Da die Abfassung eines formal korrekten, vollziehbaren Rechtstextes anspruchsvoll ist[1], sieht Abs. 1 vor, dass eine Initiative auch in der Form der sog. *allgemeinen Anregung* eingereicht werden kann. In diesem Fall genügt es, wenn die Initiative den Gegenstand und das Ziel des Begehrens nennt. Die Umsetzung der Initiative in einen vollziehbaren Rechtstext erfolgt dann durch den Kantonsrat[2]. Auch wenn dieser an den Inhalt der Initiative gebunden ist, steht ihm doch immerhin zu, die für die Umsetzung der Initiative geeignete *Rechtsform* zu bestimmen (Abs. 4).

2 Die beiden Initiativformen unterliegen *unterschiedlichen Verfahrensabläufen*, so dass eine Initiative zwingend entweder dem einen oder dem andern Prozedere zugewiesen werden muss. Daraus folgt allerdings nicht, dass eine Initiative nicht auch Elemente beider Formen aufweisen darf. Solche Initiativen waren nach früherem Recht ungültig. Dem Verhältnismässigkeitsprinzip folgend sieht Abs. 3 demgegenüber vor, dass *Mischformen* als *allgemeine Anregung* zu behandeln sind.

3 Aus der Garantie der freien Willensbildung und unverfälschten Stimmabgabe (Art. 34 Abs. 2 BV) folgt unter anderem, dass die Unterschriften für eine Volksinitiative auf korrekte Weise beizubringen sind und dass das Resultat einer allfälligen Volksabstimmung über die Initiative dem Willen der Mehrheit der Stimmberechtigten entsprechen soll. Die Erreichung dieses Ziels kann u.a. durch einen nicht korrekten Titel der Initiative vereitelt werden. Etwas kasuistisch schreibt Abs. 2 deshalb vor, dass der *Titel* einer Initiative *nicht irreführend* sein darf.

4 Art. 25 spricht allgemein von Initiativen. Die Norm gilt deshalb für *Volks-, Behörden- und Einzelinitiativen*.

1.2. Entstehungsgeschichte

5 Der Antrag der Kommission 2 für die *Vorberatung* im Plenum[3] entsprach im Wesentlichen bereits dem geltenden Art. 25. Zusätzlich waren hier der Grund-

---

[1] TSCHANNEN, Formen, S. 6 f.
[2] Vgl. Art. 29 Abs. 2 und Art. 30 Abs. 1.
[3] K2, Antrag vom 10. Januar 2002. Vorgängig K2, Antrag vom 11. Oktober 2001, sowie Stellungnahme des Regierungsrates, RRB 1744 vom 14. November 2001, S. 2 f.

satz der Einheit der Materie sowie das Vorprüfungsverfahren für Initiativen verankert[4]. Das Plenum stimmte dem Antrag zu[5]. In der Folge wurden die beiden Punkte in anderen Bestimmungen geregelt[6].

Für die Gesamtlesung lag dem Plenum der Wortlaut des nun geltenden Art. 25 vor. Einzig in Abs. 4 war nicht von «Rechtsform», sondern von «Form» die Rede[7]. Das Plenum übernahm die Formulierung, folgte bei Abs. 4 aber dem Antrag der Kommission 2, wonach in Abs. 4 am früher verwendeten Begriff «Rechtsform» festzuhalten sei[8].

In der öffentlichen Vernehmlassung wurde angeregt, die Abs. 2–4 zu streichen; es genüge, die Bestimmungen auf Gesetzesstufe zu fassen[9]. In der zweiten Gesamtlesung verwarf das Plenum den Antrag der SVP auf Streichung von Abs. 3; die Norm blieb unverändert[10].

1.3. Früheres Recht

Bereits die ursprüngliche Fassung der früheren Kantonsverfassung unterschied die beiden Initiativformen der allgemeinen Anregung und des ausgearbeiteten Entwurfs[11]. Die Vorschrift, wonach eine Initiative auf *Total*revision der Verfassung nur in der Form der einfachen Anregung zulässig ist, war aber nur auf Gesetzesstufe verankert[12]. Dass eine Initiative einen *Titel* tragen muss und dieser nicht irreführend sein darf, war früher nur auf Gesetzesstufe normiert und wurde dort erst mit dem Gesetz über die politischen Rechte eingeführt[13]. Anders als nach *Abs. 3* waren Initiativen, die *in der Form nicht einheitlich* waren, nach früherem Recht wegen Verletzung des Grundsatzes der Einheit der Form ungültig[14].

---

[4] Abs. 2 erster Satzteil und Abs. 4 der damals beantragten Norm.
[5] Prot. Plenum, S. 325.
[6] Vgl. die nun geltenden Art. 26 und 28 Abs. 1 lit. a.
[7] Antrag der Geschäftsleitung vom 16. April 2003, S. 26.
[8] Prot. Plenum, S. 2049 f.
[9] So z.B. die FDP des Kantons Zürich.
[10] Vgl. Antrag der Geschäftsleitung vom 13. Mai 2004, S. 16; Prot. Plenum, S. 3105 ff.
[11] Art. 29 Abs. 1 Satz 2 aKV in der Fassung vom 18. April 1869 (OS 14, S. 556), wobei dort nicht von der «allgemeinen», sondern von der «einfachen» Anregung die Rede war. Mit dem Verfassungsgesetz vom 1. Juni 1969 (OS 43, S. 289) wurden die Regelung der beiden Initiativformen neu als Abs. 2 von Art. 29 aKV gefasst.
[12] § 2 Satz 2 GVV; § 120 Abs. 1 Satz 2 GPR.
[13] § 123 Abs. 1 lit. b und Abs. 2 GPR.
[14] § 4 Abs. 1 Ziff. 3 i.V.m. § 2 GVV; § 127 Abs. 1 i.V.m. § 120 Abs. 1 GPR. In der Praxis führte dieser Grundsatz immer wieder zu Problemen, wobei meist im Sinne der Gültigkeit der Initiative entschieden wurde (vgl. z.B. Bericht und Antrag des Regierungsrates zur Volksinitiative «Schluss mit amtlicher Verteuerung der Wohnkosten für Mieter und Eigentümer» vom 6. Februar 2002, ABl 2002, S. 2036 f.).

1.4. Praxis

9 Die in den Jahren 1995–2004 eingereichten Volksinitiativen und die zumindest vorläufig unterstützten Behörden- und Einzelinitiativen[15] weisen folgende Form auf:

	allgemeine Anregung	*ausgearbeiteter Entwurf*	*Total*
Volksinitiativen[16]	11 (29%)	27 (71%)	38 (100%)
Behördeninitiativen	11 (92%)	1 (8%)	12 (100%)
Einzelinitiativen	28 (64%)	16 (36%)	44 (100%)
Total	*50 (53%)*	*44 (47%)*	*94 (100%)*

2. Form der Initiative (Abs. 1 und 3)

2.1. Formtypen

2.1.1. Vorbemerkung

10 Nach Abs. 1 kann eine Initiative in der Form einer *allgemeinen Anregung* oder eines *ausgearbeiteten Entwurfs* eingereicht werden. Diese in der Verfassung nicht näher umschriebenen Begriffe finden sich auch im Bundesrecht und im Recht der meisten andern Kantone[17]. Aus den Materialien ergeben sich keine Hinweise, dass die Begriffe im Kanton Zürich in besonderer Weise zu verstehen wären.

2.1.2. Form des ausgearbeiteten Entwurfs (Abs. 1 Satz 1)

11 Eine Initiative in der Form des ausgearbeiteten Entwurfs stellt einen «Beschlussesentwurf in seiner *endgültigen, vollziehbaren Form* dar»[18]. Das Initiativbegehren kann *unverändert vollzogen* werden. Sein Wortlaut bedarf keiner weiteren Ergänzung oder Konkretisierung; der Text liegt in «fertig redigierter Gestalt»[19] vor. Geht es um Rechtsnormen, kann der Initiativtext in die Rechts-

---

[15] Art. 24 N. 10 f.; Art. 31 N. 7 f.
[16] Auf Bundesebene beträgt der Anteil der *nicht ausformulierten* Volksinitiativen auf Änderung der Bundesverfassung lediglich rund 5% (vgl. E. GRISEL, N. 535; WILDHABER, Kommentar BV, Art. 121/122 aBV Rz. 42 f.).
[17] Art. 139 Abs. 2 BV (Fassung vom 18. April 1999); Art. 139 Abs. 1 und 139a Abs. 1 BV (Fassung vom 9. Februar 2003). Hinweise zu den anderen Kantonen finden sich bei HANGARTNER/KLEY, N. 2051 ff.
[18] BGE 114 Ia 413 ff., 416.
[19] TSCHANNEN, Formen, S. 8.

ordnung eingefügt werden, ohne dass vorgängig dieser Text oder sein zukünftiges rechtliches Umfeld angepasst werden muss[20].

Für die Bestimmung der Form einer Initiative ist also einzig auf ein *formales Kriterium*[21] *abzustellen*[22]. Wird z.B. ein neues Gesetz verlangt, so muss die Initiative einen Gesetzestitel aufweisen und darf im Übrigen nur aus Rechtsnormen bestehen. Soll mit der Initiative ein bestehendes Gesetz abgeändert werden, so muss klar sein, um welches Gesetz es sich handelt, welche seiner Bestimmungen abgeändert werden sollen und wie der Wortlaut der Normen neu lauten soll[23].

Hingegen ist es unbeachtlich, wenn die Rechtsnormen einen hohen Abstraktionsgrad aufweisen und deshalb für den Vollzug ein grosser Spielraum besteht[24]. Unbeachtlich ist ferner, wenn die Rechtsordnung nach Einfügung des Initiativtextes *unklar* oder in sich *widersprüchlich* ist. Solche Mängel sind in Kauf zu nehmen, solange die Verfassung Initiativen in der Form des ausgearbeiteten Entwurfs zulässt. Inwieweit ausgearbeitete Initiativen *Programmsätze* ohne normative Verbindlichkeit enthalten dürfen, hängt vom Gesetzesbegriff des kantonalen Rechts ab[25].

2.1.3. Form der allgemeinen Anregung (Abs. 1 Satz 1)

Muss eine Initiative, damit sie vollzogen werden kann, zunächst *in die richtige Form gebracht* werden, so hat sie die Form einer allgemeinen Anregung.

---

[20] TSCHANNEN, Formen, S. 8; WILDHABER, Kommentar BV, Art. 121/122 aBV Rz. 49.

[21] Unter Berufung auf einen Entscheid des Bundesgerichts vom 14. September 1955 (ZBl 57/1956, S. 53 ff.) plädiert demgegenüber KÖLZ, Volksinitiative, S. 17, für eine Qualifizierung nach *materiellen* Gesichtspunkten: Ein «in Gesetzesform gebrachtes Begehren, das (…) als Gesetz nicht anwendbar ist und den Behörden in materieller Hinsicht weiten Spielraum lässt», sei als allgemeine Anregung zu behandeln. Umgekehrt sei ein nicht in Gesetzesform gebrachtes Begehren, das den Behörden «in materieller Hinsicht die Hände bindet», als ausformulierte Initiative zu betrachten (gl.M. CAVIEZEL, S. 92). Für solche *Formenumwandlungen* bestehen allerdings weder eine verfassungsrechtliche Grundlage noch ein tatsächliches Bedürfnis. Bei einer Initiative, die inhaltlich zwar vage ist, sich aber gleichwohl in die Rechtsordnung einfügen lässt, verlangt das Initiativrecht zwingend, dass sie *unverändert* den Stimmberechtigten unterbreitet wird. Umgekehrt wird *nichts gewonnen*, wenn eine detailliert gefasste, aber nicht in Gesetzesform gebrachte Initiative als ausformulierte behandelt wird. Denn früher oder später muss ihr Begehren gleichwohl formell in die Rechtsordnung eingefügt werden.

[22] Bei Erlassen geht es um den «rechtsetzungstechnischen Perfektionierungsgrad»; TSCHANNEN, Formen, S. 8.

[23] Zum Problem, dass der Erlass, den die Initiative ändern möchte, während des laufenden Initiativverfahrens aus andern Gründen abgeändert wird, vgl. KÖLZ, Massgebendes Verfassungsrecht, S. 241 ff.

[24] Immerhin darf die Initiative das auf dem Legalitätsprinzip beruhende Bestimmtheitsgebot nicht verletzen.

[25] Vgl. BGE 102 Ia 131 ff., 138; TSCHANNEN, Formen, S. 8. Allgemein zum Gesetzesbegriff nach Zürcher Recht: HAUSER, Art. 38 N. 7 ff. und 10 ff.

15 Regelmässig sind solche Initiativen *inhaltlich weniger genau bestimmt* als ausformulierte Initiativen. So werden bei nicht ausformulierten Initiativen oft nur der Gegenstand und das Ziel des Begehrens genannt. Der materielle Konkretisierungsgrad ist allerdings *kein Abgrenzungskriterium* der beiden Initiativformen. Deshalb können Initiativen in der Form der allgemeinen Anregung auch einen *hohen Konkretisierungsgrad* aufweisen[26].

16 Initiativen in der Form der allgemeinen Anregung müssen ein *Mindestmass an Bestimmtheit und Klarheit* aufweisen. Die Stimmberechtigten müssen bei der Unterzeichnung des Initiativbegehrens und bei der Volksabstimmung, die Behörden bei der Umsetzung erkennen können, was mit der Initiative erreicht werden soll[27]. Gewisse Unklarheiten oder Widersprüche in untergeordneten Punkten können allerdings hingenommen werden, solange die Stimmberechtigten nicht der Gefahr eines Irrtums über wesentliche Punkte ausgesetzt sind. Entsprechende Mängel sind bei der Umsetzung der Initiative zu beheben[28].

17 Ist eine Initiative zu unbestimmt oder zu unklar formuliert, ist sie für *ungültig* zu erklären. Hierfür ist ein qualifiziertes Mehr von zwei Dritteln der anwesenden Mitglieder des Kantonsrates erforderlich[29].

2.1.4. Mischform (Abs. 3)

18 Eine Initiative wird als allgemeine Anregung behandelt, wenn sie in der Form nicht einheitlich ist (Abs. 3). Ein solcher Fall liegt dann vor, wenn eine Initiative sowohl *ausformulierte* als auch *nicht ausformulierte Teile* enthält. Solche Initiativen unterstehen den Verfahrensregeln für Initiativen, die ausschliesslich nicht ausgearbeitete Elemente enthalten[30].

---

[26] TSCHANNEN, Formen, S. 12; WILDHABER, Kommentar BV, Art. aBV 121/122 Rz. 48 f. A.M. CAVIEZEL, S. 95 f.; E. GRISEL, N. 537 ff.; KÖLZ, Volksinitiative, S. 17.
[27] BGE 123 I 63 ff., 73. Vgl. auch TSCHANNEN, Formen, S. 11; WILDHABER, Kommentar BV, Art. 121/122 aBV Rz. 48. Besonderheiten gelten für eine Initiative auf Totalrevision der Verfassung (N. 21).
[28] BGE 129 I 392 ff., 395; 111 Ia 115 ff., 118 f. Vgl. auch CAVIEZEL, S. 85 f.; ODERMATT, S. 717.
[29] Art. 28 Abs. 1 lit. b, Abs. 2 und 3; Art. 28 N. 21, 30 ff.
[30] Es geht hier um die Art. 25 Abs. 4, Art. 29 Abs. 2 und Art. 32 lit. d.

Anders als nach früherem kantonalen Recht[31], nach Bundesrecht[32] und nach dem Recht anderer Kantone[33] sind Mischformen im Zürcher Recht also zulässig[34]; das Gebot der *Einheit der Form* gilt hier *nicht*[35].

2.2. Qualifizierung

Weder der Kantonsrat noch ein anderes staatliches Organ stellen mittels Beschluss ausdrücklich fest, welche Form eine Initiative hat. Vielmehr ergibt sich dies indirekt aus einem andern, die Initiative bestreffenden Entscheid: *Stimmt der Kantonsrat der Initiative zu* oder *lehnt er sie ab*, drückt er damit auch aus, dass er die Initiative für einen *ausgearbeiteten Entwurf* hält[36]. Beschliesst er hingegen über die Frage der *Umsetzung* der Initiative, qualifiziert er sie damit als *allgemeine Anregung*[37].

19

Für die Qualifizierung ist einzig der *Text* der Initiative massgebend. Auf die *Bezeichnung*, welche die Initianten ihrem Begehren geben, *kommt es nicht an*[38]. Wird eine Initiative als ausgearbeiteter Entwurf deklariert, lässt sie sich aber nicht unverändert und ohne weitere Umsetzungsschritte vollziehen, so ist sie als allgemeine Anregung zu behandeln[39]. Ist umgekehrt eine Initiative als allgemei-

20

---

[31] N. 8.
[32] Art. 139 Abs. 3 BV (Fassung vom 18. April 1999) sowie Art. 139 Abs. 2 und Art. 139a Abs. 2 BV (Fassung vom 9. Februar 2003); Art. 194 Abs. 3 BV; Art. 75 Abs. 1 und 3 BPR.
[33] Vgl. z.B. Art. 59 Abs. 2 lit. c KV BE; Art. 65 Abs. 1 i.V.m. Art. 64 Abs. 2 KV AG; Art. 44 Abs. 2 lit. c KV SG.
[34] Für die Zulässigkeit von Mischformen sprechen gute Gründe. Wird eine Initiative, die ausformulierte und nicht ausformulierte Teile enthält, nach den Vorschriften über nicht ausformulierte Initiativen weiterbehandelt, verlieren die Initianten hinsichtlich der ausformulierten Teile zwar den Anspruch, dass ihr Begehren dem Volk unverändert unterbreitet wird. Wenn die Alternative dazu aber darin besteht, dass die Initiative ungültig erklärt wird, werden sie auf dieses Recht gerne verzichten (vgl. RRB 1744 vom 14. November 2001, S. 2. In diesem Sinne auch HANGARTNER/KLEY, N. 2110). Abs. 3 führt auch nicht zu einer Schmälerung der Transparenz für die Unterzeichnenden einer Volksinitiative. Denn auch bei einem Verbot von Mischformen wissen sie nicht, ob das Parlament die Initiative dereinst als allgemeine Anregung oder als ausgearbeiteten Entwurf qualifizieren wird.
[35] Die h.M. in der Literatur geht von der *Allgemeingültigkeit* des Gebotes der Einheit der Form aus und hält Mischformen für unzulässig (vgl. CAVIEZEL, S. 96; E. GRISEL, N. 675; HANGARTNER/KLEY, N. 2108; ODERMATT, S. 710, TSCHANNEN, Formen, S. 21). Demgegenüber macht KÖLZ, Volksinitiative, S. 17, einen Vorbehalt zugunsten des kantonalen Rechts. Im Ergebnis bestehen indes kaum Unterschiede zwischen der Zulassung von Mischformen im Sinne von Art. 25 Abs. 3 KV und jenem Teil der Lehre, der bei einer Initiative in der Form der allgemeinen Anregung auch detaillierte Elemente für zulässig hält (so z.B. HANGARTNER/KLEY, N. 2110; TSCHANNEN, Formen, S. 12, mit Hinweisen).
[36] Vgl. Art. 32 lit. c.
[37] Vgl. Art. 29 Abs. 2 und 32 lit. d.
[38] HANGARTNER/KLEY, N. 839, 2110, und KÖLZ, Volksinitiative, S. 18. Die Praxis des Bundesgerichts ist hingegen nicht einheitlich (vgl. TSCHANNEN, Formen, S. 21, mit entsprechenden Hinweisen).
[39] So auch TSCHANNEN, Formen, S. 27. A.M. CAVIEZEL, S. 96, und WILDHABER, Kommentar BV, Art. 121/122 aBV Rz. 87.

ne Anregung bezeichnet und lässt sie sich unverändert vollziehen, so ist sie nach den Vorschriften über ausgearbeitete Entwürfe weiter zu behandeln[40].

2.3. Besonderheiten bei einzelnen Gegenständen von Initiativen

2.3.1. Initiative auf Totalrevision der Verfassung (Abs. 1 Satz 2)

21 Gemäss Abs. 1 Satz 2 können Initiativen auf Totalrevision[41] der Kantonsverfassung nur in der Form der *allgemeinen Anregung* eingereicht werden. Mit einer solchen Initiative kann einzig verlangt werden, dass eine Totalrevision *eingeleitet* wird. Hingegen darf die Initiative keine Vorgaben über den Inhalt der neu zu schaffenden Verfassung enthalten[42]. Denn die Ausarbeitung einer neuen Verfassung ist für den Kanton von so grundlegender Bedeutung, dass der Kantonsbzw. der Verfassungsrat[43] frei von Vorgaben arbeiten können soll[44], zumal solche Vorgaben auch auf der Grundlage der bisherigen Verfassung beruhen würden, die ja gerade neu geschrieben werden soll.

22 Eine auf Totalrevision der Verfassung gerichtete Initiative ist dem Stimmvolk selbst dann vorzulegen, wenn ihr der Kantonsrat zustimmt (Art. 134 Abs. 1)[45]. Die Stimmberechtigten haben dabei gleichzeitig darüber abzustimmen, ob der Entwurf für eine neue Verfassung vom Kantonsrat oder von einem vom Volk zu wählenden Verfassungsrat ausgearbeitet werden soll (Art. 134 Abs. 2)[46].

2.3.2. Standesinitiative

23 Bei Initiativen auf Einreichung einer Standesinitiative[47] ist zwischen der Form der kantonalen Initiative und jener der Standesinitiative zu unterscheiden. Eine Standesinitiative kann entweder den *ausgearbeiteten Entwurf* eines Erlasses der Bundesversammlung oder auch nur den *Vorschlag* zur Ausarbeitung eines solchen Entwurfs enthalten[48]. Verlangt die kantonale Initiative eine Standesinitiative in der zweiten Variante, so dürfte sie stets als *ausgearbeiteter Entwurf* zu qualifizieren sein. Denn zur Umsetzung einer solchen Initiative sind seitens des Kantons keine das Initiativbegehren konkretisierenden Schritte erforderlich.

---

[40] So auch CAVIEZEL, S. 96, und WILDHABER, Kommentar BV, Art. 121/122 aBV Rz. 86. A.M. TSCHANNEN, Formen, S. 27 f.
[41] Zu den Begriffen der Total- und der Teilrevision TÖNDURY, Art. 132 N. 11 f.
[42] TÖNDURY, Art. 134 N. 7.
[43] Art. 134 Abs. 2.
[44] Vgl. HANGARTNER/KLEY, N. 1998.
[45] Mithin liegt hier ein weiterer, im Katalog von Art. 32 nicht erwähnter Fall eines *obligatorischen Referendums* vor (Art. 32 N. 4).
[46] Dazu TÖNDURY, Art. 134 N. 9.
[47] Art. 160 Abs. 1 BV. Vgl. auch Art. 23 lit. d KV und Art. 23 N. 36 f.
[48] Vgl. Art. 115 des Bundesgesetzes über die Bundesversammlung vom 13. Dezember 2002 (Parlamentsgesetz; SR 171.10).

Wird mit der kantonalen Initiative hingegen die Einreichung eines *ausformulierten Entwurfs* für einen Bundeserlass angestrebt, sind für die kantonale Initiative beide Formen denkbar: Enthält sie bereits den ausformulierten Entwurf für den Bundeserlass, so hat die kantonale Initiative die Form eines ausgearbeiteten Entwurfs. Werden mit der kantonalen Initiative hingegen die staatlichen Organe beauftragt, einen Entwurf für einen Bundeserlass auszuformulieren, so hat die kantonale Initiative die Form einer allgemeinen Anregung.

2.4. Bindung an das Initiativbegehren

Der Text einer Initiative darf nach Beginn der Unterschriftensammlung[49] *nicht mehr abgeändert* werden[50]. Die Urheber einer Volksinitiative haben Anspruch darauf, dass dem Kantonsrat und den Stimmberechtigten die Initiative im ursprünglichen Wortlaut zur Abstimmung vorgelegt wird. Den staatlichen Organen wie auch dem Initiativkomitee[51] ist es verwehrt, den Text inhaltlich, gesetzgebungstechnisch oder sprachlich zu verbessern[52]. Lediglich *redaktionelle Bereinigungen* im engeren Sinn – Behebung von Fehlern der Orthografie, der Grammatik und der Interpunktion; Ergänzung eines ausgearbeiteten Gesetzestextes mit Paragrafen- und Absatznummern – sowie satztechnisch bedingte Anpassungen sind zulässig[53].

Eine Bindung an das Initiativbegehren besteht bei *Initiativen in der Form der allgemeinen Anregung* darüber hinaus dann, wenn sie der Kantonsrat[54] umsetzt, d.h. in vollziehbare Form bringt. Der Kantonsrat hat sich an den Inhalt der Initiative zu halten, denn er handelt im Auftrag der Stimmberechtigten[55]. Missbilligt er den Inhalt, kann er einen Gegenvorschlag (Art. 30) beschliessen[56].

Ist eine Initiative *in der Form nicht einheitlich* (Abs. 3), hat der Kantonsrat die ausformulierten Teile soweit als möglich zu übernehmen. Abweichungen davon sind aber zulässig, wenn sie mit Blick auf die Umsetzung der *nicht* ausformulierten Teile erforderlich sind. Auch gesetzgebungstechnisch begründete Änderungen der ausformulierten Teile wie Vereinheitlichung der Begriffsverwen-

---

[49] Die Frist beginnt mit der Veröffentlichung des Initiativbegehrens im Amtsblatt (§ 126 Abs. 2 GPR).
[50] HANGARTNER/KLEY, N. 2052; WILDHABER, Kommentar BV, Art. 121/122 aKV Rz. 63.
[51] KÖLZ, Volksinitiative, S. 36.
[52] Wiegen entsprechende Mängel schwer, ist der Kantonsrat gehalten, einen Gegenvorschlag zu beschliessen (Art. 30).
[53] Vgl. TSCHANNEN, Formen, S. 9 f.
[54] Einzig Staatsvertragsinitiativen (Art. 23 lit. e) werden durch den Regierungsrat umgesetzt (Art. 69 Abs. 1).
[55] BGE 121 I 357 ff., 361 f.; TSCHANNEN, Formen, S. 7, mit weiteren Hinweisen auf die Rechsprechung. Nach WILDHABER, Kommentar BV, Art. 121/122 aBV Rz. 155, muss die Umsetzungsvorlage «in den wesentlichen Punkten Ziel, Inhalt und Mittel der Initiative» einhalten. Nur bei Details oder Zweitrangigem darf sich das Parlament über die Anregung der Initiative hinwegsetzen.
[56] Art. 30 N. 10.

dung, Verbesserungen der Systematik oder Beseitigung unklarer Regelungen sind hier zulässig.

3. Titel der Initiative (Abs. 2)

28 Die Initiative muss einen Titel[57] tragen; dieser darf nicht irreführend sein (Abs. 2)[58]. *Irreführend* ist ein Titel dann, wenn er einen andern als den tatsächlichen Inhalt der Initiative vermuten lässt oder wenn er ein zentrales Element des Initiativbegehrens verschweigt[59]. Plakative Titel, die lediglich ein allgemeines, mit der Initiative nur entfernt zusammenhängendes politisches Ziel nennen, nimmt die Praxis aber hin[60]; eine Rückbindung auf eine «kurz gefasste objektive Umschreibung des Initiativgegenstandes», wie dies in der öffentlichen Vernehmlassung sinnvollerweise angeregt wurde[61], wurde nicht in die Verfassung aufgenommen.

4. Rechtsform der Umsetzung (Abs. 4)

29 Beschliesst der Kantonsrat, eine Initiative in der Form der allgemeinen Anregung umzusetzen, oder liegt ein entsprechender Beschluss der Stimmberechtigten vor[62], so bestimmt der Kantonsrat, in welcher Rechtsform die Umsetzung zu erfolgen hat (Abs. 4)[63]. Mit dem Begriff *«Rechtsform»* ist das für das be-

---

[57] Der Titel der Initiative muss nicht identisch sein mit dem Titel des Erlasses, der mit der Initiative neu geschaffen oder geändert werden soll.

[58] Gemäss § 123 Abs. 2 GPR darf der Titel einer Initiative «nicht irreführend, ehrverletzend oder übermässig lang sein, keine kommerzielle oder persönliche Werbung enthalten und zu keinen Verwechslungen Anlass geben».

[59] Vgl. W. BUSER, S. 390 ff.

[60] Der Titel «Schluss mit amtlicher Verteuerung der Wohnkosten für Mieter und Eigentümer» wurde nicht beanstandet für eine Initiative, welche die Aufhebung der Handänderungssteuer bei Grundstücken verlangte (vgl. Bericht und Antrag des Regierungsrates vom 13. November 2002 [ABl 2002, S. 2034 ff.]; KRB vom 23. Juni 2003 [Prot. KR 2003–2007, S. 415 ff.]). Sodann passierte die Initiative mit dem Titel «Schluss mit der Schuldenwirtschaft zu Lasten unserer Kinder» die Vorprüfung nach Art. 26 unverändert (vgl. Verfügung der Direktion der Justiz und des Innern vom 12. September 2005 [ABl 2005, S. 977]). Diese Initiative forderte, dass Erträge aus der Privatisierung von Staatsbetrieben und Ausschüttungen der Nationalbank an die Kantone ausschliesslich für den Abbau der Staatsschulden verwendet werden und bei der Berechnung des mittelfristigen Haushaltsgleichgewichts – bei dessen Gefährdung steht ein besonderes Instrumentarium zur Sanierung der Staatsfinanzen zur Verfügung (vgl. § 4 des Gesetzes über Controlling und Rechnungslegung vom 9. Januar 2006 [CRG; LS 611; OS 62, S. 354 ff.; noch nicht in Kraft]) – nicht berücksichtigt werden dürfen. Für Beispiele auf der Bundesebene vgl. W. BUSER, S. 391 ff.

[61] Vgl. Auswertung der Eingaben von Einzelpersonen, Dezember 2003, B35.

[62] Vgl. Art. 32 lit. d.

[63] Zum weiteren Verfahren einer solchen Umsetzung Art. 32 N. 31 ff.

treffende Initiativbegehren passende «Gefäss» staatlichen Handelns gemeint[64]. Wird mit einer Initiative in der Form der allgemeinen Anregung der Erlass kantonalen Rechts verlangt, ist eine *Verfassungsrevision* oder der Erlass, die Änderung oder die Aufhebung eines *Gesetzes* in die Wege zu leiten. Fordert die Initiative die Bereitstellung finanzieller Mittel für einen bestimmten Zweck, so ist die Umsetzungsvorlage als *Ausgabenbeschluss des Kantonsrates* zu fassen[65]. Verlangt die Initiative die Ausarbeitung eines Entwurfs für einen Erlass, der von der Bundesversammlung zu beschliessen ist, so ist die Rechtsform einer *Standesinitiative* zu wählen.

---

[64] Den *Materialien* lässt sich nichts über die Bedeutung des Begriffs «Rechtsform» entnehmen. Für die Vorberatung wurde dem Plenum eine Norm mit diesem Begriff vorgelegt. Die Redaktionskommission ersetzte ihn dann ohne Begründung durch den Ausdruck «Form» (Prot. RedK vom 14. Februar 2003, S. 177). In der Gesamtlesung kehrte das Plenum – ebenfalls ohne Begründung – zum Begriff «Rechtsform» zurück (Prot. Plenum, S. 2049 f.).

[65] Stellt sich bei der Umsetzung heraus, dass für die Erreichung des mit der Initiative angestrebten Zwecks eine Ausgabe unterhalb den Grenzen des fakultativen Referendums genügt (Art. 33 Abs. 1 lit. d), so ist die Initiative ungültig zu erklären. Denn einzig *referendumsfähige* Kantonsratsbeschlüsse können Gegenstand einer Initiative sein (Art. 23 lit. c). Das gilt auch dann, wenn die Initiative die Form der allgemeinen Anregung aufweist.

Art. 26*

Eine Volksinitiative wird vor Beginn der Unterschriftensammlung auf Einhaltung der Formvorschriften geprüft.

Vorprüfung der Volksinitiaitve

Materialien

Art. 31 VE; Prot. Plenum, S. 320 ff., 2051 f., 3107.

Literatur

HANGARTNER/KLEY, §§ 16, 33; SÄGESSER THOMAS, Das konstruktive Referendum, Diss., Bern 2000; SCHULER FRANK, Kommentar zur Verfassung des Kantons Graubünden, Art. 12; TSCHANNEN PIERRE, Die Formen der Volksinitiative und die Einheit der Form, ZBl 103/2002, S. 2 ff. (Formen).

Vgl. ferner Hinweise zu Art. 23.

Rechtsquellen

Vgl. Hinweise zu Art. 23.

Übersicht

	Note
1. Einleitung	1
1.1. Normzweck	1
1.2. Entstehungsgeschichte	2
1.3. Früheres Recht und Rechtsvergleich	5
1.4. Praxis	7
2. Geltungsbereich	8
3. Inhalt der Vorprüfung	9
4. Verfahren der Vorprüfung	14

1. Einleitung

1.1. Normzweck

Volksinitiativen leben von einer gewissen Spontaneität; sie sollen dem politischen Leben neue Impulse verleihen[1]. Damit verträgt sich schlecht, wenn schon zu Beginn des Initiativverfahrens hohe formal-juristische Hürden zu überwinden sind. Anderseits ist den Initianten auch nicht gedient, wenn eine Volksinitiative erst nach der aufwendigen Unterschriftensammlung wegen rechtlicher Mängel für ungültig erklärt werden muss. Art. 26 sieht deshalb vor, dass eine Initiative vor Beginn der Unterschriftensammlung auf Einhaltung der Formvor-

1

---

* Der Verfasser dankt Dr. iur. Philipp Mäder für die kritische Durchsicht der Kommentierung und die zahlreichen Hinweise.
[1] Zu den Funktionen von Initiativen Art. 23 N. 6.

schriften[2] zu prüfen ist[3]. Auf diese Weise sollen insbesondere Mängel behoben werden, welche die freie Willensbildung und unverfälschte Willenskundgabe[4] der Stimmberechtigten bei der Unterzeichnung der Initiative beeinträchtigen könnten[5]. Zudem soll so erreicht werden, dass die Behörden die Unterschriften später effizient prüfen und zählen können[6].

1.2. Entstehungsgeschichte

2 Mit Datum vom 10. Januar 2002 beantragte die Kommission 2 dem Plenum folgende Formulierung[7]:

> Art. 2   *Form der Initiative; Vorprüfung*
>
> (...)
>
> [4] Das Gesetz sieht ein formelles Vorprüfungsverfahren vor.

3 In der Vorberatung wurde die Norm gutgeheissen[8]. Auf Anregung der Redaktionskommission wurde Abs. 4 in eine selbständige Norm gefasst. Für die Gesamtlesung lag dem Rat folgende Formulierung vor[9]:

> Art. 2a   *Vorprüfung der Volksinitiative*
>
> Eine Volksinitiative wird vor Beginn der Unterschriftensammlung auf Titel und Form geprüft.

4 Der Rat verkürzte die Formulierung, ohne ihren Inhalt ändern zu wollen, und beschloss den Wortlaut des nun geltenden Art. 26[10]. In der öffentlichen Vernehmlassung wurde u.a. angeregt, die Norm sei mangels Verfassungsrangs zu streichen[11] oder zumindest eine Maximalfrist zu verankern, innert der die Vorprüfung abzuschliessen sei. Doch die Formulierung blieb auch in der 2. Gesamtlesung unverändert[12].

---

[2] Eine verbindliche Vorprüfung der Initiative unter *inhaltlichen* Gesichtspunkten (Wahrung des übergeordneten Rechts, Durchführbarkeit, Einheit der Materie [Art. 28 Abs. 1]) wäre schwerfällig, denn sie müsste, da der Kantonsrat über die Gültigkeit der Initiative zu entscheiden hat (Art. 28 Abs. 2), ebenfalls durch diesen erfolgen.
[3] Prot. Plenum, S. 321 ff.
[4] Art. 34 Abs. 2 BV.
[5] Vgl. Prot. K2 vom 3. Mai 2001, S. 27; Prot. RedK vom 13. September 2002, S. 14 (Votum Gross). Zu den Funktionen der Vorprüfung des Volksvorschlags nach Berner Recht vgl. SÄGESSER, S. 66.
[6] Vgl. SCHULER, Kommentar KV GR, Art. 12 Rz. 51.
[7] Vorgängig K2, (unveränderter) Antrag vom 10. Januar 2002, und Stellungnahme des Regierungsrates, RRB 2001 vom 14. November 2001, S. 3. Zu den Abs. 1–3 dieser Norm («Form der Initiative») vgl. Art. 25 N. 5 ff.
[8] Prot. Plenum, S. 325.
[9] Antrag der Geschäftsleitung vom 16. April 2003, S. 26.
[10] Prot. Plenum, S. 2051 f.
[11] So etwa der Regierungsrat (vgl. RRB 1697 vom 19. November 2003, S. 10).
[12] Antrag der Geschäftsleitung vom 13. Mai 2004, S. 16; Prot. Plenum, S. 3107.

1.3. Früheres Recht und Rechtsvergleich

Die frühere Kantonsverfassung sah keine Vorprüfung für Volksinitiativen vor. 5
Eine solche bestand nur auf Gesetzesstufe und wurde erst mit dem *Gesetz über die politischen Rechte* eingeführt. Nach § 124 Abs. 2 GPR verfügt die zuständige Direktion des Regierungsrates «die nötigen Änderungen, wenn der Titel oder die Begründung der Initiative oder die Form der Unterschriftenliste den gesetzlichen Vorschriften nicht entspricht».

Auf *Bundesebene* stellt die Bundeskanzlei vor Beginn der Unterschriften- 6
sammlung durch Verfügung fest, ob die Unterschriftenliste den gesetzlichen Formvorschriften entspricht. Ist der Titel einer Initiative irreführend, enthält er kommerzielle oder persönliche Werbung oder gibt er zu Verwechslungen Anlass, wird er durch die Bundeskanzlei geändert[13]. Die *andern Kantone* sehen mehrheitlich eine obligatorische oder fakultative Vorprüfung vor[14].

1.4. Praxis

Zwischen dem 1. Januar 2005 (Inkrafttreten des GPR) und dem 31. Dezember 7
2006 wurde bei elf Volksinitiativen eine Vorprüfung durchgeführt und abgeschlossen[15]. In aller Regel traten dabei kleinere oder grössere formale Mängel zutage[16], die aber bisher stets im Einvernehmen mit dem Initiativkomitee behoben werden konnten. Wie in der Weisung des Regierungsrates zum Gesetz über die politischen Rechte angekündigt[17], werden die Initiativkomitees im Rahmen der Vorprüfung auch auf materielle und rechtsetzungstechnische Mängel hingewiesen, sofern solche erkannt werden.

2. Geltungsbereich

Art. 26 schreibt die Vorprüfung für *Volksinitiativen* (Art. 24 lit. a) vor. Keine 8
Vorprüfungspflicht besteht deshalb bei Behördeninitiativen und bei Einzelinitiativen (Art. 24 lit. b und c). Auch bei Referenden mit Gegenvorschlag von Stimmberechtigten (Art. 35) ist keine Vorprüfung vorgeschrieben, obwohl dieses

---

[13] Art. 69 BPR. Vgl. auch Art. 23 VPR CH. Zur Praxis der Bundeskanzlei vgl. W. Buser, S. 383 ff.
[14] Vgl. Lutz/Strohmann, S. 114 (Stand 1. Januar 1998). Vgl. z.B. für Graubünden Schuler, Kommentar KV GR, Art. 12 Rz. 54.
[15] Vgl. ABl 2005, S. 555, 977; ABl 2006, S. 83, 146, 358, 385, 439, 1069, 1329, 1467 und 1641.
[16] Die Kurzbegründungen der im Amtsblatt veröffentlichten Verfügungen (vgl. vorstehende Anmerkung) zeigen jedenfalls, dass die Initiativtexte vor ihrer Publikation im Amtsblatt i.d.R. zu überarbeiten waren.
[17] Vgl. ABl 2002, S. 1623.

Instrument Elemente einer Volksinitiative aufweist[18] und deshalb eine Vorprüfung auch dort sinnvoll wäre[19].

3. Inhalt der Vorprüfung

9   Im Rahmen der Vorprüfung ist die Initiative auf «Einhaltung der Formvorschriften» zu prüfen. Die Verfassung nimmt hier auf das verbreitete Begriffspaar Form und Inhalt Bezug: Inhalt bezeichnet den Kern (das Eigentliche), Form seine Erscheinungsweise. *Inhalt einer Volksinitiative* meint das Begehren – das, was mit der Initiative erreicht werden soll. Aus ihm ergibt sich, wie z.B. die Verfassung oder ein Gesetz zukünftig lauten sollen. Die *Form einer Volksinitiative* bezeichnet demgegenüber ihre Gestalt und äussere Erscheinung.

10 Gewisse Normen über Initiativen lassen sich klar der Gruppe der *Formvorschriften* zuordnen; ihre Einhaltung ist im Rahmen der Vorprüfung zu kontrollieren. Das gilt z.B. für Art. 25 Abs. 1, wonach eine Initiative «als allgemeine Anregung oder als ausgearbeiteter Entwurf» eingereicht werden kann[20], oder für § 123 Abs. 1 GPR, welche Bestimmung die erforderlichen Elemente einer Unterschriftenliste aufzählt[21].

11 Andere Normen gehören ebenso klar zur Gruppe der *inhaltsbezogenen Vorschriften*, weshalb ihre Beachtung im Rahmen der Vorprüfung nicht zu klären ist[22]. Das gilt etwa für Art. 28 Abs. 1, wonach eine Initiative die Einheit der Materie wahren muss und weder gegen übergeordnetes Recht verstossen noch offensichtlich undurchführbar sein darf. Auch bei Art. 23 handelt es sich um eine inhaltsbezogene Norm. Diese Bestimmung zählt auf, was Gegenstand einer Volksinitiative sein kann.

12 Bei weiteren die Volksinitiative betreffenden Normen ist es *weniger klar*, ob es sich um Formschriften i.S.v. Art. 26 handelt. Das gilt insbesondere für Art. 25

---

[18] Dazu Art. 35 N. 4.
[19] Im bisher einzigen Fall eines Referendums mit Gegenvorschlag von Stimmberechtigten (Art. 35 N. 12) erfolgte eine Vorprüfung auf freiwilliger Basis. Allerdings steht für solche Vorprüfungen wenig Zeit zur Verfügung, denn die Referendumsfrist beginnt auch bei einem Referendum mit Gegenvorschlag mit der amtlichen Veröffentlichung der Vorlage zu laufen und beträgt nur 60 Tage (Art. 35 N. 23).
[20] Bei Mischformen kann allerdings keine Verbesserung *verfügt* werden (N. 15).
[21] Es handelt sich u.a. um folgende Elemente: den Titel, den Text und eine kurze Begründung der Initiative; die Gemeinde, in der die unterzeichnenden Personen politischen Wohnsitz haben; das Datum der Veröffentlichung im Amtsblatt; die Namen und Adressen der Mitglieder des Initiativkomitees. Auch Rubriken für die Namen, Geburtsdaten, Adressen und Unterschriften der Unterzeichnenden sind erforderlich (vgl. § 126 Abs. 1 GPR). Vgl. auch BGE 100 Ia 386 ff. betreffend Angabe der korrekten Adressen der Mitglieder des Initiativkomitees auf der Unterschriftenliste.
[22] Immerhin werden die Initiativkomitees in der Praxis auf offensichtliche materielle oder rechtsetzungstechnische Mängel hingewiesen.

Abs. 2, wonach der Titel einer Initiative nicht irreführend sein darf[23]. Der Titel einer Initiative betrifft auch ihren Inhalt, denn er kann herangezogen werden, um einen unklaren Initiativtext auszulegen[24]. Gleichwohl ist die Frage, ob der *Titel irreführend ist, im Rahmen der Vorprüfung zu klären*. Erstens entspricht das dem *Willen des Verfassungsgebers*[25]. Gemäss dem Antrag für die Gesamtlesung des Rates hätte eine Volksinitiative vor Beginn der Unterschriftensammlung «auf Titel und Form geprüft» werden müssen[26]. Der Rat beschloss dann die Wendung «auf Einhaltung der Formvorschriften» gemäss geltendem Art. 26, wobei im Plenum betont wurde, dass damit keine inhaltliche Änderung einhergehe[27]. Zweitens wird mit der Kontrolle des Titels im Rahmen der Vorprüfung dem *Zweck* von Art. 26 – korrekte Durchführung des Initiativverfahrens – entsprochen. So sollen die Stimmberechtigten sowohl bei der Unterzeichnung der Initiative als auch bei der späteren Volksabstimmung nicht durch einen irreführenden Titel über den tatsächlichen Inhalt der Volksinitiative getäuscht werden[28]. Art. 25 Abs. 2 ist deshalb als Formvorschrift i.S.v. Art. 26 zu betrachten.

Der Begriff der Formvorschriften ist deshalb *weit auszulegen*. Er erfasst Normen, welche die *Gestalt und äussere Erscheinung* des Initiativbegehrens betreffen (z.B. Vorschriften über die erforderlichen Elemente der Unterschriftenliste), aber auch Bestimmungen, welche zur korrekten *Durchführung der Unterschriftensammlung und Volksabstimmung* und zur zuverlässigen und effizienten *Prüfung der Unterschriftenlisten* durch die Behörden beitragen.

4. Verfahren der Vorprüfung

Volksinitiativen sind auf Einhaltung der Formvorschriften *zu prüfen*. Damit ist die Kontrolle gemeint, ob die Initiative die rechtlichen Vorgaben einhält. Mit

---

[23] Vgl. auch die Formulierung in § 123 Abs. 2 GPR: «Der Titel und die Begründung der Initiative dürfen nicht irreführend, ehrverletzend oder übermässig lang sein, keine kommerzielle oder persönliche Werbung enthalten und zu keinen Verwechslungen Anlass geben.»

[24] Nach der Literatur und Praxis ist ein Initiativtext grundsätzlich aus sich selbst auszulegen, doch kann bei der Feststellung von Sinn und Zweck eines Begehrens oder zur Beseitigung von Unklarheiten auch die *Begründung* der Initiative herangezogen werden (vgl. BGE 123 I 152 ff., 155; HANGARTNER/KLEY, N. 2125; TSCHANNEN, Formen, S. 20 f.). Gleiches muss für den *Titel* einer Initiative gelten.

[25] In der Kommission 2 und in der Redaktionskommission wurde der Titel stets als Gegenstand der Vorprüfung verstanden (vgl. Prot. K2 vom 8. November 2001, S. 148; Prot. RedK vom 13. September 2002, S. 14 f., und vom 18. Oktober 2002, S. 22 ff.).

[26] N. 3

[27] Gemäss den Ausführungen des Sprechers der Redaktionskommission stellt der neue Wortlaut «eine Verbesserung [dar], die inhaltlich überhaupt keine Änderung bringt, aber eine ganz einfache und präzise Formulierung ist». Der Sprecher der Kommission 2 schloss sich dieser Auffassung an (Prot. Plenum, S. 2051).

[28] Es geht hier um den Schutz der freien Willensbildung und unverfälschten Stimmabgabe gemäss Art. 34 Abs. 2 BV. – Die Praxis ist hinsichtlich der Titelwahl allerdings relativ grosszügig (Art. 25 N. 28).

Blick auf den Sinn und Zweck der Norm – Vermeidung einer nachträglichen Ungültigerklärung wegen Verletzung von Formvorschriften – muss die Prüfung indes in eine *verbindliche staatliche Stellungnahme* (Verfügung) münden, die später nicht mehr umgestossen werden kann.

15 Eine Ausnahme gilt für die Vorschrift, wonach eine Initiative als allgemeine Anregung oder als ausgearbeiteter Entwurf eingereicht werden kann (Art. 25 Abs. 1). Weist eine Initiative Elemente beider Formen auf, ist sie als allgemeine Anregung zu behandeln (Art. 25 Abs. 3). Die Vorprüfung hat hier also zu erfolgen, auch sind die Initianten auf die Mischform ihrer Initiative hinzuweisen, aber die Initiative darf nicht für ungültig erklärt werden.

16 Die Verfassung lässt offen, welches staatliche *Organ* die Vorprüfung vorzunehmen und innert welcher *Frist* dies zu geschehen hat. Nach geltendem Gesetzes- und Verordnungsrecht ist diese Aufgabe von der für Wahlen und Abstimmungen zuständigen Direktion des Regierungsrates innert Monatsfrist zu erledigen[29].

---

[29] § 124 GPR und § 62 Abs. 1 VPR.

Art. 27[*]

Die Volksinitiative kommt zustande, wenn sie innert sechs Monaten nach Abschluss der Vorprüfung mit den erforderlichen Unterschriften eingereicht wird.

Zustandekommen der Volksinitiative

Materialien

VE Art. 32; Prot. Plenum, S. 313 ff., 325 ff., 2047, 2052 f., 3107.

Literatur

HANGARTNER/KLEY, §§ 16 und 33.

Vgl. ferner Hinweise zu Art. 23.

Rechtsquellen

Vgl. Hinweise zu Art. 23 sowie
– Gesetz über den Rechtsschutz in Verwaltungssachen vom 24. Mai 1959 (Verwaltungsrechtspflegegesetz, VRG; LS 175.2)

Übersicht	Note
1. Einleitung	1
1.1. Normzweck	1
1.2. Entstehungsgeschichte	2
1.3. Früheres Recht und Praxis	6
2. Einreichen der Volksinitiative	9
3. Prüfung der Unterschriften	14
4. Zustandekommen	17

1. Einleitung

1.1. Normzweck

Volksinitiativen verursachen einen beträchtlichen Aufwand seitens der staatlichen Organe und der Stimmberechtigten. Ihre Behandlung durch die Behörden wie auch die Durchführung einer Volksabstimmung[1] rechtfertigen sich deshalb nur, wenn die Initiative einen gewissen Rückhalt in der Bevölkerung geniesst. Für das Zustandekommen einer Volksinitiative verlangt Art. 26 lit. a deshalb 6000 Unterschriften. Art. 27 verschärft diese Anforderung zusätzlich, indem vorausgesetzt wird, dass diese Unterschriften *innerhalb von sechs Monaten bei-*

1

---

[*] Der Verfasser dankt Dr. iur. Philipp Mäder für die kritische Durchsicht der Kommentierung und die zahlreichen Hinweise.
[1] Lehnt der Kantonsrat eine Volksinitiative ab oder beschliesst er einen Gegenvorschlag, so wird die Initiative dem Stimmvolk unterbreitet (Art. 32 lit. c–e).

gebracht werden. Mit der Fristvorgabe kann zudem erreicht werden, dass jedes Initiativverfahren einmal abgeschlossen wird, denn es sollen nicht «endlos und ohne Rücksicht auf sich verändernde Verhältnisse Unterschriften für ein Begehren gesammelt werden»[2].

1.2. Entstehungsgeschichte

2   Mit Datum vom 10. Januar 2002 beantragte die Kommission 2 dem Plenum folgende Norm[3]:

>   Art. 3   *Unterschriftenzahl und Sammelfrist bei Volksinitiativen*
>
>   Eine Volksinitiative kommt zustande, wenn sie von 10 000 Stimmberechtigten unterzeichnet innert 9 Monaten eingereicht wird.

3   In der Vorberatung wurde die Verlängerung der Sammelfrist von bisher sechs auf neun Monate im Wesentlichen damit begründet, dass es vor allem für Kleinparteien schwierig sei, die Unterschriften zusammenzubringen. Wegen der steten Zunahme der brieflichen Stimmabgabe würden die Abstimmungslokale – bis anhin effizientester Ort für das Unterschriftensammeln – an Wert verlieren. Der Rat stimmte dem Antrag der Kommission 2 zu[4]. Für die Gesamtlesung wurde ihm dann folgende Formulierung unterbreitet[5]:

>   Art. 3   *Zustandekommen der Volksinitiative*
>
>   Die Volksinitiative kommt zustande, wenn sie innert 9 Monaten nach Abschluss der Vorprüfung mit den Unterschriften von mindestens 10 000 Stimmberechtigten eingereicht wird.

4   In der Gesamtlesung folgte der Rat dem Antrag, wobei er darauf verzichtete, die Zahl der erforderlichen Unterschriften zu nennen, denn diese wurde andernorts geregelt[6]. In der öffentlichen Vernehmlassung wurde die Verlängerung der Sammelfrist teils begrüsst, teils deshalb abgelehnt, weil erstens die Unterschriften nicht in erster Linie vor Abstimmungslokalen gesammelt würden, zweitens den Initianten neue Kommunikationsmittel zur Verfügung stünden und drittens Politik und Wirtschaft durch noch mehr Initiativen gelähmt würden[7].

5   Für die 2. Gesamtlesung wurde dem Rat der Wortlaut des nun geltenden Art. 27 beantragt. Der Rat stimmte dem Antrag diskussionslos zu[8].

---

[2]   HANGARTNER/KLEY, N. 2078.
[3]   Vorgängig K2, (gleichlautender) Antrag vom 11. Oktober 2001, sowie Stellungnahme des Regierungsrates, RRB 1744 vom 14. November 2001, S. 3.
[4]   Prot. Plenum, S. 326 f.
[5]   Antrag der Geschäftsleitung vom 16. April 2003, S. 26.
[6]   Prot. Plenum, S. 2052 f. Der nun geltende Art. 24 lit. a verlangt 6 000 Unterschriften.
[7]   So die Stellungnahmen des Verbandes der Gemeindepräsidenten des Kantons Zürich (GPV), des Vereins Züricherischer Gemeindeschreiber und Verwaltungsbeamter (VZGV), des Konsumentenforums Zürich und von zahlreichen Gemeinden.
[8]   Antrag der Geschäftsleitung vom 13. Mai 2004, S. 16; Prot. Plenum, S. 3107.

1.3. Früheres Recht und Praxis

Vor Erlass der neuen Kantonsverfassung war die Sammelfrist für Volksinitiativen auf Gesetzesstufe geregelt. Sie betrug *stets sechs Monate*[9]. 6

Von den 38 Volksinitiativen, die zwischen 1995 und 2004 eingereicht worden waren[10], kamen zwei nicht zustande[11]. Die Praxis zeigt, dass durchschnittlich rund 7% der Unterschriften ungültig sind[12]. 7

Seit Inkrafttreten des Gesetzes über die politischen Rechte am 1. Januar 2005 unterliegen Volksinitiativen einer Vorprüfung durch die Direktion der Justiz und des Innern. Danach werden sie im Amtsblatt publiziert, womit die Frist für die Unterschriftensammlung zu laufen beginnt[13]. In den Jahren 2005 und 2006 wurden elf Volksinitiativen lanciert[14]. Bei sieben dieser Initiativen endete auch die Sammelfrist in einem der beiden Jahre. Sämtliche dieser sieben Initiativen wurden eingereicht und kamen zustande[15]. 8

2. Einreichen der Volksinitiative

Eine Volksinitiative kommt zustande, wenn sie innert Frist *mit den erforderlichen Unterschriften eingereicht* wird. Damit wird auf Art. 24 lit. a Bezug genommen, wonach 6 000 Stimmberechtigte eine Volksinitiative einreichen können[16]. Für eine Volksinitiative sind somit *die Unterschriften von 6 000 Stimmberechtigten* erforderlich. 9

Eine *Unterschrift* ist der individuell gehaltene Schriftzug des Namens einer Person, den diese eigenhändig unter ein Schriftstück setzt. Mit der Unterschrift wird in der Regel die Zustimmung zum Inhalt des betreffenden Dokuments, im vorliegenden Zusammenhang also zum Inhalt des Initiativbegehrens, ausgedrückt. Daraus folgt, dass ein Initiativbegehren *schriftlich* abgefasst sein muss und dass 10

---

[9] § 13 des Gesetzes betreffend das Vorschlagsrecht des Volkes vom 12. August 1894 (OS 23, S. 409 = ZG, Bd. 1, S. 132), § 13 Abs. 2 Satz 2 GVV und § 126 Abs. 2 GPR. Einen Überblick über die Dauer der Sammelfristen in *anderen Kantonen* vermitteln Lutz/Strohmann, S. 123 (Stand 1. Januar 1998) und Trechsel/Serdült, S. 67, 71, 81 und 101 (Stand 1996). Mit sechs Monaten liegt der Kanton Zürich im Mittelfeld.
[10] Art. 24 N. 10.
[11] Volksinitiative «Gemeinsam für einen sicheren Kanton Zürich», ABl 2003, S. 2384, und Volksinitiative «Abschaffung des Verbandsbeschwerderechts», Prot. KR 1995–1999, S. 13015.
[12] Vgl. z.B. ABl 2002, S. 219 f. (13%), 889 (7%), 1028 (8%), 1457 (7%); ABl 2003, S. 1923 (6%), 2335 (9%); ABl 2004, S. 511 (3%), 650 (8%), 918 (6%), 1483 (9%).
[13] §§ 124–126 GPR.
[14] Vgl. ABl 2005, S. 555, 977; ABl 2006, S. 83, 146, 358, 385, 439, 1069, 1329, 1467 und 1641.
[15] Vgl. ABl 2006, S. 230, 231, 1271, 1381, 1600 f., 1845 und 1846.
[16] Art. 24 N. 14.

eine stimmberechtigte Person, welche die Initiative unterstützen möchte, in der Regel *das betreffende Schriftstück* zu unterzeichnen hat.

11 Damit eine Volksinitiative zustande kommt, muss sie *eingereicht* werden. Darunter wird gemeinhin die Überführung eines Objektes in den Herrschaftsbereich des Adressaten verstanden. Die Volksinitiative gilt deshalb als eingereicht, wenn sie der vom Ausführungsrecht zu bezeichnenden Amtsstelle übergeben worden ist. Dabei wird das Ausführungsrecht sinnvollerweise der allgemeinen Regelung im öffentlichen Recht folgen, wonach es zur Fristwahrung genügt, wenn eine Eingabe rechtzeitig der schweizerischen Post zuhanden der zuständigen Behörde übergeben worden ist[17].

12 Die Volksinitiative muss innert sechs Monaten nach Abschluss der Vorprüfung eingereicht werden. Mit *Vorprüfung* ist das Prüfverfahren nach Art. 26 gemeint, an dessen Ende feststeht, ob die Volksinitiative den massgebenden Formvorschriften[18] entspricht oder nicht. Auch hier sind konkretisierende Bestimmungen im Ausführungsrecht erforderlich. Nach geltendem Gesetzesrecht wird eine Volksinitiative nach Absprache mit dem Initiativkomitee im Amtsblatt veröffentlicht, sobald die Vorprüfung mit positivem Resultat abgeschlossen worden ist[19]. Mit der Publikation im Amtsblatt wird einerseits der definitive Text des Initiativbegehrens und anderseits der Beginn der Sammelfrist fixiert. Beides dient der Rechtssicherheit und Transparenz.

13 Hinsichtlich der *Sechsmonatefrist* wird der Gesetzgeber das tage- und stundengenaue Ende der Frist zu regeln haben, wobei er aus Gründen der Rechtssicherheit mit Vorteil die allgemeinen Regeln des öffentlichen Rechts über die Berechnung von Fristen übernehmen wird[20].

3. Prüfung der Unterschriften

14 Im Gegensatz zum Bund[21] und zu anderen Kantonen[22] verlangt der Kanton Zürich *nicht*, dass die Unterschriftenlisten bei ihrer Einreichung bereits *beglaubigt* sind. Nach geltendem Gesetzesrecht wird dies durch die Behörden veranlasst[23].

---

[17] Das geltende Recht entspricht dieser Forderung (§ 11 Abs. 1 GPR i.V.m. § 11 Abs. 2 VRG).
[18] Art. 26 N. 9 ff.
[19] Vgl. §§ 125 und 126 Abs. 2 GPR; § 62 Abs. 2 VPR
[20] Demnach beginnt eine Frist am Folgetag der Veröffentlichung bzw. des Beschlusses und endet um 24.00 Uhr des letzten Tages dieser Frist. Handelt es sich beim letzten Tag um einen Samstag, Sonntag oder anderen Feiertag, so endet die Frist um 24.00 Uhr des nächsten Werktags. Das Referendumsbegehren muss vor Ablauf der Frist bei der Behörde eintreffen oder zu deren Handen der Schweizerischen Post übergeben worden sein (vgl. § 11 VRG).
[21] Art. 71 f. BPR.
[22] Vgl. Hangartner/Kley, N. 2079.
[23] § 128 Abs. 1 GPR und § 65 VPR.

Bei der Beglaubigung prüfen die kommunalen Stimmregisterführerinnen und -führer, ob die unterzeichnende Person in der betreffenden Gemeinde stimmberechtigt ist und ob sie die Initiative nicht bereits einmal unterzeichnet hat[24].

Nach dem Wortlaut von Art. 24 lit. a liesse sich die Meinung vertreten, dass die Stimmberechtigung am Tag des Einreichens des Initiativbegehrens vorliegen muss. Der Ausführungsgesetzgebung sollte hier indessen ein gewisser Spielraum zugestanden werden. Denn nach der gegenwärtigen Art der Registerführung ist es nicht möglich, bei einer grossen Zahl von Personen mit verhältnismässigem Aufwand zu prüfen, ob sie an einem bestimmten Datum stimmberechtigt waren. Deshalb sieht das geltende Ausführungsrecht vor, dass auf das *Datum der Prüfung der Unterschriften durch die Stimmregisterführenden* abzustellen ist[25].

15

Im *elektronischen Geschäftsverkehr* gibt es Möglichkeiten, um zu überprüfen, ob die Person, die als Absender einer elektronischen Mitteilung erscheint, mit dem tatsächlichen Verfasser dieser Mitteilung identisch ist. Sind die dafür erforderlichen technischen Voraussetzungen seitens der Stimmberechtigten und der Behörden erfüllt, spricht nichts dagegen, die Sammlung und Einreichung von Unterschriften auf elektronischem Weg zuzulassen.

16

4. Zustandekommen

Ist die Volksinitiative rechtzeitig mit den erforderlichen Unterschriften eingereicht worden, ist sie zustande gekommen[26]. Erfüllt sie zudem die Gültigkeitsvoraussetzungen von Art. 28 Abs. 1, wird sie nach den für Volksinitiativen geltenden Vorschriften weiterbehandelt. Neben Art. 29 und 30 (Behandlungsfristen; Gegenvorschlagsrecht des Kantonsrates) ist hier vor allem Art. 32 von Bedeutung, wonach die Initiative dem Stimmvolk zur Abstimmung zu unterbreiten ist, wenn der Kantonsrat ihr nicht zustimmt oder sie nicht umsetzen will, überdies dann, wenn er einen Gegenvorschlag zur Initiative beschliesst (Art. 32 lit. c–e).

17

---

[24] Die *Echtheit* der Unterschrift wird hingegen nicht systematisch geprüft. Eine entsprechende Kontrolle würde die Hinterlegung von Musterunterschriften bei den kommunalen Stimmregistern erfordern. Bis heute ist das nicht vorgeschrieben. Nach der Praxis zum diesbezüglich unklaren Wahlgesetz (vgl. §§ 13–15 WAG) musste eine Initiative nicht unterschrieben werden. Erst das GPR führte die Unterschriftspflicht mit der Begründung ein, dass sich so die Zahl der Fälschungen verringern lasse (vgl. Weisung des Regierungsrates zum GPR vom 28. August 2002, ABl 2002, S. 1623). Denn die Hemmung, einen fremden Namen auf die Liste zu setzen, ist kleiner als die Hemmung, eine echte Unterschrift vorzutäuschen.

[25] § 65 Abs. 1 Satz 2 VPR. Das kann zu nicht erkannten Doppelunterzeichnungen und ungerechtfertigten Streichungen von Unterschriften führen, wenn eine Person nach der Unterzeichnung der Initiative, aber vor der Prüfung der Unterschrift den Wohnsitz wechselt. Auch auf Bundesebene wird das hingenommen (W. BUSER, S. 381).

[26] Zur Frage der aufschiebenden Wirkung einer zustande gekommenen Volksinitiative vgl. HANGARTNER/ KLEY, N. 2084.

Art. 28*

Gültigkeit

Eine Initiative ist gültig, wenn sie:
a) die Einheit der Materie wahrt;
b) nicht gegen übergeordnetes Recht verstösst;
c) nicht offensichtlich undurchführbar ist.

Der Kantonsrat erklärt eine Volksinitiative, welche diese Voraussetzungen nicht erfüllt, für ungültig. Er kann sie aber auch für teilweise gültig erklären oder aufteilen.

Der Kantonsrat entscheidet mit einer Mehrheit von zwei Dritteln der anwesenden Mitglieder.

Materialien

Art. 33 VE; Prot. Plenum, S. 329 ff., 2053 ff., 3108 ff.

Literatur

EGLI PATRICIA, Die Einheit der Materie bei kantonalen Gesetzesvorlagen, ZBl 107/2006, S. 397 ff.; FERRARI ALBERTO, Die Zuständigkeit und das Verfahren der Ungültigerklärung von Volksbegehren: eine kritische Betrachtung anhand von Fällen in Bund und Kanton Zürich, Diss., Zürich 1982; GIACOMETTI, S. 423 f.; HÄFELIN/HALLER, § 37; HANGARTNER YVO, St. Galler Kommentar, Art. 5 sowie Art. 139 Abs. 3; HANGARTNER/KLEY, §§ 33 und 42; HUGENSCHMIDT CRISPIN F. M., Einheit der Materie – überholtes Kriterium zum Schutze des Stimmrechts? Ein Vergleich zwischen der Schweiz und Kalifornien/USA unter Berücksichtigung wahrnehmungspsychologischer und kommunikationswissenschaftlicher Aspekte, Diss., Basel/Genf/München 2001; HURST ROBERT, Der Grundsatz der Einheit der Materie, Diss., Zürich 2002; JAAG TOBIAS, Die Stimmrechtsbeschwerde und die Ungültigerklärung von Volksinitiativen, recht 1990, S. 27 ff. (Stimmrechtsbeschwerde); KÖLZ ALFRED, Rechtsgutachten über die Gültigkeit der Volksinitiative «40 Waffenplätze sind genug – Umweltschutz auch beim Militär», ZBl 93/1992, S. 420 ff. (Gutachten); KUHN MANFRED, Das Prinzip der Einheit der Materie bei Volksinitiativen auf Partialrevision der Bundesverfassung, Diss., Winterthur 1956; RICHLI PAUL, Wie weiter mit der Einheit der Materie? – 10 Thesen im Nachgang zur Ungültigerklärung der Halbierungsinitiative, in: Etudes en l'honneur de Jean-François Aubert, Basel/Frankfurt a.M. 1996, S. 267 ff.; SCHINDLER DIETRICH, Rechtsgutachten über die Volksinitiative «40 Waffenplätze sind genug – Umweltschutz auch beim Militär», ZBl 93/1992, S. 388 ff.; WILDHABER LUZIUS, Kommentar BV, Art. 118 aBV, ferner Art. 121/122 aBV; WOLFFERS ARTUR, Die Einheit der Materie, ZBl 75/1974, S. 457 ff.

Vgl. ferner Hinweise zu Art. 23.

Rechtsquellen

Vgl. Hinweise zu Art. 23.

---

* Der Verfasser dankt Dr. iur. Philipp Mäder für die kritische Durchsicht der Kommentierung und die zahlreichen Hinweise.

Übersicht Note

1. Einleitung 1
   1.1. Normzweck 1
   1.2. Geltungsbereich 4
   1.3. Entstehungsgeschichte 5
   1.4. Praxis 8
2. Gültigkeitsvoraussetzungen (Abs. 1) 10
   2.1. Einheit der Materie (lit. a) 10
   2.2. Wahrung des übergeordneten Rechts (lit. b) 19
   2.3. Keine offensichtliche Undurchführbarkeit (lit. c) 25
   2.4. Weitere Ungültigkeitsgründe 28
3. Ungültigerklärung und Aufteilung (Abs. 2) 30
4. Quorum für den Beschluss des Kantonrates (Abs. 3) 35

1. Einleitung

1.1. Normzweck

1   Art. 28 Abs. 1 regelt die Gültigkeitsvoraussetzungen für Initiativen. Diese verfolgen unterschiedliche Zwecke: Wird eine Volksinitiative dem Stimmvolk vorgelegt[1], muss sichergestellt sein, dass das Abstimmungsergebnis dem tatsächlichen Willen der Mehrheit der Stimmberechtigten entspricht (Art. 34 Abs. 2 BV). Dieses Ziel kann gefährdet sein, wenn die *einzelnen Teile der Initiative keinen genügenden Zusammenhang* aufweisen. In diesem Fall können Stimmberechtigte, die einzelne Teile begrüssen, andere aber ablehnen, ihren Willen nicht klar zum Ausdruck bringen[2]. Deshalb verlangt *Abs. 1 lit. a,* dass die verschiedenen «Materien» einer Initiative eine «Einheit» bilden. Mit dieser Voraussetzung soll zudem verhindert werden, dass durch Kombination mehrerer sachfremder Begehren die für Volksinitiativen bestehende Hürde von 6 000 Unterschriften[3] unterlaufen wird[4].

2   Die Behandlung von Volksinitiativen ist für die staatlichen Organe und die Stimmberechtigten mit grossem Aufwand verbunden. Diesen zu betreiben, rechtfertigt sich nicht, wenn eine Initiative wegen *Verstosses gegen übergeordnetes Recht* oder aus andern Gründen *nicht vollzogen* werden kann. Deshalb sind solche Initiativen ungültig (*Abs. 1 lit. b und c*).

---

[1]   Vgl. Art. 32 lit. c–e.
[2]   BGE 129 I 366 ff., 370; HUGENSCHMIDT, S. 38 f.; WILDHABER, Kommentar BV, Art. 121/122 aBV Rz. 91 ff.
[3]   Diese Hürde bezweckt, dass nur jene Volksinitiativen zur Volksabstimmung kommen, die über einen hinreichenden Rückhalt in der Bevölkerung verfügen (Art. 24 N. 2).
[4]   GIACOMETTI, S. 423 f.; HUGENSCHMIDT, S. 39. Kritisch gegenüber diesem Argument EGLI, S. 402, und TSCHANNEN, Stimmrecht, S. 78.

Initiativen, welche die Voraussetzungen nach Abs. 1 nicht erfüllen, sind *vollständig* oder – als mildere Massnahme (Verhältnismässigkeitsprinzip) – *teilweise ungültig* zu erklären oder *aufzuteilen* (*Abs. 2*). Da eine Ungültigerklärung wie auch eine Aufteilung stark in das Initiativrecht des Einzelnen eingreift, sieht *Abs. 3* vor, dass ein entsprechender Beschluss *vom Kantonsrat* zu fassen ist, und zwar mit einer Mehrheit von *zwei Dritteln* seiner anwesenden Mitglieder.

1.2. Geltungsbereich

Abs. 1 spricht allgemein von «Initiative»; die dort geregelten Gültigkeitsvoraussetzungen gelten deshalb für Volks-, Behörden- und Einzelinitiativen. Hingegen ist in Abs. 2 von «Volksinitiative» die Rede. Die Entstehungsgeschichte der Bestimmung zeigt aber, dass dieser Begriff einzig für *Abs. 3* (Quorum) von Bedeutung ist[5]: Nur bei *Volks*initiativen ist für die teilweise Gültigerklärung oder die Aufteilung eine Zwei-Drittel-Mehrheit im Kantonsrat erforderlich. Es spricht deshalb nichts dagegen, *Abs. 2* auch bei Behörden- und Einzelinitiativen anzuwenden und diese bei gegebenen Voraussetzungen mit einfachem Mehr im Kantonsrat teilweise gültig zu erklären oder aufzuteilen.

1.3. Entstehungsgeschichte

Für die Vorberatung beantragte die Kommission 2 dem Plenum eine Bestimmung, die – abgesehen vom Nachfolgenden – dem geltenden Art. 28 entsprach[6]:
- Ergänzend zu den Gültigkeitsvoraussetzungen des geltenden Abs. 1 wurde unter diesem Titel auch die *Einheit der Form* normiert.
- Die Voraussetzungen für die teilweise Ungültigerklärung und Aufteilung einer Initiative gemäss Bundesgericht waren ausdrücklich geregelt (Abs. 2).
- Im zusätzlichen Abs. 4 war normiert, dass die Ungültigerklärung oder Teilung einer Initiative durch den Kantonsrat an eine kantonale Gerichtsinstanz weitergezogen werden kann.

---

[5] In frühen Entwurfsversionen waren Abs. 2 und 3 zusammengefasst, und es war dort von «Initiative» die Rede (vgl. z.B. Antrag der Geschäftsleitung vom 16. April 2003, S. 27). Um klar zu stellen, dass nur bei Volks-, nicht auch bei Behörden- und Einzelinitiativen für die Ungültigerklärung oder Aufteilung eine Zwei-Drittel-Mehrheit erforderlich war, wurde «Initiative» durch «Volksinitiative» ersetzt (vgl. Prot. RedK vom 24. März 2004, S. 588). Der Begriff «*Volks*initiative» blieb stehen, als Abs. 2 in zwei Absätze aufgeteilt wurde (vgl. Prot. RedK vom 3. Mai 2004, S. 720 f.).

[6] K2, Antrag vom 10. Januar 2002, S. 1 f. Vorgängig K2, Antrag an das Plenum vom 10. Oktober 2001, sowie Stellungnahme des Regierungsrates, RRB 1744 vom 14. November 2001, S. 3 ff.

6 Nach der rechtsetzungstechnischen Bereinigung der Norm durch die Redaktionskommission[7] wurde ihr hoher Detaillierungsgrad deutlich[8]. In der Gesamtlesung strich der Rat deshalb die Abs. 2–4; einzig Abs. 1 betreffend die Gültigkeitsvoraussetzungen einer Initiative liess er stehen[9]. Für die 2. Gesamtlesung wurde dem Plenum der Wortlaut des geltenden Art. 28 beantragt[10]. Der Rat stimmt der Formulierung zu[11].

7 Vor Inkrafttreten der neuen Kantonsverfassung war der Norminhalt von Art. 28 auf Gesetzesstufe geregelt[12].

1.4. Praxis

8 Unter den 38 Volksinitiativen, die zwischen 1995 und 2004 eingereicht worden waren[13], wurden zwei für (vollständig) ungültig erklärt[14]. Beide Initiativen enthielten Begehren, die gemäss Art. 23 nicht Gegenstand einer Initiative sein können. Zudem war eine von ihnen offensichtlich undurchführbar, während die andere die Einheit der Form verletzte und gegen Bundesrecht verstiess[15].

9 Keine der Initiativen im Untersuchungszeitraum wurde teilweise ungültig erklärt[16] oder aufgeteilt.

2. Gültigkeitsvoraussetzungen (Abs. 1)

2.1. Einheit der Materie (lit. a)

10 Eine Initiative ist nur gültig, wenn sie die «Einheit der Materie» wahrt (Abs. 1 lit. a), d.h., ihre Teile müssen sachlich genügend zusammenhängen. Dies folgt

---

[7] Vgl. Prot. RedK vom 14. Februar 2003, S. 178 f.
[8] Vgl. Antrag der Geschäftsleitung vom 16. April 2003, S. 27.
[9] Prot. Plenum, S. 2053 ff.
[10] Antrag der Geschäftsleitung vom 13. Mai 2004, S. 17.
[11] Prot. Plenum, S. 3108 ff.
[12] Vgl. § 4 GVV. Der Ungültigkeitsgrund der offensichtlichen Undurchführbarkeit sowie die Möglichkeit der teilweisen Ungültigerklärung und der Teilung einer Initiative wurden erst mit dem Gesetz über die politischen Rechte normiert (vgl. §§ 121, 127 und 129 GPR).
[13] Art. 24 N. 10.
[14] Dabei handelt es sich um die beiden thematisch eng verknüpften Volksinitiativen «Flughafenausbau Halt» und «Stopp der Flughafenprivatisierung» (KR-Nr. 3994/2002 und 3995/2002; vgl. KRB vom 20. Januar 2003, Prot. KR 1999–2003, S. 15225).
[15] Vgl. Antrag des Regierungsrates vom 21. August 2002, ABl 2002, S. 1275 ff. und 1282 ff.
[16] Bei der Initiative «Mitsprache des Volkes in Steuerangelegenheiten» (KR-Nr. 4040/2003) kam die Zwei-Drittel-Mehrheit für die beantragte teilweise Ungültigerklärung nicht zustande (vgl. KRB vom 23. Juni 2003, KR-Prot. 2003–2007, S. 451). Bei der Initiative «Weniger Steuern für niedrige Einkommen» (KR-Nr. 3892/2001) beantragte der Regierungsrat die Ungültigerklärung (ABl 2001, S. 1385), der Kantonsrat folgte ihm aber nicht, so dass die Initiative gültig blieb (KRB vom 24. Juni 2002, KR-Prot. 1999–2003, S. 12781 f.).

aus dem Schutz der unverfälschten Stimmabgabe (Art. 34 Abs. 2 BV) und dem daraus abgeleiteten Anspruch der Stimmberechtigten, dass *kein Abstimmungsergebnis anerkannt* wird, welches nicht den *freien Willen* der Stimmberechtigten *zuverlässig* und *unverfälscht* zum Ausdruck bringt[17]. In den Materialien finden sich keine Hinweise, dass die Zürcher Verfassung strengere Bedingungen an die Einheit der Materie knüpfen wollte, als sich dies aus Bundesrecht ergibt.

Der *Begriff der Einheit der Materie* ist schwer zu fassen. Das Bundesgericht fordert, dass eine Vorlage «grundsätzlich nur *einen* Sachbereich zum Gegenstand haben darf und zwei oder mehrere Sachfragen und Materien, die keinen inneren sachlichen Zusammenhang aufweisen, nicht zu einer einzigen Abstimmungsfrage verbunden werden dürfen»; die Vorlage darf nur «eine bestimmte oder die nämliche Materie» betreffen; die Vorschriften müssen «zueinander in einer sachlichen Beziehung stehen und das nämliche Ziel verfolgen, das zwischen ihnen eine enge sachliche Verbindung schafft», wobei der Zusammenhang «nicht bloss künstlich, subjektiv oder rein politisch» sein darf[18].

11

Der Grundsatz der Einheit der Materie gilt für alle Vorlagen, die den Stimmberechtigten unterbreitet werden. Gemäss seinen allgemeinen Formeln wendet das Bundesgericht den Grundsatz allerdings strenger an[19]:
- bei Volksinitiativen als bei Behördenvorlagen[20],
- bei Verfassungsänderungen als bei Gesetzesvorlagen,
- bei ausgearbeiteten als bei nicht ausformulierten Initiativen.

12

In der Literatur konnte trotz intensiver Bemühungen[21] keine abstrakte, aber doch griffige Definition des Grundsatzes erarbeitet werden. Mehr Erfolg versprechen Versuche, die Praxis von Behörden und Gerichten in Fallgruppen einzuteilen und den Grundsatz innerhalb jeder dieser Gruppen zu konkretisieren[22]. In diesem Sinne hat die Praxis die Einheit der Materie in folgenden Fällen bejaht:

13

---

[17] BGE 131 I 442 ff., 447, mit Hinweisen auf die konstante Praxis.
[18] BGE 129 I 366 ff., 371 und BGE 113 Ia 46 ff., 52 f., je mit weiteren Hinweisen.
[19] BGE 129 I 366 ff., 370 f., mit Hinweisen auf frühere Entscheide.
[20] Vgl. auch BGE 99 Ia 177 ff., 182; BGE 1P.143.1994 vom 18. August 1994, ZBl 96/1995, S. 470 ff., 472 f.; BGE 129 I 366 ff., 379. Von der Literatur wird das einheitlich kritisiert wird (vgl. ALBRECHT, S. 177; EGLI, S. 402 f.; HANGARTNER/KLEY, N. 2520 f.; HUGENSCHMIDT, S. 97 f.; ODERMATT, S. 712 f.; TSCHANNEN, Stimmrecht, S. 78). Für Praxisbeispiele zum Grundsatz der Einheit der Materie *bei Behördenvorlagen*, insb. auch betreffend *Sammelvorlagen*, vgl. EGLI, S. 406 ff.
[21] Vgl. die Zusammenstellungen der betreffenden Literatur bei HANGARTNER/KLEY, N. 2491 ff.; HUGENSCHMIDT, S. 47 ff.; WILDHABER, Kommentar BV, Art. 121/122 aBV Rz. 97 ff.; ferner neuerdings HURST, S. 148 f., 152 ff.
[22] Vgl. HANGARTNER, St. Galler Kommentar, Art. 139 Rz. 28; HANGARTNER/KLEY, N. 496; HUGENSCHMIDT, S. 79 ff.; SCHINDLER, S. 392 ff.; WILDHABER, Kommentar BV, Art. 121/122 aBV Rz. 105 ff. Das Bundesgericht und die Bundesversammlung berücksichtigen ihre Praxis gegenseitig, so dass nicht zwischen Bundesvorlagen und kantonalen Vorlagen differenziert werden muss (HUGENSCHMIDT, S. 45; SCHINDLER, S. 390).

- Die Initiative verfolgt einen *einzigen, thematisch eng begrenzten Zweck*[23].
- Die Initiative verlangt eine *Massnahme* und regelt deren *Finanzierung*. Die Finanzierungsart muss dabei «innerlich mit dem Zweck zusammenhängen»[24].
- Die Initiative verbindet eine *allgemeine Norm* mit der Regelung eines *konkreten Einzelfalls*, insbesondere dem Verbot einer konkreten technischen Grossanlage oder Baute[25].
- Wenn eine Initiative nebst dem Hauptanliegen auch Fragen des *Inkrafttretens*, des *Übergangsrechts* oder der *Ausführungsgesetzgebung* regelt, wird dadurch allein die Einheit der Materie nicht verletzt, sofern diese weiteren Bestimmungen mit dem Hauptanliegen sachlich zusammen hängen[26].
- Die verschiedenen Teile der Initiative *bedingen sich gegenseitig*, so dass ein Teil ohne den andern keinen vernünftigen Sinn ergibt[27].
- Die Initiative verlangt die *Aufhebung* von Einrichtungen, Regelungen oder Ausgaben, wobei sie gleichzeitig eine *Ersatzlösung* dafür vorschlägt[28].

14 Kann eine Initiative keiner der vorstehenden Fallgruppen zugewiesen werden, so ist die Einheit der Materie nur dann gewahrt, wenn die Teile der Initiative «eine Ausrichtung [aufweisen], die aus der Sicht der Willensbildung und -äusserung der Stimmberechtigten als gemeinsam wahrgenommen werden kann. Dies wiederum mag vom gesellschaftlichen-historischen Umfeld und den konkreten politischen Auseinandersetzung abhängen»[29]. Anders formuliert: Die Verknüpfung der Teile einer Initiative muss «aufgrund politischer Konvention allgemein als legitim anerkannt sein»[30]. *Kein Kriterium* ist hingegen, ob sich für die verschiedenen Teile einer Initiative ein *einziger Zweck finden* lässt. Denn bei genü-

---

[23] SCHINDLER, S. 392. Vgl. auch WILDHABER, Kommentar BV, Art. 121/122 aBV Rz. 106. Solche Initiativen bilden die grösste Fallgruppe. *Beispiele:* Volksinitiativen «Nur eine Fremdsprache an der Primarschule» (vgl. ABl 2006, S. 23), «Schluss mit amtlicher Verteuerung der Wohnkosten für Mieter und Eigentümer» betreffend Abschaffung der Handänderungssteuer (vgl. ABl 2002, S. 2034), «Für eine geringere Besteuerung der Seniorinnen und Senioren» betreffend Wiedereinführung eines Altersabzugs (vgl. ABl 2001, S. 952).

[24] SCHINDLER, S. 392. Vgl. auch WILDHABER, Kommentar BV, Art. 121/122 aBV Rz. 106. Die Einheit wäre gewahrt, wenn z.B. eine Initiative den öffentlichen Verkehr fördern und die entsprechenden Massnahmen durch Einsparungen im Strassenbau oder mittels höherer Staatssteuern finanzieren möchte. Verletzt wäre sie hingegen, wenn die Finanzierung mittels einer Steuer auf Luxusgütern zu erfolgen hätte. *Beispiel:* Volksinitiative «Höhere Kinderzulagen für alle» (ABl 2003, S. 2278 f.).

[25] SCHINDLER, S. 392 ff.; WILDHABER, Kommentar BV, Art. 121/122 aBV Rz. 108 f. *Beispiel:* «Rheinauinitiative» betreffend Erhaltung der Naturschönheiten im Allgemeinen und Aufhebung der dem Kraftwerk Rheinau erteilten Konzession im Speziellen (BBl 1954 II, S. 533).

[26] SCHINDLER, S. 392; WILDHABER, Kommentar BV, Art. 121/122 aBV Rz. 107.

[27] SCHINDLER, S. 394; WILDHABER, Kommentar BV, Art. 121/122 aBV Rz. 111.

[28] SCHINDLER, S. 395 f.

[29] BGE 129 I 366 ff., 372 f.

[30] HANGARTNER, St. Galler Kommentar, Art. 139 Rz. 28. Vgl. auch WOLFFERS, S. 465 ff.

gend starker begrifflicher Abstraktion lässt sich ein solcher immer finden, selbst wenn die Teile der Initiative thematisch sehr weit auseinanderliegen[31].

In dieser letzten Fallgruppe hat das Bundesgericht die Einheit der Materie bejaht:
- bezüglich einer Initiative, die u.a. die Militärausgaben kürzen, die Friedensforschung fördern, die Aufnahme von Gewaltopfern verbessern und den Einsatz von Truppen für den Ordnungsdienst ausschliessen wollte[32];
- bezüglich einer Initiative, gemäss der das Projekt für einen Stadionneubau zu verkleinern, der für den Neubau vorgesehene Staatsbeitrag herabzusetzen, das bestehende Stadion kostenlos einer öffentlichen Einrichtung zu übertragen und der Bahnhof der Ortschaft, in der das neue Stadion zu liegen käme, zu sanieren gewesen wäre[33];
- bezüglich einer Verfassungsänderung, welche die Autonomie der Kirchen stärken, deren Finanzordnung neu regeln und die Anerkennung anderer Religionsgemeinschaften ermöglichen sollte[34].

Hingegen hat das Bundesgericht in folgenden Fällen die Wahrung der Einheit der Materie *verneint*:
- Begehren, eine kantonale Krankenversicherung zu schaffen und sowohl die Privatisierung als auch die Auslagerung von öffentlichen Aufgaben dem fakultativen Referendum zu unterstellen[35];
- Initiative, die mit verschiedenen Massnahmen die Arbeitslosigkeit bekämpfen wollte, u.a. mit einer Änderung der Wirtschaftspolitik, einer Steuerreform, der Herabsetzung der Arbeitszeit, der Wiedereingliederung von Stellenlosen und einer Reform des kantonalen Arbeitsamtes[36];
- Initiative, die den Mieterschutz verstärken, die Lebensqualität in den Quartieren verbessern und das diese Fragen betreffende kantonale Recht dem obligatorischen Referendum unterstellen wollte[37].

Der Grundsatz der Einheit der Materie greift auch bei Initiativen, die einen *Ausgabenbeschluss des Parlaments* verlangen[38]. Für solche Initiativen gilt, was auch bei Behördenvorlagen zu beachten ist, nämlich dass sich «eine Finanzvorlage nicht auf mehrere Gegenstände beziehen darf, es sei denn, dass mehrere Ausgaben sich gegenseitig bedingen oder aber einem gemeinsamen Zweck dienen, der zwischen ihnen eine enge sachliche Verbindung schafft»[39].

---

[31] Vgl. BGE 123 I 63 ff., 74. Vgl. ferner HUGENSCHMIDT, S. 214 ff.
[32] BGE 125 I 227 ff. = Pra 2000 Nr. 79.
[33] BGE 128 I 190 ff.
[34] BGE 129 I 366 ff. Hier ging es um eine Behördenvorlage.
[35] BGE 129 I 381 ff. = Pra 2004 Nr. 91.
[36] BGE 123 I 63 ff.
[37] BGE 130 I 185 ff. = Pra 2006 Nr. 13.
[38] Vgl. auch Art. 33 N. 25 f.
[39] BGE 118 Ia 184 ff., 191. Im gleichen Sinn HANGARTNER/KLEY, N. 2523 f., und HUGENSCHMIDT, S. 125 f.

18 Damit soll nicht nur eine unverfälschte Stimmabgabe ermöglicht, sondern auch die Beachtung der verfassungsrechtlichen Kompetenzordnung sichergestellt werden. Die Grenze von 6 Mio. bzw. 600 000 Franken, unter der das fakultative Referendum ausgeschlossen[40] und deshalb eine Initiative unzulässig ist[41], soll nicht durch Zusammenrechnen mehrerer nicht zusammenhängender Ausgaben künstlich erreicht werden.

2.2. Wahrung des übergeordneten Rechts (lit. b)

19 Initiativen dürfen nicht gegen *übergeordnetes Recht* verstossen (Abs. 1 lit. b). Dazu zählen das Staatsvertragsrecht, das Bundesrecht, das interkantonale Recht mit Gesetzes- oder Verfassungsrang[42] und – sofern es sich nicht um eine Verfassungsinitiative handelt – das kantonale Verfassungsrecht[43].

20 Ein *Verstoss* liegt vor, wenn die von der Initiative vorgesehene Regelung einer Sachfrage anders lautet als jene, die sich aus dem übergeordneten Recht ergibt. Darüber hinaus ist eine Initiative auch dann rechtswidrig, wenn sie einen dem Bund zur ausschliesslichen Regelung vorbehaltenen Bereich betrifft[44], selbst wenn der Bund diesen Bereich noch nicht ausgefüllt hat[45].

21 Ferner ist eine Initiative ungültig, wenn sie so *unklar formuliert* ist, dass sich die Stimmberechtigten «der Gefahr eines Irrtums über wesentliche Punkte ausgesetzt sehen»[46]. In einem solchen Fall wird ihr Anspruch auf freie Willensbildung und unverfälschte Stimmabgabe (Art. 34 Abs. 2 BV) verletzt.

---

[40] Art. 33 Abs. 1 lit. d e contrario.
[41] Art. 23 lit. c e contrario.
[42] Vgl. Art. 48 Abs. 5 BV in der Fassung gemäss Bundesbeschluss zur Neugestaltung des Finanzausgleichs und der Aufgabenteilung zwischen Bund und Kantonen (NFA) vom 3. Oktober 2003 (noch nicht in Kraft): «Die Kantone beachten das interkantonale Recht» (BBl 2003, S. 6592). Der Bundesrat hatte als neuen Abs. 6 zu Art. 48 BV noch beantragt: «Interkantonales Recht geht entgegenstehendem kantonalem Recht vor» (Botschaft zur Neugestaltung des Finanzausgleichs und der Aufgaben zwischen Bund und Kantonen [NFA] vom 14. November 2001, BBl 2002, S. 2561). In den Räten wurde die Formulierung bewusst abgeschwächt. Denn «nicht jedes interkantonale Recht kann in jedem Fall kantonalen Verfassungen und Gesetzen vorgehen». Auch durch Vereinbarungen zwischen Kantonsregierungen oder unter Amtsstellen werde interkantonales Recht geschaffen. Zumindest kantonalem *Verfassungsrecht* könnten solche Vereinbarungen aber nicht vorgehen (AB 2002 StR 863, Kommissionssprecher Inderkulm zu Art. 48 BV). Aus demokratischen und föderalistischen Gründen ist deshalb zu fordern, dass eine Initiative zwar interkantonales Recht mit *Verfassungs- oder Gesetzesrang* (vgl. dazu Art. 32 lit. b und Art. 33 Abs. 1 lit. b) zu beachten hat, aber nicht in jedem Fall auch an interkantonales Recht mit Verordnungsrang (vgl. Art. 69 Abs. 1) gebunden ist.
[43] HANGARTNER/KLEY, N. 2011, 2117 ff.; KÖLZ, Volksinitiative, S. 21 f.; ODERMATT, S. 715 f.
[44] Sog. Bundeskompetenz mit ursprünglich derogatorischer Kraft (vgl. HÄFELIN/HALLER, N. 1097 f.)
[45] HANGARTNER/KLEY, N. 2121.
[46] BGE 129 I 392 ff., 395. Vgl. auch HANGARTNER/KLEY, N. 2115; ODERMATT, S. 717.

Gegen übergeordnetes Recht verstossen ferner *rechtsmissbräuchliche* Initiativen⁴⁷. Ein solcher Fall liegt bei einem «krassen Missbrauch der demokratischen Institutionen» vor bzw. dann, wenn «der demokratische Apparat in sinnloser Weise strapaziert und dadurch in Frage gestellt würde»⁴⁸. In diesem Sinne wäre eine Initiative z.B. dann rechtsmissbräuchlich, wenn sämtliche ihrer Forderungen im Zeitpunkt ihrer Einreichung bereits verwirklicht sind.

22

Kein Rechtsmissbrauch liegt hingegen vor, wenn eine Initiative auf einen kurz zuvor gefassten Beschluss zurückkommt, um ihn abzuändern. Dies gilt jedenfalls für das *erstmalige* Rückkommen auf einen Entscheid, der in der damaligen Abstimmung mit *knappem Resultat* gefasst wurde⁴⁹.

23

Kein Rechtsmissbrauch liegt ferner vor, wenn sogar die Initianten ihrem Begehren von vornherein keine Chance auf Annahme in der Volksabstimmung geben, sie aber eine politische Diskussion in Gang setzen wollen oder auf einen moderaten Gegenvorschlag des Parlaments hoffen.

24

2.3. Keine offensichtliche Undurchführbarkeit (lit. c)

Eine Initiative ist ungültig, wenn sie offensichtlich undurchführbar ist (Abs. 1 lit. c)⁵⁰. Das ist der Fall, wenn sie sich aus *tatsächlichen* Gründen nicht verwirklichen lässt, insbesondere weil ihr Begehren gegen ein Naturgesetz verstösst, ferner wenn ihre Forderungen widersprüchlich sind⁵¹. Die Undurchführbarkeit beurteilt sich nach den Verhältnissen im *Zeitpunkt des Entscheids des Kantonsrates* über die Initiative⁵².

25

Lassen sich die in einer Initiative genannten *zeitlichen Vorgaben* nicht einhalten, ist zu prüfen, ob sich die Initiative zu einem späteren Zeitpunkt verwirklichen lässt, so dass – dem Verhältnismässigkeitsprinzip folgend – auf eine vollständige oder auch nur teilweise Ungültigerklärung verzichtet werden kann⁵³. Richtet sich eine Initiative gegen die Erstellung einer Baute, so ist sie zwar nicht zwin-

26

---

47 BGE 94 I 120 ff., 126. Das Verbot rechtsmissbräuchlicher Initiativen beruht auf der auch für Private geltenden Pflicht, sich nach *Treu und Glauben* zu verhalten (Art. 5 Abs. 3 BV; Art. 2 Abs. 3 KV. Vgl. HANGARTNER, St. Galler Kommentar, Art. 5 Rz. 37 ff.).
48 BGE vom 30. Oktober 1974, ZBl 76/1975, S. 210 ff., 212.
49 BGE 99 Ia 402 ff., 406; HANGARTNER/KLEY, N. 2129 f.; KÖLZ, Volksinitiative, S. 28 f.; TSCHANNEN, Stimmrecht, S. 89.
50 Vgl. BGE 128 I 190 ff., 201 ff. Vgl. ferner CAVIEZEL, S. 152 ff.; HANGARTNER/KLEY, N. 2114 ff. und 497 ff.; KÖLZ, Volksinitiative, S. 24 f.; ODERMATT, S. 717; WILDHABER, Kommentar BV, Art. 118 aBV Rz. 111 ff.
51 HANGARTNER/KLEY, N. 2115.
52 BGE 128 I 190 ff., 202; KÖLZ, Volksinitiative, S. 24 f.
53 HANGARTNER/KLEY, N. 500 f., 2116; KÖLZ, Volksinitiative, S. 24; ODERMATT, S. 717.

gend direkt nach Baubeginn der Baute, jedenfalls aber kurz vor deren Vollendung undurchführbar[54].

27 Die Undurchführbarkeit muss *offensichtlich* und *völlig zweifelsfrei* sein, d.h., die Initiative darf sich unter keinen Umständen verwirklichen lassen[55]. Das ist nicht der Fall, wenn der Kantonsrat das Begehren lediglich für unzweckmässig oder unvernünftig hält oder wenn es die Staatskasse stark belasten würde.

2.4. Weitere Ungültigkeitsgründe

28 Neben den in Abs. 1 genannten Fällen ist eine Initiative auch dann ungültig, wenn sie *mehrere* der gemäss Art. 23 möglichen Gegenstände einer Initiative beschlägt[56] oder wenn sie *keinen* der dort genannten Gegenstände betrifft.

29 Ist eine Initiative nach ihrer Einreichung *gegenstandslos* geworden, weil ihre Forderungen auf andere Weise verwirklicht worden sind, so ist sie nicht für ungültig zu erklären[57], sondern vom Kantonsrat abzuschreiben[58]. Angesichts des Aufwandes bei der Behandlung einer Volksinitiative[59] würden sich die Initianten rechtsmissbräuchlich verhalten, wenn sie auf der Durchführung der Volksabstimmung beharren würden.

3. Ungültigerklärung und Aufteilung (Abs. 2)

30 Erfüllt eine Volksinitiative eine Gültigkeitsvoraussetzung nicht, so hat sie der Kantonsrat *für ungültig zu erklären* (Abs. 2 Satz 1). Damit ist die Initiative gescheitert, es findet keine Volksabstimmung über sie statt.

31 Als Alternative sieht Abs. 2 Satz 2 vor, dass der Kantonsrat eine solche Initiative für *teilweise gültig* erklären oder sie *aufteilen* kann. Diese Möglichkeiten werden bereits durch das Verhältnismässigkeitsprinzip gefordert[60].

32 Ein solcher Schritt ist aber nur zulässig, wenn er sich mit dem politischen Willen, den eine stimmberechtigte Person mit der Unterzeichnung der Initiative ausdrückt, vereinbaren lässt. Deshalb darf eine Initiative nur dann für *teilweise gültig* erklärt werden, wenn anzunehmen ist, dass die Unterzeichnenden auch

---

[54] Vgl. BGE 128 I 190 ff., 202; 99 Ia 402 ff., 406 f.; 94 Ia 120 ff., 126. Vgl. auch KÖLZ, Volksinitiative, S. 24.
[55] HANGARTNER/KLEY, N. 2115; TSCHANNEN, Stimmrecht, S. 79 f.
[56] BGE 130 I 185 ff., 192. Die Initiative verletzt in einem solchen Fall den Grundsatz der Einheit der Initiativart (dazu Art. 23 N. 23 f.).
[57] So aber TSCHANNEN, Stimmrecht, S. 80.
[58] HANGARTNER/KLEY, N. 2148 f.
[59] N. 3.
[60] Weniger starker Eingriff in die Rechtsstellung der Initianten.

eine nur die *gültigen Teile* umfassende Initiative unterzeichnet hätten. Das ist zu vermuten, wenn diese Teile das wesentliche Anliegen der Initianten umfassen und immer noch ein sinnvolles Ganzes bilden[61].

Analoges gilt für die *Aufteilung* einer Initiative, welche die Einheit der Materie verletzt. Eine solche ist nur zulässig, wenn angenommen werden kann, dass auch die einzelnen Teile des Begehrens als eigenständige Initiativen zustande gekommen wären[62]. 33

Nach dem Wortlaut von Abs. 2 Satz 2 *kann* der Kantonsrat eine Initiative für teilweise gültig erklären oder sie aufteilen. Aus der allgemeinen Verbindlichkeit des Verhältnismässigkeitsprinzips ergibt sich allerdings, dass er so entscheiden *muss*, wenn die Voraussetzungen dafür erfüllt sind. Auch die Entstehungsgeschichte der Norm[63] und der Wille des Verfassungsrates[64] sprechen für diese Sicht. 34

4. Quorum für den Beschluss des Kantonrates (Abs. 3)

Nach Abs. 3 entscheidet der Kantonsrat[65] «mit einer Mehrheit von zwei Dritteln der anwesenden Mitglieder». Das Zwei-Drittel-Quorum gilt für die Beschlüsse nach Abs. 2, also für die *Ungültigerklärung*, die *teilweise Gültigerklärung* und die *Aufteilung* einer Initiative. Basis der Berechnung bildet die *Anzahl Ratsmitglieder*, die sich im *Zeitpunkt der Abstimmung* im Ratssaal befinden. Das *Quorum* ist erreicht, wenn die Zahl der Ja-Stimmen zwei Drittel der Zahl der Anwesenden erreicht[66] oder diesen Wert übersteigt. 35

Solange der Kantonsrat keinen anderslautenden Beschluss fasst, ist *von der Gültigkeit einer Initiative auszugehen*. Das folgt aus den Abs. 2 und 3, welche die materielle Voraussetzungen und das Verfahren der Ungültigerklärung oder Aufteilung einer Initiative regeln. 36

---

[61] BGE 125 I 21 ff., 44. Vgl. auch HANGARTNER/KLEY, N. 2143.
[62] HANGARTNER/KLEY, N. 2112; TSCHANNEN, Stimmrecht, S. 79.
[63] Im Antrag der Geschäftsleitung für die 1. Gesamtlesung kam die *Pflicht* zur teilweisen Gültigerklärung bzw. Aufteilung klarer zum Ausdruck («... *teilt* der Kantonsrat sie ... *auf*» bzw. «... *erklärt* der Kantonsrat sie ... in den übrigen Teilen für gültig ...» [Antrag der Geschäftsleitung vom 16. April 2003, S. 27]). Diese Formulierung erforderte dann aber auch, dass die *Voraussetzungen* für die teilweise Gültigerklärung und die Aufteilung ebenfalls normiert wurden. Der Antrag der Geschäftsleitung nannte die Voraussetzungen denn auch im Einzelnen. Der Verfassungsrat erachtete eine solche Regelung als zu detailliert (vgl. Prot. Plenum, S. 2055 ff. [Voten Fehr und Schätzle]) und verzichtete auf die Umschreibung der einzelnen Voraussetzungen. Damit kam er nicht umhin, den «normativen Indikativ» («...*teilt* ... *auf* ...», «... *erklärt* ...») durch eine «Kann-Formulierung» zu ersetzen.
[64] Prot. Plenum, S. 3108 ff. (Voten Kottusch, Gross und Siegrist).
[65] Kritisch zur Zuständigkeit des Parlaments FERRARI, S. 62 ff., und HANGARTNER/KLEY, N. 2138.
[66] Beim einfachen Mehr liegen die Verhältnisse anders: Damit eine Vorlage angenommen ist, muss *mehr* als die rechnerische Hälfte der Anwesenden dafür stimmen.

Art. 29[*]

Die Volksabstimmung über eine Initiative findet innert 30 Monaten nach Einreichung statt.

Beschliesst der Kantonsrat bei einer Initiative in der Form der allgemeinen Anregung, keine ausformulierte Vorlage ausarbeiten zu lassen, so findet die Volksabstimmung innert 18 Monaten nach Einreichung der Initiative statt.

Verfahren bei Volksinitiativen

Materialien

Art. 34 VE; Prot. Plenum, S. 333 f., 2059 f., 3112.

Literatur

HANGARTNER/KLEY, §§ 32 und 33; HUBER HANS, Die Rechtsfolge der Verschleppung von Verfassungsinitiativen, ZBl 57/1956, S. 289 ff.; KUHN MANFRED, Diskussionsbeitrag zu «Die Rechtsfolge der Verschleppung von Verfassungsinitiativen» von Hans Huber, ZBl 57/1956, S. 363 ff.

Vgl. ferner Hinweise zu Art. 23.

Rechtsquellen

Vgl. Hinweise zu Art. 23 sowie
– Bundesgesetz über die Bundesversammlung vom 13. Dezember 2002 (Parlamentsgesetz, ParlG; SR 171.10).

Übersicht   Note

1. Einleitung   1
   1.1. Normzweck   1
   1.2. Entstehungsgeschichte   5
   1.3. Früheres Recht und Rechtsvergleich   6
   1.4. Praxis   9
2. Geltungsbereich   10
3. Fristen für die Durchführung der Volksabstimmung   11
   3.1. Bei ausformulierten Initiativen   11
   3.2. Bei Initiativen in der Form der allgemeinen Anregung   16
   3.3. Wahrung der Fristen   21

1. Einleitung

1.1. Normzweck

Die Initianten haben ein legitimes Interesse daran, dass die Volksinitiative *möglichst bald* nach ihrer Einreichung dem Stimmvolk unterbreitet und ihr Begeh-   1

---

[*] Der Verfasser dankt Dr. iur. Philipp Mäder für die kritische Durchsicht der Kommentierung und die zahlreichen Hinweise.

ren somit verwirklicht wird. Das gilt insbesondere bei Initiativen in der Form der allgemeinen Anregung, bei welchen es nebst der Zustimmung der Stimmberechtigten noch weitere Schritte braucht, damit die Initianten ihr Ziel erreichen. Denn die Initiative muss vorerst noch umgesetzt werden.

2   Wird eine Volksinitiative eingereicht, löst dies seitens des Staates viele, z.T. sehr zeitintensive Schritte aus. Verwaltung, Regierungsrat und Kantonsrat sollen dann zwar zügig, aber gleichwohl *mit Sorgfalt* arbeiten können. Auch ökonomische Überlegungen sprechen gegen einen zu grossen zeitlichen Druck. So führt es z.B. zu hohen Zusatzkosten, wenn für die Volksabstimmung über eine Initiative ein ausserordentlicher Abstimmungstermin angesetzt werden muss.

3   In Abwägung dieser gegenläufigen Interessen hat der Verfassungsgeber in Art. 29 *Maximalfristen* vorgeschrieben, innert welcher die Volksabstimmung über eine Volksinitiative stattfinden muss. Aufgrund dieser Fristen werden die staatlichen Organe wesentlich *weniger Zeit* für die Behandlung der Initiativen zur Verfügung haben als nach bisherigem Recht[1]. Gleichwohl ist zu erwarten, dass sich die Vorgaben bei guter Planung und Koordination werden einhalten lassen.

4   Gewisse Verfahrensschritte stehen bei allen Initiativen an und nehmen stets gleich viel Zeit in Anspruch. Das gilt z.B. für die Prüfung des Zustandekommens und der Gültigkeit einer Initiative (Art. 27 und 28) oder die Vorbereitung und Durchführung einer Volksabstimmung. Bei andern Phasen hingegen bestimmen die Umstände den konkreten Zeitbedarf. Der Verfassungsgeber hat dies berücksichtigt, indem er für die Durchführung der Volksabstimmung eine *Regelfrist* festlegte (Art. 29 Abs. 1) und diese ergänzte einerseits mit einer *verkürzten Frist* für Volksinitiativen in der Form der allgemeinen Anregung, die der Kantonsrat nicht umsetzen will (Art. 29 Abs. 2), und anderseits mit einer *längeren Frist* für den Fall, dass der Kantonsrat einen Gegenvorschlag zu einer Initiative ausarbeiten lässt (Art. 30 Abs. 2).

1.2.   Entstehungsgeschichte

5   Mit Datum vom 10. Januar 2002[2] unterbreitete die Kommission 2 dem Plenum eine Formulierung, die – abgesehen von einer redaktionellen Abweichung in Abs. 1[3] – bereits dem Text des geltenden Art. 29 entsprach. In der Vorberatung übernahm das Plenum den Antrag unverändert[4]. Für die Gesamtlesung wurde

---

[1] Dazu N. 6.
[2] Vorgängig K2, Antrag an das Plenum vom 11. Oktober 2001, sowie Stellungnahme des Regierungsrates, RRB 1744 vom 14. November 2001, S. 5 f.
[3] Abs. 1 in der Entwurfsfassung vom 10. Januar 2002 lautete: «Eine allfällige Volksabstimmung findet innert 30 Monaten nach Einreichung der Initiative statt.»
[4] Prot. Plenum, S. 333 f.

dem Rat die Formulierung des geltenden Art. 29 beantragt[5]. Das Plenum stimmte dem Antrag diskussionslos zu[6]. In der öffentlichen Vernehmlassung wurden die Fristen teils als zu kurz[7], mehrheitlich aber als zu lang kritisiert[8]. In der 2. Gesamtlesung hielt der Rat an der früher beschlossenen Formulierung fest[9].

1.3. Früheres Recht und Rechtsvergleich

Die frühere Kantonsverfassung enthielt keine Vorschriften über die Fristen, innert denen Volksinitiativen den Stimmberechtigten zur Abstimmung zu unterbreiten sind. Solche fanden sich aber auf *Gesetzesstufe*. Nach § 135 GPR musste der Regierungsrat eine Volksabstimmung spätestens dann anordnen, wenn die Schlussabstimmung des Kantonsrates über eine Volksinitiative drei Jahre nach Einreichung der Initiative noch nicht vorlag. Die Volksabstimmung hatte dann innert acht Monaten stattzufinden[10]. Von der Einreichung einer Volksinitiative bis zur Durchführung der Volksabstimmung konnte es somit bis zu *44 Monate* dauern. Die Reduktion dieser Frist auf 30 Monate (Abs. 1) bzw. 18 Monate (Abs. 2) entspricht einer Verkürzung um rund 30% bzw. 60%.

Neben dem Bund sehen auch fast alle Kantone Maximalfristen für die Behandlung von Volksinitiativen vor. So hat die Bundesversammlung innert 30 Monaten nach Einreichung einer ausgearbeiteten Verfassungsinitiative zu beschliessen, ob sie sie Volk und Ständen zur Annahme oder zur Ablehnung empfiehlt. Bei Initiativen in der Form der allgemeinen Anregung muss sie sich innert zwei Jahren darüber entscheiden, ob sie der Initiative zustimmt oder nicht. Fasst ein Rat über einen Gegenentwurf Beschluss, können die Fristen um ein Jahr verlängert werden[11]. Der Bundesrat unterbreitet die Volksinitiative innert zehn Monaten nach der Schlussabstimmung in den eidgenössischen Räten der Volksabstimmung[12].

In den Kantonen variieren die Fristen zwischen Einreichung der Initiative und Durchführung der Volksabstimmung sehr stark. Sie betragen zwischen einem Jahr und mehr als sieben Jahren[13].

---

[5] Antrag der Geschäftsleitung vom 16. April 2003, S. 28.
[6] Prot. Plenum, S. 2059 f.
[7] Stellungnahme des Stadtrates von Winterthur.
[8] So z.B. Gemeinderat Oberembrach und SP Räterschen.
[9] Antrag der Geschäftsleitung vom 13. Mai 2004, S. 17; Prot. Plenum, S. 3113.
[10] § 59 lit. a GPR (analog).
[11] Art. 100, 103 Abs. 1 und 105 Abs. 1 ParlG.
[12] Art. 74 Abs. 1 BPR.
[13] Vgl. LUTZ/STROHMANN, S. 126. Im Kanton *Nidwalden* beträgt die Maximalfrist zwischen Einreichung der Initiative und Durchführung der Volksabstimmung ein Jahr (Art. 55 Abs. 1 KV NW). Im Kanton *Basel-Stadt* liegt die Höchstdauer, gemessen ab Feststellung des Zustandekommens der Initiative, hingegen bei sieben Jahren (vgl. § 25 Abs. 1 sowie § 27 Abs. 2 des Gesetzes betreffend Initiative und Referendum vom 16. Januar 1991).

1.4. Praxis

9 Von den 38 Volksinitiativen, die zwischen 1995 und 2004 eingereicht worden waren[14], gelangten 15 zur Volksabstimmung[15]. Bei diesen Initiativen betrugen die Fristen zwischen Einreichung der Initiative und Durchführung der Volksabstimmung
- zwischen 19 und 38 Monate bei den *ausgearbeiteten Initiativen ohne Gegenvorschlag*[16],
- 26 Monate bei der (einzigen) *ausgearbeiteten Initiative mit Gegenvorschlag*[17],
- zwischen 14 und 34 Monate bei den Initiativen in der Form der *allgemeinen Anregung,* die der Kantonsrat *nicht umsetzen* wollte und denen er *keinen Gegenvorschlag gegenüberstellte*[18], und
- 25 bzw. 39 Monate bei den beiden Initiativen in der Form der *allgemeinen Anregung,* die der Kantonsrat *nicht umsetzen* wollte, denen er aber einen *Gegenvorschlag* gegenüberstellte[19].

2. Geltungsbereich

10 Art. 29 gilt nur für *Volksinitiativen*, nicht auch für Einzel- oder Behördeninitiativen. Das ergibt sich einerseits aus der Marginalie von Art. 29 («Verfahren bei *Volks*initiativen»). Anderseits folgt das aus der Konzeption des Initiativrechts, wonach *Einzel- und Behördeninitiativen nie Gegenstand einer Volksabstimmung sein können* und deshalb auch keine Maximalfrist für die Durchführung einer Volksabstimmung normiert werden kann. Lehnt der Kantonsrat eine Behörden- oder Einzelinitiative nämlich ab, ist das Verfahren beendet; im Gegensatz zu den Volksinitiativen[20] kommt es dann zu keiner Volksabstimmung[21]. Stimmt er der Behörden- oder Einzelinitiative aber zu, kann es gestützt auf das obligatorische oder fakultative Referendum[22] zwar zu einer Volksabstimmung kommen, doch wird dann nicht über die Initiative abgestimmt, sondern über den betreffenden, in den Katalogen von Art. 32 oder Art. 33 Abs. 1 aufgeführten Gegenstand[23].

---

[14] Art. 23 N. 17.
[15] Art. 24 N. 11.
[16] Frist gemäss neuer Verfassung: *30 Monate* (Art. 29 Abs. 1; N. 11 ff.).
[17] Frist gemäss neuer Verfassung: *36 Monate* (Art. 30 Abs. 2; Art. 30 N. 22 f.).
[18] Frist gemäss neuer Verfassung: *18 Monate* (Art. 29 Abs. 2; N. 16 ff.).
[19] Frist gemäss neuer Verfassung: *24 Monate* (Art. 30 N. 25).
[20] Vgl. Art. 32 lit. c und d.
[21] Art. 31 Abs. 2; Art. 31 N. 15.
[22] Art. 32 lit. a oder f; Art. 33 Abs. 1.
[23] Art. 31 N. 17.

3. Fristen für die Durchführung der Volksabstimmung

3.1. Bei ausformulierten Initiativen

Nach Abs. 1 muss «die Volksabstimmung über eine Initiative (…) innert 30 Monaten nach ihrer Einreichung» stattfinden. Wörtlich verstanden würde diese Fristvorgabe für alle Initiativen gelten. Mit Blick auf andere Verfassungsbestimmungen ergeben sich aber folgende Einschränkungen:

Abs. 1 gilt erstens nur bei Initiativen in der *Form des ausgearbeiteten Entwurfs*[24]. Denn bei Initiativen in der Form der allgemeinen Anregung hat der Kantonsrat zwingend darüber zu entscheiden, ob er eine ausformulierte Vorlage ausarbeiten möchte, die dem Begehren entspricht (sog. Umsetzungsvorlage)[25]. Fasst er einen entsprechenden Beschluss, so findet keine Volksabstimmung über die Initiative statt[26]. Lässt er hingegen keine Umsetzungsvorlage ausarbeiten, findet zwar eine Volksabstimmung über die Initiative statt, aber die Frist für ihre Durchführung bestimmt sich in diesem Fall nicht nach Abs. 1, sondern nach Abs. 2 (18 Monate).

Zweitens gilt die Frist von 30 Monaten des Abs. 1 nur dann, wenn der Kantonsrat *keinen Gegenvorschlag* ausarbeiten lässt. Andernfalls liegt ein Fall von Art. 30 Abs. 2 vor, mit der Folge, dass die Volksabstimmung innert 36 Monaten seit der Einreichung der Initiative stattzufinden hat.

Drittens gilt die Frist von Abs. 1 nur dann, wenn der Kantonsrat die Initiative *ablehnt* oder *keinen Beschluss* über die Zustimmung bzw. Ablehnung fast. Stimmt er der Initiative nämlich ohne Gegenvorschlag zu, kommt es zu keiner Volksabstimmung[27]. Das trifft jedenfalls bei Initiativen zu, die ein Begehren enthalten, das dem *fakultativen* Referendum untersteht. Wird hier das Referendum ergriffen, so findet die Volksabstimmung nicht über die Initiative, sondern über den betreffenden, im Katalog von Art. 33 Abs. 1 aufgeführten Gegenstand statt[28]. Bei vom Kantonsrat unterstützten Initiativen, die ein dem *obligatorischen* Referendum unterstehendes Begehren enthalten, wäre es dagegen etwas formalistisch, die Fristvorgabe von Art. 29 Abs. 1 nicht anzuwenden. Wenn der Kantonsrat einer solchen Initiative zustimmt, kommt es zwar ebenfalls nicht zur Volksabstimmung über die Initiative (Art. 32 lit. c e contrario), sondern über die mit der Initiative verlangte Verfassungsänderung (Art. 32 lit. a) oder das

---

[24] Art. 25 Abs. 1.
[25] Vgl. Art. 29 Abs. 2 und Art. 32 lit. d KV sowie § 133 Abs. 1 GPR.
[26] Vgl. Art. 32 lit. d e contrario.
[27] Vgl. Art. 32 lit. c und e e contrario.
[28] Wenn der Kantonsrat der Initiative zustimmt, gilt in diesem Sinne das Initiativbegehren als «sein eigener, dem Referendum unterstehender Beschluss» (§ 132 Abs. 1 GPR). Hinzu kommt, dass das Referendumsverfahren zu viel Zeit in Anspruch nimmt, um die Volksabstimmung auch in einem solchen Fall innert 30 Monaten nach Einreichung der Initiative durchführen zu können (vgl. Art. 37 N. 19).

Steuergesetz nach Art. 32 lit. f. Bis zum Tag, an dem der Kantonsrat der Initiative zustimmt, muss aber gleichwohl auch mit dem Fall gerechnet werden, dass er sie ablehnt. Im Fall der Ablehnung würde die Fristvorgabe von Art. 29 Abs. 1 indessen zweifellos gelten. Muss sich der Zeitpunkt des Beschlusses des Kantonsrates über die Initiative damit ohnehin an der 30-Monate-Frist orientieren, lässt sich die Volksabstimmung auch dann innert dieser Frist durchführen, wenn der Kantonsrat dieser *zustimmt*.

15 *Zusammengefasst* ist die Volksabstimmung über eine Initiative dann innert 30 Monaten nach ihrer Einreichung durchzuführen, wenn es sich
 – erstens um eine Initiative in der Form des ausgearbeiteten Entwurfs handelt,
 – zweitens kein Gegenvorschlag zur Initiative ausgearbeitet wird und
 – drittens der Kantonsrat keinen zustimmenden Beschluss zur Initiative fasst oder er der Initiative zwar zustimmt, aber diese eine Verfassungsänderung oder ein Steuergesetz nach Art. 32 lit. f verlangt.

3.2. Bei Initiativen in der Form der allgemeinen Anregung

16 Beschliesst der Kantonsrat bei einer Initiative in der Form der allgemeinen Anregung, keine ausformulierte Vorlage ausarbeiten zu lassen, muss die Volksabstimmung innert 18 Monaten nach Einreichung der Initiative stattfinden (Abs. 2).

17 Wörtlich verstanden würde die gegenüber Abs. 1 verkürzte Frist nur dann gelten, wenn der Kantonsrat ausdrücklich *beschliessen* würde, die Initiative nicht umsetzen zu wollen. Wenn er hingegen über die Frage der Umsetzung *keinen Beschluss fasst,* würde die Regelfrist von 30 Monaten (Abs. 1) zur Anwendung kommen. Diese Auslegung von Abs. 2 würde dem Normzweck widersprechen, wonach die Volksabstimmung insbesondere bei Initiativen in der Form der allgemeinen Anregung möglichst bald nach ihrer Einreichung stattfinden soll[29]. Deshalb ist bei solchen Initiativen solange von der Frist von 18 Monaten auszugehen, als *kein Beschluss* des Kantonsrates vorliegt, *die Initiative umsetzen zu wollen*.

18 Beschliesst der Kantonsrat hingegen, eine Umsetzungsvorlage ausarbeiten zu lassen, findet *keine Volksabstimmung* über die Initiative statt[30].

19 Stellt der Kantonsrat einer Initiative in der Form der allgemeinen Anregung einen *Gegenvorschlag* gegenüber, so liegt ein Fall von Art. 30 Abs. 2 vor; die Frist von 18 Monaten gemäss Art. 29 Abs. 2 gilt dann nicht[31].

---

[29] N. 1.
[30] Art. 32 lit. d e contrario; Art. 32 N. 31 ff.
[31] In diesem Fall gilt m.E. eine Frist von 24 Monaten ab Einreichung der Initiative (Art. 30 N. 25).

Die Verfassung nennt keine Frist, innert welcher der Kantonsrat über die *Umsetzungsvorlage* entscheiden muss, nachdem er eine solche in Auftrag gegeben hat. Die Regelfrist von Art. 29 Abs. 1, die sich indirekt auch auf die Behandlungsfrist des Kantonsrates auswirkt, kommt deshalb nicht zur Anwendung, weil es keinesfalls zur Volksabstimmung über die Initiative kommt, wenn der Kantonsrat ihre Umsetzung beschlossen hat[32]. Der Gesetzgeber wird hier Fristen festzulegen haben[33]. Zum weiteren Verfahren bei der Behandlung von Umsetzungsvorlagen wird auf die Kommentierung von Art. 32 verwiesen[34].

20

3.3. Wahrung der Fristen

Die Fristen von Abs. 1 und 2 berechnen sich ab *Einreichung*[35] *der Volksinitiative*. Sie sind dann eingehalten, wenn die *Volksabstimmung vor Fristablauf stattfindet*. Die Ausführungsgesetzgebung hat das Nähere zum Fristenlauf zu regeln, wobei aus Gründen der Rechtssicherheit dem üblichen Fristenlauf des öffentlichen Rechts gefolgt werden sollte.

21

Bei der Planung des Datums der Volksabstimmung über eine Initiative und damit auch bei der Terminierung der Schlussabstimmung im Kantonsrat über die Initiative ist dem Zeitbedarf für die *Vorbereitung der Volksabstimmung* Rechnung zu tragen. Auf der Grundlage der Verfahrensschritte und Fristen, die das geltende Gesetzesrecht vorschreibt, beträgt die Vorbereitungszeit drei bis vier Monate[36]. Zudem muss entschieden werden, ob das nächste reservierte Abstimmungsdatum (sog. Blankotermin) abgewartet werden kann[37] oder ob ein ausserordentlicher Abstimmungstermin angesetzt werden muss[38].

22

Die Verfassung regelt nicht, welche *Rechtsfolgen* eintreten, wenn die Fristvorgaben missachtet werden. Jedenfalls ist es nicht so, dass das Initiativbegehren in einem solchen Fall ohne Volksabstimmung verwirklicht würde. Die missbräuchliche Verletzung der Fristen kann aber vor Gericht gerügt werden (formelle

23

---

[32] Art. 32 N. 31 ff.
[33] Auf *Bundesebene* muss das Parlament eine Teilrevision der Bundesverfassung *innert zwei Jahren* ausarbeiten, nachdem die Bundesversammlung oder das Volk einer entsprechenden Verfassungsinitiative in der Form der allgemeinen Anregung zugestimmt hat (Art. 104 Abs. 1 ParlG).
[34] Art. 32 N. 31 ff.
[35] Vgl. Art. 27 N. 9 ff.
[36] Folgende Schritte sind erforderlich: Ansetzung der Volksabstimmung durch den Regierungsrat, Ausarbeitung des Beleuchtenden Berichts, Druck der Abstimmungsunterlagen und Verteilung an die Gemeinden, Zustellung an die Stimmberechtigten mindestens drei Wochen (§ 62 GPR) vor dem Abstimmungssonntag (vgl. Antrag und Weisung des Regierungsrates vom 28. August 2002 für ein Gesetz über die politischen Rechte, ABl 2002, S. 1592 f.).
[37] Die Fristen zwischen zwei reservierten Abstimmungsdaten betragen durchschnittlich drei Monate und – in den Jahren ohne Nationalratswahlen – im Maximum rund viereinhalb Monate (vgl. Art. 2a VPR CH).
[38] Vgl. § 58 GPR.

Rechtsverweigerung)[39]. Auch kann der Gesetzgeber dem Regierungsrat unter bestimmten Voraussetzungen erlauben, die Volksabstimmung *ohne Beschluss des Kantonsrates* über die Initiative und *ohne Verabschiedung eines allfälligen Gegenvorschlags* durchzuführen, wenn nur auf diese Weise die Fristvorgaben der Verfassung eingehalten werden können[40]. Wollte man diese Rechtsfolge aber direkt aus der Verfassung ableiten und damit die Fristen von Art. 29 und 30 als *Verwirkungsfristen* betrachten[41], würden hinreichend differenzierte Regelungen auf Gesetzesstufe verunmöglicht[42].

---

[39] KÖLZ, Volksinitiative, S. 35.
[40] HANGARTNER/KLEY, N. 2092; KÖLZ, Volksinitiative, S. 36.
[41] So TSCHANNEN, Stimmrecht, S. 75 f.
[42] Zur Rechtsnatur von gesetzlichen Fristen für die Umsetzung einer Initiative in der Form der allgemeinen Anregung vgl. BGE vom 19. Februar 1975, ZBl 76/1975, S. 387 ff., 390 f.

Art. 30*

Gegenvorschlag bei Volksinitiativen

Der Kantonsrat kann einer Initiative oder der Vorlage, die er auf Grund einer Volksinitiative ausgearbeitet hat, in der Volksabstimmung einen Gegenvorschlag gegenüberstellen. Dieser muss die gleiche Rechtsform haben wie die Hauptvorlage.

Arbeitet der Kantonsrat einen Gegenvorschlag aus, so findet die Volksabstimmung innert 36 Monaten nach Einreichung der Initiative statt.

Materialien

Art. 35 VE; Prot. Plenum, S. 334 ff., 2059 ff., 3112 ff.

Literatur

ALBRECHT CHRISTOPH, Gegenvorschläge zu Volksinitiativen – Zulässigkeit, Inhalt, Verfahren, Diss., St. Gallen 2003; AUBERT, Bundesstaatsrecht, N. *399; HANGARTNER/KLEY, §§ 33 und 42; HEFTI-SPOERRY URSULA, Gegenentwurf und Rückzug bei Verfassungsinitiativen im Bund, Diss., Zürich 1959; SCHUHMACHER CHRISTIAN, Das Rechtsetzungsverfahren im Kanton Zürich, LeGes 2004/1, S. 87 ff. (Rechtsetzungsverfahren); SCHUHMACHER CHRISTIAN, Gesetzgebung und Zeit: Aspekte aus der Sicht des Kantons Zürich, LeGes 2005/3, S. 65 ff. (Zeit); TSCHANNEN PIERRE, Die Formen der Volksinitiative und die Einheit der Form, ZBl 103/2002, S. 2 ff. (Formen); WILDHABER LUZIUS, Kommentar BV, Art. 121/122 aBV; WERTENSCHLAG RUDOLF, Der zulässige Gegenstand des Gegenvorschlags zu einer formulierten Verfassungsinitiative im Bund, ZBl 93/1992, S. 558 ff.

Vgl. ferner Hinweise zu Art. 23 und 36.

Rechtsquellen

Vgl. Hinweise zu Art. 23.

Übersicht

	Note
1. Einleitung	1
1.1. Normzweck und Bedeutung	1
1.2. Entstehungsgeschichte	5
1.3. Früheres Recht	7
1.4. Praxis	8
2. Gegenvorschlag des Kantonsrates (Abs. 1)	9
2.1. Bezugspunkt des Gegenvorschlags	9
2.2. Inhalt des Gegenvorschlags	12
2.3. Form und Regelungsstufe des Gegenvorschlags	16
2.4. Gegenüberstellung	21
3. Fristen für die Volksabstimmung (Abs. 2)	22
3.1. Gegenvorschlag zu einer ausgearbeiteten Initiative	22
3.2. Gegenvorschlag zu einer allgemein anregenden Initiative	24

---

* Der Verfasser dankt Dr.iur. Philipp Mäder für die kritische Durchsicht der Kommentierung und die zahlreichen Hinweise.

1. Einleitung

1.1. Normzweck und Bedeutung

1 Nach Art. 30 Abs. 1 ist der Kantonsrat berechtigt, einer Volksinitiative einen *Gegenvorschlag* gegenüberzustellen. Dies erlaubt ihm, eine ihm vorteilhafter erscheinende Variante zur Initiative auszuarbeiten und dem Stimmvolk zu unterbreiten. Dazu kann er sich veranlasst sehen, weil ihm die Initiative «zu weit geht», weil er den Regelungsbereich normativ abrunden möchte oder weil er inhaltliche oder formale Schwächen der Initiative beheben möchte, die nicht gerade ihre Ungültigerklärung rechtfertigen würden.

2 Seitens der *Stimmberechtigten* führt ein Gegenvorschlag dazu, dass bei der Volksabstimmung eine grössere «Auswahl» zur Verfügung steht. Damit wird tendenziell erreicht, dass das Abstimmungsergebnis besser dem Volkswillen entspricht. Für die *Initiantinnen und Initianten* ist ein Gegenvorschlag zwiespältig. Wird eine Volksinitiative von den Stimmberechtigten abgelehnt und der meist etwas gemässigtere Gegenvorschlag angenommen, so wird ihr Anliegen wenigstens teilweise erfüllt. Anderseits kann ein Gegenvorschlag die Initiative schwächen, indem Stimmberechtigte die Initiative unterstützen würden, wenn nicht gleichzeitig ein Gegenvorschlag zur Auswahl stünde.

3 Das Initiativrecht der Stimmberechtigten schliesst das Recht des Kantonsrates zur Gesetzgebung nicht grundsätzlich aus, schränkt es aber im Sinne der *Chancengleichheit von Volksinitiative und Gegenvorschlag* ein[1]: Ist eine Volksinitiative eingereicht (hängig), so darf der Kantonsrat kein weiteres, selbständiges Rechtsetzungsprojekt, das als Gegenvorschlag zur Initiative gefasst werden könnte, an die Hand nehmen und vor der Behandlung der Initiative abschliessen. Vielmehr muss er seine Vorlage als Gegenvorschlag i.S.v. Art. 30 behandeln. Dies gilt unabhängig davon, ob die Vorlage des Kantonsrates auf der gleichen[2] oder, wie dies nach Zürcher Recht zulässig ist[3], auf einer höheren oder tieferen Regelungsstufe[4] gefasst wird. Denn der Volksinitiative wird der «Wind aus den Segeln genommen», wenn die Vorlage des Kantonsrates selbständig behandelt und vor der Volksabstimmung über die Initiative verwirklicht wird. Die Stimmberechtigten sollen in einer einzigen Abstimmung über die Vorlage und den Gegenvorschlag entscheiden können, denn die politische Diskussion soll konzentriert und im fraglichen Regelungsbereich Rechtssicherheit möglichst rasch hergestellt werden. Der Kantonsrat hat die Möglichkeit, eine Alternative zu einer Volksinitiative auszuarbeiten. Macht er davon Gebrauch, muss er die

---

[1] ALBERECHT, S. 158 ff.; HANGARTNER/KLEY, N. 890 f., 2153.
[2] HANGARTNER/KLEY, N. 2169.
[3] N. 20.
[4] ALBERECHT, S. 252.

Alternative in der Form des Gegenvorschlags nach Art. 30 fassen – oder mit seiner Alternative bis zum definitiven Entscheid über die Volksinitiative zuwarten. Nur so können die freie Willensbildung und die unverfälschte Stimmabgabe nach Art. 34 Abs. 2 BV sichergestellt werden.

Arbeitet der Kantonsrat einen Gegenvorschlag zu einer Volksinitiative aus, verlängert sich die ordentliche Frist zur Durchführung der Volksabstimmung um ein halbes Jahr (Abs. 2). Damit wollte der Verfassungsgeber dem grösseren Zeitbedarf für die Ausarbeitung eines Gegenvorschlags Rechnung tragen.

1.2. Entstehungsgeschichte

Mit Datum vom 10. Januar 2002 unterbreitete die Kommission 2 dem Plenum folgende Norm[5]:

> Art. 6 *Gegenvorschlag*
>
> [1] Der Kantonsrat kann sowohl einer Initiative als auch einer Vorlage, die er auf Grund einer allgemeinen Anregung ausgearbeitet hat, einen Gegenvorschlag gegenüberstellen. Der Gegenvorschlag muss die gleiche Form wie die Hauptvorlage aufweisen.
>
> [2] Die Behandlungsfrist gemäss Art. 5 Abs. 1[6] beträgt in diesem Fall 36 Monate.
>
> [3] Die Stimmberechtigten können beiden Vorlagen zustimmen und angeben, welcher sie den Vorzug geben, falls beide angenommen werden.

In der Vorberatung übernahm das Plenum die Formulierung unverändert[7]. Weil das Abstimmungsverfahren bei sich ausschliessenden Vorlagen in der Folge als selbständige Norm gefasst wurde[8], wurde Abs. 3 gestrichen. Für die Gesamtlesung lag dem Plenum die Formulierung des heute geltenden Art. 30 vor[9]. Der Rat stimmte ihr zu[10]. In der Vernehmlassung wurden kürzere Behandlungsfristen für Volksinitiativen gefordert, doch blieb die Norm auch in der 2. Gesamtlesung unverändert[11].

1.3. Früheres Recht

Bereits die ursprüngliche Fassung der früheren Kantonsverfassung kannte das Instrument des Gegenvorschlags. Allerdings konnte es der Kantonsrat nur bei

---

[5] Vorgängig K2, Antrag an das Plenum vom 11. Oktober 2001, Initiativrecht, S. 2, und Stellungnahme des Regierungsrates, RRB 1744 vom 14. November 2001, S. 7.
[6] Art. 5 Abs. 1 lautete: «Eine allfällige Volksabstimmung findet innert 30 Monaten nach Einreichung der Initiative statt.»
[7] Prot. Plenum, S. 335.
[8] Nun Art. 36.
[9] Antrag der Geschäftsleitung vom 16. April 2003, S. 28.
[10] Prot. Plenum, S. 2060.
[11] Antrag der Geschäftsleitung vom 13. Mai 2004, S. 17; Prot. Plenum, S. 3113 f.

Gesetzes- und Verfassungsinitiativen des Volks einsetzen[12]. Nach der Änderung vom 1. Juni 1969[13] lautete Art. 29 Abs. 4 aKV wie folgt:

> Der Kantonsrat kann dem Volk gleichzeitig mit dem Initiativbegehren einen Gegenvorschlag unterbreiten.

Damit waren Gegenvorschläge bei allen Gegenständen einer Volksinitiative[14] möglich.

1.4. Praxis

8   Unter den 38 Volksinitiativen, die zwischen 1995 und 2004 eingereicht worden waren[15], ergänzte der Kantonsrat deren zehn mit einem Gegenvorschlag. In drei Fällen wurde der Gegenvorschlag in der Volksabstimmung angenommen und die Volksinitiative verworfen[16]. Die restlichen sieben Volksinitiativen wurden zurückgezogen[17], so dass der Gegenvorschlag gemäss den referendumsrechtlichen Vorschriften vor das Volk kam oder ohne Volksabstimmung verwirklicht wurde.

2. Gegenvorschlag des Kantonsrates (Abs. 1)

2.1. Bezugspunkt des Gegenvorschlags

9   Nach Abs. 1 Satz 1 kann der Kantonsrat *«einer Initiative»* einen Gegenvorschlag gegenüberstellen. Damit ist nur die *Volksinitiative* gemeint, nicht auch die Behörden- oder Einzelinitiative. Das ergibt sich aus der Marginalie zu Art. 30 («Gegenvorschlag bei *Volks*initiativen»). Auch wäre nicht klar, wer über die Behörden- bzw. Einzelinitiative und den Gegenvorschlag zu entscheiden hätte, falls Letzterer zulässig wäre. Jedenfalls wären dies nicht die Stimmberechtigten, denn in Art. 32 lit. e ist nur von *Volks*initiativen die Rede. Schliesslich ist nicht einzusehen, weshalb ein Gegenvorschlag zur Umsetzungsvorlage bei einer

---

[12] Art. 29 Abs. 5 aKV in der Fassung vom 18. April 1869: «Für den Fall, dass ein von der Volksinitiative ausgegangener Gesetzesentwurf zur Abstimmung gelangt, kann der Kantonsrath dem Volke ausser seinem Gutachten auch einen abgeänderten Entwurf zur Entscheidung vorlegen» (OS 14, S. 557 = ZG, Bd. I, S. 10). – Zur Entwicklung des Gegenvorschlagsrechts in andern Kantonen vgl. TRECHSEL/SERDÜLT, S. 107 ff.
[13] OS 43, S. 289 = GS, Bd. I, S. 8.
[14] Art. 23; Art. 23 N. 25 ff.
[15] Art. 24 N. 10.
[16] ABl 1999, S. 960 und 1694; ABl 2005, S. 1107 ff. Alle Volksinitiativen erhielten weniger Ja- als Nein-Stimmen, so dass es auf die Stichfrage nicht ankam.
[17] KR-Nr. 269/1997, 58/1998 (vgl. Prot. KR 1999–2003, S. 1043), 66/1999, 344/1999 (zu beiden vgl. Prot. KR 1999–2003, S. 7094 ff.), 3817/2000 (vgl. Prot. KR 1999–2003, S. 8942), 4032/2002, 4125/2003 (vgl. ABl 2006, S. 53).

Initiative in der Form der allgemeinen Anregung nur bei einer Volksinitiative[18], ein Gegenvorschlag zu einer ausformulierten Initiative aber auch bei einer Behörden- oder Einzelinitiative zulässig sein soll.

Einen Gegenvorschlag kann der Kantonsrat ferner *einer Vorlage* gegenüberstellen, die er *aufgrund einer Volksinitiative ausgearbeitet* hat. Ist eine Volksinitiative in der Form der allgemeinen Anregung eingereicht worden und hat der Kantonsrat beschlossen, sie umzusetzen, so kann er dem Ergebnis dieser Umsetzung – der *Umsetzungsvorlage* – einen Gegenvorschlag gegenüberstellen. Diese Möglichkeit soll den Kantonsrat davon abhalten, seine eigenen Anliegen in die Umsetzungsvorlage einfliessen zu lassen[19]. 10

Der Gegenvorschlag kann sich also auf eine Volksinitiative in der Form des *ausgearbeiteten Entwurfs*, auf eine solche in der Form der *allgemeinen Anregung* oder auf eine Vorlage beziehen, mit welcher der Kantonsrat eine Volksinitiative in der Form der allgemeinen Anregung *umgesetzt* hat. Mangels einschränkender Bestimmungen kann der Kantonsrat einen Gegenvorschlag auch dann beschliessen, wenn er der Volksinitiative oder der von ihm ausgearbeiteten Umsetzung *zugestimmt* hat. Denn es entspricht einer möglichen und legitimen Haltung, wenn er die Volksinitiative für gut, seinen Gegenvorschlag aber für noch besser erachtet[20]. 11

2.2. Inhalt des Gegenvorschlags

Aus dem Gegenvorschlag muss sich klar ergeben, wie die *anders zu fassenden Bestimmungen* lauten sollen, welche Bestimmungen der Initiative *aufgehoben* und welche von ihnen *unverändert übernommen* werden sollen. Es muss eindeutig sein, wie der Gegenvorschlag *als Ganzes* lauten soll[21]. 12

Wie jede andere dem Referendum unterstehende Vorlage muss auch der Gegenvorschlag des Kantonsrates in sich eine Einheit bilden (Einheit der Materie im engeren Sinn). Auch darf er weder gegen höherrangiges Recht verstossen noch offensichtlich undurchführbar sein[22]. Darüber hinaus muss der Gegenvorschlag einen *genügenden sachlichen Zusammenhang zur Volksinitiative*[23] aufweisen 13

---

[18] Vgl. N. 10.
[19] Prot. Plenum, S. 334.
[20] Art. 29 Abs. 4 aKV schloss diese Möglichkeit nicht aus. Nach § 6 Abs. 1 GVV konnte der Kantonsrat einen Gegenvorschlag aber nur dann beschliessen, wenn er die Initiative ablehnte. § 131 GPR verzichtet auf diese Einschränkung.
[21] Art. 36 N. 22.
[22] Art. 28 Abs. 1 (analog). Vgl. auch Art. 79 Abs. 1 KV. Den Stimmberechtigten kann ein Urnengang über eine Vorlage, die diese Voraussetzungen nicht erfüllt, nicht zugemutet werden (Art. 28 N. 2).
[23] Dies gilt auch im Verhältnis zwischen einer Vorlage, mit welcher der Kantonsrat eine Volksinitiative in der Form der allgemeinen Anregung umsetzt (N. 10), und einem (seinen Vorstellungen besser entsprechenden) Gegenvorschlag dazu.

(sog. Einheit der Materie im weiteren Sinn)[24]. Denn wenn der Gegenvorschlag in der Volksabstimmung in Konkurrenz zur Initiative tritt, soll er nicht deswegen bessere Chancen haben, weil er mit einem Teil ergänzt ist, der allgemein begrüsst wird, aber keinen Zusammenhang zur Initiative aufweist.

14 Der erforderliche Sachzusammenhang zwischen Volksinitiative und Gegenvorschlag[25] wird in der Literatur und Rechtsprechung in sehr vielfältiger Weise umschrieben[26]. Im Kern geht es um folgende drei Bereiche:
– Der Gegenvorschlag muss im Wesentlichen *denselben Regelungsgegenstand* (Thema, Materie, «Frage») wie die Initiative haben, darf ihn aber massvoll erweitern. Denn der «Rechtsetzungsschub», den eine Initiative u.U. auslöst, soll nicht zu stark zurückgebunden werden[27].
– Der Gegenvorschlag muss eine ähnliche *Zielrichtung* wie die Initiative aufweisen, ist aber nicht an deren Zielmass gebunden. Er darf weniger weit, aber auch weiter gehen als die Initiative[28].
– Der Gegenvorschlag darf zudem andere *Mittel* als die in der Initiative vorgesehenen wählen[29].

15 Aus dem Wortlaut von Abs. 1 Satz 1 ergibt sich, dass der Kantonsrat einer Volksinitiative bzw. ihrer Umsetzung *nur einen* Gegenvorschlag gegenüberstellen kann. Dass der Verfassungsrat darüber kein Wort verloren hat, ist als stillschweigende Zustimmung zur gleichlautenden Praxis zur früheren Kantonsverfassung zu verstehen. Auch das Zusammenspiel zwischen Parlament und Stimmvolk fordert dies: Die Initianten vertreten *eine* Sicht. Will der Kantonsrat dem nicht folgen, so soll er sich auf *einen* Gegenstandpunkt festlegen, denn es ist seine Aufgabe, in widersprüchlichen Interessenlagen tragfähige Lösungen zu

---

[24] Vgl. WILDHABER, Kommentar BV, Art. 121/122 aBV, Titel vor Rz. 132; HANGARTNER/KLEY, N. 2486; HUGENSCHMIDT, S. 134 ff. Auch von einer «zweiten Regel der Einheit der Materie» ist die Rede (AUBERT, Bundesstaatsrecht, N. *399).

[25] Zum Funktionswandel des Gegenvorschlags und der damit verbundenen Lockerung des erforderlichen Sachzusammenhangs vgl. AUBERT, Bundesstaatsrecht, N. *399.

[26] Es wird z.B. auf die Ähnlichkeit bzw. Identität der Materie, des Regelungsgegenstandes, des (Grund-)Anliegens, des Ziels, des Zwecks, der Stossrichtung, des Lösungsansatzes, der Art der Antwort oder des Mittels zur Zielerreichung abgestellt, ferner auf den sachlichen Zusammenhang oder die Frage einer materiellen und formellen Verbesserung (vgl. BGE 100 Ia 53 ff., 59; 101 Ia 492 ff., 496; 113 Ia 46 ff., 5 f., je mit Hinweisen; AUBERT, Bundesstaatsrecht, N. *399; ALBRECHT, S. 179 ff.; HANGARTNER/KLEY, N. 883, 2162; KÖLZ, Volksinitiative, S. 31 f.; WILDHABER, Kommentar BV, Art. 121/122 aBV Rz. 134).

[27] HANGARTNER/KLEY, N. 2162; ALBRECHT, S. 181. Kasuistik: BGE 113 Ia 46 ff., 55 f., mit Hinweisen.

[28] HANGARTNER/KLEY, N. 883, 2162. Unklar KÖLZ, Volksinitiative, S. 32. WILDHABER, Kommentar BV, Art. 121/122 aBV Rz. 134, spricht sich für eine «Bindung in der Zielrichtung» aus, wobei er eine entgegengesetzte Zielrichtung für unzulässig hält. ALBRECHT, 181 f., möchte auf jede Bindung an die Zielrichtung der Initiative verzichten. Diese Auffassung überzeugt nicht. Würde für den Gegenvorschlag eine zur Initiative entgegengesetzte Zielrichtung zugelassen, würde das Initiativrecht unzulässig beschränkt, denn die Initianten würden wegen des Risikos der Verwirklichung eines solchen Gegenvorschlags u.U. darauf verzichten, eine Initiative einzureichen.

[29] KÖLZ, Volksinitiative, S. 32.

finden. Mehrere Gegenvorschläge würden zudem das Abstimmungsverfahren stark erschweren[30].

2.3. Form und Regelungsstufe des Gegenvorschlags

Nach Abs. 1 Satz 2 muss der Gegenvorschlag die gleiche Rechtsform haben wie die Hauptvorlage. Mit *Hauptvorlage* ist die Volksinitiative gemeint bzw. die Vorlage, die der Kantonsrat aufgrund einer Volksinitiative in der Form der allgemeinen Anregung ausgearbeitet hat (Umsetzungsvorlage).

16

Unter *Rechtsform* des Gegenvorschlags ist sein Charakter als ausgearbeiteter Entwurf oder als allgemeine Anregung[31] zu verstehen[32]. Handelt es sich um eine ausformulierte Initiative oder um eine Umsetzungsvorlage, so muss auch der Gegenvorschlag ausgearbeitet sein. Handelt es sich hingegen um eine Initiative in der Form der allgemeinen Anregung, die der Kantonsrat nicht umsetzen will, so muss auch ein allfälliger Gegenvorschlag die Form einer allgemeinen Anregung haben.

17

Dieses Verständnis des Begriffs der Rechtsform ergibt sich aus der *Entstehungsgeschichte* von Art. 30. Die ersten Anträge der Kommission 2 für das Plenum sahen vor, dass der Gegenvorschlag «die gleiche Form» haben müsse wie die Hauptvorlage[33]. Die Formulierung nahm damit auf den von der Kommission 2 damals vorgeschlagenen Artikel 2 Bezug, der die Marginalie «Form der Initiative» trug und in Abs. 1 die beiden möglichen Formen von Initiativen (allgemeine Anregung und ausgearbeiteter Entwurf) regelte[34]. Der Wechsel von «Form» zu «Rechtsform» erfolgte auf Veranlassung der Redaktionskommission[35] und wurde weder in der Kommission 2 noch im Plenum weiter diskutiert.

18

Mit diesem Verständnis des Begriffs der Rechtsform erübrigt sich die Streitfrage, ob eine ausformulierte Vorlage oder eine Vorlage in der Form der allgemeinen Anregung *bessere Chancen* auf Annahme durch das Stimmvolk hat[36]. Der Nachteil dieser Regelung liegt darin, dass die Stimmberechtigten im Falle

19

---

[30] Art. 36 N. 25 ff. Immerhin kann der Kantonsrat eine Teil- oder Variantenabstimmung zum Gegenvorschlag beschliessen (Art. 34 N. 19).

[31] Vgl. Art. 25 Abs. 1.

[32] So auch der Regierungsrat in der Beantwortung einer parlamentarischen Anfrage (KR-Nr. 274/2006; RRB 1656 vom 22. November 2006, S. 2 ff.).

[33] N. 5.

[34] Der Bezug war nicht zufällig geschaffen worden; die Kommission 2 strebte das hier dargelegte Auslegungsergebnis an, vgl. Prot. K2 vom 13. Dezember 2001, S. 183. In diesem Sinne auch RRB 1744 vom 14. November 2001, S. 7.

[35] Prot. RedK vom 14. Februar 2003, S. 180.

[36] Vgl. RRB 1744 vom 14. November 2001, S. 7. Gemäss § 6 Abs. 1 GVV musste der Gegenvorschlag stets *ausformuliert* sein. HANGARTNER/KLEY, N. 881 und 2160, geben einem ausformulierten Text bessere Chancen. Dasselbe Problem stellt sich bei der Frage, ob ausformulierte oder nicht ausformulierte Volksinitiativen beim Stimmvolk bessere Chancen haben. TSCHANNEN, Formen, S. 7 f., lässt diese Frage offen.

eines Gegenvorschlags in der Form der allgemeinen Anregung nur über eine Absichtserklärung des Kantonsrates abstimmen können und nicht, wie im Referendumsrecht sonst üblich, über ein Endresultat des Parlaments.

20 Rechtsform meint also *nicht die Regelungsstufe* der Verfassung oder des formellen Gesetzes: Der Gegenvorschlag muss nicht die gleiche Regelungsstufe aufweisen wie die Volksinitiative[37]. Vielmehr hat der Kantonsrat für den Gegenvorschlag jene Regelungsstufe zu wählen, die dessen Wichtigkeit entspricht. In diesem Sinne kann einer Volksinitiative auf Änderung der Kantonsverfassung ein Gegenvorschlag auf Erlass oder Änderung eines Gesetzes gegenübergestellt werden und umgekehrt. Das Initiativrecht, die Chancengleichheit von Initiative und Gegenvorschlag sowie die Abstimmungsfreiheit der Stimmberechtigten werden dadurch nicht beeinträchtigt.

2.4. Gegenüberstellung

21 Nach Abs. 1 sind die Volksinitiative und der Gegenvorschlag des Kantonsrates einander *in der Volksabstimmung gegenüberzustellen*. Da es hier um Vorlagen geht, die sich *gegenseitig ausschliessen*, kommt Art. 36 betreffend konkurrierende Vorlagen zur Anwendung[38]. Die beiden Vorlagen sind den Stimmberechtigten in der Regel in derselben Volksabstimmung zu unterbreiten[39]. Die Stimmberechtigten können die Abstimmungsfragen unabhängig von einander beantworten und ihre Präferenzordnung durch eine zusätzliche Stichfrage eindeutig ausdrücken[40]. Auch der Gegenvorschlag des Kantonsrates ist in der Regel als vollständige Vorlage auszugestalten, d.h. mit den unbestrittenen Bestimmungen der Volksinitiative zu ergänzen[41].

---

[37] ALBRECHT, S. 163, 183 ff. So auch der Regierungsrat in der Beantwortung einer parlamentarischen Anfrage (KR-Nr. 274/2006; RRB 1656 vom 22. November 2006, S. 4 ff.). In diesem Sinne ausdrücklich § 79 Abs. 1 des Gesetzes über die politischen Rechte des Kantons Basel-Landschaft vom 7. September 1981. Differenzierend BGE vom 3. August 1982, ZBl 83/1982, S. 548 ff., 551 ff. (vgl. dazu die berechtigte Kritik bei ALBRECHT, S. 184). Unklar HANGARTNER/KLEY, N. 2151.
[38] Art. 36 N. 11.
[39] Art. 36 N. 14 ff.
[40] Art. 36 N. 18.
[41] Art. 36 N. 22.

3. Fristen für die Volksabstimmung (Abs. 2)

3.1. Gegenvorschlag zu einer ausgearbeiteten Initiative

Arbeitet der Kantonsrat einen Gegenvorschlag aus, so muss die Volksabstimmung[42] innert 36 Monaten nach Einreichung[43] der Initiative stattfinden[44]. Der Wortlaut von Abs. 2 verlangt *nicht*, dass der Kantonsrat einen Gegenvorschlag *beschliesst*. Würde dies vorausgesetzt, so würde der Zweck der Fristverlängerung[45] vereitelt. Denn der Kantonsrat entscheidet erst am Ende der parlamentarischen Rechtsetzungsphase, ob er einen Gegenvorschlag verabschieden möchte oder nicht. Bis dann wäre vorsichtigerweise von der kürzeren 30-Monate-Frist nach Art. 29 Abs. 1 auszugehen. Am Ende der parlamentarischen Phase ist die Fristverlängerung aber nicht mehr erforderlich, denn die Vorbreitung und Durchführung einer Volksabstimmung mit oder ohne Gegenvorschlag nehmen gleich viel Zeit in Anspruch.

22

Nach dem Wortlaut von Abs. 2 verlängert sich die Frist jedenfalls dann, wenn der Kantonsrat *einen Gegenvorschlag ausarbeitet* (bzw. einen entsprechenden Auftrag dazu erteilt). Dies setzt voraus, dass er sich zweimal mit dem Geschäft befasst (Erteilung des Auftrags und Behandlung des Gegenvorschlags). Bis anhin war ein solches zweistufiges Verfahren bei Volksinitiativen nicht üblich, und es fragt sich, ob es angesichts der engen zeitlichen Vorgaben und der grossen Zahl von Verfahrensschritten überhaupt durchführbar ist[46]. Der Gesetzgeber wird deshalb zu entscheiden haben, ob die Fristverlängerung nicht bereits durch einen *früheren Verfahrensschritt* ausgelöst werden soll, etwa dadurch, dass der Regierungsrat dem Kantonsrat einen Gegenvorschlag unterbreitet, ohne vorgängig entsprechend beauftragt worden zu sein.

23

---

[42] Obligatorisches Referendum, Art. 32 lit. e.
[43] Näheres zum Begriff der Einreichung bei Art. 27 N. 11.
[44] Das sind sechs Monate mehr als die ordentliche Frist nach Art. 29 Abs. 1. – Zur Fristberechnung Art. 29 N. 21 ff.
[45] N. 4.
[46] Die Durchführung und Vorbereitung einer Volksabstimmung dauert rund vier Monate (Art. 29 N. 22). In den verbleibenden 32 Monaten sind folgende Schritte erforderlich: Prüfung der Unterschriftenlisten; Feststellung des Zustandekommens der Initiative; Bericht und Antrag des Regierungsrates über die Gültigkeit und den Inhalt der Initiative sowie Antrag auf Ausarbeitung eines Gegenvorschlags; Behandlung des Antrags in der vorberatenden Kommission des Kantonsrates; Behandlung im Rat und Beschlussfassung; Ausarbeitung des Gegenvorschlags durch Verwaltung und Regierung; Behandlung in der vorberatenden Kommission; Behandlung im Rat und Beschlussfassung (zu den Phasen des Rechtsetzungsverfahrens SCHUHMACHER, Rechtsetzungsverfahren, S. 92 ff.). Im Jahr 2004 dauerte allein die parlamentarische Phase der Gesetzgebung durchschnittlich 16 Monate (SCHUHMACHER, Zeit, S. 67 f.).

3.2. Gegenvorschlag zu einer allgemein anregenden Initiative

24 Gegenvorschläge sind auch bei Volksinitiativen in der Form der allgemeinen Anregung zulässig, und zwar sowohl gegenüber der Initiative selbst wie auch gegenüber der Vorlage, die der Kantonsrat zwecks Umsetzung der Initiative hat ausarbeiten lassen (Abs. 1; Umsetzungsvorlage). Beim *Gegenvorschlag zur Umsetzungsvorlage* ist die 36-Monate-Frist nach Abs. 2 gerechtfertigt. Innert dieser Zeitspanne muss nicht nur eine Vorlage ausgearbeitet werden, die der Initiative entspricht, sondern auch ein Gegenvorschlag dazu.

25 Bei einem *Gegenvorschlag zu einer Initiative in der Form der allgemeinen Anregung* würde nach der Formulierung von Abs. 2 ebenfalls eine Frist von 36 Monaten gelten. Denn der Wortlaut der Norm unterscheidet nicht, ob sich der Gegenvorschlag auf die Initiative oder auf die Umsetzungsvorlage bezieht. Allerdings widerspräche das dem allgemeinen Ziel des Verfassungsgebers, die Fristen zwischen Einreichung der Volksinitiative und Durchführung der Volksabstimmung gegenüber dem früheren Recht zu verkürzen. Eine Fristverlängerung nach Abs. 2 wäre hier auch aus sachlichen Gründen nicht gerechtfertigt: Wenn sich der Kantonsrat bei Initiativen in der Form der allgemeinen Anregung spätestens rund 14 Monate nach ihrer Einreichung entscheiden muss, ob er eine ihr entsprechende Vorlage ausarbeiten lassen möchte[47], so braucht er keine zusätzlichen 18 Monate[48], um der Initiative einen Gegenvorschlag in der Form der allgemeinen Anregung gegenüberzustellen. Vielmehr soll hier die Frist von 18 auf *24 Monate* verlängert werden; die zusätzlichen sechs Monate entsprechen der Fristverlängerung bei Initiativen in der Form des ausgearbeiteten Entwurfs, wenn ihnen ein Gegenvorschlag gegenübergestellt wird.

---

[47] 18 Monate nach Art. 29 Abs. 2, abzüglich vier Monate für die Vorbereitung und Durchführung der Volksabstimmung (Art. 29 N. 22).

[48] Das ist die Differenz zu 32 Monaten (36 Monate abzüglich vier Monate für die Vorbereitung und Durchführung der Volksabstimmung).

Art. 31*

Unterstützen 60 Mitglieder des Kantonsrates eine Behörden- oder eine Einzelinitiative vorläufig, so wird sie dem Regierungsrat zu Bericht und Antrag überwiesen.

Kommt die vorläufige Unterstützung nicht zu Stande oder findet die Initiative in der Beratung über den Antrag der Regierung keine Mehrheit im Kantonsrat, so ist die Initiative gescheitert.

Verfahren bei Behörden- und Einzelinitiativen

Materialien

Art. 36 VE; Prot. Plenum, S. 335 ff., 2059 ff., 3113 ff.

Literatur

HOFFMANN-NOWOTNY URS HENRYK, Einzelinitiative und Volksmotion – Reformgedanken vor dem Hintergrund kantonaler Verfassungsrevisionen, ZBl 102/2001, S. 449 ff.; KOTTUSCH PETER, Die Einzel- und Behördeninitiative nach zürcherischem Staatsrecht und ihre praktische Bedeutung, ZBl 89/1988, S. 1 ff. (Einzel- und Behördeninitiative).

Vgl. ferner Hinweise zu Art. 23.

Rechtsquellen

Vgl. Hinweise zu Art. 23.

Übersicht

	Note
1. Einleitung	1
1.1. Normzweck	1
1.2. Entstehungsgeschichte	2
1.3. Früheres Recht	5
1.4. Praxis	6
2. Behandlung von Behörden- und Einzelinitiativen	9
2.1. Prüfung der Gültigkeit	9
2.2. Vorläufige Unterstützung (Abs. 1)	10
2.3. Scheitern der Initiative (Abs. 2)	13
2.4. Zustimmung zur Initiative	17

---

* Der Verfasser dankt Dr. iur. Philipp Mäder für die kritische Durchsicht der Kommentierung und die zahlreichen Hinweise.

1. Einleitung

1.1. Normzweck

1 Die Behandlung von Initiativen durch staatliche Organe ist aufwendig. Die Stellungnahme des Regierungsrates zu einer Initiative, ihre Beratung im Kantonsrat und die Vorbereitung einer Volksabstimmung über sie beanspruchen viel Zeit und materielle Ressourcen. Deshalb wird bei Volksinitiativen – bei fehlender Zustimmung des Kantonsrates kommt es hier stets zu einer Volksabstimmung[1] – die Unterstützung von 6000 Stimmberechtigten verlangt[2]. Bei Behörden- und Einzelinitiativen hingegen, die i.d.R. von einer einzelnen Behörde oder stimmberechtigten Person stammen, wird der staatliche Verfahrensaufwand mit zwei andern Vorkehrungen eingeschränkt: Erstens wird eine Behörden- oder Einzelinitiative nur dann dem Regierungsrat zur näheren Prüfung und Antragstellung überwiesen, wenn sie von mindestens 60 Mitgliedern des Kantonsrates *vorläufig unterstützt* wird (Abs. 1). Ist das der Fall, so muss – zweitens – nach der Beratung des vom Regierungsrat verfassten Antrags die Mehrheit des Kantonsrates der Initiative *zustimmen*, damit sie verwirklicht wird (sog. *definitive Unterstützung*). Versagt der Rat der Initiative hingegen die vorläufige Unterstützung oder lehnt er sie später ab, ist sie «gescheitert» (Abs. 2); es kommt zu keiner Volksabstimmung[3]. In der Praxis erweisen sich diese Hürden als sehr wirksam: Nur rund ein Viertel aller Behörden- und Einzelinitiativen wird vorläufig und kaum eine definitiv unterstützt[4].

1.2. Entstehungsgeschichte

2 Mit Datum vom 10. Januar 2002 unterbreitete die Kommission 2 dem Plenum folgende Formulierung[5]:

> Art. 7 *Einzel- und Behördeninitiativen*
>
> [1] Eine stimmberechtigte Person kann eine Einzelinitiative, eine Behörde eine Behördeninitiative einreichen.
>
> [2] Unterstützen 60 Kantonsräte die Initiative vorläufig, so wird sie dem Regierungsrat zu Bericht und Antrag überwiesen.
>
> [3] Lehnt der Kantonsrat die Initiative ab oder leistet er ihr keine Folge, so ist das Verfahren beendet.

---

[1] Art. 32 lit. c und d.
[2] Art. 24 lit. a.
[3] Diese Regelung resultiert an sich bereits aus Art. 32, wonach Volks-, nicht aber Behörden- und Einzelinitiativen mögliche Gegenstände eine Volksabstimmung sein können.
[4] N. 7
[5] Vorgängig K2, Antrag an das Plenum vom 11. Oktober 2001, und Stellungnahme des Regierungsrates, RRB 1744 vom 14. November 2001, S. 8.

In der Vorberatung stimmte das Plenum der Formulierung zu; ein Antrag der SVP, auf das Instrument der Einzelinitiative zu verzichten und das Recht auf Einreichung einer Behördeninitiative auf *kommunale* Behörden zu beschränken, wurde abgelehnt[6]. In der Folge wurden die möglichen Urheber einer Initiative in einer gesonderten Bestimmung aufgeführt[7]; Abs. 1 wurde damit hinfällig. Für die 1. Gesamtlesung lag dem Plenum die Formulierung des nun geltenden Art. 31 vor[8]. Der Rat stimmte ihr diskussionslos zu[9].

3

In der Vernehmlassung wurde die Verfassungswürdigkeit der Norm bezweifelt. Daneben wurde angeregt, das Quorum für die vorläufige Unterstützung (Abs. 1) auf 45 oder 40 Mitglieder des Kantonsrates zu senken[10]. In der 2. Gesamtlesung wurde die Bestimmung nicht weiter diskutiert und ohne Änderung gegenüber der ersten Lesung so beschlossen[11].

4

1.3. Früheres Recht

In ihrer ursprünglichen Fassung sah die frühere Kantonsverfassung vor, dass über jede Behörden- oder Einzelinitiative, die von einem Drittel der Mitglieder des Kantonsrates unterstützt wird, eine Volksabstimmung durchzuführen ist[12]. Obwohl solche Initiativen bis in die 70er-Jahre des letzten Jahrhunderts nicht sehr häufig waren[13] und verglichen mit den übrigen parlamentarischen Geschäften kaum ins Gewicht fielen[14], führte der Gesetzgeber im Jahr 1969 die noch heute geltende Hürde der vorläufigen Unterstützung durch 60 Ratsmitglieder ein[15]. Dieses Quorum genügte damals auch für die den Weg zur Volksabstimmung öffnende definitive Unterstützung[16]. Im Jahr 1995 wurde das Quorum für die definitive Unterstützung dann auf die noch heute geltende *Hälfte der anwesenden Mitglieder* des Kantonsrates erhöht[17].

5

---

[6] Prot. Plenum, S. 335 und 340 f. Nach den Vorstellungen der SVP hätte die Einzelinitiative durch die Volksmotion ersetzt werden sollen (Prot. Plenum, S. 336). Zur Volksmotion Art. 23 N. 7 ff.
[7] Vgl. den nun geltenden Art. 24.
[8] Antrag der Geschäftsleitung vom 16. April 2003, S. 28.
[9] Prot. Plenum, S. 2060.
[10] Vgl. z.B. die Stellungnahmen der JUSO Kanton Zürich oder des Blindenbundes.
[11] Antrag der Geschäftsleitung vom 13. Mai 2004, S. 18; Prot. Plenum, S. 3113 f.
[12] Art. 29 Abs. 2 aKV in der Fassung vom 18. April 1869 (OS 14, S. 556). Die Formulierung findet sich mit leichter redaktioneller Anpassung auch in ZG, Bd. 1, S. 9 f.
[13] Im Zeitraum 1869–1950 wurden durchschnittlich 0,8 Einzel- und Behördeninitiativen pro Jahr eingereicht. In den beiden folgenden Dekaden waren es 1,3 bzw. 4,2 pro Jahr (vgl. KOTTUSCH, Einzel- und Behördeninitiative, S. 23). Zwischen 1995 und 2004 waren demgegenüber durchschnittlich 28,3 Einzel- und Behördeninitiativen pro Jahr zu behandeln (N. 6).
[14] Vgl. die statistischen Angaben bei KOTTUSCH, Einzel- und Behördeninitiative, S. 23.
[15] § 21 Abs. 1 GVV. Diese Regelung wurde dann in § 139 Abs. 3 GPR aufgenommen
[16] § 22 GVV in der ursprünglichen Fassung.
[17] § 22 Abs. 1 GVV in der Fassung vom 24. September 1995 (OS 53, S. 290 f.).

1.4. Praxis

6   In den Jahren 1995–2004 hatte der Kantonsrat 263 Einzelinitiativen und 20 Behördeninitiativen zu behandeln[18].

7   Die *263 Einzelinitiativen* (100%) erfuhren folgendes Schicksal:
   - zurückgezogen 12 (5%)
   - nicht vorläufig unterstützt 204 (78%)
   - vorläufig unterstützt oder direkt an eine Kommission überwiesen, dann
      - zurückgezogen 2 (1%)
      - nicht definitiv unterstützt 41 (16%)
      - am 1.1.2007 pendent 2 (1%)
   - vorläufig und definitiv unterstützt, dann
      - Initiativbegehren in Volksabstimmung angenommen[19] 1 (0.4%)
      - ohne Volksabstimmung verwirklicht 1 (0.4%)

8   Von den in dieser Dekade eingereichten 20 *Behördeninitiativen* wurden zwölf vorläufig unterstützt oder direkt einer Kommission überwiesen. Keine von ihnen wurde in der Folge definitiv unterstützt.

2. Behandlung von Behörden- und Einzelinitiativen

2.1. Prüfung der Gültigkeit

9   Wird dem Kantonsrat eine Behörden- oder eine Einzelinitiative eingereicht, so hat er zunächst ihre *Gültigkeit* zu prüfen[20]. Die Initiative ist ungültig, wenn sie die Formvorschriften von Art. 25 verletzt oder den Gültigkeitsvoraussetzungen von Art. 28 Abs. 1 nicht entspricht. Für die Ungültigerklärung einer Behörden- oder Einzelinitiative genügt das einfache Mehr der anwesenden Mitglieder des Kantonsrates[21].

---

[18] Art. 24 N. 10. Eine statistische Auswertung der Jahre 1869–1969 findet sich bei BÜTIKOFER-JOHANNI, S. 225 ff., der Jahre 1969–1983 bei KOTTUSCH, Einzel- und Behördeninitiative, S. 23 ff., und der Jahre 1983–2000 bei HOFFMANN-NOWOTNY, S. 457 ff.

[19] Der Kantonsrat stimmte der Einzelinitiative (KR-Nr. 269/1995) am 8. September 1997 definitiv zu, weshalb das Initiativbegehren der Volksabstimmung zu unterbreiten war (Art. 29 Abs. 3 Ziff. 2 aKV). Nach geltendem Recht findet eine Volksabstimmung über das Begehren einer definitiv unterstützten Einzelinitiative nur dann statt, wenn es dem obligatorischen Referendum untersteht oder wenn es dem fakultativen Referendum untersteht und gegen die Vorlage das Referendum ergriffen wird (vgl. § 139 Abs. 3 i.V. m § 132 Abs. 1 GPR).

[20] Wird die Ungültigkeit erst in einer späteren Verfahrensphase erkannt – etwa aufgrund des Berichts und Antrags des Regierungsrates zur Initiative – so hat der Kantonsrat *dann* darüber zu entscheiden (KOTTUSCH, Einzel- und Behördeninitiative, S. 13).

[21] A.M. KOTTUSCH, Einzel- und Behördeninitiative, S. 13.

2.2. Vorläufige Unterstützung (Abs. 1)

Bestehen keine Hinweise für die Ungültigkeit einer Behörden- oder Einzelinitiative, hat der Kantonsrat über ihre *vorläufige Unterstützung* zu beschliessen. Nach Abs. 1 ist hierfür erforderlich, dass 60 oder mehr Mitglieder des Kantonsrates einer entsprechenden Abstimmungsfrage zustimmen. Eine Diskussion über das Initiativbegehren vor der Abstimmung ist zulässig und mit Blick auf die Funktionen von Initiativen[22] auch sinnvoll[23].

10

Vorläufig unterstützte Initiativen werden dem Regierungsrat zu *Bericht und Antrag* überwiesen. Die Verfassung erläutert die beiden Begriffe nicht näher. Einzig Art. 67 regelt unter der Marginalie «Aufgaben bei der Rechtsetzung», dass der Regierungsrat in der Regel das Vorverfahren der Rechtsetzung leitet und «in seinen Berichten auf die langfristigen ökologischen, wirtschaftlichen und sozialen Auswirkungen» hinweist. Im vorliegenden Zusammenhang bedeutet das, dass der Regierungsrat zur Behörden- oder Einzelinitiative materiell Stellung nehmen, d.h. sich über die Voraussetzungen, die Zulässigkeit, die Auswirkungen usw. des Begehrens äussern soll. Die Beurteilung mündet in den *Antrag*, in welchem der Regierungsrat seine Meinung darüber darlegt, wie der Kantonsrat über die Initiative entscheiden soll. In der Regel lautet der Antrag auf Zustimmung (definitive Unterstützung) oder Ablehnung der Initiative, in seltenen Fällen auf Ungültigerklärung.

11

Nach dem klaren Wortlaut von Abs. 1 sind vorläufig unterstützte Initiativen stets dem *Regierungsrat* zu Bericht und Antrag zu überweisen. Diese Regelung wird wohl nicht immer zu einem sachgerechten Verfahrensablauf führen[24]. Hingegen schreibt die Verfassung nicht vor, innert welcher *Frist* der Regierungsrat Bericht und Antrag zu erstatten hat[25].

12

2.3. Scheitern der Initiative (Abs. 2)

Nach Abs. 2 scheitert eine Behörden- oder Einzelinitiative erstens dann, wenn die *vorläufige Unterstützung nicht zu Stande* kommt. Dieser Fall tritt ein, wenn bei einer entsprechenden Abstimmung im Kantonsrat nicht genügend viele Mit-

13

---

[22] Art. 23 N. 6. Bei Behörden- und Einzelinitiativen geht es insb. darum, eine politische Diskussion über ein Thema zu lancieren, aber auch um den Abbau persönlicher Enttäuschungen.

[23] KOTTUSCH, Einzel- und Behördeninitiative, S. 17. Funktional betrachtet tritt die Diskussion im Kantonsrat an die Stelle der bei Petitionen (Art. 16) vorgeschriebenen schriftlichen Stellungnahme des angesprochenen staatlichen Organs.

[24] Wenn sich eine Kommission oder das Plenum des Kantonrates bereits mit einer andern Vorlage befasst, die thematisch im Zusammenhang mit der Initiative steht, so wäre es u.U. sinnvoll, die Initiative dieser Kommission zu überweisen bzw. sie direkt im Plenum beraten zu lassen (vgl. KOTTUSCH, Einzel- und Behördeninitiative, S. 18 f.). Nach § 21 Abs. 2 GVV war ein solches Vorgehen zulässig. § 139 Abs. 3 GPR sah immerhin noch die Möglichkeit der Überweisung an eine Kommission vor.

[25] Das Gesetz sieht hierfür 18 Monate vor (§ 139 Abs. 3 i.V.m. § 128 Abs. 4 GPR).

glieder für die vorläufige Unterstützung der Initiative im Sinne von Abs. 1 stimmen.

14 Zweitens scheitert eine solche Initiative dann, wenn sie *«in der Beratung über den Antrag der Regierung»* keine Mehrheit im Kantonsrat findet. Die Wendung macht deutlich, dass sich der Kantonsrat mit dem Antrag des Regierungsrates und damit auch mit der Initiative auseinandersetzen muss, bevor er über sie abstimmt. In der anschliessenden *Abstimmung* sind die Mitglieder des Kantonsrates zu fragen, sie der Initiative zustimmen. Ergibt sich hier keine Mehrheit (einfaches Mehr), so ist die Initiative gescheitert. Die Verfassung schreibt nicht vor, innert welcher *Frist* der Kantonsrat über eine Behörden- oder Einzelinitiative definitiv zu entscheiden hat[26].

15 Ist eine Behörden- oder Einzelinitiative *gescheitert*, wird sie nicht verwirklicht und von den staatlichen Organen auch nicht weiter behandelt; das Verfahren ist beendet[27]. Es findet insbesondere keine Volksabstimmung über sie statt. Dadurch unterscheidet sich die Behörden- und Einzelinitiative von der Volksinitiative: Bei diesen kommt es zwingend zur Volksabstimmung, wenn sie der Kantonsrat ablehnt bzw. nicht umsetzt[28].

16 Anders als bei Petitionen (Art. 16) besteht bei gescheiterten Behörden- und Einzelinitiativen *kein Anspruch* auf eine schriftliche *Stellungnahme*. Denn Initiativen sind keine an die Obrigkeit gerichteten Bittschriften, sondern selbstbewusst vorgetragene Anregungen Einzelner, auf kantonaler Ebene einen politischen Prozess in Gang zu setzen oder zumindest ein Anliegen im Kantonsrat zu thematisieren[29]. Sind Initiativen nicht gerade widersinnig[30], erreichen sie dieses Ziel in der Regel: Sie werden im Kantonsrat relativ eingehend diskutiert, selbst wenn sie bei der nachfolgenden Abstimmung über die vorläufige Unterstützung keine oder nur wenige Stimmen auf sich vereinen sollten[31].

---

[26] Die Fristvorgaben für die Durchführung einer Volksabstimmung gemäss Art. 29 und 30, welche indirekt auch den letztmöglichen Zeitpunkt der Behandlung der Initiative im Kantonsrat bestimmen, gelten nur für Volksinitiativen (Art. 29 N. 10 und Art. 30 N. 22 ff.). Auch auf Gesetzesstufe finden sich keine entsprechenden Maximalfristen.

[27] Prot. K2 vom 20. Dezember 2001, S. 201.

[28] Vgl. Art. 32 lit. c und d, wo ausdrücklich von *Volks*initiativen die Rede ist.

[29] Die Weiterbehandlung einer nicht unterstützten Behörden- oder Einzelinitiative als Petition ist indessen zulässig und kann dann sinnvoll sein, wenn der Kantonsrat das mit der Initiative vorgebrachte Anliegen grundsätzlich befürwortet, er das Begehren aus andern Gründen aber gleichwohl nicht auf die politische Bühne heben möchte.

[30] Vgl. hingegen z.B. die Einzelinitiativen betreffend Honorierung jeder Einzelinitiative mit 50 Franken (KR-Nr. 139/2000) oder betreffend Einstellung des Schwimmunterrichts in den Wintermonaten (KR-Nr. 431/1999).

[31] Vgl. z.B. die Einzelinitiativen betreffend Verbot von Elektroschock-Behandlungen (KR-Nr. 248/2004), betreffend gesetzliche Vorschriften über die Ausbildung und Befähigung zum Richteramt (KR-Nr. 140/2003) oder betreffend Privatisierung der Zürcher Kantonalbank (KR-Nr. 390/2001). Nach verhältnismässig langen Ausführungen im Kantonsrat wurden die beiden erstgenannten Initiativen von keinem und die dritte nur von einem Mitglied des Rats vorläufig unterstützt.

2.4. Zustimmung zur Initiative

Stimmt der Kantonsrat einer ausformulierten[32] Behörden- oder Einzelinitiative zu[33], nachdem er den Antrag des Regierungsrates beraten hat, so untersteht die Vorlage den Vorschriften über das Referendum (Art. 32 und 33)[34]. Dabei sind drei Fallgruppen zu unterscheiden: 17

– Strebt die Initiative eine Verfassungsänderung oder die Kündigung eines interkantonalen oder internationalen Vertrages mit Verfassungsrang[35] an oder handelt es sich um eine steuerrechtliche Vorlage nach Art. 32 lit. f, so kommt es in jedem Fall zur Volksabstimmung über die Vorlage (*obligatorisches* Referendum). 18

– Strebt die Initiative ein Gesetz, die Kündigung eines interkantonalen oder internationalen Vertrages mit Gesetzesrang oder einen andern in Art. 33 Abs. 1 genannten Rechtsakt an, so kommt die Vorlage nur dann vor das Volk, wenn gegen sie das Referendum ergriffen wird. Andernfalls wird die Vorlage rechtskräftig (*fakultatives* Referendum). 19

– Zielt die Behörden- oder Einzelinitiative schliesslich darauf ab, eine *Standesinitiative* (Art. 160 BV) einzureichen, untersteht die Vorlage auch bei Zustimmung des Kantonsrates *keinem* Referendum[36]. Dies gilt ebenso, wenn die Initiative die Aufnahme von Verhandlung über den Abschluss oder die Änderung eines *interkantonalen oder internationalen Vertrages* mit Verfassungs- oder Gesetzesrang verlangt. Stimmt der Kantonsrat dem Begehren zu, muss der Regierungsrat entsprechend tätig werden[37]. Erst die Genehmigung des dereinst abgeschlossenen Vertrages bzw. einer Vertragsänderung untersteht dem obligatorischen oder fakultativen Referendum[38]. 20

Stimmt der Kantonsrat hingegen einer Initiative in der Form der *allgemeinen Anregung* zu, so ist eine Vorlage auszuarbeiten, die der Initiative entspricht. Liegt in der Folge eine solche Umsetzungsvorlage vor und lehnt sie der Kantonsrat ab, so ist das Verfahren erledigt; weder über die Initiative noch über die Umsetzungsvorlage findet eine Volksabstimmung statt. Stimmt der Kantonsrat der Umsetzungsvorlage hingegen zu, so untersteht diese Vorlage den soeben dargelegten Vorschriften über das Referendum (Art. 32 und 33). 21

---

[32] Vgl. Art. 25 Abs. 1.
[33] § 22 GVV sprach hier von der *definitiven Unterstützung*.
[34] § 132 Abs. 1 GPR drückt dies wie folgt aus: «Stimmt der Kantonsrat (…) einer ausformulierten Initiative zu, gilt das Initiativbegehren als sein eigener, dem Referendum unterstehender Beschluss.» Diese Bestimmung gilt nicht nur für Volks-, sondern auch für Behörden- und Einzelinitiativen (§ 138 Abs. 3 GPR und § 67 Abs. 2 VPR).
[35] Art. 32 lit. a und b.
[36] Standesinitiativen können zwar Gegenstand einer Initiative sein (Art. 23 lit. d), nicht aber eines Referendums, denn sie sind in den Katalogen von Art. 32 und 33 Abs. 1 nicht aufgeführt.
[37] Vgl. Art. 69 Abs. 1.
[38] Art. 32 lit. b, Art. 33 Abs. 1 lit. b.

22 Bei Einzel- oder Behördeninitiativen ist der Kantonsrat *nicht berechtigt*, einen zu einer Volksabstimmung führenden *Gegenvorschlag* zu beschliessen[39]. Dies ergibt sich einerseits aus der Marginalie zu Art. 30 («Gegenvorschlag bei *Volks*initiativen») und anderseits aus Art. 32 lit. e, wonach *Volks*initiativen dem Volk zur Abstimmung zu unterbreiten sind, wenn der Kantonsrat einen Gegenvorschlag beschliesst. Die Regelung ist sinnvoll: Der Kantonsrat soll sich dem Entscheid über eine Behörden- oder Einzelinitiative nicht durch Beschluss eines Gegenvorschlags entziehen können. Hält er seinen eigenen Vorschlag für besser als die Behörden- oder Einzelinitiative, so hat er diese abzulehnen und jenen zu beschliessen.

---

[39] So auch § 67 Abs. 2 VPR, wonach § 131 GPR bei Behörden- und Einzelinitiativen nicht zur Anwendung kommt. § 131 GPR regelt die Möglichkeit des Kantonsrates, einer Volksinitiative einen Gegenvorschlag gegenüberzustellen. Anders noch § 22 Abs. 1 GVV, wobei zu beachten ist, dass dieses Gesetz nie dem im Jahr 1999 eingeführten fakultativen Gesetzesreferendum (OS 54, S. 747) angepasst worden ist. Zur früheren Rechtslage vgl. HOFFMANN-NOVOTNY, S. 454 f.; KOTTUSCH, Einzel- und Behördeninitiative, S. 20; TRECHSEL/SERDÜLT, S. 414.

C. Volksabstimmungen

Art. 32*

Dem Volk werden zur Abstimmung unterbreitet:

a) Verfassungsänderungen;
b) interkantonale und internationale Verträge, deren Inhalt Verfassungsrang hat;
c) Volksinitiativen in der Form des ausgearbeiteten Entwurfs, denen der Kantonsrat nicht zustimmt;
d) Volksinitiativen in der Form der allgemeinen Anregung, die der Kantonsrat nicht umsetzen will;
e) Volksinitiativen, denen der Kantonsrat einen Gegenentwurf gegenüberstellt;
f) Steuergesetze (Art. 125 Abs. 1 und Art. 130 Abs. 3 lit. b) und ihre Änderungen, die neue Steuern einführen oder für die Einzelnen höhere Steuerbelastungen zur Folge haben.

Obligatorisches Referendum

Materialien

Art. 38 VE; Prot. Plenum, S. 352 ff., 2064 ff., 3114 ff.

Allgemeine Literatur zum Referendumsrecht

ABDERHALDEN URSULA, Möglichkeiten und Grenzen der interkantonalen Zusammenarbeit, Diss., Fribourg 1999; ALBRECHT CHRISTOPH, Gegenvorschläge zu Volksinitiativen – Zulässigkeit, Inhalt, Verfahren, Diss., St. Gallen 2003; BOLZ URS, Volksrechte, in: Kälin/Bolz, S. 105 ff.; BRUNNER STEPHAN, Möglichkeiten und Grenzen regionaler interkantonaler Zusammenarbeit: untersucht am Beispiel der Ostschweiz, Diss., Zürich 2000; GASSER HANS-PETER, Die Volksrechte in der Zürcher Verfassung, Diss., Zürich 1966; GEILINGER ROBERT, Die Institutionen der direkten Demokratie im Kanton Zürich, Diss., Zürich 1947; GRISEL ETIENNE, N. 769 ff.; GRISEL ETIENNE, Les droits populaires au niveau cantonal, in: Verfassungsrecht der Schweiz, § 25 (Droits populaires); HÄNNI PETER, Verträge zwischen den Kantonen und zwischen dem Bund und den Kantonen, in: Verfassungsrecht der Schweiz, § 28; JAAG, § 8; KLEY ANDREAS, Beeinträchtigungen der Wahl- und Abstimmungsfreiheit durch Dritte (einschliesslich öffentliche Unternehmungen), AJP 1996, S. 286 ff.; KÖLZ ALFRED, Die Abgabe separater Abstimmungsempfehlungen an die Stimmberechtigten durch den Zürcher Kantonsrat, ZBl 99/1998, S. 401 ff.; LUTZ GEORG/STROHMANN DIRK, Wahl- und Abstimmungsrecht in den Kantonen, Bern/Stuttgart/Wien 1998; MÜLLER GEORG, Die innenpolitische Neutralität der kantonalen öffentlichen Unternehmen, ZBl 88/1987, S. 425 ff.; POLEDNA TOMAS/WIDMER STEPHAN, Die Wahl- und Abstimmungsfreiheit – ein verfassungsmässiges Recht des Bundes?, ZBl 88/1987, S. 281 ff.; SÄGESSER THOMAS, Das konstruktive Referendum, Diss., Bern 2000; SCHULER FRANK, Das Referendum in Graubünden: Entwicklung, Ausgestaltung, Perspektiven, Diss., Basel 2001; STRÄULI, S. 130 ff.; TRECHSEL ALEXANDER/SERDÜLT UWE, Kaleidoskop Volksrechte: Die Institutionen der direkten Demokratie in den schweizerischen Kantonen

---

* Der Verfasser dankt Dr. iur. Philipp Mäder für die kritische Durchsicht der Kommentierung und die zahlreichen Hinweise.

(1970–1996), Basel/Genf/München 1999; TSCHANNEN PIERRE, Stimmrecht und politische Verständigung, Basel/Frankfurt a.M. 1995 (Stimmrecht); WIDMER STEPHAN, Wahl- und Abstimmungsfreiheit, Diss., Zürich 1989.

Literatur zu Art. 32

BOLZ URS, Art. 61, in: Kälin/Bolz; HÄFELIN/HALLER, § 43; HÄFELIN/MÜLLER/UHLMANN, § 39; HANGARTNER/KLEY, §§ 27–29; SCHULER FRANK, Kommentar zur Verfassung des Kantons Graubünden, Vorbemerkungen zu Art. 16/17 sowie Art. 16; STRÄULI, S. 143 ff.

Rechtsquellen

Vgl. Hinweise zu Art. 23.

Übersicht

	Note
1. Einleitung	1
1.1. Normzweck	1
1.2. Entstehungsgeschichte	5
1.3. Früheres Recht	8
1.4. Praxis	13
2. Allgemeines zum obligatorischen Referendum	15
3. Gegenstände des obligatorischen Referendums	19
3.1. Verfassungsänderungen (lit. a)	19
3.2. Interkantonale und internationale Verträge mit Verfassungsrang (lit. b)	20
3.3. Vom Kantonsrat abgelehnte Volksinitiativen (lit. c)	26
3.4. Nicht umgesetzte Volksinitiativen (lit. d)	30
3.5. Volksinitiativen mit Gegenentwurf (lit. e)	34
3.6. Steuergesetze mit neuen Steuern oder höherer Steuerbelastung (lit. f)	35

1. Einleitung

1.1. Normzweck

1   Grundlage und Schranke staatlichen Handelns ist das Recht[1]. Auch wenn nach Art. 1 Abs. 3 die Staatsgewalt auf dem Volk beruht, so bedeutet dies nicht, dass das Volk über sämtliche Normen des kantonalen Rechts beschliesst. Dem Modell der halbdirekten Demokratie entsprechend[2] wirkt es vielmehr abgestuft nach der Wichtigkeit der Rechtssätze mit. In diesem Sinne schreibt Art. 32 lit. a vor, dass Änderungen der *Verfassung* den Stimmberechtigten zwingend zur Abstimmung vorzulegen sind. *Gesetze* hingegen gelangen nur dann zur Volksabstimmung, wenn eine gewisse Zahl von Stimmberechtigten, politischen Gemeinden oder Mitgliedern des Kantonsrates dies verlangt (Art. 33 Abs. 1 lit. a und Abs. 2). Weniger wichtige Rechtssätze schliesslich werden ohne Mitwirkung des Volks

---

[1] Art. 2 Abs. 1 KV; Art. 5 Abs. 1 BV.
[2] Vgl. HANGARTNER/KLEY, N. 1349.

von den von Verfassung und Gesetz bezeichneten Behörden in der Form der *Verordnung* erlassen (Art. 38 Abs. 2 und 3).

Auch bei anderen wichtigen Geschäften des Kantons wird unterschieden zwischen solchen, die den Stimmberechtigten *zwingend* zum Entscheid vorzulegen sind (sog. *obligatorisches Referendum*), und solchen, bei denen dies nur *auf Verlangen* erfolgt (sog. *fakultatives Referendum*). Der ersten Gruppe ordnete der Verfassungsgeber interkantonale und internationale Verträge mit Verfassungsrang zu (Art. 32 lit. b), ferner Gesetze, die zu neuen Steuern oder zu einer höheren Steuerbelastung für die Einzelnen führen (lit. f). 2

Weitere Gegenstände des obligatorischen Referendums ergeben sich aus dem *Wesen des Initiativrechts*. Wird eine Initiative von 6 000 Stimmberechtigten unterstützt (Volksinitiative; Art. 24 lit. a), so haben diese unbesehen der Bedeutung ihres Begehrens Anspruch darauf, dass die Initiative dem Volk zum Entscheid vorgelegt wird[3], es sei denn, der Kantonsrat stimme der Initiative zu oder setze sie um, ohne gleichzeitig einen Gegenvorschlag zu beschliessen (lit. c–e). 3

Der Katalog von Art. 32 ist *abschliessend*[4]. Er drückt die Vorstellung des Verfassungsgebers über die Verteilung der Kompetenzen zwischen Stimmvolk und Kantonsrat aus: Das Parlament soll die Verantwortung für die ihm zugewiesenen, in Art. 32 nicht genannten Geschäfte wahrnehmen und die Entscheidung nicht den Stimmberechtigten übertragen können[5]. *Der Gesetzgeber* kann den Katalog von Art. 32 also nicht erweitern[6], und auch dem *Kantonsrat* ist es verwehrt, eigene Beschlüsse freiwillig dem obligatorischen Referendum zu unterstellen[7]. Letzteres gilt unabhängig davon, ob der Kantonsrat gemäss Verfassung und Gesetz über ein Geschäft *abschliessend* entscheidet[8] oder ob die Vorlage dem *fakultativen Referendum* untersteht. 4

---

[3] In diesem zentralen Punkt unterscheidet sich die Volksinitiative von der *Behörden- und Einzelinitiative* nach Art. 31 (Art. 31 N. 15) wie auch von der im Verfassungsrat diskutierten, aber nicht verwirklichten *Volksmotion* nach Art. 37 VE (Art. 23 N. 7 ff.)

[4] Vgl. auch Antwort des Regierungsrates auf die dringliche Anfrage betr. verfassungsrechtliche Abklärung des Minderheitsantrages «ZFI plus», RRB 50 vom 17. Januar 2007 (KR-Nr. 405/2006). – Die einzige Erweiterung des Katalogs von Art. 32 ergibt sich aus Art. 134 Abs. 1, wonach *das Volk entscheidet* ob eine Totalrevision der Verfassung einzuleiten sei, wenn eine entsprechende Volksinitiative oder ein entsprechender Kantonsratsbeschluss dies verlangen (vgl. TÖNDURY, Art. 134 N. 5).

[5] Diese im Verfassungsrat bei der Diskussion über die Teil- und Variantenabstimmung geäusserte Forderung (Art. 34 N. 4) gilt allgemein für das Verhältnis zwischen Kantonsrat und Stimmvolk. Zur hier angesprochenen Gefahr der Verwischung der Verantwortlichkeitsgrenzen vgl. E. GRISEL, N. 873, und SCHULER, Kommentar KV GR, Vorbemerkungen zu Art. 16/17 Rz. 62.

[6] Beim fakultativen Referendum hingegen ist das zulässig (Art. 33 Abs. 1 lit. c).

[7] «... [D]er Kantonsrat soll nicht von sich aus eine Vorlage dem obligatorischen Referendum unterstellen können. Er kann mit 45 seiner Mitglieder das Referendum auslösen» (Prof. Plenum, S. 386 [Votum Siegrist]).

[8] Anders noch Art. 30bis Abs. 3 aKV, wonach der Kantonsrat «Beschlüsse, die in seine *abschliessende Kompetenz* fallen», der Volksabstimmung unterstellen konnte. Der Kantonsrat hatte indessen oft auch *Gesetze* und *Ausgabenbeschlüsse* der Volksabstimmung unterstellt (Art. 33 N. 10 f.), obwohl er hier wegen des fakultativen Referendums *nicht* abschliessend zuständig war.

1.2. Entstehungsgeschichte

5 Mit Datum vom 10. Januar 2002 unterbreitete die Kommission 2 dem Plenum folgende Formulierung[9]:

> Art. 1   *Obligatorisches Referendum*
>
> Der Volksabstimmung unterliegen obligatorisch:
>
> a) Verfassungsänderungen;
>
> b) interkantonale und internationale Verträge, deren Inhalt Verfassungsrang aufweist;
>
> c) Volksinitiativen, denen der Kantonsrat nicht zustimmt beziehungsweise nicht Folge gibt oder denen er einen Gegenvorschlag gegenüberstellt.

6 In der *Vorberatung* übernahm das Plenum die Formulierung und verwarf den Antrag der SVP auf Wiedereinführung des im Jahr 1998 abgeschafften obligatorischen Gesetzesreferendums[10]. Nach der redaktionellen Bereinigung wurde dem Plenum die Formulierung des nun geltenden Art. 32 ohne dessen lit. f beantragt[11]. In der *Gesamtlesung* übernahm der Verfassungsrat die Formulierung und lehnte den Antrag der SVP ab, auch die Festsetzung des Steuerfusses dem obligatorischen Referendum zu unterstellen[12].

7 In der *öffentlichen Vernehmlassung* wurde angeregt, weitere Gegenstände dem obligatorischen Referendum zu unterstellen, etwa die Festsetzung des Steuerfusses, Steuergesetze im Sinne der nun geltenden lit. f oder Beschlüsse von grosser ökologischer Bedeutung. Für die *2. Gesamtlesung* wurde dem Rat der Wortlaut des heute geltenden Art. 32 beantragt[13], ergänzt mit folgender Bestimmung:

> g) Erlasse, die zu Änderungen im Bestand der Gerichte führen.

Der Rat strich diesen Zusatz und stimmte im Übrigen dem Antrag zu[14].

1.3. Früheres Recht

8 Die grossen Entwicklungslinien des zürcherischen Referendumsrechts verliefen wie folgt:

---

[9] Vorgängig K2, Antrag an das Plenum vom 11. Oktober 2001, sowie Stellungnahme des Regierungsrates, RRB 1744 vom 14. November 2001, S. 9 f.
[10] Prot. Plenum, S. 352 ff.
[11] Antrag der Geschäftsleitung vom 16. April 2003, S. 29.
[12] Prot. Plenum, S. 2064 ff.
[13] Antrag der Geschäftsleitung vom 13. Mai 2004, S. 19.
[14] Prot. Plenum, S. 3114 ff.

- *Verfassungsänderungen* unterstanden stets dem obligatorischen Referendum[15].
- Für *Gesetze* war bis 1998 das obligatorische[16], danach das fakultative Referendum vorgesehen[17].
- *Konkordate* unterstanden zunächst unbesehen ihrer Bedeutung dem obligatorischen Referendum[18]. Im Jahr 1955 wurde dieses auf Konkordate mit Verfassungs- oder Gesetzesrang beschränkt[19]. Ab 1999 war eine Volksabstimmung nur noch bei Konkordaten «mit verfassungsänderndem Inhalt» zwingend; für solche über «Gegenstände, die der Gesetzesform bedürfen», wurde das fakultative Referendum eingeführt[20].
- Für *Ausgabenbeschlüsse* über einer bestimmten Höhe galt zunächst das obligatorische Referendum[21], ab 1951 je nach Höhe der Ausgabe das obligatorische oder das fakultative Referendum[22]. Seit 1999 besteht nur noch das fakultative Ausgabenreferendum[23].
- Ab dem Jahr 1979 unterstanden die «*Stellungnahmen* des Kantons im Rahmen des Vernehmlassungsverfahrens des Bundes über die Wünschbarkeit der Errichtung von *Atomanlagen* auf dem Gebiet des Kantons Zürich und seiner Nachbarkantone» dem obligatorischen Referendum[24].

1.4. Praxis

In den Jahren 1995–2004 wurde in 29 kantonalen Urnengängen über 112 kantonale Vorlagen abgestimmt. Davon wurden 66 vom Kantonsrat *vor* Einführung

---

[15] Art. 30 Abs. 2 Ziff. 1 aKV i.d.F. vom 18. April 1869 (OS 14, S. 557); Art. 30 Abs. 1 Ziff. 1 aKV i.d.F. vom 4. Dezember 1955 (OS 40, S. 56); Art. 30 Ziff. 1 aKV i.d.F. vom 27. September 1998 (OS 54, S. 747).

[16] Art. 30 Abs. 2 Ziff. 1 aKV i.d.F. vom 18. April 1869 (OS 14, S. 557); Art. 30 Abs. 1 Ziff. 1 aKV i.d.F. vom 4. Dezember 1955 (OS 40, S. 56).

[17] Art. 30[bis] Abs. 1 Ziff. 1 aKV i.d.F. vom 27. September 1998 (OS 54, S. 747).

[18] Art. 30 Abs. 2 Ziff. 1 aKV i.d.F. vom 18. April 1869 (OS 14, 557).

[19] Art. 30 Abs. 2 Ziff. 1 aKV i.d.F. vom 4. Dezember 1955 (OS 40, S. 56). Der Wortlaut dieser Verfassungsnorm ist unklar. Seine Bedeutung ergibt sich mit Blick auf die Anträge des Regierungsrates und der Kommission (ABl 1953, S. 130, und 1954, S. 614).

[20] Art. 30 Ziff. 1 und Art. 30bis Abs. 1 Ziff. 1 aKV i.d.F. vom 27. September 1998 (OS 54, S. 747).

[21] Art. 30 Abs. 2 Ziff. 2 i.V.m. Art. 31 Ziff. 5 aKV i.d.F. vom 18. April 1869 (OS 14, S. 557 ff.). Die ursprünglichen Grenzbeträge von 250 000 Franken für neue einmalige und 20 000 Franken für neue jährlich wiederkehrende Ausgaben wurden im Jahr 1920 auf 500 000 bzw. 50 000 Franken erhöht (OS 31, S. 528).

[22] Art. 30 Abs. 2 Ziff. 2 aKV i.d.F. vom 20. Mai 1951: fakultatives Referendum bei neuen Ausgaben zwischen 250 000 Franken und 1 Mio. Franken (einmalig) bzw. zwischen 25 000 und 100 000 Franken (jährlich wiederkehrend), darüber obligatorisches Referendum (OS 38, S. 768). Die Beträge wurden im Jahr 1964 auf 300 000/3 Mio. Franken bzw. 50 000/500 000 Franken erhöht (OS 41, S. 853), dann im Jahr 1971 auf 2 Mio./20 Mio. Franken bzw. 200 000/2 Mio. Franken (OS 44, S. 221).

[23] Art. 30bis Abs. 1 Ziff. 2 i.V.m. Art. 28bis Abs. 1 Ziff. 1 aKV i.d.F. vom 27. September 1998 (OS 54, S. 746 f.). Die Grenzwerte wurden bei 3 Mio. Franken für neue einmalige und 300 000 Franken für neue jährlich wiederkehrende Ausgaben festgesetzt.

[24] Art. 30 Abs. 1 Ziff. 4 aKV i.d.F. vom 2. Dezember 1979 (OS 47, S. 480).

des fakultativen Gesetzesreferendums und Abschaffung des obligatorischen Ausgabenreferendums behandelt[25]. Sie verteilten sich wie folgt:
- 6 Verfassungsänderungen, davon 5 in der Volksabstimmung angenommen. Vom Total beruhten 2 auf Volksinitiativen (davon 1 angenommen).
- 51 Gesetze oder Gesetzesänderungen, davon 44 angenommen. Vom Total beruhten 4 auf Volksinitiativen (alle abgelehnt) und 2 auf Einzelinitiativen (davon 1 angenommen).
- 2 interkantonale Konkordate (beide angenommen),
- 6 Ausgabenbeschlüsse, davon unterstanden 5 dem obligatorischen und 1 dem fakultativen Referendum (vom Total 5 angenommen),
- 1 Standesinitiative, angenommen. Sie beruhte auf einer Einzelinitiative.

14 Von übrigen 46 Vorlagen unterstanden 18 dem obligatorischen und 28 dem fakultativen Referendum[26]. Die 18 Vorlagen der ersten Gruppe verteilten sich wie folgt:
- 7 Verfassungsänderungen[27], davon 5 in der Volksabstimmung angenommen. Vom Total beruhte 1 auf einer Volksinitiative (abgelehnt).
- 11 Gesetze oder Gesetzesänderungen, davon 4 angenommen. Vom Total beruhten 9 auf Volksinitiativen (2 angenommen) und 2 auf Gegenvorschlägen des Kantonsrates (beide angenommen).

2. Allgemeines zum obligatorischen Referendum

15 Im Gegensatz zu Art. 33 (fakultatives Referendum) findet bei den in Art. 32 genannten Gegenständen eine Volksabstimmung *zwingend und ohne weiteren Voraussetzungen* statt. Das ergibt sich aus der Marginalie zu Art. 32 (*obligatorisches* Referendum), ferner daraus, dass sich der Einleitungssatz von Art. 32 nur insoweit von jenem von Art. 33 Abs. 1 unterscheidet, als bei Art. 32 die Wendung «auf Verlangen» fehlt.

16 Die in Art. 32 genannten Gegenstände werden *dem Volk* zur Abstimmung unterbreitet. Damit ist die Gesamtheit der Stimmberechtigten des Kantons gemeint, also alle Menschen, die nach Art. 22 in Kantonsangelegenheiten stimm- und wahlberechtigt sind.

17 Die Wendung «*zur Abstimmung unterbreiten*» bedeutet, dass über die betreffende Vorlage eine Volksabstimmung an der Urne durchgeführt wird. Jede stimm-

---

[25] N. 9 und 11. Zwischen 1995 und 1998 wurde somit jährlich über durchschnittlich 16,5 Vorlagen abgestimmt.
[26] Näheres zu den dem fakultativen Referendum unterstehenden Vorlagen bei Art. 33 N. 9 ff. Zwischen 1999 und 2004 wurden den Stimmberechtigten somit durchschnittlich 7,7 Vorlagen pro Jahr unterbreitet.
[27] Eingerechnet ist das Verfassungsgesetz vom 13. Juni 1999 (OS 55, S. 420), welches das Verfahren für die Schaffung der neuen Kantonsverfassung regelte und diesbezüglich von Art. 65 Abs. 2 aKV abwich.

berechtigte Person hat dabei eine Stimme[28]. Sie kann der Vorlage zustimmen (d.h. sie gegenüber dem Status quo vorziehen), sie ablehnen (d.h. den Status quo bevorzugen), sich der Stimme enthalten[29] – oder an der Abstimmung nicht teilnehmen[30].

Eine Vorlage gilt als *angenommen,* wenn sie mehr zustimmende als ablehnende Stimmen auf sich vereint. Die Stimmenthaltungen bleiben unberücksichtigt[31]. 18

3. Gegenstände des obligatorischen Referendums

3.1. Verfassungsänderungen (lit. a)

Nach lit. a sind dem Volk *Verfassungsänderungen* zur Abstimmung zu unterbreiten. Damit sind Änderungen der Verfassung des Kantons Zürich vom 27. Februar 2005 gemeint (formeller Verfassungsbegriff). Lit. a erfasst keine Gesetze oder Gesetzesänderungen, selbst wenn es dort um Rechtsnormen mit Verfassungsrang (materieller Verfassungsbegriff) gehen sollte[32]. Sowohl *Teilrevisionen* als auch eine *Totalrevision* der Kantonsverfassung unterstehen dem obligatorischen Referendum[33]. 19

3.2. Interkantonale und internationale Verträge mit Verfassungsrang (lit. b)

Unter gewissen Voraussetzungen unterstehen dem obligatorischen Referendum *interkantonale* und *internationale Verträge.* Dabei handelt es sich um Vereinbarungen des Kantons mit anderen Kantonen oder ausländischen Staaten[34] über Gegenstände, die gemäss bundesrechtlicher Kompetenzordnung im Zuständigkeitsbereich der Kantone liegen[35]. Durch solche Verträge werden gemeinsame 20

---

[28] Das ergibt sich aus Art. 34 Abs. 2 BV (Garantie der politischen Rechte) i.V.m. Art. 8 Abs. 1 BV (Rechtsgleichheit).
[29] Zusätzliche Antwortmöglichkeiten stehen bei der Abstimmung über mehrere einander ausschliessende Vorlagen zur Auswahl (Art. 36 N. 17 f.).
[30] Demgegenüber sah Art. 30 Abs. 3 aKV in der Fassung vor der Änderung vom 27. September 1998 noch vor: «Die Abstimmung findet mittelst der Stimmurne in den Gemeinden statt. Die Beteiligung hieran ist eine allgemeine Bürgerpflicht» (GS, Bd. I, S. 9).
[31] Art. 36 N. 20.
[32] Anders noch das Verfassungsgesetz betreffend Ausführung von Art. 89 der Bundesverfassung vom 15. April 1877 (OS 19, S. 519 f.; GS, Bd. I, S. 21), das Bestandteil der Verfassung geworden ist (STRÄULI, S. 167).
[33] Art. 132 Abs. 3. Dies ergibt sich auch aus Art. 51 Abs. 1 Satz 2 BV.
[34] Vertragspartner können auch Gemeinden anderer Kantone, interkantonale Organisationen, der Bund, ausländische Staaten oder andere Völkerrechtssubjekte sein (HANGARTNER/KLEY, N. 1773 f., 1807 ff.; HÄNNI, § 28 Rz. 16).
[35] HÄFELIN/HALLER, N. 1267; HÄNNI, § 28 Rz. 7.

Organisationen oder Einrichtungen geschaffen oder Rechte und Pflichten des öffentlichen Rechts begründet, geändert oder aufgehoben. Dabei kann es um die Rechtsstellung der Vertragsparteien oder der diesen unterworfenen Privaten gehen[36]. Im Zusammenhang mit solchen Verträgen müssen die inhaltlichen und prozessualen Voraussetzungen des Bundesrechts beachtet werden[37].

21 Ohne Belang ist, ob am Vertrag zwei oder mehr Vertragsparteien beteiligt sind (bilaterale bzw. multilaterale Verträge)[38], ob der Vertrag unmittelbar rechtsetzender, mittelbar rechtsetzender[39] oder rechtsgeschäftlicher Natur ist und ob es um den Beitritt zu einem bereits bestehenden oder den Abschluss eines neuen Vertrags geht[40]. Die Begriffe des interkantonalen Vertrags, der interkantonalen Vereinbarung und des Konkordats sind gleichbedeutend[41].

22 Lit. b erfasst nur Verträge mit *Verfassungsrang*. Das ist der Fall, wenn der Vertrag Normen von so grosser Wichtigkeit enthält, dass diese bei innerkantonaler Regelung in die Verfassung aufgenommen würden (materieller Verfassungsbegriff). Wenn *wichtige* Rechtssätze gemäss Art. 38 Abs. 1 in formelle Gesetze zu fassen sind, so geht es hier um die *sehr wichtigen* Bestimmungen. Orientierungspunkt ist dabei in erster Linie die geltende Kantonsverfassung. Verfassungsrang hat ein Vertrag dann, wenn er Normen der geltenden Kantonsverfassung abändert[42] oder wiederholt[43] oder wenn er neue Regelungen schafft, die von ähnlicher Bedeutung sind wie jene der Verfassung[44].

23 Der Vertrag untersteht *als Ganzes* dem obligatorischen Referendum, selbst wenn *nur einer* seiner Bestimmungen entsprechende Bedeutung zukommt. Eine

---

[36] SCHULER, Kommentar KV GR, Vorbemerkungen zu Art. 16/17, Rz. 12.
[37] Vgl. Art. 48 und 56 BV.
[38] HANGARTNER/KLEY, N. 1789; HÄNNI, § 28 Rz. 15.
[39] Unmittelbar rechtsetzende Verträge haben sog. self executing Charakter. Mittelbar rechtsetzende Verträge müssen zunächst in das innerkantonale Recht überführt (transformiert) werden (vgl. HÄFELIN/HALLER, N. 1282 ff.; HANGARTNER/KLEY, N. 1790; HÄNNI, § 28 Rz. 10 ff.).
[40] Vgl. HANGARTNER/KLEY, N. 1789.
[41] HÄFELIN/HALLER, N. 1268; HANGARTNER/KLEY, N. 1772, 1788; HÄNNI, § 28 Rz. 8. Im Gegensatz zu den internationalen Verträgen (vgl. z.B. LS 283.1 oder LS 673.12) spielen die Konkordate in der Praxis eine grosse Rolle. Unter den rund 850 Erlassen der systematischen Gesetzessammlung finden sich rund 100 solcher Verträge.
[42] Die Kantonsverfassung würde geändert, wenn z.B. Teile der Kompetenzen des Kantonsrats oder der obersten kantonalen Gerichte an neu zu schaffende interkantonale Organe abgetreten würden oder wenn einem interkantonalen Organ Rechtsetzungsbefugnisse übertragen würden, die im innerkantonalen Verhältnis nicht delegierbar sind (vgl. SCHULER, Kommentar KV GR, Art. 16 Rz. 8 ff., mit weiteren Beispielen). Um die Gewährleistungspflicht von Kantonsverfassungen nach Art. 51 Abs. 2 BV nicht aus den Angeln zu heben, sollte in solchen Fällen vorgängig die Kantonsverfassung im Sinne des Vertrages geändert werden (HANGARTNER/KLEY, N. 1799).
[43] Das obligatorische Referendum rechtfertigt sich hier deshalb, weil ein solcher Vertrag u.U. nur unter erschwerten Bedingungen oder erst nach einer gewissen Zeit aufgehoben werden kann (vgl. RRB 1744 vom 14. November 2001, S. 9; Prot. Plenum, S. 353 f.).
[44] Darunter fiele z.B. eine Änderung des Kantonsgebietes, wenn dies über eine reine Grenzbereinigung hinausginge.

Aufteilung der Vertragsbestimmungen in solche mit und solche ohne Verfassungsrang ist nicht sinnvoll, weil ein Vertrag nur als Ganzes angenommen oder abgelehnt werden kann[45]. Wird hingegen eine Vertragsbestimmung ohne Verfassungsrang abgeändert, so ist es nicht erforderlich, diese Vertragsänderung dem obligatorischen Referendum zu unterstellen[46].

Stimmen die Stimmberechtigten einem Vertrag zu, so handelt es sich rechtlich gesehen um dessen *Genehmigung*[47]. Damit ist er noch nicht gültig; die Rechte und Pflichten aus dem Vertrag entstehen erst mit seiner Ratifizierung durch den Regierungsrat[48]. 24

Untersteht der Abschluss eines interkantonalen oder internationalen Vertrages dem obligatorischen Referendum, so gilt das auch für dessen *Aufhebung* oder *Kündigung*[49]. Denn die beiden Schritte sind in der Regel von gleicher staatspolitischer oder rechtlicher Bedeutung. Auch das Initiativrecht behandelt den Abschluss und die Änderung solcher Verträge gleich wie deren Kündigung[50]. 25

3.3. Vom Kantonsrat abgelehnte Volksinitiativen (lit. c)

Nach lit. c unterstehen dem obligatorischen Referendum Volksinitiativen[51] in der Form des ausgearbeiteten Entwurfs[52], denen der Kantonsrat nicht zustimmt. Umgekehrt bedeutet dies, dass über eine Volksinitiative dann keine Volksabstimmung stattfindet, wenn der Kantonsrat ihr zustimmt[53], es sei denn, er beschliesse zudem einen Gegenvorschlag (lit. e). Als *Zustimmung* gilt eine positive Stellungnahme des Kantonsrates zum Initiativbegehren, sofern sie – unter Vorbehalt des obligatorischen oder fakultativen Referendums[54] – zur Folge hat, 26

---

[45] Vorbehalten bleiben fakultative Vertragsbestandteile (z.B. Zusatzprotokolle). Diese können im Referendumsverfahren unterschiedlich behandelt werden.
[46] Vgl. SCHULER, Kommentar KV GR, Vorbemerkungen zu Art. 16/17, Rz. 20.
[47] BRUNNER, S. 156. Beim Volksentscheid handelt es sich also weder um die Zustimmung zum Vertrag noch um dessen Abschluss; diese erfolgen durch den Regierungsrat (vgl. Art. 69).
[48] HANGARTNER/KLEY, N. 1783.
[49] Vgl. HAUSER, Art. 54 N. 17 ff., und HÄNER, Art. 69 N. 5, zur parallel liegenden Frage der Zuständigkeit des Kantonsrates bzw. des Regierungsrates im Zusammenhang mit interkantonalen und internationalen Verträgen, mit Hinweisen auch auf die z.T. abweichenden Meinungen in der Literatur.
[50] Art. 23 lit. e.
[51] Art. 24 lit. a.
[52] Art. 25 Abs. 1.
[53] Wird mit einer Volksinitiative die Totalrevision der Verfassung angestrebt, so entscheidet das Volk ausnahmsweise auch dann über die Initiative, wenn ihr der Kantonsrat zustimmt (Art. 134 Abs. 1; TÖNDURY, Art. 134 N. 5).
[54] Mit Blick auf die möglichen Gegenstände einer Volksinitiative ist das Referendum die Regel (vgl. Art. 23 i.V.m. Art. 32 lit. a, b und f sowie mit Art. 33 Abs. 1 lit. a–f). Einzig bei Volksinitiativen auf Einreichung einer Standesinitiative (Art. 23 lit. d) kommt es zu keinem Referendum, wenn der Kantonsrat der Initiative zustimmt.

dass das Initiativbegehren verwirklicht wird[55]. Denn nur in diesem Fall ist es gerechtfertigt, den Anspruch der Initiantinnen und Initianten auf Durchführung einer Volksabstimmung über ihr Begehren untergehen zu lassen.

27 Für die Zustimmung des Kantonsrates zu einer Volksinitiative genügt grundsätzlich die *Mehrheit seiner anwesenden Mitglieder* (einfaches Mehr). Die *Mehrheit aller Mitglieder* des Kantonsrates – d.h. mindestens 91 Stimmen[56] – ist hingegen dann erforderlich, wenn die Initiative einen Ausgabenbeschluss nach Art. 56 Abs. 2 lit. a und b verlangt oder wenn mit der Initiative Bestimmungen eingeführt werden sollen, «die Staatsbeiträge oder Finanzausgleichsbeträge betreffen und Mehrausgaben nach sich ziehen können» (Art. 56 Abs. 2 lit. d). Denn die mit der Erfordernis des qualifizierten Mehrs angestrebte «Ausgabenbremse» soll unabhängig vom Organ greifen, das die Ausgabe initiiert hat.

28 Der Kantonsrat muss das Initiativbegehren *unverändert* übernehmen[57]. Der im Initiativrecht begründete Anspruch der Stimmberechtigten, dass ein Initiativbegehren ohne Änderung einer Volksabstimmung zugeführt wird, geht einzig dann unter, wenn der Kantonsrat der Initiative so, wie sie eingereicht worden ist, zustimmt und sie auf diese Weise verwirklicht.

29 Zu einer Volksabstimmung über die Initiative kommt es nicht nur dann, wenn der Kantonsrat die Initiative ausdrücklich ablehnt oder ihr nicht zustimmt, sondern auch dann, wenn er über diese Frage nicht bis zu einem Datum beschliesst, welches es noch erlauben würde, die Volksabstimmung unter Einhaltung der Fristvorgaben von Art. 29 Abs. 1 bzw. Art. 30 Abs. 2 durchzuführen[58].

3.4. Nicht umgesetzte Volksinitiativen (lit. d)

30 Über Volksinitiativen in der Form der allgemeinen Anregung[59] findet dann eine Volksabstimmung statt, wenn der Kantonsrat die Initiative *nicht umsetzen* will. Das ist der Fall, wenn der Kantonsrat beschliesst, keine ausformulierte Vorlage ausarbeiten zu lassen, die dem Initiativbegehren entspricht[60], oder wenn er über diese Frage nicht bis zu einem Datum entscheidet, das die Durchführung einer

---

[55] Vgl. § 132 Abs. 1 GPR: «Stimmt der Kantonsrat ohne Gegenvorschlag einer ausformulierten Initiative zu, gilt das Initiativbegehren als sein eigener, dem Referendum unterstehender Beschluss.» Beschliesst der Kantonsrat lediglich, die Initiative nicht der Volksabstimmung zu unterstellen, gilt dies nicht als Zustimmung i.S.v. Art. 32 lit. c KV.
[56] Vgl. Art. 50 Abs. 2.
[57] Einzig eine redaktionelle Bereinigung im engeren Sinn ist zulässig (Art. 25 N. 25). Will der Kantonsrat das Begehren abändern, hat er einen Gegenvorschlag nach Art. 30 zu beschliessen.
[58] Es ist also der Zeitbedarf für die Vorbereitung der Volksabstimmung zu berücksichtigen. Dazu Art. 29 N. 22.
[59] Art. 25 Abs. 1.
[60] Vgl. Art. 29 Abs. 2. Gleichbedeutend wäre die Ablehnung der Volksinitiative.

Volksabstimmung unter Wahrung der Fristvorgabe von Art. 29 Abs. 2[61] noch erlaubt[62].

Hat der Kantonsrat die Umsetzung der Volksinitiative in Auftrag gegeben und wird ihm innert der vom Gesetz zu bezeichnenden Frist *keine entsprechende Vorlage* vorgelegt, so hat er aufsichtsrechtliche Massnahme gegen das mit der Ausarbeitung der Vorlage betraute Organ zu ergreifen[63]. Stattdessen eine Volksabstimmung über die Initiative durchzuführen, wäre nicht sinnvoll. Denn der Kantonsrat ist ja bereit, eine Vorlage ausarbeiten zu lassen, die ihr entspricht. 31

Wird dem Kantonsrat fristgerecht eine ausformulierte Vorlage vorgelegt und stimmt er ihr deshalb nicht zu, weil seiner Meinung mit dieser Vorlage die Initiative *nicht umgesetzt* wird, so muss er die Vorlage nachbessern lassen. Auch in diesem Fall würde eine Volksabstimmung über die Initiative keinen Sinn machen. 32

Wird dem Kantonsrat eine Vorlage unterbreitet, die der Initiative entspricht, und *lehnt* er diese *aus andern Gründen ab* – etwa weil die Nachteile der Vorlage nun offensichtlich sind –, so ist den Stimmberechtigen diese ausformulierte Vorlage zur Abstimmung zu unterbreiten[64]. Nach § 133 Abs. 4 GPR hätte das Volk in diesem Fall über die nicht ausformulierte Initiative abzustimmen. Nachdem bereits eine dieser Initiative entsprechende Umsetzungsvorlage vorliegt, ist es indessen zweckmässiger, über diese ausformulierte Vorlage abzustimmen. 33

3.5. Volksinitiativen mit Gegenentwurf (lit. e)

Dem obligatorischen Referendum unterstehen Volksinitiativen, denen der Kantonsrat einen Gegenentwurf gegenüberstellt. Damit ist der *Gegenvorschlag* nach Art. 30 gemeint. Beschliesst der Kantonsrat einen Gegenvorschlag, so kommt es selbst dann zu einer Volksabstimmung, wenn er der ausformulierten Initiative zustimmt bzw. er zu einer Initiative in der Form der allgemeinen Anregung eine Vorlage beschliesst, die der Initiative entspricht. Entgegen dem etwas zu eng gefassten Wortlaut wird im Fall von lit. e nicht nur über die Volksinitiative abgestimmt, sondern auch über den Gegenvorschlag. 34

---

61 Arbeitet der Kantonsrat einen Gegenvorschlag zur Volksinitiative aus, verlängert sich diese Frist (Art. 30 N. 25).
62 Auch hier ist der Zeitbedarf für die Vorbereitung der Volksabstimmung zu berücksichtigen. Dazu Art. 29 N. 22.
63 In der Regel dürfte es sich dabei um den Regierungsrat handeln (vgl. Art. 67 Abs. 1).
64 Am sinnvollsten ist es, die Fassung nach der Detailberatung im Kantonsrat zu verwenden.

3.6. Steuergesetze mit neuen Steuern oder höherer Steuerbelastung (lit. f)

35 Unter bestimmten Voraussetzungen ist auch über *Steuergesetze und ihre Änderungen* zwingend eine Volksabstimmung durchzuführen. Beim Begriff des Steuergesetzes verweist lit. f auf Art. 125 Abs. 1 und auf Art. 130 Abs. 3 lit. b. Nach der erstgenannten Norm hat das (formelle) Gesetz die Steuerarten, den Kreis der steuerpflichtigen Personen, den Gegenstand der Steuern und deren Bemessung festzulegen. Gemäss der zweiten Bestimmung regelt das (formelle) – kantonale[65] – Gesetz die Befugnis zur Erhebung von Steuern durch die in Art. 130 Abs. 1 genannten kirchlichen Körperschaften. Gesetze, welche Regelungen zu einem der genannten Bereiche enthalten, gelten als Steuergesetze i.S.v. Art. 32 lit. f.

36 *Steuern* sind öffentliche Abgaben, die nicht als Entgelt für eine staatliche Leistung oder einen besondern Vorteil erhoben werden. Lit. f erfasst alle Steuerarten[66]. Eine Beschränkung auf einzelne Arten ergibt sich weder aus dem Wortlaut von lit. f noch aus den Materialien.

37 Steuergesetze und ihre Änderungen unterstehen dem obligatorischen Referendum erstens dann, wenn mit ihnen *neue Steuern eingeführt* werden. Von der Einführung einer neuen Steuer ist dann auszugehen, wenn das Gesetz einen neuen abgabebegründenden Tatbestand (Gegenstand der Steuer) schafft, nicht aber, wenn es einen bestehenden steuerrechtlichen Tatbestand erweitert oder den Kreis der steuerpflichtigen Personen vergrössert.

38 Steuergesetze und ihre Änderungen unterstehen dem obligatorischen Referendum zweitens dann, wenn sie für die Einzelnen *höhere Steuerbelastungen* zur Folge haben. Das ist der Fall, wenn eine Gesetzesvorlage, bestehend aus einem einzigen oder aus mehreren Steuergesetzen[67], dazu führt, dass mindestens ein Teil der nach dieser Vorlage steuerpflichtigen Personen (Steuersubjekte) gesamthaft mehr Abgaben zu entrichten haben (Nettobetrachtung)[68].

---

[65] RÖHL, Art. 130 N. 19.
[66] Es wird unterschieden zwischen Steuern ohne Zweckbindung, Zwecksteuern, Kostenanlastungssteuern, Lenkungssteuern und Gemengsteuern (vgl. HÄFELIN/MÜLLER/UHLMANN, Rz. 2661 ff.).
[67] Im zweiten Fall spricht man von einem Mantelgesetz.
[68] Wird mit einer kantonalen Vorlage lediglich übergeordnetes Recht nachvollzogen, ohne dass dem Gesetzgeber in zeitlicher oder inhaltlicher Hinsicht ein Gestaltungsspielraum verbleibt, so ist der finanzielle und personelle Aufwand einer obligatorischen Volksabstimmung m.E. nicht gerechtfertigt. Ein solcher Fall könnte z.B. bei einer Änderung des Bundesgesetzes über die Harmonisierung der direkten Steuern der Kantone und Gemeinden vom 14. Dezember 1990 (Steuerharmonisierungsgesetz, StHG; SR 642.14) eintreten.

Art. 33[*]

Fakultatives Referendum

Dem Volk werden auf Verlangen zur Abstimmung unterbreitet:
a) der Erlass, die Änderung oder die Aufhebung von Gesetzen;
b) interkantonale und internationale Verträge, deren Inhalt Gesetzesrang hat;
c) Beschlüsse des Kantonsrates, die durch Gesetz dem Referendum unterstellt sind;
d) Beschlüsse des Kantonsrates über:
   1. neue einmalige Ausgaben von mehr als 6 Millionen Franken,
   2. neue wiederkehrende Ausgaben von jährlich mehr als 600 000 Franken;
e) Beschlüsse des Kantonsrates von grundlegender Bedeutung, die langfristige Auswirkungen auf die allgemeinen Lebensgrundlagen haben;
f) die Grundzüge der Vernehmlassung des Kantons zu Vorlagen des Bundes, die von grundlegender Bedeutung sind, langfristige Auswirkungen auf die allgemeinen Lebensgrundlagen haben und auf Bundesebene nicht dem Referendum unterstellt sind.

Eine Volksabstimmung können verlangen:
a) 3 000 Stimmberechtigte (Volksreferendum);
b) 12 politische Gemeinden, die Stadt Zürich oder die Stadt Winterthur (Gemeindereferendum);
c) 45 Mitglieder des Kantonsrates (Kantonsratsreferendum).

Die Volksabstimmung muss innert 60 Tagen nach der amtlichen Veröffentlichung des Kantonsratsbeschlusses schriftlich verlangt werden. Beim Kantonsratsreferendum beträgt die Frist 14 Tage ab Beschluss des Rates.

Die Gemeinden bestimmen, welches Organ das Gemeindereferendum ergreifen kann. Die Stadt Zürich und die Stadt Winterthur können nur mit Beschluss ihres Parlaments das Referendum alleine ergreifen.

Materialien

Art. 39 VE; Prot. Plenum, S. 360 ff., 2069 ff., 3125 ff.

Literatur

AUER ANDREAS/VON ARX NICOLAS, Direkte Demokratie ohne Grenzen?: ein Diskussionsbeitrag zur Frage der Verfassungsmässigkeit von Einbürgerungsbeschlüssen durch das Volk, AJP 2000, S. 923 ff.; BOLZ MARCEL, Die referendumsrechtliche Gebundenheit von Ausgaben für Sanierungsprojekte bei Bauten und die Zulässigkeit der Delegation der Ausgabenbewilligungskompetenz, insbesondere nach aargauischem Recht, ZBl 98/1997, S. 337 ff.; BUSER DENISE, Beteiligungen an

---

[*] Der Verfasser dankt Dr. iur. Philipp Mäder für die kritische Durchsicht der Kommentierung und die zahlreichen Hinweise.

Atomenergieanlagen – in den Kantonen demokratisch abgesichert?, AJP 2006, S. 387 ff. (Beteiligungen); Hangartner Yvo (Hrsg.), Ausgewählte Fragen des Finanzreferendums: Referate der Tagung des Schweizerischen Instituts für Verwaltungskurse vom 14. November 1991 in Luzern, St. Gallen 1992; Hangartner/Kley, §§ 28-31; Hugenschmidt Crispin F. M., Einheit der Materie – überholtes Kriterium zum Schutze des Stimmrechts? Ein Vergleich zwischen der Schweiz und Kalifornien/USA unter Berücksichtigung wahrnehmungspsychologischer und kommunikationswissenschaftlicher Aspekte, Diss., Basel/Genf/München 2001; Hungerbühler Adrian, Das Finanzreferendum nach der aargauischen Kantonsverfassung vom 25. Juni 1980, ZBl 86/1985, S. 329 ff.; Kuttler Alfred, Probleme des zürcherischen Initiativrechts und Finanzreferendums (zur Initiative «für Demokratie im Strassenbau»), ZBl 78/1977, S. 197 ff.; Laur Ernst Martin, Das Finanzreferendum im Kanton Zürich, Diss., Zürich 1966; Mannhart Gomes Claudia, Das Verwaltungsreferendum in Bund und Kantonen, Diss., Bern 2007; Müller Georg, Ausschaltung des Finanzreferendums durch Delegation der Ausgabenbewilligungskompetenz, ZBl 79/1978, S. 8 ff.; Richli Paul, Finanzreferendum bei Erledigung staatlicher Aufgaben durch privatrechtliche Träger, ZBl 88/1987, S. 145 ff.; Sägesser Thomas, Vernehmlassungsgesetz: Bundesgesetz vom 18. März 2005 über das Vernehmlassungsverfahren, Bern 2006; Sameli Katharina, Aktuelle Aspekte des Finanzreferendums, ZBl 94/1993, S. 49 ff.; Schuler Frank, Kommentar zur Verfassung des Kantons Graubünden, Vorbemerkungen zu Art. 16/17 sowie Art. 17.

Vgl. ferner Hinweise zu Art. 32.

Rechtsquellen

Vgl. Hinweise zu Art. 23 sowie
- Gesetz über Controlling und Rechnungslegung vom 9. Januar 2006 (CRG; LS 611, OS 62, S. 354 ff.; teilweise in Kraft seit 1. Oktober 2007) [Das CRG wird voraussichtlich auf den 1. Januar 2009 vollständig in Kraft treten und dann das Finanzhaushaltsgesetz ablösen.]
- Gesetz über den Finanzhaushalt des Kantons vom 2. September 1979 (Finanzhaushaltsgesetz; FHG; LS 611, OS 47, S. 162 ff., GS, Bd. IV, S. 193 ff.)

Übersicht Note

1. Einleitung 1
  1.1. Normzweck 1
  1.2. Entstehungsgeschichte 2
  1.3. Früheres Recht 6
  1.4. Praxis 9
2. Gegenstände des fakultativen Referendums (Abs. 1) 12
  2.1. Abschliessender Charakter der Aufzählung 12
  2.2. Gesetze (lit. a) 13
  2.3. Staatsverträge mit Gesetzesrang (lit. b) 14
  2.4. Vom Gesetz bezeichnete Kantonsratsbeschlüsse (lit. c) 15
  2.5. Ausgabenbeschlüsse (lit. d) 19
  2.6. Beschlüsse von grosser ökologischer Tragweite (lit. e) 29
  2.7. Vernehmlassungen zu Vorlagen mit grosser ökologischer Tragweite (lit. f) 33
3. Urheber des Referendums (Abs. 2 und 4) 37
4. Form und Verfahren (Abs. 3) 41

1. Einleitung

1.1. Normzweck

Unter den vom Kantonsrat gefassten Beschlüssen gibt es sehr wichtige, die stets der Volksabstimmung unterstehen (obligatorisches Referendum; Art. 32), und weniger wichtige, die der Kantonsrat in abschliessender Kompetenz fällt. Dazwischen liegt die Gruppe von Beschlüssen, bei denen es *auf Verlangen* zu einer Volksabstimmung kommt (fakultatives Referendum). Art. 33 zählt diese Beschlüsse auf und regelt, wer innert welcher Frist und in welcher Form das Referendum ergreifen und damit eine Volksabstimmung herbeiführen kann.

1.2. Entstehungsgeschichte

Mit Datum vom 10. Januar 2002 unterbreitete die Kommission 2 dem Plenum eine Formulierung, die im Wesentlichen in zwei Punkten vom geltenden Art. 33 abwich. Erstens betrugen die Grenzwerte für das sog. Ausgabenreferendums 3 Mio. bzw. 300 000 Franken und zweitens war das sog. Verwaltungsreferendum auf die Festsetzung von Plänen staatlicher Tätigkeit sowie die Erteilung von Konzessionen und Bewilligungen beschränkt[1]. In der *Vorberatung* stimmte das Plenum der beantragten Formulierung zu[2].

Nach der Formulierung, die dem Plenum für die *Gesamtlesung* vorgelegt wurde, war für das Gemeindereferendum die Unterstützung von 18 politischen Gemeinden erforderlich[3]. Das Plenum stimmte auch dieser Formulierung zu[4].

In der *öffentlichen Vernehmlassung* wurde im Wesentlichen angeregt, die Grenzwerte für das Ausgabenreferendum zu senken oder mit einer Teuerungsklausel zu versehen, die Zahl der für das Volksreferendum erforderlichen Unterschriften bei 5 000 zu belassen und auf das Gemeindereferendum oder zumindest auf die Sonderstellung der beiden Städte Winterthur und Zürich zu verzichten.

Für die *2. Gesamtlesung* wurde dem Plenum der Text des geltenden Art. 33 beantragt, wobei für das Volks- und das Kantonsratsreferendum eine Frist von 90 Tagen beantragt wurde[5]. Das Plenum senkte die Frist auf 60 Tage und stimmte der Formulierung im Übrigen zu. Den Antrag der SVP, wonach auch Beschlüsse des Kantonsrates auf Erhöhung des Staatssteuerfusses sowie «Verordnungen, die

---

[1] K2, Antrag an das Plenum vom 10. Januar 2002. Vorgängig K2, Antrag vom 11. Oktober 2001, sowie Stellungnahme des Regierungsrates, RRB 1744 vom 14. November 2001, S. 10 ff.
[2] Prot. Plenum, S. 369 ff.
[3] Antrag der Geschäftsleitung an das Plenum vom 16. April 2003, S. 30 f.
[4] Prot. Plenum, S. 2075.
[5] Antrag der Geschäftsleitung an das Plenum vom 13. Mai 2004, S. 20 f.

Gebührenregelungen enthalten», dem fakultativen Referendum zu unterstellen seien, lehnte der Verfassungsrat ab[6].

1.3. Früheres Recht

6   Zur Entwicklung des Referendumsrechts im Allgemeinen wird auf die Kommentierung von Art. 32 verwiesen[7].

7   Das Institut des fakultativen Referendums besteht im Kanton Zürich seit dem Jahr 1877[8]. Gemäss Art. 2 Abs. 2 des Verfassungsgesetzes vom 15. April 1877 betreffend Ausführung von Art. 89 der Bundesverfassung[9] kamen Beschlüsse des Kantonsrates auf Ergreifung des *Kantonsreferendums* (Art. 89 aBV) dann zur Volksabstimmung, wenn 5000 Stimmberechtigte, eine oder mehrere Gemeinden[10], ein Drittel der Mitglieder des Kantonsrates oder der Regierungsrat dies verlangten. Als im Jahr 1951 das *fakultative Ausgabenreferendum* eingeführt wurde, wurden die Werte von 5000 Stimmberechtigten bzw. einem Drittel der Mitglieder des Kantonsrates noch beibehalten[11]. Mit Einführung des *fakultativen Gesetzesreferendums* im Jahr 1999 wurde für das Kantonsratsreferendum der Wert auf 45 Mitglieder gesenkt[12]. Die *Referendumsfrist* betrug zunächst 30 Tage und wurde im Jahr 1971 vorerst auf 45 Tage und im Jahr 1999 auf 60 Tage verlängert[13].

8   Mit der Zunahme der Zahl der Stimmberechtigten sank der für ein Referendum erforderliche Anteil an ihrer Gesamtzahl kontinuierlich von 7% (1878) über 2,4% (1940) und 0,7% (1980) auf 0,62% (2005)[14]. Mit der Senkung der Unterschriftenzahl auf 3000 (Abs. 2 lit. a) fiel die Quote weiter auf 0,37%[15].

---

[6] Prot. Plenum, S. 3125 ff.
[7] Art. 32 N. 8 ff.
[8] GEILINGER, S. 34.
[9] OS 19, S. 519 f. = GS, Bd. I, S. 21. Näheres zu diesem Gesetz bei STRÄULI, S. 167 f.
[10] Nach dem Wortlaut des erwähnten Verfassungsgesetzes konnte die Volksabstimmung von «einer Anzahl Gemeindeversammlungen, an denen wenigstens 5000 Stimmberechtigte dafür gestimmt haben», verlangt werden. Zur Bedeutung dieser Formulierung Art. 24 Anm. 16. Die Regelung kann als Vorläufer des Gemeindereferendums gemäss geltendem Art. 33 Abs. 2 lit. b KV betrachtet werden. Sie galt bis zur Verfassungsrevision vom 27. September 1998 (OS 54, S. 748).
[11] Art. 30 Abs. 2 Ziff. 2 aKV i.d.F. vom 20. Mai 1951 (OS 38, S. 768).
[12] Art. 30bis Abs. 1 aKV i.d.F. vom 27. September 1998 (OS 54, S. 747).
[13] Art. 30 Abs. 2 Ziff. 2 aKV i.d.F. vom 20. Mai 1951 (OS 38, S. 768); Art. 30 Abs. 1 Ziff. 2 aKV i.d.F. vom 6. Juni 1971 (OS 44, S. 221); Art. 30bis Abs. 2 aKV i.d.F. vom 27. September 1998 (OS 54, S. 746).
[14] Anzahl Stimmberechtigte gemäss OS 19, S. 548, und ABl 1940, S. 444; 1980, S. 248, und 2005, S. 344. Am 15. November 1970 haben die Stimmberechtigten der Einführung des Frauenstimmrechts zugestimmt (vgl. ABl 1970, S. 1775).
[15] Bei der Volksabstimmung vom 21. Mai 2006 waren 812 486 Personen stimmberechtigt (ABl 2006, S. 554). Im interkantonalen Vergleich (Stand 1. Januar 1998) weist Zürich die tiefste Quote auf (vgl. LUTZ/STROHMANN, S. 145).

1.4. Praxis

In der Zeit zwischen der Einführung des fakultativen Gesetzesreferendums im Jahr 1999 und Ende 2004 wurde über 28 kantonale Vorlagen abgestimmt, die dem fakultativen Referendum unterstanden[16]. Davon waren:

- *22 Gesetze.* Die Volksabstimmung erfolgte bei 9 Vorlagen aufgrund eines Beschlusses des Kantonsrates[17], bei ebenfalls 9 Vorlagen aufgrund eines Kantonsratsreferendums und nur bei 4 Vorlagen aufgrund eines Volksreferendums. Total wurden davon 13 Vorlagen angenommen.
- *6 Ausgabenbeschlüsse.* Die Volksabstimmung erfolgte bei 3 Vorlagen aufgrund eines Beschlusses des Kantonsrates, bei 2 Vorlagen aufgrund eines Kantonsratsreferendums und bei einer einzigen Vorlage aufgrund eines Volksreferendums. Alle Vorlagen wurden angenommen.

2. Gegenstände des fakultativen Referendums (Abs. 1)

2.1. Abschliessender Charakter der Aufzählung

Abs. 1 zählt die Vorlagen auf, hinsichtlich welcher eine Volksabstimmung verlangt werden kann. Der Katalog ist abschliessend; nur der *Gesetzgeber* kann ihn im Rahmen von Abs. 1 lit. c erweitern. Dem *Kantonsrat* hingegen ist es *verwehrt*, einen in Abs. 1 nicht genannten Gegenstand freiwillig dem fakultativen Referendum zu unterstellen[18].

2.2. Gesetze (lit. a)

Dem Volk wird auf Verlangen der Erlass, die Änderung oder die Aufhebung eines Gesetzes zur Abstimmung unterbreitet (sog. *Gesetzesreferendum*)[19]. Mit «Gesetz» ist eine Gesamtheit von Rechtssätzen gemeint, die der Kantonsrat in Anwendung von Art. 54 Abs. 1 lit. b beschliesst (formeller Gesetzesbegriff)[20].

---

[16] Zur Gesamtzahl aller kantonalen Volksabstimmungen und Vorlagen Art. 32 N. 13.
[17] Dazu wäre er nicht befugt gewesen. Denn nach Art. 30bis Abs. 3 aKV konnte der Kantonsrat nur solche Beschlüsse freiwillig zur Volksabstimmung bringen, «die in seine abschliessende Kompetenz fallen». Bei Gesetzen und bei Ausgabenbeschlüssen über 3 Mio. bzw. über 300 000 Franken war das nicht der Fall, denn hier hatten (und haben) u.U. die Stimmberechtigten das letzte Wort.
[18] Auch dem *obligatorischen* Referendum kann der Kantonsrat eine Vorlage nicht freiwillig unterstellen. Zur Begründung beider Fälle Art. 32 N. 4.
[19] Zur Wendung «dem Volk (…) zur Abstimmung unterbreiten» Art. 32 N. 16 f.
[20] Idealerweise sind in Gesetzen nur *wichtige* Rechtssätze i.S.v. Art. 38 Abs. 1 enthalten (materieller Gesetzesbegriff).

2.3. Staatsverträge mit Gesetzesrang (lit. b)

14 Dem fakultativen Referendum unterstehen interkantonale und internationale Verträge[21], deren Inhalt *Gesetzesrang* hat. Das ist der Fall, wenn der Vertrag Bestimmungen enthält, die wegen ihrer Wichtigkeit innerkantonal in Gesetzesform zu kleiden wären (materieller Gesetzesbegriff nach Art. 38 Abs. 1)[22]. Im Übrigen kann auf das zu Staatsverträgen mit Verfassungsrang Ausgeführte verwiesen werden[23].

2.4. Vom Gesetz bezeichnete Kantonsratsbeschlüsse (lit. c)

15 Das Volk stimmt auf Verlangen über «Beschlüsse des Kantonrates [ab], die durch Gesetz dem Referendum unterstellt sind»[24]. Aus der Entstehungsgeschichte ergibt sich, dass damit das Referendum gegen *wichtige, vom Gesetz bezeichnete Planungs- und Verwaltungsakte* des Kantonsrates ermöglicht werden soll (sog. *Verwaltungsreferendum*). In der Vorberatung stimmte der Verfassungsrat nämlich einer Formulierung zu, wonach der Volksabstimmung unterstellt werden[25]:

> 4. die Festsetzung von *Plänen* staatlicher Tätigkeit und die Erteilung von *Konzessionen* und *Bewilligungen* durch den Kantonsrat, soweit das Gesetz für sie die Form eines referendumsfähigen Kantonsratsbeschlusses vorsieht,
>
> (...)
>
> 7. weitere *wichtige Anordnungen*, für die das *Gesetz* die Form des referendumsfähigen Kantonsratsbeschlusses vorsieht.

16 Die Redaktionskommission ersetzte diese Bestimmungen durch die nun geltende lit. c. Aus den Materialien ergeben sich keine Hinweise, dass damit eine thematische Erweiterung angestrebt wurde[26].

17 Deshalb wäre es *unzulässig*, z.B. im Bereich der *Staatsfinanzen* die verfassungsmässige Kompetenzverteilung zwischen Volk und Parlament zugunsten

---

[21] Zu den Begriffen des interkantonalen bzw. internationalen Vertrages Art. 32 N. 20 f.

[22] Die Genehmigung des Beitritts zu einem interkantonalen Vertrag erfolgte bisher in der Regel in der Form eines Gesetzes (sog. Beitrittsgesetz). Dies erlaubte es, gleichzeitig kantonale Ausführungsbestimmungen zum Konkordat zu erlassen (vgl. z.B. Gesetz vom 15. September 2003 über den Beitritt zur revidierten Interkantonalen Vereinbarung über das öffentliche Beschaffungswesen vom 15. März 2001, LS 720.1) oder einen Ausgabenbeschluss in die Vorlage zu integrieren.

[23] Art. 32 N. 20 ff.

[24] Soweit ersichtlich, besteht zurzeit nur ein einziges, durch formelles Gesetzesrecht geschaffenes Verwaltungsreferendum, vgl. § 19 des Flughafengesetzes vom 12. Juli 1999 (LS 748.1): «¹Für Beschlüsse des Verwaltungsrates [der Flughafen Zürich AG] (...) erteilt der Regierungsrat der Staatsvertretung im Verwaltungsrat Weisungen. ²Weisungen betreffend die Zustimmung zu Gesuchen an den Bund über die Änderung der Lage und Länge der Pisten genehmigt der Kantonsrat *in der Form des referendumsfähigen Beschlusses.*»

[25] Prot. Plenum, S. 371 und 381.

[26] Vgl. Prot. RedK vom 14. Februar 2003, S. 186 ff.; Prot. K2 vom 23. April 2003, S. 478; Prot. Plenum, S. 2069 ff. und 3125 ff.

des Volks zu verschieben. Der Gesetzgeber darf insbesondere weder die Ausgabengrenzen von Abs. 1 lit. d senken noch ein Budgetreferendum oder ein Rechnungsreferendum einführen[27]. Insbesondere wäre auch ein *Steuerfussreferendum* unzulässig; der Verfassungsrat lehnte einen Antrag auf Einführung eines solchen auf Verfassungsstufe ausdrücklich ab[28].

Auch im Bereich der *Erlasse* darf der Gesetzgeber nicht von der verfassungsrechtlichen Zuständigkeitsverteilung zwischen Kantonsrat und Stimmberechtigten abweichen. Namentlich wäre es unzulässig, eine vom Kantonsrat zu erlassende Verordnung dem fakultativen Referendum zu unterstellen. 18

2.5. Ausgabenbeschlüsse (lit. d)

Dem fakultativen Referendum unterstehen Beschlüsse des Kantonsrates über neue einmalige Ausgaben von mehr als 6 Mio. Franken oder über neue wiederkehrende Ausgaben von jährlich mehr als 600 000 Franken[29]. Dieses sog. *Ausgabenreferendum* ermöglicht den Stimmberechtigten, über Angelegenheiten zu entscheiden, die sich wesentlich auf die Staatskasse und damit auch auf ihre Steuerbelastung auswirken. Indirekt erlaubt es zudem die Mitsprache der Stimmberechtigten zu wichtigen Verwaltungsvorhaben[30]. 19

Nicht jeder Ausgang aus der Staatskasse ist eine *Ausgabe*. Legt der Kanton z.B. Geld auf dem Kapitalmarkt an, so erhält er eine realisierbare Forderung als Gegenwert, weshalb die Mitsprachemöglichkeit des Volks für diesen Vorgang nicht angezeigt wäre. Das Ausgabenreferendum ist nur gerechtfertigt, wenn Staatsvermögen *zwecks Erfüllung einer öffentlichen Aufgabe «verbraucht» oder dauerhaft angelegt* wird, so dass es *der freien Verfügung entzogen* ist[31]. 20

Aus den Materialien ergeben sich keine Hinweise, dass der Verfassungsrat den Begriff der Ausgabe und die anderen, in Art. 33 Abs. 1 lit. d verwendeten Rechtsbegriffe anders als gemäss geltender Rechtsordnung verstanden haben wollte. § 16 Abs. 2 FHG und § 34 CRG definieren eine Ausgabe als «Verwendung von Finanzvermögen zur Erfüllung öffentlicher Aufgaben», wobei das Finanzvermögen «aus jenen Vermögenswerten [besteht], die ohne Beeinträchtigung der öffentlichen Aufgabenerfüllung veräussert werden können» (§ 11 Abs. 2 FHG 21

---

[27] Zu den verschiedenen Arten des Finanzreferendums vgl. HANGARTNER/KLEY, N. 1941 ff.
[28] Prot. Plenum, S. 3127; N. 6.
[29] Die Begriffe der neuen einmaligen bzw. neuen wiederkehrenden Ausgabe sind auch für die Definition der eigenständigen Finanzkompetenzen von Kantonsrat und Regierungsrat von Bedeutung (vgl. Art. 56 Abs. 2 lit. a und b; Art. 68 Abs. 2 lit. a und b). Beide Begriffe fanden sich bereits in Art. 31 Ziff. 5 aKV i.d.F. vom 18. April 1869 (OS 14, S. 559, GS Bd. I, S. 10).
[30] LAUR, S. 33 ff.; SCHULER, Kommentar KV GR, Vorbemerkungen zu Art. 16/17 Rz. 27.
[31] HANGARTNER/KLEY, N. 1832 ff.; LAUR, S. 52 ff.; SCHULER, Kommentar KV GR, Vorbemerkungen zu Art. 16/17 N. 31.

und § 49 Abs. 2 CRG)³². Ausgabe ist also die Hingabe frei verfügbaren Staatsvermögens an Dritte oder seine Überführung ins Verwaltungsvermögen³³ des Staates, beides zwecks Erfüllung einer öffentlichen Aufgabe und ohne Generierung eines gleichwertigen, jederzeit realisierbaren Vermögenswertes³⁴. Typische Beispiele für Ausgaben sind die Finanzierung einer Schulhauserweiterung, der Umbau eines bisher im Finanzvermögen stehenden Gebäudes zu einem Gerichtsgebäude³⁵ oder Subventionszahlungen für den sozialen Wohnungsbau³⁶.

22 Nur *neue Ausgaben* unterstehen dem Ausgabenreferendum. Denn die Stimmberechtigten sollen nicht zweimal über dieselbe Frage entscheiden. Stimmten sie einem Gesetz zu, so billigen sie damit auch die mit dem Gesetzesvollzug verbundenen Ausgaben, soweit diese für sie erkennbar waren. Konnten die Stimmberechtigten die fraglichen Ausgaben im Zeitpunkt der Zustimmung zum Gesetz hingegen nicht hinreichend genau abschätzen, handelt es sich um neue Ausgaben.

23 In Anlehnung an die Rechtsprechung des Bundesgerichts³⁷ definiert § 37 Abs. 1 CRG den Begriff der neuen Ausgabe wie folgt:

> Eine Ausgabe gilt als neu, wenn hinsichtlich ihrer Höhe, des Zeitpunktes ihrer Vornahme oder anderer wesentlicher Umstände eine verhältnismässig grosse Handlungsfreiheit besteht.

24 Demgegenüber handelt es sich um eine sog. *gebundene* Ausgabe, wenn eine Rechtsnorm das zur Ausgabe führende Tätigwerden des Staates oder die Ausgabe selbst vorschreibt, wenn die Ausgabe zwingende Folge eines Gerichtsurteils ist oder wenn die Stimmberechtigten über die Ausgabe bereits einmal entschieden haben. Das «Ob» und das «Wie» der Ausgabe sind hier genügend bestimmt³⁸.

---

[32] Zum Finanzvermögen zählt z.B. ein Kontoguthaben des Kantons, das auf Steuereinnahmen oder Subventionszahlungen des Bundes beruht. Der Gegenbegriff ist das *Verwaltungsvermögen*. Dazu gehört z.B. ein im Eigentum des Kantons stehendes Schulhaus.

[33] Das Verwaltungsvermögen umfasst «jene Vermögenswerte, die *unmittelbar* der öffentlichen Aufgabenerfüllung dienen» (§ 11 Abs. 3 FHG; § 49 Abs. 2 CRG). Solche Werte können nicht frei realisiert werden.

[34] LAUR, S. 52 f.; HANGARTNER/KLEY, N. 1833 ff.

[35] Vgl. BGE 123 I 78 ff., 83 f.

[36] Weitere Beispiele von *Ausgaben*: Zuweisung von Mitteln zu einem zweckgebunden Fonds, Gewährleistung eines Darlehens zu einem reduzierten Zins, Bürgschaften, Garantieerklärungen. Keine *Ausgaben* sind hingegen die Entnahme von Mitteln aus einem zweckgebundenen Fonds, Umschichtungen innerhalb des Finanzvermögens, die Bildung rechtlich nicht gebundener Reserven und Rückstellungen oder ein Budgetbeschluss des Kantonsrates (HANGARTNER/KLEY, N. 1842 ff.; SCHULER, Kommentar KV GR, Vorbemerkungen zu Art. 16/17 Rz. 32 f.).

[37] Vgl. BGE 125 I 87 ff., 91. Ähnlich umschreiben den Begriff HANGARTNER/KLEY, N. 1857.

[38] BGE 125 I 87 ff., 90 f.; E. GRISEL, N. 998; HANGARTNER/KLEY, N. 1851 ff.; SCHULER, Kommentar KV GR, Vorbemerkungen zu Art. 16/17 Rz. 36. Nach § 37 Abs. 2 CRG handelt es sich insbesondere dann um eine gebundene Ausgabe, wenn sie «zur Erfüllung von gesetzlich vorgeschriebenen Verwaltungsaufgaben zwingend erforderlich ist und namentlich der Beschaffung und Erneuerung der für die Verwaltungstätigkeit erforderlichen personellen und sachlichen Mittel dient» (lit. a) oder wenn die Ausgabe «zur Erhaltung und zeitgemässen Ausstattung der vorhandenen Bausubstanz nötig ist» (lit. b). Zusammen mit den in lit. c

Auch bei Ausgabenbeschlüssen ist der Grundsatz der *Einheit der Materie* zu beachten[39]. § 40 CRG drückt das wie folgt aus: 25

> Ausgaben für ein bestimmtes Vorhaben, die in einem sachlichen oder zeitlichen Zusammenhang stehen oder die sich gegenseitig bedingen, werden in denselben Verpflichtungskredit aufgenommen.

Die Vorschrift hat einen doppelten Zweck: Zusammenhängende Ausgaben *müssen*[40] und nur solche Ausgaben *dürfen*[41] in denselben Ausgabenbeschluss aufgenommen werden. 26

Dem fakultativen Referendum unterstehen Kantonsratsbeschlüsse über neue Ausgaben nur dann, wenn es sich um *einmalige Ausgaben* über 6 Millionen Franken oder um *jährlich wiederkehrende Ausgaben* über 600 000 Franken handelt. Einmalig ist eine Ausgabe, wenn sie sich auf ein bestimmtes, in absehbarer Zeit abgeschlossenes Vorhaben bezieht. Ist das der Fall, so kann sie auch auf mehrere Tranchen verteilt sein. Wiederkehrend sind Ausgaben dann, wenn sie periodisch und bis auf weiteres anfallen, so dass ihre Gesamtsumme nicht bekannt ist[42]. 27

Die Berechnung der Ausgabenhöhe beruht auf dem *Nettoprinzip*. Von den Gesamtausgaben können Beiträge Dritter dann abgezogen werden, wenn sie rechtskräftig feststehen oder wenn der Ausgabenbeschluss unter dem Vorbehalt des Eingangs der Beiträge ergeht. Eine Preisstandsklausel ist zulässig[43]. 28

2.6. Beschlüsse von grosser ökologischer Tragweite (lit. e)

Nach lit. e unterstehen dem fakultativen Referendum «Beschlüsse des Kantonsratsrates von grundlegender Bedeutung, die langfristige Auswirkungen auf die allgemeinen Lebensgrundlagen haben». Im Verfassungsrat wurden Atomanlagen, Deponien, Genmanipulationen, das Klonen, gewagte Forschungspro- 29

---

und d dieser Bestimmung genannten Fällen bilden sie die sog. *Zürcher Praxis*, die von der Praxis z.T. abweicht, die das Bundesgericht subsidiär zum kantonalen Recht anwendet (vgl. BGE 125 I 87 ff., 91).

[39] Das ergibt sich aus dem Anspruch der Stimmberechtigten auf freie Willensbildung und unverfälschte Stimmabgabe nach Art. 34 Abs. 2 BV (HUGENSCHMIDT, S. 125 f.; SCHULER, Kommentar KV GR, Vorbemerkungen zu Art. 16/17 Rz. 48). Zur Geltung des Grundsatzes bei Volksinitiativen Art. 28 N. 17 f.

[40] Sog. *Zerstückelungsverbot*. Nach Bundesgericht ist eine *Aufteilung* grosser Bauvorhaben in *mehrere Beschlüsse* nur zulässig, «wenn die Zuständigkeit dadurch nicht verschoben wird und wenn die Ausführung der einzelnen Teile für sich allein gesehen einen vernünftigen Sinn ergibt, so dass die Freiheit der Stimmbürger, sich für oder gegen die späteren Etappen auszusprechen, durch den ersten Entscheid nicht aufgehoben wird» (BGE 118 Ia 184 ff., 191).

[41] Nach Bundesgericht darf sich eine Finanzvorlage nur dann auf *mehrere Ausgaben* beziehen, wenn diese sich «gegenseitig bedingen oder aber einem gemeinsamen Zweck dienen, der zwischen ihnen eine enge sachliche Verbindung schafft» (BGE 118 Ia 184 ff., 191).

[42] E. GRISEL, N. 1006 ff.; HANGARTNER/KLEY, N. 1880 ff.; SCHULER, Kommentar KV GR, Vorbemerkungen zu Art. 16/17 Rz. 45 f.

[43] Das ergibt aus § 38 Abs. 3 und 4 CRG. Die Verfassung stünde der gesetzlichen Verankerung des Bruttoprinzips oder dem Verbot einer Preisstandsklausel aber nicht entgegen.

gramme oder problematische Praktiken an Spitälern als mögliche Anwendungsfälle genannt[44].

30 Mit dem Begriff der *allgemeinen Lebensgrundlagen*[45] werden die äusseren Bedingungen des menschlichen, tierischen und pflanzlichen Lebens bezeichnet; also Luft, Wasser und Boden bzw. Nahrung in einer Menge und Qualität, die das Leben ohne wesentliche Beeinträchtigung oder Schädigung ermöglicht. Zu den allgemeinen Lebensgrundlagen gehört auch die Absenz von schädlichen oder störenden Strahlungen, Erschütterungen, Lärmimmissionen usw.

31 Der Beschluss des Kantonsrates muss zu *langfristigen Auswirkungen* auf die allgemeinen Lebensgrundlagen führen. Langfristig meint nicht gerade immerwährend, aber doch während einer längeren Dauer von einigen Monaten oder Jahren. Streng kausal betrachtet, erfüllen wohl die meisten Kantonsratsbeschlüsse diese Voraussetzung. Die unumgängliche Einschränkung ergibt sich aus dem weiteren Erfordernis, wonach der Kantonsratsbeschluss *von grundlegender Bedeutung* sein muss. Davon kann nur die Rede sein, wenn der Beschluss zu Auswirkungen von einer gewissen Intensität[46] und einer minimalen lokalen Ausdehnung[47] führt.

32 Die Auswirkungen des Kantonsratsbeschlusses auf die allgemeinen Lebensgrundlagen müssen sich nicht zwingend verwirklichen. M.E. genügt eine *gewisse Wahrscheinlichkeit* ihres Eintretens, wobei diese umso kleiner sein kann, je stärker die potenziellen negativen Auswirkungen sind.

2.7. Vernehmlassungen zu Vorlagen mit grosser ökologischer Tragweite (lit. f)

33 Dem fakultativen Referendum unterstehen die Grundzüge der Vernehmlassungen des Kantons zu Vorlagen des Bundes, die von grundlegender Bedeutung sind, langfristige Auswirkungen auf die allgemeinen Lebensgrundlagen[48] haben und auf Bundesebene nicht dem Referendum unterstellt sind (sog. *Vernehmlassungsreferendum*). Als *Vernehmlassung* gilt die Stellungnahme des Kantons im Rahmen eines Konsultationsverfahrens, das der Bund in Anwendung von Art. 147 BV oder von spezialgesetzlichen Bestimmungen oder gestützt auf das Vernehmlassungsgesetz[49] durchführt.

---

[44] Prot. Plenum, S. 372.
[45] Vgl. Prot. Plenum, S. 378, zu Abs. 1 lit. f, wo dieser Begriff ebenfalls verwendet wird.
[46] Z.B. Erwärmung eines Flusses um einige Grad Celsius.
[47] Z.B. das Gebiet eines Dorfes ein Quartiers oder ein Uferabschnitts.
[48] N. 29 ff.
[49] Bundesgesetz über das Vernehmlassungsverfahren vom 18. März 2005 (Vernehmlassungsgesetz, VlG; SR 172.061). Nur wenige der zahlreichen spezialgesetzlich vorgesehenen Konsultationsverfahren wurden mit dem Vernehmlassungsgesetz aufgehoben (vgl. Sägesser, Einleitung Rz. 5 und Art. 12 Rz. 9 ff.).

Lit. f gilt nur bei *Vorlagen des Bundes*, die *auf Bundesebene nicht dem Referendum unterstellt* sind. Mit dem Begriff der Vorlage ist nicht das Vernehmlassungsobjekt gemeint, denn ein solches Objekt untersteht nach Art. 140 f. BV nie einem Referendum. Vielmehr wollte der Verfassungsrat das Vernehmlassungsreferendum auf Fälle einschränken, wo das Vorhaben, in dessen Rahmen der Bund eine Vernehmlassung durchführt, in keinen Beschluss mündet, der nach Bundesrecht dem Referendum untersteht[50]. Das ergibt sich auch aus der geschichtlichen Entwicklung[51]. 34

Nur die *Grundzüge* der Vernehmlassungen unterstehen dem fakultativen Referendum. Würde die vollständige Vernehmlassung zur Volksabstimmung gebracht und von den Stimmberechtigten abgelehnt, so wäre die Interpretation des Volksentscheids schwierig. Für die Ausarbeitung und Behandlung einer zweiten Stellungnahme fehlte aber die Zeit[52]. Die Vorlage ist deshalb soweit zu reduzieren, dass sowohl die Zustimmung als auch die Ablehnung der Vorlage durch die Stimmberechtigten zuverlässig interpretiert werden können[53]. 35

Für Vernehmlassungen zuhanden des Bundes ist grundsätzlich der Regierungsrat zuständig[54]. Da die dem fakultativen Referendum unterstehenden Vorlagen aber stets *vom Kantonsrat* beschlossen werden[55], hat dieser – auf Antrag des Regierungsrates – auch im Bereich von lit. f Beschluss zu fassen. 36

---

[50] Prot. Plenum, S. 376 (Votum Bretscher), ferner Prot. Plenum, S. 380 f., wo «der Notstandscharakter» des Referendums nach lit. f betont wurde. Ein Anwendungsfall könnte z.B. die Erteilung einer Konzession für den Bau und Betrieb einer Eisenbahninfrastruktur mit grossen ökologischen Auswirkungen sein. Der Bundesrat erteilt die Konzession nach Anhören der betroffenen Kantone in eigener Kompetenz (Art. 6 Abs. 1 des Eisenbahngesetzes vom 20. Dezember 1957; SR 742.101).

[51] Lit. f löste das altrechtliche Referendum gegen Stellungnahmen über die Wünschbarkeit von Atomanlagen ab (Art. 30 Ziff. 4 aKV i.d.F. vom 2. Dezember 1979; OS 47, S. 480). Dieses Referendum wurde geschaffen, weil die Erteilung der Rahmenbewilligung für eine Atomanlage damals nicht dem eidgenössischen Referendum unterstand (vgl. Prot. Plenum, S. 379 f. [Votum Vischer]). Heute unterstehen Rahmenbewilligungen dem eidgenössischen Referendum (vgl. Art. 48 Abs. 4 des Kernenergiegesetzes vom 21. März 2003; SR 732.1), so dass die Vernehmlassung der Kantone über ein Rahmenbewilligungsgesuch nicht referendumsfähig ist (BUSER, Beteiligungen, S. 390).

[52] Nur schon bei *einer* Abstimmung ist die Zeit sehr knapp. Es sind folgende Phasen zu durchlaufen: Ausarbeitung der Grundzüge der Vernehmlassung durch den Regierungsrat, Beratung in einer Kommission und im Plenum des Kantonsrates, Verlauf der Referendumsfrist, u.U. Durchführung einer Volksabstimmung und Ausarbeitung der definitiven Stellungnahme des Kantons. Die ordentliche Vernehmlassungsfrist bei Bundesvorlagen beträgt nur drei Monate (Art. 7 Abs. 2 des Vernehmlassungsgesetzes).

[53] Bei den insgesamt drei Volksabstimmungen, die gestützt auf Art. 30 Abs. 1 Ziff. 4 aKV stattfanden, lauteten die den Stimmberechtigten zur Abstimmung unterbreiteten Vernehmlassungen wie folgt: «Den zuständigen Bundesbehörden wird empfohlen, im Interesse der Sicherstellung der Elektrizitätsversorgung die Errichtung des Kernkraftwerks Kaiseraugst zu befürworten» (ABl 1980, S. 836), «Die Errichtung eines Lagers für angereichertes Uran in Würenlingen ist wünschbar» (ABl 1983, S. 928) und «Die Errichtung eines Zwischenlagers für radioaktive Abfälle in Würenlingen ist wünschbar» (ABl 1991, S. 1564).

[54] Art. 71 Abs. 1 lit. g.

[55] Art. 59 Abs. 2 lit. a.

3. Urheber des Referendums (Abs. 2 und 4)

37 Eine Volksabstimmung über einen Gegenstand nach Abs. 1 können 3000 Stimmberechtigte[56] (Volksreferendum), 45 Mitglieder des Kantonsrates[57] (Kantonsratsreferendum) oder «12 politische Gemeinden[58], die Stadt Zürich oder die Stadt Winterthur (Gemeindereferendum)» verlangen (Abs. 2). Die 3000 Unterschriften können für ein Volksreferendum von verschiedenen Gruppierungen (Referendumskomitees) stammen.

38 Die Aufzählung von Abs. 2 ist *abschliessend*. Der Kantonsrat ist nicht befugt, einen dem fakultativen Referendum unterstehenden Beschluss mittels Mehrheitsbeschluss freiwillig zur Volksabstimmung zu bringen[59]; vielmehr haben 45 seiner Mitglieder das Kantonsratsreferendum zu ergreifen (Art. 33 Abs. 2 lit. c)[60]. Auch der Gesetzgeber kann den Katalog möglicher Urheber eines Referendums nicht ausweiten.

39 Beim *Gemeindereferendum* bestimmen die Gemeinden selbst, welches Organ das Gemeindereferendum ergreifen kann (Abs. 4 Satz 1)[61]. *Organe* der Gemeinde sind gemäss Art. 87 die Gesamtheit der Stimmberechtigten, die Gemeindeversammlung oder das Gemeindeparlament, der Gemeindevorstand sowie die weiteren vom Gesetz bezeichneten Behörden. Die Gemeinden tun gut daran, ein Organ mit breitem Zuständigkeitsbereich bezeichnen[62] und dabei die grosse politische Bedeutung des Gemeindereferendums zu berücksichtigen. In Frage kommen deshalb wohl nur die obersten Organe der Exekutive oder Legislative, Vertretungen solcher Organe oder eine Kombination mehrerer solcher Organe[63].

40 Will die Stadt *Winterthur* oder die Stadt *Zürich* das Gemeindereferendum alleine ergreifen, so ist ein Beschluss ihres Parlaments erforderlich (Abs. 4 Satz 2). Wie bei den übrigen Gemeinden können aber auch die Gemeindeordnungen dieser

---

[56] Stimmberechtigt sind Personen, die nach Art. 22 über das Stimm- und Wahlrecht verfügen.
[57] Das entspricht einem Viertel des 180-köpfigen Parlaments (Art. 50 Abs. 2).
[58] Bei total 171 politischen Gemeinden entspricht das einem Anteil von 7%.
[59] Diese im Verfassungsrat bei der Diskussion über die Teil- und Variantenabstimmung vertretene Haltung (Art. 34 N. 4) gilt allgemein für das Verhältnis zwischen Kantonsrat und Stimmberechtigten. Schon unter der früheren Kantonsverfassung wäre der Kantonsrat nicht befugt gewesen, Vorlagen, für die er nicht abschliessend zuständig war, freiwillig der Volksabstimmung zu unterstellen (Anm. 18). Der Kantonsrat hat sich allerdings nicht immer an diese Vorgabe gehalten (N. 10 f.).
[60] Die beiden Wege unterscheiden sich: Beim ersten beschliesst die Mehrheit der Mitglieder des Kantonsrates, den Entscheid über die Vorlage den Stimmberechtigten zu übertragen. Im zweiten Fall opponiert ein Teil der Mitglieder des Kantonsrates gegen den vorausgehenden Beschluss des Parlaments, in welchem es sich für die betreffende Vorlage ausgesprochen hat.
[61] Solange eine Gemeinde das zuständige Organ nicht bezeichnet hat, ist hierfür die Gemeindeversammlung oder der Grosse Gemeinderat zuständig (Art. 140 Abs. 2).
[62] Die Zuständigkeit der Organe ist in der Gemeindeordnung zu verankern (Art. 89 Abs. 1).
[63] Eine Gemeinde könnte z.B. vorschreiben, dass es für das Gemeindereferendum die Zustimmung von Gemeinderat und Rechnungsprüfungskommission braucht.

Städte ein Organ bezeichnen, welches berechtigt ist, das Referendum *zusammen mit elf andern Gemeinden* zu ergreifen. Denn der Begriff der Gemeinde gemäss Abs. 4 Satz 1 erfasst auch diese Städte.

4. Form und Verfahren (Abs. 3)

Die Volksabstimmung muss *schriftlich* verlangt werden. Das Begehren muss klar zum Ausdruck bringen, dass die Urheber des Referendums eine *Volksabstimmung* wollen und *worüber* diese durchgeführt werden soll. 41

Das Begehren muss innert *60 Tagen* nach der amtlichen Veröffentlichung des Kantonsratsbeschlusses verlangt werden. Beim Kantonsratsreferendum beträgt die Frist *14 Tage* ab Beschluss des Rates. Zur Fristberechnung wird auf die Kommentierung von Art. 27 verwiesen[64]. 42

---

[64] Art. 27 N. 11 f.

Art. 34*

Für den Fall einer Volksabstimmung kann der Kantonsrat ausnahmsweise beschliessen:

a) der ganzen Vorlage oder einzelnen Bestimmungen eine Variante gegenüberzustellen;

b) zusätzlich zur ganzen Vorlage auch über einzelne Bestimmungen abstimmen zu lassen.

Findet keine Volksabstimmung statt, so gilt die vom Kantonsrat verabschiedete Hauptvorlage.

Teil- und Variantenabstimmung

Materialien

Art. 40 VE; Prot. Plenum, S. 384 ff., 388 ff., 411 ff., 2075 ff., 3140 ff.

Literatur

DUBACH RETO, Art. 35, in: Dubach/Marti/Spahn, S. 111 ff.; HANGARTNER/KLEY, § 37; HUBER HANS, Die Formulierung der Abstimmungsfragen bei Eventualabstimmungen gemäss Art. 30 Abs. 2 der Zürcher Kantonsverfassung, ZBl 77/1976, S. 177 ff.; ODERMATT LUZIAN, Das Abstimmungsverfahren bei Grundsatz- und Einzelpunktabstimmungen, mit und ohne Varianten, ZBl 92/1991, S. 93 ff.; SCHULER FRANK, Kommentar zur Verfassung des Kantons Graubünden, Art. 19; THALMANN, § 89; Verfassungskommission des Nationalrates, Bericht vom 27. Mai 1997 betreffend Variantenabstimmungen bei der Totalrevision der Bundesverfassung, BBl 1997 III, S. 1321 ff.

Vgl. ferner Hinweise zu Art. 32.

Rechtsquellen

Vgl. Hinweise zu Art. 23.

Übersicht

	Note
1. Einleitung	1
1.1. Normzweck	1
1.2. Entstehungsgeschichte	7
1.3. Früheres Recht	11
1.4. Praxis	14
2. Beschluss einer Teil- oder Variantenabstimmung (Abs. 1)	16
2.1. (Haupt-)Vorlage	16
2.2. «Ausnahmsweise»	21
2.3. Variante	22
2.4. Teile	28
2.5. Quorum und Zeitpunkt des Beschlusses	31

---

* Der Verfasser dankt Dr. iur. Philipp Mäder für die kritische Durchsicht der Kommentierung und die zahlreichen Hinweise.

3. Rechtsfolgen 33
   3.1. Durchführung einer Volksabstimmung zwingend? 33
   3.2. Gegenüberstellung von Hauptvorlage und Variante bzw. Teil 36
   3.3. Ausbleiben der Volksabstimmung (Abs. 2) 39

1. Einleitung

1.1. Normzweck

1 Ist mit einer gewissen Wahrscheinlichkeit zu erwarten, dass eine Vorlage wegen bekannter Kritikpunkte («Schicksalsparagrafen») in der Volksabstimmung scheitern wird, kann der Kantonsrat dem von vornherein Rechnung tragen, indem er die Hauptvorlage mit einer *Variante* ergänzt. Damit lässt sich ein zweiter Urnengang über eine dem Volkswillen besser entsprechende Vorlage vermeiden und *rascher ein definitives Resultat* erzielen[1].

2 Mit dem Beschluss einer Variante kann ferner u.U. ein *Gegenvorschlag von Stimmberechtigten* (Art. 35) *vermieden* werden. Solche Gegenvorschläge entstehen unter grossem Zeitdruck und werden deshalb i.d.R. nicht mit der Sorgfalt ausgearbeitet, wie sie der Kantonsrat aufbringen kann.

3 Der Beschluss einer Variantenabstimmung[2] setzt damit ein Doppeltes voraus. Erstens muss der Kantonsrat mit hinreichender Sicherheit die *Gründe* für die mögliche Ablehnung einer Vorlage kennen und wissen, wie die betreffenden Punkte geregelt sein müssten, damit die Vorlage Chance auf Annahme in der Volksabstimmung hätte. Zweitens muss der Kantonsrat die Variante nicht als beste, aber doch als *akzeptable Lösung* bewerten. Für den Fall, dass die Stimmberechtigten die ohne Variante unterbreitete Hauptvorlage ablehnten, müsste er also bereit sein, die Variante als neue Vorlage zu beschliessen.

4 Art. 34 *bezweckt nicht*, den Kantonsrat von der *Entscheidungslast zu befreien*. Auch bei einer Variantenabstimmung kann er sich «nicht einfach aus der Entscheidung wegstehlen, er muss Farbe bekennen»[3]. Denn es ist die Hauptaufgabe eines Parlaments, stellvertretend für die Stimmberechtigten nach mehrheitsfähigen Lösungen zu suchen, was auch das Aushandeln von Kompromissen umfassen kann. Der Beschluss einer Variantenabstimmung allein führt denn auch nicht automatisch zu einer Volksabstimmung. Dazu kommt es nur, wenn das Referendum ergriffen wird oder wenn es sich um eine dem obligatorischen Re-

---

[1] Prot. Plenum, S. 388, 390 und 3141.
[2] Art. 34 ermöglicht ferner, zusätzlich zur Abstimmung über die ganze Vorlage auch über einen *Teil* von ihr abstimmen zu lassen. Solche Fälle bilden eine Teilmenge der Variantenabstimmungen; man könnte von «Null-Varianten» sprechen.
[3] Prot. Plenum, S. 413. Ähnlich Prof. Plenum, S. 388 (Votum Siegrist). Damit ist die Kritik von HANGARTNER/KLEY, N. 2334, entkräftet.

ferendum unterstehende Vorlage handelt[4]. Für den Fall, dass es zu keiner Volksabstimmung kommt, hat der Kantonsrat die von ihm bevorzugte Variante zu bezeichnen; es gilt dann diese sog. *Hauptvorlage*[5].

Art. 34 bezweckt auch nicht, die *Auswahlmöglichkeiten der Stimmberechtigten* zu vergrössern; das ist lediglich die Folge einer Variantenabstimmung. Denn die Festlegung des Inhalts einer Vorlage ist grundsätzlich die Aufgabe des Kantonsrates, nicht jene der Stimmberechtigten.

Die *Problematik*[6] von Variantenabstimmungen besteht darin, dass sich der Kantonsrat der Verantwortung für den Beschluss einer tragfähigen Vorlage entziehen kann, wenn es von vornherein feststeht[7] oder mit grosser Wahrscheinlichkeit zu erwarten ist[8], dass es zu einer Volksabstimmung kommen wird; diesfalls muss er sich nicht zu einer mehrheitsfähigen Lösung durchringen. Ferner kann sich der Kantonsrat dazu verleiten lassen, bei der Ausarbeitung der Hauptvorlage und der Variante weniger Sorgfalt anzuwenden, weil die dereinst gültige Lösung noch nicht feststeht. Schliesslich führt der Beschluss einer Variante zu einem komplizierteren Abstimmungsverfahren.

1.2. Entstehungsgeschichte

Mit Datum vom 10. Januar 2002 unterbreitete die Kommission 2 dem Plenum folgende Bestimmungen[9]:

Art. 3   *Teilabstimmungen*

Der Kantonsrat kann neben der Abstimmung über die ganze Vorlage ausnahmsweise eine solche über einzelne Bestimmungen anordnen.

Art. 4   *Variantenabstimmungen*

[1] Der Kantonsrat kann zu einzelnen Bestimmungen einer Vorlage Varianten vorschlagen.

[2] Findet eine Volksabstimmung statt, so sind neben der Hauptvorlage auch die Varianten den Stimmberechtigten zu unterbreiten, findet keine Volksabstimmung statt, so fallen die Varianten dahin.

---

[4] N. 33 ff.
[5] N. 40.
[6] Prot. Plenum, S. 388 f., 414 f., 2077 und 3140 ff.
[7] Die Vorlage untersteht dem obligatorischen Referendum (Art. 32 lit. a, b oder f).
[8] Z.B. hat eine politische Gruppierung bereits in der parlamentarischen Phase angekündigt, gegen die dem fakultativen Referendum unterstehende Vorlage (Art. 33 Abs. 1) das Referendum zu ergreifen.
[9] Vorgängig K2, Antrag an das Plenum vom 11. Oktober 2001, Volksabstimmungen, S. 2, und Stellungnahme des Regierungsrates, RRB 1744/2001 vom 14. November 2001, S. 13 f.

8   Der Rat wies Art. 3 zur Überarbeitung an die Kommission zurück und übernahm Art. 4 unverändert[10]. Der neue Antrag der Kommission 2 vom 21. Februar 2002 lautete:

> Art. 3   *Teil- und Variantenabstimmungen*
>
> [1] Der Kantonsrat kann ausnahmsweise beschliessen, dass bei einer allfälligen Volksabstimmung zusätzlich zur ganzen Vorlage auch über einzelne Bestimmungen abgestimmt wird.
>
> [2] Er kann zur ganzen Vorlage oder zu einzelnen Bestimmungen eine Variante beschliessen.
>
> [3] Findet keine Volksabstimmung statt, gilt die vom Kantonsrat verabschiedete Hauptvorlage.

9   Der Antrag passierte den Rat unverändert[11]. Nach der redaktionellen Bereinigung lag dem Rat für die Gesamtlesung Abs. 1 des geltenden Art. 34 vor[12]. Der Rat übernahm die Formulierung und fügte ihr Abs. 2 des geltenden Art. 34 hinzu[13].

10 In der öffentlichen Vernehmlassung wurde die Norm teils begrüsst. Teils wurde auch deren Streichung mit der Begründung beantragt, die Bestimmung führe zu einem zu komplizierten Abstimmungsverfahren und verleite zu «Rosinenpickerei». Der Kantonsrat solle den Stimmberechtigten keinen Auswahlkatalog unterbreiten, sondern sich auf eine Lösung einigen[14]. In der 2. Gesamtlesung wurde die Norm nicht mehr geändert[15].

1.3. Früheres Recht

11 Bereits die ursprüngliche Fassung der *früheren Kantonsverfassung* sah die Teilabstimmung (auch als Einzelpunktabstimmung bezeichnet) vor. Die betreffende Norm lautete[16]:

> Der Kantonsrat ist berechtigt, bei der Vorlage eines Gesetzes oder Beschlusses neben der Abstimmung über das Ganze ausnahmsweise auch eine solche über einzelne Punkte anzuordnen.

12 Im Jahr 1998 wurde die Bestimmung anlässlich der Einführung des fakultativen Gesetzesreferendums wie folgt neu gefasst[17]:

---

[10] Prot. Plenum, S. 387 und 392. Der Antrag der SVP auf Streichung von Art. 4 wurde abgelehnt.
[11] Prot. Plenum, S. 417. Der Antrag der SVP auf Streichung von Abs. 2 wurde abgelehnt.
[12] Antrag der Geschäftsleitung vom 16. April 2003, S. 32.
[13] Prot. Plenum, S. 2075 ff. Der Antrag der SVP auf Streichung des Artikels wurde abgelehnt.
[14] Vgl. z.B. Stellungnahmen der SVP des Kantons Zürich und FDP der Gemeinde Fällanden.
[15] Antrag der Geschäftsleitung vom 13. Mai 2004, S. 21; Prot. Plenum, S. 3144. Der Antrag der SVP auf Streichung des Artikels wurde abgelehnt.
[16] Art. 30 Abs. 3 aKV i.d.F. vom 18. April 1869 (OS 14, S. 557).
[17] Art. 30bis Abs. 4 aKV i.d.F. vom 27. September 1998 (OS 54, S. 746).

Der Kantonsrat kann neben der Abstimmung über das Ganze ausnahmsweise eine solche über einzelne Punkte anordnen.

Die neue Verfassung ergänzte diese Teilabstimmung mit der Möglichkeit einer *Variantenabstimmung*. Beides sah das frühere Wahlgesetz für kommunale Urnenabstimmungen vor[18]. § 40a WAG lautete:

> *Eventual- und Alternativabstimmung*
>
> Die Gemeinden können in der Gemeindeordnung vorsehen, dass nicht nur über eine Vorlage insgesamt, sondern zusätzlich auch über einzelne Punkte abgestimmt werden kann. Ebenso können Abstimmungen über zwei verschiedene behördliche Vorschläge zur gleichen Sache vorgesehen werden. In diesem Fall ist § 7 des Gesetzes über das Vorschlagsrecht des Volks [doppeltes Ja mit Stichfrage] sinngemäss anwendbar.

1.4. Praxis

In der *Praxis* spielte die Teilabstimmung gemäss früherer KV eine untergeordnete Rolle. Vor 1976 wurden insgesamt acht Einzelpunktabstimmungen durchgeführt, davon sechs im 19. Jahrhundert[19].

Die letzte Einzelpunktabstimmung fand anlässlich der Volksabstimmung vom 13. Juni 1976 über das Gesetz über die Revision des Verfahrens in Zivilsachen statt. Hier war die Frage umstritten, ob die Urteilsberatungen am Ober- und am Kassationsgericht weiterhin öffentlich sein sollen[20].

2. Beschluss einer Teil- oder Variantenabstimmung (Abs. 1)

2.1. (Haupt-)Vorlage

Die Variante oder der Teil wird in der Volksabstimmung einer *Vorlage* gegenübergestellt (Abs. 1). Damit ist die sog. Hauptvorlage nach Abs. 2 gemeint. Vor-

---

[18] Vgl. THALMANN, § 89 N. 3.4.
[19] HUBER, S. 186 ff. Darunter finden sich auch Fälle von *Varianten*abstimmungen. Über weitere, nicht den Kanton Zürich betreffende Fälle berichtet ODERMATT, S. 97.
[20] Die *Hauptvorlage* sah dies vor. In der Referendumsvorlage wurde der umstrittene Passus von § 135 Abs. 1 des Gerichtsverfassungsgesetzes vom 13. Juni 1976 (LS 211.1) mit Kursivschrift wie folgt hervorgehoben: «Die Verhandlungen ... sind bei allen Gerichten öffentlich, *am Obergericht und am Kassationsgericht auch die Urteilsberatungen.*» In einer Anmerkung dazu wurde erläutert: «Zusatz gilt nur bei Beibehaltung der öffentlichen Urteilsberatung gemäss Spezialfrage auf dem Stimmzettel» (ABl 1976, 581). In der Volksabstimmung wurden die Stimmberechtigten gefragt: «1. Wollen Sie das Gesetz über (...) annehmen? 1.A. *Zusatzfrage*: Wollen Sie für den Fall, dass das Gesetz angenommen wird, die öffentliche Urteilsberatung des Obergerichts und des Kassationsgerichts beibehalten?» (ABl 1976, S. 370). Dem Gutachten von HUBER (S. 177 ff.) folgend, erläuterte der Regierungsrat den Stimmberechtigten, dass die beiden Fragen unabhängig voneinander beantwortet werden können. Das Ergebnis der Zusatzfrage erlange aber nur dann Bedeutung, wenn das Gesetz angenommen werde (ABl 1976, S. 480). Die Stimmberechtigten stimmten sowohl der Hauptfrage als auch der Zusatzfrage zu (ABl 1976, S. 801).

lagen sind Gegenstände, die zur Volksabstimmung gelangen oder gelangen können[21]. Aus den Wendungen «Für den Fall einer Volksabstimmung» (Abs. 1) und «Findet keine Volksabstimmung statt» (Abs. 2) ergibt sich, dass Art. 34 mit dem Fall einer Volksabstimmung über die Vorlage rechnet, sie aber nicht zwingend voraussetzt. Daraus folgt, dass jedenfalls Gegenstände, die dem *fakultativen Referendum* unterstehen (Art. 33 Abs. 1), Vorlagen i.S.v. Art. 34 sind.

17 Die Formulierung von Art. 34 erfasst aber auch Gegenstände, die dem *obligatorischen Referendum* unterstehen (Art. 32). Die Bedingung «Für den Fall einer Volksabstimmung» ist in solchen Fällen kraft Verfassung stets, die Voraussetzung «Findet keine Volksabstimmung statt» nie erfüllt. Der Normzweck unterstützt diese Sichtweise: Auch Vorlagen, die dem obligatorischen Referendum unterstehen, können «Schicksalsparagrafen»[22] enthalten, die es sinnvoll erscheinen lassen, eine Variante zu formulieren oder über sie gesondert abstimmen zu lassen. Die Voten im Plenum und in der Kommission 2 stützen diese Auffassung[23].

18 Gewisse *Einschränkungen* ergeben sich aus dem Charakter einzelner Gegenstände, die dem obligatorischen Referendum unterstehen:
– Nach Art. 32 lit. c und d findet zwingend eine Volksabstimmung über *Volksinitiativen* statt, denen der Kantonsrat *nicht zustimmt* bzw. die er *nicht umsetzen will*. In solchen Fällen kann der Kantonsrat weder zu einzelnen Bestimmungen der Initiative eine Variante formulieren noch zusätzlich zur Abstimmung über die ganze Initiative auch über einzelne ihrer Bestimmungen abstimmen lassen. Der Kantonsrat müsste einen entsprechenden Gegenvorschlag zur Initiative (Art. 30) beschliessen.

19 – Stellt der Kantonsrat einer Volksinitiative einen *Gegenvorschlag* gegenüber (Art. 30), hat das Stimmvolk über beides zu entscheiden[24]. Mithin handelt es sich auch beim Gegenvorschlag des Kantonsrates um eine Vorlage i.S.v. Art. 34, zu welcher er eine Varianten- oder Teilabstimmung beschliessen kann. Zwar führt das zu drei einander ausschliessenden Vorlagen mit den entsprechenden abstimmungstechnischen Problemen[25], doch sind *keine prinzipiellen* Gründe ersichtlich, die in solchen Fällen eine Teil- oder Variantenabstimmung ausschliessen würden[26].

20 – Bei *internationalen oder interkantonalen Verträgen* mit Verfassungs- oder Gesetzesrang (Art. 32 lit. b und Art. 33 Abs. 1 lit. b) sind Teil- oder Varian-

---

[21] Der Begriff wird mit dieser Bedeutung auch in Art. 29 Abs. 2, 30 Abs. 1, 35 Abs. 1 und 36 verwendet.
[22] N. 1 f.
[23] Prof. Plenum, S. 388 (Votum Siegrist), Prot. K2 vom 14. Februar 2002, S. 236 und 238 (Voten Siegrist und Kottusch).
[24] Art. 32 lit. e. Dazu Art. 32 N. 34.
[25] Art. 36 N. 25 ff.
[26] Für das Bündner Recht a.M. SCHULER, Kommentar KV GR, Art. 19 N. 29.

tenabstimmungen nur insoweit möglich, als der Vertrag und seine Integration ins kantonale Recht einen Handlungsspielraum offenlassen[27].

2.2. «Ausnahmsweise»

Nach Abs. 1 darf der Kantonsrat eine Teil- oder Variantenabstimmung nur *ausnahmsweise* beschliessen. Eine rein rechnerische Sichtweise wäre hier verfehlt. Wenn der Kantonsrat bereits bei einer der drei letzten Vorlagen eine Teil- oder Variantenabstimmung beschlossen hat, wäre es falsch, bei der vierten Vorlage deshalb auf eine weitere Teil- oder Variantenabstimmung zu verzichten, weil dann mit Blick auf alle Vorlagen nicht mehr von einer Ausnahme gesprochen werden könnte. Der Begriff «ausnahmsweise» ist vielmehr vor dem Hintergrund des *Normzwecks* zu verstehen[28]: Teil- und Variantenabstimmungen sind zulässig, ja sogar geboten, wenn der Kantonsrat die «Schicksalsparagrafen» und den Inhalt der dem Volkswillen besser entsprechenden Regelungen mit hinreichender Sicherheit kennt und wenn er eine zweite Vorlage mit eben diesen Regelungen beschliessen würde, falls die Stimmberechtigten die ihnen allein unterbreitete Hauptvorlage ablehnen würden[29]. Das wird nur ausnahmsweise der Fall sein.

2.3. Variante

Nach Abs. 1 lit. a kann der Kantonsrat der Vorlage eine *Variante* gegenüberstellen. Diese muss mehr oder weniger dem *Regelungsgegenstand der Hauptvorlage* entsprechen; sie darf ihn weder übermässig einschränken noch zu weit ausdehnen[30]. Andernfalls handelte es sich nicht mehr um eine Variante zur Hauptvorlage, sondern um eine andere Vorlage.

Hingegen muss die Variante die *Zielrichtung* der Hauptvorlage *nicht übernehmen*. Anders als im Verhältnis zwischen Volksinitiative und Gegenvorschlag des Kantonsrates[31] muss die Variante nicht vor der Hauptvorlage geschützt werden, denn beide Vorlagen stammen vom Kantonsrat.

---

[27] So z.B. Vorbehalte eines Vertragspartners, die gemäss Vertrag zulässig sind, oder der Zeitpunkt des Geltungsbeginns des Vertrages.

[28] N. 1 f.

[29] Beim Erlass des neuen Volksschulgesetzes wären die Voraussetzungen wohl erfüllt gewesen. Die Kritik an der ersten Vorlage konzentrierte sich im Wesentlichen auf die Einführung der sog. Grundstufe, in der die bisherige Kindergartenstufe und die erste Klasse der Unterstufe zusammengefasst worden wären (vgl. ABl 2002, S. 1688). Die erste Vorlage wurde abgelehnt. Kurz danach beschloss der Kantonsrat eine zweite Vorlage (Volksschulgesetz vom 7. Februar 2005; LS 412.100), welche auf die Einführung der Grundstufe verzichtete.

[30] Die mit den unveränderten Bestimmungen der Hauptvorlage ergänzte Variante muss zudem die Einheit der Materie wahren.

[31] Vgl. Art. 30 N. 13 ff.

24 Die Variante kann sich auf *einzelne Bestimmungen (Teile)* der Hauptvorlage beschränken, aber auch die *ganze Vorlage* betreffen. Der erste Fall liegt z.B. vor, wenn bei einem Gesetz die Variante einzelne Paragrafen anders fasst. Um einen Fall aus der zweiten Gruppe handelt es sich, wenn die Hauptvorlage einen Verpflichtungskredit für den Abbruch eines alten und den Bau eines neuen Schulhauses vorsieht, die Variante hingegen eine Kreditvorlage für die Renovation des alten Schulhauses.

25 Die Variante muss denselben *Konkretisierungsgrad* aufweisen wie die Hauptvorlage: Die Variante zu einem Gesetz muss ausformuliert sein, jene zu einer Kreditvorlage die Höhe des Verpflichtungskredits genau nennen und das Projekt detailliert beschreiben. Eine abstrakte Frage zum umstrittenen Thema genügt nicht[32].

26 Der Kantonsrat kann zu *mehreren Teilen* der Vorlage Varianten beschliessen, pro Teil aber *höchstens eine* Variante. Das ergibt sich aus der Entwicklung des Normtextes, der zunächst mehrere Varianten pro Teil zuzulassen schien und dies erst in seinen späteren Fassungen ausschloss[33]. In der Vorberatung führte der Kommissionssprecher dazu aus: «Es wird ferner nur noch von Variante und nicht mehr von Varianten gesprochen. Der Plural träfe insoweit zu, als der Kantonsrat an sich zu mehreren Teilen einer Vorlage eine Variante vorschlagen könnte. Mit der Einzahl wird aber ausgedrückt, dass pro Teil jeweils nur eine Variante gestattet ist.»[34]

27 Dass in Abs. 1 lit. a von Variante und nicht von Varianten die Rede ist, darf indessen nicht überbewertet werden. Im Rat wurde die Einschränkung einzig damit begründet, dass andernfalls «die Sache abstimmungstechnisch nicht mehr gehandhabt werden [könne]»[35]. An anderer Stelle wird aber gezeigt, dass es durchaus Wege gibt, um drei oder mehr einander ausschliessende Vorlagen «abarbeiten» zu können[36]. Die politische Problematik einer Vielzahl von Varianten zum gleichen Punkt bleibt aber bestehen.

2.4. Teile

28 Für den Fall einer Volksabstimmung kann der Kantonsrat zusätzlich zur Abstimmung über die ganze Vorlage auch über *einzelne Bestimmungen* abstimmen lassen (Abs. 1 lit. b). Wie bei der Variantenabstimmung werden auch hier einzelne

---

[32] So auch HUBER, S. 184, zu Art. 30 Abs. 2 aKV in der Fassung vor dem Verfassungsgesetz vom 27. September 1998.
[33] N. 7 f.
[34] Prot. Plenum, S. 413.
[35] Prot. Plenum, S. 413.
[36] Art. 36 N. 25 ff.

Teile der Hauptvorlage isoliert, anders als dort aber nicht durch eine anderslautende Formulierung ersetzt.

Kommt es zu einer Teilabstimmung, wird ergänzend zur Abstimmung über die ganze Vorlage nicht über deren umstrittene Bestimmungen abgestimmt, sondern über die *nicht umstrittenen* Teile[37]. 29

Analog zur Rechtslage bei der Variantenabstimmung[38] kann der Kantonsrat auch über *mehrere Gruppen einzelner Bestimmungen* der Vorlage je eine Teilabstimmung durchführen lassen. Weder der Wortlaut von Abs. 1 lit. b noch der Normzweck[39] stehen dem entgegen. Allerdings kann das zu einem komplizierten Abstimmungsverfahren führen[40]. 30

2.5. Quorum und Zeitpunkt des Beschlusses

Mangels spezieller Vorschriften ist für den Beschluss einer Teil- oder Variantenabstimmung die *Mehrheit der anwesenden Mitglieder* des Kantonsrats erforderlich (einfaches Mehr). Teil- und Variantenabstimmungen sind also keine Instrumente, mit denen Minderheiten des Kantonsrates ihren Standpunkt dem Volk zum Entscheid vorlegen können. 31

Der Kantonsrat muss den Beschluss einer Teil- oder Variantenabstimmung *vor Beginn der Referendumsfristen,* d.h. unmittelbar nach der Schlussabstimmung über die Hauptvorlage, fassen[41]. Er darf also nicht zuwarten, bis sich abzeichnet, dass das Referendum ergriffen wird[42]. Denn der Kantonsrat soll die Arbeit an einer Vorlage mit oder ohne Beschluss einer Teil- oder Variantenabstimmung abschliessen – dann liegt der Ball bei den Referendumsberechtigten. Könnte der Kantonsrat auf die Vorlage zurückkommen, nachdem sich ein Referendum abzeichnet, würde das auch die Ausgangslage der Stimmberechtigten wieder ändern. Daraus ergäbe sich ein unklares Hin und Her zwischen Kantonsrat und Stimmberechtigten. 32

---

[37] N. 37.
[38] N. 26.
[39] N. 1 f.
[40] Art. 36 N. 25 ff.
[41] Bereits am folgenden Tag beginnt die Frist für das Kantonsratsreferendum zu laufen (Art. 33 Abs. 3 Satz 2). Die Frist für das Volks- und das Gemeindereferendum beginnt ab Publikation der Vorlage im Amtsblatt (Art. 33 Abs. 3 Satz 1).
[42] Prot. Plenum, S. 386, 413 und 2076, ferner Prot. K2 vom 23. April 2003, S. 479 f. Vgl. auch die Entwicklung des diesbezüglich zunächst unklaren Wortlauts der Norm (N. 7 f.). Anders BGE 80 I 165 ff., 170 zu § 39 Abs. 4 KV LU in der damaligen Fassung.

3. Rechtsfolgen

3.1. Durchführung einer Volksabstimmung?

33 Nach dem Wortlaut von Abs. 1 kann der Kantonsrat *für den Fall einer Volksabstimmung* eine ergänzende Teil- oder Variantenabstimmung beschliessen. Bei Gegenständen, die dem fakultativen Referendum unterstehen (Art. 33 Abs. 1), handelt es sich hierbei um einen *Eventualbeschluss*: Über den Teil der Vorlage bzw. über die Variante wird nur dann ergänzend abgestimmt, falls gegen die Hauptvorlage *das Referendum ergriffen* wird[43]. Beschliesst der Kantonsrat eine Teil- oder Variantenabstimmung, kommt es deshalb nicht bereits kraft dieses Beschlusses zu einer Volksabstimmung[44]. Das ergibt sich auch aus der Existenz von Abs. 2, der sich mit dem Fall befasst, in dem es trotz Beschlusses einer Teil- oder Variantenabstimmung zu keiner Volksabstimmung kommt.

34 Der Beschluss einer Teil- oder Variantenabstimmung eröffnet dem Kantonsrat auch nicht die Möglichkeit, eine referendumsfähige Vorlage mittels eines zusätzlichen Beschlusses dem obligatorischen Referendum zu unterstellen[45].

35 Anders ist die Rechtslage bei Gegenständen, die dem *obligatorischen Referendum* unterstehen (Art. 32). Hier kommt es stets zu einer Volksabstimmung über die Hauptvorlage und damit auch zur Abstimmung über die Teile oder die Variante.

3.2. Gegenüberstellung von Hauptvorlage und Variante bzw. Teil

36 Der Kantonsrat kann der Hauptvorlage eine Variante gegenüberstellen (Abs. 1 lit. a) bzw. zusätzlich über einzelne ihrer Bestimmungen abstimmen lassen (Abs. 1 lit. b). Nicht aus dem Begriff des Gegenüberstellens bzw. des zusätzlichen Abstimmens, aber aus dem Wesen der Teil- oder Variantenabstimmung ergibt sich die *Alternativität* der beiden Vorlagen: Höchstens eine von ihnen soll dereinst rechtskräftig werden. Damit kommt Art. 36 betr. konkurrierende Vorlagen zu Anwendung[46].

37 Die Variante oder der Teil ist in der Regel als *vollständiges Ganzes* auszugestalten[47]. Bei einer Variantenabstimmung müssen die anderslautenden Bestim-

---

[43] «Einfaches» Referendum, aber auch Referendum mit Gegenvorschlag (vgl. Art. 35 N. 17).
[44] N. 4, ferner Prot. Plenum, S. 390 f. und 413, sowie Prot. K2 vom 14. Februar 2002, S. 236 f.
[45] Vgl. die Entwicklung des diesbezüglich anfangs unklaren Normtextes (N. 7 f.), ferner Prot. Plenum, S. 385 f. und 413. Das gilt auch für Vorlagen, bei denen eine Varianten- oder Teilabstimmung nicht zur Diskussion steht (Art. 33 N. 38).
[46] Art. 36 N. 11 ff.
[47] Art. 36 N. 22 f. So auch SCHULER, Kommentar KV GR, Art. 19 Rz. 25, für das Bündner Recht, wonach «abhängige Varianten» nicht zulässig seien. Eine Variante ist abhängig, wenn sie unvollständig ist (Art. 36 N. 22).

mungen mit den nicht umstrittenen Bestimmungen der Hauptvorlage ergänzt werden. Bei der Teilabstimmung ist nicht über ihre umstrittenen Bestimmungen zusätzlich abzustimmen, sondern über die *nicht* umstrittenen[48]. Nur so kann ein Abstimmungsresultat ermittelt werden, das dem unverfälschten Willen der Stimmberechtigten entspricht.

Die beiden Vorlagen sind den Stimmberechtigten in aller Regel *in derselben Volksabstimmung* zu unterbreiten[49]. Die Stimmberechtigten können die Abstimmungsfragen unabhängig von einander beantworten und ihre Präferenzordnung durch eine zusätzliche Stichfrage eindeutig ausdrücken[50]. 38

3.3. Ausbleiben der Volksabstimmung (Abs. 2)

Findet keine Volksabstimmung statt, so gilt die vom Kantonrat verabschiedete *Hauptvorlage* (Abs. 2). Diese Norm greift nur bei Vorlagen, die dem fakultativen Referendum unterstehen, gegen die das Referendum aber nicht ergriffen worden ist. 39

Aus der Rechtsfolge von Abs. 2 folgt, dass sich der Kantonsrat bei der Verabschiedung der Vorlage *entscheiden muss*, welche der beiden im Raum stehenden Alternativen er bevorzugt. Diese Alternative gilt dann als Hauptvorlage, welche im Fall des Nichtergreifens des Referendums rechtskräftig wird. Auch muss der Kantonsrat seine Priorität den Stimmberechtigten gegenüber darlegen, denn diese müssen wissen, welche Vorlage gelten wird, falls kein Referendum ergriffen wird. 40

Untersteht eine Vorlage dem *obligatorischen Referendum*, so entscheiden in jedem Fall die Stimmberechtigten, ob es beim Status quo bleiben bzw. welche der beiden Vorlagen gelten soll. Nach dem Wortlaut von Abs. 1 muss der Kantonsrat aber auch hier eine der Vorlagen als Hauptvorlage und die andere als Variante bezeichnen. Diese Bezeichnung hat aber lediglich den Charakter einer Abstimmungsempfehlung. 41

---

[48] Anders die letzte Einzelpunktabstimmung im Kanton (N. 15): Es wurde nach der Wünschbarkeit der *umstritten* Bestimmungen gefragt, wobei das Resultat dieser Frage nur berücksichtigt werden sollte, falls die Hauptvorlage angenommen würde.
[49] Art. 36 N. 14 ff. Auch für das Bündner Recht wird gefordert, dass das Abstimmungsverfahren über Varianten jenem über Volksinitiativen und Gegenvorschläge zu entsprechen habe (SCHULER, Kommentar KV GR, Art. 19 N. 32).
[50] Art. 36 N. 3, 18.

Art. 35[*]

3000 Stimmberechtigte können das Referendum ergreifen, indem sie zu einer Vorlage innert 60 Tagen nach ihrer amtlichen Veröffentlichung einen ausformulierten Gegenvorschlag einreichen.

Der Kantonsrat nimmt zu diesem Gegenvorschlag Stellung.

Referendum mit Gegenvorschlag von Stimmberechtigten

Materialien

Art. 41 VE; Prot. Plenum, S. 347 ff., 395 ff., 2079 ff., 3144 ff.

Vgl. ferner Botschaft des Bundesrates zur Volksinitiative «Mehr Rechte für Volk dank dem Referendum mit Gegenvorschlag (Konstruktives Referendum)» vom 1. März 1999, BBl 1999, S. 2937 ff. (Botschaft 1999).

Literatur

BOLZ URS, Volksrechte, in: Kälin/Bolz, S. 105 ff.; BOLZ URS, Art. 63, in: Kälin/Bolz; HANGARTNER/KLEY, §§ 8, 33, 38; LONGCHAMP CLAUDE, Das Entscheidungsverfahren beim Konstruktiven Referendum. Vorschläge für die Ausgestaltung eines neuen Volksrechts, LeGes 1993/1, S. 53 ff.; SÄGESSER THOMAS, Das konstruktive Referendum, Diss., Bern 2000.

Vgl. ferner Hinweise zu Art. 32.

Rechtsquellen

Vgl. Hinweise zu Art. 23.

Übersicht

	Note
1. Einleitung	1
1.1. Normzweck	1
1.2. Wesen des Referendums mit Gegenvorschlag	4
1.3. Entstehungsgeschichte	7
1.4. Rechtsvergleich und Praxis	11
2. Gegenvorschlag (Abs. 1)	13
2.1. Vorlage des Kantonsrates als Bezugspunkt	13
2.2. Inhalt des Gegenvorschlags	18
2.3. Form des Gegenvorschlags	21
2.4. Urheberschaft und Einreichung	23
3. Stellungnahme des Kantonrates (Abs. 2)	25
3.1. Inhaltliche Beurteilung	25
3.2. Rechtliche Beurteilung	26
3.3. Unabänderbarkeit der Vorlagen	28
4. Volksabstimmung	31

---

[*] Der Verfasser dankt Dr. iur. Philipp Mäder für die kritische Durchsicht der Kommentierung und die zahlreichen Hinweise.

1. Einleitung

1.1. Normzweck

1 Mit dem Instrument des Referendums mit Gegenvorschlag erhalten Stimmberechtigte, die eine Referendumsvorlage des Kantonsrates bemängeln, die Möglichkeit, eine (oder mehrere) ihnen *vorteilhafter erscheinende Alternativen* zu formulieren und diese zusammen mit der Vorlage des Kantonsrates *zur Volksabstimmung* zu bringen. Damit sollen «Schicksalsparagrafen»[1] verhindert, der bewahrenden Tendenz der Referendumsdemokratie entgegengewirkt, die Kumulation verschieden motivierter Nein-Stimmen («unheilige Allianzen») eingeschränkt, die konstruktive Mitarbeit von Stimmberechtigten gefördert, die Gegner einer Vorlage in die Pflicht genommen, ein zweiter Urnengang über eine verbesserte Vorlage vermieden und sog. Mogelpackungen des Kantonsrates verunmöglicht werden[2].

2 Als *Nachteile* des Instruments wurden im Verfassungsrat genannt[3]: Unliebsame, aber nötige Teile würden aus einer Vorlage herausgebrochen; das Abstimmungsverfahren werde verzögert und insbesondere dann komplizierter, wenn mehrere Gegenvorschläge eingereicht würden; der Kantonsrat arbeite weniger sorgfältig, da noch nachträgliche Korrekturen möglich seien; die Verantwortlichkeit für die Festlegung des Inhalts einer Vorlage sei nicht mehr klar; es sei schwieriger, im Kantonsrat Kompromisse zu finden, weil die Gefahr bestehe, dass sinnvolle und ausgewogene Regelungspakete nochmals aufgeschnürt würden.

3 Das Referendum mit Gegenvorschlag bewirkt, dass die Stimmberechtigten ihren Willen *differenzierter ausdrücken* können. Es steht ihnen nicht nur die Vorlage des Kantonsrates zur Auswahl, sondern auch der Gegenvorschlag. Dadurch wird der Schutz der freien Willenbildung und unverfälschten Stimmabgabe (Art. 34 Abs. 2 BV) verbessert.

1.2. Wesen des Referendums mit Gegenvorschlag

4 Das Referendum mit Gegenvorschlag hat eine Doppelnatur: Einerseits wird damit die vom Kantonsrat beschlossene Vorlage *weiterentwickelt*, indem Stimmberechtigte eine aus ihrer Sicht bessere Alternative einbringen. Das ist der konstruktive[4], progressive Aspekt des Instruments. In diesem Punkt ist der Ge-

---

[1] Art. 34 N. 1.
[2] Prot. Plenum, S. 351, 396 ff. und 2079 ff.
[3] Prot. Plenum, S. 397, 399 f., 402, 2080, 2082 und 3145 f. Zu den Vor- und Nachteilen auch HANGARTNER/KLEY, N. 2182 ff., und SÄGESSER, S. 4, 115 ff. und 164 f.
[4] Auf die in der Literatur verbreitete Bezeichnung *konstruktives Referendum* wurde verzichtet, um das einfache Referendum nicht dem Anschein des *Destruktiven* auszusetzen (Prot. Plenum, S. 350, 396 und 2079).

genvorschlag der Volksinitiative (Art. 24 lit. a) ähnlich, so dass die sinngemässe Anwendung der die Volksinitiative betreffenden Verfassungsnormen in Frage kommt.

Anderseits richtet sich das Referendum mit Gegenvorschlag gegen die vom Kantonsrat beschlossene Vorlage. Hier ist das *kritische, bewahrende Element* des Instruments angesprochen. In diesem Punkt entspricht es dem «einfachen» Volksreferendum[5], weshalb jeweils zu prüfen ist, ob die das Referendum betreffenden Normen sinngemäss anzuwenden sind. Kommt das Referendum mit Gegenvorschlag zustande, so wird in der Volksabstimmung *auch über die Vorlage des Kantonsrates abgestimmt*, mit der möglichen Folge ihrer Ablehnung[6]. Ohne diesen Wesenszug wären die Stimmberechtigten lediglich zu fragen, ob sie die Vorlage des Kantonsrates oder den Gegenvorschlag bevorzugen[7], wobei eine der beiden Alternativen auf jeden Fall verwirklicht würde.

Zur *Teil- und Variantenabstimmung* (Art. 34) besteht eine funktionale Nähe in dem Sinne, als der Kantonsrat mit dem Beschluss einer solchen Abstimmung u.U. einem Gegenvorschlag von Stimmberechtigten zuvorkommen kann[8]. Schliesslich bildet das Referendum mit Gegenvorschlag das *Gegenstück zum Gegenvorschlag des Kantonsrates zu einer Volksinitiative* (Art. 30). Hier formulieren die Stimmberechtigten eine Variante zum Text des Kantonsrates, dort stellt der Kantonsrat dem Text der Volksinitiative seine eigene Formulierung gegenüber.

1.3. Entstehungsgeschichte

Mit Datum vom 11. Oktober 2001 unterbreitete die Kommission 2 dem Plenum folgende Bestimmung:

---

[5] Art. 33 Abs. 2 lit. a. Vgl. Prot. Plenum, S. 2079 (Votum Ganz).
[6] Das ergibt sich aus der Formulierung «das Referendum ergreifen» in Abs. 1, ferner aus der Entstehungsgeschichte der Norm. Gemäss erster Textfassung (N. 7) hätten die Stimmberechtigten «beiden Vorlagen zustimmen» können (Art. 5 Abs. 3), was bedeutet, dass auch die Vorlage des Kantonsrates dem Stimmberechtigten zum Entscheid vorzulegen ist. Der Regierungsrat stellte fest, dass das in Art. 5 Abs. 3 und 4 geregelte Verfahren auch bei andern Abstimmungen über zwei einander ausschliessende Vorlagen erforderlich sei, weshalb es zu verallgemeinern und in eine separate Norm zu fassen sei (RRB 1744 vom 14. November 2001, S. 14). Die Kommission 2 folgte der Anregung und verselbständigte die betreffende Norm (nun Art. 36; Prot. K2 vom 20. Dezember 2001, S. 197). Was die Bestimmung über den Gegenvorschlag von Stimmberechtigten betrifft, hiess es dann selbst in der Fassung vom 10. Januar 2002 noch ausdrücklich: «Dieser [der Gegenvorschlag] gilt als Referendum» (N. 8). In diesem Sinn sind auch Art. 63 Abs. 3 KV BE und Art. 55 Abs. 5 KV NW zu verstehen.
[7] So Art. 89ter Abs. 3 BV gemäss der Volksinitiative «Mehr Rechte für das Volk dank dem Referendum mit Gegenvorschlag (Konstruktives Referendum)», BBl 1995 III, S. 1477.
[8] Vgl. Prot. Plenum, S. 2079 und 2081, sowie Art. 34 N. 2.

Art. 5   *Referendum mit Gegenvorschlag von Stimmberechtigten*
         (Konstruktives Referendum)

¹ 3000 Stimmberechtigte können innert 60 Tagen nach der amtlichen Veröffentlichung eines Erlasses ein Referendum mit einem ausformulierten Gegenvorschlag einreichen.

² Der Kantonsrat nimmt zu diesem Gegenvorschlag Stellung.

³ Die Stimmberechtigten können beiden Vorlagen zustimmen und angeben, welcher von ihnen sie den Vorzug geben, falls beide angenommen werden.

⁴ Hat der Kantonsrat eine Variante beschlossen und kommen ein oder mehrere Gegenvorschläge von Stimmberechtigten zur Abstimmung, so kann der Kantonsrat ein gestaffeltes Abstimmungsverfahren festlegen.

8   Nach Behandlung der Stellungnahme des Regierungsrates[9] lautete der Antrag der Kommission vom 10. Januar 2002 wie folgt:

Art. 6   *Referendum mit Gegenvorschlag von Stimmberechtigten*
         (Konstruktives Referendum)

¹ 3000 Stimmberechtigte können innert 60 Tagen nach der amtlichen Veröffentlichung eines Erlasses einen ausformulierten Gegenvorschlag einreichen. Dieser gilt als Referendum.

² Der Kantonsrat nimmt zu diesem Gegenvorschlag Stellung.

9   In der Vorberatung übernahm das Plenum den Antrag unverändert[10]. Nach der redaktionellen Bereinigung wurde dem Plenum für die Gesamtlesung der Wortlaut des geltenden Art. 35 vorgelegt. Das Plenum übernahm die Bestimmung unverändert[11].

10 In der Vernehmlassung wurde die Bestimmung teils begrüsst, teils unter Nennung der vorn erwähnten Nachteile[12] abgelehnt. Für die 2. Gesamtlesung wurde dem Plenum der unveränderte Wortlaut der Vernehmlassungsvorlage unterbreitet; einzig die Frist zur Einreichung des Gegenvorschlags wurde auf 90 Tage erhöht. Das Plenum übernahm die Formulierung, senkte die Frist aber wieder auf 60 Tage[13].

---

[9] RRB 1744 vom 14. November 2001, S. 13 f.
[10] Prot. Plenum, S. 403. Der Antrag der SVP auf Streichung des Artikels wurde abgelehnt.
[11] Antrag der Geschäftsleitung vom 16. April 2003, S. 32; Prot. Plenum, S. 2079 ff. Der Antrag von SVP und FDP auf Streichung des Artikels wurde abgelehnt.
[12] N. 2.
[13] Antrag der Geschäftsleitung vom 13. Mai 2004, S. 21; Prot. Plenum, S. 3144 ff. Der Antrag der SVP auf Streichung des Artikels wurde abgelehnt.

1.4. Rechtsvergleich und Praxis

Beim Referendum mit Gegenvorschlag handelt es sich um ein im Kanton Zürich bisher unbekanntes Volksrecht. Nach den Kantonen Bern (1995) und Nidwalden (1997)[14] ist Zürich der dritte Kanton, der dieses Instrument eingeführt hat.

Das erste Referendum mit Gegenvorschlag von Stimmberechtigten betrifft das Gesetz über die ärztlichen Zusatzhonorare, das der Kantonsrat am 12. Juni 2006 verabschiedet hat[15].

2. Gegenvorschlag (Abs. 1)

2.1. Vorlage des Kantonsrates als Bezugspunkt

Nach Abs. 1 können die Stimmberechtigten einen Gegenvorschlag zu einer *Vorlage* einreichen[16]. Vorlagen sind Gegenstände, die zur Volksabstimmung gelangen oder gelangen können[17]. Der Begriff der Vorlage deckt sich *nicht* mit jenem des *Erlasses*[18], wie er in früheren Fassungen von Art. 35 verwendet worden ist[19].

Reichen Stimmberechtigte einen ausformulierten Gegenvorschlag zu einer Vorlage des Kantonsrates ein, so ergreifen sie damit nach dem Wortlaut von Abs. 1 auch das Referendum gegen diese Vorlage. Gegenvorschläge sind deshalb jedenfalls dann zulässig, wenn sie sich auf Gegenstände beziehen, die gemäss Art. 33 Abs. 1 dem *fakultativen Referendum* unterstehen.

Können auch zu Gegenständen, die dem *obligatorischen Referendum* unterstehen (Art. 32), Gegenvorschläge eingereicht werden? Erstaunlicherweise wurde die Frage weder in der zuständigen Sachkommission 2 noch im Plenum des Verfassungsrates diskutiert. Für die Zulässigkeit spricht, dass die meisten der

---

[14] Art. 63 Abs. 3 und 4 KV BE (dort als *Volksvorschlag* bezeichnet) und Art. 54a sowie 55 KV NW. Vgl. die eingehende Darstellung dieser Instrumente bei SÄGESSER, S. 41 ff.
[15] ABl 2006, S. 563 ff. Der Gegenvorschlag (vgl. ABl 2006, S. 1607 ff.) zielt im Wesentlichen darauf ab, dass über die Verwendung der Zusatzhonorare, die zum grössten Teil in die sog. Honorarpools der Spitalkliniken fliessen, nicht der Klinikdirektor entscheidet, sondern eine aus Vertretungen der verschiedenen Stände zusammengesetzte Honorarkommission.
[16] Im Kanton Bern ist der Volksvorschlag gegen Gesetze und gegen sog. Grundsatzbeschlüsse zulässig (Art. 63 Abs. 3 KV BE), im Kanton Nidwalden gegen Gesetze und Verfassungsänderungen (Art. 54a Abs. 2 und 3 KV NW).
[17] In diesem Sinne wird der Begriff auch in Art. 29 Abs. 2, 30 Abs. 1, 34 und 36 verwendet. Vgl. auch HANGARTNER/KLEY, N. 2353 ff.
[18] Unter einem Erlass ist eine Gesamtheit generell-abstrakter Rechtsvorschriften zu verstehen, etwa eine Verfassungsänderung, ein Gesetz oder eine Verordnung.
[19] N. 7 f. Die begriffliche Änderung erfolgte anlässlich der redaktionellen Bearbeitung der Norm (Prot. RedK vom 14. Februar 2003, S. 189) und wurde weder in der Kommission 2 noch im Plenum diskutiert. Die Bedeutung der Änderung blieb vermutlich unerkannt.

vorne erwähnten Zwecke[20] auch bei Vorlagen anzustreben sind, die dem obligatorischen Referendum unterstehen. Gegen die Zulässigkeit spricht aber erstens der Wortlaut von Abs. 1. Bei Vorlagen, die dem obligatorischen Referendum unterstehen, kann kein Referendum *ergriffen* werden, denn die Volksabstimmung findet hier von Verfassung wegen statt. Zweitens wurde das Referendum mit Gegenvorschlag als Reaktion auf die konservativen Wirkungen des «einfachen» Referendums entwickelt. Diese machen sich in erster Linie bei Gegenständen des *fakultativen* Referendums bemerkbar[21]. Drittens ist das Referendum mit Gegenvorschlag – nicht anders als das «einfache» Referendum – als «Waffe» der Stimmberechtigten gegen Entscheidungen des *Kantonsrats* konzipiert. Bei Vorlagen, die dem obligatorischen Referendum unterstehen, hatten und haben aber ohnehin die Stimmberechtigten das letzte Wort. Viertens will das Referendum mit Gegenvorschlag verhindern, dass eine im Grossen und Ganzen befürwortete Vorlage mit zahlreichen Regelungsinhalten wegen eines einzigen «Schicksalsparagrafen» scheitert. Verfassungsänderungen verfolgen demgegenüber oft nur einen einzigen, eng begrenzten Zweck, so dass ein Gegenvorschlag von Stimmberechtigten nicht als Detailkorrektur der Vorlage erscheint, sondern den Charakter einer *anderen* Vorlage hätte[22].

16   Die Frage der Zulässigkeit des Gegenvorschlags bei Vorlagen, die dem obligatorischen Referendum unterstehen, ist *vom Gesetzgeber* zu entscheiden. Unabhängig von seiner Antwort ist der Gegenvorschlag von Stimmberechtigten jedenfalls bei *Volksinitiativen* (Art. 32 lit. c–e) *ausgeschlossen*. Denn mit dem Instrument des Gegenvorschlags sollen sich Stimmberechtigte gegen den Kantonsrat stellen können, nicht gegen eine andere Gruppe von Stimmberechtigten[23]. Auch gegen den *Gegenvorschlag des Kantonsrates zu einer Volksinitiative* (Art. 30) können Stimmberechtigte *keinen Gegenvorschlag* einreichen. Das Entscheidungsverfahren zwischen Kantonsrat und Stimmberechtigten muss einfach bleiben, «Replik und Duplik» sind hier ausgeschlossen.

17   Hat der Kantonsrat eine *Teil- oder Variantenabstimmung* beschlossen (Art. 34), so schliesst das einen Gegenvorschlag von Stimmberechtigten nicht aus, obwohl sich die beiden Instrumente funktional entsprechen[24]. Dem Wortlaut von Art. 35 lässt sich nichts anderes entnehmen, und im Plenum wurde der Unterschied zu

---

[20] N. 1.
[21] BOLZ, Volksrechte, S. 115; BOLZ, Art. 63 N. 7.b.
[22] Im Kanton Nidwalden sind Gegenvorschläge gegen Verfassungsänderungen zugelassen (Art. 54a Abs. 2 KV NW), im Kanton Bern nicht (Art. 63 Abs. 3 KV BE). Zu den Vor- und Nachteilen vgl. auch SÄGESSER, S. 54.
[23] Zu einem Gegenvorschlag gegen eine Volksinitiative kann es materiell betrachtet nur kommen, wenn ihr der Kantonsrat vorgängig zugestimmt hat. Formell richtet sich der Gegenvorschlag dann aber nicht gegen die Initiative, sondern gegen das vom Kantonsrat Beschlossene.
[24] N. 6 und Art. 34 N. 1f.

der in diesem Punkt abweichenden Regelung im Kanton Bern[25] hervorgehoben: Der Kantonsrat soll ein Referendum mit Gegenvorschlag nicht dadurch verhindern können, dass er eine Variante beschliesst[26].

2.2. Inhalt des Gegenvorschlags

Zum Inhalt des Gegenvorschlags von Stimmberechtigten kann weitgehend auf das für den Inhalt eines Gegenvorschlags des Kantonsrates (Art. 30) Geltende verwiesen werden[27]. Die Vorgaben lassen sich wie folgt zusammenfassen: 18
- Aus dem Gegenvorschlag muss sich ergeben, wie die gegenüber der Vorlage des Kantonsrats *abweichenden Bestimmungen* lauten sollen, aber auch, welche Bestimmungen dieser Vorlage *aufgehoben* und welche *unverändert übernommen* werden sollen[28].
- Der Gegenvorschlag muss den Grundsatz der *Einheit der Materie* wahren und darf weder gegen *übergeordnetes Recht* verstossen noch *offensichtlich undurchführbar* sein[29].
- Der Gegenvorschlag muss einen *genügenden Zusammenhang* zur Vorlage des Kantonsrates aufweisen, d.h., er muss im Wesentlichen den Regelungsgegenstand der Vorlage und deren Zielrichtung (nicht aber das Zielmass) übernehmen.

Der Gegenvorschlag ist nicht beschränkt auf Inhalte, die im Kantonsrat oder seinen Organen *diskutiert* oder *beantragt* worden sind. Weder aus dem Wortlaut von Art. 35 noch aus den Voten im Verfassungsrat[30] ergeben sich Anhaltspunkte für eine solche Einschränkung[31]. 19

Bei Gegenvorschlägen zu Ausgabenbeschlüssen und zu Staatsverträgen bzw. Konkordaten ist Folgendes zu beachten: 20
- Gegenvorschläge zu *Ausgabenbeschlüssen* müssen nicht nur die geforderte Ausgabenhöhe präzise nennen, sondern auch darlegen, wofür die Mehrausgaben zu verwenden bzw. wie und wo die Einsparungen vorzunehmen sind.

---

[25] Art. 63 Abs. 3 Satz 1 KV BE.
[26] Prot. Plenum, S. 350, 396. So auch Prot. K2 vom 16. August 2001, S. 70, und vom 13. September 2001, S. 113.
[27] Art. 30 N. 12 ff. Hinsichtlich der Rechtslage im Kanton Bern geht auch SÄGESSER, S. 83 ff., von einer solchen Parallelität aus.
[28] Vgl. auch Art. 36 N. 22.
[29] Art. 28 Abs. 1 (analog). Bei der Prüfung, ob der Grundsatz der Einheit der Materie gewahrt ist, ist der *vollständige* Gegenvorschlag, bestehend aus den veränderten und den unverändert übernommenen Bestimmungen der Vorlage des Kantonsrates, zu betrachten. Der Blick ist nicht allein auf die Gruppe der veränderten Bestimmungen zu richten (so aber offenbar SÄGESSER, S. 98 f.).
[30] Prot. Plenum, S. 347 ff., 395 ff., 2079 ff. und 3144 ff.
[31] Gegen eine Einschränkung auch SÄGESSER, S. 61 f., für den Kanton Bern und HANGARTNER/KLEY, N. 2184, allgemein. Anders LONGCHAMP, S. 60, in einer Skizze für das konstruktive Referendum auf Bundesebene.

Das setzt Detailkenntnisse des Projekts voraus, über welche die Stimmberechtigten i.d.R. nicht verfügen[32].

– *Interkantonale und internationale Verträge* mit Gesetzesrang werden vom Regierungsrat ausgehandelt und abgeschlossen und vom Kantonsrat genehmigt[33]. Die dem fakultativen Referendum unterstehende[34] Genehmigung lässt keinen Spielraum für einen Gegenvorschlag andern Inhalts, doch ist ein solcher denkbar hinsichtlich der weiteren Regelungsinhalte des sog. Beitrittsgesetzes[35].

2.3. Form des Gegenvorschlags

21 Nach Abs. 1 muss der Gegenvorschlag *ausformuliert* sein. Da es hier um den «konstruktiven Aspekt» des Gegenvorschlags geht, kann auf Art. 25 Abs. 1 betreffend die Form von Initiativen und das zur Wendung «ausgearbeiteter Entwurf» Ausgeführte verwiesen werden[36]. Anders als bei Initiativen darf sich der Gegenvorschlag von Stimmberechtigten nicht damit begnügen, die allgemeine Stossrichtung des Begehrens zu nennen. Auch Mischformen i.S.v. Art. 25 Abs. 3 sind unzulässig.

22 Der Gegenvorschlag von Stimmberechtigten ist nicht an die *Regelungsstufe* der Vorlage des Kantonsrates gebunden. Einer vom Kantonsrat vorgeschlagenen Verfassungsänderung kann eine Gesetzesrevision gegenübergestellt werden und umgekehrt. Die Chancengleichheit der beiden Vorlagen und die Abstimmungsfreiheit bleiben gewahrt[37].

2.4. Urheberschaft und Einreichung

23 Anders als das «einfache» Referendum kann das Referendum mit Gegenvorschlag nur von *Stimmberechtigten*[38], nicht auch von Gemeinden oder von Mitgliedern des Kantonsrates ergriffen werden. Die *Referendumsfrist* beträgt auch beim Referendum mit Gegenvorschlag 60 Tage, laufend ab amtlicher Veröffent-

---

[32] SÄGESSER, S. 60.
[33] Vgl. Art. 33 N. 14; Art. 32 N. 24.
[34] Art. 33 Abs. 1 lit. b.
[35] Art. 33 Anm. 23. So könnte der Gegenvorschlag z.B. ein anderes Beitrittsdatum vorsehen, sofern der Vertrag hierfür einen Spielraum offenlässt.
[36] Art. 25 N. 11 ff.
[37] Analogie zur Rechtslage bei einer Volksinitiative und einem Gegenvorschlag des Kantonsrates (Art. 30 N. 20).
[38] Stimmberechtigt sind Personen, die nach Art. 22 über das Stimm- und Wahlrecht verfügen.

lichung der Vorlage. Der Gegenvorschlag muss vor Ablauf dieser Frist *eingereicht* werden[39].

Erforderlich sind die Unterschriften von *3 000* Stimmberechtigten. Werden mehrere Referenden ergriffen und erreicht keines von ihnen die erforderliche Unterschriftenzahl, so werden die *Unterschriftenzahlen* der einzelnen Referenden mit Gegenvorschlag untereinander wie auch mit jenen eines «einfachen» Referendums *nicht zusammengezählt*[40]. Im «kritischen Aspekt»[41] stimmen zwar alle Referenden überein, weshalb eine Addition nicht völlig abwegig wäre[42], doch steht bei einem Gegenvorschlag von Stimmberechtigten das progressive Element im Vordergrund: Eine unterzeichnende Person will in erster Linie den Gegenvorschlag verwirklicht haben. Konsequenterweise dürfen die Stimmberechtigten zur gleichen Vorlage *mehrere Gegenvorschläge unterzeichnen.* 24

3. Stellungnahme des Kantonrates (Abs. 2)

3.1. Inhaltliche Beurteilung

Der Kantonsrat muss zum Gegenvorschlag Stellung nehmen, d.h., er muss sich dazu äussern, ob und aus welchen Gründen er den Gegenvorschlag gutheisst oder ablehnt. Da sich in der Folge nur noch die Stimmberechtigten mit dem Gegenvorschlag befassen, muss sich die Stellungnahme an ihre Adresse richten[43]. Die Stellungnahme soll deshalb in eine *Abstimmungsempfehlung* zum Gegenvorschlag und zur Stichfrage[44] münden. 25

3.2. Rechtliche Beurteilung

Wie bei einer Volksinitiative muss der Kantonsrat auch bei einem Gegenvorschlag von Stimmberechtigten prüfen, ob dieser die Einheit der Materie wahrt und ob die neu vorgeschlagenen Bestimmungen weder gegen das übergeordnete Recht verstossen noch offensichtlich undurchführbar sind[45]. Darüber hinaus hat 26

---

[39] Zum Begriff der Einreichung und zur Fristberechnung wird auf die entsprechenden Ausführungen zu Art. 27 verwiesen (Art. 27 N. 9 ff.).
[40] Prot. K2 vom 16. August 2001, S. 70, und SÄGESSER, S. 72 und 208.
[41] N. 5.
[42] Würde addiert, wäre deshalb nur über die Vorlage des Kantonsrates abzustimmen, nicht auch über die Gegenvorschläge.
[43] Prot. K2 vom 13. September 2001, S. 113.
[44] N. 32. Man würde es dem Kantonsrat kaum als Schwäche anrechnen, wenn er zum Schluss kommt, dass der Gegenvorschlag besser ist als seine Vorlage, und er dem Stimmvolk deshalb empfiehlt, in der Stichfrage den Gegenvorschlag zu bevorzugen.
[45] Art. 28 Abs. 1 (analog). Dazu Art. 28 N. 10 ff.

er die übrigen inhaltlichen und formalen Voraussetzungen zu prüfen, die für Gegenvorschläge gelten[46].

27 Verletzt ein Gegenvorschlag diese Voraussetzungen, so kann ihn der Kantonsrat mit einer Mehrheit von zwei Dritteln der anwesenden Mitglieder für *ganz oder teilweise ungültig erklären*[47]. Wird der Gegenvorschlag für vollständig ungültig erklärt, so kommt es – dem «kritischen Element» dieses Volksrechts entsprechend[48] – gleichwohl zur Volksabstimmung, allerdings nur über die Vorlage des Kantonsrates.

3.3. Unabänderbarkeit der Vorlagen

28 Anlässlich der Stellungnahme zum Gegenvorschlag darf der Kantonsrat diesen *nicht abändern*. Das ergibt sich aus dem Wesen des Referendums mit Gegenvorschlag. Wie bei einer Volksinitiative haben die Referenten auch hier Anspruch darauf, dass der Gegenvorschlag so, wie er eingereicht worden ist, den Stimmberechtigten vorgelegt wird.

29 Der Kantonsrat darf in dieser Phase aber auch *seine eigene Vorlage nicht mehr abändern*. Insbesondere ist ihm verwehrt, die vom Gegenvorschlag geforderten Änderungen in seine eigene Vorlage zu integrieren. Denn das Referendumsverfahren muss *klar und einfach* sein: Nach sorgfältiger Beratung einer Vorlage soll der *Kantonsrat* darüber einen Beschluss fassen. Damit geht der Ball an die *Stimmberechtigten* über, welche einen Gegenvorschlag einreichen können. Schliesslich ist das *Stimmvolk* an der Reihe, indem es über die beiden Vorlagen an der Urne entscheidet. Könnte demgegenüber der Kantonsrat, nachdem das Referendum mit Gegenvorschlag ergriffen worden ist, seine Vorlage nachmals abändern, führte dies zu einem unerwünschten Hin und Her. Denn gegen die abgeänderte Vorlage wäre ein weiteres Referendum mit Gegenvorschlag möglich usw. Auch die Glaubwürdigkeit des Kantonsrates würde darunter leiden.

30 Der Kantonsrat kann seine Vorlage auch *nicht zurückziehen*[49]. Denn andere Stimmberechtigte als jene, die das Referendum mit Gegenvorschlag ergriffen haben, mögen darauf vertraut haben, dass die Vorlage des Kantonsrates wie beschlossen verwirklicht wird oder mindestens zur Volksabstimmung gelangt. Fer-

---

[46] N. 18 ff.
[47] Art. 28 Abs. 2 und 3 (analog). Für die teilweise Ungültigerklärung sind die gesetzlichen Bestimmungen über die teilweise Ungültigerklärung von Initiativen analog anzuwenden (§ 127 Abs. 4 GPR). Vgl. auch SÄGESSER, S. 106.
[48] N. 5.
[49] In der vorberatenden Kommission war der Punkt umstritten (Prot. K2 vom 13. September 2001, S. 114): Die Rückzugsmöglichkeit wurde teils verneint (Voten Fehr und Bolliger), teils bejaht (Votum Gross). Im Kanton Nidwalden kann ein Antrag (Vorlage) zurückgezogen werden, worauf ausschliesslich über den Gegenvorschlag abgestimmt wird (Art. 55 Abs. 3 und 4 KV NW).

ner kann der Kantonsrat seine Vorlage in dieser Phase weder mit einer *Variante* ergänzen noch einen *Gegenvorschlag* zum Gegenvorschlag der Stimmberechtigten beschliessen[50].

4. Volksabstimmung

Wird ein Referendum mit Gegenvorschlag ergriffen, so können die Stimmberechtigten nicht nur darüber entscheiden, ob sie die Vorlage des Kantonsrates oder den Gegenvorschlag vorziehen (wobei eines von beiden jedenfalls verwirklicht würde). Vielmehr können sie sich auch dazu äussern, ob sie die eine und die andere Vorlage *überhaupt* wollen, d.h. gegenüber dem Status quo vorziehen. Darin äussert sich das «kritische Element» des Referendums mit Gegenvorschlag[51].

Die Vorlage des Kantonsrates und der Gegenvorschlag von Stimmberechtigten schliessen einander aus, weshalb Art. 36 über konkurrierende Vorlagen zur Anwendung kommt[52]. Über die beiden Vorlagen ist in der Regel anlässlich desselben Urnengangs abzustimmen[53]. Der Gegenvorschlag der Stimmberechtigten ist in der Regel als vollständige Vorlage auszugestalten, d.h. mit den unbestrittenen Bestimmungen der Vorlage des Kantonsrates zu ergänzen[54]. Die Stimmberechtigten können die Abstimmungsfragen unabhängig von einander beantworten und ihre Präferenzordnung aufgrund der Stichfrage eindeutig ausdrücken[55].

---

[50] Vgl. Prot. K2 vom 13. September 2001, S. 113. Zur Rechtslage im Kanton Bern und auf Bundesebene SÄGESSER, S. 80 ff. und 223 ff.
[51] N. 5.
[52] Art. 36 N. 11.
[53] Art. 36 N. 14 ff. Liegen *mehrere* Gegenvorschläge zur gleichen Vorlage des Kantonsrates vor, kann ein zeitlich gestaffeltes Vorgehen geboten sein (Art. 36 N. 26 ff.).
[54] Art. 36 N. 22 ff.
[55] Art. 36 N. 3, 18.

Art. 36*

Konkurrierende Vorlagen

Gelangen zwei Vorlagen zur Abstimmung, die sich gegenseitig ausschliessen, so können die Stimmberechtigten beiden Vorlagen zustimmen und angeben, welche sie bevorzugen.

Materialien

Art. 42 VE; Prot. Plenum, S. 403 ff., 2083 ff., 3148 ff.

Vgl. ferner Botschaft des Bundesrates über eine Neuregelung des Abstimmungsverfahrens für Volksinitiativen mit Gegenentwurf vom 28. März 1984, BBl 1984 II, S. 333 ff. (Botschaft 1984).

Literatur

HAAB CHRISTOPH, Ermittlung des wahren Volkswillens im Bundesstaat: Das Verfahren mit bedingter Eventualabstimmung (Doppel-Ja mit Stichfrage) als Lösung des Abstimmungsproblems bei Initiative und Gegenvorschlag, Diss., Zürich 1984; HAAB RICHARD, Das Verfahren mit bedingter Eventualabstimmung (Doppel-Ja mit Stichfrage). Die Einführung im Kanton Basel-Landschaft anlässlich der Erprobung an der Doppelabstimmung über das Sonntagsschiessverbot, Diss., Zürich 1989; HAAB RICHARD/HAAB CHRISTOPH, Gutachten vom 30. Juni 1989 an den Regierungsrat des Kantons Zug; HANGARTNER/KLEY, §§ 16, 33, 38 und 43; KÖLZ ALFRED, Die kantonale Volksinitiative in der Rechtsprechung des Bundesgerichts, ZBl 83/1982, S. 1 ff. (Volksinitiative); KÖLZ ALFRED, Wahl- und Abstimmungsfreiheit; Zulässigkeit der gleichzeitigen Volksabstimmung über zwei Initiativen und einen Gegenvorschlag, recht 1984, S. 28 ff. (Abstimmungsfreiheit); ODERMATT LUZIAN, Das Abstimmungsverfahren bei Grundsatz- und Einzelpunktabstimmungen, mit und ohne Varianten, ZBl 92/1991, S. 93 ff.; STRÄULI, S. 151; WILI HANS-URS, Nein oder nicht Nein, das ist hier die Frage!, ZSR 104/1985 I, S. 527 ff.

Vgl. ferner Hinweise zu Art. 32.

Rechtsquellen

Vgl. Hinweise zu Art. 23.

Übersicht	**Note**
1. Einleitung	1
1.1. Normzweck	1
1.2. Entstehungsgeschichte	5
1.3. Früheres Recht	8
1.4. Praxis	10
2. Voraussetzungen	11
2.1. Gegenseitiger Ausschluss der Vorlagen	11
2.2. Gemeinsame Abstimmung über die Vorlagen	13
3. Antwortmöglichkeiten der Stimmberechtigten	17
4. Weitere Folgerungen	22
4.1. Vollständigkeit der Vorlage	22
4.2. Drei einander ausschliessende Vorlagen	25

---

* Der Verfasser dankt Dr. iur. Philipp Mäder für die kritische Durchsicht der Kommentierung und die zahlreichen Hinweise.

1. Einleitung

1.1. Normzweck

1 Gelangen zwei Vorlagen zur Volksabstimmung, die sich gegenseitig ausschliessen, so kann höchstens eine von ihnen angenommen werden. Bedeutet das auch, dass eine stimmberechtigte Person höchstens einer der beiden Vorlagen zustimmen darf? Art. 36 verneint diese Frage: Die Stimmberechtigten «können beiden Vorlagen zustimmen» und zudem «angeben, welche sie bevorzugen.» Art. 36 garantiert den Stimmberechtigten somit die Möglichkeit des sog. *doppelten Ja* und schreibt vor, ihnen eine *Stichfrage* zu unterbreiten. Diese erlaubt es ihnen, ihre persönliche Präferenzordnung sogar dann auszudrücken, wenn sie beiden Vorlagen zustimmen oder beide ablehnen.

2 Dass Art. 36 nur die Zulässigkeit des doppelten Ja, nicht aber die *übrigen Antwortmöglichkeiten* garantiert, ist historisch zu erklären. Nicht immer war es zulässig, bei einer Doppelabstimmung beiden Vorlagen zuzustimmen, und der Stichentscheid wurde nach andern Regeln getroffen[1]. Dass die Verfassung die andern Antwortmöglichkeiten nicht erwähnt, ist deshalb *nicht als qualifiziertes Schweigen* zu beurteilen.

3 Zusammen mit den andern, nicht erwähnten Antwortmöglichkeiten – Ablehnung bzw. Stimmenthaltung bei jeder der Vorlagen – führt Art. 36 dazu, dass eine stimmberechtigte Person in einem einzigen Urnengang *jede der theoretisch möglichen Präferenzordnungen* ausdrücken kann, die sich bei zwei einander ausschliessenden Vorlagen ergeben können[2]. Dies wiederum erlaubt es, ein Abstimmungsergebnis zu ermitteln, das dem unverfälschten Volkswillen entspricht. Dadurch wird dem Grundrecht der politischen Rechte (Art. 34 BV) und der daraus abgeleiteten *Abstimmungsfreiheit* entsprochen, wonach die Stimmberechtigten Anspruch darauf haben, dass «kein Abstimmungs- und Wahlergebnis anerkannt wird, das nicht den freien Willen der Stimmbürger zuverlässig und unverfälscht zum Ausdruck bringt»[3].

---

[1] N. 8 f.
[2] ODERMATT, S. 95, mit Hinweisen. Bei einer Volksabstimmung über eine Volksinitiative (I) und einen Gegenvorschlag (GV) gibt es insgesamt 13 mögliche Präferenzordnungen (vgl. Botschaft 1984, S. 347 f., 370). Wenn «s» den Status quo und z.B. «I>GV» eine höhere Bewertung der Volksinitiative gegenüber dem Gegenvorschlag ausdrückt, so lassen sich diese 13 Möglichkeiten wie folgt darstellen:
1. S>I>GV   5. S>GV>I   7. I>S>GV   9. I>GV>S   11. GV>S>I   13. GV>I>S
2. S>I=GV   8. I>S=GV   12. GV>S=I
3. S=I>GV   6. S=GV>I   10. I=GV>S
4. S=I=GV
Wird auf dem Stimmzettel nach der Zustimmung zur (1) Initiative und (2) zum Gegenvorschlag gefragt sowie (3) die Stichfrage gestellt, so wäre z.B. die 13. Präferenzordnung mit JA, JA, GV auszudrücken. – Ist das *doppelte Ja unzulässig*, so lassen sich die Präferenzordnungen 9, 10 und 13 nicht ausdrücken. *Ohne Stichfrage* lassen sich die Präferenzordnungen 1, 2, 5, 9, 10 und 13 nicht eindeutig darlegen.
[3] Ständige Rechtsprechung, zuletzt in BGE 129 I 232 ff., 244.

Politisch betrachtet wird mit der Zulassung des doppelten Ja erreicht, dass die 4
beiden Abstimmungsvorlagen die *gleichen Chancen* untereinander wie auch im
Verhältnis zur geltenden Rechtslage (Status quo) haben. Demgegenüber führte das frühere Verbot des doppelten Ja dazu, dass sich die progressiven Kräfte
auf die Volksinitiative und den (meist etwas gemässigteren) Gegenvorschlag des
Kantonsrates verteilten, mit der Folge, dass oft weder die eine noch die andere
Vorlage das erforderliche Mehr erreichte, auch wenn eine Mehrheit der Stimmberechtigten *beide* Vorlagen dem Status quo vorgezogen hätte[4].

1.2. Entstehungsgeschichte

Mit Datum vom 10. Januar 2002 beantragte die Kommission 2 dem Plenum 5
folgende Formulierung[5]:

> Art. 6   *Abstimmungsverfahren bei mehreren Vorlagen*
>
> [1] Liegen zu einem Gegenstand zwei einander ausschliessende Vorlagen vor, stimmt das Volk gleichzeitig darüber ab.
>
> [2] Die Stimmberechtigten können beiden Vorlagen zustimmen und angeben, welche sie bevorzugen, falls beide angenommen werden.
>
> [3] Liegen zu einem Gegenstand drei oder mehr Vorlagen vor, finden die Volksabstimmungen paarweise in der Reihenfolge des Zustandekommens der Vorlagen statt.

In der Vorberatung übernahm das Plenum den Antrag unverändert[6]. Nach der 6
redaktionellen Bereinigung lag dem Plenum für die Gesamtlesung folgender
Wortlaut vor[7]:

> Art. 5   *Abstimmungsverfahren bei konkurrierenden Vorlagen*
>
> [1] Das Volk stimmt gleichzeitig ab über:
> a. Initiative und Gegenvorschlag des Kantonsrates;
> b. Vorlage des Kantonsrates und Gegenvorschlag von Stimmberechtigten;
> c. zwei einander ausschliessende Initiativen.
>
> [2] Die Stimmberechtigten können beiden Vorlagen zustimmen und angeben, welche sie bevorzugen, falls beide angenommen werden.
>
> [3] Liegen zu einem Gegenstand drei oder mehr Vorlagen vor, so wird über sie paarweise in der Reihenfolge ihres Zustandekommens abgestimmt.

---

[4] *Beispiel für eine Verfälschung beim Verbot des doppelten Ja*: Abstimmung mit 330 Stimmberechtigten. 100 Stimmberechtigte haben die Präferenzordnung I>GV>S; 80 eine solche mit GV>I>S und 150 mit S>I=GV. Das führt bei der Initiative zu 100 Ja und 150 Nein und beim Gegenvorschlag zu 80 Ja und 150 Nein. Initiative und Gegenvorschlag sind somit abgelehnt, obwohl eine Mehrheit von 180 Stimmberechtigten sowohl die Initiative als auch den Gegenvorschlag dem Status quo vorziehen würde.

[5] Vorgängig K2, Antrag an das Plenum vom 11. Oktober 2001 (Art. 5), und Stellungnahme des Regierungsrates, RRB 1744 vom 14. November 2001, S. 13 f.

[6] Prot. Plenum, S. 405.

[7] Antrag der Geschäftsleitung vom 16. April 2003, S. 33.

7   Das Plenum übernahm die Bestimmung unverändert[8]. In der Vernehmlassung wurde angeregt, den Norminhalt auf Gesetzesstufe zu regeln oder die Norm zu streichen. Ferner sei das vorgesehene Abstimmungsverfahren zu kompliziert. In der Folge straffte die Kommission 2 den Text, indem sie Abs. 1 und 3 strich und Abs. 2 umformulierte[9]. Für die 2. Gesamtlesung lag dem Plenum der Wortlaut des nun geltenden Art. 36 vor. Es übernahm die beantragte Formulierung diskussionslos[10].

1.3. Früheres Recht

8   Die gesetzliche Regelung des Abstimmungsverfahrens über zwei einander ausschliessende Vorlagen entwickelte sich an der Fallgruppe der Volksabstimmungen über Volksinitiative und Gegenvorschlag[11]. Weder die frühere Kantonsverfassung noch das Gesetz betreffend das Vorschlagsrecht des Volkes vom 12. August 1894[12] enthielten dazu Verfahrensregeln. Gemäss zwei Kantonsratsbeschlüssen aus den Jahren 1896 und 1912[13] waren Stimmzettel *ungültig*, auf denen *beide Vorlagen bejaht* wurden. In einer Verordnung aus dem Jahr 1915 wurde das doppelte Ja dann für *zulässig* erklärt. Erhielten beide Vorlagen mehr bejahende als verneinende Stimmen, war die grössere Zahl der bejahenden Stimmen massgebend[14]. Die Revision der Verordnung vom 22. September 1921 schwenkte zur *Unzulässigkeit* des mehrfachen Ja zurück[15], jene vom 19. November 1959 führte erneut die *Zulässigkeit* ein[16]. Der Wortlaut der betreffenden Verordnungsbestimmung wurde dann in folgenden § 7 des Gesetzes über das Vorschlagsrecht des Volkes vom 1. Juni 1969[17] aufgenommen:

> [1] Erfolgt eine gleichzeitige Abstimmung über eine oder mehrere, den gleichen Gegenstand betreffende Initiativen mit oder ohne Gegenvorschlag des Kantonsrates, so werden den Stimmberechtigten einfache Alternativfragen vorgelegt. Die Bejahung mehr als einer dieser Fragen ist zulässig.

---

[8] Prot. Plenum, S. 2084.
[9] Prot. K2 vom 4. März 2004, S. 580 ff.
[10] Antrag der Geschäftsleitung vom 13. Mai 2004, S. 21 f.; Prot. Plenum, S. 3148.
[11] Zum Gegenvorschlag Art. 30.
[12] OS 23, S. 406 ff. = ZG, Bd. 1, S. 130 ff.
[13] Erwähnt im Sammelband der Zürcherischen Gesetzgebung, Verwaltungsband I, 1913, S. 37, Anm. 2 zu Art. 29 Abs. 5 aKV.
[14] § 8 der Vollziehungsverordnung des Regierungsrates vom 21. Januar 1915 zum Gesetz betreffend das Vorschlagsrecht (OS 30, S. 154 ff.). Das Kriterium der *höheren Ja-Stimmen-Zahl* konnte zu Verfälschungen führen. *Beispiel:* Abstimmung mit 120 Stimmberechtigten, davon 100 mit der Präferenzordnung I>GV>S und 20 mit GV>S>I. Das führt bei der Initiative zu 100 Ja und 20 Nein und beim Gegenvorschlag zu 120 Ja und 0 Nein. Obwohl mehr Stimmende die Initiative dem Gegenvorschlag vorziehen als umgekehrt, gilt Letzterer als angenommen, denn er vereint mehr Ja-Stimmen auf sich als die Initiative (120 zu 100).
[15] OS 32, S. 159.
[16] OS 40, S. 682 f. = ZG, Bd. 1, S. 136.
[17] OS 43, S. 290 = GS, Bd. I, S. 230.

² Erhalten mehrere Vorlagen mehr bejahende als verneinende Stimmen, so gilt diejenige als angenommen, für welche die grössere Zahl von bejahenden Stimmen abgegeben worden ist. (…)

Mit der Änderung dieses Gesetzes vom 1. September 1991[18] wurde das Kriterium der höchsten Ja-Stimmen-Zahl (§ 7 Abs. 2) durch dasjenige des Ergebnisses der den Stimmberechtigten vorzulegenden Stichfrage ersetzt. Damit wurde im Zürcher Recht das sog. *System Haab* übernommen, wie es bereits auf Bundesebene und in zahlreichen andern Kantonen angewendet wurde[19]. Die Zulässigkeit des doppelten Ja und die Verpflichtung, eine Stichfrage zu stellen, sind heute in § 136 GPR geregelt.

1.4. Praxis

Urnengänge über zwei einander ausschliessende Vorlagen gab es in der Vergangenheit bei Abstimmungen über Volksinitiativen und Gegenvorschläge des Kantonsrates nach Art. 30 Ziff. 3 aKV[20], bei Einzelpunktabstimmungen nach Art. 30bis Abs. 4 aKV[21] und bei einander ausschliessenden Volksinitiativen[22].

2. Voraussetzungen

2.1. Gegenseitiger Ausschluss der Vorlagen

Art. 36 kommt zur Anwendung, wenn zwei Vorlagen zur Volksabstimmung gelangen[23], die sich *gegenseitig ausschliessen*. Das ist der Fall, wenn die beiden Vorlagen nicht zugleich verwirklicht werden können oder sollen. Diese Einschränkung kann sich aus dem *Wesen* der Vorlagen ergeben. So entspricht es der Idee des Instruments «Gegenvorschlag des Kantonsrates» (Art. 30), dass höchstens die Volksinitiative oder der Gegenvorschlag, aber nie beides verwirklicht wird[24]. Gleiches gilt für den Gegenvorschlag von Stimmberechtigten zu einer Vorlage des Kantonsrates (Art. 35)[25] und für eine Vorlage, hinsichtlich welcher der Kantonsrat zusätzlich eine Teil- oder Variantenabstimmung (Art. 34) beschlossen hat[26].

---

[18] OS 51, S. 815.
[19] Das Verfahren beruht auf den grundlegenden Untersuchungen der Brüder CHRISTOPH und RICHARD HAAB.
[20] Art. 30 N. 8.
[21] Art. 34 N. 14 f.
[22] So etwa zwei Volksinitiativen, die beide eine neue Nutzung des Kasernenareals der Stadt Zürich verlangten (ABl 1978, S. 1853 f.). Weitere Fälle vgl. ABl 1982, S. 377 ff., und ABl 1985, S. 638 ff.
[23] Vgl. Art. 32 und Art. 33 Abs. 1.
[24] Vgl. Art. 30 N. 1.
[25] Art. 35 N. 31 f.
[26] Art. 34 N. 36.

12 In anderen Fällen ist die Frage des gegenseitigen Ausschlusses von zwei Vorlagen unter den Kriterien der *Logik*[27], der *naturwissenschaftlichen Gesetzmässigkeiten*[28] und der *Vernunft*[29] zu prüfen.

2.2. Gemeinsame Abstimmung über die Vorlagen

13 Art. 36 setzt zudem voraus, dass die einander ausschliessenden Vorlagen *zur Abstimmung gelangen*. Aus der Rechtsfolge von Art. 36 – Möglichkeit des doppelten Ja und Stichfrage – ergibt sich, dass hier nur solche Vorlagen gemeint sind, die *gemeinsam,* d.h. am *gleichen Abstimmungstermin,* zu Abstimmung kommen. Denn bei zeitlich gestaffelten Abstimmungen ist es selbstverständlich, dass beiden Vorlagen zugestimmt werden kann. Auch eine Stichfrage wäre dann entbehrlich, da den Stimmberechtigten jeweils nur eine Vorlage zu unterbreiten ist.

14 Wann aber sollen einander ausschliessende Vorlagen *gemeinsam zur Abstimmung gebracht* werden? Die Verfassung enthält dazu keine ausdrückliche Antwort[30], doch ergibt sich aus nachfolgenden Gründen, dass über einander ausschliessende Vorlagen *in aller Regel* gemeinsam abzustimmen ist[31]. Erstens leitet sich das aus dem Gebot der *Chancengleichheit der Vorlagen* ab. Das Abstimmungsverfahren muss so ausgestaltet werden, dass keine der Vorlagen gegenüber der andern bevorzugt wird[32]. Mit einer zeitlich gestaffelten Abstimmung wird dieses Ziel u.U. verfehlt, denn die Vorlage, über die zuerst abgestimmt wird, dürfte gegenüber der andern einen Vorteil haben[33]. Ein Grund mag darin liegen, dass die Stimmberechtigten, falls die erste Vorlage angenommen wird, zunächst deren

---

[27] *Beispiel:* Volksinitiative A fordert für einen bestimmten Tatbestand einen Steuerabzug von 10 000 Franken, Volksinitiative B für denselben Tatbestand einen Abzug von 15 000 Franken.

[28] *Beispiel:* Vorlage A sieht den Bau eines Freibades, Vorlage B auf demselben Grundstück die Erstellung eines Hallenbades vor.

[29] *Beispiel:* Volksinitiative A verlangt einen Ausgabenbeschluss für die Westumfahrung einer Gemeinde vor, Volksinitiative B einen solchen für die Ostumfahrung. Es wäre unsinnig, beide Umfahrungsstrassen zu bauen.

[30] Anders noch Art. 42 Abs. 1 VE, der die Vorlagen aufzählte, die einander in derselben Volksabstimmung zwingend gegenüberzustellen wären (N. 6). Selbst aus der Formulierung des geltenden Art. 30 Abs. 1, wonach der Kantonsrat einer Volksinitiative «in der Volksabstimmung» einen Gegenvorschlag gegenüberstellen kann, lässt sich nicht zwingend eine gemeinsame Abstimmung ableiten. Die Wendung *in der Volksabstimmung* kann auch als genereller Singular verstanden werden: Initiative und Gegenvorschlag müssen einander *anlässlich von Volksabstimmungen* gegenübergestellt werden.

[31] So auch HANGARTNER/KLEY, N. 2164, für die Abstimmung über eine Volksinitiative und den Gegenvorschlag des Parlaments. Besondere Gründe können allerdings ein *gestaffeltes Vorgehen* rechtfertigen (N. 26 ff.).

[32] Zur materiellen und formellen Chancengleichheit von Volksinitiative und Gegenvorschlag des Kantonsrates eingehend ALBRECHT, 158 ff. Über die Anforderungen an das Verfahren der Abstimmung über Volksinitiative und Gegenvorschlag im Allgemeinen vgl. Botschaft 1984, S. 347 ff.

[33] Literatur und Rechtsprechung sind einhellig der Meinung, dass ein Gegenvorschlag des Parlaments unzulässig bevorzugt würde, wenn zunächst über ihn und erst später über die Volksinitiative abgestimmt würde (vgl. BGE 113 Ia 46 ff., 54; ALBRECHT, S. 223 ff.; HANGARTNER/KLEY, N. 2164, je mit Hinweisen).

Auswirkungen abwarten wollen, bevor sie bereit sind, die Rechtslage erneut zu ändern[34].

Für die gemeinsame Abstimmung spricht zweitens, dass eine Volksinitiative oder ein Gegenvorschlag von Stimmberechtigten mit Einreichung der Unterschriftenlisten an sich *abstimmungsreif* ist, weshalb die Abstimmung über sie nicht ohne triftige Gründe verzögert werden darf[35]. Mit einer zeitlich gestaffelten Abstimmung kann das nicht immer gewährleistet werden.

Drittens kann mit einer gemeinsamen Abstimmung über die beiden Vorlagen die *politische Diskussion konzentriert, rascher ein definitiver Volksentscheid herbeigeführt* und *eine zweite aufwendige Volksabstimmung vermieden* werden[36].

3. Antwortmöglichkeiten der Stimmberechtigten

Kommt es zur gemeinsamen Abstimmung über zwei einander ausschliessende Vorlagen, müssen die Stimmberechtigten gemäss Art. 36 erstens die Möglichkeit haben, *beiden Vorlagen zuzustimmen*. Sie müssen also ausdrücken können, dass sie beide Vorlagen der geltenden Rechtslage (Status quo) vorziehen[37]. Die Stimmberechtigten müssen aber auch zum Ausdruck bringen können, dass sie eine Vorlage ablehnen oder sich bei der entsprechenden Frage der Stimme enthalten wollen. Dabei müssen sie die entsprechende Antwort unabhängig von der Haltung gegenüber der andern Vorlage geben können[38]. Diese Vorgaben werden erfüllt, wenn ihnen zu jeder Vorlage die Frage gestellt wird, ob sie diese der geltenden Rechtslage vorziehen oder – etwas verkürzt, aber immer noch korrekt – ob sie «die Vorlage annehmen» wollen (Hauptfrage).

Zweitens verlangt Art. 36, dass die Stimmberechtigten ausdrücken können, *welche Vorlage sie der andern vorziehen*. Diese Möglichkeit ist dann von Be-

---

[34] ALBRECHT, S. 224.
[35] ALBRECHT, S. 223; HANGARTNER/KLEY, N. 2164 Anm. 304; KÖLZ, Volksinitiative, S. 32.
[36] Nichts zur Frage der gemeinsamen Abstimmung über *zwei* Vorlagen lässt sich hingegen aus dem Schutz der freien Willensbildung und der unverfälschten Stimmabgabe (Art. 34 Abs. 2 BV) ableiten. Der Umgang mit einem Stimmzettel, der zwei Haupt- und eine Stichfrage enthält, ist inzwischen eingeübt; Klagen zu hoher Komplexität sind nicht zu vernehmen.
[37] Diese Antwortmöglichkeit ist nicht selbstverständlich und bestand in früheren Jahrzehnten nicht immer (N. 8). Gegen das «doppelte Ja» könnte eingewendet werden, dass man sich für die eine *oder* die andere Vorlage entscheiden müsse; *beides* liesse sich nicht verwirklichen. Dieses Argument lässt sich entkräften, wenn zusätzlich eine Stichfrage gestellt wird oder wenn entsprechende Vorschriften über die Auswertung der Stimmzettel bzw. die Feststellung des Abstimmungsresultats bestehen (N. 8).
[38] Auch diese Antwortmöglichkeiten sind nicht selbstverständlich. So sah z.B. eine Volksinitiative zur Einführung des konstruktiven Referendums auf Bundesebene vor, dass das Stimmvolk in der Abstimmung u.U. auch einzig zwischen der Vorlage des Parlaments und dem konstruktiven Referendum hätte auswählen können, ohne die beiden Vorlagen auch grundsätzlich in Frage stellen zu können (Art. 35 Anm. 7). Dem Stimmvolk wäre also nur eine Stichfrage unterbreitet worden, wodurch sich die Antwortmöglichkeiten auf ja/nein und nein/ja reduziert hätten.

deutung, wenn eine stimmende Person beiden Vorlagen zustimmt oder beide ablehnt. In den andern Fällen liesse sich ihre Präferenz auch aus den Antworten auf die Hauptfragen ableiten. Die Vorgabe, unter den beiden Vorlagen die bevorzugte angeben zu können, wird dadurch erfüllt, dass den Stimmberechtigten nebst den beiden Hauptfragen auch eine sog. *Stichfrage* unterbreitet wird, in der die beiden Vorlagen einander gegenübergestellt werden.

19 Die Verfassung regelt nicht ausdrücklich, wie die Antworten auf die Abstimmungsfragen *auszuwerten* sind. Bei der Kumulation der Antworten der einzelnen Stimmberechtigten fragt sich insbesondere, ob eine Antwort auf die *Stichfrage* auch dann zu berücksichtigen ist, wenn die betreffende Person *beide Vorlagen ablehnt*. Soll diese Person, obwohl sie keine der Vorlagen verwirklicht haben möchte, mitentscheiden können, welche der beiden von der Mehrheit der Stimmberechtigten gewünschten Vorlagen schliesslich umgesetzt wird? Die Frage ist zu *bejahen*. Denn der Inhalt der Antwort auf die Stichfrage hängt nicht von der Beantwortung der Hauptfragen, d.h. von der Haltung der stimmberechtigten Person gegenüber den beiden Vorlagen, ab. Damit entfällt aber auch jede Rechtfertigung, Stimmberechtigte vom Entscheid über die Stichfrage auszuschliessen, wenn sie die Vorlagen ablehnen[39].

20 Die Verfassung regelt auch nicht, wie das *Abstimmungsergebnis* zu ermitteln ist[40]. So bleibt insbesondere offen, ob *Stimmenthaltungen* bei den Hauptfragen unberücksichtigt bleiben sollen oder mit den annehmenden oder den verwerfenden Stimmen zu addieren sind. Die frühere Kantonsverfassung folgte der ersten Lösung[41]. In Fortführung dieser Tradition hat eine Vorlage dann als angenommen zu gelten, wenn sie mehr zustimmende als ablehnende Stimmen auf

---

[39] Der Vernehmlassungsentwurf war in diesem Punkt klarer. Die Formulierung lautete: «Die Stimmberechtigten können beiden Vorlagen zustimmen und angeben, welche sie bevorzugen, *falls beide angenommen werden*» (N. 6). Indem die Stichfrage unter die Bedingung der allgemeinen Zustimmung zu beiden Vorlagen gestellt war, wurde deutlich, dass sie sich auch an Personen richtet, die beide Vorlagen ablehnen. Für die Formulierung der Abstimmungsfrage kommt es indessen nicht darauf an, ob sie mit dem erwähnten Zusatz ergänzt wird oder nicht. Denn die in der Stichfrage ausgedrückte Präferenzordnung einer stimmberechtigten Person hängt nicht davon ab, ob die beiden Vorlagen angenommen oder abgelehnt werden bzw. ob die Stichfrage unabhängig vom Gesamtergebnis über die Hauptfragen gestellt wird.

[40] Die Art und Weise der Ermittlung des Abstimmungsergebnisses ist von grosser Bedeutung. So konnten die Stimmberechtigten bei der letzten im Kanton Zürich durchgeführten Einzelpunktabstimmung die Abstimmungsfragen zur Gesamtvorlage und zur umstrittenen Norm («Einzelpunkt») zwar unabhängig voneinander beantworten. Bei der Feststellung des Abstimmungsergebnisses wurde das den Einzelpunkt betreffende Abstimmungsergebnis aber nur berücksichtigt, falls die Gesamtvorlage mehr zustimmende als ablehnende Stimmen erhielt (vgl. Art. 34 N. 15).

[41] Art. 30 Abs. 6 aKV i.d.F. vom 18. April 1869; Art. 30 Abs. 5 aKV i.d.F. vom 4. Dezember 1955 (GS, Bd. I, S. 9). Vgl. auch STRÄULI, S. 151. Für die Rechtslage nach der Verfassungsrevision vom 27. September 1998 (OS 54, S. 746 ff.) vgl. die klare Formulierung in § 39 Abs. 2 WAG und später § 76 Abs. 1 GPR.

sich vereint[42]. Für Änderungen der Verfassung ergibt sich das bereits aus Bundesrecht[43].

Die Regelung von Art. 36 schliesst sog. *zirkuläre Abstimmungsergebnisse* nicht aus. Ein solcher Fall liegt vor, wenn sich aufgrund der kumulierten Antworten der Stimmenden ergibt, dass eine Mehrheit der Vorlage A zustimmt, eine Mehrheit die Vorlage B ablehnt und in der Stichfrage gleichwohl eine Mehrheit die Vorlage B der Vorlage A vorzieht[44]. Der Zirkel wird in solchen Fällen dadurch durchbrochen, dass die *Stichfrage unberücksichtigt* bleibt. Das ergibt sich nicht aus dem Wortlaut von Art. 36, wohl aber aus ihrer Entstehungsgeschichte[45]. Vor der Textstraffung durch die Kommission 2 lautete die Bestimmung nämlich: 21

> Die Stimmberechtigten können beiden Vorlagen zustimmen und angeben, welche sie bevorzugen, falls beide angenommen werden.

Durch den Nachsatz «falls beide angenommen werden» kam der *Eventualcharakter der Stichfrage* zum Ausdruck. Diese wird nur *für den Fall* gestellt, dass beide Vorlagen mehr zustimmende als ablehnende Stimmen auf sich vereinen. Umgekehrt heisst das aber, dass die Stichfrage *unberücksichtigt* bleibt, wenn, wie das bei zirkulären Abstimmungsergebnissen der Fall ist, nur eine der Vorlagen angenommen wird[46].

4. Weitere Folgerungen

4.1. Vollständigkeit der Vorlage

In Art. 36 ist der Begriff der Vorlage als *vollständiges Ganzes* zu verstehen: Jede der beiden Vorlagen muss so, wie sie den Stimmberechtigten unterbreitet wird, verwirklicht werden können. Ein Gegenvorschlag des Kantonsrates oder von Stimmberechtigten oder die Variante zu einer Hauptvorlage muss deshalb *mit den unbestrittenen Bestimmungen der Hauptvorlage ergänzt* werden[47,48]. Würde der Gegenvorschlag bzw. die Variante hingegen nur die gegenüber der Haupt- 22

---

[42] So auch Art. 142 Abs. 1 BV und allgemein HANGARTNER/KLEY, N. 2383, 2560.
[43] TÖNDURY, Art. 132 N. 15.
[44] Das Abstimmungsergebnis lautet also A > S > B > A > S > usw. Ein solches Resultat kann selbst dann eintreten, wenn die Stimmberechtigten die Abstimmungsfragen «vernünftig», d.h. widerspruchsfrei beantwortet haben. Vgl. dazu das Zahlenbeispiel bei ODERMATT, S. 96 Anm. 23.
[45] N. 5 ff.
[46] Bleibt im vorstehenden Beispiel die Stichfrage unberücksichtigt, lautet das Abstimmungsergebnis A> S > B, womit A als Siegerin feststeht. Solche Fälle benachteiligen den Status quo gegenüber den beiden Vorlagen systematisch.
[47] Auf diese Weise kann auch die Kritik entkräftet werden, die im Verfassungsrat an Teil- und Variantenabstimmungen geübt wurde (Prot. Plenum, S. 2077 und 3141).
[48] In diesem Sinne ist der erste im Kanton Zürich eingereichte *Gegenvorschlag von Stimmberechtigten* als *vollständige Vorlage* ausgestaltet; die nicht bestrittenen Bestimmungen der Gesetzesvorlage des Kantonsrates werden mit dem Hinweis «unverändert» übernommen (vgl. ABl 2006, S. 1607 ff.).

vorlage anderslautenden Bestimmungen enthalten, könnte das Ergebnis der betreffenden Abstimmungsfrage nur berücksichtigt werden, wenn die Hauptvorlage mehr zustimmende als ablehnende Stimmen erhält[49]; der Gegenvorschlag bzw. die Variante wäre *abhängig* von der Hauptvorlage. Denn die Zustimmung zum Gegenvorschlag bzw. zur Variante dürfte nicht auch als Zustimmung zu den unbestrittenen Teilen der abgelehnten Hauptvorlage verstanden werden. Die Abstimmungsfreiheit der Stimmberechtigten wird deshalb nur dann gewahrt, wenn die Variante als eine *von der Hauptvorlage unabhängige Vorlage* ausgestaltet wird. Nur so kann eine stimmende Person ausdrücken, dass sie der Vorlage nur unter der Bedingung zustimmt, dass die umstrittenen Punkte gemäss Gegenvorschlag bzw. Alternative gefasst werden[50].

23 Analoges gilt für die *Teilabstimmungen*[51]. Den Stimmberechtigten ist zum einen die Vorlage als Ganzes (Hauptvorlage) und zum andern die «Teilabstimmungs-Vorlage» zu unterbreiten, wobei Letztere *nicht* aus den *umstrittenen* Bestimmungen der Hauptvorlage bestehen darf, sondern ihre *unbestrittenen* Bestimmungen (und nur diese) umfassen muss[52]. Nur so kann eine stimmberechtigte Person zum Ausdruck bringen, dass sie die Hauptvorlage einzig unter der Bedingung des Wegfallens der umstrittenen Bestimmungen möchte.

24 Einzig in den seltenen Fällen, bei denen *mehrere, zeitlich gestaffelte Volksabstimmungen* erforderlich sind, kann es angezeigt sein, in der Zusatzfrage nur nach den *umstrittenen* Bestimmungen zu fragen. Dann aber ist auch die Hauptfrage auf die umstrittenen Teile zu reduzieren[53].

4.2. Drei einander ausschliessende Vorlagen

25 Was lässt sich aus Art. 36 ableiten, wenn *drei* einander ausschliessende Vorlagen vorliegen?[54] Der Zielsetzung und dem Mechanismus von Art. 36 entsprechend sind, wenn die Vorlagen in *einem* Urnengang bewältigt werden sollen,

---

[49] Sog. Prinzipalabstimmung.
[50] ALBRECHT, S. 231; ODERMATT, S. 99 f. Wenn die Person bei einer Prinzipalabstimmung zweimal Ja stimmt, läuft sie Gefahr, der ungeliebten Hauptvorlage zum Durchbruch zu verhelfen, falls keine Mehrheit ihre Präferenzordnung teilt. Dass sie dem Gegenvorschlag oder der Variante auch dann zustimmen kann, wenn sie die Hauptvorlage *ablehnt*, verbessert die Sache nicht. Denn wenn alle Stimmberechtigten so stimmen würden, würde weder der Gegenvorschlag noch die Variante verwirklicht, sondern es bliebe beim Status quo. – Zu wenig differenziert Prof. Plenum, S. 391 (Votum Loppacher).
[51] Art. 34 Abs. 1 lit. b.
[52] Anders noch die letzte Einzelpunktabstimmung im Kanton (Art. 34 Anm. 20).
[53] Vgl. N. 28 f.
[54] Solche Fälle können eintreten z.B. bei einem KRB und zwei Gegenvorschlägen von Stimmberechtigten, bei einem KRB mit Variante und einem Gegenvorschlag von Stimmberechtigten oder bei zwei Volksinitiativen und einem Gegenvorschlag des Kantonsrates (vgl. KR-Geschäfts-Nrn. 66/1999 und 344/1999 [Zürcher Gesundheitsinitiative und Zürcher Heilmittelinitiative, beide aufgrund eines Gegenvorschlags des Kantonsrates zurückgezogen] oder ABl 1982, S. 377 ff. [dazu BGE vom 3. August 1982, ZBl 83/1982, S. 548 ff., und KÖLZ, Abstimmungsfreiheit, S. 28 ff.]). In einem weiteren Fall (vgl. ABl 1986

drei Hauptfragen zu stellen, ferner *drei Stichfragen*[55], in denen je zwei Vorlagen einander gegenübergestellt werden[56].

Wird das als zu kompliziert betrachtet, so dass der Schutz der freien Willensbildung und unverfälschten Stimmabgabe (Art. 34 Abs. 2 BV) nicht mehr gewährleistet ist, sind für die «Abarbeitung» von drei einander ausschliessenden Vorlagen A, B und C zwei Urnengänge unvermeidbar. Folgende Möglichkeiten bieten sich an: 26

— Im ersten Urnengang werden die Vorlagen A und B einander gegenübergestellt (Alternativfrage); der Status quo steht nicht zur Disposition. Im zweiten Urnengang stehen die «Siegerin» aus der ersten Abstimmung, die verbleibende Vorlage C und der Status quo zur Auswahl (zwei Hauptfragen und eine Stichfrage). 27

— Im ersten Urnengang werden die Vorlagen A, B und C einander je paarweise gegenübergestellt (drei Alternativfragen); der Status quo steht hingegen nicht zur Auswahl[57]. «Siegerin» ist die Vorlage, die in beiden sie betreffenden Gegenüberstellungen obsiegt. Gewinnt jede Vorlage je einmal[58], so kann auf die Summe der zustimmenden Stimmen oder der «Zustimmungs-Überhänge» pro Vorlage abgestellt werden[59]. Im zweiten Urnengang wird die «Siegerin» aus dem ersten Urnengang dem Status quo gegenübergestellt (eine Hauptfrage). 28

— Handelt es sich bei der Vorlage A um eine solche des Kantonsrates und bei den Vorlagen B und C um Gegenvorschläge von Stimmberechtigten zu unterschiedlichen Teilen der Vorlage A, so drängt es sich auf, im ersten Urnengang die Hauptvorlage «zu bereinigen», indem den Vorlage B und C je die entsprechenden Bestimmungen der Vorlage A gegenübergestellt werden (zwei 29

S. 549 ff.) hat das BGer die gegenseitige Ausschliesslichkeit der beiden Volksinitiativen verneint und die Volksabstimmung kassiert (BGE 113 Ia 46 ff.).

[55] Die Fragen lauten: «1. Stimmen Sie der Vorlage A zu? 2. Stimmen Sie der Vorlage B zu? 3. Stimmen Sie der Vorlage C zu? Für den Fall, dass zwei oder drei Vorlagen angenommen werden: 4. Ziehen Sie A oder B vor? 5. Ziehen Sie B oder C vor? 6. Ziehen Sie A oder C vor?» Vgl. HAAB/HAAB, S. 55; SÄGESSER, S. 147.

[56] HAAB/HAAB, S. 54 ff.; KÖLZ, Abstimmungsfreiheit, S. 31; ODERMATT, S. 105 (mit vier Stichfragen). Im Kanton *Zug* wird höchstens über drei einander ausschliessende Vorlagen (nebst Beibehaltung des Status quo) gleichzeitig abgestimmt (§ 95^{octies} des Gesetzes über die Wahlen und Abstimmungen vom 23. Januar 1969 [WAG]). Das *Berner* Recht kennt keine solche Grenze (Art. 59e Gesetz über die politischen Rechte vom 5. Mai 1980 [GPR]). Art. 42 Abs. 2 des *Nidwaldner* Gesetzes über die politischen Rechte im Kanton vom 26. März 1997 sieht anstelle von Stichfragen vor, dass die Stimmberechtigten eine *Rangfolge* angeben können (vgl. dazu HAAB/HAAB, S. 56).

[57] Die Vorlagen müssen hier nicht vollständig sein. Es genügt, wenn sie die einander widersprechenden Bestimmungen enthalten.

[58] Zirkuläres Abstimmungsergebnis (N. 21).

[59] Mit der dargestellten Regelung lässt sich die Benachteiligung einer Vorlage gegenüber den beiden andern vermeiden (vgl. Anm. 46). In diesem Sinne auch Art. 95^{octies} Abs. 2 lit. b WAG des Kantons Zug (Anm. 56).

Alternativfragen)[60]. Im zweiten Urnengang wird dann über die bereinigte Vorlage abgestimmt (eine Hauptfrage).

30 Für die *Reihenfolge der Gegenüberstellungen* bei mehreren Urnengängen kann auf den Zeitpunkt des Zustandekommens einer Vorlage abgestellt werden. Es können aber auch Besonderheiten des Einzelfalls berücksichtigt werden. Liegen z.B. zwei einander ausschliessende Volksinitiativen und ein Gegenvorschlag des Kantonsrates vor, kann es angezeigt sein, zunächst die Volksinitiativen einander gegenüberzustellen, wenn sich diese inhaltlich sehr nahe sind.

---

[60] Auch hier sind die Vorlagen unvollständig.

Art. 37[*]

Dringlichkeitsrecht

Gesetze, deren Inkrafttreten keinen Aufschub erträgt, können vom Kantonsrat mit einer Mehrheit von zwei Dritteln der anwesenden Mitglieder sofort in Kraft gesetzt werden.

Wird das Referendum ergriffen, so findet die Volksabstimmung innert sechs Monaten nach Inkrafttreten des Gesetzes statt.

Wird das Gesetz abgelehnt, so tritt es unmittelbar nach der Volksabstimmung ausser Kraft.

Materialien

Art. 43 VE; Prot. Plenum, S. 405 ff., 2083 ff., 3149 ff.

Literatur

DUBACH RETO, Art. 34, in: Dubach/Marti/Spahn, S. 110 ff.; EICHENBERGER, § 78; GRISEL ETIENNE, Kommentar BV, Art. 89bis aBV; HANGARTNER/KLEY, §§ 19 II und 35 II; MÜLLER JÖRG PAUL, Gebrauch und Missbrauch des Dringlichkeitsrechts nach Art. 89bis BV, Bern 1977; SCHUHMACHER CHRISTIAN, Gesetzgebung und Zeit: Aspekte aus der Sicht des Kantons Zürich, LeGes 2005/3, S. 65 ff.; SCHULER FRANK, Kommentar zur Verfassung des Kantons Graubünden, Art. 18; SUTTER-SOMM KARIN, St. Galler Kommentar, Art. 165.

Vgl. ferner Hinweise zu Art. 32.

Rechtsquellen

Vgl. Hinweise zu Art. 23.

Übersicht

	Note
1. Einleitung	1
1.1. Normzweck	1
1.2. Entstehungsgeschichte	3
1.3. Früheres Recht und Rechtsvergleich	7
2. Geltungsbereich	9
3. Dringliche Inkraftsetzung (Abs. 1)	12
3.1. Dringlichkeit des Inkrafttretens	12
3.2. Zeitpunkt des dringlichen Inkrafttretens	17
3.3. Kantonsratsbeschluss	20
4. Volksabstimmung (Abs. 2)	23
5. Ausserkrafttreten (Abs. 3)	26

---

[*] Der Verfasser dankt Dr. iur. Philipp Mäder für die kritische Durchsicht der Kommentierung und die zahlreichen Hinweise.

1. Einleitung

1.1. Normzweck

1 Das Datum des Inkrafttretens eines Gesetzes kann in diesem selbst geregelt sein; in der Regel wird es aber vom Regierungsrat festgelegt[1]. Im einen wie im anderen Fall kann das Gesetz frühestens nach Ablauf der Referendumsfrist oder, wenn das Referendum ergriffen worden ist, nach Annahme des Gesetzes durch das Stimmvolk in Kraft treten[2]. Das kann dazu führen, dass ein Gesetz erst mehr als ein Jahr nach seiner Verabschiedung im Kantonsrat wirksam werden kann[3]. In dringlichen Fällen sollte ein Gesetz aber sofort in Kraft gesetzt werden können. Art. 37 schafft hierfür, d.h. für die Inkraftsetzung eines Gesetzes unter *Auslassung des ordentlichen Referendumsverfahrens*, die Voraussetzungen. Dies erlaubt ein sachgerechtes Vorgehen auch in Fällen, bei denen sich die verminderte Dynamik und Effizienz der demokratischen Mitwirkungsrechte negativ bemerkbar machen[4].

2 In der Ratsdebatte wurde bezweifelt, dass auf kantonaler Ebene ein Dringlichkeitsrecht i.S.v. Art. 37 erforderlich ist[5]. Auch wurde die Problematik von dringlich in Kraft gesetzten «Massnahmengesetzen»[6] aufgeworfen, bei denen der Gesetzeszweck im Zeitpunkt einer späteren Ablehnung des Gesetzes durch die Stimmberechtigten bereits verwirklicht worden ist[7].

1.2. Entstehungsgeschichte

3 Mit Datum vom 10. Januar 2002 unterbreitete die Kommission 2 dem Plenum folgende Formulierung[8]:

> Art. 6 *Dringlichkeitsrecht*
>
> ¹ Gesetze, deren Inkrafttreten keinen Aufschub erträgt, können sofort in Kraft gesetzt werden, wenn der Kantonsrat mit einer Mehrheit von zwei Dritteln der anwesenden Mitglieder die Dringlichkeit beschliesst.

---

[1] § 10 Abs. 2 PublG.
[2] Das gilt auch für die rückwirkende Inkraftsetzung, die unter gewissen Voraussetzungen (vgl. BGE 125 I 182 ff., 186) zulässig ist.
[3] Anm. 33. Bei den im Jahr 2004 in Kraft gesetzten Gesetzen dauerte es durchschnittlich 14 Monate zwischen ihrer Verabschiedung im Kantonsrat und ihrem Inkrafttreten (vgl. SCHUHMACHER, S. 68).
[4] Prot. Plenum, S. 406.
[5] Prot. Plenum, S. 405 f.
[6] Das sind Gesetze, die (auch) einen individuell-konkreten Sachverhalt regeln oder einen Ausgabenbeschluss enthalten (vgl. Art. 23 N. 23).
[7] Prot. Plenum, S. 406 f. Als Beispiel wurde die finanzielle Beteiligung des Kantons Zürich an einer neuen schweizerischen Luftfahrtgesellschaft genannt. Der entsprechende Kredit wurde indes nicht in Gesetzesform gekleidet, sondern als Ausgabenbeschluss gefasst (ABl 2001, S. 1662 f.).
[8] Vorgängig K2, (gleichlautender) Antrag an das Plenum vom 11. Oktober 2001, und RRB 1744 vom 14. November 2001, S. 15.

² Falls das Referendum ergriffen wird, findet die Volksabstimmung innert sechs Monaten nach Inkraftsetzung des Gesetzes statt.

³ Wird das Gesetz abgelehnt, so tritt es unmittelbar nach der Volksabstimmung ausser Kraft.

In der *Vorberatung* blieb die Norm unverändert[9]. Nach der redaktionellen Bereinigung wurde dem Plenum die Formulierung des nun geltenden Art. 37 unterbreitet[10]. In der *Gesamtlesung* wurde diese übernommen[11]. 4

In der *öffentlichen Vernehmlassung* wurde die Norm relativ stark kritisiert. Die Bestimmung verletze das demokratische Prinzip, gefährde die rechtsstaatlichen Grundsätze und sei bei vorausschauender Politik nicht erforderlich, zumal das Instrument des Notrechts (Art. 72) zur Verfügung stehe. Werde daran festgehalten, so sei das Quorum für einen entsprechenden Beschluss des Kantonsrates zu erhöhen. Dringlich in Kraft gesetzte Gesetze seien dem obligatorischen Referendum zu unterstellen, die Frist für die Volksabstimmung sei zu verkürzen und die Wirksamkeit des Gesetzes sei aufzuschieben, falls das Referendum ergriffen werde[12]. 5

Der Rat berücksichtigte die Kritik und die Anregungen nicht; die Norm blieb auch in der 2. *Gesamtlesung* unverändert[13]. 6

1.3. Früheres Recht und Rechtsvergleich

Art. 30bis Abs. 5 aKV schloss die Inkraftsetzung eines Gesetzes oder eines Kantonsratsbeschlusses vor der Volksabstimmung oder vor Ablauf der Referendumsfrist ausdrücklich aus. 7

Der Bund und zahlreiche Kantone kennen die dringliche Inkraftsetzung von Gesetzen in der einen oder andern Form[14]. Anders als im Bundesrecht[15] muss auch ein nach Art. 37 dringlich in Kraft gesetztes Gesetz auf einer Verfassungsgrundlage beruhen[16]. Hingegen muss es nicht befristet sein. Auch tritt es nicht automatisch ausser Kraft, wenn das Referendum ergriffen worden ist und die Stimmberechtigten ihm nicht innert Jahresfrist zustimmen. 8

---

[9] Prot. Plenum, S. 409.
[10] Antrag der Geschäftsleitung vom 16. April 2003, S. 33.
[11] Prot. Plenum, S. 2083 f.
[12] Vgl. z.B. Stellungnahmen der «Arbeitsgemeinschaft Alter» der SP Kanton Zürich, der Gemeinde Lindau, des Bezirksrats Horgen oder der JUSO Kanton Zürich,
[13] Antrag der Geschäftsleitung vom 13. Mai 2004, S. 22; Prot. Plenum, S. 3150.
[14] Art. 165 BV. Zur Rechtslage in den Kantonen GRISEL, Kommentar BV, Art. 89bis aBV Rz. 7.
[15] Vgl. Art. 165 Abs. 1–3 BV.
[16] Vgl. HANGARTNER/KLEY, N. 2244, ferner für das Bündner Recht SCHULER, Kommentar KV GR, Art. 18 Rz. 4.

2. Geltungsbereich

9   Nach dem Wortlaut von Art. 37 besteht das Dringlichkeitsrecht bei Gesetzen. Damit sind *Gesetze im formellen Sinn* gemeint, also Rechtsakte, die der Kantonsrat in Anwendung von Art. 54 Abs. 1 lit. b beschliesst und die i.d.R. dem fakultativen[17], im Fall von Art. 32 lit. f aber dem obligatorischen Referendum unterstehen.

10 Art. 37 erfasst *keine Verfassungsänderungen*. Das ergibt sich aus der Begrifflichkeit, der die Verfassung im 5. Kapitel über die Volksrechte folgt. Ist hier von «Gesetz» die Rede, so sind immer Gesetze im formellen Sinn gemeint, nicht auch die Verfassung[18]. Auch schreibt Art. 51 Abs. 1 BV vor, dass die Kantonsverfassungen «der Zustimmung des Volkes» bedürfen – gemeint ist die vorgängige Zustimmung[19]. Das gilt auch für Änderungen der Verfassung.

11 Aufgrund des klaren Wortlauts von Abs. 1 dürfen auch *keine anderen Rechtsakte*, die dem obligatorischen oder fakultativen Referendum unterstehen, dringlich in Kraft gesetzt bzw. vollzogen werden. Das gilt insbesondere für Ausgabenbeschlüsse nach Art. 33 Abs. 1 lit. d, aber auch für die Genehmigung von Konkordaten nach Art. 32 lit. b und Art. 33 Abs. 1 lit. b oder für Vernehmlassungen nach Art. 33 Abs. 1 lit. f[20]. Enthält ein Gesetz neben Rechtsnormen auch einen Ausgabenbeschluss[21] oder die Genehmigung eines Konkordates[22], so ist zumindest hinsichtlich dieser Elemente[23] die dringliche Inkraftsetzung ausgeschlossen.

---

[17] Vgl. Art. 33 Abs. 1 lit. a.
[18] In andern Kapiteln der KV ist die Verfassung z.T. mitgemeint, wenn von «Gesetz» die Rede ist, so etwa in Art. 11 Abs. 1: «Alle Menschen sind vor dem Gesetz gleich.»
[19] HANGARTNER/KLEY, N. 2243.
[20] Die Ausdehnung des Dringlichkeitsrechts wurde in der Kommission 2 diskutiert, aber verworfen (Prot. K2 vom 28. April 2004, S. 595). Hinsichtlich der Ausgabenbeschlüsse wurde ausgeführt, dass sie u.U. vollzogen seien, noch bevor die Volksabstimmung habe stattfinden können. Bei interkantonalen Verträgen mit Gesetzes- oder Verfassungsrang wurde auf die ohnehin lange Vorbereitungszeit hingewiesen.
[21] Vgl. z.B. § 50 des Universitätsgesetzes vom 15. März 1998 (LS 415.11), § 2 des Gesetzes über die Teilverlegung der Universität vom 14. März 1971 (LS 415.19) oder § 4 des Gesetzes für ein Polizei- und Justizzentrum vom 7. Juli 2003 (LS 551.4).
[22] Vgl. z.B. § 1 des Gesetzes vom 15. September 2003 über den Beitritt zur revidierten Interkantonalen Vereinbarung über das öffentliche Beschaffungswesen vom 15. März 2001 (LS 720.1).
[23] Zur Zulässigkeit solcher Elemente HAUSER, Art. 38 N. 11.

3. Dringliche Inkraftsetzung (Abs. 1)

3.1. Dringlichkeit des Inkrafttretens

Nach Abs. 1 können Gesetze dann dringlich in Kraft gesetzt werden, wenn ihr Inkrafttreten keinen Aufschub erträgt. Mit dem *Inkrafttreten* wird ein Gesetz anwendbar; seine Vorschriften sind ab dann zu beachten und können mit Staatsgewalt durchgesetzt werden. Das Inkrafttreten ist weder mit dem Beschluss des Gesetzes durch den Kantonsrat noch mit seiner Annahme in einer allfälligen Volksabstimmung identisch, sondern Gegenstand einer eigenständigen Anordnung. Das Datum des Inkrafttretens kann im Gesetz selbst geregelt sein. Enthält es dazu, was die Regel ist, keine Vorschrift, wird es vom Regierungsrat in Kraft gesetzt[24].

Die dringliche Inkraftsetzung setzt voraus, dass das Inkrafttreten des Gesetzes *keinen Aufschub erträgt*. Das Interesse an der sofortigen Inkraftsetzung muss erheblich sein. Es müssen *zwingende, ausserordentliche Gründe* vorliegen. Die blosse Wünschbarkeit des sofortigen Inkrafttretens genügt nicht. Das Interesse an der Möglichkeit, ein Gesetz sofort anwenden zu können, ist gegen das Interesse an der Wahrung der demokratischen Mitwirkungsrechte der Stimmberechtigten im ordentlichen Referendumsverfahren abzuwägen[25]. Das erstgenannte Interesse ist umso grösser, je schwerer die Nachteile wiegen, wenn das Gesetz nicht sofort angewandt werden kann, und je grösser die Zahl der davon Betroffenen ist. Das Interesse an der sofortigen Inkraftsetzung kann von vornherein nur bei Gesetzen überwiegen, die eine wichtige Sache betreffen[26].

Bei der Interessenabwägung *nicht zu berücksichtigen* ist demgegenüber, ob das Gesetz in der Öffentlichkeit unbestritten ist[27]. Auch die Grösse des Regelungsspielraums des kantonalen Gesetzgebers ist kein Kriterium. Nicht zu berücksichtigen ist sodann, ob die dringliche Inkraftsetzung mit einer besseren Zeitplanung in der vorparlamentarischen und parlamentarischen Phase der Gesetzgebung hätte vermieden werden können[28], denn das Dringlichkeitsrecht hat nicht die Funktion, den Gesetzgeber zu disziplinieren.

Die dringliche Inkraftsetzung ist z.B. dann zulässig, wenn das kantonale Gesetz *aufgrund übergeordneten Rechts* eine Frage zwingend und sofort regeln muss. Dies gilt selbst dann, wenn der Bundesgesetzgeber die Kantone ermächtigt,

---

[24] § 10 Abs. 2 PublG.
[25] SCHULER, Kommentar KV GR, Art. 18 Rz. 9.
[26] Vgl. dazu und zum folgenden Absatz EICHENBERGER, § 78 N. 36; GRISEL, Kommentar BV, Art. 89bis aBV Rz. 4 ff.; HANGARTNER/KLEY, N. 2247 ff.; SUTTER-SOMM, St. Galler Kommentar, Art. 165 Rz. 4.
[27] HANGARTNER/KLEY, N. 2247; SCHULER, Kommentar KV GR, Art. 18 Rz. 9.
[28] Weniger absolut HANGARTNER/KLEY, N. 2250, und SCHULER, Kommentar KV GR, Art. 18 Rz. 10.

kantonales Einführungsrecht vorläufig auf dem Verordnungsweg zu erlassen[29]. Denn aus demokratischer Sicht ist ein unter Auslassung des ordentlichen Referendumsverfahrens in Kraft gesetztes Gesetz einer Notverordnung des Regierungsrates vorzuziehen[30].

16 Besteht grundsätzlich die Möglichkeit, ein Gesetz als Ganzes dringlich in Kraft zu setzen, so muss das auch für einen *Teil* desselben zulässig sein. Das Verhältnismässigkeitsprinzip gebietet es sogar, die dringliche Inkraftsetzung auf jene Gesetzesbestimmungen zu beschränken, bei denen das Inkrafttreten keinen Aufschub erträgt.

3.2. Zeitpunkt des dringlichen Inkrafttretens

17 Erträgt die Inkraftsetzung eines Gesetzes keinen Aufschub, so kann es gemäss Abs. 1 *sofort* in Kraft gesetzt werden, d.h. per Datum und Zeitpunkt des Kantonsratsbeschlusses[31]. Diesfalls ist eine ausserordentliche Bekanntmachung des Gesetzes erforderlich[32].

18 Erlaubt Abs. 1 die sofortige Inkraftsetzung, so muss es umso mehr zulässig sein, ein Gesetz *auf ein späteres Datum* dringlich in Kraft zu setzen. Soll aus demokratischen Gründen die Zeitspanne, während der ein Gesetz ohne Referendumsmöglichkeit bzw. ohne Zustimmung des Stimmvolkes angewandt wird, möglichst kurz sein, so ist der Kantonsrat sogar *verpflichtet*, das Gesetz auf das *letztmögliche Datum* dringlich in Kraft zu setzen.

19 Ein solches Vorgehen setzt allerdings voraus, dass es die Frist bis zu Datum, auf welches das Gesetz dringlich in Kraft gesetzt werden soll, nicht erlaubt, das ordentliche Referendumsverfahren durchzuführen. Letzteres dauert je nach Fall mehr als ein Jahr[33]. Der Gesetzgeber wird sinnvollerweise eine Frist ab Verabschiedung eines Gesetzes durch den Kantonrat festlegen, innert der die dringliche Inkraftsetzung noch zulässig ist.

---

[29] Vgl. z.B. Art. 52 Abs. 2 Schlusstitel ZGB oder Art. 130 Abs. 3 BGG. Im Verfassungsrat war dieser Punkt umstritten, vgl. Prot. Plenum, S. 407 f.
[30] So im Ergebnis auch SCHULER, Kommentar KV GR, Art. 18 Rz. 4.
[31] Unter bestimmten Voraussetzungen kann ein Gesetz sogar rückwirkend in Kraft gesetzt werden (BGE 125 I 182 ff., 186). Auch dies kann der Kantonsrat in Anwendung von Art. 37 beschliessen.
[32] § 8 Abs. 1 lit. b PublG.
[33] Das vollständige ordentliche Referendumsverfahren weist folgende Schritte auf (in Klammern der Zeitbedarf; vgl. SCHUHMACHER, S. 68): Publikation des Gesetzes im Amtsblatt (11 Tage); Frist für das Volksreferendum (60 Tage); Prüfung der Unterschriften im Fall des Ergreifens des Volksreferendums und Feststellung seines Zustandekommens (rund 3 Monate, § 143 Abs. 1 GPR i.V.m. § 128 Abs. 2 GPR); Vorbereitung und Durchführung der Volksabstimmung (rund 100 Tage); Abwarten des nächsten ordentlichen Abstimmungstermins (bis zu 4 Monate). Das ergibt ein Total von *bis zu 13 Monaten*. Wird Mehraufwand in Kauf genommen, lässt sich die Frist verkürzen (Anm. 40).

3.3. Kantonsratsbeschluss

Das dringliche Inkrafttreten eines Gesetzes setzt voraus, dass es vom Kantonsrat *mit einer Mehrheit von zwei Dritteln der anwesenden Mitglieder*[34] beschlossen worden ist. In der Regel wird der Kantonsrat darüber *unmittelbar nach der Schlussabstimmung* über das Gesetz beschliessen; er kann dies aber auch zu einem *späteren Zeitpunkt* tun, wenn sich die Dringlichkeit erst dann erweist[35]. Der Dringlichkeitsbeschluss selbst untersteht nicht dem Referendum[36]. 20

Mit der dringlichen Inkraftsetzung hat der Kantonsrat auch *übergangsrechtliche Bestimmungen* für den Fall zu beschliessen, dass gegen das Gesetz das Referendum ergriffen wird und die Stimmberechtigten die Vorlage ablehnen, was die unmittelbare Ausserkraftsetzung zur Folge hat. 21

Dringlich in Kraft gesetzte Gesetze haben die gleichen Rechtswirkungen und liegen auf der gleichen Regelungsstufe wie Gesetze, die auf ordentlichem Weg in Kraft gesetzt worden sind[37]. Die Problematik dringlich in Kraft gesetzter Gesetze betrifft nur die Zeit zwischen ihrem Inkrafttreten und dem unbenützten Ablauf der Referendumsfrist bzw. dem Datum der Volksabstimmung. Wird kein Referendum ergriffen bzw. das Gesetz in der Volksabstimmung angenommen, so verliert es jedes demokratische Defizit. Es gibt *keine Veranlassung*, dringlich in Kraft gesetzte Gesetze *zu befristen* oder sie nachträglich durch Gesetze zu ersetzen, bei denen das *ordentliche Referendumsverfahren* durchlaufen worden ist[38]. 22

4. Volksabstimmung (Abs. 2)

Wird gegen ein dringlich in Kraft gesetztes Gesetz das Referendum ergriffen, so hat die Volksabstimmung *innert sechs Monaten* nach seinem Inkrafttreten stattzufinden. Mit Blick auf die Verfahrensschritte und den Zeitbedarf des ordentlichen Referendumsverfahrens[39] ist die Frist sehr knapp bemessen, sollte aber, wenn auch mit beträchtlichem Mehraufwand aller Beteiligten, i.d.R. eingehalten werden können[40]. 23

---

[34] Zu dieser Wendung Art. 28 N. 35.
[35] So für die Bundesebene auch HANGARTNER/KLEY, N. 1199.
[36] Der Beschluss ist in den abschliessenden Katalogen von Art. 32 und 33 nicht erwähnt.
[37] HANGARTNER/KLEY, N. 2253.
[38] A.M. HANGARTNER/KLEY, N. 2254.
[39] Anm. 33.
[40] Die Bearbeitungszeit lässt sich insbesondere dadurch verkürzen, dass bei der Prüfung der Unterschriftenlisten *externes Personal* beigezogen wird. Ferner kann sogleich nach Einreichung der Unterschriftenlisten mit der *Vorbereitung der Volksabstimmung* begonnen werden, auf die Gefahr hin, dass diese Arbeiten wegen Nichtzustandekommens des Referendums vergebens waren. Schliesslich kann es angezeigt sein, einen *ausserordentlichen Abstimmungstermin* festzusetzen, was aber mit hohen Kosten verbunden ist. – Sehr rasch wurde bei den beiden *Ausgabenbeschlüssen zugunsten der SWISS* und des *Flughafens Zürich*

24 Die Volksabstimmung hat innert sechs Monaten *nach Inkrafttreten des Gesetzes* stattzufinden. Beschliesst der Kantonsrat, ein Gesetz *sofort* nach dem Dringlichkeitsbeschluss in Kraft treten zu lassen, so beginnt der Fristlauf *mit diesem Beschluss*. Setzt es der Kantonsrat auf einen *späteren* Zeitpunkt dringlich in Kraft, so läuft die Frist *ab diesem Datum*.

25 Bei der Sechsmonatefrist handelt es sich um eine *Ordnungsfrist*; wird sie nicht eingehalten, führt dies nicht automatisch zur Ausserkraftsetzung des Gesetzes[41]. Denn es würde sich mit der Rechtssicherheit nicht vertragen, wenn ein Gesetz für die wenigen Wochen bis zur Durchführung der Volksabstimmung ausser Kraft und dann, nach seiner allfälligen Annahme durch das Stimmvolk, wieder in Kraft gesetzt würde.

5. Ausserkrafttreten (Abs. 3)

26 Wird ein dringlich in Kraft gesetztes Gesetz in der Volksabstimmung abgelehnt, so *tritt es unmittelbar nach der Volksabstimmung ausser Kraft*. Hierzu bedarf es keines weiteren Beschlusses des Regierungsrates oder des Kantonsrates; die Rechtsfolge tritt *kraft Verfassung* ein[42].

27 Das Ausserkrafttreten des Gesetzes setzt allerdings voraus, dass der ablehnende Volksentscheid *rechtskräftig* geworden ist[43]. Das wiederum bedingt den unbenützten Ablauf der Rechtsmittelfrist bzw. die rechtkräftige Erledigung allfälliger Rechtsmittel.

28 Ist der ablehnende Volksentscheid rechtskräftig geworden, so tritt das Gesetz *rückwirkend auf den Tag nach der Volksabstimmung* ausser Kraft.

29 Haben die Stimmberechtigten ein dringlich in Kraft gesetztes Gesetz abgelehnt, so darf der Kantonsrat ein Gesetz mit identischem oder weitgehend gleichlautendem Inhalt nicht erneut *dringlich* in Kraft setzen[44]. Dem Kantonsrat ist es aber unbenommen, ein weiteres Gesetz mit gleichem oder ähnlichem Inhalt zu beschliessen, wenn dieses dem *ordentlichen* Referendumsverfahren untersteht[45].

---

gehandelt: Zwischen dem Antrag des Regierungsrates und der Volksabstimmung verstrichen weniger als drei Monate, wobei zu erwähnen ist, dass der Kantonsrat die Beschlüsse von sich aus der Volksabstimmung unterstellte, so dass keine Unterschriftenlisten zu prüfen waren (ABl 2001, S. 1496 f. und 1662 f.).

[41] Angesichts der Bedeutung eines automatischen Ausserkrafttretens hätte dies die Verfassung, dem Beispiel von Art. 165 Abs. 2 BV folgend, ausdrücklich normieren müssen.

[42] So auch SCHULER, Kommentar KV GR, Art. 18 Rz. 17, für das Bündner Recht.

[43] Prot. RedK vom 15. Januar 2004, S. 501.

[44] Prot. K2 vom 16. August 2001, S. 72. So ausdrücklich Art. 165 Abs. 4 BV.

[45] Für das Bundesrecht vertreten diese Auffassung HANGARTNER/KLEY, N. 1223, und SUTTER-SOMM, St. Galler Kommentar, Art. 165 Rz. 14.

D. Rechtsetzung

Art. 38

Alle wichtigen Rechtssätze des kantonalen Rechts werden in der Form des Gesetzes erlassen. Dazu gehören namentlich die wesentlichen Bestimmungen über:
a) die Ausübung der Volksrechte;
b) die Einschränkung verfassungsmässiger Rechte;
c) Organisation und Aufgaben der Behörden;
d) Voraussetzungen und Bemessungsgrundlagen von Steuern und anderen Abgaben, mit Ausnahme von Gebühren in geringer Höhe;
e) Zweck, Art und Umfang staatlicher Leistungen;
f) dauernde oder wiederkehrende Aufgaben des Kantons;
g) die Übertragung von Aufgaben an die Gemeinden, wenn sie zu einer finanziellen Mehrbelastung der Gemeinden führt;
h) Art und Umfang der Übertragung öffentlicher Aufgaben an Private.

Weniger wichtige Rechtssätze, namentlich solche über den Vollzug der Gesetze, werden in der Form der Verordnung erlassen.

Verfassung und Gesetz bestimmen, welche Behörden Verordnungen erlassen können.

Materialien

Art. 56 VE; Prot. Plenum, S. 523 ff., 792 ff., 2168 f.

Vgl. ferner Kompetenzverteilung zwischen Bundesversammlung und Bundesrat, Bericht der von den Staatspolitischen Kommissionen der eidgenössischen Räte eingesetzten Expertenkommission vom 15. Dezember 1995, BBl 1996 II, S. 428 ff. (Bericht Kompetenzverteilung); Antrag und Weisung des Regierungsrats zum Verfassungsgesetz über die Neuregelung des Referendumsrechts (Änderung der Art. 28 bis 31 der Kantonsverfassung) vom 9. Juli 1997, ABl 1997, S. 935 ff. (Weisung Referendumsrecht); RRB 1870 vom 21. Dezember 2005 über die Umsetzung der neuen Kantonsverfassung (RRB Umsetzung nKV).

Literatur

BEUSCH MICHAEL, Der Gesetzesbegriff in der neuen Bundesverfassung, in: Thomas Gächter/Martin Bertschi (Hrsg.), Neue Akzente in der «nachgeführten» Bundesverfassung, Zürich 2000, S. 227 ff. (Gesetzesbegriff); COTTIER THOMAS, Die Verfassung und das Erfordernis der gesetzlichen Grundlage, 2. Aufl., Chur/Zürich 1991; DÉPRAZ ALEX, Parlement et Gouvernement dans la nouvelle Constitution, in: Moor, Constitution vaudoise, S. 229 ff.; DUBACH RETO, Art. 50, in: Dubach/Marti/Spahn, S. 144 ff.; EHRENZELLER BERNHARD, Die neue Regelung der Erlassformen der Bundesversammlung, LeGes 2000/3, S. 13 ff.; FEUZ ROLAND, Materielle Gesetzesbegriffe, Inhalt und Tragweite, Diss., Bern 2002; HANGARTNER YVO, Parlament und Regierung, ZBl 91/1990, S. 473 ff. (Parlament); HAUSER MATTHIAS, Der Einfluss der Verfassungsentwürfe auf den Verfassungsrat und die neue Kantonsverfassung, in: Materialien zur Zürcher Verfassungsreform, Bd. 8, S. 67 ff.; HUNGERBÜHLER ADRIAN, Das Finanzreferendum nach der aargauischen Kantonsverfassung vom

25. Juni 1980, ZBl 86/1985, S. 329 ff.; JAAG TOBIAS, Der Gesetzesbegriff im zürcherischen Recht, in: Auer/Kälin, S. 359 ff. (Gesetzesbegriff); JAAG TOBIAS/SCHULER FRANK, Kommentar zur Verfassung des Kantons Graubünden, Art. 31–32 und 45; KÄLIN WALTER, Gesetz und Verordnung, in: Kälin/Bolz, S. 129 ff.; KOTTUSCH PETER, Bürgerrecht und Volksrechte, in: Materialien zur Zürcher Verfassungsreform, Bd. 9, S. 65 ff.; MÜLLER GEORG, Rz. 194 ff.; MÜLLER GEORG, Inhalt und Formen der Rechtsetzung als Problem der demokratischen Kompetenzordnung, Habil., Basel/Stuttgart 1979 (Kompetenzordnung); MÜLLER GEORG, Möglichkeiten und Grenzen der Verteilung der Rechtsetzungsbefugnisse im demokratischen Rechtsstaat, ZBl 99/1998, S. 1 ff. (Rechtsetzungsbefugnisse); MÜLLER GEORG, Rechtsetzung und Staatsverträge, in: Verfassungsrecht der Schweiz, § 70 (Rechtsetzung und Staatsverträge); NEF HANS, Die Genehmigung von Verordnungen des Regierungsrates durch den Kantonsrat im Kanton Zürich, ZBl 78/1977, S. 241 ff.; NUSPLIGER KURT, Bern und Schaffhausen in guter Verfassung, ZBl 106/2005, S. 393 ff., 405 ff. (Bern und Schaffhausen); SÄGESSER THOMAS, «Neuordnung der Erlassformen der Bundesversammlung», AJP 1998, S. 677 ff. (Erlassformen); SÄGESSER THOMAS, Kommentar zu Art. 163 und 164 BV, in: Thomas Sägesser (Hrsg.), Die Bundesbehörden, Bern 2000, (Bundesbehörden); SUTTER-SOMM KARIN, St. Galler Kommentar, Art. 164; TSCHANNEN, § 45; WICHTERMANN JÜRG, Vorbem. zu Art. 50–60, in: Arn/Friederich/Friedli/Müller/Müller/Wichtermann.

Rechtsquellen

– Bundesgesetz über die Bundesversammlung vom 13. Dezember 2002 (Parlamentsgesetz, ParlG; SR 171.10)

Übersicht Note

1. Einleitung 1
2. Normzweck 3
3. Bundesrechtliche Anforderungen 5
4. Formeller Gesetzesbegriff 7
5. Materieller Gesetzesbegriff (Abs. 1) 10
   5.1. Rechtssätze 10
   5.2. Wichtige Bestimmungen 12
      5.2.1. Wertender Entscheid über die Wichtigkeit 12
      5.2.2. Kriterien der Wichtigkeit 15
      5.2.3. Weniger wichtige Bestimmungen in Gesetzesform? 18
6. Aufzählung wichtiger Bereiche 19
   6.1. Allgemeines 19
   6.2. Volksrechte (Abs. 1 lit. a) 23
   6.3. Einschränkung verfassungsmässiger Rechte (Abs. 1 lit. b) 24
   6.4. Organisation und Aufgaben der Behörden (Abs. 1 lit. c) 26
   6.5. Steuern und andere Abgaben (Abs. 1 lit. d) 27
   6.6. Staatliche Leistungen (Abs. 1 lit. e) 28
   6.7. Kantonale Aufgaben (Abs. 1 lit. f) 29
   6.8. Übertragung von Aufgaben an die Gemeinden (Abs. 1 lit. g) 30
   6.9. Übertragung von Aufgaben an Private (Abs. 1 lit. h) 31
7. Verordnungen (Abs. 2 und 3) 33
   7.1. Begriff der Verordnung 33
   7.2. Delegation von Rechtsetzungsbefugnissen an Behörden 36
      7.2.1. Unzulässigkeit der Delegation wichtiger Bestimmungen 36
      7.2.2. Massgeblichkeit der Delegationsgrundsätze 37

7.2.3. Voraussetzungen der Rechtsetzungsdelegation	40
7.3. Zuteilung der Verordnungskompetenzen durch das Gesetz	42
7.4. Verordnungskompetenzen des Regierungsrats	44
7.5. Verordnungskompetenzen des Kantonsrats	46
7.6. Genehmigungspflichtige Verordnungen	48
8. Rechtsetzung durch die Gemeinden	49

1. Einleitung

Art. 38 Abs. 1 bezeichnet die Bestimmungen, die in der Form eines Gesetzes beschlossen werden müssen. Abs. 2 und 3 sehen den Erlass von Verordnungen für die übrigen Bestimmungen vor. 1

Die Kantonsverfassung definiert den Begriff des Gesetzes primär durch das Verfahren der Beschlussfassung (formeller Gesetzesbegriff)[1]. Art. 38 Abs. 1 ergänzt den formellen durch einen materiellen Gesetzesbegriff, indem er vorschreibt, dass wichtige Rechtssätze in der Form des Gesetzes erlassen werden. Bereits die bisherige Verfassung kannte diese Kombination eines formellen mit einem materiellen Gesetzesbegriff[2]. 2

2. Normzweck

Art. 38 Abs. 1 legt fest, welche Rechtssätze in der Form des Gesetzes erlassen werden müssen. Daraus ergibt sich, bei welchen Regelungen das Erfordernis der Gesetzesform (Gesetzesvorbehalt i.e.S.) greift. Art. 38 will sicherstellen, dass wichtige Bestimmungen vom Gesetzgeber beschlossen und nicht dem Verordnungsgeber übertragen werden[3]. Er sichert somit die *demokratische Legitimation der von Abs. 1 erfassten Rechtsnormen*[4]. Diese demokratische Funktion kommt in der Einordnung im Kapitel «Volksrechte» zum Ausdruck. Art. 38 Abs. 1 dient ausserdem auch der Abgrenzung der Rechtsetzungskompetenzen[5]. 3

Der Gesetzesvorbehalt i.e.S. wird durch die Kompetenz des Regierungsrats zum Erlass von Notverordnungen gemäss Art. 72 durchbrochen. 4

---

[1] Schuhmacher, Art. 33 N. 13; Auer/Malinverni/Hottelier, Bd. I, N. 1457.
[2] Art. 28 i.V.m. Art. 30bis Abs. 1 Ziff. 1 und Art. 31 Ziff. 1 aKV.
[3] Vgl. Hangartner/Kley, N. 2038; zu Art. 28 Abs. 2 aKV: Weisung Referendumsrecht, S. 939.
[4] Häfelin/Müller/Uhlmann, Rz. 376; Jaag/Schuler, Kommentar KV GR, Art. 31 Rz. 4; Weisung Referendumsrecht, S. 939; vgl. Biaggini, Art. 2 N. 9; Kottusch, S. 81.
[5] G. Müller, Rz. 194 ff. Eine umgekehrte Abhängigkeit sah Cottier, S. 145 f., vor Einführung des materiellen Gesetzesbegriffs.

3. Bundesrechtliche Anforderungen

5 Für gewisse Rechtssätze verlangt das Bundesrecht die Form des Gesetzes. Dies gilt insbesondere für die Rechtsgrundlage von Einschränkungen der Grundrechte[6]. Gesetze in diesem bundesrechtlichen Sinn müssen vom Volk oder vom Parlament (mit oder ohne fakultativem Referendum) beschlossen werden. Ob einem nicht referendumsfähigen Erlass des kantonalen Parlaments die Funktion des Gesetzes im formellen Sinn zukommt, richtet sich nach dem kantonalen Verfassungsrecht[7]. Art. 38 Abs. 2, wonach Verordnungen nur weniger wichtige Bestimmungen enthalten dürfen, schliesst aus, dass kantonsrätliche Verordnungen die Funktion formeller Gesetze im bundesrechtlichen Sinn übernehmen könnten[8].

6 Das Legalitätsprinzip verlangt, dass die formell-gesetzlichen Bestimmungen eine *genügende Bestimmtheit* (Normdichte) aufweisen. Daraus folgen Mindestanforderungen an den Inhalt der formellen Gesetze, die mit den Kriterien der Wichtigkeit gemäss Art. 38 Abs. 1[9] nicht völlig deckungsgleich sind. Kriterien für den erforderlichen Grad der Bestimmtheit sind die Vielfalt der zu ordnenden Sachverhalte, die Komplexität und die Vorhersehbarkeit der im Einzelfall erforderlichen Entscheidung, die Normadressaten, die Schwere des Eingriffs in Verfassungsrechte und gegebenenfalls die Tatsache, dass eine sachgerechte Konkretisierung erst im Einzelfall möglich ist. Auch Flexibilitätsbedürfnisse sind zu beachten[10].

4. Formeller Gesetzesbegriff

7 Nach dem *Verfahren der Beschlussfassung* sind Gesetze Beschlüsse, die unter dieser Bezeichnung vom Kantonsrat gefasst werden und die dem fakultativen (ausnahmsweise dem obligatorischen) Referendum unterstehen[11]. Ausserdem kann das Stimmvolk aufgrund einer Volksinitiative ein Gesetz auch gegen den Willen des Kantonsrats beschliessen[12]. Erlasse, die nicht im Gesetzgebungsverfahren zu Stande kommen, sind keine Gesetze. Wo die Kantonsverfassung direkt

---

[6] Art. 36 Abs. 1 BV.
[7] BGE 126 I 180 ff., 184; BGE 124 I 216 ff., 218.
[8] BGE 124 I 216 ff., 219; BGE 121 I 22 ff., 26; Jaag, Gesetzesbegriff, S. 364.
[9] Dazu N. 15.
[10] BGE 131 II 13 ff., 29 f.; Jaag/Schuler, Kommentar KV GR, Art. 31 Rz. 11; Tschannen, § 7 Rz. 100, § 45 Rz. 11.
[11] Art. 54 lit. b, Art. 33 Abs. 1 lit. a, Art. 32 lit. f.
[12] Art. 23 lit. b i.V.m. Art. 29.

oder durch Verweis auf Bundesrecht ein Gesetz verlangt[13], ist somit ein Gesetz gemeint, das im formellen Gesetzgebungsverfahren beschlossen wurde[14].

Das Erfordernis der Gesetzesform erfüllen auch die Verfassung (als demokratisch noch stärker legitimierte Erlassform) sowie *interkantonale und internationale Verträge*, die gemäss Art. 32 lit. b dem obligatorischen oder gemäss Art. 33 Abs. 1 lit. b dem fakultativen Referendum unterstellt sind[15], sowie unter bestimmten Voraussetzungen die autonomen Satzungen der Gemeinden[16].

Mit dem formellen Gesetzesbegriff ist eine bestimmte Stellung dieser Rechtssätze in der Normenhierarchie verbunden. Das Gesetz steht in der Normenhierarchie tiefer als die Verfassung, geht aber den Verordnungen vor[17]. Im bundesstaatlichen Verhältnis ist ausserdem zu beachten, dass Bundesrecht und Völkerrecht dem kantonalen Recht vorgehen. Kantonale Gesetze haben sodann Vorrang gegenüber kommunalen Erlassen.

5. Materieller Gesetzesbegriff (Abs. 1)

5.1. Rechtssätze

Rechtssätze sind generell-abstrakte Rechtsnormen[18]. Darunter sind Regelungen zu verstehen, die
— sich an eine unbestimmte Zahl von Adressaten richten und
— eine unbestimmte Zahl von Fällen erfassen und
— Rechte und Pflichten der Privaten begründen oder Organisation, Zuständigkeit oder Aufgaben der Behörden oder das Verfahren regeln[19].

Allerdings verlangt Art. 38 Abs. 1 Satz 1 nicht, dass ausschliesslich Rechtssätze Inhalt eines Gesetzes sein können[20]. Wenn eine Trennung der generell-abstrakten Normen von einem Finanzbeschluss, einem Planungsakt oder einer Verwaltungsverfügung sinnwidrig wäre, sind gemischte Beschlüsse in Gesetzesform

---

[13] Z.B. Art. 20 Abs. 2, Art. 38 Abs. 3, Art. 40 Abs. 1, Art. 57 Abs. 2, Art. 59 Abs. 3, Art. 79 Abs. 2 und 3, Art. 84 Abs. 4, Art. 98 Abs. 2, Art. 125 Abs. 1 bzw. Art. 10 Abs. 2 KV i.V.m. Art. 36 Abs. 1 BV.
[14] In diesem Sinn: EICHENBERGER, § 78 N. 18; HÄFELIN/MÜLLER/UHLMANN, Rz. 105.
[15] HÄFELIN/MÜLLER/UHLMANN, Rz. 395. Art. 32 lit. b und Art. 33 Abs. 1 lit. b sprechen von Verträgen, deren Inhalt Gesetzesrang bzw. Verfassungsrang hat.
[16] Dazu N. 49 f.
[17] BIAGGINI, Art. 2 N. 12; AUER/MALINVERNI/HOTTELIER, Bd. I, N. 1458.
[18] EICHENBERGER, § 78 N. 1.
[19] HÄFELIN/MÜLLER/UHLMANN, Rz. 383; vgl. Art. 22 Abs. 4 ParlG.
[20] Vgl. zu Art. 28 Abs. 2 aKV: Weisung Referendumsrecht, S. 939 f. Im Gegensatz zu Art. 163 BV und Art. 110 KV VD enthält die Zürcher Kantonsverfassung keine erschöpfende Regelung der Erlassformen (vgl. DÉPRAZ, S. 253; SÄGESSER, Bundesbehörden, Art. 163 N. 390 ff.).

zulässig[21]. Für reine Einzelentscheide (individuell-konkrete Akte), die einer erhöhten demokratischen Legitimation bedürfen, kann das Gesetz referendumsfähige Kantonsratsbeschlüsse vorsehen[22]. Fraglich ist, ob für solche Beschlüsse weiterhin auch die Gesetzesform zur Verfügung steht[23].

5.2. Wichtige Bestimmungen

5.2.1. Wertender Entscheid über die Wichtigkeit

12   Art. 38 Abs. 1 schreibt für Rechtssätze, die *wichtig* sind, die Form des Gesetzes vor. Ähnliche Regelungen kennen auch der Bund und zahlreiche Kantone[24]. Mit dem Ersatz des Wortes «grundlegend» in Art. 28 Abs. 2 aKV durch das Wort «wichtig» ist keine inhaltliche Änderung verbunden.

13   Der Begriff der *wichtigen* Rechtssätze ist unbestimmt[25]. Er wird in Abs. 2 durch eine an Art. 164 Abs. 1 BV angelehnte beispielhafte Aufzählung konkretisiert. In diesem Rahmen und unter Beachtung der Anforderungen des Legalitätsprinzips[26] befindet der Gesetzgeber im Einzelfall durch einen *wertenden Entscheid* darüber, welche Bestimmungen wichtig sind[27]. Er hat dabei ein weites Ermessen[28]. Das Gesetz kann gewisse Fragen als wichtig erklären, ohne sie bereits selber zu regeln, indem es für sie einen Gesetzesvorbehalt begründet[29].

14   Als wichtig gelten auch all jene Bestimmungen, für welche die Verfassung selbst ausdrücklich die Form des Gesetzes vorschreibt[30]. Ob der Gesetzgeber den Regierungsrat auch in diesen Fällen ermächtigen kann, Details in Verordnungen zu regeln, ergibt sich aus der Auslegung der einzelnen Verfassungsbestimmung[31]. Nicht zulässig ist dies beispielsweise bei Art. 20 Abs. 2, der ausdrücklich be-

---

[21] EICHENBERGER, § 78 N. 10; FEUZ, S. 50; HÄFELIN/HALLER, N. 1824; KÄLIN, S. 131; SÄGESSER, Bundesbehörden, Art. 163 Rz. 407; SCHUHMACHER, Art. 23 N. 23; TSCHANNEN, § 45 Rz. 19. Vgl. z.B. § 50 Universitätsgesetz vom 15. März 1998 (LS 415.11).

[22] Vgl. RRB 220 vom 6. Februar 2002 betreffend den Antrag der K3 zu den Allgemeinen Grundsätzen der Behördenorganisation, S. 6; Art. 59 N. 5, 8.

[23] Befürwortend: Weisung Referendumsrecht, S. 939 f.; JAAG, Rz. 406. Vgl. z.B. Gesetz für ein Polizei- und Justizzentrum Zürich vom 7. Juli 2003 (LS 551.4).

[24] Art. 164 Abs. 1 BV; § 78 Abs. 1 KV AG; Art. 69 KV AR; Art. 69 Abs. 4 KV BE; Art. 63 Abs. 1 KV BL; Art. 93 Abs. 2 KV FR; Art. 31 KV GR; Art. 50 KV SH; Art. 71 Abs. 1 KV SO; § 36 Abs. 1 KV TG; Art. 90 Abs. 1 KV UR.

[25] JAAG/SCHULER, Kommentar KV GR, Art. 31 Rz. 9.

[26] Dazu N. 5 f.

[27] BGE 118 Ia 113 ff., 122; EICHENBERGER, § 78 N. 16; JAAG/SCHULER, Kommentar KV GR, Art. 31 Rz. 9, Art. 45 Rz. 5.

[28] EHRENZELLER, S. 24.

[29] Vgl. z.B. § 30 Abs. 1 und § 31 Abs. 2 des Gesetzes über Controlling und Rechnungslegung vom 9. Januar 2006 (CRG; LS 611; OS 62, S. 354 ff.; die genannten Bestimmungen sind noch nicht in Kraft).

[30] Vgl. die Beispiele in Anm. 13.

[31] A.M. für den Kanton Schaffhausen: DUBACH, Kommentar KV SH, Art. 50, S. 147.

stimmt, dass die gesetzliche Regelung abschliessend ist, und bei Art. 38 Abs. 3, bei dem sich dies aus dem Sinn der Norm ergibt.

5.2.2. Kriterien der Wichtigkeit

Die Wichtigkeit von Rechtssätzen beurteilt sich nach den von Lehre und Rechtsprechung entwickelten Kriterien[32]. Dazu gehören insbesondere[33]:
- die Schwere des Eingriffs in die Rechtsstellung der Normadressaten;
- die Anzahl der Betroffenen;
- die finanziellen Folgen der Regelung für das Gemeinwesen: Eine Bestimmung ist namentlich dann wichtig, wenn sie Ausgaben binden kann, deren Höhe die Kompetenzlimite des Regierungsrats übersteigt, da dadurch eine Kompetenzverschiebung bewirkt wird[34];
- die politische Akzeptanz;
- die Grundsätzlichkeit: Das Gesetz soll Grundentscheidungen über die grossen Linien der Politik festlegen und Details dem Verordnungsgeber überlassen[35].

Ein Vorschlag, solche Kriterien in der Kantonsverfassung festzulegen, wurde in der Kommission nicht aufgenommen. Im Hinblick auf die Verständlichkeit für die Bürger zog sie eine beispielhafte Aufzählung wichtiger Bestimmungen vor[36].

Neben der Wichtigkeit werden in der Lehre als weitere Gesichtspunkte für die Bestimmung der Rechtsetzungsstufe die Eignung des betreffenden Organs sowie das Bedürfnis nach Flexibilität genannt[37]. Im Rahmen des Ermessens, das dem Gesetzgeber bei der Beurteilung der Wichtigkeit zukommt, kann er auch solche Gesichtspunkte miteinbeziehen[38]. Sie sind jedoch ausserhalb dieses Ermessensspielraums nicht massgebend, da sie sich nicht auf die Wichtigkeit, sondern auf die Zweckmässigkeit beziehen[39]. Die Kommission hat eine auch durch solche Gesichtspunkte motivierte Delegation der Kompetenz zum Erlass wichtiger Bestimmungen abgelehnt[40].

---

[32] Prot. Plenum, S. 524.
[33] EICHENBERGER, § 78 N. 16; HÄFELIN/MÜLLER/UHLMANN, Rz. 396 ff., 403; JAAG, Rz. 402; Bericht Kompetenzverteilung, S. 448.
[34] Vgl. HUNGERBÜHLER, S. 337 f.
[35] BGE 131 II 13 ff., 29 f.
[36] Prot. K3 vom 13. Dezember 2001, S. 327 ff. Der Vorschlag hätte dem Gesetzgeber ausserdem ermöglicht, in Fällen, in denen sich das Gesetzgebungsverfahren nicht eignet, den Regierungsrat zum Erlass wichtiger Bestimmungen zu ermächtigen.
[37] COTTIER, S. 173 ff.; HÄFELIN/MÜLLER/UHLMANN, Rz. 402 f.; G. MÜLLER, Rz. 219 ff., 223 ff.
[38] So zählte die Kommissionssprecherin im Verfassungsrat auch die Flexibilität und die Eignung des Regelungsorgans zu den Kriterien für die Wichtigkeit eines Rechtssatzes, Prot. Plenum, S. 524. Vgl. RHINOW, Rz. 2482.
[39] JAAG/SCHULER, Kommentar KV GR, Art. 31 Rz. 12; Bericht Kompetenzverteilung, S. 448.
[40] Prot. K3 vom 6. März 2003, S. 985 f.; vgl. Bericht Kompetenzverteilung, S. 452 f.

5.2.3. Weniger wichtige Bestimmungen in Gesetzesform?

18   Abs. 1 verlangt nicht, dass ausschliesslich wichtige Bestimmungen Inhalt eines Gesetzes sein können. Sein Zweck liegt darin, die wichtigen Bestimmungen dem Gesetzgeber vorzubehalten[41]. Abs. 2 und 3, welche die Verordnungen zum Gegenstand haben, verweisen mit dem Begriff «weniger wichtige Bestimmungen» auf jene Regelungen, die nicht im Gesetz getroffen wurden und die nach Abs. 1 auch nicht zwingend der Gesetzesform bedürfen. Auch sie bezwecken nicht, weniger wichtige Bestimmungen als Inhalt eines Gesetzes auszuschliessen. Ein solcher Ausschluss wäre nur anzunehmen, wenn er klar zum Ausdruck gebracht würde[42]. Dies ist nicht der Fall und entsprach auch nicht der Absicht des Verfassungsrats. In der Vorberatung hatte dieser den Erlass weniger wichtiger Bestimmungen in Verordnungsform als Kann-Vorschrift formuliert[43]. Das Wort «kann» ist im Rahmen der redaktionellen Überarbeitung des gesamten Artikels in der Redaktionskommission weggefallen, ohne dass eine materielle Änderung beabsichtigt war. Der Sprecher der Redaktionskommission bezeichnete die Neuformulierung im Plenum als rein sprachlicher Natur ohne materielle Konsequenzen[44]. Demzufolge ist nicht ausgeschlossen, dass der Gesetzgeber auch Regelungen von untergeordneter Bedeutung in der Form eines Gesetzes beschliesst[45].

6.   Aufzählung wichtiger Bereiche

6.1.   Allgemeines

19   Die wesentlichen Bestimmungen über die in Abs. 1 lit. a–f aufgeführten Gegenstände gelten als wichtig. Die Aufzählung ist nicht abschliessend. Sie verankert für gewisse Fragen das Erfordernis der Gesetzesform ausdrücklich und gibt dadurch Hinweise auf den Grad der Wichtigkeit, der in Art. 38 Abs. 1 Satz 1 gemeint ist[46].

---

[41] N. 3.
[42] Vgl. HANGARTNER/KLEY, N. 2038 f.
[43] Prot. Plenum, S. 523 ff. (Abs. 2: »Weniger wichtige Bestimmungen von allgemeiner Gültigkeit und ausführende Bestimmungen können im Rahmen des Gesetzes von der dazu ermächtigten Behörde in einer Verordnung erlassen werden»).
[44] Prot. RedK vom 19. Dezember 2002, S. 63 f.; Prot. Plenum, S. 2168 f. Der Auftrag der Redaktionskommission erstreckte sich nicht auf materielle Änderungen (vgl. HÄNER, Einleitung: Der Verfassungsrat, Anm. 24).
[45] Prot. K3 vom 28. März 2002, S. 525; vgl. EHRENZELLER, S. 17; EICHENBERGER, § 78 N. 15; HÄFELIN/HALLER, N. 1825; JAAG/SCHULER, Kommentar KV GR, Art. 31 Rz. 5; G. MÜLLER, Rechtsetzungslehre, Rz. 232; NUSPLIGER, Bern und Schaffhausen, S. 408; RHINOW, Rz. 2487; TSCHANNEN, § 45 Rz. 8. A.M. SCHUHMACHER, Art. 23 N. 31; G. MÜLLER, Rechtsetzungsbefugnisse, S. 18.
[46] Prot. K3 vom 13. Dezember 2001, S. 327 ff.

In Anlehnung an Art. 28 Abs. 2 Satz 2 aKV und Art. 164 Abs. 1 BV werden insbesondere Gebiete aufgelistet, in denen das Erfordernis eines formellen Gesetzes in Lehre und Rechtsprechung eine grosse Rolle spielt[47]. Hinzu kommen weitere Tatbestände, für welche dieses Erfordernis ausdrücklich verankert wird. Insbesondere bei der Aufgabenübertragung an die Gemeinden wollte der Verfassungsrat eine Änderung gegenüber der bisherigen Praxis herbeiführen. Zwischen den aufgezählten Sachbereichen kommt es zu Überschneidungen. Im Vergleich zu Art. 164 Abs. 1 BV fehlen die «Rechte und Pflichten von Personen», da die Pflichten bereits durch die aufgezählten Sachbereiche genügend zum Ausdruck kommen[48].

20

Die Erweiterung gegenüber Art. 28 aKV um die Voraussetzungen und die Bemessensgrundlagen von Steuern und anderen Abgaben war bereits in fast allen Verfassungsentwürfen enthalten. Einzelne Entwürfe erwähnten auch die Ausübung der Volksrechte sowie die Aufgaben des Kantons, keiner hingegen die Übertragung von Aufgaben an die Gemeinden[49].

21

Nicht alle Rechtssätze in den aufgezählten Sachbereichen sind wichtig, sondern nur die wesentlichen. Dies wird gegenüber dem Wortlaut von Art. 28 Abs. 2 Satz 2 aKV verdeutlicht. Auch über die aufgeführten Gegenstände können somit ausführende, weniger wichtige Bestimmungen in Verordnungen erlassen werden[50]. Die Kommission zog den Begriff der «wesentlichen Bestimmungen» demjenigen der «grundlegenden Bestimmungen» und der «Grundsätze» vor. Sie wollte damit das Erfordernis formeller Gesetze weiter fassen[51].

22

6.2. Volksrechte (Abs. 1 lit. a)

Unter den Volksrechten sind die politischen Rechte zu verstehen. Dazu gehören das Stimm- und Wahlrecht in Kantons- und Gemeindeangelegenheiten, das Initiativ- und Referendumsrecht im Kanton sowie die Volksrechte in Gemeinden und Zweckverbänden[52]. Da diese Rechte durch die Verfassung vorgesehen sind, wird ihre *Einschränkung* auch von Art. 38 Abs. 1 lit. b erfasst. Lit. a verlangt zudem, dass auch die wesentlichen Bestimmungen über ihre *Ausübung* auf Gesetzesstufe erlassen werden.

23

---

[47] Vgl. G. Müller, Rz. 197.
[48] Prot. K3 vom 11. März 2004, S. 1173 f.; vgl. Beusch, Gesetzesbegriff, S. 243.
[49] Vgl. Hauser, S. 81.
[50] Vgl. Rhinow, Rz. 2487.
[51] Prot. K3 vom 7. März 2002, S. 509.
[52] Art. 22–37, Art. 86, Art. 93.

6.3. Einschränkung verfassungsmässiger Rechte (Abs. 1 lit. b)

24 Verfassungsmässige Rechte sind individuelle Rechtsansprüche, die durch die Verfassung eingeräumt werden. Dazu gehören insbesondere die Grundrechte (Art. 7–34 BV, Art. 9–18 KV), die politischen Rechte[53], die rechtsstaatlichen Grundsätze einschliesslich des Legalitätsprinzips und gewisse objektive Verfassungsnormen mit individualrechtlicher Komponente wie namentlich der Grundsatz der Gewaltenteilung[54]. Die Bestimmung geht somit weiter als Art. 28 Abs. 2 aKV, welcher nur die Grundrechte erwähnte. Nicht als verfassungsmässige Rechte gelten nicht justiziable, programmatische Bestimmungen[55] wie die Sozialziele.

25 Für die Einschränkung von Grundrechten gelten gemäss Art. 10 KV die Bestimmungen der Bundesverfassung. Art. 36 Abs. 1 BV verlangt, dass schwer wiegende Einschränkungen im Gesetz selbst enthalten sein müssen, während für weniger schwere Eingriffe eine kompetenzgemäss erlassene Verordnung genügt[56]. Unter Beachtung des Prinzips der Einheit der Verfassung ist auch Art. 38 Abs. 1 lit. b entsprechend auszulegen[57].

6.4. Organisation und Aufgaben der Behörden (Abs. 1 lit. c)

26 Art. 38 Abs. 1 lit. c führt die Regelung Art. 28 Abs. 1 aKV unverändert weiter. Die wesentlichen Bestimmungen über Organisation und Aufgaben der Behörden sind im Gesetz zu regeln. Dies gilt für alle Behörden[58]. Dementsprechend ist der Regierungsrat nur im Rahmen des Gesetzes zur Festlegung der Organisation der kantonalen Verwaltung befugt[59]. Wesentliche Verfahrensbestimmungen und namentlich auch die Festlegung der Rechtsmittelinstanzen sind wichtige Rechtssätze[60], auch wenn sie (anders als in Art. 164 Abs. 1 lit. g BV) nicht genannt werden. Auch die Organisation öffentlichrechtlicher Anstalten und Körperschaften ist im Gesetz zu regeln. Hierüber bestehen besondere Vorschriften in Art. 98, welche durch die Grundsätze von Art. 38 Abs. 1 lit. c ergänzt werden[61].

---

[53] Vgl. SÄGESSER, Bundesbehörden, Art. 164 Rz. 453 f.
[54] Art. 2 und 3; BIAGGINI, Art. 3 N. 10; HÄFELIN/HALLER/KELLER, N. 1973 f.
[55] BGE 131 I 366 ff., 368 ff.; HÄFELIN/HALLER/KELLER, N. 1973.
[56] BIAGGINI, Art. 10 N. 18; HÄFELIN/HALLER, N. 310 f.; BEUSCH, Gesetzesbegriff, S. 244.
[57] Gl.M. bez. Art. 164 Abs. 1 lit. b BV: SUTTER-SOMM, St. Galler Kommentar, Art. 164 Rz. 10; A.M. bez. Art. 31 KV GR: JAAG/SCHULER, Kommentar KV GR, Art. 31 Rz. 19.
[58] Zum Begriff der Behörden vgl. HALLER, Art. 40 N. 10.
[59] Art. 70 Abs. 1; HÄNER, Art. 70 N. 3.
[60] BGE 104 Ia 226 ff., 232 f.; BGE in BVR 1998, S. 49 ff., 55.
[61] Vgl. A. MÜLLER, Art. 98 N. 17.

6.5. Steuern und andere Abgaben (Abs. 1 lit. d)

Art. 38 Abs. 1 lit. d bringt das abgaberechtliche Legalitätsprinzip, wie es von Lehre und Rechtsprechung entwickelt wurde[62], zum Ausdruck. Der Begriff der Voraussetzungen umfasst den Gegenstand der Abgabe (den abgabebegründenden Tatbestand), die Grundsätze der Bemessung und den Kreis der Abgabepflichtigen[63]. Die Bestimmung wird durch Art. 125 Abs. 1 (Steuern) und Art. 126 (übrige Abgaben) ergänzt[64]. Zwar erwähnt Art. 125 Abs. 1 die Beschränkung des Erfordernisses der Gesetzesform auf die *wesentlichen* Bestimmungen nicht. Daraus folgt aber m.E. angesichts des Wortlauts von Art. 38 nicht, dass auch die weniger wichtigen Bestimmungen über die Steuerarten, den Kreis der steuerpflichtigen Personen, den Gegenstand der Steuern und deren Bemessung in Gesetzesform zu erlassen sind[65]. Aus Art. 38 Abs. 1 lit. d ergibt sich auch keine Verschärfung gegenüber der bundesgerichtlichen Praxis, wonach die Anforderungen an die formell-gesetzliche Grundlage von Gebühren herabgesetzt sind, soweit deren Funktion durch die verfassungsrechtlichen Prinzipien der Kostendeckung und der Äquivalenz übernommen wird[66]. Zwar wird diese Erleichterung im Verfassungstext nicht erwähnt, doch bestand im Verfassungsrat nicht die Absicht, sie auszuschliessen. Ein Antrag auf Streichung der Ausnahme für Gebühren in geringer Höhe wurde abgelehnt[67]. 27

6.6. Staatliche Leistungen (Abs. 1 lit. e)

Art. 28 Abs. 1 aKV sprach vom Inhalt und Umfang staatlicher Leistungen. Art. 38 Abs. 1 lit. e KV ist präziser und hebt deren Zweck, Art und Umfang hervor. Diese Bestimmung folgt der bundesgerichtlichen Rechtsprechung, wonach das Legalitätsprinzip auch in der Leistungsverwaltung gilt. Im Gegensatz zu Art. 69 Abs. 4 lit. c KV BE und Art. 31 Abs. 2 Ziff. 3 KV GR aber in Übereinstimmung mit Art. 164 Abs. 1 lit. e BV bezieht sich das Erfordernis eines formellen Gesetzes nicht ausdrücklich nur auf bedeutende, sondern grundsätzlich auf alle staatlichen Leistungen. Während die bundesrechtlichen Anforderungen an die Dichte der formell-gesetzlichen Regelung bei einmaligen staatlichen Leistungen reduziert sind[68], gilt dies nach der Kantonsverfassung nur, wenn dadurch die finanziellen Folgen für den Kanton gering sind[69], also auch die Höhe relativ gering ist. 28

---

[62] Häfelin/Müller/Uhlmann, Rz. 2693 ff.
[63] Prot. Plenum, S. 524.
[64] Vgl. Beusch, Art. 125 N. 10 ff., Art. 126 N. 9 ff.
[65] A.M. Beusch, Art. 125 N. 10 f.
[66] Beusch, Art. 126 N. 14, 16 ff.; Häfelin/Müller/Uhlmann, Rz. 2703 ff.
[67] Prot. Plenum, S. 536.
[68] BGE 118 Ia 46 ff., 61 f.; Sutter-Somm, St. Galler Kommentar, Art. 164 Rz. 16.
[69] Vgl. dazu die Kriterien der Wichtigkeit, N. 15.

6.7. Kantonale Aufgaben (Abs. 1 lit. f)

29 Art. 38 Abs. 1 lit. f führt die dauernden oder wiederkehrenden Aufgaben des Kantons auf. Dies ist eine Einschränkung gegenüber Art. 28 Abs. 1 aKV, dessen Wortlaut sich auf alle Aufgaben bezog. Die Regelung einmaliger und nur vorübergehender Aufgaben ist somit nicht immer als wichtig zu betrachten, sondern nur, wenn ihnen trotzdem eine grosse Bedeutung zukommt. Dies ist beispielsweise der Fall, wenn für sie erhebliche personelle oder finanzielle Mittel aufgewendet werden oder wenn sie erhebliche Auswirkungen auf die Gesellschaft oder die Wirtschaft haben[70].

6.8. Übertragung von Aufgaben an die Gemeinden (Abs. 1 lit. g)

30 Wesentliche Bestimmungen über die Übertragung von Aufgaben an die Gemeinden müssen gemäss Art. 38 Abs. 1 lit. g jedenfalls dann in Gesetzesform erlassen werden, wenn die Übertragung zu einer Mehrbelastung der Gemeinden führt. Übertragungen von Aufgaben an Gemeinden sind bereits durch Art. 38 Abs. 1 lit. c betreffend Organisation und Aufgaben der Behörden erfasst. Lit. g richtet das Augenmerk auf die Mehrbelastungen der Gemeinden. Sie verlangt, dass der Grundsatzentscheid über Lastenverschiebungen auf die Gemeinden durch den Kantonsrat gefällt wird und dem fakultativen Referendum untersteht.

6.9. Übertragung von Aufgaben an Private (Abs. 1 lit. h)

31 Das Erfordernis der formell-gesetzlichen Grundlage für die Übertragung von Aufgaben an Private ist hier sowie in Art. 98 geregelt. Art. 98 enthält eine detaillierte Auflistung der Gegenstände, welche bei kantonalen Aufgaben in einem formellen Gesetz, bei kommunalen hoheitlichen Aufgaben in der Gemeindeordnung zu regeln sind[71]. Die wesentlichen Bestimmungen über die in Art. 98 Abs. 4 aufgezählten Regelungsgegenstände sind in der Regel auch wichtig im Sinne von Art. 38.

32 Art. 38 Abs. 1 lit. h und Art. 98 sind nicht deckungsgleich und ergänzen sich. So verlangt Art. 98 bei Gemeinden für die in seinem Abs. 4 genannten Gegenstände eine Regelung in der *Gemeindeordnung*, sofern für die Erfüllung der Aufgabe *hoheitliche Befugnisse* erforderlich sind. Die *nichthoheitlichen kommunalen Aufgaben* sind von Art. 98 Abs. 3 nicht erfasst. Für diese genügen unter Vorbehalt von Art. 89 Abs. 1 auch die anderen kommunalen Erlassformen, welche

---

[70] Vgl. die Kriterien der Wichtigkeit in N. 15.
[71] Vgl. dazu A. MÜLLER, Art. 98 N. 20 ff.

dem Erfordernis der Gesetzesform gemäss Art. 38 entsprechen[72]. Aus Art. 38 ergibt sich ausserdem, dass bei der Übertragung von Rechtsetzungsbefugnissen auf Private alle wichtigen Bestimmungen im übertragenden formellen Gesetz des Kantons bzw. einem gleichgestellten Erlass der Gemeinde[73] zu regeln sind.

7. Verordnungen (Abs. 2 und 3)

7.1. Begriff der Verordnung

Verordnungen sind generell-abstrakte Rechtsnormen, die nicht im Verfassungs- oder Gesetzgebungsverfahren erlassen werden und die in der Normenhierarchie unterhalb der Gesetze stehen[74]. Sie werden teilweise als Reglement, Vollzugsbestimmungen, Ordnung, Beschluss oder fälschlicherweise als Verfügung bezeichnet[75]. 33

Von den Verordnungen werden die autonomen Satzungen unterschieden, auf welche zwar die vorgenannte Definition auch zutrifft, die aber von Organisationen des öffentlichen Rechts (z.B. Gemeinden und öffentlichrechtlichen Anstalten) gestützt auf ihre Kompetenz zur selbständigen Ordnung ihrer eigenen Angelegenheiten erlassen werden[76]. 34

Keine Verordnungen im Sinne von Art. 38 Abs. 2 sind die sogenannten Verwaltungsverordnungen. Dabei handelt es sich um generelle Dienstanweisungen, welche nur verwaltungsinterne Verbindlichkeit haben und die keine Rechte und Pflichten der Bürger begründen[77]. 35

7.2. Delegation von Rechtsetzungsbefugnissen an Behörden

7.2.1. Unzulässigkeit der Delegation wichtiger Bestimmungen

Die Delegation der Kompetenz zum Erlass wichtiger Bestimmungen ist nicht zulässig, da die Verfassung für diese die Form des Gesetzes vorschreibt und sie damit in die Zuständigkeit von Volk und Kantonsrat legt[78]. Die Verordnungs- 36

---

[72] Prot. Plenum, S. 2632 f.; vgl. N. 50. Anderer Meinung A. Müller, Art. 98 N. 19.
[73] Dazu N. 50.
[74] Häfelin/Müller/Uhlmann, Rz. 114; Jaag, Rz. 408.
[75] Jaag, Rz. 409.
[76] Häfelin/Müller/Uhlmann, Rz. 114, 157; Tschannen/Zimmerli, § 15 Rz. 1. Autonome Satzungen haben in der Regel Verordnungsrang. Erlasse von Gemeinden können aber auch Gesetzesrang haben (dazu N. 49 f.).
[77] Häfelin/Müller/Uhlmann, Rz. 123; Jaag, Rz. 413 ff.
[78] Art. 32 lit. f, Art. 33 lit. a, Art. 38, Art. 54; Prot. Plenum, S. 523, 527, 530; Prot. RedK vom 19. Dezember 2002, S. 64; Prot. K3 vom 6. März 2003, S. 986; vgl. auch N. 17; Häner, Art. 67 N. 16; Jaag/Schuler, Kommentar KV GR, Art. 31 Rz. 5; Kottusch, S. 81; Rhinow, Rz. 2492; Sutter-Somm, St. Galler Kom-

kompetenz beschränkt sich gemäss Art. 38 Abs. 2 ausdrücklich auf weniger wichtige Bestimmungen[79].

7.2.2. Massgeblichkeit der Delegationsgrundsätze

37 Art. 38 Abs. 3 KV spricht im Gegensatz zu Art. 164 Abs. 2 BV nicht von der *Übertragung* von Rechtsetzungsbefugnissen, sondern formuliert, dass Verfassung und Gesetz *bestimmen*, welche Behörden Verordnungen erlassen können. Darin liegt jedoch kein Verzicht auf die von Lehre und Rechtsprechung entwickelten Voraussetzungen für die Delegation von Rechtsetzungsbefugnissen (Gesetzesdelegation).

38 Die Sachkommission wollte den materiellen Gesetzesbegriff mit dem Konzept der Delegation von Rechtsetzungsbefugnissen verbinden[80]. Die in der Vorberatung des Verfassungsrats beschlossene Fassung sah Verordnungen nur «im Rahmen des Gesetzes» und aufgrund einer Ermächtigung vor[81]. Der spätere Verzicht auf diese beiden Textelemente und die heutige Formulierung von Abs. 3 beruhen auf einem Vorschlag der Redaktionskommission, mit welchem keine materielle Änderung beabsichtigt war. Der Verfassungsrat wollte also die Voraussetzungen der Gesetzesdelegation nicht aufheben[82].

39 Die heutige Regelung schliesst an jene in Art. 28 aKV an[83], in deren Geltungsbereich die Voraussetzungen der Rechtsetzungsdelegation unbestrittenermassen Anwendung fanden, obwohl sie ebenfalls nicht ausdrücklich verankert waren[84]. Gegen den Verzicht auf die Voraussetzungen der Rechtsetzungsdelegation spricht auch, dass der Entscheid über die Wichtigkeit einer Norm dem Gesetzgeber zusteht[85]. Somit sind die Delegationsvoraussetzungen, welche nach der bundesgerichtlichen Rechtsprechung gerade dann zur Anwendung kommen,

---

[79] mentar, Art. 164 Rz. 4, 22; BGE 131 II 13 ff., 26. Art. 69 Abs. 4 KV BE und Art. 93 Abs. 2 KV FR ordnen den materiellen Gesetzesvorbehalt als Ausnahme zu den Delegationsregeln ein.

[80] In diesem Sinn sind die Erläuterung zu Art. 56 VE sowie Äusserungen in den Beratungen (Prot. Plenum, S. 523 f., 526 f., 531 f.) zu verstehen, wonach gesetzesvertretende Verordnungen nicht mehr zulässig seien (Prot. RedK vom 19. Dezember 2002, S. 64). Zum Begriff der gesetzesvertretenden Verordnung: HÄFELIN/MÜLLER/UHLMANN, Rz. 136 ff.; HÄNER, Art. 67 N. 16; TSCHANNEN, § 46 Rz. 22 f.

[81] Prot. K3 vom 13. Dezember 2001, S. 332; Prot. K3 vom 20. Dezember 2001, S. 4 f., 9 ff.; Prot. K3 vom 7. März 2002, S. 506 ff.; vgl. Prot. Plenum, S. 527.

[82] Prot. Plenum, S. 523.

Prot. Plenum, S. 2168 f.; Prot. RedK vom 19. Dezember 2002, S. 64; Prot. K3 vom 6. März 2003, S. 985 ff.; Prot. K3 vom 10. April 2003, S. 1050 f.; KOTTUSCH, S. 83. Der Auftrag der Redaktionskommission erstreckte sich nicht auf materielle Änderungen (vgl. HÄNER, Einleitung: Der Verfassungsrat, Anm. 24).

[83] Prot. Plenum, S. 527.

[84] BGE 1P.327/2004 vom 5. Januar 2005, ZBl 107/2006, S. 316 ff., 317 f.; JAAG, 2. Aufl., Zürich 1999 (Vorauflage der aktuellen Ausgabe), Rz. 431.

[85] Dazu N. 13; HÄNER, Art. 67 N. 16; vgl. EHRENZELLER, S. 24 f.

wenn das kantonale Verfassungsrecht keine eigene ausdrückliche Regelung aufstellt[86], weiterhin massgebend[87].

7.2.3. Voraussetzungen der Rechtsetzungsdelegation

Die Delegation von Rechtsetzungsbefugnissen ist unter folgenden Voraussetzungen zulässig[88]: 40
- *Sie darf nicht durch die Verfassung ausgeschlossen sein.* Ausgeschlossen ist wie erwähnt die Delegation wichtiger Bestimmungen. Soweit die Kantonsverfassung nicht ausdrücklich eine Regelung auf Gesetzesstufe verlangt, lässt sie im Übrigen eine Regelung durch den Verordnungsgeber zu.
- *Sie muss in einem formellen Gesetz enthalten sein.*
- *Die Grundzüge müssen in einem Gesetz umschrieben sein, soweit die Rechtsstellung der Rechtsunterworfenen schwerwiegend berührt wird.* Diese Voraussetzung ist bereits im Ausschluss der Delegation wichtiger Bestimmungen enthalten.
- *Sie muss sich auf einen bestimmten, genau umschriebenen Gegenstand beschränken.* Darin liegt die entscheidende Konsequenz der Massgeblichkeit der Delegationsvoraussetzungen. Es genügt nicht, dass die Befugnis zum Erlass von Verordnungen in genereller Weise für eine Vielzahl von Regelungsgegenständen bestimmt wird. Der Gesetzgeber muss für den einzelnen Sachbereich festlegen, ob ausführende Bestimmungen in einer Verordnung erlassen werden können und die zuständige Behörde festlegen[89]. Vorbehalten sind Vollzugsverordnungen des Regierungsrats[90].

Auch wenn die Delegationsvoraussetzungen erfüllt sind, dürfen unbestimmte 41 bzw. offene gesetzliche Bestimmungen dann nicht durch Verordnung näher ausgeführt und konkretisiert werden, wenn der Gesetzgeber durch die Offenheit seiner Regelung den rechtsanwendenden Behörden bewusst Handlungsfreiheit im Einzelfall einräumt[91]. Der Gesetzgeber muss aber das Erfordernis der genügenden Bestimmtheit des Rechtssatzes beachten[92].

---

[86] BGE 118 Ia 305 ff., 310.
[87] JAAG, Rz. 421 ff.; HÄNER, Art. 67 N. 16; RRB Umsetzung nKV, S. 15.
[88] BGE 128 I 113 ff., 122; BGE 1P.327/2004 vom 5. Januar 2005, ZBl 107/2006, S. 316 ff., 317; HÄFELIN/MÜLLER/UHLMANN, Rz. 407; JAAG, Rz. 423.
[89] Vgl. auch die Erläuterung zu Art. 56 Abs. 2 VE, wonach das Gesetz nicht nur bestimmt, welche Behörden Verordnungen erlassen können, sondern auch in welchen Angelegenheiten sie dies tun dürfen.
[90] Dazu N. 44.
[91] G. MÜLLER, Rechtsetzungsbefugnisse, S. 15; vgl. COTTIER, S. XXVII f.
[92] BIAGGINI, Art. 2 N. 10; HÄFELIN/MÜLLER/UHLMANN, Rz. 386 ff.

7.3. Zuteilung der Verordnungskompetenzen durch das Gesetz

42 Die Verfassung bestimmt abgesehen von den Vollzugsbestimmungen und den Notverordnungen nicht, welcher Behörde die Verordnungskompetenz zukommt. Diese ist hauptsächlich dem Regierungsrat zu übertragen[93]. Der Gesetzgeber kann sie aber auch an den Kantonsrat, die obersten kantonalen Gerichte, das oberste Gremium einer selbständigen Anstalt[94], an andere Behörden (z.B. den Bildungsrat) oder an Amtsstellen, die dem Regierungsrat untergeordnet sind, übertragen[95]. Die Übertragung an eine dem Regierungsrat unterstellte Amtsstelle hat die Kompetenz des Regierungsrats zur Leitung der Verwaltung zu beachten; der Regierungsrat ist auch bezüglich des Erlasses solcher Verordnungen weisungsbefugt[96]. Nicht erwähnt wird die Übertragung von Rechtsetzungsbefugnissen an Private. Diese ist in Art. 98 Abs. 4 lit. c geregelt, doch gelten die aus dem Erfordernis der Gesetzesform gemäss Art. 38 Abs. 1 fliessenden Einschränkungen und die Delegationsvoraussetzungen auch für sie[97].

43 Eine Subdelegation der Verordnungskompetenz ist nicht zulässig; Art. 38 Abs. 3 behält die Zuweisung der Verordnungskompetenz der Verfassung und dem Gesetz vor[98].

7.4. Verordnungskompetenzen des Regierungsrats

44 Vollzugsverordnungen und Notverordnungen kann der Regierungsrat unmittelbar gestützt auf die Verfassung erlassen (selbständige Verordnungen)[99]. In allen anderen Fällen ist eine Ermächtigung durch den Gesetzgeber erforderlich (unselbständige Verordnungen)[100]. Durch die selbständige Kompetenz des Regierungsrats zum Erlass von Vollzugsverordnungen wird aber die Kompetenz des Gesetzgebers, auch Vollzugsfragen zu regeln, nicht eingeschränkt[101]. Gestützt auf Art. 38 Abs. 3 kann der Gesetzgeber für bestimmte Bereiche auch andere Behörden zum Erlass von Vollzugsverordnungen ermächtigen, namentlich soweit diese zum autonomen Vollzug oder zur Beaufsichtigung einer Aufgabe ermächtigt sind.

---

[93] Prot. K3 vom 28. März 2002, S. 521; vgl. Art. 60 und 67 Abs. 2 KV.
[94] Art. 98 Abs. 4 lit. c.
[95] Prot. K3 vom 28. März 2002, S. 521; vgl. JAAG, Rz. 428 f.
[96] Art. 70.
[97] Vgl. A. MÜLLER, Art. 98 N. 25.
[98] HÄNER, Art. 65 N. 17; RB 1972 Nr. 2 = ZBl 73/1972, S. 353 ff., 357; JAAG, Rz. 428.
[99] Art. 67, Art. 72; HÄNER, Art. 67 N. 11 ff.
[100] N. 37 ff.; vgl. VGE Zürich, ZBl 65/1964, S. 232 ff., 235.
[101] Vgl. HÄNER, Art. 67 N. 15.

Es kommt vor, dass Bundesrecht die Kantonsregierungen ermächtigt, Ausführungsbestimmungen zu erlassen[102]. Die Verfassungsmässigkeit solcher Eingriffe in die kantonale Organisationsautonomie ist umstritten[103]. Soweit die Ermächtigung durch Bundesgesetz erfolgt, ist das Bundesgericht unabhängig von der Verfassungsmässigkeit zur Anwendung dieser Ermächtigungsbestimmung verpflichtet[104].

45

7.5. Verordnungskompetenzen des Kantonsrats

Verordnungen des Kantonsrats setzen im Einzelfall eine Delegation durch den Gesetzgeber voraus[105]. Als Hauptanwendungsfall einer solchen Verordnungskompetenz wurde im Verfassungsrat das Geschäftsreglement des Kantonsrats erwähnt[106].

46

Verordnungen des Kantonsrats dürfen gemäss Art. 38 Abs. 2 nur weniger wichtige Rechtssätze beinhalten. Sie sind deshalb weder formelle Gesetze im Sinne des Bundesrechts noch des kantonalen Rechts[107].

47

7.6. Genehmigungspflichtige Verordnungen

Gewisse Verordnungskompetenzen werden nur unter Vorbehalt der Genehmigung durch den Kantonsrat erteilt[108]. Die Genehmigungspflicht für Verordnungen wird wegen der Vermischung der Verantwortlichkeit kritisiert[109]. Verfassungsrechtlich wird sie jedoch für unselbständige Verordnungen überwiegend als zulässig erachtet[110].

48

8. Rechtsetzung durch die Gemeinden

Eine Delegation von Rechtsetzungsbefugnissen an den kommunalen Gesetzgeber ist keine Einschränkung der Gewaltentrennung und der Referendumsdemokratie. Für sie gelten deshalb weniger strenge Voraussetzungen als für die

49

---

[102] Z.B. Art. 130 Abs. 3 des Bundesgesetzes über das Bundesgericht vom 17. Juni 2005.
[103] HÄFELIN/HALLER, N. 1155; vgl. AUBERT, Traité, Bd. I, N. 722; JAAG, Rz. 427; weitere Hinweise in BGE 108 Ia 178 ff., 181.
[104] Art. 191 BV; BGE 108 Ia 178 ff., 181.
[105] Art. 38 Abs. 3; Prot. Plenum, S. 793: Es wurde ausgeführt, kantonsrätliche Verordnungen sollten nur ausnahmsweise vorgesehen werden.
[106] Vgl. Prot. Plenum, S. 524.
[107] Dazu N. 5 bzw. 7. Der Verfassungsrat verzichtete auf den Begriff des Dekrets: Prot. Plenum, S. 793.
[108] Z.B. § 56 Abs. 1 Personalgesetz vom 27. September 1998 (LS 177.10); § 40 VRG.
[109] JAAG, Rz. 431.
[110] HANGARTNER, Parlament, S. 490 ff.; NEF, S. 249 ff.

Rechtsetzungsdelegation an die Exekutive[111]. Voraussetzung ist nur, dass die Kantonsverfassung die vorgesehene Kompetenzaufteilung zulässt. Die Gemeinden können somit auch *wichtige rechtsetzende Bestimmungen* erlassen[112]. Die ihnen eingeräumte Selbständigkeit umfasst auch die Kompetenz zur Rechtsetzung, soweit das kantonale Recht dafür Raum lässt[113].

50 Art. 38 Abs. 1 bezieht sich ausdrücklich auf Rechtssätze des kantonalen Rechts. Die materielle Umschreibung des Gesetzes gilt aber m.E. für das kommunale Recht sinngemäss[114]. Ein kommunaler Erlass genügt dem Erfordernis eines formellen Gesetzes, wenn er in der *Gemeindeversammlung* oder in einer *Urnenabstimmung* verabschiedet wurde, denn in diesen beiden Fällen entscheidet das Stimmvolk selbst. Für Gemeindeversammlungsbeschlüsse ist also nicht vorausgesetzt, dass sie dem Referendum unterstehen. Der kantonale Gesetzgeber oder die Gemeindeordnung können für solche Erlasse aber das fakultative oder obligatorische Referendum vorschreiben[115]. Da auf kantonaler Ebene Kantonsratsbeschlüsse über formelle Gesetze dem fakultativen (ausnahmsweise dem obligatorischen) Referendum unterstehen, ist dies m.E. auch für Erlasse von *Gemeindeparlamenten* vorauszusetzen, wenn sie einem formellen Gesetz entsprechen sollen[116].

---

[111] BGE 127 I 60 ff., 65; JAAG, Rz. 2610.
[112] TSCHANNEN/ZIMMERLI, § 15 Rz. 4.
[113] THALMANN, § 41 N. 12.2.
[114] Die Kommission 3 hat einen entsprechenden Formulierungsvorschlag zuständigkeitshalber an die Kommission 6 weitergeleitet (Prot. K3 vom 20. Dezember 2001, S. 7 f.). Dort wurde er aber nur bez. der Übertragung öffentlicher Aufgaben an Private behandelt (Prot. K6 vom 15. Januar 2002, S. 213). A.M. A. MÜLLER, Art. 98 N. 19.
[115] Art. 86 Abs. 2 lit. b.
[116] JAAG, Rz. 435, 2610; A. MÜLLER, Art. 98 N. 19; vgl. BGE 127 I 60 ff., 66; RHINOW/KRÄHENMANN Nr. 12 B VIII. A.M. WICHTERMANN, Vorbem. zu Art. 50–60 N. 9 f.

E. Demokratisches Engagement

Art. 39[*]

Kanton und Gemeinden unterstützen das demokratische politische Engagement.

Politische Parteien sind wesentliche Träger der Demokratie und wirken bei der Meinungs- und Willensbildung der Stimmberechtigten mit.

Kanton, Gemeinden und politische Parteien tragen zur Vorbereitung der Jugendlichen auf die Mitwirkung und Mitverantwortung in Staat und Gesellschaft bei.

Materialien

Art. 40 VE; Prot. Plenum, S. 541 ff., 2085 ff., 3155 ff.

Literatur

AUBERT JEAN-FRANÇOIS, Art. 137, in: Aubert/Mahon; AUER ANDREAS, Problèmes fondamentaux de la démocratie suisse, ZSR 103/1984 II, S. 1 ff.; BALMELLI TIZIANO, Le financement des partis politiques et des campagnes électorales, Diss., Freiburg 2001; BESSON MICHEL, Behördliche Information vor Volksabstimmungen, Diss., Bern 2002; BIAGGINI GIOVANNI, Die neue Zürcher Kantonsverfassung: Gesamtbetrachtung im Lichte der Verfassungsfunktionen, in: Materialien zur neuen Kantonsverfassung, Bd. 9, S. 175 ff.; BOLZ URS, Volksrechte, in: Kälin/Bolz, S. 105 ff.; DECURTINS GION-ANDRI, Die rechtliche Stellung der Behörden im Abstimmungskampf, Diss., Freiburg 1992; EHRENZELLER BERNHARD/LOMBARDI ALDO, St. Galler Kommentar, Vorbem. zu Art. 136–142; HAUCK WERNER/NUSSBAUMER MARKUS, Die Sprache in der neuen Zürcher Verfassung, in: Materialien zur neuen Kantonsverfassung, Bd. 9, S. 157 ff.; HIRTER HANS, Parteien und Parlamentsfraktionen in der Schweiz, in: Ludger Helms (Hrsg.), Parteien und Fraktionen, Ein internationaler Vergleich, Opladen 1999, S. 241 ff.; KOTTUSCH PETER, Bürgerrecht und Volksrechte, in: Materialien zur neuen Kantonsverfassung, Bd. 9, S. 65 ff. (Bürgerrecht und Volksrechte); KRIESI HANSPETER, Die Grundlagen der politischen Willensbildung, in: Verfassungsrecht der Schweiz, § 26; LINDER WOLF, Swiss Democracy: Possible Solutions to Conflict in Multicultural Societies, 2. Aufl., London/New York 1998; LINDER WOLF, Schweizerische Demokratie, Bern/Stuttgart/Wien 1999; MASTRONARDI PHILIPPE, Demokratietheoretische Modelle – Praktisch genutzt, AJP 1998, S. 383 ff.; MÜLLER GEORG, Die Behörden im Abstimmungskampf: Vom Neutralitätsgebot zur Teilnahmepflicht, in: Festschrift Jean-François Aubert, Basel/Frankfurt a.M. 1996, S. 255 ff.; MÜLLER JÖRG PAUL, Die demokratische Verfassung, Zürich 2002 (Verfassung); RHINOW, S. 335 ff.; SCHEFER, S. 220 ff.; SCHMID GERHARD/SCHOTT MARKUS, St. Galler Kommentar, Art. 137; SCHWAB RENÉ, Wahlkampf und Verfassung: Schweizerisches und italienisches Verfassungsrecht im Vergleich, Diss., Zürich 2001; TSCHANNEN PIERRE, Stimmrecht und politische Verständigung, Basel/Frankfurt a.M. 1995; VOUTAT BERNARD, Les droits politiques dans la nouvelle Constitution vaudoise, in: Moor, Constitution Vaudoise, S. 179 ff.; WEBER-MANDRIN MONIQUE, Die öffentlichen Aufgaben in der neuen

---

[*] Herrn lic. iur. Martin Eckner, Rechtsanwalt, danke ich für die wertvolle Hilfe bei der Zusammenstellung der Literatur und der Materialien.

Zürcher Kantonsverfassung, in: Materialien zur neuen Kantonsverfassung, Bd. 9, S. 107 ff.; WEIGELT KURT, Staatliche Parteifinanzierung, Diss., Bern 1987.

Rechtsquellen

– Art. 137 und 147 BV
– Bundesgesetz über die politischen Rechte vom 17. Dezember 1976 (BPR; SR 161.1)
– Bundesgesetz über die politischen Rechte der Auslandschweizer vom 19. Dezember 1975 (SR 161.5)
– Art. 265 ff. und 279 ff. StGB
– Gesetz über die politischen Rechte vom 1. September 2003 (GPR; LS 161)
– Verordnung über die politischen Rechte vom 27 Oktober 2004 (VPR; LS 161.1)

Übersicht Note

1. Bekenntnis zum republikanischen Ideal einer politisch dynamischen Bevölkerung   1
   1.1. Politisches Biotop und Aufgabe des Gemeinwesens   1
   1.2. Konkrete Gestaltung von Art. 39   6
2. Zu den Unterstützungsmassnahmen gemäss Art. 39   8
   2.1. Schranken   8
   2.2. Stossrichtungen   11
3. Zuständigkeit von Kanton und Gemeinden   14
4. Anerkennung der Arbeit der politischen Parteien   15

1. Bekenntnis zum republikanischen Ideal einer politisch dynamischen Bevölkerung

1.1. Politisches Biotop und Aufgabe des Gemeinwesens

1   Nach der detaillierten Regelung des politischen Stimmrechts im engeren Sinne (Wahl-, Stimm-, Initiativ- und Referendumsrecht) ist die letzte Bestimmung des Kapitels über die Volksrechte dem angestrebten allgemeinen politischen Biotop im Kanton gewidmet. Mit vorangehendem Beispiel hat sich der Verfassungsrat dabei in lebhaften Debatten mit der Frage auseinandergesetzt[1] – mit der Folge, dass bei der sachimmanenten Polarisierungswirkung des Themas nur ein kleinster gemeinsamer Nenner[2] gefunden bzw. noch gerettet werden konnte[3]. Aufgrund der tief greifenden Auseinandersetzungen im Verfassungsrat um den Gehalt, der Art. 39 zu geben war, konnte dennoch aus diesem Artikel ein Zürcher Unikum geschaffen werden, das in quasi keiner anderen schweizerischen

---

[1] Vgl. vor allem die Debatten vom 27. Juni 2002 (Prot. Plenum, S. 541 ff.); vgl. auch Prot. Plenum, S. 2085 ff., 3155 ff.
[2] Zur ursprünglichen, umfangreichen Version vgl. Prot. Plenum, S. 541. Sie lautete «Demokratische Kultur» und bestand aus drei Bestimmungen, die dem demokratischen Engagement, den politischen Parteien und der Informations- und Meinungsvielfalt gewidmet waren.
[3] Vgl. Rettungsplädoyers bei der letzten Lesung in Prot. Plenum, S. 3155 ff.

Verfassung zu finden ist[4]. Die Bedeutung dieser Bestimmung ist ferner trotz ihres dünnen normativen Gehalts[5] nicht zu unterschätzen[6], weil sie nicht nur einen Akzent zugunsten einer bestimmten politischen Kultur setzt und in diesem Sinn der Verfassung eine idealistische Stossrichtung gibt[7]. Zugleich veranlasst sie zur Reflexion und zur Weiterführung des politischen Diskurses diesbezüglich.

Art. 39 stellt in erster Linie ein Bekenntnis zugunsten des republikanischen Ideals einer dynamischen Politkultur[8] dar und verleiht dem Gemeinwesen darin eine aktiv-fördernde Rolle, die über die Verantwortlichkeit für die korrekte Umsetzung der in der Verfassung verankerten politischen Rechte hinausgeht. Die Effektivität der Volksrechte soll nicht den unberechenbaren soziologischen und politologischen Gegebenheiten allein überlassen werden, sondern auch vom Staat gefördert werden. Dieser hat das politische Engagement der Bevölkerung zu unterstützen und sich somit für eine lebendige Demokratie einzusetzen.

Die Aufgabe hängt mit der Funktion des politischen Stimmrechts zusammen, welches das demokratische Prinzip, wonach die Staatsgewalt auf dem Volk beruht (Art. 1 Abs. 3)[9], verwirklicht. Es genügt dabei nicht, die politischen Rechte zu gewähren. Diese müssen ausgeübt werden, und zwar möglichst von allen, damit die Demokratie auch blühen kann. Das bedeutet namentlich, dass die Resultate von Abstimmungen und Wahlen ein möglichst getreues Abbild der Meinungen der zur politischen Mitwirkung zugelassenen Bevölkerung wiedergeben sollen. Das ist nicht der Fall, wenn sich die Stimmberechtigten vom politischen Geschehen fernhalten, sich nicht für öffentliche Ämter zur Verfügung stellen oder wenn nur ein nicht repräsentativer Bruchteil der Stimmberechtigten von den Volksrechten Gebrauch macht. Die Demokratie, wie idealistisch sie auch immer gestaltet ist, verkommt dadurch zur leeren Deklaration[10].

Nicht nur die Wahrnehmung der politischen Rechte im engeren Sinne, sondern darüber hinaus das «politische Engagement» als solches sollen gemäss Art. 39 unterstützt werden. Mit diesem Fremdwort, das durch seine Anlehnung an das Französische die deutschschweizerische Sprachkultur widerspiegeln dürfte und

---

[4] Am nächsten kommt Art. 88 KV VD (L'Etat et les Communes encouragent et facilitent l'exercice des droits politiques) (vgl. dazu VOUTAT, S. 186, 224 ff.); vgl. auch die Verfassungsbestimmungen betreffend die politischen Parteien (dazu Anm. 47).
[5] Vgl. HAUCK/NUSSBAUMER, S. 164 (Art. 39 sei völlig konturenlos).
[6] So auch KOTTUSCH, Bürgerrecht und Volksrechte, S. 83.
[7] Vgl. Prot. Plenum, S. 548, 3163 (es solle etwas, «was den Blick und das Herz» ausweite, aufgenommen werden). Vgl. auch Art. 7 (Dialog).
[8] Vgl. Prot. Plenum, S. 542 f., 548, 2086 f., 2088, 3157 f., 3160, 3162 f.
[9] Vgl. statt Vieler HALLER/KÖLZ, S. 54 f.; TSCHANNEN, S. 151 ff.
[10] Prot. Plenum, S. 3163.

am ehesten mit politischem Einsatz oder Aufwand[11] zu übersetzen ist, kommt die umfassende Zielsetzung von Art. 39 zum Ausdruck. Das wird noch dadurch unterstrichen, dass das politische Engagement im Allgemeinen, nicht eines bestimmten Bevölkerungsanteils (z.B. der Stimmberechtigten wie in Abs. 3) hervorgehoben wird[12]. Es geht in Art. 39 um die angestrebte politische Kultur[13]. So wie der Verfassungsgeber die Eigen- und Mitverantwortung der Individuen als zentrale Grundlage des Staates betrachtet und den Dialog und den innovativen Geist in der Bevölkerung unterstützt sehen will[14], soll idealerweise auch ein dynamisches politisches Klima gepflegt werden. Die Bevölkerung soll sich vom politischen Geschehen in ihrer unmittelbaren Umgebung, im Kanton, aber auch im Bund und auf der Welt betroffen fühlen und motiviert sein, sich mit politischen Fragen auseinanderzusetzen und an der Gestaltung des gesellschaftlichen Lebens aktiv mitzuwirken. Der Staat soll nicht vom passiven Gehorsam der Bevölkerung, sondern von ihrer im Weg der Auseinandersetzung gewonnenen Akzeptanz der Legitimität seiner Gewalt getragen werden[15].

5   Die aktive Haltung, die vom Staat in Bezug auf das politische Klima erwartet wird, begründet keinen individuellen Anspruch[16]. Art. 39 muss aber bei Rechtsanwendung und insbesondere bei der Umsetzung der Vorschriften über die politischen Rechte möglichst berücksichtigt werden (verfassungskonforme Auslegung). Durch die Betonung der positiven Leistungspflicht des Staates verwirklicht er ausserdem den institutionell-konstitutiven Charakter[17] der Grundrechte (v. a. Meinungs-, Informations- Vereinigungs-, Versammlungsfreiheit[18]), die für die Entfaltung einer lebendigen Demokratie unerlässlich sind.

1.2. Konkrete Gestaltung von Art. 39

6   Die aktive Rolle des Gemeinwesens bei der Pflege einer dynamischen politischen Kultur wird in einem allgemeinen Satz umschrieben und in einem einzelnen Punkt konkretisiert: Der Staat habe das politische Engagement zu unterstützen

---

[11] Vgl. Votum im Verfassungsrat (Prot. Plenum, S. 3159). Vgl. auch Vorschlag in der Kommission 2: «Mitwirkung und Beteiligung der Bürgerinnen und Bürger am politischen Leben» (Prot. K2 vom 17. Januar 2002, S. 219). Der Ausdruck stiess seit Anbeginn auf Unbehagen, wurde aber mangels eines besseren Ausdrucks beibehalten (Prot. RedK vom 28. März 2003, S. 408).
[12] Vgl. auch die Formulierung von Abs. 3, wonach die Jugend auf die Mitwirkung und Mitverantwortung in Staat und Gesellschaft vorbereitet werden soll.
[13] Ursprünglich hiess die Bestimmung «Kultur der Demokratie» (Prot. Plenum, S. 541, 556, 585, 2085 ff., 2522).
[14] Art. 1 Abs. 2, Art. 5, 7 und 8.
[15] Weiterführend in theoretischer Hinsicht TSCHANNEN, S. 390 ff.
[16] Prot. Plenum, S. 3159 f.; vgl. WEBER-MANDRIN, S. 117, 121; vgl. auch SOBOTICH, Vorb. zu Art. 95–121 N. 16 f.
[17] Dazu namentlich SALADIN, S. 292 ff.; HÄFELIN/HALLER, N. 261 ff.
[18] Vgl. namentlich J.P. MÜLLER, S. 248 ff. und S. 361 ff.

(Abs. 1) sowie – anknüpfend an Art. 62 aKV[19] und im Zeichen der sozialen Nachhaltigkeit[20] – zur Vorbereitung der Jugendlichen auf die politische Mitwirkung beizutragen (Abs. 3), ohne jedoch die diesbezügliche Verantwortung von Familie und Gesellschaft auszuschalten[21]. Diese Aufgabe braucht sich nicht auf die jungen Menschen unter dem Stimmrechtsalter zu beschränken, auch wenn diese im Vordergrund stehen dürften. Daneben wird eine bestimmte Form politischen Einsatzes hervorgehoben, diejenige der politischen Parteien. Der Verfassungsrat konnte sich bezüglich dieser nur auf die allgemeine Feststellung einigen[22], dass sie als wesentliche Trägerinnen[23] der Demokratie zu betrachten seien und dass sie bei der Meinungs- und Willensbildung der Stimmberechtigten mitwirken würden (Abs. 2). Es wird ihnen ausserdem die Mitverantwortung für die Vorbereitung der Jugendlichen auf die Politik übertragen (Abs. 3).

Von der besonderen Erwähnung der Jugendlichen in Abs. 3 kann nichts *e contrario* abgeleitet werden in Bezug auf die zweite Bevölkerungsgruppe, die vom politischen Stimmrecht ausgeschlossen ist – die Ausländerinnen und Ausländer[24]. Das Gemeinwesen darf sich zwar nicht über den Entscheid des Verfassungsgebers betreffend ihren Ausschluss vom politischen Stimmrecht hinwegsetzen[25]. Im Übrigen ist es aber befugt, ihre Integration in die politische Auseinandersetzung im weiteren Sinne zu unterstützen. Das ergibt sich aus der Allgemeinheit der Zielsetzung von Art. 39 sowie aus Art. 114, der die Integration der ausländischen Bevölkerung auf allen Ebenen vorschreibt[26]. Desgleichen kann von der Hervorhebung der politischen Parteien und von ihrer Mitverantwortung in Bezug auf die Jugendlichen nicht abgeleitet werden, dass sie Trägerinnen staatlicher Aufgaben seien und deshalb z.B. Anspruch auf eine Entschädigung hätten[27].

7

---

[19] «Die Förderung republikanischer Bürgerbildung ist Sache des Staates» (vgl. Prot. Plenum, S. 3155); KOTTUSCH, Bürgerrecht und Volksrechte, S. 84.
[20] Vgl. Art. 6.
[21] Vgl. Prot. Plenum, S. 543.
[22] Vgl. Prot. Plenum, S. 2088 ff., 3155, 3157 ff., 3162.
[23] In Art. 39 wird aus unbekannten Gründen die männliche Form («Träger») verwendet.
[24] Die Auslandschweizerinnen und -schweizer sind in Zürich nach Massgabe von Art. 22 KV i.V.m. Art. 3 und 5 des BG über die politischen Rechte der Auslandschweizer stimmberechtigt.
[25] Art. 22; vgl. dazu namentlich KOTTUSCH, Bürgerrecht und Volksrechte, S. 69 f.
[26] Vgl. Prot. Plenum, S. 2703. Zum Zusammenhang zwischen Integration und politischen Rechten vgl. namentlich KOTTUSCH, Bürgerrecht und Volksrechte, S. 65 f.
[27] Den Materialien lässt sich nichts Entsprechendes entnehmen; vgl. auch N. 10. Für die Bundesverfassung vgl. AUBERT, Art. 137 N. 2 f.

2. Zu den Unterstützungsmassnahmen gemäss Art. 39

2.1. Schranken

8 Die Schranken der staatlichen Aufgabe gemäss Art. 39 ergeben sich in dreierlei Hinsicht. Zunächst bezieht sich Art. 39 vom Wortlaut her nur auf das «demokratische» politische Engagement. Darunter ist die Übereinstimmung mit dem demokratischen Grundsatz (wonach alle staatliche Macht auf dem Volkswillen gründet[28]) zu verstehen. Zu unterscheiden ist dabei zwischen dem materiellen Gehalt und den Mitteln des jeweils in Frage stehenden politischen Einsatzes[29]. Im Blick darauf, dass Art. 39 den Staat nicht zur Einmischung in die politische Debatte ermächtigt[30], sollten materielle Grenzen besonders restriktiv gehandhabt werden: Auszuschliessen vom Anwendungsbereich von Art. 39 sind lediglich politische Bestrebungen danach, die Staatsgewalt dem Volk ganz zu entziehen bzw. die Partizipation einer grösseren Mehrheit der Bevölkerung (wie namentlich bei gewissen faschistischen oder Neonazi Bewegungen) aufzuheben. Das Engagement zugunsten einer Einschränkung der Stimmberechtigung oder des politischen Stimmrechts (wie z.B. der Erhöhung des Stimmrechtsalters) ist hingegen nicht von der staatlichen Unterstützung auszuschliessen, auch wenn solche Ideologien der partizipativen Zielsetzung von Art. 39 im Grunde genommen widersprechen. Im Hinblick auf die Mittel, mit welchen ein politischer Kampf geführt wird, soll die Bremse jedoch schneller gezogen werden. Der zu unterstützende politische Einsatz soll sich an den Rahmen der geltenden Rechtsordnung und namentlich des Strafrechts[31] halten. Der Sinn und Zweck von Art. 39 besteht darin, nicht den politischen Aktivismus an und für sich, sondern die Wahrnehmung der zur Verfügung stehenden Freiheit zur politischen Betätigung und namentlich der Grundrechte der freien Kommunikation zu fördern. Insbesondere sollten für die Durchführung einer Demonstration die erforderlichen Bewilligungen eingeholt werden, wobei sich das Gemeinwesen z.B. durch eine speditive und kulante Handhabung der entsprechenden Vorschriften fördernd im Sinne von Art. 39 betätigen kann.

9 Ferner haben der Kanton und die Gemeinden die Beteiligung der Bevölkerung an der Politik lediglich zu «unterstützen». Es sollen die Individuen mithin der Eigenverantwortung, die in der Verfassung besonders betont wird[32], nicht enthoben werden. Es soll im Ergebnis jeder und jedem frei überlassen werden,

---

[28] Art. 1 Abs. 3; dazu statt vieler Häfelin/Haller, N. 175 ff.
[29] Die Problematik ist vergleichbar mit derjenigen der Schranken der Vereinsfreiheit gegenüber rechtswidrigen oder staatsgefährlichen Gruppierungen (vgl. namentlich Art. 56 aBV; J.P. Müller, S. 347 ff.; Schefer, S. 220 ff.).
[30] Dazu N. 10.
[31] Vgl. z.B. die Bestimmungen des 13. und des 14. Titels des StGB.
[32] Art. 1 Abs. 2 und Art. 5.

inwiefern sie oder er sich politisch betätigen und an der demokratischen Willensbildung teilhaben will. Mit Blick auf diese Ausrichtung von Art. 39 sollte die Bestimmung nicht als Grundlage für Pflichten der Stimmbevölkerung (wie z.B. Ordnungsbussen wegen Nichtteilnahme an Volksabstimmungen) herangezogen werden[33]. Hingegen entsprächen Massnahmen zur Erleichterung der Stimmabgabe (z.B. E-Voting) ohne weiteres dem Sinn und Geist von Art. 39.

Schliesslich soll nur das politische Engagement an und für sich gefördert werden. Art. 39 bezieht sich lediglich auf die Stufe der partizipativen Motivation, nicht auf die Durchsetzung einer bestimmten Politik. Art. 39 ermächtigt den Staat nicht dazu, sich in den Prozess der politischen Willensbildung einzumischen. Das Gemeinwesen darf sich daher auf diese Bestimmung namentlich nicht stützen, um behördliche Propaganda zu betreiben, auch wenn die Stimmberechtigten möglicherweise dadurch zur Stimmabgabe motiviert werden könnten oder wenn eine bestimmte Vorlage die Volksrechte erweitern sollte. Der (neutralen) Informationstätigkeit der Behörden im Vorfeld von Wahlen und Abstimmungen – zu der im Übrigen namentlich der Transparenz-Artikel[34] verpflichtet – steht Art. 39 hingegen nicht entgegen[35]. Schliesslich ist zu beachten, dass Art. 39 gemäss dem Willen des Verfassungsrats nicht als Grundlage für die Einführung der staatlichen Parteienfinanzierung dienen kann[36]. Punktuelle finanzielle Unterstützungen, wie z. B. die Kostenrückerstattung für den Druck der Wahllisten oder das unentgeltliche Zurverfügungstellen von öffentlichen Räumen, Schaukästen oder Werbeflächen[37], fallen hingegen nicht darunter.

10

---

[33] Zwangsmittel wurden im Verfassungsrat nie erwähnt; vielmehr wurde immer nur die positive, innere Überzeugung der individuellen politischen Arbeit hervorgehoben; vgl. namentlich Prot. Plenum, S. 555, 2085, 3156.

[34] Art. 49.

[35] Die ursprünglich gemeinsam mit dem demokratischen Engagement geplante Vorschrift, welche die Behörden zur «umfassenden, sachgerechten und bürgernahen Information» verpflichtet hätte (vgl. oben Anm. 2), wurde nach der Vernehmlassung (Prot. Plenum, S. 541, 2090 f., 3155) an anderer Stelle (Art. 49) aufgenommen. Zum Stand der Lehre und Praxis in Bezug auf die Schranken dieser Informationstätigkeit vgl. namentlich TSCHANNEN, S. 99 ff.; SCHEFER, S. 234 ff.; RHINOW, S. 335 ff.; vgl. auch VOGEL, Art. 49.

[36] Vgl. vor allem Prot. Plenum, S. 557 f.; vgl. auch S. 559 f., 561 f., 2086 f., 2089 f., 3155, 3158. Das Gleiche gilt auf Bundesebene (AUBERT, Art. 137 N. 6; SCHMID/SCHOTT, St. Galler Kommentar, Art. 137 Rz. 14); AUBERT (a.a.O.) vertritt allerdings die Ansicht, dass sich eine staatliche Parteienfinanzierung auf Bundesebene dennoch auf Art. 138 bis 141 BV stützen könnte. Mit Blick auf die deutliche Ablehnung im Verfassungsrat dürfte jedoch auch keine andere Verfassungsvorschrift als Grundlage für die staatliche Parteienfinanzierung herangezogen werden. Für Schranken in Bezug auf die Regelung der nicht staatlichen Parteienfinanzierung vgl. BGE 125 I 441 ff., 447 f.; SCHEFER, S. 239; HÄFELIN/HALLER, N. 1404.

[37] Vgl. Prot. Plenum, S. 544. Vgl. Argumente in Bezug auf solche Massnahmen bei KRIESI, Rz. 11. Zu den Anforderungen des Bundesrechts an die staatliche Hilfeleistung an politische Parteien vgl. BGE 124 I 55 ff.; 113 Ia 291 ff. (dazu HÄFELIN/HALLER, N. 1402 ff.).

2.2. Stossrichtungen

11 Die Aufgabe gemäss Art. 39 ist breit formuliert und bietet damit den staatlichen Behörden unter Vorbehalt der erwähnten Schranken ein weites Feld von Unterstützungsmöglichkeiten. Für Förderungsmassnahmen, die staatliche Ausgaben bedingen, was nicht ohne weiteres der Fall sein muss[38], ist allerdings noch zu beachten, dass sie aufgrund von Art. 38 lit. e der Konkretisierung in einem Gesetz bedürfen (Art. 39 schweigt über die Art und den Umfang von solchen Leistungen).

12 Die Grundlagen der partizipativen Motivation der Privaten sind so individuell wie vielfältig, so dass sich Unterstützungsmassnahmen auf allerlei Ebenen richten können. Hier sollen drei Stossrichtungen hervorgehoben werden[39]: die Bildung des Vertrauens der Privaten in das Funktionieren der Demokratie[40], ihre umfassende und verständliche Information in Bezug auf die politischen Rechte und Abläufe[41]. Der erforderliche Wissensstand wird auch durch die aufgrund ihrer Bedeutung ausdrücklich in Art. 39 Abs. 3 erwähnte[42] Ausbildung der Jugendlichen erreicht. Zu nennen ist schliesslich die wohl schwierigste Aufgabe der Förderung des individuellen Interesses für die Politik, welche innovative Lösungen, wie z.B. den Einsatz aktueller Werbestrategien, erfordert[43].

13 Nach dem Sinn und Zweck von Art. 39 kann das Gemeinwesen paradoxerweise auch mittels Repression – von undemokratischen individuellen Handlungen – das politische Engagement fördern. Die demokratische politische Kultur wird namentlich auch dadurch unterstützt, dass eine klare Haltung gegen politische Handlungen vertreten wird, die sich nicht an die Regeln der Rechtsordnung halten und die insoweit das politische Klima vergiften. Das bedingt zum Beispiel die systematische Einleitung von Strafverfahren gegen rassistische Abstimmungskampagnen oder eine kohärente und umfassende Lösung des Problems gewalttätiger Demonstrationen.

---

[38] Prot. Plenum, S. 3157 f.

[39] Weitere Stossrichtungen ergeben sich z.B. aus der Fokussierung auf die der Stimmabstinenz und der Fernhaltung von politischen Ämtern zugrunde liegenden Motive (zu diesen vgl. TSCHANNEN, S. 257 ff. und S. 274 ff.) und ihrer Bekämpfung.

[40] Die Transparenz und die Öffentlichkeit der Verwaltung dürften wesentlich dazu beitragen; vgl. dazu namentlich TSCHANNEN, S. 418 ff.

[41] Einen positiven Beitrag leistet in dieser Hinsicht die Verfassung, die in Bezug auf die Volksrechte besonders leserfreundlich (BIAGGINI, S. 185; vgl. allgemein HAUCK/NUSSBAUMER, S. 174) gestaltet ist. Vgl. zu den Informationsanforderungen gemäss dem Bundesgericht bei komplexen Wahlverfahren BGE 1P.298/2000 vom 31. August 2000 und BGE 1P.116/2000 vom 5. Mai 2000 (dazu SCHEFER, S. 232). Art. 39 kann als *lex specialis* der Informationstätigkeit von Regierung und Verwaltung in Bezug auf die Volksrechte betrachtet werden.

[42] Prot. Plenum, S. 3155. Politische Neutralität ist hier besonders gefordert.

[43] Als Beispiel ist namentlich auf die Kampagne der Zürcher Gemeinden «Demokratie – wir machen mit» zu verweisen. Vgl. die Bedenken im Verfassungsrat betreffend die Möglichkeit, das politische Engagement auf diesem Niveau zu fördern (Prot. Plenum, S. 3156, 3161 f.).

3. Zuständigkeit von Kanton und Gemeinden

Die umfassende Zielsetzung von Art. 39 verlangt, dass sowohl der Kanton als auch die Gemeinden an der Pflege einer lebendigen Demokratie teilnehmen. Obwohl Art. 39 nicht im Kapitel betreffend die öffentlichen Aufgaben aufgeführt wird, ist er kompetenzbegründend, weil seine Einordnung unter die Volksrechte nur thematisch bedingt ist[44]. Vom Wortlaut von Art. 39 lässt sich nicht ohne weiteres schliessen, wie die Kompetenzausscheidung zwischen dem Kanton und den Gemeinden zu erfolgen hat. Es fragt sich namentlich, ob sich der Einsatz des Kantons im Sinne des Subsidiaritätsprinzips[45] auf das Engagement der Bevölkerung auf kantonaler Ebene zu beschränken habe. Mit Blick auf die Fokussierung von Art. 39 auf die partizipative Motivation für sich allein ist dies zu verneinen, zumal das politische Engagement nicht auf die Wahrnehmung der politischen Rechte im engeren Sinne reduziert ist und sich durchaus auch auf Anliegen weit über die Kantonsgrenzen hinaus erstrecken kann und soll. Insoweit ist bei Art. 39 von einer parallelen Kompetenz von Kanton und Gemeinden auszugehen.

14

4. Anerkennung der Arbeit der politischen Parteien

Aufgrund des demokratischen Grundsatzes ist die Rechtsordnung im Prinzip von den politischen Machtkämpfen unter den Privaten abhängig und ihnen ausgesetzt. Diese Kämpfe sind wiederum an die Schranken der bestehenden Rechtsordnung gebunden. Eine ordnende, kanalisierende Funktion haben dabei die Freiheitsrechte, die zwar keine direkte Rechtswirkung zwischen den Privaten (Drittwirkung) erzeugen, jedoch durch ihre flankierende konstitutive Wirkung (dadurch, dass sie namentlich im Privatrecht und bei der Rechtsanwendung im Allgemeinen konkretisiert werden)[46] der anarchischen Entfaltung der politischen Kräfte Schranken setzen. Als einzige Einmischung in das Verhältnis der Privaten untereinander[47] konnte sich der Verfassungsgeber darüber einigen, den politischen Parteien, deren Bestand eine lange republikanische Tradition hat, eine zentrale Rolle anzuerkennen. Unter den unzähligen Akteuren der politischen Entscheidfindung, wozu namentlich die Wirtschaftsverbände, die Konsumentenvereinigungen, die Non-Profit-Organisationen, die Lobbyisten

15

---

[44] Vgl. Prot. Plenum, S. 3155; für den Bund vgl. HÄFELIN/HALLER, N. 1076 ff.; vgl. auch SOBOTICH, Vorb. zu Art. 95–121 N. 16 f.
[45] Vgl. Art. 83 Abs. 1.
[46] SALADIN, S. 292 ff.; HÄFELIN/HALLER, N. 261 ff.
[47] Er verzichtete darauf, die Privaten und namentlich die Medien zur korrekten und transparenten Information der Stimmberechtigten vor einer Abstimmung zu verpflichten (Prot. Plenum, S. 541 und 584); vgl. zu dieser Thematik TSCHANNEN, S. 117 ff.

aus Industrie und Wirtschaft oder die internationalen Handelsgesellschaften zu zählen sind und wovon einige potenziell mehr Einfluss auf die Politik haben als die politischen Parteien[48], hat der Verfassungsgeber – wie in Art. 137 BV und in vielen Kantonsverfassungen[49] – eine spezifische Form des politischen Einsatzes hervorgehoben und mit einer eigenen Verfassungsbestimmung honoriert: die politischen Parteien (Art. 39 Abs. 2). Mit Blick namentlich auf die Vereinigungs- und Meinungsfreiheit hat diese Vorschrift zwar nur deklaratorische Wirkung, stellt aber ein Bekenntnis dar zugunsten einer bestimmten Form politischen Engagements[50], einer Form, die sich nicht auf besondere, gewissermassen egoistische Interessen konzentriert, sondern dauerhaft Interessen der Allgemeinheit verfolgt[51]. Politische Parteien können als dauerhafte Organisationen, die als primäres Ziel die Vorbereitung und Beteiligung an für die Volksrechte zentralen Institutionen wie Wahlen und Abstimmungen haben[52], definiert werden.

16   Über dieses Bekenntnis hinaus kann ansonsten keine Bevorzugung der politischen Parteien gegenüber anderen, vergleichbaren Trägerinnen der politischen Arbeit, wie namentlich den Wirtschaftsverbänden, abgeleitet werden. Eine entsprechende Ungleichbehandlung müsste im Sinne des Gebots der Rechtsgleichheit sachlich begründet sein[53]. Es ist ausserdem daran zu erinnern, dass die staatliche Parteienfinanzierung ausgeschlossen ist[54]. In diesem Kontext ist die genaue rechtliche Erfassung des Begriffs der politischen Partei ohne praktische Relevanz[55].

17   Als Gegenstück zur Anerkennung der Leistungen der politischen Parteien wird ihnen gemeinsam mit dem Staat die Verantwortung für die Vorbereitung der nächsten Generationen auf eine aktive Teilnahme am politischen Leben übertragen (Art. 39 Abs. 3). Diese Pflicht ist vom Wortlaut und vom Zweck der Bestimmung her nicht rechtlich erzwingbar. Anders als vom Gemeinwesen kann von den politischen Parteien *per se* keine politische Neutralität bei dieser Aufgabe erwartet werden, zumal Art. 39 gerade ihren Einfluss auf die Stimmberechtigten (also auf die politischen Stimmrechte im engeren Sinne) betont. Neutral müssten sie demnach höchstens handeln, wenn sie sich an einem staatlichen Ausbildungsprojekt beteiligen sollten.

---

[48] Vgl. Voten (Prot. Plenum, S. 554, 2087 f.) betreffend die relative schwache Ausgangsposition der politischen Parteien gegenüber anderen Interessengruppen.
[49] Vgl. Art. 65 KV BE, Art. 139 KV FR, Art. 38 KV SO, § 35 KV BL, Art. 54 KV SG, Art. 20 KV GR, § 67 KV AG, Art. 25 KV TI, Art. 81 KV JU.
[50] Prot. Plenum, S. 3155 f., 3159, 3160.
[51] Vgl. Prot. Plenum, S. 557.
[52] Vgl. Schmid/Schott, St. Galler Kommentar Art. 137 Rz. 4; Aubert, Art. 137 N. 9.
[53] Dazu namentlich J.P. Müller, S. 396 ff.
[54] Dazu oben.
[55] Vgl. für den Bund Aubert, Art. 137 N. 9.

6. Kapitel: Behörden

A. Allgemeine Bestimmungen

Art. 40
Wählbarkeit

In den Kantonsrat, den Regierungsrat, die obersten kantonalen Gerichte und den Ständerat kann gewählt werden, wer in kantonalen Angelegenheiten stimmberechtigt ist. Wer in die übrigen Behörden gewählt werden kann, bestimmt das Gesetz.

Kanton und Gemeinden streben eine angemessene Vertretung beider Geschlechter in Behörden und Kommissionen an.

Materialien

Art. 47 VE; Prot. Plenum, S. 480 ff., 2156 ff., 2959 ff.

Literatur

BOLZ URS, § 67, in: Kälin/Bolz; DUBACH RETO, Art. 40, in: Dubach/Marti/Spahn, S. 119 f.; EICHENBERGER, § 69; GIACOMETTI, S. 183 f., 298 ff.; 368 ff.; HANGARTNER YVO, Altersgrenzen für öffentliche Ämter, ZBl 104/2003, S. 339 ff. (Altersgrenzen); HANGARTNER/KLEY, § 5; NUSPLIGER KURT, Grundzüge der Behördenstruktur im Verfassungsrecht der Kantone, in: Verfassungsrecht der Schweiz, § 69; POLEDNA TOMAS, Geschlechterquoten im Wahl- und Parlamentsrecht, in: Kathrin Arioli (Hrsg.), Frauenförderung durch Quoten, Basel/Frankfurt a.M. 1997, S. 135 ff.

Rechtsquellen

– Gesetz über die politischen Rechte vom 1. September 2003 (GPR; LS 161)

Übersicht	**Note**
1. Begriffliche Abgrenzungen	1
2. Bundesrechtliche Vorgaben	2
3. Kantonale Regelung der Wählbarkeit	5
3.1. Anknüpfung an Stimmrecht (Abs. 1 Satz 1)	5
3.2. Regelung durch den Gesetzgeber (Abs. 1 Satz 2)	8
4. Verlust der Wählbarkeit	11
5. Angemessene Vertretung beider Geschlechter als Ziel (Abs. 2)	12

1. Begriffliche Abgrenzungen

1 Die Wählbarkeit ist die Fähigkeit und das Recht, in öffentliche Ämter gewählt werden zu können[1]. Sie wird auch als *passives Wahlrecht* bezeichnet. Davon zu unterscheiden ist die in Art. 42 geregelte Unvereinbarkeit. Wenn die Wählbarkeit fehlt, kommt keine gültige Wahl zustande. Im Fall der Unvereinbarkeit ist die Wahl zwar gültig, aber der Gewählte kann sein Amt nur ausüben, wenn er den Unvereinbarkeitsgrund beseitigt.

2. Bundesrechtliche Vorgaben

2 Die Wählbarkeit in kantonale Ämter richtet sich im Rahmen einer demokratischen Verfassungsordnung (Art. 51 BV) nach kantonalem Recht, was aus Art. 39 Abs. 1 BV abzuleiten ist. Allerdings haben die Kantone bei der Ausgestaltung des passiven Wahlrechts die Schranken zu beachten, die sich aus dem Gleichbehandlungsgebot (Art. 8 BV), dem Willkürverbot (Art. 9 BV) und der Wahl- und Abstimmungsfreiheit (Art. 34 Abs. 2 BV) ergeben.

3 Unzulässig ist nach der Rechtsprechung des Bundesgerichts die quotenmässige Zuteilung von Mandaten nach Geschlecht, wenn Behörden – was für Kantons- und Regierungsrat sowie Ständerat zutrifft – durch das Volk bestellt werden. Soweit Behörden und Kommissionen vom Volk nur indirekt, d.h. durch vom Volk gewählte Organe bestellt werden, ist die Wahl- und Abstimmungsfreiheit nicht berührt, und es ist aufgrund einer Verhältnismässigkeitsprüfung zu beurteilen, ob eine Quotenregelung im Hinblick auf Art. 8 Abs. 3 BV gerechtfertigt werden kann[2]. Blosse Programmartikel i.S. von Abs. 2, wonach eine angemessene Vertretung beider Geschlechter in Behörden und Kommissionen angestrebt wird, sind gemäss Bundesrecht ohne Weiteres zulässig.

4 Art. 51 StGB sah als befristete Nebenstrafe die Amtsunfähigkeit vor, was auch die Wählbarkeit in kantonale und kommunale Behörden ausschloss. Seit der am 1. Januar 2007 in Kraft getretenen Revision kennt das StGB nur noch Strafen und Massnahmen, aber nicht mehr Nebenstrafen. Während das Berufsverbot (Art. 67 StGB) von einer Nebenstrafe zu einer Massnahme mutierte, wurde die Amtsunfähigkeit ersatzlos gestrichen.

---

[1] HANGARNTER/KLEY, Rz. 221.
[2] BGE 125 I 21 ff.; 123 I 152 ff.

3. Kantonale Regelung der Wählbarkeit

3.1. Anknüpfung an Stimmrecht (Abs. 1 Satz 1)

Für gewisse Behörden regelt die Verfassung selbst in Abs. 1 Satz 1 die Wählbarkeit abschliessend. Das trifft zu für den *Kantonsrat,* den *Regierungsrat,* die vier *obersten kantonalen* Gerichte[3] und den *Ständerat.* Art. 47 VE hatte noch vorgesehen, dass in (alle) «kantonalen Behörden»[4] nur Stimmberechtigte des Kantons gewählt werden sollten. Nachdem die Redaktionskommission bemerkt hatte, dass der Begriff der «Behörde» zu wenig klar sei und in der Sachkommission 3 auch die Weite der Formulierung beanstandet worden war, setzte sich schliesslich der heute geltende, klare Wortlaut durch.

In die in Abs. 1 Satz 1 aufgezählten Organe können alle Personen gewählt werden, die in *kantonalen Angelegenheiten stimmberechtigt* sind. Die Verfassung knüpft also an die Stimmberechtigung und nicht an die blosse Stimmfähigkeit an[5]. Wählbar sind demnach alle Schweizerinnen und Schweizer, die im Kanton wohnen, das 18. Altersjahr zurückgelegt haben und in eidgenössischen Angelegenheiten stimmberechtigt sind[6]. Das zuletzt genannte Erfordernis verweist auf Art. 136 Abs. 1 BV, wonach vom Stimmrecht in Bundessachen ausgeschlossen ist, wer wegen Geisteskrankheit oder Geistesschwäche entmündigt ist.

Für die *Wählbarkeit in ein oberstes Gericht* wird somit keine besondere juristische Befähigung verlangt. Art. 82 Abs. 3 Satz 2 VE hatte noch vorgesehen, dass die für Gerichte im Gesetz festzulegenden Wählbarkeitsvoraussetzungen die fachlichen Voraussetzungen zur Ausübung des Richteramtes gewährleisten sollten. Dieser Regelung war bei der Vorberatung im Plenum sowie in der öffentlichen Vernehmlassung vor allem deswegen Widerstand erwachsen, weil sie sämtliche Gerichte erfasste und einzelne Votanten die Mitwirkung von Laienrichtern an Bezirksgerichten als gefährdet ansahen. In der 2. Lesung verzichtete dann der Verfassungsrat nach einer engagierten Diskussion mit sehr knappem Mehr darauf, den Gesetzgeber zur Aufstellung besonderer Wählbarkeitsvoraussetzungen für Richterinnen und Richter zu verpflichten[7]. Es ist Sache der am Auswahlverfahren beteiligten Akteure (politische Parteien, interfraktionelle Konferenz, kantonsrätliche Kommission) darauf zu achten, dass nur fachlich (und menschlich!) qualifizierte Kandidatinnen und Kandidaten für ein hohes Richteramt aufgestellt werden. Allerdings wäre eine stärkere Professionalisie-

---

[3] Gemeint sind das Kassationsgericht, das Obergericht, das Verwaltungsgericht und das Sozialversicherungsgericht; vgl. Art. 74 Abs. 2.
[4] Auch Behörden der Bezirke sollten unter diesen Begriff fallen.
[5] Vgl. zu dieser Unterscheidung GIACOMETTI, S. 183 und 298.
[6] Vgl. KOTTUSCH, Art. 22 N. 24 ff.; § 3 GPR. In den Ständerat dürfen auch Auslandschweizer gewählt werden; vgl. Art. 82 N. 12.
[7] Prot. Plenum, S. 2959 ff.

rung des Auswahlverfahrens, wie sie im Bund mit dem Erfordernis der öffentlichen Ausschreibung und der Schaffung einer Gerichtskommission angestrebt wurde[8], durchaus zu wünschen.

3.2. Regelung durch den Gesetzgeber (Abs. 1 Satz 2)

8   Wer in die übrigen Behörden des Kantons sowie in Behörden des Bezirks und der Gemeinde gewählt werden kann, bestimmt der kantonale Gesetzgeber, was eine Delegation – z.B. an die Gemeinden für kommunale Behörden und Kommissionen – nicht ausschliesst. Wie sich aus der Gegenüberstellung mit Abs. 1 Satz 1 ergibt, hat der Gesetzgeber dabei die Möglichkeit, in gewissen Fällen zu bestimmen, dass auch nicht Stimmberechtigte gewählt werden können, z.B. schweizerische Staatsangehörige mit Wohnsitz in einem anderen Kanton. Meines Erachtens ist der Gesetzgeber sogar befugt, eine Mitwirkung von Ausländerinnen und Ausländern in gewissen Gremien zu ermöglichen[9]. Das gilt insbesondere für die Gemeindeebene[10].

9   In Frage kommen anderseits auch *zusätzliche Wählbarkeitsvoraussetzungen*. So ist als Mitglied des Grossen Gemeinderates und einer Gemeindevorsteherschaft nur wählbar, wer in der Gemeinde politischen Wohnsitz hat[11]. Weitere Wählbarkeitsvoraussetzungen können die fachliche und persönliche Eignung betreffen. Der Notar wird, um ein Beispiel zu nennen, von den Stimmberechtigten des Notariatskreises aus den Bewerbern gewählt, die das Wahlfähigkeitszeugnis besitzen[12]. Höchstaltersrgrenzen sind nicht von vornherein unzulässig, wären aber am Diskriminierungsverbot (Art. 8 Abs. 2 BV) und – soweit Volkswahlen in Frage stehen – an der Wahl- und Abstimmungsfreiheit zu messen[13].

10 Der Begriff «Behörde» ist diffus. Er umfasst grundsätzlich alle Staatsfunktionen (Rechtsetzung, Regierung, Vollziehung, Rechtsprechung) und alle Ebenen der Staatstätigkeit (Kanton, Bezirke, Gemeinden), soweit die Bestellung der mit

---

[8]   Art. 40a des Bundesgesetzes über die Bundesversammlung vom 13. Dezember 2002 (ParlG; SR 171.10).

[9]   So ist gemäss § 11 Abs. 2 des Gesetzes über das Arbeitsverhältnis des Staatspersonals vom 27. September 1998 (Personalgesetz; LS 177.10) das Schweizer Bürgerrecht in der Regel nur für die «Ausübung hoheitlicher Funktionen» erforderlich. Die dieser Regelung zugrunde liegende Wertung ist m.E. auch für die Konkretisierung von Abs. 1 Satz 2 sinnvoll.

[10] Vgl. Prot. Plenum, S. 2157.

[11] § 23 Abs. 2 GPR.

[12] § 10 des Gesetzes über das Notariatswesen vom 9. Juni 1985 (Notariatsgesetz; LS 242); Verordnung des Obergerichts über den Erwerb des Wahlfähigkeitszeugnisses für Notarinnen und Notare vom 25. Juni 2003 (Notariatsprüfungsverordnung; LS 242.1).

[13] Vgl. zur Zulässigkeit von Altersgrenzen den Bericht des Bundesrates vom 21. April 2004 über Altersschranken auf kantonaler und kommunaler Ebene für Mitglieder der Exekutive und der Legislative, BBl 2004, S. 2113 ff.; HANGARTNER, Altersgrenzen, S. 345 ff.

Staatsaufgaben betrauten Organe auf eine feste Amtsdauer erfolgt[14]. In der Sachkommission 3 und im Ratsplenum wurde ausgiebig über den Behördenbegriff diskutiert[15]. Durch die erst nach der Vernehmlassung erfolgte Hervorhebung gewisser Behörden in Abs. 1 Satz 1[16] und den Einbezug von Kommissionen in Abs. 1 Satz 2 hat die Diskussion darüber, ob einerseits auch parlamentarische Entscheidungsorgane, andererseits Gremien mit bloss beratender Funktion von Art. 40 erfasst werden, m.E. jede praktische Relevanz eingebüsst.

4. Verlust der Wählbarkeit

Wer die Wählbarkeit verliert, hat schriftlich um vorzeitige Entlassung aus dem Amt zu ersuchen[17]. Über die vorzeitige Entlassung entscheidet der Kantonsrat bei Mitgliedern des Ständerates, des Kantonsrates und des Regierungsrates sowie den durch ihn gewählten Organen[18].   11

5. Angemessene Vertretung beider Geschlechter als Ziel (Abs. 2)

Im Verfassungsrat gab die Frage der angemessenen Vertretung beider Geschlechter in Behörden und Kommissionen zu regen Diskussionen Anlass. Abgelehnt wurde in der Vorberatung ein Antrag, wonach bei den Wahlen nach dem Verhältniswahlverfahren eine Wahllistenquote von mindestens 40% für beide Geschlechter gelten sollte; damit sollten die Nominierungschancen des untervertretenen Geschlechts erhöht werden[19]. Gleichzeitig sprach sich der Verfassungsrat gegen die Formulierung aus, dass in den Behörden «alle Bevölkerungsgruppen, insbesondere beide Geschlechter» angemessen vertreten sein sollten.   12

Ebenso wenig Erfolg hatte in der 1. Lesung des Gesamtentwurfs der Antrag, dass in allen Behörden und Kommissionen Frauen und Männer angemessen vertreten sein sollten[20]. Gegner einer solchen Bestimmung hatten im Wesentlichen geltend gemacht, dass der Entscheid über die Zusammensetzung von Behörden und Kommissionen den Wählerinnen und Wählern zu überlassen sei, dass   13

---

[14] Vgl. Art. 41.
[15] Vgl. z.B. Prot. K3 vom 1. November 2001, S. 260 ff., vom 6. März 2003, S. 977 ff., und vom 10. April 2003, S. 1033 ff.; Prot. Plenum, S. 2157 f.
[16] Prot. K3 vom 22. Januar 2004, S. 1090 ff.
[17] § 35 Abs. 1 GPR.
[18] § 36 Abs. 1 lit. a GPR. Vgl. zur Beendigung der Amtsdauer bei Organen der Gemeinde oder des Bezirks § 24 GPR.
[19] Prot. Plenum, S. 480 ff.
[20] Prot. Plenum, S. 2158 ff.; vgl. auch Prot. K3 vom 7. Mai 2003, S. 1075 f.

Frauen und Männer nicht homogene Gruppen darstellten und dass eine blosse Absichtserklärung nicht verfassungswürdig sei. Dagegen war eingewendet worden, eine moderne Verfassung müsse zum Ausdruck bringen, dass die angemessene Vertretung beider Geschlechter in Behörden und Kommissionen ein erstrebenswertes Ziel sei, dass ein entsprechendes Signal gesetzt werden müsse und dass im Übrigen auch andere vorgesehene Verfassungsnormen primär programmatischen Charakter hätten.

14 Dass Art. 47 VE keine entsprechende Zielvorgabe enthielt, stiess in der öffentlichen Vernehmlassung auf lebhafte Kritik. Das bewog die Sachkommission 3, die Frage erneut zu diskutieren[21]. In der 2. Lesung sprach sich der Verfassungsrat mit klarem Mehr für die Formulierung des heutigen Abs. 2 aus[22].

15 Abs. 2 begründet – wie die Sozialziele in Art. 19 – keine unmittelbaren, klagbaren Ansprüche. Er stellt bloss eine *Zielvorgabe,* einen *programmatisch formulierten Handlungsauftrag* an die Wahlorgane auf Kantons- und Gemeindeebene dar. Die Bestimmung dient nicht einfach der Frauenförderung[23]. Durch günstige Rahmenbedingungen, wie sie Art. 45 zur Unterstützung der nebenamtlichen Tätigkeit ausdrücklich verlangt, soll auf eine möglichst ausgewogene Vertretung *beider* Geschlechter hingewirkt werden. Dort, wo Behördenwahlen in Frage stehen, besteht sogar eine – allerdings nicht justiziable – Verpflichtung, auf die Ausgewogenheit der Geschlechter zu achten.

---

[21] Prot. K3 vom 22. Januar 2004, S. 1092 f.
[22] Prot. Plenum, S. 2968 ff.
[23] Im Verfassungsrat wurde darauf hingewiesen, dass es z.B. in den Schulpflegen mehr Männer brauche; vgl. Prot. Plenum, S. 481.

Art. 41

Amtsdauer

Die Amtsdauer der Behördenmitglieder beträgt vier Jahre.

Für die Richterinnen und Richter beträgt sie sechs Jahre.

Materialien

Art. 48 VE; Prot. Plenum, S. 1255 ff., 2156, 2161, 2975 f.

Literatur

EICHENBERGER, § 70; GIACOMETTI, S. 282 ff., 295 ff; HANGARTNER/KLEY, § 5 und 26; KIENER REGINA, Richterliche Unabhängigkeit, Bern 2001, S. 279 ff.

Rechtsquellen

– Gesetz über die politischen Rechte vom 1. September 2003 (GPR; LS 161)

Übersicht	Note
1. Funktionen der Amtsdauer	1
1.1. Demokratische Funktion	1
1.2. Realisierung von Verantwortlichkeit	3
2. Allgemeine Regelung (Abs. 1)	4
3. Längere Amtsdauer für Richterinnen und Richter (Abs. 2)	10

1. Funktionen der Amtsdauer

1.1. Demokratische Funktion

Periodisch stattfindende Wahlen gehören begriffsnotwendig zur Demokratie. Das Volk muss in der Lage sein, den von ihm gewählten Amtsträgern nach Ablauf einer bestimmten Zeit das Vertrauen zu entziehen und an ihrer Stelle andere Personen zu wählen. «Wahltag ist Zahltag», heisst es im Volksmund. Zudem soll die Zusammensetzung der obersten politischen Organe, vor allem des Parlaments, die im Volk vorhandenen und sich immer wieder wandelnden politischen Strömungen widerspiegeln[1]. Diesem demokratischen Erfordernis tragen Amtsdauern Rechnung, weil sie die Geltung des einmal getroffenen Wahlentscheids zeitlich begrenzen. Volkswahlen würden bei Wahlen auf Lebenszeit «ihren Sinn verlieren»[2]. 1

Gewisse Kantone kennen sogar die Einrichtung der *Abberufung,* die dem Volk die Möglichkeit gibt, mit einer Initiative eine Abstimmung über die Absetzung 2

---

[1] Vgl. HALLER/KÖLZ, S. 74.
[2] GIACOMETTI, S. 286; vgl. auch EICHENBERGER, § 70 Rz. 1.

von Parlamenten, Regierungen oder anderen Behörden vor Ablauf der Amtsdauer zu verlangen[3]. Solche Abberufungen erfolgen aber in der Schweiz – im Gegensatz zum *Recall,* wie er in einigen Gliedstaaten der USA praktiziert wird – höchst selten. Der zürcherische Verfassungsgeber hat zu Recht auf dieses problematische Instrument verzichtet. Relativ kurze Amtsdauern erfüllen die demokratische Funktion einer Rückkoppelung der vom Volk gewählten Organe an das Volk vollauf. In der Schweiz haben sich im Bund und in den meisten Kantonen Wahlperioden von vier Jahren bewährt, während z.B. die Amtsdauer der französischen Nationalversammlung und des britischen Unterhauses fünf Jahre beträgt, sofern das Parlament nicht vorzeitig aufgelöst wird.

1.2. Realisierung von Verantwortlichkeit

3 Die Befristung durch eine feste Amtsdauer gibt dem Wahlorgan zudem – was nicht nur bei Volkswahlen, sondern auch bei Behördenwahlen wichtig ist – die Möglichkeit, die von ihm gewählten Amtsträger bei Ablauf der Amtsdauer zur Rechenschaft zu ziehen und der Missbilligung ihrer Leistungen durch Nichtwiederwahl Ausdruck zu geben. Diese politische Verantwortlichkeit ergänzt das System von rechtlichen Verantwortlichkeiten (strafrechtlich, disziplinarisch, vermögensrechtlich). Sie kann auch Platz greifen, wenn der Betroffene die in ihn gesetzten Erwartungen nicht erfüllt hat, auch wenn ihm kein rechtswidriges Verhalten vorgeworfen werden kann[4].

2. Allgemeine Regelung (Abs. 1)

4 Ursprünglich wurde die Amtsdauer je einzeln bei den entsprechenden Behörden (Kantonsrat, Regierungsrat, richterliche Behörden) festgehalten[5]. In der 1. Lesung platzierte dann der Verfassungsrat die Regelung der Amtsdauer in einer für alle Behörden geltenden allgemeinen Bestimmung und wiederholte sie nur noch beim Ständerat[6]. Ausser bezüglich der Richterinnen und Richter[7] gab die Amtsdauer kaum zu Diskussionen Anlass. Für die politischen Behörden wurde an die bewährte vierjährige, für Richterinnen und Richter an die ebenfalls tradierte sechsjährige Amtsdauer angeknüpft.

---

[3] Dazu HANGARTNER/KLEY, § 26.
[4] Bei Arbeitsverhältnissen, die durch eine Wahl auf Amtszeit begründet werden, darf die Nichtwiederwahl aber nur «aus einem sachlich zureichenden Grund» erfolgen, und sie muss begründet werden. Dies gilt jedoch nur, sofern nicht das Volk oder der Kantonsrat Wahlorgan ist; Art. 15 Abs. 2 des Gesetzes über das Arbeitsverhältnis des Staatspersonals vom 27. September 1998 (Personalgesetz; LS 177.10).
[5] Vgl. Prot. K3 vom 29. November 2001, S. 310.
[6] Prot. Plenum, S. 2156; Prot. K3 vom 6. März 2003, S. 979.
[7] Dazu N. 10 ff.

Der *Behördenbegriff* ist weit zu verstehen[8]. Insbesondere umfasst er auch Gemeindebehörden. 5

Die *Amtsdauer beginnt* bei Organen mit mehreren Mitgliedern mit der Konstituierung des neu gewählten Organs, bei Organen mit einem Mitglied mit dem Amtsantritt; sie *endet* mit dem Beginn der Amtsdauer des erneuerten Organs[9]. Im Jahr, in dem die Amtsdauer abläuft, findet für das gesamte Organ eine *Erneuerungswahl* statt[10]. Tritt während der Amtsdauer eine Vakanz ein, wird im Regelfall eine *Ersatzwahl* für den Rest der Amtsdauer durchgeführt[11]. 6

Die Statuten der Versicherungskasse für das Staatspersonal vom 22. Mai 1996[12] bestimmen in Art. 10, dass die Pensionierung spätestens nach Vollendung des 65. Altersjahres zu erfolgen hat, behalten jedoch besondere Bestimmungen für Magistratspersonen vor. Wird die *Altersgrenze* während der Amtsdauer erreicht, so hat die Wahl des Betreffenden auf eine verkürzte Amtsdauer, nämlich bis zur Erreichung der Altersgrenze, zu erfolgen. Für die in Art. 40 Abs. 1 Satz 1 ausdrücklich genannten Behörden sieht die Verfassung keine Altersgrenze vor. Dasselbe trifft für die Ombudsperson (Art. 81) zu. 7

Die Verfassung kennt auch *keine Amtszeitbeschränkungen,* z.B. auf eine bestimmte Anzahl von Jahren oder aufeinanderfolgenden Amtsperioden, im Gegensatz zu verschiedenen anderen Kantonen[13]. Eine Wiederwahl ist also beliebig oft zulässig. 8

Da die Verfassung eine Wahl auf Amtsdauer festlegt, wäre ein *Revers* rechtlich unverbindlich[14]. Wir verstehen darunter eine zum Voraus abgegebene Erklärung, das Mandat beim Eintritt bestimmter Tatsachen (z.B. Parteiaustritt) oder bis zu einem bestimmten Zeitpunkt (z.B. Mitte der Amtsperiode) vorzeitig niederzulegen. 9

3. Längere Amtsdauer für Richterinnen und Richter (Abs. 2)

Von der Schweiz ratifizierte Menschenrechtsabkommen garantieren einen Anspruch auf ein unabhängiges, unparteiisches und auf Gesetz beruhendes Ge- 10

---

[8] Vgl. Art. 40 N. 10.
[9] § 32 Abs. 2 und 3 GPR.
[10] § 44 GPR.
[11] § 45 GPR.
[12] LS 177.21.
[13] Vgl. z.B. Art. 49 KV OW; § 33 Abs. 2 KV BS; Art. 66 KV JU. Ein früher Entwurf hatte noch vorgesehen, dass Vollämter während höchstens drei Amtsdauern ausgeübt werden dürften; Prot. K3 vom 29. November 2001, S. 309.
[14] Gl.M. HANGARTNER/KLEY, Rz. 272.

richt[15]. Auch die Bundesverfassung und die Zürcher Kantonsverfassung gewährleisten die *richterliche Unabhängigkeit*[16]. Zur Sicherstellung dieser für eine rechtsstaatliche Verfassungsordnung zentralen Garantie wird in verschiedenen ausländischen Verfassungen eine Wahl der Richter auf Lebenszeit vorgesehen[17]. Dem schweizerischen Demokratieverständnis entspricht es hingegen, dass Bund und Kantone regelmässig eine Amtsdauer vorsehen. Feste Amtsdauern von vier, fünf oder sechs Jahren sind mit der EMRK vereinbar[18].

11 Ein Mitglied der Sachkommission 3 setzte sich unter Hinweis auf den hohen Stellenwert der richterlichen Unabhängigkeit für die Wahl der Richter auf Lebenszeit bzw. bis zum Eintritt des ordentlichen Pensionierungsalters ein, mit der Möglichkeit der Abberufung durch die Wahlbehörde bei schwerer Pflichtverletzung[19]. Im Plenum zog der Antragsteller jedoch diesen Antrag wegen Aussichtslosigkeit zurück[20].

12 Unbestritten war jedoch, die Amtsdauer wie bisher länger zu bemessen als für die politischen Behörden. Durch die in der Verfassung festgelegte feste Amtsdauer von sechs Jahren wird gleichzeitig den in einem Spannungsverhältnis zueinander stehenden Erfordernissen der demokratischen Legitimation der Gerichte und der möglichst grossen Unabhängigkeit der Rechtsprechung von der Politik Rechnung getragen. Diese Lösung entspricht derjenigen, die im Bund getroffen wurde: Für die Richterinnen und Richter des Bundesgerichts beträgt die Amtsdauer ebenfalls sechs Jahre, während die Mitglieder der übrigen obersten Bundesbehörden auf die Dauer von vier Jahren gewählt werden[21].

---

[15] Art. 6 Ziff. 1 EMRK; Art. 14 Abs. 1 des Internationalen Paktes über bürgerliche und politische Rechte vom 16. Dezember 1966 (SR 0.103.2).
[16] Art. 191c BV; Art. 73 Abs. 2 Satz 1 KV. Vgl. SCHMID, Art. 73 N. 4 ff.
[17] So werden gemäss Art. 3 Sektion 1 der amerikanischen Verfassung die Bundesrichter auf Lebenszeit gewählt; sie können nur wegen strafbarer Handlungen in einem Impeachment-Verfahren abgesetzt werden.
[18] KIENER, S. 281 f., mit Hinweisen auf die Strassburger Rechtsprechung.
[19] Prot. K3 vom 29. November 2001, S. 309 f.
[20] Prot. Plenum, S. 1257.
[21] Art. 145 BV.

Art. 42

Die Mitglieder des Kantonsrates, des Regierungsrates, der obersten kantonalen Gerichte und der kantonalen Ombudsstelle dürfen nicht gleichzeitig einer anderen dieser Behörden angehören.

Das Gesetz kann weitere Unvereinbarkeiten vorsehen.

Unvereinbarkeit

Materialien

Art. 49 VE; Prot. Plenum, S. 491 ff., 2161 f.

Literatur

BEELER WERNER, Personelle Gewaltentrennung und Unvereinbarkeit in Bund und Kantonen, Diss., Zürich 1983; BOLZ URS, Art. 68, in: Kälin/Bolz; DUBACH RETO, Art. 42, in: Dubach/Marti/Spahn, S. 122 ff.; EICHENBERGER, § 69; GIACOMETTI, S. 279 ff., 299 ff.; MAHON PASCAL, Le principe de la séparation des pouvoirs, in: Verfassungsrecht der Schweiz, § 65; NUSPLIGER KURT, Grundzüge der Behördenstruktur im Verfassungsrecht der Kantone, in: Verfassungsrecht der Schweiz, § 69; SEILER, Gewaltenteilung.

Rechtsquellen

– Gesetz über die politischen Rechte vom 1. September 2003 (GPR; LS 161)

Übersicht Note

1. Funktionen von Unvereinbarkeitsbestimmungen 1
2. Personelle Gewaltenteilung zwischen den obersten kantonalen Organen (Abs. 1) 4
3. Regelung weiterer Unvereinbarkeiten durch den Gesetzgeber (Abs. 2) 7

1. Funktionen von Unvereinbarkeitsbestimmungen

Dem 6. Kapitel der Verfassung über die Behörden liegt eine *organisatorische Gewaltenteilung* zugrunde: Der Kantonsrat übt im Zusammenwirken mit den Stimmberechtigten die rechtsetzende Gewalt aus (Art. 50 Abs. 1), der Regierungsrat ist die oberste leitende und vollziehende Behörde (Art. 60), der Entscheid über Rechtsstreitigkeiten und Strafen obliegt im Wesentlichen unabhängigen Gerichten (Art. 73) und die (ausserhalb des traditionellen Machtgefüges stehende) neutrale Ombudsstelle ergänzt das Rechtsschutzsystem durch vermittelnde Tätigkeit zwischen Privatpersonen und kantonalen Aufgabenträgern (Art. 81). Diese organisatorische oder objektive Gewaltenteilung wird aber der Grundidee einer umfassenden Gewaltenteilung nur gerecht, wenn verhindert wird, dass dieselben Personen gleichzeitig mehreren obersten Staatsorganen angehören, wenn also eine *personelle* oder *subjektive Gewaltenteilung* zur organisatorischen hinzutritt. Das Ziel der Verteilung staatlicher Aufgaben auf

1

verschiedene Personen und die damit verbundene Verhinderung einer Ämterkumulation wird mittels *Unvereinbarkeitsbestimmungen* (auch Inkompatibilitätsbestimmungen genannt) erreicht.

2   Der Grundsatz der personellen Gewaltenteilung kommt nur für *Staatsorgane derselben Ebene* zum Zug. Er hat nichts zu tun mit der in einigen Kantonsverfassungen vorgesehenen Unvereinbarkeit oder zahlenmässig beschränkten Vereinbarkeit von Mitgliedschaft in der kantonalen Regierung und National- oder Ständeratsmandat. So dürfen nach Art. 63 Abs. 3 höchstens zwei Mitglieder des Regierungsrates der Bundesversammlung angehören[1]. Auch die Kumulation von kantonalen und kommunalen Mandaten (z.B. Kantonsrat und Gemeindepräsident) verstösst nicht gegen die personelle Gewaltenteilung.

3   Überhaupt können mit Unvereinbarkeitsbestimmungen auch *andere Ziele* als eine personelle Gewaltenteilung verfolgt werden, z.B. kann sichergestellt werden, dass keine Tätigkeiten ausgeübt werden, welche die Erfüllung der Amtspflichten beeinträchtigen, oder verhindert werden, dass nahe Verwandte in derselben Behörde tätig sind.

2. Personelle Gewaltenteilung zwischen den obersten kantonalen Organen (Abs. 1)

4   Abs. 1 zählt die obersten kantonalen Organe auf, deren Mitglieder nicht gleichzeitig einer anderen dieser Behörden angehören dürfen. Erfasst werden alle Mitglieder des Kantons- und des Regierungsrates, ferner die Mitglieder der obersten kantonalen Gerichte[2] und der kantonalen Ombudsstelle.

5   Teilämter an obersten kantonalen Gerichten fallen ebenfalls unter Abs. 1, nicht aber nebenamtliche Ersatzrichterstellen. Ersatzrichter sind keine «Mitglieder» des Gerichts[3]. Die zuständige Sachkommission ging gestützt auf eine gekünstelt wirkende Unterscheidung zwischen «Ersatzperson» und «Stellvertretung» davon aus, dass auch die Stellvertreterin der Ombudsperson von Abs. 1 erfasst werde[4]. Meines Erachtens ist diese Frage durch den Gesetzgeber zu klären. Juristisches und administratives Personal der obersten kantonalen Gerichte und

---

[1]   In der zuständigen Sachkommission wurde zunächst erwogen, Mitgliedern des Regierungsrates generell die Zugehörigkeit zu den eidgenössischen Räten zu verbieten. Nach einer Diskussion fiel aber der Entscheid für die heute in Art. 63 Abs. 3 getroffene Lösung einstimmig. Vgl. Prot. K3 vom 8. November 2001, S. 275 und 282 f.

[2]   D.h. des Kassationsgerichts, des Obergerichts, des Verwaltungsgerichts und des Sozialversicherungsgerichts; Art. 74 Abs. 2.

[3]   Prot. K3 vom 15. April 2004, S. 1199 (Votum Mathys). Anderer Meinung bezüglich Art. 42 KV SH DUBACH, Art. 42, S. 122.

[4]   Prot. K3 vom 15. April 2004, S. 1198 f.

der Ombudsstelle fällt nicht unter Abs. 1, doch darf der Gesetzgeber gestützt auf Abs. 2 entsprechende Unvereinbarkeiten statuieren.

Unvereinbarkeiten schliessen Kandidaturen für unvereinbare Organstellungen und Ämter nicht aus, doch muss sich ein Gewählter vor Amtsantritt für das eine oder andere Organ entscheiden[5].

6

3. Regelung weiterer Unvereinbarkeiten durch den Gesetzgeber (Abs. 2)

Frühere Entwürfe sahen vor, eine bunte Palette von Unvereinbarkeiten, die neben der Sorge um die Gewaltenteilung auch anderen Motivationen entsprangen, in der Verfassung festzuschreiben[6]. Die Liste, in der ursprünglich u.a. auch Mitglieder der Bezirksgerichte und Bezirksräte, der Anklage- und Untersuchungsbehörden sowie Vorsteher der Gerichtskanzleien, dem Regierungsrat oder einem seiner Mitglieder direkt unterstellte Mitglieder der kantonalen Verwaltung und die Mitglieder der obersten Führungsgremien und der Geschäftsleitung der selbstständigen kantonalen Anstalten figurierten, gab zu lebhaften Diskussionen und auch Streichungen Anlass. Aus dem Umstand, dass verschiedene Amtsträger nicht mehr in Abs. 1 genannt werden, darf jedoch nicht auf ein qualifiziertes Schweigen des Verfassungsgebers geschlossen werden. Vielmehr ging dieser davon aus, dass nur die sich aus dem Erfordernis einer personellen Gewaltenteilung ergebenden wichtigsten Konsequenzen für Magistratspersonen auf der obersten kantonalen Ebene im Einzelnen zu normieren seien (Abs. 1) und weitere Unvereinbarkeiten durch Gesetz vorgesehen werden dürften (Abs. 2)[7].

7

Dem Gesetzgeber steht bei der Konkretisierung der Kann-Vorschrift des Abs. 2 ein *weites politisches Ermessen* zu. Er kann dabei verschiedene Zielsetzungen verfolgen. Neben der personellen Gewaltenteilung fallen etwa in Betracht: Verhinderung von Interessenkollisionen bei Aufsichtsverhältnissen, wie sie sich ergeben können, wenn Chefbeamte im Parlament Einsitz nehmen; Verhinderung von Mehrfachunterstellungen (z.B. Wahl der Oberrichter durch das Parlament, welchem Bezirksrichter angehören, die ihrerseits dem Obergericht aufsichtsmässig unterstellt sind); Sicherstellung, dass jemand nicht gleichzeitig in verschiedenen Rechtsmittelinstanzen (z.B. in der Baurekurskommission und im Verwaltungsgericht) mitwirkt; Waffengleichheit in gerichtlichen Verfahren (die

8

---

[5] Eichenberger, § 69 Rz. 7. Vgl. zur Abgrenzung der Unvereinbarkeit von der Wählbarkeit Art. 40 N. 1.
[6] Prot. K3 vom 8. November 2001, S. 275 ff., vom 15. November 2001, S. 287 ff., vom 7. März 2002, S. 493 ff.; Prot. Plenum, S. 491 ff.
[7] Vgl. Prot. Plenum, S. 491 f. (Votum Jagmetti) und S. 495 (Votum Oesch).

durch Kumulation von Richteramt und Parteivertretung vor Gerichten betroffen sein kann); verwandtschaftliche Ausschlussgründe[8].

9   Allerdings sollte der Gesetzgeber bedenken, dass durch eine Vielzahl von Unvereinbarkeiten die Auswahl an kompetenten Mandatsträgern beeinträchtigt wird[9]. Besondere Zurückhaltung ist angebracht, wenn es um die Vereinbarkeit mit einem Parlamentsmandat geht. Denn einerseits sollte das Volk frei entscheiden können, ob es z.B. eine Bezirksrichterin, einen Staatsanwalt oder oberste Chargenträger selbstständiger kantonaler Anstalten im Kantonsrat haben will, anderseits ist unser Milizsystem darauf angewiesen, das hauptberufliche Fachkenntnisse und Fähigkeiten für die Politik nutzbar gemacht werden[10]. Rigorose Unvereinbarkeiten könnten schliesslich Art. 45 zuwiderlaufen, wonach Kanton und Gemeinden günstige Rahmenbedingungen für die nebenamtliche Tätigkeit in Behörden schaffen.

---

[8] Vgl. die umfangreiche Liste der Unvereinbarkeiten in §§ 25–29 GPR.
[9] Diese Sorge kam auch in verschiedenen Voten von Verfassungsräten zum Ausdruck; vgl. z.B. Prot. K3 vom 15. November 2001, S. 288 (Rappold), und vom 7. März 2002, S. 498 (Maia Ernst).
[10] Vgl. zum Letzteren WOLF LINDER, Schweizerische Demokratie: Institutionen, Prozesse, Perspektiven, 2. Aufl., Bern/Stuttgart/Wien 2005, S. 76.

Art. 43
Ausstand

Wer öffentliche Aufgaben wahrnimmt, tritt bei Geschäften, die sie oder ihn unmittelbar betreffen, in den Ausstand. Ausgenommen ist die Rechtsetzung im Parlament.

Das Gesetz kann weitere Ausstandsgründe vorsehen.

Materialien

Art. 50 VE; Prot. Plenum, S. 500 f., 2161 f., 2975.

Literatur

BOLZ URS, Art. 68, in: Kälin/Bolz; DUBACH RETO, Art. 45, in: Dubach/Marti/Spahn, S. 126 ff.; EICHENBERGER, § 69; GIACOMETTI, S. 314 ff., 403 f.; HAUSER/SCHWERI, §§ 95 ff.; HOTTELIER MICHEL, Les garanties de procédure, in: Verfassungsrecht der Schweiz, § 51; JAAG, insbesondere Rz. 1113, 1150, 1175; KIENER REGINA, Richterliche Unabhängigkeit, Bern 2001; KNEBEL-PFUHL CHRISTINE, Mitwirkungsverbot wegen Befangenheit für Parlamentarier?, Diss., Berlin 1979; KÖLZ/BOSSHART/ RÖHL, § 5a; LEBRECHT ANDRÉ E., Der Ausstand von Justizbeamten nach zürcherischem Prozessrecht, SJZ 86/1990, S. 297 ff.; REINERT PETER, Ausstand im Parlament, unter besonderer Berücksichtigung der Verhältnisse in der Bundesversammlung, im Zürcher Kantonsrat und im Grossen Gemeinderat der Stadt Wädenswil, Diss., Zürich 1991; SCHINDLER BENJAMIN, Die Befangenheit der Verwaltung: der Ausstand von Entscheidträgern der Verwaltung im Staats- und Verwaltungsrecht von Bund und Kantonen, Diss., Zürich 2002; SCHMID NIKLAUS, Strafprozessrecht, 4. Aufl., Zürich 2004, Rz. 129 ff.

Rechtsquellen

- § 8a Gesetz über die Organisation und die Geschäftsordnung des Kantonsrates (Kantonsratsgesetz) vom 5. April 1981 (KRG; LS 171.1)
- § 18 Gesetz über die Organisation des Regierungsrates und der kantonalen Verwaltung vom 6. Juni 2005 (OG RR; LS 172.1)
- § 5a Gesetz über den Rechtsschutz in Verwaltungssachen vom 24. Mai 1959 (VRG; LS 175.2)
- §§ 95–103 Gerichtsverfassungsgesetz vom 13. Juni 1976 (GVG; LS 211.1)

Übersicht

	Note
1. Begriff und Funktion	1
2. Bundesrechtliche Vorgaben	5
3. Kantonale Regelung des Ausstandes	10
3.1. Im Allgemeinen	10
3.2. Ausstand im Parlament	17
3.3. Ausstand in der Rechtspflege	20

1. Begriff und Funktion

1 Im Gegensatz zu den Unvereinbarkeitsbestimmungen verhindern Ausstandsbestimmungen nicht die Übernahme eines Amtes, sondern nur das Tätigwerden in einem ganz bestimmten Geschäft[1].

2 Ausstandsbestimmungen *sichern die Unabhängigkeit und Unbefangenheit* der Entscheidungsträger. Niemand soll an einem Geschäft mitwirken, dem er befangen gegenübersteht, weil z.B. er selber oder eine ihm nahestehende Person vom Ausgang des Verfahrens betroffen wird. Besondere Bedeutung kommt den Ausstandsvorschriften in gerichtlichen Verfahren zu, wo sie die Prozessparteien vor einem befangenen Richter schützen. Analog dazu muss auch in Verwaltungsverfahren (und nicht nur in Verwaltungsbeschwerdeverfahren) Vorsorge getroffen werden, dass die Rechte der Parteien nicht durch Eigeninteressen des Entscheidungsträgers beeinträchtigt werden. Neben privaten Interessen von Rechtsuchenden und dem Erfordernis der prozeduralen Fairness dienen Ausstandsvorschriften auch dem öffentlichen Wohl im weitesten Sinne. Dieses erfordert, dass Behördenmitglieder in den Ausstand treten, wenn sie sonst in Gefahr gerieten, ihre Eigeninteressen über das Gemeinwohl zu stellen.

3 Dem Zweck, mögliche Befangenheiten transparent zu machen und damit die Durchsetzung der Ausstandsregeln zu erleichtern, dient auch Art. 52 Abs. 2, der die Mitglieder des Kantonsrates zur Offenlegung ihrer Interessenbindungen anhält.

4 Bei Kollegialorganen hat das Vorliegen eines Ausstandsgrundes auch den Ausschluss von der Beratung zur Folge. Sobald der Ausstandsgrund erkennbar ist, hat sich der Ausstandspflichtige jeder Einflussnahme auf die Kollegialentscheidung zu enthalten. Insbesondere muss er bei der Beratung das Sitzungszimmer verlassen. Es besteht somit eine «Abwesenheitspflicht»[2].

2. Bundesrechtliche Vorgaben

5 Gemäss Art. 29 Abs. 1 BV hat in Verfahren vor Gerichts- und Verwaltungsinstanzen jede Person Anspruch auf gleiche und gerechte Behandlung. Zu dieser gerechten Behandlung gehört, dass keine befangenen Personen am Entscheid mitwirken. Sonst ist die Behörde nicht richtig zusammengesetzt. Zum Teil wird der Anspruch auf richtige Zusammensetzung einer Behörde auch als Teilgehalt des Anspruchs auf rechtliches Gehör (Art. 29 Abs. 2 BV) begriffen.

---

[1] BOLZ, Art. 68 Rz. 14a.
[2] So GIACOMETTI, S. 314.

Für *Gerichte* gelten *erhöhte Anforderungen,* die sich vor allem aus Art. 6 Ziff. 1 6
EMRK sowie Art. 30 Abs. 1 und 191c BV ergeben[3]. Eine Befangenheit kann
nicht nur bei unmittelbarer persönlicher Betroffenheit vorliegen, sondern auch
aus strukturellen Gründen resultieren, nämlich bei Mehrfachbefassungen eines
Richters oder einer Richterin in einem Geschäft in verschiedenen Funktionen
und Verfahrensabschnitten (z.B. als Untersuchungsrichter und erkennender
Strafrichter)[4]. Zur Frage, wann ein Richter wegen unzulässiger «Vorbefassung»
in den Ausstand treten muss, liegt eine reichhaltige Judikatur des Bundesgerichts und des EGMR vor, die vor allem das Strafprozessrecht betrifft[5].

Der Anspruch auf Einhaltung der Ausstandsnormen ist *«formaler Natur».* Das 7
bedeutet, dass ein unter Verletzung von Ausstandsbestimmungen ergangener
Entscheid auch dann aufzuheben ist, wenn er inhaltlich nicht fehlerhaft ist. Ob
eine «Heilung» durch die Rechtsmittelinstanz bei geringen Verstössen möglich
sei, ist umstritten[6].

Im Anspruch des Rechtsuchenden auf Einhaltung der Ausstandsvorschriften 8
enthalten ist auch das *Recht auf Bekanntgabe der personellen Zusammensetzung der entscheidenden Behörde.* Zum Mindesten muss diese Information zugänglich sein, damit der Betroffene die Einhaltung der Ausstandsvorschriften
überprüfen kann[7].

Das Bundesrecht stellt hinsichtlich Unvereinbarkeitsbestimmungen nicht nur 9
Minimalforderungen auf, über welche die Kantone hinausgehen dürfen. Soweit
der Ausstand im Parlament in Frage steht, ergeben sich aus der Garantie der
politischen Rechte (Art. 34 Abs. 2 BV) auch Schranken zulässiger gesetzlicher
Ausstandsregelungen. In einem den Kanton Schaffhausen betreffenden Fall entschied das Bundesgericht zu Recht, dass wenn die Kantonsverfassung die Wahl
von kantonalen Bediensteten in den Grossen Rat zulasse, es dem Gesetzgeber
verwehrt sei, solche Grossräte bei Abstimmungen im Parlament über personalrechtliche Erlasse und Beschlüsse generell für ausstandspflichtig zu erklären[8].

---

[3] Dazu HÄFELIN/HALLER, N. 850 ff.
[4] Vgl. KIENER, S. 135 ff.; SCHMID, Rz. 133 ff.
[5] Prägnante Zusammenfassung der Rechtsprechung in BGE 131 I 113 ff., 117 ff.
[6] Vgl. SCHINDLER, S. 214 ff. Einen Abschied von der problematischen Figur der Heilung fordert SCHINDLER in ZBl 106/2005, S. 169 ff.
[7] Vgl. BGE 117 Ia 322 ff., 323.
[8] BGE 123 I 97 ff.

3. Kantonale Regelung des Ausstandes

3.1. Im Allgemeinen

10 Der Verfassungstext («wer öffentliche Aufgaben wahrnimmt») stellt klar, dass die Ausstandspflicht nicht nur Mitglieder kantonaler Behörden betrifft, sondern *alle, die öffentliche Aufgaben wahrnehmen*[9]. Erfasst werden insbesondere auch kommunale Behörden sowie alle, auch Private, denen gestützt auf Art. 98 öffentliche Aufgaben übertragen wurden[10].

11 Eine *unmittelbare Betroffenheit* liegt nicht nur vor, wenn jemand von einem Geschäft selber direkt berührt wird, sondern auch, wenn enge Verwandte, Freunde oder auch Gegner durch den zu fällenden Entscheid betroffen werden. Unmittelbar betroffen ist ferner, wer in Führungsgremien und Geschäftsleitungen von Organisationen und Unternehmen tätig ist, über deren Begehren ein Geschäft angelegt wurde. Das gilt auch für den Fall, dass ein Mitglied des Regierungsrates ex officio die Willensbildung in einem ausgelagerten Gremium mitträgt, deren Antrag oder Beschwerde vom Regierungsrat zu beurteilen ist[11].

12 Befangen ist ein Regierungsrat auch dort, wo das Regierungskollegium über eine Beschwerde zu urteilen hat, die sich gegen einen Entscheid seiner Direktion richtet. Ob diese Befangenheit unter den Begriff der «unmittelbaren Betroffenheit» fällt, ist zwar fraglich. Im Interesse einer unparteiischen Rechtsprechung sollten indes mögliche Interessenkollisionen wegen «Vorbefassung» durch entsprechende Ausstandsregelungen verhindert werden, analog der für Richterinnen und Richter kraft Bundesrecht geltenden Rechtslage. Die Konkretisierung der Ausstandsregelung des Art. 43 ist ohnehin Sache des Gesetzgebers, und dieser kann nach Abs. 2 *weitere Ausstandsgründe* vorsehen.

13 Eine adäquate Regelung trifft § 18 Abs. 1 des neuen OG RR. Danach haben Mitglieder des Regierungsrates sowie die Staatsschreiberin oder der Staatsschreiber bei der Beratung und Beschlussfassung in den Ausstand zu treten, «wenn Anordnungen der von ihnen geleiteten Direktionen, der Staatskanzlei oder von Gremien, in denen sie Einsitz haben, vor dem Regierungsrat angefochten werden».

14 Mit der Revision des VRG von 1997 wurde die rechtsstaatlich äusserst problematische Regelung beseitigt, wonach im Fall von Rekursen gegen Anordnungen einer Direktion oder einer ihr gleichgestellten Kommission zwar ein anderes Mitglied der Regierung als Referent bestimmt wurde, die Ausarbeitung des An-

---

[9] Sofern sie dem Kanton und seinen territorialen Einheiten zurechenbar sind.
[10] Vgl. Prot. Plenum, S. 500. Ein erster Entwurf hatte noch nicht ausgelagerte Verwaltungseinheiten und Private erfasst, was die Sachkommission als unbefriedigend ansah; vgl. Prot. K3 vom 29. November 2001, S. 305 ff.
[11] ULRICH ZIMMERLI/REGINA KIENER, in: Kälin/Bolz, S. 189.

trags aber innerhalb der betroffenen Direktion erfolgte[12]. Heute werden solche Fälle von einem zentralen Rechtsdienst bearbeitet, welcher der Staatskanzlei unterstellt ist[13].

Für sämtliche Verwaltungsverfahren und die Verwaltungsrechtspflege aller Stufen, das Verwaltungsgericht eingeschlossen, trifft § 5a VRG eine ausführliche Regelung. Kraft § 18 Abs. 2 OG RR gilt diese Ausstandsregelung auch für den Regierungsrat. 15

In der Regel wird der Ausstandspflichtige von sich aus in den Ausstand treten. Ist der Ausstand streitig, so entscheidet darüber bei Einzelorganen die Aufsichtsbehörde, bei Kollegialorganen diese selbst, jedoch unter Ausschluss des betreffenden Mitglieds[14]. 16

3.2. Ausstand im Parlament

Ob eine Ausstandspflicht für Mitglieder eines Parlaments sinnvoll sei, ist kontrovers. Denn im Parlament sind die verschiedenen und teilweise gegensätzlichen gesellschaftlichen Interessen repräsentiert, und es wird von seinen Mitgliedern erwartet, dass sie sich für die Interessen ihrer Stammwählerschaft besonders einsetzen. Müssten ganze Gruppen, z.B. die Lehrer, bei sie betreffenden Geschäften in den Ausstand treten, so ergäben sich u.U. problematische Verschiebungen der Mehrheitsverhältnisse im Parlament. Soweit das Parlament seine Stammfunktion, die Rechtsetzung, ausübt, werden dadurch einzelne Mitglieder ohnehin nicht unmittelbar persönlich betroffen, auch wenn z.B. die Konsequenzen, die für einen beamteten Parlamentarier aus der Implementierung einer Besoldungsordnung oder eines andern personalrechtlichen Erlasses resultieren werden, absehbar sind. Verschiedene Kantone sehen daher von Ausstandspflichten im Parlament grundsätzlich ab und machen einzig für die Wahlprüfung eine Ausnahme[15]. Das Parlamentsgesetz des Bundes begnügt sich mit einer Verpflichtung der Ratsmitglieder, die durch einen Beratungsgegenstand in ihren persönlichen Interessen unmittelbar betroffen sind, auf die Interessenbindung hinzuweisen, wenn sie sich im Rat oder in einer Kommission äussern[16]. 17

Der zürcherische Verfassungsgeber traf eine differenzierte Lösung: Abs. 1 Satz 2 nimmt die Rechtsetzung im Kantonsrat, d.h. den Erlass genereller und 18

---

[12] Kritische Auseinandersetzung mit dieser Rechtslage in RB 1984 Nr. 14.
[13] § 26a VRG; JAAG, Rz. 2021 f. Vgl. auch Art. 45 Abs. 2 der KV SH, der die Instruktion von Rechtsmittelverfahren durch Mitarbeiter der Vorinstanz ausschliesst.
[14] § 5a Abs. 2 VRG. Probleme kann die Frage aufwerfen, was als «Aufsichtsbehörde» zu gelten habe; vgl. dazu KÖLZ/BOSSHART/RÖHL, § 5a Rz. 20 ff.
[15] Hinweise bei REINERT, S. 11 f.
[16] Art. 11 Abs. 3 des Bundesgesetzes über die Bundesversammlung vom 13. Dezember 2002 (Parlamentsgesetz, ParlG; SR 171.10).

abstrakter Normen i.S.v. Art. 54, von der Ausstandspflicht aus. Wird jedoch ein Mitglied des Kantonsrates durch ein konkret zu behandelndes Geschäft unmittelbar betroffen, z.B. wenn über die Aufhebung seiner Immunität gestützt auf Art. 44 Abs. 2 zu entscheiden ist, so muss er nach Abs. 1 Satz 1 in den Ausstand treten. Meines Erachtens ist der Begriff der unmittelbaren Betroffenheit bei Kantonsräten eng auszulegen, um der Funktion des Parlaments, die Interessen verschiedenster politischer und gesellschaftlicher Gruppen nach einem offenen Diskurs zum Ausgleich zu bringen, Rechnung zu tragen.

19 § 8a des Kantonsratsgesetzes konkretisiert Art. 43. Keine Ausstandspflicht besteht – ausser für die Rechtsetzung – auch für die Behandlung des Voranschlags. Im Übrigen haben Ratsmitglieder in den Ausstand zu treten, wenn sie selber oder nahe Angehörige von einem Geschäft unmittelbar betroffen sind. Dasselbe gilt, wenn eine Organisation, an deren Leitung oder Beratung sie beteiligt sind, durch das Geschäft betroffen wird, wobei das Gesetz für Gemeinden eine Ausnahme macht. Mitglieder von Gemeindeexekutiven müssen also nicht in den Ausstand treten, wenn im Kantonsrat über ein ihre Gemeinde betreffendes Geschäft beraten und beschlossen wird. Ratsmitglieder, die im Dienst des Kantons stehen, haben dagegen bei Geschäften im Bereich der Oberaufsicht, d.h. der parlamentarischen Kontrolle i.S.v. Art. 57, in den Ausstand zu treten.

3.3. Ausstand in der Rechtspflege

20 Wann Richterinnen, Staatsanwälte, Gerichtsbeamte und andere Personen, die an der Rechtsprechung beteiligt sind, bei der Entscheidung von Streitsachen und in Straffällen in den Ausstand treten müssen, ergibt sich primär aus dem Bundesverfassungsrecht in Verbindung mit der EMRK[17]. Zusätzlich findet sich auf kantonaler Ebene in §§ 95–103 GVG eine sehr ausführliche Regelung über den «Ausstand von Justizbeamten», die in der prozessrechtlichen Literatur eingehend erörtert wird[18]. Das Gesetz unterscheidet dabei zwischen Ausschluss- und Ablehnungsgründen[19]. Im letzteren Fall ist der Ausstand nicht obligatorisch, sondern erfolgt nur auf Ablehnung hin.

---

[17] Vgl. N. 5 ff.
[18] Für die Instanzen der Verwaltungsrechtspflege gilt aber § 5a VRG.
[19] §§ 95 und 96 GVG.

Art. 44

Immunität

Die Mitglieder des Kantonsrates und des Regierungsrates äussern sich im Kantonsrat frei und können dafür nicht belangt werden.

Der Kantonsrat kann die Immunität mit Zustimmung von zwei Dritteln der anwesenden Mitglieder aufheben.

Die Mitglieder des Regierungsrates und der obersten kantonalen Gerichte können wegen ihrer Handlungen und Äusserungen im Amt nur mit vorheriger Zustimmung des Kantonsrates strafrechtlich verfolgt werden.

Materialien

Art. 51 VE; Prot. Plenum, S. 501 ff., 2161 f., 2975.

Literatur

BAUR REGULA, Die parlamentarische Immunität in Bund und Kantonen der schweizerischen Eidgenossenschaft, Diss., Zürich 1963; BOLZ URS, Art. 82, in: Kälin/Bolz; DUBACH RETO, Art. 59 und 62, in: Dubach/Marti/Spahn, S. 181 ff., 191 ff.; EICHENBERGER, § 75; GADIENT BRIGITTA, Die parlamentarische Immunität im Bund, in: Das Parlament – «Oberste Gewalt des Bundes»?, Festschrift der Bundesversammlung zur 700-Jahr-Feier der Eidgenossenschaft, Bern 1991, S. 281 ff.; GIACOMETTI, S. 318 ff.; HÄFELIN/HALLER, Rz. 1609–1615; JAAG TOBIAS, Staats- und Beamtenhaftung, in: Schweizerisches Bundesverwaltungsrecht, 2. Aufl., 2006, Rz. 70, 263 (Staats- und Beamtenhaftung); RASELLI NICCOLÒ, Die Ermächtigung zur Strafverfolgung gegen Mitglieder der obersten kantonalen Behörden, in: Aktuelle Probleme der Kriminalitätsbekämpfung, Festschrift zum 50-jährigen Bestehen der Schweizerischen Kriminalistischen Gesellschaft, hrsg. von Jean Gautier/Dick F. Marty/Niklaus Schmid, Bern 1992, S. 137 ff.; RHINOW, Rz. 2245–2249; TSCHANNEN, § 29 Rz. 13–17; VON WYSS MORITZ, St. Galler Kommentar, Art. 162; WALLIMANN-BORNATICO MARIANGELA, Die parlamentarische Immunität der Mitglieder des National- und Ständerates, ZBl 89/1988, S. 351 ff.

Rechtsquellen

– Art. 347 Schweizerisches Strafgesetzbuch vom 21. Dezember 1937 (StGB; SR 311.0)
– §§ 10, 37 f. Gesetz über die Organisation und die Geschäftsordnung des Kantonsrates (Kantonsratsgesetz) vom 5. April 1981 (KRG; LS 171.1)

Übersicht	Note
1. Begriffliche Abgrenzungen und Funktionen	1
2. Bundesrechtliche Vorgaben	4
3. Parlamentarische Immunität (Abs. 1 und 2)	9
4. Strafverfolgungsprivileg (Abs. 3)	13

1. Begriffliche Abgrenzungen und Funktionen

1 Unter dem Randtitel «Immunität» regelt Art. 44 zwei verschiedene Tatbestände: einerseits die parlamentarische Immunität (Abs. 1 und 2), anderseits das Strafverfolgungsprivileg (Abs. 3).

2 Die *parlamentarische Immunität* schützt die freie parlamentarische Debatte und schirmt sie vor Versuchen einer strafrechtlichen Behinderung ab[1]. Sie sichert das «gute Funktionieren des Parlaments»[2]. Im Kanton Zürich beinhaltet die parlamentarische Immunität, dass die Mitglieder des Kantons- und des Regierungsrates für die im Parlament abgegebenen Voten grundsätzlich nicht straf- oder zivilrechtlich zur Rechenschaft gezogen werden dürfen. Sie sollen sich im Kantonsrat frei äussern können, ohne für ihre Voten eine Verurteilung oder eine Schadenersatzklage, z.B. wegen ehrverletzender Äusserungen, gewärtigen zu müssen[3]. Allerdings gilt diese Immunität – im Gegensatz zu der in Art. 162 BV für die Bundesversammlung getroffenen Lösung – nicht absolut; sie kann gemäss Abs. 2 mit Zustimmung eines qualifizierten Mehrs der Ratsmitglieder aufgehoben werden.

3 Beim *Strafverfolgungsprivileg* geht es darum, die Strafverfolgung der Mitglieder des Regierungsrates und der obersten Gerichtsbehörden wegen Verbrechen oder Vergehen im Amt vom Vorentscheid einer nicht richterlichen Instanz abhängig zu machen[4]. Durch den Einbau eines solchen Filters sollen die betreffenden Behördemitglieder vor leichtfertigen Anzeigen geschützt werden, damit nicht etwa politische Gegner oder unterlegene Prozessparteien durch mutwillige Verwicklung von Amtsträgern in Strafverfahren deren Aufgabenerfüllung behindern. Dagegen liegt der Sinn des Strafverfolgungsprivilegs nicht darin, die privilegierten Amtsinhaber vor Strafe zu bewahren[5].

2. Bundesrechtliche Vorgaben

4 Art. 347 StGB enthält in Abs. 2 lit. a einen Vorbehalt des kantonalen Rechts hinsichtlich der parlamentarischen Immunität. Es geht dabei um einen echten Vorbehalt des kantonalen Rechts, da die mit der Immunität verbundene Straf-

---

[1] So RHINOW, Rz. 2246.
[2] TSCHANNEN, § 29 Rz. 13.
[3] Vgl. GIACOMETTI, S. 318 f.
[4] Im Bund wird dieser in Art. 17 des Bundesgesetzes über die Bundesversammlung vom 13. Dezember 2002 (Parlamentsgesetz, ParlG; SR 171.10) normierte Tatbestand als *relative Immunität* bezeichnet und der für Äusserungen in den Räten und ihren Organen geltenden *absoluten Immunität* (Art. 16 ParlG) gegenübergestellt.
[5] Vgl. zur Funktion von Strafverfolgungsprivilegien Gutachten des Bundesamtes für Justiz, VPB 69/2005 Nr. 2, S. 45 f.

freiheit die Geltung des materiellen Strafrechts einschränkt. Kantonale Sonderregelungen über Straffreiheit für parlamentarische Äusserungen sind beschränkt auf «Mitglieder» der «gesetzgebenden Behörden wegen Äusserungen in den Verhandlungen dieser Behörden».

Mit «Äusserungen in Verhandlungen dieser Behörden» sind nicht nur solche im Plenum, sondern auch in den Kommissionen gemeint[6].

Umstritten ist indes, ob die Kantone die parlamentarische Immunität auf Mitglieder der Regierung erstrecken dürfen. Im Hinblick auf den Wortlaut von Art. 347 Abs. 2 lit. a StGB wird eine solche Möglichkeit teilweise verneint[7]. Der Berner Verfassungsgeber hat wegen solcher Bedenken nur den Mitgliedern des Grossen Rates parlamentarische Immunität zuerkannt[8]. Andere Kantonsverfassungen erklären dagegen ausdrücklich, dass auch Regierungsräte für ihre Äusserungen im Parlament nicht belangt werden dürfen. Die Präsidentin der zuständigen Sachkommission verwies darauf, dass bereits die Kantone Solothurn, Thurgau und Zug den Regierungsrat einbeziehen würden, dass diese Verfassungen vom Bund genehmigt worden seien und daher davon ausgegangen werden könne, die Ausdehnung des «Wortprivilegs» auf Regierungsräte sei zulässig[9]. Eine entsprechende Regelung in Art. 62 Abs. 2 Satz 2 der Schaffhauser Verfassung wurde u.a. damit begründet, dass diese aus der alten Kantonsverfassung übernommene Lösung «der Stellung der Regierungsmitglieder im Rahmen und Betrieb des Grossen Rats» entspreche[10]. Meines Erachtens ist dieser Auffassung zuzustimmen. Die Staatsleitung beruht auf einer Zusammenarbeit zwischen Exekutive und Legislative. Wichtige Staatsaufgaben wie Planung, Rechtsetzung und Finanzen figurieren sowohl im Kompetenzkatalog des Kantonsrats[11] wie auch des Regierungsrates[12]. Das gute Funktionieren des Parlaments erfordert, dass sich Regierungsräte in den Parlamentsdebatten frei, ohne Angst vor strafrechtlichen Sanktionen, äussern dürfen. Aus dieser Erkenntnis heraus hat der Bund den Mitgliedern des Bundesrates für ihre Äusserungen in den Räten und deren Organen parlamentarische Immunität eingeräumt[13].

Die Regelung der Strafverfolgung bleibt bis zum Erlass einer schweizerischen Strafprozessordnung Sache der Kantone. Dennoch bestimmt Art. 347 Abs. 2 lit. b StGB, dass die Kantone berechtigt sind, die Strafverfolgung der Mitglieder ihrer obersten Vollziehungs- und Gerichtsbehörden wegen Verbrechen oder Ver-

---

[6] Vgl. Prot. Plenum, S. 503.
[7] Etwa von EICHENBERGER, § 75 Rz. 13.
[8] Art. 82 Abs. 2 KV BE; BOLZ, Art. 82 Rz. 3.
[9] Prot. Plenum, S. 503.
[10] DUBACH, Art. 62, S. 193.
[11] Art. 54–56.
[12] Art. 66–68.
[13] Art. 162 Abs. 1 BV.

gehen im Amt vom Vorentscheid einer nicht richterlichen Behörde abhängig zu machen und die Beurteilung in solchen Fällen einer besonderen Behörde zu übertragen. Da es sich hier (vorläufig noch) um einen unechten Vorbehalt des kantonalen Rechts handelt, dürfen die Kantone die Liste ergänzen, z.B. den kantonalen Ombudsmann einbeziehen[14].

8 Art. 61 Abs. 1 OR räumt den Kantonen die Befugnis ein, über die Schadenersatz- und Genugtuungspflicht der «öffentlichen Beamten» gegenüber Dritten abweichende Vorschriften aufzustellen. Der Begriff des Beamten ist dabei im weitesten Sinn zu verstehen; er umfasst auch Parlamentsabgeordnete[15]. Der durch Art. 44 bewirkte Schutz parlamentarischer Debatten vor Beeinträchtigungen durch zivilrechtliche Klagen ist daher bundesrechtskonform.

3. Parlamentarische Immunität (Abs. 1 und 2)

9 Die parlamentarische Immunität erstreckt sich auf alle Äusserungen von Mitgliedern des Kantons- und des Regierungsrates in den Verhandlungen des Ratsplenums, der Geschäftsleitung oder einer kantonsrätlichen Kommission[16].

10 Die Kantons- und Regierungsräte werden durch Abs. 1 auch vor Schadenersatz- und Genugtuungsansprüchen geschützt. Die Staatshaftung nach Art. 46 für Schädigungen Dritter durch Äusserungen im Parlament wird aber dadurch nicht beseitigt[17].

11 Nicht ausgeschlossen wird ferner durch Abs. 1, dass das Ratspräsidium ein Mitglied, das den parlamentarischen Anstand durch beleidigende Äusserungen verletzt, zur Ordnung mahnt und ihm im Wiederholungsfall das Wort entzieht[18].

12 Mit Zustimmung von zwei Dritteln der anwesenden Mitglieder kann der Kantonsrat die Immunität aufheben (Abs. 2). Eine solche Aufhebung kommt nur in Frage, wenn ein Mitglied des Kantons- oder des Regierungsrates «die Gewährung der Straffreiheit offensichtlich missbraucht» hat[19]. Der Betroffene muss in den Ausstand treten[20].

---

[14] Ein entsprechender Antrag hatte in der Verfassungskommission vor allem wegen rechtlicher Bedenken keinen Erfolg; Prot. Plenum, S. 506 ff.
[15] GIACOMETTI, S. 319.
[16] Vgl. § 10 Kantonsratsgesetz, der allerdings nur den strafrechtlichen Schutz thematisiert.
[17] Vgl. zur diesbezüglichen Situation im Bund JAAG, Staats- und Beamtenhaftung, Rz. 70.
[18] § 14 des Geschäftsreglements des Kantonsrates vom 15. März 1999 (LS 171.11).
[19] So EICHENBERGER, § 75 Rz. 11.
[20] Art. 43 KV in Verbindung mit § 8a Kantonsratsgesetz.

4. Strafverfolgungsprivileg (Abs. 3)

Das Strafverfolgungsprivileg steht den Regierungsräten und den ordentlichen Mitgliedern der obersten kantonalen Gerichte, d.h. des Kassationsgerichts, des Obergerichts, des Verwaltungsgerichts und des Sozialversicherungsgerichts zu. Die Ersatzrichter fallen nicht darunter.

Wegen Handlungen und Äusserungen im Amt können diese Amtsträger mit vorheriger Zustimmung des Kantonsrats strafrechtlich verfolgt werden. Ein solcher Beschluss wird mit einfachem Mehr gefasst.

Eine Ermächtigung zur Einleitung einer Strafverfolgung ist auch erforderlich, wenn der Beschuldigte von seinem Amt zurückgetreten ist, jedoch für Vorfälle strafrechtlich belangt werden soll, die sich auf seine frühere Amtsführung beziehen. Als im April 2006 im Zusammenhang mit einem Kompetenzstreit zwischen zwei Direktionsvorstehern vertrauliche interne Dokumente an die Medien gelangten, übernahm ein Mitglied der Regierung hierfür die politische Verantwortung und stellte sein Amt per sofort zur Verfügung. Am 10. Juli 2006 stimmte der Kantonsrat auf Gesuch der Staatsanwaltschaft und Antrag der Geschäftsleitung des Kantonsrats der Ermächtigung für eine Strafuntersuchung wegen Amtsgeheimnisverletzung gegen das betreffende zurückgetretene Regierungsratsmitglied zu.

Art. 45

Kanton und Gemeinden schaffen günstige Rahmenbedingungen für die nebenamtliche Tätigkeit in Behörden.

Nebenamtliche Behördentätigkeit

Materialien

Art. 52 VE; Prot. Plenum, S. 510 ff., 2162 f., 2975 f.

Literatur

FRITZ FLEINER, Ausgewählte Schriften und Reden, Zürich 1941; REHBINDER MANFRED, Berner Kommentar, Art. 319–330a OR, Bern 1985; STREIFF ULLIN/VON KAENEL ADRIAN, Arbeitsvertrag, 6. Aufl., Zürich/Basel/Genf 2006.

Rechtsquellen

– Gesetz über die politischen Rechte vom 1. September 2003 (GPR; LS 161)

Übersicht	Note
1. Einleitung	1
2. Entstehungsgeschichte	2
3. Situation im Bund und in den anderen Kantonen	4
4. Massnahmen im Zusammenhang mit der Behördentätigkeit auf Bezirks- und Kantonsebene	6
5. Massnahmen für die kommunale Behördentätigkeit	7
5.1. Allgemeines	7
5.2. Strukturelle Massnahmen	9
5.3. Aus- und Weiterbildung	10
5.4. Beratung der Gemeinden	11
5.5. Engagement für die Demokratie	12
5.6. Schaffung günstiger Rahmenbedingungen auf individueller Ebene	13
5.6.1. Entschädigungen	13
5.6.2. Berufliche Vorsorge	14
5.6.3. Steuerliche Massnahmen	15
5.6.4. Einführung einer Erwerbs-Ersatzordnung	17
5.6.5. Schaffung von Anreizen für Arbeitgeber	18
5.6.6. Lockerung der Wohnsitzpflicht	19
5.6.7. Weitere Möglichkeiten	20
6. Fazit	21

1. Einleitung

Von jeher wurden die öffentlichen Aufgaben in den schweizerischen Gemeinwesen nicht nur durch «Berufsmagistraten» und «Berufsbeamte» ausgeübt, son- 1 dern in weitem Ausmass ehren- und nebenamtlich[1]. Das schweizerische Staatswesen ist durch das Milizsystem gekennzeichnet, welches die Ausübung von Staatsfunktionen durch Bürgerinnen und Bürger vorsieht, die im Übrigen voll im Berufsleben stehen[2]. Miliztätigkeit kennzeichnet sich dadurch, dass sie nicht in einem öffentlichrechtlichen Dienstverhältnis mit entsprechendem Arbeitslohn ausgeübt wird. Bei der Entschädigung handelt es sich nicht um einen Leistungslohn, mit welchem Zeitaufwand und Anforderungen des Amtes voll abgegolten werden sollen, sondern es haftet an der nebenamtlichen Behördentätigkeit weiterhin «etwas vom Glanz des Ehrenamtes und der Bürgerpflicht»[3]. Die Kompetenz zur Festlegung der Entschädigungen liegt immer in der Hand der Legislative[4].

2. Entstehungsgeschichte

2 Die Kommission 3 beantragte, eine Bestimmung über die Förderung der nebenamtlichen Behördentätigkeit mit folgendem Wortlaut aufzunehmen[5]: «Kanton und Gemeinden fördern die nebenamtliche Behördentätigkeit.» Begründung dafür war die Überlegung, dass es heute zunehmend schwieriger sei, Frauen und Männer zu motivieren, den Aufwand für die Ausübung eines öffentlichen Amtes auf sich zu nehmen. Mit der Schaffung geeigneter Rahmenbedingungen und mit Massnahmen, welchen diesen Personen einen positiven Entscheid erleichtern, soll versucht werden, dem Problem Abhilfe zu schaffen. Zwar stellte die SVP einen Ablehnungsantrag, führte jedoch aus, dass der Antrag inhaltlich nicht bestritten werde[6]. Es gebe ausserhalb der Verfassung genügend Bestrebungen, das Anliegen zu erfüllen. Der Streichungsantrag der SVP wurde klar abgelehnt. Inhaltlich wurde im Plenum zusätzlich zur Begründung der Kommission ausgeführt, dass der Artikel ein Bekenntnis zur zürcherischen Tradition, möglichst viele Ämter im Milizsystem zu besetzen, beinhalte[7]. Die Redaktionskommission erkannte die Unklarheit der Plenumsfassung: Soll damit, wo Milizstrukturen bestehen, deren Wahrnehmung durch unterstützende Massnahmen erleichtert werden, oder soll damit gemeint sein, dass die professionelle Arbeit nach Möglichkeit generell durch eine nebenamtliche Tätigkeit ersetzt werden soll? Die Redaktionskommission formulierte die erste Zielsetzung aufgrund der

---

[1] FLEINER, S. 148. FLEINER formulierte im Rahmen der Umschreibung des schweizerischen Volksstaates sogar, die Beamten beziehungsweise Staatsangestellten würden sich nicht qualitativ, sondern nur quantitativ von allen anderen Bürgern unterscheiden!
[2] REHBINDER, Art. 324a OR N. 9.
[3] THALMANN, § 63 N. 4.
[4] THALMANN, § 63 N. 4.3.
[5] Prot. Plenum, S. 510 ff.
[6] Prot. Plenum, S. 510 (Votum Siegenthaler).
[7] Prot. Plenum, S. 512 (Votum Schäppi).

Plenumsdebatte, welche der heutigen Formulierung von Art. 45 entspricht. Die Ausführungen des Vorsitzenden der Redaktionskommission blieben unwidersprochen[8]. In der 2. Gesamtlesung wurde festgestellt, dass die vorgeschlagene Bestimmung in der öffentlichen Vernehmlassung sehr begrüsst wurde; weiter erfolgten keine Wortmeldungen[9].

Die vorliegende Bestimmung wurde vom Verfassungsrat aus dem Wunsch eingefügt, einen Beitrag zu leisten zur Behebung der aktuellen Schwierigkeiten, Kandidatinnen und Kandidaten für die nebenamtlichen Tätigkeiten zu finden. Die momentan schwierige Situation, Behördenmitglieder zu finden, fand im gleichen Zeitraum Ausdruck in zahlreichen Vorstössen im Kantonsrat, worauf der Regierungsrat aufgrund eines Postulates 2003 einen entsprechenden Bericht verfasste[10]. Der Kantonsrat nahm von diesem umfassenden Bericht Kenntnis und erklärte sich mit dem Bericht einverstanden. Einzig die Frage der Versicherung der Einkünfte aus der Miliztätigkeit im Rahmen der beruflichen Vorsorge wurde noch als pendent bezeichnet[11]. Während der Verfassungsgebung bis zum Inkrafttreten dieser Bestimmung wurden auf kantonaler Ebene zahlreiche Massnahmen geprüft und teilweise umgesetzt. Sinnvoll ist es, dass diese – da es sich um eine dauernde Aufgabe handelt – nach Ablauf von jeweils vier bis sechs Jahren überprüft werden.

3. Situation im Bund und in den anderen Kantonen

Gemäss Art. 324a Abs. 1 OR ist der Arbeitgeber grundsätzlich verpflichtet, dem Arbeitnehmer, welcher durch die Ausübung eines öffentlichen Amtes an der Arbeitsleistung unverschuldet verhindert ist, für eine angemessene Zeit den Lohn weiter zu bezahlen. Zu den öffentlichen Ämtern werden sämtliche Tätigkeiten von Behörden- oder Parlamentsmitgliedern gezählt wie auch die Tätigkeit als Stimmenzähler oder als Geschworener. Dabei spielt es auch keine Rolle, ob der Arbeitgeber sich einer Wahl widersetzt hat oder nicht[12]. REHBINDER bezeichnet es explizit als «nicht fair», dass allein die Arbeitgeber für die Kosten des Milizsystems aufkommen sollen[13]. Faktisch wird heute in der Regel durch eine vertragliche Reduktion des Beschäftigungsgrades und eine geringfügige Entschädigung des Gemeinwesens die Bestimmung des Art. 324a OR weitgehend wirkungslos und die Unterscheidung zwischen Ämtern mit und ohne

---

[8] Prot. Plenum, S. 2162 f.
[9] Prot. Plenum, S. 2975 f.
[10] Postulat Kündig/Walti vom 2. Juli 2001 (KR-Nr. 211/2001); Bericht und Antrag RRB 4127 vom 12. November 2003.
[11] Prot. KR 2003–2007, S. 3609 (Votum Walliser), S. 3610 (Votum Schmid).
[12] STREIFF/VON KAENEL, Art. 324a/b OR N. 17 f.
[13] REHBINDER, Art. 324a OR N. 9.

Amtszwang damit aus Sicht der Entschädigungsfrage irrelevant. Wünschbar wäre zumindest, dass dieser Regelung wieder ihre ursprüngliche Bedeutung im Hinblick auf die Übernahme öffentlicher Ämter verliehen werden könnte.

5 In den anderen Kantonen und im Bund sind keine mit Art. 45 vergleichbaren Bestimmungen auffindbar. Es handelt sich damit um eine Bestimmung, welche erstmals in einer schweizerischen Verfassung Aufnahme findet. Sie ist Ausdruck der aktuellen Situation im Kanton Zürich, da auf kommunaler Ebene zur Zeit der Verfassungsgebung grosser Handlungsbedarf bestand.

4. Massnahmen im Zusammenhang mit der Behördentätigkeit auf Bezirks- und Kantonsebene

6 Auf Kantons- und Bezirksebene ist der Handlungsbedarf für diese Behördenämter eher gering. Der Regierungsrat vermutet, dass die Ausübung eines Milizamtes auf Bezirks- und Kantonsstufe mit mehr Wertschätzung verbunden sei und in aller Regel besser entschädigt werde als auf kommunaler Ebene[14]. Auch habe der Kanton mit der Parlaments- und Verwaltungsreform schon wesentliche Schritte unternommen, welche zu einer Verwesentlichung der Tätigkeit und einer Steigerung der Effizienz der kantonalen Milizorgane sowie zur Professionalisierung der diese unterstützenden Verwaltungen führen sollen.

5. Massnahmen für die kommunale Behördentätigkeit

5.1. Allgemeines

7 Generell ist es Sache jedes Gemeinwesens, selbst die Rahmenbedingungen für seine Behördenmitglieder und deren Tätigkeit zu regeln. In diese Kompetenz soll auch nicht eingegriffen werden. Daher befindet sich die Thematik in einem Spannungsfeld zwischen der Gemeindeautonomie und dem Wunsch nach Unterstützung der Milizbehörden durch den Kanton. Letztlich kann und darf die Gemeindeautonomie aber nicht als ein stures Festhalten an bestehenden Strukturen verstanden werden, sondern muss sich insgesamt den gesellschaftlichen Realitäten anpassen. Das Subsidiaritätsprinzip, welches auch in Art. 5 verankert wurde, sichert zu, dass auf kommunaler Ebene auch weiterhin Handlungsraum besteht und die Miliztätigkeit gehaltvoll ist. Voraussetzung ist allerdings, dass das betroffene Gemeinwesen in seiner Grösse überhaupt selbstständig funktionieren kann.

---

[14] RRB 4127 vom 12. November 2003, S. 7.

Auf kantonaler Ebene sollen daher Möglichkeiten zur Verfügung gestellt werden, von welchen die Gemeinden Gebrauch machen können. Dabei ist nicht nur an Massnahmen zu denken, welche unmittelbar für das Behördenmitglied Auswirkungen haben. Vielmehr ist auch eine Veränderung der Rahmenbedingungen, unter welchen Milizarbeit geleistet wird, der Motivation hilfreich. Andere Massnahmen hingegen, welche im Sinne kantonaler Vorgaben – sei es auch nur als Empfehlungen – organisatorische oder finanzielle Regelungen vorgeben, würden zwingend den Grundsatz der Gemeindeautonomie verletzen und damit das System selbst in Frage stellen.

5.2. Strukturelle Massnahmen

Der Regierungsrat hat in der Beantwortung einer Anfrage betreffend Rücktritte aus Gemeinde- und Bezirksbehörden/Amtszwang aufgezeigt, dass die föderalistischen Staatsstrukturen optimiert und das Milizengagement gefördert werden sollen[15]. Dies könne auch durch Gemeindereformen bzw. Strukturreformen der Milizbehörden unterstützt werden (wirkungsorientierte Verwaltungsführung, geleitete Schulen). Dabei soll die Tätigkeit der Behörden weitgehend von der Verwaltungs- und Routinearbeit befreit werden, damit sich diese auf die wesentlichen Fragen konzentrieren können. Auch eine Schaffung von Teil- oder Vollämtern für vereinzelte Funktionen sei zu prüfen. Eine verstärkte Zusammenarbeit der Gemeinden bis hin zur vermehrten Vereinigung von politischen Gemeinden und Schulgemeinden kann demselben Ziel dienen. In der Zwischenzeit ist bereits ersichtlich, dass in zahlreichen Gemeinden die Anzahl der Mitglieder der Schulpflegen massgeblich reduziert werden kann und auch immer häufiger die politische Gemeinde mit der Schulgemeinde zusammengelegt wird und sich Schulgemeinden zusammenschliessen.

5.3. Aus- und Weiterbildung

Der Regierungsrat hat aufgrund einer Postulatsbeantwortung erwogen, ein Schulungszentrum im Sinne einer Fachakademie für Milizbehörden aufzubauen[16]. Aufgrund der aktuellen Finanzlage wurde diese Idee jedoch nicht weiterverfolgt, steht jedoch für die Zukunft im Raum. Zudem leistet der Kanton Beiträge an das Institut für Verwaltungs-Management der Zürcher Hochschule Winterthur, welches Weiterbildungsmöglichkeiten für das Verwaltungskader der Gemeinden anbietet. Während der Zeit der Verfassungsrevision bereits realisiert wurde die Koordination der Behördenschulung, wie sie im Postulat gefordert

---

[15] Anfrage Egg/Schmid, Rücktritte aus Gemeinde- und Bezirksbehörden/Amtszwang, KR-Nr. 60/2000; RRB 660 vom 26. April 2000.
[16] Postulat der Kommission Staat und Gemeinden (KR-Nr. 26/2003); RRB 4156 vom 25. Februar 2004.

wurde. Eine entsprechende Datenbank steht gegenwärtig auf der Homepage des Gemeindeamtes zur Verfügung[17]. Auch eine Koordinationsstelle und eine Koordinationsgruppe wurden institutionalisiert.

5.4. Beratung der Gemeinden

11 Gemäss Aussage des Regierungsrates bieten sämtliche Direktionen in ihren Fachbereichen eine Beratung der Gemeinden an, wodurch die kommunalen Milizbehörden bei ihren Entscheidfindungen durch kantonale Fachstellen unmittelbar entlastet und unterstützt werden könnten[18]. Es stellt sich jedoch die Frage, ob die Interessen des Kantons und diejenigen der Gemeinden immer dieselben sind, d.h., ob eine Beratung der Gemeinden durch Fachstellen des Kantons nicht oft auch zu Gunsten des Kantons ausfallen kann. Wünschbar wäre eine unabhängige Beratungsmöglichkeit, wobei hier wiederum der Wunsch nach verstärkter Professionalisierung durch eine Zusammenarbeit – bis hin zum Zusammenschluss von Gemeinden – diesen letztlich besser dienen würde.

5.5. Engagement für die Demokratie

12 Der Kanton hat sich in den letzten Jahren an einer Kampagne beteiligt und beispielsweise eine Studie über das Milizengagement im Schulbereich mitfinanziert[19]. Da ein Zusammenhang zwischen der Teilnahme an politischen Prozessen und der Bereitschaft, selbst ein Amt zu übernehmen, offensichtlich ist, ist auch die Schaffung einer Rechtsgrundlage für kommunale Kinder- und Jugendparlamente mit institutionalisierten Teilhaberechten zu begrüssen[20].

5.6. Schaffung günstiger Rahmenbedingungen auf individueller Ebene
5.6.1. Entschädigungen

13 Die Festlegung der Entschädigungen ihrer eigenen Behördenmitglieder ist Sache jeder Gemeinde. Der Regierungsrat hat im Zusammenhang mit einem Vorstoss 2001 ausgeführt, er verfüge über keinerlei Erfahrungswerte; zudem wäre eine rein zahlenmässige Erhebung nicht ausreichend[21]. Sollte der Kanton Empfehlungen in diesem Bereich erlassen, wäre es auch unumgänglich, jeweils

---

[17] Vgl. <http://www.gaz.zh.ch/internet/ji/gaz/de/behoerdenschulung.html> (1.1.2007).
[18] RRB 4127 vom 12. November 2003, S. 10.
[19] Vgl. auch Art. 39 zum demokratischen Engagement.
[20] Vgl. Antrag RR 4114 vom 22. Oktober 2003 zur Änderung von § 87 a und § 115c des Gemeindegesetzes.
[21] Anfrage Bertschi, Entschädigung für die Tätigkeit in lokalen Milizbehörden des Kantons Zürich, KR-Nr. 287/2001; RRB 1847 vom 28. November 2001.

zusätzliche Aussagen über die Aufgaben und den genauen Umfang der zu leistenden Tätigkeit zu machen. Zudem weisen die Behördenentschädigungen heute teilweise erhebliche Unterschiede auf, durch welche neben der Vielfalt der Gemeinden generell auch deren Finanzkraft und ihre Haltung zur Miliztätigkeit Ausdruck findet.

5.6.2. Berufliche Vorsorge

Bei einer langjährigen Behördentätigkeit, beispielsweise als Mitglied des Gemeinderats im Umfang von 30%, resultieren auch erhebliche Einbussen im Rahmen der beruflichen Vorsorge. Der Regierungsrat hat ein ungefähres Beispiel berechnet, wonach ein Behördenmitglied während einer 8-jährigen Amtszeit bei einer Reduktion des beruflichen Pensums um 20% ein Altersguthaben von 21 166 Franken gebildet hätte, was im Alter von 65 Jahren 50 161 Franken entspricht[22]. Ein entsprechender parlamentarischer Vorstoss wurde eingereicht: Der Regierungsrat wird aufgefordert, die nötigen gesetzlichen Grundlagen für eine Versicherung der nebenamtlichen Behördenmitglieder im Kanton Zürich zu schaffen, auch wenn deren Entschädigung unter dem BVG-Minimum liegt. Der Kantonsrat hat die Motion am 5. September 2005 mit 99 zu 55 Stimmen überwiesen[23].

5.6.3. Steuerliche Massnahmen

Auch die Entschädigungen, welche für die Behördentätigkeit ausgerichtet werden, sind als Einkünfte zu versteuern. Heute sind gemäss einer Verfügung (Verordnung) der Finanzdirektion von den Entschädigungen an nebenamtliche Mitglieder von Legislativbehörden, Exekutivbehörden, Verwaltungsbehörden, Schulbehörden und kirchlichen Behörden des Kantons, der Bezirke und der Gemeinden pauschal 8000 Franken – falls die Entschädigungen diese Höhe erreichen – abziehbar; von dieser Summe übersteigenden Beträgen können weitere 20% abgezogen werden[24].

Die mit einem weiteren Vorstoss verlangte vollständige Steuerbefreiung der Entschädigungen für die nebenamtliche Behörden- und Parlamentstätigkeit wurde vom Regierungsrat zu Recht als dem Bundesrecht widersprechend abgelehnt[25],

---

[22] Anfrage Walti/Kündig vom 27. August 2001, KR-Nr. 260/2001; RRB 1804 vom 21. November 2001, S. 2.
[23] KR-Nr. 147/2004; die Frist des Regierungsrats läuft bis 5. September 2008.
[24] Verfügung der Finanzdirektion vom 1. Oktober 1998; einsehbar unter: <http://www.steueramt.zh.ch/html/erlasse_merkblaetter/v_behoerde.htm> (1.1.2007); weitere Verfügungen gibt es beispielsweise für die Mitglieder des Kantonsrats und die Angehörigen der Feuerwehr.
[25] Postulat Kündig vom 8. Januar 2001, KR-Nr. 1/2001; RRB 387 vom 14. März 2001.

da auch gemäss Bundesrecht[26] die Entschädigungen als Einkünfte zu versteuern sind. Vielmehr ist es Aufgabe der zuständigen Behörden, angemessene Entschädigungen festzulegen, wenn diese als zu niedrig anerkannt werden. Eine Korrektur kann und soll nicht über weitere Steuerabzüge erfolgen. Es ist im Übrigen darauf hinzuweisen, dass bereits heute der Freibetrag – im Sinne von Gewinnungskosten – von 8000 Franken, kombiniert mit den weiteren 20% auf 8000 Franken übersteigende Beträge, für einzelne Aufgaben oder in Gemeinden mit tiefen Ansätzen einer weitgehenden Steuerbefreiung gleichkommt.

5.6.4. Einführung einer Erwerbs-Ersatzordnung

17 Die Einführung einer Erwerbs-Ersatzordnung für Miliz-Behördentätigkeiten auf Kantons-, Bezirks- und Gemeindeebene wurde mit einem weiteren Vorstoss gefordert. In seiner Beantwortung führt der Regierungsrat aus, dass gemäss herkömmlich verstandenem Milizsystem die nebenamtliche Behördentätigkeit in der Regel ehrenamtlich geleistet werde, ohne dass der damit entstandene Zeitaufwand voll entgolten wird. Mit einer Versicherungslösung würde nun die Höhe des ausfallenden Lohnes massgeblich, was zu einer ungleichen Behandlung der Behördenmitglieder führen und gleichzeitig die Gemeindeautonomie bei einem obligatorischen Anschluss an die Versicherung verletzen würde[27]. Daher sei die Einführung einer Erwerbs-Ersatzordnung kein geeignetes Mittel zur Stärkung der Milizbehörden.

5.6.5. Schaffung von Anreizen für Arbeitgeber

18 Die Schaffung von Anreizen für Arbeitgeber wurde bis anhin vom Regierungsrat aus finanziellen Gründen abgelehnt[28], wäre aber durchaus prüfenswert. Der Regierungsrat hat auch festgestellt, dass er wenig Einfluss auf die Unternehmen im Kanton habe, um deren Bereitschaft zu fördern, Mitarbeitende für ein Behördenamt teilweise freizustellen[29]. Um den finanziellen Bedenken Rechnung zu tragen, könnte das Zurverfügungstellen von Zeit für die Erfüllung öffentlicher Ämter durch Mitarbeiterinnen und Mitarbeiter auch als Kriterium im Submissionswesen definiert werden. Insbesondere auf kommunaler Ebene ist es aber auch gut vorstellbar, dass nicht nur finanzielle Anreize, sondern auch die blosse Deklaration, welche Arbeitgeber ihre Angestellten zum Dienst an der Gemeinschaft ermuntern und allenfalls sogar teilweise für diesen freistellen, genügende Motivation sein kann.

---

[26] Vgl. Art. 9 des Bundesgesetzes vom 14. Dezember 1990 über die Harmonisierung der direkten Steuern der Kantone und Gemeinden (StHG; SR 642.14).
[27] Anfrage Walti/Kündig vom 27. August 2001, KR-Nr. 260/2001; RRB 1804 vom 21. November 2001.
[28] RRB 4127 vom 12. November 2003, S. 11.
[29] RRB 1087 vom 18. Juli 2001.

5.6.6. Lockerung der Wohnsitzpflicht

Im neuen Gesetz über die politischen Rechte ist die Wohnsitzpflicht in der Gemeinde für Mitglieder von kommunalen Spezialbehörden nicht mehr zwingend durch den Kanton vorgeschrieben, sondern die Gemeinden können dies selbst in ihrer Gemeindeordnung regeln[30]. Zudem kann beim Wegzug aus einer Gemeinde dem Behördenmitglied die Beendigung der Amtsdauer bewilligt werden[31].

19

5.6.7. Weitere Möglichkeiten

Für die Gemeinden gibt es zahlreiche weitere Möglichkeiten, welche je nach Situation eingesetzt werden können. Es seien erwähnt:

20

– Ausstellen von *Arbeitszeugnissen* und *Bestätigungen*: Bereits heute können Arbeitszeugnisse oder Bestätigungen für eine Behördentätigkeit ausgestellt werden.
– *Anrechnung von Behördentätigkeiten* bei Lohneinstufungen: Die Gemeinde kann vorsehen, dass bei einer Einstufung eine frühere Behördentätigkeit wie eine Teilzeitarbeit angerechnet wird.
– *Kinderbetreuung*: Die Gemeinden können die Kosten der Kinderbetreuung, welche durch die Behördentätigkeit anfallen, übernehmen oder vergünstigte Krippen- und Hortplätze für Behördenmitglieder mit Kinderbetreuungsaufgaben anbieten.
– *Umwandlung* von umfangreicheren Nebenämtern zu Teilzeit-Anstellungen. Dabei kann es auch angezeigt sein, die Zahl der Mitglieder einer Behörde zu reduzieren, damit sinnvolle Pensenhöhen erreicht werden. Dies ermöglicht gleichzeitig bessere Fachkenntnisse.

6. Fazit

Die vorliegende Verfassungsbestimmung, welche in ihrer Art neu und Ausdruck einer momentanen Situation ist, hat zusammen mit den parallel laufenden zahlreichen Vorstössen im Kantonsrat bereits einiges bewirkt. Offen ist vor allem auf kantonaler Ebene noch die Anschlussfrage betreffend Abdeckung der beruflichen Vorsorge sowie auf kommunaler Ebene der Wille, kreative Lösungen zu suchen und auch vor strukturellen Änderungen nicht zurückzuschrecken.

21

---

[30] § 23 Abs. 3 GPR.
[31] § 24 GPR.

Art. 46

Staatshaftung

Der Kanton, die Gemeinden und die Organisationen des öffentlichen Rechts haften kausal für den Schaden, den Behörden oder Personen in ihrem Dienst durch rechtswidrige amtliche Tätigkeit oder Unterlassung verursacht haben.

Private, die öffentliche Aufgaben erfüllen, haften kausal für den Schaden, den sie dabei durch rechtswidrige Tätigkeit oder Unterlassung verursachen. Die auftraggebende Stelle haftet subsidiär.

Das Gesetz kann eine Haftung aus Billigkeit vorsehen.

Materialien

Art. 53 VE; Prot. Plenum, S. 513 ff., 2163 ff., 2976 ff.

Unveröffentlichte Stellungnahmen zuhanden der Kommission 3: JAAG TOBIAS, vom 14. Mai 2003; BIAGGINI GIOVANNI, vom 9. Februar 2004; Finanzdirektion des Kantons Zürich, eingegangen am 9. Februar 2004.

Literatur

BISCHOF PIRMIN, Amtshaftung an der Grenze zwischen öffentlichem Recht und Obligationenrecht, ZSR 104/1985 I, S. 67 ff.; BREHM ROLAND, Berner Kommentar, Art. 41–61 OR, 3. Aufl., Bern 2006; FAJNOR MICHAEL, Staatliche Haftung für rechtmässig verursachten Schaden, Diss., Zürich 1987; GAMMA MARCO, Möglichkeiten und Grenzen der Privatisierung polizeilicher Gefahrenabwehr, Diss. (Freiburg), Bern/Stuttgart/Wien 2000; GROSS BALZ, Die Haftpflicht des Staates. Vergleiche und Abgrenzungen der zivil- und öffentlichrechtlichen Haftpflicht des Staates, Diss., Zürich 1996; GROSS JOST, Die Kausalhaftung des Staates, in Olivier Guillod (Hrsg.), Neuere Entwicklungen im Haftpflichtrecht, Zürich 1991, S. 215 ff.; GROSS JOST, Zum Begriff der Widerrechtlichkeit im Schweizerischen Staatshaftungsrecht, recht 1998, S. 49 ff.; GROSS JOST, Schweizerisches Staatshaftungsrecht, 2. Aufl., Bern 2001 (Staatshaftungsrecht); GUENG URS, Die allgemeine rechtsstaatliche Entschädigungspflicht, Diss. (St. Gallen), Zürich/St. Gallen 1967; GYGI FRITZ, Die Widerrechtlichkeit in der Staatshaftung, in: Mélanges André Grisel, Neuenburg 1983, S. 417 ff.; HÄNNI PETER, Staatshaftung wegen Untätigkeit der Verwaltung, in: Mélanges Pierre Moor, Bern 2005, S. 337 ff.; HOFER MARTIN/SCHMID-GEENE SASKIA, Die Haftung privatisierter Spitäler – ein Überblick, HAVE 2002, S. 196 ff.; JAAG, Rz. 3101 ff.; JAAG TOBIAS, Öffentliches Entschädigungsrecht, ZBl 98/1997, S. 145 ff.; JAAG TOBIAS, Staatshaftung nach dem Entwurf für die Revision und Vereinheitlichung des Haftpflichtrechts, ZSR 122/2003 II, S. 3 ff. (Revision); JAAG TOBIAS, Staatshaftung für Schädigung durch rechtskräftige Verfügungen und Entscheide, in: Mélanges Pierre Moor, Bern 2005, S. 351 ff.; JAAG TOBIAS, Staats- und Beamtenhaftung, in: Schweizerisches Bundesverwaltungsrecht, Organisationsrecht, 2. Aufl., Basel/Genf/München 2006 (SBVR I/3); KUHN MORITZ, Die vermögensrechtliche Verantwortlichkeit des Bundes sowie seiner Behördemitglieder und Beamten, Diss., Zürich 1971; MARTI ARNOLD, Zürcher Kommentar, Art. 1–7 ZGB, 3. Aufl., Zürich 1998, Art. 6 N. 262 (mit weiteren Hinweisen); MARTI ARNOLD, Art. 51, in: Dubach/Marti/Spahn, S. 148 ff. (Kommentar KV SH); MOOR PIERRE, Principes de l'activité étatique et responsabilité de l'Etat; in: Verfassungsrecht der Schweiz, § 16; MOOR PIERRE/PIOTET DENIS, La responsabilité des cantons à raison d'actes illicites: Droit public ou droit privé?, ZBl 97/1996, S. 481 ff.; PLATTNER-STEINMANN ROLAND, Tatsächliches Verwaltungshandeln, Diss. (Basel), Zürich 1990; ROBERTO VITO, Schweizerisches Haftpflichtrecht, Zürich 2002 (Haftpflichtrecht); ROBERTO VITO, Verschuldenshaftung und einfache Kausalhaftungen: eine überholte

Unterscheidung?, AJP 2005, S. 1323 ff.; ROSENSTOCK PETER, Die Haftung des Staates als Unternehmer im Bereiche der Hoheitsverwaltung, Diss. (Zürich), Winterthur 1966; SCHAERER BARBARA, Haftung des Bundes für Dritte als «wachsendes Risiko», Art. 19 des Verantwortlichkeitsgesetzes, Der Schweizer Treuhänder 2002, S. 1095 ff.; SCHWARZENBACH-HANHART HANS RUDOLF, Haftet das Gemeinwesen für Schäden aus Tumulten und Terrorakten?, ZBl 77/1976, S. 225 ff.; SCHWARZENBACH-HANHART HANS RUDOLF, Die Staats- und Beamtenhaftung in der Schweiz mit Kommentar zum zürcherischen Haftungsgesetz, 2. Aufl., Zürich 1985 (Staats- und Beamtenhaftung); SCHWARZENBACH-HANHART HANS RUDOLF, Staatshaftungsrecht bei verfügungsfreiem Verwaltungshandeln, Bern 2006; SOBOTICH VIVIANE, Staatshaftung aus Kontrolltätigkeit im Baurecht, Diss., Zürich 2000; STARK EMIL W., Die Haftungsvoraussetzungen der Rechtswidrigkeit in der Kausalhaftung des Staates für seine Beamten, in: Festschrift Ulrich Häfelin, Zürich 1989, S. 569 ff.; STARK EMIL W., Einige Gedanken zur Haftung für staatliche Verrichtungen, SJZ 86/1990, S. 1 ff. (Gedanken); TROLLER MARCO, Kommentar zur Verfassung des Kantons Graubünden, Art. 26; TSCHANNEN PIERRE, Amtliche Warnungen und Empfehlungen, ZSR 118/1999 II, S. 353 ff.; WEBER ROLF H., Outsourcing und Haftung, in René Schaffhauser/Urs Bertschinger/Tomas Poledna (Hrsg.), Haftung im Umfeld des wirtschaftenden Staates, St.Gallen 2003, S. 71 ff.; WEBER-DÜRLER BEATRICE, Zur Entschädigungspflicht des Staates für rechtmässige Akte, in: Festschrift Otto K. Kaufmann, Bern/Stuttgart 1989, S. 339 ff.; WEBER-DÜRLER BEATRICE, Die Staatshaftung im Bauwesen, ZBl 98/1997, S. 385 ff.; WIEGAND WOLFGANG/WICHTERMANN JÜRG, Zur Haftung für privatisierte Staatsbetriebe, recht 1999, S. 1 ff.

Rechtsquellen

– Bundesgesetz über die Verantwortlichkeit des Bundes sowie seiner Behördemitglieder und Beamten vom 14. März 1958 (Verantwortlichkeitsgesetz, VG; SR 170.32)
– Gesetz über die Haftung des Staates und der Gemeinden sowie ihrer Behörden und Beamten vom 14. September 1969 (Haftungsgesetz, HG; LS 170.1)

Übersicht

	Note
1. Einleitung	1
2. Entstehungsgeschichte	3
2.1. Grundsatz	3
2.2. Haftung Privater	4
2.3. Entwicklung in anderen Kantonen	7
3. Bundesrechtliche Vorgaben	10
3.1. Zuständigkeit des Kantons zur Regelung der Amtshaftung generell	10
3.2. Zuständigkeit des Kantons zur Regelung der Haftung Privater bei der Ausübung amtlicher Tätigkeiten	11
4. Materielles	18
4.1. Allgemeines	18
4.2. Staatshaftung (Abs. 1)	21
4.3. Haftung Privater (Abs. 2)	22
4.4. Billigkeitshaftung (Abs. 3)	23
5. Gesetzgeberischer Anpassungsbedarf	26

1. Einleitung

In Art. 46 wird geregelt, wie die Haftung für Schaden, welcher einer Drittperson durch den Staat bzw. dessen Organe oder Angestellte in Verrichtung öffentlicher Aufgaben zugefügt wurde, im Grundsatz ausgestaltet ist. Die Staatshaftung als *Kausalhaftung* wurde 1969 in der alten Kantonsverfassung verankert, indem Art. 10 aKV die originäre Staatshaftung gegenüber der früher geltenden zivilrechtlichen Haftung des einzelnen Beamten einführte. Der Gesetzgeber erliess gleichzeitig das heute noch geltende Haftungsgesetz. Während der Regierungsrat die originäre Staatshaftung als *Verschuldenshaftung* hatte ausgestalten wollen, entschied sich die kantonsrätliche Kommission und daraufhin der Kantonsrat für die Ausgestaltung als Kausalhaftung[1]. Der Kanton, die Gemeinden und die Organisationen des öffentlichen Rechts haften seit damals wie auch künftig mit Art. 46 Abs. 1 kausal für den Schaden, den Behörden oder Personen in ihrem Dienst durch rechtswidrige amtliche Tätigkeiten oder Unterlassungen verursacht haben. Dieselbe Kausalhaftung wird in Art. 46 Abs. 2 für Private, die öffentliche Aufgaben erfüllen, eingeführt. Dabei haftet das auftraggebende Gemeinwesen subsidiär.

An den bisherigen Regelungen wollte der Verfassungsrat grundsätzlich keine Änderungen vornehmen. Hingegen wollte er erreichen, dass bei einer Übertragung öffentlicher Aufgaben an Private die geschädigte Person so gestellt wird, wie wenn die Aufgabe vom Staat selbst erfüllt würde[2].

2. Entstehungsgeschichte

2.1. Grundsatz

Der Verfassungsrat wollte die Staatshaftung ebenso wie die Billigkeitshaftung im Grundsatz so übernehmen, wie sie bis anhin galt. Dieses Ziel bildete die Grundlage für die erste Fassung des Artikels, die vom Plenum angenommen wurde[3] und schliesslich – mit kleineren redaktionellen Anpassungen – als Art. 46 Abs. 1 und 3 Eingang in die Verfassung fand. Auf Antrag der SVP wurde in Abs. 1 aufgenommen, dass der Schaden nicht nur durch eine rechtswidrige amtliche Tätigkeit, sondern auch durch eine *Unterlassung* verursacht werden kann[4]. Auch ohne die ausdrückliche Nennung wird aber unter dem Begriff des Tätigwerdens im Zusammenhang mit der Haftung auch eine Unterlassung ver-

---

[1] SCHWARZENBACH-HANHART, Staats- und Beamtenhaftung, S. 175.
[2] N. 4 ff.
[3] Prot. Plenum, S. 513 ff.
[4] Prot. Plenum, S. 2164.

standen, sofern eine Rechtspflicht zum Handeln besteht[5]. Klar nicht gemeint ist hingegen eine Unterlassung oder ein «Nicht-tätig-Werden» von Behörden im Zusammenhang mit einem politischen Auftrag[6].

2.2. Haftung Privater

4   Die Bestimmung des Abs. 2 wurde erst im Rahmen der 1. Gesamtlesung in den Artikel eingefügt. Ausgangspunkt dafür war die Tatsache, dass in der Kommission 6 gewünscht wurde, die Haftung Privater bei der Übernahme öffentlicher Aufgaben sei zu regeln[7]. Die Kommission 3 ging von der klaren Vorgabe aus, dass eine geschädigte Person unabhängig davon gleich gestellt sein soll, ob eine Aufgabe vom Staat selbst erfüllt wird oder ob deren Erfüllung einem Privaten übertragen wurde[8].

5   Der Regierungsrat beantragte im Rahmen der 2. Gesamtlesung, dass nur wie bisher die beauftragende Körperschaft subsidiär haften solle und nahm damit Position gegen den Vorschlag des Verfassungsrats[9]. Der Antrag des Regierungsrates wurde jedoch vor allem aus drei Überlegungen abgelehnt und die Neuerung beschlossen[10]:

– Für die geschädigte Person soll die Situation dieselbe sein, ob die Schädigung nun durch den Staat oder einen Privaten, welcher in Übertragung einer öffentlichen Aufgabe handelt, erfolgt ist.

– Die geschädigte Person soll nicht einen Prozess führen müssen, bei welchem sie dem privaten Aufgabenträger das Verschulden beweisen muss. Solche Prozesse sind aufwändiger und dauern beträchtlich länger, als wenn eine Kausalhaftung besteht.

– Der Staat soll sich grundsätzlich entscheiden, welche Aufgaben er als öffentliche Aufgaben ansieht. Wenn er dann eine solche Aufgabe an einen Privaten auslagert, soll dieser Private auch dieselbe Haftung übernehmen, wie der Staat sie tragen müsste.

6   Die bisherige Regelung des § 4a HG wurde damit klar als ungenügend erachtet: Die geschädigte Person muss allenfalls zwei Verfahren anstrengen und sie muss im konkreten Schadenfall zusätzlich abklären, ob der handelnde Bedienstete ein «Privater» im Sinne des HG war oder nicht. Dies führt dazu, dass die geschä-

---

[5] Dazu N. 21.
[6] Prot. Plenum S. 2167; JAAG, SBVR I/3, Rz. 80.
[7] Vgl. Prot. Plenum, S. 465, 2163 f.
[8] Prot. Plenum, S. 2165.
[9] Prot. Plenum, S. 2977 f.
[10] Prot. Plenum, S. 2978 ff. Vgl. auch die Kritik von B. GROSS (S. 37 f.) an der bisherigen Regelung des § 4a HG.

digte Person letztlich interne Beziehungen abklären muss[11], obwohl § 4a HG mit der subsidiären Staatshaftung gerade die Schlechterstellung der geschädigten Person vermeiden wollte.

2.3. Entwicklung in anderen Kantonen

Im Kanton *Schaffhausen* wurde im Rahmen der Verfassungsrevision zunächst vorgesehen, dass private Verwaltungsträger für von ihnen verursachte Schäden ebenfalls nach dem Haftungsgesetz, also kausal, haften sollten. Im Laufe der Beratungen setzte sich jedoch die Auffassung durch, auf diese Ausdehnung der Haftung zu verzichten und dafür eine Ausfallhaftung des auftragerteilenden Gemeinwesens einzuführen für den Fall, dass der private Verwaltungsträger zahlungsunfähig sei oder mangels Verschulden nicht hafte[12]. 7

In der neuen Verfassung des Kantons *Graubünden* wird festgelegt, dass die verschuldensabhängige Haftung durch die verschuldens*un*abhängige Haftung abgelöst wird. Die Haftung Privater, die öffentliche Aufgaben erfüllen, wird nicht geregelt. Dennoch soll die selbstständige privatrechtliche Stiftung «Kantonsspital Graubünden» trotz fehlender Regelung gemäss Lehre und Praxis ausservertraglich nach Verantwortlichkeitsgesetz gegenüber geschädigten Patienten haften, da es sich um eine hoheitliche Tätigkeit handle[13]. 8

Ausdrücklich stipuliert bis anhin keine Kantonsverfassung die Kausalhaftung für private Träger öffentlicher Aufgaben. Indirekt liegt eine offene Ausgangslage in Bezug auf die «anderen Träger öffentlicher Aufgaben» beispielsweise in den Kantonen Bern[14], Solothurn[15] und Basel-Stadt[16] vor. Dies deshalb, weil in diesem Begriff auch private Aufgabenträger enthalten sind und kein Verschulden vorausgesetzt wird. 9

3. Bundesrechtliche Vorgaben

3.1. Zuständigkeit des Kantons zur Regelung der Amtshaftung generell

Die Verschuldenshaftung von Art. 41 OR gilt grundsätzlich auch für den von öffentlichen Beamten und Angestellten verursachten Schaden. Der kantonale Gesetzgeber wird aber in Art. 61 Abs. 1 OR ermächtigt, abweichende Regeln 10

---

[11] B. Gross, S. 37 f.
[12] Marti, Kommentar KV SH, Art. 51, S. 151.
[13] Troller, Kommentar KV GR, Art. 26 N. 12.
[14] Art. 71 KV BE; dazu Kälin/Bolz, S. 443.
[15] Art. 64 KV SO.
[16] § 78 Abs. 1 KV BS.

festzulegen, soweit der Angestellte oder Beamte den Schaden in Ausübung amtlicher Verrichtung verursacht hat[17]. Nicht erlaubt ist dies gemäss Abs. 2 bei gewerblichen Verrichtungen. Der Kanton Zürich hat – wie die Mehrheit aller Kantone – von dieser Ermächtigung Gebrauch gemacht und die Haftung im Bereich der Ausübung öffentlichrechtlicher Verpflichtungen selbst geregelt.

3.2. Zuständigkeit des Kantons zur Regelung der Haftung Privater bei der Ausübung amtlicher Tätigkeiten

11 Immer wieder wurde im Laufe der Beratungen die Frage der Zulässigkeit der vorgeschlagenen Regelung von Art. 53 Abs. 3 VE[18], wonach die Privaten bei der Übernahme öffentlicher Aufgaben kausal haften sollen, gestellt. Die Kommission 3 liess daher die Frage einerseits von der kantonalen Verwaltung, andererseits von den Experten Prof. Jaag und Prof. Biaggini abklären[19]. JAAG stellte fest, dass die vorgeschlagene Regelung[20] mit dem Bundesrecht vereinbar sei, wenn der Begriff der Beamten und Angestellten ebenso weit wie im Verantwortlichkeitsgesetz des Bundes zu verstehen sei[21]. Die Finanzdirektion kam 9 Monate später bei der Frage der Überprüfung, ob Art. 53 Abs. 3 VE bundesrechtskonform sei, zu demselben Schluss und hielt fest[22]:

> «Es ist zulässig (und damit bundesrechtskonform), für den selbständig erwerbstätigen Privaten, dem eine öffentlich-rechtliche Aufgabe übertragen wurde, eine ebenso strenge Haftung vorzusehen, wie sie für das Gemeinwesen gilt, denn dem Kanton kommt in diesem Bereich gemäss Art. 61 Abs. 1 OR die Befugnis zu, eigene Regeln aufzustellen.»

12 Beim Beamtenbegriff in Art. 61 OR sind nicht nur jene Personen gemeint, die in einem besonderen Dienstverhältnis stehen – das sich unter anderem durch eine Pflicht zur Treue und Gehorsam kennzeichnet und eine Disziplinargewalt beinhaltet –, sondern alle diejenigen Personen, welche gestützt auf organisatorische Vorschriften des Staatswesens zur Ausübung öffentlicher Gewalt berufen sind. Dazu gehören auch Behördenmitglieder der Kantone. In den von Art. 61 Abs. 1 OR erfassten Personenkreis fallen alle Personen, die mit der Erfüllung öffentlicher Aufgaben betraut sind. Wenn der Kanton bzw. das Gemeinwesen die öffentliche Tätigkeit an einen Dritten zur selbstständigen Erledigung übertragen hat, haftet der Private für sein Verschulden selber. Dies wird auch von der bundesgerichtlichen Praxis bestätigt: Die Regelung der Haftung aus

---

[17] BREHM, Art. 61 OR N. 4.
[18] Art. 53 Abs. 3 VE lautete: «Private, die öffentliche Aufgaben erfüllen, haften kausal für den Schaden, den sie dabei verursachen. Die auftraggebende Stelle haftet subsidiär.»
[19] Prot. K3 vom 29. Januar 2004, S. 1107.
[20] Damals als Art. 3.8 Abs. 3 bezeichnet.
[21] JAAG, Stellungnahme vom 14. Mai 2003 zuhanden K3, N. 2.
[22] Stellungnahme Finanzdirektion vom 6. Februar 2004 zuhanden K3.

(widerrechtlicher) hoheitlicher Amtsverrichtung kann grundsätzlich auch dann öffentlichrechtlich geregelt werden, wenn die hoheitliche Tätigkeit an Private übertragen ist[23].

BIAGGINI stellte in seiner Stellungnahme ebenfalls fest, dass Art. 53 Abs. 3 VE einer bundesrechtskonformen Auslegung und Anwendung zugänglich sei und somit vor dem Bundeszivilrecht Bestand habe, so dass einer Gewährleistung durch den Bund nichts entgegenstehen sollte[24]. Die Zweifel an der vorgeschlagenen Bestimmung würden teilweise dadurch verursacht, dass die Rechtsbeziehung zwischen zwei privaten Personen (der geschädigten Person sowie dem privaten Träger öffentlicher Aufgaben) üblicherweise eine Frage des Zivilrechts sei, welches gemäss Art. 122 BV Sache des Bundes ist. Hingegen halte Art. 6 Abs. 1 ZGB fest, dass die Kantone in ihren öffentlichrechtlichen Befugnissen durch das Bundeszivilrecht nicht beschränkt werden dürfen. Eine kantonale Regelung in einem Bereich, der vom Bundeszivilrecht erfasst wird, ist gemäss Lehre und Rechtsprechung dann zulässig, wenn
– die bundeszivilrechtliche Regelung keinen abschliessenden Charakter hat,
– der Kanton ein schutzwürdiges Interesse verfolgt und
– die Regelung mit Sinn und Geist des Bundeszivilrechts vereinbar ist, insbesondere keine Vereitelung oder übermässige Erschwerung der Verwirklichung des Bundeszivilrechts bewirkt.

Bei Art. 61 OR ist es wesentlich, zwischen amtlichen und gewerblichen Verrichtungen zu unterscheiden, wobei diese Unterscheidung gleichzeitig unklar und umstritten ist[25]. Klar ist jedoch, dass der Bund keine abschliessende Regelung für amtliche Verrichtungen treffen wollte. Es entspricht auch der einhelligen Auffassung, dass die Kantone nicht nur eine öffentlichrechtliche Haftung der Beamten und Angestellten vorsehen dürfen, sondern dass auch andere Systeme, insbesondere das System der ausschliesslichen Staatshaftung (mit Rückgriffsmöglichkeit des Staates auf den fehlbaren Beamten oder Angestellten) oder das System der subsidiären Staatshaftung, möglich sind.

Die Unterscheidung von amtlichen und gewerblichen Verrichtungen ist zudem in der Lehre zu wenig differenziert. Die amtlichen Tätigkeiten müssen wieder unterteilt werden in hoheitliche Tätigkeiten und nicht hoheitliche Tätigkeiten[26]. Art. 46 Abs. 1 spricht aber nur von amtlicher Tätigkeit, was sowohl hoheitliche wie auch nicht hoheitliche Tätigkeiten umfasst.

Bei den *gewerblichen Verrichtungen*, die in Art. 61 Abs. 2 OR genannt werden, scheint gemäss Wortlaut eine abschliessende Regelung vom Bund angestrebt

---

[23] BGE 127 III 538 ff.
[24] BIAGGINI, Stellungnahme vom 9. Februar 2004 zuhanden K3, S. 2.
[25] GROSS, Staatshaftungsrecht, S. 113 ff.; WIEGAND/WICHTERMANN, S. 9; BREHM, Art. 61 OR N. 28.
[26] JAAG, Revision, S. 51 f. m.w.H.

worden zu sein, die keinen Raum mehr für kantonales öffentliches Recht lässt. Die neuere Lehre stellt vermehrt eine zweckorientierte Auslegung der wortlautorientierten Deutung gegenüber[27]: Demnach kann Art. 61 Abs. 2 OR im Sinne einer *Mindestvorschrift* verstanden werden[28]. Im Interesse der geschädigten Personen wird den Kantonen ein Regelungsniveau vorgeschrieben, das diese nicht unterschreiten dürften. Generell zulässig sind damit jedoch kantonale Verantwortlichkeitsregelungen, welche aus Sicht der geschädigten Person grosszügiger sind als die vom Bundeszivilrecht vorgegebene Regelung. Damit steht jedenfalls fest, dass der Bundesgesetzgeber den Kantonen bei der Ausgestaltung ihrer Haftungsbestimmungen

– für amtliche Verrichtungen die Regelung überlässt, unabhängig davon, ob es sich um Verrichtungen von Kanton, Gemeinden und Organisationen des öffentlichen Rechts oder von Privaten, die öffentliche Aufgaben erfüllen, handelt;
– für gewerbliche Verrichtungen – je nach gewählter Interpretation des Begriffes gewerblich – einen kleineren oder grösseren Spielraum gewährt.

17 Weiter ist darauf hinzuweisen, dass der Bund selbst für die Bundesebene eine vergleichbare Regelung kennt: Das eidgenössische Verantwortlichkeitsgesetz sieht vor, dass alle (d.h. privaten und staatlichen) Organisationen, die mit öffentlichrechtlichen Aufgaben des Bundes betraut sind, Dritten gegenüber gemäss Art. 3 ff. VG haften, d.h. ohne Rücksicht auf das Verschulden (Kausalhaftung). Interessanterweise hat diese Bestimmung offenbar noch nie Anwendung gefunden; jedoch wird sie als «wachsendes Risiko» bezeichnet[29]. SCHAERER zeigt auf, dass diese Bestimmung in einer Zeit entstanden sei, welche geprägt war von landwirtschaftlichen und genossenschaftlichen Organisationen, welche für den Bund öffentlichrechtliche Aufgaben wahrnahmen. In der Zwischenzeit habe der Staat sich gewandelt, «lagere aus, privatisiere, begebe sich in den Wettbewerb». Nur Art. 19 VG sei dabei nicht geändert worden. Damit trage der Bund für mehr als 200 halbstaatliche Organisationen ein immenses Risiko; er hafte also blind, ohne Eingriffs- und Kontrollmöglichkeiten. Diese subsidiäre Haftung des Bundes sei gratis und stelle damit sogar eine unzulässige Quersubventionierung dar. SCHAERER bezeichnet die Aufhebung von Art. 19 VG als möglichen ersten Schritt, wobei dann als Ersatz für jeden Einzelfall die richtige Lösung auf vertraglicher oder gesetzlicher Stufe gesucht werden soll. Im Rahmen der Revision der Staatshaftung wurde nur eine geringfügige Anpassung des Art. 19 VG vorgeschlagen[30].

---

[27] Stellungnahme BIAGGINI vom 9. Februar 2004 zuhanden K3, S. 4.
[28] BREHM, Art. 61 OR N. 32; HÄFELIN/MÜLLER/UHLMANN, Rz. 2271; JAAG, Revision, S. 36; SCHWARZENBACH-HANHART, Staats- und Beamtenhaftung, S. 112; STARK, Gedanken, S. 3 Anm. 12 mit Hinweisen; ROBERTO, Haftpflichtrecht, N. 536; WIEGAND/WICHTERMANN, S. 9; BGE 130 IV 27 ff., 30.
[29] SCHAERER, S. 1096 ff.; JAAG, SBVR I/3, Rz. 233 f.
[30] Dazu JAAG, Revision, S. 29 ff.

4. Haftungsregelung

4.1. Allgemeines

Als Voraussetzungen der Staatshaftung gelten[31]: 18

- *Eintritt eines Schadens:* Im Vordergrund stehen Sach-, Personen- oder Vermögensschäden. Auch eine Verletzung in den persönlichen Verhältnissen kann zu Ansprüchen auf Schadenersatz und Genugtuung führen[32].
- *Schädigung durch Staatspersonal* in Ausübung amtlicher Verrichtungen: Der «Beamtenbegriff» des Haftungsgesetzes ist weit zu fassen. Es sollen alle Personen erfasst werden, welche im Dienste von Verwaltungs- oder Gerichtsbehörden des Kantons und seiner Organisationen des öffentlichen Rechts stehen, unabhängig davon, ob sie als Behördenmitglieder oder Angestellte, voll-, teil- oder nebenamtlich, besoldet oder ehrenamtlich, befristet oder unbefristet tätig sind[33]. Ausgenommen sind die Mitglieder des Kantonsrats (§ 1 Abs. 2 HG[34]). Der Schaden muss in Ausübung *amtlicher* Verrichtung verursacht worden sein – im Gegensatz zu einer gewerblichen Verrichtung (Art. 61 Abs. 2 OR).
- *Widerrechtlichkeit*: Die schädigende Handlung muss widerrechtlich sein. Dies bedeutet, dass entweder ein absolutes Rechtsgut wie Leib und Leben, Eigentum oder Persönlichkeit verletzt sein muss. Oder bei reinem Vermögensschaden kann die Verletzung einer Rechtsnorm, welche dem Schutz des geschädigten Vermögens dient, vorliegen[35]. Bei einer Unterlassung wiederum liegt eine Widerrechtlichkeit nur dann vor, wenn eine Rechtspflicht zum Handeln besteht[36].
- Adäquater Kausalzusammenhang: Der adäquate Kausalzusammenhang muss zwischen der staatlichen Handlung bzw. Unterlassung und dem erlittenen Schaden bestehen[37].

In Art. 6 Abs. 2 und 3 des Haftungsgesetzes werden Ausnahmen von der Kausalhaftung statuiert: 19
- Bei der Änderung eines Entscheides im Rechtsmittelverfahren haftet der Staat nur dann, wenn die Vorinstanz arglistig gehandelt hat.

---

[31] Die Zürcher Voraussetzungen für eine Staatshaftung entsprechen weitgehend denjenigen des eidg. Verantwortlichkeitsgesetzes; vgl. Jaag, Rz. 3112 f., sowie Häfelin/Müller/Uhlmann, Rz. 2238 ff.
[32] Vgl. §§ 8 ff. HG.
[33] Jaag, Rz. 3114 ff.; Schwarzenbach-Hanhart, Staats- und Beamtenhaftung, N. 7 zu § 2.
[34] Jaag, Rz. 3116, nimmt auch die Mitglieder der Gemeindeparlamente aufgrund von § 2 HG vom Anwendungsbereich des Gesetzes aus, während in § 18 lit. b HG der Staat aber Schadenersatz- und Rückgriffsansprüche gegenüber Mitgliedern des Grossen Gemeinderates geltend machen kann. Eine solche Rückgriffsmöglichkeit macht nur Sinn, wenn auch eine Staatshaftung ausgelöst wurde. Deshalb ist Schwarzenbach-Hanhart, Staats- und Beamtenhaftung, N. 4 zu § 2, zuzustimmen.
[35] Jaag, Rz. 3119.
[36] Vgl. Schwarzenbach-Hanhart, S. 54 f.; Jaag, SBVR I/3, Rz. 78 f.
[37] Jaag, Rz. 3122; Schwarzenbach-Hanhart, Staats- und Beamtenhaftung, S. 73 ff.

– Für einen Schaden aus falscher Auskunft haftet der Staat nur bei Vorsatz oder grober Fahrlässigkeit des Beamten.

20 Die Kausalhaftung gilt nur für widerrechtliche Schädigungen Dritter, nicht aber für Schädigungen aus rechtmässiger Tätigkeit[38]. Eine weitere Einschränkung beinhaltet Art. 21 HG, indem die Gesetzmässigkeit formell rechtskräftiger Verfügungen, Entscheide und Urteile nicht überprüft werden darf. Im festgelegten System der ausschliesslichen Staatshaftung kann der Staat Rückgriff auf die den Schaden verursachenden Angestellten bzw. Organe nehmen, wenn die entsprechenden Voraussetzungen erfüllt sind[39].

4.2. Staatshaftung (Abs. 1)

21 Der auf speziellen Antrag hin aufgenommene Begriff der Unterlassung bewirkt materiell keine Änderungen. Bereits heute gilt, dass Unterlassungen im Sinne von Nicht-tätig-Werden mit umfasst werden. Allerdings ist zu beachten, dass bei einer Unterlassung eine Widerrechtlichkeit nur dann entstehen kann, wenn das Gesetz ein Handeln verlangt oder die Unterlassung ausdrücklich ahndet[40]. Die Handlungspflicht wiederum ist haftpflichtrechtlich nur dann relevant, wenn sie im Interesse der geschädigten Person besteht und aus einer Schutzvorschrift zu deren Gunsten folgt. Damit wird für eine widerrechtliche Unterlassung eine Garantenstellung für die geschädigte Person vorausgesetzt; diese wiederum kann durch Schutznormen aus irgendeinem Teil des objektiven, selbst des ungeschriebenen Rechts und aus allgemeinen Rechtsgrundsätzen hergeleitet werden[41].

4.3. Haftung Privater (Abs. 2)

22 Grundgedanke der Ausgestaltung der Haftung bei der Übernahme öffentlicher Aufgaben durch Private war für den Verfassungsrat die Stellung der geschädigten Person. Sie soll dieselben Ansprüche gegenüber einem privaten Aufgabenträger wie gegenüber dem Kanton oder den Gemeinden haben. Zudem soll der Private bei der Übernahme öffentlicher Aufgaben auch das Risiko nicht einfach beim Staat belassen können, sondern dieses mit übernehmen. Die frühere Ausfallhaftung des § 18a Haftungsgesetz wird damit ersetzt. Konkret bedeutet

---

[38] Vgl. §§ 12 und 13 HG.
[39] Art. 47 Abs. 2.
[40] Gross, Staatshaftungsrecht, S. 175 f.; Häfelin/Müller/Uhlmann, Rz. 3120; BVR 2003, S. 241 ff., 243; betr. Art. 56 OR (Tierhalterhaftung) und Art. 58 OR (Werkeigentümerhaftung): vgl. Brehm, Art. 61 OR N. 13.
[41] BGE 116 Ib 367 ff., 374; BGE 115 II 15 ff., 19 f.; Troller, Kommentar KV GR, N. 25 zu Art. 26; Gross, Staatshaftungsrecht, S. 176 ff. Gross kritisiert ausführlich die bundesgerichtliche Rechtsprechung, welche den Schutzzweckgedanken zu wenig ausschöpfe.

dies, dass der private Aufgabenträger nicht nur bei Vorliegen eines Verschuldens, sondern kausal haftet. Unverändert hingegen bleibt die subsidiäre Staatshaftung in dem Sinne, dass das die Aufgabe übertragende Gemeinwesen dann einspringen muss, wenn der Private sich als zahlungsunfähig erweist. Wichtig ist bei dieser Kausalhaftung, dass sie nicht einfach bei jedem Auftragsverhältnis der öffentlichen Hand zur Anwendung kommen soll, sondern nur dann, wenn öffentliche Aufgaben im Sinne von Art. 98 KV übertragen werden.

4.4. Billigkeitshaftung (Abs. 3)

Voraussetzung für eine Staatshaftung gemäss Art. 46 Abs. 1 oder 2 ist eine rechtswidrige Tätigkeit oder Unterlassung. Schäden, welche durch rechtmässige staatliche Tätigkeit zustande gekommen sind, haben die geschädigten Personen im Allgemeinen selbst zu tragen. Dies kann dann zu sehr unbefriedigenden Resultaten führen, wenn die geschädigte Person die schädigende Handlung nicht veranlasst und sie auch nicht von dieser profitiert hat. Als klassisches Beispiel dient die Bekämpfung eines Brandes, bei welcher die Feuerwehr durch ein benachbartes Gebäude zum Brandherd vordringt, was für den Besitzer einen Schaden verursacht. Wenn eine ausdrückliche gesetzliche Regelung für solche Situationen fehlt, haftet der Staat grundsätzlich nicht. Bereits das bisherige Haftungsgesetz kannte aber die so genante «Billigkeitshaftung» in § 13 HG. 23

Die Billigkeitshaftung bezieht sich auf beide Absätze des Art. 46 KV, das heisst sowohl auf die Haftung des Gemeinwesens wie auch auf die Haftung Privater bei der Übernahme öffentlicher Aufgaben[42]. Der Gesetzgeber kann für beide Arten eine Billigkeitshaftung einführen, wobei gemäss Auffassung des Verfassungsrats klar ist, dass diese Haftung in beiden Fällen gleich ausgestaltet werden muss, damit die Rechtsstellung der geschädigten Personen gleich ausfällt. 24

Hinzuweisen ist ferner auf Art. 141 KV: Art. 46 Abs. 2 begründet gemäss dieser Bestimmung nur dann eine Kausalhaftung, wenn das schädigende Ereignis später als ein Jahr nach Inkrafttreten dieser Verfassung eingetreten ist. Das bedeutet, dass das schädigende Ereignis sich nach dem 1. Januar 2007 ereignet haben muss, damit eine Kausalhaftung des privaten Aufgabenträgers einsetzt. 25

5. Gesetzgeberischer Anpassungsbedarf

Wie ausgeführt, beinhaltet Art. 46 Abs. 2 gegenüber dem heutigen Zustand eine Änderung. Es bestehen offene Fragen, welche auf Gesetzesstufe zu klären sind. 26

---

[42] Vgl. Prot. Plenum, S. 2982.

Das Haftungsgesetz ist daher in Teilen zu revidieren und die Haftung Privater bei der Übertragung öffentlicher Aufgaben ist entsprechend anzupassen[43]. Dabei sollten nachstehende Aspekte aufgegriffen werden:

27 Art. 46 Abs. 2 bezeichnet nicht, welche Tätigkeiten Privater genau erfasst werden sollen. Wie vorstehend ausgeführt, muss es sich dabei zwingend um amtliche oder hoheitliche Tätigkeiten handeln. Je nach Interpretation von Art. 61 Abs. 2 OR ist es aber auch denkbar, die gewerblichen Verrichtungen darunter zu verstehen und damit Art. 61 Abs. 2 OR als *Mindestregelung* zu interpretieren.

28 Weiter ist darauf hinzuweisen, dass das Bundesrecht für zahlreiche Rechtsgebiete spezielle Haftungsvorschriften aufgestellt hat, die sowohl im Verhältnis zu Art. 41 ff. OR als auch im Verhältnis zum kantonalen Recht Vorrang beanspruchen[44].

29 Die Billigkeitshaftung ist auch in Bezug auf die privaten Aufgabenträger auszudehnen bzw. auf gesetzlicher Ebene zu regeln.

30 Ferner können der private Aufgabenträger und die geschädigte Person zueinander in vertraglichen Beziehungen stehen, die dem Privatrecht zuzuordnen sind. Dies würde eine Haftung gemäss Art. 97 ff. OR bedeuten; auch eine Anspruchskonkurrenz ist zu prüfen[45].

---

[43] Vgl. Vorlage 4416 vom 4. Juli 2007, publiziert in ABl 2007, S. 1240 ff.
[44] Grundeigentümerhaftung (Art. 679 ZGB); Werkeigentümerhaftung (Art. 58 OR) und weitere spezialgesetzliche Haftungen wie beispielsweise für Schädigungen im Zusammenhang mit dem Führen des Grundbuches (Art. 955 ZGB), Schuldbetreibung und Konkurs (Art. 5 ff. SchKG), dem Führen des Handelsregisters (Art. 928 OR), dem Zivilstandswesen (Art. 46 ZGB), Schäden durch Motorfahrzeughalter (Art. 73 SVG) sowie bei Schäden aus militärischen Veranstaltungen (Art. 135 des Bundesgesetzes über die Armee und die Militärverwaltung) und dienstlichen Verrichtungen des Zivilschutzes (Art. 58 ff. des Bundesgesetzes über den Zivilschutz).
[45] Vgl. GROSS, Staatshaftungsrecht, S. 151 f.

Art. 47

Das Arbeitsverhältnis des Staats- und Gemeindepersonals untersteht dem öffentlichen Recht.

Das Gesetz regelt die Verantwortlichkeit gegenüber Kanton und Gemeinden von:
a) Staats- und Gemeindepersonal;
b) Behördenmitgliedern;
c) Privaten, die öffentliche Aufgaben wahrnehmen.

Arbeitsverhältnisse und Verantwortlichkeit

Materialien

Art. 54 VE; Prot. Plenum S. 517 ff., 2168 f., 2982 ff.

Literatur

ARIOLI KATHRIN/FURRER ISELI FELICITAS, Die Anwendung des Gleichstellungsgesetzes auf öffentlichrechtliche Arbeitsverhältnisse, Basel/Genf/München 1999; BERTSCHI MARTIN, Auf der Suche nach dem einschlägigen Recht im öffentlichen Personalrecht, ZBl 105/2004, S. 617 ff.; BRODER URS, Besonderheiten im Strafverfahren gegen Magistratspersonen, Parlamentarier und Beamte nach zürcherischem Recht, in: Festschrift Jörg Rehberg, Zürich 1996, S. 71 ff.; DUBACH RETO, Art. 46, in: Dubach/Marti/Spahn, S. 129 ff.; GWERDER GABRIELA/WISSMANN LUKESCH JUDITH, Präjudizien – und dann?, AJP 2001, S. 1347 ff.; HAFNER FELIX, Öffentlicher Dienst im Wandel, ZBl 93/1992, S. 481 ff.; HALLER WALTER, Besetzung von Vollämtern im Job-Sharing? Fallstudie: Kantonalzürcherische Ombudsstelle, ZBl 98/1997, S. 193 ff.; HANGARTNER YVO, Öffentlichrechtliche und privatrechtliche Anstellung von öffentlichem Personal, ArbR 1993, S. 27 ff.; HÄNNI PETER, Rechtsschutz gegen kantonale Entscheide in personalrechtlichen Streitigkeiten, in: Peter Helbling/Tomas Poledna, Personalrecht des öffentlichen Dienstes, Bern 1999, S. 561 ff.; HELBLING PETER, Gesamtarbeitsverträge (GAV) für den Staatsdienst, AJP 1998, S. 899 ff.; HELBLING PETER, Der öffentliche Dienst auf dem Weg in das OR, AJP 2004, S. 242 ff. (Weg in das OR); HELBLING PETER/POLEDNA TOMAS (Hrsg.), Personalrecht des öffentlichen Dienstes, Bern 1999; HOTZ REINHOLD, Die Haftpflicht des Beamten gegenüber dem Staat (dargestellt am Verantwortlichkeitsgesetz des Bundes und am Haftungsgesetz des Kantons Zürich), Diss., Zürich 1973; JAAG TOBIAS, Das öffentlichrechtliche Dienstverhältnis im Bund und im Kanton Zürich – ausgewählte Fragen, ZBl 95/1994, S. 433 ff.; JAAG TOBIAS, Besonderheiten des Personalrechts im halbstaatlichen Bereich, in: Peter Helbling/Tomas Poledna, Personalrecht des öffentlichen Dienstes, Bern 1999, S. 587 ff.; KEISER ANDREAS, Rechtsschutz im öffentlichen Personalrecht nach dem revidierten Verwaltungsrechtspflegegesetz des Kantons Zürich, ZBl 99/1998, S. 193 ff.; KEISER ANDREAS, Justiziabilität personalrechtlicher Entscheide, in: Peter Helbling/Tomas Poledna, Personalrecht des öffentlichen Dienstes, Bern 1999, S. 505 ff.; KEISER ANDREAS, Das neue Personalrecht – eine Herausforderung für die Zürcher Gemeinden, ZBl 102/2001, S. 561 ff. (Neues Personalrecht); LANG FRITZ, Das Zürcher Personalgesetz vom 27. September 1998, in: Peter Helbling/Tomas Poledna, Personalrecht des öffentlichen Dienstes, Bern 1999, S. 49 ff.; MERKER MICHAEL, Rechtsschutzsysteme im neuen öffentlichen Personalrecht, in Peter Helbling/Tomas Poledna (Hrsg.), Personalrecht des öffentlichen Dienstes, Bern, 1999, S. 461 ff.; MICHEL MATTHIAS, Beamtenstatus im Wandel, Diss., Zürich 1998; MICHEL MATTHIAS, Überblick über die Modernisierung des Personalrechts in den Kantonen, in: Modernisierung im öffentlichen Personalrecht, Schriftenreihe des Eidgenössischen Personalamts, Band 13/2000, S. 197 ff.; MOSIMANN HANS-JAKOB, Arbeitsrechtliche Minimalstandards für die öffentliche Hand?, ZBl 99/1998, S. 449 ff.; POLEDNA

TOMAS, Disziplinarische und administrative Entlassung von Beamten – vom Sinn und Unsinn einer Unterscheidung, ZBl 96/1995, S. 49 ff.; POLEDNA TOMAS, Haftpflicht von Staat und Beamten, SVZ 1996, S. 53 ff., 143 ff.; POLEDNA TOMAS, Verfügung und verfügungsfreies Handeln im öffentlichen Personalrecht – ein Praxisvergleich, AJP 1997, S. 87 ff.; POLEDNA TOMAS, Arbeitszeugnis und Referenzauskünfte des Arbeitgebers im öffentlichen Dienst, ZBl 104/2003, S. 169 ff.; POLEDNA TOMAS, Annäherungen ans Obligationenrecht, in: Peter Helbling/Tomas Poledna, Personalrecht des öffentlichen Dienstes, Bern 1999, S. 209 ff.; RAUSCH HERIBERT, Die Meinungsäusserungsfreiheit der Staatsangestellten, ZBl 80/1979, S. 97 ff.; RHINOW RENÉ A., Privatrechtliche Arbeitsverhältnisse in der öffentlichen Verwaltung, in: Festschrift Frank Vischer, Zürich 1983, S. 429 ff.; RICHLI PAUL, Öffentliches Dienstrecht im Zeichen des New Public Management, Bern 1996; RICHLI PAUL, Öffentliches Dienstrecht im Banne leerer Staatskassen – Sanierungsbeitrag durch privatrechtliche Anstellung des Personals?, ArbR 1998, S. 27 ff.; RÜDY BERNHARD, Das neue Personalrecht für den Kanton Zürich, ArbR 1999, S. 25 ff.; STEIMEN URS, Kündigungen aus wirtschaftlichen oder betrieblichen Gründen, ZBl 105/2004, S. 617 ff.

Rechtsquellen

– Gesetz über das Gemeindewesen vom 6. Juni 1926 (Gemeindegesetz, GemG; LS 131.1)
– Gesetz über die Haftung des Staates und der Gemeinden sowie ihrer Behörden und Beamten vom 14. September 1969 (Haftungsgesetz, HG; LS 170.1)
– Gesetz über das Arbeitsverhältnis des Staatspersonals vom 27. September 1998 (Personalgesetz, PG; LS 177.10)
– Gesetz über das Arbeitsverhältnis der Lehrpersonen an der Volksschule vom 10. Mai 1999 (Lehrerpersonalgesetz; LS 412.31)

Übersicht   Note

1. Einleitung   1
2. Arbeitsverhältnisse (Abs. 1)   3
   2.1. Entstehung   3
   2.2. Bundesrecht   5
   2.3. Entwicklung in anderen Kantonen   7
   2.4. Heutiger Stand im Kanton Zürich   9
   2.5. Anpassungsbedarf   10
3. Verantwortlichkeit (Abs. 2)   12
   3.1. Einleitung   12
   3.2. Entstehung   14
   3.3. Bundesrecht   15
   3.4. Staats- und Gemeindepersonal   16
   3.5. Behördemitglieder   17
   3.6. Private, die öffentliche Aufgaben übernehmen   18
   3.7. Bedeutung   19

1. Einleitung

1   Art. 47 Abs. 1 legt fest, dass das Arbeitsverhältnis des Staats- und Gemeindepersonals dem öffentlichen Recht unterstellt ist. Erst mit dem Personalgesetz

vom 27. September 1998 wurde eine formelle gesetzliche Grundlage für das öffentliche Dienstrecht im Kanton Zürich geschaffen. Zuvor bestanden lediglich Regelungen auf Verordnungsstufe. Das Personalgesetz gilt für das gesamte Staatspersonal, wobei die öffentlichrechtlichen Anstalten über eigene Grundlagen verfügen. Ebenso sind die Mitglieder des Regierungsrats sowie der höchsten kantonalen Gerichte und die Ombudsperson dem Personalgesetz nicht unterstellt (§ 1 Abs. 3 PG). Für das Arbeitsverhältnis des Gemeindepersonals gilt das kantonale Personalgesetz sinngemäss, wenn die Gemeinden keine eigenen Vorschriften erlassen haben[1].

Abs. 2 regelt die *interne Haftung*, d.h., es muss auf gesetzlicher Stufe geregelt werden, wann ein Angestellter, ein Behördenmitglied oder ein Privater in Erfüllung öffentlicher Aufgaben dem Staat für den Schaden, welchen er diesem direkt oder indirekt (Rückgriff) zugefügt hat, aufkommen muss.

2. Arbeitsverhältnisse (Abs. 1)

2.1. Entstehung

Die Kommission 3 beantragte die Übernahme des Grundgehaltes des bisherigen Art. 11 Abs. 2 aKV, wonach die öffentlich-rechtliche Ausgestaltung der Arbeitsverhältnisse weiterzuführen sei[2]. In der öffentlichen Vernehmlassung wurde von verschiedener Seite gefordert, in Ausnahmefällen müssten auch privatrechtliche Arbeitsverhältnisse (Arbeitsverträge, die sich nach dem Obligationenrecht richten) möglich sein. Dies führte zu einem Streichungsantrag für die gesamte Bestimmung, welcher im Plenum aber vor allem unter Hinweis auf die kürzlich erfolgte Personalrechtsrevision abgelehnt wurde[3]. Der Antrag wurde damit begründet, dass die Gemeinde gewisse Kategorien von Personen nach Obligationenrecht müsse anstellen können. Zu Recht wurde von verschiedener Seite ausgeführt, dass es den Gemeinden auch heute freisteht, Regelungen des Obligationenrechts als Teil ihres materiellen Personalrechts zu übernehmen. Zudem wären bei einer schlichten Streichung Rechtsunsicherheit und ein Wildwuchs an Regelungen die Folge.

Damit hat sich gegenüber der alten Kantonsverfassung von 1869 keine Veränderung ergeben: Es besteht *kein Raum* für privatrechtliche Anstellungen der Staatsangestellten. Dies gilt sowohl für den Kanton – das Personalgesetz verweist nochmals auf die öffentlichrechtliche Natur der Dienstverhältnisse[4] – wie

---

[1] § 72 Abs. 2 GemG.
[2] Prot. Plenum, S. 518.
[3] Prot. Plenum, S. 2982 ff.
[4] Vgl. § 7 PG.

auch für die Gemeinden[5]. Möglich ist jedoch die *Übernahme von materiellen Bestimmungen des Obligationenrechts* als eigene Bestimmungen des Kantons oder der Gemeinden. Auch der Rechtsweg bei Streitigkeiten aus dem Dienstverhältnis bleibt weiterhin öffentlichrechtlich, wobei unter Umständen auch das Klageverfahren bei öffentlichrechtlichen Verträgen oder Behördenentschädigungen[6] zur Anwendung kommen kann.

2.2. Bundesrecht

5 Die Regelungskompetenz des Bundes im Bezug auf das Arbeitsrecht ist gemäss Art. 122 BV auf das Privatrecht eingeschränkt. Sowohl der Bund wie auch die Kantone sind aufgrund ihrer Organisationsautonomie befugt, die Anstellungsverhältnisse ihres Personals autonom zu regeln; bei den Gemeinden findet sich in der Gemeindeautonomie eine zusätzliche Begründung[7]. Art. 342 Abs. 1 lit. a OR statuiert denn auch ausdrücklich einen Vorbehalt für Vorschriften des Bundes, der Kantone und der Gemeinden über das öffentlichrechtliche Dienstverhältnis.

6 Heute befindet sich der Bund auf einem anderen Weg: Vor allem mit Art. 6 des Bundespersonalgesetzes[8] nähert sich das Personalrecht des Bundes dem Obligationenrecht wieder an. Auch für Einzelfälle und ganze Personalkategorien wurden schon vor dem Inkrafttreten des Bundespersonalgesetzes immer häufiger Arbeitsverträge gestützt auf Art. 62 des alten Beamtengesetzes nach Obligationenrecht abgeschlossen, wobei diese Praxis allerdings auf nicht einfach durchschaubaren Kriterien beruhte[9].

2.3. Entwicklung in anderen Kantonen

7 In den meisten neueren Verfassungen wird nur ausgeführt, dass die Gesetzgebung das Dienstverhältnis bzw. die Anstellungsvoraussetzungen für das Staatspersonal zu ordnen habe[10]. Ausdrücklich nicht ausgeschlossen ist damit in diesen Kantonen auch die Möglichkeit privatrechtlicher Arbeitsverhältnisse[11].

8 In Schaffhausen und im Kanton Bern wird auf Verfassungsebene nur geregelt, dass das Dienstverhältnis der Staatsangestellten gesetzlich geregelt werden

---

[5] Vgl. § 72 Abs. 2 GemG; ferner Beleuchtender Bericht zur Volksabstimmung vom 27. September 1998, S. 5; KEISER, Neues Personalrecht, S. 563.
[6] Vgl. THALMANN, § 63 N. 4.4.
[7] Art. 47 und 50 BV.
[8] Bundespersonalgesetz vom 24. März 2000 (BPG; SR 172.220.1).
[9] Vgl. HELBLING, Weg in das OR, S. 247 f.
[10] Vgl. Art. 21 Abs. 2 KV GR; Art. 67 Abs. 3 KV BE; Art. 46 Abs. 1 KV SH; Art. 111 Abs. 6 KV BS.
[11] DUBACH, Art. 46, S. 129.

muss. Damit ist der Gesetzgeber frei, einen Beamtenstatus – die feste Wahl auf eine bestimmte Amtsdauer – weiterzuführen oder auch privatrechtliche Arbeitsverhältnisse einzuführen[12]. Interessanterweise stehen im Kanton Schaffhausen auch die Behördenmitglieder in einem Dienstverhältnis zum Kanton. Auffallend ist auch die Regelung, wonach Mitglieder des Regierungsrats und der vom Kantonsrat gewählten Behörden bei offenkundiger Amtsunfähigkeit von zwei Dritteln der anwesenden Mitglieder des Kantonsrats ihres Amtes enthoben werden können[13]. Keine Regelung findet sich in der neuen Bündner Verfassung.

2.4. Heutiger Stand im Kanton Zürich

Mit der Volksabstimmung vom 27. September 1998 wurde der sogenannte Beamtenstatus abgeschafft, indem der bisherige Art. 12 aKV, welcher Beamtinnen und Beamten bei unverschuldeter Entlassung während der Amtsdauer einen im Extremfall vier Jahre dauernden Anspruch auf Schadenersatz und Genugtuung einräumte, aufgehoben und durch Art. 11 aKV ersetzt wurde. Gleichzeitig wurde neu ein Personalgesetz als einheitliche Rahmenregelung erlassen, welches ein modernes, flexibles Personalrecht für den Staat und die Grundlage für eine auf die Zukunft gerichtete Personalpolitik bildet. Die neue Verfassung übernimmt inhaltlich die Bestimmung von Art. 11 Abs. 2 aKV; sie verzichtet jedoch darauf, festzulegen, was auf Gesetzesstufe alles zu regeln sei[14]. Die Amtsdauer der Behördemitglieder wird in Art. 41 geregelt.

9

2.5. Anpassungsbedarf

Auf Gesetzesebene besteht grundsätzlich kein Anpassungsbedarf in Bezug auf die Frage des öffentlichrechtlichen Dienstverhältnisses generell. Hingegen ist nach wie vor die Regelung von verschiedenen Themen auf Gesetzesstufe richtig und notwendig. Die neue Bundesverfassung garantiert in Art. 28 das Streikrecht generell und damit auch im öffentlichen Dienst. Wenn hier eine Einschränkung eingeführt werden sollte, die allerdings nicht wieder zu einer indirekten «Zweiteilung des Staatspersonals durch die Hintertüre» führen soll, wäre eine Regelung auf Gesetzesstufe zwingend[15].

10

Auf kommunaler Ebene stellt sich die Frage, ob den Gemeinden klar ist, welche Weichen die Personalrechtsrevision von 1998 gestellt hat. Zwar besteht für die Gemeinden ein grosser Handlungsspielraum, wenn sie diesen nutzen wollen.

11

---

[12] Art. 46 KV SH; dazu Dubach, Art. 46, S. 129 ff.; Art. 67 Abs. 3 KV BE; dazu Kälin/Bolz, S. 425 N. 4.
[13] Art. 46 Abs. 2 KV SH.
[14] Vgl. Art. 16 Abs. 2 aKV (Regelung der Zulassung ausländischer Staatsangehöriger durch die Gesetzgebung).
[15] Lang, S. 75.

Wenn eine Gemeinde eine möglichst weitgehende Angleichung an das privatrechtliche Arbeitsrecht möchte, ist dies innert der Schranken der Verfassung möglich. Diese Schranke besteht darin, dass die Gemeinde auf das materielle Obligationenrecht verweisen muss und dass im Streitfall nicht der zivilrechtliche Weg offensteht, sondern Bezirksrat und Verwaltungsgericht entscheiden werden. Hingegen ist es klar so, dass alle kommunalen Regelungen, welche auch nur im Einzelfall den Abschluss privatrechtlicher Arbeitsverträge zulassen, bereits seit 1999 als unzulässig und gegen die Verfassung verstossend qualifiziert werden müssen[16]. Hier stimmen die Ausführungen im Plenum bedenklich, wobei es sich bei den von einzelnen Votanten genannten Beispielen natürlich auch um die Übernahme materieller Bestimmungen des OR handeln kann. Das Gemeindegesetz legt zudem fest, dass das kantonale Personalgesetz und seine Ausführungsbestimmungen überall dort sinngemäss Anwendung finden, wo Gemeinden keine eigenen Vorschriften erlassen haben[17]. Damit wird den Gemeinden eine sinnvolle Unterstützung geboten, indem zahlreiche Detailfragen von gesetzlichen Vorgaben und der Gerichtspraxis geklärt sind.

3. Verantwortlichkeit (Abs. 2)

3.1. Einleitung

12 In Abs. 2 wird – im Gegensatz zum vorhergehenden Artikel 46 – das Innenverhältnis umschrieben: Wann haften Angestellte von Kanton und Gemeinden bzw. Behördemitglieder für Schaden, den sie dem Staat direkt oder indirekt zugefügt haben? Die Haftung der Gemeinwesen und der Privaten, die öffentliche Aufgaben übernehmen, ist demgegenüber in Art. 46 geregelt. In der alten KV fand sich in Art. 10 Abs. 2 die Formulierung, dass die Behördenmitglieder und diese Personen (in Bezug auf die in Abs. 1 erwähnten, im Dienste der Behörden stehenden Personen) nach den gesetzlichen Bestimmungen verantwortlich seien.

13 Eine Haftung der Amtsperson kann dann eintreten, wenn ein Beamter bzw. eine von Kanton oder Gemeinde angestellte Person das Vermögen des Gemeinwesens durch eine Handlung oder Unterlassung direkt schädigt oder wenn der Staat für einen Schaden, der einer Drittperson durch das Verhalten der Amtsperson entstanden ist, Ersatz leisten musste. Dies wird als Rückgriff bezeichnet.

---

[16] LANG, S. 55; KEISER, Neues Personalrecht, S. 563 f.
[17] § 72 Abs. 2 Gemeindegesetz.

3.2. Entstehung

In der ersten Plenumsdebatte wurde übereinstimmend festgestellt, dass die Bestimmung in ihrer damaligen Fassung noch nicht leicht lesbar sei[18]. Bereits damals wurde aber dort unter Hinweis auf § 18a des Haftungsgesetzes klar festgehalten, dass es sich um das Innenverhältnis handelt. Auch für Regressansprüche gegenüber Privaten, welche allenfalls einen Schaden verursachen, für welchen der Staat einzustehen hat, müsse eine gesetzliche Grundlage vorhanden sein. Die Redaktionskommission legte dann eine überarbeitete Fassung – die heute geltende Formulierung – vor, welche ohne Diskussion genehmigt wurde[19]. In der 2. Gesamtlesung führte der Antrag zu keinen Wortmeldungen[20].

3.3. Bundesrecht

Hier kann auf die vorstehenden Ausführungen zum Arbeitsverhältnis verwiesen werden[21]. Da den Kantonen und den Gemeinden erlaubt ist, ihr eigenes Arbeitsrecht zu regeln, sind sie auch dazu befugt, den Rückgriff auf die in ihrem Dienste stehenden Personen selbst zu regeln.

3.4. Staats- und Gemeindepersonal

Als Staats- und Gemeindepersonal sollen wie bisher alle Personen verstanden werden, welche für den Kanton, die Gemeinde oder eine andere Organisation des öffentlichen Rechts mit eigener Rechtspersönlichkeit tätig sind – sei dies im Vollamt, nebenamtlich oder nur vorübergehend. Da der Verfassungsrat in Bezug auf den Rückgriff an den bisherigen materiellen Regelungen des Haftungsgesetzes grundsätzlich keine Änderungen vornehmen wollte, ist es auch weiterhin zulässig, besondere Bestimmungen für die Zürcher Kantonalbank und die Elektrizitätswerke vorzusehen[22].

3.5. Behördemitglieder

Der Begriff der Behördemitglieder – auf kantonaler und kommunaler Ebene – soll auch wie bis bisher die Ersatzmitglieder mit umfassen. Dazu gehören auch

---

[18] Prot. Plenum, S. 518. Die Bestimmung lautete damals unter der Bezeichnung 3.9: «Die Verantwortlichkeit gegenüber Kanton und Gemeinden des Staats- und Gemeindepersonals, von Behördenmitgliedern und von Privaten, die öffentliche Aufgaben wahrnehmen, wird durch das Gesetz geregelt.»
[19] Prot. Plenum, S. 2168.
[20] Prot. Plenum, S. 2989.
[21] Vgl. N. 5.
[22] Vgl. § 3 Abs. 3 HG.

die Mitglieder der Organe der Organisationen des kantonalen öffentlichen Rechts mit eigener Rechtspersönlichkeit.

3.6. Private, die öffentliche Aufgaben übernehmen

18 Ausdrücklich wird hier dem Gesetzgeber die Weiterführung einer Bestimmung im Sinne des heutigen § 18a des Haftungsgesetzes vorgeschrieben, welcher seit dem 1. Januar 1998 in Kraft ist. Zu beachten ist dabei, dass mit der Formulierung von Art. 46 Abs. 2 KV den Privaten, die öffentliche Aufgaben erfüllen, neu eine Kausalhaftung auferlegt wird. Die auftraggebende Stelle haftet subsidiär. Mit der vorliegenden Bestimmung des Art. 47 Abs. 2 wird dem Gesetzgeber vorgeschrieben, den «Rückgriff» für den Fall einer subsidiären Staatshaftung zu regeln. Gemäss geltendem Recht wird dabei auf das Bundeszivilrecht verwiesen[23], so dass die für Beamten bzw. Angestellten vorgesehene Erleichterung des § 14 des Haftungsgesetzes, wonach sie nur für vorsätzliche oder grobfährlässige Verletzung der Amtspflichten haften, bei der Aufgabenübertragung nicht von Bedeutung ist.

3.7. Bedeutung

19 Absatz 2 macht dem Gesetzgeber eine offene Vorgabe. Zwar soll der Gesetzgeber die Verantwortlichkeit der Angestellten von Kanton und Gemeinden, der Behördenmitglieder und der Privaten, die öffentliche Aufgaben wahren, regeln. Die Absicht des Verfassungsrats war es, damit die bisherigen gesetzlichen Regelungen weiterzuführen[24]. Insbesondere schreibt § 14 Abs. 1 HG vor, dass eine Verantwortlichkeit nur bei vorsätzlicher oder grobfahrlässiger Verletzung der Amtspflichten gegeben ist, während Art. 321e Abs. 1 OR bereits bei einer Fahrlässigkeit einen Rückgriff auf den Arbeitnehmer statuiert. Massstab des Verschuldens ist die Einhaltung des auf den Einzelfall anzuwendenden Rechts. Zu berücksichtigen sind namentlich die Erfahrung und Ausbildung des Angestellten, die Bedeutung seines Amtes sowie die Wichtigkeit und die Schwierigkeit des fraglichen Amtsgeschäfts. Grobe Fahrlässigkeit ist dann anzunehmen, wenn der Staatsangestellte ein elementares Vorsichtsgebot verletzt hat, wenn er also ausser Acht gelassen hat, was jedem verständigen Durchschnittsangestellten in gleicher Lage und unter denselben Umständen hätte einleuchten müssen[25].

---

[23] § 18a Satz 2 HG.
[24] Prot. K3 vom 11. April 2002, S. 554 ff., insb. S. 556.
[25] HOTZ, S. 147; BGE 102 Ib 103 ff., 107; BGE 104 Ib 1 ff., 3; Urteil des Zürcher Verwaltungsgerichts vom 26. Januar 1978, publiziert in Sammelstelle Gerichtsentscheide, N. 81, S. 9.

Art. 48

Die Amtssprache ist Deutsch.

Amtssprache

Materialien

Art. 55 VE; Prot. Plenum, S. 963 ff., 2168 f., 2989.

Literatur

BIAGGINI GIOVANNI, Sprachenfreiheit und Territorialitätsprinzip, recht 1997, S. 112 ff.; BORGHI MARCO, Langues nationales et langues officielles, in: Verfassungsrecht der Schweiz, § 37; BORGHI MARCO, La liberté de la langue et ses limites, in: Verfassungsrecht der Schweiz, § 38; DUBACH RETO, Art. 39, in: Dubach/Marti/Spahn, S. 118 ff.; FLEINER-GERSTER THOMAS, Das sprachliche Territorialprinzip in gemischtsprachigen Gebieten, LeGes 1991/1, S. 93 ff. (Territorialprinzip); GUCKELBERGER ANNETTE, Das Sprachenrecht in der Schweiz, ZBl 106/2005, S. 609 ff.; HÄNNI PETER, Das freiburgische Sprachenrecht zwischen Sprachenfreiheit und Territorialitätsprinzip, in: Mélanges Peter Boschung, Freiburg 1998, S. 198 ff.; HENGARTNER THOMAS, Die Revision des Sprachenartikels der Bundesverfassung und des Schweizers Deutsch, LeGes 1991/1, S. 69 ff.; HÖRDEGEN STEPHAN, Der Freiburger Sprachenfall – Kontroverse über die Unterrichtssprache in der Schule im Lichte der Sprachenfreiheit und der Bildungschancengleichheit, AJP 2003, S. 768 ff.; KÄGI-DIENER REGULA, Die Sprache – ein Thema von Verfassungsrang, Schweizer Monatshefte 1993, S. 973 ff.; KÄGI-DIENER REGULA, Sprachenordnung vor neuen Herausforderungen, AJP 1995, S. 443 ff.; KÄGI-DIENER REGULA, Die Kompetenzen von Bund und Kantonen im Sprachenrecht, ZBl 102/2001, S. 505 ff.; KÄGI-DIENER REGULA, St.Galler Kommentar, Art. 70; LÜTHI AMBROS, Die Sprachenfrage in der neuen Verfassung des Kantons Freiburg, LeGes 2004/2, S. 65 ff.; LÜTHI AMBROS, La question des langues dans la nouvelle Constitution du canton de Fribourg, LeGes 2004/2, S. 93 ff.; MACHERET AUGUSTIN, Le droit des langues, in: Die neue freiburgische Verfassung, FZR Sondernummer 2005, S. 101 ff.; PREVITALI ADRIANO, Delle presunta inutilità della nuova legge federale sulle lingue nazionali, LeGes 2004/2, S. 177 ff.; REICHENAU CHRISTOPH, Paritätisch erarbeitet durch Bund und Kantone: das Sprachengesetz, LeGes 2002/3, S. 35 ff.; THÜRER DANIEL, Zur Bedeutung des sprachenrechtlichen Territorialprinzips für die Sprachenlagen im Kanton Graubünden, ZBl 83/1982, S. 241 ff.; TSCHANNEN, § 14.

Rechtsquellen

– Art. 70 BV
– Art. 12 KV
– Gesetz über die Gesetzessammlungen und das Amtsblatt vom 27. September 1998 (Publikationsgesetz; LS 150.7)

Übersicht

	Note
1. Entstehungsgeschichte	1
2. Bundesrechtliche Vorgaben	3
3. Situation in anderen Kantonen	6
3.1. «Einsprachige» Kantone	6
3.2. Mehrsprachige Kantone	7
4. Bedeutung der zürcherischen Bestimmung	9
4.1. Gebrauch von Hochsprache und Dialekt	10
4.2. Befugnis zur Festlegung der Unterrichtssprache	11
4.3. Abgrenzung zur Gebärdensprache	13

1. Entstehungsgeschichte

1 Die alte Kantonsverfassung von 1869 enthielt keine Bestimmung über die Amtssprache. Im Rahmen der ersten Beratungen wurde vorgeschlagen, wegleitende Prinzipien und Werte für die Verfassung und die staatliche Tätigkeit insgesamt festzuhalten. Als Abs. 4 wurde die nachstehende Formulierung vorgeschlagen[1]: «Die Amtssprache im Kanton Zürich ist Deutsch.». Der Antrag der Kommission wurde damit begründet, dass verschiedene andere Kantonsverfassungen die Definition der Amtssprache kennen. Dadurch werde gegenüber fremdsprachigen Einwohnerinnen und Einwohnern klargestellt, dass im Kanton Zürich Deutsch die Amtssprache sei. Gleichzeitig werde auch allen Repräsentanten von Gemeinden und Kanton im Verkehr mit fremdsprachigen Einwohnern verständlich gemacht, dass Deutsch die Amtssprache sei[2]. Diese Begründung führte zu keinen Rückmeldungen. Allerdings findet sie sich auch nicht mehr in späteren Materialien.

2 Mündlich wurde ausgeführt, eine Abgrenzung sei wünschbar, da aus der Bevölkerung der Wunsch offenkundig geworden sei, auch Englisch sei zur Amtssprache zu erheben[3]. Der Regierungsrat beantragte, eine kürzere und direktere Formulierung, nämlich: «Die Amtssprache ist Deutsch.» Diesem Antrag schlossen sich sowohl die beantragende Kommission 1 wie auch das Plenum an[4]. Die Redaktionskommission schlug dann vor, die Bestimmung als selbstständigen Artikel statt in den allgemeinen Bestimmungen zu Beginn der neuen Verfassung in den allgemeinen Bestimmungen über die Behörden zu platzieren[5]. In der öffentlichen Vernehmlassung gab die vorgeschlagene Bestimmung zu fast keinen Bemerkungen Anlass; in der zweiten Gesamtlesung wurde sie ohne Wortmeldungen genehmigt[6].

2. Bundesrechtliche Vorgaben

3 Der Bund hält in Art. 70 Abs. 2 BV die Kantone dazu an, ihre Amtssprache «unter Berücksichtigung der herkömmlichen sprachlichen Zusammensetzung und der angestammten sprachlichen Minderheiten» festzulegen. Zunächst ist diese Bestimmung der BV selbst als ungewöhnlich anzuschauen, weil die Bestimmung der Amtssprache des eigenen Kantons eine originäre Angelegenheit des

---

[1] Prot. Plenum, S. 963.
[2] Vorlage der Kommission 1 vom 2. September 2002, S. 6.
[3] Prot. Plenum, S. 964.
[4] Prot. Plenum, S. 971 f.
[5] Prot. Plenum, S. 2169.
[6] Prot. Plenum, S. 2989.

Kantons selbst ist[7]. Wie KÄGI-DIENER zu Recht ausführt, sei es entgegen dem Wortlaut von Art. 70 BV nicht die Meinung, dass Kantone, welche einsprachig sind und deren sprachliches Selbstverständnis unproblematisch ist, ausdrücklich Amtssprachen bezeichnen müssen[8]. Vielmehr sollen hier die mehrsprachigen Kantone verpflichtet werden, auf die herkömmliche sprachliche Zusammensetzung der Gebiete zu achten und auf die angestammten (landes)sprachlichen Minderheiten Rücksicht zu nehmen. Es wird damit also nicht einfach das Territorialitäts- oder Sprachgebietsprinzip bundesrechtlich zum Schutz der traditionellen Viersprachigkeit der Schweiz statuiert, sondern die Kantone sollen hier differenziert beschliessen[9].

Auf Bundesebene beinhaltet die Anerkennung als Amtssprache[10] vor allem folgende Elemente: Im Ungang mit den Bundesbehörden muss eine Amtssprache verwendet werden, die Gesetzestexte sind in den Amtssprachen zu publizieren und bei der Wahl von Richterinnen und Richtern des Bundesgerichtes soll gemäss Art. 188 Abs. 4 BV auf die Vertretung der Amtssprachen Rücksicht genommen werden. 4

Die Festlegung einer Amtssprache beinhaltet indirekt eine Einschränkung der Kommunikation zwischen den Grundrechtsträgern der Sprachenfreiheit und den Behörden; sie ist daher an den Kriterien des Art. 36 BV zu messen[11]. 5

3. Situation in anderen Kantonen

3.1. «Einsprachige» Kantone

Als selbstverständlich sieht der Kanton Schaffhausen an, dass die Amtssprache im Kanton Deutsch sei: So wurde nach der Vernehmlassung sogar auf eine Bestimmung verzichtet, wonach auch Eingaben in anderer Sprache als der deutschen Amtssprache entgegenzunehmen seien[12]. Basel-Stadt legt fest, dass Deutsch die Amtssprache sei, die Behörden und Amtsstellen jedoch auch befugt seien, auch in anderer Sprache zu verkehren[13]. In Baselland wird – neben dem Grundsatz, wonach Deutsch die Amtssprache sei – festgehalten, dass auch Eingaben in einer anderen Amtssprache des Bundes entgegenzunehmen seien[14]. 6

---

[7] Botschaft über eine neue Bundesverfassung vom 20. November 1996, BBl 1997 I, S. 1 ff., 286 f.; KÄGI-DIENER, St. Galler Kommentar, Art. 70 Rz. 13.
[8] KÄGI-DIENER, St. Galler Kommentar, Art. 70 Rz. 14.
[9] Vgl. BIAGGINI, Art. 12 N. 9.
[10] Im Gegensatz zu den Landessprachen gemäss Art. 4 BV (Deutsch, Französisch, Italienisch und Rätoromanisch).
[11] Vgl. BIAGGINI, Art. 12 N. 11, wobei sich die Frage in einem einsprachigen Kanton nicht wirklich stellt.
[12] DUBACH, Art. 39, S. 119.
[13] § 76 KV BS.
[14] § 57 KV BL.

Der Kanton Jura legt fest, dass das Französische die Amtssprache sei, und betont zudem, dass kulturelle Aktivitäten das Französische bevorzugen sollen[15]. Die anderen Verfassungen einsprachiger Kantone enthalten in der Regel keine Bestimmungen über die Amtssprache.

3.2. Mehrsprachige Kantone

7 Mehr Bedeutung haben die entsprechenden Bestimmungen in denjenigen Kantonen, deren Bevölkerung mehrsprachig ist:
- Die Berner KV bezeichnet Deutsch und Französisch als Amtssprachen. Sie legt ausdrücklich fest, welche Gebiete französisch-, welche deutsch- und welche zweisprachig sind[16]. Weiter wird festgelegt, dass ein angemessener Teil des Staatspersonals französischer Sprache sein muss[17].
- Im Kanton Freiburg hatte die Sprachenfrage entsprechend der Situation des Kantons eine grosse Bedeutung bei der Totalrevision[18]. Die KV legt das Territorialitätsprinzip fest, verzichtet aber auf die Festlegung der einsprachigen und gemischtsprachigen Gebiete. Die Gemeinden können zwischen Französisch oder Deutsch wählen oder in Gebieten mit bedeutenden angestammten sprachlichen Minderheiten beide Sprachen als Amtssprachen bestimmen[19]. Zudem bestehen Staatsaufgaben im Zusammenhang mit der Sprachenfrage[20], das Grundrecht der Sprachenfreiheit wird ergänzt mit dem Recht, sich in der Amtssprache seiner Wahl an für den ganzen Kanton zuständige Behörden zu wenden[21], und als erste unterrichtete Fremdsprache wird die andere Amtssprache festgelegt[22].
- Im Kanton Wallis werden Französisch und Deutsch zu «Landessprachen» erklärt und der Grundsatz der Gleichberechtigung beider Sprachen für Gesetzgebung und Verwaltung statuiert[23].
- Im Kanton Graubünden wurde seit Längerem eine breite Diskussion um das Thema geführt[24]. Nach dem Inkrafttreten der neuen BV wurde in Art. 3 KV GR festgelegt, dass Deutsch, Rätoromanisch und Italienisch die gleichwertigen Landes- und Amtssprachen seien. Gemeinden und Kreisen kommt die Aufgabe zu, ihre Amts- und Schulsprachen im Rahmen ihrer Zuständigkeiten und im Zusammenwirken mit dem Kanton festzulegen; dabei sei auf die

---

[15] Art. 3 und Art. 42 Abs. 3 KV JU.
[16] Art. 6 KV BE; dazu KÄLIN/BOLZ, S. 23 ff., 245 ff.
[17] Art. 92 Abs. 3 KV BE.
[18] Dazu MACHERET.
[19] Art. 6 Abs. 1 KV FR.
[20] Art. 6 Abs. 4 und 5 KV FR.
[21] Art. 17 Abs. 2 KV FR.
[22] Art. 64 Abs. 3 KV FR.
[23] Art. 12 KV VS.
[24] Vgl. THÜRER.

herkömmliche sprachliche Zusammensetzung zu achten und Rücksicht auf sprachliche Minderheiten zu nehmen[25].

Wenn die Verfassung auf die Festlegung der Gebiete verzichtet, bleibt den Gemeinden nichts anderes übrig, als diese Frage im Rahmen der Gemeindeautonomie selbst zu bestimmen. Dazu braucht es aus Gründen der demokratischen Legitimation einen Volksentscheid[26].

4. Bedeutung der zürcherischen Bestimmung

In überwiegend einsprachigen Kantonen kann aus der Verwendung einer Sprache als Sprache der Verfassung und der Gesetze ohne Weiteres darauf geschlossen werden, dass diese die massgebliche Amtssprache sei[27]. Von daher wäre die vorliegende Bestimmung grundsätzlich nicht notwendig. Dies zeigt auch das geltende Publikationsgesetz, welches in aller Selbstverständlichkeit von Deutsch als alleiniger Amtssprache ausgeht; dieser Grundsatz wird nicht einmal erwähnt.

4.1. Gebrauch von Hochsprache und Dialekt

Nicht thematisiert im Rahmen der Verfassungsdebatten wurde die Fragestellung des Dialekts und der Hochsprache, der sogenannten «Diglossie»[28]. Bei seiner Praxis lehnte sich der Verfassungsrat selbst an diejenige des Kantonsrats an. Die Kommissionsarbeiten selbst wurden im Dialekt geführt, aber hochdeutsch protokolliert, während die Plenumsdebatten in Hochdeutsch stattfanden. Es finden sich keine Hinweise, dass hier irgendwelche Veränderungen im Hinblick auf eine künftige Praxis des Kantonsparlaments hätten bewirkt werden sollen. Daher ist festzuhalten, dass wie bis anhin im mündlichen Umgang der Dialekt auch in Behördensitzungen, Gemeindeversammlungen und im Umgang mit Privatpersonen Verwendung finden soll. Überall dort, wo das Interesse der Öffentlichkeit und auch die Anwesenheit anderssprachiger Personen anzunehmen ist, soll das Hochdeutsche eingesetzt werden. Mit KÄGI-DIENER ist festzuhalten, dass es sich bei dieser Frage nicht primär um eine rechtliche Frage handelt, sondern um die Ebene von «Sitte und Anstand»[29].

---

25 Vgl. Art. 3 KV GR sowie das neue Sprachengesetz, das am 17. Juni 2007 vom Volk angenommen wurde.
26 FLEINER-GERSTER, Territorialprinzip, S. 107.
27 GUCKELBERGER, S. 622.
28 Diglossie: Form der Zweisprachigkeit, bei der die eine Sprachform die Standard- oder Hochsprache darstellt, während die andere im täglichen Gebrauch, in informellen Texten auftritt. Vgl. zu diesem Thema HENGARTNER.
29 KÄGI-DIENER, St. Galler Kommentar, Art. 70 Rz. 8.

4.2. Befugnis zur Festlegung der Unterrichtssprache

11 Gemäss Rechtsprechung des Bundesgerichts umfasst das Recht zur Bestimmung der Amtssprache auch die Befugnis zur Festlegung der Unterrichtssprache[30]. Eine Festlegung der deutschen Sprache als alleinige Unterrichtssprache hingegen war mit dem Erlass der neuen Zürcher Bestimmung nicht beabsichtigt. Das Angebot einer zweisprachigen Maturitätsschule beispielsweise steht, solange eine freie Wahl der Schule besteht, keinesfalls im Widerspruch zu Art. 48.

12 Im neuen Volksschulgesetz wird festgelegt, dass die Unterrichtssprache in der Kindergartenstufe teilweise, in der Primar- und Sekundarstufe grundsätzlich die Standardsprache (Hochdeutsch) sei[31].

4.3. Abgrenzung zur Gebärdensprache

13 Die Gebärdensprache wird in der neuen Verfassung als Teil der Sprachenfreiheit aufgeführt[32]. Damit soll die Gebärdensprache aber nicht zur Amtssprache gemacht werden, sondern sie erfährt eine Anerkennung als eigenständige Sprache, und sie soll auch im Umgang mit Behörden wie eine andere Sprache behandelt werden[33].

---

[30] GUCKELBERGER, S. 619; TSCHANNEN, § 14 Rz. 22, wobei TSCHANNEN dieses Recht vorwiegend aus Art. 62 BV ableitet. BGE 122 I 236 ff., 239; 100 Ia 462 ff., 465; 91 I 480 ff., 487.
[31] § 24 des Volksschulgesetzes vom 7. Februar 2005 (VSG; LS 412.100). Die Bestimmung tritt per 18. August 2008 in Kraft.
[32] Art. 12; dazu BIAGGINI, Art. 12 N. 1 ff.
[33] Prot. Plenum, S. 2912.

Art. 49

Die Behörden informieren von sich aus und auf Anfrage über ihre Tätigkeit, soweit nicht überwiegende öffentliche oder private Interessen entgegenstehen.

Transparenz

Materialien

Art. 8, Art. 46 VE; Prot. Plenum, S. 1020 ff., 1986 ff., 2989.

Vgl. ferner Antrag und dazugehörige Weisung des Regierungsrates für ein Gesetz über die Information und den Datenschutz (IDG) vom 9. November 2005, ABl 2005, S. 1283 ff.

Literatur

BAERISWYL BRUNO, Informationsprozess im Mittelpunkt, DIGMA 4/2004, S. 166 ff.; BRÖHMER JÜRGEN, Transparenz als Verfassungsprinzip, Habil., Tübingen 2004; BRUNNER STEFAN C., Interessenabwägung im Vordergrund, DIGMA 4/2004, S. 160 ff.; EHRENZELLER BERNHARD, Öffentlichkeit der öffentlichen Verwaltung?, in: Festschrift Bundesrat Arnold Koller, Bern/Stuttgart/Wien 1993, S. 31 ff.; HÄNER ISABELLE, Öffentlichkeit und Verwaltung, Diss., Zürich 1990 (Öffentlichkeit); HÄNER ISABELLE, Das Öffentlichkeitsprinzip in der Verwaltung im Bund und in den Kantonen – Neuere Entwicklungen, ZBl 104/2003, S. 281 ff. (Entwicklungen); HÄNER ISABELLE, Aktive Information und passives Zugangsrecht, URP 18/2004, S. 3 ff. (Information); HÄNER ISABELLE, Die Funktion des Öffentlichkeitsprinzips, DIGMA 4/2004, S. 146 ff. (Funktion); MAHON PASCAL, L'information par les autorités, ZSR 118/1999 II, S. 199 ff.; SAXER URS, Behördliche Informationen im Spannungsfeld von Informationsbedürfnis und (strafrechtlichem) Vertraulichkeitsschutz, ZSR 123/2004 I, S. 233 ff.; SEILER HANSJÖRG, Die (Nicht-)Öffentlichkeit der Verwaltung, ZSR 111/1992 I, S. 415 ff.; SUTTER PATRICK, Vertrauen durch Informationszugang, DIGMA 4/2004, S. 150 ff.

Rechtsquellen

– Bundesgesetz über das Öffentlichkeitsprinzip der Verwaltung vom 17. Dezember 2004 (Öffentlichkeitsgesetz, BGÖ; SR 152.3)
– Gesetz über die Information und den Datenschutz vom 12. Februar 2007 (IDG; LS 170.4; teilweise in Kraft seit 1. Juni 2007)

Übersicht Note

1. Einleitung 1
2. Entstehungsgeschichte 6
3. Ziele 9
   3.1. Allgemeines 9
   3.2. Rechtsstaat 10
      3.2.1. Verwaltungskontrolle 10
      3.2.2. Rechtssicherheit 11
   3.3. Demokratie 12
   3.4. Grundrechtliche Dimension 13
   3.5. Verbesserung der Aufgabenimplementierung 14
      3.5.1. Akzeptanzförderung 14
      3.5.2. Steuerungswirkung 15
4. Anforderungen 16

4.1. Rechtsgleichheit	16
4.2. Adäquanz und Ausgewogenheit	17
4.3. Kein Verstoss gegen überwiegende öffentliche oder private Interessen	21

1. Einleitung

1   Art. 49 verankert – zusammen mit Art. 17, welcher den Zugang zu amtlichen Dokumenten als Grundrecht gewährleistet – für die Behörden des Kantons Zürich das *Öffentlichkeitsprinzip (mit Geheimhaltungsvorbehalt)*[1].

2   Aufgrund der Platzierung in den Allgemeinen Bestimmungen des Behörden-Kapitels spricht Art. 49 alle drei Gewalten an. Für den Kantonsrat und die kantonalen Gerichte wird das Öffentlichkeitsgebot in Art. 53 und Art. 78 aber spezifiziert. Die Bestimmung entfaltet damit vor allem Bedeutung für *Regierung* und *Verwaltung*[2]. Neben den kantonalen Behörden erfasst Art. 49 auch jene der *Gemeinden.*

3   Während die Öffentlichkeit wesentlicher Teile des Gesetzgebungs- und Gerichtsverfahrens zu den traditionellen Grundwerten des freiheitlichen Rechtsstaates gehört, galt für die Tätigkeit der Schweizer Exekutive bis vor kurzem grundsätzlich das Geheimhaltungsprinzip[3]. Mit dem auf den 1. Juli 2006 in Kraft getretenen *Bundesgesetz über das Öffentlichkeitsprinzip der Verwaltung* (BGÖ) hat das Öffentlichkeitsprinzip auf Bundesebene – jedenfalls im Grundsatz – auch in der Verwaltung Einzug gehalten[4]. Die neue Kantonsverfassung beauftragt den Zürcher Gesetzgeber, in dieser Hinsicht mit dem Bund gleichzuziehen. Nach längeren Vorarbeiten[5] wurde das neue *Gesetz über die Information und den Datenschutz* (IDG) Anfang 2007 vom Kantonsrat verabschiedet. Vier Paragrafen des IDG, welche organisatorische Fragen betreffen[6], gelten bereits seit dem 1. Juni 2007. Der Rest soll auf den 1. Januar 2008 in Kraft gesetzt werden.

---

[1]   JAAG, Rz. 1428.
[2]   Gemäss § 3 Abs. 1 lit. a IDG gilt das Gesetz auch für den *Kantonsrat, Gemeindeparlamente* sowie *Gemeindeversammlungen.* Heikel ist die Einstufung *öffentlicher* und *gemischtwirtschaftlicher Unternehmen* (dazu HÄNER, Entwicklungen, S. 290). § 3 Abs. 1 lit. c IDG knüpft nicht bei der Trägerschaft bzw. Rechtsform, sondern bei der Erfüllung öffentlicher Aufgaben an. Bei Unternehmen dürfte die Anwendung des Gesetzes aber regelmässig an § 2 Abs. 2 IDG scheitern, der Organe ausnimmt, welche am wirtschaftlichen Wettbewerb teilnehmen und dabei nicht hoheitlich handeln. Dazu auch BIAGGINI, Art. 17 N. 12.
[3]   Dazu EHRENZELLER, S. 32; HÄNER, Information, S. 6. Ferner BIAGGINI, Art. 17 N. 1. Vgl. daneben aber auch die pointiert andere Ansicht von SEILER, S. 415 ff., 427, sowie Art. 63 Abs. 1 KV SO. Zur Entwicklung in anderen Staaten EHRENZELLER, S. 33 ff., sowie Botschaft zum Bundesgesetz über die Öffentlichkeit der Verwaltung (Öffentlichkeitsgesetz, BGÖ) vom 12. Februar 2003, BBl 2003, S. 1968 ff.
[4]   BRUNNER, S. 160 ff.
[5]   BAERISWYL, S. 166; JAAG, Rz. 1429.
[6]   §§ 30–33 IDG.

Grundsätzlich ist davon auszugehen, dass Art. 49 sämtliche Informationen unterstehen, welche sich im Wirkungsbereich von Zürcher Behörden befinden[7]. Werden Belange des Bundes oder anderer Kantone tangiert, ist auf diese im Rahmen der erforderlichen Interessenabwägung (vgl. N. 21 ff.) angemessen Rücksicht zu nehmen[8]. 4

Während das Öffentlichkeitsprinzip in der Regel nach dem «Holprinzip» funktioniert[9], sind die Behörden aufgrund des Transparenzgebots von Art. 49 gehalten, auch *von sich aus aktiv* zu informieren[10]. Staatliche *Öffentlichkeitsarbeit* stellt eine altbekannte Grösse dar. Sie bedeutet insofern keinen strikten Bruch mit dem Prinzip der Geheimhaltung, als die informierende Behörde die Kontrolle darüber behält, welche Themen und Inhalte der Bevölkerung offengelegt werden. Will man Ernst machen mit der Öffentlichkeit der Verwaltung, bedarf es zusätzlich der Möglichkeit, dass einzelne Personen sich selbst ergänzende Informationen beschaffen[11]. Entsprechend erwähnt Art. 49 die Anfrage von Privaten neben dem generellen Auftrag als alternativen bzw. subsidiären Auslöser für die Abgabe von Informationen. Dies ändert indessen nichts am Charakter von Art. 49 als *einer behördenadressierten Auftragsnorm*. Für den *Individualanspruch* sei auf die Ausführungen zu Art. 17 verwiesen[12]. 5

2. Entstehungsgeschichte

Bereits einige der privaten Vorentwürfe für eine neue Zürcher Kantonsverfassung sahen eine Informationspflicht der Behörden vor: so etwa Art. 43 des Entwurfs JAAG/KÖLZ, Art. 51 des Entwurfs RAPPOLD oder Art. 35 des Entwurfs KARLEN/KOTTUSCH[13]. 6

---

[7] HÄNER, Information, S. 20; HÄNER, Entwicklungen, S. 293. Vgl. auch BIAGGINI, Art. 17 N. 10.
[8] Dies ergibt sich im Verhältnis zwischen Bund und Kantonen bereits aus Art. 44 Abs. 1 und Abs. 2 BV. Vgl. ferner § 23 Abs. 2 lit. d IDG sowie Art. 7 Abs. 1 lit. e BGÖ. Dazu HÄNER, Information, S. 20 f.
[9] HÄNER, Information, S. 6; HÄNER, Entwicklungen, S. 285.
[10] Vgl. dazu § 14 IDG. Dessen Abs. 1 ist allerdings sehr unbestimmt, indem er eine Informationspflicht für jene Tätigkeiten vorschreibt, die von «allgemeinem Interesse» sind. Je nach Auslegung dieses Begriffs liesse sich damit auch eine sehr zurückhaltende Informationspraxis rechtfertigen, welche dem Auftrag von Art. 49 kaum gerecht würde. Zentral erscheint darum namentlich § 14 Abs. 4 IDG, der die Veröffentlichung eines Verzeichnisses der vorhandenen Informationsbestände vorschreibt. Auf diese Weise erhalten Private gleichsam einen Hebel, um sich mittels Anfrage weitere Daten zugänglich zu machen.
[11] EHRENZELLER, S. 40; SUTTER, S. 152.
[12] BIAGGINI, Art. 17 N. 1 ff.
[13] Abgedruckt in Materialien zur Zürcher Verfassungsreform, Bd. 7. Die genannten Regelungen finden sich auf S. 43, 172 und 209.

7   Bei der verfassungsrätlichen Formulierung liess man sich durch Art. 60 Abs. 1 KV SG[14] inspirieren[15]. Gegenüber der Vorlage wurden aber wesentliche Korrekturen angebracht. Die St. Galler Norm fordert einzig bezüglich der privaten Interessen, die gegen die Transparenz in die Waagschale geworfen werden, dass diese «schützenswert» sein müssen. Dies stiess auf Kritik und führte zur Voranstellung des genannten Adjektivs vor beide Interessenarten[16]. Das zunächst (wohl) ebenfalls aus St. Gallen übernommene «*oder* auf Anfrage» wurde später in ein «*und* auf Anfrage» korrigiert (Hervorhebungen durch den Verfasser), um klarzustellen, dass die Behörden nicht die Wahl haben, ob sie von Amtes wegen oder nur auf Anfrage informieren wollen[17]. Schliesslich erfolgte eine Anpassung an die Wortwahl beim Grundrecht und «schützenswert» wurde durch «überwiegend» ersetzt, so dass Art. 49 und Art. 17 heute über eine einheitliche Terminologie verfügen.

8   Der Artikel zur Transparenz figurierte ursprünglich im einleitenden Kapitel zu den Grundlagen und wurde erst später nach hinten ins Behörden-Kapitel verschoben. Erhalten geblieben ist dabei die objektiv-rechtliche Ausrichtung der Norm. Der besondere Auftrag betreffend die Information vor Volksabstimmungen, der im Vernehmlassungsentwurf (Art. 46) noch enthalten war, wurde gestrichen.

3. Ziele

3.1. Allgemeines

9   Behördliche Transparenz dient verschiedenen Zielen. Versucht man diese zu ordnen, lassen sich insbesondere rechtsstaatliche, demokratische, grundrechtliche und aufgabenbezogene Argumente unterscheiden. Diese Aspekte stehen nicht losgelöst nebeneinander, sondern weisen Überschneidungen und Bezugspunkte auf.

3.2. Rechtsstaat

3.2.1. Verwaltungskontrolle

10 Während Geheimhaltung ein probates Mittel ist, um eigene Fehlleistungen zu verdecken, erhöht Transparenz den Rechtfertigungsdruck bei behördlichen Ent-

---

[14] Die Bestimmung lautet: «Die Behörden informieren von sich aus oder auf Anfrage über ihre Tätigkeit, soweit keine öffentlichen oder schützenswerten privaten Interessen entgegenstehen.»
[15] Prot. Plenum, S. 1022.
[16] Prot. Plenum, S. 1022 f.
[17] Prot. Plenum, S. 1987.

scheiden, was sich positiv auf deren Rationalität auswirkt[18]. Der Öffentlichkeit kommt damit eine Kontrollfunktion zu[19]. Wissen ist Macht; Informationsteilung bedeutet Machtteilung und -begrenzung[20].

3.2.2. Rechtssicherheit

Eine transparente Behördenpraxis führt zu erhöhter Rechtssicherheit[21]. Sie erlaubt Rechtsuchenden Vergleiche zwischen verschiedenen Rechtssachen, was die Orientierung in Verfahren vereinfacht und behördliche Praxisänderungen oder gar Fehler leichter erkennbar macht. Ausserdem erhält die wissenschaftliche Lehre und Forschung die Basis für eine systematische Aufarbeitung von Entscheidkomplexen, wovon Rechtsbetroffene wie auch die Behörden profitieren, indem ihnen ermöglicht wird, das eigene Handeln in einen übergeordneten Kontext zu setzen und auf diesem Weg eine kritische Standortbestimmung vorzunehmen.

11

3.3. Demokratie

In einer direkten Demokratie übt das Volk nicht nur Kontrollfunktionen aus, sondern es ist aktiv an Entscheidungen beteiligt. Ohne Öffentlichkeit kann das Volk diese Rolle nicht oder nur schlecht wahrnehmen[22]. Nur wer über den Status quo verlässlich im Bilde ist, verfügt über die notwendigen Grundlagen, um an der Gestaltung der Zukunft verantwortungsbewusst mitzuwirken. Behördliche Transparenz klärt nicht nur auf, sie befruchtet auch. Als Quelle für zuverlässige staatsbezogene Informationen bildet sie zusammen mit den Inputs namentlich der Medien und der politischen Parteien die Saat für den demokratischen Prozess. Derart verfügen Volk und politische Akteure über eine grössere Vielfalt an Informationen, was dem Entscheidungsprozess ein höheres Mass an Rationalität und politischer Legitimität vermittelt[23].

12

3.4. Grundrechtliche Dimension

Art. 49 bildet die *objektiv-rechtliche* bzw. *programmatische* Seite des Art. 17 im Grundrechtskatalog. Unabhängig davon ergibt sich das Gebot, vom Staat in ausreichendem Masse mit Information versorgt zu werden, aus dem verfassungs-

13

---

[18] HÄNER, Funktion, S. 148.
[19] HÄNER, Entwicklungen, S. 286.
[20] SEILER, S. 424.
[21] HÄNER, Funktion, S. 148; HÄNER, Entwicklungen, S. 286.
[22] EHRENZELLER, S. 36; HÄNER, Funktion, S. 147; J.P. MÜLLER, S. 295; SEILER, S. 425; BGE 107 Ia 304 ff., 311.
[23] HÄNER, Öffentlichkeit, S. 80 ff.; SEILER, S. 424.

rechtlich geforderten Schutz der Menschenwürde (Art. 9, dem neben Art. 7 BV aber kaum selbstständige Bedeutung zukommen dürfte)[24]. Private haben ein Anrecht, dass Behörden sie auch ausserhalb spezifischer Verfahren als mündige und eigenverantwortliche Subjekte wahrnehmen und behandeln. Die Vorgabe, staatliche Tätigkeit transparent zu gestalten, wird ausserdem mit dem konstitutiv-institutionellen Gehalt der Informationsfreiheit begründet (Art. 16 Abs. 3 i.V.m. Art. 35 Abs. 1 BV, ferner Art. 10 EMRK)[25].

3.5. Verbesserung der Aufgabenimplementierung

3.5.1. Akzeptanzförderung

14 Transparenz erhöht die Richtigkeitsgewähr des staatlichen Handelns und verleiht der Überzeugung der Behörden hinsichtlich der Korrektheit des eigenen Verhaltens Ausdruck. Beides stärkt das Vertrauen der Bevölkerung gegenüber den staatlichen Organen und trägt dazu bei, deren Handlungen zu legitimieren sowie die Akzeptanz durch Betroffene zu verbessern[26].

3.5.2. Steuerungswirkung

15 Information wird von der öffentlichen Hand in jüngerer Zeit immer mehr als «schlichtes» Handlungsmittel eingesetzt, um auf diesem Weg gesellschaftliche Prozesse zu steuern[27]. Diese Lenkungsebene spielt – obwohl nicht im Vordergrund – auch eine Rolle, wenn staatliche Stellen aktiv über ihre Tätigkeit unterrichten[28]. Man wird bemüht sein, Verlautbarungen nach Möglichkeit so zu gestalten, dass den Informationen eine aufgabenunterstützende Wirkung zukommt. Wenn beispielsweise die Polizei über ihre Aufgabenerfüllung berichtet, soll davon unter Umständen ein Präventionseffekt ausgehen. Eine solche Ausrichtung ist in Grenzen vertretbar, erweist sich aber als nicht unproblematisch. Behördliche Öffentlichkeitsarbeit ist mit heiklen Abwägungsfragen und notwendiger Selbstbeschränkung verbunden. Manipulation und Aufklärung, Propaganda und Überzeugung liegen manchmal nah beieinander.

---

[24] EHRENZELLER, S. 36; HÄNER, Funktion, S. 148.
[25] EHRENZELLER, S. 39. Art. 16 Abs. 3 BV bezieht sich freilich einzig auf «allgemein zugängliche Quellen». Das Bundesgericht lehnte es bis heute ab, aus der Verfassung einen darüber hinausreichenden Anspruch auf behördliche Information abzuleiten; BGE 113 Ia 309 ff., 317. Kritisch dazu J.P. MÜLLER, S. 294 ff.; vgl. auch HÄFELIN/HALLER, N. 463 ff.
[26] HÄNER, Funktion, S. 148; HÄNER, Entwicklungen, S. 285; SUTTER, S. 153.
[27] UDO DI FABIO, Information als hoheitliches Gestaltungsmittel, Juristische Schulung 37/1997, S. 1 ff.; PIERRE TSCHANNEN, Amtliche Warnungen und Empfehlungen, ZSR 118/1999 II, S. 353 ff.; ferner HÄFELIN/MÜLLER/UHLMANN, Rz. 730a ff.; TSCHANNEN/ZIMMERLI, § 38 Rz. 8 f.
[28] HÄNER, Information, S. 8; SUTTER, S. 151 f.

4. Anforderungen

4.1. Rechtsgleichheit

Indem die Öffentlichkeit staatlicher Angelegenheiten den Informationsgleichstand der Privaten gewährleistet, liegen Bezüge zur Rechtsgleichheit vor. Dieser Gleichstand kann durch die *Wahl des Mediums* gefährdet werden. Das fängt bereits bei der *Sprache* an. Selbst wenn der Kanton Zürich über keine sprachlichen Minderheiten verfügt, schliesst zum Beispiel die Verwendung einer nur schwer verständlichen Fachsprache Teile der Bevölkerung von der Information aus. Auch das *technische* Medium, welches zum Einsatz gelangt, erscheint von Relevanz. So dürften sich ältere Menschen weniger gut über das Internet erreichen lassen. Da letztlich jedes Medium nur selektiv zu wirken vermag[29], ist auf eine möglichst breite Streuung über mehrere Kanäle zu achten.

16

4.2. Adäquanz und Ausgewogenheit

Die *mengenmässigen* Anforderungen an staatliche Informationspolitik liegen nicht nur in der Gewährleistung eines Minimums, sondern ebenso in der Vermeidung eines unerwünschten Übermasses. Informationsüberlastung und -«verschmutzung» vermögen den Informationsanspruch der Privaten ebenso nachhaltig zu beeinträchtigen wie das Vorenthalten von Informationen. Damit sowohl Fachpersonen als auch ein breiteres Publikum ohne Vor- oder Spezialkenntnisse ihr spezifisches Informationsbedürfnis zu decken vermögen, hat die staatliche Öffentlichkeitsarbeit möglichst *gezielt* zu erfolgen und müssen dieselben Informationen je nachdem in unterschiedlichen Ausführlichkeitsgraden zur Verfügung gestellt werden. Da die Medien eine besondere Rolle bei der Informationstätigkeit spielen, sind diese privilegiert mit weiterführenden Informationen zu versorgen[30].

17

Transparenz erfordert *repräsentative* Daten. Deshalb ist zu vermeiden, das Licht der Öffentlichkeit selektiv auf einzelne (für Staat und Verwaltung unter Umständen besonders günstige) Angelegenheiten zu lenken. Im Interesse der Verwaltungsökonomie wird es aber zulässig sein, namentlich in jenen Bereichen aktiv zu informieren, wo ansonsten eine grosse Zahl individueller Anfragen zu gewärtigen wäre.

18

Die behördliche Information ist *sachlich* und *neutral* zu formulieren[31]. Dies schliesst ergänzende Stellungnahmen und Wertungen nicht aus. Solche Äusse-

19

---

[29] SEILER, S. 426.
[30] BAERISWYL, S. 168. § 15 Abs. 1 IDG verlangt in diesem Sinn Rücksichtnahme auf die Bedürfnisse der Medien.
[31] EHRENZELLER, S. 39; SAXER, S. 261 f.

rungen sind aber nur zurückhaltend zu tätigen und klar als Ansicht der informierenden Behörde zu kennzeichnen. Die abschliessende Bewertung der Fakten ist den Empfängern und dem demokratischen Prozess zu überlassen.

20 Eine sachgerechte Berichterstattung hat schliesslich einen engen zeitlichen Bezug zum Gegenstand, auf den sie sich bezieht, aufzuweisen, mit anderen Worten möglichst *aktuell* zu sein. Nur so vermag der Informationsfluss die ihm zugedachten Funktionen zu erfüllen[32].

4.3. Kein Verstoss gegen überwiegende öffentliche oder private Interessen

21 Vorrangigen öffentlichen oder privaten Interessen hat das Transparenzprinzip zu weichen; es untersteht deshalb einem Geheimhaltungsvorbehalt[33].

22 *Vertrauliche* Daten dürfen nicht zugänglich gemacht werden. Neben dem Schutz *staatlicher Geheimnisse* (Staatsschutz, Aussenpolitik[34]) steht die Gewährleistung von *Persönlichkeits- und Datenschutzpflichten* gegenüber Privaten im Zentrum der vorzunehmenden Interessenabwägung. Praktische Konkordanz herzustellen ist insbesondere mit dem Recht auf informationelle Selbstbestimmung gemäss Art. 13 Abs. 2 BV[35].

23 Daneben gilt es, die *rechtmässige und sachgerechte Aufgabenerfüllung* der Behörden zu gewährleisten[36]. Regierung und Verwaltung haben ihre Tätigkeiten *neutral* und *unbefangen* zu erledigen. Die Umsetzung dieser Maxime erweist sich mitunter als dornenvoll, zumal die genannten Stellen vonseiten der Gesellschaft mannigfachen Einflüssen und Erwartungen durch Betroffene bzw. interessierte Kreise ausgesetzt sind. Solchen Einflussnahmen oder Versuchen dazu dürfte eine «gläserne» Exekutive in noch stärkerem Masse ausgesetzt sein. Man kann darin eine Demokratisierung erkennen[37]. Letztlich muss man sich jedoch bewusst sein, dass damit auch der Anreiz für einseitige Pressionen von Interessengruppierungen erhöht wird. Zumindest der Zeitpunkt der Informationsfreigabe sollte wohlüberlegt sein. Das bewahrt die Behörde vor unerwünschten Einmischungs- und Druckversuchen von aussen und gewährleistet Objektivität, Neutralität sowie Sachbezogenheit des Handelns. Besondere Bedeutung besitzt dieser *Funktionsschutz* bei *entscheidvorbereitenden* Tätigkeiten bzw. Phasen[38]. Der Grundsatz der Öffentlichkeit darf den Lösungsfindungsprozess nicht be-

---

[32] Häner, Entwicklungen, S. 301; Saxer, S. 263.
[33] Vgl. dazu § 23 IDG. Ferner Biaggini, Art. 17 N. 22 ff.
[34] Seiler, S. 435 f.
[35] Häner, Entwicklungen, S. 294.
[36] Ehrenzeller, S. 43 f.
[37] So Häner, Funktion, S. 147, 149.
[38] Vgl. § 14 Abs. 3 sowie § 23 Abs. 2 lit. a–c IDG.

einträchtigen. Nach abgeschlossener Erörterung und Entscheidung bzw. nach Abschluss der Verhandlungen sind die Informationen in der Regel freizugeben, sofern keine anderen Gesichtspunkte dagegen sprechen. Eine Ausnahme bilden die Mitberichte der Direktionen, welche auch nach der Beschlussfassung durch den Regierungsrat vom Zugang ausgeschlossen bleiben sollen, um das Kollegialitätsprinzip zu schützen[39].

Bund, Kantone und Gemeinden haben bei ihrer Informationstätigkeit aufeinander Rücksicht zu nehmen und darauf zu achten, dass die eigene Transparenz nicht auf Kosten der Aufgaben anderer Gemeinwesen geht (dazu N. 4).

---

[39] Dazu Weisung des Regierungsrates, ABl 2005, S. 1316.

B. Kantonsrat

Art. 50

Der Kantonsrat übt im Zusammenwirken mit den Stimmberechtigten die verfassungsgebende und die gesetzgebende Gewalt aus.

Er ist ein Milizparlament und besteht aus 180 Mitgliedern.

Funktion und Zusammensetzung

Materialien

Art. 57–66 VE; Prot. Plenum, S. 150, 772 ff., 791 ff., 888 ff., 900 f., 903 ff., 2169 ff., 2989 ff., 3008 ff.

Vgl. ferner Antrag und Weisung des Regierungsrats zum Gesetz über die politischen Rechte vom 28. August 2002, ABl 2002, S. 1507 ff. (Weisung GPR); Bericht und Antrag des Regierungsrates an den Kantonsrat zum dringlichen Postulat KR-Nr. 93/2005 betreffend Einbezug des Kantonsrates in Aushandlung, Ratifikation, Vollzug und Änderung interkantonaler Verträge und von Vereinbarungen mit dem Ausland vom 17. Mai 2006, ABl 2006, S. 506 ff. (RRB interkantonale Verträge); Kompetenzverteilung zwischen Bundesversammlung und Bundesrat, Bericht der von den Staatspolitischen Kommissionen der eidgenössischen Räte eingesetzten Expertenkommission vom 15. Dezember 1995, BBl 1996 II, S. 428 ff. (Bericht Kompetenzverteilung); Botschaft über eine neue Bundesverfassung vom 20. November 1996, BBl 1997 I, S. 1 ff. (Botschaft BV); Bundesversammlung, Organisation, Verfahren, Verhältnis zum Bundesrat – Zusatzbericht der Staatspolitischen Kommissionen der eidgenössischen Räte zur Verfassungsreform vom 6. März 1997, BBl 1997 III, S. 245 ff. (Zusatzbericht Verfassungsreform).

Literatur

AUBERT, Kommentar BV, Art. 91 aBV; AUER/MALINVERNI/HOTTELIER, Bd. I, N. 208 ff., 581 ff., 863 ff.; BOLZ URS, Art. 72–83, in: Kälin/Bolz; BRUNNER NORBERT, Kommentar zur Verfassung des Kantons Graubünden, Art. 27–29, 33, 34, 36, 37; DÉPRAZ ALEX, Parlement et Gouvernement dans la nouvelle Constitution, in: Moor, Constitution vaudoise, S. 229 ff.; DUBACH RETO, Art. 52–59, in: Dubach/Marti/Spahn, S. 151 ff.; EICHENBERGER, vor §§ 76–86 und §§ 76 ff.; GIACOMETTI, S. 290 ff.; GRAF MARTIN, St. Galler Kommentar, Art. 154; HALLER/KÖLZ, S. 225 ff.; HANGARTNER, Bd. I, S. 93 ff., 141 ff.; HANGARTNER YVO, Parlament und Regierung, ZBl 91/1990, S. 473 ff. (Parlament); HANGARTNER/KLEY, §§ 22, 23, 29, 30, 33; HEUSLER BERNHARD, Oberaufsicht und Kontrolle im schweizerischen Verfassungsrecht, Diss., Basel/Frankfurt a.M. 1993; JAAG, Rz. 1116 ff.; JAAG TOBIAS, Die Rechtsstellung der Kantone in der Bundesverfassung, in: Verfassungsrecht der Schweiz, § 30 (Rechtsstellung); JAAG TOBIAS/SCHULER FRANK, Kommentar zur Verfassung des Kantons Graubünden, Art. 30–32; KIENER REGINA, Die Informationsrechte der parlamentarischen Kommissionen, Diss., Bern 1994 (Informationsrechte); MARTENET VINCENT, L'autonomie constitutionnelle des cantons, Diss. (Genf), Basel/Genf/München 1999; MASTRONARDI PHILIPPE, St. Galler Kommentar, Vorbem. zu Art. 148–173, Art. 148, 169; NUSPLIGER KURT, Grundzüge der Behördenstruktur im Verfassungsrecht der Kantone, in: Verfassungsrecht der Schweiz, § 69 (Behördenstruktur); NUSPLIGER KURT, Regierung und Parlament, in: Kälin/Bolz, S. 149 ff. (Regierung); REINERT PETER, Ausstand im Parlament, Diss., Zürich 1991; RHINOW, Rz. 1827 ff.; RUCH ALEXANDER, St. Galler Kommentar, Art. 51; SÄGESSER THOMAS, Kommentar zu Art. 143–173 BV, in: Thomas Sägesser (Hrsg.), Die Bundesbehörden, Bern 2000, Teil II Kommentar (Bundesbehörden); SALADIN PETER, Kommentar BV, Art. 3 und 6 aBV; SCHMID GERHARD/UHLMANN FELIX, Grundzüge der Staatsfunktionen im Staatsrecht der Kantone, in: Verfassungsrecht der Schweiz, § 75; SCHWEI-

ZER, S. 289 ff.; SEILER, insb. S. 611 ff.; STRÄULI, Art. 31–34; TSCHANNEN, §§ 24, 50–52; VON WYSS MORITZ, Maximen und Prinzipien des parlamentarischen Verfahrens, Diss., Zürich 2000 (Maximen); VON WYSS MORITZ, St. Galler Kommentar, Art. 158, 159.

Rechtsquellen

– Art. 51 BV
– Bundesgesetz über die politischen Rechte vom 17. Dezember 1976 (BPR; SR 161.1)
– Bundesgesetz vom 13. Dezember 2002 über die Bundesversammlung (Parlamentsgesetz, ParlG; SR 171.10)
– Gesetz über die politischen Rechte vom 1. September 2003 (GPR; LS 161)
– Verordnung über die politischen Rechte vom 27. Oktober 2004 (VPR; LS 161.1)
– Gesetz über die Organisation und die Geschäftsordnung des Kantonsrates vom 5. April 1981 (Kantonsratsgesetz, KRG; LS 171.1)
– Geschäftsreglement des Kantonsrates vom 15. März 1999 (LS 171.11)
– Beschluss des Kantonsrates über die Schaffung eines verwaltungsunabhängigen Parlamentsdienstes vom 29. April 1996 (LS 171.3)
– Verordnung über Organisation und Aufgaben der Parlamentsdienste vom 28. März 1996 (LS 171.31)
– Gesetz über die Organisation des Regierungsrates und der kantonalen Verwaltung vom 6. Juni 2005 (OG RR; LS 172.1; OS 60, S. 334 ff., 62, S. 272)
– Gesetz über Controlling und Rechnungslegung vom 9. Januar 2006 (CRG; LS 611). Auf den 1. Oktober 2007 traten § 13 Abs. 2 und § 64 (Anhang lit. c, § 34 des Kantonsratsgesetzes und vorstehender Gliederungstitel) des CRG in Kraft (OS 62, S. 354 ff.). Das CRG tritt voraussichtlich per 1. Januar 2009 vollständig in Kraft.

Übersicht Note

1. Einleitung 1
   1.1. Zwei unterschiedliche Teilbestimmungen 1
   1.2. Bundesrechtliche Vorgaben 2
2. Entstehungsgeschichte 3
3. Stellung des Kantonsrats 5
   3.1. Funktion der Bestimmung 5
   3.2. Stellung im Allgemeinen 10
   3.3. Verhältnis zum Regierungsrat 11
   3.4. Informationsrechte gegenüber Regierungsrat und Verwaltung 16
   3.5. Verhältnis zu den Gerichten 18
4. Repräsentation des Volkes 22
5. Organisation und Geschäftsordnung 26
   5.1. Organisation 26
   5.2. Verfahren 29
6. Milizparlament und Mitgliederzahl 31

1. Einleitung

1.1. Zwei unterschiedliche Teilbestimmungen

Der erste Artikel über den Kantonsrat vereint zwei Absätze mit ganz unterschiedlichem Regelungsgehalt: In Abs. 1 wird die Hauptfunktion des Kantonsrats sowie seine Stellung in der gewaltenteiligen Organisation des Kantons zum Ausdruck gebracht. Abs. 2 hingegen regelt die Mitgliederzahl des Kantonsrats sowie seinen Charakter als Milizparlament.

1.2. Bundesrechtliche Vorgaben

Art. 51 Abs. 1 Satz 1 BV verpflichtet die Kantone, sich eine demokratische Verfassung zu geben. Diese Bestimmung verlangt ein vom Volk gewähltes Parlament und die Beachtung des Grundsatzes der Gewaltenteilung[1]. Dem Kantonsparlament müssen eine substanzielle Gesetzgebungsbefugnis, die Kompetenz zur Ausgabenbewilligung sowie zur Wahl der Kantonsregierung und deren politischer Kontrolle zustehen, soweit diese Befugnisse nicht dem Stimmvolk zukommen[2]. Darüber hinaus macht die Bundesverfassung keine Vorgaben über Stellung und Kompetenzen des Kantonsparlaments; die Kantone sind in der Ausgestaltung ihrer Behördenorganisation frei[3]. Dies gilt auch bezüglich der Grösse und der Organisation des Kantonsparlaments[4].

2. Entstehungsgeschichte

Anliegen des Verfassungsrats waren die Überprüfung des Wahlsystems des Kantonsrats, seiner organisatorischen Ausgestaltung und seiner Aufgaben. Weiter herrschte jedenfalls zu Beginn der Beratungen die Ansicht, das Machtverhältnis zwischen den Gewalten sei neu auszubalancieren[5].

Die Verfassung von 1869 regelte die Mitgliederzahl und die Wahl des Kantonsrats in Art. 32. Eine Bestimmung über seine grundsätzliche Funktion entsprechend Art. 50 Abs. 1 fehlte[6].

---

[1] Botschaft BV, S. 218; HÄFELIN/HALLER, N. 1015; HANGARTNER/KLEY, N. 1376; JAAG, Rechtsstellung, § 30 Rz. 17; RUCH, St. Galler Kommentar, Art. 51 Rz. 8; SCHMID/UHLMANN, § 75 Rz. 3.
[2] HANGARTNER/KLEY, N. 1347 f.
[3] JAAG, Rechtsstellung, § 30 Rz. 19; vgl. SALADIN, Kommentar BV, Art. 6 aBV Rz. 63.
[4] BBl 1995 I, S. 978. Zu den bundesrechtlichen Anforderungen an die Wahl des Kantonsrats vgl. Art. 51 N. 2 ff.
[5] Zu Letzterem vgl. Prot. Plenum, S. 150.
[6] Art. 28 aKV war die Grundlage der Entscheidkompetenzen des Kantonsrats in der Gesetzgebung. Diese Bestimmung war im Kapitel Gesetzgebung und Volksrechte eingeordnet.

3. Stellung des Kantonsrats

3.1. Funktion der Bestimmung

5 Art. 50 Abs. 1 will die grundsätzliche Stellung des Kantonsrats in der gewaltenteiligen Behördenorganisation des Kantons umschreiben. Es handelt sich um eine Kennzeichnungsnorm, aus der sich keine unmittelbaren Rechtsfolgen ableiten lassen[7]. Die einzelnen Zuständigkeiten und Aufgaben sind in den Art. 54–59 geregelt.

6 Art. 50 Abs. 1 ist im Zusammenhang mit weiteren Bestimmungen der Kantonsverfassung zu lesen. Art. 1 Abs. 3 bringt zum Ausdruck, dass die Staatsgewalt auf dem Volk beruht[8]. Art. 3 regelt den Grundsatz der Gewaltenteilung. Art. 60 umschreibt die Funktion des Regierungsrats und Art. 73 die Aufgaben und die Stellung der Gerichte.

7 Als *kennzeichnendes Element* des Kantonsrats werden seine Kompetenzen in der *Verfassungs- und Gesetzgebung* hervorgehoben. Damit knüpft die Formulierung zwar an die klassische (funktionale) Einteilung der Staatsgewalten in die gesetzgebende, die vollziehende und die rechtsprechende Gewalt[9] an, will diese jedoch nicht zum Prinzip erklären. Der Verfassungsrat war sich bewusst, dass beispielsweise auch der Regierungsrat wichtige Aufgaben in der Verfassungs- und Gesetzgebung sowie eigene Rechtsetzungsbefugnisse hat[10].

8 Gerade die Kompetenzen in der Verfassungs- und Gesetzgebung kommen dem Kantonsrat nicht alleine zu, sondern nur im Zusammenwirken mit den Stimmberechtigten, die darauf über Initiative und Referendum Einfluss nehmen können[11]. Der Stellenwert des Stimmvolks wurde in der Formulierung von Abs. 1 bewusst zum Ausdruck gebracht, nicht zuletzt auch mit Blick auf die historische Entwicklung, welche dem Kantonsrat nur wenige abschliessende Kompetenzen eingeräumt hatte. Aus diesem Grund wurde die heutige Formulierung einer Umschreibung vorgezogen, welche angelehnt an die Bundesverfassung nur vom «Vorbehalt» der Rechte der Stimmberechtigten gesprochen hatte[12].

9 Die Kantonsverfassung betrachtet die *Verfassungsgebung* und die *Gesetzgebung* als die eigentliche *Kernaufgabe* des Kantonsrats[13]. Diese spezielle Hervorhebung der rechtsetzenden Funktion ist nicht selbstverständlich. Auch das Bud-

---

[7] Vgl. EICHENBERGER, § 76 N. 1; JAAG/SCHULER, Kommentar KV GR, Art. 30 Rz. 9.
[8] Zum Zusammenhang dieser beiden Bestimmungen: Prot. Plenum, S. 773, 2169 f.
[9] Zur Gewaltenteilung vgl. Art. 3; BIAGGINI, Art. 3; HÄFELIN/HALLER, N. 1405 ff.
[10] Prot. Plenum, S. 792, S. 2169 ff. Vgl. Art. 67; Erläuterung zu Art. 61 VE; vgl. BIAGGINI, Art. 3 N. 13; HÄNER, Art. 67 N. 1 ff., 11 ff.
[11] Art. 23 ff. bzw. Art. 32 ff.
[12] Prot. Plenum, S. 772 f.; Prot. K3 vom 25. Juni 2002, S. 673 f.
[13] Prot. Plenum, S. 2170, 2173; Erläuterung zu Art. 61 VE. Diese Funktion heben auch AUER/MALINVERNI/HOTTELIER, Bd. I, N. 211, GIACOMETTI, S. 324, und SCHWEIZER, Bd. II, S. 307 f., hervor.

getrecht sowie die Kontrolle über die Exekutive und die Oberaufsicht über die Justiz gehören zu den zentralen Funktionen eines jeden Parlaments[14]. So kennzeichnet die Verfassung des Kantons Glarus die Stellung des Landrats durch seine Aufsichts- und Rechtsetzungsfunktionen, die Verwaltungs- und Finanzbefugnisse sowie seine Aufgaben im Bereich der Planung. Die Verfassungen der Kantone Aargau und Graubünden erwähnen neben der Gesetzgebung auch die Aufsicht als Kennzeichen des Grossen Rates[15].

3.2. Stellung im Allgemeinen

Im Gegensatz zur Bundesverfassung oder etwa zur Verfassung des Kantons Waadt bezeichnet die Zürcher Verfassung den Kantonsrat *nicht* als die (unter Vorbehalt der Rechte des Volkes) *oberste Gewalt* des Staates[16]. Der Verfassungsrat war sich bewusst, dass zwischen den drei Staatsgewalten Parlament, Regierung und Justiz im Kanton Zürich *strukturell* kein Über- und Unterordnungsverhältnis besteht[17]. So wurde ausgeführt, die Vorlage wahre das Kräftegleichgewicht zwischen Regierungsrat und Kantonsrat[18]. Dies ändert nichts daran, dass dem Kantonsrat im Rahmen der gegenseitigen Gewaltenhemmung auch bestimmte Rechte gegenüber Regierung und Gerichten zukommen, die kein Gegenstück haben: die Oberaufsicht über die Regierung und die Geschäftsführung der Gerichte sowie die Wahl der kantonalen Gerichte durch den Kantonsrat. Insbesondere aber gilt die Bindung der Regierung, der Verwaltung und der Gerichte an die vom Kantonsrat unter Mitwirkung der Stimmberechtigten erlassenen Gesetze als das wichtigste Element der Gewaltenteilung[19].

10

3.3. Verhältnis zum Regierungsrat

Der Regierungsrat wird wie der Kantonsrat vom Volk gewählt und verfügt somit über eine ähnliche demokratische Legitimation[20]. Die beiden Gewalten teilen sich die *Staatsleitung* im Rahmen ihrer jeweiligen Kompetenzen[21]. Als Staats-

11

---

[14] Haller/Kölz, S. 247 f.; Schmid/Uhlmann, § 75 N. 33. Sträuli, S. 153, hebt die kontrollierende Funktion bereits in seinem 1902 erschienenen Werk zur Zürcher Kantonsverfassung hervor.
[15] Art. 82 KV GL; § 76 KV AG; Art. 30 KV GR.
[16] Art. 148 Abs. 1 BV; Art. 91 KV VD.
[17] Vgl. Eichenberger, vor §§ 87–94 N. 5; Häner, Art. 60 N. 3; Hangartner, Parlament, S. 489 f.; Nuspliger, Regierung, S. 149; Tschannen, § 35 Rz. 7 f.; a.M. Seiler, S. 629 ff., sowie RRB interkantonale Verträge, S. 513.
[18] Prot. Plenum, S. 771.
[19] Hangartner, Parlament, S. 487.
[20] Art. 62; vgl. Eichenberger, vor §§ 76–86 N. 3 und 9, wonach die Repräsentation durch die Volkswahl geschaffen wird, weshalb auch der Regierungsrat unmittelbarer Repräsentant des Volkes ist.
[21] In der Kommission 3 wurde ausgeführt, die Regierungsfunktion komme nicht allein dem Regierungsrat zu, sondern sie sei eine Aufgabe von Kantonsrat und Regierungsrat «zur gesamten Hand» (Prot. K3 vom 17. Mai 2001, S. 92). Vgl. Häner, Art. 60 N. 5; Hangartner, Parlament, S. 492 ff.; Heusler, S. 368 ff.;

leitung wird die «oberste Führung des Gemeinwesens in grundlegenden, strategischen Angelegenheiten» bezeichnet[22]. Das Verhältnis von Kantonsrat und Regierungsrat ist einerseits durch den Grundsatz der Gewaltenteilung[23] und andererseits durch das Zusammenwirken[24] geprägt.

12 Dem Kantonsrat kommt die *parlamentarische Kontrolle* über die Regierung zu. Diese umfasst als primär politische Kontrolle kein Weisungsrecht[25]. Dem Kantonsrat steht kein Recht zur Abberufung des Regierungsrats bzw. einzelner Regierungsräte zu. Umgekehrt hat auch der Regierungsrat kein Recht zur Auflösung des Kantonsrats[26].

13 Der Regierungsrat bereitet die meisten Entscheidungen des Kantonsrats vor und ist hauptverantwortlich für die politische Planung. Seine Mitglieder haben im Kantonsrat und dessen Kommissionen beratende Stimme und ein Antragsrecht[27]. Auf diese Weise kann er neben seinen vielfältigen eigenen Kompetenzen auf die Beschlüsse des Kantonsrats einwirken.

14 Gleichwohl «lenkt und kontrolliert»[28] der Kantonsrat den Regierungsrat. Der Kantonsrat kann den Regierungsrat mit der Ausarbeitung von Vorlagen beauftragen, auf seine Planung einwirken oder ihn zur Prüfung bestimmter Massnahmen auffordern[29]. Er kann Beschlüsse über Verfassungsänderungen und Gesetze auch gegen den Willen des Regierungsrats fassen[30]. Der Regierungsrat hat diese zu beachten und zu vollziehen[31]. Auch bei wichtigen Finanzfragen (grössere neue Ausgaben, Budget) liegt der Letztentscheid gemäss Art. 56 Abs. 1 und 2 beim Kantonsrat. Somit kommt dem Kantonsrat in einer *funktionalen* Betrachtung gegenüber dem Regierungsrat grundsätzlich der *Vorrang im Sinne eines Entscheidungsprimats* zu[32]. Dieses wird allerdings durch die Bestimmungen über den mittelfristigen Rechnungsausgleich durchbrochen[33].

NUSPLIGER, Regierung, S. 149; RHINOW, Rz. 2124. Zu absolut formuliert ist somit § 2 OG RR, wonach die politische Planung und Führung auf Ebene des Kantons dem Regierungsrat obliege. Demgegenüber ging der Regierungsrat des Kantons Zürich im RRB interkantonale Vereinbarungen, S. 513, davon aus, dass die grundlegende Richtungsgebung im Staat eine Aufgabe des Kantonsrats sei.

[22] RHINOW, Rz. 2124; vgl. HANGARTNER, Parlament, S. 492 ff.; HEUSLER, S. 368 ff.
[23] Art. 3.
[24] Insb. Art. 59, Art. 64, Art. 67 Abs. 1; vgl. Bericht Kompetenzverteilung, S. 435 ff.
[25] Art. 57 N. 4; § 34a KRG.
[26] Art. 41 Abs. 1; HALLER, Art. 41 N. 2.
[27] Art. 64, Art. 66, Art. 67 Abs. 1, Art. 68 Abs. 1.
[28] EICHENBERGER, vor §§ 87–94 N. 5.
[29] Art. 59 Abs. 3 KV; Art. 59 N. 9 ff.; Art. 55 N. 6.
[30] Art. 54 i.V.m. Art. 32 f.
[31] Art. 60 Abs. 2; dazu HÄNER, Art. 60 N. 4.
[32] Für das Verhältnis der Bundesversammlung zum Bundesrat: MASTRONARDI, St. Galler Kommentar, Art. 148 Rz. 7; RHINOW, Rz. 2059 ff.; SEILER, S. 637 ff.
[33] Art. 56 Abs. 3; dazu Art. 56 N. 25.

Das Entscheidungsprimat des Kantonsrats ändert nichts daran, dass die Verfassung ein möglichst ausgeglichenes Kräfteverhältnis zwischen Regierung und Parlament anstrebt. Zwar kann der Kantonsrat dank seiner Gesetzgebungskompetenz die ihm politisch wichtig erscheinenden Fragen – unter Vorbehalt des fakultativen Referendums – entscheiden, doch ist er insgesamt stark abhängig von der Vorbereitung und vom Vollzug seiner Beschlüsse durch Regierung und Verwaltung[34].

3.4. Informationsrechte gegenüber Regierungsrat und Verwaltung

Die Verfügbarkeit der relevanten Informationen ist für die parlamentarische Arbeit von entscheidender Bedeutung – sowohl was die Gesetzgebung als auch was die parlamentarische Kontrolle anbelangt. Die erforderlichen Informationen sind in hohem Mass bei Regierung und Verwaltung vorhanden; diese verfügen über einen erheblichen Informationsvorsprung gegenüber dem Kantonsrat[35]. Den Informationsrechten des Kantonsrats gegenüber Regierung und Verwaltung kommt deshalb ein hoher Stellenwert zu. Die Auskunfts- und Einsichtsrechte werden in der Verfassung nur im Rahmen der parlamentarischen Kontrolle explizit erwähnt. Soweit sie zur Erfüllung seiner Aufgaben notwendig sind, stehen sie dem Kantonsrat darüber hinaus als stillschweigende Kompetenzen zu[36]. Sie gehen jedoch nur soweit, wie sich dies aus seinen Aufgaben und Kompetenzen ergibt[37]. Aufgrund der regierungsrätlichen Befugnis zur Leitung der Verwaltung richtet sich der Informationsanspruch grundsätzlich an den Regierungsrat.

Mit *Interpellationen* und *Anfragen* können die Ratsmitglieder Auskunft über Angelegenheiten der staatlichen Verwaltung verlangen. Daneben bestehen nach der gesetzlichen Regelung unter Vorbehalt der Wahrung des Amtsgeheimnisses eine Informationspflicht des Regierungsrats und ein individuelles Informationsrecht jedes einzelnen Ratsmitglieds. Letzteres besteht allerdings nur im Rahmen der Weisungen des Regierungsrats[38]. Umfassendere Auskunfts- und Akteneinsichtsrechte bestehen im Rahmen der parlamentarischen Kontrolle[39].

---

[34] Vgl. RHINOW, Rz. 2082.
[35] KIENER, Informationsrechte, S. 10 ff., 16 f.; NUSPLIGER, Regierung, S. 162.
[36] In diesem Sinn für den Bund: KIENER, Informationsrechte, S. 32 ff.
[37] KIENER, Informationsrechte, S. 33.
[38] §§ 34a ff. KRG. Vgl. Generelle Weisungen über die Handhabung der Auskunftserteilung und die Gewährung von Akteneinsicht durch die kantonale Verwaltung gegenüber dem Kantonsrat, seinen Organen und den einzelnen Mitgliedern (RRB 1498 vom 20. Mai 1992).
[39] Dazu Art. 57 N. 23 ff.

3.5. Verhältnis zu den Gerichten

18 Der Kantonsrat wählt die Mitglieder und Ersatzmitglieder der obersten Gerichte und aller anderen für das ganze Kantonsgebiet zuständigen Gerichte. Sie müssen sich alle sechs Jahre der Wiederwahl unterziehen[40].

19 Die Verfassung betont, dass die Gerichte in ihrer Rechtsprechung von den anderen Staatsgewalten unabhängig sind[41]. Die Rechtsprechung beinhaltet auch die Anwendung der vom Kantonsrat beschlossenen Gesetze und Verordnungen. Dem Kantonsrat steht dabei kein Recht zur authentischen Interpretation dieser Rechtsnormen zu. Auch bildet der historische Wille des Gesetzgebers nur einen von mehreren Gesichtspunkten, die bei der Auslegung von Gesetzen zu berücksichtigen sind[42].

20 Die parlamentarische Kontrolle des Kantonsrats über die Gerichte ist auf den *Geschäftsgang* beschränkt. Ausgenommen von der Kontrolle ist damit der Inhalt der Rechtsprechung[43].

21 Umgekehrt sind die Verfassung und die Gesetze von der abstrakten Normenkontrolle durch ein oberstes kantonales Gericht ausgenommen[44]. Dieser unterliegen aber die vom Kantonsrat erlassenen Verordnungen.

4. Repräsentation des Volkes

22 Der Kantonsrat ist das Repräsentationsorgan des Volkes[45]. Diese Repräsentation kann jedoch nicht als Stellvertretung im zivilrechtlichen Sinn verstanden werden[46]. Die Repräsentation der (Stimm-)Bevölkerung ist zu unterscheiden von der rechtlichen Vertretung des Kantons nach innen und aussen, die gemäss Art. 71 Abs. 1 lit. c dem Regierungsrat zukommt.

23 Der Verfassungsrat lehnte es ab, den Kantonsrat durch die Formulierung «Der Kantonsrat vertritt das Volk» zu charakterisieren. Er sah darin ein unerwünschtes Zeichen in Richtung indirekte Demokratie. Diese Formulierung wurde auch

---

[40] Art. 75 und Art. 41 Abs. 2.
[41] Art. 73; SCHMID, Art. 73 N. 4 ff.
[42] HÄFELIN/HALLER, N. 101 ff., 130 ff.; TSCHANNEN, § 4 Rz. 2, 17 ff.
[43] Art. 57.
[44] Art. 79 Abs. 2. Allerdings wenden die Gerichte und die vom Volk gewählten Behörden gemäss Art. 79 Abs. 1 Verfassungs- und Gesetzesbestimmungen im Einzelfall nicht an, wenn sie gegen übergeordnetes Recht verstossen (konkrete Normenkontrolle).
[45] EICHENBERGER, vor §§ 76–86 N. 1; HANGARTNER, Bd. I, S. 112; HANGARTNER/KLEY, N. 1372.
[46] AUBERT, Kommentar BV, Art. 91 aBV Rz. 7; HANGARTNER, Bd. I, S. 112; MASTRONARDI, St. Galler Kommentar, Vorbem. Art. 148–173 Rz. 2.

deshalb als falsch erachtet, weil der Kantonsrat als Folge der Gewaltenteilung nicht umfassend alle Staatsgewalt ausübt[47].

Der Kantonsrat hat den Auftrag, den demokratischen Pluralismus im Kanton zu repräsentieren[48]. Indem das Parlament allen gesellschaftlichen Interessen eine Mitwirkung entsprechend ihrem Wähleranteil ermöglicht, stellt es demokratische Legitimität her[49]. Voraussetzung dafür ist zunächst eine entsprechende Mitgliederzahl[50]. Das Wahlsystem gewährleistet durch das Verhältniswahlverfahren die Vertretung der verschiedenen politischen Kräfte und durch die Einteilung des Wahlgebietes in Wahlkreise auch eine regionale Vertretung. Somit kann der Kantonsrat wesentlich besser als der im Majorzverfahren ohne Wahlkreiseinteilung gewählte siebenköpfige Regierungsrat das Meinungsspektrum der Stimmbevölkerung repräsentieren. In diesem Sinn ist seine Repräsentativität höher als jene des Regierungsrats[51].

Aufgrund seiner Repräsentativität ist der Kantonsrat insbesondere für die Verfassungsgebung und Gesetzgebung besser geeignet als andere Staatsorgane[52], da für diese grundlegenden Rechtsnormen eine möglichst breite Abstützung in der Bevölkerung unter Einbezug der verschiedenen politischen Gruppierungen und Interessen angestrebt wird.

5. Organisation und Geschäftsordnung

5.1. Organisation

Die Verfassung bestimmt zur inneren Organisation des Kantonsrats lediglich, dass er seine eigenen Organe wählt[53]. Nach der gesetzlichen Ordnung konstituiert er sich fünf Wochen nach seiner Wahl und erwahrt die Wahlergebnisse[54]. Er verfügt über folgende Organe: Die *Geschäftsleitung* vertritt den Kantonsrat nach aussen und plant seine Geschäfte. *Ständige Kommissionen* sind die Aufsichtskommissionen (Finanzkommission, Geschäftsprüfungskommission, Justizkommission, Aufsichtskommissionen selbständiger Anstalten) und die Sachkommissionen, denen Vorlagen und Globalbudgets aus einem bestimmten Sachbereich zugewiesen werden. Der Kantonsrat kann *Spezialkommissionen*

---

[47] Prot. Plenum, S. 772, 2169 ff.; vgl. auch die Erläuterung zu Art. 61 VE.
[48] Für die Bundesversammlung: MASTRONARDI, St. Galler Kommentar, Art. 148 Rz. 4.
[49] Zusatzbericht Verfassungsreform, S. 254; vgl. Prot. Plenum, S. 2995.
[50] BRUNNER, Kommentar KV GR, Art. 27 Rz. 2. Vgl. auch Art. 51 N. 28.
[51] RRB interkantonale Verträge, S. 513 f.; Zusatzbericht Verfassungsreform, S. 254; vgl. SEILER, S. 306 ff.; a.M. EICHENBERGER, vor §§ 87–94, N. 3 f.; NUSPLIGER, Regierung, S. 149.
[52] HANGARTNER, Parlament, S. 474; vgl. Bericht Kompetenzverteilung, S. 447.
[53] Art. 58 (so schon Art. 31 Ziff. 10 aKV). Art. 64 erwähnt die Kommissionen.
[54] §§ 1 und 5 KRG.

einsetzen⁵⁵. Zur Klärung von Vorkommnissen von grosser Tragweite kann er *parlamentarische Untersuchungskommissionen (PUK)* einsetzen⁵⁶.

27 *Fraktionen* werden durch den (öffentlichrechtlichen⁵⁷) Zusammenschluss von mindestens fünf Ratsmitgliedern gebildet. Sie beraten die Geschäfte vor und unterbreiten Wahlvorschläge. Die Mitglieder können jederzeit aus ihrer Fraktion austreten oder einer anderen Fraktion beitreten, wenn diese bereit ist, sie aufzunehmen. Beim Austritt aus der Fraktion besteht keine Pflicht zum Rücktritt aus dem Rat⁵⁸.

28 Unterstützt wird der Kantonsrat durch die verwaltungsunabhängigen Parlamentsdienste. Diese bereiten die Sitzungen des Kantonsrats vor und erledigen administrative, juristische und organisatorische Sekretariatsaufgaben⁵⁹. Die verwaltungsunabhängigen Parlamentsdienste wurden 1996 durch die Herauslösung der damaligen Abteilung «Parlamentsdienste» aus der Staatskanzlei gebildet.

5.2. Verfahren

29 Die Ratsmitglieder sind strikt gleich zu behandeln⁶⁰. Das Abstimmungsverfahren muss die freie und unverfälschte Willenskundgabe der Ratsmitglieder gewährleisten⁶¹. Die Kantonsverfassung regelt deren Stellung hinsichtlich Unvereinbarkeit, Ausstand, Immunität, Verantwortlichkeit, Unabhängigkeit und Offenlegung der Interessenbindungen⁶².

30 Das parlamentarische Verfahren wird in der Verfassung nur punktuell geregelt⁶³. Nebst parlamentarischen Vorstössen, die sich an den Regierungsrat richten⁶⁴, besteht namentlich die in §§ 25 ff. KRG geregelte *parlamentarische Initiative,* mit welcher Ratsmitglieder ausgearbeitete Entwürfe für Erlass, Änderung oder Aufhebung von Verfassungs- oder Gesetzesbestimmungen sowie für Kantonsratsbeschlüsse und für Standesinitiativen vorlegen können.

---

[55] §§ 41 ff. KRG.
[56] §§ 34f ff. KRG; Näheres bei Art. 57 N. 28 f.
[57] EICHENBERGER, § 84 N. 11.
[58] BOLZ, Art. 82 N. 1.a; BRUNNER, Kommentar KV GR, Art. 28 N. 4; EICHENBERGER, § 84 N. 11.
[59] § 46 KRG; § 1 Verordnung über Organisation und Aufgaben der Parlamentsdienste.
[60] BGE 123 I 97 ff., 109 f.; VON WYSS, Maximen, S. 83.
[61] Für die Bundesversammlung: VON WYSS, St. Galler Kommentar, Art. 159 Rz. 21; VON WYSS, Maximen, S. 210 ff.
[62] Art. 42–44, 47 Abs. 2, 52; vgl. die jeweiligen Kommentierungen.
[63] Art. 53 (Öffentlichkeit der Sitzungen), Art. 64 (beratende Stimme und Antragsrecht des Regierungsrats), Art. 75 Abs. 1 (Richterwahlen), Art. 28 Abs. 3, Art. 37, Art. 56 (qualifiziertes Mehr für bestimmte Beschlüsse), Art. 31 (vorläufige Unterstützung einer Behörden- oder Einzelinitiative).
[64] Dazu N. 17; Art. 57 N. 25 ff.; Art. 59 N. 12 ff.

6. Milizparlament und Mitgliederzahl

Das Milizsystem impliziert, dass die Ratsmitglieder gleichzeitig weitere Rollen in Wirtschaft und Gesellschaft haben, mit denen sie sich hauptsächlich identifizieren. Es bezweckt, die Integration von Politik, Wirtschaft und Gesellschaft zu fördern und die Bildung einer politischen Kaste zu erschweren[65]. Der Milizcharakter wurde bewusst in die Verfassung aufgenommen, um eine Entwicklung zu einem Berufsparlament zu verhindern[66]. 31

Damit das Milizsystem seine Funktionen erfüllen kann, muss ein grosser Teil der Stimmberechtigten wirtschaftlich die Möglichkeit haben, eine solche nebenamtliche Tätigkeit neben den familiären und beruflichen Aufgaben wahrzunehmen. Die Verfassung verpflichtet daher den Kanton, günstige Rahmenbedingungen für die nebenamtliche Tätigkeit in Behörden zu schaffen[67]. Dazu gehört insbesondere, dass die zeitliche Beanspruchung durch das Amt nicht noch weiter zunimmt. Im Gegensatz zur Kantonsverfassung von 1869 wird die Entschädigung der Kantonsräte nicht mehr ausdrücklich erwähnt[68]. Der Milizcharakter steht einer Entschädigung nicht entgegen, welche die Übernahme eines Kantonsratsmandats auch weniger gut Verdienenden ermöglicht[69]. Im Gegenteil, sie soll mindestens so hoch sein, dass auch diesen Personen die Ausübung des Kantonsratsmandats möglich ist. 32

Damit der Kantonsrat die verschiedenen politischen Richtungen bzw. gesellschaftlichen Interessen der Bevölkerung repräsentieren und so Legitimität für seine Beschlüsse herstellen kann, ist eine genügend grosse Mitgliederzahl erforderlich[70]. Die neue Kantonsverfassung hat die Grösse des Kantonsrats nicht verändert. Die Kommission war zum Schluss gekommen, dass mit einer Verringerung der Mitgliederzahl die Effizienz nicht gesteigert werden könne. Sie erwog, dass die Effizienz ab einer gewissen Grösse durch eine Reduktion der Mitgliederzahl nicht gesteigert werde. Eine Senkung von 180 auf 120 oder 100 Mitglieder steigere die Effizienz deshalb nicht. Auch sollte die Arbeitsbelastung der Mitglieder der erst 1999 geschaffenen ständigen Sachkommissionen nicht weiter erhöht werden[71]. Als Argument für die Beibehaltung der bisherigen Grösse des Kantonsrats wurde auch auf die Repräsentativität für alle Teile der Bevölkerung sowie auf die Vertretung auch kleinerer Parteien verwiesen[72]. 33

---

[65] MASTRONARDI, St. Galler Kommentar, Vorbem. zu Art. 148–173 Rz. 4 f.
[66] Prot. K3 vom 19. April 2001, S. 7.
[67] Art. 45.
[68] Art. 34 aKV.
[69] Prot. K3 vom 19. April 2001, S. 7 f.
[70] Dazu N. 24.
[71] Prot. Plenum, S. 772; K3, Antrag an das Plenum vom 12. September 2002, Kommentar, S. 1; Prot. K3 vom 19. April 2001, S. 6 f., vom 10. Januar 2002, S. 360 f.; vgl. DÉPRAZ, S. 237.
[72] Prot. K3 vom 17. Mai 2001, S. 95; Erläuterung zu Art. 57 Abs. 2 VE.

Art. 51

Wahl

Die Mitglieder des Kantonsrates werden nach dem Verhältniswahlverfahren vom Volk gewählt.

Wahlkreise sind die Bezirke. Grosse Bezirke können aufgeteilt werden.

Die Sitzverteilung ist so zu regeln, dass der Wille jeder Wählerin und jedes Wählers im ganzen Kanton möglichst gleiches Gewicht hat.

Materialien

Antrag und Weisung des Regierungsrats vom 9. Mai 2007 zum Beschluss des Kantonsrates über die Erwahrung der Ergebnisse der Erneuerungswahl der Mitglieder des Kantonsrates vom 15. April 2007 für die Amtsdauer 2007–2011, ABl 2007, S. 946 ff. (Weisung Kantonsratswahl); Botschaft des Regierungsrats des Kantons Aargau an den Grossen Rat vom 27. September 2006 zur Revision der Kantonsverfassung und des Grossratswahlgesetzes (Botschaft Grossratswahlen AG). Vgl. ferner Hinweise bei Art. 50.

Literatur

BOLZ URS, Art. 73, in: Kälin/Bolz; GARRONE PIERRE, L'élection populaire en Suisse, Diss., Genf 1990; HANGARTNER YVO, Urteilsbesprechung, AJP 2003, S. 834 ff. (Urteilsbesprechung); GAUGLHOFER MARGRIT, Analyse der Sitzverteilungsverfahren bei Proportionalwahlen, Grüsch 1988; KÖLZ ALFRED, Probleme des kantonalen Wahlrechts, ZBl 88/1987, S. 1 ff.; LUTZ GEORG/STROHMANN DIRK, Wahl- und Abstimmungsrecht in den Kantonen, Bern 1998; OPPLIGER BEAT, Die Problematik von Wahlsperrklauseln in rechtsvergleichender Sicht, AJP 1993, S. 129 ff.; POLEDNA TOMAS, Grundzüge des Wahlrechts in den Kantonen, in: Verfassungsrecht der Schweiz, § 23 (Grundzüge); POLEDNA TOMAS, Wahlrechtsgrundsätze und kantonale Parlamentswahlen, Diss., Zürich 1988 (Wahlrechtsgrundsätze); PUKELSHEIM FRIEDRICH/SCHUHMACHER CHRISTIAN, Das neue Zürcher Zuteilungsverfahren für Parlamentswahlen, AJP 2004, S. 504 ff.; SCHUHMACHER CHRISTIAN, Sitzverteilung bei Parlamentswahlen nach dem neuen Zürcher Zuteilungsverfahren, hrsg. Direktion der Justiz und des Innern des Kantons Zürich, Zürich 2005; TÖNDURY ANDREA MARCEL, Bundesstaatliche Einheit und kantonale Demokratie, Diss., Zürich 2004 (Einheit); TÖNDURY ANDREA MARCEL, Wahlkreisgrösse und Parlamentswahlsystem, in: Jusletter vom 14. August 2006, www.weblaw.ch/jusletter (Wahlkreisgrösse); TSCHANNEN PIERRE, Stimmrecht und politische Verständigung, Habil., Basel/Frankfurt am Main 1995 (Stimmrecht).

Vgl. ferner Hinweise bei Art. 50.

Rechtsquellen

Vgl. Hinweise bei Art. 50.

Übersicht

	Note
1. Einleitung	1
2. Bundesrechtliche Vorgaben	2
2.1. Direkte Volkswahl	2
2.2. Wahlrechtsgleichheit	4
2.3. Zählwertgleichheit	9
2.4. Stimmkraftgleichheit	10

2.5. Erfolgswertgleichheit	11
2.5.1. Grundsatz	11
2.5.2. Bedeutung der Wahlkreise und natürliche Quoren	13
2.5.3. Direkte Quoren	18
2.5.4. Indirekte Quoren	24
2.6. Chancengleichheit	25
3. Entstehungsgeschichte	26
4. Verhältniswahlverfahren	27
5. Wahlkreise	30
6. Gleiches Gewicht der Stimme jedes Wählers	34
7. Gesetzliche Regelung der Kantonsratswahlen	38
7.1. Neues Zürcher Zuteilungsverfahren	38
7.2. Vorbereitung der Wahl	40
7.3. Sitzzuteilung	41
7.4. Beurteilung des neuen Zürcher Zuteilungsverfahrens	46

1. Einleitung

1 Im Vergleich zu Art. 32 aKV fällt auf, dass Art. 51 die Wahlkreise grundsätzlich selber festlegt und dass er die Verteilung der Sitze auf die Wahlkreise nicht ausdrücklich regelt. Neu ist auch Abs. 3, welcher bestimmt, dass bei der Sitzverteilung jeder Wählerstimme das gleiche Gewicht zukommen muss.

2. Bundesrechtliche Vorgaben

2.1. Direkte Volkswahl

2 Die Kantone regeln gemäss Art. 39 Abs. 1 BV die Ausübung der politischen Rechte in kantonalen und kommunalen Angelegenheiten. Sie sind in der Ausgestaltung ihres politischen Systems weitgehend frei, müssen sich aber gemäss Art. 51 Abs. 1 BV eine demokratische Verfassung geben. Namentlich muss das Kantonsparlament direkt vom Volk gewählt werden[1]. Um dem Demokratiegebot zu genügen, muss die Wahl in angemessenen Zeitabständen erfolgen[2].

3 Den Anforderungen der Bundesverfassung genügen nach Rechtsprechung und herrschender Lehre grundsätzlich sowohl das Mehrheits- bzw. Majorz- als auch das Verhältnis- bzw. Proporzwahlverfahren[3].

---

[1] HANGARTNER/KLEY, N. 1376; RUCH, St. Galler Kommentar, Art. 51 Rz. 8; SALADIN, Kommentar BV, Art. 6 aBV Rz. 62.
[2] HALLER/KÖLZ, S. 236; HANGARTNER/KLEY, N. 1347.
[3] BGE 131 I 74 ff., 79; TSCHANNEN, § 52 Rz. 56.

2.2. Wahlrechtsgleichheit

Schranken für die Ausgestaltung des Wahlverfahrens bilden die *politische Gleichberechtigung der Bürger* im Allgemeinen und die *Wahlrechtsgleichheit* im Besonderen[4]. Diese Garantien leiten sich aus dem Gleichheitsgebot gemäss Art. 8 Abs. 1 BV, der Gewährleistung der politischen Rechte gemäss Art. 34 BV und der Demokratiepflicht gemäss Art. 51 Abs. 1 BV ab. Die Wahlrechtsgleichheit beinhaltet die Grundsätze der Zählwertgleichheit, der Stimmkraftgleichheit, der Erfolgswertgleichheit sowie der Chancengleichheit.

4

Die Wahlrechtsgleichheit ist ein fundamentales Prinzip des demokratischen Staatswesens, das nur aus gewichtigen Gründen eingeschränkt werden darf. Die Aufnahme proporzfremder Elemente ins Verhältniswahlverfahren ist nur zulässig, wenn dafür ein überwiegendes öffentliches Interesse besteht und der Grundsatz der Verhältnismässigkeit gewahrt wird[5].

5

Akzeptiert werden im Rahmen der Verhältnismässigkeit gewisse *wahlsystembedingte Einschränkungen* (beim Verfahren nach Hagenbach-Bischoff Unzulänglichkeiten hinsichtlich der Erfolgswertgleichheit wegen unterschiedlicher Wahlkreisgrössen oder im Zusammenhang mit der Restmandatsverteilung)[6].

6

Daneben können aus geschichtlichen, föderalistischen, kulturellen, sprachlichen, ethnischen oder religiösen Gründen auch *nicht wahlsystembedingte Einschränkungen* der Wahlrechtsgleichheit in Betracht fallen[7]. Wegen des hohen Stellenwerts der betroffenen politischen Rechte sind nicht wahlsystembedingte Einschränkungen allerdings nur mit grösster Zurückhaltung anzuerkennen[8].

7

Rechtsprechung und Lehre zu den bundesrechtlichen Vorgaben für das Verhältniswahlrecht beziehen sich weitgehend auf das in der Schweiz verbreitete Wahlverfahren nach Hagenbach-Bischoff[9]. Das neue Zürcher Zuteilungsverfahren[10] besteht demgegenüber erst kurze Zeit und war noch nicht Gegenstand der Rechtsprechung.

8

---

[4] BGE 129 I 185 ff., 190 und 199 f.
[5] BGE 125 I 21 ff., 33; vgl. BGE 131 I 74 ff., 79 («ausreichende sachliche Gründe»).
[6] BGE 125 I 21 ff., 33; BGE 107 Ia 217 ff., 221 ff.
[7] BGE 131 I 74 ff., 79; HANGARTNER/KLEY, N. 1392; kritisch: HANGARTNER, Urteilsbesprechung, S. 837 f.
[8] BGE 125 I 21 ff., 33.
[9] Dieses findet u.a. Anwendung auf die Nationalratswahlen, Art. 40 ff. BPR. Bis zum Inkrafttreten des GPR kam es auch im Kanton Zürich zur Anwendung (§§ 88 ff. des Gesetzes über die Wahlen und Abstimmungen vom 4. September 1983, ausser Kraft gesetzt am 1. Januar 2005; OS 59, S. 194). Zum Verfahren nach Hagenbach-Bischoff vgl. HÄFELIN/HALLER, N. 1479 f.; HALLER/KÖLZ, S. 244 ff.
[10] Dazu N. 38 ff.

2.3. Zählwertgleichheit

9 Die Zählwertgleichheit sichert allen Wählern desselben Wahlkreises die Zuteilung einer gleichen Anzahl von Stimmen, die Möglichkeit ihrer Abgabe sowie die gleiche Berücksichtigung aller gültig abgegebenen Stimmen bei der Stimmenzählung. Sie gilt absolut und verlangt die uneingeschränkte formelle Gleichbehandlung; Differenzierungen des Stimmgewichts innerhalb des gleichen Wahlkreises sind unzulässig[11].

2.4. Stimmkraftgleichheit

10 Die Stimmkraftgleichheit (auch Stimmgewichtsgleichheit) bezieht sich auf die Verteilung der Parlamentssitze auf die einzelnen Wahlkreise (Sitzzuteilung). Sie verlangt ein *gleiches Gewicht der Wählerstimmen in den verschiedenen Wahlkreisen* und damit eine Gleichbehandlung der Wahlkreise[12]. Dies bedingt bei Verhältniswahlen ein in allen Wahlkreisen möglichst gleiches Verhältnis zwischen der Anzahl Sitze und der Repräsentationsbasis (Repräsentationsgleichheit)[13]. Das kantonale Recht kann als massgebliche Repräsentationsbasis für die Sitzzuteilung auf die Wahlkreise die Gesamtbevölkerung (Wohnbevölkerung unter Einschluss von Ausländern)[14], die Schweizer Wohnbevölkerung (unter Einschluss nicht Stimmberechtigter) oder die Zahl der Stimmberechtigten bestimmen[15]. Die Stimmkraftgleichheit wird am konsequentesten umgesetzt, wenn die Zahl der Stimmberechtigten als Repräsentationsbasis dient[16].

2.5. Erfolgswertgleichheit

2.5.1. Grundsatz

11 Die Erfolgswertgleichheit verlangt, dass die Stimme jedes Wählers genau so wie die Stimme jedes anderen Wählers zur Wahl eines Parlamentariers beiträgt[17]. Sie stellt sicher, dass sich der *Wählerwille möglichst unverfälscht in der Zusammensetzung des Parlaments widerspiegelt*[18].

12 Diese Forderung geht über die Zählwertgleichheit und die Stimmkraftgleichheit hinaus und betrifft namentlich die Verteilung der Mandate auf die einzelnen

---

[11] BGE 129 I 185 ff., 199; BGE 125 I 21 ff., 33; GARRONE, S. 38; KÖLZ, S. 9; POLEDNA, Wahlrechtsgrundsätze, S. 26 f., 50 ff.
[12] POLEDNA, Wahlrechtsgrundsätze, S. 67.
[13] BGE 129 I 185 ff., 199; GARRONE, S. 38; POLEDNA, Wahlrechtsgrundsätze, S. 27 ff., 66 ff.
[14] So § 77 Abs. 3 KV AG; Art. 73 Abs. 3 KV BE; Art. 67 KV SO; Art. 93 Abs. 3 KV VD.
[15] So Art. 27 KV GR; vgl. HANGARTNER/KLEY, N. 1396; KÖLZ, S. 10 f.
[16] Vgl. GIACOMETTI, S. 293 f.
[17] KÖLZ, S. 10; TÖNDURY, Wahlkreisgrösse, Rz. 15.
[18] BGE 123 I 97 ff., 105.

Listen. Möglichst alle Stimmen sind bei der Mandatsverteilung zu berücksichtigen und sollen einen effektiven und möglichst gleichen Einfluss auf die Mandatsverteilung haben. Die Zahl der gewichtslosen Stimmen – also der Stimmen ohne Einfluss auf die Mandatsverteilung – ist auf ein Minimum zu begrenzen[19]. Darüber hinaus sollen bei der Sitzverteilung die Stimmen der einzelnen Wähler weder unter- noch übergewichtet werden[20].

2.5.2. Bedeutung der Wahlkreise und natürliche Quoren

Wahlkreise dienen als Nominations- und Stimmabgabekreise[21]. Sie werden vorgesehen, um für die Wähler überblickbare Verhältnisse zu schaffen und das Wahlverfahren zu erleichtern[22]. Sie fördern die Beziehungsnähe zwischen Wählern und Mandatsträgern und verbessern die Diskursmöglichkeiten[23]. Ausserdem sichern sie den von ihnen erfassten Gebietsteilen eine angemessene Vertretung im Parlament[24].

Erfolgt die Sitzzuteilung an die Listen (Parteien) abschliessend in den einzelnen Wahlkreisen, so ist der für einen Sitz erforderliche Stimmenanteil umso grösser, je kleiner die Mandatszahl des Wahlkreises ist[25]. Erhält beispielsweise in einem Wahlkreis mit 20 Sitzen eine Parteiliste 4.8% der Stimmen, fällt ihr nach dem Zuteilungsverfahren gemäss Hagenbach-Bischoff grundsätzlich ein Sitz zu (Gesamtstimmenzahl dividiert durch die Anzahl Sitze plus 1); bei 9 Sitzen benötigt eine Liste 10% der Stimmen, bei 2 Sitzen 33.33%[26]. Der für die Zuteilung eines Mandats im Wahlkreis nötige Stimmenanteil wird als *natürliches Quorum* bezeichnet[27]. Je höher dieses ist, desto grösser ist die Zahl der Stimmen, die gewichtslos sind, weil die gewählte Liste keinen Sitz erringt[28]. Dieses kann kleinen Parteien den Zugang zum Parlament versperren und die Zuteilung der Mandate an die grösseren Parteien verzerren[29].

Gemäss der neusten bundesgerichtlichen Rechtsprechung sind natürliche Quoren *von mehr als 10% mit dem Verhältniswahlrecht grundsätzlich nicht verein-*

---

[19] BGE 129 I 185 ff., 199 f.
[20] PUKELSHEIM/SCHUHMACHER, S. 509; KÖLZ, S. 18 f.
[21] POLEDNA, Wahlrechtsgrundsätze, S. 136.
[22] HANGARTNER/KLEY, N. 1391; KÖLZ, S. 30 f.; POLEDNA, Wahlrechtsgrundsätze, S. 135.
[23] TSCHANNEN, Stimmrecht, S. 498.
[24] Vgl. BGE in ZBl 95/1994, S. 479 ff., 482; HANGARTNER/KLEY, N. 1392; POLEDNA, Wahlrechtsgrundsätze, S. 135 f. So ausdrücklich Art. 95 Abs. 3 KV FR.
[25] HANGARTNER/KLEY, N. 1391; LUTZ/STROHMANN, S. 55; TÖNDURY, Wahlkreisgrösse, Rz. 28.
[26] Vgl. das Bsp. bei BGE 129 I 185 ff., 198 f. (Vollmandatsverteilung).
[27] Begriffsdefinition gemäss BGE 129 I 185 ff., 198. Der Begriff wird aber in Literatur und Rechtsprechung uneinheitlich verwendet.
[28] BGE 131 I 74 ff., 80.
[29] BGE 129 I 185 ff., 201 f.; HANGARTNER, Urteilsbesprechung, S. 836; HANGARTNER/KLEY, N. 1391; LUTZ/STROHMANN, S. 55; OPPLIGER, S. 131.

bar[30]. Diese Grenze kann zur Gewährleistung der Vertretung von Wahlkreisen, die auf bestehenden Gebietseinteilungen beruhen und über eine starke eigene Identität verfügen, überschritten werden, wenn dafür beachtliche (historische) Gründe bestehen[31]. Ein Teil der Lehre verlangt stärkere Einschränkungen der natürlichen Quoren[32].

16 Bezogen auf das gesamte Wahlgebiet bewirken *unterschiedliche Wahlkreisgrössen* eine Ungleichbehandlung der Wähler verschiedener Wahlkreise, da sie unterschiedlich hohe natürliche Quoren zur Folge haben. Auch in diesem wahlkreisübergreifenden Gesichtspunkt liegt eine Beeinträchtigung der Erfolgswertgleichheit[33].

17 Die genannten Auswirkungen der Wahlkreiseinteilung können reduziert oder aufgehoben werden, wenn die Mandatszuteilung wahlkreisübergreifend erfolgt. Dies kann durch Wahlkreisverbände oder durch ein Zuteilungsverfahren erfolgen, das sich auf das ganze Kantonsgebiet bezieht.

2.5.3. Direkte Quoren

18 Direkte Quoren (Sperrklauseln)[34] schliessen Listen, die einen bestimmten Stimmenanteil nicht erreichen, von der Mandatsverteilung aus. Auch sie beeinträchtigen die Erfolgswertgleichheit. Ein direktes Quorum ist nur zulässig, wenn dafür *ausreichende sachliche Gründe* bestehen. Diese sind gegeben, wenn daran ein *überwiegendes öffentliches Interesse* besteht und das Quorum im Sinne des *Grundsatzes der Verhältnismässigkeit geeignet* und *erforderlich* ist, sein Ziel zu erreichen, und wenn die angestrebte Wirkung *nicht in einem Missverhältnis* zu anderen zu beachtenden Interessen steht. Ausserdem besteht eine absolute Grenze von 10%, wobei nach dem Bundesgericht kaum sachliche Gründe denkbar sind, die eine Annäherung an diesen Wert rechtfertigen könnten[35]. Diese Limite bezieht sich auf den einzelnen Wahlkreis[36]. Auch hier verlangt ein Teil der Lehre eine stärkere Einschränkung[37].

---

[30] BGE 131 I 74 ff., 83.
[31] BGE 131 I 74 ff., 83; BGE 129 I 185 ff., 203; dazu auch N. 5 ff.
[32] HANGARTNER/KLEY, N. 1453; KÖLZ, S. 24 ff.; OPPLIGER, S. 138 f.; POLEDNA, Wahlrechtsgrundsätze, S. 134.
[33] BGE 131 I 74 ff., 79, 84; BGE 129 I 185 ff., 200, 202 ; HANGARTNER, Urteilsbesprechung, S. 836 f.; KÖLZ, S. 10, 18 f.; POLEDNA, Wahlrechtsgrundsätze, S. 29 ff., 99 ff.
[34] Zur Definition: BGE 129 I 185 ff., 197.
[35] BGE 131 I 74 ff., 79, 83 ff.; BGE 129 I 185 ff., 190. Zur Massgeblichkeit des Verhältnismässigkeitsprinzips vgl. vorn N. 5; BGE 125 I 21 ff., 33. Zu dessen Gehalt: HANGARTNER, St. Galler Kommentar, Art. 5 Rz. 33.
[36] Vgl. die Begriffsdefinition in BGE 129 I 185 ff., 197.
[37] HANGARTNER/KLEY, N. 1453; KÖLZ, S. 24 ff.; OPPLIGER, S. 138 ff.; POLEDNA, Wahlrechtsgrundsätze, S. 127; TÖNDURY, Einheit, S. 269.

Direkte Quoren werden damit begründet, dass sie eine *Parteienzersplitterung* 19
verhindern sollen. Diese Begründung ist für die Schweiz und jedenfalls für den
Kanton Zürich nicht stichhaltig. Im Gegensatz zu den parlamentarischen Regierungssystemen kann im Bund und in den Kantonen weder das Parlament die Regierung abwählen noch die Regierung das Parlament auflösen[38]. Die Stabilität
der Regierung ist deshalb nicht auf eine solide Mehrheit im Parlament angewiesen[39]. Als Begründung für direkte Quoren wird auch ausgeführt, dass die Präsenz kleiner Parteien im Kantonsparlament die wirksame Erfüllung der öffentlichen Aufgaben erschwere[40], also zu Blockierungen in Sachgeschäften führe.
In der Lehre wird diese Begründung in Zweifel gezogen, u.a. weil die Fronten
bei Sachentscheidungen oft quer über die Parteigrenzen gehen und die Parteienzersplitterung in der durch das Referendumsrecht erzwungenen Konkordanz
grosser Parteien keine Gefahr darstellt[41]. Auch eine allfällige Beeinträchtigung
der Effizienz des Ratsbetriebs könnte eine Sperrklausel nur rechtfertigen, wenn
sie schwerwiegend wäre[42]. Zu diesem Zweck wären aber zunächst die Möglichkeiten im Rahmen der Regelung des Parlamentsbetriebs auszuschöpfen. Da die
Organisation des Parlamentsbetriebs wesentlich auf die Fraktionen ausgerichtet
ist, kann m.E. das Argument der Effizienz ausserdem keine Quoren rechtfertigen, welche Gruppierungen mit Fraktionsstärke ausschliessen.

Mit dem Verfassungsgerichtshof Nordrhein-Westfalen ist zu verlangen, dass zur 20
Rechtfertigung einer Sperrklausel eine Prognose vorliegen muss, die sich auf
die *konkreten empirischen Umstände* stützt. Eine bloss auf abstrakter Betrachtung basierende theoretische Möglichkeit, dass ohne Sperrklausel die Bildung
notwendiger Mehrheiten für Beschlüsse und Wahlen erschwert oder verhindert
werden könne, genügt hingegen nicht[43]. Empirische Belege für eine mangels
Sperrklausel drohende Blockierung oder gar eine Funktionsunfähigkeit kantonaler Parlamente liegen für die Schweiz soweit ersichtlich nicht vor. Das wohl
deutlichste Beispiel einer politischen Blockierung im Kanton Zürich, das Scheitern der rechtzeitigen Verabschiedung des Voranschlags 2002, war in grossen inhaltlichen Differenzen zwischen Kantonsrat und Regierungsrat begründet, nicht
aber im Einfluss kleinerer Parteien[44]. Direkte Quoren sind somit auf der Basis

---

[38] Eingehend: POLEDNA, Wahlrechtsgrundsätze, S. 118 ff.; zudem: HANGARTNER, S. 837; OPPLIGER, S. 139; TSCHANNEN, Stimmrecht, S. 502; HALLER/KÖLZ, S. 194 ff., 216 ff.
[39] Für den Bund: HÄFELIN/HALLER, N. 1480.
[40] Z.B. BGE 103 Ia 557 ff., 562; Prot. KR 2003–2007, S. 906 f.
[41] KÖLZ, S. 24 ff.; OPPLIGER, S. 138 f.; vgl. auch HANGARTNER/KLEY, N. 675, 1445; JAAG, Rz. 1125; TSCHANNEN, Stimmrecht, S. 502; Botschaft Grossratswahlen AG, S. 21.
[42] HANGARTNER/KLEY, N. 675; POLEDNA, Wahlrechtsgrundsätze, S. 127; TÖNDURY, Einheit, S. 269.
[43] Verfassungsgerichtshof Münster, Entscheid vom 6. Juli 1999, Aktenzeichen 14/98 und 15/98, Deutsches Verwaltungsblatt (DVBl) 1999, S. 1271 ff., E. 2 und 3.
[44] Der Voranschlag 2002 wurde mit deutlicher Mehrheit (94:75 Stimmen) zurückgewiesen und erst am 11. März 2002 genehmigt (Prot. KR 1999–2003, S. 9727 ff., 11559).

der heutigen Erkenntnisse nicht gerechtfertigt und m. E. mit der Erfolgswertgleichheit nicht zu vereinbaren.

21 Direkte Quoren, die sich auf die einzelnen Wahlkreise beziehen, können ausserdem ihr Ziel nur sehr begrenzt erreichen, da sie nicht verhindern, dass Parteien im Parlament vertreten sind, die nur über einzelne Mandate verfügen, weil sie das Quorum nur in einem Wahlkreis überschreiten[45]. Sie behandeln zudem kleine Parteien ungleich, in Abhängigkeit davon, ob sie regionale Schwerpunkte haben oder gleichmässig im Kanton vertreten sind[46]. Unter Umständen fallen aber auch grosse Parteien in einzelnen Wahlkreisen unter die Sperrklausel.

22 Direkte Quoren schwächen die gegenseitige Machthemmung zwischen Kantonsrat und Regierungsrat, da heute bei weitem die meisten Kantonsräte einer Regierungspartei angehören[47]. Diese Tendenz wird durch den Ausschluss weiterer Nichtregierungsparteien verstärkt.

23 Es ist somit zweifelhaft, dass eine stärkere Präsenz kleiner Parteien im Parlament dessen Funktion tatsächlich in einem Mass erschweren würde, das eine erhebliche Beeinträchtigung der Wahlrechtsgleichheit rechtfertigen könnte. Ohne gegenteiligen empirischen Nachweis sind direkte Quoren m. E. ein unverhältnismässiger Eingriff in die Wahlrechtsgleichheit.

2.5.4. Indirekte Quoren

24 Indirekte Quoren machen im Wahlverfahren nach Hagenbach-Bischoff die Teilnahme an der Restmandatsverteilung von der Zuteilung von mindestens einem Mandat in der ersten Sitzverteilung (Vollmandat) abhängig[48]. Auch indirekte Quoren beeinträchtigen die Erfolgswertgleichheit und verstärken die Wirkung der natürlichen Quoren[49].

2.6. Chancengleichheit

25 Die Chancengleichheit gewährleistet eine Willensbildung, die auf der Gleichheit der Wählerinnen und Wähler bzw. der Kandidierenden beruht. Sie bezieht sich nicht auf die Ausgestaltung des Wahlsystems[50].

---

[45] BOLZ, Art. 73 N. 6; POLEDNA, Wahlrechtsgrundsätze, S. 129 f.; OPPLIGER, S. 140.
[46] POLEDNA, Wahlrechtsgrundsätze, S. 129 f.; OPPLIGER, S. 140.
[47] 2006 verfügten die Nichtregierungsparteien nur über 11 der 180 Kantonsratssitze (Staatskalender des Kantons Zürich 2006/2007, S. 29, 41 ff.). Vgl. POLEDNA, Wahlrechtsgrundsätze, S. 126; HANGARTNER, Parlament, S. 502 f.
[48] Begriffsdefinition gemäss BGE 129 I 185 ff., 198. In Literatur und Rechtsprechung wird der Begriff uneinheitlich verwendet.
[49] Vgl. BGE 107 Ia 217 ff., 225, wobei das BGer hier das indirekte Quorum als «natürliches Quorum» bezeichnet (S. 222).
[50] POLEDNA, Wahlrechtsgrundsätze, S. 31 f., 147 ff.

3. Entstehungsgeschichte

Das Bundesgericht hatte im Jahr 2002 die Wahlkreiseinteilung für die Stadtzürcher Gemeinderatswahlen aufgrund der zu geringen Mandatszahl einzelner Wahlkreise und den daraus resultierenden zu hohen natürlichen Quoren sowie wegen der grossen Unterschiede zwischen den natürlichen Quoren der Wahlkreise als unzulässig erklärt[51]. Damit war auch das bisherige Verfahren für die Kantonsratswahlen in Frage gestellt. Der Regierungsrat hatte noch während der Hängigkeit dieses Beschwerdeverfahrens dem Kantonsrat seinen Antrag für das neue Gesetz über die politischen Rechte (GPR) unterbreitet, welches das bisherige Wahlgesetz ablösen sollte[52]. Der Kantonsrat verabschiedete das GPR am 1. September 2003. Bereits am 17. November des gleichen Jahres revidierte er dessen Bestimmungen über die Kantonsratswahlen[53], um so das neue Zürcher Zuteilungsverfahren einzuführen. Das Gesetz trat mit seinen revidierten Bestimmungen am 1. Januar 2005 in Kraft. Der Verfassungsrat wartete die Beschlussfassung im Kantonsrat ab, bevor er am 1. Juli 2004 im Rahmen der 2. Lesung die Formulierung von Abs. 2 und 3 über die Wahlkreise und die Erfolgswertgleichheit beschloss[54]. Dementsprechend fehlen diese Bestimmungen im Vernehmlassungsentwurf vom 26. Juni 2003.

4. Verhältniswahlverfahren

Der Kantonsrat wird vom Volk gewählt. Das (aktive) Wahlrecht ist in Art. 22 geregelt. Die Wählbarkeit richtet sich nach Art. 40.

Art. 51 Abs. 1 schreibt das Verhältniswahlverfahren (Proporz) vor. Charakteristisches Ziel eines Verhältniswahlverfahrens ist es, den verschiedenen an den Wahlen beteiligten Gruppierungen eine zahlenmässige Vertretung zu ermöglichen, die ihrem Wähleranteil weitgehend entspricht[55]. Dabei geht es primär um die Vertretung der verschiedenen politischen Kräfte und der Wahlkreise[56].

Die Kantonsverfassung trifft unter den verschiedenen möglichen Varianten von Proporzverfahren keine Auswahl. Allerdings muss das gewählte Verfahren sowohl den bundesrechtlichen Anforderungen als auch den Vorgaben gemäss Abs. 2 und 3 genügen.

---

[51] BGE 129 I 185 ff., 202 ff.
[52] Weisung GPR vom 28. August 2002, ABl 2002, S. 1507 ff.
[53] OS 59, S. 194.
[54] Prot. Plenum, S. 2175 ff., 2992 f.
[55] BGE 131 I 74 ff., 80; AUER/MALINVERNI/HOTTELIER, Bd. I, Rz. 666; HALLER/KÖLZ, S. 242; NUSPLIGER, Behördenstruktur, Rz. 5; TSCHANNEN, Stimmrecht, S. 125.
[56] Dazu Art. 50 N. 24.

5. Wahlkreise

30 Die Funktion der Wahlkreise sah der Verfassungsrat in der Gewährleistung der Vertretung aller geografischen Regionen[57]. Im Gegensatz zur bisherigen sieht die neue Verfassung ausdrücklich die Bezirke als Wahlkreise vor. Die Aufteilung grosser Wahlkreise ist zulässig. Unzulässig ist der Zusammenschluss mehrerer Bezirke zu einem Wahlkreis oder eine Abgrenzung der Wahlkreise, die Teilgebiete anderer Bezirke umfasst. Das GPR teilt den Bezirk Zürich in sechs Wahlkreise und den Bezirk Winterthur in zwei Wahlkreise. Die übrigen Bezirke bilden jeweils einen Wahlkreis, was insgesamt 18 Wahlkreise ergibt[58].

31 Im Verhältniswahlverfahren sind die Sitze des Kantonsrats proportional auf die Wahlkreise zu verteilen. Dem Ziel der gleichen Gewichtung der Stimme jedes Wählers im Kanton (Abs. 3) entspricht es am besten, wenn dafür auf die Anzahl der Stimmberechtigten in jedem Bezirk abgestellt wird[59]. Das GPR nimmt demgegenüber die Wohnbevölkerung als Repräsentationsbasis[60], bezieht also namentlich auch Ausländer sowie Kinder und Jugendliche mit ein, obwohl diese nicht stimmberechtigt sind.

32 Die Grösse der Wahlkreise ist nach wie vor sehr unterschiedlich. Für die Kantonsratswahlen 2007 standen dem kleinsten Wahlkreis (Andelfingen) nur 4 Sitze zu, dem grössten (Bülach) hingegen 17 Sitze[61]. Würde die Stimmenzuteilung in jedem Wahlkreis isoliert erfolgen, ergäbe sich aus der geringen Sitzzahl der kleinen Bezirke und aus der unterschiedlichen Grösse der Wahlkreise eine Verletzung der Erfolgswertgleichheit[62]. Die Bezirke im Kanton Zürich sind primär Einheiten der örtlich dezentralisierten Kantonsverwaltung[63]. Sie verfügen nicht über ein Zusammengehörigkeitsgefühl, das eine Beeinträchtigung der Erfolgswertgleichheit rechtfertigen könnte.

33 Der Verfassungsrat war sich bewusst, dass die bisherige Wahlkreiseinteilung ohne wahlkreisübergreifende Elemente die Wahlrechtsgleichheit verletzen würde[64]. Aber auch unabhängig vom bundesrechtlichen Rahmen betrachtete er die bisherige Situation als unbefriedigend. Die Kommission 3 hatte deshalb ursprünglich vorgeschlagen, dass jeder Wahlkreis mindestens 15 Sitze umfassen müsse[65]. Nachdem der Kantonsrat das neue Zürcher Zuteilungsverfahren be-

---

[57] Prot. Plenum, S. 775 ff.; vgl. Prot. KR 2003–2007, S. 904, 913.
[58] § 86 GPR.
[59] Dazu N. 10; Prot. KR 2003–2007, S. 904.
[60] § 88 GPR.
[61] KRB vom 30. Oktober 2006, ABl 2006, S. 1511 f.
[62] JAAG, Rz. 1119.
[63] Vgl. Randtitel und systematische Stellung von Art. 96; SCHWARZENBACH, Art. 96 N. 1. Vgl. ferner JAAG, Rz. 1201, 1203; Prot. Plenum, S. 2317 ff., 2321 ff.
[64] Prot. Plenum, S. 777.
[65] Prot. Plenum, S. 775 ff.

schlossen hatte, stellte die Wahlkreisgrösse wegen der (zuvor nicht bekannten) doppeltproportionalen Zuteilung kein entscheidendes Problem mehr dar. Der Verfassungsrat beschloss deshalb, die Bezirke als Wahlkreise beizubehalten. Gleichzeitig verankerte er eine konsequente Verwirklichung der Erfolgswertgleichheit in Art. 51 Abs. 3. Diese beiden Vorgaben bedingen zwingend wahlkreisübergreifende Instrumente der Sitzzuteilung[66].

6. Gleiches Gewicht der Stimme jedes Wählers

Der Verfassungsrat wollte die Erfolgswertgleichheit bzw. die politische Abbildgenauigkeit der Kantonsratswahlen wesentlich verbessern[67]. Nachdem der Kantonsrat eine entsprechende Lösung auf dem Weg der Gesetzgebung umgesetzt hatte, konnte sich der Verfassungsrat darauf beschränken, diese zu ermöglichen und das zentrale Ziel – die gleiche Gewichtung aller Wählerstimmen – in der Verfassung zu verankern. 34

Hielt das Bundesgericht vor Inkrafttreten der neuen Kantonsverfassung im Entscheid zur Stadtzürcher Parlamentswahl noch fest, der Zürcher Verfassungsgeber habe sich mit dem Entscheid für ein Verhältniswahlsystem «für eine gewisse Erfolgswertgleichheit» entschieden[68], so verlangt die neue Kantonsverfassung ausdrücklich, dass dem Willen jeder Wählerin und jedes Wählers im ganzen Kanton möglichst gleiches Gewicht zukommt. Der Grundsatz der Erfolgswertgleichheit ist also so gut wie möglich umzusetzen. 35

Das Ziel des Verhältniswahlverfahrens – die möglichst proportionale Vertretung aller politischen Strömungen im Parlament[69] – wird dann konsequent umgesetzt, wenn die Mandatszuteilung an die Listen auf der Ebene des gesamten Wahlgebietes erfolgt[70]. 36

Der Erfolgswert lässt sich quantifizieren. Darin besteht ein Ansatz zur Überprüfung, ob die Erfolgswerte tatsächlich so gleich wie möglich ausgefallen sind bzw. ob jeder Stimme der Wählenden tatsächlich im ganzen Kantonsgebiet möglichst gleiches Gewicht zukommt[71]. 37

---

[66] Vgl. Prot. Plenum, S. 777, 787.
[67] Prot. Plenum, S. 775 ff. Mehrere Verfassungsentwürfe sahen zu diesem Zweck Wahlkreisverbände vor: Art. 46 Entwurf Jaag/Kölz; Art. 47 EVP-Entwurf; Art. 45 Grüne Verfassung; Forderung 17 SP-Thesen. Dazu Materialien zur Zürcher Verfassungsreform, Bd. 7.
[68] BGE 129 I 185 ff., 201.
[69] N. 28.
[70] HANGARTNER, Urteilsbesprechung, S. 836. Das BGer sprach allerdings auch noch bei einer Unterteilung des Wahlgebietes in möglichst grosse und gleiche Wahlkreise, denen viele Sitze zustehen, von einem reinen Verhältniswahlrecht: BGE in ZBl 95/1994, S. 479 ff., 481.
[71] PUKELSHEIM/SCHUHMACHER, S. 510 f.: Der ideale Erfolgs*anteil* jedes Wählers entspricht der Anzahl Sitze des Wahlkreises dividiert durch die Gesamtzahl der Wähler. Der reale Erfolgsanteil des Wählers einer

7. Gesetzliche Regelung der Kantonsratswahlen

7.1. Neues Zürcher Zuteilungsverfahren

38 Das Gesetz über die politischen Rechte übernimmt das von Prof. Dr. Friedrich Pukelsheim entwickelte neue Zürcher Zuteilungsverfahren für Parlamentswahlen (auch: doppeltproportionale Divisormethode mit Standardrundung bzw. «Doppelter Pukelsheim»). Es bezweckt, unter Beibehaltung der Bezirke als Wahlkreise die Erfolgswertgleichheit deutlich zu verbessern[72]. Es kombiniert die Wahl in Wahlkreisen mit einer Sitzverteilung zwischen den Parteien nach ihrer gesamtkantonalen Stärke. Das geschieht einerseits dadurch, dass die Sitzverteilung an die politischen Gruppierungen nicht auf Wahlkreisebene, sondern gesamtkantonal vorgenommen wird (Oberzuteilung). Die den politischen Gruppierungen gesamtkantonal zugewiesenen Sitze werden anschliessend auf die Wahlkreise verteilt (Unterzuteilung). Andererseits kommt als Berechnungsmethode anstatt der heute in der Schweiz üblichen Methode nach Hagenbach-Bischoff die *Divisormethode mit Standardrundung* nach Webster/Sainte-Laguë zur Anwendung[73].

39 Das neue Zürcher Zuteilungsverfahren senkt das natürliche Quorum sehr deutlich und behandelt die Wähler aller Wahlkreise gleich – der Erfolgswert einer Stimme wird durch die Grösse des Wahlkreises nicht beeinflusst[74].

7.2. Vorbereitung der Wahl

40 Die 180 Kantonsratssitze werden im Verhältnis zur Wohnbevölkerung auf die Wahlkreise verteilt. Parteien und andere Gruppierungen können in den einzelnen Wahlkreisen Wahlvorschläge (Listen) einreichen. Wahlvorschläge von politischen Parteien oder anderen gesellschaftlichen Gruppierungen müssen von diesen in einem *demokratischen Verfahren*, z.B. durch parteiinterne Vorwahlen oder Nominationsbeschlüsse der Parteiversammlungen, festgelegt werden[75]. Listenverbindungen werden explizit ausgeschlossen[76].

---

bestimmten Liste entspricht ihrer Sitzzahl dividiert durch ihre Stimmenzahl. Der Erfolgs*wert* eines bestimmten Wählers ergibt sich aus dem Verhältnis seines realen Erfolgsanteils zum idealen Erfolgsanteil; vgl. Weisung Kantonsratswahlen, S. 7 f.

[72] PUKELSHEIM/SCHUHMACHER, S. 512 f.; vgl. Botschaft Grossratswahlen AG; S. 15.
[73] PUKELSHEIM/SCHUHMACHER, S. 511 ff.
[74] PUKELSHEIM/SCHUHMACHER, S. 518.
[75] § 89 GPR; Weisung GPR, S. 1610.
[76] § 93 GPR.

7.3. Sitzzuteilung

Die Parteistimmen werden durch die Zahl der Sitze des jeweiligen Wahlkreises geteilt, woraus sich die *Wählerzahl* jeder Liste ergibt. Listen mit gleicher Bezeichnung (z.B. Parteinamen) in verschiedenen Wahlkreisen bilden eine Listengruppe[77]. Für jede Listengruppe werden die Wählerzahlen sämtlicher Wahlkreise zur gesamtkantonalen Wählerzahl addiert[78]. 41

Die *Oberzuteilung* der Sitze auf die Listengruppen (z.B. Parteien) erfolgt gesamtkantonal im Verhältnis zu deren Wählerzahlen (einfachproportional). Bei der Sitzzuteilung werden nur Listengruppen berücksichtigt, die wenigstens in einem Wahlkreis mindestens 5% der Parteistimmen erreichen (Sperrklausel)[79]. Nach der Divisormethode mit Standardrundung wird die gesamtkantonale Wählerzahl jeder Listengruppe durch einen für alle Listengruppen geltenden Divisor («Kantons-Wahlschlüssel») geteilt. Der Divisor wird so gewählt, dass aufgrund der Division und anschliessender Standardrundung[80] der Quotienten genau alle Sitze verteilt werden. Damit entfällt die Restmandatverteilung. Zur leichteren Überprüfung des Ergebnisses wird der Divisor zusammen mit der Sitzzuteilung veröffentlicht[81]. 42

Die *Unterzuteilung* muss einerseits die Anzahl der in jedem Wahlkreis zu vergebenden Sitze und andererseits die Anzahl der jeder Partei gesamtkantonal zustehenden Sitze einhalten. Dies wird durch die doppeltproportionale Divisormethode mit Standardrundung erreicht. Es wird je ein Divisor für jede Listengruppe (Listengruppen-Divisor) und für jeden Wahlkreis (Wahlkreis-Divisor) festgelegt. Aus der Division der Parteistimmenzahl jeder Liste in einem Wahlkreis durch ihren Listengruppen-Divisor und durch den Wahlkreis-Divisor resultiert (nach Standardrundung) die Sitzzahl der Liste im betreffenden Wahlkreis. Die Divisoren sind so zu wählen, dass jeder Wahlkreis die ihm zustehende Anzahl Sitze und gleichzeitig jede Listengruppe die ihr aufgrund der Oberzuteilung zustehende Anzahl Sitze erhält[82]. 43

Nur genau eine Sitzzuteilung erfüllt diese Bedingungen (jedoch bestehen jeweils mehrere mögliche Divisoren). Die Ermittlung der Divisoren, die diese 44

---

[77] § 102 Abs. 1 GPR.
[78] § 103 Abs. 1 und 2 GPR. Dieser rechnerische Schritt ist erforderlich, um bei der Addition der Stimmen aus den verschiedenen Wahlkreisen Verzerrungen zu vermeiden. Würden direkt die Parteistimmen zusammengezählt, so hätten Wähler im Wahlkreis Bülach je 17, im Wahlkreis Andelfingen nur je 4 Stimmen.
[79] § 102 Abs. 3 GPR; dazu N. 49 ff.
[80] Bei der Standardrundung werden Dezimalstellen ab 5 aufgerundet, unter 5 abgerundet (SCHUMACHER, S. 2, 23; Prot. KR 2003–2007, S. 905 f.). Der Divisor kann in einer bestimmten Bandbreite beliebig gewählt werden, ohne das Resultat der Sitzzuteilung zu verändern (PUKELSHEIM/SCHUHMACHER, S. 512). Wird er höher oder tiefer als diese Bandbreite gewählt, so ergibt die Summe der gerundeten Quotienten mehr oder weniger als 180.
[81] § 58 lit. b VPR.
[82] § 104 Abs. 1 GPR.

Kriterien erfüllen, bedingt ein aufwändiges mathematisches Verfahren, das mit einem Computerprogramm ausgeführt wird[83]. Hingegen ist das auf diese Weise ermittelte Resultat anhand der verwendeten Divisoren *einfach überprüfbar*. Die den Parteien in den einzelnen Wahlkreisen zugeteilten Sitze müssen insgesamt die ihnen zustehende Gesamtsitzzahl ergeben. Die jeder Partei in einem einzelnen Wahlkreis zugeteilten Sitze müssen sich aus der Division ihrer Parteistimmenzahl im Wahlkreis durch ihren Parteidivisor und durch den Wahlkreisdivisor ergeben.

45 Die Sitze einer Liste gehen nach Massgabe der Kandidatenstimmen an die kandidierenden Personen. Die nicht gewählten Personen sind Ersatzleute. Wird ein Sitz ihrer Liste nachträglich frei, so rücken sie in der Reihenfolge der erzielten Kandidatenstimmen nach[84].

7.4. Beurteilung des neuen Zürcher Zuteilungsverfahrens

46 Das neue Zürcher Zuteilungsverfahren ist erfolgswertoptimal. Im Verhältnis zum Verteilergebnis nach dieser Methode führt jede Verschiebung eines Sitzes von einer Partei zu einer anderen Partei zu einer Vergrösserung der Unterschiede in der Erfolgswertgleichheit[85]. Dies entspricht dem Gebot von Art. 51 Abs. 3 und ist deshalb zu begrüssen.

47 Die optimale Umsetzung der Erfolgswertgleichheit bezieht sich auf den Kanton als Ganzen. Innerhalb der einzelnen Wahlkreise ist es hingegen möglich, dass eine Liste mehr Sitze erhält als eine andere Liste, welche im Wahlkreis mehr Stimmen erhalten hat. Dies ist jedoch als Folge wahlkreisübergreifender Elemente der Sitzzuteilung in Kauf zu nehmen, denn nur diese ermöglichen die Beibehaltung der Wahlkreise bei gleichzeitiger Gewährleistung einer möglichst grossen Erfolgswertgleichheit[86]. Da der Kantonsrat ein kantonales Organ ist, ist die proportionale Vertretung aller politischen Gruppierungen auf kantonaler Ebene entscheidend.

48 Die bei der Sitzzuteilung vorzunehmenden Berechnungen sind zwar aufwändig und setzen den Einsatz von Computern voraus. Das Ergebnis ist jedoch einfach

---

[83] Iterative proportionale Anpassung. Vgl. PUKELSHEIM/SCHUHMACHER, S. 515 f.
[84] § 105 Abs. 1 und 2 sowie § 108 Abs. 1 GPR.
[85] PUKELSHEIM/SCHUHMACHER, S. 512 f., 517 f. Die Zürcher Sitzzuteilungsmethode beruht auf der Methode nach Sainte-Laguë, welche die Erfolgswertgleichheit aller abgegebenen Stimmen soweit wie überhaupt möglich garantiert (GAUGLHOFER, S. 56); Weisung Kantonsratswahl, S. 950 ff.
[86] Weisung Kantonsratswahl, S. 954 f. Solche gegenläufigen Wahlergebnisse treten auch bei Wahlkreisverbänden auf und wurden vom BGer nicht beanstandet (BGE in ZBl 95/1994, S. 479 ff., 483 ff.); für TÖNDURY, Einheit, S. 270 f., beeinträchtigen sie aber den personalen Aspekt der Wahlen übermässig, weshalb er Verhältniswahlen in grossen Wahlkreisen fordert.

nachprüfbar und damit transparent. Die Stimmabgabe durch die Wählenden wird durch das Verfahren nicht komplizierter.

Problematisch ist hingegen die im GPR noch vor Inkrafttreten der neuen Kantonsverfassung festgelegte *Sperrklausel*. Ihre Einführung wurde damit begründet, dass bei einem natürlichen Quorum von nur noch 0.55%[87] die Gefahr bestehe, dass etliche Kleinstparteien den Sprung ins Parlament schaffen. Dies könne dessen Funktionsfähigkeit beeinträchtigen, da es in Fraktionen arbeite. Ausserdem sollten nur Parteien mit einem gewissen Rückhalt im Volk im Parlament vertreten sein[88]. Diesen Zweck kann die Sperrklausel aber nur beschränkt erreichen, weil das Quorum in den kleinen Wahlkreisen bereits mit einer geringen Stimmenzahl erreicht werden kann[89]. Ausserdem kann sie auch Parteien in Fraktionsstärke auszuschliessen: Eine Partei mit 4% Wähleranteil würde 7 Sitze erreichen, wird aber ausgeschlossen, wenn sie in keinem Wahlkreis die 5%-Hürde überschreitet. Bemerkenswert ist, dass im Kantonsrat offen ausgesprochen wurde, dass die Sperrklausel auch dadurch motiviert war, dass sich die grossen Parteien keine Sitze «amputieren» lassen wollten[90]. 49

Die Sperrklausel bedeutet eine erhebliche Einschränkung der Wahlrechtsfreiheit. Da keine empirisch begründeten Prognosen darüber bestehen, dass ohne Sperrklausel eine Blockierung des Kantonsrats droht, sie ausserdem auch durch sachfremde Ziele motiviert ist und in ihrer Ausgestaltung das angestrebte Ziel nur sehr partiell erreichen kann, *verstösst sie m.E. gegen die bundesrechtliche Wahlrechtsgleichheit*[91]. 50

Insbesondere aber lässt sich diese Sperrklausel nicht mit dem Wortlaut von Art. 51 Abs. 3 KV vereinbaren, der eine möglichst konsequente Umsetzung der Erfolgswertgleichheit verlangt. Die Relativierung dieses Gebots durch das Wort «möglichst» trägt dem Umstand Rechnung, dass eine absolute Umsetzung der Erfolgswertgleichheit mit keiner bekannten Methode erreicht werden kann. Die Bestimmung verweist somit auf das Machbare, verbietet es aber, Elemente in das Zuteilungsverfahren einzubauen, deren Wirkung primär auf einer Beeinträchtigung der Erfolgswertgleichheit beruht. Die Sperrklausel ist kein notwendiges Element des neuen Zürcher Zuteilungsverfahrens[92]. Ihre Wirkungsweise besteht gerade darin, die Wähler jener Kleinparteien, die das Quorum nicht er- 51

---

[87] Richtigerweise liegt es tiefer; vgl. PUKELSHEIM/SCHUHMACHER, S. 518; Weisung Kantonsratswahl, S. 949.
[88] Prot. KR 2003–2007, S. 906.
[89] In den Wahlkreisen mit weniger als 11% der Stimmberechtigten des Kantons genügt bereits eine Stimmenzahl, die einem gesamtkantonalen Stimmenanteil von 0.55% entspricht. So erreichte in den Kantonsratswahlen 2007 die «Alternative Liste/PdA» trotz eines gesamtkantonalen Wähleranteils von nur 1.26% das Quorum, während die «Schweizer Demokraten» mit 1.33% Wähleranteil am gleichen Quorum scheiterten (Weisung Kantonsratswahlen, S. 954; ABl 2007, S. 585 f.).Vgl. vorn N. 21.
[90] Prot. KR vom 2003–2007, S. 926.
[91] Dazu N. 18 ff.
[92] PUKELSHEIM/SCHUHMACHER, S. 518.

reichen, von der Repräsentation im Parlament auszuschliessen und somit den Erfolgswert ihrer Stimme zu annullieren. Mit dem Wortlaut von Art. 51 Abs. 3 ist eine Sperrklausel demzufolge nicht vereinbar.

52 Allerdings ist der Verfassungsrat von der Vereinbarkeit dieser Sperrklausel mit Art. 51 Abs. 3 ausgegangen[93]. Wohl darf der Wille des historischen Verfassungsgebers gerade bei verhältnismässig jungen Normen grundsätzlich nicht übergangen werden, doch gilt dies nicht, wenn er im Text der Norm keinen Niederschlag gefunden hat[94]. Den Antrag, Sperrklauseln ausdrücklich auszuschliessen, hat der Verfassungsrat zwar mit Blick auf das vom Kantonsrat beschlossene Wahlverfahren abgelehnt. Aber er hat die Sperrklausel auch nicht ausdrücklich vorbehalten, obwohl sie im Widerspruch zu der in Art. 51 Abs. 3 besonders betonten Erfolgswertgleichheit steht. Demzufolge *sind m.E. Sperrklauseln mit dieser kantonalen Bestimmung nicht vereinbar.*

---

[93] Prot. Plenum, S. 2992 ff. und 3008 f.
[94] BGE 124 II 193 ff., 200.

Art. 52

Die Mitglieder des Kantonsrates stimmen ohne Weisungen.

Sie legen ihre Interessenbindungen offen.

Unabhängigkeit der Mitglieder

Materialien

Vgl. Hinweise bei Art. 50.

Literatur

LINDER WOLF, Schweizerische Demokratie, 2. Aufl. Bern/Stuttgart/Wien 2005; OCHSNER ALOIS, Die schweizerische Bundesversammlung als Arbeitsparlament, Diss., St. Gallen 1987; TRECHSEL STEFAN, Schweizerisches Strafgesetzbuch vom 21. Dezember 1937, Kurzkommentar, 2. Aufl., Zürich 1997.

Vgl. ferner Hinweise bei Art. 50.

Rechtsquellen

Vgl. Hinweise bei Art. 50 sowie
– Schweizerisches Strafgesetzbuch vom 21. Dezember 1937 (StGB; SR 311.0)

Übersicht	Note
1. Weisungsfreiheit	1
2. Offenlegung der Interessenbindungen	6

1. Weisungsfreiheit

Die ausdrückliche Erwähnung der Weisungsfreiheit (Instruktionsverbot) in der Verfassung ist neu. Sie ist in der Schweiz heute derart eng mit dem Begriff eines demokratischen Parlaments verbunden, dass sie auch unabhängig von einer expliziten Erwähnung in Verfassung und Gesetz gilt[1].

1

Die Repräsentation des Volks durch das Parlament ist nicht im Sinne einer Stellvertretung zu verstehen. Dementsprechend sind die Mitglieder des Kantonsrats nicht an Weisungen ihrer Wahlkreise, Parteien, Fraktionen oder von Verbänden gebunden (freies Mandat). Parteiparolen und Fraktionsbeschlüsse haben für die parlamentarische Arbeit somit nur empfehlenden Charakter, und ihre Befolgung kann nicht erzwungen werden. Ratsmitglieder können sich auch selber nicht bindend zu einer bestimmten Stimmabgabe oder zu bestimmten Meinungsäusserungen verpflichten. Sie können sich auch nicht verpflichten, von ihrem Mandat zurückzutreten, wenn sie eine bestimmte politische Richtung nicht ein-

2

---

[1] Vgl. EICHENBERGER, vor §§ 87–94 N. 4, § 84 N. 12.

halten². Der Austritt aus der Partei verpflichtet rechtlich nicht zum Rücktritt aus dem Rat³.

3 Zulässig ist es jedoch, den Verbleib in einer Fraktion von der Befolgung ihrer Beschlüsse oder die Unterstützung bei der Wiederwahl von der Umsetzung von Parteiparolen oder Verbandsanliegen abhängig zu machen⁴.

4 Art. 52 will den Parlamentarier gegen Druckversuche von Organisationen und Gruppierungen, die ihn bei der Wahl unterstützt haben, schützen⁵. Inwiefern die Verfassungsbestimmung dies erreichen kann, ist allerdings fraglich. Nötigenfalls hat der Gesetzgeber geeignete Vorkehren zu treffen.

5 Das Instruktionsverbot ist auch Ausdruck für den Auftrag der Ratsmitglieder, die Gesamtinteressen des Kantons und seiner Bevölkerung zu wahren, obwohl sie auch Vertreter spezifischer Interessen sind⁶.

2. Offenlegung der Interessenbindungen

6 Der Kantonsrat ist grundsätzlich aus Interessenvertretern zusammengesetzt⁷. Die Offenlegung der Interessenbindungen soll Transparenz über die von den einzelnen Ratsmitgliedern vertretenen Interessen herstellen⁸. Sie soll sichtbar machen, welche Einzelinteressen bei der parlamentarischen Entscheidfindung mit im Spiel sind. Gleichzeitig erleichtert sie die Durchsetzung der Ausstandsregeln⁹.

7 Transparenz ist gegenüber den andern Ratsmitgliedern und in erster Linie gegenüber den Wahl- und Stimmberechtigten herzustellen¹⁰. Die offenzulegenden Informationen müssen deshalb öffentlich zugänglich gemacht werden¹¹. Die gesetzliche Regelung sieht vor, dass die betroffenen Interessen beim Eintritt

---

² AUBERT, Kommentar BV, Art. 91 aBV Rz. 5 f.; BRUNNER, Kommentar KV GR, Art. 28 N. 3 f.; HALLER, Art. 41 N. 9; VON WYSS, Maximen, S. 57; bez. Fraktionsbeschlüssen auch BOLZ, Art. 82 N. 1.a; EICHENBERGER, vor §§ 87–94 N. 4, § 84 N. 12.
³ AUBERT, Kommentar BV, Art. 91 aBV Rz. 9.
⁴ BOLZ, Art. 82 N. 1.a; MASTRONARDI, St. Galler Kommentar, Vorbemerkungen zu Art. 148–173 Rz. 2; HANGARTNER, Bd. I, S. 112; a.M. wohl SÄGESSER, Bundesbehörden, Art. 154 Rz. 263, wonach der fast identische Art. 161 BV einen Fraktionszwang ausschliesst.
⁵ Prot. K3 vom 25. Juni 2002, S. 682.
⁶ VON WYSS, Maximen, S. 57.
⁷ BGE 123 I 97 ff., 108; HALLER, Art. 43 N. 17; SEILER, S. 752 f.; VON WYSS, Maximen, S. 60; LINDER, S. 216 f.; Prot. K3 vom 15. November 2001, S. 294 ff., 681 f. Für empirische Angaben vgl. OCHSNER, S. 92.
⁸ Prot. K3 vom 15. November 2001, S. 294 ff., 681 f.; SEILER, S. 753 f.; vgl. VON WYSS, Maximen, S. 60.
⁹ HALLER, Art. 43 N. 3.
¹⁰ BRUNNER, Kommentar KV GR, Art. 28 N. 1.
¹¹ Prot. K3 vom 25. Juni 2002, S. 681; Erläuterung zu Art. 59 Abs. 2 VE; SÄGESSER, Bundesbehörden, Art. 161 Rz. 363.

in den Kantonsrat gegenüber der Geschäftsleitung schriftlich zu deklarieren und Änderungen jährlich nachzuführen sind. Die Parlamentsdienste führen das öffentlich zugängliche Register[12]. Damit gegenüber den Wählenden tatsächlich Transparenz hergestellt werden kann, muss das Register rasch und mit geringem Aufwand eingesehen werden können. Dies bedingt heute m.E. auch eine Publikation im Internet, wie dies ab der Amtsperiode 2007–2011 vorgesehen ist[13]. Die bloss jährliche Nachführung von Änderungen erscheint als ungenügend.

Der Offenlegungspflicht unterstehen namentlich die berufliche Tätigkeit, die Tätigkeit in Führungs- und Aufsichtsgremien von Organisationen des privaten und öffentlichen Rechts, dauernde Leitungs- und Beratungsfunktionen für Interessengruppen sowie die Mitwirkung in Kommissionen und anderen Organen der öffentlichen Hand[14]. Für solche Tätigkeiten und Funktionen gilt die Offenlegungspflicht unabhängig davon, ob eine konkrete Relevanz für die Aufgaben des Kantonsrats vorhersehbar ist[15]. 8

Wenn die persönlichen Interessen eines Ratsmitglieds von einem Geschäft unmittelbar betroffen sind und trotzdem kein Ausstandsgrund besteht, muss es bei Äusserungen in einer Kommission oder im Rat auf diese Interessenbindung hinweisen[16]. Diese Bestimmung greift namentlich bei der Rechtsetzung[17]. 9

Die Offenlegungspflicht ist nicht absolut zu verstehen, sondern steht namentlich unter dem Vorbehalt des Berufsgeheimnisses. Dies ergibt sich für die bundesrechtlich geregelten Berufsgeheimnisse bereits aus dem Vorrang des Bundesrechts[18]. Die Auslegung von Art. 52 Abs. 2 unter Berücksichtigung historischer teleologischer und systematischer Argumente ergibt, dass auch kantonalrechtliche Berufsgeheimnisse vorbehalten sind. Die Bestimmung will den Trägern von Berufsgeheimnissen die Parlamentstätigkeit nicht verunmöglichen[19]. 10

Eine Pflicht, Interessenbindungen bereits bei der Kandidatur offenzulegen, wurde nicht in die Verfassung aufgenommen. Einerseits bestanden Bedenken, dass dies zu weit ginge und die Suche nach Kandidaten übermässig erschweren 11

---

[12] § 5a Abs. 3 KRG.
[13] Gemäss mündlicher Auskunft der Parlamentsdienste. Vgl. die Publikation der Interessenbindung der Bundesparlamentarier auf <http://www.parlament.ch/ra-nr-interessen.pdf> bzw. <http://www.parlament.ch/ra-sr-interessen.pdf> (4.1.2007); Art. 11 ParlG.
[14] § 5a KRG.
[15] BRUNNER, Kommentar KV GR, Art. 28 N. 7; SÄGESSER, Bundesbehörden, Art. 161 Rz. 366.
[16] § 5a Abs. 5 KRG; JAAG, Rz. 1149.
[17] Art. 43 Abs. 1 KV; § 8a KRG; vgl. HALLER, Art. 43 N. 18 f.
[18] Vgl. insbesondere Art. 321 StGB. Die parlamentarische Offenlegungspflicht ist keine Auskunftspflicht gegenüber einer Behörde i.S.v. Art. 321 Ziff. 3 StGB, denn als solche gelten nur Bestimmungen, die sich spezifisch an Geheimnisträger richten (TRECHSEL, Art. 321 N. 35).
[19] Prot. K3 vom 15. November 2001, S. 295, vom 29. November 2001, S. 310. So betont Art. 50 Abs. 2 den Milizcharakter des Kantonsrats und Art. 45 verlangt günstige Rahmenbedingungen für die Ausübung von nebenamtlichen Behördentätigkeiten.

könnte. Andererseits wollte die Kommission diese Frage nicht auf Verfassungsstufe regeln. Art. 52 schliesst somit die Einführung einer solchen Verpflichtung durch den Gesetzgeber nicht aus[20].

---

[20] Prot. K3 vom 15. November 2001, S. 294 ff., 681 f.

Art. 53

Die Verhandlungen des Kantonsrates sind öffentlich.

Öffentlichkeit der Verhandlungen

Materialien

Vgl. Hinweise bei Art. 50.

Literatur

HÄNER ISABELLE, Öffentlichkeit und Verwaltung, Diss., Zürich 1990.

Vgl. ferner Hinweise bei Art. 50.

Rechtsquellen

Vgl. Hinweise bei Art. 50.

Übersicht	Note
1. Bedeutung der Öffentlichkeit der Ratsverhandlungen	1
2. Öffentlichkeit der Plenarverhandlungen	3
3. Kommissionssitzungen	5
4. Ausnahmen	8
5. Auswirkung auf den Einbezug des Kantonsrats in die interkantonale und internationale Zusammenarbeit	9

1. Bedeutung der Öffentlichkeit der Ratsverhandlungen

Die Öffentlichkeit der Staatstätigkeit bildet zusammen mit den Mitwirkungsrechten des Stimmvolks eine Voraussetzung der rationalen Entscheidfindung und der Legitimation der Staatstätigkeit[1]. Die Öffentlichkeit der Verhandlungen ist ein grundlegendes Kennzeichen eines Parlaments[2] und eine Voraussetzung der demokratischen Mitwirkung[3].

1

Die Öffentlichkeit der Verhandlungen im Kantonsrat stellt Transparenz über die Entscheidfindung, die vorgebrachten Argumente und die vertretenen Interessen her. Sie ermöglicht, dass die politische Verantwortlichkeit der Ratsmitglieder gegenüber den Wählern im Hinblick auf die periodischen Neuwahlen verwirklicht werden kann[4].

2

---

[1] HÄNER, S. 100.
[2] RHINOW, Rz. 2210; SÄGESSER, Bundesbehörden, Art. 158 Rz. 313.
[3] Zusatzbericht Verfassungsreform, S. 254.
[4] HALLER, Art. 41 N. 1 und 3; VON WYSS, St. Galler Kommentar, Art. 158 Rz. 2.

2. Öffentlichkeit der Plenarverhandlungen

3   Die Sitzungen des Plenums des Kantonsrats sind öffentlich. Dies umfasst sowohl die Beratungen als auch die Beschlussfassung[5]. Dabei wäre m.E. konsequenterweise auch das Abstimmungsverhalten jedes einzelnen Ratsmitglieds in Form einer Namensliste offenzulegen, wie dies heute durch entsprechende technische Abstimmungsanlagen problemlos möglich ist[6]. Bewusst bezieht sich die Bestimmung nur auf Sitzungen des Plenums[7].

4   Die Verhandlungen können von der Tribüne aus verfolgt werden. Ton- und Bildaufnahmen sind grundsätzlich zulässig[8]. Wenn im Einzelfall überwiegende Interessen es erfordern, ist es mit Art. 53 vereinbar, Ton- und Bildaufzeichnungen auszuschliessen; dadurch wird die Öffentlichkeit der Verhandlungen zwar eingeschränkt, aber nicht aufgehoben. Journalisten können die Verhandlungen direkt im Ratssaal verfolgen. Über die Verhandlungen des Kantonsrats wird ein Protokoll geführt, welches ebenfalls öffentlich ist[9].

3. Kommissionssitzungen

5   Demgegenüber werden die Sitzungen der Geschäftsleitung, von Kommissionen und Fraktionen von Art. 53 nicht erfasst[10]. Nach der gesetzlichen Regelung sind Kommissionssitzungen nicht öffentlich[11].

6   Die Vertraulichkeit der Kommissionssitzungen schliesst nicht aus, dass sich die Kommissions- und Ratsmitglieder öffentlich mit den in der Kommission behandelten Fragen und den dazu bestehenden Auffassungen auseinandersetzen. Einer allfälligen Orientierung der Öffentlichkeit durch die Kommission dürfen sie jedoch nicht vorgreifen. Auch in der Folge dürfen sie die Urheber von Voten der Öffentlichkeit nicht bekannt geben.

7   Entsprechend sind auch die Protokolle der Geschäftsleitung und der Kommissionen nicht öffentlich. Die Vertraulichkeit der Protokolle endet – unter Vorbe-

---

[5] Vgl. SÄGESSER, Bundesbehörden, Art. 158 Rz. 313.
[6] So schreibt Art. 57 Geschäftsreglement des Nationalrates (GRN) vom 3. Oktober 2003 (SR 171.13) die Veröffentlichung der Namensliste bei wichtigen Abstimmungen sowie die öffentliche Einsehbarkeit in den übrigen Fällen vor.
[7] Prot. Plenum, S. 774.
[8] § 9 Abs. 3 KRG.
[9] § 45 KRG; §§ 51 und 54 Geschäftsreglement KR. Die Protokolle ab dem 8. Mai 1995 können namentlich auf <http://www.kantonsrat.zh.ch> eingesehen werden.
[10] Prot. Plenum, S. 774; Erläuterung zu Art. 60 VE.
[11] § 53 KRG.

halt des Amtsgeheimnisses – zehn Jahre nach Abschluss der Beratungen des Rates[12].

4. Ausnahmen

Im Vergleich zu Art. 34 aKV wurde der Zusatz «in der Regel» gestrichen. Damit war eine gewisse Ausweitung des Öffentlichkeitsgrundsatzes beabsichtigt[13]. Dennoch kann die Öffentlichkeit von den Ratssitzungen ausnahmsweise ausgeschlossen werden. Diese Ausnahmen können sich aus Bundesrecht oder aus anderen Bestimmungen der Kantonsverfassung ergeben. In Frage kommen namentlich der Schutz der Persönlichkeit[14] oder wichtige Sicherheitsinteressen[15].

5. Auswirkung auf den Einbezug des Kantonsrats in die interkantonale und internationale Zusammenarbeit

Aufgrund der Öffentlichkeit der Ratssitzungen verpflichtet Art. 69 Abs. 2 den Regierungsrat im Zusammenhang mit der interkantonalen und internationalen Zusammenarbeit bewusst nur zur Information der zuständigen Kommission und nicht zur Information des Rates[16].

---

[12] § 72 Geschäftsreglement KR.
[13] Prot. Plenum, S. 774: «Wir gehen hier also etwas weiter.»
[14] Art. 10, 11 und 13 BV; Art. 28 ZGB; vgl. Art. 4 Abs. 2 ParlG.
[15] Art. 100 KV; vgl. Art. 4 Abs. 2 ParlG.
[16] Prot. Plenum, S. 847, 850; vgl. Häner, Art. 69 N. 13.

Art. 54

Der Kantonsrat beschliesst über:
a) **Vorlagen zur Änderung der Verfassung;**
b) **Gesetze;**
c) **interkantonale und internationale Verträge, soweit nicht der Regierungsrat zuständig ist.**

Vorbehalten bleiben die Volksrechte.

Zuständigkeit zur Rechtsetzung

Materialien

Vgl. Hinweise bei Art. 38 und Art. 50.

Literatur

ABDERHALDEN URSULA, Möglichkeiten und Grenzen der interkantonalen Zusammenarbeit, Diss., Freiburg 1999; DIREKTION FÜR VÖLKERRECHT DES EDA UND BUNDESAMT FÜR JUSTIZ, Zuständigkeit der Verwaltungseinheiten für den Abschluss und die Auflösung internationaler Vereinbarungen, VPB 70/2006 Nr. 69; EHRENZELLER BERNHARD, Legislative Gewalt und Aussenpolitik, Habil., Basel 1991 (Aussenpolitik); HÄNNI PETER, Vor einer Renaissance des Konkordates?, in: Festschrift für Yvo Hangartner, St. Gallen/Lachen 1998, S. 659 ff. (Renaissance); JAAG, Rz. 401 ff., 501 ff.; JAAG TOBIAS, Wozu eine neue Kantonsverfassung?, in: Materialien zur Zürcher Verfassungsreform, Bd. 2, S. 9 ff. (Kantonsverfassung); SCHAUMANN WILFRIED, Verträge zwischen Gliedstaaten im Bundesstaat, VVDStRL 19/1961, S. 86 ff.; SCHINDLER DIETRICH, Kommentar BV, Art. 85 aBV; THÜRER DANIEL, St. Galler Kommentar, Art. 166 Rz. 32–39; THÜRER DANIEL/ISLIKER FRANZISKA, St. Galler Kommentar, Art. 166 Rz. 40–55.

Vgl. ferner Hinweise bei Art. 38 und Art. 50.

Rechtsquellen

Vgl. Hinweise bei Art. 38 und Art. 50.

Übersicht

	Note
1. Einleitung	1
2. Vorlagen zur Änderung der Verfassung	4
3. Gesetze	6
4. Interkantonale und internationale Verträge	8
4.1. Bundesrechtliche Vorgaben	8
4.2. Rechtsetzende Verträge	9
4.3. Abgrenzung der Zuständigkeiten	11
4.3.1. Zuständigkeiten von Stimmvolk, Kantonsrat und Regierungsrat	11
4.3.2. Übertragung von Rechtsetzungskompetenzen an interkantonale Organe	14
4.3.3. Keine Abschlusskompetenz anderer kantonaler Behörden	16
4.4. Umfang der kantonsrätlichen Kompetenz	17
4.5. Verfahren	22
4.6. Rechtsgeschäftliche Verträge	24
5. Dringlichkeitsrecht	25

1. Einleitung

1 «Im demokratischen Verfassungsstaat ist das Gesetz das wichtigste Steuerungsmittel des Staates.»[1] Verfassungsgebung und Gesetzgebung sind eine Kernaufgabe des Kantonsrats[2]. Zur Rechtsetzungsaufgabe des Kantonsrats gehört auch die Beschlussfassung über interkantonale und internationale Verträge, soweit sie inhaltlich Verfassungs- oder Gesetzesrang haben[3]. Diese Aufgabe steht unter dem Vorbehalt der Rechte des Stimmvolks, welches durch das obligatorische und fakultative Referendum mitbestimmen und auch mittels Initiative Einfluss nehmen kann.

2 Auslöser von Beschlüssen über Verfassungsvorlagen und Gesetze sind neben dem Kantonsrat der Regierungsrat[4] sowie im Rahmen des Initiativrechts das Stimmvolk und die Behörden[5]. Der Inhalt des Gesetzes wird abgesehen von der Volksinitiative vom Kantonsrat festgesetzt[6]; allerdings haben darauf die vorbereitenden Arbeiten des Regierungsrats bzw. der Verwaltung einen grossen Einfluss.

3 Neben den hier erwähnten Rechtsetzungskompetenzen des Kantonsrats kann das Gesetz diesen auch ermächtigen, Verordnungen zu erlassen[7].

2. Vorlagen zur Änderung der Verfassung

4 Der Kantonsrat beschliesst über Vorlagen für Verfassungsänderungen. Art. 54 Abs. 1 lit. a spricht bewusst von der Beschlussfassung über *Vorlagen* und nicht von der Beschlussfassung über die Verfassungsänderungen selbst. Dies soll deutlich machen, dass der Kantonsrat in der Verfassungsgebung eine eher vorbereitende Aufgabe zuhanden des Stimmvolkes wahrnimmt, während er die Gesetze – allerdings unter Vorbehalt des fakultativen Referendums – selber beschliesst[8].

5 In der Verfassung ist die Grundordnung des Kantons zu regeln[9]. Formell ist die Verfassung der Erlass, dessen Festsetzung und Änderungen in einem beson-

---

[1] HALLER/KÖLZ, S. 255.
[2] Art. 50 N. 10.
[3] Art. 54 i.V.m. Art. 69 Abs. 1 Satz 2.
[4] Art. 64.
[5] Art. 23 lit. a und b i.V.m. Art. 24.
[6] EICHENBERGER, § 78 N. 12.
[7] Art. 38 Abs. 3 und dazu Art. 38 N. 46 f.
[8] Prot. Plenum, S. 793 ff.
[9] JAAG, Kantonsverfassung, S. 16; TÖNDURY, Art. 132 N. 6 f.

deren Verfahren gemäss Art. 23 lit. a, Art. 32 lit. a, Art. 54 Abs. 1 lit. a sowie Art. 132–134 erfolgen[10].

3. Gesetze

Die Verfassung nimmt die Verteilung der Rechtsetzungskompetenzen hauptsächlich mittels der Einteilung der rechtsetzenden Erlasse in Verfassung, Gesetze und Verordnungen vor[11]. Indem Art. 38 Abs. 1 vorschreibt, dass alle wichtigen Rechtssätze in Gesetzesform beschlossen werden müssen, sichert sie für diese zum Zweck der demokratischen Legitimation die Zuständigkeit des Kantonsrats und des Stimmvolks[12].

Über Gesetze beschliesst grundsätzlich der Kantonsrat. Diese Beschlüsse unterstehen dem fakultativen, ausnahmsweise dem obligatorischen Referendum[13]. Ausserdem kann das Stimmvolk aufgrund einer Volksinitiative ein Gesetz auch gegen den Willen des Kantonsrats beschliessen[14].

4. Interkantonale und internationale Verträge

4.1. Bundesrechtliche Vorgaben

Die Kantone können gemäss Art. 48 und 56 BV miteinander und in ihrem Zuständigkeitsbereich auch mit dem Ausland Verträge schliessen. Diese dürfen dem Recht und den Interessen des Bundes sowie den Rechten anderer Kantone nicht zuwiderlaufen. Verträge unter den Kantonen sind dem Bund zur Kenntnis zu bringen. Über Verträge mit dem Ausland ist der Bund vor deren Abschluss zu informieren. In Verträge unter den Kantonen kann auch der Bund als Vertragspartei einbezogen werden.

4.2. Rechtsetzende Verträge

Art. 54 Abs. 1 lit. c hat gemäss dem Randtitel interkantonale und internationale Verträge *mit rechtsetzendem* Inhalt im Auge. Er gilt nicht nur für Verträge

---

[10] Zur Massgeblichkeit des formellen Verfassungsbegriffs für das obligatorische Referendum vgl. SCHUHMACHER, Art. 32 N. 19. Zu den Verfahrensvorschriften vgl. SCHUHMACHER, Art. 23 N. 25 ff., Art. 32 N. 19; TÖNDURY, Art. 132, Art. 133, Art. 134.

[11] Art. 32, Art. 33, Art. 38 Abs. 3, Art. 54, Art. 67.

[12] Art. 38 N. 3. Zur Definition des Gesetzes- und des Verordnungsbegriffs vgl. Art. 38 und dazu Art. 38 N. 7 ff. und 10 ff. bzw. 33 ff.; vgl. G. MÜLLER, Rechtsetzungskompetenzen, S. 5 ff.

[13] Art. 54 lit. b, Art. 33 lit. a, Art. 32 lit. f.

[14] Art. 23 lit. b i.V.m. Art. 29.

mit direkt anwendbaren Bestimmungen (unmittelbar rechtsetzende Verträge), sondern auch für alle Verträge, welche verbindliche Vorgaben für die Rechtsetzung machen, aber einer Umsetzung ins kantonale Recht bedürfen (mittelbar rechtsetzende Verträge)[15]. Dies ergibt sich zum einen daraus, dass sich die in der Verfassung vorgenommene Aufteilung der Rechtsetzungskompetenzen zwischen Volk, Kantonsrat und Regierungsrat nach der Wichtigkeit des Norm*inhalts* richtet. Da mittelbar rechtsetzende Verträge inhaltliche Vorgaben für die kantonale Rechtsetzung machen, gilt für sie die gleiche Kompetenzordnung wie für unmittelbar rechtsetzende Verträge[16]. Zum andern folgt es daraus, dass die Kompetenz des Regierungsrats auf Verträge beschränkt ist, die im Rahmen seiner Verordnungskompetenz liegen. Dies trifft auf Verträge, die zur Anpassung von Gesetzesrecht verpflichten, nicht zu[17].

10   Erfasst werden auch Verträge mit einem gemischten Inhalt, der nur teilweise rechtsetzend ist[18].

4.3. Abgrenzung der Zuständigkeiten

4.3.1. Zuständigkeiten von Stimmvolk, Kantonsrat und Regierungsrat

11   Die Kompetenzen von Stimmvolk, Kantonsrat und Regierungsrat zur Beschlussfassung über interkantonale und internationale Verträge bestehen parallel zu ihren jeweiligen innerkantonalen Kompetenzen. Eine diesem Grundsatz folgende Regelung kennen die meisten neueren Kantonsverfassungen[19].

12   Art. 54 Abs. 1 lit. c erklärt grundsätzlich den Kantonsrat als zuständig zur Beschlussfassung über interkantonale und internationale Verträge. Haben interkantonale oder internationale Verträge inhaltlich Verfassungsrang, so unterstehen die Kantonsratsbeschlüsse über sie gemäss Art. 32 lit. b dem obligatorischen Referendum; haben sie Gesetzesrang, kommt gemäss Art. 33 lit. b das fakultative Referendum zur Anwendung[20].

---

[15] So ausdrücklich Art. 141 Abs. 1 lit. c Ziff. 3 BV; vgl. dazu Bericht der Staatspolitischen Kommission des Ständerates vom 2. April 2001 zur Parlamentarischen Initiative betreffend Beseitigung von Mängeln der Volksrechte, BBl 2001, S. 4825 f., 4837; VPB 69/2005 Nr. 75, Abschnitt 2.a, S. 898 und Anhang Ziff. 1.3.c, S. 918.
[16] Vgl. Art. 141 Abs. 1 lit. d Ziff. 3 BV.
[17] Mit gleichem Ergebnis: HANGARTNER/KLEY, Rz. 1770.
[18] HANGARTNER/KLEY, Rz. 1790.
[19] Art. 74 Abs. 3 i.V.m. Art. 87 Abs. 2 KV AR, Art. 89 lit. e i.V.m. Art. 99 lit. c KV GL, Art. 32 Abs. 2 i.V.m. Art. 45 Abs. 2 KV GR; Art. 65 lit. c KV SG; Art. 53 Abs. 4 i.V.m. Art. 65 Abs. 4 KV SH; Art. 72 i.V.m. Art. 82 Abs. 1 lit. c KV SO; ähnlich auch Art. 74 Abs. 2 i.V.m. Art. 88 Abs. 4 KV BE. Hingegen überlassen es § 82 Abs. 1 lit. a KV AG und Art. 121 KV VD dem Gesetzgeber zu bestimmen, welche Verträge der Regierungsrat in eigener Kompetenz abschliessen kann.
[20] Prot. Plenum, S. 794; SCHUHMACHER, Art. 32 N. 20 ff., Art. 33 N. 14.

Von der kantonsrätlichen Zuständigkeit ausgenommen sind diejenigen Verträge, 13
die in die Zuständigkeit des Regierungsrats fallen. Dieser ist zuständig, wenn
die Verträge nur Bestimmungen enthalten, zu deren Erlass er innerkantonal
gestützt auf seine Verordnungskompetenz befugt ist[21]. Enthalten die Verträge
sowohl wichtige Bestimmungen, die nach Art. 38 Abs. 1 oder einer anderen
Verfassungsbestimmung der Gesetzesform bedürfen, als auch weniger wichtige
Bestimmungen, so ist der Kantonsrat zuständig[22].

4.3.2. Übertragung von Rechtsetzungskompetenzen an interkantonale Organe

Verträge können ein interkantonales Organ zum Erlass rechtsetzender Bestim- 14
mungen ermächtigen, wenn sie eine genügende Delegationsnorm enthalten[23].
Solche Verträge fallen in die Zuständigkeit des Kantonsrats, denn Art. 38 Abs. 3
überträgt es dem Gesetzgeber, Rechtsetzungskompetenzen auf Verordnungsstufe an Behörden zuzuweisen. Dementsprechend haben auch interkantonale
Vereinbarungen, die Rechtsetzungskompetenzen an interkantonale Organe
übertragen, mindestens Gesetzesrang.

Während innerkantonal eine Kompetenzdelegation für die eigentliche Gesetzge- 15
bung (Erlass wichtiger Rechtssätze) nicht zulässig ist[24], bezieht sich die Möglichkeit der Übertragung von Rechtsetzungskompetenzen an interkantonale Organe
gemäss dem noch nicht in Kraft getretenen Art. 48 Abs. 4 BV von Bundesrechts
wegen auch auf die Stufe des formellen Gesetzes[25]. Die Ermächtigung eines
interkantonalen Organs, Normen zu erlassen, die nach der Kantonsverfassung
(namentlich Art. 38 Abs. 1) in Form eines formellen Gesetzes ergehen müssen,
weicht von der in der Verfassung geregelten Zuweisung der Gesetzgebungskompetenz an den Kantonsrat (Art. 54 lit. a) und von den Verfassungsbestimmungen
über das Referendum (Art. 33 Abs. 1 lit. a) ab. Eine solche Vertragsbestimmung
hat deshalb Verfassungsrang.

4.3.3. Keine Abschlusskompetenz anderer kantonaler Behörden

Die Parallelität zwischen den Kompetenzen zur Beschlussfassung über interkan- 16
tonale bzw. internationale Verträge und den innerkantonalen Rechtsetzungskompetenzen ist nur bezüglich Kantonsrat und Regierungsrat vorgesehen. Gemäss

---

[21] Art. 69 Abs. 1 und dazu Häner, Art. 69 N. 9 ff.
[22] Zur analogen Problematik beim Referendum: Schuhmacher, Art. 32 N. 23.
[23] Häfelin/Haller, Rz. 1295.
[24] Art. 38 N. 36.
[25] Botschaft zur Neugestaltung des Finanzausgleichs und der Aufgaben zwischen Bund und Kantonen (NFA) vom 14. November 2001, BBl 2002, S. 2356; Bundesbeschluss vom 3. Oktober 2003, BBl 2003, S. 6591; Erwahrung des Abstimmungsergebnisses: BBl 2005, S. 951. Vgl. dazu RRB interkantonale Verträge, S. 515 ff., und kritisch Häfelin/Haller, N. 1289, 1295.

Art. 38 Abs. 3 können durch Gesetz auch andere Behörden – beispielsweise die obersten Gerichte, selbständige Anstalten oder Direktionen – zum Erlass von Verordnungen ermächtigt werden. Für rechtsetzende Verträge kennt die Verfassung keine entsprechende Möglichkeit. Diese Stellen sind somit nicht befugt, im Rahmen ihrer Verordnungskompetenz interkantonale und internationale rechtsetzende Verträge abzuschliessen[26]. Ein entsprechender Vorbehalt gegenüber der kantonsrätlichen Kompetenz fehlt. Dies ist gerechtfertigt, da durch die Verträge eine externe Bindung eintritt und diese je nach Änderungs- und Kündigungsbestimmungen nicht wie Gesetze oder Verordnungen jederzeit durch die zuständigen zürcherischen Behörden einseitig abänderbar sind.

4.4. Umfang der kantonsrätlichen Kompetenz

17 Soweit der Kantonsrat nach Art. 54 zur Beschlussfassung über interkantonale und internationale Verträge zuständig ist, bezieht sich diese Kompetenz m.E. auf deren *Abschluss, Änderung und Auflösung* (Kündigung)[27].

18 Für die Zuständigkeit des Kantonsrats auch zur Kündigung spricht zunächst der Wortlaut der Bestimmung, der keine Beschränkung der Kompetenz auf den «Abschluss» der Verträge enthält. Insbesondere aber würde eine gegenteilige Auslegung gegen den Grundsatz der Parallelität der Formen[28] verstossen, wonach Rechtsnormen im gleichen Verfahren, in dem sie beschlossen wurden, aufgehoben werden müssen. Die Verfassung folgt diesem Grundsatz, indem sie für rechtsetzende Verträge die Kompetenzen von Volk, Kantonsrat und Regierungsrat möglichst analog zur innerkantonalen Rechtsetzung regelt[29]. Da die Kündigung eines rechtsetzenden Vertrages mit Gesetzesrang zur Folge hat, dass wichtige Rechtssätze verändert werden, fällt sie genauso in die Kompetenz des Kantonsrats (und des Volkes), wie dies bei der Aufhebung gesetzlicher Bestimmungen der Fall ist.

---

[26] JAAG, Rz. 511.
[27] HÄNER, Art. 69 N. 5; SCHUHMACHER, Art. 32 N. 25. Vgl. für das Bundesrecht: BGE 58 I 307 ff., 312; EHRENZELLER, Aussenpolitik, S. 537 ff.; THÜRER/ISLIKER, St. Galler Kommentar, Art. 166 Rz. 50. In diesem Sinn, aber nur für «ganz wichtige» Verträge: DIREKTION FÜR VÖLKERRECHT DES EDA UND BUNDESAMT FÜR JUSTIZ, S. 1132. Art. 74 Abs. 3 KV AR, Art. 89 lit. e KV GL, Art. 65 lit. c KV SG, Art. 53 Abs. 4 KV SH erwähnen die Kompetenz des Kantonsparlaments zur Kündigung explizit. Ein Teil der Lehre hingegen davon aus, dass die Exekutive für die Kündigung zuständig sei: HANGARTNER/KLEY, N. 1779, die aber gleichzeitig festhalten, dass für die Kündigung eines vom Parlament genehmigten Vertrages die Genehmigung des Parlaments eingeholt werden sollte. Für die Kündigungskompetenz der Exekutive im Bund: AUBERT, Bundesstaatsrecht, Nr. 1324; SCHINDLER, Kommentar BV, Art. 85 aBV Rz. 55 m.w.H.
[28] BGE 112 Ia 136 ff., 139; BIAGGINI, Art. 2 N. 12; RHINOW/KRÄHENMANN, Nr. 59 B I a; SALADIN, Kommentar BV, Art. 3 aBV Rz. 247.
[29] Art. 31 lit. b, Art. 33 Abs. 1 lit. b, Art. 38 Abs. 3, Art. 56, Art. 67; Prot. Plenum, S. 793; HÄNER, Art. 69 N. 11. Diese Parallelität bestand schon gemäss Art. 30 Ziff. 1, 30bis Ziff. 1 und Art. 31 Ziff. 1 aKV (vgl. dazu Verwaltungsgericht Zürich, ZBl 100/1999, S. 428 ff., 431 f.). Vgl. ferner BUSER, S. 83; KÄLIN, S. 143 f.; SCHWEIZER, S. 373.

Somit ist auch nicht entscheidend, dass eine Kündigung keine neue externe Bindung mit sich bringt[30]. Ebenso wenig folgt das Recht zur Beschlussfassung über die Kündigung aus der Vertretungskompetenz des Regierungsrats[31]; hierin unterscheidet sich die Kündigung nicht vom Vertragsabschluss[32].

Dass die Kündigung eines rechtsetzenden Vertrags nicht anders zu beurteilen ist als dessen Abschluss, zeigt sich auch in Art. 23 lit. e, der die Volks- oder Behördeninitiative für die Aufnahme von Verhandlungen über den Abschluss und ausdrücklich auch für die Kündigung von referendumspflichtigen interkantonalen und internationalen Verträgen vorsieht.

In analoger Anwendung von Art. 38 Abs. 2 und 3 kann aber die Änderung weniger wichtiger Bestimmungen eines rechtsetzenden Vertrags durch den Gesetzgeber dem Regierungsrat zugewiesen werden, auch wenn der Vertrag als Ganzes in die Zuständigkeit des Kantonsrats fällt.

4.5. Verfahren

Der Kantonsrat kann Verträge nur entweder genehmigen oder ablehnen. Anders als bei Gesetzen kann er auf ihre Ausgestaltung keinen direkten Einfluss nehmen. Verbreitet wird diesbezüglich ein Demokratiedefizit empfunden, da es in der Phase der Ausarbeitung der Verträge an Öffentlichkeit und einer breiten Repräsentation der verschiedenen gesellschaftlichen Gruppen fehlt[33]. Deshalb sieht Art. 69 Abs. 2 die Information der kantonsrätlichen Kommissionen durch den Regierungsrat über Vorhaben der interkantonalen und internationalen Zusammenarbeit vor[34]. Der Kantonsrat kann durch parlamentarische Vorstösse Auskunft verlangen[35].

Für Verträge, die in die Kompetenz des Kantonsrats fallen, ist diesem das Recht zuzubilligen, den Regierungsrat mit der Aufnahme von Verhandlungen zu beauftragen[36], zumal dies bei referendumspflichtigen Verträgen auch mit einer Volks- oder Behördeninitiative verlangt werden kann[37].

---

[30] A.M. SCHINDLER, Kommentar BV, Art. 85 aBV Rz. 55.
[31] Vgl. HANGARTNER/KLEY, N. 1779; SCHINDLER, Kommentar BV, Art. 85 Rz. 55.
[32] Art. 69 Abs. 1 Satz 1; HÄNER, Art. 69 N. 1 und 5.
[33] ABDERHALDEN, S. 185 ff.; HÄFELIN/HALLER, N. 1295; HÄNNI, Renaissance, S. 667 ff.; RRB interkantonale Verträge, S. 514.
[34] HÄNER, Art. 69 N. 12 ff.
[35] Art. 50 N. 16 f.
[36] Art. 59 Abs. 3; vgl. SCHINDLER, Kommentar BV, Art. 85 aBV Rz. 35; AUBERT, Bundesstaatsrecht, Nachtrag zu Nr. 1324. ABDERHALDEN, S. 217, macht eine entsprechende Kompetenz davon abhängig, dass das Instrument der Motion nicht auf Massnahmen in der Kompetenz des Kantonsrats beschränkt ist. Ablehnend: RRB interkantonale Verträge, S. 514.
[37] Art. 23 lit. e; SCHUHMACHER, Art. 23 N. 38 ff.

4.6. Rechtsgeschäftliche Verträge

24 Die Zuständigkeit zur Beschlussfassung über rechtsgeschäftliche (also nicht rechtsetzende) Verträge ist nicht ausdrücklich geregelt. Sie ist in dem Sinn analog zu behandeln, als sich die Zuständigkeit nach den berührten Sach- und Finanzbefugnissen richtet[38]. Der Kantonsrat ist namentlich zuständig, wenn seine durch Verfassung und Gesetz festgelegten Finanz- oder Verwaltungsbefugnisse[39] betroffen sind. Eine Beschränkung der Beschlusskompetenz auf den Kantonsrat und den Regierungsrat unter Ausschluss der anderen Stellen ist der Verfassung nicht zu entnehmen.

5. Dringlichkeitsrecht

25 Der Kantonsrat kann ein Gesetz wegen Dringlichkeit vor Ablauf der Referendumsfrist bzw. im Falle der Ergreifung des Referendums vor der Volksabstimmung in Kraft setzen[40].

26 Notverordnungen, die der Regierungsrat erlassen kann, wenn die öffentliche Sicherheit schwerwiegend gestört oder unmittelbar bedroht ist, bedürfen einer nachträglichen Genehmigung durch den Kantonsrat[41].

---

[38] Häner, Art. 69 N. 11; Jaag, Rz. 510; Schaumann, S. 107.
[39] Art. 56; Art. 59 Abs. 2 lit. a i.V.m. Art. 33; Art. 59 Abs. 4.
[40] Art. 37; Schuhmacher, Art. 37.
[41] Art. 72; dazu Häner, Art. 72 N. 9 ff.

Art. 55

Planung

Der Kantonsrat nimmt zu grundlegenden Plänen der staatlichen Tätigkeit Stellung. Er äussert sich insbesondere zu den Schwerpunkten der Aufgaben- und Finanzplanung.

Er beschliesst über die Grundzüge der räumlichen Entwicklung.

Materialien

Vgl. Hinweise bei Art. 50.

Literatur

EHRENZELLER BERNHARD, St. Galler Kommentar, Art. 166; BRUNNER NORBERT, Kommentar zur Verfassung des Kantons Graubünden, Art. 34.

Vgl. ferner Hinweise bei Art. 50.

Rechtsquellen

Vgl. Hinweise bei Art. 50 sowie
- Bundesgesetz über die Raumplanung vom 22. Juni 1979 (Raumplanungsgesetz, RPG; SR 700)
- Gesetz über die Raumplanung und das öffentliche Baurecht vom 7. September 1975 (Planungs- und Baugesetz, PBG; LS 700.1)

Übersicht	**Note**
1. Grundsatz	1
2. Schwerpunkte der Aufgaben- und Finanzplanung	4
3. Grundzüge der räumlichen Entwicklung	7

1. Grundsatz

Die Planung[1] der staatlichen Tätigkeiten bildet ein wichtiges Element der Staatsleitungsfunktion. Sie hat in den letzten Jahrzehnten an Bedeutung gewonnen. Ohne wirksame Einflussnahme auf die grundlegende Planung der staatlichen Tätigkeit ist der Kantonsrat in seiner Handlungsfreiheit im Rahmen der Gesetzgebung und insbesondere der Budgetgenehmigung erheblich eingeschränkt[2]. Dennoch verwarf das Plenum den von der Kommission gestellten Antrag, dass (nebst den Grundzügen der räumlichen Entwicklung) auch die weiteren grund-

1

---

[1] Zum betriebswirtschaftlichen Begriff der Planung vgl. HUBLER/BEUSCH, Art. 124 N. 1.
[2] Prot. Plenum, S. 3000 f., 3006. Vertreter des Regierungsrats und des Kantonsrats hatten in der Kommission 3 hierauf hingewiesen: Prot. K3 vom 17. Mai 2001, S. 92, 97 f., vom 22. Januar 2004, S. 1103 f. Vgl. BOLZ, Art. 74 N. 1; EHRENZELLER, St. Galler Kommentar, Art. 166 Rz. 21; Bericht Kompetenzverteilung, S. 439.

legenden Pläne der staatlichen Tätigkeit vom Kantonsrat beschlossen würden[3]. Massgebend war vor allem die Ansicht, der damals vorliegende Entwurf für ein Gesetz über Controlling und Rechnungslegung (CRG) enthalte ein «austariertes, ausgeklügeltes System» der politischen Planung, welches keine Beschlussfassung des Kantonsrats vorsehe. Dieses System sollte nicht durch eine abweichende Kompetenzregelung verunmöglicht werden. Weiter wurde die Befürchtung geäussert, der Regierungsrat würde dem Kantonsrat nur noch die der Beschlussfassung unterliegenden grundsätzlichen Inhalte der Entwicklungs- und Finanzplanung unterbreiten, womit dessen Informationsgehalt gegenüber dem geltenden Zustand vermindert würde. Bedenken bestanden auch, ob der Kantonsrat von seiner Struktur her für solche Planungsaufgaben geeignet sei[4]. Von der Kommission als Sachverständige angehörte Vertreter des Kantonsrats und der Vertreter des Regierungsrats befürchteten eine (m.E. nicht zwingende) Selbstbindung des Kantonsrats, welche sie ablehnten[5].

2   Aus Art. 55 folgt die Verpflichtung des Regierungsrats, dem Kantonsrat vom Gesetz zu bestimmende grundlegende Pläne der staatlichen Tätigkeit zur Stellungnahme vorzulegen. Dazu gehören jedenfalls die Schwerpunkte der Aufgaben- und Finanzplanung[6]. Die Grundzüge der räumlichen Entwicklung sind dem Kantonsrat zur Beschlussfassung zu unterbreiten.

3   Die Stellungnahme des Kantonsrats soll seine politischen Wertungen und Absichten frühzeitig dem gemäss Art. 66 in der Planung federführenden Regierungsrat signalisieren, damit dieser sie in seiner Planung und deren Umsetzung berücksichtigen kann. Aus der Verfassung folgt aber keine verbindliche Wirkung der Stellungnahme[7]. Umgekehrt ist der Kantonsrat auch nicht an die vom Regierungsrat beschlossene politische Planung und namentlich die Aufgaben- und Finanzplanung gebunden[8].

2. Schwerpunkte der Aufgaben- und Finanzplanung

4   Art. 55 Abs. 1 Satz 2 verlangt, dass der Kantonsrat zu den Schwerpunkten der Aufgaben- und Finanzplanung[9] Stellung nimmt. Das Wort «äussern» wurde aus rein sprachlichen Gründen gewählt[10] und hat keine abweichende Bedeutung.

---

[3] Prot. Plenum, S. 3000 ff., 3006.
[4] Prot. Plenum, S. 3002 f.
[5] Prot. K3 vom 10. Mai 2001, S. 76. Zur fehlenden Rechtsverbindlichkeit der vom Regierungsrat beschlossenen Planung vgl. HÄNER, Art. 66 N. 12.
[6] Gemäss HUBLER/BEUSCH, Art. 124 N. 11, auch die Legislaturplanung i.S.v. Art. 66.
[7] Vgl. NUSPLIGER, Regierung, S. 160.
[8] HÄNER, Art. 66 N. 12.
[9] Dazu HUBLER/BEUSCH, Art. 124 N. 6 ff., 16 ff.
[10] Prot. RedK vom 7. Januar 2003, S. 7; Prot. K3 vom 6. März 2003, S. 990.

Nach dem CRG ist der Konsolidierte Entwicklungs- und Finanzplan (KEF) das wichtigste Instrument der Aufgaben- und Finanzplanung.

Der KEF legt jährlich jeweils für die folgenden vier Jahre die zu erreichenden Wirkungen, die zu erbringenden Leistungen sowie deren Finanzierung fest. Er dient als Grundlage für die Festlegung des Budgets und des Steuerfusses. Der KEF enthält insbesondere die Legislaturziele, die finanz- und wirtschaftspolitischen Eckdaten, eine Darstellung und Beurteilung der Entwicklung der Leistungen und Finanzen des Kantons sowie eine Übersicht über die strategischen Ziele und die finanzielle Entwicklung der Funktionsbereiche[11]. Der KEF ist damit eine mögliche Form der in Art. 55 Abs. 1 Satz 2 angesprochenen Aufgaben- und Finanzplanung. Die Verfassung erwähnt aber bewusst nicht den KEF als konkretes Planungsinstrument, sondern spricht offener von den Schwerpunkten der Aufgaben- und Finanzplanung.

Der KEF wird vom Regierungsrat jährlich beschlossen und dem Kantonsrat zur Kenntnisnahme unterbreitet[12]. Dieser kann dazu Erklärungen beschliessen, welche nach der gesetzlichen Regelung nicht nur deklaratorischen Charakter haben. Der Regierungsrat muss entweder diese Erklärungen im nächsten KEF umzusetzen oder dem Kantonsrat innert dreier Monate schriftlich und begründet mitteilen, dass er dies nicht kann oder will[13]. Damit geht die Gesetzgebung über die Mindestanforderungen der Verfassung hinaus, bleibt aber im Rahmen der verfassungsmässigen Kompetenzordnung[14]. Dies gilt auch insofern, als sich die Erklärungen des Kantonsrats gemäss § 13 Abs. 2 CRG auf den gesamten Inhalt und nicht nur auf die Schwerpunkte beziehen können[15]. Mit Bezug auf die Gegenstände, für welche das Gesetz eine Stellungnahme des Kantonsrats vorsehen kann, ist Art. 55 Abs. 1 m.E. als Mindestvorschrift zu verstehen.

3. Grundzüge der räumlichen Entwicklung

Unter den Grundzügen der räumlichen Entwicklung ist nach dem heutigen raumplanungsrechtlichen Instrumentarium insbesondere die Richtplanung auf kantonaler Ebene zu verstehen. Die Bestimmung übernimmt aber bewusst nicht die Begriffe des Raumplanungsgesetzes[16], sondern formuliert offener. Insbesondere sollte die im Zeitraum der Ausarbeitung der Bestimmung geplante Rechtsentwicklung im Rahmen der (inzwischen aufgegebenen) Totalrevision

---

[11] §§ 9 f. CRG.
[12] § 9 und § 13 Abs. 1 CRG; Häner, Art. 66 N. 13.
[13] § 13 CRG.
[14] Vgl. Art. 59 Abs. 2 und dazu Art. 59 N. 14 f.; Häner, Art. 66 N. 14.
[15] Vgl. auch Häner, Art. 66 N. 13 f.
[16] Art. 6 ff. RPG.

des Planungs- und Baugesetzes ermöglicht werden[17]. Diese sah vor, dass der Regierungsrat als Grundlage für die eigentliche Richtplanung zu Beginn jeder Legislaturperiode ein Raumordnungskonzept erarbeitet und dem Kantonsrat zur Genehmigung vorlegt. Das Raumordnungskonzept sollte den Stand der Raumplanung darstellen und auf die wichtigsten Massnahmen der Raumplanung hinweisen, welche in den nächsten vier Jahren angepackt werden sollen. Der Kantonsrat wäre weiterhin auch zur Beschlussfassung über den kantonalen Richtplan zuständig gewesen[18].

8 Nachdem diese Gesetzesrevision nicht umgesetzt wurde, beschränkt sich die Beschlusskompetenz des Kantonsrats auf den kantonalen Richtplan. Dieser besteht aus folgenden aufeinander abgestimmten Teilrichtplänen: Siedlungs- und Landschaftsplan, Verkehrsplan, Versorgungsplan sowie Plan der öffentlichen Bauten und Anlagen[19]. Ausserdem erstattet der Regierungsrat dem Kantonsrat mindestens alle vier Jahre Bericht über die Untersuchung der Besiedlungs- und Nutzungsentwicklung des Kantons und seiner Regionen, über die Ziele der wünschbaren Entwicklung sowie über Durchführung und Verwirklichungsstand der Raumplanung[20].

---

[17] Prot. Plenum, S. 796.
[18] Baudirektion Kanton Zürich, Planungs- und Baugesetz des Kantons Zürich (PBG), Entwurf für die Vernehmlassung (19. August bis 19. Dezember 2005), §§ 11 und 13.
[19] § 32 Abs. 1, § 20 PBG.
[20] § 10 PBG.

Art. 56

Finanzbefugnisse

Der Kantonsrat beschliesst mit einfachem Mehr über:
a) das Budget;
b) den Steuerfuss für die Staatssteuer;
c) die Genehmigung der Staatsrechnung;
d) die Veräusserung von Vermögenswerten über 3 Millionen Franken, die öffentlichen Zwecken dienen.

Der Zustimmung der Mehrheit aller Mitglieder bedürfen:
a) neue einmalige Ausgaben von mehr als 3 Millionen Franken;
b) neue wiederkehrende Ausgaben von jährlich mehr als 300 000 Franken;
c) Beschlüsse im Rahmen der Budgetberatung, die zu einer höheren Belastung des Kantons gegenüber dem Entwurf des Regierungsrates führen;
d) Bestimmungen, die Staatsbeiträge oder Finanzausgleichsbeträge betreffen und Mehrausgaben nach sich ziehen können.

Der Kantonsrat beschliesst innert sechs Monaten über Anträge des Regierungsrates, die dem mittelfristigen Ausgleich der laufenden Rechnung des Staatshaushaltes dienen. Er ist an den Gesamtbetrag der mit den Anträgen erzielbaren Saldoverbesserung gebunden.

Materialien

Vgl. Hinweise bei Art. 50.

Vgl. ferner Antrag und Weisung des Regierungsrats zur Ausgabenbremse, ABl 1998, S. 558 ff. (Weisung Ausgabenbremse); Antrag und Weisung des Regierungsrats zum Gesetz über Controlling und Rechnungslegung, ABl 2004, S. 89 ff. (Weisung CRG).

Literatur

AUBERT JEAN-FRANÇOIS, Kommentar BV, Art. 85 aBV; KOLLER HEINRICH, Der öffentliche Haushalt als Instrument der Staats- und Wirtschaftslenkung, Diss., Basel/Frankfurt a.M. 1983; KONFERENZ DER KANTONALEN FINANZDIREKTOREN, Handbuch des Rechnungswesens der öffentlichen Haushalte, 2 Bde., Bern 1981; OBERSON XAVIER/GUILLAUME PIERRE-ALAIN, Le régime financier dans le droit constitutionnel des cantons, in: Verfassungsrecht der Schweiz, § 78; REICH MARKUS/PIPPIG ANNA, Die Finanzverfassung, in: Materialien zur Zürcher Verfassungsreform, Bd. 3, S. 47 ff.; STAUFFER THOMAS, St. Galler Kommentar, Art. 167; VON RECHENBERG ANDREA, Kommentar zur Verfassung des Kantons Graubünden, Art. 35.

Vgl. ferner Hinweise bei Art. 50.

Rechtsquellen

Vgl. Hinweise bei Art. 50 sowie
– Gesetz über den Finanzhaushalt des Kantons vom 2. September 1979 (Finanzhaushaltsgesetz, FHG; LS 611). Das Finanzhaushaltsgesetz wird voraussichtlich auf den 1. Januar 2009 durch das CRG abgelöst.

– Gesetz über Controlling und Rechnungslegung vom 9. Januar 2006 (CRG; LS 611). Auf den 1. Oktober 2007 traten § 13 Abs. 2 und § 64 (Anhang lit. c, § 34 des Kantonsratsgesetzes und vorstehender Gliederungstitel) des CRG in Kraft (OS 62, S. 354 ff.). Das CRG tritt voraussichtlich per 1. Januar 2009 vollständig in Kraft.

Übersicht **Note**

1. Einleitung 1
2. Verfassungsrechtliche Voraussetzungen für Ausgaben 3
3. Budget und Steuerfuss 4
   3.1. Budget (Abs. 1 lit. a) 4
   3.2. Budgetloser Zustand und dessen Vermeidung 11
   3.3. Steuerfuss (Abs. 1 lit. b) 13
4. Ausgabenbewilligungen (Abs. 2 lit. a und b) 14
   4.1. Verpflichtungskredit 14
   4.2. Kompetenzen des Kantonsrats 15
   4.3. Delegation von Ausgabenbewilligungskompetenzen 18
5. Ausgabenbremse (Abs. 2 lit. a–d) 19
6. Mittelfristiger Rechnungsausgleich (Abs. 3) 24
   6.1. Grundsatz 24
   6.2. Anwendungsbereich 27
   6.3. Vom Kantonsrat zu beschliessende Massnahmen 28
7. Genehmigung der Staatsrechnung und Finanzaufsicht (Abs. 1 lit. c) 30
8. Veräusserung von Vermögenswerten (Abs. 1 lit. d) 32

1. Einleitung

1   Die Finanzkompetenzen gehören in der Schweiz zu den wesentlichen Kompetenzen eines Parlaments[1]. Art. 56 enthält die Finanzbefugnisse des Kantonsrats. Die Unterteilung zwischen Abs. 1 und 2 richtet sich nach der für die Beschlussfassung erforderlichen Mehrheit. Abs. 3 enthält eine Sonderregelung zum mittelfristigen Ausgleich der Rechnung.

2   In der ausführenden gesetzlichen Regelung werden sich mit der Ablösung des Finanzhaushaltsgesetzes durch das Gesetz über Controlling und Rechnungslegung (CRG) erhebliche Änderungen ergeben. Die Kommission 3 und das Plenum des Verfassungsrats hatten jedoch bei der Beratung von Art. 56 noch die Regelungen des Finanzhaushaltsgesetzes vor Augen. Antrag und Weisung des Regierungsrats zum CRG wurden im Januar 2004 publiziert. In diesem Zeitpunkt waren Vorberatung und 1. Gesamtlesung im Verfassungsrat bereits abgeschlossen. In der 2. Gesamtlesung im Juni 2004 wurden keine wesentlichen (insbesondere keine konzeptionellen) Änderungen an dieser Bestimmung vor-

---

[1] BUSER, Rz. 379.

genommen². Die Verabschiedung des CRG im Kantonsrat erfolgte erst nach dem Inkrafttreten der neuen Verfassung.

2. Verfassungsrechtliche Voraussetzungen für Ausgaben

Jede Ausgabe setzt eine *gesetzliche Grundlage,* einen *Budgetkredit* und eine *Ausgabenbewilligung* voraus³. § 35 CRG sieht vor, dass an die Stelle eines Rechtssatzes als Rechtsgrundlage ein Gerichtsentscheid, ein referendumsfähiger Kantonsratsbeschluss (z.B. Verpflichtungskredit[4]) oder ein Entscheid der Stimmberechtigten treten kann, doch müssen auch diese ihrerseits auf einer gesetzlichen Grundlage beruhen. Bei einem referendumsfähigen Kantonsratsbeschluss oder einem Entscheid der Stimmberechtigten genügt m.E. angesichts ihrer hohen demokratischen Legitimation als gesetzliche Grundlage eine relativ allgemeine Aufgabennorm. Unter engen Voraussetzungen kann der Regierungsrat Ausgaben ohne Budgetkredit tätigen[5]. 3

3. Budget und Steuerfuss

3.1. Budget (Abs. 1 lit. a)

Der Begriff «Budget» tritt an die Stelle von «Voranschlag». Grundsätzlich setzt sich das Budget aus einer Schätzung der Einnahmen und aus Voranschlagskrediten für die Ausgaben eines bestimmten Zeitraums zusammen, wobei auch der Verwendungszweck der Ausgaben festgelegt wird[6]. Dies entspricht jedenfalls dem bisherigen Verständnis, das der Verfassungsgeber vor Augen hatte. Im CRG wird der Inhalt des Budgets erweitert, indem es nicht nur die Ausgaben, sondern auch die damit zu finanzierenden Leistungen festlegt[7]. Dies erscheint als eine zulässige Erweiterung der kantonsrätlichen Budgetkompetenz, da die Verfassung abgesehen vom Erfordernis einer gesetzlichen Grundlage nicht regelt, wer die von der Verwaltung zu erbringenden Leistungen festlegt. Das Gesetz kann dem Kantonsrat gemäss Art. 59 Abs. 4 zusätzliche Aufgaben und Befugnisse übertragen. 4

---

[2] Prot. Plenum, S. 3009 ff.
[3] Art. 2 Abs. 1, Art. 56 Abs. 1 lit. a, Art. 56 Abs. 2 lit. a und b bzw. Art. 68 Abs. 2 KV; Prot. Plenum, S. 904; § 35 CRG; JAAG, Rz. 3223 f.; OBERSON/GUILLAUME, § 78 Rz. 32; REICH/PIPPIG, S. 67.
[4] Weisung CRG, S. 175.
[5] § 22 CRG; HÄNER, Art. 68 N. 12.
[6] HÄFELIN/HALLER, N. 1527; OBERSON/GUILLAUME, § 78 Rz. 3; SÄGESSER, Bundesbehörden, Art. 167 Rz. 559; vgl. AUBERT, Kommentar BV, Art. 85 aBV Rz. 131.
[7] § 14 CRG.

5 Das Budget gliedert die Tätigkeit der Verwaltung in Leistungsgruppen. Für jede Leistungsgruppe beschliesst der Kantonsrat einen Budgetkredit für die Erfolgsrechnung (als Saldo von Aufwand und Ertrag), einen Budgetkredit für die Investitionsrechnung sowie Indikatoren. Indikatoren sind Beurteilungskriterien für die angestrebten Wirkungen und Leistungen. Budgetkredite sind an die Aufgaben der Leistungsgruppe gebunden und dürfen nicht für andere Zwecke verwendet werden[8].

6 Das Budget wird gemäss Art. 68 Abs. 1 vom Regierungsrat entworfen. Der Kantonsrat ist an diesen Entwurf nicht gebunden[9]. Auf künftige Entwürfe kann er mit der Leistungsmotion Einfluss nehmen[10]. Allerdings sind die Möglichkeiten beschränkt, mit dem Budget die Leistungen zu steuern, denn diese sind in grossem Mass durch gesetzliche Regelungen bestimmt[11]. An diese ist der Kantonsrat bei der Budgetierung gebunden[12] und muss die dort zwingend vorgegebenen Ausgaben in das Budget aufnehmen. Erachtet er sie nicht mehr als sinnvoll, sind zuerst die betreffenden Erlasse zu ändern[13]. Bezüglich der formellen Gesetze erscheint diese Bindung als selbstverständlich[14]. Ein uneingeschränkter Vorrang der regierungsrätlichen Verordnungen hingegen würde die Budgetkompetenz des Kantonsrats aushöhlen. § 2 Abs. 1 CRG spricht denn auch nur von der Bindung an die Verfassung und die Gesetzgebung. Kürzt der Kantonsrat die vom Regierungsrat beantragten Mittel, so hat dieser seinen Handlungsspielraum auszuschöpfen, um den Mittelbedarf zu verringern. Nötigenfalls sind dabei auch Verordnungsänderungen vorzunehmen, soweit die Gesetzgebung dafür Raum lässt. Lässt sich gesetzmässiges Handeln nicht anders sicherstellen, muss der Regierungsrat allerdings Kreditüberschreitungen in Kauf nehmen[15].

7 Auch innerhalb des Budgets kann es zu Widersprüchen kommen – etwa wenn die darin vom Kantonsrat festgelegten Leistungen mit den dafür bewilligten Mitteln nicht erbracht werden können. In dieser Situation geht m.E. die Festlegung der finanziellen Mittel vor, denn darin liegt das verfassungsrechtlich zwingende Kernelement der Budgetkompetenz des Kantonsrats, während es sich bei der Leistungsbudgetierung um eine vom Gesetzgeber vorgenommene Kompetenzerweiterung handelt. Vorbehalten ist allerdings auch hier ein allenfalls gesetzlich vorgeschriebener minimaler Leistungsumfang[16].

---

[8] §§ 12 Abs. 1 lit. b, 14 und 15 CRG.
[9] Von Rechenberg, Kommentar KV GR, Art. 35 Rz. 4.
[10] Dazu Art. 59 N. 13.
[11] Weisung CRG, S. 163.
[12] Art. 2 KV; § 2 CRG.
[13] Von Rechenberg, Kommentar KV GR, Art. 35 Rz. 5.
[14] Vgl. Eichenberger, § 81 N. 11.
[15] § 22 CRG; Weisung CRG, S. 158; vgl. Häner, Art. 68 N. 12.
[16] Dazu N. 6.

Soweit der Umfang der zu erbringenden Leistungen von zukünftigen Entwicklungen abhängt, kann der Kantonsrat bei deren Prognostizierung von anderen Werten ausgehen als der Budgetentwurf des Regierungsrats.

Genügt ein Budgetkredit für den vorgesehenen Zweck nicht, so ist ein Nachtragskredit einzuholen[17]. In bestimmten Fällen kann der Regierungsrat in eigener Kompetenz Kreditüberschreitungen bewilligen[18].

Die Verfassung lässt bewusst offen, ob das Budget jährlich oder allenfalls für mehrere Jahre festgelegt wird. Das CRG sieht eine einjährige Budgetperiode vor[19].

3.2. Budgetloser Zustand und dessen Vermeidung

Der Kantonsrat hat das Budget bis zum 31. Dezember des Vorjahres zu verabschieden. Andernfalls ist der Regierungsrat ermächtigt, die für die ordentliche und wirtschaftliche Verwaltungstätigkeit unerlässlichen Ausgaben zu tätigen[20].

Der Voranschlag 2000 wurde auf Wunsch des Regierungsrats durch den Kantonsrat zur Überarbeitung zurückgewiesen und deshalb erst am 8. Februar 2000 verabschiedet. Auf den Voranschlag 2002 konnte sich der Kantonsrat nicht rechtzeitig einigen, so dass er erst am 11. März 2002 genehmigt wurde[21]. Unter dem Eindruck dieser Vorkommnisse hatte das Plenum des Verfassungsrats in der Vorberatung einen Antrag der Kommission 3 gutgeheissen, wonach der regierungsrätliche Budgetantrag als genehmigt gilt, wenn der Kantonsrat das Budget nicht spätestens sechs Monate nach Überweisung dieses Antrags festsetzt[22]. Damit sollte der Kantonsrat unter Druck gesetzt werden, ein Budget zu beschliessen und für den Fall des Misslingens sollte ein Investitionsstopp vermieden und Rechtssicherheit geschaffen werden. In der 1. Gesamtlesung wurde die Bestimmung wieder gestrichen. Dies geschah im Bewusstsein, dass der Kantonsrat stark von den Budgetvorschlägen des Regierungsrats abhängig ist, und mit dem Ziel, den Kantonsrat nicht in einer wichtigen Kompetenz zu beschneiden. Seine Befugnis, den Budgetantrag des Regierungsrats zur Überarbeitung zurückzuweisen, sollte gewahrt werden[23].

---

[17] § 21 Abs. 1 CRG; VON RECHENBERG, Kommentar KV GR, Art. 35 Rz. 9.
[18] § 22 CRG; HÄNER, Art. 68 N. 12.
[19] Prot. Plenum, S. 797; § 14 Abs. 1 CRG.
[20] Prot. Plenum, S. 800, 2187 ff.; § 19 CRG.
[21] KR-Prot. 1999–2003, S. 3213 und 11559.
[22] Prot. Plenum, S. 799 ff.
[23] Prot. Plenum, S. 2187 ff.

3.3. Steuerfuss (Abs. 1 lit. b)

13 Der Kantonsrat ist, wie schon nach der Verfassung von 1869, abschliessend zuständig für die Festlegung des Steuerfusses[24]. Anträge, dafür das fakultative oder obligatorische Referendum vorzusehen, wurden im Verfassungsrat deutlich abgelehnt[25].

4. Ausgabenbewilligungen (Abs. 2 lit. a und b)

4.1. Verpflichtungskredit

14 Die Ausgabenbewilligung erfolgt durch Verpflichtungskredite. Diese geben die Ermächtigung, bis zu einer bestimmten Summe für einen bestimmten Zweck (ein bestimmtes Vorhaben) finanzielle Verpflichtungen einzugehen[26].

4.2. Kompetenzen des Kantonsrats

15 Für neue einmalige Ausgaben[27] von mehr als 3 bis zu 6 Mio. Franken sowie für neue wiederkehrende Ausgaben von mehr als 300 000 bis zu 600 000 Franken ist der Kantonsrat abschliessend zuständig. Die Bewilligung höherer Ausgaben untersteht dem fakultativen Referendum[28]. Die Obergrenzen der abschliessenden Ausgabenkompetenzen des Kantonsrats wurden somit verdoppelt. Auf der anderen Seite ist nun für neue einmalige Ausgaben bis zu 3 Mio. Franken bzw. für neue wiederkehrende Ausgaben bis zu 300 000 Franken im Rahmen des Budgets der Regierungsrat abschliessend zuständig[29]. Die Betragslimiten beziehen sich auf die einzelnen Ausgaben, nicht auf die Gesamtsumme eines Jahres[30].

16 Die bisherige Verfassung sah die endgültige Beschlussfassung des Kantonsrats über einmalige Ausgaben bis zu 3 Mio. Franken bzw. über jährlich wiederkehrende Ausgaben bis zu 300 000 Franken vor und wies ihm die Kompetenz für die Festsetzung des jährlichen Voranschlages vorbehältlich der vorgenannten Ausgabenbewilligung zu[31]. Sie kannte somit keine abschliessenden Ausgabenkompetenzen des Regierungsrats.

---

[24] SCHUHMACHER, Art. 33 N. 17. Im Kanton Bern können 80 Grossratsmitglieder die Unterstellung des Steuerfusses unter das fakultative Referendum verlangen (Art. 62 Abs. 1 lit. f KV BE; BOLZ, Art. 76 N. 3).
[25] Prot. Plenum, S. 2064 ff.; Erläuterungen zu Art. 63 VE.
[26] Prot. Plenum, S. 904; § 38 CRG; JAAG, Rz. 3223 f.
[27] Zu den Begriffen der Ausgabe, der neuen und der gebundenen Ausgabe sowie der einmaligen und der wiederkehrenden Ausgabe vgl. SCHUHMACHER, Art. 33 N. 20 ff.
[28] Art. 33 Abs. 1 lit. d.
[29] Art. 68 Abs. 2.
[30] Prot. Plenum, S. 2184; § 36 lit. a CRG («für einen bestimmten Zweck»).
[31] Art. 31 Ziff. 5 und 6 aKV.

Kompetenzen für die Beschlussfassung über neue Ausgaben			
Zuständiges Organ	Art der Ausgabe	neue KV	bisherige KV
Kantonsrat mit fak. Referendum	einmalig	über 6 Mio.	über 3 Mio.
	wiederkehrend	über 600 000	über 300 000
Kantonsrat abschliessend	einmalig	über 3 bis 6 Mio.	bis 3 Mio.
	wiederkehrend	über 300 000 bis 600 000	bis 300 000
Regierungsrat	einmalig	bis 3 Mio.	–
	wiederkehrend	bis 300 000	–

Über die Herabsetzung oder Aufhebung von Verpflichtungskrediten entscheidet der Kantonsrat, wenn die Reduktion betragsmässig die Grenze des fakultativen Finanzreferendums übersteigt[32].

17

4.3. Delegation von Ausgabenbewilligungskompetenzen

Unter der bisherigen Verfassung hatte der Kantonsrat gestützt auf § 34 FHG die ihm endgültig zustehenden Kompetenzen zur Ausgabenbewilligung in einem weit gehenden Mass pauschal und unspezifisch an den Regierungsrat und die Direktionen delegiert[33]. Jedenfalls unter der neuen Kantonsverfassung ist die Delegation der dem Kantonsrat zustehenden Ausgabenkompetenzen nur zulässig, wenn sie auf ein bestimmtes Gebiet beschränkt ist. Sie muss entweder in einem formellen Gesetz erfolgen oder in einem Beschluss, der im gleichen Verfahren ergeht wie eine Ausgabenbewilligung für den Maximalbetrag der delegierten Ausgabe[34].

18

5. Ausgabenbremse (Abs. 2 lit. a–d)

Die Zuteilung des Budgetrechts an das Parlament erfolgt in der Ansicht, dieses sei der beste Garant für die Herstellung des finanziellen Gleichgewichts und für

19

---

[32] § 42 CRG. Die Weisung vom 30. August 1978 zum Finanzhaushaltsgesetz, ABl 1978, S. 1871 ff., 1968, weist auf die staatspolitische Bedeutung solcher Kreditaufhebungen hin.
[33] Beschluss des Kantonsrats über die Zuständigkeit zur Verwendung rechtskräftig bewilligter Kredite vom 6. Januar 1986 (LS 612.4); vgl. Prot. Plenum, S. 904 f.; REICH/PIPPIG, S. 69.
[34] Der Verfassungsrat hat bewusst einen Bereich abschliessender Ausgabenkompetenzen des Kantonsrats geschaffen: Prot. Plenum, S. 904 ff.; vgl. zur Delegation von Ausgabenkompetenzen im Bereich des fakultativen Referendums: TSCHANNEN, § 51 Rz. 42.

eine wirtschaftliche Verwendung staatlicher Mittel[35]. Der Kantonsrat hat diese Erwartungen oft nicht genügend erfüllt. Generell wird befürchtet, dass bei seinen politischen Einzelentscheiden den finanziellen Auswirkungen bloss eine untergeordnete Priorität zukomme[36]. Um der Tendenz des Kantonsrats entgegenzuwirken, mehr Ausgaben zu bewilligen, als es den finanzhaushaltsrechtlichen Zielsetzungen entspricht, schreibt Art. 38 Abs. 2 für gewisse Beschlüsse die Zustimmung der Mehrheit aller Kantonsratsmitglieder (also von mindestens 91) vor. Enthaltungen und Nichtstimmende wirken sich gleich aus wie Nein-Stimmen. Wird das qualifizierte Mehr nicht erreicht, ist der betreffende Antrag abgelehnt. Damit wird die seit 1999 geltende Regelung der bisherigen Verfassung weitergeführt[37]. Der Verfassungsrat hatte insbesondere Ausgabenwünsche von Gruppierungen mit Sonderinteressen im Visier[38].

20   Unter das qualifizierte Mehr fallen folgende Kantonsratsbeschlüsse:
 – Bewilligung neuer Ausgaben (Abs. 2 lit. a und b);
 – Beschlüsse im Rahmen der Budgetberatung, die zu einer höheren Belastung des Kantons gegenüber dem Entwurf des Regierungsrats führen (lit. c); und
 – rechtsetzende Bestimmungen, die Staatsbeiträge oder Finanzausgleichsbeträge[39] betreffen und die Mehrausgaben nach sich ziehen können (lit. d).

21   Dem qualifizierten Mehr für rechtsetzende Bestimmungen unterstehen grundsätzlich nicht die betreffenden Gesetze als Ganzes, sondern deren *einzelne Bestimmungen*, welche die Mehrausgaben auslösen[40]. Im ordentlichen Gesetzgebungsverfahren kommt die Ausgabenbremse also in der Detailberatung zum Zug. Hingegen kann die Beschlussfassung über die Zustimmung zu einer ausformulierten Verfassungs- oder Gesetzesinitiative nur ungeteilt erfolgen, weshalb die qualifizierte Mehrheit auf diesen Beschluss anwendbar ist. Fraglich ist allerdings, ob die Zustimmung auch dann der Ausgabenbremse unterliegt, wenn der Kantonsrat gleichzeitig einen Gegenvorschlag beschliesst, denn in diesem Fall werden Initiative und Gegenvorschlag der Volksabstimmung unterbreitet und der Zustimmung des Kantonsrats kommt eher der Charakter einer *Abstimmungsempfehlung* zu, da in diesem Fall genauso eine Volksabstimmung stattfindet, wie wenn er das Begehren ablehnen würde[41]. Der qualifizierten Mehrheit unterliegen aber jedenfalls die ausgabenbegründenden Bestimmungen des Gegenvorschlags.

---

[35] Z. Giacometti, Gutachten «Fragen des Budgetrechts und der Verwaltungskompetenz» vom 10. September 1953, zit. gemäss Botschaft Ausgabenbremse, S. 582; Haller/Kölz, S. 254.
[36] Weisung Ausgabenbremse, S. 561 f.
[37] Lit. a, b und d entsprechen Art. 31 Ziff. 1 Teilsatz 2 aKV; lit. c entspricht Art. 31 Ziff. 6 Halbsatz 2 aKV.
[38] Prot. Plenum, S. 2186.
[39] Die Verwendung des Wortes Finanzausgleichs*beträge* statt wie bisher Finanzausgleichs*beiträge* ist rein sprachlich motiviert und mit keiner materiellen Änderung verbunden: Prot. Plenum, S. 799, 2184 f.
[40] Weisung Ausgabenbremse, S. 591.
[41] Vgl. Weisung GPR, S. 1627; § 132 Abs. 2 GPR.

Die Ausgabenbremse kommt auch auf Verordnungen des Kantonsrats[42], nicht jedoch auf solche anderer Behörden zur Anwendung.

Erfasst werden Bestimmungen, die neue Staatsbeiträge oder Finanzausgleichsbeiträge vorsehen, Beitragstatbestände erweitern oder bestehende Beitragssätze erhöhen. Voraussetzung für die Unterstellung unter das qualifizierte Mehr ist die *Möglichkeit*, dass diese Bestimmungen Mehrausgaben nach sich ziehen können. Sie greift also auch dann, wenn ungewiss ist, ob es tatsächlich zu Mehrausgaben kommt. Sie ist damit einfacher zu handhaben als die Ausgabenbremse des Bundes, welche ein qualifiziertes Mehr erst ab bestimmten Schwellenwerten vorsieht[43].

6. Mittelfristiger Rechnungsausgleich (Abs. 3)

6.1. Grundsatz

Art. 56 Abs. 3 ist im Zusammenhang mit Art. 123 Abs. 1 Satz 1 zu lesen, der vorsieht, dass der Kanton seinen Finanzhaushalt mittelfristig ausgleicht[44]. Das CRG führt dazu aus, dass der Regierungsrat bei einer Gefährdung des mittelfristigen Ausgleichs der konsolidierten Erfolgsrechung die Ausgabenbedürfnisse auf ihre sachliche und zeitliche Dringlichkeit prüft und dem Kantonsrat wenn nötig Massnahmen zur dauerhaften Senkung der Ausgaben, insbesondere Änderungen von gesetzlichen Verpflichtungen, beantragt[45].

Gemäss Art. 56 Abs. 3 ist der Kantonsrat verpflichtet, auf Anträge des Regierungsrats einzutreten[46] und innerhalb von sechs Monaten darüber zu entscheiden. Ausserdem ist er an den Gesamtbetrag der damit erzielbaren Saldoverbesserungen gebunden (Saldobindung); er ist in seinem Entscheid weder zeitlich noch inhaltlich frei. Damit durchbricht die Bestimmung das Entscheidungsprimat des Kantonsrats[47]. Da sich die beantragten Massnahmen namentlich auf die Gesetzgebung und den Voranschlag beziehen können, greift diese Bestimmung in die Kernkompetenzen des Kantonsrats ein.

Art. 56 Abs. 3 führt den im Jahr 2000 beschlossenen Art. 31a aKV weiter. Die Regelung wird damit begründet, dass die Möglichkeiten des Regierungsrats, beim Entwurf des Voranschlags Einsparungen vorzusehen, angesichts der ge-

---

[42] Vgl. Sägesser, Bundesbehörden, Art. 159 Rz. 332.
[43] Weisung Ausgabenbremse, S. 591; vgl. Art. 159 Abs. 3 lit. b BV.
[44] Dazu Hubler, Art. 123 N. 8 ff.
[45] § 4 Abs. 1 und 2 CRG.
[46] Prot. KR, 1999–2003, S. 1152.
[47] Art. 50 N. 14.

setzlichen Bindung der meisten Ausgaben sehr beschränkt sind[48]. Im Verfassungsrat war diese Bestimmung heftig umstritten. In der Vernehmlassungsvorlage fehlte sie noch[49].

6.2. Anwendungsbereich

27 Voraussetzung der Saldobindung ist die Gefährdung des mittelfristigen Rechnungsausgleichs. Der Tatbestand ist damit im Gegensatz zu Art. 196 Ziff. 12 Abs. 6–8 BV offen formuliert[50] und überlässt den anwendenden Behörden einen erheblichen Ermessensspielraum. Angesichts der damit verbundenen Einschnitte in die demokratisch besonders legitimationsbedürftigen Gesetzgebungs- und Budgetkompetenzen des Kantonsrats ist für die Anwendbarkeit von Art. 56 Abs. 3 ein *erhebliches* finanzielles Ungleichgewicht vorauszusetzen. Dieses darf nicht kurzfristiger Natur sein, sondern muss den Ausgleich auch mittelfristig[51] gefährden.

6.3. Vom Kantonsrat zu beschliessende Massnahmen

28 Regierungsrätliche Anträge im Sinne von Art. 56 Abs. 3 können sich auf alle Gegenstände beziehen, die in die Kompetenz des Kantonsrats fallen, namentlich auf Verfassungs- und Gesetzesänderungen, Richtplanänderungen, Ausgabenkürzungen im Rahmen des Budgets, die Aufhebung von Verpflichtungskrediten sowie eine Erhöhung des Staatssteuerfusses. Eintretenspflicht, Behandlungsfrist und Saldobindung gelten nur insoweit, als die Massnahmen unmittelbar zur Verbesserung der laufenden Rechnung beitragen. Der Kantonsrat kann die einzelnen Anträge des Regierungsrats modifizieren oder durch eigene Massnahmen ergänzen oder ersetzen[52].

29 Die Saldobindung bezieht sich auf den Saldo sämtlicher Massnahmen, die der Regierungsrat dem Kantonsrat zur Erreichung des mittelfristigen Rechnungsausgleichs beantragt. Die Bestimmung setzt eine Gesamtschau der Möglichkeiten zum Rechnungsausgleich voraus. Unterbreitet der Regierungsrat seine Massnahmen in mehreren Paketen, so gilt die Saldobindung des Kantonsrats für deren Gesamtsaldo. Die sechsmonatige Behandlungsfrist kann erst ab der Unterbreitung des letzten Pakets laufen, da erst in diesem Zeitpunkt eine Gesamtbeurteilung der vorgeschlagenen Massnahmen und der sich anbietenden Alternativen möglich ist.

---

[48] Botschaft Ausgabenbremse, S. 582; REICH/PIPPIG, S. 77.
[49] Art. 63 VE.
[50] Weisung Ausgabenbremse, S. 596.
[51] Zu der damit angesprochenen Dauer vgl. HUBLER, Art. 123 N. 14.
[52] Vgl. Weisung Ausgabenbremse, S. 596 f.

7. Genehmigung der Staatsrechnung und Finanzaufsicht (Abs. 1 lit. c)

Die Rechnungsabnahme ist ein wichtiges Instrument der parlamentarischen Kontrolle. Die Genehmigung oder deren Verweigerung ist ein politischer Akt, an welchen die Verfassung keine unmittelbaren Rechtsfolgen knüpft. Weder führt die Nichtgenehmigung ohne weiteres zu einer vermögens-, straf- oder disziplinarrechtlichen Verantwortlichkeit, noch hindert die Genehmigung eine solche[53].

30

Art. 56 Abs. 1 lit. c bezieht sich zunächst auf die Jahresrechnung i.S.v. § 47 CRG, welche den Regierungsrat und die kantonale Verwaltung, ausgenommen die unselbständigen Anstalten mit eigener Rechnung, erfasst. Zur Jahresrechnung im Sinne von Art. 56 Abs. 1 lit. c gehören zudem alle Separatrechnungen, namentlich die Rechnungen der unselbständigen öffentlichrechtlichen Anstalten mit eigener Rechnung, der selbständigen öffentlichrechtlichen Anstalten des Kantons, der kantonalen Gerichte sowie der kantonalen Behörden, welche von der Jahresrechnung nicht erfasst sind (z.B. Ombudsperson und Finanzkontrolle). Gemäss § 54 CRG werden diese Rechnungen mit der Jahresrechnung in der konsolidierten Rechnung zusammengefasst – die Rechnungen von Anstalten allerdings nur, wenn der Kanton ihnen wesentliche Betriebsbeiträge leistet und er sie gleichzeitig wesentlich beeinflussen kann. Auch weitere Organisationen, die diese Kriterien bezüglich Finanzierung und Beeinflussung erfüllen, werden in die konsolidierte Rechnung aufgenommen. Die Jahresrechnung und die konsolidierte Rechung werden dem Kantonsrat als Teil des Geschäftsberichts des Regierungsrats unterbreitet[54]. Grundsätze über die Führung der Staatsrechnung ergeben sich aus Art. 122 Abs. 3[55]. Bei der Beurteilung der Staatsrechnung kann sich der Kantonsrat auf die Berichte der unabhängigen Finanzkontrolle stützen[56].

31

8. Veräusserung von Vermögenswerten (Abs. 1 lit. d)

Neu hält die Kantonsverfassung ausdrücklich fest, dass die Veräusserung von Vermögenswerten, die öffentlichen Zwecken dienen und deren Wert 3 Mio. Franken übersteigt, in der Kompetenz des Kantonsrats liegt. Diese Bestimmung folgt aus dem Grundsatz der Parallelität der Formen, der verlangt, dass eine

32

---

[53] Art. 57 N. 3 ff., 22; AUBERT, Kommentar BV, Art. 85 aBV Rz. 146 f.; EICHENBERGER, § 81 N. 13; HÄNER, Art. 68 N. 4; STAUFFER, St. Galler Kommentar, Art. 167 Rz. 26.
[54] § 27 CRG.
[55] Dazu HUBLER/BEUSCH, Art. 122 N. 19 ff.; vgl. auch §§ 44 ff. CRG.
[56] Art. 129 Abs. 1.

Behörde ihre Anordnungen nur in jener Form gültig ändern kann, in der sie erlassen wurden[57]. Die Beschlussfassung über die *Bildung* von Verwaltungsvermögen steht – soweit damit Ausgaben von mehr als 3 Mio. Franken verbunden sind – dem Kantonsrat (und gegebenenfalls dem Volk) zu. Eine spätere *Veräusserung* dieser Vermögenswerte löst deren Bindung an eine bestimmte Verwaltungsaufgabe (Widmung) wieder auf. Darin liegt quasi ein Gegenbeschluss zur ursprünglichen Ausgabenbewilligung. Hierfür ist nach Art. 56 Abs. 1 lit. d KV wiederum der Kantonsrat zuständig. Massgebend für die Kompetenz des Kantonsrats ist allerdings der Wert im Zeitpunkt der Veräusserung.

33 Art. 56 Abs. 1 lit. d greift, wenn der Umfang der Aufgabenwahrnehmung durch den Kanton ohne Gesetzesänderung eingeschränkt werden kann[58]. Er gilt auch, wenn die Vermögenswerte auf einen anderen Rechtsträger übertragen werden, damit dieser den öffentlichen Zweck weiterverfolgt[59].

34 Nicht erfasst von der Bestimmung wird die Veräusserung von Vermögenswerten des Finanzvermögens[60]. Was die Umwandlung von nicht mehr benötigtem Verwaltungsvermögen in Finanzvermögen betrifft, ist auf die Diskussion in der Kommission zu verweisen. Diese lehnte einen Antrag ab, hierfür mit den gleichen Grenzbeträgen ebenfalls den Kantonsrat als zuständig zu erklären. Es wurde jedoch betont, dass hieraus nicht die Kompetenz des Regierungsrats fliesst, über die Reduktion einer öffentlichen Aufgabe oder über den Verzicht auf eine öffentliche Aufgabe zu beschliessen[61]. Daraus folgt, dass der Regierungsrat Gegenstände weiterhin unabhängig von ihrem Wert ins Finanzvermögen übertragen kann, wenn sich aus Beschlüssen des Volks oder des Kantonsrats ergibt, dass bestimmte Gegenstände des Verwaltungsvermögens nicht mehr öffentlichen Zwecken dienen sollen. Liegen keine solche Beschlüsse vor, besteht für Gegenstände mit einem Wert über 3 Mio. Franken eine entsprechende Kompetenz des Regierungsrats nur, sofern deren Übertragung ins Finanzvermögen (und eine spätere Veräusserung) nicht zu einer Verringerung des Umfangs der Aufgabenwahrnehmung führt. § 58 lit. c CRG, der den Regierungsrat zur «Umwandlung nicht mehr benötigten Verwaltungsvermögens in Finanzvermögen» zuständig erklärt, ist mangels Erwähnung dieser Voraussetzung zu offen formuliert[62].

---

[57] BGE 112 Ia 136 ff., 139; BGE 101 Ia 583 ff., 591; RHINOW/KRÄHENMANN, Nr. 59 B I a; SALADIN, Kommentar BV, Art. 3 aBV Rz. 247. Zu dessen Anwendbarkeit auf Ausgaben vgl. BGE in ZBl 92/1991, S. 38 ff., 42.
[58] HÄNER, Art. 68 N. 18.
[59] Die Kommission hatte beispielsweise die gänzliche oder teilweise Veräusserung von Unternehmensbeteiligungen und die damals diskutierte Übertragung von Vermögenswerten der EKZ auf die Axpo Holding AG im Auge: Prot. K3 vom 17. Januar 2002, S. 396 f.; vom 28. Februar 2002, S. 468 f.; vom 1. Juli 2002, S. 698.
[60] Prot. Plenum, S. 797; vgl. HÄNER, Art. 68 N. 19.
[61] Prot. K3 vom 1. Juli 2002, S. 698 f.
[62] HÄNER, Art. 68 N. 19, verlangt demgegenüber für die Umwandlung von Verwaltungsvermögen über 3 Mio. Franken immer die Zuständigkeit des Kantonsrats.

Ob ein Vermögenswert im Sinne dieser Bestimmung öffentlichen Zwecken dient, richtet sich grundsätzlich nach den gleichen Gesichtspunkten wie die Unterscheidung zwischen Verwaltungs- und Finanzvermögen. Zum *Verwaltungsvermögen* des Staates werden jene öffentlichen Sachen gerechnet, die unmittelbar, d.h. durch ihren Gebrauch als solchen, der Erfüllung einer öffentlichen Aufgabe dienen, wie z.B. das Rathaus[63]. Zum *Finanzvermögen* hingegen werden Vermögenswerte gezählt, die nur mittelbar, nämlich mit ihrem Kapitalwert und ihren Erträgnissen, zur Erfüllung öffentlicher Aufgaben beitragen[64], wie z.B. Wertschriften, nicht aber Beteiligungen, die nicht ausschliesslich finanziellen Zwecken dienen, sondern aus öffentlichem Interesse gehalten werden; solche Beteiligungen gehören zum Verwaltungsvermögen[65]. Vermögenswerte des Finanzvermögens können ohne Beeinträchtigung der öffentlichen Aufgabenerfüllung veräussert werden[66].

35

---

[63] BGE 103 II 227 ff., 233; § 49 Abs. 2 CRG; HÄFELIN/MÜLLER/UHLMANN, Rz. 2332 ff.; vgl. Art. 9 Bundesgesetz über die Schuldbetreibung gegen Gemeinden und andere Körperschaften des kantonalen öffentlichen Rechts vom 4. Dezember 1947 (SR 282.11).
[64] BGE 103 II 227 ff., 233; HÄFELIN/MÜLLER/UHLMANN, Rz. 2330 f.; HANGARTNER/KLEY, N. 1839.
[65] THALMANN, § 119 N 1.3.
[66] § 49 Abs. 2 CRG.

Art. 57

Der Kantonsrat übt die Kontrolle über Regierung, Verwaltung und andere Träger öffentlicher Aufgaben sowie über den Geschäftsgang der obersten kantonalen Gerichte aus.

Das Gesetz bestimmt die dafür notwendigen Auskunfts- und Einsichtsrechte.

Parlamentarische Kontrolle

Materialien

Vgl. Hinweise bei Art. 50.

Literatur

BÄUMLIN RICHARD, Die Kontrolle des Parlaments über Regierung und Verwaltung, ZSR 85/1966 II, S. 165 ff.; EICHENBERGER KURT, Die Kontrolle in der rechtsstaatlichen Demokratie (Rechtsstaatliche Demokratie), sowie Die Problematik der parlamentarischen Kontrolle im Verwaltungsstaat (Kontrolle), je in: Der Staat der Gegenwart, Ausgewählte Schriften von Kurt Eichenberger, Basel/Frankfurt a.M. 1980, S. 127 ff., 415 ff.; FRANK/STRÄULI/MESSMER, Kommentar zur zürcherischen Zivilprozessordnung, 3. Aufl., Zürich 1997; GROSS JOST, Aufsicht und Verantwortlichkeit, in: René Schaffhauser/Tomas Poledna (Hrsg.), Auslagerung und Privatisierung von staatlichen und kommunalen Einheiten, St. Gallen 2002, S. 125 ff.; MASTRONARDI PHILIPPE, Kriterien der demokratischen Verwaltungskontrolle, Basel/Frankfurt a.M. 1991 (Kriterien); KIENER REGINA, Richterliche Unabhängigkeit, Habil., Bern 2001 (Unabhängigkeit); MÜLLER GEORG, Probleme der Abgrenzung der parlamentarischen Oberaufsicht im Bund, ZSR 111/1992 I, S. 389 ff. (Oberaufsicht); POLEDNA TOMAS, Die parlamentarische Untersuchungskommission in der Schweiz, AJP 1995, S. 1169 ff.; RIESEN CLAUDIO, Die Kontrolle der Verwaltung und der Justiz durch den Bündner Grossen Rat, Diss., Zürich 1985; RUCH ALEXANDER, Die parlamentarische Kontrolle der mittelbaren Verwaltung im Bund, ZBl 93/1992, S. 241 ff.; SEILER HANSJÖRG, Praktische Fragen der parlamentarischen Oberaufsicht über die Justiz, ZBl 101/2000, S. 281 ff. (Justiz); TOBLER ANDREAS, Zur Tragweite der parlamentarischen Oberaufsicht über die Gerichte, Bericht zuhanden der Geschäftsprüfungskommission des Ständerates, BBl 2002, S. 7690 ff.; ZIMMERLI ULRICH/LIENHARD ANDREAS, «Privatisierung» und parlamentarische Oberaufsicht, in: Wolfgang Wiegand (Hrsg.), Rechtliche Probleme der Privatisierung, Bern 1998, S. 167 ff.; ZIMMERMANN PETER, Rechte und Rechtsschutz im Verfahren parlamentarischer Untersuchungskommissionen des Bundes, Diss., Basel 1992.

Vgl. ferner Hinweise bei Art. 50.

Rechtsquellen

Vgl. Hinweise bei Art. 50 sowie
– Gesetz über den Rechtsschutz in Verwaltungssachen vom 24. Mai 1959 (Verwaltungsrechtspflegegesetz, VRG; LS 175.2)
– Gerichtsverfassungsgesetz vom 13. Juni 1976 (GVG; LS 211.1)
– Finanzkontrollgesetz vom 30. Oktober 2000 (FKG; LS 614)

Übersicht — Note

1. Charakter der parlamentarischen Kontrolle — 1
   1.1. Begriff — 1
   1.2. Bedeutung — 5
   1.3. Nachträgliche und begleitende Kontrolle — 7
2. Adressaten und Gegenstand — 8
   2.1. Regierungsrat und Verwaltung — 8
   2.2. Andere Träger öffentlicher Aufgaben — 11
   2.3. Gerichte — 15
      2.3.1. Erfasste Gerichte — 15
      2.3.2. Umfang der parlamentarischen Kontrolle — 17
3. Organisation, Mittel und Verfahren — 22
   3.1. Rechenschaftsberichte und Staatsrechnung — 22
   3.2. Auskunfts- und Einsichtsrechte — 23
   3.3. Ratsmitglieder — 25
   3.4. Kommissionen — 26
   3.5. Parlamentarische Untersuchungskommissionen — 28
   3.6. Die Finanzkontrolle — 30

1. Charakter der parlamentarischen Kontrolle

1.1. Begriff

1   In einem *weiten Begriffsverständnis* umfasst die parlamentarische Kontrolle die Gesamtheit der Einwirkungsmöglichkeiten des Parlaments auf die Exekutive, welche diese veranlassen, ihr Handeln zu rechtfertigen[1]. Erfasst werden damit neben der Oberaufsicht auch Kontrollmechanismen, die im Rahmen der Zusammenarbeit zwischen Parlament und Regierung spielen, etwa bei Gesetzgebung, Genehmigung von Staatsverträgen, Budgetbewilligung oder bei der Behandlung parlamentarischer Vorstösse[2].

2   Art. 57 handelt von der *parlamentarischen Kontrolle im engeren Sinn* (Oberaufsicht)[3]. Diese umfasst die Kontrolle des Parlaments über die Geschäftsführung (einschliesslich der Finanzen) von Regierung und Verwaltung, anderen Trägern öffentlicher Aufgaben sowie über die Geschäftsführung der Gerichte[4]. Die Finanzaufsicht stützt sich zudem auf Art. 56 Abs. 1 lit. c[5].

---

[1]   G. Müller, Oberaufsicht, S. 392; Riesen, S. 16 f.; in diesem Sinn schon Bäumlin, S. 24 ff.
[2]   Vgl. G. Müller, Oberaufsicht, S. 392; Eichenberger, Rechtsstaatliche Demokratie, S. 129.
[3]   Prot. Plenum, S. 815; Erläuterung zu Art. 64 VE. In diesem Sinn wohl auch die Begriffsverwendung bei Ruch, S. 245. Art. 31 Ziff. 4 Abs. 1 aKV sprach von der «Überwachung der gesamten Landesverwaltung und der Rechtspflege».
[4]   Vgl. G. Müller, Oberaufsicht, S. 392.
[5]   Prot. Plenum, S. 797; Art. 56 N. 30.

Die parlamentarische Kontrolle besteht im Beobachten und Werten der ihr unterstehenden Verhältnisse und im Aussprechen ihrer Befunde[6]. Sie beschränkt sich auf grundsätzliche Fragen[7]. Ihre Kriterien sind Rechtmässigkeit, Ordnungsmässigkeit, Zweckmässigkeit, Wirtschaftlichkeit und Wirksamkeit[8]. 3

Im Gegensatz zur Dienstaufsicht, welche der Regierungsrat über die Verwaltung ausübt, ist die Oberaufsicht mit *keinem Weisungsrecht* verbunden[9]. Der Kantonsrat kann nicht in konkrete Verfahren und Einzelakte der Behörden und Amtsstellen eingreifen[10] oder Sanktionen aussprechen[11]. Stellt er aber nicht nur politische Wertungsunterschiede, sondern eine Verletzung der Verfassung, von Gesetzen oder von Amtspflichten fest, so kann er den Mitgliedern des Regierungsrats, der obersten Gerichte und der Ombudsperson eine formelle Ermahnung erteilen[12] und gegebenenfalls Schadenersatzansprüche geltend machen[13]. Die Erkenntnisse aus der Oberaufsicht soll der Kantonsrat bei der Wahrnehmung seiner *eigenen Befugnisse*, namentlich im Rahmen der Gesetzgebung, der Finanzkompetenzen und der Wahlbefugnisse, einfliessen lassen[14]. 4

1.2. Bedeutung

Die Oberaufsicht über Regierung und Justiz ist ein wesentliches Element der Gewaltenteilung[15] und bezweckt den Schutz vor Machtmissbrauch[16]. Sie gilt als eigenständige Staatsfunktion[17], die zu den wichtigsten Kompetenzen der Parla- 5

---

[6] EICHENBERGER, § 80 N. 4, 7; POLEDNA, S. 1170; vgl. HEUSLER, S. 370.
[7] HEUSLER, S. 373; vgl. EICHENBERGER, § 80 N. 8; NUSPLIGER, Regierung, S. 155.
[8] Art. 26 ParlG; DUBACH, Art. 55, S. 168; ähnlich: MASTRONARDI, St. Galler Kommentar, Art. 169 Rz. 42 ff.; RUCH, S. 244. Für die Finanzaufsicht vgl. § 13 FKG.
[9] HANGARTNER, Parlament, S. 498; MASTRONARDI, St. Galler Kommentar, Art. 169 Rz. 5 ff. HEUSLER, S. 386 ff., schliesst nur die Weisung im konkreten Einzelfall aus und lässt grundsätzliche Weisungen zu, an welche der Bundesrat insofern gebunden ist, als er für Abweichungen begründungs- und rechenschaftspflichtig ist.
[10] Prot. K3 vom 17. Januar 2002, S. 382 ff.; § 34a KRG.
[11] EICHENBERGER, § 80 N. 4; POLEDNA, S. 1170.
[12] § 36 KRG.
[13] § 25 KRG; KÖLZ/BOSSHART/RÖHL, Vorbem. zu §§ 32–40 N. 9 f.
[14] KIENER, Informationsrechte, S. 226.
[15] Erläuterung zu Art. 64 VE; Botschaft BV, S. 396; EICHENBERGER, Kontrolle, S. 419; HÄFELIN/HALLER, N. 1538 («wichtiges Element der Gewaltenhemmung»); G. MÜLLER, Oberaufsicht, S. 395 f.; ZIMMERLI/LIENHARD, S. 181.
[16] HEUSLER, S. 360.
[17] EICHENBERGER, § 80 N. 1; KIENER, Unabhängigkeit, S. 298; MASTRONARDI, Kriterien, S. 505. HEUSLER lehnt dies für die parlamentarische Kontrolle im weiten Sinn ab (S. 274, 351), unterscheidet von dieser aber die Oberaufsicht, die er als Teilfunktion des Staatsleitungsprozesses (S. 370 ff.) bzw. als Staatsfunktion eigener Typologie (S. 384) sieht.

mente zählt[18]. Sie dient der demokratischen Legitimierung der Staatstätigkeit[19] und ist eine Voraussetzung dafür, das Vertrauen der Bevölkerung zu erhalten[20].

6 Die Oberaufsicht zielt auf eine politische Verantwortlichkeit[21], die öffentlich sichtbar gemacht wird[22]. Die Öffentlichkeit der parlamentarischen Kontrolle ermöglicht es den Stimmberechtigten, die Erkenntnisse in ihren Wahlentscheid einfliessen zu lassen[23]. Ausserdem ist die parlamentarische Kontrolle Teil eines staatlichen Lernprozesses und bildet so ein Element des staatlichen Steuerungsprozesses[24].

1.3. Nachträgliche und begleitende Kontrolle

7 Parlamentarische Kontrolle erfolgt primär als nachträgliche Kontrolle; in der Regel bilden abgeschlossene Geschäfte ihren Gegenstand[25]. Die Kantonsverfassung schliesst jedoch eine begleitende parlamentarische Kontrolle nicht aus, welche noch laufende Geschäfte untersucht[26]. Unter anderem wegen der langen Dauer, welche die Geschäftsbehandlung in Verwaltung und Regierungsrat haben kann, wäre der Ausschluss der begleitenden Kontrolle m.E. nicht gerechtfertigt. Gerade bei der begleitenden Kontrolle ist aber besonders darauf zu achten, dass die Verantwortlichkeiten nicht verwischt werden und dass der Kantonsrat nicht die Kompetenz hat, Entscheidungen des Regierungsrats aufzuheben oder ihm verbindliche Weisungen zu erteilen[27].

---

[18] AUBERT, Kommentar BV, Art. 85 aBV Rz. 154; KIENER, Informationsrechte, S. 223; vgl. HEUSLER, S. 355, 359.
[19] HEUSLER, S. 359 f.
[20] EICHENBERGER, § 80 N. 2; MASTRONARDI, Kriterien, S. 527; SÄGESSER, Bundesbehörden, Rz. 586 f; vgl. auch NUSPLIGER, Regierung, S. 155; POLEDNA, S. 1170 f.; TSCHANNEN, § 35 Rz. 8.
[21] Prot. K3 vom 17. Januar 2002, S. 383; G. MÜLLER, Oberaufsicht, S. 403; RUCH, S. 245.
[22] KIENER, Informationsrechte, S. 225; vgl. BÄUMLIN, S. 244 ff.; DUBACH, Art. 55, S. 167; G. MÜLLER, Oberaufsicht, S. 392; HEUSLER, S. 222, 357 f.; NUSPLIGER, Regierung, S. 154.
[23] Vgl. HALLER, Art. 41 N. 3.
[24] NUSPLIGER, Regierung, S. 155; vgl. EICHENBERGER, § 80 N. 2; SÄGESSER, Bundesbehörden, Rz. 586 f.
[25] EICHENBERGER, § 80 N. 6.
[26] BRUNNER, Kommentar KV GR, Art. 33 N. 9 f.; EICHENBERGER, § 80 N. 6; HEUSLER, S. 400 ff.; für den Bund: SÄGESSER, Bundesbehörden, Art. 169 Rz. 606 ff.; TSCHANNEN, § 35 Rz. 9; a.M.: G. MÜLLER, Oberaufsicht, S. 397 ff., 404, der allerdings im Rahmen einer relativierten Nachträglichkeit u.a. auch die Beurteilung bereits getroffener Entscheide und abgeschlossener Handlungen bei hängigen Geschäften sowie die Überprüfung von Grundsatz- und Zwischenentscheiden zulassen will; ihm zustimmend: DUBACH, Art. 55, S. 166 f.; NUSPLIGER, Regierung, S. 154.
[27] MASTRONARDI, Kriterien, S. 154 ff.; MASTRONARDI, St. Galler Kommentar, Art. 169 Rz. 14 ff. Vgl. aber immerhin Art. 59 Abs. 3 und dazu Art. 59 N. 12 ff.

2. Adressaten und Gegenstand

2.1. Regierungsrat und Verwaltung

Die parlamentarische Kontrolle erstreckt sich zunächst auf den Regierungsrat und die Verwaltung unter Einschluss der dezentralen und dekonzentrierten Einheiten, wie namentlich die unselbständigen Anstalten oder die Bezirksverwaltungen. Sie erfasst deren gesamte Tätigkeit[28]. Wo der Kanton an privatrechtlich organisierten Gesellschaften (z.B. Aktiengesellschaften) beteiligt ist, bezieht sie sich auch auf die Ausübung der Mitgliedschaftsrechte (z.B. Aktionärsrechte) durch den Regierungsrat unter Einschluss der Eignerstrategie[29]. Der parlamentarischen Kontrolle unterstehen auch die Gemeinden, Zweckverbände und weiteren Träger kommunaler Aufgaben, da auch diese der Aufsicht des Regierungsrats unterstehen[30].

Die parlamentarische Kontrolle richtet sich grundsätzlich an den Regierungsrat, der die Kantonsverwaltung leitet und dem Kantonsrat direkt verantwortlich ist[31]. Dies schliesst aber nicht aus, dass der Kantonsrat und namentlich seine Aufsichts- und Untersuchungskommissionen über direkte Auskunfts- und Einsichtsrechte gegenüber der Verwaltung verfügen[32].

Soweit Regierung und Verwaltung rechtsprechende Funktionen ausüben, gelten grundsätzlich die gleichen Einschränkungen wie für die Oberaufsicht über die obersten Gerichte[33].

2.2. Andere Träger öffentlicher Aufgaben

Zu den «anderen Trägern öffentlicher Aufgaben» i.S.v. Art. 57 gehören zunächst alle der Aufsicht des Regierungsrats unterstellten dezentralen Verwaltungseinheiten des Kantons. Die parlamentarische Kontrolle erstreckt sich aber auch auf Dritte, denen öffentliche Aufgaben im Sinne von Art. 98 übertragen sind.

Die parlamentarische Kontrolle erstreckt sich auch auf jene Träger öffentlicher Aufgaben, die nicht der Aufsicht des Regierungsrats unterstehen, so namentlich auf die selbständigen Anstalten EKZ und ZKB[34]. Die nicht der Aufsicht des Regierungsrats unterstellten Aufgabenträger sind im Rahmen der Oberaufsicht

---

[28] HEUSLER, S. 375 ff.; RIESEN, S. 42; TSCHANNEN, § 35 Rz. 10.
[29] Vgl. SÄGESSER, Bundesbehörden, Art. 169 Rz. 593.
[30] Art. 94.
[31] Art. 70; BÄUMLIN, S. 289; HEUSLER, S. 375; RIESEN, S. 41; TSCHANNEN, § 35 Rz. 11.
[32] Dazu N. 23 f., 26 ff.
[33] AUBERT, Kommentar BV, Art. 85 aBV Rz. 181 f.; SÄGESSER, Bundesbehörden, Art. 169 Rz. 595.
[34] Prot. Plenum, S. 815: «Oberaufsicht über alle Träger öffentlicher Aufgaben»; Art. 70 Abs. 3 KV; vgl. Art. 129 Abs. 2 KV i.V.m. § 1 Abs. 2 FKG; Beispiele: § 9 EKZ-Gesetz vom 19. Juni 1983 (LS 732.1); §§ 11 f. Kantonalbankgesetz vom 28. September 1997 (LS 951.1). A.M. für den Bund: MASTRONARDI,

direkt dem Kantonsrat rechenschaftspflichtig[35]. Die Oberaufsicht über sie ist umfassend, analog jener über den Regierungsrat[36]. Auch in diesen Fällen bleibt es aber bei einer *Ober*aufsicht im beschriebenen Sinn; das Fehlen einer Dienstaufsicht durch den Regierungsrat führt – abweichende gesetzliche Regelungen vorbehalten – nicht zu einer Dienstaufsicht des Kantonsrats.

13 Der parlamentarischen Kontrolle des Kantonsrats unterstehen auch die Finanzkontrolle und die Ombudsperson, da sie Träger öffentlicher Aufgaben sind. Ihrer verfassungsrechtlich verankerten Unabhängigkeit[37] ist Rechnung zu tragen, was eine erhebliche Zurückhaltung in der Beurteilung der inhaltlichen Geschäftsbehandlung im Einzelnen verlangt.

14 Privatrechtlich organisierte Gesellschaften, die öffentliche Aufgaben des Kantons wahrnehmen, unterstehen ebenfalls der Oberaufsicht. Diese konzentriert sich auf die Wahrnehmung der Eignerinteressen durch den Regierungsrat, erfasst aber auch direkt die Erfüllung der öffentlichen Aufgaben durch diese Verwaltungsträger[38]. Allerdings ist der Grad der Autonomie zu beachten[39], weshalb die Qualität der Aufgabenerfüllung[40], die Wahrung der rechtlichen Rahmenbedingungen und die Kosten in den Vordergrund rücken, während die Frage, wie dies erreicht wird, in den Hintergrund tritt. Die Oberaufsicht beschränkt sich auf die Tätigkeiten und Verhältnisse im Zusammenhang mit der Erfüllung der kantonalen öffentlichen Aufgaben[41]. Zu beachten sind auch die Schranken, die sich aus Bundesrecht ergeben[42].

2.3. Gerichte

2.3.1. Erfasste Gerichte

15 Die obersten kantonalen Gerichte unterstehen direkt der Oberaufsicht des Kantonsrats und sind ihm rechenschaftspflichtig[43]. Der Geschäftsgang der übrigen Gerichte ist ebenfalls Gegenstand der Oberaufsicht. Die Rechenschaftsablage erfolgt für sie jedoch durch die obersten Gerichte, welche die Selbstverwaltung der Gerichte «leiten»[44].

St. Galler Kommentar, Art. 169 Rz. 19, 22; SÄGESSER, Bundesbehörden, Art. 169 Rz. 597; ZIMMERLI/LIENHARD, S. 198.

[35] Vgl. § 49d Abs. 3 KRG.
[36] Vgl. § 49d Abs. 3 KRG.
[37] Art. 129 Abs. 2 und dazu HUBLER, Art. 129 N. 14 ff.; Art. 81 Abs. 3 und dazu HALLER, Art. 81 N. 17 f.
[38] ZIMMERLI/LIENHARD, S. 202 f. A.M. SÄGESSER, Bundesbehörden, Art. 169 Rz. 593, der nur die Wahrnehmung der Eignerinteressen als Gegenstand der Oberaufsicht sieht.
[39] GROSS, S. 135; ZIMMERLI/LIENHARD, S. 184.
[40] GROSS, S. 132.
[41] ZIMMERLI/LIENHARD, S. 193.
[42] ZIMMERLI/LIENHARD, S. 202.
[43] Vgl. § 105 Abs. 1 GVG; § 35 Abs. 2 VRG; HAUSER/SCHWERI, §§ 105 N. 9.
[44] Art. 73 Abs. 3.

Nach geltendem Gesetzesrecht ist die Oberaufsicht über die Strafverfolgungsbehörden der Justizkommission zugeteilt. Die Verfassung zählt die Strafverfolgungsbehörden jedoch nicht zu den Gerichten und stellt sie diesen bezüglich der Oberaufsicht nicht gleich[45]. Soweit die Strafverfolgungsbehörden nicht rechtsprechende Funktionen ausüben, ist die Oberaufsicht über sie somit nicht auf den Geschäftsgang beschränkt. Zu beachten ist aber die mit ihrer Funktion verbundene Unabhängigkeit[46].

2.3.2. Umfang der parlamentarischen Kontrolle

Die parlamentarische Kontrolle über die obersten kantonalen Gerichte beschränkt sich nach dem Wortlaut der Bestimmung auf den *Geschäftsgang*. Sie muss die verfassungsrechtlich gewährleistete *Unabhängigkeit der Rechtsprechung* der Gerichte und ihre *Selbstverwaltungskompetenz* respektieren[47]. Insbesondere darf der Kantonsrat die Rechtmässigkeit einzelner Gerichtsentscheide nicht nachprüfen[48, 49].

Im Zentrum der Oberaufsicht steht, ob die Gerichte die ihnen obliegende Justizgewährungspflicht erfüllen[50]. Dazu gehört u.a. die Verfahrensdauer als ein wesentliches Element einer gut funktionierenden Rechtspflege[51]. Es ist dem Kantonsrat ausserdem nicht verwehrt, beispielsweise aus dem Anteil von erfolgreichen Anfechtungen von Gerichtsentscheiden Rückschlüsse auf die Qualität der Rechtsprechung zu ziehen. Der Kantonsrat kann auch die Auswirkung einer bestimmten Gerichtspraxis beurteilen und die Beurteilung gegebenenfalls zum Anlass für Gesetzesänderungen nehmen[52]. Zu diesem Zweck steht ihm ein Auskunftsrecht über die Gerichtspraxis zu[53]. In den Bereich der Oberaufsicht fallen auch die staatspolitischen Belange der Rechtspflegeinstitutionen als sol-

---

[45] Dem entspricht, dass die Oberstaatsanwaltschaft gemäss § 91 GVG unter der Aufsicht der Justizdirektion steht. Vgl. DUBACH, Art. 59, S. 186.
[46] Vgl. § 91 Abs. 2 GVG bzw. § 93 Abs. 1 Satz 2 i.V.m. § 91 Abs. 2 GVG, wonach der Regierungsrat der Oberstaatsanwaltschaft bzw. der Jugendstaatsanwaltschaft zwar die Weisung erteilen kann, eine Strafverfolgung an die Hand zu nehmen, nicht aber sie zu unterlassen.
[47] Art. 73 Abs. 2 und 3 KV; Art. 6 Ziff. 1 EMRK; Art. 30 Abs. 1 BV. Art. 125–128 KV FR erleichtern dies durch die Einsetzung eines Justizrats, der neben der Oberaufsicht des Kantonsrats die administrative und disziplinarische Aufsicht über die Gerichte und die Staatsanwaltschaft wahrnimmt.
[48] Prot. Plenum, S. 815; Prot. K3 vom 17. Januar 2002, S. 381 ff., vom 25. Juni 2002, S. 692; vgl. AUBERT, Kommentar BV, Art. 85 aBV Rz. 181; KIENER, Unabhängigkeit, S. 300; SEILER, Justiz, S. 291.
[49] Art. 73 Abs. 2 und dazu SCHMID, Art. 73 N. 4 ff.
[50] Art. 18 KV; Art. 6 Ziff. 1 EMRK; Art. 29 BV; KIENER, Unabhängigkeit, S. 302.
[51] Art. 74 Abs. 1. Vgl. § 105 Abs. 2 GVG; HAUSER/SCHWERI, §§ 104–104a N. 3; KÖLZ/BOSSHART/RÖHL, Vorbem. zu §§ 32–40 N. 5, § 35 N. 5.
[52] KIENER, Unabhängigkeit, S. 300; SEILER, Justiz, S. 286 ff., insb. 288, 291.
[53] SEILER, S. 280 f.; SEILER, Justiz, S. 291; vgl. auch die Veröffentlichungspflicht gemäss Art. 78 Abs. 2.

chen sowie die Einhaltung der den Richtern obliegenden Pflichten, wie etwa die Wahrung des Amtsgeheimnisses[54].

19 Die Justizverwaltung, die Rechtsetzung durch die Gerichte und deren weitere nicht rechtsprechende Nebenaufgaben (z.B. die Aufsicht des Obergerichts über Notariate, Grundbuch- und Konkursämter sowie über die Gemeindeammann- und Betreibungsämter[55]) sind ebenfalls Gegenstand der Oberaufsicht[56]. Die den Gerichten auch in diesen Bereichen zukommende erhebliche Autonomie ist zu respektieren.

20 Die Mittel der Oberaufsicht über die Gerichte sind die gleichen wie bei der Oberaufsicht über den Regierungsrat und die Verwaltung. Auch bezüglich der Gerichte gilt, dass sich aus der fehlenden Aufsicht durch den Regierungsrat keine Erweiterung der Oberaufsichtskompetenzen des Kantonsrats ergibt. Diese ist auf eine politische Rechenschaftspflicht begrenzt und beinhaltet auch ausserhalb der eigentlichen Rechtsprechung kein Weisungsrecht[57].

21 Nicht vereinbar mit der Beschränkung der Oberaufsicht auf die Geschäftsführung und ebenso mit der verfassungsrechtlich garantierten richterlichen Unabhängigkeit ist m.E. die geltende Bestimmung, wonach der Kantonsrat über Ausstandsbegehren gegen Mitglieder oberster kantonaler Gerichte entscheidet, wenn diese für diesen Entscheid nicht gehörig besetzt werden können[58]. Diese Befugnis müsste wohl einem anderen obersten Gericht zugeteilt werden. Petitionen und Beschwerden im Sinne von § 44 KRG können vom Kantonsrat bezüglich der Gerichte nur im beschriebenen Rahmen der Oberaufsicht behandelt werden und somit nicht zu einem Entscheid mit verbindlicher Wirkung führen[59].

3. Organisation, Mittel und Verfahren

3.1. Rechenschaftsberichte und Staatsrechnung

22 Ein wesentliches Instrument der parlamentarischen Kontrolle ist die Beratung der jährlichen Tätigkeitsberichte bzw. Rechenschaftsberichte des Regierungsrats, der obersten Gerichte und anderer direkt der parlamentarischen Kontrolle

---

[54] KÖLZ/BOSSHART/RÖHL, Vorbem. zu §§ 32–40 N. 5. Zu den Richterpflichten: HAUSER/SCHWERI, §§ 104–104a N. 8 f.
[55] Zu diesen Aufsichtskompetenzen vgl. § 106 Abs. 2 GVG.
[56] Vgl. §§ 105 Abs. 1 und 210 Abs. 2 Satz 2 GVG; HAUSER/SCHWERI, §§ 104–104a N. 2 f; KÖLZ/BOSSHART/ RÖHL, Vorbem. zu §§ 32–40 N. 5, § 35 N. 4; RIESEN, S. 50.
[57] A.M. KÖLZ/BOSSHART/RÖHL, Vorbem. zu §§ 32–40 N. 8.
[58] § 101 Abs. 2 Satz 2 GVG, § 44 KRG. Dies umso mehr, als es sich beim Entscheid über ein Ausstandsbegehren nicht um einen Akt der Justizverwaltung, sondern um einen der Rechtsprechung handelt (FRANK/STRÄULI/MESSMER, GVG, §§ 95 f. N. 20).
[59] Vgl. KIENER, Unabhängigkeit, S. 301. Vor Inkrafttreten der neuen KV erachteten HAUSER/SCHWERI, § 105 N. 10, dies noch als zulässig.

unterstellter Träger öffentlicher Aufgaben[60]. Im Bereich der Finanzen gehört zur Oberaufsicht die Genehmigung der Staatsrechnung sowie die Behandlung der Prüfungsberichte der Finanzkontrolle[61].

3.2. Auskunfts- und Einsichtsrechte

Die Formulierung von Abs. 2 lehnt sich an die Kantonsverfassung Bern an. Im Unterschied zu jener Formulierung gewährt sie nicht nur die «vom Gesetz bezeichneten» Auskunfts- und Einsichtsrechte, sondern die für die parlamentarische Kontrolle notwendigen. Die Festlegung dieser Rechte steht nicht im Belieben des Gesetzgebers[62]. Vielmehr ergeben sie sich dem Grundsatz nach direkt aus der Verfassung; der Gesetzgeber muss jedoch die detaillierte Regelung erlassen und damit festlegen, wo genau die Schranken liegen[63]. 23

Grenzen für Auskunfts- und Einsichtsrechte können sich auch aus Bundesrecht ergeben, so z.B. bezüglich der Oberaufsicht über die Zürcher Kantonalbank aus den Bestimmungen über die Wahrung des Bankgeheimnisses[64]. 24

3.3. Ratsmitglieder

Mit der Anfrage und der Interpellation können die Mitglieder des Kantonsrats vom Regierungsrat Aufschluss über Angelegenheiten der staatlichen Verwaltung verlangen[65]. 25

3.4. Kommissionen

Die Kommissionen verfügen über Auskunfts- und Einsichtsrechte sowie das Recht, im Einvernehmen mit dem für die Dienstaufsicht zuständigen Organ in der Verwaltung Besichtigungen vorzunehmen[66]. 26

Eine zentrale Rolle für die Oberaufsicht spielen die Aufsichtskommissionen (Finanzkommission, Geschäftsprüfungskommission, Justizkommission sowie die Aufsichtskommissionen selbständiger Anstalten), denen besondere Ein- 27

---

[60] Art. 71 Abs. 1 lit. f KV; § 12 lit. b KRG; § 27 CRG.
[61] Art. 56 Abs. 1 lit. c, Art. 129 Abs. 1 KV, vgl. Art. 56 N. 30 f.
[62] Prot. K3 vom 17. Januar 2002, S. 384; vgl. Art. 82 Abs. 4 KV BE; ähnlich: Art. 55 Abs. 1 KV SH.
[63] Prot. K3 vom 17. Januar 2002, S. 384 f.; für den Bund: Art. 153 Abs. 4 BV; SÄGESSER, Bundesbehörden, Art. 153 Rz. 239.
[64] Art. 47 Bundesgesetz über die Banken und Sparkassen vom 8. November 1934 (Bankengesetz, BankG; SR 952.0); vgl. Antrag der Spezialkommission vom 14. März 2003 betreffend Änderung des Gesetzes über die Kantonalbank, ABl 2003, S. 598 ff., 616.
[65] §§ 30 ff. KRG; vgl. Art. 50 N. 17.
[66] § 34d KRG. Hingegen haben die ständigen Kommissionen der Bundesversammlung keinen Auftrag zur Oberaufsicht: MASTRONARDI, St. Galler Kommentar, Art. 169 Rz. 28.

sichts- und Auskunftsrechte zukommen. Sie können grundsätzlich die Herausgabe sämtlicher Akten verlangen und ausnahmsweise auch gegen den Willen der übergeordneten Dienststelle Besichtigungen vornehmen sowie Verwaltungspersonal befragen. Das Amtsgeheimnis kann ihnen grundsätzlich nicht entgegengehalten werden; nur wenn es zum Schutz der Persönlichkeit oder aus Rücksicht auf ein hängiges justizförmiges Verfahren unerlässlich ist, kann anstatt der Aktenherausgabe eine Berichterstattung erfolgen[67].

3.5. Parlamentarische Untersuchungskommissionen

28   Sehr weit gehende Rechte kommen den parlamentarischen Untersuchungskommissionen («PUK») zu. Sie können vom Kantonsrat eingesetzt werden, wenn Klärungen von Vorkommnissen grosser Tragweite erforderlich sind. Die PUK kann Verwaltungsangestellte auch gegen den Willen des Regierungsrats befragen und sämtliche ihr geeignet erscheinenden Akten beiziehen. Der Befragung oder Aktenherausgabe kann das Amtsgeheimnis nicht entgegengehalten werden. Die PUK ist befugt, das Amtsgeheimnis für bestimmte Akten aufzuheben.

29   Sachverhaltsermittlungen und Beweiserhebungen durch die PUK erfolgen nach den Bestimmungen des Verwaltungsverfahrensgesetzes; auch Zeugenbefragungen sind möglich. Wer durch die Untersuchung in seinen Interessen unmittelbar betroffen wird, hat Anspruch auf rechtliches Gehör und Akteneinsicht. Über das Ergebnis ihrer Untersuchung erstattet die PUK dem Kantonsrat Bericht. Der Regierungsrat hat das Recht, sich vor der PUK und in einem Bericht an den Kantonsrat zu den Schlussergebnissen der Untersuchung zu äussern[68].

3.6. Die Finanzkontrolle

30   Die Finanzkontrolle unterstützt den Kantonsrat bei der Ausübung der Oberaufsicht. Sie ist fachlich unabhängig und selbstständig. Parlamentarische Untersuchungskommissionen und die Finanzkommission des Kantonsrats können ihr besondere Prüfungsaufträge erteilen und sie als beratendes Organ in Fragen der Finanzaufsicht beiziehen[69].

---

[67] § 34e und § 49d Abs. 3 KRG.
[68] §§ 34f ff. KRG; zum Ganzen, insb. auch zum Anspruch auf rechtliches Gehör und zum Verfahren: POLEDNA, S. 1169 ff.; ZIMMERMANN, S. 21 ff.
[69] Art. 129 Abs. 1 lit. a KV i.V.m. §§ 1 und 2 FKG.

Art. 58

Der Kantonsrat wählt seine eigenen Organe und nimmt die weiteren ihm übertragenen Wahlen vor.

Wahlbefugnisse

Materialien

Vgl. Hinweise bei Art. 50.

Literatur

Vgl. Hinweise bei Art. 50.

Rechtsquellen

Vgl. Hinweise bei Art. 50.

Übersicht

	Note
1. Einleitung	1
2. Wahl der eigenen Organe	2
3. Weitere Wahlen	3

1. Einleitung

Auch die Verfassung von 1869 erwähnte die Kompetenz des Kantonsrats zur Vornahme der ihm durch die Gesetzgebung zugewiesenen Wahlen sowie zur Wahl seines Büros[1]. Diese Regelung wird in Art. 58 KV weitergeführt. Neu legen verschiedene Verfassungsbestimmungen über kantonale Organe fest, dass die Wahl durch den Kantonsrat erfolgt[2]. 1

2. Wahl der eigenen Organe

Die vom Kantonsrat zu wählenden eigenen Organe sind die Geschäftsleitung und die Kommissionen[3]. Fraktionen[4] sind keine Organe im Sinne dieser Bestimmung. 2

---

[1] Art. 31 Ziff. 9 und 10 aKV.
[2] Dazu N. 3 ff.
[3] § 41 ff. KRG; Art. 50 N. 26; vgl. Prot. K3 vom 17. Januar 2002, S. 388.
[4] Dazu Art. 50 N. 27.

3. Weitere Wahlen

3 Die Wahlbefugnis für die Richter der für das ganze Kantonsgebiet zuständigen Gerichte, für die Ombudsperson und für die Leitung der Finanzkontrolle wird dem Kantonsrat durch die Verfassung übertragen[5].

4 Die Zuweisung von weiteren Wahlbefugnissen durch das Gesetz wäre bereits gestützt auf Art. 59 Abs. 4 möglich. Der Hinweis auf diese Wahlbefugnisse hat deklaratorischen Charakter[6]. Durch Gesetz werden dem Kantonsrat beispielsweise folgende Wahlbefugnisse übertragen: acht von neun Mitgliedern des Bildungsrats[7], 13 von 15 Mitgliedern des Verwaltungsrats der EKZ[8] sowie der Bankrat der ZKB[9]. Die Chefin oder der Chef des Parlamentsdienstes wird vom Büro des Kantonsrats gewählt[10].

5 Wahlbefugnisse sollten dem Kantonsrat nur in Bereichen übertragen werden, für welche der Regierungsrat keine Führungsfunktion wahrnimmt[11]. Dies trifft auf die durch die Verfassung dem Kantonsrat zugewiesenen Wahlbefugnisse für Richter, Ombudsperson und Finanzkontrolle sowie auf diejenigen selbständigen Anstalten zu, die nicht der Aufsicht des Regierungsrats unterstehen. Für den Bildungsrat ist dies jedoch fraglich, da er gemäss Art. 62 Abs. 6 aKV der Bildungsdirektion «beigegeben» war[12].

---

[5] Art. 75 Abs. 1, Art. 81, Art. 129; vgl. dazu die jeweiligen Kommentierungen: SCHMID, Art. 75 N. 1 ff.; HALLER, Art. 81 N. 10 ff.; HUBLER, Art. 129 N. 25 ff.
[6] Prot. Plenum, S. 2197.
[7] § 22 Bildungsgesetz vom 1. Juli 2002 (LS 410.1).
[8] § 10 Abs. 2 EKZ-Gesetz vom 19. Juni 1983 (LS 732.1).
[9] § 11 Ziff. 1 Kantonalbankgesetz vom 28. September 1997 (LS 951.1).
[10] § 8 i.V.m. § 3 Verordnung über Organisation und Aufgaben der Parlamentsdienste vom 28. März 1996 (LS 171.31).
[11] DUBACH, Art. 57, S. 174 f.
[12] Die Aufsicht über den Bildungsrat ist im Bildungsgesetz nicht geregelt. In Bezug auf § 19 und § 19a VRG gilt er als eine den Direktionen gleichgestellte Kommission, deren erstinstanzliche Anordnungen an den Regierungsrat weitergezogen werden können (KÖLZ/BOSSHART/RÖHL, § 19 N. 71). Seine Berichterstattung ist in den Geschäftsbericht des Regierungsrats integriert.

Art. 59

Der Kantonsrat kann:
a) im Namen des Kantons auf Bundesebene das fakultative Referendum ergreifen;
b) der Bundesversammlung eine Standesinitiative einreichen.

Er beschliesst über:
a) Vorlagen, die dem fakultativen Referendum unterstehen;
b) Begnadigungsgesuche, die der Regierungsrat befürwortet.

Der Kantonsrat kann im Rahmen seiner Zuständigkeit den Regierungsrat mit der Erarbeitung von Vorlagen beauftragen.

Das Gesetz kann dem Kantonsrat weitere Aufgaben und Befugnisse übertragen.

Weitere Aufgaben und Befugnisse

Materialien

Vgl. Hinweise bei Art. 50.

Literatur

BUNDI CHRISTINA, Kommentar zur Verfassung des Kantons Graubünden, Art. 58–59; BUSER DENISE, Beteiligungen an Atomenergieanlagen – in den Kantonen demokratisch abgesichert?, AJP 2006, S. 387 ff. (Beteiligungen); HAUSER MATTHIAS, Formen ausgelagerter Handlungseinheiten, in: René Schaffhauser/Tomas Poledna (Hrsg.), Auslagerung und Privatisierung von staatlichen und kommunalen Einheiten, St. Gallen 2002, S. 27 ff.; TRECHSEL STEFAN, Schweizerisches Strafgesetzbuch vom 21. Dezember 1937, Kurzkommentar, 2. Aufl., Zürich 1997; WILI HANS-URS, Kollektive Mitwirkungsrechte von Gliedstaaten in der Schweiz und im Ausland, Diss., Bern 1988.

Vgl. ferner Hinweise bei Art. 50.

Rechtsquellen

Vgl. Hinweise bei Art. 50 sowie
– Schweizerisches Strafgesetzbuch vom 21. Dezember 1937 (StGB; SR 311.0)
– Gesetz betreffend den Strafprozess vom 4. Mai 1919 (Strafprozessordnung, StPO; LS 321)

Übersicht   Note

1. Kantonsreferendum und Standesinitiative   1
2. Referendumsfähige Vorlagen   5
3. Begnadigungen   9
4. Aufträge an den Regierungsrat   12
5. Gesetzlich zugewiesene Aufgaben und Befugnisse   17

1. Kantonsreferendum und Standesinitiative

1 Gemäss Art. 141 BV können acht Kantone gegen Bundesgesetze, bestimmte völkerrechtliche Verträge und weitere Bundesbeschlüsse innert 100 Tagen seit deren Veröffentlichung das Referendum ergreifen (Kantonsreferendum). Gestützt auf Art. 160 Abs. 1 BV hat sodann jeder Kanton das Recht, der Bundesversammlung eine Initiative zu unterbreiten (Standesinitiative). Bei dieser Initiative handelt es sich um einen blossen Antrag an die Bundesversammlung; im Fall ihrer Ablehnung ist – anders als bei der Volksinitiative – keine Volksabstimmung durchzuführen. Gemäss Art. 59 Abs. 1 KV ist der Kantonsrat für die Wahrnehmung dieser beiden Rechte zuständig.

2 Die Regelung entspricht Art. 31 Ziff. 2a bzw. Art. 35 aKV und findet sich in den meisten neueren Kantonsverfassungen[1]. Der Verfassungsrat lehnte es ab, parallel dazu auch dem Regierungsrat eine entsprechende Kompetenz einzuräumen[2]. Wie bisher kann die Einreichung einer Standesinitiative auch mit einer Volksinitiative verlangt werden[3].

3 Bereits aus Art. 142 Abs. 3 BV ergibt sich, dass das Ergebnis der Volksabstimmung im Kanton als dessen Standesstimme gilt. Die in Art. 35 Satz 1 aKV noch enthaltene Wiederholung dieser Bestimmung konnte deshalb weggelassen werden.

4 Weitere kantonale Mitwirkungsrechte auf Bundesebene sind die Beteiligung an Vernehmlassungen und die Mitwirkung an aussenpolitischen Entscheiden. Diese Rechte übt der Regierungsrat unter Mitteilung an den Kantonsrat aus[4]. Vorbehalten bleiben Vernehmlassungen, deren Grundzüge dem fakultativen Referendum unterstehen und die deshalb vom Kantonsrat zu beschliessen sind[5]. Hingegen lehnte die Sachkommission des Verfassungsrats den Vorschlag ab, dass der Kantonsrat das Vernehmlassungsrecht in den übrigen Bereichen im Einzelfall an sich ziehen könnte[6].

---

[1] Z.B. § 82 Abs. 1 lit. b KV AG; Art. 79 Abs. 1 lit. b KV BE; Art. 105 lit. e KV FR; Art. 57 Abs. 1 lit. b KV SH; Art. 109 Abs. 2 KV VD; vgl. auch Art. 67 BPR.

[2] Prot. Plenum, S. 888 ff. Eine solche Regelung kennen Graubünden (Art. 58 KV GR) und für die Standesinitiative auch St. Gallen (für das Kantonsreferendum ist dort allein die Regierung zuständig; Art. 65 lit. l, Art. 74 Abs. 3 KV SG).

[3] Art. 23 lit. d; SCHUHMACHER, Art. 23 N. 36 f.

[4] Art. 71 Abs. 1 lit. g; HÄNER, Art. 71 N. 8.

[5] Dazu N. 7.

[6] Prot. K3 vom 18. April 2002, S. 567 ff., vom 29. Januar 2004, S. 1115 ff.

2. Referendumsfähige Vorlagen

Gemäss Art. 59 Abs. 2 lit. a beschliesst der Kantonsrat über alle Vorlagen, die dem fakultativen Referendum unterstehen. Die Zuständigkeit des Kantonsrats für Gesetze, interkantonale und internationale Verträge sowie für Finanzbeschlüsse, welche dem fakultativen Referendum unterstehen, wird bereits in den Art. 54 und 56 geregelt.

Art. 59 Abs. 2 lit. a erfasst zunächst die gemäss Art. 33 Abs. 1 lit. e dem fakultativen Referendum unterstellten *Beschlüsse mit grosser ökologischer Tragweite*[7]. Dazu gehören unter anderem auch entsprechende Konzessionen und Bewilligungen[8].

Weiter bezieht sich Art. 59 Abs. 2 lit. a auf die Grundzüge der *Vernehmlassungen zu Bundesvorlagen mit grosser ökologischer Tragweite,* welche durch Art. 33 Abs. 1 lit. f dem fakultativen Referendum unterstellt sind[9]. Die Grundzüge der betroffenen Vernehmlassungen sind somit vom Kantonsrat zu beschliessen, obwohl für Vernehmlassungen in den übrigen Fällen der Regierungsrat zuständig ist[10].

Schliesslich hat der Kantonsrat auch über jene Geschäfte zu beschliessen, die gestützt auf Art. 33 Abs. 1 lit. c durch Gesetz dem fakultativen Referendum unterstellt werden[11].

3. Begnadigungen

Die Begnadigung ist der von einer nichtrichterlichen Behörde aus Billigkeit gewährte ganze oder teilweise Verzicht auf die Vollstreckung einer rechtskräftig ausgesprochenen Strafe. Das Strafurteil wird dadurch nicht aufgehoben; nur auf seinen Vollzug wird verzichtet[12]. Art. 394 StGB ermächtigt die Kantone zur Vornahme von Begnadigungen für Strafen, die von kantonalen Behörden in Anwendung von Bundesrecht auferlegt wurden. Diese Kompetenz sowie die Begnadigung bei Straftaten nach kantonalem Recht weist die Verfassung dem Kantonsrat zu. Allerdings werden die Begnadigungsgesuche vorgängig vom Regierungsrat geprüft. Art. 59 Abs. 2 lit. b verlangt, dass (mindestens) jene Ge-

---

[7] Dazu SCHUHMACHER, Art. 33 N. 29 ff.
[8] Prot. Plenum, S. 815, 2197 f.; vgl. Art. 79 Abs. 2 KV BE; Art. 57 Abs. 1 lit. e KV SH.
[9] Dazu SCHUHMACHER, Art. 33 N. 33 ff.
[10] Art. 71 Abs. 1 lit. g; HÄNER, Art. 71 N. 8; SCHUHMACHER, Art. 33 N. 36.
[11] Dazu SCHUHMACHER, Art. 33 N. 15 ff.
[12] Art. 396 StGB; TRECHSEL, vor Art. 394 N. 1, Art. 396 N. 1 ff.

suche, die der Regierungsrat befürwortet, dem Kantonsrat unterbreitet werden. Die übrigen kann der Regierungsrat in eigener Kompetenz abweisen.

10 Gemäss Art. 56 Abs. 2 und 3 aKV war im Gesetz zu bestimmen, welche Begnadigungsgesuche der Regierungsrat dem Kantonsrat vorlegen musste. § 491 StPO sieht vor, dass der Regierungsrat die Gesuche an den Kantonsrat weiterleiten muss, wenn die Strafe auf lebenslängliches Zuchthaus lautet, wenn der Richter durch eine besondere Bestimmung des Strafgesetzbuchs an eine besondere Mindestdauer der Zuchthausstrafe gebunden war sowie bei politischen Verbrechen und Vergehen. In den übrigen Fällen sind die Gesuche nur dem Kantonsrat vorzulegen, wenn der Regierungsrat sie befürwortet. Da der Verfassungsrat die Fortführung der bisherigen Regelung beabsichtigte[13], ist Art. 59 Abs. 2 lit. b als Mindestvorschrift zu verstehen. Der Gesetzgeber kann gestützt auf Art. 59 Abs. 4 weiterhin vorsehen, dass in gewissen Fällen auch vom Regierungsrat abgelehnte Gesuche dem Kantonsrat zu unterbreiten sind.

11 Soweit der Regierungsrat zur Abweisung zuständig ist, wird der Anspruch auf Entgegennahme und Behandlung des Gesuchs durch seinen Entscheid erfüllt[14]. Die Abweisung kann auch nicht an den Kantonsrat weitergezogen werden. Es besteht kein Rechtsanspruch auf eine Begnadigung. Regierungsrat und Kantonsrat kommt bei ihrem Entscheid ein weit reichendes Ermessen zu. Sie müssen sich aber an die Grundsätze der Gleichbehandlung und an das Willkürverbot halten[15].

4. Aufträge an den Regierungsrat

12 Art. 59 Abs. 3 hält ausdrücklich fest, dass der Kantonsrat den Regierungsrat im Rahmen seiner Zuständigkeit mit der Erarbeitung von Vorlagen beauftragen kann. Ein solches Recht ergibt sich bereits aus den Beschlusskompetenzen des Kantonsrats und der Aufgabe des Regierungsrats, Beschlüsse des Kantonsrats – namentlich bezüglich Rechtsetzung und Finanzbefugnissen – vorzubereiten[16].

13 Aufträge im Sinne von Art. 59 Abs. 3 sind *verbindliche Anweisungen*[17]. *Dies entspricht der Motion und der Leistungsmotion*[18]. *Durch eine Motion* wird der Regierungsrat verpflichtet, eine Verfassungs- oder Gesetzesvorlage oder den Entwurf für einen Beschluss vorzulegen. Sie bedarf der Überweisung durch

---

[13] Prot. Plenum, S. 816.
[14] Vgl. BGE 95 I 542 ff., 545; TRECHSEL, vor Art. 394 N. 3.
[15] BGE 95 I 542 ff., 543 f.; BGE 107 Ia 103 ff., 105 f.; TRECHSEL, vor Art. 394 N. 3 f.
[16] Art. 67 Abs. 1, Art. 68 Abs. 1, Art. 69 Abs. 1 Satz 1; vgl. Erläuterung zu Art. 66 Abs. 3 VE. Zur Zulässigkeit von Aufträgen bez. Staatsverträgen: Art. 54 N. 9.
[17] Vgl. für den Kanton Bern: BOLZ, Art. 80 N. 2c; NUSPLIGER, Regierung, S. 156.
[18] §§ 14–19 KRG bzw. §§ 20–21a KRG in der Fassung gemäss dem Anhang zum CRG.

Mehrheitsbeschluss[19]. Die *Leistungsmotion* bezieht sich auf das Budget und kann nur von einer ständigen Kommission eingereicht werden. Sie verpflichtet den Regierungsrat, die finanziellen Folgen eines alternativen Leistungsniveaus zu berechnen oder in bestimmten Leistungsgruppen ein bestimmtes Leistungsziel aufzunehmen. Der Regierungsrat unterbreitet dem Kantonsrat im nächsten Budget die verlangte Vorlage mit seinem Antrag. Ist er der Ansicht, die Zielvorgabe lasse sich nicht fristgerecht erreichen, so zeigt er auf, mit welchen Massnahmen und in welcher Frist sie erreicht werden kann[20].

Die Bestimmung setzt auch die Grenzen für Aufträge des Kantonsrats an den Regierungsrat. Verbindliche Aufträge sind nur im Zuständigkeitsbereich des Kantonsrats möglich[21]. 14

Parlamentarische Vorstösse im Zuständigkeitsbereich des Regierungsrats sind somit nur zulässig, wenn sie dessen Entscheidungskompetenz nicht beschränken. So wird der Regierungsrat mit dem *Postulat* eingeladen zu *prüfen*, ob eine Verfassungs- oder Gesetzesvorlage oder ein Beschlussentwurf vorzulegen oder ob eine Massnahme der mittelfristigen Planung oder irgendeine andere Massnahme zu treffen sei. Das Postulat verpflichtet den Regierungsrat nur zur Stellungnahme[22]. Es kann sich aber auf einen weiteren Bereich beziehen als die Motion und namentlich auch Fragen betreffen, die in der abschliessenden Zuständigkeit des Regierungsrats liegen. Ebenfalls zulässig sind im Zuständigkeitsbereich des Regierungsrats parlamentarische Auskunftsbegehren wie die einfache Anfrage und die Interpellation sowie Auskunfts- und Einsichtsrechte im Rahmen der parlamentarischen Kontrolle[23]. 15

Auch die Erklärungen des Kantonsrats zum KEF gemäss § 13 CRG respektieren die Entscheidzuständigkeit des Regierungsrats; wenn er die geforderte Massnahme ablehnt, ist er nur zu einer Begründung verpflichtet[24]. Ähnliche Instrumente kennen die Kantone Bern und Schaffhausen, die Aufträge bzw. Motionen auch im Bereich der Entscheidzuständigkeit des Regierungsrats zulassen, wobei ihnen dort nur Richtliniencharakter zukommt. Dies bedeutet, dass der Regierungsrat in seinem Zuständigkeitsbereich von den Aufträgen abweichen kann, aber dafür begründungspflichtig wird[25]. 16

---

[19] Art. 59 Abs. 3 KV; §§ 14 f. KRG.
[20] §§ 20 und 21a KRG in der Fassung gemäss dem Anhang zum CRG.
[21] Prot. Plenum, S. 2198, 3024; Häner, Art. 60 N. 2; Hangartner, Parlament, S. 490.
[22] § 22 ff. KRG.
[23] Dazu Art. 50 N. 16 f., Art. 57 N. 23 ff.
[24] Dazu Art. 55 N. 6.
[25] Art. 80 Abs. 1 KV BE; Bolz, Art. 80 N. 1 ff.; Nuspliger, Regierung, S. 156 ff.; Art. 58 KV SH und dazu Dubach, Art. 58, S. 179 ff.

5. Gesetzlich zugewiesene Aufgaben und Befugnisse

17 Art. 59 Abs. 4 gibt dem Gesetzgeber die Möglichkeit, dem Kantonsrat weitere, in der Verfassung nicht vorgesehene Aufgaben und Beschlusskompetenzen zu übertragen oder in der Verfassung geregelte Kompetenzen zu erweitern. Solche Kompetenzzuweisungen dürfen aber die durch die Verfassung selbst vorgesehene grundsätzliche Kompetenzordnung nicht aushöhlen und ihr nicht widersprechen.

18 So bildet Art. 59 Abs. 4 zusammen mit Art. 33 Abs. 1 lit. c die Grundlage, um für weitere wichtige Verwaltungsakte, die einer besonderen demokratischen Legitimation bedürfen, die Form des referendumsfähigen Kantonsratsbeschlusses vorzusehen[26]. Diesbezüglich besteht – falls der Kantonsratsbeschluss dem Referendum untersteht – eine Überschneidung mit Art. 59 Abs. 2 lit. a in Verbindung mit Art. 33 Abs. 1 lit. c.

19 Bei der Übertragung von wichtigen Verwaltungsentscheiden an den Kantonsrat ist zu beachten, dass der innerkantonale Rechtsschutz in diesen Fällen nach dem geltenden Gesetzesrecht nicht gegeben ist und gegebenenfalls die Gewährung des rechtlichen Gehörs, die Begründung des Entscheids sowie der Rechtsschutz in Übereinstimmung mit dem übergeordneten Recht zu regeln sind[27].

20 Gestützt Art. 59 Abs. 4 kann der Kantonsrat auch in die Wahrnehmung von Aktionärsrechten an Aktiengesellschaften und die Festlegung der Eignerstrategie einbezogen werden, wenn der Kanton an einer Gesellschaft eine wesentliche Beteiligung hält und diese öffentliche Aufgaben wahrnimmt[28]. Entsprechende Beschlüsse können zudem dem Referendum unterstellt werden[29]. Die Einflussnahme muss aber die Schranken des Aktienrechts beachten.

---

[26] Vgl. RRB 220 vom 6. Februar 2002 betreffend den Antrag der K3 zu den Allgemeinen Grundsätzen der Behördenorganisation, S. 6. Vgl. ferner Art. 52 Abs. 3 KV SH, woraus sich gemäss DUBACH, Art. 57, S. 179, eine Einschränkung auf wichtige Verwaltungsentscheide ergibt.

[27] Gemäss § 41 VRG besteht keine Beschwerde an das Verwaltungsgericht gegen Kantonsratsbeschlüsse, was gegen übergeordnetes Recht verstossen kann, vgl. KÖLZ/BOSSHARD/RÖHL, § 41 N. 24; DUBACH, Art. 52, S. 157, Art. 57, Anm. 555.

[28] Z.B. § 19 Abs. 2 Flughafengesetz vom 12. Juli 1999 (LS 748.1); vgl. BUSER, S. 392 ff.; HAUSER, S. 50, 55.

[29] Art. 33 Abs. 1 lit. c; dazu SCHUHMACHER, Art. 33 N. 15; vgl. BUSER, S. 392 ff.

C. Regierungsrat

Art. 60   Funktion

Der Regierungsrat ist die oberste leitende und vollziehende Behörde des Kantons.

Er wahrt die Verfassung und setzt die Gesetze, die Verordnungen und die Beschlüsse des Kantonsrates um.

Materialien

Art. 67 VE; Prot. Plenum, S. 816 f.

Vgl. ferner Antrag und Weisung des Regierungsrates an den Kantonsrat zum Gesetz über die Organisation des Regierungsrates und der kantonalen Verwaltung, ABl 2004, S. 41 ff. (Weisung zum OG RR).

Literatur

BUSER, § 21; DUBACH RETO, Art. 60, in: Dubach/Marti/Spahn, S. 186 ff.; EHRENZELLER BERNHARD, St. Galler Kommentar, Art. 174; EICHENBERGER, § 87; EICHENBERGER KURT, Kommentar BV, Art. 95 aBV; EICHENBERGER KURT, Staatsreform und Regierungsbild, in: Der Staat der Gegenwart, Basel/Frankfurt a.M. 1980, S. 398 ff. (Staatsreform); EICHENBERGER KURT, Die Problematik der parlamentarischen Kontrolle im Verfassungsstaat, in: Der Staat der Gegenwart, Basel/Frankfurt a.M. 1980, S. 415 ff. (Parlamentarische Kontrolle); GUGLER ADOLF, Rechtssetzung und Regierung im Kanton Zürich, Diss. (Zürich), Winterthur 1956; HÄFELIN/HALLER, N. 1411, 1422, 1657; KOLLER HEINRICH, Regierung und Verwaltung, in: Verfassungsrecht der Schweiz, § 72; MASTRONARDI PHILIPPE, St. Galler Kommentar, Art. 148; NUSPLIGER KURT, Die Kantonsregierungen – Strukturen, Prozesse, Reformen, in: Peter Knoepfel/Wolf Linder (Hrsg.), Verwaltung, Regierung und Verfassung im Wandel, Gedächtnisschrift für Raimund E. Germann, Basel/Genf/München 2000, S. 79 ff.; SCHMID STEFAN G., Die Zürcher Kantonsregierung seit 1803, Diss., Zürich 2003.

Rechtsquellen

– Regierungs- und Verwaltungsorganisationsgesetz vom 21. März 1997 (RVOG; SR 172.010)
– Gesetz über die Organisation und die Geschäftsordnung des Kantonsrates vom 5. April 1981 (Kantonsratsgesetz; KRG; LS 171.1)
– Gesetz über die Organisation des Regierungsrates und der kantonalen Verwaltung vom 6. Juni 2005 (OG RR; LS. 172.1)

Übersicht   Note

1. Einleitende Bemerkungen zur Stellung des Regierungsrates   1
2. Oberste leitende und vollziehende Behörde des Kantons (Abs. 1)   5
3. Bindung des Regierungsrates an die Verfassung – Vollzug der Gesetze (Abs. 2)   9

1. Einleitende Bemerkungen zur Stellung des Regierungsrates

1   Art. 60 umschreibt in grundsätzlicher Art und Weise die Stellung des Regierungsrates. Die Bestimmung trägt der heutigen Verfassungswirklichkeit einer erstarkten Exekutive und insbesondere Regierung als oberste Exekutivbehörde Rechnung[1]. Die alte Kantonsverfassung sprach noch von vollziehender und verwaltender Kantonsbehörde, ohne das Wort «oberste» zu benutzen. Der Regierungsrat wird im Kanton Zürich als sehr starkes, wenn nicht sogar dominierendes Staatsorgan wahrgenommen. Der Regierungsrat untersteht zwar der Oberaufsicht des Kantonsrates. Doch besteht seine politische Letztverantwortung allein gegenüber dem Volk, da er ebenso vom Volk gewählt wird (Art. 62)[2]. Die aus der zunehmenden Komplexität der Verhältnisse herrührende Zeit-, Sachkunde- und Bewertungsnot des Milizparlamentes[3] gehört im Kanton Zürich ebenso zur Verfassungswirklichkeit wie die damit einhergehende Zunahme des Einflusses auf die Staatsleitung von Regierung und Verwaltung. Von einer «potenzierten Gouvernementalgewalt» zu sprechen, erscheint deshalb kaum als übertrieben[4].

2   Aus diesem Grund ist es wohl treffend, wenn die Kantonsverfassung den Regierungsrat die oberste leitende und vollziehende Behörde nennt. Im Verhältnis zum Kantonsrat hat der Verfassungsrat den Regierungsrat in seiner bisherigen Funktion nicht wesentlich eingeschränkt, auch wenn dem Kantonsrat in einigen Bestimmungen Mitsprachemöglichkeiten eingeräumt worden sind, wie bezüglich der Planung (Art. 55). Auch besteht eine Informationspflicht des Regierungsrates gegenüber dem Kantonsrat betreffend die interkantonale und internationale Zusammenarbeit (Art. 69), die ebenfalls zu einer Mitsprache des Kantonsrates in diesem Bereich führt. Aufträge kann der Kantonsrat dem Regierungsrat jedoch nur im Rahmen seiner eigenen Zuständigkeit erteilen (Art. 59)[5]. Die Stärkung des Kantonsrates besonders gegenüber dem Regierungsrat fiel somit äusserst moderat aus.

3   Obwohl sich insgesamt an der faktisch sehr starken Stellung des Regierungsrates nichts geändert hat, ist der Regierungsrat dem Kantonsrat nicht übergeordnet. Beide Organe, der Kantonsrat wie auch der Regierungsrat, sind bei der Erfüllung ihrer verfassungsrechtlichen Aufgaben unabdingbar aufeinander angewiesen und stehen in einem gegenseitigen Abhängigkeitsverhältnis. Sie müssen zusammenwirken und ihre Arbeit koordinieren. Der Regierungsrat ist – soweit er dem Kantonsrat Anträge stellen muss und nicht über eine eigene

---

[1] SCHMID, S. 250; Prot. Plenum, S. 817.
[2] Vgl. auch EICHENBERGER, vor § 87 N. 1.
[3] EICHENBERGER, Parlamentarische Kontrolle, S. 422; TSCHANNEN, § 35 Rz. 5.
[4] Zu diesem Ausdruck, EICHENBERGER, Staatsreform, S. 412; SCHMID, S. 250.
[5] Im Gegensatz zu Art. 171 Satz 2 BV; HÄFELIN/HALLER, N. 1411.

Entscheidungskompetenz verfügt – auf das Einvernehmen mit dem Kantonsrat angewiesen[6].

Abs. 1 lehnt sich an den Wortlaut von Art. 174 BV an. Dort wird der Bundesrat als die oberste leitende und vollziehende Behörde des Bundes bezeichnet. Im Unterschied zu anderen Kantonsverfassungen[7] weist Art. 60 dem Regierungsrat die *oberste* Leitung zu. Auch wenn der Verfassungsgeber den Regierungsrat nicht über den Kantonsrat stellen wollte, wird damit die bedeutende Stellung des Regierungsrates hervorgehoben, wenn nicht sogar überbetont. Im Kontext der Bundesverfassung hat Art. 174 BV eine andere Bedeutung. Gemäss Art. 148 Abs. 1 BV übt die Bundesversammlung die oberste Gewalt im Bund aus (unter Vorbehalt der Rechte von Volk und Ständen), womit der Verfassungsgeber die höchste Geltung und den Vorrang der Akte der Bundesversammlung hervorheben wollte[8]. Eine Bestimmung, welche ebenso ausdrücklich die Vorrangstellung des Parlamentes statuiert, hat der Zürcher Verfassungsgeber jedoch nicht in die Kantonsverfassung aufgenommen. Allerdings kommt dem Kantonsrat die Oberaufsicht über Exekutive und den Geschäftsgang der Judikative zu (Art. 57). Auch ergibt sich aus Art. 60 Abs. 2, dass der Regierungsrat die Gesetze, Verordnungen und Beschlüsse des Kantons umzusetzen hat. Die formelle Vorrangstellung des Kantonsrates als Legislativorgan bleibt damit bestehen[9].

2. Oberste leitende und vollziehende Behörde des Kantons (Abs. 1)

Bezüglich Art. 174 Abs. 1 BV, aber auch bezüglich der gleichnamigen oder ähnlichen Bestimmungen in den Kantonen wird immer wieder festgehalten, dass es sich dabei weniger um eine Kompetenznorm, als um eine Zielbestimmung handelt[10]. Jedenfalls kann das Recht und die Pflicht zur *Staatsleitung* nicht ausschliesslich verstanden werden; vielmehr hat der Regierungsrat die Zuständigkeiten des Parlamentes zu beachten, welches leitend auf das kantonale Staatswesen einwirken kann. Auch wenn die Kantonsverfassung in dieser Hinsicht wenige Aussagen macht[11], steht dem Parlament eine breite Palette von Instru-

---

[6] Vgl. EICHENBERGER, Kommentar BV, Art. 95 aBV Rz. 14; EICHENBERGER, vor § 87 N. 5; KOLLER, § 72 Rz. 44; BUSER, S. 145.
[7] Z.B. § 87 KV AG, wo von der leitenden und obersten vollziehenden Behörde des Kantons gesprochen wird; auch andere Kantonsverfassungen sprechen nicht von der obersten leitenden Behörde, etwa Art. 42 ff. KV GR; vgl. auch BUSER, S. 145; demgegenüber Art. 60 KV SH, DUBACH, Art. 60, S. 186.
[8] MASTRONARDI, St. Galler Kommentar, Art. 148 Rz. 6.
[9] SCHMID, S. 246; HAUSER, Art. 50 N. 14.
[10] EICHENBERGER, Kommentar BV, Art. 95 aBV Rz. 4; a.M. in Bezug auf Art. 174 BV EHRENZELLER, St. Galler Kommentar, Art. 174 Rz. 4.
[11] Vgl. insbesondere Art. 55.

menten zur Verfügung, initiativ und gestaltend zu wirken[12]. Auch mit § 2 Abs. 1 OG RR, wonach dem Regierungsrat die politische Planung und Führung auf der Ebene des Kantons obliegt, sollte keine Vorrangstellung gegenüber dem Kantonsrat begründet werden. Die Regierungstätigkeit sollte aber aufgewertet und die grundlegenden Leitplanken zur Ausübung der Regierungstätigkeit festgelegt werden[13].

6 Die Leitungsfunktion des Regierungsrates bedeutet, dass der Regierungsrat die Obliegenheiten eines leitenden Organes ausführen soll, wobei der Begriff des Regierens wesensgemäss – und insbesondere im Unterschied zur Gesetzgebung – offen ist[14]. Regieren bedeutet, dass der Regierungsrat initiieren und den politischen Prozess auslösen soll, wenn ein Thema vom Kanton aufgegriffen werden muss; er soll Vorschläge ausarbeiten, informieren und koordinieren sowie bei der Suche nach Kompromissen behilflich sein. Auch soll er die politische Planung übernehmen und die Ziele festlegen[15]. Die Verfassung nennt einige der Instrumente, mit welchen der Regierungsrat seine gestalterische Aufgabe wahrnehmen kann. Gemäss Art. 66 hat er die Ziele und Mittel der Regierungspolitik zu bestimmen. Ferner wird ihm die Leitung des Vorverfahrens der Rechtsetzung übertragen (Art. 67). Sodann kann auch auf Art. 71 verwiesen werden; als typische Regierungsaufgabe wird insbesondere auch die Vertretung des Kantons nach innen und aussen verstanden (Art. 71 Abs. 1 lit. c).

7 Der Regierungsrat ist ebenso *oberste vollziehende Behörde*. Er ist damit gleichzeitig oberste Verwaltungsbehörde des Kantons[16]. Art. 70 konkretisiert diese Funktion weiter und besagt, dass der Regierungsrat die kantonale Verwaltung zu leiten hat und deren Organisation bestimmt.

8 Die Verfassung nennt die Funktion als oberste Vollzugsbehörde neben derjenigen der Leitungsfunktion. Damit hat der Verfassungsgeber beiden Funktionen grundsätzlich dieselbe Bedeutung zugemessen. § 2 Abs. 4 OG RR räumt den Regierungsaufgaben und damit der leitenden Funktion allerdings den Vorrang ein. Insoweit lehnt sich das OG RR an Art. 6 des Regierungs- und Verwaltungsorganisationsgesetzes des Bundes (RVOG) an. Auch der Bundesrat hat den Regierungsobliegenheiten den Vorrang einzuräumen[17]. Wohl bedingen sich die beiden Funktionen der Staatsleitung und der obersten Verwaltungsführung gegenseitig[18]. Doch kann Art. 60 Abs. 1 nicht so verstanden werden, dass eine Pri-

---

[12] Das Mittel hierzu sind die parlamentarischen Instrumente der Initiative (§§ 25 ff. KRG), der Motion (§§ 14 ff. KRG), des Postulates (§§ 22 ff. KRG) und der Interpellation (§§ 30 ff. KRG); vgl. auch Art. 59 Abs. 2. Sodann bildet die Budgetkompetenz ein wichtiges Steuerungsinstrument; Art. 56 lit. a.
[13] Weisung zum OG RR, S. 61.
[14] EICHENBERGER, Kommentar BV, Art. 95 aBV Rz. 43; KOLLER, § 72 Rz. 17.
[15] In diesem Sinne EICHENBERGER, § 87 N. 2; KOLLER, § 72 Rz. 17; NUSPLIGER, S. 80 f.
[16] KOLLER, § 72 Rz. 34.
[17] HÄFELIN/HALLER, N. 1657.
[18] Diesen Aspekt betont vor allem EHRENZELLER, St. Galler Kommentar, Art. 174 Rz. 7.

oritätensetzung überhaupt ausgeschlossen ist. Dies ist umso mehr der Fall, als § 2 Abs. 4 OG RR namentlich bei Interessenkonflikten zum Zuge kommen soll. Die Regierungsratsmitglieder sind einerseits Vorsteherinnen und Vorsteher von Direktionen. Als solche stehen sie vor allem der Verwaltung vor. Als Mitglied der Kollegialregierung nehmen sie jedoch gleichzeitig die Regierungsverantwortung wahr. Im Konfliktfall hat die Regierungsverantwortung im Kollegium Vorrang[19]. Diese Prioritätensetzung wird von Art. 65 gestützt, wonach der Regierungsrat seine Beschlüsse als Kollegialbehörde zu fassen hat und den Direktionen in erster Linie vorbereitende und vollziehende Funktion zukommt[20].

3. Bindung des Regierungsrates an die Verfassung – Vollzug der Gesetze (Abs. 2)

Art. 60 Abs. 2 drückt zunächst einmal eine Selbstverständlichkeit aus, indem er die Rechtsbindung des regierungsrätlichen Handelns betont. Dieser Grundsatz ergibt sich ebenso aus Art. 2.

Weiter wird der Regierungsrat jedoch verpflichtet, die Gesetze, Verordnungen und Beschlüsse des Kantonsrates zu vollziehen. Damit wird die Rechtsfunktion, welche dem Regierungsrat im Gefüge des Gewaltenteilungssystems zukommt, erwähnt[21]. Beim Kantonsrat (Art. 50) wie auch bei der Rechtspflege (Art. 73) sind analoge Bestimmungen zu finden. Wenn auch der Regierungsrat namentlich aufgrund seiner staatsleitenden Aufgaben im modernen Staat eine andere Bedeutung gegenüber den anderen Staatsgewalten erlangt hat und sich insbesondere diese Aufgaben nicht in das traditionelle Gewaltenteilungsschema einordnen lassen[22], bleibt der Gesetzesvollzug infolge der Rechtsbindung des staatlichen Handelns eines der wesentlichsten Elemente in der gesamten Verwaltungstätigkeit[23]. Die Exekutive, verstanden als Regierung und Verwaltung, hat die Gesetze im konkreten Einzelfall durchzusetzen.

Im Hinblick darauf, dass der Regierungsrat ebenfalls Verordnungen erlässt (Art. 67)[24], kann diese Bestimmung zudem im Sinne einer Feststellung der

---

[19] Weisung zum OG RR, S. 62; ebenso § 11 Abs. 1 OG RR.
[20] Vgl. zu diesem Konflikt auch NUSPLIGER, S. 88. Nach Meinung dieses Autors könnte auch die Schaffung eines Präsidialdepartements diesen Konflikten vorbeugen; der Verfassungsrat hat indessen eine gesonderte Funktion des Regierungsratspräsidiums abgelehnt; vgl. dazu Art. 61 N. 1.
[21] Vgl. KOLLER, § 72 Rz. 11; § 6 RR OG weist dem Regierungsrat ebenso die Vollzugsfunktion gegenüber Gesetzen zu.
[22] KOLLER, § 72 Rz. 14, 16.
[23] GUGLER, S. 79.
[24] Nach der herkömmlichen Gewaltenteilungslehre wird die Verordnungskompetenz der Regierung als Durchbrechung des Gewaltenteilungsprinzips verstanden; HÄFELIN/HALLER, N. 1422.

Normhierarchie verstanden werden. Verfassung, Erlasse und Beschlüsse des Kantonsrates gehen denjenigen des Regierungsrates vor.

Art. 61

Zusammensetzung

Der Regierungsrat besteht aus sieben vollamtlichen Mitgliedern.

Er wählt für je ein Jahr seine Präsidentin oder seinen Präsidenten und seine Vizepräsidentin oder seinen Vizepräsidenten.

Materialien

Art. 67 VE; Prot. Plenum, S. 817 ff., 2198 ff.

Vgl. ferner Antrag und Weisung des Regierungsrates an den Kantonsrat zum Gesetz über die Organisation des Regierungsrates und der kantonalen Verwaltung, ABl 2004, S. 41 ff. (Weisung zum OG RR).

Literatur

BUSER, § 21; DÉPRAZ ALEX, Parlement et Gouvernement dans la nouvelle Constitution; une évolution plutôt qu'une révolution, in: Moor (Hrsg.), Constitution vaudoise, S. 229 ff.; DUBACH RETO, Art. 60, in: Dubach/Marti/Spahn, S. 186 ff.; EHRENZELLER BERNHARD, St. Galler Kommentar, Art. 176; JAAG, Rz. 1161 ff.; NUSPLIGER KURT, Regierung und Parlament, in: Kälin/Bolz, S. 149 ff. (Handbuch); NUSPLIGER KURT, Die Kantonsregierungen – Strukturen, Prozesse, Reformen, in: Peter Knoepfel/Wolf Linder (Hrsg.), Verwaltung, Regierung und Verfassung im Wandel, Gedächtnisschrift für Raimund E. Germann, Basel/Genf/München 2000, S. 79 ff. (Kantonsregierungen); NUSPLIGER KURT, Grundzüge der Behördenstruktur im Verfassungsrecht der Kantone, in: Verfassungsrecht der Schweiz, § 69 (Grundzüge); RHINOW, § 25; SCHMID STEFAN G., Die Zürcher Kantonsregierung seit 1803, Diss., Zürich 2003.

Rechtsquellen

- Gesetz über die Organisation des Regierungsrates und der kantonalen Verwaltung vom 6. Juni 2005 (OG RR; LS. 172.1)
- Beschluss des Kantonsrates über die Festsetzung der Besoldungen der Mitglieder des Regierungsrates vom 4. März 1991 (KRB; LS 172.18)
- Gesetz über das Arbeitsverhältnis des Staatspersonals vom 27. September 1998 (Personalgesetz, PG; LS 177.10)

Übersicht	Note
1. Entstehungsgeschichte	1
2. Sieben vollamtliche Mitglieder (Abs. 1)	4
3. Präsidium (Abs. 2)	7

1. Entstehungsgeschichte

Im Zusammenhang mit der Zusammensetzung des Regierungsrates wurde im Verfassungsrat der Antrag zur Einführung eines Präsidialsystems in dem Sinne gestellt, dass der Regierungsratspräsident bzw. die Regierungsratspräsidentin

1

vom Volk zu wählen sei[1]. Zur Begründung wurde angeführt, dass dieses System ebenso in den Gemeinden und Städten bekannt sei. Damit sollte dem Kanton Zürich eine stärkere Repräsentation gegen innen und aussen ermöglicht werden. Sodann erhofften sich die Antragstellenden eine erhöhte Handlungsfähigkeit in dringenden Fällen[2]. Zudem wurde darauf hingewiesen, dass die Regierungsratspräsidentin bzw. der Regierungsratspräsident der Staatskanzlei, welche im OG RR neu geregelt wird, vorstehen könnte[3].

2   Der Antrag auf Einführung eines vom Volk gewählten Präsidenten wurde vom Verfassungsrat jedoch abgelehnt. Der Verfassungsrat befürchtete namentlich, dass das Gleichgewicht im Regierungsrat gestört werden und das Kollegialitätsprinzip (Art. 65) leiden könnte[4]. Dieselbe Diskussion mit praktisch denselben Argumenten führte auch der Verfassungsrat des Kantons Waadt[5]. Ein System, in welchem der Präsident oder die Präsidentin vom Volk gewählt wird, wäre allerdings keineswegs einmalig gewesen. Im Kanton Glarus z.B. wählt die Landsgemeinde aus dem Kreis der Regierungsmitglieder alle zwei Jahre nach den Gesamterneuerungswahlen den Landammann[6]. Ebenso wird der Landammann im Kanton Appenzell A.Rh. alle vier Jahre vom Volk gewählt, wobei dieser nach Ablauf einer vollen Amtsdauer für mindestens ein Jahr auszusetzen hat[7]. Auch im Kanton Basel-Stadt wählt das Volk den Regierungsratspräsidenten bzw. die Regierungsratspräsidentin für die gesamte Amtsdauer[8]. Im Kanton Bern wird der Regierungsratspräsident bzw. die Regierungsratspräsidentin vom Grossen Rat gewählt[9]. Im Kanton Waadt schliesslich wählt das Regierungskollegium den Regierungsratspräsidenten oder die Regierungsratspräsidentin für fünf Jahre, was ebenso eine massvolle Stärkung der Präsidialfunktion zur Folge hat[10].

3   Ferner diskutierte der Verfassungsrat eine Erhöhung der Zahl der Mitglieder des Regierungsrates von sieben auf neun, während eine Reduktion der Mitglie-

---

[1] Prot. Plenum, S. 816 ff. Der Antrag wurde in der 1. Gesamtlesung in Winterthur nochmals erneuert; Prot. Plenum, S. 2198 ff. Dieselbe Debatte führte bereits der Verfassungsrat 1869; dazu Schmid, S. 192.
[2] Prot. Plenum, S. 821. Vgl. zur Regelung der Staatskanzlei §§ 24 ff. OG RR. Der Staatsschreiber oder die Staatsschreiberin wird dem Regierungsratspräsidenten bzw. der Regierungsratspräsidentin unterstellt (§ 25 Abs. 2 OG RR) und hat als Aufgabe unter anderem die gesamtheitliche Führung und Steuerung der Verwaltung zu übernehmen; § 26 Abs. 2 lit. a OG RR; vgl. auch Nuspliger, Kantonsregierungen, S. 87 f., der für ein Präsidialdepartement und ein Präsidium mit besonderen Führungsaufgaben eintritt.
[3] Prot. Plenum, S. 2201.
[4] Prot. Plenum, S. 820 (Votum Regierungsrat Markus Notter); Prot. Plenum, S. 2200 (Votum Theodor Siegrist); Nuspliger, Handbuch, S. 172.
[5] Dazu Dépraz, S. 248.
[6] Art. 97 KV GL.
[7] Art. 84 Abs. 3 KV AR; vgl. Nuspliger, Grundzüge, § 69 Rz. 13; Nuspliger, Kantonsregierungen, S. 81.
[8] § 44 Abs. 1 lit. c, § 102 KV BS. Der Verfassungsrat des Kantons Basel-Stadt liess sich offenbar vom System leiten, wie es in der Stadt Zürich gilt; vgl. Schmid, S. 300.
[9] Art. 77 Abs. 1 lit. b KV BE; Schmid, S. 194, bezeichnet dies als Ausdruck der Parlamentssuprematie.
[10] Art. 115 Abs. 1 KV VD; Dépraz, S. 248.

derzahl nicht erwogen wurde[11]. Die Vorteile wurden vor allem darin gesehen, dass bei einer Erhöhung der Zahl der Mitglieder der Kanton Zürich wieder in der Lage wäre, durch einen Regierungsrat oder eine Regierungsrätin im Bundesparlament vertreten zu werden. Zudem erhofften sich die Befürworterinnen und Befürworter davon eine allgemeine Entlastung der Regierungsräte[12]. Dem wurde entgegengehalten, dass damit die gesamte Verwaltung, die heute in sieben Direktionen aufgeteilt ist, neu organisiert werden müsste. Auch wurde vorgebracht, dass bei einem Gremium mit neun Mitgliedern die Gefahr der Fraktionsbildung bestehe[13]. Die Erhöhung der Mitgliederzahl auf neun wäre für die Schweiz einmalig gewesen. Die Zahl der Regierungsratsmitglieder beträgt mittlerweile in allen Kantonen zwischen fünf und sieben[14].

2. Sieben vollamtliche Mitglieder (Abs. 1)

Die Zahl sieben entspricht der bisherigen Regelung[15]. Neu in die Verfassung aufgenommen wurde, dass das Regierungsratsamt ein Vollamt darstellt. Damit ist es ausgeschlossen, dass ein Regierungsrat oder eine Regierungsrätin nur neben- oder teilamtlich tätig ist. Im Hinblick auf die Arbeitsbelastung des Regierungsrates kann die Notwendigkeit eines Vollamtes kaum ernsthaft bestritten werden.

Art. 61 Abs. 1 ist ebenso im Zusammenhang mit Art. 63 zu verstehen, wonach dem Regierungsrat bezahlte Nebentätigkeiten untersagt sind[16].

Der Regierungsrat ist dem Gesetz über das Staatspersonal nicht unterstellt[17]. Seine Besoldung wird durch den Kantonsrat geregelt[18]. Sie beträgt 125% der Höchstbesoldung für das Staatspersonal[19]. Sodann hat der Kantonsrat gewisse Bestimmungen des Personalrechts auf den Regierungsrat als sinngemäss anwendbar erklärt[20].

---

[11] Prot. Plenum, S. 817 ff.
[12] Prot. Plenum, S. 817 f. (Votum Erika Welti).
[13] Prot. Plenum, S. 820 f. (Votum Barbara Aebli); Prot. Plenum, S. 821 f. (Votum Regierungsrat Markus Notter).
[14] NUSPLIGER, Grundzüge, § 69 Rz. 13; NUSPLIGER, Kantonsregierungen, S. 82; BUSER, S. 143.
[15] Art. 37 aKV.
[16] Vgl. ebenso DUBACH, Art. 60, S. 190.
[17] § 1 Abs. 3 PG.
[18] § 20 OG RR; Art. I KRB.
[19] JAAG, Rz. 1181.
[20] Art. III KRB: So die Beschlüsse des Kantonsrates über die Ausrichtung von Teuerungszulagen, von Kinderzulagen und generellen Reallohnerhöhungen an das Staatspersonal und die Bestimmungen über die Besoldungsauszahlung, Dienstaltersgeschenke und Besoldungsfortzahlung bei Krankheit, Unfall und weiteren besoldeten Abwesenheiten. Vgl. zum Fall der vorzeitigen Entlassung Art. 62 N. 9.

3. Präsidium (Abs. 2)

7 Die Wahl der Präsidentin oder des Präsidenten wie auch der Vizepräsidentin oder des Vizepräsidenten erfolgt durch den Regierungsrat selbst. Die Amtsdauer beträgt ein Jahr. Wie vorne ausgeführt, hat der Verfassungsrat eine längere Amtsdauer des Regierungsratspräsidiums abgelehnt.[21]

8 Die Verfassung sagt nichts über die Funktion des Präsidiums aus. Demgemäss kommt dem Gesetzgeber bei der Zuweisung der spezifischen Präsidialfunktionen ein gewisser Gestaltungsspielraum zu. Grenzen bilden allerdings das Kollegialitätsprinzip gemäss Art. 65 Abs. 1 sowie die Pflicht nach Art. 65 Abs. 2, jedem Regierungsrat bzw. jeder Regierungsrätin eine Direktion zuzuweisen. Die Funktion als Direktionsvorsteherin oder Direktionsvorsteher bleibt somit auch während des Präsidialjahres bestehen.

9 § 22 OG RR bestimmt die Aufgaben des *Präsidenten oder der Präsidentin* näher. Danach leitet der Präsident oder die Präsidentin die Geschäfte des Regierungsrates. Er oder sie hat dafür zu sorgen, dass der Regierungsrat die Aufgaben rechtzeitig, zweckmässig und koordiniert an die Hand nimmt; sodann sind die Verhandlungen des Regierungsrates vorzubereiten und ist in strittigen Fragen zu schlichten. Ferner hat der Präsident oder die Präsidentin die Funktion der Kontrolle der «Kontrolleure», indem er oder sie darüber zu wachen hat, dass der Regierungsrat die Aufsicht über die kantonale Verwaltung zweckmässig organisiert und ausübt. Der Präsident oder die Präsidentin kann zur Erfüllung der präsidialen Aufgaben Abklärungen und Massnahmen beantragen. Eine Weisungsbefugnis kommt dem Präsidium nicht zu. Schliesslich verfügt der Präsident bzw. die Präsidentin nach § 23 OG RR über die Kompetenz, dringende Angelegenheiten, die nicht rechtzeitig behandelt werden können, präsidialiter zu entscheiden, wobei diese Entscheide dem Kollegium nachträglich zur Kenntnis gebracht werden müssen. Insgesamt wird die Funktion des Regierungsratspräsidenten bzw. der Regierungsratspräsidentin als Primus inter Pares umschrieben[22]. Damit wird auch das Kollegialitätsprinzip gewahrt[23].

10 Zur Funktion des *Vizepräsidenten bzw. der Vizepräsidentin* sagt das Gesetz wenig aus. Diese Funktion wird einzig in § 23 Abs. 3 OG RR eigens erwähnt, wonach der Regierungsrat Entscheide in Angelegenheiten von geringer Bedeutung auch an das Vizepräsidium delegieren kann[24]

---

[21] Dazu N. 1
[22] JAAG, Rz. 1179; EHRENZELLER, St. Galler Kommentar, Art. 176 Rz. 3. Die Stellung des Regierungsratspräsidenten kommt derjenigen des Bundesratspräsidenten gleich; vgl. auch SCHMID, S. 194; RHINOW, Rz. 2325.
[23] Weisung zum OG RR, S. 70.
[24] § 23 Abs. 3 OG RR.

Art. 62
Wahl

Die Mitglieder des Regierungsrates werden gleichzeitig mit dem Kantonsrat vom Volk gewählt.

Die Wahl erfolgt nach dem Mehrheitswahlverfahren.

Wahlkreis ist der ganze Kanton.

Materialien

Art. 68 VE; Prot. Plenum, S. 147, 347, 817 ff.

Literatur

BUSER, § 21; EICHENBERGER, § 88; JAAG, Kantonsverfassung heute; KÖLZ ALFRED, Probleme des kantonalen Wahlrechts, ZBl 88/1987, S. 1 ff., 49 ff. (Probleme); KÖLZ ALFRED, Der demokratische Aufbruch, in: Materialien zur Zürcher Verfassungsreform, Bd. 1 (Aufbruch); NUSPLIGER KURT, Regierung und Parlament, in: Kälin/Bolz, S. 149 ff. (Handbuch); NUSPLIGER KURT, Die Kantonsregierungen – Strukturen, Prozesse, Reformen, in: Peter Knoepfel/Wolf Linder (Hrsg.), Verwaltung, Regierung und Verfassung im Wandel, Gedächtnisschrift für Raimund E. Germann, Basel/Genf/München 2000, S. 79 ff. (Kantonsregierungen); NUSPLIGER KURT, Grundzüge der Behördenstruktur im Verfassungsrecht der Kantone, in: Verfassungsrecht der Schweiz, § 69 (Grundzüge); SCHMID STEFAN G., Die Zürcher Kantonsregierung seit 1803, Diss., Zürich 2003.

Rechtsquellen

– Gesetz über die politischen Rechte vom 1. September 2003 (GPR; LS 161)
– Verordnung über die Leistungen der Versicherungskasse für das Staatspersonal an die Mitglieder des Regierungsrates vom 5. Januar 1994 (LS 177.24)

Übersicht
Note

1. Volkswahl des Regierungsrates (Abs. 1)   1
2. Wahl des Regierungsrates (Abs. 2 und 3)   3
3. Rücktritt   8

1. Volkswahl des Regierungsrates (Abs. 1)

Die Wahl des Regierungsrates durch das Volk wurde im Verfassungsrat nicht in Frage gestellt[1]. Die Volkswahl des Regierungsrates entspricht der demokratischen Tradition des Kantons Zürich sowie den Verfassungen sämtlicher Kantone[2]. Die Volkswahl des Regierungsrates wurde mit der alten Kantonsverfassung im Jahr 1869 eingeführt, wobei die Demokraten diese – im Hinblick auf die damals nicht als bedeutsam eingestufte Funktion des Regierungsrates – als nicht besonders

1

---
[1] Dazu Art. 60 N. 2.
[2] NUSPLIGER, Grundzüge, § 69 Rz. 13; NUSPLIGER, Kantonsregierungen, S. 81.

vordringlich einstuften. Dennoch war es das klare Ziel, den Regierungsrat durch eine erhöhte Legitimation zu stärken[3]. Die Volkswahl des Regierungsrates hat jedoch gleichzeitig eine beträchtliche Schwächung des Kantonsrates zur Folge, weil damit der Regierungsrat in erster Linie dem Volk und nicht dem Kantonsrat verantwortlich ist[4]. Dies wurde von der Verfassungskommission 1869 erkannt. Namentlich wurde damals darauf hingewiesen, dass die dem Kantonsrat zustehende Aufsichtsfunktion in Frage gestellt werden könnte[5].

2 Dass die Wahl des Regierungsrates mit derjenigen des Kantonsrates zusammenfällt, hat zweifellos den einfachen praktischen Grund, dass so nicht zwei Wahlgänge für die obersten kantonalen Organe, welche ohnehin dieselbe Amtsdauer haben[6], durchgeführt werden müssen. In politischer Hinsicht kann damit jedoch auch eine gewisse Annäherung bezüglich der Repräsentativität der im Kantonsrat vertretenen politischen Kräfte herbeigeführt werden. Allerdings wird diese Annäherung durch die Wirkung des Majorzsystems stark überlagert[7].

2. Wahl des Regierungsrates (Abs. 2 und 3)

3 Gemäss Art. 62 Abs. 2 wird der Regierungsrat im *Mehrheitswahlverfahren* gewählt, wobei der ganze Kanton einen Wahlkreis bildet (Art. 63 Abs. 3). Im Verfassungsrat wurde zwar der Antrag auf Einführung des Verhältniswahlsystems auch für den Regierungsrat gestellt[8], vom Verfassungsrat jedoch abgelehnt[9]. Regierungsrat Markus Notter brachte gegen das Verhältniswahlverfahren vor, dass bei einer im Mehrheitswahlverfahren gewählten Regierung auch die parteipolitische Unabhängigkeit grösser sei als bei einer im Verhältniswahlverfahren gewählten Regierung. Er verwies dabei auf den Kanton Tessin, in welchem die Kantonsregierung im Verhältniswahlverfahren gewählt wird, jedoch eine grosse Abhängigkeit der Regierungsratsmitglieder von den Parteien festzustellen sei[10].

4 In politischer Hinsicht auf den ersten Blick erstaunlich war das Votum aus der Grünen Partei. Diese trat für das Mehrheitswahlverfahren mit dem Hinweis ein, dass die Vertreter der Grünen Partei im Regierungsrat bei einem Verhält-

---

[3] SCHMID, S. 181; KÖLZ, Aufbruch, S. 48 f.
[4] JAAG, Kantonsverfassung heute, S. 155; EICHENBERGER, § 88 N. 1.
[5] SCHMID, S. 183.
[6] Art. 41.
[7] NUSPLIGER, Kantonsregierungen, S. 83.
[8] Vgl. für den Kantonsrat Art. 51.
[9] Prot. Plenum, S. 824 ff.
[10] Prot. Plenum, S. 826. Zu den Argumenten, die für das eine oder andere Wahlsystem sprechen, eingehend SCHMID, S. 236 ff.

niswahlverfahren kaum einen Sitz errungen hätten[11]. Der Grünen Partei war es denn auch gelungen, den Sitz von Regierungsrätin Verena Diener trotz vorübergehenden markanten Sitzverlusten im Kantonsrat zu halten. Das Verhalten der Parteien zeigt, dass bezüglich der Frage des richtigen Wahlsystems für den Regierungsrat die machtpolitischen Überlegungen stark im Vordergrund stehen[12]. Dennoch wird im Kanton Zürich von den Parteien ein freiwilliger Proporz mehr oder weniger eingehalten. Das Beispiel des Kantons Genf, in welchem zwischen 1993 und 1997 die politische Linke nicht vertreten war, zeigt jedenfalls, dass die Regierungsfähigkeit ohne Vertretung der starken Minderheiten in Frage gestellt wird. Die Opposition machte damals vom Referendumsrecht ausgiebig Gebrauch[13].

Im Jahr 1990 hatte das Zürcher Volk eine Volksinitiative zur Einführung des Proporzwahlrechts für den Regierungsrat abgelehnt[14]. Das Proporzwahlsystem für den Regierungsrat kennen nach wie vor nur die Kantone Zug und Tessin[15].

Ausser dass der *Kanton den Wahlkreis* bildet (Art. 62 Abs. 3) und für die Wählbarkeit die Voraussetzungen gemäss Art. 40 erfüllt sein müssen, sagt die Verfassung nichts Weiteres über die Wahl des Regierungsrates aus. Das Wahlverfahren ist im Gesetz über die politischen Rechte (GPR) geregelt. Der Regierungsrat ist dabei vom Vorverfahren und damit von der geregelten Kandidatenauswahl ausgenommen[16]. Den Stimmberechtigten kommt bei der Auswahl der Kandidierenden somit ein sehr grosser Spielraum zu[17].

Für die Wahl sieht § 77 Abs. 3 GPR zwei Wahlgänge vor, falls im ersten Wahlgang keine der kandidierenden Personen das absolute Mehr erreicht. Im zweiten Wahlgang gilt das relative Mehr (§ 84 lit. d GPR). Das absolute Mehr, das für den ersten Wahlgang massgebend ist, berechnet sich nach der Zahl der massgebenden Stimmen (§ 78 GPR). Als massgebende Stimmen gelten alle abgegebenen Stimmen abzüglich der leeren und ungültigen (§ 71 lit. b und c GPR). Damit gilt auch im Kanton Zürich die vielfach kritisierte – aber vom Bundes-

---

[11] Prot. Plenum, S. 824. Das Votum erstaunt auch deshalb, weil die Grüne Partei in anderen Kantonen Initiativen auf Einführung des Verhältniswahlverfahrens für den Regierungsrat unterstützt hat. Umgekehrt hat jedoch auch die SVP den Antrag auf Einführung der Proporzwahl nicht unterstützt, während sie im Kanton Solothurn und im Kanton Luzern entsprechende Initiativen mitgetragen hat; zum Ganzen vgl. Prot. Plenum, S. 824 f. (Votum Georges Koepfli).
[12] Darauf weist SCHMID, S. 242, zu Recht mit Nachdruck hin.
[13] NUSPLIGER, Kantonsregierungen, S. 83; SCHMID, S. 237.
[14] Abstimmung vom 1. April 1990, ABl 1990, S. 625; auch unterstützte der Kantonsrat die Einzelinitiative betreffend die Wahl der Regierungsratsmitglieder im Verhältniswahlverfahren nicht, ABl 2006, S. 1588 ff.; SCHMID, S. 236.
[15] Art. 66 KV TI; § 42 Abs. 2 des Gesetzes über Wahlen und Abstimmungen vom 23. Januar 1969, Bereinigte Gesetzessammlung des Kantons Zug, Nr. 131.1. Zu diesen Bestimmungen sowie den Versuchen, in anderen Kantonen das Verhältniswahlrecht einzuführen, SCHMID, S. 219 f.
[16] § 48 i.V.m. § 39 lit. a GPR. Vgl. zu den Vorverfahren in den anderen Kantonen, KÖLZ, Probleme, S. 50.
[17] KÖLZ, Probleme, S. 51.

gericht gutgeheissene – Praxis weiter[18], dass die leeren Stimmen keine Wirkung haben. Nach wie vor können somit diejenigen, welche mit der Kandidatenauswahl nicht zufrieden sind und eine Korrektur im zweiten Wahlgang wünschen, mit der Einlegung eines leeren Wahlzettels ihren Willen nicht zum Ausdruck bringen[19]. Der Nachteil einer Berücksichtigung der leeren Stimmen wird darin gesehen, dass das absolute Mehr höher ausfallen würde und dementsprechend auch öfter ein zweiter Wahlgang durchgeführt werden müsste. Da kein Vorverfahren für die Kandidatenauswahl besteht, können die Kandidaturen zwar jederzeit erweitert werden. Doch bildet es im Hinblick auf den abnehmenden Stellenwert der Politik und der grossen Vielfalt von Entfaltungsmöglichkeiten in der modernen Gesellschaft eher ein schwieriges Unterfangen, rasch eine aussichtsreiche Kandidatin oder einen solchen Kandidaten zu finden. Hinzu kommt, dass die Kandidatensuche eine wesentliche Aufgabe der Parteien darstellt. Die Parteien werden nunmehr in der Verfassung in Art. 39 Abs. 2 auch eigens erwähnt. Nach der hier vertretenen Auffassung bleibt diese Praxis auch aufgrund der Wahlrechtsgleichheit und namentlich der Erfolgswertgleichheit jedoch eher fragwürdig[20].

3. Rücktritt

8   Der Verfassungsrat hat davon abgesehen, ein *Abberufungsrecht* des Volkes gegenüber den Mitgliedern des Regierungsrates einzuführen[21].

9   Der *vorzeitige Rücktritt* eines Regierungsratsmitgliedes richtet sich nach §§ 35 f. GPR. Will ein Regierungsratsmitglied während der Amtsdauer zurücktreten, hat dieses ein – nicht zu begründendes – Gesuch an den Kantonsrat zu stellen, welcher über die vorzeitige Entlassung entscheidet[22]. Nur wenn wichtige Kantonsinteressen dagegen sprechen, darf der Kantonsrat das Gesuch ablehnen, weshalb auch eine Begründung des Gesuchs hinfällig ist[23]. Die Ansprüche gegenüber der Versicherungskasse richten sich nach der Verordnung über die

---

[18] BGE 108 Ia 243 ff.
[19] KÖLZ, Probleme, S. 56 ff., auch zu den Regelungen in den anderen Kantonen; BUSER, S. 144; vgl. auch NUSPLIGER, Handbuch, S. 166; der Kanton Bern berücksichtigt die leeren Stimmen.
[20] Vgl. KÖLZ, Probleme, S. 50.
[21] Bereits in einem sehr frühen Stadium gab der Sprecher der Kommission 2 (Politische Rechte und Bürgerrecht) zu Protokoll, dass dies von der Kommission abgelehnt würde; Prot. Plenum, S. 147, 347; in der Kommission 3 wurde das Abberufungsrecht mit grosser Mehrheit abgelehnt, Prot. K3 vom 7. Februar 2002, S. 432.
[22] §§ 35 und 36 lit. a GPR.
[23] SCHMID, S. 255 f.

Leistungen der Versicherungskasse für das Staatspersonal an die Mitglieder des Regierungsrates vom 5. Januar 1994[24].

---

[24] Danach erhalten aus dem Regierungsrat ausscheidende Mitglieder je nach Alter und Amtsdauer sowie bei unverschuldeter Nichtwiederwahl – welche je nach Umständen auch dem (vorzeitigen) Rücktritt gleichgesetzt werden kann – eine Rente.

Art. 63

Die Mitglieder des Regierungsrates dürfen keine andere bezahlte Tätigkeit ausüben.

Ausgenommen ist die vom Kantonsrat bewilligte Vertretung des Kantons in Organisationen des öffentlichen und privaten Rechts.

Der Bundesversammlung dürfen höchstens zwei Mitglieder des Regierungsrates angehören.

Materialien

Art. 69 VE; Prot. Plenum, S. 827 ff., 830 ff., 2202 ff., 3025 ff.

Literatur

BIAGGINI GIOVANNI, Wirtschaftsfreiheit, in: Verfassungsrecht der Schweiz, § 49; DUBACH RETO, Art. 61, in: Dubach/Marti/Spahn, S. 190 f.; EICHENBERGER, § 88; EICHENBERGER KURT, Kommentar BV, Art. 97 aBV; SCHINDLER BENJAMIN, Die Befangenheit der Verwaltung, Diss., Zürich 2002; SCHMID STEFAN G., Die Zürcher Kantonsregierung seit 1803, Diss., Zürich 2003.

Rechtsquellen

– Regierungs- und Verwaltungsorganisationsgesetz vom 21. März 1997 (RVOG; SR 172.010)
– Beschluss des Kantonsrates über die Festsetzung der Besoldungen der Mitglieder des Regierungsrates vom 4. März 1991 (KRB; LS 172.18)
– Gesetz über das Arbeitsverhältnis des Staatspersonals vom 27. September 1998 (Personalgesetz, PG; LS 177.10)

Übersicht	Note
1. Die unzulässigen Nebentätigkeiten – Ausnahmen (Abs. 1 und Abs. 2)	1
1.1. Entstehungsgeschichte	1
1.2. Keine andere bezahlte Tätigkeit (Abs. 1)	6
1.3. Durch den Kantonsrat bewilligte Ausnahmen (Abs. 2)	13
2. Zugehörigkeit zur Bundesversammlung (Abs. 3)	19
2.1. Entstehungsgeschichte	19
2.2. Sinn und Zweck einer Begrenzung der Vertretung in der Bundesversammlung	20

1. Die unzulässigen Nebentätigkeiten – Ausnahmen (Abs. 1 und Abs. 2)

1.1. Entstehungsgeschichte

Die Bestimmung über die Nebentätigkeit des Regierungsrates gemäss Abs. 1 von Art. 63 betrifft die berufliche Unvereinbarkeit im Gegensatz zur Unvereinbarkeit mit anderen Ämtern, die in Art. 42 und spezifisch bezüglich der Mitgliedschaft in der Bundesversammlung in Art. 63 Abs. 3 geregelt ist[1]. Art. 63 gab im Verfassungsrat zu erheblichen Diskussionen Anlass, da sich zeigte, dass die Definition, was unter einer Nebentätigkeit zu verstehen ist, alles andere als leicht fiel.

2   Bereits Art. 39 aKV enthielt eine Bestimmung, wonach das Amt eines Mitgliedes des Regierungsrates unvereinbar war mit irgendeiner anderen fest besoldeten Stelle. Für die Bekleidung der Stelle eines Direktors oder Verwaltungsrates einer Aktiengesellschaft war die Erlaubnis des Kantonsrates erforderlich.

3   Was die in Art. 63 Abs. 1 genannte «andere bezahlte» Tätigkeit angeht, so hatte die Kommission 3 vorerst die Formulierung «keine bezahlte privatwirtschaftliche Tätigkeit» vorgeschlagen. Die Kommissionspräsidentin, Evi Schwarzenbach, führte dazu aus, dass dem Regierungsrat jede mit einem Erwerb verbundene Nebentätigkeit untersagt werden soll[2], wenn diese zu Interessenkollisionen führen könnte[3]. Der Regierungsrat stellte dazu einen Gegenantrag auf die Formulierung «keine andere bezahlte private Tätigkeit»[4], da er den Antrag der Kommission 3 als zu restriktiv ansah. Würde jede privatwirtschaftliche Tätigkeit verboten, könnte jede Teilnahme am wirtschaftlichen Leben, wie z.B. der Aktienbesitz, verboten werden, was die Kommission 3 gerade nicht wollte[5]. Aus diesem Grund stimmte der Verfassungsrat dem regierungsrätlichen Formulierungsvorschlag «keine andere bezahlte private Tätigkeit» zu.

4   Die Redaktionskommission schlug in der 1. Gesamtlesung in Winterthur schliesslich die nunmehr geltende Fassung vor. Sie begründete ihren Antrag damit, dass die Formulierung «andere bezahlte private Tätigkeit» bezahlte öffentliche Tätigkeiten ausnehme, was dem Sinn und Zweck der Bestimmung, nämlich Interessenkollisionen zu vermeiden, gerade zuwiderlaufen könnte[6]. Deshalb wurde das Wort «privat» gestrichen.

5   Abs. 2 von Art. 63 wurde in den verfassungsrätlichen Beratungen auf Vorschlag der Redaktionskommission dahingehend geändert, dass die Vertretung des Kantons in Organisationen des öffentlichen und privaten Rechts vom Kantonsrat bewilligt werden muss[7]. Der Textvorschlag der Kommission 3 sprach noch etwas umständlicher von einem Vorbehalt der Zustimmung des Kantonsrates[8].

---

[1] HALLER, Art. 42 N. 1 ff.
[2] Prot. Plenum, S. 827.
[3] Prot. Plenum, S. 828.
[4] Prot. Plenum, S. 827, wobei der Regierungsrat noch einen Eventualantrag gestellt hatte, dass «jede privatwirtschaftliche Tätigkeit untersagt werde».
[5] Prot. Plenum, S. 829.
[6] Prot. Plenum, S. 2204.
[7] Prot. Plenum, S. 2204; vgl. zur Rechtsstellung des Regierungsrates auch Art. 61 N. 5.
[8] Prot. Plenum, S. 827.

Damit erhielt Art. 63 Abs. 2 eine ähnliche Formulierung, wie sie bereits in Art. 39 Abs. 1 aKV enthalten war.

1.2. Keine andere bezahlte Tätigkeit (Abs. 1)

Was unter einer anderen bezahlten Tätigkeit, die den Regierungsratsmitgliedern 6
untersagt ist, zu verstehen ist, muss im Hinblick auf den *Sinn und Zweck* dieser Bestimmung ausgelegt werden. Dabei ist es kaum möglich, abstrakt Kriterien zu finden, welche Tätigkeiten zulässig sein sollen und welche nicht mehr zulässig sind. Dennoch ergeben sich gerade auch aus der Entstehungsgeschichte Anhaltspunkte, wo die Grenze zwischen zulässigen und unzulässigen Tätigkeiten zu ziehen ist.

Indem der Verfassungsrat die sehr weit gehende Formulierung der «bezahlten 7
privatwirtschaftlichen Erwerbstätigkeit» fallen liess und durch die Wendung der «anderen bezahlten Tätigkeit» ersetzte, hat er klargestellt, dass er nicht jede Teilnahme an der Privatwirtschaft ausschliessen will. Namentlich muss die private Vermögensverwaltung ebenso möglich bleiben wie eine blosse finanzielle Beteiligung an einem Unternehmen, ohne dass massgeblicher Einfluss auf den Verwaltungsrat und die Geschäftsführung genommen wird[9].

Es geht einerseits darum, sicherzustellen, dass die Regierungsratsmitglieder ihre 8
Arbeitskraft und ihre *Arbeitszeit* vollumfänglich dem Regierungsratsamt zur Verfügung stellen[10]. Insoweit konkretisiert Art. 63 Abs. 1 die Bestimmung von Art. 61 Abs. 1, wonach das Regierungsratsamt ein Vollamt ist[11]. Regierungsrat Markus Notter führte in der Ratsdebatte treffend aus, dass der Regierungsrat keine Erwerbstätigkeit, sondern ein Amt ausübt, das eine andere Erwerbstätigkeit untersagt[12]. Dies stellte bereits die alte Kantonsverfassung in den Vordergrund, wenn sie festhielt, dass das Amt des Regierungsrates «unvereinbar mit irgendeiner anderen fest besoldeten Stelle» sei[13].

Andererseits sollen ebenso Kollisionen zwischen persönlichen Interessen und 9
Kantonsinteressen vermieden werden[14]. Dies wurde bereits anlässlich der Beratung der Verfassung von 1869 betont[15] und im Verfassungsrat im Jahr 2002 wiederum aufgebracht[16].

---

[9] Prot. Plenum, S. 829; vgl. auch EICHENBERGER, Kommentar BV, Art. 97 aBV Rz. 12.
[10] SCHMID, S. 198; EICHENBERGER, Kommentar BV, Art. 97 aBV Rz. 6.
[11] Vgl. zum Kanton Schaffhausen auch DUBACH, Art. 61, S. 191; vgl. zudem auch Art. 41 KV GR; § 72 KV BL.
[12] Prot. Plenum, S. 829.
[13] Art. 39 Abs. 1 aKV.
[14] EICHENBERGER, Kommentar BV, Art. 97 aBV Rz. 7.
[15] SCHMID, S. 197.
[16] Prot. Plenum, S. 828.

10 Hinzu kommt, dass auch die umgekehrte Einflussnahme, diejenige von privaten Unternehmen auf die Regierungsratstätigkeit, verhindert werden soll[17]. Mithin betont diese Bestimmung ebenso die Neutralitätspflicht des Regierungsrates und sichert damit auch die Einhaltung des Rechtsgleichheitsgebotes und der *Wettbewerbsneutralität*[18].

11 Da nur bezahlte Tätigkeiten ausgeschlossen werden, bleiben Tätigkeiten in Institutionen wie Vereinen und Stiftungen in der Freizeit und als Hobby zulässig, solange hierfür keine Entschädigung ausgerichtet wird[19]. Solche Tätigkeiten betreffen oft auch die Ausübung von Freiheitsrechten, wie dies z.B. bei der Zugehörigkeit zu einer Kirche der Fall ist[20]. Allerdings können sich auch bei solchen Tätigkeiten Interessenkollisionen ergeben und kann die Neutralitätspflicht und das Rechtsgleichheitsgebot in Frage gestellt werden. Ebenso kann die vollamtliche Tätigkeit für den Regierungsrat unter Umständen beeinträchtigt werden[21]. In dieser «Grauzone» ist es dem einzelnen Regierungsratsmitglied aufgetragen, zu entscheiden, ob mit einer solchen Tätigkeit ein Konflikt mit den Interessen des Kantons entstehen könnte und ob seine persönlichen Interessen an der Ausübung dieser Tätigkeit nicht zurückzutreten haben. Seine politische Verantwortlichkeit wird das betreffende Regierungsratsmitglied jedenfalls wahrzunehmen haben, falls es die diesbezügliche Grenze nicht zu ziehen weiss. Zudem sind die Mitglieder des Regierungsrates ebenso an den Grundsatz von Treu und Glauben[22] gebunden. Wie die Präsidentin der Kommission 3, Evi Schwarzenbach, in der Ratsdebatte zu Recht festhielt, kann für den Regierungsrat jedoch keine dem Personalrecht entnommene Norm aufgestellt werden, welche dem Regierungsrat jede andere Tätigkeit untersagt, die den Interessen des Kantons zuwiderläuft, da in diesem Fall unklar wäre, wer die einer Tätigkeit entgegenstehenden Kantonsinteressen bestimmen dürfte[23]. Bei der von der Kommissionspräsidentin

---

[17] Vgl. zu diesen bereits im Verfassungsrat 1869 angeführten Argumenten SCHMID, S. 198.

[18] Art. 27 und Art. 94 BV; vgl. dazu BIAGGINI, § 49 Rz. 21; EICHENBERGER, Kommentar BV, Art. 97 aBV Rz. 8, nennt zudem die Gleichheit im Kollegium als weiteren Zweck der Bestimmung.

[19] Dies lässt sich auch aus den weiteren Materialien ableiten; die Kommission 3 wollte zunächst sämtliche Nebentätigkeiten verbieten, schwenkte in der Folge jedoch zunächst auf die Formulierung der Erwerbstätigkeit ein, Prot. K3 vom 7. Februar 2002, S. 436, und vom 1. Juli 2002, S. 711, um alsdann den Begriff der privatwirtschaftlichen Tätigkeit aufzunehmen, Prot. K3 vom 17. Juli 2002, S. 769. Vgl. dazu auch N. 3.

[20] Es stehen ebenso die Vereinsfreiheit, die persönliche Freiheit sowie unter Umständen die Wirtschaftsfreiheit in Frage; EICHENBERGER, Kommentar BV, Art. 97 aBV Rz. 12.

[21] Inwiefern ein Präsidium als Präsidentin des Schweizerischen Schiesssportverbandes mit dem Vollamt als Regierungsrätin noch vereinbar ist, kann zumindest kritisch hinterfragt werden. Vgl. <www.fst-ssv.ch> (8.1.2007), wo die derzeitige Regierungsrätin Rita Fuhrer als Präsidentin aufgeführt ist.

[22] Art. 2 Abs. 3 besagt, dass Private gegenüber dem Staat ebenso nach Treu und Glauben zu handeln haben; dies gilt umso mehr, wenn sich die private Person in einem besonderen Rechtsverhältnis im Sinne eines Sonderstatusverhältnisses zum Staat befindet.

[23] Prot. Plenum, S. 828.

erwähnten Bestimmung handelt es sich um einen Ausfluss der Treuepflicht des Arbeitnehmers bzw. der Arbeitnehmerin[24].

Art. 63 Abs. 1 entspricht der Regelung, wie sie auch für den Bundesrat gilt, wobei in der massgeblichen Bestimmung von Art. 60 RVOG ebenso die Bekleidung eines Amtes ausgenommen wird. Art. 60 RVOG ist die Nachfolgeregelung der früheren Bestimmung von Art. 97 aBV und hält – entsprechend der damaligen Auslegung von Art. 97 aBV – fest, dass die Mitglieder des Bundesrates keinen anderen Beruf oder kein anderes Gewerbe ausüben dürfen. Namentlich dürfen sie bei Organisationen, die einer wirtschaftlichen Tätigkeit nachgehen, nicht die Stellung von Direktoren und Direktorinnen oder Geschäftsführern und Geschäftsführerinnen oder von Mitgliedern der Verwaltung, der Aufsichtsstelle oder Kontrollstelle einnehmen. Zulässig ist jedoch die eigene Vermögensverwaltung, sofern diese keine fortlaufende Tätigkeit erfordert. Ebenso wurde bislang die finanzielle Beteiligung an einem Unternehmen zugelassen, sofern keine Einflussnahme auf die Geschäftsführung besteht[25].

1.3. Durch den Kantonsrat bewilligte Ausnahmen (Abs. 2)

Die Bestimmung von Art. 63 Abs. 2 entspricht, was die Vertretung in privatrechtlichen Gesellschaften betrifft, der bisherigen Praxis zu Art. 39 Abs. 1 aKV. Bereits seit dem Jahr 1952 wurde Art. 39 Abs. 1 aKV dahingehend ausgelegt, dass auch die Vertretung eines Regierungsrates in Aktiengesellschaften, bei welchen der Kanton mehrheitlich beteiligt ist, der Zustimmung des Kantonsrates bedarf[26].

Art. 63 Abs. 2 spricht allerdings ebenso von Organisationen des öffentlichen Rechts. Davon erfasst sind somit auch öffentlich-rechtliche Anstalten, Stiftungen und Körperschaften. Gegenüber der bisherigen Bestimmung wird die Bewilligungspflicht insoweit erweitert.

Da die Gründung von öffentlich-rechtlichen Anstalten, Stiftungen und Körperschaften auf kantonaler Ebene ohnehin in einem Gesetz im formellen Sinn beschlossen werden muss, dürfte es kaum Schwierigkeiten bereiten, die Vertretung des Kantons durch einen Regierungsrat bzw. eine Regierungsrätin im Gesetz selbst vorzusehen[27]. Dasselbe gilt bei privatrechtlichen juristischen Personen, welche eine öffentliche Aufgabe des Kantons erfüllen. Auch dort muss

---

[24] Vgl. § 53 Abs. 1 PG.
[25] EICHENBERGER, Kommentar BV, Art. 97 aBV Rz. 12.
[26] Zu dieser Entwicklung, SCHMID, S. 254.
[27] Vgl. dazu § 10 Abs. 2 des Gesetzes über die Elektrizitätswerke des Kantons Zürich vom 19. Juni 1983 (EKZ-Gesetz; LS 732.1). Keine Vertretung hat der Regierungsrat indessen in den Organen der ZKB; vgl. Gesetz über die Zürcher Kantonalbank vom 28. September 1997 (Kantonalbankgesetz, ZKBG; LS 951.1).

die Übertragung der Aufgaben wie auch die Organisation der Gesellschaft im Gesetz im formellen Sinn festgehalten werden[28]. Ein Beispiel einer privatrechtlichen Organisation bildet die Flughafen Zürich AG[29].

16 Auch wenn es nur in sehr seltenen Fällen vorkommt, dass der Regierungsrat Einsitz in den Verwaltungsrat einer privatrechtlichen Organisation nimmt, ohne dass diese gleichzeitig eine öffentliche Aufgabe erfüllt, sind Beispiele zu finden. So ist etwa ein Mitglied des Regierungsrates in den Verwaltungsräten der grossen Zürcher Kulturinstitute des Opernhauses und des Schauspielhauses vertreten, weil diese Institute vom Kanton erhebliche finanzielle Beiträge erhalten[30].

17 Die Einsitznahme in die Gremien einer verselbständigten Verwaltungseinheit wirft stets auch Fragen der Interessenkollisionen auf. Während die ältere Rechtsprechung bei der Wahrnehmung der Doppelrollen von Regierungsratsmitgliedern in Verwaltungsräten von öffentlich-rechtlichen Anstalten keinen Grund für einen Ausstand sah[31], sind heute Bestrebungen vorhanden, die Rolle zwischen Aufsichtsorganen und der Funktion des Staates als Eigner einer Unternehmung zu trennen. Eine Rollenvermischung erweist sich noch als problematischer, wenn der Staat gleichzeitig Regulator zur Sicherung des Wettbewerbs sein muss[32]. Demgemäss sieht auch Art. 99 vor, dass Organisationen, die im Rahmen eines Leistungsauftrages eine öffentliche Aufgabe erfüllen, ein von der operativen Führung unabhängiges Aufsichtsorgan haben müssen.

18 Die Entschädigungen, die den Mitgliedern des Regierungsrates in ihrer Eigenschaft als Vertreter des Kantons in Verwaltungsräten wirtschaftlicher Unternehmungen zukommen, fallen in die Staatskasse[33].

---

[28] Art. 98 Abs. 1 und Abs. 3.
[29] Gesetz über den Flughafen Zürich vom 12. Juli 1999 (Flughafengesetz; LS 748.1).
[30] Vgl. Art. 12 Abs. 1 Statuten des Opernhauses; www.schauspielhaus.ch/www/138.asp > (10.01.2007); die Beiträge für das Opernhaus sind spezifisch im Gesetz über die Unterstützung des Opernhauses Zürich durch den Kanton vom 25. September 1994 (Opernhausgesetz; LS 440.2) geregelt. Im Übrigen stützten sich die Kantonsbeiträge an Kulturinstitute auf das Gesetz über die Förderung des kulturellen Lebens vom 1. Februar 1970 (Kulturförderungsgesetz; KFG; LS 440.1).
[31] Vgl. BGE 107 Ia 135 ff., 137. Dort ging es darum, dass das Regierungsratsmitglied im EKZ-Verwaltungsrat einem Vertrag zugestimmt hatte, welchen der Regierungsrat in der Folge im Rekursverfahren beurteilen musste; das Bundesgericht sah keinen Grund für einen Ausstand. Vgl. dazu auch SCHINDLER, S. 171 ff.
[32] Auf Bundesebene bestehen diesbezüglich neuerdings Grundsätze; dazu Bericht des Bundesrates zur Auslagerung und Steuerung von Bundesaufgaben (Corporate-Governance-Bericht, BBl 2006, S. 8233 ff.); vgl. zudem bereits § 14 ZKBG.
[33] Art. II KRB.

2. Zugehörigkeit zur Bundesversammlung (Abs. 3)

2.1. Entstehungsgeschichte

Diese Bestimmung war bereits in Art. 39 Abs. 2 aKV enthalten[34]. Sie wurde lediglich redaktionell angepasst. Dennoch nutzte namentlich die SVP-Fraktion die Gelegenheit der Totalrevision der Kantonsverfassung, eine strengere Formulierung zu beantragen. Sie forderte, dass die Mitglieder des Regierungsrates der Bundesversammlung nicht angehören dürfen. Dabei unterlag sie im Plenum des Verfassungsrates zunächst nur mit einer Stimme Unterschied[35]. Sie wiederholte den Antrag in der 2. Gesamtlesung[36], wobei der Verfassungsrat den Antrag dieses Mal deutlich ablehnte[37]. Damit überwog das Argument, dem Kanton Zürich im Bundesparlament eine starke Vertretung zu sichern[38].

19

2.2. Sinn und Zweck einer Begrenzung der Vertretung in der Bundesversammlung

Die Bestimmung von Abs. 3 ist ebenfalls als Unvereinbarkeitsbestimmung zu qualifizieren. Mit der Begrenzung der Vertretung des Regierungsrates bezweckte der Verfassungsrat wiederum, dass die Regierungsratsmitglieder ihre Arbeitskraft möglichst dem regierungsrätlichen Amt zur Verfügung stellen und sich darauf konzentrieren. Die Mitglieder des Regierungsrates sollen somit mehrheitlich vollamtlich als Mitglieder des Kollegiums und Vorsteher bzw. Vorsteherinnen ihrer Direktion walten[39]. Indem der Verfassungsrat jedoch die Geltung dieser Unvereinbarkeitsbestimmung beschränkte, wollte er gleichzeitig sicherstellen, dass die Vertretung des Kantons Zürich im Bund nicht bloss über die Direktorenkonferenzen funktioniert, sondern ebenso unmittelbar im Bundesparlament zum Tragen kommt[40].

20

Die Entschädigung aus diesem Mandat fällt dem betreffenden Regierungsrat bzw. der betreffenden Regierungsrätin zu. Dies lässt sich damit rechtfertigen, dass es sich beim Parlamentsmandat nicht um ein gebundenes Mandat handelt, sondern auch das Mitglied des Regierungsrates das Volk vertritt[41].

21

---

[34] Vgl. dazu SCHMID, S. 251.
[35] Prot. Plenum, S. 835: Das Stimmverhältnis ergab 39 Stimmen für den Kommissionsantrag und 38 Stimmen für den Antrag der SVP-Fraktion.
[36] Prot. Plenum, S. 3025.
[37] Prot. Plenum, S. 3030.
[38] Prot. Plenum, S. 832 (Votum Mario Fehr).
[39] EICHENBERGER, § 88 N. 4.
[40] Vgl. zur Diskussion im Verfassungsrat, Anm. 36–39.
[41] SCHMID, S. 254.

Art. 64

Die Mitglieder des Regierungsrates haben in den Verhandlungen des Kantonsrates und seiner Kommissionen beratende Stimme und Antragsrecht.

Stellung gegenüber dem Kantonsrat

Materialien

Art. 70 VE; Prot. Plenum, S. 791 f., 2204.

Literatur

EICHENBERGER, § 85; SCHMID STEFAN G., Die Zürcher Kantonsregierung seit 1803, Diss., Zürich 2003.

Rechtsquellen

– Gesetz über die Organisation und Geschäftsordnung des Kantonsrates vom 5. April 1981 (Kantonsratsgesetz, KRG; LS 171.1)
– Geschäftsreglement des Kantonsrates vom 15. März 1999 (GR KR; LS 171.11)

Die Bestimmung steht in engem Zusammenhang mit der Stellung des Regierungsrates gegenüber dem Kantonsrat. Diese Bestimmung bringt das Prinzip der Kooperation zum Ausdruck[1]. Das Recht auf Teilnahme an den Sitzungen und das Antragsrecht knüpfen an die bisherige Regelung von Art. 33 aKV an. 1

Dass es um das Zusammenwirken von Kantonsrat und Regierungsrat geht, zeigt sich nicht nur in der Marginalie, sondern wird auch dadurch ersichtlich, dass Art. 64 zunächst bei Art. 59 Abs. 2 angesiedelt war, wo die Kompetenzen des Kantonsrates gegenüber dem Regierungsrat festgelegt werden[2]. Da Art. 64 die Kompetenzen des Regierungsrates gegenüber dem Kantonsrat betrifft, drängte sich jedoch die Einordnung dieser Bestimmung im Kapitel über den Regierungsrat auf. 2

Das Recht, mit *beratender Stimme* an den Verhandlungen des Kantonsrates und der Kommissionen teilzunehmen, bedeutet, dass der Regierungsrat nicht bloss berechtigt ist, den Sitzungen des Plenums und der Kommissionen beizuwohnen, sondern ebenso dazu, zu einem Beratungsgegenstand das Wort zu ergreifen und Anträge zu stellen[3]. 3

Der Begriff des *Antragsrechts* ist weit zu verstehen. Einerseits bedeutet er, dass dem Regierungsrat das Recht zukommt, neue Gegenstände aufzugreifen und dem Kantonsrat vorzulegen, welche im Kantonsrat noch nicht anhängig gemacht worden sind. Der Regierungsrat ist somit befugt, 4

---

[1] HAUSER, Art. 50 N. 11 ff.; Art. 60 N. 3; SCHMID, S. 268 f.
[2] Prot. Plenum, S. 791 f.
[3] § 13 Abs. 1 und Abs. 4, § 22 Abs. 3 GR KR; SCHMID, S. 269.

im Kantonsrat die Initiative zu ergreifen[4]. Diese Auslegung von Art. 64 ergibt sich ebenso aus Art. 60 Abs. 1, wonach der Regierungsrat die oberste leitende Behörde ist. Das Initiativrecht im Sinne der initiierenden Setzung eines Anfangs[5] bildet eines der Elemente der Staatsleitungsfunktion[6].

5   In einem engeren Sinn bedeutet das Antragsrecht andererseits, dass der Regierungsrat auch berechtigt ist, zu einem Gegenstand, der bereits in Beratung des Kantonsrates oder seiner Kommissionen steht, Anträge zu stellen. Die Anträge können auf Änderung, Ergänzung, Verwerfung oder gewisse Verfahrensweisen lauten[7]. Gemäss § 6 KRG ist der Regierungsrat auch berechtigt, eine Sitzung des Kantonsrates einzuberufen.

6   Das Recht auf Teilnahme und Antragstellung besteht nur im Plenum des Kantonsrates sowie in den Kommissionen. In den anderen Organen des Kantonsrates, in der Geschäftsleitung oder in den Fraktionen z.B., kommt dem Regierungsrat dieses Recht nicht zu. Der Verfassungsrat hat die weite Fassung, dass der Regierungsrat in sämtlichen Organen des Kantonsrates[8] das Recht auf Sitzungsteilnahme und Antragstellung haben soll, in der ersten Gesamtlesung auf das Plenum und die Kommissionen beschränkt[9].

---

[4]   § 12 lit. b KRG.
[5]   EICHENBERGER, § 85 N. 1.
[6]   Dazu Art. 60 N. 6.
[7]   EICHENBERGER, § 85 N. 2; vgl. auch § 13 Abs. 4 GR KR.
[8]   Vgl. § 41 ff. KRG.
[9]   Prot. Plenum, S. 2204.

Art. 65

Der Regierungsrat fasst seine Beschlüsse als Kollegialbehörde.

Die Vorbereitung der Regierungsgeschäfte und der Vollzug der Beschlüsse werden auf Direktionen verteilt.

Jeder Direktion steht ein Mitglied des Regierungsrates vor.

Der Regierungsrat kann den Direktionen und den ihnen unterstellten Verwaltungseinheiten Geschäfte zur selbstständigen Erledigung übertragen.

Organisation

Materialien

Art. 71 VE; Prot. Plenum, S. 835 ff., 2203, 3030.

Vgl. ferner Antrag und Weisung des Regierungsrates an den Kantonsrat zum Gesetz über die Organisation des Regierungsrates und der kantonalen Verwaltung, ABl 2004, S. 41 ff. (Weisung zum OG RR).

Literatur

BIAGGINI GIOVANNI, St. Galler Kommentar, Art. 178; BUSER, § 19; EHRENZELLER BERNHARD, Kollegialität und politische Verantwortlichkeit im schweizerischen Konkordanzsystem, ZBl 100/1999, S. 145 ff. (Kollegialität); EHRENZELLER BERNHARD, St. Galler Kommentar, Art. 177; EICHENBERGER § 91, § 92; EICHENBERGER KURT, Kommentar BV, Art. 103 aBV; HUBER KARL, Kollegialprinzip und Referendumsdemokratie, in: Festschrift Hans Hürlimann, Olten/Freiburg im Breisgau 1978, S. 93 ff.; KOLLER HEINRICH, Regierung und Verwaltung, in: Verfassungsrecht der Schweiz, § 72; NUSPLIGER KURT, Regierung und Parlament, in: Kälin/Bolz, S. 149 ff. (Handbuch); NUSPLIGER KURT, Grundzüge der Behördenstruktur der Kantone, in: Verfassungsrecht der Schweiz, § 69 (Grundzüge); RHINOW, § 25; SALADIN PETER, Probleme des Kollegialitätsprinzips, ZSR 104/1985 I, S. 271 ff.; SCHMID STEFAN G., Die Zürcher Kantonsregierung seit 1803, Diss., Zürich 2003; TSCHANNEN, § 36; ÜBERWASSER HEINRICH, Das Kollegialprinzip. Seine Grundsätze und Konkretisierungen im Bereiche von Regierung und Verwaltung unter besonderer Berücksichtigung des schweizerischen Bundesrates, Diss., Basel/Frankfurt a.M. 1988.

Rechtsquellen

– Gesetz über die Organisation des Regierungsrates und der kantonalen Verwaltung vom 6. Juni 2005 (OG RR; LS. 172.1)
– Gesetz über den Rechtsschutz in Verwaltungssachen vom 24. Mai 1959 (Verwaltungsrechtspflegegesetz, VRG; LS 175.2)
– Verordnung über die Delegation von Entscheidungsbefugnissen vom 9. Dezember 1998 (Delegationsverordnung; LS 172.14)
– Gesetz über Controlling und Rechnungslegung vom 9. Januar 2006 (CRG; LS 611; OS 62, S. 354 ff.; teilweise in Kraft seit 1. Oktober 2007)

Übersicht

	Note
1. Das Kollegialprinzip und das Direktorialsystem (Abs. 1–3)	1
1.1. Kollegialprinzip	1

1.2. Direktorialprinzip	9
2. Übertragung von Geschäften zur selbständigen Erledigung (Abs. 4)	14

1. Das Kollegialprinzip und das Direktorialsystem (Abs. 1–3)

1.1. Kollegialprinzip

1 Bereits die alte Verfassung sah das Kollegialprinzip[1] in Art. 47 aKV vor, das durch das Direktorialsystem ergänzt wurde. Daran hat der Verfassungsrat nichts geändert. Die Bestimmung blieb im Verfassungsrat denn auch vollkommen unbestritten[2]. Einzig aufgrund der Vernehmlassung wurde erwogen, ob der kantonalen Verwaltung und insbesondere der Staatskanzlei eine eigene Bestimmung, ähnlich wie Art. 178 und 179 BV, zu widmen sei. Die Kommission 3 sah jedoch von einem entsprechenden Antrag ab[3].

2 Dem Kollegialprinzip liegt die normative Idee der Machthemmung, der Sicherung von Stabilität und Kontinuität, der letztinstanzlichen Koordination, aber auch der Einbringung von breiter Erfahrung und der Berücksichtigung der politischen Verhältnisse zugrunde[4].

3 In *politischer Hinsicht* bildet das Kollegialprinzip demgemäss eine wichtige Grundlage dazu, den politischen Kompromiss der in die Regierungsverantwortung eingebundenen Kräfte zu fördern und zu erleichtern[5]. Insoweit wird das Kollegialprinzip zu Recht als «Wegbereiter» und «Garant» der Konkordanzdemokratie bezeichnet[6].

4 In *rechtlicher Hinsicht* beruht das Kollegialprinzip auf der vollständigen Gleichberechtigung der Regierungsratsmitglieder[7]. Dies drückt sich einmal darin aus, dass sämtliche Regierungsratsmitglieder für dieselbe Amtsdauer im gleichen Verfahren gewählt werden (Art. 62). Sodann haben die Regierungsratsmitglieder dieselbe rechtliche Stellung, was insbesondere bedeutet, dass der Präsident oder die Präsidentin bloss als Primus inter pares gilt und ihm grundsätzlich keine weiter gehenden Rechte zukommen als den übrigen Regierungsratsmitgliedern[8]. Weiter gehen alle Beschlüsse vom Kollegium aus. Das Kollegialprinzip wird in

---

[1] Zu diesem Begriff vgl. RHINOW, Rz. 2319.
[2] Prot. Plenum, S. 835, 2203.
[3] Prot. Plenum, S. 3030.
[4] EICHENBERGER, § 92 N. 6.
[5] EHRENZELLER, Kollegialität, S. 149 f.
[6] EHRENZELLER, Kollegialität, S. 150; NUSPLIGER, Grundzüge, § 69 Rz. 16; BUSER, S. 131 Rz. 348; SALADIN, S. 276; KOLLER, § 72 Rz. 30.
[7] Zum Folgenden SALADIN, S. 271 f.
[8] Dazu Art. 61 N. 8.

der Kantonsverfassung – wie auch in der Bundesverfassung (Art. 177 BV) – vorab als Beratungs- und Entscheidregel formuliert, indem die Kantonsverfassung festhält, dass der Regierungsrat seine *Beschlüsse* als Kollegialbehörde fasst[9].

Somit trägt das Kollegium die politische Gesamtverantwortung für seine Beschlüsse. Diese wird auch nicht durch das Direktorialsystem durchbrochen, da dem Kollegialprinzip der Vorrang zukommt[10]. Aufgrund dieser Verantwortung gilt die Intra-Organ-Kontrolle und kann der Regierungsrat zur Wahrung seiner Funktionsfähigkeit und Glaubwürdigkeit namentlich in die Führung der Direktion durch ein einzelnes Regierungsratsmitglied eingreifen. Das Kollegium ist befugt, die notwendigen Aufsichtsmassnahmen gegenüber einem einzelnen Regierungsratsmitglied zu ergreifen, indem z.B. einzelne Verantwortungsbereiche in die Hände eines anderen Regierungsratsmitgliedes verlegt werden[11].

Die vermögensrechtliche, strafrechtliche und disziplinarische Verantwortlichkeit trifft indessen jedes Mitglied des Regierungsrates einzeln[12].

Weiter folgt aus der Gesamtverantwortung des Kollegiums, dass die Regierungsratsmitglieder Entscheide des Kollegiums auch gegen aussen hin zu vertreten haben[13], selbst wenn ein Mitglied einem Entscheid nicht zugestimmt hat. Die öffentliche Distanzierung von einem Entscheid muss sich auf Fälle beschränken, die von hoher individueller oder sozialethischer Bedeutung sind[14]. Ebenso wird die wiederholte Blockbildung gegen eine Minderheit im Regierungsrat genannt, die es rechtfertigen kann, dass das betroffene Regierungsratsmitglied an die Öffentlichkeit gelangt[15]. Der Vorgang der Entscheidfindung wie auch die Beschlussfassung sind demgemäss grundsätzlich vertraulich zu behandeln[16].

Im Kollegialprinzip in seiner Idealform werden auch Schwächen geortet. Insbesondere wird darauf hingewiesen, dass eine Kollegialregierung zu Führungs- und Innovationsschwäche neigt, indem das Kollegium in Passivität verfällt und die Problemlösungen eher gehemmt als gefördert werden, namentlich wenn das Kollegium wenig harmoniert[17]. Umgekehrt besteht aber auch die Gefahr der zu grossen Vertrautheit unter den Regierungsratsmitgliedern, was dazu führt, dass das Kollegium seine Aufsichtsfunktion vernachlässigt und die Direktionsvor-

---

[9] Ebenso § 11 Abs. 1 OG RR; EHRENZELLER, St. Galler Kommentar, Art. 177 Rz. 3.
[10] § 2 Abs. 4 und § 11 Abs. 2 OG RR. Vgl. auch Art. 60 N. 7.
[11] EHRENZELLER, St. Galler Kommentar, Art. 177 Rz. 3; EICHENBERGER, Kommentar BV, Art. 103 aBV Rz. 3; ÜBERWASSER, S. 70 ff.
[12] SALADIN, S. 281 f. Für die gerichtliche Geltendmachung der Verantwortlichkeiten ist die Immunität aufzuheben; Art. 44 Abs. 3 KV. Bezüglich der disziplinarischen Verantwortlichkeit gilt das Gesetz betreffend die Ordnungsstrafen vom 30. Oktober 1866 (LS 312); dazu SCHMID, S. 260.
[13] § 11 Abs. 1 OG RR.
[14] NUSPLIGER, Handbuch, S. 171; SALADIN, S. 284 f.; vgl. auch ÜBERWASSER, S. 69.
[15] TSCHANNEN, § 36 Rz. 10.
[16] Vgl. Weisung zum OG RR, S. 67.
[17] EHRENZELLER, Kollegialität, S. 151; RHINOW, Rz. 2321.

steher gewähren lässt[18]. Diese Schwächen lassen sich durchaus bis zu einem gewissen Grad begrenzen. Zur Erhöhung der Problemlösungskapazität tragen zweifellos die Richtlinien der Regierungspolitik bei (Art. 66)[19]. Die Innovationsschwäche sodann lässt sich durch eine Verbesserung der Informationsbeschaffung und Koordination verbessern[20].

1.2. Direktorialprinzip

9   Das Direktorialprinzip gemäss Art. 65 Abs. 2 und 3 steht in einem Spannungsverhältnis zum Kollegialprinzip. Während das Kollegialprinzip ein horizontales Führungsprinzip darstellt, bildet das Direktorialprinzip ein monokratisches Führungsprinzip, indem – wie dies auch in Art. 65 Abs. 3 zum Ausdruck kommt – jedes Regierungsratsmitglied einer Direktion vorsteht, welche ihrerseits wiederum hierarchisch gegliedert ist[21].

10 Das Spannungsverhältnis wird insbesondere dann offenbar, wenn sich die Vorsteher bzw. Vorsteherinnen der Direktionen weit mehr ihrer Direktion als dem Kollegium verpflichtet fühlen und sich auch in der Öffentlichkeit und in den Medien als solche in den Vordergrund drängen. Mit der zunehmenden Personalisierung der Politik wird diese Tendenz verstärkt[22]. Wenn die Kantonsverfassung nur die Vorbereitung der Regierungsgeschäfte sowie den Vollzug der Beschlüsse den Direktionen zuteilt, wird der Vorrang des Kollegialprinzips vor dem Direktorialprinzip jedoch bereits auf Verfassungsstufe betont (Art. 65 Abs. 2)[23].

11 Art. 65 Abs. 2 setzt im Ablauf des regierungsrätlichen Entscheidungsprozesses Prioritäten, in welcher Phase welches Prinzip gilt und welche Rolle die Direktionen zu übernehmen haben[24]. Zunächst weist die Kantonsverfassung den Direktionen die Vorbereitung der regierungsrätlichen Entscheide zu. Dies entspricht der Realität und ist in § 14 Abs. 1 OG RR auch so festgehalten. Der Regierungsrat fällt seine Entscheide regelmässig auf Antrag einer Direktion. Nur bei Geschäften von wesentlicher Bedeutung kann der Regierungsrat der vorbereitenden Stelle die inhaltlichen Ziele und den Rahmen vorgeben (§ 14 Abs. 2 OG RR). Dabei ist indessen zu berücksichtigen, dass unter Umständen der Einbezug der anderen Direktionen aus Gründen der Koordination notwendig

---

[18] EICHENBERGER, Kommentar BV, Art. 103 aBV Rz. 17; ÜBERWASSER, S. 78.
[19] Zudem § 34 OG RR.
[20] Bereits HUBER, S. 104. Vgl. auch § 32 OG RR; die dort genannten Steuerungsgrundsätze und die Pflicht zur Koordination dürften die Führungsfähigkeit des Regierungsratskollegiums stärken.
[21] EHRENZELLER, St. Galler Kommentar, Art. 177 Rz. 7.
[22] EICHENBERGER, § 92 N. 4; RHINOW, Rz. 2321. Das Phänomen ist dennoch nicht so neu und war bereits im Verfassungsrat 1869 ein Thema; dazu SCHMID, S. 191.
[23] Zu den gesetzlichen Regelungen, vgl. Anm. 10.
[24] Art. 65 Abs. 2 stimmt im Wesentlichen mit Art. 177 Abs. 2 BV überein. Vgl. EHRENZELLER, St. Galler Kommentar, Art. 177 Rz. 7 f.

sein kann. Auch wird zu Recht betont, dass der Direktionsvorsteher oder die Direktionsvorsteherin bei der Vorbereitung der Geschäfte stets auch die kollegiale Verantwortung im Auge behalten muss[25].

Die Direktionen sind sodann gehalten, die Beschlüsse des Regierungsrates zu vollziehen. Diese Vollzugsaufgabe ist in einem weiteren Sinn zu verstehen und bedeutet, dass die Beschlüsse des Regierungsrates politisch umgesetzt werden müssen. Diese Vollzugsaufgabe unterscheidet sich deshalb deutlich von der Aufgabe, wie sie in Art. 67 Abs. 2 umschrieben ist, wonach der Regierungsrat über den Vollzug von Gesetzen Verordnungen erlassen kann. Die Vorsteherin bzw. der Vorsteher der zuständigen Direktion nimmt in diesem Fall vielmehr in erster Linie eine politische Leitungsaufgabe wahr[26]. Es ist dabei selbstverständlich, dass die Direktionsvorsteherin oder der Direktionsvorsteher auch beim Vollzug der Regierungsratsbeschlüsse dem Kollegialprinzip verpflichtet ist und den Regierungsratsbeschluss auch gegen innen zu vertreten hat.

12

Die Zuteilung der Aufgaben und Zuständigkeitsbereiche auf die Direktionen erfolgt gemäss § 38 OG RR durch den Regierungsrat. § 38 OG RR selbst zählt die Kriterien der Organisation auf. Damit dürften die Anforderungen an die gesetzliche Grundlage gemäss Art. 38 Abs. 2 lit. c KV erfüllt sein[27]. § 38 Abs. 1 OG RR räumt dem Regierungsrat die Kompetenz ein, die Grundzüge der Organisation der Direktionen weiter zu regeln. Der Regierungsrat wird somit die wesentlichen Bestimmungen über die Organisation selbst zu regeln haben, wie dies für die Schaffung von bedeutsamen Verwaltungseinheiten zutrifft[28]. Ebenso kommt es dem Regierungsrat zu, die Direktionen seinen Mitgliedern zuzuteilen (§ 39 OG RR). Im Übrigen ist es Aufgabe des Direktionsvorstehers oder der Direktionsvorsteherin, den Aufbau der Verwaltungseinheiten und die Geschäftsabläufe festzulegen[29]. Insoweit, wie auch im Recht auf Selbsteintritt gemäss § 40 Abs. 2 OG RR, kommt das Direktorialprinzip vollumfänglich zum Tragen. Dennoch sind auch diesbezüglich Einschränkungen zugunsten der Entscheidzuständigkeit des Regierungsrates zu berücksichtigen, wie sogleich zu zeigen ist, und wird auch insofern dem Kollegialprinzip der Vorrang eingeräumt (N. 16). Zudem ergibt sich auch aus Art. 70 Abs. 1, dass der Regierungsrat an der Spitze der Verwaltungshierarchie steht[30].

13

---

[25] EHRENZELLER, St. Galler Kommentar, Art. 177 Rz. 10.
[26] EHRENZELLER, St. Galler Kommentar, Art. 177 Rz. 16.
[27] Vgl. HAUSER, Art. 38 N. 28; Weisung zum OG RR, S. 80.
[28] Dies ergibt sich auch aus Art. 70 Abs. 1.
[29] Dabei ist insbesondere der Grundsatz der Übereinstimmung von Aufgabe, Zuständigkeit und Verantwortung zu berücksichtigen; vgl. Weisung zum OG RR, S. 80.
[30] Dazu Art. 70 N. 2.

2. Übertragung von Geschäften zur selbständigen Erledigung (Abs. 4)

14 Auch Art. 65 Abs. 4 findet eine Entsprechung in Art. 177 Abs. 3 BV[31]. Es gilt heute als Selbstverständlichkeit, dass nicht sämtliche Beschlüsse der Exekutive vom Gesamtregierungsrat gefällt werden können. Vielmehr ist anerkannt, dass eine stufengerechte Verteilung der Amtsgeschäfte zu suchen ist. Grundsätzlich kann der Regierungsrat die Zuständigkeit zur Erledigung von Geschäften an die Direktionen oder an untergeordnete Amtsstellen übertragen[32].

15 Dabei ist jedoch zu beachten, dass nicht alle Aufgaben delegierbar sind. Die eigentlichen Regierungsaufgaben namentlich gemäss Art. 60 müssen vom Regierungsrat als Kollegium wahrgenommen werden[33].

16 Die Kompetenz zur Delegation von Geschäften auch an untergeordnete Amtsstellen steht ebenso nach § 38 Abs. 4 OG RR primär dem Regierungsrat zu. Nur soweit der Regierungsrat selbst keine Regelungen getroffen hat, können die Direktionen ihre Organisation und insbesondere die Zuständigkeiten innerhalb der Direktionen noch selbst regeln. Dies wird in der Delegationsverordnung ausdrücklich festgehalten[34].

17 Art. 65 Abs. 4 bildet keine Grundlage für die Zulässigkeit der Subdelegation, verstanden als Delegation der Rechtssetzungskompetenz an eine Stelle unterhalb des Regierungsrates, namentlich an eine Direktion oder sogar an ein Amt[35]. Die Subdelegation ist im Kanton Zürich grundsätzlich ausgeschlossen; die Ermächtigung zum Erlass von Verordnungen erfolgt durch den Verfassungs- oder Gesetzgeber. Es liegt an diesem, gegebenenfalls eine Direktion für den Erlass einer Verordnung als zuständig zu erklären[36].

---

[31] Allerdings braucht sich die Kantonsverfassung nicht über den Rechtsschutz auszusprechen. Im Gegensatz zu den Entscheiden des Bundesrates (Art. 33 lit. a und b e contrario des Bundesgesetzes über das Bundesverwaltungsgericht vom 17. Juni 2005 [Verwaltungsgerichtsgesetz, VGG; SR 173.32] und Art. 86 e contrario des Bundesgerichtsgesetzes vom 17. Juni 2005 [BGG; SR 173.110]) sind Entscheide des Regierungsrates ohne weiteres gerichtlich anfechtbar; vgl. § 41 VRG. Dennoch wird mit der Delegationsverordnung ebenso der Instanzenzug festgelegt. Die Delegationsverordnung kann sich neu auf § 38 Abs. 4 OG RR abstützen, wird aber in die Ausführungsverordnung zum OG RR überführt (vgl. Anm. 34). Entscheidet ein Amt erstinstanzlich in eigenem Namen, ist der Weiterzug an die Direktion möglich; entscheidet hingegen erstinstanzlich die Direktion, erfolgt der Weiterzug an den Regierungsrat; dazu Weisung zum OG RR, S. 80.

[32] Vgl. auch § 58 Abs. 2 CRG.

[33] Vgl. auch BIAGGINI, St. Galler Kommentar, Art. 178 Rz. 5.

[34] § 5 Delegationsverordnung; die Delegationsverordnung wird in die Ausführungsverordnung zum OG RR überführt, vgl. auch RRB 1870 vom 27. September 2006 über die Umsetzung der neuen Kantonsverfassung, S. 2.

[35] Vgl. demgegenüber EHRENZELLER, St. Galler Kommentar, Art. 177 Rz. 28.

[36] HAUSER, Art. 38 N. 43. Noch enger ist die Verfassung des Kantons Aargau, wo eine Delegation an untergeordnete Verwaltungseinheiten auch durch den Gesetzgeber ausgeschlossen ist; § 91 Abs. 5 KV AG; dazu EICHENBERGER, § 91 N. 19.

Art. 66

Planung

Der Regierungsrat bestimmt auf Grund einer langfristigen Betrachtung die Ziele und die Mittel seiner Regierungspolitik.

Er bringt diese zu Beginn jeder Amtsperiode dem Kantonsrat zur Kenntnis.

Materialien

Art. 72 VE; Prot. Plenum, S. 836 ff., 3031.

Vgl. ferner Antrag und Weisung des Regierungsrates an den Kantonsrat zum Gesetz über die Organisation des Regierungsrates und der kantonalen Verwaltung, ABl 2004, S. 41 ff. (Weisung zum OG RR).

Literatur

EHRENZELLER BERNHARD, St. Galler Kommentar, Art. 180; EICHENBERGER, § 89.

Rechtsquellen

– Gesetz über die Organisation des Regierungsrates und der kantonalen Verwaltung vom 6. Juni 2005 (OG RR; LS 172.1)
– Gesetz über Controlling und Rechnungslegung vom 9. Januar 2006 (CRG; LS 611; OS 62, S. 354 ff.; teilweise in Kraft seit 1. Oktober 2007)

Übersicht	Note
1. Entstehungsgeschichte	1
2. Ziele und Mittel der Regierungspolitik (Abs. 1)	5
3. Kenntnisnahme der Planung durch den Kantonsrat (Abs. 2)	13

1. Entstehungsgeschichte

Die Bestimmung wurde im Verfassungsrat mehrmals umformuliert, wobei die Kommission 3 dem Plenum bereits in der Vorberatung einen Vorschlag unterbreitete, wonach von einer «langfristigen Betrachtung» gesprochen werden sollte und nicht von einer «langfristigen Planung». Damit sollte eine genügend offene Formulierung erreicht werden, um dem vom Regierungsrat lange vorbereiteten Steuerungsinstrument des Konsolidierten Entwicklungs- und Finanzplanes (KEF) eine Grundlage in der Verfassung zu geben[1]. Die mittelfristige Planung, die sich auf vier Jahre erstreckt, wird im KEF dargestellt[2]. Eine Minderheit der Kommission 3 stellte dem Plenum in der Vorberatung den Antrag, den Begriff der langfristigen Betrachtung durch den Begriff der langfristigen Planung zu

---

[1] Prot. K3 vom 25. Juni 2002, S. 671, und vom 1. Juli 2002, S. 714 ff.
[2] Vgl. zum Begriff des KEF eingehend HUBLER, Art. 124 N. 17 ff.; HAUSER, Art. 55 N. 4 ff.

ersetzen. Dieser Minderheitsantrag wurde damit begründet, dass zahlreiche Sachbereiche in der Bildungspolitik, der Sozialpolitik aber auch der Verkehrs- und Infrastrukturpolitik einer Planung von zehn bis zwanzig Jahren bedürfen. Dem stand die regierungsrätliche Auffassung gegenüber, dass es kaum Instrumente gebe, mittels derer sich eine verbindliche Langfristplanung von zehn oder mehr Jahren festlegen lasse. Demgegenüber bringe die Formulierung der Kommissionsmehrheit (mit dem Begriff der langfristigen Betrachtung) gut zum Ausdruck, dass in der mittelfristigen Planung ebenso die Langfristperspektiven aufzuzeigen seien[3].

2 Ein weiterer, von der SVP-Fraktion gestellter Antrag ging dahin, die Bestimmung überhaupt umzuformulieren und die Regierungsfunktion im engeren Sinn darin aufzunehmen[4]. Damit wäre jedoch die Langfristperspektive fallen gelassen worden.

3 Das Plenum lehnte sowohl den Minderheitsantrag der Kommission 3 wie auch den Antrag der SVP-Fraktion ab[5].

4 Dass der Regierungsrat die Ziele und Mittel seiner Regierungspolitik dem Kantonsrat zur Kenntnis bringen muss, wie dies in Art. 66 Abs. 2 festgehalten wird, hat der Verfassungsrat erst nach der Vernehmlassung in die Verfassung aufgenommen. Zum einen hat der Regierungsrat in seiner Vernehmlassung darauf hingewiesen, dass eine Übereinstimmung mit § 3 OG RR zu finden sei, wonach der Regierungsrat die Richtlinien der Regierungspolitik dem Kantonsrat zur Kenntnis bringt[6]. Die Pflicht, die Ziele und Mittel der Regierungspolitik zu bestimmen, ist damit als Daueraufgabe in Art. 66 Abs. 1 festgeschrieben, während der periodische Einbezug des Kantonsrates in Art. 66 Abs. 2 enthalten ist[7]. Der Verfassungsrat hat Art. 66 Abs. 2 in der zweiten Gesamtlesung diskussionslos genehmigt[8].

---

[3] Prot. Plenum, S. 838. Der Regierungsrat konnte im Plenum seine Ansicht nicht erläutern, da die Sitzung abgebrochen wurde; seine Auffassung hat er in seiner Stellungnahme zu den Anträgen an das Plenum dargelegt.
[4] Der Antrag lautete: «Der Regierungsrat plant, bestimmt und koordiniert die Staatstätigkeit unter Vorbehalt der Befugnisse der Stimmberechtigten und des Kantonsrates» (Prot. Plenum, S. 836).
[5] Prot. Plenum, S. 839 f.
[6] Prot. K3 vom 29. Januar 2004, S. 1122 f.; Vernehmlassung des Regierungsrates vom 19. November 2003 (RRB 1697/2003).
[7] Prot. K3 vom 15. April 2004, S. 1202.
[8] Prot. Plenum, S. 3031.

2. Ziele und Mittel der Regierungspolitik (Abs. 1)

Im Hinblick auf die Änderungen bezüglich der Steuerungsmittel im Kanton Zürich stellt sich im Einzelnen die Frage, wo Art. 66 Abs. 1 im gesamten Planungsprozess einzuordnen ist.

Grundlegend in Art. 66 Abs. 1 ist zunächst die Pflicht, die Ziele und Mittel der Regierungspolitik in eine langfristige Betrachtung einzubetten. Die langfristige Perspektive gebietet es, über den gemäss § 9 CRG festgelegten vierjährigen Planungshorizont hinaus die Auswirkungen der gesetzten Ziele und dafür eingesetzten Mittel zu bedenken. Die Pflicht zur langfristigen Perspektive ist ebenso in Art. 124 Abs. 1 festgehalten[9]. Zudem ist sie auch dem Nachhaltigkeitsprinzip (Art. 6) inhärent, unter dessen Perspektive insbesondere die Gesetzgebungsentwürfe zu beleuchten sind (Art. 67 Abs. 1).

Wenn auch keine lückenlose Kohärenz zwischen den verschiedenen Bestimmungen in der Kantonsverfassung, die sich mit der Planung befassen, herbeigeführt werden konnte, so lässt sich dennoch ein Zusammenhang zwischen diesen herstellen: Art. 124 regelt die allgemeine Pflicht des Kantons zur Planung der Finanzen und Aufgaben, während Art. 66 Abs. 1 die Zuständigkeit des Regierungsrates zur Festlegung der Ziele und Mittel der Regierungspolitik begründet. Art. 55 sowie Art. 66 Abs. 2 legen die Zuständigkeit des Kantonsrates im Rahmen des gesamten Planungsprozesses fest.

Aus der Entstehungsgeschichte ergibt sich, dass Art. 66 Abs. 1 als Grundlage für den KEF dienen soll[10]. Art. 66 Abs. 1 verpflichtet damit den Regierungsrat nicht dazu, neben der mittelfristigen Planung, die im KEF dargestellt wird, eine verbindliche langfristige Planung vorzunehmen. Die Notwendigkeit, eine langfristige Betrachtung bei der Festlegung der mittelfristigen Planung einzunehmen, erfordert es jedoch, dass die langfristige Perspektive, soweit möglich und zweckmässig, aufgezeigt wird.

Da Art. 66 Abs. 1 die Grundlage für die Planung der Staatstätigkeit darstellt, kann diese Bestimmung nicht dahingehend verstanden werden, dass darunter bloss die Richtlinien der Regierungspolitik fallen, welche als Legislaturziele in den KEF aufzunehmen sind[11]. Die Legislaturziele bilden vielmehr bloss einen Bestandteil des KEF. Der KEF reicht weiter und hat ebenso die Leistungen und deren Finanzierung aufzuzeigen[12]. Art. 66 Abs. 1 verlangt denn auch, dass nicht nur die Ziele, sondern ebenso die Mittel, mithin die Leistungen und Finanzen, planerisch zu erfassen sind.

---

[9] Vgl. HUBLER, Art. 124 N. 25 ff.
[10] Wobei Art. 66 Abs. 1 durchaus auch andere Planungen zulässt.
[11] Art. 180 Abs. 1 BV; § 10 Abs. 1 lit. a CRG; § 3 OG RR; Weisung zum OG RR, S. 62.
[12] § 9 CRG.

10 Mit der Festlegung der Ziele und Mittel der Regierungspolitik nimmt der Regierungsrat seine staatsleitende Funktion, wie sie ihm in Art. 60 zugewiesen wird, wahr. Die regierungsrätliche Zuständigkeit zur Festlegung der Ziele und Mittel der Regierungspolitik erlaubt es dem Regierungsrat, seiner Initiierungsfunktion gerecht zu werden[13].

11 Im Gegensatz zu anderen Verfassungen erwähnt Art. 66 Abs. 1 nicht ebenso die Koordination der staatlichen Tätigkeit[14]. Diese ist indessen bereits in der Regierungsfunktion enthalten[15].

12 Wohl wird der KEF gemäss § 13 CRG vom Regierungsrat genehmigt und verabschiedet. Es bleibt aber dem demokratischen Gesetzgeber unbenommen, Beschlüsse ausserhalb des KEF zu fassen. Ebenso muss es dem Regierungsrat möglich bleiben, auf Aktualitäten, die vom KEF nicht erfasst sind, reagieren zu können und seine staatsleitende Funktion wahrzunehmen. In diesem Sinne ist die Tragweite der Planung beschränkt und rechtlich nicht verbindlich[16]. Der KEF bildet allerdings ein flexibles Instrument. Gemäss § 10 Abs. 3 CRG sind wesentliche Veränderungen gegenüber dem KEF des Vorjahres sowie innerhalb einer Planungsperiode auszuweisen und zu begründen[17]. Damit wird die Steuerungsfunktion dieses Planungsinstrumentes zweifellos gestärkt.

3. Kenntnisnahme der Planung durch den Kantonsrat (Abs. 2)

13 Art. 66 Abs. 2 steht in Zusammenhang mit Art. 55. Allein aufgrund des Wortlautes der beiden Bestimmungen ergeben sich insoweit Überschneidungen, als der Kantonsrat gemäss Art. 55 Abs. 1 zu den grundlegenden Plänen Stellung nimmt. Geht man davon aus, dass Art. 66 Abs. 1 demgegenüber die Grundlage für den gesamten KEF bildet, so muss der KEF dem Kantonsrat jedenfalls zur Kenntnisnahme vorgelegt werden. Insoweit reicht Art. 66 Abs. 2 weiter als Art. 55 Abs. 1. Allerdings kann der Kantonsrat aufgrund von Art. 66 Abs. 2 den gesamten KEF zu Beginn der Amtperiode nur zur Kenntnis nehmen. Eine Stellungnahme kann er nur zu den grundlegenden Plänen, namentlich zu den Schwerpunkten der Aufgaben- und Finanzplanung, abgeben.

---

[13] EICHENBERGER, § 89 N. 4 ff.
[14] Vgl. etwa § 89 Abs. 1 KV AG; Art. 63 KV SH; Art. 86 KV BE.
[15] Dazu Art. 60 N. 6.
[16] Vgl. auch EHRENZELLER, St. Galler Kommentar, Art. 180 Rz. 17.
[17] Der Regierungsrat geht denn auch von einer rollenden Planung aus; Weisung zum OG RR, S. 62, 77.

Der Gesetzgeber räumt dem Kantonsrat in § 13 Abs. 2 CRG weiter gehende Befugnisse ein[18]. Zum einen beschränkt sich diese Bestimmung nicht bloss auf die Schwerpunkte der Aufgaben- und Finanzplanung, wie dies in Art. 55 Abs. 1 vorgesehen ist, sondern umfasst den gesamten KEF. Zum andern begnügt sich § 13 Abs. 2 CRG auch nicht bloss mit der Kenntnisnahme, sondern räumt dem Kantonsrat ebenso das Recht ein, Erklärungen abzugeben. Diese sind für den Regierungsrat zwar nicht verbindlich. Abweichungen von diesen Erklärungen hat der Regierungsrat aber zu begründen. Die Einräumung dieses über den Wortlaut von Art. 66 Abs. 2 – wie auch über den Wortlaut von Art. 55 Abs. 1 – hinausreichenden Mitwirkungsrechts kann wohl kaum als verfassungswidrig bezeichnet werden. Solange dem Kantonsrat keine den Regierungsrat bindende Entscheidungsbefugnis eingeräumt wird, wird der Zuständigkeitsbereich des Regierungsrates gewahrt. Dieser bildet denn auch gemäss Art. 59 Abs. 2 die Grenze der zulässigen parlamentarischen Handlungsinstrumente. Der Kantonsrat kann zudem ebenso zu den herkömmlichen Instrumenten der Interpellation oder des Postulates greifen.

14

---

[18] Dazu HAUSER, Art. 55 N. 6.

Art. 67

Der Regierungsrat leitet in der Regel das Vorverfahren der Rechtsetzung. Er weist in seinen Berichten auf die langfristigen ökologischen, wirtschaftlichen und sozialen Auswirkungen hin.

Er kann Verordnungen über den Vollzug von Gesetzen erlassen.

Aufgaben bei der Rechtsetzung

Materialien

Art. 73 VE; Prot. Plenum, S. 842, 2203 ff., 3031; RRB 1870 vom 21. Dezember 2005 über die Umsetzung der neuen Kantonsverfassung, S. 4.

Literatur

HÄFELIN/MÜLLER/UHLMANN, Rz. 114 ff.; JAAG, Rz. 412 ff., 601 ff.; SCHMID STEFAN G., Die Zürcher Kantonsregierung seit 1803, Diss., Zürich 2003; TSCHANNEN/ZIMMERLI, § 14.

Rechtsquellen

– Gesetz über die Organisation des Regierungsrates und der kantonalen Verwaltung vom 6. Juni 2005 (OG RR; LS 172.1)
– Verordnung über das Rechtsetzungsverfahren in der kantonalen Verwaltung vom 29. November 2000 (Rechtsetzungsverordnung, RSVO; LS 172.16)

Übersicht

	Note
1. Leitung des Vorverfahrens der Rechtsetzung (Abs. 1)	1
1.1. Vorverfahren der Rechtsetzung	1
1.2. Hinweis auf die langfristigen Auswirkungen in den regierungsrätlichen Berichten	7
2. Verordnungen über den Vollzug der Gesetze (Abs. 2)	11

1. Leitung des Vorverfahrens der Rechtsetzung (Abs. 1)

1.1. Vorverfahren der Rechtsetzung

Die Bestimmung stellt eine Anpassung an die Verfassungswirklichkeit dar. Es entspricht längstens der Realität, dass nicht das Parlament das Gesetzgebungsverfahren leitet, sondern dies eine wesentliche Aufgabe des Regierungsrates darstellt. Der Regierungsrat nimmt bei der Ausarbeitung der Gesetze die weit stärkere Stellung ein als der Kantonsrat[1]. Art. 67 gibt demgemäss bloss den bisherigen Regelungen auf Gesetzes- und Verordnungsstufe die verfassungsmässige Grundlage. Die entsprechende gesetzliche Bestimmung ist in § 5 OG RR

1

---

[1] Vgl. SCHMID, S. 268 f.

enthalten und wird in der Rechtsetzungsverordnung, in welcher ebenso der Gesetzgebungsdienst geregelt ist, weiter konkretisiert[2].

2   Art. 67 betrifft das Rechtsetzungsverfahren als solches. Die Aufgabe des Regierungsrates, Rechtsetzungsvorhaben zu initiieren, ist hingegen in Art. 60 enthalten[3].

3   Der Begriff des *Rechtsetzungsverfahrens* ist grundsätzlich weit gefasst und umfasst nicht nur die Gesetze im formellen Sinn, sondern ebenso die Verfassungsgebung, das internationale wie auch das interkantonale Recht[4] und die vom Kantonsrat erlassenen Verordnungen[5]. Im Begriff des Rechtsetzungsverfahrens sind zwar die vom Kantonsrat ebenfalls zu fassenden individuell-konkreten Beschlüsse, welche dem fakultativen Referendum unterliegen, sowie die Finanzbeschlüsse nicht enthalten[6]. Dies bedeutet aber nicht, dass die Vorbereitung dieser Beschlüsse nicht ebenso durch den Regierungsrat erfolgt und dieser Antrag an den Kantonsrat stellt.

4   Das *Vorverfahren der Rechtsetzung* unterteilt sich im Wesentlichen in die folgenden Stufen[7]:
    – Vorbereitung von Erlassen;
    – verwaltungsinternes Verfahren;
    – Vernehmlassungsverfahren;
    – Antrag und Weisung an den Kantonsrat.

Das Rechtsetzungsverfahren wird durch den Gesetzgebungsdienst koordiniert. Dieser steht der federführenden Verwaltungsstelle beratend zur Verfügung[8]. Im Rahmen des verwaltungsinternen Verfahrens entscheidet die federführende Verwaltungsstelle, inwiefern eine Vorlage von besonderer Tragweite ist[9]. Kommt einer Vorlage eine erhebliche Tragweite zu, wird zunächst ein Konzept und erst dann ein konkreter Entwurf erarbeitet[10]. Es sind zudem nur die Erlasse von besonderer Tragweite, welche dem Vernehmlassungsverfahren unterliegen[11].

5   Die Rechtsetzungsvorhaben von besonderer Tragweite sind zudem in den Konsolidierten Entwicklungs- und Finanzplan (KEF) aufzunehmen[12].

---

[2]   Insbesondere §§ 8 ff. RSVO.
[3]   Der Kantonsrat übt seine staatsleitende Funktion über das Motionsrecht sowie das Recht, parlamentarische Initiativen einzureichen, aus; dazu HAUSER, Art. 50 N. 30, sowie Art. 60 N. 6.
[4]   Art. 54.
[5]   Art. 38 Abs. 3; vgl. auch Prot. K3 vom 3. Juli 2002, S. 724 f.
[6]   Art. 56, Art. 59 Abs. 2 i.V.m. Art. 33 Abs. 1 lit. e und f.
[7]   JAAG, Rz. 601 ff., auch zum Folgenden.
[8]   §§ 5 ff. RSVO.
[9]   § 9 RSVO.
[10] § 10 RSVO.
[11] § 12 Abs. 2 lit. a RSVO.
[12] § 9 Abs. 2 RSVO. Zum KEF, vgl. insbesondere HUBLER/BEUSCH, Art. 124 N. 12.

Mit dem Zusatz, dass der Regierungsrat das Gesetzgebungsverfahren nur *in der* 6
Regel leitet, wollte der Verfassungsrat dem Kantonsrat die formelle Vorrangstellung im Bereich der Gesetzgebung vorbehalten[13]. Dass jedoch ganze Gesetzgebungsprojekte im Kantonsrat selbst erarbeitet werden, ist selten der Fall.

1.2. Hinweis auf die langfristigen Auswirkungen in den regierungsrätlichen Berichten

Der Regierungsrat hat in seinen Berichten auf die langfristigen ökologischen, 7
wirtschaftlichen und sozialen Auswirkungen hinzuweisen. Der Regierungsrat wird damit verpflichtet, sich zur Nachhaltigkeit einer Vorlage im Sinne von Art. 6 zu äussern[14]. Diese Bestimmung kann als Ersatz für den vom Verfassungsrat abgelehnten Nachhaltigkeitsrat gesehen werden[15]. Art. 67 bietet insbesondere Gewähr dafür, dass sich in der Folge auch die Erfüllung der öffentlichen Aufgaben am Prinzip der Nachhaltigkeit orientiert, wie dies ebenso in Art. 95 Abs. 2 vorgesehen ist.

Der Begriff der *Berichte* in Art. 67 Abs. 1 ist weit auszulegen. Er bezieht sich je- 8
denfalls auf die Weisungen des Regierungsrates an den Kantonsrat und umfasst ebenso die Abstimmungsunterlagen[16]. Im Hinblick auf die verschiedenen Stufen des Rechtsetzungsverfahrens gemäss der Rechtsetzungsverordnung[17] sind die Auswirkungen im Sinne von Art. 67 Abs. 1 allerdings bereits in den Konzepten und Vernehmlassungsentwürfen anzuführen wie auch in den Stellungnahmen des Regierungsrates zu den Ergebnissen der vorberatenden kantonsrätlichen Kommissionen[18].

Aufgrund des ersten Satzes von Art. 67 Abs. 1 beschränkt sich die Bestimmung 9
wiederum auf Rechtsetzungsvorlagen. Da sich jedoch Art. 6 als allgemeine Zielbestimmung auf sämtliche staatlichen Aufgaben bezieht, hat sich der Regierungsrat grundsätzlich auch bei den übrigen Vorlagen an den Kantonsrat zur Nachhaltigkeit zu äussern. Bei Vorlagen über Beschlüsse gemäss Art. 59 Abs. 1 lit. a i.V.m. Art. 33 lit. e und f ist dies ohnehin unabdingbar. Eine Auseinandersetzung mit der Nachhaltigkeit wird sich ebenso bei Finanzbeschlüssen aufdrängen.

Art. 67 Abs. 1 erfasst bloss das *Nachhaltigkeitsprinzip*. Inwiefern darüber hin- 10
aus auch die übrigen Auswirkungen einer Rechtsetzungsvorlage in den entspre-

---

[13] Vgl. dazu Art. 60 N. 4 mit weiteren Hinweisen.
[14] Zum Begriff der Nachhaltigkeit gemäss Art. 6 SOBOTICH, Art. 6 N. 5 ff.
[15] SOBOTICH, Art. 6 N. 5.
[16] Vgl. Prot. K3 vom 18. April 2002, S. 574.
[17] Dazu N. 4.
[18] Vgl. dazu RRB 1870/2005, S. 4. Der Regierungsrat beabsichtigt, die Rechtsetzungsverordnung im Hinblick auf Art. 67 KV zu ergänzen.

chenden Berichten darzulegen sind, wird demgegenüber nicht im Einzelnen erwähnt. Der Verfassungsrat erachtete es jedoch als selbstverständlich, dass sich der Regierungsrat zu den finanziellen Auswirkungen, aber auch zu den Auswirkungen auf die Gemeinden äussert[19]. Letzteres ergibt sich ebenso aus Art. 85, wonach der Kanton verpflichtet ist, die möglichen Auswirkungen seines Handelns auf die Gemeinden, Städte und Agglomerationen zu berücksichtigen. Die Aufzählung in Art. 67 Abs. 1 ist somit nicht abschliessend zu verstehen[20].

2. Verordnungen über den Vollzug der Gesetze (Abs. 2)

11 Art. 67 Abs. 2 bildet zunächst einmal die Grundlage für den Erlass von Vollzugsverordnungen. Indem diese regierungsrätliche Kompetenz in der Verfassung festgeschrieben wurde, handelt es sich um ein selbständiges Verordnungsrecht des Regierungsrates[21].

12 Dieser Absatz wurde in dieser Form erst in der ersten Gesamtlesung verabschiedet[22]. In der Vorberatung hatte der Verfassungsrat Art. 62 Abs. 2 noch weiter gefasst und dem Regierungsrat an dieser Stelle sowohl die selbständige wie die unselbständige Verordnungskompetenz eingeräumt[23]. Diese Bestimmung wurde in der Folge jedoch aufgeteilt und das unselbständige Verordnungsrecht in Art. 38 Abs. 3 festgehalten, während das selbständige Vollzugsverordnungsrecht in Art. 67 Abs. 2 seine Grundlage findet[24].

13 Die spezielle verfassungsrechtliche Kompetenzzuweisung zum Erlass von Vollziehungsverordnungen an den Regierungsrat[25] rechtfertigt sich deshalb, weil die regierungsrätlichen Vollziehungsverordnungen von grösster praktischer Bedeutung sind.

14 Art. 67 Abs. 2 kann somit nicht in dem Sinne verstanden werden, dass dem Regierungsrat bloss noch die Kompetenz zum Erlass von Vollziehungsverordnungen zukommen soll, während Verordnungen, die über den Gesetzesvollzug

---

[19] Vgl. Prot. Plenum, S. 3031. Die Gemeinden hatten dies in der Vernehmlassung verlangt.
[20] Ebenso der Regierungsrat in RRB 1870/2005, S. 4.
[21] JAAG, Rz. 419 ff. Zum Begriff der unselbständigen Verordnung auch HAUSER, Art. 38 N. 44.
[22] Prot. Plenum, S. 2203 ff.
[23] Prot. Plenum, S. 842. Der Entwurf lautete: «Er erlässt Verordnungen und andere rechtsetzende Bestimmungen, soweit Verfassung und Gesetz ihn dazu ermächtigen.» Zur Frage des Dringlichkeitsrechts vgl. Art. 72 N. 2.
[24] Die Verfassung sieht in der Bestimmung über die Notverordnung in Art. 72 ein weiteres selbständiges Verordnungsrecht des Regierungsrates vor; im Übrigen enthält die Verfassung keine weiteren selbständigen Verordnungsrechte; HAUSER, Art. 38 N. 42.
[25] Prot. Plenum, S. 2205.

hinausgehen, nicht mehr zulässig sein sollen[26]. Vielmehr ist Art. 67 Abs. 2 als Konkretisierung von Art. 38 Abs. 3 zu verstehen, indem die Verfassung den Regierungsrat unmittelbar zum Erlass von Vollziehungsverordnungen ermächtigt[27].

Vollziehungsverordnungen kann der Regierungsrat – da ihm die Verfassung generell die Kompetenz zum Erlass derselben einräumt – ohne besondere weitere gesetzliche Ermächtigung verabschieden. Allerdings muss sich der Regierungsrat dabei eng an die gesetzlichen Vorgaben halten. Er darf das Gesetz nur weiterführen und keine Bestimmungen erlassen, die nicht bereits im Gesetz ihre Grundlage haben. Insbesondere dürfen Rechte der Einzelnen nicht weiter gehend eingeschränkt oder neue Pflichten auferlegt werden[28]. 15

Der komplementäre Begriff zur Vollziehungsverordnung ist die gesetzesvertretende Verordnung[29]. Vollziehungsverordnungen und gesetzesvertretende Verordnungen lassen sich allerdings nicht streng voneinander trennen, so dass die Lehre für die Aufgabe der Unterscheidung eintritt[30]. Welche Begriffe letztlich für die verschiedenen Verordnungen verwendet werden, ist wohl weniger bedeutsam als die Tatsache, dass der Regierungsrat nur im Rahmen von Vollzugsverordnungen selbständig und unmittelbar gestützt auf die Verfassung legiferieren kann. Das Gesetz weiterführende Bestimmungen bedürfen demgegenüber stets einer gesetzlichen Ermächtigung und können nur als unselbständige Verordnungen ergehen[31]. Die unselbständigen Verordnungen können das Gesetz auch mit neuen Inhalten ergänzen und demgemäss neue Pflichten auferlegen oder Rechte zusätzlich über das Gesetz hinaus einschränken[32]. Der Gesetzgeber kann dem Regierungsrat die Ermächtigung einräumen, das Gesetz entweder zu vervollständigen oder für gewisse Teile zu durchbrechen[33]. Das Mass der Gesetzesbindung ist bei den unselbständigen Verordnungen zwar weniger eng. Doch muss der Gesetzgeber im betreffenden Sachgesetz eine Delegationsnorm erlassen, welche die Delegationsvoraussetzungen erfüllt[34]. Der Gesetzgeber hat dabei die Schranken von Art. 38 Abs. 1 zu beachten, wo die nicht delegierbaren Materien aufgezählt werden, und muss die Delegation auf einen bestimmten, genau umschriebenen Sachbereich beschränken[35]. 16

---

[26] Desgleichen sind Verwaltungsverordnungen zulässig. Zu diesem Begriff HÄFELIN/MÜLLER/UHLMANN, Rz. 123 ff.; TSCHANNEN/ZIMMERLI, § 14 Rz. 8 ff.; JAAG, Rz. 412 ff.
[27] Prot. K3 vom 10. April 2003, S. 1050.
[28] Zum Begriff der Vollziehungsverordnung JAAG, Rz. 419; HÄFELIN/HALLER, N. 1860; BGE 130 I 140, 149 ff.
[29] HÄFELIN/MÜLLER/UHLMANN, Rz. 136 f.; TSCHANNEN/ZIMMERLI, § 14 Rz. 18 ff.
[30] HÄFELIN/MÜLLER/UHLMANN, Rz. 141 ff.; vgl. auch SCHMID, S. 271 ff., 275 f.
[31] Vgl. JAAG, Rz. 416 ff., 422.
[32] RHINOW, Rz. 2460.
[33] TSCHANNEN/ZIMMERLI, § 14 Rz. 25.
[34] Die gilt auch nach der vorliegenden Kantonsverfassung; HAUSER, Art. 38 N. 40 ff.
[35] HAUSER, Art. 38 N. 40.

Art. 68

Finanz-
befugnisse

Der Regierungsrat erarbeitet den Budgetentwurf und die Staatsrechnung.

Er beschliesst im Rahmen des Budgets über:
a) neue einmalige Ausgaben bis 3 Millionen Franken;
b) neue wiederkehrende Ausgaben bis jährlich 300 000 Franken;
c) gebundene Ausgaben.

Er beschliesst über die Veräusserung von Vermögenswerten bis 3 Millionen Franken, die öffentlichen Zwecken dienen.

Materialien

Art. 74 VE; Prot. Plenum, S. 797, 904 ff., 912, 914, 2206, 3033.

Vgl. ferner Weisung des Regierungsrates zum Gesetz über Controlling und Rechnungslegung, ABl 2004, S. 112 ff. (Weisung zum CRG)

Literatur

EICHENBERGER, § 81; STAUFFER THOMAS P., St. Galler Kommentar, Art. 183.

Rechtsquellen

– Gesetz über die Organisation des Regierungsrates und der kantonalen Verwaltung vom 6. Juni 2005 (OG RR; LS 172.1)
– Gesetz über Controlling und Rechnungslegung vom 9. Januar 2006 (CRG; LS 611; OS 62, S. 354 ff.; teilweise in Kraft seit 1. Oktober 2007)

Übersicht

	Note
1. Budgetentwurf und Staatsrechnung (Abs. 1)	1
2. Finanzbefugnisse des Regierungsrates (Abs. 2)	5
2.1. Entstehungsgeschichte	5
2.2. Ausgabenbeschlüsse im Rahmen des Budgets	12
2.3. Neue und gebundene Ausgaben	13
2.4. Einmalige und wiederkehrende Ausgaben	16
3. Veräusserung von Vermögenswerten, die öffentlichen Zwecken dienen (Abs. 3)	17

1. Budgetentwurf und Staatsrechnung (Abs. 1)

Die Kompetenz zur Verabschiedung des *Budgets* liegt beim Kantonsrat (Art. 56 lit. a)[1]. Demgemäss hat der Regierungsrat bloss den Entwurf des Budgets zu erarbeiten. Der Inhalt des Budgets ist im Einzelnen in §§ 14 ff. CRG geregelt.

---

[1] Ebenso § 17 CRG.

Das Budget hat dem Konsolidierten Entwicklungs- und Finanzplan (KEF) zu entsprechen[2].

2   Das *Antragsrecht* für den Budgetentwurf kommt dem Regierungsrat ausschliesslich zu, das heisst, der Kantonsrat kann nicht ebenso einen Budgetentwurf erstellen. Daraus ergibt sich, dass auch Budgetveränderungen im Sinne von Nachtragskrediten[3] und Zusatzkrediten[4] oder Kreditkürzungen und Aufhebungen vom Regierungsrat beantragt werden müssen[5]. Das vom Kantonsrat beschlossene Budget ist für den Regierungsrat verbindlich. Budgetüberschreitungen sind mittels Nachtragskrediten bewilligen zu lassen[6]. Ausgabenkompetenzen ausserhalb des Budgets wurden in der Kommission 3 zwar diskutiert, in der Folge jedoch verworfen[7].

3   Um die Budgetgebundenheit zu betonen, hat der Verfassungsrat in Art. 68 Abs. 2 zudem den Zusatz eingefügt, dass der Regierungsrat seine Finanzkompetenzen *im Rahmen des Budgets* ausübt[8].

4   Desgleichen ist es ausschliesslich Sache des Regierungsrates, *die Staatsrechnung* zu erstellen. Damit legt der Regierungsrat dem Kantonsrat Rechenschaft über die Verwendung der im Budget eingestellten Mittel ab. Die Genehmigung der Staatsrechnung ist ein wichtiges Element der Aufsichtskompetenz des Kantonsrates[9], da die Staatsrechnung insgesamt Auskunft über die Finanzlage des Kantons gibt[10]. Die Verantwortlichkeit des Regierungsrates ist indessen vorab politischer Natur[11].

---

[2]   § 14 Abs. 2 CRG. Zum Aufbau und Inhalt des Budgets im Einzelnen HAUSER, Art. 56 N. 5.
[3]   § 21 CRG.
[4]   § 41 CRG.
[5]   So ausdrücklich § 42 lit. a CRG; STAUFFER, St. Galler Kommentar, Art. 183 Rz. 7.
[6]   §§ 20 ff. CRG. Im Plenum hatte die SVP-Fraktion den Antrag gestellt, dass die Bindung des Regierungsrates an das Budget in der Verfassung festzuschreiben ist. Im Hinblick darauf, dass dies in absoluter Form nicht möglich ist, hat der Verfassungsrat diesen Antrag abgelehnt; Prot. Plenum, S. 3033 ff. Hingegen wurde der Zusatz in Art. 68 Abs. 2 aufgenommen, dass der Regierungsrat seine Finanzkompetenzen im Rahmen des Budgets auszuüben hat.
[7]   Prot. K3 vom 3. Juli 2002, S. 730 ff. Solche Ausgabenkompetenzen der Exekutive sind auf Stufe der Gemeinden zu finden und hängen insbesondere damit zusammen, dass das Budget von der Gemeindeversammlung zu genehmigen ist, welche nur wenige Male im Jahr zusammentritt.
[8]   Prot. Plenum, S. 3038 (Votum Robert Henauer).
[9]   Zur Genehmigung der Staatsrechnung durch den Kantonsrat vgl. Art. 56 lit. c; dazu HAUSER, Art. 56 N. 30 ff.; JAAG, Rz. 1810.
[10] Zum Aufbau und Inhalt der Staatsrechnung vgl. § 48 CRG; zur konsolidierten Rechnung, welche ebenso die Rechnung der Rechtspflege und der von der Jahresrechnung nicht erfassten kantonalen Behörden sowie der Anstalten und weiterer Organisationen umfasst, § 54 CRG.
[11] EICHENBERGER, § 81 N. 13; HAUSER, Art. 56 N. 30.

2. Finanzbefugnisse des Regierungsrates (Abs. 2)

2.1. Entstehungsgeschichte

Im Laufe der Entstehung hat Art. 68 Abs. 2 verschiedene Formulierungen erhalten, bis sich der Verfassungsrat schliesslich auf die endgültig verabschiedete Fassung einigen konnte. Die Entstehungsgeschichte zeigt, dass dem Regierungsrat zwar ursprünglich sehr weit gehende Finanzkompetenzen hätten eingeräumt werden sollen, dieses Ansinnen im Laufe der Arbeiten im Verfassungsrat jedoch wieder aufgegeben wurde.

Zum einen bildete die Frage, inwiefern der Regierungsrat an das Budget gebunden sein soll, einen Diskussionspunkt[12].

Zum anderen war im Rat auch die Ausgabenhöhe umstritten. Die bisherige Verfassung enthielt keine Aussagen darüber, ob dem Regierungsrat eine abschliessende Finanzkompetenz zukommen soll. Es entsprach indessen der ständigen Praxis, die selbständige Finanzkompetenz des Regierungsrates bei 3 Mio. Franken für neue einmalige Ausgaben bzw. bei 300 000 Franken für neue wiederkehrende Ausgaben anzusetzen. Der Regierungsrat konnte darüber entscheiden, sofern die Ausgabe im Budget enthalten war[13]. Einen Verpflichtungskredit musste der Regierungsrat nicht einholen, weil diese Ausgabengrenze auch der Grenze für das fakultative Finanzreferendum entsprach[14].

Die Kommission 3 hatte dem Rat den Antrag gestellt, die selbständigen Finanzkompetenzen des Regierungsrates bei 500 000 Franken bzw. 5 Mio. Franken anzusetzen und alsdann ebenso die Betragslimiten für die in die Kantonsverfassung neu aufgenommene abschliessende Finanzkompetenz des Kantonsrates und der Stimmberechtigten entsprechend heraufzusetzen. Zur Begründung berief sich die Kommissionspräsidentin Evi Schwarzenbach namentlich auf die Notwendigkeit einer teuerungsbedingten Bereinigung[15]. Dem vermochte der Rat nicht zu folgen, weil er nicht wollte, dass in der Folge die Betragslimite für das fakultative Referendum auf 10 Mio. Franken zu erhöhen gewesen wäre[16].

Ferner wurde von der Kommission 3 beantragt, den Begriff der nicht gebundenen Ausgabe anstelle des Begriffs der *neuen Ausgabe* zu verwenden, weil der

---

[12] Dazu N. 2.
[13] Diese Praxis entsprach nicht vollumfänglich der Verfassung, da diese Kompetenzen grundsätzlich dem Kantonsrat zukamen; Art. 31 Ziff. 5 aKV. Da der Regierungsrat einen solchen Ausgabenbeschluss jedoch bloss im Rahmen des Budgets fällen durfte, gab der Kantonsrat seine verfassungsrechtlichen Finanzkompetenzen nicht vollständig aus den Händen; vgl. auch HAUSER, Art. 56 N. 15.
[14] Art. 28bis aKV; Prot. Plenum, S. 904 f.
[15] Prot. Plenum, S. 905 f.
[16] Prot. Plenum, S. 906 ff. (Votum Peter Kottusch); Prot. Plenum, S. 912. Den vom Regierungsrat in der Gesamtlesung erneut gestellten Antrag, die abschliessende Finanzkompetenz auf 10 Mio. Franken zu erhöhen, lehnte der Verfassungsrat erneut ab; Prot. Plenum. S. 3036.

Begriff der neuen Ausgaben zu Ungereimtheiten geführt hatte und dieser Begriff offenbar auch nicht konsequent verwendet worden war. Die Kommission 3 zog nach dem Votum des Regierungsrates diesen Antrag jedoch wieder zurück[17].

10 Schliesslich entschloss sich der Verfassungsrat, nicht von einer *jährlich* wiederkehrenden Ausgabe zu sprechen, sondern einzig von einer wiederkehrenden Ausgabe. Der Regierungsrat wies in der Plenumsdebatte darauf hin, dass damit auch eine Ausgabe, die in drei bis fünf Jahren wiederholt wird, als wiederkehrend gelten könne[18]. Betont wurde allerdings, dass der Betrag von 300 000 Franken die jährlich anfallende Ausgabe meint. Dementsprechend spricht Art. 68 Abs. 2 lit. b von neuen wiederkehrenden Ausgaben bis *jährlich* 300 000 Franken.

11 Schliesslich enthielt der ursprüngliche Antrag der Kommission 3 bezüglich der neuen einmaligen Ausgaben den Zusatz «für einen bestimmten Zweck». Damit sollte klargestellt werden, dass das Prinzip der Einheit der Materie einzuhalten ist[19]. Mit dieser Formulierung hätte sich der Verfassungsrat dem Wortlaut von § 36 lit. a CRG angeschlossen. Die Redaktionskommission wollte zunächst diesen Zusatz mit dem Begriff «zweckgebunden» ersetzen, was jedoch mehr Verwirrung gestiftet hätte. Um eine einheitliche Terminologie auch mit Art. 56 Abs. 2 lit. a herbeizuführen, sah der Verfassungsrat von einem Zusatz gänzlich ab[20].

2.2. Ausgabenbeschlüsse im Rahmen des Budgets

12 Indem sich der Verfassungsrat ausdrücklich dafür aussprach, dass die abschliessenden Finanzkompetenzen des Regierungsrats durch das Budget beschränkt werden, müssen sich die selbständigen Ausgabenbeschlüsse des Regierungsrates an das Budget halten[21]. Es war indessen im Verfassungsrat ebenso klar, dass gewisse Kreditüberschreitungen, wie sie § 22 CRG vorsieht, ausnahmsweise zugelassen werden müssen. Dies wurde im Verfassungsrat ausdrücklich festgehalten[22]. Damit ist jedoch gleichzeitig klargestellt, dass weiter gehende Ausnahmen nicht zulässig sind und der Regierungsrat im Übrigen den Weg über den Nachtragskredit beschreiten muss[23].

---

[17] Zu dieser Diskussion vgl. Prot. Plenum, S. 908, 911 ff.
[18] Prot. Plenum, S. 915 (Votum Regierungsrat Ernst Buschor).
[19] Prot. Plenum, S. 2205 f.
[20] Prot. Plenum, S. 2206.
[21] Dazu N. 2.
[22] Prot. Plenum, S. 3042.
[23] Prot. Plenum, S. 3038.

2.3. Neue und gebundene Ausgaben

Der Begriff der *Ausgabe* ergibt sich aus § 34 CRG. Als Ausgabe gilt die Verwendung von Finanzvermögen zur Erfüllung öffentlicher Aufgaben, wobei der Begriff der Ausgabe auch die Hingabe von Vermögenswerten an Dritte meint[24]. Jede Ausgabe bedarf einer gesetzlichen Grundlage, eines Budgetkredits und einer Ausgabenbewilligung[25].

Gemäss Art. 68 Abs. 2 kommt dem Regierungsrat die abschliessende Kompetenz zu, einerseits über *neue* einmalige Ausgaben bis zu 3 Mio. Franken und neue wiederkehrende Ausgaben bis zu 300 000 Franken zu entscheiden, während er andererseits über sämtliche *gebundenen* Ausgaben im Rahmen des Budgets beschliessen kann. Sämtliche Ausgaben sind durch Ausgabenbewilligung zu genehmigen. Die neuen Ausgaben werden durch Verpflichtungskredit bewilligt, wobei § 37 CRG bloss von einem Verpflichtungskredit spricht, wenn die neue Ausgabe in die Beschlusskompetenz des Kantonsrates und gegebenenfalls des Volkes fällt[26]. Die gebundenen Ausgaben wie auch die neuen Ausgaben, die vom Regierungsrat (im Rahmen des Budgets) gesprochen werden, sind in der Form der Ausgabenbewilligung zu beschliessen[27].

Die neuen und gebundenen Ausgaben werden in § 37 CRG allgemein – und damit nicht bloss zur Beantwortung der Frage, ob die Ausgabe dem Finanzreferendum unterstellt ist – definiert[28]. Eine einheitliche Begriffsverwendung der neuen und gebundenen Ausgaben ist schon deshalb gerechtfertigt, weil es bei der Abgrenzung der Finanzkompetenzen zwischen Regierungsrat und Kantonsrat um die Frage geht, inwiefern der Kantonsrat als das Repräsentationsorgan des Volkes die Zuständigkeit beanspruchen soll[29].

2.4. Einmalige und wiederkehrende Ausgaben

Die einmalige, auf ein in absehbarer Zeit abgeschlossenes Vorhaben ausgerichtete Ausgabe wird im Rahmen eines Objektkredites gesprochen. Wiederkehrend hingegen sind die Ausgaben, wenn sie periodisch anfallen, der Gesamtbetrag der Ausgabe jedoch gerade deshalb noch nicht bestimmt werden kann. Die in Art. 68 lit. b genannte Summe von 300 000 Franken beschlägt die Gesamtsumme eines Rechnungsjahres. Sie muss jedoch nicht jährlich anfallen, wobei eine

---

[24] Vgl. dazu SCHUHMACHER, Art. 33 N. 20 ff.
[25] § 35 CRG.
[26] HAUSER, Art. 56 N. 14; §§ 38 ff. CRG; Weisung zum CRG, S. 176.
[27] § 36 CRG; wird das Budget überschritten, ist ein Nachtragskredit einzuholen, vgl. vorne, N. 12.
[28] Vgl. im Einzelnen SCHUHMACHER, Art. 33 N. 23 f.; Weisung zum CRG, S. 176
[29] Dem Kantonsrat kommt ebenso eine selbständige Finanzkompetenz zu; vgl. Art. 56 Abs. 2 lit. a und b, Art. 33 Abs. 1 lit. d.

fünfjährige Periode das Maximum des Zeitraumes bildet, damit noch von einer wiederkehrenden Ausgabe gesprochen werden kann[30].

3. Veräusserung von Vermögenswerten, die öffentlichen Zwecken dienen (Abs. 3)

17 Die Bestimmung von Art. 68 Abs. 3 hat ihr Pendant in Art. 56 Abs. 1 lit. d. Die selbständige Kompetenz des Regierungsrates ist auf Vermögenswerte bis zu 3 Mio. Franken beschränkt. Es geht dabei um die Veräusserung von Verwaltungsvermögen[31]. Wird dieses veräussert, wird damit auch die Bindung des Vermögens an die öffentliche Aufgabenerfüllung aufgelöst und geht damit gleichzeitig eine Entwidmung des Vermögenswertes einher. Art. 68 Abs. 3 bildet demgemäss das Gegenstück zur Ausgabenbeschlusskompetenz gemäss Art. 68 Abs. 2 lit. a[32].

18 Diese unmittelbare Kompetenz des Regierungsrates zur Entwidmung von Verwaltungsvermögen durch Veräusserung ist zu unterscheiden von der Frage, inwiefern die Erfüllung einer öffentlichen Aufgabe geändert werden soll. Ist Letzteres der Fall, sind zunächst die Rechtsgrundlagen, welche die Erfüllung der entsprechenden Aufgabe vorsehen, zu ändern[33].

19 Nicht ausdrücklich erfasst von Art. 68 Abs. 3 (sowie Art. 56 Abs. 1 lit. d) wird die Überführung von Verwaltungsvermögen in das Finanzvermögen. In der Kommission 3 wurde zwar ein entsprechender Antrag gestellt, jedoch von der Kommission verworfen. Der anwesende Regierungsrat Markus Notter wies darauf hin, dass bei grösseren Objekten, z.B. wenn es um den Neubau eines Spitals gehe, der Gesetzgeber (Kantonsrat und gegebenenfalls das Volk) ohnehin stets mitentscheide, was mit den bisherigen Gebäuden zu geschehen habe; der Detaillierungsgrad würde, wenn man auch die Umwandlung von Verwaltungsvermögen in Finanzvermögen erfasse, zu hoch[34]. § 58 Abs. 1 lit. c CRG sieht jedoch vor, dass der *Regierungsrat* unabhängig vom Wert eines Objektes die Umwandlung von nicht mehr benötigtem Verwaltungsvermögen in Finanzvermögen beschliessen kann. Im Hinblick auf die Diskussionen in der Kommission 3 wäre m.E. § 58 Abs. 1 lit. c CRG analog zu Art. 68 Abs. 3 und Art. 56 Abs. 1

---

[30] Zur Begriffsbestimmung vgl. SCHUHMACHER, Art. 33 N. 27 mit Hinweisen. Zur Diskussion im Rat vgl. N. 10.
[31] Zur begrifflichen Unterscheidung zwischen Finanz- und Verwaltungsvermögen vgl. HAUSER, Art. 56 N. 35.
[32] HAUSER, Art. 56 N. 32 ff.; Prot. Plenum, S. 797.
[33] Vgl. die Ausführungen von Regierungsrat Markus Notter in der Kommission 3, Prot. K3 vom 1. Juli 2002, S. 699.
[34] Prot. K3 vom 1. Juli 2002, S. 699.

lit. d KV auszulegen und die Umwandlung von Verwaltungsvermögen im Wert von über 3 Mio. Franken stets in die Zuständigkeit des Kantonsrates zu legen.

Art. 69

Der Regierungsrat handelt interkantonale und internationale Verträge aus. Er ist im Rahmen seiner Verordnungskompetenz allein für deren Abschluss zuständig.

Er informiert die zuständige Kommission des Kantonsrates laufend und umfassend über Vorhaben der interkantonalen und internationalen Zusammenarbeit.

Interkantonale und internationale Zusammenarbeit

Materialien

Art. 69 VE; Prot. Plenum, S. 843 ff., 847, 849, 2207, 3044 f.; RRB 1870 vom 21. Dezember 2005 über die Umsetzung der neuen Kantonsverfassung, S. 3.

Vgl. ferner Bericht und Antrag des Regierungsrates an den Kantonsrat zum dringlichen Postulat KR-Nr. 93/2005 betreffend Einbezug des Kantonsrates in Aushandlung, Ratifikation, Vollzug und Änderung interkantonaler Verträge und von Vereinbarungen mit dem Ausland, ABl 2006, S. 506 ff. (Bericht RR); Antrag und Weisung des Regierungsrates an den Kantonsrat zum Gesetz über die Organisation des Regierungsrates und der kantonalen Verwaltung, ABl 2004, S. 41 ff. (Weisung zum OG RR).

Literatur

ABDERHALDEN URSULA, Möglichkeiten und Grenzen der interkantonalen Zusammenarbeit, Diss., Freiburg 1999; HÄFELIN/HALLER, N. 1899; HANGARTNER/KLEY, N. 1790; MEYER MARKUS, Die interkantonale Konferenz – ein Mittel der Kantone zur Zusammenarbeit auf Regierungsebene, Bern 2006; THÜRER DANIEL/ISLIKER FRANZISKA, St. Galler Kommentar, Art. 166; THÜRER DANIEL, St. Galler Kommentar, Art. 184.

Rechtsquellen

– Bundesgesetz über die Bundesversammlung vom 13. Dezember 2002 (Parlamentsgesetz, ParlG; SR 171.10)
– Regierungs- und Verwaltungsorganisationsgesetz vom 21. März 1997 (RVOG; SR 172.010)
– Gesetz über die Organisation und die Geschäftsordnung des Kantonsrates vom 5. April 1981 (Kantonsratsgesetz, KRG; LS 171.1)
– Gesetz über die Organisation des Regierungsrates und der kantonalen Verwaltung vom 6. Juni 2005 (OG RR; LS 172.1)

Übersicht

	Note
1. Allgemeine Bemerkungen und Entstehungsgeschichte	1
2. Kompetenzen des Regierungsrates im Bereich von internationalen und interkantonalen Verträgen (Abs. 1)	5
2.1. Verhandlungskompetenz	5
2.2. Abschlusskompetenz	9
3. Mitwirkung des Kantonsrates in den Aussenbeziehungen des Kantons (Abs. 2)	12

1. Allgemeine Bemerkungen und Entstehungsgeschichte

1 Art. 69 steht im Zusammenhang mit Art. 71 Abs. 1 lit. c. Bei der Vertretung des Kantons durch den Regierungsrat gegenüber anderen Gemeinwesen oder Staaten handelt es sich um eine der klassischen Regierungsfunktionen[1]. Demgemäss ist es auch der Regierungsrat, der die Verträge aushandelt, unabhängig davon, in wessen Kompetenz die Genehmigung der interkantonalen und internationalen Verträge liegt.

2 Die Kommission 3 hatte Art. 69 Abs. 1 als dritten Absatz zu Art. 67 (Rechtsetzung) vorgeschlagen. Im Rahmen der Vorberatung im Plenum wurden hierzu verschiedene Anträge gestellt. Diese gingen zum einen dahin, den Kantonsrat in die interkantonale und internationale Zusammenarbeit miteinzubeziehen. Zum andern wurde ebenso ein Antrag gestellt, dem Regierungsrat die Kompetenz zum alleinigen Abschluss von Verträgen abzusprechen. Dieser Antrag wurde indessen als zu weit reichend wieder zurückgezogen[2].

3 Bezüglich der interkantonalen und internationalen Zusammenarbeit gemäss Art. 69 Abs. 2 wurde im Verfassungsrat festgehalten, dass es dabei namentlich um die interkantonale Zusammenarbeit gehe, welche sich zunehmend einer demokratischen Kontrolle entziehe. Zudem sprach für diese Bestimmung, dass die regierungsrätliche Berichterstattung in den kantonsrätlichen Kommissionen erfolgen kann, welche selbst nicht öffentlich tagen[3]. Da Art. 69 Abs. 2 über die Rechtsetzung hinausgeht, schlug die Redaktionskommission eine eigene Bestimmung über die internationale und interkantonale Zusammenarbeit vor[4].

4 Im Rahmen der zweiten Gesamtlesung beantragte der Regierungsrat, sämtliche Verträge aufzuzählen, die er in eigenem Namen abschliessen kann. Der Verfassungsrat lehnte den Antrag ab, da Art. 69 Abs. 1 nicht so zu verstehen ist, dass dem Regierungsrat in seinem Zuständigkeitsbereich keine eigenständige Vertragsschlusskompetenz zukommen soll[5].

---

[1] Dazu Art. 60 N. 6.
[2] Prot. Plenum, S. 843 ff.
[3] Prot. Plenum, S. 847 (Votum Katja Fehrlin); vgl. § 53 KRG.
[4] Prot. Plenum, S. 2207.
[5] Prot. Plenum, S. 3044 f.

2. Kompetenzen des Regierungsrates im Bereich von internationalen und interkantonalen Verträgen (Abs. 1)

2.1. Verhandlungskompetenz

Im Rahmen des Verfahrens zum Abschluss von internationalen und interkantonalen Verträgen obliegt es dem Regierungsrat, die Verträge mit den künftigen Vertragspartnern auszuhandeln. Der Kantonsrat (Art. 54 Abs. 1 lit. c) oder das Volk (Art. 32 lit. b und Art. 33 Abs. 1 lit. b) können Verträge in ihrem eigenen Zuständigkeitsbereich nur genehmigen. Inhaltliche Änderungen hingegen können weder der Kantonsrat noch das Volk vornehmen. Immerhin kommt dem Volk jedoch in seinem Zuständigkeitsbereich auch das Initiativrecht zu, die Aufnahme von Vertragsverhandlungen oder die Kündigung eines bestehenden Vertrages zu verlangen (Art. 23 lit. e). Inwiefern dem Kantonsrat eine analoge Kompetenz in seinem Zuständigkeitsbereich zukommt, lässt die Verfassung offen. Jedenfalls sollte der Beschluss zur Kündigung demjenigen Organ zukommen, welches ebenso für die Genehmigung des Vertrages zuständig ist. Dies rechtfertigt sich auch deshalb, weil Änderungen des Vertrages im Zuständigkeitsbereich des Kantonsrates oder des Volkes ebenfalls der Genehmigung des betreffenden Staatsorganes unterliegen[6].

Da alle übrigen Phasen des Verfahrens beim Abschluss von internationalen und interkantonalen Verträgen in die Zuständigkeit des Regierungsrates fallen, hat dieser nicht nur die Vertragsverhandlungen einzuleiten, sondern ebenso die Delegation zu bestimmen, zu instruieren und zu bevollmächtigen, den Vertragstext auszuhandeln, ein allfälliges Vernehmlassungsverfahren durchzuführen und den Vertrag allenfalls dem Kantonsrat und dem Volk zur Genehmigung vorzulegen[7]. Nach der Genehmigung durch das zuständige Organ kann der Vertrag durch den Regierungsrat ratifiziert werden[8].

Die Kompetenz der Kantone zum Abschluss interkantonaler und internationaler Verträge wird aufgrund von Art. 48 BV und Art. 56 BV spezifiziert und eingeschränkt, was bei der Führung der Vertragsverhandlungen zu beachten ist.

Der Begriff der internationalen und interkantonalen Verträge ist einheitlich auszulegen und dementsprechend weit zu verstehen[9]. Es fallen sämtliche Verträge zwischen den Kantonen (gegebenenfalls unter Beteiligung des Bundes) sowie

---

[6] HAUSER, Art. 54 N. 21, spricht sich für die analoge Kompetenz aus; ebenso SCHUHMACHER, Art. 32 N. 25; vgl. auch THÜRER/ISLIKER, St. Galler Kommentar, Art. 166 Rz. 50; restriktiv Bericht RR, S. 515.
[7] Zu den einzelnen Phasen, Bericht RR, S. 511 f.
[8] Zu den einzelnen Phasen beim Abschluss von Staatsverträgen THÜRER, St. Galler Kommentar, Art. 184 Rz. 11; HÄFELIN/HALLER, N. 1899; Weisung zum OG RR, S. 64; Bericht RR, S. 511 f. (Der Bericht unterscheidet allerdings nicht zwischen der innerstaatlichen Genehmigung und der Ratifikation des Vertrages).
[9] Art. 32 lit. b, Art. 33 Abs. 1 lit. b und Art. 54 lit. c.

zwischen dem Kanton Zürich und einem ausländischen Staat darunter, unabhängig davon, ob es sich um eine rechtsetzende oder rechtsgeschäftliche Vereinbarung handelt. Ebenso ist es nicht von Belang, ob die rechtsetzende Vereinbarung unmittelbar anwendbare Normen enthält oder zunächst in das kantonale Recht übernommen werden muss. Es kann sich dabei zudem um bilaterale oder multilaterale Verträge handeln und es kann auch um den Beitritt zu einem bereits bestehenden Vertrag gehen[10].

2.2. Abschlusskompetenz

9 Der zweite Satz von Art. 69 Abs. 1 weist dem Regierungsrat die Kompetenz zum Abschluss von interkantonalen und internationalen Verträgen zu, wenn dem Regierungsrat ebenso die Verordnungskompetenz zukommt. Damit steht einmal fest, dass immer dann, wenn der Regierungsrat das Recht zum Erlass einer Verordnung hat, seien dies selbständige, seien dies unselbständige Verordnungen[11], der Regierungsrat Verträge in eigener Kompetenz abschliessen kann. Besondere Fragen stellen sich allerdings, falls der Regierungsrat im Rahmen seines Notverordnungsrechts gemäss Art. 72 handeln will. Dem steht so lange nichts entgegen, als er auch das Verfahren von Art. 72 Abs. 2 einhält[12].

10 Nach § 7 Abs. 2 OG RR kann der Regierungsrat weitere Verträge in eigenem Namen abschliessen. Erwähnt werden folgende Verträge:
– Verträge, die dem Kanton nur Rechte bringen;
– Abkommen über den Vollzug von Erlassen;
– Verträge, zu deren Abschluss der Regierungsrat durch ein Gesetz oder den Kantonsrat ermächtigt ist;
– Verträge über Gegenstände, zu deren Regelung der Regierungsrat im innerkantonalen Bereich allein zuständig wäre.

11 Art. 69 Abs. 1 kann insofern nicht abschliessend verstanden werden, als sich sämtliche Bestimmungen der Kantonsverfassung über den Abschluss von Verträgen an der innerkantonalen Organzuständigkeit ausrichten. Keinem Staatsorgan soll eine weiter gehende Zuständigkeit eingeräumt werden, als ihm gemäss Kantonsverfassung zukommt[13]. § 7 Abs. 2 lit. b und d verleiht diesem Grundsatz Ausdruck. Zu lit. a und c ist hingegen festzuhalten, dass die Abschlusskompetenz des Regierungsrates jedenfalls den Rahmen von Art. 38 KV einhalten muss. Sollen rechtsetzende Bestimmungen in einen durch den Regierungsrat abzuschliessenden Vertrag aufgenommen werden, muss sich der Regierungsrat

---

[10] SCHUHMACHER, Art. 33 N. 21.
[11] Dazu Art. 67 N. 14 ff.
[12] Vgl. zur ähnlichen Problematik der Voranwendung von Staatsverträgen im Bund Art. 152 Abs. 3bis ParlG sowie Art. 7b RVOG.
[13] Zu diesem Grundsatz Prot. Plenum, S. 849; HAUSER, Art. 54 N. 11.

auf eine Rechtsnorm abstützen können, welche die Delegationsvoraussetzungen erfüllt[14]. Entstehen dem Kanton finanzielle Verpflichtungen, sind ebenfalls die entsprechenden Delegationsvoraussetzungen zu beachten, wenn damit neue Ausgaben verbunden sind[15]. Darüber hinaus folgen auch die nicht unmittelbar anwendbaren Verträge, welche noch der Umsetzung in das innerkantonale Recht bedürfen («non-self-executing» Vereinbarungen), dieser Zuständigkeitsregelung[16].

3. Mitwirkung des Kantonsrates in den Aussenbeziehungen des Kantons (Abs. 2)

Art. 69 Abs. 2 ist umfassend zu verstehen und beschränkt sich nicht bloss auf den Abschluss von Verträgen. Vielmehr lag es in der Absicht des Verfassungsrates, die Stellung des Kantonsrates im Bereich der Aussenbeziehungen insgesamt zu stärken. Der Regierungsrat verfügt in den Aussenbeziehungen naturgemäss praktisch über ein Kontaktmonopol[17]. Auch kann das Parlament nicht über die Inhalte einer vertraglichen Regelung entscheiden. Diesem demokratischen Legitimationsdefizit soll Art. 69 Abs. 2 entgegenwirken. 12

Um laufende Verhandlungen nicht durch frühzeitige Bekanntmachung zu gefährden, besteht die Informationspflicht nur gegenüber den *kantonsrätlichen Kommissionen* und nicht gegenüber dem Plenum, welches öffentlich tagt (Art. 53)[18]. 13

Art. 65 Abs. 2 statuiert eine *Pflicht des Regierungsrates*, von sich aus zu informieren. Es handelt sich somit um eine Bringschuld des Regierungsrates. In zeitlicher Hinsicht hat die Information laufend, d.h. kontinuierlich, zu erfolgen. In sachlicher Hinsicht muss sie umfassend sein[19]. Dementsprechend soll allgemein 14

---

[14] Dazu HAUSER, Art. 38 N. 40.
[15] HAUSER, Art. 56 N. 20. Vgl. auch RRB 1870/2005, S. 3. Dort äussert der Regierungsrat Bedenken darüber, ob gestützt auf Art. 69 Abs. 1 der Kantonsrat den Regierungsrat im Rahmen des Neuen Finanzausgleiches zur Änderung von Verträgen über interkantonale Zusammenarbeit mit Lastenausgleich ermächtigen könne. Sofern die Delegationsvoraussetzungen betreffend rechtsetzende Erlasse und Ausgaben beachtet werden, dies nach den obigen Ausführungen zulässig.
[16] HANGARTNER/KLEY, N. 1790. In diesem Sinne sind auch die Ausführungen im Rahmen der Plenumsdebatte um den vom Regierungsrat eingebrachten erweiterten Vorschlag zu verstehen, Prot. Plenum, S. 3044 f.; dazu N. 4.
[17] ABDERHALDEN, S. 189.
[18] Dazu auch N. 2; vgl. zu dieser Problematik ABDERHALDEN, S. 193 f. Zu Recht lehnt der Regierungsrat in seinem Bericht die Einsetzung einer ausserparlamentarischen Kommission ab (Bericht RR, S. 529 f.).
[19] Vgl. zur gleichnamigen Bestimmung im damaligen Geschäftsverkehrsgesetz der Bundesversammlung ABDERHALDEN, S. 247. Die Bestimmung wurde in Art. 152 des Parlamentsgesetzes weiter differenziert. Vgl. zur interkantonalen Zusammenarbeit der Parlamente und zu den Regelungen in den anderen Kantonen im Einzelnen, Bericht RR, S. 518 ff.

über Aussenbeziehungen, namentlich auch über die Tätigkeit in den Regierungsratskonferenzen[20], informiert werden.

15 Diese laufende und umfassende Informations- und Berichterstattungspflicht dient ebenso der Kontrolle des Regierungsrates[21]. Dies erscheint deshalb sinnvoll, weil der Regierungsrat grundsätzlich von sich aus Vertragsverhandlungen aufnimmt. In diesem Fall kann die zuständige Kommission rechtzeitig auf das kantonsrätliche Genehmigungsrecht gemäss Art. 56 Abs. 1 lit. c hinweisen. Die Informationspflicht ist nicht auf Verträge beschränkt, welche in die Zuständigkeit des Kantonsrates fallen[22]. Allerdings kann der Regierungsrat eine gewisse Gewichtung vornehmen und sich mit Hinweisen begnügen, wenn es sich um weniger wichtige Gegenstände handelt. Es ist den betreffen Kommissionsmitgliedern unbenommen, im Rahmen ihrer parlamentarischen Rechte weitere Informationen zu verlangen.

16 Während laufenden *Vertragsverhandlungen* wird der Regierungsrat die jeweils in der Sache zuständige Kommission in jeder Phase zu informieren haben, wobei die Informationspflicht bereits einsetzt, wenn es um ein Vorhaben geht, zu welchem noch keine konkrete Mandatserteilung für die Verhandlung erfolgt ist[23]. Dies ist gemäss Bericht des Regierungsrates denn auch so vorgesehen, wobei der Regierungsrat in den Phasen vor der Aufnahme der Vertragsverhandlungen nicht nur die zuständige Sachkommission, sondern den gesamten Kantonsrat einbeziehen möchte[24]. Mit der Vorlage der grundlegenden Inhalte des KEF (Art. 55), der ebenso die Richtlinien der Regierungspolitik enthält, soll der Kantonsrat erstmals zu den wichtigen Vorhaben in den Aussenbeziehungen des Kantons Stellung nehmen[25]. Ferner soll der Kantonsrat den Regierungsrat in einem bestimmten Rahmen auch zum Tätigwerden verpflichten können[26]. Schliesslich will der Regierungsrat dem Kantonsrat ein Recht einräumen, dass er zu einem Verhandlungsmandat konsultiert wird[27]. Für das weitere Verfahren, speziell die nachfolgende Vernehmlassung, lehnt der Regierungsrat weitere Mitwirkungs-

---

[20] Einen umfassenden Überblick über die interkantonalen Konferenzen bietet MEYER.
[21] ABDERHALDEN, S. 192.
[22] Dem Regierungsrat kann somit nicht gefolgt werden, wenn er die Anwendung von Art. 69 Abs. 2 praktisch auf interkantonale Verträge beschränken will, die in die Genehmigungskompetenz des Kantonsrates fallen. Umfassend ist die Information nur dann, wenn über sämtliche Gegenstände informiert wird. Das Mitwirkungsrecht des Kantonsrates ist durch Art. 59 Abs. 2 genügend eingeschränkt. Danach darf der Kantonsrat dem Regierungsrat nur im eigenen (kantonsrätlichen) Zuständigkeitsbereich verbindliche Aufträge erteilen.
[23] Damit reicht Art. 69 Abs. 2 klar weiter als § 7 Abs. 4 OG RR, welcher bloss bestimmt, dass der Regierungsrat den Kantonsrat über die Aussenbeziehungen informiert. Diese Bestimmung muss somit der neuen Kantonsverfassung angepasst werden. Vgl. auch Art. 152 ParlG.
[24] Bericht RR, S. 511, 523.
[25] Bericht RR, S. 524 mit Hinweisen auf die Umsetzung auf Gesetzesstufe.
[26] Dem Volk steht ein Initiativrecht zur Aufnahme von Vertragsverhandlungen über Gegenstände in seinem Zuständigkeitsbereich von Verfassungs wegen zu (Art. 23 lit. e), vgl. Bericht RR, S. 525; vgl. auch N. 5.
[27] Bericht RR, S. 527.

rechte des Kantonsrates jedoch ab[28]. Dies entspricht zwar grundsätzlich auch der Verfassung, welche dem Kantonsrat kein eigenständiges Vernehmlassungsrecht einräumt[29]. Indes ändert dies nichts an der verfassungsrechtlichen Pflicht des Regierungsrates, jedenfalls die zuständige kantonsrätliche Kommission zu informieren.

Ausserhalb von Vertragsverhandlungen ist die Information jeweils über Entwicklungen in den Aussenbeziehungen zu gewährleisten, wenn sich diesbezügliche Änderungen ergeben könnten, die sich auf den Kanton Zürich auswirken oder an welchen der Kanton Zürich beteiligt ist. Der Begriff «Vorhaben» ist nicht derart eng auszulegen, dass es sich dabei bloss um vom Regierungsrat des Kantons Zürich zu initiierende oder initiierte Vorhaben handelt[30]. Vielmehr ist allgemein über Vorhaben der Regierungsratskonferenzen zu informieren. Ebenso ist der Kantonsrat über für den Kanton relevante aussenpolitische Entscheide des Bundes zu informieren, soweit der Kanton vom Bund beigezogen wird[31]. 17

Die laufende und umfassende Information ist sowohl im internationalen wie auch im interkantonalen Verhältnis gefordert. Im *internationalen Verhältnis* kann beispielhaft auf die laufende Auseinandersetzung mit Deutschland über den Flughafen Kloten verwiesen werden, über welche laufend und umfassend zu informieren wäre. 18

Im *interkantonalen Verhältnis* hat die Bundesverfassung die Zusammenarbeit unter den Kantonen erheblich gestärkt[32]. Es seien an dieser Stelle zwei Beispiele erwähnt. Zum einen ermächtigt der noch nicht in Kraft gesetzte Art. 48 Abs. 4 BV die Kantone, Rechtsetzungsbefugnisse an interkantonale Organe zu übertragen. Zum andern sieht der neue Bildungsartikel für die Hochschulen in Art. 63a Abs. 4 BV vor, dass Bund und Kantone Verträge abschliessen und bestimmte Befugnisse an gemeinsame Organe übertragen können. Der zunehmende Zwang zur interkantonalen Zusammenarbeit macht es unerlässlich, die innerkantonalen demokratischen Mitwirkungsrechte und Kontrollen zu verstärken. 19

---

[28] Bericht RR, S. 527.
[29] Dazu Art. 71 N. 8.
[30] Zur Entstehungsgeschichte N. 2; insoweit zu eng Bericht RR, S. 517.
[31] Vgl. dazu Art. 71 N. 8.
[32] Vgl. ABDERHALDEN, S. 196 ff.; MEYER, S. 27 ff.

Art. 70

Leitung der Verwaltung

Der Regierungsrat leitet die kantonale Verwaltung und bestimmt im Rahmen des Gesetzes ihre Organisation.

Er sorgt dafür, dass die Verwaltung rechtmässig, effizient, kooperativ, sparsam und bürgerfreundlich handelt.

Er beaufsichtigt die weiteren Träger öffentlicher Aufgaben, soweit nach Gesetz nicht der Kantonsrat zuständig ist.

Materialien

Art. 76 VE; Prot. Plenum, S. 2207 ff.

Vgl. ferner Antrag und Weisung des Regierungsrates an den Kantonsrat zum Gesetz über die Organisation des Regierungsrates und der kantonalen Verwaltung, ABl 2004, S. 41 ff. (Weisung zum OG RR); Weisung des Regierungsrates zum Gesetz über Controlling und Rechnungslegung, ABl 2004, S. 112 ff. (Weisung zum CRG).

Literatur

BIAGGINI GIOVANNI, St. Galler Kommentar, Art. 178; DUBACH RETO, Art. 64, in: Dubach/Marti/Spahn, S. 195 ff.; EICHENBERGER § 90; HÄFELIN/MÜLLER/UHLMANN, Rz. 1238 ff., 1263, 1509 ff.; NUSPLIGER KURT, Regierung und Parlament, in: Kälin/Bolz, S. 149 ff.

Rechtsquellen

– Gesetz über die Organisation des Regierungsrates und der kantonalen Verwaltung vom 6. Juni 2005 (OG RR; LS 172.1)
– Gesetz über Controlling und Rechnungslegung vom 9. Januar 2006 (CRG; LS 611; OS 62, S. 354 ff.; teilweise in Kraft seit 1. Oktober 2007)

Übersicht	Note
1. Leitung der Verwaltung und Bestimmung ihrer Organisation (Abs. 1)	1
2. Handlungsgrundsätze der Verwaltung (Abs. 2)	5
3. Aufsicht über die weiteren Träger öffentlicher Aufgaben (Abs. 3)	11

1. Leitung der Verwaltung und Bestimmung ihrer Organisation (Abs. 1)

Mit der Zuständigkeit des Regierungsrates zur *Leitung* der Verwaltung ist eine andere Leitung angesprochen als diejenige in Art. 60, welche namentlich die Staatsleitung meint[1]. Die Leitung der Verwaltung bezieht sich vielmehr auf die

---

[1] Dazu Art. 60 N. 5 f.

oberste vollziehende Funktion des Regierungsrates[2]. Diese Leitungsfunktion umfasst die oberste Führungsfunktion des Regierungsrates gegenüber der Verwaltung und impliziert ebenso die Aufgabe, die Verwaltung zu steuern[3].

2 Der Regierungsrat als Kollegium steht an der Spitze der Verwaltungshierarchie. Das Hierarchieprinzip wird zwar mit dem Begriff «leiten» nicht ausdrücklich erwähnt. Die Kommission 3 wollte zunächst anstelle von «leiten» die Formulierung verwenden, dass der Regierungsrat der kantonalen Verwaltung «vorsteht»[4]. Insoweit wäre das Hierarchieprinzip auf Verfassungsstufe festgehalten worden[5]. Die Redaktionskommission hat in der Folge jedoch diesen Ausdruck durch das Wort «leiten» ersetzt mit der Begründung, dass das Wort Vorstehen eine «archaische, obrigkeitliche Formulierung sei»[6]. Dies bedeutet nicht, dass das Hierarchieprinzip damit abgeschafft und die Verantwortung des Regierungsrates eingeschränkt werden sollte. Mit dem Ausdruck «leiten» wird allerdings weit besser zum Ausdruck gebracht, dass der Regierungsrat die Verwaltung mit Zielvorgaben zu steuern hat und nicht eine durchgehende Determinierung erwartet wird[7].

3 Zur Führungsfunktion gegenüber der Verwaltung gehört ebenso die Pflicht zur *Organisation* derselben. Diese Kompetenz hat der Regierungsrat allerdings mit dem Gesetzgeber zu teilen. Nach Art. 38 Abs. 1 lit. c sind die wichtigen Bestimmungen über die Organisation in einem Gesetz im formellen Sinn festzulegen. Dem Verfassungsrat war es ein wichtiges Anliegen, eine Übereinstimmung mit Art. 38 Abs. 1 lit. c herbeizuführen und jegliche Missverständnisse, die ohne den Verweis hätten auftreten können, zu vermeiden[8]. Damit wird auch das Koordinationsprinzip zwischen dem Kantonsrat und dem Regierungsrat zum Ausdruck gebracht[9]. Im Rahmen des Gesetzes verfügt der Regierungsrat allerdings über einen erheblichen Spielraum[10]. Die entsprechende Delegationsnorm zur Regelung der Organisation durch den Regierungsrat findet sich in § 38 OG RR[11]. Gemäss § 38 Abs. 2 hat der Regierungsrat auf den Zusammenhang der Aufgaben, die Zweckmässigkeit der Führung, die Belastung der Direktionsvor-

---

[2] Dazu Art. 60 N. 7.
[3] § 32 OG RR. Die Steuerungsinstrumente sind im Einzelnen im CRG geregelt. Vgl. auch BIAGGINI, St. Galler Kommentar, Art. 178 Rz. 15.
[4] Prot. K3 vom 3. Juli 2002, S. 733.
[5] Zur gleichnamigen Formulierung im Kanton Aargau, § 90 Abs. 1 KV AG; dazu EICHENBERGER, § 90 N. 4.
[6] Prot. Plenum, S. 2207 ff.
[7] BIAGGINI, St. Galler Kommentar, Art. 178 Rz. 17; vgl. auch DUBACH, Art. 64, S. 195 f.
[8] Prot. Plenum, S. 2208.
[9] Dazu Art. 60 N. 3 mit weiteren Hinweisen.
[10] Geradezu von Organisationsautonomie zu sprechen, geht allerdings für das zürcherische Recht zu weit. Vgl. für den Kanton Bern aber NUSPLIGER, S. 173.
[11] Vgl. dazu auch Art. 65 N. 13.

steherin oder des Direktionsvorstehers sowie auf die sachliche und politische Ausgewogenheit unter den Direktionen zu achten.

Der Begriff der *Verwaltung* betrifft die der Zentralverwaltung zugeordneten Stellen, das heisst die Direktionen und die diesen unterstellten Abteilungen und Ämter. Die dezentrale Verwaltung hingegen fällt nicht darunter. Vielmehr ist jeweils aufgrund der in Frage stehenden Aufgabe und der Rechtsform der dezentralen Verwaltungseinheit zu bestimmen, wie weit diese in die Verwaltung eingebunden werden soll. Die Übertragung von öffentlichen Aufgaben an dezentrale Verwaltungseinheiten[12] ist wie deren Organisationsstruktur im Gesetz zu regeln (Art. 98). Desgleichen ergibt sich aus dem betreffenden Gesetz jeweils der Umfang der Aufsicht (Art. 70 Abs. 3).

2. Handlungsgrundsätze der Verwaltung (Abs. 2)

Die in Art. 70 Abs. 2 aufgezählten Handlungsgrundsätze der Verwaltung sind nicht abschliessend. Sie stimmen auch nicht wörtlich mit § 33 OG RR überein. Während § 33 OG RR die Grundsätze der Wirtschaftlichkeit, Bürgernähe und Nachhaltigkeit erwähnt, verwendet Art. 70 Abs. 2 die Begriffe «rechtmässig», «effizient», «kooperativ», «sparsam» und «bürgerfreundlich». Bei genauerem Hinsehen sind die von Art. 70 Abs. 2 vorgegebenen Handlungsgrundsätze jedoch im OG RR wie im CRG enthalten.

Art. 70 Abs. 2 verlangt vom Regierungsrat, dass er für die Einhaltung der Grundsätze sorgt. Das «sorgen für» bedeutet an dieser Stelle namentlich, dass der Regierungsrat die Verantwortung für die Einhaltung der Handlungsgrundsätze durch die Verwaltung trägt[13]. Demgemäss ist auch seine Aufsicht über die Verwaltung eine umfassende, was ebenso bedeutet, dass der Regierungsrat auch die Zweckmässigkeit des Verwaltungshandelns prüfen kann.

Den Grundsatz der *Rechtmässigkeit* der Verwaltung nennt die Verfassung an erster Stelle. Damit hat sich der Verfassungsgeber der vom Regierungsrat und Gesetzgeber mitgetragenen Vorstellung angeschlossen, dass mit dem Wechsel zur wirkungsorientierten Verwaltungsführung kein Paradigmawechsel in Bezug auf die rechtsstaatlichen Grundsätze – soweit ein solcher aufgrund der Bundesverfassung (Art. 5 BV[14]) überhaupt möglich ist – angestrebt werden soll. Ein Paradigmawechsel soll nur die Führung und Steuerung der Verwaltung betref-

---

[12] Dazu gehören sowohl juristische Personen des öffentlichen Rechts wie des Privatrechts; HÄFELIN/MÜLLER/UHLMANN, Rz. 1239.
[13] Dazu N. 2.
[14] Vgl. auch Art. 2 KV.

fen[15]. Zudem bedeutet die Rechtmässigkeit der Verwaltung, dass dort, wo die finanziellen Handlungsspielräume zur Rechtsverwirklichung nicht ausreichen, diese geschaffen werden müssen, ansonsten die Aufgabe zu überprüfen sowie das Recht selbst zu ändern ist[16]. In dieser Hinsicht trägt der Kantonsrat die Mitverantwortung für die Rechtmässigkeit des Verwaltungshandelns.

8   Mit der *Effizienz* und *Sparsamkeit* wird an die traditionellen Handlungsgrundsätze der Verwaltung angeknüpft. Effizienz bringt zunächst das Gebot der *Wirksamkeit* der staatlichen Verwaltung zum Ausdruck[17]. Mit der Effizienz wird zudem auch der Grundsatz der *Wirtschaftlichkeit* der Verwaltung angesprochen. Die Wirtschaftlichkeit der Verwaltung bedeutet, dass die Aufgabenerfüllung mit einem möglichst geringen Mitteleinsatz erfolgen soll[18]. Der Grundsatz der Sparsamkeit verlangt, dass die Ausgaben auf ihre Notwendigkeit und Tragbarkeit zu prüfen sind. Dies wird in Art. 95 Abs. 3 von der Verfassung noch einmal ausdrücklich verlangt.

9   Die *kooperative* Aufgabenerfüllung richtet sich an die Verwaltung selbst. Sie bedeutet, dass die Verwaltungsführung nicht allein von oben nach unten («top-down») zu erfolgen hat, sondern ebenso «bottom-up», d.h. von unten nach oben. § 33 Abs. 3 OG RR hält dementsprechend als Handlungsgrundsatz fest, dass auch die Verwaltung wichtige Entwicklungen zu verfolgen hat, den Handlungsbedarf prüft und dem Regierungsrat entsprechende Ziele, Mittel und Massnahmen vorzuschlagen und Umsetzungsmöglichkeiten zu erarbeiten hat. Die kooperative Erledigung der Verwaltungsaufgaben geht indessen weiter. Sie bedeutet gleichermassen, dass die verschiedenen Verwaltungsabteilungen ihre Tätigkeit zu koordinieren haben. Die Koordination der Verwaltungstätigkeit insgesamt ist Aufgabe der Staatskanzlei (§ 26 Abs. 2 lit. b OG RR).

10 Die *Bürgernähe* als Handlungsgrundsatz der Verwaltung schliesslich ist ebenso ein Element der wirkungsorientierten Verwaltungsführung. Damit soll die Wirkung der Verwaltungstätigkeit auf die Privaten mitberücksichtigt werden[19].

---

[15] Weisung zum OG RR, S. 75 f.; Prot. K3 vom 2. Mai 2002, S. 593.
[16] Weisung zum CRG, S. 158; HAUSER, Art. 56 N. 6.
[17] EICHENBERGER, § 90 N. 12. Der Begriff der Wirksamkeit wird ebenso in Art. 95 Abs. 2 erwähnt und knüpft an das Prinzip der wirkungsorientierten Verwaltungsführung an; die gesetzliche Grundlage hierfür ist § 2 CRG.
[18] Weisung zum OG RR, S. 76; Weisung zum CRG, S. 158.
[19] Zu Recht kritisch zum Begriff des «Kunden» HÄFELIN/MÜLLER/UHLMANN, Rz. 1263.

3. Aufsicht über die weiteren Träger öffentlicher Aufgaben (Abs. 3)

Die Aufsichtskompetenz des Regierungsrates über die weiteren Träger öffentlicher Aufgaben besteht nur insoweit, als diese Aufsicht nicht durch den Kantonsrat ausgeübt wird.

Die Träger öffentlicher Aufgaben können solche der dezentralen Verwaltung[20] oder Private, z.B. Konzessionäre, sein[21].

Ob der Regierungsrat oder der Kantonsrat die Aufsicht über einen Träger bzw. eine Trägerin öffentlicher Aufgaben wahrzunehmen hat, bestimmt der Gesetzgeber. Bei den Anstalten unterscheidet der Gesetzgeber häufig zwischen der Oberaufsicht, die jeweils dem Kantonsrat obliegt, und der Aufsicht, welche entweder dem Regierungsrat oder aber einer anderen Instanz zukommt. Der kantonsrätlichen Oberaufsicht untersteht beispielsweise die Zürcher Kantonalbank[22]. Die kantonale Gebäudeversicherung sodann untersteht ebenfalls der Oberaufsicht des Kantonsrates; die Aufsicht wird vom Regierungsrat ausgeübt[23].

Unter Umständen drängt sich auf, die Aufsicht einer beratende Kommission zu delegieren, wenn die Trägerin oder der Träger öffentlicher Aufgaben nur mit spezifischem Fachwissen beaufsichtigt werden kann. Dies ist in § 28 lit. c OG RR so vorgesehen[24]. Im Hinblick auf die klare Zuweisung der Aufsichtsfunktion an den Regierungsrat gemäss Art. 70 Abs. 3 hat indessen der Regierungsrat die Verantwortung für die genügende Aufsicht zu übernehmen.

Bezüglich der öffentlichen Unternehmen in Privatrechtsform und den gemischtwirtschaftlichen Unternehmen ist zunächst zu prüfen, inwiefern eine solche Unternehmung überhaupt eine öffentliche Aufgabe des Kantons wahrnimmt. Ist dies wie z.B. bei der Flughafen Zürich AG nicht der Fall, kann keine weiter gehende Aufsicht ausgeübt werden, als sie das Obligationenrecht zulässt[25]. In solchen Fällen wird die Aufsichtsfunktion in erster Linie von der Generalversammlung und der Revisionsstelle ausgeübt. Der Kanton ist dabei auf die Ausübung der Aktionärsrechte sowie auf sein allfälliges Vertretungsrecht im Verwaltungsrat beschränkt[26].

---

[20] Vgl. zur Aufsicht über die Gemeinden JAAG, Art. 94 N. 8 f.
[21] Vgl. zur Systematik HÄFELIN/MÜLLER/UHLMANN, Rz. 1238 ff., 1509 ff.
[22] §§ 11 f. Gesetz über die Zürcher Kantonalbank vom 28. September 1997 (LS 951.1).
[23] §§ 4 f. Gesetz über die Gebäudeversicherung vom 2. März 1975 (LS 862.1). Dieselbe Aufteilung zwischen Oberaufsicht und Aufsicht sehen §§ 25 f. des Gesetzes über die Universität Zürich vom 15. März 1998 (LS 415.11) vor.
[24] Weisung zum OG RR, S. 73.
[25] Für die Träger öffentlicher Aufgaben vgl. Art. 98 Abs. 4 lit. e.
[26] Vgl. §§ 17 ff. Gesetz über den Flughafen Zürich vom 12. Juli 1999 (LS 748.1); vgl. auch § 8 Abs. 2 lit. b OG RR.

16 Der *Umfang der Aufsicht* ergibt sich aus den jeweiligen Sachgesetzen[27]. Dabei wird dort, wo den Trägern der öffentlichen Aufgaben Autonomie zukommt, keine Zweckmässigkeitsprüfung vorgenommen werden dürfen[28]. Art. 99 Abs. 2 hält für Träger, die im Rahmen eines Leistungsauftrages öffentliche Aufgaben erfüllen, fest, dass das dort vorgesehene unabhängige Aufsichtsorgan regelmässig die *Qualität* und die *Wirtschaftlichkeit* der Auftragserfüllung prüfen muss[29].

---

[27] Vgl. auch § 8 Abs. 2 OG RR.
[28] Vgl. auch Dubach, Art. 64, S. 197.
[29] Dazu A. Müller, Art. 99 N. 26 ff.; vgl. auch Art. 63 N. 17.

Art. 71

Weitere Aufgaben

Der Regierungsrat:
a) wahrt die öffentliche Ordnung und Sicherheit;
b) bereitet Wahlen und Abstimmungen vor und führt sie durch;
c) vertritt den Kanton nach innen und aussen;
d) nimmt die ihm übertragenen Wahlen vor;
e) vollzieht die vollstreckbaren Urteile;
f) berichtet dem Kantonsrat jährlich über seine Tätigkeit;
g) äussert sich zu Vernehmlassungsvorlagen und im Hinblick auf aussenpolitische Entscheide des Bundes und teilt seine Stellungnahmen dem Kantonsrat mit.

Er erfüllt alle in Verfassung und Gesetz genannten weiteren Aufgaben, soweit sie nicht einer anderen Behörde zugewiesen sind.

Materialien

Art. 77 VE; Prot. Plenum, S. 710, 892 ff., 2258, 3046.

Literatur

BIAGGINI GIOVANNI, St. Galler Kommentar, Art. 187; EICHENBERGER § 80, § 89; EICHENBERGER KURT, Kommentar BV, Art. 102 aBV; MASTRONARDI PHILIPPE, St. Galler Kommentar, Art. 173 Abs. 2.

Rechtsquellen

– Gesetz über die politischen Rechte vom 1. September 2003 (GPR; LS 161)
– Gesetz über die Organisation des Regierungsrates und der kantonalen Verwaltung vom 6. Juni 2005 (OG RR; LS 172.1)
– Gesetz über den Rechtsschutz in Verwaltungssachen (Verwaltungsrechtspflegegesetz, VRG; LS 175.2)

Übersicht

	Note
1. Weitere Aufgaben des Regierungsrates (Abs. 1)	1
2. Subsidiäre Generalkompetenz des Regierungsrates (Abs. 2)	9

1. Weitere Aufgaben des Regierungsrates (Abs. 1)

In Art. 71 Abs. 1 werden dem Regierungsrat spezifische Tätigkeitsfelder zugewiesen, welche für das demokratische und rechtsstaatliche Staatswesen von zentraler Bedeutung sind. Diese Kompetenzbestimmung bedeutet einerseits, dass dem Regierungsrat die Befugnis zukommt, in den genannten Bereichen tätig zu werden. Andererseits bedeutet die Bestimmung jedoch ebenso eine Pflicht des Regierungsrates, die zur Aufgabenerfüllung notwendigen Handlungen vorzu-

1

nehmen[1]. Dabei ist der Regierungsrat stets an die rechtsstaatlichen Grundsätze gemäss Art. 2 wie auch an die Grundrechte gebunden[2].

2 Die *Wahrung der öffentlichen Ordnung und Sicherheit (lit. a)*[3] gibt dem Regierungsrat die Organkompetenz zur Erfüllung dieser Staatsaufgabe, wie sie für den Kanton und die Gemeinden in Art. 100 festgehalten wird[4]. Wenn die Verfassung die Zuständigkeit des Regierungsrates an erster Stelle erwähnt, wird auch das Gewicht dieser existenziellen Staatsaufgabe betont. Bei der Erfüllung dieser Aufgabe hat sich der Regierungsrat allerdings an das Gesetz zu halten. Besteht für eine Handlung keine genügende gesetzliche Grundlage, kann er sich im Einzelfall auf seine Notstandskompetenz gemäss Art. 72 berufen.

3 Die *Vorbereitung und Durchführung von Wahlen und Abstimmungen (lit. b)* überbindet dem Regierungsrat die Verantwortung dafür, dass die Wahlen ordnungsgemäss vorbereitet und durchgeführt werden[5]. Seine Verantwortung nimmt der Regierungsrat auch dadurch wahr, dass er bei kantonalen Wahlen und Abstimmungen Rekursinstanz ist[6].

4 Die *Vertretung des Kantons nach innen und aussen (lit. c)* verpflichtet den Regierungsrat, den Kanton nach innen und aussen zu repräsentieren. Der Regierungsrat ist damit ermächtigt, für den Kanton Verpflichtungen einzugehen. Andererseits wird mit dieser Verfassungsnorm auch sichergestellt, dass der Kanton durch ein einheitliches Auftreten z.B. gegenüber den Gemeinden repräsentiert wird[7]. Ferner obliegt es dem Regierungsrat, den Kanton in Streitfällen zu vertreten.

5 Der Regierungsrat hat sodann seine Zuständigkeit bezüglich der ihm übertragenen *Wahlen (lit. d)* wahrzunehmen. Diese Kompetenz wird ihm jeweils durch ein Gesetz übertragen. Die Wahlkompetenzen des Regierungsrates sind nicht sehr weit ausgebaut. Dies dürfte in Zusammenhang mit der Abschaffung des Beamtenstatus und der festen Amtsdauer für die Bediensteten stehen. Selbst der Staatsschreiber bzw. die Staatsschreiberin wird vom Regierungsrat angestellt[8]. Wahlkompetenzen des Regierungsrates sind hingegen dort zu finden, wo eine staatliche Anstellung ausgeschlossen ist, wie etwa bei der Wahl des Universitätsrates[9], des Fachhochschulrates[10] und des Verwaltungsrates der Gebäudever-

---

[1] Vgl. auch BIAGGINI, St. Galler Kommentar, Art. 187 Rz. 3; EICHENBERGER, Kommentar BV, Art. 102 aBV Rz. 3
[2] Ebenso RÜSSLI, Art. 100 N. 7 ff.
[3] Zum Begriff vgl. RÜSSLI, Art. 100 N. 3 ff.
[4] Vgl. auch EICHENBERGER, § 89 N. 9; EICHENBERGER, Kommentar BV, Art. 102 aBV Rz. 6.
[5] Die Vorbereitung und Durchführung von Wahlen und Abstimmungen ist in Art. 1 ff. GPR geregelt.
[6] § 149 Abs. 2 GPR; § 43 lit. a i.V.m. § 19c Abs. 2 VRG.
[7] EICHENBERGER, § 80 N. 11.
[8] Vgl. § 25 Abs. 1 OG RR.
[9] § 26 Abs. 3 Ziff. 3 des Gesetzes über die Universität Zürich vom 15. März 1998 (LS 415.11).
[10] § 18 Abs. 2 Ziff. 6 des Gesetzes über die Fachhochschulen und die Höheren Fachschulen vom 27. September 1998 (LS 414.11).

sicherungsanstalt[11]. Demgegenüber wird die Kompetenz des Regierungsrates, die Mitglieder von Spezialverwaltungsgerichten zu wählen, wegfallen, weil die Wahl der Mitglieder von Gerichten, die für das gesamte Kantonsgebiet zuständig sind, in die Kompetenz des Kantonsrats fällt (Art. 75)[12].

Der *Vollzug der vollstreckbaren Urteile (lit. e)* bildet eine weitere Pflicht des Regierungsrates im Bereich der Rechtsdurchsetzung[13]. Die oberste Verantwortung für den Justizvollzug betrifft einerseits die Vollstreckung der zivilrechtlichen Urteile, andererseits der Strafurteile und schliesslich ebenso der verwaltungsgerichtlichen Urteile. Was die Kompetenzaufteilung zwischen Bund und Kantonen angeht, so ist der Vollzug der Urteile zum Teil bundesrechtlich geregelt. Die Vollstreckung von Geldforderungen wird vom Bundesgesetz über Schuldbetreibung und Konkurs erfasst. Der Vollzug des SchKG obliegt jedoch wiederum den Kantonen[14]. Die Strafen sodann sind ebenso im StGB geregelt, aber von den Kantonen zu vollstrecken[15]. Für die Durchsetzung der verwaltungsgerichtlichen Urteile sind – je nach Rechtsstreit – unter Umständen die Gemeindebehörden zuständig. Die Verfassung verwendet den Begriff der vollstreckbaren und nicht der rechtskräftigen Urteile. Damit wird dem Umstand Rechnung getragen, dass Urteile, gegen welche noch ein ausserordentliches Rechtsmittel ergriffen wird, grundsätzlich nicht vollstreckt werden, auch wenn diesem keine aufschiebende Wirkung zukommt[16]. 6

Der *Geschäftsbericht an den Kantonsrat (lit. f)* bildet ein wesentliches Instrument zur Ausübung der Oberaufsicht durch das Parlament (Art. 57)[17]. Der Geschäftsbericht ist ein Instrument zur nachträglichen Kontrolle der Tätigkeit des Regierungsrates und der Verwaltung; sie soll die politische Verantwortlichkeit öffentlich sichtbar machen. Der Geschäftsbericht ist dem Kantonsrat jährlich vorzulegen. 7

Die regierungsrätliche Zuständigkeit, sich zu *Vernehmlassungsvorlagen und im Hinblick auf aussenpolitische Entscheide des Bundes (lit. g)* zu äussern und seine Stellungnahme dem Kantonsrat mitzuteilen, ist einerseits, was die Vernehmlassungsvorlagen angeht, im Zusammenhang mit Art. 33 lit. b i.V.m. 8

---

[11] § 7 Abs. 1 Ziff. 2 des Gesetzes über die Gebäudeversicherung vom 2. März 1975 (LS 862.1).
[12] Vgl. etwa noch § 75 des Gesetzes über die Gebäudeversicherung vom 2. März 1975 (LS 862.1); § 112 Steuergesetz vom 18. Juni 1997 (LS 631.1).
[13] Zur allgemeinen Vollzugskompetenz des Regierungsrates Art. 60 Abs. 1.
[14] Einführungsgesetz zum Bundesgesetz über Schuldbetreibung und Konkurs vom 27. Mai 1913 (EG zum SchKG; LS 281).
[15] Gesetz über das kantonale Strafrecht und den Vollzug von Strafen und Massnahmen vom 30. Juni 1974 (Kantonales Straf- und Vollzugsgesetz, StVG; LS 331).
[16] Vgl. Prot. K3 vom 7. Februar 2002, S. 439. Vgl. etwa für die subsidiäre Verfassungsbeschwerde, Art. 117 i.V.m. Art. 103 BGG.
[17] HAUSER, Art. 57 N. 2 f., 22.

Art. 59 Abs. 2 lit. a[18] und andererseits, was die aussenpolitischen Entscheide des Bundes betrifft, im Zusammenhang mit Art. 69 Abs. 2 zu sehen[19]. Die primäre Zuständigkeit des Regierungsrates für Stellungnahmen in Vernehmlassungsverfahren des Bundes war im Verfassungsrat umstritten. Anträge, die Zuständigkeit dem Kantonsrat zuzuweisen, lehnte der Verfassungsrat allerdings ab[20]. Auf der anderen Seite besteht indessen ein Referendumsrecht bei Vernehmlassungen, welche von grundlegender Bedeutung sind, langfristige Auswirkungen auf die allgemeinen Lebensgrundlagen haben und auf Bundesebene nicht dem Referendum unterstellt sind (Art. 33 Abs. 1 lit. f), wobei sich das Referendum auf die Grundzüge der Vernehmlassung beschränkt. Da das Referendum nicht an einen Beschluss des Regierungsrates anknüpft, hat der Kantonsrat in dem Umfang über Vernehmlassungen Beschluss zu fassen, in welchem das Referendum ergriffen werden kann (Art. 59 Abs. 2 lit. a)[21]. Insoweit wird somit die Zuständigkeit des Regierungsrates eingeschränkt. Ebenso bleibt die Pflicht zur Information des Kantonsrates gestützt auf Art. 69 Abs. 2 vorbehalten.

2. Subsidiäre Generalkompetenz des Regierungsrates (Abs. 2)

9   Im Gegensatz zur Bundesverfassung weist die Kantonsverfassung die Auffangkompetenz nicht dem Parlament, sondern dem Regierungsrat zu[22]. Dies ändert indessen nichts daran, dass sich das Handeln des Regierungsrates stets auf eine gesetzliche Grundlage abstützen muss und der Regierungsrat insbesondere keine Verordnungen erlassen kann, die sich nicht auf ein bereits bestehendes Gesetz beziehen, seien dies Vollziehungsverordnungen, seien dies Delegationsverordnungen. Diese subsidiäre Generalkompetenz kann demgemäss auch nicht als Auslegungsregel herbeigezogen werden und gar eine Kompetenzvermutung zugunsten des Regierungsrates begründen. Allerdings hat diese Bestimmung insoweit Bedeutung, als die in Art. 50 ff. angeführten Kompetenzen des Kantonsrats abschliessend zu verstehen sind. Soweit keine gesetzliche Regelung zu erlassen ist, kommt dem Regierungsrat die Handlungszuständigkeit zu. Erwähnt wird in diesem Zusammenhang namentlich der in der Kantonsverfassung nicht geregelte Staatsnotstand[23].

---

[18] HAUSER, Art. 59 N. 5.
[19] Dazu Art. 69 N. 17.
[20] Prot. Plenum, S. 892 ff., 2258, 3046.
[21] SCHUHMACHER, Art. 33 N. 36.
[22] Art. 173 Abs. 2 BV; MASTRONARDI, St. Galler Kommentar, Art. 173 Rz. 121 ff.
[23] Vgl. Prot. Plenum, S. 710. Der Staatsnotstand ist vom Notverordnungsrecht zu unterscheiden; dazu TSCHANNEN, § 10 Rz. 12; MASTRONARDI, St. Galler Kommentar, Art. 173 Rz. 127.

Art. 72

Notstand

Ist die öffentliche Sicherheit schwerwiegend gestört oder unmittelbar bedroht, so kann der Regierungsrat auch ohne gesetzliche Grundlage Massnahmen ergreifen und insbesondere Notverordnungen erlassen.

Notverordnungen unterbreitet er unverzüglich dem Kantonsrat zur Genehmigung. Sie fallen spätestens ein Jahr nach ihrem Inkrafttreten dahin.

Materialien

Prot. Plenum, S. 853 ff., 855, 3031 ff.

Literatur

BOLZ URS, Art. 91, in: Kälin/Bolz; DUBACH RETO, Art. 68, in: Dubach/Marti/Spahn, S. 210 ff.; HÄFELIN/MÜLLER/UHLMANN, Rz. 2431 ff.; MÜLLER MARKUS, Legalitätsprinzip – Polizeiliche Generalklausel – Besonderes Rechtsverhältnis. Gedanken zu einem neuen Bundesgerichtsentscheid betreffend die Frage der Zwangsmedikation im fürsorgerischen Freiheitsentzug (BGE 126 I 112 ff.), ZBJV 136/2000, S. 725 ff.; REINHARD HANS, Allgemeines Polizeirecht. Aufgaben, Grundsätze und Handlungen, Diss. (Bern), Bern/Stuttgart/Wien 1993; RHINOW, Rz. 1119 ff.; SCHWEIZER RAINER J., St. Galler Kommentar, Art. 36; SAXER URS, St. Galler Kommentar, Art. 185; TSCHANNEN, § 10; TSCHANNEN/ZIMMERLI, §§ 52 ff.

Übersicht	Note
1. Entstehungsgeschichte	1
2. Die polizeiliche Generalklausel (Abs. 1)	3
3. Genehmigung durch den Kantonsrat und einjährige Geltungsdauer der Notverordnungen (Abs. 2)	9

1. Entstehungsgeschichte

Im Rahmen der Vorberatung stellte die Kommission 3 zunächst den Antrag, dass die sozialen und wirtschaftlichen Notstände ebenfalls zu erfassen sind. Der Verfassungsrat folgte jedoch dem Antrag der FDP auf Streichung der wirtschaftlichen und sozialen Notstände[1]. Die Sprecherin der FDP-Fraktion führte dazu aus, dass vom Notverordnungsrecht «nur die sogenannten Polizeigüter, wie öffentliche Ordnung, Sicherheit und Gesundheit, erfasst werden sollten». Weiter hielt sie fest, dass davon ausgegangen werden könne, dass bei Notständen, die in wirtschaftlichen oder sozialen Problemen gründeten und letztlich ebenfalls zu einer Gefährdung der Polizeigüter führen würden, der Regierungsrat auf das

---

[1] Prot. Plenum, S. 853 ff.

Notverordnungsrecht zurückgreifen könne. Ebenso wurde auf die Unbestimmtheit der Begriffe «sozialer» und «wirtschaftlicher Notstand» hingewiesen[2].

2 Im Zusammenhang mit den Beratungen über die Rechtsetzungskompetenzen gemäss Art. 67 stellte der Regierungsrat den Antrag, die Kompetenzen zum Erlass von Dringlichkeitsrecht zu erweitern. Der Antrag des Regierungsrates sah vor, dass er in Fällen zeitlicher Dringlichkeit Bestimmungen, die zur Einführung von übergeordnetem Recht nötig sind, erlassen kann[3]. Der Verfassungsrat wollte dem Regierungsrat jedoch keine solche Hintertür öffnen und wies darauf hin, dass das ordentliche Gesetzgebungsverfahren zu durchlaufen sei und der Bundesgesetzgeber den Kantonen überdies regelmässig Übergangsfristen einräume[4]. Dazu kommt, dass zuweilen auch der Bundesgesetzgeber den kantonalen Regierungen die Kompetenz einräumt, vorübergehend Verordnungen zu erlassen[5]. In der Kommission 3 wurde zudem auf den Ausnahmefall verwiesen, als es das Bundesgericht zuliess, dass vorübergehend eine Regelung getroffen werden durfte und nicht zunächst das formelle Gesetzgebungsverfahren zu durchlaufen war, um die gerichtliche Zuständigkeit in Übereinstimmung mit Art. 6 EMRK (bzw. Art. 5 Ziff. 4 EMRK) zu bringen[6]. In diesem Fall ging es darum, der Rechtsprechung des Europäischen Gerichtshofes für Menschenrechte sofort zum Durchbruch zu verhelfen.

2. Die polizeiliche Generalklausel (Abs. 1)

3 Die polizeiliche Generalklausel erlaubt es der Exekutive, in Fällen zeitlicher Dringlichkeit bei schwerer Störung der öffentlichen Ordnung und Sicherheit ohne gesetzliche Ermächtigung entweder im Einzelfall Massnahmen zu ergreifen oder Verordnungen zu erlassen[7]. Davon geht auch Art. 72 Abs. 1 aus[8].

4 Die polizeiliche Generalklausel gilt entweder als geschriebener oder ungeschriebener Grundsatz des kantonalen Verfassungsrechts[9]. Darauf nimmt Art. 36 Abs. 1 BV Bezug, auf welchen Art. 10 Abs. 2 verweist. Nach Art. 36 Abs. 1 BV müssen schwerwiegende Einschränkungen von Grundrechten in Fällen «ernster, unmittelbarer und nicht anders abwendbarer Gefahr» nicht im Gesetz selbst

---

[2] Prot. Plenum, S. 855.
[3] So etwa Art. 88 Abs. 2 KV BE; Art. 68 Abs. 3 KV SH; dazu DUBACH, Art. 68, S. 210 ff.
[4] Prot. Plenum, S. 3031 ff.
[5] Art. 52 Abs. 2 ZGB, Einführungs- und Übergangsbestimmungen; Art. 130 Abs. 3 BGG.
[6] Vgl. BGE 116 Ia 66 ff., 68 ff.; Prot. K3 vom 29. Januar 2004, S. 1124.
[7] HÄFELIN/MÜLLER/UHLMANN, Rz. 2467.
[8] Ebenso § 9 des Entwurfs für ein Polizeigesetz vom 5. Juli 2006, ABl 2006, S. 856 ff.
[9] BGE 128 I 327 ff., 340 f.; RHINOW, Rz. 1121. In der Bundesverfassung findet sich für die polizeilichen Notmassnahmen eine ausdrückliche Grundlage, Art. 185 Abs. 3 BV; ebenso etwa im Kanton Bern, Art. 28 Abs. 1 KV BE.

vorgesehen sein. Art. 36 Abs. 1 BV erwähnt zwar die öffentlichen Interessen nicht, welche gefährdet sein müssen, damit ein schwerwiegender Eingriff in die Grundrechte ohne gesetzliche Grundlage zulässig ist. Von der Lehre und Praxis wird jedoch verlangt, dass es dabei um eine schwere Störung der *Polizeigüter* (öffentliche Sicherheit und Ordnung, öffentliche Gesundheit, öffentliche Sittlichkeit und Treu und Glauben im Geschäftsverkehr)[10] gehen müsse[11]. Aus der Entstehungsgeschichte ergibt sich für den Kanton Zürich ebenfalls, dass Notmassnahmen und Notrecht nur zum Schutz der Polizeigüter ergehen können[12].

Damit die polizeiliche Generalklausel angerufen werden kann, müssen weitere Voraussetzungen erfüllt sein, welche auch für die Anwendung von Art. 72 gelten. Nach dem Wortlaut von Art. 72 Abs. 1 muss zunächst die *schwere Störung* der öffentlichen Ordnung bereits eingetreten sein oder aber *unmittelbar* bevorstehen[13]. 5

Weiter muss nach den allgemeinen Grundsätzen auch die *zeitliche Dringlichkeit* gegeben sein. Dieses Erfordernis verlangt, dass die Gefahr bzw. die Störung unvorhersehbar gewesen war. Typische und erkennbare Gefährdungslagen, die trotz Kenntnis nicht normiert wurden, können nicht aufgrund der polizeilichen Generalklausel geregelt werden[14]. 6

Schliesslich dürfen auch keine gesetzlichen Mittel vorhanden sein, um der konkreten Gefahr zu begegnen[15]. Hat der Gesetzgeber legiferiert, so sind die dort vorgesehenen Mittel zu ergreifen *(Grundsatz der Subsidiarität)*[16]. Ein Notverordnungsrecht contra legem ist somit ausgeschlossen[17]. 7

Eine auf die polizeiliche Generalklausel abgestützte Massnahme muss zudem verhältnismässig sein und sich prinzipiell gegen den Störer richten. Insgesamt muss sich die Notverordnung an die Verfassung halten[18]. 8

---

[10] Zu den Polizeigütern HÄFELIN/MÜLLER/UHLMANN, Rz. 2433 ff.; REINHARD, S. 59 ff.; RÜSSLI, Art. 100 N. 3 ff.
[11] SCHWEIZER, St. Galler Kommentar, Art. 36 Rz. 16; HÄFELIN/MÜLLER/UHLMANN, Rz. 2467, sowie TSCHANNEN/ZIMMERLI, § 54 Rz. 5, auch zum Folgenden. Das Bundesgericht drückt sich nunmehr allgemeiner aus und spricht von der Bedrohung «fundamentaler Rechtsgüter»; BGE 126 I 112 ff., 118; 128 I 327 ff., 340 f.; 130 I 369 ff., 372 ff.; vgl. auch RHINOW, Rz. 1119 ff. Inwiefern damit eine Abkehr vom herkömmlichen Geltungsbereich der polizeilichen Generalklausel einhergeht, ist offen; jedenfalls ging das Bundesgericht in BGE 126 I 112 ff. sehr weit, als es die Zwangsmedikation auf die polizeiliche Generalklausel abstützte; kritisch dazu auch M. MÜLLER, S. 725 ff.
[12] Vgl. dazu N. 1.
[13] REINHARD, S. 160; BGE 128 I 327 ff., 336.
[14] BGE 130 I 369 ff., 381; 121 I 22 ff., 28; REINHARD, S. 161; RÜSSLI, Art. 100 N. 8.
[15] BGE 130 I 369 ff., 381.
[16] REINHARD, S. 161 f.
[17] SAXER, St. Galler Kommentar, Art. 185 Rz. 41; das polizeiliche Notrecht beschränkt sich auf Massnahmen praeter legem.
[18] REINHARD, S. 162. Das Bundesgericht lässt Massnahmen aufgrund der polizeilichen Generalklausel gegen Nichtstörer nur ausnahmsweise zu; BGE 103 Ia 310 ff., 315; dazu HÄFELIN/HALLER, N. 546. TSCHANNEN/ZIMMERLI, § 54 Rz. 7 verwenden für diese Fälle den Begriff des Polizeinotstandes; dieser Begriff ist

3. Genehmigung durch den Kantonsrat und einjährige Geltungsdauer der Notverordnungen (Abs. 2)

9   Die Verordnung ist vom Kantonsrat genehmigen zu lassen[19]. Damit wird die demokratische Kontrolle über das regierungsrätliche Notverordnungsrecht sichergestellt. Der Regierungsrat hat die kantonsrätliche Genehmigung sofort einzuholen. Der Kantonsrat wird dabei eine Rechtskontrolle durchzuführen und zu prüfen haben, ob die Voraussetzungen zum Erlass einer Notverordnung erfüllt sind. Verweigert der Kantonsrat die Genehmigung, so wird die Verordnung dahinfallen.

10 Abs. 2 beschränkt sich auf die Notverordnungen. Notverfügungen unterliegen nicht der kantonsrätlichen Genehmigungspflicht und sind demzufolge stets auf dem Rechtsmittelweg anzufechten[20].

11 Die Verfassung beschränkt die Geltungsdauer der Notverordnung auf ein Jahr[21]. Der Verfassungsgeber geht somit davon aus, dass der Gesetzgeber innerhalb eines Jahres ein Gesetz erlassen kann, sofern er es für notwendig erachtet, die Verordnung in ein Gesetz zu überführen. Es wird am Regierungsrat liegen, gegebenenfalls mit der Vorlage der Verordnung zur Genehmigung dem Kantonsrat einen entsprechenden Gesetzesentwurf zu unterbreiten, falls die schwere Störung oder Gefahr der öffentlichen Ordnung anhält. Ebenso kann der Kantonsrat mittels parlamentarischer Initiative einen entsprechenden Gesetzesvorschlag ausarbeiten.

12 Eine Verlängerung der Notverordnung ist grundsätzlich ausgeschlossen. Nach Ablauf eines Jahres fällt die Notverordnung ohne weiteres dahin. Mangels weiterer verfassungsmässiger Grundlage könnte eine formell nicht ausser Kraft gesetzte Verordnung nicht weiter angewendet werden. Dauert die schwere Störung der öffentlichen Ordnung und Sicherheit an und wurde kein Gesetz erlassen, ist zwar der Erlass einer neuen Notverordnung denkbar. In diesem Fall wäre jedoch die Unvorhersehbarkeit der andauernden Störung besonders begründungsbedürftig[22].

---

jedenfalls zu unterscheiden vom Begriff des Staatsnotstandes; REINHARD, S. 165. Zum Begriff des Staatsnotstandes auch TSCHANNEN, § 10 Rz. 12; zum Störerprinzip auch RÜSSLI, Art. 100 N. 11.

[19] Auch der Gesetzgeber kann die Genehmigung regierungsrätlicher Verordnungen durch den Kantonsrat vorbehalten; vgl. HAUSER, Art. 38 N. 48.

[20] Vgl. auch BOLZ, Art. 91 Rz. 4.

[21] Keiner zeitlichen Beschränkung unterliegen Notverfügungen; deren zeitlicher Geltungsbereich richtet sich nach dem Verhältnismässigkeitsprinzip.

[22] Art. 185 Ziff. 3 BV verlangt bloss die Befristung von Verordnungen; eine Verlängerung der Frist wird grundsätzlich als zulässig angesehen, soweit die Voraussetzungen für das Notrecht weiterhin gegeben sind; vgl. SAXER, St. Galler Kommentar, Art. 185 Rz. 43 f.

D. Rechtspflege
Vorbemerkungen zu Art. 73–79

Materialien

Art. 79–86 VE; Prot. Plenum, S. 216 ff., 297 ff., 1234 ff., 1238 ff., 1289 ff., 1865 ff., 2211 ff., 2217 ff., 3048 f., 3321 ff.

Literatur

AUER CHRISTOPH, Auswirkungen der Reorganisation der Bundesrechtspflege auf die Kantone, ZBl 107/2006, S. 126 ff.; EHRENZELLER BERNHARD/SCHWEIZER RAINER J. (Hrsg.), Die Reorganisation der Bundesrechtspflege – Neuerungen und Auswirkungen in der Praxis, St. Gallen 2006; GÄCHTER THOMAS, Rechtsweg-Garantie: Ein Grundrecht auf Raten, plädoyer 3/2006, S. 31 ff.; GÄCHTER THOMAS/THURNHERR DANIELA, Neues Bundesgerichtsgesetz: Rechtsschutz gewährt, plädoyer 2/2006, S. 32 ff.; HÄFELIN/HALLER/KELLER; HAEFLIGER ARTHUR/SCHÜRMANN FRANK, Handbuch der Europäischen Menschenrechtskonvention (EMRK), 2. Aufl., Bern 1999; HÄNER ISABELLE, Rechtsschutz und Rechtspflegebehörden in der neuen Zürcher Kantonsverfassung, in: Materialien zur Zürcher Verfassungsreform, Bd. 9, S. 139 ff.; HAUSER/SCHWERI, Kommentar GVG; HAUSER ROBERT/SCHWERI ERHARD/HARTMANN KARL, Schweizerisches Strafprozessrecht, 6. Aufl., Basel/Genf/München 2005; HOTZ REINHOLD, St. Galler Kommentar, Art. 29, 30, 191c; KARLEN PETER, Das neue Bundesgerichtsgesetz, Basel/Genf/München 2006; KIENER REGULA/KUHN MATHIAS, Das neue Bundesgerichtsgesetz – eine (vorläufige) Würdigung, ZBl 107/2006, S. 141 ff.; KOLLER HEINRICH, Grundzüge der neuen Bundesrechtspflege und des vereinheitlichten Prozessrechts, ZBl 107/2006, S. 57 ff.; LIVSCHITZ MARK, Die Richterwahl im Kanton Zürich. Ihre Faktizität am Obergericht und an den Bezirksgerichten als verfassungsrechtliches Problem, Diss., Zürich 2002; MARTI ARNOLD, Die Vereinheitlichung des Zivil- und Strafprozessrechts, die Revision des Vormundschaftsrechts und das öffentliche Recht, ZBl 108/2007, S. 237 ff.; RAUSCH HERIBERT, Öffentliches Prozessrecht auf der Basis der Justizreform, 2. Aufl., Zürich 2006; SCHMID NIKLAUS, Strafprozessrecht. Eine Einführung auf der Grundlage des Strafprozessrechts des Kantons Zürich und des Bundes, 4. Aufl., Zürich 2004 (Strafprozessrecht); SCHMID NIKLAUS, Die Strafrechtsbeschwerde nach dem Bundesgesetz über das Bundesgericht – eine erste Ausgeordnung, ZStrR 124/2006, S. 160 ff. (Strafrechtsbeschwerde); SEILER HANSJÖRG/VON WERDT NICOLAS/GÜNGERICH ANDREAS, Bundesgerichtsgesetz (BGG), Bern 2007; SPÜHLER KARL/DOLGE ANNETTE/VOCK DOMINIK, Kurzkommentar zum Bundesgerichtsgesetz (BGG), Zürich/St.Gallen 2006; THOMMEN MARC/WIPRÄCHTIGER HANS, Die Beschwerde in Strafsachen, AJP 2006, S. 651 ff.; TRECHSEL STEFAN, Human Rights in Criminal Proceedings, Oxford 2005; VILLIGER MARK E., Handbuch der Europäischen Menschenrechtskonvention (EMRK), 2. Aufl., Zürich 1999; VOGEL OSCAR/SPÜHLER KARL, Grundriss des Zivilprozessrechts und des internationalen Zivilprozessrechts, 8. Aufl., Bern 2006.

Rechtsquellen

– Art. 6 Ziff. 1 EMRK
– UNO-Pakt über bürgerliche und politische Rechte vom 16. Dezember 1966 (UNO Pakt I; SR 0.103.2)
– Art. 29–30, Art. 191c BV
– Bundesgesetz über das Bundesgericht vom 17. Juni 2005 (Bundesgerichtsgesetz, BGG; SR 173.110)
– Gerichtsverfassungsgesetz vom 13. Juni 1976 (GVG; LS 211.1)

– Gesetz über den Zivilprozess vom 13. Juni 1976 (Zivilprozessordnung, ZPO; LS 271)
– Gesetz betreffend den Strafprozess vom 4. Mai 1919 (Strafprozessordnung, StPO; LS 321)

Übersicht Note
1. Einleitung 1
2. Entstehungsgeschichte 4
   2.1. Zur Entstehung von Art. 73–79 4
   2.2. Aufzählung der Gerichtsinstanzen 10
   2.3. Normenkontrolle 11

1. Einleitung

1 In den Art. 73–79 werden im 6. Kapitel, Behörden, unter dem Titel D. Rechtspflege, Aufgaben und Stellung der Gerichte, die Grundsätze der Gerichtsorganisation, die Wahl der Mitglieder, die Zivil-, Straf- und Verwaltungsrechtspflege, die Öffentlichkeit der Entscheide und die Normenkontrolle geregelt. Ergänzend sind auch die Grundlagen des ersten Kapitels[1], die Verfahrensgarantien des Art. 18 sowie die allgemeinen Behördenvorschriften gemäss Art. 40–49 bezüglich Wählbarkeit, Amtsdauer, Unvereinbarkeit usw. zu beachten. Auf übergeordneter Ebene gelten die bundesrechtlichen Vorgaben in Art. 30 BV sowie jene des Bundesgerichtsgesetzes vom 17. Juni 2005 (BGG)[2]. Es bleibt abzuwarten, inwieweit die in Vorbereitung befindlichen vereinheitlichenden Schweizerischen Zivil- und Strafprozessordnungen[3] Rückwirkungen auf das kantonalzürcherische Gerichtsverfassungsrecht und damit Art. 73–75 haben werden[4].

2 Die Kantonsverfassung von 1869 regelte in Art. 56–61 die Rechtspflege nur rudimentär[5]. Während Art. 56 aKV wie Art. 73 Abs. 2 Satz 2 festhielt, dass ein gerichtliches Urteil nicht von einer andern Behörde aufgehoben werden könne und nur die Begnadigung vorbehielt, wurde in Art. 57 aKV (an welcher Stelle früher die Jurygarantie für bestimmte Delikte erschien) festgehalten, dass das Gesetz die Kompetenz des Geschworenengerichts bestimme. In Art. 58 der Verfassung von 1869 wurde ähnlich wie nun in Art. 73 Abs. 1 für die Zahl, die

---

[1] Insbesondere Art. 2, rechtsstaatliche Grundsätze, und Art. 3, Gewaltenteilung.
[2] Die bundesrätliche Botschaft zur Totalrevision der Bundesrechtspflege findet sich in BBl 2001, S. 4202 ff. Zur Justizreform und zum BGG allgemein neben der eingangs zitierten allgemeinen Literatur SCHMID, Art. 76 N. 9 ff.; GÄCHTER/THURNHERR; HÄFELIN/HALLER/KELLER; KARLEN; KIENER/KUHN; KOLLER und SCHMID, Strafrechtsbeschwerde.
[3] Botschaft zur Vereinheitlichung des Strafprozessrechts vom 21. Dezember 2005 mit einem Entwurf für eine Schweizerische Strafprozessordnung, BBl 2006, S. 1085 ff. Was die ZPO betrifft, so liegen die bundesrätliche Botschaft und der Entwurf für eine Schweizerische Zivilprozessordnung vom 28. Juni 2006 ebenfalls vor; BBl 2006, S. 7221 ff.
[4] Dazu SCHMID, Art. 76 N. 2, 9 ff.
[5] JAAG, Kantonsverfassung heute, S. 155.

Organisation, die Kompetenzen und das Verfahren der Gerichte auf das Gesetz verwiesen, während Art. 59 aKV ähnlich wie nunmehr Art. 74 Abs. 1 für das Prozessverfahren «möglichste Rechtssicherheit» sowie eine «rasche und wohlfeile Erledigung» postulierte.

Nicht näher dargestellt werden soll an dieser Stelle, inwieweit der Regelungsbereich von Art. 73–79 durch übergeordnetes Recht vorbestimmt ist; darauf wird bei der Besprechung der einzelnen Verfassungsbestimmungen einzugehen sein. 3

2. Entstehungsgeschichte

2.1. Zur Entstehung von Art. 73–79

Ausgangspunkt für die Diskussionen und Beschlüsse des Verfassungsrates, die schliesslich zu Art. 73–79 führten, bildeten die Vorarbeiten der Kommission 3 Behördenorganisation. Diese legte – als erstes materielles Geschäft des Verfassungsrats – am 20. September 2001 dem Plenum einen Beschlussantrag zu einem Modell der Gerichtsorganisation vor. Dieser Antrag ging davon aus, dass «in der künftigen Kantonsverfassung die Struktur der gesamten Gerichtsorganisation festgelegt» werden sollte und folglich «künftig für die Abschaffung bzw. Neuschaffung einer Gerichtsinstanz auf kantonaler Ebene eine Verfassungsanpassung notwendig» sei[6]. Im Plenum des Verfassungsrats, der Eintreten auf diesen Antrag beschloss, entstanden alsdann grundsätzliche Diskussionen darüber, inwieweit die verschiedenen kantonalen Gerichte in der Verfassung genannt und geregelt bzw. einzelne bisherige Instanzen abgeschafft oder in andere Gerichte integriert werden sollten, so etwa die Miet-, Arbeits- oder Landwirtschaftsgerichte[7]. Der Rat beschloss – nach langer Diskussion – mit 49:41 Stimmen, den Zuständigkeitsbereich von Miet- und Arbeitsgerichten den Bezirksgerichten zu übertragen[8]. Eingehend diskutiert wurde sodann die Frage, ob das Kassationsgericht allenfalls auch als dritte Instanz amten oder ob strikt am Grundsatz der «*double instance*» festgehalten werden sollte[9]. Ebenso wurden längere Diskussionen über die Frage des Geschworenengerichts geführt bzw. darüber, ob und auf 4

---

[6] Punkt 1.a. des Beschlussantrags vom 20. September 2001.
[7] Siehe dazu die Diskussionen im Prot. Plenum, S. 227 ff., 304 ff.; in der Kommission 3 Prot. K3 vom 7. Juni 2001, S. 117 ff., vom 13. September 2001, S. 204 ff., vom 20. September 2001, S. 219 ff.
[8] Prot. Plenum, S. 246. Festzuhalten ist allerdings, dass diese beiden Gerichte bereits heute Teil der Bezirksgerichte sind, allerdings mit Fachrichtern ergänzt werden. Arbeitsgerichte gibt es nur in den Städten Zürich und Winterthur, wobei der Zuständigkeitsbereich sich jedoch nicht vollständig mit der Bezirkseinteilung deckt. Zudem gibt das Bundesrecht spezielle Verfahrensvorschriften vor (Arbeitsrecht Art. 343 OR; Mietrecht Art. 274 ff. OR).
[9] Prot. Plenum, S. 247 ff.; schliesslich wurde die Sache in diesem Punkt an die Kommission 3 zurückgewiesen, vor allem, weil das weitere Schicksal von Geschworenen- bzw. Kriminalgericht im fraglichen Zeitpunkt noch offen war; Prot. Plenum, S. 276 f. Die Diskussionen um das *Double-Instance*-Prinzip (dazu SCHMID, Art. 76 N. 4 ff.) gingen freilich weiter; siehe etwa Prot. Plenum, S. 1278 ff., 1290 ff.

welcher Ebene ein für schwere Straffälle bestimmtes Strafgericht anzusiedeln sei[10]. Das Plenum entschied, im Rahmen der Modelldiskussion aufgrund verschiedener offener Fragen diesbezüglich noch nicht zu entscheiden[11]. Schliesslich gab auch die Frage zu Diskussionen Anlass, inwiefern bezüglich der Verwaltungsrechtspflege der Grundsatz der *«double instance»* gelten soll. Trotz den regierungsrätlichen Bedenken wurden seitens der Ratsmitglieder vorerst keine Einwendungen gegen den Vorschlag der Kommission 3 erhoben, eine zweifache gerichtliche Prüfung von Verfügungen vorzusehen; dies hätte allerdings die Abschaffung der verwaltungsinternen Rechtspflege zur Folge gehabt[12].

5 Anschliessend arbeitete die Kommission 3 ausformulierte Entwürfe zu Verfassungstexten aus, die in einer 1. Kommissionslesung am 6. Juni 2002 verabschiedet und in die «Kleine Vernehmlassung»[13] gegeben wurden[14]. Darin waren in einem Art. 3.36 Aufgabe und Stellung der Gerichte, in Art. 3.37 der Instanzenzug in Zivil- und Strafrechtspflege sowie in der Verwaltungsrechtspflege, in Art. 3.38 der Bestand der Gerichte, in Art. 3.39 die Wahlen, in Art. 3.40 das Öffentlichkeitsprinzip, in Art. 3.41 die Normenkontrolle und in Art. 3.42 die Vollstreckung der Entscheide geregelt[15].

6 Im Anschluss an diese Kleine Vernehmlassung[16] erarbeitete die Kommission 3 ihre definitiven Anträge an das Ratsplenum im Sinne einer zweiten Lesung, die – wenn auch systematisch teilweise umgestellt – inhaltlich dem vorstehend in N. 5 erwähnten ersten Entwurf vom 6. Juni 2002 entsprachen. Diese Vorlage vom Oktober 2002 (bezeichnet 10/2002) samt einem erläuternden Bericht wurde zuerst am 14. November 2002[17] und 21. November 2002[18] im Ratsplenum behandelt, wobei Art. 3.36, Bestand der Gerichte, zu einer Rückweisung[19] an die Kommission und hernach zu weiteren Beratungen am 30. Januar 2003 führte[20]. Anlässlich dieser Beratungen war erneut umstritten, ob und welche Gerichte in

---

[10] Prot. Plenum, S. 259 ff. Dieses Gericht sollte für diejenigen Fälle, für welche bis anhin das Geschworenengericht zur Verfügung stand, zuständig sein.
[11] Prot. Plenum, S. 275. Als Gründe wurden genannt: laufende Revision der kantonalen Strafprozessordnung, Frage der Zuständigkeit des Kassationsgerichtes und die Auswirkungen der künftigen eidgenössischen Strafprozessordnung.
[12] Prot. Plenum, S. 297 ff.
[13] Bei den anderen Sachkommissionen, dem Regierungsrat und den Fraktionen.
[14] Prot. K3 vom 6. Juni 2002, S. 657.
[15] Dazu Bericht: Zur Justizverfassung (Kap. 3) der Kommission 3 Behördenorganisation vom 9. Mai 2002.
[16] Siehe das Papier: Kleine Vernehmlassung 3. Kapitel. Zusammenstellung der Vernehmlassungsantworten der Kommission 3 Behördenorganisation vom 31. Juli 2002.
[17] Prot. Plenum, S. 1238 ff.
[18] Prot. Plenum, S. 1289 ff.
[19] Prot. Plenum, S. 1255; Anlass war die Streitfrage – die sich wie ein roter Faden durch die Verhandlungen des Verfassungsrats zieht –, inwieweit die verschiedenen Gerichtsinstanzen in der Verfassung zu nennen sind.
[20] Prot. Plenum, S. 1865 ff. Beratungen zu den Vorschlägen der Kommission 3, einen Art. 3.36.1 (Grundsätze der Gerichtsorganisation) und einen Art. 3.36.2 (Gerichtsbarkeit; mit einer Aufzählung aller Gerichtsinstanzen) zu schaffen.

der Verfassung genannt werden sollten; das Ratsplenum entschied sich schliesslich dafür, in einem Art. 3.36.2. die diversen Gerichte vollumfänglich aufzuzählen[21]. Bezüglich der Verwaltungsrechtspflege entschied sich das Plenum in der Sitzung vom 21. November 2002 gegen eine doppelte gerichtliche Prüfung[22].

Bei der Gesamtlesung des Entwurfs am 15. Mai 2003[23] wurde wiederum vor allem Art. 3.36.2 diskutiert, der eine vollständige Aufzählung der Gerichtsinstanzen zum Gegenstand hatte. Das Plenum wollte indes mehrheitlich an dieser Bestimmung, die u.a. der Regierungsrat gestrichen haben wollte, festhalten[24]. Weitere Diskussionspunkte waren die Wahlvoraussetzungen für die Richter in Art. 3.37[25].

7

Im schliesslich am 26. Juni 2003 vom Verfassungsrat verabschiedeten Vernehmlassungsentwurf (VE)[26] entsprach Art. 79 dem nunmehr in Kraft getretenen Art. 73. In Art. 80 VE entsprechen Abs. 1 und Abs. 2 dem jetzigen Verfassungstext in Art. 74; die Bestimmung wurde ergänzt mit Abs. 3 (Bezeichnung der obersten kantonalen Gerichte als Rechtsmittelinstanzen mit der Möglichkeit, sie gesetzlich als erste Instanz einzusetzen) und Abs. 4 (Einrichtung der erstinstanzlichen Gerichte nach Gebietsorganisation oder Sachgebieten). In Art. 81 VE wurden einzeln die verschiedenen kantonalen Gerichte aufgelistet. Art. 82 des Vernehmlassungsentwurfs befasste sich mit der Wahl der Gerichte, wobei die Bestimmung abgesehen vom später fallen gelassenen Abs. 3 (der gesetzliche Wählbarkeitsvoraussetzungen für die Ausübung des Richteramts vorsah) dem nunmehr geltenden Art. 75 entspricht. Der Vernehmlassungsentwurf regelte sodann in Art. 83 die Zivil- und Strafrechtspflege (nunmehr Art. 76), in Art. 84 die Verwaltungsrechtspflege (in sprachlich leicht veränderter Form jetzt in Art. 77), in Art. 85 die Öffentlichkeit der Entscheide (unverändert jetzt Art. 78) und in Art. 86 die Normenkontrolle (unverändert jetzt Art. 79).

8

Nach der öffentlichen Vernehmlassung und dem Vorliegen der sehr zahlreichen und teilweise umfangreichen Eingaben[27] erfolgte im Juni und Juli 2004 die 2. Gesamtlesung durch den Verfassungsrat. Dabei wurde die Einführung der zweifachen gerichtlichen Überprüfung von Verwaltungsentscheiden noch einmal zur Diskussion gestellt, jedoch in der Sitzung vom 1. Juli 2004 deutlich abgelehnt[28]. Ebenso wurde am 1. und 2. Juli 2004 u.a. erneut ausführlich über

9

---

[21] Prot. Plenum, S. 1895.
[22] Prot. Plenum, S. 1289 ff., 1326; dazu auch Häner, S. 149 f.
[23] Prot. Plenum, S. 2211 ff., 2227 ff.
[24] Prot. Plenum, S. 2223.
[25] Prot. Plenum, S. 2223 ff.
[26] Prot. Plenum, S. 2506 ff. Der in die öffentliche Vernehmlassung gegebene Entwurf samt Erläuterungen enthält merkwürdigerweise kein Datum, und es ist auch kein Jahr der Publikation vermerkt.
[27] Auf die Vernehmlassungsantworten sei an dieser Stelle nicht näher eingegangen; dazu näher die Auswertungen der öffentlichen Vernehmlassung durch den Verfassungsrat vom Dezember 2003.
[28] Prot. Plenum, S. 3064 ff.

die Frage der Aufzählung aller Gerichtsinstanzen in Art. 81 des Vernehmlassungsentwurfs diskutiert, wobei zunächst mit 46:44 Stimmen gegen den Antrag der Kommission 3 beschlossen wurde, an einer Aufzählung festzuhalten[29]. Am 28. Oktober 2004 wurde Rückkommen auf diese – inzwischen in Art. 76 umnummerierte – Bestimmung, und nach erneut gründlicher Diskussion eine Streichung dieser die Gerichtsinstanzen aufzählenden Norm mit 59:29 Stimmen beschlossen[30].

2.2. Aufzählung der Gerichtsinstanzen

10 Die Frage einer Aufzählung der Gerichtsinstanzen wurde wie dargelegt ausführlich diskutiert – und schliesslich verworfen. Auffällig ist, dass die antragstellende Kommission 3 zunächst klar die Ansicht vertrat, die gerichtlichen Instanzen seien in der Verfassung aufzuzählen. Im Laufe der weiteren Arbeiten vertrat die Kommissionsmehrheit dann aber die Ansicht, dass eine solche Aufzählung mehr Probleme verursache, als damit gelöst werden könnten. Aufgrund einer Rückweisung durch das Plenum musste die Kommission dennoch einen Katalog vorlegen[31]. Das Plenum hiess diesen gut – und beschloss dann aber nichtsdestotrotz, die Aufzählung endgültig zu streichen. In den Materialien finden sich zahlreiche Hinweise darauf, welche Fragen man mit einer Aufzählung – die allerdings nicht abschliessend sein könne – gelöst zu haben glaubte. Diese näher zu betrachten hat jedoch keinen Sinn, da jetzt nur noch die obersten vier kantonalen Gerichte genannt werden. Die weitere Ausgestaltung des Gerichtswesens obliegt damit dem kantonalen Gesetzgeber, der aber wiederum die Leitplanken der Verfassung und des Bundesrechts zu beachten hat[32].

2.3. Normenkontrolle

11 Art. 79 entspricht dem in der öffentlichen Vernehmlassung vorgelegten Art. 86. Entsprechend seiner staatsrechtlichen Bedeutung gab Art. 79 in der Kommission 3 zu ausgiebigen Diskussionen Anlass. Zunächst wurde in der Kommission 3 das vom beigezogenen Experten ALFRED KÖLZ für das Bundesgericht entwickelte Modell der konkreten Normenkontrolle geprüft. Nach diesem Vorschlag hätte – anstelle eines neu zu institutionalisierenden Verfassungsgerichts – eine besonders zusammengesetzte Abteilung des Verwaltungsgerichts die Befugnis erhalten, kantonale Gesetze und Verordnungen auf ihre Verfassungsmässigkeit hin zu überprüfen. Dieses Modell bezog sich vorab auf die konkrete Normen-

---

[29] Prot. Plenum, S. 3048 ff, 3059.
[30] Prot. Plenum, S. 3321 ff., 3325.
[31] Prot. Plenum, S. 1865.
[32] Vgl. SCHMID, Art. 73–76 und HÄNER, Art. 77.

kontrolle[33]. Die Kommission 3 suchte in der Folge jedoch eine Lösung, welche sich näher an die bestehende Ordnung anlehnt[34]. Die abstrakte Normenkontrolle wurde auf Erlasse unterhalb der Gesetzesstufe beschränkt[35]. Für die konkrete Normenkontrolle sollten gemäss dem ersten Kommissionsvorschlag sämtliche rechtsanwendenden Behörden zuständig sein. Das Plenum folgte diesem Vorschlag in der Lesung vom 21. November 2002[36]. Der ALFRED KÖLZ nachfolgende Experte GIOVANNI BIAGGINI äusserte sich gegenüber einer umfassenden Zuständigkeit zur konkreten Normenkontrolle indessen sehr kritisch[37]. Die Kommission 3 schränkte die Zuständigkeit zur konkreten Normenkontrolle in der Folge ein[38]. Die Formulierung, dass die Gerichte und die vom Volk gewählten kantonalen Behörden hierfür zuständig sind, wurde schliesslich in der Gesamtlesung vom 15. Mai 2003 gefunden[39].

---

[33] Prot. K3 vom 21. Juni 2001, S. 126 ff.
[34] Dazu HÄNER, Art. 79 N. 4 ff.
[35] Prot. K3 vom 6. September 2001, S. 195 ff.
[36] Prot. Plenum, S. 301 ff., 1328 f. In dieser Lesung verzichtete die SP auf den Antrag, ein Verfassungsgericht einzurichten, das für die abstrakte Normenkontrolle zuständig gewesen wäre, da wohl kaum zahlreiche Fälle zu erwarten gewesen wären.
[37] Prot. K3 vom 6. März 2003, S. 994.
[38] Prot. K3 vom 10. April 2003, S. 1063 ff.
[39] Prot. Plenum, S. 2240 ff. Zunächst standen sich die Formulierung «Alle Rechtspflegeinstanzen sowie Kantonsrat, Regierungsrat, Bezirksrat und Gemeindevorstand ...» und die Formulierung «Die vom Volk gewählten kantonalen Behörden und die kantonalen Rechtspflegeinstanzen ...» gegenüber. Peter Schäppi stellte schliesslich den Antrag, den Begriff der Rechtspflegeinstanzen durch den Begriff «Gerichte» zu ersetzen und im Übrigen von den «vom Volk gewählten Behörden» zu sprechen. Diesem Antrag folgte das Plenum.

Art. 73

Die Gerichte entscheiden Streitsachen und Straffälle, die ihnen das Gesetz zuweist. Das Gesetz kann ihnen weitere Aufgaben übertragen.

Die Gerichte sind in ihrer Rechtsprechung von den anderen Staatsgewalten unabhängig. Ein rechtskräftiger Entscheid einer Gerichtinstanz kann von keiner der anderen Gewalten aufgehoben oder geändert werden.

Unter der Leitung der obersten kantonalen Gerichte verwalten die Gerichte sich selbst. Das Gesetz sieht hierzu gemeinsame Organe der obersten kantonalen Gerichte vor.

Aufgaben und Stellung der Gerichte

Materialien

Art. 79 VE; Prot. Plenum, 1238 ff., 2211 ff., 3048 f.

Literatur

Vgl. SCHMID/HÄNER, Vorb. zu Art. 73–79

Rechtsquellen

Vgl. SCHMID/HÄNER, Vorb. zu Art. 73–79

Übersicht

	Note
1. Entstehungsgeschichte	1
2. Aufgaben der Gerichte im Allgemeinen (Abs. 1)	2
2.1. Kompetenzen der Gerichte in Streitsachen und Straffällen (Abs. 1 Satz 1)	2
2.2. Zuweisung weiterer Aufgaben an die Gerichte (Abs. 1 Satz 2)	3
3. Unabhängigkeit der Gerichte in ihrer rechtsprechenden Tätigkeit (Abs. 2)	4
3.1. Unabhängigkeit von andern Staatsgewalten (Abs. 2 Satz 1)	4
3.2. Unabänderlichkeit von Gerichtsurteilen (Abs. 2 Satz 2)	7
4. Selbstverwaltung der Gerichte unter Leitung der obersten kantonalen Gerichte (Abs. 3)	10
4.1. Begriff der obersten Gerichte	10
4.2. Gegenstand der Selbstverwaltung	11

1. Entstehungsgeschichte

Aus der skizzierten Entstehung von Art. 73–79 ergibt sich[1], dass Art. 73 seit den ersten Entwürfen im Rahmen der 1. Kommissionslesung vom 6. Juni 2002 materiell keine wesentlichen Änderungen erfahren hat[2]. Nach den Beratungen und

1

---

[1] Vgl. SCHMID/HÄNER, Vorb. zu Art. 73–79 N. 4 ff.
[2] Dazu die vom Verfassungsrat erstellten Synopsen zur Entwicklung des Verfassungstextes vom August 2004 und vom Dezember 2004.

Beschlüssen anlässlich der 1. Lesung im Ratsplenum zuhanden der Vernehmlassung vom 26. Juni 2003 erfolgte lediglich eine kleine redaktionelle Änderung in Abs. 3.

2. Aufgaben der Gerichte im Allgemeinen (Abs. 1)

2.1. Kompetenzen der Gerichte in Streitsachen und Straffällen (Abs. 1 Satz 1)

2 Art. 73 Abs. 1 umschreibt in sehr allgemeiner Weise die Aufgaben der Gerichte. Die eher *programmatische Bestimmung* verweist für die Regelung der Einzelheiten weitgehend auf die Gesetzgebung und hat selbst wenig praktische Bedeutung. Beigefügt sei, dass in der am 6. Juni 2002 in der 1. Kommissionslesung beschlossenen Fassung von Art. 3.36 nur von Streitsachen und weiteren vom Gesetz übertragenen Aufgaben die Rede war. Auf Antrag des Regierungsrats wurde der Begriff der Straffälle, welche die Kommission als durch Streitsache miterfasst verstanden hatte, explizit in den Text aufgenommen[3].

2.2. Zuweisung weiterer Aufgaben an die Gerichte (Abs. 1 Satz 2)

3 Diese Erweiterung des Kompetenzbereichs der Gerichte erscheint erstmals im Antrag der Kommission 3 vom Oktober 2002 an das Ratsplenum[4], wobei in den Erläuterungen diese Erweiterung und ihr Sinn nicht weiter kommentiert wurden. Ein Blick in die Materialien zeigt, dass diese Erweiterung anlässlich der Sitzung vom 15. August 2002 der Kommission 3 vorgeschlagen und beschlossen wurde[5]. Sie wurde damit begründet, dass Gerichten nicht nur eigentlich streitige Fälle, sondern traditionsgemäss auch Geschäfte anderer Art wie Testamentseröffnungen, Ausstellen von Erbscheinen, Verschollenheitserklärungen u.Ä. zur Erledigung übertragen sind.

---

[3] Prot. Plenum, S. 1238 ff.; 1242.
[4] Vgl. SCHMID/HÄNER, Vorb. zu Art. 73–79 N. 5 f.
[5] Prot. K3 vom 15. August 2002, S. 784 f.

3. Unabhängigkeit der Gerichte in ihrer rechtsprechenden Tätigkeit (Abs. 2)

3.1. Unabhängigkeit von andern Staatsgewalten (Abs. 2 Satz 1)

Art. 73 Abs. 2 Satz 1 verweist auf das fundamentale Prinzip der richterlichen Unabhängigkeit, welches allgemein in Art. 30 Abs. 1 und Art. 191c BV, Art. 6 Ziff. 1 EMRK und Art. 14 Abs. 1 UNO-Pakt I statuiert ist. Es ist denkbar, dass dieser Grundsatz auch in den künftigen Schweizerischen Zivil- und Strafprozessordnungen wiederholt wird[6]. Der Grundsatz verlangt, dass die Gerichte ihre rechtsprechende Tätigkeit losgelöst von irgendwelchen Bindungen und nur dem Recht verpflichtet ausüben[7]. Im Kanton Zürich erschien dieser Grundsatz bisher nicht in der Kantonsverfassung[8], sondern allein in § 104 Abs. 1 GVG. Der Grundsatz der Unabhängigkeit des Richters hat verschiedene «Dimensionen»[9]: Art. 73 Abs. 2 Satz 1 bezieht sich ähnlich wie Art. 191c BV in Verwirklichung des Grundsatzes der Gewaltentrennung nur auf – allerdings zentrale – Teilaspekte der richterlichen Unabhängigkeit, nämlich der Abgrenzung zu andern staatlichen Instanzen und damit jene der staatsrechtlichen, organisatorischen sowie hierarchischen Unabhängigkeit. Dies bedeutet u.a., dass die Gerichte ihre Rechtsprechung frei von Bindungen an andere staatliche Organe und deren Weisungen auszuüben haben[10].

Die parlamentarische Kontrolle des Kantonsrates über den Geschäftsgang der Gerichte gemäss Art. 57 und § 105 GVG bedeutet nicht eine Kontrolle der Rechtsprechung bezüglich ihres Inhalts, sondern allein des äusseren Gangs der

---

[6] Vgl. SCHMID/HÄNER, Vorb. zu Art. 73–79 N. 3. So figuriert er in Art. 4 des Entwurfs für eine Schweizerische Strafprozessordnung des Bundesrats vom 21. Dezember 2005, BBl 2006, S. 1129. Was die ZPO (siehe Hinweise bei SCHMID/HÄNER, Vorb. zu Art. 73–79 N. 1 Anm. 2.) betrifft, so erscheint die Maxime nicht in den Verfahrensgrundsätzen nach Art. 50–56 des Entwurfs.

[7] Zum Grundsatz und seinen verschiedenen Facetten allgemein näher etwa m.w.H. HAEFLIGER/SCHÜRMANN, S. 166 ff.; HAUSER/SCHWERI, §§ 104/104a GVG N. 1 ff.; HOTZ, St. Galler Kommentar, Art. 30 Rz. 9 ff.; REGINA KIENER, Richterliche Unabhängigkeit. Verfassungsrechtliche Anforderungen an Richter und Gerichte, Bern 2001; ALFRED KÖLZ, Kommentar BV, Art. 58 aBV N. 1 ff.; GÉRARD PIQUEREZ, Le droit à un juge indépendant et impartial garanti par les articles 58 Cst. et 6 ch. 1 CEDH, SJ 111/1989, S. 114 ff.; SCHMID, Strafprozessrecht, N. 126 ff.; TRECHSEL, S. 45 ff.; VILLIGER, N. 415 ff. – Zur Unabhängigkeit vgl. ferner HAUSER Art. 50 N. 19.

[8] Vgl. SCHMID/HÄNER, Vorb. zu Art. 73–79 N. 6.

[9] So HOTZ, St. Galler Kommentar, Art. 191c Rz. 3 unter Verweis auf die Botschaft zur neuen Bundesverfassung.

[10] Näher etwa HAUSER/SCHWERI, §§ 104/104a GVG N. 1 ff.; SCHMID, Strafprozessrecht, N. 129 ff.; HÄFELIN/HALLER, N. 1705, für das Bundesgericht. Teilweise wird in dieses Teilelement des Grundsatzes auch die Unabhängigkeit von den Parteien eingeschlossen, so z.B. von HOTZ, St. Galler Kommentar, Art. 30 Rz. 12. Wieder anders werden die Akzente etwa in BGE 123 II 511 ff., 517 f., gesetzt (Abstellen auf Art der Bezeichnung der Richter und deren Amtsdauer; Vorhandensein von Schutz gegen Pressionen von aussen; Entscheidfindung ohne Instruktion und Empfehlung).

Rechtspflege, etwa bezüglich Justizverwaltung oder der Dauer der Prozesse[11]. Diese Aufsicht der Gerichte nach Art. 57 hat jedenfalls mit Zurückhaltung zu erfolgen; insbesondere darf keine Einmischung in die Beurteilung hängiger Prozesse erfolgen. Den Gerichten dürfen diesbezüglich auch keine Weisungen erteilt oder gar Urteile korrigiert werden[12].

6 Die Wahl der Richter durch den Kantonsrat bzw. das Volk wurde in Art. 75 gegenüber dem früheren Recht nicht grundlegend geändert[13]. Trotz vielfacher Kritik am entscheidenden Einfluss der Parteien auf diese Wahlen und der Tatsache, dass Nichtmitglieder der im Kantonsrat vertretenen Parteien von Richterämtern weitgehend ausgeschlossen sind, wurde am bisherigen Wahlsystem wenig geändert. Die Bindung der Richter an die Parteien, die zu entrichtenden Parteisteuern sowie die Wahl auf Amtsdauer und die damit notwendig werdende Wiederwahl wurden zwar angesprochen[14], mit Blick auf die Unabhängigkeitsproblematik im Ergebnis aber für vernachlässigbar gehalten.

3.2. Unabänderlichkeit von Gerichtsurteilen (Abs. 2 Satz 2)

7 Aus den vorstehend erwähnten Prinzipien der Gewaltentrennung und der richterlichen Unabhängigkeit der Gerichte folgt, dass deren Entscheide von andern Behörden weder aufgehoben noch geändert werden dürfen, welche Selbstverständlichkeit Abs. 2 Satz 2 festhält.

8 Als (bekannte) Ausnahme könnte hier die *Begnadigung* erwähnt werden. Sie wurde bereits in Art. 56 aKV im Anschluss an die dort statuierte Unabänderlichkeit von Gerichtsurteilen genannt. Diese Einschränkung war auch vorgesehen in Art. 3.42 Abs. 1 Satz 2 des Verfassungstextes, der am 6. Juni 2002 aus einer 1. Lesung der Kommission 3 resultierte. Allerdings wurde damals in der kleinen Vernehmlassung mit Recht darauf hingewiesen, dass es sich hier um eine «unechte Ausnahme» handelt, indem eine Begnadigung weder zu einer Aufhebung oder noch zu einer Änderung des ursprünglichen Urteils, sondern allein zu einem Verzicht auf den Strafvollzug führt[15].

---

[11] Näher HAUSER Art. 50 N. 18 ff., sowie einlässlich zur parlamentarischen Kontrolle in Art. 57 N. 1 ff., zur Oberaufsicht über die obersten Gericht Art. 57 N. 14 ff. Vgl. ferner m.w.H. HAUSER/SCHWERI, §§ 104/104a GVG N. 3. Entsprechend ist auch der Aufsichtsbereich der Ombudsstelle nach Art. 81 beschränkt, dazu HALLER, Art. 81 N. 22.
[12] Vgl. auf eidgenössischer Ebene Art. 26 Abs. 4 des Bundesgesetzes über die Bundesversammlung vom 13. Dezember 2002 (Parlamentsgesetz, ParlG; SR 171.10); dazu HÄFELIN/HALLER, N. 1545.
[13] Vgl. Art. 75 N. 3 ff.
[14] Etwa in der Kommission 3, Prot. K3 vom 6. Juni 2002, S. 645 ff., vom 22. August 2002, S. 821 f. Zur Thematik einlässlich die Dissertation von LIVSCHITZ, vor allem S. 253 ff. und 256 ff.
[15] Näher SCHMID, Strafprozessrecht, N. 1168 ff.; die Begnadigung wird indirekt in Art. 59 Abs. 2 lit. b erwähnt.

Aus Art. 73 Abs. 2 Satz 2 folgt weiter, dass Gerichtsurteile grundsätzlich von andern Staatsorganen zu beachten sind. Zivil-, Straf- und Verwaltungsgerichtsentscheide entfalten deshalb in parallelen Verfahren mindestens hinsichtlich des Dispositivs eine Bindungswirkung[16].

4. Selbstverwaltung der Gerichte unter Leitung der obersten kantonalen Gerichte (Abs. 3)

4.1. Begriff der obersten Gerichte

Welches die obersten kantonalen Gerichte sind, besagt Art. 74 Abs. 2. Es sind dies das Kassationsgericht, das Obergericht, das Verwaltungsgericht sowie das Sozialversicherungsgericht[17].

4.2. Gegenstand der Selbstverwaltung

Zur Justizverwaltung allgemein werden primär die Personalgeschäfte, die Organisation der Gerichte sowie die Verwaltungstätigkeit im engeren Sinne gezählt, also die Beschaffung von Mobiliar, das Führen der Bibliotheken und Archive, die Aufsicht über die unterstellten Gerichte usw.[18] und der Erlass der entsprechenden Verordnungen[19]. Es geht also nicht allein um die reine Justizverwaltung im eigentlichen Sinne: Die Selbständigkeit in Verwaltungsangelegenheiten markiert vielmehr eine Betonung der Unabhängigkeit der Gerichte Regierung und Parlament gegenüber[20]. Abs. 3 führt in diesem Sinne § 210 Abs. 2 Satz 1 GVG weiter, der seit 1998 eine Unabhängigkeit der obersten Gerichte in ihrer Justizverwaltung vorsieht.

Der nähere Umfang der Justizverwaltung i.S.v. Art. 73 Abs. 2 ist in der Gesetzgebung zu regeln. Zurzeit ergibt er sich aus §§ 42 sowie 214–216 GVG[21]. Im Vordergrund steht etwa der Erlass *ergänzender Vorschriften zum Personalgesetz.*

---

[16] Zu diesen ausgesprochen heiklen Fragen des gegenseitigen Verhältnisses von Zivil-, Straf- und Verwaltungsentscheiden näher etwa m.w.H. RICHARD FRANK/HANS STRÄULI/GEORG MESSMER, Kommentar zur zürcherischen Zivilprozessordnung, 3. Aufl., Zürich 1997, § 57 ZPO N. 6, 8 f.; HAUSER/SCHWERI, §§ 104/104a GVG N. 4; KÖLZ/BOSSHART/RÖHL, § 1 N. 31; SCHMID, Strafprozessrecht, N. 591 ff.

[17] Vgl. Art. 74 N. 7 f.

[18] Vgl. HAUSER/SCHWERI, § 42 GVG N. 12 ff. Nicht eingegangen wird an dieser Stelle auf das Aufsichts- und Disziplinarrecht, die Beschwerde und allfällige Rechtsschutzlücken in diesen Bereichen, die sich aus dem BGG sowie den vereinheitlichten StPO und ZPO ergeben könnten, dazu einlässlich MARTI, S. 257 ff.

[19] Verordnungen in LS 211.112 ff.; die Kompetenz dazu ist nach § 215 GVG teilweise den gerichtsübergreifenden Justizverwaltungsorganen der obersten Gerichte übertragen.

[20] In diese Richtung Diskussion in der Kommission 3, Prot. K3 vom 15. August 2002, S. 786, vom 9. September 2002, S. 839.

[21] Einlässlich dazu die Kommentierung von HAUSER/SCHWERI, §§ 210 ff. GVG.

Zu erwähnen ist sodann die *Verwaltung der Budgets* im Rahmen des Finanzhaushaltsgesetzes[22] und der entsprechenden Verordnung über die Finanzverwaltung vom 10. März 1982[23] sowie der Verordnung über das Globalbudget vom 2. Oktober 1996[24]. Betont man – wie dies Art. 73 Abs. 3 nunmehr tut – den Gedanken der Selbstverwaltung, so kann nicht zweifelhaft sein, dass über die vorstehenden sowie in N 11 genannten auch weitere, bisher tendenziell eher ausgeschlossene Bereiche darunter einzureihen sind, so z.B. *Beschaffung, Bau und Unterhalt von Liegenschaften*, die für die Justiz benötigt werden[25].

13   Ausfluss des Selbstverwaltungsrechts ist allerdings nicht ein *Antragsrecht der obersten Gerichte an den Kantonsrat* etwa im Bereiche der Justizgesetzgebung, bei der Wahl von Richterinnen und Richtern usw., wie dies in andern Kantonen bekannt ist[26]. Zwar wurde ein solches Antragsrecht im Verlaufe der Arbeiten des Verfassungsrats angesprochen[27]. Es fand jedoch nicht Eingang in die Verfassung. Die Selbstverwaltung bleibt damit eine beschränkte.

---

[22]   Gesetz über den Finanzhaushalt des Kantons vom 2. September 1979 (Finanzhaushaltsgesetz; LS 611). Das Finanzhaushaltsgesetz wird voraussichtlich auf den 1. Januar 2009 durch das Gesetz über Controlling und Rechnungslegung vom 9. Januar 2006 abgelöst werden; OS 62, S. 354 ff.
[23]   LS 612.
[24]   LS 612.2. Dazu Jaag, Rz. 518, 526, 2224 ff.
[25]   Diese Bereiche sind nach Hauser/Schweri, § 42 N. 17 GVG «an sich nicht der Justizverwaltung zuzuzählen», wobei auf die Abgrenzung zu der dem Regierungsrat zustehenden allgemeinen Verwaltung hingewiesen wird. Bemerkenswert ist, dass der Immobilienverordnung des Regierungsrates vom 24. Januar 2007 (ImV; LS 721.1) die gesamte Verwaltung, nicht aber die Gerichte unterstellt sind.
[26]   Etwa Kanton Zug, in welchem nach Art. 54 Abs. 3 der Kantonsverfassung vom 31. Januar 1894 das Obergericht dem Kantonsrat in Justizsachen den Erlass von Gesetzen und Beschlüssen beantragen kann.
[27]   Prot. K3 vom 30. August 2001, S. 175.

Art. 74

Die Gerichtsorganisation und das Verfahren gewährleisten eine verlässliche und rasche Rechtsprechung.

Die obersten kantonalen Gerichte sind das Kassationsgericht, das Obergericht, das Verwaltungsgericht und das Sozialversicherungsgericht.

Grundsätze der Gerichtsorganisation

Materialien

Art. 80 VE; Prot. Plenum, S. 1865 ff., 2216 ff., 3048.

Literatur

Vgl. SCHMID/HÄNER, Vorb. zu Art. 73–79

Rechtsquellen

Vgl. SCHMID/HÄNER, Vorb. zu Art. 73–79

Übersicht	Note
1. Einleitung	1
2. Entstehungsgeschichte	2
3. Die Verfahrensgrundsätze von Abs. 1	4
3.1. Verhältnis von Art. 18 Abs. 1 und 74 Abs. 1	4
3.2. «Verlässliche Rechtsprechung» i.S.v. Art. 74 Abs. 1	5
3.3. «Rasche Rechtsprechung» i.S.v. Art. 74 Abs. 1	6
4. Nennung der obersten kantonalen Gerichte (Abs. 2)	7

1. Einleitung

Art. 74 Abs. 1 umschreibt in programmatischer Weise die Maximen einer «*verlässlichen und raschen Rechtsprechung*». Diese Grundsätze waren in etwas anderer Form bereits in Art. 59 der alten Kantonsverfassung enthalten[1], und sie erscheinen teilweise parallel in der neuen Verfassung ebenfalls in Art. 18 Abs. 1 («*rasche und wohlfeile Erledigung*»)[2]. Abs. 2 enthält weiter – in eher vagem Zusammenhang mit Abs. 1 – eine Umschreibung der obersten Gerichte. Diese Nennung – wenigstens der obersten Gerichte – in der Verfassung ist neu, verzichtete diese doch bisher mit Ausnahme des Geschworenengerichts auf das Erwähnen einzelner Gerichte. Wie in der Vorbemerkung zu den Art. 73–79 dargelegt, hatte der Verfassungsrat nach längerem Hin und Her beschlossen, auf eine Aufzählung sämtlicher Gerichtsinstanzen zu verzichten. Dies bedeutet,

1

---

[1] Vgl. SCHMID/HÄNER, Vorb. zu Art. 73–79 N. 2.
[2] Zu Art. 18 BIAGGINI, Art. 18 N. 1 ff. Vgl. zum Verhältnis von Art. 18 Abs. 1 und Art. 74 Abs. 1: N. 4.

dass sich der Bestand der Gerichte, deren Kompetenzen, die Organisation, das Verfahren usw. im Übrigen aus dem Gesetz ergeben.

2. Entstehungsgeschichte

2   Das Postulat von Abs. 1 nach einer «verlässlichen und raschen Rechtsprechung» figurierte bereits in ersten Entwürfen der Kommission 3. Im Entwurf gemäss der 1. Kommissionslesung vom 6. Juni 2002 (Art. 3.38 Abs. 4) war allerdings nur von rascher Erledigung die Rede, doch wurde im Anschluss an die Kleine Vernehmlassung[3] nach dem Vorbild der Verfassungen der Kantone Aargau und St. Gallen[4] die Maxime auf «verlässlich und rasch» erweitert. Die jetzige Formulierung blieb von der 2. Lesung zuhanden der öffentlichen Vernehmlassung bis zur jetzt definitiv gewordenen Fassung unverändert.

3   Die *Nennung der obersten Gerichte* in Abs. 2 ist der Endpunkt der im Verfassungsrat lange strittigen Fragen, ob und wenn ja welche Gerichte namentlich in die Verfassung gehören. Zwar wurde bereits im Entwurf gemäss 1. Lesung durch die Kommission 3 in Art. 3.38 von «oberen Gerichten» gesprochen, während in Art. 3.36 des Antrags an das Plenum von Oktober 2002[5] in ähnlicher Weise von «obersten Gerichten» spricht[6]. Diese beiden Entwürfe verzichteten noch auf die später eingebrachte, heftig umstrittene Aufzählung aller Gerichtsinstanzen. Nach der Rückweisung durch das Ratsplenum unterbreitete die Kommission 3 zuhanden der Sitzung vom 30. Januar 2003 einen Art. 3.36.1 mit einem Abs. 1, der dem heutigen Art. 74 Abs. 2 entspricht; daneben wurde ein Art. 3.36.2 mit einer Auflistung aller Gerichte präsentiert. Dieser Abs. 2 überstand die weiteren Beratungen; er erscheint seit dem Entwurf zuhanden der öffentlichen Vernehmlassung in den Verfassungstexten in unveränderter Form, während die geplante Auflistung aller Gerichte schliesslich gestrichen wurde.

3. Die Verfahrensgrundsätze von Abs. 1

3.1. Verhältnis von Art. 18 Abs. 1 und 74 Abs. 1

4   Wie bereits vorstehend in N. 1 erwähnt, wiederholt Abs. 1 – mindestens soweit die rasche Erledigung der Verfahren angesprochen wird – Art. 18 Abs. 1.

---

[3] Dazu SCHMID/HÄNER, Vorb. zu Art. 73–79 N. 5 f.
[4] § 97 Abs. 1 KV AG bzw. Art. 77 Abs. 3 KV SG. Ergebnisse der Kleinen Vernehmlassung zu Art. 3.38.
[5] Vorlage 10/2002; dazu SCHMID/HÄNER, Vorb. zu Art. 73–79 N. 6.
[6] Zur Diskussion darüber, ob von oberen oder obersten Gerichten gesprochen werden solle, siehe etwa Beratungen der Kommission 3, Prot. K3 vom 22. August 2002, S. 814 f.

Was das Verhältnis der beiden Normen betrifft, ist davon auszugehen, dass sich Art. 74 Abs. 1 im Sinne eines Organisationsprinzips an den Gesetzgeber im weiteren Sinne[7] richtet. Art. 18 Abs. 1 hingegen, welcher im 2. Kapitel unter dem Titel Grundrechte eingereiht ist, gibt den einzelnen Rechtsbetroffenen einen Anspruch auf ein beschleunigtes Verfahren[8].

3.2. «Verlässliche Rechtsprechung» i.S.v. Art. 74 Abs. 1

Eher unklar ist die Bedeutung des Erfordernisses der «verlässlichen Rechtsprechung»[9]. Offensichtlich wird damit primär die Qualität der Justiz angesprochen[10], d.h. die Verpflichtung des Gesetzgebers, die Verfahrensregeln in einer Weise zu gestalten, dass damit ein qualitativ gutes Verfahren und ebensolche Entscheide bewirkt werden. Verlässlichkeit bedeutet aber ebenso den Anspruch der Bürgerin und des Bürgers auf eine gewisse Konstanz der Rechtsprechung, d.h., die rechtsuchende Bürgerin und der rechtsuchende Bürger sollen sich darauf verlassen können, dass die Gerichte eine einmal entschiedene Rechtsfrage in künftigen vergleichbaren Streitfällen gleich entscheiden, also eine einmal begründete Praxis ohne plausible Gründe nicht aufgeben. Der Begriff der Verlässlichkeit enthält aber ebenfalls Elemente des Anspruchs auf ein faires Verfahren i.S.v. Art. 6 Ziff. 1 EMRK, der *«gleichen und gerechten Behandlung»* i.S.v. Art. 29 Abs. 1 BV sowie die daraus abgeleiteten Regeln wie das Verbot der Rechtsverweigerung, der Rechtsverzögerung und des überspitzten Formalismus[11], die sich etwa auch in Art. 3 des bundesrätlichen Entwurfs für eine Schweizerische Strafprozessordnung («Achtung der Menschenwürde und Fairnessgebot») finden[12].

5

3.3. «Rasche Rechtsprechung» i.S.v. Art. 74 Abs. 1

Wenn sodann von «rascher Rechtsprechung» die Rede ist, so werden damit die bereits in Art. 18 Abs. 1 («… rasche und wohlfeile Erledigung des Verfahrens …») enthaltenen Verfahrensgarantien angesprochen[13] und der in Art. 29 Abs. 1 BV, Art. 6 Ziff. 1 EMRK sowie Art. 9 Abs. 3 und Art. 14 Abs. 3 lit. b UNO-Pakt I statuierte Anspruch auf *Verfahrenserledigung innert nützlicher*

6

---

[7] Also beispielsweise auch an die obersten Gerichte beim Erlass ihrer Organisationsreglemente im Rahmen der Selbstverwaltung nach Art. 73 Abs. 3.
[8] Dieser Unterschied wurde in den Beratungen der Kommission 3 angesprochen, Prot. K3 vom 22. August 2002, S. 817.
[9] In der Kommission 3 wurde verschiedentlich erwähnt, dieser Begriff sage eigentlich nichts aus, Prot. K3 vom 5. September 2002, S. 842 ff.
[10] Dafür, dass hier die Qualität angesprochen wurde, die Beratungen insbesondere in der Kommission 3, Prot. K3 vom 22. August 2002, S. 816 f., vom 5. September 2002, S. 843.
[11] Hierzu etwa Hotz, St. Galler Kommentar, Art. 29 Rz. 10 ff.
[12] Dazu Botschaft des Bundesrats in BBl 2006, S. 1128 f.
[13] Dazu und zum Folgenden Biaggini, Art. 18 N. 14 ff.; ferner Häner, S. 154 f.

Frist und das daraus abzuleitende *Beschleunigungsgebot* – oder negativ formuliert: *Verzögerungsverbot* – wiederholt[14]. Dabei ergibt sich aus den Materialien, dass das Beschleunigungsgebot gegenüber den Mindestanforderungen von BV und EMRK noch verstärkt werden sollte[15].

4. Nennung der obersten kantonalen Gerichte (Abs. 2)

7 Wie bereits vorne in N. 1 und der Vorbemerkung zu Art. 73–79, N. 4 ff. erwähnt, war die Nennung einzelner oder aller Gerichte in der Verfassung ein Thema, welches den Verfassungsrat wiederholt und intensiv beschäftigte. Schliesslich beschränkte sich der Verfassungsrat auf die Nennung der obersten Gerichte; es sind dies das Kassationsgericht, das Obergericht, das Verwaltungsgericht sowie das Sozialversicherungsgericht.

8 Schon bisher bezeichnete § 210 Abs. 1 GVG im Sinne einer Legaldefinition[16] und im Zusammenhang mit den Bestimmungen über die Justizverwaltung das Kassationsgericht, das Obergericht, das Verwaltungsgericht und das Sozialversicherungsgericht als oberste kantonale Gerichte. Diese obersten Gerichte erscheinen nun in der Verfassung, mit der Konsequenz, dass nur diese Gerichte verfassungsmässigen Bestand haben. Es ist deshalb möglich, auf dem Wege der Gesetzgebung ohne Änderung der Verfassung bestehende Gerichte ausserhalb der in diesem Abs. 2 genannten abzuschaffen oder aber neue Gerichte zu schaffen[17]. Eine andere Frage ist freilich, ob das künftige vereinheitlichte Zivil- und

---

[14] Der bei SCHMID/HÄNER, Vorb. zu Art. 73–79 N. 1 Anm. 3 erwähnte Entwurf für eine Schweizerische Strafprozessordnung wiederholt in Art. 5 das Beschleunigungsgebot für das Strafverfahren, dazu Botschaft in BBl 2006, S. 1130. Im Entwurf des Bundesrats für eine Schweizerische Zivilprozessordnung (SCHMID/HÄNER, Vorb. zu Art. 73–79 N. 1 Anm. 2) wird der Grundsatz nicht expressis verbis statuiert. Zum Grundsatz der Verfahrensbeschleunigung bzw. dem Verbot der Rechtsverzögerung allgemein und m.w.H. z.B. ANDREAS DONATSCH, Das Beschleunigungsgebot im Strafprozess gemäss Art. 6 Ziff. 1 EMRK in der Rechtsprechung der Konventionsorgane, in: Aktuelle Fragen zur Europäischen Menschenrechtskonvention, Zürich 1994, S. 69 ff.; HAEFLIGER/SCHÜRMANN, S. 200 ff.; HOTZ, St. Galler Kommentar, Art. 29 Rz. 14 ff.; ROLF KÜNG-HOFER, Die Beschleunigung des Strafverfahrens unter Wahrung der Rechtsstaatlichkeit, Diss., Bern 1984; MARC-ANDRÉ NANÇOZ, La durée du procès pénal, ZStR 100/1983, S. 384 ff.; DENISE PROFF HAUSER, Die Bedeutung des Beschleunigungsgebots im Sinne von Art. 6 Ziff. 1 EMRK für das zürcherische Strafverfahren, Diss. (Zürich), Basel/Frankfurt a.M. 1998; WALTER ROTHENFLUH, Die Dauer des Strafprozesses, ZStR 100/1983, S. 366 ff.; SCHMID, Strafprozessrecht, N. 216 ff.; EUGEN SPIRIG, Prozessleitung (nach zürcherischem Prozessrecht), Zürich 1985; TRECHSEL, S. 134 ff.; VILLIGER, N. 452 ff.

[15] Dazu näher BIAGGINI, Art. 18 N. 3, 15.

[16] Dazu HAUSER/SCHWERI, § 210 GVG N. 1.

[17] Entgegen den ursprünglichen Intentionen der Kommission 3 des Verfassungsrates; Beschlussantrag vom 20. September 2001 über das Modell der Gerichtsorganisation, zu diesem und den anschliessenden Diskussionen: SCHMID/HÄNER, Vorb. zu Art. 73–79 N. 4 ff.

Strafprozessrecht nicht z.B. dem Kassationsgericht die Grundlage entziehen wird, indem keine Nichtigkeitsbeschwerde mehr vorgesehen ist[18].

---

[18] So in dem bei SCHMID/HÄNER, Vorb. zu Art. 73–79 N. 1 Anm. 3 erwähnten bundesrätlichen Entwurf für eine Schweizerische Strafprozessordnung, der eine zweistufige Gerichtsbarkeit (erste Instanz und Berufungsgericht) sowie als Rechtsmittel nur Beschwerde, Berufung und Revision vorsieht, Art. 401 ff.; BBl 2005, S. 1311 ff. Ähnlich Entwurf für Schweizerische Zivilprozessordnung (SCHMID/HÄNER, Vorb. zu Art. 73–79 N. 1 Anm. 3), Art. 304 ff. Auch für ein Geschworenengericht bieten mindestens die bisherigen Vorarbeiten für die Schweizerische Strafprozessordnung keine Grundlage mehr; Botschaft in BBl 2005, S. 1138 unten.

Art. 75

Wahl

Der Kantonsrat wählt die Mitglieder und die Ersatzmitglieder der für das gesamte Kantonsgebiet zuständigen Gerichte. Eine vom Kantonsrat bestimmte Kommission prüft die Kandidaturen.

Die Mitglieder der übrigen Gerichte werden vom Volk, die Ersatzmitglieder von den übergeordneten Gerichtsinstanzen gewählt.

Materialien

Art. 82 VE; Prot. Plenum, S. 1255 ff., 2223 ff., 3059 ff., 3325 ff.

Literatur

Vgl. SCHMID/HÄNER, Vorb. zu Art. 73–79

Rechtsquellen

Vgl. SCHMID/HÄNER, Vorb. zu Art. 73–79 sowie
– Gesetz über die politischen Rechte vom 1. September 2003 (GPR; LS 161)
– Gesetz über die Organisation und die Geschäftsordnung des Kantonsrates vom 5. April 1981 (Kantonsratsgesetz, KRG; LS 171.1)
– Geschäftsreglement des Kantonsrates vom 15. März 1999 (LS 171.111)
– Gesetz über den Rechtsschutz in Verwaltungssachen vom 24. Mai 1959 (Verwaltungsrechtspflegegesetz, VRG; LS 175.2)
– Gesetz über das Sozialversicherungsgericht vom 7. März 1993 (LS 212.81)

Übersicht	Note
1. Einleitung	1
2. Entstehungsgeschichte	2
3. Richterwahlen durch den Kantonsrat (Abs. 1)	3
3.1. Vorbemerkungen	3
3.2. Die durch den Kantonsrat zu wählenden Richter (Abs. 1 Satz 1)	4
3.3. Kommission zur Prüfung der Kandidaturen (Abs. 1 Satz 2)	6
4. Wahl der übrigen Richter (Abs. 2)	10
4.1. Wahlen in Gerichte ohne Zuständigkeit für das ganze Kantonsgebiet (Abs. 2 erster Satzteil)	10
4.2. Wahl der Ersatzmitglieder (Abs. 2 zweiter Satzteil)	13
4.3. Weiteres Schicksal der Miet- und Arbeitsgerichte	14

1. Einleitung

Art. 75 regelt in allgemeiner Weise die Wahl der Mitglieder der verschiedenen Gerichte, wobei sich die Bestimmung mehr oder weniger auf die Bezeichnung der für diese Wahlen zuständigen Gremien beschränkt. Damit wird die Regelung von § 1 GVG, die vorschreibt, dass sich das Wahlverfahren, die Wählbarkeit,

1

der Amtszwang und die Amtsdauer der Gerichtsbehörden nach dem Gesetz über die politischen Rechte richten, mindestens teilweise auf Verfassungsstufe angesiedelt. Dies ist bemerkenswert, enthielt doch die alte Kantonsverfassung keine Bestimmungen zur Wahl der Richter. Beigefügt sei, dass die in Vorbereitung befindlichen Schweizerischen Zivil- und Strafprozessordnungen[1] im Einklang mit Art. 123 Abs. 2 BV in der Fassung der Volksabstimmung vom 8. Februar 2004[2] nicht weiter in die Organisation, die Wahl usw. der kantonalen Strafbehörden eingreifen wollen, so dass Art. 75 auch nach Vereinheitlichung des Prozessrechts ungeschmälert Bestand haben dürfte.

2. Entstehungsgeschichte

2   Wie die Wahlen der Richterinnen und Richter erfolgen sollten, war im Verfassungsrat wie auch in der vorbereitenden Kommission lange strittig. Teilaspekte davon bildeten die Wahl der Richter generell (wie bisher auf Amtsdauer oder Wahl auf unbestimmte Zeit mit Abberufungsmöglichkeit? Beibehaltung des üblichen Parteienproporzes oder öffentliche Ausschreibung der Richterstellen?)[3], die Wahl der Ersatzrichter (durch den Kantonsrat oder aber ganz oder teilweise durch die betreffenden obersten Gerichte selbst?)[4] oder die Frage der Wahlvoraussetzungen bzw. der Prüfung der Kandidaturen durch ein entsprechendes Prüfungsgremium[5]. Schliesslich ergaben sich gegenüber den bisherigen Regelungen nur relativ geringe Abweichungen. Diese beziehen sich namentlich auf die Wahl der Ersatzrichter und das kantonsrätliche Vorprüfungsverfahren betreffend die für das gesamte Kantonsgebiet zu wählenden Richterinnen und Richter.

---

[1] Zum entsprechenden Art. 14 des bei SCHMID/HÄNER, Vorb. zu Art. 73–79 N. 1 Anm. 3 erwähnten bundesrätlichen Entwurfs für eine Schweizerische Strafprozessordnung BBl 2006, S. 1134 ff. Analog Art. 4 des Entwurfs zur ZPO, vgl. SCHMID/HÄNER, Vorb. zu Art. 73–79 N. 1 Anm. 3.

[2] Dazu AS 2004, S. 2341; Botschaft in BBl 2000, S. 3336.

[3] Die Minderheit der Kommission 3 wollte zur Wahrung der richterlichen Unabhängigkeit eine Wahl auf unbestimmte Zeit; dazu Kommission 3, Texte 3. Kapitel nach 1. Kommissionslesung, beschlossen am 6. Juni 2002, S. 3; vorgeschlagen (so vom Regierungsrat) war auch eine Abkehr vom Parteienproporz und Übergang zu einer öffentlichen Ausschreibung der Richterstellen. Diese Anliegen wurden vom Plenum abgelehnt bzw. die entsprechenden Anträge wurden zurückgezogen. Dazu Prot. K3 vom 6. Juni 2002, S. 643 ff., vom 22. August 2002, S. 818 ff.; Prot. Plenum, S. 1258 ff.

[4] Prot. Plenum, S. 3059 ff.

[5] Kommission 3, Texte 3. Kapitel nach 1. Kommissionslesung, beschlossen am 6. Juni 2002, S. 3; Prot. Plenum, S. 1258 ff.

3. Richterwahlen durch den Kantonsrat (Abs. 1)

3.1. Vorbemerkungen

Bereits bisher wurden nach § 66 GVG die Mitglieder und Ersatzmitglieder des Kassationsgerichts durch den Kantonsrat gewählt, nach § 38a GVG beim Obergericht die Mitglieder und die Hälfte der Ersatzmitglieder. Bei teilamtlichen Mitgliedern bestimmte der Kantonsrat ebenfalls den Beschäftigungsgrad[6]. Gleiche Regelungen galten nach § 33 des Verwaltungsrechtspflegegesetzes. Beim Verwaltungsgericht wählte bisher der Kantonsrat die Mitglieder und die Hälfte der Ersatzmitglieder, und Ähnliches galt gemäss § 5 Abs. 2 des Gesetzes über das Sozialversicherungsgericht für die Wahl der Richter dieses Gerichts. An der Befugnis des Kantonsrates, die Mitglieder der obersten Gerichte zu wählen, hält Art. 75 Abs. 1 fest, ja verstärkt diese noch.

3.2. Die durch den Kantonsrat zu wählenden Richter (Abs. 1 Satz 1)

Art. 75 Abs. 1 Satz 1 bestimmt nunmehr, dass die für das ganze Kantonsgebiet zu wählenden Richter (unter Einschluss der Ersatzrichter) vom Kantonsrat gewählt werden. Die Amtsdauer (im Einklang mit § 32 GPR sechs Jahre) ist hingegen in Art. 41 Abs. 2 geregelt[7]. Art. 75 Abs. 1 ist anwendbar primär auf die *Richter der obersten kantonalen Gerichte* nach Art. 74 Abs. 2, also des Kassationsgerichts, des Obergerichts, des Verwaltungsgerichts und des Sozialversicherungsgerichts. Die Regelung gilt jedoch auch für allfällige künftig noch vorhandene oder neu geschaffene Gerichtsinstanzen erster oder zweiter Instanz mit Befugnis für das ganze Kantonsgebiet, z.B. ein für den ganzen Kanton zuständiges Wirtschaftsstrafgericht erster Instanz.

Die Tatsache, dass die *Wahl durch den Kantonsrat als politische Behörde* – wohl wie bisher auf Vorschlag der darin vertretenen politischen Parteien – erfolgt, mag zwar mit Blick auf die in Art. 6 Ziff. 1 EMRK, Art. 30 Abs. 1 BV und Art. 73 Abs. 2 postulierte richterliche Unabhängigkeit nicht ganz unproblematisch sein[8]. Da die Richter aber im Kanton Zürich – ob vom Volk oder aber vom Kantonsrat gewählt – erfahrungsgemäss faktisch unabhängig agieren, dürften sich die Konflikte mit dem übergeordneten Recht in Grenzen halten[9].

---

[6] Näher HAUSER/SCHWERI, § 38a GVG N. 1 ff.
[7] Dazu HALLER, Art. 41 N. 10 ff.
[8] Zu dieser Thematik statt vieler m.w.H. HALLER, Art. 41 N. 10 ff.; HOTZ, St. Galler Kommentar, Art. 30 N. 12 (zu den Volkswahlen); zu den verschiedenen Ernennungsverfahren mit Blick auf die EMRK TRECHSEL, S. 54. Das Thema wurde auch im Verfassungsrat bzw. der Kommission 3 verschiedentlich angesprochen, vgl. die Hinweise in Anm. 3.
[9] HOTZ, St. Galler Kommentar, Art. 30 Rz. 12; SCHMID, Strafprozessrecht, N. 130.

3.3. Kommission zur Prüfung der Kandidaturen (Abs. 1 Satz 2)

6 Bisher blieb die Prüfung der Kandidatinnen und Kandidaten für die vom Kantonsrat (wie übrigens auch die vom Volke) zu besetzenden Richterstellen weitgehend den vorschlagenden Parteien sowie der die Wahlen im Rat vorbereitenden Interfraktionellen Konferenz überlassen. Dabei wäre es naturgemäss auch Pflicht des Kantonsrates selbst gewesen, die Qualifikation der Kandidatinnen und Kandidaten zu prüfen[10]. Diese Vorprüfung wird nun institutionalisiert, indem der Kantonsrat eine mit der Prüfung dieser Kandidaturen befasste Kommission zu bestellen hat.

7 Der Verfassungstext lässt offen, ob die Aufgaben von Art. 75 Abs. 1 Satz 2 einer *neu und eigens zu schaffenden Kommission* oder einer der bereits *bestehenden* ständigen Kommissionen, naheliegenderweise der *Justizkommission*, übertragen werden sollen[11]. Um das Fachliche in den Vordergrund zu stellen, politische Erwägungen in den Hintergrund zu rücken und die Unabhängigkeit der zu Wählenden zu stärken, wäre es wünschenswert, diese Aufgaben einer eigens zu schaffenden Kommission zu übertragen. Ebenso wäre es vorteilhaft, wenn in dieser neben Kantonrätinnen und Kantonsräten aussenstehende Fachleute wie Richterinnen und Richter aller Stufen, Universitätslehrerinnen und -lehrer oder Anwältinnen und Anwälte angehörten und diese in der Mehrheit wären. Da es sich um eine Fachkommission handelt, sollten auch Personen ohne Stimm- und Wahlrecht im Kanton Zürich in dieses Amt wählbar sein. Die Einzelheiten über Grösse, Zusammensetzung sowie die Aufgaben dieser Kommission wird das Gesetz näher zu regeln haben. Bereits nach dem Wortlaut der Verfassungsbestimmung erscheinen die Befugnisse dieser Kommission als eher begrenzt.

8 Der Sinn dieser *Vorprüfung* durch die Prüfungskommission geht nämlich allein dahin, hinsichtlich der fachlichen Eignung der Kandidatinnen und Kandidaten für das betreffende Richteramt Empfehlungen abzugeben. Eigentliche Wahlvoraussetzungen (abgeschlossenes Studium, Praxiserfahrung usw.) enthält die Bestimmung nicht; nach Art. 40 Abs. 1 i.V.m. Art. 22 bleibt auch für die Richterinnen und Richter der obersten Gerichte grundsätzlich das Stimm- und Wahlrecht in kantonalen Angelegenheit einzige gesetzliche Wahlvoraussetzung. Auch wenn es nicht als ausgeschlossen erscheint, dass die Kommission eigene Kandidatinnen und Kandidatinnen vorschlägt und sogar entsprechende Ausschreibungen durchführt, dürfte es im Wesentlichen um die Evaluation der nach wie vor von den Parteien vorgebrachten Kandidaturen gehen. Die von der Kom-

---

[10] Zur Praxis der Richterwahlen im Kanton Zürich (Obergericht und Bezirksgerichte) eingehend und kritisch Livschitz, S. 97 ff.

[11] In dieser Richtung Kommission 3, Texte 3. Kapitel nach 1. Kommissionslesung, beschlossen am 6. Juni 2002, S. 3. – Die Justizkommission ist zurzeit in § 34e des Kantonsratsgesetzes sowie in §§ 58 ff. des Geschäftsreglements des Kantonsrates geregelt.

mission abzugebenden Empfehlungen sind letztlich für das Ratsplenum unverbindlich, da zwar eine erfolgte Vorprüfung, nicht aber eine dabei erfolgte positive Beurteilung einer Kandidatin oder eines Kandidaten als Wahlvoraussetzung erscheint. Daran könnte auch die Art. 75 Abs. 1 ausführende Gesetzgebung nichts ändern.

Das *Wahlverfahren* selbst ist in § 12 lit. a, § 13 lit. b und §§ 36 ff. des Geschäftsreglements des Kantonsrates geregelt.

9

4. Wahl der übrigen Richter (Abs. 2)

4.1. Wahlen in Gerichte ohne Zuständigkeit für das ganze Kantonsgebiet (Abs. 2 erster Satzteil)

Die übrigen Richter, d.h. die nicht unter Abs. 1 fallenden Mitglieder der für das gesamte Kantonsgebiet zuständigen Gerichte, werden nach Art. 75 Abs. 2 durch das Volk gewählt. Im Vordergrund dürften in Zukunft auch hier die Bezirksgerichte stehen, welche nach Art. 80 Abs. 1 lit. c (und bereits bisher nach § 39 lit. b GPR) von den Stimmberechtigten des Bezirks an der Urne gewählt werden. Allenfalls gilt dies auch für die Friedensrichter (bisher § 40 lit. b GPR, vgl. auch §§ 4 ff. GVG), falls diese Institution auch nach der kommenden Schweizerischen Zivilprozessordnung noch Bestand haben sollte[12].

10

Im Verfassungsrat sowie in der vorberatenden Kommission 3 wurde die Frage der *Wahlvoraussetzungen* für die vom Volke zu wählenden Richterinnen und Richter wiederholt und eingehend diskutiert. Vorschläge, die Wahl an bestimmte Voraussetzungen wie juristische Ausbildung zu knüpfen, wurden aber schliesslich ausdrücklich verworfen, da solche dem Grundgedanken der Volkswahl der Richter widersprächen[13]. Wie bisher (§ 23 Abs. 1 GPR) ist somit der Besitz des Stimm- und Wahlrechts im Kanton Zürich nach Art. 22 i.V.m. Art. 40 Abs. 1 einzige Voraussetzung für die Wahl in ein Richteramt. Davon könnte auch der Gesetzgeber nicht abweichen.

11

Für das *Wahlverfahren* selbst vgl. sodann §§ 39 ff. GPR.

12

---

[12] Schlichtversuch vorgesehen in Art. 194 ff. des erwähnten Entwurfs des Bundesrates für eine Schweizerische Zivilprozessordnung (SCHMID/HÄNER, Vorb. zu Art. 73–79 N. 1 Anm. 3), wobei den Kantonen die Organisation und namentlich die Beibehaltung ihrer Friedensrichter oder ähnliches überlassen bleibt; Botschaft in BBl 2006, S. 7238.

[13] Siehe Prot. Plenum, S. 1255 ff., 1267 ff., 2223 ff., 3059 ff.

4.2. Wahl der Ersatzmitglieder (Abs. 2 zweiter Satzteil)

13 Die *Ersatzmitglieder* der nach Art. 75 Abs. 2 an sich vom Volke zu wählenden Gerichtsbehörden werden nach dem zweiten Satzteil dieser Bestimmung von der übergeordneten Gerichtsbehörde gewählt, d.h. im Hauptfalle der Bezirksgerichte durch das Obergericht.

4.3. Weiteres Schicksal der Miet- und Arbeitsgerichte

14 Unklar ist, wie es mit den *Miet- und Arbeitsgerichten*[14] weitergehen soll, vorausgesetzt, die künftige Schweizerische Zivilprozessordnung lasse diese zu. Ob diese Gerichte fortan Bestand haben sollen, beschäftigte den Verfassungsrat verschiedentlich, vor allem im Rahmen der lange gehegten Absicht, in einer Bestimmung sämtliche kantonalen Gerichte aufzuzählen[15]. Da abgesehen von den obersten Gerichten in Art. 74 Abs. 2 die verschiedenen Gerichte in der Verfassung nicht genannt werden und sie deshalb keinen verfassungsmässigen Bestand haben, wird es fortan Aufgabe des Gesetzgebers sein, darüber zu befinden, ob die Miet- und Arbeitsgerichte weiterbestehen sollen. Sollten diese Gerichte nicht zu spezialisierten Abteilungen der Bezirksgerichte, besetzt mit vom Volke gewählten Bezirksrichtern, umgestaltet werden, müssten auch allfällige Beisitzer, die nicht Bezirksrichter sind, künftig vom Volk gewählt werden. Eine Wahl der Arbeitsrichter durch den Grossen Gemeinderat bzw. subsidiär durch den Gemeinderat (bisher § 10 GVG) bzw. der Beisitzer der Mitgerichte durch das Bezirksgericht (bisher § 16 GVG) ist nicht mehr möglich[16]. Eine andere Lösungsvariante wäre, die Zuständigkeit solcher spezialisierter Gerichtsinstanzen auf das gesamte Kantonsgebiet auszudehnen; alsdann wären nach Art. 75 Abs. 1 die Richterinnen und Richter vom Kantonsrat zu wählen.

---

[14] Auf die im Verlaufe der Schaffung der neuen Verfassung oft im gleichen Zusammenhang genannten verwaltungsrechtlichen Rekurskommissionen (Baurekurskommissionen usw.) wird an dieser Stelle nicht eingegangen.

[15] Dazu einlässlich SCHMID/HÄNER, Vorb. zu Art. 73–79 N. 4 ff.; Prot. K3 vom 20. September 2001, S. 219 ff.

[16] In diese Richtung denn auch Diskussionen (unter gleichzeitiger Nennung der Baurekurskommissionen) in der Kommission 3, Prot. K3 vom 5. Dezember 2002, S. 933, vom 10. April 2003, S. 1061.

Art. 76

Zivil- und Strafrechtspflege

Für Zivil- und Strafverfahren sieht das Gesetz zwei gerichtliche Instanzen vor.

Die zweite Instanz prüft umfassend, ob die Vorinstanz das Recht richtig angewandt hat. Sie muss bezüglich der Feststellung des Sachverhaltes mindestens offensichtliche Fehler richtig stellen können.

Ist der Weiterzug an ein eidgenössisches Gericht nicht möglich, so kann das Gesetz eine dritte Instanz vorsehen. Diese überprüft die Entscheide auf Willkür und schwere Verfahrensmängel.

Materialien

Art. 83 VE; Prot. Plenum, S. 215 ff., 297 ff., 1234 ff., 1278 ff., 2217 ff., 3062 ff., 3321 ff.

Literatur

Vgl. SCHMID/HÄNER, Vorb. zu Art. 73–79

Rechtsquellen

Vgl. SCHMID/HÄNER, Vorb. zu Art. 73–79

Übersicht	Note
1. Einleitung	1
2. Entstehungsgeschichte	3
3. Grundsatz der zweistufigen kantonalen Gerichtsbarkeit (*double instance*, Abs. 1)	4
4. Mindestanforderungen an die Kognition der zweiten Instanz (Abs. 2)	5
5. Möglichkeit einer dritten kantonalen Instanz (Abs. 3)	8
6. Rückwirkungen des Bundesgerichtsgesetzes sowie der in Vorbereitung befindlichen Schweizerischen Zivil- und Strafprozessordnungen auf den Grundsatz der *double instance* von Art. 76	9
6.1. Rückwirkungen des Bundesgerichtsgesetzes	9
6.2. Rückwirkungen der Vereinheitlichung des Zivil- und Strafprozessrechts	12
7. Sofortiger gesetzgeberischer Handlungsbedarf für den Kanton Zürich?	15

1. Einleitung

Art. 76 wiederholt das den Verfahrensbetroffenen bereits in Art. 32 Abs. 3 BV, Art. 14 Abs. 2 UNO-Pakt I und der EMRK[1] gewährte Recht, Gerichtsentscheide bei einer höheren Instanz überprüfen zu lassen. Die Bestimmung will bereits auf kantonaler Ebene im Zivil- und Strafverfahren dieses Zwei-Instanzen-Prinzip (oder wie überwiegend, vor allem in den Materialien zur Verfassung gesagt

---

[1] Art. 2 des Protokolls Nr. 7 zur EMRK vom 22. November 1984 (SR 0.101.07).

wird: Grundsatz der *double instance*) verwirklichen, also unabhängig davon, welche Rechtsmittel noch auf Bundesebene zur Verfügung stehen.

2   Art. 76 ist auf den im Zeitpunkt der Verabschiedung der KV geltenden Rechtszustand, vor allem die zurzeit noch vorhandene Verfahrenshoheit der Kantone im Bereiche des Zivil- und Strafprozessrechts sowie die früher ans Bundesgericht möglichen Rechtsmittel zugeschnitten. Wesentlich ist aber, dass Art. 76 einerseits durch das am 1. Januar 2007 in Kraft getretene Bundesgerichtsgesetz (BGG)[2] und den dort enthaltenen Anforderungen an die von den Kantonen zu schaffenden Vorinstanzen teilweise einen Teil seiner Bedeutung verloren hat. Auf die hier relevanten Art. 75 BGG für die Beschwerde in Zivilsachen und Art. 80 BGG für die Beschwerde in Strafsachen wird nachfolgend zurückzukommen sein[3]. Anderseits werden nachstehend kurz die Auswirkungen der in Vorbereitung befindlichen Schweizerischen Zivil- und Strafprozessordnungen auf Art. 76[4] zu streifen sein. Diese drei Bundesgesetze sind deshalb von Bedeutung, weil sie Art. 76 vorgehen, falls sie für die Kantone bindende Vorschriften über den Instanzenzug vorsehen.

2.   Entstehungsgeschichte

3   In der vorbereitenden Kommission 3 wie auch hernach im Plenum des Verfassungsrats fanden längere Debatten zum Thema der *double instance* statt. Die Diskussionen waren zumeist mit Auseinandersetzungen über die künftige Rolle des Kassationsgerichts gepaart[5].

3.   Grundsatz der zweistufigen kantonalen Gerichtsbarkeit (double instance, Abs. 1)

4   Wie vorstehend in N. 1 vermerkt, knüpft Art. 76 Abs. 1 an die grundrechtlichen Vorgaben an, wonach den Verfahrensparteien die Möglichkeit der Überprüfung eines Entscheides durch ein weiteres, üblicherweise hierarchisch übergeordnetes Gericht und damit mindestens zwei Instanzen zur Verfügung stehen sollen. Art. 76 beschränkt sich indessen darauf, den Grundsatz der *double instance* zuhanden des Gesetzgebers festzuschreiben, in der Meinung, dass die Details

---

[2]   Vgl. Botschaft des Bundesrats in BBl 2001, S. 4202 ff.
[3]   Dazu N. 9 ff.
[4]   Dazu N. 12 ff.
[5]   Prot. K3 vom 23. August 2001, S. 157 ff., vom 6. September 2001, S. 186 ff., vom 13. September 2001, S. 206 ff., vom 20. September 2001, S. 233, vom 22. Mai 2002, S. 615 ff., vom 15. August 2002, S. 789 ff., vom 22. August 2002, S. 802 ff.; Prot. Plenum, S. 246 ff. Zusammenfassend HÄNER, S. 147 f.

in der Gesetzgebung zu regeln sind. Ein Verfahrensbeteiligter kann denn auch aus der Verfassungsbestimmung direkt keinen Anspruch auf zwei kantonale Instanzen ableiten.

4. Mindestanforderungen an die Kognition der zweiten Instanz (Abs. 2)

Der Grundsatz der *double instance* gilt nicht unbeschränkt. Zunächst ist zu beachten, dass dieser grundrechtliche Anspruch an sich auf *Endentscheide* beschränkt ist und bei verfahrensleitenden Entscheiden nicht ohne Weiteres gilt[6]. Art. 76 Abs. 2 schränkt das Prinzip der *double instance* von Abs. 1 weiter ein: Art. 76 verlangt demgemäss nicht, dass der Verfahrensbetroffene den erstinstanzliche Entscheid bei der Rechtsmittelinstanz im Sinne eines vollkommenen Rechtsmittels einer vollständigen Überprüfung der Sachverhaltsfeststellung und der Rechtsanwendung zuführen kann. Nach Satz 1 hat die zweite Instanz zwingend nur umfassend zu prüfen, ob die erste Instanz das Recht richtig angewandt hat. Satz 2 von Abs. 2 sieht sodann vor, dass die zweite Instanz hinsichtlich der Feststellung des Sachverhalts durch die erste Instanz mindestens offensichtliche Fehler richtigstellen kann. Es geht hier um die beschränkte Überprüfbarkeit wegen klar fehlerhafter oder gar willkürlicher Sachverhaltsfeststellung, wie sie für die bisher im schweizerischen Zivil- und Strafprozessrecht gebräuchlichen unvollkommenen, ausserordentlichen Rechtsmittel der Kassations- oder Nichtigkeitsbeschwerde typisch ist[7]. 5

Diese *Einschränkungen* stehen durchaus im Einklang mit dem übergeordneten Recht: Art. 32 Abs. 3 BV, Art. 14 Abs. 5 UNO-Pakt I und das erwähnte Zusatzprotokoll Nr. 7 zur EMRK[8] verlangen nicht, dass die Rechtsmittelinstanz Tat- und Rechtsfragen im Sinne eines mit voller Kognition ausgestatteten übergeordneten Gerichts frei überprüfen kann. Es genügt eine Rechtskontrolle im Sinne einer Nichtigkeitsbeschwerde oder eines materiell vergleichbaren Rechtsmittels[9]. 6

Die *bisher* im zürcherischen Zivil- und Strafprozess vorhandenen Rechtsmittel entsprechen zwar durchaus den Mindestanforderungen des vorerwähnten übergeordneten Rechts, *nicht* aber denjenigen von Art. 76. In den Fällen, in 7

---

[6] SCHMID, Strafrechtsbeschwerde, S. 170 f. (vorab mit Blick auf das Strafverfahren).
[7] Vgl. HAUSER/SCHWERI, Strafprozessrecht, § 95 N. 1 ff., § 101 N. 20 ff.; VOGEL/SPÜHLER, § 63 N. 32 ff., § 64 N. 94 f.; SCHMID, Strafprozessrecht, N. 955 f., 958 und 1047 f.
[8] SR 0.101.07.
[9] BGE 124 I 92 ff. = Pra 87/1998 Nr. 132, dazu Besprechung in ZBJV 135/1999, S. 762; VPB 58/1994 Nr. 104; 59/1995 Nr. 125; HAEFLIGER/SCHÜRMANN, S. 355 f.; SCHMID, Strafprozessrecht, N. 954; VILLIGER, N. 693.

denen das Obergericht (bzw. Geschworenen- und Handelsgericht) erstinstanzlich urteilt, fehlt es an der umfassenden Überprüfung des Urteils in Rechtsfragen durch das kantonal allein noch anrufbare Kassationsgericht (§§ 281, 285 ZPO; §§ 430, 430b StPO). Ein unmittelbarer Handlungsbedarf dürfte jedoch nicht bestehen, da die nachstehend zu besprechenden Bundesgesetze (Bundesgerichtsgesetz, vereinheitlichte Schweizerische Zivil- und Strafprozessordnungen) ohnehin eine umfassende Anpassung des kantonalen Rechts erfordern und der Bundesgesetzgeber die Frist bis zum Inkrafttreten der vereinheitlichten ZPO und StPO ausdehnte[10].

5. Möglichkeit einer dritten kantonalen Instanz (Abs. 3)

8   Art. 76 Abs. 3 sieht vor, dass der kantonale Gesetzgeber eine dritte kantonale Instanz vorsehen kann, wenn der Weiterzug eines Entscheids an ein eidgenössisches Gericht nicht möglich ist. Ist dies der Fall, so überprüft die dritte kantonale Instanz den Entscheid auf Willkür und schwere Verfahrensmängel. Die – für den Gesetzgeber fakultative – Möglichkeit ergab sich aus den Bestrebungen auf Bundesebene, die beim Erlass des nachstehend noch zu streifenden Bundesgerichtsgesetzes während einer Phase in der Richtung gingen, für gewisse Entscheide den Weg ans Bundesgericht zu verschliessen. Das Anliegen von Art. 76 Abs. 3 wurde indessen durch den weiteren Verlauf der Gesetzgebung auf Bundesebene weitgehend gegenstandslos: Soweit ersichtlich, dürfte gegen alle letztinstanzlichen Entscheide oberer kantonaler Gerichte wenn nicht die Beschwerde in Zivilsachen, Strafsachen oder in öffentlichrechtlichen Angelegenheiten (Art. 72 ff. BGG), so doch die ursprünglich nicht vorgesehene, nachträglich ins Bundesgerichtsgesetz eingefügte subsidiäre Verfassungsgerichtsbeschwerde (Art. 113 ff. BGG) zulässig sein[11]. Ob noch Raum für eine Überprüfung der – nach Art. 96 BGG beim Bundesgericht nur beschränkt anfechtbaren – Anwendung von ausländischem Recht im Rahmen von Art. 76 Abs. 3 durch eine dritte kantonale Instanz besteht, bleibe an dieser Stelle offen[12]. Anzumerken bleibt, dass nach dem Bundesgerichtsgesetz (Art. 100 Abs. 6) zwar durchaus eine dritte kantonale Instanz ohne die Einschränkungen von Art. 76 Abs. 3 zulässig ist[13].

---

[10] Vgl. N. 15.
[11] Häner, S. 147 f.
[12] Vgl. Häner, S. 147 unter Verweis auf eine im Verfassungsrat geäusserte Meinung, wobei die Autorin offenlässt, ob eine willkürliche Anwendung ausländischen Rechts mit subsidiärer Verfassungsbeschwerde nach Art. 116 ff. BGG gerügt werden könne.
[13] Vgl. N. 9.

6. Rückwirkungen des Bundesgerichtsgesetzes sowie der in Vorbereitung befindlichen Schweizerischen Zivil- und Strafprozessordnungen auf den Grundsatz der *double instance* von Art. 76

6.1. Rückwirkungen des Bundesgerichtsgesetzes

Zunächst ist auf das bereits vorstehend in N. 2 erwähnte Bundesgerichtsgesetz zu verweisen, welches in Art. 75 für die Beschwerde in Zivilsachen und in Art. 80 für jene in Strafsachen die von den Kantonen zu beachtenden Vorgaben hinsichtlich der anfechtbaren Entscheide aufstellt. Was die *Zivilverfahren* betrifft, so stellt Art. 75 Abs. 1 BGG die Beschwerde in Zivilsachen u.a. gegen Entscheide letzter kantonaler Instanzen zur Verfügung. Nach Abs. 2 dieser Bestimmung haben die Kantone als letzte kantonale Instanzen obere Gerichte einzusetzen, die grundsätzlich als Rechtsmittelinstanzen, also mindestens als zweite Instanz entscheiden. Die zweite Instanz muss mindestens die Rügen nach Art. 95–98 BGG prüfen können (Art. 111 Abs. 3 BGG). Allerdings sieht Art. 75 Abs. 2 in lit. a–c BGG gewisse Ausnahmen vor, so, wenn das Bundesrecht eine einzige kantonale Instanz vorschreibt, wenn ein Fachgericht für handelsrechtliche Streitigkeiten als einzige kantonale Instanz entscheidet oder wenn Klagen mit einem Streitwert von mindestens 100 000 Franken nach dem kantonalen Recht mit Zustimmung aller Parteien direkt beim oberen Gericht eingebracht wurden. Freilich können die Kantone über die Mindestanforderungen in Art. 75 Abs. 1 BGG hinausgehen und wie erwähnt eine dritte Instanz etwa in Form eines Kassationsgerichts vorsehen[14]. Dies ergibt sich indirekt aus Art. 100 Abs. 6 BGG, der vorsieht, dass im Falle, dass der Entscheid eines oberen kantonalen Gerichts mit einem Rechtsmittel, das nicht alle Rügen nach Art. 95–98 BGG zulässt, bei einer weiteren kantonalen Instanz angefochten werden kann, die Beschwerdefrist erst mit der Eröffnung des Entscheides dieser Instanz zu laufen beginnt. Diese Möglichkeit einer dritten Instanz wird nun aber durch Art. 76 Abs. 3 kantonalrechtlich eingeschränkt.

In *Strafsachen* hat das Bundesgerichtsgesetz in Art. 80 das Erfordernis der zweistufigen kantonalen Gerichtsbarkeit grundsätzlich ohne Ausnahmen ausgestaltet. Darunter fallen primär strafrechtliche Sachentscheide im Sinne von Urteilen, also Entscheide, in denen über Schuld und Strafe entschieden wird. Inwieweit künftig bei verfahrensleitenden Entscheiden eine Zweistufigkeit gilt, ist zurzeit noch offen, zumal der bundesrätliche Entwurf für eine Schweizerische Strafprozessordnung z.B. bei Haftentscheiden nur bei länger als drei Monate

---

[14] Dazu näher Schmid, Strafrechtsbeschwerde, S. 169.

dauernder Untersuchungs- und Sicherheitshaft ein Rechtsmittel auf kantonaler Ebene vorsieht[15].

11 Der Bund hat mit einer Revision der Übergangsbestimmungen vom 23. Juni 2006[16], d.h. einer Erstreckung der in Art. 130 BGG vorgesehenen Übergangsfristen, bewirkt, dass die kantonalen Einführungsvorschriften – sowie sie den kantonalen Instanzenzug betreffen – erst auf den Zeitpunkt des Inkrafttretens dieser vereinheitlichenden Verfahrensgesetze zu schaffen sind. Sollten innert sechs Jahren nach Inkrafttreten dieser Novelle diese Prozessgesetze noch nicht in Kraft sein, so hätte der Bundesrat die Frist zum Erlass der Einführungsgesetze neu anzusetzen. Damit bleibt den Kantonen erspart, ihre Verfahrensgesetze hinsichtlich der Rechtsweggarantie sowie des Instanzenzugs vor Inkrafttreten der Schweizerischen StPO und ZPO anzupassen[17]. Falls die Rechnung des Bundesgesetzgebers aufgeht, sollten die geltenden kantonalen Verfahrensbestimmungen nahtlos von den eidgenössischen Prozessgesetzen abgelöst werden, denen es alsdann obliegt, die Fragen des Instanzenzugs in Anlehnung an die Vorgaben des übergeordneten Rechts abschliessend und für das kantonale Recht (auch auf Verfassungsstufe) verbindlich zu regeln. Dies sollte selbst im (eher unwahrscheinlichen) Falle gelten, dass dieses eidgenössische Verfahrensrecht in gewissen Konstellationen nur eine Instanz vorsehen sollte[18]. Diese ausserordentlich langen Übergangsfristen bewirken, dass der verfassungsmässige Anspruch auf zwei Instanzen wie auch die Rechtsweggarantie nach Art. 29a BV aufgeschoben bleiben[19].

6.2. Rückwirkungen der Vereinheitlichung des Zivil- und Strafprozessrechts

12 Wie vorstehend in N. 1 und N. 9 f. dargelegt, ist damit zu rechnen, dass die zurzeit beim Parlament in Beratung stehenden Schweizerischen Zivil- und Strafprozessordnungen mit ihren Vorschriften über die Rechtsmittel Rückwirkungen auf Art. 76 haben werden. Anlässlich der sog. Justizreform ist in der Volksabstimmung vom 12. März 2000 von Volk und Ständen die Kompetenz zur Regelung des Zivil- und Strafprozesses dem Bund übertragen worden. Dabei

---

[15] Dazu näher SCHMID, Strafrechtsbeschwerde, S. 169.
[16] BBl 2006, S. 5799; Botschaft in BBl 2006, S. 2067.
[17] Dazu GÄCHTER, S. 33; SCHMID, Strafrechtsbeschwerde, S. 206 f. – Eine andere Frage ist, ob vorab im Zivilprozess die Streitwertgrenzen von Art. 74 BGG eine Anpassung des kantonalen Prozessrechts erfordern. In diesem Sinne hat der Kanton Zürich in einer Verordnung über die Anpassung des kantonalen Rechts an das Bundesgesetz über das Bundesgericht (VO BGG) vom 29. November 2006, OS 61, S. 480, verschiedene Bestimmungen der ZPO geändert, die auf die Streitwertgrenzen des Bundesrechts verweisen.
[18] In dieser Richtung auch Kommissionspräsidentin Schwarzenbach im Ratsplenum, Prot. Plenum, S. 1279; Prot. K3 vom 15. August 2002, S. 789 f.
[19] GÄCHTER, S. 33.

sollen die Kantone im bisherigen Umfange für die Organisation der Gerichte und die Rechtsprechung zuständig bleiben (Art. 122 und 123 BV). Die künftigen Prozessgesetze dürften die Rechtsmittel und damit den Instanzenzug vor den kantonalen Gerichten abschliessend regeln[20]. Diese höherrangigen Normen gehen dem kantonalen Recht – auch den Kantonsverfassungen – vor. Die Gefahr, dass Art. 76 durch diese Prozessgesetze ausgehebelt wird, dürfte allerdings gering sein, wird sich der eidgenössische Gesetzgeber doch an die Vorgaben des übergeordneten Rechts sowie des Bundesgerichtsgesetzes halten, welche eine zweistufige Gerichtsbarkeit vorsehen, also auch den Leitlinien von Art. 76 entsprechen.

Der *bundesrätliche Entwurf für die Schweizerische Strafprozessordnung* (Entw. StPO) belässt den Kantonen zwar in Art. 14 im Einklang mit Art. 122 und 123 BV die Kompetenz, ihre Strafbehörden zu bestimmen. Der Grobraster für die vorzusehenden kantonalen Behörden wird jedoch zu einem wesentlichen Teil durch das Verfahren, also die Vorschriften der StPO, vorgegeben. Diesbezüglich ist zu beachten, dass der bundesrätliche Entwurf für die Beurteilung von Anklagen eine Zweistufigkeit vorsieht (erstinstanzliches Gericht, anschliessend Berufung an das Berufungsgericht, Art. 13, 19, 21, 406 ff. Entw. StPO)[21]. Folgen die eidgenössischen Räte den bundesrätlichen Anträgen, dürfte dies für den Kanton Zürich bedeuten, dass alle Straftaten in erster Instanz auf Bezirksebene abgeurteilt werden und dass das Obergericht in allen Fällen Berufungsinstanz wird. Dies bedeutet weiter, dass für ein Geschworenengericht kein Raum bleiben dürfte. Da die eidgenössischen Entwürfe keine Nichtigkeitsbeschwerde vorsehen, wird mindestens im strafprozessualen Bereich das Kassationsgericht überflüssig. 13

Der bundesrätliche Entwurf für eine *Schweizerische Zivilprozessordnung* (Entw. ZPO)[22] überlässt in Art. 4 die Bestimmung der sachlichen und funktionellen Zuständigkeit der Gerichte «*im Rahmen dieses Gesetzes*» den Kantonen. Der Entw. ZPO folgt sodann den Vorgaben des Bundesgerichtsgesetzes, insbesondere dem in Art. 75 BGG festgelegten Prinzip der *double instance* und der Kognition der letzten kantonalen Instanz nach Art. 111 Abs. 3 BGG. Er sieht grundsätzlich vor, dass alle erstinstanzlichen Entscheide auf kantonaler Ebene mit Berufung nach Art. 304 ff. Entw. ZPO bzw. Beschwerde nach Art. 316 Entw. ZPO angefochten werden können. Ausgenommen sind jene Bereiche, in denen 14

---

[20] Dies gilt für den zurzeit beim Bundesparlament liegenden Entwurf für eine Schweizerische Strafprozessordnung (SCHMID/HÄNER, Vorb. zu Art. 73–79 N. 1 Anm. 3). Auf einem andern Blatt stehen die Bundesrechtsmittel, die sich ausschliesslich nach dem Bundesgerichtsgesetz richten. Einen Sonderfall stellen die Entscheide des Bundesstrafgerichts in Bellinzona dar, auf die hier nicht eingegangen wird.

[21] Botschaft BBl 2006, S. 1116, 1126 mit Hinweisen darauf, dass noch nicht klar ist, wie die Zweistufigkeit in Fällen der Bundesgerichtsbarkeit verwirklicht werden soll.

[22] Vgl. SCHMID/HÄNER, Vorb. zu Art. 73–79 N. 1 Anm. 3.

nach Art. 5–7 Entw. ZPO ein kantonales Gericht als einzige kantonale Instanz zu bezeichnen ist[23].

7. Sofortiger gesetzgeberischer Handlungsbedarf für den Kanton Zürich?

15 Wie vorstehend in N. 11 dargelegt, will der Bundesgesetzgeber mit der Erstreckung der Frist, die den Kantonen zur Anpassung ihrer Gesetze an das Bundesgerichtsgesetz eingeräumt ist, ermöglichen, ihre Einführungsgesetze zusammen mit jenen Änderungen zu revidieren, die durch die Schweizerischen Zivil- und Strafprozessordnungen erforderlich werden. Jedenfalls dürfte sich aus Art. 76 wie auch dem BGG für den Kanton Zürich bezüglich der gegenwärtigen Kompetenzen der oberen Gerichte sowie der Gewährleistung der Rechtsweggarantie in Zivil- und Strafsachen zurzeit kein zwingender Handlungsbedarf ergeben[24]. Vielmehr erscheint es richtig, den allfälligen Anpassungsbedarf, der sich aus Art. 76 ergibt, auf den Zeitpunkt des Inkrafttretens der Schweizerischen ZPO und StPO im Zusammenhang mit der alsdann fälligen «grossen Anpassungsübung» zu prüfen.

---

[23] Dazu Botschaft in BBl 2006, S. 7260 ff., 7370.
[24] So auch der Grundtenor der vorstehend in N. 11 Anm. 17 erwähnten regierungsrätlichen Verordnung über die Anpassung des kantonalen Rechts an das Bundesgesetz über das Bundesgericht (VO BGG) vom 29. November 2006.

Art. 77

Für Anordnungen, die im Verwaltungsverfahren ergangen sind, gewährleistet das Gesetz die wirksame Überprüfung durch eine Rekursinstanz sowie den Weiterzug an ein Gericht. Das Gesetz sieht in begründeten Fällen Ausnahmen vor.

In besonderen Fällen kann das Gesetz vorsehen, dass öffentlichrechtliche Ansprüche in einem gerichtlichen Verfahren geltend gemacht werden müssen.

Verwaltungsrechtspflege

Materialien

Art. 84 VE; Prot. Plenum, S. 1292 ff., 1305, 1317, 2207 ff., 2234, 3079; RRB 1870 vom 21. Dezember 2005, S. 13 ff.

Literatur

FROWEIN JOCHEN ABR./PEUKERT WOLFGANG, Europäische Menschenrechtskonvention. EMRK-Kommentar, 2. Aufl., Kehl/Strassburg/Arlington 1996; HÄFELIN/MÜLLER/UHLMANN, Rz. 247 ff., 1057 ff.; HÄNER ISABELLE, Gerichtliche Überprüfung von Volksentscheiden, in: Festschrift zum Schweizerischen Juristentag 2006, Zürich 2006, S. 491 ff. (Gerichtliche Überprüfung); HÄNER ISABELLE, Rechtsschutz und Rechtspflegebehörden in der neuen Zürcher Kantonsverfassung, in: Materialien zur Zürcher Verfassungsreform, Bd. 9, S. 139 ff. (Rechtsschutz); HANGARTNER YVO, Recht auf wirksame Beschwerde gemäss Art. 13 EMRK, AJP 1994, S. 3 ff. (Wirksame Beschwerde); HANGARTNER YVO, Recht auf Rechtsschutz, AJP 2002, S. 131 ff. (Rechtsschutz); KLEY ANDREAS, St. Galler Kommentar, Art. 29a; KÖLZ/BOSSHART/RÖHL, Vorbem. zu §§ 4–31, §§ 19, 26a und 72; MEYER-LADEWIG JENS, EMRK. Konvention zum Schutz der Menschenrechte und Grundfreiheiten. Handkommentar, Baden-Baden 2003; SCHINDLER BENJAMIN, Die Befangenheit der Verwaltung. Der Ausstand von Entscheidträgern der Verwaltung im Staats- und Verwaltungsrecht von Bund und Kantonen, Diss., Zürich 2002; SEILER HANSJÖRG/VON WERDT NICOLAS/GÜNGERICH ANDREAS, Bundesgerichtsgesetz (BGG), Bern 2007 (Kommentar BGG); TOPHINKE ESTHER, Bedeutung der Rechtsweggarantie für die Anpassung der kantonalen Gesetzgebung, ZBl 107/2006, S. 88 ff.; VILLIGER MARK E., Handbuch der Europäischen Menschenrechtskonvention (EMRK), 2. Aufl., Zürich 1999.

Rechtsquellen

– Art. 6, 13 Konvention zum Schutze der Menschenrechte und Grundfreiheiten vom 4. November 1950 (EMRK; SR 0.101)
– Art. 2 Abs. 3 Internationaler Pakt über bürgerliche und politische Rechte vom 16. Dezember 1966 (UNO-Pakt II; SR 0.103.2)
– Bundesgesetz über das Bundesgericht vom 17. Juni 2005 (Bundesgerichtsgesetz, BGG; SR 173.110)
– Gesetz über die Organisation des Regierungsrates und der kantonalen Verwaltung vom 6. Juni 2005 (OG RR; LS 172.1)
– Verordnung über das Rekursverfahren vor dem Regierungsrat vom 5. November 1997 (VRR; LS 172.15)
– Gesetz über den Rechtsschutz in Verwaltungssachen vom 24. Mai 1959 (Verwaltungsrechtspflegegesetz, VRG; LS 175.2)
– Steuergesetz vom 8. Juni 1997 (StG; LS 631.1)

– Gesetz über die Erbschafts- und Schenkungssteuer vom 28. September 1986 (Erbschafts- und Schenkungssteuergesetz, ESchG; LS 632.1)
– Gesetz über die Raumplanung und das öffentliche Baurecht vom 7. September 1975 (Planungs- und Baugesetz, PBG; LS 700.1)
– Gesetz über die Abtretung von Privatrechten vom 30. November 1879 (AbtrG; LS 781)

Übersicht Note
1. Die wirksame Überprüfung durch eine Rekursinstanz (Abs. 1) 1
   1.1. Anordnungen 1
   1.2. Zweifache Überprüfung von Anordnungen als Grundsatz 3
   1.3. Wirksamkeit der Überprüfung durch die erste Rekursinstanz 7
   1.4. Gerichtliche Überprüfung in der zweiten Instanz als Grundsatz 13
   1.5. Ausnahmen in begründeten Fällen 15
      1.5.1. Ausnahmen vom Entscheid durch ein Gericht 15
      1.5.2. Ausnahmen vom zweifachen Instanzenzug 18
2. Ursprüngliche Verwaltungsgerichtsbarkeit (Abs. 2) 21

1. Die wirksame Überprüfung durch eine Rekursinstanz (Abs. 1)

1.1. Anordnungen

1 Art. 77 Abs. 1 bezieht sich nur auf Anordnungen, welche im Verwaltungsverfahren ergangen sind. Der Begriff der Anordnung stimmt mit demjenigen des Verwaltungsrechtspflegegesetzes überein[1]. Er erfüllt sämtliche Begriffsmerkmale der Verfügung. Diese verlangen, dass die Anordnung von einem Träger der öffentlichen Verwaltung erlassen wird, hoheitlich, einseitig, verbindlich und auf Rechtswirkung ausgerichtet sowie individuell-konkret ist[2].

2 Durch die formale Anknüpfung an den Anordnungsbegriff unterscheidet sich die Garantie gemäss Art. 77 Abs. 1 von Art. 13 EMRK. Letztere Bestimmung kommt immer dann zum Tragen, wenn es um eine Verletzung der von der EMRK garantierten Rechte geht. Demgemäss hat das Bundesgericht in Bezug auf das tatsächliche Verwaltungshandeln – wenn somit grundsätzlich keine Verfügung ergeht – festgehalten, dass in den Fällen, in welchen Art. 13 EMRK anwendbar ist, dennoch eine Feststellungsverfügung verlangt werden könne[3]. Ebenso weist es in seiner Rechtsprechung auf das Staatshaftungsverfahren hin[4].

---

[1] Kölz/Bosshart/Röhl, Vorbem. zu §§ 4–31 N. 9; insbesondere § 19 VRG.
[2] Im Einzelnen Kölz/Bosshart/Röhl, Vorbem. zu §§ 4–31 N. 13 ff.
[3] BGE 121 I 87 ff., 91; 123 II 402 ff., 413; 128 I 167 ff., 175; vgl. auch Tophinke, S. 95 f.
[4] BGE 128 I 167 ff., 175. Dies ist im Hinblick auf Art. 13 EMRK genügend; Frowein/Peukert, Art. 13 Rz. 6.

1.2. Zweifache Überprüfung von Anordnungen als Grundsatz

Die Bestimmung von Art. 77 Abs. 1 über die Verwaltungsrechtspflege unterscheidet sich vom Grundsatz der *«double instance»*, wie er für die Zivil- und Strafrechtspflege in Art. 76 Abs. 1 vorgesehen ist. Art. 77 Abs. 1 verlangt zwar ebenfalls eine zweifache Überprüfung einer Anordnung in einem Rechtsmittelverfahren. Im Gegensatz zu Art. 76 Abs. 1 genügt es jedoch, dass zunächst eine verwaltungsinterne Rechtspflegeinstanz eine wirksame Überprüfung garantiert; eine gerichtliche Überprüfung ist nicht bereits vor der ersten Rechtsmittelinstanz vorgeschrieben. Insoweit gilt der Grundsatz der *«double instance»* nur beschränkt. Allerdings müssen grundsätzlich zwei Instanzen vorgesehen werden. Insofern geht Art. 77 Abs. 1 über das geltende Recht hinaus. §§ 19 ff. VRG sehen bloss vor, dass mindestens eine verwaltungsinterne Rekursinstanz über Anordnungen von Verwaltungsbehörden entscheiden muss[5], wobei im Regelfall ebenfalls zwei Instanzen zur Verfügung stehen. Gemäss Art. 77 Abs. 1 muss die Überprüfung durch die erste Rechtsmittelinstanz zudem wirksam sein. Während sich der Grundsatz der *«double instance»* für die Zivil- und Strafrechtspflege aus dem übergeordneten Recht ergibt, ist dies bei der Verwaltungsrechtspflege nicht der Fall[6]. Gemäss Art. 86 Abs. 2 BGG haben die Kantone in öffentlich-rechtlichen Angelegenheiten *obere Gerichte* einzusetzen, wobei für Entscheide mit vorwiegend politischem Charakter auch andere Behörden als unmittelbare Vorinstanz vorgesehen werden können[7]. Ebenso muss für die abstrakte Normenkontrolle (Art. 79 Abs. 2) keine Vorinstanz eingesetzt werden[8] und genügt in Stimmrechtssachen, dass die Kantone grundsätzlich eine Rechtsmittelinstanz einrichten[9]. Desgleichen genügt in den Fällen von Art. 6 EMRK, dass eine gerichtliche Instanz mit voller Kognition bezüglich der Sachverhalts- und Rechtsfragen entscheidet. Dasselbe gilt für Art. 29a BV. Auch diesbezüglich genügt es, wenn der Rechtsstreit von einem unabhängigen Gericht beurteilt wird[10]. Wenn Art. 86 Abs. 2 BGG von oberen Gerichten spricht, bedeutet dies zudem nicht, dass diese als Rechtsmittelinstanzen entscheiden müssen. Die ursprüngliche Verwaltungsgerichtsbarkeit bleibt damit ebenfalls zulässig (Art. 77 Abs. 2)[11].

3

Art. 77 ist als *Minimalgarantie* konzipiert. Die Verfassung schliesst es nicht aus, dass es zu einer zweifachen Überprüfung der Streitsache durch Gerichtsinstanzen kommt, insbesondere wenn die zweite Instanz grundsätzlich ebenso das

4

---

[5] Kölz/Bosshart/Röhl, § 19 N. 88.
[6] Schmid, Art. 76 N. 2.
[7] Art. 86 Abs. 3 BGG.
[8] Art. 87 Abs. 1 BGG.
[9] Art. 88 Abs. 2 BGG.
[10] Tophinke, S. 109.
[11] Seiler, Kommentar BGG, Art. 86 Rz. 15.

Ermessen überprüft, was in den Rekursverfahren der Fall ist[12]. Ebenso schliesst die Verfassung nicht aus, dass mehr als zwei Rekursinstanzen entscheiden, wobei bereits im geltenden Recht der Grundsatz gilt, dass innerhalb des Kantons höchstens zwei Rechtmittelinstanzen vorhanden sein sollen[13].

5 Die in Abs. 1 genannten *Ausnahmen* beziehen sich nicht auf die Wirksamkeit der Überprüfung, sondern darauf, dass entweder vom zweistufigen Instanzenzug nach Art. 77 Abs. 2 in begründeten Fällen abgewichen werden kann oder aber begründete Ausnahmen bezüglich der gerichtlichen Überprüfung vorgesehen werden können[14].

6 Art. 77 ist sodann als *institutionelle Garantie* zu verstehen. Insbesondere kommt ihr kein Grundrechtscharakter zu. Allerdings kann eine rechtsuchende Person in einem konkreten Verfahren die Verletzung von Art. 77 rügen, soweit vor der betreffenden Rechtsmittelinstanz die Verletzung sämtlicher Rechtsnormen geltend gemacht werden kann[15].

1.3. Wirksamkeit der Überprüfung durch die erste Rekursinstanz

7 Art. 13 EMRK enthält eine ähnliche Formulierung wie Art. 77 Abs. 1[16]. Auch dort wird verlangt, dass eine Verletzung der Garantien der Europäischen Menschenrechtskonvention mit einer *wirksamen Beschwerde* bei einer nationalen Instanz angefochten werden kann. Das Bundesgericht hat sich zu Art. 13 EMRK verschiedentlich geäussert. Im Zusammenhang mit Verwaltungsrechtsstreitigkeiten hat es insbesondere festgehalten, dass die entscheidende Verwaltungsbehörde hinreichend *unabhängig* sein muss. Bezüglich der Wiedererwägung hat es das Bundesgericht als fraglich bezeichnet, ob es sich dabei um eine «wirksame Beschwerde» im Sinn von Art. 13 EMRK handelt, weil es an der hinreichenden Unabhängigkeit der Verwaltungsbehörde fehle[17]. Auch im Einspracheverfahren ist die Unabhängigkeit der Einspracheinstanz nicht gewährleistet[18]. Hingegen erachtet das Bundesgericht die Beschwerde an eine übergeordnete Verwaltungsbehörde als wirksam[19]. Ebenso wird die verwaltungsinterne Rechtspflege von Art. 2 Abs. 3 UNO-Pakt II anerkannt[20]. Allerdings dürfte die Wirksamkeit der

---

[12] § 20 VRG.
[13] Vgl. KÖLZ/BOSSHART/RÖHL, § 19 N. 88.
[14] Dazu N. 15 ff.
[15] Die Beschränkung der Rüge auf die verfassungsmässigen Rechte besteht nur bei der subsidiären Verfassungsbeschwerde (Art. 116 BGG).
[16] Vgl. auch Prot. Plenum, S. 1317 (Votum Sobotich).
[17] BGE 129 II 193 ff., 202.
[18] HANGARTNER, Wirksame Beschwerde, S. 9.
[19] BGE 129 II 193 ff., 206; vgl. auch HANGARTNER, Wirksame Beschwerde, S. 9; a.M. FROWEIN/PEUKERT, Art. 13 Rz. 4; weniger weit gehend MEYER-LADEWIG, Art. 13 Rz. 15.
[20] HANGARTNER, Rechtsschutz, S. 138.

Beschwerde dann nicht mehr bestehen, wenn ein einzelnes Mitglied einer Kollegialbehörde im Kollegium über die von ihm erlassene Verfügung entscheidet[21]. Nicht wirksam ist eine Beschwerde auch dann, wenn Vorschriften und Weisungen im Streite liegen, welche die entscheidende Behörde selbst erlassen hat[22]. Die letzten beiden Fälle zeigen, dass immer dann eine unzulässige Vorbefasstheit vorliegt, wenn die im Rechtsmittelverfahren entscheidende Behörde über die im Streite liegende Frage bereits entschieden hat[23].

Zudem müssen der beschwerdeführenden Person die rechtsstaatlich notwendigen minimalen Verfahrensrechte, wie insbesondere das rechtliche Gehör, gewährt werden, was bei der Aufsichtsbeschwerde nicht der Fall ist[24]. Es müssen somit die grundlegenden Voraussetzungen der *Verfahrensfairness* garantiert werden. Ferner muss das betreffende Rechtsmittel *tatsächlich* offenstehen. Schliesslich muss die Beschwerde bei Obsiegen *Folgen* zeitigen und sich nicht in blossen Empfehlungen erschöpfen[25]. 8

Der Blick auf die Lehre und Praxis zu Art. 13 EMRK zeigt, dass der Begriff der *wirksamen Überprüfung* dem Gesetzgeber einen gewissen Spielraum offenlässt, jedoch auch klare Schranken setzt[26]. Die Grundsätze der Verfahrensfairness dürften aufgrund der BV sowie des VRG genügend gewährleistet sein; ebenso ziehen die Rechtsmittelentscheide die notwendigen Rechtsfolgen nach sich. Fraglich ist hingegen, wie weit die *Unabhängigkeit* der entscheidenden Behörde reichen muss. Die Rechtsprechung zu Art. 13 EMRK zeigt, dass die Unabhängigkeit nicht mehr besteht, wenn die entscheidende Behörde über eine Angelegenheit bereits entschieden hat, weshalb *Einspracheverfahren nicht* als wirksame Rechtsmittel gelten. Sodann stellt sich die Frage, ob *Beratungs- und Rechtsprechungsfunktion* der Aufsichtsbehörde nicht getrennt werden müssen. Die von Aufsichtsbehörden vorgenommenen Beratungsfunktionen sind vor allem bei den Bezirksbehörden gegenüber den Gemeindebehörden häufig anzutreffen, namentlich wenn es um konkrete Einzelfälle geht[27]. Da in solchen Fällen – je nach Intensität der Beratung – unter Umständen die Offenheit des Rechtsmittelentscheides nicht mehr genügend gewährleistet ist, sollte organisatorisch sichergestellt werden, dass diejenige Amtsperson, welche die Gemeinden berät, nicht gleichzeitig im Rekursverfahren mitwirkt. Dies könnte z.B. durch die Einrich- 9

---

[21] HANGARTNER, Wirksame Beschwerde, S. 9; HANGARTNER, Rechtsschutz, S. 138.
[22] FROWEIN/PEUKERT, Art. 13 Rz. 4; HANGARTNER, Rechtsschutz, S. 138; vgl. auch Art. 79 N. 15.
[23] Zur Vorbefassung von Verwaltungsbehörden vgl. SCHINDLER, S. 143 ff.; vgl. auch Entscheid des Verwaltungsgerichts des Kantons Zürich vom 20. April 2005, VB 2005.00014, E. 6.
[24] BGE 121 I 87 ff., 91.
[25] Vgl. zu den Voraussetzungen, VILLIGER, Rz. 649 ff. Nicht notwendig ist hingegen, dass eine vollumfängliche Prüfung des Sachverhalts und der Rechtsfragen vorgenommen wird; die Prüfung der Verletzung der Garantien der EMRK oder von parallelen Rechten genügt; VILLIGER, Rz. 649.
[26] HANGARTNER, Wirksame Beschwerde, S. 9.
[27] Das Bedürfnis nach Beratung in Rechtsfragen könnte sich durch die Öffentlichkeit der Rechtspflegeentscheide allerdings reduzieren; vgl. Art. 78.

tung eines Rekurssekretariates sowie die Konzentration der Beratungstätigkeit auf eine bestimmte Person gewährleistet werden. Ähnliche Konstellationen sind etwa in der Bildungsdirektion anzutreffen. Amtsstellen der Bildungsdirektion beraten die Schulpflegen in den Gemeinden in den unterschiedlichsten Belangen. In der Bildungsdirektion wurde das Problem so gelöst, dass die Rekurse vom Generalsekretariat instruiert werden.

10 Die Instruktion durch das Generalsekretariat sollte auch der Regelfall bilden, wenn eine Verfügung eines kantonalen Amtes angefochten wird. Verbleibt die Instruktion im betreffenden Amtsbereich, dürfte die genügende Unvoreingenommenheit und damit die Wirksamkeit des Rekurses kaum gewährleistet werden können[28]. Problematisch und wohl kaum genügend ist der Rekurs an die Direktion auch dann, wenn die Direktion Weisungen erlassen hat und diese im Streite liegen. In diesen Fällen muss der Rekurs an den Regierungsrat – gegebenenfalls im Sinne eines Sprungrekurses – zugelassen werden[29]. Ähnlich problematisch ist sodann die akzessorische Überprüfung von regierungsrätlichen Verordnungen durch eine Direktion. Die akzessorische Normenkontrolle dürfte gestützt auf Art. 79 Abs. 1 zwar grundsätzlich von den Direktionen durchgeführt werden. Da die Direktionsvorsteherin oder der Direktionsvorsteher indessen über die regierungsrätliche Verordnung mitentschieden hat, ist die Wirksamkeit des Rekurses nicht gewährleistet[30].

11 Die organisatorische Trennung ist in einem Erlass vorzusehen. Nur so lässt sich institutionell die genügende Unabhängigkeit sicherstellen, weil der Anteil einer allfälligen Mitwirkung der Rekursinstanz bei Erlass der angefochtenen Verfügung von den Rechtsuchenden kaum nachgewiesen werden kann[31].

12 Den Anforderungen an die Wirksamkeit des Rekurses dürfte das Rekursverfahren vor Regierungsrat genügen. Zum einen sehen § 26a VRG und § 1 der Verordnung über das Rekursverfahren vor dem Regierungsrat vor, dass Entscheide des Regierungsrates über Rekurse, die sich gegen Anordnungen von Direktionen oder ihnen gleichgestellten Kommissionen richten, vom Rechtsdienst der Staatskanzlei vorbereitet werden. § 18 OG RR verlangt sodann, dass das betreffende Regierungsratsmitglied bei der Beratung über einen solchen Rekurs in den Ausstand zu treten hat[32]. Problematisch ist indessen die akzessorische Normenkontrolle gegenüber regierungsrätlichen Verordnungen durch

---

[28] Kritisch zu dieser Praxis bereits KÖLZ/BOSSHART/RÖHL, § 26a N. 4.
[29] Vgl. dazu auch N. 12.
[30] Das Vorgehen wäre gleich wie in den Fällen, in welchen der Regierungsrat Rekurse entscheidet; vgl. N. 12.
[31] HÄNER, Rechtsschutz, S. 150.
[32] Zur älteren Praxis des Bundesgerichts in ZBl 80/1979, S. 484 ff., 486, welche diese Anforderungen nicht ausdrücklich verlangte, SCHINDLER, S. 163 ff., wobei es dort nicht um die Frage der Wirksamkeit des Rekurses ging.

den Regierungsrat selbst[33]. Auch wenn die verwaltungsinterne Rechtspflege durch den Regierungsrat als oberste Verwaltungsbehörde einer grossen Tradition entspricht, stellt sich im Hinblick auf die Anforderungen von Art. 77 Abs. 1 die Frage, ob für diesen Fall nicht zwei gerichtliche Instanzen vorzusehen sind. Besteht keine solche gerichtliche Behörde, könnte der Gesetzgeber auch eine Sprungbeschwerde an das Verwaltungsgericht vorsehen, welche den Beschwerdeführenden *das Recht* einräumt, unmittelbar an das Verwaltungsgericht zu gelangen und den Regierungsrat als Rekursinstanz zu überspringen[34]. Der Gesetzgeber könnte sich diesbezüglich – wenn keine als unabhängiges Gericht entscheidende Rekurskommission besteht – auf die in Art. 77 Abs. 1 vorgesehene Ausnahme vom zweistufigen Instanzenzug berufen[35].

1.4. Gerichtliche Überprüfung in der zweiten Instanz als Grundsatz

Als zweite Instanz hat ein Gericht zu entscheiden, welches den Anforderungen an die richterliche Unabhängigkeit zu genügen vermag[36]. Im Kanton Zürich trifft dies etwa für die Baurekurskommissionen und die Steuerrekurskommissionen sowie – offensichtlich – für das Verwaltungsgericht und das Sozialversicherungsgericht zu[37]. 13

Anpassungsbedarf des geltenden Rechts ist namentlich dort vorhanden, wo das kantonale Verfahrensrecht nur eine Verwaltungs- oder Gerichtsinstanz vorsieht. Ist als erste oder zweite Rekursinstanz bloss eine Verwaltungsinstanz oder eine untere Gerichtsinstanz vorgesehen, wird gleichzeitig die Anpassung an Art. 86 BGG, Art. 114 BGG sowie Art. 29a BV zu prüfen sein[38]. Entscheidet eine Rekurskommission als Spezialverwaltungsgericht in erster und letzter Instanz, ist der Rechtsmittelweg an das Verwaltungsgericht – vorbehältlich begründeter Ausnahmen – zu öffnen[39]. Es ist zu beachten, dass es nicht dem Willen des Verfassungsgebers entsprechen würde, wenn die bestehenden Entscheidkompetenzen der Rekurskommissionen zugunsten der verwaltungsinternen Rechts- 14

---

[33] Vgl. dazu auch Art. 79 N. 15.
[34] Vgl. zum Sprungrekurs im Kanton Bern, welcher gesetzlich nicht vorgesehen ist, jedoch nach der bernischen Rechtspraxis durch die Rechtsuchenden erhoben werden kann, ULRICH KEUSEN/KATHRIN LANZ, Der Sprungrekurs im Kanton Bern, BVR 2005, S. 49 ff., sowie PETER LUDWIG, Kein Sprungrekurs im Kanton Bern?, BVR 2005, S. 241 ff.
[35] Vgl. dazu N. 20.
[36] Vgl. Art. 73 Abs. 2 sowie Art. 79 N. 10 mit Anm. 26.
[37] Zur Qualifikation der verschiedenen Rekurskommissionen als Gerichte KÖLZ/BOSSHART/RÖHL, § 19 N. 86.
[38] Zur Anpassung vgl. auch RRB 1870/2005, S. 13 ff. Als Beispiele, in welchen die Baudirektion oder der Regierungsrat als einzige Instanz entscheidet, können die §§ 331 f. PBG erwähnt werden. Bezüglich des Steuererlasses und des Steuerbezuges sei auf §§ 178 und 185 f. StG, wo die Steuerrekurskommission als einzige Instanz entscheidet, verwiesen. Für die weiteren Fälle im Steuerverfahren KÖLZ/BOSSHART/RÖHL, § 72 N. 4.
[39] Als Beispiel sei § 330 PBG erwähnt.

pflege eingeschränkt würden[40]. Dies gilt insbesondere auch bezüglich der Steuerrekurskommissionen. Dem Rekursverfahren vor Steuerrekurskommission ist häufig ein Einspracheverfahren vorgeschaltet[41]. Das Einspracheverfahren gilt jedoch nicht als wirksame Überprüfung gemäss Art. 77 Abs. 1, weshalb den Steuerrekurskommissionen auch in diesen Fällen nicht die endgültige Entscheidkompetenz eingeräumt werden kann[42]. Ebenso bildet die Einsprache an die Finanzdirektion bei Streitigkeiten über die Erbschafts- oder Schenkungssteuer kein wirksames Rechtsmittel, weshalb es auch nicht ausreicht, wenn das Verwaltungsgericht als einzige Instanz im Rekursverfahren entscheidet[43]. In diesem Fall muss die Einsprache entweder durch einen verwaltungsinternen Rekurs ersetzt werden oder aber es ist der Rekurs an die Steuerrekurskommissionen zu öffnen. Begründete Ausnahmen vom zweistufigen Instanzenzug dürften im Bereich der Abgaben kaum ersichtlich sein.

1.5. Ausnahmen in begründeten Fällen
1.5.1. Ausnahmen vom Entscheid durch ein Gericht

15 Will der Gesetzgeber Ausnahmen von der *gerichtlichen Prüfung* der Anordnung vorsehen, ist in erster Linie das übergeordnete Recht zu beachten. Zum einen gilt die Rechtsweggarantie gemäss Art. 29a BV. Danach hat jede Person bei Rechtsstreitigkeiten Anspruch auf Beurteilung durch eine richterliche Behörde. Zum andern erstreckt sich die Pflicht der Kantone, eine obere gerichtliche Vorinstanz im Sinne von Art. 86 Abs. 2 BGG einzurichten, ebenso auf die subsidiäre Verfassungsbeschwerde[44]. Diese Bestimmung schränkt den Spielraum der Kantone stark ein, da in den häufigsten Fällen zumindest die Willkürbeschwerde an das Bundesgericht erhoben werden kann, wenn die Beschwerde in öffentlichrechtlichen Angelegenheiten aufgrund des Ausschlusses gemäss Art. 83 BGG nicht gegeben ist[45]. Dennoch hat der Bundesgesetzgeber in Art. 86 Abs. 3 und 88 Abs. 2 BGG Ausnahmen vorgesehen[46], den Rahmen für die zulässigen Ausnahmen jedoch eng abgesteckt[47].

16 Von Interesse ist namentlich, wie es sich mit den Entscheiden von vorwiegend politischem Charakter im Sinne von 86 Abs. 3 BGG verhält. Art. 77 Abs. 1 bezieht sich auf Anordnungen. Eine Anordnung im Sinne von Art. 77 Abs. 1 mit

---

[40] Vgl. Prot. Plenum, S. 1292 ff., 1305. Im Verfassungsrat wurde immer wieder betont, dass sich die Rekurskommissionen bewährt hätten.
[41] § 140 StG; vgl. dazu N. 9.
[42] Vgl. auch vorne bei Anm. 38.
[43] §§ 43, 51, 53 f. und 71 ESchG. Weitere Beispiele: Kölz/Bosshart/Röhl, § 72 N. 6.
[44] Art. 114 BGG.
[45] Tophinke, S. 97.
[46] Vgl. dazu N. 3.
[47] Vgl. zu diesen Ausnahmen Tophinke, S. 98 ff.

vorwiegend politischem Charakter dürfte allerdings nicht häufig anzutreffen sein[48]. Als politisch gelten vorab Entscheide, die wenig justiziabel sind und bei welchen kaum rechtliche Vorgaben vorhanden sind[49]. Bei individuell-konkreten Anordnungen sind jedoch stets die verfassungsmässigen Rechte, namentlich das Rechtsgleichheitsgebot und das Diskriminierungsverbot, wie auch die rechtsstaatlichen Garantien zu beachten. Aus diesem Grund dürften solche Anordnungen nur in wenigen Fällen als vorwiegend politisch zu qualifizieren sein. Genannt werden insbesondere Begnadigungen oder – trotz der bundesgerichtlichen Rechtsprechung[50], – Einbürgerungen[51]. Zum Teil wird dafür gehalten, dass Volksentscheide stets als vorwiegend politische Entscheide zu qualifizieren seien[52]. Wenn Volksentscheide jedoch grundsätzlich als politische Entscheide gelten, führt dies zu einem unlösbaren Widerspruch zwischen der Garantie auf eine gerichtliche Überprüfung einer individuell-konkreten Anordnung und dem ebenfalls von der Kantonsverfassung verfolgten Ziel, solche Anordnungen dem Referendum zu unterstellen[53]. Nach der hier vertretenen Auffassung ist der generelle Ausschluss der gerichtlichen Überprüfung von Volksentscheiden kaum zu rechtfertigen[54]. Auch aufgrund von Art. 86 Abs. 3 BGG ist jeweils eine Interessenabwägung zwischen den in Frage stehenden Grundrechten und dem Interesse an einer freien politischen Entscheidung vorzunehmen[55]. Nur dort, wo das Interesse am politischen Entscheid überwiegt, liegt auch ein begründeter Fall für eine Ausnahme von der gerichtlichen Prüfung im Sinn von Art. 77 Abs. 1 vor[56].

Die Ausnahme von der gerichtlichen Prüfung bedeutet nicht, dass aufgrund von Art. 77 Abs. 1 gleichzeitig auf den zweifachen Instanzenzug verzichtet werden könnte. Vielmehr muss auch hierfür ein besonderer Grund angeführt werden. 17

1.5.2. Ausnahmen vom zweifachen Instanzenzug

Ausnahmen vom doppelten Instanzenzug ergeben sich vor allem dort, wo das Bedürfnis nach einem einfachen und raschen Verfahren das Bedürfnis nach 18

---

[48] Sogenannte «actes de gouvernement» sind im Regelfall keine individuell-konkreten Anordnungen; TOPHINKE, S. 98 f.
[49] SEILER, Kommentar BGG, Art. 86 Rz. 21.
[50] So hat das Bundesgericht Urnenabstimmungen über Einbürgerungen kurzerhand als verfassungswidrig erklärt (BGE 129 I 217 ff., 231), Entscheide der Gemeindeversammlung darüber jedoch zugelassen (BGE 130 I 140 ff., 151).
[51] Vgl. dazu Anm. 50 sowie SEILER, Kommentar BGG, Art. 86 Rz. 22; TOPHINKE, S. 98.
[52] Vgl. insbesondere KLEY, St. Galler Kommentar, Art. 29a Rz. 18; SEILER, Kommentar BGG, Art. 86 Rz. 21.
[53] Vgl. Art. 33 lit. e; vgl. auch KLEY, St. Galler Kommentar, Art. 29a Rz. 20.
[54] Vgl. dazu auch HÄNER, Gerichtliche Überprüfung, S. 496 ff.
[55] TOPHINKE, S. 98 ff.
[56] Zu beachten ist, dass Art. 77 Abs. 1 von Entscheiden spricht, die im «Verwaltungsverfahren» ergangen sind. Soweit es beim Volksentscheid um die Genehmigung einer Bewilligung oder Konzession geht und dem Abstimmungsverfahren ein Verfahren vor der Verwaltungsbehörde vorangeht, ändert dies m.E. nichts an der rechtlichen Qualifikation des Verfahrens als Verwaltungsverfahren im Sinne von Art. 77 Abs. 1.

einer Instanz, die ebenso die Ermessensausübung prüft, überwiegt. Häufig wird dies vom übergeordneten Recht vorgeschrieben, wie etwa im öffentlichen Beschaffungswesen (Art. 15 IVöB-BeitrittsG[57])[58]. Desgleichen ist im Sozialversicherungsrecht gemäss Art. 57 ATSG nur eine Rechtsmittelinstanz im Kanton zulässig[59]. Demgemäss ist das Sozialversicherungsgericht jeweilen als erstinstanzliches Gericht zuständig[60].

19 Die unmittelbare Überprüfung durch das Gericht kann sich auch aus der verfahrensrechtlichen Grundordnung ergeben. Ist die Zuständigkeit des Regierungsrates als erstinstanzlich anordnender Behörde geboten, wird allein die Anfechtung des regierungsrätlichen Entscheides beim Verwaltungsgericht bleiben[61].

20 Die Ausnahmen vom zweifachen Instanzenzug haben nicht gleichzeitig zur Folge, dass ebenso von einer gerichtlichen Prüfung der Streitsache abgesehen werden könnte. Vielmehr sind hierfür die in N. 15 ff. genannten Voraussetzungen zu beachten.

2. Ursprüngliche Verwaltungsgerichtsbarkeit (Abs. 2)

21 Bei der ursprünglichen Verwaltungsgerichtsbarkeit war zunächst vorgesehen, dass eine zweite gerichtliche Überprüfung erfolgen muss[62]. Das Erfordernis der zweifachen gerichtlichen Überprüfung wurde nach der öffentlichen Vernehmlassung jedoch wieder fallen gelassen. Die geltende Fassung von Art. 77 Abs. 2 verabschiedete das Plenum anlässlich der 2. Lesung diskussionslos[63].

22 Die Verfassung schliesst es zwar nicht aus, dass der Gesetzgeber einen zweifachen Instanzenzug vorsieht, wie dies bereits bei Ansprüchen aus Enteignungen der Fall ist[64]. Indessen ist die Pflicht, einen solchen Instanzenzug einzurichten, mit der nunmehr gewählten Formulierung weggefallen.

23 Das Klageverfahren, welches zur ursprünglichen Verwaltungsgerichtsbarkeit gehört, ist insbesondere in §§ 81 ff. VRG geregelt. Danach ist das Verwaltungsgericht im Klageverfahren etwa zuständig zur Beurteilung von vermögensrechtlichen Streitigkeiten zwischen Gemeinden oder Gemeindeverbänden (§ 81 lit. a

---

[57] Gesetz über den Beitritt zur revidierten Interkantonalen Vereinbarung über das öffentliche Beschaffungswesen vom 15. September 2003 (IVöB; LS 720.1).
[58] Vgl. zu diesen Fällen KÖLZ/BOSSHART/RÖHL, § 19 N. 90.
[59] Bundesgesetz über den Allgemeinen Teil des Sozialversicherungsrechts vom 6. Oktober 2000 (ATSG; SR 830.1).
[60] § 2 Gesetz über das Sozialversicherungsgericht vom 7. März 1993 (LS 212.81).
[61] KÖLZ/BOSSHART/RÖHL, § 19 N. 90.
[62] Prot. Plenum, S. 2234.
[63] Prot. Plenum, S. 3079.
[64] § 42 AbtrG.

VRG) sowie für die Beurteilung von Ansprüchen aus öffentlichrechtlichen Verträgen (§ 82 lit. k VRG). Ferner entscheidet die Schätzungskommission im Klageverfahren über Ansprüche aus Enteignung[65].

Das Klageverfahren kann unter den Voraussetzungen von Art. 77 Abs. 2 durchaus weiter ausgebaut werden[66]. Art. 77 Abs. 2 verlangt jedoch, dass das Klageverfahren nur *in besonderen Fällen* eingeführt werden darf. Dies bedeutet, dass für das Klageverfahren besondere Gründe angeführt werden müssen. Das Klageverfahren weist namentlich einen historischen Hintergrund auf. Es findet seine Grundlage in der Fiskustheorie und wurde vor allem für vermögensrechtliche Ansprüche eingerichtet. Nach heutiger Auffassung ist das Klageverfahren insbesondere dort zu wählen, wo das Gemeinwesen aus der Natur der Sache heraus keine Verfügung erlassen kann. Davon ist auszugehen, wenn sich zwei gleichgeordnete Rechtssubjekte gegenüberstehen[67]. Dies trifft bei verwaltungsrechtlichen Verträgen zu[68], aber auch dort, wo sich verschiedene Gemeinwesen gegenüberstehen.

24

Art. 77 Abs. 2 erfasst nur öffentlichrechtliche Ansprüche. Dies bedeutet, dass die Ansprüche ihre Grundlagen im Verwaltungsrecht haben müssen[69]. Sind sie zivilrechtlich begründet, ist die Klage vor dem Zivilgericht einzureichen.

25

Bezüglich der Anforderungen an die gerichtliche Instanz kann auf Art. 73 Abs. 2 verwiesen werden. Das Gericht muss mit der notwendigen richterlichen Unabhängigkeit ausgestattet sein[70].

26

---

[65] §§ 32–42 AbtrG; Kölz/Bosshart/Röhl, § 19 N. 87.
[66] Vgl. Vernehmlassung des Verwaltungsgerichts zu Art. 84 VE.
[67] Kölz/Bosshart/Röhl, Vorbem. zu §§ 81–86 N. 2 f.
[68] Die verwaltungsrechtliche Klage im öffentlichen Dienstrecht wurde durch die Praxis des Verwaltungsgerichts des Kantons Zürich praktisch abgeschafft, vgl. dazu Entscheid des Verwaltungsgerichts des Kantons Zürich vom 17. Mai 2006, PK.2006.00001, E. 2.3 mit Hinweisen.
[69] Zur Abgrenzung zwischen Verwaltungsrecht und Privatrecht Häfelin/Müller/Uhlmann, Rz. 247 ff. Zur Abgrenzung zwischen verwaltungsrechtlichem und privatrechtlichem Vertrag Häfelin/Müller/Uhlmann, Rz. 1057 ff. Letztere Abgrenzung richtet sich vorab nach der Funktionstheorie, das heisst, es ist darauf abzustellen, inwiefern mit dem Vertrag unmittelbar eine öffentliche Aufgabe erfüllt oder öffentliche Interessen verfolgt werden; vgl. auch Kölz/Bosshart/Röhl, § 1 N. 18.
[70] Dazu N. 13; Kölz/Bosshart/Röhl, § 19 N. 87: Mit richterlicher Unabhängigkeit ist z.B. die Schätzungskommission ausgestattet.

Art. 78

Rechtspflegeentscheide werden auf angemessene Weise der Öffentlichkeit zugänglich gemacht. Der Schutz der Persönlichkeit bleibt gewahrt.

Die Entscheidungspraxis wird veröffentlicht.

Öffentlichkeit der Entscheide

Materialien

Art. 85 VE; Prot. Plenum, S. 1158 ff., 1327, 2239 f. (40. Sitzung), 3079.

Vgl. ferner Botschaft zur Vereinheitlichung des Strafprozessrechts vom 21. Dezember 2005, BBl 2006, S. 1085 ff.; Botschaft zur Schweizerischen Zivilprozessordnung (ZPO) vom 28. Juni 2006, BBl 2006, S. 7221 ff.

Literatur

ALBRECHT FRIEDRICH, Veröffentlichung von Gerichtsentscheidungen, Computer und Recht 14/1998, S. 373 ff.; BERNHARD ROBERTO, Gerichtsberichterstattung – Zweck und Probleme aus der Sicht der Medien, ZBJV 131/1995, S. 199 ff.; BOMMER FELIX, Öffentlichkeit der Hauptverhandlung zwischen Individualgrundrecht und rechtsstaatlich-demokratischem Strukturprinzip, in: Festschrift Stefan Trechsel, Zürich/Basel/Genf 2002, S. 671 ff.; FELBER MARKUS, Der Journalist als Mittler und Wächter, in: Marianne Heer/Adrian Urwyler (Hrsg.), Justiz und Öffentlichkeit, Bern 2007, S. 125 ff.; HAEFLIGER ARTHUR/SCHÜRMANN FRANK, Die Europäische Menschenrechtskonvention und die Schweiz, 2. Aufl., Bern 1999; HÄNER ISABELLE, Rechtsschutz und Rechtspflegebehörden in der neuen Zürcher Kantonsverfassung, in: Materialien zur Zürcher Verfassungsreform, Bd. 9, S. 139 ff.; HIRTE HERIBERT, Mitteilung und Publikation von Gerichtsentscheidungen, Neue Juristische Wochenschrift 41/1988, S. 1698 ff.; KÄGI-DIENER REGULA, Persönlichkeitsschutz im Verhältnis von Medien und Justiz, AJP 1994, S. 1102 ff.; KAYSER MARTIN, Die öffentliche Urteilsverkündung in der künftigen Schweizer Zivil- bzw. Strafprozessordnung, in: Benjamin Schindler/Regula Schlauri (Hrsg.), Auf dem Weg zu einem einheitlichen Verfahren, Zürich 2001, S. 47 ff.; KEISER ANDREAS, Öffentlichkeit im Verfahren vor dem Zürcher Verwaltungsgericht, ZBl 95/1994, S. 1 ff.; MÜLLER GEORG, Justiz, Politik und Medien, in: Festschrift Thomas Fleiner, Freiburg 2003, S. 545 ff. (Justiz); MÜLLER GEORG/THOMMEN MARC, Unabhängigkeit versus Öffentlichkeit der Justiz, in: Marianne Heer/Adrian Urwyler (Hrsg.), Justiz und Öffentlichkeit, Bern 2007, S. 23 ff.; RASELLI NICCOLÒ, Das Gebot der öffentlichen Urteilsverkündung, in: Festgabe Giusep Nay, Luzern 2002, S. 23 ff.; SAXER URS, Vom Öffentlichkeitsprinzip zur Justizkommunikation – Rechtsstaatliche Determinanten einer verstärkten Öffentlichkeitsarbeit der Gerichte, ZSR 125/2006 I, S. 459 ff.; SPÜHLER KARL, Gericht und Medien – Erfahrungen, ZBJV 130/1994, S. 550 ff. (Gericht); SPÜHLER KARL, Der Grundsatz der Öffentlichkeit in der Rechtsprechung des Schweizerischen Bundesgerichtes, in: Festschrift Jörg Rehberg, Zürich 1996, S. 315 ff. (Grundsatz); STUDER PETER, Was dürfen Richter und Journalisten voneinander erwarten?, AJP 2005, S. 1443 ff.; THÜRER DANIEL, Justiz und Medien, in: Festschrift Jean-François Aubert, Basel/Frankfurt a.M. 1996, S. 419 ff.; TSCHÜMPERLIN PAUL, Öffentlichkeit der Entscheidungen und Publikationspraxis des Schweizerischen Bundesgerichts, SJZ 99/2003, S. 265 ff.; VILLIGER MARK E., Handbuch der Europäischen Menschenrechtskonvention (EMRK), 2. Aufl., Zürich 1999; WIPRÄCHTIGER HANS, Bundesgericht und Öffentlichkeit. Zum Verhältnis von Medien und Justiz, in: Festgabe Giusep Nay, Luzern 2002, S. 11 ff. (Bundesgericht); WIPRÄCHTIGER HANS, Justiz und Medien – Erwartungen des Richters (Das Verhältnis zwischen Justiz und Medien), in: Marianne Heer/Adrian Urwyler (Hrsg.), Justiz und Öffentlichkeit, Bern 2007, S. 39 ff. (Justiz); ZELLER FRANZ, Gerichtsöffentlichkeit als Quelle der Medienberichterstattung, Medialex 2003, S. 15 ff.

Rechtsquellen

- Art. 6 Ziff. 1 EMRK
- Art. 14 Ziff. 1 Internationaler Pakt über bürgerliche und politische Rechte vom 16. Dezember 1966 (UNO-Pakt II; SR 0.103.2)
- Art. 30 Abs. 3 BV
- § 62 Gesetz über den Rechtsschutz in Verwaltungssachen vom 24. Mai 1959 (Verwaltungsrechtspflegegesetz, VRG; LS 175.2)
- § 135, § 172, § 184, § 215 Abs. 2 Ziff. 3 Gerichtsverfassungsgesetz vom 13. Juni 1976 (GVG; LS 211.1)
- Verordnung der obersten kantonalen Gerichte über die Information über Gerichtsverfahren und die Akteneinsicht bei Gerichten durch Dritte vom 16. März 2001 (Akteneinsichtsverordnung der obersten Gerichte; LS 211.15)
- Gesetz über die Information und den Datenschutz vom 12. Februar 2007 (IDG; LS 170.4; teilweise in Kraft seit 1. Juni 2007)

Übersicht Note

1. Einleitung 1
    1.1. Gegenstand 1
    1.2. Einordnung in den völker- und bundesrechtlichen Rahmen 2
2. Entstehungsgeschichte 6
3. Grundsatz der Öffentlichkeit (Abs. 1) 7
    3.1. Koordinierung verschiedener Grundrechtspositionen 7
    3.2. Rechtsstaatliche Funktionen 9
        3.2.1. Transparenz hinsichtlich Präjudizien bzw. Rechtsfortbildung 9
        3.2.2. Gewährleistung gesetzmässiger und korrekter Behandlung 12
    3.3. Integrationsfunktion 14
    3.4. Rolle der Medien 15
    3.5. Schutz der Persönlichkeit 16
        3.5.1. Notwendigkeit einer Interessenabwägung 16
        3.5.2. Mittel zur Gewährleistung des Persönlichkeitsschutzes 19
        3.5.3. Zur Anonymisierung im Besonderen 21
        3.5.4. Kreis der schutzbedürftigen Personen 26
    3.6. Andere Geheimhaltungsgründe? 28
    3.7. Umsetzung der Aufgabe 29
4. Veröffentlichung der Entscheidpraxis (Abs. 2) 32
    4.1. Zweck 32
    4.2. Ausmass 33
    4.3. Weitere Anforderungen 35

1. Einleitung

1.1. Gegenstand

1   Art. 78 bildet gegenüber Art. 49, der die Behördentransparenz allgemein thematisiert, eine *lex specialis*. Auch bei Art. 78 handelt es sich um eine *behördenadressierte Auftragsnorm*, die in Art. 17 eine grundrechtliche Entsprechung

findet¹. Die Bestimmung richtet sich an sämtliche Behörden, welche Rechtspflege*funktionen*² ausüben, unabhängig davon, ob es sich dabei um Gerichte handelt³. Umgekehrt erfüllen die Gerichte auch Verwaltungsfunktionen, bei denen sie Art. 49 und der dazugehörigen Gesetzgebung unterliegen⁴. Wenn im Folgenden der Einfachheit halber vor allem von der Judikative in ihrer Funktion als Rechtsprechungsorgan gesprochen wird, gilt es dies zu beachten.

1.2. Einordnung in den völker- und bundesrechtlichen Rahmen

Von der hier interessierenden *Entscheid*öffentlichkeit ist die *Verhandlungs*öffentlichkeit zu unterscheiden. Das Völkerrecht (Art. 6 Ziff. 1 EMRK, Art. 14 Ziff. 1 UNO-Pakt II) und die Bundesverfassung (Art. 30 Abs. 3 BV)⁵ widmen sich vor allem auch dem letzteren Problemkreis. 2

Für straf- und zivilrechtliche Angelegenheiten verlangt Art. 6 Ziff. 1 EMRK die Öffentlichkeit zumindest des Urteils*dispositivs*. Sofern das Urteil nicht mündlich eröffnet wird, genügt es, das Dispositiv bei der Gerichtskanzlei zu hinterlegen oder in anderer Form zugänglich zu machen⁶. Einsichtnahme in die volle Urteilsbegründung braucht nach herrschender Ansicht nicht gestattet zu werden⁷. Anders als Art. 6 Ziff. 1 EMRK beschränkt Art. 30 Abs. 3 BV seine Geltung nicht auf bestimmte Sachbereiche⁸, erlaubt dem Gesetzgeber aber gleichzeitig, 3

---

1   HÄNER, S. 152. Vgl. auch BIAGGINI, Art. 17 N. 13, 21.
2   Entsprechend ist in Art. 78 von *Rechtspflege*- und nicht von Gerichtsentscheiden die Rede.
3   HÄNER, S. 151.
4   Nach § 2 Abs. 1 Satz 2 IDG gilt das Gesetz für Gerichte nur insoweit, als diese Verwaltungsaufgaben erfüllen. Anders HÄNER, S. 152 Anm. 42, zum regierungsrätlichen Entwurf, der diese Präzisierung noch nicht enthielt.
5   Art. 30 Abs. 3 BV begründet selbst keinen Anspruch auf Durchführung einer mündlichen Verhandlung. Lediglich für den Fall, dass eine solche stattfindet, muss diese öffentlich sein (HÄFELIN/MÜLLER/UHLMANN, Rz. 1732, und RHINOW, Rz. 2776, unter Verweis auf BGE 128 I 288 ff.). Vgl. auch den ähnlichen § 62 VRG.
6   HAEFLIGER/SCHÜRMANN, S. 198 f.; KÄGI-DIENER, S. 1107; KAYSER, S. 49; KEISER, S. 8; KÖLZ/BOSSHART/RÖHL, § 65 Rz. 6; TSCHÜMPERLIN, S. 266; VILLIGER, Rz. 450 f.; ZELLER, S. 24. So auch § 21 Abs. 2 der Akteneinsichtsverordnung der obersten Gerichte sowie Art. 68 Abs. 4 des Entwurfs für eine Schweizerische Strafprozessordnung (BBl 2006, S. 1408). Untere Instanzen werden von dieser Praxis z.T. ausgenommen, so dass hier stets eine mündliche Eröffnung stattfinden soll (KAYSER, S. 55 ff.). Worin der höhere Publizitätswert der mündlichen Verlesung eines Schriftstücks im Gegensatz zur Auflage bestehen soll, bleibt freilich im Dunkeln. Solches lässt sich wohl nur insofern behaupten, als eine mündliche Verkündung zum Anlass einer kurzen Erläuterung der hinter dem Urteil stehenden Überlegungen genommen wird. Dem Bedürfnis nach weiterführenden Informationen lässt sich indessen auch in der Weise genügen, dass nicht nur das Dispositiv, sondern der ganze Entscheid aufgelegt wird.
7   HAEFLIGER/SCHÜRMANN, S. 198; HÄNER, S. 151; KÄGI-DIENER, S. 1107; KEISER, S. 8; KÖLZ/BOSSHART/RÖHL, § 65 Rz. 7; TSCHÜMPERLIN, S. 266. Kritisch dazu RASELLI, S. 34, sowie ZELLER, S. 24. Zum Teil wird zumindest eine Zusammenfassung der Erwägungen verlangt.
8   HÄFELIN/HALLER, N. 857.

Ausnahmen vorzusehen. Beide Verfahrensgarantien richten sich nach der Praxis primär – wenn auch nicht ausschliesslich – an Prozessbeteiligte[9].

4 Art. 78 geht über diesen Rahmen hinaus und bezieht sich nicht allein auf das Entscheiddispositiv, sondern verlangt im Grundsatz, die zugrunde liegenden Erwägungen *umfassend* zugänglich zu machen[10].

5 Mit der geplanten *Vereinheitlichung des Straf- und Zivilprozessrechts* verlieren die Kantone ihre Kompetenz zur Regelung der hier relevanten Fragen in den entsprechenden Bereichen an den Bund[11].

2. Entstehungsgeschichte

6 Im Rahmen der ersten Entwürfe tauchte das Gebot der Öffentlichkeit gerichtlicher Verfahren und Entscheide auch bei den *Verfahrensgarantien* auf[12]. Diese Doppelspurigkeit wurde in der Folge beseitigt, so dass das Öffentlichkeitsprinzip im Grundrechtsteil heute nur noch allgemein von Art. 17, nicht aber von den Verfahrensgarantien des Art. 18 thematisiert wird. Demgegenüber wurde bei den behördenadressierten Auftragsnormen an der justizbezogenen Sonderlösung (neben Art. 49) festgehalten. Anlässlich der ersten und zweiten Gesamtlesung im Verfassungsrat löste diese Bestimmung so gut wie keine Diskussionen aus[13].

3. Grundsatz der Öffentlichkeit (Abs. 1)

3.1. Koordinierung verschiedener Grundrechtspositionen

7 Art. 78 liegt im Schnittpunkt einer grossen Zahl von Grundrechten. Der Vorbehalt des Persönlichkeitsschutzes nimmt Bezug insbesondere auf die persönliche

---

[9] BOMMER, S. 672 f.; KÄGI-DIENER, S. 1112; KAYSER, S. 51 f.; ZELLER, S. 17 f. – Dies äussert sich insbesondere im Umstand, dass das Recht auf Öffentlichkeit durch Verzicht der Prozessparteien eingeschränkt werden kann, was in der Lehre zum Teil auf Kritik stösst. Vgl. BOMMER, S. 685 ff.; HAEFLIGER/SCHÜRMANN, S. 194 ff.; KÄGI-DIENER, S. 1111; KAYSER, S. 61 f.; RASELLI, S. 25 f.; SPÜHLER, Grundsatz, S. 322; THÜRER, S. 423; VILLIGER, Rz. 443.

[10] Prot. Plenum, S. 1159; HÄNER, S. 151.

[11] Art. 52 des Entwurfs für eine Schweizerische Zivilprozessordnung sieht ausdrücklich auch die Öffentlichkeit der Entscheide vor (BBl 2006, S. 7424). Gleiches gilt für Art. 67 des Entwurfs für eine Schweizerische Strafprozessordnung (BBl 2006, S. 1407). Dazu auch die beiden Botschaften: BBl 2006, S. 1152 und 7274 f.

[12] Prot. Plenum, S. 1158 ff.

[13] Prot. Plenum, S. 1158 ff., 1327, 2239 f. (40. Sitzung), 3079. Vgl. auch HÄNER, S. 151.

Freiheit (Art. 10 BV)[14]. Bereits hingewiesen wurde auf den Konnex zu Art. 17 im Grundrechtskatalog der Kantonsverfassung (N. 1) sowie die verfahrensrechtliche Dimension des Öffentlichkeitsprinzips (N. 2 f.). Daneben bestehen Verbindungen zur Informationsfreiheit (Art. 16 Abs. 3 BV)[15], zur Medienfreiheit (Art. 17 BV)[16] sowie zur Wissenschafts- und Forschungsfreiheit (Art. 20 BV)[17].

Die genannten Grundrechte schützen verschiedene Aspekte von richterlichen Entscheidverfahren, aber auch unterschiedliche Personen mit zum Teil kollidierenden Interessen. Indem Abs. 1 von Art. 78 das Verhältnis dieser Rechtspositionen thematisiert, dient er der Herstellung *praktischer Konkordanz*[18]. 8

3.2. Rechtsstaatliche Funktionen

3.2.1. Transparenz hinsichtlich Präjudizien bzw. Rechtsfortbildung

Anders als im angloamerikanischen Rechtskreis besteht in der Schweiz keine rechtliche Bindung an Präjudizien. Trotzdem halten sich Gerichte in der Regel an solche bzw. setzen sich mit diesen auseinander und erläutern, weshalb allenfalls einem früheren (Leit-)Entscheid nicht (mehr) zu folgen sei. Das gebieten die Grundsätze des *Rechtsstaates* und des *Vertrauensschutzes*[19]. 9

Gerichte entscheiden – entgegen dem Anschein von Art. 73 Abs. 1 – nicht nur einzelne Streitsachen und Straffälle. Vielmehr sind sie bei ihrer Arbeit – wie die Verwaltung – an der generellen Rechts(fort)*bildung* beteiligt. Diese Vorgänge dürfen sich nicht im Verborgenen abspielen. Die Rechtsbetroffenen müssen sich darauf einstellen können[20]. Transparenz bezüglich Präjudizien fordert auch die *Chancengleichheit* im Prozess, da es gewissen Parteien, insbesondere dem Staat selbst, leichter fällt, sich über die Entwicklung einer Rechtsprechung auf dem Laufenden zu halten[21]. 10

Abs. 2 von Art. 78 nimmt sich der Veröffentlichung der Entscheidpraxis besonders an (dazu N. 32 ff.). 11

---

[14] Ergänzend wirken der *Schutz der Privatsphäre* (Art. 13), das *Recht auf Ehe und Familie* (Art. 14) und die *Wirtschaftsfreiheit* (Art. 27 BV).
[15] SAXER, S. 464 f.; STUDER, S. 1443; WIPRÄCHTIGER, Bundesgericht, S. 12; WIPRÄCHTIGER, Justiz, S. 40 f.; BGE 127 I 145 ff., 153 f. (betrifft die Einsichtnahme in Gerichtsakten).
[16] KÄGI-DIENER, S. 1105; STUDER, S. 1443; THÜRER, S. 424; ZELLER, S. 18.
[17] BGE 127 I 145 ff., 156 f.
[18] SAXER, S. 472, 474 ff.; ferner allgemein HÄFELIN/HALLER, N. 319.
[19] HIRTE, S. 1700; TSCHÜMPERLIN, S. 266.
[20] ALBRECHT, S. 374; BERNHARD, S. 203; KÖLZ/HÄNER, Rz. 143.
[21] KEISER, S. 4; TSCHÜMPERLIN, S. 268.

3.2.2. Gewährleistung gesetzmässiger und korrekter Behandlung

12 Der Gerichtsöffentlichkeit kommt eine wichtige *Gewährsfunktion* für die *Gesetzmässigkeit und Korrektheit des Verfahrens* zu[22]. Urteile legitimieren sich durch ihre Überprüfbarkeit und rationale Überzeugungskraft. Die Möglichkeit von Kritik, namentlich der Fachwelt, aber auch des interessierten Laien, mahnt den Richter zu einem besonnenen Vorgehen. Passiert trotzdem ein Fehler, vermag eine kritische Aufarbeitung durch Beobachter diesen zwar nicht unbedingt rückgängig zu machen[23], hilft aber mit, eine Wiederholung zu verhindern[24]. Besondere Bedeutung kommt der Kontrolle durch die Öffentlichkeit bei obersten Gerichten zu, deren Urteile nicht mehr weitergezogen werden können.

13 Die zunehmende «Flucht» der Justiz in die Schriftform macht es erforderlich, auch hier hohe Anforderungen an die Transparenz zu stellen[25]. «Die ursprüngliche Kontrolle durch die Öffentlichkeit im Gerichtssaal muss daher durch eine öffentliche Kontrolle der schriftlichen gerichtlichen Entscheidung ersetzt bzw. ergänzt werden.»[26]

3.3. Integrationsfunktion

14 Richterliche Behörden sollen in ihrer Tätigkeit unabhängig sein (Art. 30 Abs. 1 und Art. 191c BV). Genannte Vorgabe darf nicht darüber hinwegtäuschen, dass die Autorität von Gerichten in hohem Masse von der Teilhabe der Bevölkerung an ihrer Arbeit lebt[27]. In einer demokratischen Rechtsordnung spricht die Justiz Recht «im Namen» der staatlichen Gemeinschaft. Die Erfüllung dieses Auftrages erfordert *Akzeptanz* und *Rückhalt* in der Gesellschaft[28]. Das dafür notwendige Vertrauen muss stets von Neuem erworben und gestärkt werden, indem Private sich jederzeit von der Qualität der Justizarbeit überzeugen können. Daneben werden hinter dem Ansinnen, das Recht und seine Verwirklichung der Bevölkerung näher zu bringen, «volkspädagogische» Absichten erkannt[29].

---

[22] BERNHARD, S. 203; KEISER, S. 1; SPÜHLER, Grundsatz, S. 315; WIPRÄCHTIGER, Bundesgericht, S. 13; WIPRÄCHTIGER, Justiz, S. 41 f.; ZELLER, S. 15. Kritisch dazu BOMMER, S. 675 ff.
[23] Dies bemängelt BOMMER, S. 675 f.
[24] HIRTE, S. 1701; G. MÜLLER, Justiz, S. 555 f.; MÜLLER/THOMMEN, S. 36 f.
[25] KEISER, S. 3; SPÜHLER, Grundsatz, S. 325; TSCHÜMPERLIN, S. 266, 268.
[26] HIRTE, S. 1701.
[27] BERNHARD, S. 204. Teile der Lehre bezeichnen diese Funktion der Gerichtsöffentlichkeit als *demokratische*, vgl. ZELLER, S. 16.
[28] WIPRÄCHTIGER, Bundesgericht, S. 14 f., 22; WIPRÄCHTIGER, Justiz, S. 42 f., 47; vgl. aber auch SAXER, S. 466.
[29] BOMMER, S. 677 f.

3.4. Rolle der Medien

Damit das Öffentlichkeitsprinzip die ihm im Bereich der Justiz zugedachten Funktionen effektiv zu erfüllen vermag, ist die Gesellschaft auf die Unterstützung der *Medien* angewiesen[30]. Die Journalisten wirken als besondere *Wächter (public watchdogs)*, aber auch als *Vermittler*, indem sie die Informationen an ein grösseres Publikum weitergeben, das sich seinerseits eine Meinung bilden kann. Diese Aussage gilt freilich nur bedingt für *audiovisuelle Medien*, da Ton- und Bildaufnahmen in Gerichtssälen gemeinhin untersagt sind[31]. Art. 78 fordert denn auch keine schrankenlose (Medien-)Öffentlichkeit, sondern lediglich eine «angemessene». 15

3.5. Schutz der Persönlichkeit

3.5.1. Notwendigkeit einer Interessenabwägung

Über das Ausmass der geforderten Öffentlichkeit ist im Rahmen einer Abwägung zwischen den verschiedenen involvierten Interessen zu entscheiden[32]. Entsprechend dem Aufbau von Art. 78 gilt als Grundsatz die Öffentlichkeit. Ausnahmen davon sind begründungsbedürftig. 16

Das Interesse zur Herstellung von Transparenz *variiert im Zeitablauf*, indem es anlässlich des Urteils seine höchste Bedeutung erreicht, worauf die Diskretionsbedürfnisse der Betroffenen wieder kontinuierlich an Gewicht gewinnen[33]. Deshalb drängt sich eine Unterscheidung hinsichtlich des *Zeitpunkts* und der *zeitlichen Nachhaltigkeit* verschiedener Veröffentlichungsarten auf. 17

Letztlich profitieren alle Rechtsunterworfenen mittelbar von den Vorzügen einer öffentlichen Justiz. Dieser Systemschutz lässt sich nur dadurch gewährleisten, dass den von einem Verfahren Betroffenen ein gewisses Mass an Publizität hinsichtlich ihrer eigenen Person zugemutet wird[34]. Dies mag im Einzelfall schmerzen, ist gegenüber einem Minus an Rechtsstaatlichkeit und Demokratie im Bereich der Justiz aber das kleinere Übel. Nur wenn die Auswirkungen der Öffentlichkeit einer Entscheidung das üblicherweise zumutbare Mass spürbar übersteigen, verdient der Schutz Einzelner den Vorrang[35]. 18

---

[30] BERNHARD, S. 204 f.; FELBER, S. 125 ff.; KÄGI-DIENER, S. 1102 f.; STUDER, S. 1443; THÜRER, S. 419 f., 432; WIPRÄCHTIGER, Bundesgericht, S. 14; WIPRÄCHTIGER, Justiz, S. 42; ZELLER, S. 16 f.
[31] § 135 Abs. 1 Satz 2 GVG. Ferner ZELLER, S. 25 f.
[32] KEISER, S. 11. – Die Betroffenen sind vorgängig zu begrüssen.
[33] So auch ZELLER, S. 19, 25.
[34] SPÜHLER, Grundsatz, S. 320 f.; BGE 119 Ia 99 ff., 105.
[35] Gemäss ALBRECHT, S. 375, soll der Persönlichkeitsschutz gegenüber dem Interesse der Öffentlichkeit auf Publikation der Gerichtsurteile nur ausnahmsweise den Vorzug beanspruchen können, weil die Beteiligung an einem Gerichtsverfahren einen Sozialbezug herstelle, der nicht zum unantastbaren innersten Lebensbereich gehöre, wogegen die Pressefreiheit ein besonders wichtiges Rechtsgut sei. Die genau gegenteilige Ansicht vertritt KÄGI-DIENER, S. 1112, welche danach unterscheidet, ob die persönliche Frei-

3.5.2. Mittel zur Gewährleistung des Persönlichkeitsschutzes

19 Als *entscheidbezogene* Schutzmittel stehen insbesondere das Weglassen bzw. Abdecken der Personalien und die Nichtwiedergabe bzw. summarische Zusammenfassung gewisser Passagen zur Debatte. Oft werden sich die in Frage stehenden Geheimhaltungsinteressen bereits durch die Nichtpublizierung der Namen der Beteiligten ausreichend schützen lassen[36]. Weitere Angaben erlangen Relevanz, wenn diese eine relativ eindeutige Zuordnung des Entscheides zu bestimmten Personen zulassen[37]. Lässt sich eine Anonymisierung aus irgendeinem Grund nicht erreichen, kann es sich aufdrängen, zumindest Informationen, welche die Intim- bzw. Geheimsphäre einer Person beschlagen[38], wegzulassen.

20 Ein *adressatenbezogenes* Schutzinstrument bildet die *Akkreditierung* von Journalisten[39]. Diese werden – entsprechend ihrer zentralen Rolle bei der Gewährleistung von Öffentlichkeit (vgl. N. 15) – bevorzugt mit Informationen versorgt, unterstehen umgekehrt aber besonderen Pflichten, gerade im Hinblick auf den Persönlichkeitsschutz der Verfahrensbeteiligten. Werden diese Pflichten verletzt, droht der Entzug der Akkreditierung und damit der Verlust der Privilegien. Dies ermöglicht eine *abgestufte* Öffentlichkeit, bei der die Medien ihre Kontrollfunktion wahrnehmen können, ohne sämtliche Informationen frei zu publizieren.

3.5.3. Zur Anonymisierung im Besonderen

21 Es lässt sich eine Tendenz beobachten, die an sich erforderliche Interessenabwägung durch eine mehr oder weniger standardisierte Anonymisierungspraxis zu ersetzen. Solches Vorgehen dient der Verfahrensökonomie und sorgt für Rechtsgleichheit, vermag dem Einzelfall aber nicht immer gerecht zu werden[40]. Es lässt sich nämlich nicht sagen, dass an einer Offenlegung der Identität der Parteien

---

heit mit Grundrechtspositionen anderer Prozessbeteiligter oder nur dem institutionellen Gehalt des Öffentlichkeitsgrundsatzes in Geltungskonkurrenz trete. Im letzteren Fall verdiene der Persönlichkeitsschutz den Vorrang. Damit wird die Grundrechtsproblematik indessen in unzulässiger Weise auf die Prozessbeteiligten reduziert. Zudem erscheint es äusserst problematisch, einem institutionellen Verfassungsgebot per se ein geringeres Gewicht beizumessen als einem Grundrecht.

[36] KEISER, S. 16 f.
[37] Z.B. «... Rechtsprofessor X. aus Sternenberg ...» oder «...Y., Besitzer des Rennpferdes ‹Blitz› ...». Hier sollte auch die Ortschaft bzw. der Tiername weggelassen werden. Dagegen drängt sich die Anonymisierung der Namen von Kühen und Stieren, wie das im bei FELBER, S. 131, zitierten Entscheid 5P.451/2001 des Bundesgerichts geschah, kaum auf. Obwohl es um «Spitzenkühe» ging, dürften deren Namen – wenn überhaupt – nur einem sehr begrenzten Kreis von Personen Rückschlüsse auf die Besitzer erlauben. Die Grenzziehung ist freilich nicht immer einfach, vgl. dazu das Beispiel bei BERNHARD, S. 218.
[38] Z.B. Fabrikations- und Geschäftsgeheimnisse (KEISER, S. 11).
[39] § 10 ff. der Akteneinsichtsverordnung der obersten Gerichte. Vgl. auch KÄGI-DIENER, S. 1109; MÜLLER/THOMMEN, S. 35 f.; SPÜHLER, Gericht, S. 553 f.; STUDER, S. 1443 f.; ZELLER, S. 21, 23; ferner ANDREAS MEILI, Die Akkreditierung von Journalisten im öffentlichen Recht des Bundes und der Kantone, Diss., Bern 1990. Kritisch zum Instrument der Akkreditierung SAXER, S. 468, der eine verstärkte aktive Justizkommunikation postuliert.
[40] Dazu anschaulich FELBER, S. 130 f.

generell kein Interesse besteht. Ein gewisser Methodenpluralismus verbunden mit einer zumindest summarischen Interessenabwägung zur Identifizierung von «Ausreissern» ist deshalb unverzichtbar. Stellt man fest, dass sich der Fall nicht mittels gängiger Anonymisierungspraktiken erledigen lässt, sind detaillierte Abwägungen am Platz.

Die demokratische Öffentlichkeit vermag ihre *Kontrollfunktion* nur dann vollumfänglich wahrzunehmen, wenn sie die Namen der Betroffenen kennt, denn nur so lässt sich überprüfen, ob nicht die soziale Stellung oder der Einfluss einer Partei das Urteil unsachgemäss beeinflusst haben[41]. Dieses Interesse beschränkt sich aber auf die Urteilsverkündung und rechtfertigt keine Nennung durch die Medien. Lediglich falls der begründete Verdacht eines Missbrauchs besteht, muss die Möglichkeit gewahrt bleiben, den oder die Namen einer weiteren Öffentlichkeit bekannt zu machen.

22

Ein hohes Interesse, Informationen über die von Verfahren betroffenen Personen vermitteln zu können, haben Medien, die über *Tagesaktualitäten* berichten. Hier ist je nach dem Informationsbedürfnis der demokratischen Öffentlichkeit bzw. der Schutzwürdigkeit der betroffenen Personen differenziert zu entscheiden[42].

23

Fachmedien haben an der Verbreitung persönlicher Daten ein Interesse, wenn diese für das *Verständnis des Entscheides erforderlich* sind[43]. Soweit ein solches Interesse besteht, vermag der Persönlichkeitsschutz nur bei besonders gewichtigen Anliegen dagegen durchzudringen[44]. Daran ändert auch der Umstand nichts, dass solche Publikationen bei einem ausgewählten Adressatenkreis eine zeitlich nachhaltigere Wirkung erzielen.

24

---

[41] RASELLI, S. 35.
[42] Wenn eine Sache ohnehin schon bekannt ist, hat es wenig Sinn, Journalisten zur Geheimhaltung von Namen zu verpflichten (vgl. FELBER, S. 131; STUDER, S. 1444). Auch die Gefahr von Gerüchten und Spekulationen sollte man mit berücksichtigen, welche – zufolge Verwechslung – völlig Unschuldige treffen und diese erst recht in ihrer Persönlichkeit verletzen können (dazu BERNHARD, S. 217 f.). Als wertvolle Orientierungshilfe vermögen die selbstregulierende Erklärung der Rechte und Pflichten der Journalistinnen und Journalisten (*Journalistenkodex*) sowie die ergänzenden *Richtlinien des Presserates* zu dienen (www.presserat.ch). Nach der Richtlinie 7.6. ist eine Namensnennung ausnahmsweise zulässig: wenn dies durch ein *überwiegendes öffentliches Interesse* gerechtfertigt ist; wenn die betroffene Person mit einem *politischen Amt* oder einer *staatlichen Funktion* betraut ist und wenn sie beschuldigt wird, damit unvereinbare Handlungen begangen zu haben; wenn eine Person in der Öffentlichkeit *allgemein bekannt* ist (diese Ausnahme ist mit Zurückhaltung anzuwenden; zudem müssen die vorgeworfenen Handlungen im Zusammenhang mit der Bekanntheit stehen); wenn die betroffene Person ihren Namen im Zusammenhang mit dem Verfahren *selber* öffentlich macht oder ausdrücklich in die Veröffentlichung *einwilligt;* sowie wenn die Namensnennung notwendig ist, um eine für Dritte nachteilige *Verwechslung* zu vermeiden.
[43] Zu denken ist etwa an Entscheide aus dem *Namens-, Marken-, Wettbewerbs-* oder *Gesellschafts*recht, die sich ohne Hintergrundinformationen, welche eine Identifikation der Betroffenen erlauben, kaum sachgerecht würdigen lassen (HIRTE, S. 1703).
[44] ALBRECHT, S. 375.

25 Für die Mitteilung eines (ausreichend) anonymisierten Entscheides bedarf es keiner weiteren Interessenabwägung[45]. Das öffentliche Interesse an der Bekanntgabe überwiegt stets allfällige entgegenstehende Privatinteressen[46]. Der Schutzanspruch der Privaten richtet sich mit anderen Worten einzig auf das Ausmass der Anonymisierung[47]. Diese kann allerdings in Extremfällen so weit gehen, dass eine Veröffentlichung keinen Sinn ergibt.

3.5.4. Kreis der schutzbedürftigen Personen

26 Der von Abs. 1 Satz 2 geforderte Persönlichkeitsschutz betrifft nicht nur die Parteien bzw. Hauptbeteiligten, sondern ebenso *Dritte*, auf welche eine Entscheidung Bezug nimmt[48]. Die zum Teil anzutreffende Ansicht, wonach *juristische* Personen weniger schutzwürdig bzw. -bedürftig seien als natürliche Personen[49], ist abzulehnen.

27 Keinen besonderen Schutz im Rahmen einer Entscheidveröffentlichung können in der Regel *Richter/-innen* bzw. *Amtspersonen* beanspruchen, deren Name aufgrund ihrer öffentlichen Funktion in einem Urteil erscheint[50].

3.6. Andere Geheimhaltungsgründe?

28 Es stellt sich die Frage, ob Art. 78 Abs. 1 Satz 2 eine *abschliessende* Regelung trifft, also einzig Überlegungen des Persönlichkeitsschutzes eine Geheimhaltung rechtfertigen können. Art. 6 Ziff. 1 EMRK erwähnt auch Interessen der Sittlichkeit, der öffentlichen Ordnung und der nationalen Sicherheit sowie den Schutz der Rechtspflege[51]. Die Norm ist indessen auf mündliche Verhandlungen ausgerichtet, wo diesen Anliegen eine andere Bedeutung zukommt als bei der Urteilspublikation. Nach Lehre und Rechtsprechung gelten die Gründe denn auch nur für die Verhandlung und nicht für die Urteilsverkündung[52]. Gerichtliche Urteile

---

[45] Vgl. HIRTE, S. 1700, 1702, wonach es nicht möglich ist, durch die (anonyme) Preisgabe gerichtlicher Entscheidungen Rechte anderer, insbesondere der Prozessparteien, zu verletzen. Zustimmend TSCHÜMPERLIN, S. 266. Ebenso SAXER, S. 471.

[46] So ist etwa die Furcht einer Partei, dass sie wegen der Bekanntgabe eines für sie ungünstigen Urteils in gleich gelagerten Parallelverfahren ebenfalls unterliegt, weil sich die Richter von dem Präjudiz beeinflussen lassen, nicht schutzwürdig.

[47] Dies sollte auch für familienrechtliche Angelegenheiten zutreffen, wo der Ausschluss der Öffentlichkeit von Gesetzes wegen gilt, vgl. § 135 Abs. 2 GVG sowie Art. 52 Abs. 3 des Entwurfs für eine Schweizerische Zivilprozessordnung (BBl 2006, S. 7424).

[48] Zum *Opferschutz* vgl. Art. 5 des Bundesgesetzes über die Hilfe an Opfer von Straftaten vom 4. Oktober 1991 (Opferhilfegesetz, OHG; SR 312.5).

[49] So HIRTE, S. 1704.

[50] VPB 55/1991 Nr. 3, S. 36 (betrifft die Einsichtnahme in Gerichtsakten). Ausnahmen sind denkbar, wenn eine konkrete Gefährdungslage besteht, also z.B. Drohungen von Privaten geäussert wurden.

[51] Zu diesen THÜRER, S. 423; VILLIGER, Rz. 448.

[52] KAYSER, S. 60 f.; kritisch HAEFLIGER/SCHÜRMANN, S. 198.

und die dazugehörigen Erwägungen sind in der Regel derart abgefasst, dass sie für die genannten Interessen keine Gefahr darstellen. Der Verfahrensgang kann in diesem Zeitpunkt nicht mehr beeinträchtigt werden.

3.7. Umsetzung der Aufgabe

Gefordert ist nicht nur ein passives Dulden richterlicher Behörden gegenüber privater Einblicknahme in die justizielle Tätigkeit, sondern eine *aktive* Information über die getroffenen Entscheide[53]. 29

Werden private Verlage oder Berichterstatter mit Urteilen bedient, ist der Grundsatz der *Gleichbehandlung der Konkurrenten* (Art. 27 i.V.m. Art. 94 BV) zu beachten[54]. Zwar wird zu Recht darauf hingewiesen, Gericht und Fachwelt hätten ein Interesse daran, dass die Publikation nicht wahllos in einer Vielzahl von Zeitschriften erfolge, sondern eine gewisse Berechenbarkeit bestehe[55]. Allerdings ist es ebenso wenig angängig, wenn einzelne Anbieter das Recht auf Entscheidpublikation monopolisieren. Oft dürfte die Frage dadurch entschärft werden, dass sich Fachzeitschriften spezialisieren und nur an einem kleinen Teil der Urteile interessiert sind. Zudem besteht nicht notwendig ein direkter Kontakt des Verlages zum Gericht, sondern es treten Private als Mittelspersonen auf, welche das Urteil zugleich besprechen. Es versteht sich von selbst, dass auch hinsichtlich der *Herausgabemodalitäten* – z.B. in Papierform oder elektronisch – auf Gleichbehandlung zu achten ist[56]. 30

Adressat von Art. 78 ist insbesondere auch der *Gesetzgeber*, der sich der vorliegenden Problematik, nicht zuletzt aufgrund ihrer zentralen rechtsstaatlichen Bedeutung, verstärkt annehmen sollte[57]. 31

---

[53] Saxer, S. 463 f.
[54] Albrecht, S. 374; Bernhard, S. 215.
[55] Keiser, S. 19.
[56] Albrecht, S. 375.
[57] So auch Saxer, S. 472 f. – Derzeit delegiert § 215 Abs. 2 Ziff. 3 GVG die Regelung der «Akteneinsicht durch Gerichtsberichterstatter und andere Dritte» an den Plenarausschuss der Gerichte. Problematisch und mit Art. 78 kaum zu vereinbaren ist es, wenn § 22 der Akteneinsichtsverordnung der obersten Gerichte die Einsichtnahme in Entscheide von einem wissenschaftlichen oder beruflichen Interesse abhängig macht. Kritisch zu einem Wissenschaftsprivileg BGE 127 I 145 ff., 154. Jedenfalls sollte die Einsicht in Entscheide und in weitere Gerichtsakten differenziert behandelt werden.

4. Veröffentlichung der Entscheidpraxis (Abs. 2)

4.1. Zweck

32 Auf den Umstand, dass sich die Rechtsbetroffenen ein zuverlässiges Bild bezüglich der richterlichen Rechtsauslegung und -fortbildung machen können müssen, wurde hingewiesen (N. 10). Ein besonderes Interesse, über die Praxis eines Gerichts informiert zu sein, haben *Anwälte*, welche ein Rechtsmittel anstrengen[58]. Dies gilt umso mehr, als sie sich im Falle von Fehlern einem Haftungsrisiko aussetzen[59]. Ebenso vermögen rechtswissenschaftliche *Lehre* und *Forschung* ihre Aufgabe nur sachgerecht zu erfüllen, wenn ihnen ein möglichst umfassender Zugang zu den für die Entscheidungen massgeblichen richterlichen Überlegungen gewährt wird.

4.2. Ausmass

33 Der Umfang der Veröffentlichungen muss es erlauben, die Praxis der Gerichte nachvollziehen zu können. Dies erfordert keine Publizierung sämtlicher Urteile. Zugänglich zu machen sind in erster Linie Leitentscheide, die eine Praxis begründen, prägen, weiterentwickeln, umgestalten oder aufgeben. Die Grenzziehung fällt dabei nicht immer einfach. Es ist nicht ausgeschlossen, dass eine Instanz die Tragweite eines Entscheides unterschätzt. Die zweistufige Publikationspraxis, die sich heute vielerorts eingebürgert hat, mit einer offiziellen Sammlung sowie einer Datenbank mit weiteren Urteilen, die allenfalls von Interesse sein können, erscheint von daher als gangbarer und sachgerechter Weg.

34 Einen besonderen Problemkreis bildet die Offenlegung von *Minderheitsanträgen bzw. -meinungen* (*dissenting opinions*). Diese zu kennen, entspricht durchaus einem praktischen Bedürfnis. Aus ihnen lassen sich Hinweise gewinnen, ob eine bestimmte Praxis zumindest diskutabel erscheint und welche Argumentation eine andere Sichtweise nahelegen könnte. In der Schweiz steht man dem Institut eher skeptisch gegenüber. Dagegen sorgt die teilweise öffentliche Urteilsberatung von Gerichten in sehr direkter Weise dafür, dass Minderheitsmeinungen offenbar werden[60]. Es wäre erwägenswert, bei der schriftlichen Abfassung abweichende Rechtsansichten zumindest dann in die öffentliche Begründung aufzunehmen, wenn Fragen von fundamentaler Bedeutung betroffen sind[61].

---

[58] HAUSER/SCHWERI, § 172 Rz. 22.
[59] HIRTE, S. 1701.
[60] WIPRÄCHTIGER, Bundesgericht, S. 13 unter Verweis auf die Botschaft zur Totalrevision der Bundesrechtspflege vom 28. Februar 2001, BBl 2001, S. 4303.
[61] Vgl. auch WIPRÄCHTIGER, Bundesgericht, S. 20 f.; ZELLER, S. 24.

4.3. Weitere Anforderungen

Die Rechtsprechung muss *rasch* verfügbar sein[62]. Der Eintritt der Rechtskraft ist nicht vorausgesetzt[63]. Nur so vermag die veröffentlichte Judikatur mit den Entwicklungen in ihrer Umwelt Schritt zu halten. Es kann nicht angehen, dass ein Leitentscheid erst zur Publikation gelangt, wenn massgebliche Erlasse bzw. Normen bereits wieder ersetzt oder verändert wurden.

35

Erforderlich ist ein relativ *einfacher*, in jedem Fall aber ein *systematisierter* Zugang, sei dies durch gedruckte Entscheidsammlungen oder über ein Internetportal. Gerade das letztgenannte Medium, das in den letzten Jahren zunehmend Verbreitung fand, ermöglicht dem oder der Interessierten einen umfassenden, unkomplizierten und kostengünstigen Zugang. Die Veröffentlichung mittels Buch oder Heft kommt nicht umhin, sich auf die Gewährung ausschnitthafter Einblicke zu beschränken. Allerdings zwingt die dadurch erforderliche Konzentration auf das Wichtige zu einer Informationsverdichtung, deren Wert für Rechtsuchende auch in heutiger Zeit nicht zu unterschätzen ist[64].

36

---

[62] TSCHÜMPERLIN, S. 268.
[63] ALBRECHT, S. 375.
[64] ALBRECHT, S. 374, betont die Notwendigkeit einer Auswahl, damit der Rechtsuchende nicht überfordert werde. Mit den fortschreitenden Möglichkeiten der Datenverarbeitung verliert dieses Argument an Bedeutung. Trotzdem sollten Leitentscheide auch in Zukunft durch die Gerichte kenntlich gemacht werden. Dies kann namentlich durch die Aufnahme in eine gedruckte Entscheidsammlung geschehen. So auch TSCHÜMPERLIN, S. 268 ff.

Art. 79

Normenkontrolle

Die Gerichte und die vom Volk gewählten kantonalen Behörden wenden Bestimmungen, die gegen übergeordnetes Recht verstossen, nicht an.

Kantonale Erlasse mit Ausnahme der Verfassung und der Gesetze können bei einem vom Gesetz bezeichneten obersten Gericht angefochten werden, wenn geltend gemacht wird, dass sie gegen übergeordnetes Recht verstossen.

Die Anfechtbarkeit kommunaler Erlasse regelt das Gesetz.

Materialien

Art. 86 VE; Prot. Plenum, S. 301 ff., 1329, 2240 ff. Vgl. auch RRB 1396 vom 27. September 2006; RRB 1870 vom 21. Dezember 2005 über die Umsetzung der neuen Kantonsverfassung.

Literatur

AUER/MALINVERNI/HOTTELIER, Bd. I, N. 1988; BOLZ URS, Art. 66, in: Kälin/Bolz; BUSER, § 22; EICHENBERGER, § 90 N. 23; HÄFELIN/HALLER, § 66; HÄFELIN/MÜLLER/UHLMANN, Rz. 129; DE HALLER JEAN-CLAUDE, Les institutions judiciaires, in: Moor (Hrsg.), Constitution vaudoise, S. 267 ff.; HALLER WALTER, Kommentar BV, Art. 113 aBV; HALLER/KÖLZ, S. 282 ff.; HÄNER ISABELLE, Rechtsschutz und Rechtspflegebehörden in der neuen Zürcher Kantonsverfassung, in: Materialien zur Zürcher Verfassungsreform, Bd. 9, S. 139 ff.; HANGARNTER YVO, St. Galler Kommentar, Art. 5; JAAG, Rz. 2901 ff.; KÄLIN WALTER, Das Verfahren der staatsrechtlichen Beschwerde, 2. Aufl., Bern 1994 (Staatsrechtliche Beschwerde); KÄLIN WALTER, Verfassungsgerichtsbarkeit, in: Verfassungsrecht der Schweiz, § 74 (Verfassungsgerichtsbarkeit); KÖLZ/BOSSHART/RÖHL, § 20 N. 24 ff. und § 50 N. 115 ff.; SCHIESSER FRIDOLIN, Die akzessorische Prüfung. Ein Beitrag zur Lehre vom akzessorischen Prüfungsrecht unter besonderer Berücksichtigung der bundesgerichtlichen Rechtsprechung, Diss., Zürich 1984; SCHMID MARTIN JOH., Kommentar zur Verfassung des Kantons Graubünden, Art. 55; THALMANN, § 57, § 151, § 152; TSCHANNEN, § 11.

Rechtsquellen

– Bundesgesetz über das Bundesgericht vom 17. Juni 2005 (Bundesgerichtsgesetz, BGG; SR 173.110)
– Gesetz über das Gemeindewesen vom 6. Juni 1926 (Gemeindegesetz, GemG; LS 131.1)
– Gesetz über die politischen Rechte vom 1. September 2003 (GPR; LS 161)
– Gerichtsverfassungsgesetz vom 13. Juni 1976 (GVG; LS 211.1)
– Gesetz über den Strafprozess vom 4. Mai 1919 (Strafprozessordnung, StPO; LS 321)

Übersicht

	Note
1. Grundlagen	1
2. Bisherige Rechtslage	4
3. Konkrete Normenkontrolle (Abs. 1)	9
4. Abstrakte Normenkontrolle (Abs. 2)	18
5. Kommunale Erlasse (Abs. 3)	25

1. Grundlagen

1   Die Normenkontrolle gilt als das Zentrum der Verfassungsgerichtsbarkeit[1]. Sie beschränkt sich indessen nicht auf die Überprüfung der Verfassungsmässigkeit der Rechtsnorm, sondern bezieht sich auf das übergeordnete Recht insgesamt. Art. 79 erfasst sowohl die konkrete (Abs. 1) wie auch die abstrakte Normenkontrolle (Abs. 2 und 3). Bei der *abstrakten* Normenkontrolle wird ein Erlass ohne Zusammenhang mit einem konkreten Anwendungsfall auf seine Recht- und Verfassungsmässigkeit hin geprüft. Ist der Erlass nach der Erkenntnis des Gerichts mit dem übergeordneten Recht nicht vereinbar, wird er aufgehoben[2]. Die *konkrete* Normenkontrolle zeichnet sich demgegenüber dadurch aus, dass der Erlass anlässlich der Anfechtung eines darauf gestützten Einzelaktes (Verfügung oder Urteil) auf seine Übereinstimmung mit dem übergeordneten Recht hin geprüft wird. Diese Prüfung erfolgt vorfrageweise (akzessorisch) und in dem Umfang, in welchem die Norm im konkreten Fall angewendet worden ist. Wird ein akzessorisch geprüfter Erlass als rechtswidrig erkannt, kann ihn die Rechtsmittelinstanz zwar nicht aufheben, muss ihm aber die Anwendung versagen[3]. Auch wenn dies einer Aufhebung des Erlasses praktisch gleichkommt, da dieser in den gleich gelagerten Fällen nicht mehr angewendet werden kann, greift die konkrete Normenkotrolle weniger einschneidend in die Kompetenz des rechtsetzenden Staatsorganes ein als die abstrakte Normenkotrolle. Demgemäss reicht die konkrete Normenkontrolle nach Art. 79 Abs. 1 auch weiter als die abstrakte Normenkontrolle insbesondere nach Art. 79 Abs. 2 und sind Gesetze von der abstrakten Normenkontrolle ausgenommen. Der Verfassungsgeber hat dem Demokratieprinzip insoweit den Vorrang eingeräumt[4].

2   Für die konkrete Normenkontrolle sieht Art. 79 Abs. 1 für die Gerichte das sogenannte *diffuse System* vor[5]. Bezüglich der Verwaltungsbehörden hingegen findet eine Konzentration bei den kantonalen Behörden statt, die vom Volk gewählt sind. Das diffuse System bedeutet, dass die mit einem Fall befasste Instanz zugleich auf Antrag oder grundsätzlich von Amtes wegen[6] dazu berufen ist, die

---

[1] HALLER/KÖLZ, S. 282 ff. auch zum Folgenden.
[2] HALLER/KÖLZ, S. 284; TSCHANNEN, § 11 Rz. 4.
[3] Vgl. HALLER/KÖLZ, S. 286; HÄFELIN/HALLER, N. 2070; TSCHANNEN, § 11 Rz. 5; SCHIESSER, S. 5; BGE 128 I 102 ff., 105 f.
[4] Zum Spannungsverhältnis zwischen der Verfassungsgerichtsbarkeit und dem Demokratieprinzip KÄLIN, Verfassungsgerichtsbarkeit, § 74 Rz. 14.
[5] Im konzentrierten System kann eine übergeordnete Instanz – meistens auf Vorlage der unteren Instanz hin – eine akzessorisch überprüfte Norm gegebenenfalls als nichtig erklären; dazu HALLER/KÖLZ, S. 288, unter Hinweis auf die Regelung im Grundgesetz.
[6] Soweit der Grundsatz der Rechtsanwendung von Amtes wegen nicht durch das Rügeprinzip beschränkt ist oder ohnehin kein förmliches Verfahren stattfindet.

anzuwendende Norm auf ihre Übereinstimmung mit dem übergeordneten Recht zu prüfen[7].

Im Gegensatz dazu liegt Art. 79 Abs. 2, wo die abstrakte Normenkontrolle für Erlasse unterhalb der Gesetzesstufe vorgesehen ist, das *konzentrierte System* zugrunde. Die abstrakte Normenkontrolle wird nur bei einem durch das Gesetz noch zu bestimmenden obersten Gericht veranlasst werden können.

2. Bisherige Rechtslage

Die bisherige Verfassung äusserte sich nicht zur Normenkontrolle. Die *abstrakte* Normenkontrolle war – abgesehen von der Möglichkeit, Erlasse von Gemeindeorganen anzufechten[8] – nicht vorgesehen[9].

Die *konkrete* Normenkontrolle hingegen ergibt sich bereits aus dem Stufenbau der Rechtsordnung[10] und kann ebenso aus dem Gleichbehandlungsgebot gemäss Art. 8 BV abgeleitet werden, aus welchem sich das Gebot der rechtsgleichen Rechtsanwendung ergibt[11]. Heute wird das Gebot der akzessorischen Normenkontrolle vorab aus dem Legalitätsprinzip gemäss Art. 5 Abs. 1 BV abgeleitet[12]. In Bezug auf das Bundesrecht ergibt sich die Pflicht zur akzessorischen Normenkontrolle zudem aus dem Vorrang des Bundesrechts gemäss Art. 49 Abs. 1 BV[13]. Prozessrechtlich kann sich die Pflicht zur akzessorischen Normenkontrolle auf den Grundsatz der Rechtsanwendung von Amtes wegen abstützen[14].

Die *bisherigen bundesgerichtlichen* Vorgaben ergeben zusammenfassend ein recht differenziertes Bild:
- Die Gerichte haben jedenfalls die anzuwendenden Rechtsnormen zu prüfen, und zwar sowohl hinsichtlich ihrer Übereinstimmung mit der Kantonsverfassung als auch hinsichtlich ihrer Übereinstimmung mit dem Bundesrecht[15].

---

[7] HÄFELIN/HALLER, N. 2074, 2076; HALLER/KÖLZ, S. 287.
[8] §§ 151 und 152 GemG; dazu THALMANN, § 151 N. 2 bezüglich der Gemeindebeschwerde; THALMANN, § 152 N. 2.2 bezüglich des Gemeinderekurses; ferner KÖLZ/BOSSHART/RÖHL, § 19 N. 39.
[9] KÖLZ/BOSSHART/RÖHL, § 50 N. 115. Dort wird auf den Feststellungsentscheid verwiesen, welcher – wenn auch in sehr engem Rahmen – ein Surrogat für die fehlende abstrakte Normenkontrolle werden kann; dazu auch KÖLZ/BOSSHART/RÖHL, § 20 N. 29.
[10] HALLER, Kommentar BV, Art. 113 aBV Rz. 152.
[11] SCHIESSER, S. 136 ff. Aufgrund der alten Bundesverfassung wurde das Verbot der materiellen Rechtsverweigerung aus Art. 4 Abs. 1 aBV abgeleitet.
[12] TSCHANNEN, § 11 Rz. 36; AUER/MALINVERNI/HOTTELIER, Bd. I, N. 1988; HANGARTNER, St. Galler Kommentar, Art. 5 Rz. 26.
[13] HÄFELIN/HALLER, N. 2085.
[14] KÖLZ/BOSSHART/RÖHL, § 7 N. 85.
[15] BGE 127 I 185 ff., 187; TSCHANNEN, § 11 Rz. 43.

- Der Regierungsrat hingegen ist gemäss der bundesgerichtlichen Praxis bei der Anwendung von Gesetzen an die Kantonsverfassung gebunden[16]. Bei der übrigen Rechtsanwendung aber hat er die akzessorische Prüfung insbesondere im Hinblick auf das übergeordnete Bundesrecht vorzunehmen[17].
- Bei der Rechtsanwendung der unteren Verwaltungsbehörden geht das Bundesgericht von derselben Prüfungsbefugnis aus. Es verlangt von den Verwaltungsbehörden ebenfalls, dass diese das anwendbare kantonale Recht auf seine Übereinstimmung mit dem Bundesrecht prüfen[18]. Nur bei der Anwendung der kantonalen Gesetze besteht die Einschränkung, dass diese nicht auf Übereinstimmung mit der Kantonsverfassung geprüft werden dürfen[19]. Bezüglich bundesrätlicher Verordnungen hat es das Bundesgericht jedoch einem Amtschef im EJPD untersagt, dass er die Verordnungen seiner vorgesetzten Behörde auf ihre Rechtmässigkeit hin überprüft[20].

7 Die *Praxis des Verwaltungsgerichts* ist demgegenüber bezüglich der Anwendung kantonalen Rechts durch den Regierungsrat weniger streng und trifft keine Unterscheidung, ob es sich bei der anwendbaren Norm um ein Gesetz oder um eine Verordnung handelt. Es erlaubt die Überprüfung der kantonalen Gesetze somit auch auf ihre Übereinstimmung mit der Kantonsverfassung[21].

8 Bezüglich der unteren Verwaltungsbehörden leitet die *Lehre* zudem aus dem Hierarchieprinzip den allgemeinen Grundsatz ab, dass die untere Verwaltungsbehörde generell die akzessorische Prüfung einer Norm nur vornehmen darf, wenn diese in klarem und eindeutigem Widerspruch zur übergeordneten Norm steht[22]. Diese Auffassung steht jedoch dem Grundsatz entgegen, dass sich die Pflicht zur akzessorischen Prüfung von Normen aus dem materiellen Verfassungsrecht ergibt[23]. KÖLZ/BOSSHART/RÖHL suchen den Ausgleich zwischen dem Hierarchieprinzip und dem Anwendungsgebot des übergeordneten Rechts dadurch herzustellen, dass die unteren Rekursbehörden – wozu nach Auffassung der Autoren auch die Bezirksräte gehören – nur dann Zurückhaltung zu üben und die anwendbare Norm nur auf offensichtliche Rechtsverletzungen zu prüfen haben, wenn ein Entscheid im Rechtsmittelverfahren noch angefochten werden kann, im Übrigen aber auch die unteren Rekursinstanzen das anwendbare Recht

---

[16] BGE 92 I 480 ff., 481.
[17] BGE 92 I 480 ff., 482; 108 Ia 41 ff., 46.
[18] BGE 92 I 480 ff., 482; 108 Ia 41 ff., 46; HÄFELIN/HALLER, N. 2085.
[19] BGE 92 I 480 ff., 481.
[20] BGE 100 Ib 13 ff., 17.
[21] ZBl 65/1964, S. 232 f.; zur Praxis KÖLZ/BOSSHART/RÖHL, § 20 N. 27.
[22] HÄFELIN/HALLER, N. 2085.
[23] Dazu N. 5; vgl. auch HANGARTNER, St. Galler Kommentar, Art. 5 Rz. 26. Weil sich die akzessorische Normenkontrolle aus der Bundesverfassung ableitet, kann auch der Auffassung TSCHANNENS nicht gefolgt werden, dass die Pflicht zur akzessorischen Normenkontrolle von Bundesrechts wegen bloss den kantonalen Gerichten, nicht aber den oberen Verwaltungsbehörden zukomme (TSCHANNEN, § 11 Rz. 43); a.M. bereits BGE 92 I 480 ff., 481 f.

vollumfänglich auf seine Übereinstimmung mit dem übergeordneten Recht prüfen müssen[24].

3. Konkrete Normenkontrolle (Abs. 1)

Den Kreis der zur Prüfung befugten Instanzen hat der Verfassungsrat im Vergleich zur bisherigen Rechtslage in Bezug auf die Verwaltungsbehörden eingeschränkt[25]. Zur konkreten Normenkontrolle verpflichtet sind die Gerichte und die vom Volk zu wählenden kantonalen Behörden. 9

Bezüglich der *Gerichte* stimmt Art. 79 Abs. 1 allerdings mit der bisherigen Praxis überein. Unter den Begriff der Gerichte fallen sämtliche im Kanton mit richterlicher Unabhängigkeit ausgestatteten Gerichtsbehörden[26]. Dazu zählen sowohl die Baurekurskommissionen wie auch die Steuerrekurskommissionen[27]. Ebenso zählt der Friedensrichter bzw. die Friedensrichterin dazu, wenn er oder sie kraft eigener Kompetenz entscheidet[28]. 10

Bei den vom Volk *gewählten kantonalen Behörden* handelt es sich um die dem Kanton als Gemeinwesen zuzuordnenden Behörden. Eine vom Volk gewählte Behörde ist zweifellos der Regierungsrat[29]. Ebenso sind die *Bezirksräte* vom Volk gewählte kantonale Behörden[30]. Damit ging der Verfassungsrat über die bisherige Praxis hinaus, wonach die Befugnis der Bezirksräte zur konkreten Normenkontrolle beschränkt war[31]. Ebenso ist nach dieser Konzeption die *Direktion* zur konkreten Normenkontrolle befugt, weil der Direktionsvorsteher bzw. die Direktionsvorsteherin als Mitglied des Regierungsrates ebenfalls vom Volk 11

---

[24] Kölz/Bosshart/Röhl, § 20 N. 26.
[25] Zur Entstehungsgeschichte Schmid/Häner, Vorb. zu Art. 73–79 N. 11.
[26] Zum Begriff der Gerichte vgl. insbesondere BGE 123 I 87 ff., 91 ff. Ob eine Instanz die Voraussetzungen des Gerichts im Sinne von Art. 6 EMRK erfüllt, bestimmt sich nach der Art der Ernennung, der Amtsdauer, dem Schutz vor äusseren Beeinflussungen und ob es nach dem äusseren Erscheinungsbild unparteiisch und unabhängig ist sowohl gegenüber den anderen Behörden wie auch gegenüber den Parteien. Ferner kommt es auf die ausgeübte Funktion an (BGE 123 I 87 ff., 93 ff.). Übt die betreffende Behörde vorab Funktionen aus, die typischerweise die Verwaltung wahrnimmt, handelt es sich um eine Verwaltungsbehörde und nicht um eine Gerichtsbehörde; vgl. auch BGE 129 I 207 ff., 216, sowie Kölz/Bosshart/Röhl, § 4 N. 26, § 19 N. 86 f.
[27] Zur Qualifikation der einzelnen Rekurskommissionen Kölz/Bosshart/Röhl, § 19 N. 85 ff.
[28] § 6 GVG; vgl. auch Prot. Plenum, S. 2246. Die Friedensrichter werden allerdings in den Gemeinden gewählt und bilden insoweit keine kantonalen Behörden; vgl. § 40 lit. b GPR.
[29] Überprüft der Regierungsrat seine eigenen Verordnungen, ist die Wirksamkeit des Rekurses, wie sie von Art. 77 Abs. 1 verlangt wird, nicht mehr gewährleistet, vgl. Art. 77 N. 10, 12.
[30] Art. 80; dazu auch Häner, S. 154.
[31] Dazu N. 7.

gewählt wird[32/33]. Im Strafverfahren sodann muss auch dem Staatsanwalt und der Staatsanwältin, welche im Strafbefehlsverfahren ebenfalls selbständig entscheiden, das Recht zur konkreten Normenkontrolle zukommen, da diese vom Volk gewählt werden[34].

12 Nicht zur Normenkontrolle befugt sind die *Gemeindebehörden*, selbst wenn sie als Rekursinstanz entscheiden. Dies ist bei der Delegation von bestimmten Geschäftszweigen an Verwaltungsvorstände und Ausschüsse gemäss § 57 GemG der Fall. Die Gemeindeordnung kann vorsehen, dass gegen deren Verfügungen und Entscheide Rekurs bei der Gesamtbehörde erhoben werden kann[35]. In bestimmten Bereichen ist der gemeindeinterne Rekurs jedoch ohnehin ausgeschlossen[36].

13 Mit dem Ausschluss der nicht vom Volk gewählten kantonalen Behörden und der Gemeindebehörden von der konkreten Normenkontrolle bezweckte der Verfassungsrat wie gesagt eine *gewisse Konzentration* der Normenkontrolle. Insbesondere mit dem Ausschluss der Gemeindebehörden sollte verhindert werden, dass es zwischen den verschiedenen Gemeinden zu widersprüchlichen Entscheiden und einer Zersplitterung in der Rechtsanwendung kommt[37]. Gegen diesen Ausschluss ist insofern nichts einzuwenden, als es um Entscheide geht, welche an eine mit vollständiger Prüfungsbefugnis ausgestattete Behörde weitergezogen werden können[38]. Im Hinblick auf die verfassungsrechtliche Grundlage der konkreten Normenkontrolle[39] sollte der Verwaltungsbehörde jedoch dort, wo dies nicht der Fall ist, die Pflicht zukommen, eine verbindliche Anweisung der ihr übergeordneten, vom Volk gewählten Instanz einzuholen, wenn sie Zweifel an der Verfassungsmässigkeit einer anzuwendenden Rechtsnorm hegt[40]. Dem-

---

[32] Damit sind die wesentlichen Behörden, die Rechtspflegefunktion ausüben, erfasst. Mit der Wendung «vom Volk gewählte Behörde» gelangt man zu einem ähnlichen Ergebnis wie Art. 66 Abs. 3 KV BE, welcher von «Justizbehörde» spricht, jedoch auch die verwaltungsinternen Rechtspflegeinstanzen meint; BOLZ, Art. 66 N. 8.

[33] Da im Rekursverfahren nach Art. 77 Abs. 1 jedoch ebenso die Wirksamkeit des Rekurses gewährleistet sein muss, ist die akzessorische Normenkontrolle gegenüber regierungsrätlichen Verordnungen durch den Regierungsrat selbst fragwürdig und sollte eine andere Rechtsmittelinstanz damit beauftragt werden; dazu Art. 77 N. 10 sowie hinten N. 15.

[34] Vgl. § 325 StPO. Zur Volkswahl der Staatsanwaltschaft § 39 lit. b GPR.

[35] § 57 Abs. 2 GemG.

[36] Vgl. dazu THALMANN, § 57 N. 7.2.

[37] Vgl. Prot. K3 vom 6. März 2003, S. 995; auf den Aspekt der unterschiedlichen Rechtsanwendung hat der Experte Prof. Giovanni Biaggini hingewiesen.

[38] Bereits heute gilt der Grundsatz, dass jede Anordnung vor mindestens einer Rekursinstanz angefochten werden kann (KÖLZ/BOSSHART/RÖHL, § 19 N. 88), so dass Verfügungen jedenfalls anfechtbar sind. Vgl. auch Art. 77 Abs. 1.

[39] Dazu N. 5 ff.

[40] EICHENBERGER, § 90 N. 23. Der Autor spricht sich für eine sinngemässe Vorgehensweise bezüglich der im Kanton Aargau gemäss Art. 90 Abs. 4 KV AG auf den Regierungsrat beschränkten konkreten Normenkontrolle aus. Das Vorlageverfahren ist dort üblich, wo für die konkrete Normenkontrolle das konzentrierte System gilt; HÄLLER/KÖLZ, S. 288.

gemäss hat sich die betreffende Gemeindebehörde in diesen Fällen an den Bezirksrat zu wenden. Diese Frage wird auf Gesetzesstufe im Einzelnen zu regeln sein[41].

Die konkrete Normenkontrolle ist nicht auf Verfügungs- und Rechtspflegeverfahren beschränkt, sondern betrifft jede Gelegenheit der Rechtsanwendung[42]. Sie hat jedoch im Rechtspflegeverfahren die grösste praktische Bedeutung. 14

Art. 79 Abs. 1 spricht von *Bestimmungen*, welche auf ihre Übereinstimmung mit dem übergeordneten Recht zu prüfen sind. Darunter fallen sämtliche generell-abstrakten Erlasse, insbesondere kantonale Gesetze und Verordnungen[43]. Allgemeinverfügungen, die ohnehin selbständig anfechtbar sind, fallen nicht unter Art. 79 Abs. 1[44]. 15

Bezüglich der Normenkontrolle von Bundesrecht ist indessen die Schranke von *Art. 190 BV* zu beachten. Bundesgesetze und Völkerrecht sind für die rechtsanwendenden Behörden massgebend. Verordnungen des Bundesrates hingegen können im Rahmen von Art. 190 BV ebenfalls auf ihre Übereinstimmung mit dem übergeordneten Recht geprüft werden[45]. 16

Die konkrete Normenkontrolle ist sodann im Hinblick auf sämtliche *übergeordneten Rechtsnormen* vorzunehmen. Dies bedeutet gleichzeitig, dass auch die kantonalen Gesetze auf ihre Übereinstimmung mit der Kantonsverfassung zu prüfen sind. 17

4. Abstrakte Normenkontrolle (Abs. 2)

Art. 79 Abs. 2 führt im Kanton Zürich die abstrakte Normenkontrolle für kantonale Erlasse unterhalb der Gesetzesstufe ein. Dazu soll ein vom Gesetz bezeichnetes oberstes Gericht zuständig sein. Der Verfassungsrat hatte es bereits in einem sehr frühen Stadium verworfen, eigens ein Verfassungsgericht zu er- 18

---

[41] Der Regierungsrat hat dies in seinen Umsetzungsbeschlüssen nicht vorgesehen; vgl. RRB 1396/2006 sowie RRB 1870/2005.
[42] EICHENBERGER, § 90 N. 18.
[43] Die akzessorische Überprüfung von verwaltungsinternen Verordnungen wird dann bejaht, wenn diese faktisch Rechtssatzfunktion übernehmen; KÖLZ/BOSSHART/RÖHL, § 50 N. 61; zur Frage der akzessorischen Prüfung von Verordnungen durch den Regierungsrat vgl. Art. 77 N. 10, 12.
[44] Zur Anfechtung von Allgemeinverfügungen KÖLZ/BOSSHART/RÖHL, § 19 N. 8. Differenziert ist die Rechtslage bei den Raumplänen; KÖLZ/BOSSHART/RÖHL, § 19 N. 21 ff. mit Hinweisen. Die Anfechtung derselben ergibt sich aus Art. 33 f. des Bundesgesetzes über die Raumplanung vom 22. Juni 1979 (RPG; SR 700).
[45] Dazu HÄFELIN/HALLER, N. 2096 ff.

richten⁴⁶. Dementsprechend wurde auch die Zuständigkeit des Regierungsrates für die Beurteilung der Verletzung politischer Rechte nicht in Frage gestellt⁴⁷.

19 Auch hat die Kommission 3 ebenfalls zu einem sehr frühen Zeitpunkt beschlossen, dass eine abstrakte Normenkontrolle für Gesetze nicht in Betracht fällt und auf Verordnungen zu beschränken ist⁴⁸. Die abstrakte Normenkontrolle führt denn auch zu einer Mehrfachprüfung des betreffenden Erlasses, indem dieser einerseits abstrakt und unabhängig von einem konkreten Fall angefochten werden kann und andererseits der akzessorischen Überprüfung anlässlich der Anfechtung eines Rechtsanwendungsaktes unterliegt⁴⁹.

20 Welches Gericht für die abstrakte Normenkontrolle zuständig sein soll, wird der Gesetzgeber zu bestimmen haben. Die Verfassung verlangt einzig, dass es sich dabei um ein *oberstes Gericht* handeln muss⁵⁰. Die obersten Gerichte werden in Art. 74 Abs. 2 aufgezählt. Das zuständige Gericht wird im Regelfall das Verwaltungsgericht sein⁵¹. Ist stets dasselbe Gericht zuständig, hat dies für die Rechtsuchenden den Vorteil der Klarheit und Rechtssicherheit und können Kompetenzkonflikte unter den verschiedenen Instanzen vermieden werden. Der Wortlaut der Verfassung spricht denn auch von *einem* obersten Gericht⁵². Höchstens für ganz bestimmte Ausnahmefälle wäre es denkbar, das Obergericht oder das Kassationsgericht für zuständig zu erklären⁵³.

21 Anfechtungsobjekt bei der abstrakten Normenkontrolle bilden Erlasse unterhalb der Verfassungs- und Gesetzesstufe, d.h., es können allein Verordnungen angefochten werden⁵⁴. Dabei kann es sich um Verordnungen des Regierungsrates, des Kantonsrates sowie der Gerichte handeln⁵⁵. Verwaltungsverordnungen sind

---

⁴⁶ Prot. Plenum, S. 301 ff. Zur Verfassungsgerichtsbarkeit in den anderen Kantonen BUSER, S. 150 f. Über eigene Verfassungsgerichte verfügen der Kanton Jura (Art. 104 KV JU) sowie der Kanton Nidwalden (Art. 69 Abs. 2 Ziff. 2 KV NW). Im Kanton Waadt ist die Verfassungsgerichtsbarkeit einer Abteilung des Kantonsgerichts übertragen (Art. 136 KV VD); dazu DE HALLER, S. 282 ff. Im Kanton Graubünden amtet das Verwaltungsgericht als Verfassungsgericht, wobei in diesem Verfahren auch Gesetze angefochten werden können; Art. 55 KV GR; dazu SCHMID, Kommentar KV GR, Art. 55 Rz. 26 ff., 84 ff.

⁴⁷ Vgl. § 43 lit. a VRG e contrario. Im Kanton Waadt z.B. wurden Stimmrechtsangelegenheiten der Verfassungsgerichtsbarkeit unterstellt; dazu Art. 136 KV VD. Art. 88 Abs. 3 BGG verlangt von den Kantonen bloss, dass sie ein Rechtsmittel vorsehen.

⁴⁸ Prot. K3 vom 6. September 2001, S. 195 ff.; dazu auch SCHMID/HÄNER, Vorb. zu Art. 73–79 N. 11.

⁴⁹ Darauf hat ALFRED KÖLZ, der damalige Experte der Kommission 3, mit Nachdruck hingewiesen; Prot. K3 vom 21. Juni 2001, S. 135 f.

⁵⁰ Vgl. Prot. Plenum, S. 1329.

⁵¹ Ebenso JAAG, Rz. 2124.

⁵² Vgl. RRB 1870/2005, S. 6, wo die Frage aufgeworfen wird, ob das in der Sache zuständige oberste Gericht die Normenkotrolle durchführen soll. In diesem Fall ist die Gefahr von Kompetenzkonflikten nicht auszuschliessen, wenn die Zuordnung eines Erlasses zum Verwaltungs-, Zivil- oder Strafrecht unklar ist; zudem stellt sich die Frage, inwiefern diese Lösung dem Wortlaut der Verfassung entspricht.

⁵³ So die Meinung in der Kommission 3, Prot. K3 vom 22. August 2002, S. 827. Wohl erforderlich werden Ausnahmen sein, wenn es um die Anfechtung von Verordnungen geht, die das Gericht erlassen hat.

⁵⁴ Art. 87 BGG verlangt von den Kantonen kein abstraktes Normenkontrollverfahren.

⁵⁵ Vgl. Art. 38 Abs. 3.

dem abstrakten Normenkontrollverfahren zugänglich zu machen, soweit sie Aussenwirkungen entfalten und es nicht zumutbar ist, dass eine in Anwendung der Verwaltungsverordnung ergangene Verfügung angefochten wird[56]. Ebenso sind Erlasse von Trägern öffentlicher Aufgaben dem abstrakten Normenkontrollverfahren zu unterwerfen[57].

Bei den Erlassen geht es um generell-abstrakte Anordnungen. Im Kanton Zürich sind generell-konkrete Anordnungen grundsätzlich dem ordentlichen Rechtsmittelverfahren unterstellt[58]. Diese fallen demgemäss nicht unter die abstrakte Normenkontrolle.

Die Überprüfung des angefochtenen Erlasses erfolgt im Hinblick auf das übergeordnete Recht. Dabei wird sowohl die Gesetzmässigkeit des Erlasses wie auch dessen Übereinstimmung mit der Kantonsverfassung und dem Bundesrecht zu prüfen sein. Das Ermessen der erlassenden Behörde ist zu respektieren. Allerdings besteht kein Grund zur vom Bundesgericht geübten Praxis, dass ein Erlass im abstrakten Normenkontrollverfahren nur dann aufgehoben wird, wenn sich der Erlass einer rechtskonformen Auslegung überhaupt entzieht. Die grosse Zurückhaltung des Bundesgerichts ist einerseits föderalistisch und andererseits ebenso demokratisch begründet, wenn es um Gesetzesbestimmungen geht[59]. Diese beiden Gründe entfallen, wenn regierungsrätliche Verordnungen durch ein kantonales Gericht geprüft werden.

Einer gesonderten Regel wird die Frage der *Legitimation* bedürfen. In dieser Hinsicht muss die virtuelle Betroffenheit genügen[60]. Dabei wäre es nicht zulässig, zusätzlich die Betroffenheit in rechtlich geschützten Interessen zu verlangen. Vielmehr muss die Betroffenheit in den tatsächlichen Interessen ausreichen. Eine engere Umschreibung der Legitimation, als sie in Art. 89 Abs. 1 lit. c BGG vorgesehen ist, widerspricht dem Grundsatz der Einheit des Prozesses gemäss Art. 111 BGG[61].

---

[56] BGE 128 I 167 ff., 173 f.; HÄFELIN/MÜLLER/UHLMANN, Rz. 129.
[57] Art. 98 Abs. 3 lit. c.
[58] Vgl. dazu KÖLZ/BOSSHART/RÖHL, § 43 N. 3 zu den Tarifen und Plänen sowie § 19 N. 8 zu den Allgemeinverfügungen.
[59] Vgl. dazu KÄLIN, Staatsrechtliche Beschwerde, S. 198.
[60] Offenbar verlangt der Regierungsrat bei der Anfechtung von Gemeindeerlassen im Rekursverfahren aufgrund von § 21 VRG eine aktuelle Betroffenheit, was dazu führt, dass die Legitimation kaum je bejaht wird; dazu JAAG, Rz. 2910.
[61] Zu den übergangsrechtlichen Fragen, vgl. CAMPRUBI, Art. 137 N. 15.

5. Kommunale Erlasse (Abs. 3)

25 An der Anfechtung kommunaler Erlasse wollte der Verfassungsgeber nichts ändern. Aus diesem Grund verweist Art. 79 Abs. 3 auf die Regelung durch den Gesetzgeber. Die Anfechtbarkeit kommunaler Erlasse ergibt sich folglich aus den §§ 151 und 152 GemG.

26 Nach § 151 GemG können Beschlüsse der Gemeinde, das heisst der Gemeindeversammlung, der Urnenabstimmung oder des Gemeindeparlamentes mit der Gemeindebeschwerde angefochten werden. Darunter fallen ebenso generell-abstrakte Erlasse. § 151 GemG sieht besondere Beschwerdegründe vor. Legitimiert sind nicht nur die durch den Erlass Betroffenen, sondern auch die Stimmberechtigten[62].

27 Aufgrund von § 152 GemG kann ebenso Rekurs gegen einen Gemeindeerlass eingereicht werden. Mit Rekurs können sämtliche Mängel des Verfahrens gerügt werden. Die Legitimation zum Rekurs richtet sich (problematischerweise) nach § 21 VRG mit der Folge, dass diese bei Erlassen kaum je bejaht werden kann[63].

---

[62] Im Einzelnen THALMANN, § 151 N. 2; JAAG, Rz. 2901 mit weiteren Hinweisen.
[63] Vgl. JAAG, Rz. 2910; zum Gemeinderekurs auch THALMANN, § 152, sowie N. 24.

E. Weitere Behörden

Art. 80

Bezirksbehörden

Die Stimmberechtigten des Bezirks wählen:
a) die Statthalterin oder den Statthalter;
b) den Bezirksrat;
c) die gerichtlichen Instanzen des Bezirks.

Das Gesetz legt die weiteren Behörden fest und bestimmt, wer sie wählt.

Die Bezirksbehörden erfüllen die Aufgaben, die ihnen das Gesetz überträgt, insbesondere solche der Aufsicht, der Rechtsprechung und der Verwaltung.

Materialien

Art. 88 VE; Prot. Plenum, S. 1917 ff., 2337 f., 3088 ff.

Literatur

JAAG, Rz. 1601 ff.; THALMANN, Vorb. §§ 141–150.

Rechtsquellen

– Gesetz über das Gemeindewesen vom 6. Juni 1926 (Gemeindegesetz, GemG; LS 131.1)
– Gesetz über die Bezirksverwaltung vom 10. März 1985 (LS 173.1)
– Gesetz über die Bildung eines neuen Bezirks Dietikon und den Übergang der Gemeinde Zollikon vom Bezirk Zürich an den Bezirk Meilen vom 10. März 1985 (LS 173.4)
– RRB vom 14. Dezember 2005 betreffend Errichtung des Bezirksgerichts Dietikon (LS 173.41)

Übersicht	Note
1. Einleitung	1
2. Entstehungsgeschichte	2
3. Die Bezirke	4
4. Von den Stimmberechtigten zu wählende Behörden (Absatz 1)	5
4.1. Amtsdauer	5
4.2. Statthalter/Statthalterin	6
4.3. Bezirksrat	7
4.4. Gerichtliche Behörden	8
5. Vom Gesetz festzulegende Behörden (Absatz 2)	10
6. Aufgaben der Bezirksbehörden (Absatz 3)	11
6.1. Ausgangspunkt	11
6.2. Die Aufsichtsfunktion	14
6.3. Die Rechtsprechungsfunktion	18
6.4. Die Verwaltungsfunktion	20

1. Einleitung

1   Die beiden Bestimmungen über die dezentrale Aufgabenerfüllung im Kanton (Art. 96) und über die Bezirksbehörden (Art. 80) wurden im Verlauf der Beratungen von zwei Kommissionen behandelt und umbenannt. Die Bestimmung über die Bezirksbehörden wurde auf Antrag der Kommission 3 als Art. 88 (in einem Kapitel Bezirksbehörden nach Art. 87 zur Einteilung des Kantons) in die öffentliche Vernehmlassung gesandt und ab der 1. Gesamtlesung als Art. 80, Bezirksbehörden, unter dem Kapitel «Weitere Behörden» vorgeschlagen. Die Bestimmung über die dezentrale Aufgabenerfüllung wurde bei den öffentlichen Aufgaben untergebracht. Damit ist die Regelung über die Bezirke und deren Behörden auseinandergerissen, was aus systematischer Sicht nicht zu überzeugen vermag.

2. Entstehungsgeschichte

2   Die Bestimmung über die Bezirksbehörden konnte im Rahmen der Verfassungsrevision erst dann dem Plenum vorgelegt werden, als feststand, dass weiterhin eine Bezirkseinteilung im bisherigen Sinne bestehen soll. In diesem Sinne war es Absicht, den bisherigen Zustand abzubilden und gleichzeitig auch für weitere, sanfte Entwicklungen die Türen nicht zu verschliessen[1]. Die Aufgaben der Bezirksbehörden wurden ursprünglich als eigene Bestimmung formuliert und erst anlässlich der 1. Gesamtlesung als Absatz 3 des Artikels über die Bezirksbehörden aufgenommen[2]. Nach der öffentlichen Vernehmlassung wurde der Text dahingehend bereinigt, dass die vom Gesetz vorgesehenen weiteren Behörden nicht zwingend ebenfalls vom Volk gewählt werden müssen[3].

3   In der 2. Gesamtlesung wurde noch eine kurze Diskussion geführt, ob die Aufgaben der Verwaltung in Abs. 3 explizit erwähnt werden sollen oder ob sie als selbstverständliche Aufgaben nicht nochmals wiederholt werden sollen. Zudem sollte die Reihenfolge der Aufgaben bewusst ihrer Wichtigkeit nach umgestellt werden, indem zuerst die Rechtsprechung, dann die Aufsicht und zuletzt die Verwaltung erwähnt werden sollten[4]. Der entsprechende Antrag, welcher im Protokolltext enthalten ist[5], wurde zwar gutgeheissen, aber die beschlossene Form nicht richtig weitergeführt. Aus diesem Grund wird im heute geltenden Verfassungstext als erste der aufgezählten Aufgaben die Aufsicht genannt, obwohl der

---

[1] Prot. Plenum, S. 1918.
[2] Prot. Plenum, S. 2338.
[3] Prot. Plenum, S. 3088.
[4] Prot. Plenum, S. 3089 f.
[5] Prot. Plenum, S. 3090 (Votum Oesch).

Verfassungsrat sich eigentlich für die Rechtsprechung als erste der ausdrücklich aufgeführten Aufgaben entschieden hat. Allerdings hat der Antragsteller selbst diesen Aspekt richtigerweise als «Kosmetik» bezeichnet, da der Reihenfolge dieser Aufgaben keine Bedeutung zukommt.

3. Die Bezirke

Die zürcherischen Bezirke sind – im Gegensatz zu den Gemeinden – keine öffentlichrechtlichen Körperschaften. Sie sind blosse Verwaltungs- und Gerichtseinheiten des Kantons. Mangels Rechtsfähigkeit verfügen sie auch über kein eigenes Vermögen, keine Steuerhoheit und sind nicht autonom[6]. Mit anderen Worten gibt es streng genommen nur kantonale Behörden, welche je für ein «Bezirk» genanntes Gebiet für die Erfüllung kantonaler Aufgaben zuständig sind. Die Bezirksbehörden sind kantonale Behörden.

4

4. Von den Stimmberechtigten zu wählende Behörden (Absatz 1)

4.1. Amtsdauer

Die Amtsdauer der Bezirksbehörden ist in Art. 41 geregelt. Sie beträgt für Statthalter bzw. Statthalterin und Bezirksrat vier Jahre und für die gerichtlichen Instanzen sechs Jahre. Allerdings ist festzuhalten, dass dem Bezirksrat auch die Funktion der Rechtsprechung zukommt. Sollte dem Bezirksrat die richterliche Unabhängigkeit zugestanden werden, müsste die Amtsdauer auf sechs Jahre angepasst werden.

5

4.2. Statthalter/Statthalterin

Bis anhin hat der Statthalter bzw. die Statthalterin entsprechend Art. 44 Abs. 1 aKV gleichzeitig auch den Vorsitz im Bezirksrat inne. Bereits im geltenden Gesetz über die Bezirksverwaltung ist dies jedoch nicht ausdrücklich vorgeschrieben, sondern das Gesetz spricht an sich von den zwei Behörden Bezirksrat und Statthalteramt[7]. Eine geschlechtsneutrale Bezeichnung für den Statthalter bzw. die Statthalterin zu finden, erwies sich als unmöglich. Der Statthalter bzw. die Statthalterin hat gleichzeitig Befugnisse als Einzelorgan. Er oder sie vollzieht grundsätzlich die Aufträge des Regierungsrats.

6

---

[6] Verwaltungsgericht Zürich, ZBl 67/1966, S. 312 ff.; JAAG, Rz. 1205 f., 1601.
[7] Vgl. Systematik des Kapitels C des Gesetzes über die Bezirksverwaltung.

4.3. Bezirksrat

7   Wie bis anhin soll der Bezirksrat aus einem Präsidenten oder einer Präsidentin und weiteren Mitgliedern bestehen. Es sind heute – mit Ausnahme der Städte Zürich und Winterthur – je drei nebenamtlich tätige Mitglieder. Dem Gesetzgeber ist es auch mit der neuen Verfassung überlassen, die genaue Ausgestaltung unter Berücksichtigung der Grösse des Bezirks und der zu erfüllenden Aufgaben festzulegen (Anzahl der weiteren Mitglieder, Pensen).

4.4. Gerichtliche Behörden

8   Als gerichtliche Behörde auf Bezirksebene wurde im Rahmen der Verfassungsrevision das Bezirksgericht, welches für Zivil- und Strafsachen zuständig ist, betrachtet. In der neuen Verfassung wird in Art. 77 Abs. 1 für Anordnungen, die im Verwaltungsverfahren ergangen sind, eine wirksame Überprüfung durch eine Rekursinstanz verlangt. Es ist Aufgabe des Gesetzgebers, hier zu überprüfen, ob der heute bestehende Instanzenzug, bei welchem der Bezirksrat als Rekursinstanz gegenüber Anordnungen der Gemeinden amtet, diesem Kriterium zu genügen vermag[8]. Im Verfassungsrat wurde von einem erstinstanzlichen Rekursgericht gesprochen, das diese Aufgabe übernehmen könnte, indem die heute vermischten Aufgaben des Bezirksrates entflochten werden[9].

9   Den Bezirksräten kommt heute klar keine richterliche Unabhängigkeit im Sinne von Art. 6 Ziff. 1 EMRK zu: Obwohl ihnen § 3 des Gesetzes über die Bezirksverwaltung Unabhängigkeit in der Rechtsprechung gewährt, üben sie zugleich Verwaltungs- und Aufsichtsfunktionen aus. Dies kann zur Folge haben, dass sie einerseits als unabhängige Rechtsmittelinstanz und andererseits als Aufsichtsbehörde, welche zudem der Weisungsgewalt des Regierungsrates untersteht, tätig werden müssen[10]. Zudem ist es auch noch möglich, dass der Bezirksrat zuvor die Gemeinde in der gleichen Sache beraten hat.

5. Vom Gesetz festzulegende Behörden (Absatz 2)

10 Der Verfassungsrat hat bewusst die weiteren Behörden auf Bezirksebene, die heute bestehen, nicht erwähnt. Es soll vielmehr Aufgabe des Gesetzgebers sein, zu entscheiden, welche Behörden noch notwendig sind. In den letzten Jahren wurden hier auch Veränderungen vorgenommen, indem das Volk am 22. November 2002 einer Änderung der alten Kantonsverfassung zur Aufhebung der

---

[8]   Vgl. im Übrigen HÄNER, Art. 77 N. 9.
[9]   Prot. Plenum, S. 55, 297 ff., 1291, 1309, 1866, 2212, 3049, 3321.
[10] Vgl. auch KÖLZ/BOSSHART/RÖHL, § 4 N. 26.

Bezirksschulpflegen zugestimmt hat, welche nun per Ende Schuljahr 2006/2007 aufgelöst werden[11]. Auch die bisherigen Bezirksanwaltschaften wurden umgewandelt[12]. Weiterhin bestehen die Bezirksjugendkommissionen und die Bezirkskirchenpflegen.

6. Aufgaben der Bezirksbehörden (Absatz 3)

6.1. Ausgangspunkt

Die Aufgaben der Bezirksbehörden werden in Abs. 3 umschrieben, wobei deren Hauptaufgaben erwähnt sind. Bewusst wurden diese Aufgaben aber nicht zugeordnet, sondern pauschal den Bezirksbehörden als Ganze übertragen. Der Verfassungsrat war sich bewusst, dass beispielsweise die Rechtsprechungsfunktion, die heute vom Bezirksrat wahrgenommen wird, theoretisch auch dem Bezirksgericht übertragen werden könnte[13]. 11

Bei einer gemeinsamen Aufgabenerfüllung durch Behörden mehrerer Bezirke – oder bei einer Aufteilung eines Bezirks – ist es zulässig, dass der Gesetzgeber spezielle Bestimmungen, insbesondere über die Wahlen, erlässt. Dies wurde auch bereits so gehandhabt bei der Bildung des Bezirks Dietikon. Auf eine entsprechende Erwähnung dieser Möglichkeit in der neuen Verfassung wurde bewusst verzichtet[14], da eine solche nicht für nötig erachtet wurde. 12

Die heutige Regelung der Aufgaben der Bezirksbehörden im Gesetz über die Bezirksverwaltung ist nur rudimentär; die Aufgaben der Bezirksbehörden sind in den einzelnen materiellen Gesetzen enthalten. 13

6.2. Die Aufsichtsfunktion

Die Aufsicht im Kanton Zürich ist dreistufig, indem zunächst die Bezirksbehörden neben ihren eigenen Aufgaben als dezentrale Staatsorgane die Aufsichtsfunktion über die Gemeinden übernehmen und die staatliche zentrale Aufsicht aus den zwei Elementen der Direktionen und des Regierungsrats als Gesamtbehörde besteht[15]. Diese Aufsicht dient der Umsetzung des Legalitätsprinzips; der Gesetzgeber stattet die Aufsichtsorgane mit denjenigen Kompetenzen und Mitteln aus, welche er für notwendig erachtet. Dabei ging man bisher vom Grund- 14

---

11 Vgl. § 10 Abs. 1 der Übergangsordnung zum Volksschulgesetz vom 28. Juni 2006 (LS 412.100.2).
12 Volksabstimmung vom 30. November 2003 über das Gesetz über die Teilrevision der Strafprozessordnung (OS 59, S. 22 ff.); in Kraft seit dem 1. Januar 2005.
13 Prot. Plenum, S. 1920 (Votum Schwarzenbach), S. 1922 (Votum Jagmetti).
14 Prot. Plenum, S. 1919.
15 THALMANN, Vorb. § 141–150 N. 3.

satz aus, dass den Aufsichtsbehörden mit der Aufsichtsfunktion alle Mittel zur Verfügung gestellt sind, die zu deren Ausübung geeignet sind[16]. Dies bringt beispielsweise das Gemeindegesetz in § 142 Abs. 1 zum Ausdruck, indem dem Bezirksrat die Pflicht auferlegt wird, bei Unordnung, Missbräuchen usw. unverzüglich mit den zur Abhilfe geeigneten Mitteln einzuschreiten.

15 Dem Bezirksrat obliegt als Hauptaufsichtsfunktion die Aufsicht über die Gemeinden, ihre Betriebe, Anstalten und ihre Verbindungen[17], wobei abweichende spezialgesetzliche Bestimmungen sowie den Kirchenbehörden zugewiesene besondere Aufgaben vorbehalten bleiben[18]. Die Aufsicht über das Schulwesen wird ab dem 20. August 2007 neu geregelt, indem die Aufsicht zwischen der Bildungsdirektion und dem Bezirksrat infolge der Abschaffung der bisherigen Bezirksschulpflegen aufgeteilt wird[19].

16 Das Statthalteramt ist zuständig für die Aufsicht über die Ortspolizei[20], die Ortsfeuerpolizei[21] und das Strassenwesen der Gemeinden[22]. Gemäss dem früheren § 80 des Gerichtsverfassungsgesetzes[23] war der Statthalter eines Bezirks von Amtes wegen auch dessen Bezirksanwalt, wobei diese Personalunion dann entfiel, wenn der Kantonsrat für einen Bezirk eine besondere Bezirksanwaltschaft errichtete. Dies ist in allen Bezirken mit Ausnahme von Andelfingen heute der Fall, so dass nur der Statthalter von Andelfingen gleichzeitig noch als Staatsanwalt amtet.

17 Die Bezirksjugendkommission hat die Aufsicht über das Bezirksjugendsekretariat[24] und über das Pflegekinderwesen[25]. Die Bezirkskirchenpflege beaufsichtigt die Kirchgemeinden und deren Organe[26].

6.3. Die Rechtsprechungsfunktion

18 Die Rechtsprechungsfunktion wird von verschiedenen Bezirksbehörden wahrgenommen. Das Gesetz über die Bezirksverwaltung legt fest, dass die Bezirks-

---

[16] Vgl. THALMANN, Vorb. § 141–150 N. 6 mit weiteren Hinweisen.
[17] § 141 Gemeindegesetz; vgl. JAAG, Art. 94 N. 4 ff.
[18] § 141 Abs. 3 Gemeindegesetz; tritt per 20. August 2007 in Kraft.
[19] §§ 73 ff. Volksschulgesetz vom 7. Februar 2005 (VSG; LS 412.100).
[20] § 12 des Gesetzes über die Bezirksverwaltung.
[21] § 12 des Gesetzes über die Bezirksverwaltung; § 4, § 23 des Gesetzes über die Feuerpolizei und das Feuerwehrwesen vom 24. September 1987 (LS 861.1).
[22] § 40 Abs. 2 des Gesetzes über den Bau und den Unterhalt der öffentlichen Strassen vom 27. September 1981 (Strassengesetz; LS 722.1).
[23] Vgl. auch Antrag des Regierungsrats vom 7. Juli 2004, KR-Nr. 4186/2004, S. 2, wobei allerdings die gesetzliche Grundlage nicht nachvollziehbar ist; vgl. § 80 des Gerichtsverfassungsgesetzes vom 13. Juni 1976 (LS 211.1; OS 59, S. 302).
[24] § 7 Abs. 2 lit. b Jugendhilfegesetz vom 14. Juni 1981 (LS 852.1).
[25] § 14 Verordnung über die Pflegekinderfürsorge vom 11. September 1969 (LS 852.22).
[26] § 26 Gesetz über die evangelisch-reformierte Landeskirche vom 7. Juli 1963 (LS 181.11).

behörden beim Entscheid über eine Strafsache oder ein Rechtsmittel an keine Weisungen gebunden sind, ausgenommen bei einer Rückweisung durch eine höhere Instanz[27]. Der Begriff des Rechtsmittels ist hier weit zu fassen, da auch bei nicht förmlichen Rechtsmitteln die Unabhängigkeit der Rechtsprechungsfunktion hoch zu gewichten ist. Im Vordergrund steht der Bezirksrat, welcher ab dem 20. August 2007 auch die Rechtsprechung in schulischen Fragen von der Bezirksschulpflege übernehmen wird.

Dem Statthalteramt obliegt der Entscheid über Rechtsmittel aus den Bereichen der Ortspolizei[28] und die Handhabung des Übertretungsstrafrechts[29]. Die Bezirkskirchenpflege entscheidet Rekurse gegen Beschlüsse kirchlicher Natur der Kirchgemeinden und der Kirchenpflegen[30] sowie erstinstanzlich Streitigkeiten über die Benützung von kirchlichen Räumen[31]. 19

6.4. Die Verwaltungsfunktion

Dem Bezirksrat kommen zahlreiche Funktionen zu im Bereiche des Zivilrechts[32], des Familienrechts[33] und auch des Erwerbs von Grundstücken durch Personen im Ausland[34]. Schliesslich kommt ihm eine Auffangzuständigkeit zu: Gemäss § 10 Abs. 2 des Gesetzes über die Bezirksverwaltung ist er für alle Geschäfte zuständig, die keiner anderen Behörde zugewiesen sind. 20

Dem Statthalter bzw. der Statthalterin kommen zahlreiche Einzelaufgaben im Rahmen der Verwaltungsfunktion zu. Zu erwähnen sind etwa: 21
– Entscheid über die Erteilung der Waffentragbewilligung sowie Beschlagnahme von Waffen[35];
– Entscheid über die Bauausführung bei Gemeindestrassen[36];
– Tätigkeit als Schätzungsorgan bei Gebäudeschäden im Rahmen der Gebäudeversicherung[37];
– Führen von diversen Registern.

---

[27] § 3 des Gesetzes über die Bezirksverwaltung.
[28] § 12 des Gesetzes über die Bezirksverwaltung.
[29] § 12 des Gesetzes über die Bezirksverwaltung sowie § 334 Gesetz betreffend den Strafprozess vom 4. Mai 1919 (Strafprozessordnung, StPO; LS 321).
[30] § 26 Abs. 2 Gesetz über die evangelisch-reformierte Landeskirche vom 7. Juli 1963 (LS 181.11).
[31] § 21 Gesetz über die evangelisch-reformierte Landeskirche vom 7. Juli 1963 (LS 181.11)
[32] Art. 84 ZGB; § 37 Einführungsgesetz zum Schweizerischen Zivilgesetzbuch vom 2. April 1911 (EG ZGB; LS 230).
[33] §§ 39 ff. und § 75 EG ZGB.
[34] § 1 lit. a, § 2 Verordnung zum Einführungsgesetz zum Bundesgesetz über den Erwerb von Grundstücken durch Personen im Ausland vom 1. April 1992 (LS 234.12).
[35] §§ 5, 8 Verordnung über Waffen, Waffenzubehör und Munition vom 16. Dezember 1998 (LS 552.1).
[36] § 24 Gesetz über den Bau und den Unterhalt der öffentlichen Strassen vom 27. September 1981 (Strassengesetz; LS 722.1).
[37] § 54 Abs. 1 Gesetz über die Gebäudeversicherung vom 2. März 1975 (LS 862.1).

22 Nicht eigentlich unter die bisher unterschiedenen Kategorien von Aufgaben gehört die Abnahme von Handgelübden, die den Statthalterämtern übertragen ist (Naturschutzaufsicht[38], Jagdaufseher und Wildhüter[39], Gewässerschutzinspektoren[40], Waagmeister[41]), oder die – früher in den Aufgabenbereich der Statthalter/-innen fallende – Leitung der zivilen Bezirksführungsstäbe[42].

---

[38] § 18a Verordnung über den Natur- und Heimatschutz vom 20. Juli 1977 (LS 702.11).
[39] § 53 Abs. 3 Gesetz über Jagd und Vogelschutz vom 12. Mai 1929 (LS 922.1).
[40] § 4 Verordnung über den Gewässerschutz vom 22. Januar 1975 (LS 711.11).
[41] § 13 Abs. 2 der Verordnung über das Messwesen vom 14. Mai 1997 (LS 941.1).
[42] § 5 Abs. 2 Verordnung über die zivile Kriegsorganisation des Kantons vom 16. Juli 1970 (LS 172.5). Obwohl diese Verordnung noch in Kraft ist, wird die Aufgabe heute nicht mehr von den Statthaltern ausgeübt.

Art. 81

Ombudsstelle

Der Kantonsrat wählt eine Ombudsperson. Diese leitet die Ombudsstelle.

Die Ombudsstelle vermittelt zwischen Privatpersonen und der kantonalen Verwaltung, kantonalen Behörden oder Privaten, die kantonale Aufgaben wahrnehmen. Das Gesetz kann Ausnahmen vorsehen.

Die Ombudsstelle ist unabhängig.

Sie kann auch in Gemeinden tätig werden, deren Gemeindeordnung dies vorsieht.

Materialien

Art. 89 VE; Prot. Plenum, S. 885 f., 2257 f. (40. Sitzung), 2958, 3091.

Literatur

CAIDEN GERALD E. (Hrsg.), International Handbook on the Ombudsman, 2 Bde., Westport, Conn./London 1983; DIAMANDOUROS NIKIFOROS (Hrsg.), The European Ombudsman: origins, establishment, evolution, Luxemburg 2005; GERBER SIMON, Der Ombudsmann in der neuen Kantonsverfassung; Zuständigkeit neu auch für Gemeinden möglich, in: Tätigkeitsbericht 2004 des Ombudsmannes, S. 7 ff.; HALLER WALTER, Der Ombudsmann im Gefüge der Staatsfunktionen, in: Festschrift für Kurt Eichenberger zum 60. Geburtstag, Basel/Frankfurt a.M. 1982, S. 705 ff.; HALLER WALTER, Besetzung von Vollämtern im Job Sharing? Fallstudie kantonalzürcherische Ombudsstelle, ZBl 98/1997, S. 193 ff. (Job Sharing); HALLER WALTER, Konsequenzen der Auslagerung von Staatsaufgaben auf den Zuständigkeitsbereich des kantonalzürcherischen Ombudsmannes, ZBl 100/1999, S. 601 ff. (Auslagerung); HALLER WALTER, Der kantonalzürcherische Ombudsmann im geschichtlichen und rechtsvergleichenden Kontext, in: 25 Jahre Ombudsmann/Ombudsperson des Kantons Zürich (hrsg. vom Ombudsmann des Kantons Zürich), Zürich 2003, S. 45 ff.; HALLER/KÖLZ, § 39; HEGNAUER CYRIL, Ombudsmann und Vormundschaftsrecht, in: 25 Jahre Ombudsmann/Ombudsperson des Kantons Zürich (hrsg. vom Ombudsmann des Kantons Zürich), Zürich 2003, S. 117 ff.; HILL LARRY, The Model Ombudsman, Princeton 1976; KELLER BEAT, Der Ombudsmann der Stadt Zürich – ein schweizerisches Modell, Diss., Zürich 1979; KÖLZ/BOSSHART/RÖHL, §§ 87–94; LEGRAND ANDRÉ, L'ombudsman scandinave, Paris 1970; MATSCHER FRANZ (Hrsg.), Ombudsmann in Europa: institutioneller Vergleich, Kehl am Rhein/Strassburg/Arlington 1994; Parlamentarische Ombudsstellen, Sonderheft Parlament, Mitteilungsblatt der Schweizerischen Gesellschaft für Parlamentsfragen, März 2002; ROWAT DONALD C., The Ombudsman Plan: the worldwide spread of an idea, 2. Aufl., Lanham/New York/London 1985; STEINER ROLF/NABHOLZ ANDREAS, Ombuds-Mediation, Mediation in der öffentlichen Verwaltung, insbesondere durch parlamentarische Ombudsstellen der Schweiz, Zürich 2003; The International Ombudsman Yearbook (bis 1996: International Ombudsman Journal), hrsg. vom International Ombudsman Institute (University of Alberta, Canada) und Linda C. Reif; VONTOBEL JACQUES, Der Ombudsmann der Stadt Zürich: Mittler zwischen Bürger und Verwaltung, ZBl 82/1981, S. 1 ff.

Rechtsquellen

– Gesetz über die politischen Rechte vom 1. September 2003 (GPR; LS 161)
– §§ 87–94 Gesetz über den Rechtsschutz in Verwaltungssachen vom 24. Mai 1959 (Verwaltungsrechtspflegegesetz, VRG; LS 175.2)

– Beschluss des Kantonsrates über die Bestellung des kantonalen Ombudsmanns und seiner Kanzlei vom 30. Januar 1978 (LS 176.1)

Übersicht Note
1. Begriff und Funktionen im rechtsvergleichenden Kontext 1
2. Verbreitung 5
3. Verfassungsrechtliche Stellung (Abs. 1 und 3) 8
    3.1. Verfassungsorgan 8
    3.2. Wahl durch den Kantonsrat 10
    3.3. Berichterstattung an den Kantonsrat 16
    3.4. Unabhängigkeit und beschränkte Organisationsautonomie 17
4. Aufgaben und Zuständigkeitsbereich (Abs. 2) 19
    4.1. Aufgaben 19
    4.2. Zuständigkeit 22
5. Verfahren 27
6. Tätigkeit in Gemeinden (Abs. 4) 31

1. Begriff und Funktionen im rechtsvergleichenden Kontext

1 Das Wort «ombudsman» stammt aus dem Schwedischen und kann mit «Beauftragter» oder «Bevollmächtigter» übersetzt werden. Damit ist die Vertrauensstellung zum Parlament angesprochen, als deren Treuhänder der Ombudsmann – gemäss der ursprünglichen schwedischen Konzeption – über die Korrektheit der Gesetzesvollziehung wachen sollte.

2 Den heute bestehenden *parlamentarischen Ombudsstellen* ist gemeinsam, dass sie staatliche Organe sind, die ausserhalb der Verwaltung stehen, hauptsächlich auf Anstoss betroffener Bürgerinnen und Bürger tätig werden und auf die Rechtmässigkeit, Korrektheit und Fairness des Verwaltungshandelns hinwirken, dabei aber keine Anordnungen der Verwaltung abändern oder aufheben dürfen, sondern – gestützt auf umfassende Informationsrechte und nach Abklärung des Sachverhalts – Rat erteilen, vermitteln, nötigenfalls eine begründete Empfehlung oder Kritik abgeben und mindestens jährlich dem Parlament Bericht erstatten[1].

3 Die Institution ist auf *Rechtsschutz und Hilfe für den Einzelnen* ausgerichtet. Ihre Schaffung gründet auf der Einsicht, dass Bürgerinnen und Bürger im hochtechnisierten Leistungsstaat leichten Zugang zu einer von Regierung und Ver-

---

[1] Im allgemeinen Sprachgebrauch wird das Wort allerdings häufig auch für verwaltungsinterne oder von der Privatwirtschaft geschaffene Beschwerdestellen verwendet (z.B. in der Schweiz: Ombudsstellen für Privatversicherung, Krankenkassen, Banken, Reisebranche, Hotellerie und den öffentlichen Verkehr). Gemäss Art. 57 des Bundesgesetzes über Radio und Fernsehen vom 21. Juni 1991 (SR 784.40) haben die Veranstalter für die Behandlung von Beanstandungen des Programms Ombudsstellen einzusetzen, die der Unabhängigen Beschwerdeinstanz vorgeschaltet sind.

waltung unabhängigen, aber in administrativen Belangen versierten Anlaufstelle haben müssen, die ihnen zuhört und hilft, Kommunikationsdefizite und andere Probleme mit der Verwaltung auszuräumen, wobei gleichsam als Nebenprodukt ein Fehlverhalten im administrativen Apparat aufgedeckt und beanstandet werden kann. Die herkömmlichen Rechtsschutzbehelfe (Aufsichtsbeschwerden und Rekurse innerhalb der Verwaltung, Verwaltungsgerichtsbeschwerden, parlamentarische Oberaufsicht) vermögen bei Weitem nicht allen Rechtsschutzbedürfnissen im modernen Staat gerecht zu werden. Das ist der wesentliche Grund für die weltweite Verbreitung der Einrichtung.

Obwohl der Ombudsmann oder die Ombudsfrau den Recht und Hilfe Suchenden in den Mittelpunkt stellt, sind sie keine Gegen-Verwaltung. Ihre Aufgabe ist es auch, die Verwaltung vor unfairen Angriffen in Schutz zu nehmen[2]. Viele Ombudsstellen legen ein Schwergewicht auf ihre Funktion als *Mittler zwischen Bürgern und Verwaltung,* und in gewissen Fällen unterscheidet sich ihr Vorgehen nur wenig von den unter dem Namen «Mediation» entwickelten Verfahren zur Lösung von Konflikten[3]. 4

2. Verbreitung

Schweden sah bereits in seiner Verfassung von 1809 einen Ombudsmann vor, der als vom Reichstag gewähltes Kontrollorgan die Korrektheit der Gesetzesanwendung überwachen sollte. Finnland folgte dem schwedischen Muster 1919. Die rasche, mit der Zeit alle Erdteile erfassende Verbreitung setzte erst nach 1950 ein, vor allem nachdem Dänemark eine Ombudsstelle geschaffen hatte, die stärker als das schwedisch-finnische Modell auf den Rechtsschutz des Einzelnen fokussiert war, daneben aber auch der Verwaltungskontrolle dienen sollte. Heute verfügen rund 120 Länder über parlamentarische Ombudsstellen mit einem die nationale Verwaltung insgesamt abdeckenden Wirkungsbereich[4]. Hinzu kommen zahlreiche Ombudsstellen auf gliedstaatlicher, regionaler und kommunaler Ebene sowie für Spezialbereiche wie Militär, Polizei, Gesundheitswesen, Universitäten oder Datenschutz. Seit 1995 wählt auch das EU-Parlament einen Bür- 5

---

[2] Zutreffend bemerkte der amerikanische Politologe Larry Hill, S. 12, bereits vor dreissig Jahren, dass der Ombudsmann «client-centered but not anti-administration» sei. Die stadtzürcherische Ombudsfrau Claudia Kaufmann sieht eine ihrer Hauptaufgaben darin, das Verhältnis von Bürgerinnen und Bürgern staatlichen Institutionen gegenüber nachhaltig zu verbessern (Jahresbericht 2005, S. 7).

[3] Im französischen Sprachraum wird Ombudsmann meistens mit *médiateur* übersetzt. Vgl. zum Verhältnis der Ombudsvermittlung zur Mediation Steiner/Nabholz, S. 50 ff.

[4] Vgl. die Angaben auf der Website des International Ombudsman Institute <www.law.ualberta.ca/centres/ioi> (25.10.2006).

gerbeauftragten (médiateur, ombudsman), in dessen Wirkungsbereich Organe und Institutionen der Europäischen Gemeinschaften fallen[5].

6 In der Schweiz gibt es Einrichtungen, die dem Kriterium einer parlamentarischen Ombudsstelle entsprechen, ausser im Kanton Zürich auch in den Kantonen Basel-Stadt, Basel-Landschaft, Waadt und (noch in einem Versuchsstadium) Zug sowie in den Städten Zürich, Bern, Winterthur und St. Gallen. Die Kantonsverfassungen von Bern, Aargau und Jura ermächtigen ausdrücklich den Gesetzgeber, eine kantonale Ombudsstelle einzuführen[6], wovon noch nicht Gebrauch gemacht wurde.

7 Vor allem die ausgezeichneten Erfahrungen, welche mit der 1970 geschaffenen stadtzürcherischen Ombudsstelle und ihrem ersten Amtsinhaber, Dr. Jacques Vontobel, gemacht worden waren, ebneten den Weg für die Einführung im Kanton Zürich. Im September 1977 stimmte das Zürcher Volk mit einem erdrückenden Mehr der Schaffung eines kantonalen Ombudsmannes zu[7].

3. Verfassungsrechtliche Stellung (Abs. 1 und 3)

3.1. Verfassungsorgan

8 Die Einführung einer Ombudsstelle im Kanton Zürich erfolgte durch Ergänzung des Verwaltungsrechtspflegegesetzes. Eine Grundlage in der alten Kantonsverfassung von 1869 fehlte und war im Hinblick auf die besondere Zuordnung des Ombudsmannes im Gefüge der Staatsfunktionen (helfende, vermittelnde und mahnende Funktion ohne «hoheitliches» Tätigwerden) nicht unbedingt erforderlich. Beim Erlass der neuen Verfassung war aber von Anfang an kaum bestritten, dass die grosse *staatspolitische Bedeutung* der Institution nach einer Verankerung in der Verfassung rufe[8]. Auch die Tendenz in den anderen Kantonen geht dahin, die Ombudsstelle durch Nennung in der Verfassung stärker zu legitimieren und in ihrer Existenz gegenüber dem Gesetzgeber abzusichern[9].

---

[5] Art. 2 Abs. 2 und Art. 195 der konsolidierten Fassung des Vertrags zur Gründung der Europäischen Gemeinschaft.

[6] Art. 96 KV BE; § 101 KV AG; Art. 61 Abs. 2 KV JU.

[7] Die Abstimmungsvorlage war mit «Gesetz über die Änderung des Verwaltungsrechtspflegegesetzes, des Gerichtsverfassungsgesetzes und des Gesetzes über Wahlen und Abstimmungen (kantonaler Ombudsmann)» überschrieben, wobei die – damals dem obligatorischen Referendum unterliegenden – Normen ausschliesslich die neue Institution betrafen.

[8] Ombudsmann Markus Kägi nahm – unter Mitwirkung seines juristischen Mitarbeiters Simon Gerber – in seinem Tätigkeitsbericht 1999, S. 6 ff., in grundlegender Weise zum Stellenwert seiner Institution in einer neuen Kantonsverfassung Stellung. In der zuständigen Sachkommission stand nur ein Mitglied der Aufwertung durch Verankerung in der Verfassung skeptisch gegenüber; Prot. K3 vom 28. Juni 2001, S. 147.

[9] Eine vorbildliche Regelung enthält die KV BL in den §§ 10 Abs. 2, 88 und 89. Vgl. auch § 118 KV BS und Art. 43 KV VD.

In den anderen Kantonen, die eine Ombudsstelle haben, bildet diese jeweils Gegenstand eines besonderen Gesetzes[10]. Im Kanton Zürich erfolgt die Regelung in einem eigenen Abschnitt des VRG, das vor allem das Verwaltungsverfahren und die Verwaltungsgerichtsbarkeit zum Gegenstand hat. Der Ombudsmann legte im November 2005 einen Vorentwurf zu einem Gesetz über die Ombudsstelle vor, doch beantragte der Regierungsrat dem Kantonsrat, die durch Art. 81 notwendig gewordenen Anpassungen auf Gesetzesstufe durch eine Änderung des VRG umzusetzen[11].

3.2. Wahl durch den Kantonsrat

Der Ombudsmann wird durch das Kantonsparlament gewählt und erstattet diesem jährlich Bericht. Darin kommt seine Stellung als *parlamentarischer Ombudsmann* zum Ausdruck.

Der Gesetzgeber dürfte gestützt auf Art. 40 Abs. 2 eine besondere Regelung betreffend die *Wählbarkeit* treffen, was er aber nicht getan hat. Wählbar ist also, wer in kantonalen Angelegenheiten stimmberechtigt ist.

Die *Amtsdauer* beträgt nach Art. 41 vier Jahre. Ursprünglich betrug die Amtsdauer gemäss § 87 Abs. 1 VRG sechs Jahre, was der mit einem Richteramt vergleichbaren Unabhängigkeit der Ombudsstelle besser entspricht. Die Reduktion auf vier Jahre erfolgte beinahe unbemerkt, nämlich im Übergangsrecht zum neuen Personalgesetz vom 27. September 1998 – ohne Begründung in der Weisung der Regierung und ohne Diskussion im Kantonsrat[12]. Im Verfassungsrat wurde die Amtsdauer der Ombudsstelle nicht besonders thematisiert.

Eine Ombudsperson darf laut Verfassung nicht gleichzeitig dem Kantonsrat, dem Regierungsrat oder einem obersten kantonalen Gericht angehören[13]. Weitere *Unvereinbarkeiten* ergeben sich aus der Gesetzgebung. Insbesondere besteht Unvereinbarkeit mit jedem anderen Amt oder jeder Anstellung im Kanton oder in einem Bezirk[14].

Abs. 1 geht davon aus, dass *eine* Ombudsperson zu wählen sei. Im Kanton Basel-Stadt teilen sich seit Anfang 2006 zwei Personen in das Amt[15]. Der Um-

---

[10] Gesetz betreffend die Beauftragte/den Beauftragten für das Beschwerdewesen (Ombudsman) vom 13. März 1986, Systematische Gesetzessammlung Basel-Stadt 152.90; Gesetz über den Ombudsman vom 23. Juni 1988, Systematische Gesetzessammlung Basel-Landschaft 160. Im Kanton Waadt wurde Mitte September 2006 der Vorentwurf einer «loi sur la médiation administrative» in die Vernehmlassung gegeben.
[11] Antrag des Regierungsrates 4356 vom 27. September 2006, ABl 2006, S. 1313 ff.
[12] Vgl. dazu KÖLZ/BOSSHART/RÖHL, § 87 Rz. 1.
[13] Art. 42 N. 4 f.
[14] § 26 Abs. 2 lit. c GPR.
[15] Vgl. zu den Vor- und Nachteilen einer solchen Lösung HALLER, Job Sharing, S. 203 f.

stand, dass im Kanton Zürich die Frage von Teilämtern oder Job Sharing gerade im Zusammenhang mit der Ombudsstelle seit 1997 wiederholt diskutiert wurde und die neue Verfassung diese Möglichkeit nicht vorsieht, erlaubt die Folgerung, dass der Verfassungsgeber bewusst vom bisherigen «monokratischen Leitbild» ausging. Der Erfolg der Institution, die durch Überzeugungskraft statt durch autoritative Entscheidungen wirkt, hängt denn auch in wesentlichem Masse von der persönlichen Ausstrahlung, dem Bekanntheitsgrad und dem Durchsetzungsvermögen der Ombudsperson ab, was durch Aufteilung der Aufgaben auf mehrere Personen beeinträchtigt werden könnte. Die rechtliche Ausgangslage unterscheidet sich von derjenigen in Basel-Stadt, wo die Verfassung die Frage der Besetzung mit einer oder mehreren Personen offenlässt und das Gesetz den Grossen Rat ausdrücklich ermächtigt, zwei Personen zu wählen, die sich in das 100 Stellenprozente umfassende Amt teilen[16].

15 Der Verfassungsrat ging davon aus, dass weiterhin Ersatzleute oder Stellvertreter gewählt werden können[17]. Als Wahlorgan kommt dabei m.E. nur der Kantonsrat in Frage, wie dies § 87 Abs. 1 VRG vorsieht. Ersatzleute werden nur tätig, soweit die Ombudsperson verhindert ist (z.B. wegen Krankheit, Ferienabwesenheit oder weil ein Ausstandsgrund vorliegt)[18]. Denkbar sind m.E. auch punktuelle Einsätze bei starker Überlastung der Ombudsperson.

3.3. Berichterstattung an den Kantonsrat

16 Die Ausgestaltung als parlamentarische Ombudsstelle erfordert auch, dass die Ombudsperson dem Kantonsrat Bericht über ihre Tätigkeit erstattet[19]. Durch diese Tätigkeitsberichte erfährt die in Art. 57 angeführte Kontrolle des Kantonsrates über die Verwaltung und andere Träger öffentlicher Aufgaben eine Verstärkung und Vertiefung, weil sie den Mitgliedern des Kantonsrates illustrative, fallbezogene Einblicke in das Verwaltungshandeln geben und auf Schwachstellen im Verkehr zwischen Bürger und Verwaltung (nötigenfalls auch auf Mängel von Rechtsnormen) hinweisen. Zudem verleihen sie den Empfehlungen und Beanstandungen der Ombudsperson grösseren Nachdruck[20].

---

[16] § 118 KV BS; § 2 Abs. 2 des Gesetzes betreffend die Beauftragte/den Beauftragten für das Beschwerdewesen (Ombudsman) vom 13. März 1986, Systematische Gesetzessammlung Basel-Stadt 152.90.
[17] Zum Beispiel bei der Diskussion über Unvereinbarkeitsbestimmungen; vgl. Art. 42 N. 5.
[18] Vgl. § 87 Abs. 2 VRG.
[19] § 87 Abs. 3 VRG verlangt einen jährlichen Bericht.
[20] Der stadtbernische Ombudsmann Mario Flückiger bezeichnete zutreffend Öffentlichkeit und Transparenz des Handelns als eine der wichtigsten Voraussetzungen für den Erfolg der Institution (Jahresbericht 2002, S. 3).

3.4. Unabhängigkeit und beschränkte Organisationsautonomie

In ihrer Tätigkeit ist die Ombudsperson – wie ein Gericht – unabhängig, d.h. nur an Gesetz und Recht gebunden. Auch der Kantonsrat darf ihr keine Weisungen darüber erteilen, welche Fälle sie an die Hand nehmen und wie sie dabei vorgehen soll oder ihr gar ein Tätigwerden in einer bestimmten Angelegenheit untersagen. Anders als vereinzelte ausländische Ombudsstellen ist die zürcherische nicht als blosses Hilfsorgan des Parlaments bei der Wahrnehmung der Verwaltungskontrolle und der Behandlung von Petitionen konzipiert[21].

Im Rahmen des Stellenplans und der Budgetvorgaben des Kantonsrates[22] entscheidet die Ombudsperson selber über die Organisation und die personelle Besetzung ihrer Kanzlei.

4. Aufgaben und Zuständigkeitsbereich (Abs. 2)

4.1. Aufgaben

Abs. 2 nennt nur den am meisten in die Augen springenden Aspekt der Tätigkeit der Ombudsstelle, nämlich ihre *Mittlerfunktion* («Die Ombudsstelle vermittelt ...»). Neben dieser Vermittlung nimmt der Ombudsmann seit jeher zwei weitere Aufgaben wahr, nämlich die *Beratung* von Hilfe suchenden Bürgerinnen und Bürgern sowie die *Verwaltungskontrolle*. Zutreffend wird in § 89 Abs. 1 VRG angeführt, die Ombudsperson prüfe, ob die Behörden nach Recht und Billigkeit verfahren würden. In § 91 Abs. 1 VRG ist ebenfalls von «Überprüfung» die Rede, und § 93 VRG spricht alle drei angestammten Aufgaben an: die Beratung (lit. a), die Vermittlung (lit. b) und die Kontrolle (lit. c).

In den Materialien finden sich keine Hinweise darauf, dass der Verfassungsrat den Aufgabenbereich der Ombudsstelle auf die Mittlerfunktion (die ohnehin auch Beratung einschliesst) beschränken und ihr die Befugnis entziehen wollte, in einer schriftlichen Empfehlung oder im Tätigkeitsbericht mahnend auf das Fehlverhalten einer Amtsstelle oder andere festgestellte Unzulänglichkeiten in der Verwaltungsmaschinerie hinzuweisen. Es ist daher davon auszugehen, dass der Verfassungsrat den Aufgabenbereich der Ombudsstelle im bisherigen bewährten Rahmen belassen wollte[23].

---

[21] Art. 45b des deutschen Grundgesetzes bezeichnet den einem Militärombudsmann entsprechenden Wehrbeauftragten als «Hilfsorgan des Bundestages bei der Ausübung der parlamentarischen Kontrolle».
[22] Beschluss des Kantonsrates über die Bestellung des kantonalen Ombudsmannes und seiner Kanzlei vom 30. Januar 1978 (LS 176.1).
[23] Gl.M. GERBER, S. 9. Die bisherigen beiden Ombudsmänner haben einen äusserst sparsamen Gebrauch von der schriftlichen Empfehlung gemacht (jeweils weniger als 1% der in einem Jahr erledigten Fälle).

21 Der Umstand, dass bis gegen 30% der Beschwerden von Staatspersonal erhoben werden, gab schon zu Kritik Anlass. In der Sachkommission bemerkte ein Mitglied, dass für solche Konflikte die entsprechenden Wege des Personalrechts vorgegeben seien[24]. Es setzte sich jedoch die Ansicht durch, dass kantonale Angestellte bei Schwierigkeiten mit ihren Vorgesetzten wie Private zu behandeln seien und auch in Zukunft die Möglichkeit haben müssten, an die Ombudsstelle zu gelangen. Bei Arbeitskonflikten mit dem Staat als Arbeitgeber ist es wichtig, dass eine neutrale, vermittelnde Instanz angerufen werden kann. Mobbing kommt auch in der Verwaltung vor[25]! Würde die Zuständigkeit der Ombudsperson in Personalangelegenheiten verneint, so wäre das Staatspersom im Vergleich mit privatrechtlich Angestellten benachteiligt[26].

4.2. Zuständigkeit

22 Gemäss Art. 89 Abs. 1 VE sollte die Ombudsperson zwischen Privatpersonen und der *kantonalen Verwaltung* vermitteln. In der Vernehmlassung beantragte der Ombudsmann, dass «kantonale Verwaltung» durch «kantonale *Behörden*» zu ersetzen sei, analog § 89 VRG; denn das geltende Recht beziehe die richterlichen Behörden in seinen Tätigkeitsbereich ein, soweit sie im Rahmen der Justizverwaltung handelten. In der Sachkommission setzte sich die Auffassung durch, dass der bisherige Zuständigkeitsbereich nicht eingeschränkt werden dürfe und dass die Ombudsperson z.B. auch tätig werden könne, wenn innerhalb der Justiz personalrechtliche Probleme auftreten würden[27]. Aus diesen Diskussionen resultierte schliesslich, nach langem Ringen zwischen der Redaktions- und der Sachkommission, die heute massgebende Formulierung, welche die «kantonalen Behörden» zusätzlich zur «kantonalen Verwaltung» nennt, jedoch den Gesetzgeber ermächtigt, Ausnahmen vorzusehen. Im Plenum blieb die Feststellung der Präsidentin der zuständigen Sachkommission unbestritten, dass man sich solche Einschränkungen «im Rahmen der heute im VRG aufgezählten Ausnahmen» vorstelle[28].

23 Als Behörden gelten gemäss § 89 Abs. 2 VRG «alle Behörden und Ämter des Kantons und der Bezirke, einschliesslich der unselbständigen und der selbstän-

---

[24] Prot. K3 vom 3. Juli 2002, S. 742.
[25] Eindrückliche Ausführungen des Ombudsmannes zu diesem Thema finden sich in seinem Tätigkeitsbericht 1997, S. 6 ff.
[26] Letztere können die unentgeltlichen Rechtsauskünfte der Bezirksgerichte in Anspruch nehmen, und es dürfen ihnen gemäss Art. 343 OR bei Streitigkeiten aus dem Arbeitsverhältnis bis zu einem Streitwert von 30 000 Franken, für welche die Kantone ein einfaches und rasches Verfahren vorsehen müssen, weder Gebühren noch Auslagen des Gerichts auferlegt werden.
[27] Prot. K3 vom 26. Februar 2004, S. 1161 ff. Vgl. zur Überprüfungsbefugnis der Ombudsperson im Bereich der Justizverwaltung KÖLZ/BOSSHART/RÖHL, § 90 Rz. 5 ff.
[28] Prot. Plenum, S. 3091. Vgl. auch Prot. K3 vom 29. April 2004, S. 1211 ff.

digen kantonalen Anstalten, ausgenommen die Zürcher Kantonalbank und die Elektrizitätswerke des Kantons Zürich». § 90 VRG zählt Behörden und Staatstätigkeiten auf, die der Überprüfung durch die Ombudsperson entzogen sind: Kantonsrat und Kirchensynode, nicht aber der Regierungsrat und seine Direktionen werden integral ausgeklammert, Behörden mit richterlicher Unabhängigkeit hinsichtlich ihrer rechtsprechenden Funktion. Weitere Ausnahmen betreffen das Rechtsetzungs- und das Rechtsmittelverfahren, auch soweit diese Funktionen durch Behörden wahrgenommen werden, die in den Zuständigkeitsbereich der Ombudsstelle fallen. Zur Intervention befugt ist die Ombudsperson auch dort, wo kantonale Behörden Bundesrecht vollziehen und dieses den Kantonen eine Aufsicht vorschreibt sowie in den Grundzügen ordnet, wie z.B. Art. 361 ZGB hinsichtlich der Vormundschaftsbehörden[29].

Schon bei der Vorberatung im Plenum wurde Einigkeit darüber erzielt, dass die Ombudsstelle auch befugt sein müsse, zwischen Privatpersonen und Privaten, die kantonale Aufgaben wahrnehmen, zu vermitteln[30]. Damit wurde eine praktisch sehr bedeutsame Rechtsschutzlücke behoben, weil der Kanton in den letzten Jahren, vor allem aus betriebswirtschaftlichen Gründen, verschiedene Staatsaufgaben ausgelagert hat[31].

Die Frage, wann Private *kantonale Aufgaben* wahrnehmen, ist auslegungsbedürftig. Zu Recht sah der Verfassungsrat davon ab, den Wirkungsbereich der Ombudsstelle auf «hoheitliches Handeln» zu beschränken[32]. Als kantonal ist eine Aufgabe m.E. anzusehen, wenn sie in erheblichem Ausmass durch den Kanton subventioniert wird oder dieser sogar eine Defizitgarantie übernimmt. Ein anderes (*alternativ* zu verstehendes) Kriterium stellt die Bedeutung der dem Privaten übertragenen Tätigkeit für Bürgerinnen und Bürger dar. Wird z.B. die Erfüllung einer Aufgabe, die Grundrechte berührt oder die für die Bevölkerung wichtige Dienstleistungen betrifft, ausgelagert, so kann immer noch von einer «kantonalen» Aufgabe gesprochen werden[33].

Klar war dem Verfassungsrat, dass es den Gemeinden überlassen werden müsse, ob die kantonale Ombudsperson auch in ihrem Bereich tätig werden dürfe[34].

---

[29] Dazu HEGNAUER, S. 117 ff.
[30] Prot. Plenum, S. 885.
[31] Dazu HALLER, Auslagerung, S. 601 ff.
[32] Prot. K3 vom 3. Juli 2002, S. 743.
[33] Vgl. zu diesen Kriterien, damals noch de lege ferenda, HALLER, Auslagerung, S. 615 ff.
[34] Dazu N. 31 ff.

5. Verfahren

27 Die Verfassung äussert sich nicht zum Verfahren. Bei dessen Normierung ist der Gesetzgeber nicht völlig frei. Um die Wirksamkeit der Ombudsstelle zu gewährleisten, muss er deren fehlende Entscheidungskompetenz durch *umfassende Informations- und Einsichtsrechte* kompensieren. So bestimmt § 92 Abs. 2 VRG, dass die Behörden der Ombudsperson gegenüber zur Auskunft und zur Vorlage der Akten verpflichtet sind. Korrelat dazu ist die Geheimhaltungspflicht der Ombudsstelle[35].

28 Zwar wird die Ombudsperson in aller Regel auf *Beschwerde* eines Betroffenen hin tätig, wobei sich die Prüfung auf eine laufende oder abgeschlossene Angelegenheit beziehen kann; sie darf aber auch aus *eigener Initiative* einen Fall aufgreifen und Erhebungen durchführen[36].

29 Dass gemäss § 94 VRG die Inanspruchnahme der Ombudsperson *unentgeltlich* ist, stellt eine wichtige Voraussetzung für die leichte Ansprechbarkeit und damit für die Wirksamkeit der Institution dar, wenn bedacht wird, dass gerade sozial Benachteiligte am ehesten durch die moderne Verwaltung betroffen werden und es am schwersten haben, Verwaltungsabläufe zu begreifen sowie sich gegen eine möglicherweise widerrechtliche oder unkorrekte Behandlung zu wehren.

30 In einem neueren Tätigkeitsbericht hat der Ombudsmann seine Arbeitsweise anschaulich beschrieben[37].

6. Tätigkeit in Gemeinden (Abs. 4)

31 Abs. 4 stellt eine eigentliche *Neuerung* dar. In der Vernehmlassung hatten der Verband der Gemeindepräsidenten sowie 38 Gemeinden eine Erweiterung der Zuständigkeit der kantonalen Ombudsperson auf die kommunale Ebene vorgeschlagen, sofern eine Gemeinde das wünsche und die Gemeindeordnung dies vorsehe. Dieser auch von der Ombudsstelle unterstützte Vorschlag stiess im Plenum auf ungeteilte Zustimmung[38]. Dass die Leistungen von den Gemeinden abzugelten seien, wurde dabei vorausgesetzt[39].

---

[35] § 92 Abs. 4 VRG. Um eine praktische Konkordanz mit der Datenschutzgesetzgebung herzustellen, schlägt die Regierung einen neuen § 94a VRG vor; vgl. ABl 2006, S. 1317 f.
[36] § 91 VRG. Eine entsprechende Regelung treffen die meisten Gemeinwesen, die über eine Ombudsstelle verfügen.
[37] Tätigkeitsbericht 2004, S. 16 ff.
[38] Prot. Plenum, S. 2958 und 3091.
[39] Prot. K3 vom 26. Februar 2004, S. 1163; Prot. Plenum, S. 3091.

Das Tätigwerden der kantonalen Ombudsstelle in einer Gemeinde hängt ge- 32
mäss dem klaren Verfassungswortlaut davon ab, dass die Stimmberechtigten
der betreffenden Gemeinde die Gemeindeordnung entsprechend anpassen. Das
schliesst allerdings nicht aus, dass sich eine Gemeindebehörde bei fehlender Zuständigkeit der kantonalen Ombudsstelle freiwillig auf informelle Vermittlungsbemühungen einlässt, was infolge der häufigen Verknüpfung von kantonalen
und kommunalen Zuständigkeiten in einem konkreten Fall schon bisher immer
wieder vorgekommen ist.

Die Umsetzung von Abs. 4 bedarf mit Bezug auf den Zeitpunkt der Aufnah- 33
me der Tätigkeit der Ombudsperson in einer Gemeinde sowie der Kostenbeteiligung der betreffenden Gemeinde ergänzender Bestimmungen auf Gesetzesstufe. Je nach Grösse und Anzahl der sich anschliessenden Gemeinden wird
die Ombudsstelle ihren Betrieb neu organisieren müssen, um den Mehraufwand
bewältigen zu können. Die optimale Besetzung neu geschaffener Personalstellen beansprucht Zeit, und das Budget muss berechenbar sein. Der Regierungsrat erachtet einen Zeitrahmen von einem Jahr nach dem Inkrafttreten der entsprechenden Bestimmung der Gemeindeordnung als angemessen. Hinsichtlich
der Kostenbeteiligung schlägt er vor, dass die Höhe der jährlichen Beteiligung
1 Franken bis 4 Franken pro Gemeindeeinwohner betragen soll und in diesem
Rahmen auf Antrag der Ombudsperson vom Kantonsrat festzulegen ist. Verzichtet eine Gemeinde wieder auf die Tätigkeit, so soll ihre finanzielle Verpflichtung
noch während eines Jahres bestehen bleiben, damit dadurch bedingte organisatorische und personelle Anpassungen nicht überstürzt vorgenommen werden
müssen[40]; diese Frist ist eher kurz bemessen.

---

[40] Antrag 4356 des Regierungsrates vom 27. September 2006, ABl 2006, S. 1313 ff.

Ständerat

Art. 82

Die beiden Mitglieder des Ständerates werden nach dem Mehrheitswahlverfahren vom Volk gewählt. Wahlkreis ist der ganze Kanton.

Die Amtsdauer beträgt vier Jahre. Die ordentliche Wahl erfolgt gleichzeitig mit der Wahl des Nationalrates.

An der Wahl können sich auch Schweizerinnen und Schweizer beteiligen, die im Ausland wohnen und in eidgenössischen Angelegenheiten im Kanton Zürich stimmberechtigt sind.

Materialien

Art. 90 VE; Prot. Plenum, S. 886 ff., 1809 ff., 2257 f. (40. Sitzung)

Literatur

GARONNE PIERRE, L'élection populaire en Suisse: étude des systèmes électoraux et de leur mise en œuvre sur le plan fédéral et dans les cantons, Diss., Genf 1990; HÄFELIN/HALLER, §§ 48 und 50; HANGARTNER/KLEY, § 24; HEGER MATTHIAS, Deutscher Bundesrat und Schweizer Ständerat: Gedanken zu ihrer Entstehung, ihrem aktuellen Erscheinungsbild und ihrer Rechtfertigung, Berlin 1990; JAAG TOBIAS, Die zweite Kammer im Bundesstaat, Funktion und Stellung des schweizerischen Ständerates, des deutschen Bundesrates und des amerikanischen Senats, Diss., Zürich 1976 (Zweite Kammer); POLEDNA TOMAS, Wahlrecht im Bund, in: Verfassungsrecht der Schweiz, § 22; RHINOW, § 24; TSCHANNEN, § 32.

Rechtsquellen

– Art. 144 Abs. 1, 148, 150, 161 BV
– § 109 Gesetz über die politischen Rechte vom 1. September 2003 (GPR; LS 161)

Übersicht	Note
1. Bundesrechtliche Vorgaben	1
2. Kantonale Ausgestaltung	7
2.1. Wahlverfahren (Abs. 1)	7
2.2. Amtsdauer (Abs. 2)	9
2.3. Wahlberechtigung und Wählbarkeit (Abs. 3)	11
2.4. Kantonale Unvereinbarkeit	13

1. Bundesrechtliche Vorgaben

Entsprechend dem amerikanischen Senatsmodell besteht auch im schweizerischen Bundesstaat das Bundesparlament, die Bundesversammlung, aus zwei gleichgestellten Kammern: dem Nationalrat und dem Ständerat. Während die Nationalräte die Gesamtbevölkerung der Schweiz vertreten (Art. 149 Abs. 1 BV), repräsentieren die Ständeräte die Kantone (Art. 150 Abs. 1 BV).

1

Dem Gedanken, dass der Nationalrat das demokratische und der Ständerat das föderalistische Prinzip verwirklicht, entspricht die Sitzverteilung: Die Nationalratssitze werden nach der Bevölkerungszahl auf die Kantone verteilt (Art. 149 Abs. 4 BV). Für den Ständerat gilt dagegen, dass jeder Kanton unabhängig von seiner Einwohnerzahl mit zwei (im Falle der sechs Kantone mit halber Standesstimme mit einem) Abgeordneten im Ständerat vertreten ist. Zusammen mit dem Ständemehr bei Verfassungsabstimmungen sichert der Ständerat damit «die Mitwirkung der gleichwertigen Gliedstaaten im bundesstaatlichen Entscheidungsprozess»[1].

2 Der Ständerat ist allerdings *keine Vertretung der Kantone im juristischen Sinn*. Wie die Nationalräte und im Gegensatz zu den Mitgliedern des deutschen Bundesrates stimmen die Ständeräte ohne Weisungen (Art. 161 Abs. 1 BV). Kantonsrat und Regierungsrat dürfen ihnen keine Instruktionen erteilen.

3 Abgesehen von diesem Instruktionsverbot und der Vorschrift, dass die Mitglieder des Ständerates nicht gleichzeitig dem Nationalrat, dem Bundesrat oder dem Bundesgericht angehören dürfen (Art. 144 Abs. 1 BV), überlässt die Bundesverfassung die rechtliche Ausgestaltung der kantonalen Repräsentation im Bundesparlament den Kantonen, die dabei allerdings das Gebot der Rechtsgleichheit (Art. 8 BV) und die Garantie der politischen Rechte (Art. 34 BV) beachten müssen[2]. Insbesondere sind *Wahlverfahren, Amtsdauer, Wahlberechtigung und Wählbarkeit durch kantonales Recht festzusetzen*. Ferner darf ein Kanton weitere Unvereinbarkeitsgründe vorsehen, da Art. 144 Abs. 1 BV (Unvereinbarkeiten von Bundesämtern) keinen abschliessenden Charakter hat.

4 Heute sehen alle Kantone für den Ständerat eine Volkswahl vor[3]. In fast fallen Kantonen werden die Ständeräte gleichzeitig mit dem Nationalrat gewählt. Die Amtsdauer beträgt regelmässig vier Jahre. Nur der Kanton Jura sieht ein Proporzwahlverfahren vor[4]. In den übrigen Kantonen werden die Ständeräte nach dem Majorzverfahren gewählt.

5 Trotz der Regelung des Wahlrechts durch die Kantone ist der Ständerat eine *Bundesbehörde*.

6 Für ihre parlamentarische Tätigkeit werden die Ständeräte durch den Bund entschädigt[5]. In seiner Stellungnahme zu den Anträgen der Sachkommission 3

---

[1] RHINOW, Rz. 2091.
[2] Wichtige und heute selbstverständliche Vorgaben des Bundesrechts bilden die Allgemeinheit und Gleichheit der Wahl und die Beachtung der Wahl- und Abstimmungsfreiheit; POLEDNA, Rz. 17.
[3] Im Kanton Bern wurde die Ständeräte noch bis 1977 vom Grossen Rat gewählt, um (vor der Schaffung des Kantons Jura) die Wahl eines Ständerates aus dem deutsch- und dem französischsprachigen Sprachteil zu gewährleisten; HANGARTNER/KLEY, Rz. 1498.
[4] Art. 74 Abs. 5 KV JU.
[5] Art. 1 ff. des Bundesgesetzes über Bezüge und Infrastruktur der Mitglieder der eidgenössischen Räte und über die Beiträge an Fraktionen (Parlamentsressourcengesetz) vom 18. März 1988 (SR 171.71).

stellte der Regierungsrat eine verstärkte Wahrung der Interessen des Kantons auf Bundesebene im Ständerat zur Diskussion. Als Mittel nannte er dabei «eine professionelle Unterstützung durch die kantonale Verwaltung und eine dem Arbeitsaufwand angemessene Entschädigung»[6].

2. Kantonale Ausgestaltung

2.1. Wahlverfahren (Abs. 1)

Die Wahl der Ständeräte erfolgt im *Mehrheitswahlverfahren*. Dabei bildet der ganze Kanton einen Wahlkreis[7]. Für die Wahl im ersten Wahlgang ist das Erreichen des absoluten Mehrs erforderlich. Haben weniger als zwei Personen das absolute Mehr erreicht, wird für die nicht besetzten Stellen ein weiterer Wahlgang durchgeführt; bei diesem genügt das relative Mehr[8]. 7

Ein Antrag auf Einführung des Verhältniswahlverfahrens für den Ständerat wurde vom Verfassungsrat klar abgelehnt[9]. 8

2.2. Amtsdauer (Abs. 2)

Die Wahl der Ständeräte erfolgt auf eine Amtsdauer von *vier Jahren*. Sie beginnt mit der Vereidigung des Gewählten[10]. Scheidet ein Ständerat während der Amtsdauer aus seinem Amt aus, so wird eine Ersatzwahl durchgeführt[11]. 9

Das zürcherische Recht sieht *keine Altersgrenze* und auch *keine Amtszeitbeschränkung* vor[12]. 10

2.3. Wahlberechtigung und Wählbarkeit (Abs. 3)

Die beiden Mitglieder des Ständerates werden vom Volk an der Urne gewählt[13]. In Abweichung von der allgemeinen Regelung des Stimm- und Wahlrechts in kantonalen Angelegenheiten, die Art. 22 trifft, können sich auch Auslandschweizerinnen und -schweizer, die in eidgenössischen Angelegenheiten im 11

---

[6] RRB 943 vom 12. Juni 2002, S. 14.
[7] Sämtliche Kantone kennen eine solche Regelung. Die Aufteilung des Kantons in ungefähr gleich grosse Wahlkreise wäre jedoch nicht unzulässig; HANGARTNER/KLEY, Rz. 1499.
[8] §§ 77 und 84 GPR.
[9] Prot. Plenum, S. 886 ff.
[10] § 109 Abs. 2 GPR.
[11] § 45 GPR.
[12] Vgl. Art. 41 N. 7 f.
[13] § 39 lit. a GPR.

Kanton Zürich stimmberechtigt sind, an der Wahl beteiligen[14]. Dabei kommen die Bestimmungen des Bundesgesetzes über die politischen Rechte der Auslandschweizer zur Anwendung[15]. Die im Ausland wohnenden Personen, die ein zürcherisches Bürgerrecht haben oder früher im Kanton Zürich wohnten, können sich also nach Eintragung in das Stimmregister einer ihrer Heimat- oder früheren Wohnsitzgemeinden an der Wahl beteiligen, entweder persönlich in der betreffenden Gemeinde oder brieflich aus dem Ausland.

12   Nicht ganz klar ist, ob sich Abs. 3 nur auf das aktive oder auch auf das passive Wahlrecht, d.h. die Wählbarkeit, bezieht. Der Wortlaut der Bestimmung, wonach sich Auslandschweizerinnen und -schweizer an der Ständeratswahl «beteiligen» können, lässt eine die Wählbarkeit einschliessende Regelung ohne Weiteres zu[16]. Durch diese Auslegung entsteht auch kein Widerspruch zu Art. 40, der für die Regelung der Wählbarkeit an die Stimmberechtigung anknüpft, da Abs. 3 bezüglich der Stimmberechtigung für den Ständerat eine von Art. 22 abweichende Regel aufstellt.

2.4. Kantonale Unvereinbarkeit

13   Eine kantonale Unvereinbarkeit kann sich aus Art. 63 Abs. 3 ergeben, wonach höchstens zwei Mitglieder des Regierungsrates der Bundesversammlung angehören dürfen.

---

[14]   Diese Sonderregelung war im Verfassungsrat umstritten. Sie wurde mit 43 Ja zu 37 Nein relativ knapp angenommen; vgl. Prot. Plenum, S. 1818, sowie PETER KOTTUSCH, Bürgerrecht und Volksrechte, in: Materialien zur Zürcher Verfassungsreform, Bd. 9, S. 71 (Fussnote 20).

[15]   § 109 Abs. 1 Satz 2 GPR verweist ausdrücklich auf das Bundesgesetz über die politischen Rechte der Auslandschweizer vom 19. Dezember 1975 (SR 161.5).

[16]   Gl.M. JAAG, Rz. 1106.

7. Kapitel: Gemeinden

Vorbemerkungen zu Art. 83–94

Materialien

VE Varianten, Modell Zweckgemeinden und Modell Regionalisierung, S. 58 f.; Prot. Plenum, S. 585 ff., 596 ff., 1659 ff., 1701 ff., 1731 ff., 2432 ff.; RRB 639 vom 17. April 2002; Projektbericht Ratsdienste vom August 2005.

Literatur

BETSCHART HEDY, Muss der Kanton Zürich neu gebaut werden? – Überlegungen zu den zukünftigen Kantonsstrukturen, in: Materialien zur Zürcher Verfassungsreform, Bd. 3, S. 25 ff.; BRÜESCH ANDREA, Kommentar zur Verfassung des Kantons Graubünden, Art. 69 und 72; BRÜESCH ANDREA/TROLLER MARCO, Kommentar zur Verfassung des Kantons Graubünden, Art. 73; Der organisatorische Neubau des Kantons Zürich, Schlussbericht der Kommission für die Überprüfung der strukturellen Glieder des Kantons Zürich, 1977 (Schlussbericht Strukturkommission); JAAG, Rz. 1202; LADNER ANDREAS/STEINER RETO, Gemeindereformen in den Schweizer Kantonen. Konzeptionelle Grundlagen und empirische Ergebnisse einer Kantonsbefragung, Arbeitsbericht Nr. 28 zum Nationalfondsprojekt «Gemeindereformen – zwischen staatlicher Handlungsfähigkeit und demokratischer Legitimation» im Rahmen des Schwerpunktprogrammes «Zukunft Schweiz», 1998; SCHMUKI PAUL, Die Gliederung des Kantons und das Verhältnis zwischen Staat und Kirchen, in: Materialien zur Zürcher Verfassungsreform, Bd. 9, S. 89 ff.; SEILER HANSJÖRG, Gemeinden im schweizerischen Staatsrecht, in: Verfassungsrecht der Schweiz, § 31; TROLLER MARCO, Kommentar zur Verfassung des Kantons Graubünden, Art. 68, 70 und 71; WALKER SPÄH CARMEN, Die Zweckgemeinde als verfassungsrechtlicher Ansatz für Agglomerationen, in: DISP 2003, S. 95 ff.

Rechtsquellen

– Gesetz über das Gemeindewesen vom 6. Juni 1926 (Gemeindegesetz, GemG; LS 131.1)
– Gesetz über die Bezirksverwaltung vom 10. März 1985 (LS 173.1)

Übersicht	Note
1. Gestaltungsfreiheit des Kantons bei den Gebietsstrukturen	1
2. Ausgangslage	2
2.1. Zweistufiger Kantonsaufbau	2
2.2. Unübersichtliches, uneinheitliches Gemeindewesen	5
2.3. Zusammenarbeitsformen	6
2.3.1. Vertragliche Zusammenarbeit zwischen Gemeinden	6
2.3.2. Zweckverbände	8
3. Verworfene Gestaltungsvorschläge	9
3.1. Regionalisierung	11
3.1.1. Grundidee	11
3.1.2. Aufgaben	12
3.1.3. Geografische Gliederung	13
3.1.4. Organisation	14

3.2. Zweckgemeinden	15
3.2.1. Grundidee	15
3.2.2. Aufgaben	16
3.2.3. Geografische Gliederung	17
3.2.4. Organisation	18
3.3. Ergebnis des Vernehmlassungsverfahrens	19
3.4. Schlussbetrachtung	20
4. In die neue Verfassung aufgenommene Ansätze	22
5. Laufende Reformansätze	24
5.1. Wirtschaftsraum Zürich	24
5.2. Pilotprojekte zu Gemeindezusammenschlüssen	25
5.3. Blick auf den Bund und einzelne andere Kantone	26

1. Gestaltungsfreiheit des Kantons bei den Gebietsstrukturen

1 Die Kantone sind bei der Ausgestaltung ihrer Organisation frei; die Bundesverfassung verlangt lediglich eine demokratische Verfassung[1] und gibt eine Rechtsgrundlage für die Gemeinden[2].

2. Ausgangslage

2.1. Zweistufiger Kantonsaufbau

2 Der Kanton Zürich ist bis heute zweistufig aufgebaut. Diese Gliederung stammt im Wesentlichen aus der ersten Hälfte des 19. Jahrhunderts. Auf der unteren Stufe finden sich die Gemeinden, als politische Gemeinden, Schulgemeinden oder zusammengeschlossen als Einheitsgemeinden, auf der höheren Ebene der Kanton, welcher zu Verwaltungs- und Aufsichtszwecken in zwölf Bezirke aufgeteilt ist. Dies bedeutet, dass grundsätzlich Aufgaben nur der kommunalen oder der kantonalen Ebene zugewiesen werden können. Tatsächlich sind jedoch kleinere Gemeinden oft mit anspruchsvollen und komplexen Aufgaben überfordert und eine grosse Zahl der öffentlichen Aufgaben muss auch gemeindeübergreifend, regional betrachtet und erfüllt werden können. Dies hat dazu geführt, dass neben dieser zweistufigen Kantonsstruktur die Zahl und die Bedeutung der Zusammenarbeitsformen stark angestiegen ist. Es bestehen heute auf kommunaler Ebene über 700 öffentlichrechtliche Körperschaften, welche ein unübersichtliches Geflecht bilden. Gleichzeitig hat der Kanton auch immer wieder für einzelne Aufgaben verschiedene Verwaltungskreise und -regionen gebildet.

---

[1] Art. 51 Abs. 1 BV.
[2] Art. 50 BV; BGE 131 I 91 ff., 94.

Damit müssen die tatsächlichen bestehenden Strukturen im Kanton Zürich heute als unbefriedigend bezeichnet werden. Die Gebietseinteilung stimmt mit den heutigen räumlichen, funktionellen und wirtschaftlichen Gegebenheiten häufig nicht mehr überein.

Zwischen 1970 und 1977 wurden diese Fragen bereits einmal ausführlich diskutiert und überprüft. Das Ergebnis wurde in einem Bericht[3] über die Strukturen der Gemeinde- und Bezirksverwaltung zusammengefasst und Vorschläge zur Schaffung neuer Institutionen zwischen Kanton und Gemeinden ausformuliert. Die Zeit war aber offensichtlich damals – wie 2005 – noch nicht reif für entsprechende Veränderungen.

Im Verfassungsrat fand dieser Bericht zwar wieder Beachtung, und es bestand Konsens, dass eigentlich Handlungsbedarf gegeben sei, da die geltenden Strukturen eine effiziente Aufgabenerfüllung nicht mehr ermöglichen[4]. Am bestehenden zweistufigen Kantonsaufbau wurde aber schliesslich nichts geändert.

2.2. Unübersichtliches, uneinheitliches Gemeindewesen

Gemeinden sind die vom öffentlichen Recht der Kantone eingesetzten öffentlichrechtlichen Körperschaften auf territorialer Grundlage, die zur Besorgung von lokalen öffentlichen Aufgaben mit weitgehender Autonomie ausgestattet sind[5]. Die Gemeinde ist eine selbständige Trägerin von Staatsgewalt mit einem eigenen Bereich der Selbstverwaltung und einer eigenen Rechtsetzungskompetenz[6]. Im Kanton Zürich gibt es politische Gemeinden, Schulgemeinden, Kirchgemeinden und bis längstens Ende 2009 Zivilgemeinden. Insgesamt ist das Gemeindewesen im Kanton Zürich durch das Nebeneinander dieser Arten, die territorial und personell teilweise, aber längst nicht vollständig übereinstimmen, unübersichtlich und uneinheitlich[7]. Es besteht die Gefahr der Zersplitterung sowie der Verminderung der Effizienz der kommunalen Verwaltungstätigkeit[8].

2.3. Zusammenarbeitsformen

2.3.1. Vertragliche Zusammenarbeit zwischen Gemeinden

Die Gemeinden können in *privatrechtlichen Formen* zusammenarbeiten, indem sie beispielsweise eine Aktiengesellschaft, einen Verein, eine Genossenschaft

---

[3] Schlussbericht Strukturkommission von 1977.
[4] Prot. Plenum, S. 596 ff.
[5] HÄFELIN/MÜLLER/UHLMANN, Rz. 1356; vgl. JAAG, Art. 83 N. 3 ff.
[6] SEILER, § 31 Rz. 4; BGE 120 Ia 203 ff., 204 E. b; 109 Ia 173 ff., 175.
[7] Vgl. JAAG, Art. 83 N. 9 f.
[8] JAAG, Rz. 2236.

oder eine Stiftung gründen⁹. Eine Grenze bildet allerdings die Art der Tätigkeit, indem hoheitliche Tätigkeiten nicht in privatrechtlichen Formen ausgeübt werden dürfen¹⁰. Eine Zusammenarbeitsform auf privatrechtlicher Basis wird häufig gewählt für den Betrieb von Spitälern, Alters- und Pflegeheimen, Schwimmbädern, eines Busnetzes oder der Spitex¹¹.

7 Wenn eine Gemeinde – oder auch ein Zweckverband – eine Aufgabe erfüllt und einer anderen Gemeinde das Recht einräumt, daran zu partizipieren, spricht man von einem *Anschlussvertrag*. Häufig geht es um das Recht, einen Gemeindebetrieb wie eine Abwasserreinigungsanlage oder Kehrichtverbrennungsanlage mitzubenützen. Dabei entsteht kein neuer Rechtsträger. Möglich ist auch ein Zusammenarbeitsvertrag von Gemeinden, welche die gemeinsame Erfüllung einer Aufgabe vereinbaren.

2.3.2. Zweckverbände

8 Bei einem Zweckverband schliessen sich mehrere Gemeinden zu einer *neuen öffentlichrechtlichen Körperschaft* zusammen, um eine öffentliche Aufgabe zu erfüllen¹². Die Verbandsgemeinden sind an der Willensbildung beteiligt.

3. Verworfene Gestaltungsvorschläge

9 Aus dem Konsens, dass die heute bestehenden Strukturen nicht mehr zu befriedigen vermögen, hat der Verfassungsrat zwei Modelle ausgearbeitet und nach längerer Debatte auch beschlossen, diese Modelle tatsächlich in die Vernehmlassung zu senden¹³.

10 Bereits an der ersten Sitzung, an welcher die zuständige Kommission 6, die Kommission für die Gliederung des Kantons, die ersten Vorschläge dazu vorlegte, entstand ein ziemlicher Tumult. Es wurden zahlreiche Anträge vorwiegend formeller Natur gestellt und eigentlich mehr um Formelles gestritten, als inhaltlich wesentliche Debatten geführt. Vonseiten der SVP wurde ausgeführt, bei der Vorlage Gliederung des Kantons gehe es im Wesentlichem um eine Frage, ob nämlich die Gemeindeautonomie im Kanton gestärkt werden solle oder ob man die Strukturen des Kantons vermehrt zentralisieren und damit mehr Macht und Befugnisse in weniger, aber dafür grösseren Körperschaften zusammenfassen wolle. Letztlich stelle sich damit die Frage, ob die Entscheidungs-

---

[9] Vgl. JENNI, Art. 90 und 91.
[10] JAAG, Rz. 2303.
[11] Der Begriff Spitex umfasst: spital- und heimexterne Gesundheits- und Krankenpflege und Hilfe.
[12] Vgl. JENNI, Art. 92 und 93.
[13] Prot. Plenum, S. 2444.

kompetenz in Richtung Gemeinden (= Bürger) oder in Richtung Kanton (= Regierung) verlagert werden solle[14]. Formell gesehen handelte es sich lediglich um eine Eintretensdebatte, nicht um eine Detailberatung der vorgeschlagenen Modelle. Vonseiten des Regierungsrates wurde ausgeführt, dass die Frage der Gebietsorganisation eine zentrale Frage der Verfassungsrevision sei; es gebe unverkennbare Zentralisierungstendenzen in unserem Staat, indem die Aufgaben dauernd weg von den Gemeinden zum Kanton und von der kantonalen Ebene zum Bund wandern[15]. Tatsache sei auch, dass durch über 700 öffentlichrechtliche Körperschaften bereits eine dritte Ebene existiere. Regierungsrat Notter wies darauf hin, dass die Befürworter des bestehenden Zustandes, welche zum grössten Teil das Modell «Gemeinden plus» favorisierten, mit diesem Modell etwas erkaufen, das noch zu wenig konkretisiert sei und eine grössere Veränderung beinhalten könnte als alles, was bisher diskutiert wurde[16]. Nach einem Rückweisungsantrag und einem Antrag auf Abbruch der Sitzung wurde das Modell Gemeinden plus mit 42 zu 24 Stimmen gegenüber dem Regionenmodell bei 15 Enthaltungen bevorzugt, ohne dass aber eine eigentliche materielle Debatte geführt wurde[17]. Der Rat beschloss in der Folge trotzdem mit 56 zu 20 Stimmen deutlich, beide Modell, die Zweckgemeinden (oder «Gemeinden plus» genannt) wie auch das Modell der Regionalisierung in die öffentliche Vernehmlassung zu geben[18]. Der Regierungsrat hatte demgegenüber erfolglos vorgeschlagen, diese beiden Modelle im Sinne einer Grundsatzabstimmung mit Variante[19] vorab der Volksabstimmung zu unterbreiten, da es sich beim Entscheid über die künftigen Kantonsstrukturen um eine der wichtigsten Weichenstellungen des Verfassungsrats handle[20].

3.1. Regionalisierung

3.1.1. Grundidee

Das Modell der Regionalisierung oder der «Politischen Region» stammt ursprünglich aus der Kommissionsarbeit für die Überprüfung der strukturellen Gliederung des Kantons Zürich[21]. Im Vernehmlassungsverfahren wurde als Zielsetzung für eine Neuorganisation des Kantons formuliert, dass der Kanton so zu gliedern sei, dass neue und übersichtliche Aufgabenträger entstehen. Die Regionalisierung müsse eine qualitativ überzeugende und kostengünstige

11

---

[14] Prot. Plenum, S. 602 (Votum Rutz).
[15] Prot. Plenum, S. 612 (Votum Regierungsrat Notter).
[16] Prot. Plenum, S. 613 (Votum Regierungsrat Notter).
[17] Prot. Plenum, S. 628 ff.
[18] Prot. Plenum, S. 2444.
[19] Art. 3 Abs. 2 Verfassungsgesetz über die Totalrevision der Kantonsverfassung (OS 55, S. 420 ff.).
[20] RRB 639 vom 17. April 2002, S. 8.
[21] Schlussbericht Strukturkommission, S. 20 sowie Rz. 520 ff.

Erfüllung von grossflächigen Aufgaben und die eigenen räumlichen Strukturen sicherstellen. Dazu wurden die folgenden Elemente, welche auf gesetzlicher Stufe auszudetaillieren wären, aufgezeigt[22].

3.1.2. Aufgaben

12 In erster Linie sollen die Regionen diejenigen Aufgaben übernehmen, welche der Kanton bereits heute nicht mehr zentral, sondern in den Bezirken, Kreisen oder Regionen erfüllt. In zweiter Linie sollen Aufgaben, welche von Gesetzes wegen den Gemeinden übertragen sind, aber fast überall in grossen oder sehr grossen Zweckverbänden gelöst werden, durch Zweckgemeinden übernommen werden. Dies biete sich insbesondere für regionale Aufgaben wie die Verbundspitäler, die Planung, heilpädagogisch-schulpsychologische Aufgaben sowie Ver- und Entsorgungsaufgaben an.

3.1.3. Geografische Gliederung

13 Aufgrund der heute bestehenden Einteilungen biete sich eine Aufteilung in die sechs leistungsstarken Regionen mit einigermassen ausgeglichener Grösse an:
– *Stadt Zürich*. Diese bildet aufgrund ihrer Grösse und Leistungsfähigkeit eine eigene Region;
– *Glatttal* mit den Bezirken Bülach und Diesdorf, allenfalls noch um Dübendorf und Wangen ergänzt;
– *Oberland*, bestehend aus den Bezirken Hinwil, Pfäffikon und Uster;
– *Winterthur*, bestehend aus den Bezirken Winterthur und Andelfingen;
– *Reppisch- und Limmattal*, bestehend aus den Bezirken Affoltern und Dietikon;
– *Zürichsee*, umfassend die Bezirke Horgen und Meilen.

3.1.4. Organisation

14 Die neu zu schaffenden Regionen sollen als selbstständige öffentlichrechtliche Körperschaften mit eigener Steuerhoheit und eigenen Organen ausgestaltet werden. Als obligatorische Organe wurden ein Regionalrat und eine Regionalvorsteherschaft – neben der Gesamtheit aller Stimmberechtigten – vorgesehen. Indem durch die Schaffung der sechs Regionen die bisherigen 12 Bezirksbehörden sowie die zahlreichen Organe der Planung, des Spital- und Vormundschaftswesens sowie die heilpädagogischen und schulpsychologischen Zweckverbände ersetzt werden können, entstehen insgesamt weniger Behörden. Auch die Gerichte können zusammengefasst und damit effizienter und professioneller ausgestaltet werden.

---

[22] VE Varianten, Modell Regionalisierung, Art. A–D, S. 59. Vgl. auch Prot. Plenum, S. 2434 ff.

3.2. Zweckgemeinden

3.2.1. Grundidee

Unter dem Begriff «Zweckgemeinde» oder Modell «Gemeinden plus» wurde die Schaffung einer neuen Gemeindeform für besondere Aufgabenerfüllungen vorgeschlagen; die Zweckgemeinde stellt ein auf die *Funktionalität* ausgerichtetes Modell – unter Beibehaltung der Bezirksstrukturen für die Erfüllung kantonaler Aufgaben – dar. Die Zweckgemeinde[23] ist eine neue öffentlichrechtliche Körperschaft auf kommunaler Ebene. Sie ist demokratisch organisiert, verfügt über eigene Finanzkompetenzen und über die Gemeindeautonomie. Ihre Finanzierung soll durch Steuern oder Gebühren erfolgen[24].

15

3.2.2. Aufgaben

Als eigentliche «Spezialgemeinde» sollen die politischen Gemeinden bei individuellem Bedarf mit anderen politischen Gemeinden in eine besonders enge Zusammenarbeit zur Erfüllung einzelner Aufgaben treten. Als Beispiele für diese freiwillige Form wurden genannt: Raumplanung, Polizei-, Bildungs- und Gesundheitswesen.

16

3.2.3. Geografische Gliederung

Da die Zweckgemeinde durch ihre Funktion definiert wird, soll es keine Voraussetzungen in Bezug auf die geografische Lage geben. Das bedeutet, dass auch Gemeinden, welche nicht aneinander angrenzen, sich zu Zweckgemeinden zusammenschliessen könnten[25].

17

3.2.4. Organisation

Die Zweckgemeinde sei grundsätzlich wie eine politische Gemeinde nach demokratischen Grundsätzen organisiert. Dies bedeutet, dass den Stimmberechtigten alle Stimm- und Wahlrechte gemäss kantonalen Vorgaben zukommen und die Zweckgemeinde über eine Gemeindeordnung verfügen muss. Unabdingbar ist auch die Bestellung eines Gemeindevorstandes.

18

---

[23] Vgl. weitere Informationen unter <http://www.zweckgemeinde.ch> (1.1.2007).
[24] VE Varianten, Modell Zweckgemeinden, Art. A, S. 58. Vgl. auch Prot. Plenum, S. 2437.
[25] Prot. Plenum, S. 1701 ff.; ein Minderheitsantrag, wonach die Gemeinden aneinander hätten angrenzen müssen, wurde abgelehnt.

3.3. Ergebnis des Vernehmlassungsverfahrens

19 Beide Modelle wurden jedoch in der öffentlichen Vernehmlassung mehrheitlich abgelehnt, sowohl von den Organisationen wie auch von den Privatpersonen[26]. Eine ausführliche öffentliche Diskussion über die Thematik der Kantonsgliederung fand aber nicht statt. Hauptbegründung für die ablehnende Haltung war die Befürchtung, dass die Zuständigkeit der Gemeinden dadurch eingeschränkt würde, und die Ansicht, dass man an Bewährtem festhalten solle. Die Einführung einer weiteren Ebene, wie sie das Modell der Regionalisierung vorsah, wurde als unnötig bezeichnet[27]. Auch der Regierungsrat lehnte die Schaffung von Zweckgemeinden bereits vor der Vernehmlassung klar ab[28]. Die Kommission 6 beschloss, die beiden Modelle aufgrund der vorwiegend ablehnenden Rückmeldungen nicht weiterzuverfolgen[29]. Vor allem die Einsicht, dass die Zeit noch nicht reif sei für radikale Veränderungen, hat wohl dazu beigetragen, dass im Rahmen der Totalrevision keine weiteren Vorschläge ausgearbeitet wurden.

3.4. Schlussbetrachtung

20 Zwar herrschte im Verfassungsrat die Überzeugung, dass die heutige zweistufige Kantonsgliederung in ihrer Ausgestaltung nicht mehr zu genügen vermöge. Einen Konsens zu finden, auf welche Weise die Problematik zu lösen sei, war jedoch nicht möglich.

21 In der Diskussion des Rates wurden verschiedene Aspekte aufgezeigt, die noch der Weiterbearbeitung bedürfen. Das Modell der Regionalisierung wurde teilweise abgelehnt, ohne dass jemals eine echte inhaltliche Auseinandersetzung stattgefunden hätte. Die Zweckgemeinde wurde als Alternative zum Regionenmodell von verschiedenen Seiten bevorzugt, obwohl hier zahlreiche Fragen nicht geklärt werden können. Beispielsweise wurde auf die Problematik einer Auflösung einer bestehenden Zweckgemeinde hingewiesen, auf die Problematik einer neuen Steuerebene[30], auf die sich noch stärker verschärfende Unübersichtlichkeit der Strukturen im Kanton, die zunehmende Zahl von zu besetzenden Behördenämtern usw. Es ist auch davon auszugehen, dass die Verwirklichung dieses Modells die Schaffung einer grossen Zahl von Spezialgemeinden zur Folge gehabt hätte und damit wohl letztlich zur weiteren Zersplitterung der Gemeindelandschaft und schliesslich zu einer Schwächung der politischen Gemeinde geführt hätte. Dies entspricht dem heute herrschenden deutlichen Trend zur Einrichtung

---

[26] Auswertung Organisationen, Zusammenfassung S. 36 f.; Auswertung Einzelpersonen, S. B109 f.
[27] Vgl. Projektbericht Ratsdienste, S. 27.
[28] RRB 639 vom 17. April 2002, S. 7.
[29] Prot. K6 vom 3. Februar 2004, S. 686 ff.
[30] Insbesondere, da dies als undenkbar für Regionen bezeichnet wurde, aber für eine Vielzahl von Zweckgemeinden möglich sein soll. Vgl. auch Prot. Plenum, S. 1732 ff.

von Einheitsgemeinden klar. Weiter kann davon ausgegangen werden, dass die Stimmberechtigten die zwingend notwendigen Mitwirkungsrechte nicht in noch mehr Gemeinden wahrnehmen möchten und dass auch hier letztlich die Frage der Besetzung aller Ämter schwierig werden dürfte. Auch die Einbettung der Zweckgemeinden in das System des Finanzausgleichs würde einige schwierig zu lösende Fragen mit sich bringen.

4. In die neue Verfassung aufgenommene Ansätze

Auch wenn letztlich keine der beiden vorgeschlagenen Varianten Aufnahme in die neue Verfassung fand, finden sich doch immer wieder sanfte Hinweise auf die gemeinsame Erkenntnis, dass die Gebietsstrukturen nicht mehr zu befriedigen vermögen. Dies führte zur Aufnahme von verschiedenen Ansätzen:
– Erleichterung von Gemeindefusionen (Art. 84)[31];
– Demokratisierung der Zweckverbände (Art. 93)[32];
– Stärkung der Stellung der Gemeinden[33];
– Stärkung der Stellung der Agglomerationen und der Städte: Der Kanton muss bei seinem Handeln auch die Auswirkungen auf die Städte und Agglomerationen berücksichtigen (Art. 85 Abs. 2). Zusätzlich kann das *Gemeindereferendum*[34] von den Städten Zürich und Winterthur alleine ergriffen werden;
– Abschaffung der Zivilgemeinden[35].

Verschiedene Elemente zur Stärkung der Stellung der Gemeinden zeigen aus übergeordneter Sicht, dass der Verfassungsgeber als Zielsetzung von genügend grossen und damit leistungsfähigen Gemeinden ausgegangen ist:
– Der Kanton verpflichtet sich zur Zusammenarbeit mit den Gemeinden[36];
– für die Auflösung einer Schulgemeinde genügt die Zustimmung der Mehrheit der Stimmenden dieser Gemeinde[37];
– die Bildung neuer Gemeinden, welche die Zahl der Gemeinden vergrössert, erfordert Gesetzesform[38];
– Gemeinden, die sich zusammenschliessen wollen, werden vom Kanton unterstützt[39];

---

[31] JAAG, Art. 84 N. 1 ff.
[32] JENNI, Art. 93 N 32 f.
[33] Vgl. N. 23.
[34] Art. 33 Abs. 2 lit. b.
[35] JAAG, Art. 83 N. 21 ff.
[36] Art. 4.
[37] Art. 84 Abs. 2.
[38] Art. 84 Abs. 4.
[39] Art. 84 Abs. 5.

– Garantie der Gemeindeautonomie und Gewährung eines möglichst weiten Handlungsspielraumes durch das kantonale Recht[40];
– Übernahme der bundesrechtlichen Bestimmung, wonach die Auswirkungen des kantonalen Handelns auf die Gemeinden zu berücksichtigen und diese rechtzeitig anzuhören sind[41], wobei die Agglomerationen und die Städte separat erwähnt werden;
– Einführung von *Quartier- oder Ortsteilkommissionen*[42], was auch ermöglicht, die Aufgaben von bisherigen kleineren Körperschaften quartierbezogen zu erfüllen;
– Gemeinden können die *Übertragung von Aufgaben* zur selbstständigen Erfüllung verlangen[43], wobei die Leistungsfähigkeit zu berücksichtigen ist und eine angemessene Entschädigung geschuldet wird. Diese Bestimmung richtet sich vor allem an die grossen Städte;
– *Lastenausgleich*[44]*:* Wenn eine Gemeinde – dies betrifft vor allem auch die grossen Städte – besondere Lasten trägt oder besondere Leistungen für ein grösseres Gebiet erbringt, ist auf Gesetzesstufe eine angemessene Abgeltung zu prüfen und gegebenenfalls vorzusehen.

5. Laufende Reformansätze

5.1. Wirtschaftsraum Zürich

24   2005 wurde vom Gemeindeamt des Kantons Zürich, von den Stadtpräsidenten der Städte Zürich und Winterthur sowie vom Zürcher Gemeindepräsidentenverband im Rahmen einer gemeinsamen Trägerschaft das Projekt «Strukturen für eine bessere Zusammenarbeit im Wirtschaftsraum Zürich» initiiert[45]. Grundlage bildet die Erkenntnis, dass der Wirtschaftsraum Zürich rund 1,7 Mio. Einwohnerinnen und Einwohner, verteilt auf zwölf Agglomerationen, mit insgesamt 221 Gemeinden aus sieben Kantonen umfasst. Vorgeschlagen wurde die Weiterverfolgung von drei Handlungsfeldern:
– Schaffung sogenannter *Interkommunalkonferenzen* für die themenübergreifende strategische Zusammenarbeit zwischen den Gemeinden im Kanton Zürich;

---

[40] Art. 85 Abs. 1.
[41] Art. 50 Abs. 3 BV; Art. 85 Abs. 2 und 3 KV.
[42] Art. 88.
[43] Art. 97 Abs. 2.
[44] Art. 128; HUBLER, Art. 128 N. 11 ff.
[45] Medienmitteilung des Regierungsrates vom 11. Juli 2006; einsehbar unter <http://www.gaz.zh.ch/internet/ji/gaz/de/gemeinden/reform.SubContainerList.SubContainer2.ContentContainerList.0009.DownloadFile.pdf> (1.1.2007).

– Einberufung einer *Metropolitankonferenz* auf Stufe Wirtschafts- respektive Metropolitanraum als gemeinsame Plattform, um die Interessen dieses Raumes nach aussen zu fördern und die gesellschaftliche Identifikation mit diesem zu fördern;
– *Lösung der rechtlichen Fragen der grenzüberschreitenden Zusammenarbeit* zwischen Kantonen und Gemeinden, insbesondere im Hinblick auf die Bildung von Trägerschaften für interkantonale Agglomerationsprogramme.

5.2. Pilotprojekte zu Gemeindezusammenschlüssen

Die neue Verfassung verpflichtet den Kanton, den Zusammenschluss von Gemeinden, welche sich zusammenschliessen wollen, zu unterstützen[46]. Ein Zusammenschluss von Gemeinden kann nur zustande kommen, wenn alle beteiligten Gemeinden diesem zustimmen. Daher hat der Regierungsrat das Gemeindeamt mit der Durchführung eines Vorprojekts zur Reform der Gebietsstrukturen betraut. Im Zentrum steht die Frage, welche Rahmenbedingungen der Kanton schaffen soll, um Gebietsreformen auf kommunaler Ebene wirksam zu unterstützen. Im Jahr 2007 sollen zwei Pilotprojekte mit den Gemeinden Hüntwangen, Wasterkingen, Wil, Rafz und Eglisau sowie mit den Gemeinden Freienstein-Teufen und Rorbas durchgeführt werden. Gestützt auf diese Grundlagen soll dann entschieden werden, welche Strategie der Kanton bei Gebietsreformen einschlagen soll und welche Massnahmen zur Unterstützung der Gemeinden getroffen werden sollen. Ein zweites Teilprojekte befasst sich unter dem Titel «Interkommunalkonferenz und Bezirksreform» mit den neuen Modellen der interkommunalen Zusammenarbeit, die eine bessere politische Steuerung der gemeindeübergreifenden Aufgaben ermöglicht. Zudem soll das Verhältnis zwischen Schul- und politischer Gemeinde beleuchtet und der Frage der Vor- und Nachteile von Schulgemeindevereinigungen und von Zusammenlegungen der Schulgemeinde mit der politischen Gemeinde nachgegangen werden.

5.3. Blick auf den Bund und einzelne andere Kantone

In verschiedenen Kantonen zeigt sich heute, dass Städte und Agglomerationen vor besonderen Herausforderungen stehen. Unter Agglomeration ist eine Mehrzahl von Gemeinden zu verstehen, die einen gemeinsamen Siedlungsraum bilden. Durch die grosse Anzahl verschiedener Gemeinden kann die Erfüllung insbesondere von Verkehrs- oder Planungsaufgaben massgeblich erschwert werden. Zudem nehmen Kernstädte meist Aufgaben wahr, von welchen die umliegenden Gemeinden zwar gerne profitieren, zu denen sie aber wenig beitragen. Infolge

---
[46] Art. 84 Abs. 5.

der Anonymität der Städte besteht tendenziell auch eine Anziehungskraft auf eher finanzschwache Personen. Dies führt dazu, dass verschiedene Kantone unterschiedliche Modelle einer Agglomerationszusammenarbeit entwickelt haben[47]. In der BV wird der Bund in Art. 50 Abs. 3 verpflichtet, auf die Situation der Städte und der Agglomerationen Rücksicht zu nehmen.

27 Am 7. Mai 2006 hat die Landsgemeinde des *Kantons Glarus* entschieden, die Anzahl der Gemeinden von 25 auf 3 zu reduzieren[48]. Dieser unterwartete Entscheid führte zu Reaktionen in der ganzen Schweiz; die konkrete Umsetzung steht jedoch noch aus[49].

28 Der *Kanton Bern* gliedert sich in 26 Amtsbezirke. Die Regierungsstatthalterinnen und Regierungsstatthalter stehen der Bezirksverwaltung vor und sind Bindeglied zwischen Kanton und Gemeinde. Sie werden von den Stimmberechtigten des Amtsbezirks gewählt. Am 1. Januar 2004 zählte der Kanton Bern 398 politische Gemeinden. Dazu kommen 261 Kirchgemeinden (evangelisch-reformiert, römisch-katholisch und christkatholisch), 198 Burgergemeinden und 307 Gemeindeverbände. Am 25. November 2004 wurde ein Gesetz über Förderung von Gemeindezusammenschlüssen gutgeheissen. Zahlreiche Hilfsmittel und Unterlagen zur Fusion stehen den Gemeinden zur Verfügung[50].

29 Der *Kanton Graubünden* ist in politischer, gerichtlicher und administrativer Hinsicht in Bezirke, Kreise und Gemeinden eingeteilt. Im Rahmen der Reform der Gerichtsorganisation von 2000 wurden einzelne Bezirke neu gestaltet oder zusammengelegt. Die neue Kantonsverfassung hat die Einteilung in 11 Bezirke und 39 Kreise übernommen. Die Bezirke sind in erster Linie Gerichtssprengel für die erstinstanzliche Zivil- und Strafgerichtsbarkeit im Kanton, während die Kreise ebenfalls verschiedene Aufgaben in der Zivil- und Strafrechtspflege erfüllen, aber auch zusätzlich Administrativaufgaben wahrnehmen. Zudem können Kreise regionale Aufgaben übernehmen oder als Trägerorganisation für die interkommunale Zusammenarbeit dienen[51]. Kreise wiederum können sich innerhalb desselben Bezirks zusammenschliessen. Die Kreise sind öffentlich-rechtliche Körperschaften mit eigner Rechtspersönlichkeit; sie verfügen über Kreisverfassungen, aber seit der neusten Verfassungsrevision nicht mehr über eine eigene Steuerhoheit[52]. Allerdings haben sie im Wesentlichen nur noch die

---

[47] SEILER, § 31 Rz. 51.
[48] <http://www.glarusnet.ch/lg2006/htm/12.htm#anfang> (1.1.2007).
[49] Informationen über den laufenden Prozess: <http://www.gl.ch/xml_1/internet/de/application/d37/d188/f227.cfm> (1.1.2007), insbesondere: <http://www.gl.ch/documents/Informationsbroschüre_Gemeindestrukturreform.pdf> (1.1.2007).
[50] Beispielsweise ein Raster zur Standortbestimmung für die Gemeinden: <http://www.jgk.be.ch/site/agr_gemeinden_gemeindereformen_fusion_allgemeines_raster_standortbestimmung.doc> (1.1.2007) oder ein Ratgeber zur Gemeindefusion, zu beziehen unter: print.agr@jgk.be.ch.
[51] TROLLER, Kommentar KV GR, Art. 68 N. 5 ff.
[52] TROLLER, Kommentar KV GR, Art. 70 N. 3.

Bedeutung von Verwaltungsbezirken des Kantons und dienen als Wahlkreise[53]. Die Gemeinden wiederum können sich für die Erfüllung regionaler Aufgaben zu Regionalverbänden zusammenschliessen[54]. Regionalverbände sind Körperschaften des kantonalen öffentlichen Rechts mit eigener Rechtspersönlichkeit[55]. Sie sind so abzugrenzen, dass sie ihre Aufgaben zweckmässig und wirtschaftlich erfüllen können. Heute gibt es solche Regionalverbände verschiedenster Art und Form, sowohl eine öffentlichrechtliche wie auch eine privatrechtliche Ausgestaltung ist möglich. Aus rechtlicher Sicht handelt es sich dabei letztlich um interkommunale Zusammenarbeit.

---

[53] Art. 70 Abs. 3 KV GR; TROLLER, Kommentar KV GR, Art. 70 N. 11.
[54] Art. 69 Abs. 1 KV GR; BRÜESCH, Kommentar KV GR, Art. 69.
[55] Art. 72 KV GR; BRÜESCH, Kommentar KV GR, Art. 72.

A. Allgemeine Bestimmungen

Art. 83*

Arten und Aufgaben

Die politischen Gemeinden nehmen alle öffentlichen Aufgaben wahr, für die weder Bund noch Kanton zuständig sind.

Aufgaben im Bereich von Schule und Bildung können von Schulgemeinden wahrgenommen werden.

Die politischen Gemeinden und die Schulgemeinden sind selbstständige Körperschaften des öffentlichen Rechts.

Materialien

Art. 91 VE; Prot. Plenum, S. 432 ff., 2265 ff. (41. Sitzung), 3189 ff.

Literatur

ARN/FRIEDERICH/FRIEDLI/MÜLLER/MÜLLER/WICHTERMANN; AUER/MALINVERNI/HOTTELIER, Bd. I, S. 79 ff.; BAUMANN ANDREAS, Aargauisches Gemeinderecht, 3. Aufl., Zürich/Basel/Genf 2005; EICHENBERGER KURT, Stellung und Bedeutung der Gemeinde im modernen Staat (1964), in: Kurt Eichenberger, Der Staat der Gegenwart, Basel/Frankfurt a.M. 1980, S. 37 ff.; GESER HANS, Die Gemeinden in der Schweiz, in: Handbuch der Schweizer Politik, 3. Aufl., Zürich 2002, S. 421 ff.; JAAG, S. 153 ff. (Rz. 2201 ff.); JAGMETTI RICCARDO, Die Stellung der Gemeinden, ZSR 91/1972 II, S. 221 ff.; LIVER PETER, Grundzüge der historischen Entwicklung des zürcherischen Gemeindewesens, in: Peter Liver, Abhandlungen zur schweizerischen und bündnerischen Rechtsgeschichte, Chur 1970, S. 133 ff.; METTLER MAX, Das Zürcher Gemeindegesetz, 3. Aufl., Wädenswil 1977; MEYLAN JEAN/GOTTRAUX MARTIAL/DAHINDEN PHILIPPE, Schweizer Gemeinden und Gemeindeautonomie, Lausanne 1972; SCHMUKI PAUL, Die Gliederung des Kantons und das Verhältnis zwischen Staat und Kirchen, in: Materialien zur Zürcher Verfassungsreform, Bd. 9, S. 89 ff.; SEILER HANSJÖRG, Gemeinden im schweizerischen Staatsrecht, in: Verfassungsrecht der Schweiz, § 31; SIGG HANSPETER, Der eigene und der übertragene Wirkungsbereich der Gemeinde im Kanton Zürich, Diss., Zürich 1964; THALMANN, §§ 1 ff.; ZWEIFEL JOSEF, Die Gemeinden und die Verfassung, in: Staatsarchiv des Kantons Zürich (Hrsg.), Kleine Zürcher Verfassungsgeschichte 1218–2000, Zürich 2000, S. 102 ff.

Rechtsquellen

– Gesetz über das Gemeindewesen vom 6. Juni 1926 (Gemeindegesetz, GemG; LS 131.1)
– Volksschulgesetz vom 7. Februar 2005 (VSG; LS 412.11)
– Steuergesetz vom 8. Juni 1997 (LS 631.1)
– Entwurf zum Kirchengesetz (KiG) vom 31. Mai 2006 (E-KiG; ABl 2006, S. 573 ff.)

---

* Ich danke Fürsprecher lic.iur. Yves Stucki für seine kompetente Mitarbeit.

Übersicht Note

1. Einleitung 1
   1.1. Gemeinden als dritte Stufe im schweizerischen Bundesstaat 1
   1.2. Entwicklung des Gemeindewesens im Kanton Zürich 3
   1.3. Begriff und Rechtsstellung der Gemeinden 5
   1.4. Arten von Gemeinden 8
   1.5. Vielfalt von Gemeinden 9
2. Politische Gemeinden 11
   2.1. Charakterisierung und Aufgaben 11
   2.2. Aufhebung der bürgerlichen Abteilung 13
3. Schulgemeinden 15
4. Kirchgemeinden 19
5. Aufhebung der Zivilgemeinden 21

1. Einleitung

1.1. Gemeinden als dritte Stufe im schweizerischen Bundesstaat

1   Sämtliche Kantone der Schweiz sind in Gemeinden gegliedert. Die Gemeinden bilden die unterste Ebene des dreistufigen Bundesstaates. Das Bundesrecht setzt die Existenz von Gemeinden voraus, ohne sie vorzuschreiben. Die Bundesverfassung gewährleistet die Gemeindeautonomie nach Massgabe des kantonalen Rechts und hält die Behörden an, den Interessen der Gemeinden Rechnung zu tragen (Art. 50 BV).

2   Insgesamt gibt es in der Schweiz rund 2700 politische Gemeinden oder Einwohnergemeinden[1]. Dazu kommen in zahlreichen Kantonen weitere Gemeinden, so insbesondere Bürger- oder Burgergemeinden, Korporationsgemeinden, Schulgemeinden und Kirchgemeinden. Deren Aufgaben, Kompetenzen und Organisation variieren von Kanton zu Kanton.

1.2. Entwicklung des Gemeindewesens im Kanton Zürich

3   Am Anfang der Entwicklung des Gemeindewesens im Kanton Zürich standen die Bürgergemeinden, denen lokale Aufgaben wie Ortspolizei und Feuerwehrwesen oblagen[2]. Daneben befassten sich die Kirchgemeinden mit kirchlichen Angelegenheiten einschliesslich Armenwesen, Schulwesen und Sittenpolizei. In der Helvetik (1798–1803) übernahmen die Einwohnergemeinden die Funktionen der Bürger- und Kirchgemeinden. Die ehemaligen Bürgergemeinden

---

[1]   Amtliches Gemeindeverzeichnis der Schweiz, hrsg. vom Bundesamt für Statistik, Neuenburg 2006, S. 20.
[2]   Vgl. dazu und zum Folgenden ZWEIFEL, S. 102 ff.; JAAG, Rz. 2204 ff.

blieben teilweise als selbstständige Zivilgemeinden bestehen. Erstmals in der Kantonsverfassung von 1831 wurde eine eingehende Regelung des Gemeindewesens getroffen und die Einwohnergemeinde als politische Gemeinde bezeichnet. Gleichzeitig wurden die Schulgemeinden eingeführt.

Das Gemeindegesetz von 1866 hob die Bürgergemeinde auf und übertrug ihre Aufgaben der bürgerlichen Abteilung der politischen Gemeinde, welche sich aus den stimmberechtigten Einwohnerinnen und Einwohnern der Gemeinde mit Gemeindebürgerrecht zusammensetzte. Die Kantonsverfassung und das Gemeindegesetz verboten seit 1926 die Neugründung von Zivilgemeinden, tolerierten jedoch deren Fortbestand. Die Zuteilungsgesetze von 1891, 1919 und 1931 vereinigten verschiedene Aussengemeinden mit den Städten Zürich bzw. Winterthur. Seither gibt es im Kanton Zürich 171 politische Gemeinden[3]. 4

1.3. Begriff und Rechtsstellung der Gemeinden

Gemeinden sind die vom öffentlichen Recht des Kantons eingesetzten öffentlichrechtlichen Körperschaften auf territorialer Grundlage[4]. Sie sind selbstständige Körperschaften des öffentlichen Rechts, haben also Rechtspersönlichkeit (Art. 1 Abs. 4 und Art. 83 Abs. 3). 5

Den Gemeinden obliegen lokale Aufgaben, welche sie in eigener Verantwortung, d.h. autonom, erfüllen (Art. 85 Abs. 1). Sie führen einen eigenen Finanzhaushalt (Art. 122 ff.) und sind befugt, Steuern von natürlichen und juristischen Personen zu erheben[5]. 6

Als öffentlichrechtliche Körperschaften haben die Gemeinden *hoheitliche Befugnisse*. Sie können generell-abstrakte rechtliche Regelungen sowie individuell-konkrete Verfügungen erlassen. Den von Anordnungen der Gemeinden Betroffenen stehen Rechtsmittel zur Verfügung (Art. 77). Erleiden Private durch die Tätigkeiten von Gemeindeorganen oder Gemeindepersonal Schaden, können sie dafür die Gemeinde nach den Bestimmungen über die Staatshaftung belangen (Art. 46 Abs. 1). 7

1.4. Arten von Gemeinden

Art. 83 knüpft an Art. 47 Abs. 1, 2 und 4 aKV an. Wie bisher werden politische Gemeinden und Schulgemeinden unterschieden. Anders als in der alten Kantonsverfassung werden – aus unterschiedlichen Gründen – die Zivilgemeinden 8

---

[3] Vgl. die Liste der politischen Gemeinden im Anhang zum Gemeindegesetz.
[4] HÄFELIN/MÜLLER/UHLMANN, Rz. 1356.
[5] Dies ergibt sich nur mittelbar aus Art. 124 KV; vgl. indessen §§ 187 ff. des Steuergesetzes.

und die Kirchgemeinden nicht mehr erwähnt. Die Zivilgemeinden werden durch die neue Kantonsverfassung abgeschafft (Art. 143 Abs. 1); die Kirchgemeinden werden im 10. Kapitel über Kirchen und weitere Religionsgemeinschaften behandelt (Art. 130).

1.5. Vielfalt von Gemeinden

9   Es gibt im Kanton Zürich eine grosse Vielfalt von Gemeinden, die sich mit Bezug auf die Bevölkerungszahl und Fläche, aber auch auf die demografische Zusammensetzung der Bevölkerung erheblich unterscheiden[6]. Rund 25 städtisch geprägte Gemeinden mit über 10 000 Einwohnern stehen mehr als 60 vorwiegend landwirtschaftlich geprägten Kleingemeinden mit weniger als 2000 Einwohnern gegenüber. Dazwischen liegen die rund 80 Gemeinden mittlerer Grösse mit Einwohnerzahlen zwischen 2000 und 10 000.

10 Vor allem in städtischen Gemeinden weist die Bevölkerung einen hohen Anteil an sozial schwächeren Einwohnerinnen und Einwohnern sowie an Ausländerinnen und Ausländern auf. In anderen Gemeinden ist die Bevölkerungsstruktur homogener. Diese Unterschiede schlagen sich auch in der parteipolitischen Zusammensetzung der Bevölkerung und damit im Abstimmungs- und Wahlverhalten nieder[7].

2. Politische Gemeinden

2.1. Charakterisierung und Aufgaben

11 Die politische Gemeinde ist die Gemeinde, welche sämtliche kommunalen Aufgaben erfüllt, die nicht einer Spezialgemeinde übertragen sind. Sie entspricht der Einwohnergemeinde in anderen Kantonen (z.B. Aargau). Wenn von der Gemeinde die Rede ist, ist damit in aller Regel die politische Gemeinde gemeint.

12 Typische *Aufgaben* der politischen Gemeinden sind das Polizeiwesen, die Versorgung und Entsorgung, der öffentliche Verkehr, das Gesundheits- und Sozialwesen, die Nutzungsplanung und das Bauwesen sowie kulturelle Angelegenheiten. Für das Schulwesen ist die politische Gemeinde nur dann zuständig, wenn es

---

[6] Eine konzise Beschreibung sämtlicher politischer Gemeinden des Kantons Zürich findet sich in einem Band zum Jubiläum 125 Jahre Verein Zürcherischer Gemeinderatsschreiber und Verwaltungsbeamter 1856–1981, Die Gemeinden im Kanton Zürich, 2. Aufl. 1990; statistische Angaben zu sämtlichen politischen Gemeinden enthält das Statistische Jahrbuch des Kantons Zürich 2006, S. 289 ff.

[7] Vgl. zum Abstimmungs- und Wahlverhalten im Zusammenhang mit der Totalrevision der Kantonsverfassung MICHAEL HERMANN/HEIRI LEUTHOLD, Die Zürcher Verfassungsrevision im Spiegel der demokratischen Meinungsäusserung, in: Materialien zur Zürcher Verfassungsreform, Bd. 8, S. 127 ff., mit einer politischen Landkarte des Kantons Zürich, S. 141.

dafür nicht besondere Schulgemeinden gibt. Welche Aufgaben konkret von den politischen Gemeinden zu erfüllen sind, ergibt sich aus der Gesetzgebung; der Aufgabenkatalog der Kantonsverfassung nennt in der Regel die Aufgaben von Kanton und Gemeinden und nimmt daher noch keine konkrete Zuweisung vor (Art. 100 ff.)[8].

2.2. Aufhebung der bürgerlichen Abteilung

Im Kanton Zürich ist die politische Gemeinde auch für die Erteilung des Bürgerrechts zuständig (Art. 21 Abs. 1); es gibt keine Bürgergemeinden. Mit der neuen Kantonsverfassung ist auch die bürgerliche Abteilung der politischen Gemeinde abgeschafft worden. Über die Erteilung des Bürgerrechts entscheiden nicht mehr nur die Stimmberechtigten mit dem Gemeindebürgerrecht, sondern alle Stimmberechtigten bzw. alle Mitglieder des für die Erteilung des Bürgerrechts zuständigen Organs (Gemeindeversammlung, Gemeindeparlament, Gemeinderat oder Einbürgerungskommission)[9].

13

Diese Neuerung ist unmittelbar mit dem Inkrafttreten der neuen Verfassung wirksam geworden; eine Übergangsfrist ist dafür nicht eingeräumt worden[10]. Die entsprechenden Bestimmungen des Gemeindegesetzes sind verfassungswidrig und damit gegenstandlos geworden[11].

14

3. Schulgemeinden

Die Schulgemeinde ist eine Spezialgemeinde, deren Aufgabenbereich sich auf die *Volksschule* (Kindergarten, Primar- und Sekundarschule) beschränkt. Während Art. 83 Abs. 2 lediglich von Schulgemeinden spricht, differenziert das Gemeindegesetz zwischen Primarschulgemeinden und Oberstufenschulgemeinden; die vereinigten Schulgemeinden sind sowohl für die Primarschule wie auch für die Oberstufe zuständig. Eine Änderung dieser Regelung ist mit der neuen Verfassungsbestimmung nicht beabsichtigt.

15

Schulgemeinden gibt es nicht überall. Die Städte Zürich und Winterthur sowie 30 andere politische Gemeinden sind für das gesamte Schulwesen zuständig; in diesem Fall spricht man auch von Einheitsgemeinden. 18 politische Gemeinden

16

---

[8] Vgl. dazu die Kommentierungen zu Art. 100 ff.
[9] Vgl. dazu KOTTUSCH, Art. 21 N. 7.
[10] Art. 143 e contrario; dazu Art. 143 N. 2.
[11] §§ 18, 78 und 103 GemG sowie die Hinweise auf die Bürgerschaft in § 45 Abs. 2 und § 83a Abs. 2 GemG. Es erstaunt deshalb, dass in der Vorlage des Regierungsrates für ein neues Kirchengesetz Neufassungen von § 45 Abs. 2 und § 83a Abs. 2 vorgeschlagen werden, die den Hinweis auf die Bürgerschaft erneut enthalten. Das ergibt keinen Sinn.

sind für die Primarschule, nicht aber für die Oberstufe verantwortlich. Anfang 2006 gab es im Kanton Zürich 84 Primarschulgemeinden, 39 Oberstufenschulgemeinden und 33 vereinigte Schulgemeinden. Während die Primarschulgemeinden und die vereinigten Schulgemeinden in der Regel das Gebiet einer politischen Gemeinde abdecken, erstrecken sich die Oberstufenschulgemeinden oft über die Gebiete mehrerer politischer Gemeinden[12].

17 Die Schaffung oder Beibehaltung von Schulgemeinden bedarf keiner besonderen Begründung. Einen Antrag des Regierungsrates, Schulgemeinden nur bei Vorliegen besonderer Verhältnisse zuzulassen, hat der Verfassungsrat ausdrücklich abgelehnt[13].

18 Schulgemeinden haben die gleiche Rechtsstellung wie politische Gemeinden. Sie haben die gleichen Organe zu bestellen[14], üben hoheitliche Befugnisse aus und können auch Steuern erheben.

4. Kirchgemeinden

19 Art. 83 und das Kapitel über die Gemeinden erwähnen die Kirchgemeinden – im Gegensatz zu Art. 47 Abs. 1 aKV – mit keinem Wort. Das bedeutet indessen nicht, dass die Kirchgemeinden als öffentlichrechtliche Körperschaften abgeschafft worden sind. Vielmehr werden sie im Kapitel über die Kirchen behandelt (Art. 130)[15]. Das steht mit der Erhöhung der Autonomie der kirchlichen Körperschaften in Zusammenhang. Primär sind die kantonalen kirchlichen Körperschaften zuständig für die Regelung der Kirchgemeinden (Art. 130 Abs. 2).

20 Immerhin sieht das kantonale Recht einzelne Vorschriften über die Kirchgemeinden vor[16], so über deren Organisation, über die Wahl und Amtsdauer der Pfarrerinnen und Pfarrer sowie über die Befugnis zur Steuererhebung von ihren Mitgliedern sowie von juristischen Personen[17]. Das kantonale Gemeinderecht gilt für die Kirchgemeinden nur subsidiär und sinngemäss, soweit das kirchliche Recht keine Regelung enthält[18].

---

[12] Vgl. die Liste der Schulgemeinden im Anhang zum Gemeindegesetz (Stand 1.1.2006).
[13] Prot. Plenum, S. 432 ff.
[14] Vgl. Art. 87. Allerdings können Schulgemeinden im Unterschied zu den politischen Gemeinden nicht die Gemeindeversammlung durch ein Gemeindeparlament ersetzen.
[15] Vgl. dazu RÖHL, Art. 130 N. 10, 14 und 18.
[16] Art. 130 Abs. 3 und 4 KV. Vgl. dazu §§ 10 ff. des Entwurfs zum Kirchengesetz vom 31. Mai 2006.
[17] § 25 Abs. 1 E-KiG.
[18] § 17 E-KiG.

5. Aufhebung der Zivilgemeinden

Die Zivilgemeinden erfüllen eine oder mehrere spezifische kommunale Aufgaben[19]. Sie sind beispielsweise zuständig für die Wasserversorgung, die Feuerwehr, Flurwege, die Waldbewirtschaftung, die Strassenbeleuchtung oder die Elektrizitätsversorgung, das heisst für Aufgaben, welche die politische Gemeinde erfüllen müsste, falls sie nicht von der Zivilgemeinde wahrgenommen würden.

Die neue Kantonsverfassung nennt bei den Gemeindearten die Zivilgemeinde nicht mehr. Das ist ein qualifiziertes Schweigen; die Zivilgemeinde als eigene Gemeindeart wird *abgeschafft*. Art. 143 Abs. 1 sieht eine Frist von vier Jahren vor, innert welcher die noch bestehenden Zivilgemeinden «mit ihrer politischen Gemeinde vereinigt» werden müssen[20].

Bereits unter der alten Kantonsverfassung durften keine neuen Zivilgemeinden mehr gebildet werden (Art. 47 Abs. 4 aKV). Das führte dazu, dass deren Zahl im Lauf der Jahrzehnte allmählich abnahm; Anfang 2006 waren es noch zwanzig Zivilgemeinden, vorab im Norden des Kantons[21].

Die Vereinigung der Zivilgemeinden hat sich gegen die Aufhebung der Zivilgemeinden zur Wehr gesetzt und aus diesem Grund die Ablehnung der Kantonsverfassung empfohlen. Die Möglichkeit, gewisse Aufgaben der politischen Gemeinde an Ortsteilkommissionen zu übertragen (Art. 88), bildet einen gewissen Ersatz für die Zivilgemeinden[22].

---

[19] Vgl. ZWEIFEL, S. 102; THALMANN, § 19 N. 1.
[20] Vgl. dazu Art. 143 N. 5 ff.
[21] Es handelt sich um die Gemeinden Gossau, Tann, Unter-Dürnten (Bezirk Hinwil), Brüttisellen (Bezirk Uster), Bauma, Neschwil (Bezirk Pfäffikon), Wiesendangen (Bezirk Winterthur), Gräslikon, Guntalingen, Rudolfingen, Trüllikon, Wildensbach (Bezirk Andelfingen), Breite-Hakab, Oberwil (Bezirk Bülach) sowie Adlikon, Niederhasli, Oberhasli, Stadel, Watt und Windlach (Bezirk Dielsdorf); vgl. die Liste im Anhang zum Gemeindegesetz.
[22] Vgl. Art. 88 N. 10 ff.

Art. 84[*]

Änderung im Bestand

Für den Zusammenschluss von Gemeinden ist die Zustimmung der Mehrheit der Stimmenden jeder beteiligten Gemeinde erforderlich.

Für die Auflösung einer Schulgemeinde genügt die Zustimmung der Mehrheit der Stimmenden dieser Gemeinde.

Die Stimmberechtigten entscheiden an der Urne.

Die Bildung neuer Gemeinden, welche die Zahl der Gemeinden vergrössert, erfolgt durch Gesetz.

Gemeinden, die sich zusammenschliessen wollen, werden in ihren Bestrebungen vom Kanton unterstützt.

Materialien

Art. 92 VE; Prot. Plenum, S. 437 ff., 2265 ff. (41. Sitzung), 3193 ff.

Merkblatt des Gemeindeamts des Kantons Zürich: Die neue Kantonsverfassung. Was ändert sich ab 1. Januar 2006 für die Gemeinden?, Mai/Dezember 2005 (www.gaz.zh.ch, Arbeitshilfen)

Literatur

ARN DANIEL, Liegt die Zukunft in der Fusion von Gemeinden?, ZBl 100/1999, S. 241 ff.; ARN DANIEL/FRIEDERICH UELI, Gemeindeverbindungen in der Agglomeration, Zürich 1994; DAVID LUCAS, Veränderungen in der Gemeindeeinteilung nach zürcherischem Recht, ZBl 74/1973, S. 345 ff.; MEYER HANNES ANTON, Wandlungen im Bestande der Gemeinden, Diss., Zürich 1978; STEINER RETO, Interkommunale Zusammenarbeit und Gemeindezusammenschlüsse: Erklärungsansätze, Umsetzungsmöglichkeiten und Erfolgsaussichten, Bern 2002; THALMANN, §§ 2 ff.; ZAHNER BEATRIX, Gemeindevereinigungen – öffentlichrechtliche Aspekte, Diss., Zürich 2005

Rechtsquellen

– Gesetz über das Gemeindewesen vom 6. Juni 1926 (Gemeindegesetz, GemG; LS 131.1)

Übersicht

	Note
1. Einleitung	1
2. Zusammenschluss von Gemeinden (Gemeindefusion)	4
2.1. Arten von Gemeindefusionen	4
2.2. Verfahren	6
2.2.1. Beteiligte Gemeinden	6
2.2.2. Kanton	9
2.3. Unterstützung durch den Kanton	12
3. Bildung neuer Gemeinden (Gemeindespaltung)	15
4. Würdigung	20

---

[*] Ich danke Fürsprecher lic.iur. Yves Stucki für seine kompetente Mitarbeit.

1. Einleitung

1 Art. 84 befasst sich mit der Änderung im Bestand der Gemeinden. Damit ist in erster Linie der Zusammenschluss von Gemeinden, die Gemeindefusion, gemeint. Daneben gibt es die Möglichkeit der Bildung von neuen Gemeinden durch die Aufteilung einer bisherigen in zwei oder mehrere neue Gemeinden (Gemeindespaltung). Die Gemeindefusion bildet Gegenstand der Absätze 1 bis 3 und 5; Absatz 4 regelt die Gemeindespaltung.

2 Art. 84 beinhaltet eine *Bestandesgarantie* zugunsten der Gemeinden. Das bedeutet nicht ein generelles Änderungsverbot, sondern ist eine Garantie dafür, dass Änderungen nur in den durch Verfassung und Gesetz vorgesehenen Verfahren erfolgen[1]. Die Bestandesgarantie kann wie die Gemeindeautonomie mit Rechtsmitteln durchgesetzt werden[2]. Eine Verletzung der Verfahrensvorschriften hat die Aufhebung der entsprechenden Beschlüsse zur Folge.

3 Art. 84 befasst sich nur mit den Gemeinden gemäss Art. 83, d.h. mit der politischen Gemeinde und der Schulgemeinde. Der Zusammenschluss der Zivilgemeinden mit den politischen Gemeinden ist in Art. 143 Abs. 1 speziell geregelt. Änderungen im Bestand der Kirchgemeinden unterliegen der Regelung durch die kirchlichen Körperschaften (Art. 130 Abs. 2 lit. b).

2. Zusammenschluss von Gemeinden (Gemeindefusion)

2.1. Arten von Gemeindefusionen

4 Gemeindefusionen können zwischen gleichartigen Gemeinden erfolgen, d.h. zwischen mehreren politischen Gemeinden oder zwischen mehreren Schulgemeinden. Bei letzteren ist auch ein Zusammenschluss zwischen Primarschulgemeinde(n) und Oberstufenschulgemeinde(n) zu einer vereinigten Schulgemeinde denkbar. Sodann können auch Fusionen zwischen einer politischen Gemeinde und einer oder mehreren Schulgemeinden zu einer Einheitsgemeinde erfolgen. Die Fusion zwischen Zivilgemeinden und politischen Gemeinden ist durch die Verfassung vorgeschrieben; sie muss bis spätestens Ende 2009 durchgeführt werden[3].

5 Bei der Fusion einer oder mehrerer Spezialgemeinden (Schul- oder Zivilgemeinden) mit der politischen Gemeinde nimmt die politische Gemeinde die Spezialgemeinde(n) auf; Letztere gehen dabei unter. Dies ist auch möglich bei

---

[1] Vgl. dazu BGE 131 I 91 ff., 94; ferner BGE in ZBl 72/1971, S. 427 ff.; BGE 89 I 201 ff., 206 ff.
[2] Vgl. Art. 94 N. 25 ff.
[3] Art. 143 Abs. 1.

der Fusion mehrerer politischer Gemeinden oder mehrerer Schulgemeinden, insbesondere bei der Eingemeindung von Agglomerationsgemeinden in die Stadt. In diesen Fällen handelt es sich um *Absorptionsfusionen*. Daneben können auch mehrere Gemeinden anlässlich der Fusion eine neue Gemeinde bilden. In diesem Fall gehen alle bisherigen Gemeinden unter; man nennt dies *Kombinationsfusion*[4].

2.2. Verfahren

2.2.1. Beteiligte Gemeinden

Art. 84 Abs. 1 bestimmt, dass bei einer Fusion sämtliche beteiligten Gemeinden zustimmen müssen. Damit wird im Kanton Zürich in Abweichung von der früheren Regelung[5] die *Zwangsfusion ausgeschlossen*; es gibt keine Fusion gegen den Willen von beteiligten Gemeinden[6]. Darin liegt eine Stärkung der Stellung und Autonomie der Gemeinden.

Diese Regelung gilt für Fusionen mehrerer Schulgemeinden oder mehrerer politischer Gemeinden. Demgegenüber können Schulgemeinden auch gegen den Willen der beteiligten politischen Gemeinde mit dieser zusammengeschlossen werden (Art. 84 Abs. 2). Das Gleiche gilt für die durch die Verfassung vorgeschriebene Fusion der Zivilgemeinden mit ihrer politischen Gemeinde (Art. 143 Abs. 1). Dies entspricht der bisherigen Praxis[7]. Es ergibt sich aus der Regel, dass die politische Gemeinde alle öffentlichen Aufgaben wahrnimmt, für die weder Bund noch Kanton zuständig sind (Art. 83 Abs. 1). Das bedeutet eine Bevorzugung und Förderung der Einheitsgemeinde.

In den beteiligten Gemeinden obliegt der Beschluss über die Fusion den Stimmberechtigten im Rahmen einer *Urnenabstimmung* (Art. 84 Abs. 3).

2.2.2. Kanton

Ein Mitwirkungsrecht des *kantonalen Gesetzgebers* sieht die Kantonsverfassung nur für die Bildung neuer Gemeinden vor, bei welcher die Zahl der Gemeinden vergrössert wird (Art. 84 Abs. 4). Gehen dagegen bei einer Fusion einzelne Gemeinden unter, verlangt die Kantonsverfassung keine Gesetzesänderung.

---

[4] Vgl. zur analogen Terminologie im privatrechtlichen Fusionsrecht Art. 3 Abs. 1 des Bundesgesetzes über Fusion, Spaltung, Umwandlung und Vermögensübertragung vom 3. Oktober 2003 (Fusionsgesetz, FusG; SR 221.301).
[5] Art. 47 Abs. 3 Satz 1 aKV; § 3 Abs. 3 GemG.
[6] Diese Frage wurde im Verfassungsrat kontrovers diskutiert; vgl. Prot. Plenum, S. 437 ff., 3193 ff. Andere Kantone kennen die Möglichkeit der Zwangsfusion, so z.B. der Kanton Freiburg (Art. 135 Abs. 4 KV), der Kanton Tessin (Art. 20 Abs. 3 KV) und der Kanton Wallis; vgl. dazu BGE 131 I 91 ff.
[7] Entscheid des Regierungsrates, ZBl 65/1964, S. 185 ff.

10 Auch die *Genehmigung von Gemeindefusionen durch eine kantonale Behörde* sieht die Kantonsverfassung – anders als das bisherige Recht[8] – nicht vor, schliesst sie allerdings auch nicht ausdrücklich aus. Aus den Protokollen ergibt sich nicht eindeutig, ob der Verfassungsrat die Genehmigungspflicht abschaffen wollte oder ob sie durch Gesetz beibehalten werden könnte. Die Materialien sprechen eher gegen die Zulässigkeit einer gesetzlichen Genehmigungspflicht[9]. Immerhin bedarf die Gemeindeordnung der fusionierten Gemeinde der regierungsrätlichen Genehmigung (Art. 89 Abs. 3).

11 Nach einer Fusion von Gemeinden muss die Liste sämtlicher Gemeinden im Anhang zum Gemeindegesetz angepasst werden. Dies erfolgt demnach in der Regel nicht durch den Gesetzgeber, sondern durch den Regierungsrat im Anschluss an die Genehmigung der Gemeindeordnung der fusionierten Gemeinde.

2.3. Unterstützung durch den Kanton

12 Art. 84 Abs. 5 verpflichtet den Kanton, fusionswillige Gemeinden in ihren Bestrebungen zu unterstützen. Dass es sich dabei um eine Pflicht des Kantons handelt, ergibt sich aus der verbindlichen Formulierung; es heisst nicht, der Kanton könne unterstützen, sondern die Gemeinden würden in ihren Bestrebungen vom Kanton unterstützt.

13 Unterstützung kann zunächst einmal in der Form von *Beratung* geleistet werden, indem kantonale Stellen, insbesondere das Gemeindeamt, bei der Ausarbeitung der Fusionsvorlagen und -verträge beratend zur Seite stehen.

14 Unterstützung kann sodann *finanzieller Natur* sein[10]. Der Kanton kann einen Teil der durch die Fusion verursachten Kosten übernehmen und muss allenfalls durch finanzielle Zuschüsse verhindern, dass die Fusion für eine der beteiligten Gemeinden finanzielle Nachteile zeitigt und aus diesem Grund scheitert. Finanzielle Nachteile können sich dadurch ergeben, dass eine der Gemeinden stark verschuldet ist oder dass eine bisher finanzausgleichsberechtigte Gemeinde zufolge der Fusion die Finanzausgleichsberechtigung verliert und die Fusion

---

[8] Art. 47 Abs. 3 aKV. Das Gemeindegesetz verlangt für die Fusion von politischen Gemeinden die Zustimmung des Kantonsrates, für die Fusion von Schulgemeinden die Genehmigung des Regierungsrates; § 3 Abs. 1 und § 4 Abs. 1 GemG.

[9] Im Verfassungsrat wurde zwar ausdrücklich darauf hingewiesen, dass das Fehlen einer diesbezüglichen Regelung nicht als qualifiziertes Schweigen zu verstehen sei; die anschliessenden Ausführungen des gleichen Sprechers (K. Stäheli) laufen aber doch darauf hinaus, dass eine Genehmigung der Fusion – abgesehen von der Gemeindeordnung der fusionierten Gemeinden – nicht erforderlich sei. Ein Antrag des Regierungsrates, in welchem die Genehmigungspflicht ausdrücklich vorgesehen war, wurde abgelehnt; Prot. Plenum, S. 3193 ff., 3197. – Das Gemeindeamt des Kantons Zürich sieht in seinem Merkblatt zur neuen Kantonsverfassung keinen Änderungsbedarf betreffend die Genehmigung von Gemeindefusionen.

[10] § 8 GemG. Vgl. dazu ZAHNER, S. 160 ff.

deshalb eine stärkere Steuerbelastung für die Bewohner/-innen der einen oder anderen beteiligten Gemeinde zur Folge hat. Solche Mehrbelastungen setzen falsche Anreize[11] und müssen deshalb gemäss Art. 84 Abs. 5 vermieden werden. In solchen Fällen ist eine Pflicht des Kantons zur finanziellen Unterstützung von grundsätzlich erwünschten Fusionen anzunehmen[12]. Diese müsste zeitlich und umfangmässig begrenzt und durch Gesetz konkretisiert werden.

3. Bildung neuer Gemeinden (Gemeindespaltung)

Neue Gemeinden können im Rahmen einer Fusion gebildet werden; sie ersetzen zwei oder mehrere bisherige Gemeinden. In diesen Fällen verringert sich die Gesamtzahl der Gemeinden. 15

Daneben kann auch die Aufteilung einer Gemeinde in zwei oder mehrere Gemeinden zur Bildung neuer Gemeinden führen, indem von einer grossen Gemeinde wie etwa von den Städten Zürich oder Winterthur einzelne Quartiere abgetrennt und (wieder) zu eigenen Gemeinden gemacht werden oder indem eine vereinigte Schulgemeinde in eine Primarschulgemeinde und eine Oberstufenschulgemeinde aufgeteilt wird[13]. 16

In solchen Fällen von Gemeindespaltung nimmt die Gesamtzahl der Gemeinden zu. Dazu braucht es gemäss Art. 84 Abs. 4 eine Gesetzesänderung, sei es, dass ein spezielles Gesetz über die Aufteilung der Gemeinde erlassen wird, sei es, dass die Liste im Anhang des Gemeindegesetzes durch Beschluss des Gesetzgebers geändert wird[14]. 17

Obwohl Art. 84 die Zustimmung der Gemeinde zu ihrer Spaltung nicht erwähnt, ist diese erforderlich. Die Spaltung einer Gemeinde durch den kantonalen Gesetzgeber ist unvorstellbar; so wie es keine Zwangsfusion gibt, ist auch eine *Zwangsspaltung* abzulehnen. Dass dies in Art. 84 nicht ausdrücklich gesagt wird, ist als Versehen des Verfassungsgebers zu erklären[15]. 18

Es ist sogar zu postulieren, dass neben der Zustimmung der betroffenen Gemeinde auch die Zustimmung der Stimmberechtigten jedes Gemeindeteils erforder- 19

---

[11] Wohl nicht zuletzt aus diesen Gründen ist vor einigen Jahren die vorgesehene Fusion zwischen Andelfingen und Kleinandelfingen gescheitert.
[12] Dies ergibt sich zwar weder aus dem Verfassungstext noch aus den Materialien, wohl aber aus dem Sinn der Bestimmung. Einen formellen Anspruch der fusionswilligen Gemeinden auf finanzielle Unterstützung gibt es allerdings nicht. Vgl. dazu Prot. Plenum, S. 443 ff. und 3201 ff.
[13] Vgl. Prot. Plenum, S. 3199.
[14] Im Unterschied zu Änderungen im Bestand der Gemeinden ohne Mitwirkung des Gesetzgebers, wo die Anpassung des Anhangs zum Gemeindegesetz durch den Regierungsrat erfolgt; vgl. N. 11.
[15] In früheren Fassungen von Art. 84 Abs. 1 war dies noch ausdrücklich erwähnt; vgl. Prot. Plenum, S. 2265 ff.

lich ist, der nach der Spaltung eine separate Gemeinde bilden soll. Andernfalls wäre es möglich, dass eine Gemeinde – mit Zustimmung des kantonalen Gesetzgebers – einen missliebigen Gemeindeteil abstösst. Eine solche Lösung wäre unbefriedigend. Obwohl die Verfassung die Zustimmung der einzelnen Gemeindeteile nicht verlangt, sollte dieses Erfordernis daher durch Gesetz aufgestellt werden.

4. Würdigung

20 Die unterschiedliche Behandlung von Gemeindefusionen und Gemeindespaltungen weist auf die Präferenz des Verfassungsgebers für Fusionen gegenüber Spaltungen hin; Fusionen sollen durch ein einfacheres Verfahren erleichtert, Spaltungen durch ein komplizierteres Verfahren erschwert werden. Die gleiche Präferenz ergibt sich aus Art. 84 Abs. 5, welcher die kantonale Unterstützung von Gemeindefusionen, nicht aber von Gemeindespaltungen vorsieht.

Art. 85[*]

Gemeinde-
autonomie

Die Gemeinden regeln ihre Angelegenheiten selbstständig. Das kantonale Recht gewährt ihnen möglichst weiten Handlungsspielraum.

Der Kanton berücksichtigt die möglichen Auswirkungen seines Handelns auf die Gemeinden, die Städte und auf die Agglomerationen.

Er hört die Gemeinden rechtzeitig an.

Materialien

Art. 93 VE; Prot. Plenum, S. 417 ff., 445 ff., 2267 ff. (41. Sitzung), 3206 ff.

Literatur

ARN/FRIEDERICH/FRIEDLI/MÜLLER/MÜLLER/WICHTERMANN; AUBERT JEAN-FRANÇOIS, Art. 50, in: Aubert/Mahon, S. 427 ff.; BRAAKER CHRISTA, Die Gemeindeautonomie, in: Thomas Fleiner u.a., Die neue schweizerische Bundesverfassung, Basel/Genf/München 2000, S. 225 ff.; BUSCHOR ERNST, Die europäische Charta der kommunalen Selbstverwaltung, ZBl 84/1983, S. 97 ff.; DILL MARKUS, Die staatsrechtliche Beschwerde wegen Verletzung der Gemeindeautonomie, Diss., Bern 1995; GLAUS PIUS, Konzeption der Gemeindeautonomie, Diss., Zürich 1984; HANGARTNER YVO, Neuere Entwicklungen der Gemeindeautonomie, ZBl 84/1983, S. 521 ff.; HANGARTNER YVO, Rechtsetzung durch Gemeinden, in: Festschrift Otto K. Kaufmann, Bern/Stuttgart 1989, S. 209 ff.; HÄNNI PETER, Gemeindeautonomie und Planungsrecht, Baurecht 1991, S. 83 ff.; IMBODEN MAX, Gemeindeautonomie und Rechtsstaat (1953), in: ders., Staat und Recht, Ausgewählte Schriften und Vorträge, Basel/Stuttgart 1971, S. 351 ff.; KÄGI-DIENER REGULA, St. Galler Kommentar, Art. 50; KESSLER FRANZ, Die Anfänge der Gemeindeautonomie im Kanton Zürich, in: Beiträge für Alfred Kölz, Zürich/Basel/Genf 2003, S. 131 ff.; KÖLZ ALFRED/KUSTER SUSANNE, Der «Städteartikel» der neuen Bundesverfassung, ZSR 121/2002 I, S. 137 ff.; KUTTLER ALFRED, Zum Schutz der Gemeindeautonomie in der neueren bundesgerichtlichen Rechtsprechung, in: Stefano Bolla/Claude Rouiller (Hrsg.), Verfassungsrechtsprechung und Verwaltungsrechtsprechung, Zürich 1992, S. 45 ff.; PFISTERER THOMAS, Die neuere Entwicklung der Gemeindeautonomie, insbesondere im Kanton Aargau, ZBJV 125/1989, S. 1 ff.; PIGUET JEAN-MICHEL, La jurisprudence du Tribunal fédéral suisse en matière d'autonomie communale: une «charte prétorienne» de l'autonomie locale, RDAF 48/1992, S. 145 ff.; SCHMUKI PAUL, Die Gliederung des Kantons und das Verhältnis zwischen Staat und Kirchen, in: Materialien zur Zürcher Verfassungsreform, Bd. 9, S. 89 ff.; SEILER HANSJÖRG, Gemeinden im schweizerischen Staatsrecht, in: Verfassungsrecht der Schweiz, § 31; THALMANN, §§ 14 ff.; THÜRER DANIEL, Bund und Gemeinden, Berlin u.a. 1986; THÜRER DANIEL, Schweizerische Gemeindeautonomie und die Europäische Charta der kommunalen Selbstverwaltung, in: Festschrift Otto K. Kaufmann, Bern/Stuttgart 1989, S. 221 ff.; THÜRER DANIEL, Die Stellung der Städte und Gemeinden im Bundesstaat, recht 13/1995, S. 217 ff.; THÜRER GEORG, Geschichtliche Entwicklung der Gemeindeautonomie in der Schweiz, in: Die Gemeindeautonomie, Einsiedeln/Köln 1946, S. 27 ff.; WEIBEL E. (u.a.), L'avenir de l'autonomie communale à l'aube du troisième millénaire, Freiburg 1992; ZIMMERLI ULRICH, Die neuere bundesgerichtliche Rechtsprechung zur Gemeindeautonomie, ZBl 73/1972, S. 257 ff.; ZWAHLEN HENRI, L'autonomie communale à la lumière de la jurisprudence récente du Tribunal fédéral suisse, in: Mélanges Marcel Bridel, Lausanne 1968, S. 631 ff.

---

[*] Ich danke Fürsprecher lic.iur. Yves Stucki für seine kompetente Mitarbeit.

Rechtsquellen

- Art. 50 BV
- Europäische Charta der kommunalen Selbstverwaltung vom 15. Oktober 1985 (SR 0.102)
- Gesetz über das Gemeindewesen vom 6. Juni 1926 (Gemeindegesetz, GemG; LS 131.1)
- Steuergesetz vom 8. Juni 1997 (LS 631.1)
- Gesetz über das Gesundheitswesen vom 4. November 1962 (Gesundheitsgesetz, GesG; LS 810.1)

Übersicht	Note
1. Einleitung	1
2. Gemeindeautonomie	5
2.1. Begriff und Umfang der Gemeindeautonomie	5
2.2. Einzelne Autonomiebereiche der zürcherischen Gemeinden	9
2.2.1. Gemäss Kantonsverfassung	9
2.2.2. Gemäss Gesetzesrecht	10
2.3. Tragweite der Gemeindeautonomie	12
3. Weitere Ansprüche der Gemeinden	15
3.1. Rücksichtnahme auf die Gemeinden	15
3.1.1. Zur Terminologie	15
3.1.2. Pflicht zur Rücksichtnahme	17
3.2. Anhörung der Gemeinden	20
3.3. Initiativ- und Referendumsrecht der Gemeinden	24
3.4. Zusammenarbeit mit den Gemeinden	27
3.5. Gemeindefinanzen	29
4. Durchsetzung der Gemeindeautonomie und der weiteren Ansprüche der Gemeinden	30

1. Einleitung

1   Zum Föderalismus in der Schweiz gehören nicht nur die Kantone als eigenständige Gliedstaaten, sondern auch die Gemeinden, welchen nach Massgabe des kantonalen Rechts *Selbstverwaltungsbefugnis*, das heisst Autonomie zukommt[1].

2   Gemäss Art. 85 Abs. 1 regeln die Gemeinden ihre Angelegenheiten selbständig. Bereits in Art. 1 Abs. 4 und in Art. 83 Abs. 3 ist von der *Selbstständigkeit der Gemeinden* die Rede. Während es dort um die rechtliche Stellung der Gemeinden geht, bildet die Art der Aufgabenerfüllung Gegenstand von Art. 85 Abs. 1. Die zürcherischen Gemeinden sind sowohl rechtlich selbständig, haben also eigene Rechtspersönlichkeit, als auch autonom, haben also Handlungsspielraum bei der Erfüllung ihrer Aufgaben.

---

[1] Art. 50 Abs. 1 BV.

Art. 85 knüpft an die Bestimmung von Art. 48 aKV an. Während in der alten Kantonsverfassung die Gemeindeautonomie ausdrücklich an die *Schranken der Verfassung und der Gesetze* gebunden war, fehlt diese Einschränkung in Art. 85[2]. In Art. 85 Abs. 1 Satz 2 wird umgekehrt ausdrücklich festgehalten, dass das kantonale Recht den Gemeinden möglichst weiten Handlungsspielraum gewähren soll.

Neben der Gemeindeautonomie räumt Art. 85 *weitere Rechte* ein, welche die Stellung der Gemeinden stärken sollen; insoweit ist die Marginalie Gemeindeautonomie zu eng. Die Kantonsverfassung statuiert überdies an anderen Stellen weitere Pflichten des Kantons gegenüber den Gemeinden und weitere Rechte der Gemeinden.

2. Gemeindeautonomie

2.1. Begriff und Umfang der Gemeindeautonomie

Die Gemeindeautonomie wird durch Art. 50 Abs. 1 der Bundesverfassung gewährleistet. Trotzdem sind die Gemeinden nicht überall im gleichen Umfang und in den gleichen Bereichen autonom. Massgebend ist das *kantonale Recht*.

Auch wenn die neue Kantonsverfassung die Gemeindeautonomie nicht ausdrücklich an die Schranken von Verfassung und Gesetzen bindet, ergibt sich der Autonomiebereich doch aus der Kantonsverfassung und der Gesetzgebung. Gemeindeautonomie ist nicht eine abstrakte Grösse; vielmehr ist sie das *Ergebnis der konkreten Regelungen* von Verfassung und Gesetzen zu den einzelnen Aufgabenbereichen. Gemeindeautonomie ist die Summe der Gestaltungsbereiche, welche das kantonale (und eidgenössische) Recht den Gemeinden einräumt.

Nach der seit 1967 stets wiederkehrenden *Formulierung des Bundesgerichts* ist eine Gemeinde «in einem Sachbereich autonom, wenn das kantonale Recht diesen nicht abschliessend ordnet, sondern ihn ganz oder teilweise der Gemeinde zur Regelung überlässt und ihr dabei eine relativ erhebliche Entscheidungsfreiheit einräumt»[3]. Gemeindeautonomie erstreckt sich sowohl auf die Rechtsetzung als auch auf die Rechtsanwendung; auch bei der Anwendung von Recht des Bundes und des Kantons kann der Gemeinde Autonomie zukommen[4]. Massgebend ist,

---

[2] Selbstverständlich sind die Gemeinden auch ohne ausdrückliche Erwähnung in Art. 85 an das übergeordnete Recht gebunden; vgl. sogleich N. 6.
[3] Vgl. z.B. BGE 122 I 279 ff., 290; erstmals sinngemäss BGE 93 I 154 ff.
[4] BGE 126 I 133 ff.

dass die Gemeinden eigene Regelungen oder Entscheidungen treffen und dabei ihren besonderen Verhältnissen und Bedürfnissen Rechnung tragen können[5].

8 Die Schweiz hat sich mit dem Beitritt zur *Europäischen Charta der kommunalen Selbstverwaltung* des Europarates zur Gewährung der Gemeindeautonomie verpflichtet[6]. Daraus ergibt sich eine Pflicht der Kantone, den Gemeinden ein Mindestmass an Autonomie einzuräumen.

2.2. Einzelne Autonomiebereiche der zürcherischen Gemeinden

2.2.1. Gemäss Kantonsverfassung

9 In einzelnen Bereichen räumt die Kantonsverfassung den Gemeinden Autonomie ein. Für die *Gemeindeorganisation* steht den Gemeinden das Wahlrecht zu zwischen Gemeindeversammlung und Gemeindeparlament[7]. Weiter kann die Gemeinde autonom die Beträge festsetzen, ab welchen Ausgabenbeschlüsse der Urnenabstimmung unterliegen; überdies kann sie zusätzlich zu den vom kantonalen Recht vorgeschriebenen Beschlüssen weitere der Urnenabstimmung unterstellen[8]. Die Zuständigkeit zur Erteilung des Gemeindebürgerrechts kann die Gemeinde festlegen, allerdings beschränkt auf die Auswahl zwischen der Gemeindeversammlung und einem von den Stimmberechtigten gewählten Organ (Gemeinderat, Bürgerrechtskommission, Gemeindeparlament)[9].

2.2.2. Gemäss Gesetzesrecht

10 Der Aufgabenkatalog der Kantonsverfassung weist den Gemeinden keine spezifischen Aufgaben zu; in der Regel werden Kanton und Gemeinden mit einer Aufgabe betraut. Welche Aufgabe die Gemeinden zu erfüllen haben und wie viel Autonomie ihnen dabei zukommt, wird erst durch Gesetz bestimmt; die Übertragung neuer Aufgaben auf die Gemeinden muss ebenfalls durch Gesetz erfolgen, falls sie zu einer Mehrbelastung der Gemeinde führt (Art. 38 Abs. 1 lit. g)[10]. Der Umfang der Gemeindeautonomie ergibt sich daher aus einer Vielzahl von Gesetzesbestimmungen.

---

[5] BGE in ZBl 105/2004, S. 157 ff., 159; BGE 118 Ia 218 ff., 221 f.
[6] Vgl. dazu die Botschaft des Bundesrates zur Europäischen Charta der kommunalen Selbstverwaltung vom 19. Dezember 2003, BBl 2004, S. 79 ff.
[7] Art. 87 Abs. 2.
[8] Art. 86 Abs. 2.
[9] Art. 21 Abs. 1.
[10] Auf Verlangen oder mit Zustimmung einer Gemeinde kann ihr der Regierungsrat gegen angemessene Entschädigung weitere Aufgaben zur selbstständigen Erfüllung übertragen (Art. 97 Abs. 2).

Gemäss Planungs- und Baugesetz kommt den Gemeinden Autonomie zu beim 11
Erlass der Bau- und Zonenordung, das heisst bei der Nutzungsplanung[11]. Bei der
Regelung der Nutzung öffentlicher Sachen sind die zürcherischen Gemeinden
ebenfalls autonom[12]. Mit Bezug auf die Finanzen besteht eine gewisse Autonomie der Gemeinden; insbesondere setzen sie selbst den Steuerfuss für die
Gemeindesteuern sowie das jährliche Budget fest[13]. Beim Finanzausgleich und
bei der Gewährung von Staatsbeiträgen besteht dagegen keine Gemeindeautonomie[14]; das Gleiche gilt mit Bezug auf das Wahl- und Abstimmungsrecht[15]. Im
Bereich der Volksschule ist die Gemeindeautonomie beschränkt[16]; sie besteht
punktuell beim Vollzug und in organisatorischer Hinsicht. Auch im Gesundheitswesen kommt den Gemeinden beschränkte Autonomie zu[17]. Mehr Spielraum ergibt sich im Sozialwesen sowie beim Strassenbau und öffentlichen Verkehr[18]. Grosse Autonomie besteht im Kultur- und Sportbereich.

2.3. Tragweite der Gemeindeautonomie

Art. 85 Abs. 1 weist einen *Doppelcharakter* auf. Er gewährt einerseits den Gemeinden ein verfassungsmässiges Recht und auferlegt anderseits dem Kanton 12
die Pflicht, den Gemeinden möglichst weiten Handlungsspielraum einzuräumen.

Der *«individualrechtliche» Aspekt* der Gemeindeautonomie räumt den Gemeinden die Befugnis ein, den ihnen von Verfassung und Gesetz gewährten Handlungsspielraum auszuschöpfen und gegen Beeinträchtigungen durch Behörden 13
des Kantons (und des Bundes) mit den dafür vorgesehenen Rechtsmitteln durchzusetzen[19].

Der zweite Aspekt ist ein verfassungsrechtlicher Leitgrundsatz, eine *Anweisung* 14
an den Gesetzgeber und die kantonalen Behörden, den Gemeinden möglichst
weit gehenden Handlungsspielraum zu belassen. Es handelt sich dabei um
die Konkretisierung des *Subsidiaritätsprinzips*, wie es für das Verhältnis zwischen Kanton und Gemeinden in Art. 97 Abs. 1 abstrakt statuiert ist: Soweit die
Gemeinden in der Lage sind, eine öffentliche Aufgabe ebenso zweckmässig zu

---

[11] Vgl. z.B. BGE 119 Ia 285 ff., 295; BGE 111 Ia 129 ff., 132 f.; BGE 1P.37/2003 und 1P.43/2003 vom 12. September 2003, ZBl 106/2005, S. 167.
[12] BGE 126 I 133 ff., 136 f.; BGE 122 I 279 ff., 291.
[13] § 41 Abs. 2 GemG.
[14] BGE in ZBl 100/1999, S. 273 ff.; BGE in ZBl 94/1993, S. 463 ff., 466; BGE in ZBl 88/1987, S. 120 ff., 121 f.
[15] BGE 113 Ia 212 ff., 213.
[16] BGE in ZBl 95/1994, S. 300 ff., 302 f. (Kindergarten); BGE 2P.133/2001 vom 6. September 2001 (Entlassung eines Lehrers).
[17] § 5 GesG; BGE 113 Ia 341 ff., 344 ff.
[18] BGE 113 Ia 212 ff., 214.
[19] Vgl. dazu N. 30.

erfüllen wie der Kanton, sollen sie diese Aufgabe wahrnehmen; der Kanton soll eine solche Aufgabe nicht übernehmen. Wenn der Kanton eine Regelung erlässt, soll er die Gemeinden zu deren Vollzug beiziehen und ihnen dabei möglichst viel Handlungsspielraum belassen. Dabei ist allerdings – so muss einschränkend beigefügt werden – sicherzustellen, dass der Vollzug korrekt und unter Beachtung der Rechtsgleichheit erfolgt. Dazu dient die Aufsicht des Kantons über die Gemeinden (Art. 94) sowie die Rechtsprechung kantonaler Behörden und Gerichte gegenüber Anordnungen der Gemeinden (Art. 77).

3. Weitere Ansprüche der Gemeinden

3.1. Rücksichtnahme auf die Gemeinden

3.1.1. Zur Terminologie

15 Art. 85 Abs. 2 verpflichtet den Kanton, die möglichen Auswirkungen seines Handelns «auf die Gemeinden, die Städte und auf die Agglomerationen» zu berücksichtigen. Diese Formulierung ist – abgesehen von der sprachlichen Holperigkeit[20] – inhaltlich nicht ganz korrekt. Sie impliziert, dass es nebeneinander Gemeinden, Städte und Agglomerationen gibt. Das trifft rein juristisch betrachtet nicht zu. Auch Städte sind Gemeinden im Sinn von Art. 83. Mit der Formulierung von Art. 85 Abs. 2 wird ein *neuer Gemeindebegriff* eingeführt, der nur die Gemeinden mit Gemeindeversammlung erfasst, nicht jedoch jene mit Gemeindeparlament, die in der Umgangssprache als Städte bezeichnet werden[21]. Korrekt wäre daher die Formulierung gewesen «auf die Gemeinden, insbesondere die Städte, und auf die Agglomerationen»[22].

16 Der Begriff der *Agglomeration* ist im zürcherischen Recht neu. Eingeführt ist er beispielsweise in den Kantonen Bern, Freiburg und Waadt[23] sowie auf Bundesebene[24]. Er umfasst die Städte sowie die zusammen mit einer Stadt eine wirtschaftliche und oft auch bauliche Einheit bildenden umliegenden Gemeinden.

---

[20] Entweder hätte formuliert werden müssen «auf die Gemeinden, auf die Städte und auf die Agglomerationen», oder das «auf» hätte auch bei den Agglomerationen weggelassen werden müssen.

[21] Ähnlich D. Thürer mit dem Titel seines Aufsatzes über die Stellung der Städte und Gemeinden im Bundesstaat.

[22] Ähnlich lautete die Bestimmung in Art. 93 Abs. 2 VE. Vgl. dazu die Diskussion im Verfassungsrat, Prot. Plenum, S. 3210 ff.

[23] Vgl. Art. 5 Abs. 2 des Gemeindegesetzes des Kantons Bern vom 16. März 1998; dazu Müller, Vorbemerkungen zu Art. 5–8, N. 3 ff., in: Arn u.a.; ferner Freiburger Gesetz über die Agglomerationen (AggG) vom 19. September 1995; Art. 157 KV Waadt.

[24] Art. 50 Abs. 3 BV; vgl. auch die Botschaft des Bundesrates zum Infrastrukturfonds für den Agglomerationsverkehr und das Nationalstrassengesetz (Infrastrukturfonds) vom 2. Dezember 2005, BBl 2006, S. 763 ff., sowie das Gesetz vom 6. Oktober 2006, BBl 2006, S. 8433 ff.; ferner die Vereinbarung zwischen dem Bund, den Kantonen sowie den Städten und Gemeinden zur Schaffung einer tripartiten Agglomerationskonferenz vom 20. Februar 2001 (www.kdk.ch/int/kdk/de/triagglo.html).

Agglomerationen setzen sich somit aus einer Vielzahl von Gemeinden zusammen; meist lassen sie sich nicht eindeutig abgrenzen, solange sie sich nicht für bestimmte Aufgaben wie Regionalverkehr oder Regionalplanung zu Zweckverbänden zusammenschliessen. Agglomerationen können Gemeinden mehrerer Kantone umfassen.

3.1.2. Pflicht zur Rücksichtnahme

Die Pflicht des Kantons zur Rücksichtnahme bedeutet, dass bei Beschlüssen abzuklären ist, welche Konsequenzen sich daraus für die Gemeinden ergeben, beispielsweise in finanzieller, wirtschaftlicher oder sozialpolitischer Hinsicht. 17

Die gleiche Pflicht wie den Kanton trifft gemäss Art. 50 Abs. 2 und 3 BV auch den *Bund*. Auch er hat bei seinem Handeln die möglichen Auswirkungen auf die Gemeinden zu beachten und dabei auf die besondere Situation der Städte und der Agglomerationen sowie der Berggebiete Rücksicht zu nehmen[25]. 18

Die Pflicht zur Rücksichtnahme erfordert bei allen kantonalen Vorhaben eine *Gemeindeverträglichkeitsprüfung*. Ergeben sich aus kantonalen (oder eidgenössischen) Regelungen oder Massnahmen problematische Auswirkungen auf die Gemeinden, so ist entweder darauf zu verzichten oder sind sie so abzuändern, dass sie für die Gemeinden tragbar werden. Inskünftig sollte in den Weisungen zu Anträgen des Regierungsrates an den Kantonsrat wie auch zu Verordnungen des Regierungsrates regelmässig ein Abschnitt der Gemeindeverträglichkeit gewidmet werden, ähnlich wie der Bundesrat in seinen Botschaften an die Bundesversammlung zur Verfassungsmässigkeit und Europakompatibilität der beantragten Massnahmen Stellung nimmt. 19

3.2. Anhörung der Gemeinden

Damit der Kanton die Auswirkungen seines Handelns abschätzen kann, hat er die Gemeinden (inkl. Städte) vor dem Erlass von Regelungen und weiteren Massnahmen anzuhören. Im Verfassungsentwurf war das Anhörungsrecht noch auf Gemeinden beschränkt, die von einem Entscheid betroffen sind[26]. Auch wenn diese Einschränkung in der definitiven Fassung weggefallen ist, wird der Anhörungsanspruch der Gemeinden auf jene Geschäfte zu beschränken sein, welche sich – wenn auch nur indirekt – auf die Gemeinden auswirken können[27]. 20

---

[25] Vgl. dazu KÖLZ/KUSTER, S. 137 ff., sowie die Richtlinien des Bundesrates zuhanden der Bundesverwaltung betreffend die Zusammenarbeit zwischen dem Bund, den Kantonen und den Gemeinden vom 16. Oktober 2002, BBl 2002, S. 8385 ff.

[26] Art. 93 Abs. 3 VE.

[27] Ähnlich SCHMUKI, S. 93 Anm. 14.

21 Die Anhörung kann im Rahmen von *Vernehmlassungsverfahren* geschehen, indem den Gemeinden Gelegenheit zur Stellungnahme eingeräumt wird. Eine andere Möglichkeit ist der Einbezug der Gemeinden in *Kommissionen und Arbeitsgruppen*, welche kantonale Gesetze, Verordnungen oder anderweitige Massnahmen ausarbeiten. Eine solche Mitwirkung ersetzt das Recht auf Vernehmlassung allerdings nicht, da die Mitwirkung auf einzelne Vertreterinnen und Vertreter beschränkt ist.

22 Art. 85 Abs. 3 räumt den Gemeinden einen Anspruch auf *rechtzeitige Anhörung* ein. Das bedeutet, dass die Stellungnahmen der Gemeinden in einem Zeitpunkt einzuholen sind, in welchem sie auch noch in die Entscheidungen einfliessen können.

23 Das Anhörungsrecht beinhaltet keinen Anspruch darauf, dass die Vorschläge der Gemeinden tatsächlich *berücksichtigt* werden. Immerhin hat sich die kantonale Behörde mit den Vorschlägen der Gemeinden – wie der übrigen Vernehmlassungsteilnehmer – auseinanderzusetzen und zu begründen, weshalb sie nicht berücksichtigt werden.

3.3. Initiativ- und Referendumsrecht der Gemeinden

24 Das Anhörungsrecht der Gemeinden wird ergänzt durch deren Initiativ- und Referendumsrecht. Gemäss Art. 24 lit. b können eine oder mehrere Behörden *Initiativen* einreichen. Dies gilt nicht nur für Behörden des Kantons, sondern auch der Gemeinden[28]. Initiativberechtigt sind die Gemeindeversammlung, das Gemeindeparlament und der Gemeindevorstand je einzeln, daneben aber auch die Rechnungsprüfungskommission, die Schulpflege, eine allfällige Bürgerrechtskommission sowie andere Kommissionen mit selbständigen Verwaltungsbefugnissen.

25 Überdies räumt die Verfassung neu zwölf politischen Gemeinden gemeinsam sowie der Stadt Zürich und der Stadt Winterthur je einzeln das Recht ein, gegen Erlasse und andere Beschlüsse des Kantonsrates das *Referendum* zu ergreifen (Gemeindereferendum; Art. 33 Abs. 2 lit. b). In Zürich und Winterthur ist das Gemeindeparlament für die Ergreifung des Referendums zuständig; die übrigen Gemeinden haben das zuständige Organ – in der Gemeindeordnung[29] – selbst zu bestimmen (Art. 33 Abs. 4).

26 Das Initiativ- und Referendumsrecht der Gemeinden gilt allgemein; es ist nicht auf gemeinderelevante Beschlüsse beschränkt. Allerdings fehlt den Gemeinden

---

[28] Vgl. dazu PETER KOTTUSCH, Die Einzel- und Behördeninitiative nach zürcherischem Staatsrecht und ihre praktische Bedeutung, ZBl 89/1988, S. 1 ff., 11 f.
[29] Art. 89 Abs. 1 KV.

die politische Legitimation, Beschlüsse mit der Initiative vorzuschlagen oder mit dem Referendum zu bekämpfen, welche sie nicht in spezifischer Weise betreffen[30].

3.4. Zusammenarbeit mit den Gemeinden

Eine weitere Pflicht des Kantons gegenüber den Gemeinden ergibt sich aus Art. 4 und Art. 95 Abs. 1: die Pflicht zur Zusammenarbeit. Art. 4 verpflichtet den Kanton allgemein zur Zusammenarbeit mit den Gemeinden (wie auch mit den anderen Kantonen, dem Bund und dem Ausland), und Art. 95 Abs. 1 wiederholt diese Aufforderung im Zusammenhang mit der Erfüllung öffentlicher Aufgaben. Hier ist die Pflicht gegenseitig; Kanton und Gemeinden sowie andere Träger öffentlicher Aufgaben sind zur Zusammenarbeit verpflichtet.

Die Pflicht zur Zusammenarbeit bedeutet, dass der Kanton bei der Erfüllung seiner Aufgaben die Gemeinden mit einbeziehen muss. Das beinhaltet wiederum die Pflicht zur Rücksichtnahme, aber auch zur gegenseitigen Absprache und Koordination der Tätigkeiten. Der Kanton soll gegenüber den Gemeinden nicht einseitig verfügen, sondern partnerschaftlich mit den Gemeinden Lösungen erarbeiten. Die Pflicht zur Zusammenarbeit bei der Erfüllung der Aufgaben ist eine zweiseitige Verpflichtung von Kanton und Gemeinden.

3.5. Gemeindefinanzen

Die Gemeinden können ihre Aufgaben nur erfüllen und von ihrer Autonomie nur Gebrauch machen, wenn ihnen genügend finanzielle Mittel zur Verfügung stehen. Das ist einerseits dadurch gewährleistet, dass die Gemeinden befugt sind, *Steuern*[31] und weitere Abgaben, insbesondere *Gebühren*[32], zu erheben. Viele Gemeinden sind auf zusätzliche Mittel angewiesen. Der Kanton hat deshalb einen *Finanzausgleich* einzurichten, mit welchem die Gemeinden in die Lage versetzt werden, ihre notwendigen Aufgaben zu erfüllen; gleichzeitig soll damit erreicht werden, dass die Gemeindesteuerfüsse nicht zu stark voneinander abweichen[33]. Überdies sind mit einem *Lastenausgleich* besondere Leistungen oder Lasten einzelner Gemeinden angemessen abzugelten[34].

---

[30] Vgl. dazu SCHMUKI (S. 93), der zu Recht für einen zurückhaltenden Gebrauch des Gemeindereferendums plädiert.
[31] Art. 122 ff.; §§ 187 ff. Steuergesetz.
[32] Art. 126.
[33] Art. 127.
[34] Art. 128.

4. Durchsetzung der Gemeindeautonomie und der weiteren Ansprüche der Gemeinden

30 Der individualrechtliche Anspruch der Gemeinden auf *Gemeindeautonomie* kann mit Rechtsmitteln durchgesetzt werden. Das Gleiche gilt für die politischen Rechte (Initiativ- und Referendumsrecht) sowie allenfalls für den Anspruch der Gemeinden auf Anhörung (Vernehmlassung). Die *weiteren Ansprüche* der Gemeinden auf Rücksichtnahme und Zusammenarbeit sowie auf Finanz- und Lastenausgleich können nur insoweit mit Rechtsmitteln durchgesetzt werden, als sie durch Gesetz konkretisiert sind. Erst wenn das Rücksichtnahme- und das Zusammenarbeitsgebot sowie der Finanz- und Lastenausgleich gesetzlich präzisiert sind, werden sie allenfalls justiziabel[35].

---

[35] Vgl. dazu Art. 94 N. 25 ff.

Art. 86[*]

Das Gesetz regelt die Volksrechte in der Gemeinde. Es sieht insbesondere ein Initiativrecht, ein Referendumsrecht und ein Anfragerecht vor.

Volksrechte in der Gemeinde

Die Stimmberechtigten entscheiden an der Urne über:
a) Ausgaben, die einen in der Gemeindeordnung festgelegten Betrag übersteigen;
b) Geschäfte, die in Verfassung, Gesetz oder Gemeindeordnung besonders bezeichnet sind.

In der Gemeindeversammlung kann ein Drittel der anwesenden Stimmberechtigten verlangen, dass über einen Beschluss nachträglich an der Urne abgestimmt wird.

Das Gesetz bezeichnet die Geschäfte, die von der Urnenabstimmung ausgeschlossen sind.

Materialien

Art. 94 und 95 VE; Prot. Plenum, S. 2276 ff. (41. Sitzung), 3219 ff.

Merkblatt des Gemeindeamts des Kantons Zürich: Die neue Kantonsverfassung. Was ändert sich ab 1. Januar 2006 für die Gemeinden?, Mai/Dezember 2005 (www.gaz.zh.ch, Arbeitshilfen)

Literatur

BRINER LUKAS, Grundsatzentscheide (zweistufiges demokratisches Beschlussverfahren) am Beispiel der zürcherischen Gemeinde, Diss., Zürich 1974; BURGHERR MARC, Versammlungsdemokratie in den Gemeinden, ZBl 102/2001, S. 617 ff.; HALLER WALTER, Das Finanzreferendum, ZSR 90/1971 I, S. 479 ff.; JAAG TOBIAS, Die Ausgabenbewilligung im zürcherischen Gemeinderecht, ZBl 94/1993, S. 68 ff.; KOTTUSCH PETER, Bürgerrecht und Volksrechte, in: Materialien zur Zürcher Verfassungsreform, Bd. 9, S. 65 ff. (Bürgerrecht und Volksrechte); LADNER ANDREAS, Politische Gemeinden, kommunale Parteien und lokale Politik, Diss. phil., Zürich 1991; LAUR ERNST MARTIN, Das Finanzreferendum im Kanton Zürich, Diss., Zürich 1966; PESTALOZZI HANS ULRICH, Das Initiativrecht in der Zürcher Gemeinde, Diss., Zürich 1973; SAILE PETER, Das Recht der Ausgabenbewilligung der zürcherischen Gemeinden, St. Gallen 1991; SAILE PETER/BURGHERR MARC, Das neue kommunale Initiativrecht. Ein Überblick, Zürich 2005; SCHAFFHAUSER RENÉ, Die direkte Demokratie in den komplexen Formen der Gemeindeorganisation, Diss., St. Gallen 1978; STREIFF ULLIN, Die Gemeindeorganisation mit Urnenabstimmung im Kanton Zürich, Diss. (Zürich), Aarau 1961; THALMANN, §§ 89 ff.

Rechtsquellen

- Gesetz über das Gemeindewesen vom 6. Juni 1926 (Gemeindegesetz, GemG; LS 131.1)
- Gesetz über die politischen Rechte vom 1. September 2003 (GPR; LS 161)

---

[*] Ich danke lic.iur. Renate Lang für ihre kompetente und engagierte Mitarbeit.

Übersicht Note

1. Einleitung 1
   1.1. Politische Rechte in der Gemeinde 1
   1.2. Gesetzgebungsauftrag 6
2. Initiativrecht 9
3. Referendum 17
   3.1. Urnenabstimmung im Allgemeinen 17
       3.1.1. Ausgangspunkt 17
       3.1.2. Finanzreferendum 19
       3.1.3. In Verfassung, Gesetz oder Gemeindeordnung vorgesehene Beschlüsse 23
       3.1.4. Von der Urnenabstimmung ausgeschlossene Geschäfte 26
   3.2. Gemeinden mit Gemeindeversammlung 28
       3.2.1. Gemeindeversammlung und Urnenabstimmung 28
       3.2.2. Vorberatung in der Gemeindeversammlung 30
       3.2.3. Urnenabstimmung nach Beschlussfassung in der Gemeindeversammlung 33
   3.3. Gemeinden mit Gemeindeparlament 36
4. Anfragerecht 38

1. Einleitung

1.1. Politische Rechte in der Gemeinde

1 Art. 86 schreibt vor, dass durch Gesetz die Volksrechte in der Gemeinde zu regeln sind, insbesondere Initiative, Referendum und Anfrage. Damit werden nicht alle politischen Rechte genannt; es fehlen insbesondere die Mitwirkungsrechte in der Gemeindeversammlung sowie das Wahlrecht. Dieses Fehlen ist nicht als qualifiziertes Schweigen der Verfassung zu verstehen; vielmehr werden die beiden Rechte als selbstverständlich vorausgesetzt. Das ergibt sich aus anderen Bestimmungen der Kantonsverfassung[1].

2 Die *Voraussetzungen* für die politischen Rechte sind auf Gemeindeebene die gleichen wie im Kanton (Art. 22). Stimm- und wahlberechtigt sind Schweizer Bürgerinnen und Bürger mit Wohnsitz in der Gemeinde, welche das 18. Lebensjahr zurückgelegt haben und nicht wegen Geisteskrankheit oder Geistesschwäche entmündigt sind[2]. Vorstösse auf Einführung des kommunalen Stimm- und Wahlrechts für Ausländerinnen und Ausländer sind im Verfassungsrat gescheitert[3].

---

[1] So insbesondere aus Art. 22, Art. 86 Abs. 3 und Art. 87. Vgl. ferner § 2 GPR.
[2] Art. 22 KV i.V.m. Art. 136 Abs. 1 BV. Wohnsitz in der Gemeinde ist in Art. 22 KV nicht vorgeschrieben; vgl. aber § 3 Abs. 1 lit. c GPR. Für das passive Wahlrecht kann das Gesetz auf den Wohnsitz in der Gemeinde verzichten (§ 3 Abs. 4 GPR), nicht aber auf den Wohnsitz im Kanton; a.M. das Gemeindeamt des Kantons Zürich in seinem Merkblatt zur neuen Kantonsverfassung, S. 7.
[3] Vgl. KOTTUSCH, Bürgerrecht und Volksrechte, S. 70 f. Mit einer Einzelinitiative wurde seither bereits ein neuer Vorstoss zur Einführung des Ausländerstimm- und -wahlrechts auf Gemeindeebene unternommen;

Gemeindedemokratie ist in erster Linie Versammlungsdemokratie. Die Stimmberechtigten üben ihre Rechte in der ordentlichen Gemeindeorganisation grundsätzlich in der *Gemeindeversammlung* aus[4]. Dass dies in der Verfassung nirgends ausdrücklich gesagt, sondern nur stillschweigend vorausgesetzt wird, ist ein Mangel.

Die Gemeindeversammlung wird für einzelne Geschäfte ergänzt durch die Urnenabstimmung und für einzelne Gemeinden ersetzt durch das Gemeindeparlament. Mit der Gemeindeversammlung befasst sich die Kantonsverfassung nicht explizit. Das Gemeindeparlament wird in Art. 87 Abs. 2 thematisiert. Die Urnenabstimmung (Referendum) bildet – zusammen mit dem Initiativrecht und dem Anfragerecht – Gegenstand von Art. 86[5].

Systematisch wäre es besser gewesen, Art. 87 vor Art. 86 KV zu setzen und Art. 87 Abs. 1 lit. a wie folgt zu ergänzen[6]:

«Die Organe der Gemeinde sind

a) die Gesamtheit der Stimmberechtigten, *die ihre Rechte an der Gemeindeversammlung oder an der Urne ausüben*; ...»

Damit wäre die Organfunktion der Stimmberechtigten am Anfang hervorgehoben worden und die zentrale Bedeutung der Gemeindeversammlung zum Ausdruck gelangt. Gleichzeitig gäbe es eine saubere Grundlage für die Bestimmung von Art. 87 Abs. 2, wonach die Gemeindeversammlung durch das Gemeindeparlament ersetzt werden kann, sowie für die Unterscheidung zwischen ordentlicher und ausserordentlicher Gemeindeorganisation; diese spielt bereits in Art. 86 eine Rolle, wird aber erst in Art. 87 thematisiert[7].

1.2. Gesetzgebungsauftrag

Art. 86 Abs. 1 und 4 enthalten Gesetzgebungsaufträge. Durch Gesetz sind das Initiativrecht, das Referendumsrecht und das Anfragerecht vorzusehen und die von der Urnenabstimmung ausgeschlossenen Geschäfte zu bezeichnen. Dies gilt sowohl für die *politische Gemeinde* als auch für die *Schulgemeinde*. Mit Bezug auf das Initiativ- und das Anfragerecht bleibt es beim Gesetzgebungsauftrag; die Verfassung macht dazu keine weiteren Vorgaben.

---

vgl. dazu den Antrag des Regierungsrates vom 10. Mai 2006, ABl 2006, S. 492 ff. Der Kantonsrat hat die Initiative nicht definitiv unterstützt; ABl 2007, S. 216.

[4] Vgl. dazu Art. 87 N. 5 ff.

[5] Im Verfassungsentwurf befasste sich Art. 94 mit den Volksrechten in der Gemeinde und Art. 95 mit der Urnenabstimmung. Art. 94 VE entsprach Art. 86 Abs. 1 KV, Art. 95 VE den Abs. 2–4 von Art. 86 KV.

[6] Diese Ergänzung war im ursprünglichen Antrag der Kommission enthalten und im Plenum unbestritten; vgl. Prot. Plenum, S. 454. Die Redaktionskommission hat sie dann gestrichen; Prot. Plenum, S. 2296. Einen Antrag auf Wiederaufnahme hat der Verfassungsrat abgelehnt; Prot. Plenum, S. 3230 ff. Dem hier vorgeschlagenen Wortlaut entspricht Art. 66 Abs. 1 Ziff. 1 der KV Graubünden.

[7] Vgl. Art. 87 N. 1 f.

7 Demgegenüber enthalten die Absätze 2 und 3 von Art. 86 präzisierende Bestimmungen zum Referendum. Absatz 2 schreibt für alle Gemeinden vor, welche Geschäfte der Urnenabstimmung unterliegen. Absatz 3 bezieht sich dagegen nur auf Gemeinden mit Gemeindeversammlung[8].

8 Zusätzlich gelten teilweise die Verfassungsbestimmungen über die Volksrechte (Art. 22–37) sinngemäss auch für die Gemeinden. Inwiefern dies zutrifft, ist durch Gesetz zu bestimmen.

2. Initiativrecht

9 Die Kantonsverfassung schreibt das Initiativrecht in der Gemeinde vor. Sie enthält überdies Bestimmungen zum Initiativrecht auf kantonaler, nicht jedoch auf kommunaler Ebene (Art. 23–31). Die Vorschriften für kantonale Initiativen gelten sinngemäss auch für Initiativen auf Gemeindeebene[9]. Diese Verweisung des Gemeindegesetzes auf das kantonale Recht umfasst auch die Bestimmungen der Kantonsverfassung. Ändert das kantonale Recht, so gilt die neue Regelung auch für die Gemeinden; es handelt sich um eine dynamische Verweisung.

10 *Gegenstand von Initiativen* kann alles bilden, was auf Gemeindeebene in die Zuständigkeit der Gemeindeversammlung oder des Gemeindeparlaments fällt oder anstelle der Behandlung in der Gemeindeversammlung der Urnenabstimmung unterliegt[10]; ausgenommen sind allerdings Beschlüsse, die von der Urnenabstimmung ausgeschlossen sind[11].

11 Nach geltender gesetzlicher Regelung können neben einer – durch die Gemeindeordnung zu bestimmenden – Anzahl Stimmberechtigter auch einzelne Stimmberechtigte eine Initiative einreichen *(Einzelinitiative)*[12]; in Parlamentsgemeinden ist in der Gemeindeordnung das Quorum für die vorläufige Unterstützung einer Einzelinitiative im Parlament festzusetzen[13]. Dagegen gibt es die Behördeninitiative nicht auf Gemeindeebene; sie könnte jedoch durch Gesetz eingeführt werden.

12 Wie kantonale können auch kommunale Initiativen in den Formen entweder des ausgearbeiteten Entwurfs oder der allgemeinen Anregung eingereicht werden.

---

[8] Die Unterscheidung zwischen Gemeinden mit Gemeindeversammlung und Gemeinden mit Gemeindeparlament ergibt sich aus Art. 87 Abs. 2.
[9] §§ 50c und 96 GemG i.V.m. §§ 119 ff. GPR.
[10] § 50 Abs. 1 und § 96 Ziff. 1 GemG; Art. 86 Abs. 2 KV.
[11] Art. 86 Abs. 4 KV; § 93, § 96 Ziff. 1 und § 117 GemG. Einzelne Geschäfte, für welche die Gemeindeversammlung zuständig ist, sind initiativfähig, obwohl sie nicht der Urnenabstimmung unterstellt werden können, wie die Festsetzung des Gemeindesteuerfusses.
[12] §§ 50 und 96 GemG.
[13] § 96 Ziff. 6 GemG.

Sind die beiden Formen vermischt, so gilt die Initiative als allgemeine Anregung[14].

Der Gemeindevorstand überprüft die Initiative auf *Rechtmässigkeit*. Verstösst eine Initiative gegen den Grundsatz der Einheit der Materie oder gegen übergeordnetes Recht oder ist sie offensichtlich undurchführbar, so wird sie durch den Gemeindevorstand für ungültig erklärt[15]. In der Parlamentsgemeinde ist dafür das Gemeindeparlament zuständig; für die Ungültigkeitserklärung braucht es eine Mehrheit von zwei Dritteln der anwesenden Mitglieder[16]. 13

Die Behandlung von Volksinitiativen durch die Behörden muss innert bestimmter *Fristen* erfolgen[17]. In Gemeinden mit Gemeindeversammlung ist eine Initiative der nächsten Gemeindeversammlung vorzulegen; findet diese vor Ablauf eines Monats statt, so geht die Initiative in die übernächste Gemeindeversammlung[18]. In Parlamentsgemeinden gelten die für kantonale Volksinitiativen vorgesehenen Fristen, falls nicht in der Gemeindeordnung kürzere Fristen festgelegt sind[19]. 14

Wie auf kantonaler Ebene kann einer Initiative ein *Gegenvorschlag* gegenübergestellt werden. Das gilt sowohl für ausgearbeitete Entwürfe als auch für allgemeine Anregungen; der Gegenvorschlag muss die gleiche Form aufweisen wie die Initiative[20]. In der ordentlichen Gemeindeorganisation ist für die Vorlage eines Gegenvorschlags der Gemeindevorstand zuständig, in der Parlamentsgemeinde entscheidet darüber – allenfalls auf Antrag des Stadtrates – das Gemeindeparlament[21]. 15

In der Parlamentsgemeinde müssen eine Volksinitiative – allenfalls zusammen mit dem Gegenvorschlag – und eine definitiv unterstützte Einzelinitiative unverändert der Volksabstimmung unterbreitet werden. Demgegenüber kann eine Initiative in der Gemeindeversammlung nicht nur unverändert angenommen oder abgelehnt, sondern wie Vorlagen des Gemeindevorstands auch in abgeänderter Form angenommen werden[22]. 16

---

[14] Art. 25. Die bisherige Regelung, wonach eine Initiative bei Verletzung der Einheit der Form ungültig war (§ 127 Abs. 1 GPR), gilt nicht mehr.
[15] Art. 28 Abs. 1 KV; § 50a GemG.
[16] § 96 Ziff. 4 GemG i.V.m. Art. 28 Abs. 2 und 3 KV.
[17] Mit Art. 29 und 30 Abs. 2 KV werden die im Gesetz über die politischen Rechte festgesetzten Fristen teilweise verändert. Die neuen Fristen gelten schon, bevor das Gesetz angepasst wird (Art. 139).
[18] § 50b Abs. 1 und 2 GemG.
[19] Art. 29 und 30 Abs. 2 KV; § 96 Ziff. 5 GemG.
[20] Art. 30 Abs. 1 KV, abweichend von § 131 Abs. 1 GPR und § 50b Abs. 4 GemG.
[21] § 50b Abs. 4 GemG; § 96 GemG i.V.m. Art. 30 KV.
[22] § 46a GemG.

3. Referendum

3.1. Urnenabstimmung im Allgemeinen

3.1.1. Ausgangspunkt

17 Nach bisherigem Recht waren politische Gemeinden und Schulgemeinden mit mehr als 2000 Einwohnern verpflichtet, die Gemeindeordnung der Urnenabstimmung zu unterstellen; alle politischen und Schulgemeinden konnten in der Gemeindeordnung die Urnenabstimmung für die Gemeindeordnung, für Ausgabenbeschlüsse ab einer bestimmten Höhe sowie für Beschlüsse schlecht besuchter Gemeindeversammlungen vorsehen[23]. Diese Unterscheidung zwischen Gemeinden mit weniger und mit mehr als 2000 Einwohnern ist mit der neuen Kantonsverfassung dahingefallen[24].

18 Art. 86 Abs. 2 nennt zwei Kategorien von Geschäften, welche unabhängig von der Gemeindegrösse und von der Gemeindeorganisation (mit Gemeindeversammlung oder Gemeindeparlament) der Urnenabstimmung unterliegen: Ausgabenbeschlüsse ab einer durch die Gemeindeordnung zu bestimmenden Höhe sowie die in der Verfassung, in einem Gesetz oder in der Gemeindeordnung bezeichneten Geschäfte.

3.1.2. Finanzreferendum

19 Bei der ersten Kategorie handelt es sich um das Finanzreferendum. Jede Gemeinde hat in der Gemeindeordnung die Beträge festzusetzen, ab welchen Ausgabenbeschlüsse der Urnenabstimmung unterliegen. Dabei werden in der Regel unterschiedliche Beträge festgesetzt *für einmalige und für jährlich wiederkehrende Ausgaben*[25].

20 Die Regelung von Abs. 2 lit. a ist ausgerichtet auf die ordentliche *Gemeindeorganisation mit Gemeindeversammlung*. Sie unterscheidet deshalb nicht zwischen obligatorischem und fakultativem Referendum. Ausgaben ab einer bestimmten Höhe sind nicht an der Gemeindeversammlung, sondern obligatorisch an der Urne zu beschliessen.

21 In der *Gemeindeorganisation mit Gemeindeparlament* kann dagegen zwischen obligatorischem und fakultativem Referendum unterschieden werden. Das erlaubt eine abgestufte Lösung, wonach Ausgabenbeschlüsse des Gemeindeparlaments ab einem geringeren Betrag dem fakultativen, ab einem höheren Betrag dem obligatorischen Referendum unterliegen. Eine der kantonalen Regelung

---

[23] § 116 Abs. 1 und 2 GemG.
[24] Das gilt auch mit Bezug auf das Gemeindeparlament; Art. 87 Abs. 2.
[25] Vgl. für den Kanton Art. 33 Abs. 1 lit. d.

entsprechende Lösung, welche ausschliesslich das fakultative, nicht jedoch das obligatorische Finanzreferendum vorsieht, wäre für die Gemeinden unzulässig.

Die *Höhe der Beträge* für das (obligatorische und fakultative) Referendum wird von der Verfassung nicht vorgeschrieben. Sie ist von der Grösse der Gemeinde bzw. von der Höhe des Budgets der Gemeinde abhängig. In der Stadt Zürich beispielsweise liegt die Grenze für das obligatorische Referendum bei 20 Mio. Franken für einmalige, bei 1 Mio. Franken für jährlich wiederkehrende Ausgaben; dem fakultativen Referendum unterliegen alle übrigen Ausgabenbeschlüsse des Parlaments[26]. Die entsprechenden Beträge sind in allen Gemeinden bis spätestens Ende 2009 in der Gemeindeordnung festzusetzen (Art. 143 Abs. 2)[27]. 22

3.1.3. In Verfassung, Gesetz oder Gemeindeordnung vorgesehene Beschlüsse

Die zweite Kategorie umfasst die Geschäfte, für welche eine Verfassungsbestimmung, ein Gesetz oder die Gemeindeordnung die Urnenabstimmung vorsieht. Teilweise schreibt somit das kantonale Verfassungs- oder Gesetzesrecht die Urnenabstimmung vor; zusätzlich können die Gemeinden in der Gemeindeordnung weitere Beschlüsse der Urnenabstimmung unterstellen. 23

Die *Kantonsverfassung* schreibt die Urnenabstimmung für folgende Geschäfte vor: 24
- Zusammenschluss von Gemeinden (Art. 84 Abs. 3);
- Erlass der Gemeindeordnung (Art. 89 Abs. 2); damit unterliegen auch alle Fragen der Urnenabstimmung, welche in der Gemeindeordnung zu regeln sind, wie
- die Organisation und Zuständigkeit der Gemeindeorgane im Allgemeinen (Art. 89 Abs. 2) und für die Erteilung des Gemeindebürgerrechts im Besonderen (Art. 21 Abs. 1);
- die Unterstellung der Gemeinde unter den Zuständigkeitsbereich der kantonalen Ombudsstelle (Art. 81 Abs. 4);
- die Übertragung kommunaler Aufgaben, zu deren Erfüllung hoheitliche Befugnisse erforderlich sind, an Dritte (Art. 98 Abs. 3).

Durch Gesetz kann die Urnenabstimmung insbesondere angeordnet werden für die vertragliche Zusammenarbeit zwischen Gemeinden (Art. 91 Abs. 2). Daneben kann der Gesetzgeber die Urnenabstimmung für weitere Geschäfte vorsehen[28]. 25

---

[26] Art. 10 Abs. 1 lit. d und Art. 12 der Gemeindeordnung der Stadt Zürich vom 26. April 1970.
[27] Vgl. Art. 143 N. 9 ff.
[28] Vgl. z.B. § 14 Abs. 2, § 23 Abs. 3, § 29 Abs. 3, § 40 Abs. 1 lit. b und c sowie Abs. 2, § 41 Abs. 2, § 43 Abs. 2, § 48 lit. b, § 49 Abs. 2 und § 55 Abs. 1 GPR sowie § 41 Abs. 3 und § 119 GemG, wo Regelungen in der Gemeindeordnung und damit die Urnenabstimmung vorgeschrieben werden.

3.1.4. Von der Urnenabstimmung ausgeschlossene Geschäfte

26 Durch Gesetz können einzelne Geschäfte von der Urnenabstimmung ausgeschlossen werden (Art. 86 Abs. 4). Das Gemeindegesetz schliesst heute die Urnenabstimmung unter anderem für Wahlen, Jahresrechnungen und Geschäftsberichte, Voranschlag und Steuerfuss sowie weitere in der Gemeindeordnung bezeichnete Geschäfte aus[29].

27 Schon aufgrund der Verfassung ausgeschlossen ist die Urnenabstimmung für die Erteilung des Gemeindebürgerrechts (Art. 21 Abs. 1)[30].

3.2. Gemeinden mit Gemeindeversammlung

3.2.1. Gemeindeversammlung und Urnenabstimmung

28 Gemäss Art. 87 Abs. 1 lit. a bildet die Gesamtheit der Stimmberechtigten ein Organ der Gemeinde. In welcher Form die Stimmberechtigten ihre Organfunktionen wahrnehmen, ist dort nicht festgelegt. Aus anderen Bestimmungen der Kantonsverfassung ergibt sich, dass die Stimmberechtigten ihre politischen Rechte in der Regel in der Gemeindeversammlung ausüben[31] und für verschiedene Geschäfte eine Urnenabstimmung erforderlich ist[32].

29 In den Fällen, in welchen in Gemeinden mit Gemeindeversammlung die Urnenabstimmung vorgeschrieben ist, stellt sich die Frage nach dem Verhältnis zwischen Gemeindeversammlung und Urnenabstimmung: Ersetzt die Urnenabstimmung die Beratung und Beschlussfassung an der Gemeindeversammlung oder ergänzt sie sie? Die Verfassung lässt diese Fragen offen; sie sind durch das Gesetz zu beantworten.

3.2.2. Vorberatung in der Gemeindeversammlung

30 Nach geltendem Recht gehen in Gemeinden mit Gemeindeversammlung Geschäfte, für welche die Urnenabstimmung vorgesehen ist[33], grundsätzlich nicht an die Gemeindeversammlung. Die Vorlagen des Gemeindevorstands können daher nicht abgeändert, sondern an der Urne nur entweder unverändert angenommen oder abgelehnt werden.

31 Immerhin können die Gemeinden in der Gemeindeordnung eine Vorberatung in der Gemeindeversammlung vorsehen[34]. In Gemeinden, welche eine solche

---

[29] §§ 93 und 117 GemG.
[30] Vgl. dazu BGE 129 I 232 ff.
[31] Art. 87 Abs. 2 geht von der Gemeindeversammlung als Regel aus; die Gemeindeversammlung kann jedoch durch das Gemeindeparlament ersetzt werden. Vgl. dazu N. 3 ff.
[32] Art. 86 Abs. 2.
[33] Dazu N. 17 ff.
[34] § 116 Abs. 5 GemG. Vgl. dazu THALMANN, § 116 N. 4.

Vorberatung kennen, geht die Vorlage des Gemeinderates in die Gemeindeversammlung. Diese berät die Vorlage und kann auch Änderungen beschliessen. Die Schlussabstimmung findet dagegen nicht an der Gemeindeversammlung statt, sondern an der Urne.

Diese letztere Lösung sollte meines Erachtens zur Regel werden. Die Vorlagen des Gemeinderates müssen durch die Stimmberechtigten – wie in Gemeinden mit Gemeindeparlament durch das Parlament – beraten und auch abgeändert werden können. Andernfalls erhält der Antrag des Gemeindevorstands ein zu grosses Gewicht. Das Gemeindegesetz sollte daher die Vorberatung von Geschäften, die der Urnenabstimmung unterliegen, an der Gemeindeversammlung vorschreiben. Dabei müsste auch eine Schlussabstimmung zulässig sein, die allerdings der Bestätigung in der Urnenabstimmung bedarf.

3.2.3. Urnenabstimmung nach Beschlussfassung in der Gemeindeversammlung

Art. 86 Abs. 3 bezieht sich auf Fälle, in welchen die Urnenabstimmung nicht vorgeschrieben ist, sondern die Gemeindeversammlung für die Beschlussfassung zuständig ist. Nach bisherigem Recht konnten die Gemeinden in der Gemeindeordnung vorsehen, dass Beschlüsse der Gemeindeversammlung auf Begehren eines Drittels der Teilnehmer an der Gemeindeversammlung nachträglich der Urnenabstimmung unterstellt werden, falls nicht mehr als die Hälfte der Stimmberechtigten an der Gemeindeversammlung teilgenommen hat[35].

Diese Regelung gilt neu aufgrund der Verfassung in sämtlichen Gemeinden mit Gemeindeversammlung, unabhängig davon, wie viele Stimmberechtigte an der Gemeindeversammlung teilgenommen haben[36]. Auf Beschluss von einem Drittel der anwesenden Stimmberechtigten unterliegt ein Beschluss der Gemeindeversammlung der Urnenabstimmung. Mit dieser Regelung wird dem Vorwurf gegenüber der Gemeindeversammlung Rechnung getragen, dass sie oft zufällig zusammengesetzt und auch leicht manipulierbar ist. Im Vorfeld einer Urnenabstimmung ist eine intensivere Diskussion möglich, und es können sich auch mehr Stimmberechtigte an der Beschlussfassung beteiligen als an der Gemeindeversammlung.

Der Verfassungsentwurf enthielt noch eine zusätzliche Möglichkeit: Die Gemeindeordnung hätte vorsehen können, dass auch ein Zehntel der Stimmberechtigten innert 30 Tagen nach Veröffentlichung eines Beschlusses eine Urnenabstimmung hätte verlangen können[37]. Diese Regelung ist nicht in die Verfassung auf-

---

[35] § 116 Abs. 1 Ziff. 2 GemG.
[36] Art. 86 Abs. 3 KV.
[37] Art. 95 Abs. 2 Satz 2 VE. Vgl. dazu KOTTUSCH, Bürgerrecht und Volksrechte, S. 85 f.

genommen worden[38]; demzufolge steht diese Möglichkeit den Gemeinden nicht zur Verfügung.

3.3. Gemeinden mit Gemeindeparlament

36 Auch in Gemeinden mit Gemeindeparlament unterliegen all jene Geschäfte dem obligatorischen Referendum, für welche die Kantonsverfassung die Urnenabstimmung vorschreibt[39]. Das Gemeindegesetz unterstellte in seiner bisherigen Fassung grundsätzlich alle Beschlüsse des Gemeindeparlaments, welche nicht dem obligatorischen Referendum unterliegen, dem fakultativen Referendum; ausgenommen waren jene, für welche die Urnenabstimmung ausgeschlossen ist[40]. Diese gesetzliche Regelung kann auch unter der neuen Kantonsverfassung weitergeführt werden.

37 In Gemeinden mit Gemeindeparlament sind für das Referendum die Bestimmungen über kantonale Volksabstimmungen (Art. 32–37) sinngemäss anwendbar, soweit das Gesetz keine abweichenden Bestimmungen enthält. So können die Gemeinden neben dem ordentlichen Referendum auch das Referendum mit Gegenvorschlag von Stimmberechtigten einführen (konstruktives Referendum; Art. 35); durch Gesetz könnte das konstruktive Referendum auch für alle Parlamentsgemeinden eingeführt werden. Teil- und Variantenabstimmungen (Art. 34) waren bereits zuvor gesetzlich vorgesehen[41].

4. Anfragerecht

38 Das Anfragerecht ist das Recht der Bürgerinnen und Bürger, von den Behörden Auskunft über Angelegenheiten der Gemeinde zu erhalten. Adressat der Anfrage ist der Gemeindevorstand, der sie allenfalls an die zuständige Gemeindebehörde weiterleitet. Im Unterschied zu den politischen Rechten handelt es sich beim Anfragerecht nicht um ein Mitentscheidungsrecht, sondern um ein Recht auf Information; es ist aufsichtsrechtlicher Natur und dient der Kontrolle der Gemeindebehörden und der Gemeindeverwaltung[42].

---

[38] Vgl. dazu Prot. Plenum, S. 3222 ff., 3229.
[39] Art. 86 Abs. 2; dazu N. 17 ff.
[40] §§ 92 f. GemG; dazu N. 21 f.
[41] § 94b GemG sieht auch Grundsatz- und Alternativabstimmungen vor. Nicht zulässig sind dagegen Konsultativabstimmungen; vgl. dazu BGE 104 Ia 226 ff.
[42] Vgl. dazu Bericht und Antrag der Kommission für Staat und Gemeinden zur parlamentarischen Initiative betreffend Änderung des Gemeindegesetzes/Verbesserung des Anfragerechts an Gemeindeversammlungen vom 8. September 2006, ABl 2006, S. 1239 ff., 1243.

Das Gemeindegesetz regelte schon bisher das Anfragerecht für *Gemeinden mit* 39
Gemeindeversammlung[43]. Die Anfrage ist bis spätestens zehn Arbeitstage vor
der Gemeindeversammlung dem Gemeinderat einzureichen. Dieser hat an der
Gemeindeversammlung die Anfrage zu beantworten; eine Diskussion findet
nicht statt.

In *Gemeinden mit Gemeindeparlament* steht das Anfragerecht gemäss Geschäfts- 40
ordnung des Parlaments den Mitgliedern des Parlaments zu, welche dem Stadtrat Interpellationen oder kleine Anfragen unterbreiten können. Das Gemeindegesetz enthielt bisher dazu keine Regelung, wird aber in diesem Punkt ergänzt
werden müssen.

Eine Ausdehnung des Anfragerechts auf einzelne Bürgerinnen und Bürger in 41
Parlamentsgemeinden scheint wenig praktikabel. Immerhin können mit dem
Petitionsrecht (Art. 16) auch in Parlamentsgemeinden einzelne Bürgerinnen und
Bürger dem Stadtrat Begehren unterbreiten mit Anspruch auf Beantwortung.
Überdies können gestützt auf den Transparenzartikel (Art. 49) den Behörden
Anfragen über ihre Tätigkeit unterbreitet werden; diese sind zu beantworten,
soweit nicht überwiegende öffentliche oder private Interessen entgegenstehen.

---

[43] § 51 GemG.

Art. 87[*]

Die Organe der Gemeinde sind:
a) **die Gesamtheit der Stimmberechtigten;**
b) **der Gemeindevorstand;**
c) **die weiteren vom Gesetz bezeichneten Behörden.**

Die politische Gemeinde kann an Stelle der Gemeindeversammlung ein Gemeindeparlament einrichten.

Gemeindeorganisation

Materialien
Art. 96 VE; Prot. Plenum, S. 454 ff., 2296 (41. Sitzung), 3230 f.

Literatur
BRÄNDLI IRENE, Leitungsorganisation der Gemeindeverwaltung: Diskussion der Ausgestaltungsvarianten am Beispiel zürcherischer Gemeinden, Diss., Zürich 1986; BURGHERR MARC, Versammlungsdemokratie in den Gemeinden, ZBl 102/2001, S. 617 ff.; ETTER CHRISTOPH, Die Gewaltendifferenzierung in der zürcherischen Gemeinde, Diss., Zürich 1967; GESER HANS, Milizverwaltung und professionelle Verwaltung auf Gemeindeebene, in: Handbuch Politisches System der Schweiz, Bd. 3, Bern/Stuttgart 1986, S. 171 ff.; HEINIGER ERNST, Der Gemeinderat. Ein Beitrag zum schweizerischen Gemeinderecht, Diss., Zürich 1957; LADNER ANDREAS, Direkte Demokratie auf kommunaler Ebene – die Beteiligung an Gemeindeversammlungen, Jahrbuch der Schweizerischen Vereinigung für Politische Wissenschaft 31/1991, S. 63 ff.; SCHAFFHAUSER RENÉ, Die direkte Demokratie in den komplexen Formen der Gemeindeorganisation, Diss., St. Gallen 1978; SCHMUKI PAUL, Die Gliederung des Kantons und das Verhältnis zwischen Staat und Kirchen, in: Materialien zur Zürcher Verfassungsreform, Bd. 9, S. 89 ff.; STREIFF ULLIN, Die Gemeindeorganisation mit Urnenabstimmung im Kanton Zürich, Diss. (Zürich), Aarau 1961; THALMANN, §§ 40 ff., 88 ff. und 116 f.; WEISS ULRICH, Die Geschäftsordnung der Gemeindeparlamente im Kanton Zürich. Ein Beitrag zum schweizerischen Parlamentsrecht, Diss., Zürich 1976

Rechtsquellen
– Gesetz über das Gemeindewesen vom 6. Juni 1926 (Gemeindegesetz, GemG; LS 131.1)
– Gesetz über die politischen Rechte vom 1. September 2003 (GPR; LS 161)

Übersicht

	Note
1. Einleitung	1
2. Gesamtheit der Stimmberechtigten	5
2.1. Gemeindeversammlung	5
2.2. Urnenabstimmung	9
3. Gemeindeparlament	10
3.1. Ausgangspunkt	10
3.2. Ausgestaltung des Gemeindeparlaments	15

---

[*] Ich danke lic.iur. Renate Lang für ihre kompetente und engagierte Mitarbeit.

4. Gemeindevorstand	19
5. Weitere Behörden	23
5.1. Rechnungsprüfungsorgane	23
5.2. Weitere Behörden und Kommissionen	25
5.3. Ombudsstelle	27

1. Einleitung

1   Das bisherige Zürcher Gemeinderecht unterscheidet zwischen *ordentlicher und ausserordentlicher Gemeindeorganisation*[1]. Die ordentliche Gemeindeorganisation ist jene mit Gemeindeversammlung; sie gilt für alle politischen Gemeinden und Schulgemeinden bis 2000 Einwohner sowie für die übrigen Gemeindearten. In der ausserordentlichen Gemeindeorganisation tritt neben die Gemeindeversammlung die Urnenabstimmung oder wird die Gemeindeversammlung durch das Gemeindeparlament abgelöst.

2   Die neue Kantonsverfassung ersetzt dieses System mit drei Varianten durch ein *duales Konzept*: Es gibt Gemeinden mit Gemeindeversammlung (ordentliche Gemeindeorganisation) und solche mit Gemeindeparlament (ausserordentliche Gemeindeorganisation); in beiden Organisationsformen unterliegen gewisse Geschäfte der Urnenabstimmung[2]. Diese einfachere Lösung ist zu begrüssen.

3   Das oberste Organ der Gemeinde ist unabhängig von der übrigen Gemeindeorganisation die *Gesamtheit der Stimmberechtigten*[3]. Diese entscheiden in der ordentlichen Gemeindeorganisation teilweise an der Gemeindeversammlung, teilweise an der Urne. Dies hätte in Art. 87 Abs. 1 lit. a ausdrücklich präzisiert werden sollen[4]; dann wäre auch Abs. 2 besser verständlich. In der ausserordentlichen Gemeindeorganisation tritt an die Stelle der Gemeindeversammlung das *Gemeindeparlament*[5]. In diesem Fall entscheidet die Gesamtheit der Stimmberechtigten ausschliesslich an der Urne. Gegenüber der ordentlichen Gemeindeorganisation finden mehr Urnenabstimmungen statt.

4   *Weitere Organe* der Gemeinde sind der Gemeindevorstand (Gemeinderat oder Stadtrat, Schulpflege in der Schulgemeinde) sowie weitere Behörden[6].

---

[1]   §§ 40 ff. und 88 ff. GemG. Vgl. dazu JAAG, Rz. 2405 f.; zur Gemeindeorganisation mit Urnenabstimmung STREIFF; THALMANN, §§ 116 f.
[2]   Vgl. zur Urnenabstimmung Art. 86 Abs. 2 KV; Art. 86 N. 17 ff.
[3]   Art. 87 Abs. 1 lit. a; dazu N. 5 ff.
[4]   Vgl. Art. 86 N. 5.
[5]   Art. 87 Abs. 2; dazu N. 10 ff.
[6]   Art. 87 Abs. 1 lit. b und c; dazu N. 19 ff., 23 ff.

2. Gesamtheit der Stimmberechtigten

2.1. Gemeindeversammlung

Die Stimmberechtigten[7] üben ihre Rechte grundsätzlich in der Gemeindeversammlung aus. Die Gemeindeversammlung ist die Versammlung sämtlicher Stimmberechtigten. Sie ist das oberste Organ der Gemeinde[8]. Die Verfassung enthält keinerlei Vorschriften über die Aufgaben, die Organisation und das Verfahren der Gemeindeversammlung. Dies ist vollständig der Gesetzgebung überlassen[9].

Der *Aufgabenbereich* der Gemeindeversammlung umfasst die wichtigsten Beschlüsse zum Bestand, zur Organisation, zu den Aufgaben und zu den Finanzen der Gemeinde, soweit dafür nicht die Urnenabstimmung vorgeschrieben ist[10]. Die Gemeindeversammlung entscheidet unter anderem über Grenzveränderungen und ist zuständig für den Erlass von Verordnungen (Satzungen)[11] mit Ausnahme der Gemeindeordnung[12], die Oberaufsicht über die Gemeindeverwaltung, die Festsetzung der Voranschläge und des Steuerfusses, die Rechnungsabnahme, die Bewilligung von Ausgaben und die Beschlussfassung über die Übernahme neuer Aufgaben durch die Gemeinde[13].

Aus der Gewährleistung der politischen Rechte in der Bundesverfassung (Wahl- und Abstimmungsfreiheit)[14] ergeben sich einzelne Grundsätze, die bei der *Ausgestaltung der Gemeindeversammlung* zu beachten sind. Das Verfahren ist so auszugestalten, dass die freie Willensbildung und die unverfälschte Stimmabgabe gewährleistet sind und der Grundsatz der gleichen Stimmkraft der Stimmberechtigten verwirklicht ist[15]. Die vom Bundesgericht für die Landsgemeinde aufgestellten Grundsätze[16] gelten analog auch für die Gemeindeversammlung.

Die Gemeindeversammlung steht unter der *Leitung* des Gemeindepräsidenten oder der Gemeindepräsidentin[17]. Sie ist spätestens vier Wochen im Voraus mit Traktandenliste anzukündigen[18]. Alle Stimmberechtigten haben das Recht, das

---

[7] Vgl. dazu Art. 86 N. 2.
[8] § 40 GemG. Präziser wäre: Die Stimmberechtigten, die ihre Rechte nicht nur in der Gemeindeversammlung, sondern teilweise auch an der Urne ausüben, sind das oberste Organ.
[9] Art. 89 Abs. 1; §§ 40 ff. GemG. Vgl. dazu THALMANN, §§ 40 ff.
[10] Art. 86 Abs. 2; vgl. Art. 86 N. 17 ff.
[11] Vgl. dazu Art. 89 N. 15.
[12] Art. 89 Abs. 2.
[13] § 41 GemG.
[14] Art. 34 BV.
[15] Art. 8 Abs. 1 BV; Art. 11 Abs. 1 KV.
[16] BGE 121 I 138 ff., 141 ff.
[17] § 45 Abs. 1 GemG.
[18] § 43 Abs. 1 GemG.

Wort zu ergreifen und zu den traktandierten Geschäften Anträge zu stellen[19]. Die Schliessung der Rednerliste ist jederzeit zulässig[20]; allerdings muss Gelegenheit bestanden haben, alle wesentlichen Standpunkte vorzutragen. Abstimmungen erfolgen offen, wenn nicht ein Viertel der Anwesenden geheime Abstimmung verlangt[21].

2.2. Urnenabstimmung

9   Art. 86 Abs. 2 schreibt für mehrere Geschäfte die Urnenabstimmung vor. In diesen Fällen kann an der Gemeindeversammlung höchstens eine Vorberatung, nicht aber die Schlussabstimmung durchgeführt werden[22].

3. Gemeindeparlament

3.1. Ausgangspunkt

10 Art. 87 Abs. 2 erlaubt allen politischen Gemeinden – nicht jedoch den Schulgemeinden –, anstelle der Gemeindeversammlung ein Gemeindeparlament einzurichten. Diese Bestimmung weicht insofern von der bisherigen Rechtslage ab, als auch kleine Gemeinden die Parlamentslösung wählen können; bisher stand diese Möglichkeit nur politischen Gemeinden mit mehr als 2000 Einwohnern offen[23].

11 Unter der bisherigen Regelung haben nur Gemeinden mit mehr als 10 000 Einwohnern die Gemeindeversammlung durch das Gemeindeparlament ersetzt. Neben Zürich und Winterthur[24] gibt es nur zehn Gemeinden mit Gemeindeparlament. Insgesamt lebt rund die Hälfte der Zürcher Bevölkerung in Parlamentsgemeinden. Zahlreiche Gemeinden mit über 10 000 Einwohnern kennen immer noch die Gemeindeversammlung[25].

---

[19] §§ 46a und 46d GemG. Vgl. zum Erfordernis des hinreichend engen Sachzusammenhangs zwischen Antrag und traktandiertem Geschäft BGE 115 Ia 201 ff.; BGE 1P.250 und 264/2006 vom 31. August 2006, E. 4.3.; BGE 132 I 291 ff.; zum Anfragerecht Art. 86 N. 38 ff.
[20] BGE 92 I 350 ff.
[21] § 46f Abs. 2 GemG.
[22] Vgl. dazu Art. 86 N. 30 ff.
[23] Art. 55bis aKV; § 88a GemG.
[24] Für Zürich und Winterthur ist das Gemeindeparlament obligatorisch; § 88 Abs. 1 GemG.
[25] So Wetzikon, Horgen, Thalwil, Regensdorf, Volketswil, Küsnacht, Stäfa, Wallisellen, Zollikon, Meilen, Richterswil, Rüti und Affoltern am Albis.

Übersicht: Gemeinden mit Gemeindeparlament   12

	Einwohner/-innen (31.12.2005)[26]	Mitglieder des Parlaments[27]	Mitglieder des Stadtrates[28]
Zürich	343 157	125	9
Winterthur	92 963	60	7
Uster	29 730	36	7
Dübendorf	22 562	40	7
Dietikon	22 104	36	7
Wädenswil	19 298	35	7
Kloten	16 949	32	7
Adliswil	15 623	36	9
Illnau-Effretikon	15 021	36	9
Bülach	14 815	28	7
Schlieren	13 211	36	7
Opfikon	12 779	36	7
Total Parlamentsgemeinden	618 212		
Kanton Zürich[29]	1 264 141	180	7

13 In Anbetracht der bisherigen Zurückhaltung der zürcherischen Gemeinden gegenüber dem Gemeindeparlament ist nicht zu erwarten, dass die in Art. 87 Abs. 2 enthaltene Neuerung grosse Auswirkungen zeitigen wird.

14 In *anderen Kantonen* insbesondere der Westschweiz haben auch kleine Gemeinden ein Gemeindeparlament und keine Gemeindeversammlung. So ist im Kanton Waadt das Gemeindeparlament in Gemeinden mit mehr als 1000 Einwohnern obligatorisch[30], in Neuenburg und Genf sogar in sämtlichen Gemeinden[31].

3.2. Ausgestaltung des Gemeindeparlaments

15 Die Ausgestaltung des Gemeindeparlaments überlässt die Verfassung vollumfänglich der Gesetzgebung bzw. – soweit diese keine Regelung enthält – den Gemeinden[32]. Zu beachten sind allerdings die allgemeinen Bestimmungen der

---

[26] Quelle: Statistisches Amt des Kantons Zürich (Hrsg.), Kanton Zürich in Zahlen 2006, S. 30 ff.
[27] Quelle: Gemeindeordnungen Zürich Art. 25 Abs. 1; Winterthur § 26 Abs. 1; Uster Art. 4 lit. a; Dübendorf Art. 13 Abs. 1; Dietikon Art. 9 Abs. 1; Wädenswil Art. 14; Kloten Art. 13 Abs. 1; Adliswil Art. 21 Abs. 1; Illnau-Effretikon § 14; Bülach Art. 5 Abs. 1 lit. b; Schlieren § 22 Abs. 1; Opfikon Art. 20.
[28] Quelle: Gemeindeordnungen Zürich Art. 48 Abs. 1; Winterthur § 39 Abs. 1; Uster Art. 4 lit. b; Dübendorf Art. 33; Dietikon Art. 29 Abs. 1; Wädenswil Art. 26 Abs. 1; Kloten Art. 26 Abs. 3; Adliswil Art. 43 Abs. 1; Illnau-Effretikon § 28; Bülach Art. 5 Abs. 1 lit. b; Schlieren § 45 Abs. 1; Opfikon Art. 37.
[29] Zum Vergleich: Kantonsrat (Art. 50 Abs. 2 KV) und Regierungsrat (Art. 61 Abs. 1 KV).
[30] Art. 141 KV VD; Art. 1a der Loi sur les communes vom 28. Februar 1956.
[31] Art. 95 KV NE; Art. 147 ff. KV GE.
[32] Vgl. Art. 89 N. 5 ff.

Verfassung über die Behörden (Art. 40–49), so über die angemessene Vertretung beider Geschlechter, über die Amtsdauer, über den Ausstand und über die Rahmenbedingungen für die nebenamtliche Tätigkeit in Behörden.

16 Das Gemeindegesetz enthält bereits eine Regelung für Gemeindeparlamente[33]. Abgesehen von der Beschränkung auf Gemeinden mit über 2000 Einwohnern kann diese weiterhin angewendet werden. Die generelle Möglichkeit der Einführung eines Gemeindeparlaments ist deshalb mit Inkrafttreten der neuen Kantonsverfassung anwendbar, ohne dass zunächst die Änderung der gesetzlichen Grundlagen abgewartet werden müsste[34].

17 Die geltende gesetzliche Regelung überlässt die Festsetzung der Zahl der Mitglieder des Gemeindeparlaments der Gemeinde[35]. Sie sieht für die Gemeindeparlamente die *Proporzwahl* analog zur Wahl des Kantonsrates vor. In Gemeinden mit mehreren Wahlkreisen findet das System der doppelproportionalen Divisormethode mit Standardrundung (Pukelsheim) Anwendung[36]. Die für die Kantonsratswahlen vorgesehene Sperrklausel für die Berücksichtigung einer Partei können die Gemeinden übernehmen; sie sind dazu aber nicht verpflichtet[37].

18 Die *Aufgaben* des Gemeindeparlaments entsprechen weitgehend jenen der Gemeindeversammlung[38]. Anders als in der Versammlungsgemeinde können allerdings in der Parlamentsgemeinde keine Vorlagen des Stadtrates ohne vorgängige Beschlussfassung im Parlament dem Volk vorgelegt werden.

4. Gemeindevorstand

19 Mit der neuen Kantonsverfassung erhält die Gemeindeexekutive einen neuen Namen: statt Gemeindevorsteherschaft[39] heisst sie neu Gemeindevorstand. Neben dieser abstrakten Bezeichnung werden sich weiterhin die Begriffe Gemeinderat für die politischen Gemeinden, Schulpflege für die Schulgemeinden und Kirchenpflege für die Kirchgemeinden halten. In Gemeinden mit Gemeindeparlament (Städten) heisst der Gemeindevorstand Stadtrat; das Gemeindeparlament heisst dort Gemeinderat oder Grosser Gemeinderat.

---

[33] §§ 88 ff. GemG.
[34] Vgl. Art. 143 N. 2.
[35] § 101 Abs. 1 GemG.
[36] § 101 Abs. 2 GemG; §§ 85 ff. i.V.m. § 111 GPR.
[37] § 102 Abs. 3 GPR; § 101 Abs. 4 GemG.
[38] § 108 GemG.
[39] Art. 49 aKV; § 64 GemG.

Auch zum Gemeindevorstand enthält die Verfassung – abgesehen von den allgemeinen Bestimmungen über die Behörden (Art. 40–49) – keine Vorgaben. Die Regelung obliegt dem Gesetzgeber[40].

20

Der Gemeindevorstand ist die *Exekutivbehörde* der Gemeinde. Er setzt sich aus mindestens fünf Mitgliedern zusammen[41]; in der Regel hat ein Gemeindevorstand fünf, sieben oder neun Mitglieder[42]. Er ist für die Erfüllung der Aufgaben der Gemeinde verantwortlich, soweit sie nicht anderen Gemeindeorganen zugewiesen sind[43]. Ausser in den Städten Zürich und Winterthur sind die Gemeindevorstände nebenamtlich tätig[44].

21

Der *Gemeindepräsident* oder die *Gemeindepräsidentin* wird gleichzeitig mit dem Gemeindevorstand für eine vierjährige Amtsdauer gewählt[45]. Dadurch hat der oder die Vorsitzende eine Vorrangstellung gegenüber den anderen Mitgliedern des Gemeindevorstands. Für das Präsidium kann nur gewählt werden, wer auch als Mitglied der Behörde gewählt wird. Auch die einzelnen Wählerinnen und Wähler können nur einer Kandidatin oder einem Kandidaten für das Präsidium die Stimme geben, welche oder welchen sie als Mitglied der Behörde auf dem Wahlzettel aufgeführt haben[46]. Diese Regelung ist problematisch; sie schränkt das Wahlrecht ohne zwingende Gründe ein[47].

22

5. Weitere Behörden

5.1. Rechnungsprüfungsorgane

Art. 129 Abs. 4 schreibt den Gemeinden und anderen Organisationen des öffentlichen Rechts vor, dass ihre Finanzhaushalte durch unabhängige und fachkundige Organe geprüft werden. Art. 99 enthält für Organisationen des öffentlichen und privaten Rechts, die im Rahmen eines Leistungsauftrags öffentliche Aufgaben erfüllen, eine Sondervorschrift; sie sind verpflichtet, ein fachlich ausgewiesenes, von der operativen Führung unabhängiges Aufsichtsorgan einzusetzen,

23

---

[40] Vgl. §§ 55 ff. und 110 ff. GemG sowie §§ 48 ff. GPR.
[41] §§ 73 und 81 GemG.
[42] Vgl. für die Gemeinden mit Gemeindeparlament vorn N. 12.
[43] § 64 GemG.
[44] Einzig der Stadtpräsident von Dietikon bekleidet ein Vollamt.
[45] § 40 Abs. 1 lit. a und § 41 Abs. 1 GPR. Dies ist ein wesentlicher Unterschied gegenüber der Regelung auf kantonaler Ebene; der Präsident oder die Präsidentin des Regierungsrates wird vom Regierungsrat für eine einjährige Amtsdauer gewählt.
[46] § 66 Abs. 4 GPR.
[47] Wählerinnen und Wähler, die keine(n) der Kandidierenden für das Präsidium als Mitglied der Behörde wählen möchten, werden damit gezwungen, entweder trotzdem jemandem die Stimme zu geben oder auf die Beteiligung an der Wahl des Präsidiums zu verzichten. Solche Wähler/-innen sollten die Möglichkeit haben, unter den für das Präsidium Kandidierenden zu wählen, selbst wenn sie als Mitglieder der Behörde Kandidierende bevorzugen, welche für das Präsidium nicht zur Verfügung stehen.

welchem die regelmässige Prüfung der Qualität und der Wirtschaftlichkeit der Auftragserfüllung obliegt.

24 In den Gemeinden ist die Prüfung des Finanzhaushalts und der Wirtschaftlichkeit der Auftragserfüllung Aufgabe der *Rechnungsprüfungskommission*[48]. Allerdings genügt die Rechnungsprüfungskommission den Anforderungen von Art. 129 Abs. 4 insofern nicht, als sie nicht fachlich ausgewiesen ist. Die Rechnungsprüfungskommission ist ein politisches Organ, dessen Mitglieder nicht zwingend Fachkenntnisse im Bereich der Finanz- und Wirtschaftlichkeitskontrolle haben. Aus diesem Grund haben die Gemeinden wie andere Organisationen, welche öffentliche Aufgaben erfüllen, zusätzlich ein Fachorgan für die Kontrolle des Finanzhaushalts einzusetzen[49].

5.2. Weitere Behörden und Kommissionen

25 Im Übrigen ist die Bezeichnung weiterer Behörden Aufgabe der Gesetzgebung (Art. 87 Abs. 1 lit. c). In politischen Gemeinden, welche auch für die Volksschule zuständig sind, ist eine *Schulbehörde* zu bestellen. Dieser gehört von Amtes wegen ein Mitglied des Gemeinderates an; die Gemeindeordnung kann vorsehen, dass der Vertreter des Gemeinderates Präsident der Schulpflege oder der Präsident der Schulpflege von Amtes wegen Mitglied des Gemeinderates ist[50]. Wie der Gemeindevorstand der Schulgemeinde heisst auch die Schulbehörde der Einheitsgemeinde Schulpflege.

26 Für das Sozialwesen[51], für das Gesundheitswesen und für das Vormundschaftswesen können die Gemeinden besondere Behörden einsetzen; das Gemeindegesetz bezeichnet sie als *Kommissionen mit selbstständigen Verwaltungsbefugnissen*[52]. Für die Durchführung von Wahlen und Abstimmungen ist ein *Wahlbüro* unter der Leitung des Gemeindepräsidenten oder der Gemeindepräsidentin zuständig[53].

5.3. Ombudsstelle

27 Die Gemeinden sind – ohne dass dies die Verfassung ausdrücklich statuiert – befugt, eine Ombudsstelle einzurichten. Die Städte Zürich und Winterthur kennen

---

[48] §§ 83a und 140 GemG.
[49] § 140a GemG sieht dies bereits als Möglichkeit, aber nicht als Pflicht vor. Vgl. dazu auch die weniger strenge Auffassung von HUBLER, Art. 129 N. 41.
[50] § 81 Abs. 3 und 4 GemG.
[51] § 79 GemG.
[52] § 56 GemG.
[53] § 14 GPR.

eine solche bereits seit längerer Zeit[54]. Unter der neuen Kantonsverfassung besteht aber auch die Möglichkeit, in der Gemeindeordnung die kantonale Ombudsstelle für die Gemeinde für zuständig zu erklären (Art. 81 Abs. 4).

---

[54] Zürich Art. 39 GO; Winterthur Art. 70 GO.

Art. 88[*]

Die Gemeinden können kommunale Aufgaben Quartier- oder Ortsteilkommissionen zur selbstständigen Erfüllung übertragen.

Quartiere und Ortsteile

Materialien

Art. 97 VE; Prot. Plenum, S. 445 ff., 2296 ff. (41. Sitzung), 3232 ff.

Literatur

ALTHAUS RENÉ, Die Unterabteilungen der Gemeinden im schweizerischen Recht, Diss., Bern 1949; ARN/FRIEDERICH/FRIEDLI/MÜLLER/MÜLLER/WICHTERMANN, Art. 123 ff.; BERTSCHINGER ULRICH, Zur Frage der Quartiergemeinden, Diss., Zürich 1949; RASCHEIN ROLF/VITAL P. ANDRI, Bündnerisches Gemeinderecht, 2. Aufl., Chur 1991

Rechtsquellen

– Gesetz über das Gemeindewesen vom 6. Juni 1926 (Gemeindegesetz, GemG; LS 131.1)

Übersicht

	Note
1. Einleitung	1
2. Quartierkommissionen	7
3. Ortsteilkommissionen	10

1. Einleitung

Neben der Aufhebung der Zivilgemeinden ist die Einführung von Quartier- und Ortsteilkommissionen die einzige grundlegende Neuerung der neuen Kantonsverfassung im Bereich des Gemeinderechts. Die beiden Neuerungen weisen einen inneren Zusammenhang auf. Wie den bisherigen Zivilgemeinden können auch den neuen Quartier- und Ortsteilkommissionen gewisse kommunale Aufgaben zur Erledigung übertragen werden. Sie erlauben die Einräumung gewisser Kompetenzen an örtlich dezentralisierte Verwaltungseinheiten innerhalb der Gemeinde.

1

Im Unterschied zu den bisherigen Zivilgemeinden sind die Quartiere und Ortsteile keine Gemeinden oder gemeindeähnliche Körperschaften; sie haben *keine Rechtspersönlichkeit*. Art. 88 handelt – entgegen der Marginalie – denn auch nicht von den Quartieren und Ortsteilen, sondern von den Quartier- und Ortsteilkommissionen, d.h. von besonderen Organen der politischen Gemeinden, welche – fakultativ – eingesetzt werden können. Quartier- und Ortsteilkommissio-

2

---

[*] Ich danke lic.iur. Renate Lang für ihre kompetente und engagierte Mitarbeit.

nen sind daher *nicht Dritte* im Sinne von Art. 98 KV, das heisst Organisationen ausserhalb der Gemeinde, denen kommunale Aufgaben übertragen werden können; bei der Übertragung einer Aufgabe an Ortsteil- oder Quartierkommissionen erfolgt *gemeindeintern* eine Aufgabenverschiebung von einem Organ auf ein anderes.

3 Quartier- und Ortsteilkommissionen sind besondere Organe der Gemeinde und handeln als solche für die Gemeinde. Sie sind jedoch nicht Kommissionen mit selbstständigen Verwaltungsbefugnissen im Sinne des Gemeindegesetzes[1]; es ist nicht zwingend, dass ein Mitglied des Gemeindevorstands den Vorsitz führt[2]. Sie sind daher *Organe sui generis*.

4 Im Vorentwurf waren die Quartier- und Ortsteilkommissionen ausführlicher geregelt. Abs. 2 von Art. 97 VE bestimmte, dass die Wahl der Kommissionen den Stimmberechtigten zustehe, und Abs. 3 legte fest, dass die nähere Organisation und die Ausübung der politischen Rechte durch Gesetz bestimmt werde. Nach der breiten Ablehnung in der Vernehmlassung sollte die Bestimmung ganz gestrichen werden. Als Kompromiss einigte sich der Verfassungsrat auf die vorliegende gekürzte Version[3].

5 Auch wenn es im definitiven Text von Art. 88 nicht mehr ausdrücklich gesagt wird, muss die nähere Ausgestaltung der Quartier- und Ortsteilkommissionen durch die Gesetzgebung erfolgen. Durch Gesetz sind die Zusammensetzung, Wahl, mögliche Aufgaben sowie Finanzquellen und -befugnisse festzulegen. Dies hat gemäss Art. 136 «ohne Verzug» zu geschehen. Eine konkrete Frist wird dafür allerdings nicht gesetzt[4].

6 Gemeinden, welche Quartier- oder Ortsteilkommissionen einsetzen wollen, haben dies in der Gemeindeordnung zu machen (Art. 89 Abs. 1).

2. Quartierkommissionen

7 Die Idee, einzelne Kompetenzen an die Quartiere abzutreten, ist schon unter der alten Kantonsverfassung in der Stadt Zürich geprüft, aber mangels gesetzlicher Grundlage wieder verworfen worden. Die Möglichkeit der Schaffung von Quartierkommissionen ist denn auch im Verfassungsrat vor allem von der Stadt Zürich verlangt und unterstützt worden[5].

---

[1] § 56 GemG.
[2] Prot. Plenum, S. 2296 ff. (41. Sitzung), 3232 ff.
[3] Prot. Plenum, S. 3232 ff.
[4] Vgl. dazu Art. 143 N. 3.
[5] Vgl. z.B. Prot. Plenum, S. 422, 448 ff., 3232 ff.

Die Quartierkommission kann in städtischen Verhältnissen zur Anwendung gelangen. Ihr können Aufgaben etwa im kulturellen Bereich übertragen werden. Denkbar ist auch, dass sie gewisse Mitwirkungskompetenzen ausübt in der Gestaltung des öffentlichen Raums und in der Verkehrsplanung, insbesondere im Zusammenhang mit Verkehrsberuhigungsmassnahmen. 8

Im Bereich der Volksschule gibt es in den Städten Zürich und Winterthur schon seit langem die Kreisschulpflegen, d.h. Schulorgane, welchen die Leitung der Volksschule in den einzelnen Stadtquartieren obliegt. Die Kreisschulpflegen werden wie die Schulpflege der politischen Gemeinde durch das Volk auf Amtsdauer gewählt[6]. Die Kreisschulpräsidentinnen und -präsidenten bilden unter der Leitung des für die Schule zuständigen Mitglieds des Stadtrates das Schulorgan der politischen Gemeinde, soweit nicht neben den Kreisschulpflegen eine besondere Schulpflege (Zentralschulpflege) für die ganze Gemeinde gewählt wird[7]. Die Kreisschulpflegen sind mit den neuen Quartierkommissionen vergleichbar. 9

3. Ortsteilkommissionen

Ortsteilkommissionen könnten vor allem in ländlichen Gemeinden, die aus mehreren Ortsteilen oder Dörfern zusammengesetzt sind, eine gewisse Bedeutung erlangen, insbesondere nach einer Fusion mehrerer Gemeinden. Ihnen können wie den Quartierkommissionen in den Städten gewisse lokale Aufgaben übertragen werden, ähnlich wie bisher die Zivilgemeinden für einzelne Aufgaben in Teilgebieten einer politischen Gemeinde zuständig waren. 10

Anlässlich der bis 2009 vorgeschriebenen Zusammenlegung der Zivilgemeinden mit den politischen Gemeinden[8] könnten einzelne Aufgaben bisheriger Zivilgemeinden auf Ortsteilkommissionen übertragen werden. Auch hier ist an kulturelle oder gesellschaftliche Aufgaben, daneben aber etwa an die Feuerwehr oder die Strassenbeleuchtung zu denken. 11

Andere Kantone kennen ähnliche Einrichtungen. So gibt es im Kanton Graubünden die Fraktionen, welche – ähnlich wie die Ortsteilkommissionen – in Teilen einer politischen Gemeinde bestimmte Aufgaben wahrnehmen[9]. Im Unterschied zu den Quartier- und Ortsteilkommissionen können die Bündner Fraktionen allerdings mit Rechtspersönlichkeit ausgestattet sein. Der *Kanton Bern* kennt Unterabteilungen von Gemeinden, die mit Zustimmung des Regierungsrates ge- 12

---

[6] § 114a GemG.
[7] § 112 Abs. 3 GemG.
[8] Art. 143 Abs. 1.
[9] Art. 73 des Gemeindegesetzes des Kantons Graubünden vom 28. April 1974. Vgl. dazu RASCHEIN/VITAL, S. 37 f.

bildet und denen bestimmte dauernde Aufgaben zugewiesen werden können[10]. Die Unterabteilungen sind öffentlichrechtliche Körperschaften, haben also im Unterschied zu den Quartier- und Ortsteilkommissionen Rechtspersönlichkeit.

---

[10] Art. 118 KV Bern; Art. 123–125 des Gemeindegesetzes des Kantons Bern vom 16. März 1998. Vgl. dazu St. Müller, Art. 123–125, in: Arn u.a.

Art. 89[*]

Die Gemeinde regelt ihre Organisation und die Zuständigkeit ihrer Organe in der Gemeindeordnung.

Die Gemeindeordnung wird von den Stimmberechtigten an der Urne beschlossen.

Sie bedarf der Genehmigung des Regierungsrates. Dieser prüft sie auf ihre Rechtmässigkeit.

Gemeindeordnung

Materialien

Art. 98 VE; Prot. Plenum, S. 459 ff., 2305 (41. Sitzung), 3246 ff.

Literatur

FRIEDERICH UELI/WICHTERMANN JÜRG, Zwischen Legalität und Flexibilität: Die Gesetzgebung für Gemeinden vor neuen Herausforderungen, LeGes 1997/3, S. 13 ff.; HANGARTNER YVO, Rechtsetzung durch Gemeinden, in: Festschrift Otto K. Kaufmann, Bern/Stuttgart 1989, S. 209 ff.; KELLER KONRAD, Grundzüge der Gemeindeordnung der Stadt Zürich, Zürich 1971; THALMANN, § 41.

Rechtsquellen

– Gesetz über das Gemeindewesen vom 6. Juni 1926 (Gemeindegesetz, GemG; LS 131.1)

Übersicht Note

1. Einleitung 1
2. Inhalt der Gemeindeordnung 5
3. Erlass der Gemeindeordnung 9
4. Genehmigung durch den Regierungsrat 12
5. Weitere Erlasse der Gemeinden 15

1. Einleitung

Die Gemeinden sind befugt, rechtsetzende Bestimmungen zu erlassen. Anders als im Bund und Kanton spricht man nicht von Gesetzen, sondern von *autonomen Satzungen*. Häufig werden sie als Verordnungen bezeichnet, selbst wenn sie – im Unterschied zu den Verordnungen von Bund und Kanton – von den Stimmberechtigten in der Gemeindeversammlung oder an der Urne verabschiedet worden sind. 1

Die Gemeindeordnung ist die *Verfassung der Gemeinde*. Sie regelt die Organisation und die Zuständigkeit der Gemeindeorgane. Sie steht an der Spitze 2

---

[*] Ich danke lic.iur. Renate Lang für ihre kompetente und engagierte Mitarbeit.

der Hierarchie der Regelungen einer Gemeinde. Dies kommt auch darin zum Ausdruck, dass die Kantonsverfassung in Art. 89 die Urnenabstimmung über die Gemeindeordnung sowie deren Genehmigung durch den Regierungsrat vorschreibt.

3 Die Kompetenz der Gemeinde zum Erlass einer Gemeindeordnung (und anderer Regelungen) ist Ausdruck der *Gemeindeautonomie*. Die Gemeinden sind im Rahmen der Kantonsverfassung und der übrigen kantonalen und eidgenössischen Rechtsordnung frei in der Bestimmung des Inhalts der Gemeindeordnung.

4 Im Sinn einer Dienstleistung stellt der Kanton den Gemeinden eine Muster-Gemeindeordnung zur Verfügung, aus welcher die obligatorischen und fakultativen Inhalte einer Gemeindeordnung ersichtlich sind[1]. Die Gemeinden sind jedoch nicht daran gebunden. Solange die Gemeindeordnung die obligatorischen Regelungen enthält und nicht gegen das übergeordnete Recht verstösst, muss sie genehmigt werden, selbst wenn sie nicht der Muster-Gemeindeordnung entspricht.

2. Inhalt der Gemeindeordnung

5 Gemäss Art. 89 Abs. 1 hat die Gemeindeordnung die Organisation der Gemeinde und die Zuständigkeit der Gemeindeorgane zu regeln.

6 Die *Organisation der Gemeinde* betrifft insbesondere die Frage, ob die Gemeindeversammlung oder ein Gemeindeparlament eingerichtet wird[2]. Dazu gehört sodann die Regelung der Frage, ob neben den obligatorischen Gemeindeorganen (Stimmberechtigte, Gemeindevorstand, Rechnungsprüfungskommission) weitere Organe (Kommissionen mit selbstständigen Verwaltungsbefugnissen) bestellt werden[3]. Falls Quartier- oder Ortsteilkommissionen eingesetzt werden, muss dies ebenso in der Gemeindeordnung vorgesehen werden[4] wie die Unterteilung des Gemeindegebiets in mehrere Schulkreise[5]. Die Schaffung einer Ombudsstelle oder die Unterstellung der Gemeinde unter den Zuständigkeitsbereich der kantonalen Ombudsstelle bedarf ebenfalls der Verankerung in der Gemeindeordnung[6].

---

[1] <http://www.gaz.ch/internet/ji/gaz/de/gemeindeorganisation/gemeindeordnung.html> (30.8.2006).
[2] Art. 87 Abs. 2.
[3] §§ 55 ff. GemG.
[4] Art. 88 schreibt dies allerdings nicht ausdrücklich vor; es ergibt sich jedoch aus Art. 89 Abs. 1.
[5] § 112 Abs. 3 GemG.
[6] Art. 81 Abs. 4; vgl. Art. 87 N. 27.

Zur Organisation der Gemeinde gehören auch die grundlegenden *Organisations- und Verfahrensvorschriften für die Gemeindeorgane*, insbesondere für die Gemeindeversammlung, das Gemeindeparlament und den Gemeindevorstand, so die Anzahl Mitglieder der Gemeindebehörden und das für die Unterstützung von Einzelinitiativen erforderliche Quorum im Gemeindeparlament[7].

7

Die *Zuständigkeit der Gemeindeorgane* betrifft insbesondere die Kompetenzen der Gemeindeversammlung oder des Gemeindeparlaments, soweit sie nicht bereits durch das kantonale Recht vorbestimmt sind[8], sowie die Beträge von Ausgabenbeschlüssen, über welche eine Urnenabstimmung durchzuführen ist[9]. Auch über die Frage, ob gewisse Aufgaben (Gesundheits-, Vormundschaftswesen usw.) durch besondere Kommissionen statt durch den Gemeindevorstand zu erfüllen sind, ist in der Gemeindeordnung zu entscheiden[10]. Das für Einbürgerungsentscheide zuständige Organ muss ebenfalls in der Gemeindeordnung bezeichnet werden[11]. Weiterer obligatorischer Inhalt der Gemeindeordnung ist die Übertragung kommunaler Aufgaben, zu deren Erfüllung hoheitliche Befugnisse erforderlich sind, an Dritte[12].

8

3. Erlass der Gemeindeordnung

In der Gemeinde mit *Gemeindeversammlung* wird die Gemeindeordnung durch den Gemeinderat ausgearbeitet und den Stimmberechtigten zur Annahme oder Ablehnung an der Urne unterbreitet. Eine Beratung der Vorlage an der Gemeindeversammlung gibt es nur in jenen Gemeinden, in welchen dies in der Gemeindeordnung ausdrücklich vorgesehen ist[13].

9

In der Gemeinde mit *Gemeindeparlament* arbeitet entweder der Stadtrat oder eine Kommission des Gemeindeparlaments die Gemeindeordnung aus. Der Entwurf wird im Gemeindeparlament beraten und in bereinigter Fassung verabschiedet. Der Beschluss des Parlaments unterliegt sodann der obligatorischen Urnenabstimmung.

10

Während in Gemeinden mit Gemeindeparlament und in Gemeinden mit vorberatender Gemeindeversammlung die Stimmberechtigten oder die von ihnen gewählten Mitglieder des Gemeindeparlaments auf die Ausgestaltung der Ge-

11

---

[7] Vgl. Art. 86 N. 11.
[8] So die Frage der Vorberatung von Geschäften, welche der Urnenabstimmung unterliegen, an der Gemeindeversammlung; vgl. Art. 86 N. 30 ff.
[9] Art. 86 Abs. 2 lit. a.
[10] § 56 GemG.
[11] Art. 21 Abs. 1.
[12] Art. 98 Abs. 3.
[13] § 116 Abs. 5 GemG; vgl. dazu Art. 86 N. 30 ff.

meindeordnung Einfluss nehmen können, steht ihnen in Gemeinden ohne vorberatende Gemeindeversammlung nur ein Vetorecht gegenüber dem Entwurf des Gemeinderates zu. In diesem Fall ist die Legitimationsbasis sehr schmal. In Gemeinden mit Gemeindeversammlung drängt sich daher die Möglichkeit der Vorberatung auf[14].

4. Genehmigung durch den Regierungsrat

12 Die Gemeindeordnung unterliegt der Genehmigung durch den Regierungsrat. Die Genehmigung bildet Voraussetzung für das Inkrafttreten der Gemeindeordnung sowie jeder späteren Änderung derselben; sie ist konstitutiver Natur.

13 Die *Überprüfungsbefugnis* (Kognition) des Regierungsrates ist ausdrücklich beschränkt auf die Rechtmässigkeit der Gemeindeordnung. Die Genehmigung darf nur verweigert werden, wenn einzelne Bestimmungen gegen das Recht des Bundes oder des Kantons verstossen oder das Verfahren zu deren Erlass nicht korrekt war, nicht aber dann, wenn der Regierungsrat eine Regelung lediglich für unzweckmässig hält. Die Verweigerung der Genehmigung aus anderen Gründen als jenen der Rechtmässigkeit würde die Gemeinde in ihrer Autonomie verletzen.

14 Die Genehmigung der Gemeindeordnung erfolgt erst *nach der Zustimmung der Stimmberechtigten*; sie bildet den letzten Akt, nachdem in der Gemeinde das Verfahren abgeschlossen ist. Um zu verhindern, dass den Stimmberechtigten eine möglicherweise nicht genehmigungsfähige Gemeindeordnung vorgelegt wird, nimmt in der Regel das Gemeindeamt der Direktion der Justiz und des Innern eine Vorprüfung des Entwurfs einer Gemeindeordnung vor, bevor er den Stimmberechtigten bzw. dem Gemeindeparlament unterbreitet wird. Wenn sich die Gemeindebehörden an die Empfehlungen im Rahmen der Vorprüfung halten, wird die Genehmigung keine Probleme bieten.

5. Weitere Erlasse der Gemeinden

15 Neben der Gemeindeordnung erlassen die Gemeinden eine Vielzahl weiterer autonomer Satzungen, welche für die Erfüllung der Gemeindeaufgaben erforderlich sind. Die Rechtsetzungskompetenzen erstrecken sich auf alle Zuständigkeitsbereiche der Gemeinden[15]. So hat jede Gemeinde eine Polizeiverordnung

---

[14] Vgl. Art. 86 N. 32.
[15] Art. 100 ff.

zu erlassen[16]. Im Rahmen der kommunalen Nutzungsplanung muss eine Bau- und Zonenordnung erlassen werden[17]. Weitere kommunale Regelungen beziehen sich auf die Schule, Gesundheit und Fürsorge, die Wasser- und Energieversorgung, die Abfallbewirtschaftung, den öffentlichen Verkehr usw.[18]

---

[16] § 74 Abs. 2 GemG. Aus § 158 GemG ergibt sich, dass die Gemeindeordnung den Erlass der Polizeiverordnung durch den Gemeinderat vorsehen kann. Dies ist aus der Sicht des Legalitätsprinzips problematisch; wichtige polizeiliche Vorschriften müssen durch den Gemeindegesetzgeber erlassen werden.

[17] § 45 Abs. 1 Planungs- und Baugesetz (LS 700.1).

[18] §§ 1, 41 und 43 Volksschulgesetz (LS 412.100); §§ 5, 39 Abs. 2 und 54 Gesundheitsgesetz (LS 810.1); §§ 6 ff. und 32 ff. Sozialhilfegesetz (LS 851.1); § 27 Wasserwirtschaftsgesetz (LS 724.11); §§ 2 und 4 ff. Energiegesetz (LS 730.1); §§ 14 Abs. 3 und 35 ff. Abfallgesetz (LS 712.1); § 10 Abs. 1 Strassengesetz (LS 722.1); §§ 6 und 20 Personenverkehrsgesetz (LS 740.1).

B. Zusammenarbeit der Gemeinden

Art. 90*
Grundsätze

Die Gemeinden können Aufgaben gemeinsam erfüllen.

Der Kanton ermöglicht die Zusammenarbeit der Gemeinden über die Kantonsgrenze hinaus. Er unterstützt sie bei der Wahrung ihrer Interessen.

Materialien
Art. 100 VE; Prot. Plenum, S. 1748 f., 2305 ff. (41. Sitzung), 3247 ff.

Literatur
BAUMANN ANDREAS, Aargauisches Gemeinderecht, 3. Aufl., Zürich/Basel/Genf 2005; BRUNNER STEPHAN C., Möglichkeiten und Grenzen regionaler interkantonaler Zusammenarbeit, Diss., St. Gallen, Zürich 2000; EICHENBERGER, § 108; FRIEDERICH UELI, Art. 64, in: Arn u.a., Kommentar zum Gemeindegesetz des Kantons Bern; FRIEDLI PETER, Art. 107, in: Arn u.a., Kommentar zum Gemeindegesetz des Kantons Bern; GUTT GABRIELLA, Grenzüberschreitende kommunale Zusammenarbeit nach dem Karlsruher Übereinkommen, Baden-Baden 1999; HENDRY GION, Die öffentlichrechtliche Zusammenarbeit der Gemeinden im Kanton Schaffhausen, Diss., Zürich 1979; JAAG, Rz. 501 ff., 2301 ff.; JENNY KURT, Interkantonales Nachbarschaftsrecht, in: Eichenberger/Jenny/Rhinow/Ruch/Schmid/Wildhaber, S. 285 ff.; LADNER ANDREAS/MEULI URS, Interkommunale Zusammenarbeit im Kanton Zürich, Bern 2002; LADNER ANDREAS et al., Gemeindereformen zwischen Handlungsfähigkeit und Legitimation, Bern 2000 (Gemeindereformen); MÜLLER ANDREAS/JENNI VITTORIO, Rahmenbedingungen bei der Privatisierung kommunaler Aufgaben – eine aktuelle Übersicht, AJP 1999, S. 1071 ff.; MÜLLER MARKUS, Art. 5–8, in: Arn u.a., Kommentar zum Gemeindegesetz des Kantons Bern; PFISTERER THOMAS, St. Galler Kommentar, Art. 56; PFISTERER THOMAS, Auslandbeziehungen der Kantone, in: Verfassungsrecht der Schweiz, § 33; RASCHEIN ROLF/VITAL P. ANDRI, Bündnerisches Gemeinderecht, 2. Aufl., Chur 1991; SCHELLENBERG BARBARA, Die Organisation der Zweckverbände, Diss., Zürich 1975; Der organisatorische Neubau des Kantons Zürich, Schlussbericht der Kommission für die Überprüfung der strukturellen Gliederung des Kantons Zürich, Zürich 1977 (Schlussbericht Strukturkommission); SEILER HANSJÖRG, Gemeinden im schweizerischen Staatsrecht, in: Verfassungsrecht der Schweiz, § 31; SPEISER BÉATRICE, Grenzüberschreitender Regionalismus am Beispiel der oberrheinischen Kooperation, Diss., St. Gallen 1993; STEINER RETO, Interkommunale Zusammenarbeit und Gemeindezusammenschlüsse in der Schweiz, Bern 2002; STEINER RETO/REIST PASCAL/RIELLE YVAN, Gemeindebefragung 2005 – Zustand der Gemeinden des Kantons Zürich, Bern 2006; THALMANN, § 7, § 16; ZIMMERLI ULRICH, Gemeinden, in: Kälin/Bolz, S. 195 ff.

Rechtsquellen
– Gesetz über das Gemeindewesen vom 6. Juni 1926 (Gemeindegesetz, GemG; LS 131.1)

---

* Ich danke lic.iur. Roland Wetli für seine wertvollen Hinweise und Anregungen.

Übersicht	Note
1. Einleitung	1
2. Entstehungsgeschichte	6
3. Gemeinsame Aufgabenerfüllung (Abs. 1)	7
3.1. Kooperationsautonomie	7
3.2. Zusammenarbeitsformen	11
4. Kantonsüberschreitende Zusammenarbeit (Abs. 2)	13
4.1. Pflicht zur Ermöglichung	13
4.2. Mitwirkungspflicht	15
4.3. Unterstützungspflicht zur Wahrung der Gemeindeinteressen	17

1. Einleitung

1 Der zweite Abschnitt des 7. Kapitels widmet sich der Zusammenarbeit der Gemeinden, d.h. der horizontalen Gemeindekooperation[1]. Mit der interkommunalen Zusammenarbeit befassen sich vier Artikel, was den grossen Stellenwert zum Ausdruck bringt, den die Verfassung diesem Themenbereich beimisst[2]. Der Abschnitt ist systematisch in drei Regelungsbereiche gegliedert: Art. 90 bestimmt wesentliche Grundsätze der interkommunalen Zusammenarbeit. Demgegenüber befassen sich Art. 91–93 mit den beiden häufigsten Zusammenarbeitsformen der Gemeinden: dem öffentlichrechtlichen Vertrag und dem Zweckverband.

2 Art. 90 hält allgemein fest, dass die Gemeinden Aufgaben gemeinsam erfüllen können. Der Verfassungsnorm liegt die Überzeugung zugrunde, dass Aufgaben bestehen, die von mehreren Gemeinden gemeinsam erfüllt werden sollen[3]. Empirische Untersuchungen weisen auf die zunehmende Bedeutung der interkommunalen Zusammenarbeit im Kanton Zürich hin[4]. Die interkommunale Zusammenarbeit hat im Kanton einen traditionell hohen Stellenwert[5]. Die bestehende Kooperation zwischen Gemeinden beschränkt sich nicht auf die in der Verfassung genannten Formen der Zusammenarbeit[6].

3 Die Gründe für die *Notwendigkeit* einer Kooperation sind seit längerer Zeit bekannt: Die Gemeinden sind vermehrt mit Aufgabenstellungen konfrontiert, die eine überkommunale Lösung erfordern[7]. Die Komplexität der Sachprobleme nimmt zu und lässt sich durch eine Zusammenarbeit besser meistern, weil Syn-

---

[1] Die vertikale Zusammenarbeit zwischen Kanton und Gemeinden ist insbesondere in den Art. 4 und 95 geregelt; vgl. TÖNDURY, Art. 4 N. 6; MÜLLER, Art. 95 N. 5 f.
[2] JAAG, Rz. 2301.
[3] Prot. Plenum, S. 3247 f.
[4] STEINER/REIST/RIELLE, S. 88 ff.; LADNER/MEULI, S. 9 ff.
[5] LADNER/MEULI, S. 5 f.
[6] Vgl. STEINER/REIST/RIELLE, S. 100 ff.
[7] Vgl. ZIMMERLI, S. 198; M. MÜLLER, Vorbem. zu Art. 5–8 N. 2.

ergieeffekte genutzt und die Professionalität gesteigert werden können[8]. Oftmals sind wirtschaftliche Gründe Auslöser für die interkommunale Zusammenarbeit, weil diese erlaubt, den Perimeter der Aufgabenerfüllung optimal zu vergrössern, damit die Effizienz der Aufgabenerfüllung (z.B. durch Grössenvorteile und Skalenerträge) verbessert werden kann. Dies ist insbesondere bei kapitalintensiven Infrastrukturen von grossem Nutzen[9].

Allgemein können durch die Zusammenarbeit die Nachteile kleinräumiger kommunaler Strukturen überwunden werden[10]. Gleichzeitig bleibt die rechtliche *Selbstständigkeit* der Gemeinden gewahrt, wobei deren Entscheidungsfreiheiten regelmässig eingeschränkt werden[11]. Mit der überkommunalen Kooperation sind fast zwangsläufig gewisse *Beschränkungen der Mitwirkungsmöglichkeiten* der Gemeinden und ihrer Stimmberechtigten verbunden[12]. 4

Auch die Zusammenarbeit über Kantons- und Landesgrenzen nimmt allgemein an Bedeutung zu. Die Verfassung spricht sich dafür aus, dass Probleme von Grenzgemeinden vermehrt grenzüberschreitend gelöst werden sollen[13]. Daher wird der Kanton in Abs. 2 in die Pflicht genommen, die Zusammenarbeit der Gemeinden über die Kantonsgrenzen hinaus zu ermöglichen und sie bei der Wahrung ihrer Interessen zu unterstützen. 5

2. Entstehungsgeschichte

Die Bestimmung hat im Verfassungsrat wenig Anlass zu Diskussionen gegeben. Bereits in der Gesamtlesung stimmte das Plenum der Bestimmung in der nun geltenden Fassung zu und verwarf einen Antrag des Regierungsrats, auf die Regelung in Abs. 1 wegen deren bloss deklaratorischer Bedeutung zu verzichten[14]. In der öffentlichen Vernehmlassung wurde die Bestimmung begrüsst. In der Absicht, die Gemeinden aufzufordern, die Möglichkeiten der gemeinsamen Aufgabenerfüllung zu nutzen, formulierte die Kommission 6 Abs. 1 neu und beantragte dem Plenum in der 2. Gesamtlesung eine entsprechende Regelung[15]. Das Plenum lehnte indessen diesen Antrag ab und stimmte äusserst knapp einem Minderheitsantrag der Kommission 6 zu, der sich für die in der Gesamtlesung 6

---

[8] Vgl. LADNER, Gemeindereformen, S. 67.
[9] STEINER, S. 112.
[10] THALMANN, § 7 N. 1.1.
[11] Vgl. EICHENBERGER, § 108 N. 2; Schlussbericht Strukturkommission, Rz. 435.
[12] STEINER, S. 113; LADNER, Gemeindereformen, S. 67.
[13] Vgl. PFISTERER, § 33 Rz. 7; HENDRY, S. 106 f., 165 f.
[14] Prot. Plenum, S. 2305 ff. (41. Sitzung); RRB 575 vom 30. April 2003, S. 6.
[15] Prot. Plenum, S. 3247; Abs. 1: «Die Gemeinden nutzen die Möglichkeiten, Aufgaben gemeinsam zu erfüllen.»

beschlossene Fassung aussprach[16]. Der Verfassungsrat wollte damit den Grundsatz der Freiwilligkeit interkommunaler Zusammenarbeit betonen.

3. Gemeinsame Aufgabenerfüllung (Abs. 1)

3.1. Kooperationsautonomie

7 Die rechtliche Stellung der Gemeinden und damit die interkommunale Zusammenarbeit werden durch kantonales Recht bestimmt; bundesrechtliche Vorgaben bestehen grundsätzlich nicht[17]. Die Befugnis der Gemeinden, Aufgaben gemeinsam zu erfüllen, ist fundamentaler Bestandteil ihrer *Autonomie*[18]. Die Notwendigkeit einer entsprechenden Ermächtigung in der Verfassung ist daher fragwürdig[19]; die grundlegende Bedeutung der interkommunalen Zusammenarbeit für die Gemeinden veranlasste jedoch den Verfassungsrat zu einer eigenständigen Normierung dieses Grundsatzes. Im Gegensatz zu den Bestimmungen in den meisten neueren Kantonsverfassungen verzichtet die Zürcher Verfassung auf eine Regelung, die den Kanton explizit verpflichtet, die interkommunale Zusammenarbeit zu fördern[20]. Der Verfassungsordnung kann aber zumindest eine befürwortende Haltung des Kantons gegenüber der Gemeindekooperation entnommen werden.

8 Das Gemeindegesetz setzt das Recht zur gemeinsamen Aufgabenerfüllung stillschweigend voraus und enthält lediglich punktuell Regelungen wie für den Zweckverband, die interkommunale Anstalt und die besondere Zusammenarbeit zwischen Schulgemeinden und politischen Gemeinden, die demselben Territorium angehören[21].

9 Die Verfassung verankert den Grundsatz der *Freiwilligkeit* interkommunaler Kooperation[22]; die Gemeinden verfügen über Autonomie hinsichtlich Art und Weise ihrer Aufgabenerfüllung und sollen nach eigenem Gutdünken entscheiden, ob und in welcher Form sie Kooperationen mit anderen Gemeinden eingehen wollen[23]. Dabei haben sie im öffentlichen Interesse zu handeln und die im Sinne des Verhältnismässigkeitsprinzips zweckmässigste Form der Zusammen-

---

[16] Prot. Plenum, S. 3249.
[17] SEILER, § 31 Rz. 7 ff.
[18] Art. 85 N. 2 ff.; BAUMANN, S. 145; M. MÜLLER, Art. 5 N. 1.
[19] Im Verfassungsrat war denn auch die Verfassungswürdigkeit der Bestimmung umstritten; Prot. Plenum, S. 2305 ff. (41. Sitzung).
[20] Z.B. § 67 Abs. 1 KV BS; Art. 134 Abs. 1 KV FR; Art. 155 Abs. 1 KV VD; Art. 106 Abs. 1 KV SH; vgl. ZIMMERLI, S. 198.
[21] § 7, § 15b, § 16 GemG. Vgl. THALMANN, § 7 N. 4, § 16 N. 1 ff.
[22] Prot. Plenum, S. 3247 f.; Prot. K6 vom 12. Februar 2004, S. 696 ff.
[23] Vgl. FRIEDERICH, Art. 64 N. 3.

arbeit zu wählen²⁴. Der Grundsatz der Freiwilligkeit wird allerdings bereits durch die Verfassung wieder eingeschränkt, indem der Kanton die Gemeinden zur Bildung von Zweckverbänden verpflichten kann²⁵. Die Verfassung steht der zwangsweisen Anordnung weiterer Formen der Zusammenarbeit nicht prinzipiell entgegen; dafür wäre aber eine ausdrückliche Gesetzesgrundlage notwendig²⁶.

Die interkommunale Zusammenarbeit erfordert die Absprache von zwei oder mehreren Gemeinden über die gemeinsame Aufgabenerfüllung. Diese kann auch dadurch erfolgen, dass die Aufgabe in gemeinsamer Absprache lediglich von einer Gemeinde erfüllt wird. Die Mitwirkung von Kanton und Privaten bei der Gemeindekooperation ist zulässig, sofern die Aufgabe und die Form der Zusammenarbeit dies erlauben. Mit Gemeinden sind politische Gemeinden und Schulgemeinden gemeint, obwohl die Kooperationsautonomie grundsätzlich auch für Kirchgemeinden Geltung hat²⁷. Gegenstand einer Zusammenarbeit zwischen Gemeinden kann jede Aufgabe sein, zu der die Gemeinden verpflichtet oder berechtigt sind. Dabei dürften indessen gewisse rechtliche Grenzen bestehen: Bestimmte Funktionen der kommunalen Selbstverwaltung müssen von den einzelnen Gemeinden selbst wahrgenommen werden²⁸. Sodann können wohl nicht alle Aufgaben mit privatrechtlichen Formen der Zusammenarbeit erfüllt werden²⁹.

3.2. Zusammenarbeitsformen

Die Verfassungsordnung enthält keine abschliessende Regelung der *Formen interkommunaler Zusammenarbeit*³⁰ und erwähnt lediglich den öffentlich-rechtlichen Vertrag und den Zweckverband³¹. Sofern das Bundesrecht oder das kantonale Gesetzesrecht dies nicht ausschliessen, dürfen die Gemeinden grundsätzlich in vielfältigen Formen miteinander kooperieren³². Diese lassen sich in

---

²⁴ Art. 2 Abs. 2; vgl. BIAGGINI, Art. 2 N. 14 ff.
²⁵ Art. 92 N. 9 f.
²⁶ Vgl. Art. 62 Abs. 1 KV GR; Art. 106 Abs. 4 KV SH. Im Kanton Bern können sodann finanzielle Beiträge an die Erfüllung von Gemeindeaufgaben von der Zusammenarbeit der Gemeinden abhängig gemacht werden; M. MÜLLER, Art. 6 N. 1 ff.
²⁷ Dazu Art. 92 N. 6.
²⁸ Der Regierungsrat spricht von Aufgaben der korporativen Selbstverwaltung wie z.B. das Budgetrecht und die Steuerfestsetzung, ABl 1981, S. 171. Vgl. ferner RASCHEIN/VITAL, S. 42.
²⁹ Gemäss FRIEDERICH, Art. 64 N. 6 f., sind dabei jedoch kaum rechtlich unbestrittene Grenzen auszumachen.
³⁰ Vgl. z.B. § 15b GemG.
³¹ Art. 91 ff.
³² Vgl. THALMANN, § 7 N. 2.3; M. MÜLLER, Art. 7 N. 1 ff.

informelle und formelle, öffentlichrechtliche und privatrechtliche und in solche mit und solche ohne juristische Persönlichkeit unterteilen[33].

12 Die *informelle Zusammenarbeit* führt zu unverbindlichen Absprachen und dient in der Regel der gegenseitigen Information zum Zweck einer koordinierten Aufgabenerfüllung[34]. *Formell* und damit verbindlich können die Gemeinden in den verfassungsrechtlich vorgesehenen Formen des *öffentlichrechtlichen Vertrags* und des *Zweckverbands* zusammenarbeiten. Politische Gemeinden können überdies zur gemeinsamen Erfüllung ihrer Aufgaben eine selbstständige *öffentlichrechtliche Anstalt* gründen. Dafür haben die Trägergemeinden einem Gründungsvertrag zuzustimmen, welcher der kantonalen Genehmigung unterliegt[35]. Als Körperschaften des öffentlichen Rechts im Sinne von Art. 52 Abs. 2 ZGB sind alle Gemeinden befugt, *privatrechtliche Verträge* untereinander abzuschliessen[36]. Schliesslich können Gemeinden auch in den Formen der *juristischen Personen des Privatrechts* zusammenarbeiten. Im kantonalen Recht fehlt diesbezüglich eine explizite Rechtsgrundlage[37]. Lehre und Praxis gehen indessen von der grundsätzlichen Zulässigkeit dieser Kooperationsform aus[38]. Allgemein ist für die Übertragung öffentlicher Aufgaben an Private eine kommunale Rechtsgrundlage auf Gesetzesstufe erforderlich[39]. Entsprechend muss eine interkommunale Vereinbarung, die öffentliche Aufgaben an juristische Personen des Privatrechts überträgt, grundsätzlich von der Gemeindelegislative beschlossen werden. Für diese Form der interkommunalen Zusammenarbeit kommen insbesondere der Verein, die Aktiengesellschaft, die Genossenschaft und die Stiftung in Frage[40].

4. Kantonsüberschreitende Zusammenarbeit (Abs. 2)

4.1. Pflicht zur Ermöglichung

13 Das Bedürfnis nach Gemeindekooperation macht weder an Kantons- noch an Landesgrenzen halt. Die unterschiedlichen Rechtsordnungen, denen die Grenzgemeinden unterstellt sind, erschweren jedoch die grenzüberschreitende Zu-

---

[33] Vgl. STEINER, S. 90 ff.
[34] Etwa die sog. Behördenkonferenz. Zudem bestehen zur politischen Interessenwahrung gegenüber dem Kanton Vereine von Behörden und Verwaltungsangestellten. Vgl. THALMANN, § 7 N. 2.4.
[35] § 15b GemG.
[36] Zum Beispiel im Bereich der administrativen Hilfstätigkeit. Sobald der Vertrag unmittelbar der Erfüllung einer öffentlichen Aufgabe dient, ist er indessen öffentlichrechtlich; M. MÜLLER, Art. 7 Anm. 9; THALMANN, § 7 N. 2.3.
[37] Regelungsgegenstand von Art. 98 ist u.a. die Ausgliederung kommunaler Aufgaben an Private, nicht die Zusammenarbeit der Gemeinden mittels privater Rechtsträger.
[38] Vgl. JAAG, Rz. 2303; SEILER, § 31 N. 47; THALMANN, § 7 N. 2.3.3.
[39] Art. 98 Abs. 2; dazu MÜLLER/JENNI, S. 1075 f.; MÜLLER, Art. 98 N. 18 f.
[40] Vgl. M. MÜLLER, Art. 7 N. 9 ff.

sammenarbeit⁴¹. Daher wird der Kanton verpflichtet, die Zusammenarbeit der Gemeinden über die *Kantons- und Landesgrenzen* hinaus zu ermöglichen⁴². Ähnliche Bestimmungen finden sich auch in einigen anderen neueren Kantonsverfassungen⁴³. Die kantonalen Behörden sind insbesondere angewiesen, im Einzelfall tätig zu werden, um die grenzüberschreitende Zusammenarbeit rechtlich möglich zu machen⁴⁴. Ein weiter gehender Auftrag zur Schaffung von Rechtsgrundlagen zur Vereinfachung der Zusammenarbeit lässt sich den Verfassungsmaterialien nicht zwingend entnehmen⁴⁵. Es entspricht aber dem Sinn und Zweck der Norm, die Zusammenarbeit über die Kantons- und Landesgrenzen hinaus durch die Schaffung von Rechtsgrundlagen zu erleichtern.

Das Gemeindegesetz enthält keine besonderen Bestimmungen zur grenzüberschreitenden Kooperation⁴⁶. Gemäss Praxis dürfen die Zürcher Gemeinden jedoch mit Gemeinden anderer Kantone zusammenarbeiten⁴⁷. Zur Gemeindekooperation über die Landesgrenzen hinaus bestehen verschiedene internationale Übereinkommen, denen die Schweiz beigetreten ist, um allgemein die grenzüberschreitende Zusammenarbeit zwischen Gebietskörperschaften zu erleichtern und zu fördern⁴⁸. Diese gelten jedoch nur nach Massgabe des innerstaatlichen Rechts und vermitteln den Gemeinden daher kein selbstständiges Recht zur grenzüberschreitenden Zusammenarbeit⁴⁹. Die Lehre geht davon aus, dass die Gemeinden mit ausländischen Grenzgemeinden zusammenarbeiten dürfen, sofern dies kantonalem Recht nicht widerspricht⁵⁰. Die geltende Praxis erachtet es als zulässig, dass Zürcher Gemeinden mit Gemeinden im benachbarten Ausland Verträge abschliessen können⁵¹. Sowohl bei der Kantons- als auch

14

---

[41] Vgl. HENDRY, S. 106; Schlussbericht Strukturkommission, Rz. 684.
[42] Prot. Plenum, S. 3250.
[43] Zum Beispiel § 67 Abs. 2 KV BS; Art. 106 Abs. 1 KV SH; § 48 Abs. 2 KV BL.
[44] Prot. Plenum, S. 1748. Im Vordergrund steht der Abschluss von interkantonalen Verträgen.
[45] Eine Vereinfachung könnte z.B. mit «kollisionsrechtlichen» Bestimmungen im GemG (vgl. Anm. 46) oder mit dem Abschluss von interkantonalen oder internationalen Rahmenverträgen erreicht werden (vgl. z.B. das sog. Regionale Schulabkommen, LS 412.223, und das sog. Karlsruher Abkommen, SAR 181.100 AG); dazu BRUNNER, S. 189. Das Karlsruher Übereinkommen z.B. schafft eine Rechtsgrundlage für künftige Kooperationsvereinbarungen zwischen Grenzgemeinden und erteilt diesen im Voraus die Erlaubnis zum Abschluss solcher Verträge.
[46] «Kollisionsrechtliche» Regelungen kennt aber beispielsweise das Berner Gemeindegesetz. Vgl. FRIEDERICH, Art. 130 N. 11. Fehlen Gesetzesnormen, muss auf interkantonales Gewohnheitsrecht abgestellt werden; dazu JENNY, S. 299.
[47] THALMANN, § 7 N. 4.5.
[48] Insbesondere das sog. Madrider Übereinkommen und seine Zusatzprotokolle (SR 0.131.1, SR 0.131.11 und SR 0.131.12) sowie die Europäische Charta der kommunalen Selbstverwaltung (SR 0.102).
[49] GUTT, S. 41, 47.
[50] Vgl. PFISTERER, St.Galler Kommentar, Art. 56 N. 16; HENDRY, S. 174.
[51] Zum Beispiel Vertrag zwischen dem Zweckverband Abwasserverband Rafzerfeld und der baden-württembergischen Gemeinde Hohentengen über die Anlieferung und Reinigung von Abwasser. Vgl. RRB 2424 vom 11. August 1993.

bei der Landesgrenzen überschreitenden Zusammenarbeit sind indessen die Gemeinden im Einzelfall auf die Mitwirkung des Kantons angewiesen[52].

4.2. Mitwirkungspflicht

15 Als rechtlich wenig problematisch erweist sich die informelle sowie die grenzüberschreitende Zusammenarbeit auf rein privatrechtlicher Grundlage[53]. Die Kooperation mit Gemeinden anderer Kantone auf der Grundlage eines öffentlichrechtlichen Vertrags ist ebenfalls ohne Mitwirkung des Kantons möglich, wenn die Vereinbarung rein rechtsgeschäftlicher Natur ist. Diesfalls können sich die Gemeinden zum Entscheid allfälliger Rechtsstreitigkeiten mit Schiedsvereinbarungen behelfen. Diese gelten grundsätzlich auch im öffentlichen Recht als zulässig, wenn der Vertragsgegenstand schiedsfähig ist und sich formal gleichberechtigte Partner gegenüberstehen[54]. Für die Zusammenarbeit der Gemeinden über die Landesgrenzen hinaus dürfte grundsätzlich von denselben Überlegungen ausgegangen werden[55].

16 Der Abschluss *interkantonaler* und wohl auch *internationaler Verträge* ist indessen unentbehrlich, wenn für die grenzüberschreitende Zusammenarbeit rechtsetzende Bestimmungen notwendig sind[56]. Dies ist insbesondere bei «interkantonalen» Zweckverbänden erforderlich[57]. In der Regel enthalten die interkantonalen Verträge insbesondere Bestimmungen über das anwendbare Recht, die Aufsicht und den Rechtsschutz[58]. Die Bundesverfassung ermächtigt die Kantone, sowohl interkantonale Vereinbarungen als auch in ihrem Zuständigkeitsbereich Staatsverträge mit dem Ausland abzuschliessen[59].

4.3. Unterstützungspflicht zur Wahrung der Gemeindeinteressen

17 Der Kanton ist verfassungsrechtlich gehalten, die Gemeinden bei der Wahrung ihrer Interessen zu unterstützen. Diese Verpflichtung gilt nicht allgemein, sondern nur im Zusammenhang mit der grenzüberschreitenden Zusammenarbeit

---

[52] THALMANN, § 7 N. 4.5; HENDRY, S. 174.
[53] Gemäss SPEISER, S. 227 f., kommt diesfalls internationales Privatrecht zur Anwendung. Vgl. auch HENDRY, S. 167.
[54] FRIEDLI, Art. 107 N. 5 ff.
[55] Vgl. SPEISER, S. 228. Für den in Anm. 51 erwähnten Vertrag war denn auch kein internationaler Vertrag notwendig.
[56] Zum Beispiel wenn sich Gemeinden damit «fremdem» Recht unterwerfen oder Hoheitsrechte übertragen werden; vgl. HENDRY, S. 174; vgl. auch JENNY, S. 306.
[57] THALMANN, § 7 N. 4.5; HENDRY, S. 106 ff.; SCHELLENBERG, S. 25 f.
[58] Vgl. THALMANN, § 7 N. 4.5.2; z.B. Abwasserverband Altikon-Niederneunforn TG, LS 711.533.
[59] Art. 48, 56 BV; JAAG, Rz. 509 ff.; BRUNNER, S. 132 ff. Ein «internationaler» Zweckverband besteht im Kanton Zürich bislang noch nicht.

der Gemeinden[60]. Die kantonale Unterstützungspflicht kommt immer dann zum Tragen, wenn die Gemeinden auf die Mitwirkung des Kantons angewiesen sind, damit die Zusammenarbeit über die Kantons- oder Landesgrenzen hinaus rechtlich ermöglicht wird[61]. Aber auch dort, wo die kantonale Mitwirkung für die grenzüberschreitende Kooperation nicht notwendig ist, entspricht es wohl dem Sinn und Zweck der Norm, dass der Kanton die Gemeinden unterstützen soll[62].

Die Verfassung verpflichtet die kantonalen Behörden zu einer Hilfeleistung. Diese hat sich grundsätzlich an den konkreten Interessen der beteiligten Zürcher Gemeinden zu orientieren. Dies kann aber nicht bedeuten, dass der Kanton sich die Interessen dieser Gemeinden zueigen machen muss. Selbstredend hat der Kanton auch seinen Interessen und jenen anderer Gemeinden Beachtung zu schenken. Im Übrigen sind mit Unterstützung insbesondere Dienstleistungen in rechtlicher bzw. beratender Hinsicht gemeint und nicht die Leistung finanzieller Zuschüsse. 18

---

[60] Vgl. RRB 1716 vom 6. November 2002, S. 3.
[61] Prot. Plenum S. 1748; N. 15 f.
[62] Prot. K6 vom 17. Februar 2004, S. 706 ff.

Art. 91[*]

Zur gemeinsamen Erfüllung einer oder mehrerer Aufgaben können die Gemeinden untereinander Verträge abschliessen.

Das Gesetz legt fest, unter welchen Voraussetzungen Verträge von den Stimmberechtigten oder dem Parlament genehmigt werden müssen.

Vertragliche Zusammenarbeit

Materialien

Art. 101 VE; Prot. Plenum, S. 1748 f., 2308 f. (41. Sitzung), 3249 f.

Literatur

BRÜESCH ANDREA, Kommentar zur Verfassung des Kantons Graubünden, Art. 62 und 73; FRIEDERICH ULRICH, Rechtsformen interkommunaler Zusammenarbeit, Information der Dokumentationsstelle Raumplanungs- und Umweltrecht der schweizerischen Vereinigung für Landesplanung (VLP), Bern 1997, S. 1 ff.; GUY-ECABERT CHRISTINE, Divers instruments de la collaboration intercommunale, en particulier le contrat de coordination, RDAF 60/2004 I, S. 84 ff.; HÄFELIN/MÜLLER/UHLMANN, Rz. 1052 ff.; IMBODEN MAX, Der verwaltungsrechtliche Vertrag, ZSR 77/1958 II, S. 1a ff.; KLEIN FRANK, Die Rechtsfolgen des fehlerhaften verwaltungsrechtlichen Vertrags, Diss., Zürich 2003; METTLER MAX, Das Zürcher Gemeindegesetz, 3. Aufl., Wädenswil 1976; NGUYEN MINH SON, Le contrat de collaboration en droit administratif, Diss., Bern 1998; SCHENKER MARCEL, Das Recht der Zweckverbände, Diss., St. Gallen 1986; THALMANN, § 48.

Vgl. ferner Hinweise zu Art. 90.

Rechtsquellen

– Gesetz über das Gemeindewesen vom 6. Juni 1926 (Gemeindegesetz, GemG; LS 131.1)
– Einführungsgesetz zum ZGB vom 2. April 1911 (EG ZGB; LS 230)

Übersicht

	Note
1. Einleitung	1
2. Entstehungsgeschichte	2
3. Vertragliche Zusammenarbeit (Abs. 1)	3
3.1. Öffentlichrechtlicher Vertrag	3
3.2. Formen der vertraglichen Zusammenarbeit	11
4. Genehmigungspflicht der Verträge (Abs. 2)	14

1. Einleitung

Die Bestimmung regelt die vertragliche Zusammenarbeit der Gemeinden. Gemeint ist damit die interkommunale Kooperation auf der Grundlage eines

1

---

[*] Ich danke lic.iur. Roland Wetli für seine wertvollen Hinweise und Anregungen.

öffentlichrechtlichen Vertrags. Neben dem Zweckverband ist der öffentlichrechtliche Vertrag die häufigste Form der Zusammenarbeit zwischen Zürcher Gemeinden[1]. Der öffentlichrechtliche Vertrag zeichnet sich durch seinen grossen Anwendungsbereich und die Möglichkeit seiner einfachen, flexiblen Ausgestaltung aus[2]. Er gelangt insbesondere dann zur Anwendung, wenn unterschiedliche Interessen der Gemeinden die Schaffung intensiverer Formen der Kooperation wie Zweckverband oder Anstalt verunmöglichen[3]. Eine besondere Bedeutung kommt dem öffentlichrechtlichen Vertrag zu, weil er zur Erfüllung öffentlicher Aufgaben auch die Zusammenarbeit mit Privaten ermöglicht[4]. Die ausdrückliche Erwähnung in der Verfassung ist einerseits auf seine Bedeutung für die interkommunale Zusammenarbeit und andererseits auf den Umstand zurückzuführen, dass der Verfassungsrat auch mit Bezug auf die vertragliche Kooperation Vorgaben für demokratische Mitwirkungsrechte festlegen wollte[5].

2. Entstehungsgeschichte

2   Der Regelungsinhalt der Bestimmung war im Verfassungsrat völlig unbestritten. Sowohl in der Vorberatung als auch in den beiden Gesamtlesungen folgte das Plenum den jeweiligen Anträgen der Kommission 6 diskussionslos[6]. Von Anfang an wollte der Verfassungsrat die vertragliche Zusammenarbeit der Gemeinden ausdrücklich in der Verfassung verankern[7]. Bereits in der Gesamtlesung stimmte das Plenum Abs. 1 in der nun geltenden Fassung zu. Gemäss Art. 101 Abs. 2 VE sollte den Gemeinden demgegenüber noch vorgeschrieben werden, dass wichtige Verträge der Gemeindelegislative unterbreitet werden müssen[8]. In der öffentlichen Vernehmlassung wurde indessen angeregt, diese Regelung dem Gesetzgeber zu überlassen. Daraufhin beantragte die Kommission 6 dem Plenum die nun geltende Fassung, die Zustimmung fand[9].

---

[1] STEINER/REIST/RIELLE, S. 100 ff.
[2] Vgl. SCHENKER, S. 37.
[3] Vgl. M. MÜLLER, Vorbem. zu Art. 5–8 N. 3.
[4] Vgl. KLEIN, S. 33 ff.; NGUYEN, S. 21 ff., hinsichtlich subordinationsrechtlicher Verträge.
[5] Prot. RedK vom 27. Februar 2003, S. 250 f.; Prot K6 vom 6. März 2003, S. 571 f.
[6] Prot. Plenum, S. 1749, 2309 (41. Sitzung) und 3249.
[7] Vgl. Prot. K6 vom 4. Juni 2002, S. 345 f.; Prot. Plenum, S. 1748.
[8] Prot. Plenum, S. 2308 (41. Sitzung).
[9] Prot. Plenum, S. 3249 f.

3. Vertragliche Zusammenarbeit (Abs. 1)

3.1. Öffentlichrechtlicher Vertrag

Auffallend ist, dass die Verfassung die vertragliche Zusammenarbeit der Gemeinden ausdrücklich regelt. Andere neuere Kantonsverfassungen enthalten in aller Regel keine Bestimmungen zur vertraglichen Zusammenarbeit und verweisen allgemein zu den möglichen Formen der Gemeindekooperation auf das Gesetz[10]. Ähnliche Bestimmungen finden sich jedoch z.B. in den Verfassungen der Kantone Basel-Landschaft und St.Gallen[11].

Die Verfassung sieht vor, dass Gemeinden vertraglich zusammenarbeiten können, um Aufgaben gemeinsam zu erfüllen. Die Bestimmung regelt nur die interkommunale Zusammenarbeit in Form von *öffentlichrechtlichen Verträgen*[12]. Das Recht, in der Form von privatrechtlichen Verträgen zu kooperieren, steht den Gemeinden ohnehin gestützt auf das Bundeszivilrecht zu. Öffentlichrechtlich ist der Vertrag in aller Regel, wenn er unmittelbar der Erfüllung einer öffentlichen Aufgabe dient[13].

Die Verfassungsbestimmung unterscheidet sich von Art. 90 Abs. 1 im Wesentlichen lediglich darin, dass der Vertrag als mögliche Form der interkommunalen Zusammenarbeit festgelegt wird. Im Übrigen weisen aber die beiden Bestimmungen insbesondere hinsichtlich der Kooperationsautonomie Gemeinsamkeiten auf. Daher kann zunächst auf die allgemeinen Bemerkungen in Art. 90 verwiesen werden, die auch hier Geltung haben[14].

Die Befugnis der Gemeinden, zur Erfüllung ihrer Aufgaben öffentlichrechtliche Verträge mit anderen Gemeinden einzugehen, ist Ausfluss ihrer *Autonomie*[15]. Der öffentlichrechtliche Vertrag zwischen Gemeinden wird als Selbstverständlichkeit betrachtet[16]. Die Verfassungsbestimmung hält die Vertragsautonomie jedoch prinzipiell fest[17]. Das Gemeindegesetz erwähnt den öffentlichrechtlichen Vertrag als Instrument der interkommunalen Kooperation nicht in allgemeiner Weise, setzt ihn aber verschiedentlich voraus[18]. Das Fehlen einer allgemeinen

---

[10] Zum Beispiel Art. 134 Abs. 2 KV FR; Art. 106 Abs. 1 KV SH; Art. 62 Abs. 2 KV GR.
[11] § 48 Abs. 2 KV BL; Art. 96 Abs. 1 lit. a KV SG.
[12] Die für interkommunale Verträge benützte Terminologie ist uneinheitlich. In der Regel werden die Begriffe des öffentlichrechtlichen Vertrags und des verwaltungsrechtlichen Vertrags synonym verwendet; vgl. KLEIN, S. 6; HENDRY, S. 133 f.
[13] HÄFELIN/MÜLLER/UHLMANN, Rz. 1058; ausführlich KLEIN, S. 10 ff.
[14] Vgl. Art. 90 N. 7–10.
[15] Vgl. SCHENKER, S. 38; METTLER, S. 22.
[16] IMBODEN, S. 30a und 149a ff.
[17] Und verunmöglicht damit, dass der Gesetzgeber die vertragliche Gemeindekooperation allgemein ausschliessen darf.
[18] § 16 GemG. Demgegenüber erwähnen Spezialgesetze den öffentlichrechtlichen Vertrag ausdrücklich; vgl. § 26 Abs. 3 EG ZGB.

Regelung führt in der Praxis aber verschiedentlich zu Unsicherheiten, insbesondere was die Mitwirkungsmöglichkeiten der Vertragsgemeinden betrifft[19].

7 Die Gemeinden können öffentlichrechtliche Verträge auch mit übergeordneten Gemeinwesen (wie Bund und Kanton) oder anderen Trägern öffentlicher Aufgaben auf kommunaler oder interkommunaler Ebene (wie Anstalten und Zweckverbände) abschliessen[20]. Dieses Recht ist zwar nicht Regelungsgegenstand von Art. 91, aber grundlegender Bestandteil der Gemeindeautonomie.

8 In der Praxis steht die gemeinsame Erfüllung *einer* Aufgabe im Vordergrund interkommunaler Vereinbarungen. Selbstredend können auch *mehrere* Aufgaben Gegenstand eines öffentlichrechtlichen Vertrags sein, was in der Regel zu komplexeren Vereinbarungen führt. Diesem ausdrücklichen Hinweis im Wortlaut der Bestimmung kommt keine besondere Bedeutung zu. Der Verfassungsgeber hat sich bei der Formulierung der Norm lediglich am Wortlaut von Art. 92 orientiert[21].

9 Öffentlichrechtliche Vereinbarungen zwischen Gemeinden gelten als *koordinationsrechtliche Verträge*, weil die Vertragspartner einander gleichgestellt sind[22]. In der Regel sind sie rechtsgeschäftlicher Natur. Sie können aber auch rechtsetzende Normen aufweisen[23]. Im Verwaltungsrecht fehlt eine allgemeine Ordnung des öffentlichrechtlichen Vertrags. Daher kommen im Fall von Regelungslücken Rechtsgrundsätze des Privatrechts – insbesondere das privatrechtliche Vertragsrecht – sinngemäss als subsidiäres öffentliches Recht zur Anwendung, sofern dies sachgerecht erscheint[24].

10 Interkommunale Verträge entstehen durch übereinstimmende Willenserklärung der Parteien[25]. Sie entfalten ihre Wirkung nur zwischen den Vertragsgemeinden und dürfen übergeordnetem Recht nicht widersprechen[26]. Soweit keine besondere Rechtsgrundlage besteht, ist eine kantonale Genehmigung von öffentlichrechtlichen Verträgen zwischen den Gemeinden nicht erforderlich[27]. Dies gilt auch dann, wenn mit dem Vertrag hoheitliche Befugnisse übertragen

---

[19] Nicht selten sehen Zusammenarbeitsverträge – ähnlich wie Zweckverbandsstatuten – Organe oder gemeinsame Kommissionen vor.
[20] THALMANN, § 7 N. 3.3; SCHELLENBERG, S. 6.
[21] Dort bezweckt der Hinweis auf mehrere Aufgaben jedoch eine wichtige Klarstellung. Art. 92 N. 8 (Mehrzweckverbände).
[22] HÄFELIN/MÜLLER/UHLMANN, Rz. 1063 f.; KLEIN, S. 25 f.
[23] Vgl. JAAG, Rz. 522; SCHENKER, S. 38.
[24] Vgl. HENDRY, S. 140 f.; IMBODEN, S. 94a ff.
[25] HENDRY, S. 148. Umstritten ist, ob öffentlichrechtliche Verträge der Schriftform bedürfen. Vgl. dazu HÄFELIN/MÜLLER/UHLMANN, Rz. 1102; THALMANN, § 7 N. 3.6.
[26] GUY-ECABERT, S. 96 ff.
[27] Eine solche ist aber bei Verträgen zur Bildung von Zivilstandskreisen notwendig; § 26 Abs. 3 EG ZGB.

werden[28]. Grundsätzlich ist davon auszugehen, dass rechtsetzende interkommunale Verträge dem kommunalen Recht der Vertragsgemeinden vorgehen[29].

3.2. Formen der vertraglichen Zusammenarbeit

Die Praxis hat verschiedene Formen vertraglicher Kooperation entwickelt. Dabei kann insbesondere zwischen dem sog. Anschlussvertrag und dem Zusammenarbeitsvertrag in Form der einfachen Gesellschaft unterschieden werden[30]: 11

Beim *Anschlussvertrag* verpflichtet sich eine Gemeinde (sog. Sitzgemeinde), Aufgaben einer oder mehrerer anderer Gemeinden (sog. Anschlussgemeinden) zu erfüllen oder diesen die (Mit-)Benützung von Einrichtungen zu ermöglichen[31]. Wesentliches Merkmal des Anschlussvertrags ist es, dass die Sitzgemeinde allein Rechtsträgerin der konkreten Aufgabenerfüllung sowie Eigentümerin der betreffenden Einrichtungen bleibt. Mitsprache- und Kontrollmöglichkeiten der Anschlussgemeinden sind daher weitgehend eingeschränkt[32]. Anschlussverträge können unterschiedlich ausgestaltet werden: Die Sitzgemeinde kann die Aufgaben der Anschlussgemeinden im Sinne eines Auftrags erfüllen, ohne dass deren Rechte und Pflichten auf die Sitzgemeinde übergehen. Oder die Sitzgemeinde übernimmt die Aufgaben der Anschlussgemeinden in ihre Zuständigkeit, womit die entsprechenden Rechte und Pflichten und die entsprechenden hoheitlichen Befugnisse auf die Sitzgemeinde übergehen[33]. 12

Zusammenarbeitsverträge, die eine gemeinsame Aufgabenerfüllung der Gemeinden zum Gegenstand haben, begründen eine einfache Gesellschaft, wenn die Vertragsgemeinden einen gemeinsamen Zweck mit gemeinsamen Kräften und Mitteln verfolgen[34]. Dabei können sie Einrichtungen gemeinsam erstellen oder betreiben und deren Vermögenswerte in gemeinschaftlichem Eigentum haben. Die einfache Gesellschaft führt zu keinem neuen Rechtsträger, sondern ist ein reines Vertragsverhältnis. Sie geht grundsätzlich von der Gleichberechtigung 13

---

[28] Gemäss THALMANN, § 7 N. 3.6.3, vermag dieser Umstand «staatsrechtlich» nicht zu befriedigen, weil eine Verschiebung von Aufgaben bzw. insbesondere von hoheitlichen Befugnissen zwischen den Gemeinden einen ebenso schwerwiegenden Eingriff in die staatliche Ordnung bedeuten würde wie z.B. eine Grenzänderung, die der kantonalen Genehmigungspflicht untersteht. Vgl. auch HENDRY, S. 145.

[29] EICHENBERGER, § 108 N. 12. Dies gilt zumindest dann, wenn Vertrag und Erlass der gleichen «Normstufe» zugehören, d.h. vom gleichen Gemeindeorgan im gleichen Verfahren abgeschlossen bzw. beschlossen wurden.

[30] Vgl. M. MÜLLER, Art. 7 N. 4; SCHENKER, S. 38 ff.

[31] THALMANN, § 7 N. 3.2.

[32] M. MÜLLER, Art. 7 N. 4; HENDRY, S. 142. Vgl. indessen die 1983 in der Volksabstimmung abgelehnte Vorlage zur Änderung des Zürcher Gemeindegesetzes, die eine Rechtsgrundlage für die Einräumung von Mitwirkungsrechten der Anschlussgemeinden vorsah; ABl 1981, S. 148 ff.

[33] SCHENKER, S. 39; HENDRY, S. 145; vgl. auch ABl 1981, S. 148 ff.

[34] Diese ist gemäss THALMANN, § 7 N. 3.2, der einfachen Gesellschaft im Sinne von Art. 530 ff. OR nachgebildet. Vgl. dazu auch BRÜESCH, Kommentar KV GR, Art. 62 Rz. 23.

der Vertragsgemeinden aus und wahrt deren gemeindeinterne Zuständigkeiten[35]. Im Unterschied zu körperschaftlichen Zusammenarbeitsformen führt das «konsensuale Vertragsrecht» in der einfachen Gesellschaft grundsätzlich dazu, dass die Vertragsgemeinden Beschlüsse einstimmig fassen müssen[36]. Die einfache Gesellschaft dient oftmals zur Vorbereitung einer intensiveren Form der Kooperation.

4. Genehmigungspflicht der Verträge (Abs. 2)

14 Gemäss Abs. 2 hat das Gesetz festzulegen, unter welchen Voraussetzungen *interkommunale* Verträge von den Stimmberechtigten oder dem Parlament genehmigt, d.h. diesen Organen zur Genehmigung unterbreitet werden müssen. Das geltende Gemeindegesetz enthält keine entsprechende Regelung. In aller Regel bestimmen die Gemeindeordnungen das zuständige Organ, das über interkommunale Verträge *Beschluss* zu fassen hat[37]. Fehlt eine entsprechende Vorschrift in der Gemeindeordnung, richtet sich die Zuständigkeit nach der Kompetenzordnung, die für die betreffende Sache gemeindeintern gilt. Kann an keine Sachzuständigkeit angeknüpft werden, bestimmt sich die Zuständigkeit nach der finanziellen Tragweite des Vertragsinhalts (Finanzzuständigkeit)[38].

15 Auch die interkommunale Zusammenarbeit mittels öffentlichrechtlichen Vertrages führt in der Regel zu einer gewissen Beschränkung der demokratischen Mitwirkungsrechte der Stimmberechtigten[39]. Grundsätzlich sollen die Befugnisse der Stimmberechtigten oder des Parlaments durch die interkommunale Zusammenarbeit aber nur soweit beschränkt werden, als es die Bedürfnisse der Gemeindekooperation erfordern[40]. Als demokratische Minimalforderung beabsichtigt die Verfassungsbestimmung daher, der Gemeindelegislative bei wichtigen öffentlichrechtlichen Verträgen ein Mitbestimmungsrecht einzuräumen. Der Gesetzgeber wird daher beauftragt, Vorgaben für eine Genehmigungspflicht öffentlichrechtlicher Vereinbarungen festzulegen[41]. Das Gesetz kann das Genehmigungsrecht den Stimmberechtigten an der Urne oder in der Gemeindeversammlung oder dem Gemeindeparlament zuordnen[42].

---

[35] Friederich, Rechtsformen, S. 4.
[36] Eichenberger, § 108 N. 12.
[37] Nach Thalmann, § 48 N. 3.3, ist bei der Beschlussfassung über Verträge in der Gemeindeversammlung nach noch geltendem Recht das Änderungsrecht der Stimmberechtigten eingeschränkt, aber nicht vollständig ausgeschlossen.
[38] Vgl. Thalmann, § 7 N. 3.6.2; M. Müller, Art. 5 N. 5.
[39] Vgl. M. Müller, Art. 5 N. 4; Schenker, S. 40.
[40] Prot. Plenum, S. 2309 (41. Sitzung); vgl. ABl 1981, S. 167 f.
[41] Sinnvoll wäre es, eine Grundsatzbestimmung in das Gemeindegesetz aufzunehmen.
[42] Prot. K6 vom 8. April 2003, S. 583; Art. 86 Abs. 2 lit. b, Art. 87 Abs. 2.

Die Genehmigung ist primär ein Akt *politischer* Willensäusserung. Funktionell 16
kann sie sowohl als Verwaltungsakt als auch als Rechtssatz[43] betrachtet werden und bedeutet Zustimmung zum Vertragsabschluss. Die Mitwirkung der Gemeindelegislative beschränkt sich auf die nachträgliche Zustimmung oder Ablehnung des Vertrags als Ganzen. Änderungsrechte hinsichtlich der inhaltlichen Ausgestaltung des Vertrags sind in diesem Zeitpunkt ausgeschlossen. Die eigentliche *Beschlussfassung* über interkommunale Verträge fällt demnach in die Zuständigkeit des Gemeindevorstands oder anderer Gemeindebehörden.

Aufgrund des Normzwecks müssen *wichtige* Vereinbarungen zwischen Gemeinden der Genehmigung der Gemeindelegislative unterstellt werden[44]. Allgemein 17
muss sich das für die Genehmigung zuständige Organ (Stimmberechtigte an der Urne oder in der Gemeindeversammlung oder das Gemeindeparlament) nach der *Bedeutung der Regelungsmaterie* in den interkommunalen Verträgen bestimmen. Zu den wichtigen Vereinbarungen gehören insbesondere Verträge, mit welchen zur Aufgabenerfüllung hoheitliche Befugnisse auf Organe anderer Gemeinden übergehen[45]. In der Regel wird die finanzielle Bedeutung interkommunaler Verträge als Kriterium für deren Wichtigkeit herangezogen[46]. Der Gesetzgeber wird sich grundsätzlich an der Kompetenzordnung, die für Gemeinden gilt, zu orientieren haben; schreibt das Gesetz den Gemeinden für besondere Geschäfte die Beschlussfassung durch die Stimmberechtigten oder das Parlament vor, müssen diese Geschäfte auch den entsprechenden Gemeindeorganen zur Genehmigung vorgelegt werden, wenn sie Gegenstand einer interkommunalen Vereinbarung sind.

---

[43] BAUMANN, S. 147 f.
[44] Vgl. Prot. Plenum, S. 2308 f. (41. Sitzung).
[45] Vgl. THALMANN, § 7 N. 3.6.2.
[46] Vgl. BAUMANN, S. 146; M. MÜLLER, Art. 5 N. 5.

Art. 92*

Zweckverbände

Zur gemeinsamen Erfüllung einer oder mehrerer Aufgaben können sich die Gemeinden zu Zweckverbänden zusammenschliessen.

Sie können dazu verpflichtet werden, wenn wichtige öffentliche Interessen es erfordern. Das Gesetz regelt das Verfahren.

Zweckverbände sind selbstständige Körperschaften des öffentlichen Rechts. Sie regeln ihre Aufgaben und ihre Organisation in Statuten.

Die Statuten der Zweckverbände bedürfen der Genehmigung des Regierungsrates. Dieser prüft sie auf ihre Rechtmässigkeit.

Materialien

Art. 102–104 VE; Prot. Plenum, S. 1677 ff., 2308 f. (41. Sitzung), 3250 ff.

Literatur

ALLEMANN HANS-MARTIN, Gemeinde- und Regionalverband im bündnerischen Recht, Diss., Basel 1983; FRIEDERICH UELI, Art. 130–135, in: Arn u.a., Kommentar zum Gemeindegesetz des Kantons Bern; GRÜTTER PETER, Die schweizerischen Zweckverbände, Diss., Zürich 1973; HÄFELIN/MÜLLER/UHLMANN, Rz. 1288 ff.; PFISTERER THOMAS, Das Recht der Abwasserzweckverbände, Diss. (Bern), Aarau 1969 (Zweckverband); SPAHN PATRICK, Art. 106, in: Dubach/Marti/Spahn, S. 300 ff.

Vgl. ferner Hinweise zu Art. 90 und 91.

Rechtsquellen

– Gesetz über das Gemeindewesen vom 6. Juni 1926 (Gemeindegesetz, GemG; LS 131.1)
– Gerichtsverfassungsgesetz vom 13. Juni 1976 (GVG; LS 211.1)
– Gesetz über die Raumplanung und das öffentliche Baurecht vom 7. September 1975 (Planungs- und Baugesetz, PBG; LS. 700.1)

Übersicht

	Note
1. Einleitung	1
2. Entstehungsgeschichte	4
3. Grundnorm (Abs. 1)	5
3.1. Freiwillige Gemeindeverbindung	5
3.2. Gemeinsame Aufgabenerfüllung	7
4. Zwangsverband (Abs. 2)	9
4.1. Voraussetzungen	9
4.2. Verfahren	12
5. Körperschaft des öffentlichen Rechts (Abs. 3)	13
5.1. Wesensmerkmale	13
5.2. Statuteninhalt	15

---

* Ich danke lic.iur. Roland Wetli für seine wertvollen Hinweise und Anregungen.

6. Genehmigungspflicht (Abs. 4) 18
 6.1. Bedeutung der Genehmigung 18
 6.2. Überprüfungsbefugnis 20

1. Einleitung

1 Das Bundesrecht hält im Sinne eines unechten Vorbehalts fest, dass die körperschaftliche Verbindung von Gemeinden auf öffentlichrechtlicher Grundlage dem öffentlichen Recht des Bundes und der Kantone unterstellt ist[1]. Art. 92 schafft die verfassungsrechtliche Grundlage für den Zusammenschluss von Gemeinden zu Zweckverbänden. Fast alle Kantonsverfassungen sehen die interkommunale Zusammenarbeit in Form von Zweck- oder Gemeindeverbänden vor[2]. Im kantonalen Recht finden sich auf Gesetzesstufe nur wenige allgemeine Bestimmungen zum Zweckverband. Dies vermag grundsätzlich nicht zu befriedigen[3]. Der Versuch, im Gemeindegesetz eine ausführliche Ordnung der Zweckverbände zu schaffen, scheiterte allerdings 1983 in der Volksabstimmung[4].

2 In der Lehre wird der Zweckverband mehrheitlich definiert als «ein in der Form einer öffentlichrechtlichen Körperschaft erfolgter Zusammenschluss von grundsätzlich selbstständig bleibenden Gemeinden zur gemeinsamen Erfüllung bestimmter einzelner Gemeindeaufgaben»[5]. Der körperschaftliche Zusammenschluss von Gemeinden wird in Kantonsverfassungen und der Literatur auch als Gemeindeverband bezeichnet[6]. Zu Recht werden die Begriffe «Zweckverband» und «Gemeindeverband» jedoch mehrheitlich synonym verwendet, da ein entscheidender Unterschied zwischen diesen Rechtsinstituten angesichts ihrer umfassenden Organisationsautonomie nicht erkennbar ist[7].

3 Der Zweckverband ist die wichtigste und am meisten verbreitete Form der interkommunalen Zusammenarbeit[8]. Im Kanton Zürich bestehen derzeit 217 Zweckverbände (Stand: Ende 2006), an denen bis zu jeweils 40 Verbandsgemeinden beteiligt sind. Zweckverbände erfüllen die unterschiedlichsten Aufgaben[9]. In

---

[1] Art. 59 Abs. 1 ZGB. Zweckverbände bedürfen zur Erlangung der Rechtspersönlichkeit keiner Eintragung ins Handelsregister; Art. 52 Abs. 2 ZGB.
[2] Einige Kantone haben zur Erfüllung regionaler Aufgaben Rechtsgrundlagen für besondere gemeinderechtliche Körperschaften geschaffen. Vgl. Art. 69 KV GR.
[3] Schlussbericht Strukturkommission, Rz. 629.
[4] ABl 1983, S. 257, 427; ABl 1981, S. 145 ff.
[5] Vgl. THALMANN, § 7 N. 4.2; SCHENKER, S. 43; SCHELLENBERG, S. 10; GRÜTTER, S. 59.
[6] Der Begriff «Zweckverband» wird von einem Teil der Lehre abgelehnt, weil er den interkommunalen Verband nur unzureichend beschreibe, da jeder Verband einen Zweck aufweise. FRIEDERICH, Art. 130 N. 1; EICHENBERGER, § 108 N. 6.
[7] Vgl. SCHELLENBERG, S. 11; GRÜTTER, S. 60 f.
[8] STEINER/REIST/RIELLE, S. 100; LADNER/MEULI, S. 19.
[9] Vgl. die verschiedenen Aufgabenbereiche unter <http://www.statistik.zh.ch/raum/zweckverb/liste.php?p=3> (15. Januar 2007).

der Regel sind wirtschaftliche Gründe für die Schaffung von Zweckverbänden massgebend, weil durch die gemeinsame Aufgabenerfüllung die gleiche Leistungsqualität zu tieferen Kosten erbracht werden kann[10].

2. Entstehungsgeschichte

Der Verfassungsrat war bestrebt, den Zweckverband ausführlicher zu normieren, als dies in der alten Verfassung der Fall war. So sollten neben dem Regelungsinhalt gemäss nun geltender Fassung auch die Organe des Verbands verfassungsrechtlich festgelegt werden. In der Vorberatung gab die Regelung zum zwangsweisen Zusammenschluss von Gemeinden zu Zweckverbänden zu lebhafter Diskussion Anlass[11]. Der Verfassungsrat lehnte einen Minderheitsantrag zur Streichung dieser Norm deutlich ab[12]. In der öffentlichen Vernehmlassung wurde der zu hohe Detaillierungsgrad der Bestimmungen kritisiert. Der Regierungsrat machte zudem darauf aufmerksam, dass die vorgesehene Regelung zu den Verbandsorganen im Ergebnis zu einer Beschränkung der Organisationsautonomie der Verbände führen würde[13]. Der Verfassungsrat verzichtete daher auf eine Regelung der Verbandsorgane. In der 2. Gesamtlesung führte die Rechtsgrundlage zur Schaffung von Zwangsverbänden erneut zu Diskussionen im Rat. Ein Minderheitsantrag zur Streichung dieser Regelung wurde aber im Plenum wiederum deutlich abgelehnt[14].

4

3. Grundnorm (Abs. 1)

3.1. Freiwillige Gemeindeverbindung

Die Gemeinden können sich zur gemeinsamen Erfüllung einer oder mehrerer Aufgaben zu Zweckverbänden zusammenschliessen. Der *freiwillige* Zusammenschluss ist grundsätzlich von keiner besonderen Bedingung abhängig. Zwar lässt das Gemeindegesetz die Schaffung eines Zweckverbands nur zu, «wo besondere Verhältnisse es als wünschenswert erscheinen lassen»[15]. An diese Voraussetzung werden aber keine hohen Anforderungen gestellt; es genügt ein

5

---

[10] Art. 90 N. 3. Oder es kann eine höhere Leistungsqualität zu gleichen Kosten produziert werden.
[11] Prot. Plenum, S. 1677 ff.
[12] Prot. Plenum, S. 1786.
[13] Vgl. RRB 1697 vom 19. November 2003, S. 24.
[14] Prot. Plenum, S. 3250 ff.
[15] § 7 Abs. 1 GemG.

öffentliches Interesse[16]. Schliessen sich Gemeinden zu Zweckverbänden zusammen, bleibt ihre rechtliche Selbstständigkeit unangetastet.

6   Der Zweckverband ist eine Organisationsform der interkommunalen Zusammenarbeit. Systemkonform dürfen daher *ausschliesslich Gemeinden* Mitglieder von Zweckverbänden sein[17]. Die Rechtsnatur des Zweckverbands steht aber einer Beteiligung des Kantons, anderer Zweckverbände oder Anstalten nicht zwingend entgegen und eine solche wäre aufgrund einer ausdrücklichen gesetzlichen Regelung zulässig[18]. Notwendig ist die Teilnahme von mindestens zwei Gemeinden, die weder zur gleichen Gemeindeart gehören noch gemeinsame territoriale Grenzen aufweisen müssen, sofern dies mit der Aufgabenerfüllung vereinbart werden kann[19]. Aufgrund der systematischen Einordnung unter dem 7. Kapitel fallen nur politische Gemeinden und Schulgemeinden in den Anwendungsbereich von Art. 92. Kirchgemeinden dürfen sich nur nach Massgabe der für sie geltenden gesetzlichen Bestimmungen zu Zweckverbänden zusammenschliessen[20].

3.2. Gemeinsame Aufgabenerfüllung

7   Eine Gemeinde kann alle Aufgaben, zu deren Erfüllung sie verpflichtet oder berechtigt ist, einem Zweckverband zuweisen, vorausgesetzt, die Aufgabe ist übertragbar und lässt sich gemeinsam besorgen[21]. Eine Einschränkung hinsichtlich der Art und des Umfangs der zu übertragenden kommunalen Aufgabe besteht grundsätzlich nicht[22]. Dem Verband können neben Verwaltungs- auch Rechtsetzungs- oder Rechtsprechungsaufgaben übertragen werden[23]. Auch kann eine Gemeinde dem Verband die Erfüllung einer Aufgabe nur für einen Teil ihres Gebiets übertragen. Eine Delegation von Aufgaben, die zu einer «Aushöhlung der Gemeindetätigkeit» führt oder welche die Existenz der Gemeinde in Frage stellt, verstösst demgegenüber gegen die Gemeindeautonomie und ist unzulässig[24]. Im Umfang der ihm übertragenen Aufgaben übernimmt der Zweckverband

---

[16] Art. 2 Abs. 2. Dazu Art. 90 N. 7 ff.; THALMANN, § 7 N. 4.7.1.1; METTLER, S. 33 f.
[17] SCHELLENBERG, S. 23. Gemäss Praxis dürfen Gemeinden anderer Kantone ebenfalls Mitglieder von zürcherischen Zweckverbänden sein. Vgl. THALMANN, § 7 N. 4.5; vgl. dazu auch Art. 90 N. 14.
[18] Die mitgliedschaftliche Beteiligung des Kantons war in Art. 106 VE noch vorgesehen. Dies wäre allerdings nur mit komplizierten Vorschriften zu bewerkstelligen. Vgl. FRIEDERICH, Art. 130 N. 6; SCHELLENBERG, S. 27 f.
[19] THALMANN, § 7 N. 4.4.2.
[20] Vgl. Art. 130 Abs. 3 lit. a; Entwurf für ein Kirchengesetz vom 31. Mai 2006, ABl 2006, S. 573 ff.; § 7 GemG gilt sinngemäss auch für Kirchgemeinden, soweit das künftige Kirchengesetz keine abweichende Vorschriften enthält.
[21] SCHELLENBERG, S. 31 f.
[22] Vgl. FRIEDERICH, Art. 130 N. 17; SCHENKER, S. 47.
[23] Bereits gemäss geltender Auslegung entgegen dem Wortlaut von § 7 Abs. 1 GemG. SCHELLENBERG, S. 34; METTLER, S. 39. Hinsichtlich möglicher Rechtsprechungsaufgaben vgl. § 4 Abs. 2 GVG.
[24] THALMANN, § 7 N. 4.6.3; SCHELLENBERG, S. 32; vgl. dazu ferner Art. 90 N. 10.

die Rechte und Pflichten der Verbandsgemeinden. In diesem Ausmass kommt dem Verband Autonomie zu[25].

Die Zweckverbände können so ausgestaltet sein, dass sie eine oder mehrere Aufgaben erfüllen. Der *Einzweckverband* ist die Regel und erlaubt eine massgeschneiderte Ausgestaltung des Verbands hinsichtlich seiner Organisation und seines Einzugsgebiets[26]. Die Gründung eines *Mehrzweckverbands* erweist sich demgegenüber als anspruchsvoller, da für die verschiedenen Aufgaben ein gemeinsamer Perimeter gefunden und die Aufgabenvielfalt in der Verbandsorganisation berücksichtigt werden muss. Daher findet der Mehrzweckverband in der Praxis weniger Verbreitung. Zur strukturellen Vereinfachung der interkommunalen Zusammenarbeit, Schaffung von Transparenz und Ermöglichung von bereichsübergreifenden koordinierten Entscheiden ist er indessen erwünscht[27].

4. Zwangsverband (Abs. 2)

4.1. Voraussetzungen

Die Gemeinden können verpflichtet werden, sich zu einem Zweckverband zu verbinden. Diese Regelung war im Verfassungsrat wiederholt umstritten, hat sich aber schliesslich durchgesetzt, um dem Kanton in *Ausnahmesituationen* das Recht zur Schaffung von *Zwangsverbänden* einzuräumen. Dies kann auch im Interesse der Gemeinden liegen[28]. In anderen neueren Kantonsverfassungen finden sich nur zum Teil Rechtsgrundlagen zur zwangsweisen Anordnung der Zusammenarbeit[29].

Mit Blick auf den Wortlaut der Bestimmung steht die Bildung eines Zwangsverbands im konkreten *Einzelfall* im Vordergrund des Regelungsinhalts. Indessen ist es dem Gesetzgeber unbenommen, den Gemeinden generell die Organisationsform des Zweckverbands für die Erfüllung einer oder mehrerer bestimmten Aufgaben vorzuschreiben[30]. Neben der Zwangsgründung eines Zweckverbands kann gestützt auf das Verhältnismässigkeitsprinzip auch lediglich der *Zwangsbeitritt* einer Gemeinde oder das *Verbot zum Verbandsaustritt* einer Gemeinde angeordnet werden.

---

[25] FRIEDERICH, Art. 131 N. 4; SCHENKER, S. 107.
[26] Vgl. THALMANN, § 7 N. 4.6.1.
[27] SCHENKER, S. 80; Schlussbericht Strukturkommission, Rz. 622.
[28] Prot. Plenum, S. 1685. Zum Beispiel wenn aufgrund divergierender Interessen keine Einigung zwischen den Gemeinden erzielt werden kann oder einer Gemeinde der Beitritt zu einem Zweckverband verwehrt wird. Gemäss SPAHN, Art. 106, S. 303, stärke eine solche Regelung die Gemeindeautonomie, weil die Aufgabe nicht dem Kanton zugewiesen werden müsse.
[29] Zum Beispiel Art. 134 Abs. 3 KV FR; Art. 62 Abs. 1 KV GR; Art. 106 Abs. 4 KV SH.
[30] Vgl. § 12 Abs. 1 PBG.

11 Die Bildung eines Zwangsverbands ist nur zulässig, wenn *wichtige öffentliche Interessen* es erfordern. Dies ist der Fall, wenn ohne zwangsweise Verbindung die Erfüllung einer notwendigen Aufgabe in Frage gestellt wäre[31]. Der Zwangszusammenschluss bedarf einer eingehenden Abwägung der Interessen des Kantons sowie der Gemeinden. Er kommt, wo keine freiwillige Lösung möglich ist, nur als *ultima ratio* in Frage. Dies gilt auch für das «*Ausmass der Zwangsanwendung*»; die staatliche Anordnung hat sich auf das notwendige Minimum zu beschränken z. B. lediglich auf die Gründung des Verbands und die Zweckbestimmung[32]. Sind die Verbandsgemeinden anschliessend ausser Stande, die weiteren statutarischen Bestimmungen zu erlassen, darf der Kanton indessen auch die Verbandsstatuten festlegen[33].

4.2. Verfahren

12 Satz 2 weist den Gesetzgeber an, das Verfahren zur Zwangsmitgliedschaft zu regeln. Im kantonalen Gesetzesrecht finden sich diesbezüglich keine allgemeinen Normen. Das Gemeindegesetz bestimmt lediglich die zuständigen Behörden für die Anordnung einer Zwangsmassnahme[34]. Der Gesetzgeber wird daher verfahrensrechtliche Normen schaffen müssen. Die Lehre stellt im Wesentlichen folgende minimalen Anforderungen für das Verfahren auf: Vor Einleitung des Verfahrens sind die Gemeinden zu einem freiwilligen Zusammenschluss einzuladen. Nach Ablauf einer Androhungsfrist ist den Gemeinden sodann das Anhörungsrecht hinsichtlich der Zwangsmassnahme zu gewähren. Die Verfahrensnormen haben insofern dem Verhältnismässigkeitsprinzip zu entsprechen, als mit Bezug auf das oben erwähnte «Ausmass der Zwangsanwendung» unter Umständen ein schrittweises Vorgehen angewendet werden muss[35].

5. Körperschaft des öffentlichen Rechts (Abs. 3)

5.1. Wesensmerkmale

13 Wesentliches Merkmal des Zweckverbands als *Körperschaft des öffentlichen Rechts* ist die Mitgliedschaft der Gemeinden, die an der Willensbildung des

---

[31] THALMANN, § 7 N. 4.7.2.1; SPAHN, Art. 106, S. 303; GRÜTTER, S. 100 f.
[32] PFISTERER, Zweckverband, S. 100 f.
[33] GRÜTTER, S. 102; PFISTERER, Zweckverband, S. 102. Die Zwangsmitgliedschaft beruht auf einem Hoheitsakt des Kantons, gegen welchen die Gemeinden Beschwerde in öffentlichrechtlichen Angelegenheiten ans Bundesgericht erheben können (Art. 89 Abs. 2 lit. c Bundesgerichtsgesetz vom 17. Juni 2005; SR 173.110).
[34] Vgl. § 7 Abs. 2 GemG: Für Verbände von politischen Gemeinden ist ein Beschluss des Kantonsrats und für Verbände von Schulgemeinden ein Entscheid des Regierungsrats notwendig.
[35] THALMANN, § 7 N. 4.7.2.2; SCHELLENBERG, S. 66; PFISTERER, Zweckverband, S. 101 f.

Verbands teilnehmen müssen[36]. Die Gemeinden gehören zwar auch zur Organisationsform der öffentlichrechtlichen Körperschaften[37]. Zweckverbände und Gemeinden unterscheiden sich indessen darin, dass Ersteren das unerlässliche Kriterium des «umfassenden Wirkungskreises» fehlt[38]; während Gemeinden grundsätzlich sämtliche in ihrem Hoheitsgebiet zustehenden öffentlichen Aufgaben erfüllen, dürfen Zweckverbände nur im Rahmen ihres Zwecks tätig sein[39].

Dem Zweckverband kommt *Selbstständigkeit* zu, die ihm mit den übertragenen Aufgaben verliehen wird. Diese wirkt gegenüber dem Kanton und insofern auch gegenüber den Verbandsgemeinden, als diese vorbehältlich einer Statutenänderung das Recht zur Selbstverwaltung des Verbands anzuerkennen haben[40]. Aus der Selbstständigkeit fliesst das Recht, Aufgaben in eigenem Namen und eigener Verantwortung wahrzunehmen und sich eine eigene Organisation zu geben[41]. Als juristischer Person des öffentlichen Rechts kommt dem Zweckverband insbesondere *Rechts-, Vermögens-, Partei-, Prozess- und Handlungsfähigkeit* zu[42].   14

5.2. Statuteninhalt

Zweckverbände haben ihre Aufgaben und Organisation in *Statuten* zu regeln. Diese bilden den Grunderlass des Verbands und entstehen durch den Abschluss eines öffentlichrechtlichen Vertrags zwischen den Verbandsgemeinden[43]. Indem mit den Statuten körperschaftliches Organisationsrecht geschaffen wird, enthalten diese rechtsetzende und darüber hinaus regelmässig auch rechtsgeschäftliche Bestimmungen[44]. Die Statuten und weiteres Verbandsrecht gehen dem Recht der Verbandsgemeinden vor, da der Zweckverband im übertragenen Aufgabenbereich an deren Stelle tritt[45].   15

Die Verfassungsbestimmung verlangt die Regelung der Aufgaben sowie der Organisation in den Statuten und damit die Bestimmung der wesentlichen   16

---

[36] ALLEMANN, S. 134. «Öffentlich-rechtliche Körperschaften sind mitgliedschaftlich verfasste, auf dem öffentlichen Recht beruhende (…) Verwaltungsträger, die selbständig öffentliche Aufgaben erfüllen»; HÄFELIN/MÜLLER/UHLMANN, Rz. 1288 ff.
[37] Art. 83 Abs. 3; JAAG, Art. 83 N. 7.
[38] In der Lehre auch Allzuständigkeit genannt; SCHELLENBERG, S. 42 f.
[39] ALLEMANN, S. 135. Daher werden Zweckverbände oftmals nicht den Gebiets-, sondern den Personalkörperschaften zugeordnet.
[40] SCHENKER, S. 105 ff.; PFISTERER, Zweckverband, S. 78 ff.
[41] Vgl. SCHENKER, S. 102 ff.
[42] Vgl. ALLEMANN, S. 133 f.; GRÜTTER, S. 65 ff. Gemeindeverbindungen ohne Rechtspersönlichkeit gelten demnach nicht als Zweckverbände, sondern als einfache Gesellschaften; ALLEMANN, S. 80; offenbar a.M. METTLER, S. 33; THALMANN, § 7 N. 4.2.1.
[43] Vgl. SCHENKER, S. 113; METTLER, S. 37. Die Statuten gelten als formellgesetzliche Grundlage.
[44] ALLEMANN, S. 147; PFISTERER, Zweckverband, S. 107.
[45] ALLEMANN, S. 153; SCHENKER, S. 177.

Grundlagen des Verbands[46]. Die *Aufgabenumschreibung* muss hinreichend konkret, d.h. zumindest insofern in den Grundzügen bestimmt sein, als daraus die Zuständigkeit des Verbands und der Kompetenzverlust der Verbandsgemeinden ersichtlich ist. Offene Zweckbestimmungen sind unzulässig[47]. Mit Bezug auf die *Organisation* sind die Verbandsorgane, deren Zusammensetzung und Kompetenzen festzulegen[48].

17 Die vorstehend ausgeführten Angaben reichen indessen für die notwendige Ordnung einer Körperschaft nicht aus. Im kantonalen Recht finden sich keine Vorgaben für den notwendigen Inhalt der Statuten[49]. Im Interesse der Rechtssicherheit ist daher eine gesetzliche Regelung des notwendigen Statuteninhalts zu fordern[50]. In der Lehre wird insbesondere Folgendes zum Mindestinhalt der Statuten gezählt: die Zweckverbandsaufgaben, die Organisation, die Nennung der Verbandsmitglieder, die Mittelbeschaffung, der Kostenverteiler, der Austritt und die Auflösung[51]. Die Volksrechte im Sinne von Art. 93 Abs. 2 sind ebenfalls zum notwendigen Statuteninhalt zu zählen. Als Grunderlass des Verbands sollten die Verbandsstatuten auf Beständigkeit ausgerichtet sein. Daher sind in den Statuten, soweit möglich, nur die wesentlichen Grundsätze zu regeln. Einzelheiten gehören in nachgeordnete Reglemente[52].

6. Genehmigungspflicht (Abs. 4)

6.1. Bedeutung der Genehmigung

18 Die *Genehmigung* der Statuten durch den Regierungsrat ist ein Akt staatlicher Aufsicht[53]. Gemäss herrschender Lehre erlangen Zürcher Zweckverbände ihre Rechtspersönlichkeit und Handlungsfähigkeit, sobald die Verbandsgemeinden den Statuten zugestimmt haben und diese in Kraft gesetzt sind. Der kantonalen Genehmigung kommt lediglich die Bedeutung einer *nachträglichen Überprüfung* der Statuten zu[54]. Den Verfassungsmaterialien können keine Hinweise für eine konstitutive Wirkung der Genehmigung entnommen werden.

---

[46] Aufgabe und Zweck sind nicht gleichbedeutend. Unter Umständen ist die Erfüllung mehrerer Aufgaben notwendig, um einen Zweck zu erfüllen; SCHENKER, S. 139 ff.
[47] FRIEDERICH, Art. 134 N. 26.
[48] Vgl. Art. 93 N. 7 f.
[49] Praxis und Lehre haben Vorgaben für den notwendigen Statuteninhalt entwickelt. Vgl. THALMANN, § 7 N. 4.8.1. Vgl. ferner die Musterstatuten des Gemeindeamts des Kantons Zürich auffindbar unter <http://www.gaz.zh.ch/internet/ji/gaz/de/arbeitshilfe.html> (1.1.2007).
[50] Vgl. auch EICHENBERGER, § 108 N. 10; SCHELLENBERG, S. 88.
[51] THALMANN, § 7 N. 4.8.1; FRIEDERICH, Art. 134 N. 17 ff.; SCHENKER, S. 115; SCHELLENBERG, S. 86 ff.
[52] Vgl. FRIEDERICH, Art. 134 N. 16.
[53] THALMANN, § 7 N. 4.7.1.10.
[54] THALMANN, § 7 N. 4.7.1.13; SCHELLENBERG, S. 56 f.; PFISTERER, Zweckverband, S. 103 Anm. 102; SCHENKER, S. 200.

Gemäss Verfassung bedürfen *sämtliche* statutarischen Bestimmungen der Genehmigung. Das alte Recht sah demgegenüber nur die Genehmigung der Vorschriften über den Zweck und die Organisation vor[55]. Hier besteht ein Anpassungsbedarf des Gemeindegesetzes. In der Regel wirkt sich die Nichtgenehmigung nur auf die einzelnen mangelhaften Statutenbestimmungen aus. Der Regierungsrat kann Bestimmungen von der Genehmigung ausnehmen, ihre Bedeutung einschränken oder eine Änderung verlangen. Der entsprechende Entscheid hat kassatorische Wirkung; dem Regierungsrat ist es grundsätzlich verwehrt, Änderungen der Statuten vorzunehmen[56]. Die Genehmigung heilt rechtliche Mängel nicht und steht einer erneuten aufsichtsrechtlichen Prüfung prinzipiell nicht entgegen[57].

19

6.2. Überprüfungsbefugnis

Die Verfassung sieht ausdrücklich vor, dass die Genehmigung auf eine Prüfung der *Rechtmässigkeit* der Statuten beschränkt ist. Der Regierungsrat hat insbesondere die Vollständigkeit des Regelungsinhalts und die rechtliche Zulässigkeit der Statutenbestimmungen zu überprüfen[58]. Können Bestimmungen rechtmässig ausgelegt werden, sind sie zu genehmigen. Eine Zweckmässigkeitsprüfung, wie sie Lehre und Praxis aus § 7 GemG abgeleitet haben, ist daher verfassungswidrig[59]. Aus der aufsichtsrechtlichen Natur der Genehmigung ist jedoch zu folgern, dass bei der Gefährdung wichtiger öffentlicher Interessen die Genehmigung verweigert werden muss. Im Übrigen haben indessen die Zweckverbände einen Rechtsanspruch auf Genehmigung, wenn die Statuten den rechtlichen Anforderungen genügen[60].

20

---

[55] § 7 Abs. 1 Satz 2 GemG; SCHELLENBERG, S. 59.
[56] SCHELLENBERG, S. 58; THALMANN, § 7 N. 4.7.1.14.
[57] THALMANN, § 7 N. 4.7.1.13.
[58] Vgl. SCHENKER, S. 197.
[59] SCHELLENBERG, S. 57 f. Die Prüfung beschränkte sich auf eine offensichtliche Unzweckmässigkeit.
[60] Vgl. SCHENKER, S. 198; GRÜTTER, S. 146.

Art. 93[*]

Zweckverbände sind demokratisch zu organisieren.

Die Volksrechte in der Gemeinde gelten sinngemäss auch für Zweckverbände. Das Initiativrecht und das Referendumsrecht stehen den Stimmberechtigten im gesamten Verbandsgebiet zu.

Demokratie in Zweckverbänden

Materialien

Art. 105 VE; Prot. Plenum, S. 1687 ff., 2309 (41. Sitzung), 3255 ff.

Literatur

BOLZ URS, Art. 110, in: Kälin/Bolz; DILLIER STEPHAN, Die politischen Rechte, in: Die neue freiburgische Verfassung, S. 179 ff.; FRIEDLI PETER, Art. 14, in: Arn u.a., Kommentar zum Gemeindegesetz des Kantons Bern; HÄFELIN/HALLER, Rz. 175 ff.; JAAG TOBIAS, Die Rechtsstellung der Kantone in der Bundesverfassung, in: Verfassungsrecht der Schweiz, § 30 (Verfassungsrecht); SCHMIDT THORSTEN INGO, Kommunale Kooperation, Tübingen 2005; SCHMUKI PAUL, Die Gliederung des Kantons und das Verhältnis zwischen Staat und Kirchen, in: Materialien zur Zürcher Verfassungsreform, Bd. 9, S. 89 ff.; THALMANN, § 41, § 68a, § 68b.

Vgl. ferner Hinweise zu Art. 90–92.

Rechtsquellen

– Gesetz über das Gemeindewesen vom 6. Juni 1926 (Gemeindegesetz, GemG; LS 131.1)
– Gesetz über die politischen Recht vom 1. September 2003 (GPR; LS 161)

Übersicht

	Note
1. Einleitung	1
2. Entstehungsgeschichte	4
3. Organisation der Zweckverbände (Abs. 1)	5
3.1. Demokratiegebot	5
3.2. Verbandsorganisation	7
4. Mitwirkungsrechte der Stimmberechtigten (Abs. 2)	10
4.1. Sinngemässe Geltung der Volksrechte	10
4.2. Initiativ- und Referendumsrechte im Verbandsgebiet	13
4.2.1. Umfang des Initiativ- und Referendumsrechts	13
4.2.2. Grenzen des Initiativ- und Referendumsrechts	19
5. Informationspflicht	21

---

[*] Ich danke lic.iur. Roland Wetli für seine wertvollen Hinweise und Anregungen.

1. Einleitung

1   Die *Demokratisierung* der Zweckverbände ist eine beachtliche Neuerung der Kantonsverfassung. Auch der Regierungsrat hat in seiner Würdigung der Verfassung den Normzweck von Art. 93 besonders positiv zur Kenntnis genommen[1]. Die Forderung nach einer Demokratisierung der Zweckverbände ist nicht neu; dem Zweckverband wird seit einigen Jahren ein Demokratiedefizit vorgeworfen[2]. Mit Ausnahme der Verbände zur Regionalplanung kennen die Zürcher Zweckverbände keine demokratischen Mitwirkungsrechte der Stimmberechtigten im Verbandsgebiet. In den meisten Zweckverbänden werden aber immerhin Ausgaben ab einer bestimmten Betragshöhe von den Stimmberechtigten in den Verbandsgemeinden im Umfang ihres Anteils am Gesamtbetrag beschlossen.

2   Regelmässig führt die Verlagerung der Aufgabenerfüllung auf einen Zweckverband zu einer entsprechenden Einschränkung der demokratischen Mitwirkungsrechte der Stimmberechtigten in den Verbandsgemeinden[3]. Aus rechts- und demokratiepolitischen Überlegungen vermag dies nicht zu befriedigen[4]. Die Verfassungsbestimmung verlangt daher eine Demokratisierung der Zweckverbände, um den Stimmberechtigten auf Verbandsstufe wesentliche demokratische Rechte wieder einzuräumen[5]. In anderen neueren Kantonsverfassungen finden sich ähnliche Bestimmungen zur Wahrung der Mitwirkungsrechte der Stimmberechtigten[6]. In der Regel beauftragen diese Verfassungen den Gesetzgeber, die Mitwirkungsrechte der Stimmberechtigten zu regeln[7]. Auffallend ist, dass die neue Zürcher Kantonsverfassung das Initiativrecht und das Referendumsrecht direkt regelt und die Ausgestaltung dieser Rechte nicht an den Gesetzgeber delegiert[8].

3   Durch diese Neuerung können zudem schwerfällige Entscheidungsabläufe im Verband beschleunigt werden, weil die Beschlussfassung der Stimmberechtigten im gesamten Verbandsgebiet gleichzeitig erfolgen muss, während nach

---

[1] RRB 1566 vom 20. Oktober 2004, S. 6.
[2] LADNER/MEULI, S. 39 ff., 75 ff.; SCHENKER, S. 157 ff.; ABl 1981, S. 165 ff.; Schlussbericht Strukturkommission, Rz. 186.
[3] SCHENKER, S. 160 f.
[4] Insbesondere mit zunehmender Intensivierung der interkommunalen Zusammenarbeit wird z.B. das Budgetrecht der Stimmberechtigten in der Gemeinde ausgehöhlt.
[5] Vgl. auch SCHENKER, S. 159 f.
[6] Zum Beispiel Art. 51 Abs. 1 KV FR; Art. 62 Abs. 2 KV GR; Art. 155 Abs. 4 KV VD.
[7] Vgl. BOLZ, Art. 110 N. 6b; BRÜESCH, Kommentar KV GR, Art. 62 N. 30, Art. 73 N. 30; SPAHN, Art. 106, S. 302.
[8] Vgl. N. 13 ff. Vorteil einer solchen Regelung besteht in der raschen Umsetzung der Verfassungsvorgabe. Andererseits besteht für die Zweckverbände ein grosser Ermessensspielraum bei der Konkretisierung dieser Verfassungsvorgabe, was in der Praxis problematisch sein kann.

altem Recht die Abstimmungen in den einzelnen Verbandsgemeinden an verschiedenen Terminen stattfinden konnten[9].

2. Entstehungsgeschichte

Im Verfassungsrat war die Demokratisierung der Zweckverbände weitgehend unbestritten. Der Entwurf für die Vorberatung im Plenum sah im Wesentlichen eine Volkswahl für die Verbandsdelegierten, eine ausführliche Regelung der Beschlussfassungen im Zweckverband und Mitwirkungsrechte der Stimmberechtigten im gesamten Verbandsgebiet vor[10]. In der Vorberatung stimmte das Plenum einem Antrag zur Streichung der Bestimmung zur Volkswahl zu. Gegen diese Regelung wurde im Wesentlichen vorgebracht, sie gehe in dieser Form zu weit, verhindere die notwendige Wahl von Fachleuten in die Verbandsorgane und sei nicht verfassungswürdig[11]. Der Verfassungsrat stimmte in der Gesamtlesung einer im Wesentlichen nur redaktionell überarbeiteten Fassung zu[12]. In der öffentlichen Vernehmlassung war Art. 105 VE umstritten, weil er die Organisationsautonomie der Gemeinden einschränke und die Bedeutung der Gemeindeversammlung abwerte[13]. Daraufhin beschloss die Kommission 6, auf eine ausführliche Regelung zu verzichten[14], und beantragte dem Plenum den Artikel in der nun geltenden Fassung zur Annahme. In der 2. Gesamtlesung folgte das Plenum diesem Antrag diskussionslos[15].

4

3. Organisation der Zweckverbände (Abs. 1)

3.1. Demokratiegebot

Die Verfassungsbestimmung verlangt, dass Zweckverbände demokratisch zu organisieren sind. Die Norm ist als Gebot zu verstehen, das bei der organisatorischen Ausgestaltung des Zweckverbands zu beachten ist. Sie richtet sich

5

---

[9] Prot. Plenum, S. 1695.
[10] Prot. K6 vom 7. Dezember 2002, S. 509.
[11] Prot. Plenum, S. 1687 ff. Ausserdem gab die Bestimmung zur Ordnung der Beschlussfassungen im Verband hinsichtlich der Frage, ob das vorgesehene «Volks- oder Gemeindemehr» den Regelfall bilden soll, zu Diskussionen Anlass.
[12] Prot. Plenum, S. 2309 (41. Sitzung). Art. 105 VE.
[13] Art. 105 Abs. 3 VE sah eine differenzierte Beschlussfassungsordnung im Verband vor, die für wichtige und unwichtige Statutenänderungen sowie weitere Vorlagen zwischen Abstimmungen im Verband und Abstimmungen in den Verbandsgemeinden unterschied. Ausserdem war die Urnenabstimmung zwingend vorgeschrieben.
[14] Prot. K6 vom 17. Februar 2004, S. 704 ff.
[15] Prot. Plenum, S. 3255 ff.

sowohl an den Gesetzgeber als auch an die Zweckverbände und Verbandsgemeinden.

6 Das demokratische Prinzip besagt im Allgemeinen, dass die wichtigsten Entscheide in einem Gemeinwesen den Stimmberechtigten vorbehalten sein müssen[16]. Die Ordnung eines Gemeinwesens gilt insbesondere dann als demokratisch, wenn seine Organisation gewaltenteilig ausgestaltet ist und grundlegende Mitwirkungsrechte der Stimmberechtigten vorgesehen sind[17]. Da die Volksrechte Gegenstand der Regelung von Abs. 2 sind, kommt dem *Demokratiegebot* in Abs. 1 lediglich hinsichtlich des Aspekts der Gewaltenteilung eine eigenständige Bedeutung zu[18]. Danach muss die Organisation des Verbands gewaltenteilig ausgestaltet sein. Das Prinzip der *Gewaltenteilung* ist zwar auf kommunaler Stufe nur beschränkt verwirklicht[19]. Gleichwohl verlangt es auch auf Verbandsstufe eine gewisse Beschränkung und Kontrolle der Verbandsorgane[20], insbesondere die organisatorische Ausgestaltung des Verbands mit Exekutive und Legislative. Diese Vorgabe ist auch bei der Kompetenzverteilung zwischen den Organen zu beachten[21] und hat auch einen Einfluss auf die personelle Gewaltenteilung im Verband. Grundsätzlich gelten die Anforderungen der Gewaltenteilung an die Gemeinden sinngemäss auch für die interkommunale Stufe.

3.2. Verbandsorganisation

7 In Verfassung und Gesetz finden sich keine allgemeinen Bestimmungen zur Verbandsorganisation. Daher kommt dem Zweckverband eine grosse *Organisationsautonomie* zu[22]. Dies erlaubt eine weitgehende Anpassung der Organisation an die Bedürfnisse des einzelnen Zweckverbands[23].

8 Gemäss herrschender Lehre ist kommunales Organisationsrecht auf Zweckverbände analog anzuwenden, sofern die Statuten keine abweichenden Bestimmungen enthalten. Allgemein wird gefordert, dass die Verbände gemeindeähnlich zu organisieren sind[24]. Zudem ergeben sich insbesondere aus dem Demokratiegebot, der körperschaftlichen Natur des Verbands und den Mitwirkungsrechten der Stimmberechtigten Vorgaben zur Verbandsorganisation.

---

[16] Vgl. HÄFELIN/HALLER, Rz. 175 ff.
[17] Insbesondere die Volkswahl der Legislative sowie ein Initiativ- und obligatorisches Referendumsrecht mit Bezug auf den Grunderlass. Vgl. JAAG, Verfassungsrecht, § 30 N. 17.
[18] Prot. K6 vom 1. April 2004, S. 765 f.
[19] Vgl. THALMANN, § 41 N. 1.2.
[20] SCHELLENBERG, S. 97. Gemäss SCHMIDT, S. 423, erschiene z.B. die Ausgestaltung des Zweckverbands mit nur einem Organ als unzulässig.
[21] ALLEMANN, S. 224; z.B. betreffend die Zuordnung von Rechtsetzungsbefugnissen im Verband.
[22] THALMANN, § 7 N. 4.9.
[23] SCHELLENBERG, S. 102.
[24] THALMANN, § 7 N. 4.9; SCHENKER, S. 208; ALLEMANN, S. 216; SCHELLENBERG, S. 105.

In der Praxis lassen sich grundsätzlich die folgenden beiden Organisationsformen des Zweckverbands unterscheiden: der Verband ohne und der Verband mit Delegiertenversammlung. Der *Zweckverband ohne Delegiertenversammlung* muss zumindest folgende Organe aufweisen: die Gesamtheit der Stimmberechtigten im Verbandsgebiet[25], die Gesamtheit der Verbandsgemeinden[26], den Vorstand[27] sowie die Rechungsprüfungskommission[28]. Beim *Zweckverband mit Delegiertenversammlung* wird die vorstehend dargelegte Verbandsorganisation mindestens um die Versammlung der Delegierten der Verbandsgemeinden erweitert[29]. Aufgrund ihrer grossen Organisationsautonomie können die Zweckverbände selbstredend auch weitere Verbandsorgane schaffen[30].

4. Mitwirkungsrechte der Stimmberechtigten (Abs. 2)

4.1. Sinngemässe Geltung der Volksrechte

Die Verfassung legt fest, dass die *Volksrechte* in der Gemeinde für Zweckverbände sinngemäss Geltung haben. Diese Regelung beruht auf dem demokratiepolitischen Anliegen, wonach die kommunalen Mitwirkungsrechte der Stimmberechtigten durch die Übertragung von Aufgaben auf einen Zweckverband nicht geschmälert werden sollten oder nur insoweit, als es die Bedürfnisse des Verbands erfordern[31].

Verfassung und Gesetz schreiben den Gemeinden im Wesentlichen das Stimm- und Wahlrecht, das Initiativ- und Referendumsrecht und das Anfragerecht vor[32]. Das Initiativ- und Referendumsrecht der Stimmberechtigten im Verbandsgebiet ist in Abs. 2 Satz 2 geregelt. Eigenständige Bedeutung kommt Satz 1 daher nur

---

[25] Sie ist zwingendes Organ, weil den Stimmberechtigten im gesamten Verbandsgebiet gemäss Art. 92 Abs. 2 Satz 2 Initiativ- und Referendumsrechte zustehen.
[26] Die körperschaftliche Natur des Verbands verlangt eine Regelung der Mitgliedschaftsrechte der Verbandsgemeinden; SCHENKER, S. 263; SCHELLENBERG, S. 103.
[27] SCHELLENBERG, S. 160 ff. Der Vorstand ist Verbandsexekutive und im Zweckverband ohne Delegiertenversammlung gleichzeitig Repräsentativorgan der Verbandsgemeinden, weshalb er sich diesfalls aus mindestens einer Vertretung jeder Verbandsgemeinde zusammensetzen muss.
[28] Art. 129 Abs. 4; THALMANN, § 7 N. 4.9.7; SCHELLENBERG, S. 177. Ein Zweckverband bedarf einer Rechnungsprüfungskommission, sobald er über finanzielle Kompetenzen und eine Rechnung verfügt.
[29] Diese repräsentiert die Verbandsgemeinden im Verband und beschliesst regelmässig über Budget und Rechnung. Ihre Stellung wird in der Lehre mit derjenigen eines Verbandsparlaments verglichen; THALMANN, § 7 N. 4.9.5.5; FRIEDERICH, Art. 133 N. 13.
[30] Zum Beispiel Geschäftsleitung, Kommissionen und Ausschüsse usw.
[31] SCHMUKI, S. 101; SCHENKER, S. 162.
[32] Art. 86 Abs. 1 und 2 lit. a und lit. b i.V.m. Art. 89 Abs. 2. Im Gesetz finden sich weitere Rechte, welche die Ausübung der politischen Rechte konkretisieren wie z.B. das Teilnahme- und Antragsrecht der Stimmberechtigten in der Gemeindeversammlung. §§ 1 f., §§ 40 ff. GPR; §§ 46a ff., 50 ff., 51, 90 ff. GemG.

hinsichtlich weiterer Volksrechte zu, wozu insbesondere das Wahlrecht und das Anfragerecht gehören[33].

12 Kommunale Volksrechte können im Zweckverband nur sinngemäss zur Anwendung gelangen; sie müssen analog den Volksrechten in der Gemeinde ausgestaltet sein und der interkommunalen Stufe angepasst werden[34]. Dabei ist insbesondere auf die Organisation und auf die körperschaftliche Natur des Zweckverbands Rücksicht zu nehmen. Aufgrund ihrer Unbestimmtheit bedarf die Bestimmung einer gesetzgeberischen Konkretisierung[35]. Der Gesetzgeber hat demnach zu prüfen, ob Verbände verpflichtet werden sollen, weitere Volksrechte einzuführen[36]. Verfassungsrechtlich besteht aber dazu keine konkrete Verpflichtung. Den Verbänden ist es aufgrund ihrer Organisationsautonomie aber erlaubt, weitere Volksrechte, insbesondere das Wahl- und Anfragerecht, im Verband zu regeln[37], sofern deren konkrete Ausgestaltung mit dem übergeordneten Recht und insbesondere der körperschaftlichen Natur des Zweckverbands vereinbart werden kann.

4.2. Initiativ- und Referendumsrechte im Verbandsgebiet

4.2.1. Umfang des Initiativ- und Referendumsrechts

13 Die Verfassungsbestimmung legt im Weiteren fest, dass den Stimmberechtigten im *gesamten* Verbandsgebiet das *Initiativrecht* und das *Referendumsrecht* zustehen. Das Gebiet des gesamten Zweckverbands ergibt sich grundsätzlich aus den Statuten und umfasst in der Regel das Territorium aller Verbandsgemeinden. Träger der genannten Rechte sind die in kommunalen Angelegenheiten stimmberechtigten Personen, die ihren politischen Wohnsitz im Gebiet des betreffenden Zweckverbands haben[38]. In ihrer Gesamtheit sind sie Organ des Zweckverbands. Die Zweckverbandsstruktur bedingt grundsätzlich, dass die Stimmberechtigten an der Urne abstimmen[39].

14 Die Verfassung verpflichtet die Zweckverbände, die Initiativ- und Referendumsrechte der Stimmberechtigten im Verbandsgebiet bis Ende 2009 in ihren Statuten

---

[33] Der Verfassungsrat hat in der Gesamtlesung die Bestimmung zur Volkswahl der Verbandsdelegierten abgelehnt. Für den Gesetzgeber kann aber daraus grundsätzlich weder ein Verbot noch eine Pflicht zur Einführung der Volkswahl der Delegierten abgeleitet werden.
[34] Prot. Plenum, S. 3255 ff.
[35] Nur für das Initiativ- und Referendumsrecht besteht eine Frist für die Anpassung der Statuten; dazu Art. 144 N. 4.
[36] Prot. K6 vom 2. März 2004, S. 706, 722.
[37] Vgl. THALMANN, § 7 N. 4.9.5.2.
[38] § 1 i.V.m. § 3 GPR.
[39] Art. 105 Abs. 3 VE; vgl. SCHELLENBERG, S. 158 f. Zwar sind Verbandsversammlungen aller Stimmberechtigten denkbar und zulässig, aber insbesondere bei grossen Zweckverbänden aus Gründen der Praktikabilität und mangelnden Repräsentativität abzulehnen. Anderer Meinung ALLEMANN, S. 218 ff.

festzulegen⁴⁰. Neben dieser Frist zur Statutenanpassung legt die Norm lediglich den Grundsatz fest, demokratische Teilhaberechte einzuführen. Der Umfang dieser Pflicht wird jedoch nicht konkret bestimmt. Der Verfassungsgeber überlässt es damit den Zweckverbänden, diese Vorgaben in den Statuten umzusetzen. Den Verbänden kommt dabei ein grosser *Gestaltungsspielraum* zu⁴¹.

Die Zweckverbände haben in ihren Statuten die Gegenstände zu bestimmen, die dem Initiativ- und Referendumsrecht unterstehen. Zudem müssen sie die notwendigen Regelungen für die Ausübung dieser politischen Rechte und das Verfahren treffen⁴². Grundsätzlich kommen alle in der Verfassung oder im Gesetz zulässigen Gegenstände und Formen des Initiativ- und Referendumsrechts für eine Regelung im Verband in Frage⁴³, sofern diese den Volksrechten in der Gemeinde sinngemäss entsprechen und auf die konkrete Organisation des Zweckverbands abgestimmt sind. Selbst das Abstimmungsverfahren kann der Zweckverband nach seinen Bedürfnissen ausgestalten, indem er neben der Zustimmung der Mehrheit der Stimmenden auch die Zustimmung einer Mehrheit der Verbandsgemeinden verlangen kann⁴⁴. Allgemein ist die Zulässigkeit solcher Regelungen im Rahmen der kantonalen Statutengenehmigung zu prüfen⁴⁵.

Verfassungsrechtlich sind die Zweckverbände verpflichtet, das Initiativ- und Referendumsrecht zu gewährleisten, wobei die Verfassungsmaterialien inhaltlich wenig Aufschluss über das Ausmass dieser Pflicht geben. Bei der Bestimmung der verfassungsrechtlichen Mindestvorgaben für die genannten Volksrechte ist zu beachten, dass die Verfassung den Zweckverbänden einen grossen Gestaltungsspielraum einräumt⁴⁶.

Initiativ- und Referendumsrechte in den Zweckverbänden müssen mit dem Sinn und Zweck der entsprechenden Rechte in der Gemeinde übereinstimmen⁴⁷. Die Verfassung schreibt den Gemeinden vor, dass Ausgaben ab einer bestimmten Betragshöhe und die Gemeindeordnung durch die Stimmberechtigten an der Urne zu beschliessen sind⁴⁸. Entsprechendes ist daher für die Zweckverbände

---

⁴⁰ Art. 144 N. 4. Hierfür erfordert die Bestimmung keine gesetzgeberische Konkretisierung. Allerdings ist es dem Gesetzgeber unbenommen, zur Harmonisierung der Initiativ- und Referendumsrechte Vorgaben zu erlassen.
⁴¹ Die kommunalen Initiativ- und Referendumsrechte müssen sinngemäss der interkommunalen Stufe angepasst werden; Prot. Plenum, S. 3256 f.
⁴² Insbesondere ist die Anzahl der Stimmberechtigten für die Ergreifung des fakultativen Referendums und für die Einreichung von Initiativen festzulegen. Im Übrigen gelten die entsprechenden Vorschriften des GPR sinngemäss.
⁴³ Prot. Plenum, S. 3257. Zum Beispiel Einzel- und Volksinitiative, obligatorisches und fakultatives Finanz-, Gesetzes- und Verwaltungsreferendum.
⁴⁴ Prot. Plenum, S. 3257. Art. 105 Abs. 2 VE: Nebst einem «Volksmehr» kann auch ein «Gemeindemehr» statuiert werden.
⁴⁵ Art. 92 N. 18 ff.
⁴⁶ Art. 85 Abs. 1; JAAG, Art. 85 N. 14.
⁴⁷ SCHMUKI, S. 101.
⁴⁸ Art. 86 Abs. 2 lit. a und lit. b i.V.m. Art. 89 Abs. 2.

zu fordern[49]. *Geschäfte,* die *Ausgaben* ab einem in den Statuten festgelegten Betrag bedingen, sowie *Statuten*[50] müssen demnach Gegenstände des Initiativ- und Referendumsrechts der Stimmberechtigten im Verbandsgebiet sein[51]. Bei Ausgaben haben die Stimmberechtigten über den Gesamtbetrag zu befinden, da sie diese als Verbandsorgan beschliessen[52].

18 Im Weiteren sieht das Gemeindegesetz vor, dass *Beschlüsse des Gemeindeparlaments* prinzipiell dem fakultativen Referendum und die entsprechenden Gegenstände dem Initiativrecht unterstehen[53]. Da das fakultative Referendum zum Wesensmerkmal parlamentarischer Organisationen in der Schweiz gehört[54], muss diese Konzeption der Volksrechte grundsätzlich auch für Zweckverbände mit Delegiertenversammlung Geltung haben[55]. Gegen Beschlüsse der Delegiertenversammlung ist daher prinzipiell ein fakultatives Referendum zu ermöglichen. Sodann können Initiativen auch über Gegenstände eingereicht werden, die dem fakultativen Referendum unterstehen.

4.2.2. Grenzen des Initiativ- und Referendumsrechts

19 Die Gründung eines Zweckverbands und damit der Erlass der Statuten bedürfen in jedem Fall[56] eines übereinstimmenden Beschlusses *aller* Verbandsgemeinden, d.h. ihrer Stimmberechtigten[57].

20 Aufgrund der körperschaftlichen Natur des Zweckverbands gehen herrschende Lehre und bundesgerichtliche Rechtsprechung davon aus, dass die Zustimmung *aller* Verbandsgemeinden für eine *wesentliche Änderung seiner Statuten* notwendig ist[58]. Als wesentlich gelten jene Änderungen, die «die Stellung der Verbandsgemeinden grundsätzlich und unmittelbar betreffen»[59]. Diese Rechts-

---

[49] Prot. Plenum, S. 3257.
[50] Prot. K6 vom 17. Februar und 2. März 2004, S. 706, 722 f. Einschränkungen ergeben sich allerdings mit Bezug auf Beschlussfassungen über Statuten. Dazu N. 19 f.
[51] Ein obligatorisches Referendum kann insbesondere bei Zweckverbänden ohne Delegiertenversammlung auch bei Reglementen zwingend sein, z.B. beim Erlass einer Gebührenordnung, die einer Grundlage im formellen Gesetz bedarf. Vgl. auch DILLIER, S. 198
[52] Prot. Plenum, S. 3257; SCHMUKI, S. 102; FRIEDERICH, Art. 133 N. 12.
[53] § 92, § 96 GemG.
[54] FRIEDLI, Art. 14 N. 3.
[55] Prot. Plenum, S. 3257. Analog zu § 93 GemG können die Statuten Geschäfte bestimmen, die der Urnenabstimmung nicht unterstellt werden können.
[56] Selbstverständlich mit Ausnahme des Zwangsverbands; dazu Art. 92 N. 9ff.
[57] Dies folgt aus der Vertragsnatur der Verbandsgrundlage. Vgl. JAAG, Rz. 2312; PFISTERER, S. 91. Gleiches gilt für die Verbandsauflösung. Das Kündigungsrecht steht aber naturgemäss jeder einzelnen Verbandsgemeinde zu.
[58] Sog. Einstimmigkeitsprinzip. Art. 105 Abs. 1 VE; BGE 113 Ia 200 ff., 209 f.; THALMANN, § 7 N. 4.8.2; SCHENKER, S. 119 ff.; SCHELLENBERG, S. 89 ff.
[59] BGE 113 Ia 200 ff., 210. Dazu gehören Zweckänderungen, wesentliche Änderungen der Finanzierung (Kostenteiler) und der Organisation (wie erhebliche Änderung der Vertretungsverhältnisse in den Verbandsorganen). FRIEDERICH, Art. 134 N. 8 ff.; THALMANN, § 7 N. 4.8.2. Der Kreis der wesentlichen Statutenbestimmungen wird in der Lehre unterschiedlich weit gezogen.

auffassung wird mit dem Schutzbedürfnis der einzelnen Verbandsgemeinden begründet[60] und verhindert im Ergebnis, dass wichtige Statutenänderungen der Urnenabstimmung im Verbandsgebiet unterstellt werden dürfen. Dem Verfassungs- oder Gesetzgeber ist es zwar unbenommen, den Zweckverbänden Urnenabstimmungen über wichtige Statutenbestimmungen im Verbandsgebiet vorzuschreiben. Für eine solche bedeutende Veränderung des Zweckverbandsinstituts bedarf es aber einer ausdrücklichen Rechtsgrundlage, weil damit einschneidend in die Selbstständigkeit und Autonomie der Verbandsgemeinden eingegriffen würde[61]. Eine solche Rechtsgrundlage kann in der Verfassung jedoch nicht erblickt werden. Im Gegenteil ist der Verfassungsrat von der oben dargelegten, herrschenden Konzeption des Zweckverbandsinstituts ausgegangen[62] und hat eine weiter gehende Bedeutung der Bestimmung nie explizit diskutiert[63]. Diese Auslegung führt im Ergebnis zu folgender Einschränkung des Initiativ- und Referendumsrechts: Stimmberechtigte im Verbandsgebiet sind zwar berechtigt, Initiativen zur Änderung wichtiger Statutenbestimmungen einzureichen, indessen müssen Abstimmungen über wesentliche Statutenänderungen in den einzelnen Verbandsgemeinden erfolgen[64].

5. Informationspflicht

Die interkommunale Zusammenarbeit in wechselnden Perimetern kann insbesondere bei intensiver Kooperation zu einer Unübersichtlichkeit führen, was die Zuständigkeiten und Modalitäten der Aufgabenerfüllung betrifft[65]. Mitwirkungsrechte der Stimmberechtigten im Verbandsgebiet bedingen jedoch eine gewisse Transparenz der Gemeindekooperationen[66]. Informationen über Bestand und Tätigkeit der Zweckverbände und die Veröffentlichung ihrer Beschlüsse sind unabdingbare Voraussetzungen, damit die Stimmberechtigten ihre demokratischen Teilhaberechte wahrnehmen können[67]. Auch aus rechtsstaatlichen Gründen ist eine Pflicht zur Information und zur Veröffentlichung von

---

[60] Einer Verbandsgemeinde dürfen gegen ihren Willen nicht von anderen Verbandsgemeinden der Beitritt zu einem Verband und ihr nicht genehme wichtige Statutenbestimmungen aufgezwungen werden. BGE 113 Ia 200 ff., 208 ff.
[61] Vgl. FRIEDERICH, Art. 134 N. 6 ff.; SCHENKER, S. 121;
[62] Vgl. Art. 105 VE. Die nachfolgenden Änderungen in der Formulierung der Bestimmungen zu den Volksrechten dienten lediglich dazu, die Regelungsdichte abzubauen und die wesentlichen Grundsätze verfassungsrechtlich zu verankern. Prot. K6 vom 17. Februar 2004, S. 704 ff.
[63] Den Verfassungsmaterialien sind keine Anhaltspunkte für eine andere Auslegung zu entnehmen.
[64] Die Stimmberechtigten der einzelnen Verbandsgemeinden entscheiden darüber. Dabei handeln sie als Gemeindeorgan und nicht als unmittelbares Verbandsorgan. Gleiches gilt im Übrigen für die Auflösung des Verbands.
[65] Vgl. LADNER, Gemeindereformen, S. 68.
[66] Vgl. DILLER, S. 198 f.
[67] SCHENKER, S. 163; ABl 1981, S. 169 f.

Verbandsbeschlüssen unerlässlich. Die Vorschriften des Gemeindegesetzes über die amtlichen Veröffentlichungen und die Informationspflicht finden auch auf Zweckverbände Anwendung[68].

---

[68] THALMANN, § 68a N. 1.3, § 68b N. 3.

C. Aufsicht

Art. 94*

Aufsicht

Gemeinden, Zweckverbände und die weiteren Träger kommunaler Aufgaben stehen unter der Aufsicht der Bezirksbehörden und des Regierungsrates.

Materialien

Art. 99 und 107 VE; Prot. Plenum, S. 2305 (41. Sitzung), 3258 f.

Literatur

CORADI ANDREAS, Insolvenz von Gemeinden, SJZ 99/2003, S. 317 ff.; DILL MARKUS, Die staatsrechtliche Beschwerde wegen Verletzung der Gemeindeautonomie, Diss., Bern 1995; FAVRE DOMINIQUE, Le contrôle cantonal des décisions des autorités communales, in: Mélanges Henri Zwahlen, Lausanne 1977, S. 257 ff.; JAAG, S. 209 ff. (Rz. 2801 ff.); JAAG TOBIAS, Die Gemeindeaufsicht im Kanton Zürich, ZBl 94/1993, S. 529 ff.; JENNY DAVID, Bundesgesetz über die Schuldbetreibung gegen Gemeinden und andere Körperschaften des kantonalen öffentlichen Rechts (GSchG) vom 4. Dezember 1947, in: Adrian Staehelin/Thomas Bauer/Daniel Staehelin (Hrsg.), Kommentar zum Bundesgesetz über Schuldbetreibung und Konkurs. Unter Einbezug der Nebenerlasse, Basel/Genf/München 1998, Bd. III, S. 3041 ff.; KÖLZ ALFRED, Die Beschwerdebefugnis der Gemeinde in der Verwaltungsrechtspflege, ZBl 78/1977, S. 97 ff.; KÖLZ/BOSSHART/RÖHL, S. 294 ff., 584 ff.; THALMANN, §§ 141 ff.; TRIPPEL SIMON ANDREAS, Gemeindebeschwerde und Gemeinderekurs im Kanton Zürich, Diss., Zürich 1988; UEBERSAX PETER, Erfahrungen und Lehren aus dem «Fall Leukerbad», Beiheft zur ZSR 42, Basel/Genf/München 2005

Rechtsquellen

- Gesetz über das Gemeindewesen vom 6. Juni 1926 (Gemeindegesetz, GemG; LS 131.1)
- Gesetz über die politischen Rechte vom 1. September 2003 (GPR; LS 161)
- Gesetz über die Organisation des Regierungsrates und der kantonalen Verwaltung vom 6. Juni 2005 (OG RR; LS 172.1)
- Gesetz über die Bezirksverwaltung vom 10. März 1985 (BVwG; LS 173.1)
- Gesetz über den Rechtsschutz in Verwaltungssachen vom 24. Mai 1959 (Verwaltungsrechtspflegegesetz, VRG; LS 175.2)
- Volksschulgesetz vom 7. Februar 2005 (VSG; LS 412.100)
- Gesetz über das Arbeitsverhältnis der Lehrpersonen an der Volksschule vom 10. Mai 1999 (Lehrerpersonalgesetz, LPG; LS 412.31)
- Steuergesetz vom 8. Juni 1997 (LS 631.1)
- Gesetz über die Raumplanung und das öffentliche Baurecht vom 7. September 1975 (Planungs- und Baugesetz, PBG; LS 700.1)
- Entwurf zum Kirchengesetz (KiG) vom 13. Mai 2006 (E-KiG; ABl 2006, S. 573 ff.)

---

* Ich danke Fürsprecher lic.iur. Yves Stucki für seine kompetente Mitarbeit.

Übersicht Note

1. Einleitung 1
2. Aufsichtsorgane 4
   2.1. Bezirksbehörden 4
   2.2. Regierungsrat 8
3. Aufsichtsarten und -mittel 10
   3.1. Übersicht 10
   3.2. Präventive Aufsicht 12
   3.3. Repressive Aufsicht 16
4. Rechtsschutz 21
   4.1. Rechtsschutz gegen Anordnungen der Gemeinden 21
   4.2. Rechtsschutz der Gemeinden gegenüber übergeordneten Behörden 25

1. Einleitung

1 Gemeindeautonomie bedeutet, dass die Gemeinden bei der Erfüllung ihrer Aufgaben mehr oder weniger weit reichende Handlungsspielräume haben. Der Kanton hat auch dort, wo den Gemeinden Autonomie zukommt, darüber zu wachen, dass sie ihre Handlungsspielräume korrekt ausschöpfen und das eingeräumte Ermessen weder überschreiten noch missbrauchen. Das gilt auch, wenn kommunale Aufgaben von anderen Trägerschaften wie Zweckverbänden, Anstalten usw. erfüllt werden[1]. Und es gilt auch dort, wo die Gemeinden ohne Autonomie Aufgaben des Kantons oder des Bundes erfüllen.

2 Die Aufsicht erstreckt sich zunächst auf Organisations- und Verfahrensfragen (*allgemeine Aufsicht*). Sodann bezieht sie sich auf sämtliche Aufgabenbereiche, welche von den Gemeinden wahrgenommen werden (*Sachaufsicht*). Überdies umfasst die Aufsicht über die Gemeinden auch deren Finanzgebaren (Budget, Ausgaben, Rechnungswesen; *Finanzaufsicht*)[2]; die Sicherstellung der Zahlungsfähigkeit der Gemeinden ist eine Querschnittsaufgabe, die sich über alle Aufgabenbereiche erstreckt.

3 Die Aufgabe, Aufsicht über die Gemeinden und andere Trägerschaften kommunaler Aufgaben auszuüben, ist auf mehrere Organe verteilt, und die Mittel der Aufsicht sind mannigfaltig. Sowohl die Aufsichtsmittel als auch die zuständigen Organe sind durch Gesetz zu bestimmen. Immerhin hält Art. 94 fest, dass den Bezirksbehörden und dem Regierungsrat Aufsichtskompetenzen zukommen[3].

---

[1] Im Verfassungsentwurf gab es zwei identische Artikel zur Aufsicht über die Gemeinden und über die Zweckverbände (Art. 99 und 107 VE). Diese sind zu Recht zusammengelegt worden.

[2] Vgl. dazu auch das Bundesgesetz über die Schuldbetreibung gegen Gemeinden und andere Körperschaften des kantonalen öffentlichen Rechts vom 4. Dezember 1947 (SR 282.11); CORADI, S. 317 ff.; JENNY, S. 3041 ff.

[3] Vgl. zur Aufsicht durch die Bezirksbehörden auch SCHWARZENBACH, Art. 80 N. 14 ff.

2. Aufsichtsorgane

2.1. Bezirksbehörden

Primäres Aufsichtsorgan gegenüber den Gemeinden, Zweckverbänden und weiteren Trägern kommunaler Aufgaben ist der *Bezirksrat*[4]. Er ist zuständig für die allgemeine Aufsicht und die Finanzaufsicht über die politischen Gemeinden und Schulgemeinden[5] sowie – in den verbleibenden paar Jahren – über die Zivilgemeinden. Der Bezirksrat ist beschränkt auch Aufsichtsorgan gegenüber den Kirchgemeinden, soweit diese staatliches Recht anwenden[6]; im Übrigen richtet sich die Aufsicht über die Kirchgemeinden nach dem Recht der kantonalen kirchlichen Körperschaften.

Bis 2007 war für schulische Angelegenheiten die *Bezirksschulpflege* Aufsichtsorgan. Sie ist aber bereits durch Änderung der alten Kantonsverfassung abgeschafft worden[7]; mit dem Inkrafttreten des Volksschulgesetzes von 2005 wird dieser Beschluss auf Beginn des Schuljahrs 2007/08 umgesetzt.

Für polizeiliche Angelegenheiten sowie das Feuerwehrwesen ist der *Statthalter* Aufsichtsinstanz[8]. Der Statthalter ist in Personalunion Präsident des Bezirksrates.

Bei *Zweckverbänden*, welchen Gemeinden aus mehreren Bezirken angehören, bestimmt der Regierungsrat die örtlich für die Aufsicht zuständige Bezirksbehörde[9].

2.2. Regierungsrat

Die Bezeichnung des Regierungsrates als Aufsichtsinstanz[10] ist unpräzis, da vor allem die einzelnen *Direktionen* Aufsichtsfunktionen gegenüber den Gemeinden wahrnehmen. So ist auf kantonaler Ebene die Direktion der Justiz und des Innern neben den Bezirksräten zuständig für die allgemeine Gemeindeaufsicht sowie die Finanzaufsicht[11]; dort ist auch das Gemeindeamt angesiedelt. Die Sachaufsicht obliegt den jeweils zuständigen Direktionen. So übernimmt die Bildungsdirektion im Bereich der Schulaufsicht die Aufgaben der bisherigen Bezirksschulpflegen[12]; die Aufsicht über die kommunale Raumplanung und das

---

[4] Art. 80 KV; § 141 GemG; § 10 Abs. 1 BVwG.
[5] Für die Aufsicht in schulischen Belangen ist demgegenüber die Bildungsdirektion zuständig; § 73 VSG.
[6] § 11 Abs. 4 E-KiG.
[7] Änderung von Art. 62 Abs. 5 aKV vom 24. November 2002, ABl 2002, S. 1686, 2136.
[8] § 12 Abs. 1 BVwG.
[9] THALMANN, § 7 N. 4.12.
[10] Vgl. neben Art. 94 auch Art. 70 Abs. 3.
[11] § 148 GemG.
[12] § 73 Abs. 1 VSG.

Bauwesen obliegt der Baudirektion[13] und jene im Bereich der öffentlichen Sicherheit der Sicherheitsdirektion.

9 Der *Regierungsrat* übt die Oberaufsicht über die Gemeinden aus[14]. Er hat die Gemeindeordnung zu genehmigen (Art. 89 Abs. 3) und soweit erforderlich schwerwiegende Sanktionen zu beschliessen[15].

3. Aufsichtsarten und -mittel

3.1. Übersicht

10 Die Aufsicht des Kantons über die Gemeinden erfolgt auf zwei Arten: präventiv und repressiv. Präventive Aufsicht dient der Verhinderung von Rechtswidrigkeiten und anderen Missständen. Repressive Aufsicht umfasst Massnahmen zur Beseitigung von konkreten Rechtswidrigkeiten und anderen Missständen sowie die Sanktionierung der dafür Verantwortlichen.

11 Aufsichtsrechtliche Massnahmen stellen eine Einschränkung der Gemeindeautonomie dar und bedürfen deshalb einer gesetzlichen Grundlage. Überdies müssen sie den Grundsatz der Verhältnismässigkeit beachten.

3.2. Präventive Aufsicht

12 Gemeindeaufsicht ist vor allem präventiver Natur. Durch Informations- und Kontrolltätigkeit soll die korrekte Erfüllung kommunaler Aufgaben sichergestellt werden. Präventive Aufsicht erfolgt routinemässig, unabhängig von besonderen Ereignissen.

13 Präventiver Natur sind insbesondere die *Melde- und Genehmigungspflichten*, welche nicht nur für die Gemeindeordnung gelten[16], sondern auch für die Statuten von Zweckverbänden[17] sowie für zahlreiche andere Beschlüsse, etwa im Raumplanungs- und Baurecht[18]. Zu den Melde- und Genehmigungspflichten gehört auch die Berichterstattung und Rechnungslegung[19]. Genehmigungspflichten gehen weiter als Meldepflichten, indem der genehmigungspflichtige Entscheid ohne Genehmigung nicht in Kraft treten kann (oder nachträglich ausser Kraft tritt). Die Meldepflicht dient lediglich der Information der Aufsichtsinstanz.

---

[13] § 2 lit. b PBG.
[14] § 149 Abs. 1 GemG; § 8 Abs. 2 lit. a OG RR.
[15] § 149 Abs. 2 und 3 GemG.
[16] Art. 89 Abs. 3; vgl. dazu Art. 89 N. 12 ff.
[17] Art. 92 Abs. 4; vgl. dazu JENNI, Art. 92 N. 18 ff.
[18] § 32 Abs. 3 und § 89 i.V.m. § 2 lit. a und b PBG.
[19] § 145 GemG.

Präventiver Natur sind sodann allgemeine *Weisungen* oder Kreisschreiben, welche die Aufsichtsbehörden den Gemeinden erteilen, beispielsweise im Bereich der Finanzaufsicht sowie für Wahlen und Abstimmungen[20]. 14

Schliesslich dienen auch periodische *Kontrollen und Visitationen* – wiederum vor allem im Bereich der Gemeindefinanzen, aber auch in der Gemeindeadministration – der präventiven Aufsicht[21]. 15

3.3. Repressive Aufsicht

Repressive Aufsicht dient der Beseitigung eines rechts- oder ordnungswidrigen Zustands oder der Sanktionierung von Rechtsverstössen seitens der Gemeindeorgane. Sie knüpft somit an konkrete Ereignisse an und hat daher einen *ausserordentlichen Charakter*. 16

Massnahmen der repressiven Aufsicht sind etwa die *Nichtgenehmigung genehmigungsbedürftiger Beschlüsse* oder die *Aufhebung von Beschlüssen*, die ohne Genehmigung in Kraft treten konnten. Die Aufhebung von Anordnungen der Gemeindebehörden kann auch im Rahmen von Rechtsmittelverfahren durch Rekursinstanzen oder Gerichte erfolgen[22]. 17

Besteht die Rechtswidrigkeit in einer Unterlassung, so kann die Aufsichtsinstanz eine *Ersatzvornahme* anordnen, das heisst die nicht erfolgte Handlung selbst vornehmen oder durch Dritte vornehmen lassen. Dabei werden die entstandenen Kosten der Gemeinde auferlegt[23]. 18

Repressive Aufsicht kann auch durch *disziplinarische oder strafrechtliche Massnahmen*[24] bis hin zur Amtsenthebung[25] erfolgen. Strafrechtliche Massnahmen liegen in der Kompetenz der Staatsanwaltschaft, disziplinarische in jener des Regierungsrates. 19

Die schärfste Massnahme der repressiven Aufsicht ist der (vorübergehende) *Entzug des Selbstverwaltungsrechts der Gemeinde*, die Bevormundung. Diese 20

---

[20] Vgl. z.B. Kreisschreiben der Direktion der Justiz und des Innern über den Gemeindehaushalt vom 10. Oktober 1984.
[21] § 143 GemG.
[22] Vgl. dazu N. 21 ff.
[23] § 142 Abs. 3 GemG. Vgl. als Beispiele den Erlass einer Bau- und Zonenordnung für die Stadt Zürich durch die Baudirektion, ABl 1995, S. 1039 ff., sowie die Festlegung bundesrechtskonformer Entsorgungsgebühren für die Stadt Zürich durch die Baudirektion, BGE in ZBl 100/1999, S. 269 ff.; ähnlich für Graubünden BGE 129 I 290 ff., 298 ff.
[24] § 142 Abs. 2 GemG.
[25] Vgl. für ein Beispiel BGE in ZBl 58/1957, S. 533 ff.

kann insbesondere mit finanziellen Problemen einer Gemeinde im Zusammenhang stehen[26]. Dafür ist nach bisherigem Recht der Kantonsrat zuständig[27].

4. Rechtsschutz

4.1. Rechtsschutz gegen Anordnungen der Gemeinden

21 Die Behörden der Gemeinden üben – ähnlich wie jene des Kantons und des Bundes – *hoheitliche Funktionen* aus. Sie können rechtlich verbindliche Anordnungen treffen, sowohl generell-abstrakt als auch individuell-konkret. Gegen Anordnungen der Gemeindebehörden müssen die Betroffenen Rechtsmittel ergreifen können (Art. 77 und 79).

22 Gegen Beschlüsse der Gemeinde in der Gemeindeversammlung oder in einer Urnenabstimmung sowie gegen Beschlüsse des Gemeindeparlaments sieht das Gemeindegesetz die *Gemeindebeschwerde* vor[28], gegen Anordnungen und Erlasse der Gemeindebehörden den *Gemeinderekurs*[29]; dazu kommt der *Stimmrechtsrekurs* wegen Verletzung der politischen Rechte[30].

23 Erste *Rechtsmittelinstanz* ist in der Regel der Bezirksrat, vereinzelt der Statthalter. In einigen Sachgebieten tritt an die Stelle des Bezirksrates eine Rekurskommission, so in Angelegenheiten des Planungs- und Baurechts[31] sowie im Steuerrecht[32]. Teilweise ist eine Direktion anstelle des Bezirksrates Rekursinstanz, so die Bildungsdirektion in personalrechtlichen Angelegenheiten der Lehrkräfte der Volksschule[33]. In all diesen Fällen ist ein Weiterzug an das Verwaltungsgericht möglich[34].

24 Der letztinstanzliche kantonale Entscheid unterliegt der Beschwerde in öffentlich-rechtlichen Angelegenheiten an das *Bundesgericht*[35]. In einzelnen Verfahren mit vermögensrechtlichen Interessen (Staatshaftung, Personalrecht) muss entweder die erforderliche Streitwertgrenze erreicht sein oder eine Rechtsfrage von grundsätzlicher Bedeutung in Frage stehen[36]; andernfalls kommt höchstens

---

[26] Vgl. aus dem Kanton Wallis das Beispiel der Gemeinde Leukerbad, BGE 2C.4/2000 vom 3. Juli 2003, Pra 93/2004 Nr. 53; dazu UEBERSAX; ferner JENNY.
[27] § 150 GemG.
[28] § 151 GemG.
[29] § 152 GemG i.V.m. §§ 19 ff. VRG.
[30] § 151a GemG i.V.m. §§ 146 ff. GPR.
[31] § 329 Abs. 1 PBG.
[32] §§ 112 ff., 196 und 212 Steuergesetz.
[33] § 10 LPG.
[34] §§ 19, 19c und 41 ff. VRG.
[35] Art. 82 ff. des Bundesgerichtsgesetzes (BGG) vom 17. Juni 2005 (SR 173.110).
[36] Art. 85 BGG.

die subsidiäre Verfassungsbeschwerde an das Bundesgericht zum Zug[37]. In allen anderen öffentlich-rechtlichen Rechtsgebieten gibt es dagegen keine Streitwertgrenze.

4.2. Rechtsschutz der Gemeinden gegenüber übergeordneten Behörden

Aufsichtsrechtliche Massnahmen schränken die Gemeindeautonomie oder andere Interessen der Gemeinde ein; das Gleiche gilt für Rechtsmittelentscheide, welche Anordnungen der Gemeindeorgane aufheben. Es ist deshalb erforderlich, dass sich die Gemeinden mit Rechtsmitteln gegen allfällige Verletzungen der Gemeindeautonomie oder anderer Interessen zur Wehr setzen können (Art. 77 Abs. 1). 25

Die Gemeinden können erstinstanzliche Anordnungen kantonaler Behörden zunächst mit Rekurs bei der übergeordneten Behörde oder bei der zuständigen Rekurskommission anfechten[38]. Gegen Verfügungen und erstinstanzliche Entscheide eines kantonalen Amtes ist die Direktion[39], gegen solche des Bezirksrates, des Statthalters oder einer Direktion ist der Regierungsrat Rekursinstanz[40]. In Angelegenheiten des Raumplanungs- und Baurechts oder des Steuerrechts sind die Bau- bzw. Steuerrekurskommissionen erste Rechtsmittelinstanzen[41]. 26

Rekursentscheide sowie erstinstanzliche Entscheidungen des Regierungsrates unterliegen der Beschwerde an das Verwaltungsgericht[42]. Falls diese durch Gesetz ausgeschlossen ist[43], unterliegen Rekursentscheide der Verwaltungsbehörden dem Rekurs an den Regierungsrat, soweit nicht bereits zwei Rekursinstanzen entschieden haben[44]. Der Ausschluss der Beschwerde an das Verwaltungsgericht wird mit dem Inkrafttreten der Rechtsweggarantien der Bundesverfassung (Art. 29a) und der Kantonsverfassung (Art. 77 Abs. 1)[45] indessen kaum mehr zulässig sein; auch das Bundesgerichtsgesetz verlangt die Beurteilung durch ein kantonales Gericht, soweit die Beschwerde in öffentlich-rechtlichen Angelegenheiten oder die subsidiäre Verfassungsbeschwerde an das Bundesgericht zulässig ist[46]. 27

---

[37] Art. 113 ff. BGG.
[38] §§ 19 ff., § 21 lit. b VRG. Vgl. dazu Kölz/Bosshart/Röhl, S. 294 ff.
[39] § 19 Abs. 1 VRG.
[40] § 19c Abs. 1 und § 19a Abs. 1 VRG.
[41] §§ 329 f. und 333 ff. PBG; §§ 147 ff. Steuergesetz.
[42] §§ 41 ff. VRG; dazu Kölz/Bosshart/Röhl, S. 584 ff.
[43] Vgl. insbesondere § 43 VRG.
[44] § 19b und § 19c Abs. 2 VRG.
[45] Für die Umsetzung der kantonalen Rechtsweggarantie setzt Art. 138 KV eine Frist von fünf Jahren. Vgl. dazu Camprubi, Art. 138 N. 8 ff.
[46] Art. 86 Abs. 2 und Art. 114 BGG.

28 Einen letztinstanzlichen kantonalen Entscheid kann die betroffene Gemeinde mit der Beschwerde in öffentlich-rechtlichen Angelegenheiten an das Bundesgericht weiterziehen, soweit sie eine Verletzung verfassungsrechtlicher Garantien, insbesondere der Gemeindeautonomie, rügt[47].

---

[47] Art. 189 Abs. 1 lit. e BV; Art. 82 ff., Art. 89 Abs. 2 lit. c BGG. Vgl. zum bisherigen Recht die Dissertation von DILL; ferner z.B. BGE 131 I 91 ff.

8. Kapitel: Öffentliche Aufgaben

Vorbemerkungen zu Art. 95–121

Materialien

Art. 108–133 VE; Prot. Plenum, S. 93, 152 ff., 1330 ff., 2242 ff. (42. Sitzung), 2616 ff.

Literatur

BIAGGINI GIOVANNI, Erste Erfahrungen mit der Kantonsverfassung des Kantons Basel-Landschaft von 1984, in: Kurt Jenny et al. (Hrsg.), S. 50 ff.; BIAGGINI GIOVANNI, Gesamtbetrachtung im Lichte der Verfassungsfunktionen, in: Materialien zur Zürcher Verfassungsreform, Bd. 9, S. 175 ff. (Verfassungsfunktionen); BOLZ MARCEL, Die Verfassung des Kantons Aargau – Was hat sich bewährt? Wo besteht Handlungsbedarf, ZBl 100/1999, S. 571 ff.; BOLZ URS, Materialien und Kommentare, in: Kälin/Bolz, S. 225 ff.; EICHENBERGER KURT, Zur Problematik der Aufgabenverteilung zwischen Staat und Privaten, ZBl 91/1990, S. 517 ff. (Aufgabenverteilung); HÄFELIN ULRICH, Verfassungsgebung, ZSR 93/1974 II, S. 77 ff.; HAFNER FELIX, Staatsaufgaben und öffentliche Interessen – ein (un)geklärtes Verhältnis?, BJM 2004, S. 281 ff.; ISENSEE JOSEF, Gemeinwohl und Staatsaufgaben im Verfassungsstaat, in: Handbuch des Staatsrechts der Bundesrepublik Deutschland, Bd. III, Heidelberg 1988; JAAG, Rz. 3701 ff.; JAAG TOBIAS, Wozu eine neue Kantonsverfassung? Funktionen und Inhalte der Kantonsverfassung aus verfassungstheoretischer und verfassungsvergleichender Sicht, in: Materialien zur Zürcher Verfassungsreform, Bd. 2, S. 9 ff. (Funktionen); KÄLIN WALTER, Öffentliche Aufgaben, in: Kälin/Bolz, S. 57 ff.; KÖLZ, S. 145 ff.; MÜLLER ANDREAS, Rechtsfragen der Erfüllung öffentlicher Aufgaben durch verwaltungsexterne Rechtsträger, in: Tobias Jaag (Hrsg.), Dezentralisierung und Privatisierung öffentlicher Aufgaben, Zürich 2000, S. 113 ff. (Rechtsfragen); MÜLLER ANDREAS, Staats- und verwaltungsrechtliche Kriterien für die Privatisierung von Staatsaufgaben, AJP 1998, S. 65 ff. (Kriterien); MÜLLER GEORG, Rechtssetzungslehre; MÜLLER GEORG, Wie wird ein Staat schlank?, in: Solothurner Festgabe zum Schweizerischen Juristentag 1998, Solothurn 1998, S. 159 ff. (Staat); MÜLLER JÖRG PAUL, Elemente einer Schweizerischen Grundrechtstheorie, Bern 1982 (Elemente); MÜLLER JÖRG PAUL, Kommentar BV, Einleitung zu den Grundrechten; MÜLLER PETER, Funktionen und Motive einer verfassungsrechtlichen Aufgabennormierung in den Kantonen, Basel 1981; OSTERLOH LERKE, Privatisierung von Verwaltungsaufgaben, in: Erziehungsauftrag und Erziehungsmassstab der Schule im freiheitlichen Verfassungsstaat, VVDStRL 54/1995, S. 204 ff.; RAPPOLD JÖRG N., Entwurf für eine neue Kantonsverfassung, in: Materialien zur Zürcher Verfassungsreform, Bd. 7, S. 159 ff.; RICHLI PAUL, Staatsaufgaben – Grundlagen, in: Verfassungsrecht der Schweiz, § 54; RICHLI PAUL, Zweck und Aufgaben der Eidgenossenschaft im Lichte des Subsidiaritätsprinzips, ZSR 117/1998 II, S. 139 ff. (Zweck); SALADIN PETER, Kommentar BV, Art. 3 aBV; SOBOTICH VIVIANE, Staatshaftung aus Kontrolltätigkeit im Baurecht, Diss., Zürich 2000; UHLMANN FELIX, Gewinnorientiertes Staatshandeln. Möglichkeiten und Zulässigkeit gewinnorientierter staatlicher Eigenbetätigung aus wirtschaftsverfassungsrechtlicher Sicht, Diss. (Basel), Basel/Frankfurt a.M. 1997; WEBER-MANDRIN MONIQUE, S. 1 ff.; WEBER-MANDRIN MONIQUE, Die öffentlichen Aufgaben in der neuen Zürcher Kantonsverfassung, in: Materialien zur Zürcher Verfassungsreform, Bd. 9, S. 107 ff. (Zürcher Kantonsverfassung); WILDHABER LUZIUS/BREITENMOSER STEPHAN, Aufgabennormen und Grundrechte in der Verfassung des Kantons Basel-Stadt, in: Eichenberger/Jenny/Rhinow u.a., S. 46 ff.

Übersicht	**Note**
1. Einleitung	1
2. Kantonaler Aufgabenkatalog	3
2.1. Verhältnis zur Bundesverfassung	3
2.2. Inhalt und Umfang	5
2.3. Terminologie	8
2.3.1. Aufgaben und Aufgabenträger	8
2.3.2. Erfüllungsintensität	11
3. Verhältnis zu anderen Bestimmungen der Kantonsverfassung	15
3.1. Zielbestimmungen	16
3.2. Grundrechte	18
3.3. Sozialrechte	21
3.4. Organisationsnormen	24

1. Einleitung

1 Bereits in der ersten Sitzung des Verfassungsrates wurde die Frage aufgeworfen, was in der künftigen Kantonsverfassung geregelt werden solle und welcher Spielraum dem kantonalen Verfassungsgeber neben der Bundesverfassung vom 18. April 1999 überhaupt noch zustehe[1]. Der Alterspräsident, Prof. Dr. Jörg Rehberg, empfahl dem Rat, sich möglichst schnell zu entscheiden, ob die Verfassung lediglich als Ergänzung der BV konzipiert werden soll oder eine *Vollverfassung* im Sinne einer geschlossenen Gesamtsicht angestrebt wird[2]. Im Rahmen der ersten Berichterstattung der Kommissionen an den Rat zeichnete sich ab, dass sich mindestens die Kommissionen 1 und 4 für eine ausformulierte Gesamtsicht entschieden[3]. Auch der Regierungsrat bestätigte diese Ansicht und plädierte für eine Vollverfassung mit Zurückhaltung in der Normdichte[4]. Als die Kommission 1 ihre Vorlage erstmals in den Rat brachte, wurde aufgrund eines Rückweisungsantrags die Frage breit diskutiert. Die Mehrheit des Rates entschied sich dabei für eine Vollverfassung[5], wobei sich erst später herausstellen sollte, dass man darunter nicht immer dasselbe verstand[6]. Im Rahmen der Beratungen zu den öffentlichen Aufgaben wurde die Frage erneut, und zwar durch einen Systemantrag, aufgeworfen[7]. Der Rat entschied sich dabei für einen

---

[1] Vgl. die Ansprache der Regierungspräsidentin zur Sitzungseröffnung, Prot. Plenum, S. 3 f., und die Ansprache des Alterspräsidenten, Prot. Plenum, S. 8 ff.
[2] Prot. Plenum, S. 9.
[3] Prot. Plenum, S. 143, 153.
[4] Prot. Plenum, S. 167 f. Auch die meisten Fraktionen erklärten im Anschluss ausdrücklich, dass sie von einer Vollverfassung ausgingen; Prot. Plenum, S. 174 ff. Die SVP nahm hierzu zwar nicht ausdrücklich Stellung (vgl. S. 188 ff.), bekannte sich aber später zur Vollverfassung (vgl. S. 934).
[5] Auch die SVP-Fraktion bekannte sich nun zu einer Vollverfassung; Prot. Plenum, S. 934. Einzig die EVP-Fraktion vertrat eine ablehnende Haltung; Prot. Plenum, S. 940 f.
[6] Prot. Plenum, S. 1991 ff. und ausdrücklich im Votum von Markus Arnold (S. 1999).
[7] Prot. Plenum, S. 1330 ff.

ausführlichen Aufgabenkatalog[8]. Durch diesen umfassenden Aufgabenkatalog sowie die allgemeinen Bestimmungen und Normen zur Aufgabenübertragung unterscheidet sich die Kantonsverfassung wesentlich von ihrer Vorgängerin aus dem Jahr 1869, welche nur (aber immerhin[9]) vereinzelte Aufgabenbestimmungen enthielt[10].

Der Zürcher Kantonsverfassung liegt somit – wie den meisten neueren Kantonsverfassungen[11] – kein minimalistisches *Verfassungsverständnis* zugrunde[12]. Zahlreiche Diskussionen über die Reglungsdichte und den Umfang des Aufgabenkatalogs weisen auf ein «demokratisch-materiales»[13] Verfassungsverständnis hin[14]. Die Kommission legte dem Rat einen Entwurf vor, der sich an der Systematik der BV orientierte und betreffend Umfang das Ziel verfolgte, mit kurzen, klaren Formulierungen verständliche Leitplanken zu setzen, Legislative und Exekutive aber auch genügend Freiraum zu belassen[15].

2. Kantonaler Aufgabenkatalog

2.1. Verhältnis zur Bundesverfassung

Obwohl die Kantone als souverän gelten respektive ihnen die «Staatlichkeit» nicht abzusprechen ist[16], ist ihre Gestaltungsfreiheit eingeschränkt. Kantonale Verfassungen müssen sich in den Rahmen der Bundesverfassung einordnen. Die Kantone sind nur dort zuständig, wo dem Bund keine Zuständigkeit zukommt[17]. Dennoch sind sie bei der Ausgestaltung ihrer Verfassungen weitgehend frei[18]. Dies gilt für den Aufgabenteil, v.a. in den Bereichen, in denen sie in eigener

---

[8] Prot. Plenum, S. 1347.
[9] Zu dieser Zeit schien es den Kantonen aufgrund ihres Selbstbewusstseins nicht notwendig, in Abgrenzung zum Bund, welchem nur wenige Aufgaben zufielen, ihre Zuständigkeiten im Detail zu regeln; KÄLIN, S. 57; KÖLZ, S. 148 ff.
[10] Art. 22 aKV Armenwesen, Art. 23 aKV Genossenschaftswesen und Arbeitnehmerschutz, Art. 24 aKV Kantonalbank, Art. 25 aKV Klassifizierung von Strassen, Art. 26 aKV öffentlicher Personenverkehr und Güterverkehr per Bahn, Art. 27 aKV militärische Ausrüstung und Art. 62 f. aKV zum Volksschulwesen. Zur Geschichte und Bedeutung der Zürcher Verfassung von 1869: KÖLZ, S. 145 ff.
[11] WEBER-MANDRIN, S. 7.
[12] Vgl. HÄFELIN, S. 85 ff., für eine Zusammenstellung der verschiedenen Verfassungsverständnisse.
[13] M. BOLZ, S. 575; P. MÜLLER, S. 74 ff., 87 ff.; KÄLIN, S. 58 ff.; WEBER-MANDRIN, S. 6 f. Beim demokratisch-materialen Verfassungsverständnis werden nicht nur die Grundstrukturen des Kantons und seiner Organe festgeschrieben (wie beim Organisationsstatut), sondern auch materielle Grundentscheidungen, Richtlinien für die Gesetzgebung und die Grundaufträge für die wahrzunehmenden Aufgaben.
[14] Vgl. statt vieler die für die öffentlichen Aufgaben zentralen Voten zum Thema, Prot. Plenum, S. 1331 ff., 1342 ff., und die Äusserung des Regierungsrats hierzu, Prot. Plenum S. 167 f.
[15] Prot. Plenum, S. 153, 1331 f.
[16] SALADIN, Kommentar BV, Art. 3 aBV Rz. 47.
[17] SALADIN, Kommentar BV, Art. 3 aBV Rz. 76 ff.
[18] JAAG, Funktionen, S. 11.

Kompetenz tätig werden[19]. Aber auch im Rahmen des Vollzugs des Bundesrechts verbleibt den Kantonen die Wahrnehmung diverser Aufgaben, welche in der Verfassung umschrieben werden können[20].

4   Aufgrund von Art. 3 BV wäre ein kantonaler Aufgabenkatalog grundsätzlich entbehrlich. Dennoch weisen praktisch alle neueren Kantonsverfassungen einen mehr oder weniger ausführlichen Aufgabenteil auf[21]. Dafür gibt es hauptsächlich vier Motive[22]. Zum einen wird dadurch die *Eigenständigkeit* – und damit ein Stück Identität – gegenüber dem Bund zum Ausdruck gebracht (föderalistisches Motiv). Es wird dargetan, in welchem Bereich dem Kanton Kompetenzen zustehen. Im Weiteren hat ein Aufgabenteil in kantonalen Verfassungen eine *Informations- und Steuerungsfunktion*. Transparent wird somit, welche Aufgaben wahrgenommen werden. Zudem sollen dem Gesetzgeber und der Exekutive Leitplanken gesetzt[23] und die künftige Entwicklung gesteuert werden. Schliesslich bezweckt die Normierung die *demokratische Legitimation* der Aufgaben[24].

2.2. Inhalt und Umfang

5   Die für die öffentlichen Aufgaben zuständige Kommission hat sich ganz zu Beginn ihrer Arbeit, nach einer Evaluation anderer Kantonsverfassungen und der Parteienentwürfe, damit auseinandergesetzt, wie der Aufgabenkatalog zu gestalten sei. Sie entschied sich für die differenzierte Beschreibung der öffentlichen Aufgaben in einer Zusammenstellung und verwarf die Idee einer stichwortartigen Auflistung. Geplant war, dass der Aufgabenteil einen mittleren, etwa mit demjenigen der Bundesverfassung zu vergleichenden Umfang annehmen sollte[25]. Ziel war es, für bestehende Aufgaben, welche von verschiedenen Leistungserbringern in unterschiedlichen Organisationsformen ausgeübt wurden, eine verfassungsrechtliche Grundlage zu schaffen. Eine Änderung der bestehenden Aufgaben-

---

[19] Art. 43 BV. Hier ist insbesondere an die Sachgebiete Polizei, Schule und Bildung, Raumplanung sowie Denkmal- und Heimatschutz zu denken.

[20] Art. 46 BV; JAAG, §§ 37 ff. (Rz. 3701 ff.).

[21] In jüngster Zeit haben drei Kantone (Neuenburg, St.Gallen und Tessin) versucht, einen klassischen Aufgabenkatalog zu umgehen, und haben eine andere Lösung gewählt. Art. 5 KV NE umschreibt die Aufgaben stichwortartig; das III. Kapitel der KV SG enthält einen Zielkatalog (Art. 9–22 KV SG) und anschliessend folgen Grundsätze zu deren Erfüllung (Art. 24–30 KV SG); die KV TI enthält einzig einen Artikel mit Staatszielbestimmungen und einen Katalog (Art. 4 KV TI) mit sozialpolitischen Zielen (Art. 14 KV TI).

[22] Zu den möglichen Motiven KÄLIN, S. 59 f.; P. MÜLLER, S. 79 ff.; WEBER-MANDRIN, S. 53 ff. Generell zu den Verfassungsfunktionen und zu deren Umsetzung in der neuen Kantonsverfassung BIAGGINI, Verfassungsfunktionen, S. 176 ff., 188; TÖNDURY, Vorb. zu Art. 1–8 N. 3.

[23] Auch im Sinne einer Grenzziehung zwischen staatlicher und privater Tätigkeit. Vgl. hierzu P. MÜLLER, S. 91 f.; WEBER-MANDRIN, S. 57 f.

[24] Vgl. hierzu aber N. 7.

[25] Prot. Plenum, S. 153.

zuteilung wurde jedoch nicht bezweckt[26]. Die Kommission wollte Grundlagen für bestehende und mutmassliche künftige Aufgaben formulieren[27].

Bei der in die Verfassung aufgenommenen Aufzählung handelt es sich jedoch nicht um eine solche abschliessender Art[28]. Der Verfassungsrat verzichtete damit bewusst auf einen *Verfassungsvorbehalt*. Ein solcher Vorbehalt würde bedeuten, dass der Kanton eine neue Aufgabe nur übernehmen könnte, wenn hierfür eine verfassungsrechtliche Grundlage bestünde[29]. Für die Wahrnehmung neuer Aufgaben, die sich nicht unter eine bestehende Grundlage subsumieren lassen, müsste eine Verfassungsänderung erfolgen. Gerade die Frage, ob eine bestehende Grundlage für eine neue Aufgabe als genügend angesehen werden kann, würde wohl zu zahlreichen juristischen Auseinandersetzungen führen. Zudem könnte ein Verfassungsvorbehalt die Flexibilität des Kantons einschränken. Auf neue Bedürfnisse und Probleme könnte nicht zeitgerecht reagiert werden, ohne dass erst das aufwändige Verfahren der Verfassungsänderung durchzuführen wäre. Entscheidet man sich für einen Verfassungsvorbehalt, muss der Aufgabenkatalog entweder sehr detailliert und umfassend sein oder aber eine bloss stichwortartige Aufzählung gewählt werden, welcher keine Steuerungskraft mehr zukommt. Der Rat war der Meinung, dass diese Nachteile den Vorteil der jederzeitigen Aktualität des Aufgabenkatalogs und der vollumfänglichen Erfüllung der Orientierungsfunktion nicht aufwiegen.

6

Anzufügen bleibt, dass die demokratische Legitimation für eine neue Aufgabe auch bei einer fehlenden verfassungsrechtlichen Norm insoweit erfüllt wird, als alle wichtigen Rechtssätze ohnehin einer formellgesetzlichen Grundlage und damit der Zustimmung des Gesetzgebers bedürfen[30].

7

2.3. Terminologie

2.3.1. Aufgaben und Aufgabenträger

Öffentliche Aufgaben können als instrumentelle Vorkehrungen zur Verwirklichung der zeitlich wandelbaren öffentlichen Interessen in bestimmten Sachbereichen bezeichnet werden[31]. Mit dem Festschreiben der wesentlichen Aufgaben des Kantons und der Gemeinden in der Verfassung wollte man die Rolle des Staates konkretisieren und ihn damit auch eingrenzen[32]. Denn die staatlichen

8

---

[26] Prot. Plenum, S. 154.
[27] Prot. Plenum, S. 1351.
[28] Prot. Plenum, S. 1350 ff.
[29] BIAGGINI, S. 60 ff.; KÄLIN, S. 60, 68 f.; WILDHABER/BREITENMOSER, S. 46 ff.
[30] Art. 38 Abs. 1 lit. f.
[31] WEBER-MANDRIN, S. 22.
[32] Zur Aufgabenverteilung zwischen Staat und Privaten vgl. auch A. MÜLLER, Rechtsfragen, S. 113 ff., insbes. S. 117 f.; A. MÜLLER, Kriterien, S. 65 ff.; SOBOTICH, S. 3 ff.

Aufgaben sind im demokratischen Rechts- und Sozialstaat nicht vorgegeben, sondern werden im politischen Prozess definiert und sind das Ergebnis staatspolitischer Willensbildung[33].

9 Die Begriffe *Staatsaufgabe* oder *öffentliche Aufgabe* werden sowohl in der Literatur als auch in den kantonalen Verfassungen uneinheitlich verwendet; eine allgemeingültige Definition gibt es nicht[34]. Die zuständige Kommission wollte zum Ausdruck bringen, dass die formulierten Aufgaben nicht zwangsläufig vom Staat selbst zu erfüllen sind[35]. Aus diesem Grund entschied sie sich für den Begriff der öffentlichen Aufgabe und regelte die Zusammenarbeit zwischen den Aufgabenträgern (Art. 95 Abs. 1) sowie die Übertragung der Erfüllung von Aufgaben (Art. 98) eingehend. Inhaltlich wollte die Kommission festlegen, welches die wichtigsten Aufgaben der öffentlichen Hand sind – unabhängig vom Träger, der sie schliesslich erfüllt. Dies steht im Einklang mit der Vorstellung, dass die Übertragung der Erfüllung einer Aufgabe an Private nichts daran ändert, dass die Aufgabe eine staatliche bleibt und das Gemeinwesen letztlich die Verantwortung trägt[36].

10 *Zweck* der öffentlichen Aufgaben ist die Wahrung und Verwirklichung des Gemeinwohls[37]. Sie sollen die öffentlichen Interessen verwirklichen; somit darf eine öffentliche Aufgabe nur solange wahrgenommen werden, als ein öffentliches Interesse daran besteht[38]. Damit verschiebt sich die politische Diskussion darüber, was eine öffentliche Aufgabe sein soll, auf die Frage nach dem herrschenden Staatsverständnis. Weil das öffentliche Interesse, welches unbestimmt und wandelbar ist, öffentliche Aufgaben steuert, sind auch diese dynamisch und entwickeln sich laufend[39]. Dieser Gegebenheit trug die zuständige Kommission

---

[33] OSTERLOH, S. 208.
[34] P. MÜLLER, S. 1 f. WEBER-MANDRIN hat sich mit den Begriffsbestimmungen und möglichen Abgrenzungen vertieft auseinandergesetzt (S. 17 ff.). Dabei kommt sie zum Schluss, dass diese in der Tendenz gleichgesetzt werden und eine Abgrenzung der Begriffe wenig fruchtbar ist (S. 25). Da ihr der Begriff der öffentlichen Aufgabe umfassender, offener erscheint und dadurch offengelassen wird, wer die Aufgabe wahrnimmt, entschied sie sich für diesen. Ganz zu Beginn der Beratungen lud die zuständige Kommission Frau WEBER-MANDRIN für ein Referat ein. Dabei überzeugte sie die Kommission von ihrem Verständnis, weshalb diese nachfolgend vom Begriff der öffentlichen Aufgabe Gebrauch machte.
[35] So auch das Verständnis von EICHENBERGER (Aufgabenverteilung, S. 527), ISENSEE (63 Rz. 136) und RICHLI (§ 54 Rz. 8), welche davon ausgehen, dass öffentliche Aufgaben nicht nur von staatlichen, sondern auch von gesellschaftlichen Trägern wahrgenommen werden können.
[36] HAFNER, S. 304 f.; A. MÜLLER, Rechtsfragen, S. 118; G. MÜLLER, Staat, S. 164 f. Dieser Gedanke findet auch Ausdruck in der Haftungsbestimmung von Art. 46 Abs. 2. Zu unterscheiden ist die eigentliche Aufgabenprivatisierung, bei der nicht nur die *Erfüllung* einer öffentlichen Aufgabe einem anderen Träger als dem Staat übertragen wird, sondern die Aufgabe an sich. Die öffentliche wird damit zu einer privaten Aufgabe. Vgl. hierzu mit weiteren Hinweisen A. MÜLLER, Rechtsfragen, S. 117; A. MÜLLER, Kriterien, S. 65 ff.
[37] HAFNER, S. 307 f.
[38] HAFNER, S. 307.
[39] HAFNER, S. 287.

Rechnung, indem sie die regelmässige Überprüfung der Notwendigkeit einer öffentlichen Aufgabe anordnete (Art. 95 Abs. 3).

2.3.2. Erfüllungsintensität

Aufgabennormen verpflichten die Adressaten, tätig zu werden[40]. Sie sind nicht blosse Ermächtigungs- oder Kompetenznormen[41]. Der *Grad der Verpflichtung* zur Wahrnehmung der Aufgabe kann jedoch unterschiedlich sein. Der Verfassungsrat entschied sich, diesen Verpflichtungsgrad für die Wahrnehmung der einzelnen Aufgaben genauer zu bestimmen, um eine gewisse Lenkungsfunktion zu erzielen. 11

Die Kommission 4 umschrieb den Verpflichtungsgrad anhand von drei Kategorien. Sie stütze sich bei der Ausarbeitung dieser Kategorien auf ein Glossar, welches Jörg N. Rappold als Ergänzung zu seinem Entwurf für eine neue Kantonsverfassung[42] erarbeitet und der Kommission zur Verfügung gestellt hatte[43]. Die Kommission traf zunächst folgende Unterscheidung[44]: 12
– *«gewährleisten»*: bestimmt, welche Aufgaben der Staat direkt und in eigener Verantwortung wahrnehmen will (eigentliche Staatsaufgaben);
– *«sorgen für»*: bestimmt, welche Aufgaben der Staat sicherstellen will, indem er die Aufgaben entweder selbst wahrnimmt oder an eine öffentlichrechtliche, eine gemischtwirtschaftliche oder eine privatrechtliche Körperschaft mit Leistungsauftrag, Globalbudget und Qualitätssicherung delegiert;
– *«fördern»*: bestimmt, welche Aufgaben der Staat unterstützen will, indem er einmalige oder wiederkehrende Beiträge unter absichernden Bedingungen ausrichtet.

Aufgrund der Arbeiten in der Kommission zeigte sich, dass das Glossar ergänzt werden musste. Es wurde für die dritte Kategorie festgehalten, dass ein Fördern des Staates nicht nur durch Ausrichtung von Beiträgen möglich ist, sondern auch durch die Schaffung von *günstigen Rahmenbedingungen*[45]. 13

Wo immer möglich bediente sich der Verfassungsrat dieser Begriffe[46]. Dadurch erhöht sich die Lenkungsfunktion der Aufgabennormen. Durch die Wahl der 14

---

[40] U. Bolz, S. 329; Kälin, S. 60 f.; A. Müller, Kriterien, S. 67; Uhlmann, S. 229; Wildhaber/Breitenmoser, S. 52 ff.; Weber-Mandrin, S. 93 ff.
[41] P. Müller, S. 20 ff.
[42] Rappold, S. 159 ff., jedoch ohne Glossar.
[43] Prot. Plenum, S. 157, 1342.
[44] Prot. Plenum, S. 153 f.
[45] Prot. Plenum, S. 1342.
[46] Bei gewissen Bestimmungen war eine Formulierung mit den gewählten Begriffen nicht zu finden, vgl. z.B. Art. 109 «Der Kanton betreibt eine Kantonalbank» oder auch Art. 104 Abs. 2 und Art. 105 Abs. 1 «Der Kanton übt die Hoheit über die Staatsstrassen/Gewässer aus» sowie Art. 116 Abs. 1 «Kanton und Gemeinden führen qualitativ hoch stehende öffentliche Schulen». Hinzu kamen zwei weitere Formulierungen, welche den Aufgabenträger zum Handeln verpflichten und das zu erreichende Ziel vorgeben:

Verben wird jedoch der *Erfüllungsumfang* der Aufgabe noch nicht hinreichend bestimmt; der Wille des Verfassungsgebers muss in jedem Einzelfall aufgrund der Protokolle ermittelt werden[47] und/oder vom Gesetzgeber in konkretisierenden Erlassen festgelegt bzw. angepasst werden.

3. Verhältnis zu anderen Bestimmungen der Kantonsverfassung

15 Die öffentlichen Aufgaben im Sinne von Sachaufgaben, wie sie in Art. 100–121 geregelt sind, sind von weiteren Normen abzugrenzen. Die eigentlichen *Staatszwecke*, mithin die Rechtfertigung des Staates an sich, sind hoch abstrakt und bedürfen der Konkretisierung. Erreicht wird dies durch die Formulierung von Staatszielen, durch die Festlegung der Modalitäten zur Realisierung derselben und durch die Zuteilung der Funktionen und Aufgaben[48]. Damit wird klar, dass die öffentlichen Aufgaben im Sinne von Sachaufgaben abhängig von übergeordneten Normen sind, sich darin einbetten und solche voraussetzen.

3.1. Zielbestimmungen

16 Zielbestimmungen legen fest, *wohin* sich der Staat begeben will, was er erreichen möchte[49]. Sie sind richtungsweisend und wollen Vorgaben für staatliches Handeln machen. Zielbestimmungen finden sich in der Präambel[50], in den Grundlagen[51] und – wie der Titel schon sagt – in den Sozialzielbestimmungen[52].

---

[47] Art. 106 Abs. 2 «Er schafft Anreize für….» und Art. 114 Abs. 2 «Sie treffen Massnahmen zur…». Vgl. für die Zuordnung zu den einzelnen Kategorien die Kommentierung der einzelnen Artikel.

So auch WEBER-MANDRIN, Zürcher Kantonsverfassung, S. 118 f. In zwei Fällen wurden die Aufgabenträger ermächtigt, aber nicht verpflichtet, tätig zu werden (Art. 102 Abs. 3 Förderung der Anwendung nachhaltiger Technologien und Art. 117 Abs. 2 Privatschulen).

[48] Staatszwecke, Staatsziele und Staatsaufgaben werden häufig kaskadenartig beschrieben und aufgrund des Konkretisierungsgrades unterschieden. So werden die Staatsziele als Konkretisierung der Staatszwecke und die Staatsaufgaben als Konkretisierung der Staatsziele angesehen. Vgl. hierzu EICHENBERGER, Aufgabenverteilung, S. 519 ff.; HAFNER, S. 285; kritisch RICHLI, § 54 Rz. 4; RICHLI, Zweck, S. 150 f.; WEBER-MANDRIN, S. 33. Die Organisation des Staates und damit die Zuteilung der Aufgaben an die verschiedenen Staatsgewalten ist Voraussetzung für das Funktionieren desselben.

[49] Vgl. EICHENBERGER, Aufgabenverteilung, S. 522.

[50] Ein Ziel staatlicher Ordnung soll (weiterhin) der Schutz von Freiheit, Recht und Menschenwürde und die Weiterentwicklung des Kantons Zürich als weltoffener, wirtschaftlich, kulturell und sozial starker Gliedstaat der Schweizerischen Eidgenossenschaft sein. Zur Bedeutung der Präambel ARNOLD, Präambel, N. 1 ff.

[51] Zum Beispiel umschreibt Art. 6 das Ziel einer ökologischen, wirtschaftlichen und sozial nachhaltigen Entwicklung, Art. 7 will dem Dialog zwischen Kulturen, Weltanschauungen und Religionen eine Plattform geben und ihn dadurch ermöglichen, oder Art. 8 will den Boden für Innovationen bereiten. Zur rechtlichen Bedeutung der Grundlagen TÖNDURY, Vorb. zu Art. 1–8 N. 6 ff.

[52] Art. 19.

Aber auch die Sachaufgabennormen enthalten Zielrichtungen[53] für die staatliche Tätigkeit[54]. Im Unterschied zu den Staatszielbestimmungen sind die (Sach-)Aufgabennormen jedoch als Schwerpunkte zu verstehen; sie wollen umschreiben, was zu tun ist bzw. wo konkret die Mittel einzusetzen sind und welcher Träger diese Aufgaben erfüllen soll[55]. Aufgabennormen enthalten somit konkrete Handlungsaufträge an den Gesetzgeber, die es umzusetzen gilt.

Öffentlichen Aufgaben und Zielbestimmungen ist weiter gemeinsam, dass sie *keine individuell einklagbaren Rechtsansprüche* enthalten. Sie richten sich in erster Linie an die Behörden[56], was bezüglich der Sozialziele ausdrücklich festgehalten wurde[57]. Bei den öffentlichen Aufgaben lässt sich dies aus den an die Aufgabenträger gerichteten Formulierungen ersehen.

3.2. Grundrechte

Dies ist anders bei den Grundrechtsbestimmungen. Sie unterscheiden sich von den Sachaufgaben in der Kantonsverfassung dadurch, dass sie *individuell einklagbare Rechtsansprüche* beinhalten. Das Verhältnis zwischen öffentlichen Aufgaben und Grundrechten ist jedoch beziehungsreich. Hauptsächlich als Abwehrrechte[58] verstandene Grundrechte setzen den Behörden bei der Aufgabenerfüllung Schranken. Als Gestaltungsprinzipien für das Gemeinwesen (programmatische Schicht[59]) geben sie jedoch auch Leitlinien für die Aufgabenerfüllung vor. Mit anderen Worten wird die dem Kanton und den Gemeinden auferlegte Verpflichtung zur Zurückhaltung bei Grundrechtseingriffen im Rahmen staatlicher Tätigkeit ergänzt durch die Verpflichtung zur Verwirklichung der Grundrechte[60].

Ein weiterer Zusammenhang zwischen Grundrechten und öffentlichen Aufgaben besteht in der *Gewährleistung der Grundrechte* selbst[61]. Auch dies ist eine staatliche Aufgabe und führt dazu, dass ein gewisser Standard an öffentlichen Aufgaben wahrgenommen wird[62].

---

[53] Zum Beispiel ist das Ziel des Umweltschutzartikels (Art. 102) der Schutz des Menschen und der Umwelt vor schädlichen und lästigen Einwirkungen. Auch Art. 115 (Bildungswesen) umschreibt das zu erreichende Ziel und Art. 116 Abs. 2 macht Vorgaben für die Zielerreichung.
[54] Zur Schwierigkeit der Abgrenzung RICHLI, § 54 Rz. 6.
[55] So auch A. MÜLLER, Kriterien, S. 66 f.; WEBER-MANDRIN, S. 34 f.
[56] KÄLIN, S. 65 f.; WEBER-MANDRIN, Zürcher Kantonsverfassung, S. 121.
[57] Art. 19 Abs. 3.
[58] Zu den Teilgehalten der Grundrechte; J.P. MÜLLER, Elemente, S. 46 ff.; J.P. MÜLLER, Kommentar aBV, Einleitung zu den Grundrechten, Rz. 40 ff.
[59] J.P. MÜLLER, Kommentar aBV, Einleitung zu den Grundrechten, Rz. 41.
[60] Art. 10 Abs. 2 KV i.V.m. Art. 35 f. BV; vgl. auch JAAG, Funktionen, S. 20; KÄLIN, S. 67.
[61] Vgl. ISENSEE, 77 f. Rz. 170.
[62] WEBER-MANDRIN, Zürcher Kantonsverfassung, S. 120.

20 Durch den Verweis der Kantonsverfassung auf die Grundrechte der Bundesverfassung hat der Verfassungsrat wenig zusätzliche Abhängigkeiten zwischen den Grundrechten und den öffentlichen Aufgaben geschaffen. Denn es wurden in den Grundrechten nur wenige Handlungsaufträge festgeschrieben. Art. 11 Abs. 3 enthält ausdrücklich eine Handlungsanweisung, indem Kanton und Gemeinden zur Förderung der tatsächlichen Gleichstellung von Mann und Frau aufgefordert werden. Zudem enthält Art. 16 die Handlungsanweisung an die Behörden, dass sie zu Petitionen innert sechs Monaten Stellung nehmen müssen.

3.3. Sozialrechte

21 Als soziale Grundrechte bezeichnet man in der Verfassung verankerte *Ansprüche des Einzelnen auf staatliche Leistungen*[63]. Es handelt sich somit um individuelle Rechtsansprüche. Allerdings sind auch Sozialrechte mehrschichtig. Sie enthalten ebenso wie die Grundrechte einen Programmcharakter, welcher keine subjektiven einklagbaren Rechte begründet. Die Durchsetzung von Ansprüchen auf gerichtlichem Weg hängt somit von der Justiziabilität einer Norm ab[64]. Meist bedarf es zunächst der Konkretisierung der staatlichen Leistungen durch den Gesetzgeber. Nur wenn der Anspruch hinreichend bestimmt ist, kann er in einem gerichtlichen Verfahren geltend gemacht werden, denn dem Gericht steht nur eine beschränkte Kompetenz zur Normsetzung zu.

22 Sachaufgabennormen konkretisieren Sozialrechte und erhöhen so die Möglichkeit der Klagbarkeit. Als Beispiel kann der Schulbereich (Art. 115 und 116) genannt werden, welcher das Recht auf Bildung (Art. 14) weiter konkretisiert. Ob und wieweit allenfalls die Bestimmungen in den Sachaufgaben (Art. 115 f.) über den bereits durch Art. 19 BV geregelten Mindeststandard des ausreichenden, unentgeltlichen Unterrichts hinausgehen, kann hier offengelassen werden[65].

23 Damit wird deutlich, dass auch die Sozialrechte, wie die Sachaufgaben, Handlungsaufträge an den Gesetzgeber enthalten. Gleichzeitig nehmen sie Einfluss auf die Ausgestaltung der Sachaufgaben durch den Gesetzgeber und geben damit Leitlinien vor. Auch die *Gewährung des Leistungsanspruchs* an sich –

---

[63] HÄFELIN/HALLER, N. 213.
[64] J.P. MÜLLER, Kommentar BV, Einleitung zu den Grundrechten, Rz. 88 f.; P. MÜLLER, S. 41 ff., insbes. S. 43.
[65] Hierzu BIAGGINI, Art. 14 N. 17 ff. und insbes. 23 ff. Meines Erachtens ist klar, dass das in Art. 14 festgehaltene Recht auf Bildung einen massgebenden Einfluss auf die Ausgestaltung des Schulsystems haben wird und der kantonale Leistungsanspruch den bundesrechtlichen Mindeststandard überschreitet. Welchen Inhalt das Recht auf Bildung hat, ist insbesondere durch den Gesetzgeber festzulegen. Teilweise ist dieser der Verpflichtung schon nachgekommen und präzisiert den Anspruch mindestens partiell durch das neue Volksschulgesetz vom 7. Februar 2005 (LS 412.100).

ebenso wie die Gewährleistung der Grundrechte – stellt damit eine öffentliche Aufgabe dar.

3.4. Organisationsnormen

Schliesslich stehen die öffentlichen Aufgaben auch in Beziehung zu denjenigen Normen, welche die Organisation des Staates regeln und den einzelnen Staatsgewalten ihre Kompetenzen zuweisen. Nach unserem Staatsverständnis wird dies als selbstverständlich vorausgesetzt, damit der Staat seine Aufgaben erfüllen kann. Nur wenn die Legislative gesetzgeberisch tätig wird und dadurch die vorgesehenen Aufgaben konkretisiert, kann die Exekutive die ihr zugewiesenen Aufgaben auch wahrnehmen und umsetzen. Ob sie dabei im Sinne des Gesetzgebers handelt, kann wiederum von der Judikative überprüft werden. Auch in diesem Bereich bestehen somit ein enger Bezug und eine vielschichtige Abhängigkeit zu den öffentlichen Aufgaben.

A. Allgemeine Bestimmungen

Art. 95* Grundsätze

Kanton, Gemeinden und die anderen Träger öffentlicher Aufgaben arbeiten bei der Erfüllung ihrer Aufgaben zusammen.

Kanton und Gemeinden stellen sicher, dass die öffentlichen Aufgaben wirkungsvoll, wirtschaftlich, nachhaltig und von der geeigneten Trägerschaft erfüllt werden.

Sie prüfen regelmässig, ob die einzelnen öffentlichen Aufgaben notwendig sind.

Bevor Kanton und Gemeinden eine neue Aufgabe übernehmen, legen sie deren Finanzierbarkeit dar.

Materialien

Art. 108 Abs. 1, 3 und 4 VE; Prot. Plenum, S. 668 ff., 1350 ff., 1369 ff., 2616 ff.

Literatur

BIAGGINI GIOVANNI, Die neue Zürcher Kantonsverfassung, Gesamtbetrachtung im Lichte der Verfassungsfunktionen, in: Materialien zur Zürcher Verfassungsreform, Bd. 9, S. 175 ff.; EICHENBERGER KURT, Vom Umgang mit Strukturprinzipien des Verfassungsstaates, in: Georg Müller/René Rhinow/Gerhard Schmid (Hrsg.), Vom schweizerischen Weg zum modernen Staat, Ausgewählte Schriften von Kurt Eichenberger, Basel 2002, S. 419 ff.; HÄFELIN/MÜLLER/UHLMANN, Rz. 184 ff., 363 ff.; ISENSEE JOSEF, Gemeinwohl und Staatsaufgaben im Verfassungsstaat, in: Handbuch des Staatsrechts der Bundesrepublik Deutschland, Bd. III, Heidelberg 1988, S. 3 ff.; JAAG TOBIAS, Privatisierung von Verwaltungsaufgaben, VVDStRL 54/1995, S. 287 ff.; LIENHARD ANDREAS, Staats- und verwaltungsrechtliche Grundlagen für das New Public Management in der Schweiz, Bern 2005; MÜLLER ANDREAS, Staats- und verwaltungsrechtliche Kriterien für die Privatisierung von Staatsaufgaben, AJP 1998, S. 65 ff. (Kriterien); MÜLLER ANDREAS, Grundlegende Überlegungen zur Privatisierung öffentlicher Spitäler, in: Privatisierung und Wettbewerb im Gesundheitsrecht, forum gesundheitsrecht, Zürich 2000, Heft 1, S. 9 ff. (Spitäler); MÜLLER ANDREAS, Rechtsfragen der Erfüllung öffentlicher Aufgaben durch verwaltungsexterne Rechtsträger, in: Tobias Jaag (Hrsg.), Dezentralisierung und Privatisierung öffentlicher Aufgaben, Zürich 2000, S. 113 ff. (Rechtsträger); KELLER HELEN, Nachhaltigkeit als Verfassungsprinzip, in: Materialien zur Zürcher Verfassungsreform, Bd. 9, S. 49 ff.; MASTRONARDI PHILIPPE, St.Galler Kommentar, Art. 170; OSTERLOH LERKE, Privatisierung von Verwaltungsaufgaben, VVDStRL 54/1995, S. 204 ff.; RHINOW, Rz. 804 ff., 2390 ff.; SCHMID GERHARD, Überlegungen zur Auslese von Staatsaufgaben im politischen System der Schweiz, in: Schweizerisches Jahrbuch für Politische Wissenschaft, 30/1990, Zukunft des Staates, Bern 1991, S. 121 ff.; WEBER-MANDRIN MONIQUE, Die öffentlichen Aufgaben in der neuen Zürcher Kantonsverfassung, in: Materialien zur Zürcher Verfassungsreform, Bd. 9, S. 107 ff.

---

* Ich danke Dr. iur. Philipp Mäder für seine wertvollen Hinweise zum Text.

Übersicht	Note
1. Entstehungsgeschichte	1
2. Systematische Stellung	2
3. Grundsätze für die Erfüllung öffentlicher Aufgaben	3
3.1. Der Begriff der öffentlichen Aufgabe	3
3.2. Zusammenarbeit (Abs. 1)	5
3.3. Wirksamkeit, Wirtschaftlichkeit, Nachhaltigkeit und Geeignetheit (Abs. 2)	8
3.4. Aufgabenüberprüfung (Abs. 3)	14
3.5. Finanzierbarkeit (Abs. 4)	17
4. Ausblick	20

1. Entstehungsgeschichte

1 Der Regelungsinhalt von Art. 95 war zunächst auf zwei verschiedene Bestimmungen verteilt, eine zum Grundsatz der Zusammenarbeit und eine zur Aufgabenüberprüfung und -finanzierung[1]. Erst in der 2. Gesamtlesung wurde sodann der Begriff der Nachhaltigkeit in Art. 95 Abs. 2 aufgenommen[2].

2. Systematische Stellung

2 Während die Art. 1 bis 8 die Grundlagen für die gesamte Verfassung umreissen, hält Art. 95 unter lit. A. «Allgemeine Bestimmungen» die Grundsätze fest, die bei der Erfüllung der öffentlichen Aufgaben gelten. Als Prinzipien, die generell bei der Planung, Durchführung und Beaufsichtigung aller öffentlichen Aufgaben zu befolgen sind, dienen diese auch der Verfeinerung der Grundlagenartikel im 1. Kapitel[3]. Die Grundsätze von Art. 95 sind damit zwar als eine Art vor der Klammer stehende Bestimmungen immer in engem Bezug zu den im 8. Kapitel unter lit. C. aufgelisteten öffentlichen Aufgaben zu sehen[4]. Sie erheben aber keinen Anspruch auf Ausschliesslichkeit, sondern betonen bestimmte, bei der Erfüllung öffentlicher Aufgaben als besonders wichtig erachtete Aspekte[5].

---

[1] Vgl. K4, Vorlage zur internen Vernehmlassung vom 2. Mai 2002, S. 4. Während der Erarbeitung von Art. 95 wurden auch Überschneidungen mit Art. 4 diskutiert; vgl. Prot. Plenum, S. 1361 ff. Die RedK verwies darauf, dass Art. 4 das Verhältnis «nach aussen», Art. 95 Abs. 1 hingegen jenes «gegen innen» regle. Art. 4 wurde daher als eigenständige Bestimmung neben Art. 95 Abs. 1 beibehalten; vgl. Prot. RedK vom 13. Februar 2003, S. 149.

[2] Vgl. Prot. Plenum, S. 2622.

[3] Vgl. K4, Vorlage zur internen Vernehmlassung vom 2. Mai 2002, S. 2.

[4] WEBER-MANDRIN, S. 108, spricht in diesem Zusammenhang von einer «einleitenden Gebrauchsanweisung».

[5] Insofern haben die Grundsätze für die öffentlichen Aufgaben eine Informations- und Steuerungsfunktion. Sie zeigen, welche Aspekte Legislative und Exekutive im Zusammenhang mit öffentlichen Aufgaben besonders leiten sollen; vgl. dazu SOBOTICH, Vorb. zu Art. 95–121 N. 9 f.

Neben ihnen gelten bei der Erfüllung öffentlicher Aufgaben immer auch die allgemeinen Verwaltungs- und Rechtsgrundsätze sowie die allgemeinen Grundlagen der Kantonsverfassung[6]. Ob Art. 95 einen darüber hinausgehenden Regelungsinhalt hat, wird nachfolgend erörtert.

3. Grundsätze für die Erfüllung öffentlicher Aufgaben

3.1. Der Begriff der öffentlichen Aufgabe

Der Verfassungsrat ging nicht von einer eigentlichen Begriffsdefinition für die öffentlichen Aufgaben aus[7]. Ebenso wie die einzelnen Aufgabenbereiche selbst hängen aber auch die Grundsätze zur Aufgabenerfüllung vom Verfassungsverständnis ab, das den öffentlichen Aufgaben zugrunde liegt. Bemerkenswert ist in diesem Zusammenhang, dass der Verfassungsrat mit der Unterscheidung zwischen Staatsaufgaben und öffentlichen Aufgaben festlegen wollte, dass bei Letzteren grundsätzlich immer auch die Möglichkeit privater Aufgabenerfüllung besteht[8]. Der Begriff der öffentlichen Aufgabe bezieht sich damit nicht auf die Aufgabenverteilung im Verhältnis zwischen Staat und Privaten, sondern konkretisiert die öffentlichen Interessen[9]. Art. 95 Abs. 1 richtet sich denn auch an sämtliche möglichen Träger öffentlicher Aufgaben.

Nach diesem Verständnis sind öffentliche Aufgaben Handlungsanleitungen, die der Konkretisierung öffentlicher Interessen dienen[10]. Mass, Umfang und Inhalt solcher Aufgaben sind im demokratischen Rechts- und Sozialstaat aber grundsätzlich nicht Vorgabe, sondern Gegenstand und Ergebnis staatspolitischer Willensbildung[11]. Es erscheint damit aus pragmatischer Optik legitim, nur das als öffentliche Aufgabe zu definieren, was in Verfassung und Gesetz als solche festgelegt wird[12].

---

[6] SOBOTICH, Vorb. zu Art. 95–121 N. 15 ff. Vgl. zu den allgemeinen Verwaltungs- und Rechtsgrundsätzen HÄFELIN/MÜLLER/UHLMANN, Rz. 184 ff., 363 ff.
[7] SOBOTICH, Vorb. zu Art. 95–121 N. 10.
[8] SOBOTICH, Vorb. zu Art. 95–121 N. 10.
[9] Vgl. A. MÜLLER, Kriterien, S. 66.
[10] Vgl. ISENSEE, S. 62 N. 135 f.; SCHMID, S. 122 f.
[11] Vgl. OSTERLOH, S. 208.
[12] Vgl. A. MÜLLER, Spitäler, S. 16, und A. MÜLLER, Rechtsträger, S. 117 f. Dieser positivistischen Definition entspricht jene von WEBER-MANDRIN, obwohl diese v.a. aus verfahrensrechtlicher Sicht erfolgt; SOBOTICH, Vorb. zu Art. 95–121 N. 9.

3.2. Zusammenarbeit (Abs. 1)

5 Der Begriff der Zusammenarbeit verweist im Bundesstaat in erster Linie auf den Grundsatz der Bundestreue[13]. Die kantonale Umsetzung dieser föderalistischen Partnerschaft bzw. des partnerschaftlichen Zusammenwirkens zwischen Bund und Kantonen[14] ist Gegenstand von Art. 4. Damit richtet sich Art. 4 ausschliesslich an den Kanton.

6 Zum Adressatenkreis von Art. 95 Abs. 1 gehören dagegen auch die Gemeinden und die anderen Träger öffentlicher Aufgaben. Letztere umfassen wohl in erster Linie private Aufgabenträger[15], daneben aber auch selbstständige Körperschaften oder Anstalten des öffentlichen Rechts[16]. Demnach hat nicht nur der Kanton bei der Erfüllung öffentlicher Aufgaben mit den Gemeinden und den anderen Trägern öffentlicher Aufgaben zusammenzuarbeiten, sondern sind auch diese unter sich zur Zusammenarbeit angehalten. Ähnlich wie der Grundsatz der Bundestreue in der Bundesverfassung beinhaltet damit auch die Zusammenarbeit nach Art. 95 Abs. 1 eine vertikale und eine horizontale Komponente.

7 Die horizontale Zusammenarbeit im Kanton wird allerdings an anderen Orten eingehend geregelt[17]. Im Zentrum von Art. 95 Abs. 1 steht die Klammerfunktion als den konkreten Aufgaben vorgestellte Bestimmung. Das Hauptgewicht liegt auf der Betonung der Möglichkeit zur Zusammenarbeit zwischen öffentlichrechtlichen Körperschaften und Privaten bei der Erfüllung öffentlicher Aufgaben[18]. Damit hat Abs. 1 höchstens programmatischen Gehalt und kann insbesondere keinen gerichtlich durchsetzbaren Anspruch auf gegenseitige Unterstützung oder Beteiligung begründen[19].

---

[13] Nach Art. 44 Abs. 1 BV unterstützen Bund und Kantone einander in der Erfüllung ihrer Aufgaben und arbeiten zusammen.

[14] Vgl. Rhinow, Rz. 804 ff. Weiterführende Stichworte zum partnerschaftlichen Zusammenwirken zwischen Bund und Kantonen sind etwa der Grundsatz der Solidarität, der vertikale und horizontale Föderalismus oder die Unterstützungs- und Beistandspflicht.

[15] In den ersten Fassungen der Bestimmung wurden die «Privaten» jeweils noch speziell erwähnt; vgl. z.B. K4, Vorlage zur internen Vernehmlassung vom 2. Mai 2002, S. 4.

[16] Zu denken ist etwa an die öffentlichrechtlich anerkannten kirchlichen Körperschaften oder an Anstalten wie die Gebäudeversicherungsanstalt oder die Universität. Dass die öffentlichrechtlichen Anstalten und Körperschaften nicht bereits unter den Begriff des Kantons subsumiert werden können, zeigt etwa Art. 98 Abs. 1, wonach der Kanton und Organisationen des öffentlichen Rechts unterschieden werden.

[17] Jenni, Art. 90 ff., insbesondere zur Zusammenarbeit von Gemeinden.

[18] Art. 95 Abs. 1 stützt damit letztlich die Annahme des Verfassungsrats, dass bei öffentlichen Aufgaben grundsätzlich immer auch die Möglichkeit privater Aufgabenerfüllung bestehe (N. 3), ist doch die Möglichkeit der privaten Erfüllung einer öffentlichen Aufgabe die Voraussetzung für eine entsprechende Zusammenarbeit zwischen öffentlichem Gemeinwesen und Privaten.

[19] Für einen gerichtlichen Anspruch fehlt es zudem beim Handeln Privater in der Regel an einer Anordnung, wie sie Art. 77 im Bereich der Verwaltungsrechtspflege fordert, und bei den Gemeinden an einer Garantie im Sinn von Art. 189 Abs. 1 lit. b BV.

3.3. Wirksamkeit, Wirtschaftlichkeit, Nachhaltigkeit und Geeignetheit (Abs. 2)

Adressaten der Absätze 2 bis 4 sind der Kanton und die Gemeinden. Die Pflicht zur Sicherstellung der von Abs. 2 geforderten Art der Aufgabenerfüllung weist die Verantwortung dafür zwar dem Kanton und den Gemeinden zu, verlangt aber nicht, dass diese auch selbst tätig werden[20]. 8

Für die Begriffe der Wirksamkeit und der Wirtschaftlichkeit besteht keine allgemeingültige Definition. Sie rücken Abs. 2 in die Nähe des New Public Management (NPM). Unter Wirksamkeit wird dort mehrheitlich das Verhältnis zwischen geplanter und erzielter Wirkung (Effektivität) und unter Wirtschaftlichkeit (Effizienz) das Verhältnis zwischen Kosten (eingesetzte Mittel) und Leistungen (allenfalls Wirkungen oder Nutzen) verstanden[21]. Es deutet nichts darauf hin, dass der Verfassungsgeber hier von einem anderen Begriffsverständnis ausging[22]. 9

Der rechtliche Charakter der Grundsätze des NPM ist umstritten. Eine neuere Lehre geht davon aus, dass Art. 170 BV, wonach die Bundesversammlung dafür sorgt, dass die Massnahmen des Bundes auf ihre Wirksamkeit überprüft werden, implizit das Verfassungsprinzip der Effektivität staatlichen Handelns errichte. Effektivität aber schliesse auch Effizienz ein, wobei Letztere in einem dienenden Verhältnis zur Effektivität stehe und kein eigenes Verfassungsprinzip darstelle. Der Staat soll danach seine Wirkungsziele auf möglichst wirtschaftliche Weise erreichen[23]. Eine noch weiter gehende Meinung verweist auch auf ein Leistungsstaatsprinzip, welches die staatliche Verantwortung für die Erfüllung öffentlicher Aufgaben widerspiegle. Die Leistungserstellung soll wirksam und effizient sein. Effektivität und Effizienz treten nach dieser Auffassung als eigenständige Verfassungsprinzipien neben die Ordnungs- und Rechtsmässigkeit staatlichen Handelns[24]. Sie sind nicht nur inhärenter Bestandteil jeder Aufgabenumschreibung, sondern entfalten eine den Grundsätzen rechtsstaatlichen Handelns ähnliche Kraft[25]. 10

---

[20] Von der Verantwortlichkeit des Staats für die Aufgabenerfüllung zu unterscheiden ist die Frage der Verpflichtung der Aufgabenerfüllung durch den Staat selbst. Im ersten Fall kann die Aufgabe auch durch Dritte, z.B. Private, erfüllt werden, im zweiten Fall nicht.
[21] Vgl. z.B. LIENHARD, S. 26.
[22] So wurde in älteren Fassungen noch in expliziter NPM-Terminologie von der Effizienz der Aufgabenerfüllung gesprochen; vgl. K4, Vorlage zur internen Vernehmlassung vom 2. Mai 2002, S. 4.
[23] Vgl. MASTRONARDI, St.Galler Kommentar, Art. 170 Rz. 17 f.
[24] Vgl. LIENHARD, S. 141.
[25] Vgl. LIENHARD, S. 242. Bereits EICHENBERGER, S. 433 f., weist darauf hin, dass die Effizienz als «aufspriessendes Postulat» offensichtlich auf die Qualität eines Strukturprinzips zusteure und an die Spitze dränge. Allerdings beurteilt EICHENBERGER dies als Entwicklung in die falsche Richtung.

11 Mit der Regelung von Art. 95 Abs. 2 wird nunmehr die Diskussion, ob bereits die Bundesverfassung Grundsätze wie jenen der Effektivität und der Effizienz staatlichen Handelns vorgibt, für den Kanton Zürich obsolet. Mit der Verpflichtung zur Sicherstellung der Wirksamkeit und der Wirtschaftlichkeit der Erfüllung öffentlicher Aufgaben werden neu die Grundsätze der Effektivität und der Effizienz auf kantonaler Verfassungsstufe vorgeschrieben[26]. Es handelt sich jedoch nicht um allgemeine Verfassungsprinzipien. Die systematische Stellung von Art. 95 beschränkt ihre Geltung vielmehr auf die Erfüllung öffentlicher Aufgaben[27].

12 Neu erscheint auch die Aufforderung zur Sicherstellung einer nachhaltigen Aufgabenerfüllung. Der Begriff der Nachhaltigkeit wird in Art. 6 eingeführt[28]. Nach Art. 6 Abs. 2 ist der Staat einer wirtschaftlich nachhaltigen Entwicklung verpflichtet. Wirtschaftlichkeit und Nachhaltigkeit scheinen hier keine gleichwertigen Kriterien; vielmehr scheint das erstere dem letzteren untergeordnet zu sein[29]. Staatliches Verhalten kann aber auch wirtschaftlich und nicht nachhaltig sein. Unter Berücksichtigung der Begriffsbestimmung von Art. 6 Abs. 2 müsste nach streng grammatikalischer Auslegung in einem solchen «Konfliktfall» eigentlich die wirtschaftliche gegenüber der nachhaltigen Aufgabenerfüllung zurücktreten. Allerdings war dies weder die Absicht des Verfassungsgebers, noch entspricht es der ratio legis der Bestimmung. Mit der Begriffstrias von Art. 6 Abs. 2[30] sollte keine Hierarchie der Interessen, sondern eine Definition des Begriffs der Nachhaltigkeit erfolgen[31]. Mit Art. 95 Abs. 2 sollen Kanton und Gemeinden u.a. auch zur Verwirklichung des Nachhaltigkeitsprinzips verpflich-

---

[26] Im Gegensatz zu der von MASTRONARDI, St.Galler Kommentar, Art. 170 Rz. 18, vertretenen Meinung sind die Grundsätze der Effektivität und der Effizienz in der Verfassung gleichwertig. Es findet sich zumindest kein Hinweis auf ein Primat des Wirksamkeitsprinzips. Für die Erfüllung von Bundesaufgaben wird mit Art. 43a Abs. 5 BV unter der Marginalie «Grundsätze für die Zuweisung und Erfüllung staatlicher Aufgaben» vorgesehen, dass staatliche Aufgaben bedarfsgerecht und wirtschaftlich erfüllt werden müssen. Der Bundesrat hält dazu in der 1. Botschaft zur NFA vom 14. November 2001 (BBl 2002, S. 2459) fest, der Begriff der Wirtschaftlichkeit verlange, dass die angestrebte Wirkung tatsächlich erreicht werde und die Leistungserbringung zudem zu möglichst geringen volkswirtschaftlichen Kosten erfolge.

[27] Unklar ist, in welchem Verhältnis die Begriffe Wirkung, Wirtschaftlichkeit, Geeignetheit (der Trägerschaft) und Notwendigkeit zum Begriff der Zweckmässigkeit in Art. 97 Abs. 1 stehen; vgl. RRB 807 vom 3. Juni 2004, S. 4. Der Verfassungsgeber ging davon aus, dass die «Zweckmässigkeit» nach Art. 97 Abs. 1 der «historische» Begriff für die Termini «wirkungsvoll», «wirtschaftlich» und «notwendig» sei; vgl. Prot. Plenum, S. 677 f. und S. 2621. Die Überprüfung der Zweckmässigkeit staatlicher Aufgabenerfüllung wurde denn auch in früheren Fassungen ausdrücklich geregelt; vgl. K4, Vorlage zur internen Vernehmlassung vom 5. September 2002, S. 2 f.

[28] SOBOTICH, Art. 6.

[29] Die Unterordnung spiegelt sich in der syntaktischen Verwendung des Adjektivs «wirtschaftlich» wider. Es ist dem Adjektiv «nachhaltig» nicht gleichgestellt, sondern dient als dessen Attribut.

[30] Es handelt sich um die Adjektive «ökologisch», «wirtschaftlich» und «sozial».

[31] Vgl. KELLER, S. 54 f. SOBOTICH, Art. 6 N. 6, 9 und 12, verweist zwar auf eine Tendenz zur Gewichtung des ökologischen Aspekts, betont aber, dass eine allfällige Gewichtung der einzelnen Adjektive (vom Gesetzgeber) im Kontext der konkreten Bestimmung zu eruieren ist.

tet werden³². Bei kollidierenden Interessen ist daher von Fall zu Fall abzuklären, welches der genannten Kriterien mehr zu gewichten ist.

Der Begriff der Geeignetheit verweist auf das Verhältnismässigkeitsprinzip³³. Im Vergleich zu diesem bezieht sich die Geeignetheit aber hier allein auf die Aufgabenträgerschaft. Die Forderung nach Sicherstellung der geeigneten Trägerschaft schafft damit einen Bezug zum Subsidiaritätsprinzip³⁴.

13

3.4. Aufgabenüberprüfung (Abs. 3)

Ein weiterer Begriff aus dem Umfeld der NPM-Theorie ist der Terminus «notwendig». Notwendigkeit ist nicht einfach der Sammelbegriff für die wirkungsvolle, wirtschaftliche, nachhaltige und durch eine geeignete Trägerschaft ausgeführte Aufgabenerfüllung nach Abs. 2³⁵. Für die Überprüfung der Notwendigkeit der öffentlichen Aufgaben gilt vielmehr Gleiches wie für die Geeignetheit der Trägerschaft nach Abs. 2: Werden die öffentlichen Aufgaben nicht als vorgegebener Begriff, sondern als Gegenstand und Ergebnis staatspolitischer Willensbildung verstanden³⁶, gehört zum Subsidiaritätsprinzip auch die Überprüfung der Legitimation der staatlichen Verantwortlichkeit für die Erfüllung einer Aufgabe³⁷. Abs. 3 fordert eigentlich nicht die Überprüfung der Notwendigkeit der jeweiligen öffentlichen Aufgabe, sondern der Legitimation staatlicher Verantwortlichkeit.

14

Das Ergebnis hängt von den Kriterien für die Legitimation staatlicher Aufgabenwahrnehmung ab. Hilfreich ist zunächst der Rückgriff auf jene Gründe, die ursprünglich die fragliche Aufgabe zu einer öffentlichen machten³⁸. Prüfkrite-

15

---

32 Vgl. KELLER, S. 55 f.
33 Das Verhältnismässigkeitsprinzip wurde im Zusammenhang mit der Eingriffsverwaltung als Schranke gegen staatliche Eingriffe in die Grundrechte entwickelt (vgl. Art. 36 Abs. 3 BV). Es gilt indes für das gesamte Handeln des Gemeinwesens und dient nach Art. 5 Abs. 2 BV als Grundsatz des Verwaltungsrechts der Verwirklichung des Rechtsstaats, vgl. z.B. RHINOW, Rz. 2393. Das Verhältnismässigkeitsprinzip umfasst nach Art. 5 Abs. 2 BV drei Elemente: Das staatliche Handeln muss geeignet sein, das angestrebte Ziel zu erreichen (Zwecktauglichkeit), die Massnahme muss erforderlich sein, und es muss dabei ein vernünftiges Verhältnis zwischen dem angestrebten Ziel und der Eingriffswirkung gewahrt werden; vgl. unter vielen RHINOW, Rz. 2395.
34 Art. 5 und 97. Evident wird dies, wenn der Begriff der Geeignetheit durch jenen der Zweckmässigkeit ersetzt wird, der in Art. 97 Abs. 1 das Kriterium für die Zuweisung der Aufgabenerfüllung an den Kanton oder die Gemeinden darstellt.
35 Das zeigt bereits der Blick auf frühere Fassungen, in denen die Notwendigkeit zusammen mit anderen Elementen geregelt wurde; vgl. Prot. Plenum, S. 1350 ff. und 1369 ff.
36 N. 3.
37 N. 8 Anm. 20.
38 Sind die Gründe, die seinerzeit für die staatliche Aufgabenwahrnehmung angeführt wurden, noch stichhaltig? Zu fragen ist aber auch, ob unterdessen neue Gründe für die staatliche Verantwortlichkeit vorliegen; vgl. JAAG, Privatisierung, S. 295 f.

rien sind auch die in Abs. 2 niedergelegten Grundsätze[39]. Beachtet werden müssen aber schliesslich alle Prinzipien und Grundsätze, die als Begründung der Legitimation staatlichen Handelns anerkannt sind[40].

16 Erhebliche Unsicherheit herrscht in Bezug auf die Modalitäten der Aufgabenüberprüfung. So ist nicht nur unklar, welche Überprüfungskadenz der Begriff «regelmässig» vorgibt[41]. Vom wem, aus welchem Anlass und in welchem Umfang diese Überprüfung jeweils durchgeführt werden soll, wurde ebenso nicht festgelegt. Ohne konkretisierende Ausführungsgesetzgebung[42] ist davon auszugehen, dass hier jeweils weniger wissenschaftliche als vielmehr politische Gründe und damit das aktuelle politische Kräfteverhältnis den Ausschlag geben wird[43]. Klar ist indes, dass es sich um weit mehr als eine Evaluation der Wirksamkeit der Aufgabenerfüllung handelt, wie sie etwa beim Bund durch Art. 170 BV vorgeschrieben wird[44].

3.5. Finanzierbarkeit (Abs. 4)

17 Es war lange Zeit offen, ob Abs. 4 zusammen mit Abs. 3 als Element der Finanzordnung oder als allgemeiner Grundsatz zu den öffentlichen Aufgaben in die Verfassung aufgenommen werden sollte[45]. Immer wieder wurde auch vorgebracht, die Bestimmung sei gänzlich überflüssig[46].

---

[39] Insofern leuchtet denn auch ein, wenn WEBER-MANDRIN, S. 109 ff., die Abs. 2 und 3 zusammen unter dem Titel «Aufgabenüberprüfung» abhandelt. Wie gezeigt, geht Abs. 2 aber weit über die blosse Aufgabenüberprüfung hinaus. So wurde nicht zufällig die ursprünglich im selben Absatz mit den anderen Grundsätzen festgehaltene Aufgabenüberprüfung schliesslich in einem eigenen Absatz geregelt.

[40] Zu denken ist etwa an das Legalitätsprinzip, das Demokratieprinzip, den Grundrechtsschutz, das Sozialstaatsprinzip oder das Verhältnismässigkeitsprinzip. Da es keine Hierarchie unter diesen Prinzipien gibt, sich ihr Inhalt aber widersprechen kann, ist von Aufgabe zu Aufgabe auszumachen, welche Kriterien bei der Aufgabenüberprüfung im Vordergrund stehen sollen.

[41] Dazu Art. 99 N. 30. Im Verfassungsrat wurde als Abgrenzung gegenüber Art. 99 Abs. 2 von einer Überprüfung alle 5 bis 10 Jahre gesprochen, vgl. Prot. Plenum, S. 2503.

[42] Eine gewisse Orientierung vermag Art. 17 des Bundesgesetzes über die Bundesversammlung vom 13. Dezember 2002 (Parlamentsgesetz, ParlG; SR 171.10) zu vermitteln, der immerhin die Verantwortlichkeiten für die Durchführung von Wirtschaftlichkeitsprüfungen näher regelt.

[43] Ebenso WEBER-MANDRIN, S. 111, die darauf hinweist, dass die Aufgabenüberprüfung vor allem im Zusammenhang mit der Suche nach Mitteln zur Eingrenzung des Aufgabenwachstums sowie des Staatsdefizits aktuell wurde.

[44] Je nach Verständnis des Begriffs der Wirksamkeit kann es sich allerdings auch dabei um eine umfangreiche und grundlegende Aufgabenüberprüfung handeln. Klar ist anderseits auch, dass die Aufgabenüberprüfung ohne entsprechende Verfassungsänderung nicht zu einem Verzicht auf die Verantwortlichkeit für eine öffentliche Aufgabe führen kann, ebenso WEBER-MANDRIN, S. 110. Zu beachten ist in diesem Zusammenhang, dass sich der Geltungsbereich der Wirksamkeitsprüfung von Art. 170 BV auch auf den Vollzug von Bundesrecht durch die Kantone beziehen soll; vgl. MASTRONARDI, St.Galler Kommentar, Art. 170 Rz. 10.

[45] Vgl. Prot. K5 vom 6. März 2003, S. 278.

[46] So wies der Regierungsrat darauf hin, dass er bereits durch Art. 67 Abs. 1 verpflichtet sei, bei seinen Berichten im Vorverfahren der Rechtsetzung u.a. auf die wirtschaftlichen Auswirkungen einer Vorlage hinzuweisen; vgl. RRB 984 vom 19. Juni 2002, S. 7.

In der Vernehmlassung wurde gegen die Bestimmung vorgebracht, es handle 18
sich um eine Leerformel, weil zum einen für die Übernahme einer neuen Aufgabe notwendigerweise ihre Finanzierbarkeit abgeklärt werden und zum andern die Übernahme einer notwendigen Aufgabe auch ohne Darlegung ihrer Finanzierung erfolgen müsse[47]. Dieses Argument überzeugt im Zusammenhang mit der Begründung für die Legitimation der Aufgabenerfüllung durch den Staat. Abs. 4 bezieht sich aber nicht auf die Aufgabenlegitimation, sondern allein auf den finanziellen Aspekt einer (künftigen) Aufgabe[48]. Die Bestimmung ist daher vor allem im Kontext der Versuche zur Eindämmung des staatlichen Defizits zu sehen[49]. Im weiteren Sinn handelt es sich damit bei Abs. 4 um eine weitere der zahlreichen Regelungen zu den Finanzen[50].

Allerdings handelt es sich nicht um eine Massnahme zur Haushaltssanierung. 19
So schliesst die Pflicht zur Darlegung der Aufgabenfinanzierung nicht aus, dass diese etwa über eine Verschuldung erreicht werden soll[51]. «Darlegen» bedeutet deshalb nicht Sicherstellung oder Nachweisen der Aufgabenfinanzierung, sondern beinhaltet, verschiedene Möglichkeiten zur Finanzierung neuer Aufgaben[52] zu prüfen, offenzulegen und den zuständigen Entscheidungsträgern zu unterbreiten[53].

4. Ausblick

Unter den Grundlagen zur Erfüllung der öffentlichen Aufgaben stellen die 20
Grundsätze der Wirksamkeit und der Wirtschaftlichkeit die wichtigsten Neue-

---

[47] Öffentliche Vernehmlassung, Zusammenfassung der Eingaben von Einzelpersonen und Organisationen, S. 40.
[48] Vgl. Prot. RedK vom 3. Februar 2003, S. 120.
[49] Im Verfassungsrat wurde die Hoffnung geäussert, die Bestimmung bewirke, dass zur demokratischen Diskussion über die Tätigkeiten des Staats vermehrt auch deren Finanzierbarkeit und damit bewusste Entscheidungen über Umfang und Qualität gehören; vgl. Prot. Plenum, S. 661 f.
[50] BIAGGINI, S. 189, weist darauf hin, dass die Regelungen zu den Finanzen in der Zürcher Verfassung im Vergleich zu anderen Kantonsverfassungen viel Raum einnehmen.
[51] Es wäre in Ausnahmefällen vorstellbar, dass für die Finanzierung einer neuen Aufgabe bewusst ein Defizit in Kauf genommen wird; vgl. Prot. Plenum, S. 676. Der Regierungsrat wies in diesem Zusammenhang darauf hin, dass der Staat mit einer antizyklischen Finanzpolitik im Rahmen der Konjunkturpolitik auf das gesamtwirtschaftliche Gleichgewicht hinzuwirken und beim Bestreben nach dem Haushaltsausgleich auf die Lage der Wirtschaft Rücksicht zu nehmen habe, weshalb auch unter dem Regime von Abs. 4 ein «deficit-spending» möglich sein müsse; vgl. RRB 984 vom 19. Juni 2002, S. 7.
[52] Die Überprüfung der Finanzierung bestehender Staatsaufgaben erfolgt im Rahmen des jährlichen Budgets sowie der jährlich überarbeiteten Aufgaben- und Finanzplanung (KEF); vgl. RRB 984 vom 19. Juni 2002, S. 7. Der Nachweis der Aufgabenfinanzierung bzw. allfälliger Defizite wird mit der jährlichen Rechnung erbracht. Ein effektiver Finanzierungsnachweis ist allerdings wegen des Grundsatzes des Verbots der Zweckbindung von Steuern bei steuerfinanzierten Aufgaben nicht möglich. Häufig könnte ein solcher zudem erst nach Abschluss der Aufgabe erbracht werden; vgl. Prot. Plenum, S. 671.
[53] Vgl. Prot. Plenum, S. 670 f. und 674 f.

rungen dar⁵⁴. Wegen ihrer systematischen Stellung handelt es sich zwar (noch) nicht um allgemeine Verfassungsgrundsätze, aber immerhin um allgemeine kantonale Rechtsgrundsätze zur Legitimation staatlicher Verantwortlichkeit bei der Erfüllung von öffentlichen Aufgaben. Ihre künftige praktische Bedeutung wird sich allerdings erst nach ihrer Umsetzung durch die kantonalen und kommunalen Gesetzgeber beurteilen lassen⁵⁵.

---

[54] Im Gegensatz zu diesen beiden Grundsätzen wird der ebenfalls neue Grundsatz der Nachhaltigkeit bereits mit Art. 6 eingeführt.

[55] Vgl. in diesem Zusammenhang das Gesetz über Controlling und Rechnungslegung (CRG) vom 9. Januar 2006 (LS 611; OS 62, S. 354 ff.), das voraussichtlich auf den 1. Januar 2009 vollständig in Kraft treten wird. § 2 CRG legt als Grundsätze des Controllings (Steuerung von staatlichen Leistungen und Finanzen) etwa die Ausrichtung auf Wirkungen (lit. a) und die Verbindung von Leistungen und finanziellen Mitteln fest (lit. c).

Art. 96

Zur dezentralen Erfüllung kantonaler Aufgaben ist der Kanton in Bezirke eingeteilt. Das Gesetz bezeichnet ihre Gebiete.

Das Gesetz kann aus wichtigen Gründen für einzelne Aufgaben eine andere Gebietseinteilung vorsehen.

Dezentrale Aufgabenerfüllung

Materialien

Art. 96 VE; Prot. Plenum S. 1722 ff., 1749 ff., 2315 ff. (41. Sitzung), 2625; RRB 1937 vom 11. Dezember 2002.

Rechtsquellen

– Gesetz über die Bezirksverwaltung vom 10. März 1985 (LS 173.1)
– Gesetz über die Bildung eines neuen Bezirks Dietikon und den Übergang der Gemeinde Zollikon vom Bezirk Zürich an den Bezirk Meilen vom 10. März 1985 (LS 173.4)

Übersicht

	Note
1. Einleitung	1
2. Entstehungsgeschichte	2
2.1. Platzierung	2
2.2. Zur Frage einer anderen Gebietseinteilung	5
3. Einteilung in Bezirke (Abs. 1)	8
4. Andere Gebietseinteilung (Abs. 2)	9
5. Situation in anderen Kantonen	11

1. Einleitung

Der Kanton Zürich ist bis anhin zur Erfüllung kantonaler Aufgaben in Bezirke eingeteilt. Diese sind keine öffentlichrechtlichen Körperschaften, sondern sie sind blosse Verwaltungs- und Gerichtseinheiten des Kantons[1]. Sie verfügen über kein eigenes Vermögen und keine Steuerbefugnis. Sie bilden – mit Ausnahme der Bezirke Zürich und Winterthur – auch die Wahlkreise für die Kantonsratswahlen[2]. Zahlreiche kantonale Aufgaben werden aber heute aufgrund von anderen Kantonseinteilungen erfüllt; in der Regel werden grössere Gebilde als die zwölf bestehenden Bezirke geschaffen.

1

---

[1] Vgl. Verwaltungsgericht Zürich, ZBl 67/1966, S. 312 ff.; ferner Art. 80 N. 4.
[2] § 86 Gesetz über die politischen Rechte vom 1. September 2003 (GPR; LS 161).

2. Entstehungsgeschichte

2.1. Platzierung

2   Die Bestimmung über die dezentrale Aufgabenerfüllung im Kanton wurde im Verlauf der Beratungen infolge der Diskussion um die Kantonsstrukturen zunächst sistiert[3] und dadurch erst relativ spät behandelt. Die Bestimmung zur Einteilung des Kantons im Sinne der Einteilung in Bezirke wurde zunächst von der Kommission 6 als Art. 6.7, Bezirke, beantragt[4] und als Art. 87 in die öffentliche Vernehmlassung gesandt. Später wurde dann beschlossen, diese Bestimmung über der Marginalie der dezentralen Aufgabenerfüllung zu den allgemeinen Bestimmungen über die öffentlichen Aufgaben umzuplatzieren[5].

3   Inhaltlich wurde von der Kommission 6 beantragt, die Einteilung des Kantons in Bezirke aufzunehmen, ohne deren Anzahl oder Namen zu nennen. Demgegenüber beantragten die CVP maximal 10 Bezirke und die Grünen eine Maximalzahl von fünf Bezirken, während die SVP alle zwölf bisherigen Bezirke aufzählen wollte[6]. Die entsprechenden Anträge der CVP und der Grünen Partei wurden jedoch abgelehnt[7], derjenige der SVP verschoben[8]. Schliesslich hat die Frage, ob die Bezirke namentlich aufgezählt werden sollen oder nicht, längere Diskussionen ausgelöst. Die Befürworter versprachen sich davon ein Festschreiben des heute bestehenden Zustandes mit zwölf Bezirken, während die Mehrheit sich aber entschied, zugunsten möglicher Anpassungen die Bezirksnamen und auch deren Anzahl nicht zu fixieren.

4   Bewusst wurde in Abs. 1 formuliert, dass der Kanton zur Erfüllung kantonaler Aufgaben in Bezirke eingeteilt ist. Es geht damit um die Frage der Gebietseinteilung für die kantonalen Aufgaben. Diese wiederum werden von den dafür eingesetzten Behörden umgesetzt[9].

2.2. Zur Frage einer anderen Gebietseinteilung

5   Im Rahmen der Vorarbeiten wurde der Kommission 3 vom Regierungsrat[10] vorgeschlagen, die Bestimmung der Berner Verfassung, wonach zur Lösung von

---

[3] Vgl. Vorlage der K6 zur Kleinen Vernehmlassung «Gliederung des Kantons Zürich» vom 14. März 2002; Prot. K6 vom 2. Oktober 2002, S. 448 f.; damals unter der Nummerierung 6.7.
[4] Prot. Plenum, S. 1749 ff., damals als Art. 6.7, Bezirke.
[5] Prot. Plenum, S. 2625.
[6] Prot. Plenum, S. 2316 (41. Sitzung).
[7] Prot. Plenum, S. 2316 (41. Sitzung), 2336 f.
[8] Prot. Plenum, S. 2182.
[9] Vgl. Art. 80.
[10] RRB 1937 vom 11. Dezember 2002, S. 3.

besonderen Aufgaben regionale Organisationen gebildet werden können[11], zu prüfen[12]. Art. 94 KV BE schreibt zudem vor, dass für diese regionale Aufgabenerfüllung die Gesetzesform notwendig ist, damit die Mitsprachemöglichkeit des Volkes gewahrt wird. Die Anregung wurde von der Kommission 6 bearbeitet, da es sich um eine Gliederungsfrage handelt. Die Kommission entschied, diese Anregung vorläufig nicht weiter zu bearbeiten. Für die Gemeinden würden genügend Möglichkeiten zur Zusammenarbeit bestehen, wie Anschlussverträge oder Zweckverbände; allenfalls sei das Thema nach der öffentlichen Vernehmlassung nochmals aufzugreifen[13].

Nach der öffentlichen Vernehmlassung wurde die folgende Formulierung beantragt: «Das Gesetz kann vorsehen, dass einzelne Aufgaben auf regionaler Ebene wahrgenommen werden.» Damit sollten für die Zukunft Möglichkeiten eröffnet werden für regionale Organisationen, etwas grossflächigere Zweckgemeinden oder Netzgemeinden[14]. Die Kommission entschied sich jedoch gegen diesen Vorschlag[15]. 6

Anlässlich der 1. Gesamtlesung im Plenum vom 16. Mai 2003 wurde intensiv darüber diskutiert, wie die vorgeschlagenen Abs. 2 und 3 des Artikels, welcher mit «Einteilung des Kantons» überschrieben wurde, zu interpretieren seien[16]. Insbesondere stelle sich die Frage, ob gemäss den vorgeschlagenen Formulierungen jede Aufgabe, welche der Kanton dezentral erfüllen solle, durch die Bezirke zu erfüllen sei. Dies wurde vor allem auch mit der Begründung abgelehnt, dass damit sämtliche Kleinstreformen der vergangenen Jahre wie die Zusammenlegung einzelner Jugendanwaltschaften, die Zusammenlegung der Berufsberatung usw. für zwei Bezirke nicht mehr zulässig wäre. Vielmehr müssten gemäss dem vorgeschlagenen Abs. 3 jeweils ein Gesetz für jede Kleinstreform erlassen und wichtige Gründe nachgewiesen werden[17]. Regierungsrat Notter wies darauf hin, dass mit einer zu engen Interpretation klar ein Druck nach einer Reduktion der Anzahl der Bezirke entstehen werde[18]. Die antragstellende Kommission 6 führte zu Abs. 2 aus, dass nur bei Vorliegen wichtiger Gründe und nur im Einzelfall abgewichen werden solle, damit die Übersichtlichkeit der dezentralen kantonalen Verwaltungseinheiten gewahrt bleibe und die Bedeutung 7

---

[11] Art. 3 Abs. 3 KV BE.
[12] Vgl. zum Ganzen auch Vorb. zu Art. 83–94.
[13] Prot. K6 vom 28. Januar 2003, S. 563 ff.
[14] Prot. K6 vom 3. Februar 2004, S. 687 (Votum Schmuki).
[15] Prot. K6 vom 3. Februar 2004, S. 689.
[16] Der damals vorgeschlagene Art. 6.7, Einteilung des Kantons, lautete:
  «¹ Der Kanton ist in Bezirke eingeteilt. Das Gesetz bezeichnet ihre Gebiete.
  ² Kantonale Aufgaben, die dezentral zu erfüllen sind, obliegen den Bezirken.
  ³ Das Gesetz kann aus wichtigen Gründen im Einzelfall eine andere Gebietseinteilung festlegen.»
[17] Prot. Plenum, S. 2332 (41. Sitzung).
[18] Prot. Plenum, S. 2333 (41. Sitzung).

der Bezirke gestärkt werde[19]. Andere Möglichkeiten der Gebietseinteilung wurden nicht mehr weiterverfolgt.

3. Einteilung in Bezirke (Abs. 1)

8 Der Gesetzgeber ist frei festzulegen, wie viele Bezirke es gibt und wie sich deren Gebiete zusammensetzen. Konsens bestand im Rahmen der Beratungen des Verfassungsrates nur darin, dass eine Festlegung dem Kantonsrat überlassen werden sollte, nicht aber über eine wünschbare Zahl von Bezirken[20].

4. Andere Gebietseinteilung (Abs. 2)

9 In der ursprünglichen Formulierung wurde vorgeschlagen, dass das Gesetz nur im Einzelfall aus wichtigen Gründen von der Bezirkseinteilung abweichen könne. In der Endfassung wurde jedoch das Erfordernis des Einzelfalles gestrichen; dies wäre auch nicht nachvollziehbar. Die Gebietseinteilung soll schliesslich nicht im Einzelfall, sondern nach generell-abstrakten, nachvollziehbaren Kriterien vollzogen werden. Grundsätzlich impliziert der Begriff des wichtigen Grundes, dass damit nicht nur eine sachliche Begründung gefragt ist, sondern eine materiell bedeutsame Begründung, wie sie sich beispielsweise aus einer Mehrzahl von triftigen oder sachlichen Gründen zusammensetzen kann, oder ein besonders bedeutsamer Grund. Ein Blick in die Protokolle zeigt jedoch, dass der Regierungsrat zwar darauf aufmerksam gemacht hat, dass dies gegenüber dem bisherigen Zustand einen vermehrten Druck auf die Bezirksgrössen bewirken werde[21] und dass Fragen zur künftigen Auslegung des Abs. 2 angetönt wurden[22]. Die Redaktionskommission schlug in der Folge für den Absatz 2 die heute geltende neue Formulierung vor, wonach das Gesetz «aus wichtigen Gründen für einzelne Aufgaben eine andere Gebietseinteilung vorsehen» könne[23]. Im Plenum wurde nur noch über die Platzierung des Artikels, nicht aber über dessen Gehalt diskutiert[24]. Damit wurde aber – trotz der Ankündigungen im Rahmen der 1. Gesamtlesung – von keiner Seite explizit gefordert, dass die heute abweichend von der Bezirkseinteilung wahrgenommenen kantonalen Aufgaben zurück in Bezirksstrukturen geführt werden müssten. Aus der gesamten

---

[19] Prot. Plenum, S. 2335 (41. Sitzung).
[20] Prot. Plenum, S. 2316 ff. (41. Sitzung).
[21] Prot. Plenum, S. 2333 (41. Sitzung, Votum Regierungsrat Notter); vgl. N. 5.
[22] Prot. Plenum, S. 2332 f. (41. Sitzung, insbesondere Voten Jagmetti, Jaun, Regierungsrat Notter und Graf).
[23] Prot. RedK vom 31. März 2005, S. 632.
[24] Prot. Plenum, S. 2625.

Haltung des Verfassungsrats ist daher zu entnehmen, dass die auch bisher in anderen Strukturen als den Bezirken wahrgenommenen kantonalen Aufgaben auch weiterhin so erfüllt werden können. Andernfalls wäre die Anzahl der Bezirke massgeblich zu reduzieren und damit eine Aufgabenerfüllung in der reduzierten Anzahl der Bezirke anzustreben. Der Verfassungsrat hat sich materiell entschieden, diese Verantwortung dem Gesetzgeber zu überlassen und selbst keinen Entscheid zu treffen.

Andere Gebietseinteilungen liegen insbesondere vor für folgende Aufgaben[25]: Strafverfolgung Erwachsener, Strafverfolgung Jugendlicher, Zivilstandskreise, Notariatskreise, Schätzungskreise, Baurekurskreise, Polizeiwesen, Forstwesen, Strassenbau, Fischerei.

5. Situation in anderen Kantonen

Die Situation im Kanton Zürich entspricht den meisten anderen Kantonen. Nur in den Kantonen Schwyz und Graubünden haben die Bezirke bzw. Kreise als autonome öffentlichrechtliche Körperschaften eine weiter gehende Bedeutung[26].

---

[25] Vgl. JAAG, Rz. 1210 mit weiteren Hinweisen.
[26] Vgl. dazu Vorb. zu Art. 83–94.

Art. 97*

Die Gemeinden nehmen öffentliche Aufgaben selber wahr, wenn sie diese ebenso zweckmässig erfüllen können wie der Kanton.

Der Regierungsrat kann einer Gemeinde auf ihr Verlangen oder mit ihrer Zustimmung kantonale Aufgaben zur selbstständigen Erfüllung übertragen. Er berücksichtigt dabei ihre Leistungsfähigkeit und entschädigt sie angemessen.

Aufgabenteilung zwischen Kanton und Gemeinden

Materialien

Art. 106 Abs. 2, 108 Abs. 2 VE; Prot. Plenum S. 445 ff., 489 ff., 986, 1369 ff., 1731 ff., 1971 ff., 2242 ff. (42. Sitzung), 2310 ff. (41. Sitzung)

Literatur

JAKOB ERIC, Europa und der sozialphilosophische Hintergrund des Subsidiaritätsprinzips, Bern 2000; RHINOW, Rz. 223 ff., 554 ff.; RICHLI PAUL, Zweck und Aufgaben der Eidgenossenschaft im Lichte des Subsidiaritätsprinzip, ZSR 117/1998 II, S. 139 ff.

Übersicht

	Note
1. Entstehungsgeschichte	1
2. Subsidiarität als föderalistisches Strukturprinzip	2
2.1. Regelung in der EU	2
2.2. Regelung in der Bundesverfassung	5
3. Systematische Stellung	6
4. Das föderalistische Strukturprinzip	7
4.1. Verfassungsvorbehalt und Justiziabilität (Abs. 1)	7
4.2. Übertragung einer kantonalen Aufgabe (Abs. 2)	15
5. Ausblick	19

1. Entstehungsgeschichte

Wesentlich bestimmt wurde Art. 97 durch die Integration eines Vorschlags der Kommission für Staat und Gemeinden des Kantonsrats im Zusammenhang mit der parlamentarischen Initiative Haderer[1]. Nicht koordiniert wurde das Subsidiaritätsprinzip im Verhältnis zwischen Kanton und Gemeinden hingegen mit

1

---

* Ich danke Dr. iur. Philipp Mäder für seine wertvollen Hinweise zum Text.
[1] KR-Nr. 95/2000. Der Initiativtext lautete: «Öffentliche Aufgaben werden vorrangig von den Gemeinden wahrgenommen, wenn sie diese ebenso zweckmässig erfüllen können wie der Kanton. Dabei gewährt das kantonale Recht den Gemeinden die Handlungsspielräume, die für die Erfüllung der Aufgaben erforderlich sind.»

den Bestimmungen zur Gemeindeautonomie[2] sowie zu Arten und Aufgaben der Gemeinden[3].

2. Subsidiarität als föderalistisches Strukturprinzip

2.1. Regelung in der EU

2   Als allgemeingültiges Prinzip verankert wurde die Subsidiarität erstmals im Vertrag von Maastricht vom 7. Februar 1992 über die Europäische Union. Die zentrale Bestimmung findet sich unterdessen in Art. 5 Abs. 2 des Vertrags von Amsterdam vom 2. Oktober (EUV)[4].

3   Die Anwendbarkeit von Art. 5 Abs. 2 EUV ist auf Bereiche mit «nicht ausschliesslicher» Zuständigkeit beschränkt[5]. Diese Beschränkung ergibt nur Sinn, wenn die entsprechenden Kompetenzen bereits zuvor zugeteilt wurden[6]. In der Literatur wird daher vorwiegend die Meinung vertreten, dass die Bestimmung als Kompetenzausübungs- und nicht als Kompetenzzuweisungsregel zu verstehen sei[7]. Als Erstes legt das Subsidiaritätsprinzip dem übergeordneten Gemeinwesen nahe, von seinen Zuständigkeiten einen zurückhaltenden Gebrauch zu machen. Dieser Grundsatz der schonenden Kompetenzausübung soll die Eigenständigkeit des untergeordneten Gemeinwesens möglichst weitgehend erhalten[8].

4   Aber auch als Kompetenzausübungsregel wird das Subsidiaritätsprinzip etwa in der Diskussion um die vertikale Kompetenzabgrenzung zwischen Mitgliedsstaaten und Gemeinschaft unterschiedlich interpretiert. Einerseits soll es der

---

[2]   Dies, obwohl die in Art. 85 Abs. 1 geregelte Gemeindeautonomie selbstverständlich ein Element des Verhältnisses zwischen Kanton und Gemeinden ist. Begründet wurde dieser Schritt damit, dass die Gemeindeautonomie in erster Linie den Umfang der (bereits zugeteilten) Aufgabenerfüllung und nicht die Aufgabenzuweisung im Sinn des Subsidiaritätsprinzips betreffe; vgl. Prot. RedK vom 13. Februar 2003, S. 149, 156, und Prot. Plenum, S. 2269.

[3]   Art. 83 Abs. 1 betrifft nach seinem Wortlaut ebenfalls das Verhältnis zwischen Kanton und Gemeinden. Im Zentrum der Bestimmung steht allerdings das Verhältnis zwischen den verschiedenen Gemeindearten, bei dem die Verfassung grundsätzlich von der politischen Gemeinde als Trägerin der kommunalen Selbstverwaltung ausgehen soll; vgl. Antrag K6 vom 30. Oktober 2001, S. 2. Zum Verhältnis zu Art. 5; vgl. Art. 5 N. 1.

[4]   Art. 5 Abs. 2 EUV (Grundsätze): «In den Bereichen, die nicht in ihre ausschliessliche Zuständigkeit fallen, wird die Gemeinschaft nach dem Subsidiaritätsprinzip nur tätig, sofern und soweit die Ziele der in Betracht gezogenen Massnahmen auf Ebene der Mitgliedstaaten nicht ausreichend erreicht werden können und daher wegen ihres Umfangs oder ihrer Wirkungen besser auf Gemeinschaftsebene erreicht werden können.» Weitere Erwähnung findet das Subsidiaritätsprinzip im zwölften Erwägungsgrund der Präambel und unter Titel I in Art. 2 EUV. Dem Vertrag von Amsterdam wurde sodann ein «Protokoll über die Anwendung der Grundsätze der Subsidiarität und der Verhältnismässigkeit» (Protokoll) angehängt.

[5]   Vgl. Protokoll, Ziffer 3.
[6]   Vgl. JAKOB, S. 52 m.w.H.
[7]   Vgl. z.B. RICHLI, S. 235, siehe auch die Zusammenfassung weiterer Meinungen ab S. 229 ff.
[8]   Vgl. RHINOW, Rz. 565. In dieser Lesart zeigt das Subsidiaritätsprinzip seinen engen Bezug zu anderen Grundsätzen wie etwa jenen der Verhältnismässigkeit oder der Autonomie.

Stärkung der Mitgliedsstaaten gegenüber der Gemeinschaft dienen, anderseits aber gerade umgekehrt wegen ihrer vermeintlich höheren Effizienz die Gemeinschaft stützen[9].

2.2. Regelung in der Bundesverfassung

Auch die Hinweise in der Bundesverfassung auf das Subsidiaritätsprinzip stehen vor allem im Zusammenhang mit dem föderalistischen Staatsaufbau[10]. Die Aufgabenerfüllung soll so nah wie möglich bei der Bevölkerung stattfinden. Was die untere bundesstaatliche Ebene besser erfüllen kann, soll die obere nicht an sich ziehen[11]. Auch bei der Bundesverfassung wird diskutiert, ob das Subsidiaritätsprinzip als Kompetenzzuweisungs- oder als Kompetenzausübungsregel zu verstehen ist. Der überwiegende Teil der Lehre sieht im Subsidiaritätsprinzip eine Kompetenzausübungsregel[12]. Dabei wird vor allem angeführt, dass die bestehende Kompetenzausscheidung zwischen Bund und Kantonen nicht durch das Subsidiaritätsprinzip derogiert werden könne[13].

5

3. Systematische Stellung

Art. 97 ist die dritte Bestimmung, die im Kapitel «Öffentliche Aufgaben» unter dem Titel «Allgemeine Bestimmungen» als Grundsatz dem effektiven Aufgabenkatalog vorgestellt ist. Ähnlich wie bei Art. 5 handelt es sich um eine Art Bemerkung vor der Klammer[14]. Ebenso wenig wie Art. 5 für das Verhältnis

6

---

[9] Vgl. JAKOB, S. 6 f.; RHINOW, Rz. 566 ff. Das Protokoll hält dazu in Ziffer 3 fest: «Nach dem Subsidiaritätsprinzip kann die Tätigkeit der Gemeinschaft im Rahmen ihrer Befugnisse sowohl erweitert werden, wenn die Umstände dies erfordern, als auch eingeschränkt oder eingestellt werden, wenn sie nicht mehr gerechtfertigt ist.»

[10] Vgl. Art 42 Abs. 2 i.V.m. Art. 46 Abs. 2, Art. 42 Abs. 3 und Art. 47 BV; dazu RHINOW, Rz. 554.

[11] Vgl. RHINOW, Rz. 555.

[12] Vgl. statt vieler RHINOW, Rz. 557 ff.

[13] Der Bund hat nur jene Kompetenzen, die ihm nach dem System der Enumeration der Bundeskompetenzen in der BV zugewiesen werden. Dabei können für die Errichtung einer Bundeskompetenz auch andere Kriterien massgebend sein als jene, die das Subsidiaritätsprinzip für die Erfüllung einer Aufgabe durch die höhere Ebene zulassen würde. Wäre das Subsidiaritätsprinzip eine Kompetenzzuweisungsregel, basierten anderweitig begründete Bundeskompetenzen in diesen Fällen nicht auf einer ausreichenden gesetzlichen Grundlage. RHINOW, Rz. 560 hält dazu fest: «Gerade hier [im Verhältnis zwischen Art. 42 Abs. 1 und 2 BV, Anm. des Verfassers] erweist sich, dass das Subsidiaritätsprinzip wohl Idee und Richtlinie, nicht aber ‹harte› Schranke einer Kompetenzbegründung im Verfahren der Verfassungsrevision sein kann.» Daran ändert auch der mit der NFA neu einzuführende Subsidiaritätsartikel in Art. 5a BV nichts, vgl. dazu Art. 5 N. 8 f. RHINOW, Rz. 576, bemerkt zu Art. 5a BV, dass die textliche Aufnahme des Subsidiaritätsprinzips in die Verfassung von unerfüllbaren und widersprüchlichen Erwartungen begleitet werde. Einerseits soll ein Prinzip der klaren Aufgabenzuweisung zu einem tragenden Prinzip des schweizerischen Föderalismus werden, andererseits aber soll dieses Prinzip dann (zu Recht) doch nicht justiziabel sein.

[14] Art. 5 N. 10.

zwischen Staat und Privaten wird dadurch Art. 97 aber zu einer verbindlichen Norm für die Aufgaben(ver)teilung zwischen Kanton und Gemeinden.

4. Das föderalistische Strukturprinzip

4.1. Verfassungsvorbehalt und Justiziabilität (Abs. 1)

7 Nach dem Wortlaut setzt Abs. 1 nicht voraus, dass die Gemeinden eine Aufgabe tatsächlich erfüllen. Die kommunale Zuständigkeit besteht vielmehr bereits dann, wenn die Gemeinden eine Aufgabe ebenso zweckmässig erfüllen können wie der Kanton. Was aber passiert, wenn eine Gemeinde eine Aufgabe zwar erfüllen könnte, dies aber nicht tut? Ist der Kanton legitimiert, zu intervenieren oder gar die Aufgabe an sich zu ziehen?

8 Im Verfassungsrat wurde betont, dass die Blickrichtung in Abs. 1 von «unten nach oben» gehe[15]. Es wurde gar die Meinung vertreten, dass der Kanton nur mit einer Volksabstimmung eine neue Aufgabe von den Gemeinden an sich ziehen könne[16]. Das Anliegen beinhaltet die Forderung nach einem Verfassungsvorbehalt für kantonale Kompetenzen. Dieser wurde aber bei den Beratungen im Verfassungsrat konsequent abgelehnt[17]. Die Mehrheit vertrat denn auch die Meinung, dass der Blick zwar grundsätzlich von der tieferen zur höheren Ebene gehe, der Staat aber die Möglichkeit haben müsse, unter bestimmten Umständen die Erfüllung einer Aufgabe (auch ohne Verfassungsänderung) an sich zu ziehen[18].

9 Zu diesem Ergebnis führen auch grundsätzliche staatsrechtliche Überlegungen. Das Subsidiaritätsprinzip kommt dort zur Anwendung, wo Kanton und Gemeinden gemeinsam zuständig sind. Beim föderalistischen Teilgehalt des Prinzips geht es dabei immer um die Erfüllung öffentlicher Aufgaben. Die Gemeinwesen sind zu deren Erfüllung nicht nur berechtigt, sondern auch verpflichtet. Im Gegensatz zu den Kantonen kommt den Gemeinden jedoch keine Staatlichkeit zu. Die Verantwortung für die Erfüllung auch der kommunalen Aufgaben liegt letztlich beim Kanton. Es muss daher möglich sein, dass er unter

---

[15] Vgl. Prot. Plenum, S. 986 ff.
[16] Vgl. Prot. Plenum, S. 989. Nicht präzisiert wurde, ob es sich um eine Abstimmung zu einer Verfassungsänderung oder zu einer gesetzlichen Grundlage handeln muss. Konsequenterweise müsste eine Abstimmung zu einer Verfassungsänderung gemeint sein. Andernfalls könnte eine gesetzliche Grundlage eine kantonale Kompetenz schaffen, obwohl die fragliche Aufgabe nach der Verfassung auf kommunaler Ebene erfüllt werden sollte. Die Befürworter einer Beschränkung der Blickrichtung «von unten nach oben» wollten verhindern, dass der Kanton eine Aufgabe an sich ziehen darf, und zwar auch dann, wenn die Gemeinde die Aufgabe zwar erfüllen könnte, dies aber nicht will; vgl. Prot. RedK vom 13. Februar 2003, S. 151.
[17] SOBOTICH, Vorb. zu Art. 95–121 N. 6.
[18] Vgl. Prot. Plenum, S. 986 ff.

bestimmten Voraussetzungen eine kommunale Aufgabe an sich ziehen kann, wenn eine Gemeinde diese nicht erfüllen will. Das Subsidiaritätsprinzip kann eben auch verlangen, dass eine Aufgabe durch das obere Gemeinwesen übernommen wird[19].

Nicht anders als beim EUV und bei der BV ist auch hier die zentrale Frage jene nach der Justiziabilität des Subsidiaritätsprinzips. Hat eine Gemeinde gestützt auf Abs. 1 einen gerichtlich durchsetzbaren Anspruch auf Aufgabenerfüllung, etwa wenn der kantonale Gesetzgeber eine bestimmte Materie zu Unrecht geregelt hat und daher gegen ein verfassungsmässiges Recht verstösst[20]? 10

Voraussetzung dafür wäre eine hinreichende begriffliche Konkretisierung des Terminus «zweckmässig». Nur dann besteht ein durchsetzbarer Anspruch, wenn richterlich festgelegt werden kann, wann die Erfüllung einer bestimmten Aufgabe zweckmässig ist und wann diese zweckmässige Aufgabenerfüllung durch die Gemeinde ebenso zweckmässig ist wie durch den Kanton. Zu beurteilen ist dabei auch, ob eine Gemeinde die fragliche Aufgabe überhaupt erfüllen kann. 11

Eine Möglichkeit zur Konkretisierung könnten die Grundsätze liefern, die für die Zuweisung und Erfüllung der Aufgaben zwischen den Gemeinwesen im Bundesstaat gelten und mit der am 28. November 2004 angenommenen Änderung der BV am 1. Januar 2008 eingeführt werden sollen[21]. Angewandt auf die die kantonalen Verhältnisse wäre danach die Übernahme einer Aufgabe durch den Kanton dann gerechtfertigt, wenn kumulativ: 12
– die Aufgabe die Kraft der Gemeinden übersteigt und eine einheitliche Regelung verlangt[22];
– der Kanton die Aufgabe bedarfsgerecht und wirtschaftlich erfüllen kann;
– der Gemeindeautonomie genügend Rechnung getragen wird (der Kanton belässt den Gemeinden genügend eigene Aufgaben und beachtet deren Gestaltungsfreiheit) und
– den Gemeinden ausreichende Finanzierungsquellen verbleiben.

Weitere Hinweise auf den Inhalt des Begriffs der Zweckmässigkeit liefert sodann die Entstehungsgeschichte zu Art. 95, die zeigt, dass Zweckmässigkeit im 13

---

[19] Weder gemäss EUV noch gemäss BV ist es ausgeschlossen, dass die obere Ebene eine Aufgabe gerade unter Berufung auf das Subsidiaritätsprinzip an sich zieht.
[20] Als weiterer Konfliktfall wäre etwa denkbar, dass eine Gemeinde einer Anordnung der übergeordneten Behörde keine Folge leistet, weil sie deren Zuständigkeit in Frage stellt.
[21] Vgl. Art. 43a Abs. 1 und 5, Art. 46 Abs. 3 und Art. 47 Abs. 2 BV; BBl 2003, S. 6591 f.
[22] Dieses Kriterium stellt gleichzeitig eine Art negative Definition des Begriffs «zweckmässig» von Art. 97 Abs. 1 dar. Die Aufgabenerfüllung durch eine Gemeinde wäre danach immer dann ebenso zweckmässig wie jene durch den Kanton, wenn die Aufgabe weder die Kraft der Gemeinden übersteigt noch eine einheitliche Regelung verlangt.

Zusammenhang mit der Finanzordnung als Sammelbegriff für die Begriffe wirkungsvoll, wirtschaftlich und notwendig verwendet werden sollte[23].

14 All diese Kriterien sind freilich ihrerseits konkretisierungsbedürftig. In der Regel handelt es sich um politische Kriterien[24]. Dass sich diese einer richterlichen Beurteilung entziehen, zeigt nicht zuletzt Art. 86 Abs. 3 des neuen Bundesgerichtsgesetzes, der die in Art. 29a BV niedergelegte Rechtsweggarantie konkretisiert[25]. Danach können die Kantone für Entscheide von vorwiegend politischem Charakter andere als gerichtliche Behörden einsetzen[26]. Art. 97 Abs. 1 verschafft damit ebenso wenig einen justiziablen Anspruch wie das Subsidiaritätsprinzip nach EUV und BV.

4.2. Übertragung einer kantonalen Aufgabe (Abs. 2)

15 Die Bestimmung wurde ursprünglich unter dem Titel «Zusammenarbeit zwischen Kanton und Gemeinden» vorgeschlagen[27]. Es handelt sich nach dem Wortlaut immer um eine Aufgabenübertragung an eine einzelne Gemeinde. Abs. 2 regelt damit die Übertragung einer konkreten Aufgabe an eine bestimmte Gemeinde. Für die Aufgabenerledigung durch die jeweilige Gemeinde zahlt ihr der Kanton zudem eine angemessene Entschädigung.

16 Auf den ersten Blick hat die der Sachlogik eines Auftragsverhältnisses folgende Bestimmung wenig Bezug zum Subsidiaritätsprinzip und scheint besser in den Kontext der Übertragung öffentlicher Aufgaben an Dritte zu passen. Die in Abs. 2 vorgesehene Aufgabenübertragung ist allerdings auf keinen bestimmten

---

[23] Art. 95 N. 11.

[24] So etwa bei der «Kraft der Gemeinden» oder der «bedarfsgerechten und wirtschaftlichen Aufgabenerfüllung». Im Verfassungsrat wurde denn auch darauf hingewiesen, dass die Beantwortung der von Art. 97 Abs. 1 offengelassenen Fragen nicht gerichtlich erfolgen könne; vgl. Prot. Plenum, S. 1001 f.

[25] Am 12. März 2000 wurde im Rahmen des Bundesbeschlusses über die Reform der Justiz vom 8. Oktober 1999 mit Art. 29a BV auch eine Bestimmung zur Rechtsweggarantie angenommen; vgl. BBl 1999, S. 8633 ff.

[26] BBl 2005, S. 4045 ff. Auch der Vergleich zwischen der Regelung der Gemeindeautonomie und dem föderalistischen Teil des Subsidiaritätsprinzips zeigt, dass Letzteres den Gemeinden keinen justiziablen Anspruch verschaffen soll. Nach Art. 85 Abs. 1 zweiter Satz gewährt das kantonale Recht den Gemeinden bei der Regelung ihrer Angelegenheiten *möglichst weiten* Handlungsspielraum. Demgegenüber gewährt das kantonale Recht den Gemeinden nach dem Subsidiaritätsprinzip den Handlungsspielraum, der für die Erfüllung der Aufgabe *erforderlich* ist. Die Unterscheidung illustriert die Differenz zwischen Autonomie und Subsidiaritätsprinzip: Im Zusammenhang mit der Autonomie ist ein möglichst grosser Handlungsspielraum sinnvoll. Für jene Aufgaben, die sie zu erfüllen hat, soll die Gemeinde einen möglichst weiten und breiten Bereich der Selbstbestimmung haben. Als Kriterium für die Aufgabenzuteilung würde ein möglichst grosser Handlungsspielraum hingegen schon beinahe einen Anspruch der Gemeinden auf Aufgabenzuteilung begründen; vgl. Prot. Plenum, S. 1372 f.

[27] Vgl. Vorlage K6 vom 2. Oktober 2002 für die Kleine Vernehmlassung. Sie orientiert sich an der Regelung der §§ 43 ff. des Gesetzes über den Bau und Unterhalt der öffentlichen Strassen vom 27. September 1981 (Strassengesetz; LS 722.1), wonach die Städte Zürich und Winterthur auch bei kantonalen Strassen (Staatsstrassen) gewisse Aufgaben selber erledigen; vgl. Prot. Plenum, S. 1742.

Aufgabenbereich beschränkt. Der Regierungsrat hat unmittelbar aufgrund von Art. 97 Abs. 2 und unabhängig von der jeweiligen gesetzlichen Regelung die Kompetenz, die Erfüllung einer kantonalen Aufgabe einzelnen Gemeinden zu übertragen[28].

Indem die Kompetenz zur Aufgabenübertragung nicht einfach allgemein beim Kanton, sondern explizit beim Regierungsrat liegt, wird im Gegensatz zum Subsidiaritätsprinzip, bei dem in erster Linie der Gesetzgeber das Verhältnis zwischen dem oberen und der Gesamtheit der unteren Gemeinwesen zu betrachten hat, der Blick auf den Einzelfall gelenkt[29]. Auch die rechtsanwendende Behörde soll beim Vollzug der Gesetze das Subsidiaritätsprinzip beachten. Immer dort, wo eine Aufgabe zwar grundsätzlich die Kraft der Gemeinden übersteigt und eine einheitliche Regelung erforderlich erscheint, soll ausnahmsweise, wenn die Aufgabenerfüllung durch eine einzelne Gemeinde zweckmässiger scheint, diese die Möglichkeit dazu erhalten[30]. 17

Bei der Festlegung der Entschädigung für die Erfüllung der übertragenen Aufgabe kommt dem Regierungsrat weites Ermessen zu. Weder der Begriff der «Leistungsfähigkeit» noch jener der «Angemessenheit» ist klar definiert. Immerhin ist zu vermuten, dass sich die Leistungsfähigkeit nicht nur an Kriterien wie etwa der Grösse der jeweiligen Gemeinde, sondern z.B. auch an deren Finanzkraft orientiert, die im Staatsbeitragsgesetz definiert wird[31]. Die Einschränkung auf eine angemessene Entschädigung macht sodann klar, dass keine vollständige Vergütung der für die Aufgabenerfüllung erforderlichen Kosten erfolgt[32]. Es wird Aufgabe der Praxis sein, entsprechende Richtlinien zu entwickeln. 18

---

[28] Dies war denn auch die Absicht der zuständigen Kommission; vgl. Prot. K6 vom 15. Januar 2004, S. 644.
[29] Dem entspricht auch, dass die K6 davon ausging, mit der Bestimmung die Regelung eines Auftragsverhältnisses zu normieren; vgl. Prot. K6 vom 15. Januar 2004, S. 638.
[30] Im Verfassungsrat wurde explizit auf den Zusammenhang mit dem Subsidiaritätsprinzip hingewiesen. Die Gemeinden sollen die Möglichkeit haben, sich um die Erfüllung einer kantonalen Aufgabe zu bewerben, falls sie dazu in der Lage sind. Es soll in Einzelfällen auch möglich sein, eine Aufgabe von oben nach unten zu geben und so bei der Aufgabenverteilung zwischen Kanton und Gemeinden die Unterschiede zwischen den Gemeinden zu beachten; vgl. Prot. Plenum, S. 2311 f. (41. Sitzung). Allerdings verschafft die Kann-Formulierung von Art. 97 Abs. 2 den Gemeinden auch im Einzelfall keinen durchsetzbaren Anspruch auf Aufgabenübertragung.
[31] § 6 Staatsbeitragsgesetz vom 1. April 1990 (LS 132.2).
[32] Die in der ursprünglichen Fassung vorgesehene Pflicht zum vollen Kostenersatz wurde nicht übernommen; vgl. Vorlage K6 vom 2. Oktober 2002 für die Kleine Vernehmlassung. Weiter zu erwarten ist, dass die Angemessenheit der Entschädigung ausser von der Art und dem Umfang der Aufgabe auch vom Nutzen abhängen wird, den die Aufgabenübertragung für den Kanton bringt, wobei auch dieser zunächst jeweils näher zu definieren sein wird.

5. Ausblick

19 Auch als Strukturprinzip für den föderalistischen Staatsaufbau ist das Subsidiaritätsprinzip in erster Linie programmatischer Natur und richtet sich an den Gesetzgeber. Es kann damit zwar keinen gerichtlich durchsetzbaren Anspruch im Einzelfall begründen, vermag aber einen Argumentationsprozess in eine bestimmte Richtung zu steuern, der dann von zeitbedingten Überlegungen und Wertungen erfüllt wird[33]. Die Rechtsetzung wird verpflichtet, einen Erlass auf die Verträglichkeit mit dem Subsidiaritätsprinzip hin zu prüfen. Die kantonale Exekutive wird verpflichtet, in den Erläuterungen zu ihren Vorlagen entsprechende Erörterungen anzustellen[34]. Sie erhält zudem mit der Regelung von Art. 97 Abs. 2 ein Korrektiv, um dem Subsidiaritätsprinzip auch im Einzelfall Nachachtung zu verschaffen.

20 Eine Möglichkeit zur Überwindung der Auseinandersetzungen um die Frage, ob das Subsidiaritätsprinzip die Blickrichtung von untern nach oben oder von oben nach unten stütze, bietet vielleicht die folgende Überlegung. Der in Art. 5 zum Verhältnis zwischen Individuum, Gesellschaft und Staat niedergelegte Teilgehalt des Subsidiaritätsprinzips gründet auf einem liberalen Menschenbild[35]. Es kann aber sein, dass aus individueller Sicht die Aufgabenerfüllung durch die höhere staatliche Ebene zu bevorzugen ist, während aus allgemeiner Optik eine Präferenz für die tiefere Ebene besteht. In solchen Fällen gebietet das Subsidiaritätsprinzip nicht automatisch den Vorrang der niederen Ebene. Ausschlaggebend könnte vielmehr eine individuelle Sicht sein: Wo es dem einzelnen Mitglied der Gesellschaft besser dient, soll die höhere Ebene zuständig sein. Die Perspektive des freiheitlichen Individuums liefert damit nicht nur ein Kriterium für die Beurteilung der Frage der Aufgabenzuteilung zwischen Staat und Privaten, sondern auch zwischen Gemeinwesen höherer und tieferer Stufe. Das liberale Menschenbild verbindet so die beiden Grundfunktionen des Subsidiaritätsprinzips[36].

---

[33] Vgl. RICHLI, S. 267 f.
[34] Vgl. RICHLI, S. 269 f.
[35] Art. 5 N. 5, 15 und 20 f.
[36] RICHLI, S. 160 f., spricht in diesem Zusammenhang von einer Metaregel des Subsidiaritätsprinzips.

B. Übertragung öffentlicher Aufgaben

Art. 98*

Rechtsgrundlagen

Der Kanton und im Rahmen der Gesetzgebung die Gemeinden können die Erfüllung öffentlicher Aufgaben Dritten übertragen. Sie können hierzu Organisationen des öffentlichen oder privaten Rechts schaffen oder sich an solchen beteiligen.

Die Übertragung einer kantonalen Aufgabe erfolgt durch Gesetz.

Die Übertragung einer kommunalen Aufgabe, zu deren Erfüllung hoheitliche Befugnisse erforderlich sind, muss in der Gemeindeordnung geregelt werden.

In den betreffenden Erlassen sind zu regeln:
a. **Art, Umfang und Finanzierung der zu übertragenden öffentlichen Aufgaben;**
b. **die Struktur der Organisationen nach Abs. 1 und ihre Aufgaben;**
c. **Umfang von Rechtsetzungsbefugnissen innerhalb gesetzlich vorgegebener Ziele;**
d. **Art und Umfang von bedeutenden Beteiligungen;**
e. **Aufsicht und Rechtsschutz.**

Materialien

Art. 109 VE; Prot. Plenum, S. 2242 ff., 2611 ff.

Literatur

BIAGGINI GIOVANNI, St.Galler Kommentar, Art. 178; BIAGGINI GIOVANNI, Rechtsstaatliche Anforderungen an die Auslagerung und an den ausgelagerten Vollzug staatlicher Aufgaben sowie Rechtsschutz, in: René Schaffhauser/Tomas Poledna (Hrsg.), Auslagerung und Privatisierung von staatlichen und kommunalen Einheiten, St.Gallen 2002, S. 143 ff. (Anforderungen); HÄFELIN/MÜLLER/UHLMANN, Rz. 184 ff., 363 ff., 1483 ff., 2693 ff.; HANDSCHIN LUKAS/SIEGENTHALER THOMAS, Privatisierung öffentlicher Aufgaben, SJZ 96/2000, S. 405 ff.; HAUSER MATTHIAS, Formen ausgelagerter Handlungseinheiten, in: René Schaffhauser/Tomas Poledna (Hrsg.), Auslagerung und Privatisierung von staatlichen und kommunalen Einheiten, St.Gallen 2002, S. 127 ff.; JAAG TOBIAS, Dezentralisierung und Privatisierung öffentlicher Aufgaben: Formen, Voraussetzungen, Rahmenbedingungen, in: Tobias Jaag (Hrsg.), Dezentralisierung und Privatisierung öffentlicher Aufgaben, Zürich 2000, S. 23 ff.; KERN KEREM, Privatisierung kommunaler Elektrizitätsversorgungsunternehmen, Diss., Zürich 2005; MADER LUZIUS, Bundesrat und Bundesverwaltung, in: Verfassungsrecht der Schweiz, § 67; MÜLLER ANDREAS, Staats- und verwaltungsrechtliche Kriterien für die Privatisierung von Staatsaufgaben AJP 1998, S. 65 ff. (Kriterien); MÜLLER ANDREAS, Grundlegende Überlegungen zur Privatisierung öffentlicher Spitäler, in: Privatisierung und Wettbewerb im Gesundheitsrecht, forum gesundheitsrecht, 1/2000, S. 9 ff. (Spitäler); MÜLLER ANDREAS, Rechtsfragen der Erfüllung öffentlicher Aufgaben durch verwaltungsexterne Rechtsträ-

---

* Ich danke Dr. iur. Philipp Mäder für seine wertvollen Hinweise zum Text.

ger, in: Tobias Jaag (Hrsg.), Dezentralisierung und Privatisierung öffentlicher Aufgaben, Zürich 2000, S. 113 ff. (Rechtsträger); MÜLLER ANDREAS/JENNI VITTORIO, Rahmenbedingungen bei der Privatisierung kommunaler Aufgaben, AJP 1999, S. 1071 ff.; POLEDNA TOMAS, Privatisierung von Abwasseranlagen, URP 13/1998, S. 315 ff.; SAILE PETER, Naturpark Zürich, Übertragung des Betriebs von Wildpark und Sihlwald auf einen externen Rechtsträger, Stellungnahme des Rechtskonsulenten vom 22. Dezember 2005; UEBERSAX PETER, Privatisierung der Verwaltung, ZBl 102/2001, S. 393 ff.; WEBER-MANDRIN MONIQUE, Die öffentlichen Aufgaben in: Materialien zur Zürcher Verfassungsreform, Bd. 9, S. 107 ff.; WOLFGANG WIEGAND/WICHTERMANN JÖRG, Die Überleitung von Rechtsverhältnissen, in: Wolfgang Wiegand (Hrsg.), Rechtliche Probleme der Privatisierung, Bern 1998, S. 51 ff.

Rechtsquellen

– Gesetz über das Gemeindewesen vom 6. Juni 1926 (Gemeindegesetz, GemG; LS 131.1)

Übersicht Note

1. Entstehungsgeschichte 1
2. Regelungen in der Bundesverfassung und in der alten Kantonsverfassung 2
3. Systematische Stellung 5
4. Rechtsgrundlagen für die Übertragung der Erfüllung öffentlicher Aufgaben 6
   4.1. Grundlagen (Absatz 1) 6
   4.2. Kantonale Aufgaben (Absatz 2) 13
   4.3. Kommunale Aufgaben (Absatz 3) 18
   4.4. Auslagerungskriterien (Absatz 4) 20
5. Ausblick 31

1. Entstehungsgeschichte

1 Bei der Erarbeitung von Art. 98 wurde im Verfassungsrat diskutiert, ob die Bestimmung im Kontext der gemeinderechtlichen Regelungen oder in demjenigen der öffentlichen Aufgaben zu sehen sei[1]. Umstritten war dabei Art. 98 Abs. 4, dessen vor allem aus gemeinderechtlicher Optik verfasstem Katalog zunächst eine später verworfene, offene und allgemein gefasste Formulierung gegenüberstand[2].

2. Regelungen in der Bundesverfassung und in der alten Kantonsverfassung

2 Die Bundesverfassung sieht in Art. 178 Abs. 3 vor, dass Verwaltungsaufgaben durch Gesetz Organisationen und Personen des öffentlichen oder privaten Rechts

---

[1] Vgl. Prot. RedK vom 7. März 2003, S. 273 f.
[2] Vgl. Prot. RedK vom 14. April 2004, S. 661.

übertragen werden können, die ausserhalb der Bundesverwaltung stehen. Stark vereinfacht gesagt können Verwaltungsaufgaben als Verwirklichung des Bundesrechts verstanden werden[3]. Als Organisationen ausserhalb der Bundesverwaltung gelten solche, die nicht direkt der Leitung des Bundesrats[4], sondern nur dessen Aufsicht unterstehen[5].

Die Lehre geht davon aus, dass die Auslagerung von Verwaltungsaufgaben auf Organisationen ausserhalb der Bundesverwaltung in Art. 178 Abs. 3 BV nicht erschöpfend geregelt wird. Die geforderte gesetzliche Ermächtigung wird nur als eine Voraussetzung unter vielen weiteren angesehen, die im Fall einer Aufgabenauslagerung zu beachten sind[6]. Die Bestimmung gibt keine Antwort auf die Frage, ob alle oder nur bestimmte Verwaltungsaufgaben für eine Auslagerung in Betracht kommen. Lehre und Praxis gehen aber davon aus, dass es Aufgaben gibt, die nicht ausgelagert werden können[7].

Zwar enthielt die alte Kantonsverfassung keine explizite Bestimmung zur Aufgabenübertragung an Dritte. Art. 28 Abs. 2 aKV hielt jedoch fest, dass die grundlegenden Normen des kantonalen Rechts in Gesetzesform zu erlassen waren, wozu auch Bestimmungen über Art und Umfang der Übertragung öffentlicher Aufgaben an Private zählten[8].

3. Systematische Stellung

Obwohl in einem eigenen Titel unter «Übertragung öffentlicher Aufgaben» geregelt, gehört Art. 98 zu den allgemeinen Bestimmungen für die unter lit. C auf-

---

[3] Vgl. BIAGGINI, St.Galler Kommentar, Art. 178 Rz. 5.
[4] Art. 178 Abs. 1 BV.
[5] Art. 187 Abs. 1 lit. a BV.
[6] BIAGGINI, St.Galler Kommentar, Art. 178 Rz. 34, nennt als weitere Voraussetzungen folgende: Die Aufgabenauslagerung muss im öffentlichen Interesse sein; die gewählte Lösung muss geeignet sein, das verfolgte Ziel zu erreichen; der Rechtsschutz muss sichergestellt sein; die Funktionstauglichkeit des aussenstehenden Aufgabenträgers muss auf Dauer gewährleistet sein; eine staatliche Aufsicht muss eingerichtet sein; die Respektierung der Grundrechte muss sichergestellt sein; bei der Auswahl der Aufgabenträger ist den einschlägigen Verfassungsgrundsätzen wie etwa dem Grundsatz der Wettbewerbsneutralität von Art. 94 BV Rechnung zu tragen.
[7] So z.B. Polizei, militärische Landesverteidigung, Strafverfolgung, Strafvollzug, Zwangsvollstreckung, vgl. BIAGGINI, Anforderungen, S. 159 f., und JAAG, S. 35. Umstritten ist allerdings, ob die gesamte Aufgabe oder nur ein bestimmter Kernbestand nicht übertragen werden können, vgl. z.B. zu Zwangsmassnahmen beim Strafvollzug den Artikel in der NZZ vom 12. November 2006, S. 11. Der Bundesrat geht bei den öffentlichen Aufgaben neuerdings von vier Aufgabentypen aus, unter denen die sog. Ministerialaufgaben nur innerhalb der Zentralverwaltung erfüllt werden sollen, vgl. Bericht des Bundesrats zur Auslagerung und Steuerung von Bundesaufgaben vom 13. September 2006 (CG-Bericht), BBl 2006, S. 8233 ff.
[8] Die Bestimmung war seit 1. Januar 1999 in Kraft und führte auf Verfassungsstufe einen materiellen Gesetzesbegriff ein, vgl. RRB 1934 vom 12. Dezember 2001, S. 6 f.

geführten öffentlichen Aufgaben[9]. Noch akzentuierter als bei Art. 95 stellt sich daher auch hier die Frage, wieweit neben den in Art. 98 festgehaltenen auch jene Kriterien zu beachten sind, die für die Übertragung öffentlicher Aufgaben aus allgemeinen Verfassungs- und Rechtsgrundsätzen folgen[10].

4. Rechtsgrundlagen für die Übertragung der Erfüllung öffentlicher Aufgaben

4.1. Grundlagen (Absatz 1)

6   Art. 98 ist vor dem Hintergrund der breit geführten Privatisierungsdebatte der letzten Jahre zu sehen. Indem er als Aufgabenträger auch Organisationen des öffentlichen Rechts erfasst, regelt er aber nicht nur die Privatisierung, sondern auch die Dezentralisierung[11] öffentlicher Aufgaben. Regelungsinhalt von Art. 98 ist damit die Übertragung öffentlicher Aufgaben an Aufgabenträger ausserhalb der Verwaltung[12].

7   Eine Aufgabe ist eine öffentliche, wenn Verfassung oder Gesetz dies festlegen[13]. Unter einer Aufgabenübertragung verstand der Verfassungsrat sowohl für die kantonale als auch für die kommunale Stufe einen bedeutungsvollen Entscheid, der nur schwer wieder rückgängig zu machen ist. Aufgabenübertragung im Sinn von Art. 98 erfasst demnach mehr als ein blosses Auftragsverhältnis, bei dem die Entscheidungsgewalt bei den Behörden verbleibt und das jederzeit wieder gekündigt werden kann[14]. Überall dort, wo die Rechtsstellung der Administrierten durch den Einbezug Dritter in keiner Weise berührt wird[15], liegt keine Übertragung einer öffentlichen Aufgabe im Sinn von Art. 98 vor[16]. Nicht erfasst von

---

[9]   WEBER-MANDRIN, S. 107, spricht in diesem Zusammenhang bei den lit. A und B des 8. Kapitels von Leitgedanken für die Erfüllung der öffentlichen Aufgaben.
[10] So werden etwa das Prinzip der Rechtsstaatlichkeit, die Grundsätze des öffentlichen Interesses, der Verhältnismässigkeit und des Handelns nach Treu und Glauben sowie das Subsidiaritätsprinzip bereits von Art. 2 und 5 vorgegeben. Vgl. zu weiteren Kriterien aus allgemeinen Verfassungs- und Rechtsgrundsätzen A. MÜLLER, Kriterien, S. 68 ff.
[11] Vgl. die Begriffsdefinitionen und insbesondere die Abgrenzung von den Begriffen der Liberalisierung, der Deregulierung und des NPM bei JAAG, S. 24 f.
[12] Analog der Regelung zu Art. 178 Abs. 3 BV sind Dritte Organisationen, die nicht direkt der Leitung des Regierungsrats (Hierarchieprinzip, Art. 70 Abs. 1 und 2), sondern nur dessen Aufsicht unterstehen (Art. 70 Abs. 3), HÄNER, Art. 70 N. 1 f. und 15 f. Dezentralisierungen im Sinn des NPM werden daher von Art. 98 nicht erfasst.
[13] Art. 95 N. 4.
[14] Vgl. Prot. Plenum, S. 2631 ff. MADER, § 67 Rz. 48, spricht in diesem Zusammenhang vom Beizug Privater für die Erfüllung von Aufgaben im Sinn des Einkaufs von Produkten oder Dienstleistungen.
[15] Etwa im Bereich der Bedarfsverwaltung, N. 20 Anm. 47.
[16] Vgl. BIAGGINI, St.Galler Kommentar, Art. 178 Rz. 33.

Art. 98 wird sodann auch die sogenannte vollständige Auslagerung einer öffentlichen Aufgabe[17].

Bei der Übertragung einer öffentlichen Aufgabe können zwei Hauptphasen unterschieden werden: der eigentliche Übertragungsakt und die Erfüllung der Aufgabe durch den (neuen) Aufgabenträger[18]. Art. 98 regelt nur die erste Phase. Allerdings erlaubt erst der Blick auf die zweite Phase und damit auf die Vorgaben, die bei der Erfüllung der übertragenen Aufgabe zu beachten sind[19], die in Art. 98 Abs. 4 aufgelisteten Voraussetzungen mit Inhalt zu füllen.   8

Während Lehre und Praxis davon ausgehen, dass bestimmte Aufgaben nicht an Dritte übertragen werden können[20], lässt sich weder aus der systematischen Stellung noch aus dem umfangreichen Kriterienkatalog von Art. 98 ein Hinweis auf eine solche Beschränkung herauslesen[21].   9

Abs. 1 unterscheidet einerseits zwischen der Schaffung und der Beteiligung von bzw. an Organisationen und andererseits zwischen Organisationen des öffentlichen und des privaten Rechts. Die erste Unterscheidung hat für die Anforderungen an die Auslagerungsgrundlage grundsätzlich keine Bedeutung[22]. Die Wahl der Organisationsform des Aufgabenträgers hat hingegen direkte Auswirkungen auf die gesetzliche Grundlage[23].   10

Nach Abs. 1 können die Gemeinden öffentliche Aufgaben nur «im Rahmen der Gesetzgebung» an Dritte übertragen. Im Verfassungsrat wurde die Ansicht vertreten, dass die Gemeinden durch diese Einschränkung die Kompetenz zur spezifischen Aufgabenübertragung nicht direkt aus der Verfassung, sondern erst durch die kantonale Gesetzgebung erhalten sollen[24]. Fraglich ist, ob damit eine Aufgabenübertragung auch ausgeschlossen sein soll, wenn sich das jeweilige   11

---

[17] Der Staat verzichtet in solchen Fällen auf die Erfüllung der Aufgabe, weshalb in diesem Zusammenhang auch von Aufgabenverzicht oder vollständiger Privatisierung gesprochen wird. Im Gegensatz dazu bleibt der Staat bei der Aufgabenübertragung im Sinn von Art. 98 letztlich für die Erfüllung der Aufgabe verantwortlich, vgl. dazu BIAGGINI, Anforderungen, S. 144 ff., und A. MÜLLER, Rechtsträger, S. 117.
[18] Vgl. BIAGGINI, Anforderungen, S. 153, und MÜLLER/JENNI, S. 1078.
[19] Vgl. dazu die übersichtliche Zusammenstellung bei UEBERSAX, S. 409 ff.
[20] N. 3 Anm. 7. Einen besonderen Hinweis verdienen in diesem Zusammenhang die Ausführungen des Bundesrats zu jenen Aufgaben, deren Erfüllung hoheitliche Befugnisse erfordert und die mit allgemeinen Steuermitteln oder über Gebühren finanziert werden (Ministerialaufgaben). Er schlägt vor, solche Aufgaben gar nicht an Private, sondern nur an Organisationen des öffentlichen Rechts (v.a. Anstalten) zu übertragen, vgl. CG-Bericht, BBl 2006, S. 8268.
[21] Allfällige materielle Einschränkungen sind daher anhand der bundesrechtlichen Verfassungs- und Rechtsgrundsätze sowie möglicher weiterer Grundsätze der Kantonsverfassung auszumachen, vgl. dazu A. MÜLLER, Kriterien, S. 68 ff., und UEBERSAX, S. 416 ff.
[22] Ebenso JAAG, S. 30, und RRB 1934 vom 12. Dezember 2001, S. 6. Wichtig kann die Unterscheidung bei der Erfüllung der übertragenen Aufgabe sein, vgl. dazu MÜLLER/JENNI, S. 1073 m.w.H. Die Eigentümerstellung oder die Beteiligungsverhältnisse haben sodann Einfluss auf die Fragen nach Anwendbarkeit und Geltungsumfang der Corporate Governance, Art. 99.
[23] Vgl. BIAGGINI, St.Galler Kommentar, Art. 178 Rz. 31, und MÜLLER/JENNI, S. 1076 Anm. 48.
[24] Vgl. Prot. K6 vom 8. April 2003, S. 586 ff.

kantonale Spezialgesetz gar nicht dazu äussert. Diese Auslegung erscheint als erheblicher Eingriff in die Organisationsautonomie der Gemeinden[25].

12 Nach § 15a Abs. 1 GemG können die politischen Gemeinden zur Erfüllung ihrer Aufgaben selbstständige Anstalten errichten[26]. Diese Möglichkeit wird an keine weiteren Bedingungen geknüpft. Es ist aber wenig sinnvoll, wenn das kantonale Recht für die kommunale Aufgabenauslagerung eine Organisationsform ohne weitere Einschränkung zur Verfügung stellt, die dann aber doch nur aufgrund einer expliziten Erlaubnis des kantonalen Rechts genutzt werden kann. Ein Schweigen des kantonalen Gesetzes sollte daher nur dort als Verbot für die Aufgabenübertragung verstanden werden, wo es als qualifiziertes auszulegen ist. «Im Rahmen der Gesetzgebung» käme dann einer Ermächtigung an den kantonalen Gesetzgeber gleich, die Übertragung kommunaler Aufgaben zu verbieten[27].

4.2. Kantonale Aufgaben (Absatz 2)

13 Die Erfüllung einer Aufgabe wird nach Abs. 2 durch Gesetz und nicht auf dem Weg der Gesetzgebung auf einen Dritten übertragen. Damit ist ausgeschlossen, dass ein allgemeines Gesetz generell die Voraussetzungen für eine Aufgabenauslagerung umschreibt[28]. Die Formulierung verlangt vielmehr eine bereichsspezifische, formellgesetzliche Auslagerungsermächtigung, die auf einen bestimmten Aufgabenbereich konkret Bezug nimmt[29].

14 Bei den kantonalen Aufgaben verzichtet die Kantonsverfassung im Gegensatz zu den kommunalen auf die explizite Nennung der Übertragbarkeit hoheitlicher Befugnisse[30]. Es gibt indes keinen Hinweis darauf, dass die Kantonsverfassung diese damit bei kantonalen Aufgaben ausschliessen wollte[31]. Die in Abs. 4 aufgelisteten Anforderungen an die Auslagerungsgrundlage gelten denn auch sowohl für die Übertragung kantonaler (Abs. 2) als auch für die Übertragung kommunaler (Abs. 3) Aufgaben[32]. Nahe liegend ist daher, dass der Verfassungs-

---

[25] Sie würde zudem zu grossen praktischen Schwierigkeiten führen, weil bisher kommunale Aufgabenauslagerungen in vielen Bereichen erfolgten, in denen das entsprechende kantonale Gesetz dazu schweigt, so etwa in der Alterspflege.
[26] Die Regelung ist seit 1. April 2005 in Kraft.
[27] Gegen diese Auslegung spricht allerdings, dass § 15a GemG vor der KV in Kraft trat.
[28] Etwa mit einem Kriterienkatalog, in dessen Rahmen dann ein konkreter Auslagerungsentscheid auf dem Verordnungsweg erfolgen könnte.
[29] Vgl. die analogen Ausführungen zu Art. 178 BV von BIAGGINI, St.Galler Kommentar, Art. 178 Rz. 32.
[30] Zum Begriff der hoheitlichen Befugnis N. 18.
[31] Von Lehre und Praxis wird die Übertragbarkeit hoheitlicher Befugnisse denn auch seit Langem sogar ohne ausdrückliche verfassungsrechtliche Regelung anerkannt, vgl. etwa BIAGGINI, Anforderungen, S. 156 f., und A. MÜLLER, Kriterien, S. 74 f.
[32] Abs. 4 bezieht sich auf die «betreffenden Erlasse» und somit sowohl auf das in Abs. 2 genannte kantonale Gesetz als auch auf die in Abs. 3 aufgeführte Gemeindeordnung, vgl. Prot. RedK vom 12. August 2004,

geber auch bei Abs. 2 jene Aufgaben im Auge hatte, deren Erfüllung hoheitliche Befugnisse erfordert[33].

Die Anforderungen an die gesetzliche Grundlage bei der Übertragung von kantonalen und kommunalen Aufgaben mit hoheitlichen Befugnissen unterscheiden sich demnach einzig in einem Punkt. Für Letztere wird eine Regelung in der Gemeindeordnung und damit das obligatorische Referendum gefordert, während Erstere lediglich dem fakultativen Referendum unterstehen muss. Der Grund für diese Differenz ist der unterschiedliche Organisationsgrad zwischen den im Kanton existierenden zwölf Parlamentsgemeinden und den 159 Versammlungsgemeinden. Die Versammlungsgemeinden kennen kein fakultatives Referendum. Weil aber ein Beschluss der Gemeindeversammlung als demokratisch zu schwache Legitimation für die Übertragung hoheitlicher Befugnisse an Dritte erachtet wird[34], soll die Übertragung von Aufgaben mit hoheitlichen Befugnissen in allen Gemeinden in der Gemeindeordnung geregelt werden und damit der Urnenabstimmung unterstehen.

15

Die Anforderungen an die gesetzliche Grundlage für die Übertragung der Aufgaben, deren Erfüllung keine hoheitlichen Befugnisse erfordert, sind demgegenüber für private Aufgabenträger in Art. 38 Abs. 1 lit. h geregelt. Danach muss der inaugurierende Erlass die wesentlichen Bestimmungen über Art und Umfang der Aufgabenübertragung an Private enthalten. Diese Regelung unterscheidet sich von Art. 98 Abs. 2 in Verbindung mit Abs. 4[35].

16

Nach Art. 38 Abs. 1 lit. c sind auch Organisation und Aufgaben von Behörden in Form des Gesetzes zu regeln. Die Bestimmung gilt auch für Organisation und Aufgaben von öffentlichrechtlichen Anstalten[36]. Deren Organisation und Aufgaben sind aber kaum ohne Regelung von Art und Umfang der zu übertragenden Aufgabe festzulegen. Bei der Übertragung von öffentlichen Aufgaben, deren Erfüllung keine hoheitlichen Befugnisse erfordert, unterscheiden sich demnach die Vorgaben an die gesetzliche Grundlage für die Übertragung an Organisationen des öffentlichen Rechts nicht wesentlich von den eben für die Übertragung an private Aufgabenträger genannten.

17

S. 772 f. Die eher gemeinderechtliche Optik von Abs. 4 rührt daher, dass die Bestimmung durch die für die Gemeinden zuständige Kommission 6 eingebracht wurde.

[33] Dass die Verfassung von der Zulässigkeit der Übertragung hoheitlicher kantonaler Aufgaben ausgeht, zeigt etwa auch die Regelung in Art. 81 Abs. 2, wonach die Zuständigkeit der Ombudsstelle, die ja als Vermittlerin zwischen dem hoheitlich agierenden Staat und individuellen, privaten Positionen auftritt, auch bei der Wahrnehmung kantonaler Aufgaben durch Private vorgesehen ist.

[34] Vgl. RRB 1697 vom 19. November 2003, S. 26.

[35] Art. 38 Abs. 1 lit. h nennt im Gegensatz zu Art. 98 Abs. 4 folgende Kriterien nicht: die Finanzierung der zu übertragenden Aufgabe, die Struktur der Organisationen und ihre Aufgaben, den Umfang der Rechtssetzungsbefugnisse, Art und Umfang von bedeutenden Beteiligungen sowie die Aufsicht und den Rechtsschutz.

[36] HAUSER, Art. 38 N. 26.

4.3. Kommunale Aufgaben (Absatz 3)

18 Abs. 3 beschränkt die Verpflichtung, die Aufgabenauslagerung in der Gemeindeordnung zu regeln, auf Aufgaben, zu deren Erfüllung hoheitliche Befugnisse erforderlich sind. Hoheitliches Handeln findet in der Regel in der Kategorie der Eingriffsverwaltung statt, wo der oder die Einzelne in einem Subordinationsverhältnis zum Staat steht und dieser in individuelle Rechtspositionen eingreift[37].

19 Wo aber ist die Auslagerung von kommunalen Aufgaben zu regeln, zu deren Erfüllung keine hoheitlichen Befugnisse erforderlich sind? Der Geltungsbereich von Art. 38 Abs. 1 lit. c und h beschränkt sich auf das kantonale Recht[38]. Allerdings verlangt Art. 89 Abs. 1, dass die Gemeinden ihre Organisation und die Zuständigkeit ihrer Organe in der Gemeindeordnung regeln. Eine Aufgabenübertragung betrifft in der Regel die Gemeindeorganisation, unabhängig davon, ob es sich um die Erfüllung öffentlicher Aufgaben mit oder ohne hoheitliche Befugnisse handelt[39]. Jede Aufgabenübertragung gehört daher nach Lehre und Rechtsprechung grundsätzlich zu jenen Gegenständen, die in einem formellen Gesetz zu regeln sind[40]. Da nach der Rechtsprechung des Bundesgerichts all jene Erlasse als formelles Gesetz gelten, die zumindest dem fakultativen Referendum unterstehen[41], ist es für Parlamentsgemeinden grundsätzlich erforderlich, zugleich aber auch ausreichend, die Übertragung einer nicht hoheitlichen Aufgabe in einem Parlamentsbeschluss zu regeln, der dem fakultativen Referendum untersteht[42]. Aus denselben Gründen, die bei der Übertragung hoheitlicher

---

[37] Zu denken ist an Bereiche wie etwa Polizei, Militär, Strafverfolgung und Zwangsvollstreckung, aber z.B. auch an die Erhebung von Gebühren oder die Anordnung und Durchführung einer Expropriation, vgl. statt vieler BIAGGINI, Anforderungen, S. 156 f., und JAAG, S. 35.

[38] HAUSER, Art. 38 N. 50, weist immerhin darauf hin, dass die materielle Umschreibung des Gesetzes in Art. 38 Abs. 1 sinngemäss auch für das kommunale Recht gelten soll.

[39] So hat etwa die mit einer Aufgabenübertragung verbundene dauerhafte Kompetenzzuweisung an den künftigen Aufgabenträger Auswirkungen auf die Zuständigkeit der Gemeindeorgane.

[40] Vgl. statt vieler BIAGGINI, Anforderungen, S. 153 ff., der Ausnahmen von diesem Grundsatz lediglich in der Kategorie der Bedarfsverwaltung sieht, und HÄFELIN/MÜLLER/UHLMANN, Rz. 1509.

[41] Vgl. BGE 97 I 792 ff., 805, in dem das BGer festhält, dass auch ein Beschluss eines kommunalen Parlaments, der lediglich dem fakultativen Referendum unterstellt ist, ein formelles Gesetz ist.

[42] Dem entspricht, dass das Legalitätsprinzip bei organisationsrechtlichen Vorschriften je nach deren Bedeutung unterschiedlich hohe Anforderungen an Stufe und Bestimmtheit der gesetzlichen Grundlage stellt, vgl. BIAGGINI, Anforderungen, S. 158. Bestimmt sich die Gesetzgebungsstufe nach der Bedeutung der Regelungsmaterie, müssen immerhin jene (wenigen) Aufgabenauslagerungen, die für die Organisation einer Parlamentsgemeinde von wesentlicher Bedeutung sind, in der Gemeindeordnung geregelt oder aber einer obligatorischen Urnenabstimmung unterstellt werden. Diese Ausnahmen scheint auch SAILE anzuerkennen, vgl. SAILE, S. 12. Nach bisheriger Praxis war die Gemeindeordnung grundsätzlich bei allen Gemeindeorganisationen die Rechtsgrundlage für eine Aufgabenübertragung. Dabei wird indes verkannt, dass die Ausgliederung etwa von Gemeindewerken zwar bei Versammlungsgemeinden in der Regel einen beträchtlichen Teil des Gemeindehaushalts und damit meist einen wesentlichen Teil der Gemeindeorganisation betrifft, bei Parlamentsgemeinden aber nicht. Für diese rechtfertigt sich daher eine Regelung analog jener, die für den Kanton gilt, ebenso SAILE, S. 15 f. Zu beachten sind allerdings die finanzrechtlichen Bestimmungen, nach denen auch bei der Übertragung nicht hoheitlicher Aufgaben eine Urnenabstimmung erforderlich sein kann (Art. 86 Abs. 2 lit. a). Im Widerspruch zu dieser Auslegung

Befugnisse für die Regelung in der Gemeindeordnung sprechen[43], sind hingegen bei den Versammlungsgemeinden sowohl ein Grundsatzbeschluss über eine Aufgabenauslagerung als auch eine dauerhafte Kompetenzzuweisung[44] für die Aufgabenerfüllung nach wie vor in der Gemeindeordnung zu verankern[45].

4.4. Auslagerungskriterien (Absatz 4)

Die gesetzliche Konkretisierung der lit. a bis e in der Auslagerungsgrundlage hängt wesentlich von den Vorgaben für die Aufgabenerfüllung durch den neuen Aufgabenträger ab. Dabei ist nicht nur dessen Organisationsform[46], sondern auch die Kategorie der auszulagernden Verwaltungstätigkeit[47] von Bedeutung. Hilfestellung bietet hier folgende Faustregel: Je grösser der Umfang der bei der Aufgabenerfüllung erforderlichen hoheitlichen Befugnisse ist und je mehr der Vollzug nach privatrechtlichen Grundsätzen erfolgt, desto grösser ist auch

20

---

[43] steht § 15a Abs. 2 GemG, wonach die Übertragung einer kommunalen Aufgabe auf eine selbstständige Anstalt auch bei nicht hoheitlichen Aufgaben in jedem Fall in der Gemeindeordnung zu regeln ist. Zu Recht weist SAILE darauf hin, dass dieser Widerspruch im Rahmen der Revision des GemG zu beseitigen, bis dahin aber wohl in Kauf zu nehmen sei, vgl. SAILE, S. 21. Keinen direkten Einfluss hat Art. 98 hingegen auf § 15b GemG, der die Errichtung gemeinsamer Anstalten regelt. Der Geltungsbereich von Art. 98 erstreckt sich nicht auf die interkantonale und interkommunale Zusammenarbeit.

[43] N. 15.

[44] Den Grundsätzen zur Delegation von Entscheidungskompetenzen lassen sich in diesem Zusammenhang etwa folgende inhaltliche Anforderungen entnehmen: genau umschriebene Materie und Beteiligungen, Kompetenzen, Rechtsform, Vermögenswerte, Aufsicht, Rechtsschutz, vgl. MÜLLER/JENNI, S. 1077 m.w.H., sowie RRB 1697 vom 19. November 2003, S. 27.

[45] Ebenso KERN, S. 152 f., der allerdings davon ausgeht, dass diese Praxis nach der neuen KV auch für Parlamentsgemeinden gelten soll. A.M. HAUSER, Art. 38 N. 34 und 52, für den die Auslagerung nichthoheitlicher kommunaler Aufgaben auch in einem (nicht dem Referendum unterstehenden) Beschluss der Gemeindeversammlung geregelt werden kann.

[46] Eine erste Unterscheidung ist dabei zwischen Organisationen des privaten und des öffentlichen Rechts zu machen. Die weitere organisationsrechtliche Differenzierung spielt dann vor allem bei den privatrechtlichen Aufgabenträgern eine Rolle, vgl. BIAGGINI, Anforderungen, S. 156 ff. und 164 ff. Vgl. den Überblick über die verschiedenen privatrechtlichen Gesellschaftsformen bei HANDSCHIN/SIEGENTHALER, S. 408 ff., und ebenso bei HAUSER, S. 48 ff.

[47] Gemeinhin wird hier zwischen Eingriffsverwaltung, Leistungsverwaltung, fiskalischer Wettbewerbswirtschaft und Bedarfsverwaltung (administrativer Hilfstätigkeit) unterschieden, vgl. z.B. JAAG, S. 35 ff., 38 ff. Da in der Kategorie der Eingriffsverwaltung in der Regel die Übertragung hoheitlicher Befugnisse erforderlich ist, unterliegt der neue Aufgabenträger bei der Aufgabenerfüllung hier den strengsten Vorgaben. Allerdings bereitet die Abgrenzung der verschiedenen Aufgabenkategorien zunehmend Schwierigkeiten. So sind etwa auch in der Kategorie der Leistungsverwaltung häufig allein schon deshalb ebenfalls Eingriffe in individuelle Rechtspositionen erforderlich, weil für jede Leistung die entsprechenden Mittel beschafft werden müssen, vgl. dazu JAAG, S. 36. In der Regel nicht hoheitlich tritt der Staat hingegen bei der fiskalischen Wettbewerbswirtschaft und der Bedarfsverwaltung auf, weshalb bei der Aufgabenübertragung in diesen Kategorien grundsätzlich weniger strenge Anforderungen an die Aufgabenerfüllung gestellt werden. Aber auch im Rahmen der Bedarfsverwaltung kann in individuelle Rechtspositionen eingegriffen werden, so etwa bei der Datenbearbeitung, vgl. JAAG, S. 39, und A. MÜLLER, Rechtsträger, S. 121 ff.

das Bedürfnis, bereits im Stadium des Beschlusses über die Aufgabenauslagerung genau festzulegen, was vom künftigen Aufgabenträger gefordert wird[48].

21 Die Kriterien für die Bestimmung von *Art, Umfang und Finanzierung* der zu übertragenden Aufgabe können nur durch den Wechsel der unterschiedlichen Perspektiven erfasst werden, die hier zu beachten sind. Bei einer Aufgabenübertragung werden in der Regel[49] nur funktional bestimmte Bereiche wie z.B. die Verwaltung der staatlichen Liegenschaften ausgelagert. Es sind daher zunächst die öffentlichrechtlichen Funktionen und im Hinblick auf die Aufgabenfinanzierung auch die ihnen zugeteilten rechtlichen Beziehungen zu Personen und Sachen festzulegen[50].

22 Art, Umfang und Finanzierung der fraglichen Aufgabe hängen sodann entscheidend vom Mass an staatlicher Verantwortung sowie den Möglichkeiten staatlicher Einflussnahme für bzw. auf die künftige Aufgabenerfüllung ab. Bei der Aufgabenübertragung an Private liefern die in der Lehre entwickelten Definitionen für die verschiedenen Privatisierungsarten[51] Orientierungshilfen. Mit der Übertragungsart wird hier in der Regel zugleich auch ein wesentlicher Teil des Umfangs der zu übertragenden Aufgabe festgelegt. Je weniger Verantwortung dem Staat zukommt und je kleiner sein Einfluss auf die Aufgabenwahrnehmung sein soll, desto höheren Anforderungen hat die Auslagerungsgrundlage zu genügen.

23 Für die Festlegung der Aufgabenfinanzierung in der Auslagerungsgrundlage stehen grundsätzlich zwei Finanzierungsarten zur Verfügung[52]: die Finanzierung nach den Grundsätzen des Wettbewerbs oder mit Gebühren. Bei Ersterer ist vor allem zu klären, wieweit der Staat zum Einsatz von Steuergeldern verpflichtet sein könnte[53]. Bei Letzterer stehen zum einen die Anforderungen im Vordergrund, die das Bundesgericht an eine gesetzliche Grundlage im Abgaberecht stellt[54]. Zum andern sind dort, wo auch die Kompetenz zur Festlegung oder Änderung der entsprechenden Gebührenordnung übertragen wird, die Voraus-

---

[48] Vgl. BIAGGINI, Anforderungen, S. 163.
[49] Eine Ausnahme bildet hier die Privatisierung von Staatsbetrieben.
[50] Vgl. HANDSCHIN/SIEGENTHALER, S. 410.
[51] Vgl. dazu etwa JAAG, S. 26 ff., der zwischen Organisations-, Teil- und Vollprivatisierung, oder UEBERSAX, S. 398, der zwischen rein formeller Privatisierung, Teilprivatisierung, Vollprivatisierung und Aufgabenverzicht unterscheidet.
[52] Die Wahl der Finanzierungsart hat ihrerseits wieder Auswirkungen auf den Umfang der Regelungen bezüglich Rechtsschutz und Aufsicht, N. 27.
[53] Es geht dabei nicht nur um staatliche Beiträge (v.a. Subventionen) z.B. zur Sicherung des Service public, sondern auch darum, wieweit der Staat im Fall eines Scheiterns der Aufgabenübertragung für die Sicherstellung der Aufgabenerfüllung aufkommen muss. Von Bedeutung ist in diesem Zusammenhang immer auch die Frage, ob der Einsatz von Steuermitteln das Finanzreferendum tangieren könnte, N. 26.
[54] Vgl. HÄFELIN/MÜLLER/UHLMANN, Rz. 2693 ff.

setzungen an die gesetzliche Grundlage für die Delegation von Rechtsetzungsbefugnissen zu beachten⁵⁵.

Ist die Aufgabenträgerin eine Organisation des Privatrechts, ist ihre Ausgestaltung Sache des Bundesprivatrechts und damit der Regelungskompetenz der Kantone entzogen. Die zu wählende Organisation muss aber nach ihrer *Struktur* und ihren *Aufgaben* geeignet sein, das mit der Auslagerung verfolgte Ziel zu erreichen. Der Staat muss sicherstellen, dass der Zweck der Aufgabenauslagerung nicht durch eine mangelhafte organisations- und verfahrensrechtliche Regelung verfehlt wird⁵⁶. Direkten Einfluss auf die Ausgestaltung des Aufgabenträgers hat der Staat hingegen bei der Dezentralisierung öffentlicher Aufgaben. Die Organisation eines öffentlichrechtlich verfassten Aufgabenträgers ist daher entweder in der Auslagerungsgrundlage selbst oder aber in einer eigenen gesetzlichen Grundlage zu regeln. Die Regelungsdichte und der Detaillierungsrad der gesetzlichen Grundlage hängen dabei vom Umfang der zu übertragenden Entscheidungsbefugnisse ab⁵⁷. 24

Art. 98 Abs. 4 lit. c erlaubt ausdrücklich die Übertragung von *Rechtsetzungsbefugnissen*. Die Lehre geht indes davon aus, dass auch eine Verfassungsbestimmung zu einer Aufgabenübertragung, die sich nicht explizit zu einer Übertragung von Rechtsetzungsbefugnissen äussert, eine solche in engen Grenzen zulässt⁵⁸. Art. 98 Abs. 4 lit. c äussert sich aber nicht nur zur Zulässigkeit der Übertragung von Rechtsetzungsbefugnissen und zur Notwendigkeit ihrer gesetzlichen Verankerung, sondern auch zum zulässigen Umfang. Allein der Verweis auf den Rahmen der gesetzlich vorgegebenen Ziele liefert zwar noch keine Kriterien für eine inhaltliche Begrenzung. Im Zusammenhang mit Abs. 1 sowie der systematischen Stellung von Art. 98 als Vorbemerkung zu den öffentlichen Aufgaben stellt der Verweis aber klar, dass die Übertragung von Rechtsetzungskompetenzen nur soweit zulässig ist, wie sie zur Aufgabenerfüllung auch erfor- 25

---

[55] Gemäss bundesgerichtlicher Rechtsprechung ist die Gesetzesdelegation nur zulässig, wenn kumulativ die folgenden Voraussetzungen erfüllt sind: kein Ausschluss der Gesetzesdelegation durch die Verfassung, Delegationsnorm in einem formellen Erlass, Beschränkung auf eine bestimmte, genau umschriebene Materie und Umschreibung der Grundzüge der delegierten Materie, vgl. HÄFELIN/MÜLLER/UHLMANN, Rz. 407 m.w.H. auf die bundesgerichtliche Rechtsprechung.

[56] Vgl. BIAGGINI, Anforderungen, S. 151. So ist etwa zu beachten, dass die Funktionstauglichkeit des Aufgabenträgers auf Dauer gewährleistet ist. Ausgeschlossen ist damit etwa die Aufgabenübertragung auf eine Privatperson.

[57] Die Eckwerte, welche eine gesetzliche Grundlage bei der Errichtung einer öffentlichrechtlichen Anstalt zu beachten hat, sind für die kommunale Stufe in § 15a GemG geregelt. Wieweit diese Eckwerte auch mit den Kriterien von Art. 98 Abs. 4 übereinstimmen, muss an dieser Stelle offenbleiben.

[58] Vgl. BIAGGINI, St.Galler Kommentar, Art. 178 Rz. 29; BIAGGINI, Anforderungen, S. 155. Abgeleitet aus den allgemeinen Verfassungs- und Rechtsgrundsätzen wird v.a. für die Kategorien der Eingriffs- und der Leistungsverwaltung für die Übertragung von Rechtsetzungsbefugnissen aber eine formellgesetzliche Grundlage verlangt. Das Bundesamt für Justiz scheint hingegen in einem Gutachten die Auffassung zu vertreten, dass Rechtsetzungsbefugnisse ohne explizite verfassungsrechtliche Grundlage nicht übertragen werden dürfen, vgl. VPB 52/1988 Nr. 6, S. 33.

derlich ist. Die Bestimmung stellt damit einen notwendigen Konnex zwischen der Aufgabenerfüllung und der Zulässigkeit der Übertragung von Rechtsetzungskompetenzen her. Aus den allgemeinen Verfassungs- und Rechtsgrundsätzen folgt zudem, dass die gesetzliche Grundlage stets den Anforderungen zu entsprechen hat, die das Bundesgericht an der Delegation von Rechtsetzungsbefugnissen stellt[59].

26 Bei der Regelung von Art. 98 Abs. 4 lit. d steht die Wahrung demokratischer Rechte und des Finanzreferendums im Vordergrund. Eine Aufgabenübertragung beinhaltet in der Regel die Delegation von Entscheidungskompetenzen. Bei Ausgabenentscheiden verliert die Stimmbevölkerung so die Möglichkeit, mit dem Finanzreferendum auf zukünftige Ausgabenbeschlüsse des neuen Aufgabenträgers Einfluss zu nehmen. Die Regelung von *Art* und *Umfang* der *bedeutenden Beteiligungen* in der Auslagerungsgrundlage verhindert eine Umgehung des Finanzreferendums[60]. Jede Veränderung dieser Beteiligungen erfordert eine entsprechende Gesetzesänderung, welche ihrerseits dem Referendum untersteht[61].

27 Vor allem bei Privatisierungen kann die Aufgabenübertragung zu einer Verschlechterung des *Rechtsschutzes* führen, wenn ursprünglich öffentlichrechtlich geregelte Verhältnisse nach der Aufgabenübertragung dem Privatrecht unterstehen[62]. Allfällige Nachteile sind daher durch entsprechende Sonderregelungen in der Auslagerungsgrundlage auszugleichen[63]. So kann das Gesetz gegen Anordnungen der Gesellschaftsorgane ein Beschwerderecht an die Aufsichtsbehörde vorsehen, deren Entscheide verwaltungsintern oder an das Verwaltungsgericht weiterziehbar sind[64]. Mit der Aufgabenauslagerung soll allerdings häufig eine gewisse Effizienzsteigerung bei der Aufgabenerledigung erreicht werden. Dazu braucht der neue Aufgabenträger auch einen gewissen Handlungsspielraum. Wo dies mit einer veränderten Aufgabenerfüllung verträglich ist, muss daher

---

[59] N. 23 Anm. 55.
[60] Ohne die Festlegung von Art und Umfang bedeutender Beteiligungen am neuen Aufgabeträger könnte die staatliche Beteiligung z.B. durch einfachen Beschluss der Exekutive sukzessive vermindert werden.
[61] Vgl. zur Frage, welcher Vermögensmasse (Verwaltungs- oder Finanzvermögen) eine staatliche Beteiligung an einem privatrechtlich organisierten Aufgabenträger zuzuordnen ist, A. MÜLLER, Spitäler, S. 31 f.
[62] Auch wenn die ausgelagerte Aufgabe den Charakter einer öffentlichen Aufgabe nicht verliert, muss nicht zwingend weiterhin der öffentlichrechtliche Rechtsweg offen stehen. Mit der Zuständigkeit der Zivilgerichte gehen aber diverse Erleichterungen der öffentlichrechtlichen Rechtspflege wie z.B. eine gewisse Kostenfreiheit oder die Untersuchungsmaxime verloren, vgl. BIAGGINI, Anforderungen, S. 169, sowie A. MÜLLER, Kriterien, S. 75, und UEBERSAX, S. 412.
[63] Vgl. A. MÜLLER, Kriterien, S. 75. Dieser Grundsatz folgt bereits aus Art. 35 Abs. 2 BV. Die dort statuierte Grundrechtsbindung gilt für alle Organisationen, die staatliche Aufgaben im Sinn von Art. 35 Abs. 2 BV wahrnehmen, unabhängig von ihrer Organisations- und Handlungsform, vgl. BIAGGINI, Anforderungen, S. 166. Ob das fragliche Rechtsverhältnis privat- oder öffentlichrechtlicher Natur ist, kann freilich nicht in der Auslagerungsgrundlage festgelegt, sondern muss im Einzelfall gestützt auf die konkreten Umstände und Gegebenheiten entschieden werden, vgl. A. MÜLLER, Rechtsträger, S. 130 f.
[64] Vgl. JAAG, S. 47.

auch eine gewisse «Schlechterstellung» beim Rechtsschutz zulässig sein. Tritt etwa der neue Aufgabenträger nicht hoheitlich auf, gibt es keinen Grund, den im öffentlichen Verfahrensrecht speziell ausgebauten Rechtsschutz aufrechtzuerhalten[65].

Besondere Bedeutung kommt Art. 98 Abs. 4 lit. e bei der Übertragung kommunaler Aufgaben zu, weil die Gemeinden ohne kantonale gesetzliche Grundlage keine Möglichkeit haben, gegen Anordnungen privater Organisationen einen öffentlichrechtlichen Rechtsschutz vorzusehen[66]. 28

Die Übertragung einer öffentlichen Aufgabe hat zur Folge, dass die Mitwirkungsrechte der Stimmberechtigten und bei Privatisierungen in der Regel auch jene des Parlaments entfallen. Entsprechend dem Mass an Verantwortung, das dem Staat bei der Aufgabenerfüllung verbleibt, sowie dem Umfang staatlicher Einflussmöglichkeiten auf die Aufgabenerfüllung[67] ist über die Errichtung einer staatlichen *Aufsicht* ein gewisser Ausgleich zu schaffen[68]. Der Aufbau einer staatlichen Aufsicht ist zudem dort erforderlich, wo Gefahr besteht, dass durch die Auslagerung der Aufgabenerfüllung wesentliche öffentliche Interessen nicht mehr genügend berücksichtigt werden könnten[69]. Dabei ist zu beachten, dass dem Staat die Aufsichtsmittel des öffentlichen Rechts ohne entsprechende Regelung in der Auslagerungsgrundlage nur gegenüber Organisationen des öffentlichen Rechts, nicht aber gegenüber privatrechtlich organisierten Aufgabenträgern zu Verfügung stehen[70]. In der Auslagerungsgrundlage zu regeln sind daher etwa die Pflicht zur Vorlage der jährlichen Rechnung und Berichterstattung sowie eine Genehmigungspflicht für allgemeine Geschäftsbedingungen oder Gebührenordnungen[71]. 29

---

[65] Vgl. A. MÜLLER, Rechtsträger, S. 131. Ähnlich BIAGGINI, Anforderungen, S. 167.

[66] Vgl. JAAG, S. 47. POLEDNA, S. 315 ff., schlägt in diesem Zusammenhang vor, dass die Gemeindeordnung bei Anordnungen des neuen Aufgabenträgers einen Entscheid des Verwaltungsvorstands mit Einsprache an die Gemeindeexekutive oder direkt einen Beschluss des Gemeinderats vorsieht, da hiergegen die öffentlichrechtlichen Rechtsmittel zur Verfügung stehen.

[67] In diesem Zusammenhang werden v.a. die verschiedenen Möglichkeiten der (finanziellen) staatlichen Beteiligung an privaten Aufgabenträgern sowie die Entsendung von Delegierten etwa in den Verwaltungsrat einer Aktiengesellschaft diskutiert, vgl. JAAG, S. 45 f.

[68] Vgl. JAAG, S. 45, der im Zusammenhang mit der Privatisierung von öffentlichen Aufgaben darauf hinweist, dass dort, wo für die Erfüllung einer Aufgabe durch den Staat kein genügendes öffentliches Interesse mehr besteht, auch die Rechtfertigung für eine politische Mitwirkung von Volk und Parlament fehlt. JAAG betont zudem, dass aufsichtsrechtliche Einflussmöglichkeiten weitestgehend der Regierung vorbehalten sind, hingegen eine Einflussnahme des Parlaments nur eingeschränkt möglich und eine Einflussnahme der Bevölkerung eigentlich ausgeschlossen ist. Zu den diversen Schwierigkeiten, die sich ergeben, wenn die staatliche Aufsicht mit den Mitteln des Gesellschaftsrechts gesichert werden soll, vgl. MÜLLER/JENNI, S. 1081.

[69] Im Wesentlichen handelt es sich dabei um den Bereich des Service public, der sich freilich je nach Aufgabenbereich anders definiert, vgl. A. MÜLLER, Kriterien, S. 79 f., und UEBERSAX, S. 416 ff.

[70] Nach Art. 57 Abs. 1 übt der Kantonsrat zwar die Kontrolle über «andere Träger öffentlicher Aufgaben» aus; nicht festgelegt werden damit aber die Aufsichtsmittel, die dafür zur Verfügung stehen.

[71] Vgl. JAAG, S. 46.

30 Art. 46 Abs. 2 führt neu auch für private Aufgabenträger eine Kausalhaftung ein. Bereits bisher galt sodann unter bestimmten Voraussetzungen[72] die nunmehr explizit festgehaltene subsidiäre Haftung des Gemeinwesens für den Schaden bei rechtswidrigem Verhalten privater Aufgabenträger.

5. Ausblick

31 Da sich der Verfassungsrat nicht zu jenen Fällen äusserte, in denen das kantonale Spezialgesetz zur Frage der Übertragung kommunaler Aufgaben schweigt[73], wird die Praxis zeigen müssen, wieweit hier noch Aufgabenauslagerungen ohne gesetzliche Anpassungen möglich sind.

32 Die Übertragung von Aufgaben, deren Wahrnehmung hoheitliche Befugnisse erfordert, ist in Art. 98 Abs. 2, 3 und 4 geregelt; jene der anderen öffentlichen Aufgaben in den Art. 38 Abs. 1 lit. c und h und 89 Abs. 1. Trotz dieser unterschiedlichen Grundlagen äussert sich die Verfassung nicht klar zur Frage, wieweit sich auch die Anforderungen an die entsprechende gesetzliche Grundlage unterscheiden. Die Entscheidung, ob und allenfalls wieweit die Kriterien in Art. 98 Abs. 4 auch auf die Übertragung von wichtigen öffentlichen Aufgaben Anwendung finden, deren Wahrnehmung aber keine hoheitlichen Befugnisse erfordert, wird daher dem Gesetzgeber obliegen[74].

33 Offen ist sodann, ob der detaillierte Katalog von Art. 98 Abs. 4 lit. a bis e bereits das ganze Spektrum an Vorgaben für die Auslagerungsgrundlage abdeckt, das von Lehre und Rechtsprechung aus den allgemeinen Verfassungs- und Rechtsgrundsätzen abgeleitet wird[75]. Leitlinien zur Beantwortung dieser Frage bilden die Gewährleistung von Rechtssicherheit und Rechtsgleichheit sowie der Schutz der Freiheit (Rechtstaatlichkeit) einerseits und der Schutz der Demokratie (demokratische Legitimation staatlichen Handelns) anderseits[76].

---

[72] Vgl. MÜLLER/JENNI, S. 1081.
[73] N. 11 f.
[74] Dabei wird auch zu beachten sein, dass die Erfüllung von übertragenen Gemeindeaufgaben zunehmend durch interkommunale Zusammenarbeit erfolgt.
[75] Aus der Pflicht zur Beachtung des Finanzreferendums etwa folgt, dass auch Art und Wert der zu übertragenden Vermögensgegenstände in der Auslagerungsgrundlage bestimmt werden müssen. Vermögenswerte, die dem Staat zur Erfüllung einer öffentlichen Aufgabe dienen, sind Verwaltungsvermögen. Die Übertragung auf einen Privaten erfordert zumindest dann eine Entwidmung, d.h. die Umwandlung von Verwaltungs- in Finanzvermögen, wenn der Staat an den veräusserten Vermögenswerten nur noch über eine Anlage des Finanzvermögens beteiligt ist, vgl. WIEGAND/WICHTERMANN, S. 69. Vgl. eine Zusammenfassung der Kriterien aus allgemeinen Verfassungs- und Rechtsgrundsatzen bei BIAGGINI, St.Galler Kommentar, Art. 178 Rz. 34, sowie bei A. MÜLLER, Kriterien, S. 73 ff., und UEBERSAX, S. 409.
[76] Vgl. BIAGGINI, Anforderungen, S. 154.

Art. 99[*]

Kontrolle

Organisationen des öffentlichen oder des privaten Rechts, die im Rahmen eines Leistungsauftrages öffentliche Aufgaben erfüllen, müssen ein fachlich ausgewiesenes, von der operativen Führung unabhängiges Aufsichtsorgan haben.

Dieses prüft regelmässig die Qualität und die Wirtschaftlichkeit der Auftragserfüllung.

Materialien

Art. 110 VE; Prot. Plenum, S. 1279, 1374 ff., 2503 ff.

Literatur

BÖCKLI PETER, Schweizer Aktienrecht, 3. Aufl., Basel 2004; LIENHARD ANDREAS, Staats- und verwaltungsrechtliche Grundlagen für das New Public Management in der Schweiz, Bern 2005; NYFFELER PAUL, Corporate Governance, Vorbild zwischen Einsicht und Aufsicht, in: Christoph und Stefan Schaltegger (Hrsg.), Perspektiven der Wirtschaftspolitik, Festschrift René L. Frey, Zürich 2004, S. 321 ff.

Übersicht

	Note
1. Entstehungsgeschichte	1
2. Regelungen im Bund	2
3. Systematische Stellung	6
4. Kontrolle verwaltungsexterner Aufgabenträger	7
4.1. Corporate Governance	7
4.2. Eingrenzungen und Anwendungsbereich	9
4.3. Kontrollorgan (Prüfungsausschuss; Abs. 1)	18
4.4. Inhalt der Kontrolle (Abs. 2)	26
5. Ausblick	31

1. Entstehungsgeschichte

Die Regelung von Art. 99 wurde im Verfassungsrat im Zusammenhang mit dem Thema der «Corporate Governance» diskutiert[1]. Anstoss für die Aufnahme einer Bestimmung in diesem Kontext lieferte ein Artikel in der NZZ[2]. Ursprünglich wurde ein umfassender Artikel zur «Aufgabenerfüllung und Finanzierung» vorgeschlagen, der die Normierungen der nun geltenden Art. 99 und 95 umfass-

1

---

[*] Ich danke Dr. iur. Philipp Mäder für seine wertvollen Hinweise zum Text.
[1] Vgl. Prot. K4 vom 27. Februar 2003, S. 299 ff., und vom 12. Juni 2003, S. 314 ff.; Prot. RedK vom 7. März 2003, S. 271 ff.
[2] Vgl. Prot. K4 vom 28. März 2002, S. 232; KUNO SCHEDLER «Corporate Governance bei Staatsbetrieben, Das Balancieren zwischen Politik und Management», NZZ vom 19. März 2002.

te[3]. Erst später wurde Art. 99 als eigenständige Bestimmung in den unter lit. B zusammengefassten engeren Kontext der Übertragung öffentlicher Aufgaben gesetzt[4].

2. Regelungen im Bund

2 Obwohl auch der Bund verschiedene seiner Aufgaben an Organisationen ausserhalb der Bundesverwaltung übertragen hat, enthält die BV keine Art. 99 entsprechende Regelung. Allerdings hat der Bundesrat in seinem Corporate-Governance-Bericht vom 13. September 2006[5] einheitliche Grundsätze und Richtlinien für die Steuerung jener dezentralen Aufgabenträger erarbeitet, die im Eigentum des Bundes stehen oder an denen dieser eine Haupt- oder Mehrheitsbeteiligung hat.

3 Grundlage für die staatliche Steuerung ist die rechtliche und (betriebs)wirtschaftliche Konzeption des Aufgabenträgers[6]. Der Bundesrat geht dabei davon aus, dass die Grundsätze und Richtlinien vor allem auf Organisationen des öffentlichen Rechts (z.B. Anstalten) Anwendung finden, weil bei privatrechtlich verfassten Aktiengesellschaften organisatorische Führungs- und Steuerungsgrundsätze teilweise bereits im Aktienrecht geregelt sind[7].

4 Einen weiteren wichtigen Bezugspunkt für die staatliche Steuerung bilden die Organe des Aufgabenträgers[8]. Zu beachten ist zudem die Rolle, die der Staat gegenüber dem Aufgabenträger einnimmt[9].

5 Von Bedeutung ist schliesslich auch die Art der staatlichen Aufsicht. Unterschieden wird zwischen Dienstaufsicht und Verbandsaufsicht[10]. In der Regel stehen bei Ersterer bezüglich Gegenstand, Reichweite, Intensität, Adressat und Mittel

---

[3] Vgl. K4, Vorlage zur internen Vernehmlassung vom 2. Mai 2002, S. 5.
[4] Vgl. Prot. K4 vom 27. Februar 2003, S. 299.
[5] Bericht des Bundesrats zur Auslagerung und Steuerung von Bundesaufgaben vom 13. September 2006 (CG-Bericht), BBl 2006, S. 8233 ff.
[6] Vgl. CG-Bericht, BBl 2006, S. 8267.
[7] Vgl. CG-Bericht, BBl 2006, S. 8266 f. Es handelt sich dabei im Wesentlichen um die Art. 716a, 716b und 717 OR.
[8] Von Bedeutung sind Anzahl, Funktionen und Kompetenzen, die Grösse und Zusammensetzung der Organe sowie die Wahl und Möglichkeit der Abberufung ihrer Mitglieder, vgl. CG-Bericht, BBl 2006, S. 8269 ff.
[9] Tritt er als dessen Eigentümer auf und ist er damit auch für seine nachhaltige Entwicklung verantwortlich, gelten für die staatliche Aufsicht und Kontrolle andere Anforderungen als dort, wo der Staat Leistungsbesteller ist und lediglich das Wissen oder die Infrastruktur des Leistungserbringers nutzen will, vgl. CG-Bericht, BBl 2006, S. 8288 ff.
[10] Der Bundesrat stellt mit der Aufsichtstätigkeit die Erfüllung der verfassungsmässigen und gesetzlichen Aufgaben sicher. Dazu kann er Weisungen und verbindliche Anordnungen erlassen (Dienstaufsicht). Dieses Recht steht ihm hingegen bei dezentralen Aufgabenträgern dort nicht zu, wo Weisungen und Anordnungen den Autonomiebereich des Aufgabenträgers betreffen würden (Verbandsaufsicht).

der Aufsicht mehr Möglichkeiten zur Verfügung als bei Letzterer. Dieser Differenz soll auch begrifflich Nachdruck verliehen werden, indem die Aufsichtstätigkeit, die der Bundesrat in seiner Funktion als Eigentümer[11] gegenüber einem dezentralen Aufgabenträger wahrnimmt, als Kontrolle bezeichnet wird[12].

3. Systematische Stellung

Unklar war im Verfassungsrat, ob Art. 99 bei den allgemeinen Grundsätzen oder den Grundsätzen zu den öffentlichen Aufgaben eingeordnet werden soll[13]. Mit der Platzierung bei den Grundsätzen zu den öffentlichen Aufgaben und insbesondere unter lit. B wurde klargestellt, dass sich die Bestimmung nur auf die übertragenen Aufgaben und nicht auf das gesamte Verwaltungshandeln bezieht[14]. Die systematische Stellung knüpft damit an die für den Bund dargelegte Unterscheidung zwischen Dienst- und Verbandsaufsicht an, die auch für die kantonale Ebene gilt[15].

4. Kontrolle verwaltungsexterner Aufgabenträger

4.1. Corporate Governance

Trotz der Diskussion um das Thema «Corporate Governance» in den 1990er-Jahren hat sich bis heute kein einheitliches und allgemeingültiges Begriffsverständnis durchgesetzt[16]. «Corporate Governance» stammt aus der Privatwirtschaft und beschreibt in erster Linie das Verhältnis zwischen strategischer und operativer Führung und den Eigentümern einer Gesellschaft[17]. Mit grundlegenden Verhaltenspflichten zur Organisation und Führung einer Gesellschaft sollen deren Leistungs- und Kontrollorganisation optimiert und damit die ope-

---

[11] Denkbar ist neben dem Alleineigentum auch eine Haupt- oder Mehrheitsbeteiligung.
[12] Vgl. Erläuternder Bericht der Eidgenössischen Finanzverwaltung zum Corporate-Governance-Bericht des Bundesrats vom 13. September 2006 (EB), S. 57 f.
[13] Vgl. Prot. K4 vom 28. März 2002, S. 232, und Prot. RedK vom 7. März 2003, S. 271.
[14] Vgl. Prot. K4 vom 27. Februar 2003, S. 299. Die Marginalie zu Art. 99 lautete ursprünglich «Aufsicht», vgl. Art. 110 VE. Im Verfassungsrat wurde ausgeführt, mit der neuen Marginalie «Kontrolle» solle zum Ausdruck gebracht werden, dass es nur um die besondere fachliche Aufsicht bei der Übertragung öffentlicher Aufgaben an Dritte gehe, weshalb der Begriff Aufsicht zu allgemein sei, vgl. Prot. RedK vom 12. August 2004, S. 774.
[15] Die Aufsichtstätigkeit des Regierungsrats ist analog jener des Bundesrats in eine Dienst- und Verbandsaufsicht unterteilbar. Im Verfassungsrat war im Zusammenhang mit der Verbandsaufsicht auch die Rede von einem «betrieblichen Controlling», Prot. RedK vom 13. Februar 2003, S. 156.
[16] Vgl. NYFFELER, S. 325, und EB, S. 81.
[17] Im Zentrum steht dabei die Aktiengesellschaft und dort das Verhältnis zwischen Verwaltungsrat, Geschäftsführung und Aktionariat (Eigentümer).

rative Führung des Unternehmens einer besseren Kontrolle unterstellt werden[18]. Eine zusammenfassende Formulierung ist für die Aktiengesellschaften des Privatrechts seit 2002 im «Swiss Code of Best Practice in Corporate Governance» festgehalten[19]. Dabei handelt es sich allerdings nicht um rechtlich verbindliche Regeln, sondern um eine Selbstregulierung der Privatwirtschaft.

8 Bei der Übertragung einer öffentlichen Aufgabe an Dritte erhöht sich die Zahl der an der Aufgabenerfüllung beteiligten Akteure. Zu den auf der Seite des Aufgabenträgers beteiligten Organen[20] kommen auf staatlicher Seite das Parlament, die Exekutive, die Verwaltung und die Finanzkontrolle bzw. die Rechnungsprüfungskommission hinzu. Im Vergleich zur Privatwirtschaft steigt zudem auch die Zahl der involvierten Interessen, wobei der Staat leicht in einen Rollenkonflikt gerät. Er ist Gesetzgeber, häufig Eigentümer[21], Aufsichtsbehörde und zugleich Kunde. Werden die verschiedenen Rollen nicht klar getrennt, verwischen Zuständigkeiten und Verantwortlichkeiten; Steuerung und Überwachung des Aufgabenträgers werden problematisch[22].

4.2. Eingrenzungen und Anwendungsbereich

9 Unklar ist zunächst, ob Art. 99 nur dann gilt, wenn die Wahrnehmung von übertragenen Aufgaben hoheitliche Befugnisse erfordert. Da Art. 98 auf diesen Fall zugeschnitten ist[23], würde die systematische Stellung von Art. 99 für solch eine eingeschränkte Anwendung sprechen.

10 Die Regelung war ursprünglich als Teil der Normierung des nun geltenden Art. 95 vorgesehen[24]. Die Unterteilung der allgemeinen Bestimmungen zu den öffentlichen Aufgaben in lit. A (Allgemeine Bestimmungen) und lit. B (Übertragung öffentlicher Aufgaben) erfolgte sodann erst durch eine neue Strukturierung in der Redaktionskommission, die keine inhaltlichen Änderungen bringen

---

[18] Vgl. die Informationen des SECO zu Corporate Governance, www.seco.admin.ch.
[19] Swiss Code, abrufbar unter www.economiesuisse.ch. Vgl. auch die Grundsätze zur Corporate Governance, welche die OECD bereits 1998 erliess und 2004 revidierte, Corporate Governance, Verbesserung der Wettbewerbsfähigkeit und der Kapitalbeschaffung auf globalen Märkten, Bericht an die OECD, MILLSTEIN IRA (Vorsitz), Paris 1998, und «OECD Principles of Corporate Governance» vom April 2004.
[20] Dazu N. 7. Ist der Aufgabenträger eine öffentlichrechtliche Anstalt, übernimmt anstelle des Aktionariats der Regierungsrat die Eigentümerposition.
[21] Dazu N. 5 Anm. 12. Entscheidend ist letztlich der Einfluss, den der Staat auf den Aufgabenträger ausüben kann.
[22] Vgl. z.B. den jüngsten Fall: Der Bundesrat nahm ohne Absprache mit der Unternehmensführung aus politischen Gründen Einfluss auf die Auslandstrategie der Swisscom (spezialgesetzliche Aktiengesellschaft). Als Reaktion auf solche Problemlagen hat der OECD-Rat am 5. April 2005 in Ergänzung zu den OECD-Grundsätzen der Corporate Governance nunmehr auch OECD-Richtlinien für die Corporate Governance von Staatsbetrieben erlassen und die Vereinheitlichung der Rechtsform von Staatsbetrieben postuliert, vgl. OECD Guidelines of the Corporate Governance of State-Owned Enterprises, Kapitel I lit. B.
[23] Art. 98 N. 14.
[24] Vgl. N. 1.

sollte²⁵. Im Kontext der Corporate Governance steht zudem die klare Zuordnung von Zuständigkeiten und Verantwortlichkeiten der beteiligten Akteure und nicht die Art der zu erfüllenden Aufgabe im Vordergrund. In diesem Licht erscheint es einleuchtend, die Bestimmung generell bei der Erfüllung öffentlicher Aufgaben durch Dritte anzuwenden²⁶.

Trotz der Vielzahl von Akteuren, die an der dezentralen Aufgabenerfüllung und damit auch an der Corporate Governance im öffentlichen Sektor beteiligt sind, und trotz der zahlreichen Interessen, die diese verfolgen, richtet sich Art. 99 nur an den Aufgabenträger. Dieser muss über ein von der operativen Führung unabhängiges Aufsichtsorgan verfügen. 11

Direkte Vorgaben für die Organisation des Aufgabenträgers sowie die Ausgestaltung der staatlichen Aufsicht macht bereits Art. 98 Abs. 4 in lit. b und e²⁷. Adressaten sind nach dem Wortlaut von Art. 99 Organisationen des öffentlichen oder des privaten Rechts²⁸, die öffentliche Aufgaben²⁹ erfüllen. Die Organisation der privaten Aufgabenträger ist aber im Bundeszivilrecht geregelt, auf das der Kanton keinen Einfluss hat³⁰. Die Leitsätze der Corporate Governance sind zudem zumindest bei den privatrechtlichen Aktiengesellschaften weitgehend bereits durch das Aktienrecht abgedeckt³¹. Es fragt sich daher, inwieweit Art. 99 Abs. 1 für Letztere überhaupt Geltung hat. 12

Art. 99 macht freilich keine Vorschriften zur Aufbauorganisation einer Gesellschaft, sondern nur zur Aufgabenwahrnehmung. Er greift damit nicht in das Bundeszivilrecht ein und kann sich so grundsätzlich auch an privatrechtliche Aufgabenträger richten³². 13

Mit der Verpflichtung zur Schaffung eines fachlich ausgewiesenen, von der operativen Führung unabhängigen Aufsichtsorgans regelt Art. 99 aber ohnehin lediglich einen kleinen Ausschnitt aus der breiten Palette der von der Corporate 14

---

²⁵ Vgl. Prot. RedK vom 12. August 2004, S. 775.
²⁶ Zu möglichen Anwendungseinschränkungen N. 11 ff.
²⁷ Art. 98 N. 24 und 29. Art. 98 und 99 stehen im Verhältnis von Rechtsgrundlage und Ausführungsbestimmung. Art. 98 enthält Bestimmungen zu den Voraussetzungen, die für eine Aufgabenübertragung erfüllt sein müssen, Art. 99 Bestimmungen zur Aufgabenwahrnehmung. Im gleichen Verhältnis wie zu Art. 98 steht Art. 99 sodann auch zu Art. 38 Abs. 1 lit. c und h sowie zu Art. 89 Abs. 1 (Art. 98 N. 16 f. und 19).
²⁸ Art. 98 N. 2.
²⁹ Art. 95 N. 4.
³⁰ Das Privatrecht regelt die zulässigen Organisationsformen eingehend und unabhängig vom konkreten Einzelfall und stellt eine abschliessende Typologie der Rechtsformen zur Verfügung. Im Gegensatz dazu kennt das öffentliche Recht keine abstrakte und abschliessende Regelung der Organisationsformen und ihrer Struktur.
³¹ N. 3.
³² Allenfalls ist die Bestimmung insofern redundant, als sie Vorgaben macht, die bereits durch die von der Privatwirtschaft erarbeiteten Regelwerke aufgestellt wurden. Neben dem Swiss Code sind dies die Richtlinien betreffend Informationen zur Corporate Governance der SWX Swiss Exchange (SWX Richtlinie vom 17. April 2002, zu finden auf www.economiesuisse.ch) und die OECD-Grundsätze der Corporate Governance.

Governance zusammengefassten Steuerungselemente bzw. der davon betroffenen Bereiche[33].

15 Nach dem Wortlaut von Art. 99 Abs. 1 richtet sich die Regelung (nur) an jene Organisationen, welche die übertragene Aufgabe «im Rahmen eines Leistungsauftrags» erfüllen. Unklar ist, ob der Verfassungsgeber damit die Anwendbarkeit von Art. 99 auf jene Organisationen einschränken wollte, welche die übertragene Aufgabe aufgrund eines in einem öffentlichrechtlichen Vertrag konkretisierten Leistungsauftrags erfüllen.

16 Von Art. 99 Abs. 1 erfasst werden Leistungsaufträge in Form von Leistungsvereinbarungen mit öffentlichrechtlich oder privatrechtlich organisierten dezentralen Aufgabenträgern. Im Verfassungsrat wurde darauf hingewiesen, dass der Begriff des Leistungsauftrags ein terminus technicus des NPM sei[34].

17 Auch mit der verstärkten Ausrichtung auf Zielsetzungen durch das NPM ist die Gesetzgebung das wesentliche Instrument zur allgemeinverbindlichen Umschreibung von Leistungs- und Wirkungszielen (finale Rechtsetzung). Neben den vertraglichen kennt das NPM deshalb auch gesetzliche Leistungsaufträge[35]. Bei der Aufgabenauslagerung besteht der Leistungsauftrag häufig in einer gesetzlichen Normierung von Art und Umfang der übertragenen Aufgabe[36]. Von Art. 99 Abs. 1 werden daher nicht nur vertraglich geregelte, sondern auch gesetzlich festgeschriebene Leistungsaufträge erfasst[37].

4.3. Kontrollorgan (Prüfungsausschuss; Abs. 1)

18 Nach der Konzeption des OR ist bei den *Aktiengesellschaften des Privatrechts* der mit der strategischen Führung der Gesellschaft betraute Verwaltungsrat der Geschäftsleitung übergeordnet[38]. Nach Ziff. 12 Swiss Code ist der Verwaltungsrat ausgewogen zusammenzusetzen. Dazu gehört, dass eine Mehrheit aus Mitgliedern besteht, die im Unternehmen keine operativen Führungsaufgaben erfüllen, aber auch, dass der Verwaltungsrat so gross ist, dass seine Mitglieder

---

[33] N. 7 f.
[34] Vgl. Prot. K4 vom 12. Juni 2003, S. 315.
[35] Aufgrund der vermehrt finalen Ausrichtung der Gesetzgebung können auch Rechtssätze Leistungsaufträge enthalten. Wirkungsziele werden so formellgesetzlich definiert, vgl. LIENHARD, S. 255.
[36] Art. 98 Abs. 4 lit. a und 38 Abs. 1 lit. h.
[37] Im Verfassungsrat wurde denn auch ursprünglich ganz allgemein von der Leistungskontrolle durch das von der operativen Führung unabhängige Organ gesprochen, vgl. Prot. K4 vom 27. Februar 2003, S. 299.
[38] Zu den unübertragbaren Aufgaben des Verwaltungsrats gehören nach Art. 716a OR u.a. die Ernennung und Abberufung der mit der Geschäftsführung betrauten Personen sowie die Oberaufsicht über diese. Ein Führungsorgan, das für die operativen Geschäfte zuständig und organisatorisch von dem für die strategische Steuerung verantwortlichen Führungsorgan getrennt ist, wird zwar vom OR nicht vorgeschrieben, ist aber bei den Aktiengesellschaften des Privatrechts die Regel.

Erfahrung und Wissen aus verschiedenen Bereichen ins Gremium einbringen und die unterschiedlichen Funktionen der Leitung und der Kontrolle in Ausschüssen unter sich verteilen können[39].

Für Ausschussmitglieder gelten nach Ziff. 22 Swiss Code besondere *Unabhängigkeitsregeln*. Als unabhängig gelten Mitglieder des Verwaltungsrats, die der Geschäftsführung nie oder vor mehr als drei Jahren angehört haben. Ausserdem sollen sie mit der Gesellschaft in keiner oder nur verhältnismässig geringfügiger geschäftlicher Beziehung stehen. Der Swiss Code empfiehlt, diese zusätzlichen Anforderungen insbesondere für die Mitglieder der sog. «Audit Committees» zu verlangen. Aufgabe dieser Prüfungsausschüsse[40] ist es, darüber zu beschliessen, ob dem Gesamtverwaltungsrat die Vorlage der Jahresrechnung an die Generalversammlung zu empfehlen ist. Eine solche Empfehlung schliesst die Bestätigung mit ein, dass der Abschluss in allen wesentlichen Punkten den anwendbaren Rechnungslegungsstandards entspricht[41]. 19

Entsprechend dieser Aufgabe des Prüfungsausschusses sollen seine Mitglieder über *besondere Kenntnisse* verfügen. Ziff. 23 Swiss Code empfiehlt, dass die Mehrheit der Mitglieder, darunter der Vorsitzende, im Finanz- und Rechnungswesen erfahren sein soll[42]. 20

Auch bei der Organisation der *öffentlichrechtlichen Anstalten* wird regelmässig zwischen strategischer und operativer Führung unterschieden[43]. Art. 99 Abs. 1 setzt diese organisatorische Unterscheidung zwar voraus[44], sagt aber nichts darüber aus, ob beide Funktionen in einem Organ vereint sein dürfen[45]. 21

Der Verfassungsrat ging davon aus, dass bei den öffentlichrechtlichen Organisationen für die Einrichtung von Prüfungsausschüssen Nachholbedarf bestehe[46]. Zudem wurde die Auffassung vertreten, das geforderte Aufsichtsorgan, das die qualitative und wirtschaftliche Kontrolle sicherstelle, solle nicht vom Auf- 22

---

[39] Nach Ziff. 21 Swiss Code bildet der Verwaltungsrat aus seinen Mitgliedern Ausschüsse mit definierten Aufgaben.
[40] Ziff. 23 f. Swiss Code.
[41] Vgl. BÖCKLI, § 14 N. 59. Nach Ziff. 24 Swiss Code bildet sich der Prüfungsausschuss ein eigenständiges Urteil über die externe Revision, das interne Kontrollsystem und den Jahresabschluss. Mit dieser Aufgabenstellung an den Prüfungsausschuss besteht eine gewisse Gefahr der Doppelspurigkeit zum Prüfungstestat der gesetzlich zwingend vorgesehenen externen Revisionsstelle (Art. 728 Abs. 1 OR).
[42] Gefordert wird auch die Kompetenz für die Auswahl und Abberufung der externen Abschlussprüfer, vgl. BÖCKLI, § 14 N. 58.
[43] Vgl. etwa das Gesetz über die Gebäudeversicherung(sanstalt) vom 2. März 1975 (GGV; LS 862.1), das für die strategische Führung den Verwaltungsrat (§§ 7 f. GGV) und für die operative Führung die Direktion (§ 8 GGV) vorsieht.
[44] Vgl. Prot. Plenum, S. 1376 ff.
[45] Im Verfassungsrat wurde zu Recht darauf hingewiesen, dass der Begriff der operativen Führung in der Verfassung nicht definiert sei, vgl. Prot. RedK vom 13. Februar 2003, S. 156.
[46] Vgl. Prot. Plenum, S. 1379 f. und 2504.

gabenträger allein, sondern zusammen mit dem Staat bezeichnet werden[47]. Diese Auffassung geht allerdings über den Wortlaut von Art. 99 Abs. 1 hinaus, der nur den Aufgabenträger erfasst[48].

23 Nach § 2 Abs. 1 lit. d und e Finanzkontrollgesetz (FKG)[49] unterliegen der Finanzaufsicht durch die Finanzkontrolle die öffentlichrechtlichen Anstalten des Kantons sowie Organisationen und Personen ausserhalb der kantonalen Verwaltung, denen der Kanton öffentliche Aufgaben überträgt[50]. Nach § 13 FKG umfasst die Finanzaufsicht neben der Prüfung der Ordnungsmässigkeit und der Rechtmässigkeit auch die Prüfung der Wirtschaftlichkeit, der Zweckmässigkeit und der Sparsamkeit der Haushaltsführung sowie Wirksamkeitskontrollen[51]. Es ist daher wenig sinnvoll, dem Staat die Pflicht zu auferlegen, für die Kontrolle der Qualität und der Wirtschaftlichkeit ein weiteres Organ zu schaffen[52].

24 Für die Erfassung der Vorgaben an die *Unabhängigkeit* der Mitglieder des Kontrollorgans der öffentlichrechtlichen Organisationen liefern die entsprechenden Kriterien des Swiss Code eine Orientierungshilfe. Im Unterschied zur privatrechtlichen Regelung schreibt Art. 99 Abs. 1 allerdings nicht vor, dass sich das Kontrollorgan aus Mitgliedern des strategischen Führungsorgans zusammensetzt. Da das Organ indes unabhängig von der operativen Führung zu sein hat, liegt es nahe, dass es vom strategischen Führungsorgan zumindest eingesetzt oder gewählt wird[53]. Im Übrigen kann für die Anforderungen an die Unabhängigkeit der Mitglieder des Kontrollorgans auf die vorstehenden Ausführungen zum Swiss Code verwiesen werden[54].

---

[47] Als Beispiele für solche Organe wurden etwa ein Verwaltungsrat, einer seiner Ausschüsse, eine Fachkommission des Regierungsrats, eine Spezialkommission, eine Verwaltungsstelle, eine Einzelperson, aber auch ein Privater genannt, vgl. Prot. Plenum, S. 2503.

[48] N. 11.

[49] Finanzkontrollgesetz vom 30. Oktober 2000 (FKG; LS 614).

[50] Im kommunalen Bereich findet sich zu den Aufgaben der Rechnungsprüfungskommission (RPK) keine solche Bestimmung. Da die Gemeinden aber auch bei den übertragenen Aufgaben die letzte Verantwortung für die Aufgabenerfüllung tragen, muss für die RPK zumindest in ihrer Funktion als interne Revisionsstelle eine analoge Regelung gelten.

[51] Zu den Aufgaben der Finanzkontrolle gehört nach § 15 Abs. 1 lit. c i.V.m. § 2 Abs. 1 lit. d und e FKG sodann die Prüfung der internen Kontrollsysteme der dezentralen Aufgabenträger. Der Kanton in seiner Eigenschaft als Eigentümer und «Auftraggeber» wird damit bei der Überprüfung der Testate der mit Art. 129 Abs. 4 KV auch für die öffentlichrechtlichen Anstalten vorgeschriebenen externen Revisionsstelle bereits durch die Finanzkontrolle unterstützt, die im vorliegenden Kontext als interne Revisionsstelle auftritt.

[52] Im Verfassungsrat gab es denn auch Stimmen, die betonten, dass es nicht Ziel der Regelung sei, neben den beim Staat und bei den Aufgabenträgern bereits existierenden Kontrollorganen nochmals eines, d.h. eine «Aufsicht über die Aufsicht», zu schaffen, vgl. Prot. K4 vom 12. Juni 2003, S. 315 f.

[53] Theoretisch vorstellbar wäre bei öffentlichrechtlichen Aufgabenträgern auch eine Einsetzung oder Wahl durch den Staat bzw. durch die Exekutive. Nach der Konzeption der Corporate Governance unterstützt das Kontrollorgan aber letztlich das strategische Führungsorgan bei der Wahrnehmung seiner Verantwortung, weshalb eine Einsetzung oder Wahl durch Letzteres naheliegt.

[54] N. 18 ff.

Das unabhängige Kontrollorgan bzw. dessen Mitglieder müssen schliesslich 25
«*fachlich ausgewiesen*» sein. Im Verfassungsrat wurde Wert darauf gelegt, die
Termini «Fachkunde» und «fachlich ausgewiesen» zu unterscheiden und ausgeführt, dass sich «Fachkunde» auf Branchenkenntnisse beschränke[55]. Damit
fordert Art. 99 Abs. 1 zunächst Kenntnisse über jene «Branche», zu der die
übertragene öffentliche Aufgabe gehört[56]. Der Begriff «fachlich ausgewiesen»
geht hingegen darüber hinaus[57] und orientiert sich an den Prüfungskriterien von
Art. 99 Abs. 2. Demnach müssen die Mitglieder neben Branchenwissen auch
über Kenntnisse im Qualitätsmanagement[58] und über betriebswirtschaftliches
Know-how (NPM)[59] sowie über Kenntnisse im Finanz- und Rechnungswesen
verfügen[60].

4.4. Inhalt der Kontrolle (Abs. 2)

Im Unterschied zu den anderen, den einzelnen öffentlichen Aufgaben vorangestellten «allgemeinen Bestimmungen» spricht Art. 99 Abs. 2 nicht von Aufgaben-, sondern von Auftragserfüllung. Diese Formulierung schliesst an den
Begriff des Leistungsauftrags in Art. 99 Abs. 1 an. Da ein solcher jedoch auch in
einer gesetzlichen Normierung von Art und Umfang der übertragenen Aufgabe
bestehen kann[61], liegt zwischen der Prüfung der Auftrags- und der Aufgabenerfüllung grundsätzlich keine Differenz.

Die Auftragserfüllung muss nach Art. 99 Abs. 2 zunächst auf ihre *Qualität* hin 27
überprüft werden. Der Kontext der Corporate Governance sowie die Nähe der
verwendeten Terminologie zum NPM legen für die Umschreibung des Qualitätsbegriffs eine wirtschaftliche Optik nahe[62]. Inhalt und Umfang der von Art. 99

---

[55] Vgl. Prot. K4 vom 12. Juni 2003, S. 317, und Prot. Plenum, S. 2505. Vgl. zum Begriff der Fachkunde im Zusammenhang mit der Prüfung der Finanzhaushalte HUBLER, Art. 129 N. 39 ff.
[56] Zu denken ist dabei etwa an das Versicherungswesen (Gebäudeversicherungsanstalt), das Gesundheitswesen (Universitätsspital) oder das Bildungswesen (Universität).
[57] Vgl. Prot. K4 vom 12. Juni 2003, S. 317 und Prot. Plenum, S. 2505.
[58] Vgl. Prot. Plenum, S. 2503.
[59] Zum Zusammenhang zwischen NPM und Wirtschaftlichkeitsbegriff Art. 95 N. 9 f. Zum Begriff der Wirtschaftlichkeit im Kontext der Grundsätze zum Finanzhaushalt HUBLER/BEUSCH, Art. 122 N. 17.
[60] Vgl. zur fachlichen Ausgewiesenheit etwa das Anforderungsprofil, das der Regierungsrat für die Mitglieder des Spitalrats erstellte. Dieses verlangt u.a. Kenntnisse über gesundheitspolitische Fragestellungen, ein profundes Verständnis von volks- und betriebswirtschaftlichen Zusammenhängen sowie von strategischer und finanzieller Unternehmensführung, vgl. ABl 2006, S. 955. Das Gesetz über das Universitätsspital Zürich vom 19. September 2005 (USZG; LS 813.15), mit dem das Universitätsspital die Form einer selbstständigen öffentlichrechtlichen Anstalt erhält, ist seit dem 1. Januar 2007 in Kraft. Nicht mehr als vermutet werden kann im vorliegenden Rahmen, dass sich die fachlichen Anforderungen an die Mitglieder des Kontrollorgans der öffentlichrechtlichen Organisationen einigermassen mit jenen decken, welche die privatrechtlichen Regelungen an die Mitglieder der Prüfungskommission stellen.
[61] N. 17.
[62] Qualität betrifft demnach die Beschaffenheit einer Dienstleistung nach ihren Unterscheidungsmerkmalen gegenüber anderen Dienstleistungen. Neben messbaren stofflichen Eigenschaften (objektive Qualität)

Abs. 2 vorgeschriebenen Qualitätsprüfung werden daher zwar auch durch den Leistungsauftrag bestimmt, der auch die Qualität der Erfüllung der fraglichen Aufgabe festlegt. Da eine absolute Festlegung aber unmöglich ist, wird die Qualität auch durch Kriterien ausserhalb dieser normativen Bestimmung entscheidend beeinflusst. Die Umsetzung von Art. 99 Abs. 2 lässt folglich der Praxis erheblichen Gestaltungsspielraum offen.

28 Die Entstehungsgeschichte, die systematische Stellung und die Nähe zur Terminologie des NPM zeigen, dass der hier verwendete Begriff der *Wirtschaftlichkeit* jenem von Art. 95 Abs. 2[63] entspricht. Die Kontrolle der Wirtschaftlichkeit nach Art. 99 Abs. 2 erfordert demnach eine Überprüfung des Verhältnisses zwischen Kosten (eingesetzten Mitteln) und Leistungen (allenfalls Wirkungen oder Nutzen)[64].

29 Im Gegensatz zu Art. 95 Abs. 3, der letztlich eine Überprüfung der Legitimation staatlicher Aufgabenverantwortung verlangt[65], fordert Art. 99 Abs. 2 (nur) eine Kontrolle bezüglich Qualität und Wirtschaftlichkeit der Auftragserfüllung. Obwohl in Art. 99 Abs. 2 der gleiche Terminus verwendet wird wie in Art. 95 Abs. 3, entspricht der Begriff der Prüfung in Art. 99 Abs. 2 inhaltlich viel mehr der Sicherstellung der Wirtschaftlichkeit staatlicher Aufgabenerfüllung i.S.v. Art. 95 Abs. 2[66]. Während Art. 95 Abs. 2 aber in Bezug auf die gesamte staatliche Tätigkeit zu beachten ist, beschränkt sich die Prüfung bei Art. 99 Abs. 2 auf die Fälle einer Übertragung der Erfüllung öffentlicher Aufgaben auf Dritte.

30 Ebenso wie Art. 95 Abs. 3 verlangt auch Art. 99 Abs. 2 eine *regelmässige* Überprüfung. Mit Bezug auf eine Fassung, in der die Überprüfung der Notwendigkeit staatlicher Aufgabenerfüllung noch im selben Absatz wie jene der Wirtschaftlichkeit geregelt war, wurde im Verfassungsrat die Auffassung vertreten, die Aufgabenüberprüfung nach Art. 95 erfolge in der Regel mittelfristig, d.h. alle fünf bis zehn Jahre. Art. 99 Abs. 2 ziele hingegen auf eine kurzfristige Kontrolle

---

beurteilt sich die Qualität auch aus der Eignung der Leistung für die Befriedigung bestimmter Bedürfnisse (subjektive Qualität). In einem Wettbewerbsumfeld ist zudem die relative Qualität, d.h. die Qualität im Vergleich zu Konkurrenten, von Bedeutung.

[63] Art. 95 N. 9.

[64] Die Verpflichtung zur Überprüfung der Wirtschaftlichkeit der Auftragserfüllung zeigt im Übrigen die Nähe der Aufgaben des Kontrollorgans nach Art. 99 zu jenen der externen Revisionsstelle, die nach Art. 129 Abs. 4 auch für die Organisationen des öffentlichen Rechts vorgesehen ist. Da nach Art. 122 Abs. 2 auch die Organisationen des öffentlichen Rechts ihren Finanzhaushalt u.a. nach dem Grundsatz der Wirtschaftlichkeit zu führen haben, gehört die Überprüfung der Wirtschaftlichkeit auch zu den Aufgaben der Revisionsstelle.

[65] Art. 95 N. 14.

[66] Art. 95 N. 11 f. Dem entspricht die Funktion des von Art. 99 Abs. 1 geforderten Kontrollorgans. Die in Art. 99 Abs. 1 verwendete Bezeichnung «Aufsichtsorgan» weist darauf hin, dass dieses Organ letztlich das strategische Führungsorgan im Sinn eines Ausgleichs zwischen strategischer und operativer Führung bei der Wahrnehmung seiner Verantwortung unterstützen soll. Die Bestimmung dient damit der aufgabenseitigen Kontrolle, d.h. der Berichterstattung des strategischen Führungsorgans über die Erreichung der aufgabenseitigen Ziele.

(vierteljährlich oder dritteljährlich)⁶⁷. Wird berücksichtigt, dass die in Art. 95 Abs. 3 geregelte Notwendigkeitsüberprüfung viel weiter gehend und grundsätzlicher ist als die Qualitäts- und Wirtschaftlichkeitskontrolle nach Art. 99 Abs. 2, erscheint die entsprechende Unterscheidung in eine mittel- und eine kurzfristige Kontrolle einleuchtend.

5. Ausblick

Grössere Entscheidungsfreiheit für das Management und stärkere Ausrichtung am Markt sind in der Regel die wesentlichen Gründe für die Übertragung der Erfüllung einer öffentlichen Aufgabe an Dritte. Unternehmerische und politische Aspekte stehen dabei häufig in einem Spannungsfeld. Zum einen soll der fragliche Aufgabenträger mehr Kompetenzen und Freiräume erhalten, als bisher für die Aufgabenerfüllung zur Verfügung standen. Zum andern muss der Staat sich jenen Einfluss und jene Kontrolle sichern, die seiner Verantwortung für die Aufgabenerfüllung entsprechen. Schwierigkeiten entstehen dabei insbesondere durch die verschiedenen Interessen, die der Staat als Eigentümer, Auftraggeber, Aufsichtsinstanz und Kunde zu vertreten hat. Mit der Einführung der Corporate Governance auch im öffentlichen Sektor kann hier nicht nur ein Ausgleich zwischen politischer und unternehmerischer Einflussnahme, sondern auch die Klärung der Zuständigkeiten und Verantwortlichkeiten sowohl beim Staat als auch beim Aufgabenträger gefördert werden.

Fraglich ist allerdings, ob die Verfassung für eine Festlegung der Corporate Governance der geeignete Ort ist. Zum einen erfordert eine solche einen für Verfassungsnormen viel zu hohen Detaillierungsgrad. Zum andern unterliegen die Richtlinien der Corporate Governance stetem Wandel und sind einer rechtlichen Normierung nur bedingt zugänglich.

Gerade mit Blick auf die komplexen Verhältnisse bei der Corporate Governance im öffentlichen Sektor erscheint denn auch die Auswahl des Regelungsgegenstands von Art. 99 einigermassen zufällig. Weshalb soll gerade die Einrichtung eines von der operativen Führung unabhängigen Kontrollorgans beim Aufgabenträger, nicht aber z.B. die Klärung der Zuständigkeiten der diversen auf staatlicher Seite beteiligten Akteure auf Verfassungsebene geregelt werden? Auf welche Kriterien stützt sich die in Art. 99 getroffene Auswahl aus der breiten Palette der in der Corporate Governance zusammengefassten Regelungsbereiche?

---

67 Vgl. Prot. Plenum, S. 2503. Für die kurzfristige Kontrolle wurde auf die Trimesterberichte der Krankenhäuser verwiesen. Auf der Basis der Aufgabenstellung der Prüfungsausschüsse (N. 18 f.) müsste die von Art. 99 Abs. 2 geforderte Kontrolle zumindest einmal pro Jahr stattfinden.

34 Das Verdienst von Art. 99 ist es, an prominentem Ort auf das Thema der Corporate Governance hinzuweisen. Bezüglich der öffentlichrechtlichen Aufgabenträger wird der Gesetzgeber für eine Umsetzung in den entsprechenden Organisationsvorschriften der Spezialgesetze besorgt sein müssen. Ob die Prüfungstätigkeit der neuen Kontrollorgane der Qualität und der Wirtschaftlichkeit der Erfüllung übertragener Aufgaben förderlich sein wird, kann aber weder von der Verfassung noch von der Gesetzgebung, sondern letztlich nur durch die Praxis beantwortet werden. Die Beantwortung dieser Frage wird unter anderem auch davon abhängen, ob dabei die weiteren Elemente der Corporate Governance berücksichtigt werden.

C. Die Aufgaben

Art. 100

Kanton und Gemeinden gewährleisten die öffentliche Ordnung und Sicherheit.

Öffentliche Ordnung und Sicherheit

Materialien

Art. 111 VE; Prot. Plenum, S. 1383 f., 2258 ff. (42. Sitzung), 2644 ff.

Literatur

ABRAVANEL PHILIPPE, La protection de l'ordre public dans l'Etat régi par le droit, ZSR 99/1980 II, S. 1 ff.; BAUMANN ANDREAS, Aargauisches Polizeigesetz, Zürich/Basel/Genf 2006; BAYERDÖRFER MANFRED, Polizeirecht, in: Eichenberger/Jenny/Rhinow u.a., S. 655 ff.; BREITSCHMID PETER, Die Beanspruchung der Polizei zur Sicherung privater Rechte, ZBl 84/1983, S. 289 ff.; DREWS BILL/WACKE GERHARD/VOGEL KLAUS/MARTENS WOLFGANG, Gefahrenabwehr. Allgemeines Polizeirecht (Ordnungsrecht) des Bundes und der Länder, 9. Aufl., Köln/Berlin/Bonn/München 1986; EICHENBERGER, § 27; EICHENBERGER KURT, Die Sorge für den inneren Frieden als primäre Staatsaufgabe, ZBl 78/1977, S. 433 ff.; EICHENBERGER KURT/SCHINDLER DIETRICH, Kommentar BV, Art. 102 aBV; GAMMA MARCO, Möglichkeiten und Grenzen der Privatisierung polizeilicher Gefahrenabwehr, Diss. (Freiburg), Bern/Stuttgart/Wien 2000; GYGI, S. 169 ff.; GYGI FRITZ, Zum Polizeibegriff, in: Festschrift Kurt Eichenberger, Basel/Frankfurt a.M. 1982, S. 235 ff. (Polizeibegriff); HÄFELIN/MÜLLER/UHLMANN, Rz. 2431 ff.; HALLER WALTER, Polizeigesetzgebung und Europäische Menschenrechtskonvention, in: Festschrift Hans Huber, Bern 1981, S. 563 ff.; IMBODEN/RHINOW/KRÄHENMANN, Nr. 131 ff.; JAAG, Rz. 3801 ff.; JOST ANDREAS, Die neueste Entwicklung des Polizeibegriffs im schweizerischen Recht, Diss., Bern 1975; KÄLIN WALTER/LIENHARD ANDREAS/WYTTENBACH JUDITH, Auslagerung von sicherheitspolizeilichen Aufgaben, Beiheft zur ZSR, Heft 46, Basel 2007; LEUTERT STEFAN, Polizeikostentragung bei Grossveranstaltungen, Diss., Zürich 2005; LINSI CHRISTIAN, Aktuelle Entwicklungen im Polizeirecht des Bundes, LeGes 2006/2, S. 9 ff.; MATHYS HANS, Zum Begriff des Störers im Polizeirecht, Diss., Zürich 1974; MÜLLER MARKUS, Legalitätsprinzip – Polizeiliche Generalklausel – Besonderes Rechtsverhältnis, ZBJV 136/2000, S. 725 ff.; RAUBER PHILIPP, Rechtliche Grundlagen der Erfüllung sicherheitspolizeilicher Aufgaben durch Private, Diss., Basel 2006; REINHARD HANS, Allgemeines Polizeirecht, Diss. (Bern), Bern/Stuttgart/Wien 1993; RITTER WERNER, Schutz der Freiheitsrechte durch genügend bestimmte Normen, Diss. (St. Gallen), Chur/Zürich 1994; RUCH ALEXANDER, Äussere und innere Sicherheit, in: Verfassungsrecht der Schweiz, § 56; SCHWEIZER RAINER J., Entwicklungen im Polizeirecht von Bund und Kantonen, AJP 1997, S. 379 ff.; SCHWEIZER RAINER J., Sicherheit und Ordnungsrecht des Bundes, in: Schweizerisches Bundesverwaltungsrecht, Bd. III/1, Basel/Genf/München 2007; SCHWEIZER RAINER J./KÜPFER GABRIELA, St.Galler Kommentar, Art. 52, 57; STRASSER OTHMAR, Polizeiliche Zwangsmassnahmen, Diss., Zürich 1980; THÜRER DANIEL, Das Störerprinzip im Polizeirecht, ZSR 102/1983 I, S. 463 ff.; TSCHANNEN PIERRE, «Öffentliche Sittlichkeit»: Sozialnormen als polizeiliches Schutzgut?, in: Festschrift Pierre Moor, Bern 2005, S. 553 ff.; TSCHANNEN/ZIMMERLI, §§ 52 ff.; TSCHÄPPELER HANS-PETER, Polizeigesetzgebung im Kanton Zürich, LeGes 2006/2, S. 71 ff.; WEBER-DÜRLER BEATRICE, Der Grundsatz des entschädigungslosen Polizeieingriffs, ZBl 85/1984, S. 289 ff.; ZIMMERLI ULRICH, Der Grundsatz der Verhältnismässigkeit im öffentlichen Recht, ZSR 97/1978 II, S. 1 ff.

Rechtsquellen

- Art. 57 BV
- Bundesgesetz über Massnahmen zur Wahrung der inneren Sicherheit vom 21. März 1997 (BWIS; SR 120)
- § 74 Gesetz über das Gemeindewesen vom 6. Juni 1926 (Gemeindegesetz, GemG; LS 131.1)
- § 72a Gerichtsverfassungsgesetz vom 13. Juni 1976 (GVG; LS 211.1)
- § 22 Gesetz betreffend den Strafprozess vom 4. Mai 1919 (Strafprozessordnung, StPO; LS 321)
- Polizeiorganisationsgesetz vom 29. November 2004 (POG; LS 551.1)
- Verordnung über die kriminalpolizeiliche Aufgabenteilung vom 6. Juli 2005 (LS 551.101)
- Verordnung über die Entschädigung für gemeindepolizeiliche Aufgaben vom 6. Juli 2005 (LS 551.102)
- Polizeigesetz vom 23. April 2007 (PolG; ABl 2007, S. 667 ff., 1430 [Referendumsvorlage])

Übersicht Note

1. Sicherheit – eine Kernaufgabe des Staates 1
2. Begriffe der öffentlichen Ordnung und Sicherheit 3
3. Grundsätze polizeilichen Handelns 7
   3.1. Gesetzmässigkeit, öffentliches Interesse und Verhältnismässigkeit 7
   3.2. Störer- und Opportunitätsprinzip 10
4. Aufgabenverteilung 13
   4.1. Bund–Kantone 13
   4.2. Kanton–Gemeinden 14

1. Sicherheit – eine Kernaufgabe des Staates

1 Die Wahrung der öffentlichen Ordnung und Sicherheit gehört – wenn auch in der Verfassung von 1869 noch nicht ausdrücklich erwähnt[1] – zu den *Kernaufgaben* jedes Staatswesens[2]. Öffentliche Ordnung und Sicherheit bilden die unterlässliche Voraussetzung für ein geordnetes, friedliches Zusammenleben der Bürger und das Funktionieren des Staates. Kann das Gemeinwesen diese Aufgabe nicht mehr erfüllen, tritt Anarchie ein. Art. 100 macht es dem Kanton und den Gemeinden daher zur *gemeinsamen Aufgabe*, für den inneren Frieden zu sorgen und Gefahren für die öffentliche Ordnung und Sicherheit abzuwehren sowie Störungen zu beseitigen. Die Abwehr von Gefährdungen erfordert *präventive*, die Behebung von Störungen *repressive* Massnahmen.

---

[1] Die Verfassung von 1869 enthielt in Art. 27 lediglich eine Bestimmung zur militärischen Ausrüstung der Wehrpflichtigen.
[2] BGE 103 Ia 310 ff., 312: «L'une des *missions essentielles* de l'Etat est d'assurer l'harmonie de la vie collective. Le développement harmonieux de cette dernière n'est pas possible que *si règne l'ordre public, que l'Etat doit assurer*» (Hervorhebungen hinzugefügt). Vgl. auch BGE 92 I 24 ff., 30 f., sowie EICHENBERGER, § 27 N. 1; EICHENBERGER, Kommentar BV, Art. 102 aBV Rz. 149, 156; DREWS/WACKE/VOGEL/MARTENS, S. 1.

Zur Gewährleistung der öffentlichen Ordnung und Sicherheit verfügt der Staat über das *Gewaltmonopol*. Ihm allein kommt die Befugnis zur (verhältnismässigen) Anwendung von Gewalt zur Durchsetzung von Ruhe und Ordnung zu[3]; den Bürgern ist die Ausübung von Gewalt unter Androhung von Strafe untersagt[4]. Eine Übertragung polizeilicher Aufgaben auf Private kommt nur begrenzt in Frage. Dies ergibt sich klar aus dem Verfassungstext; es obliegt Kanton und Gemeinden, die öffentliche Ordnung und Sicherheit zu «gewährleisten»[5].

2. Begriffe der öffentlichen Ordnung und Sicherheit

Die beiden Begriffe «öffentliche Ordnung» und «öffentliche Sicherheit» werden im Allgemeinen im Sinne von *Oberbegriffen* für sämtliche Polizeigüter verwendet[6]. *Polizeigüter* sind diejenigen Güter, von denen Gefahren abzuwenden die Polizei verpflichtet ist[7].

Zur *«öffentlichen Sicherheit»* zählt die Rechtslehre herkömmlicherweise die Gefahrenabwehr zum Schutz des Staates und seiner Einrichtungen, der Rechtsgüter des Einzelnen (Leben, Gesundheit, Freiheit, Ehre und Vermögen) sowie der Rechtsordnung als Ganzes[8]. Nicht zur öffentlichen Sicherheit gehört die soziale Sicherheit[9].

Zur *«öffentlichen Ordnung»* werden die ungeschriebenen Verhaltensnormen gerechnet, deren Befolgung nach der jeweils herrschenden Ansicht als unentbehrliche Voraussetzung eines geordneten menschlichen Zusammenlebens angese-

---

[3] Vgl. zum Gewaltmonopol etwa den Bericht des Bundesrates zu den privaten Sicherheits- und Militärfirmen vom 2. Dezember 2005, BBl 2006, S. 623 ff., 631 f.; ferner GAMMA, S. 57 ff.

[4] Private Gewaltanwendung wird nur toleriert, wenn der Staat nicht in der Lage ist, Angriffe auf Rechtsgüter wirksam oder rechtzeitig abzuwehren. Vgl. dazu Art. 15 ff. StGB (Notwehr und Notstand), Art. 52 Abs. 3 OR (Selbsthilfe), Art. 701 und 926 ZGB (Abwehr von Gefahr und Schaden bzw. von Angriffen), § 55 StPO (Festhalterecht). Da diese Selbsthilferechte jedermann zustehen, werden sie als «Jedermannsrechte» bezeichnet.

[5] Prot. Plenum, S. 1383 f., 2258 und 2261 (42. Sitzung). Die Voraussetzungen für eine Übertragung polizeilicher Aufgaben sind vom Gesetzgeber zu definieren; vgl. dazu Bericht des Bundesrates zu den privaten Sicherheits- und Militärfirmen vom 2. Dezember 2005, BBl 2006, S. 623 ff., 651 ff., 677 f.; sowie ausführlich GAMMA, insbesondere S. 125 ff.

[6] GYGI, S. 171; GYGI, Polizeibegriff, S. 235; HÄFELIN/MÜLLER/UHLMANN, Rz. 2433; REINHARD, S. 60; TSCHANNEN/ZIMMERLI, § 52 Rz. 8.

[7] JOST, S. 25.

[8] Auch wenn die gesamte Rechtsordnung Bestandteil der öffentlichen Sicherheit ist, so bedeutet dies nicht, dass es Aufgabe der Polizei wäre, jede Verletzung von Rechtsnormen zu verhindern bzw. die dadurch eingetretene Störung zu beseitigen. Die Gewährleistung von privatrechtlichen Ansprüchen obliegt den Zivilgerichten; die Polizei hat deshalb nur ausnahmsweise private Rechte zu schützen. Voraussetzung dafür ist gemäss § 7 PolG, dass deren Bestand glaubhaft gemacht wird, gerichtlicher Schutz nicht rechtzeitig zu erlangen ist und ohne polizeiliche Hilfe die Ausübung des Rechts vereitelt oder wesentlich erschwert würde; vgl. dazu auch BREITSCHMID, ferner BGE in ZBl 92/1991, S. 552 ff.

[9] Dazu GÄCHTER, Art. 111; vgl. auch HÄNER, Art. 72 N. 1.

hen wird. Zu denken ist dabei etwa an das sittliche oder religiöse Empfinden der Bevölkerung. Die entsprechenden Wertvorstellungen sind allerdings Wandlungen unterworfen. Scharf abgrenzen lassen sich die Begriffe «öffentliche Ordnung» und «öffentliche Sicherheit» nicht[10].

6 Das *Bundesgericht* verwendet die beiden Begriffe nicht als Oberbegriffe, vielmehr zählt es die öffentliche Ordnung und Sicherheit als gleichwertige Güter neben den weiteren Polizeigütern auf. Gemäss der bundesgerichtlichen Rechtsprechung liegt es im öffentlichen Interesse, Polizeigüter wie Ruhe, Ordnung, Sicherheit, Gesundheit und Sittlichkeit sowie Treu und Glauben im Geschäftsverkehr zu schützen[11].

3. Grundsätze polizeilichen Handelns

3.1. Gesetzmässigkeit, öffentliches Interesse und Verhältnismässigkeit

7 Das polizeiliche Handeln unterliegt den *allgemeinen Grundsätzen rechtsstaatlichen Handelns* zum Schutz des Bürgers vor unzulässigen Eingriffen in seine Freiheitsrechte[12]. Polizeiliche Massnahmen bedürfen einer genügenden gesetzlichen Grundlage, müssen im öffentlichen Interesse liegen, das heisst dem Schutz der Polizeigüter dienen, und verhältnismässig sein[13].

8 Ist die öffentliche Ordnung und Sicherheit schwerwiegend gestört bzw. schwer und unmittelbar bedroht, können gestützt auf die *Polizeigeneralklausel* auch ohne besondere gesetzliche Grundlage polizeiliche Massnahmen getroffen werden. In Art. 36 Abs. 1 Satz 3 BV wird dies ausdrücklich anerkannt; so bedarf es für die Einschränkung von Grundrechten in Fällen ernster, unmittelbarer und nicht anders abwendbarer Gefahr keiner gesetzlichen Grundlage. Die Berufung auf die Polizeigeneralklausel kommt einzig bei *zeitlicher Dringlichkeit* in Frage[14] und nur dann, wenn keine gesetzlichen Mittel zur Verfügung stehen, um einer konkreten Gefahr zu begegnen; dagegen kann sie nicht angerufen werden, wenn typische und erkennbare Gefährdungslagen trotz Kenntnis der Problema-

---

[10] Vgl. zu diesen Begriffen BAUMANN, Rz. 34 ff.; GAMMA, S. 29; GYGI, S. 171 f.; GYGI, Polizeibegriff, S. 235 f.; HÄFELIN/MÜLLER/UHLMANN, Rz. 2433; JOST, S. 20; REINHARD, S. 59 ff.; DREWS/WACKE/VOGEL/MARTENS, S. 232 ff., 245 ff.; kritisch zum weiten Begriff der «öffentlichen Ordnung» BAYERDÖRFER, S. 660 f.

[11] Vgl. etwa BGE 125 I 369 ff., 383; 125 I 267 ff., 269; ferner JOST, S. 20 f.

[12] Vgl. dazu Art. 5 Abs. 1, 2 und Art. 36 BV sowie Art. 2 Abs. 1 und 2 KV.

[13] HÄFELIN/MÜLLER/UHLMANN, Rz. 2462 ff.; REINHARD, S. 146 ff.; TSCHANNEN/ZIMMERLI, § 54 Rz. 1 ff.; Regierungsrat Schwyz, ZBl 105/2004, S. 536 ff., 541 f. – Zur Bedeutung des Verhältnismässigkeitgrundsatzes im Polizeirecht JOST, S. 86 ff.; ZIMMERLI, S. 34 ff.

[14] Aufgrund der zeitlichen Dringlichkeit ist das Durchlaufen des ordentlichen Gesetzgebungsverfahrens nicht möglich.

tik nicht normiert wurden[15]. Die Massnahmen können entweder in Form von Polizeinotverfügungen oder Polizeinotverordnungen ergehen. Der Rückgriff auf die Polizeigeneralklausel ist deshalb unverzichtbar, weil der Gesetzgeber nie alle Gefahrensituationen vorsehen und deren Abwehr generell-abstrakt regeln kann[16].

Art. 72 ermächtigt den Regierungsrat ausdrücklich dazu, auch ohne gesetzliche Grundlage Massnahmen zu ergreifen und insbesondere Polizeinotverordnungen zu erlassen, wenn die öffentliche Sicherheit (und Ordnung) schwerwiegend gestört oder unmittelbar bedroht ist[17]. Daneben ist auch die Polizei berechtigt, ohne besondere gesetzliche Grundlage unaufschiebbare Massnahmen im Einzelfall zu treffen, um unmittelbar drohende oder eingetretene schwere Störungen der öffentlichen Sicherheit und Ordnung abzuwehren oder zu beseitigen[18]; zum Erlass von Notverordnungen ist sie hingegen nicht befugt[19].

3.2. Störer- und Opportunitätsprinzip

Neben den Grundsätzen der Gesetzmässigkeit, des öffentlichen Interesses und der Verhältnismässigkeit sind im Polizeirecht das Störer- sowie das Opportunitätsprinzip zu beachten.

Das *Störerprinzip* bedeutet, dass Massnahmen zur Behebung eines polizeiwidrigen Zustands grundsätzlich gegen die Störer zu richten sind; im Fall eines Polizeinotstands darf allerdings vom Störerprinzip abgewichen und gegen unbeteiligte Dritte vorgegangen werden[20]. Als *Verhaltensstörer* gilt nach herrschender Lehre und Rechtsprechung derjenige, der eine polizeiwidrige Gefahr oder Störung selbst oder durch das Verhalten Dritter, für die er verantwortlich ist (z.B. Kinder), verursacht. Als *Zustandsstörer* wird bezeichnet, wer über die Sache, die den ordnungswidrigen Zustand bewirkt, rechtliche oder tatsächliche Gewalt hat[21]. Gemäss Praxis des Bundesgerichts können sich polizeiliche Mass-

---

[15] BGE 130 I 369 ff., 381; 126 I 112 ff., 118; Häfelin/Müller/Uhlmann, Rz. 2467 ff., 2506 ff.; Imboden/Rhinow/Krähenmann, Nr. 134; Jost, S. 119 ff.; M. Müller, S. 735 f.; Reinhard, S. 157 ff.; Zimmerli, S. 36 ff.
[16] BGE 103 Ia 310 ff., 312; Häfelin/Haller, N. 312; Jost, S. 121.
[17] Nicht nur die Störung, sondern auch die Gefahr für die öffentliche Ordnung und Sicherheit muss *schwer* sein; der Wortlaut von Art. 72 ist in diesem Punkt ungenau. Vgl. allgemein dazu BGE 128 I 327 ff., 340 f.; 126 I 112 ff., 118.
[18] So ausdrücklich § 9 PolG.
[19] Vgl. zum Notverordnungsrecht des Regierungsrates Häner, Art. 72 N. 9 ff.
[20] Häfelin/Müller/Uhlmann, Rz. 2520; Tschannen/Zimmerli, § 54 Rz. 17 f; vgl. dazu auch § 19 lit. b PolG. – Erleidet der Dritte dabei einen Schaden, ist der Staat nach Billigkeit zum Ersatz verpflichtet; vgl. § 13 des Haftungsgesetzes vom 14. September 1969 (LS 170.1) bzw. neu § 56 PolG. Hierzu auch Weber-Dürler.
[21] BGE 122 II 65 ff., 70 m.w.H.; Häfelin/Müller/Uhlmann, Rz. 2488 ff.; Jost, S. 70 ff.; Reinhard, S. 175 ff.; Tschannen/Zimmerli, § 54 Rz. 17 ff.; ferner Mathys, Thürer.

nahmen auch gegen den blossen *Mitstörer* (Zweckveranlasser) richten. Nach der (von der Lehre allerdings kritisierten) Definition des Bundesgerichts gilt als Mitstörer, wer zwar nicht selbst stört, aber andere zu Störungen veranlasst oder bewusst in Kauf nimmt, dass andere es seinetwegen tun[22].

12 Die Polizei ist nicht bei jeder Störung oder Gefahr für die öffentliche Ordnung und Sicherheit zum Einschreiten verpflichtet; vielmehr steht ihr ein Ermessen zu (*Opportunitätsprinzip*)[23]. Dabei hat sie nach pflichtgemässem Ermessen zu entscheiden, ob ein Einschreiten «opportun» ist (Entschliessungsermessen) und auf welche Art und Weise eingegriffen werden soll (Auswahlermessen)[24]. Wird ein Einschreiten grundlos verweigert, kann dieses Unterlassen zu einer Haftung des Gemeinwesens führen[25].

4. Aufgabenverteilung

4.1. Bund–Kantone

13 Im Verhältnis Bund–Kantone sind für die innere Sicherheit in erster Linie die Kantone verantwortlich[26]; diesen kommt die *Polizeihoheit* zu[27]. Ist ein Kanton nicht mehr in der Lage, die öffentliche Ordnung und Sicherheit selbst oder mit Hilfe anderer Kantone zu wahren, ist der Bund zum Einschreiten befugt[28]; eine Bundesintervention ist von der Bundesversammlung bzw. (primär) vom Bundesrat zu beschliessen[29].

---

[22] BGE 107 Ia 59 ff., 62 f.; 99 Ia 504 ff., 511; BGE in ZBl 76/1975, S. 162 ff., 165; vgl. dazu etwa die Kritik von HÄFELIN/MÜLLER/UHLMANN, Rz. 2502.

[23] HÄFELIN/MÜLLER/UHLMANN, Rz. 2445; TSCHANNEN/ZIMMERLI, § 54 Rz. 14 ff.; BAUMANN, Rz. 215 ff.; BAYERDÖRFER, S. 674; JOST, S. 61 f.; REINHARD, S. 170 ff.; Obergericht Zürich, ZBl 86/1985, S. 220 ff., 221, 225; anders hingegen Kassationsgericht Zürich, ZBl 88/1987, S. 545 ff. = ZR 86/1987 Nr. 128.

[24] Das Polizeigesetz erwähnt das Opportunitätsprinzip allerdings nicht; für den Bereich der Strafverfolgung ist es in § 39a der Strafprozessordnung sowie in den Art. 52 ff. StGB verankert. Auch der Entwurf für eine Schweizerische Strafprozessordnung vom 21. Dezember 2005 statuiert in Art. 8 das Opportunitätsprinzip; BBl 2006, S. 1389 ff.

[25] Dazu Obergericht Zürich, ZBl 86/1985, S. 220 ff.; Kassationsgericht Zürich, ZBl 88/1987, S. 545 ff. = ZR 86/1987 Nr. 128.

[26] Art. 57 BV; Art. 4 Abs. 1 BWSI.

[27] BGE 117 Ia 202 ff., 216; Botschaft über eine neue Bundesverfassung vom 20. November 1996, BBl 1997 I, S. 236 f.; RUCH, § 56 Rz. 33; SCHWEIZER/KÜPFER, St.Galler Kommentar, Art. 57 Rz. 6; GAMMA, S. 17 f.

[28] Art. 52 Abs. 2 BV; dazu HÄFELIN/HALLER, N. 1034 ff.; SCHWEIZER/KÜPFER, St.Galler Kommentar, Art. 52 Rz. 16 ff.

[29] Art. 173 Abs. 1 lit. b und Art. 185 Abs. 2 BV.

4.2. Kanton–Gemeinden

Kanton und Gemeinden haben von Verfassungs wegen gemeinsam die öffentliche Ordnung und Sicherheit zu gewährleisten (Art. 100). Dem Regierungsrat obliegt dabei die oberste Verantwortung (Art. 71 Abs. 1 lit. a).

14

Das Gemeindegesetz weist die Aufgabe, für die Aufrechterhaltung der öffentlichen Ruhe und Ordnung und für die Sicherheit von Personen und Eigentum gegen Schädigung und Gefahren jeder Art zu sorgen, den *Gemeinden* zu; die Besorgung der gesamten Ortspolizei obliegt der Gemeindeexekutive[30]. Einzelheiten regelt die von den Gemeinden zu erlassende Polizeiverordnung[31]. Die Gemeinden können für die Wahrnehmung ihrer *sicherheitspolizeilichen Aufgaben* eine eigene kommunale Polizei (Gemeindepolizei) schaffen, sich zusammenschliessen oder mit anderen Gemeinden zusammenarbeiten, die über eine eigene Polizei verfügen. Kommt eine Gemeinde ihren Pflichten nicht oder nicht umfassend nach, erfüllt die Kantonspolizei an ihrer Stelle (gegen Entschädigung[32]) jene kommunalen polizeilichen Aufgaben, für die es einer polizeilichen Ausbildung bedarf[33]. Daneben kommen den Gemeinden weitere *verwaltungspolizeiliche* Funktionen zu, so beispielsweise im Bereich der Baupolizei[34] und der Feuerpolizei[35].

15

Die Ausübung der *Kriminalpolizei*, wozu die Verhütung strafbarer Handlungen, die Feststellung von Straftaten und deren Aufklärung gehört[36], ist primär Sache des *Kantons*. Die Kantonspolizei bearbeitet im ganzen Kanton die sog. komplexen Strafrechtsfälle[37] (wobei Ausnahmen für die Stadt Zürich gelten) sowie die von den Bundesbehörden delegierten Verfahren. Sodann stellt sie kantonsweit die kriminalpolizeiliche Grundversorgung sicher[38]. Nicht bzw. nur teilweise zuständig für die Grundversorgung ist die Kantonspolizei allerdings in den Städten Zürich und Winterthur sowie in jenen Gemeinden, die über eine eigene Gemeindepolizei verfügen und die vertraglich kriminalpolizeiliche Aufgaben im Rahmen der Grundversorgung übernommen haben[39].

16

---

[30] § 74 Abs. 1 GemG.
[31] § 74 Abs. 2, § 158 GemG.
[32] Vgl. dazu die Verordnung über die Entschädigung für gemeindepolizeiliche Aufgaben vom 6. Juli 2005.
[33] § 3 POG.
[34] § 327 des Planungs- und Baugesetzes vom 7. September 1975 (LS 700.1).
[35] § 2 des Gesetzes über die Feuerpolizei und das Feuerwehrwesen vom 24. September 1978 (LS 861.1).
[36] § 8 Abs. 1 POG.
[37] Vgl. dazu §§ 1 ff. der Verordnung über die kriminalpolizeiliche Aufgabenteilung vom 6. Juli 2005.
[38] § 13 POG.
[39] § 20 lit. a, § 21 POG; §§ 5 ff. der Verordnung über die kriminalpolizeiliche Aufgabenteilung vom 6. Juli 2005.

17 Für die Besorgung der *Verkehrspolizei* sind (je für bestimmte Aufgabenbereiche) die Kantonspolizei und die Gemeindepolizeien zuständig; spezielle Regelungen gelten für die Städte Zürich und Winterthur[40].

---

[40] §§ 15, 18 und 23 POG.

Art. 101

Raumplanung

Kanton und Gemeinden sorgen für eine geordnete Besiedelung, die zweckmässige und haushälterische Nutzung des Bodens und die Erhaltung des Lebensraumes.

Materialien

Art. 112 VE; Prot. Plenum, S. 1384 ff., 2258 ff. (42. Sitzung), 2647 f.

Literatur

AUBERT JEAN-FRANÇOIS/JAGMETTI RICCARDO L., Rechtsgutachten zum Vorentwurf zu einem Bundesgesetz über die Raumplanung, Wirtschaft und Recht (WuR) 1971, S. 135 ff.; BERTSCHI MARTIN, Die Umsetzung von Art. 15 lit. b RPG über die Dimensionierung der Bauzonen: Bundesrecht, föderalistische Realität und ihre Wechselwirkungen, Diss., Zürich 2001; HALLER WALTER/KARLEN PETER, Raumplanungs-, Bau- und Umweltrecht, Bd. I, 3. Aufl., Zürich 1999; HÄNNI PETER, Planungs-, Bau- und besonderes Umweltschutzrecht, 4. Aufl., Bern 2002; JAAG TOBIAS/KÖLZ ALFRED, Entwurf für eine neue Zürcher Kantonsverfassung, ausgearbeitet im Rahmen eines Seminars an der Rechtswissenschaftlichen Fakultät der Universität Zürich, in: Materialien zur Zürcher Verfassungsreform, Bd. 7, S. 33 ff.; JAGMETTI RICCARDO, Kommentar BV, Art. 22^{quater} aBV; JOST FELIX, Grösse und Lage von Bauzonen nach Art. 15 RPG und dem weiteren raumrelevanten Recht, Diss., Zürich 2000; KELLER HELEN, Nachhaltigkeit als Verfassungsprinzip, in: Materialien zur Zürcher Verfassungsreform, Bd. 9, S. 49 ff.; LENDI MARTIN, St. Galler Kommentar, Art. 75; MARTI ARNOLD, Art. 82, in: Dubach/Marti/Spahn, S. 253 f.; RAUSCH HERIBERT/MARTI ARNOLD/GRIFFEL ALAIN, in: Walter Haller (Hrsg.), Umweltrecht, Zürich 2004; ROHRER JOSEF, Begriffe: Naturschutz, Landschaftsschutz, Heimatschutz, Denkmalpflege, Kapitel 1, in: Peter M. Keller/Jean-Baptiste Zufferey/Karl Ludwig Fahrländer (Hrsg.), Kommentar zum Bundesgesetz über den Natur- und Heimatschutz, Zürich 1997; RUCH ALEXANDER, Einleitung, in: Heinz Aemisegger/Alfred Kuttler/Pierre Moor/Alexander Ruch (Hrsg.), Kommentar zum Bundesgesetz über die Raumplanung, Zürich 1999; TSCHANNEN PIERRE, Umsetzung von Umweltrecht in der Raumplanung, URP 2005, S. 415 ff.

Rechtsquellen

– Art. 73, 75 BV
– Bundesgesetz über die Raumplanung vom 22. Juni 1979 (Raumplanungsgesetz, RPG; SR 700.1)
– Raumplanungsverordnung vom 28. Juni 2000 (RPV; SR 700.1)
– Bundesgesetz über den Umweltschutz vom 7. Oktober 1983 (Umweltschutzgesetz, USG; SR 814.01)
– Gesetz über die Raumplanung und das öffentliche Baurecht vom 7. September 1975 (Planungs- und Baugesetz, PBG; LS 700.1)
– Verordnung über die nähere Umschreibung der Begriffe und Inhalte der baurechtlichen Institute sowie über die Mess- und Berechnungsweise vom 22. Juni 1977 (Allgemeine Bauverordnung, ABV; LS 700.2)
– Verordnung über die private Inanspruchnahme öffentlichen staatlichen Grundes vom 24. Mai 1978 (Sondergebrauchsverordnung; LS 700.3)
– Verordnung über den Abstand von Mauern, Einfriedungen und Pflanzen von Strassen vom 19. April 1978 (Strassenabstandsverordnung; LS 700.4)

- Normalien über die Anforderungen an Zugänge vom 9. Dezember 1987 (Zugangsnormalien; LS 700.5)
- Bauverfahrensverordnung vom 3. Dezember 1997 (BVV; LS 700.6)
- Verordnung über die Organisation und den Geschäftsgang der Baurekurskommission vom 20. Juli 1997 (LS 700.7)
- Beschluss des Kantonsrates über die Revision des kantonalen Richtplanes vom 31. Januar 1995 (LS 701.1)

Übersicht Note

1. Einleitung 1
2. Entstehungsgeschichte 3
3. Kompetenzverteilung Bund–Kanton–Gemeinden 5
    3.1. Planungsrecht 5
    3.2. Baurecht 9
4. Bezug zur Nachhaltigkeit 11
5. Ziele der Raumplanung 14

1. Einleitung

1 Die Raumplanung als Querschnittskompetenz findet ihren Niederschlag im Zusammenspiel mit zahlreichen weiteren Artikeln. Sie hat zusammen mit dem Umweltschutz, dem Natur- und Heimatschutz, der Energie, der Bestimmung über die Renaturierung der Gewässer sowie der Land- und Forstwirtschaft die Aufgabe, den Schutz und Erhalt der Lebensgrundlagen zu sichern[1], und ist damit *Teil der Umweltverfassung*. Bei der Wahrnehmung der verschiedenen Kompetenzen spielen häufig unterschiedliche Interessen eine Rolle, die jeweils gegeneinander abzuwägen sind.

2 Die Bundesverfassung ordnet die Aufgabe der Raumplanung den Kantonen zu und bestimmt gleichzeitig den Zweck derselben. Art. 75 BV verlangt, dass die Raumplanung der *zweckmässigen* und *haushälterischen Nutzung des Bodens* und der *geordneten Besiedelung* des Landes dient. Daraus wird ersichtlich, dass der Text der Kantonsverfassung sich weitgehend an der Bestimmung der Bundesverfassung orientiert. Zu klären ist somit der Umfang der kantonalen Kompetenz und der Wille des Verfassungsgebers.

---

[1] Hierzu zu zählen sind auch weitere Bestimmungen, die nicht explizit in der kantonalen Verfassung enthalten sind, wie Bestimmungen über die Jagd und den Vogelschutz (LS 922.1), die Fischerei (LS 923.1) und den bundesrechtlich geregelten Tierschutz (Art. 80 BV) sowie die Gentechnologie (Art. 119 und 120 BV). Dazu FLEINER, Kommentar BV, Art. 24[sexies] aBV Rz. 8; ROHRER, Kapitel 1, Rz. 5.

2. Entstehungsgeschichte

Als Ausgangspunkt für die Diskussion zum Artikel nahm die Kommission 4 den «Entwurf für eine neue Zürcher Kantonsverfassung», welcher im Rahmen eines Seminars im Sommersemester 1993 von Studierenden an der Rechtswissenschaftlichen Fakultät der Universität Zürich unter der Leitung der Professoren Tobias Jaag und Alfred Kölz ausgearbeitet worden war[2]. Die Kommission stellte sich in einem ersten Umgang auf den Standpunkt, dass die Begriffe der Bundesverfassung – die zweckmässige und haushälterische Bodennutzung und die geordnete Besiedelung des Landes – zu wiederholen und keine Ergänzungen anzubringen seien[3]. Der Regierungsrat unterstützte im Rahmen der internen Vernehmlassung und bei der Vorberatung des Artikels im Plenum einen Ergänzungsantrag betreffend den *Erhalt des Lebensraums* als Ziel der Raumplanung[4]. Die Ergänzung am Ende des Artikels wurde vom Plenum im Rahmen der Vorberatung aufgenommen und im Folgenden beibehalten[5]. Bezweckt wurde damit, der qualitativen Komponente Ausdruck zu verleihen und die Zielrichtung der geordneten Besiedelung zu konkretisieren[6].

Der Artikel blieb, abgesehen von einer sprachlichen Änderung[7], so stehen, wie er sich im Rahmen der Vernehmlassung (Art. 112 VE) präsentierte[8]. Diskutiert wurde die Wahl der Formulierung als Verpflichtungsgrad der Aufgabenerfüllung[9]. Im Uni-Entwurf wurde «sicherstellen» gewählt. Die Kommission 4 entschied sich jedoch bereits in der ersten Beratung für die Terminologie «sorgen für», basierend auf dem gewählten Glossar[10]. Dabei wurde präzisiert, dass die Übertragung raumplanerischer Aufgaben an Private nicht die Planfestlegung im rechtsverbindlichen Sinne beinhalte und diese Entscheidungskompetenz nicht übertragbar sei[11]. Damit wird klar, dass die Aufgabe der Raumplanung an sich nicht vollständig übertragen werden kann und eine eigentliche Aufgabe des Staates darstellt.

---

[2] Jaag/Kölz, Art. 98, S. 56.
[3] Prot. K4 vom 30. August 2001, S. 97 ff. Abgelehnt wurde vorerst auch eine Erweiterung um den Erhalt von Lebensraum sowie ein Ausgleich von erheblichen durch Planung entstehenden Vor- und Nachteilen und eine Ergänzung im Raumplanungsartikel, dass das Recht auf Eigentum zu garantieren sei. Bestätigt wurden diese Ansichten in Prot. K4 vom 7. März 2002, S. 227.
[4] RRB 984 vom 19. Juni 2002, S. 9, und Prot. Plenum, S. 1387.
[5] Prot. Plenum, S. 1384 ff.
[6] RRB 984 vom 19. Juni 2002, S. 9, und Prot. Plenum, S. 1385 ff.
[7] Ursprünglich wurde von «die geordnete Besiedelung des Landes» gesprochen. Diese Ergänzung wurde gestrichen und die Formulierung «eine geordnete Besiedelung» gewählt. Vgl. hierzu Prot. RedK vom 1. März 2004, S. 535.
[8] Nicht aufgenommen bzw. zurückgezogen wurde u.a. ein Antrag betreffend Standplätze für Fahrende. Vgl. hierzu Prot. K4 vom 11. März 2004, S. 349; Prot. Plenum, S. 2647.
[9] Vorb. zu Art. 95–121 N. 11 ff.
[10] Prot. K4 vom 30. August 2001, S. 99. Vgl. hierzu auch Vorb. 95–121 N. 12 f.
[11] Prot. K4 vom 4. Juli 2002, S. 267.

3. Kompetenzverteilung Bund–Kanton–Gemeinden

3.1. Planungsrecht

5 Dem Bund kommt im Bereich der Raumplanung eine Grundsatzkompetenz[12] zu[13]. Im Rahmen dieser Kompetenz hat er zentrale Festlegungen gemacht, welche die ganze Raumordnung der Schweiz betreffen. Dies ist insbesondere die Vorgabe der Trennung von Bau- und Nichtbaugebiet als Ausgangspunkt des Raumplanungsrechts[14]. Im Weiteren sind die Ausnahmebestimmungen zum Bauen ausserhalb der Bauzone[15], die Bestimmung zur Erschliessung als Bauvoraussetzung und zu den erforderlichen Raumplänen (kantonale Richtpläne und Nutzungspläne sowie Sachpläne des Bundes) anzuführen. Gestützt auf Art. 75 BV darf der Bund aber keine eigentliche Bodennutzungsplanung erlassen[16]. Diese ist hauptsächlich Aufgabe der Kantone. Der Bund kann jedoch, um Sachaufgaben zu erfüllen, Sachpläne festsetzen, welche wiederum Auswirkungen auf kantonale Raumpläne haben[17].

6 Art. 75 BV legt zusammen mit Art. 1 und Art. 3 RPG die Grundsätze der Raumplanung fest. Hierbei handelt es sich um verbindliche Vorgaben betreffend Ziele, Instrumente, Massnahmen und Vorschriften zum Verfahren, wie die Raumplanung umzusetzen ist[18]. Da die Ziele der geordneten Besiedelung sowie der zweckmässigen und haushälterischen Bodennutzung[19] bereits in der Bundesverfassung verankert sind, stellen sie keine selbstständigen kantonalen Aufgabenziele mehr dar[20]. Auch die Erhaltung von Lebensräumen wird bereits in Art. 78 Abs. 4 BV erwähnt, wenn auch als Bundesgesetzgebungskompetenz zum Schutz der Tier- und Pflanzenwelt bzw. zum Erhalt der natürlichen Vielfalt derselben und nicht als Zielvorgabe für die Raumplanung. Als solche wird sie jedoch bereits in Art. 1 Abs. 1 RPG festgehalten.

---

[12] Zum Begriff HÄFELIN/HALLER, N. 1087 ff.
[13] Botschaft zu Art. 58 VE BV, BBl 1997 I, S. 246, sowie bereits in der Botschaft zu Art. 22^{quater} aBV, BBl 1967 II, S. 146.
[14] Schon bei der Schaffung der verfassungsrechtlichen Grundlage im Bund wurde die Trennung der Bodenmärkte (Baulandmarkt, landwirtschaftlicher Bodenmarkt) verfolgt. Vgl. BBl 1967 II, S. 141; ferner HÄNNI, S. 65 f.
[15] Im Bereich des Bauens ausserhalb der Bauzone (Art. 24 RPG) hat der Bund seine Kompetenz vollständig ausgeschöpft und den Kantonen verbleibt keinerlei Spielraum mehr. Vgl. HÄNNI, S. 194 ff.
[16] BBl 1967 II, S. 146, und BBl 1997 I, S. 246.
[17] Art. 13 RPG; vgl. Botschaft zu Art. 58 VE BV, BBl 1997 I, S. 246; LENDI, St.Galler Kommentar, Art. 75 Rz. 24, 28.
[18] Vgl. LENDI, St.Galler Kommentar, Art. 75 Rz. 24.
[19] Vgl. zu den Begriffen bereits die Beratungen der eidgenössischen Räte zum bundesrätlichen Antrag zu einem Art. 22^{quater} aBV, dargestellt in AUBERT/JAGMETTI, S. 135 ff. Zu erwähnen ist, dass die haushälterische Nutzung erst mit der Revision von 1999 auf Verfassungsstufe verankert wurde. Zuvor war sie «lediglich» in Art. 1 Abs. 1 RPG erwähnt.
[20] So auch für die Verfassung des Kantons Schaffhausen MARTI, Art. 82, S. 253.

Kanton und Gemeinden obliegen somit die Kompetenz zur Raumplanung und zwar nach den bundesrechtlichen Zielvorgaben. Es trifft sie eine Planungspflicht (Art. 2 RPG). Die Verwirklichung der Grundsätze müssen sie bei allen raumwirksamen Aufgaben gewährleisten[21]. 7

Die Kompetenzaufteilung zwischen dem Kanton und den Gemeinden ergibt sich – neben den bundesrechtlichen Vorgaben – aus dem kantonalen Planungs- und Baugesetz (PBG). Der Kanton setzt hauptsächlich den Richtplan fest und macht darin Vorgaben für die Planung von Siedlung und Landschaft, Verkehr, Versorgung und öffentliche Bauten[22]. Die Gemeinden sind insbesondere zuständig für den Erlass der Bau- und Zonenordnungen[23] im Rahmen der übergeordneten Vorgaben, wobei ihnen ein Ermessensspielraum zusteht[24]. Damit üben sie eine wesentliche Funktion im Planungsrecht aus. 8

3.2. Baurecht

Keine Erwähnung findet in Art. 101 das (kantonale) Baurecht, welches die Überbaubarkeit und die Nutzung von Grundstücken regelt[25]. Gerade in diesem Bereich kommt den Kantonen von Bundesrechts wegen jedoch eine erhebliche Kompetenz zu[26]. Die Grundsatzgesetzgebungskompetenz des Bundes im Raumplanungsrecht hat auch Bezüge zum kantonalen Baurecht. Insbesondere die Bestimmungen über die Zonenkonformität, die Beschaffenheit des Baugrundes und die Erschliessung sowie über die Notwendigkeit eines Baubewilligungsverfahrens haben Einfluss auf das kantonale Recht. Gleiches gilt für die Regelungen betreffend Bauten ausserhalb von Bauzonen, insbesondere für Bauten in der Landwirtschaftszone (Art. 16a RPG). Als Grundlage für das öffentliche Baurecht kann neben der Aufgabe der Raumplanung auch diejenige der öffentlichen Ordnung und Sicherheit hinzugezogen werden, da es sich bei einer erheblichen Anzahl von Bestimmungen um (Bau-)Polizeirecht handelt. Weitere Normen, die Einfluss auf das Baurecht – und selbstverständlich auch auf das Planungsrecht – haben, finden sich in der Umweltschutzgesetzgebung, in der Gesetzgebung zum Gewässer-, Natur- und Heimatschutz, zur Landwirtschaft, zum Strassenverkehr, zur Energie und in der Waldgesetzgebung. 9

---

[21] Aufeinander abzustimmen sind die Nutzungs-, Verkehrs-, Energieplanung, Eigentums-, Landwirtschafts-, Regional-, Finanzausgleichs-, Kulturpolitik usw., soweit sie Auswirkungen auf die Raumordnung haben.
[22] § 20 ff. PBG. Hinzu kommen die kantonalen Nutzungszonen; § 36 ff. PBG.
[23] § 45 PBG. Sie scheiden nach Abzug des Waldgebietes Bauzonen, Erholungszonen, Freihaltezonen und Reservezonen aus (§ 46 Abs. 2 PBG) und können ergänzende Landwirtschaftszonen festsetzen (§ 46 Abs. 3 PBG).
[24] Zur Planungsautonomie Zürcher Gemeinden BGE 112 Ia 281 ff., 283.
[25] Anders beispielsweise Art. 82 KV SH.
[26] Art. 3 i.V.m. Art. 75 BV.

10   Auch für diesen Bereich ergibt sich die Kompetenzaufteilung zwischen Kanton und Gemeinden aus dem PBG[27].

4. Bezug zur Nachhaltigkeit

11   Als öffentliche Aufgabe ist die Raumplanung auf die geltenden Grundsätze verpflichtet. In diesem Zusammenhang sind insbesondere die Nachhaltigkeit (Art. 6) und die Grundsätze über die Aufgabenerfüllung (Art. 95 Abs. 2) zu erwähnen.

12   Das in den Grundlagen enthaltene Prinzip der Nachhaltigkeit in der kantonalen Verfassung ist als Staatszweckbestimmung formuliert[28]. Damit wird die Trias der ökologischen, sozialen und wirtschaftlichen Verträglichkeit angesprochen[29]. Dies trifft ebenso auf Art. 95 Abs. 2 zu, der die Nachhaltigkeit als Grundsatz bei der Aufgabenerfüllung erwähnt. Anders als in der Bundesverfassung wird in der Kantonsverfassung das ökologische Prinzip nicht ausdrücklich in einer separaten Bestimmung den Artikeln über die Umwelt und die Raumplanung vorangestellt[30]. Ein Herausheben des ökologischen Aspekts ist jedoch in der Verpflichtung auf eine *haushälterische Bodennutzung*[31] und im Ziel der Erhaltung von *Lebensraum* zu sehen[32]. Durch die Betonung der ökologischen Komponente des Nachhaltigkeitsprinzips bei der Raumplanung in der Verfassung werden Kanton und Gemeinden zu entsprechendem Verhalten und damit zur stärkeren Gewichtung dieses Aspekts verpflichtet[33]. Da dem Kanton in der Raumplanung eine wesentliche Kompetenz zukommt, kann er massgeblich zur ökologisch nachhaltigen Entwicklung beitragen. Die räumliche Vorsorge, die den Behörden als Ziel durch Art. 6 vorgegeben ist, schafft Handlungsspielräume für die kommenden Generationen.

13   Anzufügen bleibt, dass auch weitere Aufgaben und dazugehörige Normen die Planung beeinflussen und den ökologischen Aspekt unterstreichen. Hier sind

---

[27] Bau- und Zonenordnungen der Gemeinden enthalten Bestimmungen über die Zonenordnung, die Grundstücksnutzung wie beispielsweise den Wohnanteil, Gestaltungs-, Begrünungs-, Abstandsvorschriften, Vorschriften über die Gebäudehöhe usw.
[28] Vgl. KELLER, S. 54 f.
[29] Vgl. hierzu RAUSCH/MARTI/GRIFFEL, Rz. 18 ff.
[30] Vgl. Art. 73 BV.
[31] Vgl. HALLER/KARLEN, Rz. 74; HÄNNI, S. 65; KELLER, S. 56; LENDI, St.Galler Kommentar, Art. 75 Rz. 26; RAUSCH/MARTI/GRIFFEL, Rz. 40.
[32] Berücksichtigt werden soll die Erhaltung von qualitativen Ökosystemen, welche die Vielfalt der Natur ermöglichen. Vgl. RRB 984 vom 19. Juni 2002, S. 9.
[33] § 18 PBG schreibt bereits vor, dass die Richtplanung die räumlichen Voraussetzungen für die Erhaltung der natürlichen Lebensgrundlagen schaffen oder sichern soll. Die Praxis zeigt jedoch, dass die Koordination von Umweltrecht (auch im weiteren Sinne) und Raumplanung oft ungenügend ist, obwohl die gesetzlichen Grundlagen für einen entsprechenden Vollzug gegeben wären. Vgl. hierzu TSCHANNEN, S. 442 f. Die Verfassungsbestimmung unterstreicht die entsprechende Gewichtung.

insbesondere der Umwelt-, Gewässer-, Natur- und Heimatschutz sowie die Land- und Forstwirtschaft zu erwähnen.

5. Ziele der Raumplanung

Wie bereits einleitend erwähnt, werden die Ziele der Raumplanung bereits in Art. 75 BV[34] formuliert und in Art. 101 ergänzt um die Erhaltung des Lebensraums wiederholt. Damit stellen sie keine selbstständigen kantonalen Aufgabenziele mehr dar. Mit der Forderung nach einer *geordneten Besiedelung*[35] wird ausgedrückt, dass die Bautätigkeit angemessen auf Bauzonen zu begrenzen und das Siedlungsgebiet zu ordnen ist[36]. Dies beinhaltet, dass die Bauzonen angemessen dimensioniert sind[37]. Mit dem *Ziel der Erhaltung von Lebensraum* wollte der Verfassungsgeber die geordnete Besiedelung konkretisieren[38]. Dieses Qualitätselement gibt der Planungsbehörde eine Gewichtung bei der Abwägung der verschiedenen Ansprüche an die Planung vor. Zusammen mit der *haushälterischen* Bodennutzung, welche den sparsamen Umgang mit dem knappen Gut Boden verlangt, wird das Nachhaltigkeitsprinzip konkretisiert[39]. *Zweckmässig* ist eine Nutzungsordnung, wenn sie die unterschiedlichsten Aspekte in Einklang bringen kann. Hierbei sind die Bedürfnisse der Bevölkerung (z.B. Wohnen, Arbeit, Erholung) angemessen zu berücksichtigen und gleichzeitig die Eignung des Bodens für die jeweilige Nutzung miteinzubeziehen[40].

14

Die Ziele der Raumplanung sind vielfältig und widersprechen sich teilweise. Zu lösen sind diese Zielkonflikte im Entscheidungsprozess, d.h. bei der Festlegung der Planung. Zudem sind die Ziele anderer Aufgaben in die Abwägung angemessen miteinzubeziehen. Hierzu gehören der Umweltschutz, der Schutz von Natur und Heimat sowie der Gewässer, die Walderhaltung, die Landwirtschaft, die Wohnbauförderung, die Bedürfnisse der Wirtschaft sowie die Energie- und Verkehrspolitik.

15

---

[34] Konkretisiert wurden sie durch den Gesetzgeber in Art. 1 und 3 RPG.
[35] Ursprünglich war mit der geordneten Besiedelung und der zweckmässigen Bodennutzung eine Umschreibung des Sachbereichs beabsichtigt (vgl. BBl 1967 II, S. 144); jedoch wurden die Vorgaben bereits in der definitiven Fassung von Art. 22^{quater} aBV zu Zielbestimmungen. Vgl. zum Ganzen HÄNNI, S. 65 f.; HALLER/KARLEN, Rz. 74; JAGMETTI, Kommentar BV, Art. 22^{quater} aBV Rz. 82; LENDI, St.Galler Kommentar, Art. 75 Rz. 24.
[36] Die Thematik der Schaffung eines Verfassungsartikels drehte sich insbesondere um die Zersiedelung des Landes und gewollt war die Trennung von Bau- und Nichtbaugebiet. Vgl. vorne Anm. 13 mit Hinweisen.
[37] Zur Grösse von Bauzonen vgl. BERTSCHI, passim; JOST, S. 33 ff.
[38] Dazu N. 3 mit Hinweisen.
[39] Dazu N. 11.
[40] RUCH, umschreibt dies treffend wie folgt: Dem Boden sind «diejenigen Nutzungen zuzuweisen, für die er sich eignet und nach denen aufgrund der gemeinschaftlichen Ziele Bedarf besteht» (Einleitung, Rz. 8). Beispielsweise muss die Nutzungsordnung auf Infrastrukturanlagen abgestimmt sein.

Art. 102

Umweltschutz

Kanton und Gemeinden sorgen für den Schutz des Menschen und der Umwelt vor schädlichen oder lästigen Einwirkungen.

Schädliche und lästige Einwirkungen sind so weit als möglich zu vermeiden und, wenn nötig, zu beseitigen. Die Kosten dafür tragen die Verursacher.

Kanton und Gemeinden können die Anwendung nachhaltiger Technologien fördern.

Materialien

Art. 113 VE; Prot. Plenum, S. 1393 ff., 2262 ff. (42. Sitzung), 2647 ff.

Literatur

BÄNZIGER OTMAR, Kommentar zur Verfassung des Kantons Graubünden, Art. 81; BEUSCH MICHAEL, Lenkungsabgaben im Strassenverkehr. Eine rechtliche Beurteilung der Möglichkeit zur Internalisierung externer Umweltkosten, Diss., Zürich 1999; BRUNNER URSULA, Kommentar zu Art. 43 USG, in: Vereinigung für Umweltrecht/Keller Helen (Hrsg.), Kommentar zum Umweltschutzgesetz, 2. Aufl., Zürich 1999 (Kommentar USG, Art. 43); BRUNNER URSULA/KELLER HELEN, 20 Jahre Umweltschutzgesetz – Rückblick und Würdigung, ZBl 106/2005, S. 1 ff.; FLEINER, Kommentar aBV, Art. 24^{septies} aBV; GRIFFEL ALAIN, Die Grundprinzipien des schweizerischen Umweltrechts, Zürich 2001; JAAG TOBIAS/KÖLZ ALFRED, Entwurf für eine neue Zürcher Kantonsverfassung, ausgearbeitet im Rahmen eines Seminars an der Rechtswissenschaftlichen Fakultät der Universität Zürich, in: Materialien zur Zürcher Verfassungsreform, Bd. 7, S. 33 ff.; KELLER HELEN, Umwelt und Verfassung: Eine Darstellung des kantonalen Umweltverfassungsrechts, Zürich 1993; KELLER HELEN, Kommentar zu Art. 65 USG, in: Vereinigung für Umweltrecht/Keller Helen (Hrsg.), Kommentar zum Umweltschutzgesetz, 2. Aufl., Zürich 1999 (Kommentar USG, Art. 65); KIENER REGINA, Kommentar zu Art. 49 USG, in: Vereinigung für Umweltrecht/Keller Helen (Hrsg.), Kommentar zum Umweltschutzgesetz, 2. Aufl., Zürich 1999 (Kommentar USG, Art. 49); KÖLZ MONIKA, Das schweizerische Umweltschutzgesetz, Rechtsprechung 2000–2005, URP 2006, S. 209 ff.; MORELL RETO, St.Galler Kommentar, Art. 74; RAUSCH HERIBERT/MARTI ARNOLD/GRIFFEL ALAIN, in: Walter Haller (Hrsg.), Umweltrecht, Zürich 2004; RHINOW/SCHMID/BIAGGINI, § 14; TRÜEB HANS RUDOLF, Die neuen Instrumente des Umweltschutzrechts: Haftpflicht, Lenkungsabgaben und Zusammenarbeit mit der Wirtschaft, URP 1996, S. 527 ff.; TSCHANNEN PIERRE, Kommentar zu Art. 1 USG, in: Vereinigung für Umweltrecht/Keller Helen (Hrsg.), Kommentar zum Umweltschutzgesetz, 2. Aufl., Zürich 1999 (Kommentar USG, Art. 1); VALLENDER KLAUS A./MORELL RETO, Umweltrecht, Bern 1997; WAGNER BÉATRICE, Das Verursacherprinzip im schweizerischen Umweltschutzrecht, ZSR 108/1989 II, S. 321 ff.

Rechtsquellen

– Art. 73, 74, 89 BV
– Bundesgesetz über den Umweltschutz vom 7. Oktober 1983 (Umweltschutzgesetz, USG; SR 814.01)
– Bundesgesetz über den Schutz der Gewässer vom 24. Januar 1991 (Gewässerschutzgesetz, GSchG; SR 814.20)
– Luftreinhalte-Verordnung vom 16. Dezember 1985 (LRV; SR 814.318.142.1)
– Lärmschutz-Verordnung vom 15. Dezember 1986 (LSV; SR 814.41)

– Verordnung über den Schutz vor nichtionisierenden Strahlen vom 23. Dezember 1999 (NISV; SR 814.710)
– Gebührenordnung zum Vollzug des Umweltrechts vom 3. November 1993 (LS 710.2)
– Verordnung über die allgemeine und Wohnhygiene vom 20. März 1967 (LS 710.3)
– Stoffverordnung vom 24. April 1991 (LS 710.4)
– Einführungsverordnung über die Umweltverträglichkeitsprüfung vom 16. April 1997 (LS 710.5)
– Verordnung über den Vollzug der Störfallverordnung vom 16. Dezember 1998 (LS 710.6)
– Einführungsgesetz zum Gewässerschutzgesetz vom 8. Dezember 1974 (LS 711.1)
– Verordnung über den Gewässerschutz vom 22. Januar 1975 (LS 711.11)
– Gesetz über die Abfallwirtschaft vom 25. September 1994 (Abfallgesetz; LS 712.1)
– Luftreinhalteverordnung, Massnahmenplan vom 23. Dezember 1987 (LS 713.11)
– Lärmschutzverordnung, Strassensanierungsprogramm vom 23. Dezember 1987 (LS 713.41)
– Verordnung über den Baulärm vom 27. November 1969 (LS 713.5)

Übersicht Note

1. Entstehungsgeschichte 1
2. Kompetenzverteilung Bund–Kanton–Gemeinden 3
3. Kommentar zu den einzelnen Absätzen 7
   3.1. Umweltschutz (Abs. 1) 7
   3.2. Vorsorge- und Verursacherprinzip (Abs. 2) 9
   3.3. Nachhaltige Technologien (Abs. 3) 12

1. Entstehungsgeschichte

1 Die zuständige Kommission war sich vor dem Hintergrund ihres Entscheides, die wesentlichen Aufgaben in der Kantonsverfassung aufzulisten[1], einig, eine Bestimmung über den Umweltschutz aufzunehmen[2]. Basis für die Diskussion des Artikels bildete der Entwurf der Universität[3]. Neben der Normierung des Schutzgedankens war das bundesrechtlich bereits vorgeschriebene Verursacherprinzip[4] und dessen Erwähnung von Anfang an mehrheitlich unbestritten[5]. Damit wurde zu Beginn das Vorsorgeprinzip[6] verknüpft, jedoch sowohl der hinzugezogene Experte[7] als auch die Regierung[8] empfahlen eine Trennung der beiden Prinzipien. Das Plenum folgte einem Antrag der Regierung, die Formulierung der Bundesverfassung für das Verursacherprinzip zu übernehmen,

---

[1] Vorb. zu Art. 95–121 N. 1, 5.
[2] Prot. K4 vom 7. Juni 2001, S. 52, und vom 30. August 2001, S. 102. Dies trotz der Tatsache, dass dem Kanton hauptsächlich Vollzugsaufgaben zukommen. Hierzu nachfolgend N. 2 ff.
[3] JAAG/KÖLZ, Art. 98, S. 57.
[4] Art. 74 Abs. 2 BV.
[5] Prot. K4 vom 30. August 2001, S. 104 f.; Art. 113 Abs. 2 VE.
[6] Prot. K4 vom 30. August 2001, S. 105.
[7] Prot. K4 vom 24. Januar 2002, S. 210. Als Experte wurde Prof. Dr. Tobias Jaag beigezogen.
[8] Prot. Plenum, S. 1395.

damit nicht allfällige Unklarheiten geschaffen werden[9]. Die Kommission wollte ursprünglich Schutzbestimmungen in einem Artikel festhalten, weshalb in die Vernehmlassungsvorlage eine kombinierte Umwelt- und Naturschutzbestimmung Eingang fand[10]. Später wurden diese Bereiche aber wieder getrennt[11]. Zum Umwelt- und Naturschutz rechnete man auch die Renaturierung der Gewässer hinzu[12].

Die bewegteste Geschichte dieses Artikels kommt der Bestimmung über die Förderung nachhaltiger Technologien zu (Abs. 3). Die im Entwurf der Universität enthaltene Regelung wurde zu Beginn von der Kommission nicht aufgenommen[13]. Im Plenum unterstützte die Regierung einen entsprechenden Minderheitsantrag[14], welcher jedoch mit Stichentscheid der Ratspräsidentin zuerst verworfen wurde[15]. Bei der Gesamtlesung fand dann die Möglichkeit zur Förderung nachhaltiger Technologien in Form einer Kann-Formulierung Eingang in den Vernehmlassungsentwurf[16]. Im Anschluss an die Vernehmlassung kippte die Kommissionsmehrheit die Bestimmung wieder aus dem Entwurf[17]. Auf Antrag der FDP – ein Gegenantrag zur verbindlicheren Formulierung der SP – wurde in der zweiten Lesung die Ermächtigung zur Förderung nachhaltiger Technologien letztlich wieder aufgenommen[18].

2. Kompetenzverteilung Bund–Kanton–Gemeinden

Im Bereich des Umweltschutzes hat der Bund die Gesetzgebungskompetenz weitgehend an sich gezogen (Art. 74 Abs. 1 BV) und ordnet den Kantonen im Wesentlichen den Vollzug der Bestimmungen zu (Art. 74 Abs. 3)[19]. Der Bund wird ermächtigt und verpflichtet, Vorschriften über den Schutz des Menschen

---

[9] Prot. Plenum, S. 1397; Art. 113 Abs. 2 VE. Die Bestimmung wird dann jedoch zum Schluss sprachlich noch einmal angepasst, und das Vorsorgeprinzip und das Verursacherprinzip werden in demselben Absatz geregelt. Vgl. hierzu Prot. RedK vom 12. August 2004, S. 776.

[10] Art. 113 VE mit dem Titel «Umwelt- und Naturschutz». Zur Zusammenlegung Prot. K4 vom 7. März 2002, S. 227.

[11] Prot. K4 vom 5. Februar 2004, S. 335; Prot. Plenum, S. 2647 ff.

[12] Art. 113 Abs. 3 letzter Satz VE. Diese Bestimmung wurde im Laufe der Beratungen gestrichen (vgl. Prot. K4 vom 22. Januar 2004, S. 328), jedoch später in Art. 105 Abs. 3 KV wieder aufgenommen.

[13] Prot. K4 vom 30. August 2001, S. 104, und vom 7. März 2002, S. 227.

[14] Prot. Plenum, S. 1399.

[15] Prot. Plenum, S. 1400.

[16] Art. 113 Abs. 4 VE; Prot. Plenum, S. 2267 f. (42. Sitzung).

[17] Prot. K 4 vom 22. Januar 2004, S. 328.

[18] Prot. Plenum, S. 2650 ff.

[19] Der Vollzug ist den Kantonen überlassen, soweit er nicht dem Bund (durch Gesetzesrecht!) vorbehalten ist. Die dem Bund vorbehaltenen Regelungsbereiche werden ausdrücklich in Art. 41 Abs. 1 USG festgehalten. Hinzu kommt die Regelung in Art. 39 USG, welche die Ausführungsvorschriften zum USG dem Bund überträgt. Damit steht den Kantonen nur noch der Vollzug des USG im engeren Sinne zu. Vgl. hierzu BRUNNER, Kommentar USG, Vorbemerkungen zu Art. 36 ff. Rz. 3 und Art. 36 Rz. 11.

und seiner natürlichen Umwelt[20] vor schädlichen oder lästigen Einwirkungen[21] zu erlassen, und besitzt damit eine umfassende Gesetzgebungskompetenz mit nachträglich derogatorischer Wirkung[22]. Folglich steht ihm eine umfassende, aber keine ausschliessliche Kompetenz zu und die Kantone können solange legiferieren, als der Bund von seiner Kompetenz keinen Gebrauch gemacht hat (konkurrierende Bundeskompetenz)[23]. Kantonales materielles Umweltrecht ist jedoch trotz bestehender Spielräume[24] selten und die erlassenen Regelungen beziehen sich meist auf den Vollzug und die Abgrenzung kommunaler von kantonalen Kompetenzen. Für den Vollzug haben die Kantone die erforderlichen Voraussetzungen zu schaffen[25]. Hierzu gehören die rechtlichen, organisatorischen und strukturellen Rahmenbedingungen für den Vollzug der Umweltschutzgesetzgebung[26]. Kantonale Immissionsschutzbestimmungen haben nur soweit selbstständige Bedeutung, als sie die bundesrechtlichen Vorgaben ergänzen oder – soweit erlaubt – verschärfen[27].

4   Die Bundeskompetenz ist eine Querschnittskompetenz, d.h. der Regelungsbereich überschneidet sich mit weiteren Kompetenzen, weshalb die Massnahmen zum Schutz der Umwelt aufeinander abzustimmen sind[28]. Dies trifft selbstverständlich auch für das kantonale Recht zu. Der Gesetzgeber entscheidet, welche Massnahmen er für die Zielerreichung als richtig erachtet[29]. Dabei kann es sich neben polizeirechtlichen Massnahmen auch um marktwirtschaftliche Instrumente oder Subventionen handeln[30].

5   Der Kanton Zürich hat bis anhin insbesondere Vollzugsbestimmungen erlassen. Beispielsweise wurde gestützt auf das USG und das Gewässerschutzgesetz[31] (und weitere kantonale Erlasse) eine Tarifordnung für die Aufwendungen der

---

[20] Zum Begriff und zur Abgrenzung vgl. FLEINER-GERSTER, Kommentar Art. 24^{septies} aBV, Rz. 36 ff.; MORELL, St.Galler Kommentar, Art. 74 BV Rz. 7 f.
[21] Zu den Begriffen und deren Inhalt FLEINER-GERSTER, Kommentar Art. 24^{septies} aBV, Rz. 39 ff.; MORELL, St.Galler Kommentar, Art. 74 BV Rz. 13.
[22] Botschaft des BR zum VE 96, BBl 1997 I, S. 248.
[23] FLEINER-GERSTER, Kommentar aBV, Art. 24^{septies}, Rz. 84 ff.; KELLER, Kommentar USG, Art. 65 Rz. 1 f., 19, 21; MORELL, St.Galler Kommentar, Art. 74 Rz. 9; VALLENDER/MORELL, § 4 Rz. 15 f.
[24] Vgl. KELLER, Kommentar USG, Art. 65 Rz. 10 ff., 20; VALLENDER/MORELL, § 3 Rz. 68 ff.
[25] BRUNNER, Kommentar USG, Art. 36 Rz. 3.
[26] BÄNZIGER, Kommentar KV GR, Art. 81 Rz. 12.
[27] Vgl. Art. 65 USG: BGE 118 Ia 112 ff., 114 f.; 117 Ib 147 ff., 151; 116 Ia 491 ff., 492 f.; 116 Ib 175 ff., 179 f.; KELLER, Kommentar USG, Art. 65 Rz. 20.
[28] MORELL, St.Galler Kommentar, Art. 74 Rz. 10. Vgl. z.B. zum Verhältnis zwischen Luftfahrtgesetz, Enteignungsrecht und USG, BGE 130 II 394 ff., 401 ff. E. 7 und 8, sowie BRUNNER/KELLER, S. 29 f.
[29] Vgl. zu den verschiedenen Instrumenten RHINOW/SCHMID/BIAGGINI, § 14 Rz. 57 ff. Zu den Lenkungsabgaben im Besonderen auch BEUSCH, S. 99 ff.; TRÜEB, S. 546 ff.
[30] FLEINER-GERSTER, Kommentar BV, Art. 24^{septies} aBV, Rz. 30, 95 ff.; MORELL, St.Galler Kommentar, Art. 74 Rz. 15 f., auch zur Problematik von Lenkungsabgaben. Zur Förderung nachhaltiger Technologien hinten N. 10.
[31] SR 814.20.

ABC-Wehr[32], eine Einführungsverordnung über die Umweltverträglichkeitsprüfung und ein Gesetz über die Abfallwirtschaft erlassen. Der Regierungsrat wird im Schiffssteuergesetz[33] ermächtigt, eine Verordnung betreffend Steuervergünstigungen zu erlassen, um dem Anliegen des Umweltschutzes Rechnung zu tragen. Von der Kompetenz wurde bis anhin jedoch kein Gebrauch gemacht. Vollzugsbestimmungen sind auch in baurechtlichen Erlassen verankert, so z.B. im Planungs- und Baugesetz (PBG)[34] und in der Verordnung über die ordentlichen technischen und übrigen Anforderungen an Bauten, Anlagen, Ausstattungen und Ausrüstungen[35]. Jedoch ist insbesondere die Abstimmung des Planungs- und Baurechts mit dem Umweltrecht noch nicht zufriedenstellend gelöst[36]. Gerade hier bestünde ein erheblicher Spielraum zum Erlass materiellen Rechts für den Kanton[37].

Aufgrund der Organisationsautonomie steht es den Kantonen frei, von der Vollzugskompetenz (Art. 74 Abs. 3 BV) selbstständig Gebrauch zu machen oder diese weiteren Behörden, insbesondere den Gemeinden, zu delegieren[38]. Art. 102 KV nimmt nun ausdrücklich auch die Gemeinden in die Pflicht, soweit sie am Vollzug beteiligt bzw. eigene Kompetenzen zum Erlass umweltrelevanter Vorschriften haben[39]. Ein Beispiel kommunaler Kompetenz mit erheblicher Einflussmöglichkeit auf den Umweltschutz ist der Erlass eines Gestaltungsplanes.

6

---

[32] LS 861.31.
[33] LS 747.12.
[34] LS 700.1.
[35] LS 700.21.
[36] Zu erwähnen sind hier die publikumsintensiven Anlagen, die wesentlich vom kantonalen Recht mitbestimmt werden, wie z.B. der Bau eines Fussballstadions in Zürich; hierzu BGE 131 II 81 ff. Zur Koordination von Umweltrecht und Raumplanung vgl. den Tagungsband zu demselben Thema der Vereinigung für Umweltrecht, URP 2005, S. 413 ff.
[37] Dieser Spielraum wurde auch beim – inzwischen gescheiterten – Entwurf für eine Totalrevision des PBG 2005 praktisch vollkommen ausser Acht gelassen und darauf verwiesen, dass Umweltrecht vom Bund geregelt werde. Es wurde einzig eine gesetzliche Grundlage für publikumsintensive Einrichtungen vorgeschlagen (§ 129 Abs. 1 Entwurf nPBG 2005). Gerade bei einer Revision des PBG könnte eine stufengerechte Berücksichtigung von Umweltanliegen aufgenommen werden. Wichtig wäre, dass die umweltrechtlichen Probleme nicht mehr nur auf der Objektebene angegangen würden, sondern bereits im Planungsverfahren vermehrt Beachtung erhielten. Dies wäre beispielsweise durch das Ausweisen von Auswirkungen der Raumpläne auf die Umwelt (analog Art. 47 RPV) oder eine Positivplanung des Verkehrs oder von Gebieten für publikumsintensive Nutzungen möglich. Weiter sollten wichtige Festlegungen, wie beispielsweise ein geplantes Fahrtenmodell, bereits im Rahmen des Gestaltungsplanes gemacht werden. Auch eine gebietsbezogene Umweltverträglichkeitsprüfung müsste in Betracht gezogen werden.
[38] BÄNZIGER, Kommentar KV GR, Art. 81 Rz. 21; MORELL, St.Galler Kommentar, Art. 74 BV Rz. 30.
[39] Art. 83 Abs. 1. Zu erwähnen ist hier beispielsweise die Zuordnung von Lärmempfindlichkeitsstufen in Bauzonen; vgl. hierzu beispielsweise Art. 3 der Bau- und Zonenordnung der Stadt Zürich.

3. Kommentar zu den einzelnen Absätzen

3.1. Umweltschutz (Abs. 1)

7   Durch die Erwähnung der Verpflichtung zum Schutz der Menschen und der Umwelt vor schädlichen und lästigen Einwirkungen durch Kanton und Gemeinden wird diese Verpflichtung für die kantonale Ebene präzisiert[40]. Kanton und Gemeinden werden zur Umsetzung des Umweltschutzes im Rahmen ihrer Vollzugsaufgaben zwar bereits durch die Bundesverfassung angehalten. Abs. 1 geht nun aber weiter und verpflichtet Kanton und Gemeinden auch in ihrem *eigenen Zuständigkeitsbereich*. Damit wird verdeutlicht, dass alle staatlichen Instanzen die Aufgabe des Umweltschutzes zu erfüllen haben. Die Bestimmung beschränkt sich nicht etwa wie Art. 81 Abs. 1 der Bündner Kantonsverfassung auf die Erwähnung des Vollzugs des Bundesrechts, sondern verpflichtet Kanton und Gemeinden zum Erlass von Normen in ihrem Zuständigkeitsbereich. Wo Bestimmungen zum Umweltschutz nötig sind, müssen solche erlassen werden. Insbesondere umweltrelevante Bestimmungen in der Nutzungsplanung und im Rahmen der Bauordnung fallen in Betracht[41].

8   Der Verfassungsrat entschied sich für einen mittleren Verpflichtungsgrad bei der Aufgabenwahrnehmung, was er mit der Formulierung «*sorgen für*» zum Ausdruck brachte. Damit bestimmt der Staat, welche Aufgaben er sicherstellen will. Er kann die Aufgabe des Umweltschutzes folglich entweder selbst wahrnehmen oder sie delegieren[42]. Insbesondere die Übertragung von Kontrollmassnahmen oder einzelnen Vollzugshandlungen ist hier möglich[43].

3.2. Vorsorge- und Verursacherprinzip (Abs. 2)

9   Da die neue Kantonsverfassung in Art. 102 Abs. 2 die ursprünglich im Umweltschutzgesetz und seit der Totalrevision der Bundesverfassung auch in dieser enthaltenen Prinzipen übernommen hat, sind diese kurz zu beleuchten. Das *Vorsorgeprinzip* verlangt, dass schädliche oder lästige Einwirkungen bereits bei ihrer Entstehung verhindert oder soweit als möglich begrenzt werden[44]. Dahinter steht aufgrund praktischer und ökonomischer Überlegungen der Gedanke der Präven-

---

[40] FLEINER-GERSTER, Kommentar Art. 24[septies] aBV, Rz. 87 ff.
[41] Zur Auswirkungen der Vorschriften der Raumplanung auf die Umwelt KELLER, Umwelt und Verfassung, S. 117.
[42] Vorb. zu Art. 95–121 N. 11 ff.
[43] Vgl. auch Art. 43 und Art. 41a USG. Als Beispiel sei der Ölwehreinsatz erwähnt (§ 40 [kantonale] Gewässerschutzverordnung). Dazu BRUNNER, Kommentar USG, Art. 43 Rz. 14 f.
[44] Botschaft des BR zum Umweltschutzgesetz, BBl 1979 III, S. 781 f., und Botschaft des BR über eine neue Bundesverfassung, BBl 1997 I, S. 249. Zur neueren Rechtsprechung KÖLZ, S. 215 ff.

tion⁴⁵. Es soll in vorausschauender Art mit Ressourcen schonend umgegangen werden, um diese langfristig zu sichern⁴⁶. Das Vorsorgeprinzip gilt nicht umfassend, sondern wird durch das Verhältnismässigkeitsprinzip eingeschränkt⁴⁷. Bei der Interessenabwägung ist aber im Zweifelsfall zu Gunsten der Umwelt zu entscheiden⁴⁸. Niederschlag findet das Prinzip im gesamten Umweltrecht und manifestiert sich insbesondere beim Immissionsschutz⁴⁹, bei den Umweltverträglichkeitsprüfungen⁵⁰ und im Abfallrecht⁵¹,⁵².

Das *Verursacherprinzip* verlangt, dass ein Verursacher von Umweltbeeinträchtigungen die Kosten für Schutzmassnahmen zu deren Vermeidung, Begrenzung oder Beseitigung zu tragen hat. Somit geht es beim Verursacherprinzip um die Abgeltung von Umweltkosten⁵³. Bezweckt wird damit, dass umweltschädigendes Verhalten zu einem Kostenfaktor wird⁵⁴. Das Verursacherprinzip dient folglich nicht nur der Finanzierung, sondern soll auch Lenkungscharakter haben. Das Anreizsystem lässt sich jedoch nur da umfassend verwirklichen, wo (alle) externe Kosten internalisiert werden können und das auch gemacht wird⁵⁵. Das Verursacherprinzip bedarf der Konkretisierung, denn Art. 2 USG (oder Art. 3a GSchG) stellt keine den Einzelnen unmittelbar verpflichtende Norm dar⁵⁶. Vollumfänglich verwirklicht ist das Verursacherprinzip indes nicht. Der Gesetzgeber hat ihm nicht überall konsequent Geltung verliehen und es einige Male durchbrochen⁵⁷.

10

---

⁴⁵ TSCHANNEN, Kommentar USG, Art. 1 Rz. 22 f.; VALLENDER/MORELL, § 5 Rz. 24. Zu den Merkmalen des Vorsorgeprinzips GRIFFEL, N. 76.
⁴⁶ Damit wird der Bezug zur Nachhaltigkeit (Art. 6) offensichtlich.
⁴⁷ MORELL, St.Galler Kommentar, Art. 74 Rz. 18; statt vieler BGE 124 II 517 ff., 520 f.; GRIFFEL, N. 147 ff. zur Verflechtung der beiden Grundsätze.
⁴⁸ GRIFFEL, N. 161 f.; KÖLZ, S. 215.
⁴⁹ Vgl. Art. 11 ff. USG und insbesondere Art. 11 Abs. 2 USG. Und konkreter noch beim Lärm Art. 23 USG (Einhaltung von Planungswerten).
⁵⁰ Art. 9 USG.
⁵¹ Art. 30 Abs. 1 und Art. 30a USG.
⁵² Weitere Konkretisierungen finden sich auch beim Umgang mit Organismen, im Altlastenrecht, beim Bodenschutz und beim Katastrophenschutz. Zum Ganzen TSCHANNEN, Kommentar USG, Art. 1 Rz. 30 f.; GRIFFEL, N. 90 ff. Zur Umweltvorsorge in anderen Erlassen, die nicht auf dem USG fussen, auch VALLENDER/MORELL, § 5 Rz. 31 ff.
⁵³ Vgl. WAGNER, S. 341. Zum Verursacherprinzip im weiteren und engeren Sinne GRIFFEL, N. 210 ff. Anzufügen ist, dass eine Überbindung der entstandenen Kosten natürlich nur soweit möglich ist, als der Verursacher eruiert werden kann.
⁵⁴ Botschaft des BR über eine neue Bundesverfassung, BBl 1997 I, S. 249.
⁵⁵ Vgl. zur Problematik im Strassenverkehr BEUSCH, passim, und zur Definition der externen Kosten S. 35 ff. Zu den ungedeckten externen Folgekosten durch den Strassenverkehr vgl. Bericht über die lufthygienischen Massnahmen des Bundes und der Kantone vom 23. Juni 1999, BBl 1999, S. 7735 ff., 7741.
⁵⁶ VALLENDER/MORELL, § 5 Rz. 16, 43 ff., sowie BGE 123 I 248 ff., 251 f. Es steht sozusagen unter dem Vorbehalt des Gesetzes, obwohl es nun in der Verfassung festgeschrieben ist. Vgl. hierzu RAUSCH/MARTI/GRIFFEL, Rz. 103 ff. – Konkretisiert wird das Prinzip insbesondere durch Art. 48 und 59 USG sowie durch Art. 32 und 32a USG für Siedlungsabfälle, aber auch durch Art. 54 und 60a GSchG im Bereich des Gewässerschutzes.
⁵⁷ Hierzu RAUSCH/MARTI/GRIFFEL, Rz. 106 ff.

11   Abs. 2 wiederholt die Prinzipien der Bundesverfassung und des Umweltschutzgesetzes. Auch wenn die Formulierung nicht mit derjenigen in der Bundesverfassung identisch ist, kommt der Bestimmung in Abs. 2 keine selbstständige, sondern lediglich programmatische Bedeutung zu[58]. Sie erfüllt somit insbesondere die Funktion der Transparenz[59].

3.3. Nachhaltige Technologien (Abs. 3)

12   Mit den Änderungen des USG, welche am 1. Juli 1997 in Kraft traten[60], wurde dem Bund die Förderung der *Entwicklung von Umweltschutztechnologien* ermöglicht (Art. 49 Abs. 3 USG). Dies erfolgte vor dem Hintergrund, dass die Umweltprobleme der modernen Zivilisation nicht ohne den Einsatz fortschrittlicher Technologien bewältigt werden können[61]. Bezweckt wurde die erleichterte Einführung neuer Umweltschutztechnologien[62] und damit die Unterstützung der Umsetzung wissenschaftlicher Erkenntnisse in die Praxis. Man erachtete eine Beschränkung auf die Schaffung von Rahmenbedingungen als ungenügend, weil der Markt für neue Verfahren im Umweltbereich stark durch die Gesetzgebung beeinflusst wird. Die Nachfrage nach neuen Technologien hängt erheblich von politischen Faktoren, nämlich von der Durchsetzung der Umweltschutzvorschriften, ab[63]. Zudem fehlt den Verursachern meist der Anreiz, Umweltbelastungen (weiter) zu reduzieren. Eine massgebende Ursache hierfür ist auch in der häufig fehlenden Internalisierung externer Umweltkosten zu sehen[64].

13   Die Tätigkeit des Bundes hat für die Kantone und die Gemeinden nur beschränkt Auswirkungen[65]. Die Bundeskompetenz lässt Raum für eine kantonale Förderung. Durch die Schaffung des Abs. 3 wird nun dem Kanton und den Gemeinden grundsätzlich die Möglichkeit eröffnet, die *Anwendung nachhaltiger Technologien* zu fördern. Anders als beim Bund bezieht sich die Regelung nicht auf die Entwicklung dieser Technologien, sondern auf deren Anwendung. Im Vordergrund steht die finanzielle Unterstützung, jedoch können auch andere

---

[58] So auch Bänziger, Kommentar KV GR, Art. 81 Rz. 34, für die Wiederholung des Vorsorgeprinzips in der Bündner Kantonsverfassung.
[59] Vorb. zu Art. 95–121 N. 4.
[60] AS 1997, S. 1156 f.
[61] Botschaft des BR zu einer Änderung des Bundesgesetzes über den Umweltschutz, BBl 1993 II, S. 1450.
[62] Man beschränkte sich bewusst auf Technologien, die eine Verminderung der Umweltbelastung ermöglichen. Vgl. hierzu BBl 1993 II, S. 1543.
[63] Vgl. Botschaft des BR zu einer Änderung des Bundesgesetzes über den Umweltschutz, BBl 1993 II, S. 1541.
[64] Als Beispiel sei hier der Flugverkehr angeführt. Bei Billigflügen wird offensichtlich, dass verursachte externe Kosten für die Umweltbelastung nicht internalisiert sind.
[65] Die Fachstellen unterstützen den Bund und beteiligen sich an der Projektbegleitung, jedoch treffen Kanton und Gemeinden unmittelbar keine Auswirkungen finanzieller Art. Vgl. Botschaft des BR zu einer Änderung des Bundesgesetzes über den Umweltschutz, BBl 1993 II, S. 1544.

Anreize zielführend sein. Beispielsweise ist die Reduktion von (rechtlichen und faktischen) Hindernissen beim Erlass von Bauordnungen oder im Rahmen von Baubewilligungsverfahren zu nennen.

Denkbar ist die Förderung in allen umweltrelevanten Bereichen[66]. Bisher hat der Kanton selbst wenige Fördermassnahmen ergriffen[67]. Es besteht eine gesetzliche Grundlage zur Förderung von Energiesparmassnahmen[68]. Zudem hat die steuerliche Begünstigung von Investitionen, die dem Energiesparen oder dem Umweltschutz dienen, Eingang ins kantonale Recht gefunden[69]. Einige Gemeinden fördern bereits die Anwendung einzelner Technologien insbesondere im Energiebereich[70]. Handlungsbedarf ist allerdings noch vorhanden[71]. 14

Der Gesetzgeber kann grundsätzlich entscheiden, welche Massnahmen er zum Schutz der Umwelt ergreifen möchte[72]. Über Abs. 3 wird nun die zu wählende Richtung durch die Verfassung verdeutlicht und neben dem Kanton auch den Gemeinden eine ausdrückliche Möglichkeit zur Ausrichtung von Subventionen und zur Einführung weiterer Anreize eingeräumt. Auch wenn Abs. 3 lediglich eine Kann-Formulierung enthält, kommt entsprechenden Fördermassnahmen eine erhebliche Bedeutung zu, und sie sollten in Zukunft vermehrt zur Anwendung gelangen. So stellt diese Bestimmung doch eine direkte Konkretisierung der Verpflichtung zu nachhaltigem Handeln dar, so wie dies Art. 6 KV ausdrücklich als Leitgrundsatz statuiert und die KV es in den Grundsätzen der Aufgabenerfüllung (Art. 95 Abs. 2) vorschreibt. 15

---

[66] Neben dem Energiebereich (vgl. auch Art. 106 Abs. 2) sind nachhaltige Technologien z.B. im Bereich Wasser und Abwasser (Pflanzenkläranlagen, Sammlung von Regenwasser und die Wiederaufbereitung) bekannt; Kiener, Kommentar USG, Art. 49 Rz. 32 ff.

[67] Beispielsweise fördert er im Gegensatz zu vielen anderen Kantonen die Anwendung der Solarenergie nicht. Vgl. hierzu <www.swissolar.ch/Förderung> (29.12.2006).

[68] § 16 Energiegesetz (LS 720.1). Zu den erneuerbaren Energien Rüssli, Art. 106 N. 13 ff.

[69] § 30 Abs. 2 Steuergesetz (LS 631.1). Die Abzugsfähigkeit besteht jedoch nur insoweit, als ein Abzug auch bei der direkten Bundessteuer möglich ist. Damit wurde einzig eine Harmonisierung mit dem Bundesrecht erreicht, und es wurden die Vorgaben der Verordnung des Bundes über die Massnahmen zur rationellen Energieverwendung und zur Nutzung erneuerbarer Energien (SR 642.116.1) übernommen. Vgl. das Merkblatt des kantonalen Steueramtes hierzu unter <www.energie.zh.ch> (29.12.2006).

[70] Vgl. die Übersicht der Gemeinden mit kommunalen Förderprogrammen unter <www.energie.zh.ch>.

[71] Vgl. hierzu die energiepolitische Strategie der Kantone (insbesondere S. 15–19, 21 f.), abrufbar unter <www.bfe.admin.ch> Themen→Energiepolitik→Kantone und Gemeinden> (29.12.06).

[72] Dazu N. 4.

Art. 103

Kanton und Gemeinden sorgen für die Erhaltung und den Schutz der Tier- und Pflanzenwelt.

Kanton und Gemeinden sorgen für die Erhaltung von wertvollen Landschaften, Ortsbildern, Gebäudegruppen und Einzelbauten sowie von Naturdenkmälern und Kulturgütern.

Natur- und Heimatschutz

Materialien

Art. 113 und 114 VE; Prot. Plenum, S. 1393 ff., 2262 ff. (42. Sitzung), 2647 ff.

Literatur

BÄNZIGER OTMAR, Kommentar zur Verfassung des Kantons Graubünden, Art. 81; FAHRLÄNDER KARL LUDWIG, Art. 18a NHG, in: Peter M. Keller/Jean-Baptiste Zufferey/Karl Ludwig Fahrländer (Hrsg.), Kommentar zum Bundesgesetz über den Natur- und Heimatschutz, Zürich 1997; FLEINER-GERSTER THOMAS, Kommentar Art. 24^{sexies} aBV; HANGARTNER YVO, Rechtsgrundlagen des Naturschutzes, ZBl 72/1971, S. 233 ff., 257 ff.; JAAG TOBIAS/KÖLZ ALFRED, Entwurf für eine neue Zürcher Kantonsverfassung, ausgearbeitet im Rahmen eines Seminars an der Rechtswissenschaftlichen Fakultät der Universität Zürich, in: Materialien zur Zürcher Verfassungsreform, Bd. 7, S. 33 ff.; MAURER HANS, Vorbem. zu Art. 18–23, Art. 18b und Art. 18c NHG, in: Peter M. Keller/Jean-Baptiste Zufferey/Karl Ludwig Fahrländer (Hrsg.), Kommentar zum Bundesgesetz über den Natur- und Heimatschutz, Zürich 1997; MUNZ ROBERT, Landschaftsschutz als Gegenstand des Bundesrechts, ZBl 87/1986, S. 1 ff.; ROHRER JOSEF, Begriffe: Naturschutz, Landschaftsschutz, Heimatschutz, Denkmalpflege, in: Peter M. Keller/Jean-Baptiste Zufferey/Karl Ludwig Fahrländer (Hrsg.), Kommentar zum Bundesgesetz über den Natur- und Heimatschutz, Zürich 1997; TRÖSCH ANDREAS, St. Galler Kommentar, Art. 78.

Rechtsquellen

– Art. 78 BV
– Bundesgesetz über den Natur- und Heimatschutz vom 7. Oktober 1983 (NHG; SR 451)
– Verordnung über den Natur- und Heimatschutz vom 16. Januar 1991 (NHV; SR 451.1) und diverse weitere Verordnungen
– Bundesgesetz über die Raumplanung vom 22. Juni 1979 (RPG; SR 700)
– Gesetz über die Raumplanung und das öffentliche Baurecht vom 7. September 1975 (Planungs- und Baugesetz, PBG; LS 700.1).
– Verordnung über Staatsbeiträge für den Natur- und Heimatschutz und für kommunale Erholungsgebiete vom 15. Januar 1992 (LS 701.3)
– Verordnung über den Natur- und Heimatschutz und überkommunale Erholungsflächen vom 20. Juli 1977 (NHV; LS 702.11)
– Verordnung über den Pflanzenschutz vom 3. Dezember 1964 (LS 702.12)
– Verordnung zum Schutze der einheimischen Tier- und Pflanzenwelt vom 9. Januar 1969 (LS 702.13)
– Verordnung über den Schutz der wildwachsenden Pilze vom 23. März 1983 (LS 702.15)
– Gesetz über die Finanzierung von Massnahmen für den Natur- und Heimatschutz und für Erholungsgebiete vom 17. März 1974 (LS 702.21)

– Bestimmungen über Schutz- und Erholungsgebiete in den Bezirken (LS 702.3, 702.4, 702.5, 702.6)

Übersicht	Note
1. Entstehungsgeschichte	1
2. Kompetenzverteilung Bund–Kanton–Gemeinden	2
3. Tier- und Pflanzenschutz (Abs. 1)	6
4. Landschafts- und Heimatschutz sowie Denkmalpflege (Abs. 2)	7

1. Entstehungsgeschichte

1 Die Mehrheit der zuständigen Kommission des Verfassungsrates war von Anfang an für die Aufnahme eines Artikels zum Natur- und Heimatschutz[1]. Die verschiedenen Streichungsanträge, welche damit begründet wurden, dass die Regelungen in der Bundesverfassung genügen würden, wurden stets abgelehnt[2]. Zu Beginn wollte man alle Schutzbestimmungen in einem Artikel vereinen, weshalb der heutige Abs. 1 als Abs. 3 in einer Bestimmung zum Umwelt- und Naturschutz in die Vernehmlassung geschickt wurde (Art. 113 VE)[3]. Aufgrund der Vernehmlassungsergebnisse wurden die beiden Absätze über den Natur- und den Heimatschutz wieder zusammengefügt und von den Bestimmungen zum Umweltschutz getrennt[4]. Ganz zu Beginn wurde die Erhaltung des Lebensraums zum Schutz der Artenvielfalt basierend auf dem Entwurf der Universität[5] noch ausdrücklich erwähnt[6], jedoch später als Teil der Formulierung erachtet und auf das Zusammenspiel mit der Raumplanung verwiesen[7]. Die Erhaltung des Lebensraums wurde schliesslich im Artikel über die Raumplanung (Art. 101) als deren Ziel festgehalten[8].

2. Kompetenzverteilung Bund–Kanton–Gemeinden

2 Art. 78 BV hält die kantonale Kompetenz im Bereich des Natur- und Heimatschutzes ausdrücklich fest[9]. Daran anschliessend werden die (Einzel)-

---

[1] Prot. K4 vom 30. August 2001, S. 105.
[2] Prot. K4 vom 22. Januar 2004, S. 327 f.; Prot. Plenum, S. 1394, 1400, 2262 (42. Sitzung), 2653.
[3] Prot. K4 vom 7. März 2002; Prot. Plenum, S. 1393.
[4] Prot. Plenum, S. 2647.
[5] JAAG/KÖLZ, Art. 100, S. 57.
[6] Prot. K4 vom 30. August 2001, S. 105.
[7] Prot. K4 vom 4. Juli 2002, S. 267 f.; Prot. Plenum, S. 1385 ff.
[8] Vgl. Art. 101 N. 2 mit Hinweisen.
[9] Eine solche Regelung wäre an sich aufgrund von Art. 3 BV nicht nötig und hat lediglich deklaratorischen Charakter. Vgl. hierzu TRÖSCH, St.Galler Kommentar, Art. 78 Rz. 4.

Kompetenzen des Bundes festgeschrieben. Diese Zuständigkeit wird durch Art. 78 Abs. 4 BV allerdings insofern relativiert, als dem Bund im Bereich des botanischen und zoologischen Naturschutzes eine umfassende Rechtsetzungskompetenz zukommt. Die Kantone besitzen also lediglich eine konkurrierende Kompetenz zum Erlass von Schutzbestimmungen für die Tier- und Pflanzenwelt und können solange tätig sein, als der Bund es nicht ist[10]. Selbstredend kommt auch in diesem Bereich der Vollzug den Kantonen zu. Abgesehen von dieser Gesetzgebungskompetenz (zum Schutz der Tier- und Pflanzenwelt) und der Zuständigkeit des Bundes für den Moorschutz (Art. 78 Abs. 5 BV) ist der Natur- und Heimatschutz jedoch Sache des Kantons.

Die Anliegen des Natur- und Heimatschutzes spielen vor allem bei der Raumplanung eine Rolle[11]. So verlangen die raumplanerischen Vorgaben des Bundes die Beachtung des Natur- und Heimatschutzes. Insbesondere durch die Ausscheidung von Schutzzonen (Art. 17 RPG), aber auch durch die Festlegung von entsprechenden Zielen (Art. 1 RPG) und Planungsgrundsätzen (Art. 3 RPG) für die gesamte Raumplanung wird dem Natur- und Heimatschutz Nachachtung verschafft. Folgerichtig wird dies auch im kantonalen Planungs- und Baurecht eingehend geregelt. Erwähnt wird er ausdrücklich in den Gestaltungsgrundsätzen (§ 18 PBG) und als Teilgehalt des Siedlungs- und Landschaftsplans (§§ 22 f. PBG) sowie als möglicher Zweck von Freihalte- und Erholungszonen (§ 39 und § 61 PBG). Schutzobjekte, -massnahmen und -verfahren werden eingehend geregelt (§§ 203 ff. PBG).

Der Kanton hat seine Kompetenz neben den Regelungen im Planungs- und Baurecht auch durch weitere Erlasse ausgeübt. Hierzu gehören die Verordnung über den Natur- und Heimatschutz (NHV), die Verordnung über den Pflanzenschutz, die Verordnung zum Schutze der einheimischen Tier- und Pflanzenwelt, die Pilzschutzverordnung und diverse Verordnungen und Beschlüsse zum Schutze konkreter Gebiete, Landschafts- und Ortsbilder in den verschiedenen Bezirken[12] sowie Erlasse betreffend Finanzierungsmassnahmen[13].

Art. 103 nimmt die Gemeinden bei der Erfüllung der Aufgabe nun ausdrücklich mit in die Pflicht. Diese Verpflichtung trifft die Gemeinden aber bereits durch raumplanerische Vorgaben im PBG (und RPG) sowie durch die weiteren kantonalen Erlasse. Beim Erlass kommunaler Nutzungsordnungen müssen sie die erwähnten übergeordneten – meist raumplanerischen – Regelungen beachten und zur Bewahrung von Natur- und Heimatschutzobjekten Freihaltezonen ausscheiden (§§ 45 f. i.V.m. § 61 PBG). Dem Ortsbild- und Landschaftsschutz

---

[10] Ebenso BÄNZIGER, Kommentar KV GR, Art. 81 Rz. 42.
[11] Vgl. hierfür auch den Verweis in der Vollziehungsverordnung des Bundes (Art. 26 Abs. 2 NHV).
[12] Vgl. alle Erlasse unter den Ordnungsnummern LS 702.3 bis 702.6.
[13] LS 701.3, 702.21, 702.25.

dienen zudem die Möglichkeit zum Erlass einer Gestaltungsplanpflicht (§ 48 Abs. 3 PBG) und die Bestimmungen über Kernzonen (§ 50 PBG) sowie generell die Pflicht zur Rücksichtnahme bei der Gestaltung von Bauten in der Umgebung von Natur- und Heimatschutzobjekten (§ 238 Abs. 2 PBG)[14]. Die Gemeinden trifft weiter die Pflicht zur Aufnahme von Schutzobjekten (gemäss § 203 PBG) in Inventare[15] sowie zum Erlass vorsorglicher Schutzmassnahmen[16]. Ihre Selbstbindung gilt auch bei Objekten, die nicht förmlich unter Schutz gestellt oder in ein Inventar aufgenommen wurden[17].

3. Tier- und Pflanzenschutz (Abs. 1)

6 Erfasst wird der botanisch und zoologische Naturschutz und damit neben dem Arten- auch der Biotopschutz[18]. Das Schutzobjekt dieser Bestimmung stimmt mit demjenigen von Art. 78 Abs. 4 BV überein[19]. Der Artenschutz bezweckt den Schutz bestimmter Tier- und Pflanzenarten vor direkter Gefährdung[20]. Zu einer Gefährdung kann es etwa durch Pflücken, Ausreissen, Wegführen oder Verkaufen kommen (Art. 20 NHG). Ihr wird insbesondere durch Verbotsregelungen Einhalt geboten (Art. 20 Abs. 1 NHG[21]). Der Bund hat im Anhang 2 der Verordnung über den Natur- und Heimatschutz zahlreiche Pflanzenarten und im Anhang 3 Tierarten unter Schutz gestellt, so dass es kaum mehr kantonaler Regelungen bedarf. Der Kanton Zürich hat mit § 2 der Verordnung zum Schutze der einheimischen Tier- und Pflanzenwelt zusätzlich die Weinbergschnecke ausdrücklich unter Schutz gestellt[22]. Auch in der Pilzschutzverordnung und in der Verordnung über den Pflanzenschutz werden weitere Regelungen erlassen. Der Artenschutz allein verhindert das Aussterben von Tier- und Pflanzenarten allerdings nicht. Als geeignete Massnahme dagegen gilt der Erhalt genügend grosser (und zusammenhängender[23]) Lebensräume (Biotope)[24]. Den Kantonen wird der Schutz und Unterhalt von Biotopen – sowohl von nationaler wie auch regionaler und lokaler Bedeutung – zugeordnet (Art. 18a Abs. 2 und Art. 18b

---

[14] Vgl. hierzu beispielsweise den Entscheid des Verwaltungsgerichts vom 4. Mai 2005, VB.2005.00009.
[15] § 203 Abs. 2 PBG i.V.m. § 4 Abs. 2 NHV. Vgl. beispielsweise den Entscheid des Verwaltungsgerichts vom 7. April 2006, VB.2006.00024, und vom 8. Dezember 2005, VB.2005.00479.
[16] §§ 209 f. PBG i.V.m. §§ 4 ff. NHV.
[17] § 204 PBG i.V.m. § 1 NHV.
[18] Vgl. FLEINER-GERSTER, Kommentar Art. 24[sexies] aBV, Rz. 29.
[19] Der Verfassungsgeber war sich bewusst, dass dem Bund hier die Gesetzgebungskompetenz zusteht und der Kanton hauptsächlich Vollzugsaufgaben übernimmt. Dennoch wollte man die ausdrückliche Erwähnung des Tier- und Pflanzenschutzes. Vgl. hierzu Prot. Plenum, S. 2262 ff. (42. Sitzung).
[20] MAURER, Vorbem. zu Art. 18–23 NHG, Rz. 3.
[21] Vgl. auch § 3 der Verordnung über den Pflanzenschutz.
[22] Vgl. auch Anhang 4 der NHV.
[23] MUNZ, S. 13. Vgl. hierzu auch Art. 18b Abs. 2 NHG.
[24] HANGARTNER, S. 237; MUNZ, S. 13 f.; ROHRER, Rz. 18.

Abs. 1 NHG). Die Kantone verfügen beim Vollzug (mindestens bezüglich Biotopen von regionaler und kommunaler Bedeutung[25]) über einen erheblichen Spielraum, welcher nun aufgrund der ausdrücklichen Erwähnung in der Verfassung vermehrt zu Gunsten des Naturschutzes ausgenützt werden sollte[26], nicht zuletzt auch, weil es sich hier um Bestimmungen zum Erhalt der Lebensgrundlagen handelt, welche eine Konkretisierung des Nachhaltigkeitsprinzips (Art. 6 Abs. 1) darstellen. Die Verpflichtung zum Erhalt von Lebensräumen und damit auch zum Biotopschutz ist auf kantonaler Verfassungsstufe nun ausdrücklich im Artikel über die Raumplanung (Art. 101) geregelt[27]. Daran lässt sich erneut die Verflechtung der beiden Bereiche erkennen[28]. Gerade bei der Raumplanung kann die Verantwortlichkeit kaum auf Dritte übertragen werden – obwohl der Verfassungsgeber die Formulierung «sorgen für» wählte[29]. Soweit der Biotopschutz deshalb durch Planungsmassnahmen zu gewährleisten ist oder sofern der Gesetzgeber weitere Verbots- oder Schutzbestimmungen zu erlassen hat, ist eine Übertragung der Aufgabe auf Dritte (Art. 98 Abs. 1) nicht denkbar[30]. Die Erfüllung der dem Kanton und den Gemeinden beim Tier- und Pflanzenschutz hauptsächlich zustehenden Vollzugsaufgaben können jedoch übertragen werden. Es handelt sich dabei vorwiegend um Kontrollhandlungen (z.B. die Pilzkontrolle).

4. Landschafts- und Heimatschutz sowie Denkmalpflege (Abs. 2)

Es fehlt an einer Definition der Schutzobjekte des Natur- und Heimatschutzes[31]. Ebenso schwierig ist es, die Begriffe des Natur-, Landschafts- und Heimatschutzes zu fassen. Vor dem Hintergrund, dass der Verfassungsrat die bestehenden Aufgaben festschreiben wollte[32], ist nicht davon auszugehen, dass er mit neuen, eigenen Definitionen der Begriffe und damit der Schutzobjekte die Auf-

7

---

[25] Zum Vollzug des Schutzes der Biotope von nationaler Bedeutung hat der Bund Ausführungsvorschriften erlassen. Vgl. hierzu FAHRLÄNDER, Art. 18a NHG, Rz. 8, 24 ff.
[26] Dies war bis anhin leider kaum der Fall. Vgl. MAURER, Art. 18b NHG, Rz. 10. Der Richtplantext des Kantons Zürich anerkennt den Handlungsbedarf. Vgl. unter <www.richtplan.zh.ch>, 30. Dezember 2006, Punkt 3.1 und 3.5 sowie 1.2.2 Leitlinie 3.
[27] Dazu N. 1.
[28] Hinzuweisen ist auch auf den Zusammenhang mit der Landwirtschaft. Vgl. Art. 18c Abs. 1 NHG sowie MAURER, Art. 18c NHG, Rz. 16 ff.
[29] Art. 101 N. 4.
[30] Hier wurde der Ausdruck «sorgen für» insoweit korrekt gewählt. Hierzu Vorb. zu Art. 95–121 N. 11 ff.
[31] FLEINER-GERSTER, Kommentar Art. 24^{sexies} aBV, Rz. 4 f.; ROHRER, Rz. 2, 7 f. auch zum Folgenden.
[32] Prot. Plenum, S. 154; dazu auch Vorb. zu Art. 95–121 N. 5.

gaben im Natur- und Heimatschutz verändern wollte[33]. Somit ist auf die Definitionen im Bundesrecht und auf die bereits vorhandenen Umschreibungen im kantonalen Recht abzustellen. In diesem Licht ist auch die Aufzählung in Abs. 2 als eher beispielhaft zu sehen. Unter den *wertvollen Landschaften* sind deshalb Landschaftsbilder i.e.S. (Aussichtslagen, Ansichten), traditionelle Kulturlandschaften, räumlich ausgedehnte naturnahe Landschaften und grundsätzlich auch *Naturdenkmäler* zu verstehen[34] – auch wenn diese noch separat angeführt werden. *Ortsbilder*, geschichtliche Stätten und Kulturdenkmäler werden dem Heimatschutz zugeordnet[35]. Hierzu gehört auch der Schutz von *Gebäudegruppen* und *Einzelbauten*. Mit der Aufnahme der beiden Begriffe wollte man wohl den Denkmalschutz im heute verstandenen Sinne verankern[36]. Die Grenze zu den *Kulturgütern* ist allerdings fliessend[37]. Diese Überschneidungen der Begriffe und die Doppelnennungen verdeutlichen, dass in Abs. 2 keine klare Begrenzung der Schutzobjekte, sondern eine beispielhafte Umschreibung des Schutzgehalts Eingang fand.

8 Die Schutzobjekte des kantonalen Natur- und Heimatschutzes werden durch § 203 PBG näher umschrieben. Dabei werden auch Tatbestände, die unter den Tier- und Pflanzenschutz im Sinne von Abs. 1 fallen, erfasst[38]. Eine Anpassung dieser Bestimmung an Art. 103 KV erübrigt sich allerdings aufgrund dessen, dass beide Bestimmungen weit verstanden werden.

9 Neben der Inventarisierungspflicht und der Bindung der Gemeinwesen an die Sorge um die Schutzobjekte bei der Wahrnehmung ihrer Aufgaben bestimmen das PBG[39] und entsprechende Ausführungserlasse[40] die Schutzmassnahmen, Zuständigkeiten und Finanzierungsmassnahmen, einen Übernahmeanspruch des Gemeinwesens, Ansprüche der Grundeigentümer, die Übertragung von Schutzobjekten, die Beratung der Gemeinwesen durch Sachverständigenkommissionen und die Verteilung der Kosten. Da dem Natur- und Heimatschutz in erster Linie durch die Raumplanung und das Baurecht die nötige Nachachtung verschafft werden kann, ist die Integration der – aufgrund der kantonalen Kompetenz zu erlassenden – Bestimmungen folgerichtig. Es ist daran zu erinnern, dass insbesondere der Landschaftsschutz in umfassendem Sinne Aufgabe

---

[33] Eine eingehende Auseinandersetzung mit den Begriffen hat denn auch nie stattgefunden. Auch der Regierungsrat ging lediglich von einer Verdeutlichung der bestehenden Aufgabe durch deren Nennung aus; vgl. hierzu RRB 984 vom 19. Juni 2002, S. 9.
[34] ROHRER, Rz. 22 ff., insbesondere 29 a.E.; vgl. auch HANGARNTER, S. 238 f., 257 f., sowie MUNZ, S. 1 f.
[35] ROHRER, Rz. 31. Vgl. auch FLEINER-GERSTER, Kommentar Art. 24[sexies] aBV, Rz. 5.
[36] ROHRER, Rz. 35 ff., insbes. 37.
[37] Zur Definition kann hier auf Art. 1 des Haager Abkommens zum Schutz von Kulturgut bei bewaffneten Konflikten (SR 0.520.03) verwiesen werden.
[38] § 203 Abs. 1 lit. g PBG.
[39] Vgl. §§ 203 ff. PBG.
[40] Vgl. LS 701.3, 702.11, 702.111, 702.21 und 702.25.

des Kantons und der Gemeinden ist[41] und diesem bei der raumplanerischen Interessenabwägung zum Erhalt der Lebensgrundlagen (Art. 6 Abs. 1) vermehrt Beachtung zu schenken ist. Die neue verfassungsrechtliche Grundlage unterstreicht die Bedeutung dieser Aufgabe.

Auch in diesem Absatz des Artikels entschied sich der Verfassungsgeber für die Formulierung «sorgen für». Damit bringt er zum Ausdruck, dass Kanton und Gemeinden den Natur- und Heimatschutz sicherstellen müssen, die Erfüllung der Aufgabe jedoch delegieren können[42].

10

---

[41] Dennoch ist in der Sache bedauerlich, dass der Lehrstuhl an der ETH Zürich hierfür abgeschafft wird. Vgl. hierzu NZZ Nr. 173 vom 28. Juli 2006, S. 15.
[42] Vorb. zu Art. 95–121 N. 11 ff.

Art. 104

Verkehr

Kanton und Gemeinden sorgen für eine sichere, wirtschaftliche und umweltgerechte Ordnung des gesamten Verkehrs und für ein leistungsfähiges Verkehrsnetz.

Der Kanton übt die Hoheit über die Staatsstrassen aus.

Kanton und Gemeinden fördern den öffentlichen Personenverkehr im ganzen Kantonsgebiet.

Materialien

Art. 115 VE; Prot. Plenum, S. 1404 ff., 2270 ff. (42. Sitzung), 2654 ff., 3331 ff.

Literatur

FRITZSCHE CHRISTOPH/BÖSCH PETER, Zürcher Planungs- und Baurecht, 4. Aufl., Zürich 2006, Ziff. 4.7.3; HÄNER ISABELLE, Flughafen Zürich-Kloten: Unzulässigkeit der Öffnung des Südens für den Flugverkehr?, URP 2002, S. 136 ff.; HAAS ADRIAN, Staats- und verwaltungsrechtliche Probleme bei der Regelung des Parkierens von Motorfahrzeugen auf öffentlichem und privatem Grund, insbesondere im Kanton Bern, Diss., Bern 1994; HÄNNI PETER, Vom Verhältnis zwischen Politik und Recht. Zehn Jahre Streit um den Flughafen Zürich – eine Zwischenbilanz, Baurecht 2004, S. 148 ff.; JAAG, Rz. 3433 ff., 4701 ff.; JAAG TOBIAS, Verkehrsberuhigung im Rechtsstaat, ZBl 87/1986, S. 289 ff. (Verkehrsberuhigung); JAAG TOBIAS, Der Flughafen Zürich im Spannungsfeld von lokalem, nationalem und internationalem Recht, in: Festschrift Martin Lendi, Zürich 1998, S. 203 ff.; JAAG TOBIAS (Hrsg.), Rechtsfragen rund um den Flughafen, Zürich/Basel/Genf 2004; JAAG/MÜLLER/TSCHANNEN, §§ 10 ff.; KELLER PETER, Zulässigkeit und Rechtsfolgen von neuem Fluglärm in Wohnregionen, URP 2002, S. 3 ff.; KOCH RICHARD A., Das Strassenrecht des Kantons Zürich (Strassenpolizeirecht) unter Berücksichtigung des Nationalstrassen- und Umweltschutzrechts, Zürich 1997; LENDI MARTIN, Kommentar BV, Art. 24ter, 26, 36, 36bis, 37, 37bis, 37ter aBV; LENDI MARTIN, St.Galler Kommentar, Art. 83, 87; LENDI MARTIN, Verkehr und Recht, Zürich 1998 (Verkehr und Recht); LENDI MARTIN, Offene Fragen im Bereich des Verkehrs – die neue Bundesverfassung als Vorgabe, ZSR 120/2001 I, S. 473 ff. (Offene Fragen); MEIER ROGER M., Verkehrsberuhigungsmassnahmen nach dem Recht des Bundes und des Kantons Zürich, Diss., Zürich 1989; MÜLLER PETER, Kann der Kanton Transportunternehmungen des öffentlichen Verkehrs Leistungsaufträge erteilen?, ZBl 90/1989, S. 513 ff.; MÜLLER WALTER, Die öffentliche Strasse und ihre Benutzung nach aargauischem Verwaltungsrecht unter besonderer Berücksichtigung des neuen Baugesetzes, Diss. (Freiburg), Zürich 1973; RUCH ALEXANDER, Öffentliche Werke und Verkehr, in: Verfassungsrecht der Schweiz, § 59; SAXER URS, Die Grundrechte und die Benutzung öffentlicher Strassen, Diss., Zürich 1988; SCHAFFHAUSER RENÉ, St.Galler Kommentar, Art. 82; SCHAFFHAUSER RENÉ, Grundriss des schweizerischen Strassenverkehrsrechts, Bd. I, 2. Aufl., Bern 2002; SCHAUWECKER DANIEL, Verkehrsfreie Innenstädte, Diss., Zürich 1976; SCHERLER STEFAN M., Strukturunterschiede der schweizerischen und der europäischen Verkehrsrechtsordnung, Diss., Zürich 1995; ZIMMERLIN ERICH, Baugesetz des Kantons Aargau, Kommentar, 2. Aufl., Aarau 1985, S. 67 ff.

Rechtsquellen

- Art. 82–88 BV
- §§ 18–32 Gesetz über die Raumplanung und das öffentliche Baurecht vom 7. September 1975 (Planungs- und Baugesetz, PBG; LS 700.1)
- Gesetz über den Bau und den Unterhalt der öffentlichen Strassen vom 27. September 1981 (Strassengesetz, StrG; LS 722.1)
- Einführungsgesetz zum Nationalstrassengesetz vom 24. März 1963 (EG NSG; LS 722.2)
- Gesetz über den öffentlichen Personenverkehr vom 6. März 1988 (PVG; LS 740.1)
- Gesetz über die Verkehrsabgaben und den Vollzug des Strassenverkehrsrechts des Bundes vom 11. September 1966 (Verkehrsabgabengesetz; LS 741.1)
- Einführungsgesetz zum Bundesgesetz über die Binnenschifffahrt vom 2. September 1979 (EG BSG; LS 747.1)
- Gesetz über den Flughafen Zürich vom 12. Juli 1999 (Flughafengesetz; LS 748.1)
- Flughafenfondsgesetz vom 20. August 2001 (LS 748.3)

Übersicht	**Note**
1. Kantonale Kompetenzen im Bereich des Verkehrs	1
2. Verkehrsplanung und -infrastruktur	2
3. Strassenwesen	6
4. Öffentlicher Verkehr	11
5. Güterverkehr mit der Bahn	14
6. Flughafen Zürich	15

1. Kantonale Kompetenzen im Bereich des Verkehrs

1 Auch wenn die Kantonsverfassung den Verkehr eigens im Katalog der öffentlichen Aufgaben aufführt, ist es in erster Linie der *Bund*, der das Verkehrswesen regelt[1]. So ist gemäss Art. 87 (und Art. 92 Abs. 1) der Bundesverfassung die Gesetzgebung über den Eisenbahnverkehr[2], über die regelmässige und gewerbsmässige Personenbeförderung auf der Strasse[3], über die Seilbahnen[4], die Schifffahrt[5] sowie über die Luft-[6] und Raumfahrt Sache des Bundes. Diesem kommt ferner die Befugnis zur Erhebung einer Mineralölsteuer, einer Schwerverkehrsabgabe sowie einer Nationalstrassenabgabe (Autobahnvignette) zu[7]. Die *Kan-*

---

[1] Zur Kompetenzverteilung Bund–Kantone LENDI, Verkehr und Recht, S. 18 f.
[2] Vgl. dazu das Eisenbahngesetz vom 20. Dezember 1957 (EBG; SR 742.101).
[3] Vgl. dazu das Bundesgesetz über die Personenbeförderung und die Zulassung als Strassentransportunternehmung vom 18. Juni 1993 (Personenbeförderungsgesetz; SR 744.10).
[4] Vgl. dazu das Bundesgesetz über Seilbahnen zur Personenbeförderung vom 23. Juni 2006 (Seilbahngesetz, SebG; SR 743.01).
[5] Vgl. dazu das Bundesgesetz über die Binnenschifffahrt vom 3. Oktober 1975 (BSG; SR 747.201).
[6] Vgl. dazu das Bundesgesetz über die Luftfahrt vom 21. Dezember 1948 (Luftfahrtgesetz, LFG; SR 748.0).
[7] Art. 85 f. BV.

tone verfügen vor allem im Strassenwesen (Strassenbau) und bei der Förderung des öffentlichen Personenverkehrs über Handlungsspielräume[8].

2. Verkehrsplanung und -infrastruktur

Art. 104 Abs. 1 weist dem Kanton und den Gemeinden zwei wichtige Aufgaben aus dem Bereich der Raumplanung und der öffentlichen Infrastruktur zu: die Sorge für die *Verkehrsplanung* und für ein leistungsfähiges *Verkehrsnetz*.

Bei der *Ordnung des Verkehrswesens* haben sich Kanton und Gemeinden von den Grundsätzen der Sicherheit, der Wirtschaftlichkeit und der Umweltverträglichkeit leiten zu lassen[9]. Zielkonflikte lassen sich dabei nicht ausschliessen. Zu ordnen ist gemäss Verfassung der «gesamte Verkehr», also der Verkehr auf der Strasse, der Schiene, zu Wasser und zur Luft[10]. Die Ordnung des gesamten Verkehrs umfasst die Ausarbeitung einer Gesamtverkehrsstrategie und die Abstimmung der einzelnen Verkehrsträger aufeinander. Zudem ist das Verkehrssystem auf die angestrebte räumliche Entwicklung auszurichten. Instrument der Verkehrsplanung bildet das *Gesamtverkehrskonzept*, welches vom Regierungsrat im September 2006 verabschiedet worden ist[11].

Niederschlag findet die Verkehrsplanung im Richtplan, das heisst im Verkehrsplan. Der *kantonale Verkehrsplan* gibt Aufschluss über bestehende und geplante Anlagen und Flächen für Nationalstrassen und Staatsstrassen von kantonaler Bedeutung, Bahnlinien und Anlagen für den Güterumschlag sowie andere öffentliche Transportmittel, Luftseilbahnen und Skilifte, schiffbare Wasserwege und regelmässig bediente Schifffahrtslinien, den Luftverkehr samt Luftstrassen im Nahbereich und Flugsicherungseinrichtungen sowie die Fahrzeugparkierung von kantonaler Bedeutung[12]. Die *regionalen Verkehrspläne* enthalten die Strassen und Parkierungsanlagen von regionaler Bedeutung, die Tram- und Buslinien mit den zugehörigen Anlagen, Bahnlinien sowie Anschlussgleise und Anlagen für den Güterumschlag sowie Rad-, Fuss-, Reit- und Wanderwege unter Einbezug historischer Verkehrswege[13]. Die *kommunalen Verkehrspläne* beinhalten die kommunalen Strassen für die Groberschliessung und die Wege von kommunaler Bedeutung[14].

---

[8] Dazu N. 6 und N. 11 ff.
[9] Diese Grundsätze nennt auch § 14 StrG für die Projektierung von Strassen.
[10] Prot. Plenum, S. 2667 (Votum Gubler, Präsident der Kommission 4).
[11] RRB 1334 vom 13. September 2006.
[12] § 24 PBG.
[13] § 30 Abs. 4 PBG.
[14] § 31 Abs. 2 PBG.

5 Für den Bau, den Unterhalt und die Erneuerung der Verkehrsinfrastruktur haben der Kanton und die Gemeinden Sorge zu tragen. Ein *leistungsfähiges Verkehrsnetz* trägt wesentlich zur Standortattraktivität des Lebens- und Wirtschaftsraumes Kanton Zürich bei.

3. Strassenwesen

6 Das Strassenwesen ist *Sache der Kantone*; sie bestimmen über den Bau, den Unterhalt und die Finanzierung der Strassen sowie über deren Nutzung[15]. Einen Einbruch in die kantonale Strassenhoheit stellt die Kompetenz des Bundes zur Errichtung eines Netzes von Nationalstrassen dar; diese werden vom Bund gebaut, betrieben und unterhalten[16]. Dem Bund steht ausserdem die Befugnis zum Erlass von Vorschriften über den Strassenverkehr und die Oberaufsicht über die Strassen von gesamtschweizerischer Bedeutung zu[17]. Die Benutzung öffentlicher Strassen im Rahmen des Gemeingebrauchs darf gemäss Bundesverfassung nicht mit Gebühren belastet werden[18].

7 Bei den Strassen werden *drei Kategorien* unterschieden: National-, Staats- und Gemeindestrassen. Art. 104 Abs. 2 behält dem Kanton die *Hoheit über die Staatsstrassen* vor. Als Staatsstrassen gelten nach der Einteilung des Strassengesetzes die in den kantonalen und regionalen Verkehrsplänen festgelegten Strassen; alle übrigen Strassen sind Gemeindestrassen[19]. Diese unterstehen damit – im Rahmen des kantonalen Rechts – der Hoheit der Gemeinden.

8 Als Hoheitsträger über die Staatstrassen ist der Kanton für deren *Bau, Unterhalt, Betrieb und Finanzierung* verantwortlich[20]. Entsprechende Pflichten treffen die Gemeinden hinsichtlich der Gemeindestrassen, wobei sich der Kanton an den Bau- und Unterhaltskosten beteiligt[21]; in der Verfassung von 1869 war die Aus-

---

[15] Zur kantonalen Strassenhoheit JAAG, Rz. 3434; JAAG, Verkehrsberuhigung, S. 294 f.; MEIER, S. 47 ff. m.w.H.; RUCH, § 59 Rz. 13 f.; SCHAFFHAUSER, S. 36 f.; TSCHANNEN/ZIMMERLI, § 50 Rz. 25 ff.; ferner Entscheide des Bundesrates, ZBl 87/1986, S. 231 ff., 233; ZBl 85/1984, S. 276 ff.; VPB 59/1995 Nr. 39, S. 322 f.; VPB 50/1986 Nr. 14, S. 99.

[16] Art. 83 Abs. 2 BV in der Fassung vom 3. Oktober 2003 betr. Neugestaltung des Finanzausgleichs und der Aufgabenteilung zwischen Bund und Kantonen (NFA), BBl 2003, S. 6591 ff. (Inkrafttreten 1. Januar 2008).

[17] Art. 82 Abs. 1 und 2 BV.

[18] Art. 82 Abs. 3 Satz 1 BV; dazu BGE 122 I 279 ff. – Die Einführung des sog. *road pricing*, d.h. die Erhebung besonderer Strassenbenutzungsgebühren zur Verminderung des Agglomerationsverkehrs, erfordert daher eine Verfassungsänderung. Eine blosse Ausnahmebewilligung der Bundesversammlung gestützt auf Art. 82 Abs. 3 Satz 2 BV kommt nicht in Betracht.

[19] § 5 StrG; dazu MEIER, S. 55 ff.

[20] § 6, § 26 Abs. 1 StrG.

[21] §§ 29 f. StrG; Verordnung über Staatsbeiträge an den Bau und Unterhalt von Strassen vom 8. September 1982 (Strassenbeitragsverordnung, StrBV; LS 722.18).

richtung von Staatsbeiträgen an die Gemeinden noch auf Verfassungsstufe verankert (altArt. 25 Abs. 3).

Die Kosten für den Bau und den Unterhalt der Staatsstrassen sowie die Staatsbeiträge an die Gemeinden werden aus dem *Strassenfonds* gedeckt[22]. Diesem werden der Reinertrag der kantonalen Verkehrsabgaben (Motorfahrzeugsteuern)[23] sowie weitere zweckgebundene Mittel zugewiesen[24].

Mit der Strassenhoheit fällt das *Eigentum* an den Strassen zusammen. Während sich die Staatsstrassen im Eigentum des Kantons befinden, stehen die Gemeindestrassen im Eigentum der jeweiligen politischen Gemeinde[25]. Als Werkeigentümer haftet das Gemeinwesen gestützt auf Art. 58 OR für Schäden, die aus mangelhafter Anlage bzw. mangelhaftem Unterhalt der Strasse entstehen[26].

4. Öffentlicher Verkehr

Die Förderung des öffentlichen Verkehrs fand 1972 Aufnahme in die Verfassung von 1869 und bildet seither eine *öffentliche Aufgabe*. Art. 26 Abs. 1 in der Fassung vom 4. Juni 1972 sah die Förderung des regionalen öffentlichen Verkehrs, insbesondere durch Gewährung von Beiträgen und Darlehen durch den Staat vor[27]. 1988 wurde die bisherige Förderung des regionalen öffentlichen Verkehrs auf den gesamten öffentlichen Verkehr ausgedehnt und zur Sache von Kanton und Gemeinden erklärt. Art. 26 Abs. 1 in der Fassung vom 6. März 1988 lautete wie folgt: «Der Staat und die Gemeinden fördern den öffentlichen Personenverkehr, insbesondere durch die Errichtung eines Verkehrsverbundes.» Die neue Verfassung hält an dieser Aufgabenteilung fest; die Förderung des öffentlichen Verkehrs bildet weiterhin eine *gemeinsame Aufgabe* von Kanton und Gemeinden.

Weder die Verfassung noch das Gesetz über den öffentlichen Personenverkehr (PVG) enthalten eine Definition des öffentlichen Verkehrs. Als *öffentlicher Verkehr* gilt im Allgemeinen jener Verkehr, der – im öffentlichen Interesse ange-

---

[22] § 28 Abs. 1 StrG.
[23] Art. 105 Abs. 1 des Strassenverkehrsgesetzes vom 19. Dezember 1958 (SVG; SR 741.01) behält den Kantonen ausdrücklich das Recht vor, Motorfahrzeugsteuern (Besitzessteuer) zu erheben.
[24] § 28 StrG; § 12 Verkehrsabgabengesetz; dazu BGE in ZBl 91/1990, S. 121 ff.; JAAG, Rz. 3222, 3438.
[25] Vgl. § 1, § 59 StrG.
[26] Dazu etwa BGE 129 III 65 ff. = Pra 92/2003 Nr. 121; BGE 4C.45/2005 vom 18. Mai 2005, Pra 95/2006 Nr. 30; IMBODEN/RHINOW/KRÄHENMANN, Nr. 103; ROLAND BREHM, Berner Kommentar, Art. 41–61 OR, 3. Aufl., Bern 2006, Art. 58 OR N. 161 ff.
[27] Vgl. für den Wortlaut von Art. 26 Abs. 1 der alten Kantonsverfassung in der Fassung vom 4. Juni 1972, GS, Bd. I, S. 3 ff., 7.

boten – allgemein zugänglich ist[28], oder anders formuliert die Beförderung von Personen oder Sachen mit Transportmitteln, die regelmässig verkehren und von jedermann benutzt werden können[29]. Zum öffentlichen Verkehr zählen, soweit er allgemein zugänglich ist, demnach der schienengebundene Verkehr, der regelmässige und gewerbsmässige Personenverkehr auf der Strasse und auf dem Wasser sowie der Linienverkehr in der Luft[30].

13   Auf welche Weise der öffentliche Verkehr zu fördern ist, lässt Art. 104 Abs. 3 im Gegensatz zur alten Verfassung offen; die Errichtung eines Verkehrsverbundes wird in der Verfassung nicht mehr erwähnt. Die Bestimmung der *Massnahmen* zur Förderung des öffentlichen Verkehrs obliegt somit dem Gesetzgeber. Zentrale Bedeutung bei der Förderung des öffentlichen Personenverkehrs kommt dem *Zürcher Verkehrsverbund* zu, der unter den Betrieben des öffentlichen Verkehrs eingerichtet wurde und 1990 seinen Betrieb aufnahm[31]. Der Verkehrsverbund – eine unselbstständige öffentlichrechtliche Anstalt – hat für ein koordiniertes, auf wirtschaftliche Grundsätzen ausgerichtetes, freizügig benutzbares Verkehrsangebot mit einheitlicher Tarifstruktur zu sorgen[32]. Zur Erfüllung seiner Aufgaben arbeitet er eng mit den Transportunternehmungen zusammen[33]. Kostenunterdeckungen des Verkehrsverbundes werden je zur Hälfte vom Kanton und von den Gemeinden getragen[34]. An Verkehrsinfrastrukturanlagen gewährt der Kanton Beiträge. Diese werden durch den Verkehrsfonds finanziert, welchem jährlich mit dem Voranschlag Mittel zugewiesen werden[35]. Des Weiteren sieht das PVG die Ausrichtung von Investitions- und Betriebsbeiträgen sowie die Gewährung von Darlehen und die Beteiligung an den Transportunternehmungen durch den Kanton vor[36].

---

[28] LENDI, St.Galler Kommentar, Art. 87 Rz. 16; LENDI, Offene Fragen, S. 481 Anm. 17; SCHERLER, S. 11 f.; kritisch zum Kriterium der allgemeinen Zugänglichkeit dagegen SCHAUWECKER, S. 11 f.

[29] Botschaft des Bundesrates über Transporte des öffentlichen Verkehrs vom 23. Februar 1983, BBl 1983 II, S. 167 ff., 169.

[30] SCHERLER, S. 11; vgl. auch LENDI, St.Galler Kommentar, Art. 87 Rz. 19 f.

[31] § 2 Abs. 2 PVG.

[32] § 10 Abs. 1, § 11 PVG; vgl. auch §§ 17 f. PVG.

[33] § 21 PVG.

[34] §§ 26 f. PVG sowie Verordnung über die Gemeindebeiträge an den Verkehrsverbund vom 14. Dezember 1988 (Kostenverteiler-Verordnung; LS 740.6). Dazu RB 1992 Nr. 89. – Für das Jahr 2007 beträgt die Kostenunterdeckung rund 315 Mio. Franken; Weisung des Regierungsrates zum Beschluss des Kantonsrates betreffend die Bewilligung eines Rahmenkredits des Zürcher Verkehrsverbundes für die Fahrplanperiode 2007/2008 vom 12. Juli 2006, ABl 2006, S. 991 ff., 994 f.

[35] § 4, §§ 30 f. PVG.

[36] § 2 Abs. 1 PVG. Bei der Beteiligung des Kantons an einer Transportunternehmung handelt es sich um eine dem Finanzreferendum unterliegende Ausgabe und nicht um eine Anlage, da die Beteiligung in aller Regel zur Wahrung öffentlicher Interessen und nicht zum Zweck der Kapitalanlage erworben wird; BGE in ZBl 80/1979, S. 72 ff.

5. Güterverkehr mit der Bahn

Art. 26 Abs. 2 der alten Verfassung in der Fassung vom 6. März 1988 auferlegte dem Kanton die Förderung des Güterverkehrs mit der Bahn. Hierzu bewilligte der Kantonsrat periodisch Rahmenkredite; diese dienten vornehmlich der Subventionierung von Anschlussgleisen und von Güterumschlagsanlagen[37]. Der Verfassungsrat verzichtete nach längerer Diskussion darauf, altArt. 26 Abs. 2 in die neue Verfassung zu überführen[38]. Dies schliesst aber nicht aus, den Güterverkehr mit der Bahn weiterhin mit staatlichen Mitteln zu fördern. Das im September 2006 verabschiedete Gesamtverkehrskonzept sieht denn auch vor, dass der Kanton im Rahmen seiner Möglichkeiten den Güterverkehr auf der Schiene fördert, insbesondere beim Verkehr über grosse Distanzen und beim Transport von Massen- und Gefahrengütern[39].

6. Flughafen Zürich

Von Seiten der Grünen Fraktion wurde im Rahmen der zweiten Lesung des Gesamtentwurfs der Verfassung die Aufnahme einer Bestimmung zum Flughafen Zürich verlangt. Danach sollte der Kanton dafür sorgen, dass der Flughafen Zürich in Übereinstimmung mit den Bedürfnissen der von Flugemissionen betroffenen Wohnbevölkerung betrieben wird[40]. Der Verfassungsrat lehnte an seiner Sitzung vom 10. Juni 2004 den entsprechenden Antrag jedoch ab[41].

Die am 7. Juli 2004 eingereichte Volksinitiative «für eine realistische Flughafenpolitik», die eine Ergänzung von Art. 104 um einen neuen Absatz 4 verlangt, zielt in die gleiche Richtung wie der abgelehnte Antrag der Grünen. Gemäss Initiativtext hat der Kanton Zürich, insbesondere im Bund, darauf hinzuwirken, dass der Flughafen Zürich in Übereinstimmung mit den Bedürfnissen der von Flugemissionen betroffenen Wohnbevölkerung betrieben wird. Namentlich darf die jährliche Zahl von Flugbewegungen des Flughafens 250 000 nicht überschreiten und die Nachtflugsperre nicht weniger als neun Stunden betragen[42]. Der Regierungsrat hat die Initiative zur Ablehnung empfohlen und dem Kantonsrat einen Gegenvorschlag zur Änderung des Flughafengesetzes unterbreitet.

---

[37] Vgl. dazu § 34 PVG sowie Bericht des Regierungsrates zur Förderung des Güterverkehrs mit der Bahn vom 10. September 2003, ABl 2003, S. 1630 ff., 1636. – Auch der Bund leistet Beiträge an die Erstellung von Anschlussgleisen; Art. 11 Abs. 2 Bundesgesetz über die Anschlussgleise vom 5. Oktober 1990 (SR 742.141.5).
[38] Prot. Plenum, S. 2656 f., 3332 f.
[39] Vgl. zum Gesamtverkehrskonzept auch N. 3.
[40] Prot. Plenum, S. 2658.
[41] Prot. Plenum, S. 2671.
[42] ABl 2004, S. 993 ff.

Der Gegenvorschlag sieht die Festsetzung eines Richtwertes zur Begrenzung der Anzahl der vom Fluglärm stark gestörten Personen vor. Die Behörden des Kantons Zürich haben darauf hinzuwirken, dass dieser Richtwert (sog. Zürcher Fluglärm-Index) nicht überschritten wird[43]. Volksinitiative und Gegenvorschlag kommen voraussichtlich am 25. November 2007 zur Abstimmung.

17 Betrieben wird der Flughafen Zürich von der *Flughafen Zürich AG*, einer gemischtwirtschaftlichen Aktiengesellschaft gemäss Art. 762 OR[44]. Die Gesellschaft verfügt über eine *Betriebskonzession* des Bundes, die bis 31. Mai 2051 dauert[45]. Der Kanton muss an der Flughafengesellschaft stets mit mehr als einem Drittel des stimmberechtigten Kapitals beteiligt sein; ihm kommt das Recht zu, drei von sieben oder acht bzw. vier von neun Verwaltungsratssitzen mit seinen Vertretern zu besetzen[46]. Die Vertreter des Staates werden vom Regierungsrat ernannt, der ihnen Weisungen erteilen kann[47]. Gesuche an den Bund über die Änderung der Lage und Länge der Pisten und Gesuche um Änderungen des Betriebsreglements mit wesentlichen Auswirkungen auf die Fluglärmbelastung bedürfen der Zustimmung der Staatsvertretung im Verwaltungsrat[48]. Erteilt der Regierungsrat seinen Vertretern die Weisung, einem Gesuch an den Bund über die Änderung der Lage und Länge der Pisten zuzustimmen, muss diese vom Kantonsrat in der Form des referendumsfähigen Beschlusses genehmigt werden[49].

---

[43] ABl 2006, S. 36 ff.
[44] § 2, § 6 Flughafengesetz. Bis Mai 2001 wurde der Flughafen vom Kanton Zürich in Form einer unselbstständigen Anstalt betrieben.
[45] Betriebskonzession vom 31. Mai 2001; dazu Art. 36 ff. des Luftfahrtgesetzes und Verordnung über die Infrastruktur der Luftfahrt vom 23. November 1994 (VIL; SR 748.131.1).
[46] §§ 7 f. Flughafengesetz; Art. 17 Abs. 4 der Statuten der Flughafen Zürich AG (Stand Juni 2004).
[47] §§ 18 f. Flughafengesetz.
[48] § 10 Flughafengesetz.
[49] § 19 Abs. 2 Flughafengesetz.

Art. 105

Wasser

Der Kanton übt die Hoheit über die Gewässer aus.

Kanton und Gemeinden gewährleisten die Wasserversorgung.

Sie sorgen für den Schutz vor Hochwasser und anderen Naturgefahren. Sie fördern die Renaturierung der Gewässer.

Materialien

Art. 113 Abs. 3, 116 VE; Prot. Plenum, S. 1412 ff., 2272 (42. Sitzung), 2673 ff.

Literatur

BLUNSCHY SCHEIDEGGER JSABELLE, Kommentar zum bernischen Wassernutzungsgesetz, Bern 2003; BOSE JAYA RITA, Der Schutz des Grundwassers vor nachteiligen Einwirkungen, Diss., Zürich 1996; BREUER RÜDIGER, Öffentliches und privates Wasserrecht, 3. Aufl., München 2004; BÜHLER RICHARD, Die Fischereiberechtigung im Kanton Zürich, Diss. (Zürich), Meilen 1969; DAETWYLER MAX A., Ausgewählte Fragen zur rechtlichen Behandlung des Grundwassers in der Schweiz, Diss., Zürich 1966; FLÜCKIGER ANDREAS, Gemeingebrauch an oberirdischen öffentlichen Gewässern, insbesondere die Schiffahrt auf Schweizer Gewässern, Diss. (Basel), Bern 1987; FLEINER-GERSTER, S. 393 ff.; FURRER JÜRG, Möglichkeiten und ökonomische Zweckmässigkeit einer Privatisierung und Regulierung der Trinkwasserversorgung, Diss. oec., St.Gallen 2004; GYGI, S. 240 ff.; HUBER-WÄLCHLI VERONIKA/KELLER PETER M., Zehn Jahre Rechtsprechung zum neuen Gewässerschutzgesetz, URP 2003, S. 1 ff.; JAAG, Rz. 3415 ff.; JAGMETTI RICCARDO, Kommentar BV, Art. 24, 24bis aBV; JAGMETTI RICCARDO, Energierecht, in: Schweizerisches Bundesverwaltungsrecht, Bd. VII, Basel/Genf/München 2005 (Energierecht); JANSEN LUC, Les zones de protection des eaux souterraines: des mesures d'aménagement du territoire dans le droit de l'environnement, ZBl 96/1995, S. 341 ff.; LIVER PETER, Die Entwicklung des Wasserrechts in der Schweiz seit hundert Jahren, ZSR 71/1952 I, S. 317 ff.; MEIER-HAYOZ ARTHUR, Berner Kommentar, Art. 655–679 ZGB, Das Grundeigentum I, Bern 1974; RAUSCH HERIBERT/MARTI ARNOLD/GRIFFEL ALAIN, Umweltrecht, Zürich/Basel/Genf 2004; SCHAUB CHRISTOPH, Rechtliche Aspekte der Wasserversorgung im Kanton Zürich, Zürich 2003; SEILER HANSJÖRG, Sport nautique et droit de l'environnement: les restrictions à la navigation en droit suisse, in: Droit et sport, Freiburg 1997, S. 209 ff.; SINTZEL KURT, Die Sondernutzungsrechte an öffentlichen Sachen im Gemeingebrauch im Kanton Zürich, Diss. (Zürich), Aarau 1962; SUTTER-SOMM KARIN, Das Monopol im schweizerischen Verwaltungs- und Verfassungsrecht, Diss., Basel 1989; STEINER HANSJÖRG, Die Rechtsstellung des Anstössers an öffentliche Gewässer, Diss. (Freiburg), Bern 1974; TRÖSCH ANDREAS, St.Galler Kommentar, Art. 76; ZIMMERLIN ERICH, Baugesetz des Kantons Aargau, 2. Aufl., Aarau 1985, S. 186 ff.; ZURBRÜGG HENRI, Aspects juridiques du régime des eaux en Suisse, ZSR 84/1965 II, S. 201 ff.

Rechtsquellen

– Art. 76 BV
– Bundesgesetz über die Wasserbaupolizei vom 22. Juni 1877 (WBPG; SR 721.10)
– Bundesgesetz über den Wasserbau vom 21. Juni 1991 (WBG; SR 721.100)
– Bundesgesetz über die Nutzbarmachung der Wasserkräfte vom 22. Dezember 1916 (Wasserrechtsgesetz, WRG; SR 721.80)
– Bundesgesetz über die Binnenschifffahrt vom 3. Oktober 1975 (BSG; SR 747.201)

- Bundesgesetz über den Schutz der Gewässer vom 24. Juni 1991 (Gewässerschutzgesetz, GSchG; SR 814.20)
- Einführungsgesetz zum Gewässerschutzgesetz vom 8. Dezember 1974 (EG GSchG; LS 711.1)
- Verordnung über den Gewässerschutz vom 22. Januar 1975 (LS 711.11)
- Wasserwirtschaftsgesetz vom 2. Juni 1991 (WWG; LS 724.11)
- Verordnung über den Hochwasserschutz und die Wasserbaupolizei vom 14. Oktober 1992 (LS 724.112)
- Konzessionsverordnung zum Wasserwirtschaftsgesetz vom 21. Oktober 1992 (KVO WWG; LS 724.211)
- Verordnung über die Wasserversorgung vom 14. Oktober 1992 (LS 724.41)
- Verordnung über das Stationieren von Schiffen vom 14. Oktober 1992 (Stationierungsverordnung; LS 747.4)
- Gesetz über die Fischerei vom 5. Dezember 1976 (FG; LS 923.1)

Übersicht Note

1. Kompetenzverteilung Bund–Kantone 1
2. Gewässerhoheit 3
3. Nutzung der Gewässer 6
4. Wasserversorgung 10
5. Hochwasserschutz und Schutz vor anderen Naturgefahren 14
6. Renaturierung der Gewässer 17
7. Gewässerschutz 21

1. Kompetenzverteilung Bund–Kantone

1   Im Wasserrecht sind die Kompetenzen zwischen Bund und Kantonen geteilt. Art. 76 BV gibt die Kompetenzverteilung wieder. Gemäss der Zielbestimmung von Art. 76 Abs. 1 BV hat der *Bund* im Rahmen seiner Zuständigkeit für die haushälterische Nutzung und den Schutz der Wasservorkommen sowie für die Abwehr schädigender Einwirkungen des Wassers Sorge zu tragen. Zur Verfolgung dieser Ziele verfügt er zum Teil über eine *umfassende Gesetzgebungskompetenz*; dies ist im Zusammenhang mit dem Gewässerschutz, der Sicherung angemessener Restwassermengen, dem Wasserbau und der Sicherheit von Stauanlagen der Fall[1]. In anderen Bereichen kommt dem Bund dagegen nur eine *Grundsatzgesetzgebungskompetenz* zu. So stellt er Grundsätze auf über die Erhaltung und die Erschliessung der Wasservorkommen, über die Nutzung der Gewässer zur Energieerzeugung und für Kühlzwecke sowie über andere Eingriffe in den Wasserkreislauf[2]. Gestützt auf diese Kompetenzen hat der Bund

---

[1] Art. 76 Abs. 3 BV. Über eine umfassende Rechtsetzungszuständigkeit verfügt der Bund sodann im Bereich der «Beeinflussung der Niederschläge». Da das Wetter (zumindest bis heute) nicht künstlich beeinflussbar ist, ist es bei der blossen Gesetzgebungskompetenz des Bundes geblieben.

[2] Art. 76 Abs. 2 BV.

das Wasserbaupolizei-, das Wasserbau-, das Wasserrechts- und das Gewässerschutzgesetz erlassen[3].

Die eigentliche Sachherrschaft über die Gewässer (*Gewässerhoheit*) liegt dagegen bei den *Kantonen*; sie entscheiden über die Wassernutzung[4]. In diesem Bereich kommt dem kantonalen Recht grosse Bedeutung zu[5]. 2

2. Gewässerhoheit

Art. 105 Abs. 1 weist dem Kanton die Hoheit über die Gewässer zu; auf eine Verankerung des kantonalen Fischereiregals in der Verfassung wurde dagegen verzichtet[6]. Dass den Kantonen die Gewässerhoheit zusteht, ergibt sich bereits aus der Bundesverfassung; Art. 76 Abs. 4 hält – auch wenn dieser Bestimmung nur deklaratorische Bedeutung zukommt – fest, dass die Kantone über die Wasservorkommen (Gewässer) verfügen und für die Wassernutzungen in den Schranken der Bundesgesetzgebung Abgaben erheben können[7]. Art. 3 Abs. 1 des Bundesgesetzes über die Binnenschifffahrt weist die Gewässerhoheit ebenfalls den Kantonen zu. 3

Die Hoheit des Kantons über die Gewässer beschränkt sich auf die *öffentlichen Gewässer*; bei diesen handelt es sich um öffentliche Sachen im Gemeingebrauch[8]. Daneben gibt es auch private Gewässer, die im Privateigentum stehen und der privaten Nutzung dienen[9]. 4

Die Kompetenz zur *Abgrenzung* der öffentlichen von den privaten Gewässern steht den Kantonen zu; diese Befugnis ergibt sich sowohl aus der Gewässerhoheit als auch aus Art. 664 ZGB[10]. Das Bundesrecht enthält zwar im Wasserrechtsgesetz eine Umschreibung des Begriffs «öffentliche Gewässer». Danach gelten als öffentliche Gewässer Seen, Flüsse, Bäche und Kanäle, an denen nicht Pri- 5

---

[3] Das aus dem Jahr 1877 datierende Wasserbaupolizeigesetz enthält lediglich noch Regelungen über die Sicherheit von Stauanlagen; im Übrigen wurde es durch das Wasserbaugesetz von 1991 abgelöst. Das Wasserbaupolizeigesetz soll nunmehr durch ein Bundesgesetz über die Stauanlagen abgelöst werden; vgl. dazu Botschaft zu einem Bundesgesetz über die Stauanlagen vom 9. Juni 2006, BBl 2006, S. 6037 ff.

[4] Dazu N. 3 ff.

[5] JAGMETTI, Energierecht, Ziff. 4128.

[6] Dazu § 1 Abs. 1 FG; SUTTER-SOMM, S. 131 ff.

[7] Dazu JAGMETTI, Kommentar BV, Art. 24 aBV Rz. 22 und Art. 24bis aBV Rz. 58; TRÖSCH, St.Galler Kommentar, Art. 76 Rz. 12.

[8] JAGMETTI, Kommentar BV, Art. 24 aBV Rz. 18; JAGMETTI, Energierecht, Ziff. 4105; HÄFELIN/MÜLLER/UHLMANN, Rz. 2346 ff.; vgl. auch § 137 des Einführungsgesetzes zum Schweizerischen Zivilgesetzbuch vom 2. April 1911 (EG zum ZGB; LS 230).

[9] Die privaten Gewässer stehen im Kanton Zürich aber unter der Aufsicht des Staates und über den Gemeingebrauch hinausreichende Nutzungen sind bewilligungspflichtig; § 6 Abs. 2, § 36 Abs. 2 WWG.

[10] JAGMETTI, Kommentar BV, Art. 24 aBV Rz. 16; MEIER-HAYOZ, Art. 664 ZGB N. 130, 152; FLEINER-GERSTER, S. 395; BGE 113 II 236 ff., 238 f.

vateigentum nachgewiesen ist, sowie die Gewässer, die zwar im Privateigentum stehen, aber von den Kantonen im Zusammenhang mit der Nutzbarmachung der Wasserkräfte den öffentlichen Gewässern gleichgestellt werden[11]. Diese Grenzziehung gilt jedoch nur für die Anwendung des eidgenössischen Wasserrechtsgesetzes; ansonsten sind die Kantone in ihrer Umschreibung der öffentlichen Gewässer frei[12]. Gemäss zürcherischem Wasserwirtschaftsgesetz zählen das Grundwasser sowie die offenen und eingedolten Oberflächengewässer, soweit an ihnen nicht Privateigentum nachgewiesen wird, zu den öffentlichen Gewässern[13]. Zu den Privatgewässern gehören dagegen lediglich jene Gewässer, an denen der Nachweis von Privateigentum erbracht werden kann[14]. Es besteht eine Vermutung zu Gunsten der Öffentlichkeit eines Gewässers[15].

3. Nutzung der Gewässer

6   Die öffentlichen Gewässer dienen zahlreichen Zwecken: der Wasserversorgung, der Energiegewinnung, der Fischerei, der Schifffahrt, dem Wassersport usw. Die Nutzung kann mehr oder weniger intensiv sein. Gesetz, Lehre und Praxis unterscheiden in der Regel drei Intensitätsstufen: (schlichten) Gemeingebrauch, gesteigerten Gemeingebrauch und Sondernutzung[16]. Das Wasserwirtschaftsgesetz differenziert zwischen Gemeingebrauch und Nutzungen, welche den Gemeingebrauch beschränken oder übersteigen, und fasst damit den gesteigerten Gemeingebrauch und die Sondernutzung zusammen[17]. Ob im Einzelfall eine Konzession oder eine Bewilligung einzuholen ist, beurteilt sich nach Art und Intensität der Nutzung[18].

7   Zum *schlichten Gemeingebrauch* zählt das kantonale Recht[19] das Schöpfen von Wasser mit einfachen Einrichtungen, das Tränken von Haustieren sowie das Baden[20] und die Schifffahrt im Rahmen der polizeilichen Ordnung[21]. Zum Gemein-

---

[11] Art. 1 Abs. 2 WRG.
[12] JAGMETTI, Kommentar BV, Art. 24 aBV Rz. 16; FLÜCKIGER, S. 47 f.
[13] § 5 Abs. 1 WWG.
[14] Private Gewässer sind im Kanton Zürich eher selten; vgl. Weisung des Regierungsrates zum Wasserwirtschaftsgesetz vom 10. Februar 1988, ABl 1988, S. 661 ff., 670; ferner SINTZEL, S. 32.
[15] Vgl. Art. 664 Abs. 2 ZGB; dazu MEIER-HAYOZ, Art. 664 ZGB N. 129 ff.
[16] Vgl. zu diesen Begriffen statt vieler HÄFELIN/MÜLLER/UHLMANN, Rz. 2371 ff.; TSCHANNEN/ZIMMERLI, § 50 Rz. 1 ff.
[17] § 36 WWG.
[18] Weisung des Regierungsrates zum Wasserwirtschaftsgesetz vom 10. Februar 1988, ABl 1988, S. 661 ff., 686.
[19] Vgl. § 2 Abs. 1 KVO WWG.
[20] Dazu BGE 100 Ia 131 ff., 137 = Pra 63/1974 Nr. 205.
[21] Vgl. zur Schifffahrt auch Art. 2 BSG und dazu BGE 119 Ia 197 ff.

gebrauch am Zürichsee, Greifensee, Pfäffikersee und Türlersee gehört zudem die Angelfischerei vom Ufer aus[22].

Eine Konzession dagegen – es wird vom Vorliegen einer *Sondernutzung* ausgegangen[23] – ist erforderlich für die Entnahme von Grund- und Oberflächenwasser für die Wasserversorgung[24], zu Wärme- und Kühlzwecken, zu industriellen und gewerblichen Brauchzwecken, zur Bewässerung und zur Speisung von Weihern, ferner für die Wasserkraftnutzung[25], die Inanspruchnahme von Gewässern durch Bauten und Anlagen (wie Bootshäuser, Stege, Flosse usw.), die Materialentnahme aus Gewässern[26], die Erstellung von Bauten und Anlagen im Grundwasserleiter und für die Errichtung von Stationierungsanlagen für Schiffe[27].

Gesteigerter Gemeingebrauch schliesslich liegt vor bei jenen Gewässernutzungen, die keinen schlichten Gemeingebrauch darstellen und für die keine Konzession erforderlich und somit keine Sondernutzung gegeben ist. Das zürcherische Recht verzichtet darauf, Beispiele für den gesteigerten Gemeingebrauch zu nennen. Nach Lehre und Praxis stellt etwa die Durchführung von nautischen Veranstaltungen wie Segel- und Ruderregatten sowie Kanu- und Schwimmwettkämpfen gesteigerten Gemeingebrauch dar[28].

4. Wasserversorgung

Art. 105 Abs. 2 verpflichtet *Kanton und Gemeinden*, die Wasserversorgung zu gewährleisten. Bei der Wasserversorgung handelt es sich um eine Aufgabe, der lebenswichtige Bedeutung zukommt; sie soll daher von der öffentlichen Hand selbst wahrgenommen werden[29]. Der Begriff «gewährleisten» wird ansonsten nur noch in Art. 100 im Zusammenhang mit der Aufrechterhaltung der öffentlichen Ordnung und Sicherheit verwendet.

---

[22] § 3 FG.
[23] Vgl. dazu § 1 KVO WWG und § 3 Stationierungsverordnung. Siehe für weitere Beispiele auch RHINOW/ KRÄHENMANN, Nr. 119 B II; TSCHANNEN/ZIMMERLI, § 50 Rz. 58.
[24] Vgl. hierzu Verwaltungsgericht Zürich, ZBl 78/1977, S. 429 ff. – Auch Art. 29 GSchG statuiert aus Gründen der Sicherung angemessener Restwassermengen die Pflicht zur Einholung einer Bewilligung für die Wasserentnahme; dazu BGE 126 II 283 ff.
[25] Die Wasserkraftnutzung ist nach Bundesrecht konzessionspflichtige Sondernutzung; Art. 3 und Art. 38 ff. WRG.
[26] Eine Bewilligung zur Ausbeutung von Kies, Sand und anderem Material verlangen auch Art. 44 GSchG sowie § 41 EG GSchG.
[27] Vgl. zur Konzessionierung einer Bootstationierungsanlage Verwaltungsgericht Zürich, ZBl 95/1994, S. 311 ff.; zur Zuteilung von Anlegeplätzen Verwaltungsgericht Zürich, ZBl 79/1978, S. 557 ff.
[28] BGE 2P.191/2004 vom 10. August 2005, ZBl 107/2006, S. 254 ff., 259 f. m.w.H.; FLEINER-GERSTER, S. 397 f.; FLÜCKIGER, S. 61.
[29] Prot. Plenum, S. 1413 (Votum Gubler, Präsident der Kommission 4).

11 Das Wasserwirtschaftsgesetz überträgt den *Gemeinden* die Aufgabe, die Wasserversorgung innerhalb ihres Gemeindegebietes sicherzustellen[30]. Zu den Pflichten der Gemeinden gehören neben der Bereitstellung und der Lieferung von Trinkwasser in einwandfreier Qualität[31], unter genügendem Druck und in ausreichender Menge zu Trink-, Brauch- und Löschzwecken[32] der Bau und der Betrieb der örtlichen Wasserversorgung[33]. Wie bei allen öffentlichen Aufgaben haben die Gemeinden gemäss Art. 95 Abs. 3 dafür zu sorgen, dass die Wasserversorgung wirkungsvoll, wirtschaftlich und nachhaltig erfüllt wird[34].

12 Die Gemeinden können gemäss geltendem Wasserwirtschaftsgesetz einen Teil ihrer Pflichten *privaten Wasserversorgungsunternehmungen* übertragen, müssen diese aber beaufsichtigen[35]. Für die Sicherstellung der Trinkwasserversorgung in Notlagen bleiben sie aber in jedem Fall zuständig[36]. Ob eine Übertragung der Wasserversorgung auf private Wasserversorgungsunternehmungen unter der neuen Verfassung noch möglich ist, erscheint mit Blick auf die in Art. 105 Abs. 2 verwendete Terminologie («gewährleisten» anstatt des weniger verbindlichen «sorgen») zumindest fraglich[37], selbst wenn der Verfassungsrat an der bisherigen Aufgabenverteilung an sich nichts ändern wollte[38]. Die Materialien geben auf diese Frage allerdings keine klare Antwort. Zulässig ist es immerhin, die Wasserversorgung auf eine selbstständige Gemeindeanstalt oder auf eine von der Gemeinde beherrschte Aktiengesellschaft (oder auf eine andere von ihr beherrschte privatrechtliche Körperschaft) zu übertragen.

13 Dem *Kanton* kommt eine *Aufsichts- und Koordinationsfunktion* zu; er hat zu gewährleisten, dass die Gemeinden ihren Pflichten zur Wasserversorgung nachkommen.

---

[30] § 27 Abs. 1 WWG.
[31] Vgl. zu den Qualitätsanforderungen Art. 3 der Verordnung des Eidg. Departementes des Innern über Trink-, Quell- und Mineralwasser vom 23. November 2005 (SR 817.022.102).
[32] § 25 WWG.
[33] § 27 Abs. 2 WWG.
[34] Art. 116 Abs. 3 VE sah noch ausdrücklich vor, dass die Wasserversorgung sicher, wirtschaftlich und umweltgerecht sein müsse. Unter Hinweis auf den heutigen Art. 95 Abs. 3 kürzte der Verfassungsrat indes den Wortlaut von Art. 105 Abs. 2; Prot. Plenum, S. 2674. Bei der Elektrizitätsversorgung tat er dies dagegen nicht; gemäss Art. 106 Abs. 3 hat der Kanton für eine sichere und wirtschaftliche Elektrizitätsversorgung zu sorgen.
[35] § 28 Abs. 1 und § 27 Abs. 3 WWG; § 1 Abs. 2 Wasserversorgungsverordnung.
[36] § 27 Abs. 4 WWG; dazu die Verordnung des Bundes über die Sicherstellung der Trinkwasserversorgung in Notlagen vom 20. November 1991 (VTN; SR 531.32). Vgl. hierzu auch SCHAUB, S. 22 f.
[37] Vgl. zur Bedeutung der vom Verfassungsrat verwendeten Terminologie SOBOTICH, Vorb. zu Art. 95–121 N. 12.
[38] Prot. Plenum, S. 154.

5. Hochwasserschutz und Schutz vor anderen Naturgefahren

Das Bundesgesetz über den Wasserbau, das den Schutz von Menschen und erheblichen Sachwerten (wie Verkehrs- und Industrieanlagen, Wohngebieten usw.) vor schädlichen Auswirkungen des Wassers anstrebt, erklärt den Hochwasserschutz zur Aufgabe der Kantone[39]. Art. 105 Abs. 3 Satz 1 weist die Aufgabe, für den *Schutz vor Hochwasser* zu sorgen, Kanton und Gemeinden zu. Während der Kanton für den Hochwasserschutz an den vom Regierungsrat bezeichneten öffentlichen Oberflächengewässern von kantonaler und regionaler Bedeutung verantwortlich ist, ist der Hochwasserschutz an den übrigen öffentlichen Oberflächengewässern Sache der Gemeinden[40]. Für die Kosten hat grundsätzlich das für die Hochwasserschutzmassnahme zuständige Gemeinwesen aufzukommen, wobei der Kanton Staatsbeiträge an die Gemeinden leistet[41].

14

Der Hochwasserschutz ist in erster Linie durch den Unterhalt der Gewässer und durch raumplanerische Massnahmen sicherzustellen. Erst in zweiter Linie kommen die klassischen Mittel der Wasserbaupolizei wie Verbauungen, Eindämmungen, Korrektionen usw. zum Zug[42]; so dürfen Fliessgewässer nur verbaut oder korrigiert werden, wenn der Schutz von Menschen und erheblichen Sachwerten es erfordert[43]. Bei Eingriffen in das Gewässer muss dessen natürlicher Verlauf möglichst beibehalten oder – wenn dieser bereits beeinträchtigt ist – wiederhergestellt (renaturiert) werden. Ausserdem müssen die Gewässer und Ufer so gestaltet werden, dass sie insbesondere einer vielfältigen Tier- und Pflanzenwelt als Lebensraum dienen können und eine standortgerechte Ufervegetation gedeihen kann[44].

15

Kanton und Gemeinden haben zudem für den Schutz vor *«anderen Naturgefahren»* wie Erdrutschen, Felsstürzen oder Steinschlägen zu sorgen[45].

16

---

[39] Art. 2 WBG.
[40] § 13 WWG.
[41] §§ 14 ff. WWG; §§ 10 ff. der Verordnung über den Hochwasserschutz und die Wasserbaupolizei. – Abgeltungen an Massnahmen des Hochwasserschutzes leistet auch der Bund; Art. 6 WBG.
[42] Art. 3 WBG; vgl. auch § 12 Abs. 2 WWG.
[43] Art. 37 Abs. 1 lit. a GSchG.
[44] Art. 4 Abs. 2 WBG; Art. 37 Abs. 2 GSchG; dazu BGE in ZBl 101/2000, S. 89 ff., 92; Huber-Wälchli/Keller, S. 47 f.
[45] Vgl. dazu RRB 1870 vom 21. Dezember 2005 betr. Umsetzung der neuen Kantonsverfassung, S. 13.

6. Renaturierung der Gewässer

17 Art. 105 Abs. 3 Satz 2 macht es *Kanton und Gemeinden* zur Aufgabe, die Renaturierung (bzw. Revitalisierung oder Wiederbelebung) der Gewässer zu fördern[46]. Damit wird die grosse Bedeutung einer ökologischen Aufwertung der Gewässer anerkannt; Wiederbelebungsmassnahmen an Fliessgewässern bilden eine wichtige Aufgabe des Gewässerschutzes[47].

18 Renaturierungsmassnahmen sind durch den Kanton und die Gemeinden zu fördern; entweder führen sie die entsprechenden Massnahmen selber durch oder unterstützen sie finanziell[48]. Auch der *Bund* richtet gestützt auf das Wasserbaugesetz Finanzhilfen an Renaturierungen aus[49].

19 *Ziel der Renaturierung* ist die Rückführung der Gewässer in einen naturnahen und landschaftsgerechten Zustand. Bei Renaturierungen sind die Interessen des Gewässer-, Natur- und Hochwasserschutzes sowie jene der Landwirtschaft und Fischerei zu koordinieren[50]. Zur Renaturierung gehören Massnahmen, die der Wiederherstellung der natürlichen Gewässerdynamik und der ökologischen Vernetzung der Lebensräume dienen; insbesondere *Ausdolungen* führen zu einer Revitalisierung. Das Überdecken und Eindolen von Fliessgewässern ist deshalb von Bundesrechts wegen nur noch in Ausnahmefällen erlaubt; bestehende Eindolungen und Überdeckungen dürfen in der Regel auch nicht mehr ersetzt werden[51].

20 Das geltende Wasserwirtschaftsgesetz enthält keine Bestimmungen zur Renaturierung der Gewässer. Der Erlass ist daher an die Kantonsverfassung anzupassen. Zu regeln sind die Aufgaben von Kanton und Gemeinden und die Tragung der Kosten der Renaturierungsmassnahmen.

---

[46] Die im Juli 2006 eingereichte eidgenössische Volksinitiative «Lebendiges Wasser (Renaturierungs-Initiative)» verlangt von den Kantonen, dass sie Renaturierungen öffentlicher Gewässer und ihrer Uferbereiche fördern. Zur Finanzierung der Massnahmen hat jeder Kanton einen Renaturierungsfonds zu schaffen; BBl 2007, S. 5511 ff.

[47] Vgl. § 2 Abs. 1 lit. f und lit. i WWG.

[48] Der Kantonsrat bewilligte am 23. Oktober 1989 zwei Rahmenkredite von insgesamt 18 Mio. Franken für die Durchführung von Wiederbelebungsmassnahmen (Revitalisierung) an öffentlichen Fliessgewässern für die Jahre 1989 bis 1993 (ABl 1989, S. 1588). Mit Kantonsratsbeschluss vom 22. August 1994 wurde die Gültigkeit dieser Kredite bis ins Jahr 2000 erstreckt (ABl 1994, S. 1307) und mit Kantonsratsbeschluss vom 19. März 2001 unbefristet verlängert (ABl 2001, S. 441). Diese Rahmenkredite ermöglichen die Realisierung verschiedener Projekte an kantonalen Gewässern und die Unterstützung von Revitalisierungsvorhaben der Gemeinden und Dritter. – Im Kanton Bern besteht für die Renaturierung ein Renaturierungsfonds; Art. 36a Wassernutzungsgesetz vom 23. November 1997 und Renaturierungsdekret vom 14. September 1999.

[49] Art. 7 WBG; Art. 5 ff. WBV.

[50] BOSE, S. 109 f.

[51] Art. 38 GSchG; dazu BGE in ZBl 101/2000, S. 323 ff., 327 = URP 2000, S. 648 ff.; BGE in ZBl 98/1997, S. 320 ff. = URP 1997, S. 153 ff.; BOSE, S. 111 f.; HUBER-WÄLCHLI/KELLER, S. 50 ff.; vgl. ferner Regierungsrat Zürich BEZ 1987 Nr. 41.

7. Gewässerschutz

Mit dem Schutz der Gewässer vor Verunreinigungen, insbesondere der *Reinigung der Abwässer*, befasst sich Art. 105 im Unterschied zu anderen kantonalen Verfassungen (wie z.B. Bern oder Schaffhausen) nicht. Die Kompetenz, Vorschriften über den Gewässerschutz zu erlassen, fällt zwar dem Bund zu[52]; der Vollzug obliegt aber den Kantonen[53]. Es gehört zu den Aufgaben der Kantone, für die Erstellung öffentlicher *Kanalisationen* und zentraler *Abwasserreinigungsanlagen* zur Reinhaltung der Gewässer zu sorgen[54]. Im Kanton Zürich sind die Gemeinden für den systematischen Ausbau des Kanalisationsnetzes sowie für den Bau und Ausbau der zentralen Abwasserreinigungsanlagen verantwortlich[55]. Jede Gemeinde hat für ihr Gebiet eine Kanalisationsverordnung zu erlassen, welche der Genehmigung durch die Baudirektion bedarf[56].

21

---

[52] Vgl. dazu N. 1. – Das Gewässerschutzgesetz des Bundes befasst sich mit der Reinhaltung der Gewässer (qualitativer Gewässerschutz), mit der Sicherung angemessener Restwassermengen (quantitativer Gewässerschutz) und mit der Verhinderung anderer nachteiliger Einwirkungen auf die Gewässer wie der Verbauung und Korrektion oder des Eindolens von Fliessgewässern.
[53] Art. 45 GSchG.
[54] Art. 10 GSchG.
[55] § 15 EG GSchG.
[56] § 18 EG GSchG.

Art. 106

Energie

Der Kanton schafft günstige Rahmenbedingungen für eine ausreichende, umweltschonende, wirtschaftliche und sichere Energieversorgung.

Er schafft Anreize für die Nutzung einheimischer und erneuerbarer Energie und für den rationellen Energieverbrauch.

Er sorgt für eine sichere und wirtschaftliche Elektrizitätsversorgung.

Materialien

Art. 117 VE; Prot. Plenum, S. 1412 ff., 2273 ff. (42. Sitzung), 2676 ff.

Literatur

BISCHOF JUDITH, Rechtsfragen der Stromdurchleitung, Diss., Zürich 2002; BUSER DENISE, Beteiligungen an Atomenergieanlagen – in den Kantonen demokratisch abgesichert?, AJP 2006, S. 387 ff.; EICHENBERGER, § 54; JAAG, Rz. 4601 ff.; JAAG TOBIAS/KELLER HELEN, Zur Verfassungsmässigkeit einer Energieabgabe, URP 1998, S. 319 ff.; JAAG/MÜLLER/TSCHANNEN, §§ 19 ff.; JAGMETTI RICCARDO, Kommentar BV, Art. 24^{quater}, 24^{octies} aBV; JAGMETTI RICCARDO, Energierecht, in: Schweizerisches Bundesverwaltungsrecht, Bd. VII, Basel/Genf/München 2005 (Energierecht); KERN KEREM, Privatisierung kommunaler Elektrizitätsversorgungsunternehmen, Diss., Zürich 2005; KILCHENMANN FRITZ, Handkommentar zum Energiegesetz des Kantons Bern, Bern 1984 (Energiegesetz); KILCHENMANN FRITZ, Rechtsprobleme der Energieversorgung, Bern 1991 (Rechtsprobleme); MATTHEY BLAISE, Droit et énergies nouvelles, Diss. (Genf), Lausanne 1986; MÜLLER GEORG, Sind «Service public-Abgaben» im Bereich der Versorgung mit elektrischer Energie zulässig?, ZBl 105/2004, S. 461 ff. (Service public-Abgaben); MÜLLER GEORG/HÖSLI PETER, Einführung in das Energierecht der Schweiz, Baden 1994; RECHSTEINER STEFAN, Rechtsfragen des liberalisierten Strommarktes in der Schweiz, Diss. (Basel), Zürich 2001; RUCK ERWIN, Schweizerisches Elektrizitätsrecht, Zürich 1964; RÜEGGER PETER, Rechtsprobleme der Verteilung elektrischer Energie durch öffentlichrechtliche Anstalten, Diss., Zürich 1991; SCHAFFHAUSER RENÉ, St.Galler Kommentar, Art. 89–91; STRAUB PHILIPP THEODOR, Der Zugang zu den Elektrizitätsnetzen in Europa und der Schweiz, Diss. (Zürich), Basel 2005; STRUB DOMINIK, Wohlerworbene Rechte. Insbesondere im Bereich des Elektrizitätsrechts, Diss., Freiburg 2001; TOBLER CHRISTA, Die Öffnung des Strommarktes in der Schweiz. Eine Fortsetzung der Art. 43 und 44 EleG mit anderen Mitteln?, Jusletter vom 26. April 2004 (www.jusletter.ch); WEBER ROLF H., Energie und Kommunikation, in: Verfassungsrecht der Schweiz, § 60; WEBER ROLF H./KRATZ BRIGITTA, Elektrizitätswirtschaftsrecht, Bern 2005; WELTERT HANS MARTIN, Die Organisations- und Handlungsformen in der schweizerischen Elektrizitätsversorgung, Diss. (Basel), Zürich 1990.

Rechtsquellen

– Art. 76 Abs. 2, 89–91 BV
– Bundesgesetz über die Nutzbarmachung der Wasserkräfte vom 22. Dezember 1916 (Wasserrechtsgesetz, WRG; SR 721.80)
– Energiegesetz vom 26. Juni 1998 (EnG; SR 730.0)
– Kernenergiegesetz vom 21. März 2003 (KEG; SR 732.1)
– Bundesgesetz betreffend die elektrischen Schwach- und Starkstromanlagen vom 24. Juni 1902 (Elektrizitätsgesetz, EleG; SR 734.0)

- Bundesgesetz über die Stromversorgung vom 23. März 2007 (Stromversorgungsgesetz, StromVG; SR 734.7; AS 2007, S. 3425 ff.) (teilweise in Kraft seit 15. Juli 2007)
- Gesetz über die Raumplanung und das öffentliche Baurecht vom 7. September 1975 (Planungs- und Baugesetz, PBG; LS 700.1)
- [Kantonales] Energiegesetz vom 19. Juni 1983 (kEnG; LS 730.1)
- Verordnung über die Energieplanung und die Förderung von Pilotprojekten vom 6. November 1985 (Energieverordnung; LS 730.11)
- Gesetz betreffend die Elektrizitätswerke des Kantons Zürich vom 19. Juni 1983 (EKZ-Gesetz; LS 732.1)
- Verordnung über die Organisation und Verwaltung der Elektrizitätswerke des Kantons Zürich vom 13. Februar 1985 (EKZ-Verordnung; LS 732.11)
- Beschluss des Kantonsrates betreffend Beteiligung des Kantons Zürich beim Erwerb der Kraftwerke Beznau-Löntsch durch Übernahme von 38% oder 13 680 Stück der Aktien dieser Gesellschaft vom 6. Juli 1914 (Gründungsvertrag NOK; LS 732.2)

Übersicht Note

1. Kompetenzverteilung Bund–Kantone 1
2. Energie- und Elektrizitätsversorgung 3
   2.1. Begriffe 3
   2.2. Energieversorgung 5
   2.3. Elektrizitätsversorgung 8
3. Einheimische und erneuerbare Energien 13
4. Energieverbrauch 17

1. Kompetenzverteilung Bund–Kantone

1   Der *Bund* verfügt im Energiebereich über zahlreiche Kompetenzen; diese sind in den Art. 89 bis 91 und in Art. 76 Abs. 2 BV verankert. Art. 89 BV befasst sich gemäss Marginalie mit der *«Energiepolitik»*. Der Bund ist zuständig für die Festlegung von Grundsätzen über die Nutzung einheimischer und erneuerbarer Energien und über den sparsamen und rationellen Energieverbrauch; überdies erlässt er Vorschriften über den Energieverbrauch von Anlagen, Fahrzeugen und Geräten. Art. 90 BV erklärt die Gesetzgebung auf dem Gebiet der *Kernenergie* zur Sache des Bundes, und Art. 91 Abs. 1 BV weist dem Bund die Zuständigkeit zum Erlass von Vorschriften über den Transport und die Lieferung *elektrischer Energie* zu. Art. 76 Abs. 2 BV vermittelt dem Bund sodann die Kompetenz zur Aufstellung von Grundsätzen über die *Nutzung der Gewässer* zur Energiegewinnung und zu Kühlzwecken. Verkehrs- und nicht energierechtlicher Natur ist dagegen – trotz der Platzierung im Abschnitt über Energie – die dem Bund gestützt auf Art. 91 Abs. 2 BV zukommende Befugnis zur Regelung des Transports flüssiger oder gasförmiger Brenn- oder Treibstoffe[1]. Der Bund hat gestützt

---

[1] SCHAFFHAUSER, St.Galler Kommentar, Art. 91 Rz. 13.

auf die genannten Verfassungsbestimmungen das Energie-, das Kernenergie-, das Elektrizitäts-, das Wasserrechts- und vor kurzem das Stromversorgungsgesetz erlassen. Letzteres hat eine schrittweise Öffnung des Strommarktes zum Ziel[2].

Trotz der vielfältigen Befugnisse des Bundes verfügen die *Kantone* im Energiewesen nach wie vor über erhebliche Kompetenzen[3]. Nur in den Bereichen, in denen dem Bund eine umfassende Gesetzgebungskompetenz zukommt (Energieverbrauch von Anlagen, Fahrzeugen und Geräten, Kernenergie, Transport und Lieferung elektrischer Energie) und er davon Gebrauch gemacht hat, verbleibt kein Raum für kantonales Recht.

2. Energie- und Elektrizitätsversorgung

2.1. Begriffe

Gestützt auf Art. 106 hat der Kanton günstige Rahmenbedingungen für eine ausreichende, umweltschonende, wirtschaftliche und sichere Energieversorgung zu schaffen (Abs. 1) sowie für eine sichere und wirtschaftliche Elektrizitätsversorgung zu sorgen (Abs. 3).

Der Begriff der «Energieversorgung» ist von jenem der «Elektrizitätsversorgung» zu unterscheiden. Die *Elektrizitätsversorgung* umfasst die Versorgung mit elektrischer (leitungsgebundener) Energie. Bei der Elektrizität handelt es sich um einen sog. Sekundärenergieträger; sie entsteht durch Umwandlung oder Weiterverarbeitung von sog. Primärenergieträgern (wie Rohöl, Erdgas, Kohle, Holz, Wasserkraft, Uranerz) bzw. von anderen Sekundärenergieträgern (wie Benzin, Heizöl, Briketts). Von anderen Energieträgern unterscheidet sich die Elektrizität insbesondere dadurch, dass sie als solche nicht in grossen Mengen gespeichert werden kann[4]. Bei der *Energieversorgung* geht es allgemein um die Versorgung der Bevölkerung und der Wirtschaft mit Energieträgern und Energie in nutzbarer Form[5]. Die Elektrizitätsversorgung bildet dabei Teil der Energieversorgung[6].

---

[2] Eine erste Vorlage war noch in der Volksabstimmung vom 22. September 2002 gescheitert; vgl. dazu Elektrizitätsmarktgesetz (EMG) vom 15. Dezember 2000, BBl 2000, S. 6189 ff. (Referendumsvorlage), und BBl 2002, S. 7821 ff. (Abstimmungsergebnis).

[3] JAGMETTI, Kommentar BV, Art. 24^{octies} aBV Rz. 19 ff.; SCHAFFHAUSER, St.Galler Kommentar, Art. 89 Rz. 11.

[4] Möglich ist eine Speicherung etwa in Form von chemischer Energie (Batterien). Darüber hinaus lässt sich Strom indirekt in Form von potenzieller Energie über Primär- oder andere Sekundärenergieträger speichern, beispielsweise durch Speicherung von Wasser in Stauseen. Vgl. zum Ganzen WEBER/KRATZ, § 2 Rz. 1 ff.

[5] KILCHENMANN, Rechtsprobleme, S. 6.

[6] Nach der Legaldefinition von Art. 4 Abs. 1 EnG umfasst die Energieversorgung die Gewinnung, die Umwandlung, die Lagerung, die Bereitstellung, den Transport, die Übertragung und die Verteilung von Energieträgern und Energie bis zum Endverbraucher, einschliesslich der Ein-, Aus- und Durchfuhr.

2.2. Energieversorgung

5 Die Energieversorgung ist Sache der *Energiewirtschaft*[7]. Bund und Kantonen kommt gemäss Art. 89 Abs. 1 BV dabei die Aufgabe zu, sich im Rahmen ihrer Zuständigkeiten für eine ausreichende, breit gefächerte, sichere, wirtschaftliche und umweltverträgliche Energieversorgung einzusetzen[8], und Art. 4 Abs. 2 des Energiegesetzes hält Bund und Kantone dazu an, mit geeigneten staatlichen Rahmenbedingungen dafür zu sorgen, dass die Energiewirtschaft die Energieversorgung im Gesamtinteresse optimal erfüllen kann. In Übereinstimmung mit den bundesrechtlichen Vorgaben erteilt Art. 106 Abs. 1 dem Kanton den Auftrag, *günstige Rahmenbedingungen* für eine ausreichende, umweltschonende, wirtschaftliche und sichere Energieversorgung zu schaffen.

6 Die verschiedenen in Art. 106 Abs. 1 genannten Ziele (ausreichend, umweltschonend, wirtschaftlich und sicher) sind grundsätzlich gleichwertig; sie können im Einzelfall aber miteinander in Konflikt geraten[9]. So sind etwa Auseinandersetzungen zwischen einer wirtschaftlichen und einer umweltschonenden Energieversorgung nicht auszuschliessen. Die vom Gesetzgeber zu schaffenden günstigen Rahmenbedingungen sind daher so auszugestalten, dass die gesetzten Ziele insgesamt erreicht werden, ohne dem einen oder anderen Ziel den Vorzug zu geben.

7 Was unter «ausreichend», «umweltschonend», «wirtschaftlich» und «sicher» zu verstehen ist, kann Art. 5 des Energiegesetzes des Bundes entnommen werden. Eine *ausreichende und sichere* Energieversorgung umfasst die ausreichende Verfügbarkeit von Energie, ein breit gefächertes Angebot verschiedener Energieträger sowie technisch sichere und leistungsfähige Versorgungssysteme[10]. Eine *wirtschaftliche* Energieversorgung beruht auf den Marktkräften, der Kostenwahrheit, der internationalen Konkurrenzfähigkeit sowie auf einer international koordinierten Energiepolitik. Eine *umweltschonende* Energieversorgung bedeutet den schonenden Umgang mit den natürlichen Ressourcen, den Einsatz erneuerbarer Energien und die Vermeidung schädlicher oder lästiger Einwirkungen auf Mensch und Umwelt[11].

---

[7] So ausdrücklich Art. 4 Abs. 2 Satz 1 EnG.

[8] Bei Art. 89 Abs. 1 BV handelt es sich um eine energiepolitische Zielnorm, die von Bund, Kantonen und Gemeinden bei der Erfüllung ihrer Aufgaben zu berücksichtigen ist; JAGMETTI, Energierecht, Ziff. 1316 f. m.w.H.

[9] Vgl. SCHAFFHAUSER, St.Galler Kommentar, Art. 89 Rz. 7; JAGMETTI, Kommentar BV, Art. 24^{octies} aBV Rz. 36.

[10] Mit der Energieversorgung in ausserordentlichen Lagen – bei Katastrophen und Notlagen – befasst sich das neu zu erlassende kantonale Bevölkerungsschutzgesetz (BSG). Vgl. dazu Antrag des Regierungsrates vom 2. Mai 2007, ABl 2007, S. 766 ff.

[11] Vgl. zum Ganzen auch Botschaft über einen Energieartikel in der Bundesverfassung vom 7. Dezember 1987, BBl 1988 I, S. 337 ff., 376; Botschaft zum Energiegesetz (EnG) vom 21. August 1996, BBl 1996

2.3. Elektrizitätsversorgung

Art. 106 Abs. 3 verpflichtet den Kanton, für eine sichere und wirtschaftliche Elektrizitätsversorgung zu *sorgen*. Anders als bei der Wasserversorgung (Art. 105 Abs. 2) trifft den Kanton keine Pflicht zur Gewährleistung der Elektrizitätsversorgung[12]; diese kann zwar, muss aber nicht von ihm wahrgenommen werden[13].

Die Versorgung des Kantons mit Elektrizität erfolgt durch die *Elektrizitätswerke des Kantons Zürich* (EKZ). Die EKZ, eine selbstständige öffentlichrechtliche Anstalt des Kantons[14], haben die Aufgabe, den Kanton (mit Ausnahme der Stadt Zürich)[15] wirtschaftlich, sicher und umweltgerecht mit elektrischer Energie zu versorgen[16]. Die Verfassung schliesst eine Änderung der heutigen Rechtsform der EKZ nicht aus[17].

Die EKZ sind gesetzlich verpflichtet, ihren Bedarf an Elektrizität bei den Nordostschweizerischen Kraftwerken AG (NOK) zu decken; vorbehalten bleibt der Strombezug aus eigenen Anlagen und aus Werken Dritter. Die NOK wiederum trifft eine Lieferpflicht[18]. Seit dem Jahr 2001 bilden die NOK eine 100%ige Tochtergesellschaft der Axpo Holding. Die den NOK obliegenden Aufgaben wurden von der Axpo Holding übernommen[19]. Die Stromproduktion liegt somit weitgehend in den Händen der Axpo Holding und ihrer Tochtergesellschaften, während die EKZ die Verteilung der Elektrizität besorgen. An der Axpo Holding sind der Kanton und die EKZ mit je 18,34% bzw. 18,41% beteiligt[20].

Ob den EKZ ein *rechtliches Monopol* zur ausschliesslichen Elektrizitätsversorgung des Kantons (mit Ausnahme der Stadt Zürich) zukommt, ist umstritten[21].

IV, S. 1005 ff., 1081 ff., 1091 f.; SCHAFFHAUSER, St.Galler Kommentar, Art. 89 Rz. 5; JAGMETTI, Kommentar BV, Art. 24^{octies} aBV Rz. 34.

[12] In einer früheren Fassung von Art. 106 Abs. 3 hiess es dagegen noch «Kanton und Gemeinden *gewährleisten* eine sichere, wirtschaftliche und umweltgerechte Stromversorgung»; Prot. Plenum, S. 1421.

[13] Vgl. hierzu auch SOBOTICH, Vorb. zu Art. 95–121 N. 12.

[14] § 1 EKZ-Gesetz.

[15] Die Versorgung der Stadt Zürich erfolgt aus historischen Gründen durch die Elektrizitätswerke der Stadt Zürich (EWZ), einer unselbstständigen öffentlichrechtlichen Anstalt.

[16] § 2 EKZ-Gesetz.

[17] In der Volksabstimmung vom 10. Juni 2001 ist eine Vorlage, welche vorsah, die EKZ in eine privatrechtliche Aktiengesellschaft umzuwandeln und anschliessend in die Axpo Holding einzubringen, jedoch gescheitert; ABl 2001, S. 501 ff. (Abstimmungsvorlage), S. 1040 (Abstimmungsergebnis). Vgl. dazu auch WEBER/KRATZ, § 3 Rz. 92 ff.

[18] § 6 EKZ-Gesetz; § 4 Abs. 1 Gründungsvertrag NOK.

[19] Art. 2 Abs. 2 der Statuten der Axpo Holding (Ausgabe 2001).

[20] Weitere Beteiligungen an der Axpo Holding halten (Stand 2006) die Kantone Aargau, Schaffhausen, Glarus und Zug sowie die AEW Energie AG, Aarau, die St.Gallisch-Appenzellische Kraftwerke AG und die EKT AG (ehemals Elektrizitätswerk des Kantons Thurgau AG).

[21] Bejahend JAGMETTI, Energierecht, Ziff. 6407 Anm. 560; verneinend BISCHOF, S. 163; KERN, S. 25; WEBER/KRATZ, § 8 Rz. 34, unter Verweis auf eine Studie des Instituts für Föderalismus der Universität Freiburg vom Mai 2003.

Ein rechtliches Monopol liegt vor, wenn den Privaten durch Rechtssatz die Versorgung der Bevölkerung mit Energie untersagt und ausschliesslich dem Staat, einer staatlichen Anstalt oder einem konzessionierten Dritten vorbehalten wird. Ein bloss *faktisches* Energieversorgungsmonopol besteht dann, wenn aufgrund der Herrschaft über das Verteilnetz nur der Staat bzw. eine staatliche Anstalt oder ein konzessionierter Dritter in der Lage ist, die Bevölkerung mit Strom zu versorgen[22]. Verfügt das Elektrizitätsunternehmen lediglich über ein rein faktisches Monopol, ist es aufgrund des Kartellgesetzes[23] verpflichtet, Drittanbietern die Durchleitung von Elektrizität durch das eigene Netz zu gewähren. Besteht dagegen ein rechtliches Monopol, kommt das Kartellgesetz gestützt auf dessen Art. 3 Abs. 1 nicht zur Anwendung[24]. Ob ein rechtliches Monopol mit der in Art. 27 BV verankerten Wirtschaftsfreiheit vereinbar ist, ist allerdings zweifelhaft[25]. Nach dem vollständigen Inkrafttreten des Stromversorgungsgesetzes werden rechtliche Versorgungsmonopole nicht länger zulässig sein[26]; der Netzzugang ist neu bundesrechtlich gewährleistet[27].

12   Die *Rechtsbeziehungen* der EKZ und ihrer Kunden unterstehen dem öffentlichen Recht[28]. Für die Lieferung von Strom und den Anschluss an das Verteilnetz erheben die EKZ gestützt auf ein vom Verwaltungsrat erlassenes Reglement öffentliche Abgaben (Gebühren)[29].

---

[22] Vgl. zur Unterscheidung rechtliches/faktisches Versorgungsmonopol WEBER/KRATZ, § 4 Rz. 43; JAGMETTI, Energierecht, Ziff. 2426 ff., 6407; JAGMETTI, Kommentar BV, Art. 24^{quater} aBV Rz. 32; KERN, S. 24 ff.

[23] Bundesgesetz über Kartelle und andere Wettbewerbsbeschränkungen vom 6. Oktober 1995 (Kartellgesetz, KG; SR 251).

[24] BGE 129 II 497 ff., 525 ff. Vgl. eingehend zur Anwendbarkeit des Kartellgesetzes auf die Elektrizitätsversorgung JAGMETTI, Energierecht, Ziff. 6418 ff.; WEBER/KRATZ, § 7 Rz. 165 ff.; KERN, S. 31 ff.

[25] Das Bundesgericht hat sich in BGE 129 II 497 ff., 535, skeptisch zur Verfassungsmässigkeit eines rechtlichen Monopols geäussert, liess die Frage letztlich aber offen; vgl. dazu auch BGE 132 I 282 ff., 290. WEBER/KRATZ, § 4 Rz. 45, und TOBLER, Rz. 38, 53, verneinen die Zulässigkeit; STRAUB, S. 150 f., schliesst die Zulässigkeit dagegen nicht aus.

[26] Botschaft zur Änderung des Elektrizitätsgesetzes und zum Stromversorgungsgesetz vom 3. Dezember 2004, BBl 2005, S. 1611 ff., 1678.

[27] Art. 13 ff. StromVG.

[28] Vgl. dazu RB 2003 Nr. 10; ferner Entscheid des Bezirksgerichts Frauenfeld, ZBl 103/2002, S. 264 ff.; BGE in ZBl 98/1997, S. 410 ff.; JAGMETTI, Energierecht, Ziff. 6408 ff.

[29] Vgl. dazu Allgemeine Bedingungen der Elektrizitätswerke des Kantons Zürich (EKZ) für Netzanschluss, Netznutzung und Lieferung elektrischer Energie vom 11. Juni 2007 (LS 732.15) und die gestützt darauf erlassenen Tarife der Elektrizitätswerke des Kantons Zürich (LS 732.151) und Bedingungen der Elektrizitätswerke des Kantons Zürich (EKZ) für den Anschluss an die Verteilanlagen (LS 732.152). – Vgl. zur Frage der Zulässigkeit von Tariferhöhungen RB 1994 Nr. 95; zur Frage der Verjährung von Gebühren für die Lieferung von Strom und den Anschluss an das Verteilnetz RB 2003 Nr. 38.

3. Einheimische und erneuerbare Energien

Die Kompetenz zur Festlegung von *Grundsätzen* über die Nutzung einheimischer und erneuerbarer Energien steht dem Bund zu (Art. 89 Abs. 2 BV). Art. 106 Abs. 2 hält den Kanton dazu an, *Anreize* für die Nutzung einheimischer und erneuerbarer Energie zu schaffen.

13

Unter den Begriff der *«Energienutzung»* fällt sowohl der Energieverbrauch als auch die Energiegewinnung und -verteilung[30]. Durch die Nutzung einheimischer und regenerierbarer Energien soll die Abhängigkeit von den fossilen Brennstoffen und damit vom Ausland vermindert werden; auch angesichts der CO_2-Problematik[31] bedarf es eines Übergangs zu neuen Energiesystemen.

14

Als *einheimisch* gelten die in der Schweiz vorkommenden Energien. Zu den *erneuerbaren* Energien gehören die Wasserkraft[32], die Windenergie[33], die Energie aus Biomasse einschliesslich Holz, die Sonnenenergie, die Umgebungswärme (Wärmegewinnung aus Luft und Oberflächengewässern) sowie die geothermische Energie (Erdwärme)[34]. Die Möglichkeiten, im Kanton Zürich Strom aus erneuerbaren Energien zu produzieren, sind allerdings beschränkt[35]. Einheimische, aber nicht erneuerbare Energien bilden die nationalen Erdöl-, Erdgas- und Kohlevorkommen, die aber wegen ihrer geringen Bedeutung (zumindest derzeit) nicht ausgebeutet werden[36]. Die Schürfung und Ausbeutung von Erdöl wird durch ein Konkordat von 1955 geregelt[37].

15

Die Verfassung überlässt es dem *Gesetzgeber*, welche Anreize er für die Nutzung einheimischer und erneuerbarer Energien schaffen will. In Betracht kommen beispielsweise die Gewährung von Subventionen[38], Steuererleichterungen sowie erleichterte Bauvorschriften für energietechnisch sinnvolle Anlagen[39].

16

---

[30] Botschaft über einen Energieartikel in der Bundesverfassung vom 7. Dezember 1987, BBl 1988 I, S. 337 ff., 377; JAGMETTI, Kommentar BV, Art. 24^(octies) aBV Rz. 41.
[31] Dazu Bundesgesetz über die Reduktion der CO_2-Emissionen vom 8. Oktober 1999 (CO_2-Gesetz; SR 641.71).
[32] Vgl. dazu BGE in ZBl 99/1998, S. 324 ff., 327.
[33] Vgl. dazu BGE 132 II 408 ff., 418 ff.
[34] Botschaft über einen Energieartikel in der Bundesverfassung vom 7. Dezember 1987, BBl 1988 I, S. 337 ff., 377 f. Vgl. ausserdem die Definition des Begriffs «erneuerbare Energien» in Art. 4 Abs. 1 lit. c StromVG und Art. 1 lit. f der Energieverordnung des Bundes vom 7. Dezember 1998 (EnV; SR 730.01).
[35] Der Regierungsrat geht davon aus, dass langfristig höchstens 40% des gegenwärtigen kantonalen Strombedarfs mit erneuerbaren Energien und Abwärme gedeckt werden können; Ergänzungsbericht des Regierungsrates an den Kantonsrat betr. Stromversorgung im Kanton Zürich nach 2020 vom 12. Juli 2006, ABl 2006, S. 937 ff.
[36] JAGMETTI, Energierecht, Ziff. 7101.
[37] Konkordat betreffend die Schürfung und Ausbeutung von Erdöl vom 24. September 1955 (LS 931.1).
[38] Vgl. dazu § 16 kEnG und § 16a Energieverordnung.
[39] So bedürfen beispielsweise Sonnenenergieanlagen bis 35 m² Kollektorfläche in bestimmten Fällen keiner Baubewilligung; § 1 lit. k Bauverfahrensverordnung vom 3. Dezember 1997 (BVV; LS 700.6).

4. Energieverbrauch

17 Das in Art. 6 (und in Art. 73 BV) verankerte Ziel einer nachhaltigen Entwicklung erfordert eine Senkung des stetig steigenden Energieverbrauchs. Die Kompetenz zur Festlegung von *Grundsätzen* über den sparsamen und rationellen Energieverbrauch liegt beim Bund (Art. 89 Abs. 2 BV). *Sparsamer und rationeller Energieverbrauch* heisst, den Energieeinsatz mengenmässig so tief wie möglich zu halten, die Energie bestmöglich einzusetzen, die eingesetzte Energie möglichst vollständig zu nutzen sowie anfallende Abwärme zu verwerten[40].

18 Für Massnahmen, die den Verbrauch von Energie in *Gebäuden* betreffen, sind – wie Art. 89 Abs. 4 BV festhält – vor allem die Kantone zuständig. Art. 9 Abs. 2 des Energiegesetzes des Bundes hält die Kantone dazu an, Vorschriften über die sparsame und rationelle Energienutzung in Neubauten und bestehenden Gebäuden zu erlassen[41]. Art. 106 Abs. 2 knüpft an diese Bestimmungen an und auferlegt dem Kanton generell die Pflicht, *Anreize* für den rationellen Energieverbrauch zu schaffen. Der Handlungsspielraum des Kantons ist dabei nicht auf den Gebäudebereich beschränkt, auch wenn er vorab auf diesem Gebiet tätig werden dürfte.

19 Es ist dem Gesetzgeber überlassen, welche Anreize er für den rationellen Energieverbrauch schaffen will. Denkbar wären beispielsweise
– finanzielle Anreize für energietechnische Gebäudesanierungen;
– steuerliche Anreize für den Bau energiesparender Gebäude[42];
– die Erhebung von Abgaben, wenn bei Neubauten bestimmte Energiezielwerte nicht eingehalten werden; oder
– die Erhebung von Abgaben auf dem Energieverbrauch[43].

---

[40] Vgl. Art. 3 Abs. 2 EnG; Botschaft über einen Energieartikel in der Bundesverfassung vom 7. Dezember 1987, BBl 1988 I, S. 337 ff., 376; Botschaft zum Energiegesetz (EnG) vom 21. August 1996, BBl 1996 IV, S. 1005 ff., 1088 f.; SCHAFFHAUSER, St.Galler Kommentar, Art. 89 Rz. 6; JAGMETTI, Energierecht, Ziff. 8404 f.

[41] Vgl. aus der kantonalen Gesetzgebung §§ 9 ff. kEnG; § 239 Abs. 3 und § 295 PBG sowie §§ 42 ff. der Verordnung über die ordentlichen technischen und übrigen Anforderungen an Bauten, Anlagen, Ausstattungen und Ausrüstungen vom 6. Mai 1981 (Besondere Bauverordnung I, BBV I; LS 700.21); ferner JAGMETTI, Energierecht, Ziff. 8501 ff.

[42] § 30 Abs. 2 Satz 2 des Steuergesetzes vom 8. Juni 1997 (LS 631.1) sieht bei Liegenschaften im Privatvermögen bereits die Möglichkeit des Abzugs von Investitionen vor, die dem Energiesparen und dem Umweltschutz dienen. Voraussetzung ist, dass die Investitionen bei der direkten Bundessteuer ebenfalls abzugsfähig sind. Vgl. dazu auch HUBLER/BEUSCH, Art. 122 N. 28.

[43] Die Kantone verfügen über die entsprechende Abgabenkompetenz; G. MÜLLER, Service public-Abgaben, S. 464 f.

Art. 107

Wirtschaft und Arbeit

Kanton und Gemeinden schaffen günstige Rahmenbedingungen für eine vielseitige, wettbewerbsfähige, soziale und freiheitliche Wirtschaft. Sie berücksichtigen dabei insbesondere die Entwicklung kleiner und mittlerer Unternehmen sowie die Sozialpartnerschaft.

Sie fördern in Zusammenarbeit mit Privaten die Vereinbarkeit von Erwerbsarbeit und Betreuungsaufgaben.

Sie schaffen günstige Rahmenbedingungen für ein vielfältiges Arbeitsplatz- und Lehrstellenangebot.

Materialien

Art. 118 VE; Prot. Plenum, S. 1434 ff., 2279 ff. (43. Sitzung), 2681 ff., 3333 ff.

Vgl. ferner Botschaft über die Neue Regionalpolitik (NRP) vom 16. November 2005, BBl 2006, S. 231 ff.

Literatur

ALLEMANN HUGO, Regionale Wirtschaftsförderung – ein ordnungspolitischer Sündenfall?, in: Festschrift Leo Schürmann, Freiburg 1987, S. 255 ff.; BIAGGINI GIOVANNI/MÜLLER GEORG/RICHLI PAUL/ZIMMERLI ULRICH, Wirtschaftsverwaltungsrecht des Bundes, 4. Aufl., Basel/Genf/München 2005; FLEINER-GERSTER THOMAS, Wirtschaftsförderung durch die Kantone, in: Festschrift Leo Schürmann, Freiburg 1987, S. 239 ff.; GYGI FRITZ/RICHLI PAUL, Wirtschaftsverfassungsrecht, 2. Aufl., Bern 1997; MAURER BEAT, Kantonale Kompetenzen zur Wirtschaftsförderung, Diss. (Bern), Hasle-Rüegsau 1992; MICHEL MARTIN, Praktische Möglichkeiten der Wirtschaftsförderung durch die Kantone, mit besonderer Berücksichtigung des Kantons Schwyz, Diss. (Freiburg), Lachen 1993; NYFFENEGGER RES, Rechtliche Aspekte der kantonalen Wirtschaftsförderung, Diss., Bern 2002.

Rechtsquellen

- Art. 6, Art. 7 Internationaler Pakt über wirtschaftliche, soziale und kulturelle Rechte vom 16. Dezember 1966 (UNO-Pakt I; SR 0.103.1)
- Art. 8 Abs. 3, Art. 27, Art. 41, Art. 94, Art. 110 BV
- Art. 14 Abs. 2 lit. c Bundesgesetz über die Gleichstellung von Frau und Mann vom 24. März 1995 (Gleichstellungsgesetz, GlG; SR 151.1)
- Bundesgesetz über die Regionalpolitik vom 6. Oktober 2006 (SR 901.0; teilweise in Kraft seit 15. März 2007)
- § 11 Abs. 4, § 27 Abs. 3 Volksschulgesetz vom 7. Februar 2005 (VSG; LS 412.100)
- § 27 Volksschulverordnung vom 28. Juni 2006 (VSV; LS 412.101)
- Verordnung über die Bewilligung von Kinder- und Jugendheimen, Kinderkrippen und Kinderhorten vom 6. Mai 1998 (LS 852.23)
- Interkantonale Vereinbarung zum Abbau technischer Handelshemmnisse vom 23. Oktober 1998 (IVTH; LS 946)

Übersicht	Note
1. Einleitung	1
2. Entstehungsgeschichte	3
3. Kantonale Wirtschaftsförderung (Abs. 1)	4
3.1. Mittel	4
3.2. Anforderungen des übergeordneten Rechts	6
3.2.1. Bundesrecht	6
3.2.2. Wirtschaftsfreiheit im Besonderen	8
3.2.3. Internationales Recht	11
4. Sozialpolitische Massnahmen	12
4.1. Vereinbarkeit von Erwerbsarbeit und Betreuungsaufgaben (Abs. 2)	12
4.2. Arbeitsplatz- und Lehrstellenangebot (Abs. 3)	14

1. Einleitung

1   Art. 107 beschlägt die Themenkreise der *Wirtschafts- und Sozialpolitik* im weiteren Sinn. Abs. 1 widmet sich einem traditionellen Betätigungsfeld der Kantone: der Wirtschaftsförderung. Das staatliche Engagement bei der Schaffung von Kinderhorten gemäss Abs. 2 kann als «kleine» Infrastrukturpolitik oder aber als sozialpolitische Massnahme eingestuft werden. Auch der das Arbeitsplatz- und Lehrstellenangebot betreffende Abs. 3 weist einen starken sozialen Bezug auf.

2   Von der Tragweite her bewegt sich der Artikel zwischen einer *Aufgaben-* und einer *Programmbestimmung*. Die in Abs. 1 und Abs. 3 enthaltene Anweisung, günstige Rahmenbedingungen zu schaffen, kann interpretiert werden als selbstständiger *Handlungsauftrag* und als Ausdruck einer verfassungsrechtlichen *Werteordnung*, welche die Träger staatlicher Gewalt bei Gesetzgebung und Vollzug vor allem im Bereich der Ordnungspolitik zu beachten haben. Abs. 2 visiert eine *komplementär-kooperative* Förderung an, indem die Zusammenarbeit mit Privaten anzustreben ist.

2. Entstehungsgeschichte

3   Im Zuge der Beratungen wurde die Bestimmung zur Wirtschaft mehrfach umgestellt. Dies illustriert bereits die Entwicklung des Titels, der von «Wirtschaft», über «Wirtschaftsförderung», zu «Rahmenbedingungen» und schliesslich «Wirtschaft und Arbeit» wechselte. Dabei gab die konkrete Wortwahl viel zu reden. Versucht man die komplexe Entwicklung allgemein zu umschreiben, so lässt sich sagen, dass sich der interventionistische Gehalt – sofern von einem solchen überhaupt gesprochen werden kann – mit der Zeit zunehmend verflachte. Die

anfänglich enthaltene Verpflichtung, die «Interessen der Regionen» zu berücksichtigen, wurde fallen gelassen, das Ziel, Arbeitsplätze zu «schaffen» und zu «erhalten», moderater formuliert und ein Einschub aufgenommen, der die Eigenverantwortung der Privaten bei den Betreuungsaufgaben betont.

3. Kantonale Wirtschaftsförderung (Abs. 1)

3.1. Mittel

Zentrale Ansatzpunkte für die Schaffung günstiger Rahmenbedingungen für die Wirtschaft bilden – innerhalb der bundesrechtlichen Vorgaben – Steuern, Bildungspolitik und Arbeitsmarkt (einschliesslich Immigration), Raum- und Bauordnung sowie Infrastrukturen (Verkehrsanbindung), Informationsnetzwerke (Vermittlung von Mietobjekten und Bauland) sowie ganz allgemein der Verwaltungsstil (Verfahrensvereinfachung und -verkürzung)[1]. Nach der Einschätzung von Nyffenegger liegt das Förderungspotenzial der Kantone insbesondere in der möglichst günstigen Ausgestaltung der Faktorbedingungen (qualifizierte Arbeitskräfte, wissenschaftliche Grundlagen, Infrastrukturen) sowie in einer aktiven Ansiedlungspolitik zur Bildung von Betriebsnetzwerken *(clusters)*[2]. 4

Bis heute verfügt der Kanton Zürich im Gegensatz zu anderen Kantonen über kein besonderes Wirtschaftsförderungsgesetz. Förderungsrelevante Bestimmungen finden sich über mehrere Erlasse verteilt. 5

3.2. Anforderungen des übergeordneten Rechts

3.2.1. Bundesrecht

Im Bereich der Wirtschaftsförderung bestehen *eng vernetzte Kompetenzen* von Bund und Kantonen[3]; von einer parallelen Zuständigkeit kann aber nur bedingt ausgegangen werden[4]. Die kantonale Kompetenz wird durch Bundesmassnah- 6

---

[1] Fleiner-Gerster, S. 248 ff.; Nyffenegger, S. 101 f.; Rhinow/Schmid/Biaggini, § 27 Rz. 18. Vgl. auch Prot. Plenum, S. 2280 f. (43. Sitzung).
[2] Nyffenegger, S. 116. Vgl. auch Botschaft NRP, BBl 2006, S. 262.
[3] Maurer, S. 307 f.; Rhinow/Schmid/Biaggini, § 27 Rz. 14 ff.
[4] Von einer parallelen Kompetenz sprechen Fleiner-Gerster, S. 253; Gygi/Richli, S. 93. Vgl. auch Rhinow/Schmid/Biaggini, § 27 Rz. 14.

men mit abschliessendem Charakter beschränkt[5]. Ebenso sind den Kantonen Vorkehren untersagt, welche Bundesregelungen durchkreuzen oder behindern[6].

7 Bereits aus sachlichen Gründen drängt sich eine *Koordinierung* der Massnahmen auf. Wirtschaftliche Problemräume betreffen selten ein Gemeinwesen allein. Hier verspricht einzig ein gemeinsames, abgestimmtes Vorgehen wirksame und nachhaltige Lösungen. Deshalb arbeiten Bund und Kantone – auch in der Finanzierung[7] – eng zusammen. Das neue *Bundesgesetz über die Regionalpolitik*[8] bietet dafür zukünftig einen gesetzlichen Rahmen[9]. Der gegenseitigen Koordination zu dienen vermögen insbesondere eine Stufenplanung sowie der Umstand, dass der Vollzug der Bundesprogramme in weiten Teilen den Kantonen übertragen wird[10]. Soweit diese Faktoren nicht ausreichen, können Bund und Kantone Ad-hoc-Konferenzen oder dauerhafte Koordinationsgremien bilden[11]. Daneben nimmt die Zusammenarbeit zunehmend grenzüberschreitende Formen an, was sich nicht zuletzt in der Teilnahme der Schweiz an *internationalen* Programmen äussert[12].

3.2.2. Wirtschaftsfreiheit im Besonderen

8 Wirtschaftsförderungsmassnahmen können in Konflikt geraten mit dem Grundrecht der Wirtschaftsfreiheit (Art. 27 BV), insbesondere dem *Grundsatz der Gleichbehandlung der Konkurrenten*, sowie dem (objektiv-rechtlichen) *Grundsatz der Wirtschaftsfreiheit* (Art. 94 Abs. 1 und Abs. 4 BV)[13]. Grundsatzwidrigkeit wurde früher mit dem Verbot staatlicher Wirtschaftspolitik gleichgesetzt[14]. Wirtschaftsförderung, welche ohne Eingriffe auskommt und rein leistender

---

[5] Nach Biaggini/Müller/Richli/Zimmerli, S. 110, und Rhinow/Schmid/Biaggini, § 27 Rz. 15, sind Massnahmen des Bundes mit abschliessendem Charakter zumindest denkbar. Nyffenegger, S. 13, 34 ff., stuft die Bundeskompetenzen im Bereich der Export- und der Investitionsrisikogarantie als abschliessende ein. Dass dem Bund, von den Spezialfällen der kantonalen Regalrechte und des bis Ende 2009 befristeten Art. 196 Ziff. 7 BV (betreffend das Gastwirtschaftsgewerbe) einmal abgesehen, *die grundsatzwidrigen* Politikbereiche generell vorbehalten bleiben, versteht sich von selbst (Art. 94 Abs. 4 BV).

[6] Biaggini/Müller/Richli/Zimmerli, S. 110; Nyffenegger, S. 13; Rhinow/Schmid/Biaggini, § 27 Rz. 15.

[7] So fordert z.B. Art. 5 lit. d Bundesgesetz über Investitionshilfe für Berggebiete vom 21. März 1997 (IHG; SR 901.1) für die Ausrichtung von Förderungsleistungen eine ergänzende Beteiligung der Kantone. (Das IHG wird durch das neue BG über die Regionalpolitik aufgehoben.)

[8] Erst teilweise in Geltung. Geplant ist eine gestaffelte Inkraftsetzung, wobei dies für den Hauptteil voraussichtlich auf den 1. Januar 2008 der Fall ist (Botschaft NRP, BBl 2006, S. 293). Das dem BG zugrunde liegende Konzept basiert auf einem *funktionalräumlichen* Verständnis (vgl. Art. 3 Abs. 2 sowie Botschaft, BBl 2006, S. 267, 274, 279).

[9] Botschaft NRP, BBl 2006, S. 253.

[10] Art. 15 BG über die Regionalpolitik. Zum bisherigen Recht vgl. Art. 22 IHG.

[11] Art. 20 BG über die Regionalpolitik. Ferner Botschaft NRP, BBl 2006, S. 273.

[12] Erwähnt werden kann hier insbesondere die INTERREG-Initiative der EU. Die Schweiz beteiligte sich bisher an INTERREG II (1994–1999) und INTERREG III (2000–2006). Dazu Botschaft NRP, BBl 2006, S. 244.

[13] Nyffenegger, S. 41 ff.

[14] J.P. Müller, S. 661 ff.

Natur ist, erachtete man relativ undifferenziert generell als zulässig[15]. Dieser Ansatz gilt als überholt. Heute wird die Relevanz der *Wirkungen* einer Massnahme herausgestrichen. Auch nicht (unmittelbar) wirtschaftspolitisch motivierte Massnahmen sowie Förderungsleistungen können Wettbewerbsverzerrungen nach sich ziehen. Ob von einem Verstoss gegen den Grundsatz der Wirtschaftsfreiheit auszugehen ist, muss anhand einer *Abwägung* zwischen dem Zweck und den wettbewerbsverzerrenden Auswirkungen einer Massnahme beurteilt werden[16]. Eine solche Abwägung ist aber nur sinnvoll, wenn die Massnahme nicht bereits von ihrer Zwecksetzung her einen direkten Wirtschafts(struktur)bezug aufweist. Der Sinn der wertenden Gegenüberstellung ist nämlich darin zu suchen, dass der Wirtschaftsfreiheit gegenüber anderen Verfassungszielen kein genereller Vorrang zukommt. Deshalb sind sekundäre wettbewerbswidrige Auswirkungen einer verfassungsrechtlich geforderten Aufgabe, etwa im Bereich des Umweltschutzes, je nach Gewicht des verfolgten Ziels hinzunehmen[17]. Innerhalb der Wirtschaftsverfassung kommt der Wirtschaftsfreiheit dagegen eine besondere Bedeutung zu. Zwar ist die früher vertretene Vorstellung von der Handels- und Gewerbefreiheit «als hartem Kern» der Wirtschaftsverfassung überholt[18]. In der Festlegung eines «Grundsatzes» kommt indessen eine verfassungsrechtliche Interessengewichtung zum Ausdruck, welche durch den Norminterpreten nicht einfach überspielt werden darf. Bei strukturpolitisch motivierten Massnahmen sind für die Beurteilung der Grundsatzkonformität deshalb einzig (oder jedenfalls vorrangig) die *Auswirkungen auf den Wettbewerb* massgebend[19].

Von einer verpönten Wettbewerbsverzerrung ist zweifellos auszugehen, wenn der Staat einzelne Wettbewerber vor den nachteiligen Folgen des wirtschaftlichen Wettbewerbs zu schützen versucht, also eine protektionistische Strukturpolitik betreibt[20]. Ob dagegen staatliche Massnahmen, die eine Belebung und Intensivierung des Wettbewerbs bewirken, generell zulässig sind, erscheint fraglich[21]. Die herrschende schweizerische Lehre steht nach wie vor auf dem Standpunkt, dass der Wirtschaftsfreiheit eine «negative Wettbewerbsgarantie» zu entnehmen sei[22]. Der Staat ist nicht angehalten, den Wettbewerb zu perfektionieren, sondern

9

---

[15] FLEINER-GERSTER, S. 240; RHINOW/SCHMID/BIAGGINI, § 27 Rz. 4.
[16] GYGI/RICHLI, S. 10 ff.; HÄFELIN/HALLER, N. 659; NYFFENEGGER, S. 60 f., 62 ff.; RHINOW, Rz. 2921; RHINOW/SCHMID/BIAGGINI, § 4 Rz. 54 ff.
[17] J.P. MÜLLER, S. 664.
[18] RHINOW/SCHMID/BIAGGINI, § 4 Rz. 33, 42.
[19] A.M. offenbar NYFFENEGGER, S. 65 (vgl. aber auch S. 60).
[20] GYGI/RICHLI, S. 101; NYFFENEGGER, S. 59.
[21] So aber NYFFENEGGER, S. 60, 76, 171 f. Ebenso mag bezweifelt werden, dass die Förderung von *exportorientierten* Unternehmen allein aufgrund dieses Auslandsbezuges als unproblematisch erscheint, wie NYFFENEGGER, S. 174, offenbar meint. Exportsubventionen vermögen den Wettbewerb genauso zu verzerren wie die Förderung rein national orientierter Unternehmen.
[22] GYGI/RICHLI, S. 152; RHINOW/SCHMID/BIAGGINI, § 4 Rz. 65.

es kann einzig darum gehen, dessen generelle Rahmenbedingungen zu verbessern oder unbestrittene Fehlleistungen zu beheben.

10 Das bedeutet letztlich, dass sämtliche Förderungsmassnahmen auf *relativ globalen* (rechtsgleichen bzw. wettbewerbsneutralen) Ansätzen zu beruhen haben[23]. Grundsätzlich müssen alle Konkurrenten über die Möglichkeit verfügen, sich um eine Förderung zu bewerben oder die Bedingungen zu erfüllen, welche notwendig sind, um eine solche zugesprochen zu erhalten. Deshalb dürfte für eine Bevorzugung der kleinen und mittleren Unternehmen, welche Satz 2 von Abs. 1 im Auge zu haben scheint, bundesrechtlich kaum Raum bestehen.

3.2.3. Internationales Recht

11 Hinzuweisen ist sodann auf den Umstand, dass gewisse Förderungsmassnahmen gegen internationales Wirtschaftsrecht verstossen können. So betraut Art. 103 LFG[24] die Wettbewerbskommission mit der Überprüfung staatlicher Beihilfen auf ihre Vereinbarkeit mit Art. 13 des Abkommens zwischen der Schweiz und der Europäischen Gemeinschaft über den Luftverkehr[25].

4. Sozialpolitische Massnahmen

4.1. Vereinbarkeit von Erwerbsarbeit und Betreuungsaufgaben (Abs. 2)

12 Der Auftrag, die Vereinbarkeit von Erwerbsarbeit und Betreuungsaufgaben zu fördern, korrespondiert mir dem Engagement des Bundes gestützt auf Art. 14 Abs. 2 lit. c GlG, wonach dieser Förderungsprogramme zur Gleichstellung von Mann und Frau im Erwerbsleben durchführt und in diesem Rahmen unter anderem das Ziel verfolgt, «die Vereinbarkeit von beruflichen und familiären Aufgaben zu verbessern». Insofern werden auch hier Kanton und Gemeinden *neben* und *mit* dem Bund tätig.

13 Kanton und Gemeinden haben sich dafür einzusetzen, dass geeignete Modelle der Arbeitsorganisation und Arbeitszeitgestaltung Verbreitung finden, also insbesondere Teilzeitarbeit für Frauen und Männer in allen Berufen und auf allen Hierarchiestufen möglich ist. Neben Informations- und Aufklärungskampagnen an die Adresse der privaten Unternehmen sollte das Gemeinwesen mit gutem

---

[23] RHINOW/SCHMID/BIAGGINI, § 27 Rz. 4. Vgl. auch die «Faustregel» von NYFFENEGGER, S. 75, wonach die Gefahr von Wettbewerbsverzerrungen umso grösser wird, je kleiner der Kreis der von einer Förderungsmassnahme betroffenen Unternehmen ist. Wenn ALLEMANN, S. 262 ff., zum Schluss gelangt, Beiträge an Forschungs- und Entwicklungskosten würden noch am ehesten dem Erfordernis der Marktkonformität entsprechen, so ist zu ergänzen, dass die dabei erzielten Ergebnisse nicht durch einzelne Unternehmen monopolisiert werden dürfen.

[24] Bundesgesetz über die Luftfahrt vom 21. Dezember 1948 (Luftfahrtgesetz, LFG; SR 748.0).

[25] Datierend vom 21. Juni 1999 (SR 0.748.127.192.68).

Beispiel vorangehen, soweit es selbst als Arbeitgeber auftritt. Zudem ist für ein ausreichendes Angebot bezüglich Tagesstrukturen an den Schulen[26] sowie im Bereich der familienergänzenden Kinderbetreuung (Krippen und Horte) zu sorgen. Möglichkeiten für Zusammenarbeitsmodelle dürften sich namentlich in den letztgenannten Bereichen bieten.

4.2. Arbeitsplatz- und Lehrstellenangebot (Abs. 3)

Arbeit und Beruf nehmen im Leben fast aller Menschen eine absolut zentrale Rolle ein[27]. Einerseits bildet Arbeit für das Gros der Bevölkerung die Basis zur Bestreitung des Lebensunterhalts, andererseits erweist sich die Berufs- und Stellenwahl als ein Kernelement der Persönlichkeitsentfaltung. Die besondere sozialpolitische Bedeutung der Erwerbstätigkeit und der Berufsbildung reflektiert auch die Bundesverfassung in den Sozialzielen von Art. 41 Abs. 1 lit. d, lit. f und Abs. 2 BV, die sich nicht nur an den Bund, sondern ebenso an die Kantone richten. Von Relevanz für die «Arbeitsverfassung» erweisen sich sodann namentlich die Berufswahlfreiheit als Teilgehalt der Wirtschaftsfreiheit (Art. 27 Abs. 2 BV), die persönliche Freiheit (Art. 10 Abs. 2 BV), das Gebot der Lohngleichheit (Art. 8 Abs. 3 Satz 3 BV), der Arbeitsartikel (Art. 110 BV) und auf völkerrechtlicher Ebene das Recht auf Arbeit sowie auf gerechte und günstige Arbeitsbedingungen gemäss Art. 6 f. UNO-Pakt I. Aus diesem Gesamtfeld deckt Art. 107 Abs. 3 mit seiner Fokussierung auf die Angebotsvielfalt nur einen kleinen Teilbereich ab. Als Leitlinie für die Arbeitsmarktpolitik von Kanton und Gemeinden ist die Norm deshalb in einen *umfassenderen Kontext* zu setzen, sodass auch weitere verfassungsrechtliche Zielsetzungen angemessene Berücksichtigung finden.

14

Auf der *Mittel*ebene führt Abs. 3 von Art. 107 in letzter Konsequenz wieder zurück zum Förderauftrag von Abs. 1, weil sich eine starke Wirtschaft am ehesten als Garant für ein vielseitiges Arbeitsplatz- und Lehrstellenangebot erweisen dürfte. Daneben besteht ein Bezug zum Bildungswesen (Art. 115 ff.). Wesentliche Grundlagen des Stellenmarktes legt der Staat über das Lehrangebot der Schulen und Universitäten. Kontakte zwischen Ausbildungsinstitutionen und der Wirtschaft erhalten damit eine zentrale Bedeutung. Zu denken ist insbesondere an die Schaffung von Netzwerken, etwa im Rahmen von Public Private Partnerships, über welche die Wirtschaft in Ausbildungsgänge eingebunden wird. Freilich ist darauf zu achten, dass die Unabhängigkeit von Lehre und Forschung ausreichend gewahrt bleibt.

15

---

[26] Dazu § 27 Abs. 3 i.V.m. § 11 Abs. 4 VSG; § 27 VSV.
[27] BIGLER-EGGENBERGER, St.Galler Kommentar, Art. 41 Rz. 50; RHINOW, Rz. 2974 f.

Art. 108[*]

Der Kanton sorgt dafür, dass Land- und Forstwirtschaft nachhaltig betrieben werden und ihre verschiedenen Aufgaben erfüllen können.

Land- und Forstwirtschaft

Materialien

Art. 119 VE; Prot. Plenum, S. 1454 ff., S. 2286 ff. (43. Sitzung).

Literatur

BOLZ URS, Art. 51 in: Kälin/Bolz; HALLER /KARLEN, Rz. 263 ff.; JAAG TOBIAS/KÖLZ ALFRED, Entwurf für eine neue Zürcher Kantonsverfassung, ausgearbeitet im Rahmen eines Seminars an der Rechtswissenschaftlichen Fakultät der Universität Zürich, in: Materialien zur Zürcher Verfassungsreform, Bd. 7, S. 33 ff.; KELLER HELEN, Nachhaltigkeit als Verfassungsprinzip, in: Materialien zur Zürcher Verfassungsreform, Bd. 9, S. 49 ff.; RAUSCH HERIBERT, Umwelt und Raumplanung, in: Verfassungsrecht der Schweiz, § 58; RHINOW RENÉ, Kommentar BV, Art. 31bis aBV; RHINOW/SCHMID/BIAGGINI, § 30; STÄHELIN, § 81; TRÖSCH ANDREAS, St.Galler Kommentar, Art. 77; VALLENDER KLAUS A., St.Galler Kommentar, Art 104; ZIMMERLI ULRICH, Wirtschaftsverfassung, in: Kälin/Bolz, S. 81 ff.

Rechtsquellen

– Art. 77 und 104 BV
– Bundesgesetz über die Landwirtschaft vom 29. April 1998 (LwG; SR 910.1)
– Bundesgesetz über den Wald vom 4. Oktober 1991 (WaG; SR 921.0)
– Bundesgesetz über den Natur- und Heimatschutz vom 7. Oktober 1983 (NHG; SR 451)
– [Kantonales] Waldgesetz vom 7. Juni 1998 (kWaG; LS 921.1)
– [Kantonale] Waldverordnung vom 28. Oktober 1998 (LS 921.11)
– Gesetz über die Förderung der Landwirtschaft vom 2. September 1979 (kLwG; LS 910.1)

Übersicht

	Note
1. Entstehung	1
2. Kompetenzverteilung Bund–Kanton	4
3. Bezug zur Nachhaltigkeit	8
4. Aufgaben der Land- und Forstwirtschaft	10
4.1. Landwirtschaft	11
4.2. Forstwirtschaft	13

---

[*] Ich danke alt Verfassungsrat und Forstingenieur Peter S. Weiller für die grosse Unterstützung bei der Erarbeitung dieses Artikels.

1. Entstehung

1 Land- und Forstwirtschaft wurden in der zuständigen Kommission stets gemeinsam beraten. Als Ausgangsbasis wurde der Artikel aus dem «Entwurf für eine neue Kantonsverfassung», welcher im Rahmen eines Seminars der Rechtswissenschaftlichen Fakultät der Universität Zürich erarbeitet wurde[1], mit je einen Absatz über Landwirtschaft und einen über Forstwirtschaft diskutiert. Jedoch schon zu Beginn wurde beschlossen, die beiden Gegenstände in einem Absatz zusammenzufassen: *«Der Kanton sorgt für die Erhaltung einer leistungsfähigen und umweltgerechten Land- und Forstwirtschaft»*[2]. Aufgrund der internen Vernehmlassung unter den Kommissionen und den Fraktionen wurde der Begriff «umweltgerecht» durch «nachhaltig» ersetzt[3].

2 In der Vorberatung erklärte der Regierungsrat, dass mit dem Ausdruck «leistungsfähig» die unterschiedlichen Funktionen der Landwirtschaft zu wenig zum Ausdruck kämen. Er stellte deshalb den Antrag auf folgende Formulierung: *«Der Kanton setzt sich für eine nachhaltige und multifunktionale Landwirtschaft ein.»* Der Rat hiess den Antrag – ergänzt um die unabsichtlich vergessen gegangene Forstwirtschaft[4] – einstimmig gut[5].

3 Auf Antrag der Redaktionskommission wurde in der ersten Gesamtlesung der Begriff «multifunktional» durch den Ausdruck «verschiedene Aufgaben» ersetzt[6]. Die Bestimmung wurde entsprechend in die Vernehmlassungsvorlage aufgenommen und anschliessend nicht mehr geändert[7].

2. Kompetenzverteilung Bund–Kanton

4 Die Kompetenzen im Bereich der Land- und Forstwirtschaft liegen weitgehend beim Bund. Auf dem Gebiet der Landwirtschaft kommt ihm eine Kompetenz mit nachträglich derogatorischer Wirkung zu (Art. 104 BV)[8]. Von dieser hat er durch eine umfangreiche Gesetzgebung Gebrauch gemacht[9]. Damit ist eine

---

[1] JAAG/KÖLZ, Art. 104, S. 58.
[2] Prot. K4 vom 13. September 2001, S. 11.
[3] Prot. K4 vom 4. Juli 2002, S. 730 f.
[4] Prot. Plenum, S. 1456.
[5] Prot. Plenum, S. 1454 ff. Entsprechend der von der Kommission gewählten Formulierungen bezüglich der unterschiedlichen Betonung des Verpflichtungsgrades wurde der Terminus «setzt sich ein» durch denjenigen des «sorgt für» ersetzt.
[6] Prot. Plenum, S. 2286 ff. (43. Sitzung).
[7] Art. 119 VE.
[8] RHINOW/SCHMID/BIAGGINI, § 30 N. 61.
[9] ZIMMERLI, S. 91. Dies galt schon unter Art. 31bis aBV und veränderte sich weder durch Art. 31^{octies} aBV noch durch Art. 104 BV.

eigenständige kantonale Landwirtschaftspolitik kaum möglich[10]. Dasselbe gilt auch für die Forstwirtschaft. Obwohl dem Bund in diesem Bereich lediglich eine Grundsatzgesetzgebungskompetenz zukommt (Art. 77 BV)[11], regelt das Waldgesetz alles Wesentliche umfassend und meist abschliessend[12]. Somit verbleibt dem Kanton sowohl im Landwirtschafts- als auch im Forstwirtschaftsbereich hauptsächlich der Vollzug[13]. Immerhin hat er in beiden Bereichen die Möglichkeit, *eigene ergänzende Fördermassnahmen* zu treffen[14]. Hierfür ist die kantonale Verfassungsgrundlage von Bedeutung.

Die Verfassung bindet die Gemeinden nicht in die Aufgabe der Land- und Forstwirtschaft ein. Damit fehlt es ihnen an einer selbstständigen Kompetenz. Selbstverständlich sind sie jedoch mitverantwortlich für den Vollzug des übergeordneten Rechts. Insbesondere bei der Nutzungsplanung finden Land- und Forstwirtschaft ihren Niederschlag[15]. 5

Durch die Wahl der Formulierung «sorgen für» ist es Aufgabe es Staates, die sicherzustellenden Aufgaben zu definieren und die Erfüllung entweder selbst zu übernehmen oder zu übertragen[16]. 6

Der Regierungsrat beurteilt den Anpassungsbedarf der kantonalen Gesetzgebung in diesen Bereichen offensichtlich als nicht vorhanden[17]. Dies trotz der Tatsache, dass die Bestimmung nun ausdrücklich in die kantonale Verfassung aufgenommen wurde. Der regierungsrätlichen Beurteilung ist im Landwirtschaftsrecht nur insoweit beizupflichten, als die kantonale Verfassungsbestimmung keine Neuerungen gegenüber der Bundesverfassung beinhaltet. Durch die *ausdrückliche Erwähnung,* dass die *Land- und Forstwirtschaft nachhaltig betrieben* werden soll, wird der Kanton nun aber in Bezug auf die von ihm geleisteten – über 7

---

[10] KÄLIN/BOLZ, Art. 51 N. 1; RAUSCH, § 58 N. 22; STÄHELIN, § 81 N. 1; VALLENDER, St.Galler Kommentar, Art. 104 Rz. 3.

[11] TRÖSCH, St.Galler Kommentar, Art. 77 Rz. 3. Zum Begriff der Grundsatzgesetzgebungskompetenz HÄFELIN/HALLER, N. 1087 ff.

[12] RAUSCH, § 58 Rz. 22, mit dem Hinweis, dass den Kantonen ein erheblicher Normierungsspielraum beim Waldbegriff zukommt, und dem Verweis auf BGE 125 II 440 ff., 445 f., der diesen Spielraum genauer definiert.

[13] RHINOW/SCHMID/BIAGGINI, § 30 Rz. 61.

[14] So auch STÄHELIN, § 81 N. 1. Von dieser Möglichkeit macht er beispielsweise im Rahmen der Regelung der Förderung der landwirtschaftlichen Berufsbildung (§§ 2 ff. kLwG), der Beratungsdienste und Weiterbildungsangebote (§§ 21 ff. kLwG), der Unterstützungsleistungen betreffend Elementarschadenversicherung (§ 166 kLwG) usw. Gebrauch. Im Forstwirtschaftsbereich sind die ergänzenden Massnahmen weniger zahlreich, aber auch da können Staatsbeiträge ausgerichtet und Subventionen gewährt werden (§§ 22 ff. kWaG).

[15] Beispielsweise verlangt Art. 18 Abs. 3 RPG, dass zuerst die zu schützende Waldfläche auszuscheiden und erst anschliessend das verbleibende Gebiet in die Nutzungszonen zu unterteilen ist; HALLER/KARLEN, Rz. 275. Mit der Revision des RPG vom 20. März 1998 (AS 2000, S. 2042) wurde die Landwirtschaftszone neu umschrieben, damit sie den verschiedenen Aufgaben der Landwirtschaft nach dem Landwirtschaftsgesetz gerecht werden kann. Vgl. HALLER/KARLEN, Rz. 263. Vgl. zudem Anm. 33.

[16] Vgl. Vorb. zu Art. 95–121 N. 13 ff.

[17] RRB 1870 vom 21. Dezember 2005, S. 10 (Anpassungsbedarf der Volkswirtschaftsdirektion).

den Vollzug von Bundesrecht hinausgehenden – Fördermassnahmen ausdrücklich verpflichtet. Dem Prinzip der Nachhaltigkeit ist vermehrt[18] Nachachtung zu verschaffen. Betrachtet man den Zweckartikel des kantonalen Landwirtschaftsgesetzes (§ 1 kLwG), ist dieser noch auf die frühere Agrarpolitik[19] ausgerichtet und nimmt keinen Bezug auf diese Verpflichtung. Mit der neuen verfassungsrechtlichen Grundlage wird aber die Zielrichtung kantonaler Fördermassnahmen festgelegt und das Ermessen des Gesetzgebers eingeschränkt.

3. Bezug zur Nachhaltigkeit

8   In der Schweiz hat die nachhaltige Waldbewirtschaftung lange Tradition, in welcher der Gedanke der Nachhaltigkeit eigentlich seinen Ursprung findet[20]. Bereits im eidgenössischen Forstpolizeigesetz von 1874 wurde der Grundsatz der Nachhaltigkeit für die öffentlichen Wälder festgeschrieben[21]. Erst mit dem Waldgesetz von 1991 – in welchem nicht mehr zwischen öffentlichen und Privatwaldungen unterschieden wurde – wurde dieser Grundsatz auch auf Privatwälder ausgedehnt. Der (gesamte) Wald ist so zu bewirtschaften, dass er seine Funktionen dauernd und uneingeschränkt erfüllen kann[22]. Unter Nachhaltigkeit wird heute in der Forstwirtschaft der Zustand dauernd unverminderter Leistungen bezüglich Schutz-, Nutz - und Wohlfahrtsfunktion verstanden[23].

9   Im Jahr 1996, mit der Annahme von Art. 31^{octies} aBV[24], wurde die Nachhaltigkeit als Grundsatz in der Landwirtschaft verankert. Damit wurde auch die Grundlage geschaffen für eine Neuausrichtung der schweizerischen Agrarpolitik. Das Ziel des vorgängigen Landwirtschaftsartikels beschränkte sich auf die Erhaltung eines gesunden Bauernstandes und einer leistungsfähigen Landwirtschaft sowie auf die Festigung des bäuerlichen Grundbesitzes[25]. Durch die Verankerung der drei Dimensionen der Nachhaltigkeit – wirtschaftlich, ökologisch und sozial – steht nun die Erhaltung der Nutzfläche durch eine nachhaltige Bewirt-

---

[18] Bereits werden umweltschonende Produktionsformen durch Beratung, Weiterbildung und Subventionen gefördert (§ 168a kLwG). Auch das Bildungsziel in § 2 der landwirtschaftlichen Bildungsverordnung (LS 915.11) ist auf eine nachhaltige Bewirtschaftung ausgerichtet.
[19] Zu den Zielen der früheren Agrarpolitik hinten N. 8.
[20] KELLER, S. 50.
[21] AS 1877, S. 353. Vgl. die Pressemitteilung des Bundesamtes für Umwelt, Wald und Landschaft vom 29. Mai 2001 zum 125-jährigen Bestehen des Waldgesetzes. Abrufbar unter <www.admin.ch/cp/d/index.html> und BBl 1988 III, S. 177 und 181.
[22] Art. 20 Abs. 1 i.V. m. Art. 1 Abs. 1 lit. c WaG.
[23] BBl 1988 III, S. 201.
[24] Bei Art. 31^{octies} aBV handelte es sich um einen Gegenvorschlag der Bundesversammlung zur Volksinitiative «Bauern und Konsumenten – für eine naturnahe Landwirtschaft». Vgl. Botschaft des BR zum VE 96, BBl 1997 I, S. 311.
[25] Art. 31bis Abs. 3 lit. b aBV. Vgl. hierzu RHINOW, Kommentar BV, Art. 31bis aBV, Rz. 154 ff.

schaftung im Vordergrund[26]. Anstelle von Ausweitung der Produktion wird das Konzept der Nachhaltigkeit[27] als prioritär angesehen. Nicht mehr Produkte sollen subventioniert werden, sondern eine ökologische Produktionsweise. Hierfür müssen die langfristige Ertragsfähigkeit des Bodens gesichert und negative Umwelteinflüsse so gering als möglich gehalten werden. Die natürliche Regenerationsfähigkeit soll erhalten bleiben[28]. Damit trägt eine nachhaltig betriebene Landwirtschaft zum Erhalt der Lebensgrundlagen bei und ist Teil der Umweltverfassung.

4. Aufgaben der Land- und Forstwirtschaft

Der Ausdruck «ihre verschiedenen Aufgaben» ist bewusst offen formuliert. Neben den bereits auf Bundesebene formulierten Kernaufgaben der Land- und Forstwirtschaft soll Platz sein für weitere Aufgaben, die auf kantonaler Ebene zu formulieren wären[29].   10

4.1. Landwirtschaft

Die Kernaufgaben der Landwirtschaft werden in Art. 104 Abs. 1 BV und auch in Art. 1 LwG aufgezählt und in der bundesrätlichen Botschaft zur Reform der Agrarpolitik genauer umschrieben[30]. Gefordert wird ein wesentlicher Beitrag zur: 11
- sicheren Versorgung der Bevölkerung;
- Erhaltung der natürlichen Lebensgrundlagen;
- Pflege der Naturlandschaft und
- dezentralen Besiedlung des Landes.

In der Botschaft wurde ausgeführt, dass die sichere Versorgung vor allem durch die Produktion von Nahrungsmitteln und Rohstoffen gewährleistet werden soll – daneben aber auch durch die Erhaltung der Produktionsbereitschaft, insbesondere im Ackerbau. Um die Produktion sichern zu können, seien Absatzmöglichkeiten und die Erhaltung von Marktanteilen nötig. Die natürlichen Lebensgrundlagen sollen über eine flächendeckende Bewirtschaftung des landwirtschaftlichen Kulturbodens als Produktionspotenzial für die menschliche   12

---

[26] BBl 1996 IV, S. 17.
[27] «Der Begriff der nachhaltigen Produktion bezieht sich in diesem Zusammenhang vor allem auf den Schutz der Umwelt. Ziel ist in diesem Bereich die Erhaltung der beschränkten natürlichen Ressourcen» (BBl 1996 IV, S. 16).
[28] BBl 1996 IV, S. 17.
[29] Prot. RedK vom 6. Februar 2003, S. 141.
[30] BBl 1996 IV, S. 81.

Ernährung erhalten werden. Die offene Kulturlandschaft biete Lebensraum für nicht im Wald lebende Pflanzen und Tiere[31]. Die hauptsächlich von der Landwirtschaft gestaltete Kulturlandschaft präge zudem das traditionelle Bild der Schweiz[32]. Die Pflege von ökologischen Ausgleichsflächen[33] sei der landwirtschaftlichen Tätigkeit gleichzustellen[34]. Die dezentrale Besiedlung des Landes erfordere über das Offenhalten der Landschaft hinaus eine bäuerliche Struktur[35]. Nicht nur Arbeitsplätze seien notwendig, sondern Bäuerinnen und Bauern mit ihren Familien, welche den ländlichen Raum dezentral bewohnen würden.

4.2. Forstwirtschaft

13 Die Kernaufgaben der Forstwirtschaft und damit des Waldes sind in Art. 77 Abs. 1 BV und in Art. 1 Abs. 1 lit. c WaG festgelegt. Der Bundesrat umschrieb sie in seiner Botschaft zu einem Bundesgesetz über Walderhaltung und Schutz vor Naturereignissen ausführlich[36]. Es handelt sich dabei um die traditionellen drei Funktionen des Waldes:
– Schutz-,
– Nutz- und
– Wohlfahrtsfunktion.

14 Der Wald erfüllt eine *Schutzfunktion*, indem er Menschen und Sachen vor Naturereignissen schützt, wobei unter Naturereignissen etwa Lawinen, Rutschungen, Hochwasser, Erosion oder Steinschlag verstanden werden.

15 Eine *Nutzfunktion* erfüllt der Wald durch die Produktion des Rohstoffes Holz. Überlegungen zur internationalen Rohstoff- und Energiebilanz lassen eine Inlandnutzung erstrebenswert erscheinen. So ist Holz der einzige erneuerbare Rohstoff der Schweiz, der sich zudem bei der Erzeugung günstig auf die Umwelt auswirkt (durch die Produktion von Sauerstoff) und bei der Entsorgung keine Probleme bietet.

---

[31] Bestimmte Pflanzen- und Tiergesellschaften seien auf extensiv bewirtschaftete Flächen angewiesen, da auf brachliegenden Flächen normalerweise innert einiger Zeit wieder Wald entstehen würde. Vgl. BBl 1996 IV, S. 81.
[32] Hiermit wird der Bezug zum Natur- und Heimatschutz deutlich. Eine angepasste land- und forstwirtschaftliche Nutzung kann zum Schutz und zum Unterhalt von Biotopen beitragen. Vgl. Art. 18c Abs. 1 NHG.
[33] Dazu zu zählen sind etwa Magerwiesen, Streueflächen, Hecken und Feldgehölze. Vgl. auch die kantonale Verordnung über Bewirtschaftungsbeiträge für Magerwiesen und Hecken (LS 910.3).
[34] BBl 1996 IV, S. 86.
[35] Mit dem RPG wurden gesetzliche Grundlagen zur Umsetzung geschaffen. Art. 1 Abs. 2 RPG verlangt, dass mit Massnahmen «auf eine angemessene Dezentralisation der Besiedelung und der Wirtschaft hinzuwirken» (lit. c) und die «ausreichende Versorgungsbasis des Landes zu sichern» (lit. d) ist.
[36] BBl 1988 III, S. 187 f. Vgl. auch Prot. Plenum, S. 1459.

Eine *Wohlfahrtsfunktion* erfüllt der Wald, indem er dem Menschen als Erholungsraum dient, aber auch die Landschaft prägt, vor schädlichen Umwelteinflüssen wie Lärm oder Immissionen schützt, Wasservorräte quantitativ wie auch qualitativ sichert und wildlebenden Tieren sowie einheimischen Pflanzen einen Lebensraum bietet. Als grossflächige naturnahe Lebensgemeinschaft entspricht der Wald den Bestrebungen des Natur- und Heimatschutzes[37]. Denn er dient der Erhaltung von Lebensbedingungen für freilebende Tiere und Pflanzen (Naturschutz), schützt Lebensräume für bestimmte Lebensgemeinschaften und bestimmte Arten von Lebewesen (Biotop- und Artenschutz) und dient der Erhaltung der Landschaft (Landschaftsschutz).

16

---

[37] Dazu Art. 103 N. 6 ff.

Art. 109
Der Kanton betreibt eine Kantonalbank.

Kantonalbank

Materialien

Art. 120 VE; Prot. Plenum, S. 1459 ff., 2288 ff. (43. Sitzung), 2687 f.

Literatur

BEELI HANS, Das öffentliche und gemischtwirtschaftliche Unternehmen am Beispiel der Luzerner und Zuger Kantonalbank, Diss. (Freiburg), Luzern 1989; BELLANGER FRANÇOIS, Quel intérêt public pour les banques cantonales?, in: Etudes Alain Hirsch, Genf 2004, S. 305 ff.; BÜHLMANN JÜRG, Privatisierung von Kantonalbanken dargestellt am Beispiel der Zürcher Kantonalbank, Diss. oec. (Zürich), Bern/Stuttgart/Wien 1996; HAMMER THOMAS, Aufgabenwandel bei öffentlich-rechtlichen Unternehmungen, dargestellt am Beispiel der Kantonalbanken, in: Festschrift Alfred Rötheli, Solothurn 1990, S. 417 ff.; JAAG TOBIAS/RÜSSLI MARKUS, Der Staat als Bankier. Die Vertretung des Kantons in den Organen der Kantonalbank, in: Festschrift Dieter Zobl, Zürich/Basel/Genf 2004, S. 87 ff.; JACOBS RETO, St.Galler Kommentar, Art. 98; KLEINER BEAT, Legitimation des Staates zur Betätigung in Handel und Gewerbe, in: Festschrift Yvo Hangartner, St.Gallen/Lachen 1998, S. 831 ff.; KNAPP BLAISE, Aspects du droit des banques cantonales, in: Festschrift Ulrich Häfelin, Zürich 1989, S. 459 ff.; LEU ROBERT E., Ist eine Staatsgarantie für Banken ökonomisch sinnvoll?, in: Aktuelle Probleme im Bankrecht, hrsg. von Wolfgang Wiegand, Bern 1994, S. 47 ff.; NOBEL PETER, Praxis zum öffentlichen und privaten Bankenrecht der Schweiz, Bern 1979, mit Ergänzungsband, Bern 1984 (Praxis); NOBEL PETER, Lageanalyse und rechtliche Entwicklungsperspektiven der Kantonalbanken, AJP 1994, S. 1554 ff.; NOBEL PETER, Wolken über dem Begriff der Staatsgarantie, Schweizer Treuhänder (ST) 1996, S. 229 ff.; NOBEL PETER, Privatisierung – Organisatorische Belange und Kapitalmarktaspekte, in: Privatisierung und Marktöffnung, Sondernummer SZW 1999, S. 10 ff.; RHINOW RENÉ, Kommentar BV, Art. 31^{quater}; RHINOW/SCHMID/BIAGGINI, § 18; RICHLI PAUL, Zweck und Aufgaben der Eidgenossenschaft im Lichte des Subsidiaritätsprinzips, ZSR 117/1998 II, S. 139 ff.; RUSSENBERGER MARC, Die Sonderstellung der schweizerischen Kantonalbanken in der Bundesverfassung und im Bankengesetz, Diss., Zürich 1988 (Sonderstellung); RUSSENBERGER MARC, Kantonalbanken im Umbruch – vom staatlichen Institut zur privatrechtlichen Aktiengesellschaft, SZW 1995, S. 1 ff.; SCHWITTER GAUDENZ, Die Privatisierung von Kantonalbanken, Diss., Freiburg 2000; STRASSER OTHMAR, Art. 3a, in: Basler Kommentar zum Bankengesetz, hrsg. von Rolf Watter u.a., Basel 2005; VOGEL STEFAN, Der Staat als Marktteilnehmer, Diss., Zürich 2000; ZIMMERLI ULRICH, Bedeutung und Zukunft der Kantonalbanken, in: Aktuelle Probleme im Bankrecht, hrsg. von Wolfgang Wiegand, Bern 1994, S. 63 ff.; ZOBL DIETER, Art. 3a, in: Kommentar zum Bundesgesetz über die Banken und Sparkassen, hrsg. von Dieter Zobl u.a., Zürich 1976 ff., 2000 (Kommentar Bankengesetz); ZOBL DIETER, Das Haftungskonzept der Kantonalbanken, in: Festschrift Niklaus Schmid, Zürich 2001, S. 517 ff.

Rechtsquellen

– Art. 98 Abs. 1 BV
– Bundesgesetz über die Banken und Sparkassen vom 8. November 1934 (Bankengesetz, BankG; SR 952.0)
– Verordnung über die Banken und Sparkassen vom 17. Mai 1972 (Bankenverordnung, BankV; SR 952.02)

– Gesetz über die Zürcher Kantonalbank vom 28. September 1997 (Kantonalbankgesetz; LS 951.1)
– Organisationsreglement der Zürcher Kantonalbank vom 16. Dezember 2004 (LS 951.11)
– Richtlinien für die Erfüllung des Leistungsauftrages der Zürcher Kantonalbank vom 24. Februar 2005 (LS 951.13)

Übersicht Note
1. Begriff 1
2. Entstehung und Zweck 4
3. Rechtsform und Organisation 7
　3.1. Rechtsform 7
　3.2. Organisation 8

1. Begriff

1 Gemäss Art. 98 Abs. 1 der Bundesverfassung hat der Bund beim Erlass von Vorschriften über das Bankenwesen der besonderen Aufgabe und Stellung der Kantonalbanken Rechnung zu tragen. Näher umschrieben wird der Begriff «Kantonalbank» im Bankengesetz. Danach gilt als Kantonalbank eine Bank, die aufgrund eines kantonalen gesetzlichen Erlasses als Anstalt oder Aktiengesellschaft errichtet wird. Der Kanton muss an der Bank eine Beteiligung von mehr als einem Drittel des Kapitals halten und über mehr als einen Drittel der Stimmen verfügen. Er kann für deren Verbindlichkeiten die vollumfängliche oder teilweise Haftung übernehmen[1].

2 Seit der Revision des Bankengesetzes von 1999 unterliegen die Kantonalbanken vollumfänglich dem Bankengesetz und damit der Bewilligungspflicht sowie der Aufsicht durch die Eidgenössische Bankenkommission (EBK). Die verfassungsrechtlich statuierte und früher auch gesetzlich vorgesehene Privilegierung der Kantonalbanken ist weitgehend weggefallen[2].

3 Die *Staatsgarantie* bildet seit 1999 nicht mehr Begriffsmerkmal der Kantonalbank; es ist damit den Kantonen überlassen, ob und in welchem Umfang sie eine Staatsgarantie gewähren wollen. Der Kanton Zürich hat an der Staatsgarantie festgehalten. So haftet er (subsidiär) für alle Verbindlichkeiten der Bank, soweit ihre eigenen Mittel nicht ausreichen[3]. Die eigenen Mittel bestehen in erster Linie aus dem *Dotationskapital*, das der Kanton der Bank zu Selbstkosten zur

---

[1] Art. 3a BankG in der geltenden Fassung vom 22. April 1999.
[2] ZOBL, Kommentar Bankengesetz, Art. 3a N. 3 ff., 8 ff.; SCHWITTER, S. 100 ff. – Neben dem Recht, die Bezeichnung «Kantonalbank» zu führen, kommen die Kantonalbanken mit Staatsgarantie noch in den Genuss eines Eigenmittelrabatts; Art. 13 lit. b BankV. Dazu BGE 110 Ib 166 ff.
[3] § 6 Kantonalbankgesetz. Vgl. zur Rechtsnatur der Staatsgarantie SCHWITTER, S. 113 f.; STRASSER, Art. 3a N. 51 ff.

Verfügung stellt[4]. Ende 2006 belief sich das Dotationskapital der Zürcher Kantonalbank (ZKB) auf 1,925 Mia. Franken[5].

2. Entstehung und Zweck

Die Zürcher Kantonalbank wurde 1870 «zur Hebung des allgemeinen Kreditwesens» errichtet[6]. Die Geschäftsbanken konzentrierten sich zu jener Zeit der Industrialisierung auf die Finanzierung der Industrie, des Handels und der neu entstandenen Eisenbahnen. Die Kreditbedürfnisse des «kleinen Mannes», das heisst der Landwirte, der Arbeiter, der Angestellten, der Handwerker und Gewerbetreibenden sowie der kleineren und mittleren Grundbesitzer wurden nicht befriedigt. Die Kantonalbank sollte diese Lücke in der Kreditversorgung schliessen[7]. Das Gesetz betreffend die Zürcher Kantonalbank vom 7. Wintermonat 1869[8] umschrieb die Aufgabe der Bank in § 1 wie folgt: «Die Kantonalbank hat den Zweck, nach Massgabe ihrer Mittel, den Kantonseinwohnern die Befriedigung ihrer Kredit- und Geldbedürfnisse zu erleichtern. Der kleinere und mittlere Grundbesitz, der Handwerks- und Gewerbstand sollen dabei besonders berücksichtigt werden.» 4

Dieser *wohlfahrtsstaatliche Zweck* kommt nach wie vor im Leistungsauftrag der ZKB zum Ausdruck. Gemäss § 2 des Kantonalbankgesetzes hat die Bank den Zweck, zur Lösung der volkswirtschaftlichen und sozialen Aufgaben im Kanton beizutragen und eine umweltverträgliche Entwicklung im Kanton zu unterstützen. Ausserdem hat sie die Anlage- und Finanzierungsbedürfnisse durch eine auf Kontinuität ausgerichtete Geschäftspolitik zu befriedigen, wobei sie insbesondere die Anliegen der kleinen und mittleren Unternehmungen, der Arbeitnehmerinnen und der Arbeitnehmer, der Landwirtschaft und der öffentlichrechtlichen Körperschaften berücksichtigt. Schliesslich gehört es zu ihrer Aufgabe, das Wohneigentum und den preisgünstigen Wohnungsbau zu fördern[9]. Daneben 5

---

[4] § 4 Abs. 2 Kantonalbankgesetz. Von der in § 4 Abs. 3 des Kantonalbankgesetzes vorgesehenen Möglichkeit, ein Partizipationskapital zu schaffen, hat die ZKB bis anhin keinen Gebrauch gemacht.
[5] Die Kompetenz zur Festlegung des Dotationskapitals steht gemäss § 11 Abs. 2 Ziff. 2 des Kantonalbankgesetzes dem Kantonsrat zu; das Finanzreferendum dagegen ist ausgeschlossen. Vgl. dazu BGE in ZBl 95/1994, S. 228 ff., zur heute nicht mehr bestehenden Appenzell-Ausserrhodischen Kantonalbank.
[6] Vgl. Art. 24 der Kantonsverfassung von 1869.
[7] Vgl. zur Entstehung der Kantonalbanken BEELI, S. 34 f.; HAMMER, S. 419 ff.; NOBEL, Praxis, S. 251 ff.; RUSSENBERGER, Sonderstellung, S. 1 ff.; SCHWITTER, S. 84 ff.; vgl. ferner BGE in ASA 70/2001, S. 294 ff., 298; sowie Prot. Plenum, S. 1461 f.
[8] OS 15, S. 92 ff.
[9] In den Richtlinien für die Erfüllung des Leistungsauftrages der Zürcher Kantonalbank wird der in § 2 Kantonalbankgesetz verankerte Leistungsauftrag konkretisiert. – Ob der Kanton seiner Kantonalbank einen Leistungsauftrag erteilen will, ist ihm überlassen; vgl. dazu Botschaft über die Revision des Bundesgesetzes über die Banken und Sparkassen vom 27. Mai 1998, BBl 1998, S. 3847 ff., 3870. Allgemein zum Leistungsauftrag STRASSER, Art. 3a N. 42 ff.

fällt der ZKB aber auch eine *gewinnorientierte Aufgabe* zu[10]. Die öffentliche Hand partizipiert am Reingewinn der Bank in Form einer jährlichen Gewinnausschüttung[11].

6 Die ZKB ist eine *Universalbank*, die alle Sparten des Bankgeschäfts betreibt[12] und sich nur noch marginal von privaten Geschäftsbanken unterscheidet. Einschränkungen ergeben sich durch die primäre Ausrichtung der Geschäftstätigkeit auf den Wirtschaftsraum Zürich und durch das Verbot riskanter Eigengeschäfte[13]. In Lehre und Rechtsprechung wird daher die Frage aufgeworfen, ob für den Betrieb einer Kantonalbank überhaupt noch ein genügendes öffentliches Interesse bestehe[14].

3. Rechtsform und Organisation

3.1. Rechtsform

7 Die Verfassung legt die Rechtsform der Zürcher Kantonalbank nicht fest. Die ZKB, die als selbstständige öffentlichrechtliche *Anstalt* organisiert ist[15], könnte daher ohne Verfassungsrevision in eine andere Rechtsform (z.B. in eine privatrechtliche Aktiengesellschaft nach Art. 620 ff. OR) überführt werden[16]. Auch eine *Teilprivatisierung* ist ohne Verfassungsänderung möglich. Solange der Kanton an der Bank eine Beteiligung von mehr als einem Drittel des Kapitals hält und über mehr als einen Drittel der Stimmen verfügt, liegt eine Kantonalbank im Sinne des Bankengesetzes vor, und der Kanton erfüllt seine Pflicht, eine Kantonalbank zu betreiben. Eine *Vollprivatisierung* ohne Änderung der Verfassung ist hingegen ausgeschlossen; Anträge der FDP-Fraktion, wonach der Kan-

---

[10] § 3 Kantonalbankgesetz.
[11] § 26 Kantonalbankgesetz.
[12] § 7 Abs. 1 Kantonalbankgesetz; §§ 5 ff. Organisationsreglement ZKB.
[13] § 7 Abs. 2, § 8 Kantonalbankgesetz.
[14] Vgl. zu diesem Themenkomplex etwa BGE 120 II 321 ff., 326; Botschaft über die Revision des Bundesgesetzes über die Banken und Sparkassen vom 27. Mai 1998, BBl 1998, S. 3847 ff., 3865; BELLANGER, S. 308 ff.; KLEINER, S. 836; HAMMER, S. 425 ff.; VOGEL, S. 223 ff.; ZOBL, Kommentar Bankengesetz, Art. 3a N. 45 ff.; sowie RICHLI, S. 297, der einen Rückzug des Staates aus dem Bankgeschäft fordert. Aus steuerrechtlicher Sicht verfolgen die Kantonalbanken mit ihrer Tätigkeit keinen öffentlichen Zweck. Die Kantonalbanken, die nicht in der Form einer Anstalt betrieben werden, unterliegen daher der direkten Bundessteuer; BGE 127 II 113 ff., 120 f. (zur Waadtländer Kantonalbank, einer spezialgesetzlichen Aktiengesellschaft nach Art. 763 OR); BGE in ASA 70/2001, S. 294 ff. (zur Berner Kantonalbank, einer privatrechtlichen Aktiengesellschaft nach Art. 620 ff. OR).
[15] § 1 Kantonalbankgesetz.
[16] Gemäss (der hier nicht geteilten) Ansicht von Verfassungsrat Anwander bedarf dagegen jede Änderung der Organisationsform einer Revision von Art. 109; Prot. Plenum, S. 1464.

ton lediglich berechtigt, nicht aber verpflichtet sein sollte, eine Kantonalbank zu führen, fanden im Verfassungsrat keine Mehrheit[17].

3.2. Organisation

Das Kantonalbankgesetz sieht vier Organe vor. Der *Bankrat*, als oberstes Organ, setzt sich aus 13 Mitgliedern zusammen, einschliesslich der drei Mitglieder des Bankpräsidiums. Bankrat und Bankpräsidium werden vom Kantonsrat gewählt[18]. Dem Bankrat obliegt namentlich die Oberleitung der Bank, die Oberaufsicht über die mit der Geschäftsführung betrauten Personen, die obersten personalpolitischen Entscheide, der Erlass von Reglementen und Richtlinien, die Genehmigung des Budgets und der Jahresplanung sowie die Verabschiedung der Jahresrechnung und des Geschäftsberichts zuhanden des Kantonsrates[19]. Dem *Bankpräsidium* steht insbesondere die unmittelbare Aufsicht über die Geschäftsführung und die Überwachung des Vollzugs der Bankratsbeschlüsse zu[20]. Die *Generaldirektion* leitet die Bank und vollzieht die Beschlüsse des Bankrates und des Bankpräsidiums und erledigt alle Aufgaben, die nicht durch Gesetz, Organisations- oder Spezialreglement anderen Organen übertragen sind[21]. Die *Revisionsstelle* als viertes Organ prüft, ob die Buchführung, die Jahresrechnung und die Gewinnverteilung den gesetzlichen Vorschriften entsprechen[22]. Die Oberaufsicht über die ZKB wird durch den *Kantonsrat* wahrgenommen; zur Durchführung der Oberaufsicht besteht eine kantonsrätliche Kommission[23].

8

Die *Rechtsstellung* der vom Kantonsrat gewählten Mitglieder des Bankrates und des Bankpräsidiums richtet sich nach öffentlichem Recht. Sie sowie die Mitglieder der Generaldirektion und die Revisionsstelle haften der Bank, dem Staat und den Gläubigern nachrangiger Verbindlichkeiten (sowie den Inhaber von Partizipationsscheinen) für den Schaden, den sie durch absichtliche oder fahrlässige Verletzung ihrer Pflichten verursachen[24]. Die Beziehungen zwischen der Kantonalbank als Arbeitgeberin und ihrem Personal (inkl. Generaldirektion) sind privatrechtlich; ebenso die Beziehungen zwischen der Kantonalbank und ihren Kunden sowie Dritten[25].

9

---

[17] Vgl. dazu Prot. Plenum, S. 1459 ff., 2288 ff. (43. Sitzung). Der Antrag der FDP auf eine «Kann»-Vorschrift («Der Kanton kann eine Kantonalbank betreiben») wurde auch vom Regierungsrat unterstützt; RRB 984 vom 19. Juni 2002, S. 11.
[18] § 11 Abs. 2 Ziff. 1, § 15 Abs. 1 Kantonalbankgesetz.
[19] § 15 Abs. 4 Kantonalbankgesetz.
[20] § 16 Abs. 4 Kantonalbankgesetz.
[21] § 17 Kantonalbankgesetz.
[22] § 18 Kantonalbankgesetz.
[23] §§ 11 f. Kantonalbankgesetz.
[24] § 25 Abs. 2 Kantonalbankgesetz.
[25] Vgl. zum Ganzen JAAG/RÜSSLI, S. 91 ff.

Art. 110

Wohnen

Kanton und Gemeinden fördern den gemeinnützigen Wohnungsbau und das selbstgenutzte Wohneigentum.

Materialien

Art. 121 VE; Prot. Plenum, S. 1471, 1477 ff., 2292 ff. (43. Sitzung), 2688.

Literatur

BUNDESAMT FÜR WOHNUNGSWESEN (Hrsg.), Wohnen 2000, Schriftenreihe Wohnungswesen Bd. 75, Bern 2005; BUNDESAMT FÜR WOHNUNGSWESEN (Hrsg.), Der Mietwohnungsmarkt, Analyse von Ursachen und Wirkung im grössten Markt der Schweiz, Schriftenreihe Wohnungswesen Bd. 77, Bern 2006; BUNDESAMT FÜR WOHNUNGSWESEN (Hrsg.), Siedlungswesen Schweiz, Schriftenreihe Wohnungswesen Bd. 78, Bern 2006; HÄFELIN/HALLER, N. 614 ff.; JAAG, Rz. 3901 ff., 4341 ff.; JUNOD CHARLES-ANDRE, Kommentar BV, Art. 34^{sexies} aBV; LENZ CARLOS/MÜLLER ANDRÉ, Konjunkturpolitische Wirksamkeit und gesamtwirtschaftliche Wirkung des Wohnbau- und Eigentumsförderungsgesetzes (WEG), Bern/Altdorf 1996; MADER LUZIUS, St.Galler Kommentar, Art. 108; MARTI ARNOLD, in: Dubach/Marti/Spahn, S. 273 f.; MURER ERWIN, Wohnen, Arbeit, Soziale Sicherheit und Gesundheit, in: Verfassungsrecht der Schweiz, § 62; SALADIN PETER/AUBERT MARTIN, Sozialverfassung, in: Kälin/Bolz, S. 95 ff.; SCHUMACHER PETER, Die kantonalen Wohnraumerhaltungsgesetze: Gesetze über Abbruch, Zweckänderungen und Umbau, Diss., Basel 1990.

Rechtsquellen

- Art. 108 f. BV
- Bundesgesetz über die Förderung von preisgünstigem Wohnraum vom 21. März 2003 (Wohnraumförderungsgesetz, WFG; SR 842)
- Wohnbau- und Eigentumsförderungsgesetz vom 4. Oktober 1974 (SR 843)
- Gesetz über die Wohnbau- und Wohneigentumsförderung vom 7. Juni 2004 (WBG; LS 841)
- Wohnbauförderungsverordnung vom 1. Juni 2005 (WBV; LS 841.1)

Übersicht	Note
1. Entstehungsgeschichte	1
2. Kompetenzverteilung Bund–Kanton–Gemeinden	3
3. Bedeutung	5
3.1. Erfüllungsintensität	5
3.2. Erfüllungsumfang	7

1. Entstehungsgeschichte

Anknüpfend an Art. 23 aKV, der die Förderung des Genossenschaftswesens statuierte, wurde das Thema der gemeinnützigen Wohnbauförderung schon früh in

1

die Kommissionsdiskussion eingebracht[1]. Anfänglich unterhielt man sich darüber, ob das Thema Wohnen zur Wirtschaft oder zum Sozialen zu zählen sei[2]. In der Kommission entschied man sich eingangs, die Frage zum Themengebiet Soziales zu zählen[3]. Jedoch fand der Artikel später im Vernehmlassungsentwurf im Kapitel E, Wirtschaft, vor dem Kapitel F, Soziales und Gesundheit, seinen Platz[4]. Die Kommissionsmehrheit lehnte es ursprünglich ab, einen Artikel in die Verfassung aufzunehmen, der neben der Wohnbauförderung den Erhalt preisgünstiger Wohnungen und die Verbesserung von Wohnverhältnissen beinhaltete[5]. Erst eine auf die Wohnbauförderung reduzierte Version fand in der Kommission eine Mehrheit[6]. Im Rahmen der Vorberatung im Plenum wurde der Artikel ergänzt mit der Förderungsmöglichkeit für selbstgenutztes Wohneigentum und ging entsprechend in die Vernehmlassung (Art. 121 VE). Anschliessend erfuhr die Bestimmung keine Änderungen mehr und auch ein Streichungsantrag der Kommissionsmehrheit fand im Plenum keinen Rückhalt[7].

2   Keine Aufnahme fand eine Bestimmung, welche wie Art. 23 aKV das auf Selbsthilfe beruhende Genossenschaftswesen an sich fördern wollte[8].

2. Kompetenzverteilung Bund–Kanton–Gemeinden

3   Art. 108 BV erteilt dem Bund die Kompetenz zur Förderung von Wohnbau und Wohneigentum. Abs. 1 ermöglicht dem Bund, den Wohnungsbau (inkl. Erneuerung) sowie den Erwerb von Wohnungs- oder Hauseigentum, welches dem Eigenbedarf Privater dient, zu fördern. Gleichzeitig kann der Bund die Tätigkeit von Trägern und Organisationen des gemeinnützigen Wohnungsbaus unterstützen. In Abs. 2 wird präzisiert, dass insbesondere die Beschaffung und Erschliessung von Land für den Wohnungsbau, die Rationalisierung und die Verbilligung des Wohnungsbaus sowie die Verbilligung der Wohnkosten als besondere Förderungsmassnahmen möglich sind. Die Bestimmung verdeutlicht, dass dem Bund eine umfassende Förderkompetenz zusteht[9]. Eine kantonale oder auch kommunale Förderung kann jedoch ohne Weiteres uneingeschränkt danebenstehen

---

[1] Prot. K4 vom 17. April 2001, S. 7; Prot. K4 vom 10. Mai 2001, S. 42.
[2] Prot. K4 vom 13. September 2001, S. 6 (keine fortlaufende Seitenangabe vorhanden).
[3] Prot. K4 vom 27. September 2001, S. 140.
[4] Prot. RedK vom 20. Februar 2003, S. 203, und Prot. RedK vom 7. März 2003, S. 284. Ein weiterer Antrag zur Umplatzierung wurde später erneut abgelehnt (vgl. Prot. K4 vom 22. Januar 2004, S. 331 f.).
[5] Prot. K4 vom 8. November 2001, S. 163 f. Die Verfassung des Kantons Bern enthält in etwa eine solche Regelung vgl. Art. 40 KV BE.
[6] Prot. K4 vom 28. März 2002, S. 236.
[7] Prot. K4 vom 22. Januar 2004, S. 331 f.; Prot. Plenum, S. 2690. Auch ein weiterer Streichungsantrag im Plenum fand keine Mehrheit (vgl. hierzu Prot. Plenum, S. 2293 [43. Sitzung]).
[8] Prot. Plenum, S. 2293 f. (43. Sitzung).
[9] MADER, St.Galler Kommentar, Art. 108 Rz. 4.

(parallele Kompetenz)[10]. Unzuständig ist der Kanton hingegen dafür, Massnahmen gegen Missbräuche im Mietwesen zu ergreifen, denn hierfür steht dem Bund eine nachträglich derogatorische Kompetenz zu (Art. 109 BV)[11], von welcher er Gebrauch gemacht hat[12].

Art. 110 räumt auch den Gemeinden eine Förderungszuständigkeit ein. Den Gemeinden steht damit eine eigene Kompetenz zu. Somit besteht auch im Verhältnis zwischen Kanton und Gemeinden eine parallele Kompetenz. Diesen Gedanken nimmt das kantonale Gesetz über die Wohnbau- und Wohneigentumsförderung auf, indem es erklärt, Anwendung auch für die Gemeinden zu finden, soweit diese keine selbstständigen Normen erlassen haben[13]. In bestimmten Fällen kombiniert das kantonale Gesetz jedoch die Förderung und macht eine kantonale Leistung von der kommunalen abhängig[14].

4

3. Bedeutung

3.1. Erfüllungsintensität

Gemäss der gewählten Formulierung sollen Kanton und Gemeinden den gemeinnützigen Wohnungsbau und das selbstgenutzte Wohneigentum *fördern*. Demnach steht die Förderung mit finanziellen Mitteln im Vordergrund[15]. Dem Kanton und den Gemeinden ist es aber unbenommen, weitere geeignete Massnahmen zu ergreifen[16]. Sie können beispielsweise selber Wohnungen erstellen, Anreize an Hand des Steuersystems schaffen oder mit Hilfe des Raumplanungs- und Baurechts dafür sorgen, dass entsprechender Wohnraum[17] vorhanden ist[18].

5

Die gewählte Formulierung zeigt gleichzeitig auf, dass die Wahrnehmung der Aufgabe Kanton und Gemeinden nicht freigestellt ist[19]. Die Aufgabenträger sind zur Wahrnehmung der öffentlichen Aufgabe verpflichtet. Aus dem gewählten

6

---

[10] Junod, Kommentar BV, Art. 34^{sexies} aBV, Rz. 4 und 8; Saladin/Aubert, S. 99. Vgl. auch § 3 WBG. Anders hier Murer, § 62 Rz. 13 a.E., mit einem Verweis auf die Botschaft über eine neue Bundesverfassung vom 20. November 1996 (BBl 1997 I, S. 227 f.), der m.E. allerdings nicht zum genannten Schluss führt.
[11] Häfelin/Haller, N. 1092 ff.
[12] Vgl. Art. 253–274g OR.
[13] Vgl. § 14 WBG.
[14] Vgl. § 8 WBG.
[15] Vorb. zu Art. 95–121 N. 12. Dies trifft auch für die Bundesförderung zu. Vgl. Mader, St.Galler Kommentar, Art. 108 Rz. 4.
[16] Vorb. zu Art. 95–121 N. 13.
[17] Selbstverständlich ist eine Förderung durch raumplanungsrechtliche Massnahmen in Einklang mit den Zielen der Raumplanung und den weiteren sich teilweise widersprechenden Zielrichtungen anderer Normen (z.B. Natur- und Landschaftsschutz) zu bringen.
[18] Saladin/Aubert, S. 99
[19] Ebenso haben die Kantone Neuenburg (Art. 5 Abs. 1 lit. i KV NE), Freiburg (Art. 56b KV FR), Thurgau (§ 77 Abs. 2 KV TG) und Bern (Art. 40 KV BE) die Wohnbaupolitik bzw. -förderung zur öffentlichen Aufgabe erklärt. Appenzell-Ausserrhoden (Art. 25b KV AR) und das Tessin (Art. 14 Abs. 1 lit. b KV TI)

Verb lässt sich jedoch nicht ersehen, in welchem Umfang die Förderung des gemeinnützigen Wohnungsbaus und des selbstgenutzten Wohneigentums wahrgenommen werden muss.

3.2. Erfüllungsumfang

7 Der Verfassungstext selbst gibt die Zielrichtung für die Aufgabenwahrnehmung insoweit vor, als sich die Förderung auf den *gemeinnützigen Wohnungsbau-* und das *selbstgenutzte Wohneigentum* beschränkt[20]. Gemeinnutz liegt vor, wenn die Tätigkeit dem allgemeinen Wohl und damit sozialen Aufgaben dient[21]. Gemeinnutz schliesst Gewinnstrebigkeit aus[22]. Somit ist hauptsächlich von einer *sozialpolitischen Motivierung* der Verfassungsbestimmung auszugehen. Anders als in der Bundesverfassung[23] wurde aber die Ausrichtung auf bestimmte zu verfolgende Interessen nicht festgeschrieben. Dennoch ist aufgrund der Voten im Verfassungsrat von einer ähnlichen Zielrichtung auszugehen, wollte man doch insbesondere Familien mit Kindern unterstützen bzw. dort eingreifen, wo der Wohnungsmarkt nicht funktioniert[24]. Durch die Diskussion um die Platzierung des Artikels lässt sich auch eine wirtschaftspolitische Motivierung vermuten[25]. Die Zulässigkeit kantonaler wirtschaftspolitischer Regelungen ist jedoch äusserst beschränkt[26], und Massnahmen, welche die Wirtschaftsfreiheit beschränken und damit grundsatzwidrig sind, sind – mit Ausnahme der kantonalen Monopoltätigkeit – unzulässig (Art. 94 Abs. 4 BV). Zulässig sind jedoch Massnahmen mit wirtschaftspolizeilicher Motivation.

8 Die öffentliche Aufgabe von Art. 110 wird durch das kantonale Gesetz über die Wohnbau- und Wohneigentumsförderung konkretisiert. Ziel des Gesetzes ist die Bereitstellung von preisgünstigen Wohnungen für Personen mit niedrigem Einkommen und Vermögen und die Förderung von Wohneigentum für Personen mit höchstens mittlerem Einkommen[27]. Gefördert werden Bau, Erwerb und Erneuerung von Mietwohnungen durch die Gewährung von zinslosen oder zinsgüns-

---

haben zumindest ein entsprechendes Sozialziel verankert. Im Kanton Schaffhausen wurde die ursprünglich vorgesehene Bestimmung gestrichen; Marti, S. 274.

[20] Eine weitere Konkretisierung der zu ergreifenden Massnahmen auf Verfassungsstufe, wie beispielsweise die Erhaltung preisgünstiger Wohnungen, wurde vom Verfassungsrat abgelehnt (vgl. Prot. Plenum, S. 1477 ff.).

[21] Gemäss Duden handelt es sich «um dem allgemeinen Wohl dienende Taten, die nicht auf Gewinn ausgerichtet sind, sondern sozialen Aufgaben dienen».

[22] Vgl. auch § 61 lit. f Steuergesetz vom 8. Juni 1997 (LS 631.1) und § 24 Abs. 2 WBV.

[23] Art. 108 Abs. 4 BV verpflichtet den Bund, einerseits den Interessen von Familien und anderseits von betagten, bedürftigen und behinderten Menschen besondere Beachtung zu schenken.

[24] Prot. Plenum, S. 1477 ff. Vgl. hierzu auch Mader, St.Galler Kommentar, Art. 108 Rz. 8 f.

[25] Prot. Plenum, S. 1471 und 1478.

[26] Häfelin/Haller, N. 657 ff.; Jaag, Rz. 3901 ff.

[27] § 1 WBG und § 26 WBV. Vgl. auch die Medienmitteilung des Regierungsrats vom 9. Juni 2005, <www.sk.zh.ch/internet/sk/de/mm/mm2005q2/141_Wohnbauprint.html> (9.12.2006).

tigen grundpfandversicherten Darlehen und das selbstgenutzte Wohneigentum mittels Bürgschaften. Mit der (Total-)Revision des Gesetzes[28] wurde eine Angleichung an das Bundesrecht vorgenommen, so dass auf den Grundsatz des Familienerfordernisses zugunsten von AHV- oder sozialhilfeberechtigten Personen sowie Menschen mit Behinderung verzichtet werden kann.

Die durch den Gesetzgeber getroffene Konkretisierung ist vor dem sozialpolitisch motivierten Hintergrund der Verfassungsbestimmung als zulässig zu erachten. Auch die getroffene Beschränkung auf Darlehen und Bürgschaften (finanzielle Leistungen) ist nicht zu beanstanden, jedoch nicht als zwingend zu erachten. Dem Gesctzgeber[29] bleibt es aufgrund der Verfassungsbestimmung möglich, weitere Massnahmen, wie beispielsweise den Bau von staatlichen Sozialwohnungen, zu ermöglichen, solange damit der Aspekt der Gemeinnützigkeit verfolgt oder selbstgenutztes Eigentum gefördert wird. 9

---

[28] Das Gesetz über die Wohnbau- und Wohneigentumsförderung vom 7. Juni 2004 ersetzt das Gesetz über die Förderung des Wohnungsbaus und des Wohneigentums vom 24. September 1989.
[29] Aufgrund von Art. 38 Abs. 1 lit. e bleibt auch in der Leistungsverwaltung eine wesentliche Änderung der Gesetzgebung vorbehalten (HAUSER, Art. 38 N. 30).

Art. 111*

Sozialhilfe

Kanton und Gemeinden sorgen dafür, dass Menschen in einer Notlage, die sie nicht aus eigener Kraft bewältigen können, ein Obdach und existenzsichernde Mittel erhalten.

Sie fördern die berufliche Umschulung und Weiterbildung erwerbsloser Personen und ihre Wiedereingliederung in den Arbeitsprozess.

Sie fördern zur Bekämpfung von sozialer Not und Armut die Hilfe zur Selbsthilfe.

Materialien

Art. 122 VE; Prot. Plenum, S. 154 f., 169, 1330 ff., 1342 ff., 1494 ff., 2294 ff. (43. Sitzung), 2690 ff.

Literatur

AMSTUTZ KATHRIN, Das Grundrecht auf Existenzsicherung. Bedeutung und Ausgestaltung des Art. 12 der neuen Bundesverfassung, Diss., Bern 2002; BIGLER-EGGENBERGER MARGRITH, St.Galler Kommentar, Art. 12, 41; BOLZ URS, Art. 29, 38, in: Kälin/Bolz; BREINING-KAUFMANN CHRISTINE/ WINTSCH SANDRA, Rechtsfragen zur Beschränkung der Nothilfe, ZBl 106/2005, S. 497 ff.; COULLERY PASCAL, Das Recht auf Sozialhilfe, Bern/Stuttgart/Wien 1993; EICHENBERGER, § 39; GÄCHTER THOMAS, Grenzen der Solidarität? Individuelle Ansprüche auf medizinische Leistungen gegenüber der Rechts- und Versichertengemeinschaft, in: Individuum und Verband, Festgabe zum schweizerischen Juristentag 2006, Zürich/Basel/Genf 2006, S. 473 ff. (Solidarität); GÄCHTER THOMAS, Rechtliche Grundlagen der Interinstitutionellen Zusammenarbeit (IIZ), Schweizerische Zeitschrift für Sozialversicherung und berufliche Vorsorge (SZS) 2006, S. 593 ff. (IIZ); GYSIN CHARLOTTE, Der Schutz des Existenzminimums in der Schweiz, Basel/Genf/München 1999; HÄFELIN/HALLER, N. 907 ff.; HARTMANN KARL, Vom Recht auf Existenzsicherung zur Nothilfe – eine Chronologie, ZBl 106/2005, S. 410 ff.; JAAG, Rz. 4301 ff.; KÖLZ ALFRED, Der demokratische Aufbruch des Zürchervolkes, in: Materialien zur Zürcher Verfassungsreform, Bd. 1; MADER LUZIUS, St.Galler Kommentar, Art. 115; LEU AGNES, Die arbeitsmarktlichen Massnahmen im Rahmen der Arbeitslosenversicherung in der Schweiz, Zürich/Basel/Genf 2006; MAHON PASCAL, Art. 12, 115, in: Aubert/Mahon; MARTI ARNOLD, Art. 85 und 86, in: Dubach/Marti/Spahn, S. 260 ff.; MEYER-BLASER ULRICH/GÄCHTER THOMAS, Der Sozialstaatsgedanke, in: Verfassungsrecht der Schweiz, § 34; MÜLLER J.P., S. 166 ff.; NATIONALE IIZ-KOORDINATIONSGRUPPE, Handbuch zur Interinstitutionellen Zusammenarbeit (IIZ), Bern 2004 (Handbuch IIZ); PÄRLI KURT, Verfassungsrechtliche Aspekte neuer Modelle in der Sozialhilfe, AJP 2004, S. 45 ff. (Modelle); PÄRLI KURT, Die Auswirkungen des Grundrechts auf Nothilfe auf neue Modelle der Sozialhilfe, in: Carlo Tschudi (Hrsg.), Das Grundrecht auf Hilfe in Notlagen, Bern/Stuttgart/Wien 2005, S. 95 ff. (Auswirkungen); PFIFFNER RAUBER BRIGITTE, Soziale Sicherheit im Kanton Zürich, in: Materialien zur Zürcher Verfassungsreform, Bd. 6, S. 49 ff.; SKOS (Schweizerische Konferenz für Sozialhilfe), Richtlinien für die Ausgestaltung und Bemessung der Sozialhilfe, 4. Aufl., Bern 2005; THOMET WERNER, Kommentar zum Bundesgesetz über die Zuständigkeit für die Unterstützung Bedürftiger (ZUG), 2. Aufl., Zürich 1994; THÖNY CHRISTIAN, Kommentar zur Verfassung des Kantons Grau-

---

* Ich danke Frau lic. iur. Petra Gössi für die Zusammenstellung des verarbeiteten Materials.

bünden, Art. 86; TSCHUDI CARLO, Die Auswirkungen des Grundrechts auf Hilfe in Notlagen auf sozialhilferechtliche Sanktionen, in: Carlo Tschudi (Hrsg.), Das Grundrecht auf Hilfe in Notlagen, Bern/Stuttgart/Wien 2005, S. 117 ff.; WALDMANN BERNHARD, Das Recht auf Nothilfe zwischen Solidarität und Eigenverantwortung, ZBl 107/2006, S. 341 ff.; WOLFFERS FELIX, Grundriss des Sozialhilferechts, 2. Aufl., Bern/Stuttgart/Wien 1999.

Rechtsquellen

- Art. 12 des Internationalen Pakts über wirtschaftliche, soziale und kulturelle Rechte vom 16. Dezember 1966 (UNO-Pakt I; SR 0.103.1)
- Art. 12, 115 BV
- Bundesgesetz über die Invalidenversicherung vom 19. Juni 1959 (IVG; SR 831.20)
- Bundesgesetz über die obligatorische Arbeitslosenversicherung und die Insolvenzentschädigung vom 25. Juni 1982 (AVIG; SR 837.0)
- Bundesgesetz über die Zuständigkeit für die Unterstützung Bedürftiger vom 24. Juni 1977 (ZUG; SR 851.1)
- Art. 19 KV
- Gesetz über die öffentliche Sozialhilfe vom 14. Juni 1981 (SHG; LS 851.1)
- Verordnung zum Sozialhilfegesetz vom 21. Oktober 1981 (SHV; LS 851.11)

Übersicht	Note
1. Einleitung	1
1.1. Begriff der Sozialhilfe	1
1.2. Entstehung	2
2. Vorgaben des übergeordneten Rechts	4
3. Existenzsichernde Mittel in einer Notlage (Abs. 1)	7
3.1. Anspruchsberechtigung	7
3.2. Nicht zu bewältigende Notlage	8
3.3. Existenzsichernde Mittel	11
3.4. Aufgabenerfüllung	15
4. Wiedereingliederung Erwerbsloser (Abs. 2)	17
4.1. Verhältnis zu Arbeitslosen- und Invalidenversicherung	17
4.2. Umsetzung	20
5. Förderung der Hilfe zur Selbsthilfe (Abs. 3)	22

1. Einleitung

1.1. Begriff der Sozialhilfe

1   Die Sozialhilfe sichert die Existenz bedürftiger Personen, fördert ihre wirtschaftliche und persönliche Selbstständigkeit und gewährleistet die soziale und berufliche Integration[1]. Sie bildet das unterste Netz der sozialen Sicherheit, das verhindert, dass Personen oder Personengruppen von der Teilnahme und Teilhabe

---

[1] SKOS-Richtlinien, A 1–1; vgl. auch JAAG, Rz. 4311; WOLFFERS, S. 25.

an der Gesellschaft ausgeschlossen werden². Leistungen der Sozialhilfe sind subsidiär gegenüber der Möglichkeit der Selbsthilfe, den Leistungsverpflichtungen Dritter sowie freiwilligen Leistungen Dritter (Prinzip der Subsidiarität der Sozialhilfe)³. Sie dienen der Abhilfe bei einer individuellen, konkreten und aktuellen Notlage (Prinzip der Individualisierung) und sind jedem einzelnen Fall anzupassen, d.h., sie müssen in jedem Einzelfall den Zielen der Sozialhilfe im Allgemeinen sowie den Bedürfnissen der betroffenen Person entsprechen (Prinzip der Bedarfsdeckung). Unerheblich ist dabei die Ursache für die aktuelle Notlage (Finalitäts- oder Finalprinzip)⁴, wobei wirkungsvolle Sozialhilfe stets auch auf die Beseitigung der Ursachen der Hilfsbedürftigkeit zielt⁵. Die Leistungen der Sozialhilfe werden – anders als die meisten Sozialversicherungsleistungen – aus allgemeinen Staatsmitteln, d.h. aus Steuergeldern, finanziert⁶.

1.2. Entstehung

Die Debatten zur Sozialhilfe verliefen kontrovers⁷ und führten zu zahlreichen Modifikationen des Kommissionsantrags. Dieser beruhte auf einem dreigliedrigen Konzept⁸, das die akute Hilfe in Notlagen (Abs. 1), die Stärkung der Fähigkeiten der Einzelnen, mit Erwerbsarbeit ein genügendes Einkommen zu erzielen (Abs. 2), sowie die generelle Prävention von Hilfsbedürftigkeit (Abs. 3)⁹ umfasste. Der erste Absatz wurde redaktionell gestrafft¹⁰, beim zweiten Absatz wurde aufgrund ordnungspolitischer Argumente der erste Satz¹¹ gestrichen, nachdem er zunächst zu einem eigenständigen Absatz umformuliert worden war¹², der dritte Absatz schliesslich wurde durch die geltende Fassung ersetzt, welche die Selbsthilfe in den Vordergrund stellt¹³. Der von Vertreterinnen und Vertretern der SVP getragene Antrag, den Titel der Bestimmung in «Fürsorge» zu ändern, auf den zweiten und den dritten Absatz zu verzichten und im verbleibenden Absatz festzuhalten, dass hilflose Menschen vorwiegend in Form von Sach- und

---

2   SKOS-Richtlinien, A 3–1, A 4–1.
3   SKOS-Richtlinien, A 4–1 f.; WOLFFERS, S. 71 ff.
4   WOLFFERS, S. 34, 165.
5   § 5 SHG; vgl. auch GYSIN, S. 105, und hinten N. 23.
6   WOLFFERS, S. 60 f.; vgl. zu den Ausgaben für die Sozialhilfe die Vorlage K4 vom 5. September 2002, S. 11.
7   Prot. Plenum, S. 1495 ff. Debattiert wurde etwa über das Menschenbild, das man mit der Bestimmung verankern wolle (Prot. Plenum, S. 1497 ff.).
8   Vorlage K4 vom 5. September 2002, S. 11; Prot. Plenum, S. 1494 f., 1506.
9   Kanton und Gemeinden «sorgen für die Bekämpfung der Ursachen sozialer Notlagen und Armut».
10 Prot. RedK vom 7. März 2003, S. 285 f.
11 Kanton und Gemeinden «fördern Massnahmen, die ein existenzsicherndes Einkommen ermöglichen».
12 Kanton und Gemeinden «fördern Massnahmen zur existenzsichernden Entlöhnung der vollen Erwerbstätigkeit» (Prot. Plenum, S. 2294 ff., 2304 [43. Sitzung]).
13 Prot. Plenum, S. 2690 f., 2694.

Dienstleistungen unterstützt würden, löste heftige Grundsatzdiskussionen aus und wurde deutlich verworfen[14].

3 Die meisten Kantonsverfassungen kennen vergleichbare Bestimmungen. Der Zürcher Verfassungstext nimmt sich im Vergleich eher zurückhaltend aus. Anders als etwa im Kanton Graubünden wird die Sozialhilfe nicht in ein umfassenderes Konzept eingebettet[15]. Auch die Umschreibung der Ansprüche in Abs. 1 geht weniger weit als in anderen Kantonen[16].

2. Vorgaben des übergeordneten Rechts

4 In Art. 11 UNO-Pakt I ist das Recht auf einen angemessenen Lebensstandard anerkannt[17]. Art. 41 Abs. 1 lit. a BV verpflichtet Bund und Kantone, sich für die Teilhabe jeder Person an der sozialen Sicherheit einzusetzen[18]. Zudem sind bei der Ausgestaltung der Sozialhilfegesetzgebung weitere Verfassungsgehalte zu berücksichtigen, insbesondere der Schutz der persönlichen Freiheit (Art. 10 BV), die Rechtsgleichheit (Art. 8 Abs. 1) und das Diskriminierungsverbot (Art. 8 Abs. 2 BV)[19].

5 Art. 12 BV statuiert das *Recht auf Hilfe in Notlagen*. In persönlicher Hinsicht ist jeder Mensch, der sich auf dem Gebiet der Schweiz in einer Notlage befindet – unabhängig von der Staatsbürgerschaft oder dem ausländerrechtlichen Status –, Träger dieses Rechts und damit anspruchsberechtigt[20]. Eine Notlage besteht, wenn sich jemand die für ein menschenwürdiges Dasein unentbehrlichen materiellen Grundlagen nicht selbst verschaffen kann[21]. Das Recht auf Hilfe in Notlagen gewährleistet kein zahlenmässig festgelegtes Mindesteinkommen. Umfang und Art der Leistungen (Geld- oder Naturalleistungen) werden in erster Linie durch das zuständige Gemeinwesen auf der Grundlage seiner

---

[14] Prot. Plenum, S. 1335, 1495 ff., 1507 f.
[15] Vgl. Art. 86 KV GR (Integration, dazu Thöny, Art. 86 N. 1 ff.); ferner Art. 85 Abs. 2 KV SH (dazu Marti, S. 261).
[16] So ist gemäss Art. 38 KV BE für hilfsbedürftige Menschen «zu sorgen» oder müssen Kanton und Gemeinden gemäss Art. 85 Abs. 1 KV SH «materielle und persönliche Notlagen von Menschen» abwenden, sie lindern oder beheben.
[17] Ausdrücklich genannt werden die ausreichende Ernährung, Bekleidung und Unterbringung (Art. 11 Abs. 1 UNO-Pakt I). Vgl. etwa Breining-Kaufmann/Wintsch, S. 500 f.
[18] Zur sozialen Sicherheit gehört es auch, jenen Menschen hinreichende Sicherheit zu gewähren, die bedürftig sind und durch die Maschen anderer Sicherungssysteme fallen. Vgl. etwa Bigler-Eggenberger, St.Galler Kommentar, Art. 41 Rz. 30 ff.; Mahon, Art. 41 N. 5.
[19] Vgl. etwa Pärli, Modelle, S. 106 ff.
[20] Amstutz, S. 157 f.; Häfelin/Haller, N. 918; Hartmann, S. 417; J.P. Müller, S. 169.
[21] J.P. Müller, S. 170.

Gesetzgebung festgelegt[22]. Diese Leistungen müssen Gewähr dafür bieten, dass die elementarsten materiellen und persönlichen Bedürfnisse gedeckt werden[23].

Art. 115 BV enthält den Grundsatz der Unterstützung Bedürftiger durch den Wohnkanton[24,25]. Die Bestimmung räumt dem Bund zudem die Kompetenz ein, für diesen Grundsatz die Ausnahmen und Zuständigkeiten zu regeln. Davon hat er mit dem Erlass des Bundesgesetzes über die Zuständigkeit für die Unterstützung Bedürftiger (ZUG) Gebrauch gemacht. Die Kompetenz zur materiellen Sozialhilfegesetzgebung bleibt indes – abgesehen von einigen Sonderfällen, die über andere Grundlagen verfügen[26] – bei den Kantonen.

3. Existenzsichernde Mittel in einer Notlage (Abs. 1)

3.1. Anspruchsberechtigung

In den Genuss von Sozialhilfeleistungen sollen nach dem Wortlaut von Abs. 1 Menschen kommen, die von einer Notlage bedroht sind. Auf die Nationalität und andere Statusfragen kommt es grundsätzlich nicht an. Es entspricht auch dem Zweck der Sozialhilfe, als «Netz unter dem Netz» ein lückenloses Sicherungssystem zu gewährleisten. Art. 12 BV geht ebenfalls von dieser weiten Umschreibung des Kreises der Anspruchsberechtigten aus[27]. Vorbehalten bleiben indes abweichende Regelungen des übergeordneten Rechts, insbesondere die Bundeszuständigkeiten für bestimmte Personenkategorien[28] sowie die Festlegungen des Zuständigkeitsgesetzes[29].

3.2. Nicht zu bewältigende Notlage

Der Begriff der Notlage findet sich bereits in der geltenden Sozialhilfegesetzgebung und wird auch in der Bundesverfassung (Art. 12 BV) verwendet[30]. Dabei ist nicht von einem einheitlichen Begriff der Notlage auszugehen[31]. Die Notlage ist vielmehr im Hinblick auf die beanspruchten Leistungen zu beurteilen.

---

[22] HARTMANN, S. 418; MEYER-BLASER/GÄCHTER, § 34 Rz. 30; J.P. MÜLLER, S. 171 f.
[23] Näheres zum Umfang etwa bei BIGLER-EGGENBERGER, St.Galler Kommentar, Art. 12 Rz. 19 ff.; eingehend AMSTUTZ, S. 177 ff.
[24] THOMET, N. 1 ff., 24.
[25] Modalitäten und Umfang der Unterstützungsberechtigung richten sich jedoch nach kantonalem Recht.
[26] Vgl. etwa das Bundesgesetz vom 21. März 1973 über Fürsorgeleistungen an Auslandschweizer (SR 852.1) oder die Bestimmungen im 5. Kapitel des Asylgesetzes vom 26. Juni 1998 (SR 142.31).
[27] Dazu N. 5. Art. 12 BV bindet die Kantone jedoch nur im Rahmen der Ansprüche, die aus Art. 12 BV entstehen.
[28] Vgl. dazu N. 6 Anm. 25.
[29] Art. 4 ff., 20 ff. ZUG.
[30] Vgl. N. 5.
[31] Vgl. COULLERY, S. 80, mit einer gewissen Skepsis. Vgl. auch WALDMANN, S. 351 f.

Während für die wirtschaftliche Hilfe die Notlage zu bejahen ist, wenn eine bedürftige Person für ihren Lebensunterhalt und den Lebensunterhalt ihrer Familienangehörigen nicht hinreichend[32] oder nicht rechtzeitig aufkommen kann[33], ist die wirtschaftliche Not nicht unbedingt Anspruchsvoraussetzung für die persönliche Hilfe[34]. Massgebend ist für diese eine persönliche Notlage[35] von einer Schwere, welche die hilfsbedürftige Person nicht allein bewältigen kann[36].

9 Das Erfordernis, dass die Notlage nicht aus eigenen Mitteln zu bewältigen ist, bringt den im Sozialhilferecht zentralen Grundsatz der Subsidiarität zum Ausdruck[37].

10 Im Verfassungstext findet sich kein Hinweis darauf, dass neben der wirtschaftlichen auch die *persönliche Hilfe* zu gewährleisten ist. In minimalem Umfang ergibt sich der Anspruch auf persönliche Hilfe jedoch bereits aus Art. 12 BV, wo neben den Mitteln für ein menschenwürdiges Dasein auch der Anspruch auf Hilfe und Betreuung erwähnt wird[38]. Zudem lassen sich den Materialien keine Anhaltspunkte dafür entnehmen, dass künftig keine persönliche Hilfe mehr angeboten werden soll, zumal diese einen unabdingbaren Teil wirkungsorientierter Sozialhilfe darstellt[39].

3.3. Existenzsichernde Mittel

11 Ziel der Sozialhilfe ist die Absicherung des «sozialen Existenzminimums»[40]. Dieses liegt höher als das im Rahmen von Art. 12 BV gewährleistete absolute Existenzminimum[41]. Bereits aus dem Titel von Art. 111 (Sozialhilfe) wird ersichtlich, dass auch im Kanton Zürich das in der Sozialhilfe übliche soziale Existenzminimum anzustreben ist[42].

12 Mit den Leistungen der Sozialhilfe soll für die unterstützten Personen der gesellschaftliche Anschluss hergestellt oder erhalten und jede Stigmatisierung vermieden werden[43]. Zu sorgen ist damit für eine zwar bescheidene, jedoch dem

---

[32] D.h., die Notlage bestimmt sich im Verhältnis zu den als existenzsichernd betrachteten Mitteln; dazu N. 11 ff.
[33] Vgl. etwa § 14 SHG.
[34] WOLFFERS, S. 124; vgl. auch AMSTUTZ, S. 163 ff.
[35] Eine solche liegt etwa laut § 10 Abs. 2 SHV vor, wenn sich jemand im praktischen Leben oder im seelisch-geistigen Bereich nicht zurechtfindet.
[36] Persönliche Hilfe wird von spezialisierten Beratungs- und Betreuungsstellen erbracht; vgl. z.B. §§ 12 f. SHG.
[37] Vgl. dazu N. 1 Anm. 3.
[38] AMSTUTZ, S. 256 ff.; BIGLER-EGGENBERGER, St.Galler Kommentar, Art. 12 Rz. 24; THÖNY, Art. 86 N. 10.
[39] SKOS-Richtlinien, A 3–2; AMSTUTZ, S. 163.
[40] Vgl. § 15 SHG; GYSIN, S. 110, 128 ff.; JAAG, Rz. 4314; WOLFFERS, S. 134 ff.
[41] SKOS-Richtlinien, A 3–1; TSCHUDI, S. 130 f.
[42] Vgl. auch Prot. K4 vom 28. März 2002, S. 237.
[43] Vgl. etwa EICHENBERGER, § 39 N. 1; THÖNY, Art. 86 N. 8; WOLFFERS, S. 135.

allgemein üblichen Lebenshaltungsniveau angepasste Sicherung[44]. Dass auch der überwiegenden Mehrheit im Verfassungsrat daran gelegen war, jede soziale Ausgrenzung zu vermeiden, ergibt sich aus den Voten gegen den Antrag, Sozialhilfeleistungen vorwiegend in Form von Sach- und Dienstleistungen erbringen zu lassen[45].

Neben einer materiellen Grundausstattung (persönliche Gegenstände, Mobiliar etc.) gehören die Wohnkosten[46], die medizinische Grundversorgung[47] sowie der Grundbedarf für den übrigen Lebensunterhalt zum Existenzminimum[48]. Das soziale Existenzminimum umfasst dabei – dem Integrationsziel entsprechend – auch Leistungen, die den Betroffenen in bescheidenem Umfang gesellschaftliche und kulturelle Kontakte ermöglichen, sowie gewisse situationsbedingte Leistungen.   13

Massstäbe für die Bemessung der materiellen Sozialhilfeleistungen stellen etwa die SKOS-Richtlinien auf, die jedoch nur dann direkt angewendet werden, wenn die kantonale Gesetzgebung dies vorsieht[49]. Zudem sind diese Richtlinien nicht in allen denkbaren Notlagen anwendbar[50].   14

3.4. Aufgabenerfüllung

Kanton und Gemeinden haben für die in Abs. 1 umschriebene Hilfe zu sorgen[51]. Damit steht es dem Gemeinwesen frei, die entsprechende Hilfe entweder selbst anzubieten oder die Aufgabe an eine öffentlichrechtliche, eine gemischtwirtschaftliche oder eine privatrechtliche Körperschaft mit Leistungsauftrag, Globalbudget und Qualitätssicherung zu delegieren[52]. Die Zusammenarbeit mit Einrichtungen der privaten Wohlfahrtspflege hat im Bereich der Sozialhilfe eine   15

---

[44] Gysin, S. 128; Wolffers, S. 135 f.
[45] Dazu N. 3; vgl. Prot. Plenum, S. 1495 ff. Im geltenden Recht gilt das Prinzip, dass wirtschaftliche Hilfe grundsätzlich in der Form von Bargeld ausgerichtet wird (§ 16 Abs. 1 SHG).
[46] In Abs. 1 wird lediglich ein «Obdach» erwähnt. Damit ist nach gängigem Sprachgebrauch weniger gemeint als eine Wohnung. Ein Obdach kann auch eine Notunterkunft in einer Baracke sein (vgl. Bolz, Art. 29 N. 7). Entsprechend den Zielen der Sozialhilfe dürfte eine solche Unterbringung indes nur für Übergangslösungen angemessen sein. Nicht unterschritten werden darf der Standard, der in Art. 12 BV an ein menschenwürdiges Obdach gestellt wird; eingehend dazu Amstutz, S. 212 ff.
[47] Dieser wird in der Regel durch die Übernahme der Prämien und Selbstbehalte für die obligatorische Krankenversicherung sowie die zusätzliche Vergütung von elementaren zahnärztlichen Leistungen gewährleistet (vgl. SKOS-Richtlinien, B 4–1 ff.). Zum Anspruch im Rahmen von Art. 12 BV Amstutz, S. 236 ff.; Gächter, Solidarität, S. 478 ff.; Gysin, S. 234 f.
[48] Gysin, S. 230 ff.; Übersicht in SKOS-Richtlinien, A 6–3.
[49] Vgl. § 17 SHV.
[50] Die Unterstützungsbudgets gelten für längerfristig unterstütze Personen, die in Privathaushaltungen leben und fähig sind, den damit verbundenen Verpflichtungen nachzukommen. Vorbehalten bleiben kurzfristige Unterstützungen mit Überbrückungscharakter (SKOS-Richtlinien, A 6–2).
[51] Nach geltendem Recht wird die Sozialhilfe grundsätzlich von den Gemeinden getragen, wobei ihnen der Kanton ihre beitragspflichtigen Ausgaben bis zur Hälfte ersetzt (§ 1 und § 45 SHG).
[52] Sobotich, Vorb. zu Art. 95–121 N. 12.

lange Tradition[53], mit der nicht gebrochen werden soll[54]. Zumindest im Rahmen von Art. 12 BV bleibt letztlich aber stets das Gemeinwesen Garant für die entsprechenden Leistungen[55].

16 Misst man das geltende Zürcher Sozialhilferecht an den in Abs. 1 formulierten Anforderungen, so vermag es diesen zu genügen.

4. Wiedereingliederung Erwerbsloser (Abs. 2)

4.1. Verhältnis zu Arbeitslosen- und Invalidenversicherung

17 Die Wiedereingliederung Erwerbsloser bildet ein gemeinsames Ziel der Arbeitslosenversicherung, der Invalidenversicherung und der Sozialhilfe[56]. Da für die Leistungen der Bundessozialversicherungen spezifische Anforderungen erfüllt sein müssen[57], kann es vorkommen, dass Eingliederungsbedürftige keine Eingliederungsleistungen von diesen erhalten. In diesen Fällen ist die kantonale Sozialhilfe gefordert, mit geeigneten Massnahmen die Eingliederung dennoch zu gewährleisten. Der Kreis der Personen, die mit kantonalen Massnahmen eingegliedert werden sollen, ist komplementär (d.h. subsidiär) zum Kreis der Personen, die entsprechende Leistungen der Sozialversicherungen beanspruchen können[58].

18 Während die Integrationsleistungen im Arbeitslosen- und Invalidenversicherungsrecht ausdrücklich vorgesehen sind, fehlt es in den Kantonen häufig an entsprechenden Grundlagen für flächendeckende Eingliederungsleistungen für Sozialhilfebedürftige[59]. Gerade im Hinblick auf die Veränderungen der letzten Jahre (v.a. die stark steigende Zahl der von der Sozialhilfe unterstützten Personen) wurden die Eingliederungsaufgaben der Sozialhilfe in den Vordergrund gerückt[60]. Durch wirkungsvolle Angebote zur Wiedereingliederung, die mit entsprechenden Anreizen für die Bedürftigen gekoppelt werden, soll die Integration verbessert werden. Im Verfassungstext werden diese Entwicklungen aufgegriffen.

---

[53] WOLFFERS, S. 63 ff.
[54] Vgl. § 7 Abs. 3, § 13 lit. c und § 46 SHG.
[55] Zum Beispiel WALDMANN, S. 359.
[56] Vgl. SKOS-Richtlinien, A 2-2.
[57] Vgl. zu den Leistungsvoraussetzungen für arbeitsmarktliche Massnahmen LEU, S. 37 ff.; vgl. auch Art. 8 ff. IVG.
[58] Dies wurde im Verfassungsrat gelegentlich verkannt (vgl. Prot. Plenum, S. 1496, 2296 [43. Sitzung]), jedoch geklärt (Prot. Plenum, S. 2300 [43. Sitzung]).
[59] Vgl. aber immerhin das Kapitel D der SKOS-Richtlinien.
[60] SKOS-Richtlinien, D 1-1 f.; PFIFFNER RAUBER, S. 61 f.

Angesprochen werden in Abs. 2 nur Massnahmen für Personen, deren ganze oder teilweise Wiedereingliederung in den Arbeitsprozess möglich erscheint. Die Gruppe dieser Personen ist zwar nicht klein (z.B. ausgesteuerte Arbeitslose, Teilinvalide, die für ihre verbleibende Erwerbsfähigkeit auf dem Arbeitsmarkt keine Stelle finden, etc.), darf aber auch nicht überschätzt werden[61].

4.2. Umsetzung

Zur Umsetzung der in Abs. 2 formulierten Zielsetzungen ist einerseits eine Grundlage für ein flächendeckendes Angebot von beruflichen Umschulungs- und Weiterbildungsmassnahmen zu schaffen, das dem Wiedereingliederungsziel wirkungsvoll dient. Zudem sind die Massnahmen der kantonalen und kommunalen Amtsstellen sinnvoll mit den vom Bundessozialversicherungsrecht gewährleisteten Eingliederungsleistungen zu koordinieren[62]; dies nicht zuletzt im Interesse einer wirkungsvollen und wirtschaftlichen Erfüllung der öffentlichen Aufgaben (Art. 95 Abs. 2).

In den Änderungen des Sozialhilfegesetzes vom 19. März 2007 sind entsprechende Anpassungen vorgesehen[63]: Die Förderung der Eingliederung wird ausdrücklich im Gesetz konkretisiert[64]. Zudem sollen die Gemeinden von Sozialhilfeempfängern Gegenleistungen zur Sozialhilfe verlangen können, die nach Möglichkeit der Integration der Hilfeempfänger in die Gesellschaft dienen[65]. Weiter wird die Zusammenarbeit der Sozialhilfeorgane mit anderen Institutionen, die Integrationsleistungen anbieten, vorgeschrieben (Interinstitutionelle Zusammenarbeit)[66]. Die bislang – auf kantonaler Seite[67] – eher informell gepflegte Interinstitutionelle Zusammenarbeit wird damit gesetzlich verankert, was zu begrüssen ist[68].

---

[61] Vgl. Handbuch IIZ, Ziff. 4.1.
[62] Zum Beispiel Leu, S. 219 ff.
[63] ABl 2007, S. 447 ff.
[64] § 3a SHG (Fassung vom 19. März 2007).
[65] § 3b SHG (Fassung vom 19. März 2007). Vgl. zu den verfassungsrechtlichen Schranken solcher Gegenleistungspflichten: Pärli, Modelle, S. 49 ff.
[66] § 3c SHG (Fassung vom 19. März 2007).
[67] Entsprechende Normen bestehen jedoch bereits im Bundesrecht. Vgl. dazu Art. 85f AVIG, Art. 68bis IVG und Art. 35 des Bundesgesetzes über die Arbeitsvermittlung und den Personalverleih vom 6. Oktober 1989 (SR 823.11). Zum Ganzen: Gächter, IIZ, S. 604 ff.
[68] Vgl. Gächter, IIZ, S. 597, 600 ff., 617 f.

5. Förderung der Hilfe zur Selbsthilfe (Abs. 3)

22 Selbsthilfe sowie Hilfe zur Selbsthilfe sind Ausprägungen des Subsidiaritätsgedankens. Bereits im Grundlagenteil der Verfassung (Art. 5 Abs. 2 Satz 2) werden Kanton und Gemeinden verpflichtet, die Hilfe zur Selbsthilfe zu fördern. Auch wenn man bezweifeln kann, dass Art. 5 Abs. 2 Satz 2 eine über Art. 5 Abs. 1 hinausgehende Bedeutung zukommt[69], bringt das Konzept der Hilfe zur Selbsthilfe einen Gedanken zum Ausdruck, der bereits in der alten Kantonsverfassung verankert war[70] und sich auch im Sozialhilferecht findet[71].

23 Abs. 3 konkretisiert dieses allgemeine Gebot in Bezug auf die Bekämpfung von sozialer Not und Armut[72]. Im Rahmen des Sozialhilferechts verpflichtet der Grundsatz der Selbsthilfe die hilfesuchende Person, alles Zumutbare zu unternehmen, um eine Notlage aus eigenen Kräften abzuwenden oder zu beheben[73]. Aus der Formulierung von Abs. 3 wird indes deutlich, dass nicht nur diese individuelle Hilfe zur Selbsthilfe zu fördern ist[74]. Vielmehr sollen Kanton und Gemeinden private Vereinigungen oder Organisationen unterstützen, die in grösserem Rahmen – beispielsweise durch das Angebot von Hilfsnetzwerken, von sozialer Beratung oder von konkreter Hilfe im Einzelfall – die kollektive Selbsthilfe tragen. Der Grundgedanke von Abs. 3 liegt damit näher bei Art. 23 aKV, der dem Staat die Förderung des «auf Selbsthilfe beruhenden Genossenschaftswesens» auftrug, als beim sozialhilferechtlichen Grundsatz der Selbsthilfe.

24 Zudem ist Abs. 3 vom Präventionsgedanken geprägt, der den Aufgabenkatalog der Verfassung durchzieht[75]: Durch die Bekämpfung von sozialer Not und Armut soll die Ursache der Sozialhilfebedürftigkeit im Sinn von Abs. 1 beseitigt werden, was für die Kantonseinwohnerinnen und Kantonseinwohner ebenso vorteilhaft ist wie für den öffentlichen Finanzhaushalt. Von diesem Gedanken ist auch der neu formulierte § 1 Abs. 2 SHG durchdrungen, der eine genügende gesetzliche Grundlage für präventive Massnahmen bildet, die über den Einzelfall hinausgehen[76].

---

[69] So A. MÜLLER, Art. 5 N. 18.
[70] Art. 23 aKV. Vgl. zur Geschichte dieser Bestimmung und ihrer damals sehr weit gehenden Interpretation: KÖLZ, S. 59 ff.
[71] § 3 Abs. 2 SHG; vgl. auch WOLFFERS, S. 71 f.; SKOS-Richtlinien, A 1–1, A 4–2, D 2–3. Skeptisch zum Selbsthilfeprinzip, das in Widerspruch zum Finalitätsprinzip geraten könnte: COULLERY, S. 78.
[72] Vgl. zum Konzept von Prinzip und Konkretisierung A. MÜLLER, Art. 5 N. 3.
[73] WOLFFERS, S. 71; SKOS-Richtlinien, A 4–2.
[74] «Soziale» Not und Armut sind Probleme, die sich auf die gesamte Gesellschaft oder eine Vielzahl von Betroffenen beziehen.
[75] Vgl. etwa Art. 112 lit. a und b (dazu Art. 112 N. 7 f., 11) oder Art. 113 Abs. 2. Vgl. auch Prot. Plenum, S. 1495, 1498 f., 2299 ff., 2691.
[76] ABl 2007, S. 447. Der regierungsrätlichen Weisung zur neuen Bestimmung lässt sich entnehmen, dass entsprechende Präventionsmassnahmen im Arbeits-, Schul-, Wohn- und Freizeitbereich angesiedelt sein oder auch in gezielter Informationstätigkeit bestehen könnten (ABl 2006, S. 1108).

Art. 112[*]

Kanton und Gemeinden fördern in Zusammenarbeit mit Privaten:
a) die Familie als Gemeinschaft von Erwachsenen und Kindern;
b) den Schutz der Kinder und Jugendlichen und ihre Integration in die Gesellschaft;
c) die Lebensqualität der Menschen im Alter.

Familie, Jugend und Alter

Materialien

Art. 123 und 124 VE; Prot. Plenum, S. 169, 1509 ff., 2294 ff. (43. Sitzung), 2309 ff. (43. Sitzung), 2694 ff.

Literatur

BALMER RENÉ, Die Zusatzleistungen zur AHV/IV in der Stadt Zürich, in: Sozialdepartement der Stadt Zürich (Hrsg.), Jetzt reicht es, Leben mit Zusatzleistungen zur AHV/IV in der Stadt Zürich, Zürich 2005, S. 79 ff.; BAUER TOBIAS/STRUB SILVIA/STUTZ HEIDI, Familien, Geld und Politik. Von den Anforderungen an eine kohärente Familienpolitik zu einem familienpolitischen Dreisäulenmodell für die Schweiz, Zürich/Chur 2004; BIAGGINI GIOVANNI, Wie sind Kinderrechte in der Schweiz geschützt? – Tragweite, Umsetzung und Durchsetzung des Übereinkommens in der Schweiz, Bedeutung des «Kinderschutz-Artikels» (Art. 11) der neuen Bundesverfassung, in: Regula Gerber Jenni/Christina Hausammann (Hrsg.), Die Rechte des Kindes, Basel/Genf/München 2001, S. 25 ff.; BIGLER-EGGENBERGER MARGRITH, St.Galler Kommentar, Art. 41; BOLZ URS, Art. 29, in: Kälin/Bolz; BINDER HANS-MARTIN/KÜBLER DANIEL/FURRER CORNELIA/BIERI OLIVER/HELBLING MARC/MAGGI JENNY, Familienpolitik auf kantonaler und kommunaler Ebene, in: Beiträge zur sozialen Sicherheit, Forschungsbericht 9/04, Bern 2004; CARIGIET ERWIN, Gesellschaftliche Solidarität. Prinzipien, Perspektiven und Weiterentwicklung der sozialen Sicherheit, Basel/Genf/München 2006; DUBACH RETO, Art. 14, in: Dubach/Marti/Spahn, S. 59 f.; EICHENBERGER, § 38; FAMILIENBERICHT 2004, Strukturelle Anforderungen an eine bedürfnisgerechte Familienpolitik, hrsg. vom Eidgenössischen Departement des Innern, Bern 2004; JAAG, Rz. 4317 ff., 4330 ff.; KOCH UWE, Die Zusatzleistungen zur AHV/IV in der Stadt Zürich, in: Sozialdepartement der Stadt Zürich (Hrsg.), Jetzt reicht es, Leben mit Zusatzleistungen zur AHV/IV in der Stadt Zürich, Zürich 2005, S. 94 ff.; MADER LUZIUS, St.Galler Kommentar, Art. 116; MAHON PASCAL, Art. 11, 41, 67, 116, in: Aubert/Mahon; PFIFFNER RAUBER BRIGITTE, Soziale Sicherheit im Kanton Zürich, in: Materialien zur Zürcher Verfassungsreform, Bd. 6, S. 49 ff.; REUSSER RUTH/LÜSCHER KURT, St.Galler Kommentar, Art. 11; RHINOW, Rz. 1217 ff.; RHINOW RENÉ, Wirtschafts-, Sozial- und Arbeitsverfassung, in: Ulrich Zimmerli (Hrsg.), Die neue Bundesverfassung, Bern 2000, S. 157 ff. (Sozialverfassung); SCHMID GERHARD/SCHOTT MARKUS, St.Galler Kommentar, Art. 67; SCHWAB DIETER, Selbstbestimmung im Alter, ZBJV 142/2006, S. 561 ff.; SOBOTICH VIVIANE, Chancengleichheit als tragendes Prinzip, in: Materialien zur Zürcher Verfassungsreform, Bd. 9, S. 31 ff.; THÖNY CHRISTIAN, Verfassung des Kantons Graubünden, Art. 86.

---

[*] Ich danke Frau lic. iur. Petra Gössi für die Zusammenstellung des verarbeiteten Materials.

Rechtsquellen

- Art. 24 des Internationalen Pakts über bürgerliche und politische Rechte vom 16. Dezember 1966 (UNO-Pakt II; SR 0.103.2)
- Übereinkommen über die Rechte des Kindes vom 20. November 1989 (UN-KRK; SR 0.107)
- Art. 11, 41, 67, 116 BV
- Art. 19, 114 KV
- Gesetz über die Zusatzleistungen zur eidgenössischen Alters-, Hinterlassenen- und Invalidenversicherung vom 7. Februar 1971 (Zusatzleistungsgesetz; LS 831.3)
- Gesetz über die Jugendhilfe vom 14. Juni 1981 (Jugendhilfegesetz; LS 852.1)

Übersicht Note

1. Einleitung 1
   1.1. Familie, Jugend und Alter 1
   1.2. Entstehungsgeschichte 3
   1.3. Erfüllungsintensität 5
2. Familie als Gemeinschaft von Erwachsenen und Kindern (lit. a) 6
   2.1. Familienbegriff 6
   2.2. Auswirkungen 8
3. Schutz und Integration von Kindern und Jugendlichen (lit. b) 9
   3.1. Schutz von Kindern und Jugendlichen 9
   3.2. Integration von Kindern und Jugendlichen 12
4. Lebensqualität der Menschen im Alter (lit. c) 14
   4.1. Lebensqualität im Alter 14
   4.2. Wirkungen 16

1. Einleitung

1.1. Familie, Jugend und Alter

1 Der thematische Zusammenhang zwischen Familie, Jugend und Alter besteht – wie sich aus verschiedenen Voten im Verfassungsrat ergibt[1] – in einer Art gesellschaftspolitischem Dreisäulenprinzip oder einem Generationenvertrag zwischen drei bedeutenden gesellschaftlichen Segmenten: den Familien, den Kindern und Jugendlichen sowie den älteren Menschen. Die angemessene Berücksichtigung und Unterstützung dieser Gruppen soll auch zur Vermeidung von Generationenkonflikten beitragen[2].

2 Zwischen Art. 112 und den Sozialzielen in Art. 19 Abs. 1 und 2 besteht ein enger inhaltlicher Zusammenhang. In der Form der Aufgabennormen sollen die «Verheissungen»[3] der Sozialziele konkreter sichtbar gemacht und verbindlich

---

[1] Prot. Plenum, S. 2697 f., 2304 ff., 2307 f., 2311 f. (43. Sitzung).
[2] Prot. Plenum, S. 2698.
[3] RHINOW, Sozialverfassung, S. 171 ff., zu den Sozialzielen und den anderen programmatischen Normen der Bundesverfassung.

angegangen werden⁴. Die Aufgabenumschreibung geht jedoch beim Schutz der Familie⁵ sowie beim Schutz der Kinder und Jugendlichen⁶ inhaltlich nicht über die völker- und bundesrechtlichen Vorgaben hinaus. In diesen Bereichen dient die Norm in erster Linie der Setzung eines sozialpolitischen Akzents. Konkretisierende und damit eigenständige Bedeutung kommt hingegen den Aussagen zur Integration von Kindern und Jugendlichen sowie zur Lebensqualität der Menschen im Alter zu.

1.2. Entstehungsgeschichte

Im Entwurf der Kommission 4 waren bereits die Familienförderung sowie der Integrationsauftrag für Kinder und Jugendliche enthalten. Zusätzlich sah der Entwurf vor, dass der Kanton für eine bedarfsgerechte regionale Jugend- und Familienhilfe sowie für eine Mutterschaftsversicherung⁷ sorgen müsse⁸. Während sich die beiden zuletzt genannten Aufgabennormen im definitiven Verfassungstext nicht mehr finden⁹, wurde – in der 1. Gesamtlesung – das Thema Alter gesondert aufgegriffen¹⁰. Aufgrund eines Antrags der FDP-Fraktion fand die Formulierung, die sich heute in lit. c findet und sich am Entwurf zur basel-städtischen Verfassung orientierte¹¹, zunächst als eigenständiger Artikel¹² Eingang in den Verfassungstext¹³. Im Hinblick auf die Gesamtkonzeption von Art. 112¹⁴ wurden die Artikel für die 2. Gesamtlesung in einer einzigen Norm zusammengefasst¹⁵.

---

4 Vgl. Prot. Plenum, S. 1520 f.
5 Art. 14, 41 Abs. 1 lit. c und Art. 116 BV, wobei die letztgenannte Norm nur den Bund bindet.
6 Art. 8 Abs. 2, 11, 41 Abs. 1 lit. f und g, Art. 67 BV; Art. 24 UNO-Pakt II; UN-KRK. Vgl. zum Ganzen auch BIAGGINI, S. 50 ff.; RHINOW, Rz. 1217 ff.
7 Vgl. auch Art. 19 N. 16.
8 Prot. Plenum, S. 1509.
9 Die Bestimmung zur Mutterschaftsversicherung wurde, nachdem sie im Plenum eine Mehrheit gefunden hatte (Prot. Plenum, S. 1521), von der Sachkommission gestrichen (Prot. K4 vom 5. Februar 2004, S. 337). Der eigenständige Absatz zur Jugend- und Familienhilfe entfiel im Rahmen der Zusammenlegung von Art. 123 und 123 VE, was nach dem ausdrücklichen Willen der Kommission 4 jedoch keine materielle Änderung bedeute (Prot. K4 vom 5. Februar 2004, S. 337).
10 Im Entwurf der Kommission 4 wurde auf die besondere Problematik des Alters immerhin im Zusammenhang mit der Sozialhilfe eingegangen, siehe Vorlage K4 vom 5. September 2002, S. 11.
11 Prot. Plenum, S. 2306 (43. Sitzung); vgl. die definitive Fassung in § 14 lit. c KV BS.
12 Art. 123 VE.
13 Prot. Plenum, S. 2294 ff. (43. Sitzung).
14 Dazu N. 1 f.
15 Prot. Plenum, S. 2694 ff.

4   Mit einer Aufgabennorm zu den Themenbereichen Familie, Jugend und Alter setzt die Zürcher Verfassung ähnliche Schwerpunkte, wie sie auch in anderen neueren Kantonsverfassungen anzutreffen sind[16].

1.3. Erfüllungsintensität

5   Mit der Formulierung «fördern» werden die Aufgaben bezeichnet, die der Staat unterstützen soll, indem er Körperschaften einmalige oder wiederkehrende Beiträge unter absichernden Bedingungen ausrichtet[17]. Abweichend von diesem terminologischen Konzept wird im Ingress ausdrücklich auf die Zusammenarbeit mit Privaten eingegangen, womit auf zahlreiche Vernehmlassungseingaben privater Organisationen Rücksicht genommen wird[18]. Es soll verdeutlicht werden, dass keine Abkehr vom häufig praktizierten Modell der staatlichen Unterstützung privater Initiativen beabsichtigt ist[19] und die privaten Organisationen auch weiterhin eine bedeutende Rolle in den Aufgabenbereichen von Art. 112 spielen werden.

2. Familie als Gemeinschaft von Erwachsenen und Kindern (lit. a)

2.1. Familienbegriff

6   Bewusst wird im Verfassungstext der «offenere»[20] Familienbegriff verwendet, der sich auch in Art. 41 Abs. 1 lit. c BV[21] findet. Die Familie wird nicht mehr (nur) als Kernfamilie von Eltern und minderjährigen Kindern verstanden, wodurch auch andere Formen familiären Zusammenlebens in den Anwendungsbereich von lit. a fallen. Von konservativen Kräften im Verfassungsrat wurde die Bestimmung denn auch deshalb bekämpft, weil sie ein Familienbild zu verfestigen drohe, das nicht schützenswert sei[22]. Zu beachten ist indes, dass nach dem klaren Wortlaut von lit. a die Familie «als Gemeinschaft von Erwachsenen und Kindern» geschützt wird, d.h., der Familienbegriff wird eigentlich nicht geöffnet, sondern auf die zentrale Beziehung zwischen Erwachsenen und Kindern,

---

[16] Vgl. Prot. Plenum, S. 1510, insbesondere mit Hinweis auf Art. 41 KV AR, § 107 KV BL und Art. 75 Abs. 1 KV GR; vgl. auch die beispielhaft klaren Familien- und Jugendschutzbestimmungen in Art. 59 ff. KV FR.

[17] SOBOTICH, Vorb. zu Art. 95–121 N. 12.

[18] Prot. Plenum, S. 2695.

[19] Vgl. auch Art. 5 Abs. 2 KV; ferner etwa § 3 Satz 2 und § 28 Jugendhilfegesetz.

[20] Prot. Plenum, S. 2697. So etwa auch im Kanton Graubünden, siehe THÖNY, Art. 88 N. 8.

[21] Zudem liegt auch Art. 116 BV dieser Familienbegriff zugrunde; MADER, St.Galler Kommentar, Art. 116 Rz. 4.; MAHON, Art. 116 N. 8.

[22] Siehe etwa die entsprechenden Voten der Vertreterin der SVP-Fraktion in Prot. Plenum, S. 1510 f.

in der Regel also zwischen einem oder beiden Elternteilen und den minderjährigen[23] Kindern, reduziert[24]. Damit rückt der Schutz der Kinder in den Vordergrund, nicht der Schutz einer «traditionellen» oder einer anderen Familienform. Es soll nicht eine bestimmte Familienform geschützt, sondern die Schlechterbehandlung der einen oder anderen Familienform verhindert werden, soweit eine solche zu Lasten der Kinder geht[25].

Für die Entwicklung der Kinder ist es von zentraler Bedeutung, auf verlässliche erwachsene Bezugspersonen zählen zu können[26]. Es übersteigt zwar die Möglichkeiten des Staates, für positive menschliche Beziehungen innerhalb des privaten Familienlebens zu sorgen, was von der Gegnerschaft dieser Bestimmung zu Recht vorgebracht wurde[27]. Gleichwohl kann es als Aufgabe des Staates begriffen werden, die für die Entwicklung der Kinder zentralen menschlichen Beziehungen präventiv von gewissen Problemen (z.B. Finanz- oder Betreuungsproblemen) zu entlasten oder vor Gefahren (Überforderung der Eltern, Beratung in familiären Krisenfällen) zu schützen[28]. Im Verfassungsrat wurde denn auch nachdrücklich auf das bereits heute dichte Netz präventiver Hilfsangebote hingewiesen, das letztlich dem Schutz der Gemeinschaft von Erwachsenen und Kindern dient[29].

2.2. Auswirkungen

Der Familienschutz ist auf Bundesebene in jüngster Zeit verfestigt worden[30]. Seit den Debatten im Verfassungsrat wurde eine Mutterschaftsversicherung geschaffen[31] und ein Familienzulagengesetz angenommen[32], das Mindestzulagen vorsieht, die über dem gegenwärtigen Zürcher Standard liegen. Auch in anderen Bereichen, etwa bei den Prämienentlastungen für Kinder in der sozialen Krankenpflegeversicherung[33], sind deutliche Tendenzen des Familienschutzes

---

[23] Da von Erwachsenen und Kindern die Rede ist, dürften im Rahmen von lit. a die minderjährigen Kinder angesprochen sein.
[24] Der Schutz oder die Förderung bestimmter Formen des Zusammenlebens, die keinen Bezug zu Kindern haben, wird durch andere Verfassungsnormen gewährleistet. Vgl. etwa Art. 11 Abs. 1 und Art. 13.
[25] Vgl. CARIGIET, S. 198.
[26] Prot. Plenum, S. 1518 f.
[27] Prot. Plenum, S. 2310 (43. Sitzung).
[28] Vgl. Prot. Plenum, S. 2312 (43. Sitzung).
[29] Prot. Plenum, S. 1513 ff., 1519 f.; vgl. auch die Bestandesaufnahme bei BINDER/KÜBLER/FURRER/BIERI/HELBLING/MAGGI, S. 15 ff.
[30] Siehe zu den Tendenzen FAMILIENBERICHT 2004, S. 108 ff.
[31] Art. 16b ff. des Bundesgesetzes über den Erwerbsersatz für Dienstleistende und bei Mutterschaft vom 25. September 1952 (EOG; SR 834.1), in Kraft seit 1. Juli 2005.
[32] Bundesgesetz über die Familienzulagen (FamZG; BBl 2006, S. 3515 ff., SR 836.2), deutlich angenommen in der Referendumsabstimmung vom 26. November 2006, voraussichtlich in Kraft ab 1. Januar 2009.
[33] Zum Beispiel Art. 65 Abs. 1bis des Krankenversicherungsgesetzes vom 18. März 1994 (KVG; SR 832.10).

erkennbar[34]. Gleichwohl verbleibt dem Kanton ein erheblicher Gestaltungsspielraum, den er zum Schutz der Familien ausschöpfen kann[35]. Auswirkungen könnte lit. a einerseits im Zusammenhang mit der Ausgestaltung von Schulstrukturen und den Entlastungen für Familien im Steuersystem haben[36]. Vor allem aber sollte die kantonale Politik – ähnlich wie die Bundespolitik der letzten Jahre – zu einer aktiven Familienpolitik übergehen und geplante Erlasse einer «Familienverträglichkeitsprüfung» unterziehen[37]. Von besonderer Bedeutung dürften auch weiterhin die verschiedenen Beratungsangebote sein, die den präventiven Schutz der Familie gewährleisten[38].

3. Schutz und Integration von Kindern und Jugendlichen (lit. b)

3.1. Schutz von Kindern und Jugendlichen

9   Nicht zuletzt durch die Ratifikation der UNO-Kinderrechtskonvention besteht heute auf allen staatlichen Handlungsebenen eine erhöhte Sensibilität für die spezifischen Anliegen von Kindern und Jugendlichen[39]. Die zentrale Bedeutung der Kindheit als eigenständige Lebensphase, die für die Entfaltung der Persönlichkeit von grosser Tragweite ist, steht heute ausser Zweifel[40]. Mit einem deutlichen Schutzauftrag für Kinder und Jugendliche sollte die Wichtigkeit dieses Anliegens unterstrichen werden[41]. Es ist zudem ein zentrales Postulat der Chancengleichheit, dass allen Kindern, unabhängig von Geschlecht und Herkunft, vergleichbare Entfaltungsmöglichkeiten eröffnet werden sollen[42].

10 Terminologisch orientiert sich lit. b an Art. 11 Abs. 1 BV[43]. Im Rahmen von Art. 11 Abs. 1 BV sind als Kinder und Jugendliche Minderjährige im Sinn von Art. 14 ZGB zu verstehen, d.h. Kinder im Sinn des Kindesrechts des ZGB, die das 18. Altersjahr noch nicht vollendet haben[44]. Es ist nicht erkennbar, dass dem Begriff im Verfassungsrat eine andere Bedeutung beigemessen wurde. Der Dop-

---

[34] Vgl. zum noch weiter gehenden familienpolitischen Dreisäulenmodell (Basissicherung, Ergänzungsleistungen, Infrastruktur für bessere Vereinbarkeit von Beruf und Familie) BAUER/STRUB/STUTZ, S. 209 ff.
[35] Vgl. FAMILIENBERICHT 2004, S. 140 ff.; THÖNY, Art. 88 N. 14 ff.
[36] Vgl. Prot. Plenum, S. 1513; ferner EICHENBERGER, § 38 N. 1.
[37] Prot. Plenum, S. 1513, 1519 f.
[38] Prot. Plenum, S. 1519 f.
[39] Vgl. auch Art. 24 UNO-Pakt II.
[40] Vgl. etwa REUSSER/LÜSCHER, St.Galler Kommentar, Art. 11 Rz. 6.
[41] Prot. Plenum, S. 2312 ff. (43. Sitzung); vgl. auch Art. 19, 24, 27 UN-KRK.
[42] CARIGIET, S. 197; REUSSER/LÜSCHER, St.Galler Kommentar, Art. 11 Rz. 6; SOBOTICH, S. 45.
[43] Siehe auch dieselbe Terminologie in Art. 41 Abs. 1 lit. g BV sowie in § 1 Jugendhilfegesetz.
[44] REUSSER/LÜSCHER, St.Galler Kommentar, Art. 11 Rz. 7; MAHON, Art. 11 N. 3. Vgl. auch Art. 1 UN-KRK.

pelbegriff bringt indes zum Ausdruck, dass der Schutz der Kinder und Jugendlichen altersadäquat zu gewährleisten ist.

Es lässt sich nicht abschliessend aufzählen, welche Schutzmassnahmen im Rahmen von lit. b zu ergreifen sind[45], da Jugendschutz als ausgeprägte Querschnittsaufgabe zu verstehen ist[46]. In erster Linie ist an sämtliche Schutzvorkehrungen zu denken, die der speziellen Verletzlichkeit der sich entwickelnden Kinder und Jugendlichen angepasst sind[47]. Das Spektrum möglicher Massnahmen reicht von Beratungsangeboten über spezielle Massnahmen zum Schutz von Kindern gegen Gewalt und sexuelle Übergriffe bis hin zu optimierten Betreuungsstrukturen für Kinder berufstätiger Eltern[48]. Auch die wirtschaftlichen Beihilfen[49], die in der Form von Familienzulagen[50], Sicherung und Bevorschussung von Unterhaltsansprüchen[51] oder Beiträgen für die Kleinkinderbetreuung[52] gewährt werden, dienen letztlich dem Schutz der Entwicklung der Kinder.

3.2. Integration von Kindern und Jugendlichen

Die Integration von Kindern und Jugendlichen in die Gesellschaft scheint auf den ersten Blick in einem engen Zusammenhang mit Art. 114 zu stehen, was für die Integration ausländischer Kinder und Jugendlicher (auch) zutreffend ist. Anzustreben ist indes die Integration sämtlicher Kinder und Jugendlicher, und zwar im sozialen, kulturellen und politischen Bereich (Art. 41 Abs. 1 lit. g BV). Der Schutzauftrag des ersten Satzteils von lit. b wird um eine aktivierende Komponente erweitert: Da es für die Entwicklung der Persönlichkeit von Kindern und Jugendlichen von entscheidender Bedeutung ist, wie sie den Umgang mit der Gesellschaft erlernen und in welcher Weise sie Zugang zu gesellschaftlichen Strukturen finden, soll ihnen mit geeigneten Mitteln die Integration ermöglicht oder erleichtert werden[53].

Der Integrationsgedanke unterstreicht damit den Gemeinschaftsbezug der menschlichen Existenz, dient aber auch der Herstellung der Chancengleichheit für sämtliche Kinder und Jugendlichen, unabhängig von ihrer Herkunft oder sozialen Stellung[54]. Schliesslich ist das Integrationsziel im Zusammenhang mit dem

---

[45] Vgl. zur parallelen Problematik der Konkretisierung von Art. 41 Abs. 1 lit. g BV BIGLER-EGGENBERGER, St.Galler Kommentar, Art. 41 Rz. 82. Siehe auch BOLZ, Art. 29 N. 10.
[46] Zum Beispiel SCHMID/SCHOTT, St.Galler Kommentar, Art. 67 Rz. 4.
[47] Vgl. Prot. Plenum, S. 1514 f.
[48] Vgl. dazu auch Art. 19 Abs. 2 lit. b und Art. 107 Abs. 2.
[49] Vgl. JAAG, Rz. 4330 ff.; PFIFFNER RAUBER, S. 52 ff.
[50] Dazu N. 8.
[51] §§ 19 ff. Jugendhilfegesetz.
[52] §§ 26a ff. Jugendhilfegesetz.
[53] Vgl. BIGLER-EGGENBERGER, St.Galler Kommentar, Art. 41 Rz. 76; DUBACH, Art. 14, S. 60; Prot. Plenum, S. 2697. Vgl. auch Art. 29, 31 UN-KRK.
[54] SOBOTICH, S. 45.

Gedanken eines Gesellschaftsvertrags zu sehen, wie er von verschiedenen Verfassungsratsmitgliedern zum Ausdruck gebracht wurde[55]: Nur Menschen, die in einer positiven Beziehung zu ihrer gesellschaftlichen Umwelt leben, sind bereit, die Lasten des Generationenvertrags mitzutragen.

4. Lebensqualität der Menschen im Alter (lit. c)

4.1. Lebensqualität im Alter

14 Der Antrag, der zum nun geltenden Wortlaut führte, wurde damit begründet, dass die Thematik des Alters vom Entwurfstext nicht befriedigend aufgegriffen worden war, während man für die Problematik der Familien, der Alleinerziehenden, der Jugendlichen und der Kinder angemessene Lösungen gefunden hatte[56]. Ein weiter gehender Antrag, der für die ältere Generation konkretere und umfassendere staatliche Massnahmen vorgesehen hätte, fand keine Mehrheit[57].

15 Im Plenum wurde bemängelt, dass der Begriff der Lebensqualität zu offen gehalten sei, da nicht alle dasselbe darunter verstünden[58]. Durch eine zu offene Formulierung wiederum würde die Bestimmung ihre Steuerungskraft einbüssen[59]. Konturen gewinnt der Begriff indes, wenn man ihn im Zusammenhang mit Art. 19 Abs. 2 lit. c betrachtet: Lebensqualität bemisst sich demnach wesentlich nach dem Grad der Selbstbestimmung, die aufrechterhalten werden kann[60]. Neben hinreichenden Betreuungsstrukturen setzt diese Autonomie im Alter auch angemessene finanzielle Ressourcen voraus, die – in bescheidenem, aber entscheidendem Umfang – im Rahmen der Zusatzleistungen zu AHV- und IV-Renten gewährt werden[61]. Die Zusatzleistungen setzen sich aus den bundesrechtlich geordneten Ergänzungsleistungen[62] und den kantonalen Beihilfen zusammen[63] und werden allenfalls durch Gemeindezuschüsse[64] ergänzt.

---

[55] Dazu N. 1.
[56] Vgl. N. 3; Prot. Plenum, S. 2306, ferner S. 2297 (43. Sitzung). Siehe zu Art. 19 Abs. 2 lit. c Gächter, Art. 19 N. 19.
[57] Prot. Plenum, S. 2294 f., 2309 (43. Sitzung).
[58] Prot. Plenum S. 2697.
[59] Prot. Plenum, S. 2308 (43. Sitzung), wo von einer «Placebo-Bestimmung» die Rede ist.
[60] Vgl. Schwab, S. 561 ff.
[61] § 1 Zusatzleistungsgesetz. Vgl. Prot. Plenum, S. 2305 (43. Sitzung); Jaag, Rz. 4318; Pfiffner Rauber, S. 56 ff.
[62] Siehe das Bundesgesetz vom 19. März 1965 über die Ergänzungsleistungen zur Alters-, Hinterlassenen- und Invalidenversicherung (ELG; SR 831.30).
[63] § 1 Zusatzleistungsgesetz; siehe Balmer, S. 80 ff.
[64] § 20 Zusatzleistungsgesetz. Details zur Ausgestaltung des Gemeindezuschusses in der Stadt Zürich bei Koch, S. 95 ff.

4.2. Wirkungen

Mit der Nennung der Bevölkerungsgruppe der alten Menschen sollte ein Signal für den Generationenvertrag gesetzt werden[65]. Dieses Signal ist auf der einen Seite als Bekenntnis gegen einen gezielten oder schleichenden Sozialabbau zu Lasten der älteren Generation zu verstehen; Kürzungen bei den Zusatzleistungen, der Abbau von Pflege- und Beratungsangeboten sowie die Reduktion anderer Angebote für ältere Menschen würden diesem Ziel zuwiderlaufen. Auf der anderen Seite soll verdeutlicht werden, dass die Förderung von Familien und der Schutz von Kindern und Jugendlichen nicht zu Lasten der Lebensqualität der alten Menschen gehen darf.

---

[65] Dazu N. 1.

Art. 113*

Gesundheit

Kanton und Gemeinden sorgen für eine ausreichende und wirtschaftlich tragbare Gesundheitsversorgung.

Sie fördern die Gesundheitsvorsorge.

Materialien

Art. 125 VE; Prot. Plenum, S. 155, 169, 1536 ff., 2314 f. (43. Sitzung), 2698 ff.

Literatur

BOLZ URS, Art. 41, in: Kälin/Bolz; BIGLER-EGGENBERGER MARGRITH, St.Galler Kommentar, Art. 41; EICHENBERGER, § 41; ETTER BORIS, Medizinalberufegesetz MedBG, Bern 2006; EUGSTER GEBHARD, Krankenversicherung, in: Ulrich Meyer (Hrsg.), Soziale Sicherheit, Schweizerisches Bundesverwaltungsrecht, Bd. XIV, Basel/Genf/München 2007, S. 337 ff.; GÄCHTER THOMAS, Grenzen der Solidarität? Individuelle Ansprüche auf medizinische Leistungen gegenüber der Rechts- und Versichertengemeinschaft, in: Individuum und Verband, Festgabe zum schweizerischen Juristentag 2006, Zürich/Basel/Genf 2006, S. 473 ff.; JAAG, Rz. 4201 ff.; MADER LUZIUS, St. Galler Kommentar, Art. 118; MARTI ARNOLD, Art. 87, in: Dubach/Marti/Spahn, S. 262 ff.; GERHARD KOCHER, Kompetenz- und Aufgabenteilung Bund–Kantone–Gemeinden, in: Kocher Gerhard/Willy Oggier (Hrsg.), Gesundheitswesen Schweiz 2004–2006, 2. Aufl., Bern 2004, S. 104 ff.; MAHON PASCAL, Art. 10, in: Aubert/Mahon; MATTIG THOMAS, Grenzen der Spitalplanung aus verfassungsrechtlicher Sicht, Zürich/Basel/Genf 2003; PFIFFNER RAUBER BRIGITTE, Das Recht auf Krankheitsbehandlung und Pflege, Zürich/Basel/Genf 2003; POLEDNA TOMAS, Allgemeiner Überblick, in: Tomas Poledna/Ueli Kieser (Hrsg.), Gesundheitsrecht, Schweizerisches Bundesverwaltungsrecht, Bd. VIII, Basel/Genf/München 2005, S. 1 ff. (Überblick); POLEDNA TOMAS, Recht als Bremse oder Katalysator: Plädoyer für eine verfassungsrechtliche Neuregelung des Gesundheitswesens, in: René Schaffhauser/Heinz Locher/Tomas Poledna (Hrsg.), Das Gesundheitswesen – Motor von Wohlbefinden und Wohlstand, St.Gallen 2006, S. 123 ff. (Neuregelung); POLEDNA TOMAS/BERGER BRIGITTE, Öffentliches Gesundheitsrecht, Bern 2002; ROSENBROCK ROLF/GERLINGER THOMAS, Gesundheitspolitik. Eine systematische Einführung, Bern 2004; SOMAINI BERTINO, Gesundheitsförderung und Prävention, in: Gerhard Kocher/Willy Oggier (Hrsg.), Gesundheitswesen Schweiz 2004–2006, 2. Aufl., Bern 2004, S. 65 ff.; SPRUMONT DOMINIQUE, Le service public et les services d'intérêt public: l'exemple de la santé, in: Thierry Tanquerel/François Bellanger (Hrsg.), Le service public, Zürich/Basel/Genf 2006, S. 161 ff.; STEFFEN GABRIELLE, Droit aux soins et rationnement. Approche d'une définition des soins nécessaires, Bern 2002; THÖNY CHRISTIAN, Verfassung des Kantons Graubünden, Art. 87; VON WARTBURG WALTER, Gesundheitsrecht, in: Eichenberger/Jenny/Rhinow/Ruch/Schmid/Wildhaber, S. 689 ff.

Rechtsquellen

– Art. 12 des Internationalen Pakts über wirtschaftliche, soziale und kulturelle Rechte vom 16. Dezember 1966 (UNO-Pakt I; SR 0.103.1)
– Art. 12, 41, 117, 118 BV

---

* Ich danke Frau lic. iur. Petra Gössi für die Zusammenstellung des verarbeiteten Materials.

– Bundesgesetz über die Krankenversicherung vom 18. März 1994 (KVG; SR 832.10)
– Gesetz über das Gesundheitswesen vom 4. November 1962 (Gesundheitsgesetz; LS 810.1)
– Gesundheitsgesetz (GesG) vom 2. April 2007 (ABl 2007, S. 543 ff.)
– Verordnung über die kantonalen Krankenhäuser vom 28. Januar 1981 (KHV; LS 813.11)
– Patientinnen- und Patientengesetz vom 5. April 2004 (LS 813.13)

Übersicht Note

1. Einleitung 1
   1.1. Bedeutung des Gesundheitswesens 1
   1.2. Entstehung 2
2. Kompetenzen im Gesundheitswesen 4
   2.1. Bundeskompetenzen 4
   2.2. Kantonale Aufgaben 7
      2.2.1. Vorgaben für die Kantone 7
      2.2.2. Kantonaler Handlungsspielraum 8
3. Gesundheitsversorgung (Abs. 1) 10
   3.1. Ausreichende Gesundheitsversorgung 10
   3.2. Wirtschaftliche Tragbarkeit 12
   3.3. Verpflichtungsgrad und Zuständigkeit 13
4. Gesundheitsvorsorge (Abs. 2) 16
   4.1. Präventionsgedanke 16
   4.2. Aufgabenerfüllung 18

1. Einleitung

1.1. Bedeutung des Gesundheitswesens

1 Auch wenn die meisten Fragen, die im Brennpunkt des öffentlichen Interesses stehen, bundesrechtlich geregelt sind (v.a. Krankenversicherung), haben die Kantone eine grosse Zahl eigenständiger Aufgaben im Bereich des Gesundheitswesens zu erfüllen. Sie spielen auch im Vollzug des Bundesrechts eine zentrale Rolle. Ein substanzieller Teil der kantonalen Ausgaben fliesst in das Gesundheitswesen[1]. Zudem sind im kontinuierlich wachsenden Gesundheitssektor ausserordentlich viele, oft hoch qualifizierte Arbeitnehmende beschäftigt. Schliesslich ist es sozialpolitisch sehr bedeutsam, ob und in welchem Umfang ein Kanton in stationäre Infrastrukturen und andere Bereiche des Gesundheitswesens investiert, da Menschen mit geringerem finanziellem Spielraum auf die vom Kanton (mit)unterhaltenen Strukturen angewiesen sind. Kantonale Gesundheitspolitik

---

[1] Vgl. Prot. Plenum, S. 1537: Im Plenum wurde von rund 15 Prozent des kantonalen Steueraufkommens gesprochen, wobei der Gemeindeanteil dabei noch nicht berücksichtigt ist.

ist damit zu einem wesentlichen Teil Sozialpolitik, weshalb auch die Sozialziele stets zu berücksichtigen sind[2].

1.2. Entstehung

Im Hinblick auf die überragende soziale, wirtschaftliche und politische Bedeutung des Gesundheitswesens war unbestritten, dass dieses im kantonalen Aufgabenkatalog aufscheinen sollte. Inhaltlich gab die Bestimmung im Verfassungsrat jedoch kaum zu Diskussionen Anlass[3]. Der geltende Wortlaut entspricht im Wesentlichen dem Vorschlag der Kommission 4[4]. Das Verb «gewährleisten» im Abs. 1 wurde im Lauf der Beratungen jedoch zu «sorgen für» abgeschwächt[5]. Zudem ist nicht mehr für eine «für alle wirtschaftlich tragbare», sondern nur noch für eine «wirtschaftlich tragbare» Gesundheitsversorgung zu sorgen. Mit der letztgenannten Textanpassung sollte die Normaussage indes nicht verändert werden[6]. Ebenso war mit dem Wechsel der Terminologie von «Prävention» zu «Gesundheitsvorsorge» in Abs. 2 keine inhaltliche Anpassung beabsichtigt[7].

Im Rahmen der Vorberatungen im Plenum befassten sich die meisten Votanten mit der ursprünglich als Abs. 3 vorgesehenen Bestimmung zur Sportförderung[8]. Mit seltener Geschlossenheit wurde die Bedeutung des Sports unterstrichen. Da Sport nicht nur als Unteraspekt des Gesundheitswesens verstanden werden dürfe, wurde der Absatz in eine eigenständige Bestimmung überführt (Art. 121)[9].

---

[2] Laut Art. 41 Abs. 1 lit. b BV haben sich Bund und Kantone dafür einzusetzen, dass jede Person die für ihre Gesundheit notwendige Pflege erhält (siehe BIGLER-EGGENBERGER, St.Galler Kommentar, Art. 41 Rz. 37 ff.). Vgl. auch EICHENBERGER, § 41 N. 1.
[3] Vgl. Prot. Plenum, S. 1546.
[4] Vorlage K4 vom 5. September 2002, S. 13.
[5] Prot. Plenum, S. 2688 f.; dazu auch N. 13. Vgl. SOBOTICH, Vorb. zu Art. 95–121 N. 12.
[6] Begründet wurde die sprachliche Straffung damit, dass die Kantonsverfassung immer «für alle» gelte; Prot. K4 vom 22. Januar 2004, S. 333. Vgl. Prot. Plenum, S. 2699.
[7] Prot. RedK vom 7. März 2003, S. 286 f.
[8] Prot. Plenum, S. 1537 ff.; Vorlage K4 vom 5. September 2002, S. 13.
[9] Mit einem beeindruckenden Stimmenverhältnis von 73 zu 3 Stimmen, Prot. Plenum S. 1547.

2. Kompetenzen im Gesundheitswesen

2.1. Bundeskompetenzen

4   Der Bund verfügt nur in einzelnen, praktisch jedoch sehr bedeutsamen Gebieten des Gesundheitswesens über Gesetzgebungskompetenzen[10, 11]. Zentral ist Art. 118 BV, der den Bund zur Gesetzgebung zum Umgang mit Lebensmitteln und Heilmitteln, Betäubungsmitteln, Organismen sowie Chemikalien und Gegenständen, welche die Gesundheit gefährden können, ermächtigt (Abs. 2 lit. a). In derselben Bestimmung ist auch die Kompetenzgrundlage für die Bekämpfung übertragbarer, stark verbreiteter oder bösartiger Krankheiten von Menschen und Tieren (Abs. 2 lit. b) sowie den Schutz vor ionisierenden Strahlen enthalten (Abs. 2 lit. c). Art. 119 BV überträgt dem Bund die Gesetzgebungskompetenz für die Fortpflanzungsmedizin und die Gentechnologie im Humanbereich, Art. 119a BV diejenige für die Transplantationsmedizin und Art. 120 BV diejenige für Gentechnologie im Ausserhumanbereich. Der Bund hat die genannten Kompetenzen im Wesentlichen ausgeschöpft. Von grosser Bedeutung ist auch Art. 95 BV (Privatwirtschaftliche Erwerbstätigkeit), auf die sich beispielsweise das Bundesgesetz über die universitären Medizinalberufe stützt[12].

5   Art. 117 Abs. 1 BV bestimmt, dass der Bund Vorschriften über die Kranken- und Unfallversicherung zu erlassen hat. In beiden Bereichen hat der Bund seine Gesetzgebungskompetenz voll ausgeschöpft, wobei im Krankenversicherungsrecht gewisse Vorbehalte kantonaler Regelungen (Prämienverbilligungen[13]) enthalten sind. Zwischen dem kantonalen Gesundheitswesen und der bundesrechtlich geordneten Kranken- und Unfallversicherung besteht eine massgebliche Verflechtung: Das Mass der Versicherungsdeckung wirkt auf das von den Kantonen angebotene Versorgungsniveau zurück, dieses wiederum beeinflusst den Aufwand der Sozialversicherungen[14]. Trotz dieser Verflechtung lässt sich grob unterscheiden, dass die Kantone die medizinische Versorgung auf ihrem Gebiet gewährleisten, der Bund dagegen die massgeblichen Versicherungssysteme einrichtet, die zu einem wesentlichen Teil die Vergütung der erbrachten Leistungen übernehmen[15].

---

[10] Es wird denn auch diskutiert, das Gesundheitswesen kohärenter zu ordnen, und zwar auf Bundesebene; siehe POLEDNA, Neuregelung, S. 133 ff.
[11] Siehe die Übersichten über die Bundeskompetenzen im Bereich des Gesundheitswesens bei JAAG, Rz. 4201 f.; KOCHER, S. 105 ff.; POLEDNA, Überblick, N. 27 ff.; POLEDNA/BERGER, S. 11 ff.; SPRUMONT, S. 165 ff.
[12] Bundesgesetz über die universitären Medizinalberufe vom 23. Juni 2006 (Medizinalberufegesetz, MedBG; BBl 2006, S. 5753 ff.).
[13] Art. 65 ff. KVG.
[14] Vgl. auch POLEDNA, Überblick, N. 31.
[15] GÄCHTER, S. 477.

Neben den bereits genannten Bundeskompetenzen sind auch alle weiteren Zuständigkeiten von Bedeutung, die dem Bund in gesundheitsrelevanten Sozialversicherungszweigen Regelungskompetenzen einräumen, so etwa die Art. 59 Abs. 5, Art. 111–113 und Art. 116 Abs. 3 BV.

2.2. Kantonale Aufgaben

2.2.1. Vorgaben für die Kantone

Art. 12 UNO-Pakt I verpflichtet den Staat, Massnahmen für die Verbesserung der Gesundheitsversorgung zu treffen. Soweit diese Massnahmen nicht bereits auf Bundesebene verwirklicht werden, sind die Kantone dafür zuständig[16]. Weiter sollen sich laut Art. 41 Abs. 1 lit. b BV Bund und Kantone dafür einsetzen, dass alle Personen die für ihre Gesundheit notwendige Pflege erhalten. Ebenfalls verpflichtend sind für die Kantone verschiedene Grundrechtsgehalte. Neben Art. 10 BV ist Art. 12 BV zu erwähnen, der den Staat verpflichtet, allen Menschen in der Schweiz in einer Notlage, die sie nicht selbst bewältigen können, Hilfe und Betreuung zu gewährleisten. Dieser Anspruch umfasst nach einhelliger Lehre auch medizinische Massnahmen[17].

2.2.2. Kantonaler Handlungsspielraum

Die ärztliche Notversorgung für alle Personen, die dringend medizinische Hilfe benötigen, ist bereits im geltenden kantonalen Recht gewährleistet[18]. Die Pflicht, eine entsprechende Notversorgung sicherzustellen, könnte für den Kanton aber auch aus dem Bundesverfassungsrecht abgeleitet werden. Dies insbesondere aus einer Schutzpflicht, die auf Art. 10 BV (Recht auf Leben und körperliche und geistige Unversehrtheit) zurückgeführt werden kann[19], aus den Sozialzielen des Bundes (v.a. Art. 41 Abs. 1 lit. b BV)[20] sowie aus Art. 12 BV, der in dieser Hinsicht als Konkretisierung der aus Art. 10 BV fliessenden Schutzpflicht gelten kann[21].

Über dieses Minimum hinaus besteht ein Gestaltungsspielraum der Kantone, welche Gegenstände sie in welcher Weise regeln wollen. Zu den Kernbereichen des kantonal geordneten Gesundheitswesens zählen die Errichtung oder

---

[16] Eingehend PFIFFNER RAUBER, S. 5 ff., 12 ff., 69 ff.
[17] GÄCHTER, S. 478 f. mit zahlreichen Hinweisen.
[18] § 12 Abs. 2 und 3 sowie § 41 Gesundheitsgesetz. Siehe künftig § 17 GesG. Vgl. POLEDNA/BERGER, S. 16 f. und S. 61 betreffend das in den Kantonen statuierte Recht auf Behandlung in Notfällen.
[19] Vgl. etwa MAHON, Art. 10 N. 12; PFIFFNER RAUBER, S. 15 ff.; siehe auch BIGLER-EGGENBERGER, St. Galler Kommentar, Art. 41 Rz. 42.
[20] Vgl. BIGLER-EGGENBERGER, St. Galler Kommentar, Art. 41 Rz. 37 ff., 42.
[21] GÄCHTER, S. 478.

Bewilligung stationärer medizinischer Einrichtungen[22], die Regelung der Berufszulassung für Berufe des Gesundheitswesens[23] sowie die Normierung der Rechtsstellung von Patientinnen und Patienten, soweit dafür neben den bundesrechtlichen Regelungen des Privat- und Strafrechts Raum verbleibt[24]. Ebenso obliegt es – mit Ausnahme internationaler Leichentransporte[25] – den Kantonen, das Bestattungswesen zu ordnen[26]. Insgesamt lässt sich feststellen, dass der kantonale Handlungsspielraum im Gesundheitswesen in den letzten Jahren durch das Bundesrecht substanziell eingeengt worden ist[27].

3. Gesundheitsversorgung (Abs. 1)

3.1. Ausreichende Gesundheitsversorgung

10 Unter dem Begriff Gesundheitsversorgung ist nicht nur die traditionelle ambulante und stationäre Behandlung zu verstehen, sondern auch die spitalexterne und teilstationäre Behandlung, ebenso die Übergangspflege und die Rehabilitation[28].

11 Ausreichend ist die Gesundheitsversorgung dann, wenn sie die medizinische Untersuchung und Behandlung aller Gesundheitsbeeinträchtigungen zu gewährleisten vermag, die nach dem gegenwärtigen Stand der medizinischen Wissenschaft wirkungsvoll behandelt werden können[29]. Damit genügt die beschriebene Notversorgung in dringenden Fällen[30] den Anforderungen an eine ausreichende Gesundheitsversorgung nicht[31]. Es muss zwar nicht für alle erdenklichen Therapiemöglichkeiten gesorgt werden[32], doch ist bei der Planung und Gesetzgebung

---

[22] Die kantonale Autonomie bei der Ausgestaltung der stationären Infrastrukturen wird jedoch durch die Spitalplanungspflicht im Rahmen des Krankenversicherungsrechts faktisch erheblich eingeschränkt (z.B. EUGSTER, N. 742 ff.; MATTIG, S. 108 ff.). Siehe die in einigen Punkten skeptische Stellungnahme zum Verständnis der stationären Versorgung als öffentliche Aufgabe von SPRUMONT, S. 175 ff.

[23] Der kantonale Handlungsspielraum wird mit Inkrafttreten des Medizinalberufegesetzes verkleinert werden; den Kantonen wird im Wesentlichen die Regelungskompetenz für die Berufsausübung der nichtuniversitären Medizinalberufe sowie die unselbstständige Berufsausübung der universitär ausgebildeten Medizinalberufe verbleiben. Vgl. ETTER, Art. 2 N. 11 ff., Art. 34 N. 1.

[24] Vgl. den Überblick über die entsprechende Gesetzgebung des Kantons Zürich bei JAAG, Rz. 4211 ff.

[25] Siehe das Internationale Abkommen über die Leichenbeförderung vom 10. Februar 1973 (SR 0.818.61), das entsprechende europäische Übereinkommen über die Leichenbeförderung vom 26. Oktober 1973 (SR 0.818.62) sowie die bundesrätliche Verordnung über Transport und Beisetzung ansteckungsgefährlicher Leichen sowie Transport von Leichen vom und ins Ausland vom 17. Juni 1974 (SR 818.61).

[26] Vgl. etwa JAAG, Rz. 4250 ff.

[27] KOCHER, S. 109; SPRUMONT, S. 165.

[28] Vorlage K4 vom 5. September 2002, S. 13.

[29] Vgl. EICHENBERGER, § 41 N. 3; MARTI, Art. 87, S. 263; THÖNY, Art. 87 N. 11 f.

[30] Dazu N. 8.

[31] Vgl. BOLZ, Art. 30 N. 2; vgl. auch STEFFEN, S. 79 ff.

[32] Bereits das Krankenversicherungsrecht legt es den Kantonen nahe, die kostenintensiven stationären Infrastrukturen gemeinsam zu planen und so Kosten zu sparen; siehe Art. 39 Abs. 1 lit. d KVG und dazu MATTIG, S. 35 ff.; EUGSTER, N. 746.

sorgfältig darauf zu achten, dass nicht besondere Patienten- oder Bevölkerungsgruppen durch die entsprechenden Entscheide benachteiligt werden. Ebenso stehen die hierarchisch übergeordneten Zielvorgaben kantonalen Sparbestrebungen allenfalls entgegen[33]. Im gesamtschweizerischen Verhältnis wirkt zudem das Krankenversicherungsrecht insofern egalisierend, als für kostspielige medizinische Behandlungen, die im Kanton nicht angeboten werden, die ausserkantonale Behandlung von Versicherung und Kanton bezahlt werden muss[34]. Damit soll allen Krankenversicherten ein vergleichbarer medizinischer Behandlungsstandard gewährleistet werden[35].

3.2. Wirtschaftliche Tragbarkeit

Aus der Entstehungsgeschichte[36] und der Debatte im Verfassungsrat[37] wird deutlich, dass die wirtschaftliche Tragbarkeit der Gesundheitsversorgung für alle gewährleistet sein muss, d.h. nicht nur einseitig für die öffentliche Hand oder nur für die Patientinnen und Patienten[38]. Angesichts dieser mehrfachen Schutzrichtung ist das Kriterium der wirtschaftlichen Tragbarkeit wohl in erster Linie als politische Willensbekundung zu deuten, der Kostenexplosion im Gesundheitswesen nicht tatenlos zuschauen zu wollen. Es bleibt aber in hohem Mass unbestimmt[39] und geht nur insofern über den in Art. 95 Abs. 2 statuierten Grundsatz der Wirtschaftlichkeit der Aufgabenerfüllung hinaus, als die Wirtschaftlichkeit nicht nur aus der Sicht des Staates, sondern auch aus der Sicht der Patientinnen und Patienten beurteilt werden muss.

12

3.3. Verpflichtungsgrad und Zuständigkeit

Kanton und Gemeinden haben für die ausreichende und wirtschaftlich tragbare Gesundheitsversorgung zu sorgen, d.h., sie müssen diese nicht als eigentliche

13

---

[33] Dazu N. 7.
[34] Vgl. Art. 41 Abs. 2 und 3 KVG und dazu Eugster, N. 773, 903, 957 ff.
[35] Eugster, N. 959.
[36] Dazu N. 2, insbesondere Anm. 6.
[37] Prot. Plenum, S. 2699.
[38] In der Regel sind die Patientinnen und Patienten krankenversichert. Da sich nach dem geltenden Spitalfinanzierungsmodell des KVG (Art. 49 KVG) der Rückzug der öffentlichen Hand aus der Finanzierung der stationären Infrastrukturen massgeblich auf die Versicherungsprämien auswirkt, muss die wirtschaftliche Tragbarkeit auch aus der Sicht der Krankenversicherten beurteilt werden (vgl. Prot. Plenum, S. 2699). Es wird sich weiter die Frage stellen, inwiefern die wirtschaftliche Tragbarkeit auch für selbstzahlende Patientinnen und Patienten (z.B. aus dem Ausland) zu gewährleisten ist. Bei dieser Gruppe, die in der Regel eine Wahlbehandlung im Kanton vornehmen lässt, darf die wirtschaftliche Tragbarkeit wohl grosszügiger beurteilt werden.
[39] Aus diesem Grund wurde in anderen Kantonsverfassungen bewusst darauf verzichtet; vgl. zu Art. 87 Abs. 3 KV SH Marti, S. 263.

Staatsaufgabe gewährleisten[40]. Damit steht es Kanton und Gemeinden frei, die entsprechenden Aufgaben entweder selbst wahrzunehmen oder an eine öffentlichrechtliche, eine gemischtwirtschaftliche oder eine privatrechtliche Körperschaft mit Leistungsauftrag, Globalbudget und Qualitätssicherung zu delegieren[41].

14 Nach der geltenden Regelung konzentriert sich die Zuständigkeit der Gemeinden auf die gesundheitliche Vor- und Fürsorge (Geburtshilfe bei Hausgeburten, Gesundheitsunterricht in den Schulen, schulärztliche Dienste, Schulzahnpflege, Spitex und Krankentransporte)[42]. Der Kanton ist dagegen zuständig für die Regelung der medizinischen Berufe und der Rechtsstellung der Patientinnen und Patienten, für den Vollzug der Heilmittelgesetzgebung des Bundes und für die Spitalplanung[43].

15 Die Zuständigkeit für den Betrieb von Krankenhäusern ist bereits heute entsprechend dem Grundgedanken von Art. 97 aufgeteilt: Der Kanton ist zuständig für die zentralen Einrichtungen der überregionalen Versorgung (Universitätsspital Zürich und Kantonsspital Winterthur, psychiatrische Kliniken, Spezialkrankenhäuser)[44]. Die Errichtung und der Betrieb anderer Spitäler und Krankenheime sind dagegen Sache der Gemeinden[45].

4. Gesundheitsvorsorge (Abs. 2)

4.1. Präventionsgedanke

16 Nicht nur im Sozialbereich[46], sondern gerade auch im Gesundheitswesen soll der Prävention hohe Priorität zuerkannt werden[47], wobei im geltenden kantonalen und kommunalen Recht bereits heute zahlreiche Präventionsmassnahmen vorgesehen sind[48]. Diese sollen eher aus- als abgebaut werden. Zudem macht die verfassungsrechtliche Verankerung des Präventionsgedankens deutlich, dass der

---

[40] Dazu N. 2.
[41] Prot. Plenum, S. 2688 f.; SOBOTICH, Vorb. zu Art. 95–121 N. 12.
[42] §§ 54 ff. Gesundheitsgesetz.
[43] Zum Ganzen JAAG, Rz. 4204 ff.; POLEDNA/BERGER, S. 18 f.
[44] § 39 Abs. 1 Gesundheitsgesetz.
[45] § 39 Abs. 2 Gesundheitsgesetz. Im regierungsrätlichen Antrag für ein neues Gesundheitsgesetz vom 26. Januar 2005 (ABl 2005, S. 121 ff., 165 ff.) wurde diese Aufgabenteilung im Grundsatz beibehalten, wobei ein weiterer Einbezug privater Krankenhäuser angestrebt wird. Am 20. September 2006 wurde dieser Teil des neuen Gesundheitsgesetzes vorerst zurückgezogen.
[46] Vgl. zum Präventionsgedanken beim Jugend- und Familienschutz, Art. 112 N. 7 f., 11.
[47] Prot. Plenum, S. 1537; Vorlage K4 vom 5. September 2002, S. 13.
[48] Vgl. vorne N. 14. Siehe auch §§ 46 ff. GesG.

Staat im Rahmen seiner Gesundheitspolitik vermehrt einen salutogenetischen Ansatz verfolgen soll[49].

In der Literatur werden verschiedene Präventionsstufen unterschieden: Die Primärprävention dient der Verhinderung des Problems (z.B. durch Aufklärung und Information), die Sekundärprävention dient der Früherkennung von Problemen und deren Abschwächung, die Tertiärprävention soll weitere Komplikationen vermeiden, nachdem ein Problem aufgetreten ist (z.B. Rehabilitation)[50]. Alle Präventionsstufen dienen der Vermeidung oder Minderung von Gesundheitsschäden und damit – mittelbar – der Kostensenkung[51]. Die Hauptaktivitäten auf der Ebene des Kantons und der Gemeinden liegen im Bereich der Primärprävention, während die Sekundär- und Tertiärprävention stark von den Vorgaben des Krankenversicherungsrechts determiniert wird[52].

4.2. Aufgabenerfüllung

Mit der Formulierung «fördern» werden die Aufgaben bezeichnet, die der Staat unterstützen soll, indem er Körperschaften einmalige oder wiederkehrende Beiträge unter absichernden Bedingungen ausrichtet[53]. Häufig werden Kanton und Gemeinden im Bereich ihrer Zuständigkeit die Vorsorgeaufgabe damit nicht selbst übernehmen, was im Hinblick auf die erforderlichen Spezialkenntnisse für die Prävention angezeigt sein kann[54]. Zudem sind die unterschiedlichen Aufgaben der Gesundheitsprävention derart breit gefächert, dass die Zielgruppen mit rein staatlich organisierten Massnahmen kaum wirkungsvoll erreicht werden können[55].

---

[49] Prot. Plenum, S. 1545; vgl. SOMAINI, S. 67 f.
[50] SOMAINI, S. 66; ROSENBROCK/GERLINGER, S. 63 ff.
[51] Prot. Plenum, S. 1537.
[52] Vgl. VON WARTBURG, S. 697 f.
[53] SOBOTICH, Vorb. zu Art. 95–121 N. 12.
[54] Vgl. etwa SOMAINI, S. 70 ff.; ROSENBROCK/GERLINGER, S. 63.
[55] Vgl. SOMAINI, S. 69; ROSENBROCK/GERLINGER, S. 59.

Art. 114

Integration

Kanton und Gemeinden fördern das Zusammenleben der verschiedenen Bevölkerungsgruppen in gegenseitiger Achtung und Toleranz sowie ihre Beteiligung am öffentlichen Leben.

Sie treffen Massnahmen zur Unterstützung der Integration der im Kanton wohnhaften Ausländerinnen und Ausländer.

Materialien

Art. 112 VE; Prot. Plenum, S. 99 ff., 141 ff., 1016 ff., 1189 ff., 1522 ff., 1759 ff., 1798 ff., 2317 ff. (44. Sitzung), 2702 ff.

Literatur

AMSTUTZ KATHRIN, Das Grundrecht auf Existenzsicherung, Diss., Bern 2001; BIANCHI DORIS, Die Integration der ausländischen Bevölkerung – Der Integrationsprozess im Lichte des schweizerischen Verfassungsrechts, Diss., Zürich 2003; BUNDESAMT FÜR SOZIALVERSICHERUNG (Hrsg.), Familienfragen 2/2003, Integration: Eine gemeinsame Aufgabe von Staat, Gesellschaft und Migrationsfamilien, Bern 2003; BUNDESAMT FÜR STATISTIK (Hrsg.), Integration – (k)eine Erfolgsgeschichte: Ausländische Kinder und Jugendliche im schweizerischen Bildungssystem, Bern 1997; D'AMATO GIANNI, Vom Ausländer zum Bürger. Der Streit um die politische Integration von Einwanderern in Deutschland, Frankreich und der Schweiz, Diss., Münster 2002; FLEINER THOMAS, Rechtsstaatsdefizite für Ausländerinnen und Ausländer im schweizerischen Verwaltungsrecht, in: Essais en l'honneur du Professeur Charles-Albert Morand, Basel 2001, S. 231 ff.; HEUSSER PIERRE, Stimm- und Wahlrecht für Ausländerinnen und Ausländer, Diss., Zürich 2001; KÄLIN WALTER, Ausländerdiskriminierung, in: Festschrift Yvo Hangartner, St.Gallen 1998, S. 561 ff.; KIENER REGINE/KUHN MATHIAS, Die bau- und planungsrechtliche Behandlung von Kultusbauten im Lichte der Glaubens- und Gewissensfreiheit, ZBl 104/2003, S. 617 ff.; LUGINBÜHL BEATRICE/SCHMIDT JUANA (Hrsg.), Diskriminierung und Integration, Zürich 2006; MAHON PASCAL, Art. 8, in: Aubert/Mahon; NGUYEN MINH SON, Droit public des étrangers, Bern 2003; SAHLFELD KONRAD et al. (Hrsg.), Integration und Recht, 43. Assistententagung Öffentliches Recht, Luzern 2003; SCHIESS RÜTIMANN PATRICIA M. (Hrsg.), Schweizerisches Ausländerrecht in Bewegung?, Zürich 2003; SOBOTICH VIVIANE, Chancengleichheit als tragendes Prinzip, in: Materialien zur neuen Kantonsverfassung, Bd. 9, S. 31 ff.; SPESCHA MARC, Migrationsabwehr im Fokus der Menschenrechte, Zürich 2007; SPESCHA MARC, Zukunft «Ausländer», Plädoyer für eine weitsichtige Migrationspolitik, Bern 2002; THÜRER DANIEL, Der politische Status der Ausländer in der Schweiz – Rechtsposition im Spannungsfeld zwischen politischer Rechtslosigkeit und Gleichberechtigung, in: Festschrift Ulrich Häfelin, Zürich 1989, S. 183 ff.; UNIVERSITÄT BASEL (Hrsg.), Toleranz: Forderung und Alltagswirklichkeit im Zusammenleben von Menschen verschiedener Kulturen, Basel 1993; WINDISCH ULI, Immigration. Quelle intégration? Quels droits politiques?, Rapport pour la Commission fédérale des étrangers à l'intention du Conseil fédéral, Lausanne 2000; WYSS MARTIN PHILIPP, Ausländische Staatsangehörige und Integration, in: Peter Übersax/Peter Münch/Thomas Geiser/Martin Arnold (Hrsg.), Ausländerrecht, Ausländerinnen und Ausländer im öffentlichen Recht, Privatrecht, Strafrecht, Steuerrecht und Sozialrecht der Schweiz, Basel 2002, S. 1025 ff.

Rechtsquellen

- Internationales Übereinkommen vom 21. Dezember 1965 zur Beseitigung jeder Form von Rassendiskriminierung (SR 0.104), insbesondere Art. 7
- Bundesgesetz über den Aufenthalt und die Niederlassung von Ausländern vom 26. März 1931 (ANAG; SR 142.20), insbesondere Art. 25a
- Bundesgesetz über die Ausländerinnen und Ausländer vom 16. Dezember 2005 (AuG; Inkrafttreten am 1. Januar 2008; löst das ANAG ab)
- Verordnung über die Integration von Ausländerinnen und Ausländern vom 13. September 2000 (VIntA; SR 142.205), insbesondere Art. 17
- Verordnung über Einreise und Anmeldung von Ausländerinnen und Ausländern vom 14. Januar 1998 (VEA; 142.211)
- Verordnung über die Unterstützung von Sensibilisierungs- und Präventionsprojekten für Menschenrechte sowie gegen Antisemitismus, Rassismus und Fremdenfeindlichkeit vom 27. Juni 2001 (SR 151.21)
- Art. 261, 261bis, 262 StGB (SR 311)
- Verordnung über die Begrenzung der Zahl der Ausländer vom 6. Oktober 1986 (BVO; SR 823.21)
- Verordnung über Integrationskurse vom 8. Juli 1998 (LS 413.121)
- Verordnung über den freien Personenverkehr und die Begrenzung der Zahl der Ausländer vom 24. Juli 2002 (LS 823.21)

Übersicht Note

1. Idealziel tolerant und friedlich koexistierender Bevölkerungsgruppen   1
   1.1. Allgemeines   1
   1.2. Brücke zu Art. 7 und 39   3
   1.3. Die Handreichung an die ausländische Bevölkerung   5
2. Der Integrationsbegriff gemäss Art. 114   6
   2.1. Im Allgemeinen   6
   2.2. Zur Ausländerintegration   9
3. Ausstrahlungskraft einer staatlichen Grundlage   11
4. Konkrete Auslegung von Art. 114   16
   4.1. Die Förderungsaufgabe des Gemeinwesens   16
   4.2. Die verschiedenen Bevölkerungsgruppen   19
   4.3. Die Beteiligung am öffentlichen Leben   21

1. Idealziel tolerant und friedlich koexistierender Bevölkerungsgruppen

1.1. Allgemeines

1 Die Verfassung gewährleistet zusammen mit der Bundesverfassung und den internationalen Abkommen eine breite Palette von Grundrechten, welche im Ergebnis alle die individuelle Identität und Einzigartigkeit vor Eingriffen des Staates schützen. Der seit dem Zweiten Weltkrieg stets ausgebaute und verbesserte staatliche Schutz des Individualismus auf kantonaler, nationaler und glo-

baler Ebene fordert zugleich die Einzelnen in ihren Beziehungen zueinander immer stärker heraus, weil sie immer intensiver mit dem Anderssein ihrer Mitmenschen konfrontiert sind[1]. Das bedeutet, dass trotz – und paradoxerweise vielleicht auch wegen – der Grundrechte die Lösung interkultureller Spannungen und Friktionen heute zum Kernaufgabe der Demokratie geworden ist. Die Verfassung widmet sich nun in Art. 114 der Koexistenz der Menschen in einer ausgeprägt individualistischen und multikulturellen Gesellschaft[2]. Sie packt das Problem allerdings nicht unter einem individualrechtlichen Blickwinkel an – sie hält nicht fest, dass die Grundrechte im Sinne der Lehre der Drittwirkung gleichermassen von den Privatpersonen wie vom Staat zu beachten wären. Vielmehr nimmt sie sich des Problems unter dem Gesichtspunkt der verschiedenen Bevölkerungs*gruppen* und ihres Zusammenlebens an. Sie formuliert eine ideale Zielsetzung – diese Gruppen sollen in gegenseitiger Achtung und Toleranz zusammenleben und sie sollen sich am öffentlichen Leben beteiligen. Sie nimmt dabei nicht die Individuen in die Pflicht, sondern ruft das Gemeinwesen zur Verwirklichung des angestrebten Ziels auf. Wie der Marginalie zu entnehmen ist, geht es bei Art. 114 um das höhere, in relativ vielen anderen Kantonsverfassungen zu findende allgemeine Ziel der gesellschaftlichen Integration aller Menschen[3].

Dieses idealistische Ziel steht gewissermassen als Pendant zum eng gezogenen Kreis der zur Beteiligung an der Staatsgewalt berufenen Rechtssubjekte. Träger der Staatsgewalt ist das Volk, wozu nur die Stimmberechtigten zählen und wovon die Ausländerinnen und Ausländer sowie die unter 18-Jährigen ausgeschlossen sind[4]. Erstere werden vom Verfassungsgeber dennoch nicht vergessen: Er beauftragt das Gemeinwesen ausdrücklich mit ihrer Integration in die Gesellschaft. 2

1.2. Brücke zu Art. 7 und 39

In Art. 114 greift der Verfassungsgeber die in Art. 7 (Dialog) und in Art. 39 3
(politisches Engagement) entworfenen Idealbilder der Gesellschaft wieder auf und dehnt sie aus: Nicht nur sollen die verschiedenen Kulturen, Religionen und Weltanschauungen im Kanton im Dialog stehen und soll die Bevölkerung politisch motiviert und aktiv sein. Darüber hinaus sollen die verschiedenen Gesellschaftsgruppen friedlich zusammenleben und am öffentlichen Leben teil-

---

[1] Vgl. Votum in Prot. Plenum, S. 99 (die fortschreitende Individualisierung verändere das soziologische Gefüge und die früheren integrierenden Kräfte Familie, Sippe und Kirche seien nicht mehr im gleichen Mass vorhanden).
[2] Im Verfassungsrat wurde die ausgeprägte Multikulturalität verschiedentlich als eines der «spezifisch Zürcher Merkmale» hervorgehoben (vgl. z.B. Prot. Plenum, S. 141).
[3] Vgl. die gleich allgemein gehaltenen Integrationszielsetzungen in Art. 86 KV GR, Art. 14 KV SG, Art. 85 Abs. 2 KV SH, Art. 6 Abs. 1 lit. b KV VD.
[4] Art. 1 Abs. 3 in Verbindung mit Art. 22. Zur Problematik des Ausschlusses der ausländischen Bevölkerung von den demokratischen Mitwirkungsrechten vgl. namentlich FLEINER, S. 240.

nehmen. Insbesondere soll keine Kluft zwischen der ausländischen und der einheimischen Bevölkerung entstehen.

4 Die in Art. 7 und Art. 39 separat erwähnten Aspekte des gesellschaftlichen Friedens bzw. der Motivation zur Teilnahme an der Gestaltung der Politik werden in Art. 114 zusammen behandelt. Diese Verbindung ist nicht so sehr materiell motiviert, als durch die Entstehungsgeschichte der drei genannten Bestimmungen bedingt. Die Dialog-Bestimmung sollte als staatliche Grundlage zugleich allgemeiner und griffiger gestaltet werden als in der ursprünglichen Version geplant und wurde deshalb vom konkreteren, aber auch politisch brisanteren Aspekt der Ausländerintegration befreit[5]. Dafür wurde eine neue Bestimmung unter den öffentlichen Aufgaben kreiert[6]. Es ergab dabei Sinn, die Einbeziehung der ausländischen Bevölkerung in den politischen Prozess nicht in der Bestimmung über das politische Engagement[7] zu erwähnen, zumal das Ausländerstimmrecht verworfen worden war, sondern sie auch in diese neue öffentliche Aufgabe aufzunehmen.

1.3. Die Handreichung an die ausländische Bevölkerung

5 Art. 114 erwähnt in Absatz 2 nebst der Integration aller Bevölkerungsgruppen auch diejenige der ausländischen Kantonseinwohnerinnen und -einwohner. Letztere Bestimmung ist als *lex specialis* im Verhältnis zur allgemeinen Zielsetzung zu verstehen. Sie ist es auch in Bezug auf die Vorschrift über die Unterstützung des politischen Engagements durch das Gemeinwesen gemäss Art. 39. Abgesehen davon, dass Art. 114 Abs. 2 die staatliche Handlungspflicht etwas genauer beschreibt – das Gemeinwesen muss nicht lediglich «fördern», sondern «Massnahmen treffen», was vom Wortlaut her als stärkere Aufforderung gelten dürfte[8] – hat die Ausländerbestimmung aufgrund der allgemeinen Zielsetzung von Art. 114 Abs. 1 nur deklaratorischen Charakter. Sie ist dennoch von grosser symbolischer Bedeutung, weil sie sich, wie es auf Verfassungsebene nur wenige Kantone machen und der Bund gar nicht[9], für eine bestimmte, integrierende Ausländerpolitik entscheidet. Sie bekennt sich zu einer Bevölkerung, die nicht

---

[5] Vgl. Prot. Plenum, S. 1017, 1976 ff. Die Dialog-Bestimmung hiess in ihrer ursprünglichen Version im Übrigen «Integration» bzw. «Dialog und Integration» (vgl. Prot. Plenum, S. 1016 ff., 1984 f., 2703).
[6] Vgl. die Voten in Prot. Plenum, S. 2317 ff. (44. Sitzung); selbst für den Verfassungsrat war die Entstehungsgeschichte von Art. 114 schwer übersichtlich (vgl. Prot. Plenum, S. 2706 ff.).
[7] Vgl. Aufnahme noch unter die politischen Rechte und das Bürgerrecht in Prot. Plenum, S. 1522 ff., 1536.
[8] Vgl. Sobotich, Vorb. zu Art. 95-121 N. 14.
[9] Vgl. § 108 KV BL, Art. 69 Abs. 1 KV FR, Art. 30 KV GL, Art. 18 Abs. 3 KV JU, Art. 5 Abs. 1 lit. d KV NE, Art. 68 Abs. 2 KV VD (welche Bestimmung Art. 114 am meisten ähnelt). Auf Bundesebene scheiterte der Versuch, eine entsprechende Bestimmung in die Verfassung aufzunehmen, weil sie den Nachführungsauftrag sprengen würde (dazu Wyss, S. 1031). In verschiedenen Kantonen kann allerdings den Ausländerinnen und Ausländern das politische Stimmrecht vielfach auf kommunaler oder auf kanto-

nur aus den Stimmberechtigten und ihren Kindern, sondern auch zu einem Viertel[10] aus stimmrechtslosen Ausländerinnen und Ausländern besteht. Mit Art. 114 reicht sie ihnen die Hand[11].

2. Der Integrationsbegriff gemäss Art. 114

2.1. Im Allgemeinen

Der schillernde Begriff der Integration, dessen Auslegung im Grunde genommen von der jeweiligen politischen Ideologie abhängt[12], wird in Art. 114 in Anlehnung an[13] das neue Ausländergesetz des Bundes in zwei Richtungen konkretisiert[14]. Zum einen bezieht sich diese Bestimmung auf die Koexistenz der verschiedenen Bevölkerungsgruppen, die in gegenseitiger Achtung und Toleranz erfolgen soll. Diesen Aspekt der Integration kann man auch als *negativ* oder *statisch* bezeichnen: Jede und jeder soll sich unerlaubter Einwirkungen in die Freiheit und die Würde der anderen Individuen enthalten. Das bedeutet mit anderen Worten auch, dass sich niemand ändern muss, um als vollwertiges Mitglied der Bevölkerung zu gelten. Assimilation wird weder erfordert noch angestrebt[15]. Das dürfte sich namentlich auf die Anwendung der Einbürgerungsvoraussetzungen gemäss Art. 20 Abs. 3 auswirken. Integriert und als Kantonsbürgerin oder -bürger zu betrachten ist in diesem Sinn nicht, wer die einheimische Kultur übernommen hat, sondern wer die anderen Staatsangehörigen und Bevölkerungsgruppen achtet und sich aktiv an der Gestaltung des öffentlichen Lebens beteiligt. Art. 114 bildet damit ein auf die gesellschaftliche Wirklichkeit angepasstes neues Eigenverständnis der Zürcher Identität.

Zum anderen erklärt Art. 114 auch die Förderung der Beteiligung aller Bevölkerungsgruppen am öffentlichen Leben ausdrücklich zur staatlichen Aufgabe. Damit wird nicht vom Bild einer Schafherde ausgegangen, die sich der Rechts-

---

naler Ebene verliehen werden (vgl. Art. 105 Abs. 2 KV AR, Art. 9 Abs. 4 KV GR, Art. 73 KV JU, Art. 37 Abs. 1 lit. c KV NE).
[10] Zur Zeit der Erarbeitung der Vorlage für die neue Verfassung.
[11] Vgl. Prot. Plenum, S. 2320 (44. Sitzung; die Integrationsbestimmung sei ein «Brückenartikel»).
[12] So auch Bianchi, S. 11; Wyss, S. 1025.
[13] Prot. Plenum, S. 1220.
[14] Prot. Plenum, S. 1220, und Art. 4 Abs. 1 und 2 Ausländergesetz. Vgl. auch Bianchi, S. 202 (Integration verlange keine Preisgabe der kulturellen Identität); Wyss, S. 1027 f. (Integration könne nach herrschender Meinung nicht nur darin bestehen, von ausländischen Personen bedingungslos und umfassend Anpassungen und Unterordnung zu fordern) und 1046 ff. (Integrationsförderung durch Anerkennung der Andersartigkeit).
[15] Prot. Plenum, S. 2326 (44. Sitzung). Art. 4 Abs. 4 Ausländergesetz verlangt hingegen, dass «sich Ausländerinnen und Ausländer mit den gesellschaftlichen Verhältnissen und Lebensbedingungen in der Schweiz auseinandersetzen und insbesondere eine Landessprache erlernen». Art. 114 ist nach der hier vertretenen Meinung keine solche Pflicht zu entnehmen.

ordnung in passivem Gehorsam unterwirft. Vielmehr sollen alle Mitglieder der Gesellschaft *positiv* oder *dynamisch* an der Gestaltung der Gesellschaft mitwirken können und wollen. Das bedingt faktisch, dass der Staat nach einem minimalen Lebens- und Bildungsstandard für alle strebt[16], ansonsten die aktive Mitwirkung aller illusorisch wird[17, 18].

8 Die Integrationsaufgabe wird also in Art. 114 zugleich als Akzeptanz des bestehenden gesellschaftlichen Ist-Zustands als auch als Bekämpfung aller sozialen Faktoren erfasst, wie namentlich Armut, fehlender Bildung, Alter oder schwacher Gesundheit, welche die Individuen daran hindern können, sich am gesellschaftlichen Leben aktiv zu beteiligen.

2.2. Zur Ausländerintegration

9 Der Integrationsbegriff, wie er gemäss Art. 114 Abs. 1 definiert wird, gilt aufgrund der systematischen Auslegung auch für die Ausländerintegration. Das bedeutet zum einen, dass die Ausländerpolitik im Kanton Zürich im Zeichen der Toleranz und Achtung gegenüber anderen Kulturen zu stehen hat. Aus der genannten Zielsetzung kann allerdings nicht abgeleitet werden, dass z.B. politische Bestrebungen, den Ausländerteil der Bevölkerung zu reduzieren oder die Voraussetzungen zur Erlangung der Schweizer Nationalität zu erschweren, verfassungswidrig wären. Art. 114 verlangt aber, dass entsprechende Kampagnen mit allem Respekt für die nicht schweizerischen Kantonseinwohnerinnen und -einwohner geführt werden[19].

10 Zum anderen hat die Ausländerpolitik auch die soziale Wohlfahrt der Ausländerinnen und Ausländer im Kanton anzustreben, weil eine aktive Beteiligung am öffentlichen Leben einen minimalen Lebensstandard erfordert[20]. Art. 114 Abs. 2 bietet allerdings nur eine Grundlage für Sozialrechte von Ausländerinnen und Ausländern, die im Kanton «wohnhaft» sind, was ein Aufenthaltsrecht von einer

---

[16] Vgl. namentlich Prot. Plenum, S. 1017 (Integrationspolitik umfasse auch Wirtschafts-, Sozial- und Bildungspolitik).

[17] Vgl. die umfassende Bedeutung des Grundrechts auf Existenzsicherung bei AMSTUTZ, *passim*. In Art. 96 KV SO wird nebst der Integration der Ausländerinnen und Ausländer auch ihre Wohlfahrt zur Staatsaufgabe erklärt.

[18] Die Idee, dass die Integration einen minimalen Wohlstand voraussetzt, schimmert namentlich durch die Voraussetzung hindurch, dass die Einbürgerungswilligen für sich selber und ihre Familie aufkommen können müssen, um als integriert im Sinne von Art. 20 zu gelten (Art. 20 Abs. 3 lit. b).

[19] Aufgrund der Meinungsfreiheit unter anderem ist davon auszugehen, dass Art. 114 für sich allein keine genügende Grundlage darstellt, um fremdenfeindliche Kampagnen zu zensurieren. Art. 114 bietet aber eine Grundlage für die Schaffung entsprechender Regelungen auf Gesetzesstufe an, womit die rechtlichen Grauzonen betreffend die von Privaten zum Ausdruck gebrachte Respektlosigkeit gegenüber anderen Kulturen, bei denen der zivilrechtliche und der strafrechtliche Persönlichkeitsschutz versagen, abgedeckt werden könnten.

[20] Vgl. auch BIANCHI, S. 74 ff.

gewissen Dauer, jedoch keine Niederlassung voraussetzt[21]. Darüber hinaus soll sich das Gemeinwesen im Sinne des in der Präambel gemalten Selbstporträts als «weltoffenen Gliedstaats» der Schweiz auch darum bemühen, das Hindernis des fehlenden Bürgerrechts, das der Wahrnehmung der politischen Rechte entgegensteht, zu beseitigen. Es soll deshalb aufgrund von Art. 114 die Ausländerinnen und Ausländer, die einbürgerungswillig sind, möglichst unterstützen und ihnen behilflich zur Seite stehen[22]. Einen Schritt in diese Richtung stellen z.B. die von den Gemeinden an fremdsprachige Jugendliche und junge Erwachsene angebotenen freiwilligen Integrationskurse dar.

3. Ausstrahlungskraft einer staatlichen Grundlage

Entgegen der Absicht des Verfassungsrats, den Gedanken der Integration in Art. 7 in seiner Essenz festzuhalten und ihn in Art. 114 zu konkretisieren[23], kann nicht gesagt werden, dass letztere Bestimmung konkret geworden sei. Vielmehr ist sie sogar allgemeiner als die Dialog-Bestimmung[24]. Wenn das Augenmerk bei Art. 7 immerhin auf den gesellschaftlichen *Dialog* gerichtet ist, widmet sich Art. 114 pauschal dem «Zusammenleben» der verschiedenen Gesellschaftsgruppen, was vergleichsweise einen höheren Abstraktionsgrad aufweist. Auch im Verhältnis zu Art. 39 ist Art. 114 nicht konkreter. Die Zielsetzung von beiden Bestimmungen besteht in einer stärkeren Einbindung der Bevölkerung in den politischen Prozess, wobei Art. 39 im Gedanken einer gut funktionierenden Demokratie, während Art. 114 in demjenigen einer gut funktionierenden[25] – einer alle integrierenden – Gesellschaft eingebettet ist.

Die Regelung von Art. 114 würde von ihrer Wesentlichkeit her – wie in anderen Kantonen[26] – einen Platz unter den Grundlagen des Staates[27] oder den Sozialzie-

---

[21] Genaueres über die Voraussetzung «wohnhaft» lässt sich den Materialien nicht entnehmen.
[22] Vgl. Art. 69 Abs. 2 KV FR und Art. 69 Abs. 1 KV VD, in denen dem Kanton und den Gemeinden ausdrücklich auferlegt wird, die Einbürgerung von Ausländerinnen und Ausländern zu erleichtern. Zum Zusammenhang zwischen Integrationspolitik und Einbürgerung vgl. Prot. Plenum, S. 1524, 1526, 1759 ff., 2020, 2318 (44. Sitzung).
[23] Vgl. Prot. Plenum, S. 2317 ff., 2323 (44. Sitzung). Auch SOBOTICH, S. 46, spricht von Konkretisierung.
[24] Anders Prot. Plenum, S. 1221 (Die Dialog-Bestimmung sei «philosophischer», während der Integrationsartikel «pragmatischer» und «dynamischer» Natur sei; es gehe bei der Integrationsbestimmung um Konkretisierung).
[25] Vgl. Prot. Plenum, S. 1018, wo von einer «intakten» Gesellschaft die Rede ist.
[26] In den Kantonen Waadt und St.Gallen wird die soziale Integration unter den Staatszielen aufgeführt (Art. 6 Abs. 1 lit. b KV VD bzw. Art. 14 KV SG). In den Kantonen Jura und Neuenburg gehört die Ausländerintegration zu den Sozialzielen (Art. 18 Abs. 3 KV JU) bzw. zu den Staatszielen (Art. 5 Abs. 1 lit. d KV NE).
[27] Vgl. Antrag auf Aufnahme unter die jetzige Dialog-Bestimmung in Prot. Plenum, S. 1976 ff.

len[28] verdienen[29]. Sie bringt über die Hintertür der öffentlichen Aufgaben eine wesentliche Zielsetzung[30] in die Verfassung hinein, die nicht in den Grundlagen des Staates und in dieser Allgemeinheit auch nicht in den Sozialzielen verankert ist. Es geht um den Gedanken eines Sozialstaates, der nicht wie in Art. 5 die Eigenverantwortung des Einzelnen und die Hilfe zur Selbsthilfe betont[31], sondern sich um die Integration aller – unabhängig unter anderem davon, ob jung oder alt, arm oder reich, krank, gesund oder behindert, einheimisch oder landesfremd[32] – in die Gesellschaft kümmert[33].

13 Der Gedanke der sozialen Integration aller Menschen wird in der Verfassung auch im Zusammenhang mit einzelnen Bevölkerungsgruppen zum Ausdruck gebracht[34]. Das ist der Fall für die betagten Menschen, die Kinder und die Jugendlichen[35]. Zu nennen sind auch die Erwerbslosen, deren Wiedereingliederung in den Arbeitsprozess gefördert werden soll[36], oder die Eltern, die vor einer Notlage vor und nach der Geburt eines Kindes geschützt und denen geeignete Betreuungsvoraussetzungen zur Verfügung gestellt werden sollen[37]. Eine wichtige integrierende Wirkung kommt ferner der Bildung im weiteren Sinne zu[38].

14 Darüber hinaus dienen verschiedene Verfassungsvorschriften der Integration bestimmter Bevölkerungsgruppen, indem ihr Schutz vor Diskriminierungen besonders hervorgehoben oder ihnen bestimmte Rechte eingeräumt werden. Zu erwähnen sind namentlich die Homosexuellen, die nicht aufgrund ihrer sexuellen Orientierung diskriminiert werden dürfen[39], die Gehörlosen, für welche die

---

[28] So noch in Prot. Plenum, S. 1220 (Aufnahme als Litera k der Sozialziele; vgl. den entsprechenden Antrag in Prot. Plenum, S. 1189 ff.).

[29] Praktisch gesehen hat die Platzierung unter die öffentlichen Aufgaben möglicherweise eine grössere Verpflichtungswirkung gegenüber dem Gemeinwesen.

[30] Vgl. die Voten zur Wichtigkeit einer Integrationspolitik in Prot. Plenum, S. 1016 ff.

[31] Vgl. auch Art. 111 Abs. 3.

[32] Vgl. Klarstellung in Prot. Plenum, S. 2705 f.

[33] Auf den grossen Symbolgehalt der Bestimmung zur Integration der ausländischen Bevölkerung wurde bereits hingewiesen. Wegen der ausgeprägten Signalwirkung dieser Bestimmung ist es bedauerlich, dass sie nicht Eingang in die staatlichen Grundlagen oder die Sozialziele finden konnte. Das gilt umso mehr, als sie im Gegensatz zu Art. 7, in welchem Artikel vorsichtigerweise nur von den unterschiedlichen «Kulturen» die Rede ist, ohne Umwege den Begriff der Ausländerinnen und Ausländer verwendet.

[34] Vgl. dazu im Allgemeinen SOBOTICH, S. 31 ff.

[35] Der Kanton und die Gemeinden sollen sich für die Teilhabe der älteren Menschen an der gesellschaftlichen Entwicklung einsetzen und zusammen mit den Privaten die Integration der Kinder und der Jugendlichen in die Gesellschaft fördern (Art. 19 Abs. 1 lit. c bzw. Art. 112 lit. b). Die Jugendlichen sollen ausserdem auf die Mitwirkung und Mitverantwortung in Staat und Gesellschaft vorbereitet werden (Art. 39 Abs. 3).

[36] Art. 111 Abs. 2.

[37] Art. 19 Abs. 1 lit. a und b. Ihre Integration in die Gesellschaft soll insbesondere durch die Förderung der Vereinbarkeit von Erwerbs- und Betreuungstätigkeit unterstützt werden (Art. 107 Abs. 2).

[38] Vgl. namentlich Prot. Plenum, S. 116, 2341. Zur Bildung im weiteren Sinn gehören auch die Umschulung, die Weiterbildung oder die Berufsbildung (vgl. Art. 11 Abs. 3, Art. 14, 111 Abs. 2, Art. 115, 119). In diesem Kontext ist der Wortlaut von Art. 115 von Interesse, der zu den Aufgaben des staatlichen Bildungswesens namentlich die Stärkung des «Gemeinsinns» zählt, was sich insoweit integrierend auswirken sollte, als nicht das Individualistische, sondern das Gemeinsame betont wird.

[39] Vgl. Art. 11 Abs. 2 KV sowie Art. 8 Abs. 2 BV (dazu statt vieler MAHON, Art. 8 N. 13 ff.).

Gebärdensprache ausdrücklich zur Sprache im Sinne der Sprachenfreiheit deklariert wird[40], oder die Menschen mit Behinderungen, denen ein Anspruch auf Zugang zu öffentlichen Bauten gewährleistet wird[41].

Mit Blick auf ihre Tragweite soll die Integrationsbestimmung schliesslich bei der Auslegung anderer Rechtsnormen herangezogen werden und auf die ganze Rechtsordnung ausstrahlen. Ihre Bedeutung sollte z.B. in Verbindung mit der Transparenz-Vorschrift gemäss Art. 49 durchdringen, damit alle Bevölkerungsgruppen gleichermassen von der behördlichen Informationstätigkeit profitieren können. Auch soll Art. 114 auf das Verständnis dafür, was als gleich oder ungleich im Sinne der Lehre und Praxis zum Gleichbehandlungsgebot[42] zu gelten habe, oder auf die Förderungsmassnahmen zugunsten der politischen Parteien[43] einen Einfluss haben[44]. 15

4. Konkrete Auslegung von Art. 114

4.1. Die Förderungsaufgabe des Gemeinwesens

Vom Gemeinwesen wird nur ein «Fördern» des angestrebten Ziels erwartet, was keinen hohen Verpflichtungsgrad aufweist. Mangels Justiziabilität ist davon auszugehen, dass keine individualrechtlichen Ansprüche auf Tätigwerden des Staates daraus abgeleitet werden können[45]. Die öffentliche Aufgabe ist so generell umschrieben, dass Art. 114 quasi alle staatlichen Massnahmen und Erlasse in allen denkbaren Gebieten (wie namentlich Schule, Sport, Kultur, Gesundheitswesen) abdecken sollte, die auf irgendeine Weise das Verständnis der verschiedenen Bevölkerungsgruppen füreinander fördern und sie dazu motivieren können, am öffentlichen Leben teilzunehmen. Dazu gehört auch, dass bestehende Institutionen (Pflege- und Altersheime, Heime für behinderte Kinder[46], Strafvollzugseinrichtungen) das Ziel des Austausches und der Integration ihrer Insassen in die Gesellschaft in ihre Programme aufnehmen. Art. 114 könnte ferner rechtfertigen, dass Fahrenden bei der Suche nach Standplätzen[47] geholfen wird. Gestützt auf Art. 114 könnte ausserdem den Ausländerinnen und Auslän- 16

---

[40] Art. 12.
[41] Art. 11 Abs. 4.
[42] Art. 11. Vgl. auch Art. 8 BV.
[43] Art. 39 Abs. 2.
[44] Denn dieses Gebot gewährleistet im Endeffekt einen gewissen gesellschaftlichen Zusammenhalt, indem es zur Berücksichtigung der Unterschiede zwischen den Bevölkerungsgruppen beiträgt, womit diese besser integriert werden können.
[45] Vgl. Art. 19 Abs. 2; Sobotich, Vorb. zu Art. 95–121 N. 17.
[46] Vgl. z.B. § 95 Abs. 4 KV BL, der die Integration behinderter Kinder durch eine angepasste Schulbildung vorschreibt.
[47] Vgl. § 109 KV BL ausdrücklich. Ein entsprechender Verfassungsartikel wurde vom Verfassungsrat mangels Verfassungswürdigkeit verworfen (Prot. Plenum, S. 1478 ff., insbesondere S. 1489 f. und 1492).

dern eine beratende Mitwirkung im Parlament eingeräumt werden[48] und könnten Jugendparlamente[49] geschaffen werden. Auswirkungen sollte Art. 114 schliesslich auf die Behandlung von Bewilligungsgesuchen für die Durchführung von Demonstrationen, für die Verteilung von Flugblättern oder für die Benutzung von öffentlichen Gebäuden haben.

17 Stehen finanzielle Beiträge des Staates zur Debatte[50], ist allerdings Art. 38 Abs. 1 lit. e zu beachten, weil Art. 114 für sich allein zu wenig bestimmt ist. Das Gleiche gilt, wenn Einschränkungen der Freiheitsrechte zur Verwirklichung der Zielsetzung von Art. 114 ins Auge gefasst werden, weil diese nach Lehre und Praxis einer genügend bestimmten Stütze im Gesetz bedürfen[51]. Solche Einschränkungen sind trotz der positiven Formulierung von Art. 114 (es geht um eine Förderungsaufgabe) nicht ausgeschlossen, soweit sie dem angestrebten Ziel dienen. In äussersten Fällen sind sogar einschränkende Massnahmen zu Lasten der direkt Betroffenen (wie z.B. ein Minarett-Verbot während einer Zeit akuter Islam-Feindlichkeit[52]) denkbar, wobei an solche Massnahmen hohe Anforderungen, namentlich in Bezug auf das Verhältnismässigkeitsprinzip, zu stellen sind[53]. Allgemein ist zu beachten, dass Art. 114 keine Grundlage für die Anwendung von Zwang gegenüber den zu integrierenden Bevölkerungsgruppen darstellt[54], weil dies dem Sinn und Zweck von Art. 114 widerspräche.

18 Zuständig für die Förderung der sozialen Integration aller Bevölkerungsteile sind dabei der Kanton und die Gemeinden parallel, was eine konsequente Folge ihrer gemeinsamen Verantwortlichkeit für die Verwirklichung der Sozialziele darstellt[55]. Der Verfassungsgrundsatz, wonach sie sich dabei gegenseitig zu unterstützen haben[56], dürfte im Zusammenhang mit Art. 114 besonders relevant sein, weil die verschiedenen Bevölkerungsgruppen durch den ganzen Kanton verteilt sein dürften. Besonders in Bezug auf die ausländische Bevölkerung drängt sich die Zusammenarbeit mit dem Bund auf, welcher der Ausländerintegration im neuen Ausländergesetz prioritäre Bedeutung eingeräumt hat.

---

[48] Im Kanton Thurgau können die Gemeinden den Ausländerinnen und Ausländern beratende Mitwirkung in ihren Angelegenheiten einräumen (§ 19 KV TG).
[49] Vgl. §§ 87a und 115c GemG (LS 131.1; in Kraft seit 1. April 2005).
[50] Diese sind vom Wortlaut von Art. 114 auch erfasst, was zu Widerstand im Verfassungsrat gegen diese Bestimmung führte (vgl. Prot. Plenum, S. 2710).
[51] Art. 10 Abs. 2 KV in Verbindung mit Art. 36 Abs. 1 BV.
[52] Vgl. zu den Anforderungen der Glaubens- und Gewissensfreiheit an das Bau- und Planungsrecht KIENER/KUHN, S. 617 ff.
[53] Im berühmten Schwimmunterrichtsfall (BGE 119 Ia 178 ff.) z.B. hat das Bundesgericht die Religionsfreiheit des betroffenen islamischen Mädchens höher bewertet als die Nachteile seiner Dispensation vom Schwimmunterricht für sich selber und für den Schulbetrieb.
[54] Vgl. Prot. Plenum, S. 2321, 2326 (44. Sitzung).
[55] Vgl. Art. 19.
[56] Vgl. Art. 4, 90 ff. und 95 Abs. 1.

4.2. Die verschiedenen Bevölkerungsgruppen

Die Förderungsmassnahmen des Staates sollen sich auf die friedliche Koexistenz der «verschiedenen Bevölkerungsgruppen» richten. Nach dem Sinn und Zweck von Art. 114 ist unter diesem Begriff ein Sammelsurium aller möglichen Teile der Bevölkerung zu verstehen, nach Massgabe aller denkbaren soziologischen Unterscheidungskriterien, wobei es sich dabei nicht notwendig um Minderheiten handeln muss[57]. Eine Auflistung dieser möglichen Kriterien kann dem Diskriminierungsverbot[58] entnommen werden, welches die Herkunft, die Rasse, das Geschlecht, das Alter, die genetischen Merkmale, die Sprache, die sexuelle Orientierung, die soziale Stellung, die Lebensform, die religiösen, weltanschaulichen oder politischen Überzeugungen oder die körperliche, geistige oder psychische Befindlichkeit nennt. Während das Diskriminierungsverbot darauf gerichtet ist, die Rechtsordnung von den Unterscheidungen, die in der Gesellschaft real existent sind, fernzuhalten und sie nach objektiven Unterscheidungskriterien aufzubauen, zielt das Integrationsgebot gemäss Art. 114 gerade darauf ab, die soziologisch nicht zu verleugnenden Unterschiede zwischen den Menschen wahrzunehmen[59] und nach ihrer Massgabe die Gesellschaft dahin zu steuern, dass niemand gegen seinen Willen zu einem isolierten Dasein gezwungen wird.

Eine Gruppe im Sinne von Art. 114 braucht deshalb nicht organisiert zu sein, und die ihr zugehörigen Menschen müssen sich nicht mal bewusst sein, dass sie Teil davon sind. Es genügt, dass sie Merkmale aufweisen, die sie von der Mehrheit unterscheiden und die potenziell Grund sein können, sie unwillentlich zu einem isolierten Dasein zu führen. Es kann sich in diesem Sinn z.B. um die Gruppe der Schwerhörigen, der Betagten, der Arbeitslosen, der Sans-Papiers, der geistig Kranken oder der zweiten oder dritten Ausländergeneration handeln.

4.3. Die Beteiligung am öffentlichen Leben

Integriert ist gemäss Art. 114 eine Bevölkerungsgruppe, welche die Achtung und Toleranz der anderen Gruppen geniesst und diese deshalb auch erwidern kann. Sie muss aber auch in irgendeiner Form am öffentlichen Leben teilhaben wollen und können. Die besonders generelle Formulierung «Beteiligung am öffentlichen Leben» entspringt der Tatsache, dass nicht alle zu integrierenden Gruppen stimmberechtigt sind. Diese Beteiligung erstreckt sich also auf alle Handlungen, die geeignet sind, die gesellschaftliche Entwicklung aktiv zu be-

---

[57] Vgl. Art. 5 Abs. 1 lit. d KV NE, in welchem die Aufnahme und die Integration der Minderheiten ausdrücklich erwähnt werden.
[58] Art. 11 Abs. 2.
[59] Vgl. Voten in Prot. Plenum, S. 100, 1526 oder 1981 («ob wir es wahrhaben wollen oder nicht, [...] wir sind ein Mischmasch vor verschiedenen kulturellen Hintergründen, von verschiedenen Weltanschauungen»).

einflussen. Im Verfassungsrat wurde namentlich auf die Mitgliedschaft in Vereinen, die Vertretung in Kommissionen der Kirchgemeinden, die Teilnahme an Elternabenden, die Hilfe bei Quartierfesten oder beim Limmatschwimmen hingewiesen[60].

---

[60] Vgl. Prot. Plenum, S. 2703 f. Zu den denkbaren partizipativen Möglichkeiten vgl. auch HEUSSER, S. 157 ff.

Art. 115

Bildungswesen

Kanton und Gemeinden sorgen für ein Bildungswesen, das die geistigen, seelischen, sozialen und körperlichen Fähigkeiten des einzelnen Menschen berücksichtigt und fördert, seine Verantwortung und seinen Gemeinsinn stärkt und auf seine persönliche und berufliche Entwicklung ausgerichtet ist.

Materialien

Art. 127 VE; Prot. Plenum, S. 1547 ff., 2329 ff. (44. Sitzung), 2712 f.

Literatur

Vgl. Hinweise zu Art. 116.

Rechtsquellen

- Art. 61a ff. BV
- Art. 14 KV
- Bildungsgesetz vom 1. Juli 2002 (BiG; LS 410.1)
- Volksschulgesetz vom 7. Februar 2005 (VSG; LS 412.100)
- Beschluss des Regierungsrates über die Inkraftsetzung des Volksschulgesetzes vom 20. Juni 2006 (LS 412.100.1; OS 61, S. 219 f.)

Übersicht   Note

1. Bildung – eine Kernaufgabe des Staates   1
2. Übersicht über das zürcherische Bildungswesen   3
3. Ziele des zürcherischen Bildungswesens   4
4. Bildungsrat   9

1. Bildung – eine Kernaufgabe des Staates

Die Vermittlung von Bildung ist Sache des Kantons und der Gemeinden; gemäss Art. 115 sind sie für das Bildungswesen (von der Volksschule bis zu den Hochschulen) zuständig. Ein staatliches Bildungsmonopol besteht jedoch nicht, auch wenn die Bildung zu den Kernaufgaben des Staates zählt[1]; private Bildungsstätten bleiben auf allen Stufen zulässig[2].

---

[1] Dies ist allerdings erst seit dem 19. Jahrhundert der Fall. Das staatliche Schulsystem geht auf die Zeit der Regeneration (1830–1848) zurück. Die Staatsverfasssung für den eidgenössischen Stand Zürich vom 10. März 1831 hielt in Art. 20 Folgendes fest: «Sorge für Vervollkommnung des Jugendunterrichts ist Pflicht des Volkes und seiner Stellvertreter. Der Staat wird die niedern und höhern Schul- und Bildungsanstalten nach Kräften pflegen und unterstützen.» Ein erstes Unterrichtsgesetz wurde am 28. Herbstmonat 1832 erlassen (OS 2, S. 313 ff.). Die spätere Kantonsverfassung von 1869 erklärte in Art. 62 die Förderung der allgemeinen Volksbildung und der republikanischen Bürgerbildung ausdrücklich zur Sache des Staates. Zudem wurde der Volksschulunterricht obligatorisch und unentgeltlich. Vgl. dazu STRÄULI, Art. 62 aKV.

[2] Durch die Gewährleistung von Privatschulen in den Art. 15 und 117 wird einem staatlichen Schulmonopol eine klare Absage erteilt.

2   Obgleich den Kantonen die Schulhoheit zukommt[3], verfügt der *Bund* in der Bildung über zahlreiche Kompetenzen[4]. Im *Schulwesen* ist er gestützt auf Art. 62 Abs. 4 BV befugt, Vorschriften über das Schuleintrittsalter, die Schulpflicht, die Dauer und Ziele der Bildungsstufen und deren Übergänge sowie über die Anerkennung von Abschlüssen zu erlassen, sofern unter den Kantonen auf dem Koordinationsweg keine Harmonisierung dieser Bereiche zustande kommt. Sache des Bundes ist es sodann, den Beginn des Schuljahres zu bestimmen (Art. 62 Abs. 5 BV). Art. 63 BV erklärt den Bund ferner für die Regelung der *Berufsbildung* für zuständig. Im *Hochschulwesen* verankert Art. 63a BV sowohl eine parallele Bundeskompetenz zur Schaffung von Institutionen des Hochschulbereichs als auch subsidiäre Bundeskompetenzen zum Erlass bestimmter Vorschriften. Art. 64a und Art. 66 BV vermitteln dem Bund schliesslich je eine Rahmengesetzgebungskompetenz auf dem Gebiet der *Weiterbildung* und der *Ausbildungsbeiträge*.

2. Übersicht über das zürcherische Bildungswesen

3   Das zürcherische Bildungswesen gliedert sich in drei Stufen, und zwar in die Volksschulstufe, die Sekundarstufe II und die Tertiärstufe. Die öffentliche *Volksschule* setzt sich zusammen aus der zweijährigen Kindergartenstufe, der sechsjährigen Primarstufe und der Sekundarstufe I, welche die letzten drei Jahre der obligatorischen Schulpflicht umfasst, die in der Volksschule oder in den Mittelschulen erfüllt wird. Die *Sekundarstufe II* besteht aus der beruflichen Grundausbildung und der Ausbildung in den Mittelschulen nach der obligatorischen Schulpflicht. Die *Tertiärstufe* besteht aus der Ausbildung an der Universität, den Fachhochschulen und den Höheren Fachschulen[5].

3. Ziele des zürcherischen Bildungswesens

4   Art. 115 definiert die Ziele des zürcherischen Bildungswesens und gilt damit für die Art. 116 (öffentliche Schulen), 118 (Hochschulen) und 119 (Berufs- und Weiterbildung).

5   Gemäss Art. 115 haben Kanton und Gemeinden für ein Bildungswesen zu sorgen, das die geistigen, seelischen, sozialen und körperlichen Fähigkeiten des einzelnen Menschen berücksichtigt und fördert, seine Verantwortung und seinen

---

[3] Art. 62 Abs. 1 BV.
[4] Vgl. dazu Bericht der Kommission für Wissenschaft, Bildung und Kultur des Nationalrats zum Bildungsrahmenartikel in der Bundesverfassung vom 23. Juni 2005, BBl 2005, S. 5479 ff.
[5] § 8 BiG; §§ 4 ff. VSG.

Gemeinsinn stärkt und auf seine persönliche und berufliche Entwicklung ausgerichtet ist[6]. Art. 115 vergleichbare Bestimmungen kennen z.B. die Verfassungen der Kantone Bern (Art. 42), St.Gallen (Art. 10) und Schaffhausen (Art. 88).

Die Bildungsziele von Art. 115 lassen sich in individualbezogene, gesellschafts- bzw. gemeinschaftsbezogene und wirtschaftsbezogene unterteilen[7]. Die Aufgabe des Bildungswesens beschränkt sich nicht auf die Vermittlung von Wissen, Kenntnissen und Fähigkeiten, sondern erstreckt sich auf die Förderung des *Individuums* mit seinen geistigen, seelischen, sozialen und körperlichen Fähigkeiten. Nicht nur den normal begabten, sondern auch den körperlich und geistig behinderten Kindern ist eine ihren Fähigkeiten angepasste Schulung zu ermöglichen[8]; das Gleiche gilt für hochbegabte Kinder[9]. Ein *gesellschaftsbezogenes* Bildungsziel stellt die Stärkung des Verantwortungsbewusstseins und des Gemeinsinns des Einzelnen dar. Zu den *wirtschaftsbezogenen* Zielen gehört die Vermittlung von Kenntnissen und Fähigkeiten, die auf die berufliche Entwicklung ausgerichtet sind.

Nicht erwähnt wird in Art. 115, dass der Schule (insbesondere auf Stufe der Volksschule) auch ein *Erziehungsauftrag* zukommt[10]. Dies im Unterschied zu Art. 127 des Vorentwurfs, der neben dem Bildungs- auch das Erziehungswesen zur staatlichen Aufgabe erklärte. Da die Erziehung von Bundesrechts wegen primär Aufgabe der Eltern ist (Art. 302 ZGB), kann dem Staat in diesem Bereich indes nur eine unterstützende Funktion zufallen. Weil die im Vorentwurf gewählte Formulierung «Kanton und Gemeinden sorgen für ein Erziehungs- und Bildungswesen» diese Aufgabenverteilung zwischen Eltern und Staat zu wenig zum Ausdruck brachte, verzichtete der Verfassungsrat darauf, den Erziehungsauftrag der Schule in der Verfassung zu erwähnen[11].

Im Gegensatz zu Art. 14, welcher ein Grundrecht auf Bildung verankert[12], lassen sich aus den Bildungszielen von Art. 115 *keine unmittelbaren Ansprüche auf staatliche Leistungen* ableiten.

---

[6] Eine ähnliche Zielbestimmung enthält auch § 2 BiG.
[7] Vgl. dazu auch HÖRDEGEN, Chancengleichheit, S. 44 ff.
[8] Die Sonderschulung körperlich und geistig behinderter Kinder beschränkt sich nicht auf den Unterricht, sondern umfasst auch Therapie, Erziehung und Betreuung; vgl. § 36 VSG. Gemäss Art. 62 Abs. 3 BV in der Fassung vom 3. Oktober 2003 betr. Neugestaltung des Finanzausgleichs und der Aufgabenteilung zwischen Bund und Kantonen (NFA) gehört es zu den Aufgaben der Kantone, für eine ausreichende Sonderschulung aller behinderten Kinder und Jungendlichen bis längstens zum vollendeten 20. Altersjahr zu sorgen. (Art. 62 Abs. 3 BV tritt am 1. Januar 2008 in Kraft.)
[9] Vgl. dazu RÜSSLI, Begabtenförderung, S. 354 f.
[10] Gemäss § 2 Abs. 2 VSG ergänzt die Volksschule die Erziehung in der Familie. Vgl. zur Erziehungsaufgabe der Schule auch BORGHI, Kommentar BV, Art. 27 aBV Rz. 30.
[11] Vgl. dazu Prot. Plenum, S. 2712 f.; ferner Vernehmlassung des Regierungsrates zum Entwurf des Verfassungsrates für die neue Verfassung des Kantons Zürich, RRB 1697 vom 19. November 2003, S. 31.
[12] Dazu BIAGGINI, Art. 14.

4. Bildungsrat

9 Eine zentrale Bedeutung im zürcherischen Bildungswesen kommt dem Bildungsrat zu, welcher der Bildungsdirektion beigegeben ist. Der Bildungsrat beschäftigt sich primär mit pädagogischen Fragen aus den Bereichen Volks-, Mittel- und Berufsfachschulen, indem er Lehrpläne und Reglemente erlässt und für die Koordination zwischen diesen Bildungsbereichen sorgt[13]. Der Bildungsrat besteht aus neun Mitgliedern. Acht werden durch den Kantonsrat gewählt; das für das Bildungswesen zuständige Mitglied des Regierungsrates gehört dem Bildungsrat von Amtes wegen an[14].

10 Im Unterschied zur alten Kantonsverfassung von 1869 (Art. 62 Abs. 6 aKV) und zur Staatsverfassung von 1831 (Art. 70) erwähnt die neue Verfassung den bereits seit der Helvetik (1798–1803) bestehenden Erziehungs- und späteren Bildungsrat nicht mehr[15]. Der Verfassungsgeber war (wie bereits vor ihm der Regierungsrat) der Ansicht, dass auf eine Verankerung des Bildungsrates auf Verfassungsstufe verzichtet werden könne[16].

---

[13] § 21 BiG.
[14] § 22 BiG.
[15] Dazu STRÄULI, Art. 62 aKV, S. 229 f.
[16] Vgl. Prot. K3 vom 20. Juni 2002, S. 668, und vom 17. Juli 2002, S. 751; ferner Antrag und Weisung des Regierungsrates zum Gesetz über die Zuordnung der Berufsbildung und die Schaffung eines Bildungsrates, ABl 1997, S. 1463 ff., 1471.

Art. 116

Kanton und Gemeinden führen qualitativ hoch stehende öffentliche Schulen. Diese sind den Grundwerten des demokratischen Staatswesens verpflichtet. Sie sind konfessionell und politisch neutral.

Öffentliche Schulen

Materialien

Art. 16, 128 VE; Prot. Plenum, S. 1547 ff., 1570 ff., 2332 ff. (44. Sitzung), 2714 ff.

Literatur

AUBERT MARTIN, Bildungsrechtliche Leistungsbeurteilungen im Verwaltungsprozess, Diss. (Bern), Bern/Stuttgart/Wien 1997; BORGHI MARCO, Kommentar BV, Art. 27 aBV; BRÄM WERNER KURT, Religionsunterricht als Rechtsproblem im Rahmen der Ordnung von Kirche und Staat, Diss. (Basel), Zürich 1978; DINKELMANN JÜRG, Die Rechtsstellung des Schülers im Schülerdisziplinarrecht, Diss. (Freiburg), Zürich 1985; ECKSTEIN KARL ALEXANDER, Schule und Elternrecht. Staatliche Bildungsziele und elterliche Befugnisse im öffentlichen Schulwesen, Diss., Basel 1979; FLEINER-GERSTER THOMAS, Die Rechte der Eltern gegenüber der Schule, AJP 1993, S. 666 ff.; FRÜH BEATRICE, Die UNO-Kinderrechtskonvention. Ihre Umsetzung im schweizerischen Schulrecht, insbesondere im Kanton Aargau, Zürich/St.Gallen 2007; GEBERT PIUS, Das Recht auf Bildung nach Art. 13 des UNO-Paktes über wirtschaftliche, soziale und kulturelle Rechte, Diss., St.Gallen 1996; HÄFELIN ULRICH, Kommentar BV, Art. 49 aBV; HANGARTNER YVO, Erziehungsauftrag und Erziehungsmassstab der Schule im freiheitlichen Verfassungsstaat, VVDStRL 54/1995, S. 95 ff. (Erziehungsauftrag); HÄRING CYRILL, Grundrechte im Bereich der Bildung, Diss., Basel 1976; HÖRDEGEN STEPHAN, Chancengleichheit und Schulverfassung, Diss. (Luzern), Zürich/Basel/Genf 2005 (Chancengleichheit); HÖRDEGEN STEPHAN, Grundziele und -werte der «neuen» Bildungsverfassung, ZBl 108/2007, S. 113 ff.; JAAG, Rz. 4001 ff.; JAAG TOBIAS, Rechtsfragen der Volksschule, insbesondere im Kanton Zürich, ZBl 98/1997, S. 537 ff.; JAAG TOBIAS/GÄCHTER THOMAS (Hrsg.), Das neue Zürcher Volksschulrecht, Zürich 2007; JAAG/MÜLLER/TSCHANNEN, §§ 30 ff.; JACH FRANK-RÜDIGER, Schulverfassung und Bürgergesellschaft in Europa, Berlin 1999; KÄGI-DIENER REGULA, St.Galler Kommentar, Art. 19; KÄMPFER WALTER, Bestand und Bedeutung der Grundrechte im Bildungsbereich in der Schweiz, EuGRZ 1981, S. 687 ff.; KARLEN PETER, Das Grundrecht der Religionsfreiheit in der Schweiz, Diss., Zürich 1988; KIENER REGINA, Bildung, Forschung und Kultur, in: Verfassungsrecht der Schweiz, § 57; KRAFFT MATHIAS-CHARLES, Auswirkungen des GATS auf das Bildungssystem der Schweiz, in: Schriftenreihe Bundesamt für Bildung und Wissenschaft, Bern 2003; MAHON PASCAL, Art. 19, 62, in: Aubert/Mahon; PETITJEAN GERALD, Die christliche Grundlegung der Schule, Diss., Basel 1972 (Maschinenschrift); PLOTKE HERBERT, Probleme des Schulrechts: Prüfungen und Promotionen, Diss. (Basel), Bern/Frankfurt a.M. 1974; PLOTKE HERBERT, Bildung und Schule in den kantonalen Verfassungen, in: Strukturen des schweizerischen Bildungswesens, Beiheft zur ZSR, Heft 17, Basel 1994, S. 5 ff.; PLOTKE HERBERT, Schweizerisches Schulrecht, 2. Aufl., Bern/Stuttgart/Wien 2003 (Schulrecht); PLOTKE HERBERT, Die Bedeutung des Begriffes Grundschulunterricht in Art. 19 und in Art. 62 Abs. 2 der Bundesverfassung, ZBl 106/2005, S. 553 ff. (Grundschulunterricht); RECHSTEINER WERNER A., Die Volksschule im Bundesstaat, Diss., Zürich 1978; RECORDON LUC, Tâches de l'Etat et des communes, in: Moor, Constitution vaudoise, S. 139 ff.; RICHLI PAUL, Grundrechtliche Aspekte der Tätigkeit von Lehrkräften, AJP 1993, S. 673 ff.; RICHLI PAUL, Chancengleichheit im Schul- und Ausbildungssystem als Problem des Staats- und Verwaltungsrechts, ZBl 96/1995, S. 197 ff.; RIEDI ANNA MARIA, Bildung zwischen Bescheidwissen und Emanzipation, in: Materialien zur Zürcher Verfassungsreform, Bd. 6, S. 7 ff.; RÜSSLI MARKUS, Begabtenförderung an öffentlichen Schulen, ZBl

104/2003, S. 352 ff.; SALADIN PETER/PLOTKE HERBERT, Bildungsrecht, in: Eichenberger/Jenny/Rhinow u.a., S. 605 ff.; SCHMID GERHARD/SCHOTT MARKUS, St.Galler Kommentar, Art. 62; SCHWEIZER RAINER J., Darf der Staat eine Schule auf christlicher Grundlage führen?, in: Schule auf christlicher Grundlage?, Rorschach 2001, S. 75 ff.; WAGNER PFEIFER BEATRICE, Staatlicher Bildungsauftrag und staatliches Bildungsmonopol, ZBl 99/1998, S. 249 ff.; WYSS MARTIN PHILIPP, Bildung als Service Public? – Verfassungsrechtliche Konturen eines politischen Schlagworts, in: Mélanges Pierre Moor, Bern 2005, S. 609 ff.; WYSS THOMAS, Die dienstrechtliche Stellung des Volksschullehrers im Kanton Zürich, Diss., Zürich 1986.

Rechtsquellen

- Art. 19, 48a Abs. 1 lit. b, 61a, 62 und 63 BV
- Bundesgesetz über die Berufsbildung vom 13. Dezember 2002 (Berufsbildungsgesetz, BBG; SR 412.10)
- Art. 14, 15 und 83 Abs. 2 KV
- Bildungsgesetz vom 1. Juli 2002 (BiG; LS 410.1)
- Konkordat über die Schulkoordination vom 29. Oktober 1970 (LS 410.3)
- Volksschulgesetz vom 7. Februar 2005 (VSG; LS 412.100)
- Beschluss des Regierungsrates über die Inkraftsetzung des Volksschulgesetzes vom 20. Juni 2006 (LS 412.100.1; OS 61, S. 219 f.)
- Übergangsordnung zum Volksschulgesetz vom 28. Juni 2006 (LS 412.100.2; OS 61, S. 221 ff.)
- Volksschulverordnung vom 28. Juni 2006 (VSV; LS 412.101)
- Mittelschulgesetz vom 13. Juni 1999 (MSG; LS 413.21)
- Mittelschulverordnung vom 26. Januar 2000 (MSV; LS 413.211)
- Reglement über die Anerkennung von gymnasialen Maturitätsausweisen vom 16. Januar 1995 (Maturitäts-Anerkennungsreglement, MAR; LS 410.5)
- Gesetz über die Trägerschaft der Berufsschulen vom 2. Dezember 1984 (LS 413.30)[*]

Übersicht Note

1. Öffentliche Schulen 1
   1.1. Geltungsbereich von Absatz 1 1
   1.2. Öffentliche Volksschule 3
   1.3. Mittelschulen 6
   1.4. Berufsfachschulen 9
2. Schulqualität (Absatz 1) 10
3. Tragende Grundsätze (Absatz 2) 11
4. Unentgeltlichkeit des Unterrichts 16
5. Obligatorium 20

---

[*] Der Regierungsrat hat dem Kantonsrat am 30. August 2006 einen Entwurf für ein neues Einführungsgesetz zum Bundesgesetz über die Berufsbildung vorgelegt (Vorlage 4351). Der Entwurf sieht die Aufhebung des Gesetzes über die Trägerschaft der Berufsschulen von 1984 vor; ABl 2006, S. 1153 ff.

1. Öffentliche Schulen

1.1. Geltungsbereich von Absatz 1

Art. 116 Abs. 1 verpflichtet Kanton und Gemeinden zur Führung qualitativ hoch stehender öffentlicher Schulen[1]. Die öffentlichen Schulen bilden das Gegenstück zu den von Privaten getragenen Privatschulen[2]. Welche Schultypen zu führen sind und wer – Kanton oder Gemeinde – im Einzelfall für deren Führung zuständig ist, lässt Art. 116 Abs. 1 offen. Dies zu bestimmen, ist Sache des Gesetzgebers.

Vom Geltungsbereich von Art. 116 Abs. 1 erfasst werden die Volksschule sowie die Berufsfach- und Mittelschulen, nicht aber die Hochschulen (Universität und Fachhochschulen). Für Letztere gilt Art. 118. Gemäss dieser Bestimmung hat der Kanton für eine qualitativ hoch stehende Lehre und Forschung an Universität und anderen Hochschulen zu sorgen; zur Führung solcher Bildungseinrichtungen ist er von Verfassung wegen jedoch nicht verpflichtet[3]. Darin liegt der Unterschied zu Art. 116 Abs. 1.

1.2. Öffentliche Volksschule

Träger der öffentlichen Volksschule sind die *Gemeinden*[4], d.h. in der Regel die Schulgemeinden[5]. In grösseren Gemeinden ist allerdings vorwiegend die politische Gemeinde für das Schulwesen zuständig. Die Leitung und die erstinstanzliche Aufsicht über die Schulen kommen der Schulpflege zu[6]; die zweitinstanzliche Aufsicht obliegt der Bildungsdirektion[7].

Die Volksschule umfasst die zweijährige Kindergartenstufe, die sechsjährige Primarstufe sowie die dreijährige Sekundarstufe I[8]. *Aufgabe* der Volksschule ist es, den von Art. 62 Abs. 2 der Bundesverfassung geforderten ausreichenden obligatorischen Grundschulunterricht zu vermitteln[9]. Was als ausreichender Unterricht anzusehen ist, lässt die Bundesverfassung wie bereits ihre Vorgängerin von 1874 offen[10]. Die Ausgestaltung dieses bundesrechtlichen Grundsatzes und

---

[1] Der Begriff «Führung» beinhaltet auch die Planung und die Regelung der Aufsicht öffentlicher Schulen; Prot. RedK vom 7. März 2003, S. 288.
[2] Dazu Art. 117.
[3] Dazu Art. 118.
[4] § 41 Abs. 1 VSG.
[5] Art. 83 Abs. 2; dazu JAAG, Art. 83 N. 15 ff.
[6] § 42 VSG.
[7] § 73 VSG.
[8] §§ 4 ff. VSG.
[9] PLOTKE, Schulrecht, S. 125.
[10] Art. 27 Abs. 2 der Bundesverfassung vom 29. Mai 1874 bestimmte, dass die Kantone für einen *genügenden* Primarunterricht zu sorgen haben. Dazu BORGHI, Kommentar BV, Art. 27 aBV Rz. 31 ff.

damit die inhaltliche Regelung des Schulwesens ist den Kantonen überlassen[11]. Die Ausbildung muss gemäss bundesgerichtlicher Rechtsprechung auf jeden Fall für den Einzelnen angemessen und geeignet sein bzw. genügen, um auf ein selbstverantwortliches Leben im modernen Alltag vorzubereiten[12].

5 § 2 des Volksschulgesetzes umschreibt die Aufgaben der Volksschule wie folgt: «Die Volksschule vermittelt grundlegende Kenntnisse und Fertigkeiten; sie führt zum Erkennen von Zusammenhängen. Sie fördert die Achtung vor Mitmenschen und Umwelt und strebt die ganzheitliche Entwicklung der Kinder zu selbstständigen und gemeinschaftsfähigen Menschen an. Die Schule ist bestrebt, die Freude am Lernen und an der Leistung zu wecken und zu erhalten. Sie fördert insbesondere Verantwortungswillen, Leistungsbereitschaft, Urteils- und Kritikvermögen sowie Dialogfähigkeit.»

1.3. Mittelschulen

6 Träger der Mittelschulen ist der *Kanton*, nicht die Gemeinden[13]. Die Mittelschule schliesst an die Volksschule an und dauert bei Übertritt nach der Primarstufe sechs bzw. bei Übertritt nach der zweiten oder dritten Klasse der Sekundarstufe I vier Jahre[14].

7 Bei den Mittelschulen ist zwischen den Maturitätsschulen (Gymnasien) und den Mittelschulen mit anderen Ausbildungsgängen zu unterscheiden. Die *Maturitätsschulen* führen zu einem schweizerisch anerkannten Maturitätszeugnis, das zum Studium an allen schweizerischen Universitäten und den Eidgenössischen Technischen Hochschulen berechtigt[15]. Die Gymnasien streben eine breit gefächerte, ausgewogene und kohärente Bildung an und nicht eine fachspezifische oder berufliche Ausbildung. Das Ziel dieser Schulen besteht gemäss Art. 5 des Maturitäts-Anerkennungsreglements der Erziehungsdirektorenkonferenz bzw. der gleichlautenden Maturitäts-Anerkennungsverordnung des Bundes[16] darin,

---

[11] AUER/MALINVERNI/HOTTELIER, Bd. II, N. 1539; SCHMID/SCHOTT, St.Galler Kommentar, Art. 62 Rz. 19; Verwaltungsgericht Zürich, ZBl 102/2001, S. 520. – Gemäss Art. 3 Abs. 2 der (noch nicht in Kraft getretenen) Interkantonalen Vereinbarung über die Harmonisierung der obligatorischen Schule vom 14. Juni 2007 (HarmoS-Konkordat) beinhaltet ein ausreichender Grundschulunterricht eine Grundbildung in den Bereichen Sprachen, Mathematik, Naturwissenschaften, Sozial- und Geisteswissenschaften, Musik, Kunst, Gestaltung, Bewegung und Gesundheit.

[12] BGE 130 I 352 ff., 354; 129 I 35 ff., 38 f.; 129 I 12 ff., 16 f.; BGE 2P.150/2003 vom 16. September 2003, ZBl 105/2004, S. 276 ff., 281. Vgl. dazu auch BIAGGINI, Art. 14 N. 12.

[13] § 1 Abs. 1 MSG.

[14] Vgl. dazu Art. 6 MAR.

[15] Art. 2 Abs. 3 MAR.

[16] Vgl. Art. 5 Abs. 1 der Verordnung über die Anerkennung von gymnasialen Maturitätsausweisen vom 15. Februar 1995 (Maturitäts-Anerkennungsverordnung, MAV; SR 413.11). – Der Bund und die Erziehungsdirektorenkonferenz haben mit dem Ziel, die Anerkennung von Maturitätsausweisen gesamtschweizerisch zu koordinieren, ihre jeweiligen Reglemente aufeinander abgestimmt; vgl. dazu Verwaltungsvereinbarung zwischen dem Schweizerischen Bundesrat und der Schweizerischen Konferenz der

«Schülerinnen und Schülern im Hinblick auf ein lebenslanges Lernen grundlegende Kenntnisse zu vermitteln sowie ihre geistige Offenheit und die Fähigkeit zum selbstständigen Urteilen zu fördern».

Neben den Gymnasien bestehen *Fachmittelschulen* (früher Diplommittelschulen) mit den Fachrichtungen Gesundheit, Naturwissenschaften, Kunst, Pädagogik und Kommunikation. Die Fachmittelschule schliesst nach drei Jahren mit dem Fachmittelschulausweis ab und ermöglicht den Zutritt zu einer Höheren Fachschule. Nach Absolvierung eines vierten Jahrs kann eine Fachmaturität erworben werden, die den Zugang zu bestimmten Studiengängen an einer Fachhochschule eröffnet. Daneben gibt es noch berufsausbildende *Handelsmittelschulen* sowie *Informatikmittelschulen*.

1.4. Berufsfachschulen

Die Berufsbildung basiert in der Regel auf einem dualen System: Die praktische berufliche Ausbildung erfolgt in einem Betrieb, die schulische Bildung (beruflicher und allgemeinbildender Unterricht) an der Berufsfachschule[17]. Träger der Berufsfachschulen ist der *Kanton*. Der Kanton kann die Trägerschaft auch Dritten (z.B. Berufsverbänden) überlassen[18].

2. Schulqualität (Absatz 1)

Art. 116 Abs. 1 verpflichtet Kanton und Gemeinden zur Führung von qualitativ hoch stehenden öffentlichen Schulen. Eine hohe Schulqualität erfordert *Qualitätssicherungsmassnahmen*. Auf Stufe *Volksschule* sind die Schulen und Schulpflegen für die Qualitätssicherung verantwortlich. Die zu erreichenden Qualitätsstandards werden vom Bildungsrat festgelegt. Die (externe) Überprüfung der Schulqualität erfolgt durch die Fachstelle für Schulbeurteilung[19], die an die Stelle der früheren Bezirksschulpflegen getreten ist[20]. An den *Mittelschulen* wurde zur Verbesserung der Qualität des Unterrichts und der schulinternen

---

kantonalen Erziehungsdirektoren (EDK) über die Anerkennung von gymnasialen Maturitätsausweisen vom 16. Januar/15. Februar 1995, BBl 1995 II, S. 318 ff.

[17] Art. 16 Abs. 1 BBG; vgl. ferner Art. 119 N. 3.
[18] § 1 des Gesetzes über die Trägerschaft der Berufsschulen bzw. § 10 des Entwurfs für ein neues Einführungsgesetz zum Bundesgesetz über die Berufsbildung vom 30. August 2006; ABl 2006, S. 1153 ff.
[19] §§ 47 ff. VSG.
[20] Vgl. zu den Bezirksschulpflegen §§ 15 ff. des Unterrichtsgesetzes vom 23. Dezember 1859 (GS, Bd. III, S. 3 ff.), 8, und OS 49, S. 363 ff., 365 f.). Das Unterrichtsgesetz wird per 31. Dezember 2007 aufgehoben.

Prozesse ein schulinternes Qualitätsmanagement aufgebaut[21]. An den *Berufsfachschulen* gelten die vom Bund festgelegten Qualitätsstandards[22].

3. Tragende Grundsätze (Absatz 2)

11 Art. 116 Abs. 2 definiert die für die öffentlichen Schulen geltenden tragenden Grundsätze. Danach sind die öffentlichen Schulen den Grundwerten des demokratischen Staatswesens verpflichtet und haben sich in konfessionellen und politischen Fragen neutral zu verhalten. Die Pflicht zur konfessionellen Neutralität öffentlicher Schulen folgt überdies aus Art. 15 Abs. 4 und Art. 62 Abs. 2 der Bundesverfassung[23].

12 Die in Art. 116 Abs. 2 verankerten Grundsätze gelten für die öffentlichen Schulen *aller Bildungsstufen*, d.h. nicht nur für die Volksschule, die Berufsfach- und Mittelschulen, sondern ebenfalls für die vom Kanton geführten Hochschulen (Universität und Fachhochschulen)[24]. Auch der in der Bundesverfassung in Art. 15 Abs. 4 statuierte Grundsatz der konfessionellen Neutralität öffentlicher Schulen gilt für den gesamten staatlichen Schulunterricht (und damit für den Hochschulunterricht) und nicht bloss für den Grundschulunterricht im Sinn von Art. 62 Abs. 2 BV[25]. Der Geltungsbereich von Art. 116 Abs. 2 ist damit weiter als jener von Abs. 1.

13 Die heutige Formulierung von Art. 116 Abs. 2, welche u.a. auf die Grundwerte des demokratischen Staatswesens Bezug nimmt, geht auf die Vernehmlassung zurück; im Vernehmlassungsentwurf (Art. 128 Abs. 2 VE) war nur von der Pflicht zur konfessionellen und politischen Neutralität die Rede. Ein weitergehender Antrag der EVP-Fraktion, welche die öffentlichen Schulen nicht nur auf die Grundwerte des demokratischen Staatswesens, sondern zusätzlich auf deren christliche und humanistische Wurzeln verpflichten wollte, fand im Verfassungsrat keine Mehrheit[26]. Immerhin enthält § 2 Abs. 1 des Volksschulgesetzes eine solche Vorschrift für die Volksschule. Danach erzieht die Volksschule zu

---

[21] § 2 Ziff. 3 MSG.
[22] Art. 8 BBG. Für die Umsetzung der Qualitätsstandards ist nach § 3 lit. b des Entwurfs für ein neues Einführungsgesetz zum Bundesgesetz über die Berufsbildung vom 30. August 2006 der Bildungsrat zuständig; ABl 2006, S. 1153 ff.
[23] MAHON, Art. 19 N. 2, Art. 62 N. 1; AUER/MALINVERNI/HOTTELIER, Bd. II, N. 496 ff.; HÄFELIN/HALLER, N. 423; J.P. MÜLLER, S. 90 f.
[24] § 4 des für das gesamte Bildungswesen geltenden Bildungsgesetzes verpflichtet ebenfalls *alle* staatlichen Schulen zur politischen und konfessionellen Neutralität.
[25] SCHMID/SCHOTT, St.Galler Kommentar, Art. 62 Rz. 18; ferner BORGHI, Kommentar BV, Art. 27 aBV Rz. 65; BGE 125 I 347 ff., 355; Entscheid des Bundesrates, VPB 47/1983 Nr. 32, S. 156 f.
[26] Prot. Plenum, S. 2714 ff. Bereits zu einem früheren Zeitpunkt war ein ähnlicher Antrag der EVP- und CVP-Fraktion abgelehnt worden; Prot. Plenum, S. 1548 (Antrag), 1565 (Abstimmungsergebnis).

einem Verhalten, das sich an christlichen, humanistischen und demokratischen Wertvorstellungen orientiert[27].

Der Grundsatz der konfessionellen und politischen *Neutralität* verbietet es der Schule, sich mit bestimmten religiösen, weltanschaulichen[28] oder politischen Anschauungen zu identifizieren. Das Anbringen eines Kruzifixes im Schulzimmer einer Primarschule[29] oder das obligatorische tägliche Aufsagen eines Schulgebets[30] ist mit der konfessionellen Neutralität der Schule beispielsweise nicht vereinbar. Neutralität bedeutet allerdings nicht, dass politisch kontroverse Themen oder religiöse Fragen vom Unterricht auszuklammern wären[31]. Die Lehrkräfte müssen aber für eine ausgewogene Darstellung bzw. Diskussion sorgen. Sie selber haben unparteiisch zu bleiben und dürfen nicht in einseitiger Weise Einfluss auf die Schülerinnen und Schüler nehmen. Politische Indoktrination, das Propagieren der eigenen religiösen Überzeugung (ein solches Verhalten wurde etwa im Tragen eines muslimischen Kopftuchs beim Unterrichten durch eine Primarschullehrerin erblickt[32]), das Schlechtmachen einzelner Glaubensbekenntnisse oder Weltanschauungen oder das Propagieren von Ideen, die sich mit den Grundwerten des demokratischen Staatswesens nicht vereinbaren lassen, ist den Lehrpersonen untersagt[33].

14

Die Erteilung von *Religionsunterricht* verstösst nicht gegen das Gebot konfessioneller Neutralität öffentlicher Schulen. Dieser hat jedoch getrennt vom übrigen Unterricht zu erfolgen. Da aufgrund von Art. 15 Abs. 4 BV und Art. 9

15

---

[27] Mit § 2 Abs. 1 VSG soll auf das christlich-humanistische Erbe in unserer Kultur hingewiesen werden, an dem sich die öffentliche Schule bei der Wahrnehmung ihres Bildungsauftrages zu orientieren hat. Ein Verstoss gegen den Grundsatz der religiösen Neutralität der öffentlichen Schulen liegt nicht vor; AUER/MALINVERNI/HOTTELIER, Bd. II, N. 501; BORGHI, Kommentar BV, Art. 27 aBV Rz. 73; KARLEN, S. 387; PLOTKE, Schulrecht, S. 193 f.; Entscheid des Bundesrates, VPB 51/1987 Nr. 7.

[28] Dazu Entscheid der Bildungsdirektion des Kantons Zürich, ZBl 108/2007, S. 152 ff.

[29] Dazu BGE 116 Ia 252 ff. = Pra 81/1992 Nr. 72 = ZBl 92/1991, S. 70 ff. Vgl. zu diesem Urteil etwa WALTER GUT, Kreuz und Kruzifix in öffentlichen Räumen im säkularen Staat, ZSR 116/1997 I, S. 63 ff.; PETER KARLEN, Umstrittene Religionsfreiheit, ZSR 116/1997 I, S. 193 ff.; PAUL ZWEIFEL, Religiöse Symbole und Kleidervorschriften im Zwielicht: zu BGE 116 Ia 252 und 119 Ia 178, ZBJV 131/1995, S. 591 ff.

[30] Dazu Entscheid des Regierungsrats Aargau, ZBl 103/2002, S. 109 E. 3c/cc = AGVE 2000 Nr. 137, S. 581 ff.; BORGHI, Kommentar BV, Art. 27 aBV Rz. 79; KARLEN, S. 395 f.

[31] Vgl. dazu etwa Entscheid des Verwaltungsgerichts St.Gallen, ZBl 102/2001, S. 163.

[32] Hierzu BGE 123 I 296 ff., wonach einer Primarschullehrerin islamischen Glaubens verboten werden darf, beim Unterrichten ein muslimisches Kopftuch zu tragen. Der Europäische Gerichtshof für Menschenrechte hat ein solches Verbot ebenfalls für zulässig erachtet und als vereinbar mit Art. 9 und Art. 14 EMRK erklärt; VPB 65/2001 Nr. 140. Das Urteil des Bundesgerichts ist in der Lehre auf Kritik gestossen; vgl. u.a. PAUL RICHLI, Berufsverbot für Primarlehrerin wegen eines islamischen Kopftuchs?, ZBJV 134/1998, S. 228 ff. Siehe ausserdem zu dieser Thematik JEAN-FRANÇOIS AUBERT, L'Islam à l'école publique, in: Festschrift Yvo Hangartner, St.Gallen/Lachen 1998, S. 479 ff.; KONRAD SAHLFELD, Aspekte der Religionsfreiheit, Diss. (Luzern), Zürich/Basel/Genf 2004, S. 353 ff.; JUDITH WYTTENBACH/WALTER KÄLIN, Schulischer Bildungsauftrag und Grund- und Menschenrechte von Angehörigen religiös-kultureller Minderheiten, AJP 2005, S. 315 ff.

[33] Vgl. dazu aus der Diskussion des Verfassungsrates Prot. Plenum, S. 1558 ff.; ferner HANGARTNER, Erziehungsauftrag, S. 101 ff.; RECORDON, S. 149.

EMRK kein Schüler zur Teilnahme am Religionsunterricht gezwungen werden darf, kann dieser nur als Pflichtfach mit Abmeldemöglichkeit oder als Wahlfach (fakultatives Fach) geführt werden[34].

4. Unentgeltlichkeit des Unterrichts

16 Art. 16 Abs. 1 Satz 1 des Vorentwurfs sah vor, dass der Unterricht an *öffentlichen Grund-, Berufs- und Mittelschulen* unentgeltlich sein soll. Mit dieser Regelung wäre die Kantonsverfassung sowohl über die Bundes- als auch über die alte Kantonsverfassung hinausgegangen, allerdings hätte sie im Einklang mit den Richtlinien des UNO-Sozialpakts gestanden[35]. So besteht gemäss Art. 19 und Art. 62 Abs. 2 Satz 3 BV lediglich ein Anspruch auf unentgeltlichen Grundschulunterricht[36]; auch Art. 62 Abs. 3 der Kantonsverfassung von 1869 erklärte bloss den obligatorischen Volksschulunterricht für unentgeltlich.

17 Der Regierungsrat sprach sich in seiner Vernehmlassung zum Verfassungsentwurf gegen die Ausdehnung der Unentgeltlichkeit auf die *Berufsfach- und Mittelschulen* aus[37]. Aufgrund der Formulierung von Art. 16 Abs. 1 Satz 1 des Vorentwurfs sei unklar, ob auch die Lehrmittel und Unterrichtsmaterialien unentgeltlich abzugeben wären, was gegenwärtig nicht der Fall sei. Aus finanziellen Überlegungen nahm der Verfassungsrat in der Folge davon Abstand, für diese Schulen die Unentgeltlichkeit auf Verfassungsstufe zu verankern[38]. Dass die Lehrmittel und das Schulmaterial entgegen der Ansicht des Regierungsrates indessen nicht gratis zur Verfügung gestellt hätten werden müssen, zeigt die Praxis zu Art. 19 BV mit Bezug auf den Grundschulunterricht. Unentgeltlichkeit bedeutet lediglich, dass kein Schulgeld erhoben werden darf; Lehrmittel und Schulmaterial müssen von Bundesverfassung wegen dagegen nicht gratis abge-

---

[34] AUER/MALINVERNI/HOTTELIER, Bd. II, N. 497; BORGHI, Kommentar BV, Art. 27 aBV Rz. 74 f.; HÄFELIN, Art. 49 aBV Rz. 61; BGE in ZBl 94/1993, S. 219 ff.

[35] Gemäss Art. 13 Abs. 2 lit. b des Internationalen Pakts über wirtschaftliche, soziale und kulturelle Rechte vom 16. Dezember 1966 (SR 0.103.1) haben die Vertragsstaaten im Hinblick auf die volle Verwirklichung des Rechts auf Bildung darauf hinzuarbeiten, dass die verschiedenen Formen des höheren Schulwesens, einschliesslich des höheren Fach- und Berufsschulwesens, unentgeltlich besucht werden können; dazu BGE 126 I 240 ff.

[36] Dazu PLOTKE, Schulrecht, S. 182 ff. – Vom Anspruch auf unentgeltlichen Grundschulunterricht nicht erfasst sind die unteren Klassen an der Mittelschule, die noch in die Zeit der obligatorischen Schulpflicht fallen; BGE 133 I 156 ff.; a.M. PLOTKE, Grundschulunterricht, S. 566.

[37] Vernehmlassung des Regierungsrates zum Entwurf des Verfassungsrates für die neue Verfassung des Kantons Zürich, RRB 1697 vom 19. November 2003, S. 5.

[38] Prot. Plenum, S. 2923. Vgl. dazu auch BIAGGINI, Art. 14 N. 3 ff., 6.

geben werden[39]. Dies hatte auch der Präsident der Kommission 1 im Rahmen der Vorberatungen festgehalten[40].

Aufgrund der Streichung von Art. 16 Abs. 1 Satz 1 des Vorentwurfs findet sich nunmehr auch keine Bestimmung zur Unentgeltlichkeit des *Volksschulunterrichts* in der Verfassung; dies im Unterschied zur alten Kantonsverfassung von 1869. Ein entsprechender Anspruch folgt jedoch wie dargelegt bereits aus der Bundesverfassung[41]. Zudem erklärt § 11 Abs. 1 des Volksschulgesetzes den Unterricht am Schulort für unentgeltlich.

An den *Berufsfach- und Mittelschulen* ist der Unterricht grundsätzlich ebenfalls unentgeltlich, wenn zwar auch nicht von Verfassung, so doch von Gesetzes wegen. Gemäss § 33 des Mittelschulgesetzes ist der Unterricht an Mittelschulen für Schülerinnen und Schüler mit Wohnsitz im Kanton Zürich unentgeltlich, während von Auswärtigen ein Schulgeld erhoben wird[42]. Von Bundesrecht wegen unentgeltlich ist überdies der obligatorische Unterricht an den Berufsfachschulen; das Gleiche gilt für den Berufsmaturitätsunterricht an öffentlichen Schulen[43].

5. Obligatorium

Art. 128 Abs. 3 des Vorentwurfs erklärte wie bereits Art. 62 Abs. 3 der Kantonsverfassung von 1869 den Besuch der *Volksschule* für obligatorisch. Angesichts einer entsprechenden Bestimmung in der Bundesverfassung (Art. 62 Abs. 2 Satz 2) verzichtete der Verfassungsrat auf eine Wiederholung[44]. Auf Gesetzesstufe findet sich die Schulpflicht in § 3 des Volksschulgesetzes. Korrelat zum Obligatorium des Volksschulunterrichts bildet dessen Unentgeltlichkeit[45].

---

[39] BORGHI, Kommentar BV, Art. 27 aBV Rz. 60 m.w.H.; MASCELLO, S. 161; PLOTKE, Schulrecht, S. 183; BGE in ZBl 95/1994, S. 300 ff., 305. – § 11 Abs. 2 des Volksschulgesetzes sieht dies allerdings vor. Vgl. dazu auch BIAGGINI, Art. 14 N. 12, der für eine unentgeltliche Abgabe der Lehrmittel plädiert.
[40] Prot. Plenum, S. 1133 (Votum Fricker).
[41] Dazu N. 16.
[42] Dazu Verordnung über die Schulgelder an den kantonalen Mittelschulen vom 28. Juli 1993 (LS 413.113).
[43] Art. 22 Abs. 2 und Art. 25 Abs. 4 BBG. Vgl. dazu auch PLOTKE, Schulrecht, S. 188.
[44] Prot. Plenum, S. 2714.
[45] Dazu N. 16 ff.

Art. 117

Privatschulen, welche die gleichen Aufgaben wie die öffentliche Volksschule erfüllen, sind bewilligungspflichtig und unterstehen staatlicher Aufsicht.

Der Kanton kann Privatschulen unterstützen, deren Leistungen von öffentlichem Interesse sind.

Materialien

Art. 131 VE; Prot. Plenum, S. 1598 ff., 2346 f., 2717 f.

Literatur

BORGHI MARCO, Kommentar BV, Art. 27 aBV; GEBERT PIUS, Das Recht auf Bildung nach Art. 13 des UNO-Paktes über wirtschaftliche, soziale und kulturelle Rechte, Diss., St.Gallen 1996; HÖRDEGEN STEPHAN, Chancengleichheit und Schulverfassung, Diss. (Luzern), Zürich/Basel/Genf 2005; JAAG, Rz. 4019 ff.; MAHON PASCAL, Art. 62, in: Aubert/Mahon; MASCELLO BRUNO, Elternrecht und Privatschulfreiheit, Diss., St.Gallen 1995; PLOTKE HERBERT, Bildung und Schule in den kantonalen Verfassungen, in: Strukturen des schweizerischen Bildungswesens, Beiheft zur ZSR, Heft 17, Basel 1994, S. 5 ff. (Kantonale Verfassungen); PLOTKE HERBERT, Schweizerisches Schulrecht, 2. Aufl., Bern/Stuttgart/Wien 2003 (Schulrecht); RECHSTEINER WERNER A., Die Volksschule im Bundesstaat, Diss., Zürich 1978; RICHLI PAUL/MASCELLO BRUNO, Zur Privatschulfreiheit in der Schweiz – unter besonderer Berücksichtigung völkerrechtlicher Verträge, in: Strukturen des schweizerischen Bildungswesens, Beiheft zur ZSR, Heft 17, Basel 1994, S. 119 ff.; RÜSSLI MARKUS, Rechtsstellung und Bedeutung der Privatschulen im Kanton Zürich, in: Tobias Jaag/Thomas Gächter (Hrsg.), Das neue Zürcher Volksschulrecht, Zürich 2007 (Rechtsstellung); SCHMID GERHARD/SCHOTT MARKUS, St.Galler Kommentar, Art. 62; WAGNER PFEIFER BEATRICE, Staatlicher Bildungsauftrag und staatliches Bildungsmonopol, ZBl 99/1998, S. 249 ff.; ZIEGLER KARL RUDOLF, Die öffentlichrechtliche Stellung der privaten Schulen in der Schweiz, Diss. (Zürich), Aarau 1945.

Vgl. ferner Hinweise zu Art. 116.

Rechtsquellen

- Art. 62 Abs. 2 BV
- Art. 15 KV
- Bildungsgesetz vom 1. Juli 2002 (BiG; LS 410.1)
- §§ 68–72 Volksschulgesetz vom 7. Februar 2005 (VSG; LS 412.100) (Die §§ 68–70 und § 72 treten auf den 20. August 2007 in Kraft; § 71 auf den 18. August 2008.)
- Beschluss des Regierungsrates über die Inkraftsetzung des Volksschulgesetzes vom 20. Juni 2006 (LS 412.100.1; OS 61, S. 219 f.)
- Übergangsordnung zum Volksschulgesetz vom 28. Juni 2006 (LS 412.100.2; OS 61, S. 221 ff.)
- §§ 67–74 Volksschulverordnung vom 28. Juni 2006 (VSV; LS 412.101) (Die Bestimmungen treten auf den 20. August 2007 in Kraft.)
- Mittelschulgesetz vom 13. Juni 1999 (MSG; LS 413.21)

Übersicht

	Note
1. Begriff	1
2. Bewilligungspflicht und Aufsicht	3

3. Staatliche Leistungen 7
4. Privatunterricht 10

1. Begriff

1 Die Privatschulen bilden das Gegenstück zu den in Art. 116 geregelten öffentlichen Schulen; sie unterscheiden sich von jenen durch ihre *Trägerschaft*. Während zu den öffentlichen Schulen alle Einrichtungen mit einem öffentlich-rechtlichen Träger gezählt werden (Bund, Kanton, Gemeinden), gehören zu den Privatschulen alle Schulen mit einem privaten Träger. Auch die von den Religionsgemeinschaften betriebenen oder unterstützten Schulen zählen zu den Privatschulen. Zur Unterscheidung zwischen Privatschulen und öffentlichen Schulen kann auch auf das Kriterium der *«Öffentlichkeit»* abgestellt werden. Danach gehören zu den öffentlichen Schulen all jene Schulen, die unabhängig von ihrer Trägerschaft jedermann zugänglich sind[1].

2 Das Recht auf Gründung, Organisation und Besuch von Privatschulen wird durch Art. 15 der Verfassung gewährleistet[2].

2. Bewilligungspflicht und Aufsicht

3 Art. 62 Abs. 2 Satz 2 der Bundesverfassung verlangt von den Kantonen, dass sie den Grundschulunterricht entweder unter staatliche Leitung oder unter staatliche Aufsicht stellen. Der Grundschulunterricht in Privatschulen muss demzufolge von Bundesverfassung wegen unter staatlicher *Aufsicht* stehen[3]. Art. 117 Abs. 1 geht nun über Art. 62 Abs. 2 Satz 2 BV hinaus und macht den Betrieb von Privatschulen, welche die gleichen Aufgaben wie die öffentliche Volksschule erfüllen, zusätzlich von einer *Bewilligung* abhängig.

4 Die öffentliche Volksschule besteht aus der zweijährigen Kindergartenstufe, der sechsjährigen Primarstufe und der dreijährigen Sekundarstufe I[4]. Für die Führung entsprechender Privatschulen ist daher eine Bewilligung erforderlich[5]. Für die Errichtung und Führung nichtstaatlicher Mittelschulen bedarf es allerdings nur eine solche, sofern die Ausbildung innerhalb der Schulpflicht beginnt und

---

[1] Vgl. zum Ganzen VEB 29/1959–1960 Nr. 51, S. 100; BGE 125 I 347 ff., 355; BORGHI, Kommentar BV, Art. 27 aBV Rz. 65; GEBERT, S. 614; MASCELLO, S. 10 ff.; PLOTKE, Schulrecht, S. 49 ff.; PLOTKE, Kantonale Verfassungen, S. 57 f.; RECHSTEINER, S. 791.
[2] Dazu BIAGGINI, Art. 15 N. 6 ff.
[3] MAHON, Art. 62 N. 6, 10; SCHMID/SCHOTT, St.Galler Kommentar, Art. 62 Rz. 28; HÖRDEGEN, S. 296 ff.
[4] §§ 3 ff. VSG.
[5] Die Bewilligungspflicht für Privatkindergärten gilt gemäss § 9 der Übergangsordnung zum Volksschulgesetz ab Schuljahr 2008/09.

der Unterricht an die Stelle des obligatorischen Unterrichts tritt[6]. Nichtstaatliche Mittelschulen der Sekundarstufe II sind dagegen nicht bewilligungspflichtig.

Die Bewilligung wird von der Bildungsdirektion erteilt[7], wenn die an der Privatschule angebotene Bildung jener an der öffentlichen Volksschule *gleichwertig* ist[8]. Der Unterricht an Privatschulen muss mit jenem an öffentlichen Schulen nicht bis ins Einzelne übereinstimmen; er muss aber die gleiche Gewähr für die Erreichung der wesentlichen Lernziele bieten[9]. Privatschulen müssen somit nicht den gleichen Unterricht mit der gleichen Lektionenzahl wie die öffentlichen Schulen anbieten. Die Privatschulen können andere Schwerpunkte setzen, insbesondere inhaltlicher, pädagogischer, weltanschaulicher, religiöser oder konfessioneller Art. Insgesamt muss der Unterricht der Privatschule aber eine Bildung sicherstellen, die derjenigen der öffentlichen Volksschule entspricht[10].

Bei der Bewilligung handelt es sich um eine *Polizeierlaubnis*, auf deren Erteilung ein Anspruch besteht, wenn die gesetzlichen Voraussetzungen erfüllt sind[11]. Mit der Erteilung der Bewilligung wird festgestellt, dass dem Betrieb der Privatschule keine Hindernisse entgegenstehen. Die Bewilligungspflicht dient damit dem präventiven Schutz der Kinder[12]. Zweck der Aufsicht ist es dagegen sicherzustellen, dass die Bewilligungsvoraussetzungen auch nach Erteilung der Bewilligung eingehalten und die Lernziele erreicht werden[13]. Ist dies nicht der Fall, kann die Bewilligung entzogen werden[14].

---

[6] § 35 MSG.
[7] Bis August 2007 war der Bildungsrat gestützt auf § 270 des (noch bis 31. Dezember 2007 geltenden) Unterrichtsgesetzes vom 23. Dezember 1859 für die Erteilung der Bewilligungen zuständig; diese behalten auch unter dem neuen Recht ihre Gültigkeit; ABl 2006, S. 789 ff., 794.
[8] § 68 Abs. 1 VSG. § 67 VSV umschreibt den Begriff der «Gleichwertigkeit», und § 68 VSV i.V.m. § 68 Abs. 3 VSG nennt die weiteren Voraussetzungen für die Erteilung der Bewilligung. Dazu gehört insbesondere, dass die Schülerinnen und Schüler keinen pädagogischen oder weltanschaulichen Einflüssen ausgesetzt werden, die den Zielen der Volksschule in grundlegender Weise zuwiderlaufen. Vgl. hierzu die zur Scientology-Bewegung ergangenen Entscheide des Bundesgerichts in Pra 85/1996 Nr. 2 und BGE 2P.296/2002 vom 28. April 2003; ferner Verwaltungsgericht Bern, BVR 1979, S. 299 ff. zur Gemeinschaft Methernitha. Vgl. zur Bewilligungspflicht auch PLOTKE, Schulrecht, S. 672 ff.; GEBERT, S. 628 ff.; MASCELLO, S. 152 ff.; RÜSSLI, Rechtsstellung, passim.
[9] RB 1988 Nr. 19, S. 54; Verwaltungsgericht Zürich, ZBl 75/1974, S. 316 ff., 319 = ZR 73/1974 Nr. 58; ZBl 74/1973, S. 377 ff., 379 = ZR 72/1973 Nr. 91; RB 1966 Nr. 70; BGE 91 I 480 ff., 490; MASCELLO, S. 159.
[10] § 67 Abs. 2 VSV; dazu ABl 2006, S. 796 ff., 806. Vgl. ferner Prot. Plenum, S. 2929 (Votum Zuegg).
[11] RB 1988 Nr. 19, S. 52 f.; RB 1974 Nr. 10 = ZBl 75/1974, S. 316 ff., 317 = ZR 73/1974 Nr. 58; BGE 91 I 480 ff., 485; Verwaltungsgericht Bern, BVR 1979, S. 299 ff., 305 f.; MASCELLO, S. 152; PLOTKE, Schulrecht, S. 51, 669 f.
[12] HÖRDEGEN, S. 299; MASCELLO, S. 153, 168; vgl. dazu auch Entscheid des Verwaltungsgerichts Bern, ZBl 72/1971, S. 46 ff.
[13] § 70 Abs. 1 VSG; § 72 VSV; vgl. dazu auch GEBERT, S. 635 ff.
[14] § 69 Abs. 3 VSV; RB 1988 Nr. 19, S. 53; ferner RB 1995 Nr. 31; HÖRDEGEN, S. 303; MASCELLO, S. 169.

3. Staatliche Leistungen

7 Gemäss Art. 117 Abs. 2 *kann* der Kanton Privatschulen unterstützen, deren Leistungen von öffentlichem Interesse sind. Ein Rechtsanspruch auf staatliche Leistungen besteht demzufolge nicht[15]. Ein solcher Anspruch ergibt sich überdies weder aus dem Bundesrecht noch aus internationalen Abkommen[16]. Von *öffentlichem Interesse* sind die Leistungen der Privatschulen insbesondere dann, wenn sie jene der öffentlichen Schulen ergänzen[17].

8 Im Unterschied zu Abs. 1, der sich auf die Privatschulen der Volksschulstufe beschränkt, gilt die Regelung von Abs. 2 für die Privatschulen *aller Bildungsstufen* (Volksschulstufe, Sekundarstufe II, Tertiärstufe und Erwachsenenbildung)[18]. Die verschiedenen bildungsrechtlichen Erlasse sehen (allerdings in unterschiedlichem Mass) denn auch die Möglichkeit von finanziellen Leistungen an private Bildungseinrichtungen vor[19].

9 Anstatt Privatschulen direkt zu subventionieren, käme auch deren indirekte Unterstützung mittels eines *Bildungsgutscheinsystems* in Frage. So könnte der Staat den Eltern Bildungsgutscheine abgegeben, welche die Kosten für den Besuch einer Schule freier Wahl (ganz oder teilweise) decken[20]. Dadurch liesse sich gleichzeitig eine Entlastung der Eltern von ihrer heutigen finanziellen Doppelbelastung (Schulgeld der Privatschule/Steuern der Schulgemeinde) erreichen[21]. Entlastet werden die Eltern, deren Kind eine Privatschule besucht, heute immerhin bereits dadurch, dass ihr Kind von der Gemeinde an seinem Wohnort die in der Volksschule abgegebenen obligatorischen Lehrmittel unentgeltlich beziehen, die Musikschule besuchen und die Angebote des freiwilligen Schulsports

---

[15] Vgl. dazu etwa Prot. Plenum, S. 1601 f.
[16] PLOTKE, Schulrecht, S. 302; GEBERT, S. 608 f.; MASCELLO, S. 172, 199; RICHLI/MASCELLO, S. 150 f.; WAGNER PFEIFER, S. 255, 258 f.
[17] Vgl. Prot. Plenum, S. 1598 (Votum Gubler, Präsident der Kommission 4), wo die Unterstützung von kunst- oder sportbetonten Privatschulen als Beispiel genannt wird.
[18] Vgl. zu den einzelnen Bildungsstufen § 8 BiG.
[19] Vgl. hierzu etwa § 72 VSG (Subventionierung von fremdsprachigen Privatschulen der Volksschulstufe); § 37 MSG und Verordnung über Subventionen an nichtstaatliche Mittelschulen vom 29. Januar 2003, LS 413.212 (Subventionierung nichtstaatlicher Mittelschulen mit schweizerisch anerkannten Ausbildungsabschlüssen für Schülerinnen und Schüler mit Wohnsitz im Kanton Zürich); §§ 13 ff. BiG (Leistungen an Aus- und Weiterbildungseinrichtungen, insbesondere im Bereich der Sekundarstufe II und der Erwachsenenbildung).
[20] Entsprechenden Initiativen in den Kantonen Bern (1983) und Tessin (2001) war allerdings kein Erfolg beschieden. Vgl. dazu sowie allgemein zur Idee des Bildungsgutscheins PLOTKE, Schulrecht, S. 41 ff., 302 f.; HÖRDEGEN, S. 329 ff.; MASCELLO, S. 172 f., 311 ff.
[21] Das Schuldgeld kann nicht von der Einkommenssteuer in Abzug gebracht werden; Verwaltungsgericht Zürich, ZBl 80/1979, S. 82 ff. = ZR 78/1979 Nr. 45; MASCELLO, S. 176 f. m.w.H.

benutzen kann. Ausserdem hat es Anspruch auf sonderpädagogische Therapien, einschliesslich der dafür notwendigen Abklärungen[22].

4. Privatunterricht

In Art. 117 nicht angesprochen wird der Privatunterricht[23]. Die obligatorische Schulpflicht kann auch in der Form von Privatunterricht erfüllt werden. Als solcher gelten der Einzelunterricht und der Unterricht in einer Gruppe bis zu fünf Schülerinnen und Schülern[24]. Der Privatunterricht untersteht von Bundesverfassung wegen der staatlichen Aufsicht[25]. Diese wird durch die Bildungsdirektion ausgeübt[26]. Die Aufsichtsbehörde kann Auflagen machen oder die Erteilung des Privatunterrichts untersagen, wenn Anzeichen dafür bestehen, dass im Privatunterricht die Lernziele nicht erreicht werden oder andere Missstände vorliegen[27].

10

---

[22] § 71 VSG (in Kraft ab 18. August 2008); vgl. dazu auch einen noch unter dem alten Volksschulgesetz vom 11. Juni 1899 ergangenen Entscheid der Schulrekurskommission des Kantons Zürich vom 11. Juni 2001 betr. Kostenübernahme von Logopädiestunden durch die Schulgemeinde.

[23] Der Privatunterricht wird durch Art. 15 (Schulfreiheit) gewährleistet; Prot. Plenum, S. 2929 (Votum Häring). Vgl. auch BIAGGINI, Art. 15 Anm. 20.

[24] § 69 Abs. 1 VSG.

[25] Art. 62 Abs. 2 Satz 2 BV.

[26] § 70 Abs. 1 VSG.

[27] § 70 Abs. 4 VSG; § 73 Abs. 2 VSV.

Art. 118

Hochschulen

Der Kanton sorgt für eine qualitativ hoch stehende Lehre und Forschung an Universität und anderen Hochschulen.

Materialien

Art. 129 VE; Prot. Plenum, S. 1577 ff., 2337 ff. (44. Sitzung), 2718.

Literatur

AUER ANDREAS, La déclaration de Bologne et le fédéralisme universitaire en Suisse, AJP 2004, S. 712 ff.; BORGHI MARCO, Kommentar BV, Art. 27, 27^{sexies} aBV; BREINING-KAUFMANN CHRISTINE, Akademische Freiheit in Zeiten der Globalisierung – Liberalisierung und Studienreform als neue Herausforderungen für die Wissenschaftsfreiheit, ZSR 123/2004 I, S. 307 ff.; DEPPELER ROLF, Staat und Universität mit besonderer Berücksichtigung der Verhältnisse im Bundesstaat, Bern 1969; EFFENBERGER JULIUS, New Public Management und öffentliche Hochschulen am Beispiel der Wissensverwertung, ZBl 99/1998, S. 545 ff.; FLORIO NICOLE, La liberté d'expression et la liberté académique dans les universités en droits allemand, français et suisse, Diss. (Lausanne), Genf 1979; GRUBER HANS, Forschungsförderung und Erkenntnisfreiheit, Diss., Bern 1986; HALLER WALTER, Die akademische Lehrfreiheit als verfassungsmässiges Recht, ZSR 95/1976 I, S. 113 ff.; HALLER WALTER, Die Forschungsfreiheit, in: Festschrift Hans Nef, Zürich 1981, S. 125 ff.; HANGARTNER YVO, Rechtsgutachten betreffend Fragen des Numerus clausus an kantonalen Hochschulen, BBl 1980 II, S. 829 ff.; JAAG, Rz. 4059 ff.; JAAG/MÜLLER/TSCHANNEN, § 33; KIENER REGINA, Bildung, Forschung und Kultur, in: Verfassungsrecht der Schweiz, § 57; KÖNIG BEAT K., Grundlagen der staatlichen Forschungsförderung, Diss., Zürich 2007; KOTTUSCH PETER, Zur neuesten Entwicklung des schweizerischen Hochschulorganisationsrechts, Wissenschaftsrecht 32/1999, S. 315 ff.; MEYER CHRISTOPH/HAFNER FELIX, St.Galler Kommentar, Art. 20; PLOTKE HERBERT, Rechtliche Massnahmen gegen unseriöse private Ausbildungsstätten auf Hochschulstufe und gegen wertlose oder täuschende akademische Titel, Bern 1990; RICHLI PAUL, Chancengleichheit im Schul- und Ausbildungssystem als Problem des Staats- und Verwaltungsrechts, ZBl 96/1995, S. 197 ff.; RICHLI PAUL, Recht und Eliteförderung in Hochschulen, in: Festschrift Peter Gauch, Zürich 2004, S. 203 ff.; SALADIN PETER/AUBERT MARTIN, Zulassungsbeschränkungen an schweizerischen Hochschulen, in: Strukturen des schweizerischen Bildungswesens, Beiheft zur ZSR, Heft 17, Basel 1994, S. 153 ff.; SCHMID GERHARD/SCHOTT MARKUS, St.Galler Kommentar, Art. 64; SCHWANDER VERENA, Grundrecht der Wissenschaftsfreiheit im Spannungsfeld rechtlicher und gesellschaftlicher Entwicklungen, Diss., Bern 2002 (Wissenschaftsfreiheit); SCHWANDER VERENA, Von der akademischen Lehrfreiheit zum Grundrecht der Wissenschaftsfreiheit, ZBl 107/2006, S. 285 ff. (Akademische Lehrfreiheit); WALDBURGER PATRICK/WIEDERKEHR RENÉ, Universitätsgebühren vor den Gesetzgeber?, ZBl 102/2001, S. 57 ff.; ZENGER CHRISTOPH, Der Numerus clausus an Hochschulen als Grundrechtsfrage, ZSR 102/1983 I, S. 1 ff.

Rechtsquellen

– Art. 20, 48a Abs. 1 lit. c, 63a, 64 BV
– Bundesgesetz über die Förderung der Universitäten und über die Zusammenarbeit im Hochschulbereich vom 8. Oktober 1999 (Universitätsförderungsgesetz, UFG; SR 414.20)
– Vereinbarung zwischen dem Bund und den Universitätskantonen über die Zusammenarbeit im universitären Hochschulbereich vom 14. Dezember 2000 (Zusammenarbeitsvereinbarung; SR 414.205)

- Bundesgesetz über die Fachhochschulen vom 6. Oktober 1995 (Fachhochschulgesetz, FHSG; SR 414.71)
- Fachhochschulgesetz vom 2. April 2007 (FaHG; LS 414.10; OS 62, S. 189 ff.) (Teilweise in Kraft seit 1. Juni bzw. 1. August 2007; das neue Fachhochschulgesetz löst jenes vom 27. September 1998 [OS 54, S. 777 ff.] ab.)
- Interkantonale Fachhochschulvereinbarung ab 2005 vom 12. Juni 2003 (FHV; LS 414.12)
- Gesetz über die Pädagogische Hochschule vom 25. Oktober 1999 (PHG; LS 414.41)
- Gesetz über die Universität Zürich vom 15. März 1998 (Universitätsgesetz, UniG; LS 415.11)
- Universitätsordnung der Universität Zürich vom 4. Dezember 1998 (UniO; LS 415.111)
- Interkantonale Universitätsvereinbarung vom 20. Februar 1997 (LS 415.17)
- Interkantonales Konkordat über universitäre Koordination vom 9. Dezember 1999 (LS 415.171)

Übersicht Note

1. Kompetenzverteilung Bund–Kantone   1
2. Universität und Fachhochschulen   4
3. Lehre und Forschung   9
4. Hochschulautonomie   12
5. Politische und konfessionelle Neutralität 13

1. Kompetenzverteilung Bund–Kantone

1   Im *Hochschulbereich* verfügen Bund und Kantone über eine parallele Zuständigkeit; sowohl der Bund als auch die Kantone sind befugt, Hochschulen zu führen (Art. 63a Abs. 1 BV).

2   Die kantonalen Hochschulen werden vom Bund unterstützt (Art. 63a Abs. 2 BV)[1]. Über Verträge und mittels Übertragung von Kompetenzen an gemeinsame Organe sorgen Bund und Kantone für die Koordination und Qualitätssicherung im Hochschulwesen (Art. 63a Abs. 3 und 4 BV). Erreichen Bund und Kantone die gemeinsam gesetzten Ziele nicht, kommt dem Bund subsidiär die Kompetenz zu, Vorschriften zu erlassen über die Studienstufen und deren Übergänge, über die akademische Weiterbildung und über die Anerkennung von Institutionen und Abschlüssen. Zudem kann er die Unterstützung der Hochschulen an einheitliche Finanzierungsgrundsätze binden und von der Aufgabenteilung zwischen den Hochschulen in besonders kostenintensiven Bereichen abhängig machen (Abs. 5).

3   Ebenfalls über eine parallele Zuständigkeit verfügen Bund und Kantone im Bereich der *Forschungsförderung* (Art. 64 BV)[2].

---

[1] Vgl. dazu das Universitätsförderungsgesetz von 1999 sowie Art. 18 ff. FHSG; beide Erlasse sollen auf das Jahr 2012 durch ein Bundesgesetz über die Förderung der Hochschulen und die Koordination im schweizerischen Hochschulbereich abgelöst werden.

[2] SCHMID/SCHOTT, St.Galler Kommentar, Art. 64 Rz. 6. Vgl. dazu auch das Bundesgesetz über die Forschung vom 7. Oktober 1983 (Forschungsgesetz, FG; SR 420.1).

2. Universität und Fachhochschulen

Von Art. 118 erfasst werden einerseits die Universität, andererseits die anderen Hochschulen. Mit «andere Hochschulen» sind die *Fachhochschulen* gemeint[3]. Bei den universitären Hochschulen und den Fachhochschulen handelt es sich um «gleichwertige, aber andersartige Hochschulen»[4]. Die Fachhochschulen bilden neben den kantonalen Universitäten und den Eidgenössischen Technischen Hochschulen[5] den dritten Pfeiler des Hochschulsystems.

Die *universitären Hochschulen* bauen grundsätzlich auf einer gymnasialen Matur auf. Sie vermitteln wissenschaftliche Bildung und widmen sich vorwiegend der Grundlagenforschung[6]. Die *Fachhochschulen* schliessen teils an die Berufsbildung der Sekundarstufe II an, teils bieten sie berufsorientierte Erstausbildungen auf Tertiärstufe an (z.B. im Bereich Musik, Kunst oder angewandte Psychologie). Sie sind stärker auf die Praxis ausgerichtet als die universitären Hochschulen. Durch praxisorientierte Studien bereiten sie auf berufliche Tätigkeiten vor, welche die Anwendung wissenschaftlicher Erkenntnisse und Methoden erfordern. Die Fachhochschulen führen anwendungsorientierte Forschungs- und Entwicklungsarbeiten durch[7].

Art. 118 verpflichtet den Kanton nicht dazu, selber eine Universität oder Fachhochschulen zu betreiben. Dies ergibt sich einerseits aus dem klaren Wortlaut von Art. 118 («der Kanton sorgt»), andererseits aus einem Vergleich mit Art. 116. Im Unterschied zu Art. 118 macht es Art. 116 Kanton und Gemeinden ausdrücklich zur Aufgabe, öffentliche Schulen zu führen. Der Ausdruck «sorgen» anstatt «betreiben» wurde vom Verfassungsrat mit Rücksicht auf die privaten Trägerschaften bestehender Fachhochschulen gewählt[8].

Eine Privatisierung der *Universität Zürich*, die seit ihrer Gründung 1833 durch den Kanton betrieben wird, wäre daher ohne Verfassungsänderung möglich, auch wenn im Verfassungsrat betont wurde, dass keinerlei dahingehende Absichten bestünden und eine Privatisierung in nächster Zeit wohl kaum zur Debatte stehen dürfte[9]. Seit 1998 ist die Universität eine autonome öffentlichrechtliche An-

---

[3] Vgl. etwa Prot. Plenum, S. 1580, 1583.
[4] Botschaft zu einem Bundesgesetz über die Fachhochschulen vom 30. Mai 1994, BBl 1994 III, S. 789 ff., 804.
[5] Dazu Bundesgesetz über die Eidgenössischen Technischen Hochschulen vom 4. Oktober 1991 (ETH-Gesetz; SR 414.110).
[6] Vgl. § 2 Abs. 2 UniG; ferner Weisung des Regierungsrates zum Gesetz über die Universität Zürich vom 8. Januar 1997, ABl 1997, S. 136 ff., 161.
[7] Vgl. Art. 2 f. FHSG; ferner Weisung des Regierungsrates zum Fachhochschulgesetz vom 22. März 2006, ABl 2006, S. 268 ff., 280.
[8] Prot. Plenum, S. 1584 (Votum Lauffer); Prot. K4 vom 10. Januar 2002, S. 198 f.
[9] Prot. Plenum, S. 1584 (Votum Lauffer); Prot. K4 vom 10. Januar 2002, S. 199.

stalt mit eigener Rechtspersönlichkeit[10]; vor 1998 kam ihr als unselbstständige öffentlichrechtliche Anstalt keine Rechtspersönlichkeit zu[11].

8 Auch die *Fachhochschulen* müssen von Verfassungs wegen nicht vom Kanton geführt werden. Die Reform der Zürcher Fachhochschule (ZFH) im Jahr 2007 ging allerdings in eine andere Richtung. So wurden verschiedene Hochschulen mit zuvor privater Trägerschaft vom Kanton übernommen[12]. Der Kanton führt nunmehr drei staatliche Fachhochschulen in der Form öffentlichrechtlicher Anstalten mit eigener Rechtspersönlichkeit, nämlich die Zürcher Hochschule für Angewandte Wissenschaften (ZHAW), die Zürcher Hochschule der Künste (ZHdK) und die Pädagogische Hochschule Zürich (PHZH)[13].

3. Lehre und Forschung

9 Gemäss Art. 118 hat der Kanton für eine qualitativ hoch stehende Lehre und Forschung an Universität und anderen Hochschulen zu sorgen. Während es in der *Lehre* um die Vermittlung wissenschaftlicher Erkenntnisse an Studierende geht[14] – was die Ausbildung mit umfasst[15] –, dient die *Forschung* der Vertiefung und der Mehrung der Erkenntnisse[16].

10 Die Aufgabe des Kantons, für eine qualitativ hoch stehende Forschung zu sorgen, beschränkt sich auf die *Hochschulen*; eine weiter gehende Bestimmung, wonach der Kanton generell die Forschung hätte fördern sollen – also auch die private Forschung –, wurde vom Verfassungsrat abgelehnt[17]. Eine Garantie der

---

[10] § 1 UniG. Zur Hochschulautonomie N. 12.

[11] Dazu ARTUR WOLFFERS, Die staatsrechtliche Stellung der Universität Zürich, Diss., Zürich 1940, S. 46. Vgl. zur Universität Zürich auch «Die Universität Zürich 1833–1933 und ihre Vorläufer», Festschrift zur Jahrhundertfeier, hrsg. vom Erziehungsrat des Kantons Zürich, Zürich 1938, sowie «Die Universität Zürich 1933–1983», Festschrift zur 150-Jahr-Feier der Universität Zürich, hrsg. vom Rektorat der Universität Zürich, Zürich 1983.

[12] Vgl. § 39 FaHG; dazu Weisung des Regierungsrates vom 22. März 2006, ABl 2006, S. 268 ff., 285 f.

[13] § 3 FaHG. – Vgl. zur PHZH Gesetz über die Pädagogische Hochschule vom 25. Oktober 1999 (PHG; LS 414.41).

[14] MEYER/HAFNER, St.Galler Kommentar, Art. 20 Rz. 3; SCHWANDER, Wissenschaftsfreiheit, S. 118 f.; vgl. auch § 2 UniO.

[15] Da die Ausbildung in der Lehre enthalten ist, wurde darauf verzichtet, die Ausbildung in Art. 118 ausdrücklich zu erwähnen; Prot. Plenum, S. 2718. Art. 129 VE lautete demgegenüber noch wie folgt: «Der Kanton sorgt für eine qualitativ hoch stehende Lehre, Ausbildung und Forschung an Universität und Hochschulen.»

[16] MEYER/HAFNER, St.Galler Kommentar, Art. 20 Rz. 4; SCHMID/SCHOTT, St.Galler Kommentar, Art. 64 Rz. 3; SCHWANDER, Wissenschaftsfreiheit, S. 113 u.a. mit Hinweis auf BGE 115 Ia 234 ff., 269, und BGE 119 Ia 460 ff., 501; vgl. ferner § 1 UniO.

[17] Prot. Plenum, S. 1577 ff., 1579 f., 1590 (Abstimmungsergebnis).

Freiheit von Lehre und Forschung enthält die Kantonsverfassung im Unterschied zur Bundesverfassung (Art. 20) nicht[18].

Qualitativ hoch stehend bezieht sich auf den Inhalt und auf das Angebot des Unterrichts[19]. Um eine hohe Lehr- und Forschungsqualität zu sichern, bedarf es der *Qualitätssicherungsmassnahmen*. Der Kanton verpflichtet deshalb Universität und Fachhochschulen zu solchen Massnahmen[20]. Zwecks Sicherung und Förderung der Qualität von Lehre und Forschung an den universitären Hochschulen haben Bund und Universitätskantone ein unabhängiges Organ für Akkreditierung und Qualitätssicherung (OAQ) eingesetzt[21]; mit dem geplanten Bundesgesetz über die Förderung der Hochschulen und die Koordination im schweizerischen Hochschulbereich soll das OAQ auch für die Fachhochschulen zuständig werden.

4. Hochschulautonomie

Laut Art. 63a Abs. 3 BV haben Bund und Kantone bei der Wahrnehmung ihrer Aufgaben im Hochschulbereich auf die Autonomie der Hochschulen Rücksicht zu nehmen. Die Bundesverfassung geht demnach davon aus, dass die Hochschulen über Autonomie, das heisst über das Recht zur Selbstverwaltung und zur Selbstgesetzgebung, verfügen[22]. Eine bundesverfassungsrechtliche Garantie der Hochschulautonomie ist mit Art. 63a Abs. 3 BV nicht verbunden, vielmehr ist es Sache der Hochschulträger, die Autonomie näher zu umschreiben und auszugestalten[23]. Während einige der privaten Entwürfe eine Gewährleistung der Hochschulautonomie in der Verfassung vorsahen[24], erachtete die Kommission 4 eine solche Vorschrift als nicht verfassungswürdig. Sie entschied sich daher ge-

---

[18] Auf Gesetzesstufe ist sie dagegen verankert; § 3 Abs. 1 UniG und § 4 Abs. 1 FaHG. Bereits das Gesetz über die Organisation des gesamten Unterrichtswesen im Kanton Zürich vom 28. Herbstmonat 1832 (OS 2, S. 313 ff.) und später das Gesetz über das gesamte Unterrichtswesen vom 23. Dezember 1859 (GS, Bd. III, S. 3 ff.) garantierten in § 144 bzw. in § 126 die akademische Lehr- und Lernfreiheit; vgl. dazu auch SCHWANDER, Akademische Lehrfreiheit, S. 288 ff.

[19] Prot. Plenum, S. 1584 (Voten Vischer und Lauffer).

[20] § 4 UniG; § 24 Abs. 2 lit. d FaHG. Vgl. dazu auch Art. 7 Abs. 1 UFG; Art. 17a Abs. 1 FHSG; ferner Richtlinien der Schweizerischen Universitätskonferenz für die Qualitätssicherung an den schweizerischen universitären Hochschulen vom 7. Dezember 2006 (Qualitätssicherungsrichtlinien; SR 414.205.2).

[21] Art. 18 ff. Zusammenarbeitsvereinbarung. Mit der von Volk und Ständen am 21. Mai 2006 angenommenen Vorlage zur Neuordnung der Verfassungsbestimmungen zur Bildung hat dieses Organ eine verfassungsmässige Grundlage erhalten; Art. 63a Abs. 4 BV. Vgl. zum OAQ auch BGE 128 I 19 ff., 27 f.

[22] Dazu SCHWANDER, Wissenschaftsfreiheit, S. 159 m.w.H.

[23] Bericht der Kommission für Wissenschaft, Bildung und Kultur des Nationalrats zum Bildungsrahmenartikel in der Bundesverfassung vom 23. Juni 2005, BBl 2005, S. 5479 ff., 5527.

[24] So der Entwurf Jaag/Kölz, Art. 118 Abs. 2 («Die Universität verwaltet sich selbst»); der Entwurf der EVP, Art. 126 Abs. 2 mit der gleichen Formulierung sowie der Entwurf der Grünen, Art. 113 Abs. 2 («Die Universität entscheidet selbständig über ihre organisatorischen Angelegenheiten»). Vgl. zu diesen Entwürfen Materialien zur Zürcher Verfassungsreform, Bd. 7.

gen eine Verankerung der Autonomie der Universität in der Verfassung[25]. Eine gesetzliche Gewährleistung der Hochschulautonomie findet sich in § 1 Abs. 2 des Universitätsgesetzes. Danach plant, regelt und führt die Universität ihre Angelegenheiten im Rahmen von Verfassung und Gesetz selbständig. Hierbei handelt es sich indes nur um eine eingeschränkte Autonomie[26]. Auch die anderen Hochschulkantone wie Bern, Basel-Stadt usw. kennen keine verfassungsrechtliche Garantie die Hochschulautonomie.

5. Politische und konfessionelle Neutralität

13 Gemäss Art. 116 Abs. 2 sind die öffentlichen Schulen den Grundwerten des demokratischen Staatswesens verpflichtet und haben sich in konfessionellen und politischen Fragen neutral zu verhalten. Die in Art. 116 Abs. 2 verankerten Grundsätze gelten für die öffentlichen Schulen *aller Bildungsstufen*, das heisst auch für die vom Kanton geführten Hochschulen (Universität und Fachhochschulen)[27].

---

[25] Prot. K4 vom 10. Januar 2002, S. 199.
[26] Weisung des Regierungsrates zum Gesetz über die Universität Zürich vom 8. Januar 1997, ABl 1997, S. 136 ff., 159 f.
[27] Dazu Art. 116 N. 11 ff.

Art. 119

Der Kanton fördert die Berufsbildung.

Kanton und Gemeinden fördern die berufliche Weiterbildung und die Erwachsenenbildung.

Berufs- und Weiterbildung

Materialien

Art. 130 VE; Prot. Plenum, S. 1590 ff., 2339 ff., 2719 ff.

Literatur

AEBI DORIS, Weiterbildung zwischen Markt und Staat, Diss. (phil. I), Chur/Zürich 1995; BORGHI MARCO, Kommentar BV, Art. 34ter Abs. 1 Bst. g aBV; DUBS ROLF, Gutachten zu Fragen der schweizerischen Berufsbildung, Bern 2005; DUBS ROLF et al. (Hrsg.), Berufsbildung im Lichte der neuen Gesetzgebung, Zürich 2007; JAAG, Rz. 4053 ff.; GIGER HANS (Hrsg.), Bildungspolitik im Umbruch. Staatsmonopol in der Weiterbildung?, Zürich 1991; MAHON PASCAL, Art. 63, 67, in: Aubert/Mahon; OELKERS JÜRGEN, Erwachsenenbildung – wer braucht sie und wem nützt sie?, in: Festschrift Hans Giger zum 75. Geburtstag, Zürich 2006, S. 391 ff.; PLOTKE HERBERT, Schweizerisches Schulrecht, 2. Aufl., Bern/Stuttgart/Wien 2003; PORTMANN WOLFGANG/BARMETTLER HUGO, Das neue Berufsbildungsrecht des Bundes, Arbeitsrecht (ARV) 2004, S. 73 ff.; SCHMID GERHARD/SCHOTT MARKUS, St.Galler Kommentar, Art. 63, 67; SCHNYDER WERNER, Rechtsfragen der beruflichen Weiterbildung in der Schweiz, Zürich 2000.

Rechtsquellen

– Art. 63, 64a BV
– Bundesgesetz über die Berufsbildung vom 13. Dezember 2002 (Berufsbildungsgesetz, BBG; SR 412.10)
– Verordnung über die Berufsbildung vom 19. November 2003 (Berufsbildungsverordnung, BBV; SR 412.101)
– Bildungsgesetz vom 1. Juli 2002 (BiG; LS 410.1)
– Gesetz über die Trägerschaft der Berufsschulen vom 2. Dezember 1984 (TBG; LS 413.30)[*]
– Einführungsgesetz zum Bundesgesetz über die Berufsbildung vom 21. Juni 1987 (EG zum Berufsbildungsgesetz, EG BBG; LS 413.31)[*]

Übersicht

	Note
1. Berufsbildung	1
1.1. Bundesrechtliche Vorschriften	1
1.2. Kantonale Förderung	5
2. Weiterbildung	7
2.1. Begriffe	7
2.2. Förderung durch Bund, Kanton und Gemeinden	10
2.3. Fördermassnahmen	12

---

[*] Der Regierungsrat hat dem Kantonsrat am 30. August 2006 einen Entwurf für ein neues Einführungsgesetz zum Bundesgesetz über die Berufsbildung (EG BBG) vorgelegt (Vorlage 4351). Der Entwurf sieht die Aufhebung des Gesetzes über die Trägerschaft der Berufsschulen und des Einführungsgesetzes zum Bundesgesetz über die Berufsbildung von 1987 vor; ABl 2006, S. 1153 ff.

1. Berufsbildung

1.1. Bundesrechtliche Vorschriften

1 Art. 63 BV weist dem Bund die Kompetenz zum Erlass von Vorschriften über die Berufsbildung zu. Das von ihm erlassene Bundesgesetz über die Berufsbildung und die dazugehörige Verordnung regeln die gesamte Berufsbildung ausserhalb des Hochschulbereichs[1]. Der Vollzug der Berufsbildungsgesetzgebung obliegt den Kantonen[2].

2 Die Berufsbildung ist eine gemeinsame Aufgabe von Bund, Kantonen und Organisationen der Arbeitswelt[3]. Die Berufsbildung umfasst die berufliche Grundbildung der angehenden Berufsleute, die höhere Berufsbildung und die berufsorientierte Weiterbildung[4]. (Vgl. zur beruflichen Weiterbildung nachstehend N. 8.)

3 Die *berufliche Grundbildung* ist Bestandteil der Sekundarstufe II[5] und basiert in der Regel auf dem dualen System: Die praktische berufliche Ausbildung erfolgt in einem Betrieb, die schulische Bildung an der Berufsfachschule[6]. Die berufliche Grundbildung dient der Vermittlung und dem Erwerb der Fähigkeiten, Kenntnisse und Fertigkeiten, die zur Ausübung einer Tätigkeit in einem Beruf oder in einem Berufs- oder Tätigkeitsfeld erforderlich sind[7]. Die berufliche Grundbildung schliesst in aller Regel an die obligatorische Schulzeit an und dauert je nachdem zwei bis vier Jahre. Mögliche Abschlüsse sind das eidgenössische Berufsattest, das eidgenössische Fähigkeitszeugnis und die eidgenössische Berufsmaturität[8]. Die Berufsmaturität berechtigt zum prüfungsfreien Zugang an eine Fachhochschule[9].

4 Die *höhere Berufsbildung* schliesst an die Sekundarstufe II an; sie dient auf der Tertiärstufe der Vermittlung und dem Erwerb von Qualifikationen, die für die Ausübung einer anspruchsvollen oder einer verantwortungsvollen Berufstätigkeit erforderlich sind[10]. Die höhere Berufsbildung wird erworben durch eine eid-

---

[1] Art. 2 Abs. 1 BBG.
[2] Art. 66 BBG.
[3] Art. 1 Abs. 1 BBG.
[4] Vgl. Art. 12 ff., 26 ff., 30 ff. BBG.
[5] § 8 Abs. 3 BiG.
[6] Art. 16 Abs. 1 BBG; vgl. dazu auch Art. 116 N. 9. – Neben der betrieblich organisierten Grundbildung gibt es auch die schulisch organisierte Grundbildung. Hier erfolgt die praktische berufliche Ausbildung nicht in einem Betrieb, sondern in der Schule oder einer Lehrwerkstätte; Art. 6 lit. b, d BBV.
[7] Art. 15 Abs. 1 BBG.
[8] Art. 15 Abs. 3 und Art. 17 BBG.
[9] Art. 39 Abs. 2 BBG; Art. 5 Abs. 1 lit. a Bundesgesetz über die Fachhochschulen vom 6. Oktober 1995 (Fachhochschulgesetz, FHSG; SR 414.71). Vgl. dazu auch die Verordnung über die Berufsmaturität vom 30. November 1998 (Berufsmaturitätsverordnung; SR 412.103.1).
[10] Art. 26 Abs. 1 BBG.

genössische Berufsprüfung, eine eidgenössisch höhere Fachprüfung oder durch eine eidgenössisch anerkannte Bildung an einer höheren Fachschule[11].

1.2. Kantonale Förderung

Art. 119 Abs. 1 verpflichtet den Kanton dazu, die Berufsbildung zu fördern. Durch die Förderung trägt der Kanton einerseits der Bedeutung der Berufsbildung Rechnung, andererseits setzt er sich auf diese Weise für die gesellschaftliche Anerkennung der Berufsbildung ein. So schreibt Art. 61a Abs. 3 BV Bund und Kantonen vor, sich bei der Erfüllung ihrer Aufgaben dafür einzusetzen, dass allgemeinbildende und berufsbezogene Bildungswege eine gleichwertige gesellschaftliche Anerkennung finden.

Die einzelnen Fördermassnahmen zu definieren ist Sache des *Gesetzgebers*. Als Fördermassnahmen in Betracht kommen beispielsweise Massnahmen zur Verbesserung des Lehrstellenangebots in Zeiten der Lehrstellenknappheit[12] oder die finanzielle Unterstützung von Bildungsgängen der höheren Berufsbildung privater Anbieter. Die Förderung kann auch darin bestehen, dass der Kanton selber Bildungsgänge der höheren Berufsbildung anbietet. Einen verfassungsrechtlichen Anspruch auf Unterstützungsleistungen vermittelt Art. 119 Abs. 1 jedoch nicht.

2. Weiterbildung

2.1. Begriffe

Weiterbildung lässt sich allgemein umschreiben als organisiertes Lernen nach Beendigung der Ausbildung, das der Auffrischung, Ergänzung oder Erweiterung von Wissensinhalten, Fertigkeiten und Fähigkeiten dient[13]. Dabei lassen sich zwei Bereiche unterscheiden, die berufliche Weiterbildung und die Erwachsenenbildung bzw. soziokulturelle Weiterbildung[14].

Die *berufliche Weiterbildung* hat eine berufliche Zwecksetzung. Sie dient einerseits dazu, bestehende Fähigkeiten, Kenntnisse und Fertigkeiten zu erneuern, zu

---

[11] Art. 27 BBG.
[12] Derartige Massnahmen lassen sich auch auf Art. 107 Abs. 3 abstützen. Danach haben Kanton und Gemeinden günstige Rahmenbedingungen für ein vielfältiges Arbeitsplatz- und Lehrstellenangebot zu schaffen. Vgl. für den Bund die heute aufgehobenen Bundesbeschlüsse über Massnahmen zur Verbesserung des Lehrstellenangebots für die Ausbildungsjahre 1997, 1998 und 1999 vom 30. April 1997 (Lehrstellenbeschluss; AS 1997, S. 1031 ff.) und über Massnahmen zur Verbesserung des Lehrstellenangebotes und zur Entwicklung der Berufsbildung vom 18. Juni 1999 (Lehrstellenbeschluss II; AS 1999, S. 3125 ff.).
[13] Vgl. hierzu AEBI, S. 20.
[14] Dazu AEBI, S. 22 ff.

vertiefen und zu erweitern. Andererseits ist sie dazu da, neue berufliche Qualifikationen zu erwerben bzw. verpasste Qualifikationen nachzuholen und den beruflichen Wiedereinstieg zu erleichtern[15].

9   Die *Erwachsenenbildung* besteht in der allgemeinen oder soziokulturellen Weiterbildung (Weiterbildung in Kultur, Politik, usw.). Im Unterschied zur beruflichen Weiterbildung ist sie nicht spezifisch auf den beruflichen Bereich ausgerichtet. Eine klare Abgrenzung zwischen Erwachsenenbildung und beruflicher Weiterbildung ist allerdings schwierig.

2.2. Förderung durch Bund, Kanton und Gemeinden

10 Dem lebenslangen Lernen («éducation permanente») kommt in unserer Wissensgesellschaft eine derart zentrale Bedeutung zu, dass es Art. 119 Abs. 2 *Kanton und Gemeinden* zur Aufgabe macht, die berufliche Weiterbildung und die Erwachsenenbildung zu fördern. Die Förderung der beruflichen Umschulung und Weiterbildung erwerbsloser Personen durch Kanton und Gemeinden verlangt ausserdem Art. 111 Abs. 2[16]. Im Gegensatz zur Förderung der beruflichen Weiterbildung, zu der die Kantone bereits von Bundesrechts wegen verpflichtet sind[17], war die Förderung der Erwachsenenbildung im Verfassungsrat umstritten[18].

11 Neben Kanton und Gemeinden kommt auch dem *Bund* die Befugnis zu, die Weiterbildung zu fördern; ausserdem verfügt er in diesem Bereich über eine Rahmengesetzgebungskompetenz (Art. 64a BV)[19].

2.3. Fördermassnahmen

12 Im Unterschied zu den anderen Bildungsstufen wird die Weiterbildung primär durch Private und nicht durch den Staat angeboten. Kanton und Gemeinden können die berufliche Weiterbildung und die Erwachsenenbildung fördern, indem sie etwa den privaten Weiterbildungsträgern finanzielle Leistungen ausrichten, damit diese Kurse anbieten, die einem (besonderen) öffentlichen Bedürfnis entsprechen und die ohne Unterstützung nicht oder nicht ausreichend bereitgestellt

---

[15] Vgl. Art. 30 BBG.
[16] Dazu GÄCHTER, Art. 111 N. 17 ff.
[17] Gemäss Art. 31 BBG haben die Kantone für ein bedarfsgerechtes Angebot an berufsorientierter Weiterbildung zu sorgen.
[18] Vgl. Prot. Plenum, S. 1590 f., 2339 ff.
[19] Bis zu der von Volk und Ständen am 21. Mai 2006 angenommenen Vorlage zur Neuordnung der Verfassungsbestimmungen zur Bildung verfügte der Bund gestützt auf altArt. 67 Abs. 2 BV lediglich über die Kompetenz, die Erwachsenenbildung in Ergänzung zu kantonalen Massnahmen zu unterstützen.

werden könnten[20]. Auch Kanton oder Gemeinden können Weiterbildungsangebote erbringen[21]. Für den Bereich der beruflichen Weiterbildung hält Art. 11 Abs. 2 des Bundesgesetzes über die Berufsbildung allerdings ausdrücklich fest, dass öffentliche Anbieter, die in Konkurrenz zu nicht subventionierten privaten Anbietern stehen, für ihre Angebote Marktpreise zu verlangen haben[22].

Eine Förderung der Erwachsenenbildung setzt nach der im Verfassungsrat geäusserten Auffassung des Regierungsrates voraus, dass die Weiterbildung beruflich irgendwie von Nutzen ist, wie etwa das Erlernen einer Fremdsprache. Nicht in Betracht kommt seiner Ansicht nach dagegen die Unterstützung einer Weiterbildung zu rein privaten Zwecken[23]. Der Wortlaut von Art. 119 Abs. 2 lässt hingegen durchaus eine weiter gehende Förderung der Erwachsenenbildung zu (unter Einschluss der rein persönlichen Fortbildung)[24].

Ein verfassungsrechtlicher Anspruch auf finanzielle Unterstützung der Weiterbildung besteht aufgrund von Art. 119 Abs. 2 nicht, und zwar weder seitens der Anbieter von Dienstleistungen der beruflichen Weiterbildung bzw. der Erwachsenenbildung noch seitens deren Bezüger.

---

[20] Vgl. dazu §§ 14 f. BiG; § 32 Abs. 2 und § 33 Abs. 2 des Entwurfs für ein neues EG BBG vom 30. August 2006.
[21] Vgl. § 3 Abs. 1 BiG; § 32 Abs. 1 und § 33 Abs. 1 des Entwurfs für ein neues EG BBG vom 30. August 2006.
[22] Gemäss Weisung des Regierungsrates zum neuen EG BBG soll Art. 11 Abs. 2 BBG allerdings nicht für Angebote gelten, die dem Service public zuzuordnen sind. Der Begriff des «Service public» wird in der Weisung nicht weiter umschrieben; ABl 2006, S. 1172, 1186.
[23] Prot. Plenum, S. 2343 (Votum Regierungsrat Huber).
[24] Nach dem regierungsrätlichen Entwurf für ein neues Einführungsgesetz zum Bundesgesetz über die Berufsbildung (EG BBG) vom 30. August 2006 soll der Kanton allgemeine Weiterbildungsangebote fördern können, soweit dies im besonderen öffentlichen Interesse liegt und die Angebote andernfalls nicht ausreichend bereitgestellt würden. Ein besonderes öffentliches Interesse besteht gemäss § 33 Abs. 3 des Entwurfs insbesondere an Angeboten, welche die Integration von Personen in die Gesellschaft zum Ziel haben oder aus anderen Gründen von erheblicher gesellschaftlicher Bedeutung sind. Nicht unterstützt werden dagegen Bildungsangebote, welche der persönlichen Fortbildung oder der Erweiterung des kulturellen Horizonts dienen. Dazu gehören zum Beispiel die Bildungsangebote des Freizeitbereichs, der Erwerb kunsthandwerklicher Fähigkeiten und die Vertiefung der humanistischen Bildung (Geschichte, Literatur usw.); dazu Weisung des Regierungsrates, ABl 2006, S. 1189.

Art. 120

Kultur

Kanton und Gemeinden fördern die Kultur und die Kunst.

Materialien

Art. 132 VE; Prot. Plenum, S. 1610 ff., 2346 f., 2722 ff.

Vgl. ferner Kulturförderungsleitbild des Kantons Zürich vom 14. März/3. April 2002; Erläuternder Bericht zum Vernehmlassungsentwurf für ein Bundesgesetz über die Kulturförderung des Bundes (Kulturförderungsgesetz, KFG) sowie zur Totalrevision des Bundesgesetzes betreffend die Stiftung «Pro Helvetia» (Pro Helvetia-Gesetz, PHG), Mai 2005 (Erläuternder Bericht KFG/PHG).

Literatur

GRIMM DIETER, Kulturauftrag in staatlichen Gemeinwesen, VVDStRL 42/1984, S. 46 ff.; HÄBERLE PETER, Neues Kulturverfassungsrecht in der Schweiz und in der Bundesrepublik Deutschland, ZSR 105/1986 I, S. 195 ff.; HOLLAND ANDREW, Bundesstaatliche Kunstförderung in der Schweiz. Anregungen aus einem Rechtsvergleich mit den USA, Diss. (St.Gallen), Zürich/Basel/Genf 2002; JAAG, Rz. 416 ff.; LOHE HANS-GEORG, «Neue» Kooperationsformen der öffentlichen Verwaltung im kulturellen Bereich: Das Beispiel der Stadt Düsseldorf, in: Rüdiger Klimecki/Werner R. Müller (Hrsg.), Verwaltung im Aufbruch, Zürich 1999, S. 181 ff.; MARTEL WILFRIED, Grundlagen staatlicher Kulturpolitik, insbesondere des Bundes, ZBl 83/1982, S. 101 ff.; RASCHÈR ANDREA F.G./CHRISTEN CLAUDIA/TRIBOLET THOMAS, Kulturförderung des Bundes – Chancen und Grenzen des neuen Kulturartikels, AJP 2001, S. 1035 ff.; SCHWEIZER RAINER J., St. Galler Kommentar, Art. 69; SCHWEIZER RAINER J., Der neue Kulturartikel der Bundesverfassung, ZSR 120/2001 I, S. 187 ff. (Kulturartikel); STEINER UDO, Kulturauftrag in staatlichen Gemeinwesen, VVDStRL 42/1984, S. 7 ff.

Rechtsquellen

– Art. 15 Internationaler Pakt über wirtschaftliche, soziale und kulturelle Rechte vom 16. Dezember 1966 (UNO-Pakt I; SR 0.103.1)
– Art. 21, Art. 69 BV
– Gesetz über die Förderung des kulturellen Lebens vom 1. Februar 1970 (KFG; LS 440.1)
– Kulturförderungsverordnung vom 22. April 1971 (KFV; LS 440.11)
– Gesetz über die Unterstützung des Opernhauses Zürich durch den Kanton vom 25. September 1994 (Opernhausgesetz; LS 440.2)

Übersicht Note

1. Einleitung 1
2. Entstehungsgeschichte 3
3. Grundlagen 4
   3.1. Kultur- und Kunstbegriff 4
   3.2. Grundrechtsdimensionen 5
4. Situation im Kanton Zürich 9
   4.1. Organisation 9
      4.1.1. Fachstelle Kultur als zuständige Amtsstelle 9
      4.1.2. Unabhängige Stellen 10
      4.1.3. Interkantonale Zusammenarbeit 12

| 4.2. Mittel und Formen | 13 |

1. Einleitung

1   Kulturpolitik und -förderung bilden traditionell Aufgaben der *Kantone* (Art. 69 Abs. 1 BV)[1]; insofern bedeutet Art. 120 in seiner Kürze lediglich eine Nachführung bzw. Festschreibung des bisherigen Verfassungszustandes.

2   Daneben kann der *Bund* insbesondere kulturelle Bestrebungen von gesamtschweizerischer Bedeutung unterstützen (Art. 69 Abs. 2 1. Halbsatz BV)[2]. Genannte Befugnis erhielt der Bund förmlich erst im Rahmen der «nachgeführten» Bundesverfassung von 1999, nachdem zwei Vorlagen (1986 und 1994) in der Volksabstimmung gescheitert waren[3], so dass er sich gezwungen sah, seine Förderaktivitäten über eine mehr als fragwürdige gewohnheitsrechtliche Grundlage zu begründen[4]. Insofern besteht eine *parallele* Kompetenz von Bund und Kantonen, wobei der kulturellen Tätigkeit des Bundes *subsidiäre* Bedeutung zukommt[5].

2. Entstehungsgeschichte

3   In den Beratungen des Verfassungsrates wurde die Bedeutung der Kultur und ihrer Förderung von verschiedener Seite nachhaltig unterstrichen. Entsprechend fand Art. 120 breite Unterstützung. Vorschläge, die Bestimmung zu streichen oder als Kannvorschrift zu formulieren, vermochten sich nicht durchzusetzen. Dabei war bei den Votanten allerdings weniger Enthusiasmus zu spüren als beim Sport (Art. 121)[6]. Zum Teil wurde zur Begründung der Bestimmung schlicht auf die Tatsache verwiesen, dass die Bundesverfassung diese Aufgabe den Kantonen in Art. 69 Abs. 1 BV zuweise[7].

---

[1] JAAG, Rz. 4101; RASCHÈR/CHRISTEN/TRIBOLET, S. 1035. Oft wird von der «Kulturhoheit» der Kantone gesprochen: HÄBERLE, S. 208; MARTEL, S. 105; SCHWEIZER, Kulturartikel, S. 199 f.; SCHWEIZER, St.Galler Kommentar, Art. 69 Rz. 7.
[2] Hinzu kommt eine Kompetenz zur Ausbildungsförderung in «Kunst und Musik» im 2. Halbsatz. Zum Ganzen: RASCHÈR/CHRISTEN/TRIBOLET, S. 1036 ff.; SCHWEIZER, St.Galler Kommentar, Art. 69 Rz. 11 ff.
[3] SCHWEIZER, Kulturartikel, S. 188 f.; Erläuternder Bericht KFG/PHG, S. 8.
[4] Vgl. dazu VPB 50/1986 Nr. 47; Erläuterungen zum Verfassungsentwurf vom 26. Juni 1995 (Vernehmlassungsvorlage), S. 105. Immerhin verfügte er über punktuelle Kompetenzen, z.B. im Bereich der Filmförderung (Art. 27ter aBV, heute Art. 71 BV) oder der Sprachen (Art. 116 aBV, heute Art. 70 BV).
[5] RASCHÈR/CHRISTEN/TRIBOLET, S. 1035 f.; SCHWEIZER, Kulturartikel, S. 202; SCHWEIZER, St.Galler Kommentar, Art. 69 Rz. 12.
[6] Das führte zur Argumentation, dass wer die Sportförderung bejahe, umso mehr auch zur Kulturförderung stehen müsse (Prot. Plenum, S. 1612, 1616 f.).
[7] Prot. Plenum, S. 1610, 1616 f.

3. Grundlagen

3.1. Kultur- und Kunstbegriff

Förderungsobjekte von Art. 120 bilden Kultur und Kunst. Kultur schliesst künstlerisches Schaffen ein, ist aber umfassender als Kunst, die nur einen Teil der Kultur ausmacht[8]. Während Kultur die Identität einer Gesellschaft als (veränderungsfähigen) Zustand beschreibt, lebt Kunst von der Bewegung, wobei sie in stetem Diskurs mit dem kulturellen Status quo steht[9]. Beide Begriffe sind – dies zeigte die Diskussion im Verfassungsrat[10] – stark wertungsabhängig und darum definitorisch nur schwer zu fassen[11]. Das handlungsbestimmende Kultur- und Kunstverständnis bildet eine Grundproblematik staatlichen Mäzenatentums. Kultur ist nicht nur das Mehrheitsfähige, Kunst nicht nur, was offensichtlich gefällt. Zur Kultur einer Gesellschaft gehören ebenso Schaffen und Wirken von Einzelgängern, Randständigen oder Minderheiten. Kunst entzieht sich objektiver Beurteilung in weitem Masse und bewegt sich auf einer Ebene subjektiver sinnlicher Erfahrung, welche sehr unterschiedlich ausfallen kann[12]. In einer Welt medialer Überreizung gehört ins künstlerische Repertoire vermehrt auch bewusste Provokation, welche polarisierend wirkt, ja mitunter auf breite, offene Ablehnung stösst.

3.2. Grundrechtsdimensionen

Das natürliche Interesse des Staates an der Kultur hängt nicht zuletzt mit ihrer identitätsstiftenden Funktion zusammen[13]. Eine gemeinsame Kultur erwies sich als zentrale Keimzelle der Entstehung der Nationalstaaten. Indessen darf Kulturpolitik heute nicht einseitig auf die Legitimierung und Stärkung staatlicher Institution ausgerichtet werden. Gesellschaftliche Integration erfordert zwar ein unabdingbares Minimum an kulturellem Konsens, darf aber nicht zur Unterdrückung und Geringschätzung von Minderheiten führen. Die moderne heterogene Gesellschaft spiegelt sich in einer ebenso heterogenen Kultur. Gerade deshalb

---

[8] Kulturförderungsleitbild, S. 6 (Ziff. 2 der Präambel).
[9] Das Kulturförderungsleitbild, S. 6 (Ziff. 3 der Präambel), versteht «den Begriff Kultur als die Identität einer Gesellschaft, den Begriff Kunst als Produkte, die für diese Identität stehen können». Der Begriff Kunstproduktion meine «das Schaffen neuer Kunstwerke, die in einem dialektischen Verhältnis zur Kultur stehen können und Distanz zu ihr suchen, um sie schliesslich zu verändern und zu einer neuen Identität zu führen». Vgl. ferner zum Kulturbegriff GRIMM, S. 59 ff.; HÄBERLE, S. 195 ff.; MARTEL, S. 101 f.; SCHWEIZER, Kulturartikel, S. 194 ff.; STEINER, S. 8 ff., sowie zum Kunstbegriff J.P. MÜLLER, S. 303 ff.; RHINOW, Rz. 1527.
[10] Prot. Plenum, S. 1610 f., 1617 f.
[11] HÄFELIN/HALLER, N. 530.
[12] Das Kunstverständnis variiert dabei auch im Zeitablauf. So war Kunst bis zur Mitte des 18. Jahrhunderts stark höfisch und sakral geprägt; GRIMM, S. 47 f.
[13] GRIMM, S. 62 ff.

bedeutet Förderung der Kultur auch Stärkung der *Vielfalt* und des *Kulturaustauschs*.

6   Freiheitsrechte schützen Private vor ungerechtfertigten staatlichen Eingriffen[14]. So kommt auch der Kunstfreiheit (Art. 21 BV) in erster Linie die Funktion eines *Abwehrrechts* zu. Aufgrund der Abhängigkeit weiter Teile des Kultur- und Kunstschaffens von staatlicher Förderung kann sich deren Verweigerung für die Betroffenen aber unter Umständen genauso verheerend auswirken wie Eingriffsmassnahmen. In jedem Fall erhalten Grundrechte nach heutigem Verfassungsverständnis auch auf einer *programmatischen* Ebene Bedeutung (Art. 35 Abs. 1 BV)[15]. Der Staat kann sich nicht nur in Selbstbeschränkung üben, sondern er hat aktiv für die Verwirklichung der verfassungsrechtlichen Grundwerte zu sorgen. Das Gemeinwesen wird bei der Kultur- und Kunstförderung von den Grundrechten also gleich mehrfach in die Pflicht genommen. Es ist gehalten, sich jener Bereiche anzunehmen, welche sich ohne staatliche Unterstützung nicht über Wasser halten könnten[16]. Soweit zu diesem Zweck Mittel vergeben werden, ist das Verfahren so zu gestalten, dass es Gewähr für sachgerechte Auswahlkriterien bietet (dazu auch N. 7)[17]. Zudem ist die Eigenrationalität des kulturellen und künstlerischen Wirkens zu respektieren[18]. § 1 Abs. 2 KFV schreibt deshalb vor, dass die staatliche Förderung die Unabhängigkeit des kulturellen Schaffens zu wahren habe.

7   Angesichts oft knapper Fördermittel hat die öffentliche Hand ein Interesse an einem möglichst effektiven und nachhaltigen Mitteleinsatz. Es stellt sich damit die entscheidende Frage, wie stark der Staat bei seinem Vorgehen auf das Ergebnis schielen darf[19]. Oft lösen Gesetzgeber und Verwaltung das Steuerungsdilemma dadurch, dass sie die Beurteilung der Förderungswürdigkeit von Projekten ganz oder teilweise einer *unabhängigen Stelle* übertragen, sei dies eine Kommission oder eine Stiftung (vgl. N. 10 f.)[20]. Für wichtige Einzelfälle kommt auch die *Ad-hoc*-Bildung einer *Jury* in Frage. Der Rückkopplung mit der Politik vermögen *Leitbilder* oder *Programme* zu dienen (dazu N. 14). Eine derartige

---

[14] HÄFELIN/HALLER, N. 257 ff.
[15] Nach J.P. MÜLLER, S. 313, liegt hier gar die hauptsächliche praktische Bedeutung der Kunstfreiheit.
[16] Das Kulturförderungsleitbild, S. 6 (Ziff. 4 und 5 der Präambel), bezeichnet die Kulturförderung als «notwendige staatliche Aufgabe» sowie «eine Verpflichtung, die der Staat unabhängig von finanziellen Rentabilitätsüberlegungen annehmen muss».
[17] J.P. MÜLLER, Grundrechtliche Anforderungen an Entscheidstrukturen, in: Festschrift Kurt Eichenberger, Basel/Frankfurt a.M. 1982, S. 169 ff.
[18] So betont das Kulturförderungsleitbild, S. 6 (Ziff. 5 und 6 der Präambel), dass Kultur nicht verordnet werden könne und Kunstschaffen staatlichem Handeln in keiner Weise zugänglich sei. Vgl. aber auch MARTEL, S. 102 sowie STEINER, S. 28.
[19] J.P. MÜLLER, S. 199 f., 314 f.; STEINER, S. 30 f.
[20] J.P. MÜLLER, S. 315; STEINER, S. 35 (in der Folge [S. 36 f.] äussert sich der Autor allerdings durchaus auch kritisch zu dieser Methode).

relativ globale politische Steuerung der Förderung erweist sich als weniger problematisch[21].

Fraglich ist, inwiefern der Staat darüber hinaus dafür Sorge tragen muss, dass 8
durch die von ihm geförderten Handlungen nicht *Grundrechte Dritter* verletzt
werden. Da es zu den Kernelementen des heutigen Kunstschaffens gehört, in
gesellschaftlichen Fragen pointiert Stellung zu beziehen (N. 4), besteht die Gefahr solcher Verletzungen durchaus. Trotzdem erscheint es problematisch, wenn
der Staat hier steuernd einzugreifen versucht. Soll auf diesem Weg die Kunstfreiheit nicht gleichsam kurzgeschlossen werden, kann eine Überprüfungs- und
Interventionspflicht nur in engen Grenzen bestehen, dies umso mehr, als das
Straf- und das Zivilrecht betroffenen Privaten geeignete Schutzinstrumente zur
Verfügung stellt, um sich gegen Verletzungen ihrer Rechtssphäre zur Wehr zu
setzen.

4. Situation im Kanton Zürich

4.1. Organisation

4.1.1. Fachstelle Kultur als zuständige Amtsstelle

Für die Kulturförderung des Kantons Zürich ist die *Fachstelle Kultur* in der Di- 9
rektion der Justiz und des Innern besorgt. Sie wirkt als Mittlerin zwischen den
verschiedenen involvierten staatlichen Gremien, den Kulturschaffenden und der
Öffentlichkeit.

4.1.2. Unabhängige Stellen

§ 5 Satz 2 KFG beauftragt den Regierungsrat, zu seiner Beratung fachkundige 10
Kommissionen einzusetzen. Die mittels §§ 2 ff. KFV begründete *Kulturförderungskommission* verfügt (bei Vollbesetzung) über 14 Mitglieder und steht dem
Regierungsrat sowie der Direktion der Justiz und des Innern, insbesondere der
Fachstelle Kultur, beratend zur Seite. Das Präsidium liegt beim Vorsteher der
Direktion der Justiz und des Innern. Die restlichen Mitglieder wählt der Regierungsrat. Die Kommission gliedert sich in drei spartenbezogene Arbeitsgruppen: eine für bildende Kunst, eine für Literatur sowie eine im Bereich Musik,
Theater und Tanz (§ 6 KFV)[22].

Gemäss § 1 Abs. 2 KFG kann der Staat öffentliche Einrichtungen zur Förde- 11
rungen des kulturellen Lebens schaffen. Insbesondere die *Filmförderung* erfolgt
über eine gesonderte Institution. Früher arbeitete der Kanton hier mit der Stadt

---

[21] STEINER, S. 31.
[22] Diese Aufteilung wird im Kulturförderungsleitbild, S. 20 f., kritisiert.

Zürich zusammen, wobei die Fördergesuche von einer gemeinsamen Filmförderungskommission evaluiert wurden. Seit dem 15. November 2004 nimmt diese Aufgabe die *Zürcher Filmstiftung* wahr.

4.1.3. Interkantonale Zusammenarbeit

12   Die kantonalen Kulturverantwortlichen schlossen sich 1986 zur *Konferenz der Kulturbeauftragten der Kantone* (KBK) zusammen, welche im Rahmen der Schweizerischen Konferenz der kantonalen Erziehungsdirektorinnen und -direktoren (EDK) erfolgt[23]. Bereits 1970 haben 15 Städte, darunter auch Zürich, die *Konferenz der Schweizer Städte für Kulturfragen* (KSK) gegründet[24].

4.2. Mittel und Formen

13   Gemäss § 1 Abs. 1 i.V.m. §§ 2 ff. KFG und § 1 Abs. 3 KFV fördert der Staat die kantonale Kultur durch *Beiträge* an Institutionen, Veranstaltungen und Werke. Dabei wirkt er ergänzend zur privaten Kulturförderung[25] (§ 1 Abs. 2 KFV). Staatliche und private Förderer können ihre Aktivitäten auf ein beziehungsloses Nebeneinander ausrichten oder aber Kooperationen eingehen, indem sie sich gemeinsam im Rahmen einer *Public Private Partnership* eines Projekts annehmen[26]. Zur Kulturförderung eingesetzt werden können überdies Mittel des *Lotteriefonds* (§ 45 FHG[27] bzw. § 61 CRG[28]). Im Rahmen der Diskussion im Verfassungsrat wurde explizit darauf hingewiesen, dass die Formulierung von Art. 120 auch *steuertechnische Vorteile* für Schenkungen und Stiftungen erfasse[29].

14   Von der Kulturförderungskommission und der Fachstelle Kultur wurde ein *Kulturförderungsleitbild* erarbeitet[30]. Dieses dient den genannten Stellen sowie der Direktion der Justiz und des Innern als Positionspapier für ihre Arbeit. Gleichzeitig steckt es den Rahmen ab, in dem der Regierungsrat seine kulturpolitischen Entscheidungen trifft.

---

[23] Erläuternder Bericht KFG/PHG, S. 6. Vgl. dazu die Geschäftsordnung der Konferenz der kantonalen Kulturbeauftragten (KBK) vom 25. Januar 1999.
[24] Heute gehören der KSK 17 Städte an.
[25] Hierzu zählt das auf Marketing-Gegenleistungen ausgerichtete *Sponsoring* aber auch selbstloses *Mäzenatentum*, insbesondere durch private Stiftungen.
[26] Dazu LOHE, S. 181 ff. (am Beispiel der Stadt Düsseldorf); die Möglichkeit zu Kooperationen wird auch in Ziff. 5 der Leitlinien des Kulturförderungsleitbildes (S. 8) vorgesehen.
[27] Gesetz über den Finanzhaushalt des Kantons vom 2. September 1979 (Finanzhaushaltsgesetz; LS 611).
[28] Gesetz über Controlling und Rechnungslegung vom 9. Januar 2006 (OS 62, S. 354 ff.; teilweise in Kraft seit 1. Oktober 2007).
[29] Prot. Plenum, S. 1611 f., 1614.
[30] Von der Kulturförderungskommission verabschiedet am 14. März 2002, vom Regierungsrat genehmigt am 3. April 2002.

Mit Abstand die grösste kantonale Unterstützung erhält das *Opernhaus* Zürich[31]. 15
Dieses ist als gemischtwirtschaftliche Aktiengesellschaft organisiert. Die staatliche Förderung beruht auf dem Opernhausgesetz. Nach dessen § 3 schliesst der Regierungsrat mit dem Opernhaus einen Subventionsvertrag ab, der die gegenseitigen Rechte und Pflichten regelt. Andere Kulturinstitutionen werden in erster Linie von den Städten unterstützt[32]. Betriebsbeiträge erfolgen hier im Rahmen des kantonalen Finanzausgleichs (Art. 33a FAG[33]).

---

[31] JAAG, Rz. 4106. Diese Schwerpunktsetzung entspricht dem Leitbild, wonach der Kanton seine Kräfte konzentriert einsetzt (Kulturförderungsleitbild, S. 8 [Ziff. 3 der Leitlinien]). Sie wird mit der überregionalen Ausstrahlung der Institution gerechtfertigt, stösst zum Teil aber auch auf Kritik (Kulturförderungsleitbild, S. 22). Für das Jahr 2000 entsprachen die Subventionen für das Opernhaus 87 Prozent der gesamten Kulturförderungsausgaben. Daneben, wenn auch in erheblich geringerem Umfang, wird etwa das durch eine Genossenschaft getragene *Theater für den Kanton Zürich* unterstützt, welches als «Wanderbühne» in den Gemeinden des Kantons spielt (vgl. Kulturförderungsleitbild, S. 22, 28).

[32] Kulturförderungsleitbild, S. 22.

[33] Gesetz über die Staatsbeiträge an die Gemeinden und über den Finanzausgleich vom 11. September 1966 (Finanzausgleichsgesetz, FHG; LS 132.1).

Art. 121
Kanton und Gemeinden fördern den Sport.

Sport

Materialien

Art. 133 VE; Prot. Plenum, S. 1536 ff., 2346 f., 2722 ff.

Vgl. ferner Bericht und Antrag des Regierungsrates an den Kantonsrat zum Postulat KR-Nr. 18/2004 betreffend Sportkonzept vom 5. April 2006, ABl 2006, S. 388 ff.; Sportpolitisches Konzept des Kantons Zürich (vom Regierungsrat festgesetzt am 5. April 2006), ABl 2006, S. 393 ff.; Konzept des Bundesrates für eine Sportpolitik in der Schweiz vom 30. November 2000.

Literatur

BORGHI MARCO, Kommentar BV, Art. 27^{quinquies} aBV; GRAF THOMAS, Steuerbefreiung von Sportvereinigungen, Diss., Zürich 1992; JAAG, Rz. 4113 ff.; JENNY VIKTOR KASPAR, Die öffentliche Sportförderung in der Schweiz, unter besonderer Berücksichtigung des Bundesgesetzes von 17. März 1972 über die Förderung von Turnen und Sport, Diss. (Zürich), Ahrensburg bei Hamburg 1978; THOM VOLKER, Sportförderung und Sportförderungsrecht als Staatsaufgabe, Diss. (Münster), Frankfurt a.M. u.a. 1992; WIDMER DREIFUSS THOMAS, Planung und Realisierung von Sportanlagen. Raumplanerische, baurechtliche und umweltrechtliche Aspekte beim Bau und der Sanierung von Sportanlagen, Diss. (Zürich), Zürich/Basel/Genf 2002; ZEN-RUFFINEN PIERMARCO, St. Galler Kommentar, Art. 68.

Rechtsquellen

– Art. 68 BV
– Bundesgesetz über die Förderung von Turnen und Sport vom 17. März 1972 (SFG; SR 415.0)
– Verordnung über die Benützung von Räumlichkeiten, Anlagen und Einrichtungen kantonaler Schulen durch Dritte (Schulraumverordnung) vom 21. Januar 1998 (LS 410.13)
– Verordnung über die Fachstelle Sport und die Sportkommission vom 3. November 1999 (LS 410.8)

Übersicht

	Note
1. Einleitung	1
2. Entstehungsgeschichte	4
3. Sportförderung als staatliche Aufgabe	5
3.1. Kompetenzabgrenzung von Bund und Kantonen	5
3.2. Vorgaben sowie Massnahmen des Bundes	6
3.3. Kantonale Sportpolitik	7
3.4. Verantwortung der Gemeinden	10

1. Einleitung

Mit Art. 121 findet der Sport erstmals Erwähnung in der Kantonsverfassung. Durch die Aufnahme sollte die nachhaltige Bedeutung des Sports für Staat und Gesellschaft unterstrichen werden. Art. 121 bildet zumindest partiell eine

1

lex specialis zu Art. 120, da der Sport als soziales Phänomen einen Teil der Kultur einer Gemeinschaft ausmacht[1]. Mit der Sportförderung verfolgt der Staat indessen wesentlich handfestere Absichten, als dies bei der Unterstützung der Kultur der Fall ist.

2 Das Interesse des Staates am Sport war ursprünglich in weiten Teilen ein militärisches[2]. Vor der Annahme von Art. 27quinquies aBV durch Volk und Stände im Jahre 1970 verfügte der Bund auch über keine darüber hinausführende Verfassungsgrundlage. Entsprechend konzentrierte er sich auf die sportliche Ausbildung der männlichen Jugend als Vorbereitung für den Militärdienst und zog hierfür auch die Kantone heran.

3 Sowohl der Bund als auch der Kanton Zürich gehen heute von einem *breiten Sportverständnis* aus, welches vielfältige Freizeitbetätigungen mitumfasst[3]. Art. 27quinquies aBV verband den Begriff des Sports noch mit jenem des «Turnens». Unabhängig davon kommt dem *Schulsport*, der sich gleichsam im Angelpunkt zwischen Bundes- und Kantonskompetenz befindet, nach wie vor eine wesentliche Bedeutung zu.

2. Entstehungsgeschichte

4 Anfänglich war beabsichtigt, die staatliche Sportförderung zusammen mit dem Gesundheitswesen zu regeln. Dem wurde entgegengehalten, dass dem Sport breitere Funktionen zufallen. Deshalb entschied man sich, einen besonderen Sportförderungsartikel zu schaffen[4]. Die Bestimmung war eine der wenigen, die über alle Parteigrenzen hinweg breite Zustimmung erhielten. Bedenken gab es einzig aus finanzieller Sicht. Der Vorschlag, den Artikel in eine Kannvorschrift umzuwandeln, fand aber keine Mehrheit.

3. Sportförderung als staatliche Aufgabe

3.1. Kompetenzabgrenzung von Bund und Kantonen

5 Der in Art. 121 ausgesprochene, an Kanton und Gemeinden gerichtete Auftrag zur Förderung des Sports bildet eine *parallele* Kompetenz zu Art. 68 Abs. 1 BV

---

[1] Die Nähe wird insbesondere von THOM, S. 160 ff., herausgestrichen. Das Ausmass der Beziehung hängt dabei freilich ab vom (eher engen oder weiten) Kulturbegriff, den man dem Vergleich zugrunde legt.
[2] Dazu BORGHI, Kommentar BV, Art 27quinquies aBV Rz. 2; GRAF, S. 9; JENNY, S. 19 ff.; ZEN-RUFFINEN, St.Galler Kommentar, Art. 68 Rz. 1.
[3] Konzept des Bundesrates, S. 2; Bericht und Antrag betreffend Sportkonzept, ABl 2006, S. 389. Zum Begriff des Sports vgl. GRAF, S. 4; JENNY, S. 1; THOM, S. 13 ff.; WIDMER DREIFUSS, S. 11 f.
[4] Prot. Plenum, S. 1536 ff.

auf Bundesebene⁵. Beim Schulsport (Art. 68 Abs. 3 BV) ist die Bundeskompetenz dagegen eine nachträglich derogatorische⁶. Lehre und Praxis gestehen dem Bund im Bereich der Ausbildung der Lehrkräfte eine stillschweigende Kompetenz zu⁷.

3.2. Vorgaben sowie Massnahmen des Bundes

Im Rahmen seiner Kompetenz hat der Bund das *Bundesgesetz über die Förderung von Turnen und Sport (SFG)* erlassen. Mit diesem verpflichtet er die Kantone, für einen ausreichenden Turn- und Sportunterricht in der Schule zu sorgen, und erklärt den Turn- und Sportunterricht an allen Volks-, Mittel- und Berufsschulen einschliesslich Seminaren und Lehramtsschulen für obligatorisch⁸. Weiter leitet der Bund die Institution «Jugend + Sport», er unterstützt zivile Turn- und Sportorganisationen, die Durchführung von Sportanlässen, die sportwissenschaftliche Forschung sowie den Bau von nationalen Sportstätten, und er betreibt die Eidgenössische Sportschule Magglingen (heute: Bundesamt für Sport)⁹.

6

3.3. Kantonale Sportpolitik

Der Sport beschlägt den Zuständigkeitsbereich verschiedener kantonaler Amtsstellen. Die Abstimmung der Tätigkeiten erfolgt durch die *Fachstelle Sport*, welche bei der Sicherheitsdirektion angegliedert ist. Zu den Aufgaben der Fachstelle gehören die Sportförderung nach dem Konzept des Regierungsrates (vgl. N. 8), der Vollzug von «Jugend + Sport», die Durchführung von Jugendlagern und Sportanlässen sowie die Bearbeitung der Belange des Sportfonds (vgl. N. 9)¹⁰. Zudem ist sie mit der Führung eines kantonalen Sportstätteninventars betraut¹¹.

7

---

5   Jaag, Rz. 4113; Widmer Dreifuss, S. 17; Zen-Ruffinen, St.Galler Kommentar, Art. 68 Rz. 6.
6   Widmer Dreifuss, S. 17; Zen-Ruffinen, St.Galler Kommentar, Art. 68 Rz. 16.
7   Zen-Ruffinen, St.Galler Kommentar, Art. 68 Rz. 20.
8   Vgl. Art. 2 SFG. Derzeit haben Volks- und Mittelschulen nach den Vorgaben des Bundes wöchentlich *drei Stunden* Turn- und Sportunterricht durchzuführen; Art. 1 Abs. 1 der Verordnung über die Förderung von Turnen und Sport vom 21. Oktober 1987 (Sportförderungsverordnung; SR 415.1). Berufsschulen können sich mit *ein bis zwei Stunden* begnügen; Art. 4 Abs. 1 der Verordnung über Turnen und Sport an Berufsschulen vom 14. Juni 1976 (SR 415.022). Trotzdem hat der Kanton Zürich im letztgenannten Bereich ein Vollzugsdefizit zu beklagen. Das Schulsportobligatorium wird dort offensichtlich erst zu 80% erfüllt. Hauptgrund für die nicht vollständige Umsetzung seien fehlende Sportanlagen; Sportpolitisches Konzept, ABl 2006, S. 397. Zur bundesrechtswidrigen Lage in anderen Kantonen Zen-Ruffinen, St.Galler Kommentar, Art. 68 Rz. 19. Es gibt immer wieder Bestrebungen für eine Flexibilisierung des Schulsports. Der Kanton Zürich will für diesen Fall aber am bisherigen Gesamtrahmen weiter festhalten; Sportpolitisches Konzept, ABl 2006, S. 409.
9   Art. 1, Art. 7–11, Art. 12 Abs. 2, Art. 13 SFG. Zen-Ruffinen, St.Galler Kommentar, Art. 68 Rz. 7 ff.
10 § 2 der Verordnung über die Fachstelle Sport und die Sportkommission.
11 Sportpolitisches Konzept, ABl 2006, S. 405, 412.

Die Sicherheitsdirektion ernennt überdies eine höchstens zehnköpfige *Sportkommission*, welche die Direktion in Sportbelangen berät und die Zusammenarbeit von Behörden, Institutionen und Verbänden unterstützen soll[12]. Anspruch auf eine Vertretung darin besitzen die Bildungsdirektion, die Baudirektion, der Zürcher Kantonalverband für Sport sowie die Städte und Gemeinden.

8   Am 5. April 2006 hat der Regierungsrat das neue *Sportpolitische Konzept des Kantons Zürich* beschlossen. Dieses ersetzt die Grundsätze der Sportförderung vom 4. September 1996. Der Schwerpunkt der staatlichen Sportförderung liegt danach beim *Jugend- und Breitensport*, wogegen der Spitzensport nur in besonderen Fällen gefördert wird[13]. Ziel ist, gute Rahmenbedingungen zu schaffen, innerhalb deren sich der privatrechtlich organisierte Sport positiv entfalten kann[14]. Hierbei bildet Sportförderung keinen Selbstzweck, sondern steht mittelbar im Interesse der Gesundheitsförderung, der positiven Persönlichkeitsbildung, der körperlichen Leistungsfähigkeit, der sinnvollen Freizeit- und Lebensgestaltung, der sozialen Integration und des gesellschaftlichen Zusammenhalts sowie des wirtschaftlichen Vorteils[15].

9   Die Sportförderung wird hauptsächlich über allgemeine Staatsmittel finanziert[16]. Hinzu kommen Gelder aus dem kantonalen *Sportfonds* (§ 46 FHG[17] bzw. § 62 CRG[18]), der durch Gewinnanteile der Interkantonalen Landeslotterie und der Sport-Toto-Gesellschaft gespiesen wird. Pro Jahr wendet der Kanton Zürich für den Sport derzeit insgesamt um die 70 Mio. Franken auf[19]. Rund 50 Mio. Franken davon fliessen in die Löhne von Lehrpersonen, welche an Volks-, Mittel- und Berufsschulen Sportunterricht erteilen. Neben dem Schulsport unterstützt der Kanton insbesondere den organisierten Vereinssport[20]. Zentraler Ansprechpartner ist der *Zürcher Kantonalverband für Sport*, der im Auftrag des Kantons das *Sportzentrum Kerenzerberg* in Filzbach (GL) betreibt und bei der Verteilung der Gelder des Sportfonds mitwirkt[21]. Nach wie vor ist ca. ein Viertel der Zürcher Bevölkerung Mitglied in einem der zahlreichen Sport-

---

[12] §§ 4 f. der Verordnung über die Fachstelle Sport und die Sportkommission.
[13] Sportpolitisches Konzept, ABl 2006, S. 396.
[14] Sportpolitisches Konzept, ABl 2006, S. 396, 407.
[15] Sportpolitisches Konzept, ABl 2006, S. 396, 408.
[16] Das Sportpolitische Konzept, ABl 2006, S. 414, betont, dass die Annahme des Sportartikels in der Kantonsverfassung bei der derzeitigen Finanzlage des Kantons grundsätzlich zu keinen zusätzlichen finanziellen Mitteln führe.
[17] Gesetz über den Finanzhaushalt des Kantons vom 2. September 1979 (Finanzhaushaltsgesetz; LS 611).
[18] Gesetz über Controlling und Rechnungslegung vom 9. Januar 2006 (ABl 2006, S. 60 ff.; noch nicht in Kraft).
[19] Vgl. Bericht und Antrag betreffend Sportkonzept, ABl 2006, S. 389; NZZ vom 21. April 2006, S. 55 («J + S»-Gelder des Bundes eingeschlossen).
[20] JAAG, Rz. 4115. Zur mittelbaren Unterstützung durch Steuerbefreiung vgl. GRAF, S. 43 ff.
[21] Sportpolitisches Konzept, ABl 2006, S. 399, 404, 410, 413, 415. § 3 der Verordnung über die Fachstelle Sport und die Sportkommission.

vereine (Stand 2003)²². Für deren Förderung sowie besondere Anlagen, Anlässe und Projekte stehen derzeit jährlich etwa 10–13 Mio. Franken aus dem Sportfonds sowie 6–7 Mio. Franken an Bundesgeldern (im Rahmen von «Jugend + Sport») zur Verfügung.

3.4. Verantwortung der Gemeinden

Art. 121 richtet sich ebenso an die Gemeinden. Deren Bedeutung für den Sport darf nicht gering geschätzt werden. Von den 1700 im kantonalen Sportstätteninventar aufgeführten Sportanlagen, welche sich im öffentlichen Eigentum befinden, gehört der Grossteil den Gemeinden[23]. Die Kommunen sind insbesondere für die Grundversorgung der Sporttreibenden auf ihrem Gebiet zuständig[24]. Dabei gilt es die Interessen hinsichtlich eines bedarfsgerechten Angebotes an Sportanlagen gegenüber anderen Interessen, insbesondere solchen der Raumplanung, in einen angemessenen Ausgleich zu bringen.[25] Der Kanton konzentriert seine Kräfte dagegen auf Belange von überkommunaler Bedeutung, welche die Ressourcen der Gemeinden übersteigen. Daneben übernimmt er Koordinations- und Steuerungsaufgaben.

10

---

[22] Sportpolitisches Konzept, ABl 2006, S. 397, 399.
[23] Sportpolitisches Konzept, ABl 2006, S. 405.
[24] Sportpolitisches Konzept, ABl 2006, S. 407.
[25] WIDMER DREIFUSS, S. 14 ff.

9. Kapitel: Finanzen

Art. 122* *Grundsätze*

Kanton und Gemeinden sorgen für einen gesunden Finanzhaushalt.

Kanton, Gemeinden und andere Organisationen des öffentlichen Rechts führen ihren Finanzhaushalt nach den Grundsätzen der Gesetzmässigkeit, der Sparsamkeit und der Wirtschaftlichkeit.

Budget und Rechnung richten sich nach den Grundsätzen der Transparenz, Vergleichbarkeit und Öffentlichkeit.

Bei der Festlegung der Bemessungsgrundlagen von Abgaben und Staatsbeiträgen wird der Förderung von umweltgerechtem Verhalten besondere Beachtung geschenkt.

Materialien

Art. 134 VE; Prot. Plenum, S. 652 ff., 2351 ff., 2728 ff., 2856 ff., 3316 ff.

Vgl. ferner Antrag und Weisung des Regierungsrates vom 14. Januar 2004 zum Gesetz über Controlling und Rechnungslegung (CRG), ABl 2004, S. 89 ff.

Literatur

AUER/MALINVERNI/HOTTELIER, Bd. I, S. 432 f.; BLUMENSTEIN ERNST/LOCHER PETER, System des schweizerischen Steuerrechts, 6. Aufl., Zürich 2002; BOLZ URS, Art. 101 und Art. 105, in: Kälin/Bolz; BUTZ ROLF/ERN BRUNO, Erfolgreich in der Gemeinde, 3. Aufl., Zürich 2006; DAFFLON BERNARD, La gestion des finances publiques locales, 2. Aufl., Paris 1998; EICHENBERGER, § 116; HÄFELIN/MÜLLER/UHLMANN, § 7; JAAG, § 32; KLOSTERMANN CÄCILIA, Kommunales Haushalts- und Rechnungswesen; Eine vergleichende Analyse der Haushaltsreformen in der Bundesrepublik Deutschland und in der Schweiz, Diss., Braunschweig 1984; KOLLER HEINRICH, Der öffentliche Haushalt als Instrument der Staats- und Wirtschaftslenkung, Basel/Frankfurt a.M. 1983; KONFERENZ DER KANTONALEN FINANZDIREKTOREN (Hrsg.), Handbuch des Rechnungswesens der öffentlichen Haushalte, Bd. 1, Bern 1981 (Handbuch); OBERSON PIERRE, Tâches publiques et finances, in: Neue freiburgische Verfassung, S. 205 ff.; PASSARDI MARCO, Kommunale Rechnungslegung und Finanzmanagement, Diss., Zürich 2003; PEDE LARS, Externe, wirkungsorientierte Prüfung der öffentlichen Verwaltung im Sinne des New Public Managements, Diss., St. Gallen 1999; REICH MARKUS/PIPPIG ANNA, Die Finanzverfassung, in: Materialien zur Zürcher Verfassungsreform, Bd. 3, S. 47 ff.; RUOSS FIERZ MAGDALENA, Die neue Finanzordnung – ein gelungener Kompromiss?, in: Materialien zur Zürcher Verfassungsreform, Bd. 9, S. 125 ff.; SPAHN PATRICK, Art. 96 ff., in: Dubach/Marti/Spahn, S. 279 ff.; STAUFFER THOMAS P., St. Galler Kommentar, Art. 183; THALMANN, §§ 118 ff.; TINNER ROLF ANDREAS, Finanzkontrolle in den Zürcher Gemeinden, Diss., Zürich 1983; TREUHAND-KAMMER (Hrsg.), Schweizer Handbuch der Wirtschaftsprüfung 1998, Bd. 4, Zürich 1998, Ziff. 9 (HWP); TSCHANNEN/ZIMMERLI, § 19; VALLENDER KLAUS A., Finanzhaushalts-

---

* Der Beitrag zu Art. 122 Abs. 1–3 wurde von ULRICH HUBLER, derjenige zu Art. 122 Abs. 4 von MICHAEL BEUSCH verfasst.

recht, Bund, Kantone, Gemeinden; Grundriss und Textausgaben, Bern/Stuttgart 1983; VALLENDER KLAUS A./JACOBS RETO, Ökologische Steuerreform – Rechtliche Grundlagen, Bern/Stuttgart/Wien 2000; VON RECHENBERG ANDREA, Kommentar zur Verfassung des Kantons Graubünden, Art. 93; VON WYSS MORITZ, St. Galler Kommentar, Art. 158.

Rechtsquellen

- Bundesgesetz über die Harmonisierung der direkten Steuern der Kantone und Gemeinden vom 14. Dezember 1990 (StHG; SR 642.14)
- Gesetz über das Gemeindewesen vom 6. Juni 1926 (Gemeindegesetz, GemG; LS 131.1)
- Verordnung über den Gemeindehaushalt vom 26. September 1984 (VGH; LS 133.1)
- Kreisschreiben der Direktion der Justiz und des Innern über den Gemeindehaushalt vom 10. Oktober 1984, Stand 1. Januar 2006 (KSGH)
- Verordnung über das Globalbudget in den Gemeinden vom 22. Januar 1997 (LS 133.3)
- Gesetz über den Finanzhaushalt des Kantons vom 2. September 1979 (Finanzhaushaltsgesetz, FHG; LS 611). Das Finanzhaushaltsgesetz wird voraussichtlich auf den 1. Januar 2009 durch das Gesetz über Controlling und Rechnungslegung vom 9. Januar 2006 (CRG) abgelöst. Auf den 1. Oktober 2007 traten § 13 Abs. 2 und § 64 (Anhang lit. c, § 34 des Kantonsratsgesetzes und vorstehender Gliederungstitel) des CRG in Kraft; OS 62, S. 354 ff.
- Verordnung über die Finanzverwaltung vom 10. März 1982 (VFV; LS 612)
- Verordnung über das Globalbudget [des Kantons] vom 2. Oktober 1996 (LS 612.2)
- Finanzkontrollgesetz vom 30. Oktober 2000 (FKG; LS 614)
- Steuergesetz vom 8. Juni 1997 (StG; LS 631.1)
- Gesetz über die Verkehrsabgaben und den Vollzug des Strassenverkehrsrechts des Bundes vom 11. September 1966 (LS 741.1)
- Verordnung über die Verkehrsabgaben für Motorfahrzeuge und Anhänger vom 23. November 1983 (LS 741.11)

Übersicht Note

1. Haushaltsrecht 1
  1.1. Begriff des Finanzhaushalts 1
  1.2. Im Haushaltsrecht massgebende Grundsätze 2
    1.2.1. Allgemeines 2
    1.2.2. Grundsätze der Haushaltsführung 3
    1.2.3. Grundsätze der Budgetierung und Rechnungslegung bzw. -führung 5
  1.3. Budget und Jahresrechnung 7
  1.4. Regelung für Kanton und Gemeinden 8
2. Art. 122 Abs. 1–4 10
  2.1. Gesunder Finanzhaushalt (Abs. 1) 10
    2.1.1. Zweck, Begriff, Kennzahlen 10
    2.1.2. Geltungsbereich 12
  2.2. Einzelne Haushaltsgrundsätze (Abs. 2) 13
    2.2.1. Allgemeines 13
    2.2.2. Gesetzmässigkeit 15
    2.2.3. Sparsamkeit 16
    2.2.4. Wirtschaftlichkeit 17
    2.2.5. Geltungsbereich 18
  2.3. Budgetierungs- und Rechnungslegungsgrundsätze (Abs. 3) 19
    2.3.1. Allgemeines 19

2.3.2. Transparenz	20
2.3.3. Vergleichbarkeit	21
2.3.4. Öffentlichkeit	22
2.3.5. Geltungsbereich	23
2.4. Förderung umweltgerechten Verhaltens (Abs. 4)	24

1. Haushaltsrecht

1.1. Begriff des Finanzhaushalts

Das vorliegende Kapitel befasst sich mit den Finanzen[1]. Vom Wortlaut her verweist «*Finanz*haushalt» auf das Finanzielle, also das Geldmässige. Finanz*haushalt* hat in dieser Zusammensetzung ebenfalls einen Bezug zu Geldangelegenheiten, nämlich zur Haushaltsführung im Sinn von «haushalten»[2], d.h. zur überlegten Einnahmen- und Ausgabenwirtschaft. Thematisch gehören zum Finanzhaushaltsrecht[3] die Haushaltsplanung, -führung und -kontrolle mit Budget und Rechnung sowie die Haushalts-, Budgetierungs- bzw. Rechnungslegungsgrundsätze, dann das Kreditrecht, die Kompetenzordnung und ferner die Finanzstatistik.

1

1.2. Im Haushaltsrecht massgebende Grundsätze

1.2.1. Allgemeines

Im Rahmen des Haushaltsrechts lassen sich mehrere Kategorien von Grundsätzen unterscheiden. Im Vordergrund stehen solche, die sich inhaltlich auf die Führung des Haushalts (Haushaltsgrundsätze) oder formell auf dessen Darstellung in Budget und Rechnung (Budgetierungsgrundsätze) beziehen[4]. Die darin niedergelegten Zielsetzungen und Anforderungen sind für die öffentlichen Gemeinwesen charakteristisch. Daneben gibt es die Grundsätze der ordnungsgemässen Buchführung und Rechnungslegung, die buchhalterischer Natur sind und im öffentlichen wie im privaten Sektor zu beachten sind. Diese Grundsätze lassen sich nach ihrer Bedeutung insbesondere danach qualifizieren, ob sie auf Verfassungs- und/oder Gesetzesstufe geregelt sind[5].

2

---

[1] Das Gesetz über Controlling und Rechnungslegung richtet das Haushaltsrecht auf Wirkungen und Leistungen aus; vgl. § 2 Abs. 2 CRG.

[2] In Art. 56 Abs. 3 KV ist präziser von Staatshaushalt und im sechsten Titel des Gemeindegesetzes (§§ 118 ff.) von Gemeindehaushalt die Rede. Die vorliegende Begriffswahl erklärt sich teilweise daraus, dass der Begriff des Finanzhaushalts den Staats- und die Gemeindehaushalte umfasst.

[3] Vgl. für den Kanton: FHG und CRG; für die Gemeinden: §§ 118 ff. GemG.

[4] HANDBUCH, Ziff. 1025, S. 111.

[5] Vgl. zur Verfassungswürdigkeit der Haushaltsgrundsätze REICH/PIPPIG, S. 78 f. Aus dem Spektrum der anerkannten Grundsätze erfolgt weder die Zuordnung zu den einzelnen Kategorien übereinstimmend noch ist deren Bezeichnung einheitlich; vgl. REICH/PIPPIG, S. 73: Budgetierungs- oder Rechnungslegungs-

1.2.2. Grundsätze der Haushaltsführung

3 Haushaltsgrundsätze umschreiben die materiellen Anforderungen, die bei der Haushaltsführung, insbesondere beim Kreditrecht und bei der Erstellung und der Umsetzung des Budgets, zu beachten sind[6].

4 Auf Stufe Gesetz finden für den Kanton[7] und kraft Verweisung für die Gemeinden[8] sechs Haushaltsgrundsätze Erwähnung: Gesetzmässigkeit[9], Haushaltsgleichgewicht[10], Sparsamkeit, Wirtschaftlichkeit, Verursacherfinanzierung und Verbot der Zweckbindung von Hauptsteuern. Davon sind die ersten vier Grundsätze neu in der Verfassung verankert[11].

1.2.3. Grundsätze der Budgetierung und Rechnungslegung bzw. -führung

5 Um Budget, Kreditsprechung und Jahresrechnung beurteilen zu können, sind besondere Grundsätze in Form der Budgetierungsgrundsätze erforderlich[12]. Diese sind im Unterschied zu den Haushaltsgrundsätzen formeller Natur und mit den Grundsätzen der ordnungsgemässen Buchführung und Rechnungslegung verwandt[13].

6 Mit der Inkraftsetzung des Gesetzes über Controlling und Rechnungslegung werden sich bei den für den Kanton geltenden Budgetierung- und Rechnungslegungsgrundsätzen wesentliche Änderungen ergeben[14]. In § 14 CRG wird die zeitliche, in § 15 Abs. 4 die qualitative und in § 20 Abs. 4 die quantitative Bindung als Grundsatz festgehalten. Ausnahmen dazu finden sich in den §§ 21 f.

---

grundsätze; § 9 Abs. 2 FHG spricht von Rechnungsführungsgrundsätzen. Mit der Einführung der Wirkungsorientierten Verwaltungsführung sind mit der Globalbudgetierung zudem weitere Grundsätze formuliert bzw. bislang geltende Grundsätze abgeschwächt worden, vgl. § 2 Abs. 2 CRG und REICH/PIPPIG, S. 74.

[6] Vgl. AUER/MALINVERNI/HOTTELIER, Bd. I, N. 1222; REICH/PIPPIG, S. 61, 79 f.; EICHENBERGER, § 116 N. 1, spricht von «Zielen oder Leitvorstellungen».

[7] §§ 2 ff. FHG; vgl. auch §§ 2 f. CRG.

[8] Zu der für die Gemeinden geltenden Verweisung auf das Finanzhaushaltsgesetz des Kantons: N. 9.

[9] §§ 2, 3 FHG; § 2 Abs. 1 Satz 1 CRG; für die Gemeinden nur § 2 FHG i.V.m. § 139 bzw. 165 GemG.

[10] §§ 2, 4 FHG; § 4 CRG; für die Gemeinden nur § 2 FHG.

[11] Art. 122 Abs. 2 und Art. 123. Daneben sind beim Kanton mit der Einführung der Wirkungsorientierten Verwaltungsführung bzw. der Globalbudgetierung neue «Grundsätze beim Controlling» zu beachten, vgl. § 2 Abs. 2 CRG.

[12] Vgl. REICH/PIPPIG, S. 73; Botschaft zur Totalrevision des Bundesgesetzes über den eidgenössischen Finanzhaushalt, BBl 2004, S. 54.

[13] REICH/PIPPIG, S. 78, sprechen von Budgetierungs- oder Rechnungslegungsgrundsätzen. Vgl. auch § 9 Abs. 2 FHG. Vgl. DAFFLON, S. 51 f.; Rechnungslegungs- bzw. Rechnungsführungsgrundsätze richten sich primär an die Organe der Rechnungsführung, vgl. PASSARDI, S. 53. In der Botschaft zur Totalrevision des Bundesgesetzes über den eidgenössischen Finanzhaushalt (BBl 2004, S. 53 ff.) unterscheidet der Bundesrat zwischen Budgetierungs- und Rechnungslegungsgrundsätzen, wogegen § 2 ff. CRG nur zwischen allgemeinen Grundsätzen und den Rechnungslegungsgrundsätzen differenziert, §§ 45 f. CRG.

[14] REICH/PIPPIG, S. 74, sprechen von «Aufweichung».

bzw. 23 ff. CRG[15]. Die Rechnungslegung soll neu nach allgemein anerkannten Normen erfolgen[16].

1.3. Budget und Jahresrechnung

Das Budget umfasst die Verwaltungsrechnung[17], bestehend aus Laufender Rechnung und Investitionsrechnung[18]. Daneben ist als weiteres Instrument zur Abbildung des finanziellen Geschehens im Rahmen der Jahresrechnung die Bilanz (Bestandesrechnung)[19] von Bedeutung. Für den Kanton werden gemäss §§ 48c und 53 CRG neu der Eigenkapitalausweis, die Geldflussrechnung und der Anhang zur Jahresrechnung eingeführt[20].

1.4. Regelung für Kanton und Gemeinden

Das Kapitel 9 gilt grundsätzlich für Kanton und Gemeinden (vgl. N. 12 und Art. 129 N. 42). Für den Kanton ist das Haushaltsrecht auf Gesetzesstufe in dem noch geltenden Finanzhaushaltsgesetz vom 2. September 1979 geregelt. Am 9. Januar 2006 hat der Kantonsrat das Gesetz über Controlling und Rechnungslegung als Nachfolgeordnung zum Finanzhaushaltsgesetz mit Ausrichtung auf die Wirkungsorientierte Verwaltungsführung und die Globalbudgetierung verabschiedet[21].

Mit der Inkraftsetzung des CRG werden § 119 Abs. 2 und § 139 GemG aufgehoben und im neuen § 165 GemG die Übergangsbestimmungen des Finanzhaushaltsrechts der Gemeinden niedergelegt[22].

---

[15] Auch Spezialität, vgl. § 9 Abs. 2 FHG.
[16] Gemäss § 46 Abs. 2 CRG bezeichnet der Regierungsrat das anzuwendende Regelwerk. Laut Antrag und Weisung des Regierungsrats zum CRG, S. 181, soll dabei auf die «International Public Sector Accounting Standards» (IPSAS) verwiesen werden.
[17] Der Begriff Verwaltungsrechnung entspricht der Terminologie des Harmonisierten Rechnungsmodells (HRM), das weiterhin dem Haushalt der Gemeinden zugrunde liegt, vgl. Ziff. VII KSGH. § 15 Abs. 1 bzw. § 48 lit. b CRG sprechen von Laufender Rechnung, auf den Oberbegriff Verwaltungsrechnung wird verzichtet.
[18] Mit Finanzierungsausweis, vgl. §§ 87 lit. a und 93 lit. a KSGH.
[19] §§ 10, 33 Abs. 2 lit. a FHG; §§ 48 lit. a und 49 CRG; § 135 Abs. 1 Ziff. 1 GemG.
[20] § 48 lit. c–e CRG.
[21] Ablauf der Referendumsfrist am 21. März 2006. Feststellung der Rechtskraft am 19. April 2006 (ABl 2006, S. 420). Zum zeitlichen Ablauf der Umstellung vgl. KEF 2007–2010, vom Regierungsrat festgelegt am 13. September 2006, S. 34 f.
[22] Danach gelten bis zum Erlass einer neuen gesetzlichen Regelung über den Finanzhaushalt der Gemeinden für die Gemeinden die im Anhang zum CRG angeführten Bestimmungen des Finanzhaushaltsgesetzes vom 2. September 1979 weiter, davon §§ 24–26 und 28 FHG sinngemäss.

2. Art. 122 Abs. 1–4

2.1. Gesunder Finanzhaushalt (Abs. 1)

2.1.1. Zweck, Begriff, Kennzahlen

10 Abs. 1[23] verfolgt den Zweck, eine zu hohe Verschuldung von Kanton und Gemeinden zu vermeiden[24]. Dieser Aufgabe ist instrumentell insbesondere Art. 123[25] verpflichtet. Ein *gesunder* Finanzhaushalt[26] lässt sich vom Wortlaut her als existenz- und leistungsfähiger Haushalt charakterisieren[27]. Anhaltspunkte für die verschiedenen Aspekte eines gesunden Finanzhaushalts finden sich in entsprechenden Kennzahlen zur Laufenden Rechnung (Erfolgsrechnung), Investitionsrechnung, Bilanz (Bestandesrechnung) und Geldflussrechnung[28].

11 Für einen gesunden Finanzhaushalt *sorgen* heisst, mit den anvertrauten Geldern sorgfältig, d.h. achtsam und verantwortlich im Sinne der Haushaltsgrundsätze, umzugehen. Das Gebot richtet sich an alle Organe, die über öffentliche Mittel verfügen, d.h. neben der Verwaltung insbesondere an den Gesetzgeber, an die Budgetorgane[29] und die Exekutive.

2.1.2. Geltungsbereich

12 Für die Führung eines gesunden Finanzhaushalts sorgen *Kanton und Gemeinden*. Aufgrund des Zwecks richtet sich die Bestimmung jedoch an einen Adressatenkreis, der *über* Kanton und Gemeinden[30] *hinausgeht* und sich im Sinne von Abs. 2 an *alle Organisationen des kantonalen und kommunalen öffentlichen Rechts* richtet[31]. Der Begriff der «anderen Organisationen des öffentlichen Rechts» wurde anstelle der ursprünglichen Wendung «öffentlichrechtliche Körperschaften» gewählt, um die öffentlichrechtlichen Anstalten[32] mit

---

[23] Abs. 1 wurde in der Redaktionslesung als Art. 6 Abs. 3 (Nachhaltigkeit) vom Kapitel Grundlagen als Art. 123 Abs. 1 (heute Art. 122 Abs. 1) ins Kapitel Finanzen verschoben; vgl. Prot. Plenum, S. 3315 f. Der ursprüngliche Art. 6 Abs. 3 wurde ebenfalls erst zu einem späten Zeitpunkt eingefügt; vgl. Prot. Plenum, S. 2856 ff., sowie Prot. RedK vom 10. August 2004, S. 745; vom 12. August 2004, S. 762, und vom 1. September 2004, S. 819 f.

[24] Beleuchtender Bericht, ABl 2005, S. 79; Prot. Plenum, S. 2856 ff.; Prot. RedK vom 1. September 2004, S. 820.

[25] Prot. Plenum, S. 2728 f.

[26] Die Wendung «gesunder Finanzhaushalt» war in der Wortwahl und im Zusammenhang mit «Nachhaltigkeit» umstritten; vgl. Prot. Plenum S. 3315 f.; ferner Prot. RedK vom 10. und 12. August 2004, S. 745 und 762.

[27] Vgl. Spahn, Art. 96, S. 280.

[28] Vgl. dazu Butz/Ern, Kap. 14.3; Passardi, S. 119 ff.; HWP, S. 308, Ziff. 9.3310.

[29] Kantonsrat, Grosser Gemeinderat (Gemeindeparlament) und Gemeindeversammlung.

[30] Vgl. Art. 83 ff.

[31] Vgl. Art. 122 Abs. 2 und Art. 129 Abs. 4. Der Anwendungsbereich bezieht sich auf alle Organisationen, die öffentliche Mittel einsetzen; vgl. Eichenberger, § 116 N. 2 für den Kanton Aargau.

[32] Prot. RedK vom 3. Februar 2003, S. 115; Prot. K5 vom 6. März 2003, S. 277; Prot. Plenum, S. 2352.

einzubeziehen[33]. Darunter fallen mit Bezug auf die Gemeinden insbesondere die Zweckverbände[34] und die selbständigen Gemeindeanstalten[35]. Hinsichtlich der Organisationen des kantonalen öffentlichen Rechts wurde bei der Zürcher Kantonalbank die Einschränkung angebracht, sie falle nicht darunter[36]. Die kirchlichen Körperschaften als selbständige Körperschaften des öffentlichen Rechts gehören ebenfalls zum Geltungsbereich von Art. 122 Abs. 1 bis 3. So hat der Kanton gemäss Art. 130 Abs. 5 die Oberaufsicht über die kirchlichen Körperschaften, die ihre Tätigkeit mit öffentlichen Mitteln finanzieren, was die Anwendung der gleichen Grundsätze erfordert[37].

2.2. Einzelne Haushaltsgrundsätze (Abs. 2)

2.2.1. Allgemeines

Als Haushaltsgrundsätze bilden Gesetzmässigkeit, Sparsamkeit und Wirtschaftlichkeit die Rahmenordnung für das finanzielle Handeln von Kanton und Gemeinden[38]. Die genannten Grundsätze waren als solche in den Beratungen unbestritten. Auf die Erwähnung der bei der Wirkungsorientierten Verwaltungsführung zentralen Wirksamkeit[39] wurde aus Rücksicht auf die Gemeinden zugunsten der Wirtschaftlichkeit verzichtet[40]. 13

In Zusammenhang mit den allgemeinen Grundsätzen keine Mehrheit mehr fanden die qualifizierenden Zusätze in Art. 134 VE für einen «aufgabengerechten Finanzhaushalt»[41] und die Berücksichtigung der «konjunkturellen Entwicklung»[42]. Das erste Anliegen scheiterte an der Befürchtung, die Aufgaben könnten 14

---

[33] Vgl. auch Prot. Plenum, S. 3316.
[34] §§ 7 und 131 Abs. 2 und 3 GemG.
[35] §§ 15a Abs. 4 und 15b Abs. 5 GemG.
[36] Prot. K5 vom 6. März 2003, S. 277 (Votum Jaun). Für die Freiburger Kantonalbank vgl. OBERSON, S. 232.
[37] Vgl. Art. 129 N. 42 sowie Antrag und Weisung des Regierungsrates zum Kirchengesetz, ABl 2006, S. 573 ff., 602: «Der nach wie vor enge Bezug zwischen dem staatlichen Recht und der Organisation der kirchlichen Körperschaften zeigt sich im Grundsatz der von den kirchlichen Körperschaften ausdrücklich gewünschten Anlehnung an das staatliche Recht in § 5 Abs. 3. Überall dort, wo kein Bedarf zur Spezifizierung besteht, soll sinngemäss das entsprechende staatliche Recht gelten.» In diesem Sinn auch § 17 E-KiG (Anwendung des Gemeindegesetzes). Zu Art. 64 Abs. 3 altKV: REICH/PIPPIG, S. 60.
[38] Zur Natur von Sparsamkeit und Wirtschaftlichkeit: vgl. VON RECHENBERG, Kommentar KV GR, Art. 93 Rz. 4, keine Rechtsbegriffe; differenziert EICHENBERGER, § 116 N. 3: vorerst nicht Rechtsbegriffe, erlangen jedoch rechtliche Qualität, ohne endgültige Fixierung in der Kantonsverfassung. Mit Einführung des Mustergesetzes für den Finanzhaushalt der Kantone (MFHG) haben diese Begriffe eine klare Bedeutung erhalten: Art. 5 und Art. 6 MFHG; vgl. HANDBUCH, S. 122.
[39] Vgl. Art. 95 Abs. 2 KV; § 2 Abs. 2 lit. a CRG.
[40] Vgl. Prot. Plenum, S. 2729. Diese Regelung entspricht einem Antrag des Regierungsrates, vgl. RRB 1697 vom 19. November 2003, S. 33; Prot. K5 vom 29. Januar 2004, S. 304 f.; nach Art. 95 Abs. 2 sind aber auch von den Gemeinden die öffentlichen Aufgaben wirkungsvoll zu erfüllen.
[41] Vgl. Erläuterungen zu Art. 134 Abs. 1 VE; zu den Beratungen im Einzelnen vgl. RUOSS, S. 128 f.
[42] Vgl. Art. 134 VE.

vor den Finanzen Priorität erhalten[43], das zweite wurde mit der Begründung abgelehnt, der entsprechende Grundsatz sei bereits in Art. 104 Abs. 4 BV verankert[44]. Ferner wurde ein Antrag auf eine regelmässige Überprüfung von Budget und Rechnung in Bezug auf die Gleichstellung von Mann und Frau u.a. mit dem Hinweis auf die verfassungsmässig[45] verankerte Gleichstellung von Mann und Frau verworfen[46].

2.2.2. Gesetzmässigkeit

15 Alles staatliche Handeln bedarf einer gesetzlichen Grundlage[47]. Allgemein ist der Grundsatz in Art. 2 Abs. 1 und Art. 38 niedergelegt[48]. In der Funktion eines Haushaltsgrundsatzes wiederholt Abs. 2 den Grundsatz der Gesetzmässigkeit (Legalitätsprinzip) in Form des «Erfordernisses des Rechtssatzes»[49] für den Finanzhaushalt bzw. für die Ausgaben. Danach müssen wichtige Rechtsnormen in einem Gesetz enthalten sein[50]. An Ausgaben sind somit die gleichen Anforderungen zu stellen wie an Einnahmen[51]. Im Verhältnis zu den Grundsätzen der Sparsamkeit, der Wirtschaftlichkeit und des Haushaltsgleichgewichts geht das Gesetzmässigkeitsprinzip vor[52].

2.2.3. Sparsamkeit

16 Nach dem Grundsatz der Sparsamkeit sind Ausgabenbedürfnisse auf ihre Notwendigkeit und Tragbarkeit zu prüfen. Es geht dabei im Gegensatz zur Wirtschaftlichkeit («wie») um das «Ob». Die Ausgaben sind in der Reihenfolge ihrer Dringlichkeit vorzunehmen. Diese Legaldefinition behält für Kanton und Gemeinden weiterhin Gültigkeit[53]. Das Gebot der Sparsamkeit richtet sich durch

---

[43] Prot. Plenum, S. 2728 ff., 2730 f.
[44] Art. 100 Abs. 4 BV: «Bund, Kantone und Gemeinden berücksichtigen in ihrer Einnahmen- und Ausgabenpolitik die Konjunkturlage.» Prot. Plenum, S. 2728 ff., 2731 f.
[45] Vgl. Art. 8 Abs. 3 BV und Art. 11 Abs. 3 KV.
[46] Sog. «geschlechterdifferenzierte Budgetanalyse»; Prot. Plenum S. 2729 ff., 2741 f.
[47] Vgl. VON RECHENBERG, Kommentar KV GR, Art. 93 Rz. 13 f.; TSCHANNEN/ZIMMERLI, § 19 Rz. 1; BOLZ, Art. 105, S. 526 ff.; HANDBUCH, Ziff. 1026 und 1027, S. 111 f.
[48] In der alten Verfassung kam eine entsprechende Bedeutung Art. 28 Abs. 2 aKV zu; vgl. REICH/PIPPIG, S. 58, 67, 68, 75. In den Beratungen gab der Grundsatz im vorliegenden Zusammenhang keinen Anlass zu Erörterungen. Für die Steuern und weiteren Abgaben vgl. Art. 125 Abs. 1 und Art. 126 Abs. 1. Der Regierungsrat hat nach Art. 70 Abs. 2 dafür zu sorgen, dass die Verwaltung rechtmässig handelt. Vgl. Art. 5 BV; für den Kanton §§ 2 und 3 FHG, § 2 Abs. 1 Satz 1 CRG, § 13 FKG; für die Gemeinden §§ 139 bzw. 165 GemG i.V.m. § 2 FHG, § 140a Abs. 1 GemG, § 2 KSGH.
[49] HÄFELIN/MÜLLER/UHLMANN, Rz. 380; vgl. auch Tschannen/Zimmerli, § 19 Rz. 6.
[50] HÄFELIN/MÜLLER/UHLMANN, Rz. 393.
[51] REICH/PIPPIG, S. 67.
[52] Sparsamkeit und Wirtschaftlichkeit vermögen keinen Eingriff in das Legalitätsprinzip zu rechtfertigen; vgl. REICH/PIPPIG, S. 75; HWP, S. 341, Rz. 9.435; VALLENDER, S. 38.
[53] § 6 FHG; vgl. Prot. K5 vom 29. Januar 2004, S. 305 (Voten Henauer und Gross). In § 2 Abs. 1 Satz 2 CRG kommt nach den Ausführungen des Regierungsrates dem Begriff der Sparsamkeit die gleiche Bedeutung zu; vgl. Antrag und Weisung des Regierungsrats zum CRG, S. 158: «Die traditionellen Grund-

die Verankerung in der Verfassung an alle nachgeordneten Organe⁵⁴. Diese haben die entsprechenden Abwägungen vorzunehmen und die Schlussfolgerungen vergleichbar und transparent zuhanden der Öffentlichkeit zu dokumentieren (Abs. 3). Eine Konkretisierung findet der Grundsatz der Sparsamkeit auch darin, dass Steuern nicht auf Vorrat zu erheben sind⁵⁵. In der Verfassung finden sich weitere wichtige Anwendungen des Grundsatzes⁵⁶.

2.2.4. Wirtschaftlichkeit

Beim Wirtschaftlichkeitsprinzip wird allgemein zwischen dem Minimal- und dem Maximalprinzip unterschieden⁵⁷. Nach dem Maximalprinzip ist bei gegebenen Mitteln ein Maximum des Ziels zu verwirklichen. Nach dem Minimalprinzip ist ein gegebenes Ziel mit einem Minimum an Mitteln zu verwirklichen. Nach der inhaltlich weiterhin gültigen⁵⁸ Legaldefinition⁵⁹ ist für jedes Vorhaben jene Variante zu wählen, welche bei gegebener Zielsetzung die wirtschaftlich günstigste Lösung gewährleistet⁶⁰. Abgrenzungsfragen ergeben sich zum Begriff der Effizienz⁶¹. Adressaten des Wirtschaftlichkeitsgebots sind neben der Legislative Regierungsrat und Verwaltung. In der Verfassung finden sich weitere Bezugnahmen auf die Wirtschaftlichkeit⁶². 17

2.2.5. Geltungsbereich

Für den Geltungsbereich von Abs. 1 kann auf N. 12 verwiesen werden⁶³. 18

---

sätze der Sparsamkeit und Wirtschaftlichkeit (vgl. §§ 6 und 7 FHG) behalten ihre Gültigkeit. Sparsamkeit verlangt, dass Ausgabenbedürfnisse auf ihre Notwendigkeit und Tragbarkeit hin zu überprüfen sind.» Vgl. auch HANDBUCH, Ziff. 1032, S. 113; EICHENBERGER, § 116 N. 4, sieht in der Sparsamkeit einen Aspekt des Verhältnismässigkeitsprinzips; vgl. auch PEDE, S. 128 f.

⁵⁴ Insbesondere Kantonsrat und Regierungsrat. So sorgt der Regierungsrat nach Art. 70 Abs. 2 dafür, dass die Verwaltung sparsam handelt.

⁵⁵ EICHENBERGER, § 19 N. 4; dadurch beschränkt sich die Bildung des Eigenkapitals; vgl. aber Art. 123 Abs. 1. Vgl. auch VON RECHENBERG, Kommentar KV GR, Art. 93 Rz. 6.

⁵⁶ Vgl. Subsidiarität, Art. 5; Grundsätze der Aufgabenerfüllung, Art. 95 Abs. 2–4; Kontrolle bei Aufgabenübertragung, Art. 99 Abs. 2. Wichtiges Instrument zu Umsetzung des Grundsatzes ist die Ausgabenbremse, Art. 56 Abs. 2 lit. c und d. Vgl. auch OBERSON, S. 230.

⁵⁷ Vgl. EICHENBERGER, § 113 N. 5; undifferenziert: VON RECHENBERG, Kommentar KV GR, Art. 93 Rz. 7; PEDE, S. 127.

⁵⁸ Vgl. Prot. K5 vom 29. Januar 2004, S. 305 (Voten Henauer und Gross).

⁵⁹ § 7 FHG; für die Verweisung im Gemeindegesetz vgl. N. 9; vgl. auch § 5 KSGH.

⁶⁰ Vgl. §§ 2 und 7 FHG sowie § 2 Abs. 1 Satz 2 CRG; vgl. auch PEDE, S. 127 f.; HANDBUCH, Ziff. 1033, S. 113 f.

⁶¹ So wird die Kombination «effizient»/«Effizienz» im Globalbudget 2007 an 129 Stellen, «sparsam» an 3 und «wirtschaftlich» an 154 Stellen angeführt; vgl. <http://www.fv.zh.ch/internet/fd/fv/de/finanzen/voranschlag/va_2007> (1.12.06). Angesichts der Bedeutung des Begriffs Effizienz sollten die Unklarheiten durch eine Legaldefinition behoben werden; so schon HANDBUCH, Ziff. 1025, S. 111.

⁶² Art. 95 Abs. 2, 99 Abs. 2, 104 Abs. 1, 106 Abs. 1 und 3.

⁶³ Vgl. auch K5, Antrag an das Plenum vom 23. Mai 2002, wonach diese Grundsätze für alle Ebenen des staatlichen Handelns gelten sollen.

2.3. Budgetierungs- und Rechnungslegungsgrundsätze (Abs. 3)

2.3.1. Allgemeines

19 Den neu in der Verfassung verankerten Grundsätzen der Transparenz, Vergleichbarkeit und Öffentlichkeit kommt Bedeutung bei der Budgetierung und Rechnungslegung zu[64]. In den Beratungen waren die drei neuen Grundsätze unbestritten. Sie verfolgen den Zweck, das Finanzgebaren von Kanton und Gemeinden für die Öffentlichkeit, d.h. die Bürgerinnen und Bürger, nachvollziehbar und kontrollierbar darzustellen[65].

2.3.2. Transparenz

20 Der Rechnungslegungsgrundsatz der Transparenz wird oft gleichbedeutend mit Klarheit gebraucht[66]. Transparenz geht aber über Klarheit und Verständlichkeit hinaus, indem bereits eine Bezugnahme auf den Grundsatz der Öffentlichkeit anklingt[67]. Nach den Erörterungen in der Redaktionskommission bedeutet Transparenz, dass Budget und Rechnung für Dritte klar und nachvollziehbar sind[68]. Mit der Forderung nach Transparenz sollen mögliche Verschleierungen, Unklarheiten, «Graubereiche» von Anfang an vermieden werden. In der Verfassung ist die Verpflichtung zur Transparenz für die Information durch die Behörden in Art. 49 niedergelegt.

2.3.3. Vergleichbarkeit

21 Der den Rechnungslegungsgrundsätzen zuzuordnende Begriff der Vergleichbarkeit[69] hat mehrere Dimensionen. Zum einen geht es bezogen auf ein bestimmtes Rechnungsjahr um die Vergleichbarkeit von Budget und Rechnung. Daneben spielt in der zeitlichen Abfolge der Rechnungsjahre die Vergleichbarkeit in Darstellung und Inhalt eine Rolle. Ebenfalls zu beachten sind die innerkantonale, die interkantonale sowie die internationale Vergleichbarkeit[70].

---

[64] Auch Bilanzierungsgrundsätze. Vorbild war für Transparenz und Öffentlichkeit Art. 82 Abs. 3 KV SG; vgl. Prot. RedK vom 3. Februar 2003, S. 115. Für den Grundsatz der Vergleichbarkeit vgl. Prot. K5 vom 12. Juli 2001, S. 72 (Votum Henauer).

[65] Vgl. STAUFFER, St. Galler Kommentar, Art. 183 Rz. 20; Entwurf Art. 82 Abs. 3 KV SG, in ABl des Kantons St. Gallen, 198/2000, S. 369.

[66] So führt § 9 Abs. 2 FHG Klarheit und § 45 Abs. 1 CRG den damit verbundenen Zusatz der Verständlichkeit an.

[67] «Durchsichtigkeit» als Anklang zu einer gläsernen Verwaltung.

[68] Prot. RedK vom 3. Februar 2003, S. 115 (Votum Gross).

[69] § 45 Abs. 1 CRG.; vgl. Prot. K5 vom 12. Juli 2001, S. 72 f.

[70] So ist die Vergleichbarkeit im Kanton Zürich zwischen Kanton und Gemeinden mit der Einführung des Gesetzes über Controlling und Rechnungslegung nur noch sehr begrenzt möglich. Die interkantonale Vergleichbarkeit war bislang durch Orientierung am Harmonisierten Rechnungsmodell gegeben. Durch die in § 46 CRG vorgesehene Verweisung auf die «International Public Sector Accounting Standards» (IPSAS) wird die internationale Vergleichbarkeit gewährleistet.

2.3.4. Öffentlichkeit

Ohne Parallele bei den bisherigen Haushaltsgrundsätzen auf kantonaler Ebene ist der neu in der Verfassung verankerte Budgetgrundsatz der Öffentlichkeit, der eng mit der Transparenz zusammenhängt[71]. Das Gegenteil von öffentlich ist geheim, vertraulich, verwaltungsintern[72]. Nach Auffassung der Redaktionskommission bedeutet Öffentlichkeit die Bereitschaft, Auskunft über etwas Bestimmtes zu geben[73]. Diese Definition ist aber zu einschränkend[74]. Bei der Forderung nach Öffentlichkeit von Budget und Rechnung handelt es sich um ein grundlegendes Prinzip, das die demokratische Teilnahme, Diskussion[75] und Einflussnahme im Budget- und Kontrollprozess ermöglichen soll. Damit müssen von Amtes wegen Budget und Rechnung zusammen mit den Angaben der Kontrollorgane transparent und zeitlich angemessen vor der Beschlussfassung zugänglich sein, damit sich die Öffentlichkeit über das Finanzgebaren ins Bild setzen und allfällige Änderungsvorschläge oder Fragen einbringen kann. Ergibt sich aus Budget und Rechnung ein begründeter zusätzlicher Informationsbedarf, kommt die in der Redaktionskommission vertretene Auffassung zum Tragen.

22

2.3.5. Geltungsbereich

Für den Geltungsbereich vgl. N. 12[76].

23

2.4. Förderung umweltgerechten Verhaltens (Abs. 4)

Art. 122 Abs. 4 nimmt den in Art. 6 statuierten Grundsatz der Nachhaltigkeit auf und bringt das ökologische Element in das Kapitel der Finanzen, indem festgehalten wird, bei der Festlegung der Bemessungsgrundlage von Abgaben und von Staatsbeiträgen sei der Förderung umweltgerechten Verhaltens besondere Beachtung zu schenken. Die entsprechende Förderung kann dabei allerdings nur in dem Umfang vorgesehen werden, als die Beiträge bzw. Abgaben gestützt auf kantonalrechtliche Grundlagen gewährt bzw. erhoben werden. Selbstverständlich zu beachten sind nämlich die bundesrechtlichen Rahmenvorgaben. So regelt beispielsweise das Steuerharmonisierungsgesetz abschliessend, welche

24

---

[71] Vgl. STAUFFER, St. Galler Kommentar, Art. 183 Rz. 20.
[72] Vgl. zur Diskussion über den Zusammenhang mit dem Öffentlichkeitsprinzip auf Bundesebene VON WYSS, St. Galler Kommentar, Art. 158 Rz. 4, 6.
[73] Prot. RedK vom 3. Februar 2003, S. 115 (Votum Gross).
[74] Darin kommt von den beiden Aspekten des Öffentlichkeitsprinzips – Information von Amtes wegen und auf Anfrage (vgl. JAAG, Rz. 1430) – nur der erstere zum Ausdruck. Vgl. insbesondere Art. 49 (Transparenz).
[75] Vgl. Art. 53.
[76] Vgl. OBERSON, S. 232, für die Freiburger Kantonalbank.

Abzüge den Steuerpflichtigen von den Kantonen im Rahmen der Einkommens- und Vermögenssteuern zugestanden werden können[77].

25 Sowohl Staatsbeiträge wie auch Abgaben werden in der Kantonsverfassung richtigerweise nicht weiter einzeln und detailliert behandelt; die entsprechenden Grundlagen finden sich auf Gesetzesstufe in denjenigen Rechtsgebieten, in welchen der Kanton zur Rechtsetzung befugt ist. Während die Staatsbeiträge neben Art. 122 Abs. 4 nur noch in dem die Finanzbefugnisse des Kantonsrates regelnden Art. 56 Abs. 2 lit. d erwähnt sind, enthalten die Art. 125 und 126 relativ detaillierte Vorgaben bezüglich der Erhebung von Steuern und weiteren Abgaben.

26 Bei Art. 122 Abs. 4 handelt es sich um einen Programmartikel, der im Vergleich zu den anderen drei dem Finanzhaushalt gewidmeten Absätzen etwas als Fremdkörper erscheint und von der Ausrichtung her eher in den Katalog von Art. 125 Abs. 3 passen würde. Da er aber nicht nur für die Steuern, sondern auch für Staatsbeiträge und die übrigen Abgaben gilt, ist seine systematische Einordnung in dem das Marginale «Grundsätze» tragenden Art. 122 letztlich doch sachgerecht.

27 Was die abgaberechtliche Seite betrifft, so kann zwar aus Art. 122 Abs. 4 nicht eine eigentliche Verpflichtung zur kompletten Umgestaltung des Abgabensystems im Sinn einer ökologischen Steuerreform herausgelesen werden[78]. Abgesehen davon, dass eine solche aufgrund der erwähnten und insgesamt doch recht engen bundesrechtlichen Vorgaben auf Kantonsebene ohnehin nicht wirklich umsetzbar wäre, ist gerade bei den Steuern, welche definitionsgemäss zur Deckung des öffentlichen Finanzbedarfs erhoben werden und der Mittelbeschaffung dienen[79], das an sich wesensfremde Verpacken solcher ausserfiskalischer Anliegen wie der Förderung umweltgerechten Verhaltens nicht ganz unproblematisch[80]. Dennoch kommt Art. 122 Abs. 4 erhebliches Gewicht zu und sind haushaltneutrale Umsetzungen ohne weiteres denkbar und aufgrund der verfassungsrechtlichen Vorgabe auch geboten.

28 Das geltende Zürcher Recht hat die Intention von Art. 122 Abs. 4 beispielsweise an folgenden zwei Orten aufgenommen. Zum einen können bei Liegenschaften des Privatvermögens Investitionen, die dem Energiesparen und dem Umweltschutz dienen, einkommenssteuermindernd geltend gemacht werden, soweit

---

[77] Art 9 StHG; vgl. auch BEUSCH, Art. 125 N. 2. – Bei allfälligen Steuerabzügen zur Förderung umweltfreundlichen Verhaltens handelt es sich klarerweise nicht um in kantonaler Kompetenz befindliche Sozialabzüge i.S.v. Art. 9 Abs. 4 StHG.
[78] Vgl. dazu weiterführend VALLENDER/JACOBS, S. 60 ff.
[79] Steuern haben einen Fiskalzweck; vgl. (anstelle vieler) BLUMENSTEIN/LOCHER, S. 5, 9.
[80] Vgl. VALLENDER/JACOBS, S. 7 ff.; vgl. auch BEUSCH, Art. 126 N. 5 f.

diese Kosten bei der direkten Bundessteuer abzugsfähig sind[81]. Zum anderen ist die Regelung bei den Verkehrsabgaben zu erwähnen, deren Höhe hubraum- bzw. nutzlastabhängig ist[82] und die bei emissionsarmen bzw. -freien Fahrzeugen reduziert oder gänzlich erlassen werden können[83].

Die Regelung von Art. 122 Abs. 4 weist im Übrigen dieselbe Stossrichtung auf wie neuere Regelungen auf Bundesebene. Neben der bereits aufgeführten Bestimmung bei der direkten Bundessteuer ist etwa die von den eidgenössischen Räten beschlossene Revision des Mineralölsteuergesetzes[84] zu erwähnen, gemäss der umweltschonende Treibstoffe fiskalisch gefördert werden sollen[85].

29

---

[81] § 30 Abs. 2 StG (gestützt auf die Ermächtigung von Art. 9 Abs. 3 StHG). Art. 32 Abs. 2 des Bundesgesetzes vom 14. Dezember 1990 über die direkte Bundessteuer (DBG; SR 642.11) i.V.m. Art. 5 ff. der Verordnung vom 24. August 1992 über den Abzug der Kosten von Liegenschaften des Privatvermögens bei der direkten Bundessteuer (SR 642.116) und Art. 1 der Verordnung vom 24. August 1992 über die Massnahmen zur rationellen Energieverwendung und zur Nutzung erneuerbarer Energien (SR 642.116.1) sehen vor, dass aufgewendete (und selbst getragene) Kosten für Massnahmen zur rationellen Energieverwendung und zur Nutzung erneuerbarer Energien einkommenssteuermindernd geltend gemacht werden können, wenn es um den entsprechenden Ersatz von veralteten und die erstmalige Anbringung von neuen Bauteilen oder Installationen in bestehenden Gebäuden geht.

[82] § 2 Verkehrsabgabengesetz. Diese Regelung ist indessen etwas holzschnittartig. Zwar ist die Aussage, je mehr Hubraum bzw. je höhere Tonnage, desto mehr Treibstoffverbrauch und desto mehr Emissionen, im Ansatz nicht falsch, trägt aber weiteren massgebenden Punkten wie der Bauweise der Motoren und weiteren technischen Möglichkeiten (zu) wenig Rechnung.

[83] § 3 Verkehrsabgabengesetz: keine Verkehrsabgaben für Fahrräder und Fahrzeuge mit ausschliesslich elektronischem Antrieb. § 10 Verkehrsabgabengesetz i.V.m. § 6 Verkehrsabgabenverordnung: Hälfte der Verkehrsabgabe für besondere Arten von Fahrzeugen mit elektrischem und alternativem motorischem Antrieb.

[84] SR 641.61.

[85] BBl 2006, S. 4259 ff. Die Haushaltneutralität wird durch die entsprechende Verteuerung des normalen Benzins hergestellt.

Art. 123

Kanton und Gemeinden gleichen ihre Finanzhaushalte mittelfristig aus. Für die Gemeinden kann das Gesetz den kurzfristigen Ausgleich vorsehen.

Bilanzfehlbeträge werden innerhalb von fünf Jahren getilgt.

Haushaltsgleichgewicht

Materialien

Art. 135 VE; Prot. Plenum, S. 668, 2358 f., 2745 f.

Vgl. ferner Beleuchtender Bericht des Regierungsrates zur Abstimmungsvorlage vom 2. September 1979 zum Gesetz über den Finanzhaushalt des Kantons (Finanzhaushaltsgesetz, FHG), ABl 1979, S. 1233 ff.; Antrag und Weisung des Regierungsrates vom 30. März 1983 zum Gesetz über das Gemeindewesen (Gemeindegesetz, Änderung), ABl 1983, S. 553 ff.; Antrag und Weisung des Regierungsrates vom 13. Mai 1998 zur Ausgabenbremse, ABl 1998, S. 558 ff.; Antrag und Weisung des Regierungsrates vom 14. Januar 2004 zum Gesetz über Controlling und Rechnungslegung (CRG), ABl 2004, S. 89 ff.; Finanzdirektion des Kantons Zürich, System zur Sicherung des Haushaltsgleichgewichts, Weiterentwicklung der «Ausgabenbremse», Vernehmlassungsbericht vom 7. Juli 2006, <http://www.fv.zh.ch/internet/fd/fv/de/news/va_2007.html> (26.12.2006) (Vernehmlassungsbericht).

Literatur

ADAM BERIT, Internationale Rechnungslegungsstandards für die öffentliche Verwaltung (IPSAS), Eine kritische Analyse unter besonderer Berücksichtigung ihrer Anwendbarkeit in Deutschland, Diss., Frankfurt am Main 2004; AUER/MALINVERNI/HOTTELIER, Bd. I, S. 399, 432 f.; BERGMANN ANDREAS/GAMPER ANDREAS (Hrsg.), Rechnungslegungsstandards für Kantone und Gemeinden im Rahmen von IPSAS (International Public Sector Accounting Standards), Zürich 2004; BOLZ URS, Art. 101, in: Kälin/Bolz; DAFFLON BERNARD, La gestion des finances publiques locales, 2. Aufl., Paris 1998 (Gestion); DAFFLON BERNARD, The requirement of a balanced budget and borrowing limits in local public finance, setting out the problems, in: Bernard Dafflon (Hrsg.), Local Public Finance in Europe, balancing the budget und controlling debt, Cheltenham 2002, S. 1 ff. (Problems); DAFFLON BERNARD, Capital expenditure and financing in the communes in Switzerland, in: Bernard Dafflon (Hrsg.), Local Public Finance in Europe, balancing the budget und controlling debt, Cheltenham 2002, S. 209 ff. (Communes); DIREKTION DER JUSTIZ UND DES INNERN DES KANTONS ZÜRICH, Handbuch über das Rechnungswesen der Zürcherischen Gemeinden, Kapitel 24, Zürich 1984, Stand 3. Mai 2001 (Handbuch DJI); EICHENBERGER, § 116; KONFERENZ DER KANTONALEN FINANZDIREKTOREN (Hrsg.), Handbuch des Rechnungswesens der öffentlichen Haushalte, Bd. 1, Bern 1981 (Handbuch FDK); NOVARESI NICOLA, Discipline budgétaire, études de l'influence du référendum financier et des règles d'équilibre budgétaire sur les finances publiques des vingt-six cantons suisses, Diss., Freiburg 2001; OBERSON PIERRE, Tâches publiques et finances, in: Neue freiburgische Verfassung, S. 205 ff.; RUOSS FIERZ MAGDALENA, Die neue Finanzordnung – ein gelungener Kompromiss?, in: Materialien zur Zürcher Verfassungsreform, Bd. 9, S. 125 ff.; STAUFFER KARL, St. Galler Kommentar, Art. 126; STAUFFER KARL, Instrumente des Haushaltsausgleichs, Ökonomische Analyse und Rechtliche Umsetzung, Diss., Basel 2001 (Instrumente); REICH MARKUS/PIPPIG ANNA, Die Finanzverfassung, in: Materialien zur Zürcher Verfassungsreform, Bd. 3, S. 47 ff.; SPAHN PATRICK, Art. 96 ff., in: Dubach/Marti/Spahn, S. 279 ff.; THALMANN, § 133, § 138 und § 139; VERFASSUNGSKOMMISSION DES KANTONS ST. GALLEN, Botschaft und Verfassungsentwurf der Verfassungskommission vom 17. Dezember 1999 zur Verfassung des Kantons St. Gallen, ABl des Kantons St. Gallen, Nr. 4a/2000, S. 165 ff., VII. Finanzordnung, S. 367 ff.; VON RECHENBERG ANDREA, Kommentar zur Verfassung des Kantons Graubünden, Art. 93.

Rechtsquellen

- Gesetz über das Gemeindewesen vom 6. Juni 1926 (Gemeindegesetz, GemG; LS 131.1)
- Gesetz über die Staatsbeiträge an die Gemeinden und über den Finanzausgleich vom 11. September 1966 (Finanzausgleichsgesetz, FAG; LS 132.1)
- Verordnung über das Globalbudget in den Gemeinden vom 22. Januar 1997 (LS 133.3)
- Kreisschreiben der Direktion der Justiz und des Innern über den Gemeindehaushalt vom 10. Oktober 1984, Stand 1. Januar 2006 (KSGH)
- Gesetz über den Finanzhaushalt des Kantons vom 2. September 1979 (Finanzhaushaltsgesetz, FHG; LS 611). Das Finanzhaushaltsgesetz wird voraussichtlich auf den 1. Januar 2009 durch das Gesetz über Controlling und Rechnungslegung vom 9. Januar 2006 (CRG) abgelöst. Auf den 1. Oktober 2007 traten § 13 Abs. 2 und § 64 (Anhang lit. c, § 34 des Kantonsratsgesetzes und vorstehender Gliederungstitel) des CRG in Kraft; OS 62, S. 354 ff.
- Verordnung über die Finanzverwaltung vom 10. März 1982 (VFV; LS 612)
- Steuergesetz vom 18. Juni 1997 (StG; LS 631.1)

Übersicht	**Note**
1. Haushaltsgleichgewicht	1
1.1. Aspekte des Haushaltsgleichgewichts	1
1.2. Begriff nach Art. 123	2
1.3. Entwicklungen im Bund, den Kantonen und dem Kanton Zürich	3
1.3.1. Allgemeines	3
1.3.2. Regelungen im Bund	4
1.3.3. Regelungen in den Kantonen	5
1.3.4. Weiterentwicklung der Ausgabenbremse im Kanton Zürich	7
1.4. Mittelfristiger Ausgleich der Laufenden Rechnung beim Kanton (Abs. 1 Satz 1)	8
1.4.1. Allgemeines	8
1.4.2. Laufende Rechnung als Gegenstand des Ausgleichs	11
1.4.3. Ergebnis der Laufenden Rechnung als Ziel des Ausgleichs	13
1.4.4. Zeitspanne für den mittelfristigen Ausgleich	14
1.5. Kurzfristiger Ausgleich der Laufenden Rechnung in den Gemeinden (Abs. 1 Satz 2)	16
2. Tilgung der Bilanzfehlbeträge (Abs. 2)	19
2.1. Allgemeines	19
2.2. Bilanzfehlbetrag	22
2.2.1. Begriff und Wesen des Bilanzfehlbetrags	22
2.2.2. Adressaten	25
2.3. Tilgung des Bilanzfehlbetrags	26
2.3.1. Begriff der Tilgung	26
2.3.2. Tilgungsfrist von fünf Jahren	29

1. Haushaltsgleichgewicht

1.1. Aspekte des Haushaltsgleichgewichts

In den Wirtschaftswissenschaften gibt es unterschiedliche Auffassungen zum Haushaltsgleichgewicht. Massgebend für die rechtliche Ausgestaltung sind u.a. folgende Aspekte und Fragen[1]:

- Umfang des Begriffs «Haushaltsgleichgewicht»: namentlich, ob sich dieser auf die Laufende Rechnung[2], die Investitionsrechnung und die Bilanz bezieht (vgl. N. 2);
- beinhaltet die Laufende Rechnung die Kapitalkosten (mit definierten Abschreibungsmodalitäten und Zinsen)[3];
- ist die Zeitspanne eines Ausgleichs hinlänglich[4] präzisiert im Sinne des jährlichen (kurzfristigen) Ausgleichs oder einer mehrere Jahre (mittelfristig) umfassenden Periode, die definiert wird; damit verbunden ist die Frage nach dem Gegenstand des Ausgleichs, ob dieser sich bereits auf das Budget (N. 17) oder erst auf das Ergebnis der Laufenden Rechnung (N. 13) bezieht;
- zentral ist die Frage, ob bei einem drohenden oder eingetretenen Ungleichgewicht die zu ergreifenden Massnahmen festgelegt und mit allfälligen Sanktionen verbunden sind[5];
- von Bedeutung für die Frist beim Ausgleich der Laufenden Rechnung ist bei den Gemeinden der Zusammenhang zum innerkantonalen Finanzausgleich (unten N. 17 und 28);
- schliesslich lassen sich mit Blick auf Planung (N. 14) und Umsetzung (N. 15) die Mechanismen des Ausgleichs in Zielgrösse (z.B. mittelfristiger Ausgleich der Laufenden Rechnung), Steuerungsgrösse (Aufwand und Ertrag der Laufenden Rechnung) und Steuerungsinstrumentarium (Ausgabenbremse) gliedern[6].

---

[1] Vgl. DAFFLON, Problems, S. 9 ff. und 20 f.; DAFFLON, Gestion, S. 60 ff.; STAUFFER, Instrumente, S. 45 f. Der Ausgleich der Laufenden Rechnung wird über den Aufwand massgeblich durch die Kapitalkosten für Investitionen (Abschreibungen der Nettoinvestitionen und Zinsen für die Finanzierung) beeinflusst. Im Rahmen der Weiterentwicklung der Ausgabenbremse wird im Vernehmlassungsbericht vom 7. Juli 2006 deshalb die Plafonierung der Nettoinvestitionen zur Diskussion gestellt. Danach soll analog zum mittelfristigen Ausgleich der Laufenden Rechnung der Selbstfinanzierungsgrad der Nettoinvestitionen grundsätzlich 100% betragen. Laut Vernehmlassungsbericht (S. 30) sollen die Nettoinvestitionen mittelfristig vollständig durch Abschreibungen und Ertragsüberschüsse finanziert werden, ohne dass eine Neuverschuldung erfolgt.

[2] Beim Kanton nach § 4 CRG die konsolidierte Erfolgsrechnung.

[3] Vernehmlassungsbericht, S. 30: Plafonierung der Nettoinvestitionen; DAFFLON, Problems, S. 3.

[4] Vgl. Antrag und Weisung des Regierungsrates zur Änderung des Gemeindegesetzes, S. 577, zu § 140 (heute 138) GemG: «Die Frist kann für Gemeinden so wichtig werden, dass sie im Gesetz zu bemessen ist.»

[5] Art. 56 Abs. 3 KV i.V.m. § 6 Abs. 2 FHG bzw. § 4 Abs. 2 CRG; vgl. dazu auch Vernehmlassungsbericht.

[6] Vgl. Vernehmlassungsbericht, Anhang VI.

1.2. Begriff nach Art. 123

2   Der Begriff des Haushaltsgleichgewichts ergibt sich aus den Ungleichgewichten[7], welche nach Art. 123 zu vermeiden oder, falls eingetreten, wieder in Gleichgewichtszustände zurückzuführen sind. Art. 123 unterscheidet zwei Arten von Ungleichgewichten, einmal den unausgeglichenen Finanzhaushalt, d.h. die unausgeglichene Laufende Rechnung, sowie den Bilanzfehlbetrag als «unausgeglichene Bilanz». Nicht explizit geregelt wird der Ausgleich der Investitionsrechnung[8]. Ein Haushaltsgleichgewicht liegt somit nach Art. 123 vor, wenn die Laufende Rechnung beim Kanton mittelfristig und bei den Gemeinden allenfalls kurzfristig ausgeglichen ist und kein Bilanzfehlbetrag vorliegt[9].

1.3. Entwicklungen im Bund, den Kantonen und dem Kanton Zürich

1.3.1. Allgemeines

3   Die jüngste Vergangenheit ist gekennzeichnet von finanziellen Schwierigkeiten von Bund, Kantonen und Gemeinden, in deren Folge mehr oder weniger erfolgreich versucht wurde, wirkungsvollere Steuerungsmechanismen (Ausgabenbremsen) zur Erhaltung bzw. Wiederherstellung eines ausgeglichenen Haushalts zu etablieren[10].

1.3.2. Regelungen im Bund

4   Der Bund regelt das Haushaltsgleichgewicht in Art. 126 Abs. 1 BV[11]. In der Volksabstimmung vom 2. Dezember 2001 wurde die «Schuldenbremse» (Art. 126 in Verbindung mit Art. 159 Abs. 3 lit. c [neu] und Abs. 4 BV) angenommen[12]. In diesem Zusammenhang ist auch der Konjunkturartikel von Art. 100 Abs. 4 BV von Bedeutung, welcher festhält, dass Bund, Kantone und Gemeinden in ihrer Einnahmen- und Ausgabenpolitik die Konjunkturlage berücksichtigen[13].

---

[7]   Vgl. zu den Haushaltsungleichgewichten STAUFFER, Instrumente, S. 29 f., 46, 81, 239.
[8]   Vgl. aber jetzt Vernehmlassungsbericht, S. 30.
[9]   Vgl. zum Verhältnis der Gleichgewichtsziele im Bund: STAUFFER, Instrumente, S. 77.
[10] Vernehmlassungsbericht, S. 9, Situation im Kanton Zürich, S. 6 f.
[11] Vgl. AUER/MALINVERNI/HOTTELIER, N. 1110 f.; STAUFFER, Instrumente, S. 56 f.; Antrag und Weisung des Regierungsrates zur Ausgabenbremse, S. 559 ff.
[12] Bundesbeschluss vom 22. Juni 2001, Bundesratsbeschluss vom 4. Februar 2002 (AS 2002, S. 241); vgl. Botschaft des Bundesrates zur Schuldenbremse vom 5. Juli 2002 (BBl 2002, S. 4653 ff.); Zusatzbericht zur Botschaft zur Schuldenbremse vom 10. Januar 2001 (BBl 2001, S. 2387 ff.); Bundesbeschluss über eine Schuldenbremse vom 22. Juni 2001 (BBl 2001, S. 2878); Bundesratsbeschluss über das Ergebnis der Volksabstimmung vom 2. Dezember 2001 (BBl 2002, S. 1209). Vgl. auch Vernehmlassungsbericht, S. 9.
[13] Nach STAUFFER (Instrumente, S. 72 f.) steht es den Kantonen frei, wie sie diesem Auftrag nachkommen wollen, da es dem Bund an Sanktionen zur Durchsetzung fehlt. Entsprechendes gilt auch für die Gemeinden, denen gestützt auf Art. 100 Abs. 4 BV ein entsprechender Handlungsspielraum nur im Rahmen zu berücksichtigender Ausgleichsbestimmungen zustehen kann; vgl. etwa § 137 Abs. 4 GemG.

1.3.3. Regelungen in den Kantonen

Im Jahre 1981 veröffentlichte die Finanzdirektorenkonferenz die zweite, vor allem bezüglich der Gemeinden erweiterte Auflage des Handbuchs des Rechnungswesens der öffentlichen Haushalte[14]. Inhalt des Handbuchs bilden das Harmonisierte Rechnungsmodell (HRM) mit einem Mustergesetz für die Finanzhaushalte der Kantone (MFHG) sowie Thesen zum Haushaltsrecht der Gemeinden, worin sich Vorschriften zum Haushaltsgleichgewicht finden[15]. Diese Vorgaben fanden im Recht der Kantone mehrheitlich Berücksichtigung[16].

In den aktuellen Regelungen für die Kantone[17] finden sich Vorschriften für den Ausgleich auf Dauer[18], den mittelfristigen[19] oder den kurzfristigen[20] Ausgleich, allenfalls unter Berücksichtigung der Konjunktur-[21] bzw. Wirtschafslage[22] von Kanton und Gemeinden[23]. In Verbindung mit diesen Modalitäten sind immer auch allfällige weitere Instrumente (Ausgabenbremse, Defizitbremse[24], Schuldenbremse) zur Sicherung eines Haushaltsgleichgewichts zu beachten.

1.3.4. Weiterentwicklung der Ausgabenbremse im Kanton Zürich

Die Regelungen zum Haushaltsgleichgewicht sind insbesondere im Zusammenhang mit der «Ausgabenbremse» zu würdigen, deren Zweck die Durchsetzung des Grundsatzes der Haushaltsdeckung ist, d.h. des jährlichen oder periodischen Rechnungsausgleichs[25]. Dazu hat die Finanzdirektion mit Datum vom 7. Juli

---

[14] HANDBUCH FDK, S. 16.
[15] Für die Kantone: Art. 2 MFHG: «Die Haushaltführung richtet sich nach den Grundsätzen [...] des Haushaltsgleichgewichts»; Art. 4 MFHG, Haushaltsgleichgewicht: «Die Laufende Rechnung ist mittelfristig auszugleichen» (HANDBUCH FDK, S. 122); Art. 18 Abs. 4 MFHG: «Der Bilanzfehlbetrag ist unter Berücksichtigung der Konjunkturlage mittelfristig abzuschreiben» (HANDBUCH FDK, S. 124); für die Gemeinden: «6. Voranschlag: 6.1 Der Voranschlag der Laufenden Rechnung ist so aufzustellen, dass Aufwand durch Ertrag gedeckt ist. Ein Aufwandüberschuss kann budgetiert werden, wenn dieser durch Eigenkapital gedeckt ist. Die Laufende Rechnung ist mittelfristig auszugleichen. 6.2 Soweit der veranschlagte Aufwandüberschuss das Eigenkapital übersteigt, sind kontenbezogene Anträge auf Änderung des Voranschlags oder ein Antrag auf die Erhöhung des Steuerfusses zu stellen. Ein Aufwandüberschuss, der nicht durch Eigenkapital gedeckt ist, bedarf einer Bewilligung des Departements des Innern» (HANDBUCH FDK, S. 132).
[16] Vgl. STAUFFER, Instrumente, S. 73.
[17] Vgl. für eine differenzierte Analyse: NOVARESI, Kapitel 4, S. 193 ff.; STAUFFER, Instrumente, S. 83 ff.; vgl. für eine aktuelle Darstellung der kantonalen Haushaltsregeln, Vernehmlassungsbericht, S. 9 f.
[18] § 116 Abs. 1 KV AG, dazu EICHENBERGER, § 116 N. 7; vgl. für den Bund Art. 126 Abs. 1 BV.
[19] Art. 101 KV BE, dazu BOLZ, S. 516; Art. 93 Abs. 2 KV GR, dazu VON RECHENBERG, Kommentar KV GR, Art. 93 Rz. 20 f.; Art. 97 KV SH, dazu SPAHN, Art. 97, S. 281 f.
[20] Art. 83 Abs. 1 KV FR: «Der Voranschlag der Laufenden Rechnung des Staates ist ausgeglichen»; als Grundsatz mit Ausnahmen in Abs. 2, dazu OBERSON, S. 230 f.
[21] § 116 Abs. 1 KV AG, dazu EICHENBERGER, § 116 N. 6; Art. 101 KV BE, dazu BOLZ, S. 516; Art. 83 Abs. 2 KV FR, dazu OBERSON, S. 231; Art. 96 Abs. 1 KV SH, dazu SPAHN, Art. 96, S. 280 f.
[22] Art. 93 Abs. 2 KV GR: «Wirtschaftsentwicklung».
[23] Vgl. Art. 82 Abs. 1 KV SG, dazu VERFASSUNGSKOMMISSION DES KANTONS ST. GALLEN, S. 367 f.
[24] Art. 101a KV BE, eingefügt am 12. März 2003.
[25] Antrag und Weisung des Regierungsrates zur Ausgabenbremse, S. 561 f.; RUOSS, S. 135 f.

2006 einen Bericht in Vernehmlassung gegeben. Danach wird vorgeschlagen, die «Ausgabenbremse» um neue Elemente zu ergänzen und zu einem System der Sicherung des Haushaltsgleichgewichts auszubauen[26].

1.4. Mittelfristiger Ausgleich der Laufenden Rechnung beim Kanton (Abs. 1 Satz 1)

1.4.1. Allgemeines

8   In der Verfassung von 1869 wurde in Art. 31a der Grundsatz des Haushaltsgleichgewichts im Zusammenhang mit der Ausgabenbremse geregelt[27]. Die entsprechende Bestimmung findet sich heute in Art. 56 Abs. 3.

9   Die Beratungen zu Art. 123 Abs. 1 und 2 waren – ausgehend von einem Konsens im Plenum für einen mittelfristigen Ausgleich von Laufender Rechnung und Bilanzfehlbetrag für Kanton und Gemeinden[28] – in der Folge gekennzeichnet von den verworfenen (impliziten) Anträgen auf einen jährlichen Ausgleich[29]. Schliesslich führte der Antrag des Regierungsrates[30], wegen Erschwernissen des Finanzausgleichs auf den mittelfristigen Ausgleich bei den Gemeinden zu verzichten, zu einem weiteren Hin und Her mit einer Streichung des mittelfristigen Haushaltsausgleichs für Kanton *und* Gemeinden[31]. An dieser Lösung wiederum fand der Regierungsrat keinen Gefallen und beantragte einen mittelfristigen Haushaltsausgleich für Kanton *und* Gemeinden[32]. Diesen Antrag zog er in der Folge zugunsten eines anderen Antrages aus dem Plenum zurück, welcher der Regelung in Abs. 1 entspricht[33].

10 Abs. 1 verfolgt den Zweck, die Bedingungen für einen gesunden Finanzhaushalt im Sinne von Art. 122 Abs. 1 zu schaffen. Als Richtlinien sind dabei vor allem die Haushaltsgrundsätze der Sparsamkeit und der Wirtschaftlichkeit zu beach-

---

[26] Vernehmlassungsbericht, S. 4; vgl. auch DAFFLON, Problems, S. 4, Ziff. 6.
[27] Vgl. REICH/PIPPIG, S. 58, 75 f., 77, 79 f.
[28] Prot. Plenum, S. 668. Abs. 3, der dem geltenden § 6 Abs. 2 FHG bzw. der Nachfolgeregelung § 4 Abs. 2 CRG entsprach, wurde auf Antrag des Regierungsrates gestrichen, vgl. RRB 1744 vom 14. November 2001, S. 17, und Prot. Plenum, S. 2369, 2371 und 2373.
[29] Vgl. auch Prot. Plenum, S. 2748 (Votum Hardegger); Prot. Plenum, S. 2358 f., 2373.
[30] RRB 1697 vom 19. November 2003, S. 34 (Vernehmlassung des Regierungsrates zum Verfassungsentwurf).
[31] Prot. K5 vom 29. Januar 2004, S. 308 f.
[32] RRB 802 vom 3. Juni 2004, S. 6: «Die Verfassungsbestimmung wird durch die Streichung des Wortes ‹mittelfristig› in Abs. 1 zu einer Selbstverständlichkeit reduziert und deshalb ohne Wirkung bleiben. […] [So] erachten wir die Forderung nach einem mittelfristigen Ausgleich als Mindestforderung, die einem kurzfristigen jährlichen Ausgleich der Gemeindehaushalte nicht entgegenstehen würde» (Prot. Plenum, S. 2746).
[33] Prot. Plenum, S. 2745, 2748, sowie Prot. RedK vom 19. August 2004, S. 794 f.

ten (Art. 122 Abs. 2). Instrumentell dienen insbesondere die Bestimmungen der Ausgabenbremse[34] der Durchsetzung einer ausgeglichenen Rechnung.

1.4.2. Laufende Rechnung als Gegenstand des Ausgleichs

Mit *Finanzhaushalt*[35] *ist vorliegend die Laufende Rechnung*[36] gemeint. Dies ergibt sich aus Art. 56 Abs. 3, der wörtlich und präzis vom «mittelfristigen Ausgleich der Laufenden Rechnung des Staatshaushalts» spricht[37]. Der Ausgleich der Investitionsrechnung[38] bildet kein Thema in den Verfassungsberatungen[39]. Das Gleichgewichtsziel bezieht sich dabei auf den Ausgleich der Aufwendungen und Erträge der Laufenden Rechnung[40] als Steuerungsgrösse[41].

Auf Gesetzesstufe ist der Ausgleich der Laufenden Rechnung im Finanzhaushaltsgesetz[42] geregelt. Diesen Bestimmungen entsprechen in der Nachfolgeordnung § 4 Abs. 1 und 2 CRG[43].

1.4.3. Ergebnis der Laufenden Rechnung als Ziel des Ausgleichs

Auszugleichen ist das *Ergebnis* der Laufenden Rechnung[44], nicht bereits das Budget. Es kann also ein Ertrags- oder Aufwandüberschuss[45] budgetiert werden. Das ergibt sich daraus, dass der Ausgleich mittelfristig erfolgen muss. Damit dürfen jährlich auch «unausgeglichene» Erfolgsrechnungen, d.h. Aufwand- oder Ertragsüberschüsse, budgetiert werden. Ertragsüberschüsse müssen sogar budgetiert werden, um bereits eingetretene oder prognostizierte Aufwandüber-

---

[34] Elemente: 1. Qualifiziertes Mehr für Ausgabenbeschlüsse des Kantonsrates gemäss Art. 56 Abs. 2 lit. a–d KV. 2. Ergreifung von Massnahmen durch den Regierungsrat bei Gefährdung des mittelfristigen Haushaltsausgleichs (§ 6 Abs. 2 FGH bzw. § 4 Abs. 2 CRG). 3. Verpflichtung des Kantonsrates, auf die Anträge des Regierungsrates innert sechs Monaten einzutreten (Art. 56 Abs. 3 Satz 1 KV). 4. Verpflichtung des Kantonsrates, Massnahmen mit der gleichen Saldoverbesserung zu beschliessen (Art. 56 Abs. 3 Satz 2 KV). 5. Massnahmen bei Entstehung eines Bilanzfehlbetrags: Möglichkeiten von Steuerfusserhöhungen innerhalb der Steuerfussperiode gemäss § 2 Abs. 2 StG. Vgl. dazu Vernehmlassungsbericht, S. 4 und 8; REICH/PIPPIG, S. 58.

[35] Vgl. zum Begriff des Finanzhaushalts auch HUBLER/BEUSCH, Art. 122 N. 1.

[36] § 4 Abs. 1 CRG: Erfolgsrechnung.

[37] Vgl. dazu die Ausführungsbestimmung in § 6 Abs. 2 FHG bzw. § 4 Abs. 2 CRG für die Prüfungspflicht des Regierungsrates bei Gefährdung des mittelfristigen Ausgleichs. Ebenfalls von der Laufenden Rechnung sprechen § 31a aKV, § 6 Abs. 2 FHG. Nur von «Rechnung» bzw. «konsolidierter Rechnung» spricht § 4 Abs. 1 und 3 i.V.m. § 54 CRG.

[38] D.h. der Selbstfinanzierungsgrad.

[39] Zur Abgrenzung Laufende Rechnung/Investitionsrechnung vgl. Prot. K5 vom 21. Februar 2002, S. 203 f.; ferner zum Volumen der Investitionsrechnung, Prot. Plenum, S. 3040; vgl. zur Investitionsrechnung, Vernehmlassungsbericht, S. 30.

[40] Vgl. dazu STAUFFER, Instrumente, S. 46.

[41] Vgl. Vernehmlassungsbericht, Anhang 6, S. 3.

[42] § 2: Haushaltgrundsätze, § 4: Haushaltsgleichgewicht und § 6 Abs. 2: Ausgabenbremse.

[43] Im Unterschied zu § 4 FHG ist nach § 4 Abs. 1 Satz 2 CRG die *konsolidierte* Erfolgsrechnung massgebend (vgl. § 54 CRG).

[44] Beim Kanton nach § 4 CRG die konsolidierte Erfolgsrechnung.

[45] Defizit.

schüsse mittelfristig wieder auszugleichen; Aufwandüberschüsse dürfen budgetiert werden, solange sie durch Eigenkapital gedeckt sind.

1.4.4. Zeitspanne für den mittelfristigen Ausgleich

14   Unter dem mittelfristigen Ausgleich der Laufenden Rechnung wird nach § 4 FHG[46] bzw. § 4 Abs. 1 CRG[47] bislang eine Frist von acht Jahren verstanden[48], und zwar mit Bezug auf die Steuerung (Planung) «vier Jahre Vergangenheit und vier Jahre Zukunft»[49]. In den Beratungen im Plenum wurde dazu jedoch ausdrücklich festgehalten, dass unter mittelfristig neu eine kürzere Frist von *sieben Jahren* zu verstehen ist[50]. Gestützt auf diese wiederholten und unwidersprochen gebliebenen Feststellungen im Plenum ist davon auszugehen, dass für die Dauer des mittelfristigen Ausgleichs der laufenden Rechnung des Kantons neu sieben Jahre massgebend sind.

15   Bezogen auf die sieben Jahre muss im Sinne einer (zeitlich) konsolidierten Betrachtung die Laufende Rechnung im Ergebnis während dieser Zeitspanne ausgeglichen sein[51]. Damit sind vorübergehend Aufwandüberschüsse zulässig, diese müssen aber in der Folge wieder durch Ertragsüberschüsse ausgeglichen, d.h. kompensiert werden.

---

[46] Beleuchtender Bericht des Regierungsrates zum Finanzhaushaltsgesetz, S. 1273: «Zeitraum bis acht Jahre». Für Art. 18 Abs. 4 MFHG wurde unter «mittelfristig» ein «Zeitraum von höchstens acht bis zehn Jahren» verstanden (HANDBUCH FDK, Ziff. 1028 S. 112).

[47] Antrag und Weisung des Regierungsrates zum CRG, S. 159: «Periode von acht Jahren».

[48] Prot. Plenum S. 2750; vgl. jetzt auch Vernehmlassungsbericht, S. 6 und 16; ferner Antrag und Weisung des Regierungsrates zur Ausgabenbremse, S. 559. Danach leitet sich die Frist von acht Jahren von der Länge eines üblichen Konjunkturzyklus ab und berücksichtigt die stabilitätspolitische Erwartung des Staates.

[49] Prot. Plenum S. 2750 (Votum Regierungsrat Christian Huber). Vgl. zur Anwendung Vernehmlassungsbericht, S. 6 f., und eine differenzierte Darstellung, S. 16: «Für die Finanzplanung werden acht Jahre aufgeteilt in drei Rechnungsjahre, das Budgetjahr und vier Planjahre. Der Einbezug von Planungsjahren in den mittelfristigen Ausgleich ist wichtig für die Steuerung der zukünftigen Entwicklung des Staatshaushaltes»; vgl. auch S. 18.

[50] Prot. Plenum S. 668, Votum Baumann, Präsident der Kommission 5: «Zeitraum von rund sieben Jahren, was einem Konjunkturzyklus entspricht». Prot. Plenum, S. 2361, Votum Baumann: «Ich möchte zuerst einmal präzisieren, wie die Kommission den Begriff ‹mittelfristig› verstanden hat. Wir meinen, dass dieser Begriff einen Zeitraum von rund sieben Jahren umfasst, was ungefähr einem Konjunkturzyklus entspricht.» Prot. Plenum, S. 2750: Nach dem Votum von Regierungsrat Huber, der «mittelfristig» unter Verweisung auf die Finanzpraxis des Kantons Zürich mit acht Jahren bezifferte und dem Votum Hierholzer, der diese Auffassung mit Blick auf die Beratungen in der Kommission 5 präzisierte, folgte das Votum Baumann: «Ich habe in der Winterthurer Lesung darauf hingewiesen, was wir unter diesem Begriff verstehen. Die Kommission ist damals von einem Zeitraum von rund sieben Jahren ausgegangen und hat das auch als Konjunkturzyklus empfunden, vielleicht in Anlehnung an den biblischen Begriff von den sieben fetten und den sieben mageren Jahren.» Danach wurde das Wort nicht mehr verlangt. Zu den Beratungen in der Kommission 5 Prot. K5 vom 29. Januar 2004, S. 308 f.

[51] Damit muss im Sinne eines «gleitenden Durchschnitts» während sieben Jahren die Laufende Rechnung ausgeglichen sein. Vgl. dazu auch Vernehmlassungsbericht, S. 16: «Bei der Rechnungslegung wird geprüft, ob der mittelfristige Ausgleich der vergangenen acht Jahre erreicht wurde.»

1.5. Kurzfristiger Ausgleich der Laufenden Rechnung in den Gemeinden (Abs. 1 Satz 2)

Grundsätzlich kann die Regelung über den mittelfristigen Ausgleich der Laufenden Rechnung nach Abs. 1 Satz 1 auch für die Gemeinden zur Anwendung kommen (zum Anwendungsbereich vgl. N. 25). Mit Blick auf die Ausgestaltung des innerkantonalen Finanzausgleichs ersuchte der Regierungsrat jedoch den Verfassungsrat, von einem mittelfristigen Ausgleich abzusehen. Dem ist der Verfassungsrat im Ergebnis aufgrund eines weiteren Antrags mit der Regelung in Abs. 1 Satz 2 gefolgt[52]. 16

Unter dem kurzfristigen Ausgleich ist ein *jährlicher Ausgleich* der Laufenden Rechnung des Gemeindehaushalts vorzusehen. Beim jährlichen Ausgleich muss grundsätzlich bereits das *Budget* ausgeglichen sein. Diese Regelung ist im Zusammenhang mit dem Finanzausgleich zu sehen[53], wonach der Kanton im Rahmen des geltenden Steuerfussausgleichs ab einer bestimmten Höhe des Steuerfusses die Aufwendungen der Gemeinden übernimmt (Defizitdeckung)[54]. 17

Für den jährlichen Ausgleich ist ein gesetzlicher Vorbehalt erforderlich. In der geltenden Regelung findet sich dieser in § 133 Satz 1 GemG[55]. 18

2. Tilgung der Bilanzfehlbeträge (Abs. 2)

2.1. Allgemeines

Die alte Verfassung kannte keine Bestimmung über die Tilgung des Bilanzfehlbetrages. Die geltende Regelung auf Gesetzesstufe findet sich in § 21 FHG und soll durch § 4 Abs. 3 CRG abgelöst werden[56]. 19

---

[52] RRB 1697 vom 19. November 2003, S. 34 (Vernehmlassung des Regierungsrates zum Verfassungsentwurf): «Der mittelfristige Ausgleich für die Gemeindehaushalte würde den Vollzug des Finanzausgleichs unhaltbar erschweren, weshalb davon abzusehen ist.» Aufgrund des zur Regelung in Abs. 1 Satz 2 führenden Antrags (vgl. Prot. Plenum, S. 2745) zog der Regierungsrat in der Folge seinen Antrag auf mittelfristigen Ausgleich zurück (Prot. Plenum, S. 2746, 2748).
[53] RRB 1697/2003, S. 34 (Vernehmlassung des Regierungsrates zum Verfassungsentwurf).
[54] § 27 Abs. 2 FAG.
[55] Vgl. auch THALMANN, § 139 N. 1.2.
[56] Der Kanton Zürich übernahm im noch geltenden Finanzhaushaltgesetz vom 2. September 1979 die Regelungen des Mustergesetzes, welche bezüglich der Tilgung des Bilanzfehlbetrags im Zusammenhang mit der Regelung der Ausgabenbremse in § 21 FHG in dem Sinne geändert wurden, als auf die Erwähnung der Konjunkturlage verzichtet wurde, was im Kontext damit begründet wird, dass die Erfahrungen an der politischen Machbarkeit einer antizyklischen Finanzpolitik zweifeln lassen; dazu Antrag und Weisung des Regierungsrates zur Ausgabenbremse, S. 592 f. Vgl. aber § 20 Abs. 2 FHG, wo die Konjunkturlage im Zusammenhang mit zusätzlichen Abschreibungen weiterhin von Bedeutung ist. Das Gesetz über Controlling und Rechnungslegung erwähnt die Konjunktur- oder Wirtschaftslage nicht mehr.

20 Die Beratungen zu Abs. 2 gingen von einer mittelfristigen Tilgung des Bilanzfehlbetrages aus[57]. Ein (sinngemässer) Antrag auf jährliche Tilgung wurde ebenso abgelehnt wie die ausdrückliche Verknüpfung einer Aufgaben- und Ausgabenüberprüfung[58]. Der Ansatz zu einer Tilgung innerhalb von fünf Jahren ergab sich nach Durchführung der Vernehmlassung in den Beratungen der Kommission 5[59] und wurde in der Folge vom Plenum genehmigt[60] (vgl. auch N. 29).

21 Der Zweck der Tilgung des Bilanzfehlbetrags besteht in der Entschuldung. Ohne Ausgleich der Aufwandüberschüsse tritt bei fehlendem Eigenkapital eine qualifizierte Verschuldung in dem Sinne ein, dass die allgemeine Aufgabenerfüllung nicht mehr vollständig durch die jährlichen Steuereinnahmen, sondern durch Kredite finanziert wird. Dieses Vorgehen verstösst gegen das den Verfassungsberatungen implizit zugrunde gelegte Finanzierungskonzept, das in der Trennung von Laufender Rechnung und Investitionsrechnung bzw. Konsum-[61] und Investitionsausgaben besteht[62]. Bei einem Bilanzfehlbetrag wird die nachhaltige Funktionsfähigkeit des Gemeinwesens in Frage gestellt und eine gerechte Lastenverteilung zwischen den Generationen beeinträchtigt[63].

2.2. Bilanzfehlbetrag

2.2.1. Begriff und Wesen des Bilanzfehlbetrags

22 Der Bilanzfehlbetrag besteht aus der das Vermögen übersteigenden Summe des Fremdkapitals und der Verpflichtungen für Spezialfonds[64], d.h., bezogen auf eine bestimmte Periode übersteigen die kumulierten Defizite die kumulierten Ertragsüberschüsse[65]. Der Bilanzfehlbetrag wird in der Bilanz[66] unter den Aktiven verbucht[67]. Er bildet den Gegenbegriff zum Eigenkapital («negatives

---

[57] Prot. Plenum, S. 668, 2358 ff. Vgl. dazu auch N. 9.
[58] Prot. Plenum, S. 2359 ff.
[59] Prot. K5 vom 29. Januar 2004, S. 308 f.
[60] Prot. RedK vom 24. März 2004, S. 580 f.; Prot. K5 vom 25. März 2004, S. 343 f.; Prot. RedK vom 13. April 2004, S. 638 f.; Prot. Plenum, S. 2746 f., 2751.
[61] Im Sinne der Laufenden Rechnung die Aufwendungen.
[62] Vgl. auch DAFFLON, Problems, S. 28 f.; DAFFLON, Communes, S. 209 f.
[63] DAFFLON, Problems, S. 19 ff.
[64] § 11 Abs. 4 FHG; vgl. auch THALMANN, § 131 N. 2.3, § 138 N. 1 ff.; HANDBUCH FDK, Ziff. 409 S. 63, Ziff. 438 S. 72, Ziff. 451 f. S. 79 f.; vgl. Plenum, S. 2369 (Votum Regierungsrat Huber). *Hinweis*: Mit der Inkraftsetzung des Gesetzes über Controlling und Rechnungslegung erfolgt die Rechnungslegung beim Kanton neu nach den International Public Sector Accounting Standards (IPSAS), vgl. Antrag und Weisung des Regierungsrates zum CRG, S. 179 ff. Daraus ergeben sich im Unterschied zu den jetzt gültigen Buchungsvorschriften nach HRM beim Themenkreis Eigenkapital/Fremdkapital/Fonds neue konzeptionelle Vorstellungen. Die damit verbundenen Änderungen und neuen Buchungsvorschriften können sich auch auf den Bilanzfehlbetrag auswirken.
[65] Vernehmlassungsbericht, S. 8.
[66] Auch Bestandesrechnung.
[67] § 10 i.V.m. § 11 Abs. 1 FHG; § 34 Abs. 3 FHV.

Eigenkapital»[68]). Verändert wird der Bilanzfehlbetrag durch Aufwand- oder Ertragsüberschüsse der Laufenden Rechnung[69].

Formelle Ursache des Bilanzfehlbetrags ist (bilanztechnisch) ein Aufwandüberschuss der Laufenden Rechnung, der nicht mehr aus dem Eigenkapital gedeckt werden kann[70], und materiell eine unausgeglichene Finanzlage des Gemeinwesens[71]. 23

Der Bilanzfehlbetrag lässt sich als durch die Steuerpflichtigen bezogene, aber nicht durch Steuern bezahlte Leistungen des Gemeinwesens interpretieren. An die Stelle des nicht mehr durch Aktiven gedeckten Fremdkapitals tritt eine Forderung des Gemeinwesens auf künftige Steuerzahlungen. Diese «Forderung» ist nicht mit einer Forderung im üblichen Sinne gleichzusetzen. So können sich die Steuerpflichtigen den drohenden höheren Steuerzahlungen durch Verlegung ihres Wohnsitzes in eine andere Gemeinde oder einen anderen Kanton entziehen. 24

2.2.2. Adressaten

Adressaten von Abs. 2 sind der Kanton und die Gemeinden (d.h. politische Gemeinden und Schulgemeinden, zu den Kirchgemeinden vgl. Art. 129 N. 42). 25

2.3. Tilgung des Bilanzfehlbetrags

2.3.1. Begriff der Tilgung

Der Bilanzfehlbetrag ist zu tilgen, was so viel wie Abtragung bedeutet. Formell lässt sich die Tilgung des Bilanzfehlbetrags mit der Abschreibung von Vermögen vergleichen[72]. Die Tilgung entspricht materiell einer Entschuldung, da das Wesen des Bilanzfehlbetrags in nicht mehr von Aktiven gedeckten Forderungen Dritter gegenüber dem Gemeinwesen besteht. 26

Um den Bilanzfehlbetrag zu tilgen, müssen die Aufwendungen gesenkt und/ oder die Erträge gesteigert werden. Letzteres kann u.a. durch die Anhebung des Steuerfusses erfolgen[73]. Das Instrumentarium zur Vermeidung oder zum Abbau 27

---

[68] Antrag und Weisung des Regierungsrates zur Ausgabenbremse, S. 592.
[69] Vgl. § 17 Satz 2 FHG gemäss HRM, für die Rechnungslegung nach CRG bzw. IPSAS vgl. vorstehender Hinweis in Anm. 64.
[70] Vgl. § 17 FHG.
[71] Mit konjunkturellen und/oder strukturellen kumulierten Defiziten der Laufenden Rechnung; vgl. dazu Vernehmlassungsbericht, S. 5 Anm. 2, S. 9; DAFFLON, Problems, S. 30 f.; STAUFFER, Instrumente, S. 81 f.
[72] Vgl. aber die Ausführungen des Regierungsrates zu § 4 CRG, wo nicht mehr von «abschreiben», sondern von «Abtragung» des Bilanzfehlbetrags gesprochen wird: Antrag und Weisung des Regierungsrates zum CRG, S. 159; vgl. auch Hinweis in Anm. 64.
[73] § 2 Abs. 2 Satz 2 StG als Element der Ausgabenbremse; vgl. dazu N. 10; auch die Steuergesetzgebung kann zu höheren Erträgen führen, ebenso Gebührenerhöhungen oder Beiträge Dritter.

eines Bilanzfehlbetrags ist mit der Ausgabenbremse beim Kanton differenziert ausgestaltet. Die Tilgung bzw. Abschreibung des Bilanzfehlbetrags kann in der nachträglichen Steuerfinanzierung der laufend mit Krediten finanzierten Defizite vergangener Jahre bestehen. Ohne Abschreibung des Bilanzfehlbetrags stellt sich die finanzielle Lage eines Gemeinwesens zu gut dar[74]. Für die Tilgung des Bilanzfehlbetrags ist wichtig, dass eine budgetierte Abschreibung des Bilanzfehlbetrags mit dem Rechnungsabschluss auch tatsächlich erzielt wird.

28 Bei den Gemeinden sollte aufgrund der konzeptionellen Ausgestaltung des geltenden Steuerfussausgleichs mit Ausnahme der Stadt Zürich kein Bilanzfehlbetrag entstehen[75].

2.3.2. Tilgungsfrist von fünf Jahren

29 Abs. 2 verlangt eine Tilgung bzw. Abschreibung innerhalb von fünf Jahren[76]. In den Beratungen schwankte die Haltung hinsichtlich der Verankerung einer Frist (N. 20).

30 Vorab ist die Frage zu klären, welcher Betrag die Grundlage für die Bemessung der einzelnen Tilgungsraten bildet. Dazu gibt es grundsätzlich zwei Möglichkeiten: (a) Tilgung bezogen auf den jeweiligen Restwert (entsprechend der degressiven Abschreibung) oder (b) lineare Tilgung jeweils bezogen auf den ursprünglichen Wert des Bilanzfehlbetrags (entsprechend der linearen Abschreibung).

31 Aus den Materialien ergeben sich mehrere Hinweise dafür, dass Abs. 2 im Sinne der Möglichkeit (b), d.h. der linearen Tilgung, zu verstehen ist. So wird

---

[74] Antrag und Weisung des Regierungsrates zur Ausgabenbremse, S. 593.

[75] Grundsätzlich sollte bei der geltenden Ausgestaltung des Finanzausgleichs bei keiner Gemeinde ein Bilanzfehlbetrag entstehen, da der Steuerfussausgleich eine Defizitgarantie beinhaltet, welcher ab einer bestimmten Höhe des Steuerfusses grundsätzlich alle Mehraufwendungen einer Gemeinde übernimmt (vgl. jedoch 28 FAG). Von diesem Grundsatz gibt es zwei Ausnahmen. *Die eine Ausnahme* bezieht sich auf die Stadt Zürich, die nicht in den allgemeinen Finanzausgleich, d.h. Steuerkraft- und Steuerfussausgleich (§ 9 Abs. 2 und § 26 Abs. 2 FAG), integriert ist, jedoch einen Lastenausgleich erhält (§§ 35a ff. FAG). Der Stadt Zürich werden seit 1999 die Sonderlasten abgegolten. Seither konnte die Stadt Zürich den Bilanzfehlbetrag abtragen und weist keinen Bilanzfehlbetrag mehr aus. *Die andere Ausnahme* besteht darin, dass bei einer Gemeinde, die Steuerfussausgleich bezieht, nach Aufbrauchen ihres Eigenkapitals vorübergehend deshalb ein Bilanzfehlbetrag entstehen kann, weil der Steuerfussausgleich auf der Basis des Budgets bemessen und zudem vom Kanton praxisgemäss 10% des Eigenkapitals als Eigenleistung der Gemeinde angerechnet wird (§ 29 FAG). Da aber auch in diesem Fall § 133 Satz 1 i.V.m. § 138 GemG und § 26 Abs. 1 FAG («Ausgleich ihres Haushalts») Anwendung findet, sind die entsprechenden Tilgungsraten im Rahmen des geltenden Steuerfussausgleichs vom Kanton zu übernehmen.

[76] Die fünfjährige Tilgungsdauer stand, wenn auch mit Befürchtungen zur Praktikabilität, zu einem frühen Zeitpunkt fest (Prot. K5 vom 12. Juli 2001, S. 73 f.). In der Folge wurde wegen erneuter Bedenken vorübergehend mit der Wendung «innert derselben Frist» auf «mittelfristig» verwiesen (vgl. Prot. K5 vom 4. Oktober 2001, S. 114 f.), um dann ausdrücklich von «mittelfristig» zu sprechen (Prot. K5 vom 2. Mai 2002, S. 239). Schliesslich erfolgte nach der Vernehmlassung die Änderung auf «werden innerhalb von fünf Jahren» (Prot. K5 vom 29. Januar 2004, S. 308 f.). Vgl. zur aktiven Form «werden» statt «sind» Plenum, S. 2359 (Votum Ganz).

im Plenum ausdrücklich auf die Regelung der Gemeinden verwiesen[77]. Kurz zuvor wurde bei Beratungen in der Redaktionskommission die degressive Abschreibung ausdrücklich ausgeschlossen[78]. Gleichzeitig wurde aber im bereits erwähnten Votum im Plenum auf § 4 Abs. 3 CRG verwiesen[79], wonach der Bilanzfehlbetrag «jährlich um mindestens 20 Prozent abgetragen» wird. Dabei verstand der Referent diese Wendung im Sinne einer fünfjährigen Frist[80]. Nun entspricht aber die Formulierung von § 4 Abs. 3 CRG nicht der linearen («innerhalb von fünf Jahren»), sondern der degressiven Abschreibung, mit der eine viel längere Abschreibungs- oder Tilgungsdauer verbunden ist. Nach § 21 FHG bzw. § 4 Abs. 3 Satz 2 CRG kann die Tilgung nämlich bis zu 14 Jahren in Anspruch nehmen, da sie entsprechend der Abschreibung vom Restbuchwert erfolgen soll[81]. Der Schluss, dass die Abschreibung vom Restbuchwert gemäss § 21 FHG auch für § 4 Abs. 3 CRG gelten soll, ergibt sich aus Antrag und Weisung des Regierungsrates zum CRG, S. 159: «§ 4 CRG entspricht von der Funktionsweise [her] grundsätzlich §§ 4, 6 und 21 des FHG.» Gleichzeitig wird auch auf die neue Verfassung verwiesen. «[...] die Abtragung des Bilanzfehlbetrags [wird] voraussichtlich in der neuen Verfassung geregelt werden.» (S. 159). Zusammenfassend ergibt sich Folgendes: Im Plenum verstand der Referent die Regelung in § 4 Abs. 3 CRG im Sinne der linearen Abschreibung. Die Erklärungen in den Materialien zum CRG gehen aber grundsätzlich – unter Vorbehalt der neuen Verfassung – von einer degressiven Tilgung aus. Diese Auslegung wird bestätigt durch die in der erwähnten Weisung abgegebene Erklärung, die sich ausdrücklich auch auf § 4 Haushaltsgleichgewicht bezieht (S. 140): «Diese Bestimmungen bleiben bis zum Inkrafttreten der neuen Verfassung im Gesetz und können anschliessend allenfalls aufgehoben werden.» Damit besteht zwischen der Handhabung von § 21 FHG bzw. § 4 Abs. 3 CRG im Sinne einer Abschreibung vom jeweiligen Restbuchwert und dem konzeptionellen Verständnis von Art. 123 Abs. 2, der von einer Tilgung des ursprünglichen Bilanzfehlbetrags

---

[77] Prot. Plenum, S. 2746 (Votum Baumann); vgl. § 138 GemG i.V.m. § 22 Abs. 1 VGH: «Das jährliche Abschreibungsbetreffnis beträgt mindestens $^1/_5$ des Fehlbetrags.»
[78] Prot. RedK vom 13. April 2004, S. 638 (Votum Baumann): «Die Formulierung der Redaktionskommission («Bilanzfehlbeträge werden jährlich um mindestens einen Fünftel abgetragen») kann im Sinne einer degressiven Abschreibung falsch verstanden werden», weshalb auf der jetzt geltenden Formulierung beharrt wurde.
[79] Prot. Plenum, S. 2746: «Damit muss in Zukunft auch der Kanton, wie das auch im neuen CRG vorgesehen ist, einen Bilanzfehlbetrag innerhalb von fünf Jahren abbauen.»
[80] Vgl. auch Plenum, S. 2362 (Votum Baumann): «Im Entwurf des neuen Gesetzes über Controlling und Rechnungslegung schlägt der Regierungsrat für den Kanton vor, dass eine Finanzfehlbetrag innert fünf Jahren abzuschreiben ist.»
[81] Antrag und Weisung des Regierungsrates zur Ausgabenbremse, S. 593: «Die beantragte Änderung des Finanzhaushaltsgesetzes sieht methodisch dagegen wie für das Verwaltungsvermögen eine Abschreibung vom Restbuchwert vor.» Die Abschreibung vom Restbuchwert entspricht aber der sog. degressiven Abschreibung, vgl. HANDBUCH DJI, Kap. 12.3.2, S. 13, und Kap. 12.2.7, S. 9, <http://www.gaz.zh.ch/internet/ji/gaz/de/gemeinden/finanzen/finanzhaushalt/handbuchrechnungswesen.SubContainerList.SubContainer1.ContentContainerList.0013.DownloadFile.pdf> (27.12.06).

ausgeht, ein erhebliches Spannungsfeld, welches mindestens im Sinne einer verfassungskonformen Auslegung der erwähnten Gesetzesbestimmungen zu lösen ist[82].

32 Allerdings ist in diesem Zusammenhang nicht zu verkennen, dass mögliche Sachverhaltsvarianten bei der Entstehung und Abtragung eines Bilanzfehlbetrags äusserst komplex sein können. Der einfachste Fall ist dann gegeben, wenn ein Bilanzfehlbetrag aufgrund der guten Finanzlage planmässig innerhalb von fünf Jahren abgetragen werden kann. Wie ist nach Art 123 Abs. 2 zu verfahren, wenn sich ein Bilanzfehlbetrag innerhalb der fünfjährigen Frist entgegen der Planung sogar durch weitere Aufwandüberschüsse erhöht? Den Materialien lässt sich der Hinweis entnehmen, «dass immer der in einem Jahr entstandene Bilanzfehlbetrag innerhalb der diesem Jahr folgenden fünf Jahre getilgt werden müsse»[83]. Der Wortlaut von Art. 123 Abs. 2 legt ebenfalls nahe, dass für diesen zusätzlichen Betrag wiederum die fünfjährige Frist zur Anwendung gelangt.

33 Für die *Gemeinden* ergeben sich keine Änderungen, da § 138 GemG Art. 123 Abs. 2 entspricht[84].

34 Offen ist der *Fristbeginn der* Tilgungsdauer. Ansätze in den Kommissionsberatungen zu einer Festlegung des Beginns wurden nicht weiter verfolgt[85]. Für den *Kanton* ergibt sich nach Auffassung des Regierungsrates aufgrund des Umstandes, dass die Abschreibungen des Bilanzfehlbetrags in den Voranschlag einzustellen sind, für die Berechnung des Fristbeginnes folgende Lösung[86]: «Der Bilanzfehlbetrag per 31. Dezember des Jahres 0 wird im Jahr 1 in den Voranschlag für das Jahr 2 eingestellt»[87]. Diese Vorgehensweise entspricht dem Wortlaut der Nachfolgeregelung in § 4 Abs. 3 CRG[88]. Für die *Gemeinden* wird in der Praxis eine andere Regel befolgt, wonach gestützt auf § 138 GemG bereits im Jahr 1 ein Fünftel des Bilanzfehlbetrags abgeschrieben wird. Angesichts der finanzpolitischen Bedeutung dieses Umstandes erschiene eine gesetzliche Regelung für die Gemeinden als angezeigt.

---

[82] Prot. K5 vom 25. März 2004, S. 343: «[…], dass auf Verfassungsstufe eine offene Bestimmung genügt und allfällige Restriktionen auf Gesetzesstufe zu verwirklichen sind.»
[83] Prot. K5 vom 25. März 2004, S. 343.
[84] Vgl. §§ 21 und 22 VHG, wo in § 22 Abs. 1 VHG die lineare Abschreibung vom Anfangswert verlangt wird.
[85] Vgl. Prot. RedK vom 24. März 2004, S. 580.
[86] Antrag und Weisung des Regierungsrates zur Ausgabenbremse, S. 593.
[87] Faktisch ergibt sich dadurch eine Dauer von sechs Jahren, bis ein Bilanzfehlbetrag abgeschrieben ist.
[88] «Die entsprechenden Beträge werden in das Budget aufgenommen.»

Art. 124[*]

Kanton und Gemeinden planen ihre Aufgaben und deren Finanzierung. Sie achten auf die langfristigen Auswirkungen der geplanten Massnahmen.

Sie sind bestrebt, die Steuerquote nicht ansteigen zu lassen.

Aufgaben- und Finanzplanung

Materialien

Art. 136 VE; Prot. Plenum, S. 462 f., 640 ff., 643 f., 669 ff., 683, 796 f., 2182 f., 2361 f., 2375 ff., 2733 f., 2751 ff.

Vgl. ferner Antrag und Weisung des Regierungsrates vom 14. Januar 2004 zum Gesetz über die Organisation des Regierungsrates und der kantonalen Verwaltung (OG RR), ABl 2004, S. 41 ff.; Antrag und Weisung des Regierungsrates vom 14. Januar 2004 zum Gesetz über Controlling und Rechnungslegung (CRG), ABl 2004, S. 89 ff.

Literatur

AEBERLI MATHIAS, Politische Steuerung und Planung im Kanton Basel-Stadt, Justizdepartement des Kantons Basel-Stadt, Diss., Basel 2005; ARNOLD URS V., Das Parlament im Modell des New Public Managements, Diss., Bamberg 2006; BOHLEY PETER, Die öffentliche Finanzierung, München/Wien 2003; BOLZ URS, Art. 101, in: Kälin/Bolz; BRÜHLMEIER DANIEL, Maneggiare ... nuovi ordini, Planung auf Regierungsebene in Theorie und Praxis, in: Peter Grünenfelder/Jürgen Oelkers/Kuno Schedler/Andrea Schenker-Wicki/Stephan Widmer (Hrsg.), Reformen und Bildung, Erneuerung aus Verantwortung, Festschrift Ernst Buschor, Zürich 2003, S. 45 ff.; BRÜHLMEIER DANIEL/HALDEMANN THEO/MASTRONARDI PHILIPPE/SCHEDLER KUNO, Politische Planung, Mittelfristige Steuerung in der wirkungsorientierten Verwaltungsführung, Bern 2001; BRUNNER NORBERT, Kommentar zur Verfassung des Kantons Graubündens, Art. 34; BUTZ ROLF/ERN BRUNO, Erfolgreich in der Gemeinde, 3. Aufl., Zürich 2006, Kap. 10; DELALAY EDOUARD, Publicains et républicains, pour une gestion démocratique des finances publiques, chap. IV, Genf 1999; DIREKTION DER JUSTIZ UND DES INNERN DES KANTONS ZÜRICH, Handbuch über das Rechnungswesen der Zürcherischen Gemeinden, Kapitel 24, Zürich, 1984, Stand 3. Mai 2001 (Handbuch); EICHENBERGER, §§ 79 und 116; EICHHORN PETER/FRIEDRICH PETER/JANN WERNER/OECHSLER WALTER A./PÜTTNER GÜNTER/REINERMANN HEINRICH (Hrsg.), Verwaltungslexikon, 3. Aufl., Baden-Baden 2003; FREY RENÉ L., Wirtschaft, Staat und Wohlfahrt, 11. Aufl., Basel/Genf/München 2002; GEMEINDEAMT DES KANTONS ZÜRICH, Politische Steuerung, Zürich 2003; GEMEINDEAMT DES KANTONS ZÜRICH, Wirkungsorientierte Gemeindeverwaltung, Grundlagen, Zürich 2003; HEUN WERNER, Staatshaushalt und Staatsleitung, Das Haushaltsrecht im parlamentarischen Regierungssystem des Grundgesetzes, Baden-Baden 1989; HUSI BEAT, Die Staatskanzlei als Stabsstelle des Regierungsrates, in: Peter Grünenfelder/Jürgen Oelkers/Kuno Schedler/Andrea Schenker-Wicki/Stephan Widmer (Hrsg.), Reformen und Bildung, Erneuerung aus Verantwortung, Festschrift Ernst Buschor, Zürich 2003, S. 271 ff.; JAAG, § 32; KANTON ZÜRICH, Wirkungsorientierte Verwaltungsführung, Die Verwaltungsreform wif! des Kantons Zürich und ihre Instrumente, Zürich 2002; KÜPPER HANS-ULRICH, Planung, in: Handwörterbuch Unternehmensführung und Organisation, hrsg. von Georg Schreyögg et al., Enzyklopädie der Betriebswirtschaftslehre, Bd. II, 4. Aufl., Stuttgart 2004; KÜPPER HANS-ULRICH/WEBER JÜRGEN (Hrsg.), Grundbegriffe des Controlling, Stuttgart 1995; LANDOLT PIUS/ZUPPIGER RITTER ISABELLA,

---

[*] Der Beitrag zu Art. 124 Abs. 1 wurde von ULRICH HUBLER, derjenige zu Art. 124 Abs. 2 von MICHAEL BEUSCH verfasst.

Strategisches Management in der öffentlichen Verwaltung, St. Gallen 2005; LANZ CHRISTOPH/MASTRONARDI PHILIPPE, St. Galler Kommentar, Art. 173 Abs. 1 Bst. g; LIENHARD ANDREAS, Staats- und verwaltungsrechtliche Grundlagen für das New Public Management in der Schweiz, Bern 2005; MASTRONARDI PHILIPPE, St. Galler Kommentar, Art. 170; MAURER HARTMUT, Allgemeines Verwaltungsrecht, 16. Aufl., München 2006; MOSER WALTER, Kriterien zur Beurteilung der finanziellen Lage öffentlicher Gemeinwesen, Diss., Bern 1982; MÜLLER GEORG, Politische Planung, in: Eichenberger/Jenny/Rhinow/Ruch/Schmid/Wildhaber, S. 235 ff.; NUSPLIGER KURT, Regierung und Parlament, in: Kälin/Bolz, S. 149 ff.; ROHR RUDOLF, Die Finanzplanung der öffentlichen Hand in staatsrechtlicher Sicht, Diss., Zürich 1972; SCHEDLER KUNO/PROELLER ISABELLA, New Public Management, 3. Aufl., Bern 2006; SCHUSTER FALKO, Einführung in die Betriebswirtschaftslehre der Kommunalverwaltung, Hamburg 2001; SCHWARZENBACH-HANHART HANS RUDOLF, Grundriss des allgemeinen Verwaltungsrechts, 11. Aufl., Bern 1997, § 25; SPAHN PATRICK, Art. 96 ff., in: Dubach/Marti/Spahn, S. 279 ff.; STÄHELIN, § 40 Abs. 2; THALMANN, §§ 118 f.; TIPKE KLAUS/LANG JOACHIM, Steuerrecht, 18. Aufl., Köln 2005; VEIT MARC D., St. Galler Kommentar, Art. 100 Abs. 4; WÖHE GÜNTER/DÖRING ULRICH, Einführung in die allgemeine Betriebswirtschaftslehre, 22. Aufl., München 2005.

Rechtsquellen
– Gesetz über das Gemeindewesen vom 6. Juni 1926 (Gemeindegesetz, GemG; LS 131.1)
– Verordnung über den Gemeindehaushalt vom 26. September 1984 (VGH; LS 133.1)
– Verordnung über das Globalbudget in den Gemeinden vom 22. Januar 1997 (GBVG; LS 133.3)
– Kreisschreiben der Direktion der Justiz und des Innern über den Gemeindehaushalt vom 10. Oktober 1984, Stand 1. Januar 2006 (KSGH)
– Kreisschreiben der Direktion der Justiz und des Innern über die Haushaltkontrolle der Gemeinden vom 12. September 1985 (KSGHK)
– Gesetz über die Organisation des Regierungsrates und der kantonalen Verwaltung vom 6. Juni 2005 (OG RR; LS 172.1)
– Gesetz über den Finanzhaushalt des Kantons vom 2. September 1979 (Finanzhaushaltsgesetz, FHG; LS 611). Das Finanzhaushaltsgesetz wird voraussichtlich auf den 1. Januar 2009 durch das Gesetz über Controlling und Rechnungslegung vom 9. Januar 2006 (CRG) abgelöst. Auf den 1. Oktober 2007 traten § 13 Abs. 2 und § 64 (Anhang lit. c, § 34 des Kantonsratsgesetzes und vorstehender Gliederungstitel) des CRG in Kraft; OS 62, S. 354 ff.
– Verordnung über die Finanzverwaltung vom 10. März 1982 (VFV; LS 612)
– Verordnung über das Globalbudget [des Kantons] vom 2. Oktober 1996 (LS 612.2)

Übersicht Note

1. Einleitung 1
   1.1. Allgemeines 1
      1.1.1. Planung und Plan 1
      1.1.2. Funktionen der Planung im Allgemeinen 4
      1.1.3. Erscheinungsformen der Planung 5
   1.2. Aufgaben- und Finanzplanung 6
      1.2.1. Finanzplanung 6
      1.2.2. Aufgaben- und Finanzplanung im Kanton 9
      1.2.3. Finanzplanung in den Gemeinden 13
      1.2.4. Aufgaben- und Finanzplanung in anderen Kantonen und im Bund 15

2. Aufgaben- und Finanzplanung (Abs. 1 Satz 1)	16
2.1. Adressaten	16
2.2. Aufgaben- und Finanzplanung	17
2.2.1. Verknüpfung der Aufgaben- und Finanzplanung	17
2.2.2. Aufgabenplanung	20
2.2.3. Finanzplanung	22
2.2.4. Umsetzung im Kanton	23
2.2.5. Umsetzung in den Gemeinden	24
3. Langfristige Auswirkungen (Abs. 1 Satz 2)	25
3.1. Geplante Massnahmen	25
3.2. Langfristige Auswirkungen	26
3.3. Funktion	28
4. Nichtanstieg der Steuerquote (Abs. 2)	29

1. Einleitung

1.1. Allgemeines

1.1.1. Planung und Plan

Betriebswirtschaftlich ist die Planung eine der Phasen (Teilfunktionen) der Unternehmensführung (Leitung). Dazu gehören Zielsetzung, Planung, Entscheidung, Ausführung, Information und Kontrolle. Aufgabe der Planung ist es, die in Frage kommenden Massnahmen zu bewerten, die eine bestimmte Zielerreichung (Wirkung) ermöglichen. Planung verbindet somit Zielsetzung und Entscheidung und kann als «gedankliche Vorbereitung *zielgerichteter* Entscheidungen» definiert werden[1].

Während in einem privaten Unternehmen formal alle Teilfunktionen der Unternehmensführung bei der Unternehmensleitung angesiedelt sind, verteilen sich die einzelnen Funktionen bei den Gemeinwesen auf Parlament, Exekutive und Verwaltung. So kann die «Entscheidung» dem Parlament und/oder der Exekutive zugeordnet werden. Denkbar ist auch, dass jedes dieser Organe für sich oder im Zusammenwirken mit den anderen den Inhalt der Planung bestimmt[2].

Inhaltlich abzugrenzen ist die Planung von der Steuerung (Lenkung oder Führung), die bereits der Umsetzung der Planung dient[3]. Das äussere Ergebnis der

---

[1] WÖHE/DÖRING, S. 62 f., 96. Im Verwaltungshandeln lassen sich bei der Planung folgende Schritte unterscheiden: «Aufgaben- und Zielfindung, Informationssammlung und Alternativengenerierung, Alternativenbewertung, Entscheidung, Programmaufstellung und Budgetierung»; EICHHORN et al., Stichwort «Planung», S. 810; vgl. auch KÜPPER, Sp. 1152 f.
[2] NUSPLIGER, S. 158 «zur gesamten Hand».
[3] Zum Steuerungssystem LANDOLT/ZUPPIGER, S. 35 f. und 38. AEBERLI, S. 38 und 41, setzt Steuerung mit der Führung gleich; die Planung umfasst dabei die beiden Elemente Ziele und Massnahmen. BRÜHLMEIER/HALDEMANN/MASTRONARDI/SCHEDLER, S. 111, unterscheiden drei Steuerungsschienen: die normative Schiene für die Rechtsetzung, die Budgetierungsschiene für die Ressourcensteuerung sowie die Planungsschiene

Planung ist der Plan, worin die Planungsdaten hinsichtlich Planungsgegenstand und Planungszeitraum aufbereitet sind[4].

1.1.2. Funktionen der Planung im Allgemeinen

4   Die Planung erfüllt mehrere Funktionen. Hervorzuheben sind die Erfolgssicherung, die Risikohandhabung, die Erhöhung der Flexibilität und die Reduktion der Komplexität von Problemen[5]. Im öffentlichen Bereich dient die Planung neben der zielgerichteten Lenkung auch der Koordinierung von Massnahmen der verschiedenen Staatsebenen[6].

1.1.3. Erscheinungsformen der Planung

5   Einteilen lässt sich die Planung[7]:
   – nach dem Zeitraum in kurz-, mittel-, langfristige Planung[8] bzw. einen unbefristeten Bereich[9];
   – nach der hierarchischen Ebene in operative, taktische und strategische Planung[10];
   – nach den an der Planung Beteiligten in politische und nicht politische Planung bzw. Parlaments-, Regierungs- oder Verwaltungsplanung[11];
   – nach der Verbindlichkeit in indikative, influenzierende und imperative Planung[12];
   – nach dem Gegenstand in Input- oder Outputplanung. Unter die erste Kategorie fallen die Finanz-, Personal- bzw. Ressourcenplanung. Der zweiten Ka-

---

   für die Leistungs- und Wirkungssteuerung. Vgl. ferner KÜPPER/WEBER, Stichwort «Steuerung» S. 300 und Abb. S. 301; § 26 Abs. 1 lit. a, § 32 und § 34 OG RR.
4   Vgl. BRÜHLMEIER/HALDEMANN/MASTRONARDI/SCHEDLER, S. 3 und 49.
5   KÜPPER, Sp. 1149 f.
6   Vgl. MAURER, § 16 Rn. 10.
7   Vgl. G. MÜLLER, S. 237.
8   Kurzfristig, d.h. ein Jahr; EICHENBERGER, § 116 N. 9; vgl. auch Art. 123 Abs. 1 Satz 2; mittelfristig: ca. 2 bis 5 Jahre, vgl. KÜPPER/WEBER, Stichwort «Planung, Gegenstand», S. 258; langfristig geht über den Zeitraum von vier Jahren hinaus, vgl. SCHUSTER, S. 64; vgl. auch WÖHE/DÖRING, S. 98 f.; BRÜHLMEIER/HALDEMANN/MASTRONARDI/SCHEDLER, S. 26, 40, 63, 112, 113, 155.
9   Vgl. BRÜHLMEIER/HALDEMANN/MASTRONARDI/SCHEDLER, S. 63.
10 Vgl. allgemein: WÖHE/DÖRING, S. 98 f.
11 § 2 Abs. 1, § 4 und § 34 Abs. 2 lit. a OG RR; vgl. BRÜHLMEIER/HALDEMANN/ MASTRONARDI/SCHEDLER, S. 3, 10, 38, 56, 58, 65 f., 115; JAAG, Rz. 1163; NUSPLIGER, S. 158 f.; G. MÜLLER, S. 135 ff.
12 MAURER, § 16 Rn. 15 f., indikative Pläne, als eine Art der Auskunft, beinhalten Daten und Vorausberechnungen (Rn. 15 und 19); vgl. Art. 124 Abs. 1 Satz 2 «langfristige Auswirkungen», dazu N. 26 f.; imperative Pläne sind für die jeweiligen Adressaten verbindlich (Rn. 16); influenzierende Pläne als Ankündigungen mit oder ohne Bindungswille stehen zwischen indikativen und imperativen Plänen (Rn. 17 und 20). Damit soll ein bestimmtes Verhalten nach den planerischen Zielvorstellungen veranlasst werden (Rn. 17).

tegorie lassen sich die Ziel- Aufgaben-, Leistungs- und Wirkungsplanung zuordnen[13];
– mit Blick auf den Bezug zum Ganzen in Teilplanung (Sachplanung, Einzelpläne) oder Gesamtplanung (z.B. Verknüpfung von Aufgaben- und Finanzplanung)[14];
– nach der Koordination in Reihung, Staffelung und Schachtelung[15] bzw. rollende Planung[16];
– nach der Planungsrichtung in Top-down-, Bottom-up-[17]Ansatz oder deren Kombination im «Gegenstromverfahren»[18].

1.2. Aufgaben- und Finanzplanung

1.2.1. Finanzplanung

Im Sinne der herkömmlichen Finanzplanung erstellt die Exekutive auf den Zeitpunkt der Festlegung des Steuerfusses hin einen Finanzplan[19]. Der Finanzplan enthält mindestens für zwei Steuerfussperioden a) einen Überblick über Aufwand und Ertrag der Laufenden Rechnung; b) eine Übersicht über die Investitionen; c) eine Schätzung des Finanzbedarfs und die Angabe der Finanzierungsmöglichkeiten und d) eine Übersicht über die Entwicklung des Vermögens und der Schulden[20].   6

Bei der traditionellen Finanzplanung lassen sich finanzpolitische, wirtschaftspolitische und politische Funktionen unterscheiden[21], die in ihrer Motivation auf der Information als Kernfunktion der Finanzplanung beruhen[22].   7

Die Finanzplanung ist eine abgeleitete Planung in Abhängigkeit von den vorgegebenen Aufgaben[23] bzw. der Aufgabenerfüllung, die als solche jedoch bei der herkömmlichen Finanzplanung (Inputsteuerung) nicht explizit dargestellt sind. Die Beschränkung auf eine Finanzplanung als Teilplanung ist deshalb unbefriedigend, weil es an Informationen über die geplanten und tatsächlichen Leistungen und Wirkungen (Ergebnisse) fehlt. So werden die Ergebnisse im Zusammenhang mit der Aufgabenerfüllung bislang nicht explizit dargestellt.   8

---

[13] Küpper/Weber, Stichwort «Controlling in der öffentlichen Verwaltung», S. 67, und Stichwort «Ziele», S. 345; Brühlmeier/Haldemann/Mastronardi/Schedler, S. 78 f.; vgl. dazu Antrag und Weisung des Regierungsrates zum CRG, S. 53 ff.
[14] Vgl. Schuster, S. 68.
[15] Vgl. Schuster, S. 66.
[16] Wöhe/Döring, S. 104; vgl. § 3 Abs. 2 und § 5 Abs. 3 OG RR.
[17] Hierarchisch von unten nach oben, Küpper/Weber, Stichwort «Bottom-up-Planung», S. 37.
[18] Wöhe/Döring, S. 102 f.; Schuster, S. 68; Küpper/Weber, Stichwort «Budgetierungsansätze», S. 43.
[19] § 31 FHG; vgl. auch Brühlmeier/Haldemann/Mastronardi/Schedler, S. 112.
[20] § 31 FHG; vgl. auch Jaag, Rz. 3207 f.; Eichenberger, § 116 N. 9; Rohr, S. 13 und 180 f.
[21] Vgl. Eichhorn et al., Stichwort «Finanzplan», S. 360; Heun, S. 232 ff., 236 f.
[22] Heun, S. 249; vgl. auch Thalmann, § 118 N. 2.
[23] Heun, S. 243.

Leistungen und Wirkungen bleiben bei einer Beschränkung auf die Finanzplanung sozusagen «hinter der Bühne». Dadurch sind sie bei der Planung und Berichterstattung einer Kontrolle entzogen. Da es an der notwendigen Verknüpfung von Ressourcen (Input) und Ergebnissen (Output, Outcome, Impact) fehlt, lassen sich die Finanzdaten auch nicht aufgrund objektiver Kriterien, insbesondere mit Blick auf die Wirtschaftlichkeit, beurteilen[24].

1.2.2. Aufgaben- und Finanzplanung im Kanton

9   Die Defizite der Finanzplanung als Teilplanung haben zu verschiedenen Reformansätzen geführt. Dazu gehören die Programmbudgetierung (PPBS)[25] und die Wirkungsorientierte Verwaltungsführung[26], welche ähnliche Vorstellungen wie die PPBS[27], jedoch in Verbindung mit einer umfassenden Reform der öffentlichen Verwaltung entwickelte. Dabei werden bei der Wirkungsorientierten Verwaltungsführung in starker Anlehnung an marktwirtschaftliche Konzepte und Benennungen u.a. Wirkungs-, Leistungs- und Finanzplanung miteinander verbunden.

10 Im Kanton Zürich wurden die entsprechenden Anliegen im Rahmen der Verwaltungsreform erprobt und evaluiert und mündeten in die grundlegenden Reformgesetze des Organisationsgesetzes des Regierungsrates (OG RR) und des Gesetzes über Controlling und Rechnungslegung (CRG)[28]. Gestützt auf die beiden Reformgesetze kennt der Kanton zwei mittelfristige Planungsinstrumente der Gesamtplanung: die Richtlinien der Regierungspolitik[29] und den Konsolidierten Entwicklungs- und Finanzplan (KEF)[30]. Beide Planungsinstrumente fallen in die Zuständigkeit des Regierungsrates[31].

11 Nach Art. 66 Abs. 1 und 2 sowie § 3 Abs. 1 OG RR erstellt der Regierungsrat zu Beginn einer Amtsdauer die Richtlinien der Regierungspolitik (Legislaturplan) und bringt sie dem Kantonsrat zu Beginn jeder Amtsperiode zur Kenntnis[32]. Die Richtlinien geben Auskunft über die in der Amtsdauer angestrebten Ziele. Als grundlegendem Plan im Sinne von Art. 55 Abs. 1 Satz 1 nimmt der Kantonsrat zum Legislaturplan Stellung. Die sich aus dem Legislaturplan ergebenden

---

[24] Vgl. KÜPPER/WEBER, Stichwort «Budget-Slack» S. 47; Art. 122 Abs. 2 KV.
[25] Planning-Programming-Budgeting System oder PPBS, vgl. EICHHORN et al., Stichwort «Programmbudget», S. 844 f.; KÜPPER/WEBER, Stichwort «Planning Programming Budgeting System (PPBS), S. 256 f., S. 257, zu den Gründen des Scheiterns dieses Ansatzes.
[26] New Public Management (NPM), oder in Deutschland Neues Steuerungsmodell; vgl. dazu SCHEDLER/PROELLER, S. 37 f., und BRÜHLMEIER/HALDEMANN/MASTRONARDI/SCHEDLER, S. 32, 36, 38, 71, 99 und 109.
[27] Vgl. BRÜHLMEIER/HALDEMANN/MASTRONARDI/SCHEDLER, S. 10.
[28] Vgl. JAAG, Rz. 3236.
[29] § 3 OG RR.
[30] §§ 9 f. CRG.
[31] § 3 Abs. 1 OG RR; § 13 Abs. 1 CRG; vgl. auch Art. 55 Abs. 1 KV.
[32] § 13 Abs. 1 CRG; Art. 66 Abs. 2 KV; vgl. allgemein zur Legislaturplanung: BRÜHLMEIER/HALDEMANN/MASTRONARDI/SCHEDLER, S. 3, 15, 76, 84, 90 f., 115 f.

Zielsetzungen fliessen in die Aufgaben- und Finanzplanung in Form des Konsolidierten Entwicklungs- und Finanzplanes ein[33], welcher seinerseits wiederum die Vorgabe für das kurzfristige Budget bilden soll[34]. Am Ende der Amtsdauer prüft der Regierungsrat, ob die Ziele erreicht werden konnten, und erstattet dem Kantonsrat Bericht[35].

Beim Koordinierten Entwicklungs- und Finanzplan (KEF) des Kantons handelt es sich um ein Instrument der abgestimmten Aufgaben- und Finanzplanung, welches in der Verantwortung des Regierungsrats liegt[36]. Der KEF zeigt die mittelfristigen Entwicklungen der Leistungen und der Ressourcen auf. Er umfasst einen Planungszeitraum von vier Jahren[37] und wird jährlich im Sinne der rollenden Planung aktualisiert. Sein erstes Planungsjahr stimmt mit demjenigen des Budgets überein[38]. Nach Art. 55 Abs. 2 Satz 2 äussert sich der Kantonsrat zu den Schwerpunkten der Aufgaben- und Finanzplanung.

1.2.3. Finanzplanung in den Gemeinden

Den Gemeinden obliegt nach geltendem Recht bislang keine Finanzplanung im eigentlichen Sinn[39]. Die aktuelle Regelung beschränkt sich darauf, von der Gemeindevorsteherschaft eine Zusammenstellung der erforderlichen Angaben für die künftige Entwicklung zu verlangen[40]. Kleinere Gemeinden können sich bislang sogar auf eine Zusammenstellung der Angaben über zukünftige Investitionen beschränken[41].

In der Praxis haben die Städte Zürich[42] und Winterthur[43] im Zuge der Verwaltungsreform das Instrument des Integrierten Aufgaben- und Finanzplans eingeführt (IAFP).

---

[33] § 3 Abs. 2 OG RR; vgl. auch Nuspliger, S. 158.
[34] § 14 Abs. 2 CRG.
[35] § 3 Abs. 3 OG RR.
[36] § 13 Abs. 1 CRG; vgl. zur Integrierten Aufgaben- und Finanzplanung grundlegend: Brühlmeier/Haldemann/Mastronardi/Schedler; Vgl. Hauser, Art. 55 N. 4 f.
[37] § 9 Abs. 1 CRG; vgl. Antrag und Weisung des Regierungsrates zum OG RR, S. 77. Erstmals KEF 2001/05, aktuell KEF 2006/09; am 13. September 2006 hat der Regierungsrat den Konsolidierten Entwicklungs- und Finanzplan 2007–2010 (KEF 2007) festgelegt. Vgl. auch. Jaag, Rz. 1133, 1163 und 3208.
[38] Antrag und Weisung des Regierungsrates zum OG RR, S. 77.
[39] Vgl. dazu Thalmann, § 118 N. 1; vgl. jedoch zur Praxis Handbuch, Kapitel 24; sowie Butz/Ern, S. 85 und 139; vgl. ferner die Unterlagen des Gemeindeamtes des Kantons Zürich.
[40] § 118 GemG.
[41] § 118 Abs. 2 GemG; kleinere Gemeinden sind Gemeinden mit weniger als 1000 Einwohnerinnen und Einwohnern können sich auf eine Zusammenstellung der Angaben über zukünftige Investitionen begnügen, vgl. Thalmann, § 118 N. 4.
[42] Vgl. <http://www.stadt-zuerich.ch/internet/stzh/ueberbau/themen/finanzen.ParagraphContainerList.ParagraphContainer0.ParagraphList.0022.File.pdf/IAFP_06-09_Internet.pdf>, (17.12.06).
[43] Vgl. § 6 Verordnung über den Finanzhaushalt der Stadt Winterthur (Finanzhaushaltverordnung) vom 31. Oktober 2005.

1.2.4. Aufgaben- und Finanzplanung in anderen Kantonen und im Bund

15 Eine verfassungsmässiger Auftrag zur Verknüpfung von Aufgaben- und Finanzplanung findet sich u.a. in folgenden Kantonen: Aargau[44], Appenzell Ausserrhoden[45], Basel-Landschaft, Solothurn und Schaffhausen[46]. Nur auf eine Finanzplanung wird in der Berner Verfassung verwiesen[47]. Allgemein wird die Planung im Kanton Graubünden[48] und im Kanton Thurgau[49] geregelt. Für konjunkturelle bzw. politische Planung im Bund vgl. Art. 100 Abs. 4 und 173 Abs. 1 Bst. g BV[50].

2. Aufgaben- und Finanzplanung (Abs. 1 Satz 1)

2.1. Adressaten

16 Art. 124 Abs. 1[51] richtet sich verpflichtend an den Kanton und die Gemeinden, jedoch nicht im Sinne einer für Kanton und Gemeinden gemeinsamen Aufgaben- und Finanzplanung[52]. Kanton und Gemeinden bleiben in der Aufgaben- und Finanzplanung voneinander unabhängig. Zum Begriff von Kanton und Gemeinden vgl. Art. 122 N. 12.

2.2. Aufgaben- und Finanzplanung

2.2.1. Verknüpfung der Aufgaben- und Finanzplanung

17 Inhaltlich geht es bei Art. 124 Abs. 1 um eine Gesamtplanung im Sinne der Verknüpfung der Aufgaben- und Finanzplanung[53], wie sie im Kanton mit dem Koordinierten Entwicklungs- und Finanzplan (KEF) bereits durchgeführt und

---

[44] Art. 116 Abs. 2 KV AG; EICHENBERGER, § 116 N. 9 ff.
[45] Art. 96 Abs. 2 KV AR; Finanz- und Investitionsplanung.
[46] § 129 Abs. 2 KV BL; Art. 130 Abs. 2 KV SO; Art. 96 Abs. 2 KV SH: SPAHN, Art. 96, S. 281.
[47] Art. 101 Abs. 2 KV BE; Vgl. NUSPLIGER, S. 159 f.; BOLZ, S. 515 f.
[48] Art. 34 KV GR; BRUNNER, Kommentar KV GR, Art. 34 Rz. 1 ff.
[49] § 40 Abs. 2 KV TG; STÄHELIN, § 40 N. 5 f.
[50] LANZ/MASTRONARDI, St. Galler Kommentar, Art. 173 Bst. g Rz. 74 ff.
[51] Systematisch gehört Abs. 1 zum Normenkomplex der Planung mit Art. 55 (Planung Kantonsrat) und Art. 66 (Planung Regierungsrat) und insbesondere Art. 95 Abs. 4 (Übernahme neuer Aufgaben), der mit Art. 124 Abs. 1 gemeinsam beraten wurde.
[52] Antrag des Regierungsrates vom 20. März 2002; Prot. RedK vom 3. Februar 2003 (11. Sitzung), S. 118; Prot. RedK vom 13. März 2003, S. 296. Nicht gemeint ist also eine Koordination zwischen Kanton und Gemeinden, wie dies z.B. der Kanton Aargau in § 116 Abs. 2 KV AG vorsieht, vgl. EICHENBERGER, § 116 N. 9 f; oder der Bund in Art. 100 Abs. 4 BV im Rahmen der Konjunkturpolitik bezüglich Kantonen und Gemeinden, vgl. dazu VEIT, St. Galler Kommentar, Art. 100 Abs. 4 Rz. 14 f; ferner Art. 101 Abs. 2 KV BE.
[53] Vgl. JAAG, Rz. 1133, 1163; NUSPLIGER, S. 159 f.

in § 9 f. CRG im Einzelnen geregelt wird[54]. Erklärtes Ziel der Gesamtplanung ist die systematische Zusammenfassung und gegenseitige Abstimmung der Planung von Aufgaben und Finanzen in einer Gesamtbetrachtung[55]. Durch eine umfassende koordinierte Planung von Aufgaben und Finanzen sollen die Mängel, die mit der bisherigen Beschränkung auf die Finanzplanung verbunden waren, behoben werden[56]. Allerdings geht Art. 124 Abs. 1 nicht soweit, die Einführung der Wirkungsorientierten Verwaltungsführung zu verlangen.

Der Zeithorizont der verlangten Planung bleibt offen. Aus den Materialien und der Systematik[57] ergibt sich jedoch, dass mit Art. 124 eine mittelfristige Planung gemeint ist, wie sie beim Kanton für vier Jahre mit dem Konsolidierten Entwicklungs- und Finanzplan (KEF) erfolgt[58]. 18

Die Aufgaben- und Finanzplanung im Sinne von Art. 124 Abs. 1 ist somit eine mittelfristige, indikative, idealerweise im Gegenstromverfahren durchgeführte, nach vorgegebenen Kriterien und bestimmten Darstellungsgesichtspunkten durchgeführte politische Gesamtplanung, bei welcher die gleichen Kriterien zu berücksichtigen sind wie bei der Budgetierung. 19

2.2.2. Aufgabenplanung

Die Aufgaben von Kanton und Gemeinden ergeben sich aus Art. 100 ff. Die einzelnen Aufgabenbereiche werden bislang im Rahmen der funktionalen Gliederung abgebildet. Dabei werden alle Aufwendungen und Erträge der Laufenden Rechnung sowie Ausgaben und Einnahmen der Investitionsrechnung einem Aufgabenbereich (Funktion) zugewiesen. 20

In einem formalen Sinn beinhaltet die Aufgabenplanung einmal die Anwendung der in Art. 95–99 enthaltenen Grundsätze. Dabei ist aufgrund des Sparsamkeitsprinzips (Art. 122 Abs. 2) eine ständige Aufgabenkritik[59] zu üben. Materiell hat die Aufgabenplanung zum Gegenstand, die in Art. 100 ff. niedergelegten und in 21

---

[54] Prot. K5 vom 5. April 2001, S. 5; Prot. K5 vom 21. Juni 2001, S. 66; Prot. Plenum, S. 160; Antrag Regierungsrat, RRB 1744 vom 14. November 2001; Antrag Regierungsrat vom 20. März 2002; K5 Antrag an das Plenum vom 23. Mai 2002; Prot. Plenum, S. 643; Prot. RedK vom 3. Februar 2003 (11. Sitzung), S. 118.

[55] Vgl. Regierungsrat vom 20. März 2002: «Es sollen nicht zwei Planungen erarbeitet werden, je eine für die Aufgaben und die Finanzierung»; Antrag und Weisung des Regierungsrates zum OG RR, S. 76 zu § 33 (heute § 34).

[56] Vgl. RedK vom 3. Februar 2003 (11. Sitzung), S. 118: «Das zentrale Element dieser Bestimmung ist der Grundsatz, dass die Aufgaben- und Finanzplanung nicht voneinander getrennt, sondern gemeinsam zu bearbeiten sind.»

[57] In diesem Zusammenhang wird der Koordinierte Entwicklungs- und Finanzplan des Kantons (KEF) erörtert, welcher mit einer Planungsdauer von vier Jahren ebenfalls der mittelfristigen Planung angehört; vgl. Bericht und Antrag K5 vom 25. Oktober 2001, S. 6; Bericht und Antrag K5 vom 23. Mai 2002 zuhanden des Verfassungsrates.

[58] § 9 Abs. 1 CRG.

[59] Vgl. auch Art. 5 Abs. 3 und 95 Abs. 3.

der Gesetzgebung näher konkretisierten Zielsetzungen durch die Planung entsprechender Massnahmen zu verwirklichen.

2.2.3. Finanzplanung

22 Die Finanzplanung ist von der Zielsetzung her insbesondere der Verwirklichung der Haushaltsgrundsätze (Art. 122 Abs. 1 und 2 und Art. 123) verpflichtet. Einer Anwendung dieses Grundsatzes entspricht Art. 95 Abs. 4 (vgl. dazu N. 8 f.).

2.2.4. Umsetzung im Kanton

23 Im noch geltenden Finanzhaushaltsgesetz[60] wird die am HRM-Modell[61] orientierte klassische Finanzplanung geregelt. Im Rahmen der Regierungs- und Verwaltungsreform wird die mittelfristige Planung auf der Grundlage des Organisationsgesetzes des Regierungsrates (OG RR) und des Gesetzes über Controlling und Rechnungslegung (CRG) erfolgen.

2.2.5. Umsetzung in den Gemeinden

24 Die Gemeinden werden neu zu einer mittelfristigen, «integralen»[62] Aufgaben- und Finanzplanung[63] verpflichtet. Bis anhin wurde dies nicht explizit gefordert,

---

[60] § 31 FHG.
[61] Vgl. Art. 122 KV; HANDBUCH, S. 126: Art. 30 Finanzplan des Mustergesetzes für den Finanzhaushalt der Kantone.
[62] Vgl. Beleuchtender Bericht vom 27. Februar 2005 zur Verfassungsabstimmung, ABl 2005, S. 78; «integral» im Sinne von «vollständig», «umfassend».
[63] Bericht und Antrag der K5 vom 25. Oktober 2001; RRB 1744 vom 14. November 2001 zum Antrag der K5 mit Frage; Prot. K5 vom 24. Januar 2002, S. 186 (Überforderung der Gemeinden?); Beschluss K5 vom 23. Mai 2002 nach 2. Lesung zuhanden Verfassungsrat; Prot. Plenum, S. 643 «Integrale Aufgaben- und Finanzplanung», S. 669 f. «grundsätzlich» auch Gemeinden; Prot. RedK vom 3. Februar 2003 (11. Sitzung), S. 118; Öffentliche Vernehmlassung zum Verfassungsentwurf vom 26. Juni 2003, Erläuterungen, S. 54: «Die Verfassung will, dass die notwendigen Aufgaben und die Kosten für deren Finanzierung immer zusammen betrachtet und gleichzeitig geplant werden. Regierungsziele und die zugehörige Finanzplanung sind in einem gemeinsamen Dokument darzulegen.» Aus den Stellungnahmen der Vernehmlassungen zu Art. 124 (Art. 136 VE) ergaben sich bezüglich der Aufgaben- und Finanzplanung der Gemeinden (Abs. 1) keine grundsätzlichen Vorbehalte (vgl. Vernehmlassungsbericht, Auswertung Organisationen: Zusammenfassung, S. 34). In seiner Stellungnahme zur Vernehmlassung vom 19. November 2003 (RRB 1697/2003, S. 34), führte der Regierungsrat Folgendes aus: «Abs. 1, 2, 4: Die Gemeinden werden verpflichtet, ihre Aufgaben und Finanzen zu planen und aufeinander abzustimmen, sich kurz- und mittelfristige Ziele zu setzen und auf die langfristigen Auswirkungen der geplanten Massnahmen zu achten. Gegenwärtig gibt es in den Gemeinden in der Regel nur ein funktional und allenfalls ein institutionell gegliedertes Budget. Dieses müsste mit Leistungs- und Wirkungszielen ergänzt werden. Auch die mittelfristige Finanzplanung müsste entsprechend modifiziert werden. Das entsprechende Berichtswesen erfordert, dass Leistungen und Wirkungen regelmässig erhoben, dargestellt und wo nötig revidiert werden. Die Einführung der kurz- und mittelfristigen Aufgabenplanung auf Gemeindeebene erfordert somit neue Instrumente und Vorschriften. Für die Gemeinden ist sie mit erheblichem zusätzlichem Verwaltungsaufwand verbunden.» Im Beleuchtenden Bericht zur Verfassungsabstimmung vom 27. Februar 2005 (ABl 2005, S. 78) wurde zu Art. 124 ausgeführt: «Die Gemeinden werden angehalten, eine integrierte Aufgaben- und Finanzplanung vorzunehmen.»

wobei THALMANN dazu ausführte, dass «der Gesetzgeber davor zurückschreckte, [im Gemeindegesetz, § 118 GemG] von den Gemeinden eine Finanzplanung im eigentlichen Sinne zu verlangen»[64]. Bei einer solchen Planung können an die Gemeinden allerdings nicht die gleich hohen Anforderungen wie an den Kanton gestellt werden, zumal Art. 122 Abs. 1 nicht die Einführung der Wirkungsorientierten Verwaltungsführung verlangt und davon in den Beratungen zur Verfassung auch nie die Rede war, obwohl verschiedentlich auf den Konsolidierte Entwicklungs- und Finanzplan (KEF) verwiesen wurde[65]. Die Gemeinden müssen eine mittelfristige Planung in Form einer Verknüpfung von Aufgaben- und Finanzplanung durchführen, in der sie sich transparent über Massnahmen und deren mittel- und langfristigen Wirkungen aussprechen.

3. Langfristige Auswirkungen (Abs. 1 Satz 2)

3.1. Geplante Massnahmen

Unter den Begriff der *Massnahmen* gehören alle staatlichen Aktivitäten mit einer Wirkung nach aussen. Im Rahmen der Wirkungsorientierten Verwaltungsführung bilden solche Massnahmen insbesondere Sach- und Dienstleistungen (Produkte). Daneben sind von Bedeutung Transferzahlungen an Private oder öffentliche Institutionen in Form von Unterstützungen, Staats- oder Finanzausgleichsbeiträgen. Weiter von Bedeutung sind Planungen wie die Raumplanung (Richtplan, Nutzungspläne, Gesamtverkehrsplanungen). Unter den Begriff der Massnahmen fallen auch Investitionsvorhaben mit den entsprechenden Kreditbeschlüssen.

25

3.2. Langfristige Auswirkungen

Massnahmen und *Auswirkungen*[66] sollten aufgrund der Kausalität miteinander verbunden sein[67]. Unter Auswirkungen oder Wirkungen versteht man «das mittelbare Ergebnis der Erbringung einer oder mehrerer Leistungen durch die

26

---

[64] THALMANN, § 118 N. 1.
[65] Die Ausführungen des Regierungsrates in seiner Stellungnahme vom 19. November 2003 nähern sich stark einer Umsetzung der Wirkungsorientierten Verwaltungsführung an und erscheinen als zu weitgehend; RRB 1697/2003, S. 34.
[66] Vgl. § 36 OG RR: Wirkungen der Verwaltungsleistungen; § 2 Abs. 2 lit. a, § 9 Abs. 1, § 12 Abs. 1 lit. b und Abs. 2 CRG; § 49a Abs. 1 des geänderten Kantonsratsgesetzes (vgl. dazu Antrag und Weisung des Regierungsrates zum CRG, S. 53 ff.).
[67] Vgl. SCHEDLER/PROELLER, S. 72: «Die grosse Schwierigkeit der Wirkungsorientierung liegt in Nachweis gültiger Ursache-Wirkung-Beziehungen.»

Verwaltung»[68] oder allgemein von Massnahmen[69]. Die Auswirkungen können finanzieller oder nicht finanzieller Art sein[70]. In den Materialien werden als Beispiel für finanzielle Auswirkungen die Folgekosten einer Investition und für nicht finanzielle Auswirkungen der Einsatz von öffentlichen Geldern für die ausserfamiliäre Kinderbetreuung genannt[71].

27 *Langfristig*[72] sind alle Auswirkungen, die aufgrund von kurz oder mittelfristigen Planungen und Umsetzungen ihre Wirkungen erst in einem langfristigen, z.B. bezogen auf den KEF in einem längeren als vierjährigen Planungshorizont zeitigen[73]. Zweck dieser Bestimmung ist es, eine «kurzsichtige» Betrachtungsweise zu vermeiden[74].

3.3. Funktion

28 Art. 124 Abs. 2 Satz 2 bezweckt eine Beachtung (Sorge) der langfristigen Auswirkungen bei der kurz[75]- und mittelfristigen Planung. Nach Art. 122 Abs. 3 ist dieses «*achten auf*» explizit, in der Planabfolge vergleichbar und transparent darzustellen. Damit werden Kanton und Gemeinden jedoch nicht zu einer langfristigen Planung verpflichtet. Es geht aber darum, die möglichen langfristigen Auswirkungen der kurz- oder mittelfristigen Planung zu antizipieren und die kurz- und mittelfristige Planung auf der Grundlage dieser Vorausschau entsprechend anzupassen[76].

---

[68] SCHEDLER/PROELLER, S. 71 f.
[69] Vgl. N. 25; Allgemein zu den Wirkungen vgl. auch BRÜHLMEIER/HALDEMANN/MASTRONARDI/SCHEDLER, S. 3, 39, 50 f.
[70] Prot. RedK vom 13. März 2003, S. 296.
[71] Prot. Plenum, S. 670.
[72] Vgl. Art. 33 Abs. 1 lit. e und f, Art. 66 Abs. 1 und Art. 67 Abs. 1; vgl. auch: JAAG, Rz. 1163; NUSPLIGER, S. 158.
[73] Prot. K5 vom 4. April 2002, S. 214; Beschluss K5 vom 23. Mai 2002; Prot. Plenum, S. 670; Prot. RedK vom 3. Februar 2003 (12. Sitzung), S. 102; Prot. RedK vom 13. März 2003, S. 296; Prot. K5 vom 29. Januar 2004, S. 310 f. für die endgültige Formulierung von Art. 124 Abs. 1.
[74] Prot. Plenum, S. 670.
[75] Vgl. RedK vom 2. Mai 2003, S. 452.
[76] Vgl. dazu Schreiben der Finanzdirektion vom 14. Juni 2002 zu Art. 5.3 Abs. 1 Satz 2, heute Art. 124 Abs. 1 Satz 2: «Der Regierungsrat versteht den zweiten Satz in dem Sinne, dass er keine Verpflichtung zu einer längeren Planung als die üblichen vier Jahre enthält. Bei den Investitionsprojekten werden bereits heute die langfristigen Auswirkungen in die Planung einbezogen. Vor diesem Hintergrund kann sich der Regierungsrat mit dem zweiten Satz einverstanden erklären.» Im Plenum wurde diese Auffassung bestätigt, Prot. Plenum, S. 670.

4. Nichtanstieg der Steuerquote (Abs. 2)

Art. 124 Abs. 2 stellt einen der innerhalb der Finanzordnung recht zahlreichen Programmartikel dar. Seine Aufnahme sowie insbesondere auch die genaue Terminologie war in den Beratungen im Verfassungsrat umstritten: Neben der gänzlichen Streichung dieser Passage wurde auch der Ersatz oder gar die Ergänzung der Steuerquote durch die Staatsquote erwogen[77]. Bei alledem existierten von sämtlichen Begriffen im Rat unterschiedliche Verständnisse, so dass vorab die einschlägigen Begriffe zu klären sind.

29

Unter der *Steuerquote* versteht man finanzwissenschaftlich gemeinhin den Anteil des Steueraufkommens am Bruttoinlandprodukt[78]. Demgegenüber umfasst die *Abgabenquote* neben der Steuerquote zusätzlich die Belastung mit den weiteren Abgaben, insbesondere den Sozialabgaben. Die *Staatsquote* schliesslich bezeichnet den Anteil der Staatsausgaben am Bruttoinlandprodukt[79]. Sämtliche Quoten stellen makroökonomische Kennzahlen dar. Lediglich Steuer- und Abgabenquote sind aber eigentliche Belastungskennziffern, wobei die Abgabenquote finanzwissenschaftlich wegen ihrer höheren Aussagekraft in der Regel bevorzugt wird.

30

Steuer- und Abgabequoten sind stets zeitlich verzögert bekannt und – da vom Bruttoinlandprodukt abhängig – auch nur partiell beeinflussbar[80]. Sie können so zwar nicht echte Steuerungsinstrumente darstellen, dienen aber dennoch nicht nur deskriptiven Zwecken. Als planerische Instrumente oder als politische Zielgrössen können sie nämlich in einem gewissen Umfang durchaus Verwendung finden. So kann die zahlenmässige Festlegung der entsprechenden Quoten eine (rollende) Obergrenze für die Inanspruchnahme des Sozialprodukts durch Zwangsabgaben bilden[81]. Dergestalt dienen solche fixierte Quoten auch zumindest in einem weiteren Sinn als politische Führungsinstrumente, um über die Limitierung der Einnahmenseite die Gesamtsumme der öffentlichen Ausgaben zu beschränken[82]. Diese beiden letzten Punkte hatte denn auch die Mehrheit des Verfassungsrates durchaus vor Augen[83].

31

---

[77] Prot. Plenum, S. 2375 ff., 2751 ff.
[78] BOHLEY, S. 64 ff., auch zum Folgenden. – Pro Memoria: Unter dem Bruttoinlandprodukt versteht man die Gesamtheit aller während eines Jahres in einem Land hergestellten «Güter» bzw. genauer den «Geldwert aller in der Periode von den Wirtschaftseinheiten im Inland produzierten Waren und Dienstleistungen nach Abzug des Wertes der im Produktionsprozess als Vorleistungen verbrauchten Güter»; TIPKE/LANG, § 8 N 19. Im Verfassungsrat wurde dagegen der weniger gebräuchliche Begriff des Volkseinkommens verwendet; vgl. etwa Prot. Plenum, S. 692.
[79] Vgl. FREY, S. 108 ff.
[80] Vgl. zutreffend Prot. Plenum, S. 2377 f., 2755.
[81] Vgl. zur höchstmöglichen Belastungsobergrenze unter individuellen Gesichtspunkten BEUSCH, Art. 125 N. 21, 25 f.
[82] Vgl. BOHLEY, S. 64 f.; vgl. auch BEUSCH, Art. 125 N. 4.
[83] Vgl. Prot. Plenum, S. 2378, 2754.

32 Nicht zuletzt angesichts der föderalen Finanzordnung dürften die praktischen Auswirkungen von Art. 124 Abs. 2 allerdings nur beschränkt sein und dieser vorab «deklamatorischen Charakter» aufweisen[84]. Wesensgemäss kann der Kanton nämlich nur für seine Abgaben entsprechende Vorgaben aufstellen, wobei er auch bei deren Erhebung vielfach in ein letztlich doch recht enges bundesrechtliches Korsett gezwängt ist[85]. Dazu kommt, dass für den Rechtsunterworfenen als Belastungskennziffer die Gesamt-Abgabenquote sämtlicher öffentlicher Hände entscheidend ist, und nicht nur die Steuerquote von Kanton und Gemeinden.

---

[84] Prot. Plenum, S. 2378. Dessen war sich der Verfassungsrat durchaus bewusst; vgl. Prot. Plenum, S. 2758, wo darauf hingewiesen wird, man möge sich keine Illusionen machen «über die Wirkung dieser Bestimmung; sie wird sicher zu den unbedeutenderen in dieser Verfassung gehören».

[85] Vgl. BEUSCH, Art. 125 N. 1 ff.

Art. 125

Steuern

Das Gesetz legt die Steuerarten, den Kreis der steuerpflichtigen Personen, den Gegenstand der Steuern und deren Bemessung fest.

Die Steuern werden ausgestaltet nach den Grundsätzen der Allgemeinheit, der Gleichmässigkeit sowie der Besteuerung nach der wirtschaftlichen Leistungsfähigkeit.

Die Ausgestaltung soll insbesondere:
a) die Gesamtbelastung der Steuerpflichtigen mit Abgaben berücksichtigen;
b) unter Beachtung der Solidarität den Leistungswillen der Steuerpflichtigen erhalten und ihre Selbstvorsorge fördern;
c) die Wettbewerbsfähigkeit der Wirtschaft berücksichtigen;
d) eine angemessene Vermögensbildung ermöglichen;
e) Personen mit Unterhalts- und Unterstützungspflichten entlasten;
f) Ehepaare gegenüber Unverheirateten nicht benachteiligen.

Die Steuerprogression muss massvoll sein und darf eine bestimmte Höhe nicht übersteigen.

Tiefe Einkommen und kleine Vermögen werden nicht besteuert.

Steuerprivilegien zu Gunsten Einzelner sind unzulässig.

Materialien

Art. 137, 138 VE; Prot. Plenum, S. 695 ff., 2381 ff., 2728 ff., 3114 ff.

Literatur

AUBERT JEAN-FRANCOIS, Art. 42, 127, in: Aubert/Mahon; BENZ ROLF, Verfassungsmässige Aspekte degressiver Einkommens- und Vermögenssteuertarife, in: Michael Beusch/ISIS (Hrsg.), Steuerrecht 2007, Zürich 2007, S. 247 ff.; BEUSCH MICHAEL, Lenkungsabgaben im Strassenverkehr, Eine rechtliche Beurteilung der Möglichkeiten zur Internalisierung externer Umweltkosten, Diss., Zürich 1999 (Lenkungsabgaben); BEUSCH MICHAEL, Der Gesetzesbegriff in der neuen Bundesverfassung, in: Thomas Gächter/Martin Bertschi, Neue Akzente in der «nachgeführten» Bundesverfassung, Zürich 2000 (Gesetzesbegriff); BEUSCH MICHAEL, Art. 12, in: Martin Zweifel/Peter Athanas/Maja Bauer-Balmelli (Hrsg.), Kommentar zum Schweizerischen Steuerrecht, Band II/2: Bundesgesetz über die Verrechnungssteuer (VStG), Basel/Genf/München 2004 (VStG); BEUSCH MICHAEL, Was Kreisschreiben dürfen und was nicht, Der Schweizer Treuhänder 2005, S. 613 ff. (Kreisschreiben); BEUSCH MICHAEL, Art. 3, in: Martin Zweifel/Peter Athanas/Maja Bauer-Balmelli (Hrsg.), Kommentar zum Schweizerischen Steuerrecht, Band II/3: Bundesgesetz über die Stempelabgaben (StG), Basel/Genf/München 2006 (StG); BEUSCH MICHAEL, Aufwandbesteuerung – Privileg für reiche Ausländer oder aus praktischen Gründen gebotene Art der Ermessensveranlagung?, in: Michael Beusch/ISIS (Hrsg.), Steuerrecht 2006, Zürich 2006, S. 185 ff. (Aufwand); BEUSCH MICHAEL, Art. 102, in: Martin Zweifel/Peter Athanas (Hrsg.), Kommentar zum Schweizerischen Steuerrecht, Band I/2: Bundesgesetz über die direkte Bundessteuer (DBG), 2. Aufl., Basel/Genf/München 2007 (DBG); BEUSCH MICHAEL, Steuerrecht, in: Andreas R. Ziegler/Martin Bertschi/Alexandre Curchod/Nadja Herz/

Michel Montini (Hrsg.), Rechte der Lesben und Schwulen in der Schweiz, Bern 2007, S. 491 ff. (Rechte); BLUMENSTEIN ERNST/LOCHER PETER, System des schweizerischen Steuerrechts, 6. Aufl., Zürich 2002; BOHLEY PETER, Die öffentliche Finanzierung, München/Wien 2003; CAGIANUT FRANCIS/CAVELTI ULRICH, Degressive Steuersätze, IFF-Forum für Steuerrecht 2006, S. 150 ff.; CAVELTI ULRICH, Art. 50 StHG, in: Martin Zweifel/Peter Athanas (Hrsg.), Kommentar zum Schweizerischen Steuerrecht I/1, Bundesgesetz über die Harmonisierung der direkten Steuern der Kantone und Gemeinden (StHG), 2. Aufl., Basel/Genf/München 2002 (StHG); CAVELTI ULRICH, Der Vorrang des Steuerharmonisierungsgesetzes gegenüber dem Konkordat über den Ausschluss von Steuerabkommen, IFF-Forum für Steuerrecht 2002, S. 59 ff. (Steuerabkommen); GIGER RETO/SCHMID ADRIAN, Das schweizerische Dividendenprivileg – Ausgestaltungsvarianten bei Bund und Kantonen, ST 2007, S. 110 ff.; GREMINGER BERNHARD/BÄRTSCHI BETTINA, Art. 9, in: Martin Zweifel/Peter Athanas (Hrsg.), Kommentar zum Schweizerischen Steuerrecht, Band I/2: Bundesgesetz über die direkte Bundessteuer (DBG), 2. Aufl., Basel/Genf/München 2007; HINNY PASCAL, Fragen zum Steuertarifverlauf bei der Einkommens- und Vermögenssteuer – Insbesondere die Frage der Rechtmässigkeit eines teilweise degressiv verlaufenden Steuertarifs im Bereich sehr hoher Einkommen und Vermögen, am Beispiel der im Kanton Schaffhausen seit 2004 geltenden Regelung, IFF-Forum für Steuerrecht 2006, S. 61 ff.; HÖHN ERNST/WALDBURGER ROBERT, Steuerrecht, Bd. I, 9. Aufl., Bern/Stuttgart/Wien 2001, Bd. II, 9. Aufl., Bern/Stuttgart/Wien 2002; HUNGERBÜHLER ADRIAN, Grundsätze des Kausalabgabenrechts, ZBl 104/2003, S. 505 ff.; LOCHER PETER, Degressive Tarife bei den direkten Steuern natürlicher Personen, recht 2006, S. 117 ff.; MATTEOTTI RENÉ, Gerechtigkeitsüberlegungen zur Flat Tax, ASA 73 (2004/05), S. 673 ff.; MÜLLER GEORG, Kommentar BV, Art. 4 aBV; NOBEL PETER/WALDBURGER ROBERT, Der Unternehmensstandort Schweiz aus steuer- und aktienrechtlicher Sicht, in: Festschrift Peter Böckli, Zürich/Basel/Genf 2006, S. 27 ff.; REICH MARKUS, Vorbemerkungen zu Art. 1/2 StHG, in: Martin Zweifel/Peter Athanas (Hrsg.), Kommentar zum Schweizerischen Steuerrecht, I/1, Bundesgesetz über die Harmonisierung der direkten Steuern der Kantone und Gemeinden (StHG), 2. Aufl., Basel/Genf/München 2002 (StHG); REICH MARKUS, Verfassungsrechtliche Beurteilung der partiellen Steuerdegression am Beispiel des Einkommens- und Vermögenssteuertarifs des Kantons Obwalden, ASA 74 (2005/06), S. 689 ff. (Degression); REICH MARKUS/PIPPIG ANNA, Die Finanzverfassung, in: Materialien zur Zürcher Verfassungsreform, Bd. 3, S. 47 ff.; RICHNER FELIX, Flat Tax – Was würde das für die Schweiz bedeuten?, ASA 73 (2004/05), S. 593 ff.; RICHNER FELIX/FREI WALTER/KAUFMANN STEFAN/MEUTER HANS ULRICH, Kommentar zum harmonisierten Zürcher Steuergesetz, 2. Aufl., Zürich 2006; RUOSS FIERZ MAGDALENA, Die neue Finanzordnung – ein gelungener Kompromiss?, in: Materialien zur Zürcher Verfassungsreform, Bd. 9, S. 125 ff.; SALADIN PETER, Kommentar BV, Art. 3 aBV; SIEGRIST DAVE/URSPRUNG URS, § 1, in: Marianne Klöti-Weber/Dave Siegrist/Dieter Weber, Kommentar zum Aargauer Steuergesetz, Muri/Bern 2004; SENN SILVIA MARIA, Die verfassungsrechtliche Verankerung von anerkannten Besteuerungsgrundsätzen unter besonderer Berücksichtigung des Leistungsfähigkeitsprinzips, Diss., Zürich 1999; VALLENDER KLAUS A./WIEDERKEHR RENÉ, St. Galler Kommentar, Art. 127; VITALI MARCO, Steuerdegression – Weder diskriminierend noch willkürlich, sondern sachlich begründet, in: Michael Beusch/ISIS (Hrsg.), Steuerrecht 2007, Zürich 2007, S. 255 ff.; VON RECHENBERG ANDREA, Kommentar zur Verfassung des Kantons Graubünden, Art. 95.

Rechtsquellen

– Bundesgesetz vom 14. Dezember 1990 über die Harmonisierung der direkten Steuern der Kantone und Gemeinden (StHG; SR 642.14)
– Steuergesetz vom 8. Juni 1997 (StG; LS 631.1)
– Verordnung zum Steuergesetz vom 8. April 1998 (VO StG; LS 631.11)

- Gesetz über die Erbschafts- und Schenkungssteuern vom 28. September 1986 (ESchG; LS 632.1)
- Verordnung zum Erbschafts- und Schenkungssteuergesetz vom 12. November 1986 (ESchV; LS 632.11)
- Konkordat zwischen den Kantonen der Schweizerischen Eidgenossenschaft über den Ausschluss von Steuerabkommen vom 10. Dezember 1948 (LS 671.1)
- Gesetz über die Verkehrsabgaben und den Vollzug des Strassenverkehrsrechts des Bundes vom 11. September 1966 (LS 741.1)
- Verordnung über die Verkehrsabgaben für Motorfahrzeuge und Anhänger vom 23. November 1983 (LS 741.11)

Übersicht	**Note**
1. Bundesrechtlicher Rahmen	1
2. Art. 125 als zentrale Norm der Finanzordnung	4
2.1. Entstehung	4
2.2. Obligatorisches Verfassungsreferendum	5
2.3. Systematische Stellung	8
2.4. Exkurs: Situation in anderen Kantonen	9
3. Legalitätsprinzip (Abs. 1)	10
4. Grundsätze der Besteuerung (Abs. 2 und 3)	13
4.1. Vorbemerkung	13
4.2. Allgemeinheit, Gleichmässigkeit, wirtschaftliche Leistungsfähigkeit (Abs. 2)	14
4.3. Berücksichtigung der Gesamtbelastung (Abs. 3 lit. a)	21
4.4. Beachtung der Solidarität, Erhaltung des Leistungswillens und Förderung der Selbstvorsorge (Abs. 3 lit. b)	22
4.5. Wettbewerbsfähigkeit der Wirtschaft (Abs. 3 lit. c)	24
4.6. Ermöglichung einer angemessenen Vermögensbildung (Abs. 3 lit. d)	25
4.7. Entlastung Unterstützungspflichtiger (Abs. 3 lit. e)	27
4.8. Nichtbenachteiligung Verheirateter (Abs. 3 lit. f)	28
5. Massvolle Steuerprogression (Abs. 4)	32
6. Steuerfreibetrag (Abs. 5)	34
7. Steuerprivilegien (Abs. 6)	36

1. Bundesrechtlicher Rahmen

Ehe Art. 125 genauer betrachtet werden kann, bedarf es eines Blickes auf die *Kompetenzverteilung zwischen Bund und Kantonen*, welche auf dem Gebiet der Steuern eine besondere Ausprägung erfahren hat. Abgabeerhebungskompetenzen werden nämlich im System der bundesverfassungsrechtlich vorgegebenen lückenlosen Kompetenzverteilung zwischen Bund und Kantonen[1] an sich wie Sachkompetenzen behandelt, was bedeutet, dass der Bund zur Erhebung

---

[1] Art. 3 und Art. 42 Abs. 1 BV. – Pro memoria: Dem Bund kommen nicht nur diejenigen Kompetenzen zu, die ihm in der BV ausdrücklich zugewiesen sind; durch deren Auslegung können auch stillschweigende Bundeskompetenzen begründet werden; vgl. anstelle vieler AUBERT, Art. 42 BV N. 5.

von Abgaben grundsätzlich einer expliziten verfassungsrechtlichen Grundlage bedarf[2]. Dies gilt für die Erhebung von Steuern absolut[3]. Steuern sind gegenleistungslos geschuldete Abgaben, also solche, die «keine dem Abgabepflichtigen zurechenbare Gegenleistung des Gemeinwesens zur Voraussetzung haben»[4] und die (grundsätzlich) der Deckung des allgemeinen staatlichen Finanzbedarfs dienen[5]. Dabei werden verschiedene Steuerarten[6] unterschieden. Diejenigen Steuern, welche der Bund erheben darf, sind in der BV seit jeher ausführlich umschrieben und zum Teil detailliert normiert[7].

2 Im Bereich der so genannten direkten Steuern kommt dem Bund nach Art. 128 BV die (an sich befristete[8]) Befugnis zu, vom Einkommen natürlicher und von Reinertrag und Kapital juristischer Personen eine Steuer zu erheben. Weil bei den direkten Steuern parallele Kompetenzen von Bund und Kantonen bestehen[9], sind Letztere ebenfalls zur Erhebung solcher Steuern befugt bzw. verpflichtet[10]: Sämtliche Kantone erheben heute als direkte Steuern von den natürlichen Personen eine allgemeine Einkommenssteuer mit ergänzender Vermögenssteuer sowie von den juristischen Personen Gewinn- und Kapitalsteuern. Allerdings sind sie in der Ausgestaltung dieser Steuern nicht frei: Art. 129 BV legt unter dem Titel «*Steuerharmonisierung*» fest, dass der Bund Grundsätze über die Harmonisierung der direkten Steuern von Bund, Kantonen und Gemeinden festlegt (Abs. 1), wobei sich diese u.a. auf Steuerpflicht, Gegenstand und zeitliche Bemessung erstreckt und insbesondere auch das Steuerverfahrensrecht erfasst (Abs. 2)[11]. Der Bund hat mit Erlass des Bundesgesetzes vom 14. Dezember 1990 über die Harmonisierung der direkten Steuern der Kantone und

---

[2] Vgl. so schon SALADIN, Kommentar BV, Art. 3 aBV Rz. 131.
[3] Ohne ausdrückliche Kompetenz erhoben werden dürfen hingegen reine, kostenabhängige Kausalabgaben sowie reine Lenkungsabgaben. Letztere können sich auf eine Sachkompetenz stützen. Dabei ist die Annahme einer stillschweigenden Bundeskompetenz mit Schluss vom Zweck auf das Mittel zulässig, soweit deren Erträge entweder zweckgebunden (im Sinn der Sachkompetenz) verwendet oder an die Bevölkerung zurückerstattet werden (Staatsquotenneutralität). Die Tatsache, dass für Steuern und Abgaben, welche nicht reine Kausalabgaben darstellen, eine explizite Verfassungskompetenz verlangt ist, hat einen individuellen sowie eine föderalistischen Grund: Einerseits soll das Individuum vor übermässiger finanzieller Belastung durch den Staat geschützt werden, andererseits sollen auch die kantonale Steuerhoheit und damit verbunden das kantonale Steuersubstrat möglichst wenig beeinträchtigt werden; vgl. hierzu ausführlich schon BEUSCH, Lenkungsabgaben, S. 107 ff.
[4] HÖHN/WALDBURGER, § 1 N. 4.
[5] BLUMENSTEIN/LOCHER, S. 5 ff.; zur Abgrenzung der Steuern von Kausal- und Lenkungsabgaben vgl. weiter auch BEUSCH, Art. 126 N. 2 ff.
[6] Vgl. HÖHN/WALDBURGER, § 3.
[7] REICH, Vorbem. zu Art. 1/2 StHG N. 5; vgl. auch REICH/PIPPIG, S. 55.
[8] Art. 196 Ziff. 13 BV (Übergangsbestimmungen), wonach die Befugnis zur Erhebung der direkten Bundessteuer aufgrund der am 28. November 2004 angenommenen neuen Finanzordnung bis Ende 2020 befristet ist.
[9] AUER/MALINVERNI/HOTTELIER, N. 1130 ff.; HÄFELIN/HALLER, N. 1100 f.
[10] Art. 2 Abs. 1 lit. a und b StHG statuieren eine entsprechende Erhebungspflicht.
[11] Von der Harmonisierung ausgenommen bleiben dagegen insbesondere und expressis verbis Steuertarife, Steuersätze und Steuerfreibeträge; Art. 129 Abs. 2 Satz 2 BV; Art. 1 Abs. 3 StHG.

Gemeinden (StHG) von dieser Kompetenz Gebrauch gemacht[12]. Bei der Ausgestaltung der direkten Steuern haben die Kantone somit die Vorgaben des StHG zu beachten. Weiter zu berücksichtigen ist alsdann die durch höchstrichterliche Rechtsprechung weiter vorangetriebene Harmonisierung. Das Bundesgericht misst der vertikalen Steuerharmonisierung zwischen direkter Bundessteuer und kantonalen Staats- und Gemeindesteuern grosses Gewicht bei und hat bereits mehrfach entschieden, (nahezu) gleich lautende Bestimmungen im Steuerharmonisierungsgesetz und im Bundesgesetz über die direkten Bundessteuern seien zwingend gleich zu interpretieren und die entsprechenden Rechtsfragen seien im kantonalen und im eidgenössischen Recht gleich zu beurteilen[13].

Grundsätzlich frei bleibt der Kanton dagegen bezüglich den nicht harmonisierungsrechtlich vorgegebenen Steuern, wozu insbesondere auch die Erbschafts- und Schenkungssteuern gehören[14]. Dabei ist allerdings zu beachten, dass der Kanton keine dem Bund vorbehaltenen Steuern erheben darf[15] und seine Steuern Bundesprivatrecht weder vereiteln noch massiv erschweren dürfen[16]. Selbstverständlich finden schliesslich auch bei bestehender kantonaler Kompetenz die kantonalen Steuern ihre Schranken in Grundrechten und verfassungsrechtlichen Grundsätzen[17]. 3

2. Art. 125 als zentrale Norm der Finanzordnung

2.1. Entstehung

Art. 125 ist wohl der bedeutendste Artikel des Kapitels «Finanzen» der Verfassung, stellen die Steuern doch die zentrale Einnahmequelle des Kantons dar[18]. 4

---

[12] Vgl. dazu ausführlich REICH, Vorbem. zu Art. 1/2 StHG N. 23 ff. Die Bestimmungen über das Verfahrensrecht finden sich in Art. 39 ff. StHG.

[13] Vgl. etwa bezogen auf die Besteuerung des Ertrags aus dem Verkauf von sogenannten Zerobonds zum Normalsatz und nicht zum privilegierten Rentensatz: BGer, 20. September 2005, StE 2006 A 23.1 Nr. 13, E. 2. Damit erteilt das Bundesgericht demjenigen Teil der Lehre eine Absage, welcher die Auffassung vertritt, «vertikale Steuerharmonisierung bedeute […] nicht, dass die Anwendung des StHG in jedem Fall zu einem gleichen Ergebnis führen muss wie die Auslegung des DBG» (CAVELTI, Art. 50 StHG N. 23).

[14] Vgl. auch die Liste mit weiteren möglichen Steuern wie etwa Billettsteuern, Kurtaxen oder die bis Ende 2004 im Kanton Zürich ebenfalls bestehende Handänderungssteuer bei AUER/MALINVERNI/HOTTELIER, N. 1193

[15] Art. 134 BV; vgl. konkret etwa auch zu Art. 3 des Bundesgesetzes vom 27. Juni 1973 über die Stempelabgaben BEUSCH, Art. 3 StG N. 3 ff., sowie, bezogen auf die Mehrwertsteuer, BGE 128 I 155 ff.

[16] Diese Frage ergab sich etwa im Zusammenhang mit der erbschafts- und schenkungssteuerrechtlichen Behandlung der bundeszivilrechtlich zulässigen registrierten Partnerschaft; vgl. BEUSCH, Rechte, 14 N. 19.

[17] REICH, Vorbem. zu Art. 1/2 StHG N. 11 ff.; vgl. etwa BGE 133 I 206 ff., E. 5, 6.2 zu den degressiven Steuern des Kantons Obwalden.

[18] Vgl. etwa jeweils Kapitel 18 des jährlich erscheinenden Statistischen Jahrbuchs des Kantons Zürich. – Neben den Steuern stellen weitere Einnahmequellen des Staates dar die Kausalabgaben (Art. 126 KV), die Erträge des Staatsvermögens, die Einkünfte aus erwerbswirtschaftlicher Tätigkeit, die Leistungen Dritter (z.B. des Bundes [vgl. JAAG, Rz. 3219] oder der ZKB [JAAG, Rz. 3944]) sowie Fremdmittel; vgl.

Nicht überraschend wurde deshalb in der für dieses Kapitel zuständigen Kommission 5 des Verfassungsrates in insgesamt 38 Sitzungen und auch in den Plenardiskussionen hart um die «richtige» Lösung gerungen. Dabei standen sich zwei gegensätzliche Maximalvarianten gegenüber: Die eine Seite bezweckte, über die Limitierung der Einnahmen den Staat zur Fokussierung auf seine (wie auch immer zu definierenden) Kernaufgaben zu bringen; die andere sah vor, vorab die staatlichen Aufgaben zu determinieren und hernach den Gemeinwesen die dafür notwendigen Mittel zur Verfügung zu stellen[19]. Neben der Frage, ob in der Verfassung der maximale Steuerfuss verankert werden solle, wurde insbesondere auch ausführlich darüber debattiert, ob die einzelnen Steuerarten ausdrücklich aufgezählt werden sollten und wie detailliert und mit welchem Inhalt die Ausgestaltung der Steuern vorgegeben werden sollte.

2.2. Obligatorisches Gesetzesreferendum

5   Die angesprochene zentrale Bedeutung der Steuern und der diese determinierenden Gesetze zeigt sich nicht zuletzt auch daran, dass Steuergesetze und ihre Änderungen, die neue Steuern einführen oder für die Einzelnen höhere Steuerbelastungen zur Folge haben, gemäss Art. 32 lit. f dem obligatorischen Gesetzesreferendum unterliegen[20]. Diese Erwähnung ist umso bemerkenswerter, als das obligatorische Gesetzesreferendum am 27. September 1998 durch eine Verfassungsänderung abgeschafft worden war und es sich beim Steuerrecht um das einzige Sachgebiet handelt, welches in den Katalog von Art. 32 Aufnahme gefunden hat[21].

6   Die Aufnahme dieser Bestimmung in Art. 32 stellt denn auch einen im Verfassungsrat erzielten Kompromiss dar. Währenddem das Kriterium der neuen Steuern dabei immerhin kaum Probleme bereiten dürfte[22], erweist sich dasjenige der höheren Steuerbelastung für die Einzelnen als nicht restlos klar. So gibt es bei einer Steuergesetzrevision nahezu nie nur Gewinner oder Verlierer[23]. Muss

---

etwa die entsprechende ausdrücklich Erwähnung in § 118 Abs. 1 KV AG bzw. Art. 102 KV BE sowie zum Ganzen auch REICH/PIPPIG, S. 61 ff.

[19] Zur Zusammensetzung der Kommission 5, den ursprünglich angestrebten Maximalvarianten und dem von der Kommission und vom Plenum zurückgelegten Weg zu den nunmehr geltenden Regelungen innerhalb der Finanzordnung als «mühsam errungenem Kompromiss» vgl. RUOSS FIERZ, S. 125 ff., auch zum Folgenden.

[20] Zu den in diesem Kontext geführten Diskussionen vgl. zusammenfassend und m.w.H. RUOSS FIERZ, S. 132 ff.

[21] Die übrigen *litera* knüpfen das obligatorische Referendum allesamt an formale Kriterien; vgl. (ausführlich) SCHUHMACHER, Art. 32 N. 19 ff. – JAAG, Rz. 827, bezeichnet diese Bestimmung deshalb auch als «Fremdkörper im System der zürcherischen Volksrechte», der sich «sachlich nicht rechtfertigen» lasse; in diesem Sinn schliesslich auch RRB 1566 vom 20. Oktober 2004, S. 3.

[22] Vgl. SCHUHMACHER, Art. 32 N. 37.

[23] Wird etwa der so genannte «Dreizehner», also die oberste Progressionsstufe abgeschafft (§ 35 StG), dafür aber die Abstände zwischen den verbleibenden Progressionsstufen verkleinert, so resultiert zwar für

nun nach dem Wortlaut der Verfassung ein obligatorisches Referendum selbst dann durchgeführt werden, wenn nur ein Einziger durch eine Änderung negativ betroffen ist? Die Materialien klären diese Frage nicht[24]. Den Befürwortern einer solchen Regelung ging es immerhin vorab darum, sicherzustellen, dass höhere Steuerbelastungen für eine Mehrheit der Bevölkerung zwingend dem Souverän vorgelegt werden müssen. Ungeklärt ist auch, ob bei einer z.B. fünf Paragraphen umfassenden Revision nur derjenige dem obligatorischen Referendum zu unterstellen ist, welcher eine höhere Belastung bringt, oder der ganze Änderungserlass[25]. Da Steuergesetzänderungen oft (mehr oder weniger) austarierte Pakete mit politischer Abhängigkeit zwischen den einzelnen Bestimmungen darstellen, sollte der ganze Änderungserlass dem obligatorischen Referendum unterstehen[26].

Das Kriterium der höheren Steuerbelastung für die Einzelnen erweist sich so letztlich als ungenügend bestimmt und damit als wenig geeignet. Zum kostenintensiven Leerlauf führt Art. 32 lit. f schliesslich in den Fällen, in welchen die höhere Steuerbelastung für die Einzelnen auf einer vom Kanton zwingend umzusetzenden Vorgabe des Steuerharmonisierungsgesetzes basiert[27]. 7

2.3. Systematische Stellung

Die systematische Stellung von Art. 125 erweist sich nicht als restlos befriedigend, da darin auch finanzspezifische Grundrechte des Einzelnen enthalten sind. Obwohl diese Konkretisierungen des Gleichheitssatzes darstellen, sind sie nicht im Grundrechtskatalog enthalten[28]. Rechtlich massgebend bleiben mithin lediglich die allgemeinen Grundrechtsgarantien[29]. 8

[   ] diejenigen Personen in der ehemals obersten Progressionsstufe eine Besserstellung, nicht aber für all diejenigen, welche nunmehr in eine höhere Stufe fallen.
[24] Vgl. etwa Prot. Plenum S. 3114 ff.
[25] Vgl. demgegenüber die ebenfalls ein qualifiziertes Verfahren festlegende, klarere und einfacher handhabbare Regelung in Art. 101b KV BE, welche unter dem Titel «Steuererhöhungsbremse» festhält, jede Erhöhung der Steueranlage durch den Grossen Rat, die gesamthaft zu mehr Steuereinnahmen des Kantons führe, bedürfe der Zustimmung der Mehrheit seiner Mitglieder.
[26] Gl.M. SCHUHMACHER, Art. 32 N. 38.
[27] Gl.M. SCHUHMACHER, Art. 32 N. 38 Anm. 68.
Zu den Vorgaben des StHG N. 2. – Das StHG ist bei fehlender Umsetzung innerhalb der den Kantonen zugestandenen Frist nämlich auch unmittelbar anwendbar («self-executing»); Art. 72 Abs. 2 StHG; zu den Grenzen von Art. 72 Abs. 2 StHG, insbesondere bei den Steuerpflichtigen begünstigenden harmonisierungswidrigen Erlassen, vgl. den Entscheid des Bundesgerichts vom 7. Juni 2007 (2A.647/2005).
[28] Vgl. die berechtigte Kritik bei REICH/PIPPIG, S. 89, sowie RICHNER/FREI/KAUFMANN/MEUTER, Vorbem. zu StG N. 104. Gleich verhält sich die Situation auch in der Bundesverfassung; vgl. AUBERT, Art. 127 BV N. 3.
[29] Art. 10 und 11 KV.

2.4. Situation in anderen Kantonen

9 Jüngere Kantonsverfassungen anderer Kantone enthalten ähnliche Regelungen. So besagt etwa § 119 der Aargauer Kantonsverfassung, bei der Ausgestaltung der Steuern seien die Grundsätze der Solidarität und der Leistungsfähigkeit der Steuerpflichtigen zu beachten und die Steuern so zu bemessen, dass die gesamte Belastung der Steuerpflichtigen mit Abgaben nach sozialen Grundsätzen tragbar sei, die Leistungsfähigkeit der Wirtschaft nicht überfordert, der Wille zur Einkommens- und Vermögenserzielung nicht geschwächt und die Selbstvorsorge gefördert werde[30]. Mehrere Kantonsverfassungen enthalten darüber hinaus – anders als die Zürcher Kantonsverfassung – ausdrücklich den deklaratorischen Hinweis, Steuerhinterziehung und Steuerbetrug seien wirksam zu ahnden[31].

3. Legalitätsprinzip (Abs. 1)

10 Art. 125 Abs. 1 nimmt die allgemeine Vorgabe von Art. 38 Abs. 1 lit. d auf[32], streicht die zentrale Bedeutung des Legalitätsprinzips im Steuerrecht hervor und lehnt sich an Art. 127 Abs. 1 BV an[33]. Anders als der einschlägige Artikel in der Bundesverfassung enthält Art. 125 Abs. 1 keinen Hinweis darauf, dass nur die entsprechenden Grundzüge in einem Gesetz im formellen Sinn enthalten sein müssen. Im Gegensatz zur Regelung auf Bundesebene ist mithin eine Delegation von Rechtssetzungsbefugnissen («Gesetzesdelegation») in Bezug auf Steuerarten, den Kreis der steuerpflichtigen Personen, den Gegenstand der Steuern und deren Bemessung unter keinen Umständen zulässig[34].

11 Keinesfalls dürfen entsprechende materiellrechtliche Steuerrechtsbestimmungen damit in Rechtsverordnungen oder gar in Verwaltungsverordnungen enthalten sein[35].

---

[30] Vgl. z.B. des Weiteren etwa auch Art. 104 KV BE; Art. 99 KV SH; Art. 95 KV GR.
[31] § 119 Abs. 3 KV AG; Art. 104 Abs. 4 KV BE. Der Verfassungsrat diskutierte diese Punkte zwar, erachtete sie aber als überflüssig; Prot. Plenum S. 2388 ff.
[32] HAUSER, Art. 38 N. 27.
[33] In diesem Sinn lautete im Übrigen auch bereits die Regelung von Art. 19 Abs. 4 aKV; vgl. auch REICH/PIPPIG, S. 59. Zu Sinn und Zweck des Legalitätsprinzips im Abgaberecht im Allgemeinen vgl. Art. 126 N. 12 f.
[34] A.M. HAUSER, Art. 38 N. 27. Zum Begriff des Gesetzes im formellen Sinn und dem Umfang der nach Art. 127 Abs. 1 i.V.m. Art. 164 Abs. 1 lit. d BV zulässigen Delegation von Rechtsetzungsbefugnissen (Gesetzesdelegation) BEUSCH, Gesetzesbegriff, S. 241 ff.; HAUSER, Art. 38 N. 36 ff.; HÄFELIN/MÜLLER/UHLMANN, Rz. 404 ff. – Zu den entsprechenden Fragen bei den übrigen Abgaben Art. 126 N. 11, 16.
[35] Zur Terminologie sowie ihrer Anwendung spezifisch im Steuerrecht BEUSCH, Art. 102 DBG N. 7 ff. Auf Bundesebene sind entsprechende Bestimmungen in normhierarchisch zu niederen Erlassen allerdings nicht selten; BEUSCH, Kreisschreiben, S. 613 ff.; BEUSCH, Art. 12 VStG N. 45 ff.

Darüber hinaus enthält Art. 125 Abs. 1 keine eigenständige Bedeutung. Verzichtet wurde – nach langen Diskussionen – auf eine Aufzählung sämtlicher Steuerarten, zu deren Erhebung der Kanton befugt gewesen wäre[36]. Damit wurde die bereits in Art. 19 Abs. 4 aKV bestehende Regelung fortgeführt.

4. Grundsätze der Besteuerung (Abs. 2 und 3)

4.1. Vorbemerkung

Während die in Art. 125 Abs. 2 enthaltenen Besteuerungsgrundsätze eng an diejenigen der Bundesverfassung angelehnt sind, enthält Art. 125 Abs. 3 zumindest formell eine wesentliche Erweiterung. Diese zusätzlich aufgestellten Grundsätze weisen aber ebenso wie die Inhalte von Art. 125 Abs. 4–6 letztlich keinen eigenständigen Gehalt auf und gehen – wie zu zeigen sein wird – nicht über das hinaus, was nicht schon in Art. 125 Abs. 2 oder den zu beachtenden bundes(verfassungs)rechtlichen Vorgaben enthalten wäre[37]. Wie dies bereits der Wortlaut der Bestimmung aufzeigt («soll»), weisen diese Grundsätze programmatischen Charakter auf.

4.2. Allgemeinheit, Gleichmässigkeit, wirtschaftliche Leistungsfähigkeit (Abs. 2)

Dieser Absatz enthält die allgemein anerkannten materiellen Grundsätze der Besteuerung, wie sie vom Bundesgericht in langjähriger Praxis entwickelt worden und wie sie auch in Art. 127 Abs. 2 BV enthalten sind[38]. Keinen Eingang in den Zürcher Text hat dagegen der in der BV existierende Vorbehalt gefunden, die Grundsätze gälten nur, «soweit es die Art der Steuer» zulasse. Da dieser in der BV insbesondere auf die Besteuerung nach der wirtschaftlichen Leistungsfähigkeit gemünzte Vorbehalt, welche etwa bei der Mehrwertsteuer schon von der Systematik der Steuer her nicht richtig anwendbar ist[39], bei den im Kanton Zürich erhobenen Steuerarten ohnehin nur ausnahmsweise zum Tragen käme[40], konnte er auch ohne weiteres weggelassen werden[41]. Weitere Grundsätze der

---

[36] Vgl. RUOSS FIERZ, S. 131 f. m.w.H.; Prot. Plenum S. 2398 ff. Vgl. demgegenüber etwa die (unechte) Aufzählung in Art. 103 KV BE.
[37] RICHNER/FREI/KAUFMANN/MEUTER, Vorbem. zu StG N. 107 ff. Der Regierungsrat war denn auch der Auffassung, die Abs. 2 bis 5 könnten ersatzlos gestrichen werden; Prot. Plenum S. 2759, 2762 f.; vgl. auch RRB 1566 vom 20. Oktober 2004, S. 3.
[38] (Weiterführend) VALLENDER/WIEDERKEHR, St. Galler Kommentar, Art. 127 Rz. 8 ff.
[39] VALLENDER/WIEDERKEHR, St. Galler Kommentar Art. 127 Rz. 38 ff.
[40] Vgl. die geplante Übersicht über die Steuerarten in Art. 138 VE.
[41] Vgl. auch RICHNER/FREI/KAUFMANN/MEUTER, Vorbem. zu StG N. 106.

Ausgestaltung, welche die in Abs. 2 genannten und bereits in Art. 19 aKV statuierten Prinzipien konkretisieren, finden sich in Abs. 3 lit. a–f.

15 Die Grundsätze der Allgemeinheit und Gleichmässigkeit der Besteuerung sowie das Prinzip der Besteuerung nach der wirtschaftlichen Leistungsfähigkeit sind Unterformen des allgemein festgehaltenen Rechtsgleichheitsgebots[42].

16 Unter der *Allgemeinheit der Besteuerung* wird verstanden, dass der allgemeine Finanzaufwand eines Gemeinwesens für die ihm obliegenden Aufgaben von der Gesamtheit der Bürger getragen werden und die Auswahl der durch eine Steuer betroffenen Personen nach sachlichen und vernünftigen Kriterien erfolgen soll. Demzufolge sind Privilegierungen ebenso wie Diskriminierungen verpönt[43].

17 Aus dem Grundsatz der *Gleichmässigkeit der Besteuerung* wird geschlossen, dass alle Personen in vergleichbaren Situationen von den betreffenden Abgaben vergleichbar getroffen werden und wesentliche Ungleichheiten in den tatsächlichen Verhältnissen zu unterschiedlichen Belastungen führen müssen. Bei den allgemeinen direkten Steuern fällt dieser Grundsatz mit demjenigen der wirtschaftlichen Leistungsfähigkeit zusammen und ist so weitgehend inhaltsleer geworden[44].

18 Der Grundsatz der *Besteuerung nach Massgabe der wirtschaftlichen Leistungsfähigkeit* schliesslich besagt, dass «alle Steuerpflichtigen im Verhältnis der ihnen zur Verfügung stehenden Mittel zur Deckung des staatlichen Finanzbedarfs beitragen sollen»[45]. Dabei handelt es sich zwar um das zentrale Prinzip der Steuererhebung. Wirklich scharfe Konturen weist es indessen nicht auf[46].

19 Über die Tragweite des Grundsatzes der Besteuerung nach der wirtschaftlichen Leistungsfähigkeit wird denn auch häufig diskutiert, und entsprechende Fragestellungen sind politisch stark umstritten. Seit längerem kontrovers sind insbesondere zwei Bereiche: Zum einen stellt sich die Frage, ob Einkommen aus Beteiligungsertrag anders besteuert werden darf als Einkommen aus Erwerbstätigkeit (Stichwort: *Dividendenprivileg*)[47]. Eine solche Privilegierung kennen mittlerweile sehr viele Kantone[48], und auch im Kanton Zürich befasste sich der Kantonsrat nach früheren Diskussionen einmal mehr im Sommer 2007 unter

---

[42] BGE 133 I 206 ff., E. 6; Art. 8 Abs. 1 BV; Art. 11 Abs. 1 KV; vgl. SENN, S. 141 ff.; REICH/PIPPIG, S. 81 ff., je auch zum Folgenden.
[43] BLUMENSTEIN/LOCHER, S. 161. Vgl. auch Art. 125 Abs. 6 KV.
[44] BGE 133 I 206 ff., E. 6.1; REICH, Degression, S. 699 f. m.w.H.
[45] G. MÜLLER, Kommentar BV, Art. 4 aBV Rz. 80 m.w.H.
[46] BGE 133 I 206 ff., E. 7 m.w.H.; vgl. auch die finanzwissenschaftlichen Betrachtungen und Berechnungen bei BOHLEY, S. 169 ff.
[47] Vgl. dazu etwa für die Ebene des Bundes, wo die Privilegierung mittels Reduktion der Bemessungsgrundlage erreicht werden soll, den am 23. März 2007 von den Räten verabschiedeten Gesetzestext (BBl 2007, S. 2321) sowie die bundesrätliche Botschaft zur Unternehmenssteuerreform II, BBl 2005, S. 4733.
[48] Vgl. die Übersicht bei GIGER/SCHMID, S. 110 ff.

dem Titel «Reduktion der Doppelbelastung massgeblicher Beteiligungen» mit der Angelegenheit[49]. Vorgesehen ist im Kanton Zürich die Regelung, Dividenden aus Beteiligungen von zehn Prozent und mehr gesondert von den übrigen Einkünften zum halben Gesamtsteuersatz zu besteuern. Die Befürworter dieser Lösung erachten dies nicht zuletzt aus Gründen des Steuerwettbewerbs als geboten und berufen sich dabei auf die den Kantonen bundesverfassungsrechtlich zugestandene Tarifautonomie sowie auf die Tatsache, dass ausgeschüttete Gewinne bereits mit der Gewinnsteuer erfasst worden seien («wirtschaftliche Doppelbelastung»). Diese Argumente treffen zwar zu, und das Steuerrecht darf durchaus ausnahmsweise in engem Rahmen auch der Verwirklichung ausserfiskalischer Zwecke dienen[50]. Es ist indessen vor dem Hintergrund der auch bei der Tarifgestaltung zu beachtenden bundesverfassungsrechtlichen Vorgaben fraglich, ob die Milderung der wirtschaftlichen Doppelbelastung, welche ihrerseits die Konsequenz der Behandlung von juristischen Personen als eigenständige Steuersubjekte darstellt, eine unterschiedliche Behandlung verschiedener Einkommensarten zu rechtfertigen vermag[51]. Letztlich wird auch über diese Frage wohl das Bundesgericht zu befinden haben.

Zum anderen geht es darum, inwieweit die allgemeine kantonale Tarifgestaltung beschränkt wird. Diesbezüglich hat das Bundesgericht mittlerweile entschieden, dass partiell degressive verlaufende Steuern, bei denen der Tarif bei sehr hohen Einkommen und Vermögen rückläufig verläuft und auch der Durchschnittsteu-   20

---

[49] Vgl. Prot. KR 2007–2011 S. 53 ff.
[50] Vgl. BGE 133 I 206 ff., E. 11 m.w.H.
[51] Vgl. BGE 133 I 206 ff., E. 7.2 Satz 1: «Für den Bereich der Steuer vom Einkommen lässt sich dem Leistungsfähigkeitsprinzip unmittelbar entnehmen, dass Personen und Personengruppen gleicher Einkommensschicht gleich viel Steuern zu bezahlen haben (sog. horizontale Steuergerechtigkeit).» Da man derselben Einkommensschicht – gemeint ist das steuerbare Einkommen – angehört, ob man nun 100 aus Dividendenertrag (bei einer Beteiligung grösser als 10%) verdient oder 100 aus Erwerbstätigkeit, dürfte sich eine unterschiedliche tarifmässige Erfassung verschiedener Einkommensarten nur schwer durch ausserfiskalische Zwecksetzungen rechtfertigen lassen. Dies gilt um so mehr, als sämtliche bisherigen von ausserfiskalischer Intention getragenen Entlastungen zu einer Reduktion der Bemessungsgrundlage führten; vgl. BGE 133 I 206 ff., E. 11.
Anders strukturiert sind die Bestrebungen auf Bundesebene, wo die Entlastung des Ertrags massgeblicher Beteiligungen über eine Reduktion der Bemessungsgrundlage erreicht wird und hernach Personen gleicher Einkommensschicht auch dem gleichen Steuersatz unterliegen. Im Übrigen stellen sich die Fragen der Verfassungskonformität bei der direkten Bundessteuer angesichts des für Bundesgesetze geltenden Anwendungsgebotes (Art. 190 BV) ohnehin so nicht.
Nicht zuletzt unter verfassungsrechtlichen Gesichtspunkten umstritten ist im Übrigen auch bei Befürwortern der Milderung der Doppelbelastung, ob nur massgebliche Beteiligungen in den Genuss der Entlastung kommen sollen und bejahendenfalls welches die Höhe dieser Quote sein soll. In der Tat fragt sich ernsthaft, ob – wenn die Unternehmen und die an diesen Beteiligten entlastet werden sollen, worüber im politischen Prozess zu entscheiden ist – nicht eine generelle Senkung der Gewinnsteuer angezeigt wäre. Diese wäre nämlich unter verfassungsrechtlichen Gesichtspunkten unbedenklich.

ersatz sinkt[52], der (Bundes-)Verfassung widersprechen[53]. Dennoch bleiben auch im Tarifbereich nach wie vor offene Fragen, wobei bezüglich Tarifgestaltung in Lehre und Rechtsprechung immerhin insoweit Einigkeit besteht, dass ein progressiver Tarifverlauf ebenso zulässig ist wie dessen Kappung durch einen proportionalen Höchstsatz[54] und dass die effektive Steuerbelastung mit zunehmendem steuerbaren Einkommen/Vermögen ansteigen muss[55]. Ob dies allerdings zugleich bedeutet, dass eine sogenannte Flat Rate Tax ungeachtet ihrer konkreten Ausgestaltung und der Höhe des vorgesehenen Freibetrags vor der Bundesverfassung stand hält, ist bereits wieder umstritten[56]. Der Verfassung lässt sich denn auch abstrakt nichts entnehmen[57]; massgebend ist wie erwähnt die konkrete Ausgestaltung[58]. Bei alledem handelt es sich weitgehend um eine politische (Wertungs-)Frage, welche im demokratischen Ausmarchungsprozess zu entscheiden ist[59].

4.3. Berücksichtigung der Gesamtbelastung (Abs. 3 lit. a)

21 Das Gebot, bei der Ausgestaltung der Steuern die Gesamtbelastung der Steuerpflichtigen mit Abgaben zu berücksichtigen, ergibt sich bereits aus dem Grundsatz der Besteuerung nach Massgabe der wirtschaftlichen Leistungsfähigkeit[60] sowie aus der *Eigentumsgarantie*[61]. Diese Vorgabe kann sodann abstrakt auch aus der bundesverfassungsrechtlichen Finanzordnung abgeleitet werden, hat der Bund doch bei der Ausgestaltung der direkten Bundessteuer auf die Belastung durch die direkten Steuern der Kantone und Gemeinden Rücksicht zu nehmen[62].

---

[52] BGE 133 I 206 ff. Anlass zum Urteil gab die entsprechende Regelung im Kanton Obwalden (REICH, Degression, S. 716 ff.; man spricht in solchen Konstellationen, in denen ab einer gewissen Höhe der Bemessungsgrundlage auch der Durchschnittssteuersatz sinkt, finanzwissenschaftlich auch von Regression [BOHLEY, S. 84 f.]). Kaum je zu Diskussionen Anlass geben dagegen die Konstellationen, wo wie bei der direkten Bundessteuer oder der Zürcher Erbschafts- und Schenkungssteuer im Hinblick auf das Erreichen einer festgelegten Durchschnitts-Höchstbelastung der Grenzsteuersatz für Einkünfte von einer gewissen Höhe über dem Maximal-Durchschnittssatz liegen (Art. 128 Abs. 1 lit. a BV und Art. 214 DBG; § 22 ESchG [vgl. VGer Zürich vom 1. November 2000, SR.2000.00012 unveröffentlicht]); vgl. zum Ganzen REICH, Degression, S. 723 f. m.w.H.

[53] Zur geführten materiellen Diskussion über die Zulässigkeit degressiver kantonaler Steuertarife vgl. BENZ, passim; CAGIANUT/CAVELTI, S. 150 ff.; HINNY, S. 61 ff.; LOCHER, S. 123 ff.; REICH, Degression, S. 689 ff.; VITALI, passim.

[54] REICH, Degression, S. 704 ff. m.w.H.; BOHLEY, S. 173 f.

[55] BGE 133 I 206 ff., E. 8; REICH, Degression, S. 715 f.

[56] Vgl. etwa MATTEOTTI, S. 673 ff.; RICHNER, S. 593 ff.

[57] BGE 110 Ia 7 ff., 14 f.

[58] Vgl. Art. 125 Abs. 3 lit. a.

[59] Vgl. BOHLEY, S. 178 f.; REICH, Degression, S. 713 f. Zur konkreten Ausgestaltung des Tarifs im Kanton Zürich (§ 35 StG) vgl. RICHNER/Frei/KAUFMANN/MEUTER, § 35 StG N. 4 ff.

[60] REICH, Degression, S. 701

[61] Art. 26 BV.

[62] Art. 128 Abs. 2 BV.

Ansonsten ist allerdings nicht generalisierbar, wo genau die Grenze zwischen zulässiger abgaberechtlicher Belastung und verpöntem konfiskatorischem Eingriff zu ziehen ist[63].

4.4. Beachtung der Solidarität, Erhaltung des Leistungswillens und Förderung der Selbstvorsorge (Abs. 3 lit. b)

Die bei der Ausgestaltung der Steuern ebenfalls zu beachtenden Grundsätze der *Solidarität* und der *Erhaltung des Leistungswillens* fliessen ebenfalls bereits aus dem Prinzip der Besteuerung nach Massgabe der wirtschaftlichen Leistungsfähigkeit[64]. Ihre Erwähnung hat damit zwar primär deklaratorischen Charakter[65]. Unter diesen als gegenläufig verstandenen beiden Titeln wird aber in regelmässigen Abständen die (politische) Diskussion über Notwendigkeit der höchsten Progressionsstufe, des so genannten Dreizehners[66], geführt. 22

Ebenfalls «nur» programmatischen Charakter hat die Erwähnung der *Förderung der Selbstvorsorge*, ist diese doch bereits bundesverfassungsrechtlich vorgegeben[67]. Für die konkrete Umsetzung massgebend sind alsdann die Vorgaben des Steuerharmonisierungsgesetzes, etwa bezüglich der Behandlung von Einlagen in die gebundene Selbstvorsorge (Säule 3a)[68]. 23

4.5. Wettbewerbsfähigkeit der Wirtschaft (Abs. 3 lit. c)

Der Zwang zur Berücksichtigung der Wettbewerbsfähigkeit der Wirtschaft bei der Ausgestaltung der steuerlichen Rahmenordnung ergibt sich letztlich bereits aus der in der Bundesverfassung verankerten Wirtschaftsfreiheit[69]. Abgesehen vom rechtlichen Aspekt handelt es sich dabei auch um ein volkswirtschaftliches Gebot, ist doch das allgemeine Steuerregime für den Standort Schweiz bzw. Zürich von (mit)entscheidender Bedeutung[70]. Ein Anspruch auf Verankerung 24

---

[63] HÄFELIN/MÜLLER/UHLMANN, Rz. 2678 ff.; vgl. auch BGE 128 II 112 ff., 126. Das Bundesgericht setzt die Schwelle einer konfiskatorischen Besteuerung sehr hoch an und hat soweit ersichtlich erst zweimal deren Vorliegen bejaht; vgl. RICHNER/FREI/KAUFMANN/MEUTER, Vorbem. zu StG N. 80 ff. mit Kasuistik.

[64] BGE 133 I 206 ff., E. 7.4 m.w.H.; RICHNER/FREI/KAUFMANN/MEUTER, Vorbem. zu StG N. 107. Zur Bedeutung der Berücksichtigung von Leistungswillen und Leistungsbereitschaft vgl. REICH, Degression, S. 725 f. Zur Solidarität als Ausfluss des Grundsatzes der Allgemeinheit der Besteuerung vgl. auch SIEGRIST/URSPRUNG, § 1 StG AG N. 4.

[65] Dennoch war gerade die Erwähnung der Solidarität im Verfassungsrat stark umstritten; Prot. Plenum, S. 2760 ff.

[66] § 35 StG. Vgl. etwa die Diskussionen im Kantonsrat im Jahr 2006 («Senkung des maximalen Steuertarifes für natürliche Personen») in Prot. KR 2003–2007, S. 10042 ff.

[67] Art. 41 Abs. 1 Ingress sowie Art. 111 Abs. 4 BV.

[68] Art. 9 Abs. 2 lit. e StHG.

[69] Art. 27, Art. 94 BV. Vgl. auch den die Forderung günstiger Rahmenbedingungen für die Wirtschaft ausdrücklich vorsehenden Art. 107 Abs. 1 KV.

[70] Vgl. etwa NOBEL/WALDBURGER, S. 51 f.

eines bestimmten Höchstgewinnsteuersatzes kann dieser Bestimmung indessen nicht entnommen werden[71]. Gradmesser dürfte so letztlich der interkantonale und internationale Steuervergleich sein[72], wobei gerade für den internationalen Vergleich darauf hinzuweisen ist, dass ein reiner Steuersatzvergleich ohne Einbezug der (Breite) der Bemessungsgrundlage nicht aussagekräftig ist.

4.6. Ermöglichung einer angemessenen Vermögensbildung (Abs. 3 lit. d)

25 Verfassungsrechtlicher Anker dieser Maxime ist die bundesverfassungsrechtlich gewährte Eigentumsgarantie[73]. Diese bietet Schutz vor konfiskatorischer Besteuerung, wobei die Schwelle zu dieser nur im Einzelfall bestimmt werden kann und durch das Bundesgericht sehr hoch angesetzt wird[74].

26 Garantiert wird mithin lediglich ein *Minimalstandard*. So kann aus dieser Bestimmung weder die konkrete Höhe der obersten Progressionsstufe noch generell etwas bezüglich des Tarifverlaufs abgeleitet werden. Nicht zulässig wäre unter diesem Titel wegen der harmonisierungsrechtlichen Vorgaben auch die Abschaffung der die Substanz treffenden Vermögenssteuer[75].

4.7. Entlastung Unterstützungspflichtiger (Abs. 3 lit. e)

27 Das Gebot der Entlastung Unterstützungspflichtiger ist ebenfalls Teil des Prinzips der Besteuerung nach Massgabe der wirtschaftlichen Leistungsfähigkeit. Dies geschieht zum einen über die – einmal mehr steuerharmonisierungsrechtlich vorgegebene – Gewährung bestimmter Tarife[76]. Zum anderen steht es den Kantonen frei, zusätzlich (frankenmässig begrenzte) Sozialabzüge vorzusehen[77].

4.8. Nichtbenachteiligung Verheirateter (Abs. 3 lit. f)

28 Das in Art. 125 Abs. 3 lit. f enthaltene Verbot der Benachteiligung Verheirateter gegenüber Unverheirateten nimmt bundesverfassungsrechtliche Vorgaben und konkret auch einen wegweisenden Bundesgerichtsentscheid aus dem Jahre 1984

---

[71] Ein solcher Höchstsatz findet sich betreffend direkte Bundessteuer in Art. 128 Abs. 1 lit. b BV.
[72] VON RECHENBERG, Kommentar KV GR, Art. 95 Rz. 12.
[73] Art. 26 BV.
[74] Vgl. dazu Anm. 61.
[75] Art. 2 Abs. 1 lit. a StHG. Kritisch zur Existenzberechtigung der Vermögenssteuer RICHNER/FREI/KAUFMANN/MEUTER, Vorbem. zu §§ 38–47 StG N. 1 m.w.H.
[76] Art. 11 Abs. 1 Satz 2 StHG; § 35 Abs. 2 StG.
[77] Art. 9 Abs. 4 StHG; umgesetzt im Kanton Zürich in § 34 Abs. 1 StG.

auf, in welchem die als *Heiratsstrafe* bekannte Benachteiligung von Ehepaaren gegenüber Unverheirateten als verfassungswidrig erkannt worden ist[78].

Die Besteuerung Verheirateter – ebenso wie diejenige eingetragener Partner[79] – folgt, zumindest zurzeit noch, nämlich dem Grundsatz der Gemeinschaftsbesteuerung[80]. Das Einkommen von Personen, die in rechtlich und tatsächlich ungetrennter Ehe leben, wird zusammengerechnet[81]. Gleiches gilt auch für die ausschliesslich von den Kantonen erhobene Vermögenssteuer[82]. Gebräuchlich ist in diesem Zusammenhang auch der Begriff der Faktorenaddition.

Erfolgt zu Recht eine gemeinsame Veranlagung, so muss den Ehegatten die Steuer im Vergleich zu alleinstehenden Steuerpflichtigen von Bundesrechts wegen angemessen ermässigt werden[83]. Im Kanton Zürich steht den Ehegatten der Verheiratetentarif und bei Erwerbstätigkeit beider Partner der Doppelverdienerabzug zu[84].

Damit hat der Zürcher Steuergesetzgeber die aufgrund des Bundesrechts sowie der bundesgerichtlichen Rechtsprechung bestehenden Mindestvorgaben genügend umgesetzt[85]. Aufgrund von Art. 125 Abs. 3 lit. f wäre aber zusätzlich noch eine weitere Annäherung an die Stellung unverheirateter Konkubinatspaare, sprich Besserstellung der Ehepaare, möglich. Eine solche Verbesserung fände dann indessen ihre Grenze an der Rechtsgleichheit sowie den Vorgaben des Steuerharmonisierungsgesetzes[86].

---

[78] BGE 110 Ia 7 ff. Vgl. zu dieser Thematik auch die bundesrätliche Botschaft zu den Sofortmassnahmen im Bereich der Ehepaarbesteuerung, BBl 2006, S. 4471 ff., sowie GREMINGER/BÄRTSCHI, Art. 9 DBG N. 5 ff.

[79] Wenn nachfolgend von Verheirateten die Rede ist, gelten die Ausführungen mutatis mutandis stets auch für Personen in eingetragener Partnerschaft; vgl. weiterführend BEUSCH, Rechte, 14 N. 4 f.

[80] Ob dies immer so bleiben wird, ist fraglich. Auf Bundesebene wird seit geraumer Zeit diskutiert, ob und gegebenenfalls wie das gesamte System umgestaltet werden soll. Denkbar wäre nämlich auch eine Individualbesteuerung oder ein Wahlmodell. Im Dezember 2006 wurde durch den Bundesrat eine entsprechende Vernehmlassung zum Systementscheid in der Familien- und Ehepaarbesteuerung eröffnet. Zum aktuellen Stand der Arbeiten des Gesetzgebers vgl. die entsprechende Rubrik in der Zeitschrift für Schweizerisches und Internationales Steuerrecht zsis), <http://www.zsis.ch>.

[81] Art. 3 Abs. 3 (i.V.m. Abs. 4) StHG; § 7 StG; vgl. auch Art. 9 Abs. 1 und Abs. 1bis DBG. Zu Inhalt und Abgrenzungen der rechtlich und tatsächlich ungetrennten Ehe vgl. BEUSCH, Rechte, 14 N. 6; GREMINGER/BÄRTSCHI, Art. 9 DBG N. 10 ff.

[82] Art. 2 Abs. 1 lit. a StHG; § 38 ff. StG.

[83] Art. 11 Abs. 1 StHG. Dabei bestimmt das kantonale Recht, ob die Ermässigung in Form eines frankenmässig begrenzten Prozentabzuges vom Steuerbetrag oder durch besondere Tarife für alleinstehende und Verheiratete vorgenommen wird; BEUSCH, Rechte, 14 N. 7 m.w.H.

[84] § 31 Abs. 2 und § 35 Abs. 2 StG. Zur weitestgehend gleich gelagerten Situation bei der direkten Bundessteuer, wo den Ehegatten zusätzlich noch ein allgemeiner Verheiratetenabzug zusteht, vgl. GREMINGER/BÄRTSCHI, Art. 9 DBG N. 7.

[85] Vgl. Botschaft zu den Sofortmassnahmen im Bereich der Ehepaarbesteuerung, BBl 2006, S. 4476.

[86] So muss z.B. gemäss Art. 11 StHG – trotz erkannter Bundesverfassungswidrigkeit wegen des in Art. 191 BV verankerten Anwendungsgebotes – Alleinerziehenden die exakt gleiche tarifliche Ermässigung gewährt werden wie den Ehegatten (BGE 131 II 697 ff. und BGE 131 II 710 ff.); dies ist allerdings im Kanton Zürich bereits heute der Fall, § 35 Abs. 2 StG.

5. Massvolle Steuerprogression (Abs. 4)

32 Art. 125 Abs. 4 schreibt zwingend die gesetzliche Festlegung einer Höchstgrenze vor. Diese beträgt zuzeit bei den natürlichen Personen 13%[87]. Auf die Statuierung einer solchen Höchstgrenze direkt in der Verfassung, wie sie auf Bundesebene für die direkte Bundessteuer existiert[88], wurde dagegen nach Diskussionen verzichtet. Damit enthält dieser Absatz letztlich nichts, was sich nicht schon aus dem Grundsatz der Besteuerung nach Massgabe der wirtschaftlichen Leistungsfähigkeit ergeben würde.

33 Der Absatz hat damit einmal mehr – nur, aber immerhin – programmatischen Charakter. Was noch als massvoll bezeichnet werden kann, lässt sich nämlich der Verfassung nicht entnehmen. Auch diesbezüglich handelt es sich mithin um eine politische (Wertungs-)Frage, welche im demokratischen Ausmarchungsprozess zu entscheiden ist[89].

6. Steuerfreibetrag (Abs. 5)

34 Das verfassungsrechtliche Postulat, tiefe Einkommen und kleine Vermögen nicht zu besteuern, ist ebenfalls Ausfluss des Leistungsfähigkeitsprinzips[90]. Wo diese Grenze zu ziehen ist, legt die Verfassung selber aber nicht fest. Die aktuellen gesetzlichen Limiten belaufen sich auf 6 200 bzw. 12 400 Franken beim Einkommen und auf 71 000 bzw. 142 000 Franken beim Vermögen[91].

35 Diese auch als Tarifstufe null bezeichneten Freibeträge garantieren bei der Einkommenssteuer bei weitem keine Steuerfreiheit des Existenzminimums. Dies ist von Bundesrechts wegen aber zurzeit auch nicht notwendig[92]. Da es sich bei der Tarifgestaltung indessen um eine kantonale Kompetenz handelt[93], könnte der zürcherische Gesetzgeber diese Beträge erhöhen. Die Tarifstufe null bei der

---

[87] § 35 StG. Für die juristischen Personen besteht ein Einheitssteuersatz von 8% (Kapitalgesellschaften und Genossenschaften; § 71 StG) bzw. 4% (§ 76 Abs. 1 StG).
[88] Art. 128 Abs. 1 BV.
[89] Dazu N. 20.
[90] Vgl. schon Art. 19 Abs. 2 aKV.
[91] § 35 Abs. 1 und 2 sowie § 47 Abs. 1 und 2 StG.
[92] Vgl. etwa BGE 122 I 101 ff., 104 ff. Kritisch dazu und die Steuerfreiheit des Existenzminimums postulierend RICHNER/FREI/KAUFMANN/MEUTER, Vorbem. StG N. 69 m.w.H., § 35 N. 17. In diesem letzten Sinn auch eine vom Nationalrat am 5. Oktober 2006 angenommene parlamentarische Initiative der Kommission für soziale Sicherheit und Gesundheit des Nationalrates, welche vorsieht, im StHG das Existenzminimum jeder steuerpflichtigen Person für steuerfrei zu erklären (Geschäfts.-Nr. 05.471); der Ständerat hingegen ist auf das Geschäft am 18. Juni 2007 nicht eingetreten; vgl. zum aktuellen Stand der Arbeiten des Gesetzgebers die entsprechende Rubrik in der Zeitschrift für Schweizerisches und Internationales Steuerrecht zsis), <http://www.zsis.ch>.
[93] Dazu N. 2 f.

Vermögenssteuer dagegen erreicht ihren eigentlichen Zweck bereits heute ohne weiteres.

7. Steuerprivilegien (Abs. 6)

Der Ausschluss von Steuerprivilegien zugunsten Einzelner entspricht wörtlich der bereits in Art. 19 Abs. 3 aKV enthaltenen Regelung. Er hat deshalb keine eigenständige Bedeutung, weil er bereits im in Art. 125 Abs. 2 aufgeführten Gebot der Allgemeinheit der Besteuerung enthalten ist. 36

Von solchen Steuerprivilegien zugunsten Einzelner zu unterscheiden sind die ein verpöntes freies Aushandeln verunmöglichenden Steuerabkommen, welche dann (und ausschliesslich dann) zulässig sind, wenn sie auf einem Gesetz basieren und insbesondere durch einen im Gesetz vorgezeichneten qualifizierten sachlichen Grund gerechtfertigt werden[94]. Ein solcher ist etwa in der volkswirtschaftlich erwünschten, Arbeitsplätze schaffenden Ansiedelung von Unternehmen zu erblicken (Stichwort: *Wirtschaftsförderung*)[95]. Da indessen die Versuchung der Gewährung solcher Anreize über das Zulässige hinaus gerade bei existierendem Steuerwettbewerb nicht unbeträchtlich ist[96], versuchen die entsprechenden Regelungen die Voraussetzungen so eng wie möglich zu gestalten. Die massgebenden restriktiven Rechtsgrundlagen bezüglich der Gewährung von Steuererleichterungen finden sich dabei im Steuerharmonisierungsgesetz[97] und (subsidiär) im Konkordat zwischen den Kantonen der Schweizerischen Eidgenossenschaft über den Ausschluss von Steuerabkommen vom 10. Dezember 1948[98]. 37

Entgegen der bisweilen anzutreffenden Meinung nicht einmal um einen Fall eines Steuerabkommens handelt es sich dagegen bei der gesetzlich vorgegebenen pauschalierten Regelung der *Besteuerung nach dem Aufwand*[99]. Diese wird in der Schweiz nicht erwerbstätigen Nicht-Staatsangehörigen gewährt, welche in der Schweiz Wohnsitz oder Aufenthalt haben[100]. 38

---

[94] Derartige Steuerabkommen sind verwaltungsrechtliche Verträge zwischen Gemeinwesen und Steuerpflichtigen über Bestand, Umfang oder Art der Erfüllung von Steuerforderungen und werden von der politisch vorgesetzten Behörde in der Regel für mehrere Jahre abgeschlossen. Vgl. BLUMENSTEIN/LOCHER, S. 320 ff., auch zum Folgenden; BGer, 23. Januar 2004, StE 2004 A 21.14 Nr. 15 E. 4.2.
[95] Vgl. § 15 und § 62 StG.
[96] Vgl. BLUMENSTEIN/LOCHER, S. 322.
[97] Art. 5 und Art. 23 Abs. 3 StHG, welche auf Art. 129 Abs. 3 BV basieren.
[98] Vgl. REICH, Vorbem. zu Art. 1/2 StHG N. 21 f. Das Steuerharmonisierungsgesetz geht dabei dem Konkordat vor, so dass dessen Anwendungsbereich mittlerweile «auf null geschwunden» sein dürfte; CAVELTI, Steuerabkommen, S. 62.
[99] Art. 6 StHG; § 13 StG.
[100] Vgl. dazu weiterführend BEUSCH, Aufwandbesteuerung, S. 185 ff.

Art. 126

Das Gesetz legt die Grundsätze für die Erhebung weiterer Abgaben fest.

Es bestimmt insbesondere:
a) die Art und den Gegenstand der Abgabe;
b) die Grundsätze der Bemessung;
c) den Kreis der abgabepflichtigen Personen.

Weitere Abgaben

Materialien

Prot. Plenum, S. 761 ff., 2419 ff., 2766 ff.

Literatur

Vgl. Hinweise bei Art. 125.

Rechtsquellen

– Verordnung (des Verwaltungsgerichts) über Gebühren, Kosten und Entschädigungen im Verfahren vor Verwaltungsgericht vom 26. Juni 1997 (LS 175.252)
– Verordnung (des Obergerichts) über die Gerichtsgebühren vom 30. Juni 1993 (LS 211.11)
– Verordnung über die Notariats- und Grundbuchgebühren vom 7. November 1988 (LS 243)
– Verordnung über die Gebühren der Gemeindebehörden vom 8. Dezember 1966 (LS 681)
– Gebührenordnung für die Verwaltungsbehörden vom 30. Juni 1966 (LS 682)

Übersicht	**Note**
1. Begriff der weiteren Abgaben	1
1.1. Kausalabgaben	2
1.2. Lenkungsabgaben	5
2. Bundesrechtliche Vorgaben	7
3. Entstehung	8
4. Verhältnis zu Art. 38	9
5. Grundsätze für die Erhebung	12
5.1. Vorbemerkung: Sinn und Zweck der Norm	12
5.2. Art und Gegenstand der Abgabe, Kreis der abgabepflichtigen Personen (Abs. 2 lit. a und c)	15
5.3. Grundsätze der Bemessung (Abs. 2 lit. b)	16

1. Begriff der weiteren Abgaben

Unter dem Begriff der öffentlichen Abgaben werden all diejenigen Geldleistungen subsumiert, welche der Bürger dem mit Gebietshoheit ausgestatteten öffentlichen Gemeinwesen kraft öffentlichen Rechts schuldet[1]. Während sich

1

---

[1] BLUMENSTEIN/LOCHER, S. 1.

Art. 125 ausschliesslich den ertragreichsten dieser Abgaben, den Steuern, widmet[2], befasst sich Art. 126 in Ergänzung dazu mit den weiteren Abgaben. Zu diesen gehören Kausal- und Lenkungsabgaben[3].

1.1. Kausalabgaben

2 Zur Erhebung von Kausalabgaben als «Geldleistungen, welche die Privaten kraft öffentlichen Rechts als Entgelt für bestimmte staatliche Gegenleistungen oder besondere Vorteile zu bezahlen haben», ist das diese Gegenleistung erbringende bzw. diesen besonderen Vorteil gewährende Gemeinwesen unter kompetenzrechtlichen Gesichtspunkten ohne weiteres befugt[4].

3 Zu diesen individuell zurechenbaren Abgaben gehören vorab die Gebühren[5]. Diese werden gemeinhin unterschieden in Verwaltungsgebühren (Entgelte für staatliche Leistungen; Gerichtsgebühren, Prüfungsgebühren, Kanzleigebühren), Benutzungsgebühren (Entgelte für die Benutzung einer öffentlichen Einrichtung oder einer öffentlichen Sache, sofern das Benutzungsverhältnis dem öffentlichen Recht untersteht; Spitaltaxen, Studiengebühren, Landegebühren) und Konzessionsgebühren (Entgelt für die Erteilung einer Konzession)[6]. Weiter handelt es sich um Vorzugslasten (Beiträge); diese dienen der Abgeltung eines Vorteils und werden denjenigen Personen auferlegt, welchen aus einer öffentlichen Einrichtung ein Sondervorteil erwächst (Trottoirbeiträge)[7]. Schliesslich zu erwähnen sind Ersatzabgaben. Geht es nämlich um eine Naturallast, also um eine nicht finanzielle öffentlich-rechtliche Verpflichtung, so besteht dort die primäre Pflicht in einer Sach- oder Dienstleistung[8], welche – ausnahmsweise – bei Vorliegen bestimmter gesetzlicher Voraussetzungen durch eine Geldleistungspflicht substituiert werden kann[9].

4 Dadurch, dass die Kausalabgabe ein Entgelt für einen vom Staat gewährten besonderen Dienst oder Vorteil darstellt, ist ihr Umfang grundsätzlich von den abzugeltenden Kosten, dem «Wert» der erhaltenen Gegenleistung bestimmt. Ist dies der Fall, so spricht man von einer kostenabhängigen, einer reinen Kausalabgabe. Übersteigen dagegen die Erträge, etwa bei Nutzungsgebühren, die abzugeltenden Kosten, so wird entweder bereits von einer Gemengsteuer ge-

---

[2] BEUSCH, Art. 125 N. 4; zum Begriff der Steuern BEUSCH, Art. 125 N. 1.
[3] Zur Dreiteilung der Abgaben vgl. BEUSCH, Lenkungsabgaben, S. 99 ff.; HUNGERBÜHLER, S. 506. Nicht erfasst von Art. 126 werden einzig die Gebühren in geringer Höhe; vgl. dazu N. 9 ff.
[4] Art. 125 N. 1 Anm. 3.
[5] Vgl. dazu und zum Folgenden ausführlich HUNGERBÜHLER, S. 508 ff.
[6] HÄFELIN/MÜLLER/UHLMANN, Rz. 2626 ff.
[7] HÄFELIN/MÜLLER/UHLMANN, Rz. 2647 ff.; vgl. etwa auch die Abgrenzungen in BGE 132 II 371 ff., 375 f.
[8] Militär- bzw. Feuerwehrdienstleistungspflicht, Parkplatzerstellungs-, Schutzraumerstellungs- oder Neuaufforstungspflicht.
[9] BLUMENSTEIN/LOCHER, S. 4 m.w.H.; HÄFELIN/MÜLLER/UHLMANN, Rz. 2657 f. m.w.H.

sprochen, oder die Abgabe wird als kostenunabhängige Kausalabgabe bezeichnet[10]. Kostenunabhängige Kausalabgaben und Steuern erweisen sich dabei bis zu einem gewissen Grade als substituierbar und unterliegen grundsätzlich den gleichen Anforderungen an die gesetzliche Grundlage[11].

1.2. Lenkungsabgaben

Lenkungsabgaben sind Beiträge, welche von einer öffentlichen Körperschaft mit der überwiegenden Zielsetzung erhoben werden, das Verhalten von Individuen zu beeinflussen. Sie dienen m.a.W. als Instrument einer staatlichen Politik dirigistischen Charakters[12]. Die Abgabenerhebung knüpft stets am zu lenkenden Verhalten an und tritt dabei an die Stelle von Verboten und Auflagen. Lenkungsabgaben stellen so eigentliche Regulierungsinstrumente in abgaberechtlicher Form dar, mit dem Ziel, Substitutionsprozesse auszulösen oder in zweiter Linie zumindest den Verursachern die Kosten nicht vermeidbarer Schäden anzulasten bzw. Erträge zu bringen. So ist von der eigentlichen Intention her eine Lenkungsabgabe dann erfolgreich, wenn sie dem Gemeinwesen möglichst wenig einbringt[13].

Lenkungsabgaben sind wie Steuern (und anders als Kausalabgaben) gegenleistungslos geschuldet. Sie dienen aber wie erwähnt – im Unterschied zu Steuern – eben gerade nicht der Deckung des allgemeinen Finanzbedarfs[14]. Sofern im Rahmen der bundesverfassungsrechtlichen Kompetenzverteilung der Kanton in einem bestimmten Sachgebiet kompetent ist, kann er ohne weiteres auch Lenkungsabgaben erheben[15].

2. Bundesrechtliche Vorgaben

Art. 126 enthält die (nachstehend genauer zu betrachtenden) Anforderungen an die gesetzlichen Grundlagen der erwähnten weiteren Abgaben. Dabei verstehen sich angesichts der derogatorischen Kraft des Bundesrechts[16] zwei Sachen an sich von selbst: Zum einen haben die kantonalen Abgaben nicht nur den Anforderungen von Art. 126 zu genügen, sondern auch denjenigen des Bundes(verfas-

---

[10] Vgl. HUNGERBÜHLER, S. 512 ff.; vgl. etwa die entsprechende Abgrenzung bei der Abgabe zur Sanierung von Altlasten in BGE 131 II 271 ff., 277 f.
[11] Vgl. HUNGERBÜHLER, S. 518 f.
[12] BEUSCH, Lenkungsabgaben, S. 101.
[13] Zur in diesem Sinn erfolgreichen emissionsabhängigen Landegebühr des Flughafens Zürich-Kloten: Vgl. BGE 125 I 182 ff. sowie dazu MICHAEL BEUSCH, in: AJP 1999, S. 1461 ff.
[14] BLUMENSTEIN/LOCHER, S. 5.
[15] Art. 125 N. 1 Anm. 3
[16] Art. 49 Abs. 1 BV; vgl. HÄFELIN/HALLER, N. 1173 ff.

sungs)rechts. Zum anderen vermag Art. 126 dann keine Wirkung zu entfalten, wenn gewisse Abgaben aufgrund bundesrechtlicher Vorgaben zwingend durch die Kantone zu erheben sind und die entsprechende Ausgestaltung bzw. die entsprechenden Anforderungen ebenfalls bereits bundesrechtlich statuiert sind[17]. Solches ist etwa bezüglich verursachergerechter und kostendeckender Gebühren für Abwasser- und Abfallentsorgung der Fall[18].

3. Entstehung

8   Der die weiteren Abgaben betreffende Artikel wurde in dieser Form erst in der 2. Lesung des Gesamtentwurfs vorgeschlagen[19]. Mehrmals diskutiert und jeweilen abgelehnt wurde dagegen ein Gebührenartikel[20]. Dass die Erhebung von Gebühren und weiterer Abgaben einer rechtlichen Grundlage bedarf, war bei alledem allerdings unbestritten; der Verfassungsrat war anfänglich lediglich mehrheitlich der Ansicht, diese Vorgabe sei in Art. 38 Abs. 1 lit. d ausreichend umgesetzt[21]. Abgelehnt wurde, Verordnungen, welche Abgaberegelungen betreffen, dem fakultativen Referendum zu unterstellen (referendumspflichtige Verordnung)[22].

4. Verhältnis zu Art. 38

9   Art. 126, der sich mit den Anforderungen an die gesetzliche Grundlage weiterer Abgaben befasst, kann nicht losgelöst von den allgemeinen verfassungsrechtlichen Vorgaben an die Rechtsetzung in Art. 38 gelesen werden. Dessen Abs. 1 lit. d sieht vor, die wesentlichen Bestimmungen über Voraussetzungen und Bemessungsgrundlagen von Steuern und anderen Abgaben, mit Ausnahmen von Gebühren in geringer Höhe, seien in der Form des Gesetzes zu erlassen[23].

---

[17]   Vgl. dies richtigerweise aufnehmend auch eine im Verfassungsrat diskutierte Version eines Gebührenartikels (vgl. dazu Anm. 20); Prot. Plenum, S. 2419.

[18]   HUNGERBÜHLER, S. 530 f. m.w.H.; vgl. auch BGE 131 II 271 ff. – Das Verursacherprinzip findet sich im Übrigen nicht nur in Art. 74 Abs. 2 BV, sondern auch in Art. 102 Abs. 2.

[19]   Prot. Plenum, S. 2766 ff. In der Vorlage zuhanden der Vernehmlassung findet sich mithin kein entsprechender Artikel.

[20]   Einer der Vorschläge lautete wie folgt:
«Kanton und Gemeinden erheben die in einem Gesetz (Gebührengesetz) abschliessend aufgezählten Gebühren. Dabei sind der Gegenstand der Gebühr, die Grundsätze ihrer Bemessung, ihre maximale Höhe und der Kreis der Abgabepflichtigen festzulegen. Vorbehalten bleiben die bundesrechtlich vorgeschriebenen Gebühren» (Prot. Plenum, S. 2419).

[21]   Vgl. Prot. Plenum, S. 2421.

[22]   Prot. Plenum, S. 3128 ff.

[23]   Vgl. HAUSER, Art. 38 N. 27. Ein Antrag auf Streichung der «Ausnahme der Gebühren in geringer Höhe» wurde abgelehnt; Prot. Plenum, S. 536. – Art. 38 Abs. 1 lit. d KV entspricht von der Konzeption her weitgehend Art. 164 Abs. 1 lit. d BV; vgl. dazu BEUSCH, Gesetzesbegriff, S. 244.

Was die Gebühren von geringer Höhe betrifft, so wurde im Entwurf zu Art. 126 zwar ein entsprechender Passus gestrichen[24]. Dies geschah allerdings wegen Redundanz, was sich auch daran zeigt, dass – zeitlich später – überhaupt nicht (noch einmal) darüber diskutiert worden ist, Art. 38 Abs. 1 lit. d anzupassen und die «Ausnahme der Gebühren in geringer Höhe» ebenfalls zu streichen[25]. Damit ist eindeutig, dass Art. 126 auf Gebühren in geringer Höhe nicht anwendbar ist[26]. Wann genau noch von geringer Höhe gesprochen werden kann, lässt sich dabei wesensgemäss dem Verfassungstext nicht entnehmen. Sicherlich darunter fallen – in Übereinstimmung mit der bundesgerichtlichen Rechtsprechung – die so genannten Kanzleigebühren[27].

10

Die Lesart von Art. 38 ist zudem von Bedeutung für Zulässigkeit und Umfang der Delegation von Rechtssetzungsbefugnissen («Gesetzesdelegation»)[28]. Die Auslegung dieses Artikels führt zum Schluss, dass nicht alle Rechtssätze in den in Art. 38 aufgezählten Bereichen wichtig sind, sondern nur die wesentlichen[29]. Dies entspricht auch der «parallelen» Regelung von Art. 164 BV auf Bundesebene[30]. M.a.W. können auch in den aufgelisteten wichtigen Gebieten nicht wesentliche Bestimmungen in einer Verordnung geregelt werden; eingehalten werden müssen auch in diesen Konstellationen aber selbstredend die Voraussetzungen der Delegation von Rechtsetzungsbefugnissen[31].

11

5. Grundsätze für die Erhebung

5.1. Vorbemerkung: Sinn und Zweck der Norm

Art. 126 verankert für die neben den Steuern bestehenden weiteren Abgaben das Legalitätsprinzip[32]. Dieser Grundsatz, will u.a. Rechtssicherheit und Rechtsgleichheit gewährleisten und bezweckt den Schutz der Freiheit des Bürgers vor staatlichen Eingriffen. Dazu kommt die demokratische Funktion, mit der die Mitwirkung der Rechtsunterworfenen (Staatsbürger) sichergestellt werden soll[33]. Das Gesetz ist Massstab und Schranke der staatlichen Tätigkeit, und diese ist nur gestützt auf das Gesetz zulässig[34].

12

---

[24] Prot. Plenum, S. 2768 ff.
[25] Prot. Plenum, S. 3150 ff.
[26] Vgl. Prot. Plenum, S. 2768 ff.
[27] BGE 130 I 113 ff., 115 f.; HÄFELIN/MÜLLER/UHLMANN, Rz. 2629 f., 2701 f.
[28] HÄFELIN/MÜLLER/UHLMANN, Rz. 404 ff.; HAUSER, Art. 38 N. 36 ff.
[29] HAUSER, Art. 38 N. 22. In diesem Sinn bereits auch Art. 38 Abs. 2.
[30] BEUSCH, Gesetzesbegriff, S. 238 ff.
[31] Vgl. BEUSCH, Gesetzesbegriff, S. 242 m.w.H.; HAUSER, Art. 38 N. 40 m.w.H.
[32] Vgl. Art. 125 Abs. 1 BV.
[33] In diesem Sinn die Regelung von Art. 38. Vgl. auch BGE 130 I 1 ff., 5.
[34] Vgl. zum Ganzen anstelle vieler HÄFELIN/MÜLLER/UHLMANN, Rz. 368 ff. m.w.H.

13 Ausgehend von der Schutzfunktion des Gesetzes, welche das Individuum vor übermässiger finanzieller Belastung durch den Staat bewahren will, hat die Rechtsprechung die Anforderungen an die formell-gesetzliche Grundlage dann gemindert, wenn andere verfassungsrechtliche Prinzipien diese Schutzfunktion bezüglich der Begrenzung der Höhe übernehmen können. Dabei handelt es sich um das Kostendeckungs- und das (Individual-)Äquivalenzprinzip[35].

14 Bei alledem ist der Umfang des Legalitätsprinzips nach ständiger bundesgerichtlicher Rechtsprechung nach Art der Abgabe zu differenzieren. Das Legalitätsprinzip darf weder seines Gehaltes entleert noch in einer Weise überspannt werden, dass der Rechtswirklichkeit und den Erfordernissen der Praktikabilität nicht mehr genügt werden kann[36]. Die Natur der zu regelnden Materie muss – gerade in stark technisierten und schnellen Wandlungen unterworfenen Materien – so berücksichtigt werden können, dass sachgerechte Lösungen möglich bleiben[37].

5.2. Art und Gegenstand der Abgabe, Kreis der abgabepflichtigen Personen (Abs. 2 lit. a und c)

15 Grundsätzlich zu keinen weiteren Bemerkungen Anlass geben Art. 126 Abs. 2 lit. a und c, welche die aufgrund der bundesgerichtlichen Rechtsprechung an sich ohnehin geltenden Anforderungen aufnehmen, wonach Abgabesubjekt und Abgabeobjekt in jedem Fall in einem Gesetz im formellen Sinn geregelt werden müssen[38]. Zum Zeitpunkt des Erscheinens dieses Kommentars trifft dies allerdings noch nicht auf alle Abgaben zu[39]. Diesen Zustand wird der Gesetzgeber aufgrund von Art. 136 so rasch wie möglich zu beheben haben.

5.3. Grundsätze der Bemessung (Abs. 2 lit. b)

16 Interessanter ist die Betrachtung von Art. 126 Abs. 2 lit. b, wonach die Grundsätze der Bemessung im Gesetz festgehalten sein müssten. Hier stellt sich die Frage, ob damit in Verschärfung der bundesgerichtlichen Rechtsprechung die Anwendbarkeit von Kostendeckungs- und Äquivalenzprinzip ausgeschlossen

---

[35] BGE 130 I 113 ff., 115 f.; HÄFELIN/MÜLLER/UHLMANN, Rz. 2703 ff. Dazu N. 16 ff.
[36] BGE 132 II 371 ff., 374 f.; BGE 131 II 271 ff., 278 f.; BGE 130 I 113 ff., 15 f. m.w.H.
[37] BGE 99 Ia 697 ff., 701 ff.; BEUSCH, Lenkungsabgaben, S. 141; HUNGERBÜHLER, S. 517 f.
[38] Vgl. etwa HÄFELIN/MÜLLER/UHLMANN, Rz. 2704. Auf die ausdrückliche Erwähnung kann allerdings dann verzichtet werden, wenn sich wie bei den Gerichtsgebühren Abgabeobjekt und -subjekt von selbst ergeben (Inanspruchnahme des Gerichts durch den Rechtsuchenden).
[39] Dies ist insbesondere bei der Verordnung über die Gebühren der Gemeindebehörden der Fall, welche in § 63 Gemeindegesetz nur eine ungenügende Stütze findet; vgl. JAAG, Rz. 2712. – Zur ebenfalls nicht (immer) bundesverfassungskonformen Ausgestaltung des Gebührenwesens auf Bundesebene vgl. HUNGERBÜHLER, S. 516.

werden sollte, welche diesbezüglich in diesem Bereich unter Umständen die Funktion des Legalitätsprinzips zu übernehmen vermögen[40]. Derartiges kann allerdings weder den Materialien zu dem (spät eingefügten) Art. 126 noch dem Pendant von Art. 38 Abs. 1 lit. d und den hiezu geführten Diskussionen entnommen werden[41]. Demzufolge können Kostendeckungs- und Äquivalenzprinzip bei gegebenen weiteren Voraussetzungen im Zürcher Recht nach wie vor die Funktion des Erfordernisses der Gesetzesform bezüglich Limitierung der Abgabenhöhe übernehmen[42].

Das Kostendeckungsprinzip besagt, dass die Gesamteingänge den Gesamtaufwand des betreffenden Verwaltungszweigs nicht oder nur geringfügig überschreiten sollen, was eine gewisse Schematisierung oder Pauschalisierung der Abgaben nicht ausschliesst[43]. Das (Individual-)Äquivalenzprinzip verlangt als Konkretisierung des Verhältnismässigkeitsgrundsatzes insbesondere, dass eine Gebühr nicht in einem offensichtlichen Missverhältnis zum objektiven Wert der bezogenen Leistung, der staatlichen Gegenleistung, stehen darf und sich in vernünftigen Grenzen bewegen muss[44].

Bei echten kostenabhängigen Gebühren wie den Verwaltungsgebühren lassen sich die Kosten, welche durch die Gebühren gedeckt werden sollen, und der Wert der von den Verwaltungsbehörden erbrachten Leistung relativ leicht feststellen und vermögen diese beiden Prinzipien die ihnen zugedachte Schutzfunktion zu erfüllen[45]. Gleiches gilt nach bundesgerichtlicher Praxis auch für Gerichts- und Verfahrensgebühren[46], womit sich die geltenden Zürcher Regelungen bezüglich Gerichtsgebühren als ausreichend gesetzlich verortet erweisen[47].

Geht es dagegen um andere Gebühren, insbesondere Benutzungsgebühren, oder gar um Lenkungsabgaben, greifen die mehrfach erwähnten Prinzipien nicht, gibt es demzufolge keine Ausnahmen vom strikten Erfordernis der Gesetzesform und ist im Gesetz auch die Höhe der Abgabe in den Grundzügen festzuschreiben[48]. Dies gilt a fortiori für Abgaben, welche sogenannte Gemengsteuern darstellen[49]. Zu diesen gehören im Kanton Zürich die Notariats- bzw. Grundbuchgebühren,

---

[40] Vgl. dazu N. 13.
[41] Vgl. HAUSER, Art. 38 N. 27.
[42] Vgl. etwa HÄFELIN/MÜLLER/UHLMANN, Rz. 2703 ff. sowie RRB 1566 vom 20. Oktober 2004, S. 7.
[43] BGE 132 II 371 ff., 374 f.; HUNGERBÜHLER, S. 520 ff., je m.w.H.
[44] BGE 132 II 371 ff., 374 f.; HUNGERBÜHLER, S. 522 ff., je m.w.H.
[45] Vgl. z.B. BGE 132 II 47 ff., 56.
[46] HUNGERBÜHLER, S. 518.
[47] Dabei ist unerheblich, dass die massgebenden Delegationsnormen von § 40 Abs. 1 lit. b des Verwaltungsrechtspflegegesetzes vom 24. Mai 1959 (LS 175.2) und § 202 des Gerichtsverfassungsgesetzes vom 13. Juni 1976 (LS 211.1) nicht ausdrücklich Abgabeobjekt und Abgabesubjekt aufführen; vgl. vorn Anm. 38.
[48] BEUSCH, Lenkungsabgaben, S. 140; HÄFELIN/MÜLLER/UHLMANN, Rz. 2703 ff.
[49] HUNGERBÜHLER, S. 512 f.

welche sich in Promillen des Verkehrswertes oder der Pfandsumme bemessen[50]. Diese finden denn auch zu Recht ihre Basis im Notariatsgesetz selbst[51].

---

[50] Vgl. Urteil Verwaltungsgericht Zürich vom 23. August 2001, VB.2001.00171, auszugsweise wiedergegeben in RB 2001 Nrn. 40 und 41, im Volltext zugänglich über <www.vgrzh.ch>.

[51] § 24 ff. des Notariatsgesetzes vom 9. Juni 1985 (LS 242). Vgl. etwa § 1 Ziff. 1.2.1 sowie Ziff. 2.3.1 der Zürcher Notariatsgebührenverordnung vom 7. November 1998.

Art. 127

Der Kanton stellt den Finanzausgleich sicher.

Der Finanzausgleich:
a. ermöglicht den Gemeinden die Erfüllung ihrer notwendigen Aufgaben;
b. sorgt dafür, dass die Gemeindesteuerfüsse nicht erheblich voneinander abweichen.

Der Finanzausgleich wird vom Kanton und den Gemeinden getragen.

Finanzausgleich

Materialien

Art. 139 VE; Prot. Plenum, S. 986, 1350, 1369, 1965 f., 2242 (42. Sitzung), 2849.

Vgl. ferner Antrag und Weisung des Regierungsrates vom 8. April 1998 zum Gesetz über die Staatsbeiträge an die Gemeinden und über den Finanzausgleich (Finanzausgleichsgesetz; Änderung), ABl 1998, S. 450 ff. (Weisung Finanzausgleichsgesetz); Beleuchtender Bericht des Regierungsrates zur Volksabstimmung vom 7. Februar 1999 (Finanzausgleichsgesetz, Änderung); Erläuterungen des Bundesrates zur Neugestaltung des Finanzausgleichs und der Aufgabenteilung zwischen Bund und Kantonen (NFA), Volksabstimmung vom 28. November 2004 (Erläuterungen NFA).

Literatur

AGOSTI KATHRIN/MÜLLER ANDREAS, Investitionsbeiträge nach zürcherischem Finanzausgleichsgesetz, Instrument des (direkten) Finanzausgleichs oder Staatsbeitrag?, AJP 2006, S. 949 ff.; ANGELINI TERENZIO/THÖNY BERNHARD/GULDE ALEXANDER, Finanzausgleichsreform im Kanton Zürich, Bericht zum Gesamtkonzept für eine Finanzausgleichsreform, IFF Institut für Finanzwissenschaft und Finanzrecht, Universität St. Gallen, St. Gallen 2005 (Finanzausgleichsreform); ANGELINI TERENZIO/THÖNY BERNHARD/GULDE ALEXANDER, Grundmodell für die Reform des Finanzausgleichs im Kanton Zürich, Bericht zuhanden der Regierung des Kantons Zürich, IFF Institut für Finanzwissenschaft und Finanzrecht, Universität St. Gallen, St. Gallen 2006 (Grundmodell); AUER/MALINVERNI/HOTTELIER, Bd. I, S. 427 f.; BOLZ URS, Art. 113, in: Kälin/Bolz; BUSCHOR ERNST/MÄDER HANS/SCHEDLER KUNO, Entwicklungen im Finanzausgleich; eine Einleitung, in: Hans Mäder/Kuno Schedler (Hrsg.), Perspektiven des Finanzausgleichs in der Schweiz, Bern 1996, S. 3 ff.; BUSCHOR ERNST/SCHEDLER KUNO/STÄGER LUCCA, Finanz- und Lastenausgleich im Kanton Zürich, Gutachten zuhanden des Regierungsrates des Kantons Zürich, Bern 1993; DIREKTION DER JUSTIZ DES INNERN DES KANTONS ZÜRICH, NABHOLZ BERATUNG, Reform des Zürcher Finanzausgleichs, Schlussbericht vom 11. Juni 2003, Zürich 2003 (DJI/Nabholz, Schlussbericht); EICHENBERGER, § 120; FISCHER ROBERT, Die Revision des innerkantonalen Finanzausgleichs im Kanton Zürich, in: Heinz Hauser (Hrsg.), Die Reformen des innerkantonalen Finanzausgleichs, eine Bestandesaufnahme, Bern 1980, S. 73 ff.; FURRER RICHARD, Der Finanzausgleich im Kanton Zürich, Diss., Zürich 1975; HALDEMANN THEO, Die Stadt im Lastenausgleich. Kantonale Programme für kernstädtische Leistungen? Subventionierung zentralörtlicher Institutionen in Basel, Bern und Zürich 1968–1992, Chur/Zürich 1997 (Lastenausgleich); HALDEMANN THEO, Regionalisierung und Aufgabenneuverteilung, ökonomisch notwendige Ergänzungen der Finanz- und Lastenausgleichsreformen in der Schweiz, in: Hans Mäder/Kuno Schedler (Hrsg.), Perspektiven des Finanzausgleichs in der Schweiz, Bern 1996, S. 31 ff. (Regionalisierung); HENNEKE HANS-GÜNTER, Finanzrecht in der Reform, in: Hans-Günter Henneke/Hermann Pünder/Christian Waldoff, (Hrsg.), Recht der Kommunalfinanzen, München 2006, § 4; JAAG, § 33; JANOS ENDRE/ODERMATT

ANDRÉ/WACHTER DANIEL, Sozioökonomische Strukturen im Raum Zürich, in: Hans Elsasser/ Daniel Wachter (Hrsg.), Wirtschaftsgeographie und Raumplanung, Vol. 24, Zürich 1997; JÖRG ALEXANDER, Finanzverfassung und Föderalismus in Deutschland und in der Schweiz, Diss., Baden-Baden 1998; KESSELRING HANS-CHRISTOPH, Kommunaler Finanzausgleich und Regionalpolitik, Grundlagen und Systematik; eine Empirische Untersuchung am Beispiel des Kantons Zürich, Diss., Diessenhofen 1979 (Finanzausgleich); KESSELRING HANS-CHRISTOPH, Gestaltungskriterien des kommunalen Steuerkraft- und Bedarfsausgleichs, ZBl 82/1982, S. 242 ff. (Gestaltungskriterien); KÄGI-DIENER REGULA, St. Galler Kommentar, Art. 50; KONFERENZ DER KANTONSREGIERUNGEN/ SCHWEIZERISCHER STÄDTEVERBAND, Arbeitsgemeinschaft Kantone, Städte, Agglomerationen, Zusammenarbeit in der Agglomeration, Bericht der Technischen Arbeitsgruppe II (TA II) vom 22. Januar 1999, [Bern] 1999 (TA II Agglomerationen); KÖNIG MARIO, Agglomeration, Planung, Verkehr. Die Politik von der Bewältigung des Wachstums, in: Geschichte des Kantons Zürich, Bd. 3, 19. und 20. Jahrhundert, Zürich 1994, S. 467 ff.; MANNHART ANJA, Finanzautonomie im neuen Finanzausgleich, ZBl 107/2006, S. 21 ff.; MANNHART ANJA/TAIBLE DOMINIC, Plädoyer für den Finanzausgleich, AJP 2006, S. 328 ff., MAUCH URSULA, Finanzausgleich im Kanton Zürich, in: Materialien zur Zürcher Verfassungsreform, Bd. 3, S. 93 ff.; METTLER MAX, Der interkommunale Finanzausgleich im Kanton Zürich, ZBl 68/1967, S. 449 ff.; ODERMATT ANDRÉ, Die bundesstaatliche Finanzordnung aus Sicht der Städte und Agglomerationen, in: Hans Elsasser (Hrsg.), Wirtschaftsgeographie und Raumplanung, Vol. 27, Zürich 1998; PEFFEKOVEN ROLF, Finanzausgleich I, Wirtschaftstheoretische Grundlagen, in: Handwörterbuch der Wirtschaftswissenschaft (HdWW), zugleich Neuauflage des Handwörterbuchs der Sozialwissenschaften, Willi Albers et al. (Hrsg.), zweiter Band, 24. Lieferung, Stuttgart 1980, S. 608 ff.; PIPPIG ANNA, Verfassungsrechtliche Grundlagen des Finanzausgleichs, Diss., Zürich 2002; PLACKE FRANK, Interkommunale Produktevergleiche als Basis für den kommunalen Finanzausgleich, Diss., Stuttgart 2003; REICH MARKUS, Grundzüge der förderalistischen Finanzverfassung, in: Verfassungsrecht der Schweiz, § 76; REICH MARKUS/PIPPIG ANNA, Die Finanzverfassung, in: Materialien zur Zürcher Verfassungsreform, Bd. 3, S. 47 ff.; RUOSS FIERZ MAGDALENA, Die neue Finanzordnung – ein gelungener Kompromiss?, in: Materialien zur Zürcher Verfassungsreform, Bd. 9, S. 125 ff.; SCHNEUWLY LAURENT, Communes et structure territoriale, in: Neue freiburgische Verfassung, S. 303 ff.; SPAHN PATRICK, Art. 96 ff., in: Dubach/Marti/Spahn, S. 279 ff.; STÄHELIN, § 90; THÖNY BERNHARD, Der Finanzausgleich im Wettbewerbsförderalismus. Eine Theorie des Finanzausgleichs und eine Analyse der innerkantonalen Finanzausgleichssysteme in der Schweiz, Diss., Bamberg 2005; VALLENDER KLAUS A./WIEDERKEHR RENÉ, St. Galler Kommentar, Art. 135; VERFASSUNGSKOMMISSION DES KANTONS ST. GALLEN, Botschaft und Verfassungsentwurf der Verfassungskommission vom 17. Dezember 1999 zur Verfassung des Kantons St. Gallen, ABl des Kantons St. Gallen, Nr. 4a/2000, S. 165 ff., VII. Finanzordnung, S. 373 ff.; VON RECHENBERG ANDREA, Kommentar zur Verfassung des Kantons Graubünden, Art. 96; ZIMMERMANN HORST, Kommunalfinanzen, Baden-Baden 1999.

Rechtsquellen

– Bundesgesetz über den Finanz- und Lastenausgleich (FiLaG) vom 3. Oktober 2003 (SR 613.2)
– Gesetz über die Staatsbeiträge an die Gemeinden und über den Finanzausgleich vom 11. September 1966 (Finanzausgleichsgesetz, FAG; LS 132.1)
– Verordnung zum Finanzausgleichsgesetz vom 29. November 1978 (Finanzausgleichsverordnung, FAV; LS 132.11)
– Staatsbeitragsgesetz vom 1. April 1990 (StBG; LS 132.2)
– Verordnung zum Staatsbeitragsgesetz vom 19. Dezember 1990 (Staatsbeitragsverordnung; LS 132.21)

Übersicht Note

1. Der Finanzausgleich 1
   1.1. Ausgangslage im Föderalismus 1
   1.2. Begriff und Ziele des Finanzausgleichs i.e.S. 3
   1.3. Der neue Finanzausgleich des Bundes 5
   1.4. Finanzausgleich in den Kantonen 7
   1.5. Der Finanz- und Lastenausgleich im Kanton Zürich 8
2. Art. 127 14
   2.1. Abs. 1 14
      2.1.1. Allgemeines 14
      2.1.2. Bedeutung von «Finanzausgleich» 15
      2.1.3. Sicherstellung durch den Kanton 16
   2.2. Allgemeines zu Abs. 2 17
   2.3. Erfüllung der notwendigen Aufgaben (Abs. 2 lit. a) 19
      2.3.1. Allgemeines 19
      2.3.2. Bedeutung von «den Gemeinden» 20
      2.3.3. Ermöglichung der Erfüllung der notwendigen Aufgaben 21
   2.4. Begrenzung der Steuerfussdisparität (Abs. 2 lit. b) 27
      2.4.1. Allgemeines 27
      2.4.2. Anwendungsbereich und Umsetzung 28
   2.5. Finanzierung des Finanzausgleichs (Abs. 3) 30
      2.5.1. Allgemeines 30
      2.5.2. Verhältnis vom Kanton zu den Gemeinden 32
   2.6. Geltungsbereich 33

1. Der Finanzausgleich

1.1. Ausgangslage im Föderalismus

Der Finanzausgleich ist die typische und dauernde Herausforderung des Föderalismus[1]. Jedes dezentral organisierte Staatswesen mit Trägern öffentlicher Aufgaben auf unterschiedlichen Ebenen hat die Frage zu beantworten, wie es die Verteilung der Aufgaben und der damit verbundenen Ausgaben durch die Zuordnung von Einnahmequellen auf die einzelnen Ebenen lösen will[2]. 1

Beim Begriff des Finanzausgleichs sind zwei Themenbereiche klar auseinander zuhalten: Einmal das primär föderalistische Thema der vertikalen Aufgaben- und Einnahmenzuordnung auf die drei Ebenen Bund, Kantone und Gemeinden. Die entsprechenden Regelungen erfolgen an der Schnittstelle Bund/Kantone in der Bundesverfassung und an der Schnittstelle Kanton/Gemeinden in der Kantonsverfassung[3]. Das sich notwendig aus der Aufgabenzuordnung ergebende 2

---

[1] Zu den Kernfragen der Architektur eines föderalistischen Staates: THÖNY, S. 46 f., 59 f.; PIPPIG, S. 60 f. und 405 f.
[2] Vgl. PLACKE, S. 7.
[3] Vgl. JAAG, Rz. 3705, 3710 und 3716.

Ausgabenvolumen erfordert die Zuordnung von Einnahmen- bzw. Steuerquellen[4]. Ziel dieses passiven Finanzausgleichs (oder Finanzausgleichs i.w.S.[5]) auf Kantonsebene muss es sein, für eine möglichst grosse Zahl von Gemeinden die Einnahmemöglichkeiten (Finanzkraft) mit dem Ausgabenbedarf (Finanzbedarf[6]) in Übereinstimmung zu bringen. Damit wird die Autonomie (Finanzautonomie) der Gemeinden am besten gewahrt. Gelingt dies, so können im zweiten Themenbereich die noch bestehenden finanziellen Unterschiede durch ein in einem oder mehreren besonderen Gesetzen geregeltes, sich auf die finanziellen Dimensionen beschränkendes Instrumentarium ausgeglichen werden (Finanzausgleich im engeren Sinn, aktiver Finanzausgleich)[7]. Andernfalls ist durch eine Neuordnung der Aufgabenteilung oder eine Gebietsreform (Neufestsetzung der Gebietsgrenzen[8], Eingemeindung, Fusionen, neue Zusammenarbeitsformen) eine bessere Ausgangslage für den aktiven Finanzausgleich zu schaffen. Zum Verhältnis von Finanz- und Lastenausgleich vgl. Art. 128 N. 1.

1.2. Begriff und Ziele des Finanzausgleichs i.e.S.

3 Beim aktiven Finanzausgleich (Finanzausgleich i.e.S.) geht es um den Ausgleich der Finanzen mit dem Ziel, die Unterschiede (Disparitäten) bei der Finanzkraft (Einnahmenseite) oder beim Finanzbedarf (Ausgabenseite) auszugleichen oder zu mindern. Nach dem Merkmal der Zweckbindung der ausgerichteten Beiträge lassen sich direkter und indirekter Finanzausgleich unterscheiden. Beim indirekten Finanzausgleich spielt die finanzielle Besserstellung eines Gemeinwesens als Zweck nur eine untergeordnete Rolle, da es zur Hauptsache um die Aufgabensteuerung (Lenkungswirkung) geht[9]. Mit Bezug auf die Ebenen von Kanton und Gemeinden können die Finanzflüsse als vertikal (zwischen Kanton und Gemeinden) oder horizontal (zwischen Gemeinden und Gemeinden) bezeichnet werden[10].

4 Das Zielsystem des direkten und indirekten Finanzausgleichs ist komplex und oft auch mit Zielkonflikten verbunden[11]. Im Vordergrund stehen folgende Ziele: Minderung von Disparitäten bei den Einnahmen und/oder Ausgaben, d.h. Begrenzung der Unterschiede bei der Steuerbelastung bzw. den Steuerfüs-

---

[4] Dazu gehören auch Gebietsreformen oder Organisationsstrukturen; vgl. Buschor/Mäder/Schedler, S. 5 Abb. 1 und S. 6.
[5] Dieser Finanzausgleichsbegriff beschränkt sich nicht auf finanzielle Dimensionen; vgl. Thöny, S. 79 und 87; Buschor/Mäder/Schedler, S. 6.
[6] Pippig, S. 79 f.
[7] Vgl. Buschor/Mäder/Schedler, S. 6.
[8] Vgl. Buschor/Mäder/Schedler, S. 6.
[9] Vgl. Thöny, S. 152; Pippig, S. 27 f. und 47, 70 f.; Buschor/Mäder/Schedler, S. 7 f.
[10] Vgl. Buschor/Mäder/Schedler, S. 6.
[11] Vgl. Thöny, S. 78 f., 142, 152 und 171; Pippig, S. 60 f. und 405 f.; Buschor/Mäder/Schedler, S. 9 f., auch zum Folgenden.

sen, Sicherstellung eines vergleichbaren Leistungsstandards in den Gemeinden unter Wahrung der Gemeindeautonomie bei Aufrechterhaltung des Steuerwettbewerbs sowie (Mit-)Steuerung der Aufgabenerfüllung der Gemeinden seitens des Kantons.

1.3. Der neue Finanzausgleich des Bundes

Die Neugestaltung des Finanzausgleiches und der Aufgabenteilung zwischen Bund und Kantonen (NFA) beinhaltet einmal eine umfassende Neuordnung der Aufgabenteilung zwischen dem Bund und den Kantonen[12]. Gleichzeitig wird der aktive Finanzausgleich mit neuen Instrumenten durchgeführt. Dazu gehören: der Ressourcenausgleich, der geografisch-topografische und soziodemografische Lastenausgleich[13], die interkantonale Zusammenarbeit mit Lastenausgleich[14] sowie zur Abfederung des Übergangs ein befristeter Härteausgleich[15]. Der Kanton Zürich ist Nettozahler und erhält einzig im Rahmen des soziodemografischen Lastenausgleichs Mittel des Bundes[16].

Mit Blick auf das Verhältnis der NFA zum kantonalen Finanzausgleich ist von Bedeutung, dass Letzterer und damit auch die Verbindung zwischen NFA und innerkantonalem Finanzausgleich in die Organisationsautonomie der Kantone fällt[17]. Dadurch bleibt es dem Kanton überlassen, wie er den innerkantonalen Finanzausgleich mit Bezug auf die NFA gestalten will (vgl. Art. 128 N. 10)[18].

---

[12] Erläuterungen NFA, S. 6 f.: vgl. zum Folgenden auch: PIPPIG, S. 47 f.
[13] Art. 135 Abs. 2 lit. c BV.
[14] Art. 48a BV.
[15] Erläuterungen NFA, S. 8.
[16] Vgl. die Aktualisierung der NFA-Globalbilanz und die Dynamik der neuen Ausgleichsinstrumente 1998–2002: <http://www.efd.admin.ch/dokumentation/zahlen/00578/00913/index.html?lang=de&print_style=yes> (14.01.2007); AUER/MALINVERNI/HOTTELIER, Bd. I, N. 1203 f.
[17] Botschaft vom 8. Dezember 2006 zur Festlegung des Ressourcen-, Lasten- und Härteausgleichs sowie zum Bundesgesetz über die Änderungen von Erlassen im Rahmen des Übergangs zur NFA (BBl 2007, S. 729); vgl. aber Rahmenvereinbarung für die interkantonale Zusammenarbeit mit Lastenausgleich (Rahmenvereinbarung, IRV) vom 24. Juni 2005, Art. 29 (Abgeltung des Leistungserstellers): «Der Leistungserbringer verpflichtet sich, die Abgeltung dem Leistungsersteller zukommen zu lassen, soweit dieser die Kosten für die Leistungserstellung trägt.»; <http://www.nfa.ch/de/dokumente/vereinbarungen/irv.pdf> (9.1.2007).
[18] Vgl. dazu auch Bericht und Antrag des Regierungsrates an den Kantonsrat zum Postulat KR-Nr. 198/1998 betreffend neuen Finanzausgleich in Analogie zum Bund (NFA) vom 27. Juni 2001, ABl 2001, S. 1112 ff.

1.4. Finanzausgleich in den Kantonen

7   Art. 127 Abs. 1 findet sich wörtlich auch in den Verfassungen der Kantone Aargau[19] und Graubünden[20]. Die in anderen Kantonsverfassungen angeführten weiteren Zielsetzungen sind mit jenen in Abs. 2 lit. a[21] und b[22] vergleichbar. Ebenfalls gibt es Bestimmungen für einen Lastenausgleich[23].

1.5. Der Finanz- und Lastenausgleich im Kanton Zürich

8   Der aktive Finanzausgleich des Kantons Zürich ist in zwei Gesetzen geordnet[24]. Das Staatsbeitragsgesetz regelt den indirekten, das Finanzausgleichsgesetz den direkten Finanzausgleich[25].

9   Das *Staatsbeitragsgesetz*[26] und die entsprechende Verordnung regeln die Zusprechung von Kostenanteilen und Subventionen; die kürzlich erfolgte Gesetzesrevision hat die Rechtsgrundlage für die weitere Beitragskategorie der Kostenbeiträge geschaffen[27]. Aufgrund der Abstufung der Staatsbeiträge nach der Finanzkraft verfolgt das Staatsbeitragsgesetz neben Ausgleichs- insbesondere Lenkungsziele und dient damit nur indirekt dem Finanzausgleich[28].

---

[19]   § 120 Abs. 1 KV AG; vgl. dazu Eichenberger, § 120 N. 1 f.
[20]   Art. 96 Abs. 1 KV GR, vgl. dazu von Rechenberg, Kommentar KV GR, Art. 96 Rz. 6.
[21]   § 120 Abs. 1 KV AG «ausgewogene Verhältnisse [...] in den Leistungen der Gemeinden» (dazu Eichenberger, § 120 N. 3); Art. 96 Abs. 2 KV GR wie KV AG (vgl. von Rechenberg, Kommentar KV GR, Art. 96 Rz. 7); Art. 85 KV SG «die notwendigen Mittel zur Verfügung zu stellen» (vgl. dazu Verfassungskommission des Kantons St. Gallen, S. 374»); § 90 KV TG «ausgewogene Steuerbelastung (dazu Stähelin, S. 193 f.)
[22]   Art. 113 Abs. 3 KV BE, Ausgleich der Steuerkraft der Einwohnergemeinden und ausgewogene Verhältnisse in der Steuerbelastung (vgl. Bolz, S. 543); Art. 133 KV FR, Verminderung der Auswirkungen der Unterschiede zwischen den Gemeinden (vgl. Schneuwly, S. 310); Art. 100 Abs. 1 KV SH «ausgewogene Steuerbelastung» (vgl. Spahn, S. 287 f., mit der Feststellung, dass Ausgewogenheit nicht mit der Gleichheit der Belastung gleichzusetzen sei); Art. 85 KV SG «finanzielle Unterschiede zwischen den Gemeinden zu verringern» (vgl. dazu Verfassungskommission des Kantons St. Gallen, S. 374 f., wonach die finanziellen Unterschiede nicht soweit verringert werden dürfen, dass der Standortwettbewerb unter den Gemeinden praktisch verunmöglicht wird); § 90 KV TG «ausgewogene Steuerbelastung» (dazu Stähelin, S. 193 f.)
[23]   Für den Kanton Freiburg Schneuwly, S. 310; Art. 96 Abs. 3 KV GR, dazu von Rechenberg, Kommentar KV GR, Art. 96 Rz. 8 f.; Art. 96 KV SG, dazu Verfassungskommission des Kantons St. Gallen, S. 212 f.
[24]   Zur Geschichte des Finanzausgleichs im Kanton Zürich seit 1931, insbesondere mit Blick auf die politischen Kräfte, vgl. König, S. 467, Literaturhinweise zum Forschungsgegenstand, S. 478.
[25]   Der Investitionsfonds ist ein Instrument des direkten Finanzausgleichs; Investitionsbeiträge dienen einem mit dem direkten Finanzausgleich verfolgten Zweck, vgl. Agosti/Müller, S. 949 ff., 957.
[26]   Vgl. dazu Jaag, Rz. 3319 f.
[27]   Jaag, Rz. 3304, 3321.
[28]   Vgl. Jaag, Rz. 3305.

Das *Finanzausgleichsgesetz* beinhaltet in der geltenden Fassung folgende Instrumente des direkten[29] Finanzausgleichs[30]: den horizontalen, aus Mitteln finanzstarker zugunsten finanzschwacher Gemeinden finanzierten Steuerkraftausgleich, damit verknüpft ist der sog. Kulturlastenausgleich für die grossen Kunstinstitute der Städte Zürich und Winterthur[31]; dann folgt der vertikale Investitionsfonds; den Abschluss bildet der vertikale, als Defizitdeckung ausgestaltete Steuerfussausgleich. Für die Stadt Zürich, die nicht in den Steuerkraft- und Steuerfussausgleich einbezogen ist[32], wurde mit Wirkung ab 1999 ein vertikaler Lastenausgleich in den Bereichen der Polizei, der Kultur und der Sozialhilfe geschaffen[33] (dazu Art. 128 N. 8).

10

Indirekter und direkter Finanzausgleich sind insofern aufeinander abgestimmt, als in der geltenden Ausgestaltung des Kantons Zürich der direkte Finanzausgleich auf dem indirekten Finanzausgleich aufbaut und die Instrumente des Letzteren in der erwähnten Reihenfolge zur Anwendung gelangen[34].

11

Das Finanzausgleichsgesetz in seiner heutigen Gestalt geht im Wesentlichen auf eine Reform des Jahres 1979 zurück, welche u.a. auch durch eine Steuerfussdisparität von 80 Steuerprozenten[35] motiviert war.

12

In der Folge neuer finanzpolitischer Vorstellungen und bestimmter Mängel bei den aktuellen Instrumenten des Finanzausgleichs hat sich das Bedürfnis für eine umfassende Neugestaltung des Systems des Zürcher Finanz- und Lastenausgleichs ergeben. Danach soll u.a. der direkte Finanzausgleich mit Mitteln, die sich aus dem Verzicht auf die Finanzkraftabstufung im Staatsbeitragsgesetz ergeben, stärker ausgebaut werden[36].

13

---

[29] Weisung Finanzausgleichsgesetz, S. 452.
[30] Vgl. JAAG, § 33.
[31] § 33a FAG.
[32] § 9 Abs. 2 und § 26 Abs. 2 FAG.
[33] Weisung Finanzausgleichsgesetz, S. 452 ff.; die Abgeltung im Bereich der Sozialhilfe ist bis Ende 2008 befristet, vgl. Art. 128 N. 8.
[34] Vgl. § 26 Abs. 1 FAG.
[35] FISCHER, S. 75.
[36] Vgl. ANGELINI/THÖNY/GULDE, Grundmodell, S. 1 f.; JAAG, Rz. 3330 f.; ANGELINI/THÖNY/GULDE, Finanzausgleichsreform, S. 10 f.; DJI/NABHHOLZ, Schlussbericht, S. X, 13 f.

2. Art. 127

2.1. Abs. 1

2.1.1. Allgemeines

14 Abs. 1 hält zuhanden des Gesetzgebers fest, dass der Kanton für einen Finanzausgleich zugunsten der Gemeinden zu sorgen hat[37] (vgl. N. 6). Die Gemeinden bzw. die Steuerzahlenden in den Gemeinden haben Anspruch auf ein Finanzausgleichssystem, das die in lit. a und b von Abs. 2 niedergelegten Ziele erfüllt. Die alte Verfassung regelte den Finanzausgleich unter II. Volks- und Staatswirtschaftliche Grundsätze in Art. 19 Abs. 5 aKV (dazu N. 17). Wie der Finanzausgleich organisatorisch zu gestalten ist, überlässt die Verfassung bis auf die Ausnahme von Art. 128 dem Gesetzgeber[38].

2.1.2. Bedeutung von «Finanzausgleich»

15 Unter Finanzausgleich ist der aktive, d.h. auf Zahlungen bezogene, direkte oder indirekte, horizontale oder vertikale Finanzausgleich im Sinne eines Systems von aufeinander abgestimmten Instrumenten zu verstehen[39]. Darunter fällt auch der Lastenausgleich. Soweit die besonderen Leistungen oder Lasten einer Gemeinde sich nicht nur auf ein «grösseres Gebiet» im Sinne einer Region, sondern auf den ganzen Kanton beziehen, d.h. kantonsweit oder sogar darüber hinaus von Bedeutung sind, kommt Art. 127 zur Anwendung. Art. 128 beinhaltet lediglich in organisatorischer und geografischer Hinsicht die Sonderregelung eines Lastenausgleichs. Insbesondere sind die Zielsetzungen von Art. 127 auch für Art. 128 massgebend, was sich daraus ergibt, dass die Aufteilung in zwei Artikel lediglich wegen der «Kann-Vorschrift» in Art. 128 erfolgte.

2.1.3. Sicherstellung durch den Kanton

16 Art. 127 Abs. 1 garantiert seitens des Kantons einen im Sinne von Abs. 2 funktionsfähigen kantonalen Finanzausgleich. Die Organisation und Durchführung

---

[37] Die Formulierung geht auf eine Überlegung der Redaktionskommission zurück (Prot. RedK vom 3. Februar 2003, S. 104 f., Art. 5.7). Dabei wurde die Wendung «Das Gesetz regelt den Finanzausgleich» (vgl. Prot. Plenum, S. 765) als selbstverständlich und damit überflüssig qualifiziert und ersetzt (Prot. RedK, S. 105). Wichtig sei die Erwähnung, wer das Funktionieren eines Finanzausgleichs zu gewährleisten habe (Prot. RedK, S. 105). Vgl. auch Prot. K5 vom 6. März 2003, S. 282, und dazu RUOSS FIERZ, S. 131. Im Plenum wurde diese Auffassung seitens der Redaktionskommission bestätigt (Prot. Plenum, S. 2422). Ein Antrag innerhalb der Kommission 5 auf Änderung von Abs. 1 in «Der Kanton stellt den Finanzausgleich unter den Gemeinden sicher» wurde in der Folge zurückgezogen (Prot. K5 vom 5. Februar 2004, S. 317).
[38] Vgl. für den Kanton Aargau EICHENBERGER, § 120 N. 1.
[39] Vgl. für den Kanton Aargau EICHENBERGER, § 120 N. 1; für den Kanton Bern BOLZ, S. 543.

des Finanzausgleichs für die Gemeinden des Kantons Zürich ist Sache des Kantons[40].

2.2. Allgemeines zu Abs. 2

Die nachfolgend wiedergegebenen Ausführungen des Regierungsrates zu Art. 19 Abs. 5 aKV gelten bis auf die Reihenfolge der Zielsetzungen auch für die neue verfassungsmässige Regelung des Finanzausgleichs, auch wenn die Systematik in der neuen Verfassung eine andere ist. Zudem wird darin insbesondere die Bedeutung der Stadt Zürich für den ganzen Kanton auch aufgrund des sich immer stärker abzeichnenden Steuerwettbewerbs hervorgehoben[41]: «Art. 19 Abs. 5 der [alten] Kantonsverfassung […] bestimmt, dass die Gesetzgebung den Finanzausgleich ordnet und dafür sorgt, dass die Gemeindesteuerfüsse nicht erheblich voneinander abweichen. Die Bestimmung findet sich unter dem Titel ‹volks- und staatwirtschaftliche Grundsätze›. Über den Wortlaut hinaus bringt diese Systematik zum Ausdruck, dass es sich beim Finanzausgleich um ein Prinzip von staatspolitischer und volkswirtschaftlicher Bedeutung handelt. Einerseits soll die Steuerbelastung [in den] einzelnen Gemeinden im Kantonsgebiet nicht übermässig divergieren. Andererseits sollen die einzelnen Gemeinden trotz unterschiedlicher Voraussetzungen eine faire Chance haben, die ihnen aufgegebenen Aufgaben mit der notwendigen Eigenständigkeit […] zu erfüllen und zu finanzieren. Hinzu kommt heute zunehmend auch der Aspekt des Standortwettbewerbs. Für den Kanton Zürich als Ganzes spielen die Steuerverhältnisse der Stadt Zürich eine nicht unmassgebende Rolle.»

17

Abs. 2 lit. a und b[42] legen bei den Zielen des Finanzausgleichs eine Reihenfolge fest. An erster Stelle steht die Ermöglichung der Erfüllung der notwendigen Aufgaben, danach folgt die Sorge dafür, dass die Gemeindesteuerfüsse nicht erheblich voneinander abweichen, d.h. eine Begrenzung der Steuerfussdisparität[43].

18

---

[40] Vgl. auch BGE 119 Ia 214 ff., 218 f., politische Gemeinde Küsnacht.
[41] Weisung Finanzausgleichsgesetz, S. 454.
[42] Eine lit. c «Prüfung des wirksamen Einsatzes der Mittel im Rahmen der Prüfung der Gemeindehaushalte» wurde auf Antrag des Regierungsrates gestrichen, da eine solche Prüfung nicht möglich sei (Prot. Plenum, S. 2775).
[43] Zu beachten ist, dass mit der Verfolgung des Zieles nach lit. a auch das Ziel nach lit. b gefördert wird.

2.3. Erfüllung der notwendigen Aufgaben (Abs. 2 lit. a)

2.3.1. Allgemeines

19 Lit. a legt die Hauptaufgabe des Finanzausgleichs fest, nämlich die finanziellen Mittel der Gemeinden zu ergänzen, damit diese ihre notwendigen Aufgaben erfüllen können.

2.3.1. Bedeutung von «den Gemeinden»

20 Mit Bezug auf die Stadt Zürich wurde in den Beratungen die Frage aufgeworfen, was unter «den Gemeinden» zu verstehen sei[44]. Im Verfassungsentwurf[45] war noch die Rede von «allen Gemeinden». Aufgrund der Protokolle der Kommission 5 und der Redaktionskommission lässt sich nicht nachvollziehen, wann genau und weshalb die ursprüngliche Wendung «ermöglicht *allen* Gemeinden» beschlussmässig zu «ermöglicht *den* Gemeinden» geändert wurde. Als Vorlage für die 2. Gesamtlesung des Verfassungsrates (Session vom Juni/Juli 2004) stellte die Geschäftsleitung als Verhandlungsgrundlage jedenfalls zu Abs. 2 lit. a den Antrag «Der Finanzausgleich a. ermöglicht *den*[46] Gemeinden die Erfüllung ihrer notwendigen Aufgaben»[47]. Auf der Grundlage der Materialien steht jedoch fest, dass mit «den Gemeinden» alle Gemeinden – und damit auch die Stadt Zürich – in die Systematik bzw. die Wirkungen des Finanzausgleichs einzubeziehen sind, instrumentell aber mit Blick auf die Durchführung Differenzierungen zulässig sind[48].

2.3.3. Ermöglichung der Erfüllung der notwendigen Aufgaben

21 Lit. b stärkt die Gemeindeautonomie. Ein Antrag des Regierungsrates, der für lit. a die Formulierung vorgeschlagen hatte, der Finanzausgleich «stellt allen Gemeinden die für die Erfüllung der gesetzlichen Aufgaben notwendigen Mittel

---

[44] Ausgangspunkt von Art. 127 Abs. 2 lit. a bildete die Formulierung «Der Kanton ermöglicht durch einen Finanzausgleich den Gemeinden die Erfüllung der notwendigen Aufgaben bei einer ausgewogenen Steuerbelastung» (Prot. K5 vom 17. Januar 2002, S. 174), deren erste Zielsetzung inhaltlich bereits mit der endgültigen Fassung übereinstimmt. In der Folge wurden redaktionelle Variationen und die Aufteilung der beiden Zielsetzungen Erfüllung der notwendigen Aufgaben und ausgewogene Steuerbelastung auf lit. a und lit. b des Abs. 2 vorgenommen. Ab der Sitzung vom 24. März 2004 der Redaktionskommission (S. 583) ist nur noch die Rede von «ermöglicht den Gemeinden». In der Sitzung vom 25. März 2004 der Kommission 5 (Prot. K5 vom 25. März 2004, S. 346) und der Sitzung vom 13. April 2004 der Redaktionskommission (Prot. RedK vom 13. April 2004, S. 640) wollte man für Art. 139 Abs. 2 lit. a zurück zum Verfassungsentwurf. Dessen wörtliche Wendung «alle Gemeinden» wurde jedoch nicht wieder aufgenommen.

[45] Art. 139 Abs. 2 lit. a.
[46] Im Original fett und unterstrichen.
[47] Antrag der Geschäftsleitung vom 13. Mai 2004, S. 59.
[48] Vgl. dazu insbesondere: Prot. K5 vom 25. Februar 2005, S. 317.

zur Verfügung», wurde von der Kommission 5 kurz übernommen, dann aber in der Folge wieder verworfen[49].

Was ist unter *«den notwendigen Aufgaben»* der Gemeinden zu verstehen? Der Regierungsrat vertrat im erwähnten Antrag die Auffassung, aus Sicht des Kantons seien für die Gemeinden diejenigen gesetzlichen Aufgaben notwendig und damit massgebend, die auf Bundesrecht und kantonalem Recht beruhen[50]. Das Plenum ist dieser Auffassung jedoch nicht gefolgt[51].

22

Gemeinden können Aufgaben des Bundes, des Kantons oder eigene Aufgaben erfüllen. Die Regelungsabsicht des Regierungsrates hätte – beschränkt man sich auf den Wortlaut[52] – zur Auffassung führen können, dass eigene Aufgaben der Gemeinden nicht unter den Begriff der notwendigen Aufgaben fallen. Aufgrund der vom Verfassungsrat gewählten Regelung ist klargestellt, dass alle Aufgaben einer Gemeinde, insbesondere jene, die aufgrund eines Beschlusses der Gemeinde wahrgenommen werden und die damit nicht auf Bundesrecht oder kantonalem Recht beruhen, vom Finanzausgleich zu ermöglichen sind.

23

Eine scharfe Abgrenzung zwischen notwendigen und nicht notwendigen Aufgaben gibt es nicht. Es geht dabei um die Unterscheidung zwischen Grund- und Wahlbedarf[53]. Dabei entsteht ein gewisses Spannungsverhältnis zur Gemeindeautonomie (Art. 85). Für die Abgrenzung gibt es einige Anhaltspunkte:

24

Soweit bei an eine Gemeinde übertragenen Aufgaben, d.h. bei bundesrechtlichen oder kantonalen Aufgaben, in der Erfüllung Vorgaben von Bund oder Kanton qualitativ oder quantitativ überschritten werden, liegt keine Notwendigkeit mehr vor. Ebenso entfällt Notwendigkeit, wenn Vorgaben zwar eingehalten, die Aufgaben aber unwirtschaftlich (Art. 124 Abs. 2) erbracht werden[54]. Einem Aspekt aus diesem Themenbereich widmet sich auch Art. 97 Abs. 2, in dem der

25

---

[49] RRB 1697 vom 19. November 2003, S. 38 (Vernehmlassung des Regierungsrats zum Verfassungsentwurf). Darin stellte der Regierungsrat zu Art. 139 Abs. 2 den Antrag, «Der Finanzausgleich a. ermöglicht allen Gemeinden die Erfüllung ihrer notwendigen Aufgaben» sei zu ersetzen durch «Der Finanzausgleich a. stellt allen Gemeinden die für die Erfüllung der gesetzlichen Aufgaben notwendigen Mittel zur Verfügung». Zwar schloss sich die Kommission 5 (Prot. vom 26. Februar 2004, S. 320) vorerst diesem Antrag an, ebenso die Redaktionskommission (unter Verzicht auf die «notwendigen» Mittel) mit der Formulierung «die Mittel zur Verfügung, die sie zur Erfüllung der gesetzlichen Aufgaben benötigen» (Prot. RedK vom 24. März 2004, S. 584). In der Folge kam die Kommission 5 (Prot. vom 25. März 2004, S. 347) jedoch wieder auf den ursprünglichen Wortlaut von Abs. 2 lit. a zurück: «Der Finanzausgleich a. ermöglicht den Gemeinden die Erfüllung ihrer notwendigen Aufgaben.» In der Plenumssitzung vom 11. Juni 2004 (Prot. Plenum, S. 2775 f.) wurde der erneute Antrag des Regierungsrates vom 3. Juni 2004 zugunsten des Antrages der Geschäftsleitung verworfen; vgl. dazu auch RUOSS FIERZ, S. 131.

[50] RRB 1697 vom 19. November 2003, S. 38 (Vernehmlassung des Regierungsrates zum Verfassungsentwurf); Prot. Plenum, S. 2775.

[51] Prot. Plenum, S. 2776.

[52] Vgl. aber Prot. K5 vom 26. Februar 2004, S. 317.

[53] THÖNY, S. 184 f., 185: «Der Wahlbedarf ist somit nichts anderes als die Realisierung eines überdurchschnittlichen Versorgungsniveaus.»

[54] Vgl. THÖNY, S. 64.

Regierungsrat dazu verpflichtet wird, bei der Übertragung kantonaler Aufgaben zur selbständigen Erfüllung auf eine Gemeinde deren Leistungsfähigkeit zu berücksichtigen und diese angemessen zu entschädigen.

26 Bei rein kommunalen Aufgaben wird die Abgrenzung noch schwieriger. Von Bedeutung ist die nach lit. a gebotene Unterscheidung beim aktuellen Steuerfussausgleich[55]. Ein Anhaltspunkt, der gegen die Notwendigkeit spricht, kann darin erblickt werden, dass Aufgaben in der Aufgaben- und Finanzplanung gemäss Art. 124 weder hinlänglich konkretisiert noch überhaupt angeführt werden. Es obliegt dann der Gemeinde darzulegen, worin die Notwendigkeit besteht. Ein weiteres Hilfsmittel zu Beurteilung der Notwendigkeit zumindest im quantitativen Sinn bilden statistische Angaben (Benchmarking) über die mit der Erfüllung der entsprechenden Aufgaben verbundenen Aufwendungen oder Ausgaben anderer, vergleichbarer Gemeinden des Kantons. Unter die notwendigen Aufgaben fallen auch die besonderen Leistungen oder Lasten im Sinne von Art. 128. Bei den Gemeinden ist neben der Wirtschaftlichkeit auch der Grundsatz der Sparsamkeit (Art. 122 Abs. 2) zur Beurteilung der Notwendigkeit heranzuziehen. Von Bedeutung in diesem Zusammenhang ist auch Art. 95 Abs. 4 (Finanzierbarkeit neuer Aufgaben).

2.4. Begrenzung der Steuerfussdisparität (Abs. 2 lit. b)
2.4.1. Allgemeines

27 Art. 127 Abs. 2 lit. b bezweckt die Begrenzung der Steuerfussdisparität. Die Zielsetzung stand von Anfang an fest; in der Formulierung gab es aber Unsicherheiten. In den Beratungen folgte das Plenum schliesslich dem Antrag des Regierungsrates, die Regelung von Art. 19 Abs. 5 aKV zu übernehmen[56] (vgl. N. 17). In der Initiative «Gesunde Steuerfussdisparität» vom 14. Mai 2001 verlangten die Initianten, Art. 19 Abs. 5 aKV sei wie folgt zu ändern[57]: «Die Gesetzgebung ordnet den Finanzausgleich und sorgt dafür, dass die Gemeindesteuerfüsse nicht

---

[55] Vgl. § 29 FAG.
[56] Ausgangspunkt der Regelungsversuche bildeten die Formulierungen in der Sitzung der Kommission 5 vom 17. Januar 2002 (Prot. K5, S. 174): «Abs. 1 Der Kanton sorgt durch einen Finanzausgleich für ausgewogene Verhältnisse in der Steuerbelastung und bei den Leistungen der Gemeinden» bzw. «Abs. 1 Der Kanton ermöglicht durch einen Finanzausgleich den Gemeinden die Erfüllung der notwendigen Aufgaben bei einer ausgewogenen Steuerbelastung». Die endgültige Fassung fand die Bestimmung in RRB 1697 vom 19. November 2003, S. 38, welcher darin die Fassung aus Art. 19 Abs. 5 aKV übernahm: «Die Gesetzgebung ordnet den Finanzausgleich und «sorgt dafür, dass die Gemeindesteuerfüsse nicht erheblich voneinander abweichen.» Zur Begründung führte der Regierungsrat an (vgl. Prot. K5 vom 24. April 2003, S. 293): «Lit. b [«dient der Ausgewogenheit der Steuerfüsse»] ist eine Leerformel, da nicht klar ist, was unter der «Ausgewogenheit der Steuerfüsse» zu verstehen ist. Damit für die Durchführung des Finanzausgleichs wenigstens eine allgemeine Anleitung zur Verfügung steht, schlagen wir die Beibehaltung der geltenden Regelung vor.»
[57] Antrag und Weisung des Regierungsrates vom 20. November 2002 zum Beschluss des Kantonsrates über die Volksinitiative «Gesunde Steuerfussdisparität», ABl 2002, S. 2108 ff.

mehr als ½ vom tiefsten Gemeindesteuerfuss abweichen.» Aufgrund eines Gegenvorschlags der Kommission für Staat und Gemeinden vom 23. Januar 2004 zogen die Initianten[58] die Initiative zurück.

2.4.2. Anwendungsbereich und Umsetzung

Die zweite Aufgabe des Finanzausgleichs ist es, die Steuerfussdisparität zwischen den Gemeinden zu vermindern[59]. Die Gemeindesteuerfüsse, d.h. die Summe der Steuerfüsse der Politischen Gemeinde und Schulgemeinden, ohne Steuerfüsse der Kirchgemeinden, dürfen *nicht erheblich voneinander abweichen*. Mit dieser Zielsetzung geht es auch darum, den Grundsatz einer Besteuerung nach der Leistungsfähigkeit zu verwirklichen und die unterschiedliche Steuerbelastung für die Steuerpflichtigen zu mildern[60]. Die Bewertung, welcher Spielraum vertretbar ist, obliegt dem Gesetzgeber. Die geltende Regelung ist in §§ 8 und 18 Abs. 1 FAG niedergelegt[61]. So wird ohne Finanzausgleich die Steuerfussdisparität auf 350 Steuerprozente geschätzt, der tiefste je erreichte Wert lag mit Steuerfussausgleich bei 37 Steuerprozenten[62].

28

Zur Minderung der Steuerfussdisparität mittels Finanzausgleich gibt es eine indirekte und eine direkte Vorgehensweise: Instrumentell übernehmen diese Aufgabe grundsätzlich der Steuerkraft- und der Steuerfussausgleich. Indirekt wird die Steuerfussdisparität vor der Durchführung des Steuerfussausgleichs durch den Steuerkraftausgleich gemindert, indem durch Abschöpfungen bei den finanzstarken Gemeinden die Steuerfüsse angehoben und bei den finanzschwachen Gemeinden durch Zuschüsse gesenkt werden. Direkt kann der Kanton die Steuerfussdisparität durch Festsetzung eines Höchst- oder/und Mindeststeuerfusses beeinflussen. Das geltende Recht kennt im Steuerfussausgleich die Festsetzung eines Maximalsteuerfusses[63]. Eine direkte Festsetzung eines Mindeststeuerfusses gibt es nicht. § 8 FAG, der die Regelung der Steuerfussdisparität zum Ziel hat, beeinflusst den Minimalsteuerfuss nur indirekt.

29

---

[58] OS 59, S. 261 (Änderung §§ 8 und 18 FAG); vgl. dazu auch NZZ vom 7. Juni 2005 Nr. 130, S. 53, Sitzung des Kantonsrates, «Unfaires Spiel im Rathaus», Abgaben reicher Gemeinden in Finanzausgleich nicht erhöht.

[59] Vgl. umfassend zu Disparitäten THÖNY, S. 81 f., 91, 109 f.

[60] Vgl. für den Kanton Aargau EICHENBERGER, § 120 N. 3.

[61] § 8 FAG: «Mit dem Finanzausgleich sollen die Gemeindesteuerfüsse so beeinflusst werden, dass über eine Zeitspanne von zwei Jahren betrachtet mindestens 95% aller Steuerfüsse innerhalb des vom Regierungsrat festgelegten Bereichs liegen. Dieser ist so zu bestimmen, dass der obere Bereichsgrenzwert nicht mehr als das Anderthalbfache des unteren beträgt.» Eingefügt durch Gesetz vom 10. Mai 2004 (OS 59, S. 261); in Kraft seit 1. Januar 2005 (OS 59, S. 361).

[62] Prot. K5 vom 23. August 2001, S. 79.

[63] § 27 Abs. 2 FAG: «Übersteigt der Steuerfuss das Kantonsmittel dennoch um mehr als 10 Steuerprozente, wird der volle Überhang vergütet.»

2.5. Finanzierung des Finanzausgleichs (Abs. 3)

2.5.1. Allgemeines

30 Abs. 3 hält ausdrücklich fest, wer den Finanzausgleich zu tragen, d.h. zu finanzieren hat, nämlich Kanton *und* Gemeinden. Abs. 3 verpflichtet neben dem Kanton ausdrücklich die Gemeinden, sich an der Finanzierung des Finanzausgleichs zu beteiligen. Diese Bestimmung war in den Beratungen unbestritten[64].

31 Bislang war verfassungsrechtlich nicht ausdrücklich geregelt, dass neben dem Kanton auch die Gemeinden den Finanzausgleich mitzufinanzieren haben. Auf Gesetzesstufe werden der Steuerkraftausgleich und die Beiträge an die grossen Kunstinstitute der Städte Zürich und Winterthur[65] ausschliesslich über den horizontalen Finanzausgleich von den finanzstarken Gemeinden finanziert (vgl. Art. 128 N. 4 ff.).

2.5.2. Verhältnis vom Kanton zu den Gemeinden

32 Es bleibt grundsätzlich dem Gesetzgeber überlassen, Instrumente und Finanzvolumen (vgl. auch Art. 56 Abs. 2 lit. d) zu bestimmen, die vom Kanton und den Gemeinden zur Finanzierung des Finanzausgleichs eingesetzt werden sollen. Bei der Durchführung eines regional begrenzten Lastenausgleichs ist einzig die Ausnahme gemäss Art. 128 ist zu beachten.

2.6. Geltungsbereich

33 Der Anwendungsbereich von Art. 127 umfasst alle Gemeinden des Kantons, d.h. die Politischen Gemeinden und die Schulgemeinden, insbesondere auch die Stadt Zürich. Die Kirchgemeinden fallen nicht unter Art. 127 (vgl. Art. 129 N. 42).

---

[64] Die Bestimmung hat ihren Ursprung in der Sitzung der Redaktionskommission vom 3. Februar 2003 (Prot. RedK, S. 104 f.), wo nach einer Regelung gesucht wurde, die den «Mechanismus» zum Ausdruck bringt «z.B. wer zahlt.» Bei der ersten Variante «Der Finanzausgleich wird durch den Kanton und die finanzstarken Gemeinden finanziert» wurde «finanzstarke» gestrichen. In der Sitzung der Kommission 5 vom 6. März 2003 (Prot. K5, S. 282 f.) wurde diese Regelung übernommen (S. 284). In der Sitzung der Redaktionskommission vom 24. März 2004 (Prot. RedK, S. 583 f.) schliesslich wurde «finanziert» durch «getragen» ersetzt, um eine Tautologie zu vermeiden. In der Folge findet sich in der Sitzung der Kommission 5 vom 25. März 2004 (Prot. K5, S. 346) noch eine Bezugnahme auf diese Bestimmung, wo sie als nicht ganz stilsicher qualifiziert wurde, da Kosten und nicht der Finanzausgleich getragen würden.

[65] § 33a FAG.

Art. 128

Lastenausgleich

Erbringt eine Gemeinde besondere Leistungen für ein grösseres Gebiet oder trägt sie besondere Lasten, so kann das Gesetz dafür unter Berücksichtigung ihrer Leistungsfähigkeit eine angemessene Abgeltung vom Kanton oder von anderen Gemeinden vorsehen.

Gemeinden, die Abgeltungen finanzieren oder erhalten, haben ein Mitspracherecht.

Materialien

Art. 140 VE; Prot. Plenum, S. 765 f., 2423 f., 2779 f.

Literatur

Vgl. Hinweise zu Art. 127.

Rechtsquellen

Vgl. Hinweise zu Art. 127.

Übersicht	Note
1. Lastenausgleich im Allgemeinen	1
1.1. Unterscheidungen	1
1.2. Der Lastenausgleich im Bund	2
1.3. Der Lastenausgleich in den Kantonen	3
1.4. Instrumente des Lastenausgleichs im geltenden Finanzausgleich des Kantons Zürich	4
2. Modalitäten des Lastenausgleichs gemäss Abs. 1	9
2.1. Allgemeines	9
2.2. Voraussetzungen	10
2.2.1. Allgemeines	10
2.2.2. Besondere Leistungen oder besondere Lasten für ein grösseres Gebiet	11
2.3. Rechtsfolgen	16
2.3.1. Angemessene Abgeltung vom Kanton oder anderen Gemeinden	16
2.3.2. Berücksichtigung der Leistungsfähigkeit	19
2.3.3. Fakultativer Lastenausgleich	20
3. Mitspracherecht (Abs. 2)	21
3.1. Allgemeines	21
3.2. Mitspracherecht der beteiligten Gemeinden	22
4. Verhältnis von Art. 128 zu Art. 127	29

1. Lastenausgleich im Allgemeinen

1.1. Unterscheidungen

1   Der Lastenausgleich wird üblicherweise als Teil des Finanzausgleichs betrachtet[1]. Im Zusammenwirken mit den anderen Instrumenten des Finanzausgleichs kommt dem Lastenausgleich die Aufgabe zu, Sonderlasten einzelner Gemeinwesen zu entschädigen. Die Sonderlasten können ihren Ursprung in zusätzlichen Lasten (z.B. Sozialaufgaben) oder in Leistungen, die über die Gebietsgrenzen hinwegwirken (Spill-over-Effekt, z.B. städtische Kulturinstitute), haben. Eine zentrale Ursache dieser Entwicklung zum Nachteil der Kernstädte bildet das mit der hohen Mobilität verbundene Wachstum der Agglomerationen mit dem Trend zu A-Städten[2].

1.2. Der Lastenausgleich im Bund

2   Bei der Neugestaltung des Finanzausgleichs und der Aufgaben zwischen Bund und Kantonen (NFA) gehören zum Lastenausgleich insbesondere die interkantonale Zusammenarbeit mit Lastenausgleich, der soziodemografische und der topografische Lastenausgleich (Art. 127 N. 5 f.). Für den Kanton Zürich sind nur die beiden ersten Instrumente von Bedeutung.

1.3. Der Lastenausgleich in den Kantonen

3   Vgl. Art. 127 N. 7.

1.4. Instrumente des Lastenausgleichs im geltenden Finanzausgleich des Kantons Zürich

4   Das geltende Finanzausgleichsgesetz kennt bereits Elemente oder Instrumente eines Lastenausgleichs. Dazu gehören (a) der Investitionsfonds, (b) der Steuerkraftausgleich und der Steuerfussausgleich, (c) der Kulturlastenausgleich und die beabsichtigte interkantonale Kulturlastenvereinbarung sowie (d) der Lastenausgleich für die Stadt Zürich.

---

[1] Dazu und zum Folgenden: Weisung Finanzausgleichsgesetz, S. 454 f.
[2] Weisung Finanzausgleichsgesetz, S. 455: «Insgesamt spricht man salopp vom Trend zu A-Städten, wo die Dichte an Alten [Betagten], Armen, Arbeitslosen, Ausgesteuerten, Ausländerinnen und Ausländern, Alleinstehenden, Abhängigen usw. besonders hoch sei, was entsprechende Probleme und Kosten verursache. Bekannt und anerkannt ist auch, dass Randgruppen die Anonymität der Stadt als Schutz empfinden und daher in die Städte flüchten.»

a) Der kaum mehr eingesetzte Investitionsfonds beinhaltet ein Element eines Lastenausgleichs, indem Gemeinden vom Kanton Beiträge erhalten, die mit ihren Investitionen anderen Gemeinden Dienste leisten, ohne dafür finanziell vollständig entschädigt zu werden³.

b) Der bisherige Steuerkraftausgleich ist insbesondere durch die Ausgestaltung der Bemessungsgrundlage für die Zuschüsse nach der sog. U-Kurve zwar mit konzeptionellen Elementen eines Lastenausgleichs ausgestaltet, aber insbesondere mit Blick auf die hemmende Wirkung bei Gemeindefusionen revisionsbedürftig⁴. Durch die Defizitdeckung übernimmt der Steuerfussausgleich auch die Funktion eines Lastenausgleichs, so z.B. für die Stadt Winterthur.

c) 1984 wurde gleichzeitig mit der Revision des Steuerkraftausgleichs ein Kulturlastenausgleich für die grossen Kunstinstitute der Städte Zürich und Winterthur geschaffen. Damit können von den sog. Abschöpfungen der finanzstarken Gemeinden höchstens 10% an die grossen Kunstinstitute der Städte Zürich und Winterthur überwiesen werden⁵. Eine Vereinbarung über die Regelung eines interkantonalen Kulturlastenausgleichs ist (vorläufig) nicht zustande gekommen⁶.

d) Die finanzielle Lage der Stadt Zürich verschlechterte sich Anfang der Neuzigerjahre⁷, was zu einem Bilanzfehlbetrag führte. Bestimmend dafür waren dabei insbesondere die von der Stadt Zürich zu tragenden Sonderlasten. Um den fehlenden Einbezug der Stadt Zürich in den allgemeinen Finanzausgleich des Kantons Zürich zu kompensieren, wurde mit Wirkung ab 1999 ein vertikaler Lastenausgleich geschaffen. Danach erhält die Stadt Zürich in den Bereichen der Polizei, der Kultur⁸ und der Sozialhilfe⁹ jährlich pauschale Beiträge¹⁰. Die

---

³ § 20 lit. a FAG, vgl. dazu DJI/NABHOLZ, Schlussbericht, S. XIII und 13, zur aktuellen Beurteilung: ANGELINI/THÖNY/GULDE, Grundmodell, S. 5; ANGELINI/THÖNY/GULDE, Finanzausgleichsreform, S. 7 und 33; zur rechtlichen Ausgestaltung vgl. AGOSTI/MÜLLER.

⁴ § 11 FAG i.V.m. § 14 FAV; vgl. ANGELINI/THÖNY/GULDE, Grundmodell, S. 25 f., 34 und 37; ANGELINI/THÖNY/GULDE, Finanzausgleichsreform, S. 33. DJI/NABHOLZ, Schlussbericht, S. XV; vgl. insbesondere BUSCHOR/SCHEDLER/STÄGER, S. 91 f., zu den veralteten theoretischen Grundlagen.

⁵ § 33a FAG.

⁶ Antrag und Weisung des Regierungsrates vom 26. Mai 2004 zum Gesetz über den Beitritt zur interkantonalen Kulturlastenvereinbarung, ABl 2004, S. 595 f.; Gesetz über den Beitritt zur interkantonalen Kulturlastenvereinbarung vom 14. Februar 2005 (ABl 2005, S. 253 f.); vgl. NZZ vom 8. Juli 2005, Nr. 157, S. 17: Zug zeigt Zürich die kalte Schulter, Vereinbarung für Kulturbeiträge wegen NFA geplatzt.

⁷ Vgl. Weisung Finanzausgleichsgesetz, S. 453 f.

⁸ Der Antrag des Regierungsrates sah für die Kultur ursprünglich eine Finanzierung im Rahmen des Steuerkraftausgleichs vor (vgl. Weisung Finanzausgleichsgesetz, S. 463); die kantonsrätliche Kommission entschied sich für eine vertikale Finanzierung durch den Kanton (ABl 1998, S. 1187).

⁹ Der Beitrag im Bereich der Sozialhilfe (gesetzliche wirtschaftliche Hilfe) ist befristet und wird bis zum 31. Dezember 2008 ausgerichtet, vgl. Art. II Abs. 2 Übergangsbestimmungen der Änderung vom 7. Februar 1999, Fristverlängerung vom 8. September 2003, OS 58, S. 278; ABl 2003, S. 248.

¹⁰ §§ 35a und 35b FAG. Mit dieser Vorlage wurde der Auftrag von Art. 19 Abs. 5 aKV auch gegenüber der Stadt Zürich erfüllt (vgl. Beleuchtender Bericht). Der Einführung des Lastenausgleichs voran ging ein Studienauftrag des Regierungsrates an das Institut für Finanzwirtschaft und Finanzrecht der Hochschule

jährliche Verfügung und Zahlung in den einzelnen Bereichen beruht jeweils auf der vom Regierungsrat für eine Periode von drei Jahren festgesetzten Abgeltung[11].

2. Modalitäten des Lastenausgleichs gemäss Abs. 1

2.1. Allgemeines

9 Beim Lastenausgleich lagen die Meinungen im Verfassungsrat stark auseinander[12]. Die Mehrheit folgte dem ursprünglichen Vorschlag der Kommission 5[13], welcher in der Folge durch die Aufteilung von Finanz- und Lastenausgleich auf zwei Artikel, redaktionelle Änderungen sowie die Konkretisierung des Mitspracherechts ergänzt wurde. Ein Antrag auf ersatzlose Streichung wurde abgelehnt[14]. Keine Zustimmung fand schliesslich ein Antrag, wonach Abgeltungen des Bundes oder anderer Kantone den belasteten Gemeinwesen weiterzugeben seien[15].

2.2. Voraussetzungen

2.2.1. Allgemeines

10 Aufgrund der gewählten Terminologie und der Materialien ist davon auszugehen, dass Abs. 1 auf den konzeptionellen Vorstellungen beruht, denen bereits der Lastenausgleich für die Stadt Zürich folgte. Danach sehen sich Städte im Vergleich zu anderen Gemeinden insgesamt überdurchschnittlichen Leistungen und Lasten gegenüber. So erbringen die Städte Leistungen, die über ihre Gebietsgrenzen hinauswirken. Beim nicht abgegoltenen Teil dieser Leistungen

---

St. Gallen (IFF) zur Überprüfung des Finanz- und Lastenausgleichssystems im Kanton Zürich. Das im Oktober 1992 verabschiedete Gutachten des IFF gelangte im Wesentlichen zum Schluss, dass das damalige Finanzausgleichssystem insbesondere deshalb nicht zu befriedigen vermöge, weil einerseits die Stadt Zürich nicht einbezogen sei und andererseits zu stark auf die tatsächlichen Ausgaben der einzelnen Gemeinden abgestellt werde. Die Vorschläge des IFF gingen dahin, in einer ersten Phase den Steuerfussausgleich durch einen Normlastenausgleich abzulösen und in einer zweiten Phase das bestehende System der aufwandproportionalen Subventionen (zweckgebundene Staatsbeiträge) auf Normkosten umzustellen. Die Nachprüfung der Auswirkungen eines solchen Systems (Phase I) mit Modellrechnungen ergab wegen der mangelnden Zielerreichung einen Verzicht auf die Einführung eines Normlastenausgleichs. Der Regierungsrat entschied sich aufgrund des Berichts, den zeitlich vordringlichen Miteinbezug der Stadt Zürich in den Finanzausgleich durch einen direkten Lastenausgleich voranzutreiben (Weisung Finanzausgleichsgesetz, S. 453).

[11] § 35b Abs. 3, § 35c Abs. 2 und § 35d Abs. 3 FAG.
[12] Vgl. RUOSS FIERZ, S. 131.
[13] Vgl. Prot. Plenum, S. 765.
[14] Prot. Plenum, S. 2423, 2426.
[15] Prot. Plenum, S. 2779, 2782 f. Die ablehnende Haltung des Regierungsrates wurde im Wesentlichen mit einer Inkompatibilität der Systeme des Finanzausgleichs des Bundes und des Kantons begründet: «Die vorgeschlagene Lösung ist aus praktisch-technischen Gründen nicht sinnvoll» (Prot. Plenum, S. 2784).

kann man von Sonderleistungen oder «besonderen Leistungen» sprechen. Für denjenigen Teil der Lasten einer A-Stadt, die erheblich über dem Durchschnitt liegen, kann man von Sonderlasten oder «besonderen Lasten» sprechen[16].

2.2.2. Besondere Leistungen oder besondere Lasten für ein grösseres Gebiet

Die Etablierung eines Lastenausgleichs beinhaltet zwei voneinander zu unterscheidende Elemente[17], einmal die besonderen Leistungen, dann die besonderen Lasten.

11

Unter den besonderen *Leistungen* werden zentralörtliche Leistungen verstanden. Diese wurden im Plenum definiert als «Leistungen, welche die Städte oder Gemeinden, die als Zentren eines grösseren Gebiets gelten, abgesehen von einem möglichen Finanzausgleich grundsätzlich selber tragen müssen».[18] Eine Gemeinde kann diese Leistungen erbringen, d.h., sie kann grundsätzlich darüber entscheiden, ob und in welchem Umfang sie diese Leistungen «produzieren» will. Zentralörtliche Leistungen werden im zentralen Ort bewusst produziert und stehen der gesamten Region bzw. Agglomeration zur Verfügung. Es geht also um Leistungen, die über die Grenzen der Stadt hinauswirken[19]. In diesem Zusammenhang ist insbesondere auch Art. 85 Abs. 2[20] zu beachten.

Anders ist es mit den besonderen *Lasten*, wofür als Beispiel die «übermässige Belastung einer Gemeinde mit Sozialhilfefällen»[21] angeführt wurde. Nach der Formulierung in Abs. 1 trägt eine Gemeinde solche Lasten, d.h., eine Gemeinde ist solchen Lasten ausgesetzt. Im Plenum wurde dazu mit Bezug auf Sozialhilfeleistungen ausgeführt, dass solche Lasten historisch gewachsen seien und weiter wachsen, sie könnten von den Zentrumsgemeinden kaum selber beeinflusst werden[22]. «Den Städten entstehen dadurch Lasten, denen sie sich nicht entziehen können.»[23]

12

Mit der Erwähnung des Attributs «*besondere*» soll zum Ausdruck gebracht werden, dass eine bestimmte quantitative Beanspruchung einer Gemeinde erforderlich ist, unerhebliche Mehrleistungen oder kleinere Lasten genügen nicht für einen Lastenausgleich im Sinne von Art 128. So wurden die besonderen Leis-

13

---

[16] Vgl. Weisung Finanzausgleichsgesetz, S. 455; vgl. auch TA II, Agglomerationen, S. 50, Frage 1.
[17] Prot. Plenum, S. 2424 (Votum Baumann): «Hier wollen wir einfach das Wort ‹andere› streichen, weil es um zwei verschiedene Elemente geht. Es geht um die zentralörtlichen Leistungen auf der einen Seite und die besonderen Lasten auf der anderen Seite.»
[18] Prot. Plenum, S. 2424.
[19] Vgl. Weisung Finanzausgleichsgesetz, S. 455.
[20] Der Kanton berücksichtigt die möglichen Auswirkungen seines Handelns auf die Gemeinden, die Städte und auf Agglomerationen.
[21] Prot. Plenum, S. 2424 (Votum Baumann).
[22] Prot. Plenum, S. 2780 (Votum Leemann).
[23] Weisung Finanzausgleichsgesetz, S. 455.

tungen oder Lasten im Plenum auch interpretiert als «substanzielle» Leistungen oder Lasten, mit denen nicht einfach Bagatellen gemeint seien[24].

14 Als zentrale Voraussetzung erscheint weiter der Perimeter, d.h. der geografische Wirkungskreis der besonderen Leistungen oder Lasten: Der Begriff des «*grösseren Gebiets*» ist auf ein «Zentrum» zu beziehen[25] und zwischen «Stadt und Land» denkbar[26]. Den Ausführungen des Präsidenten der Kommission 5 im Plenum lässt sich entnehmen, dass ein *grösseres Gebiet* so viel bedeutet wie «*Region*» oder «*kleineres Gebiet*» oder «*Gemeinden um eine Zentrumsgemeinde*», d.h. «*Umgebungsgemeinden*»[27]. Nicht darunter fallen Leistungen, die «generell für den Kanton»[28], also kantonsweit erbracht werden. Für den letzteren Fall wurde als Beispiel die Stadt Winterthur angeführt, deren Leistungen im Rahmen des Finanzausgleichs vom Kanton abgegolten werden. Den Erörterungen lässt sich entnehmen, dass diese Leistungen über die Umgebungsgemeinden von Winterthur hinausgehen[29].

15 Mit Blick auf die Abgrenzung des Anwendungsbereichs von Art. 128 und Art. 127 lässt sich zusammenfassend festhalten, dass, falls die besonderen Lasten oder Leistungen über den Perimeter einer bestimmten Region hinausgehen oder sich auf den ganzen Kanton beziehen, nicht Art. 128, sondern Art. 127 zur Anwendung gelangt.

2.3. Rechtsfolgen

2.3.1. Angemessene Abgeltung vom Kanton oder anderen Gemeinden

16 In der Wendung «vom Kanton *oder* von anderen Gemeinden» bedeutet «oder» auch «und»[30]. Durch die Abgeltung vom Kanton oder anderen Gemeinden kann der Lastenausgleich allein vertikal (d.h. durch den Kanton) oder allein horizontal (d.h. durch andere Gemeinden)[31] oder in einer vertikalen und horizontalen Kombination ausgestaltet sein[32].

---

[24] Prot. Plenum, S. 2780 (Votum Leemann).
[25] Prot. Plenum, S. 2424 (Votum Baumann).
[26] Prot. Plenum, S. 2424 (Votum Baumann).
[27] Prot. Plenum, S. 2782 (Votum Baumann).
[28] Prot. Plenum, S. 2782 (Votum Baumann).
[29] Prot. Plenum, S. 2782 f. (Voten Regierungsrat Notter und Baumann).
[30] Diese Präzisierung wurde aus der Überlegung angebracht, die ursprüngliche Bestimmung, d.h. «so kann das Gesetz dafür unter Berücksichtigung ihrer Leistungsfähigkeit eine angemesse Abgeltung vorsehen», «könnte so ausgelegt werden, dass eine Finanzierung durch den Kanton nicht mit eingeschlossen sei» (Prot. K5 vom 26. Februar 2004, S. 320). In der gleichen Sitzung wurde dazu festgehalten (S. 321): «dass der Passus auch einen Lastenausgleich unter den Gemeinden (ohne Einbezug des Kantons) ermögliche». Prot. RedK vom 24. März 2004, S. 584: «oder» bedeutet in diesem Fall auch «und»; ebenso Prot. K5 vom 25. März 2004, S. 347.
[31] Prot. Plenum, S. 2424 f.
[32] Prot. K5 vom 26. Februar 2004, S. 321 oben; Prot. RedK vom 24. März 2004, S. 584: «oder» beinhaltet in diesem Kontext auch «und»; Prot. K5 vom 25. März 2004, S. 347; Prot. Plenum, S. 2779: «Die Formu-

Die angemessene *Abgeltung*[33] hat die Funktion, die zusätzlichen Aufwendungen oder Ausgaben für Investitionen[34] einer Gemeinde abzugelten, die dadurch entstehen, dass sie besondere Leistungen erbringt oder besondere Lasten trägt, die über einen bestimmten Standard hinausgehen. Für diesen Standard sind Indikatoren festzulegen. Die Abgeltung von Sonderleistungen gehört in den grösseren Themenkreis der Internalisierung externer Effekte (sog. Spill-over-Problem), wofür es verschiedene Strategien gibt[35]. Komplexer dürfte die Bemessung einer Abgeltung bei den besonderen Lasten (z.B. Aufwendungen für die Sozialhilfe) werden, da es beim geforderten Zusammenhang zwischen Zentrum und Peripherie (Region) angesichts der Mobilität der Bevölkerung schwierig sein wird, geeignete Kennzahlen zu finden[36].

Angemessen heisst den Umständen entsprechend. Darin ist eine Verweisung auf den Verhältnismässigkeitsgrundsatz enthalten. Zu berücksichtigen sind dabei alle Umstände, sowohl jene der Gemeinde, die etwas erhält – insbesondere mit Blick auf deren Leistungsfähigkeit –, wie auch der Gemeinden, die bezahlen.

2.3.2. Berücksichtigung der Leistungsfähigkeit

Bei der Abgeltung ist die Leistungsfähigkeit der Gemeinde zu berücksichtigen, welche die besonderen Leistungen oder Lasten erbringt[37]. Typischer Ausdruck der Leistungsfähigkeit einer Gemeinde ist im Finanzausgleich die absolute bzw. relative Steuerkraft[38].

2.3.3. Fakultativer Lastenausgleich

Der Gesetzgeber *kann* einen Lastenausgleich nach Art. 128 einführen. Der Lastenausgleich im Sinne von Art. 128 ist somit für den Kanton fakultativ. Ein Antrag, der darauf abzielte, die Kann-Vorschrift durch eine bestimmte Formulierung zu ersetzen, wurde abgelehnt[39].

---

lierung wurde lediglich dahingehend etwas präzisiert, dass das Gesetz eine Abgeltung vom Kanton oder von anderen Gemeinden vorsehen kann.»

[33] Der Regierungsrat wollte ohne Erfolg «Abgeltungen» durch «Ausgleich» ersetzen: «Abgeltungen werden für erbrachte Leistungen geleistet. Im Zusammenhang mit dem Lastenausgleich sollen hingegen vielmehr Belastungen ausgeglichen werden.» RRB 1697 vom 19. November 2003, S. 38 (Vernehmlassung des Regierungsrates zum Verfassungsentwurf).

[34] Vgl. § 20 lit. c FAG.

[35] Vgl. PLACKE, S. 60 f.; HALDEMANN, Lastenausgleich, S. 342 f.; TA II, Agglomerationen, S. 50 f.

[36] Vgl. für die Abgeltung der Sonderlasten der Stadt Zürich in den Bereichen der Polizei und der Sozialhilfe §§ 35b und 35d FAG sowie für den soziodemografischen Lastenausgleich im Bund Art. 8 FiLaG.

[37] Prot. Plenum, S. 766 (Votum Heuberger): «Wichtig ist der Kommission hierbei, dass erstens bei der Bemessung des Lastenausgleichs die Leistungsfähigkeit einer Gemeinde zu berücksichtigen ist [...].» Weshalb dies der Kommission 5 wichtig war, wurde nicht ausgeführt.

[38] § 39 FAG und § 10 FAV; vgl. in diesem Zusammenhang auch zu den Standortvorteilen: TA II, Agglomerationen, S. 52.

[39] Prot. Plenum, S. 2780 f. (Votum Leemann).

3. Mitspracherecht (Abs. 2)

3.1. Allgemeines

21 Der Regierungsrat beantragte die Streichung des Absatzes, da das Mitspracherecht weder zweckmässig noch notwendig sei. Das Mitspracherecht führe zu einem schwierigen, zeitraubenden Verfahren, zudem würden die abgeschöpften Mittel zu kantonalen Mitteln[40]. Weiter führte der Regierungsrat[41] in der Beratung aus, es sei nicht genau vorstellbar, wie ein Mitspracherecht jener Gemeinden, die mitzahlen, funktionieren soll. Weder die Kommission 5 noch das Plenum setzte sich mit diesen Argumenten auseinander, der Streichungsantrag wurde verworfen[42].

3.2. Mitspracherecht der beteiligten Gemeinden

22 Den Materialien lassen sich keine Hinweise zu den konzeptionellen Vorstellungen, die dieser Bestimmung zugrunde liegen, entnehmen. Allerdings kann davon ausgegangen werden, dass es sich bei dem Art. 128 zugrunde liegenden Gestaltungsprinzip um die fiskalische Äquivalenz handelt, welche für die Auslegung heranzuziehen ist. Danach sollen im Ideal Nutzen-, Kosten- und Entscheidungsraum übereinstimmen[43].

23 Hinsichtlich des Anwendungsbereichs des Mitspracherechts ergeben sich folgende Möglichkeiten: In Betracht kommt (a) eine Mitsprache bei der gesetzlichen Regelung sowie (b) bei der Durchführung. In Frage kommen weiter (c) eine Mitsprache bei der Festlegung der Höhe der Abgeltungen und schliesslich (d) die Mitsprache bei der Erfüllung der Aufgaben, in deren Rahmen die besonderen Leistungen oder Lasten erbracht werden.

24 a) Hinweise, dass die *Mitsprache bereits im Gesetzgebungsverfahren* zum Anwendung gelangen solle, ergeben sich aus den Überlegungen in der Kommission 5, wonach in diesem Prozess – dem Gesetzgebungsverfahren – dann Modelle zur Mitsprache in konkreten Ausgleichsfällen und dort schon bei der Art und Weise der Leistungserfüllung entwickelt werden müssen[44]. Dazu ist allerdings zu sagen, dass die demokratische Legitimation, d.h. die Entscheidungskompetenz, beim Kanton und den kantonalen Organen liegt[45]. Diese Auffassung bestätigt auch Art. 85 Abs. 2 und 3, wonach der Kanton die möglichen Auswir-

---

[40] RRB 1697 vom 19. November 2003, S. 38 f. (Vernehmlassung des Regierungsrates zum Verfassungsentwurf).
[41] Prot. Plenum, S. 2781 f. (Votum Regierungsrat Notter).
[42] Prot. Plenum, S. 2782.
[43] HALDEMANN, Lastenausgleich, S. 26.
[44] Prot. K5 vom 26. Februar 2006, S. 321.
[45] Prot. Plenum, S. 2781 (Votum Regierungsrat Notter).

kungen seines Handelns auf die Gemeinden, die Städte und auf die Agglomerationen berücksichtigt. Dazu hört der Kanton die Gemeinden rechtzeitig an.

b) Aufgrund des Gesagten erfolgt die Mitsprache bei der Durchführung (Handhabung) des Lastenausgleichs. 25

c) Für die Mitsprache bei der Abgeltung spricht die Erwähnung der die Abgeltung empfangenden, d.h. mit der Erfüllung von Aufgaben, mit welcher besondere Leistungen oder Lasten verbunden sind, betrauten Gemeinde, worauf im Plenum auch ausdrücklich Bezug genommen wurde[46]. Schliesslich ergibt sich diese Mitsprache auch aus dem Äquivalenzprinzip. 26

d) Aus den bereits erwähnten Gründen (c) ergibt sich auch die Mitsprache bei der Aufgabenerfüllung[47]. 27

Dem Gesetzgeber verbleibt bei der Umsetzung einer praktikablen Lösung jedenfalls ein grosser Spielraum[48]. 28

4. Verhältnis von Art. 128 zu Art. 127

Art. 128 regelt in der Durchführung einen regionalen, in der Verwirklichung fakultativen Lastenausgleich nach dem Äquivalenzprinzip. Soweit ein Lastenausgleich kantonsweit von Bedeutung ist, gibt es keine organisatorischen Vorgaben der Verfassung. 29

---

[46] Prot. Plenum, S. 2424 f. (Votum Baumann).
[47] Prot. Plenum, S. 2424 (Votum Baumann).
[48] Vgl. dazu auch die Lösungsansätze in den deutschen Bundesländern zu einer verbesserten Stellung der Kommunen bei finanzwirksamen Gesetzen: HENNEKE, § 4 Rdnr. 9 ff., sowie PLACKE, S. 346 f.

Art. 129

Die Finanzkontrolle prüft den Finanzhaushalt des Kantons und erstattet darüber dem Regierungsrat und dem Kantonsrat Bericht.

Sie ist unabhängig.

Der Kantonsrat wählt ihre Leitung auf Vorschlag des Regierungsrates.

Die Finanzhaushalte der Gemeinden und der anderen Organisationen des öffentlichen Rechts werden durch unabhängige und fachkundige Organe geprüft.

Prüfung der Finanzhaushalte

Materialien

Art. 141 VE; Prot. Plenum, S. 119 f., 158 f., 640 f., 766, 874 f., 2422 f., 2785 f.

Vgl. ferner Antrag und Weisung des Regierungsrates vom 29. März 2000 zum Finanzkontrollgesetz (FKG), ABl 2000, S. 402 ff.

Literatur

BRÜGGER PAUL, Zum Wesensgehalt der Unabhängigkeit oberster Finanzaufsichtsorgane, ZBl 107/2006, S. 1 ff.; BUSCHOR ERNST, Notwendige Trennung der internen und externen Revision bei öffentlichen Gemeinwesen, in: Carl Helbling/Max Boemle/Bruno U. Glaus (Hrsg.), Revision und Rechnungslegung im Wandel, Festschrift André Zünd, Zürich 1988, S. 61 ff.; DRUEY JEAN NICOLAS, Unabhängigkeit – ein knappes Gut, in: Carl Helbling/Max Boemle/Bruno U. Glaus (Hrsg.), Revision und Rechnungslegung im Wandel, Festschrift André Zünd, Zürich 1988, S. 91 ff.; FEY MANFRED, Verhältnis interne – externe Revision in öffentlichen Verwaltungen, USA, Deutschland, Österreich und Schweiz, Diss. (St. Gallen), Zürich 1998; GRABER KONRAD/PURTSCHERT BRUNO, Öffentliche Finanzkontrollen im Umbruch, Der Schweizer Treuhänder 75/2001, S. 173 ff.; GRIEDER STEFAN, Die Frage der Vereinbarkeit von Prüfung und Beratung, Diss., Basel 2004; HANGARTNER YVO, Der Rechnungshof – Ein neues staatsrechtliches Institut, Bemerkungen aus Anlass der Schaffung einer Cour des comptes im Kanton Genf, ZBl 107/2006, S. 453 ff.; INTOSAI, INTERNATIONALE ORGANISATION DER OBERSTEN RECHNUNGSKONTROLLBEHÖRDEN, Deklaration von Lima, 1977; KOHLI URS WERNER, Finanzkontrolle im Kanton Bern, Diss., Bern 1974; KOLLER STEFAN, Braucht die Schweiz einen Rechnungshof?, Bern 2002; KONFERENZ DER KANTONALEN FINANZDIREKTOREN (Hrsg.), Handbuch des Rechnungswesens der öffentlichen Haushalte, Bd. 1, Bern 1981 (Handbuch); NUSPLIGER, § 22; THALMANN, §§ 83a, 140, 140a; TINNER ROLF ANDREAS, Finanzkontrolle in den Zürcher Gemeinden, Diss., Zürich 1983; TREUHAND-KAMMER (Hrsg.), Schweizer Handbuch der Wirtschaftsprüfung 1998, Bd. 4, Zürich 1998, Ziff. 9 (HWP); WELLINGER KARL, Stellung und Kompetenzen der Rechnungsprüfungs-Kommission in den Zürcherischen Gemeinden, Diss. (Zürich), Wädenswil 1945.

Rechtsquellen

– Gesetz über das Gemeindewesen vom 6. Juni 1926 (Gemeindegesetz, GemG; LS 131.1)
– Verordnung über den Gemeindehaushalt vom 26. September 1984 (VHG; LS 133.1)
– Kreisschreiben der Direktion der Justiz und des Innern über den Gemeindehaushalt vom 10. Oktober 1984, Stand 1. Januar 2006 (KSGH)
– Kreisschreiben der Direktion der Justiz und des Innern über die Haushaltkontrolle der Gemeinden vom 12. September 1985 (KSGHK)

– Gesetz über die politischen Rechte vom 1. September 2003 (GPR; LS 161)
– Finanzkontrollgesetz vom 30. Oktober 2000 (FKG; LS 614)

Übersicht Note

1. Die Finanzkontrolle 1
   1.1. Aufgaben der Finanzkontrolle 1
   1.2. Erscheinungsformen und organisatorische Stellung der Finanzkontrolle 2
       1.2.1. Erscheinungsformen 2
       1.2.2. Organisatorische Stellung im Verhältnis zu Parlament und Exekutive 6
2. Die Finanzkontrolle des Kantons (Abs. 1–3) 9
   2.1. Finanzkontrolle und ihre Aufgaben (Abs. 1) 9
       2.1.1. Finanzkontrolle 9
       2.1.2. Prüfung des Finanzhaushalts des Kantons 11
       2.1.3. Berichterstattung an Regierungsrat und Kantonsrat 13
   2.2. Unabhängigkeit (Abs. 2) 14
       2.2.1. Allgemeines 14
       2.2.2. Erscheinungsformen und Umsetzung der Unabhängigkeit 15
       2.2.3. Administrative Selbständigkeit 16
       2.2.4. Fachliche Unabhängigkeit 20
       2.2.5. Finanzielle Unabhängigkeit 24
   2.3. Wahl der Leitung der Finanzkontrolle (Abs. 3) 25
       2.3.1. Allgemeines 25
       2.3.2. Modalitäten der Wahl und Begleitender Ausschuss 26
3. Finanzkontrolle in den Gemeinden (Abs. 4) 30
   3.1. Die Rechnungsprüfungskommission 30
   3.2. Unabhängige und fachkundige Organe 33
       3.2.1. Organe 33
       3.2.2. Unabhängigkeit 34
       3.2.3. Fachkunde 39
       3.2.4. Prüfungsgegenstand und Prüfungsbereich 42

1. Die Finanzkontrolle

1.1. Aufgaben der Finanzkontrolle

1 Die Adressaten finanzieller Informationen wollen auf deren Richtigkeit vertrauen können. Dazu müssen die Angaben überprüft werden, was Aufgabe der Finanzkontrolle ist. Um ihre Aufgabe objektiv und glaubwürdig erfüllen zu können, muss die Finanzkontrolle bzw. die Person, welche diese Aufgaben ausübt, von den geprüften Stellen unabhängig, fachkundig und erfahren sein.

1.2. Erscheinungsformen und organisatorische Stellung der Finanzkontrolle

1.2.1. Erscheinungsformen

Unter dem Begriff der Finanzkontrolle kann Unterschiedliches verstanden werden[1]. Einmal kann damit die Institution (Verwaltungseinheit) oder die Funktion (Aufgabe) gemeint sein[2]. Nach dem Träger der Finanzkontrolle spricht man von politischer oder von administrativer[3] Finanzkontrolle[4]. Von Bedeutung ist die Unterscheidung zwischen interner und externer Finanzkontrolle[5]. Bei den Gemeinden des Kantons Zürich spielt die Abgrenzung zwischen technischer und materieller Finanzkontrolle eine Rolle[6].

Bei der *Finanzkontrolle als Aufgabe* geht es inhaltlich um die Überwachung bzw. Prüfung des Finanzhaushalts nach bestimmten Prüfungsmassstäben[7].

Zur politischen Finanzkontrolle gehören beim Kanton die Finanzaufsicht durch den Kantonsrat und dessen Finanzkommission und bei den Gemeinden die Kontrolle durch die Gemeindeversammlung, das Gemeindeparlament bzw. die Rechnungsprüfungskommission[8]. Die *administrative Finanzkontrolle* wird von fachlich spezialisierten besonderen Institutionen ausgeübt[9]: im Kanton von der kantonalen Finanzkontrolle, in den Gemeinden von den sog. technischen Kontrollorganen[10].

---

[1] Vgl. zum Begriff der Finanzkontrolle KOLLER, S. 83 ff.; FEY, S. 16 f.

[2] TINNER, S. 1, 7.

[3] FEY, S. 193; HWP, S. 271 f., Ziff. 9.1; vgl. für weitere Einteilungen: TINNER, S. 14; KOHLI, S. 16. Der administrativen Finanzkontrolle ist es verwehrt, eine politische Beurteilung vorzunehmen.

[4] In den Gemeinden sind Träger der administrativen Finanzkontrolle die interne Finanzkontrolle der Gemeinden, die privaten Buchprüfer oder die Abteilung Gemeinderevision des Gemeindeamtes (§ 140a Abs. 2 GemG). Im Kreisscheiben über die Haushaltkontrolle ist anstelle von administrativen von technischen Kontrollorganen die Rede, vgl. S. 3 ff. KSGHK.

[5] N. 5, 7; vgl. BUSCHOR, S. 62 ff.

[6] N. 31.

[7] Finanzkontrolle als Funktion ist die Kontrolle des sog. Finanzgebarens der öffentlichen Verwaltung (Finanzaufsicht). Diese Aufgabe wird vom Volk im Rahmen des fakultativen Referendums gegenüber dem Kantonsrat (Art. 33 Abs. 1 lit. d) und vom Kantonsrat im Rahmen der Oberaufsicht gegenüber dem Regierungsrat (parlamentarische Kontrolle, Art. 57) ausgeübt. Der Regierungsrat als oberste leitende und vollziehende Behörde des Kantons (Art. 60 Abs. 1) nimmt die Finanzkontrolle im Rahmen seiner Finanzbefugnisse sowie der Leitung der Verwaltung (Art. 70) wahr. Aufgaben der Finanzkontrolle des Kantons Zürich: §§ 2, 15 f. FKG; in den Gemeinden Rechnungsprüfungskommission: § 140 GemG und technische Kontrollorgane: § 140a GemG; vgl. FEY, S. 212.

[8] Kantonsrat, Art. 57 KV; Finanzkommission, § 49a Abs. 1 KRG; Gemeindeversammlung, § 117 Ziff. 1–4 GemG; Grosser Gemeinderat, § 108 Ziff. 1 und 2 GemG; Rechnungsprüfungskommission, § 83a i.V.m. § 140 GemG.

[9] FEY, S. 16.

[10] Beim Kanton ist Finanzkontrolle nach § 1 Abs. 1 FKG das oberste Finanzaufsichtsorgan des Kantons; bei den Gemeinden üben diese Aufgabe nach § 140a Abs. 1 und 2 GemG die interne Finanzkontrolle, die privaten Buchprüfer und die Revisionsabteilung des Gemeindeamtes aus.

5   Im privaten Sektor erfolgt die Abgrenzung zwischen interner und externer Revision danach, ob prüfende und geprüfte Stelle rechtlich voneinander unabhängig sind[11]. Träger der internen Revision ist dabei die Unternehmensleitung. Bei den Gemeinwesen gehören zu den Trägern der externen Finanzkontrolle das Parlament und die Finanzkommission im Rahmen der Finanzaufsicht gegenüber Exekutive und Verwaltung. Träger der internen Finanzkontrolle ist die Exekutive gegenüber der Verwaltung[12].

1.2.2. Organisatorische Stellung im Verhältnis zu Parlament und Exekutive

6   Für die Unabhängigkeit der administrativen Finanzkontrolle sind im öffentlichen Bereich die Art der wahrgenommenen Aufgaben und die administrative Stellung mit Bezug auf Parlament und Exekutive von zentraler Bedeutung[13].

7   Parlament und Exekutive können sich bei ihrer Finanzaufsicht entsprechend dem im privaten Sektor üblichen Modell je einer eigenen Institution der Finanzkontrolle bedienen[14]. Üblich ist aber bei den öffentlichen Gemeinwesen der Schweiz, dass eine einzige Institution gleichzeitig Parlament und Exekutive unterstützt. Soweit die administrative Finanzkontrolle ihre Erkenntnisse neben der Exekutive auch dem Parlament zukommen lässt, nimmt sie zugleich Aufgaben der internen und externen Finanzkontrolle wahr («Einheitslösung»)[15].

8   Für die Unabhängigkeit der administrativen Finanzkontrolle ist bei der Einheitslösung deren organisatorische Stellung im Verhältnis zu Parlament und Regierung von besonderer Bedeutung. Anzutreffen sind schematisch folgende Alternativen: Zuordnung der Finanzkontrolle zu einer Direktion der Regierung als Teil der allgemeinen Verwaltung[16] oder Ausgliederung aus der allgemeinen Verwaltung unter administrativer Zuordnung zum Parlament[17]. Dabei bleibt die

---

[11]   Vgl. Plenum, S. 879 (insbesondere Votum Regierungsrat Notter); GRIEDER, S. 45 ff.; BUSCHOR, S. 92 ff.
[12]   Vgl. HANGARTNER, S. 454 f.
[13]   Zur Beurteilung der für eine Finanzkontrolle gewählten konzeptionellen Ausgestaltung ist auf die Deklaration von Lima der International Organization of Supreme Audit Institutions (INTOSAI) abzustellen (vgl. <http://www.intosai.org> [29.11.2006]). Dabei handelt es sich um die «Magna Charta der Finanzkontrolle», die sich als «soft law», beste Gepflogenheiten oder Minimalvorgaben qualifizieren lassen; so KOLLER, S. 411 f. Daran lässt sich auch die Ausgestaltung einer kantonalen Finanzkontrolle messen.
[14]   Vgl. Antrag und Weisung des Regierungsrats zum FKG, S. 412 f.: «Trennung interne – externe Revision»; NUSPLIGER, S. 111: «duales System».
[15]   Vgl. Plenum, S. 879 (Votum Regierungsrat Notter); «Doppelstellung», «Zwitterstellung», «zwei Herren dienen», FEY, S. 213, 226, 255; «institutionelle Einheit» oder «Einheitsrevisionsorgan», Weisung des Regierungsrates zum FKG, S. 413; «Doppelunterstellung», KOLLER, S. 378 f.; «monistisches System», NUSPLIGER, S. 111.
[16]   Üblich ist Zuweisung an das Finanzdepartement, aber auch an das Justizdepartement, vgl. HANDBUCH, N. 1003, S. 101; vgl. auch Art. 36–41 des Mustergesetzes für den Finanzhaushalt der Kantone, S. 128 f.
[17]   Nach § 1 Abs. 2 FKG ist die Finanzkontrolle administrativ der Geschäftsleitung des Kantonsrates zugeordnet.

Institution der administrativen Finanzkontrolle grundsätzlich eine Verwaltungseinheit ohne Ausstattung mit eigener Rechtspersönlichkeit[18].

2. Die Finanzkontrolle des Kantons (Abs. 1–3)

2.1. Finanzkontrolle und ihre Aufgaben (Abs. 1)

2.1.1. Finanzkontrolle

Mit *Finanzkontrolle* ist die administrative Institution der Finanzkontrolle gemeint. Diese ist als oberstes Finanzaufsichtsorgan des Kantons[19] auf Gesetzesstufe nach einer vollständigen Neuordnung im Finanzkontrollgesetz vom 30. Oktober 2000 geregelt[20]. 9

Neben der Umschreibung der Aufgaben der Finanzkontrolle besteht der *Zweck* von Abs. 1 in der verfassungsmässigen Garantie dieser Institution. Der Gesetzgeber kann die Einrichtung der Finanzkontrolle nicht mehr abschaffen[21]. Die Verfassung will eine administrative Finanzkontrolle, die Regierungsrat und Kantonsrat bei der Finanzaufsicht unterstützt[22], aber von diesen beiden Organen unabhängig ist. 10

2.1.2. Prüfung des Finanzhaushalts des Kantons

Die Finanzkontrolle prüft den *Finanzhaushalt* des Kantons[23]. *Kanton* umschreibt den Aufsichtsbereich der kantonalen Finanzkontrolle umfassend. Eine aufgefächerte Darstellung des Aufsichtsbereichs ergibt sich aus § 2 FKG. Nicht in die Prüfungszuständigkeit der kantonalen Finanzkontrolle fallen neben weiteren Ausnahmen[24] insbesondere die Gemeinden[25]. 11

Prüfen bedeutet so viel wie Überwachen, Kontrollieren, Revidieren[26]. Neben der Prüfung der finanziellen Berichterstattung hat die Finanzkontrolle auch die Haushaltführung zu prüfen. Von den Prüfungsmassstäben sind Gesetzmässig- 12

---

[18] HANGARTNER, S. 460.
[19] § 1 Abs. 1 FKG; vgl. Antrag und Weisung des Regierungsrates zum FKG, S. 418.
[20] Vgl. zur Finanzkontrolle des Kantons, BRÜGGER, S. 7; GRABER/PURTSCHERT, S. 176. Die Finanzkontrolle des Kantons ist nicht mit der Abteilung Revisionsdienste des Gemeindeamtes des Kantons Zürich zu verwechseln. Letztere ist für die Finanzkontrolle in den Gemeinden zuständig; vgl. § 140a Abs. 2 GemG.
[21] Dadurch wird nach § 5 Ziff. 3 der Deklaration von Lima die Forderung nach einer verfassungsmässigen Garantie der Institution der Finanzkontrolle erfüllt.
[22] Vgl. § 1 Abs. 1 lit. a und b FKG.
[23] Zum Begriff des Finanzhaushalts vgl. HUBLER/BEUSCH, Art. 122 N. 1.
[24] § 3 FKG.
[25] Art. 129 Abs. 4 KV; § 2 Abs. 2 FKG.
[26] Die Rechtssprache unterscheidet im Gegensatz zur Betriebswirtschaftslehre nicht zwischen Prüfen (Revision) und Kontrollieren; vgl. auch KOLLER, S. 83, sowie K5, Zusammenstellung Ergebnisse der Kleinen Vernehmlassung vom 27. März 2003, S. 34.

keit, Sparsamkeit und Wirtschaftlichkeit mit den verfassungsmässigen Haushaltsgrundsätzen von Art. 122 Abs. 2 identisch. Über das Finanzielle hinaus geht die Aufgabe der Wirkungskontrolle, welche von der Finanzkontrolle ebenfalls wahrzunehmen ist, da der Kanton die öffentlichen Aufgaben wirkungsvoll erfüllen muss[27]. Weitere verfassungsmässige Prüfungsmassstäbe bilden nach Art. 122 Abs. 3 Transparenz, Vergleichbarkeit und Öffentlichkeit[28]. Schliesslich ist die Ordnungsmässigkeit das klassische Prüfungskriterium der Rechnungsführung und -legung.

2.1.3. Berichterstattung an Regierungsrat und Kantonsrat

13 Die Berichterstattung erfolgt an Regierungsrat und Kantonsrat[29]. Dadurch wird das Modell der «Institutionellen Einheit», d.h. der gleichzeitigen Erfüllung der Aufgaben der internen und externen Revision, verfassungsmässig festgeschrieben. Bislang erfolgen Berichterstattung und Semesterberichte u.a. an Regierungsrat und Finanzkommission[30]. In Anwendung von Art. 129 Abs. 2 ist es denkbar, dass der Tätigkeitsbericht, dessen Veröffentlichung von Abs. 2 nicht in Frage gestellt wird, auch dem Kantonsrat zugestellt wird[31].

2.2. Unabhängigkeit (Abs. 2)

2.2.1. Allgemeines

14 Durch die Unabhängigkeit soll sichergestellt werden, dass ein Urteil (Schlussfolgerung) nicht durch sachfremde Umstände verfälscht wird[32]. Abs. 2 hat zum *Zweck*, die fachliche Unabhängigkeit und administrative Selbständigkeit der kantonalen administrativen Finanzkontrolle gegenüber Regierungsrat und Kantonsrat verfassungsmässig zu garantieren.

2.2.2. Erscheinungsformen und Umsetzung der Unabhängigkeit

15 Abs. 2 hält kurz und bündig fest, dass die Finanzkontrolle unabhängig sei. Damit überlässt es die Verfassung bis auf die Umschreibung der Aufgabe und des Wahlverfahrens grundsätzlich dem Gesetzgeber[33], die Unabhängigkeit im

---

[27] Art. 95 Abs. 2; vgl. auch Weisung und Antrag des Regierungsrates zum FKG, S. 22.
[28] Für die Gemeinden vgl. Art. 122.
[29] Prot. K5 vom 4. März 2004, S. 325 (Votum Schmied); Prot. Plenum, S. 2785.
[30] § 17 Abs. 2 und § 18 FKG.
[31] Vgl. Prot. Plenum, S. 2785; § 22 FKG, vgl. auch Art. 122 Abs. 3 KV (Öffentlichkeit von Budget und Rechnung).
[32] Vgl. BRÜGGER, S. 9 ff.; KOLLER, S. 407; DRUEY, S. 93.
[33] § 5 Ziff. 3 Satz 1 der Deklaration von Lima hält fest: «Das Bestehen der Obersten Rechnungskontrollbehörde und das erforderliche Mass ihrer Unabhängigkeit soll[en] in der Verfassung festgelegt sein; Näheres kann durch einfache Gesetze geregelt werden.»

Einzelnen auszugestalten[34]. Die Anforderungen an die Unabhängigkeit i.w.S. beziehen sich damit auf alle möglichen Berührungspunkte der Finanzkontrolle mit Regierungsrat und Kantonsrat, die den beiden Letzteren ermöglichen, auf die Finanzkontrolle einzuwirken. Aus den Beratungen im Plenum des Verfassungsrates ergibt sich, dass vorliegend Unabhängigkeit umfassend zu verstehen ist (i.w.S.) und insbesondere fachliche Unabhängigkeit und administrative Selbständigkeit beinhaltet[35]. Von Bedeutung ist auch die finanzielle Unabhängigkeit.

2.2.3. Administrative Selbständigkeit

Organisatorische Fragen der Unabhängigkeit betreffen (a) die administrative Selbständigkeit, d.h. die Stellung der Finanzkontrolle zwischen Regierungsrat und Kantonsrat, (b) die innere Organisation der Finanzkontrolle und (c) insbesondere die Modalitäten der Wahl, Wiederwahl, Abberufung und Beurteilung der Leitung der Finanzkontrolle. 16

(a) Die Einrichtung einer einem Rechnungshof[36] vergleichbaren Institution für den Kanton Zürich wurde anlässlich der Einführung des Finanzkontrollgesetzes[37] wie auch in den Beratungen zur Verfassung[38] zugunsten des Modells der «Institutionellen Einheit» abgelehnt. An der administrativen Zuordnung der Finanzkontrolle zur Geschäftsleitung des Kantonsrats ändert sich nichts.[39] Sie erscheint angesichts des Verzichts auf einen Rechnungshof als geeignete Lösung. Von Bedeutung ist in diesem Zusammenhang, dass für die Finanzkontrolle bezüglich der Aufgabenerfüllung die «Institutionelle Einheit» mit der Folge einer Doppelstellung zwischen Kantonsrat und Regierungsrat gewählt worden ist[40]. 17

(b) Die Unabhängigkeit bei der inneren Organisation der Finanzkontrolle ergibt sich aus § 6 Abs. 2 FKG[41]. Dazu gehört auch die Wahl der Stellvertretung der Leitung, welche nicht in die Zuständigkeit des Kantonsrates fällt[42]. 18

---

[34] Ein differenziertes Bild an die Anforderungen der Unabhängigkeit ergibt sich aus der Deklaration von Lima.
[35] Vgl. auch § 1 Abs. 3 Satz 1 FKG: «Die Finanzkontrolle ist fachlich unabhängig und selbständig. Sie ist in ihrer Prüfungstätigkeit Verfassung und Gesetz sowie allgemein anerkannten Grundsätzen der Revision verpflichtet.» Vgl. insbesondere Prot. Plenum, S. 2426 ff. i.V.m. Prot. RedK vom 24. März 2004, S. 584, und Prot. Plenum, S. 2785.
[36] Vgl. zum Begriff Prot. K5 vom 31. Mai 2002, S. 45 f., 51; Prot. Plenum, S. 2427.
[37] Weisung und Antrag des Regierungsrates zum FKG, S. 414.
[38] Vgl. zum Rechnungshof Prot. K5 vom 31. Mai 2001, S. 45 f., und Prot. Plenum, S. 161.
[39] § 1 Abs. 2 FKG; «administrativ» bedeutet in diesem Zusammenhang, dass die Zuordnung nur verwaltungsmässig von Bedeutung ist.
[40] Vgl. N. 7–10, Verbindung von interner und externer Finanzkontrolle. Nach § 3 Ziff. 3 der Deklaration von Lima nimmt eine oberste Rechnungskontrollbehörde die Aufgaben einer externen Finanzkontrolle wahr.
[41] Vgl. auch KOLLER, S. 410, 433 ff.
[42] Vgl. N. 27.

19 (c) Für die Modalitäten der Wahl vgl. nachfolgend N. 26 f.

2.2.4. Fachliche Unabhängigkeit

20 Unter fachlicher Unabhängigkeit ist die Unabhängigkeit bei der fachlichen Aufgabenerfüllung zu verstehen[43]. Dabei lassen sich folgende Ausprägungen unterscheiden: (a) verfassungsmässige Sicherung der Aufgabenerfüllung als solcher; (b) Unabhängigkeit im Prüfungsbereich; (c) Anwendung allgemein anerkannter Revisionsgrundsätze.

21 (a) Die Sicherung der Aufgabenerfüllung wird in Abs. 2 in Verbindung mit Abs. 1 in dem Sinn ausgesprochen und verfassungsmässig garantiert, dass die beiden Aufgaben der internen und externen Finanzkontrolle vorgegeben sind[44]. Der Sicherstellung des verfassungsmässigen Auftrags entspricht auch, dass die Finanzkontrolle besondere Aufträge grundsätzlich ablehnen kann[45].

22 (b) Die Autonomie im Prüfungsbereich bedeutet, dass die Finanzkontrolle ihr Prüfungsprogramm selbst festlegt[46]. Dazu gehört auch, dass sie im Geschäftsverkehr unabhängig ist und direkt mit denjenigen Stellen verkehrt, die ihrer Finanzaufsicht unterstehen[47].

23 (c) Durch die Verweisung auf allgemein anerkannte Revisionsgrundsätze für die Prüfung wird sichergestellt, dass die Finanzkontrolle in methodischer Hinsicht nur an das gebunden ist, was fachlich geboten ist und dem Stand der Entwicklung entspricht[48].

2.2.5. Finanzielle Unabhängigkeit

24 Im Sinne der finanziellen Unabhängigkeit sollen der Finanzkontrolle die für die Aufgabenerfüllung erforderlichen Mittel zur Verfügung stehen[49]. Dazu findet sich keine Bestimmung im Finanzkontrollgesetz, was eine gewisse Schwäche gegenüber Einwirkungsmöglichkeiten durch den Kantonsrat in sich birgt. Dagegen stärkt die Befugnis, einen eigenen Budgetantrag beim Kantonsrat zu stellen und eigenverantwortlich über ihre Mittel zu verfügen, die Unabhängigkeit[50].

---

[43] § 1 Abs. 3 FKG; § 5 Ziff. 2 Deklaration von Lima.
[44] Vgl. § 1 Abs. 1 lit. a und b FKG.
[45] § 16 FKG.
[46] § 1 Abs. 3 FKG; vgl. KOLLER, S. 410, 444 f.
[47] § 12 FKG; Antrag und Weisung des Regierungsrates zum FKG, S. 422.
[48] §§ 1 Abs. 3 und 14 FKG; Antrag und Weisung des Regierungsrates zum FKG, S. 422 f.
[49] § 7 Ziff. 1 Deklaration von Lima.
[50] § 9 FKG: vgl. § 7 Ziff. 2 Deklaration von Lima.

2.3. Wahl der der Leitung der Finanzkontrolle (Abs. 3)

2.3.1. Allgemeines

Art. 129 Abs. 3 hat mit der Wahl der Leitung durch den Kantonsrat auf Vorschlag des Regierungsrats zum *Zweck*, die Unabhängigkeit in Form der Selbständigkeit der Finanzkontrolle zwischen Regierungsrat und Kantonsrat zu stärken.

25

2.3.2. Modalitäten der Wahl und Begleitender Ausschuss

Im Zusammenhang mit der Regelung der Wahl der Finanzkontrolle sind folgende Themen von Bedeutung (a) Modalitäten der Wahl, Wiederwahl, Abberufung der Leitung und (b) die Rolle des «Begleitenden Ausschusses».

26

(a) In Änderung der bisherigen Regelung, wonach der Regierungsrat die Leiterin oder den Leiter der Finanzkontrolle nach Anhörung des Begleitenden Ausschusses wählt und der Kantonsrat diese Wahl genehmigt[51], erfolgt *die Wahl der Leitung der Finanzkontrolle neu durch den Kantonsrat auf Vorschlag des Regierungsrates*[52]. Unter *Leitung* fällt dabei nur die Leiterin oder der Leiter der Finanzkontrolle, nicht etwa die Stellvertretung[53], diese Bestellung gehört in die Zuständigkeit der Leitung. *Auf Vorschlag des Regierungsrates* soll entsprechend dem Wortlaut bedeuten, dass der Kantonsrat neben dem Vorschlag des Regierungsrates einen weiteren, eigenen Vorschlag präsentieren kann[54].

27

Mit dem neuen Wahlmodus wird die Unabhängigkeit der Finanzkontrolle weiter gestärkt. Die Bestimmungen über Wahl und Wiederwahl sowie Abberufung der Leitung[55] sind entsprechend Abs. 3 anzupassen.

28

(b) Neu festzulegen ist die Rolle des Begleitenden Ausschusses[56]. Dieser setzt sich zusammen aus Vertretungen des Kantonsrates, des Regierungsrates, der Gerichte und zwei von den übrigen Mitgliedern gewählten Fachpersonen, von denen eine den Vorsitz innehat[57]. Entgegen seiner Bezeichnung nimmt der «Begleitende Ausschuss» gegenüber der Finanzkontrolle eine Aufsichtsfunktion wahr[58]. Vier der sechs Mitglieder – die Vertretung des Regierungsrates und jene

29

---

[51] § 5 Abs. 2 FKG.
[52] Prot. K5 vom 4. März 2004, S. 325 (Votum Schmied); Prot. RedK vom 24. März 2004, S. 585; Prot. Plenum, S. 2785.
[53] Prot. RedK vom 24. März 2004, S. 585 (Votum Baumann); Prot. Plenum, S. 2785.
[54] Vgl. Prot. RedK vom 13. April 2004, S. 641 f. (Votum Gross): «..., dass die Formulierung ‹auf Vorschlag› so verstanden wird, dass der Regierungsrat den Kreis der Kandidaten nicht auf seinen Vorschlag beschränken kann».
[55] Vgl. § 5 FKG.
[56] Eine Ersetzung des Begleitenden Ausschusses durch einen nebenamtlich tätigen Finanzkontrollrat wurde abgelehnt; vgl. Prot. Plenum, S. 874 ff.
[57] § 4 FKG.
[58] § 5 Abs. 3 FKG; vgl. Prot. Plenum, S. 880 (Votum Regierungsrat Notter): «Vorgesetztenfunktion gegenüber dem Leiter» im Sinne der Mitarbeiterbeurteilung.

der obersten kantonalen Gerichte sowie die beiden Vertreter des Kantonsrates – gehören zu den im Zentrum des Prüfungsauftrags stehenden Stellen. Angesichts des Umstandes, dass die geltende Konzeption des Begleitenden Ausschusses in den Beratungen zur Verfassung bekannt war und als zweckmässig aufgefasst wurde[59], ist davon auszugehen, dass dieses Gremium in einer an Abs. 3 angepassten Form vor Abs. 2 Bestand hat. Aufgrund der Neuregelung des Wahlmodus ergibt sich jedoch eine wesentliche Bedeutungsminderung des Begleitenden Ausschusses[60]. Als problematisch erscheint mit Blick auf die Unabhängigkeit die Zuständigkeit des Begleitenden Ausschusses zur Beurteilung und Beförderung der Leitung, welche die Möglichkeit dazu bieten kann, auf die Leitung Einfluss zu nehmen[61].

3. Finanzkontrolle in den Gemeinden (Abs. 4)

3.1. Die Rechnungsprüfungskommission

30 Die Prüfung des Finanzhaushalts ist eine Aufgabe der Rechnungsprüfungskommission[62] bzw. der beauftragten Organe der administrativen Finanzkontrolle (nachfolgend technische Kontrollorgane)[63]. Die Rechnungsprüfungskommission erstattet dazu der Gemeindeversammlung bzw. dem Gemeindeparlament Bericht und Antrag.

31 Nach der geltenden Regelung im Gemeindegesetz lassen sich die Aufgaben der Rechnungsprüfungskommission in die technische[64] und die politische[65] Kontrolle einteilen[66]. Die Rechnungsprüfungskommission kann auf eine technische Kontrolle verzichten, soweit die technischen Kontrollorgane ihre Feststellungen der Rechnungsprüfungskommission zur Kenntnis bringen[67]. Für die technischen Kontrollorgane sieht das Gemeindegesetz drei Träger vor: die interne Finanzkontrolle der Gemeinde, private Buchprüfer sowie die zuständigen Direktionen,

---

[59] Prot. Plenum, S. 766.
[60] Zwar regelt Art. 129 Abs. 1–3 die Stellung der administrativen Finanzkontrolle. Die dafür geltende Unabhängigkeit strahlt auch auf den Begleitenden Ausschuss aus. Für die Mitglieder ist insbesondere Art. 43 von Bedeutung. Nach dem Wortlaut von § 25 Abs. 1 GPR erscheint die Mitgliedschaft eines Regierungsrates im Begleitenden Ausschuss als problematisch, ebenso des Mitglieds der obersten kantonalen Gerichte, vgl. § 26 Abs. 1 GPR.
[61] § 5 Abs. 3 FKG; vgl. dazu BRÜGGER, S. 1 ff.
[62] § 140 Abs. 1 GemG.
[63] § 140a Abs. 1 und 2 GemG.
[64] Formelle Kontrolle oder Rechnungsprüfung, § 140 Abs. 2 GemG.
[65] Materielle Kontrolle, § 140 Abs. 1 GemG.
[66] Vgl. TINNER, S. 9; KOHLI, S. 15 f.; WELLINGER, S. 23 f.
[67] § 140a Abs. 3 GemG.

insbesondere die Direktion der Justiz und des Innern mit der Abteilung Revisionsdienste des kantonalen Gemeindeamtes[68].

Somit gibt es nach der geltenden Rechtslage in den Gemeinden hinsichtlich der Fachkunde zwei Standards. Eine Laienrevision, die sich auf die technische und politische Prüfung beziehen kann, und eine technische Fachprüfung, die ausschliesslich das Rechnungswesen zum Gegenstand hat.

3.2. Unabhängige und fachkundige Organe

3.2.1. Organe

Der Begriff *Organe* umfasst neben den technischen Kontrollorganen auch die Rechnungsprüfungskommission[69].

3.2.2. Unabhängigkeit

Zweck der Unabhängigkeit ist es, sicherzustellen, dass eine Beurteilung nicht durch sachfremde Umstände verfälscht wird[70]. Durch die Wahl ihrer Mitglieder wird die *Rechnungsprüfungskommission* zu einem unabhängigen (selbständigen) Organ der Gemeinde[71]. Der Verfassungsauftrag zur Unabhängigkeit erfordert deshalb bezüglich der Rechnungsprüfungskommissionen keine organisatorischen Anpassungen.

Bei den *technischen Kontrollorganen*[72] ist zu unterscheiden. Was die funktionelle Unabhängigkeit angeht, so gilt das für die kantonale Finanzkontrolle Gesagte ohne Einschränkung auch für die technischen Kontrollorgane der Gemeinden. Hinsichtlich der administrativen Selbständigkeit ist zwischen (a) der Finanzkontrolle der Gemeinden[73] und (b) den privaten Buchprüfern und der Revisionsabteilung des Gemeindeamtes zu unterscheiden. Von Bedeutung für deren Unabhängigkeit ist dabei auch (c) die Beachtung der Vorschriften über Unvereinbarkeit und Ausstand.

---

[68] § 140a Abs. 1 und 2 GemG, insbesondere KSGHK, S. 4.
[69] Vgl. dazu Prot. Plenum, S. 2786.
[70] KOLLER, S. 407; DRUEY S. 92.
[71] Sie ist keinem anderen Organ untergeordnet und nur den staatlichen Aufsichtsbehörden verantwortlich. Sie besitzt zudem keine Verwaltungsbefugnisse und kann nicht im Namen der Gemeinde rechtsgeschäftlich auftreten: THALMANN, § 140 N. 1.1; WELLINGER, S. 40.
[72] Vgl. N. 38.
[73] § 140a Abs. 1 GemG spricht von «interner Finanzkontrolle», soweit dieses Organ aber die Prüfungsergebnisse nach § 140 Abs. 2 i.V.m. § 140 Abs. 3 GemG der Rechnungsprüfungskommission zur Kenntnis bringt, übt sie eine Aufgabe der externen Finanzkontrolle aus, was sie in eine mit der kantonalen Finanzkontrolle vergleichbare Interessenlage bringt. § 140a Abs. 1 GemG geht also für die «interne Finanzkontrolle» vom Modell der «Institutionellen Einheit» aus. § 140a Abs. 1 GemG hat in Verbindung mit § 140a Abs. 3 GemG vor Art. 129 Abs. 3 KV keinen Bestand. Um Verwechslungen zwischen Aufgaben und Institutionen zu vermeiden, ist nachfolgend mit Finanzkontrolle der Gemeinden die entsprechende Institution gemeint. Vgl. auch THALMANN, § 140a N. 2.

36 (a) Der Begriff der *Unabhängigkeit* ist bei der *Finanzkontrolle der Gemeinden* grundsätzlich gleich zu verstehen wie bei der kantonalen Finanzkontrolle[74]. Ob an die einzelnen Ausprägungen der Unabhängigkeit die gleich hohen Anforderungen gestellt werden können wie bei der kantonalen Finanzkontrolle, bedarf für die Gemeinden einer differenzierten Betrachtung. Eine administrative Selbständigkeit ist jedoch für die organisatorisch Teil der Gemeindeverwaltung bildende Finanzkontrolle sicherzustellen, da sie sich bei der Wahrnehmung von Aufgaben der externen Finanzkontrolle in einer mit der kantonalen Finanzkontrolle vergleichbaren Interessenlage befindet[75]. Mit Bezug auf Wahl, Wiederwahl, Abberufung und Stellung der Leitung sind somit der kantonalen Finanzkontrolle entsprechende Modalitäten einzurichten. Dabei ist sicherzustellen, dass die Tätigkeit der Finanzkontrolle der Gemeinden ebenfalls überprüft wird[76].

37 (b) Die *Regelung der Auftragsvergabe*[77] an die privaten Buchprüfer und die Abteilung Revisionsdienste des Gemeindeamtes kann sich an der an die Verfassung angepassten Ordnung für die Finanzkontrolle der Gemeinden orientieren.

38 (c) Im *Verhältnis der technischen Kontrollorgane zur Gemeinde*, d.h. zur Rechnungsprüfungskommission, zur Exekutive und zur Verwaltung, sind insbesondere die Ausstandspflichten[78] sowie mögliche Unvereinbarkeiten[79] zu beachten. Bei den Anforderungen an die *Unabhängigkeit der privaten Buchprüfer und der Abteilung Revisionsdienste des Gemeindeamtes* in ihrem Verhältnis zur Gemeinde, die ein Revisionsmandat erteilt, geben die Bestimmungen des neuen Bundesgesetzes über die Zulassung und Beaufsichtigung der Revisorinnen und Revisoren vom 16. Dezember 2005[80] in Verbindung mit dem revidierten Aktienrecht[81] eine zusätzliche Orientierung. Alle Bereiche a–c bedürfen einer gesetzlichen Regelung und wegen der fehlenden Übersichtlichkeit für die Praxis zudem einer zusammenfassenden Darstellung auf Stufe Kreisschreiben.

3.2.3. Fachkunde

39 Die Verfassung äussert sich nicht dazu, was unter *Fachkunde* zu verstehen ist. Aufgrund der Beratungen ist davon auszugehen, dass die Finanzkontrolle in den Gemeinden wie bis anhin durch die Mitglieder der Rechnungsprüfungskommis-

---

[74] Vgl. Prot. K5 vom 31. Mai 2001, S. 50; Prot. Plenum, S. 161.
[75] Zu der direkten Unterstellung unter die RPK oder den Grossen Gemeinderat vgl. die Vorbehalte bei THALMANN, § 140 N. 2.2.
[76] § 11 FKG; Antrag und Weisung des Regierungsrates zum FKG, S. 422.
[77] Im Sinne von § 140a Abs. 3 GemG.
[78] § 70 Abs. 1 GemG i.V.m. § 5a VRG; § 102 Abs. 1 GemG.
[79] § 102 Abs. 2 GemG i.V.m. § 26 Abs. 2 lit. b GPR.
[80] Art. 11 f. des Bundesgesetzes über die Zulassung und Beaufsichtigung der Revisorinnen und Revisoren vom 16. Dezember 2005 (Revisionsaufsichtsgesetz, RAG; BBl 2005, S. 7349 ff.).
[81] Vgl. Art. 728 OR, Obligationenrecht, GmbH-Recht sowie Anpassungen im Aktien-, Genossenschafts-, Handelsregister- und Firmenrecht, (OR), Änderung vom 16. Dezember 2005, vgl. BBl 2005, S. 7289 ff.

sion – deren Existenz nicht in Frage gestellt wurde – und von technischen Kontrollorganen durchgeführt werden soll. Die Rechnungsprüfungskommissionen können laut Beleuchtendem Bericht zur Verfassungsabstimmung deshalb «bei Bedarf in fachlicher Hinsicht gestärkt» werden[82].

Fachkunde wird in der geltenden Regelung des Gemeindegesetzes nur für die privaten Buchprüfer verlangt[83]. Aufgrund der Verfassung ist davon auszugehen, dass Fachkunde für *alle technischen Kontrollorgane* erforderlich ist. Für den Begriff der Fachkunde lässt sich dabei an die Anforderungen des Revisionsaufsichtsgesetzes anknüpfen[84]. Es liegt in der Zuständigkeit des kantonalen Gesetzgebers, eigene Anforderungen festzulegen[85].

Fraglich ist, welche Anforderungen die Verfassung an die Fachkunde der *Mitglieder der Rechnungsprüfungskommission* stellt, zumal Abs. 4 diesbezüglich nicht zwischen den Mitgliedern der Rechnungsprüfungskommission und den technischen Kontrollorganen unterscheidet. Für die Wahl in die Rechnungsprüfungskommission sind keine besonderen fachlichen Befähigungen wie etwa Revisionskenntnisse erforderlich[86]. Nach der ausdrücklichen und unwidersprochen gebliebenen Darstellung im Plenum soll es genügen, dass sich die Mitglieder der Rechnungsprüfungskommission Fachkunde aneignen, z.B. mittels Kursen. Dabei wird nicht zwischen technischer und politischer Kontrolle unterschieden[87]. Somit gibt es aufgrund von Abs. 4 im Vergleich zur geltenden Rechtslage in den Gemeinden hinsichtlich der Fachkunde weiterhin zwei Standards: eine durch Fachkurse etwas verbesserte Laienrevision, die sich wie bis anhin auf die technische und politische Prüfung beziehen kann, und eine technische Prüfung durch technische Prüfungsorgane, die effektiv über Fachkunde (Professionalität) verfügen müssen. Es bleibt dem Gesetzgeber überlassen, eine sachlich ange-

---

[82] Beleuchtender Bericht, ABl 2005, S. 78.
[83] § 140a Abs. 2 GemG «anerkannter Fachausweis»; vgl. dazu auch THALMANN, § 140a N. 3.
[84] Art. 3 ff. des Revisionsaufsichtsgesetzes.
[85] Die Verfassung geht darin über die geltende Regelung in § 140a Abs. 2 GemG insofern hinaus, als für alle Kontrollorgane Fachkunde verlangt wird.
[86] § 83a GemG.
[87] Prot. Plenum, S. 2786 (Votum Baumann): «Ich möchte daher an dieser Stelle, auch zuhanden der Materialien, festhalten, dass mit dieser Bestimmung nach Meinung der Kommission keineswegs eine Abschaffung der RPKs oder [von] deren Funktion verbunden ist. Es ist uns lediglich sehr wichtig, dass auch bei den Gemeinden die Finanzhaushalte durch fachkundige Personen überprüft werden. Dazu gibt es grundsätzlich zwei Möglichkeiten: Wenn eine RPK bereits über fachkundige Mitglieder verfügt, so kann die Prüfung durch die RPK alleine erfolgen. Auch in diesem Bereich bietet übrigens das Amt für Gemeinden entsprechende Kurse an, mit welchen diese Fachkundigkeit erlangt werden kann. Es gibt aber natürlich auch Gemeinden oder andere Organisationen des öffentlichen Rechts, die den Finanzhaushalt, neben der RPK, auch durch fachkundige Dritte oder durch die zuständige kantonale Fachstelle im Amt für Gemeinden prüfen lassen. Dies kann namentlich in Parlamentsgemeinden der Fall sein, wenn sich die RPK praktisch auf die politische Kontrolle und auf die Vorberatung der Geschäfte zuhanden des Parlamentes beschränkt und daneben eine eigene Finanzkontrolle oder eben eine fachkundige Firma oder das Amt für Gemeinden diese erforderlichen fachtechnischen Prüfungen durchführt. Das war die Meinung der Kommission.»

messenere Lösung zu finden[88], zumal eine durch einen Kursbesuch vermittelte «Fachkunde» allenfalls dazu ausreicht, die Ergebnisse professioneller Prüfungsorgane nachvollziehen zu können; Erfahrung, die ebenfalls notwendig ist, kann damit aber nicht vermittelt werden.

3.2.4. Prüfungsgegenstand und Prüfungsbereich

42 Der Prüfungsgegenstand umfasst den Finanzhaushalt[89]. Die unabhängigen und fachkundigen Organe prüfen die Finanzhaushalte *der Gemeinden und der anderen Organisationen des öffentlichen Rechts*. Dazu kann auf Art. 122 N 12. verwiesen werden. Die Finanzordnung gilt grundsätzlich für den Kanton sowie die politischen Gemeinden und Schulgemeinden gemäss Art. 83 ff. Was die Kirchgemeinden angeht, so finden die grundlegenden rechtsstaatlichen und haushaltsrechtlichen Prinzipien der Finanzordnung auch auf die Kirchgemeinden Anwendung, soweit deren Handlungen dem staatlichen oder kommunalen Finanzgebaren wie der Steuererhebung oder der Verwendung öffentlicher Beiträge entsprechen (vgl. Art. 122 N. 12). Bei Art. 129 Abs. 4 geht es demgegenüber um Organisationsrecht, bei dem die Kirchgemeinden autonom sind[90].

---

[88] Diese Lösung könnte darin bestehen, dass der Haushalt der Gemeinden ohne Unterscheidung zwischen technischer und politischer Prüfung obligatorisch durch professionelle Prüfungsorgane überwacht wird. Bei der Rechnungsprüfung (§ 140 Abs. 2 GemG) wäre die RPK von eigenen Prüfungshandlungen entbunden (§ 140a Abs. 3 GemG). Bei der politischen Prüfung (§ 140 Abs. 1 GemG) hätte die RPK in freier Würdigung der Ergebnisse der technischen Kontrollorgane über das weitere Vorgehen zu entscheiden. Fachkunde im Sinne von Abs. 4 wäre dann so zu verstehen, dass die Mitglieder aufgrund von Kursen befähigt würden, die Erkenntnisse der technischen Kontrollorgane richtig zu würdigen. Vgl. dazu auch Prot. K5 vom 4. März 2004, S. 326, Voten Spring und Baumann, die in dieser Richtung argumentierten: «Monika Spring fände eine Differenzierung angebracht. Es brauche sowohl eine Prüfung durch die RPK als auch eine Revision. Walter Baumann bestätigt, dass dies die ursprüngliche Meinung der Kommission gewesen sei.» Diese Auffassung wurde aber im Prot. Plenum, S. 2786, im Votum Baumann nicht mehr wiedergegeben.

[89] Vgl. dazu HUBLER/BEUSCH, Art. 122 N. 1.

[90] Es bleibt deshalb den Kirchgemeinden überlassen, diese Bestimmung freiwillig anzuwenden, zumal es sich um einen Minimalstandard handelt, den zu unterschreiten die eingesetzten öffentlichen Mittel erheblichen Risiken aussetzt. Vgl. auch Antrag und Weisung des Regierungsrates vom 31. Mai 2006 zum Entwurf des neuen Kirchengesetzes (E-KiG), ABl 2006, S. 609; § 17 KiG sieht die sinngemässe Anwendung des Gemeindegesetzes vor.

10. Kapitel: Kirchen und weitere Religionsgemeinschaften

Art. 130

Der Kanton anerkennt als selbstständige Körperschaften des öffentlichen Rechts:
a) die evangelisch-reformierte Landeskirche und ihre Kirchgemeinden;
b) die römisch-katholische Körperschaft und ihre Kirchgemeinden;
c) die christkatholische Kirchgemeinde.

Die evangelisch-reformierte Landeskirche, die römisch-katholische Körperschaft und die christkatholische Kirchgemeinde sind im Rahmen des kantonalen Rechts autonom. Sie regeln:
a) das Stimm- und Wahlrecht in ihren eigenen Angelegenheiten nach rechtsstaatlichen und demokratischen Grundsätzen in einem Erlass, welcher dem obligatorischen Referendum untersteht;
b) die Zuständigkeit für die Neubildung, den Zusammenschluss und die Auflösung von Kirchgemeinden.

Das Gesetz regelt:
a) die Grundzüge der Organisation der kirchlichen Körperschaften;
b) die Befugnis zur Erhebung von Steuern;
c) die staatlichen Leistungen;
d) die Zuständigkeit und das Verfahren für die Wahl der Pfarrerinnen und Pfarrer sowie deren Amtsdauer.

Es kann vorsehen, dass ein Teil der Steuererträge einer negativen Zweckbindung unterstellt wird.

Der Kanton hat die Oberaufsicht über die kirchlichen Körperschaften.

Kirchliche Körperschaften

Materialien

Prot. Plenum, S. 2549 ff., 3164 ff., 3341.

Vgl. ferner Antrag und Weisung des Regierungsrates betreffend Neuregelung des Verhältnisses zwischen Kirchen und Staat vom 6. März 2002, ABl 2002, S. 441 ff.; Kantonsverfassung – Neuregelung des Verhältnisses zwischen Kirchen und Staat vom 31. März 2003, ABl 2003, S. 2010 ff.; Abstimmungsvorlagen: Kirchengesetz vom 31. März 2003, ABl 2003, S. 2021 ff.; Antrag und Weisung des Regierungsrates zum Kirchengesetz vom 31. Mai 2006, ABl 2006, S. 573 ff. (Antrag RR 2006 und KiG).

Literatur

BRÄM WERNER, Staatskirchenrechtliche Reformschritte im Kanton Zürich, SJKR 1 (1996), S. 160 ff.; BRÄM WERNER, Zum Stand der Entwicklung im Verhältnis von Kirche und Staat im

Kanton Zürich, SJKR 3 (1999), S. 177 ff. (Entwicklung); BRÄM WERNER, Konkreter Schritt auf dem Weg zur neuen Gestaltung des Verhältnisses zwischen Kirche und Staat im Kanton Zürich, SJKR 6 (2001), S. 187 ff.; CARLEN LOUIS (Hrsg.), Die Kirchensteuer juristischer Personen in der Schweiz, Freiburg 1988; CAVELTI URS JOSEF, Bewegung im Verhältnis von Kirche und Staat im Kanton Zürich, AJP 2001, S. 767 ff.; CAVELTI URS JOSEF, Kultussteuern, Kultusbudgets und die nachgeführte Bundesverfassung, in: René Pahud de Mortanges (Hrsg.), Das Religionsrecht der neuen Bundesverfassung, Freiburg 2001, S. 51 ff. (Kultussteuern); CAVELTI URS JOSEF, St.Galler Kommentar, Art. 15, Art. 72; FAMOS CLA RETO, Die öffentlichrechtliche Anerkennung von Religionsgemeinschaften im Lichte des Rechtsgleichheitsprinzips, Diss. (St.Gallen), Freiburg 1999; FRIEDERICH UELI, Kirchen und Glaubensgemeinschaften im pluralistischen Staat. Zur Bedeutung der Religionsfreiheit im schweizerischen Staatskirchenrecht, Diss., Bern 1993 (Kirchen); FRIEDERICH UELI, Zur neuen schweizerischen Religionsverfassung, SJKR 3 (1999), S. 93 ff. (Religionsverfassung); FRIEDERICH UELI/CAMPICHE ROLAND J./PAHUD DE MORTANGES RENÉ/WINZELER CHRISTOPH, Bundesstaat und Religionsgemeinschaften, Überlegungen und Vorschläge für ein zeitgemässes Religionsrecht in der schweizerischen Bundesverfassung, Bern 2003; FUCHS JOHANNES GEORG, Zum Verhältnis von Kirche und Staat in der Schweiz, in: Johannes Georg Fuchs, Aus der Praxis eines Kirchenjuristen in der Zeit ökumenischer Bewegung, Zürich 1979, S. 108 ff. (Verhältnis); FUCHS JOHANNES GEORG, Die öffentlich-rechtliche Anerkennung von Kirchen und Religionsgemeinschaften nach dem neueren schweizerischen Staatskirchenrecht, in: Privatrecht – Öffentliches Recht – Strafrecht, Festgabe zum Schweizerischen Juristentag 1985, Basel/Frankfurt a.M. 1985, S. 93 ff.; GRICHTING MARTIN, Kirche oder Kirchenwesen? Zur Problematik des Verhältnisses von Kirche und Staat in der Schweiz, dargestellt am Beispiel des Kantons Zürich, Freiburg 1997; HÄFELIN ULRICH, in: Kommentar BV, Art. 49 aBV; HÄFELIN/HALLER, N. 403 ff.; HAFNER FELIX, Glaubens- und Gewissensfreiheit, in: Verfassungsrecht der Schweiz, § 44; JAAG, Rz. 1301 ff., 2226 ff.; JAAG TOBIAS, Neuordnung des Verhältnisses zwischen Kirchen und Staat im Kanton Zürich, SJZ 99/2003, S. 549 ff. (Neuordnung); KARLEN PETER, Das Grundrecht der Religionsfreiheit in der Schweiz, Diss., Zürich 1988 (Religionsfreiheit); KARLEN PETER, Zürcher Reform aus der Sicht des Staatskirchenrechts, in: Ingolf Dalferth/Cla Reto Famos, Das Recht der Kirche – Zur Revision der Zürcher Kirchenordnung, Zürich 2004, S. 11 ff. (Reform); KARLEN PETER, Zur öffentlichrechtlichen Anerkennung weiterer Religionsgemeinschaften, SJKR 1 (1996), S. 39 ff. (Anerkennung); KIENER REGINA, Bildung, Forschung und Kultur, in: Verfassungsrecht der Schweiz, § 57; KLEY ANDREAS, Das Religionsrecht der alten und neuen Bundesverfassung, in: René Pahud de Mortanges (Hrsg.), Das Religionsrecht der neuen Bundesverfassung, Freiburg 2001, S. 9 ff.; KLEY ANDREAS/FELLER RETO, Die negative Zweckbindung von Kirchensteuern juristischer Personen, SJKR 9 (2004), S. 73 ff.; KRAUS DIETER, Schweizerisches Staatskirchenrecht, Diss., Tübingen 1993; LANDERT CHARLES, Die Neuordnung des Verhältnisses zwischen dem Kanton Zürich und den öffentlichrechtlich anerkannten Kirchen und Wege zur Finanzierung kirchlicher Leistungen, Zürich 1999; LANDERT CHARLES, Kirche und Staat, in: Materialien zur Zürcher Verfassungsreform, Bd. 6, S. 67 ff.; LORETAN ADRIAN (Hrsg.), Kirche – Staat im Umbruch. Neuere Entwicklungen im Verhältnis von Kirchen und anderen Religionsgemeinschaften zum Staat, Zürich 1995; PAHUD DE MORTANGES RENÉ/RUTZ GREGOR A./WINZELER CHRISTOPH (Hrsg.), Die Zukunft der öffentlich-rechtlichen Anerkennung von Religionsgemeinschaften, Freiburg 2000; PAHUD DE MORTANGES RENÉ/TANNER ERWIN (Hrsg.), Kooperation zwischen Staat und Religionsgemeinschaften nach schweizerischem Recht, Zürich 2005; RÖHL MARTIN, Neuregelung des Verhältnisses zwischen Kirchen und Staat im Kanton Zürich – Standortbestimmung nach der Volksabstimmung vom 30. November 2003, SJKR 8 (2003), S. 241 ff. (Standortbestimmung); RÖHL MARTIN, Neugestaltung des Verhältnisses zwischen Kirchen und Staat im Kanton Zürich – Reformpostulate und Reformbedarf, SJKR 9 (2004), S. 39 ff. (Neugestaltung); RÖHL MARTIN, Die staatskirchenrechtlichen Bestimmungen der neuen Zürcher Kantonsverfassung, SJKR 10

(2005), S. 200 ff. (Kantonsverfassung); Rübel Eduard, Kirchengesetz und Kirchenordnung der Zürcher Landeskirche, 2. Aufl., Zürich 1983; Rüegg Christoph, Die privatrechtlich organisierten Religionsgemeinschaften in der Schweiz, Diss., Freiburg 2002; Rutz Gregor A., Zürcher Staatskirchenrecht im Lichte der Verfassungsreform, Freiburg 2001; Schindler Alfred (Hrsg.), Kirche und Staat. Bindung – Trennung – Partnerschaft, Zürich 1994; Schmid Hans, Die rechtliche Stellung der römisch-katholischen Kirche im Kanton Zürich, Diss., Zürich 1973; Schmuki Paul, Die Gliederung des Kantons und das Verhältnis zwischen Staat und Kirchen, in: Materialien zur Zürcher Verfassungsrevision, Bd. 9, S. 89 ff.; Winzeler Christoph, Einführung in das Religionsverfassungsrecht der Schweiz, Zürich/Basel/Genf 2005.

Rechtsquellen

– Art. 72 BV
– Gesetz über die politischen Rechte vom 1. September 2003 (GPR; LS 161)
– Gesetz über die evangelisch-reformierte Landeskirche vom 7. Juli 1963 (KG; LS 181.11)

Übersicht

	Note
1. Bundesrechtliche Kompetenzordnung	1
2. Kirche und Staat im Kanton Zürich	3
2.1. Auf dem Weg zu einer Neuregelung	3
2.2. Arbeit des Verfassungsrates	5
3. Öffentlichrechtliche Anerkennung (Abs. 1)	7
3.1. Subjekte	7
3.2. Voraussetzungen	8
3.3. Wirkungen	10
4. Autonomie (Abs. 2)	14
4.1. Im Allgemeinen	14
4.2. Wahlrecht und Gebietseinteilung	16
5. Gesetzlicher Rahmen (Abs. 3)	19
5.1. Grundzüge der Organisation (lit. a)	20
5.2. Steuerprivileg (lit. b)	22
5.3. Staatliche Leistungen (lit. c)	24
5.4. Pfarrwahlen (lit. d)	27
6. Negative Zweckbindung (Abs. 4)	30
7. Staatliche Oberaufsicht (Abs. 5)	33
8. Würdigung	34

1. Bundesrechtliche Kompetenzordnung

Art. 72 Abs. 1 BV weist die Regelung des Verhältnisses zwischen Kirche und Staat den Kantonen zu[1]. Gestützt auf diese Kompetenz sind die Kantone weitgehend frei, wie sie ihre Beziehungen zu den Kirchen und weiteren Religions-

---

[1] Diese Zuständigkeit ergibt sich bereits aus der Grundregel von Art. 3 BV, weshalb Art. 72 Abs. 1 BV lediglich deklaratorische Bedeutung besitzt; Cavelti, St. Galler Kommentar, Art. 72 Rz. 2; Friederich, Religionsverfassung, S. 100; Kley, S. 26.

gemeinschaften ausgestalten wollen. Sie sind dabei an die Vorgaben der Bundesverfassung gebunden, namentlich an die Glaubens- und Gewissenfreiheit gemäss Art. 15 BV sowie die Rechtsgleichheit und das Diskriminierungsverbot gemäss Art. 8 BV[2]. Infolgedessen hat sich der Staat religiös neutral zu verhalten und darf er sich nicht mit einer Religionsgemeinschaft identifizieren. Es ist ihm namentlich verwehrt, zugunsten der Wahrheit einer bestimmten Religion Partei zu nehmen[3].

2 Das bundesverfassungsrechtliche Gebot der *religiösen Neutralität* verlangt *keine Trennung von Kirche und Staat*, steht einer solchen aber auch nicht entgegen[4]. Der religiös neutrale Staat darf der Religion eine gesellschaftliche Relevanz zuerkennen und deren gesamtgesellschaftliche Leistungen anerkennen. Dies entspricht einer pluralistischen Offenheit gegenüber allen gesellschaftlichen Kräften und damit auch im Verhältnis zu den Religionsgemeinschaften[5]. Die Kantone können mithin einzelne Religionsgemeinschaften in einem gewissen Rahmen privilegieren, namentlich durch die *öffentlichrechtliche Anerkennung* und die Gewährung des Status als *Körperschaft des öffentlichen Rechts*. Das Rechtsgleichheitsgebot von Art. 8 BV verlangt allerdings, dass die Religionsgemeinschaften paritätisch behandelt werden. Aus dem verfassungsrechtlichen Gleichbehandlungsgebot ergibt sich aber kein Anspruch auf absolute Gleichbehandlung im Bereich der öffentlichrechtlichen Anerkennung. Dementsprechend sind die Kantone in ihrem Entscheid frei, welche Religionsgemeinschaften sie öffentlichrechtlich anerkennen[6].

2. Kirche und Staat im Kanton Zürich

2.1. Auf dem Weg zu einer Neuregelung

3 Die evangelisch-reformierte Landeskirche und ihre Kirchgemeinden, die römisch-katholische Körperschaft und ihre Kirchgemeinden sowie die christkatholische Kirchgemeinde erhielten im Jahr 1963 durch eine Revision von Art. 64 aKV den Status als selbstständige öffentlichrechtliche Körperschaften verliehen. Ebenfalls staatlich anerkannt wurden die evangelisch-reformierten und die römisch-katholischen Kirchgemeinden, wobei Erstere als Spezialgemeinden bereits zuvor den Status als selbstständige Körperschaften öffentlichen Rechts besessen hatten. Denselben Rechtsstatus wie die Kirchgemeinden erlangten die

---

[2] HAFNER, § 44 Rz. 34; HÄFELIN, Kommentar BV, Art. 49 aBV Rz. 17; KIENER, § 57 Rz. 25.
[3] BGE 118 Ia 46 ff., 58; 116 Ia 252 ff., 260; zur weltanschaulich-religiösen Neutralität des Staates eingehend FRIEDERICH, Kirchen, S. 314 ff.
[4] KIENER, § 57 Rz. 25.
[5] BGE 116 Ia 252 ff., 258.
[6] FAMOS, S. 109 ff.; HÄFELIN, Kommentar BV, Art. 49 aBV Rz. 17, 38 ff.; HAFNER, § 44 Rz. 34.

beiden evangelisch-reformierten französischen Kirchgemeinschaften Zürich und Winterthur[7].

Die Frage einer Neuregelung des Verhältnisses zwischen Kirche und Staat stellte sich in neuerer Zeit im Zusammenhang mit einer Volksinitiative, die eine Trennung von Kirchen und Staat im Kanton Zürich verlangte. Diese Initiative scheiterte 1995 ebenso in der Volksabstimmung wie 1977 eine gleichlautende kantonale Volksinitiative und 1980 ein solches Volksbegehren auf Bundesebene. Das Nein von 1995 wurde allgemein als Zustimmung zur Veränderung verstanden. Dies machte den Weg frei für eine Neuregelung des Verhältnisses zwischen Kirchen und Staat im Kanton Zürich, die besser an die zürcherische Tradition anknüpft[8]. In diesem Sinn verabschiedete der Kantonsrat im März 2003 eine Teilrevision der Kantonsverfassung, ein neues Kirchengesetz mit Geltung für die evangelisch-reformierte Landeskirche, die römisch-katholische Körperschaft und die christkatholische Kirchgemeinde sowie ein Gesetz über die Anerkennung von Religionsgemeinschaften. Alle drei Vorlagen scheiterten in der Volksabstimmung vom 30. November 2003[9]. Auf der Grundlage der neuen Kantonsverfassung überwies der Regierungsrat dem Kantonsrat am 31. Mai 2006 den Entwurf für ein neues Kirchengesetz. Dieses folgt unter Berücksichtigung der neuen Kantonsverfassung weitgehend der Vorlage von 2003.

2.2. Arbeit des Verfassungsrates

Der im Jahr 2003 der öffentlichen Vernehmlassung unterbreitete Verfassungsentwurf enthielt im Blick auf die Volksabstimmung vom 30. November 2003 keine Regelung betreffend das Verhältnis zwischen Kirchen und Staat, sondern lediglich den Hinweis, dass die Beratung zu diesem Thema vom Verfassungsrat bis nach der Volksabstimmung zurückgestellt worden sei[10]. Unmittelbar nach dieser Volksabstimmung war daher der Verfassungsrat zu raschem Handeln gezwungen, um die Arbeiten an der neuen Verfassung nicht zu verzögern.

Die zuständige Verfassungsratskommission verabschiedete bereits am 6. Januar 2004 einen Entwurf zuhanden der Geschäftsleitung für die Durchführung einer Kleinen Vernehmlassung[11]. In der Kommission hatte ein Mitglied angeregt, als

---

[7] Zur Entwicklung des Verhältnisses zwischen Kirche und Staat im Kanton Zürich seit der Reformation vgl. GRICHTING, S. 5 ff.; JAAG, Rz. 1303 f.; KRAUS, S. 154 ff.; RÜBEL, S. 3 ff. Zur Kirchengesetzgebung von 1963 vgl. GRICHTING, S. 58 ff.; KRAUS, S. 156 ff.; RÜBEL, S. 5 ff.; SCHMID HANS HEINRICH, Umbau der Kirche. Die Revision der Zürcher Kirchengesetzgebung 1943–1967 aus der Sicht eines ihrer Väter: Gotthard Schmid, Zürich 1988.

[8] KARLEN, Reform, S. 12.

[9] Zur Kirchengesetzgebung von 2003 vgl. JAAG, Neuordnung, S. 549 f.; RÖHL, Standortbestimmung, S. 241 ff.

[10] Vgl. dazu Prot. Plenum, S. 1864 f.

[11] Prot. K6 vom 6. Januar 2004, S. 637.

Arbeitsgrundlage auf die entsprechenden Regelungen der Berner Kantonsverfassung abzustellen[12]. Die Kommission bevorzugte jedoch eine eigenständige, die besonderen Verhältnisse des Kantons Zürich berücksichtigende Lösung. Diese basiert – mit Ausnahme der Bestimmungen über die Anerkennung von weiteren Religionsgemeinschaften – im Wesentlichen auf den in der Abstimmung vom 30. November 2003 abgelehnten Verfassungsbestimmungen und beinhaltet zugleich Textelemente aus der Berner Kantonsverfassung[13]. In der Kleinen Vernehmlassung fand der Vorschlag der Kommissionsmehrheit mehrheitlich Zustimmung[14]. Geringfügig angepasst bildete die Vernehmlassungsvorlage den Antrag der Kommission an das Ratsplenum. In diesem Antrag vom 23. März 2004 fanden sich auch mehrere Minderheitsanträge. So beantragte eine Kommissionsminderheit, den Status quo der bisherigen Kantonsverfassung beizubehalten. Eine andere Minderheit der Kommission forderte eine weitgehende Entflechtung zwischen Staat und Kirchen in organisatorischer, finanzieller und politischer Hinsicht. Insbesondere sollte die Kirchensteuerpflicht juristischer Personen ausdrücklich abgeschafft, sollten die Kirchgemeinden als öffentlichrechtliche Körperschaften sui generis auf personaler statt territorialer Grundlage ausgestaltet, sollte die korporative Religionsfreiheit gewährleistet und sollte für staatliche Beiträge an Kirchen und Religionsgemeinschaften die negative Zweckbindung vorgeschrieben werden[15]. In seinen Beratungen folgte der Verfassungsrat in der ersten Gesamtlesung dem Antrag der Kommissionsmehrheit[16]. Den von der verfassungsrätlichen Redaktionskommission in der Folge umformulierten, inhaltlich aber unveränderten Antrag genehmigte der Verfassungsrat in der zweiten Gesamtlesung am 2. Juli 2004 und in der Schlussabstimmung vom 28. Oktober 2004 ohne weitere Änderungen[17].

3. Öffentlichrechtliche Anerkennung (Abs. 1)

3.1. Subjekte

7 Die öffentlichrechtliche Anerkennung umfasst die *evangelisch-reformierte Landeskirche* und ihre Kirchgemeinden, die *römisch-katholische Körperschaft* und

---

[12] Prot. K6 vom 4. Dezember 2003, S. 610. Vgl. Art. 121–125 KV BE.
[13] Prot. K6 vom 16. Dezember 2003, S. 610 f.; K6, Staat und Kirchen, Antrag an das Plenum, Erläuterungen, S. 3 f.
[14] Prot. K6 vom 11. März 2004, S. 729. Vgl. K6, Auswertung der Kleinen Vernehmlassung vom 8. März 2004.
[15] Zu den Minderheitsanträgen vgl. K6, Staat und Kirchen, Vorlage an das Plenum, Anträge, S. 2 f., und Erläuterungen, S. 7 f.
[16] Vgl. Prot. Plenum, S. 2549 ff.
[17] Vgl. Prot. Plenum, S. 3164 ff. und S. 3365. Vgl. auch Prot. RedK vom 3. Mai 2004, S. 712 ff., 26. August 2004, S. 807 ff. und 1. September 2004, S. 831 f.

ihre Kirchgemeinden sowie die *christkatholische Kirchgemeinde*. Die beiden evangelisch-reformierten französischen Kirchgemeinschaften Zürich und Winterthur verlieren die staatliche Anerkennung[18]. Denn es ist Sache der evangelisch-reformierten Landeskirche, im Rahmen ihrer Autonomie über den Status dieser beiden Kirchgemeinschaften zu befinden[19]. Nicht in die Anerkennung einbezogen sind die evangelisch-reformierte, römisch-katholische und die christkatholische *Kirche*[20]. Damit wird berücksichtigt, dass *die evangelisch-reformierte Kirche anders als die römisch-katholische Kirche kein dualistisches System* mit einer kanonischen (kirchlichen) und einer staatskirchenrechtlichen Organisation kennt[21].

3.2. Voraussetzungen

Die öffentlichrechtliche Anerkennung bringt einerseits die Bedeutung einer Religionsgemeinschaft für den Staat zum Ausdruck; andererseits bewirkt sie, dass eine Religionsgemeinschaft als öffentlichrechtliche Körperschaft konstituiert wird[22]. Es geht dabei nicht um die Eingliederung einer Religionsgemeinschaft in den Staatsapparat, sondern um die Anerkennung ihrer öffentlich bedeutsamen Funktion für das pluralistische Gemeinwesen[23]. Grundvoraussetzung hierfür ist, dass die betreffende Religionsgemeinschaft einer solchen Anerkennung ausdrücklich oder stillschweigend zustimmt. Mithin wird dadurch ein *zweiseitiges Rechtsverhältnis* des anerkennenden Staates zur anerkannten Religionsgemeinschaft begründet[24].

8

Historisch betrachtet bestätigt die öffentlichrechtliche Anerkennung die Bedeutung des vorbestehenden kirchlichen Wirkens für das Gemeinwesen. Sie bringt eine grundsätzliche Wertschätzung zum Ausdruck und ist das Resultat eines geschichtlichen Prozesses, ohne aber für die Entstehung der Kirchen kausal zu sein, die nach ihrem Selbstverständnis als göttliche Stiftungen vorbestehend sind[25]. Die öffentlichrechtliche Anerkennung lässt sich zudem kulturstaatlich begründen. Dabei tritt an die Stelle einer *historisch-kausalen* eine *inhaltlich-finale* Betrachtungsweise, welche die spezifischen Leistungen der Kirchen für

9

---

[18] Bisher Art. 64 Abs. 2 aKV.
[19] Prot. Plenum, S. 2569; Prot. K6 vom 16. März 2004, S. 739.
[20] Dies hatte die am 30. November 2003 verworfene Verfassungsänderung vorgesehen.
[21] Vgl. Prot. K6 vom 11. März 2004, S. 729 f.; RÖHL, Kantonsverfassung, S. 200. Zum dualistischen System der römisch-katholischen Kirche im Allgemeinen KRAUS, S. 390 ff., 435 ff.; WINZELER, S. 51 ff.
[22] FAMOS, S. 9.
[23] KARLEN, Religionsfreiheit, S. 114 f. Vgl. Antrag RR 2006, S. 593.
[24] FAMOS, S. 22; WINZELER CHRISTOPH, Kirchen in der staatlichen Rechtsordnung, in: Pahud de Mortanges/Rutz/Winzeler, S. 77 ff., 90.
[25] FUCHS, Verhältnis, S. 110.

die Öffentlichkeit würdigt[26]. Auch nach dieser Betrachtungsweise versteht der Staat die Kirchen nicht als Dienstleistungsunternehmen, sondern als historisch gewachsene gesellschaftliche Institutionen, die eine umfassende, kritische, wertebegründende und wertevermittelnde sowie integrative gesellschaftliche Funktion ausüben und bei der Suche nach Sinn und Werten in der Gesellschaft helfen. Zugleich anerkennt der Staat die auf Gemeinschaft gerichtete Kraft christlicher Tradition. Er lebt nach dieser Auffassung von geistigen und ethischen Voraussetzungen, die er weder selber schaffen noch garantieren kann. Er verschafft sich durch die Anerkennung die Begleitung durch eine Kraft, die das staatliche Handeln an ethischen Werten misst[27].

3.3. Wirkungen

10 Aufgrund der Anerkennung durch die Kantonsverfassung erlangen die kirchlichen Körperschaften den Status als *Körperschaften des öffentlichen Rechts*[28]. Sie erhalten dadurch eine Rechtsstellung, die vergleichbar ist mit derjenigen von Gemeinden[29]. Dies gilt sowohl für die kantonalen kirchlichen Körperschaften als auch für die Kirchgemeinden der evangelisch-reformierten Landeskirche und der römisch-katholischen Körperschaft[30].

11 Die kirchlichen Körperschaften weisen gemäss der Kantonsverfassung und dem Entwurf für ein neues Kirchengesetz alle Merkmale einer öffentlichrechtlichen Körperschaft auf[31]: Sie verfügen über eigene Rechtspersönlichkeit im Sinn von Art. 52 Abs. 2 ZGB, sind mitgliedschaftlich verfasst[32], erfüllen in ihrem Zuständigkeitsbereich Verwaltungsaufgaben und üben gegenüber ihren Mitgliedern Hoheitsgewalt aus. Sie sind *territorial* verfasst, weshalb es im Rahmen der anerkannten kirchlichen Körperschaften unzulässig ist, Gesinnungs- oder Perso-

---

[26] KARLEN, Reform, S. 14; Antrag RR 2006, S. 595. So ausdrücklich Art. 169 KV VD und Art. 97 Abs. 1 KV NE. Vgl. auch RUTZ GREGOR A., Die öffentlich-rechtliche Anerkennung in der Schweiz, in: Pahud de Mortanges/Rutz/Winzeler, S. 5 ff., 32; WINZELER CHRISTOPH, Kirchen in der staatlichen Rechtsordnung, in: Pahud de Mortanges/Rutz/Winzeler, S. 77 ff., 88 ff.

[27] Antrag RR 2006, S. 593. Vgl. auch ARNOLD, Präambel N. 19; BRÄM, Entwicklung, S. 179 f.; FAMOS, S. 27 ff.

[28] Es handelt sich bei den anerkannten kirchlichen Körperschaften in jedem Fall um selbstständige Körperschaften, weil das öffentliche Recht des Kantons Zürich keine unselbstständigen Körperschaften kennt. Die entsprechende Präzisierung im Verfassungstext wäre daher entbehrlich; Prot. K6 vom 16. März 2004, S. 740.

[29] JAAG, Rz. 1309.

[30] Für die Kirchgemeinden ist diese Präzisierung bedeutsam, weil auf sie das siebte Kapitel der Kantonsverfassung nicht unmittelbar anwendbar ist. Vgl. dazu auch JAAG, Art. 83 N. 19; JENNI, Art. 92 N. 6.

[31] Zu Begriff und Merkmalen öffentlichrechtlicher Körperschaften im Allgemeinen vgl. HÄFELIN/MÜLLER/UHLMANN, Rz. 1288 ff.

[32] Vgl. § 3 KiG. Das Kirchengesetz enthält eine gesetzliche Mitgliedschaftsvermutung. Danach gilt als Mitglied einer kantonalen kirchlichen Körperschaft, wer nach der jeweiligen kirchlichen Ordnung Mitglied einer Kirche ist, in einer Kirchgemeinde des Kantons Zürich Wohnsitz hat und nicht ausdrücklich schriftlich seinen Austritt oder seine Nichtzugehörigkeit zu dieser Kirche erklärt hat.

nalgemeinden zu bilden³³. Ungeachtet dessen kann in einer Kirchgemeinde aufgrund der Mitgliederstruktur einer Glaubensrichtung ein besonderes Gewicht zukommen. Das personale Element spielt zudem insofern eine Rolle, als nur Angehörige der betreffenden Kirche mit Wohnsitz im Gebiet der betreffenden kirchlichen Körperschaft deren Mitglieder sein können.

Die öffentlichrechtliche Anerkennung lässt einerseits ein Rechtssubjekt des kantonalen öffentlichen Rechts entstehen und hebt die betreffende Kirche aus dem Privatrecht in das öffentliche Recht heraus. Anderseits erhalten die anerkannten kirchlichen Körperschaften dadurch Rechte zugesprochen und Pflichten auferlegt. Sie werden zu einem Bestandteil der öffentlichen Rechtsordnung des Kantons, ohne funktionell und organisatorisch einen Teil der Staatsverwaltung zu bilden³⁴. 12

Rechte und *Pflichten* der kirchlichen Körperschaften ergeben sich unmittelbar aus der Kantonsverfassung und werden durch die Gesetzgebung weiter ausgeführt³⁵. Die Verfassung gewährleistet den kirchlichen Körperschaften *Autonomie*, insbesondere in Bezug auf das Stimm- und Wahlrecht und die Zuständigkeit für die Neubildung, den Zusammenschluss und die Auflösung von Kirchgemeinden³⁶, das Recht zur Erhebung von Steuern³⁷ und den Anspruch auf staatliche Leistungen³⁸. Pflichten der anerkannten kirchlichen Körperschaften ergeben sich daraus, dass diese nur im Rahmen des kantonalen Rechts autonom sind³⁹ und das Gesetz die Grundzüge der Organisation, das Pfarrwahlverfahren sowie die Amtsdauer der Pfarrerinnen und Pfarrer regelt⁴⁰. Weiter kann das Gesetz für einen Teil der Steuererträge die negative Zweckbindung einführen⁴¹ und stehen die kirchlichen Körperschaften unter der Oberaufsicht des Kantons⁴². Die durch die Verfassung statuierten Rechte und Pflichten werden namentlich durch das Kirchengesetz⁴³, das Gesetz über die politischen Rechte⁴⁴, das Steuergesetz sowie das Erbschafts- und Schenkungssteuergesetz konkretisiert⁴⁵. 13

---

33 Prot. Plenum, S. 2553; Antrag RR 2006, S. 604.
34 FAMOS, S. 43.
35 Vgl. dazu auch FAMOS, S. 44 f.
36 Art. 130 Abs. 2.
37 Art. 130 Abs. 3 lit. b.
38 Art. 130 Abs. 3 lit. c.
39 Art. 130 Abs. 2 Satz 1. So sind insbesondere das erste und zweite Kapitel der Kantonsverfassung (Grundlagen, Grundrechte) auch für die kirchlichen Körperschaften massgebend.
40 Art. 130 Abs. 3 lit. a und d.
41 Art. 130 Abs. 4.
42 Art. 130 Abs. 5.
43 Insbesondere bezüglich Zusammenarbeit zwischen dem Kanton und den kirchlichen Körperschaften, Organisation der kantonalen kirchlichen Körperschaften und der Kirchgemeinden, Amtsdauer der Pfarrerinnen und Pfarrer, Aufsicht durch den Staat, Zugang zu Personendaten, Rechtsschutz und Rechtsstaatlichkeit, staatliche Leistungen, Steuerprivileg.
44 Bezüglich Pfarrwahlverfahren und Delegation von Aufgaben an die politischen Behörden.
45 Bezüglich Steuerbefreiung der kirchlichen Körperschaften und Erhebung der Kirchensteuer.

4. Autonomie (Abs. 2)

4.1. Im Allgemeinen

14 Art. 130 Abs. 2 umschreibt den Autonomiebereich der evangelisch-reformierten Landeskirche, der römisch-katholischen Körperschaft und der christkatholischen Kirchgemeinde. Wie bisher besteht die Autonomie der kantonalen kirchlichen Körperschaften lediglich im Rahmen des kantonalen Rechts[46]. Die Kirchgemeinden leiten ihre Autonomie dagegen nicht aus der Kantonsverfassung, sondern aus dem Kirchengesetz und vor allem aus den kirchlichen Organisationsordnungen ab[47].

15 Es liegt somit am kantonalen Gesetzgeber, den Umfang der Autonomie zu bestimmen und festzulegen, was zu den eigenen Angelegenheiten der kantonalen kirchlichen Körperschaften zählt[48]. Da sich die Kirchen als vorbestehende göttliche Stiftungen verstehen[49], gibt es jedoch Bereiche, die von vornherein der Einflussnahme durch den Staat entzogen sind. In diesem *innerkirchlichen* Bereich wird das Selbstbestimmungsrecht der kirchlichen Körperschaften wie bisher durch die Kantonsverfassung nicht berührt. Zu diesem Bereich zählen insbesondere das Selbstverständnis der kantonalen kirchlichen Körperschaften als Kirchen, das Bekenntnis, der Kultus, gottesdienstliche Veranstaltungen, der durch die kirchlichen Körperschaften organisierte Unterricht, die Seelsorge, das diakonische Wirken sowie die innere und äussere Mission[50].

4.2. Wahlrecht und Gebietseinteilung

16 In zwei Bereichen räumt die Kantonsverfassung den kantonalen kirchlichen Körperschaften *unmittelbar* Autonomie ein: bei der Regelung des Stimm- und Wahlrechts in innerkirchlichen Angelegenheiten (lit. a) sowie bei der Festlegung der Zuständigkeit für Neubildung, Zusammenschluss und Auflösung von Kirchgemeinden (lit. b). Darin kommt die Absicht zum Ausdruck, im Rahmen der Verfassungsrevision die rechtliche Grundlage für eine *organisatorische Entflechtung* von Staat und Kirchen zu schaffen. Die weit reichende Stimm- und Wahlrechtsautonomie der kantonalen kirchlichen Körperschaften bildete dabei nur am Rand Gegenstand der verfassungsrätlichen Beratungen. Stattdessen

---

[46] Vgl. Art. 64 Abs. 3 aKV und § 3 Abs. 1 KG. So auch Art. 5 Abs. 1 KiG.
[47] Vgl. § 12 Abs. 3 KG und § 11 Abs. 2 KiG.
[48] Vgl. Prot. Plenum, S. 3175; BGE 55 I 113 ff., 129 f.
[49] Vgl. dazu N. 9.
[50] Vgl. die Legaldefinition der innerkirchlichen Angelegenheiten in § 3 Abs. 3 KG. Dazu eingehend RÖHL MARTIN, Rechtsschutz in der Zürcher Landeskirche, in: Häner Isabelle (Hrsg.), Nachdenken über den demokratischen Staat und seine Geschichte, Beiträge für Alfred Kölz, Zürich 2003, S. 337 ff., 339 ff. Eingehend zum Selbstbestimmungsrecht kirchlicher Gemeinschaften FRIEDERICH, Kirchen, S. 361 ff.

wurde eingehend erörtert, ob diese Bereiche nicht ebenfalls dem Gesetzgeber zur Regelung überlassen werden sollten[51].

Art. 130 Abs. 2 lit. a gestattet den kantonalen kirchlichen Körperschaften, das Stimm- und Wahlrecht selbständig zu ordnen, sofern dies in einem Erlass geschieht, der dem *obligatorischen Referendum* innerhalb der jeweiligen kantonalen kirchlichen Körperschaft als Ganzer untersteht[52], und die Regelung *demokratischen* und *rechtsstaatlichen Grundsätzen* zu genügen vermag[53]. Verlangt ist daher, dass Ausgestaltung und Ausübung der politischen Rechte im kirchlichen Bereich jenen demokratischen Prinzipien folgen, die im Kanton allgemein massgebend sind. Dabei steht es den kantonalen kirchlichen Körperschaften frei, die demokratischen Rechte für die ganze Körperschaft und ihre Kirchgemeinden abschliessend zu regeln oder die Regelung dieser Fragen den Kirchgemeinden zu überlassen[54]. Das weitere Erfordernis der Rechtsstaatlichkeit stellt sicher, dass die Ausübung des Stimm- und Wahlrechts nur durch einen Rechtsakt beschränkt und dieser durch eine Rechtsmittelinstanz überprüft werden kann[55].

17

Art. 130 Abs. 2 lit. b gewährt den kantonalen kirchlichen Körperschaften Autonomie in der *Gebietseinteilung*. Zwar sind sie nach dem Wortlaut der Verfassung lediglich befugt, die Zuständigkeit für Neubildung, Zusammenschluss und Auflösung von Kirchgemeinden zu regeln. Weil hierbei jedoch die Mitsprache von Regierungsrat und Kantonsrat entfällt[56], ist es den kantonalen kirchlichen Körperschaften letztlich freigestellt, wie sie ihr Gebiet in Kirchgemeinden einteilen[57]. Immerhin beinhaltet Art. 130 Abs. 2 lit. b eine *Bestandesgarantie* für die Kirchgemeinden insoweit, als vorausgesetzt wird, dass die kantonalen kirchlichen Körperschaften – ausgenommen die christkatholische Kirchgemeinde – in Kirchgemeinden eingeteilt sind[58].

18

---

51 Vgl. Prot. Plenum, S. 2572 ff. Diese Akzentverschiebung in der politischen Diskussion erscheint umso bemerkenswerter, als im Vorfeld der Volksabstimmung vom 30. November 2003 betreffend die Neuregelung des Verhältnisses zwischen Staat und Kirchen unter anderem geltend gemacht wurde, die Stimm- und Wahlrechtsautonomie im kirchlichen Bereich öffne dem allgemeinen Ausländerstimmrecht und -wahlrecht Tür und Tor; vgl. Röhl, Neugestaltung, S. 46 f.

52 Dieses Erfordernis wurde von der vorberatenden Kommission erst nachträglich in den Verfassungstext aufgenommen, namentlich um sicherzustellen, dass die Einführung des Ausländerstimm- und Wahlrechts im kirchlichen Bereich demokratisch legitimiert ist; Prot. K6 vom 3. Juni 2004, S. 772 ff.

53 Eine solche Regelung muss nicht zwingend in den Kirchenordnungen der kantonalen kirchlichen Körperschaften erfolgen. Es genügt hierfür auch ein Beschluss der Volksvertretungen der kantonalen kirchlichen Körperschaften, der dem obligatorischen Referendum untersteht.

54 Prot. Plenum, S. 3169.

55 Vgl. Prot. K6 vom 16. Dezember 2003, S. 622.

56 Zur heutigen Rechtslage vgl. § 5 Abs. 1 Gesetz über das Gemeindewesen vom 6. Juni 1926 (GemG; LS 131.1).

57 Prot. K6 vom 16. Dezember 2003, S. 619. § 10 Abs. 1 KiG weist solche Entscheide den Legislativen der kantonalen kirchlichen Körperschaften zu.

58 Zur übergangsrechtlichen Regelung, bis die kantonalen kirchlichen Körperschaften von ihrer Autonomie gemäss Art. 130 Abs. 2 lit. a und b Gebrauch machen, vgl. Art. 145 Abs. 2 und 3 sowie Art. 145 N. 5.

5. Gesetzlicher Rahmen (Abs. 3)

19 Art. 130 Abs. 3 zählt *abschliessend* jene Gegenstände auf, die vom kantonalen Gesetzgeber zu regeln sind[59]. Diese Bestimmung bildet die Rechtsgrundlage, um die den kantonalen kirchlichen Körperschaften gemäss Art. 130 Abs. 2 gewährte Autonomie durch das Gesetz einzuschränken. Zugleich enthält sie den verbindlichen Auftrag an den Gesetzgeber, in diesen Bereichen Vorschriften zu erlassen. Im Unterschied dazu handelt es sich bei Art. 130 Abs. 4 um eine Ermächtigung des Gesetzgebers, die zu nutzen er nicht verpflichtet ist.

5.1. Grundzüge der Organisation (lit. a)

20 Aus der Kantonsverfassung ergibt sich nicht, was alles unter die Grundzüge der Organisation der kirchlichen Körperschaften fällt. Dies ist durch den Gesetzgeber zu konkretisieren. In erster Linie sind dies jene Bereiche, für die der Kanton aufgrund der Anerkennung der Kirchen als Körperschaften des öffentlichen Rechts eine verbindliche Vorgabe als sinnvoll, nützlich oder für eine öffentlich-rechtliche Körperschaft als geboten hält. Der Gesetzgeber verfügt in dieser Frage über ein weites, pflichtgemäss und willkürfrei auszuübendes Ermessen. Dieses findet seine Schranken darin, dass die seit über einem Jahrzehnt verfolgte Neuregelung des Verhältnisses zwischen Kirchen und Staat darauf abzielt, die Autonomie der kirchlichen Körperschaften zu stärken. Die gesetzliche Neuregelung darf daher nicht hinter den Umfang kirchlicher Autonomie zurückgehen, der den kirchlichen Körperschaften bereits heute gesetzlich gewährleistet ist.

21 Der Entwurf für ein neues Kirchengesetz regelt namentlich das Vernehmlassungsrecht der kantonalen kirchlichen Körperschaften sowie die Aufsicht über diese und die Kirchgemeinden[60]. Er schreibt die Organe der kirchlichen Körperschaften und ihre Bezeichnung vor und verpflichtet die kantonalen kirchlichen Körperschaften, einen Finanzausgleich zu schaffen, der für eine ausgewogene Steuerbelastung unter ihren Kirchgemeinden sorgt[61]. Der Entwurf setzt die minimale Mitgliederzahl der Kirchenpflege auf fünf fest und schliesst die Mitgliedschaft von Pfarrerinnen und Pfarrern in der Kirchenpflege aus[62]. Er bestimmt für Pfarrerinnen und Pfarrer eine Amtsdauer von höchstens sechs Jahren; für das Pfarrwahlverfahren verweist er auf das Gesetz über die politischen Rechte[63].

---

[59] Beleuchtender Bericht des Verfassungsrates, ABl 2005, S. 64 ff., 79.
[60] § 4 Abs. 3 und 4, § 6, § 11 Abs. 4 KiG.
[61] § 7 und § 11 Abs. 1 und 2, § 9 KiG.
[62] § 12 Abs. 1 und 2 KiG.
[63] § 13 KiG.

5.2. Steuerprivileg (lit. b)

Die Befugnis, für die eigenen Zwecke Steuern zu erheben, stellt für die kirchlichen Körperschaften ein zentrales, aus der Anerkennung als Körperschaften des öffentlichen Rechts fliessendes Element dar. Die Verfassung lässt Subjekt und Objekt der *Kirchensteuer* offen. Ebenso enthält sie keine Vorgabe dazu, ob die Steuer durch die kantonalen kirchlichen Körperschaften oder die Kirchgemeinden zu erheben ist. In der ersten Gesamtlesung des Verfassungsentwurfs hatte sich der Verfassungsrat dafür ausgesprochen, die Besteuerung sowohl der natürlichen als auch der juristischen Personen in der Verfassung zu erwähnen. Damit sollte insbesondere der Tatsache Rechnung getragen werden, dass die Kirchensteuerpflicht der juristischen Personen rechtlich und politisch umstritten ist[64]. In der zweiten Gesamtlesung wurde schliesslich eine Formulierung bevorzugt, die lediglich das Steuerprivileg der kirchlichen Körperschaften erwähnt. Der Verfassungsrat folgte damit seinem Beschluss, in der Verfassung keine Steuerarten zu nennen, sondern den Gesetzgeber zu beauftragen, die Steuerarten, den Kreis der steuerpflichtigen Personen, den Gegenstand der Steuern und deren Bemessung festzulegen[65]. Eine andere Regelung im Bereich der Kirchensteuern wäre systemwidrig gewesen und hätte die Frage der Besteuerung der juristischen Personen bereits auf der Ebene der Verfassung aufgeworfen[66]. Im Blick auf die weitere politische Diskussion und auf die langfristige Klärung der Rechtslage wäre es allerdings wünschenswert gewesen, dass die Kantonsverfassung diese Frage abschliessend beantwortet hätte.

22

Der Entwurf des Kirchengesetzes sieht vor, dass die *Kirchgemeinden* von den Angehörigen ihrer Konfession und den juristischen Personen nach Massgabe des Steuergesetzes die Kirchensteuer erheben[67]. Verfahren und Steuerbemessung richten sich somit nach den Grundsätzen der Steuererhebung und -bemessung gemäss Art. 125. Insoweit bestehen zwischen der Kirchensteuer und den weiteren kantonalen und kommunalen Steuern keine Unterschiede. Hinsichtlich der Besteuerung der *juristischen Personen* folgt der Entwurf des Kirchengesetzes der konstanten Praxis des Bundesgerichts. Dieses hat in ständiger Praxis seit 1878 die Zulässigkeit der Besteuerung juristischer Personen durch Religionsgemeinschaften bestätigt, unter anderem mit dem Hinweis, dass es Sache der Kantone sei, entsprechende Regelungen zu erlassen[68]. Demgegenüber lehnt die

23

---

[64] Prot. Plenum, S. 2585.
[65] Prot. Plenum, S. 3178; vgl. Beusch, Art. 125 N. 10 ff.
[66] Vgl. Prot. K6 vom 3. Juni 2004, S. 775 ff.
[67] § 25 Abs. 1 KiG.
[68] BGE 4 533 ff., 536 f., zuletzt BGE 126 I 122 ff., 125 ff.

juristische Lehre die Kirchensteuerpflicht der juristischen Personen mehrheitlich als bundesverfassungswidrig ab[69].

5.3. Staatliche Leistungen (lit. c)

24 Gemäss Kantonsverfassung obliegt es dem Gesetzgeber, die Leistungen des Kantons an die kirchlichen Körperschaften zu regeln. Ziel ist es, einerseits die auf den *historischen Rechtstiteln* beruhenden Leistungen des Kantons an die kirchlichen Körperschaften auf eine neue Grundlage zu stellen[70]. Anderseits sollen die kantonalen kirchlichen Körperschaften einander auch in diesem Bereich gleichgestellt werden. Dementsprechend sieht der Entwurf für ein neues Kirchengesetz vor, dass die Gesamtsumme der gestützt auf Art. 130 Abs. 3 lit. c erbrachten staatlichen Leistungen im Verhältnis der Mitgliederzahlen auf die kantonalen kirchlichen Körperschaften aufgeteilt wird[71].

25 Wofür der Kanton den kirchlichen Körperschaften Leistungen ausrichtet, ergibt sich nicht aus der Verfassung. Im Verfassungsrat wurde einzig der Wunsch geäussert, dass diese Leistungen *negativ zweckgebunden* sein müssten, d.h. *nicht für kultische Zwecke* verwendet werden dürften[72]. Daraus ist zu schliessen, dass im Verfassungsrat stillschweigender Konsens darüber bestand, dass die staatlichen Leistungen jene Tätigkeiten der kirchlichen Körperschaften unterstützen sollen, die als gesamtgesellschaftlich relevant beurteilt werden[73]. Hierzu zählen in jedem Fall die kirchlichen Angebote in den Bereichen Bildung, Soziales und Kultur[74]. Der Entwurf für ein neues Kirchengesetz setzt für die Gewährung von staatlichen Leistungen voraus, dass jede kantonale kirchliche Körperschaft ein mehrjähriges Tätigkeitsprogramm vorlegt, über das sie auf Ende einer Beitragsperiode jeweils Bericht erstattet und dessen Wirksamkeit punktuell evaluiert werden kann[75]. Der Kanton gewährt seine Leistungen in Form von *Kostenbeiträgen*, deren Gesamtbetrag vom Kantonsrat mit einem *Rahmenkredit* für jeweils sechs Jahre bewilligt wird[76].

26 Weil Art. 130 Abs. 3 lit. c die staatlichen Leistungen an die kantonalen kirchlichen Körperschaften nicht spezifiziert, können gestützt auf diese Bestimmung

---

[69] Dazu eingehend CAVELTI, Kultussteuern, S. 52 ff.; FLEINER FRITZ/GIACOMETTI ZACCARIA, Schweizerisches Bundesstaatsrecht, Zürich 1949, S. 320 f.; HÄFELIN/HALLER, N. 421; HÄFELIN, Kommentar BV, Art. 49 aBV Rz. 100 ff.; KARLEN, Religionsfreiheit, S. 366 ff.

[70] Prot. Plenum, S. 3176. Vgl. dazu Art. 145 N. 2 ff.

[71] § 21 Abs. 2 KiG.

[72] Prot. Plenum, S. 2605.

[73] Vgl. Prot. Plenum, S. 2573.

[74] So § 19 Abs. 2 KiG. Der Begriff der «Tätigkeit mit Bedeutung für die ganze Gesellschaft» ist als unbestimmter Rechtsbegriff auslegungsbedürftig. Vgl. dazu auch GARDAZ PHILIPPE, Les communautés religieuses entre autofinancement et financements étrangers, in: Pahud de Mortanges/Tanner, S. 659 ff., 670 f.

[75] § 19 Abs. 3 und 4, § 22 Abs. 1 und 2 KiG.

[76] § 19 Abs. 1, § 20 Abs. 1 KiG.

weitere Leistungen des Kantons gewährt werden, etwa für die Seelsorge in Spitälern und Haftanstalten oder für den Unterhalt von historisch bzw. baulich wertvollen Kirchen und Pfarrhäusern[77].

5.4. Pfarrwahlen (lit. d)

Im Unterschied zu den allgemein gehaltenen Aufträgen an den Gesetzgeber gemäss Art. 130 Abs. 3 lit. a–c finden sich in der Verfassung konkrete Vorgaben bezüglich der Wahl der Pfarrerinnen und Pfarrer: Das Gesetz hat die Zuständigkeit für die Wahl, das Wahlverfahren und die Amtsdauer der Pfarrerinnen und Pfarrer festzulegen. Es kann sich nicht damit begnügen, die Regelung an die kantonalen kirchlichen Körperschaften zuhanden von deren Kirchenordnungen zu delegieren.

27

Obschon nicht ausdrücklich erwähnt, geht die Verfassung davon aus, dass Pfarrerinnen und Pfarrer von den *Stimmberechtigten der Kirchgemeinde auf Amtsdauer* gewählt werden. Damit wird einerseits ein Traditionsanschluss an die heute geltende Regelung der Volkswahl angestrebt; anderseits wird der Stellung der Pfarrerinnen und Pfarrer als wichtigste Repräsentanten der kirchlichen Körperschaften Rechnung getragen[78]. Zugleich wird sichergestellt, dass in der römisch-katholischen Kirche nicht der Bischof nach kanonischem Recht ohne Mitsprache der Gemeindeglieder einen Pfarrer in einer Kirchgemeinde einsetzen kann[79].

28

Der Entwurf für ein neues Kirchengesetz sieht die Wahl der Pfarrerinnen und Pfarrer durch die Stimmberechtigten der Kirchgemeinde auf eine Amtsdauer von höchstens sechs Jahren vor[80]. Die *Wählbarkeitsvoraussetzungen* richten sich nach dem Recht der kantonalen kirchlichen Körperschaften bzw. der Kirchen[81]. Insoweit sind diese autonom, eigene Vorschriften zu erlassen. Das *Wahlverfahren* richtet sich nach dem Gesetz über die politischen Rechte, welches das Verfahren der Bestätigungswahlen detailliert normiert, während die Neuwahl der Pfarrerinnen und Pfarrer im Wesentlichen in den Kirchenordnungen der kantonalen kirchlichen Körperschaften zu regeln ist[82]. Diese haben überdies die Möglichkeit, für bestimmte Pfarrstellen ein besonderes Besetzungsverfahren vorzusehen[83].

29

---

[77] Vgl. den entsprechenden Vorbehalt in § 19 Abs. 5 KiG.
[78] Prot. K6 vom 16. März 2004, S. 742.
[79] Prot. K6 vom 16. März 2004, S. 741 f.
[80] § 13 Abs. 1 KiG. Die kantonalen kirchlichen Körperschaften können auch eine kürzere Amtsdauer vorsehen.
[81] § 13 Abs. 4 KiG.
[82] §§ 116–118 GPR.
[83] § 13 Abs. 2 KiG. Darunter fällt namentlich die Wahl oder Anstellung der Amtsinhaberinnen und Amtsinhaber von Pfarrämtern in besonderen Institutionen (z.B. Spitäler, Kliniken, Haftanstalten, Flughafenpfarramt, Bahnhofkirche).

6. Negative Zweckbindung (Abs. 4)

30 Der Gesetzgeber kann einen Teil der Steuererträge der negativen Zweckbindung unterstellen. Um welchen Teil es sich handelt, ergibt sich nicht aus der Verfassung, da die juristischen Personen als Subjekt der Kirchensteuer aus politischen Rücksichten im Verfassungstext nicht aufscheinen sollten[84]. Die negative Zweckbindung kann aber nur jene Steuererträge beschlagen, die aus der Besteuerung der juristischen Personen stammen[85]. Würde diese Zweckbindung auf die Steuererträge der natürlichen Personen, d.h. der Mitglieder der kirchlichen Körperschaften, ausgedehnt, würde dies in einer Weise in die kirchliche Organisationsautonomie eingreifen, die im Widerspruch zur beabsichtigten Entflechtung von Staat und Kirchen steht[86].

31 Die *negative Zweckbindung* stellt sicher, dass die Steuererträge der juristischen Personen nicht für kultische Zwecke verwendet werden, sondern den gesamtgesellschaftlich relevanten Leistungen der Kirchen zugutekommen[87]. Eine mit negativer Zweckbindung verbundene Kirchensteuer für juristische Personen ist daher als Zwecksteuer zu qualifizieren[88]. Der Begriff «nichtkultische Zwecke» bedarf als unbestimmter Rechtsbegriff der Eingrenzung und Auslegung durch Gesetzgebung und Praxis. Eine sinnvolle und verhältnismässige Umsetzung der negativen Zweckbindung setzt die Gewährung eines gewissen Ermessensspielraums voraus, was eine allzu enge Umschreibung im Gesetz ausschliesst. Dieser Linie folgt der Entwurf für ein neues Kirchengesetz[89].

32 Die Eingrenzung des *kultischen* bzw. *nichtkultischen Zwecks* lässt sich am ehesten über die Begriffe «Kultus» und «Kultushandlung» erzielen, wie sie im Zusammenhang mit der Umschreibung des Schutzbereichs der Glaubens- und Gewissensfreiheit gemäss Art. 15 Abs. 2 BV Anwendung finden. Danach sind als Kultus bzw. Kultushandlung insbesondere zu bezeichnen: das persönliche Gebet, Meditation, Beichte und Fasten, Gottesdienste, Predigt, Messe, Prozessionen, rituelle Tänze, Segnungen, Spendungen und Sakramente, Taufe und Hochzeit, kirchliche Bestattung, religiöse Gesänge und weiteres religiöses Brauchtum[90]. Ausgaben, die mittelbar oder unmittelbar im Zusammenhang mit diesen Handlungen stehen, dienen demnach einem kultischen Zweck. Für diese dürfen die Erträge aus der Besteuerung der juristischen Personen gemäss dem

---

[84] Vgl. Prot. K6 vom 3. Juni 2004, S. 775 ff.
[85] So § 25 Abs. 2 KiG.
[86] So auch Prot. Plenum, S. 2578, 2584, 3181.
[87] Prot. Plenum, S. 2572.
[88] KLEY/FELLER, S. 77.
[89] Antrag RR 2006, S. 617.
[90] CAVELTI, St.Galler Kommentar, Art. 15 Rz. 17; KLEY/FELLER, S. 79.

Entwurf für ein neues Kirchengesetz nicht verwendet werden[91]. Im Übrigen beschränkt der Entwurf die kirchlichen Körperschaften in der Verwendung der Steuerträge nicht[92].

7. Staatliche Oberaufsicht (Abs. 5)

Korrelat zur Anerkennung als Körperschaften des öffentlichen Rechts und zur Gewährung von Autonomie bildet die Unterstellung der kirchlichen Körperschaften unter die *Aufsicht des Kantons*. Die Verfassung bestimmt diesbezüglich, dass der Kanton die Oberaufsicht über die kirchlichen Körperschaften ausübt. In Anwendung von Art. 59 Abs. 4 KV weist der Entwurf für ein neues Kirchengesetz die Oberaufsicht dem Kantonsrat zu, der sie im Rahmen der Rechenschaftsablage der kantonalen kirchlichen Körperschaften gegenüber der Öffentlichkeit wahrnimmt, indem er deren Jahresberichte zur Kenntnis nimmt[93]. Aufgabe des Regierungsrates – gegenüber den Kirchgemeinden erstinstanzlich der Bezirksräte – ist es sodann, die Aufsicht zu führen, soweit die kirchlichen Körperschaften unmittelbar staatliches Recht anwenden[94].

33

8. Würdigung

Art. 130 entspricht im Grundsatz den Regelungen, wie sie andere Kantonsverfassungen ebenfalls kennen. Diese anerkennen meist die evangelisch-reformierte und die römisch-katholische Kirche als Körperschaften des öffentlichen Rechts. Einige Kantone beziehen zusätzlich die christkatholische Kirche in die öffentlichrechtliche Anerkennung mit ein[95]. Hinsichtlich der römisch-katholischen Glaubensgemeinschaft umfasst diese Anerkennung durchwegs die römisch-katholische *Kirche*, während sich Art. 130 Abs. 1 lit. b auf die römisch-katholische *Körperschaft* beschränkt. Der Zürcher Verfassungsgeber bringt damit zum Ausdruck, dass es nicht Sache des Staates sein kann, die kirchliche (kanonische) Organisation der römisch-katholischen Kirche anzuerkennen. Stattdessen geht es darum, (vor)bestehende kirchliche Körperschaften staatskirchenrechtlich zu verfassen[96]. Die Anerkennung der römisch-

34

---

[91] KLEY/FELLER, S. 79. Zu den Auswirkungen der negativen Zweckbindung auf die Haushalte der kirchlichen Körperschaften vgl. KLEY/FELLER, S. 80.
[92] § 25 Abs. 3 KiG.
[93] § 6 Abs. 1 KiG.
[94] § 6 Abs. 2, § 11 Abs. 4 KiG.
[95] So etwa Art. 121 KV BE, Art. 53 Abs. 1 KV SO, § 126 Abs. 1 und 2 KV BS, § 136 Abs. 1 und 2 KV BL, Art. 108 Abs. 1 KV SH, Art. 109 Abs. 1 KV SG, § 109 Abs. 1 KV AG, Art. 98 Abs. 1 KV NE.
[96] Vgl. dazu N. 7.

katholischen *Kirche* hätte ausserdem zur Folge, dass sich diese als Ganzes demokratischen und rechtsstaatlichen Grundsätzen zu unterwerfen hätte[97] und an die Grundrechte der Bundes- und Kantonsverfassung gebunden wäre.

35 Die Zürcher Kantonsverfassung beinhaltet ausser der Anerkennungsregelung in Art. 130 Abs. 1 in erster Line einen umfassenden Auftrag an den kantonalen Gesetzgeber. Demgegenüber finden sich in zahlreichen Kantonsverfassungen zum Teil eingehende Vorschriften zur Mitgliedschaft in den anerkannten kirchlichen Körperschaften[98], zur Kirchgemeindeorganisation[99], zum kirchlichen Finanzwesen[100] und zum Rechtsschutz in kirchlichen Angelegenheiten[101]. Art. 130 erweist sich als Rahmen, der dem Gesetzgeber hinreichend Raum für eine flexible und situationsgerechte Regelung lässt. Aus der Sicht der kantonalen kirchlichen Körperschaften wäre allerdings eine verbindlichere Vorgabe an den Gesetzgeber vor allem hinsichtlich des Umfangs des Steuerprivilegs und der staatlichen Leistungen vorstellbar gewesen[102].

36 Der Entwurf für ein neues Kirchengesetz orientiert sich durchwegs am von der Verfassung vorgegebenen Rahmen und an der in der Volksabstimmung vom November 2003 verworfenen Vorlage. Er ist das Ergebnis eines intensiven Gesetzgebungsprozesses, in dem die kantonalen kirchlichen Körperschaften Gelegenheit hatten, ihren Standpunkt einzubringen. Obschon der Gesetzesentwurf sich nicht mit dem für die kirchlichen Körperschaften im Idealfall Wünschbaren deckt[103], erweist er sich als Summe dessen, was im Rahmen der Kantonsverfassung und der gegenwärtigen politischen Verhältnisse realisierbar ist. Er bildet eine Grundlage, um das Verhältnis von Staat und Kirchen auch in Zukunft partnerschaftlich zu gestalten[104].

---

[97] Vgl. dazu N. 17.
[98] Art. 124 KV BE, Art. 55 Abs. 3 KV SO, § 128 Abs. 1 und 2 KV BS, § 138 Abs. 1 und 2 KV BL, Art. 110 KV SH, Art. 110 KV AR, § 111 Abs. 1 und 2 KV AG, Art. 132 KV JU.
[99] Art. 123 Abs. 3 KV BE, Art. 55 Abs. 1 KV SO, § 112 KV AG.
[100] Art. 123 Abs. 3 KV BE, § 113 KV AG.
[101] Art. 136 Abs. 4 KV GL, § 131 KV BS, § 141 KV BL, Art. 113 KV SH, § 114 KV AG.
[102] Art. 130 Abs. 3 lit. b und c; dies im Blick darauf, dass eine Gesetzesänderung rechtlich und vor allem faktisch leichter fällt als eine Änderung der Kantonsverfassung.
[103] So z.B. bezüglich der negativen Zweckbindung der staatlichen Kostenbeiträge (§ 19 Abs. 2 KiG) und der Erträge aus den Kirchensteuern der juristischen Personen (§ 25 Abs. 2 KiG) oder der Rückerstattung nicht ausgeschöpfter Kostenbeiträge (§ 22 Abs. 3 KiG).
[104] So § 4 Abs. 1 KiG.

Art. 131

Weitere Religionsgemeinschaften

Von den weiteren Religionsgemeinschaften sind die Israelitische Cultusgemeinde und die Jüdische Liberale Gemeinde vom Kanton anerkannt.

Diese ordnen die Mitwirkung ihrer Mitglieder nach rechtsstaatlichen und demokratischen Grundsätzen.

Das Gesetz regelt unter Wahrung der verfassungsrechtlichen Autonomie der Religionsgemeinschaften:
a) die Wirkungen der Anerkennung;
b) die Aufsicht.

Materialien

Prot. Plenum, S. 2549 ff., 2586 ff., 3183 ff., 3341.

Vgl. ferner Beschluss des Kantonsrates über die Parlamentarische Initiative Lucius Dürr, Zürich, und Markus Werner, Dällikon, vom 22. März 1993 betreffend Änderung von Art. 64 der Kantonsverfassung – Antrag und Beleuchtender Bericht der Spezialkommission vom 17. September 2002, ABl 2002, S. 1769 ff.; Antrag und Weisung des Regierungsrates zum Gesetz über die anerkannten jüdischen Gemeinden vom 31. Mai 2006, ABl 2006, S. 634 ff. (Antrag RR und GjG).

Literatur

Vgl. Hinweise zu Art. 130.

Übersicht

	Note
1. Ausgangslage	1
2. Anerkannte jüdische Gemeinden (Abs. 1)	3
3. Rechtsstaats- und Demokratieerfordernis (Abs. 2)	5
4. Wirkungen der Anerkennung (Abs. 3)	7

1. Ausgangslage

In Bezug auf die *Anerkennung von Religionsgemeinschaften* erarbeitete eine Spezialkommission des Kantonsrates aufgrund einer parlamentarischen Initiative aus dem Jahr 1993 in langjähriger Arbeit ein entsprechendes Gesetz. Dieses wurde zusammen mit der zugehörigen Verfassungsänderung und einem neuen Kirchengesetz als einheitliches Reformpaket der Volksabstimmung unterstellt. Diese drei Vorlagen scheiterten in der Abstimmung vom 30. November 2003[1]. Grund für die Ablehnung des gesamten Reformpakets bildete in erster Linie

1

---

[1] Vgl. Röhl, Standortbestimmung, S. 244 f., 248 f.; dazu auch Art. 130 N. 3 f.

die im Anerkennungsgesetz enthaltene Möglichkeit zur Anerkennung weiterer Religionsgemeinschaften durch den Regierungsrat[2].

2   Das Abstimmungsergebnis vom 30. November 2003 setzte der Anerkennung von weiteren Religionsgemeinschaften einen engen Rahmen: Um politisch mehrheitsfähig zu sein, kann sie nur Religionsgemeinschaften offenstehen, die im Kanton Zürich traditionell verankert sind und die sich an rechtsstaatlichen und demokratischen Grundsätze orientieren. Sie muss sodann durch die Verfassung erfolgen, d.h. obligatorisch der Volksabstimmung unterstehen[3]. In Anbetracht dieser Ausgangslage wurde ein Minderheitsantrag, der auf eine weiter gehende Anerkennungsregelung abzielte, im Lauf der Beratungen des Verfassungsrates zurückgezogen[4].

2. Anerkannte jüdische Gemeinden (Abs. 1)

3   Trotz des Scheiterns des Anerkennungsgesetzes in der Volksabstimmung vom 30. November 2003 war im Verfassungsrat von Anfang an unbestritten, dass die Anerkennung jüdischer Gemeinden grundsätzlich möglich sein sollte[5]. In Anlehnung an die Regelung in der Berner Kantonsverfassung[6] anerkennt Art. 131 Abs. 1 daher unter den weiteren Religionsgemeinschaften die *Israelitische Cultusgemeinde* und die *Jüdische Liberale Gemeinde*. Diese beiden Gemeinden hatten bereits im Vorfeld der Abstimmung vom 30. November 2003 ihren Wunsch nach Anerkennung geäussert.

4   Dass nur diese beiden jüdischen Gemeinden anerkannt sind, erweist sich nicht als rechtsungleich. Denn nur diese erfüllen zurzeit das *Rechtsstaat- und Demokratieerfordernis* gemäss Art. 131 Abs. 2, das Voraussetzung für eine Anerkennung bildet[7]. Damit besteht ein sachlicher Grund für eine Ungleichbehandlung[8]. Dies schliesst nicht aus, dass in einem späteren Zeitpunkt weitere jüdische Gemeinden oder andere Religionsgemeinschaften durch eine *Verfassungsänderung* anerkannt werden[9]. Ebenso könnte den beiden jüdischen Gemeinden die Anerkennung durch eine Verfassungsänderung wieder entzogen werden[10].

---

[2] Antrag RR, S. 639.
[3] Prot. Plenum, S. 2553.
[4] Prot. Plenum, S. 2598.
[5] Prot. Plenum, S. 2563; Antrag RR, S. 639.
[6] Prot. K6 vom 16. Dezember 2003, S. 625, und 11. März 2004, S. 731. Vgl. Art. 126 KV BE.
[7] Prot. Plenum, S. 2553; vgl. auch Prot. K6 vom 11. März 2004, S. 731; K6, Staat und Kirchen, Antrag an das Plenum, Erläuterungen, S. 8.
[8] HAFNER FELIX/EBNÖTHER KATHRIN, Staatliche Förderung religiöser Aktivitäten, in: Pahud der Mortanges/Tanner, S. 131 ff., 143.
[9] Prot. Plenum, S. 2588.
[10] Prot. Plenum, S. 2596.

3. Rechtsstaats- und Demokratieerfordernis (Abs. 2)

Die Verfassung verlangt als Voraussetzung für die Anerkennung und zugleich als Vorgabe für die innere Organisation von den beiden anerkannten jüdischen Gemeinden, dass sie die Mitwirkung ihrer Mitglieder nach *rechtsstaatlichen* und *demokratischen Grundsätzen* ordnen[11]. Das Demokratieerfordernis besagt im Wesentlichen, dass Wahlen und Abstimmungen in einem Verfahren erfolgen, in dem jedes stimmberechtigte Mitglied nur eine Stimme hat und den Stimmen der einzelnen Mitglieder dasselbe Gewicht zukommt, und dass die geistlichen Amtsträgerinnen und Amtsträger von den Stimmberechtigten gewählt werden und periodisch der Wiederwahl unterliegen[12]. Nicht erforderlich ist dagegen, dass die Organe der beiden Gemeinden unmittelbar durch die Mitglieder gewählt werden. Denkbar ist auch deren Wahl durch Repräsentanten der Mitglieder.

Der Grundsatz der Rechtsstaatlichkeit stellt namentlich sicher, dass das Stimm- und Wahlrecht nur im Rahmen eines rechtlich überprüfbaren Akts beschränkt oder entzogen werden kann und dass Entscheidungen von Gemeindeorganen an eine Instanz weitergezogen werden können, die mindestens eine Rechtskontrolle ausübt[13]. Sodann ist verlangt, dass Mann und Frau im Rahmen der Ausübung der Mitwirkungsrechte gleichgestellt sind[14].

4. Wirkungen der Anerkennung (Abs. 3)

Die Anerkennung der Israelitischen Cultusgemeinde und der Jüdischen Liberalen Gemeinde durch die Verfassung besitzt in erster Linie hohen *symbolischen Wert*[15]. Sie bringt zum Ausdruck, dass das Wirken der beiden jüdischen Gemeinden in der Öffentlichkeit geschätzt wird[16]. Die Anerkennung verschafft den beiden jüdischen Gemeinden jene Stellung, die ihrer gesellschaftlichen Bedeutung entspricht, indem diese einen wichtigen Beitrag zum gesellschaftlichen Leben im ethischen und religiösen, kulturellen und sozialen Bereich leisten. Wie den kirchlichen Körperschaften wird auch den anerkannten jüdischen Gemeinden eine umfassende, kritische, wertebegründende und wertevermittelnde und damit integrative gesellschaftliche Funktion zugebilligt. Zugleich wird die auf Gemeinschaft gerichtete Kraft jüdischer Tradition anerkannt[17].

---

[11] Vgl. Prot. Plenum, S. 2596.
[12] So § 6 Abs. 2 GjG; vgl. Antrag RR, S. 635.
[13] Vgl. Prot. K6 vom 11. März 2004, S. 733.
[14] RÖHL, Kantonsverfassung, S. 206.
[15] Prot. Plenum, S. 2587, 2590, 2592, 2594.
[16] Prot. Plenum, S. 3183.
[17] Antrag RR, S. 640; vgl. HAFNER FELIX/EBNÖTHER KATHRIN, Staatliche Förderung religiöser Aktivitäten, in: Pahud der Mortanges/Tanner, S. 131 ff., 142.

8 Die Anerkennung der beiden jüdischen Gemeinden gemäss Art. 131 unterscheidet sich von der öffentlichrechtlichen Anerkennung im Sinn von Art. 130. Sie werden dadurch nicht zu Körperschaften des öffentlichen Rechts, sondern behalten ihre bisherige Organisationsform als *privatrechtliche Vereine*[18]. Die Anerkennung verleiht auch *keine hoheitlichen Befugnisse,* namentlich nicht das Recht zur Erhebung von Steuern[19].

9 Im Übrigen regelt das Gesetz die Wirkungen der Anerkennung[20]. Wie die kirchlichen Körperschaften erhalten die anerkannten jüdischen Gemeinden gemäss dem Entwurf für ein Gesetz über die anerkannten jüdischen Gemeinden Rechte eingeräumt, etwa den Anspruch auf Auskunft aus den staatlichen Registern und auf Eintrag der Mitgliedschaft in den Einwohnerregistern[21], die Ausrichtung von Kostenbeiträgen unter denselben Bedingungen wie die kantonalen kirchlichen Körperschaften[22], die Zulassung der geistlichen Amtsträgerinnen und Amtsträger zu Bestattungen und zur Seelsorge in Einrichtungen des Staates und der Gemeinden[23], das Recht auf unentgeltliche Nutzung von öffentlichen Schulräumen für den konfessionellen Unterricht[24] und den Anspruch auf einen eigenen Friedhof[25]. Im Gegenzug sind sie verpflichtet, sich nach rechtsstaatlichen und demokratischen Grundsätzen zu organisieren[26], ihre Statuten der zuständigen Direktion des Regierungsrates zur Genehmigung vorzulegen[27], eine unabhängige Revisionsstelle einzusetzen und ihre Rechnung öffentlich zugänglich zu machen[28] sowie sich der Oberaufsicht des Kantonsrates und der Aufsicht des Regierungsrates zu unterziehen[29]. Schliesslich ist den anerkannten jüdischen Gemeinden auferlegt, die Grundwerte der schweizerischen Rechtsordnung zu bejahen, insbesondere die Toleranz und den Frieden unter den religiösen Gemeinschaften[30].

10 Der Gesetzgeber hat bei der Regelung der Wirkungen der Anerkennung die verfassungsrechtliche *Autonomie* der beiden anerkannten jüdischen Gemeinden zu wahren. Insbesondere darf er dadurch nicht die Kultusausübung und die Glau-

---

[18] Prot. K6 vom 16. März 2004, S. 744; Prot. Plenum, S. 2596; Beleuchtender Bericht des Verfassungsrates, ABl 2005 S. 64 ff., 79. So auch § 3 GjG.
[19] Prot. Plenum, S. 2587, 2594.
[20] Zu den Wirkungen der Anerkennung ist auch die Frage der Aufsicht über die beiden anerkannten jüdischen Gemeinden zu zählen, weshalb Art. 131 Abs. 3 lit. b lediglich deklaratorischer Natur ist.
[21] § 7 GjG.
[22] § 8 Abs. 1 GjG.
[23] § 10 GjG.
[24] § 11 GjG.
[25] § 12 GjG.
[26] § 4 Abs. 2 GjG.
[27] § 5 Abs. 2 GjG.
[28] § 9 GjG; Antrag RR, S. 647 f.
[29] § 13 GjG.
[30] § 4 Abs. 3 GjG.

bens- und Gewissensfreiheit ihrer Mitglieder beeinträchtigen, wie sie durch Art. 15 BV gewährleistet sind[31].

Die Rechte und Pflichten, wie sie der Entwurf für ein Gesetz über die jüdischen Gemeinden diesen einräumt bzw. auferlegt, sind deckungsgleich mit Rechten und Pflichten, die auch den anerkannten kirchlichen Körperschaften, namentlich den Kirchgemeinden, zukommen. Die Rechte dürften dem entsprechen, was sich die beiden jüdischen Gemeinden durch die Anerkennung erhofften, während die gesetzlichen Pflichten kaum zusätzliche Einschränkungen und Belastungen zur Folge haben.

11

---

[31] CAVELTI, St.Galler Kommentar, Art. 15 Rz. 12; HÄFELIN, Kommentar BV, Art. 49 aBV Rz. 118; HÄFELIN/HALLER, N. 412; HAFNER, § 44 Rz. 20; vgl. auch FRIEDERICH, Kirchen, S. 449 ff.

11. Kapitel: Änderung der Kantonsverfassung

Art. 132
Grundsätze

Die Verfassung kann jederzeit ganz oder teilweise geändert werden.

Verfassungsvorlagen werden zweimal beraten.

Verfassungsänderungen unterliegen der Volksabstimmung.

Materialien

Art. 142 VE; Prot. Plenum, S. 1899, 3260.

Literatur

AUER ANDREAS, Les droits politiques dans les cantons suisses, Genf 1978; BOLZ URS, Art. 127, 128, in: Kälin/Bolz, S. 567 f.; CEREGHETTI REMO, Die Überprüfung der Kantonsverfassungen durch die Bundesversammlung und das Bundesgericht, Diss., Zürich 1956; EICHENBERGER, §§ 121 und 125; EICHENBERGER KURT, Über Möglichkeiten und Grenzen der Totalrevision einer Kantonsverfassung, ZBl 91/1990, S. 1 ff.; GIACOMETTI, §§ 43, 48; HÄFELIN/HALLER, § 36; HANGARTNER/KLEY, §§ 22, 27, 29 sowie 32; JAAG TOBIAS, Wozu eine neue Kantonsverfassung? Funktionen und Inhalte der Kantonsverfassung aus verfassungstheoretischer und verfassungsvergleichender Sicht, in: Materialien zur Zürcher Verfassungsreform, Bd. 2, S. 9 ff. (Kantonsverfassung); KÖLZ ALFRED, Neuere schweizerische Verfassungsgeschichte – Ihre Grundlinien vom Ende der Alten Eidgenossenschaft bis 1848, Bern 1992 (Verfassungsgeschichte I); KÖLZ ALFRED, Neuere schweizerische Verfassungsgeschichte – Ihre Grundlinien in Bund und Kantonen seit 1848, Bern 2004 (Verfassungsgeschichte II); KÖLZ ALFRED, Die Zulässigkeit von Sperrfristen für kantonale Volksinitiativen – Ein Beitrag zur Auslegung von Art. 51 BV, ZBl 102/2001, S. 169 ff. (Sperrfristen); MARTENET VINCENT, L'autonomie constitutionelle des cantons, Diss. (Genf), Basel 1999; RUCH ALEXANDER, St.Galler Kommentar, Art. 51; SALADIN PETER, Kommentar BV, Art. 6 aBV; SCHULER FRANK, Kommentar zur Verfassung des Kantons Graubünden, Art. 101; STRÄULI, Art. 65; TÖNDURY, §§ 2–5; TRECHSEL ALEXANDER/SERDÜLT UWE, Kaleidoskop Volksrechte. Die Institutionen der direkten Demokratie in den schweizerischen Kantonen 1970–1996, Basel/Genf/München 1999; TSCHANNEN, § 18.

Vgl. ferner Hinweise zu Art. 22, 24, 25 und Art. 32.

Übersicht

	Note
1. Einleitung	1
2. Entstehungsgeschichte	4
3. Verfassung	6
4. Verfassungsänderungen (Abs. 1)	8
4.1. Jederzeitige Abänderbarkeit	8
4.2. Initianten	10
4.3. Total- und Teiländerungen	11
5. Zweimalige Beratung (Abs. 2)	13
6. Obligatorisches Verfassungsreferendum (Abs. 3)	15
7. Gewährleistung des Bundes	18

1. Einleitung

1   Art. 132 regelt die Abänderung, Beratung und Entstehung kantonalen Verfassungsrechts. Sämtliche neueren Kantone kennen entsprechende Bestimmungen über die Änderung ihrer Verfassung. Die Formulierung von Abs. 1 findet sich nahezu identisch in den meisten anderen Kantonsverfassungen wieder[1]. Die zweifache Beratung wird hingegen weniger häufig in der Verfassung vorgesehen (Abs. 2)[2], desgleichen findet das obligatorische Referendum vergleichsweise selten Erwähnung (Abs. 3)[3]. Die Bestimmungen des Kantons Zürich sind im Vergleich zu den Regelungen der anderen Kantone von mittlerer Dichte. Sie heben sich weder durch besondere Ausführlichkeit ab, noch sind sie allzu knapp geraten[4].

2   Art. 132 entspricht einerseits der bundesrechtliche Vorgabe von Art. 51 Abs. 1 BV, wonach jede kantonale Verfassung der Zustimmung des Volkes bedarf und revidiert werden können muss, wenn die Mehrheit der Stimmberechtigten es verlangt. Der direktdemokratische Prozess der Verfassungsänderung muss mithin in zwei Formen stattfinden können – in jener des Referendums und jener der Initiative. Diese beiden Volksrechte sichern die Grundsätze der auf Volkssouveränität beruhenden Verfassung und des jederzeit ausübbaren Selbstkonstituierungsrechts des Volkes[5]. Einschränkungen dieser Prinzipien sind in jedem Fall unzulässig, d.h., der Kanton kann keine von diesen abweichenden Regelungen treffen. Art. 132 geht indes über die bundesrechtliche Vorgabe hinaus, indem in Abs. 2 eine zweimalige Beratung vorgesehen und der Kreis der Initianten nicht auf die Stimmberechtigten beschränkt, sondern verallgemeinert worden ist (Abs. 1).

3   Die Bestimmungen über die Änderungen der Kantonsverfassung können nicht für sich selbst gelesen werden, sondern es müssen die anderen Verfassungsbestimmungen miteinbezogen werden. So ergibt sich etwa erst aus Art. 24 KV, wer die Urheber einer Initiative auf Teiländerung der Verfassung sein können und aus Art. 25, welche Formen eine Initiative aufweisen kann. In diesem Sinne ergänzen und bedingen sich die Bestimmungen über die Änderung der Kantonsverfassung (Art. 132 ff.) und über die Volksrechte (Art. 22 ff.) in Bezug auf

---

[1]   So z.B. Art. 127 Abs. 1 KV BE; Art. 119 KV UR; Art. 138 Abs. 1 KV GL; Art. 137 Abs. 1 KV SO; § 137 KV BS; § 143 Abs. 1 KV BL; Art. 114 Abs. 1 KV SH; Art. 112 Abs. 1 KV AI; Art. 101 Abs. 1 KV GR; § 121 KV AG; § 94 Abs. 1 KV TG. Die gleiche Formulierung wurde auch in Art. 192 Abs. 1 BV verankert.

[2]   Vgl. aber Art. 127 Abs. 2 KV BE; Art. 138 Abs. 2 KV SO.

[3]   § 125 KV AG; § 79 Abs. 3 KV ZG; § 95 Abs. 2 KV TG. Stärker verbreitet ist der allgemeine Hinweis auf das Gesetzgebungsverfahren, wie er noch in Art. 65 aKV verankert war.

[4]   Besonders ausführlich sind die Bestimmungen der KV TI (Art. 82–90) und der KV VS (Art. 100–107), äusserst knapp gehalten sind die Bestimmungen in der KV TG (§§ 94 f.).

[5]   Art. 1 Abs. 3.

die Verfassungsrevisionen wechselseitig⁶. Jede Verfassungsänderung unterliegt zudem notwendigerweise der Volksabstimmung (Abs. 3). Das Inkrafttreten des kantonalen Verfassungsrechts wird hingegen nicht in diesen Bestimmungen geregelt. Für die neue Verfassung ist diesbezüglich Art. 135 zu beachten⁷, bei künftigen Änderungsvorhaben ist das Inkrafttreten in der Vorlage selbst zu regeln⁸. Schliesslich ist die ausserhalb der KV stehende bundesrechtliche Vorschrift zu beachten, dass die Kantonsverfassung der Gewährleistung des Bundes bedarf (Art. 51 Abs. 2 BV).

2. Entstehungsgeschichte

Die Kantonsverfassung aus dem Jahr 1831 hatte eine Sperrfrist von 6 Jahren vorgesehen. Danach konnte eine Verfassungsänderung nur durch den Grossen Rat vorgenommen werden und musste am Ende dem Volk zur Sanktion vorgelegt werden⁹. Eine Volksinitiative auf Verfassungsrevision existierte hingegen nicht. In seinem Anfang Januar 1831 publizierten «Entwurf einer Verfassung» für den Kanton Zürich schrieb LUDWIG SNELL, der radikale Vordenker der (Zürcher) Regeneration, jede freie Verfassung müsse «fortdauernd aus dem Volke hervorgehen und der Ausdruck des gesammten Volkslebens sein» und deshalb auch «die gesetzlichen (verfassungsmässigen) Mittel zu einer fortgehenden volksthümlichen Verbesserung (Revision) enthalten»¹⁰. Der Kanton Zürich erwies sich zunächst jedoch gegenüber demokratischen Rechten als resistent: Erst 1865 wurde auf Druck des Bundesrates hin, der die entsprechende Vorgabe von Art. 6 Abs. 2 lit. c aBV verwirklicht wissen wollte, die grundsätzliche Möglichkeit der Verfassungsinitiative eingeführt¹¹. Die demokratische Verfassung von 1869 und weitere Teilrevisionen führten sodann zu einer Ausweitung der demokratischen Mitwirkungsrechte¹².

4

Die Revisionsvorschriften der neuen Kantonsverfassung orientieren sich im Grossen und Ganzen an den alten Bestimmungen von 1869. Der Artikel in seiner heutigen Form war in den Beratungen des Verfassungsrates denn auch unbestritten¹³. Lediglich der Verzicht auf die Zweimonatsfrist zwischen den Beratungen des Kantonsrats, wie sie noch in Art. 65 Abs. 3 aKV vorgesehen war,

5

---

⁶ Vgl. SCHULER, Kommentar KV GR, Art. 101 Rz. 2 bezüglich der KV GR.
⁷ CAMPRUBI, Art. 135.
⁸ HANGARTNER/KLEY, N. 1649 ff.
⁹ Art. 93 KV 1831.
¹⁰ Entwurf einer Verfassung nach dem reinen und ächten Repräsentativsystem, das keine Vorrechte noch Exemptionen kennt, sondern auf der Demokratie beruht, Zürich 1830/31, S. 61.
¹¹ KÖLZ, Verfassungsgeschichte II, S. 48; STRÄULI, S. 248.
¹² Art. 29 und Art. 65 aKV.
¹³ Prot. Plenum, S. 1899 ff., 3260 f.

wurde explizit hervorgehoben. An der zweimaligen Beratung von Verfassungsvorlagen hingegen hielt der Verfassungsrat bewusst fest, um zu gewährleisten, dass das Verfahren gegenüber dem Gesetzgebungsverfahren qualifiziert ist und keine übereilten Beschlüsse gefasst werden[14].

3. Verfassung

6   Aus der schweizerischen Verfassungstradition und den bundesrechtlichen Vorgaben ergibt sich, dass der Kanton über eine geschriebene Verfassung – mithin eine Verfassungsurkunde – verfügen muss[15]. Die vom Bund geforderte demokratische Verfassung im Sinne von Art. 51 BV hat das kantonale Staatswesen wenigstens in den Grundzügen zu konstituieren[16]. Darüber hinaus muss der Kanton sicherstellen, dass sich alle staatliche Gewalt direkt oder indirekt auf das Volk zurückführen lässt und dass der Grundsatz der Gewaltenteilung beachtet wird[17]. In einer demokratischen Verfassung sollten demgemäss zumindest in Grundzügen folgende Materien geregelt werden: Staatsziele und Staatsaufgaben, allfällige Grundrechtsgarantien und allgemeine Grundsätze des staatlichen Handelns, die territoriale Struktur des Kantons und die Zuständigkeiten der untergeordneten Gebietskörperschaften, die Organisation und die Zuständigkeiten der kantonalen Behörden, die Zusammensetzung der Aktivbürgerschaft und die politischen Rechte der Stimmberechtigten, die Finanzordnung, das Verhältnis von Kirche und Staat sowie Bestimmungen zu Verfassungsrevision und Inkrafttreten. Eine kantonale Minimalverfassung wäre jedenfalls dann unvereinbar mit dem Demokratiegebot von Art. 51 BV, wenn sie bewusst «courte et obscure» angelegt wäre[18].

7   Dem Kanton kommt bei seiner Verfassungsgebung im Rahmen des Bundesrechts eine beachtliche Autonomie zu. In die Verfassung sollten allerdings im Regelfall generell-abstrakte Rechtssätze von einer gewissen Bedeutung aufgenommen werden. Normen, welchen nur eine zweitrangige Bedeutung zugemessen werden kann, sind mit Vorteil auf Gesetzes- oder Verordnungsstufe zu erlassen[19]. Wegen der derogatorischen Kraft des Bundesrechts gilt es hinsichtlich der kantonalen Verfassungsgebung ferner die Gefahr zu beachten, dass kantonale Verfassungsnormen bedeutungslos werden, sobald der Bund seine Rechtsordnung aller Rechtsstufen ändert oder ergänzt (Art. 49 Abs. 1 BV). Als bürger-

---

[14] Prot. Plenum, S. 1899.
[15] TÖNDURY, S. 311.
[16] Vgl. HANGARTNER/KLEY, N. 1354; MARTENET, S. 108 ff.
[17] Art. 1 N. 15.
[18] Vgl. dazu KÖLZ, Verfassungsgeschichte, S. 151 f.; EICHENBERGER, S. 12.
[19] JAAG, Kantonsverfassung, S. 16; Art. 38 hält zudem fest, dass alle wichtigen Rechtssätze des kantonalen Rechts in der Form des Gesetzes erlassen werden; HAUSER, Art. 38.

freundliche Verfassung konzentriert sich die neue KV zumeist auf das Wesentliche und Grundsätzliche bzw. jene Leitlinien, welche dem Kanton Zürich als besonders wichtig erscheinen, oder Materien, die aus politischen Gründen verfassungsrechtlich geregelt werden[20].

4. Verfassungsänderungen (Abs. 1)

4.1. Jederzeitige Abänderbarkeit

Abs. 1 regelt lediglich die Tatsache, dass die Verfassung geändert werden *kann*. Implizit ist aus der Bestimmung jedoch auch herauszulesen, dass die Verfassung geändert werden *muss*, falls eine Bestimmung – und sei es auch nur rein formell – geändert werden soll[21]. Sobald redaktionelle, formelle oder materielle Änderungen, Neuerungen, Ergänzungen oder Streichungen vorgenommen werden sollen, ist das Revisionsverfahren an die Hand zu nehmen. Es kann in dieser Bestimmung darüber hinaus ein Auftrag an die mit Initiativrechten ausgestatteten Behörden erblickt werden, Änderungen vorzuschlagen, wenn die politisch-soziale Lage solche als geboten erscheinen lässt[22].

In Übereinstimmung mit der bundesrechtlichen Vorgabe nach Art. 51 Abs. 1 BV sieht Abs. 2 vor, dass Verfassungsänderungen *jederzeit* vorgenommen werden können. Die neue KV genügt indessen diesem Erfordernis nicht bloss in Bezug auf die Verfassung, sondern sieht die Möglichkeit der jederzeitigen Abänderbarkeit allgemein für sämtliche Initiativgegenstände vor (Art. 23)[23]. Mithin sind Sperrfristen oder Karenzfristen, wie sie die KV 1831 für Verfassungsänderungen noch vorsah, generell untersagt[24]. Ebenfalls unzulässig wäre es, eigene kantonale materielle Schranken der Verfassungsrevision vorzusehen[25], da dadurch das Selbstkonstituierungsrecht des Volkes in unzulässiger Weise eingeschränkt würde. Der kantonale Verfassungsgeber ist zwar an das Völkerrecht, das Willkürverbot und das Verbot undurchführbarer Normen gebunden, diese materiellen Schranken ergeben sich indessen bereits aus der verlangten Widerspruchsfreiheit der Kantonsverfassung mit dem gesamten Bundesrecht im Sinne von Art. 51 Abs. 2 BV[26].

8

9

---

[20] Als Beispiele seien etwa die Art. 20 Abs. 3 lit. a–d angefügt.
[21] SCHULER, Kommentar KV GR, Art. 101 Rz. 19.
[22] EICHENBERGER, § 121 N. 2.
[23] SCHUHMACHER, Art. 23.
[24] KÖLZ, Sperrfristen, S. 172 ff.; TSCHANNEN, S. 256.
[25] GIACOMETTI, S. 451 f.
[26] Vgl. EICHENBERGER, § 121 N. 4 ff.; HANGARTNER/KLEY, N. 1368; MARTENET, S. 90 ff.

4.2. Initianten

10 Aus dem Wortlaut von Abs. 1 lässt sich nicht ableiten, wer Anstoss für eine Revision gibt bzw. wer eine Initiative einreichen kann. Art. 24 KV hält diesbezüglich fest, dass es sich dabei um 6 000 Stimmberechtigte (Volksinitiative), eine oder mehrere Behörden (Behördeninitiative) oder eine einzelne stimmberechtigte Person (Einzelinitiative) handeln kann (Art. 24 lit. a–c)[27]. Der Bund verlangt in Art. 51 Abs. 1 BV, dass den Stimmberechtigten die Möglichkeit eröffnet werden muss, eine Verfassungsänderung zu verlangen. Mit dieser Bestimmung wird die inhaltlich und zeitlich nicht beschränkte verfassungsgebende Gewalt des Volkes bzw. dessen Selbstkonstituierungsrecht gesichert[28]. Die Stimmbürger müssen folglich über die Möglichkeit verfügen, unabhängig vom Willen der Volksvertreter bzw. ohne von irgendeiner Behörde abhängig zu sein, eine Verfassungsrevision anzubahnen. Der Text der bundesrechtlichen Vorgabe weist zwar historisch bedingte Unschärfen auf, im Ergebnis ist damit aber die Möglichkeit der Volksinitiative auf Verfassungsrevision gemeint[29]. Die Zürcher Verfassung genügt dieser Anforderung ohne Weiteres.

4.3. Total- und Teiländerungen

11 Die Kantonsverfassung muss «ganz oder teilweise» geändert werden können (vgl. auch Art. 23 lit. a). Die Totalrevision beschlägt die Verfassung als Ganzes, d.h., es sollen sämtliche Bestimmungen der Verfassung überdacht, neu beraten und beschlossen werden[30]. Das alte Grundgesetz wird mithin durch eine neue Verfassung ersetzt. Einen Grundsatzentscheid über die Vornahme einer Totalrevision können entweder die Stimmberechtigten mittels einer Volksinitiative initiieren oder der Kantonsrat durch einen Kantonsratsbeschluss (Art. 134 Abs. 1). Eine Initiative auf Totalrevision ist im Kanton Zürich zudem nur als allgemeine Anregung möglich (Art. 25 Abs. 1). Die Ausarbeitung einer entsprechenden Vorlage soll der Kantonsrat oder ein vom Volk gewählter Verfassungsrat vornehmen (Art. 134 Abs. 2).

12 Mit der Teilrevisionsinitiative wird der Erlass, die Änderung, Ergänzung oder auch die Aufhebung von Verfassungsbestimmungen angeregt. Die Teilrevision der Verfassung darf keine verkappte Totalrevision anstreben[31]. Das Änderungsbegehren kann eine einzelne Bestimmung oder verschiedene sachlich zusammenhängende Bestimmungen umfassen. Ob der genügende sachliche Zusam-

---

[27] SCHUHMACHER, Art. 31.
[28] KÖLZ, Verfassungsgeschichte I, S. 582; GIACOMETTI, S. 452.
[29] TÖNDURY, S. 295 ff.; TSCHANNEN, S. 257.
[30] HANGARTNER/KLEY, N. 1995.
[31] HANGARTNER/KLEY, N. 2012.

menhang gegeben ist, bestimmt sich nach dem Grundsatz der Einheit der Materie (Art. 133; Art. 28 Abs. 1 lit. a, Art. 34 BV). Die Möglichkeit der *Volksinitiative auf Teilrevision* der Verfassung ist – im Sinne einer zeitgemässen Betrachtungsweise[32] – als bundesrechtliche Vorgabe im Sinne von Art. 51 Abs. 1 BV zu verstehen[33]. Der Kanton Zürich kennt die Volksinitiative als allgemeine Anregung oder als ausgearbeiteten Entwurf (Art. 25). Das Zürcher Volk soll seine Verfassung ohne «Schützenhilfe des Parlamentes»[34] ändern können.

5. Zweimalige Beratung (Abs. 2)

Der Kanton Zürich sieht vor, dass Verfassungsvorlagen zweimal zu beraten sind. Diese doppelte Beratung bringt die qualifizierte Bedeutung des Verfahrens der Verfassungsrevision zum Ausdruck[35]. Die Verfassung soll auf diese Weise vom politischen Alltag unabhängiger gemacht werden, indem Vorlagen, welche nur aufgrund einer «Augenblicksmajorität»[36] ausgearbeitet wurden, einer nochmaligen Überprüfung durch den Kantonsrat unterzogen werden (Art. 54 lit. a).

Bei Volksinitiativen hingegen ist – zumindest bei Begehren in Form des ausgearbeiteten Entwurfs – ein Bedürfnis nach zweimaliger Beratung nicht ausgewiesen, da keine Textredigierungen notwendig sind und die Abstimmungsvorlage vom Willen des Kantonsrats unabhängig ist[37]. Es ist somit davon auszugehen, dass die Verfassung lediglich für Behördenvorlagen die Pflicht zur zweimaligen Beratung statuiert. In Bezug auf die Beratung von Volksinitiativen ist zudem zu beachten, dass diese innert 30 Monaten oder, falls ein Gegenvorschlag ausgearbeitet wird, innert 36 Monaten nach ihrer Einreichung dem Volk zu Abstimmung vorgelegt werden müssen (Art. 29 Abs. 1, Art. 30 Abs. 2).

6. Obligatorisches Verfassungsreferendum (Abs. 3)

Nach Art. 51 Abs. 1 BV bedarf jede Verfassungsrevision *zwingend* der Zustimmung des Volkes. Diese ist konstitutive Voraussetzung, damit Verfassungsrecht überhaupt entstehen kann – ein fakultatives Referendum würde keinesfalls genügen. Die Bundesvorschrift sichert in den Kantonen eine auf dem Grundsatz

---

[32] SCHULER, Kommentar KV GR, Art. 101 Rz. 11.
[33] AUER, S. 47; HÄFELIN/HALLER, N. 1018; HANGARTNER/KLEY, N. 1364; TÖNDURY, S. 298 f.; TSCHANNEN, S. 256 f.
[34] TRECHSEL/SERDÜLT, S. 72.
[35] BOLZ, S. 567.
[36] GIACOMETTI, S. 459.
[37] Prot. RedK vom 27. Februar 2003, S. 243.

der Volkssouveränität beruhende Verfassung. Für die Annahme einer Änderung ist die Mehrheit der Stimmenden massgebend[38]. Föderative oder qualifizierte Mehrheiten sowie Beteiligungsquoren sind bundesrechtlich untersagt[39]. Art. 132 Abs. 3 hat demnach den Sinn einer Verdeutlichung der bundesrechtlichen Vorgabe[40]. Das obligatorische Verfassungsreferendum ist darüber hinaus in Art. 32 lit. a explizit verankert worden.

16 Die Zustimmung des Volkes darf keinesfalls durch den Entscheid einer Behörde ersetzt werden: Eine jede – auch bloss redaktionelle – Änderung der Verfassung muss durch das Volk sanktioniert werden. Diese Vorschrift ist damit zu begründen, dass eine Unterscheidung von Materiellem und Redaktionellem kaum je getroffen werden und eine vermeintlich nur formelle Modifikation eine inhaltliche Änderung mit sich bringen kann, die von den Stimmberechtigten nicht gewünscht wurde[41].

17 Eine Änderung der Kantonsverfassung ist somit nur auf zwei Wegen möglich: Erstens unmittelbar durch die Annahme einer abgeänderten Bestimmung durch das kantonale Stimmvolk und zweitens mittelbar durch neu entstehendes oder sich änderndes Bundes- oder Völkerrecht (Art. 49 Abs. 1 BV). Keine Ausnahme können hingegen von den Kantonen abgeschlossene Staatsverträge bzw. Konkordate bilden[42], da andernfalls Art. 51 BV in doppelter Hinsicht verletzt würde: Die Kantone könnten einerseits das obligatorische Verfassungsreferendum und andererseits die mit jeder Änderungen der Kantonsverfassung einhergehende Gewährleistung durch die Bundesversammlung umgehen[43]. Der Kanton Zürich hat diese Gefahr dadurch gebannt, dass er in Abs. 3 in allgemeiner Weise festhält, dass Verfassungsänderungen der Volksabstimmung unterliegen und dass er interkantonale oder internationale Verträge, deren Inhalt Verfassungsrang hat, explizit dem obligatorischen Referendum unterstellt (Art. 32 lit. b).

---

[38] HÄFELIN/HALLER, N. 1017; HANGARTNER/KLEY, N. 1361; TÖNDURY, S. 72 ff., 292 f.
[39] TSCHANNEN, S. 256. Die Einführung einer Zählweise gemäss «Vetoprinzip» – d.h., dass die Nichtstimmenden als Annehmende mitgezählt werden – wäre ebenfalls unzulässig. Noch anlässlich der Beratungen zu Totalrevision von 1869 wurde im Kanton Zürich in Erwägung gezogen, für das obligatorische Referendum das Vetoprinzip anzuwenden (TÖNDURY, S. 74). Vgl. ferner die problematische Bestimmung von § 140 KV BS, wonach Änderungen der Bestimmungen des Abschnitts über die Gemeindeautonomie der Zustimmung der Mehrheit der Stimmenden und zusätzlich von drei Zehnteln der Stimmberechtigten bedürfen.
[40] EICHENBERGER, § 125 N. 1.
[41] CEREGHETTI, S. 52.
[42] HANGARTNER/KLEY, N. 1625, 1758; MARTENET, S. 333 ff.
[43] TÖNDURY, S. 293 f.

7. Gewährleistung des Bundes

Jede Kantonsverfassung bedarf der Gewährleistung des Bundes (Art. 51 Abs. 2 BV). Die Gewährleistung ist für jede totalrevidierte Verfassung wie auch für jede einzelne Änderung zwingend einzuholen. Die Kantone sind verpflichtet, neue Verfassungsbestimmungen unverzüglich nach deren Annahme in der Volksabstimmung dem Bund vorzulegen[44]. Der Bundesrat sorgt im Rahmen seiner Aufsichtskompetenzen dafür, dass die Kantone ihre neuen bzw. geänderten Verfassungsnormen dem Bund einsenden. Die vorgelegte kantonale Verfassung wird einerseits dahingehend überprüft, ob sie den Anforderungen an eine demokratische Verfassung im Sinne von Art. 51 Abs. 1 BV genügt, und andererseits, ob keine Widersprüche zu Bundesrecht vorliegen (Art. 51 Abs. 2 BV). Massgebend ist dabei das gesamte übergeordnete Recht, mithin die Bestimmungen der Bundesverfassung, sämtliche – auch kompetenzwidrig erlassenen[45] – Bundesgesetze, die Verordnungen des Bundes sowie das Völkerrecht[46].

18

Der folgende Gewährleistungsbeschluss der Bundesversammlung[47] ist lediglich deklaratorischer Natur, d.h., kantonale Verfassungsnormen können bereits vor der Genehmigung des Bundes in Kraft treten. Den Kantonen steht es allerdings frei, dem Beschluss konstitutive Wirkung zuzuerkennen[48]. Auf diese Möglichkeit hat der Kanton Zürich zu Recht verzichtet, indem dadurch die Eigenständigkeit des Kantons über Gebühr und ohne Notwendigkeit eingeschränkt würde[49].

19

Die Gewährleistung wird durch die Bundesversammlung entweder erteilt – allenfalls unter Vorbehalt – oder verweigert[50]. Der Entscheid ergeht in Form eines einfachen Bundesbeschlusses. Mit dem positiven Gewährleistungsbeschluss wird lediglich festgehalten, dass die kantonalen Verfassungsbestimmungen zum Zeitpunkt der Prüfung bundesrechtskonform sein dürften bzw. nicht beanstandet werden müssen[51]. Insbesondere kann jederzeit neu geschaffenes oder geändertes Bundesrecht das kantonale Verfassungsrecht derogieren (Art. 49 Abs. 1 BV). Aus der deklaratorischen Natur des Entscheids, welche eine nur summarische Prüfung voraussetzt, ergibt sich, dass der Beschluss grundsätzlich widerrufbar ist[52]. Dem Gewährleistungsbeschluss kommt folglich keine «heilende Wirkung» zu.

20

---

[44] Häfelin/Haller, N. 1020.
[45] Art. 190 BV.
[46] Schuler, Kommentar KV GR, Art. 101 Rz. 12; Töndury, S. 191 ff.
[47] Art. 172 Abs. 2 BV.
[48] Ruch, St.Galler Kommentar, Art. 51 Rz. 19; Töndury, S. 310; § 100 Abs. 2 KV TG.
[49] Art. 1 N. 5 ff.
[50] Töndury, S. 328 ff.
[51] Saladin, Kommentar BV, Art. 6 aBV Rz. 19.
[52] Cereghetti, S. 69; Ruch, St.Galler Kommentar, Art. 51 Rz. 20.

21 Mit dem positiven Entscheid übernimmt der Bund die Garantie der Kantonsverfassung (Art. 52 BV). Mit dem negativen Gewährleistungsentscheid wird hingegen die Nichtigkeit des entsprechenden kantonalen Verfassungsrechts festgestellt[53]. Die betroffene Verfassungsnorm wird kassiert und ist vom Kanton formell aufzuheben sowie allenfalls durch eine bundesrechtskonforme Regelung zu ersetzen.

22 Das Bundesgericht überprüfte gewährleistete Verfassungsbestimmungen bisher nur sehr begrenzt: Die Vornahme der abstrakten Normenkontrolle bleibt den eidgenössischen Räten überlassen, unabhängig davon, ob es sich um einen ursprünglichen oder nachträglichen Widerspruch zu Bundesrecht handelt. Bezüglich der konkreten Normenkontrolle beschränkte das Bundesgericht seine Kontrollbefugnisse bislang auf jene Fälle, in denen der Widerspruch zu übergeordnetem Recht erst nachträglich eintritt; einerlei, ob aufgrund neuen geschriebenen oder ungeschriebenen Verfassungs- oder sonstigen Bundesrechts, einer Weiterentwicklung übergeordneter Verfassungsprinzipien oder neuer völkerrechtlicher Vorschriften[54]. Die Unterscheidung zwischen bereits ursprünglich vorhandenen und erst nachträglich eingetretenen Widersprüchen lässt sich jedoch nicht rechtfertigen, denn die nur grobe, formelle Durchsicht durch das Parlament stellt materiell keine Konkurrenz zum bundesgerichtlichen Verfahren dar[55].

---

[53] HÄFELIN/HALLER, N. 1025; TÖNDURY, S. 337 ff.
[54] HÄFELIN/HALLER, N. 1033; RUCH, St.Galler Kommentar, Art. 51 Rz. 51.
[55] HANGARTNER/KLEY, N. 1340. Aus historischer Sicht wäre diese Selbstbeschränkung des Bundesgerichts ebenfalls nicht erforderlich (TÖNDURY, S. 133 ff., 335 ff.).

Art. 133   Teilrevision
Bei einer teilweisen Änderung der Verfassung muss die Einheit der Materie gewahrt werden.

Materialien

Art. 143 VE; Prot. Plenum, S. 1899, 3260.

Literatur

BOLZ URS, Art. 128, in: Kälin/Bolz, S. 568; CEREGHETTI REMO, Die Überprüfung der Kantonsverfassungen durch die Bundesversammlung und das Bundesgericht, Diss., Zürich 1956; HÄFELIN/HALLER, § 45; EICHENBERGER, § 122; HANGARTNER/KLEY, § 42; SALADIN PETER, Kommentar BV, Art. 6 aBV; SCHULER FRANK, Kommentar zur Verfassung des Kantons Graubünden, Art. 101; TÖNDURY, § 4; WERTENSCHLAG RUDOLF, Das Ein-Phasen-System in den Kantonen, ZBl 85/1984, S. 521 ff.; WIDMER STEPHAN, Wahl- und Abstimmungsfreiheit, Diss., Zürich 1989.

Vgl. ferner Hinweise zu Art. 28 und Art. 132.

Übersicht   Note

1. Einleitung   1
2. Entstehungsgeschichte   2
3. Rechtliche Bedeutung   3

1. Einleitung

Art. 133 verankert den Grundsatz, dass bei teilweisen Änderungen der Verfassung[1] die Einheit der Materie gewahrt sein muss. Diese Anforderung ergibt sich ebenfalls aus Art. 28 Abs. 1 lit. a[2]. Der Bestimmung kommt hauptsächlich informative Bedeutung zu[3].   1

2. Entstehungsgeschichte

In den Entwürfen zum späteren Art. 133 wurde zunächst festgehalten, es könne eine Teilrevision eine einzelne Bestimmung oder mehrere sachliche zusammenhängende Bestimmungen umfassen[4]. Diese Formulierung wurde zu Gunsten des heutigen Textes aufgegeben und damit der Begriffswahl von Art. 194 Abs. 2 BV angeglichen. Eine Mehrheit der Verfassungsratsmitglieder gelangte zur Auffas-   2

---

[1] Art. 132 N 16.
[2] SCHUHMACHER, Art. 28 N. 10 ff.
[3] Vgl. auch BOLZ, S. 568.
[4] Prot. Plenum, S. 1899, 1901.

sung, mittels der Verwendung des eingeführten Begriffs der «Einheit der Materie» könne der normative Gehalt der Bestimmung verdeutlicht werden[5].

3. Rechtliche Bedeutung

3   Der Grundsatz der Einheit der Materie leitet sich bundesrechtlich aus dem Anspruch auf freie Willensbildung und unverfälschte Stimmabgabe im Sinne von Art. 34 Abs. 2 BV ab. Das Prinzip verhindert, dass in einer einzigen Vorlage über mehrere Fragen, die sachlich nicht eng zusammenhängen, abgestimmt wird. Es rechtfertigt sich dabei nicht, zwischen Vorlagen des Parlamentes und Verfassungsinitiativen zu unterscheiden, da das Bedürfnis des Volkes, seinen wahren Willen zum Ausdruck bringen zu können, bei Behördenvorlagen und Volksinitiativen gleich gross ist[6]. Bei Volksinitiativen sichert der Grundsatz der Einheit der Materie ferner die freie Willensbildung und -kundgabe gleichermassen bei der Unterschriftensammlung und bei der Volksabstimmung. Bei Totalrevisionen kantonaler Verfassungen findet der Grundsatz der Einheit der Materie hingegen keine Anwendung[7]. Es liegt in der Natur solcher Vorhaben, dass das Stimmvolk am Ende eines umfassenden Prozesses über zahlreiche verschiedene Materien gleichzeitig entscheiden muss.

4   Die Nichtbeachtung der Einheit der Materie hätte zur Folge, dass die Stimmbürger zu Gunsten oder zu Lasten einzelner Abstimmungsfragen die ganze Vorlage entweder annehmen oder ablehnen müssten[8]. Der Grundsatz verbietet daher nicht nur ein Zusammenfassen verschiedener Anliegen in einem Erlass, sondern verhindert auch die Aufteilung einer zusammenhängenden Vorlage[9].

5   Art. 133 veranschaulicht einerseits, dass Vorlagen über Teiländerungen der Verfassung ohne Ausnahme und unabhängig davon, wer die Initiative ergriffen hat (Art. 24), dem Grundsatz der Einheit der Materie entsprechen müssen[10]. Andererseits ist die Formulierung missverständlich, indem der Eindruck entstehen kann, solche Änderungsvorhaben hätten *lediglich* diesem Grundsatz zu genügen. Es ist jedoch im Gegenteil zu beachten, dass die Kantonsverfassung die wichtigste Ausformung der Volkssouveränität ist[11], weshalb dem wahren Willen des Volkes bzw. der Stimmberechtigten bei Verfassungsänderung unbedingt zum Durchbruch verholfen werden muss. Bei Teiländerungen der Verfassung ist

---

[5] Prot. RedK vom 27. Februar 2003, S. 243; Prot. K2 vom 23. April 2003, S. 488; Prot. Plenum, S. 3260.
[6] HÄFELIN/HALLER, N. 1389.
[7] HANGARTNER/KLEY, N. 2517.
[8] HÄFELIN/HALLER, N. 1388.
[9] Vgl. auch WIDMER, S. 114 ff.
[10] Art. 28 lit. a.
[11] Art. 1 N. 15 ff.

infolgedessen nicht nur die Einheit der Materie zu wahren, sondern es müssen die Voraussetzungen im Sinne von Art. 25 (Einheit der Form) und Art. 28 (Kein Verstoss gegen übergeordnetes Recht, keine offensichtliche Undurchführbarkeit) ebenfalls beachtet werden[12]. Andernfalls ist eine entsprechende Initiative für ungültig zu erklären, wobei diese Aufgabe im Falle einer Volksinitiative dem Kantonsrat zukommt (Art. 28 Abs. 2).

In der zuständigen Kommission wurde kritisiert, dass die ursprüngliche Version von Art. 133 betreffend die Anforderungen an eine Teiländerung der Verfassung für den Leser leichter verständlich gewesen wäre[13]. In verschiedenen neueren Kantonsverfassungen wurde diese Umschreibung denn auch beibehalten[14]. Zudem hätten sich aus der Formulierung, dass eine Teiländerung der Verfassung nur einzelne oder sachliche zusammenhängende Bestimmungen der Verfassung umfassen darf, die weiteren Schranken deutlicher aufzeigen lassen. Diese umfassen – nebst den soeben genannten Anforderungen – insbesondere das Prinzip der Einheit der Initiativart oder Einheit des Ranges[15], welche sogenannte Koppelungen verhindert.

Sofern eine Vorlage nicht auf ein klar begrenztes Thema beschränkt ist, sind gemäss dem Prinzip der Einheit der Materie mehrere Teiländerungen der Verfassung oder allenfalls gar eine Totalrevision vorzunehmen[16]. Eine Koppelung des Inkrafttretens solcher Vorlagen ist unzulässig, was sich aus dem Prinzip der Einheit der Materie ergibt[17]. Äusserst problematisch ist darüber hinaus die Koppelung einer Verfassungs- mit einer Gesetzesvorlage[18]. Bei solchen Koppelungen werden entweder beide Vorlagen unterschiedlicher Normstufen im Sinne einer formellen Koppelung in einer Vorlage zusammengefasst oder das Inkrafttreten einer Verfassungsvorlage wird von der gleichzeitigen Annahme einer Gesetzesvorlage abhängig gemacht, d.h., die Vorlagen werden materiell gekoppelt. Der Grundsatz der Einheit der Materie steht weder einer formellen noch materiellen Koppelung entgegen, da der verlangte enge sachliche Zusammenhang solche Verknüpfungen geradezu kennzeichnen dürfte. Ein Koppelungsverbot ergibt sich jedoch aus den Anforderungen gemäss Art. 34 Abs. 2 BV und dem Prinzip der Einheit des Ranges.

---

[12] In Art. 145 Abs. 2 KV FR werden diese Vorgaben daher explizit verankert.
[13] Prot. K2 vom 23. April 2003, S. 488.
[14] Vgl. Art. 128 KV BE; Art. 137 Abs. 2 KV SO; § 139 Abs. 1 KV BS; § 145 Abs. 1 KV BL; Art. 115 KV SH; Art. 113 KV AR; Art. 101 Abs. 2 KV GR; Art. 174 Abs. 2 KV VD; Art. 137 Abs. 2 KV SO verankert den Begriff «einheitliches Sachgebiet»; § 122 Abs. 2 lit. b KV AG den Begriff «einheitlicher Regelungsbereich». Der Kanton Neuenburg hat die gleiche Lösung wie Zürich gewählt (Art. 100 Abs. 2 KV NE).
[15] Vgl. aber SCHUHMACHER, Art. 25 N. 18.
[16] Vgl. EICHENBERGER, § 122 N. 6.
[17] SCHULER, Kommentar KV GR, Art. 101 Rz. 31.
[18] SALADIN, Kommentar BV, Art. 6 aBV Rz. 15; TÖNDURY, S. 287 ff.

8   Von der Koppelung ist sodann das sogenannte «Ein-Phasen-System» zu unterscheiden, bei welchem die Gesetzgebungsarbeiten und die Beratungen für die Verfassungs- und die Gesetzesrevision im Parlament gleichzeitig stattfinden[19]. Falls beide Vorlagen getrennt zur Abstimmung gebracht werden und das Inkrafttreten der Verfassungsbestimmung nicht an die Annahme der Gesetzesänderung geknüpft wird, kann nicht von einer unzulässigen Koppelung im dargestellten Sinne gesprochen werden. Allerdings ist auch dieses Vorgehen nicht in jeder Beziehung unproblematisch: Beim «Ein-Phasen-System» kann nicht ausgeschlossen werden, dass eine Verfassungsänderung alleine wegen des Ausführungsgesetzes die Zustimmung der Stimmberechtigten findet. Aus der Abstimmungsfreiheit nach Art. 34 Abs. 2 BV und dem Grundsatz der Volkssouveränität ist jedoch abzuleiten, dass der wahre Wille des Volkes in der Verfassung unverfälscht zum Ausdruck kommen muss. Auf Koppelungen sollte bei Teiländerungen der Verfassung daher zumindest dann verzichtet werden, wenn das gewählte Abstimmungsverfahren die Gefahr birgt, dass der Wille der Stimmbürger bezüglich der Verfassungsänderung nachträglich mittels einer einfachen Gesetzesänderung übergangen werden könnte[20].

---

[19] WERTENSCHLAG, S. 521 ff.
[20] Vgl. CEREGHETTI, S. 51.

Art. 134

Das Volk entscheidet auf Grund einer Volksinitiative oder eines Beschlusses des Kantonsrates, ob eine Totalrevision der Verfassung einzuleiten sei.

Es entscheidet gleichzeitig, ob der Kantonsrat oder ein vom Volk gewählter Verfassungsrat die Vorlage ausarbeiten soll.

Totalrevision

Materialien

Art. 144 VE; Prot. Plenum, S. 1899, 3260.

Literatur

Bolz Urs, Art. 129, in: Kälin/Bolz, S. 568 ff.; Eichenberger, §§ 123 und 125; Giacometti, § 49; Häfelin/Haller, § 45; Hangartner/Kley, § 32; Jaag, Kantonsverfassung heute; Kölz Alfred, Neuere schweizerische Verfassungsgeschichte – Ihre Grundlinien vom Ende der Alten Eidgenossenschaft bis 1848, Bern 1992 (Verfassungsgeschichte I); Kölz Alfred, Neuere schweizerische Verfassungsgeschichte – Ihre Grundlinien in Bund und Kantonen seit 1848, Bern 2004 (Verfassungsgeschichte II); Rüegg Peter; Schuler Frank, Kommentar zur Verfassung des Kantons Graubünden, Art. 101; Sträuli, Art. 65.

Vgl. ferner Hinweise zu Art. 28, 132 und 133.

Übersicht	Note
1. Einleitung	1
2. Entstehungsgeschichte	3
3. Rechtliche Bedeutung	5
3.1. Einleitung der Revision (Abs. 1)	5
3.2. Ausarbeitung der Vorlage (Abs. 2)	8

1. Einleitung

Art. 134 regelt rudimentär das Verfahren der Totalrevision der Verfassung. Der Bestimmung ist zu entnehmen, wem erstens das Initiativrecht zukommt, dass zweitens das Volk entscheidet, ob eine Revision an Hand zu nehmen ist (Abs. 1), sowie drittens, wer die konkrete Vorlage ausarbeiten soll. Sämtliche anderen Punkte wurden bewusst offengelassen, insbesondere verzichtet die Verfassung darauf, einer künftigen Generation vorzuschreiben, wie die Totalrevision der Verfassung zu realisieren ist (Abs. 2).

Der rechtliche und gesellschaftliche Wandel schlägt sich vielfach nicht oder nur teilweise in einer Kantonsverfassung nieder[1]. Verfassungen, welche über Jahrzehnte verschiedenste Teiländerungen erfahren haben, gleichen daher häufig

---

[1] Schuler, Kommentar KV GR, Art. 101 Rz. 32.

einem sprachlichen, systematischen und thematischen Flickenteppich. Die Verständlichkeit und Lesbarkeit hat dann in einem Ausmass gelitten, dass sich die Verfassung nur noch beschränkt als Grundgesetz der Gemeinschaft eignet. Mit einer solchen Entwicklung geht ferner ein Bedeutungsverlust der Verfassung einher, indem sich Gesellschaft, Politik und Rechtsprechung auf andere, leichter fassbare Rechtsgrundlagen abstützen. In derartigen Situationen drängt sich deshalb eine Totalrevision auf, um die wichtigsten Grundwerte, Organisationsprinzipien und materiellen Leitlinien zeitgemäss zu formulieren und die Basis des gemeinschaftlichen Zusammenlebens neu zu verfassen[2]. Dadurch kann die Verfassung wieder aufgewertet werden und den Bedürfnissen der Zeit besser gerecht werden[3].

2. Entstehungsgeschichte

3   Die alte Zürcher Kantonsverfassung hatte vorgesehen, dass ein neu gewählter Kantonsrat die Revision an Hand zu nehmen habe (Art. 65 Abs. 2 aKV)[4]. Für die Ausarbeitung der aktuellen Verfassung fand indessen die Idee eines Verfassungsrates die Zustimmung der Stimmberechtigten[5]. Für die Einsetzung eines Verfassungsrates sprach die Distanz zum Alltagsgeschäft, welche eine effiziente, unabhängige, grundsätzliche und von politischen Alltagsfragen unbelastete Arbeitsweise sichern sollte[6]. An der Frage, ob die neue Kantonsverfassung aufgrund der guten Erfahrungen die Einsetzung eines künftigen Verfassungsrates vorsehen solle, entzündete sich im Verfassungsrat eine rege Diskussion[7].

4   Der Hinweis auf die Tatsache, dass es auch künftig jederzeit freistehen musste, das Verfahren in Abänderung der verankerten Revisionsbestimmungen festzulegen, sprach dafür, diese Offenheit bereits in den Verfassungstext aufzunehmen. Am Ende der Debatte entschied sich eine Mehrheit daher für die Variante, dass das Volk gleichzeitig mit der Frage, ob eine Totalrevision vorzunehmen sei, auch über die Ausarbeitung durch das Parlament oder einen Verfassungsrat entscheiden solle (Abs. 2). Der Verfassungsrat wollte mithin einer kommenden Generation nicht vorschreiben, auf welche Weise eine Totalrevision vorzunehmen ist.

---

[2]   Die KV GE von 1847 sah bis 1993 dementsprechend vor, dass alle 15 Jahre eine periodische Überprüfung der Kantonsverfassung vorgenommen werden musste (KÖLZ, Verfassungsgeschichte I, S. 533 ff.; Verfassungsgeschichte II, S. 230). In Art. 114 Abs. 1 KV AR wurde diese Idee wieder aufgenommen: Der Kantonsrat hat in Zeitabständen von jeweils 20 Jahren zu prüfen, ob eine Totalrevision an die Hand genommen werden soll.

[3]   JAAG, Kantonsverfassung heute, S. 161 f.

[4]   STRÄULI, S. 249.

[5]   Verfassungsgesetz vom 13. Juni 1999 über die Totalrevision der Kantonsverfassung vom 18. April 1869 (OS 55, S. 420 ff.).

[6]   Vgl. auch P. RÜEGG, S. 203 f.

[7]   Prot. Plenum, S. 1901 ff.

Vor diesem Hintergrund blieben auch weitere Anregungen bezüglich zusätzlicher ausführender Totalrevisionsvorgaben im Verfassungsrat ohne Chance[8].

3. Rechtliche Bedeutung

3.1. Einleitung der Revision (Abs. 1)

Wegen der grossen Tragweite einer Totalrevision entscheidet das Volk über den Anfang des Vorhabens[9], d.h., bereits der Entscheid, ob ein konkreter Entwurf ausgearbeitet werden soll, obliegt den Stimmberechtigten[10]. Das Verfahren der Totalrevisionsinitiative ist dementsprechend zweistufig: In einem ersten Schritt ist in der Volksabstimmung der Grundsatzentscheid zu fällen, ob eine Vorlage auszuarbeiten ist (Art. 134 Abs. 1), in einem zweiten Schritt ist in jedem Fall über die konkret ausgearbeitete Vorlage zu entscheiden (Art. 132 Abs. 3)[11]. Auch der letztere Volksentscheid ist endgültig und abschliessend[12], d.h., es müsste das Verfahren neu eingeleitet und eine neue Vorlage ausgearbeitet werden, wenn die Totalrevisionsvorlage in der Volksabstimmung abgelehnt wird.

Eine Volksabstimmung über die Einleitung einer Totalrevision wird entweder aufgrund einer Volksinitiative, d.h., eines Begehrens von 6000 Stimmberechtigten (Art. 23 lit. a i.V.m. Art. 24 lit. a), oder aufgrund eines entsprechenden Kantonsratsbeschlusses (Art. 54 lit. a) durchgeführt. Über den engen Wortlaut von Art. 134 Abs. 1 hinaus ist eine Anregung mittels einer Einzel- oder Behördeninitiative (Art. 24 lit. b und c) aber ebenfalls nicht ausgeschlossen. Wie im üblichen Initiativverfahren muss ein solches Begehren zunächst allerdings die vorläufige Unterstützung durch 60 Ratsmitglieder finden (Art. 31 Abs. 1). In einem zweiten Schritt hat der Kantonsrat über die definitive Unterstützung des Anliegens zu entscheiden (Art. 31 Abs. 2). Im Falle einer Zustimmung durch das Parlament ist nicht mehr massgeblich, wer die Initiative auf Einleitung einer Totalrevision ursprünglich ergriffen hat, da das Anliegen des einzelnen Stimmberechtigten oder der Behörde zu einem Begehren des Kantonsrats mutiert ist. Dieser zweite Kantonsratsbeschluss genügt daher der Vorgabe von Art. 134 Abs. 1 ohne Weiteres.

Die Totalrevisionsinitiative soll weder als Machtinstrument benutzt noch allzu leichtfertig ergriffen werden. Diesem Ziel dient die Einschränkung, dass die Initiative auf Totalrevision der Verfassung zwingend die Form der allgemeinen

---

[8] Prot. Plenum, S. 1913.
[9] Bolz, S. 569 f.
[10] Vgl. Eichenberger, § 123 N. 2; Hangartner/Kley, N. 2004; Schuler, Kommentar KV GR, Art. 101 Rz. 34.
[11] Art. 132 N. 15 ff.; Hangartner/Kley, N. 2006.
[12] Vgl. Eichenberger, § 125 N. 2.

Anregung aufweisen muss (Art. 25 Abs. 1)[13]. Die Initiative in Form des ausgearbeiteten Entwurfs ist nicht vorgesehen, weil im Falle einer Totalrevision nicht Partikularinteressen einer Initiantengruppe im Vordergrund stehen sollen, sondern durch alle politischen Gruppierungen eine neue Grundlage des Zusammenlebens und -wirkens, mithin ein Gesamtkonzept ausgearbeitet werden soll[14]. Die Festlegung des Inhaltes der neuen Verfassung soll dementsprechend nicht einem privaten Initiativkomitee überlassen werden, sondern dem Parlament oder einem besonderen Verfassungsrat vorbehalten bleiben[15].

3.2. Ausarbeitung der Vorlage (Abs. 2)

8   Der gewählte Begriff «Vorlage» sollte nach dem Willen des Verfassungsrates zum Ausdruck bringen, dass vorab bereits Vorschläge erarbeitet worden sein können. Gedacht wurde in der zuständigen Kommission insbesondere daran, dass ein Entwurf auch durch die Regierung sollte erarbeitet werden können[16].

9   Die Verfassung sieht grundsätzlich zwei Optionen der Ausarbeitung einer Vorlage vor. Die Aufgabe soll entweder dem Kantonsrat oder einem vom Volk gewählten Verfassungsrat zukommen. Die Wahlmöglichkeit in den Bestimmungen zur Totalrevision entspricht einer allgemeinen Tendenz, die sich in den neueren Kantonsverfassungen widerspiegelt[17]. Durch die Verankerung einer solchen Auswahl kann zudem auf eine zusätzliche Abstimmung verzichtet werden, mit welcher das verfassungsberatende Organ zunächst verfassungsrechtlich verankert werden müsste. Die Ausarbeitung einer Vorlage durch einen Verfassungsrat kann sich staatspolitisch zumindest dann aufdrängen, wenn es zu einer Willensdiskrepanz zwischen Volk und Parlament kommt, indem der Kantonsrat die Ausarbeitung einer Vorlage ablehnt, die Stimmberechtigten einer entsprechenden Initiative in der Folge jedoch zustimmen[18]. Mit anderen Worten: Ein im Hinblick auf die konkrete Totalrevision gewählter Verfassungsrat dürfte in der Regel revisionswilliger und -freudiger sein[19].

10 Auf ausführende Regelungen des Totalrevisionverfahrens verzichtet die Zürcher Kantonsverfassung – allerdings mit zwei Ausnahmen: Zum einen statuiert

---

[13] SCHUHMACHER, Art. 25.
[14] Vgl. HANGARTNER/KLEY, N. 1997. Die Kantone Genf und Thurgau kennen hingegen die Möglichkeit eines ausgearbeiteten Entwurfs (§ 26 Abs. 1 und Abs. 3 i.V.m. § 94 Abs. 1 KV TG; Art. 65A KV GE).
[15] GIACOMETTI, S. 457.
[16] Prot. RedK vom 27. Februar 2003, S. 245; Prot. Plenum, S. 3260.
[17] Art. 129 Abs. 1 KV BE; Art. 144 Abs. 2 lit. b KV FR; Art. 139 Abs. 1 lit. b KV SO; Art. 116 Abs. 1 KV SH; Art. 114 Abs. 2 KV AR; Art. 114 Abs. 2 KV SG; Art. 84 Abs. 1 KV TI; Art. 173 Abs. 2 KV VD; Art. 101 Abs. 2 lit. b KV NE. In Art. 121 Abs. 2 KV UR, § 144 Abs. 2 KV BL sowie § 123 Abs. 2 KV AG ist hingegen explizit die Ausarbeitung durch einen Verfassungsrat vorgesehen.
[18] Vgl. GIACOMETTI, S. 454 f.
[19] HANGARTNER/KLEY, N. 2004.

Art. 132 Abs. 2, dass die Vorlage zweimal zu beraten ist[20], zum anderen soll das Volk im Grundsatzentscheid über die Einleitung einer Totalrevision *gleichzeitig* entscheiden, welches Organ die Vorlage ausarbeitet. Demgemäss handelt es sich beim Grundsatzentscheid über die Einleitung einer Totalrevision um eine Abstimmung, bei der sich zusätzlich zu Hauptvorlage zwei konkurrierende Vorlagen gegenüberstehen (Art. 36)[21]. Sämtliche weiteren Verfahrensbestimmungen hingegen sollen durch jene folgende Generation festgelegt werden, welche sich für die Einleitung einer Totalrevision entscheidet[22].

---

[20] Art. 132 N. 13 f.
[21] SCHUMACHER, Art. 36.
[22] Prot. Plenum, S. 1901 ff., insbesondere 1904, 1908 f.

12. Kapitel: Übergangsbestimmungen

Vorbemerkungen zu Art. 135–145

Materialien

Art. 133–144 VE; Prot. Plenum, S. 3262 ff.

Literatur

AUBERT JEAN-FRANÇOIS, Regards sur la nouvelle Constitution, plädoyer 1999, S. 41 ff.; BIEDERMANN DIETER, Die neue Bundesverfassung: Übergangs- und Schlussbestimmungen sowie Anpassungen auf Gesetzesstufe, AJP 1999, S. 730 ff.; BIEDERMANN DIETER, St. Galler Kommentar, Art. 195; BORGHI MARCO, Il diritto amministrativo intertemporale, ZSR 102/1983 II, S. 385 ff.; BREINING-KAUFMANN CHRISTINE, Internationales Verwaltungsrecht, ZSR 125/2006 II, S. 5 ff.; GRISEL ANDRÉ, L'application du droit public dans le temps, ZBl 75/1974, S. 233 ff. ; GUCKELBERGER ANNETTE, Vorwirkung von Gesetzen im Tätigkeitsbereich der Verwaltung: eine rechtsvergleichende Studie des deutschen und schweizerischen Rechts, Diss., Berlin 1997; HÄBERLE PETER, Strukturen und Funktionen von Übergangs- und Schlussbestimmungen als typisches Regelungsthema und -instrument, in: Festschrift Martin Lendi, Zürich 1998, S. 138 ff.; KAYSER Martin, Grundrechte als Schranke der schweizerischen Verfassunggebung, Diss., Zürich 2001; JÖHL RALPH, Übergangsrechtliche Probleme im Leistungsrecht der Sozialversicherung, Diss., St.Gallen 1996; KÖLZ ALFRED, Intertemporales Verwaltungsrecht, ZSR 102/1983 II, S. 101 ff.; MEYER ULRICH/ARNOLD PETER, Intertemporales Recht, ZSR 124/2005 I, S. 115 ff.; MÜLLER GEORG, S. 107 ff.; MÜLLER GEORG, Die Einführung neuer Rechtsnormen in die bestehende Rechtsordnung, in: Kurt Eichenberger et al. (Hrsg.), Grundfragen der Rechtsetzung, Basel 1978, S. 369 ff.; NGUYEN MINH SON, Droit administratif international, ZSR 125/2006 II, S. 75 ff.; PIEROTH BODO, Rückwirkung und Übergangsrecht. Verfassungsrechtliche Massstäbe für intertemporale Gesetzgebung, Habil., Berlin 1981; RUCH ALEXANDER, St.Galler Kommentar, Art. 49; SCHWEIZERISCHE BUNDESKANZLEI, Gesetzestechnische Richtlinien des Bundes, aktualisierte Aufl., Bern 2003 (abrufbar unter <www.bk.admin.ch>); WULLSCHLEGER STEPHAN, Gesetzgebungsaufträge: Normativer Gehalt und Möglichkeiten richterlicher Intervention, Diss., Basel 1999; ZÜRCHER REGIERUNGSRAT, Richtlinien der Rechtsetzung vom 21. Dezember 2005 (abrufbar unter <www.ji.zh.ch>).

Rechtsquellen

– Verfassungsgesetz vom 13. Juni 1999 über die Totalrevision der Kantonsverfassung vom 18. April 1869 (OS 55, S. 420 ff.)

Übersicht

	Note
1. Pragmatischer und kurzlebiger Charakter der Übergangsbestimmungen	1
2. Typen von Übergangsbestimmungen	6
3. Grundsätze des Übergangs von der alten zur neuen Verfassungsordnung	10
3.1. Unverzügliche Umsetzung der neuen Verfassung	11
3.2. Schonung der alten und der neuen Gesetzgebungsorgane	12
3.3. Direkte Anwendung der Verfassung	13
3.4. Abschliessende Mindestregelung	14
4. Überblick über die einzelnen Übergangsfristen	15

1. Pragmatischer und kurzlebiger Charakter der Übergangsbestimmungen

1 Die Kantonsverfassung hält in ihrem zwölften Kapitel, unter dem Titel Übergangsbestimmungen, das Datum ihres Inkrafttretens fest und regelt den Übergang von der alten zur neuen Verfassungsordnung.

2 Bei der Aufstellung der Übergangsbestimmungen verfolgte der Verfassungsgeber in erster Linie pragmatische Ziele. Es ging ihm namentlich nicht darum, allgemeingültige Richtlinien für den Erlass von Übergangsbestimmungen zu erarbeiten. Vielmehr sollte der Weg für eine rasche und möglichst reibungslose Einfügung der neuen Verfassung in die bestehende Rechtsordnung geebnet werden. Diese Zielsetzung rechtfertigt sich auch mit Blick darauf, dass die Übergangsbestimmungen im vorliegenden Fall nur eine kurze Lebenszeit haben sollen: Der Verfassungsgeber will ausdrücklich eine unverzügliche Umsetzung der Verfassung (Art. 136) und hat den staatlichen Behörden nur in Einzelfällen eine Vorbereitungszeit zugestanden. Diese ist zudem nur von kurzer Dauer (in aller Regel vier bis fünf Jahre). Spätestens nach Ablauf dieser Fristen im Jahre 2011 sollen die Übergangsbestimmungen also obsolet werden[1].

3 Der Verfassungsgeber plante insbesondere nicht, mit den Übergangsbestimmungen allgemeingültige Richtlinien für Übergangsregeln auf Gesetzes- oder Verordnungsebene aufzustellen. Dem zwölften Kapitel soll nicht die gleiche Ausstrahlungskraft zukommen wie anderen Kapiteln, insbesondere dem ersten Kapitel (staatliche Grundlagen). Die mit der Vorbereitung von Übergangsbestimmungen beauftragten Gesetzgebungsorgane können sich demnach *per analogiam* an diejenigen der Verfassung zwar orientieren, sind aber ohne Weiteres befugt, andere Lösungen im Rahmen der Rechtsordnung vorzuziehen. Das Gleiche gilt für die Rechtsanwendungsbehörden, die übergangsrechtliche Probleme zu lösen haben[2].

4 Der Pragmatismus des Verfassungsgebers kommt nicht nur im Inhalt des relativ knapp gehaltenen zwölften Kapitels, sondern vor allem im vom Verfassungsrat für seine Ausarbeitung gewählten praktischen Vorgehen zum Ausdruck: Die Übergangsbestimmungen setzen sich grundsätzlich aus den von den verschiedenen verfassungsrätlichen Kommissionen in Bezug auf «ihre» Vorschriften angebrachten übergangsrechtlichen Vorschlägen und Anregungen sowie aus den Anträgen des Regierungsrats zusammen. Hervorzuheben ist auch, dass diese Bestimmungen erst sehr spät vom verfassungsrätlichen Plenum behandelt wur-

---

[1] Unter Vorbehalt von Art. 145 Abs. 2 und 3, bei welchen Bestimmungen die Zeit, die den zuständigen Behörden eingeräumt wird, unbeschränkt lange ist.
[2] Behilflich sollen auch die Richtlinien des Regierungsrats und der Bundeskanzlei zur Gesetzgebungstechnik (insbes. S. 24 ff. bzw. S. 22 ff.) sein.

den. Dabei hatte der Regierungsrat, der die zentrale Verantwortung für die praktische Umsetzung der Verfassung trägt³, über seine detaillierten Anträge einen starken Einfluss auf die Gestaltung der Übergangsbestimmungen⁴.

Die kurz vor Abschluss der Vorbereitungsarbeiten im Verfassungsrat eingebrachte Vorlage zum zwölften Kapitel wurde auch weitgehend diskussionslos übernommen. Debatten ergaben sich höchstens im Zusammenhang mit der Dauer der einzelnen vorgesehenen Einführungsfristen⁵. Es wurde darüber diskutiert, ob den zuständigen Behörden eine Frist von jeweils drei oder fünf Jahren (Art. 138) bzw. zwei oder vier Jahren (Art. 143 und 144) eingeräumt werden soll⁶. Der Verfassungsrat entschied sich dabei im Interesse der betreffenden Behörden stets zugunsten der längeren Frist.

2. Typen von Übergangsbestimmungen

Der Verfassungsgeber nimmt bei den Übergangsbestimmungen keine Unterteilung vor. Das schadet der Leserlichkeit des Kapitels wegen seiner Kürze allerdings nicht, zumal die Übergangsbestimmungen dem Aufbau der Verfassung folgen. Zu unterscheiden sind dabei die drei ersten Übergangsvorschriften (Art. 135–137), die eine Art allgemeinen Teil bilden, während die Art. 138–145 im Sinne eines besonderen Teils Präzisierungen oder Ausnahmen zu den allgemeinen Bestimmungen enthalten. Die besonderen Bestimmungen können weiter nach ihrer Funktion eingeteilt werden. Sie dienen immer einem oder mehreren der folgenden Regelungsziele:
– Es wird entweder *präzisiert*, inwiefern die Sachverhalte, die sich vor und dem 1. Januar 2006 verwirklicht haben, der alten oder der neuen Verfassungsordnung zugeteilt werden sollen⁷. Das ist der Fall für Art. 139 Abs. 1 und 2, Art. 140 Abs. 1 sowie Art. 142. So sind gemäss Art. 139 Abs. 1 die Fristen für die Einreichung von Volksinitiativen nach altem Recht zu berechnen, wenn die Initiative vor dem Inkrafttreten der neuen Verfassung eingereicht wurde; weitere übergangsrechtliche Fragen im Zusammenhang mit Volks-

---

³ Vgl. Art. 60 Abs. 2.
⁴ Vgl. den eingehenden Bericht der Direktion der Justiz und des Innern, Übergangsbestimmungen zur neuen Zürcher Kantonsverfassung – Eine Abklärung zuhanden des Verfassungsrates, überarbeitete Fassung vom 18. Dezember 2003.
⁵ Bei Art. 137 stellte sich ausserdem die Frage, ob den Behörden eine Frist auferlegt werden solle, innerhalb welcher sie die Verordnungen, die nach neuem Recht der Gesetzesform bedürfen, neu auf Gesetzesstufe erlassen sollten; der entsprechende Antrag wurde allerdings verworfen, womit sich Art. 38 nur auf neue Erlasse bezieht. Vgl. dazu Art. 137 N. 4.
⁶ Vgl. Prot. Plenum, S. 3267 ff., 3277 ff. und 3279 f.
⁷ Vgl. zur übergangsrechtlichen Zuweisungsproblematik Art. 135 N. 11 ff.

initiativen, die vor dem 1. Januar 2006 eingereicht wurden, regelt Art. 139 Abs. 1 nicht.

8 – Die Vorschriften enthalten sonst eine *direkt anwendbare Übergangsregelung*, die zu gelten hat, bis die erforderlichen Ausführungsvorschriften erlassen wurden. Das trifft bei Art. 140 Abs. 2, Art. 143 Abs. 1, Art. 144 Satz 2 und Art. 145 Abs. 1 bis 3 zu. Solange z.B. das kommunale Organ, das ein Gemeindereferendum nach Art. 33 Abs. 4 Satz 1 unterstützen kann, nicht bestimmt wurde, hat die Gemeindeversammlung oder das Gemeindeparlament diese Funktion zu übernehmen.

9 – Im Übrigen wird den zuständigen Behörden eine *Vorbereitungszeit* für die Umsetzung der Verfassung eingeräumt. Das ist der Fall bei den Art. 138 Abs. 1, Art. 141, 143 Abs. 1 und 2 sowie 144 Satz 1 und indirekt bei Art. 145. In einem Einzelfall wird den Privaten eine Schonungszeit zugestanden: Die neue Kausalhaftung zulasten von Privaten gemäss Art. 46 Abs. 2 tritt erst am 1. Januar 2007 ein, so dass sie die erforderlichen Massnahmen mit Blick auf ihre verschärfte Haftung treffen und insbesondere ihre Haftpflichtversicherungen anpassen können.

3. Grundsätze des Übergangs von der alten zur neuen Verfassungsordnung

10 Die Übergangsbestimmungen beruhen auf den folgenden verschiedenen Grundsätzen, denen der Verfassungsgeber mehr oder weniger bewusst gefolgt ist.

3.1. Unverzügliche Umsetzung der neuen Verfassung

11 Klar ist, dass der Verfassungsgeber ein möglichst schnelles Inkrafttreten der in der Verfassung verankerten neuen Werte anstrebt. Dies ist ihm auch gelungen, denn die Verfassung konnte bereits einige Monate nach ihrer Annahme durch das Volk, am 1. Januar 2006, in Kraft gesetzt werden. Diesem Anliegen wird auch durch Art. 136, wonach die Behörden die Verfassung «ohne Verzug» umzusetzen haben, und durch die Kürze der einzelnen Umsetzungsfristen, die ausnahmsweise doch vorgesehen werden, Nachdruck verliehen. Mit Blick auf diese klare Zielsetzung ist nach der hier vertretenen Meinung davon auszugehen, dass die eingeräumten Umsetzungsfristen abschliessend sind. Aufgrund der Rechtskraft der Kantonsverfassung steht es weder den Rechtsanwendungsorganen (insbesondere der Justiz) noch dem Gesetzgeber zu, die Umsetzung der

Verfassung länger zu verzögern als vom Verfassungsgeber vorgesehen[8]. Anders z.B. als bei der Einführung im Jahre 1981 des Verbots der Diskriminierung zwischen Mann und Frau in der Bundesverfassung[9] hat der Verfassungsgeber die möglichen Umsetzungsprobleme bei der Vorbereitung der Vorlage für die neue Verfassung mit ins Auge gefasst und die Lösungen dazu in den Übergangsbestimmungen festgehalten. Ausnahmen dürften höchstens zugunsten der Privaten, gestützt auf die Praxis des Bundesgerichts zu den Anforderungen an Übergangsregelungen, gemacht werden. Gemäss dem Bundesgericht steht dem Legislator dabei eine grosse Gestaltungsfreiheit zu; zu beachten hat er aber das Gleichbehandlungsgebot, das Verhältnismässigkeitsprinzips und den Vertrauensschutz[10].

3.2. Schonung der alten und der neuen Gesetzgebungsorgane

Im Interesse der Kostenneutralität der neuen Verfassung und der Praktikabilität, und insbesondere zur Schonung der kleinen Gemeinden, hat der Verfassungsgeber darauf verzichtet, sämtliche Erlasse, die unter der alten Verfassung ergangen sind, zu beseitigen. Diese sollen gemäss Art. 137 weiterhin ihre Gültigkeit behalten. Es genügt, dass sie inhaltlich nicht gegen die neue Verfassung verstossen und dass sie mit den zur Zeit ihrer Anordnung geltenden Verfahrensvorschriften übereinstimmen. Damit hat der Verfassungsgeber einen Mittelweg genommen, weil er weder die alte Ordnung vollständig gelöscht noch diese unbeschränkt weitergelten lassen hat[11]. 12

3.3. Direkte Anwendung der Verfassung

Soweit möglich, sind die Verfassungsbestimmungen direkt anzuwenden. Sind sie nicht rein programmatischer Natur und sind sie genügend bestimmt, müssen sie nach dem 1. Januar 2006 von allen zuständigen Behörden beachtet und nötigenfalls in richterlicher Lückenfüllung unmittelbar angewendet werden. Das ergibt sich aus der Regel der unverzüglichen Umsetzung der Verfassung (Art. 136) sowie mittelbar aus dem in Art. 138 Abs. 2 festgehaltenen Grundsatz, der sich zwar auf den Ablauf der in dieser Bestimmung vorgesehenen Fristen bezieht, jedoch Allgemeingültigkeit haben dürfte: Nach Ablauf der vom Verfas- 13

---

[8] Zu erwähnen ist allerdings die (nicht unumstrittene) verfassungsgerichtliche Praxis des Bundesgerichts, wonach die Rechtspflegeorgane von der Gutheissung eines Rechtsmittels ausnahmsweise Abstand nehmen sollen, wenn dies zu einer zu starken Einmischung der Justiz in die Tätigkeit des Gesetzgebers führen würde (BGE 110 Ia 7 ff., 26 f.).

[9] Das Bundesgericht gestand den Kantonen eine relativ lange Einführungsfrist ein; vgl. BGE 123 I 56 ff., 60 mit Hinweisen auf die Praxis; HÄFELIN/HALLER, N. 787.

[10] Vgl. BGE 128 I 92 ff., 98 ff. mit zahlreichen Hinweisen auf die publizierte und nicht publizierte Praxis; ferner BGE 122 V 405 ff., 409.

[11] Vgl. hierzu auch Art. 137 N. 4.

sungsgeber vorgesehenen Umsetzungsfristen müssen die betreffenden Verfassungsvorschriften direkt angewendet werden, auch wenn allenfalls erforderliche Ausführungsvorschriften nicht erlassen wurden. Wurde keine Frist vorgesehen, haben die Rechtsanwendungsbehörden die Verfassung demnach möglichst sofort, nötigenfalls in richterlicher Lückenfüllung anzuwenden[12].

3.4. Abschliessende Mindestregelung

14 Schliesslich sind die Übergangsbestimmungen dadurch gekennzeichnet, dass sie zugleich Lückenlosigkeit und eine minimale Einschränkung des Spielraums der zuständigen Umsetzungsorgane anstreben. Wird keine Spezialregelung vorgesehen, sind die drei allgemeinen Bestimmungen nach Art. 135–137 massgeblich. Geregelt wird dabei nur das minimal Erforderliche. Der Verfassungsgeber hat nur besondere übergangsrechtliche Vorschriften vorgesehen, soweit ihm Anweisungen an die Umsetzungsorgane erforderlich erschienen. Im Übrigen hat er sich darauf verlassen, dass die allgemeine Ohne-Verzug-Bestimmung (Art. 136) den Umsetzungsinteressen genügen würde.

4. Überblick über die einzelnen Übergangsfristen

15 In den besonderen Bestimmungen (Art. 138–145) werden vielfach Übergangsfristen vorgesehen. Das ist zunächst der Fall im Zusammenhang mit den positiven Leistungsansprüchen der Individuen gegenüber dem Staat gemäss Art. 11 Abs. 4 (Förderungsmassnahmen zugunsten von Behinderten) und Art. 14 (Recht auf Bildung, einschliesslich des gleichberechtigten Zugangs zu den Bildungseinrichtungen)[13]. In diesen potenziell kostspieligen Bereichen wird die politische Konsensfindung bis 2011 ermöglicht. Den Behörden wird auch eine Frist bis 2011 zugestanden, um die erforderlichen Vorkehrungen zur Gewährleistung des Rechts auf Zugang zu amtlichen Dokumenten nach Art. 17 zu treffen[14]. Auch bis 2011 haben die zuständigen Behörden Zeit, um die neue Verfahrensordnung im Zivil- und im Verwaltungsrecht nach Art. 76 und 77 einzuführen und das Verfahren der direkten Normenkontrolle nach Art. 79 Abs. 2 zu regeln[15]. Ferner lässt der Verfassungsgeber zur Schonung der Privaten die Kausalhaftung für die Ausführung von öffentlichen Aufgaben erst für schädigende Ereignisse entstehen, die nach dem (bzw. am) 1. Januar 2007 eintreten[16]. Er sieht ausserdem eine

---

[12] Vgl. zu den Schranken dieser Lückenfüllungspflicht Art. 136 N. 10.
[13] Art. 138 Abs. 1 lit. a.
[14] Art. 138 Abs. 1 lit. a.
[15] Art. 138 Abs. 1 lit. b.
[16] Art. 141.

Frist bis 2010 für die Vereinigung der Zivilgemeinden mit ihren politischen Gemeinden[17], für die Bestimmung durch die Gemeinden des Betrags, ab welchem das Finanzreferendum gelten soll[18], sowie für die Regelung des Initiativ- und Referendumsrechts durch die Zweckverbände[19] vor.

Vereinzelt wird die den Behörden und betroffenen Privaten zur Konkretisierung der Verfassung eingeräumte Zeit nicht genau festgelegt. Im Interesse der Rechtssicherheit werden allerdings Übergangsregelungen aufgestellt: Die Gemeindeversammlung oder das Gemeindeparlament soll das Gemeindereferendum unterstützen können, bis das zuständige Gemeindeorgan bezeichnet wird[20]; solange das Referendums- und Initiativrecht in den Zweckverbänden nicht geregelt ist, soll das bisherige Recht gelten[21]. Das kirchliche Stimm- und Wahlrecht soll sich provisorisch nach dem kantonalen Recht und die Bildung, der Zusammenschluss und die Auflösung von Kirchgemeinden nach dem Gemeindegesetz richten[22]. 16

---

[17] Art. 143 Abs. 1.
[18] Art. 143 Abs. 2 und Art. 86 Abs. 2.
[19] Art. 144 Satz 1 und Art. 93 Abs. 2.
[20] Art. 140 Abs. 2.
[21] Art. 144 Satz 2.
[22] Art. 145 Abs. 2 und 3.

Art. 135

Inkrafttreten

Diese Verfassung tritt am 1. Januar 2006 in Kraft.

Die Verfassung des eidgenössischen Standes Zürich vom 18. April 1869 ist aufgehoben.

Materialien

Art. 133 VE; Prot. Plenum, S. 3262.

Literatur

Vgl. Hinweise bei Vorb. zu Art. 135–145.

Rechtsquellen

Vgl. Hinweise bei Vorb. zu Art. 135–145.

Übersicht	Note
1. Schnelle Inkraftsetzung der neuen Verfassung	1
1.1. Inkrafttreten am 1. Januar 2006	1
1.2. Einführungsfristen in Einzelfällen	5
2. Schicksal der Kantonsverfassung von 1869	7
3. Zuweisung der Sachverhalte zur neuen oder zur alten Verfassung	10
3.1. Der verfassungsmässige Grundsatz des Rückwirkungsverbots	10
3.2. Intertemporale Zuweisungsproblematik	11

1. Schnelle Inkraftsetzung der neuen Verfassung

1.1. Inkrafttreten am 1. Januar 2006

Die neue Zürcher Kantonsverfassung ist gemäss Art. 135 am 1. Januar 2006, weniger als ein Jahr nach ihrer Annahme durch das Zürcher Stimmvolk und sieben Jahre, nachdem dieses die Totalrevision der Verfassung beschloss[1], in Kraft getreten. Die dem Verfassungsrat für die Ausarbeitung einer Revisionsvorlage eingeräumte Frist von fünf Jahren[2] wurde dabei voll ausgeschöpft[3]. Die im Laufe aufwendiger Auseinandersetzungen zustande gekommene Vorlage war jedoch derart ausgefeilt, dass ein – namentlich im interkantonalen Vergleich – schnelles

1

---

[1] Vgl. das Verfassungsgesetz über die Totalrevision der Kantonsverfassung. Dieses Gesetz wurde gemäss seinem Art. 11 Abs. 2 durch das Inkrafttreten der neuen Verfassung ausser Kraft gesetzt.
[2] Art. 3 Abs. 1 Verfassungsgesetz.
[3] Das Verfassungsgesetz wurde am 1. Oktober 1999 in Kraft gesetzt, und die Schlussabstimmung des Verfassungsrats über die Revisionsvorlage fand am 28. Oktober 2004 statt.

Inkrafttreten möglich war[4], was der Verfassungsrat auch einstimmig anstrebte[5]. Diese Dynamik dürfte unter anderem zur deutlichen Annahme der neuen Verfassung durch das Volk am 27. Februar 2005 beigetragen haben. Die Wahl des 1. Januars des Jahres 2006 als Stichtag entspricht heute einer schweizerischen Usanz bei Verfassungen[6] und dürfte primär dazu dienen, eine gewisse Feierlichkeit zum Ausdruck zu bringen, weil sich praktisch gesehen ohne Weiteres auch ein anderer Stichtag geeignet hätte.

2   Die neue Verfassung wurde diskussionslos kurz vor ihrem Inkrafttreten, am 15. Dezember 2005, vom Bund gewährleistet[7]. Im Gegensatz zu einzelnen anderen Kantonen[8] hat Zürich dabei nicht auf den (deklaratorischen)[9] Gewährleistungsbeschluss des Bundes gewartet, sondern im Zeichen seiner Souveränität den 1. Januar 2006 als Inkrafttretensdatum festgelegt. Dadurch, dass der Bund seinen Beschluss jedoch relativ schnell fällte, erfolgte die Gewährleistung dennoch vor dem Inkrafttreten der Kantonsverfassung.

3   Die Bestimmung des Inkrafttretensdatums der Kantonsverfassung wurde – anders als bei rechtsetzenden kantonalen Erlassen üblich[10] – nicht der Exekutive überlassen, sondern in der Verfassungsvorlage selber festgehalten[11]. Das hatte zur Folge, dass die Rechtskraft der neuen Kantonsverfassung nicht von der

---

[4] Bei den jüngeren Kantonsverfassungen erfolgte das Inkrafttreten in aller Regel ein bis zwei Jahre nach der Annahme durch das Volk: So KV AG (25. Juni 1980 und 1. Januar 1982), KV BL (4. November 1984 und 1. Januar 1987), KV SO (8. Juni 1986 und 1. Januar 1988), KV TG (16. März 1987 und 1. Januar 1990), KV BE (6. Juni 1993 und 1. Januar 1995), KV NE (24. September 2000 und 1. Januar 2002), KV SG (10. Juni 2001 und 1. Januar 2003). Das Inkrafttreten erfolgte innerhalb weniger als einem Jahr für: KV AR (30. April 1995 und 1. Mai 1996), KV TI (14. Dezember 1997 und 1. Januar 1998), KV SH (17. Juni 2002 und 1. Januar 2003), KV VD (22. September 2002 und 14. April 2003), KV GR (18. Mai bzw. 14. September 2003 und 1. Januar 2004), KV FR (16. Mai 2004 und 1. Januar 2005), KV BS (30. Oktober 2005 und 13. Juli 2006). Auch die Bundesverfassung wurde innerhalb acht Monaten nach Annahme in Kraft gesetzt (18. April 1999 und 1. Januar 2000). Die Annahme der Verfassung durch die Landsgemeinde am 1. Mai 1988 bzw. 10. Oktober 1965 bewirkte in Glarus bzw. Unterwalden zugleich ihr Inkrafttreten (Art. 141 KV GL bzw. Art. 95 KV NW). Ähnlich verhielt es sich in den älteren Verfassungen (vgl. KV VS: Volksabstimmung am 12. Mai 1907 und Inkrafttreten am 2. Juni 1907; KV ZG: 18. März 1894 und 28. Juli 1894; KV SZ: 23. Oktober 1898 und «sofortiges» Inkrafttreten).

[5] Prot. Plenum, S. 3262.

[6] Nur einzelne neuere Kantonsverfassungen sind nicht auf den 1. Januar des jeweiligen Inkrafttretensjahres in Kraft getreten, wobei meistens Daten mit einer besonderen Symbolik gewählt wurden (vgl. § 141 Abs. 1 KV BS: 13. Juli, kantonaler Feiertag, Art. 114 KV OW: Landsgemeinde 1969, Art. KV VD: 14. April, kantonaler Feiertag).

[7] BBl 2006, S. 341; gestützt auf die Botschaft des Bundesrats vom 17. August 2005, (BBl 2005, S. 5239 ff.).

[8] Vgl. § 126 Abs. 2 KV AG; Art. 118 Abs. 1 KV AR; § 146 KV BL; § 100 Abs. 2 KV TG.

[9] Häfelin/Haller, N. 1024. So trat namentlich die Verfassung des Kantons Uri bereits am 1. Januar 1985 in Kraft, obwohl sie erst am 3. Oktober 1985 vom Bund gewährleistet wurde (Art. 123 KV UR). Allfällige bundesrechtswidrige Verfassungsnormen wären *ex tunc* dahingefallen.

[10] Vgl. § 10 Abs. 2 Publikationsgesetz vom 27. September 1998 (LS 170.5): «Ist der Zeitpunkt des Inkrafttretens eines rechtsetzenden Erlasses nicht festgelegt, wird er vom Regierungsrat bestimmt.»

[11] Vgl. hingegen § 100 Abs. 2 KV TG (Inkraftsetzung durch den Regierungsrat), Art. 107 Abs. 2 KV NE (Parlament), Art. 117 KV SO (Parlament).

Ausarbeitung von Ausführungsvorschriften abhängig gemacht werden konnte. Stattdessen mussten sich die zuständigen Rechtsetzungsorgane nach der Fristvorgabe des Verfassungsgebers richten und die allenfalls erforderlichen Ausführungsvorschriften auch möglichst schnell fertigstellen und in Kraft setzen[12].

Eine ausführliche Liste der durch die Annahme der neuen Kantonsverfassung erforderlich gemachten neuen kantonalen Erlasse und Gesetzesrevisionen lässt sich den verschiedenen Beschlüssen des Zürcher Regierungsrates zur Umsetzung der neuen Kantonsverfassung entnehmen[13]. Die Vorbereitungsarbeiten für die entsprechenden Revisionen werden dabei nicht von einer Zentralstelle, sondern grundsätzlich von den kantonalen Verwaltungsbehörden nach Massgabe ihres Sachgebiets ausgeführt[14]. In gewissen Bereichen liess sich allerdings ein direktionsübergreifender Anpassungsbedarf feststellen, weshalb die kantonalen Direktionen und die Staatskanzlei beauftragt wurden, halbjährlich Statusberichte zuhanden einer neu geschaffenen Koordinationsstelle zu verfassen[15]. In diesem Zusammenhang sollen die vorbildlichen Bemühungen der zuständigen kantonalen Behörden um Transparenz bei den Umsetzungsarbeiten hervorgehoben werden[16].

1.2. Einführungsfristen in Einzelfällen

Einzelne Verfassungsvorschriften sind zwar am 1. Januar 2006 in Kraft getreten, räumen den zuständigen Umsetzungsbehörden jedoch eine Vorbereitungszeit von vier oder fünf Jahren ein. Diese Fälle werden in Art. 138 Abs. 1 und 2, 142 Abs. 2, 143 Abs. 1 und 2 und 144 festgehalten. In Art. 145 wird ferner eine unbestimmte Umsetzungszeit vorgesehen, und die Wirksamkeit der Kausalhaftung für Private wurde gemäss Art. 141 um ein Jahr nach dem Inkrafttreten der Verfassung verschoben[17].

Die in der Verfassung festgehaltenen Umsetzungsfristen sind nach der hier vertretenen Meinung abschliessend. Es steht aufgrund der Rechtskraft der Kantonsverfassung weder den Rechtsanwendungsorganen (insbesondere der Justiz) noch dem Gesetzgeber zu, die Umsetzung der Verfassung länger zu verzö-

---

[12] Für die mit der Rechtsetzung beauftragten Staatsorgane und Behörden hatte die Kantonsverfassung demnach faktisch eine Art Vorwirkung, weil sie schon vor deren Inkrafttreten, durch deren Annahme in der Volksabstimmung vom 27. Februar 2005, verpflichtet waren, die erforderlichen Einführungsvorschriften vorzubereiten.
[13] Vgl. zurzeit RRB 1396 vom 27. September 2006 und RRB 1870 vom 21. Dezember 2005; vgl. auch das in RRB 897 vom 22. Juni 2005 festgehaltene Konzept zur Umsetzung der neuen Verfassung.
[14] Vgl. RRB 897 vom 22. Juni 2005, S. 3 ff.; RRB 1396 vom 27. September 2006, S. 1.
[15] RRB 1396 vom 27. September 2006, S. 1.
[16] Der Stand der Arbeiten wird in verschiedenen Dokumenten genau dokumentiert und ist auf der Homepage der kantonalen Direktion der Justiz und des Innern (<www.ji.zh.ch>) abrufbar.
[17] Vgl. hierzu auch die Vorb. zu Art. 135–145 N. 9.

gern als vom Verfassungsgeber vorgesehen[18]. Das ergibt sich aus Art. 136 und *e contrario* aus den besonderen Übergangsbestimmungen[19, 20].

2. Schicksal der Kantonsverfassung von 1869

7 Der Verfassungsgeber hat in Art. 135 Abs. 2 dafür gesorgt, dass keine Lücke in zeitlicher Hinsicht entsteht: Das Inkrafttreten der Verfassung vom 27. Februar 2005 bewirkt die gleichzeitige Ausserkraftsetzung der Kantonsverfassung vom 18. April 1869. Übergangszeitliche Grauzonen gibt es insoweit nicht. Die Wirkungen der neuen Verfassung auf die zum Zeitpunkt ihres Inkrafttretens bestehenden individuell-konkreten und allgemein-abstrakten Rechtsakte behandelt der Verfassungsgeber in Art. 137.

8 Theoretisch ist die Aufhebung der alten Verfassung aufgrund des intertemporalen Auslegungsprinzips der *lex posterior*[21] wohl nicht nötig: Die neue Verfassung geht aufgrund ihrer Rechtskraft vor. Probleme könnten allerdings entstehen, wenn sich der Normierungsbereich von alten und neuen Verfassungsvorschriften nicht deckt, womit sie parallel nebeneinander bestehen könnten. Durch die pauschale Aufhebung der Verfassung von 1869 werden solche Probleme zum Vornherein vermieden. Entsprechend dem Sinn und Zweck einer Totalrevision hat der Verfassungsgeber dabei wie in quasi allen jüngeren Kantonsverfassungen[22] einen klaren Schnitt gegenüber der alten Verfassungsordnung gezogen: Er hat die totale Aufhebung der alten Verfassung ausdrücklich angeordnet und die einzelnen Ausnahmen dazu in der neuen Verfassung selber geregelt (statt z.B. einzelne Vorschriften der alten Verfassung weitergelten zu lassen)[23].

9 Aufgrund der lückenlosen Regelung von Art. 135 Abs. 2 kann und muss ein Sachverhalt entweder dem Regime der alten oder der neuen Kantonsverfassung zugewiesen werden. Das bedeutet praktisch auch, dass die alte Kantonsverfas-

---

[18] Zu erwähnen ist allerdings die (nicht unumstrittene) verfassungsgerichtliche Praxis des Bundesgerichts, wonach die Rechtspflegeorgane von der Gutheissung eines Rechtsmittels ausnahmsweise Abstand nehmen sollen, wenn dies zu einer zu starken Einmischung der Justiz in die Tätigkeit des Gesetzgebers führen würde (BGE 110 Ia 7 ff., 26 f.).
[19] Art. 138 ff.
[20] Vgl. auch die Vorb. zu Art. 135–145 N. 8.
[21] Vgl. dazu HÄFELIN/MÜLLER/UHLMANN, Rz. 321.
[22] So auch in § 126 Abs. 2 KV AG; Art. 118 Abs. 2 KV AR; § 141 Abs. 2 KV BS; § 147 Abs. 1 KV BL; Art. 131 Abs. 1 KV BE; Art. 146 KV FR; Art. 142 Abs. 1 KV GL; Art. 102 Abs. 2 KV GR; Art. 105 lit. a KV NE; Art. 118 lit. a KV SG; Art. 117 Abs. 2 KV SH; Art. 141 Abs. 1 KV SO; Art. 91 Abs. 2 KV TI; § 100 Abs. 1 KV TG; Art. 122 KV UR; Art. 176 Abs. 1 KV VD.
[23] Vgl. hingegen Art. 141 Abs. 1 Satz 2 KV SO (die alte Verfassung sei aufgehoben; davon ausgenommen seien die Art. 24 usw.). Gemäss Art. 96 Abs. 1 KV NW und Art. 115 Abs. 1 KV OW werden sogar alle Bestimmungen der alten Verfassung aufrechterhalten, die für den Bestand und die Tätigkeit der staatlichen Organe weiterhin notwendig seien.

sung nicht vollständig verschwindet. Vielmehr bleibt sie auf alte Sachverhalte weiterhin anwendbar und behält in diesem Rahmen Rechtsverbindlichkeit.

3. Zuweisung der Sachverhalte zur neuen oder zur alten Verfassung

3.1. Der verfassungsmässige Grundsatz des Rückwirkungsverbots

Der verfassungsmässige Grundsatz des Rückwirkungsverbots, den das Bundesgericht von Art. 4 aBV abgeleitet hat und nun auf Art. 5 BV abstützt[24], verlangt grundsätzlich, dass Sachverhalte den Gesetzesvorschriften unterstellt werden, die zur Zeit ihrer Verwirklichung in Kraft waren. Ausnahmen von diesem Grundsatz sind nach ständiger Praxis des Bundesgerichts nur zulässig, wenn kumulativ die Rückwirkung ausdrücklich angeordnet oder nach dem Sinn des Erlasses klar gewollt ist, sie zeitlich mässig ist, zu keinen stossenden Rechtsungleichheiten führt, sich durch beachtenswerte Gründe rechtfertigen lässt und nicht in wohlerworbene Rechte eingreift[25]. Das Rückwirkungsverbot wirft als Prinzip keine wesentlichen Fragen auf. Obwohl es nicht in der Bundesverfassung enthalten ist, wird es von der heutigen Rechtsprechung und Lehre einhellig anerkannt. Die Probleme ergeben sich in der Praxis, wenn es darum geht, die Sachverhalte dem zeitlichen Geltungsbereich der jüngeren und der älteren Gesetze zuzuordnen.

10

3.2. Intertemporale Zuweisungsproblematik

Ob ein Sachverhalt der neuen oder der alten Kantonserfassungsordnung zuzuteilen sei, ist unproblematisch, wenn er sich ausschliesslich vor oder nach dem (bzw. am) 1. Januar 2006 ereignet hat. Die Lage ist jedoch schwieriger, wenn er sich auf die Zeit vor *und* nach dem 1. Januar 2006 erstreckt. Das Bundesgericht stützt sich dabei auf den Begriff der unechten Rückwirkung, welche nicht vom Rückwirkungsverbot erfasst wird. Demnach kann neues Recht sofort auf einen Sachverhalt zur Anwendung kommen, der zwar vor dem Erlass des neuen Rechts eingetreten ist, unter der Herrschaft des neuen Rechts jedoch noch andauert und deshalb nach der Terminologie des Bundesgerichts unecht rückwirkend ist[26]. So konnte z.B. die Ausbildungszeit der in der Lehrerausbildung stehenden Semi-

11

---

[24] Vgl. Verweis in BGE 1P.418/2002 vom 16. Dezember 2002, E. 3.1, auf Art. 5 BV und Art. 4 aBV; HÄFELIN/MÜLLER/UHLMANN, Rz. 330, weisen auch auf die Rechtsgleichheit (Art. 8 BV) und den Vertrauensschutz (Art. 9 BV) hin.

[25] Vgl. namentlich BGE 125 I 182 ff., 186; 122 V 405 ff., 408; 119 Ia 254 ff., 258; 116 Ia 207 ff., 214; HÄFELIN/MÜLLER/UHLMANN, Rz. 331 ff.

[26] So namentlich BGE 126 V 134 ff., 134; vgl. statt vieler HÄFELIN/MÜLLER/UHLMANN, Rz. 337 ff.

naristinnen und Seminaristen im Kanton Zürich in den 80er-Jahren sofort um ein Jahr verlängert werden, weil sie ihre Ausbildung gemäss dem Bundesgericht nicht abgeschlossen hätten, weshalb das Rückwirkungsverbot nicht greife[27]. Eine Sonderpraxis des Bundesgerichts besteht in Bezug auf die Anwendung von neuem Recht auf hängige Verfahren, wenn diese Frage nicht gesetzlich geregelt ist. Hier greift das Bundesgericht nicht auf seine Rechtsprechung zum Rückwirkungsverbot zurück, sondern geht in der Regel davon aus, dass das Recht zum Zeitpunkt des Erlasses der erstinstanzlichen Verfügung grundsätzlich massgeblich sei[28].

12   Abgesehen vom Fall der Anwendung von neuem Recht auf hängige Verfahren geht es demnach in der Praxis im Wesentlichen um die Beantwortung der Frage, ob sich ein Sachverhalt beim Inkrafttreten der neuen Kantonsverfassung abschliessend ereignet habe oder ob er nach dem 1. Januar 2006 noch andauere. Die Beurteilung der Abgeschlossenheit eines Sachverhalts im Sinne der genannten Praxis ist im Übrigen weitgehend den Rechtsetzungs- und Rechtsanwendungsbehörden überlassen, weil sich der Praxis des Bundesgerichts keine genaueren Angaben entnehmen lassen.

13   In Einzelfällen hat der Verfassungsgeber bei Sachverhalten, die sich vor und nach dem 1. Januar 2006 ereignet haben, begrüssenswert selber für Klarheit gesorgt: Bei Volksinitiativen hat er in Art. 139 Abs. 1 und 2 den Zeitpunkt von deren Einreichung als massgeblichen Zeitpunkt für die Frage bestimmt, ob der Sachverhalt offen sei oder nicht (ist die Volksinitiative am 1. Januar 2006 eingereicht, richtet sich die Frist für die Durchführung der Volksinitiative nach altem Recht; ist sie zu diesem Datum noch nicht eingereicht, richtet sich die Sammelfrist nach dem neuen Recht). Das anwendbare Referendumsrecht für Vorlagen des Kantonsrats lässt er ferner vom Zeitpunkt des Beschlusses abhängen[29]. Die Amtsdauer von Mitgliedern von Behörden unterstellt er schliesslich dem Recht, das zur Zeit der Amtsausübung in Kraft war[30] und macht damit aus der Wahl zum Behördenmitglied eine Art wohlerworbenes Recht.

14   In der Praxis und Lehre allgemein anerkannt ist ferner das Prinzip, wonach neues Verfahrensrecht im Prinzip sofort zur Anwendung kommen kann, ohne gegen das Rückwirkungsverbot zu verstossen[31]. Schliesslich gilt die rückwirkende Anwendung von begünstigendem Recht im Allgemeinen als unproblematisch[32]. Im Übrigen obliegt es den jeweils zuständigen Behörden, die Sachverhalte, die

---

[27] BGE 106 Ia 254 ff.
[28] BGE 122 V 85 ff., 89; 112 Ib 39 ff., 42 ff. Diese Rechtsprechung wendet das Bundesgericht jedoch nicht immer konsequent an; dazu HÄFELIN/MÜLLER/UHLMANN, Rz. 326 ff.
[29] Art. 140 Abs. 1.
[30] Art. 142 Abs. 1.
[31] HÄFELIN/MÜLLER/UHLMANN, Rz. 327a.
[32] BGE 99 V 200 ff., 203 (vgl. allerdings BGE 119 Ib 103 ff., 110); HÄFELIN/MÜLLER/UHLMANN, Rz. 334 f.

sich vor und nach dem 1. Januar 2006 ereignet haben, nach Massgabe der Praxis des Bundesgerichts zum Rückwirkungsverbot der Herrschaft der neuen oder der alten Kantonsverfassung zuzuweisen. Der Gesetzgeber kann dabei den Rechtsanwendungsorganen wesentlich helfen, indem er in den Ausführungsgesetzen, wie z.B. der Verfassungsgeber in den besonderen Übergangsbestimmungen[33], Anhaltspunkte gibt, wonach sich die Einordnung der Sachverhalte in zeitlicher Hinsicht zu richten hat[34].

---

[33] Vgl. vor allem Art. 139 Abs. 1 und 2, Art. 140 Abs. 1 und Art. 142 Abs. 1.
[34] Das gilt auch in Bezug auf die Frage, inwiefern neues materielles Recht auf hängige Verfahren angewendet werden soll.

Art. 136

Die rechtsetzenden und die rechtsanwendenden Behörden setzen diese Verfassung ohne Verzug um.

Umsetzung der Verfassung

Materialien

Art. 134 VE; Prot. Plenum, S. 3262.

Literatur

Vgl. Hinweise bei Vorb. zu Art. 135–145.

Rechtsquellen

Vgl. Hinweise bei Vorb. zu Art. 135–145.

Übersicht	Note
1. Symbolische Bedeutung von Art. 136	1
1.1. Ernsthaftigkeit der Anliegen der neuen Verfassung	1
1.2. Vertrauen gegenüber den zuständigen Staatsorganen	2
1.3. Rücksichtnahme auf die unterschiedliche Umsetzbarkeit der Verfassungsbestimmungen	4
1.4. Allgemeine Auslegungshilfe	5
2. Unterschiedliche Umsetzbarkeit der Verfassungsvorschriften	6
3. Vorgehen nach Art. 136 bei fehlenden Ausführungsvorschriften	9
3.1. Allgemeiner Grundsatz	9
3.2. Schranken	10
3.3. Schlussbemerkung	11

1. Symbolische Bedeutung von Art. 136

1.1. Ernsthaftigkeit der Anliegen der neuen Verfassung

Nachdem der Verfassungsgeber in Art. 135 das Datum des Inkrafttretens der neuen Verfassung festlegt, ruft er in Art. 136 alle Staatsorgane dazu auf, sie unverzüglich umzusetzen. Mit dieser Bestimmung, die keinen Anlass zu Diskussionen im Verfassungsrat gab[1], wird die Ernsthaftigkeit seiner Anliegen zum Ausdruck gebracht. Über diese symbolische Bedeutung hinaus hat diese Bestimmung keine direkte rechtliche Bedeutung. Denn alle Behörden sind aufgrund der Rechtskraft der Verfassung ohnehin dazu verpflichtet, sie mit sofortiger Wirkung zu beachten. Das Besondere an dieser Bestimmung besteht jedoch zum einen darin, dass sie sich ausdrücklich sowohl an die rechtsetzenden als auch an die rechtsanwendenden Behörden wendet und zum anderen dass sie sich auf den

1

---

[1] Prot. Plenum, S. 3262.

praktischen Aspekt der Umsetzung, nicht der Rechtskraft bezieht. Angesprochen ist darin nicht so sehr die Problematik der rechtlichen Beachtlichkeit der Verfassung als vielmehr deren praktischen Umsetzbarkeit. Der Verfassungsgeber verfügt bei der Gestaltung der neuen Verfassung inhaltlich – unter Vorbehalt der Schranken des Bundesrechts[2] – über eine kaum begrenzte Freiheit. Man könnte in diesem Kontext sogar von einer Art Narrenfreiheit sprechen. Der Verfassungsgeber konnte theoretisch fast jede Idealvorstellung, jede Zielsetzung, wie verrückt auch immer, in die totalrevidierte Verfassung niederschreiben. Wird die Verfassung jedoch vom Volk angenommen und in Kraft gesetzt, stellt sich das Problem ihrer Einfügung in die von den Rechtssubjekten erlebte tägliche juristische Wirklichkeit, ihrer Umsetzung in der Praxis. Nach der Annahme der neuen Verfassung durch das Volk hat der Verfassungsrat ausgedient[3]. Der Ball liegt nun bei allen anderen Staatsorganen. Diese haben seit dem 1. Januar 2006 ihr Bestes zu tun, um die vom Verfassungsgeber zu Papier gebrachten Zielsetzungen und Regelungen umzusetzen, und dies sollen sie «ohne Verzug» machen.

1.2. Vertrauen gegenüber den zuständigen Staatsorganen

2 Indem der Verfassungsgeber keine absolute Frist zur Umsetzung der Verfassung ansetzt, sondern eine allgemeine Richtlinie festlegt, drückt er sein Vertrauen gegenüber den Staatsorganen, allen voran dem Regierungsrat, der in erster Linie für die Umsetzung der Verfassung verantwortlich ist[4], aus und anerkennt indirekt deren Einsatzbereitschaft. Die Umsetzung der Verfassung wird in diesem Sinne nur nach Massgabe des Möglichen verlangt[5]. Das dürfte im Ergebnis auch der Rechtssicherheit dienen, weil damit Streitigkeiten, die sich aus absoluten Fristangaben ergeben können, unterbleiben sollen[6].

3 Mit der genannten Vertrauensbetätigung gegenüber den Staatsorganen geht allerdings einher, dass Art. 136 für sich allein keinen individuell einklagbaren Anspruch auf Tätigwerden der staatlichen Behörden begründet. Nach der hier vertretenen Meinung wäre ein solcher Anspruch theoretisch nicht zum Vornherein ausgeschlossen. Es kann namentlich nicht gesagt werden, dass es Art. 136 an Justiziabilität mangeln würde. Ausserdem werden die Rechtsetzungsorgane in Art. 136 direkt angesprochen. Den Materialien kann jedoch ein entsprechender Wille des Verfassungsgebers weder direkt noch implizit entnommen werden.

---

[2] Vgl. auch die umstrittenen materiellen Schranken der Verfassungsgebung; dazu KAYSER, passim.
[3] Der Verfassungsrat wurde mit dem Inkrafttreten der neuen Verfassung am 1. Januar 2006 aufgelöst (vgl. Art. 11 Abs. 2 in Verbindung mit Art. 2 des Verfassungsgesetzes).
[4] Vgl. Art. 60 Abs. 2.
[5] Anpassungsfristen sind hingegen vorgesehen in Art. 147 Abs. 2 KV FR, Art. 93 Abs. 1 KV TI, Art. 119 Abs. 1 KV SG (mit Erstreckungsmöglichkeit).
[6] Vgl. Hinweis auf die Rechtssicherheit in Prot. Plenum, S. 3265.

Ausserdem kann nicht davon ausgegangen werden, dass er mit einem solchen Anspruch rechnete, weil dies für die schweizerische verfassungsrechtliche Praxis unüblich wäre. Allfällige individuelle Ansprüche gegenüber dem Gesetzgeber müssten demnach aus besonderen Verfassungsbestimmungen, die einen Gesetzgebungsauftrag enthalten oder sonst unmittelbare Leistungsansprüche des Staates begründen, abgeleitet werden.

1.3. Rücksichtnahme auf die unterschiedliche Umsetzbarkeit der Verfassungsbestimmungen

Mit der Formulierung, wonach die Umsetzung der Verfassung «ohne Verzug» zu geschehen hat, wird versucht, allen unterschiedlichen Umsetzbarkeitsstufen der verschiedenen Verfassungsbestimmungen Rechnung zu tragen. Diese Formulierung wird aber im Grunde genommen weder der Rechtslage bei den direkt anwendbaren Verfassungsbestimmungen noch bei den Vorschriften, die noch der Umsetzung bedürften, gerecht: Die direkt anwendbaren Vorschriften müssen nicht «ohne Verzug», sondern «ab sofort» beachtet werden, und für die Vorschriften, bei denen Umsetzungsmassnahmen noch erforderlich sind, bevor sie für die Privaten wirksam werden können, ist die Aufforderung, «ohne Verzug» zu handeln, auslegungsbedürftig bzw. unpräzis.

1.4. Allgemeine Auslegungshilfe

Mittelbar rechtliche Bedeutung hat Art. 136 insoweit, als er bei übergangsrechtlichen Fragen im Sinne der verfassungskonformen Auslegung als Interpretationshilfe herangezogen werden soll: Priorität ist jeweils der unverzüglichen Konkretisierung der Verfassung einzuräumen.

2. Unterschiedliche Umsetzbarkeit der Verfassungsvorschriften

Massgeblich dafür, inwieweit eine Verfassungsvorschrift in der Praxis zur Anwendung kommen kann, ist in erster Linie das Legalitätsprinzip, wonach sich das Staatshandeln auf das Recht zu stützen hat (Art. 2 Abs. 1). Das bedingt nach Lehre und Praxis einen gewissen Grad an Bestimmtheit der betreffenden Rechtsnorm. Zu berücksichtigen ist auch der Grundsatz der Gewaltentrennung (Art. 3), der einer Einmischung der Rechtsanwendungsbehörden in die Gesetzgebung entgegensteht. Jede Verfassungsbestimmung muss demnach vereinzelt im Lichte dieser Prinzipien auf ihre praktische Umsetzbarkeit überprüft werden.

7   Viele Bestimmungen der neuen Verfassung sind so formuliert, dass sie ohne Problem direkt angewendet werden können: Entweder begründen sie – wie namentlich die Grundrechte, die erforderliche Unterschriftenzahl für Volksinitiativen, die Amtsdauer der Behördenmitglieder, das Majorzprinzip bei der Wahl der Ständeräte – konkrete Rechte und Pflichten oder sie machen präzise Aussagen in organisatorischer und verfahrensmässiger Hinsicht. Dieser Umstand öffnete auch den Weg zur rechtspolitisch wünschenswerten schnellen Inkraftsetzung der Verfassung.

8   Einzelne Verfassungsbestimmungen bedürfen jedoch noch der Konkretisierung, so dass sich die Frage stellt, was zu geschehen hat, solange die erforderlichen Gesetzgebungsarbeiten nicht erfolgt sind. Darauf geben die Übergangsbestimmungen teilweise Antwort:
    – Die allgemeine Regel von Art. 137 führt zur Rettung der Ausführungsvorschriften zur alten Verfassung, die inhaltlich nicht gegen den Sinn und Zweck der neuen Verfassung verstossen. Diese können also noch nach dem 1. Januar 2006 herangezogen und angewendet werden, bis die zuständigen Gesetzgebungsorgane Vorschriften zur neuen Verfassung erlassen haben – wenn sie es überhaupt machen.
    – Vielfach wird dem Gesetzgeber eine Vorbereitungszeit ausdrücklich zugestanden[7]. Damit wird den Rechtsanwendungsbehörden zugleich implizit untersagt, selber provisorische Regelungen zu treffen[8]. Innert der Gesetzgebungsfrist steht es den Gesetzgebungsorganen frei, wann und wie sie die Zielsetzungen des Verfassungsgebers ausführen wollen und können, wobei sie Art. 136 zum schnellen Handeln motivieren soll.
    – In Einzelfällen enthalten die Übergangsbestimmungen vorübergehende Regelungen, die geeignet sind, direkt angewandt zu werden, solange der Gesetzgeber nicht tätig wird[9].
    – Ansonsten greift aber nur die allgemeine Regel von Art. 136 zu, die in Bezug auf das dargestellte Problem wenig hilfreich bzw. auslegungsbedürftig ist. Darauf ist im nächsten Abschnitt einzugehen.

---

[7] Vgl. dazu Vorb. zu Art. 135–145 N. 9.
[8] Dieser Grundsatz wird in Art. 138 Abs. 2 in Bezug auf bestimmte Leistungsansprüche begründende Grundrechte und auf gewisse neue Verfahrensrechte auch ausdrücklich festgehalten; vgl. dazu Art. 138 N. 5 ff.
[9] Vgl. hierzu die Vorb. zu Art. 135–145 N. 8.

3. Vorgehen nach Art. 136 bei fehlenden Ausführungsvorschriften

3.1. Allgemeiner Grundsatz

Im Gegensatz zu allen anderen Kantonsverfassungen mit einer allgemeinen Aufforderung zur raschen Umsetzung der Verfassung[10] wendet sich Art. 136 nicht nur an die Gesetzgebungsorgane. Auch die Rechtsanwendungsorgane werden dazu angehalten, die Verfassung ohne Verzug anzuwenden. Daraus ist nach der hier vertretenen Meinung abzuleiten, dass beim Fehlen von Ausführungsvorschriften die Rechtsanwendungsorgane grundsätzlich nicht nur berechtigt, sondern auch verpflichtet sind, die Verfassung in richterlicher Lückenfüllung[11] direkt anzuwenden[12]. Dafür spricht auch die Regelung von Art. 137. Der Verfassungsgeber hat in dieser Bestimmung – anders als in einzelnen anderen Kantonen[13] – nicht vorgesehen, dass das bisherige Recht auf jeden Fall weitergelten solle, bis die erforderlichen Ausführungsvorschriften erlassen würden. Stattdessen lässt er nur diejenigen Vorschriften weiterbestehen, die sich inhaltlich mit der neuen Verfassung in Einklang bringen lassen. Um eine unverzügliche Umsetzung sicherzustellen, müssen also provisorische Regelungen vorgesehen werden. Ansonsten entsteht ein verfassungswidriger Zustand. In diesem Zusammenhang ist schliesslich auf die Praxis des Bundesgerichts zu verweisen, wonach die Exekutive befugt ist, provisorische Übergangsregelungen auf Verordnungsstufe aufzustellen, wenn der Gesetzgeber verfassungsrechtlich erforderliche Ausführungsvorschriften nicht erlassen hat[14].

9

3.2. Schranken

Schranken der Lückenfüllungsbefugnis der Rechtsanwendungsorgane ergeben sich einerseits aus der Verfassung selber. Kommt Verfassungsvorschriften gemäss dem Willen des Verfassungsgebers, wie dies namentlich im Rahmen der staatlichen Grundlagen vielfach der Fall ist, nur programmatischer Charakter[15] zu, sollen sie freilich nicht direkt von den Rechtsanwendungsorganen durchgesetzt werden, solange sie nicht von den zuständigen Gesetzgebungsorganen

10

---

[10] Vgl. § 130 KV AG (beförderlich); § 149 KV BL (ohne Verzug); Art. 147 Abs. 1 KV FR (ohne Verzug); Art. 97 Abs. 3 KV NW (beförderlich); Art. 120 Abs. 2 KV SH (ohne Verzug); Art. 143 KV SO (ohne Verzug); § 142 KV BS (ohne Verzug): Alle diese Bestimmungen wenden sich an die Gesetzgebungsorgane.
[11] Dazu namentlich HÄFELIN/HALLER, N. 137 ff.; HÄFELIN/MÜLLER/UHLMANN, Rz. 233 ff.
[12] Im Allgemeinen zurückhaltender allerdings HÄFELIN/MÜLLER/UHLMANN, Rz. 233 ff.
[13] So die Regelung in Art. 147 Abs. 2 KV FR und Art. 176 Abs. 3 KV VD.
[14] BGE 130 I 140 ff., 149 ff. mit Hinweisen.
[15] Ob eine Vorschrift rein programmatischer Natur (dazu im Allgemeinen HÄFELIN/HALLER, N. 268) sei, ist auf dem Weg der Auslegung öffentlichrechtlicher Vorschriften (dazu namentlich HÄFELIN/HALLER, N. 75 ff.) zu ermitteln (vgl. G. MÜLLER, S. 169 ff.).

ausgeführt werden. Andererseits müssen die oben erwähnten Prinzipien der Gewaltentrennung und der Legalität des Staatshandelns auch berücksichtigt werden. Fehlende Gesetzesbestimmungen sind demnach nur soweit zu füllen, als dies der Einzelfall verlangt[16]. Weiter dürfen keine Grundrechte auf dem Weg der richterlichen Lückenfüllung eingeschränkt werden, weil die verfassungsmässigen Individualrechte hohe Forderungen an die gesetzlichen Grundlagen stellen[17]. In Ausnahmefällen sollen die Rechtspflegeorgane ausserdem gemäss der Praxis des Bundesgerichts von der Gutheissung von Rechtsmitteln wegen Verfassungswidrigkeit Abstand nehmen, wenn dies eine doch zu starke Einmischung der Justiz in die Tätigkeit des Gesetzgebers bedeuten würde[18]. Im Übrigen drängt sich die beschriebene Lückenfüllungspflicht jedoch zugunsten der Rechtssubjekte selbst auf, wenn die Verfassung ein formelles Gesetz verlangt: Es geht grundsätzlich nicht an, dass die Verfassung aufgrund der Untätigkeit des Gesetzgebers nicht zur Anwendung kommt. Das steht dem demokratischen Prinzip nicht weniger entgegen als die Lückenfüllung durch die zuständigen Rechtsanwendungsbehörden. Anders dürfte es sich hingegen dort verhalten, wo die Lückenfüllung nicht im Interesse der Privaten steht. In solchen Fällen sollte im Allgemeinen dem Legalitätsprinzip bzw. dem Anspruch auf genügend bestimmte gesetzliche Grundlagen der Vorrang gegeben werden[19].

3.3. Schlussbemerkung

11 Nach dem Gesagten können sich die Rechtssubjekte vor den Verwaltungs- und den Rechtspflegeorganen unmittelbar auf die Verfassung berufen, wenn der zuständige Gesetzgeber die erforderlichen Vorschriften noch nicht erlassen hat, die Verfassung aber genug bestimmt ist, damit die Rechtsanwendungsorgane die bestehenden Lücken im individuell-konkreten Einzelfall vorübergehend füllen können. Richterliche positive Anordnungen an den Gesetzgeber können die Privaten aber nur beantragen, wenn ihnen das materielle Verfassungsrecht einen Anspruch auf Tätigwerden des Gesetzgebers einräumt. Der Aufforderung zur unverzüglichen Umsetzung der Verfassung nach Art. 136 lässt sich gestützt auf die Materialien kein solcher Anspruch entnehmen. Ein solcher Anspruch wäre aber wie erwähnt vertretbar, stellt man auf den Wortlaut und den Sinn und

---

[16] In diesem Zusammenhang ist noch die (nicht unumstrittene) verfassungsgerichtliche Praxis des Bundesgerichts zu erwähnen, wonach die Rechtspflegeorgane von der Gutheissung eines Rechtsmittels ausnahmsweise Abstand nehmen können bzw. sollen, wenn dies eine zu starke Einmischung der Justiz in die Tätigkeit des Gesetzgebers herbeiführen würde (BGE 110 Ia 7 ff., 26 f.; dazu statt vieler HÄFELIN/HALLER, N. 2041, 2077).
[17] Vgl. namentlich Art. 36 BV und die Praxis und Lehre dazu; statt vieler HÄFELIN/HALLER, N. 307 ff.
[18] BGE 110 Ia 7 ff., 26 f.; dazu statt vieler HÄFELIN/HALLER, N. 2041, 2077.
[19] Vgl. RRB 897 vom 22. Juni 2005, S. 3: Eine Verfassungsnorm sei nicht direkt anwendbar, wenn eine Frage vom formellen Gesetzgeber geregelt werden müsse.

Zweck von Art. 136 ab. Denn diese Bestimmung setzt dem Gesetzgeber zwar keine genau abgegrenzte Frist an, gibt ihm aber nicht unbegrenzte Zeit, um die erforderlichen Vorschriften zu erlassen.

Art. 137

Erlasse und Anordnungen, die in einem nach der früheren Verfassung gültigen Verfahren beschlossen worden sind, bleiben in Kraft. Ihre Änderung richtet sich nach den Bestimmungen dieser Verfassung.

Weitergeltung bisheriger Rechtsakte

Materialien

Art. 135 VE; Prot. Plenum, S. 3262 ff.

Literatur

Vgl. Hinweise bei Vorb. zu Art. 135–145.

Übersicht Note

1. Folgen der Aufhebung der alten Verfassung	1
1.1. Nachträglicher Entzug von gesetzlichen Grundlagen	1
1.2. Lösung gemäss Art. 137	2
1.3. Motive von Art. 137	4
1.4. Von Art. 137 nicht behandelte intertemporale Frage	5
2. Schicksal der alten Erlasse	7
2.1. Inhaltlicher Widerspruch mit der neuen Verfassung	7
2.2. Formeller Widerspruch mit der neuen Verfassung	9
2.2.1. Weitergeltung	9
2.2.2. Revision nach neuem Recht	11
3. Schicksal der alten Anordnungen	12
4. Rechtsnatur und Durchsetzung von Art. 137	14
4.1. Rechtsmittel gegen alte Erlasse	15
4.2. Rechtsmittel gegen alte Anordnungen	16

1. Folgen der Aufhebung der alten Verfassung

1.1. Nachträglicher Entzug von gesetzlichen Grundlagen

Die Aufhebung der Verfassung aus dem Jahr 1869, wie sie der Verfassungsgeber in Art. 135 Abs. 2 anordnet, wirft das Problem auf, dass nach dem 1. Januar 2006 etlichen Rechtsakten die gesetzliche Grundlage entzogen wird. Es stellt sich namentlich die Frage, ob die neue Verfassungsordnung *tabula rasa* in dem Sinne macht, dass alle allgemein-abstrakten und individuell-konkreten Rechtsakte (nach der Terminologie des Verfassungsgebers die Erlasse und die Anordnungen[1]), die vor der Aufhebung der alten Verfassung ergangen sind – nachfolgend: die «alten» Rechtsakte –, ihre Gültigkeit verlieren, oder ob und allenfalls inwiefern diese unter der neuen Verfassungsordnung doch weiterbestehen.

1

---

[1] Art. 79 Abs. 2 und Art. 77 Abs. 1.

1.2. Lösung gemäss Art. 137

2   Dem beschriebenen Problem widmet sich der Verfassungsgeber in Art. 137 kurz, aber auf nicht ganz klare Art. Er verweist darauf, dass alle Rechtsakte in Kraft bleiben, die in einem nach der alten Verfassung gültigen Verfahren beschlossen wurden. Er gibt auch an, dass sich ihre Änderung nach der neuen Verfassung zu richten hat.

3   Diese Bestimmung könnte in zweierlei Hinsicht Anlass zu Missverständnissen geben:
– Einerseits könnte aus ihrem Wortlaut abgeleitet werden, dass auch alte Gesetze, die mit der neuen Verfassung nicht übereinstimmen, unter der neuen Verfassung weitergelten, falls sie im richtigen Verfahren erlassen wurden. Diese Auslegung entspricht jedoch nicht dem Sinn und Zweck von Art. 137: Vielmehr sollen alte Gesetze, die der neuen Verfassung materiell widersprechen, nach dem 1. Januar 2006 ihre Gültigkeit verlieren, unabhängig davon, in welchem Verfahren sie erlassen wurden.
– Andererseits scheint der Verfassungsgeber allgemein-abstrakte und individuell-konkrete Rechtsakte dem gleichen Regime zu unterwerfen, weil Art. 137 beide Formen von Rechtsakten in einem Zug nennt. Eine umfassende Gleichbehandlung würde der geltenden verwaltungsrechtlichen Lehre und Praxis jedoch widersprechen. Insbesondere kann nicht davon ausgegangen werden, dass alle alten Anordnungen, die der neuen Verfassung inhaltlich nicht mehr entsprechen, *ex nunc* ungültig seien.

Die Regelung von Art. 137 bedarf also der Präzisierung. Darauf ist in den Abschnitten 2 und 3 einzugehen.

1.3. Motive von Art. 137

4   Die Regelung von Art. 137 Satz 1 beruht auf Überlegungen der Rechtssicherheit sowie der Praktikabilität. Sie soll das Gemeinwesen vor kostspieligen Übergangsmassnahmen bewahren[2]. Damit steht sie im Dienst der Kostenneutralität der Totalrevision[3]. Im Verfassungsrat war man sich über die Lösung nach Art. 137 im Allgemeinen einig. Eine Kommission des Verfassungsrats überlegte sich zwar zunächst, ob das lockere Übergangsregime nicht auf fünf Jahre beschränkt werden solle, womit sämtliche alten Erlasse, die in verfahrensrechtlicher Hinsicht der neuen Verfassung nicht mehr entsprachen, neu hätten angeordnet werden müssen. Sie zog ihren Antrag allerdings zurück, weil er namentlich für die

---

[2] Vgl. Hinweis in Prot. Plenum, S. 3263, auf die verheerenden Folgen, welche der Neuerlass aller mit der neuen Verfassung nicht mehr übereinstimmenden kommunalen Gesetze für die Gemeinden hätte.
[3] Vgl. Prot. Plenum, S. 3349 (Votum Fosco), betreffend das Ziel der Kostenneutralität der neuen Verfassung.

Gemeinden «relativ verheerende Folgen» haben könne und «etwas über das Ziel hinausgeschossen sei»[4]. Die Frage blieb allerdings, ob Erlasse, die entgegen der neuen Verfassung nicht auf Gesetzes-, sondern lediglich auf Verordnungsstufe erlassen wurden[5], unbeschränkt weitergelten sollen. Gegen diesen Antrag wurde vor allem die Rechtssicherheit geltend gemacht, weil vielfach nicht klar sei, wann und ob ein formelles Gesetz erforderlich sei[6]. Der Antrag wurde schliesslich äusserst knapp, per Stichentscheid des Ratspräsidenten verworfen[7], so dass alle alten Erlasse, die nur formell gegen die neue Verfassung verstossen, nun auf unbeschränkte Zeit ihre Gültigkeit beibehalten.

1.4. Von Art. 137 nicht behandelte intertemporale Frage

Art. 137 behandelt die intertemporale Frage nicht, welches Recht massgeblich ist, um die Verfassungsmässigkeit eines unter der alten Verfassungsordnung ergangenen Rechtsaktes zu beurteilen. In dieser Bestimmung wird nur die Wirkung der neuen Verfassung für die Rechtsakte, die unter der alten Verfassungsordnung ergangen sind, geregelt. Es geht bei ihr nur darum, ob diese Rechtsakte trotz der Einführung der neuen Verfassung weiterhin ihre Gültigkeit beibehalten. 5

Von Art. 137 kann allerdings indirekt abgeleitet werden, dass für die Beurteilung der Frage, ob bei einem alten Rechtsakt die Verfahrens- und Zuständigkeitsvorschriften eingehalten wurden, das alte Recht massgeblich ist. Im Übrigen müssen die allgemeinen intertemporalen Grundsätze herangezogen werden. Wegweisend ist dabei das verfassungsmässige Prinzip des Rückwirkungsverbots[8], das gebietet, dass neues Recht nicht für die Beurteilung von alten Rechtsakten herangezogen wird. Diese sind nach Massgabe des alten Rechts zu beurteilen, es sei denn, das Gesetz sehe eine andere Lösung vor. Das ändert allerdings nichts daran, dass alte Rechtsakte, die der neuen Verfassung inhaltlich widersprechen, aufgrund von Art. 137 aufzuheben oder anzupassen sind, unabhängig davon, ob sie ursprünglich fehlerfrei waren. 6

---

[4] Prot. Plenum, S. 3262 f.
[5] Vgl. Art. 38. Der Regierungsrat hat zur Umsetzung dieser Bestimmung ein sog. Teilprojekt vorgesehen; RRB 1396 vom 27. September 2006, S. 12.
[6] Prot. Plenum, S. 3264 f.
[7] Zum Antrag Schwarzenbach/Häner, abgelehnt nach Stichentscheid des Ratspräsidenten, Prot. Plenum, S. 3262 ff.
[8] Vgl. hierzu Art. 135 N. 10.

2. Schicksal der alten Erlasse

2.1. Inhaltlicher Widerspruch mit der neuen Verfassung

7 Aufgrund der Normhierarchie und stillschweigend aus Art. 137 verlieren die kantonalen und kommunalen Gesetze mit dem Inkrafttreten der neuen Verfassung ihre Gültigkeit, wenn sie der Verfassung inhaltlich widersprechen[9]. In der Literatur spricht man von der Sperrwirkung der Verfassung[10]. Das gilt *ex nunc*, also ab dem 1. Januar 2006. In Anlehnung an den Grundsatz des Vorrangs des Bundesrechts gegenüber kantonalem Recht nach Art. 49 BV[11] und aufgrund des Wortlauts von Art. 137 ist davon auszugehen, dass ein formeller Aufhebungsakt nicht erforderlich ist. Die betreffenden Erlasse werden ab dem 1. Januar 2006 nichtig[12], die neue Verfassung geht ihnen nach diesem Datum *ipso iure* vor, so dass die Nichtigkeit von Amtes wegen zu beachten ist.

8 Im Sinne des Verhältnismässigkeitsprinzips[13] und der vom Verfassungsgeber angestrebten Kostenneutralität der neuen Kantonsverfassung[14] ist davon auszugehen, dass grundsätzlich nur die Vorschriften, die mit der Verfassung nicht mehr im Einklang stehen, nicht das ganze Gesetzeswerk der neuen Verfassung zum Opfer fallen. Das bedingt freilich, dass die teilweise Ungültigkeit nicht gegen den Sinn und Zweck des entsprechenden Erlasses verstösst.

2.2. Formeller Widerspruch mit der neuen Verfassung

2.2.1. Weitergeltung

9 Die kantonalen und kommunalen Erlasse, die mit der neuen Verfassung materiell übereinstimmen, jedoch in einem Verfahren ergangen sind, das ihr nicht mehr entspricht, behalten ihre Gültigkeit. Voraussetzung für diese Weitergeltung ist, dass sie nach Massgabe der Verfahrensvorgaben der Verfassung 1869 erlassen wurden. In der Praxis dürfte sich die formelle Rechtswidrigkeit in erster Linie aus Art. 38, der strengere Forderungen an die Gesetzesstufe setzt, ergeben.

---

[9] So auch der Regierungsrat, RRB 897 vom 22. Juni 2005, S. 2. Vgl. auch Art. 2 ÜbBest. aBV. Die meisten Kantonsverfassungen sehen das Gleiche vor: § 127 KV AG; § 147 Abs. 2 KV BL; § 141 Abs. 3 KV BS; Art. 131 Abs. 2 KV BE; Art. 142 Abs. 2 KV GL; Art. 118 KV SH; Art. 141 Abs. 2 KV SO; Art. 92 KV TI; § 96 Abs. 1 KV TG; Art. 124 Abs. 1 KV UR; Art. 176 Abs. 2 KV VD. Vorläufige Weitergeltung des der Verfassung widersprechenden Rechts hingegen in Art. 97 Abs. 2 KV NW; Art. 115 Abs. 2 KV OW; Art. 119 Abs. 1 und 2 KV SG; Art. 115 Abs. 1 und 2 KV SZ; § 2 Abs. 2 ÜbBest. KV ZG. Wie in der Zürcher Verfassung wird auch in der Bündner Verfassung die Aufhebung des der neuen Verfassung materiell widersprechenden Rechts nur indirekt impliziert.
[10] BIEDERMANN, St.Galler Kommentar, Art. 195 Rz. 7.
[11] Vgl. dazu RUCH, passim.
[12] Vgl. zu Art. 49 BV statt vieler HÄFELIN/HALLER, N. 1191 ff.
[13] Art. 2 Abs. 2.
[14] Vgl. Prot. Plenum, S. 3349 (Votum Fosco), betreffend das Ziel der grundsätzlichen Kostenneutralität der Totalrevision der Verfassung.

Nach dem Sinn und Zweck von Art. 137 muss der Begriff Verfahren extensiv verstanden werden und auch die Zuständigkeit umfassen[15]. Von gemäss der neuen Verfassung nicht mehr zuständigen Behörden erlassene Gesetze und Verordnungen behalten auch ihre Gültigkeit, wenn die Zuständigkeits- und Verfahrensvorschriften der alten Verfassung eingehalten sind. Anders dürfte es sich hingegen verhalten, wenn ein Gemeinwesen aufgehoben wird. Alsdann ist aus Gründen der Rechtssicherheit wohl davon auszugehen, dass die von ihm erlassenen Gesetze obsolet werden. Zu denken ist vor allem an die Zivilgemeinden, die vom neuen Verfassungsgeber abgeschafft wurden[16], womit deren Erlasse von nicht mehr bestehenden Gesetzgebern stammen und sich an Rechtssubjekte richten, die nicht mehr klar erfasst werden können.

2.2.2. Revision nach neuem Recht

Der Verfassungsgeber hat dennoch der Weitergeltung der alten Verfassungsordnung eine Grenze gesetzt, indem er für die Revision der nach altem Recht ergangenen Erlasse die Anwendung der neuen Verfahrens- und Zuständigkeitsvorschriften angeordnet hat[17]. Damit werden auch allfällige Unklarheiten, die sich aus dem Grundsatz der Parallelität der Formen ergeben könnten, ausgeräumt: Verordnungen müssen in der Gesetzesform revidiert werden, wenn die neue Verfassung diese Normstufe verlangt[18]. Gegenüber dem kantonalen und dem kommunalen Legislator hat der Verfassungsgeber damit eine gewissermassen «organische» Übergangsordnung statt eines radikalen Bruchs mit der Vergangenheit geschaffen.

3. Schicksal der alten Anordnungen

Die vor dem 1. Januar 2006 ergangenen Anordnungen behalten im Gegensatz zu den ihnen zugrunde liegenden kantonalen und kommunalen Erlassen grundsätzlich ihre Gültigkeit, unabhängig davon, ob sie mit der neuen Verfassung inhaltlich noch übereinstimmen oder nicht. Das ergibt sich in erster Linie aus dem Legalitätsprinzip, wonach der Staat an das Recht gebunden sei (Art. 2 Abs. 1), und dem damit verbundenen Rückwirkungsverbot, das der Anwendung von neuerem Recht auf vor seinem Inkrafttreten abgeschlossene Sachverhalte

---

[15] Vgl. namentlich Art. 132 Abs. 1 KV BE; Art. 143 KV GL; Art. 103 Abs. 1 KV GR; Art. 142 Abs. 1 KV SO; § 96 Abs. 2 KV TG (beide Begriffe Verfahren und Zuständigkeit werden verwendet); Art. 124 Abs. 2 KV UR (Hinweis nur auf Zuständigkeit).
[16] Vgl. Art. 143 in Verbindung mit Art. 83.
[17] Art. 137 Satz 2.
[18] So ausdrücklich in § 148 Abs. 2 KV BL.

entgegensteht[19]. Das bedeutet jedoch nicht, dass diese Verfügungen unantastbar oder zu wohlerworbenen Rechten würden und deshalb nur unter erschwerten Bedingungen abänderbar würden. Vielmehr können sie nach Massgabe der Lehre und Praxis zum Widerruf von Verfügungen abgeändert oder aufgehoben werden[20]. Anpassungen an das neue Recht dürfen demnach grundsätzlich nur vorgenommen werden, wenn das öffentliche Interesse an der Durchsetzung des neuen Verfassungsrechts gegenüber den privaten Aufrechterhaltungsinteressen überwiegen[21]. Zu beachten sind allenfalls die besonderen Bedingungen für die Abänderung der wohlerworbenen Rechte, die in den Genuss der Eigentumsgarantie und des Vertrauensschutzes kommen[22]. Änderungen zugunsten der Verfügungsadressaten sollten aufgrund der Interessenlage hingegen weniger problematisch sein. Mangels anderslautender Bestimmungen besteht jedoch kein Anspruch auf Änderung einer nach altem Recht ergangenen Verfügung, nur weil das neue Recht günstiger sei[23].

13 Für die Anordnungen, die von einer nach altem Recht zuständigen Behörde und in einem altrechtlichen Verfahren erlassen wurden, gilt Art. 137 sinngemäss. Sie behalten ihre Gültigkeit. Falls sie nach der Lehre zum Widerruf von Verfügungen abgeändert oder aufgehoben werden können, sind grundsätzlich die neuen Zuständigkeits- und Verfahrensvorschriften anwendbar. Nach herrschender Lehre und Praxis können neue Verfahrensvorschriften ab sofort angewendet werden, wobei Fristen nach dem alten Recht zu beurteilen sind, wenn sie beim Inkrafttreten des neuen Rechts nicht abgelaufen sind[24].

4. Rechtsnatur und Durchsetzung von Art. 137

14 Das Legalitätsprinzip und die Rechtskraft der neuen Verfassung verlangen, dass alle staatlichen Behörden Art. 137 von Amtes wegen beachten. Diese Regel stellt nicht nur eine objektive Verfassungsnorm dar, sondern begründet nach der hier vertretenen Ansicht auch ein verfassungsmässiges Individualrecht.

4.1. Rechtsmittel gegen alte Erlasse

15 Aus praktischen Gründen dürfte die Überprüfung der Übereinstimmung mit der neuen Verfassung in aller Regel im Rahmen der akzessorischen Normenkon-

---

[19] Vgl. dazu Art. 135 N. 10.
[20] Vgl. statt vieler HÄFELIN/MÜLLER/UHLMANN, Rz. 994 ff.
[21] Vgl. statt vieler HÄFELIN/MÜLLER/UHLMANN, Rz. 997 ff.
[22] Vgl. statt vieler HÄFELIN/MÜLLER/UHLMANN, Rz. 1008 ff.
[23] BGE 119 Ib 103 ff., 110 f.; 105 Ia 36 ff., 40; 99 V 200 ff., 203.
[24] HÄFELIN/MÜLLER/UHLMANN, Rz. 327a.

trolle²⁵, also im ordentlichen Rechtsmittelverfahren, erfolgen. Da der Verfassungsgeber für eine gewisse Kategorie von Erlassen das Instrument der direkten Normenkontrolle eingeführt hat (Art. 79), stellt sich die Frage, ob die Rechtssubjekte auch die Überprüfung von alten Erlassen auf ihre Übereinstimmung mit der neuen Verfassung beantragen können. Das hängt von der Übergangsregelung ab, die in den Ausführungsvorschriften zu Art. 79 gewählt wird. Mangels einer entsprechenden Anordnung des Verfassungsgebers steht dem Gesetzgeber wohl frei, die direkte Normenkontrolle auf Erlasse zu beschränken, die nach dem 1. Januar 2006 erlassen wurden. Denn die Rechtsordnung begründet keinen individuellen Anspruch auf rückwirkende Anwendung von begünstigenden Vorschriften²⁶.

4.2. Rechtsmittel gegen alte Anordnungen

Bei den alten Anordnungen muss nach der hier vertretenen Meinung den Rechtssubjekten ein Rechtsmittel zur Verfügung stehen, mit welchem sie die Prüfung der Übereinstimmung des angefochtenen individuell-konkreten Rechtsakts bzw. des ihm zugrunde liegenden Erlasses mit der neuen Verfassung beantragen können. Das ergibt sich nicht nur aus Art. 137, der in dieser Hinsicht genug bestimmt ist, um von den Rechtspflegeorganen direkt angewendet zu werden, sondern auch in Verbindung mit Art. 136, der die staatlichen Behörden zur unverzüglichen Umsetzung der Verfassung auffordert²⁷. Dieser individualrechtliche Anspruch soll im Rahmen der Revision der kantonalen prozessrechtlichen Gesetze beachtet werden und kann gegebenenfalls von den Rechtspflegeorganen gestützt auf Art. 137 direkt durchgesetzt werden. In prozessualer Hinsicht ist dabei zu beachten, dass die der neuen Verfassung materiell widersprechenden Erlasse ungültig sind; die gestützt auf sie ergangenen Verfügungen sind jedoch in aller Regel nicht nichtig, sondern nur anfechtbar, weil die Fehlerhaftigkeit nicht die für die Nichtigkeit erforderliche Intensität erreichen sollte²⁸. Um die Regel von Art. 137 zum Durchbruch zu verhelfen, könnten in der verfahrensrechtlichen Praxis namentlich besondere Fristregeln erforderlich werden.

16

---

25   Darunter ist die Kontrolle eines Erlasses im Zusammenhang mit der Anfechtung eines individuell-konkreten Rechtsanwendungsaktes zu verstehen; vgl. statt vieler HÄFELIN/HALLER, N. 2070 ff.
26   BGE 119 Ib 103 ff., 110 f.; 105 Ia 36 ff., 40; 99 V 200 ff., 203.
27   Im Gegensatz zu Art. 136 stellt Art. 137 eine genügend bestimmte Grundlage dar, um einen individualrechtlichen Überprüfungsanspruch zu begründen.
28   Vgl. für Art. 49 BV RHINOW, Rz. 701; HÄFELIN/HALLER, N. 1194.

Art. 138

Die Behörden treffen innert fünf Jahren nach Inkrafttreten dieser Verfassung die Vorkehrungen, um
a) die Grundrechte gemäss den Art. 11 Abs. 4, 14 und 17 zu gewährleisten;
b) das Rechtspflegeverfahren an die Vorgaben gemäss den Art. 76, 77 und 79 Abs. 2 anzupassen.

Die in den genannten Verfassungsbestimmungen enthaltenen Rechte können erst nach Ablauf dieser Frist unmittelbar geltend gemacht werden.

Grundrechte und Rechtspflegeverfahren

Materialien

Art. 136 VE; Prot. Plenum, S. 3267 ff.

Literatur

CAMPRUBI MADELEINE, Kassation und positive Anordnungen bei der staatsrechtlichen Beschwerde, Diss., Zürich 1999; RÜTSCHE BERNHARD, Rechtsfolgen von Grundrechtsverletzungen, Diss., Basel 2002.

Vgl. ferner Hinweise bei Vorb. zu Art. 135–145.

Übersicht	Note
1. Umsetzungsfrist und ihre rechtliche Bedeutung	1
1.1. Frist bis zum 31. Dezember 2010	1
1.2. Rechtsfolgen des unbenutzten Fristenablaufs	3
1.3. Allgemeingültigkeit von Art. 138 Abs. 2	4
2. Die von der Umsetzungsfrist betroffenen Verfassungsbestimmungen	5
2.1. Die positiven Leistungsansprüche gemäss Art. 138 Abs. 1 lit. a	6
2.2. Die Verfahrensvorschriften gemäss Art. 138 Abs. 1 lit. b	8

1. Umsetzungsfrist und ihre rechtliche Bedeutung

1.1. Frist bis zum 31. Dezember 2010

In Abweichung von der im zwölften Kapitel der Verfassung allgemein festgehaltenen Regel, wonach die zuständigen Behörden die Verfassung «ohne Verzug» umzusetzen haben[1], setzt ihnen der Verfassungsgeber in Art. 138 eine fünfjährige Frist für die Umsetzung der Grundrechte, für deren Wirksamkeit staatliche Vorkehrungen erforderlich sind, sowie für die Anpassung der Rechtsordnung an die neuen verfassungsmässigen Verfahrensvorschriften[2]. Was die Dauer der

1

---

[1] Art. 136.
[2] Art. 138 Abs. 1.

Frist anbelangt, ist der Verfassungsrat dem Regierungsrat entgegengekommen[3]. Statt der ursprünglich geplanten dreijährigen Frist hat er mit Blick darauf, dass bis zum Fristablauf nicht lediglich der Abschluss der Vorbereitungsarbeiten, sondern das Inkrafttreten bzw. die Vornahme der erforderlichen staatlichen Massnahmen erwartet wird[4], eine fünfjährige Frist festgelegt[5]. Die längere Frist dürfte auch den kleineren Gemeinden zugutekommen. Im Übrigen hat Art. 138 keinen Anlass zu Diskussion gegeben[6].

2   Die Umsetzungsfrist gemäss Art. 138 erfüllt verschiedene Funktionen. Sie ist für Verfassungsvorschriften vorgesehen, die Vorkehrungen des Staates bedingen, womit sie in erster Linie auf Praktikabilitätsüberlegungen beruht[7]. Sie sollte aber auch die Akzeptanz der betreffenden Vorschriften fördern, weil sie die politische Konsensfindung ermöglicht und den betreffenden Behörden und Privaten eine Gewöhnungszeit gewährt. Sie entspringt zum Teil auch dem Prinzip der Gewaltentrennung[8], weil sie garantiert, dass der Gesetzgeber zunächst Ausführungsvorschriften erlassen kann, bevor die Rechtsanwendungsbehörden im Rahmen ihrer Möglichkeiten tätig werden, um den Ansprüchen der Privaten stattzugeben. Schliesslich dient sie der Rechtssicherheit, indem sie dem Gemeinwesen nicht nur eine Vorbereitungszeit einräumt, sondern dieser zugleich eine genaue Grenze setzt, ohne Erstreckungsmöglichkeiten vorzusehen, und die Rechtsfolgen des unbenutzten Fristenablaufs ohne Rücksicht auf allfällige entschuldbare Umstände eintreten lässt. Für das Gemeinwesen stellt sie in diesem Sinn zugleich eine Wohltat und ein Damoklesschwert dar.

1.2. Rechtsfolgen des unbenutzten Fristenablaufs

3   Gegenüber den anderen Bestimmungen der Schlussbestimmungen, in denen den Behörden eine Umsetzungsfrist eingeräumt wird, weist die Regelung von Art. 138 die Besonderheit auf, dass die rechtliche Bedeutung dieser Frist auch angegeben wird: Solange die Frist läuft, können die Rechtssubjekte den Staat nicht rechtlich belangen. Umgekehrt dürfen die Rechtsanwendungsbehörden während dieser Zeit die entsprechenden Verfassungsbestimmungen nicht direkt anwenden. Spätestens am 1. Januar 2011, nach Ablauf der fünfjährigen Frist, werden die betreffenden Verfassungsbestimmungen direkt anwendbar, unabhängig davon, ob die erforderlichen Ausführungsvorschriften bis dann erlassen wurden oder nicht[9]. In den anderen Schlussbestimmungen mit einer Umsetzungs-

---

[3] Vgl. Antrag des Regierungsrats in Prot. Plenum, S. 3268 f.
[4] Prot. Plenum, S. 3269 f.
[5] Prot. Plenum, S. 3271.
[6] Prot. Plenum, S. 3271.
[7] Vgl. Prot. Plenum, S. 3267.
[8] Art. 3.
[9] Art. 138 Abs. 2.

frist wird hingegen entweder eine Übergangsregelung vom Verfassungsgeber selber aufgestellt[10] – was der Rechtssicherheit dient – oder der kantonale oder kommunale Gesetzgeber wird zum Handeln aufgefordert, ohne dass die Folgen eines unbenutzten Fristablaufs erwähnt würden[11].

1.3. Allgemeingültigkeit von Art. 138 Abs. 2

Aufgrund der Rechtskraft der Verfassung ist nach der hier vertretenen Meinung davon auszugehen, dass die in Art. 138 vorgesehenen Rechtsfolgen des unbenutzten Fristenablaufs grundsätzlich Allgemeingültigkeit haben: Laufen im zwölften Verfassungskapitel vorgesehene Umsetzungsfristen unbenutzt ab, können sich die Privaten unmittelbar auf die entsprechenden Verfassungsvorschriften berufen, und die Rechtsanwendungsbehörden sind berechtigt und verpflichtet, sie in richterlicher Lückenfüllung direkt anzuwenden. Das lässt sich auch auf die Verfassungsbestimmungen übertragen, für die keine Umsetzungsfrist vorgesehen wurde. Sind diese nicht rein programmatischer Natur und sind sie genügend bestimmt, müssen sie seit dem 1. Januar 2006 von allen zuständigen Behörden beachtet und nötigenfalls in richterlicher Lückenfüllung unmittelbar angewendet werden.

2. Die von der Umsetzungsfrist betroffenen Verfassungsbestimmungen

Die Umsetzungsfrist gemäss Art. 138 bezieht sich auf verschiedene Verfassungsbestimmungen, die materiell nichts miteinander zu tun haben, jedoch gemeinsame Merkmale aufweisen. Der Verfassungsgeber hat sie in zwei Gruppen aufgeteilt. Es ist dabei davon auszugehen, dass die in Art. 138 Abs. 1 lit. a und b aufgelisteten Verfassungsvorschriften abschliessend sind. Für die sonstigen Bestimmungen gilt die allgemeine Regel gemäss Art. 136.

2.1. Die positiven Leistungsansprüche gemäss Art. 138 Abs. 1 lit. a

Die erste Gruppe ist in Art. 138 Abs. 1 lit. a enthalten und besteht aus Art. 11 Abs. 4, Art. 14 und Art. 17. Diesen Bestimmungen ist gemeinsam, dass sie positive Leistungsansprüche der Privaten gegenüber dem Staat begründen: Menschen mit einer Behinderung haben Anspruch auf Zugang zu öffentlichen

---

[10] So Art. 139, 140, 141, 142, 144 Abs. 2, 145.
[11] So Art. 143 Abs. 1 und 2.

Bauten, Anlagen, Einrichtungen und Leistungen[12]; die Privaten haben Anspruch auf Bildung und insbesondere auf den gleichberechtigten Zugang zu Bildungseinrichtungen[13]; das Gemeinwesen muss schliesslich auch den Zugang zu amtlichen Dokumenten gewährleisten[14]. In den beiden ersten Fällen liegt es auf der Hand, dass der Staat Vorkehrungen treffen und Leistungen erbringen muss. Den grössten Aufwand dürfte dabei die Pflicht der staatlichen Behörden, öffentliche Bauten behindertengerecht umzubauen, nach sich ziehen[15]. Der Zugang zu amtlichen Dokumenten bedingt aber auch insoweit aktive Massnahmen des Staates, als dieser Zugang nicht unbeschränkt, sondern nach Massgabe einer Interessenabwägung, wofür das Gemeinwesen verantwortlich ist, gelten soll. Bei allen genannten Verfassungsbestimmungen sind nicht nur die Exekutivbehörden, sondern vielfach auch die Rechtsetzungsorgane zum Handeln aufgefordert. Das gilt insbesondere in Bezug auf den Anspruch auf Bildung und auf denjenigen auf Zugang zu amtlichen Dokumenten. So müssen auf kantonaler Ebene namentlich das Datenschutzgesetz[16], das Archivgesetz[17], das Planungs- und Baugesetz[18] sowie das Strassengesetz[19] teilrevidiert werden[20]. Die aktuellen Revisionsarbeiten auf Kantonsebene im Bereich des Bildungswesens entspringen hingegen anderen Verfassungsbestimmungen als Art. 14[21].

7   Ob Rechtssetzungsakte oder konkrete Massnahmen erforderlich seien, ist in Bezug auf die Rechtsstellung der Privaten im Ergebnis praktisch irrelevant: Sie können das zuständige Gemeinwesen nach dem 1. Januar 2011 vor Gericht ziehen, wenn ihr Anspruch nicht erfüllt wird. Die genaue Formulierung ihres Rechtsbegehrens wird dabei von der konkreten Fallkonstellation bestimmt und dürfte sich auf eine relativ breite Palette von Möglichkeiten erstrecken. Unabhängig von der geltenden Prozessordnung sind die zuständigen Rechtspflegeorgane aufgrund der in Art. 11 Abs. 4, 14 und 17 verankerten individuellrechtlichen Ansprüche verpflichtet, auf Anträge auf positive richterliche Anordnungen gegenüber dem Staat einzutreten und diese gegebenenfalls gutzuheissen. Nach Bedarf sollten die Gerichte auch positive Anordnungen gegenüber dem Gesetz-

---

[12] Art. 11 Abs. 4.
[13] Art. 14.
[14] Art. 17.
[15] Vgl. Prot. Plenum, S. 3267.
[16] Gesetz über den Schutz von Personendaten vom 6. Juni 1993 (Datenschutzgesetz; LS 236.1).
[17] Archivgesetz vom 24. September 1995 (LS 432.11).
[18] Gesetz über die Raumplanung und das öffentliche Baurecht vom 7. September 1975 (Planungs- und Baugesetz; LS 700).
[19] Gesetz über den Bau und den Unterhalt der öffentlichen Strassen vom 27. September 1981 (Strassengesetz; LS 722.1).
[20] RRB 1396 vom 27. September 2006, S. 4, 8 f., 10.
[21] Vgl. RRB 1396 vom 27. September 2006, S. 9 f.

geber erlassen[22], wobei sich die Urteilsform grundsätzlich nach Massgabe des Verhältnismässigkeitsprinzips richten sollte[23].

2.2. Die Verfahrensvorschriften gemäss Art. 138 Abs. 1 lit. b

Die zweite Gruppe bilden die neuen Verfahrensvorschriften gemäss Art. 76, 77 und 79 Abs. 2. Dazu gehören zum einen die Garantie des zweistufigen Instanzenzugs im Zivil- und im Strafrecht (mit voller Kognition in Bezug auf die Rechtsfragen)[24] sowie das Institut der verwaltungsinternen und verwaltungsgerichtlichen Kontrolle von individuell-konkreten Anordnungen[25]. Zum anderen ist die Einführung der direkten Normenkontrolle von kantonalen und kommunalen Erlassen (unter Vorbehalt der Verfassung und der Gesetze) zu nennen[26].

8

Die genannten Verfassungsvorschriften erfordern einzelne Teilrevisionen folgender kantonalen Erlasse[27]: des Verwaltungsrechtspflegegesetzes[28], des Gerichtsverfassungsgesetzes[29], der Zivilprozessordnung[30], der Strafprozessordnung[31] und der Verfahrensvorschriften des kantonalen Straf- und Vollzugsgesetzes[32] sowie der Steuergesetzgebung[33]. Die erforderlich gemachten Anpassungen sind nicht an und für sich besonders tiefgreifend[34]. Die Kombination mit dem Revisionsbedarf, der sich parallel dazu aus dem Bundesrecht ergibt, macht die Sache jedoch aufwendiger. Ein Revisionsbedarf ergibt sich vor allem aus dem Bundesgerichtsgesetz, das am 1. Januar 2007 in Kraft getreten ist und Änderungen namentlich aufgrund der neuen Streitwerte für die Berufung ans Bundesgericht bedingt[35], aber auch aus der gestützt auf Art. 123 BV geplanten Eidgenössischen Strafprozessordnung[36]. Um die Koordination der nötigen verfahrensrechtlichen Revisionsarbeiten zu gewährleisten, hat der Regierungsrat ein direktionsübergreifendes Teilprojekt unter der Federführung der Direktion der Justiz und des

9

---

22 Zu dieser Problematik im Allgemeinen vgl. WULLSCHLEGER, passim.
23 Zu dieser Problematik im Allgemeinen vgl. RÜTSCHE und CAMPRUBI, passim.
24 Art. 76.
25 Art. 77.
26 Art. 79 Abs. 2.
27 RRB 1396 vom 27. September 2006, S. 3, 4 f., 8.
28 Gesetz über den Rechtsschutz in Verwaltungssachen vom 24. Mai 1959 (Verwaltungsrechtspflegegesetz; LS 175.2).
29 Gerichtsverfassungsgesetz vom 13. Juni 1976 (LS 211.1).
30 Gesetz über den Zivilprozess vom 13. Juni 1976 (Zivilprozessordnung; LS 271).
31 Gesetz betreffend den Strafprozess vom 4. Mai 1919 (Strafprozessordnung; LS 321).
32 Gesetz über das kantonale Strafrecht und den Vollzug von Strafen und Massnahmen vom 30. Juni 1974 (kantonales Straf- und Vollzugsgesetz, StVG; LS 331).
33 Steuergesetz vom 8. Juni 1997 (LS 631.1); Verordnung über die Organisation und das Verfahren der Steuerrekurskommissionen vom 29. April 1989 (LS 631.53); Gesetz über die Erbschafts- und Schenkungssteuer vom 28. September 1986 (Erbschafts- und Schenkungssteuergesetz; LS 632.1).
34 Vgl. Prot. Plenum, S. 3268.
35 Dazu RRB 1396 vom 27. September 2006, S. 11.
36 RRB 1396 vom 27. September 2006, S. 5 f. Zu nennen ist auch Art. 29a BV.

Innern auf die Beine gestellt[37]. Obwohl die Frist für die Anpassung an die neuen kantonalen Verfahrensgarantien gemäss Art. 138 bis zum 31. Dezember 2010 läuft, sollen die Revisionsarbeiten aus praktischen Gründen zusammen mit den Anpassungen an das Bundesgerichtsgesetz vorgenommen werden. Die neuen Vorschriften sollen deshalb, wenn möglich, am letztmöglichen Termin gemäss Bundesrecht, d.h. am 1. Januar 2009, in Kraft gesetzt werden[38]. Was die Anpassungen des kantonalen Rechts an das mögliche zukünftige Strafprozessrecht des Bundes anbelangt, kann die Frist gemäss Art. 138 hingegen voll ausgeschöpft werden, weil den Kantonen eine Frist von sechs Jahren nach dem Inkrafttreten des betreffenden zukünftigen Bundesgesetzes eingeräumt werden soll[39].

10 Sollte es dem Kanton nicht gelingen, die notwendigen Anpassungen der Prozessordnungen rechtzeitig abzuschliessen, sind die Rechtspflegeorgane aufgerufen, die Verfahrensvorschriften gemäss Art. 76, 77 und 79 Abs. 2 direkt anzuwenden. In aller Regel dürfte dies in der Praxis nicht besonders problematisch sein, sondern sollte sich darin erschöpfen, dass das angerufene Gericht entgegen der relevanten verfahrensrechtlichen Gesetzgebung, gestützt auf die Verfassung allein, auf unzulässige Rechtsmittel doch eintritt.

11 Hervorzuheben ist schliesslich die Tatsache, dass die Rechtsanwendungsorgane selbst befugt und verpflichtet sind, die Verfassung direkt anzuwenden, wenn diese eine Regelung auf Gesetzesstufe verlangt, wie dies der Fall in Art. 77 Abs. 1 und Abs. 2 und in Art. 79 Abs. 2 der Fall ist. Das ergibt sich aus dem Wortlaut von Art. 138 Abs. 2, aber nach der hier vertretenen Meinung auch allgemein aus der Rechtskraft der Verfassung. Bestimmungen zugunsten der Privaten sollten nicht daran scheitern, dass der Gesetzgeber seine legislatorischen Pflichten nicht wahrnimmt.

---

[37] Dazu RRB 1396 vom 27. September 2006, S. 11.
[38] Vgl. Art. 130 des Bundesgesetzes über das Bundesgericht vom 17. Juni 2005 (Bundesgerichtsgesetz, BGG; SR 173.110) und RRB 1396 vom 27. September 2006, S. 11.
[39] RRB 1396 vom 27. September 2006, S. 6.

Art. 139*

Initiativrecht

Ist beim Inkrafttreten dieser Verfassung eine Volksinitiative bereits eingereicht worden, so richten sich die Fristen für die Durchführung der Volksabstimmung nach bisherigem Recht.

Läuft beim Inkrafttreten die Sammelfrist für eine Volksinitiative, so gelten für sie die Bestimmungen dieser Verfassung.

Materialien

Prot. Plenum, S. 3274 f.

Vgl. ferner Direktion der Justiz und des Innern, Übergangsbestimmungen zur neuen Zürcher Kantonsverfassung – Eine Abklärung zuhanden des Verfassungsrates, überarbeitete Fassung vom 18. Dezember 2003 (Abklärung).

Literatur

Vgl. Hinweise zu Art. 23.

Rechtsquellen

Gesetz über die politischen Rechte vom 1. September 2003 (GPR; LS 161)

Übersicht	Note
1. Eingereichte Volksinitiativen (Abs. 1)	1
2. Volksinitiativen mit laufender Sammelfrist (Abs. 2)	7

1. Eingereichte Volksinitiativen (Abs. 1)

Art. 139 Abs. 1 regelt die Behandlungsfrist von Volksinitiativen, die im Zeitpunkt des Inkrafttretens der Verfassung bereits eingereicht, aber noch nicht rechtskräftig erledigt waren. Eine entsprechende Bestimmung ist deshalb erforderlich, weil das frühere Recht längere Behandlungsfristen als die neue Verfassung vorsah. Nach dem früheren Recht musste eine Volksinitiative spätestens 44 Monate nach ihrer Einreichung den Stimmberechtigten zur Abstimmung unterbreitet werden[1]. Die neue Verfassung verkürzt diese Frist im Regelfall auf 30 Monate, wobei unter Umständen auch nur 18 Monate[2] oder dann 36 Monate[3] zur Verfügung stehen. Um den Kantonsrat und den Regierungsrat «nicht unter

1

---

* Der Verfasser dankt Dr. iur. Philipp Mäder für die kritische Durchsicht der Kommentierung und die zahlreichen Hinweise.
[1] N. 4.
[2] Art. 29 Abs. 1 und 2.
[3] Art. 30 Abs. 2.

einen Termindruck zu setzen, mit dem sie nicht rechnen mussten»[4], bestimmt Abs. 1, dass Volksinitiativen, die im Zeitpunkt des Inkrafttretens der Verfassung bereits eingereicht waren, der früheren Frist unterstehen.

2 Nach seinem Wortlaut gilt Abs. 1 für Volksinitiativen, die am Tag des Inkrafttretens der neuen Verfassung, also am 1. Januar 2006[5], bereits *eingereicht*[6] waren. Dass sie an diesem Tag noch hängig sein mussten, wird nicht ausdrücklich vorausgesetzt, ist aber selbstverständlich[7].

3 Die Frist für die Durchführung der Volksabstimmung richtet sich in solchen Fällen *nach bisherigem Recht*. Da die frühere Verfassung keine Fristvorschriften für die Behandlung von Volksinitiativen enthielt, bezieht sich die Verweisung auf die am 31. Dezember 2005 geltenden Gesetze, insbesondere auf das Gesetz über die politischen Rechte[8]. Mit Blick auf den Normzweck meint Abs. 1 aber nur solche gesetzlichen Fristvorgaben, die sich auf die *maximal zulässige Dauer* zwischen Einreichung der Initiative und Durchführung der Volksabstimmung über diese Initiative[9] auswirken. Das trifft einzig für zwei gesetzlich festgelegte Fristen zu.

4 Nach § 135 GPR hat der Regierungsrat eine Volksabstimmung anzuordnen, wenn *drei Jahre* nach Einreichung einer Volksinitiative die Schlussabstimmung des Kantonsrates über diese Initiative noch nicht vorliegt.

5 Zudem muss gemäss § 59 lit. a GPR die Volksabstimmung innert acht Monaten «ab Beschluss des Kantonsrates bei einer Vorlage, die zwingend zur Volksabstimmung gebracht werden muss», erfolgen, d.h. innert *acht Monaten* seit der Schlussabstimmung des Kantonsrates über die Volksinitiative[10]. In analoger Anwendung von § 59 lit. a GPR gilt diese Frist auch dann, wenn der Regierungsrat die Volksabstimmung drei Jahre nach Einreichung der Volksinitiative von sich aus angeordnet hat, d.h. ohne entsprechenden Auftrag des Kantonsrates.

---

[4] Direktion der Justiz und des Innern, Abklärung, S. 15.
[5] Art. 135 Abs. 1.
[6] Zum Ausdruck «Einreichung einer Volksinitiative» Art. 27 N. 11.
[7] Bei Volksinitiativen, die infolge Zustimmung durch den Kantonsrat, Rückzugs oder Durchführung einer Volksabstimmung rechtskräftig erledigt worden sind, kommt eine Volksabstimmung ohnehin nicht mehr in Frage.
[8] Zurzeit in Revision, zwecks Anpassung an die neue Kantonsverfassung.
[9] Nicht alle Volksinitiativen gelangen zur Volksabstimmung. Eine solche findet nur statt, wenn die Initiative zustande gekommen und gültig ist (Art. 27 und 28), wenn der Kantonsrat sie ablehnt bzw. sie nicht umsetzen will oder ihr einen Gegenvorschlag gegenüberstellt (Art. 32 lit. c–e) und wenn die Initiative nicht zurückgezogen wird.
[10] Wäre eine Volksinitiative am 1. März 2005 eingereicht worden, so müsste sie der Kantonsrat bis zum 1. März 2008 abschliessend behandeln, andernfalls hätte der Regierungsrat eine Volksabstimmung über sie anzuordnen (§ 135 GPR). Würde die Schlussabstimmung des Kantonsrates über diese Initiative z.B. am 1. März 2007 durchgeführt, so müsste die Volksabstimmung innert einer Frist von acht Monaten, d.h. vor dem 1. November 2007 stattfinden.

Folgende gesetzliche Fristen haben keine direkten Auswirkungen auf das spätestmögliche Datum einer Volksabstimmung über eine Volksinitiative und werden deshalb *von Abs. 1 nicht erfasst*: Frist für die Feststellung des Zustandekommens einer Initiative[11]; Frist und Höchstdauer der Fristverlängerung für den Bericht und Antrag des Regierungsrates zu einer Initiative[12]; Mindestfristen für die Veröffentlichung der Anordnung einer Volksabstimmung und für die Zustellung des Abstimmungsmaterials[13]; Frist und maximale Verlängerungsfrist für die Ausarbeitung einer Vorlage zufolge Annahme einer Volksinitiative in der Form der allgemeinen Anregung durch die Stimmberechtigten[14]. Ändert der Gesetzgeber diese Fristen, so gelten die neuen Fristen auch für die von Abs. 1 erfassten Volksinitiativen.

2. Volksinitiativen mit laufender Sammelfrist (Abs. 2)

Abs. 2 gilt für Volksinitiativen, deren Sammelfrist beim Inkrafttreten der neuen Verfassung lief. Die Frist musste also am 1. Januar 2006 bereits *begonnen* haben, durfte aber noch *nicht beendet* sein. Da die Sammelfrist auch nach früherem Recht sechs Monate betrug[15], erfasst Abs. 2 nur Initiativen, bei denen diese Frist nach dem 1. Juli 2005 begann und vor dem 31. Dezember 2005 endete. Diese Voraussetzung wird von keiner konkreten Volksinitiative erfüllt[16], weshalb jedenfalls für Art. 139 Abs. 2 feststeht, dass diese Verfassungsbestimmung ohne praktische Bedeutung bleiben wird.

Wäre aber eine Volksinitiative von Abs. 2 erfasst worden, hätten für sie die *Bestimmungen der neuen Kantonsverfassung* gegolten[17]. Zu erwähnen sind hier insbesondere folgende, vom früheren Recht abweichende Regelungen:

---

[11] § 128 Abs. 2 GPR.
[12] § 128 Abs. 4 GPR, nun Art. 27 KV.
[13] §§ 57 Abs. 2 und 62 GPR.
[14] § 138 Abs. 2 GPR.
[15] § 126 Abs. 2 GPR.
[16] Bei einer einzigen Initiative begann die Sammelfrist nach dem 1. Juli 2005, nämlich am 17. September 2005 (vgl. ABl 2005, S. 977 f.). Die Unterschriften wurden jedoch noch vor dem 31. Dezember 2005 eingereicht, nämlich am 25. November 2005 (vgl. ABl 2006, S. 231). Da keine Unterschriften mehr nachgereicht wurden, endete die Sammelfrist somit am letztgenannten Datum.
[17] Allerdings wäre diese Rechtsfolge ohnehin eingetreten. So fragt sich, weshalb Abs. 2 überhaupt in die Verfassung aufgenommen worden ist. Zu erklären ist dies einzig damit, dass in Entwurfsversionen der Verfassung eine (längere) Sammelfrist für Volksinitiativen von neun Monaten vorgesehen war (Art. 27 N. 2 ff.). Mit Abs. 2 hätte geklärt werden sollen, dass sich bei einer Initiative, deren Sammelfrist beim Inkrafttreten der neuen Verfassung läuft, diese Frist von sechs auf neun Monate verlängert hätte (vgl. Direktion der Justiz und des Innern, Abklärung, S. 15).

- Nach Art. 24 lit. a ist für eine Volksinitiative die Unterstützung von 6000 Stimmberechtigten erforderlich; bisher wurden 10 000 Unterschriften vorausgesetzt[18].
- Nach Art. 25 Abs. 3 werden Initiativen, die sowohl ausformulierte Teile als auch Teile in der Form der allgemeinen Anregung aufweisen, als allgemeine Anregung weiterbehandelt. Bisher waren solche Initiativen für ungültig zu erklären[19].
- Schliesslich hätten für die von der Übergangsbestimmung erfassten Initiativen auch die kürzeren Behandlungsfristen gemäss Art. 29 und Art. 30 Abs. 2 gegolten[20].

---

[18] Art. 29 Abs. 3 Ziff. 1 aKV.
[19] § 129 i.V.m. §§ 127 Abs. 1 und 120 GPR.
[20] Zu den Behandlungsfristen des früheren Rechts N. 4.

Art. 140*

Hat der Kantonsrat vor Inkrafttreten dieser Verfassung eine Vorlage beschlossen, so gilt für das Referendum das bisherige Recht.

Solange eine Gemeinde im Sinne von Art. 33 Abs. 4 Satz 1 das Organ, das ein Gemeindereferendum unterstützen kann, noch nicht bezeichnet hat, ist die Gemeindeversammlung oder das Gemeindeparlament zuständig.

Volksabstimmungen

Materialien

Prot. Plenum, S. 3275.

Vgl. ferner Direktion der Justiz und des Innern, Übergangsbestimmungen zur neuen Zürcher Kantonsverfassung – Eine Abklärung zuhanden des Verfassungsrates, überarbeitete Fassung vom 18. Dezember 2003.

Literatur

Vgl. Hinweise zu Art. 32.

Rechtsquellen

Gesetz über die politischen Rechte vom 1. September 2003 (GPR; LS 161)

Übersicht

	Note
1. Laufende Referendumsverfahren (Abs. 1)	1
2. Gemeindereferendum (Abs. 2)	5

1. Laufende Referendumsverfahren (Abs. 1)

Art. 140 Abs. 1 erfasst nur Vorlagen, die der Kantonrat vor Inkrafttreten dieser Verfassung, d.h. vor dem 1. Januar 2006[1], beschlossen hat. Bei solchen Vorlagen «gilt für das Referendum das bisherige Recht». Damit sind die Rechtssätze gemeint, welche die Rechte und Pflichten im Zusammenhang mit dem Referendum regeln, aber auch die Bestimmungen über das Referendumsverfahren.

Das Referendumsverfahren bei einem Kantonsratsbeschluss endet mit unbenütztem Ablauf der Referendumsfrist, mit Feststellung des Nichtzustandekommens oder der Ungültigkeit eines eingereichten Referendums oder mit Durchführung einer Volksabstimmung über die Vorlage, wenn das Referendum gegen diese zustande gekommen ist. Daraus folgt, dass eine Vorlage nur dann von

---

* Der Verfasser dankt Dr. iur. Philipp Mäder für die kritische Durchsicht der Kommentierung und die zahlreichen Hinweise.
[1] Art. 135 Abs. 1.

Abs. 1 erfasst wird, wenn sie vom Kantonsrat vor dem 1. Januar 2006 beschlossen worden ist und wenn eine der folgenden Voraussetzungen erfüllt ist:
- Am 1. Januar 2006 stand fest, dass über die Vorlage eine Volksabstimmung durchgeführt werden musste, doch hatte diese noch nicht stattgefunden[2].
- Gegen die Vorlage wurde das Referendum ergriffen, doch stand dessen Zustandekommen am 1. Januar 2006 noch nicht fest[3].
- Am 1. Januar 2006 lief die Referendumsfrist gegen die Vorlage[4] oder hatte noch nicht zu laufen begonnen[5].

3   Für Vorlagen, die diese Voraussetzungen erfüllten, waren alle Fragen, die mit dem obligatorischen oder dem fakultativen Referendum zusammenhingen, *nach bisherigem Recht* zu beurteilen, d.h. nach der Rechtslage, wie sie am 31. Dezember 2005 galt. Dazu gehörten insbesondere die frühere Kantonsverfassung und das Gesetz über die politischen Rechte in der damaligen Fassung[6]. Demnach beurteilte sich nach bisherigem Recht z.B. die Frage, ob eine Vorlage dem obligatorischen, dem fakultativen oder keinem Referendum unterstand[7]. Für das Zustandekommen des Volksreferendums gegen solche Vorlagen waren 5000 Unterschriften erforderlich gewesen[8]. Hingegen reichten auch nach bisherigem Recht 45 Mitglieder des Kantonsrates, um das Referendum zu ergreifen[9]. Die Sammelfrist betrug auch für das Kantonsratsreferendum 60 Tage[10]. Das Gemeindereferendum stand nicht zur Verfügung; es war dem bisherigen Recht unbekannt[11]. Nur das einfache Referendum konnte ergriffen werden[12]; das Instrument des Referendums mit Gegenvorschlag von Stimmberechtigten (Art. 35) war der früheren Kantonsverfassung unbekannt. Die dringliche Inkraftsetzung

---

[2] Dies trifft für keine konkrete Vorlage zu, denn keine der kantonalen Volksabstimmungen des Jahres 2006 fand über eine Vorlage statt, bei der diese Voraussetzung erfüllt gewesen wäre (vgl. ABl 2006, S. 221 und 1236).

[3] Dies trifft für zwei Vorlagen zu, nämlich das Gesetz über das Universitätsspital Zürich vom 19. September 2005 und das Gesetz über das Kantonsspital Winterthur vom 19. September 2005 (ABl 2005, S. 1003 und 1013; ABl 2006, S. 133 f.).

[4] Dies trifft für keine konkrete Vorlage zu. Nach früherem Recht betrug die Referendumsfrist einheitlich 60 Tage (Art. 30bis Abs. 2 aKV). In den Ausgaben des Amtsblattes von November und Dezember 2005 (ABl 2005, S. 1207 ff.) findet sich kein dem fakultativen Referendum unterstehender Kantonsratsbeschluss.

[5] Dies trifft für eine Vorlage zu, nämlich für die Änderung des Gesundheitsgesetzes vom 19. Dezember 2005 (ABl 2006, S. 53 f.). Gegen diese Vorlage wurde kein Referendum ergriffen.

[6] Das Gesetz über die politischen Rechte wurde im Jahr 2006 nicht geändert. Für die geplante Anpassung an die neue Kantonsverfassung liegt erst ein Vorentwurf vor.

[7] Art. 30 sowie Art. 30bis Abs. 1 i.V.m. Art. 28bis aKV. Vgl. demgegenüber Art. 32 und 33 Abs. 1.

[8] Art. 30bis Abs. 1 aKV. Demgegenüber Art. 33 Abs. 2 lit. a, wonach für ein Volksreferendum neu 3000 Unterschriften genügen.

[9] Art. 33 Abs. 2 lit. c KV und Art. 30bis Abs. 1 aKV.

[10] Art. 30bis Abs. 2 aKV. Vgl. demgegenüber Art. 33 Abs. 3, wonach die Frist für das Kantonsratsreferendum neu nur noch 14 Tage beträgt.

[11] Demgegenüber Art. 33 Abs. 2 lit. b.

[12] Art. 30 und Art. 30bis Abs. 1 aKV.

einer Vorlage unter Auslassung des ordentlichen Referendumsverfahrens war unzulässig[13].

Sämtliche von Abs. 1 erfassten Vorlagen sind inzwischen rechtskräftig geworden[14]. Art. 140 Abs. 1 wird keine Bedeutung mehr haben.

2. Gemeindereferendum (Abs. 2)

Abs. 2 ermöglicht einer Gemeinde, das Gemeindereferendum auch dann zu ergreifen, wenn sie das hierfür zuständige Organ gemäss Art. 33 Abs. 4 Satz 1 noch nicht bezeichnet hat. In solchen Fällen ist die Gemeindeversammlung zuständig. Bei Gemeinden mit einem Gemeindeparlament[15] beschliesst dieses über die Unterstützung[16] des Gemeindereferendums.

---

[13] Art. 30bis Abs. 5 aKV. Vgl. demgegenüber Art. 37.
[14] Zur Feststellung der Rechtskraft der Annahme des Gesetzes über das Universitätsspital Zürich und des Gesetzes über das Kantonsspital Winterthur (Anm. 3) durch die Stimmberechtigten vgl. ABl 2006, S. 1133. Zur Feststellung der Rechtskraft der Änderung des Gesundheitsgesetzes vom 19. Dezember 2005 (Anm. 5) vgl. ABl 2006, S. 419.
[15] Vgl. Art. 87 Abs. 2.
[16] Das selbstständige Ergreifen des Referendums durch die Stadt Zürich oder die Stadt Winterthur (Art. 33 Abs. 4 Satz 2) wird von Art. 140 Abs. 2 nicht erfasst. Hier geht es einzig um das gemeinsame Ergreifen des Referendums durch zwölf Gemeinden bzw. Städte nach Art. 33 Abs. 2 lit. b erster Teil.

Art. 141

Art. 46 Abs. 2 begründet eine Kausalhaftung von Privaten nur dann, wenn das schädigende Ereignis später als ein Jahr nach Inkrafttreten dieser Verfassung eingetreten ist.

Kausalhaftung von Privaten

Materialien

Prot. Plenum, S. 3276.

Die Kausalhaftung Privater bei der Erfüllung öffentlicher Aufgaben wird mit der neuen Verfassung in Art. 46 Abs. 2 eingeführt. Es handelt sich um eine massgebliche Änderung, weshalb die privaten Aufgabenträger genügend Zeit haben müssen, um sich diesen veränderten Bedingungen anzupassen. Insbesondere empfiehlt es sich, den Abschluss einer entsprechenden Versicherung zu prüfen. Art. 141 sieht vor, das die Kausalhaftung Privater erst einsetzt, wenn das schädigende Ereignis frühestens am 1. Januar 2007, also ein Jahr nach dem Inkrafttreten der Verfassung am 1. Januar 2006, eingetreten ist. Zu beachten ist, dass nicht der Schaden nach dem 1. Januar 2007 eingetreten sein muss, sondern dass das *schädigende Ereignis* erst dann eingetreten sein darf. 1

Für den Zeitraum bis zum 31. Dezember 2006 ist die bisherige Regelung zu beachten[1]. Dabei muss sich das schädigende Ereignis, das durch Private in Erfüllung öffentlicher Aufgaben zu verantworten ist, bis zum 31. Dezember 2006 abgespielt haben. 2

---

[1] Vgl. §§ 4a und 18a des Gesetzes über die Haftung des Staates und der Gemeinden sowie ihrer Behörden und Beamten vom 14. September 1969 (Haftungsgesetz, HG; LS 170.1).

Art. 142

Behörden

Mitglieder von Behörden bleiben bis zum Ablauf der Amtsdauer nach bisherigem Recht im Amt.

Findet eine Erneuerungswahl innert zwei Jahren nach Inkrafttreten dieser Verfassung statt, erfolgt sie nach bisherigem Recht auf eine volle Amtsdauer.

Materialien

Prot. Plenum, S. 3276 f.

Die neue Verfassung enthält verschiedene Bestimmungen über die Behörden und Gerichte, welche zu Änderungen führen. Um zu verhindern, dass gleichzeitig mit dem Inkrafttreten der neuen Verfassung auch alle Behörden hätten neu bestellt werden müssen, legt Art. 142 fest, dass grundsätzlich alle Mitglieder der Behörden und Gerichte bis zum Ablauf der laufenden Amtsdauer in ihrem Amt bleiben. 1

Für eine Übergangsfrist von zwei Jahren wurde in Abs. 2 – vor allem im Hinblick auf die Wahlen der Mitglieder der Steuerrekurskommissionen 2007 – festgelegt, dass die Wahlen noch nach dem bisherigen Recht durchgeführt werden. Damit stand genügend Zeit für die Vorbereitung der neuen Wahlverfahren zur Verfügung. Diese Übergangsfrist endet am 31. Dezember 2007, so dass ab 1. Januar 2008 alle Wahlen entsprechend den Vorgaben der neuen Verfassung durchzuführen sind. Dieser Absatz 2 wurde auf Antrag des Regierungsrats im Plenum gutgeheissen, ohne dass zuvor der Gehalt geklärt war[1]. Da der Antrag aber explizit mit den Gesamterneuerungswahlen der Steuerrekurskommissionen begründet wurde, ist die Bestimmung auch eng auszulegen: Sie wirkt sich nur auf die Erneuerungswahlen, die in diesem Zeitraum von zwei Jahren stattfinden, aus. Da die Wahlen auf eine volle Amtsdauer vorgenommen werden, können also nach bisherigem Recht gewählte Amtsinhaber längstens bis Ende 2011 (nichtrichterliche Funktion) bzw. 2013 (Amtsdauer richterliche Funktion) im Amt sein[2]. 2

Hingegen sind seit Inkrafttreten der Verfassung insbesondere die Unvereinbarkeitsbestimmungen sowie das Verbot einer bezahlten Nebentätigkeit eines Regierungsratsmitglieds zu beachten[3]. 3

---

[1] Prot. Plenum, S. 3276 f.
[2] Wobei die Unterscheidung der Funktionen nach bisherigem Recht vorzunehmen ist; vgl. auch Art. 138 Abs. 1 lit. b; CAMPRUBI, Art. 138 N. 9 ff.
[3] Art. 42, Art. 63 Abs. 1, Art. 75.

4 Die Amtsdauer selbst hat durch die neue Verfassung keine Änderung erfahren; sie dauert vier Jahre mit Ausnahme der Richterinnen und Richter, für welche eine Amtsdauer von sechs Jahren gilt[4].

---

[4] Art. 41.

Art. 143*

Gemeinden

Die Zivilgemeinden unterstehen dem bisherigen Recht und werden nach dessen Vorschriften innert vier Jahren nach Inkrafttreten dieser Verfassung mit ihrer politischen Gemeinde vereinigt.

Die Gemeinden legen innert vier Jahren nach Inkrafttreten dieser Verfassung fest, ab welchem Betrag ein Ausgabenbeschluss der Urnenabstimmung unterliegt (Art. 86 Abs. 2).

Materialien

Prot. Plenum, S. 3277 ff.

Vgl. ferner RRB 1870 vom 21. Dezember 2005 zur Umsetzung der neuen Kantonsverfassung; Merkblatt des Gemeindeamts des Kantons Zürich: Die neue Kantonsverfassung. Was ändert sich ab 1. Januar 2006 für die Gemeinden?, Mai 2005/Dezember 2005 (www.gaz.zh.ch, Arbeitshilfen); Leitfaden des Gemeindeamts des Kantons Zürich: Auflösung und Vereinigung der Zivilgemeinden mit ihrer politischen Gemeinde, Februar 2007 (www.gaz.zh.ch, Arbeitshilfen)

Literatur

SCHMUKI PAUL, Die Gliederung des Kantons und das Verhältnis zwischen Staat und Kirchen, in: Materialien zur Zürcher Verfassungsreform, Bd. 9, S. 89 ff.

Rechtsquellen

– Gesetz über das Gemeindewesen vom 6. Juni 1926 (Gemeindegesetz; GemG; LS 131.1)

Übersicht	**Note**
1. Einleitung	1
2. Auflösung der Zivilgemeinden	5
3. Finanzreferendum	9
4. Konsequenzen einer Verzögerung	12

1. Einleitung

Im Bereich des Gemeinderechts hat die neue Kantonsverfassung mehrere Neuerungen gebracht, so insbesondere
– die Aufhebung der bürgerlichen Abteilung der politischen Gemeinde[1];
– die Aufhebung der Zivilgemeinden[2];
– die Erweiterung der Möglichkeit, ein Gemeindeparlament einzuführen, auf sämtliche politischen Gemeinden[3];

---

* Ich danke lic.iur. Renate Lang für ihre kompetente und engagierte Mitarbeit.
[1] Art. 50 Satz 2 aKV.
[2] Art. 47 Abs. 2 und 4 aKV.
[3] Art. 87 Abs. 2.

- die Möglichkeit der Einführung von Quartier- und Ortsteilkommissionen[4];
- die Einführung der obligatorischen Urnenabstimmung in sämtlichen politischen Gemeinden und Schulgemeinden für die Gemeindeordnung, für Ausgabenbeschlüsse ab einer gewissen Höhe sowie für weitere Geschäfte[5];
- die Einführung der fakultativen Urnenabstimmung über Beschlüsse der Gemeindeversammlung[6];
- die Pflichten zur Rücksichtnahme auf die Gemeinden, Städte und Agglomerationen sowie zur Anhörung der Gemeinden[7].

2 Ein Teil dieser Neuerungen ist *unmittelbar mit dem Inkrafttreten der Kantonsverfassung* wirksam geworden, ohne dass eine Änderung der Gesetzgebung abgewartet werden musste[8]. Mit Inkrafttreten der Verfassung sind widersprechende Gesetzesbestimmungen zufolge Verfassungswidrigkeit gegenstandslos geworden, ohne dass sie formell aufgehoben wurden. Unmittelbar wirksam sind beispielsweise
- die Aufhebung der bürgerlichen Abteilung der politischen Gemeinden[9];
- die Aufhebung der Möglichkeit der Zwangsfusion und der Genehmigungspflicht für die Fusion von Gemeinden[10];
- verschiedene Regelungen zum Initiativrecht über Form und Fristen[11];
- die erweiterte Möglichkeit, ein Gemeindeparlament einzurichten; die entsprechenden Bestimmungen des Gemeindegesetzes gelten neu für sämtliche politischen Gemeinden, nicht nur für jene mit über 2000 Einwohnern[12];
- die erweiterte Pflicht der Gemeinden, für die Gemeindeordnung und weitere Beschlüsse die Urnenabstimmung einzuführen[13];
- die allgemeine Möglichkeit, durch Beschluss eines Drittels der an der Gemeindeversammlung Anwesenden einzelne Beschlüsse der Gemeindeversammlung der Urnenabstimmung zu unterstellen;
- die Pflichten zur Rücksichtnahme auf die Gemeinden, Agglomerationen und Städte sowie zur Anhörung der Gemeinden; auch wenn der Kanton unmittelbar gestützt auf die Verfassung verpflichtet wird, bedarf es der Konkretisierung durch die Gesetzgebung, damit die Gemeinden konkrete Ansprüche geltend machen können[14].

---

[4] Art. 88.
[5] Art. 89 Abs. 2 sowie Art. 86 Abs. 2.
[6] Art. 86 Abs. 3.
[7] Art. 85 Abs. 2 und 3.
[8] Vgl. RRB 1870/2005, S. 19.
[9] Vgl. Art. 83 N. 13 f.
[10] Vgl. Art. 84 N. 6 und 10.
[11] Art. 139; Art. 86 N. 9 ff.
[12] §§ 88a ff. GemG. Vgl. Art. 87 N. 10.
[13] Nur für die Festsetzung der Ausgabenhöhe beim Finanzreferendum räumt Art. 143 Abs. 2 den Gemeinden eine Frist ein.
[14] Vgl. Art. 85 N. 30.

Demgegenüber bedarf die Möglichkeit, Quartier- und Ortsteilkommissionen zu schaffen, einer *Umsetzung durch die Gesetzgebung*[15]. Durch Gesetz sind die Voraussetzungen, mögliche Aufgaben, Finanzquellen und -befugnisse sowie Wahl und Zusammensetzung der Kommissionen zu bestimmen. Die Verfassung setzt dafür keine konkrete Frist; es gilt die allgemeine Pflicht von Art. 136, die Verfassung ohne Verzug umzusetzen. Im Hinblick auf die Frist für die Auflösung der Zivilgemeinden sollte allerdings die gesetzliche Regelung für Quartier- und Ortsteilkommissionen rasch erlassen werden[16].

Überdies räumt Art. 143 den Gemeinden besondere *Übergangsfristen* ein für die Vereinigung der Zivilgemeinden mit den politischen Gemeinden sowie für die Festsetzung der Beträge, ab welchen Ausgabenbeschlüsse der Urnenabstimmung unterstellt werden müssen.

2. Auflösung der Zivilgemeinden

Gemäss Art. 143 Abs. 1 sind die Zivilgemeinden nach Massgabe des bisherigen Rechts innert vier Jahren seit Inkrafttreten der Kantonsverfassung, d.h. bis Ende 2009, mit den politischen Gemeinden zu vereinigen. Mit dem Verweis auf das bisherige Recht ist insbesondere § 6 GemG gemeint, welcher die Auflösung von Zivilgemeinden regelt. Wesentlicher Inhalt dieser Bestimmung ist die Aussage, dass die Auflösung durch den Regierungsrat erfolgt, und zwar entweder auf Antrag der beteiligten Gemeinden oder von Amtes wegen.

In der aktuellen Situation ist den beteiligten Gemeinden Gelegenheit zu bieten, die Vereinigung der Zivilgemeinde mit der politischen Gemeinde *im gegenseitigen Einvernehmen* vorzubereiten. Nur wenn dies nicht rechtzeitig gelingt, darf und muss der Regierungsrat von Amtes wegen aktiv werden und die Vereinigung per Ende 2009 anordnen.

Gegenstand der Vereinbarung zwischen den beteiligten Gemeinden bzw. der Anordnung des Regierungsrates müssen insbesondere folgende Punkte bilden:
– Zeitpunkt der Vereinigung;
– Übernahme der Aktiven und Passiven der Zivilgemeinde durch die politische Gemeinde, allenfalls Überführung in eine Anstalt;
– Festlegung der Zuständigkeiten für die bisher von der Zivilgemeinde erfüllten Aufgaben;
– evtl. Überführung der Organe und (einzelner) Aufgaben der bisherigen Zivilgemeinde in eine Ortsteilkommission.

---

[15] Vgl. Art. 88 N. 5; RRB 1870/2005, S. 2.
[16] Vgl. dazu N. 8.

8 Wegen des zuletzt genannten Punktes sollte eine gesetzliche Regelung der Quartier- und Ortsteilkommissionen rechtzeitig vor Ablauf der Frist für die Auflösung der Zivilgemeinden in Kraft gesetzt werden können[17]. Mit der Einführung von Ortsteilkommissionen wird nicht zuletzt das Ziel verfolgt, einen Ersatz für die Zivilgemeinden zu bieten[18].

3. Finanzreferendum

9 Art. 86 Abs. 2 bestimmt, dass in allen Gemeinden Ausgabenbeschlüsse ab einem in der Gemeindeordnung festgesetzten Betrag der Urnenabstimmung unterliegen. Hier besteht somit Handlungsbedarf bei den Gemeinden, die nicht schon bisher das Finanzreferendum kannten und die massgebenden Beträge in der Gemeindeordnung festgesetzt hatten.

10 Die Gemeinden sind verpflichtet, die entsprechende Regelung bis Ende 2009 zu verabschieden und spätestens per 1. Januar 2010 in Kraft zu setzen. Dabei ist auch die für die regierungsrätliche Genehmigung erforderliche Zeit mitzuberücksichtigen.

11 Die Gemeinden sind frei in der Festsetzung der massgebenden Beträge. Allerdings müssen diese in einem vernünftigen Rahmen liegen, damit über grössere Ausgaben tatsächlich an der Urne entschieden werden kann[19].

4. Konsequenzen einer Verzögerung

12 Wird die vorgegebene Frist von vier Jahren in einzelnen Gemeinden nicht eingehalten, so hat der Bezirksrat, die Direktion der Justiz und des Innern oder der Regierungsrat nach vorgängiger Androhung die notwendigen Anordnungen zu treffen und die erforderlichen Beschlüsse durch Ersatzvornahme zu fassen[20]. Während mit Bezug auf die Vereinigung der Zivilgemeinden mit den politischen Gemeinden gewisse Anordnungen definitiven Charakter haben, gelten andere nur solange, bis die Gemeinden die erforderlichen Regelungen selbst erlassen. Letzteres gilt beispielsweise für die Frage der Übertragung von Aufgaben an Ortsteilkommissionen und beim Finanzreferendum für die Bestimmung der Höhe der Ausgaben, welche der Urnenabstimmung unterliegen.

---

[17] SCHMUKI (S. 99) plädiert mit dieser Begründung wenigstens übergangsweise für die unmittelbare Anwendung von Art. 88 KV. Dem ist im Sinn einer Übergangslösung zuzustimmen, falls die gesetzliche Regelung nicht rechtzeitig möglich ist und damit nicht eine zukünftige Regelung präjudiziert wird.
[18] Vgl. Art. 88 N. 11.
[19] Vgl. Art. 86 N. 22.
[20] § 142 Abs. 3, § 148 und § 149 GemG. Vgl. Art. 94 N. 18.

Art. 144[*]

Die Zweckverbände regeln innert vier Jahren nach Inkrafttreten dieser Verfassung in ihren Verbandsstatuten das Initiativ- und das Referendumsrecht nach Art. 93 Abs. 2. Bis zu dieser Anpassung gilt für Abstimmungen in Zweckverbänden die bisherige Rechts- und Statutenordnung.

Zweckverbände

Materialien

Prot. Plenum, S. 3279 ff.

Literatur

Gesetzgebungsleitfaden, Bundesamt für Justiz, Bern 2002; HARTMANN KARL, Das Gemeindewesen im urnerischen Verfassungsrecht, ZBl 87/1986, S. 385 ff.; JAAG TOBIAS, Die Gemeindeaufsicht im Kanton Zürich, ZBl 94/1993, S. 529 ff. (Gemeindeaufsicht); KÖLZ ALFRED, Intertemporales Verwaltungsrecht, ZSR 102/1983 II, S. 224 ff. (Intertemporales Verwaltungsrecht); MOSER ANDRÉ W., Das verzögerte Inkraftsetzen eines Gesetzes durch die Regierung, LeGes, 2005/3, S. 47 ff.; WICHTERMANN JÜRG, Art. 90, in: Arn u.a., Kommentar zum Gemeindegesetz des Kantons Bern.

Rechtsquellen

– Gesetz über das Gemeindewesen vom 6. Juni 1926 (Gemeindegesetz, GemG; LS 131.1)

Übersicht

	Note
1. Einleitung	1
2. Entstehungsgeschichte	2
3. Pflicht zur Regelung des Initiativ- und Referendumsrechts	3
3.1. Anpassungsfrist	3
3.2. Aufsichtsrechtliche Massnahmen	6
4. Weitergeltung der bisherigen Ordnung	8

1. Einleitung

Die Bestimmung regelt den Übergang vom alten zum neuen Recht hinsichtlich der von der Verfassung geforderten demokratischen Mitwirkungsrechte der Stimmberechtigten in den Zweckverbänden. Im Wesentlichen sind die Zweckverbände verpflichtet, tätig zu werden und innert Anpassungsfrist eine verfassungskonforme Regelung des Initiativ- und Referendumsrechts zu treffen.

1

---

[*] Ich danke lic.iur. Roland Wetli für seine wertvollen Hinweise und Anregungen.

2. Entstehungsgeschichte

2 Die Kommission 6 erarbeitete die übergangsrechtlichen Bestimmungen erst kurz vor der 2. Gesamtlesung[1]. Dem Plenum wurde im Wesentlichen die nun geltende Bestimmung beantragt. Einzig für die Anpassung der Statuten war eine zweijährige Frist nach Inkrafttreten der Verfassung vorgesehen[2]. Der Verfassungsrat ging jedoch davon aus, dass die notwendigen Vertragsverhandlungen zur Änderung der Statuten mehr Zeit in Anspruch nehmen könnten[3]. Um dieser möglichen zeitlichen Überforderung der Zweckverbände und Verbandsgemeinden zu begegnen, stimmte das Plenum fast einstimmig einem Antrag zur Verlängerung dieser Frist auf 4 Jahre zu[4].

3. Pflicht zur Regelung des Initiativ- und Referendumsrechts

3.1. Anpassungsfrist

3 Die Übergangsbestimmung verpflichtet die Zweckverbände, in ihren Statuten das Initiativ- und das Referendumsrecht gemäss Art. 93 Abs. 2 zu regeln. Dafür wird ihnen eine *Frist von vier Jahren* nach Inkrafttreten der Kantonsverfassung, d.h. bis zum *1. Januar 2010*, eingeräumt, innert welcher die notwendigen Anpassungen der Verbandsstatuten vorzunehmen sind[5]. Die Fristenlänge von vier Jahren dürfte ausreichend bemessen sein, um den Zweckverbänden die Anpassung ihrer Statuten zu ermöglichen. Zu beachten ist, dass sämtliche Zweckverbände eine entsprechende Statutenänderung vornehmen müssen.

4 Die Bestimmung verändert den Zeitpunkt des Inkrafttretens von Art. 93 nicht. Die Anpassungsfrist führt lediglich dazu, dass die *Erzwingbarkeit* dieser Norm hinausgeschoben wird[6]. Während der Übergangsfrist sind altes und neues Recht gleichzeitig wirksam[7]. Ausserdem entfaltet Art. 93 Abs. 2 insofern Rechtswirkungen, als die Zweckverbände und die Verbandsgemeinden zur Vornahme von Anpassungsmassnahmen verpflichtet sind[8]. Sie haben die notwendigen Vorkehrungen zu treffen, damit die erforderliche Statutenänderung bis zum

---

[1] Vgl. Prot. K6 vom 2. März 2004, S. 719 ff; gestützt auf einen Bericht der Direktion der Justiz und des Innern vom 19. Dezember 2003; vgl. CAMPRUBI, Vorb. zu Art. 135–145 N. 4.
[2] Prot. Plenum, S. 3279.
[3] Prot. Plenum, S. 3272 ff.
[4] Prot. Plenum, S. 3271 ff., 3280.
[5] Art. 144 i.V.m. Art. 135 Abs. 1.
[6] Vgl. KÖLZ, Intertemporales Verwaltungsrecht, S. 233.
[7] N. 8; vgl. Gesetzgebungsleitfaden, S. 267.
[8] Nach MOSER, S. 48, kann es während laufender Anpassungsfrist sogar verwehrt sein, der Zielsetzung des neuen Rechts zuwiderlaufende Normen zu erlassen.

Fristablauf in Kraft tritt⁹. Die Zweckverbände dürfen die Anpassungsfristen voll ausschöpfen, sind indessen ermächtigt, vor dem Fristablauf ihrer Verpflichtung nachzukommen¹⁰. *Sämtliche Verbandsgemeinden* müssen der Statutenänderung zustimmen, da es sich bei der Ausgestaltung der Mitwirkungsrechte der Stimmberechtigten um eine wichtige Änderung der Verbandsstatuten handelt.

Nur das Initiativ- und das Referendumsrecht im Sinne von Art. 93 Abs. 2 *Satz 2* wird von der Übergangsbestimmung umfasst. Eine Pflicht zur Regelung weiterer Volksrechte im Sinne von Art. 93 Abs. 1 *Satz 1* besteht nicht¹¹. Um den Zweckverbänden die Anpassung ihrer Statuten an diese neuen verfassungsrechtlichen Vorgaben zu erleichtern, hat die Direktion der Justiz und des Innern *Musterstatuten* erarbeitet¹².

5

3.2. Aufsichtsrechtliche Massnahmen

Art. 93 Abs. 2 Satz 2 bedarf zwar keiner Ausführungsgesetzgebung, aber einer zwingenden Umsetzung in den Verbandsstatuten innert Frist. Darin sind Gegenstand und Modalitäten des Initiativ- und Referendumsrechts der Stimmberechtigten im gesamten Verbandsgebiet zu regeln¹³. Das Versäumen dieser Regelungspflicht muss zu einem *aufsichtsrechtlichen Tätigwerden* der kantonalen Behörden führen¹⁴. Dabei ist mangels besonderer Vorschriften auf die allgemeinen aufsichtsrechtlichen Bestimmungen im Gemeindegesetz abzustellen¹⁵.

6

Sind die Zweckverbände weder willens noch in der Lage, die verfassungsrechtlichen Vorgaben umzusetzen, ist die Ergreifung repressiver Aufsichtsmittel zu prüfen¹⁶. Denkbar ist z.B. eine Aufforderung oder Weisung an die betroffenen Zweckverbände zur Anpassung ihrer Statuten innert Frist. Als *ultima ratio* möglicher Sanktionen kommt die *Ersatzvornahme* in Frage, womit anstelle der säumigen Organe der Zweckverbände oder Verbandsgemeinden auch recht-

7

---

⁹ Dies umfasst insbesondere folgende Schritte: Erarbeitung einer Vorlage zur Statutenänderung, Abstimmung in den Verbandsgemeinden, Ablauf der Rechtsmittelfrist, Inkraftsetzung der Statutenänderung spätestens auf den 1. Januar 2010.

¹⁰ Bis zur Anpassung gilt altes Recht. Werden neue Zweckverbände geschaffen, ist zu fordern, dass ihre Statuten bereits den neuen Verfassungsvorgaben zu entsprechen haben.

¹¹ Art. 93 N. 10 ff.

¹² Die Musterstatuten sind auf der Homepage des Gemeindeamts des Kantons Zürich auffindbar unter <http://www.gaz.zh.ch/internet/ji/gaz/de/arbeitshilfe.html> (1.1.2007). Zur Notwendigkeit von Anpassungshilfen vgl. Kölz, Intertemporales Verwaltungsrecht, S. 244.

¹³ Art. 93 N. 14 ff.

¹⁴ Vgl. Hartmann, S. 396.

¹⁵ §§ 141 ff. GemG. Diese Normen sind auch auf Zweckverbände anwendbar; Thalmann, Vorbem. zu §§ 141–150 N. 4.1.

¹⁶ Gemäss Jaag, Rz. 2819, ist die Regelung der repressiven Aufsicht im Gemeindegesetz mangels abschliessenden Katalogs der Sanktionen aus Sicht des Legalitätsprinzips fragwürdig. Jaag, Gemeindeaufsicht, S. 537; vgl. aber BGE 129 I 290 ff., 299; Wichtermann, Art. 90 N. 10.

setzende Akte erlassen werden können[17]. Dies setzt die Androhung einer Ersatzvornahme mit der Aufforderung voraus, innert Frist in den Statuten die notwendige Regelung des Initiativ- und Referendumsrechts zu beschliessen. Dabei ist den betroffenen Verbandsgemeinden das rechtliche Gehör, insbesondere hinsichtlich der Modalitäten der vorgesehenen Statutenregelung, zu gewähren[18]. Anschliessend ist eine ersatzweise Statutenregelung zulässig, sofern die getroffenen Bestimmungen inhaltlich den allgemeinen Grundsätzen rechtsstaatlichen Handelns, insbesondere dem Grundsatz der Verhältnismässigkeit, entsprechen[19]. Diese ersatzweise Regelung gilt zumindest solange, bis die Verbandsgemeinden einer Statutenänderung zugestimmt haben, die der Verfassungsvorgabe entspricht. Angesichts des beträchtlichen Eingriffs in die Rechtsstellung der Verbandsgemeinden ist zu fordern, dass die Ersatzvornahme durch den Regierungsrat beschlossen wird, weil diesem auch die Befugnis zukommt, die Statuten zu genehmigen[20].

4. Weitergeltung der bisherigen Ordnung

8   Für Abstimmungen in Zweckverbänden gilt bis zur statutarischen Regelung des neurechtlichen Initiativ- und Referendumsrechts die bisherige Rechts- und Statutenordnung. Die Notwendigkeit dieser Bestimmung ist fragwürdig, weil eine Anpassungsfrist grundsätzlich die Weitergeltung des bisherigen Rechts voraussetzt[21]. Immerhin wird damit aber verdeutlicht, dass die bisherige Rechts- und Statutenordnung für Verbandsabstimmungen massgebend ist. Innert der Anpassungsfrist können Zweckverbände den Zeitpunkt des Übergangs zum neuen Verfassungsrecht selbst bestimmen. Der Grundsatz, wonach die bisherige Rechts- und Statutenordnung bis zur Anpassung an die neue Verfassungsvorgabe weiter zur Anwendung kommt, gilt nicht nur für Verbandsabstimmungen, sondern allgemein für bereits bestehende Initiativ- und Referendumsrechte in den Zweckverbänden[22].

---

[17] JAAG, Rz. 2821.
[18] Vgl. BGE 129 I 290 ff., 299.
[19] JAAG, Gemeindeaufsicht, S. 538.
[20] Gemäss WICHTERMANN, Art. 90 N. 1. ff., ist es insbesondere dem Regierungsrat vorbehalten, einschneidende Massnahmen anzuordnen.
[21] Vgl. Prot. K6 vom 2. März 2004, S. 722 f.
[22] Zum Beispiel in den Zweckverbänden zur Regionalplanung, die Initiativ- und Referendumsrechte aufweisen.

Art. 145 — Kirchen

Die auf historischen Rechtstiteln beruhenden Leistungen des Staates an die kirchlichen Körperschaften bleiben bis zur gesetzlichen Neuregelung garantiert. Die Neuregelung dieser Leistungen orientiert sich an deren bisherigem Gesamtumfang.

Bis zur Neuregelung des kirchlichen Stimm- und Wahlrechts gelten die Bestimmungen des kantonalen Rechts.

Bis zur Neuregelung der Zuständigkeiten für die Neubildung, den Zusammenschluss und die Auflösung der Kirchgemeinden gelten die Bestimmungen des Gemeindegesetzes.

Materialien

Prot. Plenum, S. 2608, 3280, 3341.

Vgl. ferner Antrag und Weisung des Regierungsrates betreffend Neuregelung des Verhältnisses zwischen Kirchen und Staat vom 6. März 2002, ABl 2002, S. 441 ff. (Antrag RR 2002).

Literatur

Vgl. Hinweise zu Art. 130.

Rechtsquellen

– Gesetz über die evangelisch-reformierte Landeskirche vom 7. Juli 1963 (KG; LS 181.11)
– Verordnung über die Besoldung der Pfarrer vom 13. Juli 1964 (PfarrbesoldungsV; LS 181.45)

Übersicht	Note
1. Allgemeines	1
2. Historische Rechtstitel (Abs. 1)	2
3. Gewährleistung von Rechtssicherheit (Abs. 2 und 3)	5

1. Allgemeines

Art. 145 kommt die Aufgabe zu, *Regelungslücken* zu vermeiden, die sich beim Übergang zur neuen Kantonsverfassung ergeben können. Dies betrifft einerseits die den kantonalen kirchlichen Körperschaften unmittelbar aufgrund der Verfassung zustehende Autonomie hinsichtlich des Stimm- und Wahlrechts sowie der Gemeindeeinteilung[1]. Andererseits geht es um die Leistungen des Staates an die kirchlichen Körperschaften gemäss Art. 130 Abs. 3 lit. c.

---

[1] Art. 130 Abs. 2 lit. a und b.

2. Historische Rechtstitel (Abs. 1)

2 Bei den historischen Rechtstiteln handelt es sich in erster Linie um Ansprüche der evangelisch-reformierten Landeskirche gegenüber dem Kanton, deren Begründung auf die *Säkularisation der Kirchengüter* im 19. Jahrhundert zurückgeht[2]. Bestand und Tragweite der Garantie der historischen Rechtstitel sind seit Langem *umstritten*. 1963 wurde eine Bestimmung in die Kantonsverfassung aufgenommen, wonach die auf den historischen Rechtstiteln beruhenden Verpflichtungen des Staates gewahrt bleiben[3]. Trotzdem stellte sich der Kanton in neuerer Zeit auf den Standpunkt, dass diese Garantie rechtsirrtümlich Eingang in die Verfassung gefunden habe, jederzeit aufgehoben werden könnte und danach keine Rechtswirkungen mehr entfalten würde. Demgegenüber betrachtet die evangelisch-reformierte Landeskirche die historischen Rechtstitel als *wohlerworbene Rechte*, die nur gegen Entschädigung abgelöst werden können[4]. Nicht zu überzeugen vermag hierbei der Standpunkt des Kantons, dass die Anerkennung der historischen Rechtstitel im Zug der Verfassungsrevision rechtsirrtümlich erfolgt sei: Bereits damals war der Sachverhalt umstritten, weshalb von einem bewussten Akt des damaligen Verfassungsgebers auszugehen ist. Entsprechend stehen die historischen Rechtstitel unter dem Schutz der *Eigentumsgarantie* bzw. des *Grundsatzes von Treu und Glauben* und können nicht entschädigungslos aufgehoben werden. Die blosse Aufhebung der Garantie in Art. 64 Abs. 3 aKV macht die Wohlerworbenheit der Ansprüche nicht rückgängig[5].

3 Mit dem Inkrafttreten der neuen Kantonsverfassung am 1. Januar 2006 wurde die verfassungsrechtliche Garantie der Ansprüche aufgrund der historischen Rechtstitel aufgehoben, ohne dass das Gesetz gemäss Art. 130 Abs. 3 lit. c KV die staatlichen Leistungen an die kirchlichen Körperschaften bereits regeln würde. Weil der Anspruch der kirchlichen Körperschaften auf staatliche Leistungen unbestritten ist, soll den kirchlichen Körperschaften auch in der Übergangszeit finanzielle Sicherheit gewährleistet werden. Art. 145 Abs. 1 garantiert

---

[2] JAAG, Rz. 1331; WINZELER, S. 109. Bis 1864 übernahm der Kanton alle Eigenkirchenrechte bzw. Patronate von den damaligen privaten Eigentümern und den Klöstern auf dem Gebiet des Kantons Zürich, wobei die abtretenden Eigentümer dem Kanton teilweise erhebliche Ablösesummen leisteten. Damit übernahm der Kanton zugleich die Pflicht zur Besoldung der Pfarrer sowie zum Unterhalt der Kirchen und Pfarrhäuser; vgl. Kirche und Staat, Dokumentation einer Partnerschaft, hrsg. vom Kirchenrat der evangelisch-reformierten Landeskirche des Kantons Zürich, Zürich 1993, S. 19 ff.

[3] Art. 64 Abs. 3 aKV.

[4] Antrag und Bericht des Kirchenrates an die Kirchensynode betreffend Stand der Reformarbeiten zum Verhältnis zwischen Kirche und Staat vom 6. Oktober 1999, S. 5. Verschiedene Gutachten zu dieser Frage kamen zu konträren Ergebnissen; JAAG, Neuordnung, S. 554. Der Regierungsrat geht davon aus, dass sich auch durch weitere Untersuchungen und Gutachten keine Annäherung erzielen lasse; Antrag RR 2002, S. 457. Vgl. auch die ausführliche Darstellung der unterschiedlichen Standpunkte von Regierungsrat und Kirchenrat in Bericht und Antrag des Regierungsrates an den Kantonsrat zur Motion Nr. 1751 betreffend die Entflechtung zwischen Staat und Kirche, ABl 1983, S. 177 ff., 194 ff.

[5] WINZELER, S. 110 f.

deshalb bis zur gesetzlichen Neuregelung die auf den historischen Rechtstiteln beruhenden Leistungen des Staates an die kirchlichen Körperschaften, obschon sich ein solcher Anspruch bereits aus der Wohlerworbenheit der historischen Rechtstitel ergibt[6].

Die Erwähnung der historischen Rechtstitel in Art. 145 Abs. 1 ist nicht nur unter dem Gesichtspunkt des Übergangsrechts von Bedeutung. Damit wird zugleich das *Fortbestehen* der historischen Rechtstitel in der Verfassung implizit festgehalten; denn anerkannt waren diese bereits zuvor aufgrund von Art. 64 Abs. 3 aKV[7]. Art. 145 Abs. 1 dient in erster Linie als Grundlage für die Ausrichtung staatlicher Leistungen in der Übergangszeit. Ab dem Zeitpunkt des Inkrafttretens der gesetzlichen Neuregelung werden die staatlichen Leistungen, die sich am bisherigen Leistungsumfang orientieren müssen[8], gestützt auf die neue gesetzliche Regelung ausgerichtet werden. Dieser Wechsel der Leistungsgrundlage hat aber nicht den Untergang der historischen Rechtstitel oder allenfalls deren Ablösung zur Folge. Vielmehr bleiben diese auch unter der neuen Kantonsverfassung in ihrem Bestand *unangetastet*[9]. In diesem Zusammenhang ist zu beachten, dass die staatlichen Leistungen auch bisher nicht unmittelbar gestützt auf den Vorbehalt der historischen Rechtstitel in Art. 64 Abs. 3 aKV erbracht, sondern zusätzlich durch das Gesetz konkretisiert wurden[10].

3. Gewährleistung von Rechtssicherheit (Abs. 2 und 3)

Seit dem Inkrafttreten der Kantonsverfassung am 1. Januar 2006 sind die kantonalen kirchlichen Körperschaften befugt, das Stimm- und Wahlrecht in ihren eigenen Angelegenheiten sowie die Zuständigkeiten für die Neubildung, den Zusammenschluss und die Auflösung von Kirchgemeinden abweichend vom kantonalen Recht zu regeln. Von diesem Recht werden sie voraussichtlich erst im Rahmen einer Gesamtrevision ihrer Kirchenordnungen Gebrauch machen, die im Zusammenhang mit dem Erlass eines neuen, für alle kirchlichen Körperschaften geltenden Kirchengesetzes erforderlich sein wird. Bis dahin bleibt im Sinn der Rechtssicherheit das massgebende kantonale Recht anwendbar.

---

[6] Die Leistungen des Kantons aufgrund der historischen Rechtstitel kommen gegenwärtig zu mehr als 80% der evangelisch-reformierten Landeskirche zugute. Es handelt sich in erster Linie um die Besoldungen der Pfarrerinnen und Pfarrer der evangelisch-reformierten Landeskirche, die zu 63% vom Kanton getragen werden (§ 1 Abs. 1 PfarrbesoldungsV). Hinzu kommt eine Pauschale von 7% der Besoldungssumme gemäss § 5 Abs. 1 Ziff. 2 KG.

[7] Prot. K6 vom 11. März 2004, S. 730, und 16. März 2004, S. 746.

[8] Art. 145 Abs. 1 Satz 2 KV.

[9] Röhl, Kantonsverfassung, S. 207.

[10] Vgl. § 5 KG.

Verfassung des eidgenössischen Standes Zürich

(vom 18. April 1869; Stand 31. Dezember 2005)[1]

Das Volk des Kantons Zürich

gibt sich kraft seines Selbstbestimmungsrechts folgende Verfassung.

I. Staatsbürgerliche Grundsätze

Art. 1. Die Staatsgewalt beruht auf der Gesamtheit des Volkes. Sie wird unmittelbar durch die Aktivbürgerinnen und Aktivbürger, mittelbar durch die Behörden und das Personal des Kantons, der Bezirke und der Gemeinden ausgeübt.[2]

Art. 2. Alle Bürger sind vor dem Gesetze gleich und geniessen dieselben staatsbürgerlichen Rechte, soweit nicht durch die Verfassung selbst Ausnahmen festgestellt sind.

Art. 3. Die freie Meinungsäusserung durch Wort und Schrift, das Vereinsrecht und Versammlungsrecht sind gewährleistet. Ihre Ausübung unterliegt keinen andern Beschränkungen als denjenigen des allgemeinen Rechts.

In Anklagen wegen Ehrverletzung kann der Beweis der Wahrheit geleistet werden. Ergibt sich alsdann, dass das als ehrenrührig Eingeklagte wahr ist und mit redlichen Motiven und rechtlichen Endzwecken veröffentlicht oder verbreitet wurde, so ist der Angeklagte freizusprechen.[3]

Art. 4. Der Staat schützt wohlerworbene Privatrechte. Zwangsabtretungen sind zulässig, wenn das öffentliche Wohl sie erheischt. Für solche Abtretungen wird gerechte Entschädigung gewährt. Streitigkeiten betreffend die Grösse der Entschädigung werden von den Gerichten beurteilt.

Art. 5. Das Strafrecht ist nach humanen Grundsätzen zu gestalten. Die Anwendung der Todesstrafe und der Kettenstrafe ist unzulässig.

Art. 6. Dem wegen eines Verbrechens oder Vergehens Angeschuldigten, sowie dem Geschädigten ist Gelegenheit zu geben, allen Verhandlungen, welche vor dem Untersuchungsrichter stattfinden, beizuwohnen, einen Rechtsbeistand zuzuziehen und an die Zeugen Fragen zu richten, welche zur Aufklärung der Sache dienen können.

Art. 7. Die persönliche Freiheit ist gewährleistet.

Niemand darf verhaftet werden ausser in den vom Gesetz bezeichneten Fällen und unter den durch das Gesetz vorgeschriebenen Formen.

Ungesetzlich Verhafteten ist vom Staat angemessene Entschädigung oder Genugtuung zu leisten.

Zur Erzielung eines Geständnisses dürfen keinerlei Zwangsmittel angewendet werden.

Verhaft als Mittel zur Eintreibung von Schuldforderungen ist unstatthaft.

Art. 8. Das Hausrecht ist unverletzlich.

Zu Hausdurchsuchungen bedarf es entweder der Einwilligung des Wohnungsinhabers oder der Ermächtigung durch die zuständige Stelle[4], welche den Zweck und die Ausdehnung dieser Massregel genau bezeichnen soll. Ausnahmen von dieser Regel sind gestattet, wenn Gefahr im Verzuge ist.

Art. 9. In Fällen gerichtlicher Restitution ist den unschuldig Verurteilten vom Staate angemessene Genugtuung zu gewähren.

Art. 10.[5] Der Staat, die Gemeinden und die Organisation des kantonalen öffentlichen Rechts mit eigener Rechtspersönlichkeit haften für die Tätigkeit ihrer Behörden und der in ihrem Dienste stehenden Personen nach den gesetzlichen Bestimmungen.

Die Behördemitglieder und diese Personen sind nach den gesetzlichen Bestimmungen verantwortlich.

Art. 11.[6] Die Amtsdauer des Kantonsrates und des Regierungsrates sowie der weiteren Behörden und Angestellten des Kantons, der Bezirke und der Gemeinden, für welche das Gesetz die Wahl auf Amtsdauer vorsieht, beträgt vier Jahre, die Amtsdauer der Richterinnen und der Richter sechs Jahre.

Das Arbeitsverhältnis des Staats- und Gemeindepersonals ist öffentlichrechtlich. Es wird von der Gesetzgebung geordnet.

Für alle Behörden ist die Gesamterneuerung festgesetzt.

In allen Verwaltungs- und Gerichtsbehörden dürfen nicht gleichzeitig sitzen Vater und Sohn, Schwiegervater und Tochtermann, zwei Brüder, zwei Schwäger oder Gegenschwäher.

Art. 12.[7]

Art. 13.[8] Alle dem Volke zustehenden Wahlen von Behörden und Angestellten des Kantons, der Bezirke und Kreise werden in der Regel an der Urne vorgenommen. Den Gemeinden bleibt es freigestellt, diese Wahlart ebenfalls anzuwenden, soweit sie nicht schon durch das Gesetz dazu verpflichtet sind.

Die Gesetzgebung kann für einzelne Wahlen ein Verfahren ohne Urnengang zulassen für den Fall, dass die Zahl der Vorgeschlagenen die Zahl der in das betreffende Amt zu Wählenden nicht übersteigt.

Art. 14.[9] Die Kantons- und Schweizer Bürger können unter Erfüllung der gesetzlichen Bestimmungen in jeder Gemeinde des Kantons sich niederlassen und das Bürgerrecht erwerben.

Das Recht zur Verweigerung oder zum Entzug der Niederlassung richtet sich nach der Bundesgesetzgebung.

Die Niedergelassenen dürfen weder andern noch höhern Steuern unterworfen werden als die Bürger; vorbehalten bleibt eine mässige Kanzleitaxe für die Ausfertigung der Niederlassungsbewilligung.

Art. 15.[10] Die Ehe erhält staatliche Gültigkeit, sowohl wenn sie nach bürgerlicher als wenn sie nach kirchlicher Form abgeschlossen ist.

Die diesfälligen Verrichtungen der Zivilbeamten sowie der Geistlichen des Heimat- und des Wohnortes der Brautleute sind unentgeltlich.

Art. 16.[11] Stimmberechtigt und in öffentliche Ämter wählbar sind Schweizerinnen und Schweizer, die das achtzehnte Altersjahr zurückgelegt haben.

Die Gesetzgebung regelt die Zulassung ausländischer Staatsangehöriger zu öffentlichen Ämtern.[12]

Art. 17.[13] Schweizer Bürgern, die im Kanton gemäss den Bestimmungen des Bundes politischen Wohnsitz[14] haben, stehen die gleichen politischen Rechte zu wie den Kantonsbürgern.

Art. 18.[15] Wer vom Stimmrecht in eidgenössischen Angelegenheiten ausgeschlossen ist, besitzt keine politischen Rechte[16] im Kanton und in den Gemeinden.

II. Volks- und staatswirtschaftliche Grundsätze

Art. 19.[17] Alle Steuerpflichtigen haben im Verhältnis der ihnen zu Gebote stehenden Mittel an die Staats- und Gemeindelasten beizutragen.

Auf den Konsum unentbehrlicher Lebensmittel dürfen keine Steuern gelegt werden.

Steuerprivilegien zugunsten Einzelner sind unzulässig.

Die Gesetzgebung bestimmt die Arten der für den Kanton und für die Gemeinden zu beziehenden Steuern, sowie die Anwendbarkeit des Grundsatzes einer gerechten progressiven Belastung der Steuerpflichtigen nach der Grösse ihrer Mittel und des Grundsatzes der Steuerbefreiung kleiner Einkommen und Vermögen.

Die Gesetzgebung ordnet den Finanzausgleich und sorgt dafür, dass die Gemeindesteuerfüsse nicht erheblich voneinander abweichen.[18]

Art. 20.[19]

Art. 21. Die Ausübung jeder Berufsart in Kunst und Wissenschaft, Handel und Gewerbe ist frei. Vorbehalten sind die gesetzlichen und polizeilichen Vorschriften, welche das öffentliche Wohl erfordert.

Art. 22. Die Besorgung des Armenwesens ist Sache der Gemeinden. Der Staat leistet angemessene Beiträge zur Erleichterung der Armenlasten derjenigen Gemeinden, welche derselben bedürftig sind. Er unterstützt die Anstrengungen von Gemeinden und Vereinen zur Minderung der Armut, insbesondere zur Erziehung armer Kinder, Förderung der Krankenpflege und Besserung verwahrloster Personen.

Art. 23. Der Staat fördert und erleichtert die Entwicklung des auf Selbsthilfe beruhenden Genossenschaftswesens. Er erlässt auf dem Wege der Gesetzgebung die zum Schutz der Arbeiter nötigen Bestimmungen.

Art. 24. Er errichtet zur Hebung des allgemeinen Kreditwesens beförderlich eine Kantonalbank.

Art. 25. Die Strassen sollen nach der Bedeutung ihres Verkehrs klassifiziert werden.

Die Lasten des Neubaues und der Unterhaltung fallen dem Staat und den politischen Gemeinden zu.

Die Unterstützung des Staates erstreckt sich auf alle Strassenklassen, die Nebenstrassen ausgenommen.

Art. 26.[20] Der Staat und die Gemeinden fördern den öffentlichen Personenverkehr, insbesondere durch Errichtung eines Verkehrsverbundes.

Der Staat fördert den Güterverkehr mit der Bahn.

Art. 27. Der Staat übernimmt die erste militärische Ausrüstung der Wehrpflichtigen. Über den Ersatz des Abganges an Ausrüstungsgegenständen wird das Gesetz das Nähere bestimmen.

III. Gesetzgebung und Volksvertretung

Art. 28.[21] Das Volk übt im Zusammenwirken mit dem Kantonsrat die gesetzgebende Gewalt aus.

Die grundlegenden Normen des kantonalen Rechts werden in Gesetzesform erlassen. Dazu gehören insbesondere Bestimmungen über Organisation und Aufgaben der Behörden, über Inhalt und Umfang der Grundrechtsbeschränkungen und der staatlichen Leistungen sowie über Art und Umfang der Übertragung von öffentlichen Aufgaben an Private.[22]

Art. 28bis.[23] In der Form des referendumsfähigen Kantonsratsbeschlusses werden erlassen:
1. die Bewilligung neuer einmaliger Ausgaben für einen bestimmten Zweck von mehr als Fr. 3 000 000 oder neuer jährlich wiederkehrender Ausgaben von mehr als Fr. 300 000;
2. die Festsetzung vom Gesetz bezeichneter Pläne der staatlichen Tätigkeit;
3. die Erteilung vom Gesetz bezeichneter wichtiger Konzessionen und Bewilligungen.

Das Gesetz kann für weitere wichtige Anordnungen die Form des referendumsfähigen Kantonsratsbeschlusses vorsehen.

A. Vorschlagsrecht des Volkes

Art. 29.[24] Das Vorschlagsrecht der Stimmberechtigten (Initiative) umfasst die Befugnis, Begehren auf Änderung der Verfassung sowie auf Erlass, Änderung oder Aufhebung eines Gesetzes oder eines referendumsfähigen Kantonsratsbeschlusses zu stellen.

Initiativbegehren sind in der Form der einfachen Anregung oder des ausgearbeiteten Entwurfes zu stellen.

Ein Initiativbegehren kommt zustande,
1. wenn es von wenigstens 10 000 Stimmberechtigten gestellt wird;
2. wenn es von einzelnen Stimmberechtigten oder von Behörden gestellt und vom Kantonsrat unterstützt wird.

Der Kantonsrat kann dem Volk gleichzeitig mit dem Initiativbegehren einen Gegenvorschlag unterbreiten.

Die Gesetzgebung erlässt die näheren Bestimmungen.

B. Volksabstimmung

Art. 30.[25] Der Volksabstimmung werden unterstellt:
1. Verfassungsänderungen und Konkordate mit verfassungsänderndem Inhalt;
2. zustande gekommene Initiativen auf Änderung der Verfassung;
3. zustande gekommene Initiativen auf Erlass, Änderung oder Aufhebung von Gesetzen oder referendumsfähigen Kantonsratsbeschlüssen, sofern der Kantonsrat ihnen keine Folge geben will oder ihnen einen Gegenvorschlag gegenüberstellt;
4. Stellungnahmen des Kantons im Rahmen des Vernehmlassungsverfahrens des Bundes über die Wünschbarkeit der Errichtung von Atomanlagen auf dem Gebiet des Kantons Zürich oder seiner Nachbarkantone.

Art. 30bis.[26] Auf Begehren von 5000 Stimmberechtigten oder 45 Mitgliedern des Kantonsrats werden der Volksabstimmung unterstellt:
1. Gesetze und Konkordate über Gegenstände, die der Gesetzesform bedürfen;
2. referendumsfähige Kantonsratsbeschlüsse.

Das Begehren um Durchführung der Volksabstimmung ist innert 60 Tagen nach der amtlichen Veröffentlichung des Beschlusses schriftlich zu stellen.

Der Kantonsrat kann Beschlüsse, die in seine abschliessende Kompetenz fallen, der Volksabstimmung unterstellen.

Der Kantonsrat kann neben der Abstimmung über das Ganze ausnahmsweise eine solche über einzelne Punkte anordnen.

Gesetze oder Kantonsratsbeschlüsse dürfen vor der Abstimmung oder vor Ablauf der Referendumsfrist nicht in Kraft gesetzt werden.

C. Kantonsrat

Art. 31. Dem Kantonsrat kommt zu:
1.[27] die Beratung und Beschlussfassung über alle Gegenstände, welche obligatorisch oder fakultativ der Volksabstimmung unterstehen; Beschlüsse über Ausgaben sowie über Bestimmungen, welche Staatsbeiträge oder Finanzausgleichsbeiträge regeln und Mehrausgaben nach sich ziehen können, bedürfen der Zustimmung der Mehrheit der Mitglieder;
2.[28] das Begehren um Einberufung der Bundesversammlung (Art. 86 Abs. 2 der Bundesverfassung);[29]
2a.[30] das Begehren um Durchführung einer Volksabstimmung über Bundesgesetze und allgemeinverbindliche Bundesbeschlüsse sowie verfassungsmässige dringliche Bundesbeschlüsse (Art. 89 Abs. 2 und 89bis Abs. 2 der Bundesverfassung);[31]
3. die Verfügung über die Wehrkraft des Kantons, soweit dieselbe nicht vom Bunde beansprucht wird;
4. die Überwachung der gesamten Landesverwaltung und der Rechtspflege sowie die Entscheidung der Konflikte zwischen der Verwaltung oder dem Verwaltungsgericht einerseits und den übrigen Gerichten anderseits;[32]
zur Durchführung einer Strafuntersuchung und Erhebung einer Anklage gegen Mitglieder des Regierungsrates, des Obergerichtes, des Kassationsgerichtes und des Verwaltungsgerichtes kann er einen besonderen Staatsanwalt ernennen;[33]
zur Geltendmachung von Schadenersatz- und Rückgriffsansprüchen gegen Mitglieder des Regierungsrates, des Obergerichtes, des Kassationsgerichtes, des Verwaltungsgerichtes und der obersten Organe der selbständigen öffentlich-rechtlichen Anstalten des Kantons kann er einen besonderen Beauftragten ernennen;[34]
5.[35] die endgültige Beschlussfassung über neue einmalige Ausgaben für einen bestimmten Zweck bis zu Fr. 3 000 000 und über neue jährlich wiederkehrende Ausgaben bis zu Fr. 300 000;
6.[36] die Festsetzung des jährlichen Voranschlages des Staatshaushaltes vorbehältlich der Bestimmungen in Ziffer 5, wobei eine Mehrausgabe oder Saldoverschlechterung gegenüber dem Entwurf des Regierungsrates der Zustimmung der Mehrheit der Mitglieder bedarf; die Festsetzung des Steuerfusses für die Staatssteuer;
7. die Prüfung der Staatsrechnung und der Rechnungen über die Separatgüter, die Sorge für ungeschmälerte Erhaltung des Staatsvermögens und für zweckmässige Äufnung und Verwendung seines Ertrages;
8.[37] die Begnadigung nach Massgabe des Art. 56 dieser Verfassung;
9. die Vornahme der ihm durch die Gesetzgebung zugewiesenen Wahlen;
10. die Wahl seines Bureaus.

Art. 31 a.[38] Der Kantonsrat beschliesst innert sechs Monaten über Anträge des Regierungsrates, welche dem mittelfristigen Ausgleich der Laufenden Rechnung des Staatshaushaltes dienen. Er ist an den Gesamtbetrag der mit den Anträgen erzielbaren Saldoverbesserung gebunden.

Art. 32. Der Kantonsrat besteht aus 180 Mitgliedern. Diese werden in Wahlkreisen gewählt, deren Zahl und Umfang das Gesetz bestimmt.[39]

Der Kantonsrat verteilt die Sitze auf die Wahlkreise im Verhältnis zur Wohnbevölkerung, wie sie durch das Statistische Amt zuletzt ermittelt worden ist.[40]

Der Kantonsrat wird nach dem Verhältniswahlverfahren gewählt. Das Verfahren wird durch das Gesetz bestimmt.[41]

Art. 33. Die Mitglieder des Regierungsrates können nicht Mitglieder des Kantonsrates sein; dagegen haben sie im Kantonsrat beratende Stimme, das Recht der Antragstellung und der Berichterstattung. Das Gesetz bestimmt, welche andern öffentlichen Ämter ein Mitglied des Kantonsrates nicht ausüben kann.[42]

Der Kantonsrat kann für einzelne Geschäfte Sachverständige ausser seiner Mitte mit beratender Stimme zuziehen.

Art. 34. Die Sitzungen des Kantonsrates werden in Zürich abgehalten und sind in der Regel öffentlich. Die Mitglieder desselben erhalten während der Sitzungen ein mässiges Taggeld und eine einmalige angemessene Reiseentschädigung für die Session.

D. Standesstimme und Wahl der Ständeräte

Art. 35. Das Ergebnis der Volksabstimmung im Kanton mit Bezug auf die Annahme oder Nichtannahme einer Änderung der Bundesverfassung (Art. 114 der Bundesverfassung)[43] gilt zugleich als Standesstimme. Das in Art. 81 der Bundesverfassung[44] den Ständen eingeräumte Vorschlagsrecht (Initiative) kann sowohl durch den Kantonsrat als auf dem Wege des Volksbeschlusses ausgeübt werden.

Art. 36.[45] Die beiden Mitglieder des schweizerischen Ständerates werden durch die gesamte Wählerschaft des Kantons in einem Wahlkreise gleichzeitig mit den Mitgliedern des Nationalrates gewählt.

IV. Vollziehung und Verwaltung

A. Regierungsrat

Art. 37. Die vollziehende und verwaltende Kantonalbehörde, Regierungsrat, besteht aus sieben Mitgliedern, welche in einem kantonalen Wahlkreise gleichzeitig mit dem Kantonsrate durch das Volk gewählt werden.

Art. 38. Der Regierungsrat wählt seinen Präsidenten und Vizepräsidenten je auf die Dauer eines Jahres.

Art. 39. Das Amt eines Mitgliedes des Regierungsrates ist unvereinbar mit irgendeiner andern festbesoldeten Stelle. Für die Bekleidung der Stelle eines Direktors oder Verwaltungsrates einer Aktiengesellschaft ist die Erlaubnis des Kantonsrates erforderlich.
Von den Mitgliedern des Regierungsrates dürfen nicht mehr als zwei den eidgenössischen Räten angehören.

Art. 40. Dem Regierungsrat kommen wesentlich folgende Pflichten und Befugnisse zu:
1. das Vorschlagsrecht für Gesetze und Beschlüsse vor dem Kantonsrate;
2. die rechtzeitige Veröffentlichung aller Vorlagen für die Volksabstimmung und der in Kraft getretenen gesetzgeberischen Akte, sowie die Sorge für Vollziehung der Gesetze und der Beschlüsse des Volkes und des Kantonsrates;
3. die Besorgung des Verkehrs mit dem Bunde und den Kantonen;
4. die Oberaufsicht über das Unterrichts- und Kirchenwesen und über die Besorgung des Armenwesens, sowie über die sämtlichen ihm untergeordneten Behörden und Angestellten;[46]
5.[47] der Entscheid öffentlich-rechtlicher Streitigkeiten in letzter Instanz, soweit er nach Gesetz nicht einer andern Verwaltungsbehörde oder einem Gericht zusteht;

6. die Entwerfung des Voranschlages der Einnahmen und Ausgaben des Staatshaushaltes und der Separatgüter, die Vorlegung der bezüglichen Jahresrechnungen, sowie eines Berichtes über seine sämtlichen Verrichtungen zuhanden des Kantonsrates;

7.[48] die Anstellung von Personal, soweit diese nicht durch Verfassung und Gesetz einem andern Organ übertragen ist.

Art. 41.[49] Der Regierungsrat ernennt die Staatsanwaltschaft, der die Pflicht obliegt, die strafbaren Handlungen im Namen des Staates zu verfolgen.

Art. 42. Die Verrichtungen und Geschäfte des Regierungsrates werden zum Zwecke beförderlicher Erledigung nach Direktionen verteilt, denen je ein Mitglied des Regierungsrates vorsteht. Der endgültige Entscheid geht von der Gesamtbehörde aus; indes kann durch gesetzliche Bestimmungen den Direktionen innerhalb bestimmter Schranken eine entscheidende Befugnis eingeräumt werden.

Kein Mitglied des Regierungsrates ist verpflichtet, länger als zwei aufeinander folgende Amtsdauern der gleichen Direktion vorzustehen.[50]

Einzelnen Direktionen können je nach der Art ihres Geschäftskreises stehende, vom Regierungsrate gewählte Kommissionen beigeordnet werden. Im übrigen bestimmt das Gesetz die Organisation des Regierungsrates und seiner Direktionen, sowie der kantonalen Verwaltung überhaupt.[51]

B. Bezirksverwaltung

Art. 43. Der Kanton ist in Bezirke eingeteilt. Änderungen in der bestehenden Einteilung erfolgen auf dem Wege der Gesetzgebung.

Art. 44. Die Bezirksverwaltung wird durch einen Bezirksrat besorgt, bestehend aus dem Statthalter als Präsidenten und zwei Bezirksräten, denen noch zwei Ersatzmänner beizugeben sind.

Wo das örtliche Bedürfnis es erfordert, kann die Zahl der Bezirksräte vermehrt werden. Ebenso kann, wo der Umfang der Geschäfte eines Statthalters es erheischt, ein Teil derselben einem Adjunkten zu selbständiger Besorgung übergeben werden.

Die Wahl der Bezirksbehörden steht den Stimmberechtigten mit politischem Wohnsitz im Bezirk zu.[52]

Art. 45. Dem Bezirksrat liegt namentlich ob:
Die Aufsicht über die Verwaltung der Gemeinden und ihrer Güter sowie über das Vormundschaftswesen; der Entscheid öffentlich-rechtlicher Streitigkeiten, soweit er nach Gesetz nicht einer andern Verwaltungsbehörde oder einem Gericht zusteht.[53]

Dem Statthalter kommt namentlich die Vollziehung der Aufträge des Regierungsrates zu, sowie die Handhabung der ihm durch die Strafgesetzgebung und die Polizeigesetze übertragenen Befugnisse und die Aufsicht über das Strassenwesen.

Art. 46. Jede Stelle der Bezirksverwaltung ist mit derjenigen eines Gemeinderates oder Gemeinderatsschreibers unverträglich.

C. Gemeinden

Art. 47.[54] Die regelmässige Gemeindeeinteilung ist diejenige in politische Gemeinden, Kirchgemeinden und Schulgemeinden (Primar- und Oberstufenschulgemeinden).[55]

Zur Besorgung besonderer und örtlicher Angelegenheiten innerhalb einer politischen Gemeinde können Zivilgemeinden fortbestehen.

Die Bildung neuer und die zwangsweise Vereinigung oder die Auflösung bestehender politischer Gemeinden steht der Gesetzgebung zu. Die Neubildung, Vereinigung oder Auflösung anderer Gemeinden und die Genehmigung freiwilliger Vereinigungen politischer Gemeinden kann durch die Gesetzgebung dem Kantonsrat oder Regierungsrat übertragen werden.
Die Bildung neuer Zivilgemeinden ist nicht zulässig.

Art. 47bis.[56] Wo besondere Verhältnisse es als wünschenswert erscheinen lassen, können sich Gemeinden mit Genehmigung des Regierungsrates miteinander zu Zweckverbänden verbinden, um einzelne Zweige der Gemeindeverwaltung gemeinschaftlich zu besorgen.
Die zwangsweise Verbindung von Gemeinden kann durch die Gesetzgebung dem Kantonsrat oder dem Regierungsrat übertragen werden.

Art. 48. Die Gemeinden sind befugt, ihre Angelegenheiten innerhalb der Schranken der Verfassung und Gesetze selbständig zu ordnen. Gemeindebeschlüsse können in sachlicher Beziehung nur angefochten werden, wenn sie offenbar über die Zwecke der Gemeinde hinausgehen und zugleich eine erhebliche Belastung der Steuerpflichtigen zur Folge haben, oder wenn sie Rücksichten der Billigkeit in ungebührlicher Weise verletzen.

Art. 49.[57] Die Verwaltungsorgane der Gemeinden sind:
die Gemeindeversammlung;
die Gemeindevorsteherschaft (Gemeinderat, Kirchenpflege, Schulpflege, Zivilvorsteherschaft) und die übrigen Gemeindebehörden.

Art. 50.[58] Die politischen Rechte in der Gemeinde werden von den Stimmberechtigten ausgeübt, die in ihr politischen Wohnsitz haben. In bürgerlichen Angelegenheiten besitzen nur die Gemeindebürger, in den Kirchgemeinden nur die Angehörigen der betreffenden Kirche politische Rechte.

Art. 51. Den Gemeindeversammlungen steht insbesondere zu:
Die Aufsicht über die ihnen zugewiesenen Abteilungen der Gemeindeverwaltung, die Festsetzung der jährlichen Voranschläge, die Abnahme der Jahresrechnungen, die Bewilligung von Steuern, die Genehmigung von Ausgaben, welche einen von ihnen festzusetzenden Betrag übersteigen, sowie die Wahl ihrer Vorsteherschaften, deren Zusammensetzung mit Bezug auf die Bürger und Niedergelassenen das Gesetz bestimmen wird.
Den Gemeindevorsteherschaften kommt insbesondere zu:
1. die Vorbereitung aller an die Gemeindeversammlung zu bringenden Angelegenheiten;
2. die Vollziehung der Gemeindebeschlüsse;
3. Verwaltung der Gemeindegüter, vorbehalten Art. 55 Absatz 2.[59]

Art. 52. Die Kirchgemeindeversammlungen und die Kirchenpflegen haben sich mit den kirchlichen Gemeindeangelegenheiten zu befassen.[60]
Den Schulgemeindeversammlungen und den Schulpflegen kommt die Obsorge für die allgemeine Volksschule zu.

Art. 53.[61] Die übrige Gemeindeverwaltung ist Sache der politischen Gemeinden und ihrer Organe.

Art. 54. Die vormundschaftliche Obsorge und die Pflicht der Unterstützung im Falle der Verarmung liegt in der Regel der Heimatgemeinde ob (vgl. Art. 22). Durch die Gesetzgebung können indessen die diesfälligen Pflichten und die damit verbundenen Rechte ganz oder teilweise der Wohngemeinde übertragen werden.[62]

Art. 55.[63] Die Gemeindegüter sind dazu bestimmt, die öffentlichen Bedürfnisse der Gemeinden zu befriedigen.
Die Gesetzgebung erlässt die näheren Bestimmungen.

Art. 55bis.[64] Der Gesetzgebung bleibt vorbehalten, für Gemeinden von mehr als 2000 Einwohnern über deren Organisation, die Verwaltung, das Steuerrecht, die Wahl- und Abstimmungsart, sowie die Aufsicht über diese Gemeinden Bestimmungen, die von der Verfassung abweichen, zu erlassen.

V. Rechtspflege

Art. 56.[65] Ein von kompetenter Stelle gefälltes gerichtliches Urteil kann weder von der gesetzgebenden noch von der administrativen Gewalt aufgehoben oder abgeändert werden. Vorbehalten bleibt das Begnadigungsrecht.
Die Begnadigung kann nur durch den Kantonsrat erfolgen. Begnadigungsgesuche sind an den Regierungsrat zu richten. Das Gesetz bezeichnet die Fälle, in welchen der Regierungsrat verpflichtet ist, ein Begnadigungsgesuch mit seinem Antrag dem Kantonsrate vorzulegen. In den übrigen Fällen entscheidet der Regierungsrat über die Vorlegung der Gesuche an den Kantonsrat oder über deren Abweisung.
Das Gesetz bestimmt, ob und in welchen Fällen die Begnadigung auch auf dem Gebiete des dem Kanton vorbehaltenen Strafrechts zulässig ist.

Art. 57.[66] Das Gesetz bestimmt, welche Prozesse durch das Geschworenengericht zu beurteilen sind.

Art. 58. Das Gesetz bestimmt die Zahl, die Organisation, die Kompetenz und das Verfahren der Gerichte.
Vertragsgemässe Schiedsgerichte sind zulässig.

Art. 59. Das Prozessverfahren soll im Sinne möglichster Rechtssicherheit sowie rascher und wohlfeiler Erledigung geordnet werden. Für Streitigkeiten von geringem Betrag wird ein abgekürztes Verfahren eingeführt.

Art. 60.[67]

Art. 61.[68] Die Schuldbetreibung wird einem Angestellten[69] der politischen Gemeinde übertragen. Für Gemeinden mit mehr als 10 000 Einwohnern können durch die Gesetzgebung abweichende Bestimmungen aufgestellt werden (Art. 55bis).[70]

VI. Unterrichts- und Kirchenwesen

Art. 62. Die Förderung der allgemeinen Volksbildung und der republikanischen Bürgerbildung ist Sache des Staates.
Zur Hebung der Berufstüchtigkeit aller Volksklassen wird die Volksschule auch auf das reifere Jugendalter ausgedehnt werden. Die höheren Lehranstalten sollen unbeschadet ihres wissenschaftlichen Zweckes den Bedürfnissen der Gegenwart angepasst und mit der Volksschule in organische Verbindung gebracht werden.
Der obligatorische Volksschulunterricht ist unentgeltlich. Der Staat übernimmt unter Mitbeteiligung der Gemeinden die hiefür erforderlichen Leistungen.
Die Volksschullehrer sind in wissenschaftlicher und beruflicher Hinsicht umfassend zu befähigen, insbesondere auch zur Leitung von Fortbildungsschulen.
Die Gemeindeschulpflege leitet und beaufsichtigt die Schulen der Gemeinde. In jedem Bezirk besteht ausserdem mindestens eine Bezirksschulpflege. Der Kantonsrat kann einzelne

Gemeinden der Bezirksschulpflege eines andern Bezirks unterstellen, wenn besondere Verhältnisse es erfordern.[71]

Die Organisation eines Bildungsrates, welcher der für das Bildungswesen zuständigen Direktion beigegeben ist, bleibt dem Gesetz vorbehalten.[72]

Art. 63.[73]

Art. 63bis.[74] Die besondere Stellung und Organisation von Versuchsschulen wird durch Gesetz geregelt.

Art. 64.[75] Die Glaubens- und Kultusfreiheit ist nach Massgabe des Bundesrechtes gewährleistet.

Die evangelisch-reformierte Landeskirche und ihre Kirchgemeinden, eingeschlossen die französischen Kirchgemeinschaften, die römisch-katholische Körperschaft und ihre Kirchgemeinden sowie die christ-katholische Kirchgemeinde Zürich sind staatlich anerkannte Personen des öffentlichen Rechts.

Die staatlich anerkannten kirchlichen Verbände ordnen ihre innerkirchlichen Angelegenheiten selbständig, unterstehen im übrigen aber der Oberaufsicht des Staates. Ihre Organisation sowie ihr Verhältnis zum Staate werden durch die Gesetzgebung geregelt, die auch die staatlichen Leistungen für das Kirchenwesen ordnet. Die auf historischen Rechtstiteln beruhenden Verpflichtungen des Staates bleiben gewahrt.

Die von den Stimmberechtigten zu wählenden Pfarrer der staatlich anerkannten Kirchgemeinden unterliegen alle sechs Jahre einer Bestätigungswahl. Das Wahlverfahren wird durch die Gesetzgebung bestimmt.

Für die öffentlich-rechtlich nicht anerkannten religiösen Gemeinschaften gelten die Bestimmungen des Privatrechts.

VII. Revision der Verfassung

Art. 65. Die Revision der Verfassung in ihrer Gesamtheit oder in einzelnen Teilen kann jederzeit auf dem Wege der Gesetzgebung vorgenommen werden.

Falls auf dem Wege der Volksinitiative die Revision der Gesamtverfassung beschlossen wird, findet eine Neuwahl des Kantonsrates statt, welcher die Revision an Hand zu nehmen hat.

Bezügliche Vorlagen unterliegen einer doppelten Beratung im Kantonsrate, und es soll die zweite Beratung nicht früher als zwei Monate nach Beendigung der ersten stattfinden.

Übergangsbestimmungen zu der Verfassung des eidgenössischen Standes Zürich

1. Die Artikel 11, 15, 19–21, 23–25, 59–62 und 64 der Verfassung kommen erst nach Erlass der zu ihrer Ausführung erforderlichen Gesetze zur Anwendung.
2. Art. 14, soweit derselbe die Aufhebung der Niederlassungsgebühr vorschreibt, tritt mit Beginn des nächsten Jahres in Kraft (vgl. Dispositiv 4), ebenso Art. 27.
3. Mit Bezug auf Art. 18 Ziffer 3 wird hinsichtlich der vor Annahme der Verfassung infolge Konkurses ihres Aktivbürgerrechtes verlustig gewordenen Bürger festgesetzt, dass deren Rehabilitation, sofern sie nicht vorher durch Gerichtsbeschluss ausgesprochen wird, nach Verfluss von 10 Jahren, vom Tage der Falliterklärung an gerechnet, von selbst eintritt.
4. Die Art. 1–10, 12–14, 16–18, 22, 26, 28–58, 63 und 65 kommen schon vor ihrer Weiterentwicklung durch die Gesetzgebung zur Anwendung. Es sind demnach alle mit

denselben in Widerspruch stehenden Bestimmungen von Gesetzen und Verordnungen als dahingefallen zu betrachten.
5. Für den Fall der Annahme der Verfassung wird auf den 9. Mai die Wahl des neuen Kantonsrates sowie des Regierungsrates und der beiden Mitglieder des schweizerischen Ständerates nach dem von der Verfassung vorgeschriebenen Modus vorgenommen. Der Kantonsrat tritt am zweiten Montag nach Vollzug des dritten Wahlganges zu seiner Konstituierung zusammen, und es ist mit diesem Zeitpunkt das Mandat des Verfassungsrates als erloschen zu betrachten.

Nach erfolgter Konstituierung und Eidesleistung nimmt der Kantonsrat zunächst die Beeidigung des Regierungsrates vor und erlässt hierauf vor allem eine provisorische Geschäftsordnung.

[1] OS 14, 549 und GS I, 3. Gewährleistet durch BB vom 22. Juli 1869.
[2] Fassung gemäss G vom 27. September 1998 (OS 54, 750). Gewährleistet durch BB vom 21. Dezember 1999. In Kraft seit 1. Juli 1999 (OS 55, 62).
[3] Gegenstandslos, heute Art. 173–179 und 400 StGB (SR 311.0).
[4] Fassung gemäss G vom 27. September 1998 (OS 54, 750). Gewährleistet durch BB vom 21. Dezember 1999. In Kraft seit 1. Juli 1999 (OS 55, 62).
[5] Fassung gemäss G vom 14. September 1969 (OS 43, 333). Gewährleistet durch BB vom 11. Dezember 1969.
[6] Fassung gemäss G vom 27. September 1998 (OS 54, 750). Gewährleistet durch BB vom 21. Dezember 1999. In Kraft seit 1. Juli 1999 (OS 55, 62).
[7] Aufgehoben durch G vom 27. September 1998 (OS 54, 750). Gewährleistet durch BB vom 21. Dezember 1999. In Kraft seit 1. Juli 1999 (OS 55, 62).
[8] Fassung gemäss G vom 27. September 1998 (OS 54, 750). Gewährleistet durch BB vom 21. Dezember 1999. In Kraft seit 1. Juli 1999 (OS 55, 62).
[9] Fassung gemäss G vom 6. Juni 1926 (OS 33, 336). Gewährleistet durch BB vom 9. Oktober 1926.
[10] Gegenstandslos, heute ZGB (SR 210).
[11] Fassung gemäss G vom 23. September 1990 (OS 51, 262). Gewährleistet durch BB vom 3. Oktober 1991. In Kraft seit 1. Januar 1991 (OS 51, 263).
[12] Eingefügt durch G vom 27. September 1998 (OS 54, 750). Gewährleistet durch BB vom 21. Dezember 1999. In Kraft seit 1. Juli 1999 (OS 55, 62).
[13] Fassung gemäss G vom 28. Mai 1978 (OS 46, 872). Gewährleistet durch BB vom 14. Dezember 1978.
[14] Art. 3 des Bundesgesetzes über die politischen Rechte vom 17. Dezember 1976 (SR 161.1) lautet: «Die Stimmabgabe erfolgt am politischen Wohnsitz, nämlich in der Gemeinde, wo der Stimmberechtigte wohnt und angemeldet ist. Fahrende stimmen in ihrer Heimatgemeinde.
Wer statt des Heimatscheins einen anderen Ausweis (Heimatausweis, Interimsschein usw.) hinterlegt, erwirbt nur politischen Wohnsitz, wenn er nachweist, dass er am Ort, wo der Heimatschein liegt, nicht im Stimmregister eingetragen ist.»
[15] Fassung gemäss G vom 28. Mai 1978 (OS 46, 872). Gewährleistet durch BB vom 14. Dezember 1978.
[16] Art. 2 des Bundesgesetzes über die politischen Rechte vom 17. Dezember 1976 (SR 161.1) lautet: «Vom Stimmrecht in eidgenössischen Angelegenheiten ist ausgeschlossen, wer wegen Geisteskrankheit oder Geistesschwäche (Art. 369 ZGB) entmündigt wurde.»
[17] Fassung gemäss G vom 25. November 1917 (OS 31, 5). Gewährleistet durch BB vom 27. März 1918.
[18] Eingefügt durch G vom 2. September 1979 (OS 47, 148). Gewährleistet durch BB vom 19. Juni 1980. In Kraft seit 1. Januar 1980 (OS 47, 157).
[19] Aufgehoben durch G vom 27. September 1998 (OS 54, 750). Gewährleistet durch BB vom 21. Dezember 1999. In Kraft seit 1. Juli 1999 (OS 55, 62).
[20] Fassung gemäss G vom 6. März 1988 (OS 50, 391). Gewährleistet durch BB vom 1. Mai 1988. In Kraft seit 1. Mai 1988 (OS 50, 392).
[21] Fassung gemäss G vom 27. September 1998 (OS 54, 746). Gewährleistet durch BB vom 21. Dezember 1999. In Kraft seit 1. Januar 1999 (OS 54, 903).
[22] Eingefügt durch G vom 27. September 1998 (OS 54, 746). Gewährleistet durch BB vom 21. Dezember 1999. In Kraft seit 1. Januar 1999 (OS 54, 903).

²³ Eingefügt durch G vom 27. September 1998 (OS 54, 746). Gewährleistet durch BB vom 21. Dezember 1999. In Kraft seit 1. Januar 1999 (OS 54, 903).
²⁴ Fassung gemäss G vom 27. September 1998 (OS 54, 746). Gewährleistet durch BB vom 21. Dezember 1999. In Kraft seit 1. Januar 1999 (OS 54, 903).
²⁵ Fassung gemäss G vom 27. September 1998 (OS 54, 746). Gewährleistet durch BB vom 21. Dezember 1999. In Kraft seit 1. Januar 1999 (OS 54, 903).
²⁶ Eingefügt durch G vom 27. September 1998 (OS 54, 746). Gewährleistet durch BB vom 21. Dezember 1999. In Kraft seit 1. Januar 1999 (OS 54, 903).
²⁷ Fassung gemäss G vom 12. März 2000 (OS 56, 95). Gewährleistet durch BB vom 20. März 2001. In Kraft seit 1. Juli 2001 (OS 56, 358).
²⁸ Fassung gemäss G vom 27. September 1998 (OS 54, 746). Gewährleistet durch BB vom 21. Dezember 1999. In Kraft seit 1. Januar 1999 (OS 54, 903).
²⁹ Heute obsolet, Art. 151 BV (SR 101).
³⁰ Eingefügt durch G vom 27. September 1998 (OS 54, 746). Gewährleistet durch BB vom 21. Dezember 1999. In Kraft seit 1. Januar 1999 (OS 54, 903).
³¹ Heute Art. 141 BV (SR 101).
³² Fassung gemäss G vom 24. Mai 1959 (OS 40, 657). Gewährleistet durch BB vom 7. Oktober 1959.
³³ Fassung gemäss G vom 24. Mai 1959 (OS 40, 657). Gewährleistet durch BB vom 7. Oktober 1959.
³⁴ Eingefügt durch G vom 14. September 1969 (OS 43, 333). Gewährleistet durch BB vom 11. Dezember 1969.
³⁵ Fassung gemäss G vom 27. September 1998 (OS 54, 746). Gewährleistet durch BB vom 21. Dezember 1999. In Kraft seit 1. Januar 1999 (OS 54, 903).
³⁶ Fassung gemäss G vom 12. März 2000 (OS 56, 95). Gewährleistet durch BB vom 20. März 2001. In Kraft seit 1. Juli 2001 (OS 56, 358).
³⁷ Fassung gemäss G vom 6. Juli 1941 (OS 36, 453). Gewährleistet durch BB vom 1. Oktober 1941.
³⁸ Eingefügt durch G vom 12. März 2000 (OS 56, 95). Gewährleistet durch BB vom 20. März 2001. In Kraft seit 1. Juli 2001 (OS 56, 358).
³⁹ Fassung gemäss G vom 4. Juni 1989 (OS 50, 639). Gewährleistet durch BB vom 6. Juli 1990. In Kraft seit 1. September 1990 (OS 51, 209).
⁴⁰ Fassung gemäss G vom 4. Juni 1989 (OS 50, 639). Gewährleistet durch BB vom 6. Juli 1990. In Kraft seit 1. September 1990 (OS 51, 209).
⁴¹ Fassung gemäss G vom 10. Dezember 1916 (OS 30, 387). Gewährleistet durch BB vom 30. März 1917.
⁴² Fassung gemäss G vom 27. September 1981 (OS 48, 269). Gewährleistet durch BB vom 27. September 1982.
⁴³ Heute Art. 142 Abs. 3 BV (SR 101).
⁴⁴ Heute Art. 160 Abs. 1 BV (SR 101).
⁴⁵ Fassung gemäss G vom 20. November 1932 (OS 34, 701). Gewährleistet durch BB vom 23. Dezember 1932.
⁴⁶ Fassung gemäss G vom 27. September 1998 (OS 54, 750). Gewährleistet durch BB vom 21. Dezember 1999. In Kraft seit 1. Juli 1999 (OS 55, 62).
⁴⁷ Fassung gemäss G vom 24. Mai 1959 (OS 40, 657). Gewährleistet durch BB vom 7. Oktober 1959.
⁴⁸ Fassung gemäss G vom 27. September 1998 (OS 54, 750). Gewährleistet durch BB vom 21. Dezember 1999. In Kraft seit 1. Juli 1999 (OS 55, 62).
⁴⁹ Fassung gemäss G vom 27. September 1998 (OS 54, 750). Gewährleistet durch BB vom 21. Dezember 1999. In Kraft seit 1. Juli 1999 (OS 55, 62).
⁵⁰ Fassung gemäss G vom 5. März 1916 (OS 30, 306). Gewährleistet durch BB vom 21. Juni 1916.
⁵¹ Fassung gemäss G vom 26. Februar 1899 (OS 25, 335). Gewährleistet durch BB vom 28. Juni 1899.
⁵² Fassung gemäss G vom 28. Mai 1978 (OS 46, 872). Gewährleistet durch BB vom 14. Dezember 1978. In Kraft seit 8. Juli 1978.
⁵³ Fassung gemäss G vom 24. Mai 1959 (OS 40, 657). Gewährleistet durch BB vom 7. Oktober 1959.
⁵⁴ Fassung gemäss G vom 6. Juni 1926 (OS 33, 336). Gewährleistet durch BB vom 9. Oktober 1926.
⁵⁵ Fassung gemäss G vom 7. Juli 1963 (OS 41, 458). Gewährleistet durch BB vom 4. Oktober 1963.
⁵⁶ Eingefügt durch G vom 6. Juni 1926 (OS 33, 336). Gewährleistet durch BB vom 9. Oktober 1926.
⁵⁷ Fassung gemäss G vom 6. Juni 1926 (OS 33, 336). Gewährleistet durch BB vom 9. Oktober 1926.
⁵⁸ Fassung gemäss G vom 28. Mai 1978 (OS 46, 872). Gewährleistet durch BB vom 14. Dezember 1978. In Kraft seit 8. Juli 1978.

[59] Art. 55 Abs. 2 hatte in der ursprünglichen Fassung vom 18. April 1869 (OS 14, 549) folgenden Wortlaut: «Den Gemeinden ist freigestellt, die Verwaltung aller Gemeindegüter dem Gemeinderat zu übertragen.»
[60] Fassung gemäss G vom 7. Juli 1963 (OS 41, 458). Gewährleistet durch BB vom 4. Oktober 1963.
[61] Fassung gemäss G vom 6. Juni 1926 (OS 33, 336). Gewährleistet durch BB vom 9. Oktober 1926.
[62] Siehe auch Art. 376 ZGB (SR 210).
[63] Fassung gemäss G vom 6. Juni 1926 (OS 33, 336). Gewährleistet durch BB vom 9. Oktober 1926.
[64] Siehe auch Art. 376 ZGB (SR 210).
[65] Fassung gemäss G vom 6. Juli 1941 (OS 36, 453). Gewährleistet durch BB vom 1. Oktober 1941.
[66] Fassung gemäss G vom 25. September 1977 (OS 46, 663). Gewährleistet durch BB vom 20. Juni 1978.
[67] Aufgehoben durch G vom 27. September 1998 (OS 54, 750). Gewährleistet durch BB vom 21. Dezember 1999. In Kraft seit 1. Juli 1999 (OS 55, 62).
[68] Fassung gemäss G vom 9. August 1891 (OS 22, 389). Gewährleistet durch BB vom 23. Dezember 1891.
[69] Fassung gemäss G vom 27. September 1998 (OS 54, 750). Gewährleistet durch BB vom 21. Dezember 1999. In Kraft seit 1. Juli 1999 (OS 55, 62).
[70] Art. 55bis hatte in der Fassung vom 9. August 1891 (OS 22, 389) auf die Art. 61 verweist, folgenden Wortlaut: «Der Gesetzgebung bleibt vorbehalten, für Gemeinden mit mehr als 10 000 Einwohnern in Hinsicht auf deren Organisation, deren Verwaltung, die Oberaufsicht, die Wahl der Beamten und die Abstimmungsart sowie die Besteuerung Bestimmungen aufzustellen, welche von der Verfassung abweichen.
Solche Ausnahmebestimmungen dürfen jedoch nur getroffen werden, soweit sie durch die besondern Verhältnisse gerechtfertigt sind.»
[71] Fassung gemäss G vom 14. Juni 1981 (OS 48, 221). Gewährleistet durch BB vom 15. Dezember 1981. In Kraft seit 1. Oktober 1984 (OS 49, 149).
[72] Fassung gemäss G vom 29. November 1998 (OS 55, 69). Gewährleistet durch BB vom 21. Dezember 1999. In Kraft seit 1. Juli 1999 (OS 55, 231).
[73] Aufgehoben durch G vom 13. Juni 1999 (OS 55, 423). Gewährleistet durch BB vom 14. Juni 2000. In Kraft seit 1. Februar 2000 (OS 56, 28).
[74] Eingefügt durch G vom 7. September 1975 (OS 45, 550). Gewährleistet durch BB vom 17. Dezember 1976.
[75] Fassung gemäss G vom 7. Juli 1963 (OS 41, 458). Gewährleistet durch BB vom 4. Oktober 1963.

Vernehmlassungsentwurf vom 26. Juni 2003

Wir, das Volk des Kantons Zürich,
im Wissen um die Grenzen menschlicher Macht,
im gemeinsamen Willen,
Freiheit, Recht und Menschenwürde zu schützen
und den Kanton Zürich als wirtschaftlich, kulturell und
sozial starken, weltoffenen und verantwortungsvollen
Gliedstaat der Schweizerischen Eidgenossenschaft weiterzuentwickeln,
geben uns die folgende Verfassung.

1. Kapitel Grundlagen

Art. 1 Kanton Zürich

[1] Der Kanton Zürich ist ein souveräner Stand der Schweizerischen Eidgenossenschaft. Er ist ein freiheitlicher, sozialer und demokratischer Rechtsstaat.
[2] Er gründet auf der Eigenverantwortung seiner Bürgerinnen und Bürger.
[3] Die Staatsgewalt beruht auf dem Volk. Sie wird von den Stimmberechtigten und den Behörden ausgeübt.
[4] Der Kanton anerkennt die Selbstständigkeit der Gemeinden.

Art. 2 Rechtsstaatliche Grundsätze

[1] Grundlage und Schranke staatlichen Handelns ist das Recht.
[2] Die Rückwirkung von Erlassen ist nur ausnahmsweise zulässig. Sie ist namentlich dann nicht zulässig, wenn sie zeitlich übermässig zurückgreift oder zu einer unverhältnismässigen Belastung führt.
[3] Staatliches Handeln muss im öffentlichen Interesse liegen und verhältnismässig sein.
[4] Behörden und Private handeln nach Treu und Glauben.

Art. 3 Gewaltenteilung

[1] Der Aufbau des Staates und die Ausübung staatlicher Macht beruhen auf dem Grundsatz der Gewaltenteilung.
[2] Niemand darf staatliche Macht unkontrolliert oder unbegrenzt ausüben.

Art. 4 Zusammenarbeit

[1] Der Kanton Zürich erfüllt seine Aufgaben selbstständig.
[2] Er arbeitet mit dem Bund, den anderen Kantonen und, in seinem Zuständigkeitsbereich, mit dem Ausland zusammen.
[3] Er pflegt die Zusammenarbeit mit anderen Verantwortungsträgern der Gesellschaft.

Art. 5 Subsidiarität

[1] Jede Person nimmt Verantwortung für sich selber wahr und trägt nach ihren Kräften zur Bewältigung der Aufgaben in Staat und Gesellschaft bei.
[2] Der Kanton und die Gemeinden anerkennen die Initiative von Einzelnen und von Organisationen zur Förderung des Gemeinwohls. Sie fördern die Hilfe zur Selbsthilfe.
[3] Sie nehmen Aufgaben von öffentlichem Interesse wahr, soweit Private sie nicht angemessen erfüllen.

Art. 6 Nachhaltigkeit

[1] Kanton und Gemeinden sorgen, auch für die kommenden Generationen, für die Erhaltung einer lebenswerten Umwelt.
[2] Sie sind einer nachhaltigen wirtschaftlichen, sozialen und ökologischen Entwicklung verpflichtet.

Art. 7 Dialog und Integration

[1] Kanton und Gemeinden unterstützen den Dialog zwischen Kulturen, Weltanschauungen und Religionen.
[2] Sie fördern das Zusammenleben zwischen den verschiedenen Bevölkerungsgruppen und deren Beteiligung am öffentlichen Leben.

Art. 8 Transparenz

Die Behörden informieren von sich aus und auf Anfrage über ihre Tätigkeit, soweit keine schützenswerten öffentlichen oder privaten Interessen entgegenstehen.

2. Kapitel Grundrechte

A. Grundsätze

Art. 9 Schutz der Menschenwürde

Die Würde des Menschen ist unantastbar.

Art. 10 Gewährleistung der Grundrechte

[1] Die Menschenrechte und Grundrechte sind gemäss der Bundesverfassung, der für die Schweiz verbindlichen internationalen Abkommen und nach Massgabe der Kantonsverfassung gewährleistet.
[2] Die Bestimmungen der Bundesverfassung über die Verwirklichung und die Einschränkung der Grundrechte gelten auch für die Grundrechte des kantonalen Rechts.

B. Grundrechte nach Bundesverfassung

Art. 11

Die Grundrechte der Bundesverfassung sind auch als kantonale Grundrechte gewährleistet. Dies sind namentlich:
    a. Rechtsgleichheit;
    b. Schutz vor Willkür und Wahrung von Treu und Glauben;
    c. Recht auf Leben und auf persönliche Freiheit;
    d. Schutz der Kinder und Jugendlichen;
    e. Recht auf Hilfe in Notlagen;
    f. Schutz der Privatsphäre;
    g. Recht auf Ehe und Familie;
    h. Glaubens- und Gewissensfreiheit;

i. Meinungs- und Informationsfreiheit;
j. Medienfreiheit;
k. Sprachenfreiheit;
l. Anspruch auf Grundschulunterricht;
m. Wissenschaftsfreiheit;
n. Kunstfreiheit;
o. Versammlungsfreiheit;
p. Vereinigungsfreiheit;
q. Niederlassungsfreiheit;
r. Schutz vor Ausweisung, Auslieferung und Ausschaffung;
s. Eigentumsgarantie;
t. Wirtschaftsfreiheit;
u. Koalitionsfreiheit;
v. Allgemeine Verfahrensgarantien;
w. Garantien in gerichtlichen Verfahren und in Strafverfahren;
x. Garantien bei Freiheitsentzug;
y. Petitionsrecht;
z. Politische Rechte.

C. Grundrechte des kantonalen Rechts

Art. 12   Recht auf Unversehrtheit

[1] Jeder Mensch hat das Recht auf körperliche, geistige und psychische Unversehrtheit.
[2] Verboten sind:
    a. jegliche Folter und sexuelle Ausbeutung, sowie Menschenhandel;
    b. die entwürdigende Verwendung des Menschen als Mittel zum Zweck, namentlich medizinische und wissenschaftliche Versuche an Menschen ohne deren vorgängige Aufklärung und Einwilligung.
[3] Jeder Mensch hat Anspruch darauf, dass sein Körper nach dem Tod respektvoll behandelt und menschenwürdig bestattet wird.

Art. 13   Rechtsgleichheit

[1] Niemand darf wegen genetischer Merkmale oder der sexuellen Orientierung diskriminiert werden.
[2] Menschen mit Behinderungen haben Anspruch auf Zugang zu Bauten, Anlagen und Einrichtungen sowie zu Leistungen, die für die Öffentlichkeit bestimmt sind. Entsprechende Massnahmen müssen wirtschaftlich zumutbar sein.
[3] Um die tatsächliche Gleichstellung zu erreichen, sind Fördermassnahmen zu Gunsten von Benachteiligten zulässig.

Art. 14   Gebärdensprache

Die Sprachenfreiheit umfasst auch die Gebärdensprache.

Art. 15   Formen des Zusammenlebens

Jeder Mensch hat das Recht, die Form des partnerschaftlichen Zusammenlebens frei zu wählen. Der Staat kann neben der Ehe auch andere Formen des Zusammenlebens anerkennen.

Art. 16 Recht auf Bildung

[1] Der Unterricht an öffentlichen Grund-, Berufs- und Mittelschulen ist unentgeltlich. Schulpflichtige, für die der Schulbesuch wegen der Lage ihres Wohnorts, wegen einer Behinderung oder aus sozialen Gründen erschwert ist, haben Anspruch auf Unterstützung.
[2] Jeder Mensch, welchem die spätere schulische und berufliche Aus- und Weiterbildung auf Grund seiner wirtschaftlichen Leistungsfähigkeit nicht möglich oder erschwert ist, hat Anspruch auf entsprechende Beihilfen.

Art. 17 Unterrichtsfreiheit

Die Unterrichtsfreiheit ist gewährleistet.

Art. 18 Schulfreiheit

Das Recht auf Gründung, Organisation und Besuch privater Bildungsstätten ist gewährleistet.

Art. 19 Niederlassungsfreiheit

Das Recht, sich in jeder Gemeinde des Kantons niederzulassen, steht auch Ausländerinnen und Ausländern zu, soweit das Bundesrecht dies vorsieht.

Art. 20 Petitionsrecht

Das Petitionsrecht umfasst auch die Pflicht der Behörden, die ihnen unterbreiteten Petitionen zu prüfen und dazu innerhalb von sechs Monaten Stellung zu nehmen.

Art. 21 Demonstrationsfreiheit

[1] Die Demonstrationsfreiheit ist gewährleistet.
[2] Kundgebungen auf öffentlichem Grund unterliegen nur dann einer Melde- oder Bewilligungspflicht, wenn das Gesetz dies vorsieht.

Art. 22 Zugang zu amtlichen Dokumenten

Jede Person hat das Recht auf Zugang zu amtlichen Dokumenten, soweit keine überwiegenden öffentlichen oder privaten Interessen entgegenstehen.

Art. 23 Rechtsweggarantie

[1] Jede Person hat Anspruch darauf, dass ihre Rechtsstreitigkeiten von einer richterlichen Behörde beurteilt werden.
[2] Das Gesetz kann Ausnahmen vorsehen.

Art. 24 Verfahrensgarantien

[1] Jede Person hat vor Gerichts- und Verwaltungsinstanzen Anspruch auf rasche und wohlfeile Erledigung des Verfahrens.
[2] Die Parteien haben Anspruch auf einen begründeten Entscheid mit Rechtsmittelbelehrung.

3. Kapitel Sozialziele

Art. 25

¹ Die Sozialziele der Bundesverfassung sind auch kantonale Sozialziele. Kanton und Gemeinden setzen sich in Ergänzung zu persönlicher Verantwortung und privater Initiative dafür ein, dass:
- a. jeder Mensch an der sozialen Sicherheit teilhat;
- b. jeder Mensch die für seine Gesundheit notwendige Pflege erhält;
- c. Familien als Gemeinschaften von Erwachsenen und Kindern geschützt und gefördert werden;
- d. Erwerbsfähige ihren Lebensunterhalt durch Arbeit zu angemessenen Bedingungen bestreiten können;
- e. Wohnungssuchende für sich und ihre Familie eine angemessene Wohnung zu tragbaren Bedingungen finden können;
- f. Kinder und Jugendliche sowie Menschen im erwerbsfähigen Alter sich nach ihren Fähigkeiten bilden, aus- und weiterbilden können;
- g. Kinder und Jugendliche in ihrer Entwicklung zu selbstständigen und sozial verantwortlichen Menschen gefördert und in ihrer sozialen, kulturellen und politischen Integration unterstützt werden.

² Kanton und Gemeinden setzen sich im Weiteren dafür ein, dass
- a. Eltern vor und nach der Geburt eines Kindes materiell gesichert sind;
- b. Voraussetzungen für die Betreuung von Kindern innerhalb und ausserhalb der Familie geschaffen werden.

³ Kanton und Gemeinden streben die Verwirklichung der Sozialziele im Rahmen ihrer Zuständigkeiten und ihrer verfügbaren Mittel an.

⁴ Aus den Sozialzielen können keine unmittelbaren Ansprüche auf staatliche Leistungen abgeleitet werden.

4. Kapitel Bürgerrecht

Art. 26   Bürgerrecht

¹ Das Kantonsbürgerrecht beruht auf dem Gemeindebürgerrecht.

² Das Gesetz bestimmt im Rahmen des Bundesrechts abschliessend die Voraussetzungen für den Erwerb und den Verlust des Kantons- und des Gemeindebürgerrechts.

³ Die Gemeinde legt in der Gemeindeordnung fest, welche von den Stimmberechtigten gewählte Behörde das Gemeindebürgerrecht erteilt.

⁴ Das Kantonsbürgerrecht wird vom Regierungsrat oder von der von ihm bezeichneten Direktion erteilt.

5. Kapitel Volksrechte

A. Stimm- und Wahlrecht

Art. 27

Das Stimm- und Wahlrecht und die weiteren politischen Rechte in Kantons- und Gemeindeangelegenheiten stehen allen Schweizerinnen und Schweizern zu, die im Kanton wohnen, das 18. Lebensjahr zurückgelegt haben und in eidgenössischen Angelegenheiten stimmberechtigt sind.

B. Initiativrecht

Art. 28 Gegenstand der Initiative

Mit einer Initiative kann jederzeit verlangt werden:
  a. die Total- oder die Teilrevision der Verfassung (Verfassungsinitiative);
  b. der Erlass, die Änderung oder die Aufhebung eines Gesetzes (Gesetzesinitiative);
  c. der Erlass, die Änderung oder die Aufhebung eines referendumsfähigen Kantonsratsbeschlusses;
  d. die Einreichung einer Standesinitiative;
  e. die Aufnahme von Verhandlungen über Abschluss oder Änderung eines interkantonalen oder internationalen Vertrages, der dem Referendum untersteht, oder die Kündigung eines solchen Vertrages.

Art. 29 Urheber der Initiative

Eine Initiative können einreichen:
  a. 10 000 Stimmberechtigte (Volksinitiative);
  b. eine oder mehrere Behörden (Behördeninitiative);
  c. eine einzelne stimmberechtigte Person (Einzelinitiative).

Art. 30 Form der Initiative

[1] Eine Initiative kann als allgemeine Anregung oder als ausgearbeiteter Entwurf eingereicht werden. Die Initiative auf Totalrevision der Kantonsverfassung kann nur als allgemeine Anregung eingereicht werden.
[2] Die Initiative muss einen Titel tragen. Dieser darf nicht irreführend sein.
[3] Ist die Initiative in der Form nicht einheitlich, so wird sie als allgemeine Anregung behandelt.
[4] Hat sie die Form der allgemeinen Anregung, so bestimmt der Kantonsrat, in welcher Rechtsform sie umgesetzt wird.

Art. 31 Vorprüfung der Volksinitiative

Eine Volksinitiative wird vor Beginn der Unterschriftensammlung auf Einhaltung der Formvorschriften geprüft.

Art. 32 Zustandekommen der Volksinitiative

Die Volksinitiative kommt zustande, wenn sie innert 9 Monaten nach Abschluss der Vorprüfung mit den erforderlichen Unterschriften eingereicht wird.

Art. 33 Gültigkeit

Eine Initiative ist gültig, wenn sie:
  a. die Einheit der Materie wahrt;
  b. nicht gegen übergeordnetes Recht verstösst;
  c. nicht offensichtlich undurchführbar ist.

Art. 34 Verfahren bei Volksinitiativen

[1] Die Volksabstimmung über eine Initiative findet innert 30 Monaten nach Einreichung statt.
[2] Beschliesst der Kantonsrat bei einer Initiative in der Form der allgemeinen Anregung, keine ausformulierte Vorlage ausarbeiten zu lassen, so findet die Volksabstimmung innert 18 Monaten nach Einreichung der Initiative statt.

Art. 35 Gegenvorschlag bei Volksinitiativen

[1] Der Kantonsrat kann einer Initiative oder der Vorlage, die er auf Grund einer Volksinitiative ausgearbeitet hat, in der Volksabstimmung einen Gegenvorschlag gegenüberstellen. Dieser muss die gleiche Rechtsform haben wie die Hauptvorlage.
[2] Arbeitet der Kantonsrat einen Gegenvorschlag aus, so findet die Volksabstimmung innert 36 Monaten nach Einreichung der Initiative statt.

Art. 36 Verfahren bei Behörden- und Einzelinitiative

[1] Unterstützen 60 Mitglieder des Kantonsrates eine Behörden- oder Einzelinitiative vorläufig, so wird sie dem Regierungsrat zu Bericht und Antrag überwiesen.
[2] Kommt die vorläufige Unterstützung nicht zu Stande oder findet die Initiative in der Beratung über den Antrag der Regierung keine Mehrheit im Kantonsrat, so ist die Initiative gescheitert.

Art. 37 Volksmotion

[1] 300 Stimmberechtigte können dem Kantonsrat eine Volksmotion einreichen.
[2] Der Kantonsrat überweist die Volksmotion dem Regierungsrat zur Weiterbehandlung oder lehnt sie ab. Er entscheidet auf Grund einer Stellungnahme und eines Antrages des Regierungsrates.

C. Volksabstimmungen

Art. 38 Obligatorisches Referendum

Dem Volk werden zur Abstimmung unterbreitet:
  a. Verfassungsänderungen;
  b. interkantonale und internationale Verträge, deren Inhalt Verfassungsrang hat;
  c. Volksinitiativen in der Form des ausgearbeiteten Entwurfs, denen der Kantonsrat nicht zustimmt;
  d. Volksinitiativen in der Form der allgemeinen Anregung, die der Kantonsrat nicht umsetzen will;
  e. Volksinitiativen, denen der Kantonsrat einen Gegenentwurf gegenüberstellt.

Art. 39 Fakultatives Referendum

¹ Dem Volk werden auf Verlangen zur Abstimmung unterbreitet:
    a. der Erlass, die Änderung oder die Aufhebung von Gesetzen;
    b. interkantonale und internationale Verträge, deren Inhalt Gesetzesrang hat;
    c. Beschlüsse des Kantonsrates, die durch Gesetz dem Referendum unterstellt sind;
    d. Beschlüsse des Kantonsrates über:
        1. neue einmalige Ausgaben von mehr als 6 Millionen Franken,
        2. neue wiederkehrende Ausgaben von mehr als 600 000 Franken;
    e. Beschlüsse des Kantonsrates von grundlegender Bedeutung, die langfristige Auswirkungen auf die allgemeinen Lebensgrundlagen haben;
    f. die Grundzüge der Vernehmlassung des Kantons zu Vorlagen des Bundes, die von grundlegender Bedeutung sind, langfristige Auswirkungen auf die allgemeinen Lebensgrundlagen haben und auf Bundesebene nicht dem Referendum unterstellt sind.

² Eine Volksabstimmung können verlangen:
    a. 3000 Stimmberechtigte (Volksreferendum);
    b. 18 politische Gemeinden sowie die Stadt Zürich oder die Stadt Winterthur (Gemeindereferendum);
    c. 45 Mitglieder des Kantonsrates (Kantonsratsreferendum).

³ Die Volksabstimmung muss innert 60 Tagen nach der amtlichen Veröffentlichung des Kantonsratsbeschlusses schriftlich verlangt werden. Beim Kantonsratsreferendum beträgt die Frist 14 Tage ab Beschluss des Rates.

⁴ Die Gemeinden bestimmen, welches Organ das Gemeindereferendum ergreifen kann. Die Stadt Zürich und die Stadt Winterthur können nur mit Beschluss ihres Parlaments das Referendum alleine ergreifen.

Art. 40 Teil- und Variantenabstimmung

¹ Für den Fall einer Volksabstimmung kann der Kantonsrat ausnahmsweise beschliessen:
    a. der ganzen Vorlage oder einzelnen Bestimmungen eine Variante gegenüberzustellen;
    b. zusätzlich zur ganzen Vorlage auch über einzelne Bestimmungen abstimmen zu lassen.

² Findet keine Volksabstimmung statt, gilt die vom Kantonsrat verabschiedete Hauptvorlage.

Art. 41 Referendum mit Gegenvorschlag von Stimmberechtigten

¹ 3000 Stimmberechtigte können das Referendum ergreifen, indem sie zu einer Vorlage innert 60 Tagen nach ihrer amtlichen Veröffentlichung einen ausformulierten Gegenvorschlag einreichen.

² Der Kantonsrat nimmt zu diesem Gegenvorschlag Stellung.

Art. 42 Abstimmungsverfahren bei konkurrierenden Vorlagen

¹ Das Volk stimmt gleichzeitig ab über:
    a. Initiative und Gegenvorschlag des Kantonsrates;
    b. Vorlage des Kantonsrates und Gegenvorschlag von Stimmberechtigten;
    c. zwei einander ausschliessende Initiativen.

² Die Stimmberechtigten können beiden Vorlagen zustimmen und angeben, welche sie bevorzugen, falls beide angenommen werden.

³ Liegen zu einem Gegenstand drei oder mehr Vorlagen vor, so wird über sie paarweise in der Reihenfolge ihres Zustandekommens abgestimmt.

Art. 43 Dringlichkeitsrecht

¹ Gesetze, deren Inkrafttreten keinen Aufschub erträgt, können vom Kantonsrat mit einer Mehrheit von zwei Dritteln der anwesenden Mitglieder sofort in Kraft gesetzt werden.
² Wird das Referendum ergriffen, so findet die Volksabstimmung innert sechs Monaten nach Inkrafttreten des Gesetzes statt.
³ Wird das Gesetz abgelehnt, so tritt es unmittelbar nach der Volksabstimmung ausser Kraft.

D. Kultur der Demokratie

Art. 44 Demokratisches Engagement

¹ Kanton und Gemeinden unterstützen das demokratische politische Engagement und fördern die demokratische Auseinandersetzung.
² Sie tragen zur Vorbereitung der Jugendlichen auf die Mitwirkung und Mitverantwortung in Staat und Gesellschaft bei.

Art. 45 Politische Parteien

¹ Politische Parteien sind wesentliche Träger der Demokratie und wirken bei der Meinungs- und Willensbildung der Stimmberechtigten mit.
² Kanton und Gemeinden können sie dabei unterstützen, sofern ihre Ziele und ihr Aufbau demokratischen und rechtsstaatlichen Grundsätzen entsprechen. Direkte finanzielle Unterstützung ist ausgeschlossen, ausgenommen diejenige an die Fraktionen.

Art. 46 Information vor Volksabstimmungen

Die Behörden informieren die Bevölkerung vor Volksabstimmungen umfassend, sachgerecht und bürgernah und ermöglichen die freie Meinungsbildung.

6. Kapitel Behörden

A. Allgemeine Bestimmungen

Art. 47 Wählbarkeit

¹ In die kantonalen Behörden und den Ständerat sind alle Stimmberechtigten des Kantons wählbar.
² Wer in die übrigen Behörden gewählt werden kann, bestimmt das Gesetz.

Art. 48 Amtsdauer

¹ Die Amtsdauer der Behördenmitglieder beträgt vier Jahre.
² Für die Richterinnen und Richter beträgt sie sechs Jahre.

Art. 49 Unvereinbarkeit

¹ Die Mitglieder des Kantonsrates, des Regierungsrates, der obersten kantonalen Gerichte und der kantonalen Ombudsstelle dürfen nicht gleichzeitig einer anderen dieser Behörden angehören.
² Das Gesetz kann weitere Unvereinbarkeiten vorsehen.

Art. 50 Ausstand

¹ Wer öffentliche Aufgaben wahrnimmt, tritt bei Geschäften, die ihn oder sie unmittelbar betreffen, in den Ausstand. Ausgenommen ist die Rechtsetzung im Parlament.
² Das Gesetz kann weitere Ausstandsgründe vorsehen.

Art. 51 Immunität

¹ Die Mitglieder des Kantonsrates und des Regierungsrates äussern sich im Kantonsrat frei und können dafür nicht belangt werden.
² Der Kantonsrat kann die Immunität mit Zustimmung von zwei Dritteln der anwesenden Mitglieder aufheben.
³ Die Strafverfolgung der Mitglieder des Regierungsrates und der obersten kantonalen Gerichte wegen Handlungen und Äusserungen im Amt ist nur mit vorheriger Zustimmung des Kantonsrates zulässig.

Art. 52 Nebenamtliche Behördentätigkeit

Kanton und Gemeinden schaffen günstige Rahmenbedingungen für die nebenamtliche Tätigkeit in Behörden.

Art. 53 Staatshaftung

¹ Der Kanton, die Gemeinden und die Organisationen des öffentlichen Rechts haften kausal für den Schaden, der durch rechtswidrige amtliche Tätigkeit oder Unterlassung der Behörden oder Personen in ihrem Dienst verursacht worden ist.
² Das Gesetz kann vorsehen, dass der Staat aus Billigkeit auch für Schaden aufkommt, der durch rechtmässige amtliche Tätigkeit der Behörden verursacht worden ist.
³ Private, die öffentliche Aufgaben erfüllen, haften kausal für den Schaden, den sie dabei verursachen. Die auftraggebende Stelle haftet subsidiär.

Art. 54 Arbeitsverhältnisse und Verantwortlichkeit

¹ Das Arbeitsverhältnis des Staats- und Gemeindepersonals untersteht dem öffentlichen Recht.
² Das Gesetz regelt die Verantwortlichkeit gegenüber Kanton und Gemeinden von:
    a. Staats- und Gemeindepersonal;
    b. Behördenmitgliedern;
    c. Privaten, die öffentliche Aufgaben wahrnehmen.

Art. 55 Amtssprache

Die Amtssprache ist Deutsch.

Art. 56 Rechtsetzung

¹ Alle wichtigen Rechtssätze des kantonalen Rechts werden in der Form des Gesetzes erlassen. Dazu gehören namentlich die wesentlichen Bestimmungen über:
    a. die Ausübung der Volksrechte;
    b. die Einschränkung verfassungsmässiger Rechte;
    c. Organisation und Aufgaben der Behörden;
    d. Voraussetzungen und Bemessungsgrundlagen von Steuern und andern Abgaben, mit Ausnahme von Gebühren in geringer Höhe;

e. Zweck, Art und Umfang staatlicher Leistungen;
f. dauernde oder wiederkehrende Aufgaben des Kantons;
g. die Übertragung von Aufgaben an die Gemeinden.

[2] Weniger wichtige Rechtssätze, namentlich solche über den Vollzug der Gesetze, werden in der Form der Verordnung erlassen.

[3] Verfassung und Gesetz bestimmen, welche Behörden Verordnungen erlassen können.

B. Kantonsrat

Art. 57 Funktion und Zusammensetzung

[1] Der Kantonsrat übt im Zusammenwirken mit den Stimmberechtigten die verfassungs- und gesetzgebende Gewalt aus.

[2] Er ist ein Milizparlament und besteht aus 180 Mitgliedern.

Art. 58 Wahl

[1] Die Mitglieder des Kantonsrates werden vom Volk im Verhältniswahlverfahren gewählt.

Beratung und Beschlussfassung zu Abs. 2 (Wahlkreiseinteilung) werden gemäss Beschluss des Plenums vom 15. Mai 2003 bis nach der Öffentlichen Vernehmlassung ausgesetzt.

Art. 59 Unabhängigkeit der Mitglieder

[1] Die Mitglieder des Kantonsrates stimmen ohne Weisungen.

[2] Sie legen ihre Interessenbindungen offen.

Art. 60 Öffentlichkeit der Verhandlungen

Die Verhandlungen des Kantonsrates sind öffentlich.

Art. 61 Rechtsetzung

[1] Der Kantonsrat beschliesst über:
  a. Vorlagen zur Änderung der Verfassung;
  b. Gesetze;
  c. interkantonale und internationale Verträge, soweit nicht der Regierungsrat zuständig ist.

[2] Vorbehalten bleiben die Volksrechte.

Art. 62 Planung

[1] Der Kantonsrat nimmt zu grundlegenden Plänen der staatlichen Tätigkeit Stellung; er äussert sich insbesondere zu Schwerpunkten der Aufgaben- und Finanzplanung.

[2] Er beschliesst über die Grundzüge der räumlichen Entwicklung.

Art. 63 Finanzbefugnisse

[1] Der Kantonsrat beschliesst über:
  a. neue einmalige Ausgaben von mehr als 3 Millionen Franken;
  b. neue wiederkehrende Ausgaben von mehr als 300 000 Franken;

c. die Veräusserung von Vermögenswerten über 3 Millionen Franken, die öffentlichen Zwecken dienen;
d. das Budget;
e. den Steuerfuss für die Staatssteuer;
f. die Genehmigung der Staatsrechnung.

² Der Zustimmung der Mehrheit der Mitglieder bedürfen:
a. Ausgabenbeschlüsse;
b. Beschlüsse, die zu Mehrausgaben oder einer Saldoverschlechterung gegenüber dem Budgetantrag des Regierungsrates führen;
c. Bestimmungen, die Staatsbeiträge oder Finanzausgleichsbeträge betreffen und Mehrausgaben nach sich ziehen können.

Art. 64 Parlamentarische Kontrolle

¹ Der Kantonsrat übt die Kontrolle über Regierung, Verwaltung und andere Träger öffentlicher Aufgaben sowie über den Geschäftsgang der obersten kantonalen Gerichte aus.
² Das Gesetz bestimmt die dafür notwendigen Auskunfts- und Einsichtsrechte.

Art. 65 Wahlbefugnisse

Der Kantonsrat wählt seine eigenen Organe und nimmt die weiteren ihm übertragenen Wahlen vor.

Art. 66 Weitere Aufgaben und Befugnisse

¹ Der Kantonsrat kann:
a. im Namen des Kantons auf Bundesebene das fakultative Referendum ergreifen;
b. der Bundesversammlung eine Standesinitiative einreichen.

² Er beschliesst über:
a. Begnadigungsgesuche, die vom Regierungsrat befürwortet werden;
b. Vorlagen, die dem fakultativen Referendum unterstehen.

³ Der Kantonsrat kann den Regierungsrat mit der Erarbeitung von Vorlagen beauftragen, die in seiner Zuständigkeit liegen.
⁴ Das Gesetz kann dem Kantonsrat weitere Aufgaben und Befugnisse übertragen.

C. Regierungsrat

Art. 67 Funktion und Zusammensetzung

¹ Der Regierungsrat ist die oberste leitende und vollziehende Behörde des Kantons.
² Er besteht aus sieben vollamtlichen Mitgliedern.
³ Er wählt für je ein Jahr seine Präsidentin oder seinen Präsidenten und seine Vizepräsidentin oder seinen Vizepräsidenten.

Art. 68 Wahl

¹ Die Mitglieder des Regierungsrates werden gleichzeitig mit dem Kantonsrat vom Volk gewählt.
² Die Wahl erfolgt nach dem Mehrheitswahlverfahren.
³ Der ganze Kanton bildet den Wahlkreis.

Art. 69 Nebentätigkeit

[1] Die Mitglieder des Regierungsrates dürfen keine andere bezahlte Tätigkeit ausüben.
[2] Ausgenommen ist die vom Kantonsrat bewilligte Vertretung des Kantons in Organisationen des öffentlichen und privaten Rechts.
[3] Höchstens zwei Mitglieder des Regierungsrates dürfen der Bundesversammlung angehören.

Art. 70 Stellung gegenüber dem Kantonsrat

Die Mitglieder des Regierungsrates haben in den Verhandlungen des Kantonsrates und seiner Kommissionen beratende Stimme und Antragsrecht.

Art. 71 Organisation

[1] Der Regierungsrat fasst seine Beschlüsse als Kollegialbehörde.
[2] Die Vorbereitung der Regierungsgeschäfte und der Vollzug der Beschlüsse werden auf Direktionen verteilt.
[3] Der Regierungsrat kann den Direktionen und den ihnen unterstellten Verwaltungseinheiten Geschäfte zur selbstständigen Erledigung übertragen.
[4] Jeder Direktion steht ein Mitglied des Regierungsrates vor.

Art. 72 Planung

[1] Der Regierungsrat bestimmt auf Grund einer langfristigen Betrachtung die Ziele und die Mittel seiner Regierungspolitik.
[2] Zu Beginn jeder Amtsperiode erstellt er ein Regierungsprogramm.

Art. 73 Rechtsetzung

[1] Der Regierungsrat leitet in der Regel das Vorverfahren der Rechtsetzung. Er weist in seinen Berichten auf die langfristigen sozialen, wirtschaftlichen und ökologischen Auswirkungen hin.
[2] Er kann Verordnungen über den Vollzug von Gesetzen erlassen.

Art. 74 Finanzbefugnisse

[1] Der Regierungsrat erarbeitet den Budgetantrag und die Staatsrechnung.
[2] Er beschliesst im Rahmen des Budgets über:
    a. neue einmalige Ausgaben bis 3 Millionen Franken;
    b. neue wiederkehrende Ausgaben bis 300 000 Franken;
    c. gebundene Ausgaben.
[3] Er beschliesst über die Veräusserung von Vermögenswerten bis 3 Millionen Franken, die öffentlichen Zwecken dienen.

Art. 75 Interkantonale und internationale Zusammenarbeit

[1] Der Regierungsrat handelt interkantonale und internationale Verträge aus. Er ist im Rahmen seiner Verordnungskompetenz allein für deren Abschluss zuständig.
[2] Er informiert die zuständige Kommission des Kantonsrates laufend und umfassend über Vorhaben der interkantonalen und internationalen Zusammenarbeit.

Art. 76 Leitung der Verwaltung

[1] Der Regierungsrat leitet die kantonale Verwaltung und bestimmt im Rahmen des Gesetzes deren Organisation.
[2] Er sorgt dafür, dass die Verwaltung rechtmässig, effizient, kooperativ, sparsam und bürgerfreundlich handelt.
[3] Er beaufsichtigt die weiteren Träger öffentlicher Aufgaben, soweit nach Gesetz nicht der Kantonsrat zuständig ist.

Art. 77 Weitere Aufgaben

[1] Der Regierungsrat vollzieht die Verfassung, die Gesetze, Verordnungen, Beschlüsse des Kantonsrates und die vollstreckbaren Urteile.
[2] Der Regierungsrat:
 a. wahrt die öffentliche Ordnung und Sicherheit;
 b. bereitet Wahlen und Abstimmungen vor und führt sie durch;
 c. vertritt den Kanton nach innen und aussen;
 d. nimmt die ihm übertragenen Wahlen vor;
 e. berichtet dem Kantonsrat jährlich über seine Tätigkeit;
 f. nimmt Stellung im Rahmen von Vernehmlassungsverfahren und im Hinblick auf aussenpolitische Entscheide des Bundes und teilt die Stellungnahme dem Kantonsrat mit;
 g. erfüllt alle in Verfassung und Gesetz genannten weiteren Aufgaben, soweit sie nicht einer anderen Behörde zugewiesen sind.

Art. 78 Notstand

[1] Ist die öffentliche Sicherheit schwer wiegend gestört oder unmittelbar bedroht, so kann der Regierungsrat auch ohne gesetzliche Grundlage Massnahmen ergreifen, insbesondere Notverordnungen erlassen.
[2] Notverordnungen unterbreitet er unverzüglich dem Kantonsrat zur Genehmigung. Sie fallen spätestens ein Jahr nach ihrem Inkrafttreten dahin.

D. Rechtspflege

Art. 79 Aufgaben und Stellung der Gerichte

[1] Die Gerichte entscheiden Streitsachen und Straffälle, die ihnen das Gesetz zuweist. Das Gesetz kann ihnen weitere Aufgaben übertragen.
[2] Die Gerichte sind in ihrer Rechtsprechung von den anderen Staatsgewalten unabhängig. Ein rechtskräftiger Entscheid einer Gerichtsinstanz kann von keiner der andern Gewalten aufgehoben oder geändert werden.
[3] Unter der Leitung der obersten kantonalen Gerichte verwalten sie sich selbst. Das Gesetz sieht hierzu gemeinsame Organe der obersten kantonalen Gerichte vor.

Art. 80 Grundsätze der Gerichtsorganisation

[1] Die Gerichtsorganisation und das Verfahren gewährleisten eine verlässliche und rasche Rechtsprechung.
[2] Die obersten kantonalen Gerichte sind das Kassationsgericht, das Obergericht, das Verwaltungsgericht und das Sozialversicherungsgericht.

³ Sie sind in erster Linie Rechtsmittelinstanz. Das Gesetz kann ihnen auch erstinstanzliche Funktionen übertragen.
⁴ Die erstinstanzlichen Gerichte sind der Gebietsorganisation folgend oder nach Sachgebieten einzurichten.

Art. 81 Gerichtsbarkeit

¹ Die Zivilgerichtsbarkeit wird ausgeübt durch:
    a. die Friedensrichter und Friedensrichterinnen;
    b. die Bezirksgerichte;
    c. das Obergericht und das diesem angegliederte Handelsgericht;
    d. das Kassationsgericht.
² Die Strafgerichtsbarkeit wird ausgeübt durch:
    a. die Bezirksgerichte;
    b. das Obergericht und das diesem angegliederte Geschworenengericht;
    c. das Kassationsgericht.
³ Die Verwaltungsgerichtsbarkeit wird ausgeübt durch:
    a. die Rekursgerichte;
    b. das Verwaltungsgericht;
    c. das Sozialversicherungsgericht.
⁴ Das Gesetz kann Rechtsprechungsbefugnisse auf weitere bestehende Behörden übertragen.

Art. 82 Wahl

¹ Der Kantonsrat wählt die Mitglieder und Ersatzmitglieder der für das gesamte Kantonsgebiet zuständigen Gerichte. Eine vom Kantonsrat bestimmte Kommission prüft die Kandidaturen.
² Die Mitglieder der übrigen Gerichte werden vom Volk, die Ersatzmitglieder von der übergeordneten Gerichtsinstanz gewählt.
³ Das Gesetz legt die Wählbarkeitsvoraussetzungen fest. Diese gewährleisten die fachlichen Voraussetzungen zur Ausübung des Richteramtes.

Art. 83 Zivil- und Strafrechtspflege

¹ Für Zivil- und Strafverfahren sieht das Gesetz zwei gerichtliche Instanzen vor.
² Die zweite Instanz prüft umfassend, ob die Vorinstanz das Recht richtig angewandt hat. Sie muss bezüglich der Feststellung des Sachverhaltes mindestens offensichtliche Fehler richtig stellen können.
³ Ist der Weiterzug an ein eidgenössisches Gericht nicht möglich, so kann das Gesetz eine dritte Instanz vorsehen. Diese überprüft die Entscheide auf Willkür und schwere Verfahrensmängel.

Art. 84 Verwaltungsrechtspflege

¹ Für Anordnungen, die im Verwaltungsverfahren ergangen sind, gewährleistet das Gesetz die wirksame Überprüfung durch eine Rekursinstanz sowie den Weiterzug an ein Gericht. Das Gesetz sieht in begründeten Fällen Ausnahmen vor.
² Entscheide im Klageverfahren können an eine zweite gerichtliche Instanz weitergezogen werden.

Art. 85 Öffentlichkeit der Entscheide

[1] Rechtspflegeentscheide werden auf angemessene Weise der Öffentlichkeit zugänglich gemacht. Der Schutz der Persönlichkeit bleibt gewahrt.
[2] Die Entscheidungspraxis wird veröffentlicht.

Art. 86 Normenkontrolle

[1] Die Gerichte und die vom Volk gewählten kantonalen Behörden wenden Bestimmungen, die gegen übergeordnetes Recht verstossen, nicht an.
[2] Kantonale Erlasse mit Ausnahme der Verfassung und der Gesetze können bei einem vom Gesetz bezeichneten obersten Gericht angefochten werden, wenn geltend gemacht wird, dass sie gegen übergeordnetes Recht verstossen.
[3] Die Anfechtbarkeit kommunaler Erlasse regelt das Gesetz.

E. Bezirksbehörden

Art. 87 Einteilung des Kantons

[1] Der Kanton ist in Bezirke eingeteilt. Das Gesetz bezeichnet ihre Gebiete.
[2] Kantonale Aufgaben, die dezentral zu erfüllen sind, obliegen den Bezirksbehörden.
[3] Das Gesetz kann aus wichtigen Gründen im Einzelfall eine andere Gebietseinteilung festlegen.

Als Varianten werden vom Verfassungsrat im Rahmen des Vernehmlassungsverfahrens das Modell Zweckgemeinden und das Modell Regionalisierung zur Diskussion gestellt (vgl. Seite 1376).

Art. 88 Behörden

[1] Die Behörden der Bezirke sind:
    a. die Statthalterin oder der Statthalter;
    b. der Bezirksrat;
    c. die gerichtlichen Instanzen;
    d. die weiteren vom Gesetz bezeichneten Behörden.
[2] Sie werden von den Stimmberechtigten des Bezirks gewählt.
[3] Die Bezirksbehörden erfüllen die Aufgaben, die ihnen das Gesetz überträgt, insbesondere solche der Aufsicht, der Rechtsprechung und der Verwaltung.

F. Weitere Behörden

Art. 89 Ombudsstelle

[1] Die Ombudsstelle vermittelt zwischen Privatpersonen und der kantonalen Verwaltung oder Privaten, die kantonale Aufgaben wahrnehmen.
[2] Sie ist von der Verwaltung unabhängig.
[3] Der Kantonsrat wählt eine Ombudsperson, welche die Ombudsstelle leitet.

Art. 90 Ständerat

[1] Die beiden Mitglieder des Ständerates werden vom Volk gewählt.

² Die Amtsdauer beträgt vier Jahre. Die Wahl erfolgt gleichzeitig mit der Wahl des Nationalrates.
³ Die Wahl erfolgt nach dem Mehrheitswahlverfahren. Der ganze Kanton bildet den Wahlkreis.
⁴ Schweizerinnen und Schweizer, die im Ausland wohnen und bei eidgenössischen Vorlagen im Kanton Zürich stimmberechtigt sind, können sich an der Wahl beteiligen.

7. Kapitel Gemeinden

A. Allgemeine Bestimmungen

Art. 91   Arten und Aufgaben

¹ Die politischen Gemeinden nehmen alle öffentlichen Angelegenheiten wahr, für die weder Bund noch Kanton zuständig sind.
² Aufgaben in Schule und Bildung können sie an Schulgemeinden übertragen.
³ Die politischen Gemeinden und die Schulgemeinden sind selbstständige Körperschaften des öffentlichen Rechts.

Art. 92   Änderung im Bestand

¹ Für die Bildung neuer oder die Vereinigung oder Auflösung bestehender Gemeinden ist die Zustimmung der Mehrheit der Stimmenden in jeder vom Entscheid betroffenen Gemeinde erforderlich.
² Die Stimmberechtigten entscheiden an der Urne.
³ Gemeinden, die sich zusammenschliessen wollen, werden in ihren Bestrebungen vom Kanton unterstützt.

Art. 93   Gemeindeautonomie

¹ Die Gemeinden regeln ihre Angelegenheiten selbstständig. Das kantonale Recht gewährt ihnen möglichst weiten Handlungsspielraum.
² Der Kanton achtet auf die möglichen Auswirkungen seines Handelns auf die Gemeinden, insbesondere auf die Städte und die Agglomerationen.
³ Er hört die Gemeinden, die von seinen Entscheiden betroffen sind, rechtzeitig an.

Art. 94   Volksrechte in der Gemeinde

Das Gesetz regelt die Volksrechte in der Gemeinde. Es sieht insbesondere ein Initiativ-, Referendums- und Anfragerecht vor.

Art. 95   Urnenabstimmungen

¹ Beschlüsse über Ausgaben, die einen in der Gemeindeordnung festgelegten Betrag übersteigen, sowie in Verfassung, Gesetz und Gemeindeordnung besonders bezeichnete Geschäfte unterliegen der Urnenabstimmung.
² In der Gemeindeversammlung kann ein Drittel der anwesenden Stimmberechtigten verlangen, dass über einen Beschluss nachträglich an der Urne abgestimmt wird. Die Gemeindeordnung kann zudem vorsehen, dass auch ein Zehntel der Stimmberechtigten dies innert 30 Tagen nach Veröffentlichung des Beschlusses verlangen kann.
³ Das Gesetz bestimmt, welche Geschäfte von der Urnenabstimmung ausgeschlossen sind.

Art. 96 Gemeindeorganisation

[1] Die Organe der Gemeinde sind:
  a. die Gesamtheit der Stimmberechtigten;
  b. der Gemeindevorstand;
  c. die weiteren vom Gesetz bezeichneten Behörden.

[2] Die politische Gemeinde kann an Stelle der Gemeindeversammlung ein Gemeindeparlament vorsehen.

Art. 97 Quartiere und Ortsteile

[1] Die Gemeinden können die Erfüllung kommunaler Aufgaben Quartier- oder Ortsteilkommissionen mit selbstständiger Verwaltungsbefugnis übertragen.

[2] Die Wahl der Kommissionen steht den Stimmberechtigten des Quartiers oder Ortsteils zu.

[3] Das Gesetz bestimmt die nähere Organisation und die Ausübung der politischen Rechte in Quartieren und Ortsteilen.

Art. 98 Gemeindeordnung

[1] Die Gemeinde regelt ihre Organisation und die Zuständigkeit ihrer Organe in der Gemeindeordnung.

[2] Diese wird von den Stimmberechtigten an der Urne beschlossen.

[3] Sie muss vom Regierungsrat genehmigt werden. Dieser prüft sie auf ihre Rechtmässigkeit.

Art. 99 Aufsicht

Die Gemeinden stehen unter der Aufsicht der Bezirksbehörden und des Regierungsrates.

B. Zusammenarbeit der Gemeinden

Art. 100 Grundsätze

[1] Die Gemeinden können Aufgaben gemeinsam erfüllen.

[2] Der Kanton ermöglicht die Zusammenarbeit der Gemeinden über die Kantonsgrenzen hinaus. Er unterstützt sie bei der Wahrung ihrer Interessen.

Art. 101 Vertragliche Zusammenarbeit

[1] Zur gemeinsamen Erfüllung einer oder mehrerer Aufgaben können die Gemeinden untereinander Verträge abschliessen.

[2] Wichtige Verträge werden in den betreffenden Gemeinden den Stimmberechtigten oder dem Parlament zur Genehmigung unterbreitet.

Art. 102 Zusammenarbeit in Zweckverbänden

[1] Zur gemeinsamen Erfüllung einer oder mehrerer Aufgaben können sich die Gemeinden zu Zweckverbänden zusammenschliessen.

[2] Wenn wichtige öffentliche Interessen es erfordern, können sie dazu verpflichtet werden. Das Gesetz regelt das Verfahren.

Art. 103 Organisation der Zweckverbände

¹ Zweckverbände sind demokratisch zu organisieren.
² Aufgaben und Organisation des Zweckverbandes werden in den Statuten geregelt.
³ Diese müssen vom Regierungsrat genehmigt werden. Er prüft sie auf Rechtmässigkeit.

Art. 104 Organe der Zweckverbände

¹ Die Organe des Zweckverbandes sind namentlich:
  a. die Gesamtheit der Stimmberechtigten;
  b. die Delegiertenversammlung;
  c. der Vorstand.
² Die Statuten können die Aufgaben der Delegiertenversammlung den Vorständen der Verbandsgemeinden übertragen.

Art. 105 Mitwirkung des Volkes bei Zweckverbänden

¹ Die Zustimmung der Mehrheit der Stimmenden jeder Verbandsgemeinde ist erforderlich für:
  a. die Gründung eines Zweckverbandes;
  b. die Änderung grundlegender Bestimmungen der Verbandsstatuten.
² Für andere Vorlagen genügt die Zustimmung der Mehrheit der Stimmenden des Verbandsgebiets. Die Statuten können zudem die Zustimmung einer Mehrheit der Verbandsgemeinden vorsehen.
³ Die Stimmberechtigten entscheiden an der Urne.
⁴ Das Gesetz regelt das Initiativ- und Referendumsrecht in Zweckverbänden.

Art. 106 Zusammenarbeit zwischen den Gemeinden und dem Kanton

¹ Der Kanton kann sich an allen Zusammenarbeitsformen, die den Gemeinden zur Verfügung stehen, beteiligen.
² Das Gesetz kann vorsehen, dass die Gemeinden je nach ihrer Leistungsfähigkeit in unterschiedlichem Mass zur Erfüllung öffentlicher Aufgaben herangezogen werden. Werden einzelnen Gemeinden kantonale Aufgaben zur selbstständigen Erledigung übertragen, sind sie angemessen zu entschädigen.

Art. 107 Aufsicht über die Zweckverbände

Zweckverbände stehen unter der Aufsicht der Bezirksbehörden und des Regierungsrates.

8. Kapitel Öffentliche Aufgaben

A. Allgemeine Bestimmungen

Art. 108 Grundsätze

¹ Kanton, Gemeinden und andere Träger öffentlicher Aufgaben arbeiten bei der Erfüllung ihrer Aufgaben zusammen.
² Die Gemeinden nehmen öffentliche Aufgaben selber wahr, wenn sie diese ebenso zweckmässig erfüllen können wie der Kanton.

³ Kanton und Gemeinden prüfen regelmässig, ob die öffentlichen Aufgaben notwendig sind und ob sie wirkungsvoll, wirtschaftlich und von der geeigneten Trägerschaft erfüllt werden.
⁴ Bevor sie eine neue Aufgabe übernehmen, legen sie deren Finanzierbarkeit dar.

Art. 109 Übertragung öffentlicher Aufgaben

¹ Der Kanton und im Rahmen der Gesetzgebung die Gemeinden können öffentliche Aufgaben Dritten übertragen. Sie können hierzu Organisationen des öffentlichen oder privaten Rechts schaffen oder sich daran beteiligen.
² Sie regeln in einem Beschluss, der dem Referendum untersteht, namentlich:
    a. Art und Umfang der zu übertragenden öffentlichen Aufgaben;
    b. die Grundzüge der Ausgestaltung der Organisationen nach Abs. 1 und ihre Aufgaben;
    c. Umfang der Rechtsetzungsbefugnisse innerhalb gesetzlich vorgegebener Ziele;
    d. Art und Umfang von bedeutenden Beteiligungen;
    e. Aufsicht und Rechtsschutz.

Art. 110 Aufsicht

Organisationen des öffentlichen oder des privaten Rechts, die im Rahmen eines Leistungsauftrages öffentliche Aufgaben erfüllen, verfügen über ein fachlich ausgewiesenes, von der operativen Führung unabhängiges Aufsichtsorgan. Diesem obliegt die regelmässige Kontrolle über die qualitative und wirtschaftliche Erfüllung des Leistungsauftrages.

B. Öffentliche Ordnung und Sicherheit

Art. 111

Kanton und Gemeinden gewährleisten die öffentliche Ordnung und Sicherheit.

C. Raumplanung und Umwelt

Art. 112 Raumplanung

Kanton und Gemeinden sorgen für die geordnete Besiedlung des Landes, die zweckmässige und haushälterische Nutzung des Bodens und die Erhaltung des Lebensraums.

Art. 113 Umwelt- und Naturschutz

¹ Kanton und Gemeinden sorgen für den Schutz des Menschen und der Umwelt vor schädlichen oder lästigen Einwirkungen. Diese sind so weit als möglich zu vermeiden.
² Die Kosten der Vermeidung und Beseitigung tragen die Verursacher.
³ Kanton und Gemeinden sorgen für die Erhaltung und den Schutz der Tier- und Pflanzenwelt. Sie fördern die Renaturierung der Gewässer.
⁴ Kanton und Gemeinden können die Anwendung nachhaltiger Technologien fördern.

Art. 114 Heimatschutz

Kanton und Gemeinden sorgen für die Erhaltung von wertvollen Landschaften, Ortsbildern, Gebäudegruppen und Einzelbauten sowie von Naturdenkmälern und Kulturgütern.

D. Verkehr, Wasser und Energie

Art. 115 Verkehr

¹ Kanton und Gemeinden sorgen für eine sichere, wirtschaftliche und umweltgerechte Ordnung des gesamten Verkehrs und für ein leistungsfähiges Verkehrsnetz. Der Kanton übt die Hoheit über die Staatsstrassen aus.
² Sie fördern den öffentlichen Personenverkehr im ganzen Kantonsgebiet.
³ Der Kanton fördert die Verlagerung des Güterverkehrs auf die Schiene.

Art. 116 Wasser

¹ Der Kanton übt die Hoheit über die Gewässer aus.
² Kanton und Gemeinden gewährleisten eine sichere, wirtschaftliche und umweltgerechte Wasserversorgung.
³ Sie sorgen für den Schutz vor Hochwasser und anderen Naturgefahren.

Art. 117 Energie

Der Kanton schafft günstige Rahmenbedingungen für eine ausreichende Energieversorgung.

E. Wirtschaft

Art. 118 Wirtschaftsförderung

¹ Kanton und Gemeinden schaffen günstige Rahmenbedingungen für eine vielseitige, wettbewerbsfähige, soziale und freiheitliche Wirtschaft. Sie berücksichtigen dabei insbesondere die Entwicklung von kleinen und mittleren Unternehmen, die Schaffung und Erhaltung von Arbeitsplätzen sowie die Sozialpartnerschaft.
² Sie fördern die Vereinbarkeit von Erwerbsarbeit und Betreuungsaufgaben.

Art. 119 Land- und Forstwirtschaft

Der Kanton sorgt dafür, dass Land- und Forstwirtschaft nachhaltig betrieben werden und ihre verschiedenen Aufgaben erfüllen können.

Art. 120 Kantonalbank

¹ Der Kanton betreibt eine Kantonalbank.
² Diese berücksichtigt die regionalen Interessen.

Art. 121 Wohnen

Kanton und Gemeinden fördern den gemeinnützigen Wohnungsbau und das selbst genutzte Wohneigentum.

F. Soziales und Gesundheit

Art. 122 Sozialhilfe

¹ Kanton und Gemeinden sorgen dafür, dass Menschen in einer Notlage, die sie nicht aus eigener Kraft bewältigen können, ein Obdach und existenzsichernde Mittel erhalten.

² Sie fördern die berufliche Umschulung und Weiterbildung erwerbsloser Personen und ihre Wiedereingliederung in den Arbeitsprozess.
³ Sie bekämpfen die Ursachen von sozialer Not und Armut.

Art. 123 Betagte

Kanton und Gemeinden fördern in Zusammenarbeit mit Privaten die Lebensqualität der Betagten.

Art. 124 Jugend und Familie

¹ Kanton und Gemeinden fördern die Familie als Gemeinschaft von Erwachsenen und Kindern in der Erfüllung ihrer Aufgaben.
² Der Kanton fördert Massnahmen zum Schutz und zur Integration von Kindern und Jugendlichen.
³ Er sorgt für eine bedarfsgerechte regionale Jugend- und Familienhilfe.
⁴ Er sorgt für eine Mutterschaftsversicherung.

Art. 125 Gesundheit

¹ Kanton und Gemeinden gewährleisten eine ausreichende und für alle wirtschaftlich tragbare Gesundheitsversorgung.
² Sie fördern die Gesundheitsvorsorge.

G. Integration

Art. 126

¹ Kanton und Gemeinden treffen geeignete Massnahmen zur Unterstützung der Integration der im Kanton wohnhaften Ausländerinnen und Ausländer.
² Ziel der Integration ist ein Zusammenleben der einheimischen und der ausländischen Wohnbevölkerung in gegenseitiger Achtung und Toleranz auf der Grundlage der verfassungsmässigen Ordnung und Werte.

H. Bildung

Art. 127 Grundsatz

Kanton und Gemeinden sorgen für ein Erziehungs- und Bildungswesen, das die geistigen, seelischen und körperlichen Fähigkeiten des einzelnen Menschen berücksichtigt und fördert, seine Verantwortung und seinen Gemeinsinn stärkt und auf seine persönliche und berufliche Entwicklung ausgerichtet ist.

Art. 128 Öffentliche Schulen

¹ Kanton und Gemeinden führen öffentliche Schulen.
² Diese sind konfessionell und politisch neutral.
³ Der Besuch der Volksschule ist obligatorisch.

Art. 129 Hochschulen

Der Kanton sorgt für eine qualitativ hochstehende Lehre, Ausbildung und Forschung an Universität und Hochschulen.

Art. 130 Berufs-, Weiter- und Erwachsenenbildung

[1] Der Kanton fördert die Berufsbildung.
[2] Kanton und Gemeinden fördern die berufliche Weiterbildung und die Erwachsenenbildung.

Art. 131 Privatschulen

[1] Privatschulen, welche die gleichen Aufgaben wie die öffentliche Volksschule erfüllen, sind bewilligungspflichtig und unterstehen staatlicher Aufsicht.
[2] Der Kanton kann Privatschulen, deren Leistungen von öffentlichem Interesse sind, unterstützen.

I. Kultur und Sport

Art. 132 Kultur

Kanton und Gemeinden fördern die Kultur und die Kunst.

Art. 133 Sport

Kanton und Gemeinden fördern den Sport.

9. Kapitel Finanzen

Art. 134 Grundsätze

[1] Kanton, Gemeinden und andere Organisationen des öffentlichen Rechts führen einen aufgabengerechten Finanzhaushalt nach den Grundsätzen der Gesetzmässigkeit, der Sparsamkeit und der Wirksamkeit. Sie berücksichtigen die konjunkturelle Entwicklung.
[2] Budget und Rechnung richten sich nach den Grundsätzen der Transparenz, Vergleichbarkeit und Öffentlichkeit.
[3] Bei der Festlegung der Bemessungsgrundlagen von Abgaben und Staatsbeiträgen wird der Förderung von umweltgerechtem Verhalten besondere Beachtung geschenkt.

Art. 135 Haushaltsgleichgewicht

[1] Kanton und Gemeinden gleichen ihre Finanzhaushalte mittelfristig aus.
[2] Bilanzfehlbeträge werden mittelfristig getilgt.

Art. 136 Aufgaben- und Finanzplanung

[1] Kanton und Gemeinden planen ihre Aufgaben und Finanzen.
[2] Sie stimmen öffentliche Aufgaben und deren Finanzierung aufeinander ab.
[3] Sie sind bestrebt, die Steuerquote nicht ansteigen zu lassen.
[4] Sie setzen kurz- und mittelfristige Ziele und achten auf die langfristigen Auswirkungen der geplanten Massnahmen.

Art. 137 Grundsätze der Besteuerung

[1] Die Steuern werden ausgestaltet nach den Grundsätzen der Allgemeinheit, der Gleichmässigkeit und der Solidarität sowie nach dem Grundsatz der Besteuerung nach der wirtschaftlichen Leistungsfähigkeit.
[2] Die Ausgestaltung soll insbesondere:
    a. die Gesamtbelastung der Steuerpflichtigen mit Abgaben berücksichtigen;
    b. den Leistungswillen der Steuerpflichtigen erhalten und ihre Selbstvorsorge fördern;
    c. Personen mit Unterhalts- und Unterstützungspflichten entlasten;
    d. Ehepaare gegenüber Unverheirateten nicht benachteiligen;
    e. eine angemessene Vermögensbildung ermöglichen.
[3] Die Steuerprogression muss massvoll sein und darf eine bestimmte Höhe nicht übersteigen.
[4] Tiefe Einkommen und kleine Vermögen werden nicht besteuert.
[5] Steuerprivilegien zu Gunsten Einzelner sind unzulässig.

Art. 138 Steuerarten

[1] Das Gesetz kann folgende Steuern vorsehen:
    a. Kanton:
        1. Einkommens- und Vermögenssteuer natürlicher Personen,
        2. Gewinn- und Kapitalsteuer juristischer Personen,
        3. Erbschafts- und Schenkungssteuer,
        4. Motorfahrzeugsteuer,
        5. Schiffssteuer,
        6. Spielbankenabgabe;
    b. Politische Gemeinden:
        1. Einkommens- und Vermögenssteuer natürlicher Personen,
        2. Gewinn- und Kapitalsteuer juristischer Personen,
        3. Personalsteuer,
        4. Grundstückgewinnsteuer,
        5. Handänderungssteuer,
        6. Hundesteuer;
    c. Schulgemeinden:
        1. Einkommens- und Vermögenssteuer natürlicher Personen,
        2. Gewinn- und Kapitalsteuer juristischer Personen.

Regelung bezüglich Kirchensteuer erfolgt später (nach der Volksabstimmung über die Vorlage des Kantonsrates zum Thema Kirche und Staat)

Art. 139 Finanzausgleich

[1] Der Kanton stellt den Finanzausgleich sicher.
[2] Der Finanzausgleich:
    a. ermöglicht allen Gemeinden die Erfüllung ihrer notwendigen Aufgaben;
    b. dient der Ausgewogenheit der Gemeindesteuerfüsse;
    c. fördert unter Beachtung der Gemeindeautonomie den wirksamen Einsatz der Mittel.
[3] Der Finanzausgleich wird vom Kanton und von den Gemeinden finanziert.

Art. 140 Lastenausgleich

[1] Erbringt eine Gemeinde besondere Leistungen für ein grösseres Gebiet oder trägt sie besondere Lasten, so kann das Gesetz dafür unter Berücksichtigung ihrer Leistungsfähigkeit eine angemessene Abgeltung vorsehen.
[2] Gemeinden, die Abgeltungen finanzieren oder erhalten, haben ein Mitspracherecht.

Art. 141 Prüfung der Finanzhaushalte

[1] Die Finanzkontrolle prüft den Finanzhaushalt des Kantons. Sie ist unabhängig und selbstständig.
[2] Die Finanzhaushalte der Gemeinden und der anderen Organisationen des öffentlichen Rechts werden durch unabhängige und fachkundige Organe geprüft.

10. Kapitel: Staat und Kirchen

Beratung zu diesem Thema zurückgestellt bis nach der Volksabstimmung über die Vorlage des Kantonsrates.

11. Kapitel Schlussbestimmungen

A. Änderung der Kantonsverfassung

Art. 142 Grundsätze

[1] Die Verfassung kann jederzeit ganz oder teilweise geändert werden.
[2] Verfassungsvorlagen werden zweimal beraten.
[3] Verfassungsänderungen unterliegen der Volksabstimmung.

Art. 143 Teilrevision

Bei einer teilweisen Änderung der Verfassung muss die Einheit der Materie gewahrt werden.

Art. 144 Totalrevision

[1] Das Volk entscheidet aufgrund einer Volksinitiative oder eines Beschlusses des Kantonsrates, ob eine Totalrevision der Verfassung einzuleiten sei.
[2] Es entscheidet gleichzeitig, ob der Kantonsrat oder ein vom Volk gewählter Verfassungsrat die Vorlage ausarbeiten soll.

B. Übergangsbestimmungen

Beratung erfolgt später

Varianten

Gemäss Plenumbeschluss vom 23. Mai 2003 gehen folgende Varianten zur «Gliederung des Kantons» in die Vernehmlassung:

Modell Zweckgemeinden

Art. A   Zweckgemeinden

[1] Die politischen Gemeinden können sich für die Erfüllung einer oder mehrerer Aufgaben zu Zweckgemeinden zusammenschliessen.
[2] Die Zweckgemeinden organisieren sich wie die politischen Gemeinden. Die Stimmberechtigten verfügen im Rahmen der übertragenen Aufgaben über das Initiativ- und Referendumsrecht.
[3] Zweckgemeinden können keinem Zweckverband angehören.
[4] Die Zweckgemeinden finanzieren sich über Steuern oder Gebühren.

Modell Regionalisierung

Art. A   Bestand

[1] Der Kanton ist in Regionen gegliedert. Die Stadt Zürich ist einer Region gleichgestellt.
[2] Die Regionen sind Körperschaften des öffentlichen Rechts mit eigener Rechtspersönlichkeit.
[3] Die Verwaltungskreise des Kantons richten sich nach den Regionen, soweit nicht triftige Gründe dagegen sprechen.

Art. B   Organisation

Die obligatorischen Organe der Regionen sind
    1. die Stimmberechtigten, die ihre politischen Rechte an der Urne ausüben,
    2. der Regionalrat,
    3. die Regionalvorsteherschaft und die übrigen Behörden.

Art. C   Befugnisse, Aufgaben

[1] Die Regionen sind im Rahmen des übergeordneten Rechts befugt, ihre Organisation zu bestimmen, ihre Behörden und ihre Verwaltung einzusetzen, Steuern zu erheben sowie ihre finanziellen Angelegenheiten und die Erfüllung ihrer Aufgaben selbstständig zu regeln.
[2] Sie erfüllen die Aufgaben, die ihnen das Gesetz zuweist. Die Gemeinden können einzelne Aufgaben den Regionen übertragen.

Art. D   Aufsicht

Die Regierung übt im Rahmen des kantonalen Rechts die Aufsicht über die Regionen aus.

Konkordanztabelle 1*: KV 2005 – KV 1869 – BV 1999

KV 2005 Art.	Marginalie	KV 1869 Art.	BV 1999 Art.
1.	**Kapitel: Grundlagen**		
1	Kanton Zürich	1 48	3
2	Rechtsstaatliche Grundsätze		5
3	Gewaltenteilung		
4	Zusammenarbeit		44 56
5	Subsidiarität		6
6	Nachhaltigkeit		2 73
7	Dialog		
8	Innovation		
2.	**Kapitel: Grundrechte**		
9	Schutz der Menschenwürde		7
10	Gewährleistung der Grundrechte	3 4 7 8 14 21 64	7–36
11	Rechtsgleichheit	2 14 17	8
12	Gebärdensprache		18
13	Formen des Zusammenlebens		14
14	Recht auf Bildung		19
15	Schulfreiheit		
16	Petitionsfreiheit		33
17	Zugang zu amtlichen Dokumenten		
18	Verfahrensgarantien	59	29 30
3.	**Kapitel: Sozialziele**		
19	Sozialziele		41
4.	**Kapitel: Bürgerrecht**		
20	Voraussetzungen	14	38
21	Zuständigkeit		
5.	**Kapitel: Volksrechte**		
A.	**Stimm- und Wahlrecht**		
22	Stimm- und Wahlrecht	16 17 18	39
B.	**Initiativrecht**		
23	Gegenstand der Initiative	29 35	
24	Urheber der Initiative	29	
25	Form der Initiative	29	
26	Vorprüfung der Volksinitiative		
27	Zustandekommen der Volksinitiative	29	
28	Gültigkeit	29	
29	Verfahren bei Volksinitiativen	29	
30	Gegenvorschlag bei Volksinitiativen	29	
31	Verfahren bei Behörden- und Einzelinitiativen	29	
C.	**Volksabstimmungen**		
32	Obligatorisches Referendum	30	
33	Fakultatives Referendum	28bis 30bis	
34	Teil- und Variantenabstimmung	30bis	
35	Referendum mit Gegenvorschlag von Stimmberechtigten		
36	Konkurrierende Vorlagen	29	
37	Dringlichkeitsrecht		
D.	**Rechtsetzung**		
38	Rechtsetzung	28	
E.	**Demokratisches Engagement**		
39	Demokratisches Engagement		137
6.	**Kapitel: Behörden**		
A.	**Allgemeine Bestimmungen**		
40	Wählbarkeit	16	

---

* Die Herausgeberschaft dankt Peter S. Weiller, MSc ETH/SIA, für die Erstellung der Konkordanzregister.

KV 2005 Art.	Marginalie	KV 1869 Art.	BV 1999 Art.	KV 2005 Art.	Marginalie	KV 1869 Art.	BV 1999 Art.
41	Amtsdauer	11		68	Finanzbefugnisse	40	
42	Unvereinbarkeit	11, 33, 46		69	Interkantonale und internationale Zusammenarbeit	40	
43	Ausstand			70	Leitung der Verwaltung	40	
44	Immunität			71	Weitere Aufgaben	40, 41	
45	Nebenamtliche Behördentätigkeit			72	Notstand		
46	Staatshaftung	10		**D.**	**Rechtspflege**		
47	Arbeitsverhältnisse und Verantwortlichkeit	10, 11		73	Aufgaben und Stellung der Gerichte	56, 58	
48	Amtssprache		70	74	Grundsätze der Gerichtsorganisation	59	
49	Transparenz			75	Wahl	58	
B.	**Kantonsrat**			76	Zivil- und Strafrechtspflege	58	
50	Funktion und Zusammensetzung	28, 32		77	Verwaltungsrechtspflege	40, 58	
51	Wahl	32		78	Öffentlichkeit der Entscheide		
52	Unabhängigkeit der Mitglieder			79	Normenkontrolle		
53	Öffentlichkeit der Verhandlungen	34		**E.**	**Weitere Behörden**		
54	Zuständigkeit zur Rechtsetzung	30bis, 31		80	Bezirksbehörden	44, 45	
55	Planung			81	Ombudsstelle		
56	Finanzbefugnisse	31, 31a		82	Ständerat	36	150
57	Parlamentarische Kontrolle	31		**7.**	**Kapitel: Gemeinden**		
58	Wahlbefugnisse	31		**A.**	**Allgemeine Bestimmungen**		
59	Weitere Aufgaben und Befugnisse	31, 35, 56		83	Arten und Aufgaben	47, 48, 52, 53	
C.	**Regierungsrat**			84	Änderung im Bestand	47	
60	Funktion	37, 40		85	Gemeindeautonomie	48	50
61	Zusammensetzung	37, 38		86	Volksrechte in der Gemeinde	50, 51	
62	Wahl	37		87	Gemeindeorganisation	49, 55bis	
63	Nebentätigkeit	39		88	Quartiere und Ortsteile	47	
64	Stellung gegenüber dem Kantonsrat	33		89	Gemeindeordnung		
65	Organisation	42		**B.**	**Zusammenarbeit der Gemeinden**		
66	Planung			90	Grundsätze	48	
67	Aufgaben bei der Rechtsetzung	40		91	Vertragliche Zusammenarbeit	48	
				92	Zweckverbände	47bis	

KV 2005 Art.	Marginalie	KV 1869 Art.	BV 1999 Art.
93	Demokratie in Zweckverbänden		
C.	**Aufsicht**		
94	Aufsicht	40 45	
8.	**Kapitel: Öffentliche Aufgaben**		
A.	**Allgemeine Bestimmungen**		
95	Grundsätze		43
96	Dezentrale Aufgabenerfüllung	43	
97	Aufgabenteilung zwischen Kanton und Gemeinden		
B.	**Übertragung öffentlicher Aufgaben**		
98	Rechtsgrundlagen	28	
99	Kontrolle		
C.	**Die Aufgaben**		
100	Öffentliche Ordnung und Sicherheit		57
101	Raumplanung		75
102	Umweltschutz		74
103	Natur- und Heimatschutz		78
104	Verkehr	25 26	82– 87
105	Wasser		76
106	Energie		89
107	Wirtschaft und Arbeit		94
108	Land- und Forstwirtschaft		77 104
109	Kantonalbank	24	98
110	Wohnen		108
111	Sozialhilfe	22	115
112	Familie, Jugend und Alter	22	116
113	Gesundheit	22	118
114	Integration		
115	Bildungswesen	62	61a
116	Öffentliche Schulen	62	62
117	Privatschulen		
118	Hochschulen	62	63a 64
119	Berufs- und Weiterbildung		63 64a
120	Kultur		69
121	Sport		68
9.	**Kapitel: Finanzen**		
122	Grundsätze	55	100 126
123	Haushaltsgleichgewicht	31a	
124	Aufgaben- und Finanzplanung		
125	Steuern	19	127– 132
126	Weitere Abgaben		
127	Finanzausgleich	19	
128	Lastenausgleich	22	
129	Prüfung der Finanzhaushalte		
10.	**Kapitel: Kirchen und weitere Religionsgemeinschaften**		
130	Kirchliche Körperschaften		40 47 52 64
131	Weitere Religionsgemeinschaften		64
11.	**Kapitel: Änderung der Kantonsverfassung**		
132	Grundsätze	65	
133	Teilrevision	65	
134	Totalrevision	65	
12.	**Kapitel: Übergangsbestimmungen**		
135	Inkrafttreten		
136	Umsetzung der Verfassung		
137	Weitergeltung bisheriger Rechtsakte		
138	Grundrechte und Rechtspflegeverfahren		
139	Initiativrecht		
140	Volksabstimmungen		
141	Kausalhaftung von Privaten		
142	Behörden		
143	Gemeinden		
144	Zweckverbände		
145	Kirchen		

Konkordanztabelle 2: KV 1869 – KV 2005 – BV 1999

KV 1869 Art.	Stichwort	KV 2005 Art.	BV 1999 Art.
I.	**Staatsbürgerliche Grundsätze**		
1	Staatsgewalt	1	
2	Staatsbürgerliche Rechte	11	
3	Freie Meinungsäusserung und Ehrverletzung	10	16 22 23 123
4	Wohlerworbene Privatrechte	10	26
5	Strafrecht, Grundsätze		123
6	Strafrecht, Rechte		123
7	Persönliche Freiheit	10	10
8	Hausrecht	10	13
9	Restitution		
10	Haftung und Verantwortlichkeit	46 47	
11	Amtsdauer, Arbeitsverhältnis	41 42 47	
13	Wahlen		
14	Niederlassung	10 11 20	24
15	Ehe		122
16	Stimm- und Wahlrecht, Wählbarkeit	22 40	
17	Politische Rechte	11 22	39
18	Ausschluss von politischen Rechten	22	39
II.	**Volks- und staatswirtschaftliche Grundsätze**		
19	Steuern, Finanzausgleich	125 127	
21	Wirtschaftsfreiheit	10	27
22	Armenwesen	111 112 113 128	115
23	Genossenschaftswesen, Arbeiterschutz		110
24	Kantonalbank	109	98
25	Strassen	104	82
26	Öffentlicher Verkehr, Güterverkehr	104	
27	Militärische Ausrüstung		60
III.	**Gesetzgebung und Volksvertretung**		
28	Gesetzgebende Gewalt, Rechtsetzung	38 50 98	
28bis	Referendumsfähige Kantonsratsbeschlüsse	33	
A.	**Vorschlagsrecht des Volkes**		
29	Vorschlagsrecht des Volkes	23–25 27–31 36	
B.	**Volksabstimmung**		
30	Volksabstimmungen	32	
30bis	Referendum	33 34 54	
C.	**Kantonsrat**		
31	Kantonsrat	54 56–59	
31a	Mittelfristiger Rechnungsausgleich	56 123	
32	Zusammensetzung und Wahl des Kantonsrates	50 51	
33	Unvereinbarkeit	42 64	
34	Sitzungen des Kantonsrates	53	

KV 1869 Art.	Stichwort	KV 2005 Art.	BV 1999 Art.	KV 1869 Art.	Stichwort	KV 2005 Art.	BV 1999 Art.
D.	**Standesstimme und Wahl der Ständeräte**			49	Organe	87	
				50	Politische Rechte	86	
35	Standesstimme	23 59	142	51	Aufgaben der Gemeindeorgane	86	
36	Ständerat	82	150	52	Kirch- und Schulgemeinden	83 130	
IV.	**Vollziehung und Verwaltung**						
A.	**Regierungsrat**			53	Politische Gemeinden	83	
37	Regierungsrat	60 61 62		54	Vormundschaft und Fürsorge		122
				55	Gemeindegüter	122	
38	Präsidium Regierungsrat	61		55bis	Ausserordentliche Gemeindeorganisation	87	
39	Nebentätigkeit	63		**V.**	**Rechtspflege**		
40	Zuständigkeit	60 67–71 77 94 130		56	Rechtspflege	59 73	
				57	Geschworenengericht		
				58	Gerichte	73 75–77	
41	Staatsanwaltschaft	71		59	Verfahren	18 74	
42	Organisation	65		61	Schuldbetreibung		122
B.	**Bezirksverwaltung**			**VI.**	**Unterrichts- und Kirchenwesen**		
43	Bezirke	96					
44	Bezirksbehörden	80		62	Unterrichtswesen	115 116 118	62
45	Aufgaben	80 94					
46	Unvereinbarkeit	42		63bis	Versuchsschulen		
C.	**Gemeinden**			64	Kirchenwesen	10 130 131	15
47	Gemeinden	83 84 88 130		**VII.**	**Revision der Verfassung**		
47bis	Zweckverbände	92		65	Revision	132 133 134	
48	Gemeindeautonomie	1 83 85 90 91	50				

Stichwortverzeichnis[*]

A

Abberufung   Art. 41 N. 2; Art. 50 N. 12; Art. 62 N. 6
Abgaben   Art. 38 N. 27; Art. 126
Abgabenquote   Art. 124 N. 30 ff.
Abkommen, internationale, siehe Internationale Verträge
Abstimmung, siehe Volksabstimmung
Abstimmungsfreiheit   Art. 40 N. 2, 9
Abwasserreinigung   Art. 105 N. 21
Abwehrfunktion   Art. 10 N. 11
Agglomeration   Art. 85 N. 16
Akteneinsichtsrecht   Art. 17 N. 1 f., 9, 15, 21
Aktiengesellschaft   Art. 57 N. 8; Art. 59 N. 20; Art. 99 N. 3, 7 f., 12
Aktives Wahlrecht, siehe Wahlrecht
Alter   Art. 19 N. 19 ff.; Art. 41 N. 7; Art. 82 N. 10; Art. 112 N. 14 ff.; siehe auch Stimmrechtsalter
Amtliche Dokumente   Art. 17 N. 7, 10 f.
Amtsdauer   Art. 41; Art. 81 N. 12; Art. 82 N. 9 f.; Art. 142
Amtssprache   Art. 12 N. 4, 11, 14; Art. 16 N. 11; Art. 48
Änderung der Kantonsverfassung   Art. 132–134
Anerkennung
– öffentlichrechtliche   Art. 130 N. 7 ff.
– von Religionsgemeinschaften   Art. 131 N. 1 ff.
Anfragerecht in der Gemeinde   Art. 86 N. 6, 38 ff.
Anhörung der Gemeinden   Art. 85 N. 20 ff., 30; Art. 143 N. 1 f.
Anknüpfungsverbot   Art. 11 N. 23
Anonymisierung von Urteilen   Art. 78 N. 19, 21 ff.
Anordnungen   Art. 137 N. 12 f., 16
Anschlussvertrag   Art. 91 N. 12

Anstalt   Art. 94 N. 1
– öffentlichrechtliche   Art. 38 N. 26; Art. 56 N. 31; Art. 57 N. 8, 11 f.
Anwendbarkeit der Verfassung   Vorb. Art. 135–145 N. 8 f., 11, 13; Art. 136 N. 4, 7 ff.; Art. 138 N. 3 f., 10 f.
Äquivalenzprinzip   Art. 38 N. 27; Art. 126 N. 16 ff.
Arbeitsverhältnis   Art. 47 N. 1 ff.
Aufgaben der Gemeinde, siehe Gemeinde
Aufgaben- und Finanzplanung   Art. 55 N. 1 f., N. 4 ff.; Art. 124
Aufgaben, öffentliche, siehe Öffentliche Aufgaben
Aufgabenerfüllung, dezentrale   Art. 57 N. 8; Art. 96
Aufgabenteilung zwischen Kanton und Gemeinden   Art. 38 N. 30; Art. 97
Aufgabenübertragung   Art. 98–99
– an Private   Art. 38 N. 31 f.; Art. 46 N. 22; Art. 98 N. 22, 28; Art. 141
– Auslagerungskriterien   Art. 98 N. 20 ff.
– einer kantonalen Aufgabe   Art. 38 N. 31 f.; Art. 98 N. 13 ff.
– einer kommunalen Aufgabe   Art. 38 N. 31 f.; Art. 89 N. 8; Art. 98 N. 18 f.
– gesetzliche Grundlage   Art. 38 N. 31 f.; Art. 98 N. 15 ff.
– Grundlagen   Art. 98 N. 6 ff.
– Haftung   Art. 46 N. 11 ff., 22 ff.; Art. 141
– Kontrolle   Art. 99
Aufhebung der alten Verfassung   Art. 135 N. 7 ff.
Aufsicht
– staatliche   Art. 15 N. 1 f., 5, 10; Art. 70 N. 11 ff.; Art. 80 N. 14 ff.
– über die Gemeinden   Art. 80 N. 15; Art. 94
– über die kirchlichen Körperschaften   Art. 130 N. 33
Ausführungsvorschriften   Art. 136 N. 8 ff.

---

[*] Die Herausgeberschaft dankt Peter S. Weiller, MSc ETH/SIA, für die Mitarbeit bei der Erstellung des Stichwortverzeichnisses.

Ausgaben   Art. 56 N. 3, 14 ff., 32 ff.;
   Art. 68 N. 13, 15
– Beschluss   Art. 86 N. 17 ff.
– Bewilligung   Art. 56 N. 3, 14 ff.
– neue und gebundene   Art. 33 N. 22 ff.
– Referendum   Art. 33 N. 19 ff.
Ausgabenbremse   Art. 56 N. 19 ff.;
   Art. 123 N. 3, 7
Ausgleich der Laufenden Rechnung
   Art. 56 N. 24 ff.; Art. 123 N. 8 ff., 16 ff.
Ausländer
– Integration   Art. 7 N. 2 f., 10; Art. 39
   N. 7; Art. 114 N. 5 ff.
– Stimmrecht   Art. 22 N. 2, 24 ff.
Auslandschweizer
– Stimmrecht   Art. 22 N. 33 f.; Art. 82
   N. 11 f.
Ausstand   Art. 43
– Kantonsrat   Art. 43 N. 9, 17 ff.
– Regierungsrat   Art. 63 N. 17
Autonome Satzungen   Art. 38 N. 34;
   Art. 89 N. 1, 15

B

Bau- und Zonenordnung   Art. 89 N. 15
Beantwortungspflicht bei Petitionen
   Art. 16 N. 1, 3 f., 12, 14
Begnadigung   Art. 59 N. 9 ff.
Begründungsanspruch   Art. 18
   N. 7, 10, 13
Behinderte   Art. 11 N. 1, 7, 9 f., 40 ff.;
   Art. 14 N. 9, 15, 19
Behörden   Art. 40–82; Art. 142
Behördeninitiative   Art. 24 N. 15 f.;
   Art. 31; Art. 86 N. 11; siehe auch
   Initiative
Behördenreferendum, siehe Referendum
Bemessungsgrundsätze   Art. 126 N. 16 ff.
Benützungsgebühren   Art. 126 N. 3, 19
Berufsbildung   Art. 119 N. 1 ff.
Berufsfachschulen   Art. 116 N. 9
Besondere Lasten   Art. 128 N. 11 ff.
Bestandesgarantie
– der Gemeinden   Art. 84 N. 2
– der Kirchgemeinden   Art. 130 N. 18
Bestattungswesen   Art. 113 N. 9

Bestimmtheitsgebot   Art. 2 N. 10;
   Art. 38 N. 6
Betreuungsaufgaben   Art. 107 N. 12 f.
Bezirke   Art. 51 N. 30 ff.; Art. 96 N. 8
Bezirksbehörden   Art. 80
Bezirksgericht   Art. 76; Art. 80 N. 9, 18
Bezirksrat   Art. 79 N. 8, 11; Art. 80 N. 7;
   Art. 94 N. 4, 23, 26; Art. 143 N. 12
Bezirksschulpflege   Art. 94 N. 5
Bilanzfehlbetrag   Art. 123 N. 19 ff.
Bildung   Art. 14; Art. 115
Bildungsgutschein   Art. 117 N. 9
Bildungsmonopol   Art. 115 N. 1
Bildungsrat   Art. 115 N. 9 f.
Billigkeitshaftung   Art. 46 N. 23 ff.
Biotopschutz   Art. 103 N. 6
Blindenschrift   Art. 12 N. 1, 5
Bodennutzung   Art. 101 N. 3, 5 f., 12, 14
Brailleschrift   Art. 12 N. 1, 5
Budget   Art. 56 N. 3, 4 ff.; Art. 57 N. 1;
   Art. 59 N. 13; Art. 68 N. 1 f.; Art. 122
   N. 7
Bundesgerichtsgesetz   Art. 76 N. 9 ff.
Bundestreue   Art. 4 N. 7; Art. 49 N. 4, 24
Bürgergemeinde   Art. 83 N. 2 ff.
Bürgerliche Abteilung der politischen
   Gemeinde   Art. 21 N. 7; Art. 83 N. 4,
   13 f.; Art. 143 N. 1 f.
Bürgerrecht   Vorb. Art. 20–21;
   Art. 20–21
Bürgerrechtsgesetz   Art. 20 N. 2 ff.

C

Chancengleichheit   Art. 14 N. 9, 12;
   Art. 112 N. 9, 13
Christkatholische Kirchgemeinde
   Art. 130 N. 7
Corporate Governance   Art. 99 N. 1, 7 f.,
   10 ff., 31 ff.

D

Datenschutz   Art. 17 N. 1, 4, 11, 23
Definitive Unterstützung von Initiativen,
   siehe Initiative

Delegation von Ausgabenbewilligungskompetenzen   Art. 56 N. 18
Delegation von Rechtsetzungsbefugnissen   Art. 38 N. 36 ff.
Demokratisches Engagement   Art. 39
Demokratisierung der Zweckverbände   Art. 93 N. 1 f., 4 ff., 8 ff.
Dezentrale Aufgabenerfüllung   Art. 96
Dezentralisierung   Art. 98 N. 6, 24
Dialekt   Art. 12 N. 7, 13; Art. 48 N. 10
Dialog   Vorb. Art. 1–8 N. 11; Art. 7
Dienstverhältnis   Art. 47 N. 1 ff.
Direktionen   Art. 65 N. 14 ff.; Art. 94 N. 8, 23, 26; Art. 143 N. 12
Direktorialprinzip   Art. 65 N. 9 ff.
Diskriminierung, indirekte   Art. 11 N. 21 f.
Diskriminierungsverbot   Art. 11 N. 1, 7, 14, 20 ff., 27; Art. 13 N. 13; Art. 14 N. 9; Art. 111 N. 4
Dissenting opinion   Art. 78 N. 34
Disziplinarmassnahmen   Art. 94 N. 19
Dokumente, amtliche   Art. 17 N. 7, 10 f.
Doppeltes Ja   Art. 36 N. 17
Double instance   Art. 18 N. 17; Vorb. Art. 73–79 N. 4; Art. 76 N. 4 ff.; Art. 77 N. 3
Dringlichkeitsrecht   Art. 37; Art. 54 N. 25 f.; Art. 72
Dritte Instanz   Vorb. Art. 73–79 N. 4 ff.; Art. 76 N. 4 ff., 8
Drittwirkung   Art. 10 N. 16; Art. 11 N. 21, 33

E

Effektivität   Art. 95 N. 9 ff.
Effizienz   Art. 95 N. 9 ff.; Art. 122 N. 17
Ehe   Art. 13 N. 1 ff.
Eigen- und Mitverantwortung   Art. 1 N. 10 ff.
Einbürgerung   Art. 20–21
– Entscheid   Art. 21 N. 1
– erleichterte   Vorb. Art. 20–21 N. 3
– Kriterien   Art. 20 N. 5 ff.
– Mindestvorschriften   Art. 20 N. 6
– Organ   Art. 21 N. 2 ff.; Art. 89 N. 8

Einheit der Materie   Art. 28 N. 10 ff.; Art. 30 N. 13 f.; Art. 33 N. 25; Art. 35 N. 18; Art. 133 N. 3 ff.
Einheitsgemeinde   Art. 83 N. 16; Art. 87 N. 25
Ein-Phasen-System   Art. 133 N. 8
Einschränkung von Grundrechten   Art. 10 N. 4, 12, 14, 17 ff.; Art. 38 N. 5, 24 f.
Einwohnergemeinde   Art. 83 N. 2 f.
Einzelinitiative   Art. 24 N. 17; Art. 31; Art. 86 N. 11, 16; Art. 89 N. 7; siehe auch Initiative
Einzelpunktabstimmung, siehe Teilabstimmung
Elektrizität   Art. 106
Elektrizitätsversorgung   Art. 106 N. 3 f., 8 ff.
Elektrizitätswerke des Kantons Zürich   Art. 56 N. 33; Art. 57 N. 12; Art. 106 N. 9 ff.
Eltern   Art. 14 N. 3, 11; Art. 19 N. 4, 14 ff.; Art. 112 N. 6 f.
Energie   Art. 106
– erneuerbare   Art. 106 N. 13 ff.
– Verbrauch   Art. 106 N. 17 ff.
– Versorgung   Art. 106 N. 3 ff.
Entwicklung, nachhaltige   Art. 6
Erfolgswertgleichheit   Art. 51 N. 4, 6, 11 ff., 32 f., 34 ff., 39, 46 f., 51 f.
Erlasse   Art. 38; Art. 54; Art. 67; Art. 79; Art. 137 N. 7 ff., 14 ff.
Erneuerungsfähigkeit   Art. 6 N. 1, 4, 6, 12
Erneuerungswahl   Art. 41 N. 6
Ersatzmitglieder der Gerichte, Wahl   Art. 75 N. 3 ff., 13
Ersatzvornahme   Art. 94 N. 18
Ersatzwahl   Art. 41 N. 6; Art. 82 N. 9
Erwachsenenbildung   Art. 119 N. 7 ff.
Erziehung   Art. 115 N. 7
Ethik   Präambel N. 21
Europäische Charta der kommunalen Selbstverwaltung   Art. 85 N. 8
Europäische Union   Art. 97 N. 2 f., 10, 14
Evangelisch-reformierte Landeskirche   Art. 130 N. 7
Existenzminimum   Art. 111 N. 11 ff.

F

Fachhochschulen   Art. 118 N. 4 ff.
Fachmittelschulen   Art. 116 N. 8
Familie   Art. 13 N. 1, 5 f., 8; Art. 19 N. 4, 17 f.; Art. 112 N. 1 ff., 6 ff.
Familienzulagen   Art. 112 N. 8, 11
Filmförderung   Art. 120 N. 11
Finanzausgleich   Art. 84 N. 14; Art. 85 N. 11, 29 f.; Art. 127; Art. 128; siehe auch Neugestaltung des Finanzausgleichs und der Aufgabenteilung zwischen Bund und Kantonen
Finanzbefugnisse, siehe Regierungsrat, Kantonsrat
Finanzhaushalt   Art. 122 N. 1, 10 ff.; Art. 129 N. 1 ff.
Finanzkontrolle   Art. 56 N. 31; Art. 57 N. 13, 30; Art. 129
- Fachkunde   Art. 129 N. 39
- Gemeinden   Art. 87 N. 23 ff.; Art. 129 N. 30 ff.
- Kanton   Art. 129 N. 9 ff.
- Unabhängigkeit   Art. 57 N. 13; Art. 129 N. 14 ff., 34 ff.
Finanzordnung   Art. 122–129
Finanzplanung   Art. 55 N. 1 f., N. 4 ff.; Art. 59 N. 15; Art. 124 N. 6 ff.
Finanzreferendum, siehe Referendum
- in der Gemeinde   Art. 86 N. 19 ff.; Art. 143 N. 9 ff.
- im Zweckverband   Art. 93 N. 17
Finanzvermögen   Art. 68 N. 19
Fischereiregal   Art. 105 N. 3
Flughafen Zürich   Art. 104 N. 15 ff.
Föderalismus   Art. 97 N. 5, 9, 14, 19; Art. 127 N. 1 f.
Fördermassnahmen   Art. 11 N. 1, 7 f., 21, 32, 45 ff.
Fördern   Vorb. Art. 95–121 N. 12
Forschung   Art. 118 N. 9 f.
Forstwirtschaft, Kernaufgaben   Art. 108 N. 13 ff.
Fraktionen des Kantonsrats, siehe Kantonsrat
Französische Kirchgemeinschaften   Art. 130 N. 7

Freiheit, persönliche   Art. 111 N. 4; Art. 113 N. 7
Freiheitsrechte   Vorb. Art. 9–18 N. 6
Frist, angemessene   Art. 18 N. 3, 8, 15 ff.
Fusion, siehe Gemeindefusion

G

Gebärdensprache   Art. 12; Art. 48 N. 13
Gebühren   Art. 18 N. 19, Art. 38 N. 27; Art. 126 N. 3, 10
Gegenvorschlag   Art. 30; Art. 86 N. 15 f.
- des Kantonsrates   Art. 30; Art. 32 N. 34; Art. 36 N. 11, 22
- Form   Art. 30 N. 17 ff.; Art. 35 N. 21
- Regelungsstufe   Art. 30 N. 20; Art. 35 N. 22
- von Stimmberechtigten   Art. 35; Art. 36 N. 11, 22
Geheimhaltungsvorbehalt siehe Transparenz
Gemeinde   Art. 83–94; Art. 143; siehe auch Quartiere und Ortsteile
Gemeinde
- Allgemeine Bestimmungen   Art. 83–89
- Anfragerecht   Art. 86 N. 6, 38 ff.
- Anhörung   Art. 85 N. 20 ff., 30; Art. 143 N. 1 f.
- Aufgaben   Art. 38 N. 30; Art. 83 N. 6 f., 12; Art. 85 N. 10; Art. 94 N. 2; Art. 127 N. 21 f.
- Aufsicht   Art. 80 N. 14; Art. 94
- Begriff   Art. 83 N. 5; Art. 85 N. 15
- Bürgerliche Abteilung   Art. 83 N. 4, 13 f.; Art. 143 N. 1 f.
- Bürgerrecht   Art. 20 N. 1; Art. 21 N. 2 ff.; Art. 83 N. 4, 13; Art. 86 N. 27; Art. 89 N. 8
- Finanzausgleich   Art. 127; Art. 128
- Finanzen   Art. 83 N. 6; Art. 84 N. 14; Art. 85 N. 11, 29; Art. 94 N. 2, 4; Art. 127 N. 21 f.
- Finanzreferendum   Art. 86 N. 19 ff.; Art. 143 N. 9 ff.
- Fusion   Art. 84 N. 4 ff., 20; Art. 143 N. 2

- Initiativrecht der Gemeinde   Art. 24
  N. 15 f.; Art. 85 N. 24 ff.
- Initiativrecht in der Gemeinde   Art. 86
  N. 6, 9 ff.; Art. 143 N. 2
- Jüdische   Art. 131 N. 3 f.
- Jüdische Liberale   Art. 131 N. 3
- Kommission mit selbständigen Verwaltungsbefugnissen   Art. 87 N. 26;
  Art. 88 N. 3; Art. 89 N. 6, 8
- Kooperation   Art. 90 N. 3 f.
- Lastenausgleich   Art. 128
- Normenkontrolle   Art. 79 N. 25 ff.
- Ombudsstelle   Art. 81 N. 26, 31 ff.;
  Art. 87 N. 27; Art. 89 N. 6
- Organisation   Art. 85 N. 9; Art. 86
  N. 5; Art. 87; Art. 89 N. 5 ff.; Art. 94
  N. 2
- Parlament   Art. 86 N. 21, 36 f., 40 f.;
  Art. 87 N. 1 ff., 10 ff.; Art. 89 N. 6 ff.;
  Art. 143 N. 1 f.
- plus   Vorb. Art. 83–94 N. 15 ff.
- politische   Art. 83 N. 2 ff., 8, 11 ff.;
  Art. 84 N. 4 ff.
- politische Rechte   Art. 86; Art. 87 N. 7
- Rechnungsprüfungsorgane   Art. 87
  N. 23 f.; Art. 129 N. 30 ff.
- Rechtsetzung   Art. 38 N. 49 f.
- Referendum in der Gemeinde   Art. 86
  N. 6 f., 17 ff.
- Referendumsrecht der Gemeinde
  Art. 33 N. 39 f; Art. 85 N. 24 ff.
- Spaltung   Art. 84 N. 15 ff.
- Staatshaftung   Art. 83 N. 7
- Urnenabstimmung   Art. 21 N. 2;
  Art. 86 N. 4 ff., 17 ff., 28 ff.; Art. 87
  N. 2 f., 9; Art. 89 N. 8; Art. 143 N. 1 f.
- Zusammenarbeit   Art. 90–93

Gemeindeamt   Art. 94 N. 8; Art. 129
  N. 3 f.
Gemeindeautonomie   Vorb. Art. 1–8 N. 8;
  Art. 1 N. 17 ff.; Art. 83 N. 1; Art. 85;
  Art. 89 N. 3; Art. 94 N. 1, 11, 25
Gemeindebeschwerde   Art. 94 N. 22
Gemeindeerlasse, Anfechtung   Art. 79
  N. 25 ff.
Gemeindeordnung   Art. 89 N. 2 ff.;
  Art. 98 N. 14 f., 17, 19, 28

Gemeindepräsident, Gemeindepräsidentin
  Art. 87 N. 8, 22, 26
Gemeinderat, siehe Gemeindevorstand
Gemeindereferendum   Art. 33 N. 39 f.;
  Art. 140 N. 5
Gemeinderekurs   Art. 94 N. 22
Gemeindesteuerfuss   Art. 127 N. 27 f.
Gemeindeversammlung   Art. 86 N. 3 ff.,
  20, 28 ff., 39; Art. 87 N. 1 ff., 5 ff.;
  Art. 89 N. 6 ff.
Gemeindeverträglichkeitsprüfung   Art. 85
  N. 19
Gemeindevorstand   Art. 87 N. 4, 19 ff.;
  Art. 89 N. 6 f.
Gemeinnützigkeit   Art. 110 N. 1, 3, 5 ff., 9
Genehmigung von Erlassen/Beschlüssen
  der Gemeinden   Art. 89 N. 12 ff.;
  Art. 94 N. 13, 17
Gemengsteuern   Art. 126 N. 19
Generationenvertrag   Art. 112 N. 1, 13, 16
Genetisches Merkmal   Art. 11 N. 1, 7, 27
Gerichte, siehe auch Rechtspflege
- Aufgaben   Art. 73 N. 2 f.
- Aufzählung   Vorb. Art. 73–79 N. 7 ff.
- double instance   Art. 76 N. 5 ff.
- dritte Instanz   Art. 76 N. 9
- Kognition der zweiten Instanz   Art. 76
  N. 6 ff.
- Normenkontrolle   Art. 79 N. 10
- Oberaufsicht über   Art. 57 N. 15 ff.
- oberste   Art. 74 N. 8 f.
- Organisation   Art. 74 N. 1 ff.
- Selbstverwaltung   Art. 73 N. 10 ff.
- Unabhängigkeit   Art. 41 N. 10 f.;
  Art. 57 N. 17; Art. 73 N. 4 ff.
- Verwaltungsrechtspflege   Art. 77
- Wahl der Ersatzmitglieder   Art. 75
  N. 3, 13
- Wahl der Mitglieder   Art. 75 N. 4 ff.
- Zivil- und Strafrechtspflege   Art. 76
Geschäftsbericht   Art. 71 N. 7
Geschlechtergleichstellung   Art. 11
  N. 1 ff., 10, 30 ff.
Gesellschaft   Art. 5 N. 1, 4 f., 13, 15, 21;
  Art. 8 N. 5 ff.
Gesetze
- Ausserkrafttreten   Art. 37 N. 26

– Begriff   Art. 23 N. 28 ff.; Art. 38
  N. 7 ff., 10 ff.; Art. 54 N. 6 f.; siehe auch
  Rechtsetzung, Erlasse
– dringliche Inkraftsetzung   Art. 37
– fakultatives Referendum   Art. 33 N. 13;
  Art. 38 N. 7 f.; Art. 54 N. 6 f.; Art. 59
  N. 5
– obligatorisches Referendum bei Steuergesetzen   Art. 32 N. 35 ff.; Art. 125
  N. 5 ff.
Gesetzesdelegation, siehe Delegation von
  Rechtsetzungsbefugnissen
Gesetzesvorbehalt   Art. 38 N. 3 f.
Gesetzliche Grundlage   Art. 10 N. 19;
  Art. 38 N. 5; Art. 56 N. 3
Gesetzmässigkeit   Art. 122 N. 15
Gesundheit   Art. 113
Gewährleisten   Vorb. Art. 95–121 N. 12
Gewährleistung der Grundrechte   Art. 10
Gewährleistung der Kantonsverfassung
  Art. 132 N. 18 ff.
Gewaltenhemmung   Art. 3 N. 2, 5; Art. 50
  N. 10 f.
Gewaltenkooperation   Art. 3 N. 2, 6, 8;
  Art. 50 N. 11
Gewaltenteilung   Art. 1 N. 14; Art. 3;
  Art. 50 N. 6, 11
Gewaltenteilung, personelle   Art. 42
Gewaltmonopol   Art. 100 N. 2
Gewässer   Art. 105 N. 4 f.
Gewässerhoheit   Art. 105 N. 2 ff.
Gewässernutzung   Art. 105 N. 6 ff.
Gewässerschutz   Art. 105 N. 21
Gleichgeschlechtliche Partnerschaft
  Art. 13 N. 1, 5 ff., 14
Gleichstellung   Art. 11 N. 1, 7 ff., 31 f.,
  36, 38, 45; Vorb. 95–121 N. 20
Globalisierung   Art. 8 N. 7
Gott   Präambel N. 5, 7 f., 9 f., 12 ff., 25
Governance   Art. 8 N. 6
Grosser Gemeinderat, siehe Gemeindeparlament
Grundrechte   Präambel N. 21;
  Vorb. Art. 9–18; Art. 138
– Drittwirkung   Art. 10 N. 16; Art. 11
  N. 21, 33
– Einschränkung   Art. 10 N. 4, 12, 14,
  17 ff.; Art. 38 N. 5, 24 f.

– Geltendmachung   Art. 138 N. 6 f.
– kantonale   Vorb. Art. 9–18 N. 3, 10 ff.,
  22, 25, 27
– leistungsbegründende   Art. 14 N. 2, 12,
  19, 23
– ungeschriebene   Vorb. Art. 9–18
  N. 9, 27; Art. 10 N. 7
Grundrechtsfortbildung   Art. 16 N. 3
Grundrechtsträger   Vorb. Art. 9–18 N. 21
Grundrechtsverständnis   Art. 10 N. 11
Grundschulunterricht   Art. 14 N. 3, 9 ff.,
  19; Art. 15 N. 5, 10; Art. 116 N. 4
Güterverkehr   Art. 104 N. 14
Gymnasium   Art. 14 N. 6, 13, 18, 20 f.;
  Art. 116 N. 7

H

Haftung, siehe Staatshaftung
Handelsmittelschulen   Art. 116 N. 8
Haushaltsgrundsätze   Art. 122 N. 13 ff.
Haushaltsgleichgewicht   Art. 123
Heimatschutz   Art. 103 N. 7 ff.
Hierarchieprinzip   Art. 70 N. 2
Hilfe in Notlagen   Art. 111 N. 5; Art. 113
  N. 7 f.
Historische Rechtstitel   Art. 145 N. 2 ff.
Hochschulautonomie   Art. 118 N. 12
Hochschulen   Art. 118
Hochwasserschutz   Art. 105 N. 14 ff.

I

Immissionsschutz   Art. 102 N. 3, 9
Immunität   Art. 44
Individualität   Art. 5 N. 7, 11, 13, 15
Individualrecht   Vorb. Art. 9–18 N. 3
Information   Art. 17 N. 1, 4, 11, 14, 19;
  Art. 49
Initiative   Art. 23–31; Art. 139; siehe auch
  Einzelinitiative, Behördeninitiative,
  Volksinitiative
– Allgemeine Anregung   Art. 25
  N. 14 ff., 29; Art. 29 N. 16 ff.; Art. 32
  N. 30 ff.
– Aufteilung   Art. 28 N. 30 ff.

– Ausgearbeiteter Entwurf   Art. 25 N. 11 ff.
– Begriff   Art. 23 N. 1
– Definitive Unterstützung   Art. 31 N. 17 ff.
– Einheit der Materie   Art. 28 N. 10 ff.
– Formen   Art. 25 N. 10 ff.
– Fristen   Art. 29 N. 11 ff.; Art. 36 N. 17
– Funktionen   Art. 23 N. 6
– Gesetzesinitiative   Art. 23 N. 28 ff.
– Gültigkeit   Art. 28
– rechtswidrige   Art. 28 N. 19 ff.
– Staatsvertragsinitiative   Art. 23 N. 38 ff.
– Standesinitiative   Art. 23 N. 36 f.
– Titel   Art. 25 N. 28
– Undurchführbarkeit   Art. 28 N. 25
– Ungültigkeit   Art. 28; Art. 86 N. 13
– Urheber   Art. 24
– Verfassungsinitiative   Art. 23 N. 25 ff.
– Vorläufige Unterstützung   Art. 31 N. 10 ff.
Initiativrecht
– der Gemeinde   Art. 24 N. 15 f.; Art. 85 N. 24 ff.
– im Zweckverband   Art. 93 N. 11, 13 ff.; Art. 144 N. 5
– in der Gemeinde   Art. 86 N. 6, 9 ff.; Art. 143 N. 2
Inkrafttreten der Verfassung
   Vorb. Art. 135–145 N. 1, 11; Art. 135
Innere Sicherheit, siehe Öffentliche Ordnung und Sicherheit
Innovation   Vorb. Art. 1–8 N. 11; Art. 8
Instanzenzug   Vorb. Art. 73–79 N. 5
Institutsgarantie   Art. 13 N. 3, 6
Instruktionsverbot, siehe Kantonsrat Weisungsfreiheit
Integration   Art. 7 N. 2 f., 10; Vorb. Art. 20–21, N. 3; Art. 39 N. 7; Art. 111 N. 17 ff.; Art. 112 N. 2, 12 ff.; Art. 114
Interessen
– öffentliche   Art. 2 N. 15 ff., 18; Art. 10 N. 20; Art. 17 N. 2, 12, 18, 21 ff.
– private   Art. 17 N. 2, 18, 21 ff.
Interessenabwägung   Art. 2 N. 16
Interessenbindungen, Offenlegung, siehe Kantonsrat

Interkantonale Verträge   Art. 4 N. 8 ff.; Art. 38 N. 8; Art. 54 N. 8 ff.; Art. 69; Art. 90 N. 16
– fakultatives Referendum   Art. 33 N. 14
– Initiative auf Abschluss   Art. 23 N. 38 ff.
– obligatorisches Referendum   Art. 32 N. 20 ff.
Interkantonale Zusammenarbeit, siehe Zusammenarbeit
Interkommunale Zusammenarbeit, siehe Zusammenarbeit
Interkommunales Recht   Art. 91 N. 10; Art. 92 N. 15
Interkommunalkonferenzen
   Vorb. Art. 83–94 N. 24
Internationale Verträge   Art. 4 N. 12; Art. 38 N. 8; Art. 54 N. 8 ff.; Art. 69; Art. 90 N. 16
– fakultatives Referendum   Art. 33 N. 14
– Initiative auf Abschluss   Art. 23 N. 38 ff.
– obligatorisches Referendum   Art. 32 N. 20 ff.
Internationale Zusammenarbeit, siehe Zusammenarbeit
Investitionsfonds   Art. 127 N. 8; Art. 128 N. 5
Invocatio dei   Präambel N. 11 ff.
Israelitische Cultusgemeinde   Art. 131 N. 3

J

Jüdische Liberale Gemeinde   Art. 131 N. 3
Jugendliche   Art. 39 N. 6 f., 12; Art. 112 N. 1 ff., 9 ff.; Art. 114 N. 10, 13, 16
Justiziabilität   Art. 5 N. 9, 24; Vorb. Art. 9–18 N. 7; Art. 9 N. 11, 13; Art. 14 N. 2, 19, 21; Art. 97 N. 5, 10
Justizverwaltung   Art. 81 N. 22

K

Kantonalbank   Art. 57 N. 12; Art. 109; Art. 122 N. 12
Kantonalverband für Sport   Art. 121 N. 9
Kantonsbürgerrecht   Art. 21 N. 5

Kantonsrat   Art. 50–59
– Aufträge an den Regierungsrat   Art. 59 N. 12 ff.
– Ausstand   Art. 43 N. 9, 17 ff.
– Finanzbefugnisse   Art. 56
– Fraktionen   Art. 50 N. 27; Art. 52 N. 2 f.; Art. 58 N. 2
– Funktion und Zusammensetzung   Art. 50
– Kantonsratsreferendum   Art. 33 N. 37
– Kenntnisnahme des KEF   Art. 55 N. 4 ff.; Art. 66 N. 13
– Kommission zur Prüfung der Richterkandidaturen   Art. 75 N. 6 ff.
– Kommissionen   Art. 50 N. 26; Art. 53 N. 5 ff.; Art. 57 N. 26 f.; Art. 58 N. 2
– Mitgliederzahl   Art. 50 N. 4, 24, 33
– Mitwirkung bei Verträgen   Art. 53 N. 9; Art. 54 N. 9 ff.; Art. 69 N. 12 ff.
– Offenlegung von Interessenbindungen   Art. 52 N. 6 ff.
– Öffentlichkeit der Verhandlungen   Art. 53
– Organe   Art. 50 N. 26; Art. 58 N. 2
– parlamentarische Immunität   Art. 44 N. 2, 4 ff., 9 ff.
– parlamentarische Informationsrechte   Art. 50 N. 16 f.; Art. 57 N. 23 ff.
– parlamentarische Kontrolle   Art. 50 N. 12; Art. 56 N. 30 f.; Art. 57; Art. 81 N. 16 f.
– parlamentarische Untersuchungskommission   Art. 57 N. 28 f.
– Parlamentsdienste   Art. 50 N. 28
– Planung   Art. 55; Art. 66; Art. 101
– qualifiziertes Mehr   Art. 28 N. 35; Art. 37 N. 20
– Verhältniswahlverfahren   Art. 51 N. 3, 5 ff., 27 ff.
– Verwaltungsentscheidungen   Art. 59 N. 18 ff.
– Wahl   Art. 50 N. 24; Art. 51; Art. 52 N. 11; siehe auch Neues Zürcher Zuteilungsverfahren
– Wahlbefugnisse   Art. 58; Art. 75 N. 4 ff.
– Weisungfreiheit   Art. 52 N. 1 ff.
– Zuständigkeit zur Rechtsetzung   Art. 54

Kantonsreferendum (im Bund)   Art. 59 N. 1 ff.
Kantonsstrukturen   Vorb. Art. 83–94
Kausalabgaben   Art. 126 N. 2 ff.
Kausalhaftung   Art. 46, 141
Kinder und Jugendliche   Art. 14 N. 3, 11; Art. 15 N. 10; Art. 19 N. 14 ff.; Art. 112 N. 1 ff., 9 ff.
Kinderbetreuung   Art. 19 N. 17 f.; Art. 112 N. 7, 11
Kindergarten   Art. 116 N. 4
Kirchen und weitere Religionsgemeinschaften   Art. 130–131; Art. 145
Kirchenpflege   Art. 87 N. 19
Kirchensteuer   Art. 130 N. 22 f.
Kirchgemeinde   Art. 83 N. 2 f., 8, 19 f.; Art. 94 N. 4; Art. 130 N. 7, 18; Art. 145 N. 5
Klageverfahren   Art. 77 N. 23 ff.
Kollegialbehörde   Art. 60 N. 8
Kollegialprinzip   Art. 65 N. 1 ff.
Kommission zur Prüfung der Richterkandidaturen   Art. 75 N. 6 ff.
Konkordanz, praktische   Art. 49 N. 22; Art. 78 N. 8
Konkordate, siehe Interkantonale Verträge
Konkurrierende Vorlagen   Art. 36; Art. 134 N. 10
Konsolidierter Entwicklungs- und Finanzplan (KEF)   Art. 55 N. 4 ff.; Art. 59 N. 16; Art. 66 N. 1, 8 ff., 13; Art. 124 N. 10 f.
Konstruktives Referendum, siehe Referendum mit Gegenvorschlag von Stimmberechtigten
Kooperation, siehe Zusammenarbeit
Kooperationsautonomie   Art. 90 N. 7 ff.; Art. 91 N. 6; Art. 92 N. 5
Koppelung von Vorlagen   Art. 133 N. 6 f.
Körperschaft
– kirchliche   Art. 130 N. 10 ff.
– öffentlichrechtliche   Art. 38 N. 26; Art. 92 N. 13 ff.; Art. 122 N. 12; Art. 130 N. 11 ff.
– römisch-katholische   Art. 130 N. 7
Kostendeckungsprinzip   Art. 38 N. 27; Art. 126 N. 16 ff.

Krankenversicherung   Art. 111 N. 13;
   Art. 112 N. 8; Art. 113 N. 5, 11
Kreisschulpflege   Art. 88 N. 9
Kriminalpolizei   Art. 100 N. 16
Kultur   Art. 120
Kulturförderungskommission   Art. 120
   N. 10, 14
Kulturlastenausgleich   Art. 128 N. 7
Kultus, siehe Negative Zweckbindung

L

Land- und Forstwirtschaft   Art. 108
Landeskirche, evangelisch-reformierte
   Art. 130 N. 7
Landwirtschaft, Kernaufgaben   Art. 108
   N. 11 f.
Lastenausgleich   Art. 85 N. 29 f.; Art. 127
   N. 8 ff.; Art. 128
Lebensgrundlagen   Art. 6 N. 4, 6 ff.;
   Art. 101 N. 1; Art. 103 N. 6; Art. 108
   N. 9, 11 f.
Lebensraum   Art. 101 N. 3, 6, 12, 14;
   Art. 103 N. 1, 6
Legalitätsprinzip   Art. 2 N. 5, 8 ff.; Art. 38
   N. 6; Art. 122 N. 15; Art. 125 N. 10 ff.;
   Art. 126 N. 12 ff.
Lehre   Art. 118 N. 9 f.
Lehrmittel   Art. 14 N. 6, 12 f., 21;
   Art. 116 N. 17
Leistungen, staatliche   Art. 12 N. 3, 5, 15;
   Art. 38 N. 28; Art. 145 N. 3
Leistungsfähigkeit, wirtschaftliche
   Art. 125 N. 14 ff., 19
Leitung der Verwaltung   Art. 70
Lenkungsabgaben   Art. 126 N. 5 ff., 19
Liberalismus   Art. 5 N. 5, 15, 19

M

Majorzwahl, siehe Mehrheitswahl
Mediation   Art. 81 N. 4
Medien   Art. 49 N. 16 f.; Art. 78 N. 15,
   20, 22 ff.
Mehrheitswahl   Art. 51 N. 3; Art. 62 N. 3;
   Art. 82 N. 4, 7

Menschen mit Behinderungen   Art. 11
   N. 1, 7, 9 f., 40 ff.; Art. 14 N. 9, 15, 19
Menschenrechte   Präambel N. 2, 21;
   Vorb. Art. 9–18 N. 4; Art. 9 N. 6; Art. 10
   N. 10
Menschenwürde   Präambel N. 21; Art. 9
   N. 1, 4 f.; Art. 11 N. 24
Metropolitankonferenz   Vorb. Art. 83–94
   N. 24
Milizbehörden   Art. 45; Art. 50 N. 31 ff.
Milizparlament   Art. 50 N. 31 f.
Mittelschulen   Art. 14 N. 6, 13, 18, 20,
   21; Art. 116 N. 6 ff.
Musterstatuten für Zweckverbände
   Art. 144 N. 5
Mutterschaftsversicherung   Art. 19 N. 16;
   Art. 112 N. 3, 8
Muttersprache   Art. 12 N. 3, 7

N

Nachhaltige Entwicklung   Art. 6
Nachhaltige Technologien   Art. 102 N. 2,
   12 ff.
Nachhaltigkeit   Vorb. Art. 1–8 N. 12;
   Art. 6; Art. 67 N. 7 ff.; Art. 101 N. 11 ff.,
   14; Art. 102 N. 15; Art. 103 N. 6, 9;
   Art. 108 N. 1 f., 7 ff.
Natur- und Heimatschutz   Art. 103
Naturgefahren   Art. 105 N. 16
Naturschutz   Art. 103 N. 1 f., 6
Nebenamt   Art. 42 N. 9; Art. 45; Art. 50
   N. 32
Nebentätigkeit des Regierungsrats   Art. 63
Negative Zweckbindung   Art. 130
   N. 30 ff.
Neues Zürcher Zuteilungsverfahren
   Art. 51 N. 8, 33, 38 ff.
Neugestaltung des Finanzausgleichs und
   der Aufgabenteilung zwischen Bund
   und Kantonen   Art. 4 N. 9 f.; Art. 127
   N. 5 f.
Neutralität im Schulwesen   Art. 116
   N. 11 ff.; Art. 118 N. 13
New Public Management   Art. 95 N. 9 f.,
   14; Art. 99 N. 16 f., 23, 25, 27

Normenkontrolle Vorb. Art. 73–79 N. 11;
  Art. 79
– abstrakte Art. 50 N. 21; Art. 77 N. 10;
  Art. 79 N. 1, 18 ff.; Art. 132 N. 22
– akzessorische Art. 77 N. 10
– Bezirksrat Art. 79 N. 8, 11
– direkte Art. 137 N. 15; Art. 138 N. 8
– Gemeindebehörden Art. 79 N. 12 f.
– Gerichte Art. 79 N. 10
– konkrete Art. 77 N. 10; Art. 79
  N. 1, 5, 9 ff.
– Regierungsrat Art. 79 N. 6, 11
Notlage Art. 19 N. 14 f.; Art. 111 N. 5,
  7 ff., 14, 23; Art. 113 N. 7 f.
Notstand Art. 72
Notverordnungen Art. 54 N. 26; Art. 72
  N. 9; Art. 100 N. 9

O

Oberste Gerichte Art. 57 N. 15 ff.; Art. 74
  N. 7 f.
Obligatorischer Schulunterricht Art. 14
  N. 9, 11, 19; Art. 116 N. 20
Obligatorisches Referendum Art. 32;
  Art. 125 N. 5 ff.; Art. 132 N. 15
Offenlegung von Interessenbindungen,
  siehe Kantonsrat
Öffentliche Aufgaben Art. 17 N. 10 f.,
  13; Art. 38 N. 29 f.; Vorb. Art. 95–121
  N. 8 ff.; Art. 95–121
– Auslagerung, siehe Aufgaben-
  übertragung
– Erfüllung Vorb. Art. 95–121 N. 8,
  11 ff., 14 f.
– Fördern Vorb. Art. 95–121 N. 12
– Gewährleisten Vorb. Art. 95–121 N. 12
– Sorgen für Vorb. Art. 95–121 N. 12
Öffentliche Interessen Art. 2 N. 14 f.,
  18; Art. 10 N. 20; Art. 17 N. 2, 12, 18,
  21 ff.; Vorb. 95–121 N. 10
Öffentliche Ordnung und Sicherheit
  Art. 71 N. 2; Art. 100
Öffentliche Schulen Art. 14 N. 11, 17;
  Art. 116
Öffentlicher Verkehr Art. 104 N. 11 ff.

Öffentlichkeit
– der Entscheide Art. 78
– der Verhandlungen des Kantons-
  rates Art. 53
Öffentlichkeitsprinzip Art. 17; Art. 49
  N. 1 ff.; Art. 78 N. 15; Art. 122 N. 22;
  siehe auch Transparenz
Öffentlichrechtliche Anstalt Art. 38 N. 26;
  Art. 56 N. 31; Art. 57 N. 8, 11 f.
Öffentlichrechtliche Körperschaft Art. 38
  N. 26; Art. 92 N. 13 ff.; Art. 130
  N. 11 ff.
Öffentlichrechtlicher Vertrag Art. 90
  N. 12; Art. 91 N. 4, 6 ff.
Ombudsstelle Art. 42 N. 4 f.; Art. 44 N. 7;
  Art. 56 N. 31; Art. 57 N. 13; Art. 81;
  Art. 87 N. 27; Art. 89 N. 6
Opernhaus Art. 120 N. 15
Opportunitätsprinzip Art. 100 N. 12
Ordnungsprinzipien Vorb. Art. 9–18 N. 7;
  Art. 10 N. 11
Organe des Kantonsrats Art. 50 N. 26;
  Art. 58 N. 2
Organe, staatliche Art. 2 N. 1, 3, 19 f.
Orientierungsfunktion der Verfassung
  Vorb. Art. 1–8 N. 3, 5; Vorb. Art. 9–18
  N. 24
Ortsteile, siehe Quartiere und Ortsteile
Ortsteilkommission Art. 88; Art. 89 N. 6;
  Art. 143 N. 1, 3, 7 f., 12

P

Parlament, siehe Kantonsrat
Parlamentsdienste Art. 50 N. 28
Parteien Art. 39 N. 6 f., 10, 15 ff.; Art. 50
  N. 33; Art. 51 N. 14, 19 ff., 38 ff.;
  Art. 52 N. 2
Parteienfinanzierung Art. 39 N. 10, 16
Partnerschaft, gleichgeschlechtliche
  Art. 13 N. 1, 5 ff., 14
Partnerschaftliches Zusammenleben
  Art. 13
Partnerschaftsgesetz Art. 13 N. 2 f., 7, 14
Passives Wahlrecht, siehe Wählbarkeit
Persönliche Freiheit Art. 10; Art. 111
  N. 4; Art. 113 N. 7

Persönlichkeitsschutz   Art. 13 N. 5;
    Art. 78 N. 16 ff.
Petitionsrecht   Art. 16; Vorb. 95–121 N. 20
Pflanzen- und Tierschutz   Art. 103
    N. 2, 4, 6, 8
Planung staatlicher Tätigkeit   Art. 55;
    Art. 66; Art. 124
Politische Gemeinde, siehe Gemeinde
Politische Rechte   Art. 22 N. 3 ff., 35;
    Art. 38 N. 23; Art. 86; Art. 87 N. 7;
    Art. 93 N. 10 ff.; siehe auch Initiative,
    Referendum, Urnenabstimmung
Politischer Wohnsitz   Art. 22 N. 38 f.
Polizei   Art. 100
Polizeigüter   Art. 100 N. 3, 6
Polizeihoheit   Art. 100 N. 13
Polizeiliche Generalklausel   Art. 2. N. 11;
    Art. 10 N. 19; Art. 72 N. 3 ff.; Art. 100
    N. 8 f.
Polizeiverordnung   Art. 89 N. 15; Art. 100
    N. 15
Präsidialsystem   Art. 61 N. 1
Prävention   Art. 111 N. 24; Art. 112 N. 7;
    Art. 113 N. 2, 16 ff.
Private Bildungsstätte (Bildungseinrichtung), siehe Privatschulen
Private Interessen   Art. 17 N. 2, 18, 21 ff.
Privatisierung   Art. 38 N. 31 f.; Art. 98
    N. 6 f., 21 f., 27, 29
Privatschulen   Art. 117
– Recht auf Gründung   Art. 15 N. 1 f., 8,
    10; Art. 117 N. 2
– Unterstützung   Art. 117 N. 7 ff.
Privatunterricht   Art. 117 N. 10
Privatwirtschaft   Art. 5 N. 11, 19, 21 f.
Proporzwahlverfahren, siehe Verhältniswahlverfahren
Prüfung der Finanzhaushalte, siehe Finanzkontrolle
Public Private Partnership   Art. 107 N. 15;
    Art. 120 N. 13
Pukelsheim   Art. 51 N. 38; Art. 87 N. 17;
    siehe auch Neues Zürcher Zuteilungsverfahren

Q

Qualitätssicherung   Art. 116 N. 10;
    Art. 118 N. 11
Quartiere   Art. 88
Quartierkommission   Art. 88; Art. 89 N. 6;
    Art. 143 N. 1, 3, 8
Quorum
– direktes   Art. 51 N. 18 ff., 49 ff.
– natürliches   Art. 51 N. 14 ff., 39, 49
Quoten   Art. 11 N. 32, 36; Art. 40 N. 3

R

Rasche Rechtsprechung   Art. 74 N. 6
Rasche Verfahrenserledigung   Art. 18
    N. 2 f., 13, 15 ff., 19
Raumplanung   Art. 55 N. 7 f.; Art. 101
Rechnungsausgleich   Art. 56 N. 24 ff.
Rechnungsprüfungsorgane der Gemeinde
    Art. 87 N. 23 f.; Art. 129 N. 30 ff.; siehe
    auch Finanzkontrolle
Recht auf Bildung   Art. 14
Recht auf Hilfe in Notlagen   Art. 111
    N. 5; Art. 113 N. 7 f.
Rechte
– politische   Art. 22 N. 3 ff., 35; Art. 38
    N. 23; Art. 86; Art. 87 N. 7
– verfassungsmässige   Vorb. Art. 9–18
    N. 3; Art. 38 N. 24 f.
– wohlerworbene   Art. 145 N. 2
Rechtliches Gehör   Art. 18 N. 7
Rechtsetzung   Art. 32 N. 1; Art. 38;
    Art. 50 N. 7 ff., 14 ff.; Art. 54; Art. 56
    N. 27
– durch Gemeinden   Art. 38 N. 49 f.
– Vorverfahren   Art. 67 N. 1 ff.
Rechtsfortbildung, richterliche   Art. 3
    N. 6, 8
Rechtsgleichheit   Art. 11; Art. 13 N. 13;
    Art. 14 N. 9, 24; Art. 40 N. 2 f., 9, 12 ff.;
    Art. 111 N. 4
Rechtsmittel, siehe Rechtspflege,
    Verfahrensgarantien
Rechtsmittelbelehrung   Art. 18 N. 3 f., 7,
    12 ff., 22 ff.

Rechtspflege Art. 40 N. 7; Art. 42 N. 4 f.;
  Art. 43 N. 5 ff., 20; Art. 44 N. 3, 13 ff.;
  Art. 73–79; Art. 138
Rechtsprechung
– rasche Art. 74 N. 6
– verlässliche Art. 74 N. 5
Rechtssatz Art. 38 N. 10 f.
Rechtsschutz der Gemeinde Art. 85
  N. 30; Art. 94 N. 25 ff.
Rechtsschutz gegen Anordnungen der
  Gemeinde Art. 94 N. 21 ff.
Rechtsstaatliche Grundsätze Art. 2
Rechtsweggarantie Art. 18 N. 7, 22;
  Art. 77 N. 15
Referendum, siehe auch Finanzreferendum,
  Volksabstimmung
– Ausgabenreferendum Art. 33 N. 19 ff.
– bei Vernehmlassungen an den
  Bund Art. 33 N. 33; Art. 59 N. 7
– der Gemeinde Art. 33 N. 39 f.; Art. 85
  N. 24 ff.; Art. 140 N. 5
– fakultatives Art. 33; Art. 38 N. 7 f., 50;
  Art. 56 N. 15 ff.; Art. 59 N. 5 ff.
– Gesetzesreferendum Art. 33 N. 13;
  Art. 38 N. 5, 7 f.; Art. 50 N. 8; Art. 54
  N. 1, 15
– im Zweckverband Art. 93 N. 11, 13 ff.;
  Art. 144 N. 5
– in der Gemeinde Art. 38 N. 50; Art. 86
  N. 6 f., 17 ff.
– Kantonsratsreferendum Art. 33 N. 37
– mit Gegenvorschlag von Stimmberech-
  tigten Art. 35; Art. 86 N. 37
– obligatorisches Art. 32; Art. 125
  N. 5 ff.; Art. 132
– Staatsvertragsreferendum Art. 32
  N. 20 ff.; Art. 33 N. 14; Art. 54
  N. 1, 12, 20, 23
– Verfassungsreferendum Art. 32 N. 19;
  Art. 132 N. 15 ff.
– Verwaltungsreferendum Art. 33
  N. 15 ff., 29 ff.
– Volksreferendum Art. 33 N. 37
Regierungsrat Art. 60–72
– Abberufungsrecht Art. 50 N. 12;
  Art. 62 N. 8
– Abschluss von Verträgen Art. 54
  N. 9 ff.; Art. 69 N. 5 ff.

– Aufsicht Art. 70 N. 11 ff.; Art. 94
  N. 8 f., 26 f.; Art. 143 N. 5 ff., 12
– Ausstand Art. 63 N. 17
– berufliche Unvereinbarkeit Art. 63
  N. 1
– Budget Art. 68 N. 1
– Direktionen Art. 65 N. 14 ff.
– Finanzbefugnisse Art. 68
– Funktion Art. 60
– Immunität Art. 44
– Kollegialbehörde Art. 60 N. 8; Art. 65
  N. 1 ff.
– Mehrheitswahl Art. 62 N. 3
– Nebentätigkeit Art. 63
– Normenkontrolle Art. 79 N. 6, 11
– oberste Vollzugsbehörde Art. 60 N. 7
– Organisation Art. 65
– Planung Art. 66 N. 5 ff.
– Präsidentin, Präsident Art. 61 N. 7 ff.
– Präsidialsystem Art. 61 N. 1
– Rechtsetzung Art. 38 N. 44 f.; Art. 67
– Staatsleitung Art. 60 N. 1, 4; Art. 70
  N. 1
– Staatsrechnung Art. 68 N. 4
– Verhältnis zum Kantonsrat Art. 50
  N. 11 ff.; Art. 60 N. 2 ff.; Art. 64; Art. 69
  N. 10 ff.
– Verhältniswahl Art. 62 N. 4
– Verordnungen Art. 38 N. 44 f.; Art. 67
  N. 11 ff.
– Verträge Art. 54 N. 11 ff.; Art. 69
– Verwaltungsführung Art. 70 N. 2
– vorzeitiger Rücktritt Art. 62 N. 9
– Wahl Art. 62
– weitere Aufgaben Art. 71
– Zahl der Mitglieder Art. 61 N. 2 ff.
– Zugehörigkeit zur Bundesversammlung
  Art. 42 N. 2; Art. 63 N. 19 ff.
– Zusammensetzung Art. 61
Regionalpolitik Art. 107 N. 7
Regionen Vorb. Art. 83–94 N. 11 ff.
Rekurskommissionen Art. 77 N. 13 ff.;
  Art. 94 N. 23, 26
Religion Präambel N. 10, 16 ff.; Art. 7
  N. 1, 4, 7 f., 13
Religionsgemeinschaften Art. 130–131
Religionsunterricht Art. 116 N. 15

Renaturierung der Gewässer   Art. 105 N. 17 ff.
Revers   Art. 41 N. 9
Richterinnen und Richter   Art. 75
- Amtsdauer   Art. 41 N. 10 f.
- Wahl   Art. 75 N. 3 ff.
- Wählbarkeit   Art. 40 N. 1 ff.; Art. 75 N. 6 ff.
Richterliche Rechtsfortbildung   Art. 3 N. 6, 8
Richterliche Unabhängigkeit   Art. 16 N. 8; Art. 41 N. 10 f.; Art. 50 N. 19 f.; Art. 57 N. 17 ff.; Art. 73 N. 13
Römisch-katholische Körperschaft   Art. 130 N. 7
Rückgriff   Art. 47 N. 12 f.
Rücksichtnahme auf die Gemeinden   Art. 85 N. 15 ff., 28, 30; Art. 143 N. 1 f.
Rückwirkungsverbot   Art. 2 N. 4, 6, 22; Art. 135 N. 10 ff.; Art. 137 N. 6, 12, 15

S

Schulen   Art. 116–118
Schulfreiheit   Art. 15
Schulgeld   Art. 116 N. 17
Schulgemeinde   Art. 83 N. 2 f., 8, 15 ff.; Art. 84 N. 4 ff.
Schulkreis   Art. 88 N. 9; Art. 89 N. 6
Schulpflege   Art. 87 N. 4, 19, 25; Art. 88 N. 9
Schulqualität   Art. 116 N. 10
Schulunterricht
- obligatorischer   Art. 116 N. 20
- unentgeltlicher   Art. 14 N. 3, 5, 9, 12; Art. 116 N. 16 ff.
Schutz der Menschenwürde   Art. 9
Selbstbestimmung   Art. 19 N. 19 ff.
Selbsthilfe   Art. 111 N. 22 ff.
Selbstverantwortung   Art. 19 N. 12
Sexuelle Orientierung   Art. 11 N. 1, 7, 28 f.
Sicherheitspolizei   Art. 100 N. 15
Sorgen für   Vorb. Art. 95–121 N. 12
Souveränität des Kantons   Art. 1 N. 3 ff.
Soziale Integration   Art. 114 N. 1, 3 ff., 13 ff., 19, 21

Soziales Risiko   Art. 19 N. 8
Sozialhilfe   Art. 111
Sozialverfassung   Art. 19 N. 3
Sozialversicherungsgericht   Art. 74 N. 7 f.
Sozialziele   Art. 19; Vorb. Art. 95–121 N. 16 f.; Art. 111 N. 4; Art. 112 N. 2
Sperrklausel, siehe Quorum, direktes
Sport   Art. 113 N. 3; Art. 121
Sportanlagen   Art. 121 N. 10
Sportpolitisches Konzept   Art. 121 N. 8
Sprachenfreiheit   Art. 12
Staatsaufgabe, siehe öffentliche Aufgaben; Vorb. Art. 95–121 N. 9, 12
Staatsfunktionen   Art. 3 N. 5 f.
Staatsgarantie   Art. 109 N. 3
Staatshaftung   Art. 46; Art. 83 N. 7
Staatsleitung   Art. 50 N. 11; Art. 55 N. 1; Art. 60 N. 1, 4; Art. 70 N. 1
Staatsmaximen   Vorb. Art. 1–8 N. 6, 12
Staatsquote   Art. 124 N. 29 ff.
Staatsrechnung   Art. 56 N. 30 f.; Art. 68 N. 4; Art. 122 N. 13 f.
Staatsstrassen   Art. 104 N. 7 ff.
Staatsvertrag, siehe Vertrag
Staatszweck   Art. 6 N. 4 f., 7 f., 11; Vorb. 95–121 N. 15
Stadt   Art. 85 N. 15
Stadtrat   Art. 87 N. 4, 19
Ständerat   Art. 82
Standesinitiative   Art. 59 N. 1 ff.
- Form   Art. 25 N. 23 f.
- Initiative auf Einreichung einer Standesinitiative   Art. 23 N. 36 f.
Statthalter, Statthalterin   Art. 80 N. 6; Art. 94 N. 6, 23, 26
Statuten der Zweckverbände   Art. 92 N. 15 ff.
Steuerfussdisparität   Art. 127 N. 27 ff.
Steuerharmonisierung   Art. 125 N. 2 f.
Steuerkraftausgleich   Art. 128 N. 5
Steuern   Art. 38 N. 27; Art. 125
Steuerprivilegien   Art. 125 N. 36 ff.
Steuerprogression   Art. 125 N. 22, 32 ff.
Steuerquote   Art. 124 N. 29 ff.
Stimm- und Wahlrecht   Art. 22
- kirchliches   Art. 130 N. 17 f.; Art. 145 N. 5

Stimmfähigkeit   Art. 22 N. 19, 37
Stimmrecht   Art. 22 N. 2, 24 ff.,
  N. 33; Art. 40 N. 5 f.; Art. 82 N. 11;
  Art. 86 N. 2
Stimmrechtsalter   Art. 22 N. 22 f., 31 ff.
Stimmrechtsbeschwerde   Art. 22 N. 12, 15
Stimmrechtsrekurs   Art. 94 N. 22
Stipendien   Art. 14 N. 10
Störerprinzip   Art. 100 N. 11
Strafprozessordnung, eidgenössische
  Art. 76 N. 12 ff.
Strafverfolgungsprivileg   Art. 44 N. 3, 7,
  13 ff.
Strasseneigentum   Art. 104 N. 10
Strassenhoheit   Art. 104 N. 6 ff.
Strassenwesen   Art. 104 N. 6 ff.
Strukturpolitik   Art. 107 N. 1 ff.
Strukturprinzipien   Vorb. Art. 1–8 N. 10 ff.
Subdelegation   Art. 38 N. 43; Art. 65
  N. 17
Subsidiarität   Vorb. Art. 1–8 N. 10; Art. 5;
  Art. 19 N. 12; Art. 85 N. 14; Art. 97
  N. 2 ff.; Art. 111 N. 1, 9, 22

T

Teilabstimmung   Art. 34 N. 28 ff.; Art. 36
  N. 11, 23
Teilrevision der Verfassung   Art. 132
  N. 11 f.; Art. 133
Tier- und Pflanzenschutz   Art. 103
  N. 2, 4, 6, 8
Toleranz   Art. 7 N. 2, 8; Art.114
  N. 1, 6, 9, 21
Totalrevision der Verfassung   Art. 25
  N. 21 f.; Art. 132 N. 11 f.; Art. 134
Transparenz   Art. 17 N. 1, 4 f., 7; Art. 49;
  Art. 52 N. 6 f.; Art. 53 N. 2; Art. 122
  N. 20
Trennung von Kirchen und Staat   Art. 130
  N. 4
Treu und Glauben   Art. 2 N. 19 ff.
Trinkwasser, siehe Wasserversorgung
Turnen, siehe Sport

U

Übergangsbestimmungen   Art. 135–145
Übergangsfrist   Art. 11 N. 40; Art. 14
  N. 2, 7, 17, 25; Art. 17 N. 4
Übergangsrecht   Vorb. Art. 135–145;
  Art. 135; Art. 145
– Grundrechte   Art. 138
– Initiativen   Art. 140
– Kausalhaftung Privater   Art. 141
– Kirchen   Art. 145
– Referenden   Art. 139
– Rechtspflegeverfahren   Art. 138
– Weitergeltung bisheriges Zweck-
  verbandsrecht   Art. 144 N. 4, 8
– Zweckverbände   Art. 144
– Zivilgemeinden   Art. 143 N. 5 ff.
Übertragung öffentlicher Aufgaben, siehe
  Aufgabenübertragung
Umsetzung der Verfassung   Art. 136
Umsetzungsfristen   Vorb. Art. 135–145
  N. 2, 5, 11, 13, 15 f.; Art. 135 N. 5 f.;
  Art. 136 N. 2, 8, 11; Art. 138 N. 1 ff., 9
Umweltgerechtes Verhalten   Art. 122
  N. 24 ff.
Umweltschutz   Art. 101 N. 13, 15;
  Art. 102
Umweltverträglichkeit   Art. 102 N. 5, 9
Unabhängigkeit
– der Finanzkontrolle   Art. 57 N. 13;
  Art. 129 N. 14 ff., 33 f.
– der Mitglieder des Kantonsrats   Art. 52
– der Rekursinstanz   Art. 77 N. 7
– richterliche   Art. 16 N. 8; Art. 41
  N. 10 ff.; Art. 50 N. 19 f.; Art. 57
  N. 17 ff.; Art. 73 N. 13
Unantastbarkeit der Menschenwürde
  Art. 9 N. 1, 4 f.
Unentgeltlicher Schulunterricht   Art. 14
  N. 3, 5, 9, 12; Art. 116 N. 16 ff.
Ungeschriebene Grundrechte
  Vorb. Art. 9–18 N. 9, 27; Art. 10 N. 7
Ungültigerklärung von Initiativen   Art. 28
  N. 30; Art. 86 N. 13
Universität   Art. 118 N. 4 ff.
Unterrichtssprache   Art. 48 N. 11 f.
Untersuchungskommission, parlamenta-
  rische, siehe Kantonsrat

Unvereinbarkeit   Art. 40 N. 1; Art. 42;
  Art. 81 N. 13; Art. 82 N. 3 f., 13
Urnenabstimmung
– im Zweckverband   Art. 93 N. 13
– in der Gemeinde   Art. 21 N. 2; Art. 86
  N. 4 ff., 17 ff., 28 ff.; Art. 87 N. 2 f., 9;
  Art. 89 N. 8; Art. 143 N. 1 f.
Ursprüngliche Verwaltungsgerichtsbarkeit
  Art. 77 N. 21 ff.
Urteile, anonymisierte   Art. 78 N. 19,
  21 ff.

V

Variantenabstimmung   Art. 34 N. 22 ff.;
  Art. 36 N. 11, 22
Verantwortlichkeit   Art. 47 N. 12 ff.
Veräusserung von Vermögenswerten
  Art. 56 N. 32 ff.; Art. 68 N. 17 ff.
Verfahrenserledigung
– rasche   Art. 18 N. 2 f., 13, 15 f.
– wohlfeile   Art. 18 N. 2 ff., 13, 19, 21
Verfahrensgarantien   Art. 18; Art. 43
  N. 5 ff.
Verfassung
– Vorb. Art. 135–145 N. 8 f., 13; Art. 136
  N. 4, 7 ff.; Art. 138 N. 3 f., 10 f.
– Aufhebung der alten   Art. 135 N. 7 ff.
– Gewährleistung   Art. 132 N. 18 ff.
– Initiative auf Revision   Art. 23 N. 25 ff.
– Inkrafttreten   Vorb. Art. 135–145
  N. 1, 7, 11; Art. 135
– jederzeitige Abänderbarkeit   Art. 23
  N. 21; Art. 132 N. 9 f.
– obligatorisches Referendum   Art. 32
  N. 19; Art. 132 N. 15 f.
– Orientierungsfunktion   Vorb. Art. 1–8
  N. 3, 5; Vorb. Art. 9–18 N. 24
– Teilrevision   Art. 132 N. 11 f.; Art. 133
– Totalrevision   Art. 132 N. 11 f.;
  Art. 134
– Umsetzung   Art. 136 N. 1 f., 4, 9, 11
Verfassungsgerichtsbarkeit   Art. 79 N. 18
Verfassungsgesetz   Verfassungsrat N. 3
Verfassungsmässige Rechte
  Vorb. Art. 9–18 N. 3; Art. 38 N. 24 f.

Verfassungsrat   Verfassungsrat N. 1 ff.;
  Art. 134 N. 3 ff.
Verfassungsreferendum   Art. 32 N. 19;
  Art. 132 N. 15 ff.
Verfassungsverständnis   Vorb. Art. 1–8
  N. 4; Vorb. Art. 95–121 N. 2
Verfassungsvorbehalt   Vorb. Art. 95–121
  N. 6
Verhältnismässigkeit   Art. 2 N. 17 ff.;
  Art. 10 N. 21
Verhältniswahlverfahren
– Kantonsrat   Art. 51 N. 3, 5 ff., 27 ff.
– Regierungsrat   Art. 62 N. 3 f.
Verkehr, öffentlicher   Art. 104 N. 11 ff.
Verkehrsplan   Art. 104 N. 4
Verkehrsplanung   Art. 104 N. 2 ff.
Verkehrspolizei   Art. 100 N. 17
Verkehrsverbund   Art. 104 N. 13
Verlässliche Rechtsprechung   Art. 74 N. 5
Vernehmlassung siehe Anhörung
Vernetzung von Staat und Gesellschaft
  Art. 8 N. 6
Verordnungen   Art. 23 N. 31 f.; Art. 38
  N. 18, 33 ff.; Art. 56 N. 6; Art. 67
  N. 11 ff.
Versammlungsdemokratie   Art. 86 N. 3
Vertrag
– interkantonaler, siehe Interkantonale
  Verträge
– internationaler, siehe Internationale
  Verträge
– öffentlichrechtlicher   Art. 90 N. 12;
  Art. 91 N. 4, 6 ff.
Verursacherprinzip   Art. 102 N. 1, 10
Verwaltungsentscheidungen des Kantons-
  rats   Art. 59 N. 18 ff.
Verwaltungsgericht   Art. 77 N. 13 ff.;
  Art. 79 N. 20; Art. 94 N. 23, 27
Verwaltungsrechtliche Klage   Art. 77
  N. 21 ff.
Verwaltungsrechtspflege   Art. 77
Verwaltungsvermögen, Veräusserung von
  Art. 56 N. 32 ff.; Art. 68 N. 17 ff.
Volksabstimmung   Art. 32–37; Art. 140;
  siehe auch Referendum
– Annahme einer Vorlage   Art. 32 N. 18
– bei dringlicher Inkraftsetzung   Art. 37
  N. 23 ff.

- Doppeltes Ja   Art. 36 N. 17
- Stichfrage   Art. 36 N. 18
- Teilabstimmung   Art. 34 N. 28 ff.
- über einander ausschliessende Vorlagen Art. 36
- über Gegenvorschlag von Stimmberechtigten   Art. 35 N. 31 f.
- über Volksinitiative und Gegenvorschlag Art. 30 N. 22 ff.
- Variantenabstimmung   Art. 34 N. 22 ff.; Art. 36 N. 11, 22
- zirkuläres Abstimmungsergebnis Art. 36 N. 21

Volksinitiative, siehe auch Initiative
- Ablehnung durch Kantonsrat   Art. 32 N. 26 ff.
- Behandlungsfristen   Art. 29 N. 11 ff.; Art. 30 N. 22 ff.
- Einreichen   Art. 27 N. 9 ff.
- Gegenvorschlag des Kantonsrates Art. 30; Art. 32 N. 34; Art. 36 N. 11, 22
- mehrere, sich ausschliessende   Art. 36 N. 11 ff., 25 ff.
- nicht umgesetzte   Art. 32 N. 30 ff.
- obligatorisches Referendum   Art. 32 N. 26 ff.
- Sammelfrist   Art. 27 N. 11 ff.
- Unterschriftenzahl   Art. 24 N. 9, 14
- Verfassungsrevision   Art. 132 N. 10; Art. 134 N. 6
- Vorprüfung   Art. 26
- Zustandekommen   Art. 27

Volksmotion   Art. 23 N. 7 ff.

Volksrechte   Art. 22–39; siehe Initiative, politische Rechte, Referendum

Volksrechte im Zweckverband   Art. 93 N. 10 ff.

Volksrechte in der Gemeinde   Art. 86

Volksreferendum, siehe Referendum

Volksschule   Art. 15 N. 1, 10; Art. 83 N. 15; Art. 85 N. 11; Art. 88 N. 9; Art. 116 N. 3 ff.

Volkssouveränität   Art. 1 N. 3, 11 ff.; Art. 3 N. 7

Vollzugsverordnung   Art. 38 N. 40, 44; Art. 67 N. 11 ff.

Voranschlag, siehe Budget

Vorbefassung   Art. 43 N. 6, 12

Vorläufige Unterstützung von Initiativen, siehe Initiative

Vorprüfung einer Volksinitiative   Art. 26

Vorsorgeprinzip   Art. 102 N. 1, 9

W

Wahl- und Abstimmungsfreiheit   Art. 40 N. 2, 9

Wählbarkeit   Art. 40; Art. 81 N. 11; Art. 82 N. 12

Wahlbefugnisse des Kantonsrats   Art. 58

Wahlbüro   Art. 87 N. 26

Wahlen
- der Bezirksbehörden   Art. 80
- der Ersatzmitglieder der Gerichte Art. 75 N. 13
- der Mitglieder der Gerichte   Art. 75 N. 4 ff.
- der Mitglieder des Kantonsrats   Art. 51
- der Mitglieder des Regierungsrats Art. 62
- der Mitglieder des Ständerats   Art. 82 N. 4, 7 f.
- der Ombudsstelle   Art. 81 N. 10 ff.
- der Pfarrerinnen und Pfarrer   Art. 130 N. 27 ff.
- des Gemeindeparlaments   Art. 87 N. 17

Wahlkreis   Art. 51 N. 13 ff., 30 ff.

Wahlrecht   Art. 22; Art. 82 N. 11; Art. 86 N. 1 f.
- kirchliches   Art. 130 N. 17 f.; Art. 145 N. 5
- passives, siehe Wählbarkeit

Wahlrechtsgleichheit   Art. 51 N. 4 ff., 23, 33, 50

Wasser   Art. 105

Wasserversorgung   Art. 105 N. 10 ff.

Weisungsfreiheit für die Mitglieder des Kantonsrates, siehe Kantonsrat

Weiterbildung   Art. 119 N. 7 ff.

Weitergeltung bisheriger Rechtsakte Art. 137

Weltanschauungen   Art. 7 N. 1, 3 f., 7

Wiedereinbürgerung   Vorb. Art. 20–21, N. 3

Willkürverbot   Art. 2 N. 19 ff.; Art. 14 N. 9
Wirksame Beschwerde   Art. 77 N. 7
Wirtschaft und Arbeit   Art. 107
Wirtschaftliche Leistungsfähigkeit   Art. 125 N. 14 ff., 19
Wirtschaftliche Zumutbarkeit   Art. 11 N. 44
Wirtschaftlichkeit   Art. 95 N. 9, 11 f., 16, 20; Art. 99 N. 22 f., 27 ff., 34; Art. 122 N. 17
Wirtschaftsfreiheit   Art. 107 N. 8 ff.
Wohlerworbene Rechte   Art. 145 N. 2
Wohlfeile Verfahrenserledigung   Art. 18 N. 2 ff., 13, 19, 21
Wohneigentum   Art. 110 N. 1, 3 ff.
Wohnen   Art. 110
Wohnsitz, politischer   Art. 22 N. 38 f.

Z

Zivil- und Strafrechtspflege   Art. 76
Zivilgemeinde   Art. 83 N. 4, 8, 21 ff.; Art. 88 N. 1 f., 10 f.; Art. 143 N. 1, 3 ff.
Zivilprozessordnung, eidgenössische   Art. 76 N. 12 ff.
Zugang zu amtlichen Dokumenten   Art. 17 N. 4 ff., 9 ff., 13
Zumutbarkeit, wirtschaftliche   Art. 11 N. 44
Zürcher Kantonalbank   Art. 57 N. 12; Art. 109
– Leistungsauftrag   Art. 109 N. 5
Zürcher Verkehrsverbund   Art. 104 N. 13
Zusammenarbeit der Gemeinden   Art. 90–93, siehe auch Zweckverband
– Anschlussvertrag   Art. 91 N. 12
– Formen   Art. 90 N. 11 f.
– grenzüberschreitende   Art. 90 N. 13 ff.
– Kooperationsautonomie   Art. 90 N. 7 ff.; Art. 91 N. 6; Art. 92 N. 5
– Zusammenarbeitsvertrag   Art. 91 N. 13
Zusammenarbeit des Kantons
– mit anderen Kantonen   Art. 4 N. 7 ff.; Art. 54 N. 14 f.; Art. 69
– mit dem Ausland   Art. 4 N. 12 f.; Art. 69
– mit dem Bund   Art. 4 N. 7
– mit den Gemeinden   Art. 4 N. 6
– mit den Gemeinden   Art. 85 N. 27 f., 30
Zusammenleben, partnerschaftliches   Art. 13
Zuteilungsverfahren, Neues Zürcher   Art. 51 N. 8, 33, 38 ff.
Zwangsverband, siehe Zweckverband
Zweckbindung, negative   Art. 130 N. 30 ff.
Zweckgemeinde   Vorb. Art. 83–94 N. 15 ff.
Zweckverband   Art. 92–93; Art. 144
– Aufsicht   Art. 94 N. 1, 7
– Demokratisierung   Art. 93 N. 1 f., 4 ff., 8
– Grenzen der Volksrechte   Art. 93 N. 12, 15, 19
– Kooperationsautonomie   Art. 92 N. 5
– Körperschaft, öffentlichrechtliche   Art. 92 N. 13 ff.
– Mehrzweckverband   Art. 92 N. 8
– Initiativ- und Referendumsrecht   Art. 93 N. 11, 13 ff.; Art. 144 N. 5
– Musterstatuten   Art. 144 N. 5
– Organisation   Art. 93 N. 7 ff.
– Statuten   Art. 92 N. 15 ff.; Art. 144 N. 3 f.
– Übergangsrecht   Art. 144 N. 4, 8
– Volksrechte   Art. 93 N. 10 ff.
– Zwangsverband   Art. 92 N. 9 ff.